UN AUTRE MOYEN ÂGE

JACQUES LE GOFF
UN AUTRE MOYEN ÂGE

Pour un autre Moyen Âge
•
L'Occident médiéval et le temps
•
L'imaginaire médiéval
•
La naissance du Purgatoire
•
Les limbes
•
La bourse et la vie
•
Le rire dans la société médiévale

QUARTO
GALLIMARD

POUR UN AUTRE MOYEN ÂGE, © Éditions Gallimard, 1977.
L'Occident médiéval et le temps, © Éditions Gallimard, 1999.
L'IMAGINAIRE MÉDIÉVAL, © Éditions Gallimard, 1985 et 1991.
LA NAISSANCE DU PURGATOIRE, © Éditions Gallimard, 1981.
Les limbes, © Éditions Gallimard, 1986.
LA BOURSE ET LA VIE, © Hachette, 1986.
Rire au Moyen Âge, © Éditions Gallimard, 1999.
Le rire dans les règles monastiques du haut Moyen Âge, © Éditions Gallimard, 1999.

UN AUTRE MOYEN ÂGE, © Éditions Gallimard, 1999.

AVERTISSEMENT

Les ouvrages et les articles réunis ici sous le titre Un autre Moyen Âge s'organisent tous autour des problématiques et des thèmes développés par Jacques le Goff qui font du Moyen Âge central (XIIe-XIIIe siècle) le temps d'une formidable mutation des valeurs, ou d'une descente des valeurs du ciel sur la terre. Une vision pessimiste de l'homme, faible, vicieux, humilié devant Dieu, avait prédominé du IVe au Xe siècle, mais une vision optimiste de l'homme, reflet de l'image divine capable de continuer sur terre la création et de se sauver, l'emporte désormais. Le travail n'est plus malédiction et pénitence, mais instrument de rachat et de salut. Le temps « n'appartenait qu'à Dieu » : voilà que le marchand se l'approprie, substitue au temps des clercs, rythmé par les offices religieux, par les cloches qui les annoncent, un temps plus exactement mesuré, utilisable pour les besognes profanes et laïques, le temps des horloges. Ainsi naîtra plus tard, avec la condamnation de l'oisif, un humanisme à base de temps bien calculé. À la même époque, la culture médiévale reconquiert aussi le rêve, le désacralise, le démocratise, après une longue période de condamnation du rêve et de poursuite des rêveurs.

Vers 1170, les hommes, et notamment le clergé – mais pas seulement lui – s'emparent même de l'au-delà : ils inventent, aux côtés du paradis et de l'enfer, un troisième lieu, celui du purgatoire. L'idée d'une solidarité entre les vivants et les morts, la confiance en l'efficacité des suffrages, donnent aux vivants une prise sur la mort. L'usage nouveau du terme et de la notion de limbes (le limbe des patriarches, où ont séjourné les justes qui ont vécu avant l'Incarnation, et surtout le limbe des enfants, où les enfants morts sans baptême jouissent sinon de la vision de Dieu du moins du bonheur naturel) complète le dispositif de l'au-delà. Même l'usurier peut nourrir l'espoir d'échapper à l'enfer grâce au purgatoire : l'économie et la société du XIIIe siècle peuvent plus facilement avancer vers le capitalisme. Il existait une longue tradition de répression du rire, parallèle à celle du rêve : le XIIIe siècle élabore, sous l'influence déterminante des Ordres mendiants, une justification de la plupart des façons de rire. Autant de signes convergents d'une conversion de la société chrétienne au monde terrestre. La voie est ouverte pour un premier accès de modernité.

POUR UN AUTRE MOYEN ÂGE

TEMPS, TRAVAIL
ET CULTURE EN OCCIDENT :
18 ESSAIS

PRÉFACE

Les articles rassemblés ici me paraissent avoir une unité qui n'est peut-être qu'une illusion rétrospective.
Cette unité vient d'abord de l'époque que j'ai choisie, il y a un quart de siècle, comme domaine de réflexion et d'investigation sans y apercevoir clairement les motivations qui me poussaient alors vers elle. Aujourd'hui, je dirai que le Moyen Âge m'a attiré pour deux raisons. D'abord pour des considérations de métier. J'étais décidé à devenir historien de profession. La pratique de la plupart des sciences est, sans conteste, affaire de professionnels, de spécialistes. La science historique n'est pas aussi exclusive. Bien qu'il s'agisse, je crois, d'un débat majeur pour notre temps où les *media* mettent à la portée de presque n'importe qui la possibilité de dire ou d'écrire l'histoire en images ou en mots, je n'aborderai pas ici la question de la qualité de la production historique. Je ne réclame aucun monopole pour les historiens scientifiques. Les dilettantes et les vulgarisateurs de l'histoire ont leur agrément et leur utilité; et leur succès témoigne pour le besoin qu'éprouvent les hommes d'aujourd'hui de participer à une mémoire collective. Je souhaite que l'histoire, tout en devenant plus scientifique, puisse demeurer un art. Nourrir la mémoire des hommes demande autant de goût, de style, de passion que de rigueur et de méthode.
L'histoire se fait avec des documents et des idées, des sources et de l'imagination. Or l'historien de l'Antiquité (je me trompais, bien sûr – au moins par exagération) me semblait condamné à une alternative décourageante: ou bien s'en tenir au maigre butin du legs d'un passé mal armé pour se perpétuer et donc s'abandonner aux séductions castratrices de la pure érudition, ou bien se livrer aux charmes de la reconstitution hasardeuse. L'histoire des époques récentes (ici encore mes vues étaient outrées, sinon fausses) m'inquiétait pour des raisons inverses. Ou bien l'historien était accablé par le fardeau d'une documentation qui l'assujettissait à une histoire statistique et

quantitative elle aussi réductrice (car s'il est nécessaire de compter ce qui peut l'être dans la documentation historique, il faut faire l'histoire avec tout ce qui échappe au nombre et qui est souvent l'essentiel). Ou bien il renonçait aux vues d'ensemble. Ici une histoire partielle, là une histoire lacunaire. Entre les deux ce Moyen Âge en qui les humanistes avaient vu, plutôt qu'une transition et un passage, un intermède médiocre, un entracte de la grande histoire, un creux de la vague du temps, ce Moyen Âge m'était apparu comme le domaine électif d'une alliance nécessaire de l'érudition (l'histoire scientifique n'était-elle pas née, entre le milieu du XVIIe et le milieu du XIXe siècle de l'étude des chartes et des écritures médiévales?) et d'une imagination appuyée sur des bases qui légitimaient son essor sans lui couper les ailes. Le modèle de l'historien n'était-il pas pour moi (comme il l'est toujours) Michelet – homme d'imagination, de résurrection, comme il est devenu banal de le dire, mais aussi, comme on l'oublie, homme d'archives qui ressuscite non des fantômes ou des fantasmes mais des êtres réels enterrés dans les documents comme les pensées vraies pétrifiées dans la cathédrale? Un Michelet historien qui, bien qu'il ait cru, après coup, ne respirer qu'avec l'éclosion de la Réforme et de la Renaissance, n'est jamais mieux en sympathie avec le passé qu'au Moyen Âge.

Michelet, au demeurant, historien conscient d'être le produit de son temps, solidaire d'une société en lutte aussi bien contre les injustices et les ombres de l'obscurantisme et de la réaction que contre les illusions du progrès. Un historien combattant dans son œuvre et son enseignement, angoissé peut-être, comme l'a dit Roland Barthes[1], d'être le chantre d'une parole impossible, celle du peuple, mais qui a su ne pas chercher à échapper à cette angoisse en confondant la parole de l'historien et celle du peuple dans ses luttes historiques – confusion dont on sait qu'elle a toutes les chances de mener au pire asservissement de l'histoire et du peuple à qui on prétend donner la parole.

Bientôt une motivation plus profonde m'attacha au Moyen Âge sans me dissuader de regarder en deçà et au-delà. J'appartiens à une génération d'historiens marqués par la problématique de la *longue durée*. Celle-ci sort de la triple influence d'un marxisme à la fois ressourcé et modernisé, de Fernand Braudel[2] et de l'ethnologie. De toutes les sciences dites maladroitement humaines (et pourquoi pas tout simplement sociales?) l'ethnologie

---

1. R. Barthes, *Michelet par lui-même*, Paris, 1954, p. 161. « Il a peut-être été le premier des auteurs de la modernité à ne pouvoir que chanter une impossible parole. » R. Barthes fait allusion à l'aveu de Michelet : « Je suis né peuple, j'avais le peuple dans le cœur... Mais sa langue, sa langue, elle m'était inaccessible. Je n'ai pu le faire parler... »
2. F. Braudel, « Histoire et Sciences sociales : la longue durée », in *Annales E.S.C.*, 1958, pp. 725-753 ; repris dans *Écrits sur l'histoire*, Paris, 1969, pp. 41-83.

Préface

est celle avec qui l'histoire a noué (malgré des malentendus et certains refus de part et d'autre) le dialogue le plus aisé et le plus fécond. Pour ma génération, Marcel Mauss est tardivement le ferment que Durkheim, il y a cinquante ans, a pu être – tardivement aussi – pour les meilleurs historiens d'entre les deux guerres[3]. J'ai essayé de dire dans un texte qui n'est qu'un premier jalon sur le chemin d'une réflexion et d'une pratique que je voudrais approfondir et préciser les rapports qu'histoire et ethnologie ont entretenus dans le passé et renouent aujourd'hui[4]. Si je suis les savants et les chercheurs qui, au terme d'ethnologie trop lié au domaine et à l'époque du colonialisme européen, préfèrent celui d'anthropologie susceptible de s'appliquer aux hommes de toutes les cultures et si, par conséquent, je parlerais plus volontiers d'anthropologie historique que d'ethnohistoire, je remarque toutefois que si les historiens – certains historiens – ont été séduits par l'ethnologie parce qu'elle mettait en avant la notion de différence, dans le même temps les ethnologues s'orientent vers une conception unifiée des sociétés humaines, voire vers le concept d'homme que l'histoire, aujourd'hui comme hier, ignore. Ce chassé-croisé est intéressant et inquiétant à la fois. Si l'historien, tenté par l'anthropologie historique, c'est-à-dire par une histoire autre que celle des couches dirigeantes blanches et plus lente et profonde que celle des événements, devait être amené par l'anthropologie à une histoire universelle et immobile, je lui conseillerais de reprendre ses billes. Mais pour l'heure la fécondité d'une histoire située dans la longue durée me paraît loin d'être épuisée. D'ailleurs le folklore, quoique trop coupé de l'histoire, offre à l'historien des sociétés européennes qui veut recourir à l'anthropologie, un trésor de documents, de méthodes et de travaux qu'il ferait bien d'interroger avant de se tourner vers l'ethnologie extra-européenne. Folklore trop méprisé, ethnologie du pauvre, qui est pourtant une source essentielle pour l'anthropologie historique de nos sociétés dites « historiques ». Or la longue durée pertinente de notre histoire – pour nous en tant qu'hommes de métier et hommes vivant dans le flux de l'histoire – me paraît ce long Moyen Âge qui a duré depuis le IIe ou IIIe siècle de notre ère pour mourir lentement sous les coups de la

---

3. Par exemple le grand article de Marcel Mauss sur « Les techniques du corps », publié dans le *Journal de Psychologie*, XXXII, 1936, repris dans *Sociologie et Anthropologie*, Paris, 1950, 5e éd. 1973, pp. 363-386, ne semble pas avoir eu pendant longtemps de postérité. C'est dans un esprit un peu différent qu'historiens et anthropologues viennent d'étudier *Langages et images du corps* dans un récent numéro spécial d'*Ethnologie française*, 6, n° 3/4, 1976. Ce texte de Marcel Mauss est à l'origine du séminaire de l'École des Hautes Études en Sciences sociales où nous étudions, Jean-Claude Schmitt et moi-même, depuis 1975, les systèmes de gestes dans l'Occident médiéval.
4. Repris dans les *Mélanges en l'honneur de Fernand Braudel*, t. II : *Méthodologie de l'Histoire et des Sciences humaines*, Toulouse, 1972, pp. 233-243 et, *infra*, pp. 319-331.

révolution industrielle – des révolutions industrielles – entre le XIXe siècle et nos jours. Ce long Moyen Âge c'est l'histoire de la société préindustrielle. En amont c'est une autre histoire, en aval c'est une histoire – la contemporaine – à faire, ou mieux à inventer, quant aux méthodes. Ce long Moyen Âge est pour moi le contraire du hiatus qu'ont vu les humanistes de la Renaissance et, sauf rares exceptions, les hommes des Lumières. C'est le moment de la création de la société moderne, d'une civilisation moribonde ou morte sous ses formes paysannes traditionnelles, mais vivante par ce qu'elle a créé d'essentiel dans nos structures sociales et mentales. Elle a créé la ville, la nation, l'État, l'université, le moulin et la machine, l'heure et la montre, le livre, la fourchette, le linge, la personne, la conscience et finalement la révolution. Entre le néolithique et les révolutions industrielles et politiques des deux derniers siècles elle est – au moins pour les sociétés occidentales – non un creux ni un pont mais une grande poussée créatrice – coupée de crises, nuancée de décalages selon les régions, les catégories sociales, les secteurs d'activité, diversifiée dans ses processus.

Ne nous attardons pas aux jeux dérisoires d'une légende dorée du Moyen Âge à substituer à la légende noire des siècles passés. Ce n'est pas cela un autre Moyen Âge[5]. Un autre Moyen Âge c'est – dans l'effort de l'historien – un Moyen Âge total qui s'élabore aussi bien à partir des sources littéraires, archéologiques, artistiques, juridiques qu'avec les seuls documents naguère concédés aux médiévistes «purs». C'est un Moyen Âge long, je le répète, dont tous les aspects se structurent en un système qui, pour l'essentiel, fonctionne du Bas-Empire romain à la révolution industrielle des XVIIIe-XIXe siècles. C'est un Moyen Âge profond que le recours aux méthodes ethnologiques permet d'atteindre dans ses habitudes journalières[6], ses croyances, ses comportements, ses mentalités. C'est la période qui nous permet le mieux de nous saisir dans nos racines et nos ruptures, dans notre modernité effarée, dans notre besoin de comprendre le changement, la transformation qui est le fonds de l'histoire en tant que science et en tant

---

5. J'ai dit ailleurs pourquoi, m'efforçant d'être l'historien d'un autre Moyen Âge, d'un Moyen Âge des profondeurs, je n'adhérais ni à la légende noire traditionnelle, ni à la légende dorée que certains aujourd'hui voudraient lui substituer (voir *La Civilisation de l'Occident médiéval*, Paris, Arthaud, 1965, Introduction, pp. 13-24).
6. J'emprunte cette expression à Émile Souvestre qui, dans l'introduction de son recueil *Le Foyer breton* (1844), écrit en précurseur de l'ethnohistoire : «Si l'histoire est la révélation complète de l'existence d'un peuple, comment l'écrire sans connaître ce qu'il y a de plus caractéristique dans cette existence ? Vous me montrez ce peuple dans sa vie officielle ; mais qui me dira sa vie du foyer ? Après avoir connu ses actes publics, qui sont toujours le fait d'un petit nombre, où pourrai-je apprendre ses habitudes journalières, ses inclinations, ses fantaisies, qui sont du domaine de tous ? Ne voyez-vous pas que ces indications sur la vie intime d'une nation se trouvent principalement dans les traditions populaires ?» (Nouv. éd., Verviers, Marabout, Bibliothèque Excentrique, 1975, p. 10.)

Préface

qu'expérience vécue. C'est la distance de la mémoire constituante : le temps des grands-parents. Je crois que la maîtrise du passé que seul réalise l'historien de métier est aussi essentielle à nos contemporains que la maîtrise de la matière que leur offre le physicien ou la maîtrise de la vie que leur propose le biologiste. Et le Moyen Âge – que je serai le dernier à détacher de la continuité historique où nous baignons et qu'il nous faut saisir dans sa longue durée qui n'implique pas la croyance à l'évolutionnisme – est ce passé primordial où notre identité collective, quête angoissée des sociétés actuelles, a acquis certaines caractéristiques essentielles.

J'étais parti – guidé par Charles-Edmond Perrin, maître rigoureux et libéral, grande figure d'une université qui n'existe plus guère – à la rencontre d'une histoire des idées assez traditionnelle. Mais ces idées déjà ne m'intéressaient qu'incarnées à travers des institutions et des hommes – au sein des sociétés où les unes et les autres fonctionnaient. Parmi les créations du Moyen Âge il y avait les universités, les universitaires. On n'a pas assez mesuré, me semble-t-il, la nouveauté, dans les sociétés d'Occident, d'une activité, d'une promotion intellectuelle et sociale fondée sur un système jusqu'alors inconnu d'elles : l'examen qui se frayait modestement un chemin entre le tirage au sort (dont avaient, dans des limites assez étroites, usé les démocraties grecques) et la naissance. Je m'aperçus bientôt que ces universitaires issus du mouvement urbain y posaient des problèmes comparables à ceux de leurs contemporains, les marchands. Les uns et les autres, aux yeux des traditionalistes, vendaient des biens qui n'appartenaient qu'à Dieu, la science dans un cas, le temps dans l'autre. « Vendeurs de mots. » Saint Bernard flagellait ainsi ces intellectuels nouveaux qu'il engageait à rallier la seule école valable pour un moine, l'école du cloître. L'universitaire, comme le marchand, ne pouvait, pour les clercs du XIIe et du XIIIe siècle, que difficilement plaire à Dieu et faire son salut. Pourtant, en étudiant une source alors peu exploitée, les *manuels de confesseurs*, qui se multipliaient au lendemain du IVe concile du Latran, en 1215, une grande date de l'histoire médiévale car en rendant obligatoire pour chacun la confession auriculaire au moins une fois l'an le concile ouvrait un front pionnier en chaque chrétien, celui de l'examen de conscience[7], je remarquais que l'universitaire comme le marchand était justifié par référence au *travail* qu'il accomplissait. La nouveauté des universitaires m'apparaissait en définitive comme celle de *travailleurs intellectuels*. Ainsi mon attention se trouvait portée vers deux notions dont je m'efforçais de suivre les avatars idéologiques au sein des conditions sociales concrètes où elles se dévelop-

---

7. L'importance de cette date n'a pas échappé à Michel Foucault. Voir *Histoire de la sexualité*, Paris, 1976, 1 : *La Volonté de savoir*, p. 78.

paient, celle de travail, celle de temps. Je conserve sur ces deux problèmes deux dossiers ouverts dont certains des articles rassemblés ici sont des morceaux et je continue à penser que les attitudes à l'égard du travail et du temps sont des aspects essentiels des structures et du fonctionnement des sociétés et que leur étude est un observatoire privilégié pour examiner l'histoire de ces sociétés.

Pour simplifier les choses, je dirai que pour le travail j'observais une évolution du travail-pénitence de la Bible et du haut Moyen Âge vers un travail réhabilité, devenant finalement moyen de salut. Mais cette promotion, que les travailleurs monastiques des ordres nouveaux du XIIe siècle, les travailleurs urbains des villes de cette époque et finalement les travailleurs intellectuels des universités avaient provoquée et justifiée, produisait dialectiquement de nouveaux développements: la scission se faisait à partir du XIIIe siècle entre un travail manuel plus méprisé que jamais et le travail intellectuel (celui du marchand comme celui de l'universitaire) et la valorisation du travail en soumettant mieux le travailleur à l'exploitation qui était faite de son travail favorisait une aliénation accrue des travailleurs.

Quant au *temps*, je recherchais surtout qui (et comment), dans la société médiévale occidentale en mutation, en dominait les formes nouvelles. La maîtrise du temps, le pouvoir sur le temps me paraissent une pièce essentielle du fonctionnement des sociétés[8]. Je n'étais pas le premier – Yves Renouard entre autres avait écrit sur le temps des hommes d'affaires italiens des pages lumineuses – à m'intéresser à ce qu'on peut appeler en raccourci le *temps bourgeois*. J'essayai de relier au mouvement théologique et intellectuel les nouvelles formes d'appropriation du temps que manifestaient les horloges, la division du jour en vingt-quatre heures et bientôt – sous sa forme individualisée – la montre. Je retrouvais, au cœur de la «crise» du XIVe siècle, étroitement liés le travail et le temps. Le temps du travail s'avérait un enjeu d'importance au sein de cette grande lutte des hommes, des catégories sociales autour des mesures – le sujet d'un grand et beau livre de Witold Kula[9].

Cependant je m'intéressais toujours à ce que j'avais désormais tendance à appeler plutôt histoire de la culture qu'histoire des idées. J'avais entre-

---

8. Georges Dumézil, grand éveilleur d'idées, à l'œuvre de qui les médiévistes se nourrissent de plus en plus, a écrit: «Réservoir des événements, lieu des puissances et actions durables, lieu des occasions mystiques, le temps-cadre prend un intérêt particulier pour quiconque, dieu, héros, ou chef, veut triompher, régner fonder: celui-là, quel qu'il soit, doit essayer de s'approprier le temps au même titre que l'espace» («Temps et Mythes», in *Recherches philosophiques*, V, 1935-1936).
Voir mon article «Calendario», in *Enciclopedia Einaudi*, Turin, 1977.
9. W. Kula, *Miary i ludzie* (Les mesures et les hommes), Varsovie, 1970.

PRÉFACE

temps suivi à la VIe Section de l'École pratique des Hautes Études les leçons de Maurice Lombard, un des plus grands historiens que j'aie connus, à qui je dois le principal choc scientifique et intellectuel de ma vie professionnelle. À Maurice Lombard je dois non seulement la révélation et le goût des grands espaces de civilisation (et donc de ne pas séparer l'espace et le temps, les grands horizons et la longue durée), le nécessaire regard du médiéviste occidental (même s'il se cantonne prudemment dans son espace, la spécialisation demeurant toujours requise) vers l'Orient fournisseur de marchandises, de techniques, de mythes et de rêves, mais aussi l'exigence d'une histoire totale où la civilisation matérielle et la culture s'interpénètrent, au sein de l'analyse socio-économique des sociétés. Je ressentais la grossièreté et l'inadéquation d'une problématique marxiste vulgaire de l'infrastructure et de la superstructure. Sans méconnaître l'importance de la théorie dans les sciences sociales et en particulier en histoire (trop souvent l'historien, par mépris de la théorie, est le jouet inconscient de théories implicites et simplistes), je ne me lançai pas dans une recherche théorique pour laquelle je ne me sens pas de dons et où je crains de me laisser entraîner dans ce que je crois, avec et après beaucoup d'historiens, la pire ennemie de l'histoire, la philosophie de l'Histoire. J'ai abordé certains aspects de l'histoire des mentalités car, face à ce concept à la mode et comportant donc toute la positivité mais aussi tous les risques de la mode, j'ai essayé de montrer l'intérêt d'une notion qui fait bouger l'histoire mais aussi les ambiguïtés d'un concept vague – par là même à la fois fécond parce que négligeant les barrières et dangereux parce que glissant trop facilement au pseudo-scientifique.

Un fil conducteur dans cette quête de l'histoire culturelle, un outil d'analyse et d'investigation était nécessaire. Je rencontrai l'opposition entre culture savante et culture populaire. Son usage ne va pas sans difficultés. Culture savante n'est pas aussi simple à définir qu'on le croit et culture populaire participe de l'ambiguïté de cette dangereuse épithète «populaire». Je fais miennes les récentes remarques pertinentes de Carlo Ginzburg[10]. Mais, en disant avec précaution de quels documents on se sert et ce que l'on range sous ces notions, je crois à l'efficacité de cet outil.

Toute une série de phénomènes viennent se ranger sous cette étiquette, le grand dialogue de l'écrit et de l'oral se dessine, cette grande absente de l'histoire que font les historiens, la parole, se laisse capter au moins en tant qu'écho, rumeur ou murmure, le conflit des catégories sociales se révèle dans le champ de la culture en même temps que toute la complexité des

---

10. C. Ginzburg, *Il formaggio e i vermi*, Turin, 1976, pp. XII-XV. Voir aussi J.-Cl. Schmitt, «Religion populaire et culture folklorique», in *Annales E.S.C.*, 1976, pp. 941-953.

emprunts, des échanges force à sophistiquer l'analyse des structures et des conflits. Je me suis donc, à travers les textes savants, les seuls que je sache un peu lire aujourd'hui, lancé à la découverte du folklore historique. En allant du côté des contes et des rêves, je n'ai abandonné ni le travail ni le temps. Pour essayer de comprendre comment fonctionne une société et – tâche toujours constituante de l'historien – comment elle change et se transforme, regarder du côté de l'imaginaire est nécessaire.

Je voudrais maintenant avancer dans des tâches plus ambitieuses dont les articles présentés ici ne sont que des jalons. Contribuer à la constitution d'une anthropologie historique de l'Occident préindustriel. Apporter quelques éléments solides à une étude de l'imaginaire médiéval. Et ce faisant, préciser, à partir de ma formation et de mon expérience de médiéviste, les méthodes d'une érudition nouvelle, adaptée aux nouveaux objets de l'histoire, fidèle à cette double nature de l'histoire, de l'histoire médiévale en particulier, la rigueur et l'imagination. Une érudition qui définisse les méthodes de critique d'une nouvelle conception du document, celle du document-monument[11], qui jette les bases d'une nouvelle science chronologique – qui ne soit plus seulement linéaire –, qui dégage les conditions scientifiques d'un comparatisme légitime, c'est-à-dire qui ne compare pas n'importe quoi avec n'importe quoi n'importe quand et n'importe où.

J'aimerais terminer par un mot de Rimbaud, non pour opposer, avec trop d'intellectuels, après trop d'intellectuels du Moyen Âge, travail manuel et travail intellectuel, mais au contraire pour les unir au sein de la solidarité de tous les travailleurs : « La main à plume vaut la main à charrue. »

[1977]

Nota

Dans la version d'origine des études rassemblées ici, la plupart des citations ont été données dans la langue originelle, c'est-à-dire essentiellement le latin. Pour la commodité du lecteur, ces citations ont été ici traduites en français dans le texte. Mais le latin a été conservé dans les notes qui ne sont pas indispensables pour la compréhension du texte.

---

11. Nous avons récemment abordé ce problème, Pierre Toubert et moi-même, dans une communication au 100e Congrès des Sociétés savantes (Paris, 1975) : « Une histoire totale du Moyen Âge est-elle possible ? », in *Actes du 100e Congrès national des Sociétés savantes*, t. I : *Tendances, Perspectives et Méthodes de l'Histoire médiévale*, Paris, 1977, pp. 31-44.

I
TEMPS ET TRAVAIL

LES MOYEN ÂGE DE MICHELET

Auprès de beaucoup de médiévistes, Michelet n'a pas bonne presse aujourd'hui. Son *Moyen Âge* apparaît comme la partie la plus démodée de l'*Histoire de France*. Par rapport à l'évolution de la science historique, d'abord. Malgré les Pirenne, les Huizinga, les Marc Bloch et ceux qui, après eux, ouvrent le Moyen Âge à l'histoire des mentalités, à l'histoire des profondeurs, à l'histoire totale, le Moyen Âge demeure la période de l'histoire la plus marquée par l'érudition du XIXe siècle (de l'École des Chartes aux *Monumenta Germaniae Historica*) et par l'école positiviste du tournant du XIXe au XXe siècle. Qu'on lise les volumes irremplacés de l'*Histoire de France* de Lavisse consacrés au Moyen Âge. Que Michelet est loin! Le Moyen Âge de Michelet appartient, en apparence, à son côté le plus littéraire et le moins «scientifique». C'est là que le romantisme pourrait avoir exercé le plus de ravages. Michelet médiéviste ne semble guère plus sérieux que le Victor Hugo de *Notre-Dame de Paris* ou de *La Légende des siècles*. Ils sont moyenâgeux.

Le Moyen Âge est devenu et reste la citadelle de l'érudition. Or les rapports de Michelet avec l'érudition sont ambigus. Certes Michelet, ce grand appétit, ce dévoreur d'histoire, a manifesté une faim insatiable du document. Il a été, avec passion, et l'a rappelé sans cesse, un homme d'archives, un travailleur des Archives. Dans la *Préface* de 1869, il a souligné qu'une des nouveautés de son œuvre était son assise documentaire: «Jusqu'en 1830 (même jusqu'en 1836), aucun des historiens remarquables de cette époque n'avait senti encore le besoin de chercher les faits hors des livres imprimés, aux sources primitives, la plupart inédites alors, aux manuscrits de nos bibliothèques, aux documents de nos archives.» Et il insiste:

Première publication in Michelet, *Œuvres complètes*, éd. P. Viallaneix, I, IV, *Histoire de France*, I, Paris, 1974, pp. 45-63.

« Aucun historien que je sache, avant mon troisième volume (chose facile à vérifier), n'avait fait usage des pièces inédites... c'est la première fois que l'histoire eut une base si sérieuse (1837). » Mais le document et plus particulièrement le document d'archives n'est, pour Michelet, qu'un tremplin pour l'imagination, le déclic de la vision. Les pages célèbres sur les Archives nationales témoignent de ce rôle de stimulant poétique du document qui commence, avant même que le texte ne soit lu, par l'action créatrice de l'espace sacré du dépôt d'archives. Un pouvoir d'atmosphère s'exerce sur l'historien. Ces grands cimetières de l'histoire sont aussi, sont d'abord les lieux de la résurrection du passé. La célébrité de ces pages a pu en atténuer le pouvoir. Elles jaillissent pourtant de quelque chose de beaucoup plus profond en Michelet qu'un don littéraire d'évocation. Michelet est un nécromant : « J'aimais la mort... » Mais il parcourt les nécropoles du passé comme les allées du Père-Lachaise, pour arracher, au propre et non au figuré, les morts à leur ensevelissement, pour « réveiller », faire « revivre ». Le Moyen Âge, qui a prolongé jusqu'à nous sur les fresques, aux tympans des églises, l'appel des trompettes du Jugement, qui sont d'abord celles du réveil, a trouvé en Michelet celui qui sut le mieux les faire sonner : « Dans les galeries solitaires des Archives où j'errai vingt années dans ce profond silence, des murmures cependant venaient à mon oreille... » Et dans la longue notice qui clôt le deuxième volume de l'*Histoire de France* : « J'ai tiré ce volume, en grande partie, des Archives nationales. Je ne tardai pas à m'apercevoir dans le silence apparent de ces galeries, qu'il y avait un mouvement, un murmure qui n'était pas de la mort... Tous vivaient et parlaient... Et, à mesure que je soufflais sur leur poussière, je les voyais se soulever. Ils tiraient du sépulcre qui la main, qui la tête, comme dans le *Jugement dernier* de Michel-Ange, ou dans la *Danse des morts*... » Oui, Michelet est beaucoup mieux qu'un nécromant ; il est, selon le beau néologisme qu'il a inventé pour lui-même et qu'on n'a pas osé garder après lui, un « ressusciteur[1] ».

Michelet a été un archiviste consciencieux, passionné par son métier. Ses successeurs d'aujourd'hui le savent et peuvent le prouver en montrant les traces de son labeur. Il a enrichi son *Histoire de France* et, singulièrement, son Moyen Âge de *notes* et de *pièces justificatives* qui témoignent de son attachement à l'érudition. Il appartient à ces générations romantiques (Victor Hugo aussi) qui ont su allier érudition et poésie. Mérimée, premier inspecteur général des monuments historiques, en est un autre exemple,

---

1. « Et il y eut alors un étrange dialogue entre lui et moi, entre moi, son ressusciteur, et le vieux temps remis debout. » C'est du Moyen Âge que parle Michelet dans le grand texte inédit publié par Paul Viallaneix (*L'Arc*, 52, *Michelet*, 1973, p. 9).

encore qu'il ait davantage séparé son métier et son œuvre. Le temps de Michelet, c'est celui de la Société celtique devenue la Société nationale des antiquaires de France, de l'École nationale des Chartes, de l'Inventaire monumental de la France, alors avorté, renaissant aujourd'hui, de l'architecture érudite de Viollet-le-Duc... Mais l'érudition pour Michelet n'est qu'une phase initiale et préparatoire. L'histoire commence après, avec l'écriture. L'érudition n'est plus alors qu'un échafaudage que l'artiste, l'historien devra enlever quand l'œuvre aura été réalisée. Elle est liée à un état imparfait de la science et de la vulgarisation. Le temps doit venir où l'érudition, cessant d'être les béquilles visibles de la science historique, sera incorporée à l'œuvre historique et reconnue de l'intérieur par le lecteur formé à cette connaissance intime. Une image de constructeurs de cathédrales exprime, dans la *Préface* de 1861, cette conception de Michelet : « Les pièces justificatives, sorte d'étais et de contreforts de notre édifice historique, pourraient disparaître à mesure que l'éducation du public s'identifiera davantage avec les progrès mêmes de la critique et de la science. » Développer en lui, autour de lui, un instinct de l'histoire, infaillible comme celui des animaux qu'il étudiera à la fin de sa vie, voilà le grand dessein de Michelet historien.

Quel médiéviste pourrait aisément aujourd'hui renoncer à l'ostentation des bas de page, des annexes et des appendices ? Un débat qui irait loin dans l'analyse de la production sociale de l'histoire pourrait opposer des arguments à première vue également convaincants. Certains, prolongeant au plan politique et idéologique l'attitude de Michelet, pourraient récuser les pratiques d'une érudition dont la conséquence, sinon le but, est de perpétuer la domination d'une caste sacralisée d'autorités. D'autres, qui pourraient aussi se réclamer de Michelet, allégueraient qu'il ne peut y avoir de sciences sans preuves vérifiables et que l'âge d'or de l'histoire sans justification érudite n'est encore qu'une utopie. N'insistons pas. Les faits sont là. Un médiéviste, aujourd'hui, ne peut que reculer ou hésiter au bord de la conception que Michelet a de l'érudition. Le Moyen Âge est encore affaire de clercs. Le temps ne semble pas venu, pour le médiéviste, de renoncer à la liturgie de l'épiphanie érudite et de perdre son latin. Même si l'on considère que Michelet médiéviste est, sur ce point capital, plus prophétique peut-être que dépassé, il faut admettre que son Moyen Âge n'est pas celui de la science médiévale aujourd'hui.

Mais le Moyen Âge de Michelet semble aussi démodé par rapport à Michelet lui-même. Que l'on considère Michelet comme un homme de son temps, ce bouillant XIXe siècle, ou qu'on le lise en homme de notre époque, ce convulsif XXe siècle, Michelet paraît bien loin du Moyen Âge. Il le paraît encore plus si, comme il nous y a engagés, nous déchiffrons son

œuvre historique comme une autobiographie – «biographer l'histoire comme d'un homme, comme de moi» –, Moyen Âge des permanences, XIXe siècle des révolutions, Moyen Âge de l'obéissance, XXe siècle de la contestation. Le Moyen Âge de Michelet? Triste, obscurantiste, pétrifié, stérile. Michelet, homme de la fête, de la lumière, de la vie, de l'exubérance. Si Michelet s'attarde au Moyen Âge de 1833 à 1844, c'est pour y mener un long deuil, c'est comme si l'oiseau Michelet ne parvenait pas à s'arracher à l'aveuglement, à l'étouffement d'un long tunnel. Ses battements d'ailes se heurtent aux murs d'une cathédrale enténébrée. Il ne respire, il ne prend son élan, il ne s'épanouit – oiseau-fleur – qu'avec la Renaissance et la Réforme. Enfin Luther vint...
Et pourtant...
Si, à l'intérieur de ce qu'on appelle l'école des *Annales*, ce sont les historiens de l'histoire «moderne», un Lucien Febvre hier, un Fernand Braudel aujourd'hui, qui ont vu les premiers en Michelet le père de l'histoire nouvelle, de l'histoire totale qui veut saisir le passé dans toute son épaisseur, de la culture matérielle aux mentalités, ne sont-ce pas aujourd'hui des médiévistes qui, plus que d'autres, demandent à Michelet de les éclairer dans cette quête – qu'il prônait dans la *Préface* de 1869 – d'une histoire à la fois plus «matérielle» et plus «spirituelle»? Et si un Roland Barthes a révélé en Michelet un des premiers représentants de la modernité, cette modernité ne se manifeste-t-elle pas, d'abord, dans sa vision de l'âge qui est l'enfance de notre société, le Moyen Âge?
Pour éclairer cette apparente contradiction, tentons un examen du Moyen Âge de Michelet qui réponde en même temps à une double exigence, celle de la science moderne et celle de Michelet lui-même, c'est-à-dire qui s'efforce de restituer le Moyen Âge de Michelet dans son évolution, dans sa vie même. De 1833 à 1862, le Moyen Âge de Michelet n'a pas été immobile. Il s'est transformé. L'étude de ses avatars est indispensable à la compréhension du Moyen Âge pour Michelet, pour les médiévistes et pour les hommes d'aujourd'hui. Comme Michelet aima à le faire (avec ou sans Vico), comme la science historique s'y attache aujourd'hui, périodisons le Moyen Âge de Michelet, fût-ce au prix d'un peu de simplification. Le mouvement de la vie – comme celui de l'histoire – est fait de plus de chevauchements que de successions franches. Mais, pour s'emboîter les uns dans les autres, les avatars de l'évolution n'en revêtent pas moins des figures successives.
Je crois pouvoir distinguer trois et peut-être quatre Moyen Âge de Michelet. La clé de cette évolution, c'est la façon dont Michelet, plus que quiconque, lit et écrit l'histoire du passé à la lumière de l'histoire du présent. Le rapport «historique» entre Michelet et le Moyen Âge change selon les rapports de Michelet avec l'histoire contemporaine. Il se déploie autour de deux

pôles, essentiels dans l'évolution de Michelet: 1830 et 1871, qui encadrent la vie adulte de l'historien (né en 1798 et mort en 1874). Entre «l'éclair de Juillet» et le crépuscule de la défaite de la France face à la Prusse, la lutte contre le cléricalisme, les déceptions de la révolution avortée de 1848, le dégoût face à l'affairisme du second Empire, les désillusions nées du matérialisme et des injustices de la société industrielle naissante font bouger l'image que Michelet a du Moyen Âge.

De 1833 à 1844, au cours des dates de la publication des six volumes de l'*Histoire de France*, consacrés au Moyen Âge, le Moyen Âge de Michelet est un Moyen Âge positif. Il se détériore lentement, de 1845 à 1855, au rythme des nouvelles éditions, en un Moyen Âge renversé, négatif, qui aboutit à un baisser de rideau dans la *Préface* des tomes VII et VIII de l'*Histoire de France* (1855), consacrés à la Renaissance et à la Réforme. Après le grand entracte de l'*Histoire de la Révolution*, surgit un nouveau Moyen Âge, que j'appelle le Moyen Âge de 1862, date où paraît *La Sorcière*. C'est donc le Moyen Âge de la Sorcière: par un étrange mouvement dialectique, resurgit, du fond du désespoir, un Moyen Âge satanique, mais, parce que satanique, *luciférien*, c'est-à-dire porteur de lumière et d'espoir. Enfin pointe peut-être un quatrième Moyen Âge, celui qui, par antithèse avec le monde contemporain, le monde de la «grande révolution industrielle» auquel est consacrée la dernière partie – peu connue – de l'*Histoire de France*, retrouve la fascination d'une enfance vers laquelle le retour est désormais impossible, comme est impossible, au seuil de la mort qui a toujours hanté Michelet, le retour vers l'asile chaud du ventre maternel.

LE BEAU MOYEN ÂGE DE 1833-1844

Comme l'a établi minutieusement Robert Casanova, la partie de l'*Histoire de France* de Michelet qui concerne le Moyen Âge a connu trois éditions avec des variantes: la première édition (baptisée A) dont les six tomes ont paru de 1833 à 1844 (tomes premier et second en 1833, troisième en 1837, quatrième en 1840, cinquième en 1841, sixième en 1844), l'édition Hachette de 1852 (B) et l'édition définitive de 1861 (C). Des rééditions partielles ont vu le jour entre-temps, pour les tomes I et II en 1835 et le tome III en 1845 (A') et pour certaines parties des tomes V et VI en 1853, 1856 et 1860 (*Jeanne d'Arc* pour le tome V, et pour le tome VI, *Louis XI et Charles le Téméraire*, édités dans la Bibliothèque des chemins de fer de Hachette). L'édition A' des trois premiers tomes est peu différente de l'édition A. C'est

entre A-A' et B qu'est le grand changement, surtout pour les tomes I et II, alors que les tomes V et VI de B reproduisent ceux de A. C n'est en gros qu'un renforcement, considérable, il est vrai, des tendances de B.
De 1833 à 1844 Michelet subit le charme du Moyen Âge, d'un Moyen Âge positif jusqu'en ses malheurs et ses horreurs. Ce qui le séduit alors dans le Moyen Âge, c'est, d'abord, qu'il peut en faire cette histoire totale qu'il exaltera dans la *Préface* de 1869. Le Moyen Âge est matière à histoire totale parce qu'il permet d'écrire l'histoire à la fois plus matérielle et plus spirituelle dont rêve Michelet et parce que la documentation qu'offrent les archives et les monuments, les textes de parchemin et de pierre, alimente assez l'imagination de l'historien pour qu'il puisse ressusciter intégralement cette époque.
Moyen Âge matériel d'où émergent tant de circonstances «physiques et physiologiques», le «sol», le «climat», les «aliments». France médiévale physique parce que c'est le moment où la nationalité française apparaît avec la langue française, mais où, en même temps, le morcellement féodal compose une France provinciale (pour Michelet, France *féodale* et France *provinciale*, c'est tout un), «formée d'après sa division physique et naturelle». D'où l'idée géniale de placer le *Tableau de la France*, cette merveilleuse méditation descriptive sur la géographie française non en tête de l'*Histoire de France*, comme une plate ouverture des «données» physiques qui auraient de toute éternité conditionné l'histoire, mais à l'époque, vers l'An Mil, où l'histoire fait de ce finistère eurasiatique à la fois une unité politique, celle du royaume d'Hugues Capet, et une mosaïque de principautés territoriales. La France naît. Michelet peut, à son berceau, prédire la destinée de chacune de ses provinces, les doter.
Histoire climatique, alimentaire et physiologique. La voilà en évidence dans les calamités de l'An Mil: «Il semblait que l'ordre des saisons se fût interverti, que les éléments suivissent des lois nouvelles. Une peste terrible désola l'Aquitaine; la chair des malades semblait frappée par le feu, se détachait de leurs os, et tombait en pourriture...»
Oui, ce Moyen Âge est fait de matières, de produits qui s'échangent, de désordres physiques et mentaux. La *Préface* de 1869 l'évoque à nouveau: «Comment l'Angleterre et la Flandre furent mariées par la laine et le drap, comment l'Angleterre but la Flandre, s'imprégna d'elle, attirant à tout prix les tisserands chassés par les brutalités de la maison de Bourgogne: c'est le grand fait.» Et encore: «La peste noire, la danse de Saint-Gui, les flagellants et le sabbat, ces carnavals du désespoir, poussent le peuple, abandonné, sans chef, à agir pour lui-même... Le mal arrive à son haut paroxysme, la furieuse folie de Charles VI.» Mais ce Moyen Âge est aussi spirituel, et d'abord au sens où l'entend alors Michelet, c'est-à-dire que c'est en son sein que s'accomplit «le grand mouvement progressif, intérieur, de l'âme nationale».

TEMPS ET TRAVAIL

Michelet trouve même dans deux églises, au cœur du Paris de Charles VI, l'incarnation de la matérialité et de la spiritualité, ces deux pôles entre lesquels doit, selon lui, osciller l'histoire nouvelle: «Saint-Jacques-de-la-Boucherie était la paroisse des bouchers et des lombards, de l'argent et de la viande. Dignement enceinte d'écorcheries, de tanneries et de mauvais lieux, la sale et riche paroisse s'étendait de la rue Trousse-Vache au quai des Peaux ou Pelletier... Contre la matérialité de Saint-Jacques s'élevait, à deux pas, la spiritualité de Saint-Jean. Deux événements tragiques avaient fait de cette chapelle une grande église, une grande paroisse: le miracle de la rue des Billettes, où "Dieu fut boulu par un juif" puis la ruine du Temple, qui étendit la paroisse de Saint-Jean sur ce vaste et silencieux quartier...»

Mais ce Moyen Âge, c'est aussi le temps qui se met à regorger de témoins pour l'érudition et l'imagination, où peut se faire entendre ce que Roland Barthes a appelé «le document comme voix»: «Entrant aux siècles riches en actes et en pièces authentiques, l'histoire devient majeure...» C'est alors que s'élèvent les «murmures» des Archives, que les parchemins, les ordonnances royales vivent et parlent. La pierre, elle aussi, vit et parle. Avant, elle était matérielle et inerte, désormais elle se spiritualise et vit. Cet hymne à la pierre vivante est l'essentiel du célèbre texte sur «la passion, comme principe d'art au Moyen Âge». «L'art ancien, adorateur de la matière, se classait par l'appui matériel du temple, par la colonne... L'art moderne, fils de l'âme et de l'esprit, a pour principe, non la forme, mais la physionomie, mais l'œil, non la colonne, mais la croisée, non le plein, mais le vide.» Et aussi: «La pierre s'anime et se spiritualise sous l'ardente et sévère main de l'artiste. L'artiste en fait jaillir la vie.»

«J'ai défini l'histoire *Résurrection*. Si cela fut jamais, c'est au 4e volume (le *Charles VI*).» C'est Michelet qui souligne. Ces archives du Moyen Âge, d'où l'on peut faire revivre les morts, permettent même de faire revivre ceux qui plus que d'autres touchent Michelet, ceux dont le rappel à la vie fait de ce réveilleur un grand ressusciteur, ceux qui sont plus morts que les autres, les petits, les faibles, le peuple. Ceux qui ont le droit de dire: «Histoire! compte avec nous. Tes créanciers te somment! Nous avons accepté la mort pour une ligne de toi.» Alors Michelet peut «plonger dans le peuple. Pendant qu'Olivier de la Marche, Chastellain se prélassent aux repas de la Toison d'or, moi je sondai les caves où fermenta la Flandre, ces masses de mystiques et vaillants ouvriers».

Autant dire que le Moyen Âge de 1833 est pour Michelet l'époque des apparitions merveilleuses. Elles surgissent des documents sous ses yeux éblouis. Le premier revenant, c'est le Barbare et le Barbare, c'est l'enfant, c'est la jeunesse, c'est la nature, c'est la vie. Nul mieux que Michelet n'a exprimé le mythe romantique du bon Barbare: «Ce mot me plaît... je l'accepte, Barbares. Oui, c'est-à-dire pleins d'une sève nouvelle, vivante et rajeunissante... Nous avons, nous autres Barbares, un avantage naturel; si les classes supérieures ont la culture, nous avons bien plus de chaleur vitale...» Et plus tard son Moyen Âge sera encore traversé d'enfants merveilleux, que la *Préface* de 1869 salue: «Saint François, un enfant qui ne sait ce qu'il dit, et n'en parle que mieux...» Et, bien sûr, Jeanne d'Arc: «Le spectacle est divin lorsque sur l'échafaud, l'enfant, abandonnée et seule, contre le prêtre-roi, la meurtrière Église, maintient en pleines flammes son Église intérieure et s'envole en disant: "Mes voix!"» Mais le Moyen Âge lui-même n'est-il pas tout entier un enfant: «Triste enfant, arraché des entrailles mêmes du christianisme, qui naquit dans les larmes, qui grandit dans la prière et rêverie, dans les angoisses du cœur, qui mourut sans achever rien; mais il nous a laissé de lui un si poignant souvenir que toutes les joies, toutes les grandeurs des âges modernes ne suffiront pas à nous consoler.» Vers l'An Mil, c'est aussi de la terre, des forêts, des fleuves, des rivages de la mer, cette femme tant aimée qui se lève: la France, la France physique, biologique: «Lorsque le vent emporte ce vain et uniforme brouillard, dont l'Empire allemand avait tout couvert et tout obscurci, le pays apparaît...» Et la phrase fameuse: «La France est une personne.» Et la suite, qu'on oublie parfois: «Je ne puis mieux me faire comprendre qu'en reproduisant le langage d'une ingénieuse physiologie.» Ceci n'a pas échappé à Roland Barthes: «Le tableau de la France... qu'on donne ordinairement comme l'ancêtre des géographies, est en fait l'exposé d'une expérience de chimie: l'énumération des provinces y est moins description que recensement méthodique des matériaux, des substances nécessaires à l'élaboration toute chimique de la généralité française.»

La France est là, le peuple va la rejoindre. Il se lève une première fois et ce sont les croisades. Quelle occasion pour Michelet d'opposer la générosité, la spontanéité, l'élan des petits au calcul, aux tergiversations des grands: «Le peuple partit sans rien attendre, laissant les princes délibérer, s'armer, se compter; hommes de peu de foi! les petits ne s'inquiétaient de rien de tout cela: ils étaient sûrs d'un miracle.» Cette fois, il faut déjà noter que le Moyen Âge de Michelet, qui semble au départ si éloigné du Moyen Âge «scientifique» des médiévistes du XXe siècle, annonce le Moyen Âge que les plus novateurs des historiens d'aujourd'hui révèlent peu à peu, l'étayant sur une meilleure documentation. À preuve ce grand livre qui a inauguré, avec trois ou quatre autres, le temps de l'histoire des mentalités collectives: *La Chrétienté et l'idée de croisade*, de Paul Alphandéry et Alphonse Dupront (1954). La dualité, le contraste des deux croisades y est prouvé et expliqué: la croisade des chevaliers et la croisade du peuple. C'est même le titre d'un chapitre: «La croisade populaire». Le pape Urbain II, à Clermont, avait prê-

ché aux riches. Ce sont les pauvres qui partent – en tout cas qui partent les premiers. « Les nobles prirent le temps de réaliser leurs biens, et la première troupe, une innombrable cohue, se composait de paysans et de nobles peu fortunés. Mais une autre différence, beaucoup plus réelle, différence dans l'esprit, devait bientôt séparer les pauvres des seigneurs. Ceux-ci partaient pour utiliser contre l'infidèle des loisirs de la Trêve de Dieu : il s'agit bien d'une expédition limitée, d'une espèce de *tempus militiae*. Au contraire dans le peuple, il y a une idée de séjour dans la Terre sainte... Les pauvres qui ont tout à gagner à l'aventure sont les vrais spirituels de la Croisade, pour l'accomplissement des prophéties. » Et qu'aurait pu écrire Michelet s'il avait connu les recherches récentes sur la croisade des enfants de 1212, s'il avait su que ce terme d'enfants, dont Alphandéry-Dupront, dans un chapitre encore (« Les croisades d'enfants »), ont montré qu'à travers lui « se révèle avec une intensité, où éclate naturellement le miracle, la vie profonde de l'idée même de croisade », désigne, comme le prouvera Pierre Toubert, des pauvres, des humbles, tels des Pastoureaux de 1251 (« les plus misérables habitants des campagnes, des bergers surtout... », a écrit Michelet) ? Voilà l'enfance et le peuple indissolublement unis, comme l'eût aimé Michelet.
La seconde apparition du peuple au Moyen Âge est celle qui a le plus saisi Michelet. Michelet était plus un lecteur de chroniques et d'archives que de textes littéraires. Il ignorait, semble-t-il, les vilains monstrueux, bestiaux de la littérature vers 1200, celui d'*Aucassin et Nicolette*, celui de l'*Ivain* de Chrétien de Troyes. Le peuple avait surgi, en foule, collectif, avec les croisades. Voilà que, soudain, des documents du XIVe siècle, il surgit comme une personne, le *Jacques*. Michelet, Parisien, fils d'artisan, homme de l'ère bourgeoise, avait jusqu'alors vu le peuple des villes et des communes. « Mais la campagne ? Qui la sait avant le XIVe siècle ? [Ceci, certes, fait sourire le médiéviste d'aujourd'hui, qui dispose de tant d'études – dont quelques grands livres, comme ceux de Georges Duby – sur les paysans d'avant la peste et la jacquerie.] Ce grand monde de ténèbres, ces masses innombrables, ignorées, cela perce au matin. Dans le tome troisième (d'érudition surtout), je n'étais pas en garde, ne m'attendais à rien, quand la figure de *Jacques*, dressée sur le sillon, me barra le chemin ; figure monstrueuse et terrible... » C'est la révolte de Caliban, prévisible dès la rencontre d'Aucassin avec le jeune paysan, « grand, monstrueusement laid et horrible, une bure énorme et plus noire que le charbon des blés, plus de la largeur d'une main entre les deux yeux, d'immenses joues, un gigantesque nez plat, d'énormes et larges narines, de grosses lèvres plus rouges qu'un biftèque, d'affreuses longues dents jaunes. Il portait des jambières et des souliers en cuir de bœuf que des cordes en écorce de tilleul maintenaient autour de la jambe jusqu'au-dessus du genou. Il était habillé d'un manteau sans envers ni endroit, et s'appuyait

sur une longue massue. Aucassin se précipita vers lui. Quelle fut sa peur quand il le vit de plus près!» (traduction Jean Dufournet, 1973).
Enfin, la troisième apparition du peuple au Moyen Âge, c'est Jeanne d'Arc. D'entrée de jeu, Michelet désigne son signe essentiel: son appartenance au peuple. «L'originalité de la Pucelle, ce qui fit son succès, ce ne fut pas tant sa vaillance ou ses visions, ce fut son bon sens. À travers son enthousiasme, cette fille du peuple vit la question et sut la résoudre.» Mais Jeanne est plus qu'une émanation du peuple. Elle est l'aboutissement de tout le Moyen Âge, la synthèse poétique de tout ce que Michelet voit en lui d'apparitions merveilleuses: l'enfant, le peuple, la France, la Vierge: «Que l'esprit romanesque y touche, s'il l'ose; la poésie ne le fera jamais. Eh! que saurait-elle ajouter?... L'idée qu'elle avait, pendant tout le Moyen Âge, poursuivie de légende en légende, cette idée se trouva à la fin être une personne; ce rêve, on le toucha. La Vierge secourable des batailles que les chevaliers appelaient, attendaient d'en haut, elle fut ici-bas... En qui? c'est la merveille. Dans ce qu'on méprisait, dans ce qui semblait le plus humble, dans une enfant, dans la simple fille des campagnes, du pauvre peuple de France... Car il y eut un peuple, il y eut une France... Cette dernière figure du passé fut aussi la première du temps qui commençait. En elle apparurent à la fois la Vierge... et déjà la Patrie.» Mais Jeanne, c'est en définitive et surtout, plus que le peuple ou la nation, la femme. «Nous devons y voir encore autre chose, la Passion de la Vierge, le martyre de la pureté... Le sauveur de la France devait être une femme. La France était femme elle-même...» Une autre obsession de Michelet a trouvé ici sa nourriture. Cependant Jeanne marque la fin du Moyen Âge. Entre-temps une autre apparition merveilleuse s'est produite: la nation, la patrie. C'est la grandeur de ce XIVe siècle, le grand siècle du Moyen Âge pour Michelet, celui qu'il jugera digne d'une publication à part. C'est dans la *Préface* du tome III, celle de 1837, qu'il dit son émerveillement pour ce siècle où la France s'accomplit, où, d'enfant elle devient femme, de personne physique personne morale, où elle est enfin elle-même: «L'ère nationale de la France est le XIVe siècle. Les États généraux, le Parlement, toutes nos grandes institutions, commencent ou se régularisent. La bourgeoisie apparaît dans la révolution de Marcel, le paysan dans la Jacquerie, la France elle-même dans la guerre des Anglais. Cette locution: un *bon Français* date du XIVe siècle. Jusqu'ici la France était moins France que chrétienté.»
Par-delà ces personnes chéries, le Barbare-enfant, la France-femme et nation, le peuple, Michelet voit surgir, au Moyen Âge, deux forces enthousiasmantes: la religion et la vie. La religion, car, à ce moment-là, Michelet, comme l'a bien montré Jean-Louis Cornuz, tient le christianisme pour une force positive de l'histoire. Dans le beau texte resté pendant un siècle

ignoré et que Paul Viallaneix vient de révéler en l'intitulant *L'Héroïsme de l'esprit*, Michelet explique : « L'une des causes principales qui me fit prendre ces soins pieux de ces âges que tous nos efforts tendent à effacer de la terre, dois-je le dire ? c'est l'étonnant abandon où leurs amis les laissaient, c'est l'incroyable impuissance des partisans du Moyen Âge à mettre en lumière, en valeur, cette histoire qu'ils disent aimer tant... Qui connaît le christianisme ? » Le christianisme, pour lui, est alors renversement de la hiérarchie, promotion des humbles : les derniers seront les premiers. Il est même, quoique déjà en partie impuissant dans le domaine matériel, un ferment de liberté, et, d'abord, pour les plus opprimés, les plus malheureux, les esclaves. Il veut affranchir l'esclave, même s'il n'y parvient pas. Dans la Gaule de la fin du IIIe siècle, les opprimés se révoltent. « Alors tous les serfs des Gaules prirent les armes sous le nom de Bagaudes... Il ne serait pas étonnant que cette réclamation des droits naturels de l'homme eût été en partie inspirée par la doctrine de l'égalité chrétienne. »
À une époque où il s'avoue lui-même plus « écrivain et artiste » qu'historien, Michelet voit dans le christianisme une merveilleuse inspiration pour l'art. Et il écrit ce texte sublime : *La Passion comme principe d'art au Moyen Âge*, qu'il corrigera dans l'édition de 1852 et ne conservera dans celle de 1861 que parmi les *Éclaircissements* : « Dans cet abîme est la pensée du Moyen Âge. Cet âge est contenu tout entier dans le christianisme, le christianisme dans la Passion... Voilà tout le mystère du Moyen Âge, le secret de ses larmes intarissables et son génie profond. Larmes précieuses, elles ont coulé en limpides légendes, en merveilleux poèmes, et s'amoncelant vers le ciel, elles se sont cristallisées en gigantesques cathédrales qui voulaient monter au Seigneur ! Assis au bord de ce grand fleuve poétique du Moyen Âge, j'y distingue deux sources diverses à la couleur de leurs eaux... Deux poésies, deux littératures : l'une chevaleresque, guerrière, amoureuse ; celle-ci est de bonne heure aristocratique ; l'autre religieuse et populaire... » Et, dans une intuition, Michelet ajoute : « La première aussi est populaire à sa naissance... » Il croit, bien sûr, à l'influence sur notre littérature savante médiévale « des poèmes d'origine celtique » dans le temps où son ami Edgar Quinet écrit ce beau et méconnu *Merlin l'Enchanteur*. Il se serait aujourd'hui passionné pour les recherches qui mettent en évidence, par-derrière les chansons de geste, les romans courtois, non seulement la littérature orale celtique mais le grand courant populaire des folklores. Cette union de la religion et du peuple, voilà ce qui, alors, charme Michelet dans le Moyen Âge : « L'Église était alors le domicile du peuple... Le culte était un dialogue tendre entre Dieu, l'Église et le peuple, exprimant la même pensée... »
Enfin le Moyen Âge, c'est la vie. Michelet ne sent pas l'Antiquité, elle est pour lui inerte. On a vu comment à « l'art ancien, adorateur de la

matière », il oppose « l'art moderne », c'est-à-dire celui du Moyen Âge, « fils de l'âme et de l'esprit ». Pour lui comme pour les autres grands romantiques, cette vitalité profonde du Moyen Âge, qui anime la pierre, culmine dans le gothique. Dans le gothique, il n'aime pas seulement les commencements, le moment où, au XIIe siècle s'ouvre « l'œil ogival », le temps où, aux XIIe et XIIIe siècles, « la croisée enfoncée dans la profondeur des murs... médite et rêve », mais aussi l'exubérance, les folies de la fin, du flamboyant : « Le XIVe siècle est à peine épuisé que ces roses s'altèrent ; elles se changent en figures flamboyantes ; sont-ce des flammes, des cœurs ou des larmes ?... »

Le couronnement de ces élans est la fête médiévale. L'idéal de la fête que Michelet a si bien exalté – notamment avec *L'Étudiant* – dans nulle autre époque il ne le trouve aussi bien réalisé qu'au Moyen Âge. C'est la « longue fête du Moyen Âge ». Le Moyen Âge est une fête. Pressentiment du rôle – aujourd'hui éclairé par la sociologie et l'ethnologie – que la fête joue dans une société et une civilisation du type de celles du Moyen Âge.

Dans le grand texte de 1833, *La Passion comme principe d'art au Moyen Âge*, Michelet parvient enfin aux raisons les plus profondes, les plus viscérales qui l'attirent, fasciné, vers le Moyen Âge. C'est le retour aux origines, au ventre maternel. Claude Mettra (*L'Arc*, n°52) a commenté, de façon inspirée, un texte de février 1845 où Michelet, ayant achevé son histoire de la France médiévale, se compare lui-même à la « matrice féconde », à la « mère », à « la femme enceinte qui fait tout en vue de son fruit ». L'obsession du Ventre, de son image, de son royaume, trouve son aliment dans le Moyen Âge, d'où nous sommes nés, d'où nous sommes sortis. « Il faut que le vieux monde passe, que la trace du Moyen Âge achève de s'effacer, que nous voyions mourir tout ce que nous aimions, ce qui nous allaita tout petit, ce qui fut notre père et notre mère, ce qui nous chantait si doucement dans le berceau. » Phrase plus actuelle encore en 1974, alors que la civilisation traditionnelle, qui se créa au Moyen Âge et subit un premier grand choc au temps de Michelet avec la révolution industrielle, s'efface définitivement sous les transformations qui ont submergé et bouleversé « le monde que nous avons perdu » (Peter Laslett).

LE MOYEN ÂGE SOMBRE DE 1855

Le beau Moyen Âge de 1833 s'était rapidement détérioré. De 1835 à 1845, dans les rééditions des trois premiers tomes, Michelet commençait à

s'éloigner du Moyen Âge. Le revirement était net dans l'édition de 1852. La rupture est définitivement consommée en 1855 dans les préfaces et introductions aux tomes VII et VIII de l'*Histoire de France*. La Renaissance et la Réforme rejettent le Moyen Âge dans les ténèbres : « L'état bizarre et monstrueux, prodigieusement artificiel, qui fut celui du Moyen Âge... »
La rupture est venue avec Luther. Plus que les apparitions maintenant enténébrées du Moyen Âge, la véritable épiphanie, c'est Luther : « Me voici ! » « Il me fut fort salutaire de vivre avec ce grand cœur qui dit *non* au Moyen Âge. »
Michelet, un peu gêné d'avoir trop aimé le Moyen Âge, cherche à prendre ses distances avec lui, avec *son* Moyen Âge : « Ce début de mon histoire plut au public plus qu'à moi-même. » Il s'efforce de corriger sans renier. Il affirme qu'il a révélé le Moyen Âge. Il a cru ce que le Moyen Âge voulait faire croire et n'a pas vu la réalité, qui était sombre. « Il n'est point de notre franchise d'effacer rien de ce qui est écrit... Ce que nous écrivîmes alors est vrai comme l'idéal que se posa le Moyen Âge. Et ce que nous donnons ici, c'est sa réalité, accusée par lui-même. »
Oui, c'est bien la séduction perverse de l'art, en ce temps où, pour reprendre encore ses termes, il était plus artiste et écrivain qu'historien, qui a inspiré à Michelet une indulgence coupable pour cette époque : « Alors (en 1833) quand l'entraînement pour l'art du Moyen Âge nous rendit moins sévère pour ce système en général... » Or cet art même le voilà vilipendé maintenant. C'est « la déroute du gothique ». Elle est visible dans la bouffonnerie du néo-gothique romantique. Trois coupables. Chateaubriand : « M. de Chateaubriand... hasarda de bonne heure une très grotesque imitation... » Victor Hugo : « En 1830, Victor Hugo la reprit avec la vigueur du génie, et lui donna l'essor, partant toutefois du fantastique, de l'étrange et du monstrueux, c'est-à-dire de l'accidentel. » Enfin, Michelet lui-même : « En 1833... j'essayai de donner la loi vivante de cette *végétation*... Mon trop aveugle enthousiasme s'explique par un mot : nous devinions, et nous avions la fièvre de la divination... » Là même où le Moyen Âge semble être grand, il est passé à côté de lui-même. Il n'a pas reconnu une Jeanne d'Arc : « Ils voient passer Jeanne d'Arc et disent : "Quelle est cette fille ?" » Le XIVe siècle sera-t-il maintenu dans son exaltation ? Il le pourrait, après « l'abaissement du XIIIe siècle » : « La date la plus sinistre, la plus sombre de toute l'histoire est pour moi l'an 1200, le 93 de l'Église. » Mais le XIVe et le XVe siècle sont emportés dans la danse macabre d'un Moyen Âge qui n'en finit pas de mourir : « Il finit au XIVe siècle, quand un laïque, s'emparant des trois mondes, les enclôt dans sa *Comédie*, humanise, transfigure et ferme le royaume de la vision. » Désormais

Michelet ne peut que s'étonner de «sa naïveté, sa bienveillante candeur à refaire le Moyen Âge», à le reprendre, «siècle par siècle». Car, ce temps adoré puis brûlé, c'est désormais «mon ennemi le Moyen Âge (moi, fils de la Révolution et qui l'ai au fond du cœur)...»

Le beau Moyen Âge de 1833, au fil des rééditions, Michelet l'a retouché, raturé, noirci. Que nous apprend le jeu des repentirs? Les spécialistes de Michelet diront pourquoi cet éloignement, ce quasi-renversement. Lui-même le présente comme une révélation survenue au choc de la Renaissance et de la Réforme. Découvrant Luther, Michelet doit rejeter, comme lui, le Moyen Âge dans les ténèbres. Mais on peut supposer que l'évolution de Michelet face à l'Église et au christianisme est pour beaucoup dans cette volte-face. Il ne faut jamais oublier cette double lecture simultanée qu'il fait de l'histoire passée et de l'histoire contemporaine. L'anticléricalisme de Michelet s'affirme tout au long de la monarchie de Juillet. L'inspiration centrale du Moyen Âge en est atteinte.

Michelet a souligné qu'il avait eu l'avantage d'aborder le christianisme sans préjugé, sans formation religieuse qui l'eût porté à admirer sans contrôle ou à rejeter, par réaction, sans examen. Mais les «fourbes» de son temps lui révèlent la nocivité de leurs ancêtres: «Ma parfaite solitude, mon isolement, si peu croyable et pourtant si vrai, au milieu des hommes du temps, m'empêchaient de sentir assez combien ces larves du passé étaient redoutables encore par les fourbes qui se prétendent leurs héritiers naturels.»

De corrections en corrections, de variantes en variantes, on peut discerner les points critiques autour desquels se noue la volte-face de Michelet à l'égard du Moyen Âge. Au tome premier, ce qui exaltait ou excusait l'Église et la religion chrétienne disparaît ou s'estompe. Le monachisme occidental était loué face aux «cénobites asiatiques». Michelet supprime cette comparaison favorable: «La liberté s'était anéantie en Orient dans la quiétude du mysticisme; elle se disciplina en Occident, elle se soumit, pour se racheter, à la règle, à la loi, à l'obéissance, au travail.» Ce qui, dans les Barbares, pouvait être excessif avait été adouci par le christianisme, dont la force poétique était soulignée. «Pour adoucir, pour dompter cette fougueuse barbarie, ce n'était pas trop de toute la puissance religieuse et poétique du christianisme. Le monde romain sentait d'instinct qu'il lui faudrait bientôt pour se réfugier l'ample sein de la religion.» Ce passage aussi disparaît. La conversion des Francs était saluée comme une reconnaissance de cette puissance poétique du christianisme, opposée au rationalisme, qui ne convient pas aux enfances primesautières. Michelet, après avoir redit qu'«eux seuls [les Francs] reçurent le christianisme par l'Église latine», supprime la suite:

«... c'est-à-dire dans sa forme complète, dans sa haute poésie. Le rationalisme peut suivre la civilisation, mais il ne ferait que dessécher la barbarie, en tarir la sève, la frapper d'impuissance». Le christianisme avait été présenté comme le refuge de toutes les classes sociales. Ce n'est plus le cas puisqu'on ne peut plus lire: «Les petits et les grands se rencontrèrent en Jésus-Christ.» Michelet avait été plein de compréhension, d'indulgence pour l'insertion complaisante de l'Église dans le siècle, ses compromissions avec la puissance et la richesse: «Et il devait en être ainsi. Comme asile, comme école, l'Église avait besoin d'être riche. Les évêques devaient marcher de pair avec les grands pour en être écoutés. Il fallait que l'Église devînt matérielle et barbare pour élever les barbares à elle, qu'elle se fît chair pour gagner ces hommes de chair. De même que le prophète qui se couchait sur l'enfant pour le ressusciter, l'Église se fit petite pour couver le jeune monde.» De tout ceci il ne reste rien. Une légère retouche, parfois, souligne d'autant mieux le refroidissement de Michelet pour le Moyen Âge. Pascase Radbert avait été celui «qui, le premier, enseigna d'une manière explicite cette merveilleuse poésie d'un Dieu enfermé dans un pain». La *merveilleuse* poésie se dégrade en *prodigieuse*.

La révision du tome deuxième est, en 1861, beaucoup plus importante encore. Les coupures sont nombreuses, de longues citations sont rejetées en appendice et des passages entiers dans les *Éclaircissements*, tel, on l'a déjà vu, l'excursus sur *La Passion comme principe d'art au Moyen Âge*. Il est vrai qu'en 1845, dans sa *Monographie de l'Église de Noyon*, Ludovic Vivet avait soutenu que l'architecture gothique était l'œuvre des laïques et l'idée avait séduit Michelet. La religion et l'Église sont toujours les principales victimes de ces exclusions et de ces raccourcissements. Un éloge des «braves prêtres irlandais» disparaît, tout comme celui du célibat ecclésiastique, que Michelet avait d'abord appelé «ce virginal hymen du prêtre et de l'Église». L'Église cesse d'être associée aux idées de liberté, de peuple, de poésie. Commentant l'histoire de Thomas Becket, Michelet s'était écrié: «Les libertés de l'Église étaient alors celles du monde.» Il n'est plus question de ces libertés.

Un rapprochement hardi entre saint Bernard et Byron disparaît. Du chevalier, Michelet disait: «Le chevalier se fait homme, se fait peuple, se donne à l'Église. C'est qu'en l'Église seule est alors l'intelligence de l'homme, sa vraie vie, son repos, elle veille le peuple enfant. L'Église est peuple elle-même.» Tout ceci est rejeté dans les *Éclaircissements*.

Si les croisades sont sauvées (les croisés «cherchèrent Jérusalem et rencontrèrent la liberté»), il y a des réhabilitations inattendues. Dans la première édition, les adversaires de l'Église étaient souvent critiqués par

Michelet, puisque l'Église était une force de progrès. L'Église désormais abaissée, c'est la remontée de ses ennemis. Deux principaux gagnants : Abélard et les Albigeois. La doctrine d'Abélard sur l'intention était qualifiée de « glissante... dangereuse » et annonçant les jésuites! Abélard, devenu le précurseur de la Renaissance, n'encourt plus cet opprobre. Les Albigeois n'étaient pas ménagés. Leur culture était vilipendée, la littérature occitane qualifiée de « parfum stérile, fleur éphémère qui avait crû sur le roc et qui se fanait d'elle-même... ». Loin d'être des porteurs de progrès, les Albigeois étaient des attardés, apparentés à ces Orientaux mystiques que le christianisme occidental avait eu bien raison de rejeter ; et ils ne valaient pas mieux que leurs persécuteurs : « On suppose toujours qu'au Moyen Âge les hérétiques seuls furent persécutés, c'est une erreur. Des deux côtés on croyait que la violence était légitime pour amener le prochain à la vraie foi... Ces martyrs du Moyen Âge ont rarement la douceur de ceux des premiers siècles qui ne savaient que mourir. » Tout ce qui ternissait les Albigeois est maintenant effacé.

On a deviné que le Moyen Âge est devenu pour Michelet un objet d'horreur. Il lui apparaît désormais comme l'antinature et, loin de produire ces apparitions merveilleuses qui l'éblouissaient, il ne sécrète plus désormais que ce que Roland Barthes a appelé « les thèmes maléfiques ». Le Moyen Âge, c'est donc cet « état bizarre et monstrueux, prodigieusement artificiel », de la *Préface* de 1855 : « À la nature proscrite a succédé l'antinature, d'où spontanément naît le monstre, sous deux faces, monstre de fausse science, monstre de perverse ignorance. »

Tout ce qui est spontané, bon, fécond, généreux, l'enfance, la famille, l'école, le Moyen Âge l'ignore ou le combat : « Le Moyen Âge est impuissant pour la famille et l'éducation autant que pour la science. » Comme il est *l'antinature* il est la *contre-famille* et la *contre-éducation*. La fête qu'il aurait pu être, le Moyen Âge ne l'a pas connue car l'Église la lui a interdite, « la belle fête, si touchante, du Moyen Âge, que l'Église a condamnée, la fête du simple des simples ».

De la boîte de Pandore médiévale, s'échappent maintenant les miasmes inventoriés par Roland Barthes sous la triple catégorie du sec, du vide et de l'enflure, de l'indécis. Voici le sec. C'est l'aridité des scolastiques : « Tout finit au XIIe siècle ; le livre se ferme ; cette féconde efflorescence, qui semblait intarissable, tarit tout à coup. » La scolastique avait « fini par la *machine à penser* ». Ce n'est plus qu'imitation, ressassement ; « le Moyen Âge devient une civilisation de copistes » (R. Barthes). Un moment vivifié, l'art gothique retombe, la pierre redevient inerte, le Moyen Âge retourne à la minéralité. Pire, en la personne de son roi le plus symbolique, le plus vénérable, Saint Louis, il ne sait pas, il ne peut pas pleurer. Le « don des larmes » lui est

TEMPS ET TRAVAIL

refusé. D'où ce jugement de l'historien repenti sur sa première interprétation : « Je traversai dix siècles du Moyen Âge, aveuglé par les légendes, assoti par la scolastique, faible parfois dans mes admirations juvéniles pour la stérilité de ce monde où l'esprit humain jeûna tellement qu'il maigrit. » Monde du vide et de l'enflure : « De la philosophie proscrite naquit l'infinie légion des ergoteurs, la dispute sérieuse, acharnée, du vide et du rien... immense armée des fils d'Éole, nés du vent et gonflés de mots... » Oui, ce Moyen Âge est bien le temps, inquiétant et haïssable, de l'indécis. À propos du serf, « être bâtard, équivoque », Michelet généralise : « Tout est louche et rien n'est net. » Le Moyen Âge est malade, de la maladie des indécis, celle du sang instable. Elle marque le XIIIe siècle, c'est la lèpre. Elle ronge le XIVe, c'est la peste.

Le Moyen Âge est devenu le long tunnel du jeûne, de la tristesse, de l'ennui. Roland Barthes, encore, le dit bien : « Le Moyen Âge bâille, tenu dans un état mitoyen entre la veille et le sommeil. » Mais, au fait, le Moyen Âge a-t-il existé ? « C'est bien là le fond des ténèbres. » Toutefois, dans ces ténèbres, malgré l'Église, une lumière luit, Satan, une femme maintient la flamme, la sorcière.

VERS UN AUTRE MOYEN ÂGE :
LA SORCIÈRE LUCIFÉRIENNE

Oui, du fond de ce désespoir, une lumière va apparaître, celle de Satan, de la sorcière. Un nouveau Moyen Âge surgit, que j'appelle le Moyen Âge de 1862, année où, de janvier à octobre, Michelet écrit *La Sorcière*. Ce Moyen Âge est positif. C'est à nouveau un temps bénéfique. Mais par un étrange détour, un étonnant renversement. Ce qui sauve, en effet, le Moyen Âge, c'est ce que lui-même a condamné, étouffé, martyrisé. Ce Moyen Âge *à rebours* (« la grande révolution que font les sorcières, le plus grand pas *à rebours* contre l'esprit du Moyen Âge... »), Michelet, qui le laisse jaillir de lui en 1862, a l'impression de l'avoir toujours porté en lui. Révélation ou reconstruction après coup, il croit l'avoir, dès ses premiers pas en histoire, reconnu. Dans *L'Héroïsme de l'esprit* il fait remonter à son *Introduction à l'histoire universelle*, de 1831, sa conception du couple antagoniste Moyen Âge-Satan : « Mon point de départ critique, mon indépendance d'esprit sont marqués dans l'*Introduction à l'histoire universelle*, où j'accuse le Moyen Âge d'avoir, sous le nom de Satan, poursuivi la liberté à laquelle l'âge moderne a enfin rendu son nom. » Car les voilà bien, les vertus de Satan et de sa créature, la sorcière. Ce sont des vertus bénéfiques. Ce qu'elles ont imposé au sein du Moyen Âge, c'est la liberté, la fécondité. Satan : « nom bizarre de la liberté jeune encore, militante d'abord, négative, créatrice, plus tard, de plus en plus féconde ». La sorcière : « réalité chaude et féconde ».

La fécondité, étonnamment, Michelet la voit surtout dans l'enfantement des sciences modernes par la sorcière. Tandis que les clercs, les scolastiques, s'enlisaient dans ce monde de l'imitation, de l'enflure, de la stérilité, de l'antinature, la sorcière redécouvrait la nature, le corps, l'esprit, la médecine, les sciences naturelles : « Voyez encore le Moyen Âge », a déjà dit Michelet dans *La Femme* (1859), « époque fermée s'il en fut. C'est la Femme, sous le nom de Sorcière, qui a maintenu le grand courant des sciences bénéfiques de la nature... »

Le Moyen Âge de 1862 satisfait enfin et pleinement non seulement les obsessions existentielles mais les théories historiques de Michelet. C'est un Moyen Âge où peut se déployer le corps, pour le meilleur et pour le pire. Temps des maladies et des épidémies, temps du sang vital, temps aussi de l'amour et des retours à la vie. Jeanne Favret l'a bien vu et dit : « Parler de Satan peut-être était-ce une manière de dire un malaise qui se situe "ailleurs" que dans la conscience ou dans la société, et tout d'abord dans le corps. Michelet le pressent – combien plus fortement que ses successeurs, historiens, ethnographes et folkloristes – lorsqu'il énonce que les trois fonctions de la sorcière se rapportent au corps : "guérir, faire aimer, faire revenir les morts". » (*Critique*, avril 1971.) La grande révolution des sorcières, en effet, « c'est ce qu'on pourrait appeler la réhabilitation du ventre et des fonctions digestives. Elles professèrent tardivement : "rien d'impur et rien d'immonde". L'étude de la matière fut dès lors illimitée, affranchie. La médecine fut possible ». Et le maître de la sorcière, Satan, est bien *le Prince du monde*. De Michelet, Paul Viallaneix a dit justement : « Satan devient le Prométhée de sa vieillesse. » Le caractère exceptionnel, épiphanique du XIVe siècle se retrouve. Mais au lieu d'annoncer la nation, le peuple, le Jacques, il révèle Satan, le sabbat, la peste : « cela n'arrive qu'au XIVe siècle »...

Dans la trilogie morbide des trois derniers siècles du Moyen Âge, le XIVe marque l'apogée du désespoir physique qui, joint au désespoir spirituel, donne naissance à la sorcière : « Trois coups terribles en trois siècles. Au premier, la métamorphose choquante de l'extérieur, les maladies de peau, la lèpre. Au second, le mal intérieur, bizarre stimulation nerveuse, les danses épileptiques. Tout se calme, mais le sang s'altère, l'ulcère prépare la syphilis, le fléau du XVe siècle. » Et encore : « Le XIVe siècle oscilla entre trois fléaux, l'agitation épileptique, la peste, les ulcérations... » Voilà

la grande jointure, le nœud historique où Michelet voit l'incarnation de sa conception de l'histoire, le matériel et le spirituel ensemble, le corps physique et le corps social d'un même mouvement, d'un même branle. « Un procès de Toulouse, qui donne en 1353 la première mention de la Ronde du Sabbat, me mettait justement le doigt sur la date précise. Quoi de plus naturel? La peste noire rase le globe et "tue le tiers du monde". Le pape est dégradé. Les seigneurs battus, prisonniers, tirent leur rançon du serf et lui prennent jusqu'à la chemise. La grande épilepsie du temps commence, par la guerre servile, la Jacquerie... On est si furieux qu'on danse. »
Envoûté par cette nouvelle modernité du XIVe siècle, la satanique, Michelet détache la chrétienté satanisée de ses attaches historiques et géographiques. Elle ne continue plus l'Antiquité. La sorcière n'est pas « la vieille Magicienne ni la Voyante celtique et germanique ». Les bacchanales, « petit sabbat rural », ne sont pas « la messe noire du XIVe siècle, le grand défi solennel à Jésus ». D'ailleurs, quand Michelet arrive à l'aube luciférienne, il semble ne plus se croire au Moyen Âge. Alors que vont se déchaîner les grandes épidémies, il se retourne vers la morbidité molle des siècles antérieurs et les identifie au Moyen Âge : « Les maladies du Moyen Âge, ... moins précises, avaient été surtout la faim, la langueur et la pauvreté du sang... »
Même détachement des autres mondes, l'arabe ou, plus largement, l'oriental. Le sabbat est invention, création de l'Occident chrétien : « Les superstitions sarrasines, venues d'Espagne ou d'Orient n'eurent qu'une influence secondaire, ainsi que le vieux culte romain d'Hécate ou Dianon. Ce grand cri de fureur qui est le vrai sens du sabbat, nous révèle bien autre chose... »
Le désespoir et l'Occident. Voici que Michelet nous propose ce que nous appellerions dans notre jargon une nouvelle périodisation. Avant et après la peste. Certes les médiévistes d'aujourd'hui ne caractériseraient pas de la même façon les deux versants de l'histoire que définit cette pointe catastrophique. En deçà, plus qu'un monde de sécheresse et de stagnation, c'est, au contraire, un univers en mouvement, un bond des hommes, une dilatation des espaces cultivés, un jaillissement des villes, une explosion de monuments, un bouillonnement d'idées, le beau Moyen Âge de la croissance. Après, c'est le début d'un long équilibre déprimé, moins peuplé, moins conquérant, moins hardi, si l'on oublie l'expansion hors d'Europe. Mais même si l'on a envie de changer de signe, la grande coupure du milieu du XIVe siècle s'impose de plus en plus pour distinguer un monde encore ancré à ses origines antiques, soudé au continent eurasiatique et même africain, d'un univers qui, à

travers les convulsions, s'achemine vers la modernité, une modernité qui commence par le temps des sorcières, illuminée par les bûchers d'une grande crise physique et morale.

RETOUR À UN MOYEN ÂGE DE L'ENFANCE

Le Moyen Âge auquel Michelet semble être parvenu en 1862 est devenu fond de l'abîme, le «fond de la souffrance morale» atteint «vers Saint Louis, Philippe le Bel...». Mais ne peut-on soupçonner que le Michelet de la vieillesse, celui dont Paul Viallaneix a montré que, loin d'être un vieillard déclinant, dominé par sa seconde femme et par des obsessions devenues séniles, il va plus profond dans la philosophie de l'amour, de l'harmonie et de l'unité qui l'avait toujours hanté, ne peut-on soupçonner que ce dernier Michelet est prêt à «récupérer» le Moyen Âge ?
Dans la *Préface* de 1869, qui n'est pas tendre pour le Moyen Âge, il rappelle une anecdote située après la révolution de Juillet, où il se révèle prêt à défendre le Moyen Âge contre certains de ses détracteurs, qu'il déteste encore plus, les saint-simoniens : «À une séance solennelle où nous fûmes invités, Quinet et moi, nous vîmes avec admiration dans cette religion de la banque un retour singulier de ce qu'on disait aboli. Nous vîmes un clergé et un pape... la vieille religion que l'on disait combattre, on la renouvelait en ce qu'elle a de pire ; confession, direction, rien n'y manquait. Les capuccini revenaient, banquiers, industriels... Qu'on supprimât le Moyen Âge, à la bonne heure. Mais c'est qu'on le volait. Cela me parut fort. En rentrant, d'un élan aveugle et généreux, j'écrivis un mot vif pour ce mourant qu'on pillait pendant l'agonie...» C'est que, de plus en plus, Michelet se détourne du monde qu'il voit évoluer sous ses yeux. Dans la montée de la révolution de l'industrie, «nouvelle reine du monde», il voit de plus en plus le raz de marée de la matière, une matière qui, loin de s'unir à l'esprit, l'anéantit, qui «subjugue l'énergie humaine». Quand cette édition des *Œuvres complètes* sera parvenue à l'*Histoire du XIXe siècle* (1870-1873), on pourra mieux s'apercevoir combien Michelet, bien qu'il s'efforce de demeurer, comme dans l'épilogue de *La Sorcière*, l'homme de l'aube, du progrès, de l'espoir, toujours en attente de merveilles et de transfigurations, est angoissé par l'univers mécanisé qui tend à tout submerger. «Je suis né au milieu de la grande révolution territoriale et j'aurai vu poindre la grande révolution industrielle.» Celle-ci est la vraie Terreur.

Il est possible que, plutôt que de s'évader dans une fuite en avant, Michelet soit tenté de se retourner vers le Moyen Âge de sa jeunesse, ce Moyen Âge qu'en 1833 il évoquait presque comme le ventre maternel et où il rêva de rentrer. Monde d'une enfance à retrouver plus tard, quand l'humanité, dans un nouveau sursaut satanique, demanderait des comptes à l'industrialisation désenchantée et se révolterait contre l'oppression de la croissance.
L'homme qui écrivait déjà dans La Femme (1859) : « Je ne puis me passer de Dieu. L'éclipse momentanée de la haute Idée centrale assombrit ce merveilleux monde moderne des sciences et des découvertes » et dont Paul Viallaneix a dit : « Plus il va, moins il peut se passer de Dieu », comment, pour finir, se passerait-il du Moyen Âge ?

LE MOYEN ÂGE DE MICHELET : MOYEN ÂGE POUR AUJOURD'HUI ET POUR DEMAIN ?

J'ai laissé bien souvent la parole à Michelet. Comment mieux dire quand il parle ?
Après avoir évoqué l'indifférence ou l'éloignement qu'éprouvent pour le Moyen Âge de Michelet la plupart des médiévistes d'aujourd'hui, j'ai tenté de montrer le Moyen Âge, ou plutôt les Moyen Âge de Michelet. Chemin faisant, j'ai évoqué les résonances que tel ou tel aspect de ces Moyen Âge pouvaient éveiller chez un médiéviste de notre temps. Aussi – et c'était bien mon dessein – a-t-on pu supposer que le dédain des médiévistes vient peut-être de l'ignorance du texte de Michelet, d'un parti pris positiviste, d'un préjugé antilittéraire. Je ne crois pas que le temps soit venu – au contraire – où la méconnaissance de l'historiographie, le mépris pour l'imagination et le style feraient le bon historien.
Ce n'est pas nier que le discours de l'histoire a changé, que Clio a, un siècle après la mort de Michelet, des exigences légitimes que celui-ci ne pouvait satisfaire. Il y a un niveau technique nécessaire pour l'historien, pour le médiéviste, où Michelet, quelle qu'ait été, pour son temps, sa passion du document, ne peut plus être un modèle. Mais si nous nous plaçons dans le domaine intellectuel et scientifique, le Moyen Âge de Michelet me paraît étonnamment accordé, je ne dirai pas à nos modes – ce serait dérisoire – mais aux tendances les mieux fondées, aux besoins les plus profonds de l'historien et, singulièrement, du médiéviste. Je crois même que sa leçon de méthode se double d'une fonction d'antidote à certaines modes et d'un

rôle, encore, de précurseur, de guide, non dans la perspective d'hier, mais pour aujourd'hui et pour demain.

Le Moyen Âge qu'il nous reste à «inventer», c'est-à-dire à découvrir, après lui, selon lui, c'est un Moyen Âge total, qui sorte de tous les documents possibles, du droit et de l'art, des chartes et des poèmes, du sol et des bibliothèques, qui utilise tout ce que l'arsenal combiné des sciences humaines – qui fit défaut à Michelet, mais que sa méthode appelait – met aujourd'hui à la disposition des médiévistes encore trop partagés entre spécialistes d'une histoire particulière (celle du droit, de l'art, de la littérature, du reste que l'on appelle l'histoire tout court, trop court), qui ne ressuscite pas que des fantômes mais des hommes de chair comme d'esprit, et qui ne méconnaisse pas ce que le sociologue, l'ethnologue, l'économiste, le politicologue, le sémiologue peuvent apporter à son outillage mental et scientifique. Ah! redonnons la parole à Michelet, reprenons le Moyen Âge, «lui rendant la chair et le sang, son costume et ses ornements…, le parant de la beauté qu'il eut» et pourquoi pas aussi «de celle même qu'il n'eut pas et que le temps lui a donnée par la perspective» – puisque, à travers cette formule romantique, on peut soupçonner cette nouvelle dimension de l'histoire: l'histoire de l'histoire, la mise en perspective historiographique.

L'histoire, aujourd'hui, est et doit être de plus en plus manipulatrice de chiffres, calculatrice, mesureuse. Le Moyen Âge résiste – relativement – à cette attaque quantitative. Il a longtemps ignoré le calcul, ne considérant le nombre que comme symbole ou tabou. Il est bon que les statistiques, les courbes, les graphiques se multiplient dans les travaux des médiévistes et que le monstre ordinateur, comme le Léviathan des tympans gothiques, puisse se nourrir toujours davantage d'un Moyen Âge en fiches, en programmes, qu'à la différence de l'autre il restituera de ses profondeurs, pour que le médiéviste ait à sa disposition les bases plus sûres d'un Moyen Âge plus vrai. Mais il doit savoir qu'il n'aura encore qu'un cadavre entre les mains. Il lui faudra encore, toujours, un «ressusciteur». Le médiéviste toujours devra être, ou s'efforcer d'être Michelet, qui rappelle que le quantitatif n'est pas tout, mais que, tout nécessaire qu'il soit, il se situe en deçà de l'histoire. S'il est bon d'appliquer au passé les derniers raffinements de la science, que le médiéviste sache donc enlever les échafaudages de chiffres et retrouver un Moyen Âge «tel qu'en lui-même», approximatif, massif, craignant d'offenser Dieu en trop comptant, imputant à Caïn la diabolique invention des poids et mesures.

L'histoire d'aucune époque ne se limite à la documentation sur laquelle elle se fonde. Et c'est un progrès depuis Hérodote et encore depuis Michelet, que la documentation s'enrichisse, que sa critique se raffine, que son utilisation scrupuleuse soit de plus en plus impérieuse. Mais il faut se résigner à ne pas tout savoir, à ne jamais tout savoir du Moyen Âge. Il serait dangereux de vouloir remplir les vides, de faire parler sans méthode les lacunes. Mais, entre une Antiquité où les silences de l'histoire laissent peut-être la part trop belle aux hypothèses et des Temps modernes accablés sous le fardeau des documents, le Moyen Âge peut être le temps de l'heureux équilibre, de la fructueuse collaboration d'une documentation bien utilisée et d'une imagination bien fondée. Le droit à l'imagination pour l'historien, et singulièrement pour le médiéviste, c'est toujours Michelet qui nous l'enseigne le mieux. Et comment expliquer, faire revivre une époque qui sut, par l'imagination, ériger sur ses manques et ses faiblesses une si grande civilisation du rêve, sans recourir aux vertus de l'imagination ? Les croisades s'ébranlent à l'appel d'une Jérusalem imaginaire. Comment les rendre compréhensibles sans les imaginer à partir, mais aussi au-delà des textes et des monuments ? L'homme du Moyen Âge, les hommes du Moyen Âge furent, même ceux qui n'avaient rien de mystique, des pèlerins, des marcheurs, *homo viator*. Comment les bureaucrates de l'érudition, les ronds-de-cuir de la « médiévistique » pourraient-ils rejoindre ceux qui ont toujours été sur la route ?

Depuis Michelet, l'analyse des sociétés s'est faite plus méthodique. Qu'on cherche avec Marx les classes et le mécanisme de leur lutte, avec des sociologues modernes la structure et le jeu des catégories socioprofessionnelles, avec tels historiens un système d'ordres et d'états, on analyse plus subtilement et plus efficacement ceux que Michelet, recourant volontiers au singulier collectif, appelait le noble, le clerc, le serf, le Jacques et, toujours emporté par une saisie globale, mêlait dans la croisade, la commune, ou le sabbat. Mêlait surtout dans le peuple. Mot vague, peu aimé des historiens, même les moins frottés de sociologie. Et pourtant nous redécouvrons aujourd'hui la réalité et le poids historique d'acteurs sociaux aux contours mal définis : les jeunes, les masses, l'opinion publique, le peuple. Ici Michelet est fils de son siècle. « Fils du peuple » : cela, en fait, est plus précis au XIXe siècle. Ne l'est-ce pas aussi pour le Moyen Âge ? *Populus*, qui est le peuple des fidèles, le peuple de Dieu, le peuple tout court. Ne renonçons pas, certes, à l'analyse fine d'une grille sociologique plus moderne, plus « scientifique » ; mais n'oublions pas qu'il faut aussi saisir les sociétés du passé dans leurs propres filets. Par là, Michelet, pour qui compte avant tout le *peuple*, s'est senti à l'aise au Moyen Âge et nous aide à retrouver sinon la réalité sociale, du moins l'image d'époque de cette réalité. Mais Michelet, sondant le *populaire*, va plus loin et plus près. Vers ce monde de la culture populaire, de l'Autre, auquel les ethnologues aujourd'hui nous apprennent à être attentifs jusque dans les sociétés dites « historiques ». Écoutons-le : « Le Moyen Âge, avec ses scribes, tous ecclésiastiques, n'a garde d'avouer les changements muets, profonds, de l'esprit populaire.» Dans nos sociétés «chaudes», à quelle époque mieux qu'au Moyen Âge saisissons-nous le phénomène essentiel de ce dialogue divers, fait de pressions et de répressions, d'emprunts et de refus, que la culture savante et la culture populaire entretinrent pendant dix siècles, et où s'affrontèrent les saints et les dragons, Jésus et Merlin, Jeanne d'Arc et Mélusine ? Si Keith Thomas a raison, le grand succès du christianisme médiéval aurait été l'intégration partielle mais réussie de la croyance populaire dans la foi des clercs. Quand la symbiose fut rompue, ce fut le sabbat et l'Inquisition. Plus tard, comme phénomène de masse, qu'au XIVe siècle, comme le pensait Michelet. Mais l'hypothèse documentée est la même.

Il n'est pas jusqu'au fameux constat d'échec de Michelet qui n'en fasse un homme, un savant d'aujourd'hui : « Je suis né peuple, j'avais le peuple dans le cœur... Mais sa langue, elle m'était inaccessible. Je n'ai pu le faire parler. » Aveu qui fait de Michelet, selon Barthes «le premier des auteurs de la modernité à ne pouvoir que chanter une impossible parole». Mais aussi celui qui nous avertit qu'un discours sur le peuple n'est pas le discours du peuple. Celui qui nous invite donc à chercher patiemment, nous inspirant des ethnologues de l'Autre, à trouver une méthode pour faire parler les silences et les silencieux de l'histoire. Michelet, premier historien des silences de l'histoire. Dans un échec prophétique et éclairant.

S'avançant vers les silences de l'histoire, Michelet a découvert un Moyen Âge des marges, de la périphérie, de l'excentricité, qui peut, qui doit encore inspirer le médiéviste aujourd'hui. «C'est le fait du Moyen Âge de mettre toujours en face le très haut et le très bas», s'est-il écrié. Et ce faisant, il a rencontré – et expliqué avec cohérence, même si nous ne retenons pas ses explications – Dieu et Satan, la sorcière et la sainte, l'ogive et la lèpre. Comme un Michel de Certeau, qui, par la théorie des écarts, pénètre au cœur des sociétés par leurs exclus, il s'est trouvé au centre du Moyen Âge. Sans oublier que la situation pour lui s'est renversée, en 1862, et que le plus bas s'est révélé plus fécond que le plus haut. Un Moyen Âge à l'envers, quelle vision elle-même féconde d'un temps qui a inventé la roue de fortune, le pays de Cocagne, et professé, sinon appliqué, que «celui qui s'élève sera abaissé, et celui qui s'abaisse sera relevé»! Mais surtout quelle voie tracée aux médiévistes de plus en plus nombreux qui prennent pour s'approcher de la réalité médiévale les détours illuminants de l'hérésie ou de la léproserie!

Il reste une dernière relation entre Michelet et le Moyen Âge qui le rapproche non seulement des médiévistes d'aujourd'hui, mais de nombreux hommes de nos sociétés «développées». Ce qui attirait Michelet dans le Moyen Âge, c'est qu'il y retrouvait son enfance, la matrice maternelle, tout en le ressentant autre, lointain (et même, un temps, ennemi). Or l'intérêt que manifestent pour l'histoire et l'ethnologie tant d'hommes d'aujourd'hui, intérêt qui, précisément, se cristallise souvent en un goût ou une passion pour le Moyen Âge, me paraît relever de cette double attraction pour le même et l'autre. Face à ce qu'il est devenu banal d'appeler l'accélération de l'histoire, les hommes de notre temps appréhendent de perdre le contact avec leurs origines, de devenir des orphelins du passé. Mais ce qui les attire dans ce passé, c'est autant la familiarité mélancolique d'un monde connu, mais qu'on est en train de perdre, que l'exotisme, l'étrangeté d'un univers qui s'éloigne très vite et nous offre une enfance de primitifs. Le charme que le Moyen Âge exerce sur Michelet et sur nous, c'est qu'il est «nous enfants» et «l'autre» en même temps. Michelet, dans une phrase célèbre, a fait de son *Histoire de France* une autobiographie: «Méthode intime: simplifier, biographer l'histoire, comme d'un homme, comme de moi. Tacite dans Rome n'a vu que lui, et c'était vraiment Rome.» Comme Flaubert disant: «Madame Bovary, c'est moi», Michelet aurait pu dire: «L'*Histoire de France*, c'est moi.» Dans cette histoire, en définitive, à travers la haine et l'amour, ce qui fut le plus lui-même ce fut le Moyen Âge, ce Moyen Âge avec lequel toute sa vie il a cohabité, lutté, vécu. Cette autobiographie est devenue notre biographie collective. Ce Moyen Âge, c'était lui et c'est nous.

AU MOYEN ÂGE : TEMPS DE L'ÉGLISE ET TEMPS DU MARCHAND

Le marchand n'a pas été au Moyen Âge aussi communément méprisé qu'on l'a dit, à la suite notamment des remarques de Henri Pirenne qui s'est trop fié sur ce point à des textes surtout théoriques[1]. Il reste que, si l'Église a très tôt protégé et favorisé le marchand, elle a longtemps laissé peser de graves soupçons sur la légitimité d'aspects essentiels de son activité. Certains de ces aspects engagent profondément la vision du monde qu'avait l'homme du Moyen Âge, disons plutôt, pour ne pas sacrifier au mythe d'un individu collectif abstrait, qu'avaient en Occident des gens qui, entre XIIe et XVe siècle, possédaient une culture et un outillage mental suffisants pour réfléchir sur les problèmes professionnels et leurs incidences sociales, morales, religieuses.

Au premier rang de ces griefs faits aux marchands, figure le reproche que leur gain suppose une hypothèque sur le temps qui n'appartient qu'à Dieu. Voici, par exemple, ce qu'écrit dans une question disputée dans les premières années du XIVe siècle un lecteur général de l'Ordre franciscain : « Question : les marchands peuvent-ils pour une même affaire commerciale se faire davantage payer par celui qui ne peut régler tout de suite que par celui qui règle tout de suite ? La réponse argumentée est : non, *car ainsi il vendrait le temps et commettrait une usure en vendant ce qui ne lui appartient pas*[2]. »

Première publication in *Annales E.S.C.*, 1960, pp. 417-433.

1. Voir notamment H. Pirenne, *Histoire économique de l'Occident médiéval* (recueil posthume), 1951, p. 169.
2. Ms. Flor. Bibl. Laurent. S. Croce Plut. VII, sin. 8, fol. 351. Voir Guillaume d'Auxerre (1160-1229), *Summa aurea*, III, 21, fol. 225 v : « L'usurier agit contre la loi naturelle universelle, car il vend le temps, qui est commun à toutes les créatures. Augustin dit que chaque créature est obligée de faire don de soi ; le soleil est obligé de faire don de soi pour éclairer ; de même la terre est obligée de faire don de tout ce qu'elle peut produire et de même l'eau. Mais rien ne fait don de soi d'une façon plus conforme à la nature que le temps ; bon gré mal gré les choses

Avant de dégager la conception du temps qui se cache derrière cet argument, il convient de souligner l'importance du problème. Toute la vie économique à l'aube du capitalisme commercial est, ici, mise en question. Refuser un bénéfice sur le temps, y voir un des vices fondamentaux de l'usure, c'est non seulement attaquer l'intérêt dans son principe, mais ruiner toute possibilité de développement du crédit. Au temps du marchand qui est occasion primordiale de gain, puisque celui qui a l'argent estime pouvoir tirer profit de l'attente du remboursement de celui qui n'en a pas à son immédiate disposition, puisque le marchand fonde son activité sur des hypothèses dont le temps est la trame même – stockage en prévision des famines, achat et revente aux moments favorables, déduits de la connaissance de la conjoncture économique, des constantes du marché des denrées et de l'argent, ce qui implique un réseau de renseignements et de courriers[3] –, à ce temps s'oppose le temps de l'Église, qui, lui, n'appartient qu'à Dieu et ne peut être objet de lucre.

Au vrai, c'est le problème même qui, à ce tournant essentiel de l'histoire de l'Occident, se pose de façon si aiguë à propos de l'enseignement : peut-il vendre la science qui, elle aussi, saint Bernard l'a rappelé avec sa force coutumière, n'appartient qu'à Dieu[4] ? Ici est donc mis en cause tout le processus de laïcisation de domaines humains capitaux, des fondements mêmes

---

ont du temps. Puisque donc l'usurier vend ce qui appartient nécessairement à toutes les créatures, il lèse toutes les créatures en général, même les pierres d'où il résulte que même si les hommes se taisaient devant les usuriers, les pierres crieraient si elles le pouvaient ; et c'est une des raisons pour lesquelles l'Église poursuit les usuriers. D'où il résulte que c'est spécialement contre eux que Dieu dit : "Quand Je reprendrai le temps, c'est-à-dire quand le temps sera dans Ma main de telle sorte qu'un usurier ne pourra le vendre, alors Je jugerai conformément à la justice."» Cité par John T. Noonan Jr, *The Scholastic Analysis of Usury*, 1957, pp. 43-44, qui souligne que Guillaume d'Auxerre est le premier à produire cet argument qui est repris par Innocent IV (*Apparatus*, V, 39, 48 ; V, 19, 6). L'auteur, à la fin du XIIIe siècle, de la *Tabula exemplorum* (éd. J. Th. Welter, 1926, p. 139) développe : « Comme les usuriers ne vendent que l'espérance de l'argent, c'est-à-dire le temps, ils vendent le jour et la nuit. Mais le jour est le temps de la lumière et la nuit le temps du repos ; ils vendent donc la lumière et le repos. Aussi il ne serait pas juste qu'ils jouissent de la lumière et du repos éternels. » Voir encore Duns Scot, *In IV libros sententiarum* (Op. Oxon), IV, 15, 2, 17.
3. Les données les plus précieuses se trouvent dans Giovanni di Antonio da Uzzano, *La pratica della mercatura*, éd. G. F. Pagnini Della Ventura, t. IV de *Della Decima...*, 1766, et dans *El libro di mercatantie e usanze de' paesi*, éd. F. Borlandi, 1936. On y trouve par exemple : « À Gênes, l'argent est cher en septembre janvier et avril, en raison du départ des bateaux... à Rome ou là où se trouve le pape, le prix de l'argent varie suivant le nombre des bénéfices vacants et les déplacements du pape qui fait monter le prix de l'argent partout où il se trouve... à Valence il est cher en juillet et en août à cause du blé et du riz..., à Montpellier il y a trois foires qui y causent une grande cherté de l'argent. » Cité par J. Le Goff, *Marchands et Banquiers du Moyen Âge*, 1956, p. 30. Pour les spéculations à partir de la rapidité des informations, voir P. Sardella, *Nouvelles et Spéculations à Venise au début du XVIe siècle*, 1949.
4. Voir G. Post, K. Giocarinis, R. Kay, *The Medieval Heritage of a Humanistic Ideal* : «*Scientia donum Dei est, unde vendi non potest*», in *Traditio*, II, 1955, pp. 196-234, et J. Le Goff, *Les Intellectuels au Moyen Âge*, 1957, pp. 104 *sqq.*

et des cadres de l'activité humaine : temps du travail, données de la production intellectuelle et économique.
L'Église, sans doute, jette du lest. Elle accepte d'abord, favorise bientôt l'évolution historique des structures économiques et professionnelles. Mais l'élaboration théorique, au niveau canonique ou théologique, de cette adaptation, se fait lentement, difficilement.
Le conflit du temps de l'Église et du temps des marchands s'affirme donc, au cœur du Moyen Âge, comme un des événements majeurs de l'histoire mentale de ces siècles, où s'élabore l'idéologie du monde moderne, sous la pression du glissement des structures et des pratiques économiques. Nous voudrions en préciser, ici, les données majeures.

I

On a souvent estimé que le christianisme avait fondamentalement renouvelé le problème du temps et de l'histoire. Les clercs médiévaux, nourris d'Écriture sainte, habitués à prendre la Bible pour point de départ de leur réflexion, ont considéré le temps à partir des textes bibliques et de la tradition léguée, au-delà du Livre saint, par le christianisme primitif, les Pères et les exégètes du haut Moyen Âge.
Le temps de la Bible et du christianisme primitif est avant tout un temps théologique. Il « commence avec Dieu » et il est « dominé par Lui ». Par conséquent l'action divine, dans sa totalité, est si naturellement liée au temps que celui-ci ne saurait donner lieu à un problème ; il est, au contraire, la condition nécessaire et naturelle de tout acte « divin ». Oscar Cullmann, que nous citons, a sans doute raison en soutenant contre Gerhard Delling que le christianisme primitif est proche du judaïsme à cet égard et n'a pas amené une « irruption de l'éternité dans le temps qui aurait été ainsi "vaincu" »[5]. L'éternité n'est pas pour les premiers chrétiens opposée au temps, elle n'est pas, comme pour Platon par exemple, « l'absence de temps ». L'éternité n'est pour eux que la dilatation du temps à l'infini, « la succession infinie des aiônes », pour reprendre un terme du Nouveau Testament, aussi bien des « espaces de temps délimités avec précision » que d'une durée illimitée et incalculable[6]. Nous reviendrons sur cette notion du temps quand il faudra l'opposer à la tradition

---

5. O. Cullmann, *Temps et Histoire dans le christianisme primitif*, 1947, p. 35. Gerhard Delling, *Das Zeitverständnis des Neuen Testaments*, 1940, cité *ibid.*, p. 35, n. 2.
6. O. Cullmann, *op. cit.*, p. 32.

héritée de l'hellénisme. Dans cette perspective, entre le temps et l'éternité, il y a donc différence quantitative et non qualitative.
Le Nouveau Testament apporte, ou précise, par rapport à la pensée judaïque, une nouvelle donnée. L'apparition du Christ, la réalisation de la promesse, l'Incarnation donnent au temps une dimension historique, ou mieux un centre. Désormais «depuis la création jusqu'au Christ l'histoire tout entière du passé, telle qu'elle est relatée dans l'Ancien Testament, fait déjà partie de l'histoire du salut[7]».
Il y a là pourtant engagement ambigu. Le temps, pour les chrétiens comme pour les Juifs, a un but, un «télos». L'Incarnation est déjà un événement décisif à cet égard. «L'avenir n'est plus, comme dans le judaïsme, le "télos" donnant un sens à toute l'histoire[8].» L'eschatologie se situe dans une perspective nouvelle, en un sens elle est secondaire, elle appartient comme paradoxalement au passé elle aussi, puisque le Christ l'a en quelque sorte abolie par la certitude apportée du salut. Mais il s'agit d'achever ce que le Christ a une fois pour toutes engagé. La parousie n'a pas été seulement préfigurée le jour de la Pentecôte, elle a déjà commencé – mais doit être achevée avec le concours de l'Église, clercs et laïcs, apôtres, saints et pécheurs. Le «devoir missionnaire de l'Église, la prédication de l'Évangile, donne au temps compris entre la résurrection et la parousie son sens dans l'histoire du salut[9]». Le Christ a apporté la certitude de l'éventualité du salut, mais il reste à l'histoire collective et à l'histoire individuelle de l'accomplir pour tous et pour chacun. D'où le fait que le chrétien doit à la fois renoncer au monde qui n'est que sa demeure transitoire et opter pour lui, l'accepter et le transformer puisqu'il est le chantier de l'histoire présente du salut. O. Cullmann offre à ce propos une interprétation très convaincante d'un passage difficile de saint Paul (I Cor. 7-30 *sqq.*)[10].
Soulignons, avant de le retrouver dans un contexte médiéval concret, que le problème de la fin des temps va se poser comme un des aspects essentiels de la notion de temps, à ce grand tournant des XIe-XIIe siècles où s'affirme aussi dans certains groupes sociaux – parmi lesquels on trouvera des marchands – la renaissance d'hérésies eschatologiques, une poussée de millénarisme où s'engagent profondément, en même temps que le destin individuel, des réactions de classe inconscientes. Histoire à faire qui éclairera le joachimisme et tant d'autres mouvements révolutionnaires pour l'âme comme pour le statut économique. À cette époque, l'Apocalypse n'est

---

7. *Ibid.*, p. 93.
8. *Ibid.*, p. 98.
9. *Ibid.*, p. 111.
10. *Ibid.*, p. 152.

pas le hochet de groupes ou d'individus désaxés mais l'espoir, la nourriture de groupes opprimés et de gens affamés. Les cavaliers de l'Apocalypse de saint Jean, on le sait, sont quatre : trois d'entre eux figurent les « plaies », les calamités terrestres – famines, épidémies, guerres – mais le premier partit en vainqueur pour remporter la victoire. S'il est, pour saint Jean, le Missionnaire de la Parole, pour les masses médiévales, il est le guide vers une double victoire, ici-bas et dans l'au-delà[11].

Délesté de cette charge explosive de millénarisme, ce temps biblique est légué aux orthodoxes, disons du début du XIIe siècle. Il est installé dans l'éternité, il est morceau d'éternité. Comme on l'a dit, « pour le chrétien du Moyen Âge... se sentir exister c'était pour lui se sentir être, et se sentir être, c'était se sentir non pas changer, non pas se succéder à soi-même, mais se sentir subsister... Sa tendance au néant (« habitudo ad nihil ») était compensée par une tendance opposée, une tendance à la cause première (« habitudo ad causam primam »)». Ce temps est d'autre part linéaire, il a un sens, une direction, il tend vers Dieu. « Le temps finalement emportait le chrétien vers Dieu[12]. »

Ce n'est pas le lieu d'évoquer ici, dans sa complexité et ses articulations, multiples, cette « grande coupure du XIIe siècle, une des plus profondes qui ait jamais marqué l'évolution des sociétés européennes[13] ». L'accélération de l'économie, capitale, sera signalée quand nous retrouverons le marchand. Laissons seulement apercevoir, dès maintenant, comment l'ébranlement des structures mentales ouvre des fissures dans les formes traditionnelles de pensée : par là s'introduiront et se

---

11. Sur le millénarisme, R. C. Petry, *Christian Eschatology and Social Thought. A Historical Essay on the Social Implications of Some Selected Aspects in Christian Eschatology to A.D., 1500*, 1956, reste théorique. On peut encore consulter E. Waldstein, *Die eschatologische Ideengruppe: Antechrist, Weltsabbat, Weltende und Weltgeschichte*, 1896, et même Tommaso Malvenda, *De Antichristo*, Rome, 1604, 3e éd., 1647. G. Leff a opposé des problèmes d'historien (« In Search of Millenium », in *Past and Present*, 1958, pp. 89-95) à l'ouvrage abstrait de N. Cohn, *The Pursuit of the Millenium*, 1957, trad. fr.: *Les Fanatiques de l'Apocalypse*, Paris, 1962. – Sur les rapports entre hérésies médiévales et classes sociales les vues divergent. Les aspects sociaux sont minimisés par le P. Ilarino da Milano, *Le eresie popolari del secolo XI nell' Europa occidentale*, in *Studi greg. raccolti da G. B. Borina*, 1947, II, pp. 43-101, et A. Borst, *Die Katharer*, 1953. En sens contraire: G. Volpe, *Movimenti religiosi e sette ereticali nella società medievale italiana*, 1922, et les interprétations marxistes de N. Sidorova, « Les mouvements hérétiques populaires en France aux XIe-XIIe siècles » (en russe), in *Srednie Veka* (Le Moyen Âge), 1953, et E. Werner, *Die gesellschaftlichen Grundlagen der Klosterreform im 11. Jahrhundert*, 1955. Mise au point de R. Morghen dans *Medivo Cristiano*, 1951, pp. 212 sqq. et dans les *Relazioni* du Xe Congrès international des Sciences historiques, Rome, 1955, t. III, pp. 333 sqq. Essai suggestif de C. P. Bru, « Sociologie du catharisme occitan », in *Spiritualité de l'hérésie: le Catharisme*, éd. R. Nelli, 1953.
12. G. Poulet, *Études sur le temps humain*, 1949.
13. M. Bloch, in *Annales d'histoire économique et sociale*, 1936, p. 582.

répercuteront les besoins spirituels liés à des conditions économiques et sociales nouvelles. Sans doute la disparition de l'Empire romain, la barbarisation de l'Occident, et, à un moindre degré, les restaurations impériales carolingienne puis othonienne, avaient suscité une réflexion sur l'histoire – et le christianisme s'était inséré dans une évolution historique qui, bien que dominée pour ses adeptes par la Providence, et ordonnée vers le salut, devait faire appel, pour s'éclairer, aux explications des causes secondes, structurales ou contingentes. Malheureusement pour la réflexion historique, les interprétations augustiniennes s'étaient appauvries et déformées durant le haut Moyen Âge. Chez saint Augustin, le temps de l'histoire, pour reprendre un heureux terme de Henri Marrou, conservait une « ambivalence » où, dans le cadre de l'éternité et subordonnés à l'action de la Providence, les hommes avaient prise sur leur propre destin et celui de l'humanité[14]. Mais, comme l'ont montré Bernheim et Mgr Arquillière[15], les grandes idées du *De Civitate Dei*, où les analyses historiques font écho aux développements théologiques, se vident d'historicité avec l'augustinisme politique, de Gélase à Grégoire le Grand et à Hincmar. La société féodale, dans laquelle s'enlise l'Église entre le IXe et le XIe siècle, fige la réflexion historique et semble arrêter le temps de l'histoire, ou, en tout cas, l'assimiler à l'histoire de l'Église. Au XIIe siècle encore Othon de Freising, l'oncle de Frédéric Barberousse, écrit : « À partir de ce temps-là [Constantin], étant donné que non seulement tous les hommes, mais même les empereurs, à quelques exceptions près, furent catholiques, il me semble que j'ai écrit l'histoire non de deux cités, mais pour ainsi dire d'une seule, que je nomme l'Église. » Autre négation de l'histoire par la société féodale, l'épopée, la chanson de geste, qui n'utilise les éléments historiques que pour les dépouiller, au sein d'un idéal intemporel, de toute historicité[16].

---

14. H. I. Marrou, *L'Ambivalence du temps de l'histoire chez saint Augustin*, 1950. Sur le temps chez saint Augustin, consulter dans le recueil *Augustinus Magister, Congrès international augustinien, Paris, 21-24 septembre 1954*, 3 vol., 1955 : J. Chaix-Ruy, « La Cité de Dieu et la structure du temps chez saint Augustin », pp. 923-931 ; R. Gillet, O.S.B., « Temps et exemplarisme chez saint Augustin », pp. 933-941 ; J. Hubaux, « Saint Augustin et la crise cyclique », pp. 943-950.
15. E. Bernheim, *Mittelalterliche Zeitanschauung in ihrem Einfluss auf Politik und Geschichtsschreibung*, 1918 ; H. X. Arquillière, *L'Augustinisme politique*, 1934.
16. Voir P. Rousset, « La conception de l'histoire à l'époque féodale », in *Mélanges Halphen*, pp. 623-633 : « La notion de durée, de précision faisait défaut aux hommes de l'époque féodale » (p. 629) ; « ce goût du passé et ce besoin de fixer les époques s'accompagnent d'une volonté d'ignorer le temps » (p. 630) ; « à l'origine de la croisade ce même sentiment éclate ; les chevaliers veulent, supprimant le temps et l'espace, frapper les bourreaux du Christ » (p. 631). L'auteur fait écho à M. Bloch qui a décelé, à l'époque féodale, « une vaste indifférence au temps » (*La Société féodale*, t. I, p. 119). – Sur Othon de Freising, voir H. M. Klinkenberg, « Der Sinn der Chronik Ottos von Freising », in *Aus Mittelalter und Neuzeit. Gerhard Kullen zum 70 Geburtstag dargebracht*, 1957, pp. 63-76.

Le P. Chenu vient de montrer lumineusement comment, au cours du XIIe siècle, ces cadres traditionnels de la pensée chrétienne sur le temps et l'histoire ont été fortement ébranlés[17].
Sans doute les écoles urbaines ne jouent ici qu'un rôle secondaire et le P. Chenu note « que les maîtres scolastiques n'utilisent à peu près pas les grands textes historiques du *De Civitate Dei* que méditent, au contraire, les écrivains monastiques ».
Sans doute l'Ancien Testament domine encore les esprits et oppose à une conception assouplie du temps le double obstacle de la vision judaïque d'une éternité figée et d'un symbolisme qui, systématisé en méthode de recherche et d'explication, par-delà le parallélisme Ancien-Nouveau Testament, fait s'évanouir toute la réalité concrète du temps de l'histoire[18]. Mais l'histoire, sur des bases modestes, démarre à nouveau avec un Hugues de Saint-Victor qui fait dans son *Didascalion* une large place à l'« historia ». Sa définition, « historia est rerum gestarum narratio », ne fait que reprendre celle qu'Isidore de Séville a lui-même empruntée aux grammairiens latins, commentateurs de Virgile. Mais, s'exprimant dans une « series narrationis », elle est « une succession, et une succession organisée, une continuité articulée, dont les liaisons ont un sens qui est précisément l'objet de l'intelligibilité de l'histoire ; non pas des idées platoniciennes, mais des initiatives de Dieu dans le temps des hommes, des événements de salut[19] ».
Cette histoire emprunte aux Anciens – et à la Bible – la théorie des âges, périodes qui reproduisent, pour la plupart des clercs historiens, les six jours de la Création – cet autre événement sur quoi les théologiens du XIIe siècle appesantissent leur réflexion et dont l'examen nous entraînerait trop loin. Mais le sixième âge, où est arrivée l'humanité, pose déjà ses problèmes : dans un parallélisme courant avec les six âges de la vie humaine, il est l'époque de la vieillesse. Or tant d'hommes, tant de clercs, au XIIe siècle, se sentent « modernes ». « Comment y intégrer le déroulement

---

17. M.-D. Chenu, « Conscience de l'histoire et théologie », in *Archives d'Histoire doctrinale et littéraire du Moyen Âge*, 1954, pp. 107-133 ; repris in *La Théologie au XIIe siècle*, 1957, pp. 62-89. Rappelons É. Gilson, *L'Esprit de la philosophie médiévale*, 2e éd., 1948, chap. XIX : « Le Moyen Âge et l'Histoire », pp. 365-382. Sur deux « historiens » du XIIe siècle, voir R. Daly, « Peter Comestor, Master of Histories », in *Speculum*, 1957, pp. 62-72 et H. Wolter, *Ordericus Vitalis. Ein Beitrag zur Kluniazensischen Geschichtsschreibung*, 1955.
18. M.-D. Chenu, « L'Ancien Testament dans la théologie médiévale », *op. cit.*, pp. 210-220. L'ouvrage de B. Smalley, *The Study of the Bible in the Middle Ages*, 1940, 2e éd. 1952, est fondamental. L'aspect symbolique de la pensée chrétienne au XIIe siècle a été présenté par M. M. Davy, *Essai sur la Symbolique romane*, 1955, qui ne met en valeur que le côté le plus traditionnel de la théologie du XIIe siècle.
19. M.-D. Chenu, *op. cit.*, pp. 66-67.

moderne qui ne semble pas près de finir[20] ? » Classification, instrument de mise en ordre et possibilité d'articulations, cette vue de l'histoire est déjà un motif d'inquiétude et de recherche.

De même l'idée se fait jour que l'histoire est faite de transferts. Histoire des civilisations, elle est une suite de «translationes». De cette notion de «translatio» deux aspects sont très connus : dans l'ordre intellectuel la théorie suivant laquelle la science est passée d'Athènes à Rome, puis en France, et enfin à Paris où, des écoles urbaines, va naître la plus célèbre université : «translatio studii» qu'Alcuin avait déjà cru pouvoir repérer à l'époque carolingienne[21] – de façon plus générale les historiens croient assister à un mouvement de la civilisation d'Est en Ouest. Les nationalismes naissants l'arrêteront dans tel pays d'élection : Othon de Freising dans l'Empire germanique, Ordéric Vital chez les Normands et au XIVe siècle Richard de Bury en Grande-Bretagne[22]. Toutes ces pseudo-explications (notre siècle en a vu d'autres, de Spengler à Toynbee) sont significatives. En tout cas elles assurent la liaison entre le sens du temps et le sens de l'espace, nouveauté plus révolutionnaire qu'il n'y paraît au premier abord et dont l'importance est grande pour le marchand.

Une ébauche d'économie politique positive s'affirme avec le *Polycraticus* de Jean de Salisbury : «Il fait pressentir l'évolution qui… proclamera l'autonomie des formes de la nature, des méthodes de l'esprit, des lois de la société… Il dépasse le moralisme des "miroirs des princes" pour amorcer une science du pouvoir, dans un État conçu comme un corps objectif, dans une administration à base de fonctions plus que d'hommages féodaux[23]. » Fait significatif : dans sa conception organiste de l'État, il donne à celui-ci comme pieds qui soutiennent tout son corps et lui permettent de marcher, les travailleurs ruraux et le monde des métiers[24].

II

Et le marchand ? Il devient un personnage aux opérations compliquées et étendues, dans l'espace hanséatique et, plus encore, dans l'espace méditerranéen où domine le marchand italien, dont les techniques se précisent et

---

20. *Ibid.*, p. 76.
21. La *«translatio studii»* franco-italienne. Voir É. Gilson, *Les Idées et les Lettres*, pp. 183 *sqq.* et P. Renucci, *L'Aventure de l'humanisme européen au Moyen Âge*, pp. 138 *sqq.*
22. M.-D. Chenu, *op. cit.*, pp. 79-80.
23. *Ibid.*, p. 86.
24. Voir H. Liebeschutz, *Medieval Humanism in the Life and Writings of John of Salisbury*, 1950.

les tentacules s'étirent, de la Chine où va Marco Polo, à Bruges et Londres où il s'installe ou établit ses facteurs[25].

Comme le paysan il est d'abord soumis, dans son activité professionnelle, au temps météorologique, au cycle des saisons, à l'imprévisibilité des intempéries et des cataclysmes naturels. Pendant longtemps il n'y a eu, en ce domaine, que nécessité de soumission à l'ordre de la nature et de Dieu et comme moyen d'action que la prière et les pratiques superstitieuses. Mais, quand s'organise un réseau commercial, le temps devient objet de mesure. La durée d'un voyage par mer ou par terre d'une place à une autre, le problème des prix qui, au cours d'une même opération commerciale, plus encore si le circuit se complique, haussent ou baissent, augmentent ou diminuent les bénéfices, la durée du travail artisanal et ouvrier, pour ce marchand qui est aussi presque toujours un donneur d'ouvrage – tout cela s'impose davantage à son attention, devient objet de réglementation de plus en plus précise. La reprise de la frappe de l'or, la multiplication des signes monétaires, la complication des opérations de change résultant aussi bien de cette sorte de bimétallisme que de la diversité des monnaies réelles et des fluctuations naissantes que créent non seulement la variabilité du cours commercial de l'argent mais déjà les premiers «remuements» monétaires, c'est-à-dire les premières mesures inflationnistes et plus rarement déflationnistes – tout cet élargissement du domaine monétaire réclame un temps mieux mesuré[26]. Le domaine du change, au moment où l'aristocratie des changeurs succède à celle des monnayeurs du haut Moyen Âge, préfigure le temps de la Bourse où minutes et secondes feront et déferont des fortunes.

Les statuts des corporations comme les documents proprement commerciaux – comptabilités, relations de voyages, pratiques de commerce[27], et ces lettres de change[28] qui commencent à se répandre dans les foires de Champagne devenues aux XIIe-XIIIe siècles le «clearing-house» du commerce international[29] – tout montre que la juste mesure du temps importe de plus en plus à la bonne marche des affaires.

---

25. Sur le marchand médiéval, voir les vues d'ensemble in Y. Renouard, *Les Hommes d'affaires italiens du Moyen Âge*, 1949; A. Sapori, *Le Marchand italien au Moyen Âge*, 1952; J. Le Goff, *Marchands et Banquiers du Moyen Âge*, 1956.
26. Sur les problèmes monétaires au Moyen Âge, voir M. Bloch, *Esquisse d'une histoire monétaire de l'Europe* (posthume, 1954); C. M. Cipolla, *Money, Prices and Civilization in the Mediterranean World, Vth to XVIIth Century*, 1956; T. Zerbi, *Moneta effettiva e moneta di conto nelle fonti contabili di storia economica*, 1955; R. S. Lopez, *Settecento anni fa: Il ritorno all'oro nell'Occidente duecentesco*, 1955.
27. Voir J. Meuvret, «Manuels et traités à l'usage des négociants aux premières époques de l'âge moderne», in *Études d'Histoire moderne et contemporaine*, 1953, t. V.
28. Voir R. de Roover, *L'Évolution de la lettre de change*, 1953.
29. Voir R. H. Bautier, «Les foires de Champagne. Recherches sur une évolution historique», in *Recueils de la Société Jean Bodin: La Foire*, 1953, pp. 97-147.

Pour le marchand, le milieu technologique superpose un temps nouveau, mesurable, c'est-à-dire orienté et prévisible, au temps à la fois éternellement recommencé et perpétuellement imprévisible du milieu naturel.
Voici, entre autres, un texte lumineux[30]. Le gouverneur royal d'Artois autorise en 1355 les gens d'Aire-sur-la-Lys à construire un beffroi dont les cloches sonneront les heures des transactions commerciales et du travail des ouvriers drapiers. L'utilisation, à des fins professionnelles, d'une nouvelle mesure du temps y est indiquée avec éclat. Instrument d'une classe «puisque, ladite ville est gouvernée par le métier de draperie», et c'est l'occasion de saisir combien l'évolution des structures mentales et de leurs expressions matérielles s'insère profondément dans le mécanisme de la lutte des classes, l'horloge communale est un instrument de domination économique, sociale et politique des marchands qui régentent la commune. Et, pour les servir, apparaît la nécessité d'une mesure rigoureuse du temps, car dans la draperie «il convient que la plupart des ouvriers journaliers – le prolétariat du textile – aillent et viennent à leur travail à des heures *fixes*». Débuts de l'organisation du travail, annonces lointaines du taylorisme dont Georges Friedmann a montré quel instrument de classe il fut aussi[31]. Et déjà se dessinent les «cadences infernales».
Ce temps qui commence à se rationaliser se laïcise du même coup. Plus encore pour des nécessités pratiques que pour des raisons théologiques, qui d'ailleurs sont à la base, le temps concret de l'Église, c'est, adapté de l'Antiquité, le temps des clercs, rythmé par les offices religieux, par les cloches qui les annoncent, à la rigueur indiqué par les cadrans solaires, imprécis et changeants, mesuré parfois par les clepsydres grossières. À ce temps de l'Église, marchands et artisans substituent le temps plus exactement mesuré, utilisable pour les besognes profanes et laïques, le temps des horloges. C'est la grande révolution du mouvement communal dans l'ordre du temps que ces horloges partout dressées face aux clochers des églises. Temps urbain plus complexe et raffiné que le temps simple des campagnes mesuré aux cloches rustiques dont Jean de Garlande nous donne, au début du XIIIe siècle, cette étymologie fantaisiste mais révélatrice: «Campane dicuntur a rusticis qui habitant in campo, qui nesciant judicare horas nisi per campanas[32].»

---

30. Publié par J. Rouyer, *Aperçu historique sur deux cloches du beffroi d'Aire. La bancloque et le vigneron*, pp. 253-254; G. Espinas et H. Pirenne, *Recueil de documents relatifs à l'Histoire de l'industrie drapière en Flandre*, 1906, t. I, pp. 5-6.
31. G. Friedmann, «Frederic Winslow Taylor: l'optimisme d'un ingénieur», in *Annales d'Histoire économique et sociale*, 1935, pp. 584-602.
32. Sur la mesure du temps et les horloges, idées intéressantes mais à reprendre souvent avec une information plus précise in L. Mumford, *Technique et Civilisation*, 1934, trad. fr. 1950, pp. 22 *sqq.*; excellent aperçu in Y. Renouard, *op. cit.*, pp. 190-192. On se rappellera toutefois que dans ce domaine aussi des progrès décisifs ne se produiront qu'à partir du XVIe siècle. A. P. Usher exagère cependant en sens inverse en déclarant: «The history of

Changement aussi important : le marchand découvre le prix du temps dans le même instant qu'il explore l'espace, pour lui la durée essentielle est celle d'un trajet. Or, pour la tradition chrétienne, le temps n'était pas «une sorte de doublure de l'espace, ni une condition formelle de la pensée». Nous allons retrouver cette difficulté pour les théologiens chrétiens quand, précisément à cette époque – XIIe-XIIIe siècle – l'introduction de la pensée aristotélicienne va leur soumettre les problèmes des rapports du temps et de l'espace.

Que le marchand médiéval fasse la conquête du temps, et du même coup, de l'espace, voilà qui mériterait de retenir davantage l'attention des historiens et des sociologues de l'Art. Pierre Francastel, en un livre déjà classique, a montré les liens de la peinture et de la société et sous quelles pressions techniques, économiques et sociales, un «espace plastique» peut être détruit[33]. En même temps que la perspective, la peinture médiévale découvre le temps du tableau. Les siècles précédents ont représenté les divers éléments sur le même plan, conformément à la vision dégagée des servitudes du temps et de l'espace excluant la profondeur comme la succession. Les différences de taille n'exprimaient que la hiérarchie des conditions sociales et des dignités religieuses. On juxtaposait, sans le respect des coupures temporelles, des épisodes successifs dont l'ensemble constituait une histoire soustraite aux caprices du temps, déterminée dès l'origine en toutes ses phases par la volonté de Dieu. Désormais la perspective, même si elle n'est qu'une schématisation nouvelle, même si elle suppose une vision qui n'est pas «naturelle» mais répond au postulat d'un œil abstrait, traduit le résultat d'une expérience scientifique, est l'expression d'une connaissance pratique d'un espace dans lequel les hommes et les objets sont atteints successivement – selon des étapes quantitativement mesurables – par les démarches humaines. De même le peintre réduit son tableau ou sa fresque à l'unité temporelle d'un moment isolé, s'attache à l'instantané (que fixera à la limite la photographie), tandis que le temps, le temps romanesque pourrait-on dire, se trouve restitué dans les cycles

---

clocks prior the XVIth century is largely a record of essentially empirical achievements», in *A History of Mechanical Inventions*, 2e éd., 1954, p. 304. Voir A. C. Crombie, *Augustine to Galileo. The History of Science*, A. D. 400-1650, 2e éd., 1957, pp. 150-151, 183, 186-187. – D'une vaste littérature retenons, pour la documentation, F. A. B. Ward, *Time Measurement*, 1937, et, pour l'agrément, le plaisant ouvrage de vulgarisation de F. Le Lionnais, *Le Temps*, 1959. La phrase de Jean de Garlande est tirée de son *Dictionarius*, éd. Géraud, p. 590. – On sait que les psychologues ont insisté sur l'acquisition concomitante des notions temporelles et spatiales par l'enfant (J. Piaget, *Le Développement de la notion de temps chez l'enfant*, 1946, pp. 181-203; P. Fraisse, *Psychologie du temps*, 1957, pp. 277-299; Ph. Malrieu, «Aspects sociaux de la construction du temps chez l'enfant», in *Journal de Psychologie*, 1956, pp. 315-332).
33. P. Francastel, *Peinture et Société. Naissance et destruction d'un espace plastique. De la Renaissance au Cubisme*, 1951.

muraux où précisément la peinture florentine, patronnée par l'aristocratie marchande, manifeste ses plus éclatants progrès. Le portrait triomphe, qui n'est plus l'image abstraite d'un personnage représenté par des symboles, des signes matérialisant la place et le rang que Dieu lui a assignés, mais rend l'individu saisi dans le temps, dans le concret spatial et temporel, non plus dans son essence éternelle, mais dans son être éphémère que l'art précisément, dans sa fonction nouvelle, a pour but d'immortaliser. Mais aussi, et tardivement encore, combien de recherches, d'hésitations, de compromis, de délectables fantaisies, comme dans le *Miracle de l'Hostie* de Paolo Uccello, à Urbino, où le traitement original de l'espace de la prédelle fournit du même coup au peintre l'occasion de découper le temps du récit en sauvegardant à la fois, la continuité de l'histoire et l'unité des épisodes[34].

Temps mesurable, mécanisé même, que celui du marchand, mais aussi discontinu, coupé d'arrêts, de moments morts, affecté d'accélérations ou de ralentissements – en liaison souvent avec le retard technique et le poids des données naturelles : la pluie ou la sécheresse, le calme ou la tempête, ont leurs fortes incidences sur les prix. Dans cette malléabilité du temps, qui n'exclut pas l'inexorabilité des échéances, se situent les gains et les pertes, les marges bénéficiaires ou déficitaires ; là agissent l'intelligence, l'habileté, l'expérience, la ruse du marchand.

III

Et le temps de l'Église ? Le marchand chrétien le retient comme un autre horizon de son existence. Le temps dans lequel il agit professionnellement n'est pas celui dans lequel il vit religieusement. Dans la perspective du salut il se contente d'accepter les enseignements et les directives de l'Église. De l'un à l'autre horizon les zones de rencontre ne se touchent qu'extérieurement. De ses gains le marchand retire le denier à Dieu, de quoi alimenter les œuvres de bienfaisance. Être qui dure, il sait que le temps qui l'emporte vers Dieu et l'éternité est lui aussi susceptible d'arrêts, de chutes, d'accélérations. Temps du péché et temps de la grâce. Temps de la mort au monde avant la résurrection. Tantôt il la hâte par la retraite

---

34. Sur les rapports entre les représentations théâtrales et le tableau d'Uccello, voir P. Francastel, « Un mystère parisien illustré par Uccello : le *Miracle de l'Hostie* d'Urbino », in *Revue archéologique*, 1952, pp. 180-191.

finale dans un monastère, tantôt et plus communément il accumule les restitutions, les bonnes œuvres, les donations pieuses, à l'heure où menace le passage toujours effrayant dans l'au-delà[35].
Entre le temps naturel, le temps professionnel, le temps surnaturel, il y a donc à la fois séparation essentielle et rencontres contingentes. L'inondation devient matière à spéculation raisonnée, les richesses d'iniquité ouvrent la porte du ciel. Il faut donc éliminer de la psychologie du marchand médiéval le soupçon d'hypocrisie. Aussi bien sont diversement légitimes pour lui les buts poursuivis dans des perspectives différentes : le gain et le salut. C'est cette séparation même qui permet de prier Dieu pour le succès des affaires. Ainsi, au XVIe siècle et plus tard, le marchand protestant, nourri de Bible, particulièrement attentif aux leçons de l'Ancien Testament, continuera volontiers, mais dans un monde où l'on a pris l'habitude de les distinguer, à confondre les desseins de la Providence avec la prospérité de sa fortune[36].
Maurice Halbwachs, en des pages pénétrantes[37], a affirmé qu'il y avait autant de temps collectifs, dans une société, que de groupes séparés, nié qu'un temps unificateur pût s'imposer à tous les groupes et réduit le temps individuel à n'être que le point de rencontre, dans la conscience, des temps collectifs. Il faut appeler de nos vœux une enquête exhaustive qui montrerait, dans une société historique donnée, le jeu, entre les structures objectives et les cadres mentaux, entre les aventures collectives et les destins individuels, de tous ces temps au sein du Temps. Ainsi commencerait à s'éclairer la matière même de l'histoire et pourraient se mettre à revivre dans la trame de leur existence les hommes, gibier de l'historien[38]. Contentons-nous d'esquisser, à l'intérieur de ce jeu, la démarche du marchand médiéval.
À ce marchand habitué à agir dans « des durées en quelque sorte étagées les unes au-dessus des autres[39] » et qui n'est pas encore accoutumé, par la rationalisation de son comportement et de sa pensée ou par une analyse introspective, à s'harmoniser et à se sentir ou à se vouloir un, l'Église va justement ouvrir les voies d'une unification de la conscience, par l'évolution de la

---

35. Voir notamment J. Lestocquoy, *Les Villes de Flandre et d'Italie sous le gouvernement des patriciens (XIe-XVe siècle)*, 1952, pp. 204 *sqq.* : « Les patriciens et l'Évangile ».
36. Nous ne méconnaissons pas que les études récentes de détail amènent à nuancer et à corriger considérablement les thèses classiques de Max Weber, *Die protestantische Ethik und der Geist des Kapitalismus*, 1920, et de R. H. Tawney, *Religion and the Rise of Capitalism*, 1926.
37. « La mémoire collective et le temps », in *Cahiers internationaux de Sociologie*, 1947, pp. 3-31.
38. R. Mandrou a rappelé (*Annales E.S.C.*, 1960, p. 172) les exigences de l'historien et des suggestions anciennes de M. Bloch face à des travaux récents de philosophes peu soucieux d'histoire concrète.
39. G. Poulet, *op. cit.*, p. VI, reprenant Duns Scot, *Quest. Quodl.*, q. 12.

confession; d'une cohérence du comportement, par le développement d'une législation canonique et d'une réflexion théologico-morale sur l'usure.
Cette inflexion décisive dans les structures mentales de l'homme occidental s'amorce au XIIe siècle. C'est Abélard qui, sous une forme élaborée, déplace le centre de la pénitence de la sanction extérieure vers la contrition intérieure et ouvre à l'homme, par l'analyse des intentions, le champ de la psychologie moderne. Mais le XIIIe siècle donne au mouvement une force irrésistible. Dans le même moment les Ordres mendiants découvrent un espace missionnaire en Afrique et en Asie – là même où le marchand avait déjà trouvé les horizons d'un élargissement de son activité – et un front pionnier dans la conscience de l'homme. Ils remplacent les pénitentiels du haut Moyen Âge, moyens d'action pastorale extravertie, fondée sur des tarifs de sanctions, par les manuels de confesseurs, instruments introvertis d'apostolat, orientés vers la recherche des dispositions intérieures au péché et au rachat, elles-mêmes ancrées dans des situations professionnelles et sociales concrètes. Pour eux, le démon prend moins les apparences des sept péchés capitaux que d'innombrables offenses à Dieu, diversement favorisées par le milieu du métier ou du groupe. Avec eux, plus d'échappatoire pour le marchand : le temps du salut et le temps des affaires se rejoignent dans l'unité de la vie individuelle et collective.
Il n'est pas de notre compétence d'examiner en détail, comment, dans cette conjoncture, l'apport, à l'issue d'un périple où les manuscrits arabes jouent un rôle transitaire capital, de la pensée hellénique imprègne l'élaboration d'une nouvelle approche du problème du temps[40].
Le P. Chenu a magistralement décelé comment, dès le XIIe siècle, à côté des platonismes et déjà des aristotélismes, la théologie grecque, avec Jean de Damas surtout, communique à la théologie occidentale un ébranlement majeur[41].
Rappelons qu'on a traditionnellement opposé la conception hellénique à la conception chrétienne du temps. Pour reprendre les termes d'O. Cullmann, « les Grecs ne concevant pas le temps comme une ligne droite, le champ d'action de la Providence ne peut être l'histoire dans son ensemble, mais seulement le destin des individus. L'histoire n'est pas soumise à un "télos". L'homme, pour satisfaire son besoin de révélation et de délivrance, ne peut que recourir à une mystique où le temps n'existe pas et qui s'exprime à l'aide

---

40. Outre les ouvrages généraux sur l'histoire de la philosophie et des sciences, on peut, sur le rôle des Arabes, consulter A. Mieli, *Panorama general de historia de la ciencia*, t. II : *El mundo islamico y el occidente medieval cristiano*, 1946 et F. Van Steenberghen, *Aristotle in the West*, 1956. Sur un point précis : E. Wiedemann, *Über die Uhren im Bereich der Islamischen Kultur*, 1915.
41. M.-D. Chenu, *op. cit.*, chap. XII et XIII : « L'entrée de la théologie grecque et orientale », pp. 274-322.

de concepts spatiaux[42] ». On sait que la Renaissance et, pour prendre dans l'époque moderne un exemple de penseur marqué par l'hellénisme, Nietzsche, retrouveront ce sens hellénique du temps cyclique, de l'éternel retour – ou du temps héraclitéen ou même platonicien, « temps de la pure mobilité ». Ne retenons que la fameuse définition aristotélicienne du temps : « le temps est le nombre du mouvement », que reprend saint Thomas, mais selon certains dans un sens très différent, dans la mesure où « passer de la puissance à l'acte n'avait nécessairement rien de temporel ». Cette opposition nous semble devoir être atténuée. Sans doute, comme l'a clairement montré Étienne Gilson, « dans le monde éternel d'Aristote, qui dure en dehors de Dieu et sans Dieu, la philosophie chrétienne introduit la distinction de l'essence et de l'existence[43] ». Mais pas plus que Bergson n'a eu raison d'accuser Aristote d'avoir « réifié » le mouvement et que Descartes ne s'est vraiment moqué de la définition aristotélicienne du mouvement puisqu'ils ne jugeaient que d'après des caricatures de la tardive scolastique, il n'est pas certain que saint Thomas ait été infidèle à Aristote en voyant dans le mouvement « un certain mode d'être » et en restituant du même coup au temps à la fois sa plasticité contingente et pourtant mesurable et son essentialité fondamentale.

Il y avait là, en tout cas, la base théorique – théologique, métaphysique et scientifique ensemble – d'une rencontre du temps de l'Église et du temps des hommes agissant dans le monde, dans l'histoire, et au premier chef dans leur profession.

Même un Franciscain, comme l'auteur du texte que nous avons cité au début de cette étude, comprend, sans en donner de raison théorique, qu'on ne peut accepter l'opinion traditionnelle que « le temps ne peut être vendu ». Toute la pratique confessionnelle et son élaboration canonique au XIIIe siècle cherche la justification vraie de l'activité du marchand – tout en s'efforçant de l'enfermer dans les limites d'une réglementation où trop souvent déjà la religion se détériore en moralisme casuistique, et de la maintenir dans le cadre d'une tradition qu'il faut bien respecter. Ainsi s'effrite, à l'occasion de cas de conscience et de problèmes mineurs mais concrets et typiques, l'immuable temps de l'Ancien Testament et de la pensée judaïque. À côté des assouplissements apportés à la condamnation de tout ce qui porte le nom d'usure[44] et que recouvrent des aspects temporels évidents – « consideranda sunt

---

42. O. Cullmann, *op. cit.*, p. 36 ; voir L. Laberthonnière, *Le Réalisme chrétien et l'idéalisme grec*, 1904 et J. Guitton, *Le Temps et l'éternité chez Plotin et chez saint Augustin*, 1933.
43. É. Gilson, *L'Esprit de la philosophie médiévale*, 2e éd., 1948, p. 66. Voir tout le début du chap. IV : « Les êtres et leur contingence », pp. 63 sqq.
44. Voir G. Le Bras, art. « Usure », in *Dictionnaire de Théologie catholique*, 1950, t. XV, IIe partie, col. 2336-2372 ; B. N. Nelson, *The Idea of Usury: from Tribal Brotherhood to Universal Otherhood*, 1949 et l'ouvrage cité *supra*, p. 50, note 2, de John T. Noonan Jr.

dampna quibus mercatores se exponunt et que frequenter occurunt ex hoc quod vendunt ad tempus» dit notre magister en une expression courante mais révélatrice – le temps du jeûne, de l'abstinence, du repos dominical, ne sont plus des prescriptions à la lettre, mais, face aux nécessités professionnelles, des recommandations selon l'esprit[45].

Il reste que la faillite de la conception traditionnelle du temps de la théologie chrétienne va emporter aussi avec elle, aux XIVe-XVe siècles, ce nouvel équilibre que les théologiens, canonistes et moralistes du XIIIe siècle avaient commencé d'élaborer, sous l'influence majeure des Ordres mendiants – à l'intérieur d'une reconsidération plus générale de l'«homo faber» imposée par les nouvelles données socio-économiques des techniques du faire – problème qui dépasse notre propos.

Avec les scotistes et les occamistes, le temps est rejeté dans le domaine des décisions imprévisibles de Dieu omnipotent. Avec les mystiques, avec Maître Eckhart et Jean Tauler[46], toute durée se trouve confondue dans un mouvement où chaque créature est «dépouillée de son aptitude à recevoir la durée qui lui est propre».

Voilà encore où reconnaître, avec Gordon Leff[47], comment la scolastique du XIVe siècle favorise l'éclatement que sera la Renaissance des XVe-XVIe siècles: déchaînement et libération à la fois. Affranchi et tyran, l'homme de la Renaissance – celui qui occupe une suffisante position de puissance économique, politique ou intellectuelle – peut, au gré de la Fortune qu'il utilise suivant les capacités de sa *virtù*, aller où il veut. Il est maître de son temps comme du reste. Seule la mort le limite, mais saisie – le vif s'efforce de saisir le mort avant d'être happé par lui – dans une perspective toute nouvelle où la fin devient le point de départ de la réflexion et où la décomposition corporelle suscite le sens de la durée comme, en des analyses neuves, à travers les «artes moriendi» et la pensée des humanistes français et italiens, vient de le montrer Alberto Tenenti[48].

Ainsi le marchand peut désormais – à une époque où, sans que les structures économiques soient fondamentalement changées, l'essor quantitatif

---

45. Joannes Andreae (1270-1348), professeur de droit canon à Bologne, dans son traité *De regulis Juris*, art. «Peccatum», 12 (cité par John T. Noonan Jr, *op. cit.*, p. 66), déclare que l'argument selon lequel le temps ne peut être vendu est «frivole», car de nombreux contrats comportent un délai de temps, sans qu'on puisse dire qu'ils impliquent une vente du temps. Le mécanisme des opérations commerciales est donc mieux connu désormais des docteurs, et saisi par eux dans une perspective proprement technique.
46. M. de Gandillac, *Valeur du temps dans la pédagogie spirituelle de Jean Tauler*, 1955.
47. G. Leff, «The XIVth Century and the Decline of Scholasticism», in *Past and Present*, 9, avril 1956, pp. 30-41, et *Bradwardine and the Pelagians*, 1957.
48. A. Tenenti, *La Vie et la mort à travers l'art du XVe siècle*, 1952 et *Il senso della morte e l'amore della vita nel Rinascimento*, 1957, chap. II: «Il senso della durata», pp. 48-79.

recule ses horizons et dilate son action – user et abuser du temps. Resté chrétien, il ne pourra dorénavant qu'au prix d'une distorsion mentale et d'habiletés pratiques, éviter les heurts violents et les contradictions entre le temps de ses affaires et le temps de sa religion – car l'Église s'accroche aux vieilles réglementations, même quand elle cède, pour l'essentiel, au capitalisme naissant et s'y insinue elle-même.

IV

Parmi les nombreux problèmes que soulève une histoire dont ces pages ne cherchent qu'à susciter l'étude approfondie, il nous semble d'une haute importance de scruter quel a pu être l'impact, sur l'évolution des idées sur le temps, des travaux des maîtres scientifiques au tournant du XIIIe au XIVe siècle. Ici encore l'école anglaise, les Mertonians au premier rang, n'a pas livré son secret, non plus que les maîtres ès arts de Paris dont on aperçoit seulement la masse impulsive derrière Nicolas d'Autrecourt, Jean de Mirecourt, Jean Buridan, Nicole Oresme, et ce Jean de Ripa récemment révélé[49] par l'abbé Combes, eux-mêmes mal connus. Dans ce milieu la critique de la physique et de la métaphysique aristotéliciennes, en même temps que les spéculations mathématiques et les recherches scientifiques concrètes, ont dû faire apparaître des vues nouvelles sur le temps comme sur l'espace. On sait à peu près que la cinématique, par l'étude du mouvement uniformément accéléré en sort transformée[50]. N'est-ce pas suffisant pour soupçonner qu'avec le mouvement, c'est le temps qui se trouve saisi dans une perspective neuve ? Déjà chez les Arabes les recherches conjuguées dans le domaine scientifique et dans le domaine philosophique, en abordant à nouveau les notions clefs de discontinuité héritées des atomistes de l'Antiquité, avaient renouvelé la vision du temps[51].

Peut-être y a-t-il une liaison plus étroite qu'on ne le croit et qu'ils ne le pensaient sans aucun doute eux-mêmes entre les leçons des maîtres d'Oxford

---

49. A. Combes, *Conclusiones de Jean de Ripa*, texte critique avec introduction et notes, 1956.
50. Bibliographie la plus récente *apud* A. C. Crombie, *op. cit.*, 2e éd., 1957, pp. 414-416. On consultera notamment les travaux de M. Clagett, A. Koyré, A. Maier, C. Michalsky. Y ajouter les études de G. Beaujouan et son esquisse in *Histoire générale des Sciences*, t. I: *La Science antique et médiévale*, sous la direction de R. Taton, 1957. Sur les origines de ce courant, voir H. Shapiro, «Motion, Time and Place according to William Ockham», in *Franciscan Studies*, 1956.
51. S. Pines, *Beiträge zur islamischen Atomenlehre*, 1936, et «Les précurseurs musulmans de la théorie de l'*impetus*», in *Archeion*, 1938.

et de Paris et les entreprises des marchands de Gênes, de Venise, de Lübeck, au déclin du Moyen Âge. C'est peut-être sous leur action conjuguée que le temps se brise et que le temps des marchands se libère du temps biblique que l'Église ne sait pas maintenir dans son ambivalence fondamentale.

LE TEMPS DU TRAVAIL DANS LA « CRISE » DU XIVe SIÈCLE : DU TEMPS MÉDIÉVAL AU TEMPS MODERNE[1]

> « *Fiorenza, dentro della cerchia antica,*
> *ond'ella toglie ancora e terza e nona,*
> *si stava in pace, sobria e pudica.* »
> DANTE, *Divina Commedia*.

On a commenté à satiété deux passages de la *Divina Commedia* où l'on a cherché – en vain, semble-t-il – une description d'horloge mécanique[2]. On a moins accordé d'attention aux vers du XVe chant du *Paradis* qui présentent pourtant la mesure du temps dans son vrai contexte historique : celui non de la technique, mais de la société globale[3].

Par la bouche de Cacciaguida, Dante, ce *laudator temporis acti*[4], fait de l'antique cloche de la Badia, sur les *mura vecchie* des XIe-XIIe siècles, qui sonnait tierce et none et marquait le début et la fin de la journée de travail à Florence[5], le symbole, l'expression même d'une époque, d'une société – dans ses structures économiques, sociales, mentales.

Or, dans la Florence qui change et se dilate à partir de 1284 dans le cercle nouveau des *mura nuove*, la vieille cloche, voix d'un monde qui meurt, va céder la parole à une voix nouvelle – l'horloge de 1354. Qu'est-ce donc, de l'une à l'autre, qui change ?

Première publication in *Le Moyen Âge*, LXIX, 1963, pp. 597-613.

1. Ces pages sont l'élaboration d'un exposé présenté à la Société Thomiste dans le cadre d'un colloque sur *Le Temps vécu de l'homme médiéval*. Je remercie le R.P. Hubert qui m'a autorisé à les publier ici et tous ceux qui, lors de la discussion, m'ont adressé de précieuses remarques, notamment le R.P. de Contenson, MM. Bautier, Beaujouan, Dufeil, Glénisson, Lefèvre. Sur le passage du temps médiéval au temps moderne, voir les études récentes de S. Stelling-Michaud, « Quelques aspects du problème du temps au Moyen Âge », in *Études suisses d'histoire générale*, 1959, vol. XVII ; J. Le Goff, « Au Moyen Âge : Temps de l'Église et temps du marchand », voir *supra*, pp. 49-66 ; Ph. Wolff, « Le temps et sa mesure au Moyen Âge », *ibid.*, 1962.
2. *Paradiso*, chants X et XXIV.
3. Voir toutefois E. M. Casalini, O.S.M., « Condizioni economiche a Firenze negli anni 1286-89 », in *Studi Storici O.S.M.*, 1960.
4. Sur le caractère *réactionnaire* de Dante, voir notamment H. Baron, « A Socio-Logical Interpretation of the Early Renaissance in Florence », in *The South Atlantic Quarterly*, 1939, t. XXXVIII, p. 432.
5. Voir *Divina Commedia*, éd. et comm. de Tommaso Casini, 5e éd., 1907, p. 682.

Il y a soixante-dix ans que Gustav Bilfinger, dans un livre pionnier[6], remarquait que l'histoire des techniques est impuissante à expliquer à elle seule le passage du temps médiéval au temps moderne: «À côté du point de vue de l'histoire des techniques il faut prendre en considération le point de vue de l'histoire sociale, de l'histoire culturelle. Car le passage n'est pas seulement celui de l'heure antique à l'heure moderne, mais aussi celui d'une division ecclésiastique du temps à une division laïque du temps[7].»

Quel est donc, dans la société laïque, le milieu qui a besoin de ce changement – fondamental, car c'est toute la société qui mue, avec la transformation de l'encadrement et du rythme temporels?

Gustav Bilfinger avait déjà répondu: c'est la société urbaine. Je voudrais seulement, par quelques remarques et par le rappel de quelques faits et documents, attirer ici l'attention sur l'un des besoins principaux qui ont poussé, au XIVe siècle, la société urbaine à changer la mesure du temps, c'est-à-dire le temps lui-même: la nécessité de s'adapter à l'évolution économique, plus précisément aux conditions du travail urbain.

L'unité du temps de travail, dans l'Occident médiéval, c'est la journée, au départ journée du travail rural que l'on retrouve dans la terminologie métrologique – le journal de terre –, et, à son image, journée du travail urbain, définie par la référence changeante au temps naturel, du lever au coucher du soleil, et soulignée approximativement par le temps religieux, celui des *horae canonicae*, emprunté à l'Antiquité romaine[8].

Dans ce cadre, peu de conflits autour du temps du travail, si ce n'est sur un point particulier: le travail de nuit. Dans ce contexte naturel et rural, le travail de nuit est une sorte d'hérésie urbaine, en général sanctionnée par interdiction et amendes. C'est aussi, malgré la complexité du problème, comme Gunnar Mickwitz l'a bien vu[9], un aspect du système malthusien des corporations.

En gros le temps du travail est celui d'une économie encore dominée par les rythmes agraires, exempte de hâte, sans souci d'exactitude, sans inquiétude de productivité – et d'une société à son image, *sobre et pudique*, sans grands appétits, peu exigeante, peu capable d'efforts quantitatifs.

Une seule évolution peut-être, qui a été trop peu remarquée. On a noté que, du Xe à la fin du XIIIe siècle, un élément de la chronologie diurne évolue: *none*,

---

6. *Die mittelalterlichen Horen und die modernen Stunden. Ein Beitrag zur Kulturgeschichte*, 1892.
7. *Op. cit.*, p. 142.
8. Sur le lien entre temps de l'Église et temps du paysan, rappelons l'étymologie fantaisiste de Jean de Garlande au début du XIIIe siècle (*Dictionarius*, éd. Géraud, p. 590): campane dicuntur a rusticis qui habitant in campo, qui nesciant judicare horas nisi per campanas.
9. «Die Kartellfunktionen der Zünfte und ihre Bedeutung bei der Entstehung des Zunftwesens», in *Societas Scientiarum Fennica. Commentationes Humanorum Litterarum*, VIII, 3, 1936, pp. 88-90.

d'abord située aux environs de nos actuelles 2 heures de l'après-midi, avance lentement pour se fixer aux environs de midi[10]. On a rendu responsable de ce changement, une tricherie en quelque sorte, le milieu monastique qui aurait supporté avec de plus en plus d'impatience d'attendre si tard, dans une journée commencée avant l'aube, le moment de la subsistance et du repos. Donc l'avance insidieuse de *none* serait un aspect de la décadence monastique. Explication que je ne vois pas confirmée par les documents et qui me semble gratuite. Sans qu'on puisse, à ma connaissance, mieux la documenter, une autre hypothèse me semble plus plausible. *None*, c'est aussi la pause du travailleur sur le chantier urbain soumis au temps clérical des cloches[11]. C'est ici qu'on peut imaginer une pression plus vraisemblable, qui aboutit, par le déplacement de *none*, à créer une importante subdivision du temps du travail : la demi-journée, qui va d'ailleurs s'affirmer au XIVe siècle[12].

Or, à partir de la fin du XIIIe siècle, ce temps du travail est mis en cause, entre en crise. Offensive du travail de nuit, âpreté surtout dans la définition, la mesure, la pratique de la journée de travail, conflits sociaux enfin autour de la durée du travail. Ainsi se manifeste en ce domaine la crise générale du XIVe siècle – progrès d'ensemble à travers de graves difficultés d'adaptation[13]. Comme le reste, le temps du travail se transforme, se précise, se fait plus efficace, non sans peine.

Curieusement d'abord on voit les ouvriers eux-mêmes demander l'allongement de la journée de travail. C'est en fait le moyen d'augmenter les salaires, c'est, dirions-nous aujourd'hui, la revendication d'heures supplémentaires.

Une ordonnance d'Arras en janvier 1315 le dit bien, où l'on voit une commission mixte de délégués des maîtres drapiers et des valets des foulons faire droit à la réclamation de ces derniers qui désiraient *des journées plus longues et des salaires plus élevés*[14].

Sans doute une raison technique est ici donnée à cette revendication : *l'augmentation de poids et de dimensions des étoffes*. Mais on peut légitimement supposer que de façon générale il y a là un premier expédient cherché par les ouvriers pour pallier la crise des salaires – sans doute liée à la hausse des prix et à la détérioration des salaires réels résultant des premières mutations monétaires. Ainsi voit-on Philippe le Bel autoriser le travail de

---

10. D'où le midi anglais *noon*.
11. Voir E. M. Casalini, *loc. cit.*
12. Voir. D. Knoop et G. P. Jones, *The Mediaeval Mason*, 1949, p. 117.
13. Je ne crois pas à une dépression absolue au XIVe siècle. Voir E. A. Kosminsky, « Peut-on considérer le XIVe et le XVe siècle comme l'époque de la décadence de l'économie européenne ? », in *Studi in onore di Armando Sapori*, 1957, t. I.
14. G. Espinas et H. Pirenne, *Recueil de documents relatifs à l'histoire de l'industrie drapière en Flandre*, 1906, t. I, p. 200.

nuit, et son ordonnance est rappelée et confirmée par Gilles Haquin, prévôt de Paris, le 19 janvier 1322[15].

Mais c'est bientôt une revendication contraire qui surgit. Les patrons – les *donneurs d'ouvrage* – en effet, face à la crise, cherchent de leur côté à réglementer au plus près la journée de travail, à lutter contre les tricheries ouvrières en ce domaine. Alors se multiplient ces cloches de travail que Bilfinger déjà avait repérées[16]. De ces *Werkglocken* rappelons quelques exemples.

À Gand en 1324 l'abbé de Saint-Pierre autorise les foulons à faire *appendre une cloche dans l'hospice nouvellement fondé par eux près de la Hoipoorte, dans la paroisse de Saint Jean*[17].

À Amiens, le 24 avril 1335, Philippe VI fait droit à la requête du maire et des échevins qui lui ont demandé *que ils peussent faire une ordenance quand les ouvriers en ladicte ville et banlieue d'icelle chascun iroient jour ouvrable à leurs ouvrages au matin, quand ils deveroient aler mengier et quand ils deveroient repairier à leurs ouvrages après mengier; et aussi au soir, quand ils deveroient laissier œvre pour la journée; et que par ladite ordenance que ils feroient, ils peussent sonner une cloche que ils ont fait pendre au Beffroi de ladicte ville, laquelle se diffère des autres cloches*[18]...

À la fin de cette même année 1335, le bailli d'Amiens entérine le désir de l'échevinage que *le son de la cloque nouvelle* serve à une nouvelle réglementation des *trois métiers de la draperie* – comme cela existe déjà, ainsi qu'une enquête l'a révélé, à Douai, Saint-Omer, Montreuil et Abbeville – étant donné que les anciennes ordonnances sur les heures de travail étaient *corrompues*[19].

À Aire-sur-la-Lys, le 15 août 1335, Jean de Picquigny, gouverneur du comté d'Artois, accorde aux *mayeur, eschevins et communauté de la ville* de construire un beffroi avec une cloche spéciale à cause du *mestier de draperie et autres mestiers où il convient plusieurs ouvriers ad journee alans et venans à l'œuvre à certaines heures*[20]...

Notre enquête n'est certes pas exhaustive, mais elle suffit à indiquer que le problème de la durée de la journée de travail est surtout aigu dans le secteur textile, secteur où la *crise* est plus sensible et où la part des salaires dans le prix de revient et les bénéfices des patrons est considérable. Ainsi la

---

15. R. de Lespinasse, *Les Métiers et corporations de Paris*, 1886, 1ʳᵉ partie, p. 1.
16. *Op. cit.*, pp. 163-164.
17. G. Espinas et H. Pirenne, *op. cit.*, t. II, pp. 411-412.
18. *Recueil des monuments inédits de l'histoire du tiers état*, éd. A. Thierry, 1850, t. I, pp. 456-457.
19. G. Espinas et H. Pirenne, *op. cit.*, t. II, pp. 230-233.
20. *Ibid.*, t. I, p. 6.

vulnérabilité à la crise de ce secteur en pointe dans l'économie médiévale[21] en fait le domaine d'élection d'un *progrès* dans l'organisation du travail. Le texte concernant Aire le dit bien qui explique la nécessité de la nouvelle cloche *pour ce que la dicte ville est gouvernée du mestier de draperie...* Confirmation a contrario : là où la draperie n'a pas une position dominante, on ne voit pas apparaître de *werkglocke*. Fagniez l'avait déjà justement noté pour Paris[22].
Ainsi, au moins dans les cités drapantes, un temps nouveau s'appesantit sur la ville, le temps des drapiers. Car ce temps, c'est celui de la domination d'une catégorie sociale. C'est le temps des nouveaux maîtres[23]. C'est le temps d'un groupe frappé par la crise mais dans une conjoncture d'ascension sociale. D'ailleurs ce temps nouveau devient bientôt l'enjeu d'âpres conflits sociaux. Takehans et émotions ouvrières ont désormais pour but de faire taire la *werkglocke*.
À Gand, le 6 décembre 1349, un ban échevinal ordonne aux tisserands de rentrer en ville dans les huit jours mais leur permet de commencer et de cesser dorénavant le travail aux heures qu'ils voudront[24].
À Thérouanne, le 16 mars 1367, le doyen et le chapitre doivent promettre aux *ouvriers, foulons et autres gens mécaniques* de faire cesser de sonner *à jamais la cloche des ouvriers, pour que à cause de la sonnerie d'une cloche de ce genre ne naisse pas de scandale et de conflit dans la ville et l'église*[25].
Face à ces révoltes la bourgeoisie drapière protège la cloche du travail par des mesures plus ou moins draconiennes. Par l'amende d'abord. À Gand, entre 1358 et 1362, les tondeurs qui ne se conformeraient pas aux injonctions de la *weercclocken* sont frappés d'amende[26]. À Commines, en 1361, *tout li tisserant qui se livreront après que le cloche du matin sera sonnée, chacun sera à l'amende de cinq solz de parisis...* Mais ici l'enjeu que représente la cloche est bien mis en lumière. Si les ouvriers s'emparaient de cette cloche pour en faire le signal de leur révolte, les plus lourdes peines les frapperaient : soixante livres parisis d'amende pour ceux qui auraient fait

---

21. Je ne pense ici qu'au rôle de l'industrie textile dans le progrès de certaines techniques fines de l'organisation économique médiévale. Il me paraîtrait exagéré d'en faire, comme certains, le moteur de l'essor économique médiéval. Le *take off* de l'économie médiévale s'est produit dans deux secteurs de base – non de pointe : la terre et le bâtiment.
22. G. Fagniez, *Études sur l'industrie et la classe industrielle à Paris au XIIIe et au XIVe siècle*, 1877, p. 84.
23. Sur mesures et histoire sociale, voir l'article exemplaire de W. Kula, « La métrologie historique et la lutte des classes : l'exemple de la Pologne au XVIIIe siècle », in *Studi in onore di Amintore Fanfani*, 1962, t. V.
24. G. Espinas et H. Pirenne, *op. cit.*, t. II, p. 471.
25. *Ibid.*, t. III, p. 395.
26. *Ibid.*, t. II, p. 596.

sonner la cloche pour un rassemblement populaire *(pour faire assemblée)* et pour ceux qui seraient venus armés *(à tout baston* – l'arme du peuple – *et armeures)*; pour ceux qui auraient fait sonner cette cloche pour appeler à la révolte contre le roi, les échevins, ou l'employé échevinal chargé de la cloche, la mort *(ce serait au péril de perdre sa vie...)*[27].

À la fin du siècle et au début du siècle suivant on voit bien que la durée de la journée de travail – non le salaire directement – est l'enjeu des luttes ouvrières.

Des documents célèbres nous montrent comment une catégorie ouvrière originale, catégorie particulièrement combative[28] surtout en milieu urbain ou suburbain, en ce temps de vignes citadines et banlieusardes, les vignerons journaliers, soutient contre ses employeurs, seigneurs, ecclésiastiques, bourgeois, une lutte pour la réduction de la journée de travail qui trouve son aboutissement dans un procès devant le Parlement de Paris[29].

De même les documents d'archives[30] nous prouvent que des conflits réels ont eu lieu, que nous laissait présager l'ordonnance du prévôt de Paris du 12 mai 1395 : *Pour ce que... plusieurs gens de metiers, comme tixerrans de linge, de lange, foulons, laveurs, maçons, charpentiers et plusieurs autres ouvriers et demourans à Paris se sont voulu et veullent efforcier d'aller en besogne et de laisser œuvre à telles heures, jà soit ce que ils facent paier de leurs journées, tout autant comme se il faisoient besongne tout au long d'un jour...*, le prévôt rappelle que la journée de travail est fixée *des heure de soleil levant jusqu'a heure de soleil couchant, en prenant leurs repas a heures raisonnables*[31].

Les documents d'Auxerre et de Sens, même en admettant que nous avons ici affaire à une catégorie spéciale, nous permettent d'ailleurs de comprendre les buts des ouvriers dans leur lutte pour être maîtres de leur temps de travail : au fond sans doute le désir d'être protégés contre la tyrannie patronale en ce domaine, mais plus précisément le besoin que soit délimité à côté du temps du travail un temps de loisir[32] et à côté

---

27. *Ordonnances des Rois de France...*, t. IV, p. 209.
28. Sur le rôle révolutionnaire de ce milieu, voir notamment E. Labrousse, *La Crise de l'économie française à la fin de l'Ancien Régime et au début de la Révolution*, 1943, t. I, pp. 592 sqq.
29. Voir Ed. Maugis, «La journée de 8 heures et les vignerons de Sens et d'Auxerre devant le Parlement en 1383-1393», in *Revue historique*, t. CXLV, 1924 ; I. M. Delafosse, «Notes d'histoire sociale. Les vignerons d'Auxerrois (XIVe-XVe siècle)», in *Annales de Bourgogne*, 1948.
30. Voir les références à des actes parlementaires citées par B. Geremek, *Le Salariat dans l'artisanat parisien aux XIII^f-XVe siècles. Étude sur le marché de la main-d'œuvre au Moyen Âge*. Paris, 1968.
31. R. de Lespinasse, *op. cit.*, p. 52.
32. L'arrêt du Parlement de Paris pour Auxerre du 26 juillet 1393 déclare : *... suum opus relinquentes, quidam eorum ad proprias vineas excollendas, alii vero ad tabernas ac ludos palme vel alibi accedunt, residuis horis diei ad laborem magis propiciis et habilioribus omnino* (ou *ottiose*) *pervagando* (cité par Ed. Maugis, *loc. cit.*, p. 217).

Temps et travail

du travail salarié réglementaire un temps pour le travail personnel ou le travail noir[33].

Il reste qu'à cette pression du temps du travail dans la métamorphose du temps social il faut apporter des restrictions.

D'abord il s'agit plus généralement d'un temps urbain, répondant à de plus larges besoins que ceux de l'organisation du travail. Sans doute les besoins économiques sont en bonne place dans ces préoccupations citadines : ici et là on voit apparaître une cloche du marché, une cloche des grains, etc.[34]. Le souci de la défense urbaine – un tocsin communal – est aussi primordial : couvre-feu *(ignitegium)*, cloche du guet. Dans le texte cité pour Aire en 1355 on dit bien que le *clocquier* que les échevins ont fait construire, et où ils demandent de loger la cloche du travail, a été d'abord fait *pour le gaite de ladicte ville faire se montée du jour corner, corner du vespre et aviser par là les perils et inconveniens qui venir pourroient en le dicte ville par fu de meschief ou aultrement.*

Plus encore c'est la *campana bannalis*, *campana communitatis*, *bancloche*, qui appelle les bourgeois à la défense ou à l'administration de leur ville, cloche du serment parfois (*Eidglocke* de Durlach) ou cloche du conseil (*Ratsglocke*)[35].

Mais ce que la cloche du travail ou l'utilisation de la cloche urbaine pour le travail apporte de nouveau, c'est évidemment au lieu d'un temps événe-

---

33. Outre le texte précédent, voir ce passage de l'ordonnance de Charles VI pour Sens, en juillet 1383 : ils *délaissent leur ouvrage et se partent entre midi et none ou environ, espécialement grand espace de temps avant que soleil soit couché, et vont ouvrer en leurs vignes ou en leurs tâches, là où ils besoignent et exploittent autant d'ouvraige ou plus comme ils ont faict tout le jour pour ceulz qui les paient de leurs journées ; et qui plus est, en ouvrant à journées, ils se soingnent et espargnent, sans faire leur devoir, afin qu'ils soient plus fors et moins travailliez pour ouvrer ès lieux où ils vont après leur partement* (ibid., p. 210).
34. G. Bilfinger, *Die mittelalterlichen...*, op. cit., pp. 163-164. Mais il ne faut pas toujours interpréter dans un sens étroitement économique le nom des cloches. Ainsi J. Rouyer, dans son étude *Aperçu historique sur deux cloches du beffroi d'Aire. La bancloque et le vigneron*, avait cru devoir trouver dans cette seconde appellation une référence à une hypothétique culture de la vigne dans la région d'Aire. Il s'agit tout simplement de la cloche remplaçant le crieur de vin dont le cri marquait parfois la fin de la journée de travail : ainsi pour les foulons à Paris au XIIIe siècle qui *laissent œuvre a la nuit de l'Ascension quant crieur portent vin* et, la veille de certaines fêtes, *si tost que li premier crieur de vin vont* (*Le Livre des Métiers d'Étienne Boileau*, éd. R. de Lespinasse et F. Bonnardot, pp. 108-109).
35. La destruction ou le bannissement de la cloche communale pouvait être, avec toute sa portée symbolique, le châtiment d'une ville révoltée, comme pour les nobles ou les particuliers condamnés, l'«arsis» (incendie) de maison ou la destruction du château fort. C'est ce qu'aurait fait dès 1179 Philippe d'Alsace à Hesdin : *Comes Flandrensis Philippus Sancti Quintini et de Parona castra graviter affixit, eorumque cives obsidione, et persequutione diu multumque humiliavit: Hesdiniensibus reipublicae dignitatem abstulit; campanam communiae apud Ariam transmisit, et quosdam pro interfectione cujusdam de turri praecipitari jussit* (*Chronicon Andrensis Monasterii*, apud D'Achery, *Spicilegium*, t. II, 817).

mentiel qui ne se manifeste qu'épisodiquement, exceptionnellement, un temps régulier, normal, face aux heures cléricales *incertaines* des cloches d'église les heures *certaines* dont parlent les bourgeois d'Aire. Temps non du cataclysme ou de la fête, mais du quotidien, réseau chronologique qui encadre, emprisonne la vie urbaine.
Les exigences d'un travail mieux mesuré – en ce siècle où le quantitatif fait son entrée timide dans les structures administratives et mentales[36] – sont donc un facteur important du processus de laïcisation dont la disparition du monopole des cloches d'église pour la mesure du temps est bien un signe essentiel. Mais ici encore n'opposons pas trop brutalement, malgré l'importance du changement, un temps laïque à un temps religieux. Parfois on voit une coexistence, sans affrontement ni hostilité, des deux cloches. À York par exemple sur le chantier même de la cathédrale, entre 1352 et 1370, une cloche du travail apparaît qui décharge de cet office les cloches de l'église[37]. N'oublions pas non plus qu'ici encore l'Église a été l'initiatrice. Le milieu monastique surtout – nous le retrouverons – a été le grand maître de *l'emploi du temps*. Les villes qui frappaient d'une amende le conseiller, l'échevin qui répondait avec retard à l'appel de la cloche urbaine ne faisaient qu'imiter les communautés monastiques qui châtiaient le moine en retard. Le sévère Colomban punissait le retard à la prière du chant de 50 psaumes ou de l'application de 50 coups. Saint Benoît, plus indulgent, se contentait de faire mettre le coupable *au piquet*[38].
Il reste que la cloche du travail, pulsée sans doute avec des cordes, c'est-à-dire à la main, ne présente aucune innovation technique. Or le progrès décisif vers les *heures certaines*, c'est évidemment l'invention et la diffusion de l'horloge mécanique, du système à échappement qui promeut enfin l'heure au sens mathématique, la vingt-quatrième partie de la journée. Sans doute c'est bien le XIVe siècle qui franchit cette étape essentielle. Le principe de l'invention est acquis à la fin du XIIIe siècle et le second quart du XIVe siècle en voit l'application dans ces horloges urbaines dont l'aire géographique est bien celle des grandes zones urbaines : Italie du Nord, Catalogne, France septentrionale, Angleterre méridionale, Flandre, Allemagne – et une enquête plus poussée permettrait peut-être d'apercevoir que se recouvrent plus ou moins les régions de l'industrie textile en crise et l'aire de diffusion des

---

36. Avec les progrès de la fiscalité, les prémisses d'un esprit statistique apparaissent au XIVe siècle. On a fait un sort à cet égard à Giovanni Villani, comme on sait.
37. Voir L. F. Salzman, *Building in England down to 1540*, 1952, pp. 61-62.
38. *Sancti Benedicti Regula Monachorum*, éd. Ph. Schmitz, 1946, chap. XLIII : *De his qui ad opus Dei vel ad mensam tarde occurunt*, pp. 64-66.

TEMPS ET TRAVAIL

horloges mécaniques[39]. C'est de la Normandie à la Lombardie que s'installe l'heure de soixante minutes qui, à l'aube de l'époque préindustrielle, prend le relais de la journée comme unité du temps de travail[40].
Ici encore il ne faut pas exagérer. Pour longtemps encore le temps lié aux rythmes naturels, à l'activité agraire, à la pratique religieuse, reste le cadre temporel primordial. Les hommes de la Renaissance – quoi qu'ils en aient – continuent à vivre dans un temps incertain[41]. Temps non unifié, encore urbain et non national, en décalage par rapport aux structures étatiques qui se mettent en place, temps de *monades urbaines*. Ce qui le souligne c'est la diversité du point de départ du temps nouveau, de l'heure zéro des horloges : ici midi et là minuit, ce qui n'est pas grave, mais plus souvent le lever ou le coucher du soleil encore, tellement le temps préindustriel a de peine à décrocher du temps naturel. Montaigne, dans le *Voyage en Italie*, après d'autres voyageurs des XVe et XVIe siècles, note la confusion, le désordre qui naît de ce temps à l'origine changeante d'une ville à l'autre[42].
D'ailleurs les nouvelles mécaniques, jusqu'à Huygens, sont fragiles, capricieuses, irrégulières. Le nouveau temps a des ratés nombreux et l'horloge urbaine est souvent en panne[43]. Plus qu'un outil de la vie quotidienne, elle est encore une merveille[44], un ornement, un jouet dont la ville s'enorgueillit. Elle appartient à la parure urbaine, au prestige plus qu'à l'utilité.
Plus encore, ce temps nouveau, né surtout des besoins d'une bourgeoisie de *donneurs d'ouvrage*, soucieux, face à la crise, de mieux mesurer le temps du travail qui est celui de leurs gains[45], est vite accaparé par les puissances

---

39. Il semble se dessiner surtout deux grandes zones : celle de l'Italie septentrionale et centrale et celle que H. Ammann définit comme le domaine de la *Tuchindustrie Nordwesteuropas* (voir *Hansische Geschichtsblätter*, 72, 1954).
40. Sur l'apparition des horloges, la bibliographie, comme on sait, est innombrable. Voir A. P. Usher, *A History of Mechanical Inventions*, 2e éd. 1954. Sur la fameuse horloge de la cathédrale de Bourges, voir l'ouvrage particulièrement intéressant de E. Poulle, *Un constructeur d'instruments astronomiques au XVe siècle : Jean Fusoris*, 1963.
41. Voir R. Mandrou, *Introduction à la France moderne*, 1961, pp. 95-98.
42. Il n'y aura d'unification du temps, on le sait, qu'au XIXe siècle, avec la révolution industrielle, la révolution des transports (horaires et indicateurs de chemins de fer imposent l'heure unifiée) et l'établissement de fuseaux horaires. Puis viendront rapidement l'ère de la minute, puis de la seconde, des chronomètres. Un des premiers témoins littéraires du temps unifié : *Le Tour du Monde en 80 jours* de Jules Verne (1873).
43. Voir J. Vielliard, «Horloges et horlogers catalans à la fin du Moyen Âge», in *Bulletin hispanique*, t. LXIII, 1961. Mais l'auteur, à propos de ces réparations, souligne l'existence d'horlogers spécialisés – donc d'une certaine diffusion de l'horloge.
44. Voir les légendes qui entourent les constructeurs d'horloges, personnages fabuleux, qu'on soupçonne parfois d'avoir conclu un pacte avec le diable, tant leur science paraît mystérieuse. Voir par exemple la légende du constructeur de l'horloge de Prague.
45. Sur la naissance d'une pratique et d'une mentalité de calculateurs, voir l'article suggestif de U. Tucci, «Alle origini dello spirito capitalistico a Venezia : la previsione economica», in *Studi in onore di Amintore Fanfani*, 1962, vol. III.

supérieures. Instrument de domination, il est pour les grands seigneurs et les princes objet d'amusement mais aussi symbole de pouvoir[46]. Il peut être plus encore quand il devient – dans un cadre urbain, mais celui d'une *capitale* – signe efficace de gouvernement : en 1370 Charles V ordonne que toutes les cloches de Paris se règlent sur l'horloge du Palais Royal qui sonne les heures et les quarts d'heure. Le temps nouveau devient ainsi le temps de l'État. Le roi lecteur d'Aristote a domestiqué le temps rationalisé.

Malgré toutes les imperfections et les limites de ces changements l'ébranlement du cadre chronologique que connaît le XIVe siècle est aussi un ébranlement mental, spirituel.

Peut-être faudrait-il chercher dans la science elle-même, c'est-à-dire dans la scolastique scientifique, l'apparition d'une nouvelle conception du temps, d'un temps qui n'est plus une essence mais une forme conceptuelle, au service de l'esprit qui en use selon ses besoins, peut le diviser, le mesurer – un temps discontinu. À la question *le temps a-t-il une existence en dehors de l'esprit*, Pierre Auriol répond que le temps n'est autre chose qu'*un être dans l'esprit (c'est-à-dire un concept)* et précise : *les parties du temps, que l'on perçoit en même temps, n'ont aucun fondement rationnel positif si ce n'est dans l'esprit, qui perçoit toutes les parties qui sont en même temps en acte et en elles il conçoit la succession, l'antériorité et la postériorité*. Ockham, reprenant la définition aristotélicienne – que saint Thomas n'avait pas exploitée – *le temps est le nombre du mouvement*, souligne qu'il ne s'agit pas d'une *définition selon la chose* mais d'une *définition selon le nom*[47]. Un temps nouveau se profile dans la scolastique au même moment que les études sur l'*impetus* révolutionnent la mécanique et que la perspective moderne commence à bouleverser la vision. Le siècle de l'horloge est aussi celui du canon et de la profondeur du champ. Temps et espace pour le savant comme pour le marchand se transforment ensemble.

Peut-être aussi le temps des mystiques, des grands mystiques rhénans d'abord, est-il le fruit d'une nouvelle approche, d'une nouvelle intuition qui donne à la vie de l'âme des dimensions temporelles neuves[48]. La *devotio moderna* se développe au rythme de l'*Horologium Sapientiae* de Suso.

---

46. À partir de la fin du XIVe siècle, l'horloge figure presque toujours sur les miniatures représentant les princes dans leur palais, notamment les ducs de Bourgogne. Voir A. Chapuis, *De Horologiis in Arte*, 1954.

47. Cités par A. Maier, «Die Subjektivierung der Zeit in der scholastischen Philosophie», in *Philosophia Naturalis*, I, 1951, pp. 387 et 391. Au niveau psychologique, il n'y aura subjectivation véritable et profonde du temps qu'avec la montre individuelle – moment capital dans la prise de conscience de l'individu.

48. On trouvera un point de départ dans l'étude de M. de Gandillac, *Valeur du temps dans la pédagogie spirituelle de Jean Tauler*, 1955.

Au niveau en tout cas d'une piété plus accessible, plus moyenne, l'ébranlement est net. Le thème éternel, antique, de la fuite du temps s'était retrouvé dans le christianisme – à la fois exaspéré et apaisé par sa transformation en crainte de la mort éternelle[49], incitation à la préparation du salut. *Rien n'est plus précieux que le temps* aurait dit saint Bernard et ce thème est en tout cas repris et diffusé par ses disciples[50].

Mais, dès la première moitié du XIVe siècle, le thème se précise, se dramatise. Perdre son temps devient un péché grave, un scandale spirituel. Sur le modèle de l'argent, par imitation du marchand qui, en Italie au moins, devient un comptable du temps, une morale calculatrice, une piété avare se développent. Un des propagateurs les plus significatifs de cette spiritualité nouvelle est un prédicateur à la mode du début du XIVe siècle, le Dominicain pisan Domenico Cavalca, mort en 1342. Dans sa *Disciplina degli Spirituali*, il consacre deux chapitres à la *perte du temps* et au devoir de *conserver et tenir compte du temps*[51]. À partir de considérations traditionnelles sur l'oisiveté, il parvient, à travers un vocabulaire de marchand (le temps perdu c'est pour lui le talent perdu de l'Évangile[52] – le temps c'est déjà de l'argent), à toute une spiritualité de l'emploi calculé du temps. L'oisif qui perd son temps, ne le mesure pas, est semblable aux animaux, ne mérite pas d'être considéré comme un homme : *egli si pone in tale stato che è piu vile che quello delle bestie*. Ainsi naît un humanisme à base de temps bien calculé.

L'homme du temps nouveau, c'est bien en effet l'*humaniste* – et d'abord l'humaniste italien de la première génération autour de 1400 – marchand lui-même ou proche des milieux d'affaires – qui transpose dans la vie l'organisation de ses affaires, se règle sur un emploi du temps, laïcisation significative de l'emploi du temps monastique. À la fin d'un manuscrit de l'*Elucidarium* remanié au début du XVe siècle, Yves Lefèvre a trouvé un de ces emplois du temps caractéristiques du comportement et de la mentalité du bon chrétien humaniste bourgeois[53]. Pour le temps du travail, il ne retient que la matinée – *et tout ce doyt être parfait au matin* – le bourgeois homme d'affaires ne travaille, à la différence du *laborator* populaire, qu'une

---

49. Sur le sens de la mort à la fin du Moyen Âge, aspect du bouleversement de la conscience temporelle, voir les études neuves et fécondes d'A. Tenenti, *La Vie et la mort à travers l'art du XVe siècle*, 1952 et *Il senso della morte e l'amore della vite nel Rinascimento*, 1957.
50. Les textes essentiels sont dans les *Gaufridi declamationes ex S. Bernardi sermonibus* (Migne, *Patrologie latine [PL]*, t. CLXXXIV, col. 465) et dans les sermons de Guerri d'Igny (*PL*, t. CLXXXV, col. 90).
51. Ce sont les chap. XIX (pp. 127-133) et XX (pp. 133-137) dans l'éd. G. Bottari, 1838.
52. *Ibid.*, p. 132.
53. Y. Lefèvre, *L'Elucidarium et les Lucidaires*, 1954, p. 279, n. 1. Dès la fin du XIIIe siècle, Philippe de Novare avait esquissé un emploi du temps quotidien très proche de celui-ci. Voir E. Faral, *La Vie quotidienne au temps de Saint Louis*, 1938, pp. 23-24.

demi-journée. *Aprez mengier,* c'est le temps du repos (*reposer un houre – une heure nouvelle!*), du divertissement, des visites. Temps du loisir et de la vie mondaine des gens aisés...
Ainsi l'humaniste a comme vertu première le sens et le bon usage du temps. De cette sensibilité au temps son biographe fait gloire à Gianozzi Manetti par exemple[54].
Le temps plus exactement mesuré, le temps de l'heure, le temps des horloges – qu'un humaniste florentin de la seconde moitié du XIVe siècle voulait placer dans tous les cabinets de travail[55] – devient un des premiers outils de l'homme.
Le temps est un don de Dieu et ne peut donc être vendu. Le tabou du temps que le Moyen Âge a opposé au marchand est levé à l'aube de la Renaissance. Le temps qui n'appartenait qu'à Dieu est désormais la propriété de l'homme. Il faut bien relire ici le texte célèbre de Leon Battista Alberti.

GIANOZZO : *Il y a trois choses que l'homme peut dire lui appartenir en propre : la fortune, le corps...*
LIONARDO : *Et quelle sera la troisième ?*
GIANOZZO : *Ah ! une chose extrêmement précieuse. Ces mains et ces yeux ne sont pas autant miens.*
LIONARDO : *Merveille ! Qu'est-ce que c'est ?*
GIANOZZO : *Le temps, mon cher Lionardo, le temps, mes enfants*[56].

Désormais ce qui compte c'est l'heure-mesure nouvelle de la vie : ... *ne jamais perdre une heure de temps*[57].
La vertu cardinale de l'humaniste, c'est la tempérance, à qui l'iconographie nouvelle[58] dès le XIVe siècle donne comme attribut l'horloge – mesure dorénavant de toutes choses.

---

54. *Pari racione dicebat, immortalem Deum praecepturum, atque ita, ut homines quot tempora vixissent, ipse Deus computaret quantum in dormiendo spatii, quantum in capiendo cibo ex necessitate posuissent, diligenter consideraturus annos, menses, dies, horas, atque momenta brevia... Ob hanc igitur causam, quod sibi datum erat, ad vivendum tempus ita dispensabat, ut ex eo nihil umquam perdidisse videretur* (*Vita Jannotii Manetti a Naldo Naldio florentino scripta*, Muratori, XX, 582). L'importance de ce texte avait été reconnue par H. Baron, « A Socio-Logical Interpretation... », *loc. cit.*, p. 438.
55. Voir H. Baron, *loc. cit.*, p. 437.
56. L. Battista Alberti, *I libri della famiglia*, éd. Cecil Grayson ; *Opera volgari*, 1960, t. I, pp. 168-169.
57. *Ibid.*, p. 177.
58. Voir A. Chapuis, *De Horologiis...*, *op. cit.*, et H. Michel, « L'horloge de Sapience et l'histoire de l'horlogerie », in *Physis*, 1960, t. II.

NOTE SUR SOCIÉTÉ TRIPARTIE, IDÉOLOGIE MONARCHIQUE ET RENOUVEAU ÉCONOMIQUE DANS LA CHRÉTIENTÉ DU IXe AU XIIe SIÈCLE

Dans la littérature médiévale apparaît à la fin du IXe siècle, pour s'y épanouir au XIe et y devenir un lieu commun au XIIe siècle, un thème qui décrit la société en la divisant en trois catégories ou ordres. Les trois composantes de cette société tripartie sont, selon la formule classique d'Adalbéron de Laon au début du XIe siècle : *oratores, bellatores, laboratores*, c'est-à-dire les clercs, les guerriers, les travailleurs.
Il ne nous importe pas ici de rechercher les origines de ce schéma. Qu'il s'agisse d'une représentation traditionnelle chez les peuples indo-européens en général[1], ou plus particulièrement chez les Celtes ou les Germains, ou d'un schéma apparaissant dans n'importe quelle société à un stade donné de son développement[2], qu'il s'agisse de la résurgence d'un

---

Première publication in *L'Europe aux IXe-XIe siècles*, éd. T. Manteuffel et A. Gieysztor, Varsovie, 1968, pp. 63-72.

---

1. C'est, on le sait, le point de vue que G. Dumézil a soutenu dans de nombreux travaux. Voir H. Fugier, « Quarante ans de recherche sur l'idéologie indo-européenne : la méthode de M. Georges Dumézil », in *Revue d'Histoire et de Philosophie religieuses*, 1965, pp. 358-374. P. Boyancé, « Les origines de la religion romaine. Théories et recherches récentes », in *L'Information littéraire*, VII, 1955, pp. 100-107, « doute que le schéma triparti ait été si présent à l'esprit des Latins, puisque ceux-ci ne le décrivent jamais explicitement ». Au IXe-XIe siècle, on voit à la fois des expressions explicites de ce schéma et des formulations claires et précises (voir *infra*). On a d'ailleurs davantage l'impression de la juxtaposition de deux structures mentales différentes que d'une évolution d'une pensée confuse à une pensée claire. Faut-il parler de deux types de pensée cohérents et parallèles, « primitive » ou « sauvage » d'un côté, « historique » de l'autre ?
2. C'est ce qu'a récemment soutenu Vasilji I. Abaev, « Le cheval de Troie. Parallèles caucasiens », in *Annales E.S.C.*, 1963, pp. 1041-1070. D. Trestík a justement attiré l'attention sur l'importance du texte de la Genèse (IX, 18-27) dans le traitement du thème de la société tripartie dans la littérature médiévale (*Československý Časopis Historický*, 1964, p. 453). La malédiction jetée par Noé sur son fils Cham au profit de ses frères Sem et Japhet (« Maledictus Chanaan, servus servorum erit fratribus suis »), a été utilisée par les auteurs médiévaux pour définir les rapports entre les deux ordres supérieurs et le troisième ordre subordonné. Mais l'exploitation de ce texte semble relativement tardive et il n'en sera pas question ici.

vieux thème de civilisations antérieures ou d'une création originale de la pensée chrétienne médiévale, l'important pour nous est ailleurs.
Si ce thème, absent jusque-là de la littérature chrétienne, y apparaît entre le IXe et le XIe siècle, c'est qu'il correspondait à un besoin nouveau. Cette image conceptuelle de la société était en rapport avec de nouvelles structures sociales et politiques. Mais comme tout outil conceptuel, ce schéma n'avait pas seulement pour but de définir, de décrire, d'expliquer une situation nouvelle. Il était aussi un instrument d'action sur cette société nouvelle, et d'abord, au niveau de l'action la plus évidente, un instrument de propagande.
Il me semble que l'élaboration et la diffusion du thème de la société tripartie doivent être mises en rapport avec les progrès de l'idéologie monarchique et la formation des monarchies nationales dans la Chrétienté post-carolingienne.
Pour essayer d'étayer cette hypothèse, je prendrai trois exemples.
Le premier texte médiéval où l'on rencontre d'une façon précise le thème de la société tripartie est un passage de la traduction en anglo-saxon du *De Consolatione Philosophiae* de Boèce par le roi Alfred le Grand, dans le dernier quart du IXe siècle[3]. Il est significatif que ce passage soit une addition originale d'Alfred au texte de Boèce. De plus il s'agit d'un développement consacré au portrait du roi idéal, et les trois ordres de la société définis par Alfred sont considérés par lui comme des «outils et matériaux» nécessaires à l'accomplissement de l'œuvre monarchique, à l'exercice du pouvoir «avec vertu et efficacité». Enfin ce texte peut être mis en rapport avec les efforts effectifs d'Alfred pour établir sous l'égide royale un État solide et prospère[4].
Le deuxième exemple se rattache aux débuts de la monarchie capétienne en France. Si le fameux passage d'Adalbéron de Laon, qui date probablement des années 1025-1027[5], énumère explicitement les trois

---

3. Éditée par W. J. Sedgefield, *King Alfred's Old-English Version of Boethius «De Consolatione Philosophiae»*, Oxford, 1899-1900. J'ai utilisé la traduction de M. M. Dubois, *La Littérature anglaise du Moyen Âge*, Paris, 1962, pp. 19-20. Le texte d'Alfred dit que le roi doit avoir «gebedmen & fyrdmen & weorcmen», «des hommes pour la prière, des hommes pour la guerre et des hommes pour le travail». Voir l'article suggestif de J. Batany, «Des "Trois Fonctions" aux "Trois États"?», in *Annales E.S.C.*, 1963, pp. 933-938, et F. Graus, in *Československý Časopis Historický*, 1959, pp. 205-231.
4. Sur Alfred, en dehors de l'ouvrage fondamental de F. M. Stenton, *Anglo-Saxon England*, Oxford, 1945, outre le livre au titre significatif de B. A. Lees, *Alfred the Great, the Truthteller, Maker of England*, New York, 1919, on peut consulter les études plus récentes de E. Duckett, *Alfred the Great and his England*, 1957, et de P. J. Helm, *Alfred the Great, a Re-assessment*, 1963.
5. Cette datation est soutenue d'une façon qui me paraît convaincante par J. F. Lemarignier, *Le Gouvernement royal aux premiers temps capétiens (987-1108)*, Paris, 1965, p. 79, n. 53. On trouvera le texte avec une traduction in G. A. Huckel, *Les Poèmes satiriques d'Adalbéron*, in *Bibliothèque de la Faculté des Lettres de l'Université de Paris*, XIII, 1901 et une traduction in E. Pognon, *L'An Mille*, Paris, 1947.

ordres du schéma triparti, un texte moins précis, mais antérieur – vers 995 –, d'Abbon de Fleury, peut être considéré comme une forme approximative du thème de la société tripartie[6], et plus précisément comme un témoignage du passage d'un schéma biparti à un schéma triparti[7]. Des deux ordres principaux qui constituent la société, suivant un lieu commun de la littérature chrétienne, les clercs et les laïcs, ce dernier se subdivise selon Abbon en deux sous-ordres, celui des agriculteurs – *agricolae* – et celui des guerriers – *agonistae*. Sans doute aussi bien l'*Apologeticus adversus Arnulphum Episcopum Aurelianensem ad Hugonem et Robertum reges Francorum* d'Abbon de Fleury que le *Carmen ad Robertum regem* d'Adalbéron de Laon sont des ouvrages de circonstance destinés à soutenir, par-delà des intérêts personnels, le rôle, dans le premier cas, des réguliers et, dans le second, des séculiers, mais les deux ouvrages, en visant à assurer à un parti l'appui royal, sont naturellement amenés à définir et fortifier l'idéologie monarchique[8]. Aussi bien, par leur situation géographique aux extrémités septentrionale et méridionale du domaine capétien, le monastère de Fleury, comme l'église épiscopale de Laon ont-ils joué au XIe siècle un rôle politique et spirituel de premier plan dans l'établissement de la dynastie capétienne et le développement, à son profit, de l'idéologie monarchique dans la *Francia occidentalis*[9].

---

6. Voici ce texte : « Sed his posthabitis, primo de virorum ordine, id est de laicis, dicendum est, quod alii sunt agricolae, alii agonistae : et agricolae quidem insudant agriculturae et diversis artibus in opere rustico, unde sustentatur totius Ecclesiae multitudo ; agonistae vero, contenti stipendiis militiae, non se colliduntur in utero matris suae, verum omni sagacitate expugnant adversarios sanctae Dei Ecclesiae. Sequitur clericorum ordo... » (*PL*, t. CXXXIX, col. 464). Sur Abbon, voir P. E. Schramm, *Der König von Frankreich. Das Wesen der Monarchie vom 9. zum 16. Jahrhundert*, 2e éd., Darmstadt, 1960, vol. I. Et l'édition posthume, avec notes mises à jour, de la vieille thèse de l'École des Chartes de A. Vidier, *L'Historiographie à Saint-Benoît-sur-Loire et les Miracles de saint Benoît*, Paris, 1965.
7. Sur ce passage, d'un point de vue anthropologique, voir les remarques éclairantes de Cl. Lévi-Strauss (*Anthropologie structurale*, Paris, 1958, chap. VIII, « Les organisations dualistes existent-elles ? ») qui explicite le troisième cercle de l'organisation villageoise concentrique comme celui du défrichement, de la conquête du sol, du champ du travail.
8. Abbon défend, contre l'évêque Arnoul d'Orléans, les privilèges monastiques. Adalbéron, au contraire, dans une violente attaque contre Cluny, déplore l'emprise des moines sur le gouvernement du royaume.
9. Sur le rôle de Fleury (Saint-Benoît-sur-Loire) dans la formation de l'idéal monarchique en France au profit des Capétiens (avec Saint-Denis qui assumera seul et efficacement ce rôle à partir du XIIe siècle), outre le livre posthume de A. Vidier (voir *supra*, note 6), consulter l'introduction de R. H. Bautier à l'édition de Helgaud de Fleury, *Vie de Robert le Pieux* (*Epitoma Vitae Regis Roberti Pii*), Paris, 1965. Les éditions de textes de Fleury, annoncées par R. H. Bautier, sous l'égide de l'Institut de Recherche et d'Histoire des Textes du Centre national de la Recherche scientifique doivent permettre des études plus précises à ce sujet. Voir aussi l'important article de J. F. Lemarignier, *Autour de la royauté française du IXe au XIIIe siècle*, in *Bibliothèque de l'École des Chartes*, t. CXIII, 1956, pp. 5-36.

Le troisième exemple nous transporte aux frontières orientales de la Chrétienté latine, au début du XIIe siècle, dans la Pologne de Boleslaw Bouche Torse. Dans sa célèbre *Cronica et Gesta Ducum sive Principum Polonorum*, écrite dans les années 1113-1116, le chroniqueur anonyme dit Gallus Anonymus, décrivant dans son Prologue les éléments de la puissance polonaise, divise la population en *milites bellicosi* et *rustici laboriosi*. Comme dans le texte d'Abbon de Fleury, l'ordre clérical étant laissé à part, les deux expressions désignent les deux ordres laïcs et doivent être considérées comme une expression du schéma de la société tripartie[10]. Les différences de vocabulaire entre ce texte et celui d'Abbon, les analogies entre ces termes et ceux de *soldats belliqueux* et de *paysans laborieux* du texte d'Adalbéron soulignent, mieux que ne le feraient des expressions identiques, la convergence idéologique entre ces trois passages et avec le texte d'Alfred le Grand. Plus encore que les textes antérieurs, celui de Gallus Anonymus se rattache étroitement à la propagande monarchique. L'entourage de Boleslaw Bouche Torse qui a inspiré le chroniqueur a voulu en effet que l'œuvre fût un éloge de l'État polonais sous Boleslaw le Vaillant (992-1025) et un instrument de propagande pour la restauration du pouvoir et de la dignité monarchiques en Pologne[11].

Ainsi, que ces efforts aient été ou non couronnés de succès, ces trois textes montrent que, de la fin du IXe au début du XIIe siècle, d'un bout à l'autre de la Chrétienté latine, le schéma triparti est à mettre en relation avec les efforts de certains milieux laïcs et ecclésiastiques pour consolider idéologiquement la formation de monarchies nationales.

Pour tenter de comprendre comment ce thème pouvait servir l'idéal monarchique et national, il faut d'abord essayer de préciser quelles réalités

---

10. *Monumenta Poloniae Historica, nova series*, éd. K. Maleczyński, Cracovie, 1952, t. II, p. 8. Dans ses remarquables travaux (*Podstawy gospodarcze formowania sie państw slowiańskich*, Varsovie, 1953, «Economic Problems of the Early Feudal Polish State», in *Acta Poloniae Historica*, III, 1960, pp. 7-32 et «Dynastia Piastów we wczesnym sredniowieczu», in *Poczatki Państwa Polskiego*, éd. K. Tymieniecki, t. I, Poznań, 1962), H. Lowmianski a souligné cette classification et en a donné la signification socio-économique : «Gallus's definition: milites bellicosi, rustici laboriosi contains a reflection, unintentional as regards the chronicler, of the objective fact of division of the community into consumers and producers» (*APH, loc. cit.*, p. II).
11. Voir l'introduction de K. Maleczyński à l'édition citée à la note précédente ; M. Plezia, *Kronika Galla na tle historiografii XII wieku*, Kraków, 1947 ; J. Adamus, *O monarchii Gallowej*, Varsovie, 1952 ; T. Grudziński, «Ze studiów nad kronika Galla», in *Zapiski Historyczne*, 1957 ; J. Bardach, *Historia pan' stwa i prawa Polski*, Varsovie, 1965, t. I, pp. 125-127 ; B. Kürbisówna, «Wieź najstarszego dziejopisarstwa polskiego z państwem», in *Poczatki Państwa Polskiego*, Poznań, 1962, t. II, et J. Karwasińska, *Państwo polskie w przekazach hagiograficznych, ibid.*, pp. 233-244. Les hypothèses de D. Borawska (*Przeglad Historyczny*, 1964) sur les sources vénitiennes de la chronique de Gallus Anonymus, si elles étaient vérifiées, ne paraissent pas de nature à modifier notre interprétation.

sociales et mentales correspondaient aux trois ordres du schéma, et plus spécialement au troisième ordre qui me paraît conférer au schéma son caractère le plus original et le plus significatif.

La caractérisation des deux premiers ordres ne présente pas de grandes difficultés, même s'il n'est pas dépourvu d'intérêt de noter certaines particularités soit dans la définition intrinsèque de chaque ordre, soit dans la nature de leur rapport avec la royauté impliquée par le schéma.

L'ordre clérical est caractérisé par la prière, ce qui indique peut-être une certaine primauté accordée à l'idéal monastique, à celui plutôt d'un certain monachisme[12], mais qui se réfère surtout à la nature essentielle du pouvoir clérical, qui vient de sa capacité spécialisée d'obtenir par l'exercice professionnel de la prière l'aide divine. Roi des *oratores*, le monarque participe d'une certaine façon de la nature et des privilèges ecclésiastiques et religieux[13] et d'autre part entretient avec l'ordre clérical les relations ambivalentes de protecteur et de protégé de l'Église que le clergé carolingien a mises au point au IXe siècle[14].

L'ordre militaire n'est peut-être pas lui non plus aussi simple à appréhender qu'il semble à première vue. Son unité, sa cohérence concrètes sont sans doute encore plus éloignées de la réalité que celles de l'ordre clérical. Le terme de *milites* qui, à partir du XIIe siècle, aura tendance à désigner habituellement l'ordre militaire dans le schéma triparti, correspondra sans doute à l'émergence de la classe des chevaliers au sein de l'aristocratie laïque, mais apportera plus de confusion que de clarté dans les rapports entre la réalité sociale et les thèmes idéologiques prétendant l'exprimer. Il reste que, du IXe au XIIe siècle, l'apparition des *bellatores* dans le schéma triparti correspond à la formation d'une nou-

---

12. Ce serait pousser loin l'interprétation que d'attribuer à Adalbéron le choix ou l'adoption du terme *oratores* par désir de rappeler au devoir exclusif de l'*opus Dei* ses adversaires clunisiens qu'il accuse de trop se mêler des affaires du siècle.
13. Il ne s'agit pas ici d'ouvrir le dossier des rois thaumaturges ni de soulever le problème du roi-saint (voir à ce sujet les articles de R. Folz «Zur Frage der heiligen Könige: Heiligkeit und Nachleben in der Geschichte des burgundischen Königtums», in *Deutsches Archiv*, 14, 1958 et «Tradition hagiographique et culte de saint Dagobert, roi des Francs», in *Le Moyen Age*, Vol. Jubilaire, 1963, pp. 17-35, et l'article de K. Górski sur le roi-saint dans l'Europe médiévale septentrionale et orientale, in *Annales E.S.C.*, 1966). Sur l'idéologie monarchique au Moyen Âge, l'ouvrage fondamental est le recueil collectif *Das Königtum. Seine geistigen und rechtlichen Grundlagen*, in *Vorträge und Forschungen*, éd. Th. Mayer, 3, 1956. Sur le caractère ecclésiastique de la royauté selon Abbon de Fleury, dans la tradition du concile de Paris de 829 et du *De institutione regia* de Jonas d'Orléans, voir J. F. Lemarignier, *op. cit.*, pp. 25-27.
14. Voir note précédente. Sur l'unification de l'ordre clérical et l'insertion des moines dans cet ordre aux XIe-XIIe siècles, en relation précisément avec l'évolution économique, voir les intéressantes remarques de G. Constable, *Monastic Tithes*, 1964, pp. 147 *sqq*.

velle noblesse[15] et, à cette époque de profonde transformation de la technique militaire, à la prépondérance de la fonction guerrière chez cette nouvelle aristocratie. Quant au roi des *bellatores*, il est lui aussi en première ligne un chef militaire et entretient avec l'ordre guerrier les mêmes relations ambivalentes d'un roi «féodal», qui est à la fois la tête de cette aristocratie militaire et placé en dehors et au-dessus d'elle.

Si, malgré cette complexité, on voit aisément qui désignent les deux premiers termes du schéma de la société tripartite, il n'en va pas de même avec le troisième terme. Qui sont les *laboratores*[16]? S'il est clair, comme l'attestent les équivalents *agricolae* ou *rustici* que nous avons rencontrés, qu'il s'agit, à l'époque que nous considérons et dans les régions où ces textes ont été écrits[17], de ruraux, il est plus difficile de déterminer quel ensemble social est ici désigné. On considère en général que ce terme désigne le reste de la société, l'ensemble de ceux qui travaillent, c'est-à-dire en fait essentiellement la masse paysanne. On est encouragé à admettre cette interprétation par le phénomène d'uniformisation relative des conditions paysannes qu'on observe, entre le Xe et le XIIe siècle, dans de larges zones de la Chrétienté[18]. Il est vrai que, à partir du XIIe siècle, sous la double influence sans doute de l'évolution économique et sociale des campagnes et des villes, le troisième ordre englobe en général l'ensemble de la main-d'œuvre, ce que nous appellerions le secteur primaire. Il est vrai également que dès notre époque il y a chez certains auteurs tendance à donner ce sens large au mot *laboratores*[19].

---

15. Sur cette nouvelle noblesse, voir notamment les mises au point de L. Génicot («La noblesse au Moyen Âge dans l'ancienne Francie», in *Annales E.S.C.*, 1961, et «La noblesse au Moyen Âge dans l'ancienne Francie: continuité, rupture ou évolution?», in *Comparative Studies in Society and History*, 1962), G. Duby («Une enquête à poursuivre: la noblesse dans la France médiévale», in *Revue historique*, 1961) et O. Forst de Battaglia («La noblesse européenne au Moyen Âge», in *Comparative Studies in Society and History*, 1962). Un colloque sur le thème *Royauté et Noblesse aux Xe et XIe siècles*, organisé par l'Institut historique allemand à Paris, s'est tenu en avril 1966 à Bamberg.
16. Il n'y a guère à signaler que les intéressants articles de M. David, «Les "laboratores" jusqu'au renouveau économique des XIe-XIIe siècles», in *Études d'Histoire du Droit privé offertes à Pierre Petot*, 1959, pp. 107-119, et «Les "laboratores" du renouveau économique, du XIIe à la fin du XIVe siècle», in *Revue historique de Droit français et étranger*, 1959, pp. 174-195 et 295-325.
17. La situation est peut-être différente en Italie, en Italie du Nord du moins, à cause de la survie de traditions antiques et de la précocité du réveil urbain. Il faudrait notamment interroger à ce sujet Ratherius de Vérone.
18. Voir par exemple G. Duby, *La Société aux XIe et XIIe siècles dans la région mâconnaise*, Paris, 1953, pour qui toutefois cette évolution réelle ne serait achevée en Mâconnais qu'au début du XIIe siècle (pp. 245-261), tandis qu'au début du XIe siècle l'uniformité de la classe paysanne dans la littérature ecclésiastique proviendrait de l'ignorance et du mépris des écrivains, tel Raoul Glaber (pp. 130-131).
19. C'est le cas d'Adalbéron de Laon qui s'en sert pour prendre la défense des serfs, avec l'arrière-pensée évidente de dénigrer les moines maîtres de nombreux serfs, et surtout les clunisiens.

Temps et travail

Mais je crois que, chez les auteurs du schéma, chez ses premiers utilisateurs et diffuseurs, le terme a un sens plus restreint, plus précis, qu'on peut l'expliquer par certaines innovations économiques et sociales et que cette interprétation modifie sensiblement la signification du schéma de la société tripartie comme instrument de l'idéologie monarchique nationale entre le IXe et le XIIe siècle.

À partir au moins de la fin du VIIIe siècle les mots de la famille de *labor* ont tendance à désigner des formes de travail rural comportant une idée de mise en valeur, d'amélioration, de progrès quantitatif ou qualitatif de l'exploitation agricole. Le *labor*, les *labores*, c'est davantage les résultats, les fruits, les gains du travail, que le travail lui-même. C'est autour de cette famille de mots que semble se cristalliser le vocabulaire qui désigne les progrès agricoles sensibles en maintes régions à partir du IXe siècle, qu'il s'agisse d'extension de la surface cultivée par défrichement (et *labores* pourra être synonyme de *novalia*, de dîmes levées sur des terres nouvellement défrichées[20]) ou d'augmentation des rendements par amélioration technique (multiplication des labours, amélioration des «façons», emploi d'engrais, perfectionnement de l'outillage en fer – en attendant la diffusion de la charrue dissymétrique et de l'utilisation du cheval[21]).

---

20. Le texte le plus net est celui d'un canon d'un synode national norvégien de 1164: «Monachi vel clerici communem vitam professi de laboribus et propriis nutrimentis suis episcopis vel quibuslibet personis decimas reddere minime compellentur», assorti dans le Ms. British Museum Harley 3405 d'une glose au-dessus du mot «laboribus»: «id est novalibus». Ce texte est cité par J. F. Niermeyer, «En marge du nouveau Ducange», in *Le Moyen Âge*, 1957, où l'on trouvera des exemples excellemment choisis et commentés de *labor* au sens de «résultats du travail agricole ou plutôt de terre récemment défrichée». L'auteur rappelle justement que dans les capitulaires carolingiens *labor* désigne «le fruit de toute activité acquisitive opposé au patrimoine hérité» (par exemple dans la *Capitulatio de partibus Saxoniae*, probablement de 785: «ut omnes decimam partem substantiae et laboris suis ecclesiis et sacerdotibus donent» que Hauck avait bien interprété, in *Kirchengeschichte Deutschlands*, 1912, t. II, p. 398, en traduisant *substantia* par *Grundbesitz* et *labor* par *alles Erwerb*) et *laborare*, «acquérir par défrichement» (par exemple «villas quas ipsi laboraverunt» dans le Capitulaire de 812 pour les Espagnols, qui est peut-être à l'origine de toute une série d'emplois semblables dans les chartes de *población* de la Reconquista). Le même vocabulaire se retrouve dans une série d'actes de donation en faveur de l'abbaye de Fulda (VIIIe-Xe siècle). On consultera également avec profit G. Keel, *Laborare und Operari. Verwendungs- und Bedeutungsgeschichte zweier Verben für «arbeiten» im Lateinischen und Galloromanischen*, St. Gallen, s. d. (1942). Sur les *novalia* et le sens de *labor*, voir également G. Constable, *Monastic Tithes, op. cit.*, pp. 236, 258, 280 et 296-297.
21. Sur tout ceci, on se reportera à l'ouvrage fondamental de G. Duby, *L'Économie rurale et la vie des campagnes dans l'Occident médiéval*, Paris, 1962. Sur les progrès de l'agriculture à l'époque carolingienne et leurs répercussions dans le domaine institutionnel et culturel, voir le bel article de H. Stern, «Poésies et représentations carolingiennes et byzantines des mois», in *Revue archéologique*, 1955.

Ainsi *laboratores* en vient à désigner plus particulièrement ceux des travailleurs agricoles qui sont les principaux artisans et bénéficiaires de ce progrès économique, une élite, un *méliorat* paysan, ceux qu'un texte du Xe siècle définit fort bien : *«ceux, les meilleurs, qui sont* laboratores[22]...*».* C'est donc une élite économique, celle qui est au premier rang de l'essor agricole de la Chrétienté entre le IXe et le XIIe siècle, qui constitue le troisième ordre du schéma triparti. Celui-ci, qui exprime une image consacrée, sublimée, de la société, ne groupe pas la totalité des catégories sociales, mais celles-là seules qui sont dignes d'exprimer les valeurs sociales fondamentales : valeur religieuse, valeur militaire, et, ce qui est nouveau dans la Chrétienté médiévale, valeur économique. Jusque dans le domaine du travail la société médiévale, au niveau culturel et idéologique, reste une société aristocratique.
Ici encore le roi des *laboratores* est la tête et le garant de l'ordre économique, de la prospérité matérielle. Il l'est particulièrement parce qu'il fait régner la paix indispensable au progrès économique[23]. La finalité idéolo-

---

22. Cette définition se trouve dans un acte de 926 du cartulaire de Saint-Vincent de Mâcon, éd. C. Ragut, Mâcon, 1864, 501. Elle a été relevée par A. Déléage, *La Vie rurale en Bourgogne jusqu'au début du XIe siècle*, Mâcon, 1942, t. I, p. 249, n. 2 ; G. Duby, *La Société...*, p. 130, n. 1 et M. David, *Études d'Histoire*, p. 108. On sait que le terme est resté en vieux français *(laboureur)* pour désigner un paysan aisé, possédant animaux de travail et outillage, par opposition au *manouvrier* ou *brassier* ne possédant que ses mains, ses bras pour travailler. Sur des emplois de *laboureur* avec ce sens à la fin du Moyen Âge, voir notamment R. Boutruche, *La Crise d'une société : seigneurs et paysans du Bordelais pendant la guerre de Cent Ans*, Strasbourg, 1947 (rééd. Paris, 1963), *passim* et notamment pp. 95-96. C'est déjà le sens et l'opposition qu'on rencontre dans le cartulaire de Saint-Vincent de Mâcon, 476, dans un texte de la période 1031-1060 : «illi... qui cum bobus laborant et pauperiores vero qui manibus laborant vel cum fossoribus suis vivent», également cité par G. Duby, *La Société...*, p. 130, n. 1. Sur les *laboratores*, voir J. Le Goff, «Les trois fonctions indo-européennes, l'historien et l'Europe féodale», in *Annales E.S.C.*, 6, novembre-décembre 1979, pp. 1187-1215.
23. Voir B. Töpfer, *Volk und Kirche zur Zeit der Gottesfriedensbewegung in Frankreich*, 1951 ; *Recueils de la Société Jean Bodin*, t. XIV ; *La Paix*, 1962 et l'étude de G. Duby, *I laici e la pace di Dio*, dans le cadre de la *III Settimana Internazionale di Studi Medioevali* (Passo della Mendola, 1965) sur *I Laici nella Società religiosa dei secoli XI e XII*, Milan, 1968. Traditionnellement, le royauté assure la prospérité par la sécurité armée. Voir G. Dumézil, *Remarques sur les armes des dieux de troisième fonction chez divers peuples indo-européens*, *SMSR*, XXVIII, 1957. Le relais carolingien ici encore est important. On en retrouve l'écho dans les lamentations populaires à la mort de Robert le Pieux (1031) rapportées par son biographe-hagiographe Helgaud : «In cujus morte, heu ! pro dolor ! ingeminatis vocibus adclamatum est : "Rotberto imperante et regente, securi viximus, neminem timuimus"» (R. H. Bautier., *ed. laud.*, p. 136). Mais au XIe siècle, ce n'est pas une prospérité sacralisée et comme métaphysique que l'on salue dans la protection royale, mais des institutions précises qui prennent travailleurs, travaux, bêtes de labour, outillage sous la tutelle de la puissance royale. Rien d'étonnant si des représentants de cette élite économique apparaissent dans l'entourage même du roi (voir J. F. Lemarignier : Philippe Ier «accueille en son entourage, non pas seulement quelques bourgeois... mais surtout, avec une fréquence accrue, de très obscurs personnages qui défient l'identification et ne paraissent jamais qu'une fois : clercs ou moines ; ou bien laïques : cultivateurs assez notables pour que leur présence importe et, notamment, maires de villages», in *Le Gouvernement royal*, p. 135).

gique du schéma triparti c'est d'exprimer l'harmonie, l'interdépendance, la solidarité entre les classes, entre les ordres. Les trois ordres forment la structure de la société de chaque État qui s'écroule si l'équilibre entre les trois groupes dont chacun a besoin des deux autres n'est pas respecté. Cet équilibre ne peut être garanti que par un chef, un arbitre. Cet arbitre, c'est le roi. Ce qui rend désormais la monarchie plus nécessaire, c'est l'apparition de la fonction économique au rang de valeur idéologique, l'émergence d'une élite économique. La dualité pape-empereur est désormais condamnée qui correspondait à la bipartition clercs-laïcs plus encore qu'à la difficile et irréalisable distinction entre spirituel et temporel.

Les rois vont être les vrais lieutenants de Dieu sur terre. Les dieux des anciennes mythologies se constituaient en triades qui groupaient les trois fonctions fondamentales[24]. Dans une société devenue monothéiste, le monarque concentre en sa personne les trois fonctions[25] et exprime l'unité d'une société nationale trinitaire.

---

24. Voir la série des *Jupiter, Mars, Quirinus* de G. Dumézil, et sur certains aspects de la troisième fonction dans l'Antiquité grecque, la remarquable étude de J.-P. Vernant, «Prométhée et la fonction technique», in *Journal de Psychologie*, 1952, pp. 419-429 (réédité in *Mythe et Pensée chez les Grecs*, Paris, 1965, pp. 185-195). On sait que chez les Scythes par exemple, une triade d'objets symboliques correspondait aux trois fonctions: la coupe, la hache, la charrue et le joug. On est tenté de rapprocher de ce symbolisme les légendes médiévales qui, chez les Slaves, unissent la charrue aux héros fondateurs des dynasties des Piasts en Pologne et des Przemyslides en Bohême. Il est également intéressant de voir la fonction économique apparaître dans la propagande hagiographique monarchique en France à notre époque. Le texte le plus remarquable se rencontre dans la *Vita Dagoberti*, où le roi, à la demande de paysans, jette de sa propre main des semences d'où naît «frugum abundantia» (*MGH, SRM*, II, p. 515). F. Graus, *Volk, Herrscher und Heiliger im Reich der Merowinger*, Prague, 1965, p. 403, date ce texte de la fin du Xe siècle au plus tôt, et R. Folz, dont on lira l'intéressant commentaire, in *Le Moyen Âge*, 1963, *loc. cit.*, p. 27, du dernier tiers du XIe siècle (*ibid.*, p. 29). Cette datation corrobore notre thèse. On n'oubliera pas, sur cet aspect légendaire de la royauté, le livre classique de J. C. Frazer, *The Golden Bough*. I: *The Magic Art and the Evolution of Kings*. Londres, 1911, et ses *Lectures on the Early History of Kingship*, Londres, 1905, trad. fr.: *Les Origines magiques de la royauté*, 1920. Si nous insistons sur ces aspects, qui relèvent du domaine idéologique qui est celui de cette étude, nous n'oublions pas qu'il importe, comme il en a été réellement dans le passé, de les mettre en rapport avec le contexte proprement économique des phénomènes considérés. Par exemple, il ne faut pas oublier que le monastère de Fleury se trouvait à l'extrémité méridionale de cette route Paris-Orléans, où les Capétiens ont multiplié aux XIe et XIIe siècles les défrichements et les nouveaux centres d'habitat et que Marc Bloch a appelée l'«axe de la monarchie» (*Les Caractères originaux de l'histoire rurale française*, nouv. éd., Paris, 1952, p. 16 et planche II).
25. L'empreinte carolingienne est forte ici encore. H. Fichtenau rappelle justement ces mots d'un poète carolingien: «Un seul règne dans les cieux, celui qui lance la foudre. Il est naturel qu'il n'y en ait qu'un seul après lui qui règne sur la terre, un seul qui soit un exemple pour tous les hommes» (*L'Empire carolingien*, trad. fr., Paris, 1958, p. 72). Malgré le caractère essentiellement liturgique de l'idéologie monarchique à l'époque carolingienne, on peut peut-être noter comme une forme de la troisième fonction l'épithète de *Summus agricola* décernée par les *Libri Carolini* à l'empereur.

Mais, bénéficiaire du schéma triparti, la royauté médiévale risque aussi d'en être la victime si le jeu de la lutte incompressible des classes tourne les trois ordres contre le roi-arbitre. C'est le sens du cauchemar du roi d'Angleterre Henri Ier qui voit en rêve, en 1130, les *laboratores*, puis les *bellatores*, puis les *oratores* l'attaquer, les premiers avec leurs outils, les deuxièmes avec leurs armes, les troisièmes avec leurs insignes[26]. Mais alors les *laboratores* ont pris l'aspect non plus d'une élite collaboratrice, mais d'une masse hostile, d'une classe dangereuse.

---

26. Ce cauchemar rapporté par le chroniqueur John of Worcester a été illustré par des miniatures très explicites dans le Ms. Oxford, Corpus Christi College, 157, ff[os] 382-383. On en trouvera la reproduction in J. Le Goff, *La Civilisation de l'Occident médiéval*, Paris, 1964, pp. 117-118.

MÉTIERS LICITES ET MÉTIERS ILLICITES
DANS L'OCCIDENT MÉDIÉVAL

*T*oute société a sa hiérarchie sociale – révélatrice de ses structures et de sa mentalité. Ce n'est pas mon dessein d'esquisser ici le schéma sociologique de la Chrétienté médiévale et de ses métamorphoses. D'une façon ou d'une autre, les métiers y ont trouvé leur place, large ou étroite selon les époques. Mon dessein est d'étudier la hiérarchie des métiers dans la société de l'Occident médiéval. Métiers nobles, métiers vils, métiers licites, métiers illicites, ces catégories recouvrent des réalités économiques et sociales – plus encore des mentalités. Ce sont celles-ci qui m'intéressent surtout ici – étant bien entendu que le rapport entre les situations concrètes et les images mentales ne sera pas négligé. Sans doute la mentalité est ce qui change le plus lentement dans les sociétés et les civilisations – mais force lui est bien de suivre, malgré ses résistances, ses retards, ses décalages, de s'adapter aux transformations des infrastructures. Ce n'est pas un tableau statique qui sera donc ici présenté, mais une évolution dont on cherchera les stimulants, les agents, les modalités. Tel est méprisé en l'An Mille qui tiendra le haut du pavé à l'aube de la Renaissance. Suivre les mouvements de la roue de fortune des métiers médiévaux, c'est la tentative esquissée ici.

Parmi ces métiers, certains furent condamnés sans restriction – telles l'usure ou la prostitution –, d'autres ne le furent que dans certains cas[1] – eu égard aux circonstances (tel l'ensemble des «occupations serviles» – *opera servilia*, interdites le dimanche), aux motifs (le commerce, proscrit quand il est exercé en vue du profit – *lucri causa* – est autorisé quand il a pour but le

---

Première publication in *Études historiques*, Annales de l'École des Hautes Études de Gand, V, pp. 41-57.

1. L'élaboration systématique de ces cas à partir du *Décret* de Gratien, donc du milieu du XIIe siècle, représente dans l'histoire des professions méprisées une étape importante sur laquelle nous reviendrons plus loin.

service du prochain ou l'utilité commune), ou surtout aux personnes – et il s'agit essentiellement des activités interdites aux clercs[2]. Mais il est évident que, dans ces derniers cas aussi, les métiers, ainsi occasionnellement prohibés, étaient, en fait, méprisés – soit que le mépris dont ils étaient habituellement l'objet les ait fait mettre sur la liste noire, soit au contraire que leur présence sur cette liste, survivance de mépris oubliés, incitât pour ce seul motif à les mépriser. Il est clair qu'interdire une profession à un clerc dans une société religieuse et «cléricale», comme celle de l'Occident médiéval, n'est pas une recommandation pour cette profession, mais lui vaut au contraire un discrédit qui rejaillit sur les laïcs qui l'exercent. Chirurgiens et notaires l'ont, entre autres, éprouvé.

Sans doute y a-t-il des nuances, juridiques ou pratiques, entre les métiers interdits – «negotia illicita» – et les occupations simplement déshonnêtes ou viles – «inhonesta mercimonia»[3], «artes indecorae»[4], «vilia officia»[5]. Mais, les uns et les autres forment ensemble cette catégorie des professions méprisées qui nous occupe ici en tant que fait de mentalité. En dresser la liste exhaustive, ce serait risquer de dénombrer presque tous les métiers médiévaux – le fait est d'ailleurs significatif[6] –, car ils varient selon les documents, les régions, les époques et parfois se multiplient. Citons ceux qui reviennent le plus souvent: aubergistes, bouchers, jongleurs, histrions, magiciens, alchimistes, médecins, chirurgiens, soldats[7], souteneurs, prostituées, notaires, marchands[8], en première ligne. Mais aussi foulons, tisserands, bourreliers, teinturiers, pâtissiers, cordonniers[9]; jardiniers, peintres, pêcheurs, barbiers[10]; baillis, gardes champêtres,

---

2. Sur les activités interdites aux clercs, on consultera Naz, article «Clerc», *Dictionnaire de Droit canonique*, 1942, t. III, § XIV-XVII, col. 853-861, et M. Berry, «Les professions dans le *Décret* de Gratien», thèse dactylographiée, Faculté de Droit de Paris, 1956.
3. C'est l'expression des statuts synodaux d'Arras (v. 1275) qui a donné son titre à l'article de J. Lestocquoy, «Inhonesta mercimonia», in *Mélanges Halphen*, 1951, pp. 411-415.
4. Ce sont les termes que l'on trouve dans Naz, *loc. cit.*
5. L'expression se rencontre aussi dans les statuts d'Arras. Les statuts synodaux de Liège, de la même époque, parlent de «negotia turpia et officia inhonesta».
6. Cela découle, entre autres, du texte de saint Paul interdisant toutes les professions laïques aux clercs: «Nemo militans Deo implicat se negotiis saecularibus» (II Tim., XI, 4).
7. La présence des soldats sur cette liste peut étonner: la société de l'Occident médiéval n'a-t-elle pas été autant «militaire» que «cléricale»? Sur l'antimilitarisme médiéval nous reviendrons ci-après.
8. Sur les marchands, voir J. Le Goff, *Marchands et Banquiers du Moyen Âge*, Paris, 1956.
9. Ces professions figurent, avec les bourreaux, dans les statuts synodaux d'Arras de 1275 environ. Voir Dom Gosse, *Histoire d'Arrouaise*, 1783, et E. Fournier, in *Semaine religieuse d'Arras*, 1910, pp. 1149-1153.
10. Ils figurent en seconde ligne dans les statuts diocésains de Tournai de 1361 (voir E. de Moreau, *Histoire de l'Église en Belgique*, t. III, 1945, p. 588) qui interdisent surtout aux clercs les métiers d'aubergiste, boucher, histrion, tisserand.

douaniers, changeurs, tailleurs, parfumeurs, tripiers, meuniers, etc.[11] sont mis à l'index[12].
À l'arrière-plan de ces interdictions, nous trouvons les survivances de mentalités primitives très vivaces dans les esprits médiévaux: les vieux tabous des sociétés primitives.
Tabou du sang d'abord. S'il joue surtout contre les bouchers et les bourreaux, il touche aussi les chirurgiens et les barbiers, ou apothicaires pratiquant saignée – tous plus durement traités que les médecins; il atteint enfin les soldats. Cette société sanguinaire qu'a été celle de l'Occident médiéval semble osciller entre la délectation et l'horreur du sang versé.
Tabou de l'impureté, de la saleté, qui retombe sur les foulons, les teinturiers, les cuisiniers. Mépris pour les ouvriers textiles, les «ongles bleus» des émeutes du XIVe siècle, que Jean de Garlande, au début du XIIIe siècle, nous montre en butte à l'hostilité de leurs semblables, à celle des femmes surtout, qui les trouvent repoussants[13]. Mépris pour les cuisiniers et les blanchisseurs, que l'on trouve naïvement exprimé vers l'An Mille par l'évêque Adalbéron de Laon qui, faisant l'éloge des clercs exempts des travaux serviles, déclare: «Ils ne sont ni bouchers, ni aubergistes..., ignorent la cuisante chaleur d'une marmite graisseuse..., ils ne sont pas blanchisseurs et dédaignent de faire bouillir le linge[14]...» Aversion que l'on retrouve, avec quelque étonnement, chez saint Thomas d'Aquin qui, au moyen d'une argumentation philosophique et théologique, finit par mettre curieusement au bas de l'échelle professionnelle, pour leur contact avec la saleté, les laveurs de vaisselle[15]!
Tabou de l'argent, qui a joué un rôle important dans la lutte des sociétés vivant dans un cadre d'économie naturelle contre l'envahissement de l'économie monétaire. Ce recul panique devant la pièce de métal précieux anime les malédictions contre l'argent des théologiens médiévaux – d'un

---

11. On les rencontre dans les statuts synodaux de Liège de la seconde moitié du XIIIe siècle (voir E. de Moreau, *ibid.*, p. 343 et J. Lejeune, *Liège et son pays*, p. 277) qui mentionnent aussi jongleurs, aubergistes, bourreaux, proxénètes, usuriers, foulons, tisserands. Un texte du milieu du XIVe siècle y ajoute: brasseurs, arbalétriers, champions, monnayeurs (?), forgerons, charpentiers, tanneurs, boulangers. Nous trouvons encore dans un manuscrit du début du XIVe siècle (Vat. lat. 2036): marchands, messagers (?), cuisiniers, échansons, pêcheurs.
12. On trouvera une liste des œuvres serviles interdites le dimanche dans l'*Admonitio Generalis*, publiée par Charlemagne en 789 (art. 81, ap. Boretius, Capitul. I, p. 61).
On notera que ces interdictions ne valent que pour les chrétiens. De ce point de vue, l'usurier juif a eu longtemps droit de cité dans la société de l'Occident médiéval. Papes et cardinaux, notamment, se sont souvent adressés à des médecins juifs. L'histoire des professions fournit à cet égard, comme on sait, un chapitre privilégié de l'histoire de l'antisémitisme au Moyen Âge. Voir B. Blumenkranz, *Juifs et Chrétiens dans le monde occidental (430-1096)*, 1960, et L. Poliakov, *Histoire de l'antisémitisme*, 1955-1961, 2 vol.
13. Cité par De Poerck, *La Draperie médiévale en Flandre et en Artois*, 1951, t. I, pp. 316-317.
14. Poème au roi Robert, in E. Pognon, *L'An Mille*, 1947, p. 225.
15. I Pol. lect. 9.

saint Bernard par exemple – et stimule l'hostilité à l'égard des marchands, surtout attaqués en tant qu'usuriers ou changeurs, et plus généralement de tous les manieurs d'argent[16], comme de tous les salariés groupés sous le nom de mercenaires; les textes sont particulièrement sévères envers les champions qui affrontent les ordalies à la place des intéressés, et les prostituées, cas extrême du «turpe lucrum», de l'argent mal gagné.

À ce vieux fonds atavique, le christianisme a ajouté ses propres condamnations.

Notons d'abord qu'il habille souvent les tabous primitifs de son idéologie nouvelle. Les militaires sont condamnés, comme le fait la question I de la cause 23 du *Décret* de Gratien, non pas directement en tant que verseurs de sang, mais indirectement comme contrevenant au commandement «Tu ne tueras point» et tombant sous le coup du jugement de saint Matthieu (26, 52): «Quiconque prendra une épée périra par l'épée.»

Remarquons encore que le christianisme est ici souvent dans la ligne de son double héritage de culture et de mentalité: l'héritage juif et l'héritage gréco-romain, idéologiquement dominés par la suprématie morale des activités originelles des ancêtres. Les métiers non agricoles trouvent difficilement grâce devant ces descendants d'agriculteurs et de pasteurs, et l'Église reprendra souvent les anathèmes d'un Platon et d'un Cicéron[17], interprètes des aristocraties foncières de l'Antiquité.

Mais surtout le christianisme enrichit, c'est-à-dire allonge, selon son optique particulière, la liste des professions interdites ou méprisées.

Sont ainsi condamnés les métiers qu'on peut difficilement exercer sans tomber dans l'un des péchés capitaux.

La luxure, par exemple, sera le motif de la condamnation des aubergistes et tenanciers d'étuves dont les maisons étaient souvent mal famées, des jongleurs qui incitent à des danses lascives et obscènes (ce que souligne le rapprochement avec la danse impie de Salomé), des taverniers qui vivent de la vente de la triple volupté maudite du vin, du jeu et de la danse; et même des ouvrières du textile, accusées de fournir des contingents impor-

---

16. Les mentalités primitives ne sont pas exemptes de contradictions. Une des plus notables est celle qui, dans le haut Moyen Âge, fait des monnayeurs des gens puissants et considérés. Voir R. Lopez, «An Aristocracy of Money in the Early Middle Ages», in *Speculum*, 1953. Un manuscrit du XIIIe siècle (Ottob. lat. 518) énumère 5 professions «qui peuvent difficilement être exercées sans pécher». À côté du métier militaire, 4 consistent essentiellement en maniement d'argent: la comptabilité («cura rei familiaris») le commerce («mercatio»), le métier de procureur («procuratio»), et celui d'administrateur («administratio»).

17. Plutarque rappelle le mépris de Platon pour les arts mécaniques (Markellos, XIV, 5-6). Cicéron a notamment exprimé le sien dans le *De Officiis*, 1142. Parmi les textes des Pères de l'Église latine qui forment le relais entre cette mentalité antique et la mentalité médiévale, on notera saint Augustin, «De opere monachorum», XIII, *PL*, t. XL, col. 559-560.

tants à la prostitution[18], ce qui doit être en partie vrai, si l'on songe aux salaires misérables qu'elles recevaient.

L'avarice – c'est-à-dire la cupidité – n'est-elle pas le péché, en quelque sorte professionnel, aussi bien des marchands que des hommes de loi – avocats, notaires, juges ?

La condamnation de la gourmandise entraîne naturellement celle du cuisinier. L'orgueil et l'avarice ne viennent-ils pas renforcer la comdamnation du soldat, déjà mis hors la loi pour le sang répandu ? Albert le Grand rappelle les trois dangers majeurs du métier militaire : « le meurtre des innocents », « l'appât de gains supérieurs », « le vain étalage de la force ».

Il n'est pas jusqu'à la paresse qui ne justifie la mise à l'index de la profession de mendiant – plus précisément du mendiant valide, de ceux « qui ne veulent pas travailler par paresse »[19].

Plus profondément sont condamnés les métiers opposés à certains des tendances ou des dogmes les plus essentiels du christianisme.

Les professions lucratives sont frappées au nom du « contemptus mundi », du mépris du monde que doit manifester tout chrétien, et les juristes sont ainsi condamnés, l'Église soulignant souvent l'opposition entre le droit canonique légitime et le droit civil néfaste[20]. Plus généralement il y a dans le christianisme une tendance à condamner tout « negotium », toute activité séculière, à privilégier au contraire un certain « otium », une oisiveté qui est confiance en la Providence.

Les hommes étant enfants de Dieu participent à sa divinité, et le corps est un tabernacle vivant. Tout ce qui le souille est péché. Aussi les métiers luxurieux – ou prétendus tels – sont-ils spécialement stigmatisés.

La fraternité entre les hommes – ou en tout cas entre chrétiens – est à la base de la condamnation des usuriers qui enfreignent le précepte du Christ : « Prêtez sans rien espérer en retour » – « inde nihil sperantes » (Luc, VI, 34-35). Plus profondément encore, l'homme doit travailler à l'image de Dieu[21]. Or le travail de Dieu, c'est la Création. Toute profession qui ne crée pas est donc mauvaise ou inférieure. Il faut, comme le paysan, créer la moisson, ou, à

---

18. Selon Jean de Garlande, cité par De Poerck, *op. cit.*
19. L'opinion d'Albert le Grand sur la *militia* et la condamnation des mendiants valides se rencontrent dans plusieurs manuels de confesseurs, notamment dans la *Summa* de Jean de Fribourg.
20. L'interdiction faite aux réguliers par le pape Alexandre III (concile de Turin, 19 mai 1163) de quitter leur couvent « ad physicam legesve mundanas legendas » est dans Mansi, *Sacrorum Conciliorum nova et amplissima Collectio*, Venise, 1780, t. XXI, 1179. La constitution « Super speculam » d'Honorius III qui interdit à l'Université de Paris l'enseignement du droit civil se trouve *ibid.*, t. XXII, 373.
21. Ce point capital de la théologie chrétienne (le plus souvent implicite) du travail a été récemment bien mis en valeur par L. Daloz, *Le Travail selon saint Jean Chrysostome*, 1959.

tout le moins, transformer comme l'artisan la matière première en objet. À défaut de créer, il faut transformer – «mutare» –, modifier – «emendare» –, améliorer – «meliorare»[22]. Ainsi est condamné le marchand qui ne crée rien. C'est là une structure mentale essentielle de la société chrétienne, nourrie d'une théologie et d'une morale épanouies en régime précapitaliste. L'idéologie médiévale est matérialiste au sens strict. Seule a valeur la production de matière. La valeur abstraite définie par l'économie capitaliste lui échappe, lui répugne, est condamnée par elle.

Le tableau esquissé jusqu'ici vaut surtout pour le haut Moyen Âge. La société occidentale, à cette époque essentiellement rurale, englobe dans un mépris presque général la plupart des activités qui ne sont pas liées directement à la terre. Encore l'humble travail paysan se trouve-t-il humilié par le biais des «opera servilia», des tâches serviles interdites le dimanche, et par l'éloignement où se tiennent les classes dominantes – aristocratie militaire et foncière, clergé – de tout travail manuel. Sans doute quelques artisans – des artistes plutôt – sont-ils auréolés de singuliers prestiges où la mentalité magique se satisfait de façon positive : l'orfèvre, le forgeron, le forgeur d'épées surtout... Numériquement, ils comptent peu. À l'historien des mentalités, ils apparaissent plus comme des sorciers que comme des hommes de métier. Prestige des techniques du luxe, ou de la force, dans les sociétés primitives...

Or ce contexte, entre le XIe et le XIIIe siècle, change. Une révolution économique et sociale se produit dans l'Occident chrétien, dont l'essor urbain est le symptôme le plus éclatant, et la division du travail l'aspect le plus important. De nouveaux métiers naissent ou se développent, de nouvelles catégories professionnelles apparaissent ou s'étoffent, des groupes socioprofessionnels nouveaux, forts de leur nombre, de leur rôle, réclament et conquièrent une estime, voire un prestige appropriés à leur force. Ils veulent être considérés et y réussissent. Le temps du mépris est révolu.

Une révision s'opère dans les attitudes à l'égard des métiers. Le nombre des professions interdites ou déconsidérées décroît, les causes d'excuse à l'exercice de tel ou tel métier, jusqu'alors condamné, se multiplient.

Le grand instrument intellectuel de cette révision, c'est la scolastique. Méthode de distinction, elle bouleverse la classification grossière, manichéenne, obscure, de la mentalité préscolastique. Casuistique – c'est, aux XIIe et XIIIe siècles, son grand mérite avant de devenir son grand défaut – elle sépare les occupations illicites en soi, par nature – «ex natura» – de celles qui sont condamnables selon les cas, par occasion – «ex occasione».

---

22. Ceci apparaît nettement dans plusieurs manuels de confesseurs, notamment dans Thomas de Chobham qui cite à ce propos Aristote.

Le phénomène capital, c'est que la liste des métiers condamnés sans rémission, « ex natura », s'amenuise à l'extrême, s'amenuise sans cesse.
L'usure, par exemple, encore maudite sans recours au milieu du XIIe siècle, dans le *Décret* de Gratien, se différenciera insensiblement en diverses opérations dont certaines, de plus en plus nombreuses, seront peu à peu tolérées[23].
Bientôt seuls jongleurs et prostituées seront bannis de la société chrétienne. Encore la tolérance de fait dont ils jouiront s'accompagnera-t-elle de complaisances théoriques à leur égard, et même de tentatives de justification.
Berthold von Regensburg, au XIIIe siècle, ne rejettera de la société chrétienne que le ramassis des vagabonds, des errants, des « vagi ». Ils formeront la « familia diaboli », la famille du diable, en face de tous les autres métiers, de tous les autres « états » désormais admis dans la famille du Christ, la « familia Christi »[24].
Les causes de condamnation mettent des conditions de plus en plus strictes, exceptionnelles, à l'interdiction de telle ou telle occupation qui se trouve réhabilitée dans son exercice normal, désormais légitime. Ainsi la mauvaise intention entraîne-t-elle la condamnation des seuls marchands qui agissent par cupidité – « ex cupiditate » –, par amour du gain – « lucri causa ». C'est laisser un large champ libre aux « bonnes » intentions, c'est-à-dire à tous les camouflages. Les procès d'intention sont un premier pas dans la voie de la tolérance.
À côté de ces condamnations « ex causa », « ex intentione », interviennent les prohibitions en raison des personnes, des temps ou des lieux.
Signe du changement des mentalités, les interdictions frappant les clercs « ex persona » apparaissent moins désormais comme les marques de l'éminente dignité de la cléricature que comme des brimades à leur égard, une limitation de leur empire. Ils laissent dorénavant le champ libre aux laïcs dans la médecine et le droit civil (Alexandre III interdit en 1163 aux réguliers de quitter leur couvent « ad physicam legesve mundanas legendas », pour enseigner la médecine ou le droit civil) et, définitivement, le commerce – non sans protestations de leur part, protestations qui attestent la diminution de profits mais aussi de prestige que ces interdictions leur imposent.
Certaines interdictions sont liées au temps : la prohibition du travail de nuit, par exemple, protège en définitive les métiers, lutte contre les malfaçons.

---

23. Voir G. Le Bras, art. « Usure », in *Dictionnaire de Théologie catholique*, fasc. 144-145, 1948 et John T. Noonan Jr, *The Scholastic Analysis of Usury*, 1957.
24. Voir E. Schönbach, « Studien zur Geschichte der altdeutschen Predigt », in *Sitzungen und Berichte der philologisch-historischen Klasse der kaiserlichen Akademie der Wissenschaften*, 1907, t. CLIV, p. 44.

Les condamnations enfin découlant du lieu, qu'il s'agisse de l'interdiction d'exercer une activité professionnelle dans un mauvais lieu – «ex loci vilitate» –, ou au contraire dans une église, «ex loci eminentia», consacrent la promotion du lieu professionnel, de l'atelier spécialisé, comme les prohibitions faites aux clercs assurent le monopole des spécialistes, des techniciens laïcs.

Plus importants encore, les motifs d'excuse, les moyens de justification témoignent d'une évolution radicale.

Il y a d'abord – traditionnelle, mais étendue à des cas plus nombreux – la «nécessité», qui excuse aussi bien le clerc indigent contraint à exercer un métier, à l'exclusion de certains, que le paysan qui rentre sa récolte un dimanche devant la menace de la pluie.

Il y a la bonne intention, «recta intentio», qui peut justifier aussi bien le fabricant d'armes qui ne pense qu'à équiper les combattants d'une juste cause – «ad usum licitum» – que les fabricants et marchands de jeux conçus pour le seul loisir, comme remède contre la tristesse et les idées noires – «ad recreationem vel remedium tristitiae vel noxiarum cogitationum». Ainsi la subjectivation de la vie psychologique substitue à la seule considération de comportements extérieurs l'appréciation des dispositions intérieures; les tabous professionnels reculent avec l'affirmation de la conscience individuelle.

Plus encore, deux justifications majeures s'imposent à partir de la fin du XIIe siècle.

La première, c'est le souci de l'utilité commune – notion qui vient au premier plan avec la croissance de l'administration publique, urbaine ou princière, et qui reçoit sa consécration de la philosophie aristotélicienne. Ainsi reçoivent droit de cité «les métiers mécaniques, comme ceux du textile, de l'habillement ou autres semblables, qui sont nécessaires aux besoins des hommes»[25]. Ainsi, surtout, est justifié le marchand, grâce auquel les produits introuvables dans un pays y sont amenés de l'étranger – cas particulier de l'utilité commune qui se relie aussi à la reprise du commerce «international» à long rayon d'action, à l'esquisse d'une «Weltwirtschaft», d'une économie «mondiale».

La seconde, c'est le labeur, le travail. Loin de demeurer motif de mépris, marque d'infériorité, le travail devient mérite. La peine prise justifie non seulement l'exercice d'un métier, mais le gain qu'il rapporte. Ainsi se trouvent admis les professeurs, les maîtres des nouvelles écoles urbaines qui prolifèrent au XIIe siècle et deviendront les universités du XIIIe siècle. Ces nouveaux enseignants – au contraire des moines des écoles monastiques – se font payer leur enseignement, sous forme de salaires des autorités publiques, de prébendes ecclésiastiques spéciales, ou, plus souvent encore,

---

25. Cette phrase d'un manuel inédit de confesseurs (Ottob. lat. 518) se retrouve par exemple dans la *Summa* de Jean de Fribourg.

de sommes payées par les étudiants. Ce salariat intellectuel – qui vient grossir la catégorie traditionnellement méprisée des « mercenaires » – se heurte à une vive opposition qui condamne la vente de la science, « don de Dieu qui ne peut être vendu »[26]. Mais bientôt l'universitaire voit sa rémunération justifiée par le travail qu'il fournit au service de ses étudiants – salaire de son labeur, et non prix de son savoir.

On peut suivre dans trois cas, trois métiers pris comme exemples, le développement de la nouvelle attitude face à l'activité professionnelle. Il s'agit de trois cas particulièrement délicats – de ces métiers que l'on continue à considérer comme spécialement « dangereux », dont l'exercice peut difficilement s'opérer sans pécher.

Les jongleurs d'abord[27]. Au début du XIIIe siècle nous voyons distinguer trois sortes de jongleurs : les acrobates, qui se livrent à de honteuses contorsions, se déshabillent sans pudeur ou revêtent des déguisements affreux ; les parasites des cours et de l'entourage des grands, qui se répandent en propos calomnieux, errants, inutiles, propres à rien, sinon à déchirer et à calomnier ; les musiciens dont le but est de charmer leur auditoire. Les deux premières catégories sont condamnées, mais dans la troisième on distingue à nouveau entre ceux qui hantent les bals et beuveries publiques et incitent au laisser-aller, et ceux qui chantent les chansons de geste et les vies des saints, et consolent les tristes et les angoissés. Ces derniers seuls ont une activité licite, mais cette approbation est une porte ouverte par où tous les jongleurs vont s'insinuer dans le monde sans cesse élargi des professions permises.

On voit encore comment s'opère l'intégration, non plus théorique, mais pratique, des nouveaux venus dans la société des gens « comme il faut » :

Par le moyen d'abord de l'anecdote, devenue « exemplum », que l'on retrouve de façon stéréotypée dans les sermons et ouvrages édifiants. On rapporte ainsi l'histoire du jongleur qui interroge le pape Alexandre (Alexandre III) sur la possibilité de faire son salut. Le pontife lui demande s'il connaît un autre métier et, sur réponse négative du jongleur, l'assure qu'il peut vivre sans crainte de son métier, à condition d'éviter les comportements équivoques et obscènes[28].

---

26. Voir G. Post *et alii*, in *Traditio*, 1955.
27. Ce problème a été traité superficiellement dans les ouvrages classiques de Jubinal, *Jongleurs et trouvères*, et de Faral, *Les Jongleurs en France au Moyen Âge*. Dans la perspective de la réhabilitation du jongleur, on se rappellera le thème du Jongleur de Notre-Dame et les surnoms pris par saint François d'Assise et par les Franciscains : « jongleur du Christ », « jongleurs de Dieu » (voir P. Auspicius Van Corstanje, « Franciscus de Christusspeler », in *Sint-Franciscus*, t. LVIII, 1956). On notera par ailleurs que le jongleur-contorsionniste, dont la condamnation rejoint celle portée par saint Bernard contre certaines tendances de la sculpture romane, est pourtant passé de l'art roman à l'art gothique (notamment dans le vitrail).
28. On rencontre cette anecdote notamment dans la *Summa* de Thomas de Chobham.

Le cas du marchand est le plus célèbre, le plus chargé de conséquences. Pour ce métier si longtemps décrié, les causes d'excuse, puis de justification, d'estime enfin, se multiplient. Certaines, devenues classiques dans les exposés scolastiques, sont bien connues. Ce sont celles qui découlent des risques courus par les marchands : dommages effectivement subis – « damnum emergens » –, immobilisation de l'argent dans de longues entreprises – « lucrum cessans » –, dangers dus aux hasards – « periculum sortis ». Ainsi les incertitudes de l'activité commerciale – « ratio incertitudinis » – justifient les gains du marchand, mieux même, l'intérêt qu'il prend sur l'argent engagé dans certaines opérations, donc, dans une mesure de plus en plus large, l'« usure », l'usure maudite.

Mais surtout, ce qui justifie le marchand, c'est son travail et l'utilité commune. Théologiens, canonistes, poètes sont d'accord[29].

Thomas de Chobham écrit dans son Manuel de confession du début du XIIIe siècle : « Il y aurait une grande indigence en beaucoup de pays si les marchands n'apportaient ce qui abonde en un lieu dans un autre où ces mêmes choses font défaut. Aussi, ils peuvent à juste titre recevoir le prix de leur travail. »

Saint Thomas d'Aquin : « Si on se livre au commerce en vue de l'utilité publique, si on veut que les choses nécessaires à l'existence ne manquent pas dans le pays, le lucre, au lieu d'être visé comme fin, est seulement réclamé comme rémunération du travail. »

Et, au début du XIVe siècle, Gilles le Muisit, le chanoine de Tournai, dans son « Dit des Marchands » :

> *Nul pays ne se poet de li seus gouvrener ;*
> *Pour chou vont marchéant travillier et pener*
> *Chou qui faut ès pays, en tous règnes mener ;*
> *Se ne les doit-on mie sans raison fourmener.*
>
> *Chou que marchéant vont delà mer, dechà mer*
> *Pour pourvir les pays, che les font entr'amer ;*
> *Pour riens ne se feroient boin marchéant blasmer*
> *Mais ils se font amer, loyal et bon clamer.*
>
> *Carités et amours par les pays nouriscent ;*
> *Pour chou doit on moult goïr s'il enrikiscent.*
> *C'est pités, quant en tière boin marchéant povriscent*
> *Or en ait Dieus les âmes quant dou siècle partiscent !*

---

29. Voir J. Le Goff, *Marchands et Banquiers du Moyen Âge*, pp. 77-81.

Il n'est pas jusqu'aux prostituées en faveur de qui l'on ne voie – au moins dans un texte étonnant – s'ébaucher une justification. Le problème posé par la légitimité du gain des prostituées, catégorie la plus infâme du groupe des mercenaires, et traditionnellement résolu par la négative, prenait une application pratique dans le cas de la recevabilité des aumônes et des dons faits par les «folles femmes». Ce cas se présenta avec éclat à Paris à la fin du XIIe siècle. Lors de la construction de Notre-Dame de Paris, nous dit-on, un groupe de prostituées demanda à l'évêque la permission d'offrir un vitrail à la Vierge, exemple très particulier du vitrail de corporation, qui devait en tout cas exclure toute représentation des activités du métier. L'évêque, embarrassé, consulta et finalement refusa. Nous avons conservé l'avis émis par l'auteur d'un des premiers Manuels de confession, Thomas de Chobham. Or le raisonnement du savant chanoine est curieux. «Les prostituées, écrit-il, doivent être comptées parmi les mercenaires. Elles louent en effet leur corps et fournissent un travail... D'où ce principe de la justice séculière : elle agit mal en étant une prostituée, mais elle n'agit pas mal en recevant le prix de son travail, étant admis qu'elle est une prostituée. D'où le fait qu'on peut se repentir de se prostituer, et toutefois garder les bénéfices de la prostitution pour en faire des aumônes. Mais si on se prostitue par plaisir et si on loue son corps pour qu'il connaisse la jouissance, alors on ne loue pas son travail, et le bénéfice est aussi honteux que l'acte. De même si la prostituée se parfume et se pare de façon à attirer par de faux attraits et fait croire à une beauté et à des appâts qu'elle ne possède pas, le client achetant ce qu'il voit, et qui, dans ce cas, est mensonge, la prostituée commet par là un péché, et elle ne doit pas garder le bénéfice qu'elle en retire. Si en effet le client la voyait telle qu'elle est vraiment, il ne lui donnerait qu'une obole, mais, comme elle lui paraît belle et brillante, il lui donne un denier. Dans ce cas elle ne doit garder qu'une obole et rendre le reste au client qu'elle a trompé, ou à l'Église, ou aux pauvres...» Ainsi le prestige de la justification par le travail est devenu si grand à la fin du XIIe siècle que notre auteur se laisse entraîner à esquisser une morale professionnelle de la prostitution. Sans doute Thomas de Chobham se reprend-il finalement et, semblant se rappeler soudain qu'il y a des motifs impérieux à condamner «en soi», «ex natura», la prostitution, il annule la portée possible de son raisonnement antérieur. Mais celui-ci nous montre, comme un cas limite, presque une extrapolation à l'absurde, comment un métier méprisé peut se trouver légitimé.

Désormais, dans ce vaste chantier – à l'image du chantier urbain où les métiers se diversifient et collaborent – qu'est le monde, chaque profession a son rôle matériel et sa valeur spirituelle. Aucun métier n'est un obstacle au salut, chacun a sa vocation chrétienne, chacun rejoint cette «familia Christi» qui groupe tous les bons travailleurs. Les schémas sociologiques se multiplient, qui intègrent et structurent anciennes et nouvelles professions. Ici le cadre traditionnel des arts libéraux éclate pour accueillir les nouvelles spécialisations intellectuelles et scolaires et – fait plus notable encore – les arts mécaniques jusqu'alors méprisés[30]. Un Jean de Salisbury, reprenant la vieille image anthropomorphique de l'État dans une République dont chaque métier – paysans et artisans compris – représente une partie du corps, souligne la complémentarité et l'harmonie de toutes les activités professionnelles[31]. Un Honorius Augustodunensis fait de la science la patrie de l'homme et trace un itinéraire intellectuel et spirituel de l'homme, jalonné de villes dont chacune symbolise un secteur de connaissance et un ensemble de métiers[32].

On sent ici qu'il faut aller chercher plus loin, plus profond, les causes de cette évolution fondamentale des mentalités et des comportements à l'égard des métiers.

Les transformations économiques qu'on a vu ici et là affleurer, et imposer des changements plus ou moins radicaux, plus ou moins rapides d'attitudes, sont surtout efficaces par l'intermédiaire de l'évolution sociale qui explique l'évolution de l'histoire des métiers licites et illicites, prisés et méprisés.

Au départ, une société rurale et militaire, fermée sur elle-même, dominée par deux classes : l'aristocratie militaire et foncière, le clergé, lui aussi grand propriétaire de la terre.

Un double mépris frappe alors la plupart des métiers. Celui qui s'adresse aux activités du serf, héritier en cela de l'esclave. C'est la longue liste des «œuvres serviles» qui, à côté des labeurs ruraux – bénéficiant malgré tout de l'auréole qui entoure le monde agraire – humilie les métiers de l'artisanat servile.

Celui, ensuite, qui s'adresse aux mercenaires, catégorie hétéroclite sur qui pèse la double malédiction de qui aliène sa liberté (en un temps où liberté et noblesse sont une seule et même chose) et de qui travaille pour de l'argent.

---

30. Robert Kildwarby, par exemple, au XIIIe siècle, distingue, en s'inspirant de Gundissalinus et d'Al-Farabi, un trivium et un quadrivium des arts mécaniques, à l'imitation des arts libéraux. Le premier comprend l'agriculture, l'alimentation, la médecine ; le second, la confection, l'armurerie, l'architecture et le commerce *(De ortu sive divisione scientiarum)*. Ce rapprochement entre arts libéraux et arts mécaniques était déjà apparu au XIIe siècle dans le *Didascalion* (I. II c. 20-23) de Hugues de Saint-Victor, et avait ses répondants dans l'Antiquité.
31. *Polycraticus*, I. VI, c. 20.
32. «De animae exsilio et patria», *PL*, t. CLXXII, col. 1241 *sqq.* Sur l'ensemble de ce grand tournant de l'histoire des idées et des mentalités, consulter M. D. Chenu, *La Théologie au XIIe siècle*, 1957.

Ce mépris finalement touche toute la classe des «laboratores», des travailleurs – tout le ramassis des couches inférieures, par opposition aux couches supérieures – «oratores» et «bellatores» –, ceux qui prient, ceux qui combattent, c'est-à-dire clergé et chevalerie.

Mais entre les deux classes dominantes il n'y a pas égalité. En ce monde hiérocratique, le clergé fait sentir à l'aristocratie laïque la distance qui les sépare. Seul le clergé est sans tache. Face aux seigneurs laïques il entretient un certain mépris du métier militaire, du verseur de sang, un certain antimilitarisme. Vêtu de pureté et de candeur, il dénonce les hommes aux mains rouges, qui sont à la fois des alliés et des concurrents.

Mais avec le renouveau économique, du XIe au XIIIe siècle, avec le réveil du commerce au long cours, de l'essor urbain, le paysage social change. Des couches nouvelles apparaissent, liées aux nouvelles activités : artisans, marchands, techniciens. S'imposant bientôt sur le plan matériel, elles veulent la consécration de la considération sociale. Pour cela il leur faut vaincre les préjugés à l'égard du travail, essence de leur activité, fondement de leur condition. Parmi les moyens de cette promotion, retenons seulement l'utilisation de la religion, instrument nécessaire de toute ascension matérielle et spirituelle dans le monde médiéval. Ainsi chaque métier a son saint patron, plusieurs parfois, et les corporations, qui font représenter leurs saints protecteurs dans l'exercice de leur profession, ou du moins avec les outils, les symboles de leur métier, magnifient leurs occupations, éloignent un mépris désormais malséant à l'égard d'une activité illustrée par de si puissants et vénérables représentants.

Cette évolution ne se présente pourtant pas sous les mêmes traits dans toute la Chrétienté. Ici – en Italie surtout – le triomphe des couches nouvelles est tel que l'ancienne aristocratie adopte rapidement une partie du genre de vie des parvenus. Travailler, commencer, pour le noble Italien, très tôt urbanisé, n'est pas une occupation indigne. L'évêque Othon de Freising, au milieu du XIIe siècle, accompagnant en Italie son neveu, l'empereur Frédéric Barberousse, y constatait avec stupeur qu'artisans et marchands y jouissaient d'une grande considération[33]. Qu'aurait dit ce féodal en voyant les seigneurs italiens s'abaisser à des occupations de roturiers ? On peut imaginer son indignation en voyant, quatre siècles plus tard, ce libre esprit qu'est Michel de Montaigne s'étonner à son tour devant cette noblesse italienne d'affaires[34].

---

33. «Ut etiam ad comprimendos vicinos materia non careant, inferioris conditionis iuvenes vel quoslibet contemptibilium etiam mechanicarum artium opifices, quos ceterae gentes ab honestioribus et liberioribus studiis tamquam pestem propellunt, militiae cingulum vel dignitatum gradus assumere non dedignantur» (*Gesta Friderici I Imperatoris, Scriptores Rerum Germanicarum*, 1912, II, 13, p. 116).
34. Voir *Journal du Voyage en Italie*.

C'est qu'ailleurs – en France notamment – l'hostilité de la noblesse à l'égard du travail s'était durcie et institutionnalisée dans le phénomène social et mental de la dérogeance[35]. Un Louis XI n'en pourra mais. Deux mépris désormais s'affrontent : celui des aristocrates envers les laborieux, celui des travailleurs pour les oisifs.

Cette unité, pourtant, du monde du travail face au monde de la prière et au monde de la guerre, si elle a jamais existé, n'a pas duré longtemps. Unies contre les vieilles classes dominantes - les couches inférieures de l'artisanat s'infiltrant dans la trouée de la considération sociale acquise par les couches supérieures du monde urbain, les riches bourgeois utilisant contre l'Église et la noblesse le poids et la force des masses laborieuses – ces catégories sociales se différencient bientôt sur le plan spirituel comme sur le plan matériel. Un clivage se produit, qui sépare une couche supérieure de la société urbaine – disons pour commodité la bourgeoisie – des couches inférieures : gros marchands, changeurs, les riches, d'un côté ; petits artisans, compagnons ouvriers, les pauvres, de l'autre. En Italie, à Florence par exemple, le contraste s'affirme dans les institutions – « arts majeurs » s'opposant à « arts mineurs », dont les membres sont exclus des fonctions municipales.

Une nouvelle frontière du mépris s'installe, qui passe au milieu des nouvelles classes, au milieu même des professions. Favorisée par l'extrême morcellement des métiers – en 1292 il y en a 130 réglementés à Paris : 18 dans l'alimentation, 22 dans le travail des métaux, 22 dans le textile et le cuir, 36 dans l'habillement, etc. –, morcellement horizontal mais plus encore vertical, une discrimination rejette au bas de l'échelle tisserands et plus encore foulons et teinturiers dans le textile, savetiers au-dessous des cordonniers, chirurgiens et barbiers-apothicaires au-dessous des médecins, des médecins de plus en plus livresques, laissant la méprisable pratique aux vils praticiens.

Le Florentin Giovanni Villani, représentant typique de la grande bourgeoisie d'affaires italienne, n'a que mépris pour la tourbe flamande des métiers inférieurs[36].

---

35. Voir La Rigne de Villeneuve, *Essai sur les théories de la dérogeance de la noblesse*, et les travaux de G. Zeller, in *Annales E.S.C.*, 1946 et *Cahiers internationaux de Sociologie*, 1959.
36. « Di questa sconfitta (Courtrai, 1302) abassò molto l'honore, lo stato, e la fama dell'antica nobilità e prodezza dé Franceschi, essendo il fiore della cavalleria del mondo sconfitta e abassata da' lore fedeli, e dalla più vile gente, che fosse al mondo, tesserandoli, e folloni, e d'altre vili arti e mestieri, e non mai usi di guerra, che per dispetto, e loro viltade, da tutte le nationi del mondo erano chiamati conigli pieni di burro... » (Muratori, *Scriptores Rerum Italicarum*, XIII, 388) ; « ... alii artefici minuti di Brugia, come sono tesserandoli, e folloni di drappi, beccai, calzolari... » (*ibid.*, 382). « Alla fine si levo in Guanto uno di vile nazione e mestiere, che facea e vendea il melichino, cioè cervogia fatta con mele, ch'havea nome Giacopo Dartivello... » (*ibid.*, 816).

Si le travail en soi n'est plus la ligne de partage entre catégories considérées et catégories méprisées, c'est le travail manuel qui constitue la nouvelle frontière de l'estime et du mépris. Les intellectuels – universitaires en tête – se hâtent de se situer du bon côté. Le «pauvre» Rutebeuf s'écrie «Je ne suis ouvrier des mains». Face aux «manouvriers», aux «brassiers», le monde du patriciat, de la nouvelle aristocratie groupe ceux qui ne travaillent pas de leurs mains: donneurs d'ouvrage et rentiers. De même, à la campagne, les seigneurs, devenus rentiers du sol, écrasent le paysan, mis plus bas que jamais, sous le poids des droits féodaux et de leur mépris.

Le nouveau mépris charrie avec lui aussi bien des survivances des tabous ancestraux que des préjugés féodaux. Un cas singulier est celui des bouchers que toute leur richesse – certains d'entre eux sont parmi les habitants les plus fortunés des villes – n'arrive pas à faire vaincre la barrière du mépris[37]. Aussi seront-ils un élément dirigeant de nombreuses révoltes populaires, aux XIVe et XVe siècles, soutenant de leurs deniers, excitant de leurs rancunes le «commun» soulevé. Caboche demeure le type de ces révoltés.

Face à cette évolution, l'Église suit. Enlisée d'abord dans le monde féodal et sanctionnant son mépris des métiers, elle accepte ensuite l'ascension des nouvelles couches, souvent la favorise, protège très tôt les marchands, fournit aux nouveaux groupes socio-professionnels la justification théorique et spirituelle de leur condition et de leur promotion sociale et psychologique. Mais elle entérine aussi la réaction nobiliaire et bourgeoise. En fait le métier n'appartient pas à son horizon. Si elle admet, au cours du Moyen Âge, qu'il n'y a pas de sot métier, elle est trop liée aux classes dirigeantes pour influer de façon décisive sur l'attitude à l'égard des métiers, pas plus qu'elle ne l'avait fait à la fin de l'Antiquité à l'égard de l'esclavage. La Réforme, à cet égard, ne changera pas grand-chose. Même s'il est vrai, ce qui n'est pas prouvé, que la valeur du travail est plus affirmée dans le monde protestant que dans le monde catholique[38], ce n'est que pour assujettir plus étroitement aux aristocraties et aux bourgeoisies protestantes des masses plus durement soumises à la loi du travail. Les religions et les idéologies se manifestent, en ce domaine, plus comme des produits que comme des causes. L'histoire des attitudes en face des métiers, chapitre de l'histoire des mentalités, est en définitive avant tout un chapitre de l'histoire sociale.

---

37. Voir E. Perroy, «Les Chambon, bouchers de Montbrison (*circa* 1220-1314)», in *Annales du Midi*, t. LXVII, 1955.
38. La plus récente expression de cette idée se trouve dans l'Introduction de H. Luthy, «La banque protestante en France».

TRAVAIL, TECHNIQUES ET ARTISANS DANS LES SYSTÈMES DE VALEURS DU HAUT MOYEN ÂGE (V^e-Xe SIÈCLE)

REMARQUES PRÉLIMINAIRES

1. difficultés d'une histoire des mentalités dans le haut Moyen Âge

Si l'on cherche à dépasser le niveau supérieur, donc superficiel, de l'histoire des idées, pour essayer d'atteindre l'univers des mentalités composé d'idées déformées, d'automatismes psychiques, de survivances et d'épaves, de nébuleuses mentales et d'incohérences pourtant agencées en pseudologiques, on se heurte pour toutes les sociétés, à toutes les époques, à de grosses difficultés dues en grande partie au caractère récent de ces recherches qui ne disposent pas encore de problématique et de méthodologie suffisantes. Mais ces difficultés sont particulièrement grandes dans le cas de la société occidentale du haut Moyen Âge.

Par exemple, du point de vue de la documentation. L'histoire des mentalités se fait: *a.* à partir d'une certaine *lecture* de n'importe quel document; *b.* à partir de types de documents privilégiés qui fournissent des accès plus ou moins directs aux psychologies collectives: certains genres littéraires, l'art figuratif, des documents permettant d'atteindre les comportements de la vie quotidienne, etc. Or, dans l'Occident du haut Moyen Âge, les documents sont rares et se dérobent à une lecture orientée vers l'appréhension de l'univers mental commun. La culture est rabougrie, abstraite, aristocratique. On ne rencontre guère que les couches supérieures de la société dans la documentation et un encadrement très strict de la production culturelle par l'Église contribue encore à masquer les réalités. Si le christianisme accueille dans son sein ou laisse subsister différents systèmes de valeurs, il n'y a pas, en dehors de la doctrine chrétienne, de systèmes de valeurs consciemment élaborés et systématiquement exposés. Ce sont en grande partie des systèmes de valeurs implicites, reconstruits par l'histo-

---

Première publication in *Artigianato e Tecnica nella società dell'alto Medioevo occidentale, Settimane di studio del Centro italiano di studi sull'alto Medioveo*, XVIII, Spolète, 1971, pp. 239-266.

rien. De plus, la valeur étudiée ici, et les hommes qui en étaient l'incarnation, travail et travailleurs (surtout artisans), échappaient à l'intérêt des maîtres et des producteurs de la culture. Le travail n'était pas une «valeur», il n'y avait même pas de mot pour le désigner. Si l'histoire des mentalités balbutie, l'histoire des silences, des lacunes, des trous de l'histoire, qui sera essentielle dans l'histoire de demain, est encore muette.

2. justification de la recherche

Le silence des documents du haut Moyen Âge sur le travail et les travailleurs est déjà significatif d'une mentalité. Mais, puisqu'il y avait à cette époque des hommes qui travaillaient au sens où on l'entend couramment aujourd'hui, eux-mêmes et leurs contemporains qui ne «travaillaient» pas avaient obligatoirement à l'égard du travail, des techniques, des artisans, des attitudes qui impliquaient des jugements de valeur. Il est donc légitime de chercher à les dépister à partir des documents que nous possédons, de procéder à des accouchements forcés. Si l'histoire des mentalités devait créer chez son historien un respect fétichiste de son sujet qui le conduirait à se laisser absorber par la mentalité de l'époque qu'il étudie, à refuser d'appliquer à cette époque d'autres concepts que ceux qu'elle utilisait, il y aurait là une démission de l'historien. Il est aussi légitime de chercher à savoir ce qui correspondait dans l'esprit de Charlemagne et de ses contemporains à notre appréciation du travail que d'appliquer à l'économie de cette époque la formule de Fisher qu'elle ignorait.

3. méthodes de l'éclectisme raisonné et des dérapages successifs

Multiplicité des approches utilisées (philologie, analyse de textes littéraires ou juridiques, documents archéologiques ou iconographiques, etc.) qui ne correspond pas seulement à la nécessité de faire feu de tout bois étant donné la pauvreté documentaire mais à la fécondité des approches multiples dans le domaine des mentalités qui informent tout le donné historique mais, selon les régions et les périodes, se révèlent le mieux dans tel ou tel type de document. Il faut donc faire cette histoire par dérapages successifs, ce qui présente les avantages supplémentaires d'offrir une périodisation et d'attirer l'attention sur des secteurs où les phénomènes étudiés se présentent sous forme de *problème*.

Ainsi les attitudes à l'égard du travail se saisissent mieux, entre le V‍e et le VIII‍e siècle, dans les règles monastiques et la littérature hagiographique car le seul secteur où le travail a fait alors problème psychologique et théorique est le domaine ecclésiastique et proprement monastique : un moine peut-il, doit-il travailler de ses mains ? Entre le VIII‍e et le X‍e siècle, il faut sans doute donner la priorité à des textes juridiques, littéraires et iconographiques, car c'est au sein de l'essor culturel que l'on a appelé la renaissance carolingienne que le travail conquiert une certaine promotion. À partir du XI‍e siècle enfin – *terminus ad quem* de cette esquisse – la mentalité à l'égard du travail s'appuie sur une idéologie plus ou moins consciente qui s'exprime au mieux dans de véritables systèmes de valeur, tels que l'idéologie de la société tripartie – *oratores, bellatores, laboratores* –, les suites iconographiques (travaux des mois ou encyclopédies techniques illustrées), les classifications des sciences – *artes liberales et artes mechanicae* –, les systèmes concrets de hiérarchie sociale fondés sur le *status* socioprofessionnel plus que sur l'*ordo* juridico-sacré.

Si cette méthode permet surtout de saisir les modifications de mentalités et d'attitudes, elle est également propre à déceler les continuités, les héritages et les parts respectives de tradition et d'innovation et leurs agencements. Les hommes, individuellement et collectivement, sont d'abord déterminés par leurs héritages et les attitudes qu'ils adoptent à l'égard de ces héritages. Cela est encore plus vrai dans le domaine des mentalités dont on a pu dire qu'elles sont ce qui change le plus lentement en histoire. Cette recherche des héritages s'impose ici d'autant plus que les hommes du haut Moyen Âge – et d'abord les « intellectuels » que nous connaissons par les œuvres de l'époque – étaient possédés par le besoin de s'appuyer sur des *auctoritates* du passé et, dans tous les domaines, s'épuisaient non à développer ou à créer, mais à sauver et à maintenir.

I. L'AMBIGUÏTÉ DES HÉRITAGES

Les diverses traditions mentales léguées aux hommes du haut Moyen Âge oscillent entre le mépris et la valorisation du travail. Mais cette constatation ne doit pas déboucher sur une attitude sceptique à l'égard de la démarche historique entreprise ici. Même si le couple travail-non-travail est lié à un balancement éternel de la condition humaine, ces oscillations dépendent de l'histoire et requièrent une explication de type historique. Le fait qu'un même héritage culturel renferme des attitudes opposées à l'égard du travail n'empêche pas ces héritages d'avoir pesé sur les mentalités du haut Moyen Âge par la nature de leur contenu : que l'éloge romain de l'*otium* soit par exemple lié à une conception sociale (l'*otium cum dignitate* de l'aristocratie) ou que l'opposition travail-non-travail renvoie dans le paganisme barbare à l'opposition guerrier-travailleur manuel, ou encore que la principale référence chrétienne en faveur du travail soit paulinienne, a une importance indéniable pour la définition et l'évolution des attitudes des hommes du haut Moyen Âge à l'égard du travail.

D'autre part ces ambiguïtés – ou ambivalences – jouent en fonction non seulement des conditions conjoncturelles (même en dehors d'une problématique infrastructure-superstructure, l'historien doit reconnaître que telle situation historique joue en faveur de la valorisation ou de la non-valorisation du travail) mais aussi de situations structurelles. Ainsi deux éléments de la structure mentale des hommes du haut Moyen Âge ont permis à l'ambiguïté de ces héritages de jouer plus librement : 1. la mentalité globale de l'époque étant plus en rupture qu'en continuité avec les héritages mentaux reçus, ces héritages étaient davantage un trésor inerte où puiser à sa guise qu'une tradition vivante à respecter (ceci est évident pour la tradition romaine malgré les scrupules de quelques clercs, est vrai aussi pour les héritages barbares rejetés dans un passé révolu aussi bien par la christianisation que par le changement profond des modes de vie, mais cela valait aussi pour l'héritage judéo-chrétien, très composite et très différent dans sa version post-constantinienne de ce qu'il était aux temps paléochrétiens) ; 2. les hommes du haut Moyen Âge ne concevaient pas les héritages culturels du passé comme des ensembles dont les contradictions internes devaient être sinon résolues du moins expliquées ; pour eux les héritages étaient une juxtaposition de textes sans contexte, de mots sans discours, de gestes sans action : par exemple, selon leurs besoins ou leurs désirs, ils prenaient à part, sans les confronter, les textes évangéliques recommandant l'imitation de l'oisiveté des lys des champs et des oiseaux du ciel ou, à l'opposé, les textes pauliniens enjoignant à l'homme de travailler.

On n'oubliera pas enfin que l'analyse de l'usage historique d'un héritage par une société doit distinguer autant que possible entre l'usage de cet héritage comme expérience vécue d'une part, comme tradition mentale consciente d'autre part : par exemple la tradition d'oisiveté guerrière des barbares s'est maintenue existentiellement dans l'aristocratie du haut Moyen Âge sans s'accompagner de justification consciente – ou du moins ayant laissé des traces explicites dans les textes – tandis que le travail manuel du moine s'appuyait sur des références scripturaires ou sur une éthique chrétienne précise (l'oisiveté ennemie de l'âme, porte ouverte au diable).

Temps et travail

a. l'héritage gréco-romain

Situation, dans la cité grecque, de la *technè* « entre travail et savoir technique », victime du « décalage entre le niveau technique et l'appréciation du travail » (J.-P. Vernant), portée et limites du mythe de Prométhée, ambiguïté du *ponos* stoïcien « qui s'applique à toutes les activités qui exigent un effort pénible, pas seulement aux tâches productrices de valeurs socialement utiles » (J.-P. Vernant), position ambiguë des philosophes grecs à l'égard du « machinisme » (A. Koyré).
Équivoques d'« ars » et d'« artes », coincés entre l'habileté technique et le génie créateur. Le couple *manus-ingenium* (avatars médiévaux du symbolisme de la main : symbole du commandement ou du travail ? comment savoir les réactions mentales des non-doctes à la vision de la main de Dieu qui apparaîtra de plus en plus dans l'iconographie ?). L'oscillation entre le *negotium* et l'*otium* (d'où les problèmes de l'*otium monasticum* et la définition, au XIIe siècle, d'un *otium negotiosum* des moines).
L'ambivalence de la valorisation du travail sous le Bas-Empire : mentalité artisanale, carcan corporatif et travail forcé.
L'énergétisme virgilien, plus lié à la vie rurale qu'artisanale.
Problème de la signification pour les hommes du haut Moyen Âge de certains distiques des *Disticha Catonis*, très tôt devenu manuel de lecture (par exemple, I, 39 : *Conserve avant tout ce que tu as reçu par le travail / Quand le travail est tenu pour néfaste, la mortelle indigence s'accroît*).
L'ambiguïté du vocabulaire légué : *labor* et ses harmoniques psychologiques et moraux (les connotations pessimistes de peine, fatigue, labeur…), *opus* orienté plus vers le résultat du travail que vers le travailleur…
Surtout le poids de la liaison entre travail et esclavage. La notion d'*opus servile*. L'antithèse du travail et de la liberté. Lors des diverses « renaissances » médiévales, de Charlemagne à la Renaissance, en passant par le renouveau juridique lié à la renaissance du droit romain et la mode aristotélicienne qui culminera avec le thomisme, le seul usage du vocabulaire antique (par exemple *opera servilia*) favorisera un mépris du travail souvent en contradiction avec l'évolution sociale.

b. les héritages barbares

On peut en gros distinguer de vieux fonds mal romanisés (italique, ibérique, celtique) et les traditions des envahisseurs, surtout germaniques.

Dans le premier cas, ce qui s'est probablement affirmé à la faveur de l'effondrement ou de l'effacement du vernis romain ce sont des traditions de techniques artisanales liées à des groupes socio-professionnels et auréolées par des croyances religieuses. Ainsi dans le cas gaulois importance des artisans attestée dans l'art et sanctionnée par le panthéon religieux (primauté du dieu Lug, «Mercure gaulois», dieu des techniques et des métiers).

Dans le second cas on retrouve l'ambiguïté de la valorisation opposée du travail et du non-travail : d'un côté le mépris du guerrier pour les activités économiques et le travail manuel (célèbre témoignage de Tacite, *Germania*, XIV-XV : *On ne les persuade pas aussi facilement de cultiver la terre et d'attendre la moisson que de provoquer l'ennemi et de gagner des blessures. Bien mieux, c'est pour eux de la paresse et de l'inertie, que d'acquérir à la sueur de son front ce que l'on peut se procurer dans le sang. Quand ils ne vont pas guerroyer ils s'adonnent à la chasse et surtout à l'oisiveté, passant le temps à dormir et à manger, les plus valeureux et les plus belliqueux ne faisant rien*), de l'autre virtuosité technique et artistique, prestige social des artisans métallurgiques, artisans sacrés (le forgeron et l'orfèvre dans la mythologie germanique).

c. l'héritage judéo-chrétien

On y retrouve, plus systématisée, incarnée parfois en antithèses symboliques, la même ambivalence, la même ambiguïté, aussi bien au niveau des principes et des textes que de celui de la pratique sociale et culturelle.

Les fondements contradictoires d'une théologie du travail dans la Genèse : le Dieu actif, «travailleur» (et «fatigué» après l'Hexaméron ?) de la Création qui a créé l'homme pour une sorte de travail (*operatio* de la Vulgate) dans le Paradis antérieurement à la chute (Genèse, II, 15 : *Le Seigneur prit donc l'homme et le mit dans le paradis de bonheur, pour qu'il le travaillât et le conservât*) et l'homme condamné par le péché originel au travail comme châtiment et pénitence (Genèse, III, 17-19 : *Tu gagneras le pain de ta nourriture à la sueur de ton front*), l'ambiguïté étant portée à son comble par Genèse, III, 23 qui fait un écho terrestre au travail paradisiaque de II, 15 : *Et le Seigneur chassa l'homme du paradis de bonheur pour qu'il travaillât la terre d'où il avait été créé.*

Les contradictions de l'Ancien Testament face à la civilisation technique : ébauche d'une histoire providentielle des techniques, arts et métiers (le personnage de Tubal-Caïn), mais aussi la condamnation de la vie technologique et économique urbaine (Caïn fondateur de la première ville et inventeur des poids et mesures), ce dernier thème ouvrant un autre front des controverses chrétiennes dans le champ du travail : l'opposition travail rural – travail urbain sur le modèle Abel-Caïn.

L'opposition fondamentale de la vie active et de la vie contemplative : Marthe et Marie dans le Nouveau Testament (avec en écho, selon le symbolisme typologique que développera le Moyen Âge, l'opposition Rachel et Lia dans l'Ancien Testament).

Le difficile problème de l'évaluation du recrutement social du christianisme primitif et de l'impact de ce recrutement sur l'interprétation socio-religieuse du christianisme : l'importance des couches artisanales urbaines dans le paléochristianisme n'implique pas obligatoirement une valorisation d'un christianisme du travail et des travailleurs.

L'ambiguïté des symboles chrétiens primitifs souvent tirés de l'univers du travail mais avec des connotations essentiellement symboliques et spirituelles (vigne, pressoir, charrue, faucille, hache, poisson, truelle : voir les travaux de J. Daniélou). Peut-on tirer une conclusion du fait que dans une des plus anciennes peintures chrétiennes conservées (fresques d'un sanctuaire de Doura-Oropos du IIIe siècle), l'épisode de la condamnation au travail soit absent du cycle de la chute, alors que ce sera un des thèmes iconographiques favoris du Moyen Âge ?

Comme les autres héritages, l'héritage judéo-chrétien offrira aux hommes du Moyen Âge un arsenal idéologique contenant des armes à l'appui de toutes les positions, aussi bien en faveur du travail que du non-travail. Le plus riche et le plus important de ces arsenaux sera la Bible et plus précisément le Nouveau Testament. Toutes ces armes, tous les textes pertinents ne seront pas également utilisés par les hommes du Moyen Âge. La défense des deux positions extrêmes se polarisera d'une part autour des textes évangéliques proposant l'abandon à la Providence, l'exemple des lys des champs et des oiseaux du ciel (Matthieu VI, 25-34 et Luc XII, 27) et d'autre part autour des textes pauliniens où l'apôtre se donne en exemple de travailleur et de travailleur manuel (le texte essentiel étant II Thessaloniciens III, 10 : *Si l'on ne veut pas travailler, on ne mangera pas*). En étroite liaison avec la conjoncture économique et sociale, la conjoncture idéologique fera osciller les attitudes à l'égard du travail, des techniques et des artisans d'une ambiance de mépris et de condamnation à une tendance à la valorisation. Mais les décalages des mentalités par rapport à l'évolution matérielle, la spécificité des mécanismes de justification idéologique, font de cette recherche un observatoire privilégié pour l'étude des rapports entre l'histoire des idées et des mentalités et celle de la vie économique et sociale.

II. L'EFFACEMENT DU TRAVAIL ET DES TRAVAILLEURS DANS LA SOCIÉTÉ, LA MENTALITÉ ET L'IDÉOLOGIE DU HAUT MOYEN ÂGE (Ve-VIIIe SIÈCLE)

A. les bases techniques, économiques et sociales de cet effacement

a. La régression technique, la quasi-disparition du travail *spécialisé*.

b. La réduction de la notion de travail à celle de travail manuel et de celui-ci au travail rural. C'est par exemple entre le VIe et le VIIIe siècle que le verbe *laborare* se spécialise dans le sens du travail agricole, soit comme verbe transitif *(laborare campum, terram,* etc.*)* soit employé absolument (*laborare* = labourer) (voir G. Keel). La plupart des artisans sont des ruraux, des esclaves puis serfs domaniaux. Du point de vue des mentalités il est impossible de parler des attitudes à l'égard de n'importe quelle forme de travail sans évoquer le travail *manuel,* c'est-à-dire au Moyen Âge le travail agricole et dans les sociétés industrielles le travail ouvrier.

c. L'évolution sociale est défavorable aux travailleurs : il y a disparition progressive des artisans et des paysans libres (d'où la consolidation de la notion d'*opus servile*) et prééminence des « oisifs » de l'autre : guerriers et clercs.

B. les manifestations de l'effacement : silence et mépris des sources

a. Le quasi-silence des sources hagiographiques sauf sur le travail manuel de certains saints, mais (voir *infra*) présenté comme une pénitence.

b. L'éloge de la vie contemplative. Par exemple : le succès du *De vita contemplativa* de Julius Pomerius (voir Laistner) ; Grégoire le Grand se plaignant dans ses lettres d'avoir été arraché à la vie contemplative pour être jeté dans la vie active et d'avoir dû abandonner Rachel pour Lia, Marie pour Marthe (*Epist.* I, 5 ; VII, 25) ; une des rares sculptures figurées de cette époque, la croix de Ruthwell dans le Dumfriesshire (dernier quart du VIIe siècle) représente Marie-Madeleine aux pieds du Christ et est interprétée par les spécialistes comme un symbole de la vie contemplative, probablement influencé par l'ascétisme d'un des principaux courants religieux du christianisme du haut Moyen Âge, l'ascétisme irlandais. Que cet idéal de pieux farniente ait eu des adeptes dans le haut Moyen Âge, un sermon de Césaire d'Arles l'atteste (sermon XLV, éd. G. Morin, 2ᵉ éd., p. 205).

c. Travail, techniques et travailleurs dans la législation barbare.
Sauf quelques exceptions (voir *infra*), le système d'évaluation quantitative du *wergeld* qui permet de dresser une échelle des valeurs sociales et de leurs fondements idéologiques fait apparaître les travailleurs en bas de l'échelle : par exemple dans la loi des Burgondes (fin VIᵉ-milieu VIIᵉ siècle) les laboureurs *(aratores)*, porchers *(porcarii)*, bergers *(birbicarii)* et «les autres esclaves» *(alii servi)* sont au niveau le plus bas de 30 sous (à payer à leurs maîtres s'ils sont tués), tandis que les charpentiers *(carpentarii)* montent à 40 sous, les forgerons *(fabri ferrarii)* à 50, seuls les orfèvres s'élevant à un niveau supérieur (150 sous pour les *aurifices* et 100 sous pour les *argentarii*).

d. Le silence du matériel artistique et archéologique.
Il faut rappeler les difficultés d'interprétation de ces sources pour l'histoire des mentalités. Œuvres d'art et monuments archéologiques constituent des répertoires à part dont les liens avec l'histoire générale, même avec l'histoire idéologique, sont délicats à définir et à interpréter. Au surplus, pour la période, l'art figuré a presque entièrement disparu, de même que l'épigraphie, et l'interprétation du matériel archéologique, en particulier du mobilier funéraire pour l'histoire des mentalités, est particulièrement délicate ; quels rapports existaient entre les croyances et les rites funéraires d'une part, le système des valeurs socio-professionnelles d'autre part ? Par exemple Joachim Werner note que si les objets de la vie quotidienne, outils et produits de l'artisanat, sont très rares dans les tombes de la partie orientale du royaume des Mérovingiens, c'est peut-être autant parce qu'ils se conservaient mal que parce qu'ils étaient écartés du lot des dons funéraires. Par ailleurs le même archéologue note qu'il n'y a pas d'armes dans les tombes des Goths qui n'étaient pas moins belliqueux que les Alamans, les Francs, les Bavarois, les Thuringiens, les Lombards, les Anglo-Saxons et les Scandinaves dont le mobilier funéraire comportait habituellement des armes. En revanche la présence d'outils dans le mobilier funéraire des tombes d'orfèvres, les seuls artisans honorés de l'époque, ne permet pas d'écarter le témoignage des tombes sur la place du travail dans le système de valeurs des sociétés du haut Moyen Âge.

e. On notera enfin que l'absence de travaux et de travailleurs dans les produits de la culture du haut Moyen Âge n'est qu'un cas particulier des conséquences du goût de l'époque pour le symbolisme abstrait dans l'art et la littérature, trait fondamental déjà du *tardo antico*. Mais il semble probable que l'insignifiance du poids idéologique et social des travailleurs à cette époque ait beaucoup contribué au succès de cette tendance esthétique.

III. SECTEURS PRÉSERVÉS ET STRUCTURES D'ACCUEIL POUR UNE REVALORISATION DU TRAVAIL

Il reste que ces siècles, qui offrent une éclipse des valeurs laborieuses et techniques dans les systèmes de valeurs sociales, culturelles, spirituelles, ont connu des îlots de valorisation du travail qui ont joué un rôle important quant aux formes et processus ultérieurs d'émergence plus étendue de ces valeurs.

a. le travail des clercs et spécialement du moine

C'est à ce propos que nous sommes le mieux renseignés. En effet le problème de savoir si les clercs pouvaient et plus encore devaient s'adonner au travail manuel, précisément la forme la plus basse d'une activité méprisée, a laissé le plus de traces dans les textes de l'époque. De plus nous possédons sur l'une des deux sources principales sur la question, les règles monastiques (l'autre étant la littérature hagiographique), une remarquable étude d'Étienne Delaruelle enrichie d'une lumineuse note de Marc Bloch.
Le travail manuel était recommandé aux évêques (témoignages des conciles, en particulier concile d'Orléans de 511), aux prêtres (témoignage des *Statuta Ecclesiae Antiqua*) et exigé des moines par les différentes règles qui avaient cours en Occident (témoignages de Cassien, de Cassiodore, des règles du Maître et de saint Benoît). La littérature hagiographique confirme que les moines se livraient en effet au travail manuel (témoignages de Grégoire de Tours concernant saint Romain et saint Lupicin à Saint-Oyand-de-Joux et Saint-Claude, saint Nicet, évêque de Lyon, saint Friard reclus dans une île bretonne, saint Ours à Loches, etc.; de saint Hilaire d'Arles et de Gennade concernant les moines de Lérins; de Grégoire le Grand concernant les moines et ermites d'Italie dans les *Dialogi*; de Jonas de Bobbio concernant saint Colomban, etc.).
Certes il ne faut pas se tromper sur les motivations qui conduisaient les moines à travailler de leurs mains ou à fabriquer même des «machines»

(moulins: exemple fameux de saint Ours à Loches, d'après Grégoire de Tours, *Liber Vitae Patrum*, XVIII). Comme l'a rappelé Marc Bloch, le recours au «machinisme» n'était qu'un moyen pour les moines de se rendre disponibles pour le plus important, pour l'essentiel, c'est-à-dire l'*opus Dei*, la prière, la vie contemplative. Loin d'être une installation courante, le moulin était une rareté, une curiosité et sa construction par des moines passait aux yeux des contemporains plus comme preuve du savoir presque surnaturel, quasi thaumaturgique des moines que comme un exemple de leur habileté technique. Les *Vitae* rapportaient ces épisodes comme des *mirabilia*. Philippe Wolff a souligné qu'«en plein Xe siècle, la construction d'un moulin à eau près de Saint-Omer par l'abbé de Saint-Bertin paraîtra encore "un spectacle admirable pour notre temps" au chroniqueur du monastère».

Surtout le sens de ce travail monastique est pénitentiel. C'est parce que le travail manuel est lié à la chute, à la malédiction divine et à la pénitence que les moines, pénitents professionnels, pénitents par vocation, pénitents par excellence, doivent donner cet exemple de mortification.

Mais, quels qu'en soient les motifs, le fait même que le type le plus élevé de perfection chrétienne, le moine, s'adonne au travail fait rejaillir sur cette activité une partie du prestige social et spirituel de celui qui la pratique. Le spectacle du moine au travail impressionne les contemporains en faveur du travail. Le moine qui s'humilie dans le travail élève celui-ci.

Deux remarques à propos du travail monastique: 1. dans les *scriptoria* des monastères *scribere*, copier des manuscrits, est considéré comme un travail manuel et par conséquent comme une forme de pénitence, d'où les formules des copistes à la fin des manuscrits. Les Irlandais ont accordé un intérêt particulier à cette forme de pénitence, à Luxeuil par exemple; 2. le travail monastique a posé des problèmes d'alimentation et de vêtement, les régimes alimentaires ascétiques et les vêtements pénitentiels ne favorisant pas la pratique du travail manuel et son efficacité. D'où certains assouplissements de la règle dans ces domaines en faveur des «travailleurs» monastiques. Point de départ d'une casuistique qui entérine le recul progressif des valeurs sacrales face au développement d'une pratique et d'une éthique du travail (remarquable étude d'A. de Vogüé sur «travail et alimentation dans les Règles de saint Benoît et du Maître» in *Revue Bénédictine*, 1964, pp. 242-251 montrant le poids sur les deux règles «d'une conjoncture économique contraignante: *necessitas loci aut paupertas*» et l'évolution du Maître, opposé aux travaux agricoles des moines en faveur des travaux artisanaux et horticoles, à saint Benoît s'adaptant à un monde davantage ruralisé où se restreint encore l'aire de l'artisanat et du jardinage).

b. les artisans sacrés ou prestigieux

La hiérarchie ecclésiastique et la hiérarchie laïque contribuent également à recueillir et promouvoir la tradition du forgeron et de l'orfèvre sacré. L'artisan qui forge les armes des aristocrates guerriers (les épées se personnalisent et se sacralisent, tradition recueillie par *La Chanson de Roland* et les chansons de geste), l'orfèvre qui orne ces armes et fabrique les bijoux des femmes de ces guerriers et crée la parure rutilante des églises que le goût barbare recouvre d'or, d'argent et de pierres précieuses, cet artisan est un grand personnage qui maintient le prestige de l'habileté technique. L'hagiographie atteste l'existence de ces artisans très recherchés (par exemple les *plures artifices* que l'évêque de Rouen Ansbert fait venir de diverses régions pour travailler à la châsse de saint Ouen). La législation barbare, on l'a vu, manifeste, par un *Wergeld* élevé, le prestige de ces artisans-artistes. L'archéologie montre la survie des croyances païennes (Wieland le forgeron) et du charisme métallurgique (figures du coffret d'Auzon). Le cas le plus éclatant est celui de la carrière de saint Éloi, orfèvre royal devenu haut dignitaire curial puis évêque (témoignage de la *Vita Eligii,* notamment I, 5).

À ces virtuoses du métal, le haut Moyen Âge ajoute une catégorie, les monnayeurs *(monetarii)* auxquels R. S. Lopez a consacré un article exemplaire. Mais le titre même de son étude (« An Aristocracy of Money ») montre que ces seigneurs de la monnaie, qui bénéficient de la raréfaction du métal précieux, du morcellement de la circulation monétaire, de l'effacement des contrôles techniques économiques et politiques (un texte angoissé de Grégoire le Grand en face des faux-monnayeurs!), de l'apparition possible d'une monnaie de prestige sans lien direct avec une activité économique, sont de mauvais témoins du monde artisanal et de l'univers des techniques.

c. l'attention aux outils et à la machine

La disparition ou la raréfaction des matières premières de l'artisanat, de l'équipement technologique, de la main-d'œuvre spécialisée fait de l'outil, en particulier des parties d'outil en *fer*, des objets rares, donc précieux. Ce qui subsiste ou est construit de machines apparaît comme autant de merveilles, on l'a vu pour les moulins. Une attention à l'outil se développe qui sera un des fondements de la mentalité technicienne des siècles futurs. La législation barbare protège les outils précieux : la loi salique (XXI, 12) punit d'une amende de 15 sous d'or le vol d'un coutre de charrue (dès le Xe siècle les ducs de Normandie «nationaliseront» les coutres de charrue sur leurs domaines, en un geste rappelant la propriété pharaonique des arbres dans l'Égypte ancienne déboisée). Le témoignage le plus significatif est celui de saint Benoît, tel qu'il apparaît à travers la Règle d'une part, les miracles que lui attribue Grégoire le Grand au deuxième livre des *Dialogi* et qui se vulgariseront tout au long du Moyen Âge de l'autre. La Règle assimile les *ferramenta* (outils ou parties d'outil en fer) du monastère aux vases et mobilier sacrés (31-32). Les perdre ou les abîmer est un sacrilège. Les miracles montrent un saint Benoît exerçant son pouvoir thaumaturgique sur des objets de l'artisanat (le pétrin brisé) et surtout offre l'outil en vénération dans le miracle du fer de bêche miraculeusement remonté du fond de l'étang du monastère. On notera que ce miracle bénédictin s'inscrit dans une longue et profonde tradition. L'Ancien Testament en attribue un semblable à Élisée (II Rois, VI, 1 *sqq.*). Le *Roman de Perceforest* au XIVe siècle parle d'une *Fontaine aux Pastoureaux* où les bergers venaient plonger leurs outils brisés.

On notera enfin que la main, dont on a évoqué le symbolisme plurivalent, reçoit elle aussi une protection juridique dans la législation barbare. Les variations du *Wergeld* en fonction du doigt coupé font apparaître chez les hommes libres la référence guerrière (la valeur du doigt dépend de sa fonction dans le maniement des armes), chez les artisans et les esclaves une référence au travail (l'outil remplace ici l'arme, est, à un niveau inférieur, son équivalent).

IV. LA RENAISSANCE CAROLINGIENNE DU TRAVAIL

La Renaissance carolingienne inclut une véritable idéologie de l'effort producteur, un énergétisme que l'on peut déceler au plan économique, politique, culturel. C'est, semble-t-il, l'affaire d'une aristocratie, et plus encore d'une «élite» gouvernementale. Mais il en résulte des habitudes matérielles et mentales, des thèmes idéologiques et culturels que l'avenir développera.

L'expression fondamentale de cet énergétisme est rurale. Elle s'exprime dans une première vague de défrichements. Le progrès se marque moins par une amélioration des techniques que par une extension des surfaces cultivées mais à ces aspects extensifs s'ajoutent des aspects intensifs, qualitatifs. On augmente le nombre des labours, des «façons», il y a une renaissance du jardinage et des expériences d'innovation, de raffinement et de rendement qui y sont liées. L'amélioration de l'organisation, de l'encadrement du travail prend une importance particulière. L'expression culturelle et documentaire de cet éveil aux valeurs du travail, ou du moins de certains de ses aspects, se diversifie et s'enrichit.

a. les témoignages juridiques

Il s'agit essentiellement de la multiplication, à partir du milieu du VIIIe siècle, des contrats agraires qui lient l'amélioration des conditions des personnes et leurs droits sur la terre à l'efficacité de leur travail. Contrats «ad meliorandum», contrats de *complant*, contrats *emphytéotiques*, types de *précaire* liant la possession d'une tenure à un travail d'augmentation et d'amélioration de la surface cultivée (par exemple *laborare, elaborare, acquirere, exquirere, augmentare, meliorare, emeliorare, possidere* dans une série de précaires dans le cartulaire de l'abbaye de Fulda pour les années 775-795). Il s'agit peut-être d'une tradition remontant à l'empire romain *(lex Hadriana de rudibus agris)*, reprise notamment par les Wisigoths (dans la loi wisigothique notion de *melioratio*, le pionnier devenant propriétaire *pro labore suo*), mais le phénomène ne devient massif qu'à l'époque carolingienne. Voir P. Grossi, «Problematica strutturale dei contratti agrari nella esperienza giuridica dell'alto Medioevo italiano», *Settimana di Spoleto*, XIII, 1965.

b. la réglementation du travail

On la trouve aussi bien dans des sources laïques que dans des documents ecclésiastiques. Elle témoigne d'une reprise certaine de l'artisanat, surtout dans le cadre domanial et d'une attention accrue aux problèmes posés par le travail.
Dans le premier cas la source essentielle est constituée par les capitulaires (notamment capitulaire *De villis*). On fera un sort à deux préoccupations des capitulaires : 1. la réglementation du *repos dominical*, plus précise qu'auparavant, qui n'est pas seulement un signe de la primauté des tabous religieux mais témoigne du souci d'organiser la respiration du monde du travail (tout en codifiant les *opera servilia*). Voir études de W. Rordorf et J. Imbert. 2. la condamnation des oisifs et des *mendiants valides*, reprise du Code de Justinien et qui annonce certaines opinions du XIIIe siècle (Guillaume de Saint-Amour, Jean de Meung) et surtout de la fin du Moyen Âge et de la Réforme (capitulaire de 806 aux *missi* à Nimègue).

Dans le second cas on assiste à un effacement du problème du travail des moines. D'une part il n'est plus un terrain privilégié de controverses autour du travail. D'autre part il cesse, sauf exception, de poser problème au monde monastique: le triomphe du bénédictinisme réformé par Benoît d'Aniane réduit, face à l'*opus Dei* envahissant, le travail manuel à une pratique symbolique. À côté des coutumes monastiques qui permettent de suivre l'évolution de la réglementation *(Corpus consuetudinum monasticarum...)*, des statuts d'abbayes, comme les fameux statuts d'Adalhard pour Corbie au IXe siècle, montrent d'un côté les progrès de l'activité et de la réglementation artisanales sur les domaines monastiques et de l'autre le repliement des moines, face à une main-d'œuvre croissante de serfs et de salariés, sur des tâches spéciales plus honorables et moins fatigantes (boulangerie, jardinage, brasserie, etc.).

c. les témoignages littéraires et artistiques

Des iconographes, et notamment A. Riegl, puis J.C. Webster, avaient montré qu'il existe vers 800 une coupure dans l'iconographie des saisons et des mois et que commençait alors une série qui devait connaître une fortune singulière au Moyen Âge, celle des *travaux des mois*. H. Stern a éclairé ce tournant, a précisé le contenu de la rupture idéologique entre le calendrier antique et l'iconographie carolingienne et médiévale des mois et rapproché les documents iconographiques (des miniatures) de textes poétiques contemporains.

Du calendrier antique représentant en général des scènes de genre à plusieurs personnages, de type passif, allégorique et religieux on passe à la représentation d'un seul personnage en train d'accomplir activement une seule activité laborieuse, en général agricole, la scène étant traitée de façon réaliste (miniatures de deux manuscrits de Salzbourg du premier tiers du IXe siècle et d'un manuscrit du *Martyrologe* de Wandalbert de Prüm de la fin du IXe siècle). Ce thème réaliste des travaux des mois prend encore plus de relief quand on constate, comme l'a indiqué H. Stern, que le monde byzantin continue l'iconographie antique. Exemple privilégié d'un tournant culturel lié à un tournant économique et social. Cette idéologie nouvelle du travail se retrouve dans un certain nombre de poésies contemporaines traitant du thème des travaux des mois et plus particulièrement dans le poème *De duodecim mensium nominibus, signis, aerisque qualitatibus* (848) de Wandalbert de Prüm jadis étudié par K. Th. von Inama-Sternegg pour les renseignements concrets qu'il apportait sur la vie rurale en Rhénanie au IXe siècle et sur les progrès des techniques rurales dont il témoignait (labourage supplémentaire de printemps, dès février-mars). Le témoignage d'Éginhard, selon qui Charlemagne avait donné de nouveaux noms aux mois en fonction des travaux ruraux, rejoint ces documents pour mettre en évidence une idéologie carolingienne du travail soutenant l'effort économique et réglementaire.

d. la promotion scientifique et intellectuelle du travail et des techniques

L'idéologie carolingienne a surtout mis en vedette le travail agricole, base de tout. Mais la Renaissance carolingienne a aussi, pour la première fois depuis l'Antiquité, donné un statut scientifique aux activités artisanales.
C'est la multiplication des manuscrits de traités techniques de l'Antiquité (Végèce), et plus encore l'apparition des premiers traités techniques du Moyen Âge (voir les travaux et la leçon de B. Bischoff).
C'est surtout peut-être l'apparition, pour la première fois dans l'histoire culturelle, de la notion et de l'expression d'*artes mechanicae* que l'on rencontre dans le commentaire (vers 859) par Jean Scot Érigène des *Noces de Mercure et de la Philologie* de Martianus Capella. Face aux *artes liberales* s'affirment sur un pied d'égalité les activités artisanales et techniques (*Les arts libéraux procèdent naturellement de l'intelligence. Mais les arts mécaniques ne sont pas naturellement innés mais procèdent d'une réflexion humaine.* Voir l'ouvrage de P. Sternagel).
La nouvelle iconographie du travail et la nouvelle littérature ouverte aux préoccupations techniques se rencontreront en 1023 dans un manuscrit du Mont-Cassin où l'encyclopédie carolingienne de Raban Maur est ornée de miniatures où apparaissent pour la première fois avec cohérence et réalisme les activités artisanales.

CONCLUSION

Émergence d'une catégorie de «travailleurs»: les *laboratores*.
À la fin du IXe siècle dans le commentaire de la traduction en anglo-saxon par le roi Alfred de la *Consolation de la Philosophie* de Boèce, puis de façon continue à partir de la fin du Xe siècle, apparaît dans la littérature de l'Occident médiéval un nouveau schéma de la société, résurgence du schéma indo-européen traditionnel défini par Georges Dumézil, celui de

la société tri-fonctionnelle ou tri-partie, composée d'hommes de prière, de guerre et de travail : *oratores, bellatores, laboratores*. Qu'on voie dans ces *laboratores* une élite de défricheurs (J. Le Goff s'appuyant sur des actes du xe siècle : *illi meliores qui sunt laboratores* du cartulaire de Saint-Vincent de Mâcon mis en évidence par Georges Duby) ou l'ensemble des travailleurs alors surtout ruraux avant d'englober le monde de l'artisanat urbain (M. David se fondant sur des textes littéraires du xie siècle), il reste que le nouveau schéma consacre la percée idéologique du monde des travailleurs qui s'est déjà affirmé dans l'économie et la société. Percée idéologique dont la sémantique met en évidence un cheminement : depuis le viiie siècle *labor*, ses dérivés et ses composés (notamment *conlaboratus*) développent un sens nouveau, centré sur l'idée d'acquisition, de gain, de conquête, surtout en milieu rural, il est vrai, où le mot est lié à la notion de défrichement. Cette évolution sémantique trahit une autre conquête. Celle de la promotion idéologique et mentale du travail et des travailleurs. Valorisation ambiguë encore car le travail est exalté surtout pour accroître le rendement et la docilité des travailleurs. Mais déjà aussi sans doute cette valorisation est-elle le résultat de la pression des travailleurs sur l'idéologie et la mentalité médiévales.

BIBLIOGRAPHIE SOMMAIRE

ALLO E. B., *Le Travail d'après saint Paul*, Paris, 1914.
ANDRÉ J.-M., *L'Otium dans la vie morale et intellectuelle romaine des origines à l'époque augustéenne*, Paris, 1966.
AYMARD A., «Hiérarchie du travail et autarchie individuelle dans la Grèce archaïque», in *Revue d'Histoire de la Philosophie et d'Histoire générale de la civilisation*, 1943, pp. 124-146.
AYMARD A., «L'idée de travail dans la Grèce archaïque», in *Journal de Psychologie*, 1948, pp. 29-45.
BIENERT W., *Die Arbeit nach der Lehre der Bibel*, Stuttgart, 1954.
BILINSKI B., «Elogio della mano e la concezione ciceroniana della società», in *Atti del 1° congresso internazionale di studi ciceroniani*, Rome, 1961.
BODMER J. O., *Der Krieger der Merowingerzeit und seine Welt*, Zurich, 1957.
Bonifica benedettina (La), Rome, s. d. [1965].
CHARBONNEL N., «La condition des ouvriers dans les ateliers impériaux aux ive et ve siècles», in *Aspects de l'Empire romain*, Paris, P.U.F., 1964, pp. 61-93.

CHENU M.-D., *Pour une théologie du travail*, Paris, 1955.
COORNAERT E., «Les ghildes médiévales (v[e]-xive siècle)», in *Revue historique*, 1948.
DALOZ L., *Le Travail selon saint Jean Chrysostome*, Paris, 1959.
DANIÉLOU J., *Les Symboles chrétiens primitifs*, Paris, 1961.
DAVID M., «Les "laboratores" jusqu'au renouveau économique des xie-xiie siècles», in *Études d'Histoire du Droit privé offertes à Pierre Petot*, Paris, 1959, pp. 107-120.
DEDLER H., «Vom Sinn der Arbeit nach der Regel des heiligen Benedikt», in *Benedictus, der Vater des Abendlandes, 547-1947*, Weihegabe der Erzabtei St. Ottilien zum 1400ten Todesjahr, éd. H. S. Brechter, Munich, 1947, pp. 103-118.
DELARUELLE E., «Le travail dans les règles monastiques occidentales du ive au ixe siècle», in *Journal de Psychologie*, 1948 (avec une intervention de Marc Bloch).
FUMAGALLI V., «Storia agraria e luoghi comuni», in *Studi medievali*, 1968, pp. 949-965.
GEOGHEGAN A. T., *The Attitude Towards Labor in Early Christianity and Ancient Culture*, Washington, 1945.
GRAND R., «Le contrat de complant depuis les origines jusqu'à nos jours», in *Nouvelle Revue historique de Droit français et étranger*, 1916.
GROSSI P., «Problematica strutturale dei contratti agrari nella esperienza giuridica dell'alto Medioevo italiano», in *Agricoltura e mondo rurale in Occidente nell'alto Medioevo*, in *Settimane di studio del Centro italiano di studi sull'alto Medioevo*, XIII, Spolète, 1966, pp. 487-539.
GRYGLEWICZ F., «La valeur morale du travail manuel dans la terminologie grecque de la Bible», in *Biblica*, 37, 1956, pp. 314-337.
Histoire générale du travail, éd. L. H. Parias, II : *L'Âge de l'artisanat (v[e]-xviiie siècle)*, Livre premier par Ph. Wolff, Paris, 1962, pp. 13-85.
HOLZAPFEL H., *Die sittliche Wertung der körperlichen Arbeit im christlichen Altertum*, Würzburg, 1941.
IMBERT J., «Le repos dominical dans la législation franque», in *Album J. Balon*, Namur, 1968, pp. 29-44.
INAMA-STERNEGG K. Th. von, «Rheinisches Landleben im 9. Jahrhundert. Wandaberts Gedicht über die 12 Monate», in *Westdeutsche Zeitschrift für Geschichte und Kunst*, 1882, t. I.
KEEL G., *Laborare und operari. Verwendungs- und Bedeutungsgeschichte zweier Verben für « arbeiten » im Lateinischen und Galloromanischen*, Berne, 1942.
LAISTNER M. L. W., «The Influence during the Middle Ages of the Treatise De Vita Contemplativa and Its Surviving Manuscripts», in *The Intellectual Heritage of the Early Middle Ages*, Ithaca, 1957, pp. 40-56.
LE GOFF J., «Note sur société tripartie, idéologie monarchique et renouveau économique dans la Chrétienté du ixe au xiie siècle», *supra*, pp. 79-88.
LEICHT P. S., *Corporazioni romane e arti medievali*, Turin, 1937.
LOPEZ R. S., «Still Another Renaissance?», in *American Historical Review*, LVII, 1951-1952, pp. 1 *sqq*.

Lopez R. S., «An Aristocracy of Money in the Early Middle Ages», in *Speculum*, 28, 1953, pp. 1-43.

Lynn White Jr, *Technologie médiévale et transformations sociales*, trad. fr., Paris, 1969.

Maroi F., «Il lavoro come base della riforma dei contratti agrari», in *Scritti giuridici*, Milan, 1956, t. II.

Mazzarino S., «Aspetti sociali del quarto secolo», in *Ricerche di storia tardo romana*, Rome, 1951.

Miniature sacre e profane dell'anno 1023 illustranti l'enciclopedia medioevale di Rabano Mauro, éd. A. M. Amelli, Montecassino, 1896.

Monti G., *Le Corporazioni nell'evo antico e nell'alto Medioevo*, Bari, 1934.

Mumford L., *Technique et Civilisation*, trad. fr., Paris, 1950.

Munier Ch., *Les Statuta Ecclesiae Antiqua*, Paris, 1960.

Neubner J., *Die Heiligen Handwerker in der Darstellung der Acta Sanctorum*, Münsterische Beiträge zur Theologie, cahier 4, 1929.

Robert L., «Noms de métier dans des documents byzantins», in *Mélanges A. Orlandos*, Athènes, 1964, t. I, pp. 324-347.

Salin E., *La Civilisation mérovingienne d'après les sépultures, les textes et le laboratoire*, Paris, 1949-1959, 4 vol.

Sapori A., «Il pensiero sul lavoro attraverso ai secoli», in *Rivista del diritto commerciale e del diritto generale delle obbligazioni*, 1946, pp. 267-289, 367-379, 467-480.

Simoncelli V., *Il principio del lavoro come elemento di sviluppo di alcuni istituti giuridici* (1888), rééd. in *Scritti giuridici*, Rome, 1938, t. I.

Solmi A., *Le Corporazioni romane nelle città dell'Italia superiore nell'alto Medioevo*, Padoue, 1929.

Stephenson C., «In Praise of Mediaeval Tinkers», in *Journal of Economic History*, VIII, 1948, pp. 26-42.

Stern H., «Poésies et représentations carolingiennes et byzantines des mois», in *Revue archéologique*, 6e série, 45-46, 1955.

Tilgher A., *Homo Faber. Storia del concetto di lavoro nella civiltà occidentale*, 3e éd., Rome, 1944.

Tranquilli V., «Il concetto di lavoro in Aristotele», in *La Rivista trimestrale*, I, 1962, pp. 27-62.

Troeltsch E., *The Social Teaching of the Christian Churches*, trad. angl., New York, 1956.

Vernant J.-P., «Le Travail et la Pensée technique», in *Mythe et Pensée chez les Grecs*, Paris, 1965, pp. 183-248.

Vie spirituelle ascétique et mystique (La), Numéro spécial, t. LII, n° 3, 1er septembre 1937.

Violante C., *La Società milanese nell'Età precomunale*, Bari, 1953.

Vogüé A. de, «Travail et alimentation dans les Règles de saint Benoît et du Maître», in *Revue bénédictine*, 74, 1964, pp. 242-251.

Webster J. C., *The Labors of the Months in Antique and Mediaeval Art to the End of the XIIth Century*, Princeton, 1938.

autres travaux utilisés pour la leçon

BOAS G., *Primitivism and Related Ideas in the Middle Ages*, Baltimore, 1948.
BÜCHER K., *Arbeit und Rythmus*, 6ᵉ éd., Leipzig, 1924.
BUDDENBORG P., «Zur Tagesordnung in der Benediktinerregel», in *Benediktinische Monatschrift*, 18, 1936.
CASTELLI E. (éd.), *Tecnica e Casistica. Convegno del Centro Internazionale di Studi Umanistici e dell'Istituto di Studi Filosofici*, Rome, 1964: E. BENZ, *I fondamenti cristiani della tecnica occidentale* (pp. 241-263) et M. de GANDILLAC, *Place et signification de la technique dans le monde médiéval* (pp. 265-275).
DÖRRIE H., «Spätantike Symbolik und Allegorie», in *Frühmittelalterliche Studien*, 3, 1969.
ELLIS DAVIDSON H. R., «Wieland the Smith», in *Folklore*, 69, 1958.
ELLIS DAVIDSON H. R., «The Smith and the Goddess. Two Figures on the Frank Casket from Auzon», in *Frühmittelalterliche Studien*, 8, 1969.
FASOLI G., *Aspetti di vita economica e sociale nell'Italia del secolo VII*, in *Settimane di Spoleto*, V *(Caratteri del secolo VII in Occidente, 1957)*, Spolète, 1958.
GANSHOF F. L., «Manorial Organization in the Low Countries in the VIIth, VIIIth and IXth Centuries», in *Transactions of the Royal Historical Societies*, 4th ser., XXXI, 1949.
GANSHOF F. L., «Quelques aspects principaux de la vie économique dans la monarchie franque au VIIᵉ siècle», *ibid.*
GRABAR A., «Le thème religieux des fresques de la synagogue de Doura-Oropos», in *Revue de l'Histoire des Religions*, CXXIII, 1941.
GRAUS F., *Volk, Herrscher und Heiliger im Reich der Merowinger. Studien zur Hagiographie der Merowingerzeit*, Prague, 1965.
HAUCK K., «Vorbericht über das Kästchen von Auzon», in *Frühmittelalterliche Studien*, 2, 1968.
KRAPPE A. H., «Zur Wielandsage», in *Archiv für das Studien der neueren Sprache und Literatur*, 158, 1930.
LATOUCHE R., *Les Origines de l'économie occidentale*, Paris, 1956.
LECLERCQ J., «*Otia monastica*». *Études sur le vocabulaire de la vie contemplative au Moyen Âge*, Rome, 1963.
MONNERET DE VILLARD U., «L'organizzazione industriale nell'Italia longobarda», in *Archivio Storico Lombardo*, ser. 4, XLVI, 1919.
PRINZ F., *Frühes Mönchtum im Frankenreich. Kultur und Gesellschaft in Gallien, den Rheinlanden und Bayern am Beispiel der monastischen Entwicklung (4. bis 8. Jahrhundert)*, Munich, 1965.
RORDORF W., *Der Sonntag, Geschichte des Ruhe- und Gottesdiensttages im ältesten Christentum*, Zurich, 1961.
SAVRAMIS D., «"Ora et labora" bei Basilios dem Grossen», in *Mittellateinisches Jahrbuch*, 1965, t. II (Festschrift für K. Langosch).

TEMPS ET TRAVAIL

SESTON W., «L'Église et le baptistère de Doura-Europos», in *Annales de l'École des Hautes Études de Gand*, I, 1937.
VERCAUTEREN F., *La Vie urbaine entre Meuse et Loire du VIe au IXe siècle*, in *Settimane di Spoleto*, VI *(La città nell'alto Medioevo, 1958)*, Spolète, 1959.
VERHULST A. et SEMMLER J., «Les statuts d'Adalhard de Corbie de l'an 822», in *Le Moyen Âge*, 68, 1962.
VERHULST A., «Karolingische Agrarpolitik. Das Capitulare de Villis und die Hungersnöte von 792/93 und 805/06», in *Zeitschrift für Agrargeschichte und Agrarsoziologie*, 13/2, 1965 (tiré à part, *Studia Historica Gandensia*, 38, Gand, 1965).
WEBER K., «Kulturgeschichtliche Probleme der Merowingerzeit im Spiegel der frühmittelalterlichen Heiligenleben», in *Mitteilungen und Studien zur Geschichte des Benedikterordens und seiner Zweige*, 48, 1930.
WERNER J., «Waage und Geld in der Merowingerzeit», in *Sitzungsberichte der Bayerischen Akademie der Wissenschaften*, Phil.-Hist. Kl., 1954, I.
WERNER J., *Die archäologischen Zeugnisse der Goten in Sudrussland, Ungarn, Italien und Spanien*, résumé in *Settimane di Spoleto*, III *(I Goti in Occidente, 1955)*, Spolète, 1956, p. 128.
WERNER J., *Fernhandel und Naturalwirtschaft im östlichen Merowingerreich nach archäologischen und numismatischen Zeugnissen*, in *Settimane di Spoleto*, VIII *(Moneta e scambi nell'alto Medioevo, 1960)*, Spolète, 1961.

sources

Les textes utilisés et cités le sont d'après les éditions courantes. J'ai utilisé :
a. pour la loi salique, ECKHARDT K. A., *Die Gesetze des Merowingerreiches. 481-714*, Weimar, 1935.
b. pour les coutumiers monastiques, *Corpus Consuetudinorum monasticarum*, éd. C. Morgand, t. I : *Initia consuetudinis benedictinae. Consuetudines saeculi octavi et noni*, éd. K. Hallinger, Siegburg, 1963.
c. pour les actes de Fulda, STENGEL E. E., *Urkundenbuch des Klosters Fulda*, t. I : *Die Zeit der Äbte Sturmi und Baugnef (744-802)*, Marburg, 1958.
d. pour le capitulaire *De villis*, la célèbre *Explication* de Benjamin GUÉRARD, Paris, 1853.
e. STONE Lawrence, *Sculpture in Britain. The Middle Ages* (The Pelican History of Art), 1955, pp. 10-11 et ill. 2 pour la croix de Ruthwell.

addenda

J'ai fait mon profit pour ce texte revu de deux ouvrages dont je n'avais pas eu connaissance pour ma leçon :

ARCARI P. M., *Idee e sentimenti politici dell'alto Medioevo* (Pubbl. della Facoltà di Giurisprudenza dell'Università di Cagliari, Ser. II, vol. I), Milan, 1968.

STERNAGEL P., *Die Artes Mechanicae im Mittelalter. Begriffs- und Bedeutungsgeschichte bis zum Ende des 13. Jahrhunderts* (Münchener Historische Studien. Abt. Mittelalterliche Geschichte, II), 1966, que mon ami, le professeur Rolf Sprandel, a eu l'amabilité de m'indiquer à Spolète.

En revanche je n'ai pas eu le temps d'utiliser l'important ouvrage de Renée DOEHAERD, *Le Haut Moyen Âge occidental. Économies et Sociétés*, Paris, 1971.

LES PAYSANS ET LE MONDE RURAL DANS LA LITTÉRATURE DU HAUT MOYEN ÂGE (V^e-VIe SIÈCLE)

*T*rois remarques préliminaires sont nécessaires pour définir les limites de cette esquisse.
1. Le cadre chronologique en est très restreint. La période du haut Moyen Âge à l'intérieur de laquelle les leçons des Semaines de Spolète se développent embrasse une longue étendue temporelle, du Ve au XIe siècle en gros, et parfois au-delà. Je sais bien que la faiblesse de la documentation, elle-même révélatrice de la modicité de l'outillage de perpétuation de cette époque et de la lenteur des processus d'évolution des structures de ce temps nous oblige à une histoire étirée en longueur et nous empêche de suivre pour ces siècles la chronologie fine que nous pouvons adopter plus tard. Je dois donc m'excuser de borner mon étude à deux siècles – les Ve et VIe –, avec quelques incursions dans le VIIe siècle, ce qui, pour d'autres périodes, apparaîtrait au contraire comme très ambitieux. Mais il faut rappeler que les temps que nous étudions sont des temps où la vie individuelle est brève mais la vie collective lente.

Voici les raisons de ce choix. D'abord j'ignore un peu moins la littérature de cette époque que celle des siècles qui la suivent. Ensuite, au plan des mentalités et des sensibilités, cette période est le temps où les thèmes majeurs de ce que nous appelons le Moyen Âge ont été posés. On peut généraliser un terme appliqué par E. K. Rand à quelques figures éminentes de cette époque et dire que ce temps a été celui des fondations, des fondements, de l'incubation intellectuelle et spirituelle du Moyen Âge[1]. J'ai retenu comme témoins capitaux pour mon propos quelques œuvres clés :

Première publication in *L'Agricoltura e il mondo rurale nell'alto Medioevo*, Settimane di studio del Centro italiano di studi sull'alto Medioevo, XIII, Spolète, 1966, pp. 723-741.

1. E. K. Rand, *The Founders of the Middle Ages*, Cambridge, 1928.

les réflexions essentielles sur la société issue des grandes invasions contenues dans le *De gubernatione Dei* de Salvien au milieu du Ve siècle[2], les deux chefs-d'œuvre de la littérature homilétique que sont au VIe siècle, en son début les sermons de Césaire d'Arles[3], vers sa fin le *De correctione rusticorum* de Martin de Braga[4], et, en cette fin du VIe siècle, la seule chronique contemporaine, l'*Historia Francorum* de Grégoire de Tours, des témoins de l'hagiographie, au premier rang desquels Grégoire de Tours encore dans les *Miracula*, le *Liber de Gloria Confessorum*, les *Vitae Patrum*[5], et Grégoire le Grand dans ses *Dialogues*, surtout dans le deuxième livre consacré à saint Benoît[6] et, enfin, comme représentant de la poésie, Fortunat[7].

2. Mon propos n'est pas de décrire les paysans tels qu'ils apparaissent dans la littérature des Ve et VIe siècles. S'il en était ainsi, cet exposé, on verra pourquoi plus loin, devrait être très bref. Je voudrais, à travers mon sujet, poser au moins le problème du rapport de la littérature avec la société. Ce rapport n'est pas simple. L'image de la société qui apparaît dans la littérature (ou l'iconographie, sous des formes tantôt apparentées, tantôt différentes, car littérature et arts figuratifs ont souvent leur spécificité thématique) entretient avec la société globale dont elle est issue, avec les classes dominantes qui la commandent, avec les groupes restreints qui la mettent au point, avec les écrivains qui la réalisent, des relations complexes. Disons, pour simplifier et ne pas nous attarder à des généralités théoriques, que cette image est à la fois une expression, un reflet et une sublimation ou un camouflage de la société réelle. Si la littérature peut être, non sans quelque rhétorique, définie comme un miroir de la société, il s'agit, bien sûr, d'un miroir plus ou moins déformant selon les désirs conscients ou inconscients de l'âme collective qui s'y regarde et surtout selon les intérêts, les préjugés, les sensibilités, les névroses des groupes sociaux qui fabriquent ce miroir et le tendent à la société – à cette partie du moins de la société qui est capable de voir, c'est-à-dire de lire, mais heureusement aussi pour nous à la postérité mieux armée pour voir et interpréter ce jeu d'illusions. À l'historien des sociétés et des civilisations, la littérature offre plutôt des *imagos* que des images et le contraint ainsi à tenter d'être le psychanalyste du passé collectif[8]. Ce miroir de la société que

---

2. *MGH, AA*, I et M. Pellegrino, *Salviano di Marsiglia, studio critico*, Rome, 1939-1940, 2 vol.
3. *Sermones*, éd. G. Morin, *S. Caesarii Opera omnia*, I, 1937, 2e éd. 1953. *Corpus Christianorum, Series Latina*, CIII.
4. *Opera omnia*, éd. C. W. Barlow, *Papers and Monographs of the American Academy in Rome*, XII, 1950.
5. *MGH, SRM*, 1-2.
6. *Dialogi*, éd. U. Moricca, *Fonti per la Storia d'Italia*, 57, 1924.
7. «Carmina», in *MGH, AA*, 4-1.
8. Voir A. Dupont, «Problèmes et méthodes d'une histoire de la psychologie collective», in *Annales E.S.C.*, 1961, et A. Besançon, «Histoire et psychanalyse», *ibid.*, 1964.

nous tend la littérature peut être parfois un miroir sans tain à travers lequel les figures s'évanouissent, sont escamotées par les miroitiers. Ainsi en est-il des paysans et du monde rural dans la littérature du très haut Moyen Âge.
3. Aussi mon sujet, d'une certaine façon, n'existe pas. En forçant à peine la réalité, je dois avouer qu'il n'y a pas de paysan ni de monde rural dans la littérature des Ve et VIe siècles et mon propos doit donc être d'abord d'expliquer cette absence.

Absence étonnante, paradoxale. Tous les exposés de cette Semaine montrent et démontrent que la réalité la plus profonde de l'histoire du haut Moyen Âge occidental, c'est la ruralisation de l'économie et de la société. La terre devient la source essentielle de subsistance, de richesse, de pouvoir. Les acteurs de ce phénomène primordial n'apparaissent pas dans la littérature du temps. Mieux même, ils en sortent, après avoir joué, sinon les premiers rôles, du moins des personnages d'importance dans les littératures grecque et latine. Et ceci ne vaut pas seulement pour la masse paysanne. Le *dominus*, ecclésiastique ou laïc, qui devient, à partir du Ve siècle au moins, au premier chef un possesseur de terres, n'apparaît pratiquement jamais en tant que tel dans la littérature de cette époque. Tenter d'expliquer cet escamotage de la société rurale, et plus particulièrement de la société paysanne dans la littérature des Ve et VIe siècles, ce sera le premier point de cet exposé.

J'essaierai ensuite de retrouver sous divers déguisements les paysans disparus de la littérature du haut Moyen Âge.

Le paysan *(agricola)*, personnage important de la littérature latine antique dont on a pu dire que la langue était une langue de paysans[9], qui y apparaissait aussi bien dans les traités économico-moraux de la période républicaine (*De Re Rustica* de Varron, *De Agricultura* de Caton) que sous une forme idéalisée dans la poésie bucolique (surtout chez Virgile et sa postérité), disparaît de la littérature du haut Moyen Âge[10]. Il s'estompe déjà dans les traités d'économie rurale de l'époque impériale, chez Columelle et plus encore chez Palladius. La poésie bucolique (je ne m'attarderai pas ici sur la distinction, qui mériterait peut-être réflexion, entre paysan et berger) s'étiole vite en milieu chrétien comme E. R. Curtius l'a remarqué[11].

Au IVe siècle pourtant Pomponius s'y était essayé et surtout Endelechius (Severus Sanctus), qui met en scène deux paysans, plus ou moins symboliques, un païen et un chrétien, dans une églogue morale consacrée à la

---
9. J. Marouzeau, *Lexique de la terminologie linguistique*, 2e éd., 1943.
10. Voir W. E. Heitland, *Agricola*, Cambridge, 1921.
11. E. R. Curtius, *La Littérature européenne et le Moyen Âge latin*, trad. fr. 1956, p. 562.

« peste » bovine, une épizootie survenue vers 395[12]. Il faut attendre ensuite la Renaissance carolingienne, mais le succès de l'Églogue de Théodule au Xe siècle[13], attesté par la présence de l'ouvrage dans le catalogue de Conrad de Hirsau au début du XIIe siècle et le personnage de Théodelet chez Rabelais, semble surtout relever d'une tradition livresque d'érudits humanistes. La poésie de Fortunat où s'étale – pleine de lieux communs décadents à vrai dire – une campagne du *tardo antico*, est vide d'hommes, de paysans. Les fruits qu'il envoie à Radegonde semblent produits par Dieu et la nature, et surtout par les réminiscences littéraires de l'auteur, sans aucune intervention humaine. Non seulement les images rurales deviennent purement symboliques et stéréotypées (l'évêque, par exemple, accapare la métaphore du *pastor gregis*), mais, fréquentes encore chez Césaire d'Arles, ces images, si répandues dans la Bible, se raréfient dans la littérature au cours du VIe siècle. D'où vient cette absence du paysan et du monde rural dans la littérature au seuil de Moyen Âge?

Sans doute l'agriculteur n'est plus soutenu par l'arrière-plan économique, social et mental qui avait assuré sa fortune dans la littérature des époques précédentes.

1. L'idéologie du haut Moyen Âge n'est pas favorable au *travail* et surtout à ce travail humble destiné à assurer la simple subsistance à quoi se réduit l'essentiel du travail humain, en cette aube d'où émerge difficilement la société médiévale. Sans doute la pénurie même conduit à attribuer une certaine valeur aux améliorations produites par le travail[14], mais un triple héritage défavorable pèse alors sur les attitudes mentales à l'égard du travail :

héritage gréco-romain modelé par une classe qui vit du travail esclave et s'enorgueillit de l'*otium*;

héritage barbare de groupes guerriers habitués à tirer une part notable de leurs ressources du butin et en tout cas à privilégier le mode de vie militaire ;

ce qui est plus grave, dans cette société christianisée, héritage judéo-chrétien qui met l'accent sur la primauté de la vie contemplative[15], qui consi-

---

12. Severus Endelechius, *Bibliotheca maxima Sanctorum Patrum*, VI, 376.
13. Sur Théodule et sa fortune, voir Gröber, *Grundriss der romanischen Philologie*, 1906, t. II, pp. 755 et 1067; G. L. Hamilton in *Modern Philology*, 7, 1909, p. 169; P. von Winterfeld, *Deutsche Dichter des lateinischen Mittelalters*, 1922, pp. 480 *sqq.*
14. Voir P. Grossi in *L'agricoltura e il mondo rurale nell'alto Medioevo*, Settimane di studio del Centro italiano di studi sull'alto Medioevo, XIII, Spolète, 1966.
15. Les manuscrits attestent depuis le milieu du VIIIe siècle le succès du *De Vita contemplativa* de Pomerius qui fut le maître de Césaire d'Arles (voir M. L. W. Laistner, « The Influence during the Middle Ages of the Treatise De Vita Contemplativa and its Surviving Manuscripts », in *Miscellanea Giovanni Mercati*, 1946, t. II, pp. 344-358. Ce traité exprime mieux encore la mentalité des guides spirituels de l'Occident à la fin du Ve siècle).

dère comme un péché, un manque de confiance de l'homme en Dieu de ne pas attendre de la Providence la satisfaction de ses besoins matériels. C'est au point que Césaire d'Arles[16] doit réfuter l'objection de ceux qui rappellent la nécessité pour l'homme de pourvoir à sa nourriture, à son vêtement et à son logement, et qui invoquent les textes pauliniens, notamment la phrase de II Thess. qui, à partir du XIe siècle, servira de base de référence aux promoteurs d'une revalorisation du travail : *si l'on ne veut pas travailler, on ne mangera pas.*
Sans doute saint Benoît exige dans la Règle qui porte son nom la pratique du travail manuel, mais il s'agit d'une forme de pénitence, d'une obéissance à la loi expiatrice imposée à l'homme en conséquence du péché originel.
2. S'il y a encore des paysans libres, petits propriétaires, qui se maintiennent ici et là, plus largement peut-être qu'on ne l'a dit[17], leur poids économique et social est devenu presque négligeable. La réalité sociale et juridique paysanne, c'est celle des *servi*, des *mancipia*, des *coloni* dont Salvien, au seuil du Moyen Âge, décrit bien la situation socialement et idéologiquement condamnée. Sans doute, tout comme il estime le barbare plus excusable que le chrétien dans le péché, il juge plus lourde la faute du patron ou du maître que celle du *colonus* ou du *servus*[18]. Mais il reconnaît la culpabilité collective des esclaves – *il est bien certain que les esclaves sont mauvais et détestables* – et dans cette classe il ne fait aucune exception dans la culpabilité, alors qu'il en admet dans les classes supérieures[19]. Il accepte et propose déjà le hideux visage indifférencié de la classe paysanne qui sera celui de l'Occident médiéval.
3. Et pourtant cet évanouissement du paysan de la littérature du haut Moyen Âge n'est pas propre à sa classe sociale. Il participe d'une régression générale du réalisme, et singulièrement du réalisme social et humain dans la littérature et dans l'art. Qu'on songe à la disparition presque complète de l'art figuratif, et surtout de la figure humaine dans l'art.
Le réalisme n'est pas «naturel», premier, il n'est pas le produit d'un regard neuf, mais d'une conquête visuelle, mentale et culturelle. L'art primitif, et le haut Moyen Âge est irruption de divers primitivismes, est abstrait. L'Église remplace le réalisme païen par un univers de symboles, de signes. Elle nie l'essentialité de l'homme face à Dieu et à l'au-delà et impose de nouvelles grilles à la représentation de la société. Ce peut être un dualisme

---

16. *Op. cit.*, sermo XLV, p. 201.
17. Voir Cl. Sanchez-Albornoz, in *Settimane di studio...*, XIII, Spolète, 1966.
18. Voir M. Pellegrino, *Salviano di Marsiglia*, pp. 102 et 172-173, et G. Sternberg, «Das Christentum des 5. Jahrhunderts im Spiegel der Schriften des Salvianus von Massilia», in *Theologische Studien und Kritiken*, 82, 1909.
19. M. Pellegrino, *op. cit.*, p. 167.

élémentaire : clercs-laïcs, puissants-humbles (cette dernière distinction lourde à vrai dire d'un contenu social sur lequel on reviendra). Ce sont surtout des schémas proprement religieux, déstructurant les images traditionnelles de la société organisée selon des fonctions sociales et les remodelant selon des vocations ordonnées à des fins religieuses. Ainsi, dans le cas de la société de la ville de Rome en 590, une société urbaine sans doute, mais d'où les catégories économiques et professionnelles ont été évacuées. Le pape Grégoire le Grand ordonne la population de Rome alors décimée par une épidémie de peste noire en sept processions expiatoires et propitiatoires : clergé séculier, clergé régulier masculin, moniales, enfants, laïcs masculins, veuves, femmes mariées[20]. Ou bien encore la société est assimilée, réduite, à des groupes de péchés : les 8 péchés capitaux de Cassien, les 7 péchés capitaux de Grégoire le Grand, les 12 abus du Pseudo-Cyprien au milieu du VIIe siècle[21]. Notons, au risque d'anticiper, que nous trouvons dans cette dernière liste, déguisé sous l'apparence du pauvre, notre paysan, représenté par un péché majeur, l'orgueil, le désir de ne pas rester à son humble place, cette ambition sociale qui sera le grand péché de la société figée dans ses ordres.

Mais cette tendance non figurative générale affecte surtout le paysan, tout comme chez Salvien, le groupe des *servi* formait une foule pécheresse anonyme et ne souffrant pas d'exception, d'individualités sauvages. L'auteur d'une étude récente sur le guerrier mérovingien[22] a pu écrire que seuls le clerc et le guerrier pouvaient être saisis comme types de l'humanité mérovingienne. Libre ou non libre, le paysan du haut Moyen Âge est profondément méprisé. Le *servus* ne peut recevoir les ordres ecclésiastiques[23] mais même le paysan libre, ne serait-ce qu'à cause de son inculture, n'a que peu de chances d'entrer dans l'Église, même dans l'ordre monastique encore lâche et quelque peu anarchique, mais où pourtant le recrutement paysan semble infime[24]. Frantisek Graus, dans le beau livre[25] qu'il vient de consa-

---

20. Voir tout le récit de la scène et la lettre de Grégoire le Grand *apud* Grégoire de Tours, *Historia Francorum*, X, I.
21. Voici la liste du Pseudo-Cyprien : *sapiens sine operibus, senex sine religione, adolescens sine obedientia, dives sine elemosyna, femina sine pudicitia, dominus sine virtute, christianus contentiosus, pauper superbus, rex iniquus, episcopus neglegens, plebs sine disciplina, populus sine lege.* Voir Hellmann, *Pseudo-Cyprianus de XII abusivis saeculi. Texte und Untersuchungen zur altchristlichen Literatur*, 34, 1.
22. J. P. Bodmer, *Der Krieger der Merowingerzeit und seine Welt*, 1957, p. 137.
23. C. M. Figueras, *De impedimentis admissionis in religionem usque ad Decretum Gratiani, Scripta et Documenta*, 9, Montserrat, 1957.
24. G. Penco, « La composizione sociale delle comunità monastiche nei primi secoli », in *Studia Monastica*, 4, 1962.
25. F. Graus, *Volk, Herrscher und Heiliger im Reich der Merowinger, Studien zur Hagiographie der Merowingerzeit*, Prague, 1965.

crer à la société mérovingienne a rappelé qu'il faut attendre le XIIIe siècle pour que l'Église canonise un paysan, pour qu'il y ait un saint paysan.

Et pourtant ces paysans, qui semblent écartés, absents de la littérature du très haut Moyen Âge, un regard attentif permet de les retrouver sous des déguisements divers.

1. Les paysans réapparaissent d'abord comme *pagani*, comme païens, dans un temps qui est d'abord un temps d'évangélisation et d'évangélisation des campagnes[26].

On peut discuter sur le sens et la portée historique du mot *paganus*.
On peut admettre avec Michel Roblin[27] que le terme a simplement le sens du latin *gentilis*, du grec ἐθνικός, et, par-delà, de l'hébreu *goy*, « que le paganisme ne s'identifie pas avec la rusticité et que l'emploi du terme est simplement imputable aux origines hébraïques du vocabulaire chrétien ».

Il reste que, à partir du Ve siècle, les *pagani* sont, pour les auteurs chrétiens, essentiellement des paysans et réciproquement. Cassiodore et Isidore de Séville, en leurs jeux étymologiques sans valeur scientifique, sont garants d'une réalité mentale. *Personne n'ignore que les* pagani *(paysans païens) tirent leur nom de la* villa *(domaine), car on appelle en grec* pagos *ce qu'on appelle en latin* villa, écrit Cassiodore dans l'*Expositio in Canticum Canticorum* et Isidore de Séville dans les *Etymologiae* (VIII, 10), *les* pagani *(paysans païens) tirent leur nom des* pagi *des Athéniens où ils sont apparus. Là en effet dans des lieux agrestes et des* pagi, *ils ont institué des lieux sacrés païens et des idoles.* Tout au long de la *Vita Martini* Sulpice Sévère identifie les *rustici* avec les *gentiles* et les *pagani*. Fortunat fait de même dans sa vie du même saint. Ici, écrit-il, *la foule des paysans empêche qu'on détruise les temples profanes* et là *alors qu'il voulait détruire le temple des Éduens, les agriculteurs incultes de la campagne l'en empêchent*[28].

Ce *rusticus paganus* est d'ailleurs tout autant attaché à de vieilles superstitions paysannes qu'au paganisme organisé, institutionnalisé de la religion romaine. Césaire d'Arles et Martin de Braga en témoignent[29]. Dans le cas des superstitions paysannes dénoncées dans le *De correctione rusticorum*, des études

---

26. Voir J. F. Lemarignier, *Settimane di studio...* XIII, Spolète, 1966.
27. M. Roblin, « Paganisme et rusticité », in *Annales E.S.C.*, 1953, p. 183.
28. Sulpice Sévère, *Epistola ad Desiderium de Vita B. Martini*, chap. XIII et XIV ; Fortunat, *Vita S. Martini, MGH, AA,* 4-1, pp. 300, 321, 325, 326.
29. Voir P. Poese, *Supersititiones Arelatenses e Cesario collectae*, Marburg, 1909. W. Boudriot, *Die altgermanische Religion in der amtlichen kirchlichen Literatur vom 5. bis 11. Jahrhundert. Untersuchungen zur allgemeinen Religionsgeschichte*, cahier 2, Bonn, 1928. S. Mc Kenna, *Paganism and Pagan Survivals in Spain up to the Fall of the Visigothic Kingdom*, The Catholic University of America, Washington, 1938.

ethnographiques ont pu montrer une permanence jusque dans les sociétés paysannes contemporaines du nord-ouest de la péninsule ibérique[30].
C'est tout le problème du folklore et donc de la culture paysanne dans la littérature du haut Moyen Âge qui se trouve par ce biais posé. Mais ici encore, plus que d'une revanche involontaire du paysan sur le clerc, il semble qu'il s'agisse plutôt d'une simple utilisation à des fins autres, celles de l'évangélisation, d'éléments folkloriques détachés et détournés de leur contexte culturel paysan[31].
Par-delà cependant apparaît le problème de la ruralisation de l'Occident du haut Moyen Âge considéré comme une époque de résurgence de techniques, de structures sociales, de mentalités primitives, disons préromaines, comme un temps d'affleurement de structures paysannes traditionnelles sous-jacentes et douées d'une grande résistance au changement[32].
Le paysan du haut Moyen Âge, c'est un monstre à peine humain réapparu et que la littérature du Moyen Âge ultérieur continuera à faire surgir devant les jouvenceaux et les chevaliers fourvoyés dans la forêt où le paysan-bûcheron se retrouve dans son ambiance obscure et farouche, vilains à grande hure et aux yeux écartés, au regard de bête, apparus à Aucassin ou à Lancelot[33].
Ainsi, même devenu chrétien, le paysan est un pécheur privilégié. Ne parlons même pas du *servus* qui personnifie la servitude de l'homme par rapport au péché[34], *servus peccati*. Tous les *rustici* deviennent les pécheurs par excellence, des vicieux de naissance, de nature. Césaire d'Arles, qui ne fait pas en général de personnalité dans ses sermons, qui ne donne au pécheur aucune individualité ni aucune spécificité sociale, fait exception pour trois catégories spécialement visées : les *clercs*, chez qui les péchés sont plus graves en raison de leur état, mais il ne s'agit ici que d'une mino-

---

30. Voir L. Chaves, « Costumes e tradicões vigentes no seculo VI e na actualidade », in *Bracara Augusta*, VIII, 1957.
31. C'est l'opinion de F. Graus, *op. cit.*, pp. 197 *sqq.*
32. Voir A. Varagnac, *Civilisation traditionnelle et genres de vie*, 1948.
33. Voir K. J. Hollyman, *Le Développement du vocabulaire féodal en France pendant le haut Moyen Âge (Étude sémantique)*, 1957, qui cite p. 164, n. 54, « des descriptions affolantes des vilains » *apud* H. Sée, *Les Classes rurales et le régime domanial en France au Moyen Âge*, 1901, p. 554 et J. Calmette, *La Société féodale*, 6ᵉ éd., 1947, pp. 166-167. Il rapproche les descriptions de vilains de celles de païens dans les chansons de geste. Voir J. Falk, *Étude sociale sur les chansons de geste*, 1899 ; S. L. Galpin, *Cortois and Vilain*, Diss. New Haven, 1905. Voir l'expression du poète « humaniste » des environs de 1100 cité par E. R. Curtius, *op. cit.*, p. 142, n. 1 : *Rustici, qui pecudes possunt appellari.*
34. Voir les intéressantes remarques de K. J. Hollyman, *op. cit.*, p. 72 : « L'opposition *dominus-servus* est fondamentale dans le vocabulaire latin, et les emplois religieux sont calqués sur elle ; ils ne la changent pas mais l'enrichissent en ce qu'ils y ajoutent encore une application particulière. »

rité de clercs indignes; les *marchands*, mais ils ne représentent qu'un groupe très restreint dans la société de la Gaule méridionale au début du VIe siècle; les *paysans* enfin, qui semblent prédestinés à certains péchés, à certains vices.
Ainsi les *rustici* sont les luxurieux et les ivrognes par excellence[35]. Il y a mieux. En ce temps où se forme une mentalité selon laquelle les maladies honteuses sont le signe et la sanction du péché, les paysans, plus exposés que d'autres à la sous-alimentation, au manque d'hygiène, aux tares physiques, manifestent ainsi leur nature fondamentalement vicieuse. La lèpre des enfants est le signe de la luxure des parents, et les lépreux sont, selon Césaire, surtout des paysans car les paysans enfantent dans la luxure[36].
2. Le paysan, c'est aussi le pauvre, *pauper*, et, plus souvent, *pauperes* en une foule de moins en moins différenciée. Il nous est difficile parfois d'affirmer l'identité entre pauvre et paysan, de distinguer dans les *pauperes* des textes les pauvres des villes et les pauvres des campagnes[37]. Ainsi chez Grégoire de Tours, où la Gaule paraît encore fortement urbanisée, mais où en même temps la distinction n'est pratiquement jamais faite entre population urbaine et population rurale. Un signe? Martin de Braga, quoique observant la société paysanne qu'il a sous les yeux pour écrire le *De correctione rusticorum*, a eu, outre peut-être les sermons de Césaire d'Arles, un modèle, le *De catechizandis rudibus* de saint Augustin[38]. Or saint Augustin distingue parmi les fidèles à endoctriner: «*les rares ou les nombreux, les savants ou les incultes, les citadins ou les paysans*». Sans doute *urbanus* et *rusticus* tendent à prendre le sens figuré civilisé-inculte qu'on rencontrera plus loin, mais la distinction, la référence à l'opposition ville-campagne, encore nette chez saint Augustin, n'apparaît plus chez Martin de Braga.
Pourtant des textes non équivoques nous permettent d'identifier le *pauper* avec le paysan. Notons qu'aucun des quatre seuls paysans apparaissant à notre connaissance sous une forme concrète dans la littérature du très haut Moyen Âge ne porte de nom. Le héros de chaque histoire est en effet un saint, le paysan n'étant qu'un objet anonyme du récit hagiographique. En revanche la pauvreté de ces paysans pourtant qualifiés de *pauvres* tout court nous apparaît relative puisque si dans un cas on insiste sur le fait que

---

35. G. Morin, *éd. cit.*, sermo XLIV, p. 199 et sermo XLVII, p. 215.
36. *Denique quicumque (filii) leprosi sunt, non de sapientibus hominibus, qui et in aliis diebus et in festivitatibus castitatem custodiunt, sed maxime de rusticis, qui se continere non sapiunt, nasci solent, loc. cit.*, p. 199.
37. Sur les sens de *pauper* dans le haut Moyen Âge, voir K. Bosl, *Potens und Pauper, Festschrift für Otto Brunner*, 1963, pp. 60-80 (reproduit in *Frühformen der Gesellschaft im mittelalterlichen Europa*, 1964), et F. Graus, *op. cit.*, pp. 136-137.
38. Migne, *PL*, t. XL, col. 310-347.

le malheureux n'a pas d'animaux pour l'aider, les trois autres disposent au contraire de bœufs. Mais dans aucun cas, mis à part le terme de *pauper*, leur condition sociale, en tout cas leur condition juridique n'est précisée.
Les trois premiers textes sont de Grégoire de Tours.
Dans le premier, un prêtre itinérant demande l'hospitalité pour la nuit à un paysan de Limagne – *ad hospitiolum cuiusdam pauperis Limanici mansionem expetit.* Le paysan se lève avant le jour pour aller couper du bois dans la forêt, et *selon l'habitude des paysans*, ce qui établit l'identité *pauper* = *rusticus*, il réclame du pain pour son petit déjeuner à sa femme. Il demande au prêtre de bénir ce pain et d'en tirer des hosties *(eulogiae)* qu'il porte sur lui et lui permettent de résister victorieusement aux assauts du diable qui essaie de le précipiter dans l'eau alors qu'il traverse un pont avec sa charrette et ses bœufs[39].
Dans le deuxième, un *pauvre*, qui avait perdu les bœufs avec lesquels il travaillait *(quos ad exercendam culturam habebat)*, voit en songe saint Genès lui indiquer l'endroit sur le chemin de la forêt où il trouvera ses bœufs avec lesquels il transportera ensuite miraculeusement une énorme dalle de marbre sur l'emplacement de la sépulture du saint qui deviendra un lieu de miracles[40].
Le troisième texte nous montre encore un paysan qualifié de pauvre et possédant pour tout bien deux bœufs *(erat enim quidam pauper habens duos boves ad exercendam culturam suam, nec ei erat alia possessio...).* Un voleur les lui dérobe et il les retrouve en allant en pèlerinage au tombeau de saint Félix[41].
Le plus beau texte, le quatrième, est en fait une rédaction carolingienne d'une hagiographie mérovingienne. Il met en scène un petit homme, un pauvre paysan dépourvu de bœufs que saint Sigiran rencontre en train de tirer lui-même une charrette de fumier *(accidit... ut quendam homunculum es ruricolis unum videlicet plaustrum fimo honustum sine cuiuspiam animalis auxilio cum vi nimia trahentem conspiceret...).* Le saint, pris de pitié, interpelle le paysan : « *Ô, très malheureux pauvre, tu n'as pas le secours de bœufs...* » Il s'attelle avec lui à la charrette et, le travail accompli, lui donne trois pièces d'or pour acheter un bœuf... Texte riche de renseignements d'ordre économique, même s'ils sont délicats à mettre en place et à interpréter. Texte qui nous offre la plus concrète et la plus humaine des rares figures de paysans de la littérature du haut Moyen Âge[42].

---

39. Grégoire de Tours, *Liber in gloria confessorum, MGH, SRM,* 1-2, 766.
40. *Ibid.*, p. 533.
41. *Ibid.*, p. 558.
42. *MGH, SRM,* III, p. 623.

Mais ce *pauper*, qui nous apparaît dans ces textes comme un objet de sollicitude pour les saints de l'hagiographie mérovingienne, frère du paysan de Grégoire le Grand à qui un Goth veut faire révéler la cachette de son avoir en le torturant et qui va se réfugier auprès de saint Benoît[43], est en réalité considéré par les couches supérieures de la société comme un objet et un danger.

Il est d'abord le simple repoussoir du riche ou du saint. Sa seule raison d'être est de leur fournir un instrument, une occasion de salut. Dans une société, où le salut spirituel est l'essentiel, et où les classes dominantes s'attribuent là aussi, là d'abord, une priorité, le pauvre permet au riche ou au saint qui lui fait l'aumône, de se sauver. Réifié par la charité des grands, il est, dans tous les sens du mot allemand, un «*Gegenstand*», un objet, et ne parviendra que difficilement plus tard à la dignité d'un état social, d'un *Stand*[44]. Césaire d'Arles le définit bien comme n'existant qu'en fonction des riches : *Dieu a en effet permis qu'il y ait des pauvres en ce monde pour que tout homme ait le moyen de racheter ses péchés*[45].

Mais il est aussi un danger. La classe paysanne, c'est dans le haut Moyen Âge la classe dangereuse. Déjà, à la charnière de l'Antiquité et du Moyen Âge, les circoncellions et les Bagaudes[46] l'ont bien montré. Ces paysans à demi sauvages, on les rencontre par exemple dans la vie de saint Wandrille, abbé de Fontenelle : «*Venant en un lieu situé au milieu de paysans très mauvais, qui ne craignaient pas Dieu et ne révéraient aucun homme, un conflit surgit*[47].»

Surtout c'est dans la masse paysanne que se recrutent les *pseudoprophetae*, meneurs religieux et populaires, et leurs adeptes. C'est du monde paysan que surgissent ces *Antéchrists*, dont la figure et l'activité se précisent en cette époque où les calamités et la péjoration des conditions fondamentales de subsistance nourrissent une vague apocalyptique et millénariste. Ici encore c'est surtout Grégoire de Tours qui évoque, dans l'ambiance catastrophique de la Grande Peste du VIe siècle[48], ces agitateurs paysans qui vont jusque dans les villes inquiéter les évêques et les riches.

---

43. *Dialogi*, II, 31.
44. J. Höffner, *Bauer und Kirche im deutschen Mittelalter*, Paderborn, 1939.
45. Sermo XXV, éd. G. Morin, p. 107. Sur l'indifférence de l'hagiographie mérovingienne aux conditions sociales, voir F. Graus, «Die Gewalt bei den Anfängen des Feudalismus und die "Gefangenenbefreiungen" der merowingischen Hagiographie», in *Jahrbuch für Wirtschaftsgeschichte*, 1961, I, pp. 61-156.
46. Sur les Bagaudes, voir Salvien, *op. cit.*
47. *MGH, SRM*, V, 15.
48. J. N. Biraben et J. Le Goff, «La peste dans le haut Moyen Âge», in *Annales E.S.C.*, 1969, pp. 1484-1508.

Voici, en 590, alors que la peste et la famine ravagent la Gaule, un paysan du Berry rendu fou par un essaim de mouches[49] alors qu'il coupe du bois dans la forêt. Il se transforme en prédicateur itinérant, vêtu de peaux de bête, accompagné d'une femme qu'il appelle Marie, alors que lui-même se donne pour un Christ. Il annonce l'avenir, guérit les malades. Une foule de paysans et de pauvres le suit, et même des prêtres. Son action prend vite un aspect révolutionnaire. Sur le chemin de sa prédication, il dépouille les riches et distribue leurs biens aux indigents *(non habentibus)*. Des milliers d'adeptes le suivent. Il fait annoncer son arrivée par des messagers nus et dansants *(homines nudo corpore saltantes atque ludentes)*, en qui l'on retrouve des personnages du folklore paysan et des hérésies adamites. L'évêque du Puy le fait assassiner et tire par la torture de la pauvre Marie tous les aveux souhaités. Mais les adeptes du meneur disparu ne sont pas ramenés dans le droit chemin *(homines illi quos ad se credendum diabolica circumventione turbaverat, nunquam ad sensum integrum sunt reversi)*. D'autres Antéchrists se lèvent dans toute la Gaule, et au milieu des mêmes manifestations, soulèvent et entraînent les foules populaires, le monde paysan[50].

3. Enfin le paysan réapparaît comme *rusticus*, devenu synonyme d'ignorant, d'illettré, personnifiant, face à l'élite cléricale instruite, la masse dépourvue de toute culture. Sans doute les clercs se résignent, pour des motifs pastoraux, à employer eux-mêmes le *sermo rusticus*[51]. mais, en cette époque où les techniques réservées à une élite (élite artisanale des forgerons et des orfèvres, élite militaire des guerriers, élite économique des monnayeurs, élite intellectuelle des clercs) sont, avec la richesse foncière et la force, la base de la considération sociale, le paysan, sur ce plan aussi, est perdant. Il n'est qu'un rustre. Sans doute Isidore de Séville distingue la rusticité morale et la rusticité sociale et professionnelle, *rusticitas* et *rusticatio*[52]. Dans la pratique le *rusticus*, le paysan, participe de la *rusticitas* et de la *rusticatio* à la fois. Il est, d'un seul mot, un rural et un rustre.

Dans la Vie de saint Patrocleus[53], Grégoire de Tours fait dire au frère du saint qui a symboliquement choisi de se faire *rusticus*, *pastor*: «*Va plus loin,*

---

49. On rapprochera ce détail folklorique de l'épisode de l'hérétique paysan Leutard, en Champagne, au début du XIe siècle, *apud* Raoul Glaber, *Historiae*, II, 11.
50. *Historia Francorum*, X, 25. Voir un autre *pseudo-prophète*, Didier *(Desiderius), ibid.*, IX, 6-7.
51. Voir E. Auerbach, *Lingua letteraria e pubblico nella tarda antichità latina e nel Medioevo*, trad. ital. Milan, 1960; Ch. Mohrmann, «Latin vulgaire, latin des chrétiens, latin médiéval», in *Revue des Études latines*, 1952 et *Settimane di studio del Centro italiano di studi sull'alto Medioevo*, t. IX, Spolète, 1961.
52. Isidore de Séville, *Differentiae, PL*, t. CXXXIII, col. 59: *inter rusticitatem et rusticationem. Rusticitas morum est, rusticatio operis.*
53. *Vitae Patrum*, IX, I, *MGH, SRM*, 1-2, 702. Voir le mépris de Sidoine Apollinaire pour les *rustici*: *Epistolae*, 1, 6.

paysan. Ton occupation c'est en effet de paître les moutons, la mienne de m'adoucir aux belles lettres, et par là mon ministère me rend plus noble, tandis que ton service te rend vil.»
Ainsi le paysan est devenu un être anonyme et indifférencié, simple repoussoir de l'élite militaire et cultivée, principal fardeau de l'Église. Quand, avec le renouveau économique, il reparaîtra dans la littérature, le paysan devenu *vilain* (et l'évolution sémantique[54] du mot est à elle seule significative) conservera les traits péjoratifs issus du très haut Moyen Âge. Vicieux, dangereux, illettré, il restera plus près de la bête que de l'homme. Si, dans l'art, par l'intermédiaire de thèmes iconographiques tels que la Nativité ou les travaux du cycle des mois, il entre dans l'humanisme médiéval, la littérature, le plus souvent, l'en exclut ou le place dans son bestiaire tératologique. Devenue réaliste, la littérature lui donnera alors la figure que le très haut Moyen Âge avait abstraitement définie, celle, selon le mot de Coulton, d'un Caliban médiéval.

---

54. K. J. Hollyman, *op. cit.*, pp. 72-78. L'auteur remarque, *ibid.*, p. 145 : « Il n'y eut pas, dans le vocabulaire littéraire, de vertu désignée par un nom de paysan. » Sur les rapports entre classes sociales et langue au Moyen Âge, voir G. Gougenheim, « Langue populaire et langue savante en ancien français », in *Mélanges 1945*, V : *Études linguistiques, Publications de la Faculté des Lettres de Strasbourg*, f. 108, 1947. Hollyman a aussi remarqué que « l'utilisation de la terminologie des classes rurales pour le vocabulaire péjoratif n'est pas particulier à l'ancien français » (*op. cit.*, 169). Voir L. R. Palmer, *An Introduction to Modern Linguistics*, 1936, p. 102. L'ouvrage de F. Martini, *Das Bauerntum im deutschen Schrifttum von den Anfängen bis zum 16. Jahrhundert*, 1944, ne remonte pas au-delà du XIe siècle.

II
TRAVAIL ET SYSTÈMES DE VALEURS

DÉPENSES UNIVERSITAIRES À PADOUE
AU XVe SIÈCLE

*L*es historiens et les érudits qui ont tenté de donner une idée approximative du «budget» d'un maître ou d'un étudiant dans une université médiévale ont, en général, plus ou moins négligé un élément dont pourtant l'importance et l'intérêt sont certains: les cadeaux en argent et en nature exigés des étudiants au moment des examens. En dehors des banquets offerts traditionnellement par les nouveaux docteurs après l'obtention de la «licentia docendi[1]», ces cadeaux représen-

---

Première publication in *Mélanges d'Archéologie et d'Histoire*, École française de Rome, 1956, pp. 377-395.

1. Cette coutume, très ancienne, représentait une dépense considérable. Les rois anglais, au XIIIe siècle, envoyaient à certains jeunes docteurs, pour ce banquet, des présents de gibier ou de vin. Voici, par exemple, une lettre d'Henri III en 1256: *Mandatum est custodi foreste regis de Wiechewode quod in cadem foresta faciat habere Henrico de Wengh', juniori, studenti Oxonie, IIII^{or} damos contra festum magistri Henrici de Sandwic', qui in proximo incipiet in theologia apud Oxoniam... de dono nostro (Calendar of Close Rolls, Henry III, 1254-1256*, p. 308). Il s'agissait là, plus que d'une marque d'honneur, d'une véritable subvention à replacer dans la politique de mécénat universitaire des grands personnages ou des corps officiels. Outre le banquet, certains avaient à cœur de manifester leur munificence par des divertissements tels que tournois, bals, etc. En Espagne, des universités allaient jusqu'à réclamer des nouveaux maîtres une course de taureaux (voir H. Rashdall, *The Universities of Europe in the Middle Ages*, éd. Powicke-Emden, 1936, vol. I, p. 230). – À quoi rattacher ces usages? On peut songer aux obligations somptuaires des magistratures grecques et romaines – et, sans qu'il y ait filiation historique, on peut mesurer, de l'Antiquité au Moyen Âge, l'ascension sociale des «professeurs». Plus encore s'impose le rapprochement avec les *potaciones*, «beuveries», des premières ghildes, des premières corporations. Il y a là, même sans imitation consciente, le rite essentiel, la communion par quoi un corps social prend conscience de sa solidarité profonde. – Sur les liens entre *potus* et «cadeau» comme manifestation rituelle dans les groupes germaniques, voir les remarques de M. Mauss dans l'article: «Gift, Gift», in *Mélanges Adler*, 1924, p. 246. En tout cas, une étude sociologico-historique de l'«état universitaire» devra tenir compte de ces données anthropologiques.

taient des dépenses obligatoires dont le montant et la nature furent bientôt inscrits dans les statuts[2].

Nous publions ici le relevé de ces dépenses noté par un étudiant en droit de l'Université de Padoue au début du XVe siècle sur une page de garde du manuscrit *Vaticanus Latinus* 11503 contenant un cours de droit canon[3]. Ces dépenses, dont le détail est indiqué, et pour l'examen proprement dit *(examen, examen privatum)*[4] et pour la cérémonie d'investiture *(conventus, conventus publicus, doctoratus)*[5], représentaient à la fois des «droits universitaires»: taxes destinées soit à alimenter les caisses de l'Université[6] et des collèges, soit à payer les frais des séances[7] – et des présents pour les

---

2. Le passage de l'obligation morale à l'obligation statutaire de ces cadeaux dut se faire dès l'origine de la réglementation universitaire. On voit par exemple à Oxford, entre 1250 et 1260, un nouveau maître assez riche pour assumer les frais de certains collègues moins aisés: *Omnibus autem istis etiam quibusdam artistis in omnibus tam in robis quam aliis honorifice predictus magister R. exibuit necessaria* (N. R. Ker et W. A. Pantin, *Letters of a Scottish Student at Paris and Oxford c. 1250*, in *Formularies which Bear on the History of Oxford*, 1940, vol. II). À une date antérieure à 1350, les frais sont fixés à l'équivalent de la *communa* du débutant (*Statuta antiqua Universitatis Oxoniensis*, éd. Strickland Gibson, 1931, p. 58). À Paris, malgré l'interdiction faite en 1213, renouvelée en 1215 et 1231, d'exiger: *pecuniam... nec aliquam aliam rem loco pecunie aliquo modo pro licentia danda* (*Chartularium Universitatis Parisiensis*, éd. H. Denifle et A. E. Chatelain, 1889, t. I, pp. 75, 79, 138), les statuts des artistes de la nation anglaise de 1252 indiquent que les «examinatores» doivent préalablement faire payer aux candidats: *pecuniam ad opus Universitatis et nacionis* (*ibid.*, I, p. 229).
3. La description de ce manuscrit se trouvera dans le tome du catalogue préparé par M. l'abbé J. Ruyschaert, Scriptor à la Bibliothèque Vaticane, qui nous a signalé ce texte et qui voudra bien trouver ici l'expression de nos vifs remerciements. Le titre est: *Prosdocimi de Comitibus Patavini et Bartholomaci de Zabarellis lectura in libri II decretalium titulos XX-XXX*. On trouve ces cours aux ff[os] 9-41 v°, 42 v°-428 v° pour le premier et 418 v°-442° pour le second. Les ff[os] 1-8 contiennent la table des matières et des textes divers dont le nôtre au fol. 7. L'auteur du manuscrit et sa date de rédaction sont donnés, comme on le verra, au fol. 447.
4. On en trouvera une description pour Bologne – et il en allait de même pour Padoue – dans H. Rashdall, *op. cit.*, vol. I, pp. 224-228.
5. La description de cette cérémonie se trouve dans les actes notariés faits à Bologne au XIVe siècle et publiés dans le tome IV du *Chartularium Studii Bononiensis*, éd. L. Frati, 1919, notamment p. 81.
6. L'étude de ces caisses, de l'emploi des fonds qui y étaient déposés – fonds provenant des taxes, des amendes, des dons –, du rôle qu'elles ont pu jouer comme organisme d'assistance ou de crédit pour les maîtres et les étudiants, reste à faire. Elle serait essentielle pour la connaissance du milieu universitaire médiéval. Des éléments de documentation existent au moins à Oxford et Cambridge (voir Rashdall, *op. cit.*, pp. 35-36, vol. III; Strickland Gibson, *op. cit.*, passim, voir index s. v. *Chests*; E. F. Jacob, «English University Clerks in the Later Middle Ages: the Problem of Maintenance», in *Bulletin of the John Rylands Library*, vol. XXIX, n° 2, février 1946, pp. 21-24).
7. Notre texte fait allusion aux frais d'entretien des bancs pour les assistants *(pro bancalibus, pro bancis)*, de la chaire dont prenait symboliquement possession le nouveau docteur *(pro cathedra)*, de la cloche que l'on sonnait *(pro campana)*, du bureau où devait siéger le notaire *(pro disco)*, au paiement du papier pour le diplôme que recevait le débutant, de la cire et de la soie pour le sceau qu'on y apposait *(pro carta, cera et scrico)*, des musiciens enfin qui faisaient entendre au cours de la cérémonie des sons de trompettes et de fifres *(pro tubis et pifaris)*.

examinateurs, les autorités scolaires et ecclésiastiques[8], les employés de l'Université[9].

Il faut se rappeler, pour mieux apprécier l'importance relative de ces cadeaux, que la subsistance matérielle des maîtres n'était au Moyen Âge que très imparfaitement assurée[10]. Si le salariat universitaire a fait des progrès depuis le XIIIe siècle, ceux-ci ont été difficiles, lents, pas définitifs. C'est qu'il implique la solution de graves problèmes. D'abord l'assimilation des maîtres à ces travailleurs rétribués que le Moyen Âge, après l'Antiquité, a méprisés[11]. Ensuite, l'acceptation de considérer des clercs comme des marchands, fût-ce de science[12], et l'enseignement, qui est aussi bien un devoir d'état[13] pour cer-

---

8. L'évêque, qui octroyait la *licentia docendi*, surveillait étroitement l'Université (voir H. Rashdall, *op. cit.*, vol. II, p. 15). Son vicaire et son chancelier reçoivent ici de l'argent au moment de l'examen. Mais les autorités ecclésiastiques ne sont pas mentionnées lors du *conventus*, qui est une cérémonie proprement corporative.
9. Notaires et bedeaux cités dans notre texte étaient des personnages importants de ce monde universitaire dont ils partageaient les privilèges. À Paris, en 1259, les maîtres ès arts se plaignent de ce que les sommes qui leur sont distribuées entrent en déficit le budget universitaire (*Chart. Univ. Par.*, éd. H. Denifle et A. E. Chatelain, I, pp. 376-377).
10. Voir G. Post, «Masters' Salaries and Student-Fees in Mediaeval Universities», in *Speculum*, VII, 1932, pp. 181-198. Cet intéressant article serait à compléter, élargir, approfondir. Nous indiquons ci-dessous quelques-unes des directions où devrait s'engager la recherche.
11. Voir, par exemple, Cicéron, *De Officiis*, I, 42. Intéressantes remarques de L. Grasberger, *Erziehung und Unterricht im klassischen Altertum*, 1875, II, pp. 176-180, et de H. I. Marrou, *Histoire de l'éducation dans l'Antiquité*, 2e éd., 1950, p. 362.
12. Quand saint Augustin abandonne son métier, il dit: *Renuntiavi... ut scholasticis suis Mediolanenses venditorem verborum alium providerent* (*Confessions*, IX, v, 13). On connaît la phrase de saint Bernard: *Et sunt item qui scire volunt ut scientiam suam vendant, verbi causa pro pecunia, pro honoribus; et turpis quaestus est* (*Sermo 36 in Canticum*, n. 3). Mais saint Augustin pense au verbiage païen et saint Bernard n'est ouvert ni aux conditions matérielles ni aux méthodes intellectuelles de l'enseignement urbain, comme le prouve son attitude à l'égard d'Abélard. Honorius Augustodunensis, pourtant attentif aux problèmes du travail, écrit aussi: *Talis igitur quaerendus est, qui doceat: qui neque causa laudis, nec spe temporalis emolumenti, sed solo amore sapientie doceat* (Migne, PL, t. CLXXVII, col. 99).
13. G. Post, *op. cit.*, n'a pas utilisé systématiquement les textes canoniques et pénitentiels qui éclairent le débat autour des nouvelles conditions de l'enseignement à partir du XIIIe siècle et les solutions apportées. Presque toutes les sommes de confesseurs des XIIIe et XIVe siècles se posent la question: *Utrum magister possit collectam imponere vel exigere?* Les deux objections sont qu'il s'agit d'un devoir d'état et d'un bien spirituel, d'où le risque de simonie: *symoniam committeret quia venderet obsequium spirituale quod ex officio suo tenetur facere* (*Summa Pisanella*, ms. Padova Bibl. Univ. 608, s. v° *magister*); même texte dans une *Summa* anonyme (*Cod. Vat. Ottob. lat.* 758 c. v° *magister*): il s'agit de la formulation devenue classique d'Henri de Suse *(Hostiensis)*. Dès la fin du XIIIe siècle, le problème ne se pose plus en fait qu'à propos des exemptions, comme le prouve le précieux *Confessionale* de Jean de Fribourg où la question est devenue: *si exegit collectam seu salarium ab hiis a quibus non debuit ut a pauperibus et ceteris prohibitis*. Pour le reste, le salaire a été admis comme paiement non de la science, mais du travail des maîtres: *potest accipere collectam pro laboribus suis* (*Ottob. lat.* 758). C'est la solution qu'avaient indiquée saint Thomas d'Aquin et Raymond de Peñafort pour les avocats et les médecins. On touche là un fait essentiel: la reconnaissance de la profession

tains ecclésiastiques qu'une activité noble[14], comme un commerce, fût-ce de marchandises spirituelles[15]. Enfin, si l'on consentait à passer sur ces obstacles théologiques ou psychologiques, il restait à savoir qui paierait les maîtres et comment. Dans la mesure où les empiétements de pouvoir par des autorités séculières[16] et la laïcisation, relative, de l'enseignement dans son recrutement, ses méthodes, son esprit, ses débouchés[17] s'accentuent au cours du Moyen Âge, l'Université de Padoue représente un cas particulièrement favorable. Pendant plus de deux siècles, son activité s'inscrit dans le cadre de sa rivalité avec Bologne. Dépendant pour le nombre de ses membres et l'importance de son enseignement des migrations bolonaises, elle est très tôt favorisée par la commune de Padoue, qui y voit une source de gloire et de profits, car une université représente un marché[18], un centre d'attraction pour les étrangers et par suite un facteur de développement des contacts à une époque où les cellules urbaines constitutives de la vie économique et politique s'alimentent des relations croissantes avec un monde dont les horizons s'élargissent et où les échanges se multiplient. Aussi, dès 1260, la com-

---

libérale, du travailleur intellectuel. Les maîtres ne cessèrent de s'y référer ; ainsi nos docteurs de Padoue en 1382 : *Irracionabile credimus laborantem sui laboris honorificenciam non habere. Ideo statuimus quod doctor qui scolari presentato de mandato prioris sermonem pro collegio fecerit responsalem libras tres confectionum et fialas quatuor vini aut unum ducatum a scolare pro sui laboris honore percipiat* (Statuti del Collegio dei Legisti, éd. Gloria, *Atti del R. Istituto Veneto*, s. VI, VII-I, p. 393).

14. Les maîtres eux-mêmes, tout en réclamant salaire de travailleurs, revendiquaient l'hommage dû au prestige. Un manuscrit, cité par Haskins, *Studies in Mediaeval Culture*, p. 55, dit : *Nec magistri ad utilitatem audiunt, legunt, nec disputant, sed ut vocentur Rabbi.* Intéressantes remarques de Huizinga, *Le Déclin du Moyen Âge*, Payot, p. 77, sur « la tendance à donner au titre de docteur les mêmes droits qu'à celui de chevalier ». Une étude sémantique du mot *magister* (à un pôle le directeur de travail, le contremaître, tel le *magister officinae*, chef d'atelier, à l'autre le dignitaire dans la hiérarchie sociale, le « chef » au pouvoir mystérieux) aiderait à voir comment l'« état » universitaire médiéval est pris contradictoirement entre deux échelles de valeurs sociales, l'une ancienne, « féodale », l'autre « moderne ».

15. Voir p. 145, note 13.

16. La première initiative laïque d'importance dans le domaine de l'enseignement universitaire est la fondation de l'Université de Naples par Frédéric II en 1224 (voir Haskins, *Studies in the History of Mediaeval Science*, 2ᵉ éd., p. 250).

17. Une étude de l'origine sociale des étudiants, de l'outillage intellectuel des universitaires, des efforts (avec quel succès ?) de certains (combien ?) pour échapper à l'état ecclésiastique pour des carrières laïques plus rémunératrices, permettrait, au moins en un domaine, de préciser les vues un peu théoriques de G. de Lagarde, *La Naissance de l'esprit laïque au déclin du Moyen Âge*, Saint-Paul-Trois-Châteaux [1934], t. I.

18. Ici encore presque tout est à faire. Sur l'originalité de la coexistence à Oxford au XIIIᵉ siècle d'une communauté de « producteurs » (les bourgeois) et d'une communauté de « consommateurs » (les universitaires) d'importance numérique à peu près égale, voir les remarques de A. B. Emden, *An Oxford Hall in Mediaeval Times*, pp. 7-8, et H. E. Salter, *Munimenta Civitatis Oxonic*, pp. XV-XVI.

mune de Padoue assure-t-elle un salaire aux maîtres de son *studium*[19]. Pourtant, ce salaire n'empêchera pas les docteurs de réclamer des candidats les cadeaux traditionnels dans toutes les universités. À partir de la fin du XIVe siècle, probablement sous l'influence de la crise économique et de ses répercussions sur la valeur de la monnaie et sur le coût de la vie, les exigences des maîtres deviennent plus âpres et la réglementation des «droits d'examen» plus minutieuse[20].

Et d'abord se précise la répartition des cadeaux entre les maîtres et le personnel universitaire. Les statuts de 1382 du collège des juristes de Padoue ont été publiés[21], ainsi que de courts extraits des additions et modifications qui y ont été apportées par la suite. L'étude de ces corrections, faite dans les Archives de l'Université de Padoue[22], nous permet de suivre cette évolution. Les avantages pécuniaires retirés de ces examens par les maîtres semblent d'ailleurs les intéresser au point que, pour combattre l'absentéisme des docteurs lors de ces séances, on les attire par de véritables «jetons de présence» payés par l'étudiant.

Alors que les statuts de 1382 avaient entériné une décision de 1355[23] selon laquelle les suppléants *(surnumerarii)* ne toucheraient pas d'argent, sauf s'ils étaient appelés à remplacer effectivement un des douze maîtres titulaires, un décret du 25 juillet 1453 réserve aux suppléants présents une part de la quête effectuée lors de l'examen et qui jusqu'alors allait tout entière à l'évêque[24].

Par ailleurs, les sanctions prises à l'égard des étudiants défaillants dans l'acquittement des dépenses sont précisées. Le 18 novembre 1441, des mesures sont édictées contre les étudiants qui se contentent de verser des arrhes *(brevia)*[25].

---

19. Voici ce texte édité par A. Gloria, *Statuti del Comune di Padova dal secolo XII all'anno 1285*, et par H. Denifle, *Die Entstehung der Universitäten des Mittelalters*, I, p. 805 : *Tractatores studii possint constituere salarium doctoribus legum usque ad summam tricentarum librarum et non ultra, magistris decretorum et decretalium librarum ducentarum et non ultra. Et dicti tractatores possint providere de utilitate communi super dictis salariis.*
20. Nous n'avons pu malheureusement consulter G. Luzzatto, «Il costo della vita a Venezia nel Trecento», in *Ateneo Veneto*, 1934.
21. A. Gloria, *Atti del reale Istituto Veneto*, s. VI, t. VII, p. 1.
22. Nous prions le Recteur de l'Université, son adjoint et l'archiviste qui ont aimablement facilité notre travail de vouloir bien trouver ici l'expression de nos remerciements.
23. A. Gloria, *loc. cit.*, p. 395.
24. *Statuti del collegio dei legisti 1382*, Archives de l'Université de Padoue, sera cité sous l'abréviation *Statuti*, fol. 31 v°: *Quoniam multociens evenit quod in examinibus privatis pauci doctores ultra doctores numerarios intervenerunt, ut examina plurium doctorum concursu venerentur statuimus et ordinamus quod collectio que fieri consuevit in examine completo convertatur ad pecunias inter supernumerarios presentes qui tamen non fuerint promotores equaliter dividendas, iuribus tamen familie reverendissimi domini episcopi reservatis.*
25. *Statuti*, fol. 29.

Cette âpreté au gain contribue à expliquer la raréfaction progressive du nombre d'étudiants exemptés du paiement des droits. La protection traditionnelle de l'Église avait assuré aux étudiants pauvres une place dans les universités, en même temps qu'au XIIIe siècle surtout l'afflux de population vers les villes avait peuplé les facultés d'une foule de jeunes gens sans ressources qui avaient été notamment le levain des Facultés des Arts[26]. Avec le reflux démographique, le nombre de ces étudiants décroît et les maîtres en profitent pour accentuer ce recul en éliminant au maximum les étudiants pauvres exemptés de droits; entre 1405 et 1409, une modification apportée aux statuts n'en laisse plus admettre que deux pour toute la Faculté de Droit: un en droit canon et un en droit civil[27]. Il ne s'agit plus désormais que d'un principe que l'on est obligé de respecter sous une forme pratiquement symbolique. Le temps des pauvres est fini à l'Université de Padoue. Le recrutement démocratique est définitivement tari. Encore une prescription du 25 février 1428 obligera-t-elle ces deux « privilégiés » à subir un examen préalable supplémentaire et à fournir des preuves strictes de leur pauvreté[28].

Dans le même temps pourtant, une évolution inverse ouvre gratuitement les portes de l'Université à toute une catégorie de jeunes gens: les enfants d'universitaires.

Une première décision en 1394 octroie l'entrée gratuite dans le collège des juristes à tout nouveau docteur appartenant à la descendance masculine d'un docteur, même si l'un des intermédiaires n'a pas été docteur lui-même[29]. Le 17 août 1409, il est précisé qu'un fils de docteur vivant ou défunt doit subir ses examens gratuitement, et des sanctions sont édictées contre les contrevenants à cette décision[30].

---

26. Une étude sociale des Facultés des Arts au XIIIe siècle apporterait sans doute beaucoup à la compréhension des luttes doctrinales de cette époque (voir, par exemple, une partie de l'œuvre poétique de Rutebeuf). Nous regrettons de n'avoir pu prendre encore connaissance des travaux récents d'A. L. Gabriel.
27. Dans la période précédente, les maîtres avaient dû être plus généreux, car le texte réprouve la *nimia liberalitas collegarum nostrorum*. On allègue aussi le désir d'éviter les supercheries des faux pauvres: *importunitas scolarium falso paupertatem allegantium*.
28. Publié par A. Gloria, *loc. cit.*, p. 361.
29. Le texte vise tout *doctor canonici vel civilis paduanus originatus civis ac padue doctoratus qui doctoris de collegio nostro sit vel fuerit filius sive nepos ex filio etiam non doctore vel sit pronepos vel ulterior descendens per lineam masculinam* (*Statuti*, fol. 15 v°).
30. *Lege civili sancitum esse cognoscentes ut juris doctorum filii pre ceteris in honoribus ex peritia juris consequendis honorentur, ordinamus ut natus doctoris nostri collegii ex legittimo matrimonio sive genitore diem functo sive in humanis agente etiam si desierit esse de nostro collegio liberaliter in examine privato et publico per doctores nostri collegii promoveatur. Ita quod nec a suis promotoribus nec ab aliquo doctore collegii possit occasione dictorum examinum vel alterius eorum compelli ad solvendum stipendium ad quod ex hujusmodi causa secundum formam nostrorum statutorum promovendi noscuntur obligati. Et ne contingat aliquos ex doctoribus in talibus examinibus deesse volumus ut contra eos qui cessante justo impedimento defuerint procedatur secundum formam alterius statuti quod incipit...* (*Statuti*, ff[os] 18 v°-19 r°).

Une autre condition que l'ascendance universitaire est requise de ces nouveaux docteurs : la citoyenneté padouane. Un statut du 13 janvier 1418 spécifie même que cette condition est absolument nécessaire et restreint la portée des décrets précédents – une exception étant faite en faveur d'un maître célèbre communément considéré comme padouan d'adoption[31]. Un statut du 11 novembre 1440 exclut tout docteur étranger du jury des examens et, en tout cas, lui dénie le droit de recevoir le ducat payé aux douze titulaires ou aux suppléants qui font passer un examen[32].

Ainsi ces textes permettent de définir la triple et convergente évolution de l'Université de Padoue à la fin du XIVe et dans la première moitié du XVe siècle. Élimination des étudiants pauvres, constitution d'une caste et de familles universitaires, nationalisation, c'est-à-dire tendance à se limiter, au moins en ce qui concerne les maîtres, à un recrutement local. Quel chemin parcouru en deux siècles, depuis le temps où les universités naissantes accueillaient de tous les horizons européens des étudiants de toutes origines sociales et où on allait acquérir dans les plus célèbres *le droit d'enseigner partout!* (c'est-à-dire dans toutes les universités).

Pourtant, l'étudiant qui a consigné sur une feuille de garde de son livre de droit les dépenses que l'on faisait – qu'il a sans doute faites lui-même – à Padoue pour subir les examens, venait de l'autre bout de l'Italie.

Les folios 7-8, 9-41 v°, 42 v°-447 du *Cod. Vat. lat.* 11503 ont été écrits par la même main qui au dernier folio (447) a signé : *scripsit Matthaeus de Grandis Siracusanus* et daté : 1427.

Or, ce Sicilien est connu. Le 24 septembre 1424, il assiste à la collation du doctorat en théologie à Fra Giovanni de Borometis[33]. Nous savons qu'en 1426 il reçoit de la municipalité de Syracuse une bourse pour lui permettre de pour-

---

31. *Quum omnis labor optat premium* [et non *salarium*, comme le réclamaient les maîtres des époques précédentes] *et prima caritas incipit a se ipso et ne nimia liberalitas in vitium prodigalitatis a jure reprobatum convertatur statuimus et statuendo decernimus, addimus et declaramus quod statutum situm sub rubrica quod filii doctorum nostri collegii in examine privato et publico gratis promoveantur quod incipit «priore domino Petro de Zachis» intelligatur et locum habeat in filiis dumtaxat doctorum nostri collegii qui fuerint aut sint cives origine propria aut paterna aut saltem origine propria vel paterna civitatis Padue vel districtus. Hec tamen declaratio non intelligatur nec habeat locum in domino Hendrico de Alano qui per collegium nostrum habitus est et omnino habetur pro originali cive...* (*Statuti*, fol. 20 v°).
32. *Cum orte sint alique dubitationes super certis emolumentis ex hoc sacratissimo collegio percipiendis ut omnes tollantur dubietates et scandala per consequens evitentur et ut omnis dilectio et caritas fraternalis inter collegas remaneat semper ferventissima, statuimus quod nullus doctor forensis legens in hoc felici studio qui de cetero intrabit hoc venerandum collegium possit habere emolumentum ducati qui datur duodecim numerariis vel supernumerariis aliquo numerariorum deficiente, non obstante aliquo statuto vel consuetudine in contrarium loquente* (*Statuti*, fol. 28).
33. C. Zonta et G. Brotto, *Acta graduum academicorum gymnasii Patavini*, 612. Nous empruntons ces détails biographiques à F. Marletta, *Archivio Storico per la Sicilia*, 1936-1937, p. 178.

suivre ses études à Padoue[34]. Rentré en Sicile, il fut archidiacre de Syracuse, puis élu en 1443 vicaire général, *sede vacante*[35]. On le retrouve en 1462 membre du collège des docteurs de l'Université de Catane, puis jusqu'en 1466 il est vicaire général de l'évêque de Catane et vice-chancelier de l'Université[36]. Carrière exemplaire. En l'absence d'une université dans leur patrie[37], les jeunes Siciliens, qui voulaient acquérir une instruction un peu approfondie et des titres, se rendaient au début du Quattrocento sur le continent. À Bologne ou à Padoue? La question de la préférence qu'ils accordaient à l'une de ces universités est controversée[38]. Mais il est vraisemblable qu'avec le déclin de Bologne et le début concomitant de l'apogée de Padoue[39] c'est cette dernière qui accueillit le plus de jeunes insulaires.

À Padoue, comme beaucoup de ses compatriotes, Matthieu de Grandis bénéficie d'une bourse de sa ville d'origine[40]. Mais celle-ci exerçait un certain contrôle sur l'étudiant qu'elle subventionnait[41] et sur l'usage qu'il faisait de l'argent qu'on lui allouait: est-ce à ce contrôle que nous devons le texte de notre manuscrit, relevé des dépenses fait en vue d'une reddition de comptes à la municipalité de Syracuse? En tout cas, si Syracuse paie une partie des frais d'instruction du jeune Matthieu de Grandis, c'est pour que ce qu'il aura appris profite ensuite à sa patrie. Aussi, comme la plupart des autres boursiers, le voyons-nous rentrer en Sicile, son doctorat acquis, et occuper des postes dans l'administration ecclésiastique de l'île. Puis, dernière étape, quand en 1444 Alphonse le Magnanime et le pape Eugène IV approuvent la fondation d'une université à Catane, il figure parmi les anciens Padouans qui prennent tout naturellement la direction de la nouvelle institution[42].

---

34. M. Catalano-Tirrito, «L'istruzione pubblica in Sicilia nel Rinascimento», in *Archivio storico per la Sicilia orientale*, t. VIII, p. 430, n° 66.
35. Pirro, *Sicilia Sacra*, t. I, p. 632.
36. M. Catalano, *Storia dell'università di Catania*, p. 33.
37. Voir V. Casagrandi, «Scuole superiori private di jus civile in Sicilia avanti la fondazione dello Studium generale di Catania», in *Rassegna Universitaria Catanese*, Catania, 1903, vol. V, fasc. I-II, pp. 46-53; L. Genuardi, «I giuristi siciliani dei secoli XIV e XV anteriormenti all'apertura dello studio di Catania», in *Studi storici e giuridici dedicati ed offerti a Federico Ciccaglione*, 1909; M. Catalano, «L'istruzione pubblica...», *loc. cit.*, p. 418.
38. En faveur de Bologne, Sabbadini, *op. cit.*, p. 8. En faveur de Padoue, N. Rodolico, «Siciliani nello studio di Bologna nel medio evo», in *Archivio storico Siciliano*, 1895, vol. XX, et F. Marletta, *op. cit.*, p. 150.
39. Voir H. Rashdall, *op. cit.*, vol. II, pp. 19-20.
40. Sur ces bourses, voir M. Catalano, *op. cit.*, pp. 427-437, où l'on trouvera une liste de 113 boursiers siciliens entre 1328 et 1529.
41. On lui demandait en général soit de se mettre, une fois docteur, au service de sa patrie pour en défendre les droits et privilèges, soit d'y exercer une charge publique. Voir M. Catalano, *op. cit.*, p. 428.
42. Bien que, selon la bulle officielle, la nouvelle université soit organisée *ad instar Studii Bononiensis*, F. Marletta note, *op. cit.*, p. 151: «lo studio catanese infatti, nei primi anni della la sua esistenza, bien può considerarsi una sezione staccata di quello padovano».

Ainsi Matthieu de Grandis n'est à Padoue qu'un boursier de son pays. Nous ne pouvons malheureusement pas en savoir davantage sur ses origines sociales, mais le type de sa carrière est bien défini : voué aux charges administratives de l'Église, il est un étudiant de l'espèce la plus traditionnelle. Pour lui sans doute, le problème de la subsistance à Padoue se trouve résolu. Pourquoi note-t-il donc ses dépenses ? Comptes à rendre, suggérions-nous. Ne suffisait-il pas de se reporter aux statuts de l'Université ? Et, de fait, il note au bas de son relevé que ce qu'il vient d'indiquer est conforme à ces statuts. Mais de quels statuts s'agit-il ? Les frais et cadeaux en nature ou en argent qu'il indique ne sont, en réalité, pas toujours équivalents aux prescriptions des statuts de 1382 et une autre liste de dépenses pour des examens à Padoue, que nous avons conservée et qui date probablement du milieu du XVe siècle, nous fournit également des données différentes[43]. Y a-t-il eu pendant la première moitié du XVe siècle modification des statuts ? En examinant le manuscrit déjà cité des Archives de l'Université de Padoue, on peut trouver, parmi les additions aux statuts de 1382, un texte singulièrement intéressant daté du 12 mai 1400[44]. Ce décret institue, en effet, une véritable échelle mobile des droits universitaires. Cette variabilité automatique des sommes versées par les étudiants aux maîtres en période de détérioration de la monnaie contraste étrangement avec le taux fixe pendant toute cette époque des bourses accordées, par exemple, aux étudiants siciliens de Padoue. Ainsi se précise l'impression notée plus haut de la constitution d'une oligarchie universitaire qui de plus en plus cherche à tirer profit de l'exercice de ses fonctions. Âpreté au gain qui vient à la fois d'un désir de renforcer toutes les occasions d'affirmer une position de prestige en face des étudiants et de la volonté de ne pas souffrir des fluctuations économiques. Orgueil et intérêt[45].

---

43. Elle se trouve au début de notre manuscrit des Archives de l'Université de Padoue et a été publiée par A. Gloria, *op. cit.*, p. 358, n. 1.
44. *Sacratissimis constitucionibus canonicis ac legalibus cautum esse cognoscentes ut variato cursu monete condicio ejus quod est debitum non propter ea varietur decernimus ut solidi trigintaduo qui quondam statuti fuerunt et sic hactenus persoluti pro singulo duodecim doctorum antiquorum nostri collegii qui publico conventui sive in canonibus sive in legibus adessent intelligantur esse et sint prout etiam tempore prime constitucionis fuere medietas unius ducati aurei ad cursum ducatorum venetorum boni auri et justi ponderis sic quoque deinceps tantum monete que ducati medietatem constituat secundum cursum qui tempore solucionis esse reperietur sine ulla detractione persolvatur* (*Statuti*, fol. 16 v°).
45. On peut replacer cette évolution universitaire dans le courant économique et social de l'Europe occidentale du XIVe siècle. En face de la hausse des prix : d'un côté fixité, blocage des salaires, autorités administratives et donneurs de travail n'admettant pas de lien entre le coût de la vie et les rémunérations conduisant à l'établissement d'une échelle mobile (voir G. Espinas, *La Vie urbaine de Douai au Moyen Âge*, t. II, p. 947 sqq. ; G. Des Marez, *L'Organisation du travail à Bruxelles au XVe siècle*, pp. 252 sqq. ; H. Van Werveke, in *Annales de la Société d'émulation de Bruges*, 1931, t. LXXIII, pp. 1-15 ; H. Laurent, in *Annales d'histoire économique et sociale*, 1933, t. V, p. 159). – De l'autre, efforts – souvent réussis – de la part des

De l'instabilité économique, le texte du 12 mai 1400, qui invoque explicitement les variations du cours de la monnaie, est un témoin précieux. Ainsi un intérêt accru est conféré à la liste des dépenses que Matthieu de Grandis a dressée sur son manuscrit de droit : car ce texte – et ceux de même nature qu'on pourra trouver – nous fournit un moyen d'évaluer les variations de la monnaie, l'évolution des prix, les tendances économiques. À Padoue ? Oui, mais, à travers Padoue, à Venise. Reflet de l'instabilité monétaire que Venise connaît avec la plus grande partie du reste de l'Italie dans la première moitié du Quattrocento[46], la décision du 12 mai 1400 montre aussi que dès cette date Padoue, dont la monnaie était au Trecento alignée sur celle de Vérone[47] est entrée dans l'orbite monétaire de Venise. L'annexion de 1405 met seulement un point final à une évolution déjà marquée dans l'économie.

Avec cette constatation apparaît un dernier caractère de l'histoire de l'Université de Padoue. Tandis que, ainsi qu'on l'a vu, elle tend à se replier sur une base locale, elle devient l'Université de Venise. La régionalisation des universités, dans la mesure où elle touche Padoue, est ainsi pour elle une cause essentielle d'affermissement, sinon de développement et de renouveau. Venise va, en effet, interdire à ses sujets d'étudier ailleurs qu'à Padoue et va même, pour l'exercice de certaines fonctions publiques à Venise même, rendre obligatoire un stage universitaire à Padoue. Mieux encore, foyer de tolérance religieuse, elle va, à l'époque de la Réforme et de la Contre-Réforme, faire de Padoue une université largement ouverte aux étudiants de toute obédience religieuse, le grand centre de la coexistence idéologique en Europe aux XVIe et XVIIe siècles[48].

On trouvera en appendice II le relevé des dépenses effectuées en 1454 pour l'entretien et le renouvellement du mobilier du collège des juristes de

---

bénéficiaires de rentes, cens, loyers, pour en adapter la valeur au coût de la vie, soit par des évaluations en nature, soit par la traduction en monnaie réelle des paiements évalués en monnaie de compte (voir H. Van Werveke, qui repère cette tendance en Flandre, surtout à partir de 1389-1390, et H. Laurent, *loc. cit.*). On voit ainsi les universitaires rejoindre les groupes sociaux vivant de revenus d'ordre féodal ou seigneurial – ou capitaliste. Évolution qu'il faudrait suivre, au-delà de l'économique et du social, dans le domaine intellectuel et idéologique. L'humaniste de la Renaissance naît dans un milieu tout différent de celui de l'universitaire médiéval.

46. Voir C. Cipolla, *Studi di storia della moneta*. I : *I movimenti dei cambi in Italia dal secolo XIII al XV*, Publications de l'Université de Pavie, 1948, vol. XXIX. L'auteur croit notamment pouvoir mettre en valeur que 1395 a marqué le début d'une phase de crise monétaire.

47. Voir Perini, *Monete di Verona*, pp. 29-30, qui fait coïncider l'abandon par Padoue du système monétaire véronais avec la conquête vénitienne. Dans certains secteurs au moins, le changement est antérieur.

48. Voir H. Rashdall, *op. cit.*, vol. II, p. 21.

Padoue. Ce texte, trouvé sur une feuille volante insérée dans le manuscrit des statuts, vient aussi illustrer toute une suite de décisions contenues dans ces statuts. Des décrets de 1365 et de 1382 concernent l'acquisition du mobilier à l'usage des séances d'examen, dont l'entretien doit être assuré par des contributions des candidats[49] – ce que le détail des dépenses noté par Matthieu de Grandis confirme. La conservation de ce relevé est due au fait que le prieur François de Alvarotis avait avancé l'argent des dépenses de 1454 et qu'il en fit établir le montant pour en demander le remboursement partiel par le collège. Il prit même la précaution de le mentionner dans une addition inscrite dans le livre des statuts du collège[50].

Ce texte pourra intéresser qui étudie l'histoire des salaires et des prix au XVe siècle[51] et fournit quelques renseignements sur des faits tels que l'importance de l'utilisation des voies d'eau pour le transport des matériaux. Enfin, des spécialistes pourront y trouver de quoi enrichir le vocabulaire technique des métiers[52].

APPENDICE I

coût des examens à l'université de Padoue en 1427
(*Cod. Vat. lat.* 11503, fol. 8, pl. I.)

    Ihesus Christus.
    Expense que fiunt in privato examine in studio paduano
        in primis

pro XII doctoribus collegii	duc. XII.
Item pro rectore studii	duc. II.
Item pro vicario domini episcopi	duc. I.
Item pro priore collegii	duc. I.
Item pro cancellario domini episcopi	duc. III.
Item pro tribus promotoribus	duc. III.

---

49. Ils ont été publiés par A. Gloria, *op. cit.*, pp. 397 et 399.
50. *Statuti*, fol. 32.
51. Voir les précieuses indications rassemblées par F. Fossati, «Lavori e lavoratori a Milano nel 1438», in *Archivio storico lombardo*, s. VI, a. LV, fasc. III-IV, 1928, pp. 225-258, 496-525.
52. Nous n'avons pu trouver le terme désignant une espèce de clou dont l'ignorance nous a empêché de lire un mot de notre manuscrit: adn, aden° (?).

Item pro utraque universitate	libr. VII.
Item pro collegio doctorum	libr. I.
Item pro bidello generali	libr. I.
Item pro notario collegii	libr. I.
Item pro notario universitatis	libr. I.
Item pro bidellis specialibus	libr. III.
Item pro campana et disco	libr. I.
Item pro bancalibus	solid. XII.
Item pro quinque libris confeccionum	libr. III et solid. X.
Item pro octo fialis et triginta ciatis	solid. XIIII.
Item pro quinque fialis malvaxie	libr. II et solid. XII.
Item pro quatuor fialis vini montani	solid. XVI.
Item pro pifaris et tubis	duc. I.

Expense que fiunt in conventu publico seu in doctoratu
   in primis
      pro quolibet promotore brachia XIIII de panno, vel duc. XII.
Item pro bidello generali brachia VIII de panno et duc. I.
Item pro quolibet bidello speciali promotorum suorum brachia VIII panni.

Item pro XII doctoribus collegii	duc. VI.
Item pro priore collegii	duc. 1/2
Item pro collegio doctorum	libr. I.
Item pro notario collegii	libr. I.
Item pro bancalibus	libr. I.
Item pro quinque paribus cirotecarum cum serico	libr. XII et 1/2.
Item pro quinque duodenis cirotecarum caprieti	libr. XXV.
Item pro septem duodenis cirotecarum mutonis	libr. XVII.
Item pro sex anulis auri	libr. XII.
Item pro septem biretis	libr. V et solid. V.
Item [pro] bancis cathedra et campana	libr. II et solid. XVI.
Item [pro] privilegio	duc. I.
[Item pro] una carta, cera et serico	solid. XIII.
[Item pro tu]bis et pifaris	duc. I et 1/2.

He sunt expense taxate per statutum studii paduani tam in examine quam in conventu ibidem faciendis.

APPENDICE II

dépenses faites pour l'ameublement du collège des juristes de Padoue en 1454 (pl. II)
(Archives de l'Université de Padoue, *Statuti del collegio dei legisti*, 1382.)

In Christi nomine.
Racio expense facte per me Franciscum de Alvarotis priorem almi collegii doctorum utriusque iuris padue pro banchis VI altis de novo factis pro sessione doctorum et pro reparacione VI banchorum antiquorum et cathedre magistralis de anno 1454 de mense Julii.

Primo die mercurei x Julii pro lignis octo de teullis emptis in aqua in racione l. 2 s. 16 pro quolibet ligno capit .... l. 32 s. 8

Item pro lignis octo de remis emptis in aqua in racione s. 4 pro ligno capit .... l. 9 s. 12

Item pro trabibus sex magnis emptis in aqua in racione l. 1 pro quolibet trabe .... l. 6 s. 0

Item pro conductura a porta Sancti Johannis per aquam et pro extrahendo de aqua .... l. 3

Item pro uno carizio a sancta croce s. 16, et pro fachinis qui exoneraverunt bancas de mea careta super qua feci conduci bancas ad ecclesiam l. 1, et pro conductura carete pro aliquibus vicibus l. 1, capit .... l. 2 s. 16

Item die mercurei ultimo Julii pro 36 cidellis cum suis cavillis et pro factura earum in racione s. 2 pro qualibet cidella cum sua cavilla capit .... l. 3 s. 12

Item pro ligno de nogaria pro cidelis[53] et pro disgrossando cidellas et pro ligno cavillarum l. 3 s. 12 capit .... l. 7 s. 4

Item pro medio linteamine veteri ad incollandum fixuras cathedre magistralis .... l. 2

Item pro tribus magistris qui laboraverunt diebus 10 pro l. 1 pro quolibet in die et ulterius feci sibi expensas .... l. 30

---

53. *Pro cidelis* sic ; dans l'interligne.

Item pro clavis 1400 adn (?) in raciones s. 9 pro
cento capit l. 5 s. 9 et pro clavis 500 a mezano in
racione s. 18 pro cento l. 4 s. 10 in s .... l.   9 s. 10
Item pro pictura cathedre pro duobus diebus quibus
laboraverunt duo pittores et pro incollatura telle super
fixuris cathedre et pro coloribus duc. 1 capit .... l.   6
                 Summa .... l. 109 s.   5

De qua summa et expensa l. 109 s. 5 secundum statuta et consuetudines observatas mediatas tangit collegio [n]ostro iuristarum et alterius medietatis unus quartus tangit collegio artistarum et medicorum, alius quartus collegio theologorum qua teologi *(sic)* non utuntur, et sic extractis l. 6 pro pictura catedre tangit collegio theologorum l. 25 s. 16 et collegio medicorum pro suo quarto l. 27 s. 5 d. 8, et legistis pro medietate l. 56 s. 4.

Infra scripta est expensa facta per me Franciscum de Alvarotis priorem antedictum almi collegii Padue pro banchis XV pro sessione scolarium sumptibus propriis quas dono predicto collegio.

Primo pro piaguis XVI grossis a torculo emptis ab
apoteca in racione s. 22 pro quolibet capit .... l. 17 s. 12
Item pro tavolis squadratis VII et piaguis V acceptis ab
apoteca M. Felipi pro s. 12 pro qualibet pro gantellis
bancharum .... l.   7 s. 4
Item pro clavis 300 a mezano pro s. 18 pro cento et
pro clavis 500 aden° (?) pro s. 9 cento capit .... l.   4 s. 19
Item pro manufactura trium magistrorum duobus
diebus .... l.   6
Item pro duobus scrinis .... l.   0 s. 10
                 Summa .... l. 36 s.   5

Expensa facta pro bancha, alta tabula tripedibus altis
et scabello sub pedibus pro sessione doctorandorum et promotorum quam similiter dono predicto collegio ego Franciscus de Alvarotis supradictus.

Primo pro piaguis duobus grossis a torculo acceptis
ab apoteca pro s. 24 pro quolibet .... l.   2 s. 8
Item pro galtellis piaguum 1. Item pro tabula pia-
guum 1. .... l.   1
Item pro piaguis tribus pro scabello sub pedibus ..... l.   1 s. 10
Item pro una ascia pro pedibus tripedium .... l.   0 s. 12
Item pro clavis aden° (?) et amezano et duplonis ..... l.   0 s. 10

Item pro ligno tripedium et manufactura predictorum .... l. 2
Summa .... l. 8

Supradicta expensa bancarum et cetera
capit l. 44 quam dono collegio.

MÉTIER ET PROFESSION
D'APRÈS LES MANUELS DE CONFESSEURS
DU MOYEN ÂGE

L'étude de réalités aussi concrètes que les métiers et les professions, même si on accorde une importance particulière aux attitudes mentales qui y sont liées, à travers les manuels de confesseurs, réclame une justification, au moins une explication.

Comment les auteurs de ces manuels, des clercs, extérieurs, sinon étrangers à ce monde de la vie active, peuvent-ils être des témoins valables de ses problèmes ?

Cette question rejoint en fait une interrogation capitale de l'histoire de l'Occident médiéval. Presque toutes les œuvres à travers lesquelles celui-ci s'est exprimé sont, de près ou de loin, des œuvres religieuses. Dans notre monde où, plus ou moins, à tous les niveaux, la distinction est faite entre domaine religieux et domaine laïc, la question se pose de la valeur à accorder à des témoignages qui, à première vue, semblent déformer les réalités que l'on considère.

Il faut donc rapidement situer la portée du document religieux médiéval. D'abord il faut rappeler que presque tout au long du Moyen Âge occidental l'instruction est le privilège des clercs. L'équivalence *clericus = litteratus, laïcus = illiteratus* est déjà significative. Sans doute *litteratus* veut dire: qui connaît (plus ou moins) le latin. Mais longtemps le latin est au Moyen Âge le véhicule essentiel de la culture[1]. Nous ne nions pas ici l'importance d'une

---

Première publication in *Miscellanea Mediaevalia*, vol. III: *Beiträge zum Berufsbewusstsein des mittelalterlichen Menschen*, Berlin, 1964, pp. 44-60.

1. Sur l'instruction des laïcs au Moyen Âge, rappelons seulement l'article classique de H. Pirenne sur l'instruction du marchand, les études de P. Riché sur ce problème à l'époque de saint Bernard in *Mélanges Saint Bernard*, 1953, et entre le IXe et le XIIe siècle, in *Cahiers de Civilisation médiévale*, 1962, et H. Grundmann, «Literatus-illiteratus. Die Wandlung einer Bildungsnorm vom Altertum zum Mittelalter», in *Archiv für Kulturgeschichte*, 40, 1958.

certaine culture laïque naissante et nous ne voulons pas maintenir le privilège quelque peu retardataire du document écrit – a fortiori littéraire – qui recule à juste titre devant les témoignages non écrits – archéologiques, folkloriques, etc. – qui nous révèlent une culture plus large, plus profonde que celle du monde des *litterati*[2]. Mais, pour la plupart des gens au Moyen Âge, même laïcs, l'expression de la pensée ou du sentiment était informée par la religion et ordonnée à des fins religieuses. Plus encore tout l'outillage mental – vocabulaire, cadres de pensée, normes esthétiques et morales – était de nature religieuse, et le «progrès» à cet égard – mais c'est un autre problème – sera bien la laïcisation de ces instruments de la culture.

Il reste à savoir dans quelle mesure, s'agissant de réalités matérielles – et celles-ci entrent pour une large part dans la prise de conscience du métier qui se fait à partir de l'outil, de l'activité laborieuse, de la vie quotidienne – cette emprise religieuse médiévale a pu être un écran ou un intermédiaire valable entre l'*homo faber* et nous, entre la réalité concrète et l'histoire.

Il me semble que la littérature, non seulement cléricale, mais même religieuse, – et les manuels de confesseurs lui appartiennent au premier chef –, peut être une source de premier ordre pour l'historien des mentalités liées aux activités matérielles.

Il est d'abord possible à l'historien de retrouver, derrière les traductions religieuses, le substrat matériel. Sans doute la charrue, le moulin, le pressoir, pour ne prendre que quelques objets de l'équipement technique et économique de base, apparaissent dans la littérature ou l'iconographie médiévales à titre de symboles[3]. Mais, à ce niveau déjà de l'inventaire descriptif, les détails, le contenu matériel des œuvres religieuses sont d'une grande richesse documentaire. On sait que l'hagiographie du Moyen Âge – du haut Moyen Âge surtout – a fourni une mine de renseignements sur la vie matérielle : débuts de l'extraction du charbon en Dauphiné, transport du sel sur la Moselle de Metz à Trèves au VIIe siècle, apparition du rabot ou de la brouette sur un chapiteau ou une miniature, etc.[4]. Le progrès technique au Moyen Âge est perçu comme un miracle, comme une domination

---

2. Sur les réserves que suscite l'hypothèse soutenue par N. Sidorova de la naissance d'une culture laïque aux XIe et XIIe siècles, consulter les volumes V et VI des *Cahiers d'Histoire mondiale*, 1959 et 1960, et l'article de M. de Gandillac, «Sur quelques interprétations récentes d'Abélard», in *Cahiers de Civilisation médiévale*, 1961.

3. D'une vaste littérature, citons les travaux d'Aloïs Thomas sur le pressoir mystique, «Die Darstellung Christi in der Kelter», 1936 et «Christus in der Kelter», in *Reallexicon zur deutschen Kunstgeschichte*, 1953, et l'ouvrage de J. Daniélou sur *Les Symboles chrétiens primitifs*, 1961.

4. Sur l'apport de ces sources hagiographiques ou iconographiques à l'histoire des techniques, voir notamment B. Gille, «Les développements technologiques en Europe de 1100 à 1400», in *Cahiers d'Histoire mondiale*, 1956.

de la nature qui ne peut avoir d'autre origine que la grâce divine[5]. Mais dans ce contexte le détail matériel est déjà fait de mentalité, engage plus que le descriptif ou l'anecdotique.

À ce niveau l'utilisation pour l'histoire des techniques et de la mentalité technicienne des sources religieuses écrites suppose une analyse en profondeur des thèmes religieux et la mise en rapport de ces thèmes avec la conjoncture historique globale. L'évolution du thème de la vie active et de la vie contemplative – Marthe et Marie, Rachel et Lia – s'éclaire par l'essor, à partir du XIe siècle, des activités artisanales et commerciales de l'Occident, les représentations de villes sur les sceaux, les vitraux, les miniatures, les fresques, sont liées au développement du fait urbain, mais avec les changements de l'histoire : l'Urbs, ce n'est plus Rome, modèle de l'obsession urbaine antique, mais Jérusalem – non seulement la Jérusalem terrestre réelle chargée de tous les prestiges de la Jérusalem céleste qu'elle signifie, mais symbole concret de toutes les villes, de la ville...

Par-delà ces rapports malgré tout extérieurs entre l'univers religieux et le monde matériel, il faut se rappeler que toute prise de conscience au Moyen Âge se fait par et à travers la religion – au niveau de la spiritualité. On pourrait presque définir une mentalité médiévale par l'impossibilité à s'exprimer en dehors de références religieuses – et ceci, comme l'a admirablement montré Lucien Febvre, jusqu'au cœur religieux du XVIe siècle. Quand une corporation de métier se fait représenter, et pour ce exhibe les instruments de son activité professionnelle, c'est en en faisant les attributs d'un saint, en les intégrant à une légende hagiographique, et ceci tout naturellement, parce que la prise de conscience des hommes de la corporation s'opère par une médiation religieuse. Il n'y a de prise de conscience d'une situation, individuelle ou collective, y compris une situation professionnelle, qu'à travers une participation, et, au Moyen Âge, cette participation ne peut être qu'une participation à un univers religieux, plus précisément à l'univers que leur propose ou leur impose l'Église. Mais l'univers de l'Église n'est-il pas précisément exclusif du métier?

Notons d'abord que lorsqu'il y a eu, dans l'Occident médiéval, au moins avant le XIVe siècle, révolte contre l'Église et contre son univers mental et spirituel, ces révoltes ont presque toujours pris une allure en quelque sorte hyperreligieuse, c'est-à-dire une forme de religiosité mystique dont un des principaux aspects a été d'exclure toute intégration de la vie matérielle – et

---

5. Il y a toute une histoire des miracles liée à l'évolution technique et économique : miracles de défrichement (saint Benoît et le fer de l'outil tombé dans l'eau, chute d'arbre dont le bienheureux ermite Gaucher d'Aureuil sauve son compagnon de travail), miracles de construction (guérison miraculeuse ou résurrection des accidentés du travail).

partant professionnelle – à l'univers religieux. Presque toutes ces révoltes se sont traduites en hérésies et ces hérésies ont presque toutes été à caractère manichéen, dualiste. Or, la vie matérielle y était rangée dans l'univers du mal. Le travail, tel que l'accomplissaient et par suite le concevaient les hérétiques avait pour résultat de servir l'ordre établi ou soutenu par l'Église et se trouvait donc condamné comme une sorte d'asservissement, voire de complicité avec un état de choses exécré. Que les hérésies médiévales aient eu une base, plus encore une origine sociale, ne me semble pas douteux, encore que la physionomie et la structure sociale des mouvements hérétiques soient complexes. Des groupes sociaux se sont jetés dans l'hérésie parce qu'ils étaient mécontents de leur situation économique et sociale: nobles envieux de la propriété ecclésiastique, marchands irrités de ne pas avoir dans la hiérarchie sociale une place correspondant à leur puissance économique, travailleurs des campagnes – serfs ou salariés – ou des villes – tisserands ou foulons – dressés contre un système auquel l'Église semblait donner son appui. Mais au niveau de la prise de conscience, il y a eu condamnation sans appel des différentes formes du travail. Chez les Cathares par exemple, le travail est toléré pour les croyants qui continuent à mener dans le siècle une existence entachée de mal, mais il est absolument interdit aux parfaits. Il est d'ailleurs vraisemblable que cette impuissance des hérésies médiévales entre le XIe et le XIVe siècle à définir une spiritualité et une éthique du travail a été une des causes déterminantes de leur échec. L'inverse sera une des raisons du succès, à l'époque contemporaine, des divers socialismes, et d'abord du marxisme[6].

En revanche, et ceci légitime une approche de la prise de conscience du métier et de la profession à travers la littérature pénitentielle orthodoxe du Moyen Âge, l'Église médiévale a su créer des structures idéologiques d'accueil pour les besoins spirituels liés à l'activité professionnelle du monde des métiers.

Sans doute il lui a fallu pour cela évoluer. Il n'est pas douteux que dès l'origine le christianisme offrait une spiritualité, voire une théologie du travail[7]. Les bases s'en trouvent dans l'Écriture sainte et d'abord chez saint Paul (II Thess. III, 10: *Si l'on ne veut pas travailler, on ne mangera pas.*) et chez les Pères, et surtout chez les Pères grecs, un saint Basile, un saint Jean Chrysostome au premier rang. Mais entre le IVe et le XIIe siècle cet aspect du

---

6. Sur l'attitude des hérétiques à l'égard du travail, voir notamment le traité de Cosmas le Prêtre sur les Bogomiles édité et traduit par Puech et Vaillant, et les travaux du P. Dondaine et de Mlle Thouzellier sur la polémique Vaudois-Cathares.
7. Rappelons l'essai du P. Chenu, *Pour une théologie du travail*, 1955 et L. Daloz, *Le Travail selon saint Jean Chrysostome*, 1959.

christianisme est demeuré à l'état latent, virtuel, comme une possibilité non épanouie, voire oblitérée. L'état économique et social du haut Moyen Âge avait en effet fini par trouver son expression dans le fameux schéma triparti de la société, résurgence d'une conception commune, comme Georges Dumézil, entre autres, l'a montré[8], à toutes les sociétés indo-européennes. *Oratores, bellatores, laboratores*, ce schéma est celui d'une hiérarchie. Si l'ordre des *oratores* – les clercs – a fini par admettre à ses côtés, à une place éminente, l'ordre des *bellatores* – les seigneurs –, il s'est entendu avec lui pour considérer avec le plus grand mépris l'ordre inférieur des travailleurs – les *laboratores*. Le travail est ainsi déconsidéré, compromis avec l'indignité de la classe à laquelle il est réservé. L'Église explique l'état du serf, bouc émissaire de la société, par la servitude à l'égard du péché et l'ignominie du travail qui définit sa condition par le même péché originel : le texte de la Genèse fournit le commentaire requis. Il ne faut pas à cet égard s'illusionner sur la position de saint Benoît et de la spiritualité bénédictine à l'égard du travail[9]. Sous les deux formes sous lesquelles la Règle bénédictine l'impose aux moines – travail manuel et travail intellectuel, il est, conformément à l'idéologie de l'époque, une pénitence. Dans l'esprit bénédictin du haut Moyen Âge, la spiritualité du travail, simple instrument de pénitence, et la théologie du travail, pure conséquence du péché originel, n'ont en quelque sorte qu'une valeur négative[10]. Guère plus positive n'est la conception concomitante du travail, échappatoire à l'oisiveté, porte fermée aux tentations du Malin.

Si l'Église avait maintenu cette attitude, la prise de conscience du métier par les gens de métier aurait sans doute été très différente de ce qu'elle a été. Et d'ailleurs l'Église, dans une certaine mesure, a opposé non seulement un écran mais même un obstacle à cette prise de conscience. Cette hostilité de l'Église s'est surtout manifestée de deux façons.

Elle s'est adressée d'abord aux corporations. L'hostilité de l'Église aux corporations n'a pas été seulement occasionnelle, dans les cas où les corporations ont mené pour le triomphe des libertés urbaines et d'abord des libertés économiques le combat contre le pouvoir temporel des évêques seigneurs de villes. L'Église, ennemie du monopole, et partisan du *justum*

---

8. Notamment in *Annales E.S.C.*, 1959.
9. L'article nuancé de H. Dedler, « Vom Sinn der Arbeit nach der Regel des Heiligen Benedikt », in *Benedictus, der Vater des Abendlandes*, 1947, me paraît interpréter encore trop la conception de saint Benoît d'après l'histoire de l'ordre bénédictin.
10. Ici n'est évidemment pas en cause le rôle capital joué – dès le début – par les Bénédictins aussi bien dans le domaine du travail manuel que dans celui du travail intellectuel. Dans la pratique, ils ont été, un peu contre l'idée de saint Benoît, exemplaires. Après le XVIIe siècle, comme on sait, on parlera proverbialement d'*un travail de bénédictin*.

pretium, en fait le prix de la libre concurrence sur le marché[11], est plus profondément opposée au but même des corporations qui est d'éliminer la concurrence sur le marché urbain[12]. Enfin l'Église est méfiante envers le fait corporatif lui-même parce qu'elle ne reconnaît comme légitimes que les groupes relevant à ses yeux de la volonté divine et de la nature humaine : la division tripartie considérée par elle comme naturelle et surnaturelle à la fois, les classifications fondées sur des critères proprement religieux ou ecclésiastiques : chrétiens et non-chrétiens, clercs et laïcs. Elle n'admettra d'ailleurs vraiment l'organisation des métiers que dans la mesure où celle-ci se doublera d'une organisation religieuse : les confréries. Il en résultera pour la prise de conscience des gens de métier une situation très particulière, une sorte de dialectique entre l'esprit corporatif et l'esprit confraternel dont il nous faut tenir compte sans pouvoir malheureusement bien le saisir tant que nous connaîtrons mal l'histoire des confréries[13].

La seconde forme sous laquelle s'est manifestée l'hostilité de l'Église à l'égard du monde des métiers, c'est sa méfiance face à un grand nombre d'activités professionnelles : c'est tout l'univers des métiers illicites qui est ici en cause dont l'histoire est si éclairante[14]. Ce drame de conscience pour tant d'hommes du Moyen Âge qui se demandaient souvent avec angoisse – on pense naturellement au marchand – s'ils couraient vraiment à la damnation en exerçant un métier suspect aux yeux de l'Église a en définitive dû jouer un rôle de premier plan dans la formation de la conscience professionnelle. Et l'on sait que la pression du monde des métiers a finalement fait céder l'Église, a fait germer la théologie positive du travail implicite dans la doctrine chrétienne et conquis, après la force matérielle, la dignité spirituelle.

L'univers religieux est donc bien en définitive un terrain privilégié pour la connaissance des représentations mentales du monde technologique et professionnel dans l'Occident médiéval, à condition que l'historien ait présent à l'esprit le triple aspect de la présence de ce monde au sein de l'univers religieux. Il y existe : 1° à l'état de *traduction*, 2° à l'état d'*expression*, 3° à l'état de *pression*.

C'est sous ce dernier aspect que nous voudrions, à l'aide des manuels de confesseurs, examiner le problème suivant : comment l'Église a-t-elle modifié le schéma de la société tripartie du haut Moyen Âge en un schéma plus souple, ouvert au monde diversifié du travail, des métiers et des professions, quelles représentations mentales nouvelles en est-il résulté ?

---

11. Voir J. W. Baldwin, *The Mediaeval Theories of the Just Price*, 1959.
12. Voir G. Mickwitz, *Die Kartellfunktionen der Zünfte und ihre Bedeutung bei der Entstehung des Zunftwesens*, 1936.
13. Comme G. Le Bras l'a admirablement mis en lumière.
14. Voir *supra*, l'article « Métiers licites et métiers illicites dans l'Occident médiéval », pp. 89-103.

Les manuels de confesseurs sont de bons témoins de la prise de conscience de la profession par les professionnels car ils reflètent la pression des milieux professionnels sur l'Église et ils ont été, en retour, un des principaux moyens de formation de la conscience professionnelle des hommes du Moyen Âge, à partir du XIIIe siècle.

Non seulement en effet leur doctrine était proposée à ces hommes lors de la confession, mais leur action était encore plus directe et durable sur ceux qui les acquéraient et les lisaient eux-mêmes, car, contrairement à ce qui se passe aujourd'hui, ils n'étaient pas réservés aux confesseurs mais pouvaient être mis également entre les mains des pénitents. Il est significatif que les premiers manuels de confesseurs traduits en langue vulgaire « *ad usum laicorum* » aient été précisément ceux qui accordaient aux cas de conscience des gens de métiers le plus de place – telle la *Somme* de Jean de Fribourg traduite dès la fin du XIIIe siècle en allemand par le dominicain Berthold Hünlen. Évidemment ils étaient surtout acquis par des marchands qui avaient la fortune et l'instruction nécessaires pour les acheter et pour les lire et qui se posaient au sujet de leurs activités professionnelles les cas de conscience les plus épineux[15]. L'imprimerie, à partir de la fin du XVe siècle, étendra encore, pour un temps, l'influence des plus importants de ces manuels.

C'est sur le témoignage des manuels de confesseurs comme reflet de la pression idéologique des milieux professionnels qu'il convient avant tout d'apporter quelques précisions.

Il faut remonter au XIIe siècle[16] pour saisir la prise de conscience du métier et de la profession qui aboutira aux manuels de confesseurs. C'est alors que se dessine une triple évolution décisive à cet égard : 1° la subjectivation de la vie spirituelle saisissable notamment dans l'évolution de la confession, 2° l'éclosion d'une spiritualité et d'une théologie du travail, 3° la transformation du schéma triparti de la société en des schémas plus complexes adaptés à la différenciation croissante des structures économiques et sociales, sous l'effet de la division croissante du travail.

I. Le monde barbarisé sur lequel agit et dans lequel baigne l'Église du haut Moyen Âge est un monde extraverti, tourné vers des tâches extérieures, vers des proies ou des fins matérielles : la conquête, la nourriture, le pouvoir, le salut dans l'au-delà. C'est un monde, disons primitif, qui se définit par des attitudes, des conduites, des gestes. Les gens ne peuvent y être jugés que sur

---

15. Sur la présence de manuels de confesseurs parmi les livres de marchands, voir notamment Ph. Wolff, *Commerces et marchands de Toulouse (vers 1350- vers 1450)*, 1954.
16. Sur le climat spirituel du XIIe siècle, voir le livre éclairant de M.-D. Chenu, *La Théologie au douzième siècle*, 1957.

des actes, non sur des sentiments. C'est ce qu'on observe dans les lois barbares et dans tous les codes du haut Moyen Âge. Le *Wehrgeld* par exemple considère bien à côté des actes les acteurs mais en fonction de leur situation objective – selon une classification très rudimentaire d'ailleurs : libres et non libres, membres de telle ou telle communauté nationale – non de leurs intentions. C'est aussi ce que fait l'Église qui ne peut guère atteindre les âmes qu'à travers les gestes corporels. Ses codes à elle ce sont les pénitentiels, tarifs de peines spirituelles, qui considèrent plus le péché que le pécheur[17]. Tout au plus distingue-t-elle, elle aussi, deux classes de pécheurs, les clercs et les laïcs, la sanction étant ici plus forte pour le clerc que le laïc. Quant aux fautes, elles tirent leur existence non du pécheur mais d'un vice, extérieur au pécheur, dont celui-ci devient la proie, qui entre en lui comme un être étranger, une matérialisation du Diable. Ces vices – et tout le haut Moyen Âge conçoit la vie spirituelle comme un combat sur le modèle de la Psychomachie de Prudence, ce sont, selon la codification la plus répandue, les péchés capitaux[18]. Si l'on succombe à ces ennemis qui sont l'orgueil, la gourmandise, l'avarice, la luxure, la paresse, l'envie, la vaine gloire, on doit payer et les pénitentiels donnent presque automatiquement le tarif de la peine. Rien d'étonnant, dans ce monde soumis à des forces extérieures, bonnes ou mauvaises, si le jugement peut être confié au hasard qualifié de providence : c'est le jugement de Dieu, l'ordalie[19]. Il n'y a pas place dans ce monde pour des individus, à l'exception d'êtres vraiment extraordinaires : des saints ou des héros, extraordinaires les premiers dans l'ordre des *oratores*, les seconds dans celui des *bellatores*. Le haut Moyen Âge occidental n'a en fait connu que deux genres littéraires : l'hagiographie et la chanson de geste. Les autres individus n'ont d'existence que par participation à l'être du héros ou du saint : le biographe qui le loue, le jongleur qui le chante, le forgeron qui forge son épée, l'orfèvre qui cisèle les signes extérieurs de sa richesse et de son pouvoir. La masse anonyme ne retire une parcelle d'individualité, en cette époque où le nom de famille n'existe pas, que du prénom du saint patron qui confère à celui qui le porte un peu de l'être de ce père spirituel.

Au XIIe siècle le changement est considérable. L'histoire de l'évolution de la confession et de la pénitence a été faite[20]. Le rôle joué dans cette évolution par de grands esprits, un saint Anselme, un Abélard, est connu. Mais

---

17. Voir G. Le Bras, article «Pénitentiels», in *Dictionnaire de Théologie catholique*; C. Vogel, *La Discipline pénitentielle en Gaule*, 1952.
18. Voir M. W. Bloomfield, *The Seven Deadly Sins*, 1952.
19. Voir J. W. Baldwin, «The Intellectual Preparation for the Canon of 1215 against Ordeal», in *Speculum*, XXXVI, 1961.
20. Voir P. Anciaux, *La Théologie du sacrement de pénitence au XIIe siècle*, 1949.

ils n'ont fait qu'exprimer ou perfectionner un mouvement général. Le droit romain de son côté, et singulièrement par son influence sur le droit canon, n'a fait lui aussi qu'apporter un stimulant, des méthodes, des formules. Désormais on considère moins le péché que le pécheur, la faute que l'intention, on recherche moins la pénitence que la contrition. Subjectivation, intériorisation de la vie spirituelle qui est à l'origine de l'introspection et par là de toute la psychologie moderne en Occident. Ce n'est pas un hasard si toutes les grandes doctrines spirituelles du XIIe siècle peuvent être définies comme des socratismes chrétiens, intellectualiste chez un Abélard, mystique chez un Hugues de Saint-Victor, une Hildegarde de Bingen, un saint Bernard – et il y aurait aussi l'humanisme grammatical et scientifique des Chartrains...

C'est au moment où l'Occident jusqu'alors replié sur soi, colonisé même par les civilisations plus avancées de Byzance et de l'Islam, se lance vers des conquêtes à l'extérieur, de la Scandinavie à la Terre Sainte, que s'ouvre en même temps, à l'intérieur de l'homme occidental, un autre front pionnier, celui de la conscience. Et nous voici au bord de la prise de conscience. Il n'est pas possible de rechercher ici tous les tenants et aboutissants de cette évolution capitale. Mais on peut évoquer le rôle essentiel de l'évolution technique et économique qui démarre autour de l'An Mille et s'affirme en quantité et en qualité au XIIe siècle. Reprise du grand commerce, essor des villes, assurés par les progrès agricole et démographique, et par suite spécialisation du travail en métiers, tout ceci produit une mobilité sociale qui débouche sur une transformation mentale et spirituelle. Désormais l'homme échappe à la masse confuse dans laquelle il baignait. Mais le temps n'est pas encore venu de l'individu, création du monde moderne, de la Renaissance. Cette étape capitale qu'on a appelée la Renaissance du XIIe siècle n'est qu'une étape intermédiaire. La conscience que prend de lui chaque homme, il y parvient à travers l'*état* auquel il appartient, à travers le métier qu'il exerce et dont il est membre. Le processus de personnalisation s'opère au sein d'un processus plus vaste de socialisation. Et comme cette conscience ne peut être que religieuse, elle se présente comme une *vocation*.

II. Mais cette prise de conscience n'est possible que par un changement d'attitude à l'égard du travail. Au tournant du XIe au XIIe siècle ce changement se dessine. Autour du débat moines-chanoines se réveille, nourrie de toute une actualité brûlante, la confrontation vie active–vie contemplative. Voici, au niveau théorique, Marthe réhabilitée et, dans la pratique, le travail manuel remis à l'honneur chez les Chartreux et surtout à Cîteaux et à Prémontré. Sans doute les traditions subsistent, et de fortes résistances se manifestent. Mais la fondation d'ordres nouveaux souligne que quelque chose est changé, qu'une mutation s'opère dans l'interprétation de l'esprit bénédictin, sans quoi pourquoi ces règles nouvelles ? Un Rupert de Deutz, agacé par la vogue du travail manuel, un Pierre le Vénérable quelque peu choqué par les attaques de saint Bernard, rappellent bien que selon saint Benoît le travail manuel, recommandé, non commandé, n'était qu'un moyen, non une fin de la vie spirituelle. Mais en face les témoignages se multiplient, favorables ou réticents, que la spiritualité du travail – à travers la pratique – subit une évolution décisive. Autour de Prémontré s'engage un véritable débat sur les moines-paysans, et bientôt, avec les Umiliati, se pose la question des moines-ouvriers[21]. Dans l'entre-temps, le *Liber de diversis ordinibus* témoigne de cette fermentation de la réflexion sur la valeur du travail[22]. À la conception du travail-pénitence se substitue l'idée du travail, moyen positif de salut[23]. Derrière cette poussée d'un nouveau monde monastique, comment ne pas sentir la pression des nouvelles catégories professionnelles – marchands, artisans, travailleurs soucieux de trouver sur le plan religieux la justification de leur activité, de leur vocation, l'affirmation de leur dignité et l'assurance de leur salut, non pas malgré leur profession, mais par leur profession ? La projection de ces aspirations dans l'univers hagiographique est ici encore éclairante. Au début du XIIIe siècle le temps des saints travailleurs est déjà en train de céder la place au temps des travailleurs saints[24].

Il y a plus. Cette spiritualité nouvelle du travail, comme il est normal, tend à s'enraciner dans une théologie du travail. Cette théologie il en faut chercher l'ébauche dans les commentaires de la Genèse qui s'attachent à démontrer que le travail a ses racines positives en Dieu puisque : 1° l'œuvre du Créateur (et il faudrait suivre le développement du thème du *summus artifex* ou *summus opifex*) a été un véritable travail – un travail supérieur, sublimé, une création, mais avec toutes ses conséquences pénibles : un *labor* dont Dieu a dû se reposer le septième jour. Dieu a été le premier travailleu, 2° le travail, un certain travail (à définir dans le sens d'un entretien) avait été donné à l'homme, à Adam, comme vocation avant la chute, puisque Dieu l'avait placé dans le Paradis *pour qu'il le travaillât et le conservât* (Gen. II, 15-16). Avant le travail-pénitence consé-

---

21. Sur Prémontré, voir l'ouvrage du P. Petit, *La Spiritualité des Prémontrés*, 1950.
22. Sur l'importance du témoignage du *Liber de diversis ordinibus*, voir M.-D. Chenu, *La Théologie au douzième siècle*, pp. 227 sqq. On notera que le IVe livre que nous ne possédons pas devait être tout entier consacré aux problèmes du travail manuel.
23. Voir G. Lefranc, *Du travail maudit au travail souverain ?*, Rencontres internationales de Genève, 1959.
24. Significative, entre autres, dans les premières années du XIIe siècle, la canonisation de saint Homebon, marchand de Crémone, lié avec les Umiliati.

quence du péché et de la chute, il y a eu un travail heureux, béni de Dieu et le travail terrestre a gardé quelque chose du travail paradisiaque d'avant la chute.

III. Rien d'étonnant si, dans cette conjoncture, le schéma triparti de la société cesse d'être adapté aux réalités sociales et mentales. Le plus intéressant, c'est que, alors que, dans les sociétés primitives, chez les Indo-Européens, l'apparition d'une classe économique capable de s'imposer n'entraîne qu'un remaniement limité du schéma triparti, soit par l'adjonction d'une quatrième classe, soit par l'absorption de la nouvelle catégorie par une des trois classes préexistantes, dans la société médiévale occidentale le vieux schéma éclate complètement. Certes le schéma triparti subsistera (non sans quelque transformation, il a par exemple une longue survie dans la France des Trois États d'avant 1789) mais il recule tandis que s'affirment des schémas à catégories multiples, résultat de la prise de conscience et de la consécration de la diversification, de la division du travail.

Certes il y a – et c'est même capital pour que les nouvelles catégories socio-professionnelles reçoivent un droit à la vocation – permanence et même renforcement de la conception unitaire de la société chrétienne. Mais le *corpus* chrétien se structure et cette structuration se fait à partir de la fonction, du métier, de la profession. Le *corpus* n'est plus composé d'*ordres* comme dans la société sacrale du haut Moyen Âge, mais d'*états* entre lesquels il peut y avoir, et il y a effectivement, une hiérarchie, mais une hiérarchie horizontale, non verticale. La littérature et l'art développent, consacrent le thème des *états du monde* et le Moyen Âge à son déclin lui donne une suprême et terrible expression dans les danses macabres. Par un certain côté, les manuels de confesseurs, quelques-uns du moins, se rattachent, à l'imitation des sermons *ad status*, à ce nouveau genre littéraire.

Cette tendance, à travers toutes les influences et tous les vocabulaires, se retrouve dans presque toutes les pensées, dans presque toutes les doctrines du XIIe siècle.

Jean de Salisbury l'intègre à la vieille conception organiciste de l'humanité semblable à un organisme humain dont chaque partie est une profession, un corps de métier – paysans, artisans et ouvriers constituant les pieds de la *respublica*[25].

Geroch de Reichersberg, à travers un vocabulaire peut-être stoïcien, évoque *cette grande fabrique de l'univers, cette sorte d'atelier universel*. Pour un homme du XIIe siècle, tout théologien qu'il soit, quel monde de réalités matérielles concrètes se profile derrière ces mots : *fabrica, officina...* D'ailleurs Geroch, dans son *Liber de aedificio Dei* au titre déjà évocateur,

---

25. *Polycraticus*, VI, c. 20.

affirme la valeur chrétienne de toute condition humaine et la validité de toute profession comme moyen de salut[26].

Honorius Augustodunensis, après avoir affirmé que l'exil de l'homme c'est l'ignorance et que sa patrie c'est la sagesse à quoi l'on parvient par les arts libéraux, comme par autant de villes (notons au passage cette référence urbaine) en énumère dix : les sept arts traditionnels, à quoi il ajoute la physique, la mécanique et l'économique. Univers du faire autant que du savoir[27]...

Dans ce processus de conceptualisation d'un monde nouveau une notion joue évidemment un rôle capital, celle de *bien commun*. Elle devient la pierre de touche de l'utilité, de la légitimité de toute profession.

Il faut noter qu'avec le schéma triparti éclatent en même temps le cadre traditionnel des sept arts libéraux et la cloison entre arts mécaniques et arts libéraux. Alors qu'Othon de Freising s'étonnait de voir estimés en Italie *même les artisans des arts mécaniques,* Hugues de Saint-Victor dans le *Didascalion* plaçait les arts mécaniques à côté des arts libéraux dans une nouvelle classification des sciences que l'on retrouve au XIIIe siècle chez un Robert Grosseteste, un saint Thomas d'Aquin[28].

Ainsi au début du XIIIe siècle a retenti au niveau des guides spirituels l'évolution de l'opinion publique qui remplace, dans sa considération, le héros vertueux par le technicien habile. La Bible Guiot déclare que désormais les chevaliers doivent céder le pas aux arbalétriers, mineurs, tailleurs de pierre, ingénieurs. Évolution de la technique militaire qui compromet la suprématie professionnelle du chevalier féodal. Évolution d'ensemble... Guiot de Provins exagère, anticipe d'ailleurs mais révèle une tendance de l'opinion.

Les conditions idéologiques sont donc réunies, les structures mentales d'accueil existent au seuil du XIIIe siècle pour que la vocation des diverses professions reçoive sa consécration. Dans cette consécration le rôle de la pratique pénitentielle transformée et guidée par les manuels de confesseurs a été de premier ordre.

C'est qu'en effet deux faits capitaux se produisent alors qui vont permettre à cette triple évolution : évolution de la confession, de la conception du travail et du schéma de la structure sociale, de produire son plein effet.

Le premier c'est le canon 21 du IVe concile du Latran de 1215 qui rend obligatoire pour tous les chrétiens, c'est-à-dire pratiquement pour tous les

---

26. Voir M.-D. Chenu, *op. cit.*, p. 239.
27. *De animae exsilio et patria*, *PL*, t. CLXII, col. 1241. Honorius, écho sonore du siècle, dans son traditionalisme comme dans ses novations, exprime des vues anciennes sur les catégories professionnelles dans l'*Elucidarium*.
28. Sur la «dissolution du régime des sept arts», voir G. Paré, A. Brunet, P. Tremblay, *La Renaissance du XIIe siècle. Les Écoles et l'Enseignement*, 1933, pp. 97 *sqq*.

Occidentaux, – la confession annuelle. Désormais tous les confesseurs sont régulièrement assiégés de questions dont beaucoup les embarrassent : 1. parce que beaucoup n'ont qu'une instruction insuffisante et sont ignorants de tous les développements récents du droit canon, notamment depuis le *Décret* de Gratien, 2. parce que la plupart, formés dans un milieu et un état d'esprit traditionnels, sont incapables de résoudre (et parfois même de comprendre) les problèmes que leur soumettent leurs pénitents et en particulier ceux que posent les *cas de conscience* (terme nouveau et révélateur : les manuels de confesseurs l'appelleront souvent *De casibus conscientiae*) surgis de l'activité professionnelle : telle opération est-elle licite, les nécessités du travail doivent-elles passer avant ou après les prescriptions de l'Église en matière de jeûne ou de repos dominical, etc. ? Les confesseurs ont besoin de guides, de manuels. Et à ces manuels il faut des auteurs capables.
Or, et c'est le deuxième fait, ces auteurs apparaissent : ce sont les membres, certains membres, des Ordres mendiants nouveaux. Leur compétence vient d'abord de ce qu'ils sont instruits car, en dehors de leurs propres *studia*, ils fréquentent très rapidement les universités et surtout parce que, à la différence des ordres du XIIe siècle et d'une grande partie des Bénédictins, ils ne vivent pas dans la solitude, ou en milieu rural, mais dans les villes, au cœur de ce milieu urbain, monde du travail diversifié, des activités professionnelles et des curiosités spirituelles nouvelles, le monde des gens qui posent problème, qui se posent des questions et qui en posent à leurs confesseurs.
Aussi les manuels de confesseurs reflètent bien, et à un double titre, la prise de conscience de la profession par les professionnels eux-mêmes et leur pression sur l'Église pour qu'elle la prenne à son tour en considération. En premier lieu parce qu'ils renferment les questions réelles, concrètes, que posaient ces hommes de métiers. Quand on lit : *Est-il licite ou non de vendre à terme* (à temps), ou *Est-il licite ou non de labourer dans les champs ou vendre aux foires le dimanche ?*, c'est assurément, traduite en latin, la question posée par un pénitent à son confesseur, et non un thème abstrait de discussion d'école. Ensuite les auteurs de manuels sont des spécialistes de la conscience professionnelle, les bons connaisseurs du monde qu'ils guident. Pierre Dubois écrit, à la fin du XIIIe siècle : *Les Frères Mineurs et les Frères Prêcheurs, qui connaissent mieux que d'autres le véritable état de la société..., les Frères Mineurs et les Frères Prêcheurs qui connaissent la conduite de chacun...*
De ces manuels[29], et d'abord des principaux, des plus utilisés et des plus influents d'entre eux, de la *Somme* de Raymond de Peñafort (entre 1222 et

---

29. Sur la naissance des manuels de confesseurs, voir les travaux de P. Michaud-Quantin.

1230) à la *Summa Pisanella* achevée par Barthélemy a Sancto Concordio le 7 décembre 1338, en passant par les *Sommes* franciscaines *Monaldina* et *Astesana* et celle du Dominicain Jean de Fribourg, trois thèmes surgissent pour notre propos :
1. tout chrétien se définit essentiellement par rapport à sa profession : vocation et salut.
2. tout travail mérite salaire : vocation et argent.
3. toute profession est justifiée qui se fonde sur le travail : vocation et travail.
I. Jusqu'alors le pécheur se classe en fonction des péchés capitaux. Cette classification traditionnelle se retrouve dans les manuels de confesseurs. Mais une autre tend à la supplanter qui considère non plus les catégories de péchés, mais les catégories de pécheurs, et celles-ci sont des catégories professionnelles : péchés des clercs, des universitaires, des juges, des paysans, des ouvriers mécaniques, etc. Voici donc dans le domaine de la confession, comme dans celui de la prédication – et le XIIIe siècle est, avec encore les Mendiants et singulièrement les Prêcheurs, un grand siècle de prédication – un genre nouveau : la religion enseignée *ad status*. Un Alain de Lille dans la *Summa de arte praedicatoria*, un Hubert de Romans au second livre du *De eruditione praedicatorum*, un Jacques de Vitry, entre autres, ont laissé des modèles de *sermones ad status*. Ainsi les nouveaux textes pénitentiels insistent sur les questions à poser *secundum officia*[30].
Le canon 21 du IVe concile du Latran spécifie : « *Que le prêtre soit capable de discernement et de prudence, pour qu'à la manière d'un médecin compétent il verse le vin et l'huile sur les blessures du blessé, s'informant soigneusement des circonstances concernant aussi bien le pécheur que le péché...* »
Plus explicite encore la *Summa Astesana* de 1317 (lib. V, cap. XVII : « Des questions à poser dans la confession ») : « *il faut aussi interroger sur les péchés habituels aux hommes de la condition du pénitent. Il ne faut pas en effet questionner un chevalier sur les péchés des religieux ou l'inverse... Pour mieux savoir qui tu dois interroger sur quoi note qu'il faut interroger les princes sur la justice, les chevaliers sur la rapine, les marchands, les fonctionnaires et les artisans et ouvriers sur le parjure, la fraude, le mensonge, le vol, etc... les bourgeois et de façon générale les citadins sur l'usure et le mort-gage, les paysans sur l'envie et le vol surtout en ce qui concerne les dîmes, etc.* »
Ce principe de la confession des péchés par catégories professionnelles a inspiré notamment le plan d'un manuel très répandu depuis la fin du XIIIe siècle, l'aide-mémoire *pour les confesseurs moins instruits et moins com-*

---

30. Sur la diffusion de toute une littérature *de officiis*, voir G. B. Fowler, *Engelbert of Admont's Tractatus de Officiis et Abusionibus eorum*, in *Essays in Medieval Life and Thought Presented in Honor of A. P. Evans*, 1955.

pétents que Jean de Fribourg a tiré de sa *Summa Confessorum*, et à laquelle on donne le titre de *Confessionale* et qui juxtapose à une première partie sur les péchés qu'on peut rencontrer chez tout pécheur une seconde partie sur les péchés des différentes catégories socioprofessionnelles : I. Pour les évêques et autres prélats. II. Pour les clercs et titulaires de bénéfices. III. Pour les curés et leurs vicaires et les confesseurs. IV. Pour les religieux et les moines. V. Pour les juges. VI. Pour les avoués et procureurs. VII. Pour les médecins. VIII. Pour les docteurs et les maîtres universitaires. IX. Pour les princes et autres nobles. X. Pour les laïcs mariés. XI. Pour les marchands et les bourgeois. XII. Pour les artisans et ouvriers. XIII. Pour les paysans et agriculteurs. XIV. Pour les travailleurs manuels[31].

Ce catalogue, ici réduit à sa table des matières, mais qu'on pourrait dans le détail développer et commenter, montre que toute catégorie professionnelle est prise en considération. La raison en est que désormais le nombre des métiers illicites, interdits, s'est amenuisé au point de ne laisser en dehors de la société qu'une marge infime de groupes ou d'individus asociaux[32]. La distinction entre métiers illicites *de sui natura* et par conséquent absolument condamnés et métiers occasionnellement déconsidérés *ex causa, ex tempore* ou *ex personna* réduit dorénavant à peu l'univers des exclus, des damnés. Un paria de l'époque antérieure, le marchand, n'est plus par exemple mis au ban de la société que lorsqu'il se livre à des activités dont le nombre ne cesse de diminuer[33]. Pour lui, comme pour les autres, la casuistique est élément de justification, de libération.

Ainsi des domaines naguère tabous sont maintenant admis.

II. Et d'abord l'univers de l'argent.

Avant le XIIIe siècle, en Occident barbare, toutes les activités rémunérées étaient frappées de l'opprobre qui s'attachait aux catégories dites mercenaires. Tout ce qui se payait, s'achetait était indigne. L'honneur ou le devoir se définissaient par des services, de haut en bas et réciproquement. L'argent, économiquement marginal, l'était aussi moralement. La société chrétienne du haut Moyen Âge était renforcée dans cette croyance en voyant le secteur monétaire « infesté » par les juifs. Commercialisation et salariat sans cesse en progrès bouleversent les valeurs.

Deux catégories, deux métiers, mènent ici le jeu.

---

31. Nous citons d'après le Ms Padova, Bibl. Antoniana, scaff. XVII cod. 367. Ce texte a été utilisé d'après deux manuscrits de la B.N. Paris par B. Comte pour un D. E. S. inédit soutenu à la Faculté des Lettres de Paris en 1953.
32. Sur le traitement de ces exclus, voir M. Foucault, *L'Histoire de la folie à l'âge classique*, 1961.
33. Voir J. Le Goff, *Marchands et Banquiers du Moyen Âge*, 2e éd., 1962.

Et d'abord les enseignants. La science, la culture, avant le XIIe siècle, sont le privilège de clercs qui l'acquièrent et la dispensent, parcimonieusement, sans bourse délier. Écoles monastiques ou épiscopales forment des disciples pour l'*opus Dei* qui ne se monnaye pas.

Avec les écoles urbaines du XIIe siècle, entraînées dans l'essor des villes, animées par des maîtres qui doivent, comme leurs élèves, trouver de quoi vivre du sien[34], les conditions matérielles, sociales et spirituelles du savoir sont fondamentalement transformées. C'est tout le sens du débat, qui, depuis le milieu du XIIe siècle, s'instaure autour d'une formule: *la science est un don de Dieu et ne peut donc être vendue.* Peu importe ici de savoir quelles possibilités de rémunération s'offrent aux nouveaux maîtres, quelles solutions l'emporteront: salaire public, rémunération des clients, c'est-à-dire des étudiants, bénéfices ecclésiastiques. L'essentiel c'est qu'à la question: *Les maîtres peuvent-ils licitement recevoir de l'argent des étudiants?*, les manuels de confesseurs, écho de la pratique et de l'opinion, répondent par l'affirmative[35].

Parallèlement la question se pose pour les marchands, dans le domaine du crédit où l'expansion de l'économie monétaire rejette au second plan les juifs confinés à des opérations de prêt à portée restreinte. Il y a désormais un problème de l'*usure* chrétienne. L'intérêt, sans quoi l'économie monétaire précapitaliste ne pourrait se développer, suppose, en termes scolastiques, une opération jusqu'alors maudite: la vente du temps. Exactement symétrique du problème de la commercialisation du temps à quoi s'oppose une même tradition, une même formule: *Le temps est un don de Dieu, et ne peut donc être vendu.* Et dans ce cas encore, assortie sans doute de précautions, d'une casuistique restrictive, une réponse favorable est donnée, qu'on retrouve dans les manuels de confesseurs[36].

III. Dans l'un et l'autre cas, une même justification est avancée qui transforme d'une manière significative le texte évangélique. Là en effet où Matthieu disait: *l'ouvrier est digne de sa nourriture* (Matt., X, 10) les exégètes disent désormais: *l'ouvrier est digne de son salaire*, témoignage du passage de l'économie-nature à l'économie-argent. L'important, c'est que la condition requise pour mériter un salaire c'est l'accomplissement d'un travail. Travail ambigu encore, où se reconnaît la confusion proprement médiévale entre la peine, la fatigue et l'exercice d'une tâche économique au sens moderne. Le travail est labeur.

---

34. Voir J. Le Goff, *Les Intellectuels au Moyen Âge*, 1957.
35. Voir G. Post, K. Giocarinis, R. Kay, « The Medieval Heritage of a Humanistic Ideal: Scientia donum Dei est, unde vendi non potest », in *Traditio*, 1955.
36. Voir l'article « Au Moyen Âge: Temps de l'Église et temps du marchand », s*upra*, pp. 49-66.

La condition nécessaire et suffisante pour qu'un métier devienne licite, pour qu'un salaire soit à bon droit perçu, c'est la prestation d'un travail. Ici encore l'intellectuel et le marchand sont pareillement justifiés dans leur nouveau statut socioprofessionnel. Pour que le *magister*, pour que le marchand puissent légitimement, sans crainte de damnation, percevoir un salaire, ou un intérêt, il suffit que leur rémunération ou leur bénéfice – le bas Moyen Âge n'établit pas entre les deux de nette distinction – récompense leur labeur, il faut et il suffit qu'ils aient travaillé. Les manuels de confesseurs reçoivent leur confirmation des statuts de métiers : tout salaire ou bénéfice est légitime quand il est perçu *pro labore*[37]. Le travail est devenu la valeur de référence.

Il resterait à compléter cette esquisse par l'histoire des avatars depuis le XIVe siècle de la valeur travail dans la société occidentale. Malgré l'acquis médiéval, le travail est resté une valeur fragile, menacée, sans cesse remise en cause par l'évolution économique et sociale. Avant comme après la révolution industrielle, les classes sociales parvenues à force de travail se sont empressées de renier leur origine laborieuse. Le travail n'a pas vraiment cessé d'être comme une *macule servile*. Dès le XIIIe siècle un nouveau clivage des classes sociales s'opère. Si l'oisiveté n'a plus d'avenir comme valeur sociale et éthique, le travail est remis en cause au niveau fondamental, celui du travail manuel. « Je ne suis ouvrier des bras », proclamait le pauvre Rutebeuf. Et le *Confessionale* de Jean de Fribourg mettait à la dernière place les simples travailleurs, les *laboratores*. À peine victorieux des valeurs *féodales* les travailleurs se divisaient. L'histoire n'était pas finie.

---

37. Ainsi parmi de nombreux textes, à la question «utrum negotiando liceat aliquid carius vendere quam emptum sit», la *Summa Pisanella* (citée d'après Ms B.N. Paris Res. D 1193, f. L) répond d'après saint Thomas, II^a II^{ae}, q. LXXVII : «lucrum expetat non quasi finem sed quasi stipendium sui laboris et sic potest quis carius vendere quam emit».

QUELLE CONSCIENCE L'UNIVERSITÉ MÉDIÉVALE A-T-ELLE EUE D'ELLE-MÊME ?

On voudra bien excuser le caractère fragmentaire et rapide à la fois des remarques qui vont suivre – modeste contribution à la position et à la discussion du problème de la prise de conscience de leur spécificité par les universitaires médiévaux.

Notations fragmentaires : on s'est borné à une suite de sondages, à travers un nombre limité d'œuvres et de personnages, en un seul centre universitaire : Paris. L'Abélard de l'*Historia Calamitatum* et le Philippe de Harvengt du *De Institutione Clericorum* (éclairé par des extraits de sa correspondance) pour le XIIe siècle, quelques documents relatifs aux grands conflits doctrinaux et corporatifs du XIIIe siècle (avec une attention spéciale accordée au milieu sigérien et aux propositions condamnées de 1277), quelques textes gersoniens enfin pour le début du XVe siècle, voilà les bases de notre enquête, à trois époques donc nettement caractérisées du milieu universitaire : la genèse, la crise de la maturité, l'engourdissement du déclin du Moyen Âge.

Et, à l'intérieur encore de ces choix, d'évidentes limitations : non seulement l'adultération apportée à la pureté du témoignage par la personnalité souvent forte, obnubilante même, des protagonistes, par les déformations dues aux circonstances étroitement conjoncturelles des polémiques, mais encore le rétrécissement causé par le recours à de simples morceaux choisis dans une pensée et une vie les débordant largement : ni Abélard, ni Siger de Brabant, ni Gerson ne se limitent à la faible portion de leur œuvre à laquelle on s'est adressé.

Notations rapides, non seulement parce qu'à travers ces coupes chronologiques la vie profonde et continue de l'Université risque d'échapper, parce

---

Première publication in *Miscellanea Mediaevalia*, vol. III : *Beiträge zum Berufsbewusstsein des mittelalterlichen Menschen*, Berlin, 1964, pp. 15-29.

que nous ne pouvons ici aborder au fond l'ensemble des problèmes économiques, sociaux, politiques, institutionnels, intellectuels, spirituels, dans lesquels sont pris les moments, ici isolés[1] – où nous auraient entraînés, par exemple, les grands débats du XIIIᵉ siècle? –, mais rapides aussi et surtout parce qu'on s'est résigné à ne diriger quelque lumière que sur certains aspects du grand problème théorique abordé ici – dont la problématique est encore très incertaine.

Prise de conscience: problème central et combien difficile de l'histoire! Il faudrait mener l'investigation par de multiples voies convergentes, définir des domaines privilégiés d'observation – d'expérimentation même –, les outils, les méthodes et finalement reconnaître – peut-être? – un critère fondamental pour saisir ce phénomène essentiel: l'instant décisif où les infrastructures sont perçues, où le groupe se reconnaît, s'affirme, naît une seconde fois, décisivement, par la conscience de son originalité.

Thème heureux donc – jusque dans ses difficultés – d'autant plus qu'il se rattache, en le faisant s'approfondir et s'épanouir, au thème de la Mediävistentagung de 1960: la vocation.

Le niveau auquel on se place ici – une galerie d'approche parmi d'autres – est essentiellement celui de la formulation intellectuelle du rôle de l'universitaire par rapport à d'autres groupes, d'autres classes de la société. C'est dans cette recherche de la différence, et parfois de l'opposition, que nous essaierons de repérer quelques étapes de la prise de conscience par les universitaires de leur état et de son évolution au sein de la société de l'Occident médiéval.

Aux temps d'Abélard et de Philippe de Harvengt il n'y a pas sans doute encore d'universitaires. Mais, dans ces écoles urbaines, dont Abélard est le premier représentant éclatant et dont Philippe de Harvengt est un des premiers à reconnaître l'existence, la nouveauté et l'utilité, sont en train de naître un nouveau métier et de nouveaux artisans: le métier scolaire et sa hiérarchie de *scolares* et *magistri* d'où vont sortir universités et universitaires[2].

---

1. Pour une vue d'ensemble de ces problèmes, on peut consulter J. Le Goff, *Les Intellectuels au Moyen Âge*, 1957; H. Grundmann, «Vom Ursprung der Universität im Mittelalter», in *Berichte über die Verhandlungen der Sächsischen Akademie der Wissenschaften zu Leipzig*, t. CIII, cahier 2, 1957, et le rapport de S. Stelling-Michaud au *XIᵉ Congrès international des Sciences historiques*, Stockholm, 1960.
2. Sur cette métamorphose et cette naissance, les meilleurs guides nous paraissent G. Paré, A. Brunet et P. Tremblay, *La Renaissance du XIIᵉ siècle. Les Écoles et l'Enseignement*, 1953, et Ph. Delhaye, «L'organisation scolaire au XIIᵉ siècle», in *Traditio*, 5, 1947.

Dans l'*Historia Calamitatum*, Abélard[3] se définit d'abord – sur le plan du tempérament individuel, mais d'un tempérament qui est aussi, d'entrée de jeu, professionnel – par rapport au monde de la petite noblesse dont il est issu. Notation précieuse, il indique que dans son milieu la règle semblait l'alliance entre une certaine culture intellectuelle et la pratique militaire : *litterae et arma*[4]. Pour lui le choix est nécessaire et dramatique. Nouvel Esaü, en sacrifiant la « pompa militaris gloriae » au « studium litterarum », il doit renoncer du même coup à son droit d'aînesse. Ainsi le choix de ce qui va devenir un métier le fait radicalement sortir de son groupe social, il est renoncement à un genre de vie, à une mentalité, à un idéal, à une structure familiale et sociale. À la place un engagement total : *« Tu eris magister in aeternum. »*

Il est pourtant intéressant de noter qu'Abélard – et il n'y a sûrement pas là seulement un artifice de rhétorique – s'exprime au sujet de sa carrière à l'aide d'un vocabulaire militaire. Pour lui la dialectique est un arsenal, les arguments des armes, les *disputationes* des combats. La Minerve pour laquelle il abandonne Mars est une déesse armée et belliqueuse[5]. Il attaque, comme un jeune chevalier, ses vieux maîtres[6], son apprentissage scolaire est celui d'un conscrit – « tirocinium »[7]. Les luttes intellectuelles sont pour lui des tournois[8]. Ainsi le fils du petit noble du Pallet reste marqué par l'empreinte de son origine – comme son siècle l'est par le style de vie et le vocabulaire de la classe dominante. C'est le siècle de saint Bernard, où les *athletae Domini* forment la *militia Christi*[9].

---

3. Il n'est pas question d'esquisser ici une bibliographie d'Abélard. Rappelons le classique et magistral ouvrage d'É. Gilson, *Héloïse et Abélard*, 2ᵉ éd., 1948. Parmi les travaux particulièrement suggestifs, A. Borst, « Abälard und Bernhard », in *Historische Zeitschrift*, 186/3, déc. 1958, et M. de Gandillac, « Sur quelques interprétations récentes d'Abélard », in *Cahiers de Civilisation médiévale*, 1961, pp. 293-301. On utilise ici l'excellente édition de J. Monfrin, *Bibliothèque des Textes philosophiques*, 1962.
4. « Patrem autem habebam litteris aliquantulum imbutum antequam militari cingulo insigniretur ; und postmodum tanto litteras amore complexus est, ut quoscumque filios haberet, litteris antequam armis instrui disponeret », p. 63, 13-17. Sur la culture des laïcs à cette époque, voir P. Riché, in *Mélanges saint Bernard*, 1953 et *Cahiers de Civilisation médiévale*, 1962, et la riche étude de H. Grundmann, « Literatus-Illiteratus. Die Wandlung einer Bildungsnorm vom Altertum zum Mittelalter », in *Archiv für Kulturgeschichte*, 40, 1958, pp. 1-65.
5. Pp. 63-64, 24-28.
6. P. 64, 37.
7. P. 64, 46.
8. P. 64, 58.
9. Dans un article, « Héloïse et Abélard », in *Revue des Sciences humaines*, 1958, P. Zumthor a cru pouvoir reconnaître dans les rapports d'Abélard et d'Héloïse le type d'un amour « courtois ». Même si l'on peut retrouver un certain style d'expression qui s'en rapproche, il nous semble que le couple Abélard-Héloïse se situe sur un plan, dans une atmosphère tout différents, sinon opposés. Nous ne voulons pas sortir de notre sujet en essayant d'expliquer ici

Se dégageant, pour se définir, du milieu chevaleresque, Abélard, en vertu non seulement des vicissitudes de son existence mais, plus profondément, de l'état clérical à son époque, échoue en partie à se différencier par rapport à un autre milieu : le milieu monastique. Dans les monastères où il doit s'enfermer, ce sont moins l'indignité des mœurs, la rusticité, l'hostilité qui lui rendent cet exil insupportable, que l'impossibilité d'y mener la vie de recherche intellectuelle et d'enseignement qui sont désormais incompatibles avec la vie monastique[10].

Transplanté dans le milieu monastique comme en une terre étrangère, il y dépérit et s'y révèle stérile : *« Je considérais en pleurant l'inutilité et la misère de la vie que j'allais mener, la stérilité aussi bien pour moi que pour autrui dans laquelle j'allais vivre et le fait qu'après avoir été auparavant d'une grande utilité pour les clercs, maintenant, ayant dû les abandonner à cause des moines, je ne serais d'aucune utilité ni pour eux ni pour les moines et je perdrais le fruit des recherches entreprises et de mes efforts*[11] *».*

Hostilité au milieu monastique traditionnel mais aussi au monachisme nouveau – qui d'ailleurs commence à s'essouffler en ce XIIe siècle –, celui des ermites, des prédicateurs itinérants, des chanoines réguliers et de tous les réformateurs de la vie monastique – ceux que dédaigneusement il appelle les *novi apostoli*[12].

Son milieu, c'est le milieu urbain : « ad urbem... rediens[13] », voilà la direction où lui, ses disciples, ses émules sont sans cesse poussés. Lors de l'épisode « érémitique » du Paraclet – *« ils ressemblaient plus à des ermites qu'à des étudiants*[14] *»* – l'enthousiasme des étudiants se change rapidement en nostalgie de la ville. La prise de conscience des futurs universitaires n'est qu'un aspect de la prise de conscience de la nouvelle société urbaine.

Ce nouveau groupe social scolaire, par-delà sa différenciation d'avec le milieu monastique, affirme plus généralement son impuissance et sa répulsion à vivre d'autre chose que de sa profession spéciale, de son propre type de travail : *« C'est alors qu'une intolérable pauvreté me contraignit plus*

---

pourquoi il nous apparaît plutôt comme le premier couple « moderne » d'Occident. Rappelons simplement que Jean de Meung qui le prendra pour parangon dans la seconde partie du *Roman de la Rose* a précisément écrit un roman « anti-courtois » comme l'a bien montré G. Paré, *Les Idées et les lettres au XIIIe siècle. Le Roman de la Rose*, 1947.
10. C'est dans la bouche de ses adversaires, ce qui donne encore plus de valeur à la constatation, qu'il place la remarque « quod scilicet proposito monachi valde sit contrarium secularium librorum studio detineri » (p. 82, 683-685). Plus directe est l'opposition entre « monachi » et « philosophi » (p. 77, 506 *sqq.*) sur laquelle nous reviendrons.
11. P. 99, 1283-1289.
12. P. 97, 1201.
13. À propos de Guillaume de Champeaux, voir p. 67, 133.
14. P. 94, 1092-1093.

que tout à la direction d'une école, puisque j'étais incapable de travailler la terre et que je rougissais de mendier. Retournant donc au seul métier que je connaissais je fus forcé de me détourner du travail manuel pour me servir de ma langue[15]. » Texte capital où le refus du travail manuel et de la mendicité annonce les grands conflits et les grandes options du XIIIe siècle: «Je ne suis ouvrier des mains», dira Rutebeuf.

Au bout de l'activité et de la quête des *nouveaux étudiants et savants* il y a donc *pecunia et laus*[16] : le salaire[17] sous une forme quelconque et la gloire. Ici nous touchons à deux autres éléments de la conscience du groupe: sa base économique et sa morale professionnelle.

Morale qui est d'abord un état d'esprit. Abélard – pris encore dans les conceptions morales de son temps et le cycle traditionnel des péchés[18] – ne dissimule pas que la *dignité* du nouveau groupe[19] devient aisément gloire – *dedecus, gloria*[20] – et finalement orgueil, cette *superbia «qui me naissait surtout de la science des belles lettres*[21]*»*. Péché qui n'est que la déformation de la conscience professionnelle et qui, à travers l'élaboration théorique aristotélicienne, deviendra au XIIIe siècle, dans le milieu sigérien notamment, la *magnanimité* du *philosophe*.

Voici enfin rencontré le mot qui marque le dernier degré auquel est parvenue chez Abélard la prise de conscience de la spécificité du groupe nouveau auquel il appartient. Pour un groupe nouveau, pour un type nouveau, la consécration, c'est l'étiquette.

Ici d'ailleurs se rencontre la limite, en plusieurs sens, de l'universitaire médiéval. Le nom qu'il préfère, en définitive, celui de *philosophe*, mériterait à soi seul une minutieuse analyse qu'on nous pardonnera de ne pas tenter ici. Notons seulement la référence aux Anciens, aux païens – aux *gentils* –, les implications intellectuelles et métaphysiques du mot. Avec le primat de la philosophie, c'est le primat de la raison sur l'autorité qui est du même coup affirmé. Le mot de philosophe cristallise les attitudes abélardiennes – «*indigné je répondis que ce n'était pas mon habitude de procé-*

---

15. P. 94, 1109-1113.
16. P. 81, 645.
17. Rappelons la formule bien connue: «Scientia donum Dei est, ergo vendi non potest» à laquelle est consacré l'article utile mais manquant de background économique et social de G. Post, K. Giocarinis, R. Kay, «The Medieval Heritage of a Humanistic Ideal», in *Traditio*, II, 1955.
18. Nous nous proposons, à l'occasion d'un travail sur les manuels de confession d'étudier la métamorphose de la vie psychologique et spirituelle qui se manifeste notamment par la substitution d'une morale sociale (celle des états) à une morale individuelle (celle des péchés capitaux).
19. P. 78, 533-535.
20. P. 75, 428, 431.
21. P. 71, 266-267.

der par routine mais par l'intelligence[22] » –, l'opposition à l'ancienne dialectique et à l'ancienne théologie[23].

Même en prenant les précautions nécessaires – sans accorder au vocabulaire du XIIᵉ siècle une signification et une portée anachroniques – il faut reconnaître ici la novation, la hardiesse, la longue portée. Nous retrouverons dans le milieu sigérien un nouveau progrès du *philosophe* – et nous en soulignerons alors les harmoniques et les prolongements historiques. *Philosophe*: c'est un nom par lequel non seulement on prend conscience mais aussi on s'engage[24].

Avec Philippe de Harvengt, si nous ne progressons guère dans le temps, nous recueillons le témoignage précieux d'une personnalité à tous égards très différente d'Abélard – ce qui souligne la valeur du complément et de la confirmation qu'il apporte au maître parisien.

Philippe de Harvengt[25] est un modéré et sur bien des points un traditionaliste. D'autant plus significative est son adhésion au nouveau mouvement scolaire que l'abbé de Bonne-Espérance appartient à un de ces ordres qui se sont davantage voués à peupler et à mettre en valeur les solitudes qu'à hanter les villes, les centres préuniversitaires. Signe donc des temps que la reconnaissance par ce Prémontré de la nécessité pour les clercs de suivre le mouvement – signe annonciateur de la fondation au XIIIᵉ siècle des collèges universitaires monastiques, emboîtant le pas des Mendiants.

Certes Philippe condamne aussi bien les étudiants *vagabonds*[26] que les affamés de science pure, de la science pour la science – témoignage par ailleurs intéressant sur l'existence de ce courant *scientiste* –, ou encore ceux qui cherchent seulement à faire commerce de leur savoir[27].

Certes le couronnement de la science est pour lui la science des Écritures – primauté que le curriculum universitaire reconnaîtra d'ailleurs à la théologie[28].

Mais il a pleinement conscience, non seulement, ce qui est bien connu, de la nécessité pour les clercs d'étudier, mais il connaît et accepte les conditions nouvelles de l'acquisition de la science.

---

22. P. 69, 208-210.
23. Pp. 82-83, 690-701, souligné *a contrario* p. 84, 757-759.
24. Sans méconnaître, au contraire, la nécessité de replacer le terme dans le terrain sousjacent, on sera déçu du peu de portée des remarques de E. R. Curtius, *La Littérature européenne et le Moyen Âge latin,*, éd. fr. 1956, chap. XI: «Poésie et Philosophie», pp. 248-260.
25. Sur Philippe de Harvengt, voir Dom U. Berlière, in *Revue bénédictine*, 1892, et A. Erens, in *Dictionnaire de Théologie catholique*, XII/1, col. 1407-1411.
26. *Ep. XVIII ad Richerum*, *PL*, t. CCIII, col. 158.
27. *De Institutione Clericorum*, III, XXXV, *PL*, t. CCIII, col. 710.
28. *Ibid.*, col. 706.

Il faut d'abord se rendre dans une de ces villes scolaires au premier rang desquelles il met Paris. L'éloge de Paris dans la lettre à Héroald est fameux[29]. Mais Paris, foyer d'enseignement et de culture, est par lui ailleurs célébré, par exemple dans la lettre à Engelbert: *«L'honneur ne consiste pas à simplement avoir été à Paris mais à avoir acquis à Paris une science honorable*[30].*»*
Il sait que la vie scolaire est un métier: *negotia scholaria*[31]. Ce métier a ses exigences économiques et techniques. Il faut pour devenir savant dépenser de l'argent, ou plutôt affronter la pauvreté, non la *paupertas voluntaria* qui sera celle des Mendiants, mais la pauvreté inévitable de l'étudiant impécunieux[32]. À cet apprenti il faut des instruments de travail: sans doute l'enseignement reste encore largement oral[33] mais déjà le livre est devenu l'indispensable outil: *«Heureuse cité*, dit-il, *de Paris, où les saints rouleaux manuscrits sont compulsés avec un tel zèle*[34]*»*, et encore: *«J'estime qu'il n'y a rien de plus convenable pour un clerc que d'être suspendu à l'étude des belles-lettres, de tenir en main un livre*[35]*...»*
Surtout il prend conscience – bien que sa solution soit, comme d'habitude, celle d'un compromis modéré – de la nécessité pour le clerc de choisir entre le travail intellectuel et le travail manuel. Le passage où il traite du problème[36] est d'une spéciale importance. En effet dans le grand débat sur le travail manuel, qui a animé le monde monastique aux XIIe et XIIIe siècles, il adopte l'attitude de l'ancien monachisme – hostile en fait, malgré du lest jeté en raison du travail manuel, slogan à la mode du XIIe siècle –, mais dans une perspective nettement différente de celle d'un

---

29. *PL*, t. CCIII, col. 31.
30. *Ibid.*, col. 33.
31. *Ep. XVIII ad Richerum, PL*, t. CCIII, col. 157.
32. *De Institutione Clericorum, PL*, t. CCIII, col. 701. «Sicut autem isti a labore discendi nociva revocantur prosperitate, sic multi, ut aiunt, praepediuntur paupertate. Videntes enim sibi non ad votum suppetere pecuniariae subsidia facultatis, imparati sufferre aliquantulae molestias paupertatis, malunt apud suos indocti remanere quam discendi gratia apud exteros indigere.»
33. «Non tam audiri appetens quam audire», *PL*, t. CCIII, col. 157.
34. *Ibid.*, col. 31.
35. *Ibid.*, col. 159.
36. *De Institutione Clericorum, PL*, t. CCIII, col. 706. «Possunt enim (clerici) et curas ecclesiasticas licenter obtinere, et labori manuum aliquoties indulgere, si tamen ad haec eos non vitium levitatis illexerit, sed vel charitas vel necessitas quasi violenter impulerit. Apostolus quippe et sollicitudinem gerebat Ecclesiarum, quia eum charitas perurgebat, et laborabat manibus quando necessitas incumbebat. Denique cum Timotheum instrueret, non ab eo laborem relegavit penitus, sed eum potius ordinavit, ut ostenderet non esse alienum a clerico aliquoties laborare, si tamen id loco suo noverit collacare. Debet enim studium praeponere scripturarum, et ei diligentius inhaerere, laborem vero manuum, non delectabiliter sed tolerabiliter sustinere, ut ad illud eum praecipue alliciat delectatio spiritalis, ad hunc quasi invitum compellat necessitas temporalis.»

Rupert de Deutz ou d'un Pierre le Vénérable, attentifs avant tout à défendre contre le nouveau monachisme la tradition post-bénédictine et clunisienne d'une vie monastique vouée à l'*opus Dei* – dans une perspective nouvelle, moderne, celle que nous verrons s'affirmer au XIIIe siècle avec les Mendiants. C'est la conscience de la spécialisation du clerc savant qui limite étroitement la part dans son existence du travail manuel. Avec moins de tranchant, comme toujours, Philippe de Harvengt rejoint bien ici Abélard: *labourer des mains* n'est plus l'affaire *(negotium)* du *clericus scolaris*.

Enfin Philippe de Harvengt, tout en ménageant, à sa manière, une conciliation et même une hiérarchie entre le monastère et l'école, le cloître et le cabinet de travail, les distingue soigneusement dans un texte lui aussi de grande portée: «*La première et principale place doit être tenue auprès des clercs par le cloître monastique... Mais la seconde place ce doit être la fréquentation des écoles, dont l'amour doit conduire le clerc éclairé à repousser les choses laïques, afin de ne pas monter dans la nef du cloître sans cargaison suffisante, pour ne pas faire naufrage mais au contraire pouvoir saisir la barque ou le radeau proches*[37]...»

Ainsi l'antagonisme entre saint Bernard et Philippe de Harvengt dépasse largement le cadre du fait divers qui les opposa[38]. Au moine-combattant qui vient à Paris pour essayer de débaucher les étudiants, qui fait du monastère la seule *schola Christi*, qui jette l'anathème sur Paris-Babylone[39], s'oppose l'abbé éclairé qui, par-delà l'effort pour concilier le cloître et l'école, reconnaît l'utilité, la nécessité et la spécificité de celle-ci et salue la sainte cité de la science – «*merito dici possit civitas litterarum*[40]» – Paris-Jérusalem.

Le grand conflit entre Mendiants et séculiers au XIIIe siècle met à nu l'acuité atteinte dans la prise de conscience de leur corps par les universitaires parisiens[41]. Il ne fait pas de doute que le parti séculier – même si le débat se camoufle derrière des questions de doctrine et même si d'autres problèmes que les corporatifs y ont joué un rôle de premier plan – s'est atta-

---

37. *PL*, t. CCIII, col. 159.
38. Ph. Delhaye, «Saint Bernard de Clairvaux et Philippe de Harvengt», in *Bulletin de la Société historique et archéologique de Langres*, 12, 1953.
39. *De conversione ad clericos sermo*, *PL*, t. CLXXXII, col. 834-856.
40. *Ep. ad Heroaldum*, *PL*, t. CCIII, col. 31.
41. Il existe une vaste littérature sur le conflit. L'essentiel en est cité dans la mise au point, d'un esprit traditionnel, de D. Douie, «The Conflict between the Seculars and the Mendicants at the University of Paris in the XIIIth Century», in *Aquinas Society of London, Aquinas Paper*, 23, 1954.

qué aux universitaires mendiants parce qu'il était persuadé de l'incompatibilité de la double appartenance à un ordre monastique et à une corporation universitaire.
Nous ne retiendrons ici que deux points.
L'un, capital, est l'effort tenté par certains, surtout par Siger de Brabant et ses amis, pour donner une base théorique à leur conscience professionnelle. Mais on ne voit pas toujours que l'entrée des Mendiants dans les universités a posé à ces moines – surtout aux Franciscains – des problèmes qui mettent en lumière la prise de conscience de l'état universitaire.
Nous nous bornerons à illustrer ce conflit intérieur, mais éclairant au-delà des frontières monastiques, par un exemple.
Même si la question n'a pas provoqué chez les Franciscains d'aussi âpres querelles et n'a pas été aussi centrale pour l'ordre que la question de la pauvreté, la science, c'est-à-dire en fait – et cette équivalence est révélatrice de la situation intellectuelle au XIIIe siècle – la fréquentation des universités a été un des problèmes clés de l'ordre après la mort de saint François.
La position du saint est connue. S'il admet la connaissance approfondie des Écritures, il condamne la science chez les Mineurs. Son attitude repose sur la conviction que la science est incompatible avec la pauvreté. Incompatibilité qui vient d'abord de ce que, ayant du savoir une vision traditionnelle, saint François, imbu de la conception thésaurisatrice du haut Moyen Âge, voit dans la science une possession, une propriété, un trésor. Il est renforcé dans cette idée par les aspects nouveaux que la science a pris de son temps: fréquenter les universités, posséder des livres va contre la pratique de la pauvreté.
Dans l'effort dramatique de ses disciples – de certains de ses disciples, mais parmi les plus importants et les plus illustres – pour s'adapter aux conditions pratiques de l'existence au XIIIe siècle sans renier l'esprit de leur fondateur, la justification du savoir tient une place de choix.
Le texte capital est ici l'*Expositio IV magistrorum super regulam*[42]. La phrase commentée de la règle est la suivante: «*Du salaire de leur travail qu'ils n'acceptent pour eux-mêmes et leurs frères que ce qui est nécessaire au corps à l'exclusion de l'argent.*»
Et voici le commentaire des maîtres: «*Sur ce point la question est de savoir si les frères, de même qu'ils reçoivent des livres et d'autres choses dont ils peuvent se servir, peuvent recevoir la matière première propre à leur métier et en faire par leur travail quelque chose avec quoi ils acquer-*

---

42. *Expositio quatuor magistrorum super regulam fratrum minorum (1241-1242)*, éd. L. Oliger, 1950.

raient ensuite de quoi pourvoir aux nécessités du corps, comme par exemple du parchemin pour faire des livres, du cuir pour faire des chaussures, etc. Et pourraient-ils également recevoir de l'or et de l'argent et des métaux avec lesquels ils fabriqueraient de la monnaie et d'autres choses précieuses, avec lesquelles ils achèteraient ce qui leur est nécessaire. Pour certains on ne peut recevoir en propriété aucune matière première, mais on peut seulement prêter son travail à autrui qui possède la matière première pour se procurer le nécessaire. Et ceci, à cause de la propriété qui est liée à la possession de la matière première que l'on reçoit en vue de vendre. Pour d'autres il faut distinguer parmi les matières premières. Il y a en effet des matières premières qui n'ont pas de valeur, toute la valeur provient du travail, comme par exemple les rideaux et les nattes faits avec des joncs ou des matières similaires; une telle matière première ne figure dans la fortune de personne et ceux qui sont de cet avis disent que les frères peuvent recevoir une telle matière première...»*

Ainsi, à travers une argumentation traditionnelle au monde monastique, l'accent est mis sur l'*ars*, sur le travail, sur le métier. Le livre matériel ainsi admis, à plus forte raison le sera bientôt son contenu, le travail intellectuel dont il devient l'inévitable support.

Saint Bonaventure, dans l'*Epistola de tribus quaestionibus*, ne se contente pas de légitimer l'usage des livres et la pratique de la science, il limite au maximum les obligations concernant la pratique du travail – au prix parfois d'étonnantes contradictions avec la lettre même du Testament de saint François – dans le visible dessein de sauvegarder tout le temps et toute l'attention nécessaires au travail intellectuel[43].

Ainsi l'objection du travail manuel se trouve levée aussi bien en regard de la pratique essentielle de la mendicité que du travail intellectuel. Ainsi s'achève un débat capital, déjà jalonné par les textes d'Abélard et de Philippe de Harvengt, et auquel saint Thomas d'Aquin, face aux attaques de

---

43. K. Esser, «*Zu der "Epistola de tribus quaestionibus" des hl. Bonaventura*», in *Franziskanische Studien*, 17, 1940, pp. 149-159, a bien montré que saint Bonaventure avait emprunté la plus grande partie de son commentaire au joachimite Hugues de Digne (*Expositio Regulae*, in *Firmamenta trium ordinum beatissimi patris nostri Francisci*, Paris, 1512, pars IV). À propos de l'attitude de saint François à l'égard du travail manuel, Bonaventure renchérit sur Hugues de Digne, donnant un détail qu'on ne trouve pas chez lui dans la littérature franciscaine du XIIIe siècle: «Ipse autem (Franciscus) de labore manuum parvam vim faciebat nisi propter otium declinandum, quia, cum ipse fuerit Regulae observator perfectissimus, non credo quod unquam lucratus fuerit de labore manuum duodecim denarios vel eorum valorem» (*loc. cit.*, p. 153). Voir contra *Testamentum:* «Et ego manibus meis laborabam, et volo laborare. Et omnes alii fratres firmiter volo, quod laborent de laboritio, quod pertinet ad honestatem» (H. Boehmer, «Analekten zur Geschichte des Franciscus von Assisi», in *Sammlung ausgewählter Kirchen- und Dogmengeschichtlicher Quellensschriften*, 4, 1930, p. 37).

Guillaume de Saint-Amour et de ses amis et disciples, va donner une saisissante conclusion dans le *Contra impugnantes*[44].
Avec saint Thomas est affirmée sans ambages la nécessaire spécialisation du travailleur intellectuel. L'universitaire a son métier. Qu'il laisse à d'autres le soin de travailler manuellement – ce qui a aussi sa valeur spirituelle – mais qu'il ne perde pas son temps à ce qui n'est pas son affaire. Ainsi au plan théorique est légitimé le phénomène essentiel de la division du travail – fondement de la spécificité de l'universitaire.

Mais il revenait aux maîtres séculiers et singulièrement aux tenants de l'«aristotélisme intégral» ou de l'averroïsme de tenter de donner à la prise de conscience des universitaires sa formulation la plus intransigeante. Cette formulation on la trouvera d'abord dans les *Quaestiones morales* de Siger de Brabant[45] et dans le *De Summo Bono* de Boèce de Dacie[46]. Comme l'a bien vu le P. Gauthier[47] la bataille fut livrée autour de l'humilité et de son antithèse éthique: la *magnanimité*. Il s'agit en effet – Aristote et l'*Éthique à Nicomaque* venant à point fournir l'arsenal où puiser – de fonder en théorie cette *dignitas,* cette *gloria* de l'universitaire déjà mise en avant par Abélard. C'est l'«aristocratisme païen de la morale aristotélicienne» qui fournit une réponse. La prise de conscience de l'universitaire culmine dans la définition d'une vertu spécifique placée au sommet de la hiérarchie éthique et qui sert de fondement à la proclamation de la supériorité du *status* universitaire caractérisé par cette vertu majeure[48].
Ainsi la Quaestio 1a de Siger: «*Première question: l'humilité est-elle une vertu?*» à laquelle il répond: «*On démontre que non. Car l'humilité est opposée à la vertu, c'est-à-dire à la magnanimité qui est la recherche des grandes choses. L'humilité au contraire chasse les grandes choses*[49]», est le point de

---

44. *Contra impugnantes Dei cultum et religionem,* I, IV ad 9: «Quando enim aliquis per laborem manuum non retrahitur ab aliquo utiliori opere, melius est manibus laborare, ut exinde possit sibi sufficere, et aliis ministrare... Quando autem per manuum manuum aliquis ab utiliori opere impeditur, tunc melius est a labore manuum abstinere... sicut patet per exemplum Apostoli, qui ab opere cessabat, quando praedicandi opportunitatem habebat. Facilius autem impedirentur moderni praedicatores a praedicatione per laborem manuum quam Apostoli, qui ex inspiratione scientiam praedicandi habebant; cum oporteat praedicatores moderni temporis ex continuo studio ad praedicandum paratos esse...»
45. Éd. F. Stegmüller, *Neugefundene Quaestionen...,* in *RThAM,* 3, 1931, pp. 172-177.
46. Boèce de Dacie, *De Summo Bono sive de vita philosophie,* éd. Grabmann, in *AHD,* 6, 1931, pp. 297-307.
47. R.-A. Gauthier, *Magnanimité. L'Idéal de la grandeur dans la philosophie païenne et dans la théologie chrétienne,* 1951.
48. Voir notamment le texte cité par R.-A. Gauthier, p. 468, n. 2, et attribué par lui à Jacques de Douai: «Sicut tamen alias dixi, status philosophi perfectior est statu principis...»
49. F. Stegmüller, *loc. cit.,* p. 172.

départ naturel pour l'exaltation des vertus intellectuelles liées au status universitaire telle qu'elle apparaît dans la Quaestio 4a : *« Autre question : que vaut-il mieux pour les philosophes : être célibataires ou mariés ? Il faut répondre que le but du philosophe c'est la connaissance de la vérité... Les vertus morales ont pour fin les vertus intellectuelles. La connaissance de la vérité est donc la fin dernière de l'homme*[50]*... »*
On saisit bien ici la démarche qui conduit à certaines des propositions condamnées en 1277. Proposition 40 : *« Il n'y a pas de meilleur état que celui du philosophe*[51]*. »* Proposition 104 : *« L'humanité n'est pas la forme d'une chose mais de la raison*[52] *»* – point de départ possible, par-delà la scolastique, pour un « humanisme » universitaire, intellectuel et « rationaliste ». Proposition 144 : *« Tout le bien accessible à l'homme consiste dans les vertus intellectuelles*[53]*. »* Proposition 154 : *« Les seuls sages du monde ce sont les philosophes*[54]*. »* Proposition 211 : *« Notre intellect peut par ses dons naturels atteindre la connaissance de la cause première*[55]*. »*
Position extrême, surtout sous la forme polémiquement ramassée, peut-être déformée, caricaturale, que lui donne le *Syllabus* de 1277. Mais position assez répandue parmi les universitaires parisiens de la seconde moitié du XIIIe siècle pour qu'on la retrouve, à peine mitigée, chez un « contemporain modéré et informé » comme Jacques de Douai[56].
On aura remarqué que l'étiquette, le mot-définition, le mot-enseigne est décidément ce mot de philosophe déjà employé par Abélard. Le terme n'est pas sans signification. Sans doute il se réfère surtout, pour les sigériens, au paganisme antique. Mais, par-delà, il évoque pour nous une lignée. Sous les mutations que le temps lui imposera, il est légitime de reconnaître, mutatis mutandis, dans le philosophe du XIIIe siècle l'ancêtre avorté du philosophe du XVIe siècle – ce sceptique religieux qui est l'idéal, par exemple, d'un Charron – et du philosophe du XVIIIe siècle. Type individuel, groupe professionnel et intellectuel, les *viri philosophici* du Ms. Paris B.N. Lat. 14698 sont bien des préfigurations des philosophes de l'*Aufklärung*.
Philosophes qui s'opposent bien sûr aux théologiens d'abord (et c'est aussi la rivalité de l'« artiste », universitaire pur, universitaire par excellence, et du théologien)[57], mais aussi aux *homines profundi* – faux savants, obscurantistes

---

50. *Ibid.*, p. 175.
51. H. Denifle et A. E. Chatelain, *Chartularium Universitatis Parisiensis*, t. I, p. 545.
52. *Ibid.*, I, p. 549.
53. *Ibid.*, I, p. 551.
54. *Ibid.*, I, p. 552.
55. *Ibid.*, I, p. 555.
56. R.-A. Gauthier, *op. cit.*, p. 469, en note.
57. Voir la proposition 153 de 1277 : « Quod nichil plus scitur propter scire theologiam », in H. Denifle et A. E. Chatelain, I, p. 552.

mis en cause par la proposition 91 de 1277 : *« La raison du philosophe lorsqu'elle démontre que le mouvement du ciel est éternel n'est pas coupable de sophisme ; il est étonnant que des hommes profonds ne voient pas cela*[58]. »
Philosophes forts, bien sûr, de la raison ou plutôt de leurs vertus intellectuelles qui élèvent leur *état* au-dessus des autres – mais aussi qui prennent conscience que leur *dignité* est peut-être de se borner à certaines vérités démontrables, que leur vocation est peut-être de se contenter d'expliquer, non de prêcher. Dans *la célèbre passe dialectique* entre saint Thomas d'Aquin et Siger de Brabant dont parle le P. Gauthier[59], ne peut-on déceler chez Siger une prise de conscience de cette *neutralité scolaire* – si difficile aujourd'hui encore à conquérir ?

On nous permettra, pour terminer, de chercher au début du XVe siècle, en guise d'épilogue, l'image qu'avaient d'eux-mêmes les universitaires, et d'aller demander cette image au chancelier Jean Gerson[60]. Sans doute ici encore il est présomptueux d'essayer de définir l'universitaire gersonien et la conscience qu'il avait de lui-même sans avoir cherché à élucider les rapports qu'il entretient avec ces réalités nouvelles et fondamentales que sont la *docte ignorance* et la *devotio moderna*.
Constatons seulement – sans chercher à analyser ni le contenu positif de ces réalités intellectuelles et spirituelles ni les raisons profondes qui conduisent les universitaires du déclin du Moyen Âge à ces reniements et à ces mutations – que les fondements de la spécificité et de la dignité universitaires tels qu'ils ont été définis d'Abélard à Siger de Brabant ont disparu ou sont efficacement sapés.
Sans doute Gerson rappelle les vertus proprement intellectuelles, scientifiques de l'Université. Elle est *mère des estudes, maistresse de science, enseigneresse de vérité*. Gerson à maintes reprises (avec une insistance qui se comprend par référence au roi fou à qui et à l'entourage de qui il s'adresse) souligne la supériorité de la médecine sur la charlatanerie. Il fait l'éloge des médecins contre les « sorciers, magiciens, charmeurs et telles folles gens[61] », il place au-dessus de tous les faux guérisseurs les « maîtres en

---

58. *Ibid.*, I, p. 548.
59. R.-A. Gauthier, « Trois commentaires "averroïstes" sur l'*Éthique à Nicomaque* », in *AHD*, 16, 1948, pp. 224-229.
60. Sur Gerson, on sait l'importance des travaux de Mgr Combes et de l'article de Mgr P. Glorieux, « La vie et les œuvres de Gerson », in *AHD*, 25/26, 1950-1951, pp. 149-192. Louis Mourin, *Jean Gerson, prédicateur français*, 1952, est utile. Je n'ai pu consulter G. H. M. Posthumus Meyjes, *Jean Gerson, zijn kerkpolitek en ecclesiologie*, 1963.
61. *Vivat Rex*, 1951, fol. II r° et 45 v°.

médecine qui ont étudié tout leur temps les livres de ceux qui ont trouvé et déclaré la médecine».
Mais quelle est cette vérité qu'elle enseigne, cette lumière qu'elle répand – elle qui est *le beau cler soleil de France, voire toute Chrestienté*[62], *le beau clair luminaire de toute saincte Église et Chrestienté*[63] ?
Il y a *trois manières de vie: a.* la vie corporelle, charnelle et personnelle; *b.* la vie civile, politique ou universelle; *c.* la vie de grâce, divine ou spirituelle. Mais de ces manières «la première est défaillante, la seconde permanable, la tierce perdurable[64]». Sans doute l'Université gouverne les trois vies, c'est-à-dire tout: la vie corporelle est régentée par la Faculté de médecine, la vie politique par les Facultés des Arts et des Décrets, la vie divine par la Faculté de Théologie. Mais la hiérarchie qui existe entre ces niveaux confère un prix particulier au second et au troisième de ces niveaux.
Ainsi son rôle intellectuel s'efface devant son rôle politique et son rôle spirituel. Rôle politique qui est d'ailleurs défini comme subordonné à des fins proprement spirituelles. L'Université «tend à la bonne franchise et liberté du peuple de France, et à la restauration, non point du temple matériel, mais spirituel et misticque de toute la saincte Église[65]...».
Le but, c'est en fait *l'ordre* et la *paix*. Mais, par-delà les grandes conciliations du moment: réconciliation nationale du peuple français déchiré par les factions, réconciliation de la Chrétienté par la fin du Grand Schisme, un objectif plus profond apparaît, la conservation de l'ordre existant. Aux licenciés en droit civil, Gerson le dit bien[66]. Et quand il évoque, avec quelque réticence, les *tyrans*, c'est en définitive pour les féliciter de faire respecter la propriété et l'ordre[67].
Les universitaires des XIIe et XIIIe siècles avaient conscience de leur vocation de découvreurs, ceux du XVe se contentent d'être des conservateurs. D'où – nous sommes loin de la magnanimité – un constant dénigrement des aspects intellectuels et matériels de la profession universitaire. Devant les futurs juristes, curieusement, Gerson réduit à une pure utilité négative le

---

62. *Ibid.*, fol. 2 r°.
63. *Ibid.*, fol. 3 r°.
64. *Ibid.*, fol. 7 v°.
65. *Ibid.*, fol. 4 v°.
66. «Recommendatio licentiandorum in Decretis», in Gerson, *Opera*, Paris, 1906, t. II, 828-838. «Dominus ita vobis opus habet... et hoc ad regimen suae familiae grandis quietum et tranquillum... Ea enim demum vera pax erit, ea gubernatio idonea, ea servitus placens Domino, si manet unicuique debitus ordo. Ordo autem quid aliud est nisi parium dispariumque rerum sua unicuique tribuens collatio. Hunc ordinem docere habetis...» (*ibid.*, 829).
67. «On parle d'aucuns pais gouvernez par tyrans, qui travaillent en plumant leurs subiects: mais le demeurant est seur et bien gardé, tellement qu'il n'est homme qui osast ravir un seul poussin, ou geline sur la hart...» (*Vivat Rex*, fol. 33 v°).

bienfait de leur science, qui n'existe que par suite du péché ; le droit, la justice ne sont que des conséquences inévitables du mal : *« Le Seigneur n'aurait pas eu besoin de légistes ni de canonistes dans l'état primitif de nature, tout comme il n'en aura pas besoin dans l'état de la nature glorifiée*[68]*»* et, en conclusion, la théologie est supérieure au droit.

Le court écrit où il déclare vouloir se démettre de sa charge de chancelier[69] n'est à première vue qu'un lieu commun. Mais Gerson est sincère. C'est qu'il méprise tous les aspects *techniques* du métier universitaire. Il est vrai qu'il préférerait dire la messe, prier, se recueillir plutôt que de faire du *travail administratif.*

Enfin aux étudiants du collège de Navarre, il donne une singulière charte de conservatisme. L'éloge qu'il y fait des *sentiers battus*[70], même quand on a pratiqué ce conservateur grandiloquent et médiocre, étonne. Si l'on relit sa louange des médecins, on s'aperçoit qu'il ne les prise que pour leur science livresque des Anciens. Ô Hippocrate ! Ô Galien !

Qu'est d'ailleurs à ses yeux l'Université ? Une personne de droit divin, *fille du Roy* et surtout fille d'Adam, venue du Paradis Terrestre par les Hébreux, l'Égypte d'Abraham, Athènes et Rome. La *translatio studii* s'est transformée en loi de succession *par la grâce de Dieu.* La corporation artisanale est devenue une princesse du sang[71].

D'où la superbe avec laquelle il écarte les malotrus qui ont le front de rappeler l'Université à sa fonction professionnelle : « e s'aucun dit : De quoy se veult elle entremettre ou mesler ? Voise estudier ou regarder ses livres : c'est trop petitement advise, que vauldroit science sans operation[72] ? »

Ainsi l'universitaire gersonien prend conscience d'une nouvelle vocation, politique en somme, mais plus largement nationale et internationale. La conscience professionnelle de l'universitaire médiéval se change au seuil du monde moderne en conscience morale. Quelle est la place de l'universitaire dans la nation, dans la société universelle ? Quelles valeurs a-t-il à proclamer, à promouvoir, à défendre ?

Cette nouvelle prise de conscience, née d'un ébranlement profond, les universitaires contemporains sont-ils parvenus à la réaliser pleinement ?

En tout cas l'universitaire gersonien en reniant la conscience professionnelle se refusait les moyens d'exercer ces nouvelles prérogatives. L'université

---

68. «Recommendatio», *Opera*, t. II, 832.
69. «De onere et difficultate officii cancellariatus et causis cur eo se abdicare voluerit Gersonius», *Opera*, 1906, t. II, 825-828.
70. «Sequamur tritum iter commodius plane et ab errorum scandalorumque discrimine remotius» (ut, posthabitis recentioribus, antiquiores legant, *Opera*, 1906, t. I, 558).
71. L'Université de Paris est qualifiée de «la fille du Roy», in *Vivat Rex*, ff[ps] 2 r°, 4 v°, etc.
72. *Vivat Rex*, fol. 9 r°.

n'était plus qu'une caste. Sans doute était-elle ouverte encore à des parvenus : Gerson insiste sur le fait que, par son recrutement social, l'Université de Paris, ouverte à toutes les classes, représentait bien l'ensemble de la société. Mais elle était une caste par sa mentalité et sa fonction. La corporation des manieurs de livres se changeait en un groupe de théologiens rabâcheurs s'érigeant en policiers de l'esprit et des mœurs, des brûleurs de livres. Ils allaient même commencer par brûler Jeanne d'Arc – malgré Gerson.

En laissant – malgré certains efforts méritoires – les progrès de la science s'accomplir grâce à des humanistes dont la plupart furent étrangers à leur caste, ils renonçaient à jouer le rôle spirituel qui ne pouvait trouver de fondement légitime que dans l'accomplissement de leur rôle professionnel. Leur conscience corporative dévoyée les empêchait de mener à terme leur prise de conscience publique.

LES UNIVERSITÉS ET LES POUVOIRS PUBLICS AU MOYEN ÂGE ET À LA RENAISSANCE

I. CONSIDÉRATIONS GÉNÉRALES

La difficulté de l'étude des rapports entre universités et pouvoirs publics du XIIe au XVIIe siècle ne tient pas seulement aux lacunes de la documentation, surtout pour la période la plus ancienne, à l'insuffisance des études monographiques, au trop petit nombre de données numériques et de travaux de caractère statistique. Elle provient surtout du sujet lui-même. Il s'agit en effet de difficultés inhérentes :
1. *à la diversité des universités elles-mêmes et à leurs contradictions internes.*
Même en ne prenant pas les universités dans le sens primitif de *corporation* (*universitas* en général *magistrorum* et *scolarium*) mais dans celui de *centre d'enseignement supérieur* (c'est-à-dire de *studium generale*, sans entrer dans les discussions sur le sens précis de cette expression ni sur le niveau exact de l'enseignement dispensé dans les universités médiévales), on se trouve encore en face d'organismes divers, complexes, ambigus :
a. Il n'y a pas toujours coïncidence entre l'*organisation professionnelle* (en général aux mains des maîtres groupés en collèges de docteurs) et l'*organisation corporative* et notamment *financière* où maîtres et étudiants ne jouent pas le même rôle dans toutes les universités (voir au moins pour les XIIe-XIVe siècles le modèle bolonais à prépondérance des étudiants et le modèle parisien à prépondérance des maîtres).
b. Les universités n'offrent pas le même visage scientifique, ni du point de vue des *disciplines* enseignées ni du point de vue de leur organisation institutionnelle : les *facultés* ; il est rare qu'une université comporte toutes les facultés, encore plus rare que ses diverses facultés aient la même importance (du point de vue des rapports avec les pouvoirs publics il est par exemple capital que la faculté dominante soit celle de théologie ou une faculté orientée vers les carrières «lucratives» ou «utilitaires» – droit ou médecine –, et plus encore que l'université comporte ou ne comporte pas une faculté de *droit civil*, c'est-à-dire romain : voir le cas de Paris et de la bulle d'Honorius III de 1219).

c. Le *statut juridique* des universitaires est mal défini. Sans doute les privilèges qu'ils acquièrent tendent à définir un statut spécial des universitaires (*status studentium* ou *ordo scholasticus*) mais ce statut, qui se rapproche du statut ecclésiastique, s'applique à des personnes dont l'*état social* concret est divers et pour beaucoup ambigu, ni tout à fait ecclésiastique, ni tout à fait laïc. Sans doute l'évolution de la signification du terme *clericus*, qui tend à signifier précisément savant, lettré et qui, dans certaines langues, évolue même vers le sens de fonctionnaire (*clerk* anglais, *clerc* français), trahit cet effort d'adaptation du vocabulaire aux réalités sous la pression du fait universitaire. Mais le *for universitaire* demeure difficile à définir, source de conflits constants, tandis que la condition des universitaires oscille entre les deux pôles du cléricat et du laïcat.

d. Les universitaires ne sont pas les seuls dans la société du Moyen Âge et de la Renaissance dont la condition soit définie à la fois d'un point de vue économique, comme des professionnels, des techniciens, des *hommes de métier*, et d'un point de vue social comme des *privilégiés*, c'est le cas de tous les membres de corporation. Mais chez les universitaires cette ambiguïté peut atteindre un aspect fondamentalement contrasté, selon que l'universitaire est un *salarié* ou un *prébendé*. Or non seulement ces deux types d'universitaires dont la dépendance économique et juridique par rapport aux pouvoirs publics est radicalement différente peuvent se rencontrer dans une même université mais les mêmes universitaires subsistent souvent de rémunérations de type mixte. Enfin, et ceci est surtout vrai pour les étudiants, le caractère d'une université change beaucoup selon la proportion de pauvres et de riches qui la composent et cette proportion peut notablement varier d'une université à une autre (en fonction notamment de la physionomie sociologique de son enracinement urbain : Paris et Cambridge par exemple sont presque à deux pôles à cet égard).

e. De même qu'elles accueillent des membres *de toute origine sociale*, ce qui met les pouvoirs publics en face de groupes pratiquement uniques dans la société stratifiée du Moyen Âge et de la Renaissance, de même les universités sont ouvertes à des personnes de toute nationalité. Non seulement il en résulte une tension fondamentale entre les autorités locales ou nationales et ce *groupe international* mais l'organisation des universitaires en «*nations*» dont le nombre et la nature varient suivant les universités et qui ne répondent pas à des critères strictement nationaux ni géographiques complique encore la structure des universités et leur personnalité face aux pouvoirs publics.

2. Face à ce partenaire-protée, *les pouvoirs publics sont eux-mêmes divers et multiples.*

a. Même quand les universités ne sont confrontées qu'à une seule autorité publique, celle-ci peut être: une *ville* (et il faut distinguer entre les rapports de l'université avec le corps politique qui gouverne la ville: conseil urbain, commune, échevinage, podestat, etc., et le groupe social qui la domine, et par-delà avec la société urbaine globale), un *pouvoir seigneurial*, un *pouvoir princier ou royal*, le *pouvoir impérial* (dans ce dernier cas se pose le problème de la nature du pouvoir impérial dans le siège de l'université: exemple des rapports de l'université de Bologne avec Frédéric Barberousse ou Frédéric II, ou de l'université de Prague, université bohémienne ou impériale?).
b. Le cas du pouvoir impérial introduit à la constatation que les universités ont la plupart du temps affaire non à un seul pouvoir public mais à une multiplicité de pouvoirs publics entre lesquels existe soit une hiérarchie souvent difficile à définir et à respecter, soit des oppositions plus ou moins nettes d'intérêts et de politiques (cas de Bologne entre la Commune et l'Empire). Il s'agit ici d'une situation caractéristique du Moyen Âge, et qui rappelle, mutatis mutandis, les cas de vassalité multiple.

3. Non seulement les deux partenaires, universités et pouvoirs publics, changent entre le XIIe et le XVIIe siècle, mais la nature de leurs relations change également. On se trouve donc en face d'une *évolution à plusieurs variables*.
a. Une première différence naît de la différence des *origines*, et le contraste principal est ici entre les universités *créées* par les pouvoirs publics et les universités nées *«spontanément»*, mais l'opposition entre ces deux types d'universités et de rapports n'est pas aussi tranchée qu'il pourrait sembler au premier abord. En effet les universités nées «spontanément» se sont formées sous l'action sinon de facteurs du moins de situations dans lesquelles l'attitude et les besoins des pouvoirs publics et des forces qu'ils représentaient ont toujours joué un rôle plus ou moins grand. D'autre part la naissance de ces universités s'est accomplie soit avec l'aide des pouvoirs publics soit malgré leur hostilité plus ou moins grande.
b. Créées ou nées spontanément, les universités ont vu dès leur origine leurs rapports avec les pouvoirs publics définis et orientés différemment suivant la *date de leur origine*. Bien que l'évolution générale ait agi dans le sens d'une uniformisation de la nature des rapports entre universités et pouvoirs publics, la nature de ces rapports n'a pas été en général la même selon que les universités sont apparues au XIIe, XIIIe, XIVe, XVe ou XVIe siècle.

4. Les rapports entre universités et pouvoirs publics ont été encore singulièrement compliqués par les rapports des deux partenaires avec l'*Église*,

non seulement à cause du rôle dominant joué par l'Église et par la religion (la Réforme compliquant encore la situation au XVIe siècle), mais par la position ambiguë de l'Église elle-même comme pouvoir temporel et spirituel à la fois, et le caractère dans une large mesure «clérical» des universités. On ne prendra en considération dans ce rapport autant qu'il est possible de faire cette distinction, que l'aspect temporel des rapports entre l'Église et les universités, là où le pouvoir ecclésiastique apparaît comme un pouvoir public.

5. Soulignons enfin une difficulté inhérente à la nature d'une grande partie de la documentation concernant notre problème. Il s'agit souvent de statuts, de privilèges, de constitutions, etc., c'est-à-dire de documents législatifs, administratifs, théoriques. La réalité concrète des rapports entre les universités et les pouvoirs publics a dû être bien souvent assez éloignée de ces principes. La difficulté de saisir ces rapports concrets rend plus délicat encore notre sujet.

Tenant compte de ces difficultés, nous nous sommes résignés aux choix suivants :
a. Nous avons fait davantage un inventaire des problèmes et proposé un cadre pour les aborder que nous n'avons cherché à les résoudre.
b. Nous avons écarté trois types de plan possibles : 1. un plan par types d'*universités :* bien qu'une *typologie des universités* rendrait de grands services à l'histoire des universités et que nous espérons que la discussion de notre rapport aidera à la constituer, il ne nous semble pas qu'il puisse y avoir par rapport à notre sujet un critère opérationnel de classification des universités ; 2. un plan par types de *pouvoirs publics*, ce plan nous paraissant paresseux et peu propre à mettre en lumière les aspects de notre sujet les plus importants pour définir la contribution de l'histoire universitaire à l'histoire globale et à la méthode historique ; 3. un plan *chronologique*, qui risquait de dissoudre dans l'événementiel l'essentiel qui est de mettre en valeur les structures et les problèmes, mais nous avons conservé une *grande coupure chronologique*, située, malgré la diversité des cas locaux ou nationaux ou régionaux, *au milieu du XVe siècle*, séparant ainsi une période médiévale et une période renaissante, coupure qui nous paraît avoir une valeur fondamentale aussi bien pour notre problème que pour l'histoire générale dans laquelle nous nous efforçons de le situer.
Nous avons donc opté pour un plan *selon les aspects et les fonctions* des universités. Nous ne nous dissimulons pas que ce plan nous conduit à des distinctions et à un découpage plus ou moins abstrait, mais il nous a sem-

blé le plus propre à mettre en lumière l'essentiel : *la nature et le rôle du milieu universitaire* dans les sociétés globales où il est engagé et dans lesquelles il agit : les états de quelque nature qu'ils soient, urbains, seigneuriaux, nationaux, etc.

c. Nous nous sommes surtout attachés à mettre en valeur ces rapports à travers *les tensions et les conflits*, plus particulièrement révélateurs de la nature des groupes sociaux et des institutions dans lesquels ils s'incarnent. Mais nous n'oublions pas que les rapports entre les universités et les pouvoirs publics ne se définissent pas seulement par des antagonismes, qu'ils ne se sont pas réduits à une suite de crises et de luttes mais qu'ils se sont aussi prêté les uns aux autres appui et soutien, que leurs relations se définissent aussi bien par des *services* réciproques et qu'un *respect* mutuel l'a souvent emporté sur les oppositions fondamentales ou occasionnelles.

II. UNIVERSITÉS ET POUVOIRS PUBLICS AU MOYEN ÂGE (XIIe-MILIEU DU XVe SIÈCLE)

1. *les universités comme « corporations »*

a. En tant que corporations, les universités médiévales recherchent un *monopole scolaire*, c'est-à-dire avant tout le monopole de la collation des grades qui les met, surtout au début de leur histoire, en conflit avec l'autorité ecclésiastique mais non avec les pouvoirs publics.

b. Elles recherchent ensuite l'autonomie juridique, dont elles obtiennent aussi relativement facilement la reconnaissance par les pouvoirs publics qui suivent en général la tradition inaugurée dès 1158 par Frédéric Barberousse pour Bologne (*Authentica Habita*, «source de toutes les libertés académiques»). Il semble que, à Paris par exemple, l'autonomie juridique de l'université a été reconnue par Philippe Auguste dès 1200, avant la papauté (qui la reconnaît soit en 1215, soit même seulement en 1231).

c. Dans la mesure où, comme toute corporation, l'université vise à *contrôler* le métier scolaire, les pouvoirs publics ne voient en général que des avantages à cette organisation de l'*ordre professionnel* qui s'insère dans l'ordre public général.

d. Dans cette perspective les pouvoirs publics ne voient aucun inconvénient à mettre la corporation universitaire au rang des corporations jouissant de privilèges spéciaux, tels que l'exemption du guet et du service militaire, qui s'accordent par ailleurs avec le caractère «clérical» des universitaires.

e. Tout comme des officiers urbains, seigneuriaux ou royaux assuraient la surveillance d'autres corporations (contrôle de la qualité, des conditions de travail, des poids et mesures, des foires et marchés, du respect des statuts, etc.) dans l'intérêt même de la corporation et de ses chefs, le contrôle exercé par certains officiers communaux sur les universités, en Italie notamment, ne semble pas avoir soulevé de difficultés majeures, mais l'activité de ces magistrats *(reformatores, gubernatores, tractatores studii)* n'a pas été suffisamment étudiée.

f. Un caractère très particulier de la corporation universitaire aurait pu entraîner des conflits avec les pouvoirs publics. Dans la plupart des autres corporations les membres, en tout cas les maîtres, étaient économiquement indépendants des pouvoirs publics, dans la mesure où ils vivaient des bénéfices (au sens moderne) et des revenus de leur métier. Or les maîtres universitaires, bien qu'ils se soient fait reconnaître la légitimité de se faire payer leur *travail* par les étudiants, ne parvinrent pas à vivre de ces *collectae* ou des avantages matériels qu'ils soutiraient aux étudiants (droits et cadeaux à l'occasion des examens, bien que la collation de la *licentia docendi* soit en principe gratuite). L'essentiel de leur rémunération venait donc, à côté des bénéfices ecclésiastiques, des salaires et des revenus qui leur étaient octroyés par les villes, les princes ou les souverains. En échange, les pouvoirs publics exigeaient le droit de présentation lié au patronat. Ainsi la corporation universitaire ne jouissait pas entièrement d'un des privilèges essentiels des corporations, l'*autorecrutement.* Elle semble cependant s'être facilement résignée à cette limitation de son indépendance en échange des avantages matériels que représentait la dotation des chaires par les pouvoirs publics (les cas relevant de ce problème sont d'ailleurs en général tardifs comme la consultation à ce sujet de l'université de Cologne par l'université de Louvain et les incidents de 1443-1469 sur l'interprétation par le Magistrat de Louvain de la bulle d'Eugène IV de 1443 arrêtant les modalités de nomination des professeurs prébendés).

g. Reste comme motif de conflits, et occasion de conflits effectifs la violation fréquente par les fonctionnaires communaux ou royaux du for universitaire: étudiants et maîtres emprisonnés au mépris des statuts, soustraits à la juridiction universitaire (cas fréquents à Oxford, Cambridge, et surtout à Paris où le prévôt est le plus souvent la bête noire des universitaires). Mais il s'agit en général d'abus de pouvoir de fonctionnaires le plus souvent désavoués, plus ou moins volontiers et plus ou moins rapidement, par les autorités publiques supérieures. Et ces affaires ne dépassent guère le cadre de conflits de juridiction en matière de police. Si elles tournent parfois à l'aigre, c'est en raison d'autres caractères du milieu universitaire (voir 4 et 5).

2. les universités comme
« centres de formation professionnelle »

a. Les universitaires sont animés soit par le simple désir de la science, soit par le désir de faire une carrière, honorifique ou lucrative, ou par tous ces désirs à la fois. Il n'y a là rien qui les conduise nécessairement à entrer en conflit avec les pouvoirs publics, au contraire. La période de formation et de développement des universités correspond en effet à une période de développement, de spécialisation et de technicisation des offices publics. Il n'est pas jusqu'au développement des facultés de médecine qui ne corresponde à un effort accru des autorités en matière de salubrité et de santé publique avec le développement de l'urbanisme puis, à partir de la Grande Peste, avec la lutte contre les épidémies considérée par les pouvoirs publics comme un aspect essentiel de leur action et de leur devoir. La recherche de *débouchés* par les universitaires rencontre la *demande* accrue des pouvoirs publics.

b. Le caractère fortement théorique et livresque de la formation professionnelle universitaire, de la scolastique, n'est pas un obstacle à sa réponse aux besoins des pouvoirs publics. En effet la spécialisation réclamée par les offices publics est très limitée : savoir lire et écrire, connaître le latin, les principes d'une science juridique ou l'habileté à argumenter à partir de quelques textes est essentielle, des principes de comptabilité très élémentaires et des rudiments de science économique encore plus frustes (voir le *De Moneta* de Nicole Oresme). D'autre part le goût des princes et des souverains pour la théorie politique, voire pour un gouvernement « scientifique », c'est-à-dire inspiré par des principes scolastiques (voir le rôle de l'aristotélisme à la cour de Charles V de France, à la cour de Pologne, de l'aristotélisme et du platonisme ou d'un amalgame des deux inspirations dans le gouvernement des oligarchies et des seigneuries italiennes) rencontre les tendances intellectuelles des universitaires.

c. À côté de l'aspect *utilitaire* du travail universitaire, son aspect *désintéressé*, loin de déplaire aux pouvoirs publics, leur paraît nécessaire à leur gloire, qui fait une large part au *prestige intellectuel* parmi les prestiges indispensables à des régimes mi-utilitaires, mi-magiques (voir 5).

d. Le fait que les carrières poursuivies par les universitaires sont dans une large mesure encore des carrières ecclésiastiques n'est pas mal vu non plus des pouvoirs publics. D'abord parce que les fonctionnaires publics sont encore dans une proportion notable des ecclésiastiques : les *cadres* ecclésiastiques et les cadres civils se confondent encore souvent. Ensuite parce que ces pouvoirs sont chrétiens et que la religion et les hommes de religion leur paraissent utiles et nécessaires, par eux-mêmes. D'ailleurs, il est rare que ce qui est utile à l'Église ne soit pas d'une certaine façon utile aux États : par exemple les prédicateurs ou les théologiens formés dans les universités pour lutter contre l'hérésie ou le paganisme (par exemple Toulouse et la lutte contre le catharisme, Cracovie et l'évangélisation de la Lituanie) peuvent aussi servir des desseins politiques (les rois de France et la pénétration dans le Languedoc, la politique lituanienne de Ladislas Jagellon).

e. Quand il y a conflit entre les universitaires et les pouvoirs publics, il s'agit en général de conflits limités à certains aspects locaux et dans lesquels les universités ne sont que partiellement engagées et visées (par exemple hostilité des Toulousains contre les inquisiteurs dominicains issus de l'université). Souvent même ces conflits sont essentiellement internes et ne sortent du sein des universités que lorsque les pouvoirs publics soutiennent une fraction universitaire (à Paris Saint Louis soutenant les maîtres appartenant aux Ordres mendiants ; lors du Grand Schisme les départs d'universitaires liés aux obédiences à tel ou tel pape ; à Prague en 1409 le roi de Bohême soutenant la « nation » tchèque contre les Allemands des autres « nations », etc.).

3. les universités comme « groupe économique de consommateurs »

Les universités représentent dans les villes médiévales un *groupe de non-producteurs*, un *marché de consommateurs* dont l'importance numérique ne doit pas être sous-estimée (à Oxford par exemple d'après le *poll tax* de 1380-1381 il y avait alors probablement 1 500 universitaires – c'est-à-dire personnes jouissant des privilèges de l'université – environ pour une population totale de 5 000 à 5 500 personnes, c'est-à-dire 1 universitaire sur 3 à 4 Oxoniens).
a. Normalement cette clientèle aurait dû réjouir les autorités urbaines, dans la mesure où elle a dû « faire marcher le commerce ».
b. Mais, dans une économie qui reste largement de subsistance, ce groupe important de non-producteurs a dû accroître les difficultés des autorités urbaines en matière de ravitaillement et le déséquilibre de l'économie urbaine des villes universitaires.
c. De plus la population universitaire comportait (cette proportion ayant varié selon les époques) un nombre important d'étudiants pauvres (en 1244 à Oxford Henri III fait nourrir le jour anniversaire de « feue sa sœur Eleanor » 1 000 *« pauperes scolares »*) et la question du *pouvoir d'achat* du groupe universitaire se pose.

d. Surtout les universitaires jouissaient d'importants *privilèges économiques*: exemption de taxes, impôts, péages, etc. Plus encore ils bénéficiaient de prix taxés spéciaux pour les logements et les vivres (mieux même, au moins dans certaines villes universitaires, comme Oxford, en raison de la pénurie de locaux universitaires pendant longtemps, les logements qui avaient été une fois loués à des universitaires à des prix taxés ne pouvaient plus ensuite être rendus à des locataires non universitaires et détaxés). Enfin ils avaient le droit de contrôler et de faire respecter pour l'ensemble de la population urbaine les taxations qu'ils avaient obtenues ou fait contribuer à obtenir *(assises)* si bien que l'on a pu dire que les habitants, quels qu'ils fussent, des villes universitaires avaient bénéficié au Moyen Âge de conditions de vie meilleur marché que dans les autres villes. C'est d'ailleurs à propos d'un conflit d'ordre économique que les bourgeois d'Oxford, dans une pétition au roi d'Angleterre, ont pu affirmer qu'il y avait « deux communes à Oxford, celle des bourgeois et celle de l'université et que cette dernière était la plus puissante ». C'est en effet sur ce point que les oppositions entre les pouvoirs urbains et les universitaires ont été les plus vives et ont suscité des conflits nombreux et violents. Les privilèges économiques des universitaires et l'hostilité qu'ils ont suscitée dans les milieux bourgeois qui dominaient les villes démentent la « justice économique » dont on a fait souvent une caractéristique des villes médiévales et montrent que la loi de l'offre et de la demande y était considérée comme la règle, en dépit de toutes les réglementations. À cet égard on peut même se demander si les théories scolastiques sur le *juste prix* (dans la mesure où elles n'entérinaient pas purement et simplement la liberté du jeu du marché) ne répondaient pas aux intérêts économiques du groupe universitaire sur le marché urbain.

e. Il y a toutefois un secteur où le milieu universitaire se présentait à la fois comme un groupe de producteurs et de consommateurs: c'est le *marché des manuscrits* (voir l'importance à Bologne de ce marché dans l'ensemble de l'économie urbaine). Il serait en tout cas très important d'évaluer quelle a pu être, dans les villes universitaires, l'*influence du marché universitaire sur l'évolution des prix* (loyers, objets de première nécessité et notamment vivres, produits de luxe ou de demi-luxe).

4. les universités comme « groupe socio-démographique »

Les universitaires formaient enfin, au milieu de la population urbaine un *groupe masculin, à forte majorité de célibataires et de jeunes*. Or le caractère clérical de ce groupe était suffisamment lâche pour qu'un grand nombre se sentent non soumis à certaines règles de conduite des ecclésiastiques : continence, sobriété, abstention de la violence. Forts au contraire de privilèges juridiques qui leur assuraient sinon l'impunité, du moins des sanctions moins graves, un grand nombre d'universitaires (et cela, quoique évidemment dans une moindre mesure, vaut pour les maîtres comme pour les étudiants) se livrent à des violences auxquelles les poussent l'âge, le déracinement, l'appartenance pour une majorité d'entre eux aux deux classes sociales les plus portées à la *violence*, la noblesse et la paysannerie : c'est « the wilder side of University life » (Rashdall). Il est par ailleurs bien évident que les provocations ou les excès de la répression policière n'ont pu qu'accuser ce qui nous paraît, malgré tout, être fondamentalement un aspect, marginal sans doute, mais réel, d'une opposition sociale, sinon de la lutte des classes. D'autant plus que les bourgeois (même si on les voit user de violence contre les universitaires en certaines occasions et si des universitaires d'origine bourgeoise sont impliqués dans des actes violents) cherchent à promouvoir jusque dans la vie courante un ordre paisible face auquel les universitaires appartiennent plutôt au monde de la violence médiévale.

Quand on songe à la part prise par les universitaires dans les rixes, le tapage nocturne, la pratique des jeux de hasard, la fréquentation des prostituées et les affaires de mœurs, la fréquentation des tavernes (on a noté que certains des plus graves conflits entre « town and gown » ont eu leur origine dans une taverne : par exemple à Paris en 1229, à Oxford en 1355) on voit combien le « genre de vie » d'une partie notable de la population universitaire était contraire à la morale sociale des couches dominantes de la société urbaine.

Enfin si ce comportement violent ou « scandaleux » était assez largement répandu dans la population universitaire (sans prendre toutefois au pied de la lettre les généralisations abusives d'un moraliste hargneux et morose comme Jacques de Vitry) il était plus particulièrement le fait d'une partie de la population étudiante : les *clercs vagabonds*, descendants des Goliards, catégorie spéciale des clercs gyrovagues, ancêtres de la bohème estudiantine. Il serait très intéressant de faire l'histoire de cette catégorie qui ne s'identifie pas avec le groupe des « pauperes scolares » (dont beaucoup, les boursiers des collèges par exemple, étaient au contraire fort bien intégrés dans la partie la plus « rangée » du milieu universitaire), dont le nombre, la composition sociale, le comportement ont varié au cours de l'histoire. L'étude d'un milieu social par ses marges, surtout quand elles ont eu l'importance de cette catégorie, est toujours éclairante.

5. les universités comme « corps de prestige »

Des aspects essentiels des rapports entre universités et pouvoirs publics s'expliquent par le *prestige* qui s'attachait aux universités.

a. Ce prestige était d'abord celui qui s'attachait à la science elle-même. Bien que les universités, par de nouvelles méthodes et un nouvel état d'esprit, aient puissamment contribué à modifier le caractère de la science et à la détourner de son aspect magique et thésaurisateur pour en faire un savoir rationnel, pratique, communiqué non par une initiation sacrée mais par un apprentissage technique, le savoir incarné par les universités prit très tôt l'aspect d'un *pouvoir*, d'un *ordre*. Ce fut le *Studium*, à côté du *Sacerdotium* et du *Regnum*. Les universitaires cherchèrent ainsi à se définir comme une *aristocratie intellectuelle*, dotée de sa morale spécifique et de son code propre de valeurs. Cette tentative fut particulièrement poussée chez certains milieux aristotéliciens et averroïstes qui essayèrent de constituer et de légitimer en théorie une caste de *philosophi* (les sages universitaires) dont la vertu essentielle aurait été la *magnanimité* (voir le milieu sigérien à l'université de Paris au XIIIe siècle).

b. Si, pendant le Moyen Âge, le Sacerdotium et le Regnum se sont davantage heurtés qu'ils ne se sont favorisés mutuellement, il n'en a pas été de même des rapports entre Regnum et Studium. Les pouvoirs publics ont essentiellement considéré la possession d'universitaires comme *une parure et une richesse publique*, et ce en raison du prestige de la science dont ils semblaient avoir le monopole. Les formules qui, depuis l'*Authentica Habita (parce que le monde sera gouverné et illuminé par sa science)*, répètent ce lustre de la science universitaire dans les textes de privilèges accordés aux universités par les pouvoirs publics ne sont pas de simples lieux communs ni des formules vides, elles sont l'expression d'une motivation profonde.

c. Parallèlement à ce prestige intellectuel, les universités ont cherché à acquérir un prestige extérieur, qui serait comme le signe de leur éminente dignité : costumes, cérémonies, etc. Le *faste universitaire* devint un des signes extérieurs de la richesse et de la dignité des villes et des États. Aussi les *conflits de préséance* et les manques d'égards qui opposaient les universitaires à certains officiers publics donnèrent lieu à certains des conflits les plus aigus entre universités et pouvoirs publics (par exemple à Paris pénitence publique du receveur général des impôts devant l'université en place de Grève en 1372, conflit de préséance lors des funérailles de Charles V en 1380, « affaire Savoisy » en 1404).

d. Les pouvoirs publics reconnaissent ce caractère de représentation, d'illustration des universités, en leur faisant soit à titre individuel (*inceptio* des nouveaux maîtres) soit à titre collectif (banquet corporatif du *dies Aristotelis*) des cadeaux de prestige (gibier des forêts royales, vin offert par la commune, etc.).

e. Si les universités profitent de ce prestige pour jouer un rôle public, elles se livrent rarement à une activité vraiment *politique* qui pourrait les amener en conflit avec les pouvoirs publics (ou bien il s'agit de politique religieuse, comme lors du Grand Schisme, ce qui s'accorde avec leur caractère «clérical» et, dans une certaine mesure, avec leur caractère international). Par exemple si Simon de Montfort semble avoir bénéficié de sympathies à l'université d'Oxford, il semble s'être agi surtout de sympathies individuelles; même à Paris, la plus «politisée» des universités, l'attitude à l'égard des Anglais et des Bourguignons après le traité de Troyes n'est pas à proprement parler politique et le titre de «fille aînée du roi» que l'université prend à cette époque est plus, précisément, une dignité, que la reconnaissance d'un rôle politique; même l'université de Prague après le Décret de Kutna Hora n'est pas appelée à jouer un rôle officiel politique dans le royaume de Bohème, etc.

f. C'est en jouant de cet élément de prestige que, dans leurs conflits avec les pouvoirs publics, les universités ont utilisé soit effectivement soit comme menace, leur principal moyen de pression, leur arme majeure: la *grève* et surtout la *sécession.* D'où l'âpreté avec laquelle les universités naissantes se sont fait reconnaître ce droit, avec l'aide de la papauté, qui l'accordait d'autant plus volontiers qu'elle n'était pas directement intéressée en général.

6. *les universités comme « milieu social »*

En définitive le fondement et le mécanisme des rapports entre les universités médiévales et les pouvoirs publics sont à chercher dans le fait que les universitaires médiévaux constituent un milieu social original: une *intelligentsia médiévale*. Mais il reste encore à déterminer par des études précises les caractères de ce milieu.

a. Il se recrute dans toutes les catégories de la société mais il importe de savoir dans la mesure où la documentation le permet quel est, pour chaque université, aux différentes périodes de son histoire, le pourcentage des différents milieux d'origine de ses membres et quelle est la carrière de ses membres suivant leur origine sociale. Il importe également de connaître comment se structurent les différentes catégories d'universitaires à l'intérieur du milieu universitaire: pauvres et non-pauvres, maîtres et étudiants, universitaires des différentes facultés, etc. Alors seulement une étude comparative de la structure sociale du milieu universitaire et de celle des sociétés globales avec lesquelles ils sont en rapport permettra de situer sur une base sociologique sérieuse leurs rapports.

b. Il est *transitoire:* les universitaires, sauf une minorité, ne restent pas dans les universités, ils en sortent. Il faudrait une série d'études statistiques sur les carrières des universitaires : combien achèvent leurs études jusqu'à la conquête de grades, combien restent dans les universités, ce que deviennent ceux qui en sortent. Alors seulement on pourra évaluer le rapport pour les pouvoirs publics du capital qu'ils investissent dans l'aide financière, juridique, morale aux universités.

c. Il est *international:* et ici encore la répartition à l'origine (recrutement) et à l'arrivée (carrières) par nationalités des universitaires permettra seule de préciser les rapports des universités avec les organismes politiques.

d. Enfin il faudrait pouvoir évaluer la cohésion, l'homogénéité de cette intelligentsia médiévale et définir ses caractéristiques fondamentales pour savoir ce qu'elle apporte aux formations politiques : compétence, prestige, contestation ? L'*«état»* universitaire qui offre à la plupart de ses membres un moyen d'ascension sociale a-t-il menacé ou fortifié la stabilité des sociétés médiévales ? A-t-il été un élément d'ordre, un ferment de progrès, un soutien des traditions ou un destructeur des structures ?

III. LIGNES GÉNÉRALES DE L'ÉVOLUTION DES RAPPORTS ENTRE UNIVERSITÉS ET POUVOIRS PUBLICS À LA RENAISSANCE (MILIEU XVe-XVIe SIÈCLE)

a. Si l'évolution de ces rapports est en grande partie due au fait que les universités d'une part et les pouvoirs publics de l'autre évoluent eux-mêmes, les changements les plus grands semblent se produire dans l'évolution des pouvoirs publics plutôt que dans celle des universités. Les pouvoirs publics sont plutôt l'élément moteur et les universités l'élément conservateur, freinant. Les universités qui semblaient plutôt avoir pris de vitesse les pouvoirs publics au Moyen Âge (à l'origine en tout cas les universités nées «spontanément» se sont imposées aux pouvoirs plus que ceux-ci ne les ont suscitées et les pouvoirs publics ont cherché plutôt à les encadrer, à les discipliner) sont désormais plutôt à la remorque des pouvoirs publics.

b. Les universités ont pourtant évolué au cours de la période médiévale. Mais cette évolution s'est surtout orientée vers la dégénérescence du milieu universitaire en *caste :* fermeture relative du milieu social (diminution du nombre des *pauvres*, népotisme), âpreté dans la défense des privilèges comme signes distinctifs de caste, insistance de plus en plus grande sur un genre de vie de privilégiés, etc. Cette sclérose sociale allant de pair avec une certaine sclérose intellectuelle (Spätscholastik), les universités à la fin du Moyen Âge offraient aux pouvoirs publics un milieu moins ouvert, moins riche de possibilités que pendant la période précédente.

c. Face aux progrès de l'autorité publique, les universités perdent une grande partie de leurs *libertés* essentielles, surtout là où le pouvoir monarchique ou princier fait des progrès aux dépens des pouvoirs locaux (en France notamment) : *perte de l'autonomie juridique* (l'université de Paris est soumise au Parlement dès 1446) *et du droit de sécession* (dernière tentative à Paris en 1499 et menace à Louvain, en 1564, de la nation allemande de quitter la ville).

d. Soumises juridiquement, les universités l'étaient aussi *économiquement*. Bien que le financement des universités par les pouvoirs publics se soit effectué par des moyens variés (salaires, prébendes, mais aussi dotations par l'octroi de revenus de nature économique liés au développement du commerce : revenus de péages à Heidelberg ou de fermes du sel à Cracovie par exemple, ou, dans les États réformés, de biens monastiques sécularisés comme à Tübingen, Wittenberg, Leipzig, Heidelberg), la part croissante de ces subventions publiques dans le budget des universitaires et des universités réduisit encore leur indépendance.

e. Le caractère international des universités s'estompa également. D'abord les universités se fermèrent soit statutairement, soit en fait aux maîtres et étudiants des villes ou nations qui étaient en guerre avec les pouvoirs politiques des villes ou pays dont les universités dépendaient : le caractère national des guerres affecta ainsi le milieu universitaire. D'autre part avec la Réforme et le triomphe du principe «cujus regio ejus religio» les universités se divisèrent en universités catholiques et universités protestantes et la division religieuse contribua à accentuer la nationalisation ou en tout cas la régionalisation des universités. Surtout, même là où la fréquentation étrangère demeura importante (et un assez large internationalisme des universités se maintint à la Renaissance), les étrangers furent de plus en plus exclus des offices, de postes de direction des universités.

f. Sans doute le prestige des universitaires et des universités demeurait grand et c'est en grande partie pour des raisons de prestige qu'un nombre croissant de princes et de villes dans la seconde moitié du XVe siècle et au XVIe siècle créèrent des universités (surtout en Europe centrale qui avait pris, sur le plan universitaire, malgré une première vague de créations à partir de 1347, un retard mal expliqué) mais les intentions *utilitaires* de ces fondateurs prenaient de plus en plus le pas sur les motifs désintéressés : ces universités devaient avant tout être des pépinières de fonctionnaires, d'administrateurs, de magistrats, de diplomates, de serviteurs du pouvoir public. Le fait d'ailleurs que l'humanisme se développait en partie à l'extérieur des universités qui avaient ainsi perdu le monopole de la culture et de la science favorisait leur conversion vers des carrières utilitaires, ce que facilitait aussi la laïcisation croissante des universitaires. Ainsi, alors que, sauf peut-être pour les universités ibériques et évidemment pour Naples, seule tentative médiévale d'université d'État, les universités du Moyen Âge n'étaient favorisées *«pro commodo suo»* par les pouvoirs publics que secondairement, cette préoccupation était passée au premier plan.

g. Sur le plan spirituel également les universités tendaient de plus en plus à jouer un rôle surtout utilitaire. Elles tendaient à devenir des gardiennes et des surveillantes de l'orthodoxie, à remplir une fonction de *police idéologique*, au service des pouvoirs politiques. À vrai dire les universités remplirent cette fonction plus ou moins rigidement selon toute une gamme de nuances, entre Paris, où la Sorbonne se distingua dans la chasse aux sorcières, et Venise (c'est-à-dire surtout Padoue où une grande liberté idéologique semble avoir régné).

h. Ainsi les universités en devenant plus des centres de formation professionnelle au service des États que des centres de travail intellectuel et scientifique désintéressé, changeaient de rôle et de physionomie sociale. Elles devenaient moins les creusets de formation d'une intelligentsia originale, qu'un centre d'apprentissage social par lequel passaient les membres des catégories qui formaient l'ossature administrative et sociale des États modernes, et bientôt de l'absolutisme monarchique. Sans qu'il soit facile de démêler ce qui est cause ou effet du changement de rôle des universités dans ce phénomène, il semble (car bien que la documentation universitaire soit beaucoup plus riche pour la Renaissance que pour le Moyen Âge nous manquons encore plus d'études précises pour cette époque tant les périodes d'origines ont exercé de fascination sur les historiens) que l'origine sociale des universitaires, en tout cas des étudiants, ait notablement changé à la Renaissance, la proportion des universitaires d'origine bourgeoise et surtout d'origine noble ayant beaucoup augmenté, ce qui manifeste encore l'*insertion des universités dans les cadres sociaux dirigeants* de l'ère monarchique.

i. Ainsi la Renaissance voit une *domestication* des universités par les pouvoirs publics, qui restreint singulièrement les motifs et les possibilités de conflits. Ceux-ci se limitent désormais à des conflits mineurs portant, au niveau local, surtout sur des questions d'intérêts matériels ou d'amour-propre corporatif, au niveau national sur des problèmes de religion et de police intellectuelle.

CONCLUSION

Bien que du Moyen Âge à la Renaissance la nature des rapports entre universités et pouvoirs publics ait subi une mutation profonde due avant tout à l'assujettissement des premières aux seconds, on peut dire que pendant les deux périodes les conflits ont porté sur des aspects mineurs et que le Regnum et le Studium se sont réciproquement porté aide et respect. Il faudra attendre les bouleversements de la révolution industrielle pour que, dans un cadre devenu national, les universités, tout en continuant par certains côtés à être les dépositaires et les défenseurs de certaines traditions et d'un certain ordre, deviennent les foyers d'une nouvelle intelligentsia, une intelligentsia révolutionnaire mettant davantage en cause les pouvoirs publics et ne leur obéissant que dans la mesure où ils servaient eux-mêmes des principes et des idéaux transcendant la simple raison d'État et les intérêts des classes dominantes.

BIBLIOGRAPHIE SOMMAIRE

études générales

GRUNDMANN H., «Vom Ursprung der Universität im Mittelalter», in *Berichte über die Verhandl. der Sächs. Akad. der Wiss. zu Leipzig. Phil. hist. Kl.*, 103-2, 1957.
KIBRE P., «Scholarly Privileges in the Middle Ages. The Rights, Privileges, and Immunities, of Scholars and Universities at Bologna, Padua, Paris and Oxford», in *Mediaeval Acad. of America*, 72, Londres, 1961.
KLUGE A., *Die Universitätsselbstverwaltung. Ihre geschichtliche und gegenwärtige Rechtsform*, Francfort-sur-le-Main, 1958.
MEISTER R., «Beiträge zur Gründungsgeschichte der mittelalterlichen Universitäten», in *Anz. der phil. hist. Kl. der Österr. Akad. der Wiss.*, 1957.
RASHDALL H., *The Universities of Europe in the Middle Ages*, nouv. éd. par F. M. Powicke et A. B. Emden, Oxford, 1936, 3 vol.

TRAVAIL ET SYSTÈMES DE VALEURS

STELLING-MICHAUD S., «L'histoire des universités au Moyen Âge et à la Renaissance au cours des vingt-cinq dernières années», in *XI*^{e} *Congrès international des Sciences historiques*, Stockholm, 1960; Rapports, t. I.

travaux antérieurs à 1960

BELTRAN DE HEREDIA V., «Los origines de la Universidad de Salamanca», in *La Cienca tomista*, 81, 1954.

BENARY F., *Zur Geschichte der Stadt und der Universität Erfurt am Ausgang des Mittelalters*, Gotha, 1919.

BEZOLD F. von, «Die ältesten deutschen Universitäten in ihrem Verhältnis zum Staat», in *Historische Zeitschrift*, 80, 1898 (reproduit in *Aus Mittelalter und Renaissance*, 1918).

BONJOUR E., «Zur Gründungsgeschichte der Universität Basel», in *Basler Zeitschrift für Geschichte und Altertumskunde*, 54, 1955 (reproduit in *Die Schweiz und Europa*, Bâle, 1958).

CENCETTI G., «Il foro degli scolari negli Studi medievali italiani», in *Atti e Memorie della R. Deputaz. di Storia Patria per l'Emilia e la Romagna*, V, 1939-1940.

CENCETTI G., «Sulle origini dello Studio di Bologna», in *Rivista Storica Italiana*, VI-5, 1940.

DAVY M.-M., «La situation juridique de l'université de Paris au XIIIe siècle», in *Revue d'Histoire de l'Église de France*, 17, 1931.

ERMINI G., «Il concetto di "studium generale"», in *Archivio giuridico*, sér. 5, 7, 1942.

EULENBURG F., «Die Frequenz der deutschen Universitäten von ihrer Gründung bis zur Gegenwart», in *Abh. der phil. hist. Kl. der Sächs. Gesell. der Wiss.*, 24-2, 1904.

GABRIEL A.-L., «La protection des étudiants à l'Université de Paris au XIIIe siècle», in *Revue de l'Université d'Ottawa*, 1950.

GAUDENZI A., «La costituzione di Federico II che interdice lo Studio Bolognese», in *Archivio Storico Italiano*, sér. 5, XLII, 1908.

GAUTHIER R.-A., *Magnanimité. L'Idéal de la grandeur dans la philosophie païenne et dans la théologie chrétienne*, 1951.

GRUNDMANN H., «Sacerdotium - Regnum - Studium. Zur Wertung der Wissenschaft im 13. Jahrhundert», in *Archiv für Kulturgeschichte*, 34, 1951.

GRUNDMANN H., «Freiheit als religiöses, politisches und persönliches Postulat im Mittelalter», in *Historische Zeitschrift*, 183, 1957.

HAMPE K., «Zur Gründungsgeschichte der Universität Neapel», in *Sitz. Ber. Heidelberg, phil. hist. Kl.*, 1923, 10, 1924.

HEIMPEL H., *Hochschule. Wissenschaft, Wirtschaft, in Kapitulation vor der Geschichte?*, 1956.

JACOB E. F., «English University Clerks in the later Middle Ages: the Problem of Maintenance», in *Bulletin of the John Rylands Library*, 29, 1945-1946.

KAUFMANN G., «Die Universitätsprivilegien der Kaiser», in *Deutsche Zeitschrift für Geschichtswissenschaft*, 1889, vol. I.

KEUSSEN H., «Die Stadt Köln als Patronin ihrer Hochschule», in *Westdeutsche Zeitschrift*, 9, 1890.

KIBRE P., «The Nations in the Mediaeval Universities», in *Mediaeval Acad. of America*, 49, 1948.

KUTTNER S., *Papst Honorius III und das Studium des Zivilrechts. Festschrift für Martin Wolff*, 1952.

MEYHÖFER M., «Die kaiserlichen Stiftsprivilegien für Universitäten», in *Archiv für Urkundenforschung*, 4, 1912.

NITSCHKE A., «Die Reden des Logotheten Bartholomäus von Capua», in *Quellen und Forschungen aus italienischen Archiven und Bibliotheken*, 35, 1955.

PALMIERI A., «Lo studio bolognese nella politica del secolo XII», in *R. Deputaz. di storia patria per le prov. di Romagna*, sér. 4, XIII, 1932.

PAQUET J., «Salaires et prébendes des professeurs de l'université de Louvain au xve siècle», in *Studia, Universitatis «Lovanium»*, 2, 1958.

PEGUES F., «Royal Support of Students in the XIIIth Century», in *Speculum*, 31, 1956.

POST G., «Masters's Salaries and Student-fees in the Mediaeval Universities», in *Speculum*, 7, 1932.

POST G., «Parisian Masters as a Corporation (1200-1246)», in *Speculum*, 9, 1934.

ROSSI G., «"Universitates scolarium" e Commune. Sec. XII-XIV», in *Studi e Memorie St. Univ. Bol.*, NS I, 1956.

SIGHINOLFI L., «Gli statuti del Comune di Bologna e i privilegi degli scolari forestieri», in *R. Deputaz. di storia patria per le prov. di Romagna*, sér. 4, XXIII, 1932-1933.

SIMEONI L., «Bologna e la politica di Enrico V», in *Atti e Memorie della Deputaz. di storia patria per l'Emilia e la Romagna*, 2, 1936-1937.

SIMEONI L., «Un nuovo documento su Irnerio», *Ibid.*, 4, 1938-1939.

SIMEONI L., «La lotta dell'investiture a Bologna e la sua azione sulla città e sullo studio», in *Memorie della R. Accad. delle' sc. dell'Ist. di Bologna, cl. mor.*, ser. IV, 3, 1941.

STEIN F., *Die akademische Gerichtsbarkeit in Deutschland*, 1891.

STELLING-MICHAUD S., «L'université de Bologne et la pénétration des droits romain et canonique en Suisse aux XIIIe et XIVe siècles», in *Travaux d'Humanisme et Renaissance*, 17, Genève, 1955.

TORELLI P., «Comune ed Università», in *Studi e Memorie St. Univ. Bol.*, 16, 1943.

ULLMANN W., «Honorius III and the Prohibition of Legal Studies», in *Juridical Review*, 60, 1948.

ULLMANN W., «The Medieval Interpretation of Frederick I's Authentica "Habita"», in *L'Europa e il diritto romano. Studi in memoria di P. Koschaker*, Milan, 1953, t. I.

VAN DER ESSEN L., «Les "nations" estudiantines à l'Université de Louvain», in *Bulletin de la Commission royale d'Histoire*, 88, 1924.

VERGOTTINI G. de, *Aspetti del primi secoli della storia dell'Università di Bologna*, 1954.

VERGOTTINI G. de, «Lo Studio di Bologna, l'Impero, il Papato», in *Studi e Memorie St. Univ. Bol.*, NS I, 1956.

TRAVAIL ET SYSTÈMES DE VALEURS

WAXIN M., *Le Statut de l'étudiant étranger dans son développement historique*, Paris, 1939.
WRETSCHKO A. von, *Universitätsprivilegien der Kaiser aus der Zeit von 1412-1456*, Festschrift Otto Gierke, 1911.
Et les études sur le financement de diverses universités allemandes à la Renaissance citées par S. Stelling-Michaud dans son rapport de Stockholm, p. 137, n. 185.

travaux postérieurs à 1960[1]

ABE H. R., « Die soziale Gliederung der Erfurter Studentenschaft im Mittelalter. 1392-1521 » I, in *Beiträge zur Geschichte der Universität Erfurt*, VIII, 1961.
Actes du Colloque de la Commission internationale d'Histoire des Universités à l'occasion du jubilé de l'Université Jagellonne, 1364-1964 (Cracovie, mai 1964) : La conception des universités à l'époque de la Renaissance.
Actes du Congrès sur l'ancienne université d'Orléans (6-7 mai 1961), Orléans, 1962.
« Aus der Geschichte der Universität Heidelberg und ihrer Fakultäten hrsg. v. G. Ninz », in *Ruperto-Carola*, 1961, XIII, Sonderband, Heidelberg, 1961.
BAUMGÄRTEL G., « Die Gutachter und Urteilstätigkeit der Erlanger Juristenfakultät in dem ersten Jahrhundert ihres Bestehens », in *Erlanger Forschungen*, Ser. A, XIV, Erlangen, 1962.
BLASCHKA A., « Von Prag bis Leipzig. Zum Wandel des Städtelobs », in *Wissenschaftliche Zeitschrift der Universität Halle. Gesellschafts-Sprachwiss. Reihe*, VIII, 1959.
BOÜARD M. de, « Quelques données nouvelles sur la création de l'Université de Caen (1432-1436) », in *Le Moyen Âge*, LXIX, 1963.
CHIBNALL A. Ch., *Richard de Badew and the University of Cambridge*, Cambridge (Angleterre), 1963.
CLAEYS BOUUAERT F., « À propos de l'intervention de l'Université de Louvain dans la publication des décrets du Concile de Trente », in *Revue d'Histoire ecclésiastique*, LV, 1960.
CURTIS M. H., *Oxford and Cambridge in Transition. 1558-1662*, Oxford, 1959.
CURTIS M. H., « The Alienated Intellectuals of Early Stuart England », in *Past and Present*, 23, 1962.
Das 500-jährige Jubiläum der Universität Greifswald 1956, Bearb. v. G. Erdmann u. a. Greifswald, 1961.
DAUVILLIER J., « Origine et histoire des costumes universitaires français », in *Annales de la Faculté de Droit de Toulouse*, 1958.
DAUVILLIER J., « La notion de chaire professorale dans les universités depuis le Moyen Âge jusqu'à nos jours », *ibid.*, 1959.
« Dekret Kutnohorsky a jeho misto v dejinach » (Le Décret de Kutna Hora et sa place

---

1. ou qui, parus peu avant 1960, n'ont pu être utilisés par S. Stelling-Michaud dans son rapport au Congrès de Stockholm mais antérieurs à 1965, date de présentation de cette étude au Congrès de Vienne.

dans l'histoire), in *Acta Universitatis Carolinae. Philosophica et Historica,* 2, Prague, 1959.

Dzieje Uniwersytetu Jagiellonskiego w latach 1364-1764 (Histoire de l'Université Jagellonne 1364-1764), éd. K. Lepszy, Cracovie, 1964.

EMDEN A. B., «The Remuneration of the Medieval Proctors of the University of Oxford», in *Oxoniensia,* XXVI-XXVII, 1961-1962.

HEXTER J. H., «The Education of the Aristocracy in the Renaissance», in *Reappraisals in History,* Londres, 1961.

HLAVACEK I., «Jeden dokument k vztahu university a prazskych měst v druhé polovoně 14. stoleti» (Un document sur les relations entre l'université et les villes de Prague dans la seconde moitié du XIVe siècle), in *Acta Universitatis Carolinae. Historia Universitatis Carolinae Pragensis,* II, 1961.

KEJR J., «Sporné otazky v badani o Dekretu kutnohorskem» (Questions controversées de la recherche sur le *Décret* de Kutna Hora), *ibid.,* III-I, 1963.

KISCH G., «Die Anfänge der Juristischen Fakultät der Universität Basel, 1459-1529», in *Studien zur Geschichte der Wissenschaften in Basel,* XV, Bâle, 1962.

KOPRIO G., «Basel und die eidgenössische Universität», in *Basler Beiträge zur Geschichtswissenschaft,* LXXXVII, Bâle, 1963.

KÜRBISOWNA B., «Proba zalozenia uniwersytetu w Chelmnie w r. 1386» (La question de la fondation de l'université de Chelmno en 1386), in *Opuscula Casimiro Tymieniecki septuagenario dedicata,* Poznan, 1959.

LE GOFF J., «Quelle conscience l'université médiévale a-t-elle eue d'elle-même?», in *Miscellanea Mediaevalia. Veröffentlichungen des Thomas-Instituts an der Universität Köln.* 3: *Beiträge zum Berufsbewusstsein des mittelalterlichen Menschen,* 1964, voir *supra,* pp. 177-192.

MICHAUD-QUANTIN P., «Le droit universitaire dans le conflit parisien de 1252-1257», in *Studia Gratiana,* VIII, 1962.

OURLIAC P., «Sociologie du concile de Bâle», in *Revue d'Histoire ecclésiastique,* LVI, 1961.

PAQUET J., «Bourgeois et universitaires à la fin du Moyen Âge. À propos du cas de Louvain», in *Le Moyen Âge,* 1961.

PEGUES F. J., *The Lawyers of the Last Capetians,* Princeton, 1962.

ROBSON J. A., *Wyclif and the Oxford Schools,* Cambridge (Angleterre), 1961.

SIDOROVA N. A., «Les problèmes fondamentaux de l'histoire des Universités au Moyen Âge dans l'optique de l'historiographie bourgeoise contemporaine» (en russe), in *Srednia Veka,* 23, 1963.

SIMON J., «The Social Origins of Cambridge Students. 1603-1640», in *Past and Present,* 26, 1963.

SMITH C. E., *The University of Toulouse in the Middle Ages. Its Origins and Growth to 1500,* Milwaukee, 1958.

STELLING-MICHAUD S., «Le transport international des manuscrits juridiques bolonais entre 1265 et 1320», in *Mélanges Antony Babel,* Genève, 1963.

STONE L., «The Educational Revolution in England, 1560-1640», in *Past and Present*, 28, 1964.

WYCZANSKI A., «Rola Uniwersytetu Jagiellonskiego w pierwszej polowie XVI wieku» (Le rôle de l'Université Jagellonne dans la première moitié du XVIe siècle), in *Kwartalnik Historyczny*, LXXI, 1964.

ZANETTI D., «À l'Université de Pavie au XVe siècle: les salaires des professeurs», in *Annales E.S.C.*, 1962.

III
CULTURE SAVANTE ET
CULTURE POPULAIRE

CULTURE CLÉRICALE
ET TRADITIONS FOLKLORIQUES
DANS LA CIVILISATION MÉROVINGIENNE

« *L*a pression des représentations populaires sur la religion des doctes est un phénomène bien connu de tous les historiens du christianisme médiéval. Ses premières manifestations remontaient vraisemblablement beaucoup plus haut. Est-il admissible de poser le problème de la "décadence" de la civilisation intellectuelle antique sans se demander si cette "culture", née dans les sociétés très particulières de quelques petites cités hellènes, adoptée ensuite et adaptée par l'oligarchie romaine, n'était pas d'avance condamnée à de singulières déformations, à partir du moment où, bornée encore, il est vrai, à une élite, mais à une élite désormais répandue à travers un monde immense, elle se trouva, bon gré mal gré, entrer en contact avec des foules imprégnées de tout autres traditions mentales? » (Marc Bloch, in *Annales d'Histoire sociale*, 1939, p. 186.)

Le désir de mettre en relation les groupes ou les milieux sociaux et les niveaux de culture au moment du passage de l'Antiquité au Moyen Âge en Occident n'est pas nouveau. Sans remonter plus haut, il faut rappeler le célèbre article de Ferdinand Lot: «À quelle époque a-t-on cessé de parler latin[1]?» – auquel a fait plus tard écho Dag Norberg[2]. Je suis bien incapable de suivre ces deux savants auteurs sur le terrain philologique où ils se sont placés. Mais, si j'admire beaucoup les remarques pertinentes dont leurs articles foisonnent, si je leur suis reconnaissant d'avoir ancré leur étude linguistique dans l'analyse plus large des conditions sociales, je crois que l'essentiel, pour notre débat, est ailleurs.

Première publication in *Annales E.S.C.*, 1967, pp. 780-791.

1. F. Lot, «À quelle époque a-t-on cessé de parler latin?», in *Archivum Latinitatis Medii Aevi, Bulletin Du Cange*, 1931.
2. D. Norberg, «À quelle époque a-t-on cessé de parler latin en Gaule?», in *Annales E.S.C.*, 1966.

Sans doute l'outillage linguistique fait partie, à un niveau fondamental, de l'outillage mental et intellectuel et se trouve donc englobé dans le contexte social qui marque profondément celui-ci. Mais, du point de vue central de la communication culturelle entre les milieux sociaux, pour les Ve-VIe siècles en tout cas, Dag Norberg me semble avoir raison contre Ferdinand Lot: «D'un point de vue social il n'y avait pas deux langues à cette époque, mais plusieurs formes de la même langue selon les différents milieux de la société[3].»

Donc, au niveau linguistique, le peuple et l'aristocratie se comprennent – avec cette importante réserve: là où ils parlent latin. Or si le clergé parle partout latin, les laïcs continuent souvent à parler les langues «barbares» – qu'il s'agisse des langues vulgaires de populations entrées depuis longtemps dans l'aire politique et culturelle romaine, ou des langues des Barbares proprement dits, des immigrants ou envahisseurs nouvellement installés dans les limites de l'Empire romain. Dans le premier cas, c'étaient surtout les paysans qui avaient conservé leurs langues traditionnelles – copte, syriaque, thrace, celte, berbère – comme l'a rappelé A. H. M. Jones dans une remarquable étude[4]. Pour s'en tenir à l'Occident, la persistance des parlers celtiques est attestée par différentes sources, notamment par saint Jérôme[5] et par Sulpice Sévère[6]. En ce qui concerne les nouveaux venus, la permanence de l'utilisation des dialectes germaniques se rencontre du bas en haut de la société. Il y a bien une certaine romanisation des Barbares, mais elle reste très limitée[7].

On voit ainsi s'affirmer deux phénomènes essentiels: l'émergence de la masse paysanne comme groupe de pression culturelle[8], l'indifférenciation culturelle croissante – à part quelques exceptions individuelles ou locales – de toutes les couches sociales laïques face au clergé qui monopolise

---

3. *Loc. cit.*, p. 350.
4. «The Social Background of the Struggle between Paganism and Christianity», in *The Conflict between Paganism and Christianity in the IVth Century*, éd. A. Momigliano, Oxford, 1963.
5. *Comm. in Ep. Gal.*, II.
6. *Dialogi*, I, 27.
7. «Les comtes, les *saiones* envoyés en mission auprès des fonctionnaires romains, connaissaient nécessairement quelques phrases latines, ce que savent à la longue n'importe quel officier ou même soldat, dans un pays occupé» (P. Riché, *Éducation et Culture dans l'Occident barbare*, Paris, 1962, p. 101). «Il est certain que des aristocrates barbares se sont romanisés assez rapidement. Mais il est bien évident qu'il ne peut s'agir que d'une minorité, la masse des Barbares ayant conservé ses usages propres» (*ibid.*, p. 102).
8. Il s'agit d'un phénomène différent de celui qui s'est produit aux origines de la culture romaine. Là, le fond rural a imprégné à jamais une culture qui s'urbanisait et se dilatait sans cesse (voir par exemple W. E. Heitland, *Agricola*, Cambridge, 1921; et les remarques de J. Marouzeau sur le latin «langue de paysans», in *Lexique de terminologie linguistique*, 2e éd., 1943). Ici, le paysan, évacué et tenu à l'écart de l'univers culturel (voir *supra*, J. Le Goff, «Les paysans et le monde rural dans la littérature du haut Moyen Âge (V^e-VIe siècle)», pp. 127-139), fait peser sur cette culture une menace qui oblige les clercs à opérer un mouvement inverse, de haut en bas, à jeter du lest.

CULTURE SAVANTE ET CULTURE POPULAIRE

toutes les formes évoluées, et notamment écrites, de culture. Le poids de la masse paysanne, le monopole clérical sont les deux formes essentielles qui agissent sur les rapports entre milieux sociaux et niveaux de culture dans le haut Moyen Âge. Le meilleur terrain où l'on puisse étudier ces rapports ne me paraît pas être celui de la langue, mais celui – plus large et plus profond – de l'outillage intellectuel et mental.

Pour mieux comprendre le rôle des supports sociaux de la culture dans le haut Moyen Âge, il faut rappeler l'évolution des infrastructures qui amène brusquement le christianisme au premier plan de la scène historique au IVe siècle. A.H.M. Jones[9] a montré que la diffusion du christianisme dans le monde romain du IVe siècle n'était pas un fait purement politique ou spirituel – conséquence de la conversion de Constantin et du zèle missionnaire des chrétiens désormais soutenus par les pouvoirs publics. Au début du IVe siècle, le christianisme était surtout répandu dans les classes urbaines moyennes et inférieures, alors que les masses paysannes et l'aristocratie étaient à peine touchées. Or la contraction économique et le développement de la bureaucratie amènent la promotion de ces *middle and lower urban classes* où le christianisme était déjà fort. Cette promotion entraîne la percée chrétienne. Mais quand le triomphe du christianisme se précise, les classes qui l'ont porté sont en plein recul. Le christianisme échappe à l'effondrement des superstructures fragiles du Bas-Empire, mais en se désolidarisant des classes qui ont assuré son succès et que l'évolution historique fait disparaître. Le relais social de l'aristocratie, puis des masses paysannes implante le christianisme – mais au prix de nombreuses distorsions, particulièrement sensibles dans le domaine de la culture. Entre un clergé de plus en plus colonisé par une aristocratie formée par la *paideia* gréco-romaine[10] et un laïcat à dominante rurale que le recul du paganisme officiel rend plus vulnérable aux poussées d'une culture primitive renaissante, la religion chrétienne mise en place par des catégories sociales urbaines moribondes parviendra-t-elle à se définir en une culture commune à travers un jeu subtil d'acculturations internes[11] ?

---

9. *Loc. cit.*, *supra*, note 4.
10. Voir l'ouvrage classique de H. I. Marrou, *Histoire de l'éducation dans l'Antiquité*, 5e éd., Paris, 1960 ; et pour les fondements grecs de la culture gréco-romaine, W. Jaeger, *Paideia. The Ideals of Greek Culture*, I-III, Oxford, 1936-1945.
11. Sur la problématique de l'acculturation, l'exposé de référence est celui d'A. Dupront, «De l'acculturation», in *Comité international des sciences historiques. XIIe Congrès international des sciences historiques*, Vienne, 1965. Rapports : I. Grands thèmes, 1965, pp. 7-36. Traduit en italien avec des additions in *L'acculturazione. Per un nuovo rapporto tra ricerca storica e scienze umane*, Turin, 1966. Les problèmes d'acculturation interne nés de la coexistence de niveaux et d'ensembles culturels distincts à l'intérieur d'une même aire ethnique constituent un domaine particulier et particulièrement important de l'acculturation.

I. Les caractères fondamentaux de l'histoire de la culture occidentale, du Ve au VIIIe siècle, peuvent se définir ainsi :
a. le laminage des classes moyennes se retrouve dans le domaine de la culture où le fossé s'élargit entre la masse inculte et une élite cultivée ;
b. mais le clivage culturel ne coïncide pas avec la stratification sociale parce que la culture intellectuelle devient le monopole de l'Église. Même s'il y a de grandes différences de degré de culture parmi les clercs, la nature de leur culture est la même et la ligne de séparation essentielle est celle qui sépare clercs et laïcs ;
c. la culture ecclésiastique, quelles que soient les réponses individuelles ou collectives des clercs au problème de l'attitude à adopter à l'égard du contenu de la culture profane païenne, utilise l'outillage intellectuel mis au point, du IIIe au Ve siècle, par des auteurs didactiques qui systématisent, à un niveau simplifié et médiocre, l'héritage méthodologique et scientifique de la culture gréco-romaine[12]. De cet outillage intellectuel, l'essentiel est probablement le cadre des « arts libéraux » et l'auteur le plus important Martianus Capella (*De nuptiis Philologiae et Mercurii*, première moitié du Ve siècle)[13]. Il serait important d'avoir une bonne connaissance d'ensemble de cette première couche de « fondateurs du Moyen Âge », souvent encore païens, tel Macrobe[14] ;
d. les chefs ecclésiastiques reçoivent d'autant plus facilement cette formation intellectuelle que, surtout aux Ve-VIe siècles, la grande majorité d'entre eux appartient aux aristocraties indigéno-romaines. Mais les prélats barbares, les évêques et les abbés d'origine barbare qui ont pu faire carrière, adoptent d'autant mieux ce type de culture que son acquisition est précisément un des meilleurs moyens d'assimilation et d'ascension sociales. Le type hagiographique du saint évêque comporte en général une origine « illustre » et presque toujours, avant ou après la « conversion », la formation des arts libéraux (ainsi Paulin de Milan dans la *Vita Ambrosii*, vers 422 ; Constance de Lyon dans la *Vita Germani*, vers 470-480, etc.) ;
e. malgré la tendance à la régionalisation, cette culture ecclésiastique a, à peu près partout, la même structure et le même niveau (voir deux exemples, parmi les plus opposés : Isidore de Séville et la culture wisigothique au

---

12. Par exemple, l'essentiel des connaissances ethnographiques que la culture gréco-latine léguera à l'Occident médiéval viendra des *Collectanea rerum memorabilium*, médiocre compilation de Solinus au IIIe siècle (éd. Mommsen, 2e éd., Berlin, 1895).
13. Voir W. H. Stahl, « To a Better Understanding of Martianus Capella », in *Speculum*, XL, 1965.
14. C'est à Macrobe que les clercs du Moyen Âge ont tardivement emprunté par exemple la typologie des rêves – si importante dans une civilisation où l'univers onirique tient une si grande place ; voir L. Deubner, *De Incubatione*, Giessen, 1899.

Culture savante et culture populaire

début du VIIe siècle, la culture monastique irlandaise à Ynis Pyr à l'époque d'Iltud, dans la première moitié du VIe siècle, d'après la *Vita Samsonis*)[15] ;
f. en face de cette culture ecclésiastique, la culture laïque manifeste une régression beaucoup plus forte, amorcée depuis le IIe siècle, renforcée par la désorganisation matérielle et mentale rendue catastrophique par les Invasions et par la fusion des éléments barbares avec les sociétés indigéno-romaines. Cette régression culturelle s'est surtout manifestée par des résurgences de techniques, de mentalités, de croyances «traditionnelles». Ce que la culture ecclésiastique a trouvé en face d'elle, c'est, plus qu'une culture païenne de même niveau et de même type d'organisation, vite vaincue malgré les derniers sursauts du début du Ve siècle, une culture «primitive», à coloration plus guerrière chez les Barbares (surtout dans la couche supérieure : voir mobilier funéraire)[16], à coloration surtout paysanne dans l'ensemble des couches inférieures ruralisées.

II. En laissant donc de côté le témoignage des documents archéologiques, on peut tenter de définir les rapports entre ces deux niveaux de culture à travers les rapports entre culture cléricale et folklore.
Le fait que cette esquisse se fonde sur des documents appartenant à la culture ecclésiastique écrite (surtout vies de saints et ouvrages pastoraux tels que les *Sermons* de Césaire d'Arles, le *De correctione rusticorum* de Martin de Braga, les *Dialogi* de Grégoire le Grand, les textes des synodes et conciles, les pénitentiels irlandais) risque d'en fausser sinon l'objectivité, du moins les perspectives. Mais on ne cherche pas ici à étudier la résistance de la culture folklorique et les diverses formes qu'elle a pu prendre (résistance passive, contamination de la culture ecclésiastique, liaison avec des mouvements politiques, sociaux et religieux, bagaudes, arianisme, priscillianisme, pélagianisme, etc.). On se contente d'essayer de définir l'attitude de la culture ecclésiastique face à la culture folklorique[17].

---

15. La *Vita Samsonis* a été soumise à la sévère critique de son éditeur R. Fawtier (Paris, 1912). Mais, même si les additions et les remaniements postérieurs sont notables dans le texte qui nous est parvenu, les historiens du monachisme irlandais tendent à considérer la culture «libérale» des abbés irlandais (saint Iltud ou saint Cadoc sont à même enseigne que saint Samson) comme une réalité et non comme une fiction carolingienne (voir P. Riché, *op. cit.*, p. 357 ; et O. Loyer, *Les Chrétientés celtiques*, Paris, 1965, pp. 49-51).
16. Bien que l'archéologie nous révèle une culture guerrière (voir E. Salin, *La Civilisation mérovingienne d'après les sépultures, les textes et le laboratoire*, Paris, 1949-1959, 4 vol.), l'aristocratie militaire du haut Moyen Âge demeure éloignée de la culture écrite en attendant sa poussée à l'époque carolingienne et précarolingienne (voir *infra*, p. 225, note 25) où elle s'englue d'ailleurs dans la culture cléricale avant de faire sa percée à l'époque romane avec les chansons de geste (voir J.-P. Bodmer, *Der Krieger der Merowingerzeit und seine Welt*, 1957).
17. Par culture folklorique, j'entends surtout la couche profonde de culture (ou civilisation) traditionnelle (au sens de A. Varagnac, *Civilisation traditionnelle et genres de vie*, Paris, 1948)

Il y a sans doute un certain accueil de ce folklore dans la culture cléricale :
a. il est favorisé par certaines structures mentales communes aux deux cultures, en particulier la confusion entre le terrestre et le surnaturel, le matériel et le spirituel (par exemple attitude en face des miracles et culte des reliques, usage des phylactères, etc.) ;
b. il est rendu obligatoire par la tactique et la pratique évangélisatrices ; l'évangélisation réclame un effort d'adaptation culturelle des clercs : langue *(sermo rusticus)*, recours aux formes orales (sermons, chants), et à certains types de cérémonies (culture liturgique, processions : le cas des Rogations[18]

sous-jacente dans toute société historique et, me semble-t-il, affleurant ou près d'affleurer dans la désorganisation d'entre Antiquité et Moyen Âge. Ce qui rend l'identification et l'analyse de cette couche culturelle particulièrement délicates, c'est qu'elle est truffée d'apports historiques disparates par leur âge et leur nature. Ici on ne peut guère que tenter de distinguer cette strate profonde de la couche de culture «supérieure» gréco-romaine qui l'a marquée de son empreinte. Ce sont, si l'on veut, les deux paganismes de l'époque : celui des croyances traditionnelles de très longue durée, et celui de la religion officielle gréco-romaine, plus évolutive. Les auteurs chrétiens de la basse Antiquité et du haut Moyen Âge les distinguent mal et semblent d'ailleurs (une analyse, par exemple, du *De correctione rusticorum* de Martin de Braga – voir L. Chaves, «Costumes e tradicoes vigentes no seculo VI e na actualidade», in *Bracara Augusta*, VIII, 1957 ; S. Mc Kenna, *Paganism and Pagan Survivals in Spain up to the Fall of the Visigothic Kingdom*, Washington, 1938, et le texte *apud* C. W. Barlow, «Martin de Braga», in *Opera omnia*, 1950 – le montre) plus soucieux de combattre le paganisme officiel que les vieilles superstitions qu'ils distinguent mal. Dans une certaine mesure, leur attitude favorise l'émergence de ces croyances ancestrales plus ou moins purgées de leur habillage romain, et pas encore christianisées. Même un saint Augustin, pourtant encore attentif à distinguer l'*urbanitas* de la *rusticitas* dans les aspects sociaux des mentalités, des croyances et des comportements (voir par exemple son attitude discriminante à l'égard des pratiques funéraires dans le *De cura pro mortuis gerenda*, PL, t. XL – CSEL 41 – *Bibliothèque augustinienne*, 2 ; et plus généralement le *De catechizandis rudibus*, PL, t. XL – *Bibliothèque augustinienne*, 1, 1) ne fait pas toujours la distinction. Ainsi le célèbre passage du *De Civitate Dei*, XV, 23, sur les *Silvanos et Faunos quos vulgo incubos vocant*, acte de naissance des démons incubes du Moyen Âge, comme l'a bien vu Ernest Jones dans son essai pionnier sur la psychanalyse des obsessions collectives médiévales, in *On the Nightmare*, 2ᵉ éd., Londres, 1949, p. 83.
Dans la pratique, je considère comme éléments folkloriques les thèmes de la littérature mérovingienne qui renvoient à un motif de Stith Thompson, *Motif-Index of Folk-literature*, Copenhague, 1955-1958, 6 vol.
Sur l'historicité du folklore, voir l'article lumineux, de portée générale malgré son titre, de G. Cocchiara, «Paganitas. Sopravivenze Folkloriche del Paganesimo siciliano», in *Atti del I° congresso internazionale di studi sulla Sicilia antica*, ΚΩΚΑΛΟΣ. *Studi pubblicati dall'Istituto di storia antica dell'Università di Palermo*, X-XI, 1964-1965, pp. 401-416.
18. On sait que les Rogations datent des Vᵉ-VIᵉ siècles. Elles ont été instituées, selon la tradition, par saint Mamert, évêque de Vienne († 474), dans un contexte de calamités et se sont rapidement étendues à toute la Chrétienté, comme en témoigne saint Avit († 518), *Homilia de rogationibus*, PL, t. LIX, col. 289-294. Il n'est pas sûr qu'elles aient été le substitut direct et voulu des *Ambarvalia* antiques : voir H. Leclercq, article «Rogations», in *Dictionnaire d'Archéologie chrétienne et de liturgie*, XIV-2, 1948, col. 2459-2461. Il est certain au contraire qu'elles ont accueilli des éléments folkloriques. Mais il est difficile de savoir si ces éléments ont donné tout de suite, dès notre époque, leur coloration à la liturgie des Rogations, ou s'ils ne s'y sont pas introduits, ou en tout cas développés plus tard. Nos témoignages concernant

et des processions instituées par Grégoire le Grand)[19], satisfaction des requêtes de la «clientèle» (miracles «à la demande»).
La culture ecclésiastique doit souvent s'insérer dans les cadres de la culture folklorique: emplacement des églises et des oratoires, fonctions païennes transmises aux saints, etc.
Mais l'essentiel est un *refus* de cette culture folklorique par la culture ecclésiastique:
a. par destruction
Les nombreuses destructions de temples et d'idoles ont eu pour pendant dans la littérature la proscription des thèmes proprement folkloriques dont la récolte, même dans la littérature hagiographique *a priori* privilégiée à cet égard, est mince. La récolte est encore plus mince si on élimine les thèmes folkloriques issus de la Bible (à cet égard il serait important de distinguer la tradition vétéro-testamentaire riche en motifs folkloriques et la tradition néo-testamentaire où ces thèmes sont rares). D'autre part il faut soigneusement distinguer dans les récits hagiographiques les diverses couches chronologiques d'éléments folkloriques dues aux remaniements successifs. Des auteurs (par exemple P. Saintyves, *En marge de la Légende dorée*, ou H. Günther, *Psychologie de la Légende*) n'ont pas suffisamment distingué ces strates et ont eu tendance à faire remonter au très haut Moyen Âge des éléments folkloriques introduits à l'époque carolingienne et surtout lors de la grande vague folklorique des XIIe-XIIIe siècles qui vient déferler dans *La Légende dorée* de Jacques de Voragine.
b. par oblitération
La superposition des thèmes, des pratiques, des monuments, des personnages chrétiens à des prédécesseurs païens n'est pas une «succession» mais une abolition. La culture cléricale couvre, cache, élimine la culture folklorique.

---

par exemple les dragons processionnels ne datent que des XIIe-XIIIe siècles pour les textes théoriques (les liturgistes Jean Beleth et Guillaume Durand) et des XIVe-XVe siècles pour les mentions individuelles concrètes. J'ai étudié le problème des dragons processionnels depuis l'époque mérovingienne dans un essai, «Culture cléricale et folklore au Moyen Âge: saint Marcel de Paris et le dragon», in *Mélanges Barbagallo*, II, 51-90 et ici, *infra*, pp. 229-268. Sur les caractères folkloriques des Rogations, voir les belles pages de A. Van Gennep, au titre significatif: «Fêtes liturgiques folklorisées», in *Manuel de Folklore français contemporain*, I/4-2, 1949, pp. 1637 *sqq.*
19. Leur origine est urbaine, leur nature proprement liturgique, comme le montre la lettre d'institution adressée par le pape aux Romains après son élévation au pontificat lors de l'épidémie de peste noire de 590 – lettre que Grégoire de Tours a insérée dans l'*Historia Francorum* parce qu'un diacre de Tours, alors à Rome pour y acquérir des reliques, la lui avait rapportée (*Historia Francorum*, X, 1). Mais leur insertion dans le calendrier liturgique comme *liturgiae majores* à côté des *liturgiae minores* des Rogations les a sans doute exposées aussi à une dégradation populaire.

c. par dénaturation
C'est probablement le plus important des procédés de lutte contre la culture folklorique : les thèmes folkloriques changent radicalement de signification dans leurs substituts chrétiens (exemple du dragon, par exemple dans la *Vita Marcelli* de Fortunat [20] ; exemple des fantômes dans la *Vita Germani* de Constance de Lyon, par comparaison avec le modèle gréco-romain de Pline le Jeune et le thème folklorique des morts sans sépulture)[21] et même de nature (par exemple les saints ne sont que des thaumaturges auxiliaires, Dieu seul faisant les miracles)[22].
Le fossé culturel réside ici surtout dans l'opposition entre le caractère fondamentalement ambigu, équivoque, de la culture folklorique (croyance en des forces *à la fois* bonnes et mauvaises et utilisation d'un outillage culturel *à double tranchant*) et le «rationalisme» de la culture ecclésiastique, héritière de la culture aristocratique gréco-romaine[23] : séparation du bien et du mal,

---

20. Le dragon folklorique – symbole des forces naturelles ambivalentes qui peuvent tourner à notre avantage ou à notre détriment (voir E. Salin, *op. cit.*, IV, pp. 207-208) – continue à exister tout au long du Moyen Âge, à côté du dragon chrétien identifié avec le diable et réduit à sa signification mauvaise. À l'époque (fin VIe siècle) où Fortunat écrit la *Vita Marcelli* (voir Bruno Krusch, *MGH, Scriptores Rerum Merovingiarum*, IV-2, 49-54), le thème du saint vainqueur du dragon demeure à mi-chemin de ces deux conceptions, dans la lignée de l'interprétation antique qui, attribuant à des héros une victoire sur un dragon, hésitait entre la domestication et la mort du monstre. Sur les aspects folkloriques de ce thème, voir Stith Thompson, *op. cit.*, Motif A 531 : *Culture hero (demigod) overcomes monsters*. J'ai essayé de présenter ce problème dans l'article cité *supra*, p. 218, note 8 ; «L'ambivalence des animaux rêvés» a été soulignée par J. Györy, in *Cahiers de Civilisation médiévale*, 1964, p. 200. Pour une interprétation psychanalytique de cette ambivalence, voir E. Jones, *On the Nightmare*, p. 85.
21. Constance de Lyon, *Vie de saint Germain d'Auxerre*, éd. R. Borius, Paris, 1965, pp. 138-143 ; Pline le Jeune, *Lettres*, VII, 27.
22. Il faut ici distinguer. La thèse de P. Saintyves, qui s'exprime dans le titre suggestif de son livre marqué de l'empreinte «moderniste» : *Les Saints successeurs des dieux*, paru en 1907, est fausse dans la mesure où les ancêtres antiques éventuels des saints sont non les dieux mais les demi-dieux, les héros, et où l'Église a voulu faire des saints non les successeurs mais les remplaçants des héros et les situer dans un autre système de valeurs. En revanche la thèse de G. Cocchiara, *loc. cit.*, qui affirme le triomphe de l'Église en cette matière, ne tient pas compte du fait que la grande majorité des chrétiens, au Moyen Âge et plus tard, ont eu à l'égard des saints le même comportement que leurs ancêtres à l'égard des héros, des demi-dieux, et même des dieux. En particulier, contrairement à ce que pense G. Cocchiara, l'attitude, si fréquente chez les collectivités médiévales, de rudoyer un saint (ou sa statue) coupable de n'avoir pas exaucé les prières de ses fidèles, relève bien d'une mentalité «primitive» persistante, et non de je ne sais quelle mutation affectueuse de la piété. Ce qui reste, c'est que la distinction entre le rôle de Dieu et celui des saints – purs intercesseurs – dans les miracles offre à la psychologie individuelle et collective une soupape qui sauvegarde, dans une certaine mesure, la dévotion envers Dieu.
23. C'est sans doute simplifier le rôle intellectuel et mental du christianisme que d'insister sur les progrès de la rationalisation qu'il a apportée en ces domaines. Dans le moyen terme de l'histoire des mentalités collectives, il semble davantage relever d'une réaction mystique, «orientale» face à un certain «rationalisme» gréco-romain auquel il ne faudrait pas d'ailleurs réduire la sensibilité critique : bien des aspects de la sensibilité hellénistique ont fait le lit du

CULTURE SAVANTE ET CULTURE POPULAIRE

du vrai et du faux, de la magie noire et de la magie blanche, le manichéisme proprement dit n'étant évité que par la toute-puissance de Dieu.

On a ainsi affaire à deux cultures diversement efficaces, à des niveaux différents. Le barrage opposé par la culture cléricale à la culture folklorique ne vient pas seulement d'une hostilité consciente et délibérée mais tout autant de l'incompréhension. Le fossé qui sépare de la masse rurale l'élite ecclésiastique dont la formation intellectuelle, l'origine sociale, l'implantation géographique (cadre urbain, isolement monastique) la rendent imperméable à cette culture folklorique, est surtout un fossé d'ignorance (voir l'incompréhension étonnée de Constance de Lyon en face du miracle des coqs muets opéré par saint Germain à la demande de paysans)[24].

Ainsi assiste-t-on dans l'Occident du haut Moyen Âge plus à un *blocage* de la culture «inférieure» par la culture «supérieure», à une stratification relativement étanche des niveaux de culture, qu'à une hiérarchisation, dotée d'organes de transmission assurant des influences unilatérales ou bilatérales, entre les niveaux culturels. Mais cette stratification culturelle, si elle aboutit à la formation d'une culture aristocratique cléricale[25], ne se

---

judéo-christianisme, et les chrétiens du Moyen Âge percevaient une certaine continuité en attirant Virgile et Sénèque au bord du christianisme. Il reste que, dans le domaine des structures mentales et intellectuelles, le christianisme me paraît avoir marqué surtout une nouvelle étape de la pensée rationnelle – comme P. Duhem l'avait soutenu pour le domaine de la science, où, selon lui, le christianisme, en désacralisant la nature, avait permis à la pensée scientifique des progrès décisifs. À cet égard l'opposition folklorique au christianisme (plus fondamentale, me semble-t-il, que les amalgames et les symbioses) représente la résistance de l'irrationnel, ou plutôt d'un autre système mental, d'une autre logique, celle de la «pensée sauvage».

24. Constance de Lyon, *Vie de saint Germain d'Auxerre*, éd. cit., pp. 142-143. Germain, hébergé par des villageois, cède à leurs supplications et rend la voix à des coqs devenus muets en leur donnant à manger du blé bénit. Le biographe ne comprend visiblement pas l'importance et la signification de ce miracle, qu'il s'excuse de mentionner. *Ita virtus diuina etiam in rebus minimis maxima praeeminebat*. Ces *res minimae* dont parlent souvent les hagiographes du haut Moyen Âge sont précisément des miracles de type folklorique – entrés par la petite porte dans la littérature cléricale. Dans le cas cité ici, il y a combinaison de plusieurs thèmes folkloriques englobés dans ce miracle de sorcier de village remettant en marche l'ordre magique de la nature. Voir Stith Thompson, *Motif-Index, op. cit.*, A 2426: *Nature and Meaning of Animal Cries* (notamment A 2426.2.18: *Origin and Meaning of Cock's Cry)*; A 2489: *Animal Periodic Habits* (notamment A 2489.1: *Why Cock Wakes Man in Morning*; A 2489.1.1: *Why Cock Crows to Greet Sunrise)*; D 1793: *Magic Results from Eating or Drinking*; D 2146: *Magic Control of Day and Night*; J 2272.1: *Chanticleer Believes that his Crowing Makes the Sun Rise*.

25. Cette culture aristocratique cléricale s'épanouit à l'époque carolingienne en une mainmise réciproque de l'Église sur les valeurs laïques et de l'aristocratie laïque sur les valeurs religieuses. Si, à notre époque, aux Ve-VIe siècles, l'aristocratie colonise socialement l'Église, elle ne le fait qu'en abandonnant sa culture laïque, non comme outillage technique, mais comme système de valeurs. Parmi d'autres, l'exemple de Césaire d'Arles est significatif (*Vita Caesarii*, I, 8-9, éd. G. Morin, *S. Caesarii opera omnia*, 1937, t. II). Césaire, affaibli par ses pratiques ascétiques à Lérins, est envoyé à Arles dans une famille aristocratique qui le confie à

confond pas avec la stratification sociale. À partir de l'époque carolingienne la «réaction folklorique» sera le fait de toutes les couches laïques. Elle fera irruption dans la culture occidentale à partir du XIe siècle, parallèlement aux grands mouvements hérétiques[26].

---

quidam Pomerius nomine, scientia rhetor, Afer genere, quem ibi singularem et clarum grammaticae artis doctrina reddebat... ut saecularis scientiae disciplinis monasterialis in eo simplicitas poliretur. Pomère, auteur du *De vita contemplativa* appelé à une grande vogue au Moyen Âge, est d'ailleurs un chrétien qui n'a rien de «rationaliste». Mais une fois acquise la technique intellectuelle, Césaire se détourne de cette science profane, comme le lui suggère un rêve dans lequel il voit un dragon lui dévorer l'épaule appesantie sur le livre sur lequel il s'est endormi. À l'autre bout de notre période (VIIe-VIIIe siècle), on voit l'idéal aristocratique (nous n'entrons pas ici dans les discussions sur l'existence d'une *noblesse* à cette époque) envahir la littérature hagiographique au point de lui imposer un type aristocratique de saint. Voir F. Graus, *Volk, Herrscher und Heiliger im Reich der Merowinger*, Prague, 1965; F. Prinz, *Frühes Mönchtum im Frankenreich. Kultur und Gesellschaft in Gallien, den Rheinlanden und Bayern am Beispiel der monastischen Entwicklung, 4. bis 8. Jahrhundert*, Munich-Vienne, 1965, notamment pp. 489, 501-507: *Die Selbstheiligung des frankischen Adels in der Hagiographie*, 8. *Heiligenvita-Adel-Eigenkloster*, 9. *Ein neues hagiographisches Leitbild*; et les travaux cités *ibid.*, pp. 493-494, n. 126 et 127, auxquels il faut ajouter K. Bosl, «Der Adelheilige. Idealtypus und Wirklichkeit, Gesellschaft und Kultur im merowingerzeitlichen Bayern des 7. und 8. Jahrhunderts», in *Speculum historiale. Festschrift J. Spörl*, Fribourg en Brisgau, 1965, pp. 167-187.
26. J'interprète la renaissance de la littérature profane aux XIe-XIIe siècles, à l'instar d'Erich Köhler, comme le produit du désir de la petite et moyenne aristocratie des *milites* de se créer une culture relativement indépendante de la culture cléricale dont s'étaient fort bien accommodés les *proceres* laïcs carolingiens (voir E. E. Köhler, *Trobadorlyrik und höfischer Roman*, Berlin, 1962 et «Observations historiques et sociologiques sur la poésie des troubadours», in *Cahiers de civilisation médiévale*, 1964, pp. 27-51). Je crois aussi, avec D.D.R. Ower, «The Secular Inspiration of the "Chanson de Roland"», in *Speculum*, XXXVII, 1962, que la mentalité et la morale du Roland primitif sont toutes laïques, «féodales». Et je pense que cette nouvelle culture féodale, laïque, a largement emprunté à la culture folklorique sous-jacente parce que celle-ci était la seule culture de rechange que les seigneurs pouvaient sinon opposer, du moins imposer à côté de la culture cléricale. Marc Bloch avait d'ailleurs pressenti l'importance de cette nature folklorique profonde des chansons de geste («L'intrigue du *Roland* relève du folklore plutôt que de l'histoire: haine du beau-fils et du parâtre, envie, trahison», in *La Société féodale*, I, p. 148. Voir *ibid.*, p. 133). Certes, la culture cléricale parviendra assez aisément et rapidement à un compromis, à une christianisation de cette culture seigneuriale laïque à fond folklorique. Entre Geoffroy de Monmouth, par exemple, et Robert de Boron, on a à peine le temps d'apercevoir un Merlin sauvage, prophète non chrétien, fou étranger à la raison catholique, homme sauvage fuyant le monde chrétien, issu du Myrdclin en qui la culture semi-aristocratique des bardes celtes avait laissé apparaître un sorcier de village. Mais, au contraire de l'époque mérovingienne, l'âge romano-gothique n'a pu refouler tout à fait cette culture folklorique. Il a dû composer avec elle et lui permettre de s'implanter avant la nouvelle poussée des XVe-XVIe siècles. Le thème, éminemment folklorique et porteur d'aspirations venues du tréfonds collectif, du pays de Cocagne apparaît dans la littérature du XIIIe siècle avant de faire sa percée décisive au XVIe siècle (voir G. Cocchiara, *Il paese di Cuccagna*, 1954). À cet égard, les XIIe-XIIIe siècles sont bien la première étape de la Renaissance.

CULTURE SAVANTE ET CULTURE POPULAIRE

SÉLECTION BIBLIOGRAPHIQUE

ALONSO J.-F., *La cura pastoral en la España romanovisigoda*, Rome, 1955.

AUERBACH E., *Literatursprache und Publikum in der lateinischen Spätantike und im Mittelalter*, Berne, 1958.

BECK H. G., *The Pastoral Care of Souls in South-East France during the VI^h Century*, Rome, 1950.

BERNOULLI C.-A., *Die Heiligen der Merowinger*, Tübingen, 1900.

BEUMANN H., *Gregor von Tours und der «sermo rusticus»*. Spiegel der Geschichte. Festgabe Max Braubach, Münster, 1964, pp. 69-98.

BODMER J.-P., *Der Krieger der Merowingerzeit und seine Welt*, 1957.

BOESE R., *Superstitiones Arelatenses e Caesario collectae*, Marburg, 1909.

BONINI I., «Lo stile nei sermoni di Caesario di Arles», in *Aevum*, 1962.

BONNET M., *Le Latin de Grégoire de Tours*, Paris, 1890.

BORIUS R., *Constance de Lyon : Vie de saint Germain d'Auxerre*, Paris, 1965.

BOUDRIOT W., *Die altgermanische Religion in der amtlichen kirchlichen Literatur vom 5. bis 11. Jahrhundert*, Bonn, 1928.

CAVALLIN S., *Literarhistorische und textkritische Studien zur «Vita S. Caesari Arelatensis»*, Lund, 1934.

CHAVES L., «Costumes e tradicoes vigentes no seculo VI e na actualidade», in *Bracara Augusta*, VIII, 1957.

COURCELLE P., *Les Lettres grecques en Occident de Macrobe à Cassiodore*, Paris, 1943.

COURCELLE P., *Histoire littéraire des grandes invasions germaniques*, Paris, 1948.

CURTIUS F.-R., *La Littérature européenne et le Moyen Âge latin*, trad. fr., Paris, 1956.

DELEHAYE H., *Les Légendes hagiographiques*, Bruxelles, 1905.

DELEHAYE H., *«Sanctus». Essai sur le culte des saints dans l'Antiquité*, Bruxelles, 1954.

DUFOURCQ A., *La Christianisation des foules. Étude sur la fin du paganisme populaire et sur les origines du culte des saints*, 4ᵉ éd., Paris, 1907.

Études mérovingiennes. Actes des journées de Poitiers, 1er-3 mai 1952, Paris, 1953.

FONTAINE J., *Isidore de Séville et la culture classique dans l'Espagne wisigothique*, Paris, 1959.

GRAUSS F., *Volk, Herrscher und Heiliger im Reich der Merowinger*, Prague, 1965.

GRUNDMANN H., «"Litteratus-illiteratus". Die Wandlung einer Bildungsnorm vom Altertum zum Mittelalter», in *Archiv für Kulturgeschichte*, 40, 1958.

LOOMIS C. G., *White Magic. An Introduction to the Folklore of Christian Legends*, Cambridge, Mass., 1948.

LOT F., «À quelle époque a-t-on cessé de parler latin?», in *Archivum Latinitatis Medii Aevi, Bulletin Du Cange*, 1931.

LOYER O., *Les Chrétientés celtiques*, Paris, 1965.

MC KENNA S., *Paganism and Pagan Survivals in Spain up to the Fall of the Visigothic Kingdom*, Washington, 1938.

Pour un autre Moyen Âge

Marignan A., *Études sur la civilisation mérovingienne*. I : *La Société mérovingienne*. II : *Le Culte des saints sous les Mérovingiens*, Paris, 1899.
Marrou H.-I., *Saint Augustin et la fin de la culture antique*, 2ᵉ éd., Paris, 1937, et *Retractatio*, 1959.
Marrou H.-I., *Histoire de l'éducation dans l'Antiquité*, 5ᵉ éd., Paris, 1960.
Marrou H.-I., *Nouvelle Histoire de l'Église*. I : *Des origines à Grégoire le Grand* (avec J. Daniélou), Paris, 1963.
Musset L., *Les Invasions*. I : *Les Vagues germaniques* (Paris, 1965). II : *Le Second Assaut contre l'Europe chrétienne* (Paris, 1966).
Norberg Dag, « À quelle époque a-t-on cessé de parler latin en Gaule ? », in *Annales E.S.C.*, 1966.
Penco G., « La composizione sociale delle communità monastiche nei primi secoli », in *Studia Monastica*, IV, 1962.
Pirenne H., « De l'état de l'instruction des laïcs à l'époque mérovingienne », in *Revue belge de Philologie et d'Histoire*, 1934.
Prinz F., *Frühes Mönchtum im Frankenreich. Kultur und Gesellschaft in Gallien, den Rheinlanden und Bayern am Beispiel der monastichen Entwicklung, 4. bis 8. Jahrhundert*, Munich-Vienne, 1965.
Riché P., *Éducation et Culture dans l'Occident barbare*, Paris, 1962.
Roblin M., « Paganisme et rusticité », in *Annales E.S.C.*, 1953.
Roblin M., « Le culte de saint Martin dans la région de Senlis », in *Journal des Savants*, 1965.
Romero J.-L., *Sociedad y cultura en la temprana Edad Media*, Montevideo, 1959.
Saint Germain d'Auxerre et son temps, Auxerre, 1960.
« Saint Martin et son temps. Mémorial du XVIᵉ Centenaire des débuts du monachisme en Gaule », in *Studia Anselmiana*, XLVI, Rome, 1961.
Saintyves P., *Les Saints successeurs des dieux*, Paris, 1907.
Saintyves P., *En marge de la Légende dorée. Songes, miracles et survivances. Essai sur la formation de quelques thèmes hagiographiques*, Paris, 1930.
Salin E., *La Civilisation mérovingienne d'après les sépultures, les textes et le laboratoire*, Paris, 1949-1959, 4 vol.
Settimane di studio del Centro Italiano di Studi sull'alto Medioevo (1954 sqq.), et plus particulièrement IX : *Il passaggio dell'Antichità al Medioevo in Occidente*, 1962.
The Conflict between Paganism and Christianity in the IVth Century, éd. A. Momigliano, Oxford, 1963.
Varagnac A., *Civilisation traditionnelle et genres de vie*, Paris, 1948.
Vogel G., *La Discipline pénitentielle en Gaule des origines à la fin du XIIe siècle*, Paris, 1952.
Vogel G., *Introduction aux sources de l'histoire du culte chrétien au Moyen Âge*, Spolète, 1965.
Zellinger J., *Augustin und die Volksfrömmigkeit. Blicke in den frühchristlichen Alltag*, Munich, 1933.

CULTURE ECCLÉSIASTIQUE ET CULTURE FOLKLORIQUE AU MOYEN ÂGE : SAINT MARCEL DE PARIS ET LE DRAGON

Saint Marcel, évêque de Paris au Ve siècle, après avoir forcé le destin, semble être retombé dans l'obscurité où aurait dû le maintenir son humble origine. Alors en effet que l'épiscopat du haut Moyen Âge se recrutait essentiellement dans l'aristocratie, au point que la naissance illustre figurait parmi les lieux communs hagiographiques que les auteurs des *Vitae* répétaient, sans grand risque de se tromper, même quand ils étaient mal renseignés sur la généalogie de leurs héros – Marcel de Paris est une exception[1]. Aussi lorsque Venance Fortunat[2], à la demande de saint Germain, évêque de Paris et du vivant de celui-ci, donc avant le 28 mai 576, écrit la biographie de son prédécesseur[3], Marcel, mort probablement en 436 et que, parmi les rares renseignements tous oraux qu'il recueille, il trouve la mention de la médiocrité de

---

Première publication in *Ricerche storiche ed economiche in memoria di Corrado Barbagallo*, éd. L. De Rosa, Naples, ESI, 1970, t. II, pp. 51-90.

---

1. Sur les origines aristocratiques de saints dans l'hagiographie mérovingienne, voir les excellentes remarques de F. Graus, *Volk, Herrscher und Heiliger im Reich der Merowinger*, Prague, 1965, pp. 362 *sqq*. Sur le milieu monastique, voir F. Prinz, *Frühes Mönchtum im Frankenreich*, Munich-Vienne, 1965, pp. 46 *sqq*. : « Lerinum als "Flüchtlingskloster" der nordgallischen Aristokratie ».
2. Sur Fortunat, voir W. Wattenbach-W. Levison, *Deutschlands Geschichtsquellen im Mittelalter. Vorzeit und Karolinger*, Weimar, 1952, t. I, pp. 96 *sqq*.
3. La *Vita S. Marcelli* de Fortunat a été éditée par Bruno Krusch dans les *MGH, Script. Rer. Mer.*, IV/2, 1885[2], pp. 49-54. Nous reproduisons en appendice (*infra*, pp. 267-268) le Xe et dernier chapitre de la *Vita*, selon cette édition. Sur saint Marcel de Paris, voir *Acta Sanctorum*, Nov., I, 1887, pp. 259-267 (G. van Hoof) où se trouve le texte de la *Vita* de Fortunat, reproduisant celui de Migne, *PL*, t. LXXXVIII, col. 541-550; et *Vies des Saints et des Bienheureux selon l'ordre du calendrier avec l'historique des fêtes* par les RR. PP. Bénédictins de Paris, t. XI, novembre, Paris, 1954, pp. 45-49. Ces deux articles ne contiennent rien sur le dragon processionnel.

son origine, il doit reconstruire la carrière du saint à coups de miracles. Chaque étape du cursus ecclésiastique de Marcel suit un miracle, et la succession de ces miracles est elle aussi qualitative : chacun est supérieur à celui qui l'a précédé. Texte précieux donc pour nous introduire dans une psychologie du miracle à l'époque mérovingienne. Le premier miracle qui élève Marcel au sous-diaconat (*Vita*, v) est un miracle de la vie quotidienne et de l'ascétisme : défié par un forgeron de dire ce que pèse un morceau de fer porté au rouge, il le prend en main et en évalue très exactement le poids. Le second miracle (*Vita*, vi) qui revêt déjà une allure christologique, mais qui rappelle un des premiers miracles du Christ avant l'apostolat décisif de ses dernières années, le miracle des noces de Cana, se produit quand, Marcel puisant de l'eau dans la Seine pour permettre à son évêque de se laver les mains, cette eau se change en vin et enfle de volume au point de permettre à l'évêque de donner la communion à tout le peuple présent ; son auteur devient diacre. Le troisième miracle, qui ne marque pas un progrès qualitatif («miraculum secundum ordine non honore», *Vita*, vii), entoure Marcel d'un parfum sacerdotal. L'eau que, dans ses fonctions liturgiques, il tend une fois de plus à l'évêque, se met à embaumer comme du saint chrême, ce qui fait de Marcel un prêtre. L'évêque mettant sans doute de la mauvaise volonté à reconnaître les miracles de Marcel, il faut qu'il soit le bénéficiaire du miracle suivant pour que son hostilité ou que ses réticences cessent. Devenu muet, il recouvre la parole par la vertu thaumaturgique de son prêtre qui est enfin jugé digne – malgré son obscure naissance – de lui succéder (*Vita*, viii). Devenu évêque, Marcel accomplit les hauts faits que l'époque réclame à ses chefs ecclésiastiques, devenus, dans presque tous les domaines, les protecteurs de leurs ouailles : il procède à une double libération miraculeuse, physique en faisant tomber les chaînes d'un prisonnier, spirituelle en délivrant du péché cet enchaîné qui est aussi et surtout un possédé (*Vita*, ix).

Voici enfin le couronnement de la carrière terrestre et spirituelle, sociale et religieuse, ecclésiastique et thaumaturgique de saint Marcel (*Vita*, x) : «*Venons-en à ce miracle (mystère) triomphal qui, bien qu'il soit le dernier dans le temps est le premier par la valeur.*» Un monstre – serpent-dragon – qui vient, dans les environs immédiats de Paris, semer la terreur parmi les populations, est chassé par le saint évêque, qui, en présence de son peuple, lors d'une confrontation dramatique, le soumet à son pouvoir d'essence surnaturelle et le fait disparaître.

Ultime haut fait dont le souvenir, nous dit l'hagiographe, survit dans la mémoire collective. Dans ses recueils de miracles, Grégoire de Tours, en effet, à la fin du vi[e] siècle, un peu après le récit de Fortunat et un siècle et demi environ après la mort de Marcel, rapporte ce seul miracle d'un saint auquel il n'accorde par ailleurs aucune attention[4].

Un bel avenir semblait donc s'ouvrir au culte de saint Marcel. Pourtant dès le début ce culte se restreignit à une aire locale. Il se heurtait en effet à la vénération pour d'autres Marcel, dont le saint pape Marcel (probablement martyrisé sous Maxence en 309) et saint Marcel de Chalon dont le culte venait concurrencer le sien dans la région parisienne même[5].

Comme saint parisien saint Marcel parut réussir. Bien que l'histoire de son culte – en dehors même de son traditionnel dragon, objet de cette étude – soit pleine d'obscurités et de légendes, nous savons que le théâtre de son dernier miracle fut l'emplacement de sa sépulture et d'une église suburbaine qui lui fut dédiée et qui demeura dans la tradition «la première église» de Paris et donna en tout cas jusqu'à nos jours son nom à un des faubourgs les plus actifs – économiquement et politiquement – de l'histoire de Paris, le bourg ou faubourg Saint-Marcel[6]. Ses reliques ayant été transportées à une date difficile à déterminer, entre le Xe et le XIIe siècle, peut-être en relation avec une épidémie de mal des ardents, à Notre-Dame de Paris[7], elles jouèrent désormais un rôle de premier plan dans la dévotion parisienne. Couplées avec celles de sainte Geneviève – les unes et les autres ne sortaient que de concert –, elles furent jusqu'à la Révolution les protectrices les plus populaires de Paris et les insignes reliques pour lesquelles Saint Louis construisit la Sainte-Chapelle parurent même incapables de les supplanter dans la piété des Parisiens[8]. Devenu, avec sainte Geneviève et saint

---

4. *Gloria Confessorum*, c. 87, MGH, Script. Rer. Mer., 1/2, p. 804.
5. Sur saint Marcel de Chalon-sur-Saône et son culte dans la région parisienne (ce culte aurait été favorisé au VIe siècle par le roi Gontran; saint Marcel de Chalon est au IXe siècle le patron de la plus grande paroisse du domaine de Saint-Denis), voir M. Roblin, *Le Terroir de Paris aux époques gallo-romaine et franque*, Paris, 1951, p. 165.
6. Deux thèses de l'École des Chartes ont été consacrées au bourg Saint-Marcel de Paris: J. Ruinaut, *Essai historique sur les origines et l'organisation de l'église de Saint-Marcel de Paris* (Ve siècle-1597), 1910 («Positions des thèses... de l'École des Chartes», pp. 179-184) et, sur le bourg lui-même, M.-L. Concasty, *Le Bourg Saint-Marcel à Paris, des origines au XVIe siècle*, 1937 (*ibid.*, 1937, pp. 26 *sqq*.). Sur l'église et cimetière de Saint-Marcel, voir M. Vieillard-Troïekouroff, D. Fossard, E. Chatel, C. Lamy-Lassalle, «Les églises suburbaines de Paris du IVe au Xe siècle», in *Paris et Île-de-France*, Mémoires publiés par la Fédération des Sociétés historiques et achéologiques de Paris et de l'Île-de-France, 1960, , t. XI, pp. 122-134-136 *sqq*.
7. Sur l'histoire du culte de saint Marcel de Paris, voir P. Perdrizet, *Le Calendrier parisien à la fin du Moyen Âge d'après le bréviaire et les livres d'heures*, Paris, 1933, s. v. *Marcel*.
8. Quand Saint Louis demanda à toutes les reliques de Paris de venir accueillir à l'entrée de la ville en 1248 la couronne d'épines venant de Saint-Denis où elle avait attendu la consécration de la Sainte-Chapelle, les reliques de saint Marcel et de sainte Geneviève ne vinrent pas. Voir M. Félibien, *Histoire de la ville de Paris*, revue, augmentée et mise à jour par G. A. Lobineau, Paris, 1725, t. L, I, p. 295. Sur Saint Louis et les reliques de sainte Geneviève, voir Carolus-Barré, «Saint Louis et la translation des corps saints», in *Études d'Histoire du Droit canonique dédiées à Gabriel Le Bras*, Paris, 1965, , t. II, pp. 1110-1112.

Denis, patron de Paris, saint Marcel fut gratifié dès le Moyen Âge d'une maison légendaire, naturellement située dans l'île de la Cité[9]. Aussi Le Nain de Tillemont put, au XVIIe siècle, admirer cette réussite historique de saint Marcel de Paris : « Ni le long espace de temps, écrit-il, ni la célébrité de ses successeurs n'a pu empêcher que le respect que cette Église (celle de Paris) a pour luy ne surpasse celui qu'elle a pour tous les autres, et qu'elle ne le considère comme son protecteur et son premier patron après saint Denys[10]. »

Pourtant le retour de saint Marcel à une obscurité presque complète n'allait pas tarder. Dès le XVIIIe siècle son culte refluait et, après la Révolution, il fut victime de l'épuration progressive de la dévotion qui, dans le cadre parisien, vit la contraction de la piété locale : saint Marcel finit par être, après des siècles, éclipsé par saint Denis et surtout par sainte Geneviève. Son dragon, comme on le verra, fut une des premières victimes de sa disgrâce et depuis le XIXe siècle il est rarement cité parmi les dragons hagiographiques et folkloriques dont il partagea longtemps la fortune.

Pourquoi donc tenter de le ressusciter dans cet essai scientifique ? Parce que son cas, banal au premier coup d'œil jeté au texte de Fortunat et à sa survie médiévale, se révèle à un examen plus attentif, complexe, instructif et peut-être exemplaire.

Au premier abord les deux aspects sous lesquels apparaît le dragon de saint Marcel dans l'histoire médiévale, n'ont rien de très original. Au VIe siècle, sous sa forme littéraire, dans le texte de Fortunat, il semble n'être qu'un de ces dragons, symboles du diable et du paganisme, qui servent d'attributs à de nombreux saints, et spécialement à de saints évêques évangélisateurs. À partir d'une date, peu vraisemblablement antérieure au XIIe siècle, et située entre le XIIe et le XVe siècle, il semble alors n'être plus qu'un de ces dragons processionnels que la liturgie des Rogations promène un peu partout.

Il n'est peut-être pourtant pas dépourvu d'intérêt de se livrer à son sujet à quelques investigations et de poser à son propos quelques questions susceptibles d'éclairer l'histoire de la dévotion, de la culture, de la sensibilité dans l'Occident médiéval, et plus précisément dans un des grands foyers de sa civilisation : Paris.

Le dragon mérovingien de saint Marcel est-il seulement ce symbole diabolique en lequel l'Église a changé un monstre porteur d'une des

---

9. C'est là que se tint par exemple le concile de la province de Sens à Paris en 1346. Voir par exemple Berty, *Les Trois Îlots de la Cité*, 1860, p. 29.
10. Le Nain de Tillemont, *Histoire de Saint Louis*, 1693, t. X, p. 415.

CULTURE SAVANTE ET CULTURE POPULAIRE

charges symboliques les plus complexes de l'histoire des cultures[11]?
Le dragon de saint Marcel du Moyen Âge classique est-il le même que son
ancien prédécesseur et les significations qui s'unifiaient tant bien que mal
en lui ne se séparent-elles pas alors en révélant des tensions, des divergences, des antagonismes socio-culturels?
Ces tensions ne peuvent-elles pas être regroupées autour de deux pôles
– celui d'une tradition savante, dégagée par les clercs, qui assigne au symbole draconien un rôle de fixation des forces du mal, celui d'une tradition
«populaire» qui, à travers une série de contaminations et de métamorphoses, lui conserve une valeur ambiguë? Si nous pouvions esquisser avec
vraisemblance une réponse affirmative à cette question, la structure et la
courbe de la culture médiévale pourraient en recevoir quelque lumière.
Du riche texte de Fortunat dont nous partons nous laisserons de côté les
éléments qui ne touchent pas à notre propos ou nous les réduirons à l'aspect schématique qui les relie au symbolisme du dragon.
Nous distinguerons d'abord les deux thèmes ici mêlés, celui du serpent qui
dévore le cadavre d'une femme adultère et celui du dragon sur qui le saint
remporte une éclatante victoire. Le premier, qui n'est pas sans intérêt, se
poursuivra tout au long du Moyen Âge et deviendra le symbole iconographique de la luxure[12]. Mais il est ici plus ou moins artificiellement lié (par
la tradition ou par l'habileté littéraire – il ne nous importe pas) au thème
du saint draconoctone. Nous ne nous en occuperons pas mais nous retiendrons – par-delà les deux anecdotes différentes – l'identité serpent-dragon.

---

11. Il ne peut être question de traiter ici du symbolisme polyvalent du dragon d'une façon qui se voudrait exhaustive et on ne cherchera pas à citer l'immense littérature consacrée à ce sujet. M. Eliade, notamment, insiste sur «le polysymbolisme du dragon, du serpent» (*Traité d'histoire des religions*, nouv. éd., Paris, 1964, p. 179). On trouvera d'intéressantes indications dans deux articles consacrés au symbolisme du dragon: celui de L. Mackensen, in *Handwörterbuch des deutschen Aberglaubens*, 1929-1939, t. II, col. 364-405 et celui de R. Merkelbach, in *Reallexicon für Antike und Christentum*, 1959, t. IV, col. 226-250. Du dragon de saint Marcel, ce dernier déclare: «nicht ganz klar ist die Legende vom Drachensieg des heiligen Marcellus» et il résume le texte de Fortunat sans donner d'interprétation. On reviendra, *infra*, p. 266, note 139, sur l'article de L. Mackensen.
12. Sur le symbolisme médiéval du serpent-luxure et la représentation de la femme dévorée par un serpent, voir notamment É. Mâle, *L'Art religieux du XIIe siècle en France*, Paris, 1953, «La Femme aux Serpents», pp. 374-376 (qui néglige tout l'arrière-plan archaïque d'un thème qui se relie au mythe de la Déesse-Mère) et V. H. Debidour, *Le Bestiaire sculpté en France*, Paris, 1961, pp. 48, 309, 317, 320 et ill. 438 et 440. Quant aux variations serpent-dragon (qui, dans les bestiaires médiévaux, quand il s'agit du tentateur de la Genèse, sont des variations serpent-dragon-griffon), elles sont très anciennes et l'on rencontre dans la tradition grecque le couple δράκων–ὄφις et dans la tradition hébraïque le couple *tannîn-nâhâsh*. On expliquait même au Moyen Âge par un texte de la Genèse, II, 14 («Et ait Dominus Deus ad serpentem: quia fecisti hoc, maledictus es inter omnia animantia et bestias terrae; super pectus tuum gradieris»), la perte des ailes et des pattes qui transformait le dragon-griffon en serpent. Voir F. Wild, *Drachen im Beowulf und andere Drachen*, Vienne, 1962.

Nous n'entrerons pas non plus dans l'étude détaillée des «antiquités parisiennes» sur lesquelles ce texte peut apporter des lueurs, souvent obscures. Les traditions de culture suburbaine, de sépulture *extra muros* par ailleurs documentées par l'archéologie et par les textes sont hors de notre propos. Mais les marécages de la basse vallée de la Bièvre qui sont le théâtre géographique de ce combat, et plus encore le caractère local de l'aventure nous fourniront matière à réflexion pour l'interprétation de ce récit.

On pourrait étudier aussi la composition de l'histoire et l'habile mise en scène de cet épisode qui, à travers le terrain, le public, les gestes, fait de ce combat un morceau de bravoure où ont dû se délecter un auteur – formé à Ravenne – et des lecteurs encore nostalgiques des jeux du cirque et des triomphes antiques et lui substituant volontiers ceux d'un théâtre chrétien. Nous ne garderons de ce combat de gladiateurs chrétiens que le type de relation qu'il définit entre le saint et le monstre.

Nous ne ferons enfin que noter la comparaison à laquelle se livre Fortunat entre l'épisode romain du dragon dompté par le pape Sylvestre[13] et l'épisode parisien ici raconté. Un historien du sentiment national pourrait peut-être y trouver une des plus vieilles expressions médiévales d'un patriotisme chrétien gaulois. Ce parallèle ne nous intéresse que dans la mesure où il nous montre que l'auteur est conscient dans une certaine mesure du caractère typique et pas seulement particulier de l'histoire qu'il raconte.

Avant d'analyser l'épisode du point de vue qui nous intéresse – que signifie le *dragon* dans ce texte? – écartons d'emblée une hypothèse qui rendrait cette étude inutile: l'historicité de l'épisode ici raconté. Si le dragon dont saint Marcel a débarrassé les Parisiens a bien existé, ces pages sont sans objet. Par dragon, nous entendons bien sûr un serpent, un animal réel mais assez extraordinaire par ses dimensions notamment pour qu'il soit devenu dans l'imagination des indigènes et de la postérité un monstre que seul un personnage doué de pouvoirs surnaturels a pu réduire miraculeusement.

Cette hypothèse, on le sait, a été avancée pour l'ensemble des cas de cette espèce et le dragon de saint Marcel a reçu, à Paris même, du clergé au moins, une interprétation concrète en ce sens. Il y avait en effet, suspendu aux voûtes de l'église Saint-Marcel dans le faubourg parisien de ce nom, à la veille de la Révolution, un animal empaillé – serpent, cro-

---

13. Sur cet épisode, voir W. Levison, «Konstantinische Schenkung und Silvester-Legende», in *Studi e Testi*, 38, Rome, 1924, pp. 155-247; repris in *Aus rheinischer und fränkischer Frühzeit*, Düsseldorf, 1948, pp. 390-465; et G. de Tervarent, *Les Énigmes de l'art du Moyen Âge*, 2ᵉ série, Art flamand, Paris, 1941, VI, «Le pape au dragon», pp. 49-50.

codile ou lézard géant, amené là peut-être par un voyageur originaire de la paroisse[14] et évidemment destiné à donner une incarnation réaliste, scientifique, du dragon de saint Marcel. Retenons que le clergé d'Ancien Régime a favorisé cette interprétation *scientiste* que les mythologues et folkloristes rationalistes des XIXe et XXe siècles devaient reprendre, notamment, et en appliquant cette explication au dragon de saint Marcel entre autres, Eusèbe Salverte dont l'étude primitivement intitulée *Légendes du Moyen Âge – serpents monstrueux*[15], remaniée sous le titre *Des dragons et des serpents monstrueux qui figurent dans un grand nombre de récits fabuleux ou historiques*[16] fut incorporée dans son ouvrage *Des sciences occultes ou Essai sur la magie, les prodiges et les miracles* dont la 3e édition, en 1856, reçut une introduction d'Émile Littré, dont le seul nom en trahit l'esprit *positiviste*[17]. Louis Dumont, entre autres[18], a fait justice de cette théorie scientiste, pseudoscientifique, qu'il nomme *naturaliste* et qui ne s'applique, à tout le plus, qu'à un nombre très restreint de faits légendaires[19]. Les bêtes monstrueuses, et spécialement les dragons, sont des phénomènes légendaires réels. Leur explication scientifique ne peut être donnée dans le cadre d'un scientisme événementiel. Ce sont des faits de civilisation – que l'histoire ne peut tenter d'élucider qu'à l'aide de l'histoire des religions, de l'ethnographie, du folklore. Elles relèvent du mental collectif[20], ce qui ne veut

---

14. Sur ces animaux exotiques dans les églises, voir P. Perdrizet, *op. cit.*, s. v. *Marcel*, et É. Mâle, *L'Art religieux du* XIIe *siècle, op. cit.*, pp. 325-326. (Aucun document ne permet d'affirmer à ma connaissance que les églises du Moyen Âge étaient «de véritables musées d'histoire naturelle» – ce phénomène me paraît postérieur.) É. Mâle cite J. Berger de Xivrey, *Traditions tératologiques*, 1836, p. 484. Mais la griffe de griffon suspendue à la voûte de la Sainte-Chapelle ne se trouve pas chez Barthélemy l'Anglais ni dans la traduction qu'en fit Jean de Corbichon pour Charles V. C'est une addition du manuscrit transcrit par Berger de Xivrey, écrit en 1512.
15. *Lettre adressée à M. Alexandre Lenoir au sujet de son Mémoire sur le dragon de Metz appelé Graouilli*, extrait du «Magasin encyclopédique», 1812, t. I.
16. In *Revue encyclopédique*, 88e et 89e cahiers, 1826, t. XXX.
17. Paris, 1829, 1842, précédé du discours de François Arago sur la tombe d'Eusèbe Salverte le 30 octobre 1839; Paris, 1856, avec une introduction d'Émile Littré.
18. L. Dumont, *La Tarasque. Essai de description d'un fait local d'un point de vue ethnographique*, Paris, 1951, pp. 213 *sqq.*
19. C'est peut-être le cas du crocodile de Nîmes, qui aurait été apporté d'Égypte par les légionnaires romains. Mais cette explication donnée par L. J. B. Féraud, *Superstitions et survivances étudiées au point de vue de leur origine et de leurs transformations*, Paris, 1896, est sujette à caution; car l'auteur est un *rationaliste* de la lignée de Salverte.
20. Sur la «psychologie des profondeurs», voir les propositions d'exploration d'A. Dupront, «Problèmes et méthodes d'une histoire de la psychologie collective», in *Annales E.S.C.*, 1961. Sur l'historicité du folklore, voir G. Cocchiara, «Paganistas. Sopravivenze folkloriche del paganesimo siciliano», *Atti del 1° congresso internazionale di studi sulla Sicilia antica*, in ΚΩΚΑΛΟΣ, *Studi pubblicati dall'Istituto di Storia Antica dell'Università di Palermo*, X-XI, 1964-1965, pp. 401-416.

pas dire, au contraire, qu'elles se situent hors du temps et de l'histoire. Mais le niveau de leur réalité est celui des profondeurs du psychisme et le rythme de leur évolution chronologique n'est pas celui de l'histoire événementielle traditionnelle.
La première remarque que suggère le texte de Fortunat est l'absence presque complète de toute interprétation symbolique de la part de l'auteur. La portée de la victoire du saint sur le dragon est de nature matérielle, psychologique, sociale, non religieuse. Il s'agissait de réconforter le peuple terrorisé («perterriti homines», «hinc comfortatus populus»). L'évêque sauroctone apparaît ici dans son rôle terrestre de chef d'une communauté urbaine, non dans ses fonctions spirituelles de pasteur. Il est le rempart national («propugnaculum patriae»), le vainqueur de l'ennemi public («inimicus publicus»). Son caractère religieux n'est ici évoqué que pour exprimer un thème cher à l'hagiographie chrétienne depuis la fin du IVe siècle : dans la désorganisation des institutions publiques, le «vir sanctus» pallie leur carence par l'usage de ses armes spirituelles, privées et non publiques, mais mises à la disposition de la communauté civile, les «arma privata» servant à protéger les «cives», le léger bâton épiscopal s'avérant une arme de poids, grâce à la transmutation matérielle que produit le pouvoir miraculeux du saint – *«Dans le bâton léger duquel le poids du pouvoir thaumaturgique se montra»* – et les fragiles doigts de Marcel aussi solides que des chaînes – «cuius molles digiti fuerunt catenae serpentis».
Ainsi, c'est dans une fonction civique, non religieuse, que nous est présenté Marcel triomphant du dragon. Quant à celui-ci, sa nature est aussi imprécise que celle de l'*episcopus* Marcel semble définie. Il est appelé trois fois «bestia», qui évoque le combat du *bestiarius*, du gladiateur, une fois «belua» qui fait allusion à l'énormité et au caractère sauvage, exceptionnel du monstre, quatre fois «serpens», et une fois «coluber», qui est l'équivalent poétique de serpent, et trois fois seulement «draco». En revanche certaines particularités physiques du monstre sont mises en valeur : sa grosseur («serpens immanissimus», «ingentem beluam», «vasta mole»), et les trois parties de son corps : ses courbes sinueuses («sinuosis anfractibus») entre les deux extrémités nettement individualisées : la tête et la queue, d'abord dressées et menaçantes, puis abaissées et vaincues («cauda flagellante», «capite supplici», «blandiente cauda»). Le narrateur insiste même sur un point précis du corps du monstre, la nuque, car c'est en cet endroit que se produit le miraculeux dressage : le saint dompteur, après avoir frappé trois fois la tête de la bête de son bâton, dompte l'animal en passant son étole autour de la nuque («missa in cervice serpentis orario»). Détails décisifs, car ils définissent le sym-

bolisme de l'animal, le blason de son corps et du même coup un rite et un cérémonial de dressage. On y reviendra[21].

Reste dans ce récit une phrase qui nous oblige à chercher malgré tout, par-delà le symbolisme même de l'animal et de son domptage, une signification cachée au fait divers qui nous a été décrit: «*Ainsi dans le théâtre spirituel, sous les yeux du peuple spectateur, seul il combattit contre le dragon.*» Le spectacle qui nous a été donné n'est que le double d'un autre spectacle plus vrai. Quittons le théâtre matériel pour nous transporter dans le théâtre spirituel.

Que peuvent être à cette époque, entre la mort de saint Marcel et la rédaction de sa *Vita* par Fortunat, en négligeant provisoirement le problème de savoir si, du milieu du Ve à la fin du VIe siècle et de la légende orale à la biographie littéraire, il n'y a pas eu changement d'interprétation – que peuvent donc être alors ce théâtre et ce combat?

L'œuvre de Venance Fortunat relevant d'un genre littéraire bien défini à son époque, l'hagiographie[22], il faut d'abord rechercher la signification du combat contre le dragon dans la littérature chrétienne, et plus proprement hagiographique – à la fin du VIe siècle. On essaiera ensuite de voir comment ce lieu commun hagiographique a pu s'appliquer à une histoire que Fortunat aurait recueillie lors de son enquête parisienne.

La grande source de toute la littérature chrétienne étant la Bible, cherchons-y d'abord des dragons ou des serpents susceptibles d'apparaître aussi comme des dragons[23]. Les serpents-dragons sont nombreux dans l'Ancien Testament. Trois d'entre eux se détachent: le serpent tentateur de la Genèse (III)[24], Béhémoth et Léviathan traités avec plus de dureté par Isaïe (XXVII, 1), qui les identifie comme des serpents, qu'ils ne l'avaient été dans le Livre de Job (XL-XLI) où aucun nom d'animal ne leur avait été donné[25]. Des dragons moins

---

21. L'importance de ces détails physiques a été particulièrement bien mise en valeur par L. Dumont, *op. cit.* (dans le rite, pp. 51-63, dans la légende, pp. 155-163, dans l'interprétation, pp. 207-208).
22. Le meilleur travail sur l'hagiographie mérovingienne est celui de F. Graus cité *supra*, p. 229, note 1, où l'on trouvera une ample bibliographie.
23. Voir F. Spadafora, *Dizionario Biblico*, Rome, 1955, s. v. *Dragone*.
24. Sur le «deux Genèse» et les «deux serpents» dont on trouverait la trace dans certaines contradictions ou divergences du texte biblique, voir J. G. Frazer, *Le Folklore dans l'Ancien Testament*, éd. fr. abrégée, Paris, 1924, pp. 15 *sqq*.
25. Parmi les signes caractéristiques qui les rapprochent du dragon de saint Marcel, on notera: 1. L'habitat dans les lieux humides («in locis humentibus», Job, XL, 16; au XIIe siècle, sur une miniature de l'*Hortus deliciarum* de Herrade de Landsberg, des traits ondulés indiquent que le dragon est dans la mer; voir M.-M. Davy, *Essai sur la symbolique romane*, Paris, 1955, p. 167). 2. La queue (Béhémoth: «stringit caudam suam quasi cedrum», Job, XL, 12). 3. Le cou (et plus généralement la tête chez Léviathan: «in collo ejus morabitur fortitudo», Job, XLI, 13). Sur les dragons, et spécialement le dragon de Daniel, dans les Apocryphes bibliques, voir F. Graus, *op. cit.*, p. 231, n. 204 et R. Merkelbach, *op. cit.*, col. 247.

individualisés s'agitent dans les Psaumes[26]. Enfin si les Évangiles ignorent le dragon, l'Apocalypse lui donne un essor décisif. Dans ce texte qui va offrir à l'imagination médiévale le plus extraordinaire arsenal de symboles[27], le dragon reçoit en effet l'interprétation qui va s'imposer à la chrétienté médiévale. Ce dragon, c'est le serpent de la Genèse, c'est le vieil ennemi de l'homme, c'est le diable, c'est Satan : *« Ce grand dragon, l'antique serpent, qu'on appelle le Diable et Satan »* (XII, 9). Ce dragon-là, ce sera le dragon ecclésiastique. Reléguant dans l'ombre les autres dragons dont l'Apocalypse ne niait pas l'existence, il devient le grand dragon, le dragon par excellence, chef de tous les autres – et il est l'incarnation de tout le mal du monde, il est Satan.

À la fin du VIe siècle, l'interprétation apocalyptique du dragon est-elle devenue l'interprétation habituelle des auteurs chrétiens[28] ? Interrogeons deux autorités : saint Augustin et, quoique postérieur d'un demi-siècle environ à Fortunat, Isidore de Séville, le premier encyclopédiste du

---

26. Par exemple : Ps. LXXIII, 13 ; Ps. XC, 13 ; Ps. CXLVIII, 7.
27. Apocalypse, XII, 3. Sur les commentaires médiévaux de l'Apocalypse, on consultera l'inestimable répertoire de F. Stegmüller, *Repertorium biblicum medii aevi*. M. R. Sanfaçon, professeur à l'Université Laval de Québec et Mlle G. Vezin préparent des travaux sur l'iconographie de l'Apocalypse. Les dragons de l'Apocalypse ont été utilisés à des fins multiples, morales, esthétiques, politiques.
28. Il y a peu à glaner dans l'article « Dragon » (H. Leclercq) du *Dictionnaire d'Archéologie chrétienne et de Liturgie*, IV/2, 1921, col. 1537-1540, tributaire de travaux anciens, d'ailleurs méritoires en leur temps et qui permettent de suivre le cheminement historiographique de la question. Selon J. Lauret, par exemple in *Sylva allegoriarum totius sacrae Scripturae*, Venise, 1575, « pour les Pères de l'Église le dragon est une espèce de serpent de grande dimension, vivant dans l'eau, pestilentiel et horrible ; les dragons signifient d'ordinaire Satan et ses compagnons ; Lucifer est appelé "grand dragon". Avec Marangoni, *Delle cose gentilesche e profane trasportate ad uso e ad ornamento delle chiese*, Rome, 1744, le lien est établi entre dragons païens et dragons chrétiens d'une part, les textes et les documents archéologiques et iconographiques de l'autre. Les méthodes de l'histoire des religions et de l'anthropologie naissantes se retrouvent in A. Longpérier, « Sur les dragons de l'Antiquité, leur véritable forme, et sur les animaux fabuleux des légendes », in *Comptes rendus de la 2e session du Congrès international d'anthropologie et d'archéologie préhistorique*, 1867, pp. 285-286, et in M. Meyer, « Ueber die Verwandtschaft heidnischer und christlicher Drachentöter », in *Verhandlungen der XL. Versammlung deutscher Philologie*, Leipzig, 1890, pp. 336 sqq. Cet article a aussi le mérite d'attirer l'attention sur le texte de Grégoire le Grand (*Dialogi*, II, 25) : « De monacho qui, ingrato eo de monasterio discedens, draconem contra se in itinere invenit » qui montre l'usage ancien du dragon dans la symbolique disciplinaire bénédictine et sur l'utilisation politique du symbolisme du dragon à l'époque carolingienne, à partir d'un texte de la *Vita* de saint Eucher (*MGH, Script. Rer. Mer.*, VII, p. 51), dans le cadre de la campagne ecclésiastique de discrédit à l'encontre de Charles Martel spoliateur des églises : en 858, Louis le Germanique reçoit des évêques des provinces de Reims et de Rouen l'avis que son trisaïeul Charles Martel est sûrement damné car saint Eucher d'Orléans le vit un jour au beau milieu de l'enfer et qu'un dragon s'échappa de son tombeau – thème dont la parenté avec le dragon de la *Vita S. Marcelli* est frappante (d'après A. de Bastard, « Rapport sur une crosse du XIIe siècle », in *Bulletin du Comité de la langue, de l'histoire et des arts de la France*, 1860, t. IV, pp. 450 et 683, n. 206).

Moyen Âge. En fait on nous permettra d'étendre cette rapide enquête jusqu'à Bède, le dernier «fondateur» du Moyen Âge, selon le mot de K. Rand, car les clercs demeurent jusque vers le milieu du VIIIe siècle dans le même monde culturel. Saint Augustin accorde peu d'attention au dragon. Ce n'est que dans la mesure où le mot se présente dans la Bible qu'il se sent tenu, en tant qu'exégète, d'en expliquer à l'occasion le sens. C'est surtout dans son *Commentaire des Psaumes (Enarratio in Psalmos)* qu'il rencontre le dragon. Il n'ignore pas l'identification dragon = Satan et elle lui fournit l'explication de Ps. XV, 13, *« Tu fouleras le lion et le dragon »* et de Ps. CIII, 27, *« Ce dragon que tu as imaginé pour le tromper. »* Augustin voit dans ce dragon « notre antique ennemi[29] ». Mais il est plus embarrassé pour interpréter les dragons de Psaume CXLVIII. Là en effet le Psalmiste, exhortant toute la création à louer le Seigneur, invite les dragons à se joindre à ce chœur de louanges:

Louez le Seigneur, dragons de la terre[30] *et vous tous, abîmes*   (Ps. CXLVIII, 7).

Augustin, conscient de la contradiction qu'il y aurait à faire louer Dieu par des créatures dont la nature maléfique et rebelle est par ailleurs connue, s'en tire en expliquant que le Psalmiste ne cite ici les dragons que comme les plus gros des êtres vivants terrestres créés par Dieu («majora non sunt super terram») et que ce sont les hommes, saisis d'admiration pour les prouesses d'un Dieu capable de créer des êtres aussi considérables, qui associent les dragons à l'hymne que le monde, par seule existence, adresse au Seigneur[31]. Ici donc le dragon est présenté sous un aspect essentiellement réaliste, scientifique: c'est le plus gros animal.

Sans doute les commentateurs de l'Apocalypse du haut Moyen Âge ont été naturellement conduits à identifier le dragon avec le diable. Par exemple Cassiodore[32], Primasius, évêque d'Adrumète, mort en 586[33] et Bède chez qui l'on trouve bien la double identification du diable avec le serpent de la Genèse, d'une part, le dragon de l'Apocalypse de l'autre[34].

Pourtant chez Isidore de Séville le dragon est essentiellement traité d'une façon scientifique, non symbolique. Il est «le plus grand de tous les animaux»: *« Le dragon est le plus grand de tous les serpents et de tous les*

---

29. Saint Augustin, *Enarratio in Ps. CIII*, 27, *PL*, t. XXXVI-XXXVII, col. 1381-1383.
30. Il s'agit ici du dragon terrestre.
31. Saint Augustin, *Enarratio in Ps. CIII*, 9, *PL*, t. XXXVI-XXXVII, col. 1943.
32. Cassiodore, *Complexiones in Apocalypsim*, *PL*, t. LXX, col. 1411, et *Expositiones in Psalterium*, *ibid.*, col. 531 (commentaire du Ps. LXXIII, 13).
33. Primasius, *Commentarium in Apocalypsim*, *PL*, t. LXVIII, col. 873-875.
34. Bède, *Hexaemeron*, *PL*, t. XCI, col. 53; *Commentarii in Pentateuchum*, *ibid.*, col. 210-211; *Explanatio Apocalypsis*, *ibid.*, t. XCIII, col. 166-167.

animaux de la terre[35]. » Deux détails importants définissent ses mœurs : c'est un animal à la fois souterrain et aérien, qui aime quitter les cavernes où il se cache pour voler dans l'air ; sa force réside non dans sa gueule, dans ses dents, mais dans sa queue[36]. Deux problèmes scientifiques préoccupent Isidore à propos du dragon. Le premier est celui de ce qui le distingue d'animaux voisins, et d'abord du serpent. La réponse semble précise. Isidore, utilisant surtout Virgile, établit la différence entre *anguis, serpens* et *draco : anguis* vit dans la mer, le serpent sur la terre, le dragon dans l'air[37]. Mais Isidore se heurte alors au deuxième problème : celui de l'habitat du dragon. Il ne peut en effet ignorer la multiplicité des éléments où habite et se meut le dragon et en particulier ses liens avec l'eau qui n'apparaissent dans aucune des deux définitions ci-dessus. Il est ainsi amené à distinguer un type particulier de dragon : le dragon marin, « draco marinus »[38].

En revanche, le dragon échappe chez Isidore au symbolisme moral et religieux. Dans un passage des *Sententiae* (III, v, 28, *PL*, t. LXXXIII, col. 665) il énumère les formes animales que prend le diable selon qu'il incarne tel ou tel vice ou péché capital : animal, sans précision, quand il se fait luxure (« luxuria »), serpent (« serpens ») quand il se transforme en cupidité ou malice (« cupiditas ac nocendi malitia »), oiseau (« avis ») quand il est orgueil (« superbiae ruina »), il n'est jamais dragon. Pourtant, Isidore, savant complet, n'ignore pas d'autres aspects du dragon peu utiles, croyons-nous, à l'élucidation du texte de Fortunat, mais très précieux pour l'ensemble du dossier que nous nous efforçons de réunir et de présenter. Isidore connaît trois autres dragons : le dragon tutélaire qui veille sur les pommes d'or du jardin des Îles Hespérides[39] ; le dragon-étendard qui figure sur les insignes militaires et dont Isidore, rappelant l'usage qu'en ont fait les Grecs et les Romains, fait remonter l'origine à la commémoration de la victoire d'Apollon sur le serpent Python[40] ; le dragon annulaire qui, se mordant la queue, représente l'année, le temps rond, le temps circulaire, le temps de l'éternel retour et

---

35. Isidore, *Etymologiae*, XII, IV, 4, *PL*, t. LXXXII, col. 442.
36. « Qui saepe a speluncis abstractus fertur in aerem, concitaturque propter eum aer... Vim autem non in dentibus, sed in caude habet, et verbere potius quam rictu nocet » *(ibid.).*
37. Isidore, *Differentiae*, I, 9, *PL*, t. LXXXIII, col. 16 : « in mari angues, in terra serpentes, in templo dracones ». Isidore reproduit en fait le commentaire par Servius de Virgile, *Énéide*, 2, 204.
38. Isidore, *Etymologiae*, XII, IV, 42, *PL*, t. LXXXII, col. 455.
39. « In quarum hortis fingunt fabulae draconem pervigilem aurea mala servantem » (*Etym.* XIV, VI, 10, *PL*, t. LXXXII, col. 14).
40. « Draconum signa ab Apolline morte Pythonis serpentis inchoata sunt. Dehinc a Graecis et Romanis in bello gestari coeperunt » (*Etym.*, XVIII, III, 3, *PL*, t. LXXXII, col. 643).

dont Isidore assigne l'invention aux vieilles civilisations et explicitement à l'égyptienne[41].
Enfin Isidore connaît le combat d'un évêque contre le dragon. Le cas qu'il cite est celui de Donat, évêque d'Épire à l'époque des empereurs Arcadus et Honorius, qui aurait tué un énorme dragon dont l'haleine empuantissait l'air et dont huit paires de bœufs auraient eu de la peine à traîner le cadavre jusqu'au bûcher où il fut brûlé[42]. Isidore ne donne aucune interprétation symbolique à ce haut fait.
Il est très difficile de dresser un catalogue chronologique des combats de saints, et plus spécialement d'évêques, contre les dragons. Les travaux existants sont à la fois imprécis et sujets à caution[43]. L'historien des faits de civilisation traditionnelle se fraie malaisément un chemin entre les positivistes qui négligent ces phénomènes ou leur appliquent des méthodes inadéquates et les parahistoriens qui oublient la chronologie, entre le mépris et la naïveté, l'érudition myope et la curiosité brouillonne. L'histoire des mentalités, des sensibilités et des croyances se meut dans des temps longs, mais soumis eux aussi à une diachronie dont les rythmes sont particuliers. Bornons-nous, dans cette esquisse, à quelques points de repère importants.
La victoire du saint (et, redisons-le, surtout du saint évêque) sur un dragon remonte aux sources de la tradition hagiographique chrétienne. On la

---

41. «Annus quasi annulus... Sic enim et apud Ægyptis indicabatur ante inventas litteras, picto dracone caudam suam mordente, quia in se recurrit» (*Etym.*, V. XXXVI, 2, *PL*, t. LXXXII, col. 222). Sur le dragon «enroulé» dans l'art des steppes et dans l'art mérovingien, voir E. Salin, *La Civilisation mérovingienne d'après les sépultures, les textes et le laboratoire*, IV, Paris, 1959, pp. 241-244, où l'auteur, à la suite de J. Grimm, donne à ce thème l'interprétation peu vraisemblable et en tout cas dérivée du dragon gardien de trésor. Voir M. Éliade, *Le Mythe de l'Éternel Retour: Archétypes et répétition*, Paris, 1949.
42. «Per idem tempus Donatus, Epiri episcopus, virtutibus insignis est habitus. Qui draconem ingentem, expuens in ore ejus, peremit, quem octo juga boum ad locum incendii vix trahere potuerunt, ne aerem putredo ejus corrumperet» (*Chroniscon*, 107, *PL*, t. LXXXIII, col. 1051). On trouve aussi, dans un contexte différent, mais plus explicitement diabolique, un dragon dans la *Vita* de saint Césaire d'Arles (éd. G. Morin, Maredsous, 1942, t. II, pp. 299-300); quand Césaire après avoir quitté le monastère de Lérins pour raisons de santé s'adonne à Arles à la science profane, il s'endort une nuit sur son livre et voit un dragon lui dévorer le bras.
43. Voir les travaux cités par le *Dictionnaire d'Archéologie..., op. cit.*, et mentionnés *supra*, p. 238, note 28. Il est regrettable que l'ouvrage de C. G. Loomis, *White Magic. An Introduction to the Folklore of Christian Legend*, Cambridge, Mass., 1948, soit difficilement utilisable à cause de sa confusion et notamment du manque de distinctions chronologiques. Le P. Delehaye, dont les travaux sur l'hagiographie demeurent fondamentaux malgré leur problématique souvent dépassée, n'a pas abordé systématiquement ce thème. Selon F. Graus, *op. cit.*, p. 231, n. 203, une étude d'ensemble du thème du dragon et du combat contre le dragon a été récemment entreprise par V. Schirmunski (voir *Vergleichende Epenforschung* I[1], Deutsche Ak. der Wiss. zu Berlin. Veröff. des Instituts für Deutsche Volkskunde, Berlin, 1961, vol. XXIV, pp. 23 *sqq.*, que je n'ai pu consulter).

trouve en effet dans la première hagiographie qui, avec la *Vita* de saint Ambroise par Paulin de Milan, puis avec la biographie de saint Martin par Sulpice Sévère, servira de modèle à tout le genre : la vie de saint Antoine écrite par saint Athanase[44]. On y trouve l'interprétation diabolique du dragon. Mais, soit que l'atmosphère érémitique de l'*Historia monachorum* d'Athanase ait déconcerté la chrétienté occidentale, soit que l'effacement de la connaissance du grec dans l'Église latine ait limité, au moins pour un temps, l'influence de la *Vie* d'Antoine, cet épisode, parmi d'autres, ne semble pas avoir eu en Occident un succès étendu ni une influence directe sur saint Césaire et le dragon. Le seul épisode de saint sauroctone qui ait eu, semble-t-il, un grand retentissement dans le haut Moyen Âge, est celui du dragon du pape saint Sylvestre, qui est précisément évoqué par Fortunat et donne lieu à une comparaison à l'avantage de saint Marcel.

Cet épisode de la légende de Sylvestre a malheureusement retenu l'attention des historiens surtout en liaison avec le rôle et le moment historiques de Sylvestre[45]. Pape au temps de la conversion de Constantin, il a de ce fait orienté les historiens vers l'interprétation politique de son pontificat. Dans ce contexte, le combat contre le dragon devenait naturellement le symbole de la victoire contre le paganisme. Pourtant une autre interprétation – plus romaine qu'œcuménique – et qui, à Rome même, semble avoir eu au Moyen Âge[46] plus de faveur que l'interprétation catholique, place ce miracle dans un autre contexte. Dans cette perspective le dragon de Sylvestre est assimilé à un serpent géant échoué lors d'une inondation du Tibre et évoquerait en fait le rôle du pape évêque dans la lutte contre les calamités naturelles à Rome[47]. Cet épisode s'insère alors dans une tradition romaine, celle des prodiges liés aux calamités naturelles[48] et préfigure un épisode de la carrière de Grégoire le Grand : celui du monstre rejeté par le Tibre lors d'une inondation en 590 au moment même où, selon le témoignage de

---

44. *PG*, t. XXVI, col. 849. Sur l'influence de la *Vie de saint Antoine* par Athanase sur l'hagiographie occidentale du haut Moyen Âge, voir S. Cavallin, *Literarhistorische und textkritische Studien zur Vita S. Caesarii Arelatensis*, Lund, 1934.
45. C'est le cas de l'étude de W. Levison, citée *supra*, p. 234, note 13.
46. Voir A. Graf, *Roma nella memoria e nell'immaginazione del Medioevo*, Turin, 1923, pp. 177 et 442.
47. Voir Ch. Cahier, *Caractéristiques des saints dans l'art populaire*, 1867, p. 316 et G. de Tervarent, *op. cit.*, n. 13, p. 50. Il est curieux que Sylvestre et Marcel ont été par ailleurs gratifiés tous deux d'un même miracle, proche de celui du combat contre le dragon : ils auraient dompté un taureau furieux échappé (voir pour Sylvestre *La Légende dorée*, et pour Marcel J. A. Dulaure, *Histoire physique, civile et morale de Paris*, 1837⁶, I, pp. 200 *sqq.*). Simple coïncidence, souvenir commun de lutte contre le culte de Mithra, symbolisme plus large lié au symbolisme archaïque du taureau ?
48. Voir R. M. Grant, *Miracle and Natural Law in Graeco-Roman and Early Christian Thought*, Amsterdam, 1952 et R. Bloch, *Les Prodiges dans l'Antiquité classique*, Paris, 1963.

Grégoire de Tours, Grégoire, qui s'est déjà fait remarquer dans son rôle social, notamment dans le domaine du ravitaillement, devient évêque de Rome et inaugure son pontificat en protégeant la population romaine des calamités naturelles (inondation et peste) et de leurs conséquences[49].

Donc, à la fin du XIe siècle, le symbolisme chrétien du dragon et du combat du saint évêque contre un dragon n'est pas fixé. Il tend à identifier, dans le sens de l'exégèse de l'Apocalypse, le dragon-serpent avec le diable et donner à la victoire du saint le sens d'un triomphe sur le mal, c'est-à-dire, en cette phase de christianisation de l'Occident, d'un épisode décisif dans la victoire du christianisme sur le paganisme dans une région et plus spécialement dans une *civitas*. Mais il laisse encore transparaître d'autres traditions dans lesquelles la signification du dragon est différente. Ces traditions sont celles dont le christianisme a lui-même hérité. Elles sont en général déjà marquées par des évolutions, des contaminations, une histoire qui en rendent l'analyse difficile. On peut toutefois – on voit qu'Isidore de Séville s'y essayait – tenter d'y distinguer plusieurs apports culturels : l'héritage gréco-romain, l'héritage germano-asiatique, l'héritage indigène.

Les éléments que nous extrayons de cet immense et complexe héritage sont, bien entendu, le résultat d'un tri, d'un choix. Nous espérons cependant ne pas fausser la signification de ces traditions.

Dans la tradition gréco-romaine[50] trois aspects du dragon et du combat héroïque contre le dragon nous semblent essentiels. Le premier apparaît à travers les rites, les croyances et les légendes liés à l'incubation. On sait l'importance prise à l'époque hellénistique par cette pratique, dont l'Asklépéion d'Épidaure fut le grand centre, et qui se poursuivit dans le monde romain, surtout dans sa partie orientale[51]. Cette attente, dans une enceinte sacrée, d'une vision ou d'un songe porteurs de la réponse posée par un souffrant ou un inquiet au dieu, n'était que le prolongement d'une tradition de relations sexuelles surnaturelles entre une femme et un dieu qui engendraient un héros. L'apparence traditionnelle du dieu fécondateur était celle d'un serpent-dragon. Le plus célèbre des enfants de ces noces sacrées est Alexandre. Mais Suétone rapporte qu'Apollon, ayant couché sous la forme d'un dragon avec Atia venue pratiquer dans son temple l'incubation, engendra ainsi Auguste[52]. Autour d'Asklépios revêtant la forme d'un dragon et de la tradi-

---

49. Grégoire de Tours, *Historia Francorum*, X, 1.
50. Voir E. Küster, «Die Schlange in der griechischen Kunst und Religion», in *Religionsgeschichtliche Versuche und Vorarbeiten*, XIII, 2, 1913.
51. Voir L. Deubner, *De incubatione*, Giessen, 1899 ; M. Hamilton, *Incubation for the Cure of Disease in Pagan Temples and Christian Churches*, Londres, 1906 ; P. Saintyves, *En marge de la Légende dorée. Songes, miracles et survivances*, Paris, 1930, pp. 27-33.
52. Suétone, *Divi Augusti Vita*, 94.

tion d'Hippocrate, se développa la légende du dragon de Cos[53]. Ce qui nous importe ici c'est la liaison du dragon avec le monde nocturne et onirique, le mélange de désir et de crainte, d'espérance et d'effroi dans lequel baignent ses apparitions et ses actions. La psychanalyse devait s'emparer de ces problèmes. On y reviendra[54].

Le second aspect est celui de la signification de libération d'un site du mythe gréco-romain du dieu ou héros sauroctone. Même si l'installation d'Apollon à Delphes après la victoire sur le serpent Python déborde le cadre local[55], même si le combat de Persée contre le dragon qui retient Andromède prisonnière n'est pas directement lié à la fondation de Mycènes, le mythe de Cadmos par exemple sert à préciser la portée de la victoire sur un dragon. Elle permet et signifie l'établissement d'une communauté sur un emplacement. Elle est un rite de fondation urbaine et de mise en valeur d'un terroir. Le dragon est ici le symbole de forces naturelles qu'il faut dompter. Si sa mort est nécessaire, elle n'est pas seulement la levée d'un obstacle, elle est aussi fécondante. Cadmos sème sur le territoire de la future Thèbes les dents du dragon immolé.

Par-delà l'héritage gréco-romain se profile l'apport des cultures orientales qui sont venues l'irriguer. Or à Babylone, en Asie Mineure, en Égypte une évolution du symbolisme du dragon peut être suivie. Dans une étude fondamentale, G. Elliot Smith l'a retracée[56]. Le dragon, dans l'aire culturelle asiatico-égyptienne, était primitivement la personnification des forces de l'eau, à la fois fertilisante et destructrice. L'élément essentiel dans les pouvoirs des dragons était le contrôle de l'eau : bienveillants, ils donnaient les

---

53. K. Herquet, «Der Kern der rhodischen Drachensage», in *Wochenblatt des Johanniterordens Balley*, Bradenburg, 1869, X, pp. 151 *sqq.* - R. Herzog, *Kos. Ergebnisse der deutschen Ausgrabungen und Forschungen*, I : *Asklepieion*, Berlin, 1952.
54. Sur les interprétations psychanalytiques de l'incubation, voir, dans la tradition orthodoxe freudienne, E. Jones, *On the Nightmare*, 1949, pp. 92-97 (et sur les *incubi* médiévaux : *ibid., passim*) ; par un disciple de Jung C. A. Meier, *Antike Inkubation und moderne Psychotherapie* (Studien aus dem C. G. Jung-Institut, I), Zurich, 1949. Sur l'interprétation psychanalytique et anthropologique du symbolisme du dragon et des tueurs de dragon, je n'ai pu consulter les travaux de G. Róheim, «Dragons and Dragon Killers», in *Ethnographia*, 22, Budapest, 1911, *Drachen und Drachenkämpfer*, Berlin, 1912 ; «The Dragon and the Hero», in *American Imago*, I, 1940. Dans *Psychoanalysis and Antropology*, New York, 1950, G. Róheim, définissant, selon Freud et Jones, le symbole comme « the outward representative of a latent repressed content» (définition dont l'utilisation pourrait renouveler l'étude du symbolisme médiéval), a traité du symbolisme sexuel du serpent dans l'Antiquité (pp. 18-23) et suggéré celui du dragon (voir la phrase d'un primitif australien : «your penis is like a *muruntu* = dragon» ; *ibid.*, p. 119).
55. Voir J. Fontenrose, *Python. A Study of Delphic Myth and its Origins*, 1959.
56. G. Elliot Smith, *The Evolution of the Dragon*, Manchester, 1919. M. Eliade, qui a beaucoup insisté sur la liaison des serpents et des dragons avec les eaux, sur les dragons comme «emblèmes de l'eau» (*Traité..., op. cit.*, pp. 179-182), ne cite pas cet ouvrage.

pluies et les débordements fluviaux fécondants ; hostiles, ils déchaînaient les déluges et les inondations dévastatrices. Au début c'est leur rôle positif qui l'emportait, les dragons étaient des créatures avant tout bienfaisantes, personnifications et symboles de dieux de la fécondité et de héros ou de rois civilisateurs ; ainsi le dragon incarnant Tiamat, une des formes de la Grande Mère, et le dragon marin lié à la naissance d'Aphrodite, elle-même une des formes de la Grande Mère. Puis le dragon se déclasse et devient finalement un symbole du mal. En Égypte il est identifié avec Seth, l'ennemi d'Osiris et d'Horus, le meurtrier d'Osiris et la victime du fils d'Osiris, Horus. Ainsi la *rationalisation* égyptienne précède la *rationalisation* chrétienne. En Égypte d'ailleurs on peut observer le passage d'Horus au Christ d'une part, de Seth à Satan de l'autre. Mais ce qui nous importe ici c'est que, malgré la parenté avec le serpent, animal chthonien par excellence, le dragon est fondamentalement lié aux puissances des eaux.

L'Extrême-Orient est un autre grand foyer du symbolisme du dragon. Il ne semble atteindre directement l'Occident chrétien qu'assez tard, au XIIIe siècle selon Jurgis Baltrusaitis[57]. En Chine le dragon semble surtout lié au monde ouranien, au mythe solaire, il est ailé. Mais le long des routes des steppes ce dragon céleste se fond plus ou moins avec le serpent chthonien et avec un dragon, chthonien lui aussi, gardien de trésors, et apparenté au griffon – griffon que les avatars du syncrétisme symbolique animalier doteront aussi d'ailes[58]. Ce qui est important, c'est que ces dragons d'Extrême-Orient, cheminant au long des routes des steppes, parviennent en Occident

---

57. J. Baltrusaitis, *Le Moyen Âge fantastique. Antiquités et exotismes dans l'art gothique*, Paris, 1955, chap. v : « Ailes de chauve-souris et Démons chinois », pp. 151 *sqq.* : « La même évolution peut être observée sur le dragon, l'une des incarnations du diable. Dans l'art roman, c'est un serpent sans ailes ni pattes ou un oiseau à queue de lézard. Dans l'art gothique, il a des ailes membraneuses. L'une de ses premières figurations, sous ce nouvel aspect, peut être signalée dans le *Psautier* d'Edmond de Laci (m. 1258, Belvoir Castle) » (p. 153). Si les ailes « de chauve-souris » se développent en effet au XIIIe siècle et si les modèles chinois ont pu avoir de l'influence sur cette évolution, le dragon roman peut fort bien avoir ailes et pattes, tel celui du mur sud du baptistère Saint-Jean de Poitiers, daté de 1120 environ (P. Deschamps et M. Thibout, *La Peinture murale en France. Le Haut Moyen Âge et l'époque romane*, Paris, 1951, p. 94). Sur les dragons chinois et asiatiques, notamment hindous, voir M. Eliade, *Traité...*, *op. cit.*, pp. 180-182, et la bibliographie, pp. 186-187, à laquelle on peut ajouter, entre autres, H. C. Du Bose, *The Dragon, Image and Demon*, Londres, 1886 ; J. C. Ferguson, *Chinese Mythology*, Boston, 1928 ; R. Benz, *Der orientalische Schlangendrache*, 1930 ; F. S. Daniels, « Snake and Dragon Lore of Japan », in *Folklore*, 71, 1960, pp. 145-164. Voir *infra*, p. 263, note 133.

58. On voit par exemple le tentateur sous la forme d'un griffon ailé sur les portes de bronze de la cathédrale de Hildesheim (1015). Voir H. Leisinger, *Bronzi Romanici. Porte di Chiese nell'Europa medioevale*, Milan, 1956, ill. 19. Sur le symbolisme du griffon, voir K. Rathe, « Der Richter auf dem Fabeltier », in *Festschrift für Julius von Schlosser*, 1927, pp. 187-208 et F. Wild, *Gryps-Greif-Gryphon (Griffin). Eine sprach-, kultur-, und stoffgeschichtliche Studie*, Vienne, 1963.

à l'époque mérovingienne. Édouard Salin, développant une idée de Forrer[59], a mis en lumière, à travers une analyse des formes esthétiques de l'art mérovingien, cet aboutissement occidental du dragon asiatique et a bien souligné les deux caractéristiques principales de son symbolisme: d'une part sa polyvalence, de l'autre son ambiguïté: « Les formes du dragon mérovingien sont fort diverses; son symbolisme ne l'est pas moins; il traduit, en effet, très vraisemblablement des croyances également diverses en même temps qu'il reproduit des divinités très différentes[60]. » Et encore: « Le plus souvent de caractère solaire quand elles s'apparentent au griffon et de caractère chthonien quand elles sont issues du serpent, tantôt bénéfiques et tantôt maléfiques, les figurations du dragon apparaissent, en définitive, comme un héritage de croyances presque aussi vieilles que le monde et diffusées à travers l'Eurasie de l'Orient à l'Occident[61]. »

Dans ce complexe de symbolismes et de croyances, il faut essayer de démêler la part, à côté de l'héritage gréco-romain et de l'apport asiatico-barbare, des traditions indigènes. Si l'on considère le monde celtique dans son ensemble, il fourmille en certaines aires de dragons[62] et en Irlande par exemple les saints ont eu à s'employer spécialement contre eux[63]. Mais l'univers gaulois des croyances et des symboles ne semble pas riche en dragons, quoiqu'il ait accueilli, bien sûr, le serpent chthonien, attribut de dieux et de déesses[64], et tué par l'Hercule gaulois, Smertrios, le « Pourvoyeur[65] ».

Mais derrière ces héritages n'y a-t-il pas surtout le serpent-dragon quasi universel dans toutes les croyances et les mythes primitifs ? Le dragon mérovingien n'est-il pas surtout un monstre folklorique[66] resurgi dans cet

---

59. Forrer, « À propos d'un bijou à dragon émaillé trouvé à la Meinau », in *Cahiers d'archéologie et d'histoire d'Alsace*, 1930, pp. 250 sqq.
60. E. Salin, *La Civilisation mérovingienne, op. cit.*, IV, p. 241.
61. *Ibid.*, pp. 207-208.
62. Voir A. Lenoir, « Mythologie celtique. Du dragon de Metz appelé Graouilli... », in *Mémoires de l'Académie celtique*, 1808, t. II, pp. 1-20 ; J. F. Cerquand, « Taranis et Thor », in *Revue celtique*, 1883-1886, t. VI, pp. 417-456 ; G. Henderson, *Celtic Dragon Myth*, Édimbourg, 1911.
63. Voir H. J. Falsett, *Irische Heilige und Tiere in mittelalterlichen lateinischen Legenden*, Diss. Bonn, 1960 ; F. Graus, *op. cit.*, p. 231, n. 203, donne comme exemple de combat d'un saint avec un dragon dans l'hagiographie irlandaise des épisodes de la *Vita s. Abbani*, c. 15, 16, 18, 24 (in C. Plummer, *Vitae Sanctorum Hiberniae*, Oxford, 1910, I, pp. 12, 13, 15, 18 *sqq.*).
64. Voir A. J. Reinach, « Divinités gauloises au serpent », in *Revue archéologique*, 1911 ; P. M. Duval, *Les Dieux de la Gaule*, Paris, 1957, p. 51.
65. Voir P. M. Duval, « Le dieu Smertrios et ses avatars gallo-romains », in *Études celtiques*, VI, 2, 1953-1954.
66. Sur le dragon et le combat contre le dragon dans le folklore universel, voir les abondantes références de Stith Thompson, *Motif-Index of Folk-Literature*, Copenhague, 1955-1958, t. I, pp. 348-355. Ces motifs figurent sous la référence B. 11 ; mais on retrouvera le dragon et des motifs voisins sous d'autres références, telles que A. 531, D. 418.1.2. (Transformation : snake to dragon), H. 1174.

entre-deux des croyances où la culture païenne s'estompe sans que le système culturel chrétien se soit encore vraiment implanté[67] ? Si Fortunat esquisse précisément l'interprétation chrétienne, ecclésiastique du dragon de saint Marcel, celui-ci n'avait-il pas dans la tradition orale recueillie par Fortunat une autre signification ? Ne faut-il pas tenter d'aller chercher cette signification dans les profondeurs d'un folklore renaissant – mais chargé d'éléments folklorisés des cultures antérieures et surtout actualisé par des situations historiques nouvelles ? Au fond de la légende rapportée par Fortunat il y a l'image d'un thaumaturge qui a dompté des forces redoutables. Ces forces sont en rapport avec la nature. Mais le monstre mis en scène oscille entre un animal chthonien (serpent) et un animal (dragon) à caractère plus ou moins aquatique, puisque le saint lui ordonne de disparaître soit dans le désert, soit dans la mer. Certes, dans le contexte géographique parisien, la mer vient d'un modèle hagiographique copié sans un grand effort d'adaptation par Fortunat. Mais cet emprunt ne doit-il tout de même pas s'expliquer par sa relative convenance avec un contexte similaire – un contexte aquatique, celui dont G. Elliot Smith a montré le caractère fondamental dans le symbolisme du dragon ?

Si, du cadre, on passe aux héros, le saint n'apparaît-il pas ici dans le rôle des héros sauroctones, libérateurs et civilisateurs ? Tout un vocabulaire de héros civique, plus que religieux, le désigne[68]. Quant au dragon, s'il est éliminé comme un danger, un objet de crainte, n'est-il pas significatif qu'il ne soit pas tué mais seulement chassé : «*Le monstre ayant été rapidement chassé, on n'en trouva plus trace par la suite*»? Le combat raconté par Fortunat n'est pas un duel à mort, c'est une scène de domptage. Entre l'évêque dompteur et le monstre apprivoisé s'établissent pendant un bref instant des rapports qui rappellent l'amitié des ermites et des saints avec les animaux, et plus particulièrement avec les bêtes féroces – du lion de saint Jérôme au loup de saint François[69] – («*Celui-ci la tête suppliante, se mit à demander son pardon d'une queue caressante*») : une bête donc à neutrali-

---

67. Voir l'article « Culture cléricale et traditions folkloriques... », *supra*, pp. 217-228.
68. On ne peut pourtant exclure que Fortunat ait pu être influencé par l'assimilation qui a pu être faite, selon R. Merkelbach, «Reallexicon...», *loc. cit.*, col. 240, entre le martyre et le combat contre le dragon. On aurait alors à faire à un des aspects des tentatives des hagiographes du haut Moyen Âge pour conserver au bénéfice des saints qui ne sont plus martyrs la mythologie du martyrologe. Cette interprétation, qui n'a d'ailleurs à notre connaissance été avancée par personne, nous semble compliquée et hasardeuse.
69. Voir G. Penco, « Il simbolismo animalesco nella letteratura monastica », in *Studia monastica*, 1964, pp. 7-38 ; et «L'amicizia con gli animali», in *Vita monastica*, 17, 1963, pp. 3-10. Le dragon, considéré comme un animal réel, participait à cette mystique de la création à l'intérieur de laquelle W. von den Steinen a magnifiquement situé la symbolique animale : «Altchristliche-mittelalterliche Tiersymbolik», in *Symbolum*, IV, 1964.

ser, plus qu'à tuer. Que pouvons-nous donc raisonnablement imaginer derrière cette scène où un héros dompte des forces naturelles sans que l'hagiographe veuille ou puisse en faire explicitement un épisode symbolique d'évangélisation ?

Un épisode de civilisation matérielle. Le théâtre topographique de cette scène est aisé à deviner, c'est le lieu où s'élèvera au Moyen Âge le bourg, le faubourg qui portera le nom de saint Marcel, donc la basse vallée de la Bièvre dont le caractère marécageux se devine encore dans les bas-fonds de l'actuel Jardin des Plantes[70]. Le meilleur connaisseur de la topographie parisienne dans le haut Moyen Âge, Michel Roblin, après avoir rappelé ce foyer de christianisation parisien, « le vieux faubourg chrétien de Saint-Marcel »[71] et souligné que sa formation « n'a pas été clairement expliquée », évoque la présence de carrières de pierre qui ont pu favoriser l'établissement de catacombes comme à Rome, l'utilisation possible des eaux de la Bièvre qui, des siècles plus tard, attireront teinturiers et tanneurs dans le bourg Saint-Marcel, et pense finalement que Saint-Marcel « est bien plus simplement une station routière sur la route de Sens ». « Il est normal dès lors, poursuit-il, que le christianisme, importé d'Italie par Lyon et Sens, se soit d'abord installé à Saint-Marcel, le premier quartier de Lutèce lorsqu'on arrivait par la route de la rive gauche. » Notre texte ne jette-t-il pas une lueur sur cette naissance du bourg Saint-Marcel ? N'avons-nous pas là un mythe de fondation – chrétienne ou non ? La victoire de Marcel sur le dragon n'est-elle pas l'apprivoisement du « genius loci », l'aménagement d'un site naturel entre les « deserta » de la forêt (« silva »), repaire du serpent chthonien et les marécages du confluent fluvial de la Seine et de la Bièvre (« mare ») où le dragon aquatique est invité à disparaître[72] ? N'avons-nous pas là le témoignage d'un de ces établissements du haut Moyen Âge, à la faveur d'un timide défrichement et d'un rudimentaire drainage, sous l'égide d'un évêque-entrepreneur économique en même temps que pasteur spirituel et chef politique[73] ? C'est bien aussi l'institution d'une commu-

---

70. M. L. Concasty a bien montré l'importance des inondations de la Bièvre (*op. cit.*, « Positions des thèses », *loc. cit.*, 1937, p. 28).
71. M. Roblin, *Le Terroir...*, *op. cit.*, p. 114.
72. Voir la Tarasque entre forêt et fleuve (« a nemore in flumine »), L. Dumont, *op. cit.*, pp. 156-157.
73. Sur le rôle économique des saints et des évêques du haut Moyen Âge, on trouve de nombreux témoignages dans l'hagiographie. Un des premiers exemples, dans le contexte significatif de la vallée du moyen Danube au Ve siècle, se trouve dans la *Vita s. Severini* d'Eugippius (*MGH, Auct., ant.* I, 1877, pp. 1-30).
Y aurait-il eu, par ailleurs, une intention de propagande dynastique chez Fortunat ? On l'a soutenu, à propos de la vie de sainte Radegonde. Voir D. Laporte, « Le royaume de Paris, dans l'œuvre hagiographique de Fortunat », in *Études mérovingiennes*, Paris, 1953, pp. 169 *sqq.*

nauté urbaine du haut Moyen Âge à laquelle nous assistons ici avec la constitution, autour d'un corps de fidèles-citoyens («cives»), d'un terroir urbain et suburbain, à proximité immédiate au surplus d'une route d'une certaine importance[74].

Ce texte n'est pas le seul où Fortunat narre un miracle par lequel un saint, purgeant une région de monstres (dragons ou serpents), la convertit à la mise en valeur.

Dans la vie de saint Hilaire[75], Fortunat raconte comment le saint passant à proximité de l'île de Gallinaria, face à Albenga, sur la côte ligure, est alerté par les gens de la côte qui lui signalent l'impossibilité de s'établir sur l'île à cause de serpents immenses qui l'infestent («ingentia serpentium volumina sine numero pervagari»). Comme Marcel, Hilaire part bravement au combat contre les bêtes sauvages («vir dei sentiens sibi de bestiali pugna venire victoriam»). Les serpents s'enfuient à sa vue et le bâton épiscopal sert cette fois-ci de borne délimitant deux parties dans l'île: l'une où il est interdit aux serpents de pénétrer, l'autre où ils peuvent garder leur liberté. Ici encore donc, et plus nettement que dans le cas de saint Marcel, le monstre dangereux, symbole de la nature hostile, est contenu, dompté, non annihilé[76]. Ici aussi d'ailleurs il est dit aux serpents que, s'ils ne veulent pas respecter le partage décidé par le saint, il leur reste la mer, dont la présence est ici réelle.

Comme dans la vie de saint Marcel, une réflexion oriente ici l'interprétation vers le symbolisme diabolique. Fortunat souligne que le second Adam, le Christ, est bien supérieur au premier puisque au lieu d'obéir au serpent il a des serviteurs – tel le saint – capable de commander aux serpents[77]. Ici encore l'allusion n'est pas davantage explicitée. Au contraire la conclusion est purement matérielle et fait sans conteste d'Hilaire un «héros civilisateur»: *«Il accrut le territoire des hommes, car sur le territoire de la bête l'homme vint s'établir.»*

Même si l'on n'admet pas notre hypothèse concernant le symbolisme, la signification du combat de saint Marcel contre le dragon, il reste qu'à la fin du VIe siècle en Gaule, si les écrivains ecclésiastiques tendent à christianiser les légendes de saints sauroctones, en identifiant le serpent ou le dra-

---

74. Sur le dragon légendaire et l'établissement de Cracovie, au pied de la colline de Wawel, au bord de la Vistule, voir art. «Krak», in *Slownik Folkloru Polskiego* (Dictionnaire du Folklore polonais), éd. J. Krzyzanowski, Varsovie, 1965, pp. 185-186.
75. *Vita s. Hilarii*, MGH, *Script. Rer. Mer.*, loc. cit., IV/2, p. 5.
76. D'ailleurs le dragon de l'Apocalypse subissait un sort semblable: «et misit eum in abyssum, et clausit, et signavit super illum, ut non seducat amplius gentes» (xx, 3).
77. «Apparet quantum est melior Adam secundus antiquo. Ille serpenti paruit, iste servos habet, qui possunt serpentibus imperare. Ille per bestiam de sede paradysi proiectus est, iste de suis cubilibus serpentem exclusit.»

gon éliminé avec le diable, ils ne parviennent pas à masquer entièrement un symbolisme assez nettement différent. Ce symbolisme, complexe, semble surtout révélateur, par-delà les apports de diverses cultures préchrétiennes, d'un fonds traditionnel, de nature folklorique. Il apparaît en relation avec un système de comportements mentaux et de pratiques prudentes à l'égard de forces naturelles puissantes et équivoques. On dompte le dragon et, dans une certaine mesure, on pactise avec lui.

Six siècles plus tard saint Marcel et son dragon réapparaissent. À la fin du XIIe siècle une sculpture de Notre-Dame de Paris, visiblement inspirée du texte de Fortunat, représente la scène que nous venons d'essayer d'analyser, tandis que nous avons de bonnes raisons de croire que, dès cette époque, saint Marcel et son dragon figuraient dans les processions des Rogations qui se déroulaient à proximité de Notre-Dame. Que sont alors devenus nos héros – et quelle signification le dragon peut-il alors avoir ?
Esquissons d'abord rapidement les principales directions d'évolution du symbolisme du dragon entre le VIe et le XIIe siècle.
Dans un des maîtres livres que le haut Moyen Âge légua à la dévotion romane, les *Moralia in Job* de Grégoire le Grand, le Léviathan de l'Ancien Testament est identifié avec Satan[78]. Raban Maur fournit, au IXe siècle, la mise au point de l'encyclopédisme chrétien. On sait qu'il a beaucoup exploité Isidore de Séville. Les différences n'en sont que plus significatives. L'abbé de Fulda traite du dragon au chapitre des serpents[79]. Sa première partie est scientifique : le dragon est le plus grand de tous les serpents et même de tous les animaux. Il sort souvent des cavernes pour voler. Il porte une crête sur la tête et de sa bouche petite aux étroits canaux il jette son souffle et darde sa langue. Sa force réside non dans ses dents mais dans sa queue. Il n'est pas vrai qu'il faille redouter ses poisons. Mais rapidement l'article se transporte sur un autre plan, celui de la signification mystique[80]. Et l'interprétation est alors nette : le dragon, c'est le diable, ou ses ministres, ou les persécuteurs de l'Église, les méchants. Et de citer les textes scripturaires qui fondent cette interprétation : le Psalmiste, Job, l'Apocalypse de Jean. C'est l'existence tantôt du singulier, tantôt du pluriel dans ces textes qui l'amène à préciser que le dragon peut signifier, outre le diable, les esprits mauvais : «*le*» dragon c'est Satan, «*les*» dragons ce sont ses séides.

---

78. *PL*, t. LXXVI, col. 680.
79. Raban Maur, *De universo*, VIII, 3, *PL*, t. III, col. 229-230.
80. « Mystice draco aut diabolum significat aut ministros ejus vel etiam persecutores Ecclesiae, homines nefandos, cujus mysterium in pluribus locis Scripturae invenitur » (*ibid.*, col. 230). Sur cette méthode exégétique, voir H. de Lubac, *Exégèse médiévale, les quatre sens de l'Écriture*, Paris, 1959-1964.

CULTURE SAVANTE ET CULTURE POPULAIRE

Ce dragon diabolique, voué au mal, c'est bien celui qui règne dans l'iconographie romane[81]. Le courant naturaliste, issu d'Isidore et que renforce l'influence grandissante du *Physiologus*[82] sur les Bestiaires, peut bien permettre au sculpteur ou au miniaturiste telle ou telle variation sur la crête, les écailles, la queue, il reste au service du symbolisme maléfique et vient s'unir à la tradition du Satan-Léviathan qui, à partir de Grégoire le Grand, s'affirme chez les plus célèbres commentateurs du livre de Job, un Odon de Cluny, un Brunon d'Asti pour aboutir à Honorius Augustodunensis qui opère la synthèse du courant mystico-allégorique et du courant pseudo-scientifique[83]. Là même où il n'est pas le dragon à sept têtes de l'Apocalypse[84], le dragon roman est le mal.

Le succès du dragon dans l'art roman a une double origine qui se confond avec la double racine de l'art roman tout entier : avec sa racine esthétique et sa racine symbolique. D'un côté, héritant de l'art irlandais et de l'art des steppes, les formes romanes jouent avec le corps flexible du dragon. N'est-il pas le thème par excellence qui permet à l'artiste roman de satisfaire au canon défini par Henri Focillon : «la loi des plus nombreux contacts avec le cadre»[85] ? De l'autre, l'omniprésence du mal dans le monde roman fait surgir des dragons à chaque page du manuscrit, à chaque coin de pierre sculptée[86], au bout de tout morceau de métal forgé.

---

81. On trouvera peu sur le dragon dans l'ouvrage toujours fondamental et admirable d'É. Mâle, *L'Art religieux du XIIe siècle en France. Étude sur les origines de l'iconographie du Moyen Âge*, Paris, 1953. Le travail de F. d'Ayzac, «Iconographie du dragon», in *Revue de l'art chrétien*, 8, 1864, pp. 75-95, 169-194, 333-361 (voir sur la queue du dragon, pp. 183-189), a vieilli. L. Réau, *Iconographie de l'art chrétien*, Paris, 1955, t. I. Le symbolisme animal : dragon, pp. 115-116, est rapide et confus. V. H. Debidour, *Le Bestiaire sculpté en France*, Paris, 1961, *passim* (voir Index, s. v. *Dragon*), rapide, contient de judicieuses remarques et de bonnes illustrations.
82. Il n'y a pas d'ailleurs de dragon dans le *Physiologus* latin du IVe-Ve siècle, dont l'influence sera grande surtout au bas Moyen Âge, du XIIIe au XVe siècle. Voir *Physiologus Latinus*, éd. F. Carmody, 1939, p. 97.
83. Voir É. Mâle, *op. cit.*, pp. 384-385 ; Odon de Cluny, *PL*, t. CXXXIII, col. 489 ; Brunon d'Asti, *PL*, t. CLXIV, col. 685 ; Honorius Augustodunensis, *Speculum Ecclesiae*, *PL*, t. CLXXII, col. 937. Il est intéressant de noter qu'il n'y a pas de dragon dans l'encyclopédie d'Honorius, l'*Imago Mundi*.
84. Sur l'iconographie du dragon dans l'Apocalypse, voir L. Réau, *op. cit.*, t. II/2, Paris, 1957, pp. 708-712.
85. Voir V. H. Debidour, *op. cit.*, pp. 129-133. Sur le milieu cistercien et le jeu des formes romanes dans les initiales de manuscrits, voir O. Pächt, «The Precarolingian Roots of Early Romanesque Art», in *Studies in Western Art*, I : *Romanesque and Gothic Art. Acts of the XXth International Congress of the History of Art*, Princeton, 1963, p. 71 et ill. XIX, 6.
86. Sur les dragons figurés sur les fonts baptismaux (symbolisme de l'eau et dragon aquatique), voir J. T. Perry, «Dragons and Monsters Beneath Baptismal Fonts», in *Reliquary*, s. 3, II, 1905, pp. 189-195 ; G. Le Blanc Smith, *Some Dragonesque Forms on, and Beneath, Fonts*, *ibid.*, 13, 1907, pp. 217-227.

Mais le monde roman est celui de la psychomachie, du combat des vertus et des vices, du bien et du mal, des bons et des méchants. Face à Satan et à ses complices, face aux dragons, les individus et les classes qui sont les champions de Dieu se dressent. Dans la mythologie chrétienne du salut où, aux temps carolingiens, saint Michel le lutteur suprême s'était attaqué au dragon[87], ce sont les chevaliers, au côté du clergé, qui désormais luttent contre le monstre. À partir du XIe siècle, saint Georges, venu d'Orient dès avant les croisades, pour épauler idéologiquement la montée sociale de l'aristocratie militaire, triomphe incessamment de dragons toujours renouvelés, au nom de tous les chevaliers. Mais plus d'une fois un chevalier réel, anonyme, mais armé des étriers au heaume, s'attaque au monstre, et parfois descend de sa monture pour le combattre, comme celui qui est venu achever sa lutte de pierre à Lyon, au musée de Gadagne[88]. Parmi ces combattants sans peur, l'évêque comme aux temps héroïques de l'évangélisation, mais désormais à symbolisme découvert, se distingue. Rares sont les crosses épiscopales qui ne retiennent captives en leur tête recourbée le dragon vaincu qui offre son corps contorsionné à l'habileté triomphante de l'orfèvre et à la puissance symbolique du prélat.

L'essor de l'art funéraire aux confins du roman et du gothique ouvre au dragon vaincu une autre carrière. Il vient se coucher aux pieds de ses triomphateurs dont la victoire s'immortalise dans la pierre. Il sert ainsi de coussin symbolique à des évêques comme Hugues de Fouilloy, à Chartres[89] ou parfois même à des seigneurs laïcs comme Haymon, comte de Corbeil[90]. Mais ne retrouve-t-on pas ici, par-delà le symbolisme diabolique, celui du triomphe du héros civilisateur, bâtisseur de cathédrales ou défricheur de terres et organisateur de l'ordre féodal ?

Ces dragons ne sont pas toujours, dans le monde roman, aussi dociles. Ils font irruption dans les rêves des héros, hantent leurs nuits et les secouent de terreur. Le Charlemagne de la *Chanson de Roland*, épouvanté, les voit se jeter sur ses armées au milieu d'une meute de cauchemar[91]. Le dragon

---

87. Voir C. Heitz, *Recherches sur les rapports entre architecture et liturgie à l'époque carolingienne*, Paris, 1963.
88. III. *apud* V. H. Debidour, *op. cit.*, p. 347. De la vaste bibliographie sur saint Georges et le dragon, thème qui est loin d'avoir livré tous ses secrets, on notera Aufhauser, «Das Drachenwunder des hl. Georg», in *Byzantinisches Archiv*, 5, 1911, pp. 52-69.
89. Voir V. H. Debidour, *op. cit.*, ill. p. 98.
90. Voir hors-texte du catalogue de l'exposition *Cathédrales*, Paris, musée du Louvre, 1962. On notera que le personnage est un fondateur de dynastie féodale, un défricheur de terres.
91. Voir R. Mentz, *Die Träume in den altfranzösischen Karls-und Artusepen*, Marburg, 1888 ; K. Heisig, «Die Geschichtsmetaphysik des Rolandsliedes und ihre Vorgeschichte», in *Zeitschrift für romanische Philologie*, 1935, t. LV, pp. 1-87 ; K. J. Steinmeyer, *Untersuchungen zur allegorischen Bedeutung der Träume im altfranzösischen Rolandslied*, 1963 (et le compte rendu de J. Györy, in *Cahiers de Civilisation médiévale*, 1964, pp. 197-200).

est l'animal onirique par excellence de l'univers roman. Il y prolonge l'ambiguïté de ses origines[92] et y manifeste les obsessions collectives de la classe féodale et de sa civilisation[93]. Enfin d'autres dragons émancipés semblent avoir presque définitivement échappé aussi bien au trouble de leurs origines qu'à la clarification rationalisante du symbolisme diabolique. Ce sont les dragons-étendards. On a vu, à travers Isidore de Séville, leurs antiques origines. Dès le début du IVe siècle, au moment même du triomphe politique chrétien, le dragon militaire passait aux nouveaux maîtres convertis : sur le *labarum* des monnaies de Constantin, la hampe du signe sacré terrassait le dragon[94]. Mais le dragon-étendard des XIe-XIIe siècles est sans doute plutôt l'héritier des étendards asiatiques parvenus en Occident par les Anglo-Saxons et les Vikings au nord, les Arabes au sud. Dans la seconde moitié du XVe siècle, ils s'étalent sur la tapisserie de Bayeux[95] et, dans la *Chanson de Roland*, ils semblent réservés aux étendards sarrasins ; il est vrai que la *Chanson* nous est parvenue dans un texte passablement cléricalisé, où le symbolisme diabolique est mis au service de la propagande politico-religieuse[96]. Mais le dragon-étendard développe, au cours du XIIe siècle, un symbolisme propre qui aboutit à faire du dragon un emblème de communauté militaire, puis national. Le *Draco Normannicus*, qui donne son titre à un poème d'Étienne de Rouen, c'est tout simplement, en une métaphore, le peuple normand, les Normands, selon un usage mis à la mode par Geoffroy de Monmouth[97]. Les deux dragons découverts par Merlin sont en effet, de l'aveu même de l'auteur, les symboles du peuple breton et du peuple saxon[98]. Mais derrière eux se profile, comme l'a bien

---

92. «Ambivalence des animaux rêvés» (J. Györy, *loc. cit.*, p. 200). Voir J. Györy, «Le cosmos, un songe», in *Annales Universitatis Budapestinensis*. Sectio philologica, t. IV, 1963, pp. 87-110.
93. Sur le dragon dans les rêves médiévaux, d'un point de vue psychanalytique, voir E. Jones, *On the Nightmare...*, *op. cit.*, pp. 170, 306.
94. Voir *Dictionnaire d'Archéologie...*, *op. cit.* Sur les représentations de dragons sur des monnaies, voir R. Merkelbach, *Reallexicon...*, *op. cit.*, col. 243-245.
95. Voir F. Stenton, *The Bayeux Tapestry*, Londres, 1957.
96. À propos du dragon-enseigne, on lit avec étonnement dans G. Gougenheim, *Les Mots français dans l'histoire et dans la vie*, Paris, 1966, t. II, pp. 141-142 : «Aucun indice ne permet de savoir ce qu'était exactement ce *dragon* ni quel rapport il avait avec l'animal fantastique dénommé *dragon* (du latin *draco*). C'est faire œuvre de pure imagination que de supposer qu'une représentation de cet animal fantastique était peinte ou brodée sur l'enseigne.» Un simple coup d'œil à la tapisserie de Bayeux (voir note *supra*) infirme ces affirmations.
97. Voir J. S. P. Tatlock, «Geoffrey and King Arthur in Normannicus Draco», in *Modern Philology*, 31, 1933-1934, pp. 1-18, 113-125.
98. Voir A. H. Krappe, «The Fighting Snakes in the Historia Britonum of Nennius», in *Revue celtique*, XLIII, 1926. Une miniature d'un manuscrit de la fin du XIIIe siècle (Paris, BN, Ms. fr. 95) représente Merlin portant le dragon-étendard dans une bataille. Cette miniature est reproduite dans *Arthurian Literature in the Middle Ages*, éd. R. S. Loomis, Oxford, 1959, ill. 7, p. 320. Voir R. Bromwich, *Trioedd Ynys Prydein. The Welsh Triads*, 1961, pp. 93-95.

vu Jean-Charles Payen[99], tout le monde trouble d'un folklore que l'Église du haut Moyen Âge a refoulé dans les profondeurs et qui, à côté du système parachevé du symbolisme ecclésiastique, jaillit soudain aux temps romans[100].

Saint Marcel et son dragon apparaissent deux fois dans les sculptures de Notre-Dame de Paris, à la façade au trumeau de la porte Sainte-Anne, au flanc septentrional à la voussure de la porte des chanoines[101].

Les deux sculptures ne sont pas contemporaines. L'histoire du portail Sainte-Anne est la plus compliquée : la plus grande partie des sculptures date du début de la construction de l'église, vers 1165, et a été réemployée plus tard, vers 1230 lors de la réalisation des portails de la façade. Le tympan et la partie centrale de la bande supérieure du linteau sont du XIIe siècle mais les deux scènes à l'extrémité du linteau supérieur et le linteau inférieur sont du XIIIe siècle. Selon toute probabilité le trumeau appartient à la période «archaïque»[102].

Quoi qu'il en soit, la place de saint Marcel à la porte Sainte-Anne s'inscrit clairement dans le programme de la façade[103]. Dans ce triptyque sculpté le portail central est voué au Christ et figure le destin de l'humanité qui, à travers le combat des vertus et des vices, par la médiation du Nouveau Testament incarné par les apôtres, s'achemine vers le jugement dernier. Les volets qui l'encadrent sont tous deux voués à la Vierge. Mais à gauche

---

99. À propos du *Merlin* de Robert de Boron : «Les deux dragons qui gisent sous les fondations de la tour que veut ériger Vertigier ne font l'objet d'aucune description précise, leur combat ne suscite ni horreur ni angoisse. Mais surtout, ils ont cessé d'être les monstres d'un autre âge, échappés d'un bestiaire de l'autre monde, avec une signification ambiguë sur laquelle on pourrait sans fin rêver. Par la voix de Merlin, Robert dissipe toutes les équivoques, explique le symbole qui perd sa valeur poétique.» «L'art du récit dans le Merlin de Robert de Boron, le Didot Perceval et le Parlevaus», in *Romance Philology*, 17, 1963-1964, pp. 579-580.

100. Voir F. L. Utley, «Arthurian Romance and International Folklore Method», in *Romance Philology*, 17, 1963-1964, où l'auteur indique que Alan Loxterman et Miriam Kovitz étudient les relations entre le Type 300 (Dragonslayer) et le Type 303 (The Two Brothers) avec l'histoire de Tristan.

101. Voir la monographie classique de M. Aubert, *La Cathédrale Notre-Dame de Paris, notice historique et archéologique*, 1909, nouv. éd. 1945 et, pour les illustrations, P. du Colombier, *Notre-Dame de Paris*, Paris, 1966.

102. Voir M. Aubert, *op. cit.*, 1945, pp. 117-118. La statue de saint Marcel actuellement *in situ* est une copie du XIXe siècle. L'original, détérioré, qui appartient au musée de Cluny, est actuellement conservé dans la tour nord de la cathédrale. M. F. Salet, conservateur du musée de Cluny, voudra bien trouver ici mes remerciements pour les renseignements qu'il a bien voulu me fournir. Sur l'histoire des sculptures de la porte Sainte-Anne, voir le catalogue de l'exposition *Cathédrales*, *loc. cit.*, p. 31.

103. Voir W. Sauerländer, «Die kunstgeschichtliche Stellung der Westportale von Notre-Dame in Paris», in *Marburger Jahrbuch für Kunstwissenschaft*, 1959, t. XVII ; A. Katzenellenbogen, *Sculptural Programs of Chartres Cathedral : Christ-Mary-Ecclesia*, Baltimore, 1959 et «Iconographic Novelties and Transformations in the Sculpture of French Church Façades, *ca.* 1160-1190», in *Studies in Western Art*, pp. 108-118.

la Vierge couronnée patronne le cycle liturgique, c'est le triomphe de Maria-Ecclesia rassemblant les occupations des mois, et, suivant l'expression d'Adolf Katzenellenbogen, une série de personnages issus de l'ensemble du déroulement de l'histoire ecclésiastique. Ainsi figurent ici saint Michel terrassant le dragon et des personnages marquants de l'histoire de l'Église et de la dévotion traditionnelle parisienne : Constantin avec probablement saint Sylvestre, saint Étienne protomartyr et patron de la première cathédrale parisienne, saint Denis et sainte Geneviève.

Le portail Sainte-Anne place sous le patronage de la Vierge-Mère trônant avec l'enfant un ensemble plus chronologiquement, plus narrativement historique. Au linteau, la vie de la Vierge depuis l'histoire de ses parents Anne et Joachim, jusqu'à l'épisode final de son enfantement : la visite des rois Mages. Aux voussures et aux piédroits, les personnages de l'Ancien Testament : rois et reines, prophètes, vieillards de l'Apocalypse jusqu'à la consolidation de l'Église avec saint Pierre et saint Paul, font de ce portail un portail des *précurseurs*. Mais c'est là aussi qu'apparaît dans son individualité historique la cathédrale. Au tympan ses fondateurs, à gauche l'évêque Maurice de Sully, à droite le roi Louis VII. Enfin au trumeau, saint Marcel, le patron parisien qui appartient le mieux à la cathédrale, puisqu'elle en conserve les reliques. Ainsi, à Notre-Dame, Marcel représente, mieux et plus que saint Denis ou sainte Geneviève, l'Église parisienne, le siège épiscopal parisien, la communauté chrétienne parisienne. L'évêque chef du troupeau, campé et justifié dans la *Vita* de Fortunat, trouve ici l'achèvement naturel de son triomphe et de sa signification locale.

Le sculpteur du saint Marcel de la porte Sainte-Anne a visiblement suivi, sur les indications de ses commanditaires, le texte de Fortunat. Dans la partie inférieure du groupe en effet est représenté le sarcophage avec le cadavre de la femme adultère, d'où s'échappe le dragon[104]. Quant au combat du saint avec le monstre il est réduit au triomphe de Marcel sur le dragon. Sans doute les exigences techniques ont pesé sur la signification iconographique : la soumission aux lignes du linteau a imposé une scène verticale où le saint ne pouvait que dominer le dragon et non un combat horizontal où le domptage aurait pu revêtir une nature moins sanglante et plus conforme au texte de Fortunat. Il reste que l'infidélité à ce texte, qui transforme l'élimination par mise en fuite du monstre en mort par usage de la crosse utilisée comme une arme qui s'enfonce dans la gueule du dragon et le tue, est l'expression de l'interprétation cléricale du symbolisme maléfique du dragon. Les chanoines de Notre-Dame, qui ont tracé le pro-

---

104. Curieusement appelé par É. Mâle (*L'Art religieux du XIIe siècle*, op. cit., p. 315) le «vampire du cimetière».

gramme du sculpteur, ont modifié le texte de Fortunat de façon à l'adapter à l'évolution du symbolisme du dragon et le trumeau leur a offert la mise en place parfaitement adaptée à cette esthétique signifiante.
De même dans la voussure de la porte des chanoines dite aussi, de la couleur de ses vantaux, porte rouge, la scène de la vie de saint Marcel qui représente l'évêque triomphant du dragon utilise la même iconographie : le saint enfonce la crosse dans la gueule du monstre. Cette sculpture peut être datée de 1270 environ.
Les sculptures de Notre-Dame de Paris sont conformes au symbolisme du dragon dans l'orthodoxie gothique. Sans doute l'esprit gothique affaiblit quelque peu ce symbolisme en insistant plus sur le côté anecdotique et moralisateur de la scène que sur sa portée théologique. Conformément aux épisodes mettant en scène des saints et des évêques sauroctones dans Vincent de Beauvais et dans la *Légende dorée* de Jacques de Voragine, le dragon est plus le symbole du péché que du mal[105]. Mais son caractère intrinsèquement mauvais est affirmé. Tous les dragons de l'Ancien Testament et de l'Apocalypse convergent enfin, à l'âge gothique, vers la matérialisation de l'enfer. C'est la gueule du dragon qui le symbolise dans les innombrables enfers des jugements derniers[106].
Cependant, vers la même époque, sans doute, un tout autre dragon de saint Marcel hante les abords de Notre-Dame de Paris. Lors des processions des Rogations un grand dragon d'osier dans la gueule ouverte duquel le peuple jetait des fruits et des gâteaux, était promené à la grande joie des Parisiens. Ce dragon, c'était bien sûr le dragon de saint Marcel mais un dragon bien différent de celui que le clergé avait fait représenter au portail Sainte-Anne et à la porte rouge et différent aussi de celui mis en scène par Fortunat. C'est un des nombreux dragons processionnels des Rogations attestés et connus[107]. Parmi les plus célèbres citons, dans l'ouest de la France, la *Grand Gueule* de Poitiers, le dragon crocodile de Niort, la *Gargouille* de Rouen ; dans la Flandre-Hainaut, le dragon de Douai et celui de Mons ; en Champagne, le dragon dit *Chair-Salée* de Troyes, celui de Provins et le *Kraulla* ou *Grand Bailla* de Reims ; en Lorraine les dragons de Toul, Verdun et surtout Metz avec son célèbre *Grawly* ou *Graouilly* qui n'a pas échappé à ce grand utilisa-

---

105. É. Mâle, qui a bien vu le rôle du dragon dans la *Légende dorée*, se trompe en plaçant une initiative cléricale à l'origine du thème (« à l'origine, l'histoire du dragon est une métaphore pieuse imaginée par des clercs», *op. cit.*, p. 291, n. 3).
106. É. Mâle, *op. cit.*, pp. 384-386.
107. Sur les dragons processionnels en France, voir A. Van Gennep, *Manuel de Folklore français contemporain*, t. III, Paris, 1937, pp. 423-424 (avec une bibliographie). On trouvera une liste abrégée, et sans références, de dragons processionnels et de saints dompteurs et vainqueurs de dragons en France in R. Dévigne, *Le Légendaire des provinces françaises à travers notre folklore*, Paris, 1950, p. 152.

teur de folklore et grand amateur des êtres gigantesques que fut Rabelais[108].
Le Midi n'est pas moins riche en dragons, bien que, mis à part le crocodile de Nîmes, le seul de ces dragons qui soit resté célèbre est la *Tarasque* de Tarascon. Mais son cas est exemplaire à la fois parce que la tradition, poursuivie ou plutôt ressuscitée aux XIXe-XXe siècles, permet une étude concrète et que cette étude a été réalisée dans un livre magistral de Louis Dumont[109]. Mais un relevé minutieux fait surgir presque en chaque ville (ou site célèbre) les dragons, à la Sainte-Baume, à Arles, à Marseille, à Aix, à Draguignan, à Cavaillon, à la fontaine de Vaucluse, dans l'île de Lérins, à Avignon[110].
Ces dragons en fait ont une double origine. Certains sont issus de légendes hagiographiques et liés à un saint, souvent un évêque (ou un abbé) – et ces saints remontent souvent au haut Moyen Âge. C'est le cas du Graouilly de Metz sorti de la légende de l'évêque saint Clément, du dragon de Provins accompagnant saint Quiriace, du dragon de Marseille attribué à saint Victor, de celui de Draguignan attribut de saint Armentaire. C'est bien entendu le cas de notre dragon de saint Marcel de Paris. Mais beaucoup de ces dragons processionnels ne doivent la vie qu'aux processions des Rogations où ils avaient, comme on va voir bientôt, une place officielle. Les plus célèbres de ces dragons semblent être ceux qui, traditionnellement attachés à la légende d'un saint local, ont pu s'introduire dans les processions des Rogations sous le patronage du saint et avec une individualité marquée – parfois soulignée par un nom propre, un sobriquet. C'est évidemment encore le cas de notre dragon de saint Marcel bien qu'il ne semble pas être parvenu à la célébrité.
Il est, par ailleurs, hors de doute que ces dragons processionnels s'intègrent dans des rites folkloriques. Les offrandes en nature qu'ils suscitent soit à leur bénéfice, soit à celui des organisateurs ou acteurs de processions (curés, sacristains, membres de la procession) sont des rites propitiatoires liés aux cérémonies destinées depuis la plus haute Antiquité à appeler la faveur des puissances de la fécondité[111]. Chez les Romains, les

---

108. *Quart Livre*, chap. LIX.
109. Voir *supra*, p. 235, note 18.
110. Voir L. J. B. Bérenger-Féraud, *Traditions et réminiscences populaires de la Provence*, Paris, 1886 ; E. H. Duprat, « Histoire des légendes saintes de Provence », in *Mémoires de l'Institut historique de Provence*, 1940-1946, t. XVII-XX.
111. Voir A. Van Gennep, *Manuel...*, *op. cit.*, I-IV/2, 1949, pp. 1644-1645. À Troyes, « le dragon était porté triomphalement orné de fleurs, de rubans et de pompons, il paraissait conduire la foule qui jetait des craquelins dans sa gueule béante » (Ch. Lalore, « Le dragon – vulgairement dit Chair-Salée – de saint Loup évêque de Troyes. Étude iconographique », in *Annuaire administratif, statistique et commercial du département de l'Aube*, 51, 1877, p. 150). À Metz, « autrefois l'image du Graouilli, promenée aux fêtes des Rogations dans la ville, s'arrêtait aux portes des boulangers et des pâtissiers qui lui jetaient dans la gueule des pains et des gâteaux » (R. de Westphalen, *Petit Dictionnaire des traditions populaires messines*, Metz, 1934, col. 318).

jeunes filles allaient déposer au printemps des gâteaux dans les grottes où habitaient les serpents (dragons) de Junon de Lanuvium, déesse agraire, dont on espérait de bonnes récoltes[112]. Platon a replacé ces offrandes de gâteaux et de fruits dans le contexte de perpétuelle fécondité de l'âge d'or (*Lois*, VI, 782 CE).
Mais comment préciser la chronologie de l'apparition de ces dragons processionnels et, à travers elle, de leur signification pour les gens du Moyen Âge qui en étaient les acteurs ou les spectateurs ?
Une première hypothèse est celle de la continuité des croyances et des rites concernant ces dragons, depuis l'Antiquité et même la préhistoire jusqu'au bas Moyen Âge. Frazer a cherché à établir cette filiation en rattachant les mannequins processionnels aux géants des sacrifices druidiques[113]. Cette hypothèse supposerait que les processions des Rogations aient accueilli des cérémonies antérieures. Or rien n'est moins prouvé. Nous savons que les processions des Rogations ont été instituées par saint Mamert, évêque de Vienne, mort vers 470, et qu'elles ont connu une diffusion rapide, comme en témoigne saint Avit, également évêque de Vienne entre 494 environ et 518[114]. Il a été soutenu que ces fêtes chrétiennes étaient destinées à remplacer les *ambarvalia* gallo-romaines et leur avaient emprunté de nombreux rites dont celui des déguisements animaux. Or les renseignements peu nombreux, et qui ne concernent pas les Rogations, que nous ont laissés les textes du haut Moyen Âge témoignent du soin avec lequel l'Église a proscrit ces déguisements. Si un texte affirme que les Lombards, au milieu du VIIe siècle, sous le règne de Grimoald, adoraient l'image d'un serpent, Césaire d'Arles, dans un sermon interdit l'usage de faire le tour des maisons déguisé en cerf, en vache ou en tout autre animal prodigieux et le concile d'Auxerre en 578 édicte une interdiction semblable[115]. Ces deux textes concernent d'ailleurs des coutumes folklorico-païennes des calendes de Janvier – des « étrennes diaboliques » comme disent les pères d'Auxerre. Tout montre par ailleurs que l'Église du haut Moyen Âge a eu surtout pour but de proscrire les rites païens, et notamment folkloriques, soit en les oblitérant, soit en les dénaturant, soit, quand elle le pouvait et elle pouvait alors

---

112. Voir J. Maehly, *Die Schlange im Mythus und Cultus der classischen Völker*, Bâle, 1867, p. 13.
113. J. G. Frazer, *The Golden Bough*, t. II : *Balder the Beautiful*, Londres, 1915, pp. 31 *sqq.*, cité et, semble-t-il, suivi par A. Varagnac, *Civilisation traditionnelle et genres de vie*, Paris, 1914, p. 105.
114. Saint Avit, *Homilia de rogationibus*, PL, t. LIX, col. 289-294. Voir H. Leclerq, art. « Rogations », in *Dictionnaire d'Archéologie...*, *op. cit.*, XIV/2, 1948, col. 2459-2461.
115. Le texte de la *Vita Barbati* concernant les Lombards (*MGH, Script. Rer. Lang.*, p. 557) et celui du concile d'Auxerre (*Concilia Galliae*, II, éd. C. de Clerq « Corpus christianorum », S. Latina, CXLVIIIA, 1963) se trouvent dans E. Salin, *op. cit.*, IV, pp. 48 et 494. Le texte de saint Césaire est dans le sermon 130 (éd. G. Morin, « Corpus Christianorum », S. Latina, CIII, 1953).

beaucoup, en les refoulant et en les détruisant[116]. Nous ne savons rien sur le déroulement des Rogations dans le haut Moyen Âge. Il nous paraît peu vraisemblable qu'elles aient accueilli des monstres processionnels et notamment des dragons. Nous pensons donc plutôt soit à une résurgence, soit à une renaissance plus ou moins tardive dans le courant du Moyen Âge. Est-il possible de la dater ?
Arnold Van Gennep a émis quelques hypothèses concernant la naissance des géants processionnels des Flandres et du Hainaut et, parmi eux, des dragons[117]. Selon lui, bien que les dragons s'intègrent aux cortèges processionnels nommés en flamand un *renzentrein* (train de géants) et en wallon une *ménagerie*, ils leur sont étrangers à l'origine. Les animaux qui apparaissent les premiers dans les ménageries sont le dragon, l'éléphant, le chameau, le lion, la baleine, «autrement dit les bêtes dont il est parlé dans la Bible ou l'Apocalypse et que les illustrations des manuscrits ou des premiers imprimés avaient rendu familiers. Plus tard on vit apparaître aussi toutes sortes d'animaux étrangers, autruches, crocodiles, pélicans, etc.». A. Van Gennep pense donc que ces ménageries s'organisent au XVe siècle, plutôt vers la fin, qu'elles n'ont pas de rapport avec le cycle du Carême et de Carnaval et que leur origine «a été plus littéraire et à demi savante que populaire». En revanche il croit que les dragons monstrueux apparaissaient antérieurement dans des cortèges et que c'est eux qui ont déterminé la mode du gigantisme qui a ensuite gagné d'autres animaux puis des figures humaines. Il note ces dragons à Anvers en 1394, Cierre en 1417, Alost en 1418, Furnes en 1429, Audenarde en 1433, Malines en 1436. Cette chronologie peut être encore abaissée. Les comptes de saint Aimé de Douai notent dès 1361 les dépenses faites cette année-là «pour faire une neuwe keuwe de vermeil cendal au dragon qu'on porte à la procession[118]». Quant à l'origine de ces dragons processionnels, elle se trouve évidemment dans les processions des Rogations. Mais quand celles-ci ont-elles comporté des dragons ? La Flandre ne nous offre pas de dragon individualisé, à notre connaissance, avant le dragon de Douai de 1361. Le dragon de saint Marcel de Paris nous permet-il de préciser et d'abaisser la chronologie ?
Louis Réau déclare : «Aux processions des Rogations, le clergé de Notre-Dame faisait porter, en souvenir de son miracle symbolique, un grand dra-

---

116. Sur le refoulement du folklore par la culture ecclésiastique dans le haut Moyen Âge, voir F. Graus, *Volk, Herrscher...*, op. cit., et J. Le Goff, «Culture cléricale ...», *supra*, pp. 217-228.
117. A. Van Gennep, *Le Folklore de la Flandre et du Hainaut français (département du Nord)*, Paris, 1935, t. I, p. 154 *sqq*.
118. Je dois ce renseignement, que V. Gay avait noté dans son *Glossaire archéologique*, 1887, t. I, p. 569, à Mlle Françoise Piponnier à qui j'exprime ma gratitude. D'après les mêmes sources, on trouve un dragon processionnel dans l'*Inventaire de Saint-Père de Chartres* en 1399.

gon d'osier dans la gueule ouverte duquel le peuple jetait des fruits et des gâteaux[119]. » Il ne précise pas à quelle époque et il est clair qu'il a reproduit un passage sans référence des *Coutumes, mythes et traditions des Provinces de France* (Paris, 1846) d'Alfred de Nore, ou du modèle de ce dernier, l'historien de Paris du début du XIXe siècle J.A. Dulaure[120].

Nous n'avons pu découvrir ni dans un acte ni dans une chronique du Moyen Âge, ni dans les histoires anciennes ou modernes de Paris aucune référence à un dragon processionnel de saint Marcel. C'est au moment où ce dragon va disparaître, au XVIIIe siècle, que son existence est affirmée. J.A. Dulaure, et après lui A. de Nore ont affirmé que le dragon processionnel de saint Marcel est tombé en désuétude vers 1730. Pourtant dans la deuxième édition, de 1733, de son *Histoire et Recherches des Antiquités de la ville de Paris* (t. II, p. 620), Henry Sauval, en visible adepte des Lumières, déclare avec un mépris non dissimulé, « tous les ans aux processions que Notre-Dame fait avec ses quatre filles aux Rogations, nous voyons encore un grand dragon faire les mêmes sottises que faisait ce grand diable » – c'est-à-dire le diable qui luttait avec saint Michel comme le dragon le faisait avec saint Marcel.

Faut-il renoncer à dater l'apparition du dragon processionnel de saint Marcel et se résigner à dire avec Dulaure « un usage de la plus haute Antiquité... » sans ajouter pourtant cette hypothèse qui nous a paru déjà trop aventurée : «... qui pourrait bien remonter aux temps du paganisme » ? Une note de la deuxième édition de l'Histoire de Paris de Dulaure montre que la seule source sur laquelle on peut appuyer l'affirmation de l'existence ancienne du dragon processionnel parisien est un texte bien connu de caractère général. « Toutes les églises de la Gaule, – écrit Dulaure[121] – avaient au treizième siècle, leur dragon. Durand, dans son *Rational*, en parle comme étant d'un usage général. Ces dragons, suivant lui, signifiaient le *diable*. » En fait, Guillaume Durand, dans son *Rationale divinorum officiorum*, à la fin du XIIIe siècle[122] ne fait que reprendre un texte du liturgiste parisien

---

119. L. Réau, *Iconographie...*, *op. cit.*, t. III/2, 1958, p. 874.
120. *Histoire civile, physique et morale de Paris*, Paris, 1821-1825, nombreuses rééditions au XIXe siècle, dont certaines annotées. J'exprime ici mes vifs remerciements au R. P. Baudoin de Gaiffier et à Mlle Anne Terroine qui ont bien voulu, à propos du dragon processionnel de saint Marcel, me faire bénéficier de leur science incomparable dans les domaines de l'hagiographie et l'histoire de Paris.
121. J. A. Dulaure, *op. cit.*, Paris, 1823, t. II, p. 228, n. 1.
122. Il existe plusieurs éditions anciennes du *Rationale* de Guillaume Durand, qui mériterait une édition critique moderne. J'ai utilisé l'édition de Lyon, 1565. Il est question des dragons processionnels au chapitre CII : « De rogationibus ». Selon L. Falletti (*Dictionnaire de Droit canonique*, éd. R. Naz, Paris, 1953, t. V, col. 1055-1057), le *Rationale* est « le premier en date des ouvrages publiés par Durand en tant qu'évêque de Mende » (*ibid.*, col. 1033). Il daterait donc d'environ 1290.

Jean Beleth, vers 1180[123] et Jacques de Vitry, au début du XIIIe siècle, avait traité des processions des Rogations dans un sermon[124]. Ces textes nous apprennent qu'en certains lieux des processions avaient lieu pendant trois jours, lors des Rogations et qu'un dragon figurait dans ces processions. Les deux premiers jours le dragon marche en tête du cortège, précédant croix et bannières, sa longue queue dressée et enflée – « cum cauda longa erecta et inflata ». Le troisième jour il suit derrière, la queue dégonflée et basse – « cauda vacua aeque depressa ». Ce dragon représente le diable (« draco iste significat diabolum »), les trois jours signifient les trois époques de l'histoire – « ante legem », « sub lege » et « tempore gratiae ». Pendant les deux premières époques le diable a régné et, plein d'orgueil, il a trompé les hommes. Mais le Christ a vaincu le diable et, comme l'a dit l'Apocalypse, le dragon est tombé du ciel – « draco de caelo cadens » – et ce dragon déchu ne peut plus qu'essayer humblement de séduire les hommes.

Ce symbolisme est clair. Louis Dumont, qui connaissait ces textes, a admirablement expliqué, à propos du rituel de la Tarasque, le symbolisme de la queue[125]. Que ce symbolisme soit très ancien et s'enracine dans le symbolisme pseudo-scientifique de l'Antiquité et du folklore, nous croyons l'avoir montré[126]. Qu'il se retrouve dans le texte de Fortunat a été mis en lumière. Est-ce à dire que nous reprenons, à partir de ce détail, capital il est vrai, l'hypothèse de la continuité du dragon folklorique ?

---

123. Jean Beleth, *Rationale divinorum officiorum, PL*, t. CCII, col. 130. On peut noter comme une présomption en faveur de la thèse qu'il n'y a pas eu continuité de déguisements ou de mannequins animaux depuis le haut Moyen Âge, mais que les dragons processionnels ont dû apparaître vers le milieu du XIIe siècle, le fait que Rupert de Deutz (m. 1129), dans son traité liturgique *De divinis officiis*, lib. IX, cap. V: « De rogationibus », *PL*, t. CLXX, col. 248-250, ne fait aucune allusion aux dragons processionnels, mentionne seulement les croix et les bannières (« cruces atque vexilla praeferuntur »), et fait une allusion au « labarum ».
124. Jacques de Vitry, *Sermones*, Venise, 1518, p. 762.
125. Ce symbolisme n'est souvent pas compris par les clercs du XIIe siècle. Par exemple, la *Glossa ordinaria (PL*, t. CXIV, col. 732) qui, glosant Apocalypse, XII, 4: « Et cauda », explique «: id est deceptione, quibus celant vitia, ut cauda celantur turpia ». De même Alain de Lille, *Distinctiones dictionum theologicarum, PL*, t. CCX, col. 775-776, à l'article « Draco », interprète *cauda = extrema ejus persuasio*. Cet article apporte peu au symbolisme du dragon mais il montre l'état de la question chez les clercs scolastiques à la fin du XIIe siècle. Alain distingue le sens propre (c'est-à-dire que le dragon est un animal réel) et 5 sens symboliques : « malitia », « diabolus », « gentilis populus », « Antichristus » et, au pluriel, « gentes malitiosae » et plus spécialement « superbi Judaei ». C'est là la rencontre du dragon et de l'antisémitisme. Mais le thème ne semble pas avoir été exploité. Il est vrai que le basilic, symbole assez rare d'ailleurs du peuple juif au Moyen Âge, est bien proche du dragon : c'est le « roi des serpents » (voir B. Blumenkranz, *Le Juif médiéval au miroir de l'art chrétien*, Paris, 1966, p. 64). Tout au plus voit-on sur une minature du *Liber Floridus* (début du XIIe siècle) la gueule du Léviathan infernal à côté de la Synagogue symbolique (B. Blumenkranz, *op. cit.*, ill. 121, p. 107).
126. Voici encore un trait ancien repris par la liturgie et non compris : celui du « monstre regardant en arrière » (voir E. Salin, *op. cit.*, IV, pp. 209-222). Guillaume Durand note que le troisième jour, le dragon va « quasi retro aspiciens ».

Louis Dumont, en analysant de façon magistrale le plus ancien texte où apparaisse la Tarasque – la *Vie de sainte Marthe* prétendument écrite par Marcelle, servante de Marthe et composée entre 1187 et 1212, utilisée par Gervais de Tilbury, Vincent de Beauvais et Jacques de Voragine[127] a démontré que, malgré les influences livresques des bestiaires, le monstre qui y est décrit, suppose l'existence d'une «effigie rituelle[128]». De même son enquête iconographique le conduit à penser que la Tarasque rituelle apparaît à la charnière du XIIe au XIIIe siècle – au terme sans doute d'une longue préhistoire[129].

Nous inclinerions volontiers à penser qu'il a dû en être à peu près de même avec le dragon processionnel de saint Marcel. Pas plus que Louis Dumont pour la Tarasque nous n'avons pu établir un «répertoire de l'iconographie[130]» pour le dragon de saint Marcel et, moins heureux que lui, nous n'avons pas d'image du dragon processionnel. Seul le dragon ecclésiastique de Notre-Dame de Paris s'offre à nous. Mais le début du XIIIe siècle semble bien avoir offert à l'iconographie des dragons qui, comme la Tarasque, ne peuvent avoir été inspirés que par des mannequins réels, des effigies rituelles. Nous croyons par exemple en voir un dans ce bec de fontaine, du début du XIIIe siècle, originaire du Nord de la France et conservé au musée de Dahlem, à Berlin. Le dragon chevauché par un diable ne me paraît pas engendré par le génie des formes romanes traditionnelles ni par la pure imagination d'un artiste doué. J'y retrouve un masque processionnel, voisin des masques du Carnaval[131].

Que signifie donc ce dragon d'un caractère nouveau, directement folklorique ? Le texte de Jean Beleth, l'exemple de la Tarasque, de possibles analogies iconographiques suffisent-ils à étayer l'hypothèse que le dragon processionnel de saint Marcel ait vraisemblablement vu le jour à la fin du XIIe siècle ou au début du XIIIe siècle ?

Au terme de son étude, Louis Dumont résumant les caractères principaux du rite de la Tarasque analysés au cours de sa «prise ethnographique» déclare: «Le facteur sociologique est fondamental: la Tarasque est avant tout la bête éponyme, le palladium de la communauté[132].» Ces derniers

---

127. Texte de la Pseudo-Marcelle et références in L. Dumont, *op. cit.*, p. 150. Pseudo-Marcelle *apud* Mombritus, *Sanctuarium seu vitae sanctorum...*, nouv. éd. 1910, II, pp. 128-129 ; Vincent de Beauvais, *Speculum Historiae*, X, 99 ; Jacques de Voragine, *Legenda aurea*, éd. Graesse, 1846, pp. 444-445.
128. L. Dumont, *op. cit.*, p. 161.
129. *Ibid.*, p. 226.
130. *Ibid.*, p. 199.
131. Sur les masques de carnaval, voir O. Karf, «Über Tiermasken», in *Wörter und Sachen*, 1913, t. V ; *Deutsche Fastnachtspiele aus dem 15. Jahrhundert*, éd. A. von Keller, Tübingen, 1853-1858 ; A. Spamer, *Deutsche Fastnachtsbräuche*, Iéna, 1936.
132. L. Dumont, *op. cit.*, p. 227.

mots rappellent singulièrement une expression du texte de Fortunat à propos de saint Marcel vainqueur du dragon : « propugnaculum patriae ». Ce qui aux Ve-VIe siècles pouvait signifier constitution de la communauté chrétienne, organisation d'un terroir urbain et suburbain peut-il prendre, localement et généralement, une signification, nouvelle mais de même tendance, à la fin du XIIe siècle ? Cette époque n'est-elle pas, à la fin du règne de Louis VII et sous celui de Philippe Auguste, le moment où Paris devient capitale, où son essor topographique, à l'intérieur de ses nouvelles murailles, où l'épanouissement et l'harmonisation de ses fonctions urbaines conduisent les Parisiens à une nouvelle prise de conscience locale et à la recherche d'un nouvel emblème citadin ? Sans doute, au XIVe siècle, le rôle d'un Étienne Marcel, et derrière lui, d'une catégorie de riche bourgeoisie imposera à Paris une emblématique politique empruntée aux grands marchands : le navire de la Seine, le chaperon mi-parti bleu et rouge. Mais le dragon de saint Marcel n'a-t-il pas été plus tôt, au moins l'essai d'un emblème parisien ? Au moment où les clercs, au portail Sainte-Anne, font de Marcel le patron visible et immortalisé de la cité, le peuple n'introduit-il pas dans les Rogations un dragon d'une autre origine et d'une autre nature en qui se cristallise son sentiment patriotique local ?

Si l'absence de toute documentation pour Paris nous interdit de faire de cette idée plus qu'une hypothèse, un coup d'œil jeté en dehors de Paris et de Tarascon nous confirme que cette hypothèse n'est pas absurde. La seconde moitié du XIIe et le XIIIe siècle voient en effet dans l'Occident chrétien se développer une emblématique urbaine du dragon. M. Battard, étudiant les monuments publics urbains du nord de la France et de la Belgique[133], a décrit ces monstres ou animaux généralement mobiles et pivotant autour d'une tige de fer et qui deviennent l'« emblème protecteur de la ville ». La plupart du temps, souligne-t-il, cet animal emblématique était un dragon. C'était le cas à Tournai, à Ypres, à Béthune, à Bruxelles où le dragon était terrassé par saint Michel, à Gand où le *Draak* reconstitué est encore conservé au Musée du beffroi. Il mesure trois mètres cinquante-cinq centimètres et pèse trois cent quatre-vingt-dix-huit kilos ; selon la légende il avait été rapporté de Constantinople à Bruges par les croisés, donc au début du XIIIe siècle et pris par les Gantois en 1382. Ce dragon urbain est le résultat de l'accaparement citadin du vieux dragon gardien des trésors. Au sommet du beffroi il gardait les archives et le trésor communaux.

---

133. M. Battard, *Beffrois, Halles, Hôtels de ville dans le nord de la France et la Belgique*, Arras, 1948, p. 36. Sur les dragons gardiens de trésor, voir H. R. Ellis, « The Hill of the Dragon : Anglo-Saxon Burial Mounds in Literature and Archaeology », in *Folklore*, 61, pp. 169-185.

Friedrich Wild, à partir d'une analyse de la littérature épique, et plus particulièrement de Beowulf, a retrouvé, lui aussi, ces dragons-étendards, emblèmes de familles, de communautés, de corporations[134].
On a même tenté d'expliquer la genèse d'un dragon épiscopal à partir d'un dragon-bannière des processions des Rogations. R. de Westphalen a écrit, à propos du Graouilly de Metz : « Vers le XIIe siècle, les maires et justiciers de Woippy, village dépendant du chapitre de la cathédrale de Metz, étaient tenus de porter, dans les processions de saint Marc et des Rogations, trois bannières rouges dont l'une surmontée d'une tête de dragon. Un siècle plus tard, ce *vexillum draconarium* a fait place au Grolli, qui devait représenter le dragon vaincu par l'apôtre du Messin, leur premier évêque, saint Clément... » Habile montage qui cherche à organiser rationnellement et chronologiquement des thèmes dont la convergence, vers le XIIe siècle, est obscure. Il n'a qu'un tort : n'être fondé sur aucun document[135].
Quoi qu'il en soit, la rencontre vraisemblable d'un dragon parisien ecclésiastique et d'un dragon également parisien folklorique, interprétations emblématiques d'un même animal traditionnel – le dragon de saint Marcel, évêque de Paris au Ve siècle – témoigne-t-elle d'une convergence de la culture cléricale et de la culture populaire qu'on retrouverait dans la signification du dragon matérialisé ici dans la pierre, et là dans l'osier?
Remarquons d'abord que l'emblème, chez les clercs, est l'évêque, dans sa fonction de tueur du dragon, tandis que chez le peuple il semble bien être le dragon lui-même dans ses rapports aux fortunes diverses avec le prélat. D'autre part si le dragon ecclésiastique est désigné sans équivoque comme un symbole du mal qu'il faut supprimer, le dragon populaire est l'objet de sentiments plus mêlés : on cherche d'abord par des offrandes à l'amadouer, à le satisfaire, avant de se gausser de sa défaite, sans vouloir sa mort. Certes le dragon processionnel est intégré dans une cérémonie chrétienne et les liturgistes ont donné l'interprétation théologique orthodoxe de son comportement et, du même coup, de celui des spectateurs, au cours du

---

134. Voir F. Wild, *Drachen im Beowulf und andere Drachen, mit einem Anhang: Drachenfeldzeichen, Drachenwappen und St. Georg.*, Österreichische Akad. der Wiss. Phil.-hist. Kl. Sitzungsber., vol. CCXXXVIII, 5 Abh. Vienne, 1962.
135. R. de Westphalen, *Petit Dictionnaire...*, *op. cit.*, col. 317. Le texte de Rupert de Deutz, cité *supra*, p. 261, note 123, donne cependant une certaine base théorique à ce texte. Par ailleurs, faut-il voir une relation historique entre saint Clément de Metz et son Graouilly d'une part, saint Marcel de Paris et son dragon de l'autre? Selon une tradition, l'église suburbaine de Saint-Marcel aurait été construite sur l'emplacement d'une chapelle primitivement dédiée à saint Clément. Dans « Les églises suburbaines... » (cité *supra*, p. 231, note 6), il est dit que le culte de saint Clément n'apparaît à Saint-Marcel qu'au XIIe siècle, c'est-à-dire à l'époque critique selon nous pour les dragons processionnels (un sceau de Saint-Marcel apposé à un acte de 1202 porte les effigies de saint Clément et de saint Marcel). Mais il s'agirait non de saint Clément de Metz, mais de saint Clément, pape.

triduum processionnel. De même on ne peut exclure l'hypothèse d'une origine savante, ecclésiastique, du dragon processionnel que le peuple aurait ensuite déformée selon ses traditions. A. Van Gennep a parlé des «fêtes liturgiques folklorisées» et l'on connaît la dégradation en folklore du culte de nombreux saints d'origine savante[136]. Il reste que cette contamination de l'idée cléricale et de la croyance populaire – populaire à cette époque étant à peu près l'équivalent de laïque – laisse subsister la différence et même l'opposition entre deux mentalités et deux sensibilités. D'un côté celles de la culture cléricale assez bien armée pour affirmer le triomphe du bien sur le mal et imposer des distinctions nettes. De l'autre celles de la culture folklorique traditionnellement prudente au point de préférer, face à des forces qu'on ne dépouille pas de leur ambiguïté, des démarches primitives mais elles aussi équivoques, rusées, destinées, grâce à des offrandes flatteuses, à rendre non seulement inoffensives mais bénéfiques les forces naturelles symbolisées par le dragon.

Ainsi, du VIe au XIIIe siècle, l'évolution est saisissante. Chez Fortunat l'interprétation manichéenne chrétienne n'est pas encore bien formée mais son orientation est assez nette pour refouler les ambiguïtés des interprétations populaires. Au cœur du Moyen Âge l'interprétation ecclésiastique est parvenue à son expression définitive mais elle doit coexister avec une interprétation folklorique, neutre, puissamment rejaillie.

Il nous paraît vraisemblable que ce jaillissement date du XIIe siècle et exprime la poussée d'une culture populaire laïque qui s'engouffre dans la trouée faite aux XIe-XIIe siècles par la culture de l'aristocratie laïque[137] tout imprégnée du seul système culturel à sa disposition en dehors du système clérical, celui précisément des traditions folkloriques. L'exemple parisien serait alors un modèle achevé: le dragon clérical de pierre et le dragon folklorique d'osier seraient contemporains. L'un tournerait autour de l'autre comme pour le narguer, mais ne franchirait pas les portes du sanctuaire gardées par celui-ci.

L'absence de toute documentation précise pour le dragon de saint Marcel nous interdit de rejeter l'hypothèse que le dragon processionnel de Marcel soit né lors de la seconde grande vague de poussée folklorique, celle du

---

136. A. Van Gennep, *Manuel...*, *op. cit.*, I-IV/2, pp. 1624 *sqq*. Fêtes liturgiques folklorisées (et spécialement les Rogations). Sur la «folklorisation» du culte des saints, voir M. Zender, *Räume und Schichten mittelalterlicher Heiligenverehrung in ihrer Bedeutung für die Volkskunde. Die Heiligen des mittleren Maaslandes und der Rheinlande in Kultgeschichte und Kultverbreitung*, Düsseldorf, 1959.

137. Voir E. Köhler, *Trobadorlyrik und höfischer Roman*, Berlin, 1962, et «Observations historiques et sociologiques sur la poésie des troubadours», in *Cahiers de Civilisation médiévale*, 1964, pp. 27-51.

XVe siècle qui appartient d'ailleurs plus à la Renaissance qu'au Moyen Âge. Mais, même en ce cas, la coexistence paradoxale qu'on a mise en valeur a bien existé, sauf qu'elle ne serait apparue qu'à la fin du Moyen Âge. Notons d'ailleurs qu'elle a disparu avant la Révolution et que l'explication événementielle est ici encore en défaut. Si nous ne pouvons confirmer la date approximative de 1730 avancée par Dulaure, elle paraît vraisemblable. Car le dragon n'existait plus à la Révolution et c'est en 1728 qu'un dragon analogue, celui, dit Chair-Salée, de saint Loup de Troyes, disparaît avec des attendus sévères de l'évêque qui interdit cette «figure indécente», le 25 avril 1728, «pour arrêter à l'avenir des désordres si contraires à la sainteté de notre religion»[138]. La mentalité éclairée du XVIIIe siècle, en touchant une partie du haut clergé, permet à la culture ecclésiastique de remporter, grâce aux Lumières, sur la culture populaire, la victoire que l'*obscurantisme* médiéval ne lui avait pas permis d'obtenir. Complexité des grands mouvements de la sensibilité collective.

Avons-nous, au cours de cette enquête, cédé au démon du folklore[139] et cherché à établir d'une part une interprétation cléricale – ce qui est peut-être forcé mais vrai en gros dans la mesure où sur un point qui engage en fait toute la théologie chrétienne du bien et du mal l'Église a imposé une interprétation cohérente du symbolisme du dragon – et d'autre part une interprétation folklorique, ce qui serait à coup sûr erroné? Nous n'avons pas oublié, selon le mot d'André Varagnac, le «caractère plurifonctionnel des traditions[140]» et nous n'avons pas voulu, pour reprendre les termes de Louis Dumont, substituer «la clarté à l'obscurité, la rationalité à l'irrationalité» au risque de ramener «la réalité populaire à autre chose qu'elle-même[141]». Les recherches folkloriques ne peuvent apporter à l'histoire et aux sciences humaines des lumières décisives que si l'on respecte leur spécificité au sein de laquelle les phénomènes de contamination restent fon-

---

138. Ch. Lalore, «Le Dragon (vulgairement dit Chair-Salée)», *op. cit.*, p. 150. L'étude presque centenaire de l'abbé Lalore témoigne d'une perspicacité et d'une ouverture d'esprit exceptionnelles. L'auteur, qui a repéré les sources liturgistes médiévales, les représentations de dragons sur des monnaies et sur des étendards, a vu qu'il y avait deux dragons en un seul, celui dompté par saint Loup et celui porté en procession. Il a su chercher des ancêtres chinois aux dragons tutélaires et trouver une bonne citation mettant dans la bouche d'un Chinois une déclaration montrant que le dragon est pour les Chinois l'image des bons génies protecteurs de l'homme, l'emblème des intelligences supérieures: «J'ignore comment le dragon est porté à travers les vents et les nuages et s'élève jusqu'au ciel. J'ai vu Lao-Tseu, il est semblable au dragon.» (Windischmann, *Mémoires concernant les Chinois*, p. 394, cité p. 164, n. 3.)
139. À l'inverse, L. Mackensen, comme le montre L. Dumont, *op. cit.*, p. 221, n'a pas su (*Handwörterbuch...*, *op. cit.*, art. «Drachen») reconnaître la spécificité des pratiques populaires réduites à des succédanés de légendes d'origine savante.
140. A. Varagnac, *op. cit.*, p. 105.
141. L. Dumont, *op. cit.*, pp. 219-220.

CULTURE SAVANTE ET CULTURE POPULAIRE

damentaux. Nous n'avons voulu ici que mettre en lumière la complexité d'un thème qui aurait pu paraître simple à un lecteur naïf de Fortunat et à un spectateur ingénu des sculptures de Notre-Dame de Paris. Notre démarche d'historien a seulement consisté à tenir compte de l'absence ou de la présence de documents et à tenter de restituer une chronologie aux rythmes assez amples pour fournir un contexte significatif aux phénomènes de sensibilité et de mentalité ici étudiés. Puissions-nous n'avoir pas rendu trop lourde la grâce ludique mais ambiguë de cette diablerie : le dragon de saint Marcel de Paris.

SAINT MARCEL DE PARIS ET LE DRAGON

Venons-en maintenant à ce miracle *(mysterium)* triomphal qui, bien qu'il soit chronologiquement le dernier, est le premier par l'importance surnaturelle *(in virtute)*. Une matrone, noble par l'origine mais vile par la réputation, souillant par un mauvais crime l'éclat de sa naissance, après avoir achevé, la lumière lui ayant été ravie, les jours de sa vie brève, s'en alla vers le tombeau accompagnée d'un vain cortège. À peine y eut-elle été enfouie qu'il advint après les funérailles un événement dont le récit me remplit d'horreur. Voici qu'une double lamentation naît de la défunte. Pour consommer son cadavre un gigantesque serpent se mit à venir assidûment et pour être plus clair, pour cette femme dont le monstre dévorait les membres, c'est le dragon lui-même qui devint sa sépulture. Ainsi ces obsèques infortunées eurent pour fossoyeur un serpent et le cadavre ne put, après la mort, reposer en paix, car bien que la fin de la vie lui eût concédé un lieu où s'étendre, le châtiment lui imposait de toujours changer. Ô sort exécrable et redoutable ! La femme qui n'avait pas respecté en ce monde l'intégrité du mariage ne mérita pas de reposer dans le tombeau, car le serpent qui, vivante, l'avait entraînée au crime, la tourmentait encore dans son cadavre. Alors les membres de sa famille qui demeuraient dans le voisinage entendant ce bruit accoururent à l'envi et virent un monstre immense sortir du tombeau en déroulant ses anneaux et en rampant de sa grande masse fouetter l'air de sa queue. Terrifiés à cette vue les gens abandonnèrent leur demeure. Mis au courant, saint Marcel comprit qu'il devait triompher du sanglant ennemi. Il rassembla le peuple de la cité et marcha à sa tête, puis, ayant donné l'ordre aux citoyens de s'arrêter mais restant en vue du peuple, seul, avec le Christ pour guide, il s'avança vers le lieu du combat. Quand le serpent sortit de la forêt pour aller au tombeau, ils marchèrent à la rencontre l'un de l'autre. Saint Marcel se mit à prier et le monstre, la tête suppliante, vint demander son pardon, la queue caressante. Alors saint Marcel lui frappa trois fois la tête de sa crosse, lui passa son étole autour du cou et manifesta son triomphe aux yeux des citoyens. C'est ainsi que dans ce cirque spirituel, avec le peuple pour spectateur, il combattit seul avec le dragon. Le peuple rassuré courut vers son évêque pour voir son ennemi captif. Alors, l'évêque en tête, pendant presque trois milles, tous suivirent le monstre en rendant grâces à Dieu et en célébrant les funérailles de l'ennemi. Alors saint Marcel réprimanda le monstre et lui dit : «Désormais ou reste dans le désert ou cache-toi dans l'eau.» Le monstre disparut bientôt et on n'en trouva plus jamais de traces. Le bouclier de la patrie ce fut donc un seul prêtre qui de sa crosse fragile dompta l'ennemi plus sûrement que s'il l'avait transpercé de flèches, car, frappé de flèches, il aurait pu les relancer, si le miracle ne l'avait vaincu! Ô très saint homme qui, par le pouvoir de sa frêle crosse, montra où était la force et dont les doigts délicats furent les chaînes du serpent! Ainsi des armes privées vainquirent un ennemi public et une unique proie souleva les applaudissements d'une victoire générale. Si l'on compare à leurs exploits les mérites des saints, la Gaule doit admirer Marcel comme Rome le fait de Silvestre et l'exploit de celui-là est plus grand, puisque si celui-ci n'a pu que sceller la gueule du dragon, lui l'a fait disparaître.

Venantius Fortunatus[142]

---

142. *Vita Sancti Marcelli*, cap. x, *MGH, Script. Rer. Mer.*, IV/2, 1885^2, pp. 53-54, éd. B. Krusch.

L'OCCIDENT MÉDIÉVAL
ET L'OCÉAN INDIEN :
UN HORIZON ONIRIQUE[1]

L'Occident médiéval a ignoré les réalités de l'océan Indien. En plein milieu du XVe siècle, la mappemonde catalane de la Biblioteca Estense, à Modène, montre une ignorance parfaite de l'océan Indien[2]. Sur le planisphère de Fra Mauro de Murano (1460), la côte à l'est

---

Première publication in *Mediterraneo e Oceano Indiano. Atti del VI Colloquio Internazionale di Storia Marittima*, Florence, Olschki, 1970, pp. 243-263.

1. Outre les sources qui seront citées ci-après, j'ai surtout utilisé, bien que centré surtout sur l'iconographie et que mes interprétations en diffèrent parfois, le remarquable article, bien illustré, de R. Wittkower, «Marvels of the East. A Study in the History of Monsters», in *Journal of the Warburg and Courtauld Institutes*, V, 1942, pp. 159-197, qui traite aussi de la Renaissance. Depuis que la communication qui forme la base de cet article a été prononcée (Venise, septembre 1962), est parue une dissertation de H. Gregor, *Das Indienbild des Abendlandes (bis zum Ende des 13. Jahrhunderts). Wiener Dissertationen aus dem Gebiete der Geschichte*, Vienne, 1964. L'auteur définit dans l'introduction (p. 5) son sujet comme suit: «Indien ist schon für die Antike auf Grund seiner fernen Lage mehr ein Objekt der Phantasie als der realen Beobachtung gewesen... Der schreibende Mönch, der gelehrte Abt, sie waren in ihrem Wissen über diesen Teil der Erde auf das angewiesen, was die antiken Autoren erzählten. Und von diesen oft kuriosen Berichten angeregt, wurde in ihrer Vorstellung Indien zum Wunderland schlechthin, in dem dank seiner Grösse, seines Reichtums und des fruchtbaren Klimas alles möglich war, was sich auf dieser Welt denken lässt.» J'ajouterai que, grâce à la miniature et à la sculpture, à la littérature scientifique, didactique, romanesque et homilétique, l'image de l'Inde a largement pénétré dans la société de l'Occident médiéval et qu'elle n'a pas limité son audience et sa signification à une couche instruite. Elle est donc un témoignage de psychologie et de sensibilité collectives.

2. La cartographie médiévale a fait l'objet d'une vaste littérature. Citons après avoir rendu hommage au travail pionnier de l'historien polonais Joachim Lelewel, *La Géographie du Moyen Âge* (Bruxelles, 1853-1857, 5 vol., et un atlas, 1849), K. Miller, *Mappae Mundi* 1895-1898; F. Pullé, «La cartografia antica dell'India», in *Studi italiani di Filologia indo-iranica*, 1901-1905, t. IV-V; J. K. Wright, *The Geographical Lore of the Time of the Crusades*, New York, 1925; R. Uhden, «Zur Herkunft und Systematik der mittelalterlichen Weltkarte», in *Geographische Zeitschrift*, 1931, t. XXXVII, pp. 321-340; A. Kammerer, *La mer Rouge, l'Abyssinie et l'Arabie depuis l'Antiquité*, II: *Les Guerres du poivre. Les Portugais dans l'océan Indien et la*

du golfe Persique « n'a plus figure terrestre[3] ». Martin Behaim encore, pour son globe de 1492, malgré son utilisation de Marco Polo, ne sait rien sur l'Inde. L'Afrique du Sud, Madagascar, Zanzibar y sont d'une fantaisie extravagante[4]. Il faut attendre les premières découvertes portugaises pour que la connaissance géographique – disons côtière – de l'océan Indien commence à se préciser. La date essentielle est le retour à Lisbonne de Diaz : 1488[5]. Il y a encore beaucoup de fantaisie dans la *Carta navigatoria Auctoris Incerti* (1501-1502) du docteur Hamy mais l'Afrique orientale y est très bonne[6]. Le portulan-mappemonde de Canerio Januensis (1503) est déjà beaucoup plus précis[7]. En somme la connaissance de l'océan Indien commence par l'Afrique – avec les Portugais – au rebours des rêves médiévaux qui se sont surtout développés le long de la Perse, de l'Inde et des îles.

Pourtant le XVe siècle a vu quelques progrès[8]. Ils sont surtout liés à la redécouverte de Ptolémée qui, au contraire des géographes romains ignorants – source essentielle des cartographes médiévaux – avait une meilleure connaissance des réalités de l'océan Indien. Redécouverte qui date de 1406, mais qui ne porte ses fruits qu'à partir de l'imprimerie. Les premières éditions imprimées que j'ai relevées à la Bibliothèque nationale de Paris sont celles de Vicence (1475), Rome (1478 et 1490), Bologne (1482), Ulm (1482 et 1486). Mais l'utilisation n'en fut pas toujours bonne aussitôt, comme en témoigne le globe de Martin Behaim qui s'est pourtant servi des éditions d'Ulm.

Le progrès en définitive le plus important du XVe siècle est l'abandon par certains savants de la vision ptoléméenne – car Ptolémée enserre une certaine précision de détail dans une monumentale erreur d'ensemble – d'un océan Indien *fermé*, en fait considéré comme un fleuve, le fleuve circulaire Océan. On a souligné les passages célèbres à ce sujet – mais sans conclusion pratique – de Pierre d'Ailly dans son *Imago Mundi* et de Pie II dans sa

---

mer Rouge au XVIe siècle. *Histoire de la cartographie orientale*, Le Caire, 1935 ; G. H. T. Kimble, *Geography in the Middle Ages*, Londres, 1938 ; J. O. Thomson, *History of Ancient Geography*, Cambridge, 1948 ; L. Bagrow, *Die Geschichte der Kartographie*, Berlin, 1951. Selon Kimble (*op. cit.*, p. 145), le seul traité de géographie antérieur aux grandes découvertes qui semble vaguement au courant des voyages dans l'océan Indien est le *Tractatus optimus super totam astrologiam* de Bernard de Verdun (v. 1300). Sur la mappemonde catalane de la Biblioteca Estense, voir A. Kammerer, *op. cit.*, p. 348.
3. A. Kammerer, *op. cit.*, p. 350.
4. *Ibid.*, p. 362.
5. *Ibid.*, pp. 354 *sqq.*
6. *Ibid.*, pp. 369-370.
7. *Ibid.*, pp. 387-389.
8. Voir F. Kunstmann, *Die Kenntnis Indiens im 15. Jahrhundert*, Munich, 1863.

CULTURE SAVANTE ET CULTURE POPULAIRE

Cosmographia[9]. La première carte médiévale où l'océan Indien est *ouvert* est celle d'Antonin de Virga (1415)[10]. Mais il faut attendre la mappemonde de Martellus Germanus (1489)[11] pour que soit adoptée la notion – acceptée par exemple par Martin Behaim – d'un océan Indien ouvert.
Cette ouverture de l'océan Indien n'est pas seulement la fin d'une longue ignorance, c'est la destruction du fondement même du mythe de l'océan Indien dans la mentalité médiévale. Le portulan avait failli déjà ouvrir une brèche dans le monde clos de l'océan Indien onirique rêvé par l'Occident médiéval. Jurgis Baltrusaitis a bien décrit cette révolution mentale du portulan qui «renverse les bases» de la cartographie et, du même coup, de la vision du monde. «Au lieu d'espaces enfermés à l'intérieur d'un cercle étroit, surgissent des étendues sans fin... Au lieu des limites stables, régulières des continents où s'accumulent, au gré de l'imagination, des villes et des pays errants, c'est le dessin des côtes qui évolue autour de points fixes... La terre change brusquement d'aspect[12].» Mais, on l'a vu, les portulans ont méconnu longtemps l'océan Indien et n'en ont guère entamé l'intégrité mythique.
Toute la fécondité de ce mythe repose en effet sur la croyance en un *mare clausum* qui fait de l'océan Indien, dans la mentalité médiévale, un réceptacle de rêves, de mythes, de légendes. L'océan Indien, c'est le monde clos de l'exotisme onirique de l'Occident médiéval, l'*hortus conclusus* d'un Paradis mêlé de ravissements et de cauchemars. Qu'on l'ouvre, qu'on y perce une fenêtre, un accès, et le rêve s'évanouit.
Avant d'esquisser les visions de cet horizon fermé onirique, il faut, sans avoir la prétention de les résoudre, poser quelques questions sur cette igno-

---

9. Voir Kimble, *op. cit.*, pp. 211 *sqq.* Le texte de Pierre d'Ailly est au chapitre XIX de l'*Imago Mundi*, éd. E. Buron, Paris, 1930. Voici le texte de Pie II, cité par Kimble, p. 213: «Plinius nepotis testimonio utitur qui Metello Celeri Gallie pro consuli donatos a rege Sueuorum Indos astruit qui ex India commercii causa navigantes tempestatibus essent in Germaniam arrepti. Nos apud Ottonem [Othon de Freising] legimus sub imperatoribus teutonicis Indicam navim et negociatores Indos in germanico littore fuisse deprehensos quos ventis agitatos ingratis ab orientali plaga venisse constabat. Quod accidere minime potuisset si ut plerisque visum est septentrionale pelagus innavigabile concretumque esset a columnis herculeis Mauritanie atque Hispanie et Galliarum circuitus totusque ferme Occidens hodie navigatur. Orientem nobis incognitum cum religionum atque impiorum diversitas tum barbaries immensa reddidit. Veteres tamen navigatum et Oceano qui extremas amplectitur terras a suis littoribus nomina indiderunt... Straboni multi consentiunt. Ptolemeus plurimum adversatur qui omne illud mare quod Indicum appellatur cum suis sinibus Arabico, Persico, Gangetico et qui proprio vocabulo magni nomen habet undique terra concludi arbitratus est...»
10. Voir A. Kammerer, *op. cit.*, pp. 353-354, et F. von Wieser, *Die Weltkarte des Antonin de Virga*.
11. A. Kammerer, *op. cit.*, pp. 354 *sqq.*
12. J. Baltrusaitis, *Réveils et Prodiges. Le Gothique fantastique*, Paris, 1960, p. 250.

rance médiévale. Les contacts de l'Occident médiéval avec l'océan Indien ont existé. Marchands, voyageurs, missionnaires[13] ont abordé à ses rives. Certains, et d'abord Marco Polo, ont écrit sur lui. Pourquoi l'Occident l'a-t-il obstinément ignoré dans sa réalité ?
D'abord, malgré ces incursions, plus individuelles d'ailleurs que collectives, l'océan Indien a été effectivement fermé aux chrétiens. Arabes, Persans, Indiens, Chinois – pour ne citer que les plus importants – en faisaient un domaine réservé.
Les Occidentaux qui y sont parvenus l'ont presque tous abordé par le nord, par les routes terrestres – sans parler de ceux qui l'ont en quelque sorte manqué, passant par-dessus, par la route mongole, cordon ombilical, et parfois coupé, des relations Ouest-Est au Moyen Âge.
Chez certains, missionnaires ou marchands, des tabous psychologiques ont dû jouer : la peur de dévoiler ce qui pouvait être considéré comme un secret de cette pratique commerciale qui en était pleine, l'inintérêt pour des réalités géographiques négligeables en comparaison des vérités spirituelles. Même Jean de Monte Corvino, exceptionnel par sa culture et son «esprit scientifique», est décevant. Au contraire des gens de la Renaissance, ceux du Moyen Âge ne savent pas regarder, mais sont toujours prêts à écouter et à croire tout ce qu'on leur dit. Or, au cours de leurs voyages, on les abreuve de récits merveilleux, et ils croient avoir vu ce qu'ils ont appris, sur place sans doute, mais par ouï-dire. Surtout, nourris au départ de légendes qu'ils tiennent pour vérités, ils apportent leurs mirages avec eux et leur imagination crédule matérialise leurs rêves dans des décors qui les dépaysent suffisamment, pour que, plus encore que chez eux, ils soient ces rêveurs éveillés qu'ont été les hommes du Moyen Âge[14].
On peut enfin se demander quelle a été la véritable connaissance de l'océan Indien qu'eurent ceux qui semblent l'avoir le mieux connu, un Marco Polo par exemple. Parvenu à l'Inde « majeure », dans la région de Madras sur la côte orientale, son récit perd le caractère d'un itinéraire vécu et devient une description systématique, livresque, traditionnelle. La méfiance qu'inspiraient aux Occidentaux des bateaux d'un type inconnu, en particulier les

---

13. Voir R. Hennig, *Terrae Incognitae*, Leyde, 2ᵉ éd., 1944-1956, 4 vol. ; A. P. Newton, *Travel and Travellers of the Middle Ages*, Londres, 1926 ; M. Mollat, « Le Moyen Âge », in *Histoire universelle des explorations*, éd. L. H. Parias, Paris, 1955, t. I ; J. P. Roux, *Les Explorateurs au Moyen Âge*, Paris, 1961 ; R. S. Lopez, « Nuove luci sugli Italiani in Estremo Oriente prima di Colombo », in *Studi Colombiani*, Gênes, 1952, t. III, et « L'extrême frontière du commerce de l'Europe médiévale », in *Le Moyen Âge*, 1963, t. LXIX.
14. Voir R. Wittkower, *loc. cit.*, p. 195, n. 1, rappelant les statuts médiévaux de New College, Oxford, où il est question de la lecture par les étudiants des *mirabilia mundi*. Voir également J. P. Roux, *op. cit.*, pp. 138 *sqq.*, dans un chapitre improprement intitulé « Des yeux ouverts sur l'inconnu ».

bateaux cousus qui leur semblaient fragiles, les détournait encore de l'aventure sur une mer redoutée[15].

Et, par-delà, on peut même se poser la question de la connaissance de l'océan Indien qu'eurent les géographes arabes, à qui s'adressèrent parfois les écrivains et marchands occidentaux pour s'informer. Leurs descriptions sont, elles aussi, souvent pleines de fables et trahissent l'ignorance des réalités. Pour les Arabes aussi – pour leurs savants du moins – l'océan Indien n'a-t-il pas été jusqu'à un certain point un monde interdit, inconnu? Ainsi une source possible de renseignements pour les Occidentaux ne faisait peut-être que renforcer leurs illusions[16].

D'où venait donc l'océan Indien de l'Occident médiéval? De médiocres sources hellénistico-latines et d'écrits légendaires.

L'Antiquité a connu un moment «critique» à l'égard des légendes concernant le monde indien, ce que Rudolf Wittkower appelle *an enlightened interlude*. Le principal représentant de ce courant incrédule est Strabon, qui n'hésite pas à traiter de menteurs ceux qui ont écrit avant lui sur l'Inde[17]. Aulu-Gelle, à son tour, devait dire plus tard son dégoût pour des fables dont le profit esthétique ou moral lui paraissait nul[18]. Ptolémée lui-même, malgré le caractère plus scientifique de sa méthode géographique, malgré une meilleure connaissance du détail cartographique, n'avait pu contrebalancer victorieusement une pseudo-science issue en grande partie de la poésie épique indienne elle-même, pour qui les mythes étaient l'essence même de la réalité et de la connaissance. Cette poésie scientifique mythique, dévaluée en pittoresque de pacotille, allait abreuver l'imagination de l'Occident médiéval[19]. Notons ici, pour dire tout de suite combien leur «scepticisme» rencontra peu d'échos au Moyen Âge, que deux grands esprits chrétiens se rangent, plus ou moins, dans ce petit groupe d'incrédules. Saint Augustin, préoccupé de justifier une anthropologie fondée sur la Genèse, est gêné par la possibilité de l'existence en Inde d'hommes monstrueux qu'on pourrait difficilement faire entrer dans la postérité

---

15. Voir L. Olschki, *L'Asia di Marco Polo*, Florence, 1957. Sur la méfiance des Vénitiens à l'égard des bateaux de l'océan Indien, p. 17, et sur le changement du caractère du récit de Marco Polo, pp. 31-32.
16. Sur l'étonnante ressemblance entre l'Inde fabuleuse des manuscrits occidentaux et celle des manuscrits de Kazwim (en particulier le *Cod. Arab.* 464 de Munich de 1280), voir R. Wittkower, *loc. cit.*, p. 175. Sur les emprunts des savants occidentaux du Moyen Âge à des travaux plus astrologiques et magiques que scientifiques des Arabes, voir R. Lemay, «Dans l'Espagne du XIIe siècle: les traductions de l'arabe au latin», in *Annales E.S.C.*, 1963, pp. 639-665.
17. Strabon, II, 1, 9.
18. Aulu-Gelle, *Noctes Atticae*, IX, 4.
19. Voir E. L. Stevenson, *Geography of Claudius Ptolemy*, New York, 1932.

d'Adam et de Noé, mais il n'exclut pas que Dieu n'ait créé en eux des modèles de ces avortons mis au monde parmi nous, et que nous serions tentés d'attribuer à une défaillance de sa sagesse. Quant à Albert le Grand, huit siècles plus tard, il hésite à se prononcer sur des faits et des êtres qui ne sont pas prouvés à ses yeux par l'expérience[20].

Mais Pline l'Ancien avait accueilli dans son *Historia naturalis* toutes les fables concernant l'Inde et avait donné pour des siècles sa sanction d'«autorité scientifique» à la croyance d'un monde indien regorgeant de merveilles[21]. Surtout, plus que Pline, un de ces auteurs de *digests* qui inaugurent au Bas-Empire la culture médiévale, C. Iulius Solinus va être avec ses médiocres *Collectanea rerum memorabilium*, écrites pendant ce naufrage du IIIe siècle d'où émergent les premières épaves de la culture gréco-romaine, le grand inspirateur des divagations médiévales sur l'océan Indien et son environnement[22]. Son autorité fut encore renforcée par l'usage qu'en fit l'un des premiers rhéteurs chrétiens au début du Ve siècle, Martianus Capella, le grand maître, jusqu'au XIIe siècle, de l'Occident médiéval en matière d'«arts libéraux»[23].

Plus encore, des écrits fantaisistes, placés sous l'autorité de quelque grand nom dont la crédulité médiévale acceptait sans examen ni doute le patronage, alimentèrent le secteur indien d'une pseudo-science qui puisait avec prédilection aux sources de la littérature apocryphe. Ainsi la lettre d'un certain Fermes à l'empereur Hadrien «sur les merveilles de l'Asie», remontant probablement au IVe siècle, d'après un original grec perdu, raconte un prétendu voyage en Orient[24]. Entre le VIIe et le Xe siècle, trois traités de même nature, dont une *Epistola Premonis regis ad Traianum Imperatorem*, accréditent en Occident le thème et l'expression des *mirabilia Indiae*[25]. La correspondance apocryphe concernant l'Inde et ses merveilles s'enrichit

---

20. Sur le texte de saint Augustin, *De Civitate Dei*, XVI, 8: «An ex propagine Adam vel filiorum Noe quaedam genera hominum monstrosa prodiderint», voir R. Wittkower, *op. cit.*, pp. 167-168. Albert le Grand (*De animalibus*, XXVI, 21) déclare à propos des fourmis chercheuses d'or de l'Inde «sed hoc non satis est probatum per experimentum».
21. Pline déclare (*Historia naturalis*, VII, II, 21) «praecipue India Aethiopumque tractus miraculis scatent».
22. Les *Collectanea rerum memorabilium* de Solinus ont été éditées par Mommsen, Berlin, 2e éd., 1895.
23. La géographie de Martianus Capella se trouve au sixième livre, consacré à la géométrie, du *De nuptiis Philologiae et Mercurii*.
24. Éditée par H. Omont, «Lettre à l'Empereur Adrian sur les merveilles de l'Asie», in *Bibliothèque de l'École des Chartes*, 1913, L. XXIV, pp. 507 *sqq.*, d'après le Ms. Paris B. N. Nouv. acq. lat. 1065, ff[os] 92 v°-95, du IXe siècle.
25. Les deux premiers traités *Mirabilia* et *Epistola Premonis regis ad Traianum Imperatorem* ont été édités par M. R. James, *Marvels of the East. A Full Reproduction of the Three Known Copies*, Oxford, 1929. Le troisième, *De monstris et belluis*, a été édité par M. Haupt, in *Opuscula*, 1876, t. II, pp. 221 *sqq.*

encore de la *Lettre d'Alexandre à Aristote* qui circulait dès 800 environ, de la correspondance entre Alexandre et Dindymus[26]. Enfin le mythe indien s'enrichit au XIIe siècle d'un nouveau personnage, le Prêtre Jean, qui aurait envoyé, en 1164, une lettre à l'empereur byzantin Manuel Comnène[27].
Il faut faire une place à part, dans cette littérature de fiction, à un ensemble romanesque qui, en s'amalgamant le thème des merveilles de l'Inde, lui conféra un prestige extraordinaire. L'Alexandre médiéval, héros légendaire, à qui fut consacré un des cycles romanesques favoris du public occidental, s'annexa, par un coup de pouce donné à l'histoire, le vaste domaine de l'Inde prodigieuse. Les aventures, les exploits qu'on y prêta au roi explorateur, curieux de tout, qui sondait les profondeurs de la terre, des forêts, des mers et des cieux, donnaient une dimension romanesque au mythe indien. Avec lui la science-fiction médiévale, le merveilleux géographique, la tératologie pittoresque débouchaient sur l'aventure, s'ordonnaient en une quête de merveilles et de monstres[28]. Avec lui aussi, l'Occident médiéval retrouvait les sources grecques de l'Inde fabuleuse. Plus encore en effet que les Ἰνδικά écrits au début du IVe siècle avant J.-C. par Ctésias de Cnide, qui avait été en Perse le médecin du roi Artaxerxès Mnemon[29], c'est le traité écrit par Mégasthène vers 300 av. J.-C. qui est à l'origine de toutes les fables antiques et médiévales relatives aux merveilles de l'Inde. Envoyé comme ambassadeur auprès de Sandracottos (Chandragupta) à sa cour de Pataliputra (Patna) sur le Gange par Seleucos Nicator, héritier en Asie d'Alexandre, Mégasthène y avait recueilli et enjolivé tous les récits mythiques, toutes les fables qui allaient pour dix-huit siècles faire de l'Inde le monde merveilleux des rêves de l'Occident[30].

---

26. Ces textes ont été édités par F. Pfister, *Kleine Texte zum Alexanderroman* (Sammlung vulgär-lateinischer Texte, 4), 1910. W. W. Boer a donné une nouvelle édition critique de l'*Epistola Alexandri ad Aristotelem*, La Haye, 1953.
27. Toutes les sources concernant le Prêtre Jean ont été réunies par F. Zarncke in *Abhandlungen der phil.-hist. Klasse d. kgl. sächs. Gesell. d. Wiss. VII et VIII*, 1876-1879. Voir Henning, *op. cit.*, n° 13, III, chap. CXV; L. Thorndike, *A History of Magic and Experimental Science*, Londres, 1923, II, pp. 236 *sqq.*; Ch.-V. Langlois, *La Vie en France au Moyen Âge*, III: *La connaissance de la nature et du monde*, Paris, 1927, pp. 44-70. L. Olschki a vu dans la *Lettre du Prêtre Jean* un texte d'utopie politique: « Der Brief des Presbyters Johannes », in *Historische Zeitschrift*, 144, 1931, pp. 1-14 et *Storia letteraria delle scoperte geografiche*, 1937, pp. 194 *sqq.* Je n'ai pu consulter Slessarev Vsevolod, *Priester John*, University of Minnesota, Minneapolis, 1959.
28. De la très abondante littérature sur l'Alexandre médiéval, je me contenterai de citer trois livres récents fondamentaux: A. Abel, *Le Roman d'Alexandre, légendaire médiéval*, Bruxelles, 1955; G. Cary, *The Medieval Alexander*, Cambridge, 1956, et D. J. A. Ross, *Alexander historiatus: A Guide to Medieval Illustrated Alexander Literature*, I: *Warburg Institute Surveys*, Londres, 1963.
29. J. W. McCrindle, *Ancient India as Described by Ktesias the Knidian*, Westminster, 1882.
30. E. A. Schwanbeck, *Megasthenis Indica*, Bonn, 1846.

Les écrivains de l'Occident médiéval n'établissent pas de cloison étanche entre la littérature scientifique ou didactique et la littérature de fiction. Ils accueillent également dans tous ces genres les merveilles de l'Inde. Tout au long du Moyen Âge elles forment un chapitre habituel des encyclopédies, où une lignée de savants cherche à enfermer, comme en un trésor, l'ensemble des connaissances de l'Occident. Le premier d'entre eux, après Martianus Capella, est, bien sûr, Isidore de Séville qui consacre à l'Inde et à ses merveilles un paragraphe à chacun des articles pertinents de ses *Etymologiae*[31]. La grande Encyclopédie carolingienne de Raban Maur, le *De universo*, reprend le texte d'Isidore en y ajoutant des interprétations allégoriques et les étonnantes miniatures du manuscrit 132, enluminé vers 1023 au Mont-Cassin y figurent les monstres de l'Inde à côté de scènes réalistes où l'on a voulu voir une des premières représentations de l'outillage technique de l'Occident médiéval[32]. Il y a un chapitre *De India*, sans compter les références indiennes des chapitres *Paradisus, De Monstris, De Bestiis*, dans l'*Imago Mundi* attribuée à Honorius Augustodunensis[33]. Jacques de Vitry reprend ces matériaux dans son *Historia orientalis*, manifestant que les savants chrétiens de Terre sainte continuent à puiser leur savoir dans l'arsenal occidental, en l'occurrence dans l'*Epistola Alexandri*, et non dans des sources orientales écrites ou orales[34]. Les encyclopédistes du XIIIe siècle sont tous présents au rendez-vous du mythe indien : Gauthier de Metz dans son *Imago Mundi* qui sera traduite en anglais, en français et en italien jusqu'à la fin du Moyen Âge[35], Gervais de Tilbury qui, dans ses *Otia imperialia* écrits vers 1211 pour Othon IV, emprunte surtout à la *Lettre de Fermes à Hadrien*[36], Barthélemy l'Anglais, dépendant ici de Solinus, dont le *De proprietatibus rerum* connaîtra le succès jusqu'au début du XVIIe siècle[37], Thomas de Cantimpré, dont le *De natura rerum* sera traduit en flamand à la fin du XIIIe siècle par Jacob Maerlant, et en allemand au milieu du XIVe siècle par Conrad von Megenberg[38], Brunetto

---

31. Isidore de Séville, *Etymologiae*, éd. W. M. Lindsay, Londres, 1911, chap. XI, XII, XIV, XVI, XVII. Voir J. Fontaine, *Isidore de Séville et la culture classique dans l'Espagne wisigothique*, Paris, 1959, 2 vol.
32. Raban Maur, *De universo* ou *De rerum naturis*, 8, 12, 4, 17, 19, *PL*, t. CXI ; Amelli, *Miniature sacre e profane dell'anno 1023 illustranti l'Enciclopedia medioevale di Rabano Mauro*, Montecassino, 1896 ; A. Goldschmidt, « Frühmittelalterliche illustrierte Enzyklopädien », in *Vorträge der Bibliothek Warburg*, 1923-1924 ; Lynn White Jr, « Technology and Invention in the Middle Ages », in *Speculum*, XV, 1940.
33. Migne, *PL*, t. CLXXII, I, col. 11-13.
34. *Historia orientalis*, chap. LXXXVI-XCII.
35. Voir R. Wittkower, *loc. cit.*, p. 169, n. 5.
36. Voir M. R. James, *op. cit.*, pp. 41 *sqq*, n. 25.
37. Voir R. Wittkower, *loc. cit.*, p. 170, n. 1. Il est question des merveilles de l'Inde dans le *De proprietatibus rerum* aux chap. XII, XV, XVI, XVII, XVIII.
38. Voir R. Wittkower, *op. cit.*, p. 170, n. 8 et 9.

Latini dans son *Trésor* où Dante a peut-être puisé ses allusions indiennes[39], Vincent de Beauvais, qui y revient à trois reprises, une fois dans le *Speculum naturale* et deux fois dans le *Speculum historiale*[40]. Le bas Moyen Âge continue et enrichit le mythe indien. Mandeville dans son voyage imaginaire autour du monde, introduit un nouvel « Indienfahrer », Ogier le Danois dont les exploits rivalisent avec ceux d'Alexandre[41], les *Gesta Romanorum*, recueil de fables et de contes moralisés où puisent les prédicateurs, étendent au public des sermons l'audience du fantastique indien[42] et Pierre d'Ailly, dans son *Imago Mundi* de 1410, rassemble en un chapitre tout le savoir sur les *Mirabilia Indiae*[43].

Le succès de cette littérature fut accru par les images qui illustrèrent nombre des manuscrits où figuraient ces textes, et qui débordaient parfois dans le domaine de la sculpture, comme en témoignent maintes œuvres d'art, dont la plus célèbre et la plus saisissante est le tympan de Vézelay[44]. Ce n'est pas le lieu de développer ici l'étude d'une iconographie qui m'entraînerait loin de mon sujet et de mes compétences, mais on peut, à propos de ces images, faire quelques brèves remarques. D'abord, l'abondance de ces figures prouve combien les merveilles de l'Inde ont inspiré les imaginations occidentales ; mieux encore que les auteurs dont les textes les ins-

---

39. Voir R. Wittkower, *op. cit.*, p. 170, n. 2. Sur Dante, voir De Gubernatis, « Dante e l'India », in *Giornale della Società Asiatica Italiana*, III, 1889.
40. Les passages indiens se trouvent, dans le *Speculum naturale*, au livre XXXI, chapitres CXXIV à CXXXI (surtout d'après Solinus et Isidore) et, dans le *Speculum historiale*, un chapitre « De India et ejus mirabilibus » (I, 64) et un long passage (IV, 55-60) « De mirabilibus quae vidit Alexander in India », tiré de l'*Epistola Alexandri ad Aristotelem*.
41. Voir A. Bovenschen, *Die Quelle für die Reisebeschreibung des Johann von Mandeville*, Berlin, 1888 ; *Mandevilles Reise in mittelniederdeutscher Übersetzungen*, éd. S. Martinsson, Lund, 1918. Il y a dans Jean de Mandeville l'écho des aventures, d'ailleurs en partie puisées aux mêmes sources (notamment Pline et Solinus), de Sindbad le Marin. Sur le thème des explorateurs de l'océan Indien dans la littérature musulmane médiévale, voir E. Renaudot, *Anciennes Relations des Indes et de la Chine de deux voyageurs mahométans*, Paris, 1718, et C. R. Beazley, *The Dawn of Modern Geography*, Londres, 1897, I, pp. 235-238, 438-450.
42. Voir Grässe, *Gesta Romanorum*, Leipzig, 1905, et H. Oesterley, *Gesta Romanorum*, Berlin, 1872, pp. 574 *sqq*. Sur les *exempla* indiens dans la littérature morale médiévale, voir J. Klapper, *Exempla (Sammlung mittellateinischer Texte*, 2), Heidelberg, 1911.
43. Éd. E. Buron, Paris, 1930, *De mirabilibus Indiae*, pp. 264 *sqq*.
44. Sur l'iconographie des *mirabilia*, outre l'article de R. Wittkower, voir les deux admirables ouvrages de J. Baltrusaitis, *Le Moyen Âge fantastique. Antiquités et exotismes dans l'art gothique*, Paris, 1955 et *Réveils et Prodiges. Le Moyen Âge fantastique*, Paris, 1960. On peut encore lire É. Mâle. *L'Art religieux du XIIe siècle en France*, 6e éd., Paris, 1953 : *La géographie du XIIe siècle. La tradition antique. Les fables de Ctésias, de Mégasthène, de Pline, de Solin sur les monstres. La colonne de Souvigny, tableau des merveilles du monde. Le tympan de Vézelay et les différents peuples du monde évangélisés par les apôtres*, pp. 321 *sqq*. Sur le tympan de Vézelay, consulter A. Katzenellenbogen, « The Central Tympanum at Vézelay », in *Art Bulletin*, 1944, et F. Salet, *La Madeleine de Vézelay*, Melun, 1948.

piraient, les miniaturistes et les sculpteurs surent traduire tout ce que les chrétiens du Moyen Âge y mettaient de fantaisie et de rêve. Monde imaginaire, il devait être un thème favori de l'exubérante imagination médiévale. L'étude de l'iconographie révèle aussi combien sont parfois complexes les diverses traditions artistiques et littéraires qui, par-delà quelques influences majeures, quelques lignes maîtresses, s'entremêlent dans l'inspiration indienne de l'Occident médiéval[45]. Il serait peut-être révélateur de distinguer, à travers de nombreuses contaminations, deux inspirations distinctes, deux interprétations divergentes, de ce merveilleux indien dans l'idéologie et l'esthétique médiévales. D'un côté la tendance que Rudolf Wittkower appelle « geographicalethnological » et qui me paraît renvoyer à un univers folklorique et mythique, à une conception de l'Inde comme *anti-nature*, de ses merveilles comme des phénomènes « contre nature[46] ». Marquée du sceau du paganisme gréco-romain, cette conception me paraît surtout ressortir à un fonds primitif et sauvage. Elle ferait partie de cet anti-humanisme médiéval qui a inspiré les créations artistiques les plus étonnantes du Moyen Âge occidental. Face à cette interprétation scandaleuse, une tendance plus « rationnelle » cherche à apprivoiser les merveilles de l'Inde. Issue des interprétations naturalistes de saint Augustin et d'Isidore de Séville, qui en font de simples cas particuliers des cas limites de la nature, et les font rentrer dans l'ordre naturel et divin, cette tendance débouche sur l'allégorisation, et plus encore la moralisation de ces merveilles. Sous l'influence du *Physiologus*, les Bestiaires, à partir surtout du XIIe siècle, donnent ainsi un *sens* aux extravagances indiennes et tendent à les dépouiller de leur pouvoir scandaleux. Les Pygmées sont le symbole de l'humilité, les Géants celui de l'orgueil, les Cynocéphales celui des gens querelleurs, et ils sont ainsi réduits à l'humanité ordinaire. La domestication se poursuit au long d'une évolution qui transforme les allégories mystiques en allégories morales et les dégrade finalement au niveau de la satire sociale. Dans un manuscrit du XVe siècle du *Liber de monstruosis hominibus* de Thomas de Cantimpré *(Bruges Cod. 411)* des races fabuleuses de l'Inde sont habillées en bourgeois flamands[47].

---

45. Sur les filiations d'iconographie et de style dans les miniatures des *mirabilia Indiae* du haut Moyen Âge, et notamment sur les influences byzantines, voir R. Wittkower, *loc. cit.*, pp. 172-174.
46. Voir R. Wittkower, *loc. cit.*, p. 117.
47. Voir les textes cités par R. Wittkower, *loc. cit.*, p. 168, n. 2 et 4. « Portenta esse ait Varro quae contra naturam nata videntur ; sed non sunt contra naturam, quia divina voluntate fiunt » (Isidore de Séville, *Etymologie*, XI, III, 1) et « Portentum ergo fit non contra naturam, sed contra quam est nota natura. Portenta autem, et ostenta, monstra, atque prodigia, ideo nuncupantur, quod portendere, atque ostendere, mostrare, atque praedicere aliqua futura videntur » *(Ibid.*, XI, III, 2). Un folio du *Cod. 411* de Bruges est reproduit in R. Wittkower, *loc. cit.*, ill. 44[a], p. 178.

Dans les deux perspectives, l'océan Indien est un horizon mental, l'exotisme de l'Occident médiéval, le lieu de ses rêves et de ses défoulements. L'explorer, c'est reconnaître une dimension essentielle de sa mentalité et de sa sensibilité, retrouvable dans tant d'aspects de son art, un des principaux arsenaux de son imagination[48].

Avant d'esquisser la carte onirique de l'Inde dans l'Occident médiéval, il reste à se demander ce que baigne cet océan Indien, quelle est l'Inde dont il défend les merveilles. Au long de cette ligne côtière qui semble aller sans accidents majeurs, pour les Occidentaux, de l'Afrique orientale à la Chine, ils distinguent en général trois secteurs, trois Indes. L'Inde Majeure qui comprend la plus grande partie de notre Inde s'encadre entre une Inde Mineure qui s'étend du nord de la côte de Coromandel et englobe les péninsules du sud-est asiatique, et une Inde Méridienne qui comprend l'Éthiopie et les régions côtières du sud-ouest asiatique[49]. La liaison – ou la confusion – intéressante est celle qui unit l'Éthiopie à l'Inde et fait un seul monde merveilleux de l'Afrique orientale et de l'Asie méridionale, comme si la reine de Saba donnait la main non plus à Salomon mais à Alexandre. On le voit bien avec l'histoire de la légende du Prêtre Jean. D'abord situé dans l'Inde proprement dite, mais introuvable en Asie, il est finalement transféré aux XIVe-XVe siècles en Éthiopie. En 1177 le pape Alexandre III avait vainement envoyé en Orient son médecin Philippe, porteur d'une lettre adressée à *Johanni illustri et magnifico Indorum regi*[50]. Mais, malgré ces hésitations, les Occidentaux conservent une certitude: le monde des merveilles est à l'est, en Orient. Seul Adam de Brême tentera de transplanter les *mirabilia Indiae* dans le monde du nord[51].

Le premier rêve indien de l'Occident médiéval, c'est celui d'un monde de la richesse. Dans ce domaine indigent de la Chrétienté occidentale – *latinitas penuriosa est* dit Alain de Lille –, l'océan Indien semble regorger de richesses, être la source d'un flot de luxe. Rêve surtout lié aux îles, les innombrables «îles fortunées», îles heureuses et comblées, qui font le prix de l'océan Indien, mer parsemée d'îles. «En cette mer de l'Inde, dit Marco Polo, il y a douze mille sept cents îles... Il n'y a nul homme au

---

48. On se reportera surtout aux ouvrages de J. Baltrusaitis cités *supra*, p. 277, note 44.
49. Sur les trois Indes, voir par exemple Gervais de Tilbury, *Otia imperialia*, éd. F. Liebrecht, Hanovre, 1856, I, p. 911; H. Yule, *Cathay and the Way thither*, Londres, 1914, II, pp. 27 sqq., et J. K. Wright, *The Geographical Lore...*, pp. 307 sqq.
50. Voir R. Wittkower, *loc. cit.*, p. 197, et Jean de Plan Carpin, *Histoire des Mongols*, éd. J. Becquet et L. Hambis, Paris, 1965, pp. 153-154, n. 57.
51. Adam de Brême, *Gesta Hammaburgensis ecclesiae*, livre IV, *passim* et notamment chap. XII, XV, XIX, XXV, *MGH, SS*, VII, et B. Schmeidler, *MGH, SSRG*, 2e éd., 1917. Adam transplante les races monstrueuses de l'Inde en Scandinavie. Voir K. Miller, *Mappae mundi*, IV, 18.

monde qui, de toutes les îles de l'Inde, puisse conter la vérité... C'est tout le meilleur et la fleur de l'Inde[52]... » Le symbolisme chrétien entoure encore les îles d'une auréole mystique, puisqu'elle en fait l'image des saints gardant intacts leurs trésors de vertus, vainement battus de toutes parts par les vagues des tentations[53]. Îles productrices des matières de luxe : métaux précieux, pierres précieuses, bois précieux, épices. L'abondance est telle que, de mai à juillet, selon Marco Polo, au royaume de Coilum, qui est la côte indienne au sud-ouest de Malabar, ce ne sont que moissons de poivre : « On le charge en vrac sur les nefs, comme chez nous on charge le froment[54]. » Le royaume de Malabar est riche de si « grandissimes quantités » de perles pêchées en mer que son roi va tout nu, couvert seulement de perles de la tête aux pieds, « cent quatre des plus grosses et des plus belles » à son seul cou[55]. Îles qui ne sont parfois tout entières qu'or pur ou argent pur, ainsi les îles Chryse et Argyre... De toutes ces îles, la « meilleure », c'est-à-dire la plus grande et la plus riche, c'est Taprobane, qui est Ceylan. Horizon mi-réel, mi-fantastique, mi-commercial, mi-mental, lié à la structure même du commerce de l'Occident médiéval, importateur de produits précieux lointains, avec ses retentissements psychologiques.

À ce rêve de richesse est lié un rêve d'exubérance fantastique. Les terres de l'océan Indien sont peuplées d'hommes et d'animaux fantastiques, elles sont un univers de monstres des deux catégories. Comme le dit Honorius Augustodunensis : *« Il y a là des monstres dont certains sont classés dans l'espèce humaine, d'autres dans les espèces animales*[56]*. »* À travers eux, l'Occident échappe à la réalité médiocre de sa faune, retrouve l'inépuisable imagination créatrice de la nature et de Dieu. Hommes aux pieds tournés vers l'arrière, cynocéphales qui aboient, vivant bien au-delà de la durée de l'existence humaine et dont le poil, dans la vieillesse, noircit au lieu de blanchir, monopodes qui s'abritent à l'ombre de leur pied levé, cyclopes, hommes sans tête qui ont des yeux sur les épaules et deux trous

---

52. Marco Polo, *La Description du Monde* (avec la reproduction de miniatures du Ms. fr. 2810, Paris, B.N., intitulé *Le Livre des Merveilles*), éd. L. Hambis, Paris, 1955, p. 292.
53. Raban Maur, *De universo*, PL, t. CXI, chap. V : *De insulis* : « Insulae dictae, quod in sale sint, id est in mari positae, quae in plurimis locis sacrae Scripturae aut ecclesias Christi significant aut specialiter quoslibet sanctos viros, qui truduntur fluctibus persecutionum, sed non destruuntur, quia a Deo proteguntur. »
54. Marco Polo, éd. L. Hambis, p. 276.
55. *Ibid.*, p. 253. Voici comment les îles d'or et d'argent arrivent jusqu'à l'*Imago Mundi* de Pierre d'Ailly (chap. XLI : *De aliis insulis Oceani famosis*) : « Crise et Argire insule in Indico Oceano site sunt adeo fecunde copia metallorum ut plerique eas auream superficiem et argenteam habere dixerunt unde et vocabulum sortite sunt. »
56. *De Imagine Mundi*, PL, t. CLXXII, chap. XI-XIII, col. 123-125. La phrase citée est le début du chap. XII.

sur la poitrine en guise de nez et de bouche, hommes qui ne vivent que de l'odeur d'une seule espèce de fruit et meurent s'ils ne peuvent plus la respirer[57]. Anthropologie surréaliste comparable à celle d'un Max Ernst... À côté de ces hommes monstrueux, pullulent les bêtes fantastiques celles faites de pièces et de morceaux, telle la «bestia leucocroca» qui a un corps d'âne, un arrière-train de cerf, une poitrine et des cuisses de lion, des pieds de cheval, une grande corne fourchue, une large bouche fendue jusqu'aux oreilles d'où s'échappe une voix presque humaine; et celles qui ont face humaine comme la *mantichora*, à trois rangs de dents, au corps de lion, à la queue de scorpion, aux yeux bleus, au teint empourpré de sang, dont la voix siffle comme celle d'un serpent, plus rapide à la course qu'un oiseau volant, anthropophage au demeurant[58]. Rêve de foisonnement et d'extravagance, de juxtapositions et de mélanges troublants, forgé par un monde pauvre et borné. Monstres qui sont aussi souvent un écran entre l'homme et la richesse entrevue, rêvée, désirée: les dragons de l'Inde veillent sur les trésors, sur l'or et l'argent et empêchent l'homme d'en approcher.

Rêve qui s'élargit en la vision d'un monde de la vie différente, où les tabous sont détruits ou remplacés par d'autres, où l'étrangeté sécrète l'impression de libération, de liberté. Face à la morale stricte imposée par l'Église se déploie la séduction troublante d'un monde de l'aberration alimentaire où l'on pratique coprophagie et cannibalisme[59], de l'innocence

---

57. «Ut sunt ii qui aversas habent plantas, et octonos simul sedecim in pedibus digitos, et alii, qui habent canina capita, et ungues aduncos, quibus est vestis pellis pecudum, et vox latratus canum. Ibi etiam quaedam matres semel pariunt, canosque partus edunt, qui in senectude nigrescunt, et longa nostrae aetatis tempora excedunt. Sunt aliae, quae quinquennes pariunt: sed partus octavum annum non excedunt. Ibi sunt et monoculi, et Arimaspi et Cyclopes. Sunt et Scinopodae qui uno tantum fulti pede auram cursu vincunt, et in terram positi umbram sibi planta pedis erecti faciunt. Sunt alii absque capite, quibus sunt oculi in humeris, pro naso et ore duo foramina in pectore, setas habent ut bestiae. Sunt alii juxta fontem Gangis fluvii, qui solo odore cujusdam pomi vivunt, qui si longius eunt, pomum secum ferunt; moriuntur enim si pravum odorem trahunt» (*ibid.*, chap. XII).
58. Après les serpents géants capables de traverser l'océan Indien à la nage, voici «Ibi est bestia ceucocroca, cujus corpus asini, clunes cervi, pectus et crura leonis, pedes equi, ingens cornu bisulcum, vastus oris hiatus usque ad aures. In loco dentium os solidum, vox pene hominis... Ibi quoque Mantichora bestia, facie homo, triplex in dentibus ordo, corpore leo, cauda scorpio, oculis glauca, colore sanguineo, vox sibilus serpentum, fugiens discrimina volat, velecior cursu quam avis volatu, humanas carnes habens in usu...» (*ibid.*, chap. XIII).
59. «En ceste isle a les plus merveilleuses gent et la plus mauvaise qui soit au monde. Ilz mengent char crue et toutes manières d'autres ordures treuve on en eulx et de cruautés. Car le père y mengue le filz et le filz son père, li maris sa femme, et la femme, son mari» (*Les voyages en Asie au XIVe siècle du bienheureux frère Odoric de Pordenone, religieux de saint François. Recueil de voyages et de documents pour servir à l'histoire de la géographie depuis le XIIIe jusqu'à la fin du XVIe siècle*, éd. Henri Cordier, Paris, 1891, t. X, chap. XIX: *De l'isle de Dondiin*, p. 237.).

corporelle où l'homme, libéré de la pudeur vestimentaire, retrouve le nudisme[60], la liberté sexuelle, où l'homme, débarrassé de l'indigente monogamie et des barrières familiales, s'adonne à la polygamie, à l'inceste, à l'érotisme[61].

Par-delà encore, rêve de l'inconnu et de l'infini, et de la peur cosmique. Ici l'océan Indien est le *mare infinitum*, l'introduction au monde des tempêtes, à la *terra senza gente* de Dante. Mais l'imagination occidentale se heurte ici aux frontières de ce monde qui est bien en définitive le monde clos où son rêve tourne en rond. D'un côté, il se heurte aux murs qui contiennent provisoirement l'Antéchrist, les races maudites de la fin du monde, Gog et Magog, il débouche sur son propre anéantissement apocalyptique. De l'autre, il retrouve sa propre image renversée, le monde à l'envers ; et l'antimonde dont il rêvait, archétype onirique et mythique des *antipodes*, le renvoie à lui-même[62].

Il ne lui reste plus qu'à se satisfaire de rêves paisibles, vertueux, rassurants. C'est le rêve catholique de l'océan Indien. Ses tempêtes n'auraient point empêché les apôtres d'y porter l'Évangile. Saint Matthieu aurait converti l'Inde méridionale, saint Barthélemy l'Inde supérieure et surtout saint Thomas l'Inde inférieure où la quête de son tombeau offre un mirage de plus aux chrétiens médiévaux. Aux bords de l'océan Indien, une Chrétienté perdue attendrait ses frères d'Occident. Ce rêve engen-

---

60. « En cette île [Necuveran, c'est-à-dire Nicobar], ils n'ont ni roi ni seigneur, mais sont comme bêtes sauvages. Et vous dis qu'ils vont tout nus, et hommes et femmes, et ne se couvrent de nulle chose du monde. Ils ont rapports charnels comme chiens dans la rue, où qu'ils puissent être, sans nulle vergogne, et n'ont respect, ni le père de sa fille, ni le fils de sa mère, car chacun fait comme il veut et comme il peut. C'est un peuple sans loi... » (Marco Polo, éd. L. Hambis, p. 248). Ce thème se combine avec celui de l'innocence, de l'âge d'or et des « pieux » brahmanes, dont je parlerai plus loin. Par exemple : « Nous allons nus », disent les *ciugni*, catégorie spéciale de brahmanes de Malabar, « parce que nous ne voulons nulle chose de ce monde, parce que nous vînmes en ce monde sans nul vêtement et nus ; et si nous n'avons pas honte de montrer notre membre, c'est parce qu'avec lui nous ne faisons nul péché » (*ibid.*, p. 269).
61. « Or sachez très véritablement que ce roi a bien cinq cents femmes, je veux dire mariées, car, je vous le dis, dès qu'il voit une belle dame ou damoiselle, il la veut pour soi et la prend pour épouse. Et dans ce royaume, il y a des femmes très belles. Et, des surcroît, elles se font une beauté au visage et sur tout le corps » (*ibid.*, p. 254). Et encore, par exemple : « Ces pucelles, tant qu'elles sont pucelles, ont la chair si ferme que nul ne saurait en saisir ou les pincer en quelque endroit. Pour une petite pièce de monnaie, elles permettent à un homme de les pincer autant qu'il veut... En raison de cette fermeté, leurs seins ne sont point pendants, mais se tiennent tout droits et proéminents. Des filles comme cela, il y en a des quantités dans tout ce royaume » (*ibid.*, p. 261).
62. Sur Gog et Magog, voir A. R. Annderson, *Alexander's Gate, and Magog and the Inclosed Nations*, Cambridge, Mass., 1932. Sur les antipodes, voir G. Boffito, « La leggenda degli antipodi », in *Miscellanea di Studi storici in onore di Arturo Graf*, Bergame, 1903, pp. 583-601, et J. Baltrusaitis, *Cosmographie chrétienne dans l'art du Moyen Âge*, Paris, 1939.

drera le Prêtre Jean et la découverte de communautés nestoriennes lui donnera une ombre de réalité. De Grégoire de Tours à Guillaume de Malmesbury, Heinrich von Moringen et Cesarius von Heisterbach, l'Inde apostolique hantera les imaginations chrétiennes. La Chrétienté d'Extrême-Occident cherche une des premières à donner la main à cette Chrétienté d'Extrême-Orient: en 883 le roi anglais Alfred envoie vers l'Inde chrétienne l'évêque Sigelmus[63]. Les bords de l'océan Indien sont le domaine du rêve missionnaire par excellence. Même Marco Polo, plus réaliste, note soigneusement, comme autant d'informations en vue de cette grande entreprise, quels peuples sont païens, musulmans, bouddhistes, nestoriens.

Mais ce rêve chrétien a un but plus prestigieux encore: trouver la voie d'accès au Paradis terrestre. Car c'est bien aux frontières de l'Inde que la Chrétienté médiévale le situe, c'est de là que partent les quatre fleuves paradisiaques qu'elle identifie avec le Tigre, l'Euphrate, le Gange (sous le nom de Pison) et le Nil (sous le nom de Géhon). C'est aux confins indiens que le portent soigneusement sur leurs cartes la plupart des cartographes médiévaux, à commencer par le moine Beatus sur sa fameuse carte de la seconde moitié du VIIIe siècle[64].

Mais, ici encore, le rêve chrétien s'efface souvent devant un rêve plus païen. Le Paradis terrestre indien devient un monde primitif de l'Âge d'Or, le rêve d'une humanité heureuse et innocente, antérieure au péché originel et au christianisme. Le plus curieux aspect peut-être du mythe indien dans l'Occident médiéval, c'est celui d'un monde de bons sauvages. Du *Commonitorium Palladii* à la fin du IVe siècle jusqu'à Roger Bacon dans son *Opus Maius*, jusqu'à Pétrarque dans le *De Vita Solitaria* se développe le thème des peuples «vertueux» de l'océan Indien. Ce sont les «vertueux Éthiopiens», ce sont plus encore les «pieux brahmanes» sur lesquels le cycle d'Alexandre s'étend avec complaisance. Si leur piété peut avoir

---

63. E. Tisserant, *Eastern Christianity in India*, Londres, 1957; U. Monneret de Villard, «Le leggende orientali sui Magi evangelistici», in *Studi e Testi*, 163, 1952; J. Dahlmann, *Die Thomaslegende*, Fribourg-en-Brisgau, 1912; L. W. Brown, *The Indian Christians of St. Thomas*, Cambridge, 1956. Le passage de Grégoire de Tours se trouve dans le *Liber in gloria martyrum*, 31-32 (*MGH, SS RR MM*, I). Sur le pèlerinage de Heinrich von Moringen dans l'Inde vers 1200, voir Caesarius von Heisterbach, *Dialogus miraculorum*, dist. VIII, cap. LIX, et R. Henning, *Terrae Incognitae*, Leyde, 1936-1939, II, pp. 380 sqq. Sur l'ambassade de Sigelmus, voir Guillaume de Malmesbury, *De gestis regum anglorum libri quinque*, coll. «Rerum britannicarum medii aevi scriptores», t. XC, éd. W. Stubbs, 1, Londres, 1887, p. 130, et R. Henning, *op. cit.*, II, pp. 204-207.
64. Sur le Paradis terrestre, voir désormais le livre fondamental de L. I. Ringbom, *Paradisus Terrestris. Myt, Bild och Verklighet*, Helsinki, 1958 (avec un résumé en anglais et une abondante illustration).

quelque ressemblance avec un certain évangélisme chrétien, elle s'en sépare par l'absence de toute référence au péché originel, par le rejet de toute organisation ecclésiastique et sociale. Avec eux le rêve indien s'achève en humanisme hostile à toute civilisation, à toute religion autre que naturelle[65].

Au terme de cette rapide incursion dans l'univers onirique que les hommes de l'Occident médiéval ont projeté dans le monde de l'océan Indien, saisi en définitive comme une anti-Méditerranée, lieu au contraire de civilisation et de rationalisation, on peut se demander si les contradictions du rêve indien ne sont que les contradictions de tous les univers oniriques. Je serais tenté, en reprenant une distinction esquissée plus haut, d'y discerner l'opposition de deux systèmes de pensée, de deux mentalités, de deux sensibilités, au demeurant souvent mêlées. D'un côté, et le christianisme, par le jeu de l'explication allégorique, a considérablement renforcé cette tendance, il s'agit de merveilles apprivoisées, conjurées, mises à la portée des Occidentaux, rapportées à un univers connu. Faite pour servir de leçon, cette Inde moralisée peut encore inspirer la peur ou l'envie, mais elle est surtout triste et attristante. Les

---

65. Voir R. Bernheimer, *Wild Men in the Middle Ages. A study in Art. Sentiment and Demonology*, Cambridge, Mass., 1952. Les brahmanes ont inspiré une abondante littérature, au Moyen Âge (depuis le *De moribus Brachmanorum* du Pseudo-Ambrosius, in Migne, *PL*, t. XVII) et dans l'historiographie moderne : voir H. Becker, *Die Brahmanen in der Alexandersage*, Königsberg, 1889 ; F. Pfister, « Das Nachleben der Überlieferung von Alexander und den Brahmanen », in *Hermes*, 76, 1941 ; G. Boas, *Essays on Primitivism and Related Ideas in the Middle Ages*, Baltimore, 1948 et H. Gregor, *Das Indienbild...* pp. 36-43. Pétrarque écrit « Illud importunae superbiae est quod se peccatum non habere confirmant... Placet ille contemptus mundi, qui iusto maior esse non potest, placet solitudo, placet libertas qua nulli gentium tanta est ; placet silentium, placet otium, placet quies, placet intenta cogitatio, placet integritas atque securitas, modo temeritas absit ; placet animorum aequalitas, unaque semper frons et nulli rei timor aut cupiditas, placet sylvestris habitatio fontisque vicinitas, quem ut in eo libro scriptum est quasi uber terrae matris incorruptum atque integrum in os mulgere consueverant... » À ce mythe du Paradis terrestre indien il faut lier de nombreuses merveilles qui reviennent traditionnellement parmi les *mirabilia Indiae :* la fontaine de jouvence où le Prêtre Jean s'est baigné six fois et grâce à laquelle il a déjà dépassé cinq cents ans, les arbres aux feuilles toujours vertes, le thériaque qui est une panacée pour tous les maux, le phénix immortel, la licorne immaculée, etc. C'est en Inde que le Moyen Âge situa l'arbre-soleil et l'arbre-lune, arbres parlants qui rendaient des oracles et jouaient un grand rôle dans l'alchimie (ils sont indiqués sur la table de Peutinger les cartes d'Ebstofer et de Hereford ; voir C. G. Jung, *Psychologie und Alchimie*, Zurich, 2e éd., 1952, pp. 105 et 321). À ces arbres merveilleux, Solinus ajouta (*Collectanea*, 30, 10) la table du soleil, autour de laquelle s'asseyaient les mages éthiopiens et sur laquelle les plats se renouvelaient sans cesse miraculeusement, mythe précurseur du pays de Cocagne où l'on reconnaît aisément les hantises alimentaires d'un monde guetté par la famine. Il faut enfin noter que, face à un mythe d'une Inde primitive, forestière, antérieure aux corruptions de la civilisation, on rencontre celui d'une Inde populeuse et sururbanisée (cinq mille grandes villes et neuf mille nations selon Solinus, 52, 4).

belles matières ne sont plus que du toc allégorique et les pauvres monstres faits pour l'édification semblent tous répéter, avec la race infortunée des hommes méchants à la grande lèvre inférieure rabattue au-dessus d'eux, le verset du Psaume CXL qu'ils personnifient : *malitia labiorum eorum obruat eos*[66]. Tristes tropiques...
D'un autre côté nous restons dans le monde ambigu des merveilles captivantes et effrayantes à la fois. C'est le transfert sur le plan de la géographie et de la civilisation des complexes psychiques des mentalités primitives[67]. Séduction et répulsion à la fois face au barbare. L'Inde est le monde des hommes dont on ne comprend pas le langage et à qui on refuse la parole articulée ou intelligible, et même toute possibilité de parler. Voilà ce que sont ces Indiens « sans bouche » avec qui on a sottement cherché à identifier telle ou telle tribu himalayenne[68]. Entre l'Occident et l'Inde le mépris est, d'ailleurs, réciproque au Moyen Âge. Depuis l'Antiquité grecque, le monoculisme est symbole de barbarie en Occident et les chrétiens médiévaux peuplent l'Inde de Cyclopes. Quelle n'est pas la surprise au XVe siècle du voyageur Nicolò Conti d'entendre dire aux Indiens qu'ils sont bien supérieurs aux Occidentaux, car à la différence d'eux-mêmes qui, ayant deux yeux, sont des sages, ceux-ci n'ont qu'un œil[69]. Quand les Occidentaux

---

66. Voir R. Wittkower, *loc. cit.*, p. 177. Il faut remarquer, avec É. Mâle (*op. cit.*, p. 330), que les races monstrueuses de l'Inde, représentées aux tympans de Vézelay et d'autres églises, figuraient, comme l'explique un poète du XIIe siècle (*Histoire littéraire de la France*, t. XI, p. 8), la dégradation physique et morale de l'humanité après le péché originel.
67. Voir S. Freud, *Mythologische Parallele zu einer plastichen Zwangsvorstellung*, in *Internationale Zeitschrift für ärztliche Psychoanalyse*, 1916-1917, t. IV (cité par R. Wittkower, *loc. cit.*, p. 197, n. 7). On sait que, dans les rêves littéraires de l'Occident médiéval, les monstres, et spécialement les dragons et les griffons, qui pullulent dans l'Inde, représentent l'ennemi du rêveur. Peut-on se demander si l'armée de bêtes féroces et fantastiques qui se jettent dans le cauchemar de Charlemagne (*Chanson de Roland*, vers 2525-2554) sur les troupes franques et qui représentent les soldats de l'« émir de Babylone » n'est pas le monde fantastique de l'Inde s'abattant sur la Chrétienté ? Voir R. Mentz, *Die Träume in den altfranzösischen Karls- und Artusepen*, Marburg, 1887, pp. 39 et 64-65 ; K. J. Steinmeyer, *Untersuchungen zur allegorischen Bedeutung der Träume im altfranzösischen Rolandslied*, Munich, 1963, et le compte rendu de J. Györy in *Cahiers de Civilisation médiévale*, VII, 1964, pp. 197-200. J. Györy a appliqué au thème du cosmos dans la littérature médiévale («Le cosmos, un songe», in *Annales Universitatis Budapestinensis*, Sectio philologica, IV, 1963) une méthode qui me semble voisine de celle que j'applique ici au mythe géographique et ethnographique de l'Inde.
68. H. Hosten, « The Mouthless Indians », in *Journal and Proceedings of the Asiatic Society of Bengal*, VIII, 1912.
69. Nicolò Conti, qui commerça en Inde, en Chine et dans les îles de la Sonde de 1419 à 1444, dut se faire musulman pour pouvoir exercer son trafic et, rentré en Europe, demanda l'absolution au pape qui lui infligea comme pénitence d'écrire le récit de ses voyages. Voir M. Longhena, *Viaggi in Persia, India e Giava di Nicolò de' Conti*, Milan, 1929, p. 179 ; Poggio Bracciolini, *Historia de varietate fortunae*, lib. IV ; Henning, *Terrae Incognitae*, IV, pp. 29 *sqq.* et R. Wittkower, *loc. cit.*, p. 163, n. 5.

rêvaient d'Indiens mi-partis, mi-hommes, mi-bêtes, n'était-ce pas leurs propres complexes qu'ils projetaient dans ces monstres fascinants et troublants ? *Homodubii*[70]...

Note. Le monde celtique constitue un autre horizon onirique de l'Occident médiéval. Mais la culture des clercs lui a fait subir la forte empreinte des influences orientales. Les mythes indiens envahissent la légende arthurienne. Voir *Arthurian Literature in the Middle Ages*, éd. R. S. Loomis, Oxford, 1959, pp. 68-69, 130-131.

J'ai laissé de côté le problème des éventuelles influences indiennes sur les fabliaux soulevé par Gaston Paris, le 9 décembre 1874 dans sa leçon d'ouverture au Collège de France : «Les Contes orientaux dans la littérature française au Moyen Âge» (in *La Poésie du Moyen Âge*, 2ᵉ série, Paris, 1895), à partir des travaux des grands orientalistes allemands du XIXᵉ siècle (notamment Th. Benfey, *Pantschatantra. Fünf Bücher indischer Fabeln, Märchen und Erzählungen aus dem Sanskrit übersetzt*, Leipzig, 1859). Sur ce débat, voir Per Nykrog, *Les Fabliaux*, Copenhague, 1957.

---

70. «Homodubii qui usque ad umbilicum hominis speciem habent, reliquo corpore onagro similes, cruribus ut aves...» (légende d'une miniature d'un manuscrit des *Mirabilia Indiae*, Londres, British Museum, Tiberius B V, fol. 82 v°, des environs de l'An Mil ; voir R. Wittkower, *loc. cit.*, p. 173, n. 1).

LES RÊVES DANS LA CULTURE ET LA PSYCHOLOGIE COLLECTIVE DE L'OCCIDENT MÉDIÉVAL

*C*e thème a été choisi pour propos d'une investigation de longue haleine élaborée dans le cadre d'un cours d'initiation destiné aux jeunes historiens de l'E.N.S. Cette tentative a pour objet de présenter les structures, les permanences et les tournants de l'histoire de la culture et des mentalités médiévales – à partir de quelques obsessions fondamentales.

Une telle étude a fatalement des horizons psychanalytiques mais, compte tenu de l'insuffisante compétence du meneur de jeu en ce domaine et des problèmes non résolus[1] que pose le passage de l'individuel au collectif en psychanalyse, on s'est contenté de parvenir au bord parfois de prolongements psychanalytiques de l'enquête sans s'y engager vraiment. Ainsi l'étude du rêve de saint Jérôme[2] a permis de cerner le sentiment de culpabilité de l'intellectuel chrétien, discernable tout au long de l'histoire culturelle médiévale, l'analyse des cinq rêves de Charlemagne dans la *Chanson de Roland*[3] a débouché sur la possible reconnaissance d'une « libido féodale ». On a cherché également à exploi-

---

Première publication in *Scolies*, I, 1971, pp. 123-130.

1. Voir A. Besançon, « Vers une histoire psychanalytique », I et II, in *Annales E.S.C.*, 1969, n°s 3 et 4, pp. 594-616 et 1011-1033.
2. Dom Paul Antin, dans « Autour du songe de saint Jérôme », in *Revue des Études latines*, 41, 1963, pp. 350-377, a présenté un remarquable dossier mais s'est attaché à une interprétation médicale sans intérêt, comme la plupart des explications « scientistes ».
3. K.-J. Steinmeyer, *Untersuchungen zur allegorischen Bedeutung der Träume im altfranzösischen Rolandslied*, Munich, 1963, utile, ne va pas au fond des choses. Bonne bibliographie dont on retiendra, pour la thématique littéraire, R. Mentz, *Die Träume in den altfranzösischen Karls- und Artusepen*, Marburg, 1887 et, pour les horizons comparatistes et ethnologiques, A. H. Krappe, « The Dreams of Charlemagne in the Chanson de Roland », in *Proceedings of the Modern Language Association*, 36, 1921, pp. 134-141.

ter et développer les amorces dans l'œuvre de Freud[4] d'une psychanalyse sociale ancrée dans la conscience professionnelle ou dans la conscience de classe. À cet égard le songe royal d'Henri Ier d'Angleterre[5], par ailleurs structuré par le schéma dumézilien de la société tripartie, a fourni une base de départ.

Dans toute cette préparation d'une approche psychanalytique on n'a pas manqué d'essayer de définir comment l'habillage littéraire des récits de rêve doublait en quelque sorte et accroissait la déformation du contenu manifeste par rapport au contenu latent du rêve. À cet égard la littérature médiévale par son obéissance souvent rigide aux lois de genres bien fixés, au poids d'autorités contraignantes, à la pression de lieux communs, images et symboles obsédants, si elle appauvrit le contenu manifeste des rêves, offre de meilleures prises à qui cherche à atteindre au contenu latent. Enfin il a paru qu'il était peut-être révélateur d'une culture de la considérer à partir de ses obsessions et en mettant en lumière les censures s'exerçant sur elle au plan du refoulement individuel et collectif.

On a suivi une double ligne d'investigation, l'une selon la nature des documents, l'autre au fil de la chronologie.

On s'est pour l'instant borné aux textes, réservant pour plus tard une approche moins familière, celle de l'iconographie et de l'art dont on devine la richesse et les révélations décisives.

---

4. Bien que les conceptions et le vocabulaire de Jung, par exemple, puissent séduire l'historien par une apparente disposition à servir ses curiosités, il a paru sage, pour de nombreuses raisons, de prendre comme référence psychanalytique l'œuvre de Freud dans une interprétation aussi fidèle que possible. On y est aidé par des instruments tels que le *Vocabulaire de la psychanalyse* de J. Laplanche et J.-B. Pontalis, Paris, 1967, et les volumes de *The Hampstead Clinic Psychoanalytic Library*, notamment le volume II : *Basic Psychoanalytic Concepts on the Theory of Dreams*, Londres, éd. H. Nagera, 1969. Rappelons que Freud s'était intéressé pour la *Traumdeutung* aux études historiques et notamment à l'étude de P. Diepgen, *Traum und Traumdeutung als medizinisch-wissenschaftliches Problem im Mittelalter*, Berlin, 1912, cité par lui à partir de la 4e éd. de la *Traumdeutung*, 1914. Sur rêve, structures sociales et psychanalyse, on pourra consulter deux études parues dans *Le Rêve et les Sociétés humaines*, éd. R. Caillois et G. E. von Grunebaum, Paris, 1967 : A. Millan, « Le rêve et le caractère social », pp. 306-314, étroitement dépendant des théories psychanalytiques d'Erich Fromm, et Toufy Fahd, « Le rêve dans la société islamique du Moyen Âge », pp. 335-365, très suggestif. Et, plus largement, Roger Bastide, « Sociologie du rêve », *ibid.*, pp. 177-188.

5. *The Chronicle of John of Worcester (1118-1140)*, éd. I. R. H. Weaver, in *Anecdota Oxamiensia*, 13, 1908, pp. 32-33. Le rêve d'Henri est situé par le chroniqueur en l'an 1130. Le roi est successivement menacé en rêve par les *laboratores*, les *bellatores*, les *oratores*. Le manuscrit de la chronique est orné de miniatures représentant le triple rêve. Elles sont reproduites dans J. Le Goff, *La Civilisation de l'Occident médiéval*, Paris, 1964, ill. 117-118. Voir *supra*, l'article « Note sur société tripartie, idéologie monarchique et renouveau économique dans la Chrétienté du IXe au XIIe siècle », pp. 79-88. Sur la tradition des rêves royaux dans les sociétés orientales, voir *Les Songes et leur interprétation*, coll. « Sources orientales », Paris, 1959, t. II, Index, s. v. *Roi*. Les rêves de Charlemagne doivent aussi, bien entendu, être analysés comme des rêves royaux.

CULTURE SAVANTE ET CULTURE POPULAIRE

On a distingué dans les textes ceux, théoriques, qui proposent des cadres d'interprétation – typologie des rêves, clefs des songes – et les exemples concrets de récits de rêves. Du point de vue diachronique, on s'est limité jusqu'ici à sonder deux tranches chronologiques : la phase d'installation de la culture et des mentalités médiévales, de la fin du IVe au début du VIIe siècle ; le grand bouleversement du XIIe siècle où se manifeste aussi, au sein de la permanence de structures profondes et résistantes, un *take off* culturel et mental.

Pour la première période, on a analysé de près, dans le groupe des textes théoriques, la typologie des rêves de Macrobe[6], de Grégoire le Grand[7] et d'Isidore de Séville[8], dans la catégorie des récits de rêves le rêve de saint Jérôme[9], les rêves de saint Martin dans la *Vita Martini* de Sulpice Sévère[10], deux rêves tirés des recueils hagiographiques de Grégoire de Tours[11].

Pour le XIIe siècle on a étudié dans la première série la typologie des rêves de Jean de Salisbury[12], l'analyse des causes des rêves d'Hildegarde de Bingen[13], la classification du *Pseudo-Augustinus*[14] – textes auxquels on a

---

6. Macrobe, *Commentarium in Somnium Scipionis*, I, 3, éd. J. Willis, Leipzig, 1963, vol. II. Voir W. H. Stahl, Macrobius, *Commentary on the Dream of Scipio*, 1952, et P. Courcelle, auteur d'importants travaux sur Macrobe, plus particulièrement, « La postérité chrétienne du Songe de Scipion », in *Revue des Études latines*, 36, 1958, pp. 205-234.
7. Grégoire le Grand, *Moralia in Job*, I, VIII (*PL*, col. 827-828) et *Dialogi*, IV, 48 (*PL*, t. LXXVII, col. 409).
8. Isidore de Séville, *Sententiae*, III, cap. VI : De tentamentis somniorum (*PL*, t. LXXXIII, col. 668-671) et Appendix IX, *Sententiarum* liber IV, cap. XIII : Quae sint genera somnibrum (*ibid.*, col. 1163).
9. Saint Jérôme, *Ep.*, 22, 30 (ad Eustochium), éd. Hilberg, *C.S.E.L.*, 54, 1910, pp. 189-191 et Labourt, coll. « Budé », 1949, t. I, pp. 144-146.
10. Sulpice Sévère, *Vie de saint Martin*, 3, 3-5, 5, 5, 7, 6, ep. 2, 1-6 ; voir Index, s. v. *Rêves* de l'édition, avec un très remarquable commentaire, de Jacques Fontaine, coll. « Sources chrétiennes », 133-134-135, Paris, 1967-1969, 3 vol.
11. Grégoire de Tours, *De miraculis sancti Juliani*, c. IX : De Fedamia paralytica, et *De virtutibus sancti Martini*, c. LVI : De muliere quae contractis in palma digitis venit. On notera que le songe d'Herman de Valenciennes (fin XIIe siècle), cité *infra*, p. 290, note 18, est – sous une forme dégradée – un rêve d'incubation. On sait qu'un disciple de Jung a étudié l'incubation dans une perspective psychanalytique : C. A. Meier, *Antike Inkubation und moderne Psychotherapie*, 1949. On lui doit aussi une contribution : « Le rêve et l'incubation dans l'ancienne Grèce », in *Le Rêve et les Sociétés humaines, op. cit.*, pp. 290-304.
12. John of Salisbury, *Polycraticus*, II, 15-16, éd. Webb, 1909, pp. 88-96 : De speciebus somniorum, et causis, figuris et significationibus et Generalia quaedam de significationibus, tam somniorum, quam aliorum figuralium.
13. *Hildegardis Causae et Curae*, éd. P. Kaiser, Leipzig, 1903 : « De somniis », pp. 82-83, « De nocturna oppressione et De somniis », pp. 142-143.
14. *Liber De Spiritu et Anima (Pseudo-Augustinus)*, c. XXV, *PL*, t. XL, col. 798. La dépendance du *Pseudo-Augustinus* à l'égard de Macrobe a été mise en évidence par L. Deubner, *De incubatione*, 1900.

joint une clef des songes du XIIIe siècle en vieux français[15]. Dans le second groupe on a expliqué les rêves de Charlemagne, le cauchemar[16] d'Henri Ier et trois rêves mettant en cause la Vierge Marie : deux empruntés à la chronique de Jean de Worcester[17] et le troisième au *Roman de Sapience* d'Herman de Valenciennes[18].

Si on a souligné, pour en montrer les limites, la possible direction psychanalytique de la recherche, cela ne doit pas masquer que cette recherche met d'autre part à contribution l'histoire des idées, l'histoire littéraire, l'histoire de la médecine et des sciences, l'histoire des mentalités et de la sensibilité, le folklore. L'étude du rêve apporte ainsi – et par exemple – des renseignements précieux sur la place du corps et des phénomènes afférents (techniques du corps au sens maussien[19], alimentation, physiologie[20]) dans la vision médiévale, ou encore une approche du phénomène de la «tradition» débordant les méthodes étroites de l'histoire culturelle «traditionnelle». On peut enfin mesurer, dans cette perspective, dans quelles limites une comparaison entre la société médiévale – les sociétés médiévales – et les sociétés dites «primitives» peut être légitime et révélatrice[21].

---

15. *Ci commence la senefiance de songes*, éd. Walter Suchier : «Altfranzösische Traumbücher», in *Zeitschrift für französische Sprache und Literatur*, 67, 1957, pp. 154-156. Voir Lynn Thorndike, *A History of Magic and Experimental Science*, Londres, 1923, vol. II, c. 50 : Ancient and Medieval Dream-Books, pp. 290-302.
16. On notera que le latin n'a pas de mot pour cauchemar (Macrobe n'a pas d'équivalent latin pour le grec ἐπιάλτης qu'il rejette du côté des croyances populaires). Celui-ci apparaît dans les langues vulgaires au Moyen Âge. Voir la belle étude de psychanalyse historique de E. Jones, *On the Nightmare*, 2e éd., 1949. L'étymologie de cauchemar (voir O. Bloch et W. von Wartburg, *Dictionnaire étymologique de la langue française*, Paris, 5e éd., 1968, p. 114 : *calcare*, «fouler» + *mare*, en moyen néerlandais «fantôme nocturne») est controversée. Mais retenons le cauchemar, création médiévale. Pour une interprétation physiologique du cauchemar, voir Hildegarde de Bingen, «De nocturna oppressione», cité *supra*, p. 289, note 13.
17. *The Chronicle of John of Worcester...*, *op. cit.*, a. MCXXXVII, pp. 41-42.
18. Le *Roman de Sapience* d'Herman de Valenciennes, partie inédite du Ms. B.N. fr. 20039, vers 399-466. Je dois ce texte à l'amabilité du Pr J. R. Smeets, de l'Université de Leyde.
19. M. Mauss, «Les techniques du corps», in *Journal de Psychologie*, 1935, pp. 271-293, repris in *Sociologie et Anthropologie*, Paris, 1950.
20. Voir le numéro spécial «Histoire biologique et société», in *Annales E.S.C.*, 6, novembre-décembre 1969.
21. Voir notamment les contributions de G. Devereux, «Rêves pathogènes dans les sociétés non occidentales», in *Le Rêve et les Sociétés humaines*, *op. cit.*, pp. 189-204 ; D. Eggan, «Le rêve chez les Indiens hopis», *ibid.*, pp. 213-256 ; A. Irving Hallowell, «Le rôle des rêves dans la culture ojibwa», *ibid.*, pp. 257-281. Geza Róheim, lui-même auteur de «Psychoanalysis of Primitive Cultural Types», in *International Journal of Psycho-Analysis*, 13, 1932, pp. 1-224, a sévèrement critiqué l'ouvrage de J. S. Lincoln, *The Dream in Primitive Cultures*, Londres, 1935. Dans le très suggestif recueil déjà mentionné, *Le Rêve et les Sociétés humaines*, G. von Grunebaum a défini de façon intéressante les caractéristiques des civilisations qu'il appelle «médiévales» ou «prémodernes» (pp. 8-9), contribuant ainsi à les situer par rapport aux civilisations «primitives». Les prestiges d'un comparatisme nécessaire et éclairant ne doivent pas éclipser l'importance des différences.

Cette recherche a d'abord mis en valeur l'élaboration, caractéristique de la culture et de la mentalité médiévales, des héritages anciens. Des rêves de la science onirique de l'Antiquité gréco-latine, les clercs du Moyen Âge ont surtout retenu les textes susceptibles d'une interprétation allant dans le sens du christianisme et offrant une prise relativement aisée – au prix de déformations et de contresens le plus souvent inconscients – à des esprits dotés d'un outillage mental simplifié. Pythagorisme, stoïcisme, à travers Cicéron, rejoignent en Macrobe – grand maître de la science onirique médiévale – les courants néo-platoniciens déjà malaxés dans le creuset éclectique d'Artemidoros[22]. Un texte virgilien[23] offre la notion des vraies et des fausses visions[24], capitale pour le fruste manichéisme médiéval. Ce dépérissement de la diversité et de la richesse oniriques de l'Antiquité est accru par la méfiance à l'égard du rêve que lègue l'héritage biblique : prudence de l'Ancien Testament[25], silence du

---

22. Sur Artemidoros, voir C. Blum, *Studies in the Dream-Book of Artemidorus*, 1936, et d'un point de vue psychanalytique, la précieuse étude de W. Kurth, «Das Traumbuch des Artemidoros im Lichte der Freudschen Traumlehre», in *Psyche*, 4 Jg, 10 H, 1951, pp. 488-512.
23. Il s'agit du fameux passage (*Énéide*, VI, vers 893-898) des deux portes du sommeil qui livrent passage, la porte de corne aux ombres vraies, la porte d'ivoire aux fausses visions :

> *Sunt geminae somni portae: quarum altera fertur*
> *cornea, qua veris facilis datur existus umbris,*
> *altera candenti perfecta nitens elephanto,*
> *sed falsa ad caelum mittunt insomnia manes.*
> *His tibi tum natum Anchises unaque Sibyllam*
> *prosequitur dictis portaque emittit eburna.*

Les «portes du rêve» ont notamment donné leur nom au dernier livre de G. Róheim, *The Gates of the Dream*, 1953. Sur ce texte la savante exégèse de E. L. Highbarger, *The Gates of Dreams: an Archaeological Examination of Aeneid VI, 893-899*, The Johns Hopkins University Studies in Archaeology, 30, 1940, dépense beaucoup d'ingéniosité et de science à la vaine recherche d'une localisation géographique de l'univers onirique virgilien. Voir aussi H. R. Steiner, *Der Traum in der Aeneis*, Diss. Berne, 1952. Sur le sens de *insomnia* dans ce texte, voir R. J. Getty, «Insomnia in the Lexica», in *The American Journal of Philology*, LIV, 1933, pp. 1-28.
24. Le Moyen Âge distingue mal entre rêve et vision. Le clivage essentiel pour lui passe entre le sommeil et la veille. Tout ce qui apparaît au dormeur est du domaine du rêve. Le chercheur manque ici comme souvent d'une étude sémantique sérieuse. Voir toutefois l'intéressant et perspicace article de F. Schalk, «Somnium und verwandte Wörter im Romanischen», in *Exempla romanischer Wortgeschichte*, Francfort-sur-le-Main, 1966, pp. 295-337. Pour être vraiment utile, l'enquête philologique doit être menée à travers toutes les langues de la Chrétienté médiévale. On rêve pour les sociétés médiévales d'un ouvrage comparable au magistral ouvrage d'É. Benveniste, *Le Vocabulaire des institutions indo-européennes*, Paris, 1969, 2 vol., d'ailleurs précieux aussi pour le médiéviste.
25. Typologie et liste des rêves de l'Ancien Testament in E. L. Ehrlich, *Der Traum im Alten Testament*, 1953. N. Vaschidé et H. Piéron, «La valeur du rêve prophétique dans la conception biblique», in *Revue des traditions populaires*, XVI, 1901, pp. 345-360, pensent que la réticence de l'Ancien Testament à l'égard des rêves vient surtout de l'hostilité entre les prophètes juifs et les devins chaldéens. Voir A. Caquot, «Les songes et leur interprétation selon Canan et Israël», in *Les Songes et leur interprétation, op. cit.*, pp. 99-124.

Nouveau[26]. Les pratiques oniromanciennes qui viennent enfin des traditions païennes (celte, germanique, etc.)[27] augmentent encore les réticences et même la fuite devant le rêve qui deviennent habituelles dans le haut Moyen Âge. Déjà trouble chez saint Jérôme et saint Augustin[28], le rêve, chez Grégoire le Grand, et, avec des nuances, chez Isidore de Séville, a basculé du côté du diable... Pourtant une coulée de «bons» rêves demeurent, venus de Dieu par l'intermédiaire nouveau des anges et surtout des saints. Le rêve s'accroche à l'hagiographie. Il authentifie les étapes essentielles de la marche de Martin vers la sainteté. Il récupère – comme en témoigne Grégoire de Tours – au profit des sanctuaires des saints (Saint-Martin de Tours, Saint-Julien de Brioude) les vieilles pratiques de l'incubation[29]. Mais dans l'ensemble il est repoussé dans l'enfer des choses douteuses auxquelles le chrétien commun doit soigneusement se garder d'attacher foi. Seule une nouvelle élite du rêve est à sa hauteur : les saints. Que les rêves leur viennent de Dieu (saint Martin) ou de Satan (saint Antoine – et, dans ce cas, la résistance aux visions, l'héroïsme onirique, devient un des combats d'une sainteté qui ne se conquiert plus par le martyre), les saints remplacent les élites antiques du rêve : les rois (Pharaon, Nabuchodonosor) et les chefs ou héros (Scipion, Énée).

Le XIIe siècle peut être considéré comme une époque de reconquête du rêve par la culture et la mentalité médiévales. Pour faire bref et gros, on peut dire que le diable y recule au profit de Dieu et que surtout se dilate le champ du rêve «neutre», du *somnium*, plus étroitement lié à la physiologie de l'homme. Cette relation entre le rêve et le corps, ce basculement de l'oni-

---

26. Liste (brève) des rêves du Nouveau Testament in A. Wikenhauer, «Die Traumgesichte des Neuen Testaments in religionsgeschichtlicher Sicht», in *Pisciculi. Studien zur Religion und Kultur des Altertums*, Münster, Festschrift Franz Joseph Dölger, 1939, pp. 320-333. Les cinq songes de l'Évangile (tous, dans Matthieu, concernent l'enfance du Christ et saint Joseph) et les quatre des Actes des Apôtres (tous concernent saint Paul) renvoient les premiers à un modèle oriental, les seconds à un modèle hellénique.
27. Voir par exemple E. Ettlinger, «Precognitive Dreams in Celtic Legend and Folklore», in *Transactions of the Folk-Lore Society*, LIX, 43, 1948. Sur la divination, voir l'excellent ensemble d'études, *La Divination*, éd. A. Caquot et M. Lebovici, Paris, 1968, 2 vol., d'où le Moyen Âge occidental est encore hélas! absent.
28. Sur les rêves chez saint Augustin, je dois à l'amabilité de J. Fontaine d'avoir pu consulter l'excellente étude de M. Dulaey, *Le Rêve dans la vie et la pensée de saint Augustin* (D.E.S. dactylographié, Paris, 1967), qui a utilisé F. X. Newman, *Somnium: Medieval Theories of Dreaming and the Form of Vision Poetry* (Ph. D. inédit de Princeton University, 1963), que je n'ai pu encore consulter.
29. Voir P. Saintyves, *En marge de la Légende dorée*, 1930 : incubation dans les églises chrétiennes occidentales au Moyen Âge, plus spécialement dans les sanctuaires de la Vierge. Voir également H. Leclercq, art. «Incubation», in *Dictionnaire d'Archéologie chrétienne et de liturgie*, 1926, VII-I, col. 511-517.

romancie vers la médecine et la psychologie, s'accomplira au XIIIe siècle avec Albert le Grand, puis avec Arnaud de Villeneuve[30]. En même temps qu'il se désacralise, le rêve se démocratise. De simples clercs – en attendant de vulgaires laïcs – sont favorisés de rêves signifiants. Chez Hildegarde de Bingen, le rêve, à côté du cauchemar, s'instaure comme phénomène normal de l'«homme de *bonne* humeur».

Le rêve étend sa fonction dans le domaine culturel et politique. Il joue son rôle dans la récupération de la culture antique : rêves de la Sibylle, prémonitoires du christianisme, rêves des grands intellectuels précurseurs de la religion chrétienne, Socrate, Platon, Virgile. C'est le ressort onirique d'une nouvelle histoire des civilisations et du salut. Une littérature politique exploite aussi la veine onirique – même si le rêve y est réduit à l'emploi d'un procédé littéraire. Le rêve d'Henri Ier marque une étape sur la voie qui conduit au *Songe du verger.*

C'est que – même ravalé à l'état d'accessoire – le rêve continue à jouer son rôle de défoulement, d'instrument propre à surmonter les censures et les inhibitions. Le rêve d'Herman de Valenciennes manifeste avec éclat, à la fin du XIIe siècle, son efficacité dans un nouveau combat de l'évolution culturelle : le remplacement du latin par les langues vulgaires. Seul un rêve authentique – et, signe des temps, marial – peut légitimer cette audace traumatisante : raconter la Bible en langue vulgaire[31]. Chez un Jean de Salisbury enfin le rêve prend place dans une véritable sémiologie du savoir[32].

---

30. Albert le Grand, *De somno et vigilia, Opera,* Lyon, 1651, t. V, pp. 64-109. Arnaud de Villeneuve, «Expositiones visionum, quae fiunt in somnis, ad utilitatem medicorum non modicam», in *Opera omnia,* Bâle, 1585, pp. 623-640. Lynn Thorndike, *op. cit.,* pp. 300-302, attribue ce traité à un certain maître Guillaume d'Aragon d'après le Ms. Paris B.N. lat. 7486.

31.   *Garde la moie mort n'i soit pas oubliee,*
   De latin en romanz soit toute transpose.
   (*Roman de Sapience,* Ms. Paris, B.N. fr. 20039, vers 457-458.)

32. John of Salisbury, *Policraticus,* II, 15-16, *loc. cit.* On en rapprochera la conception plus scolastique et étroite, mais voisine, du Ms. Bamberg Q VI 30, de la première moitié du XIIe siècle, cité par M. Grabmann, *Geschichte der scholastischen Methode,* 1911, réed. 1957, II, p. 39, qui fait du rêve un des trois moyens de l'âme de connaître *occulta Dei.*

MÉLUSINE MATERNELLE ET DÉFRICHEUSE

> «La création populaire ne fournit pas toutes les formes mathématiquement possibles. Aujourd'hui, il n'y a plus de créations nouvelles. Mais il est certain qu'il y a eu des époques exceptionnellement fécondes, créatrices. Aarne pense qu'en Europe ce fut le cas au Moyen Âge. Si l'on songe que les siècles où la vie du conte populaire fut la plus intense sont perdus sans retour pour la science, on comprend que l'absence actuelle de telle ou telle forme ne suffise pas à mettre en cause la théorie générale. De même que, sur la base des lois générales de l'astronomie, nous supposons l'existence d'étoiles que nous ne voyons pas, de même nous pouvons supposer l'existence de contes qui n'ont pas été recueillis.»
> V. PROPP, *Morphologie du conte.*

Au chapitre IX de la quatrième partie du *De nugis curialium*, écrit entre 1181 et 1193 par un clerc vivant à la cour royale d'Angleterre, Gautier Map, est racontée l'histoire du mariage d'un jeune homme, visiblement un jeune seigneur, «Henno aux grandes dents» *(Henno cum dentibus)* «ainsi appelé à cause de la grandeur de ses dents», avec une étrange créature[1]. Un jour, à midi, dans une forêt proche des rivages de la Normandie, Henno rencontre une jeune fille très belle et vêtue d'habits royaux, en train de pleurer. Elle lui confie qu'elle est rescapée du naufrage d'un navire qui la conduisait vers le roi de France qu'elle devait épouser. Henno tombe amoureux de la belle inconnue, l'épouse et elle lui donne une très belle progéniture: «pulcherrimam prolem». Mais la mère d'Henno remarque que la jeune femme, qui feint d'être pieuse, évite le début et la fin des messes, elle manque l'aspersion d'eau bénite et la communion.

Première publication in *Annales E.S.C.*, 1971, pp. 587-603.
J. Le Goff et E. Le Roy Ladurie ont rencontré, indépendamment l'un de l'autre, Mélusine dans des textes qu'ils expliquaient dans leurs séminaires respectifs de la VIᵉ Section de l'École Pratique des Hautes Études. Ils ont ensuite confronté leurs textes et leurs idées. Il en est résulté cette étude commune, dont J. Le Goff est responsable pour la partie médiévale – la seule reproduite ici – et E. Le Roy Ladurie pour la partie moderne. On trouvera une bibliographie commune dans les *Annales E.S.C.*, 1971.

1. Walter Map, *De nugis curialium*, éd. M. R. James, Oxford, 1914.

Intriguée elle perce un trou dans le mur de la chambre de sa bru et la surprend en train de se baigner sous la forme d'un dragon *(draco)*, puis de reprendre sa forme humaine après avoir coupé en petits morceaux un manteau neuf avec ses dents. Mis au courant par sa mère, Henno, avec l'aide d'un prêtre, asperge d'eau bénite sa femme qui, accompagnée de sa servante, saute à travers le toit et disparaît dans les airs en poussant un grand hurlement. D'Henno et de sa femme-dragon subsiste encore à l'époque de Gautier Map une nombreuse descendance «multa progenies».

La créature n'est pas nommée et l'époque de l'histoire n'est pas précisée; mais *Henno aux grandes dents* est peut-être le même que le *Henno* (sans qualificatif) mis en scène dans un autre passage du *De nugis curialium* (chapitre XV de la IVᵉ partie) et qui est situé parmi des personnages et des événements mi-historiques, mi-légendaires qu'on peut dater du milieu du IXᵉ siècle.

Des critiques ont rapproché l'histoire de *Henno aux grandes dents* de celle de la *Dame du château d'Esperver* racontée dans les *Otia imperialia* (IIIᵉ partie, chapitre LVII), composés entre 1209 et 1214 par un ancien protégé, lui aussi, d'Henri II d'Angleterre, passé par la suite au service des rois de Sicile, puis de l'empereur Otton IV de Brunswick, dont il était, au moment de la rédaction des *Otia imperialia*, le maréchal pour le royaume d'Arles[2]. C'est dans ce royaume, au diocèse de Valence (France, Drôme), que se trouve le château d'Esperver. La dame d'Esperver arrivait aussi en retard à la messe et ne pouvait assister à la consécration de l'hostie. Comme son mari et des serviteurs l'avaient un jour retenue de force dans l'église, au moment des paroles de la consécration elle s'envola en détruisant une partie de la chapelle et disparut à jamais. Une tour en ruine jouxtant la chapelle était encore, à l'époque de Gervais, le témoin de ce fait divers qui n'est pas lui non plus daté[3].

Mais s'il y a entre cette histoire et celle de la femme de *Henno aux grandes dents* une évidente ressemblance, si, bien qu'elle ne soit pas désignée comme un dragon, la dame d'Esperver, est, elle aussi, un esprit diabolique chassé par les rites chrétiens (eau bénite, hostie consacrée), le texte de

---

2. Seule édition complète (mais très imparfaite) in G. W. Leibniz, *Scriptores Rerum Brunsvicensium*, Hanovre, 1707, I, pp. 881-1004; *Emendationes et supplementa*, Hanovre, 1709, II, pp. 751, 784. F. Liebrecht a édité avec d'intéressants commentaires folkloriques les passages «merveilleux» des *Otia imperialia* avec en sous-titre, *Ein Beitrag zur deutschen Mythologie und Sagenforschung*, Hanovre, 1856. J. R. Caldwell préparait une édition critique des *Otia imperialia* (voir articles dans *Scriptorium*, 11, 1957 et 16, 1962, et *Mediaeval Studies*, 24, 1962). Sur Gervais de Tilbury, voir R. Bousquet, «Gervais de Tilbury inconnu», in *Revue historique*, 191, 1941, pp. 1-22, et H. G. Richardson, «Gervase of Tilbury», in *History*, 46, 1961, pp. 102-114.

3. Cet épisode (*Otia imperialia*, III, 57, éd. F. Liebrecht, p. 26) est repris par Jean d'Arras et transporté en Orient. C'est au château de l'Espervier en Grande Arménie que l'une des sœurs de Mélusine, Melior, est exilée par sa mère Presine (éd. L. Stouff, p. 13).

CULTURE SAVANTE ET CULTURE POPULAIRE

Gervais de Tilbury est singulièrement pauvre par rapport à celui de Gautier Map. On a rarement songé, en revanche, à rapprocher de l'histoire de *Henno aux grandes dents* celle, également racontée par Gervais de Tilbury, de *Raymond* (ou Roger) *du Château-Rousset*[4].
Non loin d'Aix-en-Provence, le seigneur du château de Rousset, dans la vallée de Trets, rencontre près de la rivière Arc une belle dame magnifiquement habillée qui l'interpelle par son nom et consent finalement à l'épouser à condition qu'il ne cherchera pas à la voir nue, auquel cas il perdrait toute la prospérité matérielle qu'elle lui apportera. Raymond promet et le couple connaît le bonheur : richesse, force et santé, de nombreux et beaux enfants. Mais l'imprudent Raymond arrache un jour le rideau derrière lequel sa femme prend un bain dans sa chambre. La belle épouse se transforme en serpent, disparaît dans l'eau du bain à jamais. Seules les nourrices l'entendent la nuit quand elle revient, invisible, voir ses petits enfants.
Ici encore la femme-serpent n'a pas de nom et l'histoire n'est pas datée ; mais le chevalier Raymond, quoique ayant perdu la plus grande partie de sa prospérité et de son bonheur a eu, de son éphémère épouse, une fille (Gervais ne parle plus des autres enfants), très belle elle aussi, qui a épousé un noble provençal et dont la descendance vit encore à l'époque de Gervais.
De même qu'il y a deux femmes-serpents (serpent aquatique ou ailé) dans les *Otia imperialia*, il y en a deux dans le *De nugis curialium*, car, à côté de *Henno aux grandes dents*, il y a *Edric le sauvage* («*Éric le Sauvage, c'est-à-dire qui vit dans les bois, ainsi appelé à cause de son agilité physique et de ses dons de parole et d'action*»), seigneur de Ledbury Nord, dont l'histoire est narrée au chapitre XII de la deuxième partie[5]. Un soir, après la chasse, Edric s'égare dans la forêt. En pleine nuit il arrive devant une grande maison[6] où dansent de nobles dames, très belles et de grande taille. L'une d'elles lui inspire une si vive passion qu'il l'enlève sur-le-champ et passe trois jours et trois nuits d'amour avec elle. Le quatrième jour, elle lui promet santé, bonheur et prospérité s'il ne la questionne jamais sur ses sœurs ni sur l'endroit

---

4. Cet épisode (*Otia imperialia*, I, 15, éd. F. Liebrecht, p. 4) a été rapproché de l'histoire de Mélusine mais pas, en général, de l'histoire de Henno alors que le tout constitue un ensemble. Certains manuscrits de Jean d'Arras appellent le Raymond des *Otia imperialia* Roger (p. 4). S'agit-il d'une contamination Rocher-Roger ou d'une autre tradition ? Voir la thèse de Mlle Duchesne signalée *infra*, p. 301, note 11. Notons en tout cas que Raymond est déjà nommé quand Mélusine ne l'est pas encore.
5. Gautier raconte deux fois l'histoire d'Edric. La seconde version, plus courte, et qui ne nomme pas Edric, suit immédiatement l'histoire de Henno (*De nugis curialium*, IV, 10, éd. M. R. James, p. 176).
6. «ad domum in hora nemoris magnam delatus est, quales Anglici in singulis singulas habebant diocesibus bibitorias, *ghildhus* Anglice dictas...» (*De nugis curialium*, 11, 12, éd. M. R. James, p. 75). Il me semble que ce texte curieux a échappé aux historiens des ghildes.

et le bois où a eu lieu le rapt. Il promet et l'épouse. Mais plusieurs années après, il s'irrite de ne pas la trouver au retour de la chasse, une nuit. Quand elle arrive enfin, il lui demande en colère : « Pourquoi tes sœurs t'ont-elles retenue si longtemps ? » Elle disparaît. Il meurt de douleur. Mais ils laissent un fils, d'une grande intelligence, qui est bientôt frappé de paralysie et de tremblement de la tête et du corps. Un pèlerinage aux reliques de saint Ethelbert à Hereford le guérit. Il laisse au saint sa terre de Ledbury et une rente annuelle de trente livres.

Vers la même époque – autour de 1200 – où écrivaient Map et Gervais de Tilbury, le cistercien Hélinand de Froimont raconta l'histoire du mariage d'un noble avec une femme-serpent, récit qui est perdu mais qui a été recueilli en un sec résumé, un demi-siècle plus tard environ, par le dominicain Vincent de Beauvais dans son *Speculum naturale* (2, 127). « Dans la province de Langres[7] un noble rencontra au plus épais des forêts une belle femme revêtue de vêtements précieux, dont il s'éprit et qu'il épousa. Elle aimait à prendre fréquemment un bain et elle fut un jour vue en train d'y onduler sous la forme d'un serpent, par une servante. Accusée par son mari et surprise au bain, elle disparut pour toujours et sa progéniture est encore vivante[8]. »

Puis la littérature savante sur Mélusine fait un bond de près de deux siècles et produit coup sur coup deux œuvres : l'une en prose – composée par l'écrivain Jean d'Arras pour le duc Jean de Berry et sa sœur Marie, duchesse de Bar de 1387 à 1394 – et dont le titre dans les plus anciens manuscrits est : « La noble histoire de Lusignan », ou « Le Roman de Melusine en prose », ou « Le livre de Melusine en prose » ; l'autre en vers, achevée par le libraire parisien Couldrette entre 1401 et 1405, et nommée « Le Roman de Lusignan ou de Parthenay », ou « Mellusine ».

Ces deux œuvres présentent trois caractéristiques capitales pour notre propos. Elles sont beaucoup plus longues et l'historiette est devenue roman, la

---

7. L. Stouff a rapproché ce texte de celui de Jean d'Arras (p. 79) où la ville de Saintes est appelée Linges. E. Renardet, *Légendes, Contes et Traditions du Pays Lingon*, Paris, 1970, p. 260, évoque Mélusine sans en donner de version proprement lingonne. De même M. Richard in *Mythologie du Pays de Langres*, Paris, 1970, où, à propos de Mélusine (pp. 88 *sqq.*), sans rapporter d'élément local précis, elle fait d'intéressantes remarques sur les transformations serpent-dragon, les arrière-plans chthoniens et aquatiques et l'ambivalence du dragon-serpent qui peut ne pas être maléfique mais symboliser, selon les termes de P.-M. Duval, « la fécondité reproductrice et la prospérité terrienne ». Nous avons présenté une interprétation identique in « Culture ecclésiastique et culture folklorique au Moyen Âge : saint Marcel de Paris et le dragon », *supra*, pp. 229-268.
8. « In Lingonensi provincia quidam nobilis in sylvarum abditis reperit mulierem speciosam preciosis vestibus amictam, quam adamavit et duxit. Illa plurimum balneis delectabatur in quibus visa est aliquando a quadam puella in serpentis se specie volutare. Incusata viro et deprehensa in balneo, nunquam deinceps in comparitura disparuit et adhuc durat ejus projenies » (Vincent de Beauvais, *Speculum naturale*, II, 127 cité par L. Hoffrichter, p. 67).

femme-serpent s'appelle Mélusine (ou plus exactement Melusigne chez Jean d'Arras, avec les variantes Mesluzine, Messurine, Meslusigne; Mellusine ou Mellusigne chez Couldrette), la famille de son mari est celle des Lusignan, nobles importants du Poitou, dont la branche aînée s'est éteinte en 1308 (ses domaines passant dans le domaine royal, puis dans l'apanage de Berry) et dont une branche cadette a porté le titre impérial de Jérusalem depuis 1186 et le titre royal de Chypre depuis 1192.

Les récits de Jean d'Arras et de Couldrette sont très proches l'un de l'autre et, pour l'essentiel de ce qui concerne Mélusine, identiques. Il nous importe peu de savoir si, comme la plupart des commentateurs l'ont pensé, Couldrette a condensé et versifié le roman en prose de Jean d'Arras ou si, suivant l'avis de Léo Hoffrichter, les deux textes procèdent plus vraisemblablement d'un même modèle perdu, un récit français en vers des environs de 1375. Sur certains points le poème de Couldrette a conservé des éléments négligés par Jean d'Arras ou incompris de lui, telles les malédictions agraires prononcées par Mélusine au moment de sa disparition.

Voici, en suivant Jean d'Arras, l'essentiel, selon nous, du «Roman de Melusine» à la fin du XIVe siècle.

Le roi d'Albanie (= Écosse), Elinas, rencontre à la chasse, dans la forêt, une femme admirablement belle et chantant d'une voix merveilleuse, Presine. Il lui fait une déclaration d'amour et lui propose de l'épouser. Elle accepte à condition que, s'ils ont des enfants, il n'assistera pas à son accouchement. Le fils d'un premier mariage d'Elinas l'incite malicieusement à aller voir Presine qui vient de mettre au monde trois filles: Mélusine, Melior, Palestine. Presine disparaît avec ses trois filles et se retire avec elles dans Avalon, l'Île Perdue. Quand les filles ont quinze ans, elles apprennent l'histoire de la trahison de leur père et, pour le punir, l'enferment dans une montagne. Presine, qui aime toujours Elinas, furieuse, les châtie. Melior est enfermée dans le château de l'Épervier en Arménie; Palestine est séquestrée sur le mont Canigou; Mélusine, l'aînée, et la plus coupable, se transforme en serpent tous les samedis. Si un homme l'épouse, elle deviendra mortelle (et mourra naturellement, échappant ainsi à sa peine éternelle), mais elle retournera à son tourment si son mari l'a aperçue sous la forme qu'elle prend le samedi.

Raimondin, fils du comte de Forez et neveu du comte de Poitiers, tue par mégarde son oncle à la chasse au sanglier. À la Fontaine (Fontaine de Soif ou Fontaine Fée), Raimondin rencontre trois femmes très belles, dont Mélusine, qui le réconforte et lui promet de faire de lui un très puissant seigneur s'il l'épouse, ce qu'il accepte. Elle lui fait jurer de ne jamais chercher à la voir le samedi.

La prospérité comble le couple. Mélusine en est l'artisan très actif, défrichant et construisant villes et châteaux forts, à commencer par le château de

Lusignan. Ils ont aussi beaucoup d'enfants, dix fils dont plusieurs deviennent rois par mariage, tel Urian, roi de Chypre, Guion, roi d'Arménie, Renaud, roi de Bohême. Mais chacun a une tare physique au visage, comme Geoffroy à la grande dent, le sixième.
Jean d'Arras s'étend sur les prouesses de ces fils, notamment sur leurs combats contre les Sarrasins. Cependant, lors d'un séjour à La Rochelle, Raimondin reçoit la visite de son frère, le comte de Forez, qui lui rapporte les bruits qui courent sur Mélusine. Le samedi elle se retire, soit qu'elle passe ce jour-là avec un amant, soit parce qu'elle est une fée et accomplit ce jour-là sa pénitence. Raimondin, «épris de ire et de jalousie», fait un trou dans la porte de la cave où se baigne Mélusine et la voit sous sa forme de sirène. Mais il ne le dit à personne et Mélusine fait semblant de ne rien savoir, comme s'il ne s'était rien passé.
Les prouesses des fils ne sont pas toujours louables. Geoffroy brûle le monastère (et les moines) de Maillezais. Raimondin s'emporte contre lui et Mélusine essaie de le raisonner. Mais dans sa colère son époux lui dit: «Ah, très fausse serpente, par Dieu, toi et tes hauts faits vous n'êtes que fantôme et aucun des héritiers que tu as portés ne fera son salut.» Mélusine s'envole par la fenêtre sous forme de serpent ailé. Elle revient (mais seules la voient les nourrices) à Lusignan la nuit s'occuper de ses deux plus jeunes enfants Remonnet et Thierry, se signalant par un lugubre ululement, «les cris de la fée». Raimondin, désespéré, se retire comme ermite à Montserrat. Geoffroy va se confesser au pape à Rome et rebâtit Maillezais[9].
Si nous avons joint au dossier le texte sur Edric le Sauvage (chez Gautier Map), et celui sur la dame d'Esperver (chez Gervais de Tilbury), c'est qu'ils présentent des liens évidents avec les histoires de *Henno aux grandes dents* et de *Raymond du Château-Rousset*. Mais la femme-fée qui y apparaît diffère de Mélusine, car elle n'est pas présentée comme un serpent[10].
Notre dossier essentiel se réduit donc aux trois textes des alentours de 1200: Gautier Map, Gervais de Tilbury, Hélinand de Froimont (à travers

---

9. Un rapprochement jusqu'ici non signalé, me semble-t-il, confirme les liens entre toutes ces histoires. Le fils d'Edric, Alnold, lorsqu'il veut retrouver la santé, est invité à faire le pèlerinage de Rome pour demander sa guérison aux apôtres Pierre et Paul. Indigné, il répond qu'il ira d'abord implorer à Hereford saint Ethelbert, roi et martyr, dont il est le «paroissien» (*De nugis curialium*, éd. M. R. James, p. 77).
10. Gautier Map, Gervais de Tilbury et Jean d'Arras évoquent, à côté de Mélusine, et dans la même «catégorie» qu'elle, d'autres fées (démons succubes) non serpentes. Le christianisme ici a bouleversé la typologie. Tout en le signalant nous nous bornerons au dossier «étroit». Voir la fée d'Argouges signalée par E. Le Roy Ladurie dans sa note bibliographique. On aura noté par ailleurs des échos et des transferts épisodiques. Henno aux grandes dents à Geoffroy à la grand dent, le château de l'Espervier en Dauphiné et celui de l'Épervier en Arménie, etc.

CULTURE SAVANTE ET CULTURE POPULAIRE

Vincent de Beauvais), et aux deux romans des environs de 1400, celui en prose de Jean d'Arras, celui en vers de Couldrette. Quelle lecture – ou quel début de lecture – l'historien peut-il en faire?

HYPOTHÈSES ET PROBLÈMES D'INTERPRÉTATION

Quelles sont les « sources » de nos textes ? Couldrette invoque deux livres en latin trouvés « dans la tour de Mabregon » et traduits en français et un autre ouvrage que lui aurait procuré le « comte de Salz et de Berry » (le comte de Salisbury également cité comme informateur par Jean d'Arras). Qu'il s'agisse de la réalité ou d'une astuce d'auteur et que la vraie source de Couldrette ait été le roman de Jean d'Arras ou un texte antérieur, il reste que le libraire Couldrette a connu Mélusine par ses lectures, par le canal de la littérature savante.
Jean d'Arras mentionne aussi des sources livresques, « les vraies chroniques » que lui ont procurées tant le duc de Berry que le comte de Salisbury, et « plusieurs livres qui ont été trouvés ». Il cite nommément Gervais de Tilbury (Gervaise)[11]. Mais il ajoute qu'il a enrichi les vraies chroniques de ce qu'il a « ouï dire et raconter à nos anciens » et de ce qu'il a « ouï dire qu'on a vu au pays de Poitou et ailleurs ». Donc des traditions orales, par l'intermédiaire de vieilles gens : la valeur de Jean d'Arras pour notre enquête est là. Malgré le talent littéraire de l'auteur, une attention à la culture orale qui l'empêche de trop déformer ces traditions lui fait recueillir et retenir des éléments incompris ou négligés par les clercs de la fin du XIIe siècle, retrouver le sens, auparavant oblitéré, du merveilleux[12]. Le bon gibier pour le folkloriste c'est la *Mélusine* de Jean d'Arras que Louis Stouff n'a pu, il y a quarante ans, que maladroitement, quoique utilement, déchiffrer, selon les méthodes de l'histoire littéraire traditionnelle.

---

11. Jean d'Arras a dû connaître les *Otia imperialia* par la traduction qu'en a faite, au XVe siècle, Jehan du Vignay, traducteur par ailleurs du *Speculum naturale* de Vincent de Beauvais. C'est la bibliothèque de Jean de Berry qui met à la disposition de Jean d'Arras ces « sources ». Mlle A. Duchesne a consacré une thèse de l'École des Chartes (1971) aux traductions françaises médiévales des *Otia imperialia*.
12. L'étude de la culture populaire ou de phénomènes ou d'œuvres imprégnées de culture populaire met l'historien en contact avec un « temps historique » qui le déconcerte. Rythmes lents, flash-backs, pertes et résurgences s'accordent mal avec le temps unilinéaire dans lequel il est à tout le plus accoutumé à discerner çà et là des « accélérations » ou des « retards ». Raison de plus pour se féliciter que l'élargissement du champ de l'histoire au folklore remette en cause ce temps insuffisant.

Accueillant au folklore, Jean d'Arras l'est encore d'une autre façon, indirectement : en utilisant la matière traditionnelle déjà recueillie et en partie intégrée à la culture savante par les clercs de l'an 1200.
D'Hélinand de Froimont nous ne pourrons pas, à travers le bref résumé de Vincent de Beauvais, dire grand-chose. Mais nous savons que le Cistercien s'intéressait au merveilleux, plus ou moins folklorique. Il fait partie du petit groupe de clercs qui, toujours vers l'an 1200, se complaît dans les *mirabilia* qui concernent Naples et Virgile magicien[13]. Même si, comme on l'a suggéré[14], ce n'est pas à la province de Langres qu'il fait allusion, mais au pays des Linges, qui serait la Saintonge, donc la région *grosso modo* de Lusignan, il témoigne de la présence de Mélusine (Mélusine avant la lettre) vers 1200 dans l'Ouest, comme en Normandie ou en Provence.
Gautier Map a largement puisé dans les bibliothèques auxquelles il a eu accès. Mais à côté des Pères de l'Église et des classiques latins, les récits empruntés à la tradition orale sont nombreux. L'éditeur du *De nugis curialium* parle de «the unidentified romances and sagas from which many of his longer stories are supposed to be derived[15]». Map invoque souvent les *fabulae* dont il tire son information. S'il ne donne pas de sources pour l'histoire de *Henno aux grandes dents*, pour celle d'*Edric le sauvage* il se réfère aux Gallois, «Wallenses», ceux qu'il appelle ailleurs «compatriote nostri Walenses». Importance, donc, de la tradition orale, sinon populaire[16].
Les choses sont plus précises avec Gervais de Tilbury. Car l'Anglais, à côté d'un solide bagage livresque, a, au cours de sa carrière, de l'Angleterre à Bologne, et de Naples à Arles, récolté une ample moisson de traditions orales. Au début du chapitre où il rapporte l'histoire de Raymond du Château-Rousset, il donne sa source : «*Les gens du peuple racontent*[17].»
La Mélusine médiévale qui a des parentes (ou même des ancêtres) comme on le verra, dans les sociétés antiques, mais qui est une créature, une création du Moyen Âge, a donc de fortes chances, quelque contaminée qu'elle ait pu être par les lectures des écrivains qui l'ont mise en scène, d'être à chercher du côté du folklore. Mélusine – et plus particulièrement la Mélusine de nos textes – se retrouve en effet aisément

---

13. Sur les *mirabilia* napolitains et virgiliens, voir D. Comparetti, *Vergilio nel Medioevo*, 2ᵉ éd., 1896, trad. angl. rééd. en 1966 ; J. W. Spargo, *Virgil the Necromancer*, Cambridge, Mass., 1934.
14. Voir *supra*, p. 298, note 7.
15. M. R. James, Préface à l'édition du *De nugis curialium* de Walter (Gautier).
16. Map, p. XXII. Rappelons que l'existence d'une culture savante non écrite (bardes liés à des milieux «aristocratiques»?) complique le problème des cultures celtes, germaniques, etc. La distinction entre tradition orale et tradition populaire est une prudence élémentaire.
17. *Otia imperialia*, éd. F. Liebrecht, p. 4.

dans les ouvrages de référence du folklore et plus particulièrement du conte populaire[18].

A. Van Gennep consacre 17 numéros à Mélusine dans la Bibliographie de son *Manuel de folklore français contemporain*[19]; mais, tout en citant Jean d'Arras, il s'arrête explicitement au seuil du Moyen Âge.

Stith Thompson, dans son *Motif-Index of Folklore*, permet de retrouver Mélusine sous plusieurs rubriques. D'abord sous l'angle du *tabou* (C. 30, *Tabu*: «offending supernatural relative», et plus spécialement C. 31.1.2, *Tabu*: «looking at supernatural wife on certain occasion»). Puis à propos des *animaux*, et, particulièrement des hommes (ou femmes)-serpents (B. 29.1, *Lamia*: «Face of woman, body of serpent», avec référence à F. 562.1, *Serpent damsel*, B. 29.2, *Echidna*: «Half woman, half serpent», et B. 29.2.1.: «Serpent with human head»), des hommes (ou femmes)-poissons (B. 812: «Mermaid marries man»). Ensuite, au chapitre des créatures merveilleuses (*Marvels*, F. 302.2: «Man marries fairy and takes her to his home»). Enfin parmi les sorcières (G. Ogres, *Witches*, G. 245. «Witch transforms self into snake when she bathes»). Si nous introduisons dans ces catégories les réalités médiévales nous nous trouvons en face des problèmes suivants:

1. Quelle est l'importance de la *transgression* du tabou? Elle reste essentielle car elle demeure le nœud de l'histoire et, dans l'atmosphère chrétienne du conte médiéval, une nouvelle question surgit: l'infidélité de l'époux à sa promesse n'est-elle pas moins coupable à cause du caractère «diabolique» de la partenaire? La «culture» de l'époque déplace le problème.

2. Alors que dans les religions «païennes» la divinité peut parfaitement s'incarner dans des animaux et que l'union d'un mortel avec un animal surnaturel est glorieuse, le christianisme qui a fait de l'homme l'image incarnée exclusive de Dieu ne rend-il pas automatiquement dégradante l'union d'un homme avec un demi-animal? La question est posée à propos de Nabuchodonosor et des loups-garous par Gervais de Tilbury (*Otia imperialia*, III, 120).

3. Comment, à propos des femmes «merveilleuses», se fait le partage entre magie blanche et magie noire, fées et sorcières? Le christianisme offre-t-il à Mélusine une chance de salut ou la damne-t-il inévitablement?

---

18. Rappelons qu'une importante revue française de folklore, fondée par Henri Gaidoz et Eugène Rolland, qui a compris 11 volumes étalés irrégulièrement de 1877 à 1912, s'appelait *Mélusine* (Recueil de mythologie, littérature populaire, traditions et usages).

19. A. Van Gennep, *Manuel de folklore français contemporain*, 1938, t. IV, pp. 651-652. Van Gennep fait précéder les titres de ce «chapeau»: «Les origines de ce thème folklorique bien caractérisé ne sont pas connues; Jehan d'Arras a sûrement puisé dans le fonds populaire; malgré sa littérarisation, le thème est resté populaire dans certaines régions, comme on peut le voir dans la monographie de Léo Desaivre, à laquelle j'ajoute des compléments folkloriques classés par ordre chronologique, sans tenir compte des travaux des médiévistes, qui sortent du cadre assigné à ce *Manuel*.»

Dans leur classification des *Types of the Folktale*[20] Antti Aarne et Stith Thompson ne font pas un sort à Mélusine, mais permettent de la retrouver parmi les types T. 400-459 = «Supernatural or enchanted Husband (Wife) or others relatives», plus particulièrement parmi les numéros 400-424 *(wife)* et mieux encore sous le numéro T. 411 : *The King and the Lamia* (the *snake-wife*) qui pose le problème du vocabulaire et de la grille de références des auteurs de l'ouvrage : tandis que *Lamia* renvoie explicitement à la Bible, aux écrivains gréco-latins de l'Antiquité, à saint Jérôme, saint Augustin et à nos auteurs médiévaux (Gervais de Tilbury, notamment *Otia imperialia*, III, LXXXV), la référence donnée pour le conte est indienne !
La place faite à Mélusine est encore plus mince dans le catalogue de Paul Delarue et de Marie-Louise Tenèze. T. 411 n'y est pas illustré d'exemples ; en revanche T. 449 offre le cas de «l'homme qui a épousé une femme-vampire», et T. 425 détaille longuement le type de «la recherche de l'époux disparu», qui inclut l'histoire de Mélusine avec interversion des sexes (31, La fille qui épouse un serpent).
Il est donc légitime d'évoquer à propos des versions médiévales de Mélusine quelques-uns des problèmes fondamentaux de l'étude du folklore, plus particulièrement des contes populaires, et plus spécialement encore des contes merveilleux[21].

Et d'abord s'agit-il bien d'un *conte*? N'avons-nous pas plutôt affaire à une *légende*, au sens du mot allemand *Sage*? Car le français «légende» recouvre les deux mots allemands *Sage* et *Legende*, ce dernier étant réservé dans la typologie littéraire allemande à la *légende religieuse*, au sens du latin médiéval *legenda*, équivalent de *Vita (alicujus sancti)*[22]. La différence entre conte et légende a été bien marquée par les frères Grimm, auteurs, comme on sait, d'un célèbre recueil de *Märchen* et d'un non moins important recueil de

---

20. A. Aarne et S. Thompson, *The Types of the Folktale. A Classification and Bibliography*, Helsinki, 2ᵉ révision, 1964 (FFC n° 184). Devant ce monument, on est partagé entre l'admiration et la reconnaissance d'une part, les doutes en face des principes de classification de l'autre. M.-L. Tenèze a exprimé avec son autorité et sa courtoisie ses réserves à l'égard de cet autre monument qu'est le *Motif-Index of Folk-Literature* de Stith Thompson, Copenhague, 1955-1958, 6 vol. (M.-L. Tenèze, «Introduction à l'étude de la littérature orale : le conte», in *Annales E.S.C.*, 1969, p. 1116, et «Du conte merveilleux comme genre», in *Approches de nos traditions orales*, Paris, éd. G. P. Maisonneuve et Larose, 1970, p. 40). Il nous semble que ces réserves peuvent être étendues aux *Types of the Folktale*.
21. Renvoyons plus spécialement à la remarquable étude de M.-L. Tenèze citée *supra*, note 20.
22. De l'abondante littérature sur le problème des *genres* de la littérature «populaire», contentons-nous de citer: H. Bausinger, *Formen der «Volkpoesie»*, Berlin, 1968, et spécialement III: 1. *Erzählformen*. 2. *Märchen*, 3. *Sage*, 4. *Legende*, pp. 154 *sqq*. Les auteurs allemands disent Melusinen*sage*.

« Deutsche Sagen » : *« Le conte est plus poétique, la légende plus historique. »*
Les histoires médiévales de Mélusine ne correspondent-elles pas exactement à leur définition : *« La légende, dont les couleurs sont moins chatoyantes, a aussi cette particularité de se rattacher à quelque chose de connu et de conscient, à un lieu ou à un nom authentifié par l'histoire*[23] *»* ?
Mais alors que les frères Grimm considéraient le conte et la légende comme deux genres parallèles, ne faut-il pas voir souvent dans la légende un avatar (possible mais non nécessaire) du conte ? Quand un conte échoit dans le domaine des couches sociales supérieures et de la culture savante, quand il passe dans de nouveaux cadres spatiaux et temporels, où l'insertion spatiale est plus précise (telle province, telle ville, tel château, telle forêt) et l'encadrement temporel plus rapide, quand il est happé par l'histoire plus pressée des sociétés et des classes sociales « chaudes », il devient légende.
C'est ce qui semble bien être arrivé à notre histoire. À la fin du XII siècle le conte de l'homme marié à une femme-serpent court dans plusieurs régions : en Normandie, en Provence, dans le pays de Langres ou en Saintonge. Dans des conditions sur lesquelles nous avancerons plus loin des hypothèses, des hommes, tels que *Henno aux grandes dents*, *Raimondin du Château-Rousset*, le noble dont parle Hélinand de Froimont, ou plutôt leurs descendants, cherchent à s'approprier le conte, à en faire leur légende. Ceux qui réussissent, ce sont les Lusignan. Quand, comment, pourquoi ? Il est difficile de le savoir. Les amateurs, nombreux et souvent subtils, du petit jeu décevant de l'épinglage historiciste des mythes, ont cherché à savoir quel Lusignan fut le Raimondin de Jean d'Arras et quelle comtesse de Lusignan fut Mélusine. Le seul accrochage vraisemblable d'un personnage historique mêlé à l'affaire est celui de *Geoffroy à la grand dent*, le sixième des fils de Mélusine. Il semble bien qu'il était, au XIV siècle du moins, identifié avec Geoffroy de Lusignan, vicomte de Châtellerault qui, sans brûler l'abbaye et encore moins les moines, dévasta en 1232 les domaines de l'abbaye de Maillezais (si bien qu'il dut aller, dès l'année suivante, se faire pardonner par le pape à Rome), dont la devise aurait été « non est Deus » (« il n'y a pas de Dieu ») et qui mourut sans enfant avant 1250. Ce Geoffroy, qui rappelle *Henno aux grandes dents*, époux (et non fils) de la femme-serpent de Gautier Map, et qui, inconnu de Gervais de Tilbury, est récupéré par Jean d'Arras, semble pourtant le héros d'une histoire différente de celle de Mélusine. À tous égards, faire de la mère du Geoffroy historique la Mélusine de la légende

---

23. J. et W. Grimm, *Die deutschen Sagen*, Préface du vol. I, éd. de Darmstadt, 1956, p. 7, cité par H. Bausinger, *op. cit.*, p. 170.

est un non-sens. Il ne semble pas non plus que l'on ait pu déterminer à quel moment Mélusine entre dans les armes des Lusignan[24]. La liaison, soutenue par Heisig, avec les Lusignan de Chypre, avec, en arrière-plan, le vieux serpent de mer des influences orientales et des contes indiens, résiste mal à l'examen. L'histoire de *Henno aux grandes dents* localisée en Normandie est antérieure à l'histoire de *Raymond du Château-Rousset,* pour laquelle aucun lien ne peut être démontré avec les Lusignan de Chypre. Les dates permettent difficilement cette voie d'éventuelle diffusion et le texte de Gervais de Tilbury évoque la Provence rurale et forestière, culturellement bien loin de Marseille[25].

Ce qui est vraisemblable c'est que le nom de Mélusine est lié au succès des Lusignan. Mais il est difficile de déceler si le nom de Mélusine a conduit aux Lusignan ou si ce sont les Lusignan qui, s'étant approprié la fée, lui ont donné leur nom pour mieux se la lier. De toute façon, la poursuite de l'étymologie nous semble décevante. Elle n'expliquera pas l'essentiel: pourquoi cet intérêt, à partir de la fin du XIIe siècle, de certains personnages et certains milieux (chevaliers, clercs, «peuple») pour les «Mélusines»[26]?

Essayons de définir ici les limites du «diffusionisme». D'où est partie la légende de Mélusine? À partir du moment où nous avons des textes nous constatons l'existence, en plusieurs régions, de formes voisines d'une légende identique sans qu'un foyer commun puisse être décelé. Par la suite, la maison de Lusignan, puis les maisons de Berry et de Bar (selon Jean d'Arras c'est Marie, duchesse de Bar, sœur de Jean de Berry, qui demande à son frère de faire mettre par écrit la légende de Mélusine) sont à l'origine d'un mouvement de diffusion de la légende en général lié à des membres de la famille des Lusignan: dans l'Agenais, à Chypre, à Sassenage dans le Dauphiné, dans le Luxembourg. Une filière de diffusion peut être plus particulièrement suivie. Au départ le *Roman de Mélusine* de Jean d'Arras, que l'on retrouve dès le début du XVe siècle dans la bibliothèque des ducs de Bourgogne, bientôt épaulé par le roman en vers de Couldrette. De là il pénètre d'une part dans la Flandre, de l'autre dans les pays germaniques. Un manuscrit de Bruges date de 1467 environ. Il est imprimé à Anvers, en traduction flamande, en 1491. Dans l'autre direction, le margrave Rodolphe

---

24. Voir L. Hoffrichter et L. Desaivre, *op. cit.*, p. 68.
25. K. Heisig, «Über den Ursprung der Melusinensage», in *Fabula*, 3, 1959, pp. 170-181 (p. 178: *Aix liegt etwa 30 km nördlich von Marseille; man wird daher kaum fehlgehen, wenn man annimmt, dass Kaufleute aus Marseille die älteste Fassung des Märchens aus Zypern in ihre Heimat mitgebracht haben werden!*).
26. L'étymologie de Mélusine est abordée par presque toutes les études. Plus spécialement H. Godin, «Mélusine et la philologie», in *Revue du Bas-Poitou*, et P. Martin-Civat, *Le très simple secret de Mélusine*, Poitiers, 1969.

de Hochberg, homme de confiance de Philippe le Bon et de Charles le Téméraire, l'introduit en Suisse. Thuring de Renggeltingen, écoutète de Berne, traduit la *Melusine* de Couldrette en 1456, et sa traduction est imprimée vers 1477 (à Strasbourg?), en 1491 à Heidelberg. Une autre traduction paraît à Augsbourg en 1474.[27]. Une version allemande est traduite en polonais par M. Siennik en 1569. Le succès de cette traduction se retrouve dans de nombreuses Mélusines de l'art savant et populaire, et des folklores polonais et ukrainiens du XVIIe siècle[28].

Si nous regardons maintenant non vers la descendance des Mélusines médiévales mais vers leurs préfigurations et leurs homologues dans d'autres cultures, le vaste champ du mythe s'ouvre à nous. L'enquête comparative, inaugurée par Felix Liebrecht[29], l'éditeur de l'anthologie folklorique des *Otia imperialia* de Gervais de Tilbury, a produit à la fin du siècle dernier trois études de qualité: *Der Ursprung der Melusinensage. Eine ethnologische Untersuchung* de J. Kohler (1895), la plus suggestive et la plus «moderne» de problématique; la dissertation de Marie Nowack, *Die Melusinensage. Ihr mythischer Hintergrund, ihre Verwandschaft mit anderen Sagenkreisen und ihre Stellung in der deutschen Literatur*, orientée vers l'étude des œuvres littéraires allemandes (1886); enfin l'article de Jean Karlowicz, *La belle Mélusine et la reine Vanda*, surtout tourné vers les Mélusines slaves (1877).

La légende de Mélusine y est notamment rapprochée: 1. en ce qui concerne l'antiquité européenne, des mythes grecs d'Éros et Psyché et de Zeus et de Sémélé, de la légende romaine de Numa et d'Égérie; 2. du côté de l'Inde ancienne, de plusieurs mythes dont celui d'Urvaçi serait la plus ancienne version aryenne; 3. de toute une série de mythes et de légendes dans les diverses cultures, des Celtes aux Amérindiens.

Kohler a défini la caractéristique de tous ces mythes de la façon suivante: «Un être d'une autre nature s'unit à un homme et, après avoir mené une vie humaine commune, disparaît quand se produit un certain événement.» La variable est la nature de l'événement qui cause la disparition. Le plus souvent cet événement consiste dans la révélation de la nature de l'être magique. Le principal type de cette catégorie, selon Kohler, serait le «type Mélusine», dans lequel l'être magique disparaît dès que son partenaire terrestre l'a vu sous sa forme originelle.

Cette analyse, qui avait le grand mérite d'engager la mythologie dans la voie de l'analyse structurale, rend toutefois mal compte de la véritable

---

27. Voir L. Hoffrichter et L. Desaivre, *op. cit.*, pp. 257 sqq.
28. *Slownik Folkloru Polskiego*, éd. J. Krzyzanowski, s. v. *Meluzyna*, pp. 226-227.
29. *Zeitschrift für vergleichende Sprachforschung*, Kuhn éd., 1869, vol. XVIII.

structure de la légende (ou du mythe). L'armature du conte (ou de la légende) ce n'est pas un thème principal ni les motifs mais sa structure, ce que von Sydow appelle la *composition*, Max Luthi la *forme (Gestalt)*, Vladimir Propp la *morphologie*[30].

Si nous en avions la compétence et l'envie nous pourrions, sans doute, faire des différentes versions de la légende de Mélusine une analyse structurale selon les schémas de Propp. Par exemple[31] :

I. *Un des membres de la famille s'éloigne de la maison* (Propp) : le héros va à la chasse.

II. *Une interdiction est imposée au héros* (Propp) : Mélusine n'épouse le héros qu'à la condition qu'il respectera un tabou (accouchement ou grossesse, nudité, samedi).

III. *L'interdiction est transgressée*. «... Apparaît maintenant dans le conte un nouveau personnage, que l'on peut appeler l'antagoniste. Son rôle est de troubler la paix de la famille heureuse, de provoquer quelque malheur... » (Propp). La belle-mère, chez Gautier Map, le beau-frère, chez Jean d'Arras.

IV. *L'antagoniste tente d'obtenir des renseignements* (Propp). Chez Gautier Map c'est la belle-mère, mais en général le curieux, c'est Raymond lui-même. Etc.

On pourrait, semble-t-il, retrouver aussi des inversions, phénomène qui tient un rôle essentiel dans le mécanisme de la transformation des contes, de Propp à Claude Lévi-Strauss, virtuose en ce domaine aussi. Déjà J. Kohler parlait de «Umkehrung» à propos de Mélusine. E. Le Roy Ladurie en repère plus loin dans certaines versions allemandes de Mélusine. Dans la deuxième version du mythe d'Urvaçi, la femme magique *(aspara)* disparaît quand elle voit l'homme mortel nu.

Même si nous avions été capables de mener plus loin l'analyse structurale nous en aurions sans doute tiré des conclusions modestes et de bon sens mais susceptibles, précisément, de montrer l'importance pour l'historien des méthodes de lecture structuraliste de sa documentation et les limites de ces méthodes.

La première conclusion c'est que le conte n'est pas susceptible de n'importe quelle transformation et que, dans cette lutte de la structure et de la conjoncture, la résistance de la structure tient longtemps en échec les assauts de la conjoncture. Mais un moment vient où le système se défait tout comme il s'était construit longtemps auparavant. *Mélusine*, à cet égard, est médiévale et moderne. Mais de même que nous percevons, au moment

---

30. Voir M.-L. Tenèze, «Du conte merveilleux comme genre», *loc. cit.*, pp. 12-13, 16-17.
31. V. Propp, *Morphologie du conte*, trad. fr., Paris, Gallimard, 1970, pp. 46 *sqq.*, Le Seuil, 1970, pp. 36 *sqq.*

où elle apparaît vers 1200, qu'elle est l'émergence écrite et savante d'un phénomène populaire et oral dont les origines sont difficiles à repérer, nous savons que cette *Mélusine* qui, avec le romantisme, se dégage de la structure pluriséculaire, demeure présente dans un folklore qui n'en finit pas de mourir[32].

Il reste que, pendant sa longue durée structurale, les transformations, non plus de la structure mais du contenu, que tolère le conte, présentent pour l'historien une importance capitale. Et ces transformations ne sont pas le simple déroulement d'un mécanisme interne. Elles sont les réponses du conte aux sollicitations de l'histoire. Avant d'étudier le contenu de Mélusine et de tenter d'en dégager la signification historique, quelques remarques encore sur la forme. Ce seront des pierres d'attente pour les hypothèses présentées plus loin.

Le conte, et en particulier le conte merveilleux auquel se rattache incontestablement *Mélusine*, tourne autour d'un *héros*[33]. Qui est le héros de *Mélusine*? Certainement l'époux de la fée. Mais alors que sa partenaire devrait, dans la logique du conte, être la méchante, logique renforcée par l'idéologie de l'époque qui en fait un diable (symbolisme chrétien du serpent et du dragon), Mélusine, bien qu'elle soit traitée de «pestilentia» par Gautier Map et de «très fausse serpente» par Jean d'Arras (par l'intermédiaire de Raimondin en colère) est un personnage sinon sympathique, du moins *touchant*. Elle apparaît à la fin du conte comme la victime de la trahison de son époux. Elle devient une prétendante à la place de héros. Tout comme Marc Soriano a décelé chez La Fontaine un loup-victime et pitoyable à côté d'un loup-agresseur et détesté, Mélusine est une serpente-victime et attendrissante. La notation finale qui la ramène, dans son invisibilité nocturne et gémissante, auprès de ses jeunes enfants enrichit, dans le registre psychologique, la présentation émouvante de cette pseudo-héroïne. Pourquoi cet attendrissement sur une femme démoniaque?

Une des caractéristiques du conte merveilleux, c'est la *happy end. Mélusine* finit mal. Sans doute s'agit-il plutôt d'une légende et le conte merveilleux a un début d'évolution vers le poème héroïque, dont l'accent est souvent tragique. Pourquoi ce glissement vers un genre qui implique l'échec et la mort du héros?

---

32. Sur tout ceci, outre l'œuvre de Claude Lévi-Strauss (et notamment la série des *Mythologiques*) et l'ouvrage collectif dirigé par E. F. Leach cité dans la bibliographie, voir *Communications*, numéro spécial: «L'Analyse structurale du récit», 8, 1966, et M.-L. Tenèze, «Du conte merveilleux...», *loc. cit.*, notamment «... *vers la structure "logique" du genre*», pp. 20 *sqq.*

33. Sur le héros, voir notamment M.-L. Tenèze, *loc. cit.*, p. 15, n. 7.

Enfin dans la «psychologisation» du conte (états d'âme de Raimondin qui jouent un rôle essentiel à plusieurs stades du récit: passion, curiosité ou colère, tristesse ou désespoir; évolution, qui vient d'être soulignée, du caractère de Mélusine), en même temps que dans la tendance à la rationalisation cohérente du récit, on doit reconnaître sans doute l'évolution classique (mais non obligatoire) du mythe au conte ou à l'épopée puis au roman au sens banal du terme (genre littéraire) ou au sens dumézilien (forme et phase d'évolution)[34].

Si nous abordons maintenant les problèmes d'interprétation, nous devons d'abord noter que les auteurs du Moyen Âge ont donné une explication très claire de ce qu'était pour eux Mélusine. Pour tous elle est un démon succube, une fée assimilée aux anges déchus. Elle est mi-homme, mi-animal et de ses accouplements avec un mortel naissent des enfants exceptionnels, doués de dons physiques (beauté pour les filles, force pour les hommes), mais tarés ou malheureux[35]. Certains expliquent aussi les raisons de ces mariages. La serpente, condamnée pour une faute à souffrir éternellement dans le corps d'un serpent, recherche l'union avec un homme, seule susceptible de l'arracher à son éternité malheureuse pour lui permettre de mourir de mort naturelle et de jouir ensuite d'une autre vie heureuse.

Cet habillage chrétien n'a rien de surprenant si l'on songe à l'encadrement chrétien de toute la vie culturelle au Moyen Âge et au fait qu'à la

---

34. Sur cette évolution, voir Jan de Vries, *Betrachtungen zum Märchen besonders in seinem Verhältnis zu Heldensage und Mythos* (FFC n° 154), Helsinki, 1954. Voir «Les contes populaires», in *Diogène*, 22, 1958, pp. 3-19. Toute l'œuvre de G. Dumézil serait presque à citer à cet égard. Rappelons le dernier ouvrage, *Du mythe au roman (La saga de Hadingus et autres essais)*, Paris, 1970.

35. I) *Audivimus demones incubos et succubos, et concubitus eorum periculosos; heredes autem eorum aut sobolem felici fine beatam in antiquis historiis aut raro aut nunquam legimus, ut Alnoldi qui totam hereditatem suam Christo pro sanitate sua retribuit, et in eius obsequiis residuum vite peregrinus expendit* (Gautier Map, conclusion de l'histoire d'Edric le Sauvage, *De nugis curialium*, 11, 12, éd. M. R. James, p. 771). Même explication de Gervais de Tilbury (*Otia imperialia*, I, 15, avant l'histoire de *Raymond du Château-Rousset*) qui rapproche le cas des femmes-serpents de celui des loups-garous. De même Jean d'Arras, qui se réfère à Gervais de Tilbury. L'originalité de Jean d'Arras est d'identifier, en insistant, ces démons succubes avec les *fées* (importance dans son esprit et son œuvre des sources populaires) et, d'autre part, de noter les trois tabous: «elles faisoient jurer, les uns qu'ilz ne les verroient jamais nues, les autres que le samedy n'enquerroient qu'elles seroient devenues, aucunes se elles avoient enfans, que leurs maris ne les verroient jamais en leur gésine» (éd. L. Stouff, p. 4). À quoi il ajoute, explicitant bien le mécanisme de prospérité lié au pacte: «Et tant qu'ilz leur tenoient leurs convenances, ils estoient regnans en grant audicion et prospérité. Et si tost qu'ilz défailloient ilz les perdoient et decheoient de tout leur bonheur petit a petit.» Déjà Geoffrey de Monmouth, dans l'*Historia Regum Britanniae*, avait exposé les amours des humains et des démons (incubes et succubes) à propos de la naissance de Merlin (ici le couple est inversé: mortelle + démon incube).

fin du XIIe siècle le christianisme s'engageait dans la voie des explications rationnelles, même si ses raisons s'appliquaient à des données de base parfaitement irrationnelles. Notons au passage que, si la légende est aussi encadrée par une explication chrétienne (avant ou après), il y a peu d'éléments chrétiens dans la légende elle-même. Si, dans l'histoire d'*Henno aux grandes dents* et dans la légende de la dame d'Esperver, c'est son mauvais comportement de chrétienne (non-assistance à la messe intégrale) qui déclenche les soupçons et si ce sont les exorcismes chrétiens (eau bénite, oblation de l'hostie) qui la démasquent, dans l'aventure de *Raymond du Château-Rousset*, il n'entre aucun élément chrétien. Si le roman de Jean d'Arras baigne dans un climat chrétien d'un côté, de l'autre, aucun élément chrétien ne joue un rôle important dans le déroulement de l'histoire. C'est tout juste si la colère fatale de Raimondin se déclenche à propos de l'incendie d'un monastère, Maillezais. Mélusine vient de plus loin que le christianisme. Si les mœurs et coutumes des démons succubes expliquent, aux yeux des clercs médiévaux, la nature et l'histoire de Mélusine, il ne peut en être de même pour nous.

Quel est donc l'enjeu de l'histoire ? Que l'initiative, les avances viennent de Mélusine (désireuse d'échapper à son sort) ou de Raymond (enflammé de passion), la «dot» de Mélusine c'est pour Raymond la prospérité. Mélusine trahie, Raymond se retrouve plus ou moins Gros-Jean comme devant. La corne d'abondance est tarie.

Ainsi se révèle la *nature* de Mélusine à travers sa *fonction* dans la légende. Mélusine apporte la prospérité. Qu'elle se rattache concrètement et historiquement (et nous ne le saurons sans doute jamais) à une déesse de fécondité celtique et autochtone, à un esprit fertilisateur, à une héroïne culturelle d'origine indienne (ou plus vraisemblablement et plus largement indo-européenne), qu'elle soit d'origine chthonienne, aquatique ou ouranienne (elle est tour à tour et en même temps serpent, sirène et dragon et il est peut-être vrai, à ce niveau, que la *Fontaine* de Jean d'Arras ait une saveur celtique assez nette, tandis que, chez Gautier Map la mer et chez Gervais de Tilbury, une rivière – et chez tous deux un «bain» – sont une simple référence à la nature aquatique de la fée), dans tous ces cas elle apparaît comme l'avatar médiéval d'une *déesse-mère*, comme une fée de la fécondité.

Quelle fécondité ? Elle assure à son époux force et santé. Mais elle le comble surtout dans trois domaines – inégalement.

Celui, d'abord, de la prospérité rurale. Si, dans Gautier Map et dans Gervais Tilbury, la référence rurale est allusive (mais le cadre forestier de la rencontre est fortement symbolique d'un rapport à la forêt qui, d'après ce que nous voyons plus clairement ailleurs, est probablement le défrichement), dans Jean d'Arras l'activité *défricheuse* de Mélusine est considérable. Les clairières s'ouvrent sous ses pas, les forêts se transforment en champs. Une région, le Forez (un Forez qui est peut-être breton), lui doit de passer de la nature à la culture.

Mais, chez Jean d'Arras, une autre activité créatrice est passée au premier plan : la construction. Autant et plus qu'une défricheuse, Mélusine est devenue une bâtisseuse. Elle sème sur sa route, en ses nombreux déplacements, châteaux forts et villes qu'elle construit souvent de ses propres mains à la tête d'un chantier.

Quelque prévenu que l'on soit à l'égard de l'historicisme, ce serait sans doute vouloir laisser échapper la vérité que de se refuser à voir ici le visage historique de *Mélusine* lié à une conjoncture économique : défrichements et constructions, défrichement puis construction. Mélusine, c'est la fée de l'essor économique médiéval.

Pourtant il est un autre domaine où la fécondité de Mélusine est encore plus éclatante. Celui de la démographie. Ce que Mélusine donne avant tout à Raymond, ce sont des enfants. Même quand ils ne sont pas dix comme chez Jean d'Arras, ils sont ce qui survit à la disparition de la fée-mère et à la ruine de l'homme-père. Edric *«laissa son héritage à son fils»*. De Henno et de sa *pestilentia «une nombreuse descendance en existe encore aujourd'hui»*. Raymond du Château-Rousset a gardé de l'aventure et de la mésaventure une fille *«dont la descendance est parvenue jusqu'à nous»*.

Mélusine disparue, si on l'entend encore, c'est quand elle accomplit sa fonction essentielle, celle de mère et de nourricière. Ravie à la lumière, elle reste une génitrice nocturne.

Qui résisterait ici à évoquer la famille féodale, le lignage, cellule de la société féodale ? Mélusine, c'est le ventre d'où est sortie une noble lignée.

Ainsi le structuralisme (et l'histoire comparée), s'ils aident à liquider un historicisme fallacieux, celui de l'historicité «événementielle» des contes et légendes (chercher l'explication et, pis encore, l'origine d'un conte ou d'une légende dans un événement ou un personnage historique), permettent aussi, si on prête attention non seulement à la forme mais aussi au contenu mouvant, de mieux saisir leur fonction historique en rapport non plus avec un événement, mais avec les structures sociales et idéologiques elles-mêmes.

À ce stade, on ne peut éluder deux gros problèmes.

Nous ne ferons que nommer l'un : c'est le totémisme. J. Kohler lui a consacré, parlant de Mélusine, un long développement. Cette femme-animal, origine et emblème du lignage, ne force-t-elle pas à reposer le problème du totémisme[36] ?

Le second est le problème des liens entre cette littérature et la société. Qui produit ces contes ou légendes, et pourquoi ? Les écrivains qui nous en livrent les versions savantes qui sont la base de cette étude ? Oui et non. La triple contrainte de leur commanditaire, du fonds (populaire ?) où ils puisent et de la forme littéraire qu'ils emploient limite singulièrement leur initiative. Mais si l'on sent, chez Gautier Map, l'attrait du merveilleux, chez Gervais de Tilbury la conviction de faire œuvre scientifique en intégrant les *mirabilia* dans l'univers de la réalité et de la connaissance, chez Jean d'Arras le plaisir esthétique et formel de traiter une matière plaisante, on perçoit qu'ils permettent surtout à d'autres de s'exprimer à travers eux. Ces autres, quels sont-ils ?

On est frappé par l'appartenance des héros à une même classe sociale et à une classe élevée. Pourquoi s'en étonner ? Ne sait-on pas que le *fils du roi* est le héros principal du conte populaire ? Mais précisément il ne s'agit pas de fils de roi. Il s'agit de la petite et moyenne aristocratie, celle des *chevaliers*, des *milites*, parfois désignés comme *nobles*. Henno, Edric, le seigneur de l'Espervier, Raymond du Château-Rousset, Raimondin de Lusignan, ce sont des *milites*. Des *milites* ambitieux, désireux de dilater les frontières de leur petite seigneurie. Voilà l'instrument de leur ambition : la fée. Mélusine apporte à la classe chevaleresque terres, châteaux, villes, lignage. Elle est l'incarnation symbolique et magique de leur ambition sociale.

Mais cet arsenal de la littérature merveilleuse qu'ils détournent à leur profit, ils n'en sont pas les fabricants. Je retrouve ici les idées d'Erich Köhler[37]

---

36. Dans une œuvre de jeunesse Georges Dumézil a abordé, à propos de Urvaçi, les thèmes mélusiniens en évoquant les hypothèses totémiques de Frazer et en renvoyant plus spécialement à l'étude de J. Kohler et aux travaux slaves, et surtout polonais : « La nymphe *Urvaçi* est la doyenne d'une corporation fort répandue dans le folklore : celle des femmes surnaturelles qui épousent un mortel sous une certaine condition et qui, le jour où le pacte est violé, disparaissent à jamais, laissant parfois au malheureux époux la consolation d'un fils, premier d'une lignée héroïque. En Europe ce thème de folklore est largement répandu, et les romans de Mélusine lui ont donné, en même temps que la consécration littéraire, une vitalité nouvelle : il fleurit des *lemuziny* jusqu'aux bords de la Vistule. Mais les Nègres, mais les Peaux-Rouges racontent des histoires semblables, et sir J.-G. Frazer a proposé l'hypothèse que ces contes sont un reste de mythologie totémique ; chez les Ojibways en effet, et sur la Côte de l'Or, la forme des contes est solidement liée à l'organisation de la société en clans totémiques, et jusque dans notre folklore européen la nature mi-humaine mi-animale de l'héroïne (sinon du héros) a subsisté... Mais une origine si obscure et si lointaine est ici pour nous sans importance : ce qui nous importe, au contraire, ce sont les traits par lesquels l'histoire de *Pururavas* et d'*Urvaçi* se distingue du type ordinaire des contes mélusiniens... » (*Le Problème des Centaures*, Paris, 1929, pp. 143-144.)
37. Exprimées notamment in « Observations historiques et sociologiques sur la poésie des troubadours », in *Cahiers de Civilisation médiévale*, 1964, VII, repris in *Esprit und arkadische Freiheit. Aufsätze aus der Welt der Romania*, Francfort-sur-le-Main, 1966.

sur la petite et moyenne aristocratie, suscitant au XIIe siècle une culture à elle et pour elle, dont bientôt la langue vulgaire sera le véhicule. Des chansons de geste à Mélusine, les trésors du folklore que les chevaliers entendaient raconter à leurs paysans – dont ils étaient encore proches au XIIe siècle – ou faisaient écouter par leurs écrivains quand ils avaient pris de la distance, trésors du folklore qui mêlaient à de vieux mythes folklorisés des histoires de clercs plus récentes «popularisées» et des contes sortis de l'imagination des conteurs paysans, tout ce monde du merveilleux populaire venait enrichir l'armement culturel des chevaliers. Il y faudrait ajouter une certaine distance, sinon une certaine hostilité de cette classe à l'égard sinon du christianisme, du moins de l'Église. Elle refusait ses modèles culturels, préférant les fées aux saintes, faisant des pactes avec l'enfer, jouant avec un totémisme suspect[38]. Tentation qu'il ne faut pas exagérer. Les époux de Mélusine conciliaient la profession de chrétien avec une pratique parfois désinvolte. Marc Bloch a montré leur classe prenant dans la réalité vécue des libertés avec la doctrine chrétienne du mariage et de la famille.

Nous contenterons-nous d'avoir par ces hypothèses rejoint en partie les idées de Jan de Vries sur les contes populaires et, plus généralement, d'avoir tenté d'appliquer la simple et profonde remarque de Georges Dumézil: «Les mythes ne se laissent pas comprendre si on les coupe de la vie des hommes qui les racontent. Bien qu'appelés tôt ou tard [...] à une carrière littéraire propre, ils ne sont pas des inventions dramatiques ou lyriques gratuites, sans rapport avec l'organisation sociale ou politique, avec le rituel, la loi ou la coutume ; leur rôle est au contraire de justifier tout cela, d'exprimer en images les grandes idées qui organisent et soutiennent tout cela[39]»?

Que, comme le veut Jan de Vries, «le conte de fées soit lié à une période culturelle déterminée» et que cette période ait été pour l'Occident, et en particulier, pour la France la seconde moitié du XIIe siècle, ne me paraît pas

---

38. Voir la remarque de Claude Lévi-Strauss: «Le totémisme est d'abord la projection hors de notre univers, et comme par un exorcisme, d'attitudes mentales incompatibles avec l'exigence d'une discontinuité entre l'homme et la nature, que la pensée chrétienne tenait pour essentielle» (*Le Totémisme aujourd'hui*, Paris, 3e éd., 1969, p. 4). Sur l'antihumanisme qui s'oppose vigoureusement à l'humanisme chrétien roman et gothique (continuité entre l'homme et les règnes animal et végétal), voir les dossiers iconographiques et les analyses stylistiques de J. Baltrusaitis, *Le Moyen Âge fantastique*, Paris, 1955, et *Réveils et Prodiges. Le gothique fantastique*, Paris, 1960. La pierre de touche – la grande mise en cause de l'homme fait «ad imaginem Dei» – c'est le loup-garou. Voir M. Summers, *The Werewolf*, Londres, 1933. Troublants aussi les cas du singe et de l'homme sauvage. Voir H. W. Janson, *Apes and Ape Lore in the Middle Ages and the Renaissance*, Londres, 1952; Richard Bernheimer, *Wild Men in the Middle Ages. A Study in Art, Sentiment and Demonology*, Cambridge, Mass., 1952; F. Tinland, *L'Homme sauvage*, Paris, 1968.
39. G. Dumézil, *Mythe et Épopée*, I, Paris, 1968, p. 10, rééd. Gallimard, Quarto, 1995, p. 10/40.

une conclusion suffisant à rendre compte de la portée d'une légende comme celle de Mélusine.
Le conte est un tout. S'il est légitime d'en isoler le motif central – celui de la prospérité, acquise et perdue d'ailleurs dans certaines conditions – pour y retrouver l'appel fait à une déesse-mère par une classe sociale, il faut surtout chercher la «morale» du conte dans sa conclusion.
On l'a noté, Mélusine finit mal. Jan de Vries, évoquant les «milieux aristocratiques qui élaborèrent» (élaborèrent, je n'en crois rien, accaparèrent oui, mais l'élaboration vient de spécialistes, chez le peuple et chez les clercs, conteurs populaires et conteurs-écrivains savants) l'épopée et le conte de fées, remarque: «Derrière l'optimisme apparent peut très bien se cacher le sentiment d'un échec inévitable[40].»
Ce serait une entreprise au-dessus de nos possibilités que de rechercher comment et pourquoi cette quête de la prospérité, et tout particulièrement cette recherche de la prospérité familiale, aboutit à un constat d'échec ou de demi-échec. Notons le fait. Rapprochons-le des remarques qui ont été faites sur le pessimisme – au bout de l'évolution littéraire – du roman du XIXe et du début du XXe siècle. Pour beaucoup de romanciers d'alors, la trajectoire de leur sujet c'est la croissance et l'agonie d'une famille. Dans des milieux différents, avec des ressources intellectuelles et artistiques différentes, dans un climat idéologique différent, des Rougon-Macquart aux Buddenbrooks, une famille s'épanouit et se désagrège.
Ainsi les lignages mélusiniens. Mais comme Roger Martin du Gard, à la fin des *Thibault,* maintient la petite espérance d'un enfant, les conteurs médiévaux de Mélusine arrachent à l'envol de la fée vers son enfer – ce voyage des âmes où Propp voyait en définitive le thème unique du conte[41] – des

---

40. Jan de Vries, *Les Contes populaires, loc. cit.*, p. 13; voir M.-L. Tenèze évoquant la *Wunschdichtung*, la littérature de compensation selon Max Luthi, «Du conte merveilleux...», *loc. cit.*, pp. 26-29.
41. Depuis la vieille et classique étude d'Alfred Maury, *Les Fées du Moyen Âge*, Paris, 1843, (nouv. éd. 1896), les fées médiévales n'ont pas beaucoup intéressé les historiens et elles n'apparaissent dans les travaux des folkloristes que sur des points particuliers. Voir toutefois C. S. Lewis, *The Discarded Image. An Introduction to Medieval and Renaissance Literature*, Cambridge, 1964, chap. VI: «The Longaevi», pp. 122-138. Lewis a noté, en particulier chez Gautier Map, la référence aux âmes des morts; mais tout son livre nous paraît vicié par une conception du Moyen Âge comme époque «livresque» (voir notamment p. 11) que nous croyons fausse parce que liée aux œillères de la médiévistique traditionnelle et viciée par le recours au mythe de «l'homme du Moyen Âge». Par exemple p. 10: «Medieval man was not a dreamer nor a wanderer; he was an organiser, a codifier, a builder of systems, etc.» *Filii mortue*, dit Gautier Map des enfants d'une pseudo-Mélusine évoquée juste avant la fée d'Henno (*De nugis curialium*, IV, 8, éd. M. R. James, p. 174). J. Kohler avait noté: *es ist der Sagenstoff der sich um die Orpheussage schlingt*, p. 31. A. Maury, de son côté, avait souligné que Mélusine, chez Jean d'Arras, «pousse des gémissements douloureux chaque fois que la mort vient enlever un Lusignan».

petits enfants par qui tout continue, ou plutôt l'essentiel, la continuité elle-même. *Adhuc extat progenies*[42].

POST-SCRIPTUM

Nous avions achevé cet article quand nous avons eu connaissance, grâce à l'amabilité de Mme Marie-Louise Tenèze de l'ouvrage de Lutz Röhrich, *Erzählungen des späten Mittelalters und ihr Weiterleben in Literatur und Volksdichtung bis zur Gegenwart. Sagen, Märchen, Exempel und Schwänke mit einem Kommentar herausgegeben von L. R.*, 2 vol., Berne et Munich, Francke Verlag, 1962-1967. L'auteur y édite (vol. I, pp. 27-61) et commente (*ibid.*, pp. 243-253) onze textes, échelonnés du XIVe au XXe siècle, concernant une Mélusine badoise liée à la légende du chevalier Peter von Staufenberg *(Die gestörte Mahrtenehe)*. Dans son commentaire l'auteur rapproche la légende de celle du chevalier Raymond du Château-Rousset chez Gervais de Tilbury et des Lusignan chez Jean d'Arras. Son interprétation rejoint la nôtre en faisant de la fée badoise un personnage «totémique» (le mot n'est pas employé) utilisé par un lignage chevaleresque : «Le type Staufenberg appartient à ce groupe de contes qui cherchent à faire remonter l'origine d'un lignage noble médiéval à l'union avec un être surnaturel, de façon à conférer aux prétentions d'une famille à la légitimité une consécration plus haute, métaphysique. Il s'agit de la légende généalogique de la famille noble implantée au château de Staufenberg dans l'Ortenau (Mortenouwe) dans la partie centrale du pays de Bade» (p. 244). La plus ancienne version de la légende est de 1310 environ mais a sans doute des racines au XIIIe siècle.

---

42. Je tiens à remercier particulièrement M. Claude Gaignebet qui m'a procuré les numéros du *Bulletin de la Société de Mythologie française* où figurent des articles concernant Mélusine, et M. Jean-Michel Guilcher qui m'a signalé les miniatures du Ms. Fr. 12575 de la B.N. (le plus ancien manuscrit du *Roman de Mélusine* de Couldrette, XVe siècle).

IV
VERS UNE ANTHROPOLOGIE HISTORIQUE

L'HISTORIEN ET L'HOMME QUOTIDIEN

I

Histoire et ethnologie ne se sont séparées qu'au milieu du XIXe siècle quand l'évolutionnisme déjà triomphant avant Darwin a détaché l'étude des sociétés évoluées de celle des sociétés dites primitives. Jusqu'alors l'histoire avait englobé toutes les sociétés mais là où se constituait la conscience d'un progrès, l'histoire se restreignait aux portions de l'humanité susceptibles de se transformer rapidement, le reste étant voué à des genres mineurs du domaine scientifique ou littéraire – les *mirabilia* où les hommes primitifs côtoient les monstres, les voyages où les autochtones sont une variété de la faune, au mieux la géographie où les hommes étaient un élément du paysage – ou condamné à l'oubli.

Hérodote, le « père de l'histoire » est tout autant le père de l'ethnographie. Le deuxième livre des *Histoires*, celui placé sous le patronage d'Euterpe, est consacré à l'Égypte. La première moitié est d'un ethnologue qui ne se contente pas de décrire les mœurs et coutumes mais souligne les emprunts faits par les Grecs aux Égyptiens, niant ainsi qu'un fossé puisse séparer les Hellènes des nations barbares. La seconde est d'un historien soucieux du diachronique, suivant les dynasties l'une après l'autre, quitte à souvent réduire l'histoire à un recueil d'anecdotes.

Ce regard ethnographique prend un autre caractère chez Tacite. Dans une perspective rousseauiste, il oppose à la corruption de la civilisation dont Rome est l'exemple, la santé des « bons sauvages » que sont le Breton ou le Germain. Voilà son beau-père Agricola tentant d'amener les Bretons à la civilisation : « Pour que ces hommes dispersés et ignorants, et par là même portés aux guerres, s'habituassent dans les plaisirs à la tranquillité et au repos, il les encourage en privé et officiellement les

---

Première publication in *Mélanges en l'honneur de Fernand Braudel*, II : *Méthodologie de l'Histoire et des Sciences humaines*, 1972, pp. 233-243.

aide à édifier temples, marchés, demeures, louant les plus actifs et condamnant les mous... Et il fait instruire dans les arts libéraux les enfants des notables... pour faire que des gens qui récemment refusaient jusqu'au langage des Romains désirassent à présent leur éloquence. D'où la faveur même de notre habit, et la toge à la mode; et peu à peu on glisse aux agréments du vice, portiques, thermes, élégance des banquets ; on appelait cela chez les naïfs civilisation : ce n'était qu'un aspect de servitude. »

Pourtant ici encore le caractère privilégié de l'histoire romaine tend à exclure les autres peuples de la littérature historique du Bas-Empire. De ce préjugé les chrétiens héritent. Il n'y a guère que Salvien, au milieu du Ve siècle, pour penser et dire que les Barbares frustes et très honnêtes valent mieux que les Romains pécheurs.

Désormais seuls les chrétiens ont droit à l'histoire. Les païens en sont exclus. Païens, c'est-à-dire les païens proprement dits, mais aussi les «infidèles», et, au début du moins, les paysans. Certes, l'idée qui régnera longtemps ne sera pas celle d'un progrès mais au contraire d'un déclin. *Mundus senescit*. Le monde vieillit. L'humanité est entrée dans le sixième et dernier âge de la vie : la vieillesse. Mais ce progrès à rebours est aussi un processus unilinéaire qui privilégie les sociétés qui se transforment, fût-ce dans le mauvais sens. Et quand le christianisme médiéval récupérera l'Antiquité païenne, ce sera pour souligner les mérites exceptionnels de l'Empire romain et définir une nouvelle ligne de progrès : de Rome à Jérusalem. Comme l'a noté Augustin Renaudet, Dante «répète avec orgueil la prophétie du vieil Anchise : *Rappelle-toi, Romain, que tu dois régner sur l'univers*». Virgile et la Sibylle annoncent le Christ dans une perspective téléologique qui laisse les autres, ceux qui n'ont pas hérité de Rome, en dehors de la marche vers le salut.

Pourtant la vocation universelle du christianisme maintient pour l'ethnologie une structure d'accueil. Toute histoire étant une histoire universelle, tous les peuples ont vocation à y entrer, même si, en fait, seuls ceux qui évoluent vite sont dignes de son intérêt :

À l'occasion, mêlant temps et lieux, histoire et géographie, un clerc du Moyen Âge fait l'ethnologue sans le savoir. Par exemple Gervais de Tilbury, dans ses *Otia imperialia*, recueil de *mirabilia* destiné à l'empereur Othon de Brunswick (v. 1212), après avoir dans une première partie retracé l'histoire de l'humanité jusqu'au déluge d'après la Genèse, consacre la deuxième partie à un pot-pourri de notations géographiques, historiques et ethnographiques sur les divers peuples du monde et la dernière partie aux rites, légendes, miracles recueillis dans les différents lieux où il a vécu, en Angleterre, dans le royaume des Deux-Siciles, en Provence.

Vers une anthropologie historique

Le Moyen Âge prépare aussi tout ce qui est nécessaire à l'accueil d'un « bon sauvage » : un millénarisme qui attend un retour à l'âge d'or, la conviction que le progrès historique, s'il existe, se fait à coups de re-naissances, de retours à un primitivisme innocent. Mais il manquait aux hommes du Moyen Âge un contenu à donner à ce mythe. Certains ont regardé vers l'Orient et, la croyance au Prêtre Jean aidant, ont imaginé un modèle anthropologique, le « pieux brahmane ». Mais Marco Polo n'a pas été pris au sérieux. D'autres baptisent « l'homme sauvage », changent Merlin en ermite. La découverte de l'Amérique pourvoit soudain l'Europe en « bons sauvages ».

La Renaissance maintient les deux lignes, les deux attitudes. D'un côté l'histoire « officielle » se lie aux progrès politiques, à ceux des princes, à ceux des villes, bureaucratie princière et bourgeoisie urbaine étant les deux forces montantes, qui veulent retrouver dans l'histoire la justification de leur promotion. De l'autre, la curiosité des savants explore le domaine ethnographique. En littérature le génie et l'érudition de Rabelais, par exemple, se déploient dans le champ d'une ethnographie imaginaire – mais souvent près de ses bases paysannes. Comme l'a écrit George Huppert : « *Il y a certainement d'autres époques, moins heureuses, à cet égard que l'antiquité, dont l'histoire n'a pas encore été écrite. Les Turcs ou les Américains, qui manquent d'une tradition littéraire à eux, offriraient certainement une occasion pour un moderne Hérodote.* »

On attendait Hérodote, Tite-Live vint. Étienne Pasquier dans ses *Recherches* se fit l'ethnographe du passé et donna à la science des « origines ».

Cette coexistence de l'historien et de l'ethnographe n'allait pas durer. Le rationalisme de l'âge classique, puis des Lumières, allait réserver l'histoire aux peuples saisis par le progrès. « *Dans le sens où Gibbon et Mommsen étaient historiens, il n'y a rien eu de tel qu'un historien avant le XVIIIe siècle.* » De ce point de vue R.G. Collingwood a raison.

II

Après un divorce de plus de deux siècles, historiens et ethnologues ont tendance à se rapprocher. L'histoire nouvelle, après s'être faite sociologique, a tendance à devenir ethnologique. Qu'est-ce que le regard ethnologique fait donc découvrir à l'historien dans son domaine ?

L'ethnologie modifie d'abord les perspectives chronologiques de l'histoire. Elle conduit à une évacuation radicale de l'événement réalisant ainsi

l'idéal d'une histoire non événementielle. Ou plutôt elle propose une histoire faite d'événements répétés ou attendus, fêtes du calendrier religieux, événements et cérémonies liés à l'histoire biologique et familiale: naissance, mariage, mort.
Elle oblige à recourir à une différenciation des temps de l'histoire, et à accorder une attention spéciale à ce domaine de la longue durée, à ce temps presque immobile défini par Fernand Braudel en un article célèbre.
Promenant sur les sociétés qu'il étudie ce regard ethnologique, l'historien comprend mieux ce qu'il y a de «liturgique» dans une société historique. L'étude du «calendrier» dans ses formes sécularisées et résiduelles (fortement marqué dans les sociétés industrielles par le relais pris par le christianisme aux anciennes religions: cycle de Noël, de Pâques, cadre hebdomadaire, etc.) ou dans ses formes nouvelles (par exemple le calendrier des compétitions – et fêtes – sportives) révèle le poids des rites ancestraux, des rythmes périodiques sur les sociétés dites évoluées. Mais ici plus que jamais s'impose la collaboration des deux attitudes, l'ethnologique et l'historique. Une étude «historique» des fêtes pourrait apporter des lumières décisives sur les structures et les transformations des sociétés, surtout aux périodes qu'il faut bien appeler «de transition», tel ce Moyen Âge, bien nommé peut-être en définitive. On pourrait y suivre par exemple l'évolution du carnaval comme fête, comme psychodrame de la communauté urbaine, se constituant au bas Moyen Âge et se défaisant aux XIXe-XXe siècles sous le heurt de la révolution industrielle.
Emmanuel Le Roy Ladurie a brillamment analysé le Carnaval sanglant de Romans en 1580, «tragédie-ballet, dont les acteurs ont joué et dansé leur révolte, au lieu de discourir sur elle dans des manifestes». Mais à Romans, cette année-là, le jeu annuel s'est changé en événement singulier. Le plus souvent c'est à travers le rite, non l'acte, qu'il faut retrouver la signification de la fête. Ainsi, en une étude exemplaire, Louis Dumont a montré dans les cérémonies où apparaît la Tarasque le sens magico-religieux de rites par lesquels la communauté tarasconnaise cherchait, entre le XIIIe et le XVIIIe siècle, à se concilier le pouvoir bénéfique d'un monstre ambigu devenu «bête éponyme», «palladium de la communauté». «La principale fête, celle de la Pentecôte, remarque Louis Dumont, l'associe à la grande revue locale des corps de métiers.» C'est aussi ce que l'on voyait à Londres, au moins depuis le XVIe siècle, dans le cortège du lord Maire où les groupes folkloriques étaient pris en charge par les corporations. Ainsi, dans la société urbaine, de nouveaux groupes sociaux jouent dans les rites communautaires le rôle de la classe des

jeunes dans les sociétés rurales traditionnelles. Mutations de l'histoire qui nous conduiraient jusqu'aux majorettes et aux grandes rencontres hippies d'aujourd'hui. Présentes en toute société, la liturgie et la fête sont-elles spécialement attachées aux sociétés archaïques ? Evans-Pritchard semble le penser : « *Une formation anthropologique, incluant le travail sur le terrain, serait spécialement utile pour les recherches sur les périodes anciennes de l'histoire où les institutions et les modes de penser ressemblent à beaucoup d'égards à celles des peuples simples que nous étudions.* » Mais les hommes de l'Occident médiéval (Evans-Pritchard s'arrête à l'époque carolingienne) étaient-ils archaïques ? Et ne le sommes-nous pas, dans notre monde de sectes, d'horoscopes, de soucoupes volantes et de tiercé ? Société liturgique, société ludique, ces termes expriment-ils bien la société médiévale ?

Face à l'historien des sociétés versatiles, des hommes des villes saisis par les modes, l'ethnologue désignera les sociétés rurales conservatrices (pas autant qu'on l'a dit, Marc Bloch l'a rappelé), tissu conjonctif de l'histoire. D'où grâce au regard ethnologique, une ruralisation de l'histoire. On permettra ici encore au médiéviste de regarder vers son domaine. Après le Moyen Âge urbain et bourgeois que l'histoire du XIXe siècle a imposé, d'Augustin Thierry à Henri Pirenne, voici, qui nous semble plus vrai, le Moyen Âge rural de Marc Bloch, Michael Postan, Léopold Génicot, Georges Duby.

Dans cette conversion à l'homme quotidien, l'ethnologie historique conduit naturellement à l'étude des mentalités, considérées comme « ce qui change le moins » dans l'évolution historique. Ainsi au cœur des sociétés industrielles, l'archaïsme éclate dès qu'on scrute la psychologie et le comportement collectif. Décalage du mental qui oblige l'historien à se faire ethnologue. Mais mental qui ne se perd pas dans la nuit des temps. Les systèmes mentaux sont historiquement datables, même s'ils charrient en eux des épaves d'archéo-civilisations, chères à André Varagnac.

III

L'ethnologie conduit aussi l'historien à mettre en relief certaines structures sociales plus ou moins oblitérées dans les sociétés « historiques » et à compliquer sa vision de la dynamique sociale, de la lutte des classes.

Les notions de classe, groupe, catégorie, strate, etc. doivent être reconsidérées par l'insertion dans la structure et le jeu social de réalités et concepts fondamentaux mais repoussés dans les marges par la sociologie postmarxiste :

a. La famille et les structures de parenté dont l'introduction dans la problématique de l'historien peut, par exemple, conduire à une nouvelle périodisation de l'histoire européenne selon l'évolution des structures familiales. Pierre Chaunu et le Centre de Recherches d'Histoire quantitative de Caen définissent ainsi comme « la grande donnée immuable dans la dialectique de l'homme et de l'espace "l'existence de *communautés d'habitants* (confondues à 80 % seulement avec les paroisses)" du XIIe-XIIIe à la fin du XVIIIe siècle, tout au long de cette civilisation paysanne traditionnelle d'une seule coulée, dans la longue durée... ». L'étude, non plus seulement juridique, mais ethnologique du lignage et de la communauté taisible, de la famille large et de la famille étroite doit renouveler les bases d'études comparatistes entre hier et aujourd'hui, l'Europe et les autres continents, en matière de société féodale par exemple.

b. Les sexes dont la considération doit conduire à une démasculinisation de l'histoire... Que de voies dans l'histoire encore de l'Occident médiéval débouchent sur la femme! L'histoire des hérésies est, à bien des égards, une histoire de la femme dans la société et dans la religion. S'il est une nouveauté en matière de sensibilité dont on reconnaisse au Moyen Âge l'invention, c'est bien l'amour courtois. Il se construit autour d'une image de la femme. Michelet, toujours captateur de l'essentiel, quand il cherche l'âme médiévale trouve la beauté diabolique de la sorcière, la pureté populaire, donc divine, de Jeanne d'Arc. Qui tirera au clair le plus important phénomène de l'histoire « spirituelle » (au sens michelettiste) du Moyen Âge : la foudroyante percée de la Vierge au XIIe siècle ?

c. Les classes d'âge dont l'étude est encore à faire pour les gérontocraties, mais est brillamment amorcée, ici et là, pour les jeunes : Henri Jeammaire et Pierre Vidal-Naquet, pour la Grèce ancienne, Georges Duby et Erich Köhler, pour l'Occident médiéval.

d. Les classes et les communautés villageoises dont Marc Bloch, naguère, avait reconnu l'importance dans la chrétienté médiévale et dont les marxistes reprennent l'analyse qui, si elle sait échapper au dogmatisme, aidera à renouveler l'histoire sociale. Ici d'ailleurs on aperçoit une des conséquences possibles, paradoxales, de cette régénération de la problématique historique par le regard ethnologique. L'histoire de naguère s'est complu dans une évocation anecdotique et romancée d'événements liés à certaines structures classiques au sein des sociétés « historiques », par

VERS UNE ANTHROPOLOGIE HISTORIQUE

exemple encore médiévale. L'histoire des guerres féodales est à reprendre dans une étude d'ensemble de la guerre privée, de la vendetta. L'histoire des factions lignagères, urbaines, dynastiques est à refaire dans cette perspective aussi : Guelfes et Gibelins, Montaigus et Capulets, Armagnacs et Bourguignons, héros de la guerre des Deux-Roses, arrachés à l'événementiel anecdotique – dont ils ont été une des pires expressions – peuvent retrouver pertinence et dignité scientifiques dans une histoire ethnologique largement comparatiste.

IV

Faire de l'histoire ethnologique c'est encore réévaluer dans l'histoire les éléments magiques, les charismes.

Charismes dynastiques dont la reconnaissance permettra par exemple de « réhabiliter » la monarchie féodale qui, longtemps, est restée d'une autre nature que toutes les autres institutions. Marc Bloch, évoquant les rois thaumaturges, Percy Ernst Schramm expliquant les insignes du pouvoir ont été les pionniers d'une recherche qui doit s'attaquer à la monarchie médiévale en son centre et non plus en ses survivances ou ses signes magiques. Un regard ethnographique doit métamorphoser la valeur, par exemple, du témoignage que portent à leur manière, sur la royauté sacrée dans l'Occident médiéval, la vie de Robert le Pieux d'Helgaud, la généalogie diabolique des Plantagenêts chez Giraud le Cambrien, les tentatives de Charles le Téméraire pour franchir cette barrière magique.

Charismes professionnels et catégoriels. Pour rester au Moyen Âge on pensera au prestige, à partir du Ve siècle, du forgeron et de l'orfèvre dont chansons de geste et sagas recueilleront l'image magique. La récente découverte, en Normandie, de l'extraordinaire tombe 10 du cimetière mérovingien d'Hérouvillette a ressuscité cet artisan magique du haut Moyen Âge enterré avec les armes du guerrier aristocrate et le sac d'outils du technicien et dont la place dans la société ne peut se comprendre que par la convergence de l'étude technologique, de l'analyse sociologique et du regard ethnologique. Il faudrait suivre, en nos sociétés, l'évolution du médecin, du chirurgien, héritiers du sorcier. Les « intellectuels » du Moyen Âge, les universitaires, accaparent des éléments charismatiques dont jusqu'à nos jours les « mandarins » ont su jouer : la chaire, la toge, le parchemin, signes qui sont plus que des signes... Par là les plus prestigieux d'entre eux rejoignent les

« vedettes » sociales, du gladiateur aux stars et aux « idoles ». Les plus habiles ou les plus grands de ces intellectuels se contenteront même de leur pouvoir charismatique sans recours aux signes, d'Abélard à Sartre.
Charismes individuels enfin, qui permettent la reconsidération du rôle dans l'histoire du « grand homme » que la réduction sociologique n'avait qu'imparfaitement éclairé. Pour en revenir au Moyen Âge, le passage du charisme dynastique au charisme individuel s'exprime par exemple en Saint Louis qui cesse d'être un roi sacré pour être un roi saint. Laïcisation et canonisation vont de pair. Ce qui a été gagné d'un côté a été perdu de l'autre. Et comment ne pas soupçonner ce qu'une étude des charismes dans l'histoire peut apporter à la compréhension d'un phénomène non anecdotique du XXe siècle, le culte de la personnalité ?
Dans cette perspective se situent finalement toutes les croyances eschatologiques, tous les millénarismes qui marquent le retour du sacré dans toutes les fractions des sociétés et des civilisations. Loin d'être confinés dans les sociétés archaïques ou « primitives » ces millénarismes manifestent les échecs d'adaptation (ou de résignation) dans les sociétés happées par l'accélération technologique. Norman Cohn a dit ce que furent au Moyen Âge et à la Renaissance ces bouffées apocalyptiques. Le succès, aujourd'hui, du sectarisme religieux, de l'astrologie, du hippisme manifeste la permanence – en des conjonctures historiques précises – des adeptes du « gran rifiuto ».

V

Tandis que François Furet s'est plutôt attaché à la face « sauvage » de l'histoire saisie par le regard ethnologique, j'insisterai surtout sur sa face quotidienne.
L'apport immédiat de l'ethnologie à l'histoire c'est, à coup sûr, la promotion de la civilisation (ou culture) matérielle. Non sans réticences de la part des historiens. En Pologne, par exemple, où l'essor de ce domaine a été prodigieux depuis 1945, favorisé par des motivations (et des malentendus épistémologiques) nationales et « matérialistes », des marxistes rigoureux ont craint de voir l'inertie matérielle envahir la dynamique sociale. En Occident la grande œuvre de Fernand Braudel, *Civilisation matérielle et Capitalisme (XIVe-XVIIIe siècle)*, n'a pas laissé le nouveau domaine envahir le champ de l'histoire sans le subordonner à un phénomène proprement historique, le capitalisme.

De cet immense domaine ouvert à la curiosité et à l'imagination de l'historien, je retiendrai quatre aspects :
1. L'accent mis sur les techniques. Le problème le plus intéressant m'y apparaît peut-être la reconsidération des notions d'invention et d'inventeur que l'ethnologie impose à l'historien. Marc Bloch en avait amorcé la problématique à propos des «inventions» médiévales. Ici encore on retrouverait, dans une perspective lévi-straussienne, l'opposition de sociétés *chaudes* et de sociétés *froides*, ou plutôt de milieux *chauds* et de milieux *froids* au sein d'une même société. Les discussions autour de la construction de la cathédrale de Milan au XIVe siècle ont mis en lumière l'opposition de la science et de la technique, à propos du conflit entre architectes et maçons. «Ars sine scientia nihil est» disaient les savants architectes français, «scientia sine arte nihil est» répliquaient les maçons lombards, non moins savants, dans un autre système de savoir. Cet intérêt, en tout cas, a commencé à susciter une histoire des matériaux et des matières premières, pas forcément nobles, tels le sel ou le bois.
2. L'émergence du corps dans l'histoire. Michelet l'avait réclamé dans la Préface de 1869 à l'*Histoire de France*. Il déplorait que l'histoire ne s'intéressât pas suffisamment aux *aliments*, à *tant de circonstances physiques et physiologiques*. Son vœu commence à être comblé. C'est vrai en grande partie pour l'histoire de l'alimentation grâce à l'impulsion de revues et de centres, comme les *Annales, Économies, Sociétés, Civilisations* (Fernand Braudel codirecteur), la *Zeitschrift für Agrargeschichte und Agrarsoziologie* autour de Wilhelm Abel à Göttingen, l'*Afdeling Agrarische Geschiedenis* animée par Slicher van Bath à la Landbouwhogeschool de Wageningen.
L'histoire biologique démarre. Un numéro spécial des *Annales E.S.C.* en 1970 indique des perspectives. Le grand livre d'un biologiste qui s'est fait historien comme *La Logique du vivant* (l'histoire de l'hérédité) de François Jacob montre que la rencontre est possible d'un côté comme de l'autre.
Pour en revenir à un horizon plus proprement ethnologique il faut espérer que les historiens s'engageront dans la voie tracée par Marcel Mauss dans son célèbre article sur *les techniques du corps* dont la connaissance, en perspective historique, devrait être décisive pour la caractérisation des sociétés et des civilisations.
3. L'habitat et le vêtement devraient fournir à l'historien-ethnologue l'occasion d'un beau dialogue entre l'immobilité et le changement. Les problèmes du goût et de la mode, essentiels en ces matières, ne peuvent être traités que dans une collaboration interdisciplinaire où d'ailleurs l'esthéticien, le sémiologue, l'historien de l'art devraient se joindre à l'historien

et à l'ethnologue. Ici encore des travaux comme ceux de Françoise Piponnier et de Jacques Heers manifestent le désir des historiens d'enraciner leurs recherches dans l'humus à la fertilité éprouvée de l'histoire économique et sociale.

4. Enfin, problème immense, historiens et sociologues devraient se retrouver pour étudier le phénomène, capital pour l'un et pour l'autre, de la *tradition*. Parmi les travaux récents, ceux d'un ethnologue, spécialiste de la danse populaire, Jean-Michel Guilcher, sont particulièrement éclairants.

VI

Je n'insisterai pas sur le fait que le regard ethnologique propose à l'historien une nouvelle documentation, différente de celle à laquelle il est habitué. L'ethnologue ne dédaigne pas, au contraire, le document écrit. Mais il en rencontre si rarement que ses méthodes sont faites pour s'en passer.

Ici donc l'historien est appelé à s'engager aux côtés de l'homme quotidien qui ne s'embarrasse pas – qui ne s'embarrassait pas – de paperasses, dans l'univers sans textes et sans écriture.

Il y rencontrera d'abord l'archéologie, mais non l'archéologie traditionnelle tournée vers le monument ou l'objet, intimement liée à l'histoire de l'art mais l'archéologie du quotidien, de la vie matérielle. Celle qu'ont notamment illustrée les fouilles anglaises de Maurice Beresford dans les « lost villages », polonaises de Witold Hensel et de ses collaborateurs dans les grods de l'ancienne aire slave, franco-polonaises de la VIe Section de l'École pratique des Hautes Études dans divers villages de la France médiévale.

Il y trouve ensuite l'iconographie, mais ici encore non pas tellement de l'histoire de l'art traditionnelle, liée aux idées et aux formes esthétiques, que celle des gestes, des formes utiles, des objets périssables et indignes de l'écrit. Si une iconographie de la culture matérielle a commencé à se constituer, à l'autre bout de la chaîne une iconographie des mentalités, difficile mais nécessaire, est dans les limbes. Elle doit pourtant être implicite dans le fichier, par exemple, du Département d'Art et d'Archéologie de l'Université de Princeton.

Il se heurte enfin à la tradition orale. Les problèmes y sont redoutables. Comment appréhender l'oral dans le passé ? Peut-on identifier oral et popu-

VERS UNE ANTHROPOLOGIE HISTORIQUE

laire ? Quelles ont été dans les diverses sociétés historiques les significations de l'expression *culture populaire* ? Quels ont été les rapports entre culture savante et culture populaire ?

VII

Je serai plus bref encore sur certains aspects, importants, mais assez évidents de l'influence de l'ethnologie sur l'histoire.
L'ethnologie accentue certaines tendances actuelles de l'histoire. Elle invite par exemple à une généralisation de la méthode comparatiste et de la méthode régressive. Elle accélère l'abandon du point de vue européocentrique.

VIII

Je terminerai en revanche en insistant sur les limites de la collaboration entre ethnologie et histoire, en évoquant quelques problèmes touchant leurs rapports, certaines difficultés et certains dangers que ferait courir à l'étude des sociétés historiques la substitution pure et simple du regard ethnologique au regard historique.
Une spéciale attention devrait être portée aux zones et périodes où sont entrées en contact des sociétés, des cultures relevant traditionnellement de l'histoire d'une part, de l'ethnologie de l'autre. C'est dire que l'étude des *acculturations* doit permettre de mieux situer l'ethnologique par rapport à l'historique. Ce qui intéressera surtout l'historien, c'est de savoir dans quelle mesure et à quelles conditions le vocabulaire et la problématique de *l'acculturation* pourront être étendus à l'étude des *acculturations internes* à une société : par exemple entre culture populaire et culture savante, culture régionale et culture nationale, Nord et Midi, etc. Et comment s'y pose le problème des «deux cultures», de la hiérarchisation et de la domination entre ces cultures ?
Le vocabulaire devra être précisé. De faux rapprochements seront peut-être dissipés. Je soupçonne que la notion de *diachronique* que Claude Lévi-Strauss a empruntée à Saussure et à Jakobson pour l'introduire avec bonheur en ethnologie est fort différente de la notion d'*historique* avec

laquelle on a souvent tendance à la confondre, voulant et croyant ainsi trouver un outil commun à la linguistique et à l'ensemble des sciences humaines. Je me demande si le diachronique forgé par Saussure pour restituer à cet objet abstrait qu'il avait créé, la langue, une dimension dynamique n'opère pas selon des systèmes abstraits de transformation très différents des schèmes d'évolution dont se sert l'historien pour tenter d'appréhender le devenir des sociétés concrètes qu'il étudie. Je ne veux pas reprendre par là la distinction qui, elle, me semble fausse, entre l'ethnologie, science d'observation directe de phénomènes vivants et l'histoire, science de reconstructions de phénomènes morts. Il n'y a de science que de l'abstraction et l'ethnologue, comme l'historien, se trouve en face de *l'autre*. Il doit le rejoindre, lui aussi.

Dans une autre perspective, après avoir privilégié exagérément ce qui change, ce qui va vite, l'historien-ethnologue ne va-t-il pas, trop hâtivement, privilégier ce qui va lentement, ce qui change peu ou pas? Ne va-t-il pas, pour se rapprocher de l'ethnologue, s'enchaîner à l'opposition structure-conjoncture, structure-événement, pour se situer du côté de la structure, alors que les besoins de la problématique historique aujourd'hui postulent le dépassement du faux dilemme structure-conjoncture, et surtout structure-événement.

L'historien ne doit-il pas prendre plutôt conscience d'une critique de l'immobile qui se répand en sciences humaines, ethnologie comprise? À l'heure où l'ethnologie se recharge d'historicité, où Georges Balandier montre qu'il n'y a pas de sociétés sans histoire et que l'idée de sociétés immobiles est une illusion, est-il judicieux pour l'historien de s'abandonner à une ethnologie en dehors du temps? Ou plutôt si, en termes lévi-straussiens, il y a non pas des sociétés chaudes et des sociétés froides mais très évidemment des sociétés plus ou moins chaudes ou plus ou moins froides, est-il légitime de traiter des sociétés chaudes comme des sociétés froides? Et que dire des sociétés «tièdes»?

Si l'ethnologie aide l'historien à se débarrasser des illusions d'un progrès linéaire, homogène et continu, les problèmes de l'évolutionnisme restent posés. Pour regarder vers une discipline voisine, la préhistoire, elle aussi attachée à des sociétés sans écriture, est-elle, par rapport à l'histoire, vraiment une pré-histoire ou une autre histoire?

Comment, si l'on demeure trop près d'une vision ethnologique, expliquer la *croissance*, phénomène essentiel des sociétés étudiées par l'historien, forme moderne, économique, insidieuse, du progrès, qu'il faut démythifier (par exemple, comme l'a fait Pierre Vilar, en démasquant les présupposés idéologiques du *take-off* rostovien) mais qui est aussi une réalité à expliquer?

Vers une anthropologie historique

N'y a-t-il pas d'ailleurs plusieurs ethnologies à distinguer, dont l'européenne serait un type différent de celle de domaines plus ou moins préservés, amérindiens, africains, océaniens ?
Spécialiste du changement (en disant *transformation*, l'historien se retrouve en terrain éventuellement commun avec l'ethnologue, à condition de ne pas recourir au *diachronique*), l'historien doit se méfier de devenir insensible au changement. Le problème est moins, pour lui, de chercher un passage du primitif à l'historique ou de réduire l'historique au primitif que d'expliquer la coexistence et le jeu dans une même société de phénomènes et de groupes ne se situant pas dans le même temps, dans la même évolution. C'est un problème de niveaux et de décalages. Quant à la façon dont l'historien peut apprendre de l'ethnologue comment *reconnaître* – et respecter – *l'autre*, c'est une leçon qu'il ne faut pas malheureusement surestimer car, par-delà les polémiques souvent regrettables, l'ethnologie aujourd'hui nous montre que la négation ou la destruction de *l'autre* n'est pas le privilège d'une science humaine.

LE RITUEL SYMBOLIQUE DE LA VASSALITÉ

INTRODUCTION : LE SYMBOLISME MÉDIÉVAL

Sous le titre très général des gestes symboliques dans la vie sociale, je voudrais aborder le problème du symbolisme à propos d'une institution fondamentale de la société médiévale: la vassalité.
Toute société est symbolique dans la mesure où elle utilise des pratiques symboliques et où son étude peut relever d'une interprétation de type symbolique.
Mais ceci est d'autant plus vrai de la société médiévale que celle-ci a renforcé la symbolique inhérente à toute société par l'application d'un système idéologique d'interprétation symbolique à la plupart de ses activités.
Or, à ma connaissance, les clercs du Moyen Âge n'ont pas donné, sauf de façon très partielle, d'explication symbolique des rites qui présidaient à l'une de ses institutions sociales fondamentales, celle précisément de la vassalité. C'est un premier problème.
Un élément d'explication qui n'est pas à rejeter mais qui n'est pas tout à fait satisfaisant c'est que la signification des rites vassaliques était si immédiatement perçue qu'une glose n'était pas nécessaire pour ceux qui les pratiquaient ou en étaient témoins.
Il faut toutefois noter que des rites voisins ont fait eux, l'objet d'interprétations symboliques plus ou moins explicites.
Les premiers ont trait à la royauté. Insignes du pouvoir, cérémonies de couronnement, de funérailles, de succession ont donné lieu à des élucidations symboliques. Le grand système de référence symbolique de l'Occident médiéval, celui de la Bible, et plus particulièrement de l'Ancien Testament et du symbolisme typologique établissant une relation essentielle entre l'Ancien et le Nouveau Testament, a fourni notamment des images symboliques du roi

---

Première publication in *Simboli e Simbologia nell'alto Medioevo*, Settimane di studio del Centro italiano di studi sull'alto Medioevo, XXIII, Spolète, 1976, pp. 679-788.

David d'abord, mobilisé pour la première fois, si je ne m'abuse, en faveur de Charlemagne[1], puis, quand vint le temps de la chevalerie, Melchisédech, le roi-prêtre, *rex sacerdos*. Rien de semblable pour le seigneur ou le vassal.

Plus – et mieux encore – les rites de l'adoubement ont été décrits en termes symboliques, termes religieux, mystiques, qui présentaient l'institution comme une initiation, initiation marquée, bien sûr, du sceau du christianisme. À tel point que l'adoubement apparaît comme un quasi-sacrement, dans la ligne définie par saint Augustin dans le *De Civitate Dei*, X, 5 où il présente le *sacramentum* comme un *sacrum signum*, conception que développera Hugues de Saint-Victor dans le *De Sacramentis* à peu près au moment où l'adoubement commence à apparaître en pleine lumière religieuse. Rien de semblable avec la vassalité.

De faibles et rares indices permettent certes de penser que les hommes du Moyen Âge, ou, en tout cas, les clercs qui en étaient les guides et les interprètes idéologiques, ont ébauché une lecture symbolique des rites de vassalité.

On sait que le Moyen Âge a ignoré les termes symbole, symbolisme, symbolique au sens où nous les employons aujourd'hui et, pour l'essentiel, depuis le XVIe siècle. *Symbolum* n'était employé au Moyen Âge par les clercs que dans le sens très spécialisé et restreint d'article de foi – l'exemple le plus probant étant, bien entendu, celui du symbole de Nicée. Le champ sémantique de symbole était, pour l'essentiel, occupé par les termes de *signum*, le plus proche de notre symbole, défini par saint Augustin au deuxième livre du *De Doctrina Christiana*, mais aussi *figura, imago, typus, allegoria, parabola, similitudo speculum* qui définissent d'ailleurs un système symbolique très particulier[2].

---

1. W. Ullmann, *The Carolingian Renaissance and the Idea of Kingship*, The Birkbeck Lectures 1968-1969, Londres, 1969.
2. Je remercie Gérard Genette d'avoir bien voulu me communiquer la traduction française de l'intéressant article de Johan Chydenius : « La théorie du symbolisme médiéval » (publié en anglais in *Societas scientiarum fenmica*, 1960) avant sa parution in *Poétique*, 23, 1975, p. 322-341.
Cette étude pourrait être complétée à partir de divers index et notamment celui de la *Patrologie latine* de Migne, incomplet, à vérifier, mais ici comme souvent fertile en indications de piste. On pourra en particulier consulter aux col. 123-274 du tome II de l'Index les références de l'article *De allegoriis* du titre *De Scripturis* avec, entre autres, des définitions de *allegoria* (*eum aliud dicitur et aliud significatur* selon saint Jérôme), *figura seu typus* (*antiphrasis cum per contrarium verba dicuntur* d'après saint Augustin, donnant entre autres exemples *transgressio Adae typus justitiae Salvatoris et baptismi typus mortis Christi* avec l'indication d'un champ sémantique comportant *praefigurare, praesignare, designare, interpretari, exprimere*, etc.), *parabolae* (*similitudines rerum quae comparantur rebus de quibus agitur*, selon Rufin), etc., *ibid*, col. 919-928, à propos de *symbolum*, Migne ne peut que refléter la pauvreté de l'emploi du mot dans le latin médiéval. À côté de son sens en grec (avec l'équivalent en latin classique : *indicatio* et *collatio*), le seul sens indiqué est *regula fidei*. On trouverait à cette absence de *symbolum* dans le latin médiéval avec son sens grec et moderne des exceptions confirmant la règle : chez les rares théologiens latins frottés de théologie grecque, par exemple Jean Scot Érigène.

Or, on rencontre parfois, à propos des objets remis lors de l'investiture du fief, le terme de *signum*. Ainsi dans une charte de 1123 conservée dans le cartulaire de Saint-Nicolas d'Angers : «*Quirmarhoc et ses deux fils revêtirent de ce bénéfice (don) Gradelon, moine de S. Nicolas avec un livre dans l'église Saint-Pierre de Nantes et lui donnèrent un baiser pour marquer cette donation par la foi; et le livre dont ils revêtirent aussi le moine, ils le posèrent symboliquement sur l'autel de saint Pierre*[3]. »

On rencontre aussi, mais rarement, comme l'a noté Émile Chénon, une explication de l'*osculum*, du baiser de fidélité comme symbole d'oblation. Par exemple, en 1143, selon un texte du cartulaire du monastère d'Obazine en Limousin : «*Ce don fut fait dans la grande salle du château de Turenne, dans la main de Monseigneur Étienne, prieur d'Obazine, la vicomtesse ayant baisé la main du prieur en signe véridique d'oblation*[4]. »

Une autre interprétation symbolique de l'*osculum* du rituel d'entrée en vassalité est donnée, à la fin du XIIIe siècle, par un des rares textes qui offrent sur certains points une explication symbolique des rites vassaliques, le *Speculum juris* de Guillaume Durand (1271, remanié en 1287) : «*Car celui qui fait l'hommage, à genoux, tient ses mains dans les mains du seigneur et lui fait l'hommage; par promesse il promet sa foi et le seigneur en signe de foi réciproque, lui donne un baiser*» et encore : «*Aussitôt après en signe d'amour réciproque et perpétuel intervient le baiser de paix*[5]. »

Mais ce qui m'intéresse ici, c'est plus que le repérage de symboles au sens courant du terme, c'est-à-dire de concrétisation d'une réalité abstraite, «proche d'analogie emblématique» la recherche d'un rituel symbolique dans l'ensemble des actes par lesquels se constituait la vassalité. Ici, les traces d'une conception consciente de ce rituel au Moyen Âge sont encore plus ténues. Lambert d'Ardres, par exemple, dans son *Historia comitum Ghisnensium*, à l'extrême fin du XIIe siècle, écrit bien : «*L'hommage des Flamands ayant été prêté selon le rite* (rite) *au comte Thierry*[6]», mais le terme *rite* peut-il être pris au sens fort, être considéré comme exprimant la conscience d'un véritable *rite* de l'hommage, ou

---

3. Cité par Du Cange, art. «Investitura», in *Glossarium ad scriptores mediae et infimae latinitatis*, édition de 1733, t. III, col. 1533. Soulignons que Du Cange prend *investitura* au sens large, incluant non seulement les «investitures» ecclésiastiques mais diverses donations donnant lieu à un rituel symbolique.
4. É. Chénon, «Le rôle juridique de l'*osculum* dans l'ancien droit français», in *Mémoires de la Société des Antiquaires de France*, 8e série, 6, 1919-1923, p. 133, n° 2, citant le cartulaire d'Obazine d'après René Fage, *La Propriété rurale en Bas-Limousin pendant le Moyen Âge*, Paris, 1917, p. 260.
5. Guillaume Durand, *Speculum juris*, IIe partie, lib. IV, 3, § 2, n° 8 cité par É. Chénon, *loc. cit.*, p. 139, n° 2.
6. Lambert d'Ardres, *Historia comitum Ghisnensium*, in *MGH, Scriptores*, t. XVI, p. 596.

n'est-il pas seulement un adverbe éculé, dévalué, privé de sa charge sémantique initiale ?
Laissant provisoirement de côté le problème du silence des documents médiévaux sur une interprétation symbolique explicite des rites de vassalité, je voudrais maintenant présenter l'hypothèse que ces rites constituaient bien un rituel symbolique et qu'une approche de type ethnologique peut éclairer des aspects essentiels de l'institution vassalique.
Non que je me dissimule les risques d'application d'une telle méthode à l'étude de la vassalité dans l'Occident médiéval. Une société traditionnellement étudiée par les historiens ne s'offre pas sans difficulté aux méthodes par lesquelles les ethnologues étudient d'autres sociétés. C'est en gardant le sens des différences, d'une certaine différence que je tenterai cette approche.

I. DESCRIPTION

Il est d'abord frappant que les rites vassaliques mettent en jeu les trois catégories d'éléments symboliques par excellence : la parole, le geste, les objets.
Le seigneur et le vassal prononcent des paroles, exécutent des gestes, donnent ou reçoivent des objets qui, pour reprendre la définition augustinienne du *signum-symbole*, « en plus de l'impression qu'ils apportent aux sens, nous font connaître quelque chose de plus ».
Reprenons donc brièvement les trois étapes de l'entrée en vassalité que les hommes du Moyen Âge et après eux les historiens des institutions médiévales, au premier rang desquels notre maître et collègue Ganshof, ont distinguées : l'hommage, la foi, l'investiture du fief[7].
Deux remarques initiales encore. Non seulement les documents médiévaux ne nous offrent pas d'interprétation symbolique des rites de vassalité, mais ils nous procurent peu de descriptions détaillées de ces rites. Même un texte justement classique comme celui où Galbert de Bruges raconte les hommages rendus en 1127 au nouveau comte de Flandre Guillaume est avare de détails. Or, comme on le verra, une approche ethnographique de ces phénomènes comporte précisément des questions auxquelles les documents médiévaux apportent rarement les réponses souhaitées.
Seconde remarque. Comme on l'aura déjà noté, je recours souvent dans cette leçon à des documents plus récents que l'*alto Medioevo*, même

---

7. F. L. Ganshof, *Qu'est-ce que la féodalité ?*, 3ᵉ éd., Bruxelles, 1957.

entendu *lato sensu* comme il est de tradition dans ces *Settimane*. C'est que les textes anciens sont, en général, encore plus laconiques que ceux des XIe-XIIIe siècles et je crois avoir le droit de recourir à ceux de ces époques dans la mesure où ils expriment des réalités qui n'ont pas sensiblement évolué depuis les IXe-Xe siècles. À l'occasion d'ailleurs de ma tentative d'interprétation du rituel symbolique de la vassalité je m'efforcerai de restituer les perspectives chronologiques et j'utiliserai surtout des documents du «vrai haut Moyen Âge», des VIIIe-Xe siècles.

Le texte de Galbert de Bruges distingue bien les trois phases de l'entrée en vassalité.

«*En premier lieu ils firent les hommages de la façon suivante...*» c'est l'*hommage*.

«*En second lieu, celui qui avait fait hommage engagea sa foi...*» c'est la *foi*.

«*Ensuite, avec la verge qu'il tenait à la main, le comte leur donna les investitures à eux tous...*» c'est l'*investiture du fief*[8].

Première phase: l'*hominium*, l'hommage. Il comprend normalement deux actes. Le premier est verbal. C'est habituellement la déclaration, l'engagement du vassal, exprimant sa volonté de devenir l'*homme* du seigneur. Dans le texte de Galbert de Bruges le vassal répond à une question de son seigneur, le comte. «*Le comte demanda [au futur vassal] s'il voulait devenir son homme sans réserve, et celui-ci répondit: "Je le veux."*» Seule une étude statistique des documents qui nous ont conservé la description des prestations d'hommage nous permettrait de répondre avec une relative précision à la question fort importante, spécialement dans une perspective ethnographique: des deux actants, qui a l'initiative, qui parle et qui ne parle pas? Précision relative car, est-il besoin de le dire, cette statistique dépendrait du hasard des documents écrits et conservés, de leur plus ou moins grande exactitude et devrait éventuellement tenir compte des différences régionales et de l'évolution chronologique.

Mais cette parole est symbolique car elle est déjà le *signe* d'une relation entre seigneur et vassal qui dépasse les mots échangés.

Dans un cas analogue – quoique posant le problème sur lequel nous reviendrons de la vassalité entre rois – Harold le Danois avait été, selon Ermold le Noir, plus explicite en 826 quand il était entré dans la vassalité de Louis le Pieux.

---

8. Galbert de Bruges, *Histoire du meurtre de Charles le Bon, comte de Bruges*, éd. H. Pirenne, Paris, 1891, p. 89. On trouvera ce texte et la traduction de F. L. Ganshof, in *Qu'est-ce que la féodalité?*, p. 97, dans l'excellent recueil de Documents rassemblés par R. Boutruche in *Seigneurie et Féodalité*, Paris, 1968, t. I, pp. 368-369.

« *Reçois-moi, César, dit-il, avec mon royaume qui t'est soumis. De mon plein gré, je me livre à ton service*[9]. »
De même qu'au baptême le nouveau chrétien, par sa bouche, ou celle de son parrain, répond à Dieu qui l'a interrogé par l'entremise du prêtre baptiseur : « Veux-tu devenir chrétien ? – Je le veux », le vassal contracte un engagement global mais précis à l'égard de son seigneur dès ce premier stade.
Un second acte complète cette première phase de l'entrée en vassalité : c'est l'*immixtio manuum :* le vassal place ses mains jointes entre celles de son seigneur qui referme les siennes sur elles. Galbert de Bruges est ici très précis : « *puis, ses mains étant jointes dans celles du comte, qui les étreignit* ».
Les plus anciens documents sur les rites vassaliques font état de ce rite manuel.
La formule 43 de Marculf, dans la première moitié du VIIe siècle, à propos de l'antrustion du roi déclare : « *on l'a vu jurer dans notre main fidélité* (in manu nostra trustem et fidelitatem)[10]. »
En 757, selon les *Annales regni Francorum*, Tassilon, duc de Bavière, vient à Compiègne se recommander en vassalage par les mains au roi Pépin, «*se recommandant en vasselage par les mains*[11] ».
Dans le poème déjà cité d'Ermold le Noir, Harold le Danois, en 826, accomplit le même geste à l'égard de Louis le Pieux : « *Bientôt, les mains jointes, il se livra volontairement au roi.* »
Une première remarque. Ici la réciprocité des gestes est certaine. Le geste du vassal ne suffit pas. Il faut que celui du seigneur y réponde[12].

---

9. Ermold le Noir, *In honorem Hludowicii*, Classiques de l'Histoire de France, éd. et trad. E. Faral, 1932, v. 2484-2485, *apud* R. Boutruche, *op. cit.*, p. 366.
10. *Formulae Marculfi*, I, 18, in *MGH, Formulae Merowingici et Karolini aevi*, éd. Zeumer, 1882, Ire partie, p. 55, avec trad. *apud* R. Boutruche, *op. cit.*, pp. 364-365.
11. *Annales regni Francorum*, éd. F. Kurze, 1895, p. 14, in *MGH, Scriptores Rerum Germanicorum in usum scholdrum*, t. VI, cité et traduit par R. Boutruche, *op. cit.*, p. 365.
12. Il serait utile de recenser les expressions employées d'une manière aussi complète et exacte que possible. D'après les exemples donnés par F. L. Ganshof, *op. cit.*, pp. 89-93, on peut, me semble-t-il, dans la perspective qui m'intéresse, celle de la réciprocité du geste, distinguer à première vue les expressions qui insistent sur l'initiative du vassal (« *manus alicui dare* », « *in manus alicuius venire* », « *regis manibus sese militeturum committit* » à propos de Guillaume Longue Épée, deuxième comte de Normandie, devenant vassal de Charles le Simple en 927), celles qui privilégient l'acceptation du seigneur (« *aliquem per manus accipere* ») et celles qui expriment surtout la conjonction des deux gestes et des engagements réciproques (« *omnes qui priori imperatori servierant... regi manus complicant...* ») selon Thietmar de Mersebourg à propos des hommages prêtés à Henri II sur les confins orientaux de l'Allemagne en 1002, ou encore l'expression « *alicuius manibus iunctis fore feodalem hominum* » d'une charte anglaise de l'époque de Guillaume le Conquérant étudiée par D. C. Douglas, « A Charter of Enfeoffment under William the Conqueror », in *English Historical Review*, XLII, 1927, p. 427.

D'autre part l'on aborde ici un des grands chapitres du symbolisme médiéval et universel, le symbolisme de la main. Symbolisme polysémique qui exprime l'enseignement, la défense, la condamnation mais surtout, comme ici, la protection ou plutôt la rencontre de la soumission et du pouvoir. Le geste renouvelle, en lui restituant toute sa portée, une image éculée de la terminologie juridique romaine où la *manus* est une des expressions de la *potestas*, en particulier un des attributs essentiels du *paterfamilias*[13]. Mais n'anticipons pas.

Il faut ici noter une variante remarquable du rituel de l'entrée en vassalité à ce premier stade. C'est le cas espagnol.

Comme l'ont en particulier bien montré Claudio Sanchez Albornoz dans ses *Origines del Feudalismo*[14] et plus tard son élève Hilda Grassotti au tome premier de ses *Instituciones feudovassaláticas en León y Castilla* publiées par ce centre[15], l'hommage en León et Castille se fait habituellement par un rite particulier: le baisemain. Comme l'écrit Hilda Grassotti: «Le vassal déclarait au seigneur qu'il désirait être son homme et lui baisait la main droite.» Retenons que la déclaration accompagnait ou plutôt précédait le geste. Il ne m'importe pas ici de rechercher les origines du baisemain vassalique espagnol – hispanique comme a cherché à le démontrer Don Claudio Sanchez Albornoz – ou oriental, et plus précisément musulman, comme semble incliner à le penser Hilda Grassotti. Je ne crois pas en tout cas qu'il y ait un rapport entre le baisepied attesté à propos de la fondation du monastère de Lucis dans le fameux document de 775 et le baisemain de l'hommage vassalique en Espagne. Je ne m'étendrai pas non plus sur les discussions qu'ont suscitées l'introduction peut-être par influence carolingienne puis française de l'*hominium manuale*, la *commendatio in manibus* en Catalogne, Navarre et Aragon. Je me contente de noter pour le moment que l'*osculatio manuum* espagnole diffère de l'*immixtio manuum* au moins par le fait que le seigneur est dans ce rite plus nettement supérieur au vassal puisqu'il ne fait rien d'autre que de ne pas refuser sa main à baiser et que le geste d'humilité du vassal est beaucoup plus prononcé[16].

---

13. En dehors de l'ouvrage de P. Ourliac et J. de Malafosse cité *infra*, p. 345, note 27, je me suis surtout servi pour le droit romain ancien du grand ouvrage d'Edoardo Volterra, *Istituzioni di diritto privato romano*, Rome, 1961.
14. Cl. Sanchez Albornoz, *En torno a los origenes del Feudalismo*, Mendoza, 1942.
15. H. Grassotti, *Las Instituciones feudovassaláticas en León y Castilla*, Spolète, 1969, 2 vol.; notamment t. I: *El vassalaje*, chap. II: «Besamanos», pp. 141-162.
16. Peut-être, d'après les exemples donnés par Hilda Grassotti, un certain modèle royal – de provenance sans doute orientale et renforcé par des pratiques musulmanes – a-t-il joué en Espagne un rôle particulier. Ce qui nous paraîtrait intéressant dans cette hypothèse c'est, plus que le problème des influences orientales et musulmanes, le problème des rapports entre rites vassaliques et rites royaux dont nous parlons plus loin. H. Grassotti rappelle les nombreux

Le texte de Galbert de Bruges auquel on me permettra de revenir comme à un fil conducteur me paraît offrir une anomalie en ce qu'il place dans la première phase de l'entrée en vassalité, l'*hominium*, un rite qui est habituellement présenté comme appartenant à la deuxième phase, la *foi* ou *fidélité*, à savoir le baiser, l'*osculum* qu'échangent seigneur et vassal : *« Puis, ses mains étant jointes dans celles du comte, qui les étreignit, ils s'allièrent par un baiser. »*
Plus généralement l'*osculum*, l'*osculatio* sont mis en rapport avec la *fides*. Par exemple, pour reprendre la charte de 1123 de Saint-Nicolas d'Angers *« et ils lui donnèrent un baiser pour marquer cette donation par la foi*[17] *».*
Des textes, à vrai dire en général tardifs, le plus souvent du XIIIe siècle, comme le *Livre de jostice et de plet* soulignent que le baiser est donné *« en nom de foy*[18] *».*
Un détail qui pourrait paraître oiseux a, dans la perspective de notre recherche, c'est-à-dire d'un point de vue ethnographique, une assez grande importance. C'est la nature de ce baiser, la façon dont il est donné. D'après les documents réunis par Chénon, il ne paraît pas y avoir de doute. L'*osculum* vassalique est un baiser sur la bouche, *ore ad os*, comme le dit à propos d'un type de contrat analogue le cartulaire de Montmorillon. Détail piquant selon nos mœurs, les femmes semblent avoir été exemptées du rite de l'*osculum* vassalique et une interprétation tardive, du XIVe siècle, l'expliquera en invoquant la décence, *propter honestatem*[19], interprétation que je crois fausse comme j'essaierai de le démontrer plus loin.
Les historiens du droit médiéval ont avancé à propos de l'*osculum* une distinction qui, si elle est confirmée par une étude aussi exhaustive que possible des textes, n'est pas dépourvue d'intérêt – mais qui ne me semble pas toutefois essentielle. Selon eux, il faudrait distinguer la pratique des pays

exemples de baisemains dans le *Poema del Cid*, relevés par Menendez Pidal, par exemple : *« Por esto vos besa las manos, commo vassalo a senor »*, mais aussi *« Besamos vos las manos, commo a Rey y a senor »*. Dans l'Espagne musulmane (réciprocité encore du geste), on insiste surtout sur l'insigne faveur que consent le calife quand il donne sa main à baiser. Quand Jean de Gorze, ambassadeur d'Otton Ier, est reçu par 'Abd-al-Rahman III en 956, celui-ci donne sa main à baiser *« quasi numen quoddam nullis aut raris accessibile »*. De même lors de la réception d'Ordono IV par al-Hakam II à Medina-al-Zahra, dont Claudio Sanchez Albornoz a donné un très vivant récit d'après al-Maqquari, utilisant très probablement des sources médiévales.
17. Voir *supra*, p. 335, note 3.
18. *Livre de jostice et de plet*, XII, 22, § 1 (éd. Rapetti, Paris, 1850, p. 254) cité par É. Chénon, *loc. cit.*, p. 138.
19. Dans une charte de 1322 Hugues, évêque élu de Carpentras, reçoit l'hommage d'un enfant mineur et de sa tutrice. Il prend les mains de l'enfant et celles de sa tutrice qui prête l'hommage et la foi entre ses mains, mais il ne donne l'*osculum* qu'à l'enfant, *« remisso ejusdem dominae tutricis osculo propter honestatem »*. Cité par Du Cange, *Glossarium*, art. « Osculum » et É. Chénon, *loc. cit.*, pp. 145-146 et p. 146, n. 1.

coutumiers où c'était le seigneur qui donnait l'*osculum* de celle des pays de droit écrit où c'est, au contraire, le vassal qui donne le baiser au seigneur « lequel se borne à le lui rendre [20] ». Mais ici ce n'est pas à mes yeux l'initiative du geste qui est importante, mais la réciprocité qui semble avoir existé partout. L'*osculum*, est entre le seigneur et son vassal, un baiser rituel mutuel. L'un le donne, l'autre le rend.

Le second stade du rituel vassalique, celui de la fidélité, est, comme on sait, complété par un serment. On retrouve donc ici le recours à la parole mais la portée symbolique de cette parole est encore plus forte que pour l'hommage puisqu'il s'agit d'un serment et qu'il est habituellement prêté sur la Bible ou sur des reliques.

On présente souvent comme un des plus anciens documents sur l'*osculum* vassalique un texte des *Casus S. Galli* relatant la façon dont Notker, élu abbé de Saint-Gall en 971, devient vassal d'Otton Ier. Il lie bien ce rite à celui du serment, dans ce cas sur l'Évangile. *« Enfin tu seras mien, dit l'empereur, et après l'avoir reçu par les mains il l'embrasse. Et bientôt un évangéliaire ayant été apporté, l'abbé jura fidélité* [21]. »

Chez Galbert de Bruges, texte certes très précieux par sa précision et sa présentation analytique, mais qu'il ne faut pas prendre pour *le* modèle du rituel d'entrée en vassalité, de même que l'*osculum* est raccrochée à la phase initiale de l'hommage, la phase du rituel de la fidélité est décomposée en deux étapes : d'abord une promesse puis le serment, cette fois sur des reliques. *« En second lieu, celui qui avait fait hommage engagea sa foi en ces termes : "Je promets en ma foi d'être fidèle, à partir de cet instant, au comte Guillaume et de lui garder contre tous et entièrement mon hommage de bonne foi et sans tromperie." En troisième lieu, il jura cela sur les reliques des saints. »*

Dès 757, selon le passage célèbre des *Annales regni Francorum* que j'ai déjà cité, Tassilon, duc de Bavière, en avait usé de cette façon à l'égard de Pépin le Bref, après la *commendatio per manus « Il jura de multiples et innombrables serments en mettant les mains sur les reliques des saints. Et il promit fidélité au roi Pépin et à ses fils susdits, les seigneurs Charles et Carloman, ainsi que par droit un vassal doit le faire* [22] *… ».*

Parvenu à ce stade du rituel vassalique le vassal est devenu l'« homme de bouche et de mains » du seigneur. En 1110 par exemple Bernard Atton IV, vicomte de Carcassonne, prête en ces termes hommage et foi pour un cer-

---

20. É. Chénon, *loc. cit.*, p. 149.
21. *Casus S. Galli*, c. 16, éd. von Arx, *MGH*, *SS*, t. II, p. 141, cité et traduit par R. Boutruche, *op. cit.*, p. 367.
22. Voir *supra*, p. 338, note 11.

tain nombre de fiefs à Léon, abbé de Notre-Dame-de-la-Grasse : « *Au nom de tous et de chacun je fais hommage et foi des mains et de la bouche à toi mon seigneur Léon abbé et à tes successeurs*[23]. »

Plus précisément encore dans la *carta donationis* de 1109 de doña Urraca, Alphonse le Batailleur s'adressant à sa femme emploie l'expression fréquemment utilisée : *homme de bouche et de mains* («*Et que tous les vassaux* (homines) *qui tiennent aujourd'hui ce fief* (honor) *de toi, ou le tiendront à l'avenir, que tous vous jurent fidélité et deviennent vos vassaux* (hommes) *de bouche et de mains*[24]. »)

Expression à tous égards importante car elle manifeste la place essentielle du symbolisme corporel dans le système culturel et mental du Moyen Âge. Le corps est non seulement le révélateur de l'âme mais il est le lieu symbolique où s'accomplit – sous toutes ses formes – la condition humaine. Jusque dans l'au-delà c'est sous forme corporelle, au moins jusqu'au Jugement dernier, que l'âme accomplit son destin pour le meilleur ou pour le pire, ou pour la purgation.

Enfin le rituel d'entrée en vassalité se termine par l'investiture du fief qui s'opère au moyen de la remise d'un objet symbolique par le seigneur à son vassal.

« *Ensuite* – dit Galbert de Bruges – *avec la verge qu'il tenait à la main, le comte leur donna les investitures...* »

Nous rencontrons ici un aspect à mes yeux relativement mineur de la symbolique du rituel vassalique, l'entrée en jeu non plus de paroles ou de gestes, mais d'objets symboliques. Cet aspect a toutefois son intérêt et nous pouvons d'autant mieux l'aborder qu'il a été traité par Du Cange dans l'admirable article « Investitura » de son Glossaire[25].

Article admirable au moins à trois titres. D'abord parce qu'il a réuni un ensemble de textes qui constitue un véritable *corpus* des objets et des gestes symboliques utilisés au cours de l'investiture : 100 variétés[26] !

---

23. Teulet, *Layettes du Trésor des chartes*, t. I, n° 39, cité par É. Chénon, *loc. cit.*, p. 141, n. 1.
24. Ramos y Loscertales, « La sucesion del Rey Alfonso VI », in *Anuario de Historia del Derecho español*, XIII, pp. 67-69, cité par H. Grassotti, *op. cit.*, p. 169.
25. Du Cange, *Glossarium*, art. « Investitura », t. III, col. 1520-1538. Je dis tout le bien que je pense de ce remarquable article replacé dans l'érudition du temps qui l'a vu naître. Bien entendu, on peut en même temps le critiquer. Surtout comme je l'ai souligné, *supra*, p. 335, note 3, *investitura* est pris dans un sens trop large. Mais même quand il s'agit d'objets symboliques utilisés dans des « investitures » ecclésiastiques ou même de simples donations, j'ai utilisé les références de Du Cange car pour cette partie du cérémonial féodo-vassalique, le rituel et son symbolisme me paraissent identiques.
26. On trouvera cette liste en appendice, *infra*, pp. 393-396.
Bien entendu, malgré l'étendue de l'érudition de Du Cange, il faudrait compléter la liste qu'on peut en tirer par des dépouillements aussi larges que possible et en tirer une statistique évidemment sujette à caution et très approximative. Par exemple Benjamin Guérard, dans

Vers une anthropologie historique

Ensuite parce qu'il commence par un véritable essai sur la symbolique de l'investiture médiévale.

Enfin parce qu'il propose une tentative de typologie des objets symboliques utilisés dans l'investiture au Moyen Âge. Du Cange souligne que les investitures ne se faisaient pas seulement oralement ou à l'aide d'un simple document ou d'une charte *sed per symbola quaedam*. Ces objets symboliques devaient répondre à deux intentions : marquer le passage de la possession d'une chose *(dominium rei)* d'une personne à une autre, obéir à un usage consacré de façon à être perçus par tous comme un acte ayant valeur juridique.

Du Cange range alors les divers objets symboliques qu'il a relevés dans des documents d'investiture selon deux typologies successives.

Dans la première il distingue les objets ayant un rapport avec la chose transmise, par exemple le rameau, la motte de terre ou d'herbe qui signifient l'investiture d'une terre. Puis ceux qui manifestent la transmission d'un pouvoir, *potestas*, essentiellement sous forme d'un bâton, *festuca*. Ensuite les objets qui symbolisent outre la transmission d'un pouvoir le droit d'usage violent *(ius evertendi, disjiciendi, succidendi metendi* [droit d'arracher, de rejeter, de couper, de partager]) : il s'agit surtout de couteaux ou de glaives. Restent deux catégories d'objets symboliques d'investiture liés aux coutumes, aux traditions, à l'histoire. Ceux liés à des traditions anciennes, comme l'anneau, l'étendard. Ceux qui devinrent symboliques au cours du Moyen Âge, en dehors de toute tradition ancienne, ceux en particulier issus de l'armement : casque, arc, flèche ou des objets d'usage courant : cor, coupe, etc.

Dans une seconde typologie Du Cange privilégie avant de citer tous les autres objets symboliques par ordre alphabétique trois sortes d'objets qui, selon lui, reviennent le plus fréquemment dans les investitures : 1. Ce qui a trait à la terre et plus particulièrement *cespes* ou *guazo* (motte *ou* gazon); 2. Les divers bâtons de commandement : surtout *baculum, fustes* (bâton, brindille); 3. Les objets liés au *ius evertendi* (droit d'arracher) et notamment *cultellus* (couteau).

---

son introduction au *Cartulaire de l'abbaye de Saint-Père de Chartres*, Paris, 1840, t. I, a rapidement étudié (pp. CCXXIV-CCXXVI) les «symboles d'investiture». On y retrouve le couteau, le bâton, la cuiller à encens, la *virga* ou *virgula* (ou le *ramusculus*). On précise en général le bois de la *virga* ou du *ramusculus* (par exemple *virgula de husso :* petite branche de houx; *savinae ramusculo*, petit rameau de sabine). Von Amira, dans l'article cité dans la bibliographie, p. 398, accorde une grande importance, d'un point de vue ethnohistorique, au bois du bâton symbolique. On y retrouve également le geste du *bris* sur lequel on reviendra à la note 28 (par exemple *quam virgam... in testimonium fregit*). Aux symboles d'investiture proprement dite se mêlent des symboles de *don* et de *témoignage*.

Je m'expliquerai plus loin sur l'intérêt d'une liste, également donnée en appendice (pp. 396-397), de symboles juridiques des époques mérovingienne et carolingienne relevés par M. Thévenin dans son édition de *Textes* citée dans la bibliographie, p. 398.

Je n'ai pas l'intention de me livrer ici à une étude approfondie des 98 objets symboliques recensés par Du Cange ni d'entreprendre une critique détaillée de cette étude, je le répète, remarquable.
Je me contenterai de trois remarques :
La première c'est qu'une autre typologie me paraît préférable, tenant compte :
a. de références de nature ethnohistorique ;
b. de la fréquence des occurrences documentaires.
Après une première approche – mais cette classification est sujette à révision – je distinguerais :
1. Les symboles socio-économiques – où apparaît en effet la prééminence de ce qui touche à la terre, et, semble-t-il, de préférence à la terre naturelle, inculte.
Par exemple : *per herbam et terram, per festucam, per lignum, per ramum, per virgam vel virgulam,* etc. (par l'herbe et la terre, par le fétu, par le bois, par le rameau, par la verge ou la vergette), avec de rares emprunts à la pisciculture *(per pisces* – par les poissons*)* ou à l'économie monétaire *(per denarios* – par les deniers*).*
2. Les symboles socioculturels (je prends ici culture au sens anthropologique par opposition à nature) avec deux grands sous-groupes :
a. les gestes corporels
per digitum, per dextrum pollicem, manu, per capillos, per floccilum capillorum (par le doigt, par le pouce droit, par la main, par les cheveux, par la mèche de cheveux)
b. les vêtements
per capellum, per corrigiam, per gantum, per linteum, per manicam, per mappulam, per pannum sericum, per pileum, per zonam (par le chapeau, par la ceinture de cuir, par le gant, par la chemise, par le mantelet, par le mouchoir, par le drap de soie, par le bonnet phrygien, par la ceinture) (avec donc insistance sur la ceinture et le gant).
3. Les symboles socioprofessionnels où dominent les symboles des catégories sociales des deux premières fonctions : clergie *(per calicem, per claves ecclesiae, per clocas ecclesiae, per ferulam pastoralem,* etc. – par le calice, par les clés de l'église, par les cloches de l'église, par la férule pastorale*)* et chevalerie *(per gladium, per hastam* – par le glaive, par la lance*)* mais où se distinguent, dans le cas de clergie, les objets touchant au livre et à l'écrit, très fréquents *(per bibliothecam, per chartum, per librum, per notulus, cum penna et calamario, per pergamenum, per psalterium, per regulam, per textum evangelii* – par la bibliothèque, par la charte, par le livre, par les chartes, avec la plume et l'encrier, par le parchemin, par le psautier, par la règle, par le texte de l'évangile*).* Notons encore les objets symboliques du paysan – outil et arme à la fois souvent : *(per cultellum, per cultrum velcultellum, per forfices, per*

furcam ligneam, cum veru – par le couteau, par le coutre ou le couteau, par les ciseaux, par la fourche de bois avec le pieu aiguisé*).*
La seconde c'est que les bases de la classification doivent être révisées car elles ne correspondent ni à l'outillage culturel et mental du Moyen Âge ni à nos catégories scientifiques modernes. Elles reposent sur des notions de droit romain : *dominium, ius evertendi, potestas,* etc., qui ne nous paraissent pas pertinentes ici, du moins pour l'essentiel [27].
Enfin le symbolisme des objets doit être lui-même revu d'abord dans son explication à un premier niveau (symbolisme beaucoup plus complexe de la *festuca* ou du *cultellus*) et il ne faut pas isoler ces objets et leurs significations de l'ensemble du rituel.
Pour saisir cet ensemble il faut ajouter aux rites d'entrée en vassalité que nous venons de décrire et d'analyser les rites de *sortie de vassalité.*
C'est ici qu'il faut citer la seule étude, à ma connaissance, qui, utilisant l'article de Ernst von Moeller de 1900 : « Die Rechtssitte des Stabsbrechens » et le « grand travail » de Karl von Amira de 1909 : « Der Stab in der germanischen Rechtssymbolik »[28], ait cherché à pousser l'investigation du rituel de la prestation d'hommage dans le sens de la symbolique comparée et d'une certaine façon de l'ethnographie juridique. C'est le remarquable article de jeunesse de Marc Bloch, où s'annonce le futur auteur des *Rois thaumaturges* : « Les formes de la rupture de l'hommage dans l'ancien droit féodal », paru en 1912 [29].

---

27. Cette remarque n'enlève bien entendu aucune valeur au problème de l'influence des modèles juridiques romains sur le droit médiéval (j'en parlerai plus loin à propos de la *festuca* en utilisant notamment le livre déjà cité de E. Volterra, *supra,* p. 339, note 13). Plus encore elle ne peut s'appliquer en aucune façon au remarquable ouvrage de P. Ourliac et J. de Malafosse, *Droit romain et Ancien Droit,* t. I : *Les Obligations,* Paris, 1957, un des rares à avoir traité des origines haut-médiévales de la *festucatio* avec science et intelligence.
28. On peut, dans la bibliographie française très succincte du sujet, citer A. Laforet, « Le bâton (le bâton, signe d'autorité, la crosse épiscopale et abbatiale. Le bâton cantoral, le sceptre et la main de justice) », in *Mémoires de l'Académie des Sciences, Belles-Lettres et Arts de Marseille,* 1872-1874, vol. XXI, pp. 207 *sqq.* et 1874-1876, vol. XXII, pp. 193 *sqq.* Pour Ernst von Moeller, le plus important dans une série de cérémonials qui concernent davantage d'ailleurs des officiers, des juges, des hors-la-loi que des vassaux, était le *bris* du bâton. Il en donne une interprétation simpliste : le bris est le symbole de la rupture d'un lien. C'est au contraire, dans la ligne de l'étymologie du terme grec, la réunion des deux morceaux *que l'on a dû briser* qui crée le lien entre deux personnes. Von Amira a fait de l'interprétation de von Moeller une critique pertinente reprise par Marc Bloch. Il reste – on le répétera car c'est un point de méthode essentiel dans la perspective ethnohistorique – qu'il faut étendre le champ du comparatisme sans précisément le dilater au point de tomber dans la confusion. Marc Bloch a dit excellemment : « La rupture du bâton... n'a avec la rupture du fétu, considérée comme rite du reniement d'hommage, qu'une ressemblance extérieure et fortuite » *(loc. cit.,* p. 209).
29. Voir Bibliographie sommaire, *infra,* p. 398. Je regrette de n'avoir pu consulter, dans la perspective comparatiste que je préciserai plus loin, l'ouvrage de M. Gluckman, *Rituals of Rebellion in South East Africa,* Manchester, 1954.

L'intérêt de cette étude me paraît triple. Elle rappelle d'abord qu'il faut étudier le rituel de la vassalité sur ce que j'appelle ses deux versants, celui de l'entrée et celui de la sortie : rupture d'hommage à quoi il faut ajouter déguerpissement. La symbolique d'un rituel destiné à créer un lien social n'est complètement saisie que si on la considère à la fois dans la constitution et la destruction du lien même si celle-ci n'intervient que rarement.

Elle indique ensuite que les formes cérémonielles des institutions vassaliques ne s'éclairent que par comparaison avec des rites analogues ou voisins.

Enfin dans un appendice Marc Bloch, commentant un texte de la loi salique cité par Ernst von Moeller, engage l'étude des rites de vassalité vers une hypothèse concernant les «origines de la féodalité» – problématique qu'il a lui-même partiellement rejetée plus tard (on se rappelle la critique de la recherche des origines dans son *Apologie pour l'Histoire*) mais qui peut-être peut nous servir de guide aujourd'hui dans une interprétation du système symbolique de la vassalité – à rechercher du côté du symbolisme de la parenté.

Marc Bloch accumule les exemples d'*exfestucatio* en général empruntés à des chroniques ou à des chansons de geste des XIIe et XIIIe siècles, y compris des cas où c'est un autre objet symbolique qu'une *festuca* qui est jeté. Il s'étend notamment sur un passage de la geste de *Raoul de Cambrai*, de la fin du XIIe siècle, où Bernier, écuyer de Raoul, rompt son hommage à l'égard de celui-ci parce qu'il cherche à dépouiller la famille de Bernier de son légitime héritage : Bernier «prend, à travers les mailles de son hauvert, trois poils de son vêtement d'hermine, il les a jetés et lancés vers Raoul ; puis il lui a dit : "Homme ! Je vous retire ma foi. Ne dites pas que je vous ai trahi."» (v. 2314-2318 éd. P. Meyer et A. Longnon). Il cite également un texte particulièrement intéressant, un *exemplum* dans lequel le cistercien Césaire d'Heisterbach, dans son *Dialogus miraculorum* (vers 1220), raconte comment un jeune chevalier rompt son hommage à Dieu et le prête au diable : «*Il nia son créateur par la bouche, rompit son hommage en jetant le fétu par la main et fit hommage au diable.*» On retrouve l'idée d'homme de bouche et de mains et Marc Bloch souligne, à propos de *manu*, «que c'est dans un geste de la main qu'il faut chercher l'acte essentiel». Je ne suivrai toutefois pas Marc Bloch quand il assimile l'*exfestucatio* au déguerpissement. Je crois plutôt que Chénon a raison en réservant ce terme à une *dévestiture* ou à un *déguerpissement* par accord entre les deux parties, le seigneur et le vassal, l'accord de divorce si j'ose dire étant scellé par un *osculum*[30].

---

30. É. Chénon, *loc. cit.*, pp. 130-132. Il note aussi, ce qui mériterait peut-être d'être étudié de plus près, que l'*osculum* peut dans le rituel remplacer l'objet symbolique (*ibid.*, pp. 132-134).

C'est encore Galbert de Bruges qui donne de précieuses indications sur le rituel de l'*exfestucatio*. Après l'assassinat du comte de Flandre Charles le Bon, un différend s'élève entre le nouveau comte Guillaume Cliton et certains de ses sujets et vassaux. Ceux-ci, comme on l'a vu, ont prêté à Guillaume l'hommage des vassaux à Bruges. Mais certains, au premier rang desquels Iwan d'Alost, estiment que le nouveau comte a manqué à ses engagements et les bourgeois de Gand les appuient contre le comte. Le comte aurait voulu rompre l'hommage qu'Iwan lui avait prêté s'il avait osé affronter la révolte des bourgeois *(igitur comes prosiliens exfestucasset Iwanum si ausus esset prae tumultu civium illorum)*, mais il se contente d'une parole symbolique et dit qu'il veut, en rejetant l'hommage qu'il lui a fait, s'abaisser jusqu'à devenir l'égal de son ancien vassal pour lui faire la guerre *(volo ergo rejecto hominio quod michi fecisti, parem me tibi facere, et sine dilatione bello comprobare in te...)*.

À cette volonté de rupture du comte répond une rupture effective que, l'année précédente, en 1127, avaient consommée des vassaux du châtelain de Bruges qui avait accueilli les assassins de Charles le Bon et ici l'*exfestucatio* n'a pas été seulement déclarée, elle a été concrètement exécutée par un geste symbolique : «*Ayant pris les fétus, ils les jetèrent pour rompre l'hommage, la foi et la sécurité des assiégés.*»

Il reste que ce n'est pas seulement, comme semblait le croire Marc Bloch, à cause du silence des textes, que nous possédons encore moins de détails sur la rupture d'hommage que sur l'entrée en vassalité. Pour des raisons en partie évidentes les rites de rupture étaient plus brefs – le désaccord se prêtant moins que l'accord à une cérémonie complexe. Mais il faut surtout noter, me semble-t-il, que les deux versants du cérémonial vassalique sont dissymétriques. À chaque moment symbolique de l'un ne correspond pas un même moment symbolique de l'autre. Il faudrait peut-être étudier de plus près cette dissymétrie.

Nous nous contenterons dans cette esquisse d'expliciter maintenant le système constitué par les différentes phases et les différents gestes que nous venons de décrire.

II. SYSTÈME

Il faut insister sur le fait que l'ensemble des rites et des gestes symboliques de la vassalité constitue non seulement un cérémonial, un rituel, mais un système, c'est-à-dire qu'il ne fonctionne que si aucun élément essentiel n'y manque et qu'il ne prend sa signification et son efficacité que grâce à chacun de ces éléments dont le sens ne s'éclaire que par référence à l'ensemble. Hommage, foi et investiture s'articulent de façon nécessaire et constituent un rituel symbolique dont l'intangibilité est moins liée à la force, et, dans ce cas, au caractère quasi sacré de la tradition qu'à la cohérence interne du système. Il semble bien d'ailleurs que les contemporains l'ont perçu comme tel.

La succession des actes et des gestes: hommage, foi, investiture, n'est pas seulement un déroulement temporel, c'est un déroulement logique et nécessaire. On peut même se demander si une des raisons du caractère sommaire des descriptions des rites de vassalité ne vient pas du désir plus ou moins conscient d'indiquer sans digression que l'essentiel s'est bien déroulé dans toutes ses phases nécessaires. Très souvent l'ensemble des trois actions rituelles est exprimé dans une seule phrase en ce qui concerne en tout cas l'hommage et la foi. Pour reprendre des exemples déjà cités:

a. Quand Guillaume Longue Épée devient vassal de Charles le Simple en 927, «*il se confie entre les mains du roi pour être son homme de guerre et il engage sa foi et confirme par serment*[31]».

b. Quand Henri II, selon Thietmar de Merseburg, arrive sur les confins orientaux de l'Allemagne en 1002, «*tous ceux qui avaient servi le précédent empereur croisent leurs mains avec celles du roi et confirment par serments de l'aider fidèlement*[32]».

La façon dont les gestes symboliques sont liés dans le temps et dans la nécessité du système est souvent soulignée par des conjonctions de coordination *(et, ac, que)*.

Quand le récit est décomposé en plusieurs épisodes et plusieurs phases on insiste souvent sur la brièveté du temps qui sépare les épisodes successifs.

a. Dans le récit d'Ermold le Noir concernant l'entrée du roi danois Harold dans la vassalité de Louis le Pieux et son investiture en 826:
Bientôt, les mains jointes, il se livra volontairement au roi...
Et César lui-même accueillit ses mains dans ses mains honorables...
Bientôt César, suivant le vieil usage des Francs, lui donne un cheval et des armes...
Cependant César fait présent à Harold qui est *désormais* son fidèle[33].

b. Dans la relation de l'entrée de Notker, abbé élu de Saint-Gall, dans la vassalité d'Otton Ier en 971:

---

31. Voir *supra*, p. 338, note 12.
32. Voir *supra*, p. 338, note 12.
33. Voir *supra*, p. 338, note 9.

Enfin tu seras mien, dit l'empereur, et après l'avoir reçu par les mains, il l'embrasse. Et bientôt, un évangiliaire ayant été apporté, l'abbé jura fidélité[34].

Dans le récit sans doute le plus détaillé que nous ayons de ce système, celui de Galbert de Bruges concernant les entrées en vassalité et investitures de divers seigneurs flamands lors de l'arrivée du nouveau comte de Flandre Guillaume en 1127, le narrateur éprouve le besoin, étant donné la relative longueur du récit, de souligner fortement la succession des phases : « En premier lieu, *ils firent les hommages de la façon suivante...* En second lieu, *celui qui avait fait hommage engagea sa foi en ces termes...* En troisième lieu, *il jura cela sur les reliques saintes*. Ensuite, *avec la verge qu'il tenait à la main, le comte leur donna les investitures à eux tous...* » Et, pour compléter l'impression de tout indissolublement lié et dans lequel chaque geste successif entraîne inéluctablement le geste suivant de façon que le système se referme sur lui-même, Galbert conclut en rappelant les épisodes du début dans la phrase de conclusion : « *... à eux tous, qui, par ce pacte, lui avaient promis sûreté, fait hommage et en même temps prêté serment*[35] ».
Mais l'existence de ce système de gestes symboliques ne peut sinon être démontrée, du moins apparaître vraisemblable que si une interprétation plausible en est proposée. Je tenterai de la faire à deux niveaux.
Le premier niveau d'interprétation se situe à la hauteur de chacune des phases du rituel symbolique et définit une relation entre les deux actants : le seigneur et le vassal.
Anticipant sur les comparaisons que je présenterai plus loin entre la vassalité médiévale occidentale et d'autres systèmes sociaux j'éclairerai cette interprétation en recourant aux analyses de Jacques Maquet dans son étude *Pouvoir et Société en Afrique* parce qu'elles me semblent de nature à mettre en valeur la signification des rapports sociaux que j'étudie ici[36]. Dans la première phase, l'*hommage*, sans même recourir à des traits significatifs que l'analyse de type ethnographique décélera plus loin, il me semble que l'important est l'expression de la subordination plus ou moins marquée du vassal par rapport à son seigneur. Certes, comme on l'a vu l'initiative de l'action peut venir du seigneur et l'*immixtio manuum* – j'y reviendrai – est un geste de rencontre, de contrat mutuel. J'écarte de cette démonstration le cas trop évident de la variété espagnole du baisemain où l'infériorité du vassal est encore davantage soulignée. L'inégalité des conditions et des attitudes appa-

---

34. Voir *supra*, p. 341, note 21.
35. Voir *supra*, p. 337, note 8.
36. J. Maquet, *Pouvoir et Société en Afrique*, Paris, 1970, chap. VIII : « Dépendre de son seigneur », pp. 191-215.

raît dans tous les cas aussi bien dans les gestes que dans les paroles. Dans l'*immixtio manuum* il est clair que les mains qui enveloppent appartiennent à une personne supérieure à celle dont les mains sont enveloppées. Le vassal du comte de Flandre, selon Galbert de Bruges, quand il a joint ses mains, est l'objet accepté mais passif (la forme verbale grammaticale le marque) de l'embrassement, de l'enveloppement par les mains du comte: *«et, les mains jointes, il fut étreint par les mains du comte»*. Certes dans le geste du seigneur il y a promesse d'aide, de protection mais il y a précisément, à travers cette promesse, ostentation d'un pouvoir – dans tous les sens du mot – supérieur. C'est une relation de dépendance. Sur des exemples africains Jacques Maquet la définit ainsi: «La dépendance, cette exigence de l'aide d'autrui pour exister pleinement, est dominante dans certaines relations, reconnues ou même institutionnalisées, dans plusieurs sociétés. À cause de cette prépondérance, appelons-les relations de dépendance. Elles sont asymétriques: l'un aide et soutient, l'autre reçoit cette aide, ce soutien, et par ailleurs rend divers services à son protecteur. La relation ne peut s'inverser: protection et services ne sont pas de même genre[37].» Et encore: «Pour remplir son rôle, le protecteur doit en avoir les moyens. Ce qui suppose qu'avant même que ne commence la relation, il soit plus que son futur dépendant[38].» Dans le geste, si l'on regarde du côté du vassal, il y a sinon humiliation du moins signe de déférence et d'infériorité, par le simple geste «manus alicui dare», «in manus alicuius dare» ou par la signification qui en est donnée: «sese... committit» (Guillaume Longue Épée face à Charles le Simple), «se commendans» (Tassilon vis-à-vis de Pépin), «se tradidit» (Harold envers Louis le Pieux). Si l'on regarde du côté du seigneur c'est l'acceptation du supérieur «aliquem per manus accipere». Quand l'expression insiste sur la jonction des mains quelque chose dans la phrase exprime la supériorité du seigneur. Les vassaux orientaux d'Henri II «regi manus complicant» mais ce sont déjà sinon des vassaux du moins des subordonnés militaires du précédent empereur *«qui avaient servi le précédent empereur»*.

Dans les mots la même inégalité se manifeste. Si, comme dans le texte de Galbert de Bruges, c'est le seigneur qui suscite le vassal, il le fait en des termes prouvant sa position supérieure, c'est presque une exigence: *«le comte demanda* (requisivit) *[au futur vassal] s'il voulait devenir son homme sans réserve* (integre)*»* et *integre* requiert presque une «reddition sans condition». Quand le vassal répond *«je le veux»* (volo), le mot est l'expression de l'engagement d'un inférieur non de la volonté d'un égal[39].

---

37. J. Maquet, *op. cit.*, p. 192.
38. *Ibid.*, p. 193.
39. Voir *supra*, p. 337, note 8.

Enfin les termes qui définissent à proprement parler l'*hommage* ne laissent pas de doute sur le fait que, à ce stade, il s'agit d'abord de la reconnaissance par le vassal de la condition de subordonné venant rituellement confirmer sa position initiale d'inférieur «... *s'il voulait devenir* (fieri) *son homme*», dit Galbert et la charte anglaise citée plus haut plus précisément encore «*devenir* (fore) *son homme féodal*». Face à un supérieur l'hommage fait d'un inférieur un subordonné. «Fieri», «fore» expriment bien cette transformation, cette naissance d'un vassal. Quant à *homo* n'oublions pas que, dans une société où longtemps l'*homme* est peu de chose face au *dominus*, le seigneur terrestre n'étant que l'image et le représentant du Seigneur céleste, le terme marque la subordination, avec, aux deux bouts de l'échelle sociale des *homines*, les sens spécialisés de vassal d'un côté, de serf de l'autre.

Ainsi le premier acte du rituel, la première structure du système crée une relation d'inégalité entre le seigneur et le vassal.

Le second acte, la *foi*, modifie sensiblement les choses. Je rappelle – car le détail me paraît essentiel – que le geste symbolique qui le marque, l'*osculum*, est un baiser sur la bouche. J'avoue, je le rappelle, ne pas être persuadé de l'importance – quant à la signification essentielle du geste – de l'hypothèse, à supposer qu'elle soit exacte, de certains historiens du droit selon qui en pays coutumier c'était le seigneur qui donnait l'*osculum* tandis qu'en pays de droit écrit cette initiative appartenait au vassal[40]. Le fait, je le répète, serait intéressant pour l'histoire de la culture juridique et plus largement des traditions culturelles. Mais, je le répète aussi, l'essentiel est que les textes insistent surtout ici sur la conjonction des attitudes et l'égalité dans le geste physique. Galbert de Bruges, si précis, si attentif, en bon notaire, à l'exactitude du vocabulaire, après avoir insisté sur la dissymétrie de l'*entrecroisement des mains*, dit: «*ils se fédérèrent par un baiser*». Et Guillaume Durand dans le *Speculum juris*, si, quoique écrivant dans un pays de droit écrit, il donne l'initiative du baiser au seigneur, souligne que le sens et le but du geste symbolique, c'est l'affirmation d'une foi mutuelle: «*et le seigneur, en signe de fidélité mutuelle, le [le vassal] baise*[41]».

Mais ne nous contentons pas du témoignage des textes. Si la jonction des mains se situe dans une symbolique gestuelle très riche mais assez claire, le baiser – j'y reviendrai – relève d'une symbolique non moins riche mais beaucoup moins claire – la variété des pratiques et des significations étant grande et complexe.

Je commencerai ici à m'adresser aux ethnologues. Malgré la variété des théories ethnologiques, le baiser *sur la bouche* semble bien relever de

---

40. É. Chénon, *loc. cit.*, p. 149.
41. Voir *supra*, p. 335, note 5.

croyances qui recommandent l'échange soit des *souffles*[42], soit de la *salive*[43]. Il évoque l'échange du sang que l'on rencontre dans d'autres types de contrats ou d'alliances très solennels. Certes je ne pense pas que les seigneurs et les vassaux de l'Occident médiéval avaient conscience de se livrer à un échange de cet ordre et malgré tout le «paganisme» que charriait leur christianisme, je ne vois pas comment les croyances sous-jacentes à ces pratiques auraient pu être consciemment manifestées par eux. Mais du rite initial je pense que seigneurs et vassaux avaient conservé une signification symbolique essentielle. L'échange des souffles ou de la salive, comme celui du sang – outre d'autres conséquences sur lesquelles je reviendrai – se fait entre égaux, ou mieux rend *égaux*. L'*osculum*, de même qu'il joint dans une position cette fois symétrique les bouches du seigneur et du vassal, les met sur le même plan, en fait des égaux[44].

Enfin, l'investiture relève à l'évidence de la pratique du don/contre-don. Après la phase inégalité-égalité le système se conclut par un lien proprement mutuel, un contrat de réciprocité. Il suffit de reprendre la fin du rituel rapporté par Galbert de Bruges en 1127 : «*Ensuite, avec la verge qu'il tenait à la main, le comte leur donna les investitures à eux tous qui, par ce pacte, lui avaient promis sûreté, fait hommage et en même temps prêté serment*[45].» Tout y est : la définition de la cérémonie qui est la conclusion d'un *pacte*, d'un contrat et le contre-don de l'investiture qui répond au don de l'hommage et de la foi (serment).

Au début chronologique du processus Tassilon en 787 avait reçu confirmation du duché de Bavière en échange de son serment de fidélité («Et Tassilon ayant renouvelé ses serments, on lui permit de conserver le duché»)[46] et – d'une façon plus proche encore de la vassalité – Harold en 826 avait reçu de Louis le Pieux des vignobles et des régions fertiles en réponse à l'hommage et au serment qui avaient fait de lui un fidèle de l'empereur :

Cependant César fait présent à Harold qui est désormais son fidèle... de vignobles et de régions fertiles[47].

---

42. Voir Cl. Gaignebet, *Le Carnaval*, Paris, 1974, chap. VII : «La circulation des souffles», pp. 117-130.
43. Information recueillie au séminaire de R. Guideri et Cl. Karnoouh que je remercie d'avoir bien voulu discuter cette recherche.
44. Il y a malheureusement peu à tirer du livre de N. J. Perella, *The Kiss Sacred and Profane. An Interpretative History of Kiss Symbolism and Related Religious Erotic Themes*, University of California Press, 1969, qui, malgré ses bonnes intentions, ne fait pas son profit de la littérature ethnographique et n'est, en définitive, qu'un livre de plus sur l'amour courtois.
45. Voir *supra*, p. 337, note 8.
46. Voir *supra*, p. 338, note 11.
47. Voir *supra*, p. 338, note 9.

Jacques Maquet a retrouvé dans une institution africaine cet aspect d'une vassalité fondée sur le don/contre-don, le fief dont est investi l'homme qui a fait hommage et promesse de services étant constitué par du bétail, ce qui rappelle les sources probables du fief médiéval selon l'étymologie. Il s'agit de l'*ubuhake* au Ruanda. «Par l'ubuhake – nom qui vient d'un verbe signifiant "rendre une visite d'hommage" – un homme promettait à un autre de lui fournir certaines prestations en nature et en services et le priait de lui accorder la disposition d'une ou de plusieurs têtes de bétail.» L'ubuhake créait un lien réciproque entre un seigneur *(shebuya)* et un vassal *(garagu)*[48].
Ainsi le système est complet.

Sans doute l'aspect de réciprocité s'est affirmé dès l'hommage et plus encore par l'*osculum* mais seule l'investiture du fief en faisant répondre le contre-don matériel du seigneur au don des promesses du vassal lors de l'hommage et de la foi met le sceau sur le caractère mutuel du contrat vassalique. Marc Bloch a insisté sur cette réciprocité qui corrige – sans la faire disparaître – l'inégalité entre le seigneur et le vassal. Comparant – pour en souligner les différences – les liens féodaux et les formes de libre dépendance propres à d'autres civilisations, il écrit : « Les rites mêmes expriment à souhait l'antithèse : au "salut frontal" des gens de service russes, au baisement de main des guerriers castillans, s'oppose notre hommage qui, par le geste des mains se fermant sur les mains et par le baiser des deux bouches, faisait du seigneur moins un simple maître appelé uniquement à recevoir que le participant d'un véritable contrat[49]. »

Il faut enfin bien remarquer que si l'hommage, la foi et l'investiture du fief constituent un système unique et complet, les significations des rites symboliques successifs ne se détruisent pas mais s'ajoutent. Le système vassalique est, non contradictoirement, un contrat entre deux personnes dont l'une, le vassal, tout en demeurant inférieure à l'autre (infériorité « symbolisée » par l'hommage), devient, par l'effet d'un contrat mutuel (dont le « symbole » est le fief), son égale par rapport à tous ceux qui restent en dehors de ce système de contrats. Pour reprendre des termes de Jacques Maquet, la vassalité « est une relation sociétale à l'origine d'un réseau, identifiée par un nom connu par tous les membres de la société globale[50] ».

Le second niveau d'interprétation du système des gestes symboliques de la vassalité doit se situer non plus au niveau de chacune des phases, des éléments du système, mais du système pris globalement.

---

48. J. Maquet, *op. cit.*, p. 197. L'auteur signale, *ibid.*, pp. 200-202, qu'on trouve dans la région des Grands Lacs africains des institutions similaires à l'*ubuhake*, par exemple en Ankole, au Burundi et dans les chefferies du Buha.
49. M. Bloch, *La Société féodale*, nouv. éd., Paris, 1968, p. 320.
50. J. Maquet, *op. cit.*, p. 196.

Les rites de vassalité tels qu'on les observe dans la société médiévale occidentale constituent en effet un *système symbolique global* et ce système est *original*, ce que j'essaierai de démontrer par la suite.
Mais le fait de constituer une globalité originale n'empêche pas ce système de s'être construit selon un modèle général de référence.
Il me semble que les systèmes sociaux peuvent s'exprimer symboliquement par référence soit à des modèles économiques, soit à des modèles politiques, soit à des modèles familiaux.
On peut songer à un modèle de type économique dans la mesure où le nécessaire complément de l'hommage et de la foi que constitue l'investiture du fief représente un contre-don dont la signification économique – quelque forme que revête le fief – est à la fois fondamentale et évidente. Mais aucun des deux modèles économiques principaux de réciprocité qu'offrent les sociétés préindustrielles ne semble pouvoir s'appliquer au système féodo-vassalique.
D'une part le système du potlatch ne peut être le référent du don/contre-don féodal car on ne peut parler de potlatch dans une société quand cette pratique n'est pas économiquement généralisée. Il n'y a pas de potlatch limité à un usage. Or, quelle que soit l'importance du système féodo-vassalique dans les structures et les pratiques économiques de la société de l'Occident médiéval, ce système ne recouvre pas tout le champ de l'économie médiévale. Entre ce qui relève de la propriété allodiale et ce qui ressortit aux échanges de type précapitaliste, le modèle économique proprement féodal ne s'applique qu'à une partie des usages économiques de la société médiévale. D'autre part le don/contre-don féodal, s'il met en jeu le prestige et les femmes dans le système d'échanges, s'insère dans des structures économiques et sociales différentes de celles où fonctionne le potlatch. D'une façon plus générale, voire simpliste, on peut dire que ce modèle de référence ne s'applique pas au système féodo-vassalique parce que l'économie et la société de l'Occident médiéval, si elles rappellent par certains aspects les économies et les sociétés dites «primitives», en sont par ailleurs très différentes.
D'autre part le système du contrat tel que l'a connu notamment le monde romain (et le droit qu'il a élaboré) ne peut non plus être le modèle du système féodo-vassalique car dans ce système il y a, comme dans un contrat d'*emptio/venditio*, cession de propriété alors que dans le contrat féodo-vassalique il n'y a pas abandon du *dominium* par le seigneur au profit du vassal. Est-il besoin de rappeler que si la société médiévale n'a pas autant ignoré la notion et la pratique de la propriété qu'on l'a dit il n'en demeure pas moins que le contrat féodo-vassalique et plus particulièrement l'investiture instaurent une hiérarchie de droits et d'obligations, non un passage de propriété éminente du seigneur au vassal?

On pourrait alors songer à un système de référence de type politique. De même que l'aspect don/contre-don ou contrat hautement affirmé dans la symbolique féodo-vassalique pouvait suggérer une référence économique, une partie des gestes symboliques de l'entrée en vassalité sinon l'ensemble, pourrait être située dans la sphère du *pouvoir*. L'*immixtio manuum* peut faire songer à la *manus* du droit romain, incarnation et en définitive synonyme de la *potestas* mais dans le rituel symbolique de la vassalité la *manus* n'est pas un concept abstrait, ce qui compte, ce qui signifie, et même symbolise, c'est ce que *fait* la main, et non ce qu'elle est. De même l'*osculum* pourrait faire penser à une transmission de force vitale et, partant, de puissance, à une passation magique de pouvoir(s). Mais, je le répète, même si c'est là le sens original du baiser dans les sociétés ou dans certaines sociétés, ce sens est étranger à l'*osculum* vassalique, ou du moins en a disparu à l'époque où la foi vassalique fait partie d'un système constitué. Même s'il avait une signification proche du *baiser de paix* de la liturgie chrétienne – ce que j'écarterai plus loin – il établirait entre seigneur et vassal une relation différente de celle d'une transmission de pouvoir. Mais ce bouche-à-bouche tout comme l'*immixtio manuum* me paraît devoir d'abord situer hiérarchiquement les deux actants l'un par rapport à l'autre dans le premier cas en relation d'inégalité, dans le second au contraire d'égalité. Enfin dans les objets symboliques de l'investiture on pourrait – comme certains l'ont fait d'ailleurs – privilégier les insignes du pouvoir qu'on y rencontre (anneau, crosse, épée, sceptre) et en particulier le bâton fréquemment rencontré et que l'on identifie avec un insigne de commandement. Mais en ce qui concerne les insignes du pouvoir historiens et juristes – j'y reviendrai – ont à tort confondu (comme d'ailleurs parfois les hommes du Moyen Âge – mais ceux-ci avaient leurs raisons de le faire) les investitures ecclésiastiques ou royales avec les investitures vassaliques alors qu'il s'agit à mes yeux de systèmes nettement différents. Quant au bâton je renvoie à la critique de la thèse de von Moeller par von Amira et Marc Bloch[51]. En définitive, rappelons encore ici des choses bien connues. Le contrat vassalique crée un système d'obligations mutuelles, il n'est pas le passage de la *potestas* sur le fief du seigneur au vassal.

Écartons enfin l'utilisation qu'on serait peut-être tenté de faire de la seigneurie banale pour reporter sur le système féodo-vassalique les formes de pouvoir qu'on y a justement décelées et dont on a pertinemment souligné l'importance. D'abord la seigneurie banale représente une évolution du régime domanial qui ne représente pas l'essence du système féodo-vassalique et s'il est judicieux d'insister sur les liens qui unissent fief et seigneurie, les deux réalités sont à maintenir par ailleurs soigneusement distinctes.

---

51. Voir *supra*, p. 345, note 28.

Il nous faut donc maintenant énoncer et tenter de justifier l'hypothèse centrale de cette leçon. Le système symbolique de la vassalité a pour référence essentielle un modèle familial, un système de parenté.
Le vocabulaire déjà semble inviter à regarder dans cette direction. La définition essentielle du vassal c'est «homme de bouche et de main». Pour la *main*, répétons que l'important est ce qu'elle *fait*. À chaque phase du rituel elle intervient. Dans l'*hommage*, elle unit dans une rencontre inégale le seigneur et le vassal. Dans la *foi*, elle confirme en accompagnant d'un geste sur la Bible ou des reliques le baiser de l'égalité. Dans l'*investiture*, elle donne d'un côté et reçoit de l'autre l'objet qui scelle le contrat. J'ai écarté la référence à la *manus* du droit romain parce que le mot est devenu dès l'époque romaine un terme abstrait synonyme de pouvoir mais je ne puis oublier qu'elle désignait en particulier le pouvoir du *paterfamilias*[52] et que dans le christianisme médiéval une main, si j'ose dire, s'impose avant toute autre : celle de Dieu le Père, omniprésente, à commencer par l'iconographie.
Quant à la *bouche*, c'est-à-dire au *baiser*, son rôle me paraît différent de l'antique baiser liturgique chrétien qui date probablement du temps de saint Paul et du baiser de paix, bien que dans ce dernier cas une contamination ait probablement eu lieu aux XIe et XIIe siècles où à propos de différents types de contrats, on parle souvent dans les chartes de l'*osculum pacis* et *fidei*. Mais si le baiser vassalique me semble pouvoir être rapproché d'un autre baiser rituel, c'est de celui des fiançailles auquel É. Chénon a également consacré une excellente étude[53]. Plus généralement le baiser marque l'entrée dans une communauté familiale non naturelle et particulièrement le mariage. La coutume est préchrétienne. En vain Tertullien l'avait-il condamnée comme païenne[54].
Mais ces rapprochements, s'ils ouvrent des pistes, ne sont pas des preuves. J'accorde plus d'importance à la place dans la phase d'investiture d'un objet symbolique particulier, celui précisément auquel Marc Bloch a fait un sort dans l'article cité plus haut. Il s'agit de la *festuca*, fétu, qui peut être brindille ou petit bâton.
Le mot et l'objet ont une longue histoire.
Nous la saisissons déjà (est-ce le début? probablement pas) dans le droit romain. Commentant le quatrième livre des *Institutions* de Gaius, Edoardo Volterra décrit ainsi le *sacramentum in rem*, le second des actes, après l'affirmation des droits, qui constituent le *legis actio* : «*L'actant, tenant en main une vergette* (festuca), *symbole de la lance militaire, affirmait la chose (ou la*

---

52. Voir l'ouvrage de E. Volterra cité *supra*, p. 339, note 13, notamment pp. 205-207.
53. É. Chénon, «Recherches historiques sur quelques rites nuptiaux», in *Nouvelle Revue historique de droit français et étranger*, 1912.
54. Voir art. «Baiser», in Cabrol, *Dictionnaire d'Archéologie chrétienne et de liturgie*, t. II/1, 1910. Le texte de Tertullien est dans le *De velamine virginum*, PL, t. I, col. 904-905.

partie de la chose) et prononçait les paroles solennelles... Contradictoirement, le déclarant posait la festuca *sur la chose revendiquée.* » Et il ajoute : « *Comme l'explique Gaius, étant donné que la* festuca *symbolisait la lance militaire, cet acte, représentant l'occupation guerrière* (occupatio bellica), *signifiait la légitime propriété sur la chose* (signo quodam iusti dominii)... *Si au contraire le convenant accomplissait la même déclaration et contradictoirement posait lui aussi sa* festuca *sur la même chose, il y avait alors deux déclarations égales de propriété et deux* occupationes bellicae *symboliques*[55]... »

Je ne reviendrai pas sur la conviction où je suis que cette symbolique est inadéquate pour éclairer le rituel féodo-vassalique et que, là où seigneur et vassal usent de la *festuca*, il n'est question ni de propriété, ni de droit acquis par l'occupation militaire. Les symboles restent, le symbolisme change.

Or la *festuca* apparaît dans les institutions du haut Moyen Âge sous un jour nouveau.

Le mieux est sans doute de laisser ici la parole à Paul Ourliac et J. de Malafosse : « Chez les Francs existe un acte étrange, l'affatomie (Loi salique, XLVI) ou *adoptio in hereditate* (Loi ripuaire, XLVIII). Il s'agit d'une transmission du patrimoine qui comporte des formes fort compliquées :

« *a*. Le disposant doit comparaître au tribunal du *mallus*, devant le *thunginus*, en même temps qu'un tiers étranger à la famille souvent appelé *salmann*.

« *b*. Il fait à celui-ci tradition symbolique des biens par le jet de la *festuca* symbolique (voir t. II, p. 318) en indiquant le nom du véritable donataire dont il veut faire son héritier *(illo quem heredem appellat similiter nominet)*.

« *c*. L'intermédiaire se rend alors dans la maison du donateur, s'y installe, y accueille au moins trois hôtes, les fait manger et reçoit leurs remerciements : cela afin, ajoute le texte, qu'il ait au moins trois témoins de cette prise de possession.

« *d*. Enfin, dans le délai de douze mois, l'intermédiaire doit revenir au *mallus* pour vider ses mains : il doit "jeter la *festuca* sur le sein des véritables héritiers" et leur faire ainsi tradition de tout ce qu'il a reçu "ni plus, ni moins".

« Le droit lombard connaît l'institution analogue du *thinx :* devant le peuple en armes (ce qui rappelle le testament romain devant les comices), le *thingans* transmet au donataire la lance symbole de puissance en recevant

---

55. E. Volterra, *op. cit.*, p. 206.
Notons que l'autre forme de serment du droit privé romain, le *Sacramentum in personam* avait pour but d'acquérir la *manus iniectio*. Mais il ne faut, à mon sens, chercher aucun parallélisme, aucune continuité de signification entre la *festuca* et la *manus* du droit romain et celles du rituel vassalique. Il est normal qu'une société distingue droit des personnes et droit des choses, *manus*, répétons-le avec E. Volterra, n'a plus dans le droit romain impérial qu'un sens abstrait et plus que le symbole c'est le symbolisme qui importe. Seule l'étude historique concrète permet de faire – difficilement souvent il est vrai – la part des continuités et celle des changements. Le cas de *festuca* requiert l'attention car le mot et l'objet ne sont pas « évidents ».

un contre-don *(launegild, guiderdone).* Ici l'idée d'adoption est très nette puisque le disposant ne doit pas avoir d'héritier mâle (éd. Roth., 157, 158, 170, 172; éd. Liutprand, 65)[56].»

Si le droit lombard en utilisant la lance pour symbole se rencontre avec l'interprétation symbolique de la *festuca* du droit romain, interprétée comme symbole de la lance militaire, il est clair que ce sont les textes de la loi ripuaire et surtout de la loi salique qui présentent pour nous le plus grand intérêt.

Tout ce qui sépare le rituel franc du rituel féodo-vassalique est évident: le rôle de l'intermédiaire, le délai dans l'accomplissement de l'acte, l'absence de réci-

---

56. P. Ourliac et J. de Malafosse, *Droit romain et Ancien Droit,* t. I: *Les Obligations, op. cit.,* pp. 372-373. Je remercie M. Alain Guerreau qui a attiré mon attention sur ces textes et en a tenté la difficile traduction.
Dans leur remarquable étude, P. Ourliac et J. de Malafosse font plusieurs remarques importantes qui convergent avec plusieurs idées émises dans cette leçon.
a. Sur le symbolisme médiéval (pp. 58-59):
«Le trait frappant de la loi salique était le symbolisme caractéristique de tout droit primitif. On fait tradition d'un bien en transmettant la *festuca* ou le *wadium* (gage) qui paraît être un objet de peu de valeur (voir Du Cange v° Wadia); et tout peut devenir symbole: une motte de gazon, un cep de vigne, un rameau, un couteau, des lacs de soie, des boucles de cheveux; on ajoute une mimique et des paroles appropriées; parfois aussi, l'objet est attaché à l'acte: un acte de 777 (*Neues Archiv,* XXXII, p. 169) garde encore fixé au parchemin le rameau qui servit à la tradition. Les clercs tendront à substituer aux objets profanes quelques accessoires du culte: un missel; mais aussi l'anneau ou la crosse.»
b. Sur la polysémie des symboles (voir *infra*): Aussi ne prenons-nous pas la *festuca* sortie d'un contexte mais dans un ensemble institutionnel et symbolique qu'il nous paraît pertinent de rapprocher du rituel féodo-vassalique (p. 59):
«De tels symboles convenaient bien aux contrats qui comportaient le transfert du bien, vente ou partage; mais la *festuca* a été employée pour bien d'autres contrats: mandat de représenter en justice (*Marculf,* I, 21, 27-29); promesse de comparution devant le tribunal, cautionnement. D'autres symboles apparaîtront: comme la jonction des mains, dans l'hommage, ou la remise de l'anneau dans le mariage. La confection (et la tradition) d'une charte n'apparaîtra bientôt que comme l'un de ces symboles. On conçoit que dans le Midi, le jeu des symboles germaniques ait été plus limité; on dut y pratiquer la dation d'arrhes (confirmatoires) qui manifestent la conclusion de l'accord. La pratique est courante pour le contrat de fiançailles. Cette floraison de symboles marque bien en tout cas la vie du droit et elle rythmera son progrès.»
c. Sur l'ensemble symbolique: gestes, objets, paroles (p. 59):
«Le symbolisme s'allie au formalisme: gestes et paroles sont réglementés par la coutume. Les actes mentionnent couramment que les témoins "voient et entendent"; souvent aussi, les contrats sont conclus devant le mallus, et à l'époque carolingienne, à l'occasion des plaids des missi.»
d. Enfin l'idée de «contre-prestation», de «contre-don symbolique» qu'on retrouve à propos du rôle de la *festuca* dans l'affatomie, pratique de réciprocité (p. 69):
«Une prestation suppose toujours une contre-prestation; une donation ne peut être valable sans un contre-don symbolique, qui lui donne l'allure d'un échange. On peut faire état à cet égard d'une institution lombarde, le launegild: le donataire remet au donateur un objet, un anneau par exemple, dont l'étymologie même atteste le caractère rémunératoire. Le symbole de la *festuca* ou du *wadium* s'expliquerait par la même idée: il figurerait la contrepartie de ce que le créancier a fourni.»

procité – pour nous en tenir au rituel, sans tenir compte du contexte tout différent : ni hommage, ni serment et une cession de possession au lieu d'une cession de droits –, tout cela n'existe pas dans le cérémonial féodo-vassalique. Mais il reste : la solennité de l'acte, la présence de témoins, le rôle d'un supérieur, le même objet symbolique *(festuca)*, la nécessité d'un geste *(jet, il est vrai, au lieu de la tradition manuelle et du bris)*.

Or si l'on rencontre déjà l'alliance caractéristique d'une donation de chose et de l'établissement d'une relation personnelle, bien qu'on soit encore loin du rituel féodo-vassalique, on a surtout l'impression que l'on s'est éloigné de façon décisive de l'usage de la *festuca* dans le *sacramentum in rem romain*. L'accent essentiel se porte sur l'*adoption*, la transmission d'un *patrimoine*, l'entrée dans une famille. L'éditeur de la loi salique dans les *Monumenta Germaniae Historica*, K. A. Eckhardt, dans l'index du volume n'hésite pas à traduire le terme qui désigne cette coutume de l'affatomie, *acfatmire* par *ankinden*[57]. Le terme allemand exprime très bien l'entrée dans une *familia*.

Si nous avons fait un sort, parmi des objets symboliques du rituel féodo-vassalique, à la *festuca*, ce n'est pas seulement parce que le droit romain et le droit franc du haut Moyen Âge nous permettent de repérer une préhistoire de cet objet et que sa traduction fréquente par *bâton* nous rapproche des érudits qui, de Du Cange à von Amira, se sont particulièrement intéressés à ces symboles dans les institutions du passé et en particulier dans les institutions médiévales. C'est que seule, à notre connaissance, des objets symboliques du rituel féodo-vassalique, la *festuca* a donné naissance à une famille de mots qui nous semblent prouver son rôle d'indicateur fondamental aussi bien dans les pratiques que dans la symbolique de la vassalité.

Certes il semble – en l'absence d'une étude particulière consacrée à ces termes – que les dérivés de *festuca* aient été surtout employés pour parler de la *sortie* de vassalité, et du *déguerpissement*. Marc Bloch, dans l'article pionnier déjà plusieurs fois cité, donne de nombreux exemples du verbe *exfestucare* et du substantif *exfestucatio*, action de rompre l'hommage par jet de la *festuca*[58]. Mais Du Cange atteste l'existence du verbe *festucare*, avec notamment, cet exemple tiré d'une charte du comte de Flandre Philippe en 1159, provenant du cartulaire de Saint-Bertin «triginta septem mensuras, quas a me tenebat, in manus meas reddidit et *festucavit*» et cite de même un *infestucare* avec le sens de *in possessionem mittere, adheritare*[59].

Nous avons plus haut indiqué la *festuca* parmi les objets symboliques remis par le seigneur au vassal lors de l'investiture et l'on comprend donc que *fes-*

---

57. *Pactus Legis Salicae*, éd. K. A. Eckhardt, in *MGH, Legum Sectio*, I, 4/1, Hanovre, 1962.
58. Voir Bibliographie sommaire, *infra*, p. 398.
59. Du Cange, *Glossarium*, éd. cit., t. III, col. 412-413.

tucare ou *infestucare* ait pu être considéré comme le synonyme de *guerpir*, *exfestucare* comme le synonyme de *déguerpir*. Mais Marc Bloch a fait, contre l'interprétation de J. Flach (et déjà, au XVIe siècle, d'Étienne Pasquier) faisant du jet du fétu la «contrepartie de l'investiture» cette remarque importante: «Les textes sont à la fois unanimes et précis: aucun ne dit: *feodum exfestucare*; presque tous disent: *hominium ou dominum exfestucare*. C'est l'hommage, c'est-à-dire le lien personnel qui attachait le vassal au seigneur, c'est la seigneurie, c'est-à-dire l'ensemble des droits qui faisaient du seigneur le supérieur du vassal que le vassal renie[60].» Il me semble que nous avons ici d'une part le fait que depuis le haut Moyen Âge la *festuca* jouait un rôle essentiel dans une pratique qui, plus encore qu'une cession de biens ou de droits, était une procédure d'adoption – et que donc c'est sur le lien personnel que porte surtout l'*exfestucatio* – et que d'autre part le système symbolique féodo-vassalique constitue un ensemble dont toutes les parties sont essentielles. Là où je ne suis pas en effet Marc Bloch c'est lorsqu'il ajoute que, loin de renoncer au fief, le vassal qui rompt l'hommage par l'*exfestucatio* pense ainsi priver le seigneur renié de ses droits sur le fief qui passeraient au nouveau seigneur à qui le vassal prêterait l'hommage. Que le vassal ait l'intention de garder son fief, c'est très probable, qu'il donne pour justification à son geste d'*exfestucatio* l'indignité du seigneur et que, en vertu de ses manquements à ses devoirs, le seigneur doit être, selon lui, privé et du service du vassal et des droits sur le fief, c'est également probable. Mais que l'*exfestucatio* accomplie par le vassal lui permette juridiquement de garder le fief, j'en doute. D'ailleurs dans le texte de Galbert de Bruges que commente Marc Bloch c'est le seigneur, le comte de Flandre, qui a songé (il n'a pu le faire, à cause du rapport des forces en présence) à *exfestucare* son vassal Iwan d'Alost *(exfestucasset Iwanum)*. Ici encore, comme Marc Bloch l'a bien vu, c'est la personne qui est rejetée, le lien personnel brisé, mais le seigneur, en rompant l'hommage de son vassal, songe aussi et peut-être surtout au fief qu'il désire confisquer. L'investiture forme avec l'hommage et la foi un tout juridiquement (et, si j'ose dire, symboliquement) indissoluble. Si le vassal «effestue» l'hommage prêté au seigneur, il doit en même temps restituer le fief. S'il ne le fait pas cela relève d'une situation de fait et, au niveau du droit, doit être effectué par une autre pratique selon un autre système[61].

Pour éclairer l'hypothèse que nous venons d'avancer: le système symbolique de la vassalité a pour modèle de référence un modèle de parenté et invite à approfondir la compréhension du système féodal en direction de

---

60. M. Bloch, *loc. cit.*, p. 197.
61. M. Bloch est d'ailleurs gêné par un texte des *Coutumes du Beauvaisis* de Beaumanoir (de la fin du XIIIe siècle il est vrai et de caractère semi-normatif) dont il s'efforce de limiter la portée, *ibid.*, p. 197, n. 4.

l'étude des systèmes de parenté[62], je terminerai cette partie de ma leçon par quelques précisions.

Il est clair que le modèle de parenté qui est, selon nous, la référence du système symbolique féodo-vassalique n'est pas celui de la parenté «naturelle». On peut penser – en regardant du côté du droit romain, mais vers d'autres horizons aussi – au modèle de la clientèle ou à celui de l'adoption. La clientèle est à écarter. Parmi les différences fondamentales entre les deux systèmes, nous n'en citerons qu'une mais essentielle à nos yeux. On devenait client par un acte privé, on devient vassal par une cérémonie publique. Le schéma de l'adoption serait à étudier de plus près, ne serait-ce qu'en fonction du rôle éventuel de l'affatomie. Mais le problème de l'adoption au Moyen Âge est, du moins à ce que je sais, mal connu. D'autre part, si l'affatomie offre une piste pour l'interprétation du symbolisme des rites vassaliques, les différences entre les deux rituels – ce qui est capital dans le domaine du symbolisme – sont très grandes. On pourrait aussi songer à une structure d'amitié. Sous ce mot les hommes du Moyen Âge ont mis non seulement un contenu très fort (attesté par la littérature: le rôle de l'amitié est grand dans les chansons de geste, celle qui unit Olivier et Roland en étant le prototype) mais un caractère quasi juridique, institutionnel (il suffit de rappeler le rôle des «amis charnels» dans le système lignager)[63]. Ici encore la piste est à explorer sans que j'attende beaucoup non plus de ce côté-là.

L'étude des structures de parenté, des rapports familiaux, des liens interpersonnels dans la société médiévale doit encore beaucoup progresser. On doit en attendre des résultats de grande portée. Mais, pour notre recherche et notre démonstration, elle ajoutera peut-être peu aux deux remarques, les plus importantes, à nos yeux, sur lesquelles nous voudrions – provisoirement – conclure cette partie de notre leçon consacrée au *système* symbolique de la vassalité.

D'abord il faut bien comprendre que je ne prétends pas que ce système soit calqué sur un système de parenté, qu'il faille trouver entre le seigneur et le vassal des rapports de père à fils adoptif, d'ami (au sens médiéval) à un ami. Je veux dire que la symbolique de ce système telle qu'elle apparaît dans le rituel d'entrée en vassalité ou de sortie de vassalité devait être (plus ou moins consciemment – je reviendrai sur ce point important) perçue comme relevant du domaine de la symbolique familiale et structurée comme telle. Une société

---

62. C'est l'orientation de Georges Duby dans ses cours du Collège de France. L'étude des structures familiales et des rapports de parenté tient une place importante dans les grandes thèses récentes de P. Toubert, *Les Structures du Latium médiéval. Le Latium méridional et la Sabine du IXe à la fin du XIVe siècle*, Rome, 1973, 2 vol., et P. Bonnassié, *La Catalogne du milieu du Xe à la fin du XIe siècle*, Toulouse, 1975-1976, 2 vol.
63. M. Bloch, *La Société féodale*, nouv. éd., Paris, 1968, pp. 183-186.

ne me semble disposer que de quelques systèmes symboliques de référence et les autres y renvoient. Dans le cas des gestes symboliques de la vassalité il me semble qu'ils ont pour référent des gestes de la symbolique parentale. Enfin ce système n'englobe pas tous les membres de la société et la symbolique des gestes qui le constituent, tout comme une symbolique de type parental exclut (ce qui est laissé hors du modèle familial) plus qu'elle n'intègre, non seulement manifeste cette exclusion mais a pour fonction – parmi d'autres – de la réaliser.

La société d'apparentés qui se crée, à travers le rituel symbolique de la vassalité est une société masculine, sinon virile, et aristocratique. C'est dire qu'elle en exclut les femmes et les roturiers. Société masculine : si l'on reprend le cas cité par E. Chénon de l'hommage prêté par un enfant mineur à son seigneur l'évêque élu de Carpentras en 1322[64] on voit que si l'enfant a besoin de la participation de sa tutrice à son hommage (le seigneur prend dans ses mains celles de l'enfant et celles de la tutrice), il donne (ou reçoit) seul l'*osculum* du seigneur, la tutrice en étant écartée («remisso ejusdem dominae tutricis osculo») et j'ai plus haut exprimé mon scepticisme quant à l'interprétation qu'en donnait le rédacteur de la charte, invoquant la décence («propter honestatem»). La vraie raison me paraît être dans la hiérarchie sociale confrontée à celle du système symbolique de l'entrée en vassalité. L'hommage c'est la phase de l'inégalité. La femme est admise au rite. La foi – dans sa composante du baiser – c'est l'inégalité des partenaires. La femme, mineure du point de vue social et religieux, ne peut le recevoir. Certes la réalité sera parfois plus tolérante, mais surtout au niveau des grandes dames et plus encore des détentrices d'une autorité de type royal comme par exemple doña Urraca à l'égard de qui Alphonse le Batailleur dans la célèbre *carta donationis* de 1109 emploie l'expression «*vos hommes de bouche et de mains*[65]».

Une objection en apparence plus forte est le cas du rituel de l'amour courtois. Je ne discuterai pas ici le problème du caractère purement littéraire ou non de cet amour. C'est un fait que dans l'amour courtois l'homme est le vassal de la femme et qu'un moment essentiel du système symbolique courtois est le baiser. Mais je rappellerai que, au moins dans son principe, l'amour courtois a été, au XIIe siècle, un phénomène contestataire, scandaleux, une manifestation de monde à l'envers[66]. Reste que le système de

---

64. Voir *supra*, p. 340, note 19.
65. Voir *supra*, p. 342, note 24. R. Boutruche, sans donner malheureusement de références, note que, lorsqu'une femme était concernée, «un baiser de bouche sur la dextre» suffisait (*op. cit.*, t. II, pp. 154-158).
66. Voir les travaux d'Erich Köhler sur le caractère contestataire de l'amour courtois et notamment : «Les troubadours et la jalousie», in *Mélanges Jean Frappier*, Genève, 1970, t. I, pp. 543-599.

l'amour courtois a connu sa plus haute expression dans le culte marial et qu'ici la contamination du rituel marial par le rituel vassalique est éclatante. Il me paraît significatif que dans sa thèse classique sur *La Société aux XIe et XIIe siècles dans la région mâconnaise* Georges Duby, la seule fois où il parle de symbolisme dans les gestes de la vie sociale, le fasse à propos de la Vierge. «Le rite de dédition de soi-même, écrit-il, différent, semble-t-il, du rite de la commendise, n'est pas oublié au XIe siècle : l'abbé Odilon de Cluny, voulant marquer sa soumission à la Vierge, se passe autour du cou le lien symbolique et devient son *servus*[67].» Bien qu'il ne s'agisse pas ici de vassalité et que le geste symbolique d'infériorité ne soit pas un hommage, on rencontre ici un exemple précoce d'inversion des rapports sociétaux normaux que le culte marial portera à son comble. Le christianisme a sans doute de tout temps sacralisé – à travers les pratiques d'humilité et d'ascétisme – ces scandales d'inversion sociétale. Mais l'amour courtois et le culte marial s'ils portent témoignage, à leurs débuts, d'une certaine promotion de la femme dans la société médiévale de la grande poussée des XIe-XIIe siècles, me paraissent surtout avoir eu pour fonction de fixer, détourner et récupérer le mouvement «féministe» de l'âge roman dans l'idéalisation et l'aliénation sentimentale, esthétique et religieuse de l'âge gothique. Le baiser courtois ne me semble donc pas, malgré les apparences, pertinent ici.

Autre exclu de cette hiérarchie d'égaux – si l'on me permet cette expression paradoxale – le roturier, le vilain. Qu'il suffise de citer ici un texte qui illustre à merveille cette exclusion. Il est de Guillaume de Lorris, dans la première partie du *Roman de la Rose* :

> *Je vueil pour ton avantage*
> *Qu'orendroit me fasses hommages*
> *Et me baises emmi la bouche*
> *A qui nus villains home ne touche*
> *A moi touchier ne laisse mie*
> *Nul home où il ayt villenie*
> *Je n'i laisse mie touchier*
> *Chascun vilain, chascun porchier ;*
> *Mais estre doit courtois et frans*
> *Celui duquel homage prens*[68].

---

67. G. Duby, *La Société aux XIe et XIIe siècles dans la région mâconnaise*, nouv. éd., Paris, 1971, p. 116, n. 35.
68. Cité par É. Chénon, *loc. cit.*, p. 144, d'après l'édition du *Roman de la Rose* de Francisque Michel, p. 63 ; voir la récente et excellente édition de Daniel Poirion, Paris, 1974, et la traduction de A. Lanly, Paris, 1972-1977.

Que, au moins dans certaines régions, des roturiers et même des serfs aient acquis des fiefs et prêté l'hommage servile, même si cet intéressant phénomène demande à être étudié de plus près, c'est un fait indéniable. Mais le roturier fieffé ne sera jamais un vrai vassal. Comme aux femmes le baiser symbolique, l'*osculum* lui est refusé.

Que telle partie du système se retrouve là où a existé l'hommage servile c'est évident. Mais le roturier, à plus forte raison le serf, n'est pas entré dans le système symbolique complet. On ne peut donc pas tirer de conclusion à ce sujet à cet égard de l'intéressante remarque de Charles-Edmond Perrin relevant qu'au début du XIIe siècle en Lorraine confier à un tenancier une tenure paysanne est exprimé dans les actes juridiques par *investire*[69].

Ainsi les exclusions confirment-elles notre interprétation du système des gestes symboliques de la vassalité : un apparentement qui, par un engagement réciproque sanctionné par le fief, fait du seigneur et du vassal des égaux par la foi et un couple hiérarchisé par l'hommage.

III. RESTITUTION DES PERSPECTIVES SPATIO-TEMPORELLES

Pour mieux comprendre la fonction et le fonctionnement de ce système il importe de l'examiner dans ses variantes géographiques et dans son évolution chronologique.

Je serai bref à ce sujet, pour deux raisons inverses.

D'une part une géographie et une chronologie minutieuses des rites de vassalité restent à établir bien que les ouvrages classiques aient eu le souci de ces problèmes et que de nombreuses monographies fournissent des éléments précieux. Mais la carte et la courbe d'évolution sont loin d'être dressées et cette carence rend très hasardeux de replacer en détail notre propre perspective d'étude dans ce cadre incomplet et souvent peu sûr.

En revanche, certaines originalités régionales ou même « nationales » font l'objet d'un consensus sur lequel il est inutile de s'étendre – dans la mesure où je n'ai pu procéder à aucune vérification sérieuse de ces idées reçues et où elles me paraissent, dans l'ensemble, fondées et justes.

---

69. Ch.-Ed. Perrin, *Recherches sur la seigneurie rurale en Lorraine d'après les plus anciens censiers, IXe-XIIe siècle*, Paris, 1935, pp. 437-438.

A. les perspectives géographiques

Selon notre approche particulière le seul élément original important dans le rituel symbolique de la vassalité est, comme on l'a vu, le *baisemain* qui semble remplacer généralement l'*immixtio manuum* dans l'hommage espagnol. D'un point de vue général, cette coutume renforce le symbolisme d'inégalité qui marque cette première phase du rituel. D'un point de vue plus restreint elle confirme certains traits originaux du féodalisme dans l'Espagne médiévale: les influences orientales (mais l'influence arabe n'a sans doute que renforcé des influences antérieures: wisigothique et byzantine), le rôle éminent de la royauté (le rite étant, fondamentalement, un rite royal).

Ce qui a été dit plus haut, à partir d'E. Chénon et des historiens traditionnels du droit médiéval à propos des différences de geste dans l'*osculum* entre pays de droit coutumier et pays de droit écrit[70], sans emporter entièrement ma conviction, souligne l'importance de la frontière culturelle entre pays septentrionaux et pays méridionaux, la nature différente du droit et l'impact inégal des influences romaines dans les deux cas ne me paraissant qu'un élément supplémentaire – fort important, sans doute – d'un clivage culturel plus lointain et plus profond. Ici encore une enquête systématique comparative étendue à l'ensemble du rituel serait souhaitable[71].

De même il serait utile d'étudier aussi dans cette perspective du rituel symbolique le cas italien, à supposer que l'Italie forme, ici comme en d'autres réalités, une entité uniforme.

Dans cet univers symbolique de gestes, de paroles et d'objets l'Italie n'a-t-elle pas très tôt introduit une tendance à la rigidité du rituel – dans la mesure où plus tôt elle y a ajouté le rôle de l'écrit plus difficile à changer que le non-écrit. Une remarque suggestive de Gina Fasoli pourrait y faire penser: «*Une autre tendance italique fut de fixer par écrit les normes coutumières qui réglaient les*

---

70. Voir *supra*, p. 341, note 20.
71. Robert Boutruche, qui a bien vu la signification du baiser: «Geste significatif! Il est signe de paix, d'amitié, de "fidélité mutuelle". Il rapproche du supérieur "l'homme de bouche et de mains"» (*op. cit.*, t. II, p. 154), ajoute «Pourtant, le baiser n'est pas indispensable. "Classique" en France et dans les pays de la conquête normande après l'an mil, puis dans les États latins d'Orient, il s'est propagé assez peu dans le royaume d'Italie. Il est rare en Allemagne avant le XIIIe siècle, sans doute parce que l'écart social était plus tranché qu'ailleurs entre seigneur et vassal, et le souci de hiérarchie plus grand.» À la rigidité et à l'abstraction de certaines théories d'érudits plus juristes qu'historiens, je ne voudrais pas substituer un modèle ethnographique trop «systématique». Robert Boutruche a justement raison d'insister sur la diversité liée à des espaces historiques aux traditions différentes. Il me semble toutefois que plus qu'une question d'influences les progrès de l'*osculum* dans l'Allemagne médiévale expriment la réalisation du système dans un espace où les structures sociales et politiques (liées au système impérial) en avaient jusque-là retardé l'accomplissement.

rapports féodaux...» Et d'apporter à l'appui de cette hypothèse un texte carolingien destiné au royaume d'Italie où l'on demande : *«Si le seigneur peut prendre la défense de son vassal après que celui-ci se soit recommandé en plaçant ses mains dans les siennes et qu'il ne l'ait pas prise, il est permis au vassal de retirer son hommage au seigneur*[72]*»*, l'auteur soulignant : *«C'est la première fois qu'est explicitement énoncé le caractère synallagmatique que le rapport vassalique s'était mis à assumer*[73]*.»* Remarque qui nous rappelle au surplus qu'il est artificiel de séparer, comme nous le faisons ici pour la clarté de l'exposé, les considérations spatiales des considérations temporelles.

L'enquête serait aussi à conduire du côté des féodalités dites d'«importation» : de l'Espagne, dans une certaine mesure (et aussi de l'Italie, comme le texte cité par Gina Fasoli le rappelle) mais surtout de l'Angleterre normande et des États latins d'Orient. Y retrouverait-on dans le rituel symbolique de la vassalité cette «pureté» du féodalisme que certains se sont plu à y trouver ? Cela pourrait être fort éclairant pour la définition du «système» symbolique, encore que je sois quelque peu sceptique sur la réalité du concept de «féodalité d'importation». D'abord parce qu'il est arbitraire de dire à propos d'une institution historique qu'elle est «pure» ici et ne l'est pas ailleurs. Ensuite parce que je ne crois pas au succès et même à la réalité historique des emprunts institutionnels ou culturels. Les modèles étrangers pour s'implanter doivent trouver un terrain préparé et s'adapter à des conditions originales. Ici comme ailleurs la notion de «pureté» – qui va de pair avec celle d'importation – me semble antiscientifique, en l'occurrence antihistorique.

En revanche, je crois au grand intérêt pour la compréhension d'un phénomène historique de l'étude des régions où il y a eu acculturation (celles citées ci-dessus) et de celles des régions – trop souvent oubliées par le médiéviste – qui ont été des zones-frontières, marginales, de la chrétienté médiévale et de la féodalité, et plus que les zones de contact avec les grands concurrents et adversaires extérieurs (Byzance ou l'Islam) qui ont été surtout des zones de conflit et de refus, les confins avec le «paganisme» : Irlande, Écosse, Islande, Scandinavie, Pays slaves – à des titres divers et selon une chronologie différente.

B. perspectives chronologiques

Malgré des lacunes, le hasard des témoignages et de leur conservation, l'inintérêt déjà noté des clercs du Moyen Âge pour la relation du rituel

---

72. *MGH, Capitularia regum francorum*, I, 104 (p. 215), c. 3.
73. G. Fasoli, *Introduzione allo studio del Feudalismo Italiano*, Bologne, 1959, p. 121.

féodo-vassalique, les documents parvenus jusqu'à nous permettent de dater les témoignages.
Un premier fait paraît assuré. Le système est, pour l'essentiel, en place à la fin du VIIIe siècle et cette époque doit être celle de sa constitution – le silence antérieur des textes s'accordant avec ce que l'on sait de la société du haut Moyen Âge qui n'est pas encore – au sens strict – «féodale».
Mais deux remarques doivent être faites.
La première c'est que la plupart des témoignages concernent des relations entre de très hauts personnages – souvent de rang royal.
Dans les *Formulae Marculfi* (première moitié du VIIe siècle) il s'agit de l'antrustion du roi, le «premier exemple connu des serments vassaliques» engage le roi Pépin et le duc de Bavière Tassilon (757), le texte de 787 où l'on voit l'engagement du vassal se faire au moyen d'un objet symbolique, «un bâton au sommet duquel était sculptée une figure humaine» (cum baculo in cujus capite similitudo hominis erat scultum) concerne le duc de Bavière Tassilon III et Charlemagne, l'un des premiers textes où l'on décrive l'ensemble du rituel – hommage, serment, investiture, avec les gestes, les paroles et les objets symboliques, celui d'Ermold le Noir (826) met en présence le roi danois Harold et l'empereur Louis le Pieux[74]. Certes les rédacteurs d'actes et de témoignages ont surtout retenu et trouvé dignes de relation les engagements qui concernaient des «vedettes» et le texte par exemple des *Annales regni Francorum* qui rapporte la soumission de Tassilon à Pépin (757) souligne que cet acte n'est pas différent de celui que les vassaux accomplissent à l'égard de leur seigneur : «*Ainsi que par droit un vassal doit le faire, avec un esprit loyal et un ferme dévouement, comme un vassal doit être à l'égard de ses seigneurs*[75]» – ce qui confirme la diffusion de la vassalité dans l'aristocratie franque et l'existence d'un rituel vassalique.
Mais la sélectivité des témoignages souligne le fait que dans le rituel de vassalité à cette époque, ce qui importe le plus c'est le premier élément, l'hommage, signe de reconnaissance de la supériorité du seigneur, et, à la limite, de soumission. Rien d'étonnant à cela si l'on songe que ce qui a sans doute assuré le succès de l'institution vassalique c'est l'usage qu'en a fait la dynastie carolingienne avec l'intention de se constituer un réseau de fidèles.
La seconde remarque va dans le même sens. Même si le système est, je l'ai dit, complet dès la fin du VIIIe siècle, il est clair que l'investiture est l'élément le plus faible, le moins marqué du rite. Cela correspond bien avec ce

---

74. Textes cités et traduits par R. Boutruche, *op. cit.*, pp. 364-366.
75. *Annales regni Francorum*, éd. Kurze, p. 14, cité par R. Boutruche, *op. cit.*, p. 365.

que l'on sait de la naissance du fief, qui sera la forme achevée du bienfait, de l'honneur que le vassal reçoit du seigneur en échange de son hommage, de son serment de fidélité et de service. Il semble que la jonction ne soit pas encore faite (à supposer que les choses se soient passées comme cela – mais cette lecture de la genèse du système symbolique d'entrée en vassalité est permise) entre un rituel qui crée un lien personnel et un autre, celui, par exemple, de l'*affatomie* qui est surtout destiné, en recourant à la *festuca* comme symbole, à transmettre un héritage, un bien, par l'intermédiaire d'un lien personnel, d'une adoption, qui apparaît plus comme le moyen de la cession du bien que comme la fin en soi de l'institution et du rituel.

Il reste que sur un point – à mes yeux capital – le système ne se complète peut-être qu'à la fin du Xe siècle. Il s'agit de l'*osculum*, du baiser qui scelle le serment, la foi. Le texte du recueil de Saint-Gall qui raconte comment Notker, abbé élu de ce monastère, devint vassal d'Otton Ier en 971 : «*Enfin tu seras mien, dit l'empereur, et après l'avoir reçu par les mains, il l'embrasse. Et bientôt, un évangéliaire ayant été apporté, l'abbé jura fidélité*», est donné par l'un des meilleurs historiens de la féodalité, comme «l'un des plus anciens exemples» de baiser vassalique[76]. Remarquons d'ailleurs que le baiser a précédé ici le serment.

S'il est vrai – ce qui resterait à prouver ou à rendre à peu près sûr par une étude aussi complète que possible des textes antérieurs du XIe siècle – que l'*osculum* ne vient compléter le système qu'à la fin du Xe siècle, ce développement concorde avec ce que nous savons de l'évolution historique générale. Si, en effet, l'*osculum* symbolique est l'élément qui crée une certaine égalité entre le seigneur et le vassal et représente l'acte le plus confiant entre les deux contractants, celui qui engage le plus fidélité et sécurité, il prend bien sa place dans une double évolution.

La première, c'est l'apparition du mouvement de *paix* qui va prendre un essor irrésistible autour de l'An Mil. Bien que je ne croie pas, comme je l'ai déjà dit, que le baiser vassalique soit le transfert dans le système symbolique féodal du baiser de paix chrétien, il porte évidemment la marque d'une atmosphère religieuse qui est bien celle de l'époque en général et du mouvement de paix en particulier[77].

Surtout le second phénomène avec lequel s'harmoniserait l'introduction de l'*osculum* dans le rituel vassalique c'est autour de l'An Mille la prise de conscience collective de la classe militaire qui est aussi – je ne l'oublie pas

---

76. *Casus S. Galli*, c. 16, éd. von Arx, in *MGH, SS*, t. II, p. 141, cité et traduit par R. Boutruche, *op. cit.*, p. 367.
77. Voir notamment G. Duby, *L'An Mil*, Paris, 1967.

– celle des grands propriétaires, les patrons ecclésiastiques se trouvant par là inclus dans la catégorie concernée par l'institution féodo-vassalique. La fin du Xe et le début du XIe siècle est la période où se constitue peut-être, où se diffuse en tout cas le schéma triparti, trifonctionnel de la société qu'Adalbéron de Laon en 1027 exprimera sous sa forme la plus frappante. Face aux *oratores* et aux *laboratores* les *bellatores* s'affirment, pas seulement par leur rôle militaire mais par les institutions, les atouts, les symboles qui l'accompagnent, le château fort et le système féodo-vassalique. L'*osculum* est un des emblèmes, des ciments de cette hiérarchie d'égaux qui exclut les femmes et les roturiers, et qui joue un rôle central dans le mouvement de paix conduit par l'Église et, dans une certaine mesure, contre les *bellatores* mais aussi *avec* eux dont elle veut faire les garants d'une société policée dans laquelle leur fonction militaire doit surtout – grâce à la force du réseau féodo-vassalique – s'exercer en faveur de la protection des autres catégories de la société[78].

Je voudrais insister maintenant sur un caractère essentiel du système féodal de l'Occident médiéval que l'étude de son expression symbolique et le recours à la méthode ethnographique mettent bien en valeur : son *originalité*. J'ai tenté de le montrer plus haut[79] en refusant toutes les assimilations qu'on pourrait faire avec des institutions antérieures – en particulier romaines – ou les continuités qu'on voudrait établir entre elles et le système féodal. Je m'efforce de le prouver plus loin par comparaisons avec des systèmes voisins de sociétés modernes et contemporaines extra-européennes. Si j'ai cherché dans l'affatomie et la *festuca* des lois salique et ripuaire et des édits lombards un fil conducteur, il ne m'a conduit qu'à deux hypothèses : la référence du rituel symbolique féodo-vassalique est à chercher du côté de la parenté, il apparaît dans les sociétés barbares du haut Moyen Âge des institutions et des rites qui révèlent une société dont les structures semblent prêtes à produire le système symbolique du rituel féodo-vassalique. Rien de plus. Je n'y vois pas les *origines* ni du système vassalique ni de son rituel symbolique. Ce système a, certes, une *genèse* et j'ai essayé, entre la fin du VIIIe siècle et la fin du Xe siècle, d'en marquer quelques points centraux et quelques temps forts. Mais, sans trop jouer sur les mots, je crois qu'étant *original, il n'a pas d'origines*. Qu'il se soit servi

---

78. J'ai touché au problème de la société tripartie au Moyen Âge, en m'inspirant des travaux lumineux de G. Dumézil, dans une «Note sur société tripartie, idéologie monarchique et renouveau économique dans la chrétienté du IXe au XIIe siècle» : voir *supra*, pp. 69-78.
G. Duby a abordé ces problèmes de façon approfondie dans un cours au Collège de France et prépare un ouvrage sur ce sujet. Voir G. Duby, *Les Trois Ordres ou l'imaginaire du féodalisme*, 1978.
79. Voir *supra*, pp. 356 *sqq.*

d'éléments de modèles antérieurs, qu'il ait élaboré des solutions partiellement voisines des institutions d'autres sociétés à d'autres époques et dans d'autres continents, à coup sûr. Sans ces choix, ces «emprunts», ces parentés, ni l'histoire ni le comparatisme n'existeraient ou ils seraient futiles. Mais la recherche des *origines* de la vassalité – comme celle de beaucoup d'autres – me paraît assez vaine.

On sait que c'était, à la fin de sa trop courte vie, la position de Marc Bloch. Ce n'était pas tout à fait celle du temps de sa jeunesse, au moment où il écrivait son article sur «Les Formes de la rupture de l'hommage dans l'ancien droit féodal». Qu'on me permette une longue citation de ce texte pionnier, car le passage me paraît d'une grande portée pour notre recherche.

«Mais j'ai jusqu'ici passé sous silence un exemple que M. von Moeller a pris au droit franc et que voici maintenant. Le titre LX de la Loi salique indique la procédure à laquelle doit avoir recours l'homme qui veut abandonner sa famille, sa "parentèle"; le trait essentiel de cette procédure est le suivant: l'homme prend trois ou quatre bâtons – le chiffre varie avec les différents manuscrits de la loi – les brise au-dessus de sa tête et en jette les morceaux aux quatre coins du *mallum*. Il serait très séduisant d'admettre une filiation entre ce rite, par lequel se marquait dans le droit franc l'abandon de la famille et le rite, très analogue, par lequel... se marquait quelquefois dans le droit du XIIe siècle, l'abandon du seigneur. De quel intérêt pour l'éclaircissement du problème des "origines de la féodalité" ne serait-il pas d'établir un rapport de filiation entre l'acte solennel par lequel se rompait ce lien familial qui était sans doute le plus fort des liens sociaux dans les vieilles sociétés germaniques – et l'acte par lequel, six siècles plus tard, se rompait le lien de vassalité qui constituait la pièce maîtresse d'une société nouvelle! Contre une telle théorie je ne crois pas qu'on puisse faire valoir d'arguments sérieux. Mais je ne pense pas non plus qu'il soit possible de l'appuyer sur aucune preuve solide: peut-être y a-t-il d'un rite à l'autre, non pas filiation, mais simplement similitude. On acceptera ou on rejettera l'hypothèse qui vient d'être indiquée selon l'idée générale qu'on se fait des origines de la vassalité[80].»

Je laisse donc de côté le problème des «origines» qui ne me paraît pas pertinent. Mais le grand flair de Marc Bloch nourri par une érudition déjà considérable l'a dirigé vers une intuition capitale. Pour éclairer je dirai non les origines mais la structure et la fonction du système vassalique – en particulier de son appareil symbolique – il importe de regarder vers les lois des peuples germaniques – et en particulier francs – du haut Moyen Âge. D'ailleurs son instinct d'historien authentique – en qui la prudence s'allie à l'audace dans les hypothèses et le sens des différences et des nouveautés

---

80. M. Bloch, *loc. cit.*, Appendice p. 421, cité in Bibliographie sommaire, *infra*, p. 398.

à l'intérêt pour les comparaisons et les continuités – l'amène déjà à s'écarter de la problématique usée de la recherche des origines. Aux « vieilles sociétés germaniques » il oppose une « société nouvelle » – la féodale. Et, comparant les « rites », il préfère en définitive envisager la « similitude » plutôt que la « filiation ».
C'est notre position. C'est bien dans les sociétés germaniques du haut Moyen Âge qu'il faut chercher non l'origine mais le système de représentations, de références symboliques sur quoi se construit le système des gestes symboliques de la vassalité.
Puisqu'il s'agit d'une leçon, qu'on me permette encore à la fin de cette partie de mon développement trois brèves remarques de méthode sur l'étude du symbolisme en histoire.
Parmi les nombreux pièges de l'histoire des symboles, trois sont particulièrement redoutables : les fausses continuités (les symboles changent de façon déconcertante de sens), les fausses ressemblances – le comparatisme toujours délicat à manier est ici encore plus risqué tout en étant plus nécessaire.
Enfin, la polysémie des symboles rend leur interprétation souvent incertaine : parmi tous les sens possibles (y compris souvent un sens et son contraire) quel est le bon ? Ceci renforce la nécessité de prendre un symbole dans son contexte ou mieux encore dans le système auquel en général il appartient.
Enfin se pose un autre très gros problème et ici l'absence de textes complique les choses : quelle conscience les acteurs et les spectateurs d'une action symbolique avaient-ils de son symbolisme ? Toutefois, si l'on accepte la méthode ethnographique elle suppose qu'un système symbolique peut fonctionner dans toute son efficacité sans prise de conscience explicite[81].

IV. PROBLÈMES

L'exposé qui précède comporte un certain nombre d'hypothèses, d'invitations à la recherche à côté de quelques propositions fermes et documentées. Il me reste toutefois à formuler quelques problèmes importants en même temps que je préciserai la méthode proposée et apporterai quelques compléments.

---

81. Bien entendu – sans entrer dans l'analyse du problème – comme j'estime très importante la conscience ou la non-conscience qu'a une société d'elle-même, j'ai soigneusement recherché – et indiqué ici – les témoignages de perception du système symbolique de la vassalité que les hommes du Moyen Âge – en tout cas les clercs qui le décrivaient – pouvaient avoir.

A. le domaine du rituel symbolique de la vassalité

Un certain nombre d'historiens ont présenté sur le même plan que le rituel de la vassalité ou mêlés avec lui d'autres rituels qui me semblent avoir un sens et une fonction nettement différents.
Si j'ai évoqué un modèle parental comme référence de ce rituel cela ne veut pas dire que j'assimile les cérémonials familiaux aux cérémonials vassaliques. S'il n'est pas sans intérêt de noter le rôle de l'*osculum* dans les fiançailles je ne crois pas qu'il faille mettre dans un même ensemble les gestes symboliques de la vassalité et les gestes symboliques des fiançailles. E. Chénon a eu le très grand mérite en étudiant successivement l'*osculum* dans les deux institutions et les deux rituels de faire du comparatisme utile et il a mis en valeur un phénomène très significatif, l'usage de l'*osculum* dans le déguerpissement[82]. Comme pour le recours à la *festuca* la présence de l'*osculum* sur les deux versements du rite, à l'entrée et à la sortie confirme notre conviction qu'il s'agit d'un système. Mais l'élargissement de la signification de l'*osculum* à un concept vague de garantie d'observation d'un contrat me paraît diluer le symbolisme à un point où il ne signifie plus grand-chose. Une des tentations – et un des dangers – de l'étude des symboles est de vouloir trouver un dénominateur commun à des pratiques, des fonctions, des significations réellement différentes[83].
De même le symbolisme qui intervient dans un certain nombre de contrats au Moyen Âge me semble fondamentalement différent de celui qui fait partie du système féodo-vassalique. Il ne s'agit dans les deux cas que du recours aux mêmes objets symboliques. Ces détails – car au fond il ne s'agit que de détails – ne sont pas sans intérêt. Une société ne dispose que d'un stock limité de symboles et il est important pour la définition d'une entité sociale médiévale que l'on compare les ensembles d'objets symboliques utilisés dans différents domaines et qu'on y relève la présence des mêmes objets. C'est cet ensemble du matériel symbolique médiéval que Du Cange avait bien perçu. S'il a été dans l'article «Investitura» de son Glossaire entraîné par une fausse perspective de

---

82. É. Chénon, *loc. cit.*, pp. 130 sqq. «En second lieu, l'*osculum* servait à opérer une renonciation à des droits litigieux; il était alors un symbole de déguerpissement *(guerpitio).*»
83. Je crois qu'É. Chénon est tombé dans l'erreur de chercher à un même symbole le même sens symbolique au lieu de respecter la polysémie des symboles quand il écrit: «Quelle que fût la forme du rite et quel que fût le sens du symbole: confirmation, déguerpissement, tradition, il est possible de le ramener à une même idée: l'idée que la situation créée par le contrat à la suite duquel l'*osculum* intervient sera respectée... C'est l'idée qui ressort des mots *osculum pacis et fidei* qui se rencontrent souvent dans les chartes.» Voir «L'osculum en matière de fiançailles. Recherches historiques sur quelques rites nuptiaux», in *Nouvelle Revue historique de Droit français et étranger*, Paris, 1912, p. 136.

droit romain à définir le terme par *«traditio, missio in possessionem»* (remise, mise en possession), il a cependant, à travers cette inexactitude, saisi une certaine unité des symboles que l'on rencontre et dans le cas des contrats et dans celui des investitures. D'où son affirmation pleine d'intérêt quant à la fonction du symbolisme : *«Remises et investitures ne se faisaient pas seulement par la parole, ou par un simple document, ou par une charte, mais par divers symboles*[84]*.»* De même j'ai pensé qu'il était intéressant de donner la liste des «symboles juridiques employés dans la formation des contrats, dans la procédure, etc.» aux époques mérovingienne et carolingienne dressée par M. Thévenin. En la comparant à la liste tirée de Du Cange pour la période postérieure, proprement féodale, on notera d'abord la présence majoritaire des mêmes termes, la conformité générale des deux listes. L'importance de *festuca* est frappante, et significative. La fréquence du symbole monétaire *(denarius)* est le signe d'une époque où la monnaie garde sa valeur, sinon économique, du moins symbolique. L'occurrence unique d'*osculum* ne signifie pas grand-chose, car il s'agit très précisément du rite de mariage suivant la loi romaine toujours en vigueur[85]. Au risque de nous répéter, si ces ressemblances entre la liste de Thévenin et celle de Du Cange suggèrent qu'une structure sociale, un ensemble symbolique se mettent en place entre le VIIe et le IXe siècle – et que le système vassalique y prendra ses références, elles ne prouvent nullement que le lien féodo-vassalique était de même nature que ceux déterminés par toute une série de contrats et encore moins que ces contrats sont à l'origine du système vassalique.

Fiançailles et contrats exclus, nous rencontrons le gros problème des rites royaux. Il suffit de lire la belle leçon du professeur Elze[86] pour s'apercevoir d'emblée qu'il s'agit de deux rituels, de deux domaines symboliques absolument différents. Même si lors du sacre ou de l'«investiture» divine, on peut avoir l'impression que le roi est le bénéficiaire d'un système symbolique qui en fait le vassal de Dieu, il n'est que d'observer les cérémonials et les objets symboliques pour saisir l'irréductibilité d'un système à l'autre. D'un côté un rituel entièrement sacralisé qui fait entrer le roi dans un système religieux, de l'autre un rituel profane (malgré le recours aux prestiges chrétiens) qui fait entrer le vassal dans un système socio-économique. Il y a deux systèmes : un système royal et un système «familial» aristocratique, deux symboliques, l'une de transmission de pouvoir cosmique, surnaturel, l'autre d'intégration familiale.

---

84. Du Cange, *Glossarium*, art. «Investitura», col. 1520.
85. M. Thévenin, «Textes relatifs...», *loc. cit.*, pp. 263-264. Voir Bibliographie, *infra*, p. 398.
86. *Simboli e Simbologia...*, *Settimane di studio...* XXIII, Spolète, 1976.

La confusion qui a été faite parfois vient sans doute de l'usage que les carolingiens, les empereurs du Saint Empire et les papes (certains papes du moins) ont fait du bien vassalique et du système féodal. Mais les deux domaines symboliques sont fondamentalement différents.

Une erreur – j'y reviendrai – de certains ethnologues africanistes qui ont tenté avec mérite d'introduire le concept de féodalité dans l'étude des sociétés africaines a été, me semble-t-il, de rechercher des traits communs dans les cérémonials royaux et de vouloir fonder des similitudes sur des systèmes politiques, sur l'analyse des structures de pouvoir. La référence politique est soit tout à fait étrangère au système féodo-vassalique de l'Occident médiéval, soit absolument seconde.

Reste un gros problème: celui des investitures ecclésiastiques et du système symbolique auquel elles se réfèrent. Deux faits ici sont indéniables: par le biais de la théorie des deux pouvoirs, le spirituel et le temporel, l'Église médiévale a longtemps confondu le système de l'investiture temporelle et celui de l'ordination ecclésiastique à tous les niveaux. La querelle du Sacerdoce et de l'Empire dite « querelle des investitures » a entretenu et renforcé la confusion et à cet égard le concordat de Worms (1122) qui accordait au pape l'investiture spirituelle par la crosse et l'anneau et à l'empereur l'investiture temporelle par le sceptre n'a pas vraiment dissipé l'équivoque. Plus encore le rituel d'ordination et – éventuellement – de réduction à l'état laïque (l'un et l'autre versant du système), me semble avoir aggravé la confusion. Mais il faudrait étudier les rituels symboliques de près et ici la confusion qui ne vient pas des historiens modernes mais des hommes du Moyen Âge doit rendre prudent dans l'affirmation que le domaine du rituel symbolique de la vassalité, s'il a été original, a été aussi autonome. Entre la fonction ecclésiastique et le fief il y a eu de telles contaminations que, comme l'a fait Du Cange, la confusion n'est pas ici sans fondement. Tout au plus, en l'état actuel des recherches, peut-on avancer que l'« investiture » ecclésiastique s'est calquée sur l'investiture vassalique, que les rites de l'entrée en vassalité ont sans doute servi de modèle à ceux de l'entrée en religion.

B. une tentative de lecture de type ethnographique

Jusqu'ici je n'ai pas défini le recours à la méthode ethnographique que je préconise ici et que j'ai tenté de pratiquer pour éclairer les gestes symboliques de la vassalité. Certes j'ai indiqué que cette méthode appelait, par la mise provisoire entre parenthèses des questions de lieu et de temps la comparaison avec d'autres sociétés habituellement étudiées par l'ethnologue et non par l'historien et j'ai emprunté à Jacques Maquet un exemple dans des sociétés africaines. J'ai aussi insisté sur le fait que cette méthode conduisait à la définition et à l'étude d'un *rituel* – système cérémonial dont l'étude relève aussi traditionnellement plus des ethnologues que des historiens. Enfin j'ai souligné que l'étude d'un rituel exigeait de ne pas étudier isolément les éléments du rituel – phases et objets symboliques utilisés – mais d'en chercher la signification dans le système global.

Mais j'ai analysé le rituel de l'entrée en vassalité d'après les témoignages retenus par les historiens et selon les éléments, les phases et le découpage des textes qu'ils en ont tirés. Or cette analyse laisse de côté des éléments importants du rituel que les historiens ont habituellement négligés. Ces données proviennent plus souvent du contexte de la description de la cérémonie que de la cérémonie elle-même et elles sont constituées par des informations, des éléments qui débordent le système gestes-paroles-objets qu'on peut tirer de l'analyse des historiens.

C'est cette lecture plus complète de type ethnographique du rituel de la vassalité que je voudrais tenter maintenant. Ce n'en est qu'une esquisse car il faudrait pousser la collecte des données et leur interprétation beaucoup plus loin que je n'ai pu le faire.

Cette analyse porte sur le lieu de la cérémonie, les assistants, la place réciproque des contractants et la mémorisation du rituel.

a. L'entrée en vassalité ne se fait pas n'importe où, mais dans un espace symbolique, un territoire rituel. Jean-François Lemarignier a bien montré dans une étude classique le rôle des confins comme espace d'accomplissement du rituel vassalique: c'est l'*hommage en marche*[87]. Dans le texte de Thietmar de Merseburg déjà utilisé c'est à l'occasion d'un voyage de l'empereur Henri II sur les confins orientaux de l'Allemagne que les hommages lui sont prêtés.

Plus généralement on indique souvent qu'il y a déplacement des contractants pour accomplir le rituel vassalique. Tantôt c'est le seigneur qui vient recueillir l'hommage du vassal, tantôt c'est le vassal qui se rend auprès du seigneur pour exécuter les actes symboliques. Par exemple dans le texte des *Annales regni Francorum*, à propos de l'événement de 757 il est dit: «*Le roi Pépin tint son plaid à Compiègne avec les Francs. Et là vint Tassilon, duc de Bavière, qui se recommanda en vassalage par les mains.*» De même dans le texte de Galbert de Bruges le nouveau comte de Flandre, Guillaume Cliton, duc de Normandie, vient en Flandre pour y recueillir l'hommage de ses nouveaux vassaux mais ceux-ci viennent auprès de lui, à Bruges, pour

---

87. J.-F. Lemarignier, *Recherches sur l'hommage en marche et les frontières féodales*, Lille, 1945.

lui prêter leurs hommages. Il me paraît significatif que l'historien Robert Boutruche fait commencer l'extrait du texte qu'il donne dans les *Documents* de son ouvrage au moment où commence la cérémonie vassalique, négligeant la phase antérieure des déplacements qui nous paraît au contraire faire partie du rituel complet[88].

A vrai dire si le seigneur vient souvent en un lieu approprié, le déplacement significatif du point de vue symbolique c'est celui du vassal qui se rend toujours auprès du seigneur. Le déplacement a une double fonction : situer le rituel en un lieu symbolique, commencer à définir le lien qui va s'instituer entre le seigneur et le vassal en soulignant que c'est celui-ci, l'inférieur, qui commence à manifester sa déférence au seigneur en se rendant auprès de lui[89].

L'espace symbolique où s'accomplit le rituel vassalique est, dans la grande majorité des cas, constitué par l'un ou l'autre de ces lieux : une église ou la grande salle du château (ou d'un château) seigneurial.

S'il s'agit d'une église, la fonction symbolique du lieu est d'être en soi un espace sacré, consacré et donc de rendre plus solennel le rituel qui y est accompli, le contrat qui y est scellé. D'ailleurs il est souvent précisé que ceux des gestes qui le peuvent sont exécutés dans la partie la plus centrale et la plus sacrée de l'édifice, l'autel, *«super altare»*. C'est sur l'autel qu'on prête serment, c'est sur l'autel qu'est déposé l'objet symbolique de l'investiture[90].

L'autre lieu est encore plus significatif et une enquête serrée prouverait peut-être qu'il est le lieu par excellence du rituel féodo-vassalique. C'est l'*aula*

---

88. R. Boutruche, *op. cit.*, p. 368.
Galbert écrit : « Non. aprilis, feria tertia Aqua sapientiae, in crepusculo noctis, rex simul cum noviter electo consule Willelmo, Flandriarum marchione, Bruggas in subburbium nostrum venit... Octavo idus aprilis, feria quarta, convenerunt rex et comes cum suis et nostris militibus, civibus et Flandrensibus multis in agrum consuetum in quo scrinia et reliquiae sanctorum collatae sunt... Ac deinceps per totum reliquum dies tempus hominia fecerunt consuli illi qui feodati fuerant prius à Karolo comite piisimo... » (éd. H. Pirenne, pp. 86-89). La cérémonie a lieu in *agro consueto* à la fois pour respecter la coutume, accueillir la foule et, particularité flamande, associer les bourgeois. Les reliques qu'on apporte sacralisent le lieu.
89. Notons que ce déplacement du vassal a lieu aussi dans le cas de la sortie de vassalité. Dans le récit de Galbert de Bruges sur l'*exfestucatio* d'Iwan d'Alost étudié par Marc Bloch, le notaire brugeois note : « Illi milites... *sese et plures alios transmiserunt* consuli Willelmo in Ipra, et exfestucaverunt fidem et hominia... »
90. Par exemple la charte de 1123 citée *supra*, p. 335, note 3, conservée dans le cartulaire de Saint-Nicolas d'Angers. « De hoc dono revistivit Quirmarhocus et duo filii ejus Gradelonem monachum S. Nicolai cum uno libro in *ecclesia S. Petri Nannetensis... librum quoque quo revestierunt monachum posuerunt pro signo super alture S. Petri.*» Dans une charte de Robert, duc de Bourgogne, de 1043 : «Hunc oblationis chartam, quam ego ipse legali consessione per festucam, per cultellum, per wantonem, per wasonem *super altare*, posui, ... » (Du Cange, *loc. cit.*, col. 1525).

seigneuriale[91]. La cérémonie se passe sur le territoire du seigneur, au cœur de ce territoire, dans le lieu où se manifestent sa fonction et sa puissance, où il reçoit les audiences, donne les fêtes qui par le luxe – vestimentaire, alimentaire, spectaculaire – expriment son rang et son rôle. Ce déplacement en terrain seigneurial (car même à l'église le seigneur a – de droit – une place éminente) me paraît apporter une confirmation supplémentaire à l'inadéquation d'une interprétation du rituel vassalique en termes d'adoption. C'est plutôt l'inverse qui se produit, le vassal qui «choisit» son seigneur.

b. Le rituel symbolique de la vassalité ne se déroule pas en privé. Il requiert la présence d'une assistance. Elle est obligatoire. Elle est, normalement, nombreuse et choisie. Cette assistance n'est pas seulement destinée à fournir sa caution, des témoins à l'acte rituel. Elle fait partie du système symbolique. Elle crée, dans l'espace matériel symbolique, un espace social symbolique.

Parmi les expressions qui reviennent pour attester cette assistance nombreuse je note *«aux yeux de beaucoup»*, *«avec le conseil de tous les assistants»*, *«en présence de beaucoup»*, etc. [92]

L'assistance est-elle au fond de l'espace symbolique, sur les côtés, autour des contractants ? Le témoignage de l'iconographie, tardif, a été, de plus, à ma connaissance peu étudié. On aimerait une étude qui apporte à la connaissance du système vassalique des informations comparables à celles recueillies et élaborées par le P. Walter dans sa remarquable étude sur l'iconographie des conciles œcuméniques[93].

Souvent, surtout quand le document qui relate la cérémonie a un caractère plus juridique, notamment s'il est établi par un notaire, comme cela arrive dans certaines régions, surtout à partir du XIIIe siècle, les principaux personnages présents sont nommément cités[94].

---

91. Par exemple: «Hanc concessionem fecit Dominus Bertrandus *in aula sua*, et pro intersigno confirmationis hujus eleemosynae, tradidit quendam baculum, quem manu tenebat, Armando priori Aureae Vallis» (Charte de Bertrand de Moncontour, citée par Du Cange, *loc. cit.*, col. 1525). En 1143, le don de plusieurs manses fait par la vicomtesse de Turenne au monastère d'Obazine a lieu dans la grande salle du château de Turenne «Hoc donum factus fuit in aula Turenensi...» (É. Chénon, *loc. cit.*, p. 133, n. 2).
92. Par exemple dans une charte de Marmoutier (Du Cange, *loc. cit.*, col. 1530): «Quod donum... posuit super altare dominicum per octo denarios, in *praesentia multorum*.» Parfois la fonction de témoignage, de garants de la mémoire collective est expressément reconnue aux assistants: par exemple, dans cette charte du monastère de Marmoutier citée par Du Cange, *loc. cit.*, col. 1536: «Testes habuimus legitimos, qui omni lege probare fuerunt parati, quod Hildegardis ad opus emerit, et per pisces ex ejus piscaria investituram de derit in vito sua monachis Majoris Monasterii.»
93. Chr. Walter, *L'Iconographie des conciles dans la tradition byzantine*, Paris, 1970.
94. Dans une charte de Marmoutier c'est l'abbé du monastère qui est cité comme principal (et suffisant) témoin: «Quodam fuste, qui apud nos nomine ejus inscriptus servatur in testimonium, *praesente Abbate Alberto*, fecit guerpitionem» (Du Cange, *loc. cit.*, col. 1521).

Jacques Maquet qui a observé dans certaines sociétés africaines pratiquant des rites voisins de ceux de la vassalité cette présence d'une assistance, d'un public – ce qui rend l'institution différente d'une clientèle – en donne l'explication suivante : « La cérémonie rend public le lien féodal. On sait que tel individu est devenu le vassal de tel seigneur[95]. »
Il me semble que les assistants ne jouent pas seulement un rôle de témoins – essentiellement passif – mais ont une fonction plus active. Ils accueillent avec le seigneur le vassal dans cette société masculine et aristocratique, la société « féodale » proprement dite. Ils sont par ailleurs les témoins, les garants de l'engagement réciproque du seigneur et du vassal. Il me semble que si la fonction du lieu vient renforcer l'élément hiérarchique, inégalitaire dans le système vassalique, celle de l'assistance consolide l'élément de réciprocité.
c. Il faudrait aussi tenir compte de la place réciproque des contractants au cours de la cérémonie. Malheureusement les documents sont avares de détails à ce sujet.
Le seigneur est-il assis ? Sur quel type de siège ? Est-il dans une position surélevée ?
Le vassal est-il debout ou à genoux ?
Y a-t-il une évolution dans la position réciproque des deux personnages au cours de la cérémonie ?
Retrouve-t-on l'ensemble des significations symboliques que nous avons cru pouvoir déceler dans le rituel vassalique : hiérarchie, égalité, réciprocité[96] ?
Les positions des deux contractants font-elles référence à l'univers symbolique de la parenté ? Les deux éléments étudiés précédemment, le lieu et l'assistance, s'ils n'apportent pas de preuve supplémentaire à l'appui de notre hypothèse sont compatibles avec elle : l'église et l'*aula* sont les espaces du mariage, l'assistance peut être celle des témoins d'un acte familial mais ces données sont trop générales, trop vagues pour qu'on puisse en tirer des arguments dans un sens ou dans l'autre.
d. Il y a enfin les éléments destinés à la survie, à la mémorisation du rituel. Les témoins en sont un élément – à côté bien entendu des documents écrits qui sont parfois rédigés mais qui ne sont qu'un cas particulier de l'effort de mémorisation qui, pendant longtemps ne privilégie pas l'écrit.
Un autre élément est la conservation de l'objet symbolique.

---

95. J. Maquet, *op. cit.*, p. 195.
96. Les actes ne donnent guère comme indication que la génuflexion du vassal dans la phase de l'hommage : par exemple dans un acte de Rabastens du 18 janvier 1244 cité par É. Chénon, *loc. cit.*, p. 142, n. 3 : « et inde vobis homagium facio, *flexis genuis*... », c'est le seul détail que donne Guillaume Durand dans le *Speculum juris*, XXIe partie, IV, 3, 2, n. 8 : « Nam is qui facit homagium, *stans flexis genuis*... » *Stans* paraît indiquer que le seigneur, comme on pouvait le penser, est, lui, assis.

Notons d'abord que l'objet n'est pas toujours à portée de main. E. Chénon a noté que dans ce cas, de façon curieuse, l'*osculum* peut remplacer la remise d'un objet[97]. Les textes qui en témoignent seraient à étudier de plus près.

L'objet est-il conservé? Qui le conserve? Où? Dans l'état actuel de mon enquête je ne puis qu'avancer des hypothèses: l'objet est habituellement conservé, si c'est l'un des deux contractants qui le garde, c'est en général le seigneur, mais le plus souvent l'objet est gardé en terrain neutre et sacré, dans une église même si le rituel ne s'y est pas déroulé[98]. Le cas d'un fractionnement de l'objet et de la conservation d'une partie par le seigneur d'une part, le vassal de l'autre semble rare[99].

Reprenant une distinction traditionnelle des feudistes germaniques F. L. Ganshof affirme que dans le cas où le symbole est un symbole d'action, il est soit conservé par le seigneur (sceptre, verge, anneau d'or, gant), soit brisé s'il est de faible valeur (par exemple un couteau). Dans le cas où le symbole est un objet c'est le vassal qui le conserve[100].

Je suis sceptique quant à cette distinction. D'abord je ne vois pas très bien la différence entre *Handlungsymbol* et *Gegenstandsymbol*. Ensuite on fait figurer dans cette liste des objets qui me semblent plus relever du rituel monarchique (sceptre, verge, anneau d'or) que du rituel féodo-vassalique. Il faudrait en tout cas examiner les textes un par un. Enfin je ne pense pas que les solutions soient aussi tranchées.

Mais on ne doit pas oublier que les instruments de perpétuation, de mémorisation de la cérémonie symbolique font partie du rituel.

---

97. É. Chénon, *loc. cit.*, pp. 132-133. «Enfin, ce qui est plus curieux et aussi plus rare, l'*osculum* pouvait servir à opérer une tradition; il remplaçait alors l'objet symbolique qu'on pouvait ne pas avoir sous la main.» S'agit-il bien de cela?
98. Du Cange donne quelques exemples de conservation d'objets symboliques d'investiture, par exemple à propos d'une donation «Facto inde dono per zonam argenteam, ab altari in armario S. Petri repositam...» (*loc. cit.*, col. 1521). Il cite Wendelin dans son Glossaire: «Hujusmodi cespites cum sua festuca multis in Ecclesiis servantur hactenus, visunturque Nivellae et alibi...» Il déclare avoir vu lui-même dans les archives de Saint-Denis, grâce à Mabillon, plusieurs chartes munies d'objets symboliques (voir *infra*, p. 389, note 123): «complures chartas, in quarum imis limbis intextae erant festucae, vel certe pusilla ligni fragmenta» (*ibid.*, col. 1522).
99. Du Cange, à propos de la *festuca* brisée, rappelle la *stipulatio* romaine et cite Isidore de Séville (*Origines*, liv. III): «Veteres enim quando sibi aliquid promittebant, stipulam tenentes frangebant, quam iterum jungentes sponsiones suas agnoscebant» (*Glossarium*, art. «Festuca», col. 411). Je ne suis pas sûr que le bris du fétu (ou du couteau) soit, comme une charte-partie, destiné à fournir deux morceaux dont chaque contractant doit conserver l'un.
100. F. L. Ganshof, *op. cit.*, pp. 143-199.

C. les références dans d'autres sociétés

Je les emprunterai essentiellement à des sociétés extra-européennes et surtout africaines car elles offrent, me semble-t-il, les possibilités de comparaison les plus propres à mettre en valeur l'originalité du système médiéval occidental à la fois par la nature des structures socio-économiques et culturelles et par le type d'approche des africanistes.

Je laisserai de côté un parallèle bien connu des médiévistes, celui du système féodo-vassalique de l'Occident médiéval et celui des institutions japonaises avant le Meiji. Ce parallèle est utile et éclairant mais les travaux précieux et précis de F. Joüon des Longrais en particulier me semblent surtout conduire à reconnaître des différences essentielles. Notre analyse du système occidental par l'étude du rituel symbolique confirme et renforce l'idée que vassalité et fief sont indissolublement liés. Que le fief soit le couronnement ou le fondement du système, seule l'investiture – le témoignage des gestes symboliques qui la constituent est clair – accomplit l'élément de réciprocité essentiel au système. Or l'indissolubilité de ce lien entre vassalité et fief semble étrangère au système japonais[101].

Le sujet mériterait une longue étude. Je me bornerai ici à quelques références[102] et à l'énoncé de deux ou trois idées.

On a beaucoup parlé du Japon dans le cadre du comparatisme en partie parce que la «féodalité» japonaise est apparue à peu près en même temps que dans l'Occident médiéval et que l'opinion courante étant que le Japon était resté «féodal» jusqu'en 1867, la période moderne plus riche en documentation, fournissait une meilleure documentation sur cette «survivance». Les questions d'influence, en ce qui concerne la féodalité, entre l'Extrême-Orient et l'Occident européen étant exclues, les considérations chronologiques n'ont pas une grande valeur.

Pourquoi ne pas regarder du côté de la Chine ? Les institutions qu'on a songé à appeler «féodales» sont très antérieures à celles qui se sont installées dans l'Occident médiéval puisque les spécialistes considèrent que la période «classique» de la féodalité chinoise est celle de la dynastie Chou (vers 1122-256 avant l'ère chrétienne).

Henri Maspero avait prudemment écarté des témoignages sur la «féodalité» chinoise un ouvrage sur lequel s'étaient fondés plusieurs sino-

---

101. F. Joüon des Longrais, *L'Est et l'Ouest, Institutions du Japon et de l'Occident comparées* (six études de sociologie juridique), Tokyo, 1958. On trouvera les titres d'autres travaux en langues occidentales consacrés à la «féodalité» japonaise in R. Boutruche, *op. cit.*, t. I, pp. 463-464.
Il me semble que Marc Bloch et Robert Boutruche notamment ont accordé une importance à la fois trop grande et trop exclusive au cas japonais dans leurs perspectives comparatives.
102. Je remercie Marc Augé qui m'a fourni d'utiles références dans le domaine africaniste.

logues : les *Mémoires sur les rites* de Li-Ki, recueil d'opuscules ritualistes confucéens rédigés de la fin du IVe au début du Ier siècle avant l'ère chrétienne. Il était difficile selon lui de décider s'il s'agissait d'une description de la réalité ou d'une œuvre d'imagination[103]. En revanche il montre à juste titre beaucoup d'intérêt pour une inscription du VIIIe siècle avant l'ère chrétienne qui décrit l'«investiture» d'un grand officier royal : «Le matin, le roi se rendit au Temple du roi Mou, et prit sa place... L'officier de bouche K'o entra par la porte et prit place au milieu de la cour, face au nord. Le roi s'écria : "Chef de la famille Yin, faites la tablette donnant la charge à l'officier de bouche K'o." Le roi parla ainsi : "K'o, autrefois, je vous ai donné charge d'être l'intermédiaire de mes ordres. Maintenant j'augmente et j'exalte (?) votre charge... Je vous donne une terre à Ye..." K'o salua en se prosternant[104]. »

Je laisserai de côté le problème de l'institution dont il est question, le fait que plutôt que de vassalité et d'inféodation il semble s'agir de quelque chose de proche du fief de fonction, à rapprocher peut-être du *tchin* russe. Je note que les Chinois, plus sensibles que les Occidentaux à la signification symbolique du cérémonial, ont soigneusement relaté le moment de l'accomplissement du rituel *(le matin)*, le lieu symbolique *(le Temple du roi Mou)*, la localisation des deux acteurs principaux *(le roi... prit sa place, l'officier de bouche K'o... prit place au milieu de la cour, face au nord)*, le fait que chacun des acteurs s'est déplacé mais si le roi se rendit au Temple, on insiste avec précision sur le déplacement de l'officier et son entrée dans l'espace sacré et symbolique *(K'o entra par la porte)*. Il y a au moins un assistant qui est de plus une sorte de scribe ou de notaire, le chef de la famille Yin qui fait la tablette. La parole intervient dans le cérémonial mais seul le roi semble autorisé à *parler* pour prononcer des formules rituelles. En revanche l'investi fait un *salut par prosternation* qui représente évidemment un acte de *respect envers un supérieur* mais dont je ne sais s'il s'adresse au roi ou au «seigneur» qui lui a confié la charge et la terre et s'il exprime un simple remerciement ou un *hommage* au sens «vassalique».

Dans le riche colloque sur le féodalisme comparé en histoire édité par R. Coulborn, Derk Bodde donne d'importantes précisions sur les cérémonies d'investiture pendant la période Chou[105].

---

103. H. Maspero, «Le régime féodal dans la Chine antique», in *Recueils de la Société Jean Bodin*, t. I : *Les Liens de vassalité et les immunités* (1935), 1936, 2e éd. Bruxelles, 1958, pp. 89-127. Il est question du recueil de Li-Ki à la page 91.
104. *Ibid.*, pp. 94-95.
105. D. Bodde, «Feudalism in China», in R. Coulborn éd., *Feudalism in History*, Princeton, 1956, pp. 49-92. L'auteur cite un travail en chinois de Ch'i Ssu-ho, «Investiture Ceremony of the Chou Period», in *Yenching. Journal of Chinese Studies*, 32, juin 1947, pp. 197-226, que je n'ai évidemment pas pu consulter.

Voici sa description : *« Les nobles étaient confirmés dans la possession de leur territoire par une cérémonie qui avait lieu dans le temple ancestral des Chou. Là le nouveau vassal, après avoir reçu du Roi une solennelle admonestation à être consciencieux dans ses devoirs, se prosternait devant lui et recevait un sceptre de jade et une tablette écrite portant les termes de l'investiture de son fief. Ces dons étaient accompagnés d'autres cadeaux de valeur, tels que des bronzes, de la vaisselle, des vêtements, des armes, des chars, etc.*[106]*. »* On retrouve ici le lieu symbolique *(le temple ancestral des Chou)*, le discours royal (une exhortation solennelle), le silence et la prosternation du vassal, la tablette qui témoigne de l'inféodation. Il s'y ajoute des précisions concernant les objets symboliques donnés au cours de la cérémonie. À côté des ressemblances, les différences avec le rituel féodo-vassalique de l'Occident médiéval sautent aux yeux. Le contenu culturel est différent : l'écrit sous forme de tablette a un rôle prépondérant en Chine qu'il n'a pas en Occident, les objets symboliques sont plus riches là qu'ici et la remise en même temps que la tablette d'un *sceptre* (de jade) semble exprimer une transmission de pouvoir très effacée, à mon sens, en Occident au Moyen Âge. Le silence et la prosternation du vassal mettent l'accent davantage sur sa subordination au seigneur que sur le contrat qui lie les deux personnages. Il est vrai qu'ici encore le seigneur est le roi ce qui rend difficile la comparaison avec le couple occidental normal qui se situe à un niveau social et symbolique moins élevé.

Derk Bodde donne ailleurs d'autres précisions : *« Quand un nouveau fief était créé, le noble investi recevait du Roi une motte de terre prise sur l'autel du Seigneur de la Terre national, qui devenait le noyau de l'autel local construit par le noble dans son propre fief*[107]*. »*

Si nous laissons de côté ici encore le fait que le seigneur est le roi, deux remarques s'imposent. Le caractère religieux de l'institution et du rituel est plus encore accentué que dans les textes précédents. Pour la première fois apparaît dans la cérémonie non seulement un symbole « rural » mais, par le rôle du temps du Dieu de la Terre, le caractère central de la référence agricole est souligné. On peut toutefois se poser la question : référence terrienne ou territoriale ?

Or quelle est, selon Derk Bodde, l'étymologie du terme désignant l'institution qui semble correspondre au *fief* occidental ? *« Le mot feng employé pour désigner ce rituel signifie "une butte", dresser une butte, planter (une plante), une limite, tracer les limites d'un fief, donner en fief, etc.*[108]*. »*

---

106. *Ibid.*, p. 56.
107. *Ibid.*, p. 61.
108. *Ibid.*, p. 51.

Il semble bien ici que la signification du rite est surtout territoriale – sans négliger, certes, le fait que le fief est un territoire, une terre. L'institution chinoise attire ainsi notre attention sur le symbolisme des frontières – que nous avons déjà rencontré – et plus particulièrement sur la réalité matérielle et le symbolisme des bornes, dont on sait le rôle qu'ils ont joué dans le monde romain et qui n'a pas encore été suffisamment étudié dans le domaine de l'Occident médiéval[109].

Si le cas chinois présente donc un intérêt certain et invite notamment à analyser de près le rituel en tenant compte du système «lieu – positions et déplacements des contractants – valeur réciproque des gestes, paroles et objets – fonction de l'assistance», il reste que, pour les raisons déjà indiquées, c'est en se tournant vers l'Afrique qu'on a des chances de recueillir les meilleurs fruits du comparatisme.

Mon information consiste en deux ouvrages d'ensemble, celui de Jacques Maquet, déjà cité, *Pouvoir et Société en Afrique* (Paris, 1970) et le recueil d'articles réunis par M. Fortes et E. E. Evans-Pritchard: *African Political Systems* (Londres, 1940; traduction française: *Systèmes politiques africains*, Paris, 1964) ainsi qu'un ensemble d'articles[110].

---

109. Voir l'intéressante note de T. Wasowicz présentée dans le cadre de cette settimana.
110. J. H. M. Beattie, «Rituals of Nyoro Kingship», in *Africa – Journal de l'Institut international africain*, vol. XXIX, n° 2, année 1959, pp. 134-145; E. M. Chilver, «Feudalism in the Interlacustrine Kingdoms», in *East African Chiefs*, éd. A. Richards, Londres, 1960; M. Fortes, «Of Installation Ceremonies», in *Proceedings of the Royal Anthropological Institute of Great Britain and Ireland for 1967*, 1968, pp. 5-20; F. Lukyn Williams, «The Inauguration of the Omugabe of Ankole to Office», in *Uganda Journal*, IV, 1937, pp. 300-312; K. Oberg, «Le Royaume des Ankole d'Ouganda», in *Systèmes politiques africains*, éd. M. Fortes et E. E. Evans-Pritchard, *op. cit.*; A. I. Richards, «Social Mechanisms for the Transfer of Political Rights in Some African Tribes», in *Journal of the Royal Anthropological Institute...*, 1960, pp. 175-190; R. A Snoxall, «The Coronation Ritual and Customs of Buganda», in *Uganda Journal*, IV, n° 4, 1937, pp. 277-288; J. J. Tawney, «Ugabire: A Feudal Custom Amongst the Waha», in *Tanganyika Notes and Records*, 17, 1944, pp. 6-9; K. W., «The Procedure in Accession to the Throne of a Nominated King in the Kingdom of Bunyoro-Kitara», in *Uganda Journal*, IV, 1937, pp. 289-299.
Mon objet n'étant pas le féodalisme, je n'ai pas utilisé le livre justement classique de J. F. Nadel, *A Black Byzantium*, Londres, 1942 (trad. fr.: *Byzance noire*, Paris, 1971), ni les premiers travaux de J. Maquet, *Systèmes des relations sociales dans le Ruanda ancien*, Tervuren, 1954, et une hypothèse pour l'étude des féodalités africaines in *Cahiers d'Études africaines*, II, 1961, pp. 292-314, ni les travaux de J. Lombard sur une société «de type féodal», les Banba du Nord-Dahomey, ni la communication de I. I. Potekhin, «On Feudalism of the Ashani», au *XVe Congrès international des Orientalistes*, Moscou, 1960. Je suis en communauté de vues avec le bel article de Jack Goody, «Feudalism in Africa?», in *Journal of African History*, 1963, pp. 1-18, notamment quand il écrit: 1. «I could see no great profit (and possibly some loss) in treating the presence of clientship or fiefs as constituting a feudality... There seems even less to be gained from the view which sees African societies as feudalities on the basis of wides political or economic critera...». 2. «To suggest that there appears little to be gained by thinking of African societies in terms of the concept of "Feudalism" implies neither a rejection of comparative work that European medievalists can wake to the shedy of African institutions...

Comme cela a été souligné par de nombreux africanistes les institutions étudiées dans ces travaux concernent en général la région des Grands Lacs et, plus largement, l'Afrique noire centrale et orientale. Je laisse de côté la question de savoir si ce fait tient plus à l'originalité de ces sociétés (et à la parenté de leurs structures) ou à une focalisation, pour telle ou telle raison, de l'intérêt des africanistes pour cette région.

À l'exception des travaux de Maquet ou utilisés par lui et de l'article de J. J. Tawney concernant une coutume féodale chez les Waha toutes les autres études concernent un cérémonial «royal». Ce n'est pas le lieu de savoir ici si le terme de «roi» convient aux personnages qui font l'objet de ces études. Il reste que les différences entre les cérémonials présentés dans ces travaux et le rituel féodo-vassalique sont évidentes et profondes. Il n'y a guère que la transmission de certains objets symboliques qui présente quelque ressemblance dans les deux cas. Mais dans les cérémonies africaines les objets en question sont des *insignes du pouvoir* et les forces en jeu sont évidemment *politiques* ce qui n'est pas le cas dans l'entrée en vassalité. Il y a la foule représentant le peuple, quelques personnages ayant un rôle particulier: membres de la famille royale, prêtres ou dignitaires mais il n'y a qu'un seul héros, le «roi». Les rites ont pour fonction d'assurer une *continuité* et de perpétuer ou faire naître fécondité et prospérité. Plus généralement – et cette remarque vaut pour les rituels royaux de l'Occident médiéval que nous avons écartés de notre champ d'investigation – comme le rappelle Meyer Fortes reprenant une expression de Marcel Mauss dans le célèbre *Essai sur le don* (1925) ces cérémonies concernent des «institutions totales» qui concentrent en elles à la fois «politique et droit, rang et parenté, concepts et valeurs religieuses et philosophiques, système d'exclusion et d'hospitalité, esthétique et symbolisme de la représentation institutionnelle, et enfin et peut-être surtout psychologie sociale de la participation populaire[111]».

Est-ce à dire qu'il n'y a rien à tirer de ces études pour notre propos? Je retiendrai deux idées émises à propos des cérémonies d'«investiture» royale par ces éminents africanistes.

While the reverse is perhaps even more true [c'est moi qui souligne], Africanists certainly have something to learn from the studies of medieval historians.» Mais si je suis d'accord avec lui pour parler en termes comparatifs non de «féodalisme» mais d'analyser dans la perspective comparatiste des institutions particulières, il me semble que, pour mon sujet, le rituel symbolique du système féodo-vassalique, les points de comparaison dans le domaine africaniste sont rares, les rituels étudiés étant surtout des rituels royaux. Mais je veux encore souligner avec Jack Goody que si l'on pense *a priori* que «institutions defy comparison because of their uniqueness» (*ibid.*, p. 2), on appauvrit singulièrement la recherche en sciences de l'homme, histoire comprise.

111. M. Fortes, «Of Installation Ceremonies», *loc. cit.*, p. 7.

La première concerne ce que Audrey I. Richards appelle à propos des Bemba du nord de la Rhodésie « social mnemonies[112] ». Il faut, dans toutes ces cérémonies, noter avec soin tout ce qui s'adresse à la mémoire sociale, tout ce qui est destiné à assurer la perpétuation de l'engagement symbolique. Plus encore, je crois que la remarque faite par A. I. Richards, toujours à propos de l'investiture des chefs suprêmes des Bemba, vaut pour le rituel de l'entrée en vassalité dans l'Occident médiéval : « more important as charters of political office are the relics themselves and the ceremonial by which they are handled[113] ». Certes, les reliques qui interviennent en Occident au Moyen Âge sont d'une autre nature et ont une autre fonction que celles qui entrent en jeu dans les cérémonials royaux africains. Elles ne sont là que les garants des engagements pris, des serments jurés alors qu'ici elles sont « la validation de l'exercice de l'autorité et un moyen d'accès aux forces surnaturelles dont dépend cette autorité ». Mais dans les deux cas le témoignage des assistants et des objets symboliques conservés a plus de poids qu'un texte écrit. Sans doute pour la justification de nombreux droits l'établissement et la possession de chartes ont eu une grande importance dans l'Occident médiéval (bien que les collections de chartes rassemblées par leurs bénéficiaires au Moyen Âge n'aient pas été aussi systématiques ni aussi nombreuses que pourraient le laisser croire les cartulaires – fort utiles – créés par les érudits des XIXe et XXe siècles), mais des institutions aussi fondamentales que le système féodo-vassalique d'une part, la monarchie de l'autre ont reposé dans leur effort de perpétuation plus sur la permanence des rites, la transmission d'objets symboliques et la mémoire collective que sur des textes écrits d'investitures « per chartam » ou la rédaction d'une charte d'entrée en vassalité ayant joué un rôle très secondaire.

Je crois d'autre part qu'une partie au moins de ce que Meyer Fortes a écrit à propos des « cérémonies d'installation » est applicable au rituel d'entrée en vassalité et d'investiture. Il insiste sur ce que seules l'observation et l'analyse anthropologiques permettent de percevoir « la réciprocité dans le lien entre l'office occupé et la société dans laquelle il est inséré[114] ». Dans le schéma des cérémonies d'installation il souligne que « la communauté doit participer directement à la fois par l'intermédiaire de ses représentants et en tant que corps[115] ». Sans doute cette exigence découle ici du fait qu'une « institution totale » est concernée. Mais je me demande si un examen minutieux de l'assistance au rituel féodo-vassalique ne ferait pas appa-

---

112. A. I. Richards, *loc. cit.*, p. 183.
113. *Ibid.*
114. M. Fortes, « Of Installation Ceremonies », *loc. cit.*, p. 7.
115. *Ibid.*, p. 8.

raître que le rôle des assistants dépasse celui du simple témoignage et que le symbolisme de la cérémonie doit être élargi au-delà de ses deux protagonistes, le seigneur et le vassal.
Il reste que, du moins à partir de mon information, les données comparatistes recueillies dans les sociétés africaines sont limitées et décevantes. Peut-être la piste est-elle plus ou moins une impasse. Mais je crois que la confusion entre rites royaux et rites vassaliques a jusqu'ici bloqué la voie comparatiste. La faute en revient souvent aux historiens, aux médiévistes qui ont engagé les anthropologues dans de fausses perspectives[116].
Mais je crains que la tendance des africanistes à se tourner vers l'anthropologie politique, si elle a le mérite de réagir contre les excès d'une anthropologie intemporelle et immobile, leur fait courir le risque de s'enliser dans les faux-semblants de certaines problématiques récentes du pouvoir et de négliger l'étude des phénomènes économiques et sociaux fondamentaux, des structures de parenté auxquelles ils renvoient et des systèmes symboliques originaux qui leur sont liés[117].
Il reste que, là où des africanistes ont étudié des institutions et des rites apparentés à ceux de la féodalité occidentale médiévale, différences et similitudes apparaissent.
Jacques Maquet, au-delà des analyses que j'ai déjà utilisées au sujet de l'*ubuhake* du Ruanda et d'institutions similaires, fait une intéressante remarque : « Un caractère essentiel de la relation de dépendance, écrit-il, est que protecteur et dépendant se choisissent en raison de leurs qualités individuelles... À l'exception de l'alliance matrimoniale tous les autres réseaux imposent à chaque acteur tous les acteurs... Il arrive aussi qu'une relation de dépendance devienne héréditaire... Mais même alors un vestige de choix demeure : les deux héritiers doivent confirmer (et peuvent ne pas le faire) la continuité du lien qui unissait leurs prédécesseurs. Ce choix initial confère à la relation qui s'ensuit une qualité individuelle qui évoque la confiance, voire l'amitié[118]... »
Je ne m'étendrai pas sur les références à l'alliance matrimoniale, ou à l'amitié, qui, pour intéressantes qu'elles sont, sont davantage d'ordre métaphorique que scientifique. Je relèverai l'accent mis sur la volonté réciproque dans la vassalité. Ici encore le rituel symbolique devrait être examiné de

---

116. M. Fortes par exemple, commentant le couronnement de la reine d'Angleterre Elizabeth II, est amené à rapprocher l'hommage qui suivit la cérémonie de «the homage of the "magnates with the feudal kiss"» qui «served to dramatise her sovereign supremacy» d'après l'ouvrage de P. E. Schramm – qui ouvrit par ailleurs tant de pistes fécondes aux médiévistes –, *A History of the English Coronation*, Oxford, 1937, p. 147.
117. L'essai suggestif de G. Balandier, *Anthropologie politique*, Paris, 1967, ne tient peut-être pas assez compte de ce risque.
118. J. Maquet, *op. cit.*, p. 194.

près. Au-delà des paroles exprimant ce choix, cette volonté (voir chez Galbert de Bruges : «*Le comte demanda au futur vassal s'il voulait devenir son homme sans réserve, et celui-ci répondit : "Je le veux."*») il faudrait examiner si le rituel exprime cette nuance volontaire du choix personnel réciproque.

Enfin en ce qui concerne l'*ugabire* étudié par J. J. Tawney comme une «coutume féodale» des Waha, il me semble qu'elle se rapproche davantage de la *précaire* dans la mesure où il s'agit pour un homme de peu de moyens de se placer sous la protection d'un plus riche en lui demandant s'il est prêt à lui donner du bétail en échange de services. Le bétail remplace ici, bien entendu, la terre, la tenure qui fait en général l'objet de la précaire[119].

De plus Tawney ne dit pas si la conclusion d'un contrat d'*ugabire* donne lieu à une cérémonie, et comporte un rituel.

Mais l'auteur donne sur les relations entre le *Mgabire* qui a obtenu l'*ugabire* et son patron et les manifestations symboliques qu'elles comportent des précisions intéressantes :

«*La relation entre le Mgabire et le patron est subtile ; le Mgabire est obligé de le saluer en certaines occasions, en partie, semble-t-il, parce qu'il y a le sentiment que le patron est d'un rang supérieur et en partie pour être sûr que le Mgabire manifeste la continuité du lien devant tout le monde. Le léger sentiment d'une différence de rang n'est pas tel qu'il puisse faire naître du ressentiment ; au contraire, il apparaît lié à l'affection qui est à l'arrière-plan de la relation, et un Mgabire acquiert ainsi un reflet du "heshima" de son patron ; le Mgabire salue son patron du titre de "Databuja" qui signifie "Père-Maître", mais il est la seule personne qui peut s'adresser ainsi à lui. Si d'autres désirent faire référence au patron d'un Mgabire, ils l'appellent "Shebuja"*[120].»

Inégalité corrigée par des liens réciproques et en partie affectifs, prise à témoin du monde extérieur, recours à un vocabulaire de type «parental». Nous nous retrouvons, malgré de grandes différences, en deçà cette fois-ci socialement du contrat féodo-vassalique, en terrain connu[121].

---

119. J. J. Tawney, *loc. cit.*, voir *supra*, p. 383, note 110.
120. *Ibid.*, p. 7.
121. K. Oberg, dans son article «Le Royaume des Ankole d'Ouganda», cité *supra*, note 110, donne d'intéressantes indications concernant la rupture d'un rapport qu'il appelle de clientèle, l'*okoutoiz ha* «un possesseur de bétail *mouhina* se rendait devant le *Mongabe* ou roi et jurait de le suivre à la guerre. Afin de garder ce lien vivant, il s'engageait à donner périodiquement au *Mongabe* un certain nombre de têtes de bétail. D'un autre côté, le refus du client d'accorder son hommage, *omoutoizha*, pouvait briser la relation de clientèle. Ce moyen de mettre fin à la relation était parfaitement reconnu. Ce n'était que lorsqu'un grand nombre de Bahima agissaient ensemble de cette façon pour défier le roi plus efficacement que cet acte était considéré comme un acte de rébellion. Même dans ce cas, si les rebelles recommençaient à rendre hommage, ils étaient pardonnés» (p. 113). Malheureusement l'auteur ne décrit pas les rites auxquels ces diverses pratiques d'une même institution devaient donner lieu.

Ainsi le comparatisme, s'il fournit d'utiles points de comparaison, s'il invite à mieux élucider dans quelles conditions une société se crée des institutions et recourt à des pratiques symboliques pour les faire fonctionner, me semble surtout mettre en valeur l'originalité, la spécificité du système féodo-vassalique de l'Occident médiéval.

D. le rôle du christianisme

Comme on pouvait s'en douter le christianisme apparaît presque à chaque phase du rituel féodo-vassalique. D'abord la cérémonie, même si aucun des deux contractants, ni le seigneur ni le vassal, ne sont des clercs, peut avoir lieu dans une église, lieu privilégié – avec l'*aula* seigneuriale – pour l'entrée en vassalité. Et même il est assez souvent précisé que la cérémonie s'accomplit dans la partie la plus sacrée de l'église, *super altare*.

Le *serment* qui constitue un élément essentiel de la fidélité est, la plupart du temps, prêté sur un objet religieux, et même particulièrement sacré, la Bible ou des reliques.

L'objet symbolique de l'investiture est parfois, comme on peut le voir dans la liste tirée de l'article «Investitura» de Du Cange, un objet ecclésiastique ou religieux *(par la crosse et l'anneau, par le calice, par la crosse épiscopale, par le candélabre, par les clefs de l'église, avec la croix abbatiale, par le chapeau prioral, par la communion* [un acte remplaçant l'objet, comme l'*osculum* peut le faire], *par les pains d'encens, par le missel, avec la règle, par le psautier*, etc.*)*. Il est vrai que Du Cange a beaucoup puisé dans les investitures concernant des clercs, et même souvent dans des investitures proprement ecclésiastiques, dont j'ai dit qu'elles me paraissent faire problème par rapport aux rites des investitures proprement féodo-vassaliques. Mais même dans ce cas, l'objet symbolique est conservé dans une église, alors que les contractants sont des laïcs.

En revanche même si des clercs sont partie au contrat et à la cérémonie qui le sanctionne, l'objet symbolique peut fort bien être profane. Je citerai un cas qui apporte d'intéressantes précisions. Frédéric Joüon des Longrais a consacré une excellente étude à des chartes du prieuré d'Hatfield Regis, dans l'Essex, dépendant de la célèbre abbaye bénédictine bretonne Saint-Mélaine de Rennes[122]. En 1135 un Chamberlain d'Angleterre, Aubry de

---

122. F. Joüon des Longrais, «Les moines de l'abbaye Saint-Mélaine de Rennes en Angleterre. Les chartes du prieuré d'Hatfield Regis», in *Mémoires et Documents publiés par la société de l'École des Chartes*, recueil des travaux offerts à M. Clovis Brunel, Paris, 1955, t. XII, pp. 31-54.

VERS UNE ANTHROPOLOGIE HISTORIQUE

Vere, inféoda à ce prieuré deux parts des dîmes du domaine de Reginald Fils Pierre à Ugley. Il le fit par le symbole d'un couteau brisé et le couteau, au manche de corne noire de 0,082 m et à la lame brisée de 0,031 m, attaché par une tresse de cordes de harpe au côté gauche de la notice de l'acte, percée d'un trou, était encore conservé (il doit toujours y être) au moment où F. Joüon des Longrais écrivit son étude, dans la bibliothèque du Trinity College de Cambridge. L'acte est d'ailleurs traditionnellement connu sous le nom de «deed with the black hafted knife». Un précieux détail est mentionné dans cet acte. La cession en fief de ces dîmes par Aubry de Vere aux moines de Hatfield Regis est faite *«pour l'âme de ses prédécesseurs et de ses successeurs*[123]*»*. Ainsi le caractère religieux d'un contrat féodo-vassalique peut aussi ressortir des intentions du seigneur.

Tout ceci n'a rien d'étonnant. La société de l'Occident médiéval étant une société chrétienne, le christianisme médiéval étant riche de rites et de symboles, il est normal que la marque de l'idéologie dominante se retrouve dans le rituel d'une de ses institutions fondamentales, donnant lieu à une cérémonie publique.

On retrouve ici plusieurs fonctions importantes de l'Église médiévale: sa tendance au monopole des espaces sacrés (églises), ses efforts pour fournir les seules garanties absolues pour les serments appuyés sur la Bible et les reliques (renforçant le rôle des Écritures et du culte des saints), sa place éminente comme interprète et propriétaire de la mémoire collective, son zèle à imposer comme justification des pratiques sociales les plus importantes – à commencer par celles qui ont un fort contenu économique – la gloire de Dieu, le bien de l'Église, le salut individuel ou collectif. Dans le cas de l'acte de Hatfield Regis on retrouve le grand mouvement qui porte au XIIe siècle l'aristocratie féodale à s'ancrer solidement dans une longue durée familiale, où les prières pour les morts (pro animabus antecessorum et successorum) vont déboucher sur l'invention d'un purgatoire facilitant la création d'un réseau de vivants et de morts.

Il reste que le rituel n'est ni chrétien ni même vraiment christianisé. Rien de commun avec le cérémonial de l'adoubement que l'on voit émerger – parfaitement christianisé, lui – vers le milieu du XIIe siècle. Ni préparation de type religieux, comme le jeûne et la veillée du futur chevalier, ni célébration d'office proprement chrétien, ni rites aux résonances vétéro-

---

123. Voici le court texte de cet acte (*ibid.*, p. 52): «Per istum cultellum feoffavit Albericus de Veer primus ecclesiam de Hatfeld Regis monachorum de duabus partibus decimarum de dominico Domini Reginaldi filii Petri in Uggeleya die Assumpcionis beate Maris Virginis, pro animabus antecessorum et successorum suorum. Anno...» Je remercie M. Berlioz qui m'a communiqué des photos de quelques objets-symboles (ils semblent rares) encore conservés aujourd'hui.

testamentaires, faisant jouer le symbolisme typologique si répandu au XIIe siècle. Même si le monde ecclésiastique est triplement concerné par l'institution féodo-vassalique : parce qu'il entre lui-même temporellement dans le système (il y a des seigneurs et des vassaux ecclésiastiques), parce qu'il y a contamination entre les investitures temporelles et les « investitures » ecclésiastiques, parce que le système est en grande partie conforme avec son idéologie (hiérarchie, réciprocité) s'il y a dans le système une confusion avec la religion elle n'est pas au niveau de l'*osculum* mais de la *foi* (*fides* ou *fidelitas?*), il n'a pas réussi avec le rituel vassalique ce qu'il a à peu près réussi avec le cérémonial chevaleresque et qu'un Chrétien de Troyes a – magnifiquement – exprimé sur le plan artistique et idéologique : l'union intime de *chevalerie* et de *clergie*.

Si, comme je le crois, une institution s'éclaire à travers l'étude ethnographique de son rituel, il n'y a rien de spécifiquement chrétien dans le rituel féodo-vassalique. Je l'ai dit et espère l'avoir montré pour l'*osculum*, le rôle de la main, en particulier dans l'*immixtio manuum* de l'hommage, ne doit pas non plus tromper. La très vaste polysémie de la main ne doit conduire ni à la confusion des institutions, ni à celle des symbolismes.

Comment de telles confusions peuvent s'établir, on le voit à travers, par exemple, le riche article *Hommage* que Dom H. Leclercq donna en 1925 au *Dictionnaire d'Archéologie chrétienne et de liturgie* de Dom Cabrol. L'auteur y compare les rites d'hommage à ceux d'entrée en religion. Il cite par exemple un acte de l'abbaye de Farfa de 801 : « *et de nouveau Perculf lui-même se livra* aux mains jointes *du seigneur abbé Mauroald pour vivre dans le monastère même sous la sainte règle*[124] » et, rappelant que selon la règle de saint Benoît, l'enfant offert par ses parents à un monastère est présenté à l'autel et sa main enveloppée dans la nappe, il ajoute que le geste « équivaut à un hommage entre les mains de Dieu ». Équivaloir est bien dangereux ! Le rite d'oblation de l'enfant – bien antérieur à l'institution féodo-vassalique – n'a rien à voir avec lui. Dans l'acte de Farfa il faut voir un exemple de la vieille coutume de la *commendatio manibus* ou *in manus* qui en était venue, comme le dit Dom Leclercq lui-même, « à être employée dans n'importe quel genre de patronage, de rapport de protection ».

Au contraire il faut remarquer que dans le plus ancien texte annonçant l'*immixtio manuum*, la formule de Marculf du VIIe siècle[125], comme le reconnaît Dom Leclercq, quand le roi dit que le nouvel antrustion « *venant ici dans notre palais, avec son arme, et ayant juré, au vu de tous*, dans notre

---

124. Giorgi et Beltrani, *Regesto di Farfa*, t. II, p. 37, n° 165.
125. Voir *supra*, p. 338, note 10.

main, *fidélité* », il n'est pas question de la *commendatio manibus* mais d'un serment prêté « entre les mains du roi ».

Dans le rituel féodo-vassalique le christianisme, au contraire de ce qui se passe dans l'adoubement, ne fournit qu'un cadre, des accessoires – quelque importants qu'ils soient –, ni la matière, ni le symbolisme. Le rituel féodo-vassalique est un rituel essentiellement profane, plutôt que païen, car si le système a emprunté à des pratiques préchrétiennes certains éléments, ici encore, et plus encore, il n'y a, à mes yeux, que détails, objets ou gestes isolés[126].

Deux questions pour conclure le rapide examen de ce dernier problème.

On a vu, aux exemples cités, qu'en Afrique noire et plus encore en Chine, le caractère religieux, sacré, est plus nettement marqué. Est-ce dû au fait qu'il s'agit, le plus souvent, de rites royaux, ou dans lesquels le roi est partie ? Il en va de même dans l'Occident médiéval. Ou ces civilisations, ces sociétés étaient-elles ou sont-elles plus sacralisées que l'Occident médiéval ?

Enfin on sait qu'un des éléments qui marquent le caractère religieux de l'adoubement est le fait qu'il avait lieu le plus souvent – aux XIIe et XIIIe siècles en tout cas – lors d'une grande fête chrétienne, la Pentecôte. La continuité avec le paganisme où cette date était de grande importance dans les rituels de l'entrée en saison chaude est ici évidente et il faut sans doute y voir le soin mis par l'Église chrétienne médiévale à oblitérer dans la cérémonie de l'adoubement toute origine païenne. Aucune nécessité de ce genre dans le rituel féodo-vassalique. D'autre part il était pratiquement impossible que les cérémonies d'entrée en vassalité et d'investiture se déroulassent à date fixe, à supposer qu'il ait pu y avoir des précédents ou des références calendaires. Les déplacements des seigneurs, la date de la mort du seigneur ou du vassal pour le renouvellement du contrat et des rites, les imprévus de la « politique de vassalité » de la classe féodale justifient que les dates d'entrée en vassalité et d'investiture, quand nous les possédons, soient très variées. N'y a-t-il pas toutefois – en dehors du contingent – quelques dates privilégiées ? Il vaudrait mieux s'assurer, pour l'interprétation du rituel symbolique de la vassalité, qu'il ne recèle aucune référence calendaire.

---

126. Une preuve de ce que par exemple l'investiture à l'aide d'un objet symbolique était un rite étranger au christianisme me paraît fournie par cette charte de 993 concernant la Belgique citée par Du Cange (*loc. cit.*, col. 1523) : « Mox post haec subsequenti die, ut firmius et stabilius esset, infra terminum praedicti comitatus, in villa quoque Thiele nuncupata, eisdem praenominatis testibus et aliis nonnullis astantibus, sine alicujus retractatione *cum ramo et cespite jure rituque populari*, idem sanctum est, rationabiliterque sanctum. » Populaire est ici quasisynonyme de païen.

CONCLUSION : FIDÈLES DONC VASSAUX

Au terme de cette première ébauche d'une tentative qui comporte encore trop d'hypothèses je voudrais présenter deux remarques générales en guise de conclusion.

La première c'est que cette interprétation du rituel féodal qui met au premier plan le lien personnel n'aboutit en aucune façon à faire de la féodalité un simple phénomène de mentalité[127].

L'originalité de la féodalité de l'Occident médiéval est bien d'associer l'investiture d'un fief à un engagement personnel et il nous est permis, en distinguant motivations et causes, de distinguer des superstructures et des infrastructures encore que les réflexions méthodologiques de certains anthropologues d'inspiration marxiste[128] orientent vers l'idée que toute société fonctionne par l'intermédiaire de structures où une partie des superstructures agit aussi comme infrastructures.

Dans le cas de l'investiture féodale il n'y aurait pas lien vassalique si l'investiture du fief n'était ancrée dans l'hommage et la foi. Le système symbolique montre qu'il s'agit d'un ensemble. Ce n'est pas « fidèles *ou* vassaux ». C'est « fidèles *et* vassaux ».

La seconde et dernière remarque c'est que, même si nous tenons compte du fait que les hommes de la Chrétienté médiévale ont eu une pensée scientifique symbolique qui était un déchiffrement d'une réalité profonde derrière les apparences, cette lecture symbolique ne peut nous satisfaire.

Un système symbolique, pour reprendre la conception récemment avancée par Dan Sperber dans son essai *Le Symbolisme en général* (1974), ne signifie rien. Ce n'est pas un reflet, une traduction. C'est un ensemble de paroles, de gestes, d'objets qui, structurés d'une façon qui doit demeurer, pour l'essentiel, intangible, apporte à cet ensemble quelque chose de plus que la simple addition ou combinaison de ces éléments, quelque chose qui fait entrer l'ensemble dans la sphère du sacré, d'un certain sacré. À cet égard comme en beaucoup d'autres cas (par exemple l'« augustinisme politique ») la pensée

---

127. G. Duby, « La féodalité? Une mentalité médiévale », in *Annales E.S.C.*, 1958, pp. 765-771, repris in *Hommes et Structures du Moyen Âge*, Paris-La Haye, 1973, pp. 103-110. G. Duby, qui réagit à juste titre contre les conceptions trop juridiques de la féodalité et invite à l'histoire pionnière des mentalités, a montré dans le reste de son œuvre qu'il ne réduit pas la féodalité à un phénomène de mentalité.

128. Je pense en particulier à Marc Augé et à Maurice Godelier, en France. Voir par exemple Cl. Lévi-Strauss, M. Augé et M. Godelier, « Anthropologie, Histoire, Idéologie », in *L'Homme*, XC (3-4), juil.-déc. 1975, pp. 177-188.

médiévale a schématisé, appauvri la conception augustinienne plus large et plus profonde. Dans le cas de l'investiture féodale c'est, me semble-t-il, dans la sphère du sacré parental que se meut le symbolique.

Je vais employer pour terminer une comparaison dont je m'empresse de dire qu'elle n'exprime pas l'essence de l'investiture féodale mais qu'elle est un simple moyen d'exposer plus clairement l'hypothèse que je forme quant à l'interprétation de la symbolique de l'investiture féodale. De même que les chrétiens devenus membres de la famille chrétienne par le baptême sont devenus des fidèles – fidèles donc chrétiens –, les vassaux devenus membres de la famille seigneuriale par l'investiture sont devenus des fidèles – *Fidèles donc Vassaux.*

APPENDICES

I. listes d'objets symboliques

A. les objets symboliques du système vassalique selon Du Cange (art. «Investitura»):

1. Per cespitem (motte de gazon)
2. Per herbam et terram
3. Per ramum et cespitem
4. Cum rano et guasone (vel wasone)
5. Per guazonem, andelaginem et ramos de arboribus
6. Per baculum
7. Per bacculum et annulum
8. Per fustem
9. Cum ligno
10. Per cultellum
11. Per cultellum plicatum (incurvatum)
12. Per amphoram (pleine d'eau de mer, Charte d'Otton III)
13. Per annulum
14. Per beretam et beretum
15. Per berillum (bésicle, brille, textes des XIVe-XVe siècles)
16. Per bibliothecam (Biblia)
17. Per calicem
18. Per cambutam (crosse) episcopi (pour l'investiture d'un abbé)
19. Per candelabrum

20. Canum venationum apprehensione
21. Per capillos capitis
22. Per chartam super altare
23. Per chirothecam (gant)
24. Per claves ecclesiae
25. Per clocas ecclesiae
26. Per coclear de turibulo (cuiller d'encensoir)
27. Per colonnam
28. Per coronam
29. Per cornu (corne à boire)
30. Per corrigiam (ceinture)
31. Cum crocia abbatis
32. Per capellum prioris
33. Per cupam auream
34. Per cultrum, vel cultellum
35. Per communionem
36. Per denarios
37. Per digitum vel digito
38. Per dextrum pollicem
39. Per elemosynariam, hoc est marsupium
40. Per ferulam pastoralem
41. Per floccilum capillorum
42. Per folium
43. Per folium nucis
44. Per forfices (ciseaux)
45. Per fossilem chartae inhaerentem (fusciola, ruban)
46. Per funes seu chordas campanarum
47. Per furcam lignean
48. Per gantum
49. Per gladium
50. Per grana incensi
51. Per haspam (gond de porte ?)
52. Per hastam
53. Per herbam et terram
54. Per infulam (ruban)
55. Per juncum
56. Per lanceam et confanonum
57. Per lapidem
58. Per lapillum (borne)
59. Per librum
60. Per librum manualem

61. Per librum missalem
62. Per librum collectarium (collectaire)
63. Per librum evangeliorum et calicem
64. Cum libro regulae et cum regula
65. Per lignum
66. Per linteum (chemise)
67. Per lini portiunculam
68. Per malleolum (jeune plant, jeune vigne, mailhol)
69. Per manicam (gant)
70. Per mappulam (mouchoir)
71. Cum marmore
72. Per particulam marmoris
73. Per marsupium de pallio (bourse de drap ou de soie)
74. Per martyrologium
75. Per unam mitram
76. Per nodum (le nœud d'un ordre de chevalerie sicilien, 1352)
77. Per notulas (chartes)
78. Per osculum
79. Per ostium domus
80. Per palam (nappe d'autel?)
81. Per pallium seu pallam
82. Per panem et librum
83. Per pannum sericum
84. Cum penna et calamario (encrier)
85. Per pergamenum
86. Cum duobus phylacteris
87. Per pileum (bonnet phrygien)
88. Per pisces
89. Per pollicem
90. Per psalterium
91. Per ramum filgerii (fougère)
92. Per regulam
93. Per sceptrum
94. Per scyphum (coupe)
95. Per spatae capulum (poignée? d'épée)
96. Per tellurem
97. Per textum evangelii
98. Cum veru (pieu aiguisé, fer pointu emmanché au bout d'un long bâton)
99. Per vexillum
100. Per virgam vel virgulam

N.B. – À la critique que j'ai adressée à la typologie qui sous-tend cette liste si remarquable et si suggestive j'ajouterai que, pour des raisons qui tiennent aussi bien à la nature de ses sources qu'à sa conception de la société médiévale, Du Cange a emprunté beaucoup d'exemples aux investitures ecclésiastiques qu'il faut à notre avis, malgré d'évidentes et significatives contaminations, distinguer, tout comme les rites royaux de couronnement, des rites vassaliques proprement dits. De même il s'hypnotise trop, me semble-t-il, sur le *baculus* et les symboles de commandement. Sans bien faire lui non plus ces distinctions, von Amira dans son justement célèbre article rend évident que le symbolisme du bâton se retrouve dans des sociétés et des rites très différents. Ici l'analyse ethnohistorique permet de distinguer ce que l'histoire et le droit érudits traditionnels ont trop tendance à confondre. L'originalité de la vassalité médiévale occidentale – replacée dans un contexte comparatiste large – n'en ressort que mieux.

B. les objets symboliques dans les contrats d'après M. Thévenin, *op. cit.*, pp. 263-264 :

Symboles juridiques employés dans la formation des contrats, dans la procédure, etc.

    1. Andelangum (gantelet). 42, 76, 117, 124
    2. Anaticula. 30 – Axadoria. 124
    3. Arbusta. 98
    4. Atramentarium. 50, 52, 136
    5. Baculum. 135
    6. Brachium in collum, et per comam capitis. 38
    7. Claves. 37
    8. Cibum et potum. 84
    9. Cultellus. 50, 52, 105, 136, 143
    10. Corrigia ad collum. 110 – Cordas ad collum. 155
    11. Denier. Sou et denier, 42. Quatuor denarii super caput. 151, 155, 157, 161, 162, 171
    12. Doigt : incurvatis digitis, 148, 159
    13. Ensis. 48
    14. Festuca. 16 (voir page 18, note 2), 29, 42, 52, 73, 103, 105, 107, 108, 124, 136, 143, 148. Jactare et calcare (le fétu), 137, 141
    15. Fuste buxea. 116
    16. Herba. 29, 30, 100 ter (et cespitem), 124
    17. Gazon. – Voir plus bas Wasonem
    18. Launegild. 48. Camisia 6. Facetergis (mouchoir). 61

19. Ligamen serici. 170
20. Medella. 70
21. Osculum. 177
22. Ostium. 30, 124
23. Ramum arboris. 52, 136, 143
24. Radicem. 121
25. Secmento. 170
26. Terra. 29, 30, 98, 124. Terre apportée, 79
27. Vinea. 98. Vineas faciebat et ad radicem fodicabat et operas faciebat per potestatem, 121
28. Virgula. 173
29. Wantonem. 48, 52, 136, 143
30. Wasonem terrae. 52, 105, 136, 143
31. Wadium. Constitution de gage. Voir Nantissement.

C. schéma du système symbolique féodo-vassalique :

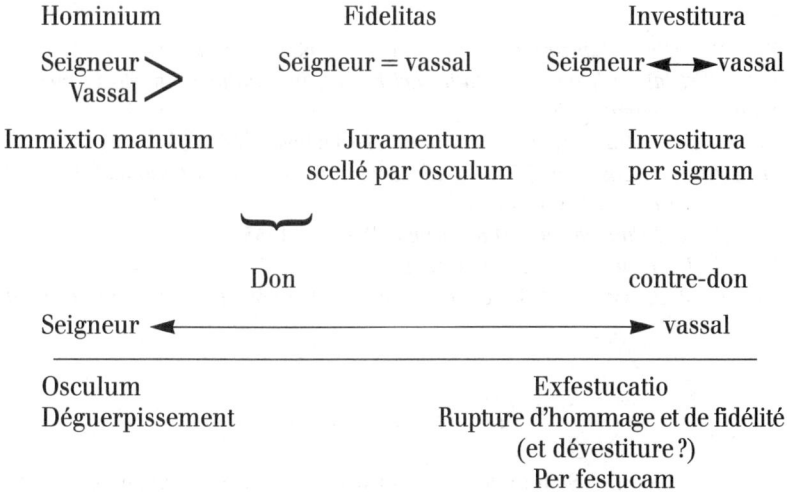

II. à propos de « festuca »

À la suite de ma leçon de Spolète et de la discussion j'ai reçu de M. Alessandro Vitale-Brovarone de l'Istituto di Filosofia Moderna de la

Facoltà di Magistero de l'Université de Turin une lettre intéressante qu'on trouvera reproduite dans les *Settimane*, XXIII, pp. 775-777.

BIBLIOGRAPHIE SOMMAIRE

documents

DU CANGE, *Glossarium mediae et infimae latinitatis*, 1678, art. «Festuca» et «Investitura».
THÉVENIN M., *Textes relatifs aux institutions... mérovingiennes et carolingiennes*, 1887, notamment liste de symboles pp. 263-264. *Lex Salica*, XLVI; *Lex Ripuaria*, XLVIII; d. *Rotharii*, 157, 158, 170, 172; d. *Liutprandi*, 65.

études générales sur la vassalité

BOUTRUCHE R., *Seigneurie et Féodalité*, Paris, 1968 et 1970, 2 vol.
FASOLI G., *Introduzione allo studio del feudalesimo italiano*, in *Storia medievale e moderna*, Bologne, 1959.
GANSHOF F. L., *Qu'est-ce que la féodalité?*, Bruxelles, 3ᵉ éd., 1957.
GRASSOTTI M., *Las instituciones feudovasallàticas en León y Castilla*, t. I, Cap. Seg.: *Entrada en Vasallaje*, pp. 107 *sqq*.
MITTEIS H., *Lehnrecht und Staatsgewalt*, Weimar, 1933.
MOR G., *L'età feudale*, t. II, Milan, 1952.
OURLIAC P. et MALAFOSSE J. de, *Droit romain et Ancien Droit*, t. I: *Les Obligations*, Paris, 1957.

études particulières

AMIRA K. von, «Der Stab in der germanischen Rechtssymbolik», in *Abhandlungen der Kg. Bayerischen Akademie der Wissenschaften, Philologische und historische Klasse*, 35, Munich, 1909.
BLOCH M., «Les formes de la rupture de l'hommage dans l'ancien droit féodal», in *Nouvelle Revue historique de droit français et étranger*, 1912; repris in *Mélanges historiques*, Paris, 1963, vol. I, pp. 189-209.
CHÉNON É., «Recherches historiques sur quelques rites nuptiaux», in *Nouvelle Revue historique de droit français et étranger*, 1912.

CHÉNON É., «Le rôle juridique de l'*Osculum* dans l'ancien droit français», in *Mémoires de la Société des Antiquaires de France*, 8ᵉ série, 6, 1919-1923.
MOELLER E. von, «Die Rechtssitte des Stabsbrechens», in *Zeitschrift der Savigny-Stiftung für Rechtsgeschichte, G.A.*, XXI, 1900.

comparatisme

1. *féodalités historiques*
COULBORN R. éd., *Feudalism in History*, Princeton, 1956 (notamment BODDE D., *Feudalism in China*, pp. 49-92).

2. *féodalités africaines*
FORTES M., «Of Installation Ceremonies», in *Proceedings of the Royal Anthropological Institute...*, 1967 (1968), 5-20.
FORTES M. et EVANS-PRITCHARD E. E. éd., *Systèmes politiques africains*, trad. fr., Paris, 1964.
MAQUET J., *Systèmes des relations sociales dans le Ruanda ancien*, Tervuren, 1954.
MAQUET J., «Une hypothèse pour l'étude des féodalités africaines», in *Cahiers d'Études africaines*, II, 1961, pp. 292-314.
MAQUET J., *Pouvoir et société en Afrique*, Paris, 1970.

L'OCCIDENT MÉDIÉVAL ET LE TEMPS

ARTICLE INÉDIT

*L*a problématique du temps historique, le concept de temps employé par les historiens, ont été profondément renouvelés depuis une quarantaine d'années. J'esquisserai cette mutation à partir de l'historiographie occidentale – en particulier française – et de ma propre pratique. Je prendrai pour terrain de mon enquête l'histoire de l'Occident médiéval.

La principale innovation conceptuelle et méthodologique dans la pensée historique récente a été le remplacement d'une conception unitaire, linéaire et objective, mathématiquement divisible du temps, en une conception multiple, foisonnante, réversible, subjective, encore plus qualitative que quantitative. La notion même de temps a souvent cédé la place à celle, plus malléable, de *durée*.

L'événement historiographique important de ce point de vue a été l'article désormais classique, de Fernand Braudel: «La longue durée», paru dans les *Annales* en 1958. Braudel y a distingué trois couches, trois rythmes du temps historique.

Le plus apparent, le plus superficiel de ces temps c'est le temps «court», qui peut être à la fois le temps rapide, éphémère des événements, l'écume de l'histoire, et le temps raccourci, déraciné, «d'une sociologie empirique, dédaigneuse de toute histoire, limitée aux données de l'enquête sur le vif».

Le second de ces temps c'est le «récitatif de la conjoncture», la succession des cycles et des intercycles construits par les historiens de l'économie, suivis par les historiens du social; et Fernand Braudel souhaitait qu'à «ces deux gros personnages», la conjoncture économique et la conjoncture sociale, s'ajoute la constitution par l'historien de conjonctures des sciences, des techniques, des institutions politiques, des outillages mentaux, des civilisations, bref la recherche des rythmes séculaires, semi-séculaires, ou moins longs même, des grands domaines fondamentaux de l'histoire que

l'on distingue à l'intérieur de l'histoire totale pour les nécessités du savoir et de la pédagogie.
Enfin, le troisième de ces temps, celui de la longue durée, celui qui change très lentement, est le niveau des structures, pluriséculaire.
Bien qu'il considérât que l'histoire était faite de la combinaison de ces trois niveaux, Fernand Braudel en favorisait certains, s'y plaisait davantage, les considérait comme plus importants. À l'égard du temps événementiel, il nourrit une vive méfiance : « Le temps court, écrit-il, est la plus capricieuse, la plus trompeuse des durées. » En revanche, la longue durée a ses faveurs. Il parle de « la valeur exceptionnelle du temps long », il affirme : « Tous les étages, tous les milliers d'étages, tous les milliers d'éclatements du temps de l'histoire se comprennent à partir de cette profondeur, de cette semi-immobilité ; tout gravite autour d'elle. » Au fond de cette longue durée il y a pour Braudel non pas tant le temps long des structures économiques ni même le temps très long de la civilisation matérielle, mais l'espace, la géographie qui fournit à l'évolution historique des données fondamentales qu'elle ne peut que lentement utiliser et transformer. Géographie qui est aussi une tradition de longue durée de l'histoire, d'Hérodote à Braudel, et plus particulièrement une tradition française d'union de l'histoire et de la géographie.
Faisons tout de suite quelques mises au point.
D'abord les trois rythmes de l'histoire distingués par Fernand Braudel ne doivent pas être considérés et utilisés comme un modèle mécanique. Il y a en fait entre les deux temps-limites qui représentent les deux dangers symétriques de l'histoire – le temps trop long qui se fige en immobilité et cesse ainsi d'être histoire, car il n'y a d'histoire qu'en mouvement ou, à l'autre bout, le temps événementiel trop court qui n'a pas le temps de devenir histoire –, il y a entre ces deux durées extrêmes tout un spectre de durées, de feuilletés temporels et surtout une dialectique qui fait jouer entre elles ces diverses durées.
Quand on parle d'autre part dans l'historiographie occidentale actuelle de « retour de l'événement », il s'agit soit d'un événement qui a changé, soit d'un nouveau regard sur l'événement. Événement nouveau que celui qui est produit et gonflé par les médias au point de jouer le rôle d'une mémoire et d'un mythe. Nouveau regard sur l'événement que celui, par exemple, jeté par Georges Duby dans son livre sur la bataille de Bouvines, grande victoire du roi de France Philippe Auguste en 1214, où il montre que cet événement n'est que la pointe de l'iceberg, le produit de toute une évolution de l'art et de l'économie de la guerre et du tournoi, de l'idéologie monarchique, que sa valeur, dès le moment où il se produit, est essentiellement symbolique. L'histoire événementielle a trouvé ou retrouvé des racines dans la longue durée.

En même temps, les historiens ont accueilli, à côté de la chronologie chiffrée, quantitative de leurs durées objectives, le temps subjectif, vécu, exprimé par les témoins de l'histoire. Qu'il s'agisse de l'histoire de la vie quotidienne, des mentalités ou de l'imaginaire, les temps qualitatifs, flous, malléables de la mémoire sont devenus aussi des cadres temporels du travail de l'historien. Les nouveaux développements de l'historiographie, plus volontiers appelée histoire de l'histoire, ont intégré la mémoire collective dans l'histoire. Le passé vit dans le présent vécu des sociétés et cette chronologie à la fois profonde et télescopée, confuse et pourtant vivace qu'on appelle mémoire, fait désormais partie du temps de l'histoire. Les croisés qui allaient combattre en Palestine, en Terre sainte, y venaient à la fois en hommes de leur temps et en contemporains de Jésus-Christ. Ainsi l'historien a-t-il encore mieux compris que le temps historique, loin d'être un phénomène «naturel», est fondamentalement un phénomène culturel.

Pendant la même période, le dialogue que l'histoire a engagé avec les sciences sociales a enrichi et complexifié la conception du temps historique.

Du côté des sociologues, les historiens ont découvert ou redécouvert les grands livres de Maurice Halbwachs : *La Mémoire collective*, ouvrage posthume (1950) et surtout *Les Cadres sociaux de la mémoire* (1925). Le temps de l'histoire ou plutôt les temps de l'histoire sont des temps sociaux, des temps collectifs.

L'ethnologie et l'anthropologie ont sensibilisé l'historien au temps lent, à ce temps qu'on a appelé «presque immobile». Mais l'étude de la mémoire des sociétés dites «sans histoire» révèle une histoire sous-jacente, implicite, dont n'est privée aucune société. Mais comme les anthropologues ont été particulièrement séduits par l'histoire du Moyen Âge, ils y retrouvaient des conceptions du temps, en particulier la présence de temps multiples – ce qui incite les historiens médiévistes à regarder en retour du côté des sociétés dites «primitives» pour éclairer la connaissance des conceptions du temps au Moyen Âge. Pour eux comme pour les historiens de l'Antiquité, l'anthropologie a notamment l'avantage de leur offrir une connaissance des temps mythiques qui leur est utile, car les sociétés antiques et médiévales ne semblent pas tout à fait sorties de cette évolution qui conduit la plupart des sociétés du mythe à l'histoire – vaste objet de réflexion pour un des grands maîtres de l'anthropologie historique, l'historien des religions Georges Dumézil.

Des échanges avec l'économie, l'histoire nouvelle n'a pas seulement appris la considération de la conjoncture avec ses cycles, ses phases, mais aussi le coût du temps. L'évolution économique, marchande et industrielle a fortement marqué de nouvelles mesures du temps et de nouvelles mentalités face au temps et à la durée. Même les sciences de la nature et de la vie ont eu des influences sur l'évolution des attitudes des historiens face au temps. L'évolution des mathématiques et de la physique a joué un rôle capital dans les inventions technologiques qui ont permis les progrès dans la mesure du temps, de l'horloge mécanique à la montre à quartz, de l'heure à durée fixe et divisible en parties égales à la seconde définie comme «9, 192, 631, 770 periods of the radiation corresponding to the transition between the two hyperfine levels of the ground state of the cesium-133 atom». David Landes a raconté cette fantastique histoire de la mesure du temps depuis l'invention de l'horloge mécanique au Moyen Âge dans son beau livre, *Revolution in Time*, et Gerhard Dohrn-van Rossum vient d'expliquer «l'organisation moderne du temps» autour de l'horloge mécanique aux XIVe-XVe siècles.

Enfin, les efforts pour faire sauter les barrières entre sciences de la vie et sciences humaines et sociales ont aussi amené les historiens à regarder du côté des biologistes et des psychologues pour étudier le fonctionnement de la mémoire et de l'ensemble des phénomènes corporels et cérébraux qui concernent la perception et la construction du temps. Certains ont accordé un intérêt spécial aux théories du grand psychologue suisse de l'enfance Jean Piaget sur l'acquisition des cadres temporels par l'enfant, susceptibles non seulement d'aider les enseignants soucieux d'apprendre l'histoire aux enfants, mais aussi d'éclairer les épistémologues désireux de mieux connaître l'outillage mental afférent au sens de la durée.

Quant à la psychanalyse, ne fait-elle pas surgir et n'étudie-t-elle pas le passé du psychisme, psychisme pour elle surtout individuel mais qu'on peut espérer transposer un jour en psychanalyse collective, qui serait presque par définition une psychanalyse historique ? Par exemple, n'est-on pas en droit d'espérer retrouver dans les comportements des sociétés européennes le retentissement de la sexualité et du rire refoulés par le christianisme depuis l'Antiquité tardive ?

Ainsi, le temps historique s'est décomposé en temps multiples liés au sens des rythmes différents d'évolution, à l'importance de la mémoire et du temps vécu comme durée, les pratiques sociales et culturelles du temps l'emportant sur la rigidité de la chronologie.

Après ce rappel sommaire de l'évolution des conceptions du temps des historiens occidentaux depuis une quarantaine d'années, je voudrais souligner, avant de développer ce thème avec quelque détail, que la période de l'Occident médiéval appelée Moyen Âge s'est montrée favorable à l'emploi de ces nouveaux concepts.

Même si on limite cette période au découpage universitaire traditionnel qui fait s'étendre le Moyen Âge du Ve au XVe siècle, de la fin de l'Antiquité, marquée par la fin de l'Empire romain, à la Renaissance, définie par l'humanisme et les grandes découvertes, tandis que je considérerais plus volontiers un long Moyen Âge s'étirant de la crise du monde romain au IIe-IIIe siècle jusqu'à la révolution industrielle au XIXe siècle, même les dix siècles du Moyen Âge «bref» représentent une longue durée susceptible d'être le théâtre d'une lente évolution des structures en même temps que de mutations profondes s'accélérant pendant des périodes d'essor baptisées renaissances (IXe, XIIe, XVe siècle) ou de bouleversements appelés crises, la plus apparente étant celle du XIVe siècle.

Ces nouveaux aspects du temps dans l'Occident médiéval peuvent être regroupés en quatre ensembles de changements: 1. L'apparition de nouveaux pouvoirs sur le temps: l'Église chrétienne (IVe-VIIIe siècle), la ville (XIe-XIIe siècle), l'État (XIIIe-XVIe siècle); 2. L'émergence de nouveaux mesureurs du temps: les cloches (VIe-VIIIe siècle), l'horloge mécanique (fin XIIIe-XIVe siècle), véritable révolution technologique et, sous sa forme miniaturisée, la montre individuelle (fin XVe siècle); 3. Le développement (XIIIe-XVe siècle) d'une économie dévoreuse et calculatrice de temps (XIIIe-XIVe siècle); 4. L'éclosion de nouvelles mentalités et de nouvelles sensibilités face au temps (XIIIe-XVe siècle).

I. LE TEMPS CHRÉTIEN, LE TEMPS DE L'ÉGLISE
IVe-VIIIe SIÈCLE

La période de l'histoire occidentale que l'on appelle le Moyen Âge, et, de plus en plus, l'Antiquité tardive, est fortement marquée par l'installation d'une nouvelle religion, le christianisme. Le christianisme désormais envahit tout: le domaine proprement religieux étendu à tout le champ de l'idéologie et de la culture, le système socio-économique, les institutions politiques, les valeurs. Un groupe dominant, les clercs, organisé en Église, veille au maintien de cette suprématie du religieux. Cette suprématie s'exerce aussi sur le temps. C'est le premier caractère du temps médiéval: il est soumis à la religion chrétienne et à l'Église.

Il leur est soumis d'abord dans ses structures générales. Du temps antique gréco-romain, le temps chrétien conserve deux traits essentiels. Il fait vivre les hommes dans un temps liturgique circulaire scandé par l'éternel retour des fêtes religieuses à l'intérieur d'un calendrier solaire. Mais même quand les nouvelles fêtes recouvrent les anciennes fêtes païennes aux mêmes dates, elles changent profondément de signification. Les fêtes des saints remplacent celles de nombreuses divinités, mais l'année liturgique est dominée par le rappel de la vie du Dieu incarné, Jésus-Christ. Commencée à la naissance du Christ à la Noël, elle s'achève à sa mort dans la passion et à la résurrection à Pâques. Le reste de l'année liturgique est fait de l'attente ou des suites de ces deux grands événements. Avant la Noël c'est l'Avent, après Pâques ce sont les deux événements complémentaires de l'Ascension, montée au Ciel du Christ ressuscité, et de la Pentecôte, retombée divine de Dieu sous forme de langues de feu, incarnation de la troisième personne de la Trinité divine, le Saint Esprit et le déroulement du temps d'après la Pentecôte. Avant Pâques, une période de préparation pénitentielle de quarante jours, le Carême, creuse au cœur de l'année liturgique un temps de deuil que trouble l'agression d'un temps de fête traditionnel, préchrétien, Carnaval. Entre Carême le maigre et Carnaval le gras s'instaure un conflit, un combat de deux temps religieux incompatibles qui voit la défaite de Carnaval.

Le temps chrétien apporte deux grandes nouveautés qui renforcent le pouvoir de l'Église sur le temps. La plus importante de ces innovations, c'est le temps en séquence de sept jours, la semaine, héritage de la Bible et du judaïsme, calquée sur le temps mythique de la Création et se terminant comme lui par un jour de repos, le dimanche, jour du Seigneur, jour tabou où le travail est frappé d'interdit en mémoire du repos de Dieu au septième jour de la Création.

Ce rythme hebdomadaire qui remplace le rythme décadaire du calendrier antique remodèle l'activité humaine. Je pense qu'il a été pour plus de quinze siècles le rythme idéal pour un travail efficace : six jours de labeur plus un jour de repos, l'unité temporelle qui a favorisé le rendement et la créativité économiques de l'Occident[1]. Jour du Seigneur, de la messe obligatoire pour tous célébrée par les prêtres, le dimanche a permis à l'Église de contrôler régulièrement le temps économique et social. En même temps, la fête de Pâques restant liée aux phases de la lune, cette fête essentielle fut mobile et le calcul de sa date exigea une science que seuls possédaient les clercs. L'Église avait aussi la clé de la fête de Pâques. Le *Libellus de ratione Paschae (Livre du calcul de Pâques)* du moine Denys le Petit en 525 et le traité *De temporum ratione (Le Calcul des temps)* du moine anglo-saxon Bède en 725 furent la base du comput pascal.

Les Romains avaient aussi un temps historique, linéaire, dont l'origine était la date légendaire de la fondation de Rome. Les chrétiens, dont la religion était encore plus fortement ancrée dans l'histoire, adoptèrent une double date d'origine, celle de la création du monde, diversement et arbitrairement fixée, et l'année, approximativement calculée, de la nais-

---

1. Aujourd'hui le week-end a instauré un partage cinq + deux jours.

sance, de l'incarnation de Jésus-Christ. Mais, au contraire des Romains, les chrétiens donnaient au temps une fin. Dieu mettrait un jour un terme au monde qu'il avait créé. Ce jour-là, à l'image du Christ ressuscité, les corps de tous les hommes ressusciteraient et les humains entreraient dans l'éternité, une éternité heureuse pour les élus qui iraient au Paradis, malheureuse pour les damnés qui iraient en Enfer en conclusion du Jugement dernier. Selon l'Apocalypse attribuée à l'évangéliste Jean, révélation des événements de la fin du monde, une période mouvementée puis au contraire calme et heureuse précéderait sur terre la fin du monde. Un personnage diabolique, l'Antéchrist, régnerait sur la terre au milieu de calamités et de guerres, puis après la mort de l'Antéchrist une longue période de paix, de justice et de bonheur, le *Millenium*, s'établirait. L'ensemble de ces périodes précédant la fin du monde formait un temps spécial, « les derniers temps », ou temps eschatologique. Comme l'idée d'un *Millenium* sur terre présentait l'image d'un bouleversement social et politique autant que moral et religieux, l'Église combattit vigoureusement cette croyance. Mais elle eut beaucoup d'adeptes au cours du Moyen Âge et se rencontra dans beaucoup de mouvements hérétiques ou sur les marges de l'hérésie. Mais, même s'il ne croyait pas au *Millenium*, le chrétien médiéval vivait dans une composante particulière du temps vécu, le temps de l'attente. Cette attente permit le développement d'une théologie de l'espérance, base d'un temps de l'espérance ; mais le plus souvent cette attente était surtout faite de peur, peur de l'Antéchrist, peur du Jugement dernier, qu'on croyait proche, peur de la damnation éternelle. En fait, à mesure qu'il avançait en âge, et plus particulièrement à certaines époques troublées, l'homme du Moyen Âge entrait dans le temps de la peur. Si la mort est tellement présente dans l'imaginaire de l'Occident médiéval, dans ses pratiques et ses œuvres (retour du testament abandonné à la fin de l'Antiquité, prières pour les morts, liturgie des morts, monuments funéraires), c'est que, plus encore que la mort, ce que les chrétiens redoutaient c'était l'après-mort, l'éternité, une éternité de souffrances infernales.

Le temps cyclique, religieux, le temps liturgique circulaire engendrait des sous-temps qui formaient aussi certains des cadres temporels importants des hommes du Moyen Âge. Le plus remarquable est sans doute celui que Jean-Louis Flandrin a appelé « un temps pour embrasser ». L'Église interdisait aux homme et aux femmes, et en particulier aux époux, les relations sexuelles pendant certaines périodes et certains jours de l'année. Certaines de ces interdictions étaient liées au calendrier menstruel de la femme. On croyait que les enfants nés de copulation pendant les règles de la femme devenaient lépreux. Mais surtout, les relations sexuelles étaient interdites selon un calendrier de jours religieux sacrés: pendant le Carême, les jours et veilles de grandes fêtes, etc. Le temps sexuel était ainsi un temps discontinu, haché, et comme le calendrier qui le réglait semble avoir été relativement suivi, il entraînait d'importantes conséquences non seulement du point de vue de la fécondité démographique mais aussi et peut-être surtout du point de vue des comportements et des sensibilités. Il accentuait la tendance des hommes du Moyen Âge aux forts contrastes dans les sentiments et les attitudes. Cette poussée aux extrêmes était renforcée par la dévotion. Pour les époux, l'ascèse sexuelle était une vertu très louée. Le roi Saint Louis de France et son épouse furent des virtuoses du temps conjugal.

II. LE TEMPS FÉODAL, VIIe-XIe SIÈCLE

Lié aux structures économiques et sociales comme à l'outillage technologique et mental, receleur de sacré, enjeu de pouvoir, le temps est pris, entre le VIIe et le XIe siècle, dans le mouvement de féodalisation de l'Occident médiéval.

La partie triomphante de l'Église pendant cette période, c'est le monachisme. Les moines occidentaux, malgré des accès de vie solitaire, érémitique, adoptent en général la vie communautaire dans des monastères. Ils y obéissent à des règles qui imposent au moine un emploi du temps quotidien. Ce type de réglementation et de vécu du temps qui s'étendra peu à peu à l'ensemble de la société occidentale, l'emploi du temps, est une contribution fondamentale à l'établissement d'un temps commun, régulier, facteur de rationalisation et d'efficacité. Pendant longtemps, certes, cet emploi du temps ne s'impose qu'aux moines définissant un temps du travail, un temps des offices religieux (*opus Dei*, œuvre de Dieu), un temps du repos. Il découpe la journée en espaces plus ou moins égaux d'environ trois heures: matines, tierce, sexte, none, vêpres, complies et un office de nuit. Ce sont les heures «canoniques». Elles varient suivant les saisons, restent très liées au temps «naturel», lever et coucher du soleil. Mais elles sont annoncées par un nouvel indicateur du temps, la cloche, qui se généralise du VIe au VIIIe siècle. On place la cloche dans une tour plus ou moins haute, le clocher, qui se signale par sa visibilité et par la portée lointaine des sons que la cloche émet. Resté souvent isolé près de l'église en Italie, le clocher, dans le reste de la Chrétienté, s'intègre dans les tours de façade des églises. La mesure et l'annonce du temps s'incorporent dans l'édifice religieux. Plus que jamais c'est le temps de l'Église. Ce temps sonore, qu'on entend au loin, fournit aussi aux laïcs leurs points de repères temporels. Les laïcs touchés par le son des cloches, ce sont surtout les paysans, la masse la plus nombreuse, dans un monde fondamentalement rural, où les monastères sont en général eux-mêmes dans la solitude des champs et de la nature. Temps rural donc aussi, également lié au temps naturel des saisons. Cette domination du temps monastico-rural est telle qu'elle s'exprime par un thème artistique qui envahit la sculpture et la peinture chrétiennes jusqu'au cœur des villes, sur les portails ou dans l'intérieur des églises. L'Antiquité représentait un calendrier astronomique lié aux mouvements du soleil dans certaines constellations, le zodiaque, figuré par des signes. L'Antiquité le doublait de représentations symboliques des quatre saisons. Le christianisme adopte ce calendrier mais le transforme profondément. Aux saisons, il substitue les mois, il remplace les représentations symboliques d'allégories des saisons par des scènes humaines réalistes des travaux des champs. Un temps rural et humain, découpé en douze tranches mensuelles, vient doubler le temps de l'Église qui l'intègre aussi à l'édifice religieux.

Cette frise de travaux agricoles s'interrompt. En mai, parfois en juin, ou en mai et juin, l'image du mois cesse d'être réaliste et paysanne. Elle devient seigneuriale. Elle représente un seigneur à cheval portant soit un oiseau de chasse au poing, soit une fleur la main. C'est le temps seigneurial de la chasse et/ou du renouveau de la nature unie dans l'esprit des hommes du Moyen Âge à la classe chevaleresque. La grande fête de la chevalerie, c'est la Pentecôte.

Ce temps féodal est donc aussi un temps seigneurial. Temps de la chasse mais aussi temps de la guerre, car c'est au printemps qu'on entreprend régulièrement, chaque année, les expéditions guerrières, que se forme et se déchaîne l'armée du seigneur, y compris celle du seigneur supérieur, le roi, l'ost féodal.

Mais ce temps féodal c'est aussi celui des jours ou des périodes de paiement des redevances par le paysan au seigneur. Ces dates marquent surtout l'automne, Saint-Michel (29 septembre), Saint-Rémi (1er octobre), Saint-Martin (11 novembre).

La principale caractéristique de ce temps féodal, c'est sa diversité, sa multiplicité, son manque d'unification. Comme dans le domaine des poids et mesures, des coutumes, des redevances, c'est la bigarrure féodale d'un temps que se disputent Dieu, la nature, la diversité des activités rurales et d'innombrables seigneurs.

Un autre Moyen Âge

III. LE TEMPS NOUVEAU : TEMPS DE LA VILLE, TEMPS DU MARCHAND, XIIe-XIVe SIÈCLE

Puis vinrent les villes. Leur renouveau, du XIe au XIIIe siècle, aboutit à la multiplication d'un nouveau type de ville, différent de la ville antique, centre militaire, politique, agglomération d'une population consommatrice de pain et de jeux. La ville médiévale est centre économique et culturel, lieu d'échanges de biens et d'idées, de matières et de formes. L'homme de la ville pèse, mesure, écrit. Il mesure le temps. Le temps pendant lequel travaillent dans les ateliers les ouvriers, les artisans à qui il donne de l'ouvrage, le temps que mettent ses draps à gagner les marchés et les foires, que mettent les bateaux chargés de marchandises – car le commerce à grande distance, et particulièrement le commerce maritime, a repris – à parvenir dans les ports d'embarquement et de débarquement en Orient, en Italie, en mer du Nord et en Baltique. Temps aussi que met à lui revenir l'argent qu'il a investi ou prêté et qui doit lui revenir augmenté par le bénéfice sur les marchandises vendues mais aussi sur le temps pendant lequel cet argent a été immobilisé, a servi à autrui. Temps de l'intérêt. Un temps, ou plutôt des temps nouveaux surgissent : temps de l'économie, du travail ou du commerce. Le temps des foires et du départ des navires marchands est par exemple temps d'argent cher, parce qu'investi dans les marchandises, et rare. Un marchand vénitien note : « À Gênes, l'argent est cher en septembre, janvier et avril, en raison du départ des bateaux... à Montpellier il y a trois foires qui y causent une grande cherté de l'argent. »

Quant au temps du travail urbain il fait l'objet de mesure de plus en plus comptée à tel point qu'il faut un autre mesureur de temps que la cloche de l'église. Ainsi naît la cloche de la ville logée elle aussi dans une tour qu'on nomme en Flandre beffroi. En 1335 à Amiens par exemple, le roi de France, Philippe VI, autorise le maire et les échevins – les dirigeants bourgeois de la ville – à faire pendre au beffroi de la ville une cloche différente de toutes les autres pour sonner l'heure à laquelle les ouvriers doivent aller travailler, celle à laquelle ils doivent s'arrêter de travailler pour manger, celle à laquelle ils doivent reprendre le travail, celle enfin à laquelle ils doivent cesser le travail. Face au temps religieux de la cloche du clocher de l'église s'affirme le temps laïc, le temps du travail, de la cloche du beffroi de la ville.

Mais cette cloche qui sonne, sur décision et par l'activité des hommes, le temps nouveau, n'apporte pas l'exactitude, la régularité réclamées par le nouvel ordre économique. Alors en réponse à ce besoin apparaît à la fin

L'Occident médiéval et le temps

du XIIIe siècle et se répand jusque dans les plus petites villes au cours du XIVe siècle, l'horloge mécanique. David Landes a bien montré comment les superbes horloges hydrauliques chinoises, merveilles de technologies, étaient de «magnifiques impasses» parce qu'elles ne pouvaient être miniaturisées, parce qu'elles ne résistaient pas au froid et qu'elles étaient condamnées à rester des curiosités. Au contraire, l'horloge mécanique était entraînée par un poids dont la descente au moyen d'un train d'engrenage ou mouvement d'horlogerie, *clockwork*, transmettait de l'énergie grâce à un mouvement d'oscillation, de va-et-vient continu qui suivait l'écoulement du temps continu, égal et unidirectionnel. Du point de vue technologique, l'invention de l'horloge mécanique consista à réunir un mouvement oscillatoire *(oscillatory device)* qui battait le temps et un mécanisme d'échappement *(escapement)* qui comptait les battements *(pulses)*. Le voilà, le temps moderne, uniforme, divisible en heures égales (on en compta deux fois douze par journée), entièrement détaché du temps naturel, sauf pour le début du jour qu'on faisait commencer au Moyen Âge avec la tombée de la nuit.

Comme l'a dit Lewis Mumford : «L'horloge n'est pas seulement le moyen de suivre la marche des heures ; c'est aussi un moyen de synchroniser les actions des hommes. C'est l'horloge et non la machine à vapeur qui est la machine vitale de l'ère industrielle moderne.»

Par rapport au cadran solaire ou à la clepsydre, l'horloge mécanique, selon l'expression de David Landes, révèle «un énorme potentiel technologique et culturel».

Pendant la même période, un peu plus tôt même, à partir du XIIe siècle, se distingua et se développa dans le domaine littéraire et artistique le temps de la successivité continue, le temps du récit, de la narration, de l'histoire individuelle. À côté des chroniques, apparut le roman, qui se déroulait pendant le temps d'une intrigue et souvent la vie d'un héros. Temps vécu qui connut son apogée au XIIIe siècle avec les romans de la Table Ronde. Temps du récit qui connut aussi le succès avec les genres narratifs brefs, le *lai*, le *conte*, l'*exemplum*, la *novella* italienne. Temps du récit qui se répandit dans les grands cycles de fresques narratives racontant la Vie de Jésus ou les Vies de saints. Le plus bel exemple en furent sans doute au tournant du XIIIe au XIVe siècle, les fresques de Giotto : scènes de la vie du Christ et scènes de la vie de la Vierge à Padoue, scènes de la vie de saint François à Assise.

Vers 1200, une manie de compter, de calculer, une passion de l'arithmétique, comme l'a montré Alexander Murray dans *Reason and Society in the Middle Ages*, s'empare des hommes d'Occident. Vers ce temps-là, des théologiens ont inventé un troisième pays de l'au-delà, entre le Paradis et l'Enfer, le purgatoire, au-delà intermédiaire car c'est un enfer « à temps » où l'on ne reste que le temps nécessaire à se purifier des péchés véniels ou non effacés par pénitence, quoique regrettés par contrition, qu'on a pu conserver au moment de la mort. Le temps passé au purgatoire est directement proportionnel à la gravité des péchés non disparus à la mort, et indirectement proportionnel à l'importance des actes religieux (prières, aumônes, messes) que les parents et amis vivants du mort accomplissent à son intention. D'où, comme l'a joliment dit Jacques Chiffoleau, une croissante « comptabilité de l'au-delà ». Comme ce temps est racheté par des indulgences valant tant ou tant d'années de purgatoire, un véritable trafic du temps de l'au-delà s'instaure. Entre le temps terrestre et le temps éternel et collectif de l'Enfer ou du Paradis, se glisse un temps individuel du purgatoire, un temps « à la carte ». Le temps du purgatoire n'est au fond qu'un « supplément de biographie ».

IV. CONFLITS AUTOUR DU NOUVEAU TEMPS, XIIe-XVe SIÈCLE

Entraîné par l'évolution économique et sociale, rendu possible par les progrès technologiques et la transformation des mentalités (on peut profiter du temps), le nouveau temps débouche sur des conflits de natures très différentes selon qu'il s'agit du temps du marchand ou du temps du travailleur.

Le marchand, on l'a vu, se met à vendre le temps. Or, le temps n'appartient qu'à Dieu. L'Église est particulièrement sévère à l'égard du voleur de temps qui n'a même pas, comme le marchand itinérant ou actif, l'excuse de travailler. Le temps lui rapporte en dormant. C'est l'usurier que le christianisme et l'Église condamnent. Tant que les Juifs étaient à peu près seuls à vendre du temps en prêtant à intérêt, ce n'était pas grave. Maintenant, ce sont des marchands chrétiens. Spécialistes du temps, aidés par les confesseurs, les théologiens et les canonistes des nouveaux Ordres religieux mendiants (surtout les dominicains et les franciscains), les marchands parviennent à jongler avec le temps. En alléguant les dommages des temps de risque, d'insécurité, d'immobilisation de l'argent, ils font partiellement légitimer les opérations financières et bancaires où intervient un profit, un bénéfice sur le temps. À l'aube du capitalisme, le temps est devenu une marchandise. Le marchand obtient enfin de ne pas aller automatiquement en enfer ; par la contrition et par la piété de ses parents et de ses amis, le voleur de temps ici-bas se retrouve en purgatoire et se rachète grâce au nouveau temps de l'au-delà. Le premier usurier que j'ai rencontré au purgatoire se trouve dans un traité d'un cistercien allemand, Césaire de Heisterbach, vers 1220. C'est un usurier de Liège. Sa femme le rachète en quatorze ans, ou plutôt en deux fois sept ans, à 50 % d'abord, puis à 100 %. Le capitalisme peut venir. Un obstacle idéologique à propos du temps a été levé.

Autour du temps du travail le conflit est plus directement social. Il relève de la lutte des classes. Cloches de travail et horloges mécaniques sont au pouvoir des bourgeois des villes, des donneurs d'ouvrages, nous dirions des patrons. Contre ces nouveaux mesureurs du temps, contre cette nouvelle mesure du temps, les travailleurs cherchent à se défendre, se révoltent. Mais le mouvement ne prend pas la forme sauvage de la destruction des instruments de domination. C'est, à coups de grèves, la lutte pour la diminution de la longueur de la journée de travail ou parfois, inversement, la lutte pour l'autorisation de pouvoir gagner davantage en travaillant de nuit. Les patrons répliquent à coups d'amendes. Dans d'autres cas, la lutte prend la forme du retard au travail, de toutes sortes de formes passives de lutte contre le temps imposé du travail, comparables aux formes de résistance passive des serfs sur les domaines seigneuriaux. La plus répandue de ces formes de lutte autour du temps de travail, la revendication de la diminution de la durée du travail, annonce les luttes des travailleurs modernes.

V. VERS LE TEMPS MODERNE, XIVe-XVe SIÈCLE

C'est en effet vers le temps moderne qu'évoluent, avec l'horloge mécanique et les nouveaux pouvoirs sur le temps, les nouvelles formes de mesure et de pratique du temps.

Le temps désormais, c'est du pouvoir et c'est de l'argent.

Deux types de puissants accroissent, grâce au temps nouveau, leur emprise sur la société. Le premier, c'est la bourgeoisie urbaine. Elle est maîtresse de la cloche de la ville qui ne sert pas seulement à faire respecter le temps du travail. Dans la petite ville d'Aire-sur-la-Lys en Flandre, grand centre de fabrication de drap, on déclare franchement au XIVe siècle qu'il faut une cloche parce que «la ville est gouvernée par le métier de draperie», c'est-à-dire les maîtres-drapiers. Cette cloche convoque aussi les bourgeois du conseil municipal, appelle à la défense

de la sécurité dans la ville – le guet contre les malfaiteurs, l'incendie – et aussi à la révolte contre les seigneurs, le comte, le prince ou le roi. Le beffroi des villes flamandes au XIVe siècle a souvent sonné contre le roi de France.
Mais la machine à mesurer le temps la plus révolutionnaire, l'horloge mécanique, elle, est un instrument de puissance plus encore pour le pouvoir central, le pouvoir du prince ou du roi, que pour le pouvoir bourgeois. La diffusion de l'horloge est contemporaine de l'établissement de l'État dans les nations de la Chrétienté. En France, par exemple, le roi Charles V, en 1370, décrète que toutes les horloges de Paris doivent être réglées sur celle du palais royal de l'île de la Cité, toujours visible aujourd'hui. De même que seule la monnaie royale peut circuler dans le royaume, seul le temps royal doit s'écouler dans la capitale. Ainsi, tend à s'affirmer un temps dominant, unifié, continu, régulier, arithmétiquement et automatiquement mesurable, aux mains des nouveaux pouvoirs.
Deux autres conceptions du temps se développent pourtant de façon contemporaine et vont aussi dans le sens d'une modernité du temps.
La première c'est l'émergence d'un temps individuel. On l'a vu apparaître avec le purgatoire. C'est un jugement individuel, qui, dès la mort, condamne à un temps individuel de purgatoire. Le temps devient le bien propre de l'individu. Le grand architecte et humaniste florentin, Leon Battista Alberti, fait ainsi parler deux de ses personnages dans *I libri della famiglia* (*Les Livres de la famille*, 1437-1441) :

> GIANOZZO : Il y a trois choses que l'homme peut dire lui appartenir en propre : la fortune, le corps...
> LIONARDO : Et quelle sera la troisième ?
> GIANOZZO : Ah! une chose extrêmement précieuse. Ces mains et ces yeux ne sont pas autant miens...
> LIONARDO : Merveille! Qu'est-ce que c'est ?
> GIANOZZO : Le temps, mon cher Lionardo, le temps, mes enfants.

Ce temps individuel, bientôt on pourra le connaître individuellement grâce à la miniaturisation de l'horloge, la montre individuelle, qui fait son apparition à la fin du XVe siècle. Ainsi, se fait jour, à propos du temps, un grand clivage qui définit le partage moderne du temps, réplique du partage de l'espace déjà accompli. Au temps public des horloges répond le temps privé des montres qui cependant en dépend. De même que se précise, à la suite de la promotion idéologique du travail qui valorise la vie active face à la vie contemplative (personnifiées dans l'Évangile par Marthe et Marie), le partage entre temps du travail et temps du loisir. Émerge aussi dans le milieu

universitaire au XIIIe siècle, un temps nouveau : celui des vacances en opposition au temps de l'activité scolaire.
Par ailleurs s'impose non plus le sens du temps mesuré, objectif mais le sens de la durée personnelle et subjective, le sens du temps qui passe. C'est bien sûr la poésie qui l'exprime le mieux. Et plus que tout autre le grand poète français du XVe siècle, François Villon. Il chante la *Ballade des dames du temps jadis* :

> *Mais où sont les neiges d'antan ?* [de l'an passé]

et fait regretter par la vieille heaumière (fabricante de heaumes = casques) et ses compagnes le temps écoulé, le temps passé :

> *Ainsi le bon temps regrettons*
> *Entre nous, povres vieilles sottes*
> *...*
> *Tôt allumées, tôt éteintes.*

Car le temps désormais ou bien c'est de l'argent, ou bien il n'a pas de prix. Ainsi, du XVe siècle à nos jours, le temps s'unifie. Le temps objectif se mesure de plus en plus exactement. Le temps sportif a amené le temps des records et pour le mesurer des chronomètres de plus en plus précis jusqu'à la montre à quartz. L'internationalisation de l'économie, des relations et des institutions pousse vers un calendrier unique.
Le temps subjectif coule lui aussi de plus en plus vite jusqu'à ce que l'imaginaire parte à sa recherche, à la recherche du temps perdu.
Pourtant, aujourd'hui, les conceptions du temps semblent se renverser. L'historien est devenu sensible à tout un émiettement, à tout un étagement de durées qui se chevauchent. Les hommes de science semblent retrouver dans la structure de l'univers des discontinuités et des multiplicités dans le temps. Le grand historien des sciences, Alexandre Koyré, considérait que la fin du Moyen Âge avait connu le passage du monde (et du temps) de l'à-peu-près à l'univers (et au temps) de la précision. Aujourd'hui, Prigogine parle du « temps retrouvé » après la tentative d'Einstein d'éliminer le temps et il déclare : « Après plus de trois siècles, la physique a retrouvé le thème de la multiplicité des temps. » La science a retrouvé le temps multiple de l'historien.

Un autre Moyen Âge

BIBLIOGRAPHIE SOMMAIRE

Ariès Ph., *Le Temps de l'Histoire* (1954), Paris, Seuil, 1986.

Biarne J., «Le temps du moine d'après les premières règles monastiques d'Occident (IVe-VIe siècle)», in *Le Temps chrétien...*, Éd. du C.N.R.S., 1984, pp. 100-128.

Bilfinger G., *Die mittelalterlichen Horen und die modernen Stunden*, Stuttgart, 1982.

Bourin M., «Quel jour, en quelle année?, À l'origine de la révolution calendaire dans le Midi de la France», in *Le Temps, sa mesure et sa perception au Moyen Âge*, pp. 37-46.

Bratu A., «Le Purgatoire entre le temps terrestre et le temps eschatologique : formes de représentations du temps», in *Fin des temps et temps de la fin au Moyen Âge*, pp. 47-60.

Braudel F., «Histoire et sciences sociales. La longue durée», in *Annales E.S.C.*, 1958, pp. 725-753, repris dans *Écrits sur l'histoire*, Paris, Flammarion, 1969, pp. 41-83.

Capitani O. et Miethke J. éd., *L'attesa della fine dei tempi nel Medioevo*, Bologne, Il Mulino, 1990.

Cardini F., *Il cerchio sacro dell' anno. Il libro delle Feste*, Rimini, 1995.

Carozzi Cl. et Taviani H., *La Fin des temps. Terreurs et prophéties au Moyen Âge*, Paris, Stock, 1982.

Carozzi Cl., *Eschatologie et au-delà. Recherches sur l'«Apocalypse de Paul»*, Aix-en-Provence, Publications de l'Université de Provence, 1994.

Chiffoleau J., *La Comptabilité de l'au-delà. Les hommes, la mort et le religion dans la région d'Avignon à la fin du Moyen Âge*, Rome, 1980.

Cipolla C., *Clocks and Culture, 1300-1700*, New York, Walker, 1967.

Comet G., «Le temps agricole d'après les calendriers illustrés», in *Temps, mémoire, tradition au Moyen Âge*, pp. 7-18.

D'Haenens A., «La clepsydre de Villers (1267) : comment on mesurait et vivait le temps dans une abbaye cistercienne au XIIe siècle», in *Österreichische Akademie der Wissenschaften. Philosophisch-Historische Klasse. Sitzungsberichte*, vol. CCCLXVII : *Klösterliche Sachkultur des Spätmittelalters, Congrès de Krems, 1978*, Vienne, 1980.

D'Haenens A., «La quotidienneté monastique au Moyen Âge : pour un modèle d'analyse et d'interprétation», *ibid.*

Dohrn-van Rossum G., *Die Geschichte der Stunde. Lehren und moderne Zeitordnung*, Munich, 1992, trad. fr., *L'Histoire de l'heure. L'horlogerie et l'organisation moderne du temps*, Paris, 1997.

Dondi dall'Orologio G., *Tractatus astrarii...* (Biblioteca capitolare di Padova, Cod D 39), éd. A. Barzon, E. Morpurgo *et al.* avec reproduction photographique du Codex, Cité du Vatican, 1960, nouv. éd. G. Bozzolato et E. Poulle, 1987.

«Fin des temps et Temps de la fin dans l'univers médiéval», in *Senefiance*, 33, Aix-en-Provence, Publications de l'Université de Provence, 1993.

L'Occident médiéval et le temps

FLANDRIN J.-L., *Un temps pour embrasser. Aux origines de la morale sexuelle occidentale (VIe-XIe siècle)*, Paris, Le Seuil, 1983.

GANDILLAC M. de, V*aleur du temps dans la pédagogie spirituelle de Jean Tauler*, 1955.

GEUENICH D. et OEXLE O. G. éd., *Memoria in der Gesellschaft des Mittelalters*, Göttingen, 1994.

GOUREVITCH A., *Les Catégories de la culture médiévale*, trad. du russe, Paris, Gallimard, 1983.

GREGORY T., «Temps astrologique et temps chrétien», in *Le Temps chrétien de la fin de l'Antiquité au Moyen Âge, IIIe-XIIIe siècle*, Éditions du C.N.R.S., 1984, pp. 557-573.

GUENÉE B., «Temps de l'histoire et temps de la mémoire au Moyen Âge», in *Annuaire-Bulletin de la Société de l'Histoire de France*, 1976-1977, pp. 25-35.

GUENÉE B., *Histoire et culture historique dans l'Occident médiéval*, Paris, Aubier, 1980, nouv. éd. 1991.

HALBWACHS M., «La mémoire collective et le temps», in *La Mémoire collective*, Paris, PUF, 1950, éd. augmentée, Albin Michel, 1997, pp. 143-193.

HEIDEGGER M., «Le concept de temps», in *Sein und Zeit*, 1927, trad. fr., Cahier de l'heure, 1983, rééd. Le Livre de poche, «Biblio Essais».

Il tempo vissuto, percezione, impiego, rappresentazione. Colloque du Gargano, 1985, Milan, 1988.

LANDES D. S., *Revolution in Time*, Harvard University Press, 1983, trad. fr., *L'Heure qu'il est. Les horloges, la mesure du temps et la formation du monde moderne*, Paris, Gallimard, 1987.

LAPOSTOLLE C., «Temps, lieux et espaces. Quelques images des XIVe et XVe siècles», in *Médiévales*, 18, 1990, pp. 101-120.

LECLERQ J., «Experience and Interpretation of Time in the Early Middle Ages», in J. R. Sommerfeldt *et al.* éd., *Studies in Medieval Culture*, Kalamazoo, 1975, t. V.

LECOQ D., «Le temps et l'intemporel sur quelques représentations médiévales du monde au XIIe et au XIIIe siècle», in *Le Temps, sa mesure et sa perception au Moyen Âge*, pp. 113-150.

LE GOFF J., *Histoire et Mémoire*, Paris, Gallimard, 1988.

LE GOFF J., «Au Moyen Âge : Temps de l'Église et temps du marchand», *supra*, pp. 49-66.

LE GOFF J., «Le temps du travail dans la crise du XIVe siècle : du temps médiéval au temps moderne», *supra*, pp. 67-78.

LE GOFF J., «Le temps du purgatoire», in *Le Temps chrétien...*, *op. cit.*, pp. 517-529.

Le Temps et la durée dans la littérature au Moyen Âge et à la Renaissance. Colloque de Rennes, 1984, Paris, Nizet, 1985.

LUNEAU A., *L'Histoire du salut chez les Pères de l'Église. La doctrine des âges du monde*, Paris, 1964.

MARROU H. I., *L'Ambivalence du temps de l'histoire chez saint Augustin*, Montréal, 1950.

MEYERSON I., «Le temps, la mémoire, l'histoire», in *Journal de psychologie*, LIII, 1956, pp. 333-354.

MUMFORD L., *Technics and Civilization*, 1934, trad. fr.: *Technique et Civilisation*, Paris, Le Seuil, 1950.
MURRAY A., Reason and Society in the Middle Ages, Oxford, Oxford University Press, 1978, 2ᵉ éd. Clarendon Press, 1985.
NORA P. éd., *Les Lieux de Mémoire*, Paris, Gallimard, Quarto, 1997, 3 vol.
NORTH J. D., «Monasticism and the First Mechanical Clock», in J. T. Fraser et N. Lawrence éd., *The Study of Time II*, Proceeding of the 2nd Conference of the International Society for the Study of Time, Lake Yamanaka, Japan, New York, Springer, 175 (horloge de la cathédrale de Norwich 1325).
OEXLE O. G., «Memoria und Memorialüberlieferung im früheren Mittelalter», in *Frühmittelalterliche Sudien*, X, 1976, pp. 70-95.
PIETRI Ch., DAGRON G. et LE GOFF J. éd., *Le Temps de la fin de l'Antiquité au Moyen Âge (IIIe-XIIIe siècle)*, Paris, C.N.R.S., 1984.
POIRION D. éd., *La Chronique et l'histoire au Moyen Âge. Colloque de 1984*, Paris, 1984.
POMIAN K., *L'Ordre du temps*, Paris, Gallimard, 1984.
RIBEMONT B. éd., *Le Temps, sa mesure et sa perception au Moyen Âge. Colloque d'Orléans, 1991*.
RICOEUR P., *Temps et récit*, Paris, Le Seuil, 1993, 3 vol.
ROTHWELL W., «The Hours of the Day in Medieval French», in *French Studies*, XIII, juillet 1959.
SCHMITT J.-Cl., «Temps, folklore et politique au XIIe siècle : À propos de deux récits de Walter Maps ; *De nugis curialium*, I, 9 et IV, 13», in *Le Temps chrétien...*, *op. cit.*
STELLING-MICHAUD S., «Quelques problèmes du temps au Moyen Âge», in *Études suisses d'histoire générale*, XVII, 1959.
Tempo y Memoria en la Edad media, numéro spécial de *Temas Medievales*, 2, Buenos Aires, 1992.
Temps, Mémoire, Tradition au Moyen Âge. Colloque d'Aix-en-Provence, 1982, Aix-en-Provence, Publications de l'Université de Provence, 1983.
THORNDIKE L., «Invention of the Mechanical Clock about 1271 A.D.», in *Speculum*, 16, 1941 (texte de Robertus Anglicus).
WALTER Ph., *La Mémoire du temps: fêtes et calendriers de Chrétien de Troyes à la Mort Artu*, Paris, 1989.
WEINRICH H., *Le Temps: le récit et le commentaire*, trad. de l'allemand, Paris, Le Seuil, 1973.
YATES F. A., *The Art of Memory*, 1966, trad. fr.: *L'Art de la mémoire*, Paris, Gallimard, 1975.

L'IMAGINAIRE MÉDIÉVAL

ESSAIS

PRÉFACE
À LA PREMIÈRE ÉDITION, 1985

Les essais rassemblés ici sont la suite de ceux présentés en 1977 sous le titre *Pour un autre Moyen Âge*. Ils précisent, étendent, approfondissent cette quête d'une vision renouvelée de l'histoire médiévale. On y retrouvera en particulier trois thèmes : celui du temps, objet privilégié de l'historien, celui des rapports entre culture savante et culture populaire, réalités récemment contestées par d'excellents esprits (Pierre Bourdieu, Peter Brown, Roger Chartier...)[1] mais que je crois objectivement fondées et toujours bonnes à penser, celui de l'anthropologie politique historique, étiquette à définir et destinée à orienter dans de nouvelles perspectives le retour impressionnant de l'histoire politique. Un domaine entre autres, au carrefour de la culture des clercs et de celle du peuple, les rêves, fait ici l'objet d'une recherche plus poussée.

Une dimension de l'histoire m'a depuis quelques années de plus en plus retenu : celle de l'*imaginaire*. Il faut d'autant plus la définir qu'elle est naturellement floue. Je tenterai de le faire au moyen de trois types de référence. La première concerne les concepts. Trop souvent l'imaginaire est confondu avec ce que désignent des termes voisins, à l'intérieur de domaines qui se recoupent, mais qui doivent être soigneusement distingués. D'abord la *représentation*. Ce vocable très général englobe toute traduction mentale d'une réalité extérieure perçue. La représentation est liée au processus d'abstraction. La représentation d'une cathédrale, c'est l'idée de cathédrale. L'imaginaire fait partie du champ de la représentation. Mais il y occupe la partie de la traduction non reproductrice, non simplement transposée en

---

[1]. P. Bourdieu, *La Distinction : critique sociale du jugement*, Paris, 1979, p. 459 ; R. Chartier, «La culture populaire en question», in *H. Histoire*, 8, 1981, pp. 85-96 ; P. Brown, *Le Culte des saints*, trad. fr., Paris, 1984, et *La Société et le sacré dans l'Antiquité tardive*, trad. fr., Paris, 1985, pp. 213-214 où il cite A. D. Momigliano, «Popular Religious Beliefs and the Roman Historians», in *Studies in Church History*, VIII, 1971, p. 18.

image de l'esprit, mais créatrice, poétique au sens étymologique. Pour évoquer une cathédrale imaginaire, il faut avoir recours à la littérature ou à l'art : à la *Notre-Dame de Paris* de Victor Hugo, aux quarante tableaux de la *Cathédrale de Rouen* de Claude Monet, à la *Cathédrale engloutie* des *Préludes* de Claude Debussy. Mais s'il n'occupe qu'une fraction du territoire de la représentation, l'imaginaire le déborde. La fantaisie, au sens fort du mot, entraîne l'imaginaire au-delà de l'intellectuelle représentation.

Ensuite, le *symbolique*. On ne peut parler de symbolique que lorsqu'il y a renvoi de l'objet considéré à un système de valeurs sous-jacent, historique ou idéal. Les rois de France des portails royaux des cathédrales sont l'actualisation des rois antiques de Juda (ou inversement). La femme aux yeux bandés de la sculpture gothique est l'emblème de la Synagogue. Ces statues sont symboliques. Elles expriment la correspondance de l'Ancien et du Nouveau Testament, du monde royal du Moyen Âge et du Monde biblique, des figures de l'art et des idées de la religion. Quand Victor Hugo dit de Notre-Dame, vue par Quasimodo : « La cathédrale ne lui était pas seulement la société, mais encore l'univers, mais encore toute la nature », il crée une cathédrale symbolique, miroir des trois mondes que le génial bossu y déchiffre, mais aussi une cathédrale imaginaire (« toute l'église prenait quelque chose de fantastique, de surnaturel, d'horrible ; des yeux et des bouches s'y ouvraient çà et là... »), car cet exemple montre bien comment ces catégories de l'esprit peuvent s'unir, se recouvrir même en partie, sans qu'il faille renoncer à les distinguer, justement pour bien les penser.

Cette distinction est tout aussi nécessaire entre l'imaginaire et l'*idéologique*. L'idéologique est investi par une conception du monde qui tend à imposer à la représentation un sens qui pervertit aussi bien le « réel » matériel que cet autre réel, l'« imaginaire ». Ce n'est que par le coup de force qu'il réalise par rapport au « réel » contraint à entrer dans un cadre conceptuel préconçu que l'idéologique a une certaine parenté avec l'imaginaire. Quand les clercs du Moyen Âge expriment la structure de la société terrestre par l'image des deux glaives, du temporel et du spirituel, du pouvoir royal et du pouvoir pontifical, ils ne décrivent pas la société, ils lui imposent une image destinée à bien séparer clercs et laïcs et à établir entre eux une hiérarchie, car le glaive spirituel est supérieur au glaive temporel. Quand ces mêmes clercs découpent dans les comportements humains sept péchés capitaux, ce n'est pas une description des mauvaises conduites qu'ils réalisent mais la construction d'un outil propre à combattre les vices au nom de l'idéologie chrétienne. Quelle que soit la part d'invention conceptuelle qu'ils renferment, les systèmes idéologiques, les concepts organisateurs de la société forgés par les orthodoxies régnantes (ou par leurs adversaires) ne sont pas des systèmes imaginaires à proprement par-

Préface

ler. Mais là encore la frontière est parfois difficile à tracer. Quand Jean de Meun, dans le *Roman de la Rose*, évoque l'âge d'or et la naissance du pouvoir politique dans la société humaine, est-ce de l'imaginaire ou de l'idéologique ? Les deux ensemble, à l'évidence. Mais la tâche du critique littéraire comme de l'historien est de faire la part des deux et d'analyser leurs imbrications.

Cet exemple m'amène à la seconde référence qu'évoque le concept *imaginaire*. Les documents sur lesquels travaille l'historien peuvent sans doute renfermer tous une part d'imaginaire. Même la plus prosaïque des chartes peut, dans sa forme comme dans son contenu, être commentée en termes d'imaginaire. Parchemin, encre, écriture, sceaux, etc., expriment plus qu'une représentation, une imagination de la culture, de l'administration, du pouvoir. L'imaginaire de l'écrit n'est pas le même que celui de la parole, du monument, de l'image. Les formules du protocole initial, des clauses finales, de la datation, la liste des témoins, pour ne pas parler du texte proprement dit, reflètent autant que des situations concrètes un imaginaire du pouvoir, de la société, du temps, de la justice, etc.

Mais il est clair que l'histoire de l'imaginaire a ses documents privilégiés et tout naturellement ce sont les productions de l'imaginaire : les œuvres littéraires et artistiques. Documents difficiles pour l'historien. L'exploitation de la plupart d'entre eux suppose une formation, une compétence technique que l'historien n'a pas. La scandaleuse spécialisation des domaines universitaires – en France mais aussi dans la plupart des pays étrangers – n'empêche pas seulement de poser les bases d'une interdisciplinarité problématique, rendant par là à peu près inévitables des échecs dont les bons apôtres qui ont tout fait pour les entraver font ensuite d'indécentes gorges chaudes. Elle est même telle que des barrières difficilement franchissables cloisonnent les domaines de l'histoire, empêchant les études synchroniques sérieuses. Le Moyen Âge produit par nos études universitaires est un Moyen Âge sans littérature, sans art, sans droit, sans philosophie, sans théologie. Par chance, le dialogue entre les historiens « purs » et les archéologues conquérants du Moyen Âge fonctionne assez bien. Heureusement aussi quelques médiévistes courageux regardent par-dessus les frontières et quelques spécialistes ouverts des domaines dont l'historien est écarté s'efforcent de l'informer ou de le former. Il faut la stature d'un Georges Duby pour oser écrire – et réussir superbement – *Le Temps des cathédrales*. Il faut des historiens éclairés et puissants pour créer – il y a quelques progrès depuis peu – des rencontres pluridisciplinaires sur une même époque, comme les médiévistes italiens qui ont créé, il y a une trentaine d'années, les semaines de Spolète consacrées au haut Moyen Âge. À quand un Institut du Moyen Âge, une Maison des Médiévistes en France ?

Dans leur incompétence et leur isolement, les médiévistes « purs » se contentent en général d'utiliser d'une manière peu satisfaisante les documents de l'imaginaire. Ils leur demandent de leur fournir des informations « historiques », c'est-à-dire portant sur les éléments de l'histoire traditionnelle : les événements, les institutions, les grands personnages et depuis quelque temps, ce qui est quand même un progrès, les mentalités.
Le vrai historien de l'imaginaire doit traiter ces documents en tenant compte de leur *spécificité*. Ces œuvres ne peuvent lui fournir des renseignements sur ce pour quoi elles n'ont pas été faites. Elles sont en elles-mêmes une réalité historique. Médiocres ou géniales (et l'historien devra tenir compte du niveau, de la diffusion, du degré de représentativité, sans privilégier ni l'œuvre de série ni le chef-d'œuvre, mais sans les mésévaluer non plus), elles n'obéissent pas aux mêmes motivations, aux mêmes règles, aux mêmes finalités que les documents d'archives que l'historien a l'habitude d'utiliser. Les valeurs esthétiques, le beau sont d'ailleurs en eux-mêmes d'éminents objets d'histoire. Des progrès ont été faits dans l'utilisation des textes hagiographiques arrachés au pur positivisme bollandiste (à qui nous devons tant) pour être traités comme genre spécifique, produit des croyances et des pratiques populaires en même temps que de l'attitude de l'Église face à ce personnage fondamental et changeant du christianisme, le saint, dont la connaissance vient d'être renouvelée par Peter Brown[2] et à cette valeur essentielle de la société chrétienne, la sainteté. Mais beaucoup reste à faire avant que l'historien maîtrise l'usage historique de la littérature et de l'art. Je n'offre ici que des tâtonnements dans l'exploitation de quelques œuvres historiques.
La troisième référence pour l'historien de l'imaginaire découle de la simple constatation que dans imaginaire il y a *image*. Raison de plus pour distinguer ce domaine de celui des représentations et des idéologies souvent purement intellectuelles. Mais les vraies images sont concrètes et font depuis longtemps déjà l'objet d'une science individualisée : l'iconographie. À l'époque héroïque de l'iconographie qu'un Émile Mâle[3] a illustrée, l'iconographie s'était constituée par la typologie des thèmes, le rapprochement des œuvres d'art avec les textes, l'étude des évolutions thématiques (et secondairement stylistiques). Un enrichissement récent s'est manifesté par la substitution de l'iconologie à l'iconographie. Les grands maîtres en ont

---

2. Voir les deux ouvrages cités p. 423 à la note précédente.
3. É. Mâle (1862-1954), *L'Art religieux de la fin du Moyen Âge en France. Étude sur l'iconographie du Moyen Âge et sur ses sources d'inspiration*, Paris, 1908 ; *L'Art religieux du XIIe siècle en France. Étude sur les origines de l'iconographie du Moyen Âge*, Paris, 1922 ; *L'Art religieux du XIIIe siècle en France. Étude sur l'iconographie du Moyen Âge et sur ses sources d'inspiration*, Paris, 1925. Ces trois volumes ont connu de nombreuses rééditions.

PRÉFACE

été Erwin Panofsky[4] et Meyer Schapiro[5]. Ils ont mieux situé l'iconologie par rapport à l'histoire de l'art, introduit l'analyse structurale et la sémiologie dans l'étude des images, éclairé l'image par le milieu intellectuel et culturel. Aujourd'hui, plusieurs recherches individuelles ou collectives[6] transforment l'iconographie en entreprise scientifique, intellectuelle et pleinement historique. La constitution de corpus, d'iconothèques et le recours à l'informatique introduisent – en en marquant les limites : rendu plus sûr, le travail de l'historien, aiguisé pendant cette phase, reste à faire ensuite – les avantages du quantitatif dans le domaine de l'image qui s'y prête très bien. L'analyse porte désormais sur la totalité de l'image non seulement dans ses thèmes et ses structures mais sous tous ses aspects (couleur notamment) et dans son environnement intégral (position dans le manuscrit, mise en pages, rapport avec le texte). La finalité de l'étude s'est élargie à la compréhension du fonctionnement de l'image dans la culture et de la société. Une des faiblesses de ce recueil est l'absence d'images et d'études iconographiques mais les références à l'image y sont, au moins de façon sous-jacente, constantes.

Je n'ignore pas que le domaine de l'imaginaire fait aujourd'hui l'objet de nombreuses recherches. Certaines, collectives, sont importantes et, sur bien des points, pionnières et éclairantes. Elles suscitent en moi des réserves quand elles dérapent vers l'irrationnel et le psychanalytique dominé par l'idéologie suspecte des archétypes[7]. Les modèles de l'imaginaire relèvent de la science, les archétypes de l'élucubration mystificatrice[8].

Pourquoi donc un nouveau domaine de l'histoire, celui de l'imaginaire[9] ?

D'abord parce que de plus en plus, les historiens s'aperçoivent que tout dans la vie des hommes et des sociétés est aussi dans l'histoire et relève d'une

---

4. E. Panofsky, « Pour le Moyen Âge », in *Architecture gothique et pensée scolastique*, trad. fr. et postface de P. Bourdieu, Paris, 1967. « Pour la Renaissance », in *Essais d'iconologie. Les thèmes humanistes dans l'art de la Renaissance*, trad. fr., Paris, 1967, et *L'Œuvre d'art et ses significations, Essais sur les «arts visuels»*, trad. fr., Paris, 1969.
5. M. Schapiro, *Words and Pictures: on the Literal and the Symbolic in the Illustration of a Text*, Paris-La Haye, 1973. Précieux pour l'historien de l'imaginaire, l'ouvrage posthume de R. Wittkower, *Idea and Image: Studies in the Italian Renaissance*, in *The Collected Essays of R. Wittkower*, 1978, t. IV, et surtout, pour mon propos, G. B. Ladner, *Images and Ideas in the Middle Ages*, Rome, 1983, t. I.
6. Je pense en particulier à celles menées au sein du groupe d'Anthropologie historique de l'Occident médiéval de l'École des Hautes Études en Sciences sociales par quelques chercheurs sous l'impulsion de J.-Cl. Bonne et J.-Cl. Schmitt.
7. Je pense notamment à G. Durand, *Les Structures anthropologiques de l'imaginaire*, Paris, 1960.
8. B. Obrist, dans son excellente étude, *Les Débuts de l'imagerie alchimique (XIVe-XVe siècle)*, Paris, 1982, a montré par exemple l'inanité des interprétations jungiennes (Carl Gustav Jung, psychanalyste suisse, 1875-1961, a inventé les « archétypes ») des images astrologiques.
9. Voir É. Patlagean, « L'histoire de l'imaginaire », in J. Le Goff, R. Chartier et J. Revel, *La Nouvelle Histoire*, Paris, 1978, pp. 249-269.

approche historique. La nature elle-même entre dans le territoire de l'historien. Je n'en veux pour preuve que l'*Histoire du climat* d'Emmanuel Le Roy Ladurie[10] et le récent ouvrage très neuf de Robert Delort, *Les Animaux ont une histoire*[11] qui se veut une zoologie historique, une histoire vue du côté de la nature et des bêtes, non du côté de l'homme. L'histoire de l'imaginaire est à cet égard moins audacieuse puisqu'elle reste dans l'univers de l'homme. Mais nous savons de mieux en mieux avec la psychanalyse, avec la sociologie, avec l'anthropologie, avec la réflexion sur les médias, que la vie et de l'homme et des sociétés est autant liée à des images qu'à des réalités plus palpables. Ces images ne se limitent pas à celles qui s'incarnent dans la production iconographique et artistique, elles s'étendent à l'univers des images mentales. Il ne faudrait pas non plus se noyer dans l'océan d'un psychisme sans limites s'il est vrai qu'il n'y a pas de pensée sans image. Les images qui intéressent l'historien sont des images collectives brassées par les vicissitudes de l'histoire, elles se forment, changent, se transforment. Elles s'expriment par des mots, des thèmes. Elles sont léguées par les traditions, s'empruntent d'une civilisation à une autre, circulent dans le monde diachronique des classes et des sociétés humaines. Elles appartiennent aussi à l'histoire sociale sans s'y enfermer. Paul Alphandéry et Alphonse Dupront ont bien montré[12] que ce qui a surtout poussé les chrétiens d'Occident à la croisade c'est l'image de Jérusalem. L'histoire de l'imaginaire est l'approfondissement de cette histoire de la conscience dont le Père Chenu a si lumineusement analysé l'éveil au Moyen Âge[13]. L'imaginaire nourrit et fait agir l'homme. C'est un phénomène collectif, social, historique. Une histoire sans l'imaginaire, c'est une histoire mutilée, désincarnée.

J'ai toujours eu le souci que mes outils d'historien, forgés le plus souvent après le Moyen Âge, aient un rapport intime avec les structures mentales des hommes du passé que j'étudiais. Je n'entreprendrai pas ici une recherche sur les concepts d'*imago*, d'*imaginatio* au Moyen Âge. *Imagination* apparaît dès le XIIe siècle en vieux français. Mais je rappelle que les clercs du Moyen Âge ont toujours rattaché la sensibilité externe à la sensibilité *interne*. L'effort du christianisme médiéval a été une énorme entreprise d'intériorisation qui, par-delà saint Augustin et Boèce, va des *Moralia in Job* de Grégoire le Grand, à la fin du VIe siècle, aux visions et extases des mystiques (femmes et hommes) des XIIe-XVIe siècles. Au-delà de l'œil externe, de l'oreille externe, il y a l'œil interne, l'oreille interne,

---

10. E. Le Roy Ladurie, *Histoire du climat depuis l'an Mil*, Paris, 1967, éd. de poche, 1983.
11. R. Delort, *Les Animaux ont une histoire*, Paris, 1984.
12. P. Alphandéry et A. Dupront, *La Chrétienté et l'idée de Croisade*, Paris, 1954-1959, 2 vol.
13. M.-D. Chenu, *L'Éveil de la conscience dans la civilisation médiévale*, Montréal-Paris, 1969.

PRÉFACE

combien plus importants car ce qu'ils perçoivent c'est la vision divine, la parole et la rumeur du monde le plus réel, celui des vérités éternelles. C'est là, prolongement des formes extérieures ou saisie directe des formes spirituelles, que se perçoit et agit l'univers des images. Sur la genèse et la puissance des images mentales et spirituelles, Augustin dans le dixième livre du *Traité de la Trinité* avait légué une théorie et une expérience dont il avait même évoqué les situations extrêmes si souvent vécues au Moyen Âge par des hommes et des femmes dont nous avons l'impression qu'il leur était souvent plus difficile qu'à nous d'établir la frontière entre le réel matériel et le réel imaginaire. Moyen Âge qui dérive si aisément, nous semble-t-il, vers le rêve, la folie, la mystique : « La force de l'amour est telle, dit Augustin, que ces objets en lesquels l'âme s'est longtemps complu par la pensée et auxquels elle s'est agglutinée à force du souci, elle les emporte avec elle, lors même qu'elle rentre en soi, en quelque façon, pour se penser. Ces corps, elle les a aimés à l'extérieur d'elle-même, par l'intermédiaire des sens, elle s'est mêlée à eux par une sorte de longue familiarité, mais comme elle ne peut les emporter à l'intérieur d'elle-même, en ce qui est comme le domaine de la nature spirituelle, elle roule en elle leurs images, et entraîne ces images faites d'elle-même en elle-même... Elle s'assimile à ces images, non par son être, mais par la pensée... en elle subsiste le pouvoir de juger qui lui fait distinguer le corps, qui lui reste extérieur, de l'image qu'elle porte en elle : à moins que ces images ne s'extériorisent au point d'être prises pour la sensation de corps étrangers, non pour des représentations intérieures, ce qui arrive couramment dans le sommeil, la folie ou l'extase[14].»
Étudier l'imaginaire d'une société, c'est aller au fond de sa conscience et de son évolution historique. C'est aller à l'origine et à la nature profonde de l'homme, créé «à l'image de Dieu». La prise de conscience de cette nature de l'homme au XIIe siècle[15] a inspiré, animé l'essor de l'humanisme médiéval. Un humanisme à l'œuvre dans toutes les activités de la société médiévale, depuis ses performances économiques jusqu'à ses plus hautes créations culturelles et spirituelles. Toutes les grandes «images» du Moyen Âge, celle de l'homme-microcosme, celle du *miroir*[16], celle de l'Église – corps mystique – celle de la société – corps organique, danse macabre, toutes les

---

14. Cité par P. Kaufmann, dans l'excellent article «Imaginaire et Imagination» de l'*Encyclopaedia Universalis*, Paris, 1968, vol. VIII, pp. 733-739. Dans une perspective philosophique on n'oubliera pas *L'Imaginaire* de Jean-Paul Sartre, Paris, 1940, et surtout l'œuvre de Gaston Bachelard.
15. G. B. Ladner, *Ad imaginem Dei. The Image of Man in Mediaeval Art*, 1965.
16. D'une bibliographie très abondante, voir R. Bradley, «Backgrounds of the Title "Speculum" in Mediaeval Literature», in *Speculum*, 29, 1954, pp. 100-115 ; J. Margot Schmidt, article «Miroir», in *Dictionnaire de Spiritualité*, 1980, t. X, col. 1290-1303. Sur le miroir dans l'iconologie médiévale, voir G. F. Hartlaub, *Zauber des Spiegels*, Munich, 1951.

représentations symboliques de la hiérarchie sociale, vêtements, fourrures, armoiries, et de l'organisation politique, objets symboliques du pouvoir, drapeaux et oriflammes, cérémonies d'investiture et entrées royales, tout ce grand corpus d'images fait réapparaître en signes extérieurs les images profondes plus ou moins sophistiquées selon la condition sociale et le niveau de culture de l'univers mental des hommes et des femmes de l'Occident médiéval.

Le Moyen Âge chronologique auquel sont consacrées ces études est le Moyen Âge traditionnel créé par les humanistes à la fin du XVe siècle, institutionnalisé par les érudits – surtout allemands – humanistes et classiques des XVIe et XVIIe siècles, le philologue et historien Christophe Keller (Cellarius), l'historien Georg Horn dans son *Arca Noe* (1666), et le célèbre Français Du Cange dans son *Glossarium mediae et infimae latinitatis* (1678). C'est un découpage de l'histoire en trois périodes, l'Antiquité, le Moyen Âge et les Temps modernes. Le Moyen Âge de Keller va de la fondation de Constantinople à sa chute (330-1453), celui de Horn de 300 à 1500. L'enseignement scolaire et universitaire des XIXe et XXe siècles consacra ce découpage en distinguant, en France, l'histoire moderne, des XVIe-XVIIe siècles, et l'histoire contemporaine dont l'origine serait la Révolution française de 1789. Quand la manie des dates (de préférence politiques et militaires) s'est établie dans l'enseignement de l'histoire, le début du Moyen Âge a été en général fixé à la fin de l'empire d'Occident en 476 (Romulus Augustule renvoie à Constantinople les insignes impériaux) et sa fin dans la seconde moitié du XVe siècle, soit en 1453, prise de Constantinople par les Turcs, 1492, découverte de l'Amérique par Christophe Colomb, 1494, début des guerres d'Italie engagées par les Français. Enfin la culture humaniste régnant depuis le XVIe siècle a fait succéder au Moyen Âge une période appelée Renaissance définie par l'Humanisme et la Renaissance artistique. Cette période de transition que l'époque des Lumières appellera *Dark Ages*, le Temps des Ténèbres, est, dès l'origine, définie par le terme Moyen Âge, concept péjoratif, comme une période, sinon négative, du moins *inférieure* à celle qui la suit. Au XIXe siècle, l'Italien Carlo Cattaneo, faisant l'éloge de la civilisation florentine de la Renaissance, a écrit : « Ce qui caractérise les cités toscanes, et surtout Florence, c'est le fait d'avoir répandu jusque dans le bas peuple le sens du droit et de la dignité civile... L'artiste florentin fut le premier en Europe à participer à la culture scientifique. Les arts mécaniques et les beaux-arts devinrent étroitement liés... L'œil et la main préparent les premiers éléments de la science de l'intellect et toute la pensée s'ordonne peu à peu en une spéculation non pas superbe et stérile, mais que Bacon

PRÉFACE

appela plus tard la *scientia activa*... C'est cela la véritable force intérieure qui élève l'Europe moderne au-dessus de l'Antiquité et du Moyen Âge, au-delà d'une intelligence statique et sclérosée. Appliquée à la vie sociale tout entière elle devient cette idée du progrès qui est la foi commune du monde civilisé.» Ce que Cattaneo dit de la Florence de la Renaissance, on peut le dire d'une grande partie de la Chrétienté du XIIIe siècle, et la notion de progrès ne s'affirme pas avant la période 1620-1720 dans le milieu scientifique européen, et ne se généralise qu'après 1740 dans les domaines de l'histoire, de la philosophie et de l'économie politique[17].

Cette définition chronologique et péjorative du Moyen Âge a été depuis des décennies, et surtout depuis quelques années, attaquée aux deux bouts. L'expression encore plus péjorative, qui, sous l'influence de Montesquieu et de Gibbon, désignait les derniers siècles de l'Empire romain, Bas-Empire, a pratiquement disparu aujourd'hui devant une étiquette neutre au contenu de plus en plus positif, Antiquité tardive, où l'on découvre une époque de mutations, de bouillonnement, de création[18]. Si ce temps qui a vu s'installer en Occident le christianisme et les Barbares n'est pas une pure et simple régression, comment pourrait-il en être autrement pour ce Moyen Âge qui en sort? La réhabilitation de l'Antiquité tardive implique celle du Moyen Âge. Je me contenterai de dire qu'une fois de plus le balancier des jugements de l'histoire et de l'historiographie va trop loin dans le sens opposé. Comment nier que du plan technologique, démographique, économique au plan culturel la période IIIe-VIIe siècle n'ait été une période de dépression – la plus longue de l'Occident? Mais aussi, il est vrai, se mettent en place les bases d'un essor qui deviendra décisif à partir du Xe et surtout du XIe siècle. Mais, dans cette révision des origines médiévales, que devient 476? Une péripétie. À l'autre bout la situation est plus complexe. L'opposition Moyen Âge/Renaissance est à bien des égards contestée. Pour les uns, tel Armando Sapori regardant surtout l'Italie, la Renaissance commence dès le XIIe siècle et se poursuit pendant cinq siècles jusqu'à la fin du XVIe siècle tandis que le Moyen Âge serait «limité» à huit siècles, du IVe à la fin du XIe siècle. Cette vue a l'avantage de mettre en évidence deux phénomènes: le grand essor du

---

17. Citation tirée de Eugenio Garin, *Moyen Âge et Renaissance*, trad. fr. 1969, p.12. Sur l'idée de progrès, voir J. Le Goff, article «Progresso/reazione», in *Enciclopedia Einaudi*, Turin, 1980, vol. XI, pp. 198-230.
18. Deux études récentes et convergentes: H. I. Marrou, *Décadence romaine ou Antiquité tardive? IIIe-VIe siècle*, Paris, 1977; P. Brown, *Genèse de l'Antiquité tardive*, trad. fr., Paris, 1983. Le beau texte d'Armando Sapori, «Moyen Âge et Renaissance vus d'Italie. Pour un remaniement des périodes historiques», a paru dans *Annales E.S.C.*, 1956, pp. 433-457. On pourrait aussi avancer, par provocation réfléchie, que les vues d'Armando Sapori s'expliquent peut-être au moins partiellement par le fait que l'Italie n'aurait pas connu le Moyen Âge. Elle serait passée de l'Antiquité à la Renaissance vers les Xe-XIIe siècles.

Moyen Âge, éclatant en effet depuis le XIIe siècle, et de rejeter l'inacceptable conception de l'historien suisse Jacob Burckhardt, dont les idées, exprimées dans *La Civilisation de l'Italie au temps de la Renaissance* (1860, traduction française, 1885) et reprises dans ses *Considérations sur l'histoire universelle* (1905), font de la Renaissance italienne l'apogée de la civilisation et s'imposent encore plus ou moins, sinon dans les milieux historiques, qui les considèrent en général comme dépassées, du moins dans une large partie du public éclairé. Sapori, dans son brillant article, montre bien que la Renaissance de Burckhardt est fondée sur une vision de l'histoire qui «ne considère comme traits essentiels de la société que l'État, la Culture et la Religion». L'économie, en particulier, n'existe pas pour Burckhardt, qui voit d'ailleurs avec les yeux d'un professeur bourgeois indifférent aux réalités matérielles, sociales et mentales même les domaines qu'il privilégie d'une façon ultra-idéaliste. La vie politique, culturelle et religieuse de la «Renaissance» n'est pas faite de néo-platonisme, d'albertisme, de machiavélisme, d'érasmisme, et autres ésotérismes, mais de mouvements bien plus profonds et contrastés[19].

On peut certes penser avec Krzysztof Pomian que toute périodisation est un carcan pour l'historien. Que les périodes se chevauchent, que des décalages existent entre les divers domaines de l'histoire humaine (économie et culture ne vont pas en général au même pas) et surtout entre les civilisations et les aires culturelles (la civilisation mésopotamienne a brillé de longs siècles pendant lesquels la plus grande partie de l'Europe était encore dans la préhistoire, quand les Espagnols de Christophe Colomb et les Indiens de l'Amérique se découvrent mutuellement, les armes à feu, à elles seules, font, pour cause de décalage historique, des vainqueurs et des vaincus obligés), cela est certain. Mais il y a dans l'évolution de l'humanité, au moins par grandes masses, des phases, des systèmes en lent mouvement qui fournissent des repères utiles de moyenne et longue durée et permettent de mieux articuler l'effort de rationalisation scientifique que font les historiens pour mieux apprivoiser le passé. Sans doute le passé renâcle à se soumettre au domptage de la périodisation. Mais certaines coupures sont plus malvenues que d'autres pour marquer le changement. Celle à laquelle on a donné le nom de Renaissance ne me semble pas pertinente La plupart des signes caractéristiques à l'aide desquels on a voulu la reconnaître sont apparus bien avant l'époque (XVe-XVIe siècle) où on la

---

19. Pour une vue large du phénomène artistique et culturel de Renaissance dans l'histoire et principalement l'histoire de l'art, voir E. Panofsky, *Renaissance and Renascences in Western Art*, Stockholm, 1960, 2 vol. Pour une conception nuancée, savante et subtile de la Renaissance, voir A. Chastel, *Le Mythe de la Renaissance*, Genève, 1969, et *Le Sac de Rome, 1527*, éd. fr., Paris, 1984.

Préface

situe. Le « retour à l'antique » est là dès le XIIIe siècle, de l'invasion d'Aristote dans les universités aux formes sculpturales des chaires des Pisano, à Pistoia et à Florence. L'État « machiavélien » existe dans la France de Philippe le Bel. La perspective s'introduit en optique comme en peinture à la fin du XIIIe siècle. La lecture se répand bien avant la galaxie Gutenberg et l'alphabétisation – le phénomène culturel qui compte – n'attend pas l'imprimerie. Au tournant du XIIe au XIIIe siècle l'individu s'affirme avec autant de force que dans l'Italie du Quattrocento et, comme j'espère l'avoir montré[20], le succès du Purgatoire est celui de l'individu dont le sort se scelle au moment du jugement individuel après la mort même si je ne crois pas, au contraire d'Aaron Gurevič (Gourevitch)[21], qu'il triomphe seul. Je ne suis pas Max Weber et Robert Tawney quand ils lient la « religion » du travail au protestantisme. Elle est là au XIIIe siècle et s'affirme aussi bien dans la mise en accusation des Ordres mendiants à l'université de Paris par Guillaume de Saint-Amour et d'autres maîtres séculiers que dans la réaction de l'éloge de la paresse qui anime par exemple le fabliau de Cocagne (vers 1250). Dans l'ordre du religieux, les Ordres mendiants, en revanche, apportent plus de nouveauté et de changement à la religion chrétienne que ne le fera le concile de Trente. Inversement, Lucien Febvre, étudiant la religion de Rabelais[22], retrouve le Moyen Âge non seulement survivant mais bien vivant, « au cœur religieux du XVIe siècle », chez ce génie qui avait en son temps plus que tout autre revendiqué la modernité de ce XVIe siècle.

Il faut donc faire sauter le bouchon de la Renaissance.

Plus téméraire qu'Armando Sapori, je propose un long, un très long Moyen Âge dont les structures fondamentales n'évoluent que lentement du IIIe siècle au milieu du XIXe siècle. Alors la révolution industrielle, la domination de l'Europe, la vraie croissance de la démocratie (dont la cité antique n'avait été qu'une très restreinte préfiguration) font naître un monde vraiment nouveau malgré la continuité de certains héritages et la permanence de certaines traditions.

Un espace de dix-sept siècles ne peut se dérouler sans changements, et il convient d'user de l'outil de la périodisation pour distinguer dans ce temps très long des sous-périodes. J'y verrais volontiers une Antiquité tardive y durer du IIIe au Xe siècle (ou, si l'on s'en effraie, un haut Moyen Âge se dégager du VIIIe au Xe siècle d'une Antiquité tardive proprement dite qu'on arrêterait au VIIe siècle), un Moyen Âge central allant des environs de l'An

---

20. Voir *infra*, *La Naissance du Purgatoire*, pp. 771-1231.
21. A. J. Gurevič, « Conscience individuelle et image de l'au-delà au Moyen Âge », in *Annales E.S.C.*, 1982, pp. 255-275.
22. L. Febvre, *Le Problème de l'incroyance au XVIe siècle : la religion de Rabelais*, Paris, 1942.

L'IMAGINAIRE MÉDIÉVAL

Mil, début du grand essor médiéval, au milieu du XIVe siècle, un Moyen Âge tardif, lui succédant de la Grande Peste au début du XVIe siècle, où, plus que l'incertaine Renaissance, la Réforme met fin au monopole du christianisme médiéval et marque la rupture d'une unité qu'on peut aussi lire comme un totalitarisme. Ce sont donc les Temps modernes, de la Réforme à la révolution industrielle, qui constituent, dans un mélange de stagnation (Ancien Régime économique et politique) et d'innovation (naissance de la science moderne, rationalisme des Lumières, affirmation de l'idée de progrès, et, bien sûr, Révolution française dont les effets profonds ne se feront sentir qu'au cours du XIXe siècle, comptés avec ceux de la révolution industrielle), le troisième volet de ce long Moyen Âge. L'époque «contemporaine» enfin me semble couvrir le siècle passé du milieu du XIXe au milieu du XXe siècle environ avec deux faces, l'une d'expansion (révolution industrielle, naissance de la démocratie et domination ambivalente de l'Europe), l'autre de crises (les deux guerres mondiales, l'établissement des fascismes européens, l'évolution de la Russie soviétique vers le totalitarisme et l'exportation idéologique et politique de son système, le développement de l'impérialisme américain, la crise de 1929, les ruptures culturelles et artistiques). Depuis un quart de siècle nous vivons, avec la mondialisation, l'explosion démographique, la révolution des communications, la décolonisation, les avancées bouleversantes de la science et de la technologie, les mutations des cultures, des mentalités, des sensibilités et des comportements, la crise économique mondiale, les pseudo-dialogues Est-Ouest, Nord-Sud, l'accouchement douloureux d'une nouvelle phase de l'histoire humaine. Jusqu'à quand? À mesure que l'histoire s'accélère, la périodisation se rapetisse.
Les textes qu'on va lire se situent en fait pendant la période déjà longue traditionnellement appelée Moyen Âge, du Ve au XVIe siècle. Un petit nombre («Le désert-forêt», «Le refus du plaisir», «Le christianisme et les rêves») concerne surtout la période de l'Antiquité tardive où se mettent en place des espaces, des valeurs, des pratiques caractéristiques d'une nouvelle société que le christianisme, même s'il n'est pas à l'origine de ces mutations, marque profondément de son empreinte. J'ai toujours été fasciné par les naissances et les genèses, accordant en revanche peu d'intérêt aux origines qui ne sont souvent que des illusions et sont menées par le préjugé d'un déterminisme sous-jacent (dis-moi d'où tu viens, et je te dirai qui tu seras) et aux déclins et décadences, fortement imbibés d'une idéologie pessimiste et moralisante que je ne partage pas, persuadé que la mort est rare en histoire, car l'histoire est transformation et mémoire, mémoire d'un passé qui ne cesse de vivre et de changer sous le regard des sociétés successives. Ce qui m'émeut, c'est l'accouchement d'une société et d'une civi-

PRÉFACE

lisation, selon une logique traversée et même faite de hasards. Rien de moins «événementiel» que les événements.

Ce recueil s'ouvre par deux textes consacrés au concept de *merveilleux*. Il appartient plutôt au vocabulaire de la littérature mais, par là, sa situation dans l'imaginaire en est renforcée au carrefour de la religion, de la création littéraire et artistique, de la pensée et de la sensibilité[23]. J'ai repris ici ce qui n'est que la délimitation d'un domaine et un programme pour son exploration. Mais le merveilleux fait visiter une grande partie de l'univers imaginaire du Moyen Âge, ici-bas et dans l'au-delà, dans la nature, chez l'homme, les animaux, les objets, dans la géographie et dans l'histoire. J'ai proposé du merveilleux plusieurs typologies car il faut à la fois recourir aux classements dont Jack Goody nous a montré qu'ils étaient à la base du savoir[24] et ne pas se faire l'esclave d'un seul modèle de catégorisation qui transformerait en réalité ontologique une simple démarche utilitaire de l'esprit qui peut et doit se démultiplier pour mieux saisir son objet. Un classement se fonde sur les «véhicules» du merveilleux, êtres animés ou objets inanimés, un autre sur les sources et réservoirs historiques du merveilleux médiéval: Bible, Antiquité, traditions barbares, héritages orientaux, emprunts à l'«autre culture» de l'Occident, le folklore, un autre encore sur la nature et les fonctions du merveilleux: merveilleux quotidien, merveilleux symbolique, merveilleux scientifique que Gervais de Tilbury définit comme «ce qui est soustrait à notre connaissance, bien qu'il soit naturel», merveilleux politisé qui fait des produits de l'imaginaire des instruments de pouvoir terrestre. Les réputations individuelles et plus encore familiales, lignagères, dynastiques se bâtissent à coups de merveilleux. Surtout m'intéresse dans le merveilleux le système de lecture du surnaturel au sein duquel il a fonctionné de la fin du XIIe siècle au XVIe siècle. Ce *merveilleux* est un surnaturel neutre – «naturel» – qui se situe entre le surnaturel divin (le *miraculeux* qui dépend de la seule décision salvatrice de Dieu) et le surnaturel diabolique (le *magique* où prédomine l'action ruineuse de Satan). Or, à partir du XIIIe siècle, il me semble que ce merveilleux

---

23. Sur le plan littéraire général, voir P. Mabille, *Le Miroir du Merveilleux*, Paris, 1962, et Tz. Todorov, *Introduction à la littérature fantastique*, Paris, 1970. Sur le merveilleux au sens large, voir *Le Merveilleux: l'imaginaire et les croyances en Occident*, Michel Meslin éd., Paris, Bordas, 1984 (nombreuses et belles illustrations). Plus particulièrement pour le Moyen Âge, voir D. Poirion, *Le Merveilleux dans la littérature française du Moyen Âge*, Paris, P.U.F., coll. «Que sais-je?», n° 1938, 1982.
24. J. Goody, *The Domestication of the Savage Mind*, Cambridge, 1977, trad. fr.: *La Raison graphique. La domestication de la pensée sauvage*, Paris, 1979.

gagne du terrain sur le miraculeux et le magique devenus plus exceptionnel pour le premier, mieux combattu pour le second. Osera-t-on parler de « laïcisation » du surnaturel ?
Deux autres aspects de ce merveilleux le rendent digne à mes yeux d'être gibier d'historien. C'est d'abord l'incarnation dans les mots des phénomènes de l'imaginaire qui rend nécessaire une analyse du vocabulaire. Pas d'idée qui ne trouve à s'exprimer par des mots, pas de mots qui ne renvoient à des réalités ! L'histoire des mots est de l'histoire tout court. Disparition et apparition de termes, évolution et changements sémantiques du vocabulaire, c'est le mouvement même de l'histoire. Car l'autre aspect du merveilleux qui attire mon enquête d'historien c'est qu'il s'agit de structures de mentalité et de sensibilité qui évoluent. Avec le christianisme, avec la nouvelle société des XIIe-XIIIe siècles, les conceptions et les utilisations du merveilleux changent. Le merveilleux onirique est particulièrement lié à ces lames de fond de l'histoire.
Mon essai a été présenté dans un colloque consacré à « L'étrange et le merveilleux dans l'Islam médiéval » (Collège de France, 1974). Ce n'est pas un des moindres mérites de la catégorie du « merveilleux » que de permettre des comparaisons entre les civilisations.
J'ai cru bon de présenter aussi un échantillon de merveilleux médiéval en hommage à la mémoire d'un grand ethnologue, Charles Joisten, qui nous a quittés prématurément. Les récits qu'un important personnage du début du XIIIe siècle, Gervais de Tilbury, avait, en précurseur des enquêteurs ethnologiques, recueillis de l'Angleterre à la Terre sainte, des Alpes à l'Espagne, Charles Joisten en avait retrouvé à l'état de contes vivants au début de notre siècle en Dauphiné. Bel exemple de la fécondité de la collaboration entre historiens et ethnologues et de l'existence de ce long Moyen Âge que je crois reconnaître.
Du thème du merveilleux qui est au cœur de l'imaginaire médiéval, je suis allé vers la problématique de l'espace et du temps, dimensions essentielles de l'histoire. La richesse de cette perspective vient de ce que ces cadres conceptuels sont à la fois ceux des « réalités » et ceux de l'imaginaire. Elle ruine la théorie marxiste de l'infrastructure et de la superstructure, réductrice et impuissante à capter et expliquer la complexité des phénomènes historiques. Dès ma *Civilisation de l'Occident médiéval* (1964), j'avais commencé la présentation du système médiéval par l'étude des structures spatio-temporelles où s'agencent, sans causalité des unes envers les autres, les réalités matérielles et les réalités mentales qui se construisent autour des données d'espace et de temps. L'espace de la forêt, des champs, des jardins, de la seigneurie, de la ville est le cadre à la fois géographique et imaginaire de la vie des hommes et

Préface

des femmes du Moyen Âge. Lieux de travail et de pratiques sociales, ces espaces sont aussi hautement symboliques, investis par les peurs, les désirs, les rêves, les légendes. Quant aux divers temps que j'ai distingués au Moyen Âge, ce sont certes surtout des temps sociaux mais le temps de la liturgie, le temps des cloches, le temps des travaux ruraux, le temps du chantier urbain, de l'année universitaire, le temps des fêtes sont pénétrés d'images et de mythes. Le temps ou plutôt les temps de l'histoire, séquences arrangées par les époques de la cité terrestre, suivant l'ordre des généalogies, la succession des rois et des évêques, s'enroulant et se déroulant autour de l'incarnation et des grands personnages de la Bible, des empires païens et des temps chrétiens, mêlant personnages historiques et héros légendaires («Au temps de Charlemagne», «Au temps du roi Arthur») montrés en séquences inégales séparées par des trous, des silences difficiles à combler, même le temps apprivoisé et en apparence objectif des horloges mécaniques, sont pénétrés d'imaginaire et toujours finissent par déraper, s'envoler, s'écraser vers le temps eschatologique, des «derniers» temps et du Jugement dernier, débouchant sur la fin du temps lui-même, sur l'éternité. Espaces et temps fragiles promis à la destruction. Le Moyen Âge pourtant, en même temps qu'il défriche sur terre, se crée dans l'au-delà un espace-temps qui apporte au chrétien un «supplément de biographie» mais focalise sa vie terrestre sur le temps de la mort. En même temps, l'évolution des pratiques religieuses et des productions de l'imaginaire (arts, littérature, musique) ouvre un espace-temps nouveau à l'intérieur de l'homme, celui de la conscience. Comme pour le Purgatoire, l'Église s'en empare, jetant sur lui le filet de la confession et le poursuivant dans la recherche par tous les moyens – torture comprise – de l'aveu.

De ces espaces-temps, mélanges de réalités matérielles et imaginaires, j'ai élu d'abord un espace submergé par les symboles et les passions, la forêt, équivalent occidental du désert oriental. J'ai montré ensuite la bureaucratie monarchique maîtrisant un espace-temps, celui de l'organisation d'un concile œcuménique, le IIe concile de Lyon en 1274. Mais il suppose une chrétienté imaginaire, se recentrant sur l'Europe au moment où se perd la Terre sainte et s'épuise l'esprit de croisade. Il n'y a pas d'espace-temps plus riche en imaginaire que le voyage. Plutôt que les voyages de pèlerins, de croisés, de colons, de guerriers ou de vagabonds, de marchands, j'ai choisi des voyages essentiellement imaginaires, ceux dans l'au-delà. J'y ai glissé enfin l'imaginaire temporel de la littérature en examinant les structures temporelles d'un genre modeste mais de grande efficacité pastorale, l'*exemplum*, destiné à assurer le salut par la greffe du temps narratif, du temps du récit bref sur le temps eschatologique.

S'il est un nouvel objet de l'histoire, c'est bien le corps[25]. Or, pétri d'imaginaire (et aussi de symbolique et d'idéologique), le corps tient une place centrale dans le système médiéval. Il fournit son repère principal à l'Église, corps mystique du Christ, à l'État naissant, corps vivant organisé par la tête (monarchique) comme l'expose, reprenant à l'Antiquité le thème qui sera sans cesse repris, Jean de Salisbury dans le *Policraticus* (1159). Il joue un grand rôle dans la définition des trois ordres de la société tripartite : corps, consacré par l'ordination (qui exclut tout estropié ou mutilé), des prêtres, corps ennobli par la prouesse à la guerre ou aux tournois, des guerriers, corps des travailleurs accablé par le labeur, mais pourtant magnifié aux portails des cathédrales par les paysans adonnés aux travaux des mois et les artisans occupés aux métiers de la vie active.

Certes la doctrine sans cesse réaffirmée par le christianisme c'est le mépris du corps, «cet abominable vêtement de l'âme», comme disait Grégoire le Grand. Les modèles monastiques proposent le domptage, l'humiliation du corps par l'ascèse, la continence et l'abstinence. Le corps que l'Église exaltera de plus en plus à la fin du Moyen Âge c'est, à l'image de celui du Christ, le corps souffrant. Par la souffrance imposée à son corps, par des maladies involontaires et des pratiques ascétiques volontaires, Saint Louis acquiert l'image d'un roi-Christ, d'un roi souffrant, ce qui concourt à sa sainteté. J'ai essayé de montrer comment, dans l'Antiquité tardive, s'était mis en place, venu du stoïcisme et partout imposé par le christianisme, un refus général du plaisir.

Et pourtant le couple âme/corps est pour l'homme et la femme du Moyen Âge, selon les prescriptions de l'Église, un couple indissoluble, qui ne se séparera que pendant l'instant situé entre la mort et la résurrection du dernier jour. Même au Purgatoire, l'âme sera vêtue d'une sorte de corps sensible aux tortures des diables. Et finalement le corps ressuscitera. À vrai dire, le salut ne peut se faire qu'avec le corps, à travers le corps. L'imaginaire corporel évolue entre la misère et la gloire des corps, l'humiliation et la jouissance des corps. Le christianisme médiéval double le système extérieur des sens, je le rappelle, par un système interne qui dote

---

25. Parmi les études récentes sur le statut du corps au Moyen Âge, voir M.-Ch. Pouchelle, *Corps et chirurgie à l'apogée du Moyen Âge*, 1983 ; J. Gelis et O. Redon, *Les Miracles, miroirs des corps*, ouvrage collectif, Paris, 1983 ; *Le Corps souffrant : maladies et médications*, numéro spécial de la revue *Razo*, Cahiers du Centre d'Études médiévales de Nice, 4, 1984, précédé par un autre numéro spécial : *L'Image du corps humain dans la littérature et l'histoire médiévales*, 2, 1981 ; *Le Souci du corps*, numéro spécial de la revue *Médiévales*, Université de Paris VIII-Vincennes à Saint-Denis, 8, printemps 1985 ; Marie-Thérèse Lorcin, «Le corps a ses raisons dans les fabliaux, corps féminin, corps masculin, corps de vilain», in *Le Moyen Âge*, 1984, pp. 433-453.

PRÉFACE

l'homme d'un œil, d'une oreille, d'organes internes des sens. Les sens extérieurs ne fonctionnent convenablement que s'ils sont prolongés ou plutôt inspirés par ces sens intérieurs. C'est cette ambiguïté des attitudes médiévales à l'égard du corps, à l'intérieur du couple âme (ou esprit)/corps que j'ai essayé de définir. J'en ai aussi présenté un cas extrême dans le cadre symbolique d'une gestuelle en un lieu significatif de l'imaginaire de l'au-delà, le Purgatoire. Le code des gestes qui s'élabore, sous le contrôle de l'Église, aux XIIe-XIIIe siècles, constitue un langage hautement symbolique qui s'exaspère au Purgatoire, dans un espace en construction où la gesticulation des éprouvés n'est qu'un système passif actionné par la gesticulation pervertie des diables tortionnaires.

Je dois avouer ici une lacune dans cette présentation de l'imaginaire médiéval. Je suis de plus en plus persuadé qu'il a pour centre, pour pivot, la principale création du christianisme à l'époque du long Moyen Âge, Satan[26]. Satan est le chef d'orchestre de la société féodale. Certes son pouvoir dépend de la volonté de Dieu et les hommes et les femmes de ces temps-là doivent faire leur salut dans l'imaginaire très réel pour eux du choix décisif entre le Diable et le Bon Dieu, l'Enfer et le Paradis. Mais ici-bas Satan mène le bal. J'espère le montrer dans une prochaine étape de ma recherche.

Qui s'intéresse à l'imaginaire d'une époque doit regarder du côté des productions caractéristiques de cet imaginaire : la littérature et l'art. Manquant de compétences, je n'ai pas eu le courage de m'attaquer aux œuvres artistiques (mais j'ai regardé et médité beaucoup d'œuvres d'art et d'images). En revanche, j'ai eu la témérité de me hasarder dans le domaine de la littérature. J'ai choisi le siècle décisif pour l'affirmation et les mutations de l'Occident médiéval, entre 1150 et 1250 environ. Je me suis adressé à différents genres littéraires : le roman courtois en vers de Chrétien de Troyes, une somme théologique, un *exemplum*. Ces enquêtes ont porté sur des thèmes clés où réalités matérielles et sociales et pensées imaginaires s'imbriquent étroitement : la forêt, la ville, le vêtement, l'alimentation, le tournoi. Je les ai abordés avec le regard de l'anthropologie : mythes de la forêt et de la ville[27], codes vestimentaire, alimentaire, idéologique. Il est temps d'abolir les barrières universitaires entre l'histoire « pure » (c'est-à-dire mutilée), l'histoire de la littérature (et de la langue ou plutôt des langues), l'histoire de l'art (et des images). Il ne faudrait pas oublier d'intégrer aussi à l'histoire, sans méconnaître leur spécificité,

---

26. Voir les deux beaux volumes de B. Teyssèdre sur la préhistoire de Satan, *Naissance du Diable De Babylone aux grottes de la mer Morte* et *Le Diable et l'Enfer au temps de Jésus*, Paris, 1985.
27. Sur l'imaginaire urbain, voir le beau livre avec un excellent dossier iconographique de Ch. Frugoni, *Una lontana città : sentimenti e immagini nel Medioevo*, Turin, 1983.

l'histoire du droit, l'histoire des sciences et des techniques[28]. Partout on verrait la place de l'imaginaire.
Depuis une vingtaine d'années, je m'efforce d'explorer un domaine privilégié de l'imaginaire, celui du rêve. De la Bible à Freud, nous savons le poids de l'imaginaire onirique sur la vie des individus et des sociétés. J'avais publié, il y a une quinzaine d'années, un cadre synthétique et une problématique d'ensemble, hypothétique et sommaire, mais toujours actuelle je crois, pour une étude des rêves au Moyen Âge[29]. On trouvera ici deux nouveaux textes récents. L'un est une analyse approfondie des mutations que fait subir le christianisme aux traditions oniriques de l'Antiquité et aux attitudes antérieures face aux rêves. On y voit se former, dans la théorie et la pratique, sur la destruction de l'oniromancie antique, un comportement divisé entre la crainte et la séduction. Le rêve médiéval est un des champs de bataille privilégié entre le Diable et Dieu pour la damnation ou le salut des hommes. Satan, Dieu, l'âme et le corps, voilà les acteurs et les terrains de cette lutte pour l'avenir éternel des humains et l'effort de connaissance du futur ici-bas et dans l'au-delà. Je crois voir l'attitude de l'Église évoluer d'un grand renfermement des rêves réservés à une élite de rêveurs vers une libération du rêve et du rêveur, une démocratisation de l'attention aux rêves et une «naturalisation» des sources du rêve[30]. C'est le corps que de plus en plus on désigne comme origine des rêves, tout en laissant subsister une large part de rêves diaboliques, illusoires et parfois mortels et de rêves envoyés par Dieu, prophétiques, prémonitoires et même salvateurs.
Je propose aussi un exemple de rêve littéraire étroitement lié à un milieu social et culturel bien déterminé, celui des paysans et des clercs de la Bavière et de l'Autriche au XIIIe siècle. Face à un jeune paysan qui se damne en se faisant brigand, son père homonyme (le jeu de miroir se révèle dans cette identité des noms) cherche, le bon rêveur, à travers des rêves «vrais» à avertir et à sauver ce dévergondé aveugle aux rêves qui repousse l'aide onirique.
Enfin, je reprends, comme dans mon précédent recueil, en conclusion de cet ensemble, avec un texte vieux de quinze ans, mais qui, publié dans une

---

28. Sur les mathématiques médiévales ont paru deux riches essais de G. Beaujouan: «Le Moyen Âge: l'héritage» et «Le Moyen Âge: originalité» (pp. 171-189), in *Le Matin des mathématiciens. Entretiens sur l'histoire des mathématiques présentés par Émile Noël*, Belin/France Culture, 1985.
29. Voir l'article «Les rêves dans la culture et la psychologie collective de l'Occident médiéval», *supra*, pp. 287-293.
30. J.-Cl. Schmitt poursuit une recherche sur l'iconographie du rêve dans l'Occident médiéval. Voir, entre autre, *Träume im Mittelalter. Ikonologische Studien*, dir. A. Paravicini Bagliani et G. Stabile, Stuttgart-Zurich, 1989, et à *Testo e Immagine nell'alto Medioevo, Settimane di studio...*, XLI, Spolète, 1994, vol. I.

PRÉFACE

revue américaine, a eu plus de retentissement à l'étranger qu'en France, un thème qui m'occupe de plus en plus. On parle certes du retour du politique dans la science historique et l'histoire dite «nouvelle», écœurée par la «vieille» histoire politique, s'est trop détournée de ce domaine.
Or son renouveau est possible et souhaitable aujourd'hui, s'il intègre les dimensions du symbolique et de l'imaginaire. L'étude des liturgies politiques (cérémonies de sacre et de couronnement des rois par exemple), des espaces politiques, des insignes du pouvoir, des stratégies symboliques des puissants et des États, à l'œuvre dans les ambassades, les rencontres princières, les fêtes et les funérailles des grands, la diffusion de ces pratiques et de ces images dans l'ensemble du tissu social doit déboucher sur une «nouvelle» histoire politique, que j'appelle anthropologie politique historique. C'est mon principal terrain de recherche, aujourd'hui et demain[31].
Des thèmes abordés ici, un esprit austère pourra dire qu'ils semblent sacrifier à la mode. Après Roland Barthes, je suis prêt à prendre la défense de la mode. Attention à la nouveauté, moteur de la modernité, elle peut être instrument de renouveau. C'est un agent de l'histoire. Comme tout phénomène elle peut se pervertir et tomber dans le snobisme, perversion à vrai dire émouvante d'hommes et de femmes qui cherchent à échapper à la fuite du temps et à la menace de la mort par la volonté dérisoire et désespérée d'être toujours à la pointe de la mode et d'effacer la conscience du temps par une succession rapide de changements de l'apparence. Mais surtout la mode c'est l'expression du *Zeitgeist*, de l'esprit du temps, qui relie les apparences aux mouvements profonds de l'histoire. Soigneusement analysée, la mode est un des fils d'Ariane qui mènent aux secrets de l'histoire. Mais je crois, par les dates de ces textes, avoir plutôt précédé que suivi la mode.
Malgré l'effort de cohérence que représente la structure de ce recueil et la rationalisation du mode d'emploi présenté dans cet avant-propos, je ne dois pas dissimuler au lecteur que ces études doivent beaucoup à l'occasion qui les a suscitées: hommage à un savant, commande d'un colloque ou d'une revue. En accord avec Pierre Nora, je n'ai apporté à ces textes d'ailleurs récents qu'un minimum de corrections. C'est le beau risque du travail historique que d'être lié plus que d'autres à l'histoire de l'historien et de son époque. L'histoire elle-même n'est-elle pas une mise en ordre plus ou moins réussie des événements et des hasards? Il serait malhonnête d'effacer la patine du temps, sauf là où des recherches plus récentes ont

---

31. J'ai évoqué cet horizon dans une préface à la réédition du chef-d'œuvre pionnier de Marc Bloch, *Les Rois thaumaturges*, Paris, Gallimard, 1983.

démontré des erreurs flagrantes de savoir ou de méthode. C'est bien à l'intérieur d'une réflexion sur l'imaginaire médiéval que se situent ces essais documentés et scientifiquement construits. Et je crois que l'importance nouvelle de l'imaginaire se développera encore dans le domaine de la science historique et de la science tout court.

PRÉFACE
À LA DEUXIÈME ÉDITION, 1991

Depuis la parution de ce recueil d'essais, j'ai essayé de suivre la piste tracée par plusieurs des concepts-programmes qui l'inspirent et j'ai constaté que j'étais de moins en moins seul – ou presque – sur ces chemins de recherche. Non que je me pose vaniteusement en découvreur de termes que d'autres avaient déjà utilisés dans le domaine de l'histoire. Ainsi Georges Duby avait parlé de l'«imaginaire du féodalisme» en sous-titre de son beau livre sur *Les Trois Ordres*. Mais j'espère que les essais aujourd'hui réédités ont aidé d'autres historiens à élargir et approfondir les chemins qu'ils ont été parmi les premiers à frayer et j'espère que ces thèmes, ces horizons ne s'aviliront pas dans les compromissions de la mode.

L'imaginaire est guetté par cette mode. Je crois avoir défini ici avec la rigueur nécessaire ce qu'il désigne par rapport à des concepts voisins comme le symbolique ou l'idéologique. Comme le mot mentalité, le mot imaginaire se déploie avec un certain flou qui lui confère une partie de sa valeur épistémologique, car il permet ainsi de braver les frontières, d'échapper aux cloisonnements. C'est un concept libérateur, un outil qui ouvre portes et fenêtres et fait déboucher sur d'autres réalités masquées par les étiquettes conventionnelles des divisions paresseuses de l'histoire. Mais qu'on ne le mette pas, comme on a fait de *mentalité*, à toutes les sauces; qu'il ne devienne pas la panacée explicative de l'histoire, dont la complexité échappe à toute causalité unique; et que son flou heuristique ne détourne pas de la pertinence nécessaire de son emploi. J'ai récemment essayé d'appliquer le terme imaginaire à deux grands sculpteurs du Moyen Âge avec l'espoir d'unir l'irritante distinction de la forme et du contenu dans les œuvres d'art, l'imaginaire rassemblant le style et la thématique, l'esthétique et la pensée[1].

---

1. Le premier sculpteur est Wiligelmo, à la cathédrale de Modène, au début du XIIe siècle. Voir «L'imaginario in Wiligelmo», in *Wiligelmo e Lanfranco nell'Europa romanica. Actes du*

Le *merveilleux*, dont on doit aussi défendre la spécificité contre beaucoup de voisins conquérants et moins précis, tels que *fantastique* ou *surnaturel*, a l'avantage d'être un terme médiéval dont le sens et l'histoire peuvent être repérés avec netteté entre le *miraculeux* et le *magique*; il a connu, ces dernières années, un destin également faste, en particulier dans le domaine de l'histoire littéraire, où il a inspiré d'excellents travaux. J'en ai repris la caractérisation pour les XIIe-XIVe siècles dans des «Réflexions sur le merveilleux»[2].

Je suis revenu sur deux des thèmes présentés ici: celui des rapports entre culture «populaire» et culture savante au Moyen Âge, dans l'hommage au grand ethnologue à l'esprit profondément historique Jean-Michel Guilcher[3], et celui de l'imaginaire urbain, dans une problématique originale débordant le Moyen Âge, celle de la ville ceinte de murs – la muraille étant, au Moyen Âge, un élément autant symbolique que matériel[4]. Le thème de l'imaginaire de la ville a attiré aussi récemment l'attention de nombreux spécialistes de la ville: historiens, historiens de l'art, urbanistes géographes[5]. La ville est un objet bon à regarder et à penser pour les chercheurs de l'imaginaire. Il en est de même pour le corps sur lequel beaucoup d'historiens se penchent et auquel j'ai consacré un nouveau petit essai au carrefour de l'imaginaire anatomique et du politique[6]. Enfin, pour le dernier essai publié ici, je revendique une antériorité sur la renaissance actuelle en France d'un domaine de l'histoire, l'histoire politique, bénéficiaire aujourd'hui de ce qu'on nomme les «retours» en histoire: le retour

---

congrès de Modène, octobre 1985, Modène, Panini, 1989, pp. 13-22. Le second est Radovan, auteur du portail sculpté de la cathédrale de Trogir en Croatie (1240). Voir «L'imaginaire de Radovan», à paraître dans les *Actes du Congrès de Trogir, septembre 1990*.
2. In *Démons et merveilles au Moyen Âge. Actes du IVe colloque international de Nice, mars 1987*, université de Nice, Centre d'études médiévales, Sophia Antipolis, 1990, pp. 7-21, et dans l'exploration d'un champ particulier du merveilleux médiéval: «Le merveilleux scientifique au Moyen Âge», in *Zwischen Wahn, Glaube und Wissenschaft*, J.-F. Bergier éd., Zurich, 1988, pp. 87-113. Voir, entre autres, «De l'étranger à l'étrange ou la conjointure de la Merveille», in *Senefiance*, 25, publication du C.U.E.R.M.A., Aix-en-Provence, 1988.
3. Voir J. Le Goff, «Culture savante et culture folklorique dans l'Occident médiéval: une esquisse», in *Tradition et histoire dans la culture populaire: rencontre autour de l'œuvre de Jean-Michel Guilcher*, Grenoble, Centre alpin et rhodanien d'ethnologie, 1990, pp. 299-306.
4. J. Le Goff, «Construzione e distruzione della città murata. Un programma di riflessione e ricerca», in *La città e le mura*, D. de Seta et J. Le Goff éd., Rome et Bari, Laterza, 1989, pp. 1-10.
5. Par exemple, la toute récente et superbe étude de M. Roncayolo, *L'Imaginaire de Marseille, port, ville, pôle*, Chambre de commerce et d'industrie de Marseille, 1990.
6. «Head or Heart? The Political Use of Body Metaphors in the Middle Age», in *Fragments of a History of the Human Body, Zone*, New York, 1989, 3e partie, pp. 13-27. J'ai aussi engagé une recherche de longue durée sur «Rire au Moyen Âge», le rire relevant à la fois des techniques du corps, au sens de Marcel Mauss, et de l'anthropologie culturelle historique (voir *infra*, pp. 1343 *sqq.*).

Préface

du récit, le retour de l'événement, le retour de la biographie, le retour du politique. Dans cet essai, qui a vingt ans, je disais que Marc Bloch et Lucien Febvre avaient eu raison de vouloir la mort de la vieille histoire politique événementielle, politicienne, militaire et diplomatique, mais qu'il fallait restaurer en France une *nouvelle* histoire politique, qui soit une histoire *du* politique et non de *la* politique, une histoire du pouvoir, attentive aux structures, à la longue durée, au symbolique et, j'ajouterai, à l'imaginaire. Je rappelais que cette histoire politique renouvelée, approfondie, tournée vers le comparatisme avait depuis longtemps dans l'historiograhie française son chef-d'œuvre pionnier, *Les Rois thaumaturges*, de Marc Bloch, publié en 1924[7]. Et je proposais d'appeler cette histoire politique renouvelée « anthropologie politique historique ». L'expression n'a connu qu'une faveur limitée, mais le type d'histoire politique que je désignais ainsi a commencé à naître et se développe, même si le cadavre de la vieille histoire politique bouge et cherche à ressusciter. J'ai, pour ma part, essayé de me situer dans l'esprit de cette anthropologie politique historique dans les pages que j'ai écrites dans le second volume *L'État et les pouvoirs* de *l'Histoire de la France*, dirigée par André Burguière et Jacques Revel[8].

Il me semble qu'un souffle rafraîchissant continue à animer l'historiographie française. J'espère que ces essais y contribuent comme une brise modeste.

---

[7]. Nouv. éd., Paris, Gallimard, 1983, avec une préface de J. Le Goff.
[8]. J. Le Goff, « Le Moyen Âge », in *Histoire de la France*, André Burguière et Jacques Revel éd., vol. II : *L'État et les pouvoirs* (dirigé par J. Le Goff), Paris, Le Seuil, 1989, pp. 21-180. Voir aussi J. Le Goff, « Reims, ville du sacre », in *Les Lieux de mémoire*, P. Nora éd., Gallimard, Quarto, II : *La Nation*, t. I, pp. 649-733.

POUR UN LONG MOYEN ÂGE

Quand les humanistes italiens ont inventé dans la seconde moitié du XVe siècle le terme Moyen Âge (Giovanni Andrea, bibliothécaire du pape en 1469) ce fut pour opposer les «anciens» de cette époque «aux modernes de notre temps», c'est-à-dire aux hommes de la Renaissance. Une périodisation purement terrestre, séculière, de l'histoire était esquissée, mais elle laissait subsister la vieille chronologie chrétienne des six âges depuis la Création du monde. Elle reprenait une opposition d'abord neutre puis de plus en plus valorisée entre ancien et moderne apparue dès le haut Moyen Âge. Dans ce couple, «moderne» signifia longtemps tout simplement «actuel», «d'aujourd'hui». À partir de la fin du XIIIe siècle une certaine idée de progrès et de combat contre le passé se fait jour. L'*ars nova* valorise la musique nouvelle contre celle des époques antérieures au XIVe siècle, les *logici moderni* et les *theologi moderni* affirment le rejet de l'aristotélisme qui avait été le ferment de la scolastique universitaire du XIIIe siècle, Marsile de Padoue, dans le *Defensor Pacis* (1324) où il esquisse les fondements d'une politique séparée de la religion, d'un État distant de l'Église, emploie *moderne* dans le sens d'innovateur. Giotto face à Cimabue et aux peintres byzantinisants se sent *moderne* et est perçu comme tel. La *devotio moderna* rompt avec la religion pénétrée de superstition d'une part, de rationalisme scolastique de l'autre qui avait inspiré les pratiques religieuses des XIIe-XIIIe siècles. C'est en affirmant cette modernité mais en la présentant comme un retour à la vraie Antiquité, celle de la Grèce, de Rome et aussi, ne l'oublions pas, de la Bible, que les humanistes créent le Moyen Âge, sorte de tunnel ténébreux entre deux époques brillantes dont l'éclat se manifeste par la science, l'art et les lettres. Une révolution culturelle.

Première publication : «Le Moyen Âge maintenant», in *Europe*, 654, octobre 1983, pp. 19-24.

Il faut attendre le XVIIe siècle pour que les érudits allemands divisent l'histoire de l'humanité en trois ères : l'Antiquité, le Moyen Âge, les Temps modernes (Georg Horn dans son *Arca Noe*, en 1666, situe le *medium aevum* entre 300 et 1500, la notion de siècle ayant été entre-temps inventée). Le grand érudit français Du Cange consacre cette idée en publiant en 1678 son grand *Glossaire* «de la moyenne et basse latinité». La langue latine est coupée en deux : le latin antique et le latin médiéval, langue de décadence.

Au XVIIIe siècle, le terme latin savant se répand en langue vulgaire et la périodisation tripartite se diffuse. Le Moyen Âge est une mauvaise période, un âge des ténèbres pour les hommes des Lumières. Le romantisme aura beau «réhabiliter» le Moyen Âge, le positivisme y voir une période comme les autres et plutôt un temps intermédiaire de progrès, Moyen Âge, médiéval, moyenâgeux sont devenus péjoratifs. Le goût complexe et ambigu des sociétés développées d'aujourd'hui pour le Moyen Âge cache mal un fond séculaire de mépris. Le Moyen Âge c'est le primitif, séduisant comme l'art nègre, mais décidément barbare, objet d'une délectation perverse à retourner aux origines. Même les nations et les civilisations qui n'ont pas connu le Moyen Âge l'évoquent pour le conjurer. Le président algérien Chadli déclarait récemment que le peuple algérien ne devait pas retourner au Moyen Âge incarné par les intégristes religieux.

Au début, et toujours au fond du concept de Moyen Âge, il y a donc la coupure introduite par la Renaissance. Je ne rouvrirai pas ici le vieux dossier, l'interminable querelle du Moyen Âge et de la Renaissance. Je propose que l'on réduise cette coupure à ses justes proportions, un événement brillant mais superficiel. Il n'y a pas de renaissance en histoire. Il n'y a que des mutations qui se sont longtemps abritées sous le masque d'un retour à l'Antiquité. Les Renaissances sont précisément caractéristiques de la période qui va de l'Antiquité au moment où la modernité a été pleinement assumée – le milieu du XIXe siècle. Renaissance carolingienne, aux VIIIe-IXe siècles, Renaissance du XIIe, siècle «grande» Renaissance qui, en Italie, commence aux XIIe-XIVe siècles et dans le reste de l'Europe triomphe aux XVe-XVIe siècles, Renaissances des XVIIIe-XIXe siècles qui se limitent à l'art, la littérature ou la théologie (néoclassicisme, néogothique où le Moyen Âge remplace l'Antiquité, néothomisme, etc.). Loin de marquer la fin du Moyen Âge, la Renaissance – les Renaissances – est un phénomène caractéristique d'une longue période médiévale, d'un Moyen Âge toujours en quête d'une autorité dans le passé, d'un âge d'or en arrière. Non seulement la «grande» Renaissance n'a pas d'origine chronologique relativement précise – elle flotte en Europe entre trois sinon quatre siècles – mais elle est enjambée par de nombreux phénomènes historiques significatifs. De plus en plus l'apparition de la peste bubonique, la peste noire, 1347-1348, s'impose aux historiens de l'Europe comme le moment d'un grand clivage, il y a le temps d'avant et le temps d'après la peste, le temps de la croissance et le temps de la crise, le temps des certitudes et le temps des doutes. Or, la peste est phénomène de longue durée qui pendant trois siècles et demi, ignorant la Renaissance, pèse lourdement sur l'histoire démographique, biologique et psychologique de l'Occident jusqu'à sa dernière apparition meurtrière à Marseille en 1720.

Marc Bloch, à la recherche d'un phénomène de longue durée qu'il puisse étudier de sa naissance à sa mort, choisit le miracle royal, la croyance dans la guérison miraculeuse, par les rois de France et d'Angleterre, des malades atteints des écrouelles ou scrofule, c'est-à-dire de l'adénite tuberculeuse ou de maladies marquées aussi par l'enflure des ganglions du cou. Le temps du toucher royal, des « rois thaumaturges » a duré du XIe (ou peut-être seulement du XIIe) au XVIIIe siècle. En France, attesté pour le roi Louis VI (1108-1137), il est pratiqué une dernière une fois par Charles X après son sacre en 1825. Or Marc Bloch a montré que cette « royauté sacrée » reposait sur une croyance faisant partie d'une mentalité, la croyance « commune » (aux élites et au peuple) sinon générale dans la réalité du miracle et dans le pouvoir miraculeux de ces laïcs exceptionnels, les rois.

En marge du miracle royal, voici un élément essentiel du sacre des rois de France : l'onction avec une huile venue du ciel. C'est ce qui distingue le roi de France des autres monarques de la Chrétienté, ce qui fait de lui à proprement parler le roi *très chrétien*. L'huile avec laquelle il est oint au sacre de Reims n'est pas seulement une huile consacrée par la bénédiction d'un haut dignitaire ecclésiastique officiant à la cérémonie, c'est un liquide miraculeux. Le roi de France est véritablement l'oint de Dieu. Or c'est sur le même modèle que, du IXe au XVIIe siècle, fonctionne cette légende essentielle de la conception chrétienne de la « royauté sacrée ». L'archevêque de Reims, Hincmar, au IXe siècle recueille la légende telle qu'elle va passer dans les rites du sacre : une colombe (l'Esprit saint) a apporté, à la fin du VIe siècle, une ampoule contenant une huile divine avec laquelle saint Remi a baptisé Clovis, et l'église de Reims, qui a conservé la sainte Ampoule, use de cette huile pour la consécration des rois de France. Les rois d'Angleterre qui cherchent à égaler les rois de France font répandre, au début du XIVe siècle, une légende selon laquelle, dans la seconde moitié du XIIe siècle, Thomas Becket exilé en France aurait reçu de la Vierge une fiole contenant une huile surnaturelle destinée à oindre le cinquième roi d'Angleterre après celui qui règne alors (Henri II), c'est-à-dire Édouard. Enfin, quand en 1594 Henri IV dut se faire sacrer à Chartres, car Reims était aux mains de la Ligue, on fit apporter de l'abbaye de Marmoutier, près de Tours, l'huile qu'un ange aurait à la fin du IVe siècle apportée du ciel à saint Martin pour soigner les douleurs

consécutives à une chute occasionnée par le diable. La sainte Ampoule de Marmoutier avait déjà été envoyée au chevet de Louis XI mourant. Dans un remarquable livre récent, Bernard Chevalier étudie *Les Bonnes Villes françaises* (Aubier, 1982). Ce sont les villes qui ont été suffisamment fortes et riches pour représenter, à côté du clergé et des nobles, un troisième «État» dans le royaume, ce sont des interlocutrices privilégiées du roi de France qui y trouve un soutien militaire et fiscal et dont la politique à leur égard oscille entre le respect de leurs privilèges et un effort de mainmise. Le terme et le réseau urbain qu'il représente apparaissent au XIIIe siècle et n'ont plus guère de signification à partir du début du XVIIe siècle.
Où est dans tout cela la coupure de la Renaissance?
Mais plus généralement des structures fondamentales persistent dans la société européenne du IVe au XIXe siècle qui permettent de saisir la cohérence de ces quinze siècles.
Une grille de lecture en a été proposée par Marx autour du concept de mode de production féodal. Sans entrer dans le détail, il faut reconnaître la force d'une conception qui relie la technologie au régime économique et aux structures sociales et la définit par le contrat inégal entre un seigneur et ceux qui l'entretiennent (paysans surtout), l'essentiel de la plus-value étant absorbé par la rente féodale et la finalité du système étant orientée plus vers la simple reproduction que vers la croissance. Dans cette perspective, le Moyen Âge, assimilé au féodalisme, s'étale entre une Antiquité qui aurait été caractérisée par le mode de production esclavagiste et des Temps modernes définis par le mode de production capitaliste. Un Moyen Âge entre la fin de l'Empire romain et la révolution industrielle.
Mais aussi un Moyen Âge marqué par son idéologie dominante qui n'est ni le reflet d'une infrastructure matérielle ni le moteur idéaliste de son histoire, mais une des pièces essentielles de son fonctionnement. Ce long Moyen Âge est celui du christianisme dominateur, un christianisme qui est à la fois religion et idéologie, qui entretient donc un rapport très complexe avec le monde féodal, le contestant et le justifiant en même temps. Ce qui évidemment ne veut pas dire que le christianisme est mort ou mourant aujourd'hui mais qu'il ne joue plus depuis le XIXe siècle dans nos sociétés la fonction maîtresse qu'il a jouée du IVe au XIXe siècle, qu'il a perdu le quasi-monopole idéologique qui fut le sien pendant cette période. D'où l'impossibilité d'une étude valable du Moyen Âge qui ne tiendrait pas le plus grand compte de l'Église et de la religion. Surtout ce long Moyen Âge est dominé par la lutte en l'homme ou autour de l'homme de deux grandes puissances presque égales, bien que l'une soit théoriquement subordonnée à l'autre, Satan et Dieu. Le long Moyen Âge féodal c'est la lutte du Diable et du Bon Dieu. Satan naît et meurt aux deux bouts de la période.

Pour un long Moyen Âge

Ce long Moyen Âge, on peut aussi le saisir à partir de points de vue moins globaux que les deux que je viens d'évoquer.

On peut aussi considérer que ce long Moyen Âge est celui où apparaît (ou réapparaît) en Occident le schéma trifonctionnel défini par Georges Dumézil, décelable en Angleterre au IXe siècle, triomphant au XIe siècle avec la formule «*oratores, bellatores, laboratores*», «ceux qui prient, ceux qui se battent, ceux qui travaillent», prêtres, guerriers et paysans et qui dure jusqu'aux trois états de la Révolution française. Tandis qu'après la révolution industrielle se met en place une trifonctionnalité toute différente, celle des activités primaires, secondaires et tertiaires, définies par les économistes et les sociologues.

Ou encore, dans le domaine des transports, de la maîtrise de l'espace, c'est le long temps où, entre la traction humaine et bovine de l'Antiquité et le chemin de fer du XIXe siècle règnent la charrette et le cheval.

Dans le domaine de la maladie c'est, entre la destruction de l'hygiène antique (thermes) et la naissance de l'hôpital moderne, le temps des médecins-sorciers, du corps martyrisé ou méprisé, le temps sans stade et sans sport, l'époque de l'apparition de l'hôpital qui est d'abord asile puis lieu de renfermement et non de cure.

Du point de vue de la culture c'est, entre la fin des écoles antiques et la scolarisation générale du XIXe siècle, le temps d'une lente alphabétisation, la période de croyance au miracle, l'ère du long dialogue entremêlé de luttes et d'emprunts, entre la culture savante et la culture populaire. C'est, écrit ou oral, le temps de la narration, du conte, tel l'*exemplum*, cette anecdote édifiante léguée par les moines orientaux à l'Occident au IVe siècle et qui, entre les apophtegmes des pères du désert et les recueils de contes des folkloristes du XIXe siècle attirés par la «beauté du mort», s'épanouit du XIIe au XVIIIe siècle, tel le thème de *l'ange et l'ermite* qui se transmet de fabliaux du XIIe siècle au *Zadig* de Voltaire[1].

Certes, ce long Moyen Âge peut, doit être scandé en périodes intermédiaires. Par exemple un haut Moyen Âge, du IVe au IXe siècle, à la fois antiquité tardive et genèse du système féodal, un Moyen Âge central, du Xe au XIVe siècle, le temps du grand essor, à quoi il faut réduire le Moyen Âge proprement dit si on veut en garder une définition restreinte, un bas Moyen Âge ou temps des crises couvrant les XIVe-XVIe siècles, un Ancien Régime où la féodalité jette ses derniers feux de la Révolution anglaise à la Révolution française, du temps du «monde fini», selon l'expression de Pierre Chaunu, où l'Europe se lance à l'assaut du monde avec ses

---

[1]. Cl. Bremond, J. Le Goff et J.-Cl. Schmitt, *L'«Exemplum»*, in *Typologie des sources du Moyen Âge occidental*, fasc. 40, Turnhout, Brepols, 1982.

bateaux, ses entrepreneurs, ses soldats et ses missionnaires, à la révolution industrielle.

Et si, avec Krzysztof Pomian[2], on rejette toute tentative de périodisation puisque, selon l'heureuse expression de Witold Kula, chaque époque présente une «coexistence d'asynchronismes», les diverses séries de phénomènes historiques étant toujours décalées les unes par rapport aux autres, pour se tourner vers les *modèles* comme supports de l'explication historique, le principal de ces *modèles*: la *féodalité*, sinon le féodalisme, n'est-il plus opératoire au sein de ce long Moyen Âge?

Quel est, pour les hommes d'aujourd'hui, pour ceux de notre société occidentale en particulier, l'intérêt de cette conception d'un long Moyen Âge?

D'abord ce Moyen Âge fait se dissoudre l'opposition entre deux images également fausses du Moyen Âge restreint: une image noire qui l'identifie à l'«âge des ténèbres», une image dorée qui en fait une période idyllique de foi religieuse, d'harmonie du corps social coulé dans les corporations, de floraison d'un art merveilleux né du peuple. Qui oserait, d'un Moyen Âge qui commence avec les Barbares, faire une époque idéale et qui pourrait d'un Moyen Âge qui s'achève avec les Lumières nier qu'il fut une ère de grands progrès? Ce long Moyen Âge permet de mieux saisir l'ambition d'une époque qui fut à la fois celle de la famine, des grandes épidémies, des pauvres et des bûchers mais aussi celle des cathédrales et des châteaux, celle qui a inventé ou découvert la ville, l'université, le travail, la fourchette, la fourrure, le système solaire, la circulation du sang, la tolérance, etc.

C'est ensuite nous rappeler que le processus de la civilisation tel que l'a décrit un Norbert Elias n'en est qu'à ses premières phases, malgré la menace d'une nouvelle apocalypse, l'autodestruction nucléaire. Ce long voyage dans cette perspective très longue apparaît mieux adapté à une chronologie vue de plus haut, à une histoire plus lente où l'évolution des structures profondes, matérielles et mentales, compte plus que celle des événements rapides mais superficiels.

C'est enfin mieux répondre à l'attente de tous ceux qui, aujourd'hui, ont le goût du Moyen Âge qui est à la fois nos racines, notre naissance, notre enfance, mais aussi un rêve de vie primitive et heureuse que nous venons à peine de quitter. C'est, comme l'a dit Peter Laslett, «ce monde que nous avons perdu», mais dont nous avons encore la mémoire nostalgique, le temps des grands-parents. Un Moyen Âge auquel nous relie encore le fil non coupé de l'oralité.

---

2. Kr. Pomian, article «Périodisation», in *La Nouvelle Histoire*, J. Le Goff, R. Chartier et J. Revel éd., Paris, 1978, pp. 455-457.

I

LE MERVEILLEUX

LE MERVEILLEUX
DANS L'OCCIDENT MÉDIÉVAL

Les problèmes abordés dans ce texte, l'inventaire du merveilleux dans l'Occident médiéval que j'y propose, ont été présentés dans le cadre d'un colloque tenu au Collège de France, à Paris, en mars 1974, sur le thème « L'Étrange et le Merveilleux dans l'Islam médiéval ». Ce texte se situe donc dans une perspective comparatiste[1] et j'avais regretté qu'il n'y eût pas une communication sur le merveilleux à Byzance. Hélène Ahrweiler et Gilbert Dagron se sont efforcés de combler cette lacune lors de la discussion.

I. ASPECTS PRINCIPAUX ET PROBLÈMES

Il faut aborder le problème du merveilleux dans une civilisation, dans une société, à un niveau qui, sans être le plus fondamental, est primordial, celui du vocabulaire. Je crois que l'on ne peut pas faire d'étude sérieuse sans repérer le champ sémantique du merveilleux. Comme toujours dans les sciences historiques, nous devons confronter le vocabulaire dont nous nous servons avec le vocabulaire des sociétés historiques que nous étudions. Le terme me paraît bien choisi par les possibilités de comparaison qu'il offre. Il s'agit

---

Première publication in M. Arkoun, J. Le Goff, T. Fahd et M. Rodinson éd., *L'Étrange et le Merveilleux dans l'Islam médiéval*, 1978, pp. 61-79. Publié en italien in J. Le Goff, *Il Meraviglioso e il quotidiano nell'Occidente medievale*, Rome-Bari, Laterza & Figli, 1983, pp. 3-23.

1. J'en ai éliminé ici ce qui se réfère directement à la comparaison avec l'Islam. On pourra se reporter aux Actes du Colloque: *L'Étrange et le Merveilleux dans l'Islam médiéval*, Paris, 1978, pp. 61-110.

d'une part de savoir ce que nous entendons par merveilleux et d'autre part de repérer comment les hommes du Moyen Âge entendaient et exprimaient ce que nous appelons aujourd'hui merveilleux. J'ai l'impression qu'il y a une grande richesse de vocabulaire dans le monde musulman pour désigner le merveilleux et c'est à la fois un avantage et peut-être un inconvénient. Un avantage, parce que nous avons une peinture plus fine de ce que les hommes, et surtout, les couches intellectuelles, savantes, du monde musulman, mettaient dans le domaine du merveilleux. En revanche, je me demande s'il y avait dans le monde musulman un terme qui, mutatis mutandis, correspondît à ce que nous appelons le merveilleux. L'Occident médiéval avait un terme pour cela. Dans la mesure où il s'agit de la culture *savante*, le terme *mirabilis* était employé au Moyen Âge et avait à peu près le même sens. Toutefois les clercs du Moyen Âge n'avaient pas à proprement parler une catégorie mentale, littéraire, intellectuelle correspondant exactement à ce que nous appelons *le* merveilleux. Ce qui correspond à notre «merveilleux», là où nous voyons une catégorie, catégorie de l'esprit ou de la littérature, les clercs du Moyen Âge et ceux qui recevaient d'eux leur information, leur formation, y voyaient un univers sans doute, ce qui est très important, mais un univers d'objets, une collection plus qu'une catégorie.

Il y a aussi le problème de l'étymologie. Avec les *mirabilia*, on rencontre au départ une racine *mir (miror, mirari)* qui implique quelque chose de visuel. Il s'agit d'un regard. Les *mirabilia* ne se cantonnent pas à des choses que l'homme admire avec les yeux, devant lesquelles on écarquille les yeux, mais à l'origine il y a cette référence à l'œil qui me paraît importante, parce que tout un imaginaire peut s'ordonner autour de cet appel à un sens, celui de la vision, et d'une série d'images et de métaphores visuelles. Si l'on se reporte à l'ouvrage de Pierre Mabille, *Le Miroir du merveilleux* (1962), on est ainsi conduit à faire un rapprochement particulièrement pertinent pour l'Occident médiéval entre *mirari, mirabilia* (merveille) et *miroir* (bien que traduit en latin par *speculum* mais la langue vernaculaire rétablit des parentés) et tout ce qu'un imaginaire et une idéologie du miroir peuvent représenter. Au-delà du vocabulaire, et sur certains points, comme on vient de le voir, dès ce niveau, se pose un gros problème: par-derrière et, chronologiquement, après la langue des clercs, la langue savante, le latin, il y a des langues vulgaires. Une exploration du merveilleux dans le monde médiéval ne doit pas négliger ce que les langues vulgaires apportent. Quand les langues vulgaires affleurent, deviennent des langues littéraires, le mot *merveille* apparaît dans toutes les langues romanes et également l'anglo-saxon. En revanche, il n'existe pas dans les langues germaniques où c'est autour de *Wunder* que se bâtira le domaine qui sera celui du merveilleux. Je ne crois pas que les philologues aient exploré ces pistes.

Le merveilleux

Le vocabulaire ainsi évoqué, apparaissent me semble-t-il trois grandes questions à propos du merveilleux dans l'Occident médiéval. Le premier problème est celui des attitudes des hommes du Moyen Âge par rapport aux héritages du merveilleux qu'ils ont reçus. La question est particulièrement importante. De façon générale, nous savons que dans une civilisation, une culture, se pose le problème de ces héritages, concept que je préfère à celui de source ou d'origine, parce qu'il y a dans source ou origine une sorte de développement obligé, je dirai presque automatique, qui ne me paraît pas correspondre à ce qu'ont été les situations historiques concrètes. En revanche, dans l'héritage je vois un ensemble qui s'impose d'une certaine façon (on trouve un héritage, on ne le crée pas), mais cet héritage, il faut un effort pour l'accepter, le modifier ou le refuser, au niveau collectif comme au niveau individuel. Malgré en effet la pression de l'héritage, on peut à la limite le refuser et en tout cas l'utiliser, s'en servir, l'adapter de telle ou telle façon. Cela est particulièrement vrai de la société chrétienne car le christianisme s'étend sur des mondes qui lui lèguent des cultures diverses, anciennes, riches et le merveilleux, plus que d'autres éléments de la culture et de la mentalité, appartient précisément aux couches anciennes. Chaque société sécrète – plus ou moins – du merveilleux, mais surtout elle se nourrit d'un merveilleux antérieur – au sens baudelairien –, de vieilles merveilles. En anticipant un peu sur un autre problème, j'avance dès maintenant l'idée que le christianisme a peu créé dans le domaine du merveilleux. J'ai essayé, je ne dirai pas de définir, ce serait trop ambitieux, mais de cerner un merveilleux chrétien, indubitable, mais qui ne représente pas dans le christianisme quelque chose d'essentiel et dont j'ai l'impression qu'il ne s'est précisément formé que parce qu'il y avait cette présence et cette pression d'un merveilleux antérieur en face duquel le christianisme devait se prononcer, prendre position. Le surnaturel, le miraculeux, qui sont le propre du christianisme me semblent différents de nature et de fonction du merveilleux même s'ils ont marqué de leur empreinte ce merveilleux chrétien. Le merveilleux, donc, dans le christianisme, me paraît essentiellement renfermé dans ces héritages, dont nous rencontrons des éléments « merveilleux » dans les croyances, dans les textes, dans l'hagiographie. Dans la littérature presque toujours, c'est un merveilleux aux racines préchrétiennes.

Parce que ces héritages sont des héritages continués, le christianisme médiéval les a trouvés en face de lui tout au cours de son existence. Au titre d'hypothèse de départ, une périodisation des attitudes dominantes des leaders intellectuels et spirituels de l'Occident médiéval permet de repérer l'évolution des attitudes à l'égard de ce merveilleux.

Pendant le haut Moyen Âge, du Ve au XIe siècle en gros, il nous est extrêmement difficile d'adopter, dans le domaine de la culture, une chronologie fine. Il me semble qu'il y a eu en gros une sorte, sinon de refus, du moins de répression du merveilleux. En scrutant l'hagiographie du haut Moyen Âge, en particulier l'hagiographie mérovingienne, à peu près dans le même temps où Frantisek Graus l'étudiait dans une œuvre beaucoup plus approfondie[2], je suis parvenu à peu près aux mêmes conclusions. C'est que pour l'amateur de folklore, les textes hagiographiques du haut Moyen Âge sont, au moins dans une première analyse, très décevants, et, si nous cherchons à y faire une moisson de faits ethnologiques, le bilan est, à première vue, maigre. Le visible c'est essentiellement le souci, de la part de l'Église, soit de transformer profondément en lui donnant une signification tellement nouvelle que nous ne sommes plus en face du même phénomène, soit d'occulter ou même de détruire ce qui représente pour elle un des éléments peut-être les plus dangereux de la culture traditionnelle, qu'elle appelle en gros païenne. Le merveilleux en effet a exercé sur les esprits des séductions évidentes qui sont une de ses fonctions dans la culture et dans la société.

En revanche, aux XIIe-XIIIe siècles, je crois voir une irruption du merveilleux dans la culture savante. Je ne tenterai pas ici de donner une appréciation et un essai d'explication du phénomène. D'une part je reprends les hypothèses d'Erich Köhler sur la littérature courtoise, liée aux intérêts de classe et de culture d'une couche sociale, en ascension et déjà menacée : la petite et la moyenne noblesse, la chevalerie. C'est son désir d'opposer à la culture ecclésiastique liée à l'aristocratie non pas une contre-culture, mais une autre culture qui lui appartienne davantage et dont elle puisse mieux faire ce qu'elle veut, qui la fait puiser dans un réservoir culturel existant, c'est-à-dire dans cette culture orale dont le merveilleux est un élément important. Ce n'est pas un hasard si le merveilleux joue un si grand rôle dans les romans courtois. Le merveilleux est profondément intégré à cette quête de l'identité individuelle et collective du chevalier idéalisé. Le fait que les épreuves du chevalier passent par toute une série de merveilles, de merveilles qui aident (tels certains objets magiques) ou de merveilles qu'il faut combattre (tels les monstres) a conduit Erich Köhler à écrire que l'aventure elle-même, qui est cette prouesse, cette quête de l'identité du chevalier dans le monde courtois, est, en définitive, elle-même une merveille[3].

---

2. *Volk, Herrscher und Heiliger im Reich der Merowinger. Studien zur Hagiographie der Merowingerzeit*, Prague, 1965.
3. E. Köhler, *Ideal und Wirklichkeit in der höfischen Epik*, 1re éd. 1956, 2e éd. 1970, trad. fr. : *L'Aventure chevaleresque. Idéal et réalité dans le roman courtois*, Paris, Gallimard, 1974. «Observations historiques et sociologiques sur la poésie des troubadours», in *Cahiers de Civilisation médiévale*, 1964, repris in *Esprit und arkadische Freiheit – Aufsätze aus der Welt der Romania*, Francfort-sur-le-Main, 1966.

Le merveilleux

D'autre part, ce qui me paraît expliquer cette irruption du merveilleux, ce n'est pas seulement la force de sa pression, c'est que l'Église n'a plus les mêmes raisons que dans le haut Moyen Âge de s'opposer à cette irruption du merveilleux. Il est moins dangereux pour elle, elle peut d'ailleurs davantage l'apprivoiser, le récupérer. C'est la rencontre de cette pression, venue d'une certaine base laïque, et de cette tolérance relative de l'Église qui explique cette irruption du merveilleux à l'âge gothique.

La troisième phase est un peu différente, dans la mesure où, bien qu'une explication de type sociologique demeure toujours fondamentale, ce qui permet surtout de la définir, ce sont des considérations plus proprement littéraires et intellectuelles. C'est ce que j'ai appelé l'esthétisation du merveilleux, ce sont les progrès de son rôle comme ornement, procédé littéraire et artistique, jeu stylistique.

Le second problème est celui du rôle du merveilleux à l'intérieur d'une religion monothéiste. Ici, l'enquête est loin de son achèvement, mes lectures sont encore insuffisantes et je ne peux même pas présenter une ébauche sérieuse de l'étude au moins en partie statistique qui serait nécessaire. Je crois toutefois repérer, en particulier pour cette période centrale, XIIe-XIIIe siècle, et d'abord dans le vocabulaire, une diversification dans le monde du surnaturel qui permet de mieux situer le merveilleux par rapport à la religion chrétienne.

La conception du merveilleux a été récemment influencée par l'ouvrage, d'ailleurs très intéressant, de Todorov sur la littérature fantastique et en particulier par la différence qu'établit Todorov entre l'étrange et le merveilleux, dont l'un, l'étrange, peut se dissoudre à la réflexion alors que le merveilleux laisse toujours un résidu surnaturel que l'on n'arrivera jamais à expliquer par autre chose que le surnaturel. Mais il y a autre chose dans le merveilleux médiéval[4]. Nous sommes donc dans le monde du surnaturel, mais il me semble qu'aux XIIe et XIIIe siècles, le surnaturel occidental se répartit en trois domaines que recouvrent à peu près trois adjectifs : *mirabilis, magicus, miraculosus*.

Mirabilis. C'est notre merveilleux avec ses origines préchrétiennes. Il occupe le domaine dont j'ai essayé de dresser plus loin l'inventaire[5].

Magicus. Le terme en soi pourrait être neutre pour les hommes de l'Occident médiéval, puisque théoriquement on reconnaissait l'existence d'une magie noire qui était du côté du Diable, mais aussi d'une magie blanche qui était licite. En fait le terme *magicus*, et ce qu'il recouvre, très

---

4. Voir *infra*, pp. 465-472.
5. Voir *ibid.*

rapidement a balancé du côté du mal, du côté de Satan. *Magicus*, c'est le surnaturel maléfique, le surnaturel satanique. Le surnaturel proprement chrétien, ce que l'on pourrait justement appeler le merveilleux chrétien, c'est ce qui relève du *miraculosus*, mais le miracle, le *miraculum*, ne me paraît être qu'un élément, et je dirais un élément assez restreint du vaste domaine du merveilleux. Le *miraculosus*, non seulement n'était qu'une partie du merveilleux, mais il avait tendance à le faire s'évanouir[6]. Il fallait pour l'Église, qui repoussait peu à peu une grande partie du merveilleux dans le domaine de la *superstition*, dégager le miraculeux du merveilleux.

Une des caractéristiques du merveilleux c'est, bien entendu, d'être produit par des forces ou des êtres surnaturels, mais qui sont précisément multiples. On retrouve quelque chose de cela dans le pluriel *mirabilia* du Moyen Âge. C'est que non seulement le merveilleux renferme un monde d'objets, un monde d'actions diverses, mais que par-derrière, il y a une multiplicité de forces. Or, dans le merveilleux chrétien et dans le miracle il y a un auteur, mais un seul auteur qui est Dieu, et c'est ici que se pose précisément le problème de la place du merveilleux, non seulement dans une religion, mais dans une religion monothéiste. Ensuite, il y a une réglementation du merveilleux dans le miracle. C'est à la fois un contrôle et une critique du miracle, qui, à la limite, fait s'évanouir le merveilleux, et finalement une tendance à rationaliser le merveilleux, et en particulier à lui ôter plus ou moins un caractère essentiel, l'imprévisibilité. Si nous rattachons étymologiquement le merveilleux à des racines visuelles, il y a dans le merveilleux un trait fondamental, c'est la notion d'*apparition*. Or, le miracle, s'il ne dépend que de l'arbitraire de Dieu, ce qui justement le différencie des événements naturels, bien entendu voulus eux aussi par Dieu, mais que Dieu a décidés une fois pour toutes, en créant une certaine régularité dans le monde, n'échappe pas de son côté au plan divin et à une certaine régularité. Dans la mesure où le miracle s'opère par les intermédiaires que sont les saints, les saints sont placés dans une telle situation que l'apparition du miracle par leur entremise est prévisible. Je crois percevoir, malgré les mutations et les ressources de l'hagiographie, une sorte de lassitude croissante des hommes du Moyen Âge vis-à-vis des saints dans la mesure où, à partir du moment où un saint apparaît, on sait

---

6. Voir *infra*, «Le merveilleux et le christianisme», pp. 466-467. S'il est vrai que *miraculum* et *mirabilia* ne se sont bien distingués que tardivement (XIIe siècle), je ne suis pas d'accord avec D. Bouthillier et J.-P. Torrell qui proposent de traduire *miraculum* dans le *De miraculis* de l'abbé de Cluny Pierre le Vénérable au début du XIIe siècle («"Miraculum", une catégorie fondamentale chez Pierre le Vénérable», in *Revue thomiste*, 1980, t. LXXX, pp. 357-386) par *merveille* ou *fait merveilleux*.

Le merveilleux

ce qu'il va faire. Dès qu'il se trouve dans une situation on sait qu'il va procéder à une multiplication du pain, qu'il va ressusciter, qu'il va exorciser un démon. La situation étant donnée, on sait ce qui va se passer. Il y a tout un processus d'évacuation du merveilleux. J'ajouterai que, en ce qui concerne le christianisme, une certaine difficulté à accepter le merveilleux me paraît aussi provenir du fait que, si on y regarde bien, il n'y a pas tellement de merveilleux dans la Bible.

Il faut distinguer, comme l'ont fait les hommes du Moyen Âge, entre l'Ancien et le Nouveau Testament. Dans le Nouveau Testament, il y a, évidemment, plus de miracles que de choses merveilleuses. Dans l'Ancien Testament tel qu'il est lu ou entendu par les hommes du Moyen Âge, la part du merveilleux me paraît relativement réduite. Bien entendu, les études classiques de Frazer, de Saintyves et d'autres[7] sur le folklore de l'Ancien Testament ont repéré des légendes, des éléments qui relèvent du merveilleux. Il y a dans l'Ancien Testament des épisodes, parfois des livres entiers, qui ont été un des grands aliments du merveilleux de l'Occident chrétien. L'Ancien Testament, tel qu'il a été lu, senti, vécu par les hommes du Moyen Âge, renferme peu de merveilleux. Quant au Nouveau, il offre bien une des grandes sources du merveilleux médiéval, l'Apocalypse. Mais l'univers apocalyptique a été un monde à part. Or la Bible, c'est, sinon la source de tout, du moins la référence pour tout. Ce qui expliquera que, quand le merveilleux resurgira, il aura une certaine indépendance, parce qu'il sera beaucoup plus difficile que pour d'autres éléments de lui trouver ce que les hommes du Moyen Âge cherchaient toujours, la référence biblique.

Le troisième et dernier problème est la fonction du merveilleux, car une fois que nous avons décrit le merveilleux, que nous avons essayé de le caractériser, de le démonter, nous n'avons pas dit grand-chose, si nous n'essayons pas de savoir pourquoi il a été produit et consommé, à quoi il a servi, quelle demande il a satisfaite. Une première remarque est l'évidente fonction de compensation du merveilleux. Le merveilleux est un contrepoids à la banalité et à la régularité quotidiennes. Mais ce contrepoids s'ordonne et fonctionne différemment selon les sociétés et les époques. Dans l'Occident médiéval les *mirabilia* ont eu tendance à s'organiser en une sorte d'univers à l'envers. Les principaux thèmes en sont: l'abondance alimentaire, la nudité, la liberté sexuelle, l'oisiveté. Face à quelques-uns des grands mots d'ordre et des grandes forces mentales de ce monde, ce n'est

---

7. J. G. Frazer, *Folklore in the Old Testament*, Londres, 1918, 3 vol., trad. fr.: *Le Folklore dans l'Ancien Testament*, 1924; P. Saintyves, *Essais de Folklore biblique. Magie, mythes et miracles dans l'Ancien et le Nouveau Testament*, 1923; P. Gibert, *Une théorie de la légende. Hermann Gunkel et les légendes de la Bible*, Paris, Flammarion, 1979.

pas un hasard si, dans le domaine justement du folklore et du merveilleux, l'une des rares créations de l'Occident médiéval, c'est le thème du pays de Cocagne, qui apparaît au XIIIe siècle et qui n'existait pas avant. On pourrait lui trouver plus tôt des racines, des sortes d'équivalences plus lointaines, mais le thème même de Cocagne est une création médiévale. Monde à l'envers, à quoi j'ajouterai monde à rebours, et c'est ici que la Genèse, mais justement une Genèse dans laquelle on va retrouver les éléments préchrétiens plutôt que les éléments proprement chrétiens, exerce ses prestiges sur les hommes du Moyen Âge. C'est l'idée d'un paradis terrestre et de l'« âge d'or », qui ne sont pas en avant, mais en arrière, et, si l'on cherche à les retrouver dans un *millenium* utopique c'est non pas un horizon futur mais comme un retour aux origines.

Monde à l'envers, monde à rebours, distinction entre le *miraculosus*, le *magicus*, le *mirabilis*. Il me semble que, sans forcer les choses, le merveilleux (ce n'est pas sa seule fonction mais l'une de ses plus importantes) a été en définitive une forme de résistance à l'idéologie officielle du christianisme. Sur un point, notamment, qui me paraît à cet égard essentiel, je voudrais revenir un instant à l'inventaire. Je ne crois pas, ce faisant, mettre arbitrairement l'accent sur certains domaines de ce merveilleux médiéval au détriment d'autres. Dans l'univers des bêtes, des plantes, des objets, des animaux merveilleux, il me semble qu'il y a presque toujours une sorte de référence à l'homme dans le merveilleux musulman. Je vois plutôt le contraire dans l'Occident médiéval. Il y a une déshumanisation de l'univers qui va vers un univers animal, vers un univers de monstres ou de bêtes, vers un univers minéralogique, vers un univers végétal. Il y a une sorte de refus de l'humanisme, un des grands mots d'ordre du christianisme médiéval, fondé sur l'homme fait à l'image de Dieu. Face à l'humanisme qu'on a appelé chrétien, ou, selon les époques, carolingien, roman, gothique, face à un humanisme qui s'appuie sur l'exploitation croissante d'une vision anthropomorphe de Dieu, il y a eu, autour du merveilleux, une certaine forme de résistance culturelle.

J'insiste enfin sur les frontières du merveilleux. Comme beaucoup de phénomènes, de catégories, le merveilleux n'existe guère à l'état pur. Il a des frontières perméables. Cette respiration du merveilleux médiéval dépend tantôt d'un développement interne où le merveilleux en quelque sorte s'emballe, se distend et prend des proportions envahissantes et parfois extravagantes. C'est par exemple le cas de deux domaines plus caractéristiques du Moyen Âge que, me semble-t-il, d'autres époques : le merveilleux quotidien et le merveilleux politique. Les apparitions du merveilleux se produisent souvent sans couture avec la réalité quotidienne mais surgissent au milieu d'elle (ce que retrouvera parfois le fantastique romantique

LE MERVEILLEUX

ou le surréalisme moderne). S'il y a toujours le mouvement d'admiration des yeux qui s'écarquillent, la pupille se dilate de moins en moins et ce merveilleux, tout en conservant son caractère vécu d'imprévisibilité, ne paraît pas particulièrement extraordinaire.

Je lisais récemment un *exemplum* de Césaire de Heisterbach, dans le *Dialogus miraculorum* (début du XIIIe siècle). Un jeune noble, qui est convers cistercien, garde des moutons dans une grange de l'abbaye cistercienne à laquelle il est attaché et il voit apparaître devant lui un cousin qui est mort récemment. Très simplement, il lui demande : « Que fais-tu ? » L'autre lui dit : « Je suis mort, je suis venu parce que je suis dans le Purgatoire, il faut que vous priiez pour moi. – On va faire le nécessaire. » Il s'éloigne sur la prairie et il disparaît au bout du champ, comme s'il faisait partie du paysage naturel, sans que le monde ait été véritablement troublé par cette apparition. Dans un texte un peu antérieur mais toujours du début du XIIIe siècle, les *Otia imperialia*, entre autres très nombreuses notations de *mirabilia*, l'auteur, Gervais de Tilbury, raconte que dans les villes de la vallée du Rhône (lui-même habite Arles à ce moment-là), il y a des êtres malfaisants, les *dracs*, qui s'attaquent aux petits enfants, mais ne sont pas, sauf exception, des ogres. Ils s'introduisent la nuit dans les maisons, portes fermées, ils prennent les bébés dans leurs berceaux et les transportent dans la rue et sur les places où on les retrouve le lendemain matin, les portes étant demeurées fermées. C'est le thème des changelins bien connu des ethnologues. La trace du passage des dracs est presque imperceptible, le merveilleux trouble le moins possible la régularité quotidienne et pourtant, c'est peut-être ce qu'il y a de plus inquiétant dans ce merveilleux médiéval, le fait justement que l'on ne s'interroge pas sur sa présence sans couture au sein du quotidien.

Une autre frontière du merveilleux, c'est le merveilleux politique. Les « leaders » du Moyen Âge ont utilisé le merveilleux à des fins politiques. C'est une des formes de récupération du merveilleux, mais c'est une forme extrême. Il est bien connu et presque normal, banal que les dynasties royales aient cherché à se trouver des origines mythiques. Familles nobles et villes les ont imitées. Mais le plus étonnant est que ces origines mythiques s'enracinent parfois sinon souvent dans un merveilleux inquiétant et douteux. On connaît l'histoire de Mélusine et on sait que cette femme merveilleuse médiévale, qui est probablement un avatar d'une déesse mère, d'une déesse de la fécondité, a été revendiquée comme une ancêtre, comme une sorte de totem par diverses familles nobles. L'une d'entre elles a réussi, celle des Lusignan qui ont accaparé Mélusine, lui ont donné leur nom, car Mélusine n'est pas nommée avant le moment où elle s'acoquine, si j'ose dire, avec les Lusignan. Ainsi le merveilleux devient instrument de politique et de puissance.

Le plus bel exemple de ce merveilleux politique ambigu se trouve dans Giraud le Cambrien[8], au début du XIIIe siècle. Il s'agit de l'ascendance « mélusienne » des Plantagenêts devenus rois d'Angleterre. La dynastie des Plantagenêts, selon Giraud, aurait eu pour ancêtre, au XIe siècle, une femme-démon, et on sait, par d'autres témoignages, que cette légende était bien connue et que Richard Cœur de Lion y faisait référence et s'en servait dans sa politique pour expliquer la façon, qui apparaissait indigne, dont il agissait pour couvrir les aspects parfois extravagants de sa politique et de ce qui se passait dans cette famille assez scandaleuse où en particulier les fils se dressaient contre le père et se combattaient sans cesse. Il aimait à dire : « Nous, les fils de la démone... » Ce qui est moins connu, c'est que Philippe Auguste a cherché à utiliser ce mythe des origines merveilleuses contre les Plantagenêts, surtout contre Jean sans Terre, et en particulier quand il a préparé la conquête avortée de l'Angleterre par son fils Louis il a monté une véritable campagne psychologique dans laquelle les émissaires et partisans des Français disaient qu'il fallait en finir avec les enfants de la démone[9].

Frontières du merveilleux qui enfin font surtout peser des menaces sur le merveilleux qui risque de s'y perdre : ce sont les différentes formes de récupération. J'en retiendrai trois : la récupération chrétienne en général, la récupération scientifique, la récupération historique.

La récupération chrétienne a entraîné le merveilleux d'une part vers le miracle et, d'autre part, vers une récupération symbolique et moralisatrice. Il y en a un très bel exemple parmi d'autres. C'est l'évolution des versions latines du *Physiologus*. Au départ, les versions anciennes racontent des merveilles animalières sans en donner de significations et d'explications symboliques. Puis, de plus en plus, les explications symboliques et moralisatrices mangent, si j'ose dire, la substance du *Physiologus* et y énervent le merveilleux.

Une seconde forme de récupération, très intéressante, c'est la récupération scientifique d'un certain nombre d'intellectuels, de clercs, ayant véritablement, ce que nous appellerions à notre époque, l'esprit scientifique. Ils veulent faire des *mirabilia* des phénomènes marginaux, des cas limites, exceptionnels, mais non hors nature, et vrais, même s'ils n'ont pas la caution de la Bible. Le meilleur exemple, me semble-t-il, de cette mentalité est justement ce Gervais de Tilbury, qui a, dans les Préfaces des *Otia imperialia*, longuement développé dans des textes passionnants pour l'histoire de l'esprit scientifique cette tendance à rattacher les *mirabilia* au

---

8. Giraud le Cambrien, appelé aussi Giraud le Gallois ou Giraud de Barri.
9. Bradford B.-B. Broughton, *The Legends of King Richard I Cœur de Lion : A Study of Sources and Variations to the Year 1600*, La Haye-Paris, 1966.

monde naturel et donc scientifique. *Mirabilia vero dicimus quae nostrae cognitioni non subjacent etiam cum sint naturalia*[10]. «Nous appelons *mirabilia* (merveilles) les phénomènes qui échappent à notre compréhension bien qu'ils soient *naturels*.»
Avec cette récupération scientifique va de pair une récupération historique. C'est le désir de rattacher les *mirabilia* à des événements et à des dates. Et par ce biais aussi les *mirabilia*, qui ne s'épanouissent que dans un arrêt du temps et de l'histoire, sont conduits à l'évanouissement. Je suppose que cela se rencontre aussi dans d'autres religions, d'autres cultures. Ou au contraire ces tendances sont-elles propres au christianisme: tendances au symbolisme et à la moralisation, tendances à la rationalisation scientifique et historique? Y a-t-il eu, ici et là, ces courants de fond, ennemis masqués du merveilleux? C'est un dernier problème.

II. ESSAI D'INVENTAIRE DU MERVEILLEUX DANS L'OCCIDENT MÉDIÉVAL : CADRES ET PROJET D'ENQUÊTE

introduction

définitions

a. *actuelle:* selon Tzvetan Todorov, *Introduction à la littérature fantastique*, 1970. Le merveilleux s'oppose à l'étrange en ce sens qu'il «demeure non expliqué» et suppose l'«existence du surnaturel».
Mais cette définition n'est pas applicable au merveilleux médiéval. Voir P. Zumthor, *Essai de poétique médiévale*, 1972, pp. 137 *sqq.*; car dans le cas de l'étrange comme du merveilleux, la définition de Todorov exige un «lecteur implicite» qui penche vers l'explication naturelle ou surnaturelle. Or, le merveilleux médiéval exclut un lecteur implicite, il est donné comme objectif, à travers des textes «impersonnels».
N.B. – Tous les textes sur lesquels s'appuie Tz. Todorov sont des textes du XIXe et du XXe siècle à l'exception des *Contes* de Perrault, et des *Mille et une Nuits*.

---

10. Mon ami le professeur Franco Alessio m'a signalé un très beau passage sur les «merveilles technologiques» dans le *De Secretis* de Roger Bacon.

b. *médiévale :* le mot *merveilleux* appartient au vocabulaire médiéval. Aussi bien en latin (*mirabilia* – bas latin *miribilia*) que dans les langues vulgaires romane et anglaise – mais non allemande (*Wunder, wunderlich*), notamment en français (XIe siècle – Chanson d'Alexis – adj. *merveillos* de *La Chanson de Roland, merveiller* = admirer), notamment chez Wace, v. 1155, mais :
   1. L'adjectif *merveillos* n'est pas employé comme substantif comme dans l'actuel *le* merveilleux.
   2. Le terme qui correspond le mieux à la signification actuelle *du* merveilleux est le pluriel *mirabilia.*

c. *ouvrages médiévaux* dont le titre se réclame du merveilleux et essai de définition du domaine médiéval des *mirabilia :*
   1. Le merveilleux antique et urbain :
   Mirabilia Romae (milieu XIIe siècle), *Les Merveilles de Rome.* Voir A. Graf, *Roma nella memoria del Medioevo*, 1915.
   De même il y a description de véritables *Merveilles de Naples* dans Gervais de Tilbury.
   2. Le merveilleux géographique et monstrueux :
   Gervais de Tilbury, *Otia imperialia* (ca 1210) : tertia decisio : *Mirabilia uniuscuiusque provinciae (Les Merveilles de tous les pays).* – Marco Polo, *Le Livre des merveilles* (v. 1305).
   3. Le merveilleux et l'idéologie chrétienne :
   Raymond Lulle, *Libre des meravelles* (v. 1288), en catalan.

d. *un point de référence :* la littérature populaire. *Le Conte merveilleux*, voir M.-L. Tenèze, «Du conte merveilleux comme genre», in *Approches de nos traditions orales*, Paris, 1970.
Le merveilleux au carrefour du populaire et du savant.

1. merveilleux, magique, miraculeux

le merveilleux et le christianisme
Le système chrétien sécrète le merveilleux comme *surnaturel* mais le merveilleux chrétien se cristallise dans le *miracle* qui, en fait, restreint le *merveilleux* :
a. *parce qu'il le ramène à un seul auteur :* Dieu ;
b. *parce qu'il le réglemente :* contrôle et critique du miracle ;
c. *parce qu'il le rationalise :* à l'imprévisibilité, fonction essentielle du merveilleux, il substitue une orthodoxie du surnaturel.

LE MERVEILLEUX

Face au miraculeux, le magique (bien qu'il y ait distinction entre magie *noire* et magie *blanche*) penche du côté surnaturel illicite ou trompeur, d'origine satanique, diabolique.
Entre les deux, se développe un merveilleux, qui est *neutre*, tolérable pour le christianisme, mais qui en fait vient d'un système préchrétien, traditionnel – se réfère au folklore même s'il a déjà été récupéré par la culture savante.
L'étonnant du merveilleux vient, pour les hommes du Moyen Âge, de la tolérance du christianisme à lui permettre d'exister et de se manifester.
La christianisation du merveilleux :
Dieu auteur du merveilleux dans *Huon de Bordeaux* (vers 1220), Oberon, le «faé», le nain thaumaturge attribue à Jésus son pouvoir merveilleux (v. 3673).
Les milices chrétiennes du merveilleux : saints, anges, démons. Déformation et changement de fonction : le Graal (de la coupe magique au calice).
Le christianisme médiéval s'intègre une partie du merveilleux
(voir Keith Thomas, *Religion and the Decline of Magic*, 1971).
La résistance du merveilleux.

2. inventaire du merveilleux médiéval

a. les pays et les lieux
Pays et lieux «naturels» : montagne (et surtout montagne creuse) et rochers (Gargantua), sources et fontaines, arbres («arbre aux fées» de Jeanne d'Arc), îles (les îles fortunées – les îles dans la cartographie médiévale).
Pays et lieux dus à l'action humaine : villes, châteaux, tours, tombeaux.
Voir A. Graf, «Les merveilles du Paradis terrestre», in *Miti, leggende et superstizioni del Medioevo*, Turin, 1892-1893, 2 vol.

b. les êtres humains ou anthropomorphes
Les géants et les nains *(Oberon)*.
Les fées. Voir. A. Maury, *Les Fées du Moyen Âge*, 1847. – L. Harf-Lancner, *Les Fées au Moyen Âge. Morgane et Mélusine. La naissance des fées*, Paris, H. Champion, 1984.
Les hommes et femmes à particularité physique (Berthe aux grands pieds, Henni aux grandes dents, les enfants de Mélusine) ; Jean d'Arras, *Mélusine*, extraits traduits par M. Perret, Paris, Stock, 1979, etc.
Les monstres humains. Voir *Liber monstrorum de diversis generibus*, C. Bologna éd., Milan, Bompiani, 1977, et Cl. Lecouteux (voir supplément bibliographique, *infra*, p. 476).

c. les animaux
Animaux « naturels » (le lion d'Yvain, le cheval Bayard des quatre fils Aymon, le pélican symbole du Christ).
Animaux imaginaires (licorne, griffon, dragon, etc.), les animaux dans les rêves de Charlemagne dans *La Chanson de Roland*.

d. les « Mischwesen »
Les êtres mi-hommes mi-animaux : Mélusines et sirènes. Yonec (voir *L'Oiseau bleu*) chez Marie de France, loups-garous (mais ici voir *infra*, p. 470, *Métamorphoses*), etc.
Le griffon.
Les automates.
Terme de l'évolution : les êtres mi-vivants mi-choses (voir J. Bosch).

e. les objets
Les objets protecteurs : l'anneau qui rend invisible.
Les objets producteurs : la coupe (voir *Oberon* et *Le Graal*), de la corne d'abondance au cor (voir *La Chanson de Roland, Oberon*).
Les objets roboratifs : l'épée, la ceinture.
Le lit comme « espace sacré » (voir le jardin clos).

f. Personnage historique devenu légendaire et merveilleux scientifique : le roman médiéval d'Alexandre (Alexandre dans les cieux et sous la mer). Voir Ch. Settis-Frugoni, *Historia Alexandri Elevati per Griphos ad Aerem. Origine, Iconografia e fortuna di un tema*, 1973.

3. sources et réservoirs du merveilleux médiéval

Voir E. Faral, « Le Merveilleux et ses sources dans les descriptions des romans français du XIIe siècle », in *Recherches sur les sources latines dans les contes courtois du Moyen Âge*, Paris, 1913, pp. 305-388.

A. sources

a. le merveilleux biblique
Voir le folklore de l'Ancien Testament, notamment dans la Genèse : le Paradis, l'Arche de Noé, la tour de Babel, le passage de la mer Rouge. L'Apocalypse.

LE MERVEILLEUX

b. le merveilleux antique
Les personnages mythologiques : Vulcain, Minerve, les Parques, Vénus, Alexandre, Virgile.
Les Sept Merveilles du monde.
Histoire naturelle de Pline (Ier siècle).
Collectanea rerum memorabilium de Solin (IIIe siècle).

c. les merveilleux barbares
La mythologie germanique.
Voir A.-H. Krappe, *Études de mythologie et de folklore germaniques*, 1928.
La matière de Bretagne, voir J. Marx, *La Légende arthurienne et le Graal*, Paris, P.U.F., 1952. – *Nouvelles Recherches sur la littérature arthurienne*, Paris, 1965. – L'exemple de Myrddin-Merlin, voir P. Zumthor, *Merlin le Prophète*, Lausanne, 1943.

d. le merveilleux oriental
Les Mille et Une Nuits.
Le *Panchatantra*, recueil indien de contes et de fables (VIe siècle).
La *Disciplina Clericalis* de Pierre Alphonsi (v. 1100), recueil d'histoires morales arabes par un Juif espagnol converti au christianisme.
Kalila et Dimna, version arabe de la traduction persane du *Panchatantra* (IXe siècle), trad. fr. par A. Miquel, 1980^2.

e. le folklore
Voir Introduction de P. Delarue, *Le Conte populaire français*, I, 1957.
Le folklore dans les *exempla* (voir J.-Cl. Schmitt, in Cl. Bremond, J. Le Goff, J.-Cl. Schmitt, *L'«Exemplum»*, Turnhout, Brepols, 1982.

B. réservoirs

a. le réservoir celtique
Matière de Bretagne et courtoisie.
L'aventure comme *merveille* (E. Köhler, *L'Aventure chevaleresque*, trad. fr., Paris, Gallimard, 1974).

b. le réservoir oriental
L'Orient ou plus spécialement l'Inde comme horizon merveilleux.
Voir J. Le Goff, «L'Occident médiéval et l'océan Indien : un horizon onirique», in *Pour un autre Moyen Âge*, supra, pp. 269-286.
L'exemple des localisations primitives du Purgatoire (fin XIIe-début

XIIIᵉ siècle) : l'Irlande et la Sicile. Voir J. Le Goff, *La Naissance du Purgatoire*, Paris, Gallimard, 1982 (ici, *infra*, pp. 771 *sqq*.).

4. *les techniques : voies et moyens du merveilleux médiéval*

a. rêves, apparitions, visions
La destruction du système oniromancien antique (Macrobe).
Les incertitudes de l'interprétation des rêves. Voir J. Le Goff, «Les rêves dans la culture et la psychologie collective de l'Occident médiéval», in *Pour un autre Moyen Âge, supra,* pp. 287-293, et ici même, pp. 689 *sqq.*

b. métamorphoses
Mélusine. Voir J. Le Goff, «Mélusine maternelle et défricheuse», in *Pour un autre Moyen Âge, supra,* pp. 295-316.
Les loups-garous.

c. le merveilleux magique
La sorcellerie. Voir *Le Marteau des Sorcières* (introduction et traduction A. Danet, Paris, 1973).
Sorcellerie et Hérésie (épisode de Reims, 1176-1180 dans le *Chronicon anglicarum* de Ralph de Coggeshall, éd. J. Stevenson, 1875, pp. 121-125.
La sorcière selon Michelet.

d. le merveilleux littéraire
L'hagiographie.
Les voyages dans l'au-delà (l'*imran* irlandais – la *Navigatio Sancti Brendani*).
Les bestiaires (le *Physiologus*). Voir *El Fisiologo, Bestiario Medievila*, par M. Ayerra Redin et N. Guglielmi, Buenos Aires, 1971. – G. Bianciotto, *Bestiaires du Moyen Âges*, Paris, Stock, 1980.
L'*imago mundi*.

e. le merveilleux artistique
Voir J. Baltrusaitis, *Le Moyen Âge fantastique. Antiquités et Exotismes dans l'art gothique*, Paris, 1955. – *Réveils et Prodiges. Le Moyen Âge fantastique*, Paris, 1960.

LE MERVEILLEUX

5. poussées et limites du merveilleux médiéval

Le merveilleux envahit des domaines inattendus où il se déforme :

a. le merveilleux quotidien
L'irruption du merveilleux dans le quotidien se fait sans heurt, sans couture – La reconnaisance du merveilleux dans le quotidien est naturelle.
Exemples : Les *dracs* et la société provençale (Gervais de Tilbury, *Otia imperialia*, tertia Decisio, cap. LXXXVI), Le mort dans le pré (Césaire de Heisterbach, *Dialogus miraculorum*, Decisio 12, cap. XXXIII).

b. le merveilleux symbolique et moralisateur, voir le *Physiologus*

c. le merveilleux politique
C'est surtout au niveau des origines mythiques que se situe l'utilisation politique du merveilleux.
Lignage et merveilleux : les Lusignan et Mélusine.
Monarchie et merveilleux : Richard Cœur de Lion et les Plantagenêts fils d'une démone (voir Giraud de Barri, *De Instructione Principis*).

d. le merveilleux scientifique
L'exemple de Gervais de Tilbury : la tendance à faire des *mirabilia* des raretés, non des phénomènes surnaturels, de l'inexpliqué non de l'inexplicable. Le merveilleux, monde de la marginalité, non de l'au-delà.
« *Mirabilia vero dicimus quae nostrae cognitioni non subjacent etiam cum sint naturalia* » (Gervais de Tilbury, *Otia imperialia*, voir *supra*, pp. 464-465).

e. merveilleux et histoire : l'exemplum
« Dès que le conte prend les traits de l'histoire... il perd une part de sa force. Localisation historique et date historique le rapprochent de la réalité immorale et brisent le pouvoir du merveilleux naturel et nécessaire » (A. Jolles, *Formes simples*, trad. fr., 1972, p. 193).

6. fonctions du merveilleux médiéval

a. la compensation
Le monde à l'envers – Le pays de Cocagne.
L'abondance alimentaire.
La nudité.

La liberté sexuelle.
Le monde à rebours – Paradis terrestre – L'Âge d'or.

b. la contestation de l'idéologie chrétienne
L'antihumanisme :
– L'homme sauvage.
– Les monstres.
– Les *Mischwesen*, mi-hommes mi-animaux.
– Contre l'idée de l'homme *« ad imaginem Dei »*.
Le refus du manichéisme :
– Un merveilleux qui peut être domestiqué avec ou sans succès mais qui reste ambigu, qui n'est tout entier ni du côté du bien (Dieu), ni du côté du mal (Satan). Exemple du Dragon de saint Marcel de Paris (voir J. Le Goff, in *Pour un autre Moyen Âge, supra*, pp. 229-268).
L'optimisme :
– Merveilleux et « Happy end ».

c. l'accomplissement
Mirari, Miroir, Merveille.
Le thème médiéval du miroir.
Voir D. Poirion, *Étude sur le Roman de la Rose*, 1974, chap. II.
Le conte merveilleux.
Le merveilleux non comme évasion mais comme accomplissement.
« Au-delà de l'agrément, de la curiosité, de toutes les émotions que nous donnent les récits, les contes et les légendes, au-delà du besoin de se distraire, d'oublier, de se procurer des sensations agréables et terrifiantes, le but réel du voyage merveilleux est… l'exploration plus totale de la réalité universelle » (Pierre Mabille, *Le Miroir du merveilleux*).

conclusion

Une conjoncture du merveilleux médiéval ?
 1. Le haut Moyen Âge et la répression du merveilleux.
 2. L'irruption du merveilleux : XIIe-XIIIe siècle.
 3. L'esthétisation du merveilleux : XIVe-XVe siècle.

LE MERVEILLEUX

III. ÉCLAIRCISSEMENTS ET PROLONGEMENTS

Une grande partie du domaine du merveilleux a consisté en un élargissement, une déformation du monde normal, du monde naturel. Les géants, les nains, les adjonctions d'un ou de plusieurs organes, ne sont pas habituels mais, au fond, «naturels»; de même l'être fabuleux et mythique et, à la limite, les *Mischwesen*, avec ces formes extrêmes que l'on trouve chez Bosch, qui deviennent insupportables, qui ne sont plus seulement un mélange d'homme et d'animal, mais qui se terminent par des objets. Dans la mesure où cela n'existe pas mais pourrait exister, ce n'est qu'un premier niveau du merveilleux; il me semble que dans le «vrai» merveilleux, il y a véritablement quelque chose qui ne se contente pas de dépasser la nature mais qui est contre l'ordre de la nature. Déjà l'outrance, l'extravagance font franchir la frontière du quantitatif au qualitatif. Plus encore une des caractéristiques profondes du merveilleux, la *métamorphose*, échappe à ces notions d'accentuation, de multiplication, d'association, de déformation qui valent pour l'être merveilleux «simple», statique. Ce qui rend le merveilleux scandaleux dans un système comme le système chrétien, c'est qu'un être humain, fait «à l'image de Dieu», se transforme en animal. On se transforme beaucoup moins en végétal au Moyen Âge qu'on ne le faisait dans l'Antiquité, mais on se transforme en animal. La transformation en végétal est le plus souvent une transformation de type savant alors que dans le merveilleux médiéval – voilà encore un très grand champ à explorer – les racines du merveilleux sont plutôt celles de la littérature orale, de la littérature traditionnelle et, disons-le, «populaire». Le modèle, c'est le loup-garou. Il y a une série considérable de textes sur le loup-garou dans l'Occident médiéval. La fonction cognitive du merveilleux médiéval est spécifique. Au fond, ce que disent des gens comme Gervais de Tilbury – et il n'est pas le seul –, avant Shakespeare, c'est: «Il y a plus dans le monde que dans notre philosophie», avec, justement, le problème que cela peut poser vis-à-vis du christianisme. Il y a d'ailleurs des textes à la limite de l'audace dans Gervais de Tilbury, notamment un texte extraordinaire, où il parle de la Genèse et où il dit qu'il n'y a pas tout dans la Genèse. Mais la fonction cognitive ne fait-elle pas s'évanouir le merveilleux à proprement parler? L'une des caractéristiques du merveilleux est son instabilité, comme le rêve: on s'éveille du merveilleux, parce que sa fonction cognitive le dissout soit en fumée soit en passant à une autre forme de connaissance par le biais de la rationalisation.

La fonction purgative du merveilleux qui lie étranger et étrange, qui détourne dans le monde de l'autre les fantasmes inquiétants, se rencontre aussi dans le monde occidental, mais là, si on met à part le cas très particulier du monde celtique, tout se concentre sur l'Orient. L'Orient, c'est le grand réservoir du merveilleux, l'Orient, c'est le grand horizon onirique et magique des hommes de l'Occident médiéval, parce que c'est le *vrai étranger*, et parce qu'il a joué ce rôle, si l'on peut dire, depuis toujours pour les Grecs et les Romains au moins. Tout vient de l'Orient, le bon et le mauvais, les merveilles et les hérésies, et les hommes de l'Occident en sont finalement extrêmement conscients avec parfois des conséquences assez étonnantes. Quand Marco Polo fait le récit de ses expériences orientales, en mêlant le faux au vrai, mais en disant malgré tout du vrai, l'Occident, qui avait considéré justement le monde oriental comme le réservoir des merveilles vraies, quand quelqu'un vient lui dire : « J'y suis allé, j'ai vu ça », paradoxalement ne le croit pas. Les hommes du bas Moyen Âge ont vu dans le récit de Marco Polo un tissu de fables, d'inventions et on l'a appelé *Le Livre des merveilles*, au sens, cette fois-ci, des mirages comme si les Occidentaux[11] n'avaient pu croire à la réalité terrestre des merveilles de l'Orient. Si je simplifiais ma réflexion sur le merveilleux dans l'Occident médiéval jusqu'à la caricature, je dirais qu'en définitive il n'y a pas de merveilleux chrétien et que le christianisme, en tout cas le christianisme médiéval, est allergique au merveilleux. À cet égard saint Bernard, critiquant l'art roman et plus précisément tout ce qui dans l'art roman est expression figurée du merveilleux, me paraît exprimer sur ce point – je sais bien qu'il y a plusieurs maisons dans la demeure du Père et que, même au Moyen Âge, l'unité du christianisme a connu au moins des diversités de nuances – mais il me paraît quand même exprimer l'attitude fondamentale du christianisme. Pour les clercs, il y a du miraculeux, il n'y a pas de merveilleux. Mais il y a les images... Surtout ce qui m'empêche d'utiliser pour le Moyen Âge le beau livre de Todorov c'est qu'il n'y a pas de *fantastique*. En parlant du *Moyen Âge fantastique* Baltrusaitis a transporté anachroniquement une vision romantique et surréaliste.

Il faudrait aussi examiner si une partie du merveilleux médiéval occidental ne vient pas de fantasmes, de tabous, particulièrement intenses dans le christianisme. Merveilleux sexuel mais aussi merveilleux alimentaire, phénomène complexe parce que recouvrant des aspects très différents, tels que l'avidité alimentaire, les tabous alimentaires, les hallucinogènes, les aphrodisiaques, etc. La luxure et la gourmandise vont de pair dans le christianisme. Il y a aussi la hantise du non-travail, le merveilleux de l'oisiveté. C'est dans le monde du merveilleux qu'il faut chercher au Moyen Âge une contre-idéologie hostile au travail.

---

11. Sur la part de réalité et d'imaginaire dans cet ouvrage, voir J. Heers, *Marco Polo*, Paris, 1983.

LE MERVEILLEUX

Il y a toute une dialectique du merveilleux «populaire» et du merveilleux «savant», d'autant plus complexe que les frontières entre les deux sont très mouvantes. La périodisation très grossière que j'ai avancée s'applique essentiellement au merveilleux savant. Dans une première période, il me semble que la culture savante réussit à occulter en très grande partie un merveilleux populaire qui existe certainement et qu'on retrouve entre les lignes et à travers d'autres documents; en revanche, il est plus accueillant à ce merveilleux populaire, évidemment avec une tendance à le récupérer, à le déformer pour la période XIIe-XIIIe siècle; puis il me semble qu'il y a une sorte d'échappée vers l'esthétisation où le dialogue – ou la lutte – entre merveilleux savant et merveilleux populaire n'est plus au premier plan. Mais comment parvenir pour les périodes anciennes à ce merveilleux «populaire» qui s'exprimait surtout par l'oral? Si Van Gennep n'est pas remonté au-delà du bas Moyen Âge c'est à la fois parce qu'il y a peu de documents antérieurs et que sans doute le travail du christianisme sur la culture «populaire» a fait naître alors une nouvelle culture populaire très imprégnée d'éléments chrétiens. Il faut donc recueillir et analyser avec soin les documents écrits antérieurs et surtout peut-être l'iconographie.

Le conte merveilleux en particulier est très riche de signification. Il s'inscrit dans l'historicité et les transformations de ces versions sont en relation avec les grandes mutations de civilisation, notamment par rapport à la vie quotidienne et à l'investissement du monde naturel par un monde surnaturel. J'ai essayé de le montrer à propos de Mélusine. On peut estimer que, contrairement à ce que j'ai avancé, l'Ancien et le Nouveau Testament sont pleins de merveilleux. On peut par exemple penser aux paroles d'Isaïe appliquées au Messie par les chrétiens: *«Vocabitur nomen ejus admirabilis»* («il sera appelé l'Admirable», que certains traduisent aussi par «le Merveilleux»), ou à ce que dit saint Paul dans la IIe Épitre aux Thessaloniciens: *«Cum venerit admirabilis fieri in omnibus qui crediderunt»* («lorsqu'il viendra se faire admirer en tous ceux qui auront cru»).

Je me demande si, entre *admirabilis* et *mirabilis*, sans se perdre dans les jeux de mots et les faux-fuyants linguistiques, il n'y a pas quand même une nuance et une nuance importante. Pour les hommes du Moyen Âge, la lecture du Nouveau Testament et la «lecture» du Christ, de la vie du Christ et du personnage du Christ, me paraissent davantage faites du côté du miraculeux plutôt que du merveilleux et de l'admirable plutôt que du merveilleux. Le Christ est plutôt admirable que merveilleux. Je n'ai pas l'impression que ce soit un christianisme, religion du «merveilleux», qui ait été le christianisme fondamental des hommes du Moyen Âge. Mais il y a peut-être au moins un ensemble «merveilleux» dans le Nouveau Testament, c'est ce qui concerne la Nativité de Jésus. Il est vrai que là la présence de l'Orient est forte et que c'est aussi le seul passage du Nouveau Testament où les rêves et visions jouent un rôle important. L'interprétation merveilleuse du Nouveau Testament ne nous entraîne-t-elle pas dans le monde du gnosticisme? Il y a des aspects gnostiques dans le Nouveau Testament, mais le merveilleux du Nouveau Testament aurait été rapidement évacué vers la gnose et les hommes du Moyen Âge auraient surtout retenu un Nouveau Testament ainsi épuré, corrigé, non gnostique, non merveilleux. La réalité est certainement beaucoup plus compliquée. Il est remarquable que les hommes du Moyen Âge et les plus orthodoxes ont souvent mis, je ne dirai pas seulement sur le même pied, mais ensemble, ce qui était Nouveau Testament reconnu par l'Église et ce qui était apocryphe. D'où, à travers ce qui a été gardé, intégré, de ce monde de la gnose et des évangiles apocryphes, une récupération, par ce détour, d'une certaine présence du merveilleux dans le Nouveau Testament. Mais encore une fois, il faut regarder les images.

SUPPLÉMENT BIBLIOGRAPHIQUE

Depuis l'élaboration de ce texte quatre ouvrages importants concernant le merveilleux médiéval ont paru :
KAPPLER Cl., *Monstres, démons et merveilles à la fin du Moyen Âge*, Paris, Payot, 1982.
LECOUTEUX (Claude), *Les Monstres dans la littérature allemande du Moyen Âge (1150-1350)*, Göppingen, 1982, 3 vol.
MESLIN M., éd., *Le Merveilleux. L'imaginaire et les croyances en Occident*, Paris, Bordas, 1984.
POIRION D., *Le Merveilleux dans la littérature française au Moyen Âge*, Paris, P.U.F., coll. «Que sais-je?», n° 1938, 1982.

UNE COLLECTE ETHNOGRAPHIQUE
EN DAUPHINÉ AU DÉBUT DU XIIIe SIÈCLE

*L*ors d'une de mes premières rencontres avec Charles Joisten, il y a une dizaine d'années, je lui parlai d'un texte du XIIIe siècle que j'étudiais dans le cadre de mon séminaire de la VIe Section de l'École pratique des Hautes Études sur les rapports entre «culture savante et culture populaire au Moyen Âge». Certaines des histoires qui y étaient racontées concernaient l'actuelle France du Sud-Est et notamment le Dauphiné. Charles Joisten fit le rapprochement avec des légendes ou des contes qu'il avait recueillis dans ses enquêtes sur le terrain et nous envisageâmes de confronter et d'étudier ensemble les textes du Moyen Âge et les récits contemporains. Quand parut en 1973 Le Monde alpin et rhodanien nous convînmes de donner le résultat de notre travail commun à la nouvelle revue où il attesterait la collaboration entre historiens et ethnologues et apporterait un exemple de franchissement dans le sens du passé du seuil du XVe siècle rarement dépassé par l'ethnologie historique. Des tâches sans cesse plus nombreuses et plus urgentes nous accaparèrent l'un et l'autre. Quand je rencontrai Charles Joisten pour la dernière fois à Grenoble en 1980, nous réexprimâmes notre intention de mener à bien cette recherche dans un avenir assez proche. Ce projet hélas ne verra jamais le jour[1]. La contribution mutilée (et que je n'ai même pas menée à un stade approfondi pour la partie médiévale) offerte ici à la mémoire du merveilleux ethnologue et de l'homme inoubliable dans sa discrétion que fut Charles Joisten est bien modeste.

Première publication: «Croyances, récits et pratiques de tradition. *Mélanges Charles Joisten, 1936-1982*», in *Le Monde alpin et rhodanien*, 1-4, 1982, pp. 55-65.

1. Peut-être trouvera-t-on dans les papiers de Charles Joisten des documents amorçant l'étude projetée.

Je propose un petit corpus de *mirabilia*, de «merveilles» concernant le Dauphiné rassemblées au début du XIIIe siècle par Gervais de Tilbury dans un ouvrage intitulé *Otia imperialia* (plus particulièrement dans sa IIIe partie) – les *Oisivetés impériales* –, recueil composé pour les loisirs de l'empereur Othon IV de Brunswick, le vaincu de Bouvines. Après une brève présentation de l'auteur – qui mériterait une étude approfondie – et de l'œuvre – qui attend toujours un éditeur moderne[2] – on trouvera les textes originaux en latin selon les éditions de Leibniz et de Liebrecht, éditions évidemment fautives[3]. Je propose ensuite une tentative de traduction de ces textes en français. Le terme Dauphiné qui n'existait pas au début du XIIIe siècle n'apparaît évidemment pas. L'entité géographico-politique le plus souvent nommée est celle de royaume d'Arles[4], précisée en général par le nom de l'évêché où se trouve la localité en question. J'ai retenu à peu près les mêmes limites que Charles Joisten, à savoir celles des trois départements actuels de l'Isère, des Hautes-Alpes et de la Drôme[5]. Les évêchés cités par Gervais de Tilbury pour localiser les huit *mirabilia* dauphinois dont il parle sont ceux de Valence : 2, Vaison : 1, Gap : 1, Grenoble : 1, et l'archevêché d'Embrun : 3. J'ai ajouté le titre et un résumé en français des autres *mirabilia* qui se trouvent dans le royaume d'Arles. Ils sont au nombre de dix-huit situés dans les archevêchés d'Aix : 5 et d'Arles : 7, dans les évêchés de Marseille : 1 et de Viviers : 1, quatre n'ayant pas de localisation dans un évêché précis. Il faut y ajouter une des plus anciennes apparitions de la fée qui sera plus tard et ailleurs baptisée

---

2. La préparation d'une édition critique par J. R. Caldwell annoncée dans ses articles de *Scriptorium* (1957, t. XI, et 1962, t. XVI,) et de *Medieval Studies* (24, 1962) semble avoir été interrompue par la mort de ce savant. Certains érudits ont attribué à Gervais de Tilbury la confection d'une carte, dite carte d'Ebstorf, la plus grande et la plus intéressante de toutes les cartes du monde *(mappae mundi)* du Moyen Âge. Je ne suis pas convaincu par leurs arguments. Cette thèse a encore été défendue récemment par un historien polonais, Jerzy Strzelczyk, *Gervazy z Tilbury. Studium z dziejów uczonośći geograficznej w Sredniowieczu (Gervais de Tilbury. Contribution à l'histoire de l'érudition géographique au Moyen Âge)*, Wroclaw-Varsovie-Cracovie, 1970 (résumé en anglais, pp. 271-278), dans un ouvrage d'ailleurs très intéressant.
3. Ce texte a eu la fortune d'avoir été édité dans les *Scriptores Rerum Brunsvicensium* (Hanovre, 1707, t. I, pp. 881-1004) par le célèbre G. W. Leibniz, alors au service des ducs de Brunswick, descendants de l'empereur Othon IV. Cette édition, la seule complète, est très imparfaite et est précédée d'une préface fort intéressante pour la mentalité des hommes de l'époque des Lumières : Leibniz y porte un jugement sévère sur les *Otia imperialia* et sur la crédulité médiévale. Le folkloriste Félix Liebrecht a édité au milieu du XIXe siècle des extraits des *Otia imperialia* (*Des Gervasius von Tilbury Otia imperialia in einer Auswahl neu herdusgegeben...*, Hanovre, 1856) avec des notes et des appendices remarquables pour l'époque et toujours utiles.
4. Sur le royaume d'Arles ou de Bourgogne-Provence, on peut consulter l'ouvrage ancien et vieilli de P. Fournier, *Le Royaume d'Arles et de Vienne (1138-1378)*, Paris, 1891.
5. Ch. Joisten, *Contes populaires du Dauphiné*, Grenoble, Musée dauphinois, 1971, 2 vol., pp. 383 et 443 (Documents d'ethnologie régionale, 1-2).

LE MERVEILLEUX

Mélusine, la belle épouse de Raymond du Château-Rousset, près d'Aix-en-Provence dans la vallée de Trets[6].

Je n'ai pas d'autre ambition que de mettre à la disposition de chercheurs intéressés par l'histoire du folklore et par l'ethnologie historique dans le sud-est de la France et plus particulièrement dans le Dauphiné des textes sur lesquels exercer leur sagacité et qui leur fourniront des informations peut-être intéressantes[7].

Gervais de Tilbury[8], un noble anglais, né vers 1152-1153, reçut une triple formation: à la cour du roi d'Angleterre Henri II (1154-1189) où il fut attaché à la personne d'Henri le Jeune Roi, fils aîné d'Henri II, couronné à seize ans en 1170 et mort en 1183; entre 1176 et 1180 auprès de Guillaume aux Blanches Mains, archevêque de Reims, frère du roi de France Louis VII et oncle de Philippe Auguste (pendant ce séjour il eut une aventure féminine liée à une affaire étonnante d'hérésie et de sorcellerie à Reims)[9]; à l'université de Bologne où il conquit le grade de maître.

Sa carrière de conseiller royal et de courtisan se développa auprès de trois souverains: le roi d'Angleterre, le dernier roi normand de Sicile, Guillaume II (mort en 1189), l'empereur Othon IV de Brunswick. Installé à Arles vers 1190, il y épousa une parente de l'archevêque, et Othon IV – le concurrent du jeune Frédéric II, couronné roi des Romains en 1198, puis empereur à Rome en 1209, battu en 1214 par Philippe Auguste à Bouvines et mort en 1218 – à qui il était apparenté fit de lui son maréchal pour le royaume d'Arles. On ne sait rien de ses dernières années. Certains le font mourir à Arles en 1221, d'autres en Angleterre, où il aurait été chanoine, avant 1228. Gervais de Tilbury fait partie d'un groupe de lettrés anglais ayant appartenu

---

6. Ce texte se trouve dans la première partie, au chapitre XV, *De oculis apertis post peccatum* (éd. Leibniz, pp. 895-896, éd. Liebrecht, pp. 4-5). Voir *supra*, «Mélusine maternelle et défricheuse», pp. 295-316.

7. Est-il besoin de rappeler les ouvrages classiques de Van Gennep: *Le Folklore du Dauphiné (Isère)*, Paris, 1932-1933, 2 vol., et *Le Folklore des Haute-Alpes*, Paris, 1946-1948, 2 vol.? Ch. Joisten a signalé *(Contes populaires du Dauphiné*, I, p. 14, n. 1) que les documents recueillis par Van Gennep dans le département de la Drôme sont conservés dans les archives du musée national des Arts et Traditions populaires. On sait que la publication des archives Van Gennep est en préparation, sous la direction de Jean Cuisenier, conservateur en chef du musée, et de Nicole Belmont. Voir aussi R.-A. Meunier, «Le fonds auvergnat, provençal et alpestre dans les "Récréations impériales" de Gervais de Tilbury et le "Réductoire moral" de Pierre Bersuire», in *Annales de l'Université de Poitiers*, 1948-1954.

8. Voir R. Busquet, «Gervais de Tilbury inconnu», in *Revue historique*, t. CXCI, pp. 1-20; H. G. Richardson, «Gervase of Tilbury», *History*, XLVI, 1961, pp. 102-114.

9. *Radulphi de Coggeshall Chronicon anglicanum*, Joseph Stevenson éd. (Rolls Series, LXVI), Londres, 1875, pp. 121-125. Trad. anglaise de ce passage in W.-L. Wakefield et A.-P. Evans, *Heresies of the High Middle Ages*, New York-Londres, 1969, pp. 251-254.

à l'entourage du roi Henri II et de la reine Aliénor d'Aquitaine et de leurs fils Henri le Jeune Roi, Richard Cœur de Lion (1189-1199) et Jean sans Terre (1199-1216). Parmi eux Walter Map, auteur du célèbre *De nugis curialium*, Giraud de Barri ou le Cambrien, historien et ethnographe de l'Irlande et du pays de Galles, l'abbé cistercien Radulphe de Coggeshall, auteur d'un *Chronicon anglicanum*. Tous semblent avoir été marqués par l'*Historia Regum Britanniae* (terminée vers 1136) de Geoffroy de Monmouth (mort en 1155), qui mêla légende et histoire et introduisit les personnages d'Arthur et de Merlin.

Tous ces lettrés sont des passionnés de *mirabilia*, de récits merveilleux où s'entrecroisent histoire érudite, fables, récits tirés du ouï-dire, ethnohistoriens avant la lettre, qui semblent avoir fait renaître pour un temps l'heureuse époque de l'Antiquité grecque où, d'Hérodote à Pausanias, histoire et ethnographie ne se distinguaient pas. Leurs œuvres sont une source de grand intérêt pour la connaissance des rapports entre culture savante et culture populaire au Moyen Âge, tradition écrite et tradition orale, mythes, contes et légendes où se révèlent les processus de christianisation du fonds païen et folklorique au Moyen Âge. Ce sont les grands pourvoyeurs de la « matière celtique » que transforment en haute littérature sur le continent Chrétien de Troyes et ses continuateurs.

Gervais de Tilbury avait écrit pour Henri le Jeune un *Liber Facetiarum* malheureusement perdu. Restent les précieux *Otia imperialia*.

L'ouvrage comprend trois parties *(decisiones)*. Chaque partie est précédée par une préface très intéressante pour la connaissance de l'« esprit scientifique » au début du XIIIe siècle, l'attitude à l'égard des légendes et des *mirabilia*, la naissance de l'esprit critique et rationnel. À l'inverse – et de façon tout aussi exagérée et anachronique – de Leibniz voyant un tissu d'inepties dans les *Otia imperialia*, d'autres n'ont-ils pas cru reconnaître en Gervais de Tilbury un « précurseur d'Anatole France... un renanien[10] » ! Les deux premiers livres sont essentiellement alimentés par des souvenirs livresques. Comme beaucoup d'auteurs médiévaux Gervais y apparaît comme un compilateur, ce qui n'est pas à l'époque péjoratif car la compilation médiévale est une des principales voies de la recherche et de la création originale. Dans le premier livre, il parle de l'univers depuis la création du monde jusqu'au déluge. Le deuxième livre disserte des parties du monde et des empires, c'est un traité d'histoire et de géographie. Le troisième livre, qui comprend 129 (ou selon Caldwell 131) chapitres (dont certains très courts) contre 24 et 36 pour les deux premières parties, est un recueil de *mirabilia* dont la plupart ont été recueillis par l'auteur lui-même et le plus souvent par ouï-dire, ce qui a permis à H.G. Richardson

---

10. R. Busquet, *op. cit.*, p. 11.

LE MERVEILLEUX

de dire de Gervais que dans ce troisième livre «il se montre un collecteur de folklore[11]».

Gervais rapporte donc surtout des *mirabilia* de régions où il a vécu lui-même : Grande-Bretagne, royaume de Naples et Sicile, royaume d'Arles, ou sur lesquels il a été informé de première main : Palestine et Moyen-Orient sur lesquels il a interrogé des croisés, Catalogne et nord de l'Espagne pour lesquels il a eu un informateur exceptionnel : le roi d'Aragon Pierre II qui fut son hôte dans son palais d'Arles. Gervais de Tilbury, qui poursuit un but scientifique, s'intéresse tout particulièrement aux curiosités et aux merveilles de la nature d'une part, aux êtres fantastiques et monstrueux de l'autre. Ces êtres sont pour lui diaboliques et il est prompt à voir souvent la main de Satan. Pourtant, il semble parfois hésiter entre une explication surnaturelle et une explication naturelle. Il les présente l'une après l'autre sans choisir. Il est ethnologue par sa curiosité, ses méthodes d'enquête, son soin de localiser, sa tendance à comparer des phénomènes analogues apparus en des endroits différents. Il est historien par son souci de mise en perspective chronologique.

LES MERVEILLES DU DAUPHINÉ
(texte de l'édition Leibniz)

III, 20. De turre, quae non admittit vigiles

In regno Arelatensi, episcopatu Valentino, castro Livorris, est turris episcopi Valentini plurimum excelsa, quae nocturnum custodem non admittit. Si quis autem custos ad vigiliam noctis in illa fuerit constitutus, in mane se sentiet ad vallem subjacentem delatum sine timore praecipitii, aut quolibet terrore deponentis, in valle se casu positum inveniet, et nullius sentiet aut collisionem.

III, 22. De rupe, quae uno digito movetur, et non toto corpore

In regno Arelatensi, provincia Ebredunensi, *castro, quod* Noth *dicunt, est rupes magna, quam si minimo digito impulseris, totam ad facilem motum*

---

11. «He shows himself a collector of folklore» (*op. cit.*, p. 109). Il y a eu deux traductions médiévales en français des *Otia imperialia*, l'une par Jean d'Antioche (vers 1282), l'autre par Jean du Vignay, *Les Oisivetés des emperieres* (vers 1331). Elles ont été transcrites et étudiées par Annie Duchesne, que je remercie de ses informations, dans une thèse inédite de l'École des Chartes (1971).

duxisti. Si vero totum corpus aut infinita plaustra boum admoveris, immobilis perseverat.

III, 34. De vento, quem in chirotheca conclusit sanctus

Quia vero ventorum ac montium fecimus mentionem, asserentes, montes plurimos omnibus ventis esse altiores, illud quoque annectimus, valles esse sic montium contiguitate conclusas, quod ad illas nunquam aura pervenit. Ecce in regno Arelatensi, episcopatu Vasconensi castrum Divionis *multis colonis inhabitatum. Hoc in valle, circumquaque montibus circumsepta, positum est, in quod, eo quod ventus nec levissimus subintraverat usque ad tempora Caroli M[agni], sterilis, semper vallis extiterat, omnique humano commodo prorsus inutilis. Verum infoecunditatem ipsius comperiens* archiepiscopus Arelatensis, sanctissimus vir, miraculis praeclarus, Caesarius, mare civitati suae subjacens adiit, et chirothecam suam vento marino repletam strinxit. Accedens itaque ad vallem, inutilem tunc habitam, in nomine Christi chirothecam, plenam vento, scopulo cuidam injecit, ventumque perpetuum jussit emittere. Sicque factum est, quod statim rupes, facto foramine, per scissuram exhaustum ventum semper eructuat, quem* pontianum *vulgus nominat, quasi a ponto illuc virtute divina translatum. Hic, inquam, impetuosus terminos cujusdam subterfluentis aquae non transgreditur, omnia foecundat, omnia salubrat, et dum praetereuntes a fronte salutat, eos altiore flatus algore flagellat: quos vallis confinium egressos quasi prohibitus, ne datas sibi metas excedat, non approximat.*

III, 39. De puteo, de Cerseules

In regno nostro Arelatensi, diocesi Vapicensi, *est* castrum Cerseules, *in cujus castri territorio lacus altae profunditatis excrevit. Sane in lacus medio crusta pratum fecit, quae per anni circulum ab hominum attactu libera, tempore herbae tondendae, applicitis restibus, ad terram trahitur lacui imminentem, et sic defalcata sectiones recepit. Inter plurimos cohaeredes facta itaque congrua divisione, solutis funibus crusta redit in id ipsum, quo fuerat, meditullium lacus occupatura.*

III, 42. De rupe, quae nominatur Aequa Villa

Solent adolescentiae sectatores non minus figmenta venari quam vera; et cum vanitas vanitatum sit et omnia vanitas: vani filii hominum, dum men-

tiuntur, in stateris inter matura praecoquum aliquid decerpunt, et non minus fabulis delectantur quam rebus gestis. Ecce in regno Arelatensi et episcopatu Gratianopolitano *juxta Diensis dioecesis confinium est rupes altissima in territorio, quod incolae* Treves *nominant, quam altera e vicino rupes respicit, cui nomen* aequa villa, *eo, quod sit aequalis illi, sed inaccessibilis in sua altitudine. Ex opposita ergo rupe conspicientibus apparet illic fons perspicuus, qui scopulosa scala delabitur: et in summo rupis apice ad modum prati, herba viret, in quo nonnunquam panni super extensi candidissimi visuntur ad exsiccandum expositi, sicut lotrices in usu habent. Istud unde prodeat aut quid signet, aut quo ministrante compareat, quaerere facile fuit, sed invenire difficillimum.*

III, 57. De dominica castri de Espervel

Frequens est, ut angeli satanae in angelos lucis se transforment, et in humanis mentibus aliquid diabolicae immissionis nutriant. Ad istorum agnitionem quoddam admiratione dignissimum subtextui, quod a viris probatissimae ac sincerae religionis accepi. Erat in regni Arelatensis finibus, episcopatu Valentino, castrum Espervel *nomine. Hujus castri domina in assiduam consuetudinem duxerat, inter missarum solennia post evangelium, ecclesiam egredi. Non enim poterat consecrationem dominici corporis sustinere. Cum post multos annos id compertum vir ejus, dominus castri, habuisset, nec tantae praesumtionis causam sedulus investigator invenisset, in uno aliquo die solemni finito evangelio, egrediens domina, per virum et clientulos ejus invita ac renitens detinetur, statimque sacerdote verba consecratoria proferente,* domina spiritu diabolico levata avolat, *partemque capellae secum in praecipitium ducens, nullatenus in partibus illis visa est. Sed et pars turris, cui capella innitebatur, adhuc superstes rerum fert testimonium. Hinc tibi,* felix Auguste, *doctrina sumenda est circa eos,* qui circa divina sacramenta devoti sunt, *et contra illos, [ob presbyteros] qui fornicantur, adeo contemnentes sacramenta per manus nostri temporis sacerdotum ministrata, quasi ad veritatem virtutemque sacramentorum dignitas aut indignitas operetur ministrantium. Profecto haeretici sunt hi, qui solem contemnunt transeuntem per immunda loca. Quisquis ad baptismum venit per fidem, Deo saltem decimam sui laboris offerat primitiasque cogitationis secundum illud:* primum quaerite regnum Dei, *decimasque solvat suae dietae. Saltem dum corpus consecratur dominicum et offertur pro nobis ad dominum Deum patrem, unica hora stet cum Christo in cruce pro nobis pendente, oret cum orante, vigilet cum vigilante; dum pro ipso Christus patrocinatur ejus advocatus, a judicis praesentia non recedat. In ecclesia nihil praeter orandum meditetur, nihil loquatur, nihil vagis oculis intueatur. Non sit solo evangelio contentus, non oratione, non epistola, non negligat illud, quod sequitur, quod quaeritur et quod creditur. Omnis consummationis finis quaerendus est. Cum enim Deus suos dilexisset, in fine dilexit illos. Finis, non pugna coronat. Nil credas actum, cum quid superesset agendum. Si cum xenio nuncius Domini venisti, ut offeras, quod mittitur, nunquid dicto salutationis verbo et proposita xenii dominici qualitate, ipso quod mittitur, non porrecto, ac responso gratiarum non audito, redibis prudenter, imperfecto opere? Si offerre venis per orationem, quod sacerdos offert per communicationem, ut quid xenio non porrecto summo patri, refugisti? Hic enim est paschalis transitus ad esum agni mysticum per Jesum ordinatus. Transit enim per medium castrorum nostrorum agnus, qui tollit peccata mundi. Transit etiam per os sacerdotis ita, quod non comminuitur ex eo. Et sicut in verbis consecratoriis a sinu Patris mittitur, ut descendat ad manus sacerdotis, ita et in communicationem redit et ascendit per os sacerdotale ad Deum patrem nostrum, et a nobis et pro nobis factas preces in ejus conspectum oblaturus. Hinc est quod ab ipso Domino dicitur: hoc facite in meam commemorationem: quotiescunque enim hoc feceritis, mortem Domini annunciabitis, donec veniat. Quisquis ergo fugis non completa hostia, ipsam, quae mittitur pro te, hostiam tibi prodesse non posse credis; quasi venisses, ut imperatorem visitares, visisque cursoribus ejus, recessisses? Cursores domini sunt, et nuncii, Gregorius in introitu, quem cecinit, Paulus in epistola, ac Propheta in lectione, modulatio gradualis et Alleluja. Tuba dominica sonat in evangelio, verum inter secreta sacerdotis opera Christus ipse descendit, tanto districtius occurrentem te sibi dijudicans, quanto secretius te videt intus renes, et corda perscrutans. Ecce, quod peccato pessimae illius mulierculae, de qua diximus, capella corruit, ipsaque inter manus tenentium eam evanuit, sed et ipsum castrum saniore diruptum consilio sedem mutavit et nomen. Translati enim sunt incolae ad castrum, quod Carpei nuncupatur.*

III, 122. De valle, de Lentuscula

Est in regno Arelatensi et provincia Ebredunensi locus, in quo per Alpium summa cacumina facili cursu in aestate, et brevi sed plurimum periculoso transitu descenditur in Italiam. *Nomen vallis* de Lentuscula *incolae indiderunt, in cujus apice si quis tussierit aut clamaverit, statim ex altis rupibus nix coagulata descendit, et exaggerationem ad se trahens infinito cumulo transeuntes obruit, et ad infimam abyssum dejectos prosternit.*

LE MERVEILLEUX

III, 126. De aqua, de qua sanantur gutturnosi

Est in provincia Ebredunensi, *quae pars est regni Arelatensis,* castrum de Barles, *in cujus territorio fons scaturit, ex cujus aquae potu et lavacro curantur gutturnosi. Sunt et in regno Arelatensi plurimi fontes, qui aestate fervente scaturiunt, hyeme vero siccantur.*

LES MERVEILLES DU DAUPHINÉ[12]
(traduction)

I. La tour qui rejette les veilleurs (III, 20)

Au royaume d'Arles, dans l'évêché de Valence, dans la ville[13] de Livron, il y a une tour très haute, celle de l'évêque Valentin, qui rejette les veilleurs de nuit. Si on a mis un veilleur pour la nuit sur cette tour, le matin il se sentira emporté dans la vallée située au pied. Il se retrouvera déposé sans mal dans la vallée sans avoir redouté de tomber ni avoir eu peur de quelque enlèvement et il ne ressentira aucun contact ni choc (G.W.L. 966, F.L. 18-19).

II. Le rocher qu'on fait bouger avec un doigt et pas avec tout le corps (III, 22)

Au royaume d'Arles, dans la province d'Embrun, dans la ville qu'on appelle Noth (?), il y a un grand rocher que l'on fait aisément bouger tout entier si on le pousse avec le petit doigt. Mais si on cherche à l'ébranler avec tout le corps ou avec autant d'attelages de bœufs que l'on veut, il reste immobile (G.W.L. 966).

III. Le vent que saint Césaire enferma dans son gant (III, 34)

Comme nous avons parlé de vents et de montagnes en affirmant que la plupart des montagnes sont plus hautes que tous les vents ajoutons ce complément qu'il existe des vallées si bien fermées par de proches montagnes,

---

12. Je donne les références aux éditions Leibniz [G.W.L.] et Liebrecht [F. L.].
13. J'ai traduit *castrum* tantôt par ville, tantôt par château.

qu'aucune brise ne leur parvient. Ainsi au royaume d'Arles, dans l'évêché de Vaison, dans la ville très populeuse de Nyons. Elle est située dans une vallée, entourée de montagnes de toutes parts, où aucun vent, même le plus léger, n'était entré et jusqu'à l'époque de Charlemagne cette vallée était restée stérile et complètement inapte à toute production utile à l'homme. Quand il découvrit son infécondité l'archevêque d'Arles, Césaire, un très saint homme illustre par ses miracles, se rendit au bord de la mer qui bordait son diocèse, emplit son gant de vent marin et le maintint serré. Il vint dans la vallée jusqu'alors stérile et au nom du Christ lança son gant plein de vent contre un rocher et lui ordonna d'y faire entrer un vent perpétuel. Il advint qu'aussitôt la roche, dans laquelle un trou s'était formé, commença à souffler pour toujours par la fente un vent que le vulgaire appelle *Marin*, comme s'il avait été apporté là de la mer par un miracle divin. Ce vent impétueux ne dépasse pas le territoire d'une rivière qui coule dans le bas de la vallée, il y féconde tout, y rend tout salubre, salue de front ceux qui y passent en les frappant de la grande fraîcheur de son souffle; tandis que, lorsqu'ils sont sortis des limites de la vallée, il ne les touche plus comme s'il lui était interdit de franchir les bornes qui lui ont été fixées (G.W.L. 972, F.L. 21-22).

IV. Le puits de Cerseules (III, 39)

Dans notre royaume d'Arles, dans le diocèse de Gap, se trouve l'agglomération de Cerseules (?) sur le territoire de laquelle s'étend un lac très profond. Tout au milieu une croûte (de terre), indemne tout au cours de l'année de toute atteinte humaine, au moment de la fenaison, est tirée sur le bord du lac avec des cordes et elle est fauchée et mise en coupes. Quand une juste répartition a été faite entre de nombreux cohéritiers, on enlève les cordes et la croûte retourne s'installer au milieu même du lac où elle se trouvait (G.W.L. 974).

V. Le rocher appelé Aiguille[14] *(Aequa illa : Égale à elle) (III, 42)*

Les sectateurs de l'adolescence chassent autant de fictions que de vérités et comme tout est vanité, les vains fils des hommes, dans les balances

---

14. Il s'agit du mont Aiguille près de Monestier-de-Clermont (Isère) appelé «Mont inaccessible» et faisant partie des «sept merveilles du Dauphiné». Jean-Claude Schmitt me suggère que l'expression obscure *adolescentiae sectatores* pourrait renvoyer aux groupes de *jeunes* qui gravissent les montagnes et en rapportent de tels récits (voir le *Peer Gynt* d'Ibsen).

truquées, recueillent des choses immatures parmi les choses à point et parfois ne se délectent pas moins des fables que des histoires vraies. Par exemple dans le royaume d'Arles, dans l'évêché de Grenoble aux confins du diocèse de Die, il y a une roche très haute dans le territoire que les habitants appellent Trièves. Une autre roche voisine lui fait face, on l'appelle «Égale à elle» car elle est de même hauteur que l'autre, bien que son sommet soit inaccessible. Ceux qui regardent de la roche opposée y voient une source transparente qui descend en cascade une échelle de rochers et au sommet de la roche de l'herbe verdoie comme celle d'un pré. Parfois on y voit étendus des draps éclatants de blancheur exposés pour sécher, selon l'usage des lavandières. L'origine de ce prodige, sa signification, ses auteurs, il fut aisé de le chercher, mais très difficile de le trouver (G.W.L. 974, F.L. 23-24).

VI. La dame du château d'Espervel[15] *(III, 57)*

Il est fréquent que les anges de Satan se transforment en anges de lumière et permettent au diable de s'immiscer dans les esprits des hommes. Pour les reconnaître, j'ai ajouté cette histoire extraordinaire que je tiens de personnes d'une religion éprouvée et sincère. Il y avait dans le royaume d'Arles, dans l'évêché de Valence, un château appelé Espervel. La dame de ce château avait pris l'habitude de toujours quitter l'église pendant la messe après l'évangile. Elle ne pouvait en effet supporter la consécration du corps du Seigneur. Au bout de nombreuses années, son mari, le seigneur du château, s'en aperçut et, malgré une enquête soigneuse, il ne put trouver la cause de cette précipitation. Un jour de fête solennelle comme la dame, à la fin de l'évangile, sortait, le mari et des gens qui lui étaient dévoués la retinrent par force et malgré elle. Dès que le prêtre prononça les paroles de la consécration, la dame enlevée par un esprit diabolique s'envola, emportant avec elle une partie de la chapelle qu'elle détruisit et on ne la revit jamais plus en ces lieux. Mais la partie de la tour adjacente à la chapelle est encore debout et témoigne de l'événement [...] *[Ici un long développement sur le sacrement de l'eucharistie.]* À cause du péché de cette horrible femme, la chapelle fut ruinée et elle-même échappa aux mains de ceux qui la tenaient. Le château lui-même fut détruit par une sage décision et changea de lieu et de nom. Ses habitants furent transportés dans le château appelé Carpei [Charpey] (G.W.L. 978-979, F.L. 26).

---

15. F. Liebrecht a adopté la forme *Esperver*. Il s'agit du lieu-dit *L'Éparvier*, dans la commune de Charpey (Drôme). Je dois cette identification à R. Chanaud, que je remercie vivement.

VII. La vallée de Lentuscle (III, 122)

Il y a dans le royaume d'Arles, dans la province d'Embrun, un lieu où par les sommets des Alpes on descend en Italie par un chemin facile en été, selon un parcours bref, mais très périlleux. Cette vallée porte le nom de Lentuscle. Si à son sommet quelqu'un tousse ou crie, aussitôt la neige accumulée descend des hauteurs rocheuses et traînant un tas de neige avec elle ensevelit les passants sous un énorme amas et les jette au fond de l'abîme (G.W.L. 1004).

VIII. L'eau qui guérit les goitreux (III, 126)

Dans la province d'Embrun qui fait partie du royaume d'Arles, il y a le château de Barles sur le territoire duquel jaillit une source dont l'eau, s'ils en boivent ou s'ils s'y lavent, guérit les goitreux. Il y a aussi dans le royaume d'Arles de très nombreuses sources qui jaillissent dans la chaleur de l'été, mais sont sèches l'hiver (G.W.L. 1004).

INVENTAIRE DES *MIRABILIA* DANS LE RESTE DU ROYAUME D'ARLES

I. Les herbes d'Égypte (De herbis Aegyptii) *(III, 31)*

Un nommé Isnard, seigneur des environs de Forcalquier (Alpes de Haute-Provence), va chercher la solitude en Orient et rencontre un ermite qui se nourrit d'herbes (G.W.L. 971).

II. les eaux marines qui se congèlent en sel (De aquis marinis quae congelantur in sal) *(III, 40)*

Marais salants près d'Arles (G.W.L. 974).

III. les fenêtres où apparaissent des dames (fées) (De fenestris in quibus apparent domine) *(III, 43)*

De belles femmes apparaissent dans les trous d'un rocher dans la province d'Aix et disparaissent quand on s'approche (G.W.L. 975).

IV. L'eau qui ne bout jamais (De aqua, que numquam bullit) *(III, 48)*

Une eau limpide (*in castro de Puilica*, Piolenc, près d'Orange?) qui ne bout jamais (G.W.L. 976).

V. Sagacité des animaux (De sagacitae animalium) *(III, 65)*

Dans la Gaule subalpine, sur les très hauts rochers de Condrieu (?) *(in Gallia subalpinea inter altissimas rupes Condrusii)*, des boucs pleins de sagesse, les chamois *(camusii)*, échappent aux chasseurs grâce à leur ruse (G.W.L. 981-982).

VI. Le monastère de Lérins (De Lirinensi monasterio) *(III, 68)*

Sur cette île il n'y a pas de serpents: la sainteté des moines ou la complexion du sol les en chasse (G.W.L. 983).

VII. Lamies, dracs et spectres (De lamiis, drais et phantasiis) *(III, 85)*

Les *lamies* sont des femmes qui viennent dans les maisons enlever les enfants dans leur berceau. Les *dracs* habitent dans des cavernes dans le lit des fleuves et ils y attirent les femmmes et les enfants en prenant la forme d'anneaux d'or. Ils prennent aussi la forme d'hommes et vont se promener sur les places des villes. Gervais de Tilbury a vu une femme qui a ainsi été entraînée dans le Rhône pour y allaiter le fils d'un *drac* et y est retée sept ans. Après son retour sur terre elle a rencontré un *drac* sur la grand-place de Beaucaire. Dans le Rhône sous le rocher du château de Tarascon où, au temps de sainte Marthe, se cachait un serpent nommé *tarasque*, on voit et on entend parler des *dracs* sous forme de spectre les nuits au clair de lune (G.W.L. 987-988, F.L. 38-39).

VIII. Les lamies et les larves nocturnes (De lamiis et nocturnis larvis) *(III, 86)*

Les *lamies* ou *masques* ou *stries* sont selon les médecins des illusions nocturnes et selon saint Augustin des démons. De même les *larves* entrent la nuit dans les maisons, apportent des cauchemars aux dormeurs, troublent l'ordre de la maison et changent de lieu les petits enfants. C'est ce qui est arrivé à Humbert, archevêque d'Arles, parent de Gervais de Tilbury, quand il était bébé (G.W.L. 988-989, F.L. 39-41).

IX. Le cimetière des Aliscamps (De coemeterio Elisii campi et illuc advectis) *(III, 90)*

Les morts et les cercueils qui descendent le Rhône s'arrêtent d'eux-mêmes à Arles pour être ensevelis aux Aliscamps (G.W.L. 990-991, F.L. 42-43).

X. La noix qui fait six ou sept noyaux (De nuce que sex aut septem facit nucleos) *(III, 91)*

Une noix plantée par une corneille au château Pontonis (Pontevès, Var ?) est devenue un noyer mais au lieu de fruit donne un gland qui renferme six, sept ou dix noyaux (G.W.L. 991).

XI. L'arbre aux cosses (De arbore que siliquas facit) *(III, 94)*

Aux confins de la ville de Marseille, il y a un arbre qui donne des cosses comme les fèves et elles sont pleines de pierres (G.W.L. 992).

XII. L'œuf de corbeau couvé par une cigogne (De ovo corvina supposito ciconia) *(III, 97)*

Les cigognes font leurs nids sur les murailles et les tours d'Arles. Un jour un corbeau pond un de ses œufs dans le nid d'une cigogne qui le couve. Quand l'oisillon naît, la troupe des cigognes déplume la mère et l'enfant supposé et les précipite du haut d'une tour (G.W.L. 993, F.L. 46-47).

XIII. Le mort qui tue sa veuve (De mortuo qui occidit uxorem quondam suam) *(III, 99)*

Un noble, Guillaume de Moustiers, avait fait jurer à sa femme de ne pas se remarier. Elle ne tient pas sa promesse. Le mort revient et tue l'infidèle avec un mortier (G.W.L. 993-994).

XIV. Le bâton pourri (De baculo putrefacto) *(III, 101)*

À Tarascon, un laboureur, à midi, frappe un serpent avec un bâton. Le bâton tombe en pourriture (G.W.L. 994).

XV. Les grappes de Rochemaure (De rucemis de Roca maura) *(III, 102)*

À Rochemaure il y a des grappes que le vulgaire appelle *brumettes (brumestas)* qui ont de gros grains et fleurissent comme la vigne. Mais le jour de la Saint-Jean leur fruit disparaît (G.W.L. 994).

XVI. Le mort qui apparaît à une jeune fille et lui fait d'étonnantes révélations (De mortuo qui apparet virgini, mira dicit et annunciat) *(III, 103)*

Un jeune homme d'Apt, tué injustement, apparaît à une jeune parente de Beaucaire. Il lui parle de l'au-delà et notamment du Purgatoire où il se trouve[16] (G.W.L. 994-1000).

XVII. Les loups-garous (De hominibus qui fuerunt lupi) *(III, 120)*

Deux cas de loups-garous, l'un en Auvergne, l'autre aux confins des évêchés de Viviers et de Mende (G.W.L. 1002, F.L. 51-52).

XVIII. La source qui soudain disparaît et revient (De fonte qui repente perditur et redit) *(III, 127)*

À Camps dans le comté d'Aix il y a une source intermittente (G.W.L. 1004).

---

16. Selon une tradition rare ce texte, qui se situe à un moment où la géographie du Purgatoire n'est pas encore bien établie, place celui-ci dans l'air. Voir *La Naissance du Purgatoire*, *infra*, pp. 771-1231.

II

L'ESPACE ET LE TEMPS

LE DÉSERT-FORÊT
DANS L'OCCIDENT MÉDIÉVAL

On a parfois voulu établir des rapports entre le milieu désertique et le phénomène religieux. On s'est demandé s'il y a une religion du désert, si le désert prédisposait plutôt à telle forme d'expérience religieuse qu'à telle autre et on a pensé en particulier que le désert favorisait le mysticisme. Il y a cent ans à peu près, en 1887, dans son *Histoire du peuple d'Israël*, Ernest Renan affirmait audacieusement: «Le désert est monothéiste.» Ces vues qui reposent en définitive sur un déterminisme géographique simpliste ne peuvent plus être soutenues aujourd'hui[1].

Mais le désert – réel ou imaginaire – a joué un rôle important dans les grandes religions eurasiatiques: judaïsme, islam, christianisme. Le plus souvent il représenta les valeurs opposées à celles de la ville et à ce titre il doit intéresser l'histoire de la société et de la culture.

Les modèles culturels de l'Occident médiéval viennent d'abord de la Bible, c'est-à-dire de l'Orient. Le désert y est réalité géographico-historique et symbolique à la fois.

Réalité ambivalente. Abel assassiné, de la descendance des deux autres fils d'Adam et Ève sortirent du côté de Seth la religion, puisque Énosh, fils de Selti, «fut le premier à invoquer le nom de Yahvé» (Genèse, IV, 26) et du côté de Caïn, la civilisation, surtout la civilisation matérielle sous ses quatre

---

Première publication in *Traverses*, 19, Paris, Centre Georges-Pompidou, Centre de création industrielle, 1980, pp. 22-33, avec quelques illustrations. Publié en italien in J. Le Goff, *Il Meraviglioso e il quotidiano nell'Occidente medievale*, Rome-Bari, Laterza & Figli, 1983, pp. 25-44.

1. Voir X. de Planhol, «Le désert, cadre géographique de l'expérience religieuse», in *Les Mystiques du désert dans l'islam, le judaïsme et le christianisme*, 1974. Publication de l'Association des Amis de Sénanque.

formes principales[2], la vie urbaine par Caïn lui-même qui construisit la première ville, la civilisation pastorale du désert par Yabal, descendant d'Hénoch, fils de Caïn, qui «fut l'ancêtre de ceux qui vivent sous la tente et ont des troupeaux», l'art sous la forme de la musique par Yubal, frère de Yabal qui «fut l'ancêtre de tous ceux qui jouent de la lyre et du chalumeau», l'artisanat enfin par Tubal-Caïn, demi-frère de Yubal et de Yabal, qui «fut l'ancêtre de tous les forgerons en cuivre et en fer» (Genèse, IV, 17-22).

Face à la ville, création de Caïn, le désert conserve longtemps dans l'ancien Israël son prestige. Malgré les difficultés de la traversée du désert lors de l'Exode, le souvenir de l'univers désertique doit rester dans la mémoire des Hébreux. Yahvé le dit lors de l'institution de la fête des Tentes (Lévitique, XXIII, 42-43).

De même lors de l'épisode d'Agar, Yahvé avait maintenu un certain équilibre entre la vie parmi les hommes où demeuraient Sara et Isaac et l'exil – désert où Abraham se résigna à envoyer Agar et Ismaïl après que Yahvé lui eut dit: «Ne te chagrine pas à cause du petit et de ta servante, tout ce que Sara te demande, accorde-le, car c'est par Isaac qu'une descendance perpétuera ton nom, mais du fils de la servante je ferai aussi une grande nation car il est de ta race» (Genèse, XXI, 12-13). Après que la sédentarité eut fait des Hébreux un peuple de citadins, et que les images de Jérusalem et de Sion eurent substitué une symbolique urbaine aux vieux prestiges du désert, l'ambivalence des valeurs désertiques persista. Dans les Psaumes, si on loue Yahvé pour la construction de Jérusalem («Bâtisseur de Jérusalem, Yahvé!», Psaume CXLVII, 3), le souvenir doux-amer du désert est toujours présent («Il mena son peuple au désert, car éternel est son amour!», Psaume CXXXVI, 16). Mais le désert valorisé de l'Ancien Testament, ce n'est pas un lieu de solitude, c'est un lieu d'épreuves, c'est surtout un lieu d'errance, de non-attachement.

Je ne m'étendrai pas sur l'image complexe et évolutive du désert dans l'Ancien Testament. On a par exemple opposé le désert de la Genèse, désert du chaos originel, puis anti-jardin imposé comme châtiment à Adam, et enfin lieu d'épreuves individuelles pour les patriarches, au désert de l'Exode, le Sinaï de Moïse et du peuple juif, désert collectif où se produit la révélation décisive de Yahvé[3].

On a aussi souligné les liens étroits entre le désert, l'océan, la mort, le *shéol*, séjour quasi infernal des morts[4].

---

2. Voir P. Gibert, *La Bible à la naissance de l'histoire*, Paris, 1979, p. 141, n. 3.
3. Voir A. Abecassis, «L'expérience du désert dans la mentalité hébraïque», in *Les Mystiques du désert...*, op. cit., pp. 107-129.
4. Voir notamment J. Pedersen, *Israël, its Life and Culture*, Londres-Copenhague, 1926, p. 470; N. J. Tromp, *Primitive Conceptions of Death and the Nether World in the Old Testament*, Rome, 1969, p. 132.

Ces associations, très particulières au judaïsme ancien, ne se retrouvent pas dans le christianisme, encore qu'on puisse se demander si, par exemple, les ermites celtes qui, au Moyen Âge, cherchaient le désert sur l'océan, ne se trouvaient pas confirmés dans leur quête par la lecture de l'Ancien Testament.
L'image du désert biblique change avec le Nouveau Testament. Autant qu'un lieu, le désert était dans l'Ancien Testament une époque, «une époque de l'histoire sainte, au cours de laquelle Dieu a éduqué son peuple[5]».
Pour Jésus le Galiléen, le désert de Judée où vivait Jean-Baptiste, région presque vide, faite non de sable mais de montagnes arides, est un endroit dangereux, lieu de tentations plus encore que d'épreuves[6]. C'est la demeure des esprits mauvais (Matthieu, XII, 43), l'endroit où Satan cherche d'abord à tenter Jésus: «Alors Jésus fut emmené au désert par l'Esprit pour être tenté par le diable» (Matthieu, IV, 1). Mais c'est aussi l'endroit où Jésus se réfugie et va chercher la solitude (Marc, I, 35, 45). Dans l'Apocalypse (XII, 6-14), le désert est le refuge de la Femme, c'est-à-dire de Sion, du peuple saint de l'ère messianique, de l'Église des croyants.
Avec le christianisme commence, en Orient, au IVe siècle, l'«épopée du désert»[7]. Elle lègue bientôt au christianisme latin occidental des œuvres majeures qui fondent les grands thèmes de l'hagiographie et de la spiritualité du désert.
La plus ancienne est la *Vie d'Antoine* par le Grec Athanase, évêque d'Alexandrie (vers 360) dont le succès se répand presque aussitôt en Occident par l'intermédiaire de traductions latines.
La primauté d'Antoine dans l'érémitisme est bientôt contestée par saint Jérôme qui écrit vers 374-379 dans le désert de Calchis en Syrie, à l'est d'Antioche, la *Vie de Paul de Thèbes premier ermite*. Qu'importent l'historicité des deux saints, l'antériorité de l'un ou l'autre? L'Occident médiéval a vu en eux les grands modèles de l'idéal désertique et Jérôme a génialement imaginé qu'Antoine, à l'âge de quatre-vingt-dix ans, aurait rendu visite à Paul plus que centenaire dans sa retraite. Dans une atmosphère plus délirante que le romantisme le plus échevelé de Victor Hugo, le vieillard rend hommage à son aîné, fait assaut de révérence avec lui et revient l'ensevelir dans un suaire qu'il est allé chercher dans son propre ermitage.
Le désert de Paul c'est «une montagne, une caverne, un palmier et une source». Il y vit vêtu des feuilles du palmier et nourri, chaque jour, d'un

---

5. Voir X.-L. Dufour, article «Désert», *Dictionnaire du Nouveau Testament*, Paris, 1975, p. 202.
6. Pour saint Paul, tout lieu peut être lieu de tentation (« ... dangers de la ville, dangers du désert, dangers de la mer...», II Corinthiens, XI, 26).
7. J. Décarreaux, *Les Moines et la civilisation*, Paris, 1962, pp. 64-109; J. Lacarrière, *Les Hommes ivres de Dieu*, nouv. éd., Paris, 1975.

demi-pain que lui apporte un corbeau. Quand il est mort, « deux lions sortent en courant du fond du désert, leurs longs crins flottant sur leur cou ». Après avoir caressé le corps du vieillard de leurs queues en poussant de grands rugissements en guise de prière funéraire, ils lui creusent une tombe de leurs griffes et l'y ensevelissent. Ils viennent ensuite « en remuant leurs oreilles et la tête basse » lécher les pieds et les mains d'Antoine qui assiste, stupéfait, à cette scène et qui les bénit.

Le modèle érémitique d'Antoine est très proche de celui de Paul. Lui aussi dans la dernière partie de sa vie, à soixante ans passés, vit dans la montagne, dans une grotte, dans un site que les voyageurs de l'époque moderne ont décrit comme particulièrement sévère et aride et que la *Vie* d'Athanase dépeint comme un paradis terrestre. Lui aussi vit des fruits d'un palmier et de quelques pains que lui apportent des Sarrasins – hommes noirs, pendants de l'oiseau noir de Paul. Mais la première partie de la vie érémitique d'Antoine a été celle d'un long combat contre les visions de monstres et de démons terrifiants qui l'assaillent. C'est le « théâtre d'ombres » des *tentations*.

Comme on l'a dit : « Le désert des moines d'Égypte apparaît comme le lieu, par excellence, du merveilleux ; le moine y rencontre le démon, d'une façon qu'on peut dire inévitable, car le démon est chez lui au désert ; mais aussi le moine trouve, au désert, d'une certaine manière, le Dieu qu'il y est venu chercher[8]. »

Ces thèmes sont inlassablement repris, multipliés, enjolivés par deux grands recueils hagiographiques, les *Entretiens avec les Pères d'Égypte* que Jean Cassien, qui a vécu parmi les ermites orientaux, rédige au début du Ve siècle en Égypte, et les *Vies des Pères*, cet ensemble complexe d'anecdotes traduites du grec qui commence à circuler en Occident à la même époque.

L'érémitisme occidental, à la recherche de déserts géographiques et spirituels, semble avoir d'abord préféré les îles. C'est le cas en Méditerranée, à Lérins, où la notion de désert oscille entre une conception paradisiaque et une conception d'épreuve[9]. C'est un lieu de libération pour ceux qui accourent vers la liberté des solitudes *(ad solitudinum libertatem)*, le « port du salut », « comme un coin de paradis » *(quasi in parte aliqua paradisi*, selon Césaire d'Arles).

En ces débuts du monachisme chrétien il ne faudrait pas opposer trop radicalement désert et ville. Certes, les moines qui gagnaient la solitude fuyaient la ville. Mais l'afflux de moines, la mise en valeur des oasis ou des terrains subdésertiques transformèrent souvent le désert en ville. Une

---

8. A. Guillaumont, « La conception du désert chez les moines d'Égypte », in *Les Mystiques du désert...*, *op. cit.*, p. 38.
9. J. Pricoco, *L'Isola dei santi. Il cenobio di Lerino e le origini del monachisimo gallico*, Rome, 1978.

expression de la *Vie d'Antoine* traduite en latin devint un *topos* de la littérature monastique : *Desertum civitas*, le désert-ville[10].
Dans l'Occident latin du haut Moyen Âge, comme l'a montré Paul-Albert Février, les modèles urbains encore si vivants de l'Antiquité tardive s'imposèrent aux moines. Le monastère devint une micro-cité et surtout les grands maîtres du monachisme latin réalisèrent dans leur vie et leur enseignement une sorte d'équilibre pendulaire entre la ville et le désert. Ce fut le cas de saint Martin partageant sa vie entre la solitude du monastère de Marmoutier et le siège épiscopal de Tours, Jean Cassien venu des déserts d'Égypte à proximité de la solitude insulaire de Lérins dans la ville de Marseille, Paulin venu pourtant s'établir près des reliques de saint Félix tout près de Nola et qui dut accepter de venir résider comme évêque dans la ville[11]. Cette respiration alternée entre la retraite dans les ermitages et l'apostolat urbain se retrouvera dans le franciscanisme.
Dans la vision «paradisiaque» du désert, il ne faut pas oublier la familiarité de ceux qui y vivent ou s'y retirent avec les animaux sauvages. C'est le modèle d'Antoine et de Paul qui, à défaut de lion en Occident, fait de l'ours, du cerf, de l'écureuil les amis et les interlocuteurs des ermites. De saint Columban, on a pu dire: «À Luxeuil comme à Bobbio, il a toujours manifesté aux animaux une sympathie presque franciscaine.» Godric, mort en 1170, retiré dans la solitude de Finchale près de Durham, accueille dans sa cellule les lapins et les lièvres poursuivis par les chasseurs. C'est le désert-asile, le refuge dans le refuge. L'imaginaire romanesque ignorera la zoologie et fera d'un lion le compagnon d'Yvain, saint Jérôme courtois. Dans son *Éloge du désert (De laude eremi)*, l'aristocrate Euches, qui se retire à Lérins entre 412 et 420, après avoir rappelé tous les épisodes insignes de l'Ancien et du Nouveau Testament qui se sont passés dans le désert (*eremus: desertum*, précise-t-il), déclare que le désert monastique est lieu de tous les charismes et de toutes les théophanies. L'entrée au désert est ressentie, selon une expression de saint Jérôme, comme un second baptême.
Mais le désert est aussi le lieu de la rencontre avec Satan et les démons, bien que ce thème de la spiritualité orientale du désert ne rencontre pas dans l'Occident du haut Moyen Âge le même succès qu'en Orient. Euches ne fait qu'en passant allusion aux tentations de l'*Ennemi* qui rôde en vain autour de l'ermitage comme le loup autour de la bergerie. Le péril qui va guetter l'ermite d'Occident dans le désert c'est l'*ennui* existentialiste et métaphysique : l'*acedia*.

---

10. D. J. Chitty, *The Desert a City*, Oxford, 1961, et G. J. M. Bartelink, «Les oxymores *desertum civitas* et *desertum floribus vernans*», in *Studia Monastica*, 15, 1973, pp. 7-15.
11. P.-A. Février, «La ville et le "désert"» (à propos de la vie religieuse aux IVe et Ve siècles), in *Les Mystiques du désert...*, *op. cit.*, pp. 39-61.

Désert insulaire plus encore recherché par les moines celtes et nordiques[12]. Ils ont écrit un grand chapitre de l'anthropologie historique du désert maritime, des déserts de la mer et du froid. « La mer a remplacé pour ces moines le désert d'Égypte[13]. » Saint Brendan dont l'errance maritime a été racontée par un des livres à succès du Moyen Âge, la *Navigatio Sancti Brendani*[14], va d'île en île, rencontrant monstres et merveilles, évite l'île d'Enfer et aborde finalement à l'île du Paradis. Dans la vie, écrite à l'extrême fin du VIe siècle de l'un d'eux, Columban, il est dit de ces moines errants sur l'océan qu'ils « espéraient trouver le désert dans la mer infranchissable » *(desertum in pilago intransmeabili invenire obtantes)*.

Pourtant, ces ermites insulaires et maritimes ne seront que la marge extrême et éphémère des marginaux du désert en Occident. Dans ce monde tempéré sans grandes étendues arides, le désert – c'est-à-dire la solitude – sera une tout autre nature, le contraire presque du désert, du point de vue de la géographie physique. Ce sera la *forêt*.

L'itinéraire du plus célèbre de ces moines irlandais, Columban (v. 540-615), est exemplaire. En 575 il se lance sur la mer mais vers le continent. D'Armorique, il passe en Gaule. Le roi burgonde Gontran lui offre de s'établir à Annegray dans les Vosges. L'endroit lui plaît, écrira son biographe Jonas de Bobbio vers 640, car il est au milieu d'une forêt, c'est « un vaste désert, une âpre solitude, un terrain rocailleux ». À Annegray et au monastère voisin de Luxeuil Columban doit s'arracher, exilé par le roi Thierry II à la demande de sa terrible grand-mère, Brunehaut. Après une longue errance, le vieillard parvient en Italie du Nord et y choisit en 613 un lieu dans une solitude forestière, Bobbio. Pour le construire, le vieil abbé redevient moine-bûcheron.

L'histoire – la légende – d'un autre saint irlandais, installé celui-là en Bretagne continentale, Ronan, retrouve les thèmes du désert-forêt. « Il s'enfonce... dans le "désert" et parvient à la forêt de Nemet (ou Nevet) en Cornouaille. » À coups de miracles il protège le voisinage des loups. Il suscite la colère de Satan qui, par l'intermédiaire d'une paysanne, la diabolique Kéban, finit par le chasser[15].

---

12. Voir J. M. MacKinlay, « In Oceano desertum : Celtic Anchorites and their Island Retreats », in *Proceedings of the Society of Antiquaries of Scotland*, XXXIII, 1899 ; L. Gougaud, *Les Chrétientés celtiques*, Paris, 1911.
13. O. Loyer, *Les Chrétientés celtiques*, Paris, 1965, p. 37.
14. C. Selmer, « Navigatio Sancti Brendani abbatis », in *Publications in Medieval Studies*, XVI, Notre-Dame (Indiana), 1959.
15. B. Mérignac, in M. Dilasser, *Un pays de Cornouaille, Locronan et sa région*, Paris, 1979, p. 110. La *Vita* de saint Ronan que nous avons conservée est du XIIIe siècle. Sur le loup, grand personnage de la réalité et de la légende médiévales, animal par excellence de la forêt-désert, voir G. Ortalli, « Natura, storia e mitografia del lupo nel Medioevo », in *La Cultura*, 1973, pp. 257-311.

L'ESPACE ET LE TEMPS

L'histoire du désert, ici et là, jadis et naguère, a toujours été faite de réalités matérielles et spirituelles entremêlées, d'un va-et-vient constant entre le géographique et le symbolique, l'imaginaire et l'économique, le social et l'idéologique.
Quelle a été la «réalité» de la forêt dans l'Occident médiéval?
Pour Gaston Roupnel[16], dans sa célèbre *Histoire de la campagne française*, la forêt a été pour l'homme, du néolithique à la fin du Moyen Âge, à la fois le domaine indispensable qui «prolongeait et complétait ses champs» et le lieu de «ses légendaires effrois»: «Sur ce seuil sacré que tout protégeait, le défricheur primitif arrêta donc une fois pour toutes ses entreprises profanes.» Charles Higounet a dressé l'inventaire et la carte des forêts du haut Moyen Âge[17], époque qui a connu, de 500 à 1200 environ, une phase climatique chaude et donc «un retour offensif de la forêt». Parmi ces forêts européennes, il distingue la forêt d'Ardenne qui était, depuis les temps celtiques, «"la forêt" par excellence». Il note l'émergence, à côté de l'italien et de l'espagnol *selva* qui continue le latin *silva*, et de *Wald* germanique, de *forestis* ou *foresta* qui donnera *forêt* en français, *Forst* en allemand, *forest* en anglais. La plus ancienne apparition connue du terme associe d'ailleurs l'idée de forêt à l'idée de solitude. C'est un diplôme de Sigebert III de 648 pour l'abbaye de Stavelot-Malmédy: «Dans notre forêt nommée Ardenne, vaste solitude où se reproduisent les bêtes sauvages[18].» Le mot vient sans doute de l'expression: *silva forestis*, forêt qui dépend du tribunal *(forum)* royal. Il désigne à l'origine une «réserve de chasse», il a un sens juridique. Ainsi les hommes de la seconde fonction indo-européenne, les guerriers, les *bellatores*, les hommes de la force physique, ont tenté de s'approprier au Moyen Âge la forêt et d'en faire leur terrain de chasse. Mais ils ont dû la partager avec les hommes de la première fonction, les *oratores*, ceux qui prient, les hommes du sacré qui en ont fait le désert de leurs ermites et les hommes de la troisième fonction, les *laboratores*, les travailleurs qui, par la cueillette, le bois, le charbon, le miel et la *glandée* des porcs, en ont fait un territoire supplémentaire de l'activité économique. Mais tous à vrai dire sont allés surtout s'y marginaliser, s'y conduire en hommes de la *nature*, fuyant le monde de la *culture* dans tous les sens du mot.

---

16. G. Roupnel, *Histoire de la campagne française*, Paris, 1932, nouv. éd. 1974, chap. III: «La forêt», pp. 91-116. Gaston Bachelard, dans *La Poétique de l'espace*, pp. 171-172, fait écho à Roupnel pour évoquer la «forêt ancestrale», la forêt qui est un «avant-moi», un «avant-nous». La forêt est un endroit où l'on se perd. Où l'on se trouve aussi, comme l'espèrent, en allant s'y perdre, les aventuriers de la forêt-désert.
17. Ch. Higounet, «Les forêts de l'Europe occidentale du Ve au XIe siècle», in *Agricoltura e mundo rurale in Occidente nell'alto Medioevo, Settimana di studio del centro italiano di studi sull'alto Medioevo*, XIII, 1965, Spolète, 1966, pp. 343-398.
18. «*In foresta nostra nuncupata Arduenna, in locis vastae solitudinis in quibus caterua bestiarum geminat.*»

Pour revenir à la forêt « matérielle » de l'Occident médiéval, soulignons avec Charles Higounet qu'elle a servi de frontière, de refuge pour les cultes païens, pour les ermites « qui y sont venus chercher le "désert" *(eremum)* », pour les vaincus et les marginaux : serfs fugitifs, meurtriers, aventuriers, brigands, mais aussi qu'elle a été « utile », « précieuse », réserve de gibier, espace de cueillette y compris pour le miel dont on faisait « le breuvage le plus courant dans toute l'Europe » et la cire des luminaires, lieu d'exploitation du bois, de la verrerie et de la métallurgie, territoire de pacage pour les animaux domestiques, les porcs surtout.

Déjà Marc Bloch avait signalé le double visage de la forêt médiévale qui « couvrait des espaces beaucoup plus grands qu'aujourd'hui, par massifs beaucoup moins troués de clairières ». Elle était à la fois repoussante et désirable : « À tant d'égards si inhospitalière, la forêt était loin d'être inutile[19]. » Mais il rappelle les anciens textes qui parlent de l'« opacité », de la « densité » des forêts.

Dans *Les Caractères originaux de l'histoire rurale française*, Marc Bloch, après avoir souligné que la forêt médiévale « était loin d'être inexploitée ou vide d'hommes », évoque le peuple inquiétant des travailleurs de la forêt : « Tout un monde de "boisilleurs", souvent suspect aux sédentaires, la parcourait ou y bâtissait ses huttes : chasseurs, charbonniers, forgerons, chercheurs de miel et de cires sauvages (les "bigres" des anciens textes), faiseurs de cendres qu'on employait à la fabrication du verre ou à celle du savon, arracheurs d'écorces qui servaient à tanner les cuirs ou même à tresser des cordes[20]. » Les voilà les habitants de ce désert, des errants « souvent suspects aux sédentaires » !

Parmi les innombrables documents sur la forêt médiévale, regardons un dossier de trois textes récemment publiés[21]. Le premier est d'un analyste, le bénédictin Lambert de Hersfeld, qui relate dans ses Annales, au mois d'août 1073, un épisode de la lutte de l'empereur Henri IV contre les Saxons. Il évoque la profonde forêt germanique, immense et vide *(vastisimma)*, difficilement pénétrable, inhospitalière puisque Henri IV et ses compagnons faillirent y mourir de faim, effrayante sauf pour un chasseur habitué à « s'orienter au secret des forêts ». Le deuxième document est un texte hagiographique tiré de la *Vie de saint Bernard de Tiron* écrite par Geofroy le Gros au début du XIIe siècle : il décrit « les vastes solitudes *(vastae solitudines)* qui

---

19. M. Bloch, « Une mise au point : les invasions », in *Annales d'histoire sociale*, 1945, repris in *Mélanges historiques*, Paris, 1964, p. 128.
20. M. Bloch, *Les Caractères originaux de l'histoire rurale française*, Oslo, 1931, nouv. éd., Paris, 1951, p. 6.
21. Ch. M. de La Roncière, Ph. Contamine, R. Delort, M. Rouche, *L'Europe au Moyen Âge*, Paris, 1969, t. II, pp. 71-75.

se trouvent aux confins du Maine et de la Bretagne» comme une «seconde Égypte» *(quasi altera Ægyptus)* peuplée d'une «multitude d'ermites». Parmi eux, un nommé Pierre se nourrit des «jeunes pousses des arbres» et s'est construit une «maisonnette» avec des «écorces d'arbres». Quand Bernard et d'autres le rejoignent il va avec ses paniers «dans la forêt qui entourait de toutes parts l'aire de sa demeure, arrache rapidement buissons d'épines et de ronces, dépouille de leurs fruits noisetiers et autres arbres sauvages». Enfin, «il trouve au creux d'un tronc un essaim d'abeilles avec de la cire et du miel en telle quantité qu'on aurait cru ces richesses sorties de la corne d'abondance elle-même». Ici on sent l'écho de la conception paradisiaque du désert héritée de la littérature monastique du haut Moyen Âge. Le troisième texte est célèbre: Suger y raconte comment, pour construire la charpente de la basilique de Saint-Denis, il fouille, contre l'avis de tous, la forêt d'Yveline et, «à travers les tailles, les halliers ombreux, les forêts d'épineux», il trouve des arbres assez gros et grands pour faire douze poutres. On voit ici à l'œuvre les exploitants de la forêt, qui la réduisent à l'état de taillis et n'y voient qu'une source de matières premières.

Avant de voir la forêt-désert dans quelques grandes œuvres de l'imaginaire médiéval, je voudrais encore souligner la fréquence des témoignages médiévaux sur l'assimilation forêt-désert. C'est par exemple dans le cartulaire de Sainte-Foy de Conques, pour l'année 1065, un acte indiquant qu'une communauté monastique est venue s'établir en un lieu où «il n'y avait aucune habitation humaine sauf des brigands dans les forêts[22]».

Le vocabulaire atteste, avec les langues vernaculaires naissantes, la force de cette association mentale. L'épithète presque de nature pour la forêt c'est *gaste*, dévastée, vide, aride et proches de la forêt sont les substantifs *gast* et *gastine*, lieux incultes, landes forestières.

Forez i a granz e gastines, écrit au XIIe siècle le trouvère anglo-normand Benoît de Sainte-Maure. Tous ces mots viennent de *vastum*, vide. Dans ce riche vocabulaire apparaissent encore, à côté du triomphant *forêt*, des termes désignant des *bois* et de même racine que le germanique *Wald: galt, gant, gandine*. Dom Louis Gougaud a attiré l'attention sur les noms de lieux formés des mots *désert, ermitage* en France, *désert* en Irlande, *peniti* en Bretagne qui désignent d'anciens séjours d'*ermites*[23]. Le terme breton rappelle que le désert c'est aussi la *pénitence*, surtout pendant la grande époque du mouvement pénitentiel du XIe au XIIIe siècle.

Dans son autobiographie, Guibert de Nogent, au début du XIIe siècle, raconte l'histoire d'Évrard de Breteuil, vicomte de Chartres, qui, en 1073,

---

22. «*Nulla erat habitacio hominum excepta latronorum in silvis.*»
23. L. Gougaud, *Ermites et reclus*, Ligugé, 1928, p. 16.

abandonne la vie mondaine, cherche la solitude, se réfugie dans une forêt où il trouve sa subsistance en faisant du charbon de bois[24]. Il y a une conjoncture de la fuite au désert dans l'Occident médiéval. Bien qu'il s'agisse d'un phénomène permanent, les vagues de départs vers la solitude s'enflent à certaines époques, du IVe au VIIe siècle, liées à la désertion générale des cités, aux XIe et XIIe siècles face au contraire à l'essor urbain : « Nous avons tout quitté, voilà les paroles qui ont rempli les forêts d'anachorètes », s'écrie dans un sermon Pierre Damien, mort en 1072, et presque un siècle plus tard saint Bernard lui fait écho. Aux jeunes gens tentés par les nouvelles écoles urbaines, il dit : « Les forêts t'apprendront plus que les livres. Les arbres et les rochers t'enseigneront des choses que ne t'enseigneront point les maîtres de la science. » La bibliographie de l'érémitisme occidental est énorme. Je citerai seulement le recueil *L'Eremitismo in Occidente nei secoli XI e XII. Atti della Settimana internazionale di studio, Mendola, 1962*, Milan, 1965, avec plusieurs articles en français.

Mais le sens symbolique profond de la forêt s'exprima dans la production de l'imaginaire, comme en témoignent quelques-uns des plus grands créateurs de la littérature en ancien français : le *Tristan* de Béroul, les romans de Chrétien de Troyes, en particulier *Yvain* et *Perceval* et *Aucassin* et *Nicolette*. À quoi j'ajouterai un témoignage occitan, celui du troubadour Bernard Marti.

La forêt-désert n'était pas absente des chansons de geste, notamment du cycle de Guillaume d'Orange où, après avoir été surtout le territoire de la chasse pour les nobles guerriers, elle devient dans le *Moniage Guillaume* un lieu peuplé d'ermites cachés « dedans le hault bocage », « au fond du bois ramé ». Elle est surtout présente dans *Renaud de Montauban (Les Quatre Fils Aymon)* et dans *Girard de Roussillon*, œuvres de la fin du XIIe siècle qui se passent en partie dans la forêt d'Ardenne et qui expriment peut-être la fuite hors du monde d'une aristocratie guerrière menacée par une société nouvelle. Dans *Girard de Roussillon*, par exemple, le héros errant dans la forêt demande à un ermite s'il connaît un prêtre dans le voisinage. « Non, lui répond l'homme des bois, pas même un clerc. » La forêt, c'est le désert institutionnel.

À la tradition judaïque et orientale du désert s'est ainsi ajoutée une tradition « barbare » celtique, on l'a vu, mais aussi germanique et scandinave de la forêt-désert. De celle-ci une saga comme celle de Harald Sigurdarson, écrite au commencement du XIIIe siècle par l'Islandais Snorri Sturluson, apporte un bon témoignage. Dès le début le héros, Harald, futur roi de

---

24. Guibert de Nogent, *De vita sua*, I, 9. Cette histoire fit d'Évrard au XIXe siècle le fondateur prétendu des *Carbonari*.

Norvège, se cache « chez un paysan qui habitait à l'écart dans une forêt ». Le fils du paysan le guide ensuite « par les forêts » et « alors qu'ils chevauchaient d'une forêt sauvage à une autre, Harald déclama ceci :

> Me voici sans gloire, passant
> De forêt en forêt.
> Qui sait si je ne serai pas
> Largement renommé par la suite [25].

C'est ici le thème de la forêt-épreuve.
Mais c'est surtout dans la littérature courtoise que la forêt va jouer un rôle matériel (dans l'intrigue) et symbolique capital. Elle est au cœur de l'aventure chevaleresque [26], ou plutôt celle-ci y trouve son lieu d'élection.
C'est surtout la forêt-refuge qui apparaît dans le *Tristan* de Béroul.
Tristan et Yseut fuyant la colère du roi Marc se réfugient « dans la forêt du Morois ». Tristan s'y « sent en aussi grande sécurité qu'en un château protégé de murailles ». Tristan, « excellent archer », se procure leur nourriture en chassant et construit une cabane. Ils restent ainsi « longuement, dans la forêt profondément, ils restent longuement dans ce désert ». Presque tous les thèmes se retrouvent ici : la forêt-refuge, la forêt-désert, l'association, qu'on retrouvera avec l'*Yvain* de Chrétien de Troyes, de la forêt-désert avec l'arc, qui apparaissait déjà dans la Genèse avec Ismaël, la vie « sauvage » mais quasi paradisiaque, bien qu'ils mènent une « vie âpre et dure ». Ils rencontrent un ermite, frère Ogrin, qui les sermonne en vain. Ils vivent encore longtemps dans la forêt. On ne vient guère les y chercher car le commun des mortels a peur de la forêt « qui est si effrayante que nul n'ose y entrer ». Tristan met au point un « arc-qui-ne-faut », qui ne manque jamais son coup et, n'ayant pas de pain (aliment « culturel »), ils doivent se nourrir de « sauvagine » (gibier). Mais un des hommes méchants de la forêt, un *forestier*, agent qui fait respecter les droits du roi (du seigneur) sur la forêt, les découvre et les dénonce à Marc. Celui-ci les trouve mais renonce à se venger. Toutefois, se sachant découverts, Tristan et Yseut quittent la forêt du Morois. La forêt-désert ne peut plus remplir sa fonction de refuge et de cachette [27].
Épisode complexe où se mêlent la peur de la forêt, la valorisation de la vie sauvage du désert, la signification de la forêt-désert comme pénitence et asile.

---

25. *La Saga de Harald l'impitoyable*, traduite et présentée par R. Boyer, Paris, 1979, pp. 35-36.
26. Voir E. Köhler, *L'Aventure chevaleresque. Idéal et réalité dans le roman courtois*, trad. fr., Paris, 1974.
27. Voir H. Braet, « Les amants dans la forêt, à propos d'un passage du "Tristan" de Béroul », in *Mélanges Terno Sato*, Nagoya, Centre d'études médiévales et romanes, 1973, pp. 1-8.

Dans une longue étude dédiée à Claude Lévi-Strauss, nous avons essayé d'éclairer, Pierre Vidal-Naquet et moi-même, l'épisode central d'*Yvain ou le Chevalier au lion* de Chrétien de Troyes (vers 1180). Yvain, qui n'a pas tenu une promesse faite à sa femme et que celle-ci rejette, devient fou, fuit la cour d'Arthur et gagne la forêt.

Je ne reprendrai pas ici l'analyse à laquelle je me permets de renvoyer[28]. Je ne retiendrai – sommairement – que ce qui concerne le thème de la forêt-désert. Yvain fait une régression intégrale à l'état de «nature»: il se fait «archer, sauvage et nu, mangeur de cru». Mais sa réintégration commence, car Yvain rencontre un homme qui n'est pas tout à fait un sauvage, un ermite. Celui-ci, en effet, a une «maison», une cabane, il essarte, c'est-à-dire pratique une agriculture rudimentaire sur défrichement par brûlis, il achète et mange du pain, a des contacts avec des humains «normaux», fait cuire ses aliments. Yvain rencontre aussi dans la forêt un «homme sauvage», un vilain, hideux, chevelu et velu, vêtu de peaux de bêtes, mais qui commande à des taureaux sauvages. Homme sauvage qui n'est pas un simple hôte de la forêt, mais qui en est le maître, en particulier parce qu'il a la maîtrise sur les bêtes sauvages[29].

On voit ainsi que ni la forêt ni le désert ne sont des sauvageries intégrales, ni des solitudes absolues. Ils sont les lieux de l'extrême marge où l'homme peut s'aventurer et y rencontrer d'autres hommes, à la limite ces hommes sauvages qu'il prend d'abord pour des bêtes et lui affirment, comme le vilain fait à Yvain, qu'ils «sont des hommes». Il y a aussi dans la vie érémitique, dans l'expérience du désert, des degrés. L'ermite reste en contact avec la culture, ce qui permet d'ailleurs à l'Église d'accepter qu'on le tienne pour un «saint homme». L'homme sauvage est un homme «primitif» mais déjà maître de la nature. Il faut être fou pour s'approcher au plus près de la solitude et de la sauvagerie. En définitive, «ce qui est "sauvage" n'est pas ce qui est hors de portée de l'homme, mais ce qui est sur les marges de l'activité humaine. La forêt *(silva)* est sauvage *(silvatica)* car elle est le lieu des animaux que l'on chasse mais aussi des charbonniers et des porchers. Entre ces pôles symétriques que sont la sauvagerie et la culture, le chas-

---

28. J. Le Goff et P. Vidal-Naquet, «Lévi-Strauss en Brocéliande», version abrégée in *Critique*, 325, juin 1974, pp. 541-571, version complète in *Claude Lévi-Strauss*, textes réunis par R. Bellour et C. Clément, Paris, 1979, pp. 265-319; voir également *infra*, pp. 581-614. Sur la forêt médiévale et son symbolisme, voir notamment M. Stauffer, *Der Wald. Zur Darstellung und Deutung der Natur im Mittelalter*, Zurich, 1958, et la thèse encore inédite de Roberto Ruiz Capellan dont on peut lire le résumé, *Bosque e Individuo. Negación y destierro de la sociedad en la epopeya y novela francesas de los siglos XII y XIII*, Universidad de Salamanca, Facultad de filosofía y letras, Departamento de filología francesa, 1978.
29. Sur le grand thème médiéval de l'homme sauvage, voir R. Bernheimer, *Wild Men in the Middle Age. A Study in Art, Sentiment and Demonology*, 2ᵉ éd., New York, 1970.

seur sauvage et fou est un médiateur ambigu, ce qu'est aussi, à sa façon, l'ermite[30] ».

Notons ici quatre caractéristiques de l'ermite que les spécialistes de l'érémitisme ont souvent notées.

La première est sa parenté avec un homme sauvage. Elle se marque surtout par le port d'une peau de mouton ou de chèvre. Le prototype chrétien en est Jean-Baptiste, le prédicateur du désert.

La deuxième est la popularité de l'ermite auprès de qui on vient se confesser, qu'on vient consulter dans les cas difficiles, auprès de qui on vient chercher bénédiction et guérison. Il faut entendre cette popularité au sens le plus fort. De tous les personnages religieux l'ermite est le plus près de la culture populaire authentique, du folklore. Le désert est le lieu le plus éloigné de la culture savante[31].

Parmi ceux qui viennent chercher conseil auprès des ermites il y a les rois. Un poème irlandais du Xe siècle a pour sujet la visite d'un roi à un ermite, « thème exploité à plusieurs reprises dans la littérature du Moyen Âge[32] ». On reconnaît là une variante du thème du roi consultant un mage, un devin, un prophète. Mais il faut y voir aussi le dialogue de deux hommes de la forêt. La sacralité doit être cherchée dans la forêt et au désert. Le roi – comme le lion – y est chez lui. « La forêt est terre royale, non seulement par les ressources qu'elle fournit, mais plus encore peut-être parce qu'elle est un "désert"[33]. »

Enfin dans la forêt-désert l'ermite côtoie des hors-la-loi. La légende et le folklore l'ont fait parfois s'embrigader dans les troupes de brigands sylvestres – avec Robin des Bois par exemple. Un fabliau anglais, *The eremyte and the outelawe*, met en scène un ermite jaloux d'un larron qui, d'après lui, gagne trop facilement le paradis.

Pour en revenir à Chrétien de Troyes la forêt-désert, lieu d'épreuves et d'aventures, tient un grand rôle dans son dernier roman, *Perceval ou le Conte du Graal*.

Certes Perceval, quoique fils de la « Dame de la Gaste Forêt solitaire », et qualifié de « valet sauvage », n'est pas à proprement parler un « homme

---

30. Voir J. Le Goff et P. Vidal-Naquet, « Lévi-Strauss en Brocéliande », *infra*, pp. 592-593.
31. « L'homme vivant saintement en ermitage devint donc le vrai type de l'ascète pour le populaire. Dans les contes et les légendes, l'ermite est toujours présenté comme "moult de sainte vie". C'est pourquoi, il a été choisi, de préférence à tout autre religieux, pour jouer le rôle d'athlète, de champion, dans la lutte contre le diable » (L. Gougaud, *Ermites et reclus*, *op. cit.*, p. 52).
32. L. Gougaud, *Ermites et reclus*, *op. cit.*, p. 19. Le poème irlandais a été édité en traduction anglaise par Kuno Meyer, *King and Hermit*, Londres, 1901.
33. J. Le Goff et P. Vidal-Naquet, « Lévi-Strauss en Brocéliande. Esquisse pour une analyse d'un roman courtois », voir *infra*, p. 586.

sauvage »[34]. Mais son itinéraire d'initiation et d'épreuves est scandé par des passages en forêt, qui sont autant de phases de recueillement et d'errances dans la solitude ou l'aventure. Par une métonymie géniale Chrétien de Troyes appelle la forêt, où l'on trouve la solitude, elle-même solitaire : c'est la forêt *soutaine*. Forêt *félone* aussi, forêt traîtresse, car elle est, en termes de morale féodale, le lieu des hallucinations, des tentations et des embûches caractéristiques du symbolisme du désert. Enfin Perceval rencontre, à un moment crucial[35] au cœur d'une forêt, un ermite qui se révèle être son oncle et qui lui dévoile la cause et le sens de ses épreuves. Pénitence et révélation, c'est bien en définitive le sens profond, apocalyptique, du symbolisme chrétien de la forêt-désert.

Sur un mode mineur et charmant les thèmes de la forêt épreuve et refuge se retrouvent dans *Aucassin et Nicolette*. Nicolette s'enfuit dans la forêt, forêt immense et effrayante : « S'étendant sur plus de trente lieues en longueur et en largeur, elle abritait des bêtes sauvages et tout un peuple de serpents : Nicolette eut peur d'être dévorée si elle y pénétrait. » Forêt où elle se réfugie malgré sa frayeur et où elle se construit elle-même une « belle hutte ». Aucassin court à sa recherche, malgré les ronces et les épines, rencontre lui aussi une sorte d'homme sauvage, un jeune vilain affreux qui n'est pas un dompteur d'animaux sauvages, mais qui est simplement à la recherche d'un bœuf fugitif. Enfin ils sortent « du bois profond », trouvent la mer, puis retrouvent le monde des villes, des hommes et de la civilisation.

Chez les troubadours, le thème de la fuite des amants dans la forêt devient une vision idyllique, une fuite volontaire dans l'utopie sylvestre du désert de l'amour. Ainsi Bernard Marti : « Je veux me faire ermite en bois, pourvu que ma dame s'en vienne avec moi. Là nous aurons couverture de feuilles. Ici je veux vivre et mourir : j'abandonne et délaisse tout autre souci[36]. »

Il reste à savoir à quoi s'oppose dans le système de valeurs des hommes de l'Occident médiéval cette forêt-désert. Au « monde », c'est-à-dire à la société organisée, par exemple dans le roman courtois à la cour, à la cour d'Arthur. Opposition plus complexe qu'il ne semble au premier abord car le roi,

---

34. Ce qu'a bien vu Paule Le Rider dans son beau livre *Le Chevalier dans le Conte du Graal de Chrétien de Troyes*, Paris, 1978, pp. 160-164.
35. Il l'est d'autant plus que c'est la dernière scène où le héros apparaît dans l'œuvre inachevée par Chrétien. Mais quelle qu'eût été la conclusion du roman, l'épisode serait sans aucun doute demeuré essentiel.
36. *En boscermita m.vol faire,*
   Per zo qe ma domna ab me.s n'an
   Lai de fueill' aurem cobertor.
   Aqi vol viurë e murir
   Tot autre afar guerpis e lais.
Bernard Marti, éd. E. Hoepffner, Paris, 1929, pièce IX, v. 38 *sqq*. Cité par J.-Ch. Payen, *L'Espace et le temps de la chanson courtoise occitane*, p. 155.

comme on a vu, est aussi un homme de la forêt qui va, de temps en temps, par la chasse ou le commerce des ermites, y puiser de la sacralité et de la légitimité. Dans la littérature, expression privilégiée, avec l'art du symbolisme d'une société, on voit surtout l'opposition forêt-château. Mais le château, dans ces œuvres, c'est aussi la ville.

Ce fut le cas dès le début, malgré le prestige persistant de la ville et l'alternance ville-désert que j'ai évoqués. Dans le *commonitorium* que Vincent rédige à Lérins en 434 il oppose la vie solitaire des moines de l'île à l'affluence et aux foules urbaines *(urbium frequentiam turbasque vitantes)*.

Dans l'Occident médiéval en effet la grande opposition n'est pas celle entre ville et campagne comme dans l'Antiquité *(urbs-rus,* chez les Romains, avec les développements sémantiques *urbanité-rusticité)* mais «le dualisme fondamental culture-nature s'exprime davantage à travers l'opposition entre ce qui est bâti, cultivé et habité (ville-château-village ensemble) et ce qui est proprement sauvage (mer, forêt, équivalents occidentaux du désert oriental), univers des hommes en groupes et univers de la solitude[37]».

Dans sa *Somme,* écrite dans le deuxième quart du XIIIe siècle, le théologien scolastique Guillaume d'Auvergne, évêque de Paris, parlant de la cité idéale déclare qu'en face d'elle «le reste de l'humanité est comme une forêt sauvage *(quasi silva)* et tous les autres hommes comme du bois sauvage *(quasi ligna silvatica)*[38]».

L'idéal «désertique» persistera jusqu'à la fin du Moyen Âge et connaîtra même un renouveau dans la seconde moitié du XIVe et au XVe siècle. Les ermites sont à la mode dans la peinture, comme en témoigne entre autres la célèbre *Thébaïde* du Florentin Gherardo Starnina (1354-entre 1409 et 1413)[39].

Le mouvement franciscain de l'Observance essaie au XVe siècle de renverser l'élan qui a porté au XIIIe siècle les Ordres mendiants vers les villes et fonde des couvents «au désert», dans les forêts et dans les îles[40].

---

37. J. Le Goff, «Guerriers et bourgeois conquérants: l'image de la ville dans la littérature française du XIIe siècle», voir *infra,* pp. 635-666.
38. Voir *infra,* «Une métaphore urbaine de Guillaume d'Auvergne», pp. 667-671. Sur l'opposition entre hommes de la ville et hommes des bois en Italie, pays de sur-urbanisation mais aussi de grande vogue érémitique au Moyen Âge, voir W. M. Bowsky, «Cives Silvestres: Sylvan Citizenship and the Sienese Commune (1287-1355)», in *Bulletino senese di storia Patria,* 1965.
39. F. Antal *(Florentine Painting and its Social Background,* Londres, 1948) lui attribue une signification idéologique et politique antibourgeoise.
40. H. Martin, «L'implantation des franciscains bretons en milieu marin», in *Annales de Bretagne et des Pays de l'Ouest,* 1980, pp. 641-677. Sur la logique qui conduit François d'Assise et les premiers franciscains de l'érémitisme à la ville, voir J. Paul, «L'érémitisme et la survivance de la spiritualité du désert chez les franciscains», in *Les Mystiques du désert...,op. cit.,* pp. 133-146.

C'est encore le désert qu'iront chercher au XVIIe siècle les jansénistes à Port-Royal dans les solitudes boisées de la vallée de Chevreuse où cinq siècles auparavant Suger avait trouvé les poutres pour la basilique de Saint-Denis. Aux XVIIe et XVIIIe siècles ce sont les persécutions de l'Église catholique et du roi qui contraindront les protestants à se réunir au *Désert*, dans les ravins solitaires des Cévennes. Les écologistes d'aujourd'hui retrouvent dans les montagnes l'idéologie du désert.

LA PERCEPTION DE L'ESPACE DE LA CHRÉTIENTÉ PAR LA CURIE ROMAINE ET L'ORGANISATION D'UN CONCILE ŒCUMÉNIQUE EN 1274

*U*n élément essentiel du pouvoir des administrations est la maîtrise des distances à l'intérieur des aires géographiques sur lesquelles elles s'exercent. Cette maîtrise est celle d'itinéraires, c'est-à-dire de l'organisation de déplacements d'hommes et d'informations dans l'espace et le temps. Cette maîtrise est double. Elle est matérielle, comportant un système de courriers, de relais, des réseaux de nouvelles, etc. Mais elle est aussi intellectuelle, se manifestant notamment par une capacité efficace de prévision.

La curie romaine, au XIIIe siècle, est particulièrement intéressée par ce problème. Centre d'impulsion de toute la Chrétienté, obligée d'animer un double mouvement incessant d'accueil des responsables ecclésiastiques et d'envoi de chargés de missions et de mots d'ordre, contrainte d'enserrer dans son réseau des réseaux laïcs en voie de développement dans le cadre des administrations monarchiques, défiée par l'hérésie qui circule sur une large aire de la Chrétienté, la curie romaine a des raisons anciennes et nouvelles pour contrôler l'espace de la Chrétienté.

Le XIIIe siècle est d'ailleurs un siècle du calcul dans tous les domaines. Le vieux tabou biblique qui réservait à Dieu les recensements, comme le prouvait l'histoire de David dont l'initiative imprudente avait attiré sous forme d'épidémie dévastatrice les foudres de Yahvé, recule. Les marchands, dont une des activités principales est le change, accordent, dans le contexte d'une économie monétaire croissante, de plus en plus de place à la comptabilité. Dans le *Liber Abbaci* de 1202 le Pisan Leonardo Fibonacci introduit des chiffres dits arabes, d'invention hindoue, et cette innovation capitale, le zéro. Au plan spirituel des

---

Ce texte est la reprise, revue et corrigée, d'une communication au Colloque *1274, année charnière. Mutations et Continuités*, Lyon-Paris, 30 septembre-5 octobre 1974, à laquelle on voudra bien se reporter, Éditions du C.N.R.S., Paris, 1977, pp. 481-489. Rééd. *Beihefte der Francia*, publiés par l'Institut historique allemand de Paris, t. IX : *Histoire comparée de l'administration (IVe-XVIIIe siècle)*, Artemis Verlag, Munich, 1980, pp. 11-16.

croyances nouvelles, comme celles qui tournent autour d'un au-delà intermédiaire entre le Paradis et l'Enfer, le Purgatoire, poussent à une arithmétisation de la vie spirituelle, au calcul des indulgences, et la pratique généralisée de la confession instituée par le IVe concile du Latran (1215) vulgarise une comptabilité des pénitences. Les administrations royales et princières ébauchent des budgets. La cour de l'Échiquier en Angleterre, la Renenghe en Flandre introduisent la comptabilité dans l'administration domaniale dès le XIIe siècle. Le «Gros Bref» de Flandre de 1187 est le plus ancien qui nous soit connu de ces comptes. Dans la France de Philippe Auguste un compte des recettes des bailliages et des prévôtés royales existe au moins dès 1190. Ferdinand Lot et Robert Fawtier ont baptisé les comptes subsistants pour 1202-1203 de «premier budget de la monarchie française» et John W. Baldwin s'apprête à montrer cet effort comptable du règne de Philippe Auguste.

Pour l'Église médiévale il n'y a pas de moment où les problèmes de la maîtrise du temps et de l'espace se posent avec plus d'acuité que lors de la préparation d'un concile œcuménique. Certes, depuis la reprise de ces réunions générales avec le Ier concile du Latran en 1123, ces événements ont toujours fait l'objet de soins et de préoccupations particuliers. Mais nous ne possédons guère de renseignements avant Latran IV (1215). Encore faut-il noter qu'Innocent III avait chargé des légats d'aller organiser dans la Chrétienté la participation à ce concile et probablement diffuser les mots d'ordre de la curie. L'envoi de ces légats n'était pas seulement l'affirmation de la centralisation de l'Église et de la prépondérance du Saint-Siège, il était en quelque sorte la négation de la distance, d'un espace de la Chrétienté effacé par l'omniprésence pontificale.

La situation est bien différente pour la préparation de Lyon II (1274). La relative abondance de documents dont nous disposons (bien qu'il y ait de graves lacunes et que certaines questions restent sans réponse) n'est pas l'effet du hasard. Elle reflète une évolution décisive des structures administratives et psychologiques de la curie, une conscience plus claire de l'espace de la Chrétienté, une maîtrise croissante de cet espace par une meilleure appréciation des distances, une meilleure prévision des délais d'acheminement.

I. LES CHOIX PRÉALABLES

Le premier, qui n'existait pas au moment où Grégoire X décide la tenue du concile mais qui se révèle au fur et à mesure de sa préparation, est celui d'une conception européenne de l'espace de la Chrétienté.

L'ESPACE ET LE TEMPS

Grégoire X veut faire de l'aide à la Terre sainte le but suprême du concile mais tout dans la préparation de celui-ci montre que la frontière de la Chrétienté n'est plus sur le Jourdain mais en Europe orientale. L'auteur d'un des trois dossiers préparatoires qui nous soient parvenus, Bruno, évêque d'Olomouc, particulièrement intéressé, il est vrai, à la défense de cette frontière, le dit bien clairement. La vraie menace, selon lui, est sur les frontières orientales du royaume d'Allemagne: en Hongrie où sont les Cumans, restés au fond d'eux-mêmes païens, en Ruthénie dont les habitants sont schismatiques et soumis aux Tatars, les Lituaniens et les Prussiens toujours païens. C'est par ces terres que sont venus les Tatars et qu'ils reviendront. Négliger ces proches dangers pour reconquérir la Terre sainte, c'est tomber de Charybde en Scylla, Bruno le dit clairement au pape: *Nisi ergo vestra paterna providentia cavere voluerit periculis iam vicinis, sic studens in acquisitione Terre Sancte, quod non relinquat in periculo terras istas, volentes vitare kuribdim in cillam utique incidemus.*
Quant à l'union des Églises, un des grands objectifs de la curie, un des préalables à la croisade, et donc un des points essentiels du concile, elle est préparée dans des conditions qui nient la spécificité d'une Chrétienté grecque. Aussi bien l'action des légats pontificaux qui négocient en Orient que la façon dont les Grecs sont conviés à Lyon manifestent en sens inverse mais complémentaire que la Chrétienté grecque est aspirée à l'intérieur de l'espace latin.

Le second c'est le choix d'une autre ville que Rome pour siège du concile, ce qui entraîne le déplacement du pape et de la curie. Ce n'est certes pas le premier voyage d'un pape au Moyen Âge et il y a eu, mais dans des conditions exceptionnelles de nécessité, pour échapper à la menace de Frédéric II, le premier concile de Lyon en 1245. Le choix est, en 1272, délibéré, sans menace extérieure. La tenue du concile ailleurs qu'à Rome, à supposer qu'elle n'ait pas eu de motivations spatio-temporelles, entraîne une double perception et organisation de l'espace/temps pour la curie: entre Rome et les différents points de la Chrétienté, entre la ville choisie et le reste de la Chrétienté, Rome compris.

Enfin le choix de Lyon est significatif. Il y a certes des raisons politiques (Lyon est une ville impériale, unie par des liens lâches à l'Empire et située aux portes de la France dont la curie espère une influence, sinon des interventions favorables à ses desseins), matérielles et spirituelles (Lyon, ville riche en couvents et en bâtiments ecclésiastiques, peut recevoir un nombre important de gens d'Église, le couvent des Prêcheurs est un centre intellectuel et spirituel de premier ordre dont la principale figure, Pierre de Tarentaise, est élevée, à la veille du concile, au siège archiépiscopal de Lyon et au cardinalat par Grégoire X). Mais le choix semble surtout lié à la mesure de l'espace/temps : Lyon, c'est en somme le centre géographique de la Chrétienté européenne. Ce centre doit s'imposer aux princes et aux prélats dont Grégoire X souhaite vivement la présence comme il le dit dans ses lettres du 13 avril 1273 :... *ut Principum et Praelatorum eorumdem facilius habere possimus praesentiam... civitatem Lugdunensem, quo inibi concilium cum maiori commoditate conveniat, de ipsorum fratrum consilio duximus eligendam.* Et encore *quod ejusdem Terrae subsidium praecipue de Principum et Praelatorum pendet auxilio, quos ultra montes credimus posse commodius...*

II. LA PRÉPARATION DU CONCILE DANS L'ESPACE/TEMPS : LES DOSSIERS ET LES HOMMES

Une double préoccupation anime le pape et les administrateurs de la curie : assurer le va-et-vient des informations et la venue des participants.

Le pape en effet interroge tous les prélats sur le programme qu'il a fixé au concile (reconquête de la Terre sainte et ses deux préalables : l'union des Latins et des Grecs, la réforme de l'Église et de la Chrétienté) et fixe la date du concile de façon que les réponses à son programme-questionnaire puissent parvenir à la curie à temps pour être étudiées avant le concile. Il s'agit d'autre part de permettre aux hauts responsables ecclésiastiques de pourvoir à leur remplacement à la tête des diocèses, des ordres ou des couvents pendant leur absence et de régler avant de se mettre en route le maximum d'affaires pendantes. Souvent le temps d'un va-et-vient, c'est-à-dire d'un dialogue, s'imposera à la curie. On remarquera que pour les Italiens se pose en premier lieu le franchissement en sens inverse de celui imposé à tous ceux qui se rendent *ad limina* du principal et pourtant perméable obstacle géographique de la Chrétienté : les Alpes.

Le délai global : deux ans. Du 31 mars 1272, date de lancement des convocations par le pape, au 1er mars 1274, date prévue pour l'ouverture du concile et au 7 mai 1274, date de son ouverture effective, il y a deux ans. Notons qu'Innocent IV avait convoqué le 27 décembre 1244 pour le 24 juin 1245 le premier concile de Lyon : ce délai de six mois, le quart de ce qu'a prévu Grégoire X pour Lyon II, est dû à l'urgence de la situation de 1244 en même temps qu'à une autre formule conciliaire : à Lyon I le pape impose ses décisions, à Lyon II il sollicite le dialogue.

À l'intérieur de ce délai global de deux ans les initiatives pontificales se développent en trois phases :
1. Première phase : Le temps d'acheminement des convocations lancées le 31 mars 1272 et l'assimilation des convocations pontificales par leurs destinataires. Ce temps est d'environ un an. D'une particulière importance est l'invitation lancée à l'empereur Michel Paléologue six mois après les convocations aux Latins, le 24 octobre 1272. C'est l'ouverture sur le monde chrétien grec, le premier pas vers la réunion des Églises.
2. Deuxième phase : C'est le temps de rédaction et d'acheminement des rapports réclamés le 11 mars 1273 pour être remis à la curie six mois avant le concile. C'est donc un délai de six mois qui est prévu pour la constitution des dossiers et un même délai de six mois pour l'exploitation des dossiers par la curie[1].
3. Troisième phase : le voyage. C'est le 13 avril 1273 que Lyon est désignée comme lieu du concile et que les préparatifs peuvent commencer en fonction de ce choix.
Le pape insiste explicitement pour que les membres du concile se mettent en route à temps. Il veut ainsi rendre toute la Chrétienté consciente de l'importance de la prévision des itinéraires, lui inculquer une mentalité calculatrice par rapport à l'espace/temps.
Lui-même donne l'exemple et prévoit son arrivée à Lyon en environ six mois – unité d'espace/temps dont on voit ici l'importance – ce qui le fait arriver six mois avant l'ouverture du concile pour présider sur place à la dernière phase de préparation. C'est en effet le 5 juin 1273 que Grégoire X quitte Orvieto, sa résidence d'alors, pour Lyon qu'il atteindra le 9 ou le 10 novembre 1273. Grâce à André Callebaut nous sommes bien renseignés sur le voyage pontifical[2], le trajet Orvieto-Florence-Bologne-Milan (où le 8 octobre 1273 le pape fait son entrée officielle avec une pompe nouvelle qui a déconcerté les contemporains comme le relate un récit postérieur : *veniva egli in una carozza, cosa che in que tempi non era ancora usata fra noi*)-Morimond (gagné en une matinée en une étape de quarante kilomètres à cheval à bride abattue) -Novare-Chambéry, presque sûrement par le Mont-Cenis qu'Innocent IV avait franchi en 1244.
Face à ce long temps de préparation et de voyage il faut enfin noter la brièveté du temps de tenue du concile. Encore Lyon II est-il exceptionnellement

---

1. *Ut interim haberi possit competens discussio et plena deliberatio ad opportuna exquirenda, ut decet, antidota circa illa per approbationem eiusdem adhibenda* (lettre du 11 mars 1273 *apud* J. Guiraud, *Registres...*, I, p. 91, n. 220).
2. A. Callebaut, «Le voyage du Bienheureux Grégoire X et de saint Bonaventure au concile de Lyon et la date du sacre de saint Bonaventure», in *Archivum Franciscanum Historicum*, 18, 1925, pp. 169-180.

long, du 7 mai au 17 juillet, avec interruption, parce qu'on attendait les Grecs. Latran I, II, III et IV, Lyon I avaient chacun duré moins d'un mois. Enfin on connaît approximativement le nombre de personnes déplacées par ce mouvement de deux ans : il y avait mille vingt-quatre prélats le jour de l'inauguration et l'on peut chiffrer à deux mille le nombre total des participants. Le nombre de serviteurs, pèlerins, curieux attirés par le concile fut très supérieur. Selon des documents (J.-B. Martin n°s 1830-1856), il se serait élevé à cent soixante mille, ce qui semble très exagéré. Le nombre de cardinaux, archevêques, évêques et abbés mitrés morts pendant le concile aurait été de cent soixante-six. On sait que le plus illustre de ces défunts fut saint Bonaventure et que Thomas d'Aquin mourut sur la route du concile. La curie avait maîtrisé l'espace/temps mais non la mort à qui un concile offrait, parmi ces prélats âgés, beaucoup de proies.

CONCEPTION « RATIONNELLE » ET CONCEPTION « SYMBOLIQUE » DE L'ESPACE/TEMPS : VERS LA PAPAUTÉ D'AVIGNON

Lyon II me semble avoir manifesté la perception par la curie romaine de l'intérêt d'une capitale de la Chrétienté moins excentrique que Rome, en cette époque où se rationalise le calcul de l'espace/temps. Le sillon rhodanien s'offre à ses yeux. Aussi Lyon II, rassemblement éclatant et éphémère, fut-il sans doute la première manifestation d'une tendance qui, une trentaine d'années plus tard, allait conduire la papauté à s'installer à Avignon, moins, me semble-t-il, pour des raisons fortuites qu'à cause de cette recherche profonde d'un nouveau centre de gravité de la Chrétienté – centre « rationnel », c'est-à-dire géographique, qui allait se manifester aussi, avec cette papauté avignonnaise dévoreuse d'impôts, comme le « centre fiscal » de la Chrétienté.
Mais les papes calculateurs avaient oublié que l'espace/temps n'est pas seulement un phénomène « rationnel » mais aussi un phénomène « symbolique ». Avignon était bien située selon les calculs d'itinéraires mais Rome restait le centre « symbolique » de la Chrétienté. Son excentricité géographique à la longue ne devait pas plus jouer contre elle que contre les deux plus grands pèlerinages de la Chrétienté (avec Rome) : Jérusalem et Saint-Jacques-de-Compostelle. La papauté, vaincue par le pouvoir symbolique, dut retourner à Rome.

L'ESPACE ET LE TEMPS

Ainsi Lyon II préfigure-t-il à la fois le succès et l'échec d'Avignon – le temps court d'une conception «rationnelle» de l'espace/temps dans la Chrétienté médiévale.

SOURCES PRINCIPALES

documents pontificaux

GUIRAUD J. et CADIER L., *Les Registres de Grégoire X (1272-1276)*, Rome, 1892.
MANSI, *Sacrorum Conciliorum nova et amplissima Collectio XXIV*, 39 *sqq.*, Venise, 1780.
MARTIN J.-B., *Conciles et bullaires du diocèse de Lyon*, Lyon, 1905.

documents préconciliaires

HUMBERT DE ROMANS, *Opus tripartitum*. Réd. longue E. Brown éd., *Appendix ad fasciculum rerum expetendarum II*, Londres, 1690, 185-222. Réd. brève, voir K. Michel, *Das opus tripartitum des Humbertus de Romanis*, 2ᵉ éd., Graz, 1926.
BRUNO DE SCHAUENBERG, évêque d'Olomouc, in *MGH*, Leges, IV, 3, 589-594.

documents conciliaires

Brevis nota eorum quae in secundo concilio lugdunensi generali gesta sunt, A. Franchi éd., *Il concilio II di Lione (1274) secondo la Ordinatio Concilii generalis Lugdunensis*, Rome, 1965.
KUTTNER St., *Conciliar Law in the Making: The Lyonese Constitutions (1274) of Gregory X in a manuscript at Washington*.

études

GATTO L., *Il pontificato di Gregorio X (1271-1276)*, Rome, 1959.

LE TEMPS DU PURGATOIRE
IIIe-XIIIe SIÈCLE

Le Purgatoire s'est constitué comme espace et comme temps entre le IIIe et la fin du XIIe siècle. Il est le développement de la croyance chrétienne – apparue très tôt – en la possibilité du rachat de certains péchés dans certaines conditions après la mort. Cette croyance est attestée par la liturgie et l'épigraphie des inscriptions funéraires – encore que ces inscriptions aient été souvent abusivement sollicitées. Cette croyance apparaît donc d'abord dans des pratiques : les prières pour les morts et l'ensemble d'actes en faveur du salut des défunts qu'on appela bientôt les *suffrages*. Ce n'est qu'après coup que les théologiens lui cherchèrent des fondements scripturaires. Le dossier biblique du Purgatoire (selon des interprétations que n'ont pas acceptées la plupart des hérétiques du Moyen Âge et les protestants) comprend quatre textes : *1.* dans l'Ancien Testament le récit du sacrifice ordonné par Judas Maccabée pour le rachat des péchés de soldats tombés dans une bataille (II Maccabées, XII, 41-46) ; *2.* dans le Nouveau Testament, *a.* le texte de Matthieu évoquant la remise de péchés dans l'autre monde (Matthieu, XII, 31-32), *b.* le passage de la première Épître de Paul aux Corinthiens décrivant la purification après la mort de certaines catégories de pécheurs *quasi per ignem* (I Corinthiens, III, 11-15), le texte qui fera l'objet du plus grand nombre de commentaires au Moyen Âge, *c.* l'histoire du pauvre Lazare et du mauvais riche (Luc, XVI, 19-31), qui ne parle pas du Purgatoire proprement dit mais qui a une triple importance de ce point de vue : il y est question du sein d'Abraham que le Purgatoire remplacera en partie et en tout cas fera disparaître, l'au-delà y est localisé et les lieux de l'au-delà reçoivent des défunts dès la mort sans attendre le Jugement dernier, la présence individuelle dans l'au-delà est affirmée à

Première publication in *Le Temps chrétien de la fin de l'Antiquité au Moyen Âge, IIIe-XIIIe siècle*, Éditions du C.N.R.S., 1984, pp. 517-530.

travers un récit anecdotique, une parabole qui préfigure les *exempla* à travers lesquels se vulgarisera au Moyen Âge la croyance au Purgatoire. Au niveau théologique l'idée d'un temps et d'un lieu intermédiaires de l'au-delà apparaît avec le *refrigerium interim* de Tertullien tandis que les idées de Clément d'Alexandrie et d'Origène dont le développement aurait pu conduire à l'idée d'un Purgatoire n'ont pas de postérité dans le christianisme grec. De façon générale, les chrétiens des siècles de l'Antiquité tardive et des premiers siècles du Moyen Âge ne manifestent que peu d'intérêt pour le temps intermédiaire entre la mort et la résurrection, le jugement individuel et le Jugement dernier général. Leurs préoccupations sont accaparées par le temps eschatologique, avec ou sans tendances millénaristes, celles-ci étant généralement considérées comme plus ou moins hérétiques par l'Église. Si, comme toujours, les réflexions sur le temps et l'espace sont étroitement liées aussi en ce qui concerne l'au-delà intermédiaire, elles concernent surtout le problème des «*receptacula animarum*»[1], des logements des âmes entre la mort et la résurrection, réflexions alimentées par le succès de la littérature apocalyptique judéo-chrétienne.

Pourtant saint Augustin et Grégoire le Grand, les vrais pères du Purgatoire, avaient posé les fondements théoriques du futur lieu de l'au-delà, le premier surtout du point de vue théologique – y compris en ce qui concerne le temps, objet de cette étude –, le second avant tout du point de vue de l'imaginaire, à travers des apparitions et des visions qui serviront à former les cadres de l'imagination du Purgatoire, à cette importante réserve près que Grégoire situe sur terre et non dans un lieu spécial de l'au-delà la purgation des péchés effaçables après la mort. C'est surtout Bède et la tradition celtique des visions de l'autre monde qui ouvrent la voie aux représentations du Purgatoire tandis que la théologie ne dépasse pas l'idée d'un feu mal situé dans l'espace et le temps.

La définition d'un lieu purgatoire et d'un temps de la purgation connaît une accélération dans la seconde moitié du XIIe siècle. Tandis que la vision du *Purgatorium Sancti Patricii* assure le succès du nouveau lieu, la théologie parisienne le nomme et le définit entre 1170 et 1180 au sein d'échanges entre l'école de Notre-Dame et les cisterciens des abbayes de la France de l'Est et du Nord. Pierre le Chantre et Simon de Tournai sont les premiers théologiens du Purgatoire. Au XIIIe siècle le Purgatoire s'installe dans le christianisme: au niveau dogmatique avec la lettre d'Innocent IV au légat Eudes de Châteauroux (1254), les déclarations du IIe concile de Lyon (1274) dans le cadre de l'union des Églises latine et grecque, au niveau théologique

---

1. Le Père P.-M. Gy a bien voulu me communiquer le dossier de sa communication sur les réceptacles des âmes.

avec l'intégration du Purgatoire dans tous les grands systèmes théologiques, de Guillaume d'Auvergne et d'Alexandre de Halès à saint Bonaventure, saint Albert le Grand et saint Thomas d'Aquin, au niveau de la masse des fidèles à travers la prédication et les anecdotes des *exempla*[2].

Au cours de cette genèse du Purgatoire a été défini un temps du Purgatoire qui occupe une place originale à l'intérieur des caractères de longue durée du temps chrétien et de ses transformations au sein de la grande mutation de l'Occident entre environ 1150 et environ 1250.

I. LES TEMPS POSSIBLES DU PURGATOIRE ET LE CHOIX DU CHRISTIANISME MÉDIÉVAL

À partir du moment où le christianisme estimait possible que certains péchés par leur nature (les péchés que le XIIe siècle définit comme *véniels* et que les siècles précédents avaient appelés *légers* ou *menus – levia, minuta*) ou par les conditions de la mort du pécheur (péchés qui avaient fait l'objet d'une contrition ou, à plus forte raison, de confession, sans que satisfaction – pénitence – ait été accomplie) pouvaient être expiés par une purgation après la mort, le temps de cette purgation pouvait être défini de différentes façons.

1. Il pouvait commencer sur cette terre et la vie terrestre pouvait être considérée comme le début sinon l'essentiel de l'existence humaine. Cette pénitentialisation – sinon cette infernalisation (car dans cette conception pessimiste et rigoriste la purgation avait tendance à être considérée comme une expiation par des châtiments) de la vie humaine ici-bas donna même naissance à la conception d'un *purgatorium prasens*, comme l'expose par exemple dans son traité à l'usage des prédicateurs au milieu du XIIIe siècle le dominicain Étienne de Bourbon influencé par saint Augustin. Celui-ci, dont la pensée fut pourtant décisive pour la fixation du temps du Purgatoire entre la mort et la résurrection, hésita longtemps à ce sujet. Les théologiens du XIIe siècle, dans la ligne de leur réflexion sur ce péché mettant au premier plan l'intention du pécheur et des nouvelles définitions théoriques et pratiques de la confession et de la pénitence au sein du septénaire sacramental défini notamment par Hugues de Saint-Victor dans son *De sacramentis*, avaient tendance à faire du Purgatoire une

---

2. Je me permets de renvoyer à mon livre *La Naissance du Purgatoire*, *infra*, pp. 771-1231, où l'on trouvera références et bibliographie.

pénitence continuée et Guillaume d'Auvergne, au début du XIIIe siècle, donnera sa forme la plus élaborée à cette conception. Mais Thomas d'Aquin exprimera de la façon la plus nette la rupture des grands scolastiques du XIIIe siècle avec cette idée en coupant le cordon ombilical entre le temps terrestre et le temps du Purgatoire. Il ne peut plus y avoir de *mérite* après la mort, donc plus de *pénitence*, il ne peut plus y avoir pour purger les péchés que des *peines*. Le temps du Purgatoire n'est pas un temps *pénitentiel* mais un temps *pénal*.

2. Le temps du Purgatoire pouvait se situer à l'intérieur du temps du Jugement dernier. En effet, un certain nombre de théologiens considéraient que le *jour* du Jugement aurait une certaine épaisseur temporelle, que les opérations qui le constitueraient dureraient un certain temps. Il y aurait notamment, selon une exégèse spécifique de la première Épître de Paul aux Corinthiens, passage, plus ou moins long selon leurs mérites, des pécheurs insuffisamment purgés dans le feu qui sévirait alors. Alcuin, par exemple, dans le *De fide Sanctae Trinitatis*, avait identifié l'*ignis purgatorius* à l'*ignis diei judici*. Dans cette conception le temps du Purgatoire n'était qu'un aspect du temps du Jugement dernier.

3. Le temps du Purgatoire se situait bien entre la mort et le jugement individuel d'une part, la résurrection et le jugement général de l'autre, mais tout défunt bénéficiant de cette possibilité posthume de rachat devrait se purger de son reliquat de péchés pendant tout le temps qui s'écoulerait de sa mort au Jugement dernier. Bien délimité entre le temps terrestre individuel et l'éternité (dans le cas des pensionnaires du Purgatoire, éternité de félicité où s'aboliraient le temps du Purgatoire aussi bien que le temps terrestre), le temps du Purgatoire devait remplir tout cet intervalle et s'identifier au *temps de la première mort*, dans la ligne du temps juif du *shéol*.

4. Le christianisme latin retint une quatrième solution: le temps du Purgatoire pouvait pour chacun des habitants de cet au-delà intermédiaire durer plus ou moins longtemps, selon la gravité des fautes restant à expier et selon le zèle des vivants à aller par leurs suffrages au secours du condamné à la purgation. Ainsi se définissait, comme pour la vie terrestre, un temps à deux niveaux. Au niveau collectif, un temps allant jusqu'à la fin du monde, au niveau individuel, un temps allant de la mort à l'achèvement de la purgation comme le temps terrestre allait de la naissance à la mort corporelle. Temps sécable, manipulable, inégal. Sa définition supposait un certain état de la société et de la culture, sa pratique eut pour la société et la culture d'importantes conséquences.

L'ESPACE ET LE TEMPS

II. LE TEMPS DU PURGATOIRE ET LES PROBLÈMES GÉNÉRAUX DU TEMPS CHRÉTIEN

La naissance définitive du Purgatoire pendant la période environ 1170-environ 1220 se produit à l'intérieur d'une mutation profonde des cadres mentaux et intellectuels de la Chrétienté. La révolution la plus importante est probablement celle, difficile à documenter avec précision mais qu'on peut mettre en évidence à partir d'un certain nombre d'indices convergents (progrès dans la recherche du bien-être matériel, progression de la part des biens meubles, biens de consommation et de jouissance, dans les fortunes, émergence de la littérature profane, renaissance de la littérature antique et des thèmes du *«carpe diem»*, développement d'un sens esthétique indépendant du bon et du grand, apparition du thème de l'«insouciance», développement du concept – et de pratiques – de propriété, glissement de l'opposition *potens-pauper*, «haut homme»-«vilain» vers l'opposition riche-pauvre, gros-menu, prééminence de l'*avaritia* sur la *superbia*, etc., en gros progrès des valeurs «féodo-bourgeoises» selon l'expression de José Luis Romero), c'est l'intérêt croissant des chrétiens pour les biens terrestres, la conversion du ciel vers la terre. Non que les bouffées millénaristes aient disparu, que l'obsession du salut se soit évanouie mais, pour la plus grande partie de la société, dans toutes ses couches, la recherche du bonheur d'abord ici-bas, le renoncement à l'opposition absolue entre les satisfactions terrestres et la vie éternelle, la valorisation du siècle – bref le recul de ce «mépris du monde» justement mis en valeur par Robert Bultot[3], toutes ces tendances se combinent avec le sentiment que l'imminence du Jugement dernier s'est éloignée. Cette installation sur terre qui se traduit par le grand mouvement d'institutionnalisation du XIIIe siècle, bien différent de celui de l'époque carolingienne – cité des hommes et non plus cité de Dieu sur la terre –, a pour complément le sentiment de la durée et de l'importance du temps qui doit séparer les hommes du Jugement dernier. On ne peut plus négliger la durée qui s'étend de la mort individuelle à la résurrection. Le temps du Purgatoire a toutes les chances d'être un temps long à la mesure des hommes. Cette nouvelle importance du temps antérieur à la venue du Paraclet va de pair avec d'autres évolutions intellectuelles et mentales: une nouvelle attention au *nombre* lié au développement de l'*arithmétique* et du

---

3. R. Bultot, *Christianisme et valeurs humaines: la doctrine du mépris du monde en Occident de saint Ambroise à Innocent III*, IV: *Le XIe siècle*, Paris, 1963-1964, 2 vol.

calcul[4], une meilleure prise de possession de la terre par les progrès de la *géographie* terrestre auxquels répond une révision de la géographie de l'au-delà (à la multiplicité des *receptacula animarum* avant le Jugement et, au dualisme des demeures éternelles : ciel et enfer, succède un système à cinq ou à trois demeures : limbe des enfants et limbe des pères, purgatoire, paradis céleste et enfer, ou, pour l'essentiel, Ciel, Enfer, Purgatoire, celui-ci devenant le troisième lieu de l'au-delà, lieu temporaire et non éternel), une effervescence dans les conceptions et la mesure du *temps* qui précède l'apparition du temps sécable en parties égales des horloges, un intérêt pour la notion d'*intermédiaire* que souligne, dans les schémas idéologiques de la société, le succès de la triade : «*minores, mediocres, maiores*». Ainsi se présente un temps de l'au-delà intermédiaire, mesurable, divisible, lié à un espace lui aussi temporaire, provisoire. Il s'agit, tout comme les tribunaux terrestres et les tribunaux de la pénitence s'efforcent de mieux adapter la durée des peines à l'importance des délits et des fautes, de manipuler avec justesse et justice ce temps de la purgation que, dès le milieu du XIe siècle – avant même l'existence d'un vrai Purgatoire –, Jotsuald et Pierre Damien avaient appelé dans la *Vita Odilonis* une condamnation, une damnation à temps, *damnatio ad tempus*.

Les conséquences à tirer de ce Purgatoire défini dans l'espace et le temps ne vont pas sans poser des problèmes au christianisme médiéval.

1. temps terrestre et temps eschatologique

Il s'agit de raccorder en dehors, en deçà du grand événement final du Jugement dernier le temps eschatologique et le temps du Purgatoire qui, comme le temps terrestre, «historique», est de plus en plus pénétré d'une durée faite de segments mesurables et manipulables en fonction de l'histoire du défunt et de la quantité des suffrages destinés à la secourir. Le christianisme avait tout de suite mis en rapport, sans tenir compte du hiatus intermédiaire, le temps de l'histoire et de la première mort avec l'éternité, vie ou mort éternelle. Il s'agit maintenant de faire déboucher à des moments différents de la survie dans le Purgatoire le temps linéaire du pécheur de part et d'autre de la frontière de la mort avec l'entrée en vie éternelle. Dante dans le *Purgatorio* souligne par un coup de tonnerre qui ébranle la montagne que gravissent Virgile, Dante et Stace cet «événement» de l'entrée individuelle d'une âme dans l'éternité bienheureuse, ce franchissement du mur du péché.

---

4. A. Murray, *Reason and Society in the Middle Ages*, Oxford, 1978.

2. temps du purgatoire et vision béatifique[5]

Un problème plutôt théorique avait depuis longtemps préoccupé les théologiens. Les justes qui sont appelés à la béatitude éternelle peuvent-ils dès le jugement individuel jouir de la vision béatifique et contempler Dieu avant le Jugement dernier? Dans la mesure où cette situation concernait clairement surtout les saints, elle ne soulevait pas dans la pratique de difficulté majeure, le cas des morts au sort indécis dont Dieu déciderait le jour du jugement général étant laissé plus ou moins dans l'ombre. Mais à partir du moment où on précise que les défunts qui ont fini avant la fin des temps leur purification au Purgatoire vont au Paradis céleste, le problème de la vision béatifique se pose au moins implicitement d'une façon plus aiguë. Pure coïncidence à l'intérieur de réflexions théologiques globales (les sommes) ou sentiment conscient du lien entre les deux problèmes, les grands scolastiques du XIIIe siècle qui intègrent le Purgatoire dans leur système mettent aussi au point la théorie de la vision béatifique[6]. Il est possible sinon probable que la considération du Purgatoire ait joué un rôle à l'arrière-plan du dernier conflit aigu à propos de la vision béatifique qui s'est produit sous le pontificat de Jean XXII, dans la première moitié du XIVe siècle[7]. D'une façon précise on voit dans les *exempla* du *Dialogus miraculorum* du cistercien Césaire de Heisterbach (*ca* 1220) que réflexion sur le Purgatoire et réflexion sur la vision béatifique se rencontrent concrètement : quand son interlocuteur demande à Césaire quel est le moins pénible des degrés de châtiment au Purgatoire, il répond que c'est lorsque le défunt ne subit pas d'autre châtiment que d'être privé de la vue de Dieu. La privation de la vision béatifique est le degré zéro du Purgatoire.

3. le temps autour de la mort

Si le Purgatoire contribue d'une part à mieux gommer la frontière entre la vie terrestre et la survie dans un au-delà qui est d'une certaine façon la continuation de cette vie, il a d'autre part pour conséquence de dramatiser la période de temps linéaire, «historique» qui précède et qui suit immédiatement la mort. Comme l'aiguillage entre le Ciel, l'Enfer et le Purgatoire, quoique préparé pendant toute la vie du pécheur, se présente essentielle-

---

5. Le Père P.-M. Gy a attiré mon attention sur cette délicate mais importante liaison.
6. H. Dondaine, «L'objet et le medium de la vision béatifique chez les théologiens du XIIIe siècle», in *Revue de théologie antique et médiévale*, 19, 1952, pp. 60-130.
7. M. Dykmans, *Les Sermons de Jean XXII sur la vision béatifique*, Rome, 1973.

ment au moment de mourir puisque l'obtention du Purgatoire est due à un commencement de pénitence ou, du moins, à la confession ou, au minimum, à une contrition sincère, le problème de l'attitude du pécheur au moment de la mort revêt une importance capitale et dramatique. De nombreux *exempla* du Purgatoire montrent la gravité du comportement des chrétiens *in articulo mortis*. Césaire de Heisterbach notamment met en scène des personnages mauvais qui semblent, par leur vie et leur mort, de sûrs gibiers d'enfer et dont la présence au Purgatoire révélée dans des apparitions surprend. Il donne l'explication : le défunt a – au moins intérieurement – exprimé sa contrition au dernier moment.

De même, sur l'autre versant de la mort, c'est dans les jours, les semaines, tout au plus les mois qui suivent son décès que le défunt reçoit de Dieu la permission de sortir du Purgatoire pour une brève apparition à ses proches dont il sollicite le secours. C'est pendant cette période que les suffrages sont les plus nécessaires et les plus efficaces. Dans sa *vita* écrite peu après sa mort (1246) par le dominicain Thomas de Cantimpré, Lutgarde, première « sainte » spécialisée dans l'aide aux âmes du Purgatoire, reproche à son ami Jacques de Vitry, qui n'a pourtant passé que quatre jours au Purgatoire, de n'avoir pas fait plus tôt appel à son intercession.

Ainsi ce que la mort perd d'un côté en caractère irréparable elle le retrouve d'un autre en mobilisant anxieusement autour de ce passage le mourant d'abord, son entourage ensuite. Le Purgatoire enrichit, complexifie, dramatise les rites du passage mortuaire.

4. proportionnalité entre temps de l'ici-bas et temps de l'au-delà

Pour la pratique des *suffrages* l'essentiel est donc que le séjour dans les tourments du Purgatoire peut être plus ou moins long et qu'il y a inégalité des âmes du Purgatoire quant au temps de la purgation. Cet aspect capital du Purgatoire est par exemple l'objet d'un *quodlibet* de Thomas d'Aquin à la Noël 1269 : *utrum aequali poena puniendi in purgatorio, unus citius possit liberari quam alius*. Ce libellé de la question exprime bien le problème de rapports quantitatifs existant dans le temps du Purgatoire. À peine égale, peut-il correspondre des durées inégales ? Ainsi se pose un problème de proportion. Or les traductions d'Euclide au XIIe siècle introduisent des concepts nouveaux – mathématiques – et les considérations sur la proportionnalité occupent une place importante dans les discussions scolaires.

Pour le Purgatoire l'essentiel se joue dans les rapports entre temps terrestre et temps de l'au-delà, temps de la vie et temps du Purgatoire. Les propor-

tions se rencontrent d'abord dans une perspective psychologique. Les torturés du Purgatoire ont le sentiment d'être depuis très longtemps au Purgatoire mais quand ils apparaissent à des vivants ceux-ci leur révèlent qu'ils ne sont là que depuis peu de temps. Ainsi s'inverse le rapport du temps folklorique du voyage dans l'au-delà où des vivants qui croient n'avoir été absents que quelques jours dans un monde paradisiaque ne retournent sur terre que pour y tomber en poussière car leur séjour dans l'autre monde a excédé le temps de leur vie humaine[8]. Certains vont jusqu'à proposer une proportionnalité arithmétique simple: un jour au Purgatoire vaudrait une année sur terre.
Le vertige arithmétique s'empare de la manipulation du Purgatoire. On cherche à mettre en rapport chiffré la quantité de péchés restant à expier et le temps à passer au Purgatoire. Surtout, comme le temps du Purgatoire dépend aussi des suffrages des vivants, on suppute des rapports entre masse et temps des suffrages, intensité et durée des peines au Purgatoire. Des *exempla* (chez Césaire de Heisterbach, chez Étienne de Bourbon entre autres) montrent des condamnés au Purgatoire faisant des apparitions qui manifestent de façon visuelle simple les progrès de leur libération proportionnelle: après tant de temps de suffrages, ils sont blancs au tiers ou à moitié du corps, il reste à ceux qui prient pour eux à continuer pendant autant ou deux fois plus de temps. Dans un cas exemplaire et particulièrement difficile, puisqu'il s'agit d'arracher au Purgatoire un usurier (naguère promis à l'Enfer), sa femme, sur la foi de ses apparitions, accomplit une dure pénitence en deux fois sept ans (Césaire de Heisterbach).
Les grands scolastiques sont méfiants à l'égard d'un traitement du temps du Purgatoire qui, d'une part, introduit – fût-ce à l'envers – des croyances folkloriques, considérées comme superstitieuses et/ou païennes et, de l'autre, dévalue la spiritualité de l'au-delà en une série de pratiques extérieures et vulgaires. Pourtant, c'est un des premiers grands maîtres en théologie de l'université de Paris, Alexandre de Halès, qui, à l'aide d'Euclide, propose une théorie – subtile et nuancée – sur la proportionnalité du temps du Purgatoire par rapport au temps terrestre. Un certain rapport – qui n'est pas de nature arithmétique – est ainsi établi entre deux temps qui, sans être absolument hétérogènes, sont cependant de nature différente. Il y a un rapport, sans qu'il y ait de commune mesure entre le temps terrestre et le temps de l'au-delà.
À la fin du Moyen Âge les indulgences vont s'appliquer aux morts – Boniface VIII a montré la voie de façon exceptionnelle, lors du Jubilé

---

8. J.-Cl. Schmitt, « Temps, folklore et politique au XIIe siècle. À propos de deux récits de Walter Map, *De nugis curialium*, I 9 et IV 13 », in *Le Temps chrétien de la fin de l'Antiquité au Moyen Âge*, Paris, C.N.R.S. (1981), 1984, pp. 489-515.

romain de 1300 – et l'infernale comptabilité dans laquelle s'engage la vie religieuse chrétienne au bas Moyen Âge fera se rejoindre l'arithmétique des indulgences et la comptabilité du temps du Purgatoire[9].

III. LE POUVOIR SUR LE TEMPS DU PURGATOIRE : L'ÉGLISE, LES COMMUNAUTÉS ET L'INDIVIDU

Le contrôle du temps et de sa mesure est un aspect important des conflits sociaux et idéologiques à l'intérieur des sociétés. Le temps du Purgatoire n'échappe pas à cette lutte pour le pouvoir sur le temps. Cette lutte connaît trois vainqueurs au XIIIe siècle : l'Église, les nouvelles communautés, l'individu.

1. l'Église et le temps du purgatoire

Le XIIIe siècle est un temps d'épreuves pour l'Église : la contestation hérétique, la relative autonomisation du pouvoir civil, l'éloignement croissant de la plus grande partie de la société pour le *contemptus mundi* font reculer son emprise sur la société. C'est aussi le cas pour son pouvoir sur le temps. Maîtresse du calendrier et des cloches, elle doit faire place à un temps religieusement neutre, lié à la vie des affaires, du travail des communautés urbaines laïques, le temps des marchands et des cloches des beffrois, en attendant qu'au XIVe siècle apparaisse un temps divisible en parties égales et mesuré par des instruments dont le contrôle lui échappe : les horloges[10]. On n'a pas noté que ce recul dans le pouvoir sur le temps terrestre est en partie compensé par l'acquisition d'un pouvoir sur le temps des hommes au-delà de leur mort, le temps du Purgatoire. D'abord parce que l'Église non seulement définit le système du Purgatoire mais aussi a la haute main sur une pièce essentielle du système : les suffrages nécessaires pour raccourcir ce temps. Les principaux suffrages sont, dans l'ordre croissant de valeur, les prières, les aumônes, les messes. Ses prières sont plus efficaces que celles des particuliers et notamment des laïcs, les aumônes sont largement contrôlées par ses soins. Les messes dépendent entièrement d'elle. Ensuite, les principaux moyens qu'ont

---

9. Voir J. Chiffoleau, *La Comptabilité de l'au-delà. Les hommes, la mort et la religion dans la région d'Avignon à la fin du Moyen Âge*, Rome, 1980.
10. Voir J. Le Goff, *La Naissance du Purgatoire*, chap. 8 : « La mise en ordre scolastique », *infra*, pp. 1057 *sqq.*

les vivants de s'assurer des suffrages susceptibles de les arracher au Purgatoire après leur mort sont l'inscription sur les livres d'une communauté de prières, l'affectation de certains dons mentionnés dans leurs testaments. Or l'Église est maîtresse des obituaires dont la structure change au XIIIe siècle de façon à accueillir la croyance au nouveau Purgatoire[11]. Quant aux testaments, si leur rédaction lui échappe en partie, elle en est l'exécutrice obligatoire – ou la bénéficiaire – pour les stipulations concernant le Purgatoire et elle s'efforce d'en influencer la teneur. Les frères des nouveaux Ordres mendiants qui ont bien compris les nouvelles formes de la dévotion et ses nouveaux instruments acquièrent la réputation d'habiles inspirateurs de clauses testamentaires. Le Purgatoire ne s'infiltrera d'ailleurs – plus ou moins rapidement selon les régions – dans les testaments qu'à partir du XIVe siècle.
Surtout l'Église justifie et fonde théoriquement son pouvoir sur le temps du Purgatoire. Les canonistes renforcent ici – tardivement, à l'extrême fin du XIIe siècle et au début du XIIIe siècle – l'action des théologiens. Le droit canon considérait traditionnellement que le chrétien relevait avant sa mort du for ecclésiastique mais qu'après la mort il dépendait exclusivement du for divin. Canonistes et théologiens, dans la première moitié du XIIIe siècle, décrètent que les âmes du Purgatoire relèvent du *for commun* de Dieu et de l'Église. Enfin – et un saint Bonaventure le dit explicitement –, le pape se voit reconnaître un droit personnel de décision concernant l'application des indulgences aux âmes du Purgatoire. Jusqu'au XVe siècle seul – et dans des circonstances exceptionnelles, comme on l'a vu – Boniface VIII usera de ce droit inouï.

2. les communautés naturelles et artificielles, la mémoire collective et le temps du purgatoire

Si théoriquement tout chrétien peut aider un défunt à sortir plus rapidement du Purgatoire et si, en définitive, c'est la communion des saints qui est le vrai fondement du Purgatoire (Thomas d'Aquin est, au XIIIe siècle, celui qui le dit avec le plus de bonheur), en fait, les suffrages sont et doivent être essentiellement le fait des proches du défunt. On retrouve ici deux structures fondamentales de la société médiévale: la parenté et la communauté.
Ceux qui sont d'abord concernés par les suffrages, ce sont les parents charnels et les époux. Il faut ici noter le rôle des veuves. Dans une des premières visions qui préfigurent ce que seront les apparitions d'habitants du Purgatoire, c'est à sa veuve qu'apparaît, au début du XIIe siècle, le père de

---

11. Voir *supra*, « Au Moyen Âge: temps de l'Église et temps du marchand », pp. 49-66.

Guibert de Nogent. C'est la veuve de l'usurier de Liège qui, chez Césaire de Heisterbach, abrège le temps exceptionnellement long de Purgatoire de ce grand pécheur par une pénitence par procuration, également d'une durée remarquable : quatorze ans de vie de recluse. Mais les grands spécialistes des suffrages ont été les communautés religieuses auxquelles les défunts étaient liés soit parce qu'ils appartenaient au même ordre, soit parce que leurs familles avaient des liens charnels et/ou spirituels avec ces communautés. Les *exempla* du Purgatoire illustrent cet aspect de solidarité *post mortem* dont on devine la place qu'elle a dans les ordres religieux, chez ceux notamment qui ont pris une part importante à la genèse ou à la diffusion de la nouvelle forme de la croyance. Césaire de Heisterbach en témoigne pour les cisterciens dans le *Dialogus miraculorum* et Gérard de Frachet pour les nouveaux frères prêcheurs dans les *Vitae Fratrum*.

Dante, toujours sensible à toutes les dimensions du Purgatoire, fait invoquer par les habitants de la montagne tantôt un proche, tantôt leur famille, tantôt leur ville.

Cet aspect communautaire du pouvoir sur le temps du Purgatoire n'est pas le simple prolongement du rôle des communautés religieuses dans les prières pour les défunts qu'avait porté à un point culminant Cluny à partir du xie siècle[12]. Il correspond à l'apparition de nouveaux types de communautés et de solidarités, religieuses et laïques, dont témoigne l'apparition ou le développement des communautés urbaines, des confréries, des nouveaux Ordres mendiants. Il répond aussi à un accroissement et à de nouvelles formes de la mémoire collective qui, dans l'aristocratie laïque, se marquent par la constitution de généalogies. On a bien souligné l'approfondissement dans le passé de cette solidarité verticale des lignages dans le temps[13]. Il faut y ajouter le temps du Purgatoire qui prolonge cette mémoire active au-delà de la mort des individus.

3. temps du purgatoire et individu

Le Purgatoire est une des premières expressions de l'importance accrue accordée dans les derniers siècles du Moyen Âge au jugement individuel. Le temps du Purgatoire que Dieu définit pour chacun au moment de sa mort est

---

[12]. Voir les études de J.-L. Lemaitre et notamment son Introduction au *Répertoire des documents nécrologiques français*, Paris, 1980, t. I (*Recueil des Historiens de la France. Obituaires*, VII, sous la direction de P. Marot), pp. 23-24.
[13]. Voir les travaux présentés par J. Wollasch, «Les Obituaires, témoins de la vie clunisienne», in *Cahiers de Civilisation médiévale*, 86, avril-juin 1979, pp. 139-171.

éminemment un temps individuel. Individuel il l'est puisque, comme la vie terrestre, il varie pour chacun. Il l'est aussi parce qu'il dépend en partie de la responsabilité de chacun. Si, après la mort, ce sont les suffrages des autres qui ont de l'influence sur sa durée, avant la mort, il a commencé à être prédéfini par les mérites ou les démérites, les vertus et les vices, les repentirs et les rechutes, les confessions et les négligences, les pénitences plus ou moins bien accomplies par le futur défunt. Et cela aussi est caractéristique d'une époque où les traits individuels se détachent des lieux communs, des modèles qui dans le haut Moyen Âge définissaient les personnages selon leur fonction, leur rang, leur sexe, leur âge, leur profession, leur ordre.

Ce n'est pas un hasard si le premier saint qu'on montre faisant un court passage par le Purgatoire est saint Bernard et si le premier roi de France justiciable du Purgatoire est Philippe Auguste. Un saint et un souverain contemporains sans doute – ou presque – de la naissance du Purgatoire, mais aussi deux personnages dont nous pensons pouvoir, à travers les *topoi* hagiographiques et monarchiques, apercevoir, pour la première fois peut-être pour chacun d'eux dans sa série, la personnalité individuelle.

Le temps du Purgatoire c'est un temps à la mesure de chacun, selon la responsabilité conjointe de la personne, de l'individu et des communautés auxquelles elle appartient[14]. Ainsi, l'accent porté sur la responsabilité individuelle au moment de la mort et sur la responsabilité collective après la mort face au temps du Purgatoire éclaire une mutation du sentiment de la mort dont on a fait de façon exagérée une caractéristique de la Renaissance. Si la Renaissance c'est l'individu, en ce qui concerne les attitudes face à la mort, elle commence au tournant du XIIe au XIIIe siècle. Si le Moyen Âge c'est la communauté, comme la responsabilité collective à l'égard des âmes du Purgatoire ne s'achève pas – au contraire – au moins dans la part catholique de la Chrétienté, avec ce qu'il est convenu d'appeler les Temps modernes, alors la Renaissance reste profondément médiévale. Pour le temps du Purgatoire comme pour l'ensemble de l'histoire occidentale, la Renaissance n'est qu'une période d'un long Moyen Âge.

---

14. Je me sépare ici de l'appréciation d'A. Gourevitch. Son remarquable essai – dont, en l'absence involontaire de l'auteur, j'ai lu un résumé au colloque – met exclusivement l'accent sur les liens entre Purgatoire et individu. Il a été publié par les *Annales E.S.C.* (1982, pp. 255-275) sous le titre «Conscience individuelle et image de l'au-delà au Moyen Âge».

LE TEMPS DE L'« EXEMPLUM »
XIIIe SIÈCLE

L'*exemplum*, venu de l'Antiquité gréco-romaine, est une anecdote de caractère historique présentée comme argument dans un discours de persuasion. Arme de l'orateur judiciaire ou politique dans l'Antiquité, elle est devenue un instrument d'édification pour le moraliste chrétien[1]. Mais des premiers siècles du christianisme au cœur du Moyen Âge, l'*exemplum* change de nature et de fonction. Il n'est plus centré sur l'imitation d'une personne (le Christ étant l'*exemple* par excellence) mais il consiste en un récit, une *histoire* à prendre *dans son ensemble* comme un *objet*, un *instrument d'enseignement et/ou d'édification*[2].
Cet *exemplum* est lié à un nouveau type de prédication qui s'instaure à la fin du XIIe siècle et au début de XIIIe siècle et qui est destiné à la nouvelle société issue de la grande mutation de l'Occident entre le XIe et le XIIIe siècle. Une société marquée par le phénomène urbain, la substitution du système des «états» à celui des «ordres», la contestation hérétique et laïque, le remodelage des cadres intellectuels et mentaux (espace, temps, rapports parole-écrit, nombre, etc.). On peut définir l'*exemplum* du XIIIe siècle qui est son âge d'or comme «un récit bref donné comme véridique (= historique) et destiné à être inséré dans un discours (en général un sermon) pour convaincre un auditoire par une leçon salutaire»[3].

Première publication in *Le Temps chrétien de la fin de l'Antiquité au Moyen Âge, IIIe-XIIIe siècle*, Éditions du C.N.R.S., 1984, pp. 553-556.

1. Voir la table ronde organisée en 1979 par l'École française de Rome, *Rhétorique et Histoire*. *L'exemplum et le modèle de comportement dans le discours antique et médiéval*, MEFRM, 1980-1981, t. XCII, pp. 7-179.
2. Voir Cl. Bremond, J. Le Goff, J.-Cl. Schmitt, *L'«Exemplum»*, in *Typologie des Sources du Moyen Âge occidental*, publiée par L. Génicot et R. Bultot, fasc. 40, Turnhout, Brepols, 1982.
3. Les définitions dues à des intellectuels surtout marqués par leur culture livresque et l'influence antique montrent mieux la continuité que la rupture. Les définitions antiques connues

L'*exemplum* se rattache à la vogue du *narratif* dans la littérature et en particulier du *narratif bref* où il s'apparente au lai, au fabliau, au conte. À cet égard il est un aspect de la promotion du temps du récit, du temps successif. Ce phénomène mériterait une étude approfondie du point de vue de la grammaire, de la linguistique, des mentalités, des pratiques sociales.

La conception du temps qu'implique l'*exemplum* s'éclaire dans le contexte des sermons dont l'argumentation s'articule sur trois sortes de preuves: les *auctoritates*, les *rationes*, les *exempla*. Le temps de l'*exemplum*, qui est celui du diachronisme narratif et, d'une certaine façon, celui de l'histoire terrestre, s'articule sur le temps à la fois rétrospectif et eschatologique des *auctoritates* et sur l'a-temporalité des *rationes*. Le temps de l'*exemplum* doit être saisi à l'intérieur du temps du sermon dans lequel il s'insère. Les *auctoritates*, essentiellement des citations scripturaires, offrent la multiplicité des temps des citations bibliques, renvoient au Livre, ancien mais toujours valable dans le présent et pour le futur, jusqu'à la fin des temps et pour le salut éternel. Le commentaire homilétique de ces autorités est au présent, le présent intemporel des vérités éternelles. Quant aux *rationes*, elles sont au présent didactique. Entre ce temps eschatologique de la Bible, actualisé et orienté par le commentaire, et le temps éternel des vérités rationnelles l'*exemplum* insinue un segment de temps narratif, historique, linéaire et sécable. On retrouve dans l'*exemplum* les trois temps de l'énonciation historique selon Émile Benveniste: aoriste (passé simple ou passé défini), imparfait, plus-que-parfait.

L'expression de la source d'où l'auteur ou l'utilisateur de l'*exemplum* l'a tiré marque bien son ancrage historique. Par exemple, sur trois cent douze *exempla* repérés dans les *sermones vulgares* ou *ad status* de Jacques de Vitry[4], cent soixante sont introduits par le mot *audivi* qui indique l'acquisition par ouï-dire, trente-quatre par les termes *memini, novi, vidi* qui indiquent aussi une acquisition récente tandis que *legimus* qui renvoie à un apprentissage livresque et *dicitur* qui ne se réfère pas à un temps précis

---

du Moyen Âge sont celles de Cicéron: «*Exemplum est quod rem auctoritate aut casu alicuius hominis aut negotii confirmat aut infirmat*» (*De inventione*, I, 49) et surtout celle de la *Rhetorica ad Herennium* (IV, 49, 62), alors attribuée à Cicéron: «*Exemplum est alicuius facti aut dicti praeteriti cum certi auctoris nomine propositio.*» Jean de Garlande, au début du XIIIe siècle, a ainsi défini l'*exemplum*: «*Exemplum est dictum vel factum alicuius autentice persone dignum imitatione*» (*Poetria... de arte prosaica, metrica et rithmica*, éd. G. Mari, in *Romanische Forschungen*, 1902, t. XIII, p. 888).

4. L'enquête du Groupe d'anthropologie historique de l'Occident médiéval de l'École des Hautes Études en Sciences sociales qui a servi de base pour cette étude a surtout porté sur le *Dialogus miraculorum* de Césaire de Heisterbach, les *sermones vulgares* ou *ad status* (inédits – sauf pour les *exempla* édités par Crane) de Jacques de Vitry, le *Tractatus de diversis materiis praedicabilibus* (inédit sauf les *exempla* édités par Lecoy de la Marche) d'Étienne de Bourbon, et l'*Alphabetum narrationum* d'Arnold De Liège (inédit).

n'apparaissent que soixante-treize et quarante-cinq fois. Il y a donc accent mis sur le passé proche, sur le temps du narrateur qui insiste d'ailleurs sur le caractère contemporain des histoires constituant les *exempla* en les situant «*nostris temporibus*».

Contrairement donc au prestige du passé (et de l'éternité) qui caractérise le temps des autorités et des raisons, le temps de l'*exemplum* tire une de ses forces de persuasion de son caractère récent. Déjà Grégoire le Grand, père de l'*exemplum* médiéval, avait conféré à ces anecdotes le sceau du présent, fondant l'apostolat sur des récits vérifiables oralement par un auditoire à qui l'écrit et le passé transmis par l'écrit étaient inaccessibles. Cette modernité du temps de l'*exemplum* s'accorde bien avec le renouveau de l'histoire-témoignage au XIIIe siècle mis en lumière par Bernard Guenée[5]. Face à un temps de l'histoire ancienne recueilli par des spécialistes savants dans la mémoire écrite, s'affirme un temps de l'histoire récente atteint par expérience visuelle ou auditive («j'ai vu, j'ai entendu» – c'est la méthode d'Hérodote[6]) à travers la mémoire orale. Ce n'est pas un hasard si les frères mendiants sont les grands diffuseurs à la fois de ce type d'histoire et des *exempla*. Ce sont des spécialistes du temps proche.

C'est donc le temps d'une mémoire particulière qui informe le temps de l'*exemplum*. C'est la mémoire de la conscience spirituelle et morale que la nouvelle conception du péché lié à l'intention, les nouvelles pratiques de la confession auriculaire ancrée dans l'examen de conscience du pécheur et son introspection privilégient au tournant du XIIe au XIIIe siècle. Les manuels de confesseurs forment cette mémoire activée par le canon *omnis utriusque sexus* du IVe concile du Latran (1215) qui instaure la confession individuelle obligatoire pour tous les fidèles, hommes et femmes, au moins une fois l'an. Cette nouvelle éducation de la mémoire prend place dans l'ensemble de la culture de la mémoire qui se développe au XIIIe siècle[7]. Le recours aux *exempla* s'insère dans l'exhortation qu'adresse le prédicateur au pécheur de «*recolere peccata sua*», «*firmiter memorie commendare verba Dei*», etc. Le temps de l'*exemplum* se nourrit du temps de la mémoire intérieure et l'alimente à son tour.

Mais ce temps doit être aussi un temps du salut. Un temps, si l'on peut dire, à deux détentes. Son horizon ultime c'est celui du temps du salut, du temps eschatologique. L'histoire racontée dans la successivité du récit et historiquement située dans une réalité temporelle en général proche doit déboucher sur l'éternité promise à l'auditeur de l'*exemplum* s'il sait en tirer pour

---

5. B. Guenée, *Histoire et culture historique au Moyen Âge*, Paris, Aubier, 1981.
6. Fr. Hartog, *Le Miroir d'Hérodote*, Paris, Gallimard, 1980.
7. Voir Fr. Yates, *L'Art de la mémoire*, trad. fr., Paris, Gallimard, 1975.

lui-même la leçon. Mais, dans un premier temps, le récit exemplaire doit produire chez l'auditeur un *événement* décisif pour son salut futur : sa *conversion*. L'*exemplum* est un instrument de conversion et cette conversion doit avoir lieu tout de suite. Le prédicateur appelle souvent son auditoire à tirer *hodie* la leçon du sermon et des *exempla* qu'il renferme. Ainsi pourra s'accomplir pour l'auditeur aussi la parole de Jésus sur la croix au bon larron : « *Hodie mecum eris in paradiso* » (Luc, XXIII, 43). Le temps historique de l'*exemplum* est tendu vers un *présent* de conversion qui doit amorcer l'*entrée future dans l'éternité heureuse.*

L'*exemplum* a donc pour fonction de brancher la réalité historique sur l'aventure eschatologique. Le temps de l'*exemplum* est soumis à une dialectique entre le temps de l'histoire et le temps du salut qui constitue une des tensions majeures du Moyen Âge central (XIIe-XIIIe siècle).

ASPECTS SAVANTS ET POPULAIRES
DES VOYAGES DANS L'AU-DELÀ
AU MOYEN ÂGE

I. REMARQUES PRÉLIMINAIRES DE MÉTHODE

L'indéniable intérêt, depuis une vingtaine d'années, des historiens de la culture européenne entre l'Antiquité et la révolution industrielle (IVe-XIXe siècle) pour l'étude d'une culture dite «populaire» a oscillé entre deux modèles d'interprétation du corpus étudié (textes, rites, gestes, etc.)[1]. L'un a privilégié les objets culturels en demandant au corpus lui-même (tantôt par des analyses structurales, tantôt par des analyses de contenu, ou les deux à la fois) la nature et le sens de cette culture. Comme cette culture n'apparaissait pratiquement jamais à l'état brut ou pur elle sécrétait l'idée d'une opposition et d'une hiérarchie entre culture «savante» et culture «populaire», «high culture» et «popular culture», culture «dominante» et culture «dominée», culture des «élites» et culture des «classes subalternes» ou «subculturelles», etc. L'autre modèle a privilégié les acteurs, cherchant la définition du populaire dans l'attitude vis-à-vis des objets culturels, dans le mode de consommation des produits de la culture. La critique du premier modèle est pertinente, et en fait facile, si ceux qui s'en réclament partent du postulat de l'existence d'une culture «populaire» qui est à prouver. Mais ce modèle fournit des points

---

Première publication en anglais: «The Learned and Popular Dimensions of Journeys in the Otherworld in the Middle Ages», in *Understanding Popular Culture*, Steven L. Kaplan éd., Mouton Publishers, Berlin-New York-Amsterdam, 1984, © Walter de Gruyter and C°, Berlin, 1984, pp. 19-37.

1. Les trois principaux textes théoriques auxquels je renvoie pour ces oppositions sont Peter Burke, *Oblique Approaches to the History of Popular Culture*, in C. Bigsby éd., *Approaches to Popular Culture*, Londres, 1976, pp. 69-84; Roger Chartier, «La culture populaire en question», in *H. Histoire*, 8, 1981, pp. 85-96; Jean-Claude Schmitt, «Les traditions folkloriques dans la culture médiévale. Quelques réflexions de méthode», in *Archives de Sciences sociales des religions*, 52/1, 1981, pp. 5-20. On trouvera l'essentiel de la bibliographie du sujet dans ces articles, en particulier dans celui de J.-Cl. Schmitt.

de départ solides si on les demande à deux systèmes de référence dont la valeur empirique est indéniable. Le premier est celui des «genres» de «textes», textes écrits, oraux, ou corporels. Le fabliau, la vision, l'*exemplum*, le conte, la chanson, le juron, etc., le carnaval, le charivari, la sotie, etc., sont, malgré d'inévitables flottements aux marges, des bases sûres d'analyse[2]. Le second système est celui du corpus constitué depuis le XIXe siècle par les folkloristes. Ici encore, malgré des classifications contestables[3], les inventaires constitués permettent de repérer «objectivement» les matériaux sur lesquels asseoir une analyse et une critique du «populaire»: *The Types of the Folktale* d'Aarne-Thompson[4], le *Motif-Index of Folk-Literature* de Stith Thompson[5] par exemple. En revanche, la seconde démarche me paraît présenter au moins deux séries de graves difficultés. Les premières tiennent à la quasi-impossibilité de transporter dans le passé les méthodes d'observation, d'interrogation et de comptage des sociologues des sociétés contemporaines: comment repérer les «groupes sociaux» dont on veut étudier le comportement culturel? Les secondes relèvent du caractère fondamentalement contestable de l'outillage conceptuel employé: n'est-il pas dangereux d'isoler des «conduites de reproduction, de réception, de communication» des conditions de production des objets culturels[6]? C'est tout le processus qui est significatif et les milieux sociaux de production sont en général plus aisés à repérer et à définir que ceux de la consommation dont l'étude est aussi, bien entendu, nécessaire. Le découpage catégoriel de la société, délicat pour les sociétés contemporaines, est plein de pièges en ce qui concerne les sociétés du passé: transfert anachronique des concepts actuels – en particulier de celui de classe –, confusion entre les cadres mentaux et

---

2. Je n'ignore pas qu'on peut faire avec pertinence la critique de la notion de *genre* ou de *forme* littéraire. L'utilisation par exemple de l'ouvrage classique d'André Jolles, *Einfache Formen. Legende/Sage/Mythe/Rätsel/Spruch/Kasus/Memorabile/Märchen/Witz*, Halle, 1929, Darmstadt 3, 1958, a été décevante. Mais la faute n'en est pas aux formes historiquement définies étudiées par Jolles mais à la faiblesse de l'emploi par Jolles du concept de «simplicité».
3. On peut en particulier critiquer les notions de *conte Type*, de *motif*, de *fonction* proppienne, sans enlever aux ouvrages d'A. Aarne, St. Thompson et V. Propp leur valeur d'instruments de repérage.
4. A. Aarne, *Verzeichnis der Märchentypen*, 1920 [1928]. Trad. et révision par Stith Thompson, 1961 [1964] (FFC 184). L'utilisation de l'*Index exemplorum. A Handbook of Medieval Religious Tales* de F. C. Tubach (FFC 204, Helsinki, 1969) est plus délicate, étant donné les défauts de cet ouvrage (voir Cl. Bremond, J. Le Goff, J.-Cl. Schmitt, L'«*Exemplum*», in *Typologie des Sources du Moyen Âge occidental*, fasc. 40, Turnhout, Brepols, 1982).
5. Stith Thompson, *Motif-Index of Folk-Literature. A Classification of Narrative Elements in Folktales, Ballads, Myths, Fables, and Local Legends*, Copenhague, 1955-1958, 6 vol., Bloomington-Londres, 1975.
6. H.R. Jauss, cité par Jean Starobinski dans sa préface au recueil d'articles de Jauss publiés en traduction française sous le titre *Pour une esthétique de la réception*, Paris, 1978.

conceptuels des hommes du passé et ceux des spécialistes actuels des sciences sociales, etc.[7].

Je note, sans y adhérer entièrement, les critiques de Pierre Bourdieu: «Ceux qui croient en l'existence d'une "culture populaire", véritable alliance de mots à travers laquelle on impose, qu'on le veuille ou non, la définition dominante de la culture, doivent s'attendre à ne trouver, s'ils vont y voir, que les fragments épars d'une culture savante plus ou moins ancienne (comme les savoirs "médicaux") sélectionnés et réinterprétés évidemment en fonction des principes fondamentaux de l'habitus de classe et intégrés dans la vision unitaire du monde qu'il engendre, et non la contre-culture qu'ils appellent, culture réellement dressée contre la culture dominante, sciemment revendiquée comme symbole de statut ou profession d'existence séparée[8].»

Cette critique, si elle est pertinente, concerne surtout la culture ouvrière à laquelle Pierre Bourdieu fait d'ailleurs explicitement référence. Que l'expression «culture populaire» renvoie à la «définition dominante de la culture», c'est évident, tout comme le terme «superstition», encore plus marqué du sceau idéologique de la culture savante mais le contexte historique dont nous ne sommes pas encore sortis oblige à partir de ce vocabulaire. Surtout, s'il est vrai que la «culture populaire» charrie de nombreux «fragments épars de la culture savante», elle ne se réduit pas à cela, ce qu'elle en fait manifeste son originalité. Si la culture «savante» manipule la culture «populaire», celle-ci «prend» et «laisse» de la culture savante et se fait son propre bien. Enfin, ce que l'on cherche à atteindre, et que l'on atteint effectivement, ce n'est pas uniquement une «contre-culture» mais une culture «autre» qui se trouve en effet souvent dans des situations historiques où la lutte, la défense contre la culture «savante» est, selon des modalités diverses, essentielle. Si j'avais un primat épistémologique à mettre en avant, ce serait celui de la situation historique.

Mais l'approche du «populaire», à travers les conduites culturelles, a l'avantage de saisir l'histoire de la culture dans son mouvement, dans son fonctionnement. Elle retrouve par là l'histoire.

L'approche par opposition des deux cultures a tendance à faire de la culture «populaire» une culture essentiellement dominée, manipulée, utilisée par la culture «supérieure». La culture savante dans cette perspective détruit, dénature ou oblitère la culture populaire, elle lui impose une acculturation

---

7. Sur les apories de la méthode sociologique naïve appliquée aux fabliaux, voir en dernier lieu M. Th. Lorcin, *Façons de sentir et de penser: les fabliaux français*, Paris, 1979. Mais les perspectives de sociologie de la littérature médiévale d'un Erich Köhler restent très suggestives à mes yeux. Voir notamment «Observations historiques et sociologiques sur la poésie des troubadours», in *Cahiers de Civilisation médiévale*, 1964, pp. 27-51.
8. *La Distinction. Critique sociale du jugement*, Paris, 1979, p. 459.

venue d'en haut, des modèles ecclésiastiques ou aristocratiques – puis bourgeois –, où elle la récupère esthétiquement quand elle a perdu son pouvoir de contestation et n'a plus que la «beauté du mort[9]». Au contraire, une étude des comportements culturels du peuple révèle souvent «une relation de défiance et de défense à l'égard des messages dominants[10]». Il est certes difficile pour les périodes anciennes (avant le XIXe et plus encore avant le XVIe siècle) de saisir l'existence, la nature et le poids des comportements culturels «populaires» qui ont été souvent étouffés dans les silences de l'histoire. Je crois pourtant que si on peut, à partir des produits culturels, repérer un domaine de culture «populaire» – certes le plus souvent mélangée à la culture savante –, il est possible d'évaluer ensuite son rôle aussi bien dans la production que dans la consommation de la culture. C'est par des méthodes unissant les deux approches définies dans les lignes précédentes que je tenterai de repérer l'interaction entre le savant et le populaire au sein de la société globale de l'Occident médiéval sur l'exemple d'un genre littéraire: les récits de voyages dans l'au-delà au Moyen Âge.

II. LE GENRE ET LE CORPUS

Le corpus comprend un choix de récits de voyages dans l'au-delà, du VIIe au début du XIVe siècle. En voici la liste:

1. *Vision de Barontus*, moine du monastère de Longorenes (Saint-Cyran près de Bourges), écrite en 678-679 (*MGH, Scriptores Rerum Merovingicarum*, V, pp. 377-394).
2. *Vision de Bonellus*, moine dont le récit est rapporté par l'abbé espagnol Valère, mort dans la dernière décennie du VIIe siècle (*PL*, t. LXXXVII, col. 433-435).
3. *Vision du moine de Wenlock* (vers 717), narrée par saint Boniface (*MGH, Epistolae*, III, pp. 252-257).
4. *Visions de saint Fursy* et du pieux laïc *Drythelm* décrites par Bède dans l'*Historia ecclesiastica gentis Anglorum*, achevée en 731 (III, 19, et V, 12).
5. *Vision de Wetti*, moine mort à Reichenau en 824, écrite par l'abbé Heito (*PL*, t. CV, col. 771-780, et *MGH, Poetae latini aevi carolini*, t. II).

---

9. Je renvoie au brillant essai de M. de Certeau, D. Julia, J. Revel, «La beauté du mort: le concept de culture populaire», in *Politique aujourd'hui*, décembre 1970, pp. 3-23.
10. Ces expressions sont de Roger Chartier, *loc. cit.*, p. 94, à propos du sociologue Richard Hoggart, *La Culture du pauvre. Étude sur le style de vie des classes populaires en Angleterre*, Paris, 1970. Il s'agit de l'Angleterre des années 1950.

6. *Vision de Charles le Gros*, de la dernière décennie du IXe siècle, insérée par Hariulf, vers 1100, dans sa *Chronique de Saint-Riquier* (éd. F. Lot, Paris, 1901, pp. 144-148), par Guillaume de Malmesbury au XIIe siècle dans son *De gestis regum Anglorum* (éd. W. Stubbs, I, pp. 112-116), et par Vincent de Beauvais dans son *Speculum* au XIIIe siècle.
7. La vision de la *mère de Guibert de Nogent*, dans le *De vitae sua*, au début du XIIe siècle (éd. E.R. Labarde, Paris, 1981, pp. 148-158).
8. La vision du moine du Mont-Cassin, *Albéric de Settefrati*, rédigée vers 1130 avec l'aide de Pietro Diacono (éd. Mauro Inguanez, in *Miscellanea Cassinese*, 1932, t. XI, pp. 83-103).
9. La *Vision de Tnugdal*, chevalier irlandais, racontée par un écrivain monastique en 1149[11].
10. Le *Purgatorium Sancti Patricii* rédigé entre 1180 et 1220, probablement plus près de 1180, par un cistercien anglais, H. de Saltrey[12].
11. *La Vision de Turchill* (1206), œuvre probable du cistercien Radulphe de Coggeshall reprise par les bénédictins de Saint Albans Roger de Wendover (mort en 1236) dans ses *Flores Historiarum*, et Mathieu Paris (mort en 1259) dans ses *Chronica majora*[13].
et 12. *La Divina Commedia* de Dante (début du XIVe siècle).

Ces récits racontent en général une *vision*. Ils appartiennent donc à ce genre très florissant au Moyen Âge, surtout en milieu monastique[14]. Ils constituent une variété particulièrement nombreuse et importante de ces *visions*: les récits de voyages dans l'au-delà. Ces récits prennent la suite de trois traditions: 1. une tradition antique de récits de descente aux Enfers

---

11. *Visio Tnugdali*, éd. A. Wagner, Erlangen, 1882. Nombreuses traductions médiévales en langues vulgaires, y compris l'islandais, le russe et le serbo-croate. Voir Nigel Palmer, *The German and Dutch Translations of the «Visio Tundali»*, Munich, 1975.
12. Pour les éditions du *Purgatorium Sancti Patricii*, voir J. Le Goff, *La Naissance du Purgatoire, infra*, p. 1002, note 20.
13. *Visio Thurkilli*, éd. P. G. Schmidt, in *Biblioteca Teubneriana*, Leipzig, 1978. *Chronica Rogeri de Wendover, Flores Historiarum*, Londres, 1887, t. II, pp. 16-35, et Mathieu Paris, *Chronica majora*, Londres, 1874, t. II, pp. 497-511.
14. Sur les visions médiévales, voir P. Dinzelbacher, *Vision und Visionsliteratur im Mittelalter*, Stuttgart, 1981, et «Die Visionen des Mittelalters. Ein geschichtlicher Umriss», in *Zeitschrift für Religions- und Geistesgeschichte*, XXX, 1978, 2, pp. 116-128, et «Klassen und Hierarchien im Jenseits», in *Soziale Ordnungen im Selbstverständnis des Mittelalters. Miscellanea Mediaevalia*, 12/1, Berlin-New York, 1979, pp. 20-40; C. J. Holdsworth, «Visions and Visionaries in the Middles Ages», in *History*, XLVIII, 1963, pp. 141-153; M. Aubrun, «Caractère et portée religieuse et sociale des "Visiones" en Occident du VIe au XIe siècle», in *Cahiers de Civilisation médiévale*, 1980, pp. 109-130. Claude Carozzi prépare une thèse sur les Visions du haut Moyen Âge dont il a donné un aperçu dans une communication sur *La Géographie de l'au-delà et sa signification pendant le haut Moyen Âge*, in *Popoli e paesi nella cultura altomedievale (23-29 avril 1981)*, Spolète, 1983, t. II, pp. 803-838.

dont les deux bornes sont d'une part les récits du jugement d'un héros égyptien par le roi des Enfers, Nergal, et surtout les voyages infernaux de héros assyro-babyloniens, Our-Nammou, prince d'Our, puis Enkidou dans l'épopée de Gilgamesh, et d'autre part la célèbre descente d'Énée dans l'Hadès au VIe livre de l'*Énéide* de Virgile[15]; 2. les récits de voyages dans l'au-delà de l'apocalyptique judéo-chrétienne, entre le IIe siècle avant l'ère chrétienne et le IIIe siècle après (production prolongée par des versions grecques et latines de textes hébreux, syriaques, coptes, éthiopiens, arabes)[16]; 3. des récits « barbares » – surtout celtes, et plus particulièrement irlandais – de voyages dans l'autre monde[17].

Les deux dernières traditions sont pour nos visions médiévales non seulement des précédents mais de véritables sources ou mieux encore les visions du Moyen Âge en continuent les séries, souvent en mélangeant les deux types de sources dont, au surplus, la troisième ne nous est connue que par ces textes médiévaux, les versions antérieures païennes ou semi-païennes ayant appartenu à la tradition orale.

Le plus souvent le héros, qui peut être un moine ou un laïc (grand personnage comme, dans une autre vision, Charlemagne et, dans notre corpus, Charles le Gros, chevalier comme les Irlandais Tnugdal et Owen dans le *Purgatoire de saint Patrick*, ou paysan comme Drythelm ou Turchill), est transporté, pendant son sommeil, dans l'au-delà où il est guidé par un saint (souvent Paul ou Pierre) ou un ange (le plus souvent un archange, Gabriel ou Raphaël). Il visite successivement les lieux de l'Enfer, où il est terrifié par le froid, le chaud, des vallées et des montagnes horribles, des lacs et des fleuves de feu et de métal incandescent peuplés de monstres, de serpents, de dragons et où il assiste aux affreux supplices que des bêtes monstrueuses et des démons repoussants font subir à des morts (âmes revêtues d'une apparence de corps sensible aux tortures), puis ceux du Paradis où il admire des prés fleuris et parfumés, des demeures d'or, d'argent et de pierres précieuses, et des troupes de défunts lumineux qui chantent des chants merveilleux parmi des anges rayonnants de beauté. Cet au-delà comprend plusieurs lieux, plusieurs « réceptacles des âmes » selon une configuration plus ou moins désordonnée, mais où la partie infernale se subdivise souvent en une géhenne supérieure parcourue par le visionnaire

---

15. J. Kroll, *Gott und Hölle. Der Mythos vom Descensuskampfe*, Leipzig-Berlin, 1932. – F. Bar, *Les Routes de l'autre monde : descente aux enfers et voyages dans l'au-delà*, Paris, 1946.
16. H. H. Rowley, *The Relevance of Apocalyptic. A Study of Jewish and Christian Apocalypses from Daniel to the Revelation*. La vision apocalyptique qui a eu le plus d'influence sur les visions médiévales est l'Apocalypse de Paul. Voir notamment Th. Silverstein, *Visio sancti Pauli. The History of the Apocalypse in Latin together with Nine Texts*, Londres, 1935.
17. H. R. Patch, *The Other World, According to Descriptions in Medieval Literature*, Cambridge, Mass., 1950; St John D. Seymour, *Irish Visions of the Other World*, Londres, 1930.

et une géhenne inférieure dont le voyageur n'aperçoit que la bouche, la terrifiante embouchure du puits. La partie paradisiaque est souvent partagée en régions – parfois séparées par des murs – de plus en plus lumineuses et odoriférantes. À partir de la fin du XIIe siècle – du *Purgatorium Sancti Patricii* –, l'espace de l'au-delà s'organise, une région intermédiaire s'étend entre l'Enfer et le Paradis : le Purgatoire d'où les âmes purgées après avoir subi des épreuves et des tourments sortent pour gagner le Paradis.

J'ai complété mon corpus par quelques textes d'une nature un peu différente. Certains, qui relèvent de la tradition celtique, restent proches des modèles préchrétiens qui y affleurent et décrivent des voyages, souvent maritimes, dans un autre monde où les séjours successifs sont différents de ceux effectués dans l'Enfer et le Paradis chrétiens. Îles peuplées d'êtres surnaturels, monstrueux ou féeriques, de merveilles effrayantes ou séduisantes semées dans des mers pleines de monstres et d'épreuves, monde des morts mais où la jouissance l'emporte souvent sur la peur ou le mal : le *Voyage de Bran* et la *Navigation de saint Brendan*[18] et surtout une vision de voyage au Paradis dont je parlerai plus loin.

Enfin j'y ai ajouté la première version d'un thème qui connaîtra un grand succès à la fin du Moyen Âge et à la Renaissance : le *Pays de Cocagne*[19]. Il s'agit en effet aussi d'un voyage dans un monde imaginaire, merveilleux, un monde de l'abondance, de l'oisiveté, un monde à l'envers.

III. LE SYSTÈME D'INTERACTION ENTRE LE SAVANT ET LE POPULAIRE

Le caractère savant des textes des corpus est évident. Leurs auteurs sont des clercs – la langue en est le latin –, la plupart d'entre eux sont bourrés de réminiscences et de citations livresques, en particulier de la littérature

---

18. Kuno Meyer, *The Voyage of Bran, son of Febal, to the Land of the Living. An Old Irish Saga*, Londres, 1895, avec, en appendice, Alfred Nutt, *The Happy Otherworld in the Mythico-Romantic Literature of the Irish. The Celtic Doctrine of Re-Birth*; Antonietta Grignani, *Navigatio Sancti Brendani, La Navigazione di San Brandano*, Milan, 1975.
19. *Le Fabliau de Cocagne*, du milieu du XIIIe siècle, a été édité par V. Väänänen in *Neuphilologische Mitteilungen*, Bulletin de la société néophilologique d'Helsinki, 1947, pp. 20-32, repris avec traduction italienne in Gian Carlo Belleti éd., *Fabliaux. Racconticomici medievali*, Ivrea, 1982, pp. 94-105. Voir G. Cocchiara, *Il paese di Cuccagna e altri studi di folclore*, Turin, 1980, et *Il mundo a rovescia*, Turin, 1963 ; C. Hill, *The World turned upside down*, Londres, 1972 ; J. Delumeau, *La Mort des Pays de Cocagne*, Paris, 1976 ; R. Chartier, D. Julia, « Le monde à l'envers », *L'Arc*, 65, 1976 (numéro spécial sur E. Le Roy Ladurie), pp. 43-53.

apocalyptique judéo-chrétienne. Issus d'un milieu monastique, ils sont d'abord destinés à ce milieu.
Mais ils sont proches aussi de la culture populaire. Le critère de la présence d'éléments importants de ces textes dans les catalogues et répertoires du folklore le montre. Ainsi les thèmes de ces récits se retrouvent dans le *Motif-Index of Folk-Literature* de Stith Thompson où le motif des « *otherworld journeys* » inaugure le chapitre des *Marvels* dont il couvre les deux cents premiers numéros : F. 0 – F. 199. Les caractères essentiels de nos récits et de nombreux thèmes secondaires correspondent à des thèmes recensés dans le *Motif-Index* F. 1 *(journey to otherworld as dream or vision)*, F. 5 *(journey to otherworld as penance)*, F. 7 *(journey to otherworld with angel)*, F. 10 *(journey to upper world)*, F. 11 *(journey to heaven – upperworld paradise)*, F. 52 *(ladder to upper world –* c'est le thème de l'échelle de Jacob*)*, F. 80 *(journey to lower world)*, F. 81 *(descent to lower world of dead-Hell, Hades)*, F. 92 *(pit entrance to lower world)*, F. 92.3 *(visit to lower world through opening rocks)*, F. 92.4 *(entrance to lower world through mountain)*, F. 93.0.2.1 *(well entrance to lower world)*, F. 95 *(path to lower world)*, F. 101.4 *(escape from lower world by magic)*, F. 102 *(accidental arrival in lower world)*.
Les récits tels que le *Voyage de Bran*, la *Navigation de saint Brendan* ou le *Pays de Cocagne* renvoient à d'autres motifs du *Motif-Index of Folk-Literature* : F. 110 *(journey to terrestrial otherworlds)*, F. 111 *(journey to earthly paradise)*, F. 111.1 *(journey to Isle of Laughter)*, F. 116.1 *(voyage to the Land of Youth)*, F. 123 *(journey to land of little men-pygmies)*.
La localisation de l'autre monde (F. 130, *location of otherworld*) permet de retrouver soit des catégories de lieux définies par la géographie physique (F. 131, *otherworld in hollow mountain*, F. 132.1, *earthly paradise on mountain*), soit des pays riches en merveilleux géographique tels que l'Irlande (F. 130.3, *Ancient Ireland as location of otherworld*)[20].
L'accès à l'autre monde (F. 150, *access to otherworld*) révèle également des traits communs au monde du folklore et à notre corpus médiéval : F. 150.1 *(entrance to otherworld guarded by monsters or animals)*, F. 151.1 *(perilous path to otherworld)* et surtout le thème du pont (F. 152, *bridge to otherworld*)[21].
La nature et les activités de l'autre monde se divisent dans le folklore comme dans les textes du Moyen Âge entre la vision d'un univers de bon-

---

20. Il faudrait y ajouter la Sicile qui renvoie au F. 131 *(otherworld in hollow mountain)*. Voir J. Le Goff, *La Naissance du Purgatoire*, chap. VI : « Le Purgatoire entre la Sicile et l'Irlande », *infra*, pp. 985-1022.
21. P. Dinzelbacher, *Die Jenseitsbrücke im Mittelalter*, Diss. der Universität Wien, 104, Vienne, 1973.

heur et de satiété (F. 162.2.2, *rivers of wine in otherworld*, F. 162.2.3, *rivers of honey in otherworld*, F. 169.8, *abundance in otherworld*, F. 169.9, *pleasant fragrance in otherworld*, F. 173, *otherworld land of happiness*, F. 173.1, *otherworld land of pleasure*) et celle d'un monde d'angoisse et d'épreuves (F. 171.2, *broad and narrow road in otherworld*, F. 171.6, *mysterious punishments in otherworld*).
Enfin – et on verra les problèmes que cela pose aux auteurs de voyages dans l'au-delà au Moyen Âge –, l'autre monde est un univers hors du temps et des atteintes de la mort (F. 172, *no time, no birth, no death in otherworld*).
On retrouverait cette communauté de motifs que j'ai détaillée en ce qui concerne le voyage dans l'au-delà à propos des démons (F. 400 – F. 499, *Spirits and demons*) et du feu *Motif-Index*,... vol. VI, pp. 286-289.
De même la plupart de ces récits médiévaux sont proches de contes types de la classification d'Aarne-Thompson. Par exemple le T. 301, *The Three Stolen Princesses*, comprend une partie (II) qui est une «*descent into the lower world*», le T. 460 A et le T. 461 A sont des voyages pour connaître les secrets de l'au-delà *(The journey to God to receive reward; The journey to the Deity for advice or repayment)*. Le voyage dans l'autre monde est au cœur du conte des deux amis «à la vie et à la mort» dont le survivant suit le premier mort dans l'autre monde (T. 470, *Friends in Life and Death*). Le pont de l'au-delà fait l'objet du T. 471 *(The Bridge to the Other World)*. Le Pays de Cocagne est devenu le T. 1930 *(Shlaraffenland – Land of Cokaygne)*.
Le plus important est évidemment de repérer, d'analyser et d'interpréter les rapports entre culture savante et culture populaire dans ces récits.
Jean-Claude Schmitt a donné un intéressant schéma de ces rapports à propos d'un voyage au Paradis récemment étudié par l'ethnologue italien Giuseppe Gatto[22]. Il s'agit d'un texte du XIIIe siècle qui est sans doute la plus ancienne version du T. 470 d'Aarne-Thompson. Un jeune seigneur invite à ses noces un ami – un ange –, vieillard vêtu de blanc et monté sur un mulet blanc qui l'invite à son tour à une fête trois jours après le mariage du jeune homme. À travers un étroit défilé, il parvient sur un vaste plateau couvert de fleurs, d'arbres fruitiers peuplés d'innombrables oiseaux où son hôte et une suite de jeunes gens vêtus de blanc l'accueillent, après qu'il a franchi trois «demeures», dans une quatrième où il connaît un bonheur ineffable qui dure trois cents ans. Ce temps lui apparaît aussi court que trois heures ou tout au plus une journée. Mais,

---

22. J.-Cl. Schmitt, «Les traditions folkloriques...», *loc. cit.*, pp. 11-14, G. Gatto, «Le voyage au paradis: la christianisation des traditions folkloriques au Moyen Âge», in *Annales E.S.C.*, 1979, pp. 929-942. Le texte du XIIIe siècle a été publié par J. Schwarzer, «Visionslegende», in *Zeitschrift für deutsche Philologie*, 1882, pp. 338-351.

quand il revient chez lui, son château a été transformé en monastère, sa femme et ses parents sont morts depuis longtemps, et quand le prince « que l'on avait jadis perdu » porte un morceau de pain à sa bouche, il devient un vieillard puis meurt.

Le plus extraordinaire et le plus intéressant est que l'auteur anonyme de ce texte dont on nous dit seulement qu'il est lié à un monastère de l'Italie du Nord raconte comment il a connu cette histoire. Le clerc précise qu'il a seulement « écrit cette histoire », qu'il n'en est pas la « source » *(fons ejus)*, mais juste le « canal » *(canalis)* l'ayant transmise. Celui qui la lui a rapportée était un *« illiteratus »*, qui lui-même ne l'avait pas, « comme dit le vulgaire, sucée de son propre doigt » *(nec ipse ut vulgo dicitur, ex suo digito suxit)*, c'est-à-dire inventée ; il l'avait entendue d'un *« litteratus »*, dont il avait seulement retenu les paroles en langue vulgaire, oubliant les mots prononcés en *« l'autre langue »*, c'est-à-dire sans doute en latin *(sed a literato rem audiens materne lingue verba retinuit, alterius lingue vocabula retinere non potuit)*. Le scribe jugea l'histoire digne d'être mise par écrit, mais tout en se défendant de l'avoir altérée, décrit précisément le double processus de christianisation et de mise en forme savante auquel il a soumis ce récit folklorique : « Je n'y ai rien ajouté de plus que ce qui est permis aux scribes, j'ai ordonné les événements en séquences, j'ai adapté les significations anciennes aux nouvelles, j'ai ajouté le bois de Moïse, le sel d'Élisée, et enfin le vin du Christ produit à partir de l'eau, non pour tromper, mais pour augmenter l'élégance du récit[23]. »

Cet aveu sur les sources permet de repérer un schéma de transmission en quatre phases dont les trois premières restent dans le domaine de l'oralité, tandis que la quatrième passe à la relation écrite. Il y a d'abord 1. la tradition orale folklorique, puis 2. un *« litteratus »*, un clerc savant, puis 3. un *« illiteratus »* et enfin un « écrivain », un *« scriptor »* anonyme de la seconde moitié du XIIIe siècle.

Ce que l'homme de culture « populaire » a fait du récit du clerc savant, nous ne le savons pas, sauf qu'il n'a pas retenu ce qui dans l'histoire était dit probablement en latin. Ce que le scribe savant a fait du récit de l'illettré nous savons qu'il s'agit 1. d'une mise en forme « littéraire » et « logique », 2. d'une « modernisation », 3. d'une « christianisation ». Sur ce dernier point, on peut repérer trois modifications probables : la transformation du vieillard psychopompe en ange, l'assimilation du pays de l'autre monde au lieu « où résident Hénoch et Élie », c'est-à-dire le Paradis terrestre, la conversion du château du héros en monastère.

---

23. J.-Cl. Schmitt, « Les traditions folkloriques... », *loc. cit.*, pp. 12-13.

L'ESPACE ET LE TEMPS

Deux remarques me paraissent d'abord s'imposer.
La première est qu'une partie au moins du processus décrit dans ce texte a dû être à l'origine de plusieurs des visions de notre corpus. On nous dit en effet que le moine visionnaire a raconté sa vision et c'est en général un clerc savant, souvent l'abbé du monastère, qui l'a rédigée ou dictée par écrit. D'un moine plus ou moins «illettré», représentant de la culture «populaire», le récit du voyage est passé par l'intermédiaire du rédacteur «lettré» au monde de la culture savante. Nous avons quelques détails dans le cas d'une des plus étranges de ces visions, celle d'Albéric de Settefrati. Albéric, né vers 1100, a eu sa vision pendant une maladie à l'âge de dix ans (il est doublement «illettré», c'est un simple, c'est un enfant). Entré au monastère du Mont-Cassin sous l'abbatiat de Gérard (1111-1123), il raconta sa vision au moine Guidone qui la transcrivit. Mais en passant de main en main et de bouche à oreille ce récit fut altéré et l'abbé Senioretto (1127-1137) conseilla à Albéric de la récrire (redicter) avec l'aide de Pietro Diacono. C'est cette rédaction que nous avons conservée. On voit ici comment le récit d'un moine semi-illettré nous est parvenu à travers plusieurs remaniements marqués de l'empreinte cléricale savante mais qui ont emprunté à la fois la forme orale et la forme écrite. Il ne faut pas oublier dans cette histoire complexe d'acculturation à l'époque médiévale que la réalité culturelle a été rarement celle d'une opposition tranchée entre le populaire et le savant, l'oral et l'écrit (ce qui n'est en outre pas la même chose), mais celle d'interaction entre des acteurs et des actes culturels plus ou moins savants ou plus ou moins populaires[24].
La seconde remarque concerne le lieu de cette acculturation. On a invoqué la taverne et surtout la place publique[25], comme des lieux de sociabilité et d'échanges culturels au Moyen Âge. Il faut insister sur le rôle joué à cet égard par les monastères. Non seulement les rapports entre moines «lettrés» d'une part, membres «illettrés» de la *familia* monastique et hôtes également «rustiques» du monastère, mais surtout sans doute les relations entre l'«élite» des moines appartenant socialement et culturellement aux couches dominantes (et exerçant les fonctions d'autorité dans le monastère) et «simples» moines à demi illettrés ont dû fournir un terrain exceptionnellement favorable à ces formes d'acculturation.
Il est difficile, je le répète, de savoir comment s'effectuait, en ces périodes anciennes, la folklorisation de la culture savante (alors que, à la fin du

---

24. Voir Franz H. Bäuml, «Varieties and Consequences of Medieval Literacy and Illiteracy», in *Speculum*, 1980, pp. 237-265. Sur un autre intermédiaire culturel, le curé, voir L. Allegra, *Il parocco: un mediatore fra alta e bassa cultura in Storia d'Italia, Annali 4. Intellettuali e potere*, Turin, Einaudi, 1981, pp. 897-947 (à partir du XVIe siècle).
25. Je pense particulièrement à Mikhaïl Bakhtine, *L'Œuvre de François Rabelais et la culture populaire au Moyen Âge et sous la Renaissance*, trad. fr., Paris, Gallimard, 1970.

Moyen Âge, certaines œuvres d'art « populaire » permettent d'étudier les acceptations, les résistances, les adaptations face aux modèles « savants »).
On ne peut que formuler quelques hypothèses.
1. Essayer de remonter *à rebours* le texte de la vision du Paradis du XIIIe siècle que je viens de signaler. Par exemple, on peut supposer avec vraisemblance que le vieillard psychopompe désigné comme un ange appartient à la culture folklorique, les anges étant en général présentés comme des êtres « sans âge », mais d'apparence « jeune ». Mais on ne peut oublier la tendance des milieux monastiques à assimiler les moines, et singulièrement les ermites, à des anges et le stéréotype du moine est plutôt celui d'un vieillard. Il faut donc être prudent dans ce genre de lecture de palimpseste culturel.
2. Sur des exemples plus récents (le meunier Menocchio de Carlo Ginzburg, les romans de la Bibliothèque bleue), Roger Chartier a repéré des comportements d'acteurs culturels « populaires » que je crois retrouver dans le filigrane de mes récits médiévaux de voyages dans l'au-delà : « La segmentation du texte en unités autonomes qui prennent un sens en elles-mêmes, la décentration des motifs, la radicalisation des significations, le traitement analogique de fragments qu'une lecture plus savante jugerait sans rapports, la prise des métaphores au pied de la lettre[26]. » Et encore « les répétitions et rappels, l'organisation (du texte) selon un nombre restreint de schèmes narratifs, le remaniement constant d'un texte jamais fixé[27] ». Je crois toutefois qu'il ne faut pas croire à l'existence d'une lecture « populaire » et d'une lecture « savante » immuables à travers le temps, ou en tout cas presque immobiles. Du haut Moyen Âge à la Renaissance les habitudes culturelles des différentes catégories socioculturelles ont changé et surtout leurs relations se sont modifiées. Comme l'a proposé Keith Thomas[28], ce qui semble l'emporter longtemps au Moyen Âge, c'est dans le domaine de la culture comme dans celui de la religion une certaine « mentalité commune », certaines attitudes mentales et culturelles communes entre « lettrés » et « illettrés », si l'on met à part la différence, à vrai dire fort importante, entre le bilinguisme des clercs, parlant latin, parlant vulgaire, et le monolinguisme des « gens du peuple ».
3. Piero Camporesi a fortement insisté, dans son style inspiré, sur le fait que « la culture de la pauvreté (et donc presque toute la culture folklorique) ne peut représenter le monde que sous la forme que ses instruments de connaissance lui ont indiquée », et que ses « statuts cognitifs »

---

26. Roger Chartier, « La culture populaire en question », *loc. cit.*, p. 92.
27. *Ibid.*, p. 93.
28. K. Thomas, *Religion and the Decline of Magic*, New York, 1971.

diffèrent de ceux des élites intellectuelles «même si les zones de contamination, les suggestions, les interférences entre l'une et l'autre peuvent être multiples[29]». Si «l'*image du monde* élaborée par les représentations mentales populaires de l'époque préindustrielle diffère du modèle classique utilisé par les clercs et les lettrés[30]», il en est de même pour l'*image de l'autre monde*. Piero Camporesi parle de «l'optique populaire du difforme, du démesuré, de l'hyperbolique (ou du miniaturisé), du monstrueux, du débordant, de l'informe...», une optique où «le chaotique l'emporte sur un dessin rationnel qui présuppose un centre,... les rapports du temps et de l'espace peuvent se renverser... le "temps dans le temps",... le rêve compensatoire projeté par l'utopie populaire conquiert un territoire toujours plus étendu où la rationalité "supérieure" n'a plus droit de cité...[31]».

Piero Camporesi insiste à juste titre sur la spécificité de cet «univers onirique» et je voudrais souligner le fait que même si le songe est devenu au Moyen Âge un *topos* qui a derrière lui une longue tradition savante, le recours au rêve, à la vision ouvre les portes au débordement de l'imagination populaire. Les fantasmes monastiques se situent au carrefour de cet onirisme populaire et de la tradition apocalyptique et visionnaire. Les rêves mal contrôlés par l'Église se déploient dans l'univers imaginaire de l'au-delà[32]. On y retrouve l'imaginaire de compensation si violent au Moyen Âge (abondance et paresse comme dans le *Pays de Cocagne*, fantasmes sexuels particulièrement bouillonnants dans la *Vision de Wetti*, déchaînement du merveilleux plutôt que du miraculeux).

Ce que l'on saisit mieux, c'est ce que la culture savante cherche à faire du donné folklorique, des objets de la culture populaire. Caractérisons sommairement cette action en ce qui concerne les voyages dans l'au-delà (sous réserve que nous puissions bien imaginer le donné «populaire» sous son habillage savant ou demi-savant).

Le processus essentiel est celui de la *christianisation*. Il se manifeste d'abord par la substitution aux conceptions et aux éléments païens de motifs chrétiens. Si les animaux psychopompes ont été parfois gardés, les guides, les auxiliaires du héros voyageur se sont transformés en saints et

---

29. P. Camporesi, *Il pane selvaggio*, Bologne, 1980, trad. fr.: *Le Pain sauvage, L'imaginaire de la faim de la Renaissance au XVIIIe siècle*, Paris, 1981, p. 87.
30. *Ibid.*, p. 87.
31. *Ibid.*, p. 88. Sur les utopies médiévales, voir F. Graus, «Social Utopies in the Middle Ages», in *Past and Present*, 38, 1967, pp. 3-19.
32. Voir J. Le Goff, «Les rêves dans la culture et la psychologie collective de l'Occident médiéval», *supra*, pp. 287-293; V. Lanternari, article «Sogno-visione», in *Enciclopedia Einaudi*, Turin, 1981, t. XIII, pp. 94-126.

en anges. L'objet ou le geste ou le mot magique qui protège au cours du voyage est spécifiquement chrétien (signe de croix, nom de Jésus). Surtout les lieux de l'au-delà sont devenus des lieux chrétiens, les «réceptacles» des âmes finissent par se réduire à trois principaux : Enfer, Ciel puis Purgatoire, parfois à quatre quand s'y ajoute le Paradis terrestre, à cinq ou six avec les limbes, limbe des enfants, limbe des patriarches.

Plus essentiel, un travail en profondeur se fait sur les *structures* fondamentales plus encore que sur les contenus. Il porte sur les cadres spatiaux et temporels, sur la nature de l'au-delà, sur le style du récit.

L'espace de l'au-delà est soumis à un effort d'organisation et de rationalisation. La multiplicité des lieux traditionnels, des réceptacles, leur succession plus ou moins anarchique au cours d'un itinéraire assez erratique (encore très sensible dans la structure confuse de l'au-delà dans la *Vision de Tnugdal* au milieu du XIIe siècle) cèdent la place à une organisation de l'espace selon les trois lieux principaux : Enfer et Paradis plus un lieu intermédiaire, le Purgatoire, eux-mêmes subdivisés selon une partition de type scolastique qui culmine dans les cercles et corniches de *La Divina Commedia*. Ce travail d'organisation de l'espace de l'au-delà se fait notamment aux *frontières* : dans le *Purgatoire de saint Patrick* où le lieu intermédiaire est en construction, les champs successifs par où passe le voyageur de l'au-delà sont sans limites visibles, s'étendent à perte de vue. Plus fondamentalement, c'est le processus même de *spatialisation* de l'au-delà, plus particulièrement du Purgatoire, incarnation d'une transformation spirituelle, d'une purification plus que d'un état localisable, qui inquiète la culture savante, l'orthodoxie ecclésiastique. D'Augustin à Thomas d'Aquin et aux pères du concile de Trente les théologiens savants s'efforcent de tenir à distance ce besoin «populaire» de spatialiser la vie spirituelle, de localiser les croyances.

Cet effort de la culture savante s'oriente vers l'élimination de l'ambiguïté ou plutôt de l'ambivalence caractéristique de la culture. Comme l'a bien noté Jean-Claude Schmitt, la théologie scolastique refuse un au-delà qui serait à la fois Purgatoire, Enfer ou Paradis. L'Enfer biparti comprenant une géhenne supérieure d'où l'on pourrait sortir et une géhenne inférieure où l'on tomberait pour l'éternité, l'au-delà celte du roi Arthur fait d'un mélange d'épreuves et de jouissances sont remplacés par des lieux éternels – Enfer et Paradis – séparés jusqu'au Jugement dernier par une antichambre du Paradis, le Purgatoire.

Le travail sur le temps est particulièrement intense et significatif. Le temps du Purgatoire se divise en un temps objectif et un temps subjectif. Le temps objectif est un temps mesurable, sécable, manipulable à la manière du temps qui s'installe sur terre, c'est un temps largement dépendant – selon des principes de «proportionnalité» empruntés à Euclide – de la quantité et de la qualité des péchés du défunt – ou du voyageur qui en est la doublure – et des souffrances des vivants. Le temps subjectif est le temps populaire à l'envers. Là où le voyageur folklorique croyait avoir passé très peu de temps dans l'au-delà, l'hôte du Purgatoire s'imaginait y avoir séjourné dix ou cent fois plus longtemps[33].

La difficulté que le christianisme des clercs a à admettre un au-delà *intermédiaire*, pour des raisons aussi logiques qu'idéologiques, conduit l'Église à une quasi-identification entre Enfer et Purgatoire, à une infernalisation du Purgatoire, jadis bien repérée par Arturo Graf[34].

Il ne faut pas oublier la manipulation fondamentale que le style du récit savant fait subir à l'esthétique très différente de la narration populaire. L'auteur de la vision étudiée par Giuseppe Gatto déclarait avoir seulement voulu «augmenter l'élégance du récit». Ce souci de la forme des clercs savants est plus qu'une simple volonté esthétique, un pur goût «littéraire». C'est la marque profonde du passage d'un univers de sensibilité et de culture à un autre. Quand on voit le rédacteur savant de la vision de Turchill donner à son au-delà l'aspect d'une scène de théâtre et transformer son voyageur en un spectateur du théâtre de l'autre monde[35], on peut se demander s'il n'y a pas là à la fois une rationalisation radicale de l'espace populaire et la forme la plus poussée de domestication de l'errance narrative du récit folklorique, le renfermement théâtral.

IV. ESQUISSE D'UNE HISTOIRE SOCIOCULTURELLE DES VOYAGES DANS L'AU-DELÀ AU MOYEN ÂGE

Je ne ferai qu'ébaucher une périodisation des voyages dans l'au-delà qui devrait se fonder sur un inventaire et une analyse systématiques de tous les textes existants. On pourrait avancer, à titre d'hypothèse, que:

1. Jusqu'au VIIe siècle, la volonté de l'Église de détruire ou d'occulter la culture folklorique assimilée au paganisme a pratiquement fait disparaître les voyages dans l'au-delà. Seuls des lambeaux de l'autre monde s'échappent dans certains *Dialogues* de Grégoire le Grand.

---

33. Sur ce thème, voir J.-Cl. Schmitt, *op. cit.*, p. 92, n. 1.
34. A. Graf, «Artu nell'Etna», in *Leggende, miti e superstizioni del Medioevo*, Turin, 1925.
35. Henri Rey-Flaud (*Pour une dramaturgie du Moyen Âge*, Paris, 1980, pp. 82-83) a rapproché la vision de Turchill du théâtre du début du XIIIe siècle et notamment du *Jeu de Saint Nicolas* de l'Arrageois Jean Bodel.

2. Du VIIe au Xe siècle, c'est la grande époque des visions de l'au-delà. Elle correspond au grand essor du monachisme, au filtrage par la culture monastique des éléments populaires résurgents.
3. Aux XIe-XIIe siècles, surtout au XIIe, c'est la grande poussée du folklore liée à la promotion des laïcs.
4. La contre-attaque de la culture savante se développe à la fois sur le plan de la rationalisation de l'au-delà et de l'infernalisation de l'autre monde souterrain.

III
LE CORPS

CORPS ET IDÉOLOGIE
DANS L'OCCIDENT MÉDIÉVAL

> «Une histoire plus digne de ce nom que les timides
> essais auxquels nous réduisent aujourd'hui nos
> moyens ferait leur place aux aventures du corps.»
> MARC BLOCH, La Société féodale.

LA RÉVOLUTION CORPORELLE

Parmi les grandes révolutions culturelles liées au triomphe du christianisme en Occident, une des plus grandes est celle qui concerne le *corps*. Même les doctrines antiques qui privilégient l'âme ne conçoivent pas de vertu ou de bien qui ne s'exerce par la médiation du corps. Le grand bouleversement de la vie quotidienne des hommes qui, dans les villes, lieu dans l'Antiquité de la vie sociale et culturelle par excellence, supprime le théâtre, le cirque, le stade et les thermes, espaces de sociabilité et de culture qui, à des titres divers, exaltent ou utilisent le corps, ce bouleversement achève la déroute doctrinale du corporel.

CORPS ET ÂME

L'incarnation est humiliation de Dieu. Le corps est la prison (*ergastulum* – prison pour esclaves) de l'âme, c'est, plus que son image habituelle, sa définition. L'horreur du corps culmine dans ses aspects sexuels. Le péché

Première publication en italien in J. Le Goff, *Il Meraviglioso e il quotidiano nell'Occidente medievale*, Rome-Bari, Laterza & Figli, 1983, pp. 45-50.
Ces remarques ont été présentées au colloque «Homme biologique et Homme social» (L'articulation des sciences anthroposociales et des sciences naturelles) encore inédit, organisé par le Centre Royaumont pour Une Science de l'homme, sous le patronage de la Délégation générale à la recherche scientifique et technique.

originel, péché d'orgueil intellectuel, de défi intellectuel à Dieu est changé par le christianisme médiéval en péché sexuel. L'abomination du corps et du sexe est à son comble dans le corps féminin. D'Ève à la sorcière de la fin du Moyen Âge, le corps de la femme est le lieu d'élection du Diable. À l'égal des temps liturgiques qui entraînent un interdit sexuel (carême, vigiles et fêtes), le temps du flux menstruel est frappé de tabou : les *lépreux* sont les enfants d'époux qui ont eu des relations sexuelles pendant la menstruation de la femme. L'inévitable rencontre du physiologique et du sacré conduit à un effort de négation de l'homme biologique : vigile et jeûne qui défient le sommeil et l'alimentation. Le péché s'exprime par la tare physique ou la maladie. La maladie symbolique et idéologique par excellence du Moyen Âge, la lèpre (qui remplit les mêmes fonctions que le cancer dans notre société), est avant tout la lèpre de l'âme. Le chemin de la perfection spirituelle passe par la persécution du corps : le pauvre est identifié à l'infirme et au malade, le type social éminent, le moine, s'affirme en tourmentant son corps par l'ascétisme, le type spirituel suprême, le saint, ne l'est jamais aussi indiscutablement que lorsqu'il fait le sacrifice de son corps dans le martyre. Quant aux clivages sociaux laïcs essentiels ils ne s'expriment jamais mieux qu'en oppositions corporelles : le noble est beau et bien fait, le vilain est laid et difforme (*Aucassin et Nicolette*, *Yvain* de Chrétien de Troyes, etc.). Plus encore que poussière, le corps de l'homme est pourriture. La voie de toute chair c'est la décrépitude et la putréfaction. Dans la mesure où le corps (Marie-Christine Pouchelle en parlera plus pertinemment) est une des métaphores privilégiées de la société et du monde, ces derniers sont entraînés dans cette inéluctable décadence. Le monde du christianisme médiéval, selon la théorie des six âges, est entré dans la vieillesse. *Mundus senescit.*
Un poème célèbre atteste à l'extrême fin du XIIe siècle cette omniprésence du corps courant à sa consomption : les *Vers de la Mort* du cistercien Hélinand de Froimont :

« Un corps bien nourri, une chair délicate »
n'est qu'« une chemise de vers et de feu » (les vers du cimetière et le feu de l'enfer)
Le corps est « vil, puant et flétri »
La joie de la chair est empoisonnée et corrompt notre nature.

Pourtant, le salut du chrétien passe par un sauvetage du corps et de l'âme ensemble.
Le moine anglais qui, vers 1180, écrivit le *Purgatoire de saint Patrick* et raconte un voyage dans l'au-delà s'excuse de ce que, s'apprêtant à parler des tortures des impurs et des joies des justes, il ne parlera de rien qui ne

LE CORPS

soit corporel ou semblable aux corps. Saint Augustin et saint Grégoire sont appelés en renfort pour expliquer que des châtiments corporels puissent punir des esprits incorporels. « En homme corporel et mortel les choses spirituelles n'apparaissent que comme sous une apparence et une forme corporelles – "*quasi in specie et forma corporali*". »
Que l'âme en effet apparaisse elle-même aux hommes du Moyen Âge sous une forme corporelle n'est pas le moindre paradoxe de ce système du christianisme médiéval. Sa représentation habituelle est celle d'un petit homme ou d'un enfant. Elle peut prendre des formes matérielles plus déconcertantes encore. Dans le *Dialogus miraculorum* de Césaire de Heisterbach au début du XIIIe siècle on voit les démons jouer avec une âme comme avec un ballon.
Le sacré se révèle souvent pour les hommes du Moyen Âge dans ce troublant contact entre le spirituel et le corporel. Les rois thaumaturges manifestent leur sacralité en guérissant les écrouelles qu'ils touchent. Les cadavres des saints prouvent leur sainteté en répandant une odeur suave, l'odeur de sainteté. Les révélations divines comme les tentatives diaboliques s'expriment dans les corps ensommeillés par les rêves et les visions qui ont si longtemps déconcerté les hommes du Moyen Âge. Au XIIe siècle un des esprits les plus originaux du Moyen Âge, sainte Hildegarde de Bingen, en qui on a cru reconnaître une épileptique (mais qu'importe?), pose les fondements d'une biologie et d'une médecine intimement liées à la théologie mystique dans son étrange traité *Causae et curae*.

CORPS ET ESPACE[1]

L'homme gesticulant si suspect aux clercs du Moyen Âge n'évoque-t-il pas l'acteur du théâtre païen et le possédé du démon qui inscrit ses mouvements dans l'espace? Il n'y a pas de lieu de rencontre plus important entre l'homme biologique et l'homme social que l'espace. Or l'espace est objet éminemment culturel, variable selon les sociétés, les cultures et les époques, espace orienté pénétré d'idéologie et de valeurs.

---

1. Ces courtes remarques sont écrites en marge des importantes recherches de Marie-Christine Pouchelle, *Savoir médical et symbolique du corps dans la seconde moitié du Moyen Âge. La «Chirurgie» d'Henri de Mondeville (1306-1320)* (thèse inédite soutenue à l'université de Paris X en 1980), et de Jean-Claude Schmitt sur les systèmes de gestes du Moyen Âge dans le cadre du Groupe d'anthropologie historique de l'Occident médiéval de l'École des Hautes Études en Sciences sociales.

Or il semble bien qu'à l'intérieur des systèmes de valorisation de l'espace qu'offre la tradition indo-européenne, l'homme médiéval, plutôt que l'opposition gauche-droite (certes toujours existante, Dieu au Jugement dernier ne mettra-t-il pas les bons à sa droite et les méchants à sa gauche), ait privilégié l'opposition haut/bas et l'opposition intérieur/extérieur. J'ai été frappé, en m'entretenant avec le psychiatre belge Jacques Schotte, de constater que celui-ci considérait ce système de double opposition comme fondamental pour éclairer le système des maladies mentales. Peut-être y a-t-il là une piste pour repérer les relations profondes entre homme biologique et homme social dans leur ancrage historique.

LES GESTES DU PURGATOIRE

Au carrefour de deux enquêtes récentes dans le domaine de l'anthropologie historique de l'Occident médiéval, j'ai ébauché une étude des gestes du Purgatoire. Je voudrais en présenter les grandes lignes en hommage à Maurice de Gandillac qui a toujours favorisé l'ouverture de voies nouvelles en science du Moyen Âge et a prêché d'exemple dans son œuvre.

D'une part je viens d'achever une enquête de plusieurs années sur la naissance du Purgatoire[1]. Dès les origines les chrétiens, en priant pour leurs défunts, manifestent qu'ils croient possible une rémission des péchés après la mort. Mais le temps, le lieu et les modalités de cette purgation demeurent longtemps dans le vague malgré les germes de solution proposés par Clément d'Alexandrie et Origène chez les Grecs où la voie du Purgatoire ne s'ouvre pas, Augustin et Grégoire le Grand chez les Latins où le processus de localisation du Purgatoire ne s'accélère qu'au XIIe siècle. Le substantif *purgatorium*, le Purgatoire, apparaît dans le dernier tiers du siècle. Cette véritable «naissance» du Purgatoire s'insère dans une grande mutation des mentalités et des sensibilités au tournant du XIIe au XIIIe siècle, notamment dans un remaniement profond de la géographie de l'au-delà et des rapports entre la société des vivants et la société des morts.

D'autre part, avec Jean-Claude Schmitt et un petit groupe du Centre de recherches historiques de l'École des Hautes Études en Sciences sociales, nous menons depuis quelque temps une recherche sur les systèmes de gestes au Moyen Âge, nous efforçant de récupérer pour la documentation

---

Première publication in *Mélanges offerts à Maurice de Gandillac*, codir. J.-F. Lyotard, Annie Cazenave, P.U.F., 1985, pp. 457-464.

1. Voir *infra*, *La Naissance du Purgatoire*, pp. 771 *sqq.*

historique, au-delà de l'écrit et de la parole, cette troisième donnée fondamentale qui en est d'ailleurs le plus souvent le complément. Nous avons déjà repéré une certaine conjoncture de l'attention aux gestes dans l'Occident médiéval et la constitution aux XIIe-XIIIe siècles d'un système de contrôle idéologique des gestes par l'Église. Le premier texte théorique important à cet égard est le *De eruditione novitiorum* du grand théologien Hugues de Saint-Victor, vers 1130[2]. Nos recherches nous conduisent à penser que le christianisme du haut Moyen Âge a considéré la gesticulation comme suspecte et le mot même de *gestus* a subi une éclipse entre le Ve et le XIIe siècle[3]. Geste fait surtout penser à deux domaines abhorrés par les chrétiens qui y menaient un combat vigoureux contre les survivances païennes : celui du théâtre, celui de la possession diabolique. Les spécialistes du geste, mimes ou possédés, étaient des victimes ou des suppôts de Satan. La milice du Christ était discrète, sobre dans ses gestes. L'armée du Diable gesticulait.

Aux alentours de 1190 un cistercien anglais écrivit un traité qui joua un grand rôle dans la naissance et la diffusion du Purgatoire, le *Purgatoire de saint Patrick*[4]. C'est l'histoire d'une aventure, d'une croyance, d'une pratique qui se situent dans une île, Station Island, au milieu d'un lac, le Lough Derg (le lac Rouge), dans le nord de l'Eire actuelle, tout près de la frontière de l'Irlande britannique du Nord. Ce traité est, dans une longue suite de visions, de voyages imaginaires dans l'au-delà inspirés par la littérature apocalyptique judéo-chrétienne et fortement marqués par Bède, au début du VIIIe siècle, le premier où le Purgatoire est expressément nommé et constitue un lieu spécifique, séparé, dans l'au-delà. Rédigé en latin, le *Purgatorium Sancti Patricii* sera tout de suite traduit en français par la célèbre poétesse Marie de France *(L'Espurgatoire Saint Patriz)* et connaîtra au XIIIe siècle de nombreuses versions en latin ou en langues vulgaires.

Je me suis demandé ce que le *Purgatoire de saint Patrick* nous révélait sur la vision des gestes du Purgatoire par un moine de la fin du XIIe siècle. Constituaient-ils un élément remarquable du nouvel au-delà ? S'ils étaient notés, apparaissaient-ils dans un pur désordre ou relevaient-ils d'un système ? Pouvaient-ils nous apprendre quelque chose sur le rôle du corps dans la conception chrétienne du destin humain ?

---

2. J.-Cl. Schmitt, «Le geste, la cathédrale et le roi», in *L'Arc*, numéro spécial sur Georges Duby, 72, 1978.
3. Voir *infra*, *La Naissance du Purgatoire*, chap. 6, où l'on trouvera, pp. 1002 *sqq.*, la bibliographie concernant le *Purgatorium Sancti Patricii*. Je me suis servi de l'édition d'Ed. Mall, *Zur Geschichte der Legende vom Purgatorium des heiligen Patricius*, in *Romanische Forschungen*, éd. K. Volmöller, 1891, pp. 139-197.
4. J.-Cl. Schmitt, *«Gestus», «gesticulatio». Contribution à l'étude du vocabulaire latin médiéval des gestes. La Lexicographie du latin médiéval et ses rapports avec les recherches actuelles sur la civilisation du Moyen Âge*, Paris, C.N.R.S. (1978), 1981.

LE CORPS

Le traité du moine de Saltrey rapporte l'aventure racontée par un chevalier irlandais, Owein, aventure qui prend place dans la genèse d'un pèlerinage, aujourd'hui encore vivant[5], au lieu dit *Purgatoire de saint Patrick* dans l'île du Lough Derg.
Selon ce récit, saint Patrick avait obtenu de Dieu, pour persuader les Irlandais incrédules, l'ouverture d'un accès à l'au-delà dans un trou de cette île. Celui qui y descendait et y passait une nuit y subissait les peines du Purgatoire. S'il résistait aux diables qui le tourmentaient et le tentaient, il revenait sur terre assuré d'aller au ciel lavé de ses péchés, car, convaincu et terrifié par son expérience, il s'empressait de faire pénitence et de mener désormais une vie exempte de péchés. Si, au contraire, il se laissait séduire par les démons, il ne revenait plus car ils l'avaient emporté en Enfer. Cette épreuve est une ordalie, un quitte ou double sur le salut éternel.
Owein a été averti qu'il doit résister aussi bien aux menaces qu'aux promesses des démons et, s'il se sentait incapable de tenir jusqu'au bout, il n'aurait qu'à invoquer – mais seulement *in extremis* – le nom de Jésus. Il traverse, entraîné par une cohorte de démons, une série de lieux où des hommes et des femmes subissent de la part de diables diverses tortures effrayantes. Au bout du voyage où, à chaque étape, il a échappé aux démons grâce à l'invocation du nom de Dieu, il évite d'être entraîné au fond du puits de l'Enfer où les démons l'ont jeté en prononçant le nom de Jésus, ce qui le fait ressortir du puits, franchit victorieusement un pont vertigineux, étroit et glissant et se trouve au Paradis terrestre d'où on lui montre la porte du Paradis céleste. Il doit prendre le chemin du retour qu'il parcourt, cette fois-ci, sans danger et, sorti du trou où il est descendu, se repent de ses péchés et se convertit à une vie pieuse.
Le *Purgatoire* décrit par le traité du moine de Saltrey est très proche de l'Enfer. C'est un enfer temporaire auquel finalement les âmes et les visiteurs échappent. Tout ce qui s'y passe, y compris les gestes qui y sont accomplis, vaut pour l'Enfer[6] quoique sur le mode relativement mineur et surtout avec deux différences qui ne sont pas sans influence sur les gestes. Le Purgatoire est une succession de lieux dans le même plan, il est parcouru au cours d'une marche, non d'une ascension ou d'une descente. C'est un lieu ouvert, dont on ne voit pas les frontières, dont on sort, d'où on s'échappe. Mais dans ce texte, très influencé par sa source principale, l'Apocalypse de Paul, et chronologiquement situé, à la fin du XIIe siècle, à un

---

5. V. Turner et E. Turner, *Image and Pilgrimage in Christian Culture*, Oxford, 1978, chap. III : « St Patrick's Purgatory : Religion and Nationalism in an Archaic Pilgrimage », pp. 104-139.
6. Voir G. Le Don, « Structures et significations de l'imagerie médiévale de l'Enfer », in *Cahiers de Civilisation médiévale*, XXII, 1979, pp. 363-372.

moment où le système du Purgatoire n'est pas encore bien constitué, certains gestes qui seront par la suite typiques du Purgatoire n'apparaissent pas ici. Ce sont les prières des morts qui y sont purgés, prières faites aux visiteurs pour que, de retour sur terre, ils alertent leurs proches qui peuvent, par les suffrages, raccourcir leur temps de Purgatoire, prières à Dieu car ils ont l'espoir d'aller au Paradis auquel ils sont théoriquement promis. Quand se développera, tardivement, pas avant le XIVe siècle semble-t-il, une iconographie du Purgatoire, ce sera ce geste de la prière qui permettra de reconnaître les torturés du Purgatoire des damnés de l'Enfer, les flammes du feu temporaire de celles du feu éternel.

Les êtres qui bougent dans le *Purgatorium Sancti Patricii* appartiennent à deux catégories : les hommes et les démons. Parmi les hommes, il faut distinguer les morts des deux sexes – qui sont des âmes mais munies d'une sorte de corps qui leur permet de ressentir des souffrances matérielles –, torturés dans le Purgatoire, et le visiteur qui conserve son statut d'homme terrestre. Parmi les démons, il y a ceux qui accompagnent et qui tentent Owein, ceux qui torturent les punis du Purgatoire. Leur statut est identique, seule leur mission, leur fonction est différente.

Je note que les épreuves subies par la gent du Purgatoire et par Owein consistent en un ensemble étroitement lié de tortures des corps, de cris, clameurs, vociférations insupportables et d'odeurs fétides, de puanteurs insoutenables, en même temps que de spectacles terrifiants. C'est donc un système qui affecte le corps tout entier et toutes ses facultés. Quatre des cinq sens sont concernés : la vue, l'odorat, l'ouïe, le toucher. Seul le goût en paraît exclu (pourquoi ?), mais pas tout à fait car, par exemple, un des supplices consiste à être immergé dans des cuves pleines de métaux en ébullition jusqu'aux sourcils, ou aux *lèvres*, ou au cou, ou à la poitrine, ou au nombril ou aux genoux, ou par un pied ou une main. Dans d'autres cas la langue sera transpercée et torturée. Je ne m'attarde pas à cet aspect du système du Purgatoire (ou de l'Enfer) mais il ne faut pas oublier que les gestes de l'au-delà sont habituellement pris dans un ensemble plus large qui met en cause le corps humain.

Le système fondamental des gestes de ce Purgatoire est qu'il y a d'un côté des personnages qui manipulent les autres, qui leur imposent leurs gestes, et de l'autre des individus dont les gestes résultent de cette action à laquelle ils sont soumis. Il y a, au sens actif du mot, des gesticuleurs et, passivement, des gesticulés. Les premiers sont les démons, les seconds les hommes.

Owein, du point de vue des gestes, passe par trois phases. Au début et à la fin de son aventure, quand il est libre, ou plutôt quand il n'obéit qu'à la nature humaine, entre le péché originel, le libre arbitre et la grâce, il descend – dans cette conception d'un Purgatoire souterrain – puis il remonte.

Pendant toute la phase centrale, la plus longue, il traverse des lieux situés au même niveau.
Pendant toute cette épreuve il est essentiellement le jouet des démons qui l'escortent et l'attaquent. Il est traîné, entraîné, poussé, assailli. Mais comme il conserve son statut terrestre et résiste victorieusement aux démons, ses gestes sont rarement exprimés par un verbe passif *(missus in ignem, introductus autem domum)*. Il est le plus souvent seulement le complément d'objet direct des gestes des démons *(militem...* proiecerunt, *eum... torrerent, contraxerunt militem... eum* traxerunt, *te...* ducentes, *militem* trahentes, etc.). Toutefois, pendant les intermèdes où, ayant invoqué le nom de Jésus, il a retrouvé une relative indépendance, il poursuit son chemin en conservant une certaine autonomie, il sort, il vient, il entre, il parvient dans un des lieux suivants du Purgatoire *(pervenit, intravit, exivit,* etc.). D'autre part les démons qui l'incitent à rebrousser chemin évoquent son éventuel retour avec des verbes qui expriment la liberté de gestes et de mouvement qu'il aurait alors *(revertaris, reverti volueris,* etc.). Quand on indique qu'il reste debout, immobile – la station étant le plus ambigu, le plus polysémique des gestes corporels –, c'est lorsque la situation est la plus problématique pour lui. C'est quand il est auprès du puits de l'Enfer après en avoir été éjecté : il reste seul un moment auprès du puits *(iuxta puteum solus aliquandiu stetit)*, il s'en écarte mais ne sait où aller *(cumque se ab ore putei subtrahens stetisset ignoransque quo se verteret)*, et des démons inconnus sortis du puits lui demandent ce qu'il fait *(quid ibi stas?)*. Expression évidemment symbolique de sa situation (et de son choix) entre salut et damnation. En revanche, devant l'ultime épreuve, celle du pont à franchir, il retrouve l'initiative. Fort d'être devenu libre par l'intervention de Jésus qu'il a invoqué *(cogitans... de quantis eum* liberavit *advocatus eius piissimus)*, il se met (prudemment) à avancer, il avance, il monte sur le pont, il avance... *(coepit pedetentim... incedere, incedebat, ascendit, incedebat, securus... procedens)*. Ici ce sont en revanche les diables qui doivent s'arrêter *(qui hucusque* perduxerant, *ulterius* progredi non valentes, *ad pedem pontis* steterunt), et ils sont désormais impuissants à le manipuler *(videntes* eum libere transire).
Owein traverse successivement un pré noir, quatre champs, un lieu occupé par une immense roue de feu, une maison de bains, une montagne environnée par un grand vent et baignée par un fleuve glacial, un lieu vers lequel il descend et où se trouve le puits où l'on tombe en Enfer, le pont qui domine un fleuve de feu au-dessous duquel se trouve l'Enfer. Tous ces lieux sont pleins d'hommes et de femmes torturés. Il ne m'importe pas ici que ces différents lieux qui constituent le Purgatoire soient l'addition des types d'endroits infernaux imaginés depuis la plus haute Antiquité. Je ne retiens que

l'absence d'inégalité d'altitude sauf aux abords du puits de l'Enfer vers lequel il faut descendre et sur le pont qui est dressé et sur lequel il faut monter. Le plus intéressant me paraît être l'immensité des lieux traversés. La première région est *«vasta»*. Il la quitte par une vallée très large *(per vallem latissimam)*. Le premier campus est très large et très long *(latissimum et longissimum)* et à cause de sa très grande longueur, le chevalier ne peut en apercevoir le bout *(finis autem illius campi prae nimia longitudine non potuit a milite videri)*. Le second champ s'étend aussi à l'infini et le chevalier le traverse comme le précédent en diagonale *(in transversum enim campos pertran sivit)*. Si rien n'est dit sur les dimensions des deux champs suivants, la maison est d'une telle largeur et d'une telle longueur qu'Owein n'en voit pas non plus les extrémités *(ut illius non potuisset ultima videre)*, le puits de l'Enfer en revanche ne s'élargit qu'au fur et à mesure de la chute d'Owein, tout comme le pont ne s'agrandit qu'au fur et à mesure qu'il y progresse. L'immensité des éléments du Purgatoire peut certes provenir en partie de la volonté d'impressionner le héros et le lecteur (ou l'auditeur) mais j'y vois surtout les incertitudes de l'auteur sur la géographie du Purgatoire et son désir de laisser au voyageur une certaine latitude de gestes et de mouvements dans ses espaces sans frontière visible.

Les torturés n'ont aucune initiative gestuelle. Ou bien ils sont dans des positions et des situations de passivité ou bien ils sont l'objet des gestes agressifs des démons.

Dans le premier cas, ils sont étendus par terre *(in terra* jacentibus, ventre *ad terram* verso *illorum ventres, istorum dorsa* terrae haerebant, *in terra* extendebantur, *in terram* iacebant, etc.) ou suspendus (*suspendebantur, pendebant, pendentes*, etc.), ou fixés, en général par des crocs et des clous (*defixis, fixis, fixi, trasfixi, infixi*, etc.), ou encore plongés dans divers liquides (imersi, *ubriusque sexus et aetatis* mergebatur *hominum multitudo*, etc.).

Dans le second cas, ils gesticulent au passif ou sont les compléments d'objet des actions menées contre eux par les démons ou les monstres du Purgatoire (dragons, serpents, crapauds) : *inter eos et super eos discurere et caedere, super alios sedebant et quasi comedentes eos dentibus ignitis lacerabant, capita sua pectoribus miserorum imprimentes flagris eos cruciabant, flagris daemonum cruciabantur, cremabantur, urebantur, assabantur, eos immerserunt*, etc. Quant aux démons ils sont d'une part libres de leurs mouvements et de l'autre agressent le chevalier et les punis du Purgatoire.

Pour exprimer leur liberté par exemple: *irruere, egredientes, euntes venissent, discurrere, transcurrentes, transeuntes, pervenerunt, vertunt discurrentes, procedentes, recedentes, currentes, approximantes*, etc. Il y a comme on le voit une majorité de termes, indiquant un excès d'agitation, caractéristiques de la gesticulation diabolique.

LE CORPS

Pour montrer leur agressivité : *proiecerunt, traxerunt, torrerent, contraxerunt, proiicere, praecipitaverunt se trahentes secum militem*, etc., avec une majorité de gestes de traction et de jet.
Il faudrait relever, classer, compter, analyser de façon exhaustive ces termes exprimant des gestes. Je me contenterai d'indiquer ici que j'ai relevé dans les chapitres VI à XV du *Purgatorium Sancti Patricii* qui occupent les pages 160-177[7] de l'édition Mall cent soixante-six verbes ou expressions verbales exprimant des gestes, mouvements ou postures : soixante-seize ont pour sujet les démons, cinquante-huit le chevalier Owein, trente-deux les torturés du Purgatoire. Ces chiffres simples indiquent immédiatement une hiérarchie de la gesticulation : en tête les gesticuleurs, en position moyenne le gesticulé qui conserve une certaine indépendance, en queue les gesticulés entièrement passifs. Pour ces derniers les trente-deux verbes de gestes et mouvements les concernant se décomposent en seize passifs, neuf quasi passifs (*iacere, pendere*, etc.), trois négatifs, trois «de conatu» exprimant un effort qui échoue.
En conclusion, je proposerai deux hypothèses provisoires confirmées par d'autres recherches de notre groupe. La première, c'est l'importance des notations de mouvement par rapport à un espace orienté. Les systèmes d'opposition spatiale privilégiés par le christianisme médiéval – mais pas uniquement médiéval[8] – sont, d'une part, le couple haut-bas qui engendre le couple monter-descendre et, d'autre part, le couple intérieur-extérieur qui produit le couple entrer-sortir qui peut devenir le trio entrer-traverser-sortir. Dans l'idéologie chrétienne médiévale les orientations valorisées sont celles du haut et de l'intérieur. L'idéal, le programme proposés au chrétien sont l'ascension et l'intériorisation. Ici l'espace du récit est celui de l'au-delà, d'un nouvel au-delà qui se place dans une perspective d'espoir et de renforcement des chances de salut à travers l'épreuve purgatoire, punitive et purificatrice. Les gestes sont ceux de la descente, du cheminement horizontal et de la remontée[9]. Par ailleurs, le mouvement recommandé doit être ici l'inverse du mouvement réalisé puisqu'il s'agit d'échapper à cet intérieur mauvais. Le bon processus est donc entrer-traverser-sortir.
Toute analyse d'un ensemble gestuel médiéval doit donc se situer dans ce contexte d'un espace orienté par l'attraction du haut et de l'intérieur.

---

7. Mall a édité face à face le texte de deux manuscrits du *Purgatorium*. Ce décompte ne vaut que pour l'un des manuscrits. Le texte ne couvre donc que la moitié environ des pages indiquées.
8. Voir C. Ginzburg, «High and Low : The Theme of Forbidden Knowledge in the XVIth and XVIIth Centuries», in *Past and Present*, 73, novembre 1976, pp. 28-41.
9. On sait que Dante a choisi une autre solution du cheminement au Purgatoire. Le Purgatoire de *La Divine Comédie* est une montagne, le cheminement est une ascension : voir *infra*, *La Naissance du Purgatoire*, chap. 10, pp. 1175-1202.

La seconde hypothèse concerne la généralisation d'un système de personnages affrontés par les gestes : des gesticuleurs et des gesticulés car il n'y a pas plus de personnage gesticulant isolé, de partenaires réels ou imaginaires qu'il n'y a de geste séparé d'une structure gestuelle englobante. L'homme doit cesser d'être un gesticulé du démon pour devenir ou redevenir un gesticuleur humain qui saura orienter sa gesticulation dans le triple bon sens du haut, de l'intérieur et du modéré – troisième mot d'ordre de la morale chrétienne du geste. Ainsi l'homme pourra accomplir les gestes du grand retour, le *redditus* à Dieu[10].

Certes dans un texte comme le *Purgatorium Sancti Patricii*, la référence au système de gestes chrétien dominant est surdéterminée – puisque c'est le salut même de l'homme qui est effectivement en jeu. Mais les gestes du Purgatoire ne sont que le miroir grossissant des gestes terrestres. Le chevalier Owein est bien – comme l'homme de l'Occident chrétien médiéval – un pécheur *in via*, un *viator*, qui gesticule dans un système gestuel où l'enjeu du geste est la vie (ou la mort) éternelle.

---

10. Comme exemple d'une pensée théologique du Moyen Âge construite sur le thème du *redditus*, voir M. Corbin, *Le Chemin de la théologie chez Thomas d'Aquin*, Paris, 1974.

LE REFUS DU PLAISIR

> « J'aime l'horreur d'être vierge. »
> MALLARMÉ.

Pour l'opinion commune, l'Antiquité tardive a marqué un tournant capital dans les conceptions et les pratiques de la sexualité en Occident. Après une période antique gréco-latine où la sexualité, le plaisir charnel sont des valeurs positives et où règne une grande liberté sexuelle, une condamnation générale de la sexualité et une stricte réglementation de son exercice se mettent en place. Le principal agent de ce renversement, c'est le christianisme.

Récemment, la thèse a été avancée – par Paul Veyne[1] et Michel Foucault[2] – que ce tournant existe bien mais qu'il est antérieur au christianisme. Il daterait du Haut-Empire romain (Ier-IIe siècle); et il existerait chez les Romains païens, bien avant la diffusion du christianisme, un «puritanisme de la virilité».

Dans le domaine de la sexualité aussi, le christianisme est tributaire à la fois d'héritages et d'emprunts (juifs, gréco-latins, gnostiques) et de l'air du temps. Il se situe aussi dans ce vaste bouleversement des structures économiques, sociales et idéologiques des quatre premiers siècles de l'ère dite chrétienne où il apparaît à la fois – comme souvent en histoire – comme un produit et un moteur. Mais son rôle a été décisif.

Comme le dit Paul Veyne, le christianisme a donné une justification transcendante, fondée à la fois sur la théologie et le Livre (interprétation de la Genèse et du péché originel, enseignement de saint Paul et des Pères) – ce qui est très important. Mais il a aussi transformé une tendance minoritaire en comportement «normal» de la majorité, en tout cas dans les classes dominantes, aristocratiques et/ou urbaines, et fourni aux nouveaux

---

Première publication: «L'amour et la sexualité», in *L'Histoire*, 63, janvier 1984, pp. 52-59.

1. «Les noces du couple romain», in *L'Histoire*, 63, janvier 1984, pp. 47-51.
2. On trouvera la référence des travaux des auteurs cités dans cette étude *infra*, Bibliographie sommaire, p. 578.

comportements un encadrement conceptuel nouveau (vocabulaire, définitions, classifications, oppositions) et un contrôle social et idéologique rigoureux exercé par l'Église et le pouvoir laïc à son service. Il a offert enfin une société exemplaire réalisant sous sa forme idéale le nouveau modèle sexuel : le monachisme.

Aux raisons qui avaient pu pousser les Romains païens vers la chasteté, la limitation de la vie sexuelle au cadre conjugal, la condamnation de l'avortement, la réprobation à l'égard de la « passion amoureuse », le discrédit de la bisexualité, les chrétiens ajoutaient un motif nouveau et pressant, l'approche de la fin du monde qui exige la pureté. Saint Paul les avertit : « Je vous le dis, frères : le temps se fait court. Que désormais ceux qui ont femme vivent comme s'ils n'en avaient plus » (I Corinthiens, VII, 29). Certains extrémistes de la pureté se châtrent même, comme Origène : « Et il y a aussi des eunuques qui se sont châtrés eux-mêmes à cause du Royaume des Cieux », avait déjà relevé Matthieu (XIX, 12).

LA CHAIR PÉCHERESSE

Avec le christianisme, en effet, une première nouveauté est le lien entre la chair et le péché. Non que l'expression « péché de chair » soit fréquente au Moyen Âge. Mais on voit à son propos le processus qui, tout au long du Moyen Âge, par glissement de sens, fait servir l'autorité suprême, la Bible, à justifier la répression d'une grande partie des pratiques sexuelles. Dans l'Évangile de Jean, la chair est rachetée par Jésus puisque « le verbe s'est fait chair » (I, 14) et que Jésus, à la dernière Cène, fait de sa chair le pain de la vie éternelle. « C'est ma chair pour la vie du monde [...] Si vous ne mangez la chair du Fils de l'homme et ne buvez son sang vous n'aurez pas la vie en vous. Qui mange ma chair et boit mon sang a la vie éternelle » (Jean, VI, 51-54). Mais déjà Jean oppose l'esprit et la chair, et affirme : « C'est l'esprit qui vivifie, la chair ne sert de rien » (VI, 63). Paul opère aussi un léger glissement : « Dieu, en envoyant son propre fils, avec une chair semblable à celle du péché et en vue du péché, a condamné le péché dans la chair [...] car le désir de la chair, c'est la mort, [...] car si vous vivez selon la chair vous mourrez » (Romains, VIII, 3-13). Grégoire le Grand, au début du VIIe siècle, emploie sans ambiguïté l'expression : « Qu'est-ce que le soufre sinon l'aliment du feu ? Qu'est-ce qui nourrit donc le feu pour qu'il exhale une aussi forte puanteur ? Que voulons-nous donc dire par soufre, sinon le péché de chair ? » (*Moralia*, XIV, 19).

Mais le christianisme ancien parle plutôt d'une diversité de péchés de chair que d'un seul péché de chair. L'unification de la réprobation de la sexualité se fait autour de trois notions :
1. Celle de fornication qui apparaît dans le Nouveau Testament et sera consacrée, surtout à partir de la fin du XIIIe siècle, par le sixième commandement de Dieu : « Tu ne forniqueras point », qui désignera tous les comportements sexuels illégitimes (y compris à l'intérieur du mariage) ;
2. Celle de concupiscence, qu'on rencontre surtout chez les Pères et qui est à la source de la sexualité ;
3. Celle de luxure qui, lorsque se construit le système des péchés capitaux du Ve au XIIe siècle, rassemble tous les péchés de chair.

L'héritage biblique n'avait pas muni la doctrine chrétienne d'un lourd bagage de répression sexuelle. L'Ancien Testament, souvent indulgent à cet égard, avait concentré la répression de la sexualité dans les interdits rituels énumérés par le Lévitique, XV et XVIII. Les principaux portent sur l'inceste, la nudité, l'homosexualité et la sodomie, le coït pendant les règles de la femme. Le haut Moyen Âge les reprend. L'Ecclésiastique est très antiféministe : « C'est par la femme que le péché a commencé et c'est à cause d'elle que tous nous mourons » (XXV, 24). En revanche, le Cantique des Cantiques[3] est un hymne à l'amour conjugal palpitant de fièvre amoureuse et même érotique. Mais le christianisme, dans une certaine tradition juive, s'est empressé de donner une interprétation allégorique du Cantique. L'union célébrée, après avoir été celle de Yahvé et d'Israël, fut celle de Dieu avec l'âme fidèle, du Christ avec l'Église. Quand, au XIIe siècle, siècle du retour d'Ovide et de la naissance de l'amour courtois, on se tournera vers le Cantique, le livre de l'Ancien Testament le plus commenté en ce siècle, l'Église, saint Bernard en tête, rappellera que seule en est valable une lecture allégorique et spirituelle.

Dans le Nouveau Testament, les Évangiles sont très discrets sur la sexualité. Ils font l'éloge du mariage, pourvu qu'il soit monogamique et indissoluble. D'où la condamnation de l'adultère (Matthieu, V, 23) et du divorce assimilé à l'adultère (Matthieu, XIX, 2-12 ; Marc, X, 2-12 ; Luc, XVI, 18). Mais Marie reste vierge dans le mariage et le Christ demeure célibataire. Ces « modèles » figureront dans le dossier antimatrimonial du Moyen Âge, encore que celui-ci soit surtout riche de textes pauliniens. Certes, la chair n'est pas assimilée par saint Paul à l'activité sexuelle pécheresse, elle ne désigne au fond, comme dans l'Évangile de Jean, que la nature humaine. Mais Paul insiste sur l'opposition entre chair et esprit, voit dans la chair la source principale du péché et n'accepte le mariage que comme un pis-aller

---

3. Présenté par J. Bottéro in *L'Histoire*, 63, p. 18.

qu'il vaut mieux éviter : « Il est bon pour l'homme de s'abstenir de la femme *[on notera l'antiféminisme]*, mais à cause de la fornication, que chaque homme ait sa femme et chaque femme son mari. Que le mari s'acquitte de son devoir envers sa femme et pareillement la femme envers son mari [...]. Je dis toutefois aux célibataires et aux veuves qu'il leur est bon de demeurer comme moi. Mais s'ils ne peuvent se contenir, qu'ils se marient – mieux vaut se marier que brûler *(melius est enim nubere quam uri)* [...]. Ainsi celui qui se marie avec sa fiancée fait bien mais celui qui ne se marie pas fait mieux encore » (I Corinthiens, VII). Car la chair conduit à la mort éternelle : « Je vous préviens... que ceux qui commettent les œuvres de la chair n'héritent pas du Royaume de Dieu » (Galates, V, 21).

En fait, pour Paul cet appel à la virginité et à la continence est fondé sur le respect du corps humain, « tabernacle du Saint-Esprit ». La diabolisation, au Moyen Âge, de la chair et du corps, assimilés à un lieu de débauche, au centre de production du péché, enlèvera au contraire toute dignité au corps.

LE PÉCHÉ ORIGINEL ET LE SEXE

Saint Paul esquisse ainsi un schéma qui deviendra capital pour décrire l'ensemble de la société selon une hiérarchie définie par rapport à la sexualité. Interprétant sans aucune légitimité la parabole du semeur (Matthieu, XIII, 8 et 23 ; Marc, IV, 8 et 20) dont la graine, selon la qualité de la terre qui la reçoit, produit trente, soixante ou cent, l'Église classera la valeur et la fécondité des hommes et des femmes selon qu'ils sont vierges (*virgines* produisant cent), continents telles les veuves (*continentes*, soixante) ou mariés (*conjugati*, trente). Saint Ambroise exprime dès le IVe siècle cette hiérarchie : « Il y a trois formes de chasteté : le mariage, le veuvage, la virginité » (*Sur les veuves*, 4, 23).

Entre les temps évangéliques et le triomphe du christianisme au IVe siècle, deux séries d'événements assurent le succès de la nouvelle éthique sexuelle : dans l'ordre théorique, la diffusion des nouveaux concepts : chair, fornication, concupiscence et la sexualisation du péché originel ; dans la pratique, l'apparition d'un statut de vierges chez les chrétiens et la réalisation de l'idéal de chasteté dans le monachisme du désert.

Pour la chair, l'essentiel est le durcissement de l'opposition chair/esprit, le glissement du sens de *caro*, humanité assumée par le Christ dans l'Incarnation, à celui de chair faible, corruptible, et celui de charnel à celui

de sexuel. La désignation par *caro* de la nature humaine dérape aussi vers la sexualisation de cette nature et introduit, selon la même évolution suivie par l'éthique païenne, la notion de péché contre nature qui va se dilater au Moyen Âge avec l'extension du concept de sodomie (homosexualité, sodomisation de la femme, coït par-derrière ou la femme se tenant au-dessus de l'homme seront ainsi proscrits).
La fornication est condamnée dans la Bible, notamment dans le Nouveau Testament (Paul, I Corinthiens, VI, 19-20). Plus tard, l'expérience de monachisme amène à en distinguer trois formes : union sexuelle illicite ; masturbation ; érections et éjaculations involontaires (Jean Cassien, *Collations*, XII, 3). C'est saint Augustin qui donne son statut à la concupiscence, désir sexuel. Mais le mot, au pluriel, est déjà chez saint Paul : « Que le péché ne règne pas dans votre corps mortel pour que vous n'obéissiez pas à ses concupiscences » (Romains, VI, 12).
Plus importante est la longue évolution qui conduira à assimiler le péché originel au péché de chair. Dans la Genèse, le péché originel est un péché de l'esprit qui consiste à concevoir l'appétit de connaître et à désobéir à Dieu[4]. Dans les Évangiles il n'y a aucune déclaration du Christ sur le péché originel. Clément d'Alexandrie (v. 150-215) est le premier à avoir rapproché le péché originel de l'acte sexuel. Certes, d'après la Genèse, les principales conséquences du péché originel étaient la perte de la familiarité divine, la concupiscence, la souffrance (dans le travail pour l'homme, dans l'enfantement pour la femme), la mort. Mais c'est Augustin qui lia définitivement péché originel et sexualité par l'intermédiaire de la concupiscence. À trois reprises, entre 395 et 430, il affirme que la concupiscence transmet le péché originel. Depuis les enfants d'Adam et d'Ève, le péché originel est légué à l'homme par l'acte sexuel. Cette conception deviendra générale au XIIe siècle, sauf chez Abélard et ses disciples. Dans la vulgarisation opérée par la plupart des prédicateurs, des confesseurs et des auteurs de traités moraux, le glissement ira jusqu'à l'assimilation du péché originel au péché sexuel. L'humanité a été engendrée dans la faute qui accompagne tout accouplement à cause de la concupiscence qui s'y manifeste forcément.
Cependant, un vaste mouvement – à la fois théorique et pratique – s'était développé pour le respect de la virginité. Tertullien (début du IIIe siècle) et Cyprien inaugurent une série d'ouvrages qui, à partir de Méthode d'Olympe (deuxième moitié du IIIe siècle), sont de vrais traités sur la virginité. Les vierges consacrées vivent à part dans des maisons particulières, au sein d'une communauté. En fait, elles étaient considérées comme des épouses du Christ. Aline Rousselle a judicieusement fait remarquer que le

---

4. Voir Jean Bottéro, « Tout commence à Babylone », in *L'Histoire*, 63, pp. 8-17.

grand mouvement d'ascétisme chrétien commence par les femmes vouées à la virginité et ne s'adresse qu'à partir de la fin du IIIe siècle aux hommes simplement voués à la continence.
C'est le grand mouvement de fuite au désert, recherche de la pureté sexuelle plus que de la solitude. Il se marque souvent au début par des échecs, notamment par des pratiques homosexuelles avec les jeunes garçons qui ont suivi un parent ou un maître au désert. Il sera longtemps accompagné par les lieux communs des tentations sexuelles de l'imaginaire (les tentations de saint Antoine). Victoire sur la sexualité, victoire sur l'alimentation. Des premiers Pères du désert tout au long du Moyen Âge, la lutte contre la concupiscence du manger, du boire, la victoire sur la surabondance alimentaire *(crapula, gastrimargia)* et sur l'ébriété accompagneront presque toujours la lutte contre la concupiscence sexuelle. Quand se formera, au sein du monachisme du Ve siècle, une liste de péchés capitaux ou mortels, la luxure et la gourmandise *(luxuria* et *gula)* seront très souvent accouplées. La luxure naît bien des fois de l'excès de nourriture et de boisson... Selon Aline Rousselle, cette double lutte conduira l'homme à l'impuissance et la femme à la frigidité, point d'aboutissement, succès ultime de l'exercice ascétique.

LA CONVERSION D'AUGUSTIN

Cette nouvelle éthique sexuelle n'est en définitive que la forme la plus spectaculaire, la plus répandue d'un thème stoïcien que le christianisme a repris pour le faire peser sur l'Occident «pendant dix-huit siècles» (J.-L. Flandrin) : le refus du plaisir. C'est l'ère du grand refoulement, dont nous n'avons pas fini de payer les conséquences car la thèse de Max Weber, selon qui la contrainte sexuelle serait à l'origine de l'essor de l'Occident, est infirmée par toute enquête historique sérieuse.
Comment le nouvel idéal s'impose aux convertis de l'Antiquité tardive, nul n'en est meilleur témoin qu'Augustin dans les *Confessions*. Il confie d'abord que la femme, et plus particulièrement celle avec laquelle il vivait, avait été le dernier obstacle à sa conversion. Sa mère Monique avait toujours lié la conversion tant souhaitée de son fils à l'abandon de sa vie sexuelle. Puis deux grands développements sont consacrés aux problèmes de la chair. Le plus intéressant se trouve au livre VIII. On y voit Augustin, non encore converti, prendre en haine la chair comme lieu de l'habitude, de l'abandon au désir. «La loi de péché, c'est la violence de l'habitude qui entraîne et qui

LE CORPS

tient l'âme.» Habitude qui a son siège dans le corps, «la loi de péché qui était dans mes membres» (VIII, v, 12). Ainsi la répression des élans sexuels n'est qu'une forme de ce volontarisme qui caractérise l'homme nouveau, païen puis chrétien. Ce sera au Moyen Âge, dans une société de guerriers, la forme la plus haute de la prouesse.

Puis c'est l'aspiration à la chasteté, désirée mais encore redoutée au temps de l'adolescence: «Donnez-moi la chasteté, la continence, mais ne me la donnez pas tout de suite» (VIII, vii, 17). Puis la partie est presque gagnée: «Du côté où je tournais mon front et où je redoutais de passer, se dévoilait la dignité chaste de la continence sereine, souriante sans rien de lascif, elle m'invitait avec des manières pleines de noblesse à approcher sans hésitation [...]. Et de nouveau elle me parlait [...] "Sois sourd aux tentations impures de ta propre chair sur cette terre..."» (VIII, xi, 27). Enfin, quand il entend la voix lui dire «Prends, lis!» et ouvre le livre de l'Apôtre, ce qu'il lit c'est: «Ne vivez pas dans les festins, dans les excès de vin, ni dans les voluptés impudiques, ni dans les querelles et les jalousies; mais revêtez-vous de Notre Seigneur Jésus-Christ et ne cherchez pas à contenter la chair dans ses convoitises» (VIII, xii, 29). Et l'épisode de la conversion se termine par la joie de Monique, «bien plus chère et plus pure encore que celle qu'elle attendait de petits enfants nés de ma chair!» (VIII, xii, 29).

La plus grande victime de la nouvelle éthique sexuelle, c'est en définitive le mariage[5]. Car, tout moindre mal qu'il fût, il était, malgré tout, toujours marqué par le péché, par la concupiscence qui accompagnait l'acte sexuel. Saint Jérôme, contemporain de saint Augustin, auteur d'une violente attaque contre le mariage dans l'*Adversus Jovinianum* (qui connaîtra beaucoup de succès au XIIe siècle où il servira même à justifier l'amour courtois extra-conjugal), reprend un texte de Sextus Empiricus, philosophe antérieur de deux siècles, disant: «Adultère est aussi l'amoureux trop ardent de sa femme.» Grégoire le Grand (590-604), dans sa lettre à saint Augustin de Cantorbéry, parle de la souillure du plaisir conjugal: la sexualité conjugale peut donc se transformer en fornication. Dans la première moitié du XIIe siècle, le grand théologien parisien Hugues de Saint-Victor dira encore: «L'accouplement des parents ne se faisant pas sans désir charnel *[libido]*, la conception des enfants ne se fait pas sans péché.» L'état de marié, comme celui de marchand, est un de ceux dans lesquels, au Moyen Âge, il est difficile de plaire à Dieu.

Le Moyen Âge (faut-il voir là un signe de «barbarisation»?) objective de plus en plus les péchés de la chair, les enferme dans un réseau de plus en

---

5. Voir Michel Sot, «La genèse du mariage chrétien», in *L'Histoire*, 63, pp. 60-65.

plus serré de définitions, d'interdits et de sanctions. Pour la correction des péchés, des hommes d'Église (souvent des moines irlandais, les extrémistes de l'ascétisme) rédigent des *pénitentiels*, listes de péchés et de pénitences, où l'on retrouve l'esprit des codes barbares. Les péchés de chair y tiennent une place exorbitante, à l'image des idéaux et des fantasmes des militants monastiques. Mépris du monde, humiliation de la chair, le modèle monastique a décidément pesé lourd sur les mœurs et mentalités de l'Occident. Le modèle bénédictin de monachisme équilibré n'éliminera pas complètement l'esprit et les pratiques du désert, désert forestier ou insulaire de l'Occident.

LE REFUS DU PLAISIR

Voici, héritier de cette tradition et des interdits du Lévitique, le texte de Burchard de Worms, canoniste allemand du XIe siècle, dont le *Décret* eut un grand retentissement, à propos de l'«abus de mariage»:

«Avec ton épouse ou avec une autre, t'es-tu accouplé par-derrière, à la manière des chiens? Si tu l'as fait, tu feras pénitence dix jours au pain et à l'eau.

«T'es-tu uni à ton épouse au temps de ses règles? Si tu l'as fait, tu feras pénitence dix jours au pain et à l'eau. Si ta femme est entrée à l'église après l'accouchement avant d'avoir été purifiée de son sang, elle fera pénitence autant de jours qu'elle aurait dû se tenir encore éloignée de l'église. Et si tu t'es accouplé avec elle ces jours-là, tu feras pénitence au pain et à l'eau pendant vingt jours.

«T'es-tu accouplé avec ton épouse après que l'enfant a remué dans l'utérus? ou du moins quarante jours avant l'accouchement? Si tu l'as fait, tu feras pénitence vingt jours au pain et à l'eau.

«T'es-tu accouplé avec ton épouse après qu'une conception fut manifeste? Tu feras pénitence dix jours au pain et à l'eau.

«T'es-tu accouplé avec ton épouse le jour du Seigneur? Tu dois faire pénitence quatre jours au pain et à l'eau.

«T'es-tu souillé avec ton épouse en Carême? Tu dois faire pénitence quarante jours au pain et à l'eau, ou donner vingt-six sous en aumône. Si c'est arrivé pendant que tu étais ivre, tu feras pénitence vingt jours au pain et à l'eau. Tu dois conserver la chasteté vingt jours avant Noël, et tous les dimanches, et pendant tous les jeûnes fixés par la loi, et pour la nativité des apôtres, et pendant les fêtes principales, et dans les lieux publics. Si tu ne l'as pas conservée, tu feras pénitence quarante jours au pain et à l'eau[6]. »

Ce contrôle de la vie sexuelle des couples mariés a pesé sur la vie quotidienne de la majorité des hommes et des femmes, et soumis la sexualité à un rythme aux conséquences multiples (sur la démographie, sur les rapports entre les sexes, sur les mentalités), selon un calendrier parfaitement « contre nature », que Jean-Louis Flandrin a minutieusement analysé. Au VIIIe siècle, les interdits auraient amené les « couples dévots » à ne s'unir que quatre-vingt-onze à quatre-vingt-treize jours par an, sans compter les périodes d'impureté de la femme (règles, grossesse, période *post partum*). J.-L. Flandrin croit plus plausible la continence pendant les seuls week-ends, ce qui aurait amené le temps libre de la sexualité conjugale à cent quatre-vingt-quatre ou cent quatre-vingt-cinq jours par an. Il repère aussi un réaménagement progressif du temps de continence. Le total des interdits reste à peu près le même, mais la répartition change : aux longues périodes des trois carêmes annuels (Noël, Pâques, Pentecôte) succède une fragmentation de petites époques de jeûne, d'abstinence et de continence.

L'AMOUR DONNE LA LÈPRE AUX VILAINS

Des prescriptions à la pratique, le fossé, sans aucun doute, a été grand. La façon dont le confesseur de Saint Louis insiste – comme preuve de sainteté – sur le parfait respect (et même l'exagération) par Louis IX de la continence conjugale montre que ce respect était rare. Mais J.-L. Flandrin pense que les prescriptions de l'Église ont rencontré certaines tendances profondes de la culture et de la mentalité des masses : notion de temps sacré, attesté par les calendriers paysans, sens de l'impureté, respect des interdits. Il y aurait donc eu convergence entre l'éthique savante et la culture « populaire ». Pourtant on voit aussi dans le domaine du sexe surgir – du moins aux yeux de l'Église féodale – le clivage social et culturel entre clercs et laïcs (noblesse comprise) d'une part, entre les deux ordres des clercs et des chevaliers et celui des travailleurs – surtout paysans – de l'autre. Il se manifeste dans l'explication le plus souvent donnée au Moyen Âge pour justifier la lèpre. L'origine peccamineuse[7] des lépreux a en effet été liée par certains théologiens du Moyen Âge à la conception d'un comportement sexuel dif-

---

6. Tiré de J.-L. Flandrin, *Un temps pour embrasser...*, *op. cit.*, pp. 8-9.
7. Peccamineux : qui vient du péché (du latin chrétien *peccamen*, péché).

férent chez les catégories dominantes de la société et chez les couches dominées. Y a-t-il eu une sexualité des « élites » et une sexualité des rustres ? En tout cas, le mépris pour le vilain a trouvé aussi dans le sexe un aliment. Dès la première moitié du VIe siècle, dans un sermon, l'évêque Césaire d'Arles informe son auditoire. Les époux incontinents auront des enfants « lépreux ou épileptiques, ou peut-être démoniaques ». « Bref, tous ceux qui sont lépreux naissent d'ordinaire non pas des hommes savants qui conservent leur chasteté dans les jours contraires et les festivités, mais surtout des rustres qui ne savent se contenir. »

Voici donc deux croyances qui vont traverser le Moyen Âge. D'abord la maladie obsessionnelle et culpabilisante, la maladie-hantise dont la peste prendra le relais au milieu du XIVe siècle, la lèpre, reçoit son origine dans la sexualité coupable – y compris celle des époux, surtout, peut-être, celle des époux – et la macule de la fornication commise dans la chair ressort à la surface du corps. Et comme la chair transmet le péché originel, les enfants paient la faute des parents. Ensuite, il y a cette fixation de l'excès de dévergondage sexuel dans le monde des « illettrés », des pauvres, des paysans. Ce n'est pas un hasard si le servage exprime les conséquences du péché originel dans la société chrétienne médiévale. Esclaves plus que tous autres de la chair, les serfs méritent d'être aussi les esclaves des seigneurs. Dans cette déformation de l'idéal de volontarisme, de résistance, de lutte spirituelle de l'Antiquité tardive, la partie dominée de la société est présentée comme celle des faibles, des abouliques, sans raison, mais aussi sans volonté. Dans ce monde de guerriers, les vilains sont des quasi-animaux, jouets du désir mauvais.

LE SEXE, GIBIER D'ENFER

Cette nouvelle éthique sexuelle s'est imposée à l'Occident pour des siècles. Seulement troublée par l'introduction de l'amour-passion dans les relations sexuelles et dans le mariage, elle ne commence à changer lentement qu'à notre époque. Elle a régné pendant tout le Moyen Âge, mais elle n'a pas été immobile. Dans le grand essor de l'Occident du Xe au XIVe siècle, elle a été marquée, me semble-t-il, par trois grands événements : la réforme grégorienne et le partage sexuel entre clercs et laïcs, le triomphe d'un modèle monogamique indissoluble et exogamique dans le mariage, l'unification conceptuelle des péchés de la chair au sein du péché de luxure *(luxuria)*, dans le cadre du septénaire des péchés capitaux.

Ce qu'on appelle la réforme grégorienne a été un grand *aggiornamento* de la société médiévale, conduite par l'Église et commençant par elle, des alentours de 1050 à 1215 (IVe concile du Latran). Elle institue d'abord l'indépendance de l'Église par rapport aux laïcs. Quelle meilleure barrière instituer entre clercs et laïcs que celle de la sexualité ? À ceux-ci le mariage, aux premiers la virginité, le célibat et la continence. Un mur sépare la pureté de l'impureté. Les liquides impurs sont bannis d'un côté (les clercs ne doivent répandre ni sperme ni sang, et ne pas transmettre le péché originel en procréant), simplement canalisés de l'autre. L'Église devient une société de célibataires. En revanche, elle enferme la société laïque dans le mariage. Comme l'a bien montré Georges Duby, l'Église au XIIe siècle fait triompher son modèle matrimonial, celui de l'Évangile, monogamique, indissoluble.

Ce modèle, l'Église l'étend à l'ensemble des laïcs. Dans les manuels de confesseurs qui remplacent les vieux pénitentiels au XIIIe siècle et qui expriment la nouvelle conception fondée sur la recherche de l'intention du pécheur, les péchés matrimoniaux apparaissent en général dans un traité spécial, *Sur le mariage*. Si la casuistique affine le champ théorique et pratique du mariage, celui-ci reste en gros exclu du processus de diversification et de relative adaptation de la vie religieuse à l'évolution générale de la société. Cela s'explique. Comme le montre Michel Sot, le mariage chrétien est un fait nouveau au XIIIe siècle.

Mais la répression sexuelle ne touche pas que le mariage. J. Boswell a montré que l'Église, jusqu'au XIIe siècle, avait manifesté, dans la pratique au moins, une assez grande indulgence à l'égard de l'homosexualité. Une *gay culture* avait même pu s'épanouir à l'ombre de l'Église et souvent en son sein. Désormais l'indulgence est en règle générale finie. On lutte contre la sodomie, rapprochée de l'hérésie dans un amalgame redoutable. Ainsi les pécheurs sexuels font partie du monde des réprouvés, dans cette grande opération d'exclusion du XIIIe siècle. Les réprouvés sexuels bénéficient même difficilement et rarement du nouvel au-delà qui crée un espace et un temps supplémentaires de purification dans l'Autre Monde : le Purgatoire. Le sexe reste gibier d'Enfer.

Enfin, le système des sept péchés capitaux instaure cette unification longtemps irréalisée des péchés de chair ; le péché de chair a un nom générique : la luxure. Certes, la luxure est rarement en tête de la liste des péchés mortels, contrairement à l'orgueil *(superbia)* et à la cupidité *(avaritia)* qui se disputent cette première place. Mais elle a une autre suprématie. Dans le lieu commun des *filles du Diable*, ces personnifications des péchés que Satan marie aux hommes en accouplant chacune d'elles à une catégorie sociale, la luxure reste une prostituée que Satan « offre à tous ». Peut-être pourra-t-elle

L'IMAGINAIRE MÉDIÉVAL

bénéficier de la tolérance que l'Église et les autorités publiques, surtout urbaines, offrent désormais aux prostituées. Le carcan matrimonial appelle la diffusion du bordel et le succès des étuves. Le péché de chair a son territoire sur la terre comme en Enfer. L'exhibition au tympan de Moissac de la luxure – une femme nue, dont les serpents mordent les seins et le sexe – va hanter pour longtemps l'imaginaire sexuel de l'Occident.

BIBLIOGRAPHIE SOMMAIRE

Ariès Ph., «Saint Paul et la chair», in *Communications*, numéro spécial sur *Sexualités occidentales*, 35, 1982, pp. 34-36.

Boswell J., *Christianisme, tolérance sociale et homosexualité*, Paris, Gallimard, 1985.

Bugge J., *Virginitas: an Essay in the History of a Medieval Ideal*, La Haye, Martinus Nijhoff, 1975.

Chiovaro F., «XIe-XIIIe siècle. Le mariage chrétien en Occident», in *Histoire vécue du peuple chrétien*, éd. J. Delumeau, Toulouse, Privat, 1979, t. I, pp. 225-255.

Duby G., *Le Chevalier, la femme et le prêtre. Le mariage dans la France féodale*, Paris, Hachette, 1981, rééd. in *Féodalité*, Gallimard, Quarto, 1996.

Flandrin J.-L., *Le Sexe et l'Occident. Évolution des attitudes et des comportements*, Paris, Le Seuil, 1981.

Flandrin J.-L., *Un temps pour embrasser. Aux origines de la morale sexuelle occidentale (VIe-XIe siècle)*, Paris, Le Seuil, 1983.

Foucault M., «Le combat de la chasteté», in *Communications*, numéro spécial sur *Sexualités occidentales*, 35, 1982, pp. 15-33.

Noonan J.-T., *Contraception et Mariage. Évolution ou contradiction dans la pensée chrétienne?*, Paris, Éd. du Cerf, trad. fr., 1969.

Rousselle A., *Porneia. De la maîtrise du corps à la privation sensorielle (IIe-IVe siècle de l'ère chrétienne)*, Paris, P.U.F., 1983.

Veyne P., «La famille et l'amour sous le Haut-Empire romain», in *Annales E.S.C.*, 1978, pp. 35-68.

IV
LITTÉRATURE ET IMAGINAIRE

LÉVI-STRAUSS EN BROCÉLIANDE

Esquisse pour une analyse d'un roman courtois
En collaboration avec Pierre Vidal-Naquet

L'épisode qui servira de point de départ aux réflexions que nous présentons ici[1] est tiré du roman de Chrétien de Troyes, *Yvain ou le Chevalier au lion* (vers 1180)[2]. Chevalier de la cour d'Arthur, Yvain a obtenu de son épouse Laudine, gagnée à la suite d'aventures sur lesquelles nous reviendrons, permission de la quitter pendant un an, « pour convoyer le roi et aller tournoyer » (v. 2561-2562). Qu'il dépasse d'un seul jour ce délai et il perdra l'amour de sa femme. Inévitablement – ne sommes-nous pas dans la logique du conte merveilleux, où une condition est posée pour être transgressée?[3] – Yvain laisse passer l'échéance. Montée sur un symbolique palefroi noir, une demoiselle de la « mesnie » de sa femme vient avertir que tout est fini entre eux et qu'il ne doit plus chercher à la revoir. C'est alors qu'Yvain, devenu fou, fuit la cour et gagne la forêt.

Première publication in *Critique*, 325, juin 1974, pp. 543-571; version plus complète, reprise ici, in *Claude Lévi-Strauss*, Gallimard, 1979, coll. «Idées», pp. 265-319.

1. Le titre de cet article s'inspire évidemment du mémoire célèbre d'E. Leach, «Lévi-Strauss in the Garden of Eden: an Examination of some Recent Developments in the Analysis of Myth», in *Transactions of the New York Academy of Science*, 2, 23, 1967. Nous tenons à remercier Claude Gaignebet, authentique homme sauvage, et la très civilisée Paule Le Rider pour les précieuses indications qu'ils nous ont fournies.
2. Pour cette date, et en général les sources et la composition du roman, voir J. Frappier, *Étude sur «Yvain ou le Chevalier au lion» de Chrétien de Troyes*, Paris, 1969, où l'on trouvera l'essentiel de la bibliographie. Nous utilisons et citons, avec quelques menues corrections, l'adaptation en français moderne d'A. Mary, 2ᵉ éd., Paris, 1944. Nous avons connu trop tard pour l'utiliser comme elle l'aurait méritée la traduction de Cl. Buridant et J. Trotin, Paris, 1972. La numérotation des vers est celle de l'«édition» (d'après la copie de Guiot de Provins) procurée par M. Roques, *Les Romans de Chrétien de Troyes*, IV: *Le Chevalier au lion*, Paris, 1967. La meilleure édition reste celle de W. Foerster, 2ᵉ éd., Halle, 1891; voir P. Jonin, *Prolégomènes à une édition d'Yvain*, Aix-Gap, 1958.
3. Renvoyons ici aux études par lesquelles Cl. Bremond a précisé les analyses de V. Propp, *Logique du récit*, Paris, 1973.

Précisons le moment où se situe l'action. Ce roman de Chrétien de Troyes, tout comme d'autres œuvres du même poète (notamment *Perceval* et *Érec et Énide*), et bien d'autres romans courtois, s'articule en effet autour de deux séries d'épisodes dont la signification (le « sen », eût-on dit en français du XIIe siècle) est radicalement différente et même opposée[4]. Le récit s'ouvre par la narration d'un échec, d'une « aventure » manquée. Un autre chevalier de la cour d'Arthur, cousin germain d'Yvain, Calogrenant, n'a pu, au cœur de Brocéliande, vaincre Esclados le Roux, maître d'une fontaine magique. Yvain reprend le même chemin et réussit partout où l'autre avait échoué : non seulement il vainc et tue le seigneur de la fontaine, mais il épouse sa veuve, et, tel le roi de Nemi illustré par Frazer, il prend sa succession. Aventures gratuites pourrait-on dire, celle de la chevalerie pour la chevalerie, de l'exploit pour l'amour de l'exploit, où, de surplus, les opérations magiques de Lunette, servante de la dame de la fontaine, auront apporté à Yvain un appoint décisif.

> *Mes or est mes sire Yvain sire,*   2166
> *Et li morz est toz oblïez*
> *Cil qui l'ocist est marïez ;*
> *Sa fame a, et ensanble gisent...*

« Maintenant messire Yvain est seigneur et le mort est tout oublié. C'est son meurtrier qui, marié, possède sa femme, et ils couchent ensemble. » Le poète qui n'est pas un chevalier d'aventure mais, selon toute vraisemblance, un clerc, ne nous laisse guère ignorer son sentiment. Bien au contraire, après l'épisode de la « Folie Yvain », celui-là même qui nous intéresse, le chevalier ne travaillera plus pour lui mais pour les autres, en défenseur de la veuve et de l'orpheline. Seigneur désormais légitimé, il regagnera l'amour de sa femme.

Voici l'essentiel de l'épisode qui nous retient (v. 2783-2883) : « Yvain est accablé : tout ce qu'il entend l'incommode, tout ce qu'il voit le tourmente ; il voudrait être loin, en si sauvage terre qu'on ne le sache où quérir, qu'il

---

4. Cette loi a été très bien dégagée par R. Bezzola, *Le Sens de l'aventure et de l'amour (Chrétien de Troyes)*, 2e éd., Paris, 1968, pp. 81-134 ; voir aussi W. S. Woods, « The Plot Structure in Four Romances of Chrestien de Troyes », in *Studies in Philology*, 1953, pp. 1-15 ; J.-Ch. Payen, *Le Motif du repentir dans la littérature française médiévale*, Genève, 1968, p. 385, et W. Brand, *Chrétien de Troyes*, Munich, 1972, pp. 72-73, qui résume clairement les différentes thèses sur la coupure entre les deux moments de l'*Yvain*. On trouvera des schémas comparés de la structure des cinq romans de Chrétien dans le livre fondamental d'E. Köhler, *Ideal und Wirklichkeit in der Höfischen Epik*, Tübingen, 1956, pp. 257-264 (une seconde édition avec un important appendice a paru en 1970), trad. fr.: *L'Aventure chevaleresque. Idéal et réalité dans le roman courtois*, Paris, Gallimard, 1974.

n'y eût homme ni femme qui sût rien de lui non plus que s'il fût au fond d'un abîme. Son ennui augmente, il ne hait rien tant que lui-même, et il ne sait auprès de qui trouver consolation. Il sent qu'il est l'auteur de sa disgrâce et de sa perte. Il aurait mieux aimé perdre le sens que de ne pas se venger de lui-même qui s'était ravi son bonheur. Il s'éloigna sans mot dire, tant il craignait de déraisonner au milieu des barons. Ceux-ci n'y prirent pas garde; ils le laissèrent aller seul : ils pensaient bien que leurs propos et leurs affaires devaient fort peu l'intéresser.

« Il fut bientôt très loin des pavillons. Alors le délire s'empare de sa tête. Il se déchire et met ses vêtements en lambeaux et s'enfuit par les champs et les arées [labours]. Ses compagnons inquiets le cherchèrent par tous les aîtres, par toutes les tentes, par les haies et les vergers et ne le trouvèrent point.

« Yvain courut comme un fou, tant qu'il trouva près d'un parc un garçon qui tenait un arc avec des flèches barbelées fort larges et tranchantes, il a juste assez de sens pour les lui arracher. Il a perdu le souvenir de tout ce qu'il a fait jusque-là. Il guette les bêtes par le bois, les tue et mange la venaison toute crue.

« Il rôda tant par le bocage comme un homme forcené et sauvage qu'il trouva une petite maison toute basse. Là demeurait un ermite qui, pour le moment, était occupé à essarter. Quand il vit cet homme nu, il s'aperçut bien qu'il n'avait pas son bon sens, et il courut se tapir dans sa maisonnette. Mais le prudhomme prit de son pain et de son eau par charité et les mit dehors sur une étroite fenêtre.

« Le fou s'approcha, et mis en appétit, il prit le pain et y mordit. Jamais, je crois, il n'en avait goûté de si mauvais et de si dur. La mouture dont il avait été fait, certes, n'avait pas coûté cinq sous le setier, car il était pétri d'orge avec la paille, et avec cela plus aigre que le levain, et moisi et sec comme une écorce. Mais la faim le tourmentait, et le pain lui parut bon, car la faim est sauce à tous mangers, bien préparée et bien confite. Il mangea tout le pain de l'ermite et but de l'eau froide au pot.

« Quand il eut fini, il se rejeta dans le bois, cherchant les cerfs et les biches. Et le bon homme sous son toit, quand il le vit s'éloigner, priait Dieu de le protéger mais de ne plus le ramener de ce côté de la forêt. Mais rien n'empêcha le fol, si peu de sens qu'il eût, de retourner volontiers dans un lieu où on lui avait fait du bien.

« Depuis, il ne se passa un jour, tant qu'il fut dans sa folie, qu'il n'apportait à l'huis de l'ermite quelque bête sauvage. Il passait son temps à chasser, et le bon homme s'occupait de dépouiller et de cuire le gibier, et tous les jours le pain et l'eau dans la buire [cruche] étaient sur la fenêtre pour repaître l'homme forcené. Il avait à manger et à boire, venaison sans sel ni poivre, et eau froide de fontaine. Et le bon homme se chargeait de vendre les cuirs et d'acheter du pain d'orge ou d'avoine dont l'autre avait à plenté. Cela dura jusqu'au jour où une dame et deux demoiselles de sa mesnie trouvèrent le fou dormant dans la forêt...» C'est cette dame et une de ces demoiselles qui guériront Yvain de la folie grâce à un onguent magique autrefois donné à la dame par la fée *Morgue* (Morgane).

Nous reviendrons sur les étapes de la réintégration d'Yvain dans le monde des hommes, car elles ne se résument pas, à beaucoup près, à l'intervention de la demoiselle et de son onguent merveilleux. Si peu familier que l'on soit avec la littérature du Moyen Âge latin, on reconnaît aisément dans la «Folie Yvain» un *topos* dont les exemples sont nombreux, celui de l'*homme sauvage*. Le prototype en est un épisode célèbre de la *Vita Merlini* (1148-1149) de Geoffroy de Monmouth, texte qui, lui-même, dérive de traditions celtiques fort anciennes. Responsable d'une bataille qui provoqua la mort de ses deux frères, Merlin devient un homme des bois (*fit silvester homo*, v. 80), menant une vie misérable mais d'où surgira pourtant son pouvoir prophétique[5]. Le thème est fréquent dans le roman courtois proprement dit[6] et il prendra un vif éclat dans l'*Orlando furioso* de l'Arioste. C'est à bon droit que J. Frappier nommerait volontiers notre épisode l'*Yvain furieux*[7]. Mais c'est le détail du texte qu'il nous faut tenter de commenter et d'élucider en évitant les trop faciles explications dites «psychologiques» qui font de Chrétien un psychologue, presque un psychiatre: «Tous ces détails, toutes ces petites précisions donnent à penser qu'en décrivant la folie de son personnage, Chrétien ne s'écartait pas trop de certains faits d'observation[8].» Il n'est certes pas sans importance que Chrétien ait

---

5. Édition et traduction anglaises de J. J. Parry, in *University of Illinois Studies in Language and Literature*, X, 3, Urbana, 1925. Voir en dernier lieu, sur ce thème de la folie Merlin, D. Laurent, «La gwerz de Skolan et la légende de Merlin», in *Ethnologie française*, 1, 1971, pp. 19-54. Sur Merlin homme des bois et un personnage analogue de la mythologie écossaise récupéré par le christianisme dans la légende de saint Kentigen, voir M. L. D. Ward, «Lailoken or Merlin Sylvester», in *Romania*, 1893, pp. 504-526.
6. Voir les exemples rassemblés dans l'ouvrage excellent de R. Bernheimer, *Wild Men in the Middle Age. A Study in Art, Sentiment and Demonology*, 2e éd., New York, 1970, pp. 12-17, qui note avec raison: «To the Middle Age wildness and insanity were almost interchangeable terms» (p. 12). Bernheimer a naturellement évoqué à maintes reprises le personnage de Merlin.
7. *Études sur «Yvain...»*, *op. cit.*, p. 19.
8. J. Frappier, *op. cit.*, p. 178. Cette psychologisation de l'épisode remonte, pour une part, au Moyen Âge lui-même. Dans son *Iwein*, le poète allemand Hartmann von Aue imite le roman de Chrétien dont il donne en quelque sorte une interprétation qui aboutit du reste souvent à en souligner les aspects structuraux. Il insiste cependant sur le pouvoir de l'amour courtois, la «Minne», qui est tel qu'une faible femme peut conduire un vaillant guerrier à la folie; voir J. Fourquet, Hartmann d'Aue, *Erec-Iwein*, Paris, 1944 et, pour une confrontation entre les deux poèmes et un commentaire de l'œuvre de Hartmann, H. Sacker, «An Interpretation of Hartmann's Iwein», in *Germanic Review*, 1961, pp. 5-26, et M. Huby, *L'Adaptation des romans courtois en Allemagne aux XIIe et XIIIe siècles*, Paris, 1968, notamment pp. 369-370. Nous devons plusieurs indications sur le poème de Hartmann à M. Raymond Perrenec que nous remercions vivement.

fait progresser le roman courtois sur la voie de la « psychologisation » des mythes, mais la source et le sens de l'épisode ne sont pas là et l'esprit d'observation n'avait pas dû conduire Chrétien à rencontrer beaucoup de fous dans la forêt de Brocéliande. Yvain n'est pas n'importe quel fou ; il n'est ni l'*Héraclès furieux* d'Euripide, ni l'Oreste de Racine[9], ni un client de Charcot.

Relisons, une fois encore, l'épisode, à la lumière, cette fois, de ce que peut apporter l'analyse structurale[10]. Yvain quitte d'abord l'apparence et le territoire des « barons », ses compagnons, en qui se résume l'univers social, et de l'humanité tout entière. Il a traversé la zone des champs cultivés (« et fuit par chans et par arées » (terres labourées), au-delà même des limites du territoire habité où le cherchent les chevaliers de la cour d'Arthur (dans les « ostex », habitations des chevaliers, les « vergers », les haies), « loing des tantes et des paveillons ». C'est la forêt qui sera le lieu de sa folie[11]. Forêt plus complexe qu'il n'y paraît au premier abord. On le verra. Contentons-nous de rappeler ici ce qu'est la forêt dans l'univers de l'Occident médiéval. Elle est l'équivalent de ce que représente en Orient le désert, lieu de refuge, de la chasse, de l'aventure, horizon opaque du monde des villes, des villages, des champs[12]. Mais en Angleterre du moins, en « Bretagne », elle est encore plus : le lieu où se brisent, en quelque sorte, les mailles de la hiérarchie féodale. Comme on l'a remarqué, les délits contre la Forêt échappent aux tribunaux ordinaires : les lois propres de la Forêt sont issues « non pas du droit commun du royaume, mais de la volonté du prince, si bien qu'on dit que ce qui est fait par elles n'est pas juste absolument, mais juste selon la loi de la Forêt[13] ». Le

---

9. J.-Ch. Payen va jusqu'à comparer le remords d'Yvain avec « celui... toute proportion gardée de Caïn se réfugiant dans une tombe pour échapper à sa mauvaise conscience » (*Le Motif du repentir...*, *op. cit.*, p. 386).
10. De telles tentatives ont rarement été faites en France ; voir cependant l'étude de F. Barteau, *Les Romans de Tristan et Iseut*, Paris, 1972. On trouvera une bibliographie récente et quelques pages synthétiques dans le livre de P. Zumthor, *Essai de poétique médiévale*, Paris, 1972, pp. 352-359.
11. Hartmann d'Aue souligne, s'il en est besoin, cette opposition entre le monde des champs cultivés et celui de la forêt sauvage, en faisant rimer systématiquement *« gevilde »* (la campagne) et *« wilde »* (le monde sauvage), ainsi aux v. 3237-3238 (éd. Benecke, Lachmann et Wolff) : « il allait ainsi, nu, à travers champs *(über gevilde)*, se dirigeant vers des lieux sauvages *(nâch der Wilde)* », le poète allemand joue aussi sur la parenté entre *« Wilde »* et *« wald »* (la forêt).
12. Voir J. Le Goff, *La Civilisation de l'Occident médiéval*, Paris, 1964, pp. 169-171.
13. Ch. Petit-Dutaillis, *La Monarchie féodale*, Paris, 2ᵉ éd., 1971, pp. 140-142, citant le *De necessariis observantiis scaccarii dialogus* (Dialogue de l'Échiquier), éd. A. Hughes, C. G. Crump, C. Johnson, Oxford, 1902, p. 105. Voir H. A. Cronne, « The Royal Forest in the Reign of Henri I », in *Mélanges J. E. Todd*, Londres, 1949, pp. 1-23.

roi anglo-angevin Henri II défend, en 1184, «qu'on ait des arcs, des flèches ou des chiens dans ses Forêts à moins d'avoir garant[14]». La forêt est terre royale, non seulement par les ressources qu'elle fournit, mais plus encore peut-être parce qu'elle est un «désert». Dans cette forêt Yvain ne sera plus un chevalier, mais un chasseur-prédateur:

> *Les bestes par le bois agueite*   2826
> *Si les ocit; et se manjue*
> *La venison trestote crue.*

Il a dépouillé les deux habits du corps et de l'esprit, le vêtement et la mémoire. Il est nu, il a tout oublié. Entre le monde des hommes et celui des bêtes sauvages, Chrétien a cependant ménagé une bien curieuse médiation: un «parc», c'est-à-dire, semble-t-il, une zone close de pacage[15], un domaine d'élevage entre le monde de l'agriculture et celui de la cueillette, où se tient un «garçon», c'est-à-dire un serviteur qui appartient au degré le plus humble de l'échelle sociale[16]. Ce «garçon» n'apparaît que pour se voir dérober:

> *Un arc*   2818
> *Et cinq saietes barbelées*
> *Qui molt erent tranchanz et lées* [larges].

Un arc, c'est-à-dire une arme qui est celle du chasseur, non du chevalier guerroyant et tournoyant. Arrêtons-nous ici un moment. Il est un temps, très éloigné du XIIe siècle, qui connut lui aussi une opposition entre le guerrier équipé et l'archer isolé, voire sauvage. Tel fut le cas de la Grèce archaïque et classique. Ainsi le roi d'Argos, dans une pièce d'Euripide, disqualifie, au nom des vertus de l'hoplite, l'archer Héraclès, «homme de rien qui s'acquit une apparence de bravoure dans ses combats contre des bêtes et fut incapable de toute autre prouesse. Il n'a jamais tenu un bouclier à son bras gauche ni affronté une lance: portant l'arc, l'arme la plus lâche, il était toujours prêt à la fuite. Pour un guerrier, l'épreuve de la bravoure n'est pas le tir de l'arc; elle consiste à rester à son poste, et à voir, sans

---

14. Cité par Ch. Petit-Dutaillis, *ibid.*
15. Ce «parc» reste assez mystérieux. Dans la version galloise du récit des aventures d'Yvain (voir *infra*, pp. 589-590), le parc est le lieu où le chevalier fou rencontre la dame qui le sauvera. Il s'agit alors d'un «paradis» seigneurial.
16. On est tenté de dire que ce très épisodique «garçon» a son répondant féminin, dans le roman de Chrétien, en la personne de la «Demoiselle Sauvage» (v. 1624) qui a averti Laudine de la venue prochaine, dans son mystérieux domaine au cœur de Brocéliande, du roi Arthur et de sa cour, mettant ainsi en communication la Ville et la Forêt.

baisser ni détourner le regard, accourir devant soi tout un champ de lances dressées, toujours ferme à son rang[17]». D'Homère à la fin du Ve siècle, l'arc est l'arme des bâtards, des traîtres (ainsi Teucros et Pandaros dans l'*Iliade*), des étrangers (ainsi les Scythes à Athènes), bref des sous-guerriers (au sens où l'on parle de «sous-prolétaires»). Mais il est aussi, à l'inverse, l'arme de super-guerriers: Héraclès, précisément, dont seul un personnage de tragédie influencé par les sophistes peut faire un combattant de second ordre, Héraclès qui transmettra à Philoctète, le héros isolé, l'arme qui tranchera le destin de Troie, Ulysse qui, en tendant l'arc à Ithaque, affirme ainsi sa souveraineté.

L'opposition entre le guerrier «lourd» et le guerrier «léger», entre le chasseur solitaire, voire rusé et le soldat intégré, est plus ancienne que l'archaïsme grec. Pour nous en tenir au monde indo-européen, G. Dumézil l'a repérée, dans le *Mahabharata*, épopée indienne dont certains éléments peuvent remonter aux temps védiques, mais, par rapport aux données grecques, l'arc change de signe, il est du côté, non de l'homme isolé, mais du combattant d'armée: «Comme guerrier, Arjuna se distingue de Bhima [il s'agit de deux des cinq frères qui sont les héros de l'épopée indienne]: il n'est pas le combattant nu, mais le combattant couvert (cuirasse, cotte de mailles) et armé, "superarmé", comme on dit aujourd'hui: il dispose d'un des grands arcs de l'épopée... Il n'est pas non plus comme Bhima le combattant solitaire, l'"avant-garde"[18]...» Autrement dit l'arc est un signe dont la valeur n'est donnée que par la *position* qu'il occupe dans le système, leçon que toute l'œuvre de Lévi-Strauss pourrait nous inviter à commenter.

Mais revenons précisément au XIIe siècle et aux œuvres littéraires dont nous sommes partis. Dans le *Roman de Tristan* de Béroul, qui est à peu près exactement contemporain de l'*Yvain* de Chrétien[19], nous voyons le héros, au moment où il va s'enfoncer, avec Yseut, dans la forêt, se procurer un arc auprès d'un forestier, «et deux séettes empennées, barbelées» (v. 1283-1284), arc avec lequel il chasse pour nourrir sa compagne et lui-même. Plus tard, dans le même épisode de la forêt du Morois, on le voit fabriquer un nouvel «arc» (en réalité, plus exactement, un piège infaillible à animaux sauvages):

---

17. *Héraclès*, v. 157-164, trad. L. Parmentier (coll. des Universités de France). Sur ces problèmes, voir P. Vidal-Naquet, «Le Philoctète de Sophocle et l'Éphébie», in *Annales E.S.C.*, 1971, pp. 623-638, repris in J.-P. Vernant et P. Vidal-Naquet, *Mythe et tragédie en Grèce ancienne*, Paris, 1972, pp. 167-184, notamment pp. 170-172.
18. *Mythe et Épopée*, I, Paris, 1968, p. 64, rééd. Quarto, Gallimard, 1995, p. 92.
19. E. Muret et L. M. Defourques éd., Paris, 1972; traduction en français moderne de D. Grojnowski, Lausanne, 1971.

> *Trova Tristan l'arc Qui ne faut*   1752
> *En tel manière el bois le fist*
> *Riens ne trove qu'il n'oceïst.*

Mais dans le même roman de Béroul (v. 1338), l'arc «d'auborc» (de cytise aubour) est aussi l'arme emblématique du suzerain de Tristan, du mari d'Yseut, le roi Marc. Nous disons bien «arme emblématique», car Marc, contrairement à Tristan, ne se sert pas de son arc[20], pas plus que ne s'en sert le Charlemagne de *La Chanson de Roland* (v. 767 *sqq.*) titulaire lui aussi d'un arc-emblème qu'il transmet à Roland en signe de sa mission. Arc royal (comme pour Ulysse), arc du chasseur isolé dans la forêt. Ce dernier trait est, au Moyen Âge, le plus important. En veut-on une preuve supplémentaire? Dans *Les Prophécies de Merlin*, recueil de la fin du XIIIe siècle[21], on voit deux chevaliers, Galeholt le Brun et Hector le Brun[22], débarquer sur une île déserte mais pleine de bêtes sauvages et réinventer, en quelque sorte, la civilisation, à son degré le plus bas. Leur premier geste est de fabriquer un arc[23]. L'arc est ainsi ambigu, signe de chute, ou signe de remontée. Mieux encore, ce même nom de l'arc «Qui ne faut» que le roman de Béroul a rendu célèbre[24] est aussi celui de l'arme de trahison utilisée, selon Geffrei Gaimar, auteur anglo-normand de l'*Estoire des Engleis* (chronique du XIIe siècle), par le traître Eadric, pour abattre le roi du Wessex, Edmond II «côte de fer»[25]. Ce qui est légitime dans la forêt, face aux bêtes sauvages, ce qui peut être l'arme de Tristan, non seulement dans le Morois, mais à la cour de Marc, face aux seigneurs félons qui l'ont réduit à l'exil, est arme déloyale dans un combat ouvert, dans un contexte de chevalerie.

Un tel texte n'est nullement isolé et il est facile de donner des exemples où se rencontrent – fait assez exceptionnel – aussi bien les textes des chroni-

---

20. Il est bon de le préciser, car certaines versions modernes de *Tristan* (Joseph Bédier, René Louis), qui ont connu une très grande diffusion, montrent le roi Marc menaçant Tristan d'une flèche lors de la fameuse scène du «Rendez-vous épié». Ni Béroul ni Eilhart d'Oberg, ni Gottfried de Strasbourg, ni la «Folie Tristan», n'ont quoi que ce soit de tel. La scène manque par ailleurs dans ce qui reste dans la version de Thomas; voir J. Bédier, *Le Tristan de Thomas*, Paris, 1902, pp. 198-203, texte instructif aussi pour qui veut savoir comment on reconstitue ou fabrique un roman médiéval.
21. L. A. Paton éd., New York, 1926.
22. Leurs noms évoquent celui de l'ours.
23. *Loc. cit., supra*, p. 584, note 5.
24. Une chanson érotique de Jean Bretel d'Arras (édition G. Raynaud, in *Bibliothèque de l'École des Chartes*, 41, 1880, pp. 201-202) a pour refrain: «Je sui li ars qui ne faut»; sur le thème et l'image de l'arc «qui ne faut», voir M.-D. Legge, «The Unerring Bow», in *Medium Aevum*, 1956, pp. 79-83.
25. A. Bell éd., Oxford, 1960, v. 4392.

queurs que les chansons de geste, aussi bien les prises de position des clercs, au sommet de l'Église, que les romans courtois. Ainsi la chronique latine du notaire Galbert de Bruges sur le meurtre de Charles le Bon, comte de Flandre (2 mars 1127), nous fait-elle connaître le «cottereau» (manieur de couteau) Benkin «*in sagittando sagax et velox*»[26], ainsi tant d'autres documents où figurent les archers, parmi les brigands et autres «garçons sauvages», issus du monde marginal et pratiquant des formes inférieures de l'activité militaire[27]. Les chansons de geste? Voici, par exemple, *Girard de Vienne*, de Bertrand de Bar, dont les héros s'écrient : «Cent deshais [malédictions] ait qui archiers fut premier; il fut couars, il n'osait approchier.» Pour ces chevaliers, être archer, c'est devenir «garçon berger»[28]. En 1139, c'est le IIe concile du Latran, qui, à son canon 29, anathématise «l'art meurtrier et haï de Dieu des arbalétriers et des archers; nous interdisons d'y recourir désormais à l'encontre de chrétiens et de catholiques»[29], texte d'autant plus intéressant qu'il n'émane pas d'un milieu chevaleresque : le canon 9 interdit aussi, mais avec un autre ton, les tournois. Les romans courtois codifient cet interdit en assimilant la figure de l'archer à celle de l'homme sauvage, voire du signe zodiacal du Sagittaire, qui est un centaure. Ainsi Benoît de Sainte-Maure, dans *Le Roman de Troie*, campe-t-il la figure d'un des alliés de Priam, personnage «fel e deputaire» [félon et infâme], mais archer infaillible : «Il n'est rien qu'il ne vise qu'il n'atteigne immédiatement. Son corps, ses bras, sa tête étaient comme les nôtres, mais il n'est pas avenant du tout. Il ne fut jamais vêtu de drap, car il était velu comme une bête... Il portait un arc qui n'était pas d'aubour, mais de pâte de cuir bouillie [notons le changement de matière] soudée par une étrange technique[30].»
Nous sommes restés, jusqu'ici, essentiellement dans le domaine français et anglo-normand, c'est-à-dire dans un secteur où la chevalerie a imposé ses règles et ses valeurs, ses modes de vie et ses formes de pensée. Mais, précisément, de même que ce qui valait pour la Grèce ne valait pas pour l'Inde, ce qui vaut en France et en Angleterre ne vaut pas pour le pays de Galles où l'arc est au contraire une arme noble. Or la chance veut que nous possédions une version galloise des aventures d'Yvain à la fois proche et diffé-

---

26. Galbert de Bruges, *Histoire du meurtre de Charles le Bon, comte de Flandre*, éd. H. Pirenne, Paris, 1891, p. 59; voir aussi pp. 121-122.
27. Voir G. Duby, *Le Dimanche de Bouvines*, 1973, rééd. in *Féodalité*, Quarto, 1996, pp. 907 *sqq*.
28. P. Tarbé éd., Paris, 1850, p. 7.
29. R. Foreville, *Latran I, II, III et Latran IV*, Paris, 1965, p. 89.
30. Benoît de Sainte-Maure, *Le Roman de Troie*, L. Constans éd., Paris, 1905, II, v. 12354-12374, pp. 231-232 : sur ce portrait, voir A. M. Crosby, *The Portrait in Twelfth Century French Literature*, Genève, 1965, pp. 21-22 et 87.

rente de celle de Chrétien dont il est peu probable qu'elle dépende directement[31]. Il ne s'agit pourtant pas, à beaucoup près, d'une œuvre entièrement étrangère à la civilisation chevaleresque française. On a pu écrire tout un livre sur l'influence de cette culture sur les contes gallois[32]. Mais, quand il s'agit de l'arc de guerre, la culture galloise résiste. L'épisode correspondant à la « Folie Yvain » ne comporte pas le vol et l'usage de l'arc contre les bêtes sauvages. À l'inverse, dans la forteresse où Calogrenant, puis Yvain, rencontrent un vavasseur et une jeune fille familiers des armes chevaleresques, le conteur gallois met, lui, ses héros en présence de deux jeunes gens s'entraînant au tir sur des arcs d'ivoire[33]. Ainsi voit-on, dans *La Geste d'Asdiwal*[34], les détails concrets du mythe varier en fonction tant de l'écologie que des habitudes sociales des peuples traversés, sans que change la structure du mythe.

Mais revenons à notre archer, sauvage et nu, mangeur de cru[35]. À peine sa métamorphose est-elle achevée que la réintégration commence. Yvain « trouve » un homme menant une existence paléotechnique : il a une « maison » ; il pratique une agriculture rudimentaire, mais qui n'en implique pas

---

31. *Owein or Chwedgl Iarlles y Ffynnawn*, R. L. Thomson éd. (avec un très important commentaire en anglais), Dublin, 1968, trad. fr. de J. Loth : *Les Mabinogion*, 2ᵉ éd., Paris, 1913, II, pp. 1-45. Une source commune est à tout le moins vraisemblable. Pour la discussion fort viciée par les divers nationalismes entre les partis pris « celtisants » ou « anti-celtisants », voir, outre le commentaire de R. L. Thomson, l'étude classique d'A. C. Brown, « Iwain, A Study in the Origins of Arthurian Romance », in *Studies and Notes in Philology and Literature*..., Harvard, 1903, pp. 1-147 et J. Frappier, *Étude sur « Yvain*..., op. cit., pp. 65-69.
32. Morgan Watkin, *La Civilisation française dans les Mabinogion*, Paris, 1963. Jean Marx, peu suspect de minimiser les sources celtiques, reconnaît lui aussi « l'influence des romans et des mœurs franco-normandes » dans l'*Owein* gallois (*Nouvelles Recherches sur la littérature arthurienne*, Paris, 1969, p. 27, n. 5). Ni l'un ni l'autre de ces auteurs n'ont prêté attention aux rôles de l'arc, respectivement dans l'*Yvain* et dans l'*Owein*.
33. Voir R. L. Thomson, *Owein*..., op. cit., pp. XXX-XXXI ; J. Loth, *Les Mabinogion*, op. cit., p. 6. Il s'agit d'arcs luxueux, ayant des cordes en nerfs de cerf et des hampes en os de cétacé.
34. Cl. Lévi-Strauss, in *Annuaire de l'École pratique des Hautes Études*, Section des sciences religieuses, 1958-1959, pp. 3-43, repris in *Anthropologie structurale deux*, Paris, 1973, pp. 175-233.
35. La dialectique nature-culture, sauvage-courtois, appartient bien aux schémas mentaux et littéraires de l'époque. Dans un texte à peu près contemporain d'*Yvain*, un *exemplum* tiré du commentaire sur l'Apocalypse du cistercien Geoffroy d'Auxerre, on trouve un processus d'*acculturation* d'une femme sauvage à peu près exactement inverse du processus de déculturation, d'ensauvagement d'Yvain. Yvain abandonne successivement l'espace et la compagnie des civilisés, leur système vestimentaire, leur code alimentaire. Chez Geoffroy d'Auxerre un jeune homme ramène d'une baignade en mer une Mélusine qu'il fait habiller, manger et boire en compagnie de ses parents et amis : « *Suo nihilominus opertam pallio duxit domum et congruis fecit a matre sua vestibus operiri... Fuit autem cum eis manducans et bibens, et in cunctis pene tam sociabiliter agens, ac si venisset inter convicaneos, inter cognatos et notos* » (Goffredo di Auxerre, *Super Apocalipsim*, éd. F. Gastaldelli, Rome, 1970, p. 184). Voir G. Lobrichon, « Encore Mélusine : un texte de Geoffroy d'Auxerre », in *Bulletin de la société de mythologie française*, LXXXIII, 1971, pp. 178-180.

moins une conquête du monde sauvage par le monde cultivé : il « essartait », c'est-à-dire défrichait par brûlis[36], il achète et mange du pain. Il appartient à un ordre intermédiaire entre les ordres constitués de la société et l'univers barbare : c'est un ermite. Face à Yvain reconnu comme sauvage à cause de sa nudité[37], son mouvement est de recul et de renfermement. Il se barricade « dans sa maisonnette ». Un commerce auquel, selon le système chrétien, la *charité* de l'ermite donne le branle s'instaure entre le chevalier ensauvagé et son partenaire. L'ermite offre au fou du pain, de la venaison *cuite* à la limite inférieure de l'apprêt alimentaire. Le pain : Yvain n'en a jamais goûté « de si fort ne de si aspre », mais il est pour lui comme une nourriture « désatranprée et desconfite », c'est-à-dire une bouillie, aliment, par excellence, du Moyen Âge occidental. L'eau est servie à Yvain dans un pot, mais c'est de « l'aigue froide de fontaine », c'est-à-dire de l'eau de source, de l'eau naturelle en quelque sorte. La venaison est cuite, mais « sans sel ni poivre ». Le poète définit ainsi, tantôt implicitement, tantôt explicitement, des absences, celle de la bouillie, celle du vin, celle du sel et des épices, celle en général des « manières de table » : Yvain mange seul, et en quelque sorte clandestinement. En échange, l'homme devenu sauvage apporte à l'ermite « cerfs, biches » et autres « bêtes sauvages ». Ce commerce donne même des surplus qui permettent à cette société de fait de se brancher sur un circuit commercial externe. L'ermite dépouille les bêtes, vend le cuir et, avec le produit de la vente, achète du « pain d'orge et de seigle sans levain » qu'il fournit à satiété à Yvain. Le commerce, limité autant qu'il est possible, se fait par troc muet : devant la porte de l'ermite le chevalier fou jette les corps des bêtes chassées, et le solitaire répond en plaçant le pain, l'eau et le gibier cuit, sur la « fenêtre étroite » de la maisonnette. Ainsi communiquent, au plus bas degré, monde de la chasse et monde des terres cultivées, cru et cuit.

Ces oppositions – ou plutôt cette opposition – se manifestent à un double niveau : entre Yvain et l'ermite, enclave « culturelle » à l'intérieur du monde « naturel », entre Yvain et son ancien univers extra-forestier. Ce qu'a choisi Yvain c'est la nature sauvage, c'est-à-dire la forêt et ses données immédiates : un système vestimentaire (vêtements déchirés, nudité finale), un code alimentaire (aliments produits, apprêtés, et notamment cuits, remplacés par des aliments crus), un monde mental (la mémoire humaine est remplacée par le primesaut et la répétitivité de l'existence sauvage ; ce qu'a

---

36. Sur l'importance capitale de ce dernier point, voir ci-dessous.
37. Cette nudité est soulignée à cinq reprises, aux v. 2854, 2888, 2908, 3016, 3024 ; le relevé a été fait par M. Stauffer, *Der Wald. Zur Darstellung und Deutung der Natur im Mittelalter*, Zurich, 1958, p. 79.

laissé Yvain, c'est la « culture », c'est-à-dire un système social organisé, un système économique (production rurale : champs, terres labourées, vergers, protégés par des limites de cultures symbolisées par les haies) ; un système d'habitation (tentes, maisons, pavillons) que remplace le gîte en plein air, de même que l'économie de prédation (chasse à l'aide d'un arc volé) remplace l'économie agricole.

Et Yvain et l'ermite sont les hôtes de la forêt. Tous deux sont des solitaires et ont un genre de vie frugale, mais l'ermite sort occasionnellement de la forêt pour rencontrer des hommes « civilisés » (pour vendre le cuir, acheter le pain), il vit dans une maison fruste certes, mais faite de main d'homme, il est vêtu et la nudité d'Yvain le choque, il échange par voie de commerce le cuir contre le pain. Il a enfin un code alimentaire rudimentaire. Comment cuit-il la venaison procurée par Yvain ? Le texte ne le précise pas. En fait, il n'est guère douteux qu'il la fasse rôtir. Les amants du roman de Béroul, aidés de l'écuyer Gouvernal, vivent de venaison cuite à même le feu, sans lait et sans sel[38]. On retrouve ainsi, semble-t-il, le fameux « triangle culinaire » avec le rôle médiateur que joue le rôti[39], mais le bouilli n'est présent que métaphoriquement. En bref, la rencontre entre Yvain et l'ermite est possible parce que le premier se situe à la limite supérieure de la « nature » dont le degré inférieur est représenté par le monde animal et végétal de la forêt, tandis que le second se situe à la limite inférieure de la « culture » dont le degré supérieur – une supériorité dont nous verrons qu'elle est mise en question – est représenté par la cour et l'univers des chevaliers.

En employant ici, d'une façon précaire et provisoire, les concepts de « nature » et de « culture », concepts dont on a pu montrer du reste qu'il importait, au plus haut degré, de ne pas les réifier[40], nous n'entendons pas affirmer que ces concepts sont pensés de façon claire et consciente par Chrétien. L'opposition qui fonde les catégories que nous avons dégagées est celle du monde humain dominant et du monde animal dominé, comme il peut l'être, par la voie de la chasse aussi bien que par celle de la domestication. Ce qui est « sauvage » n'est pas ce qui est hors de portée de l'homme, mais ce qui est sur les marges de l'activité humaine. La forêt *(silva)* est

---

38. *Le Roman de Tristan*, v. 1285-1296.
39. Cl. Lévi-Strauss, « Le Triangle culinaire », in *L'Arc*, 26, 1966, pp. 19-29.
40. Voir S. Moscovici, *La Société contre nature*, Paris, 1972, et ce que dit Cl. Lévi-Strauss lui-même : « On doit considérer peut-être que l'articulation de la nature et de la culture ne revêt pas l'apparence intéressée d'un règne hiérarchiquement superposé à un autre qui lui serait irréductible, mais plutôt d'une reprise synthétique, permise par l'émergence de certaines structures cérébrales qui révèlent elles-mêmes de la culture » (Préface à la 2ᵉ éd. des *Structures élémentaires de la parenté*, Paris-La Haye, 1967, p. XVII).

sauvage *(silvatica)*[41] car elle est le lieu des animaux que l'on chasse, mais aussi des charbonniers et des porchers. Entre ces pôles symétriques que sont la sauvagerie et la culture, le chasseur sauvage et fou est un médiateur ambigu, ce qu'est aussi, à sa façon, l'ermite.

Il est vrai que la pensée du XIIe siècle a beaucoup réfléchi sur le concept de nature, travaillant largement à le désacraliser, ce à quoi aboutissait aussi l'art figuré: ainsi l'Ève charnelle d'Autun[42]. Sauvagerie, matière, nature, ces trois concepts ont des interférences[43] mais ne peuvent s'identifier les uns aux autres. Quand Chrétien joue[44] sur l'opposition de *Nature* et de *Norreture* (le grec dirait *paideia*), ce n'est pas pour opposer la sauvagerie et la culture, car il y a des «natures» bonnes (celles des héros de roman) et des «natures» mauvaises. La «nature» ne se confond pas avec l'animalité. Rien en tout cas de plus normal, dans la littérature courtoise, que la rencontre du fou, de l'homme sauvage (ils ne sont pas toujours identiques) et de l'ermite – le couple est à ranger parmi d'autres couples qui mériteraient eux aussi d'être étudiés de façon systématique: le chevalier et la bergère, le chevalier et la femme sauvage[45], la dame et le lépreux (dont on a un cas dans le roman de Béroul); la liste pourrait être allongée. Dans les romans courtois les exemples sont nombreux. Ainsi, toujours chez Béroul, le séjour des amants (rendus fous par le philtre) dans la forêt du Morois se situe entre deux dialogues avec l'ermite Ogrin, celui-là même qui ménagera le retour d'Yseut à la cour de Marc. Dans le *Conte du Graal* de Chrétien de Troyes, Perceval «a perdu la mémoire et si bien perdu qu'il ne lui souvient plus de Dieu[46]». C'est un ermite rencontré dans la forêt, et qui se trouve être son oncle, qui contribue de façon décisive à redonner un sens à son aventure[47]. Un roman postérieur à Chrétien, *Li Estoire del Chevalier au Cisne (L'Histoire du chevalier au*

---

41. Sur le rapport *Silva-Silvaticus-Sauvage* (allemand *Wald-Wild*), voir W. von Wartburg, *Französisches Etymologisches Wörterbuch*, 11, Bâle, 1964, pp. 616-621, et surtout J. Trier, *Venus, Etymologien und das Futterlauf (Münstersche Forschungen 15)*, Cologne, 1963, pp. 48-51.
42. Voir M.-D. Chenu, «La nature et l'homme. La Renaissance du XIIe siècle», in *La Théologie au XIIe siècle*, Paris, 1957, pp. 19-51.
43. Une des plus troublantes est d'ordre sémantique. Sylva *(silva)*, c'est à la fois la forêt et la matière (grec *hylè*), et la pensée médiévale a joué de ce rapprochement, que J. Györy («Le Cosmos, un songe», in *Annales Universitatis Budapestinensis, Sectio philologica*, 1963, pp. 87-110) a tenté de faire servir à l'élucidation du roman de Chrétien.
44. Voir P. Gallais, *Perceval et l'initiation*, Paris, 1972, notamment pp. 28-29 et 40-43 dont les conclusions sont à vérifier de près.
45. Voir M. Zink, *La Pastourelle. Poésie et Folklore du Moyen Âge*, Paris-Montréal, 1972, dont les propos recoupent sur plus d'un point, notamment pp. 100-101, ceux de la présente étude.
46. *Perceval le Gallois ou le Conte du Graal*, trad. L. Foulet, Paris, 1972, p. 147.
47. Épisode commenté à plusieurs reprises dans le livre cité de P. Gallais, *Perceval et l'initiation* (voir à l'index s. v. *Ermite*).

Cygne)[48] nous présente ainsi un homme sauvage beaucoup plus marqué que ne l'est Yvain, puisque présentant tous les traits de l'homme sauvage du folklore, notamment la pilosité animale, recueilli par un ermite, christianisé, et parvenant au sommet de la gloire chevaleresque. Dans le roman de *Valentin et Orson*, qui jouira d'une immense popularité à la fin du Moyen Âge et à l'aube des Temps modernes[49], une variante du thème apparaît puisque Orson, l'homme sauvage rééduqué, deviendra lui-même ermite[50]. Là encore il vaudrait la peine d'étudier systématiquement le couple homme sauvage-homme civilisateur (mais vivant lui-même une vie à demi sauvage)[51], dont la rencontre avec Yvain et l'ermite offre une variante significative. Prenons garde pourtant à bien comprendre la portée de ce signe. Dans un roman allégorique du XIIIe siècle comme la *Quête du Graal*[52], un certain nombre de personnages sont à proprement parler les interprètes éclairés de Dieu. Comme l'a bien vu Tz. Todorov, les « détenteurs du sens forment une catégorie à part parmi les personnages : ce sont des "prudhommes", ermites, abbés et recluses. De même que les chevaliers ne pouvaient pas savoir, ceux-ci ne peuvent pas agir ; aucun d'entre eux ne participera à une péripétie : sauf dans les épisodes d'interprétation. Les deux fonctions sont si rigoureusement distribuées entre les deux classes de personnages[53] ». Les romans du XIIe siècle sont, eux, « symboliques » en ce sens que leurs auteurs nous parlent du « sen » (sens) caché de leurs poèmes. Il suffira ici de tenir pour symbole « l'attribution par quelque moyen littéraire que ce soit d'une valeur intellectuelle à une réalité physique (objet, lieu, geste, etc.) que celle-ci ne comprend pas dans la langue et dans l'emploi normaux »[54]. En ce sens, la rencontre de l'homme ensauvagé et de l'ermite est bien « symbolique », mais elle n'est pas tout le « sen » d'un roman et même d'un épisode qui comportent beau-

---

48. Voir J. B. Williamson, « Elyas as a Wild Man in Li Estoire del Chevalier au Cisne », in *Mélanges L. F. Solano*, Chapel Hill, 1970, pp. 193-202.
49. Voir A. Dickson, *Valentine and Orson. A Study in Late Medieval Roman*, New York, 1929.
50. Voir A. Dickson, *op. cit.*, p. 326 ; R. Bernheimer, *Wild Men...*, *op. cit.*, p. 18.
51. Pensons aux Centaures antiques et à leur rôle d'éducateurs. Le livre déjà cité de R. Bernheimer constitue une première esquisse qui pourrait être considérablement développée.
52. Trad. A. Béguin, Paris, 1965, A. Pauphilet éd., Paris, 1923.
53. Tz. Todorov, « La Quête du récit », in *Critique*, 1969, pp. 195-214 (notre citation : p. 197). Il existe dans la littérature du XIIIe siècle une lecture allégorique d'un épisode d'Yvain : Huon de Méry, *Le Tornoiemenz Antecrit*, éd. G. Wimmer, Marburg, 1888. Sur le passage du symbolisme à l'allégorie, voir, par exemple, H. R. Jauss, « La transformation de la forme allégorique entre 1180 et 1240 : d'Alain de Lille à Guillaume de Lorris », in A. Fourrier éd., *L'Humanisme médiéval dans les littératures romanes du XIIe au XIVe siècle*, Paris, 1964, pp. 107-144.
54. P. Haidu, *Lion-Queue-Coupée. L'écart symbolique chez Chrétien de Troyes*, Genève, 1972 ; mais renvoyons surtout aux pages classiques de M.-D. Chenu, « La mentalité symbolique », in *La Théologie au XIIe siècle, op. cit.*, pp. 159-190.

coup de plans de signification. L'admirable équivoque du texte est peut-être que cette rencontre soit pure action, que cet échange ne soit, à aucun moment, dialogué.

Il n'est pas facile de définir avec quelque précision l'ensemble que l'on peut appeler «homme sauvage» et, à l'intérieur de cet ensemble, de situer notre chevalier fou. C'est en effet, à travers leurs représentations de l'homme sauvage que, pour une part, les sociétés humaines ont défini leur rapport à autrui. Ce n'est, en effet, pas en lui-même que l'homme sauvage concerne les sociétés historiques. Tout le jeu se passe dans les rapports qui s'établissent au niveau des expressions écrites ou figurées comme au niveau des institutions entre l'homme «sauvage» et son frère «cultivé». Coupure radicale, réversibilité, établissement de séries intermédiaires, chaque culture a sa façon (ou plutôt ses façons) de classer les hommes. D'Enkidu, frère sauvage du roi mésopotamien d'Uruk, Gilgamesh, à Tarzan et au Yéti en passant par le Cyclope Polyphème et par Caliban, la littérature a défini à la fois une conception de l'homme, face aux dieux, face aux bêtes, face aux autres hommes, qui classe, exclut ou inclut selon les époques et selon les personnes[55]. Mais les œuvres ne sont pas seules en question car, à travers le personnage de l'homme sauvage, les sociétés organisent aussi leurs rapports avec l'environnement proche ou lointain, avec le temps découpé en saisons[56].

Le thème, repéré par les folkloristes, du conte de l'homme sauvage, pourrait lui aussi fournir un point de départ à la réflexion, thème ambigu, car

---

[55]. Les synthèses centrées sur une époque sont relativement rares: sur le Moyen Âge, voir l'ouvrage déjà cité de R. Bernheimer, dont les centres d'intérêt sont extrêmement vastes; citons aussi le catalogue, établi par L. L. Möller, d'une exposition du Museum für Kunst und Gewerbe de Hambourg (1963): *Die Wilden Leute des Mittelalters*; W. Mulertt, «Der Wilde Mann in Frankreich», in *Zeitschrift für französische Sprache und Literatur*, 1932, pp. 69-88; O. Schultz-Gora, «Der Wilde Mann in der provenzalischen Literatur», in *Zeitschrift für Romanische Philologie*, XLIV, 1924, pp. 129-137.
Pour le XVIIIe siècle, voir F. Tinland, *L'Homme sauvage. Homo ferus et Homo sylvestris. De l'animal à l'homme*, Paris, 1968, et M. Duchet, *Anthropologie et Histoire au siècle des Lumières*, Paris, 1972. Naturellement, l'histoire de l'anthropologie moderne elle-même serait au premier chef à inclure dans une synthèse sur les différentes – et souvent meurtrières – taxonomies. Ce sujet d'étude a fait récemment (mai 1973) l'objet d'un colloque organisé par Léon Poliakov, et publié sous le titre: *Hommes et bêtes. Entretiens sur le racisme*, L. Poliakov éd., Paris-La Haye, Mouton, 1975.
[56]. Ainsi a-t-on pu distinguer, dans l'Occident européen, un homme sauvage hivernal, nu, velu, assimilé souvent à un ours et porteur de massue et un homme sauvage printanier, ceint d'une frondaison symbolique, le «Feuillu» ou Homme de mai. Sur les rites propres à la «capture» de l'homme sauvage, c'est-à-dire à l'intégration des forces qu'il représente, voir A. Van Gennep, *Manuel de Folklore français*, Paris, 1947, l. III, pp. 922-925, 1949, l. IV, pp. 1488-1502.

l'homme sauvage intervient à la fois dans la catégorie des «auxiliaires surnaturels» *(super-natural helpers)* et est alors généralement destiné à réintégrer l'humanité, et dans la catégorie des adversaires les plus dangereux, il touche alors le monde des ogres, dont le Polyphème d'Homère est un exemple, parmi tant d'autres[57].
Il est des moments de l'histoire de l'Occident où les choses sont – très relativement – simples; ainsi, les hommes qui ont conceptualisé les grandes découvertes[58] ont-ils intégré les hommes nouveaux en deux ensembles fondamentaux : celui de l'animalité domesticable et celui de l'animalité sauvage, les uns étant voués à la conversion et au travail, les autres à l'extermination. Telle est la leçon que l'on peut tirer de la littérature de voyages, en rappelant que Montaigne aussi bien que le Shakespeare de *La Tempête* en ont donné une lecture critique dont il faut respecter – et saluer – l'ambiguïté : Caliban n'est ni un simple animal ni un simple révolté du monde colonial[59].
Le Moyen Âge est, à sa façon, beaucoup plus complexe, connaissant la série plus que les unités discrètes (songeons aux peuples monstrueux, issus de Pline et de Ctésias que les tympans de Vézelay et d'Autun présentent comme accessibles à la parole divine), mais sachant aussi diaboliser le voisin le plus proche : la femme, le berger, le juif, l'étranger[60]. Autant que d'ermites, les forêts médiévales sont peuplées de démons et l'homme sauvage peut apparaître à la fois sous les espèces des innocents de l'âge d'or, ainsi, dans l'*Estoire del Chevalier au Cisne*, ces hommes qui

> *Rachinetes manjuent et feuilles de pumier*   329
> *Ne savent que vins est ne nus autres daintiés.*

(«ils mangent des petites racines et des feuilles de pommiers, ils ignorent l'existence du vin et de tout autre raffinement»), sous les espèces des innocents, certes, mais aussi sous celles de Satan.

---

57. Nous ne pouvons ici que renvoyer aux grands répertoires d'A. Aarne et S. Thompson, *The Types of the Folktale*, 2ᵉ révision, Helsinki, 1964, FFC 184, T. 502, pp. 169-170, et, pour la France, P. Delarue et M.-L. Ténèze, *Le Conte populaire français*, Paris, 1964, t. II, contretype 502, «l'homme sauvage», pp. 221-227. Sur l'homme sauvage comme «motif» des contes, voir S. Thompson, *Motif-Index of Folk-Literature*, VI, index s. v. *Wild Animal*, Copenhague, 1958, et, tout particulièrement, III, F. 567.
58. Non pas tous, bien sûr, mais il s'agit d'une attitude majoritaire.
59. Voir la belle étude de R. Marienstras, «La littérature élisabéthaine des voyages et *La Tempête* de Shakespeare», in Société des Anglicistes de l'enseignement supérieur, *Actes du Congrès de Nice*, 1971, pp. 21-49. Lecture de *La Tempête* par les colonisés : voir, par exemple, R. Fernandez Retamar, *Caliban cannibale*, trad. J. F. Bonaldi, Paris, 1973, pp. 16-63.
60. Il manque au livre, plusieurs fois cité déjà, de R. Bernheimer, un chapitre sur l'homme sauvage et le Diable.

Notre propos, on s'en doute, n'est pas de classifier cet immense univers. Il n'est qu'une tentative modeste pour comprendre, à l'aide de l'analyse structurale, le texte dont nous sommes partis en l'insérant dans l'ensemble d'où nous l'avons extrait[61], puis de montrer comment ce type d'analyse, né de l'étude des sociétés dites «froides», peut s'intégrer dans une recherche proprement historique[62].

Au début du roman de Chrétien, le récit de Calogrenant constitue comme une répétition générale, mais sur le mode de l'échec, de la première partie des aventures d'Yvain, celle qui aboutira à son mariage avec Laudine. Partout où son prédécesseur a passé, Yvain passera, mais il réussira là où l'autre a échoué. Or le monde dans lequel s'engage Calogrenant, «seul comme un paysan et cherchant aventure... armé de toutes les armures comme doit être tout chevalier» (v. 174-177), est curieusement organisé sur le plan spatial, et curieusement peuplé. C'est d'abord, comme il se doit dans tout roman de chevalerie, la forêt, présentée comme le monde sauvage par excellence: Brocéliande[63]. Forêt abstraite, dont aucun arbre n'est décrit:

> *Et tornai mon chemin à destre*   177
> *Parmi une forest espesse*
> *Molt i ot voie felenesse*
> *De ronces et d'espinnes plainne.*

Le chevalier s'y oriente et l'*oriente* en prenant le bon côté, la droite[64]. L'aventure d'Yvain le mènera par le même chemin, mais avec une *redondance*, extrêmement bien marquée par le poète

> *Erra, chascun jor, tant*   762
> *Par montaignes et par valées,*
> *Et par forez longues et lées* [larges]
> *Par leus* [lieux] *estranges et salvages*

---

61. Faut-il préciser que nous ne donnons pas ici une explication globale d'*Yvain*? Nous cherchons à faire apparaître *un* plan de signification.
62. Il faudrait renvoyer ici à l'ensemble du numéro spécial «Histoire et Structure» des *Annales E.S.C.*, mai-août 1971.
63. Sur la forêt comme lieu naturel de l'aventure chevaleresque, renvoyons au livre déjà cité de M. Stauffer, *Der Wald*, notamment pp. 14-115 (sur Brocéliande, voir pp. 45-53). La question: «Les plus belles prouesses sont-elles celles de ville ou celles de forêt?» semble avoir été classique au Moyen Âge. La réponse était évidemment que «prouesse de ville ne vaut rien»; voir Ch. V. Langlois, *La Vie en France au Moyen Âge...*, Paris, 1927, t. III, pp. 239-240.
64. P. Haidu a bien souligné la valeur symbolique de cette «topique chrétienne et moralisante» (*Lion-Queue-Coupée...*, *op. cit.*, p. 37); voir aussi, à ce sujet, une belle page d'E. Auerbach, *Mimésis*, trad. C. Heim, Paris, 1968, p. 138.

Et passa mainz félons passages 766
Et maint péril et maint destroit
Tant qu'il vint au santier estroit
Plain de ronces et d'oscurtez [obscurités, embarras].

La félonie, la traîtrise caractéristique de la forêt, fait en somme place à un début d'ordre que symbolise le sentier. La forêt donne accès à un second lieu, très différent, qui ne relève à proprement parler, ni de la culture représentée par le monde de la cour et des champs, ni de la nature sauvage; nous sommes dans une lande (v. 188), une sorte d'au-delà de monde, où le héros rencontre, au seuil d'une forteresse, un «vavasseur» (petit noble), tenant à la main un autour (c'est donc un chasseur, mais un chasseur cultivé).
Le vavasseur est, dans les romans courtois, l'hôte traditionnel, et c'est comme leurs hôtes, que lui et la fille, «une pucele bele et gente» (v. 225), traitent les chevaliers errants qu'ils font profession d'accueillir. Un hôte, non un guide; le vavasseur explique que la route choisie a été la bonne (v. 204-205), il ne donne aucune indication sur la suite du chemin. Le fil du conte est ici comme rompu. Les traits qui marquent l'au-delà du monde sont discrets mais indiscutables: chez ce guerrier, aucun objet qui soit en fer, tout est en cuivre, métal de valeur supérieure:

Il n'i avoit ne fer ne fust 213
Ne rien qui de cuivre ne fust[65].

Signe non équivoque, pour qui connaît la topique des romans «bretons», un verger.

Et plus bel praelet [prairie, petit pré] *del monde.* 237
Clos de bas mur à la reonde.

Un verger, «lieu enclos, séparé du reste du monde, où tout lien avec une vie sociale, normale et les responsabilités qui en découlent est brisé[66]». Au-delà, enfin, marqué par la tentation sexuelle, puisque le héros jouit de la présence de la pucelle, et qu'il souhaiterait ne jamais la quitter (v. 241-243).
Le retour dans la forêt conduit le chevalier[67] dans un lieu antithétique de celui qu'il vient de quitter. Au milieu de la forêt, il rencontre, «dans un

---

65. A. Mary a omis de traduire ces vers.
66. P. Haidu, *Lion...*, *op. cit.*, p. 38, qui s'appuie sur un chapitre du livre célèbre d'E. R. Curtius, *La Littérature européenne et le Moyen Âge latin*, trad. J. Bréjoux, Paris, 1956, pp. 226-247.
67. Quand nous parlons ici du héros, ou du chevalier, nous évoquons à la fois Calogrenant et Yvain.

essart, des taureaux sauvages, épouvantables et dispersés, qui combattaient entre eux et menaient si grand bruit, avec tant d'orgueil et tant de férocité[68] » (v. 277-281) que le narrateur recule. Ces taureaux ont un maître, un « vilain qui ressemble à un Maure[69] », bouvier géant, et homme sauvage authentique, lui, en ce sens qu'il n'est pas simplement ensauvagé, que tous les traits de son visage et de son corps et de sa vêture sont empruntés au monde animal : « Il avait la tête plus grosse que celle d'un roncin ou de n'importe quelle autre bête, cheveux touffus, front pelé large de plus de deux empans, oreilles moussues et grandes comme celles d'un éléphant ; avec cela sourcils énormes, visage plat, des yeux de chouette, un nez de chat, la bouche fendue en gueule de loup, dents de sanglier aiguës et rousses, barbe noire et grenons tortillés ; le menton joignait la poitrine, et l'échine était longue, bossue et tortueuse. Il était appuyé sur sa massue et vêtu d'un accoutrement étrange qui n'était ni de toile, ni de laine, mais de deux cuirs de bœufs attachés à son cou » (v. 293-311)[70]. Contrairement au vavasseur qui n'est qu'un hôte, l'homme sauvage, ce « vilain », cet anti-chevalier, est, lui, un guide[71], il est ce qu'on appelle, chez les spécialistes du conte merveilleux, un auxiliaire, et un auxiliaire humain. Sommé de justifier de son identité et de sa capacité à maîtriser des bêtes qui *apparaissent* comme intégralement sauvages : « Par saint Pierre de Rome, elles ne connaissent pas l'homme ; je ne crois pas qu'en plaine ou en bocage, on puisse garder une bête sauvage à moins qu'elle ne soit liée ou enfermée » (v. 333-338), il démontre sa maîtrise et s'explique, témoignant, par sa parole même, de son humanité : « Et il me dist qu'il ert uns hom » (v. 328) [Et il me dit qu'il était un homme]. « Einsi sui

---

68. Notre traduction tient compte ici du texte, tel qu'il a été établi d'une façon à notre avis convaincante par F. Bar, « Sur un passage de Chrétien de Troyes » (*Yvain*, v. 276-285), in *Mélanges I. Siciliano*, Florence, 1966, pp. 47-50. Il semble en tout cas tout à fait exclu, comme on le sait depuis l'édition de W. Foerster, de lire, au v. 278, avec le manuscrit de Guiot, *« tors salvages, ors et lieparz »*, « des taureaux sauvages, *des ours et des léopards* », car il n'est plus jamais question de ces bêtes sauvages dans la suite du texte. Le mot *orz*, pluriel de *ord* (affreux, épouvantable), a été lu *ors* (les ours) et cette première faute en a entraîné d'autres. Cette correction a également convaincu les plus récents traducteurs d'Yvain, Cl. Buridant et J. Trotin (*op. cit. – supra*, p. 581, note 2 –, p. IX).
69. Hartmann reprend cette comparaison : *« Er was einem Môre gelich »* (v. 427), mais, détail frappant et qui souligne la parenté d'Yvain fou et de l'homme sauvage, il l'applique aussi (v. 3348) au « noble fou » (*« der edele tôre »*, v. 3347). Le bouvier qui pourtant n'est pas « fou », au sens psychologique du terme, est un *« walttôr »* (v. 440), un « fou des bois ».
70. Beaucoup de ces traits partiellement issus, du reste, de la littérature latine classique et tardive, sont un *topos* du roman médiéval : voir A. M. Crosby, *The Portrait..., op. cit.* (voir index s. v. *Giant herdsman*).
71. De même, en dépit de ce que dit P. Gallais, *Perceval..., op. cit.*, pp. 132-139, la « hideuse demoiselle » du *Conte du Graal* (v. 587-612), F. Lecoy éd., Paris, 1972, pp. 109-111 de la traduction L. Foulet, donne bel et bien à Perceval un avertissement salutaire, qui sera complété et corrigé par celui de l'ermite. Son portrait est parallèle à celui du « vilain ».

de mes bestes sire» (v. 334), je suis le seigneur de mes bêtes; un seigneur qui peut non seulement questionner à son tour, sur un pied d'égalité, le chevalier, mais le guider sur le chemin de la découverte, lui indiquer où il trouvera la fontaine magique qui garde le château dont la dame est Laudine. C'est d'une façon décisive qu'il donne un sens à la forêt:

> *Ci près troveras or en droit*   375
> *Un santier qui là te manra*
> *Tote la droite voie va,*
> *Se bien viax* [si tu veux bien] *tes pas anploier*
> *Que tost porroies desvoier:*
> *Il i a d'autres voies mout.*

Personnage ambigu, donc, que notre gardian. Il combine la plupart des traits de la description classique de l'homme sauvage médiéval, tels que nous le connaissons à travers l'art figuré et la littérature[72], mais certains détails détonnent: la maîtrise technicienne (et non magique) sur les bêtes sauvages, le fait que les bêtes en question soient recrutées exclusivement[73] parmi des animaux féroces, certes, mais qui font partie de ceux qu'élèvent les hommes[74]. L'homme sauvage n'est pas un simple hôte de la forêt, il en est le maître. Le chevalier est en quête d'«aventure ou de merveille» (v. 366), mais le «vilain» «ne sait rien en fait d'aventure» (v. 368); il connaît en revanche une «merveille», c'est-à-dire un pays magique et nous voici introduits dans un nouveau secteur de la topique de l'*Yvain*.

On peut, croyons-nous, définir ce nouvel espace, en disant qu'il combine, mais au niveau supérieur (grâce à la magie), les trois domaines que nous avons traversés jusqu'à présent, espaces de la culture, de la nature sauvage et de l'au-delà hospitalier et féminin. Le centre en est formé par une forteresse voisinant avec un bourg et entourée de terres[75] dont la défense contre

---

72. Voir surtout R. Bernheimer, *Wild Men...*, op. cit., pp. 1-48, notamment. On remarquera cependant que l'agressivité sexuelle, autre élément de ce portrait, est ici absente. En revanche, la déclaration du personnage concernant sa nature humaine est traditionnelle dans le *topos* médiéval de l'homme sauvage. Parmi les nombreux rapprochements qu'on pourrait faire, celui qui s'impose parce qu'il s'agit également d'un bouvier, lui aussi auxiliaire du héros, est *Aucassin et Nicolette*, XXIV, J. Dufournet éd., Paris, 1973. J. Dufournet a fait le rapprochement entre les deux textes, pp. 15-16.
73. Cela, sous réserve que le texte adopté (voir *supra*, note 68) soit bien le bon.
74. Le personnage correspondant du conte gallois règne lui sur des vraies bêtes sauvages: serpents et félins: les traits fantastiques sont, comme il est normal dans les textes celtiques, beaucoup plus accusés: ainsi, il n'a qu'un pied et qu'un œil: voir J. Loth, *Les Mabinogion, op. cit.*, p. 9. Il n'y a, chez Hartmann, ni félins, ni ours, ni serpents, mais des bisons et des aurochs, c'est-à-dire des bovins sauvages.
75. La mention des terres de culture est aux v. 1619 et 1808, 2086, 2472.

un ennemi éventuel pose de nombreux problèmes. La nourriture y est, bien entendu, cuite, et Yvain peut manger :

> *Chapon en rost* 1048
> *Et vin qui fu de boene grape*
> *Plain pot, covert de blanche nape...*

Ce domaine féodal qui dispose des mêmes institutions que la cour d'Arthur (un sénéchal, de nombreux chevaliers, etc.) est sous la garde d'une fontaine magique (flanquée d'une chapelle), œuvre de haut artifice, bassin que l'homme sauvage avait décrit en fer, mais qui est en or (v. 386 et 420), perron d'émeraude et de rubis. L'eau, à la fois froide et bouillonnante, provoque, quand elle est renversée, une épouvantable tempête.
Mais l'accès à ce monde de cour est donné par une sur-nature sauvage. Le vilain le dit à Calogrenant :
« Tu verras cette fontaine qui bouillonne et qui est plus froide que marbre. Le plus bel arbre qu'ait jamais formé la Nature la couvre de son ombre » (v. 380-383)[76]. Quand le combat s'engage entre le défenseur de la fontaine, Esclados le Roux, et Yvain, Chrétien emploie des images animales qui ne reparaîtront plus dans le récit des affrontements proprement chevaleresques, ceux qui opposent deux chevaliers égaux en dignité. Chasse humaine et chasse animale : Esclados attaque Yvain « comme s'il chassait un cerf en rut » (v. 814) et Yvain à son tour est comparé à un gerfaut qui randonne des grues (v. 882).
Ce monde enfin est à dominante féminine, après que le chevalier eut été tué par Yvain, et la beauté de Laudine est, comme celle de l'arbre de la fontaine, surnaturelle : « Oui, je veux bien le jurer, Nature ne pouvait dépenser tant de beauté, elle a même passé la mesure. Peut-être n'y est-elle pour rien ! Comment cela put-il se faire ? D'où vient une si grande beauté. Dieu la fit de ses propres mains pour Nature faire muser. Elle pourrait conserver tout son temps à contrefaire un tel ouvrage, jamais elle n'en viendrait à bout. Même Dieu, s'il voulait y peiner, ne pourrait parvenir à refaire la pareille, en dépit de tous ses efforts » (v. 1494-1510). La tentation sexuelle, que nous avions rencontrée chez le vavasseur, est si bien présente qu'Yvain, d'abord menacé de mort, sauvé par l'anneau d'invisibilité que lui procure Lunette, épousera la veuve d'Esclados et deviendra le maître du domaine.

---

76. Cet arbre est un pin, et il est, avec le grand chêne du v. 3012, près duquel Yvain recouvre la santé mentale, le seul arbre de la forêt qui soit décrit. Le pin est un arbre à feuilles persistantes et il est ainsi défini comme ayant quelque chose de magique (v. 384-385).

Mais ce monde aux trois aspects : sauvagerie, culture, courtoisie, est aussi, sous un autre angle de vue, un monde dédoublé, et Chrétien le souligne à tout moment. Les abords de la fontaine sont successivement et alternativement paradisiaques et infernaux : chant merveilleux des oiseaux et tempête terrifiante. Yvain décrit lui-même l'ambiguïté de sa situation :

> *Ce qu'Amors vialt* [veut] *doi je amer* 1457
> *Et doit me elle ami clamer ?* [appeler]
> *Oïl, voir, par ce que je l'aim*
> *Et je m'anemie la claim* [appelle]
> *Qu'ele me het, si n'a pas tort*
> *Que ce qu'ele amoit li ai mort* [ai tué]
> *Donques sui ge ses anemis* [son ennemi] *?*
> *Nel sui, certes, mes ses amis* [son ami][77].

Ce qui se passe à l'intérieur de la forteresse relève à la fois de l'esprit de courtoisie, de la «fin amor» et de la ruse la plus félone : c'est par une série de mensonges que Lunette apparie Yvain et Laudine. Le monde féminin est lui-même dédoublé, puisque et la servante et la maîtresse se partagent en quelque sorte les rôles.

La «Folie Yvain» marque la rupture du héros tant avec la cour d'Arthur qu'avec le monde que nous venons de décrire. La plus grande partie du roman (du vers 2884 au vers 6808 et dernier) est consacrée à définir les étapes du retour d'Yvain, guéri de sa folie, à l'amour et à la possession légitime de sa femme et de son domaine. Pour donner leur sens aux pages qui précèdent, il faut marquer ici quelques étapes. Le moment que représente la folie est bien en effet capital. Jusqu'à la folie, c'est en quelque sorte la forêt qui représente le monde sauvage, terrain de l'aventure et de l'exploit initiatique. Mais la folie a rendu Yvain sauvage et du même coup le statut de la forêt va apparaître plus complexe ; c'est que, pour l'analyse structurale, il n'y a pas de forêt en soi, fût-ce à l'intérieur d'une même œuvre, la forêt n'existe que dans sa relation avec ce qui n'est pas la forêt,

---

77. Ce sont de tels textes (et il en est beaucoup d'autres) qui donnent une certaine justification et à la lecture allégorique d'Huon de Méry qui fait se succéder aux abords de la fontaine le Paradis et l'Enfer, et à l'étude moderne d'A. Adler, «Sovereignty in Chrétien's *Yvain*»... *Publications of the Modern Language Association of America*, 1947, pp. 281-307, qui essaie de repérer, à travers l'ensemble du roman, le concept philosophique de *coincidentia oppositorum*.

et les oppositions peuvent jouer à l'intérieur même de ce qui nous apparaît comme simple[78]. Quand Yvain, guéri par l'onguent magique de la dame de Noroison, se réveille,

> *Si se vest* 3029
> *Et regarde par la forest*
> *S'il verroit nul home venir*

et la forêt s'est effectivement peuplée. La présence même de la dame en est un signe et le voisinage de son château « si près qu'il n'était pas à plus d'une demi-lieue de là, à un pas près, à la mesure des lieues de ce pays, où deux lieues en font une des nôtres et quatre deux » (v. 2953-2957). En fait, tout se passe comme si les espaces que la première partie du roman avait si soigneusement distingués cessaient d'être séparés. Ni la forêt, ni la lande avec son verger, ni la cour, ni la fontaine magique ne sont désormais des lieux isolés les uns des autres. La cour d'Arthur a du reste déjà intégré le domaine de Laudine[79], et les personnages vont d'un espace à l'autre sans avoir besoin de guides mystérieux, sans être soumis à des rites de passage. Certes, la forêt existe toujours, et une pucelle, par exemple, manque s'y perdre,

> *Si pooit estre an grant esmai* [émoi]   4842
> *Pucele au bois, et sanz conduit*
> *Par mal tans* [mauvais temps], *et par noire nuit,*
> *Si noire qu'ele ne veoit*
> *Le cheval sor qu'ele seoit.*

Mais la pucelle, qui fait appel à Dieu et à ses amis pour la « tirer de ce mauvais pas et la conduire vers quelque lieu habité » (v. 4851-4852), sera guidée vers Yvain par des voies entièrement humaines (une de ses auxiliaires est Lunette qui n'use en rien de magie), et c'est dans un « terrain plat et uni » (v. 5031) qu'elle finira par rencontrer le chevalier qui lui portera secours.

---

78. Voir à ce propos les justes remarques de Tz. Todorov, *Introduction à la littérature fantastique*, Paris, 1970, pp. 21-24, critiquant l'*Anatomie de la Critique* (trad. G. Durand, Paris, 1969) de Northrop Frye.
79. Comme le dit E. Köhler, « Le rôle de la *coutume* dans les romans de Chrétien de Troyes », in *Romania*, 1960, pp. 386-397 : « On fait cesser le mésusage de la fontaine en l'intégrant dans le royaume d'Arthur » (p. 312). Naturellement cette intégration n'est véritablement réalisée qu'à la fin du roman.

La forêt n'est plus qu'un élément, et un élément humanisé[80] du paysage, mais le monde sauvage, lui, existe toujours, et le séjour qu'y a accompli Yvain n'est pas sans conséquences. Lors du premier combat que le héros guéri, entré au service de la dame de Noroison, mène contre les chevaliers pillards du comte Allier, Yvain est comparé à quelques vers d'intervalle à un faucon poursuivant les sarcelles et à un « lion lancé entre les daims, quand la faim le tourmente et le chasse » (v. 3191 et 3199-3200). Sauf erreur, cette métaphore de chasse animale est la dernière qui sera employée à propos du chevalier Yvain[81]. Le lion métaphorique va en effet s'incarner. Yvain, parcourant à nouveau la forêt, voit, aux prises, deux créatures du monde sauvage, un lion et un serpent, qui est du reste presque un dragon, puisqu'il vomit des flammes[82] (v. 3347). Le lion est sur le point de succomber. Qu'Yvain le sauve, et il risque à son tour la mort. Entre l'animal « venimeux et félon » (v. 3351) dont l'image de marque est imposée aux lecteurs de la Genèse[83] et l'animal noble dont le *Roman de Renart* fait le Roi du monde sauvage, « la bête gentille et franche » (v. 3371), Yvain n'hésite pas. Dans l'aventure le lion perd cependant, du fait de l'épée du chevalier, le bout de sa queue, symbole assez évident de castration, à tout le moins de domestication. Le lion reconnaissant rend à Yvain l'hommage féodal, il sera désormais son compagnon et même son chien (v. 3435). Yvain est maintenant le Chevalier au lion[84]. Le lion participera à ses combats, dans la mesure tout au moins où les règles de la chevalerie,

---

80. Ce changement de signe est caractéristique des rituels d'initiation et des récits se référant à ces rituels, ou se substituant à eux; la brousse initiatique entre dans le monde de la culture; voir les justes remarques à ce propos (dans une discussion avec A. J. Greimas) d'A. Margarido, « Proposiçôes teoricas para a leitura de textos iniciáticos », in *Correio do Povo*, Porto Alegre, 21 août 1971.
81. Quand Yvain manquera de redevenir fou, il sera cependant comparé à un « sanglier forcené » (v. 3518).
82. C'est un dragon chez le « traducteur » allemand de Chrétien. Sur la signification des dragons dans l'art et la littérature médiévaux, nous nous permettons de renvoyer à J. Le Goff, « Culture ecclésiastique et culture folklorique au Moyen Âge : saint Marcel de Paris et le dragon », in *Mélanges C. Barbagallo*, Bari, 1970, pp. 53-90, où l'on trouvera une abondante bibliographie (repris in J. Le Goff, *Pour un autre Moyen Âge, supra*, pp. 229-268).
83. La comparaison de la partie concupiscente de l'âme avec le serpent est au XIIe siècle un *topos*. Mais il y a, tout au long du symbolisme médiéval, persistance d'une image positive du serpent, lui aussi, même lui, ambigu (voir l'étude de J. Le Goff citée plus haut).
84. Sur ce symbolisme du lion, ses origines (notamment dans la légende de saint Jérôme et le conte d'Androclès), voir J. Frappier, *Étude sur «Yvain..., op. cit.*, pp. 108-111, et P. Haidu, *Lion..., op. cit.*, pp. 71-73 ; nous ne croyons absolument pas cependant que le lion d'Yvain puisse ici incarner, comme il le fait souvent dans la symbolique médiévale, la figure du Christ. Dans la *Queste del Saint Graal*, A. Pauphilet éd., pp. 94-98 et 101-104, Perceval répète l'aventure d'Yvain avec le lion et le serpent, puis, dans un rêve, voit deux dames montées l'une sur un serpent qui est identifié à la synagogue, l'autre sur un lion qui est identifié au Christ. Les deux systèmes d'images symboliques s'ajoutent ainsi l'un à l'autre.

celles du duel entre égaux, ne seront pas respectées[85]. Le fait saisissant – mais qui ne semble pas avoir été jusqu'à présent sérieusement commenté – est que les rapports qui vont s'établir entre Yvain et son lion, dès la constitution de leur association, vont reproduire ceux de l'ermite et d'Yvain fou: mais c'est évidemment Yvain qui jouera dans ce compagnonnage le rôle de l'homme[86]. Le lion *chasse* en effet au service d'Yvain; à moins d'une *archée* (une portée d'arc, v. 3439) – vocabulaire caractéristique qui rappelle l'arc du chasseur Yvain – il flaire un chevreuil. Mais c'est Yvain qui fend le cuir de la bête, la fait *rôtir* à la broche (cette fois le texte est formel, v. 3457-3460) et partage la viande avec l'animal (ce dernier n'ayant que le surplus). L'absence des «manières de table», et cette fois-ci du pain (l'association n'est pas branchée sur un circuit commercial), est une fois de plus soulignée, mais c'est Yvain, non, bien entendu, le lion, qui se plaint de la sauvagerie de ce repas: «Ce repas ne le réjouit guère, car il n'avait pas de pain, ni de vin, de sel, de nappe, de couteau ou autre ustensile» (v. 3462-3464).
De fait, la rencontre d'Yvain avec le lion, l'élimination du serpent, ont levé les ambiguïtés qui caractérisaient le monde sauvage dans la première partie du roman. Ce sont bien des êtres sauvages que va désormais affronter Yvain, mais dépourvus d'ambivalence[87].
Il sauve d'abord une pucelle, menacée d'être livrée à la prostitution par un «géant félon» (v. 3850)[88], nommé Harpin de la Montagne. Or, ce géant a certains traits caractéristiques de l'homme sauvage. Il est armé, non d'une épée, mais d'un pieu (v. 4086-4198), il a la poitrine velue (v. 4217), recouverte d'une peau d'ours (v. 4191). Il est comparé à un taureau (v. 4222), et s'écroule «comme un chêne que l'on abat» (v. 4238), mais toute la connotation est cette fois-ci diabolique. Le combat contre le Maufé [le Malin], qui n'a pas lieu dans la forêt mais dans la plaine (v. 4106)[89], a lieu sous le signe de Dieu, du Christ, de la Vierge et des anges. Yvain a entendu la messe (v. 4025) dont nous avons à ce stade du roman la première mention.

---

85. Cela a été parfaitement analysé par G. Sansone, «Il sodalizio del leone e di Ivano», in *Mélanges I. Siciliano*, Florence, 1966, pp. 1053-1063. Sur l'arrière-plan oriental et monastique de cette amitié, voir G. Penco, «L'amicizia con gli animali», in *Vita monastica*, 17, 1963 pp. 3-10, et M. J. Falsett, *Irische Heilige und Tiere in mittelalterlichen lateinischen Legenden*, Diss. Bonn, 1960.
86. Cela a été bien compris par W. Brand, *Chrétien de Troyes, op. cit.*, p. 78.
87. Nous ne reprenons pas ici le détail du récit qui est très complexe: Yvain intervient notamment dans une querelle entre deux héritières, nous mettons simplement l'accent sur ce qui a été l'axe de notre recherche et qui est certainement un des axes du roman, les rapports d'Yvain avec le monde sauvage.
88. Le géant entend livrer la jeune fille au bon plaisir de «*garçons*», c'est-à-dire de serviteurs de la plus basse catégorie (v. 3866, 4110, 4114). Sur les connotations érotiques de l'homme sauvage, voir R. Bernheimer, *Wild Men..., op. cit.*, pp. 121-175.
89. Sur le sens possible de ce mot, voir *infra*, p. 613.

Au château de Pême-Aventure (la Pire Aventure), où Yvain découvre – dans un décor à certains égards semblable à celui de la demeure du vavasseur hospitalier[90] – les fameuses jeunes filles captives livrées au travail de la soie, ce n'est pas avec un diable métaphorique que va lutter Yvain, flanqué de son lion, car il y a dans ce château « deux fils de diable, et ce n'est pas une fable, car ils sont nés d'une femme et d'un Netun » (v. 5265-5267)[91]. Le combat contre ces êtres « hideux et noirs » (v. 5506) est une lutte contre une sauvagerie diabolique[92]. Yvain vainqueur pourra regagner définitivement le domaine de la fontaine. Le combat qu'il mènera pour rentrer chez lui contre son pair Gauvain sera purement chevaleresque et ne connaîtra ni vainqueur ni vaincu. Aucune ruse déloyale ne marquera non plus son retour en grâce auprès de Laudine, négocié, sans appel à la magie, par Lunette. Laudine acceptera d'aider le Chevalier au lion – dont elle ignore qu'il ne fait qu'un avec Yvain – à rentrer en grâce auprès de sa dame. Il n'y a pas là duperie mais simple jeu sur les deux identités du héros, qui désormais n'en feront plus qu'une.

Le lion, inséparable d'Yvain dans son retour vers l'humanité et que Laudine se réjouit d'accueillir quand elle croit n'attendre que le Chevalier au lion, disparaît du roman et s'absorbe en Yvain quand celui-ci achève son itinéraire. Reprenons donc les personnages qui peuplent le monde sauvage du roman de Chrétien[93]. Ils forment, autour de deux pôles – que représentent bien le lion et le serpent –, une gamme chromatique. À une extrémité le secourable ermite, à l'autre l'ogre-géant Harpin de la Montagne et les deux fils du diabolique Netun[94]. Entre les deux, monstrueux mais humain, le « vilain qui ressemble à un Maure », au sujet de qui Yvain se demande

---

90. Le parallèle est très poussé dans le conte gallois d'*Owein* (voir R. L. Thomson, *Owein...*, op. cit., pp. XXX et LII-LIV). L'un et l'autre sont habités par vingt-quatre pucelles. Chez Chrétien le domaine de Pême-Aventure, comme la demeure du vavasseur, comporte un verger (v. 5345, 5355). L'un et l'autre sont marqués par les repas somptueux que font les héros. La tentation sexuelle y est également présente – mais repoussée. Yvain, fidèle à Laudine, refuse d'épouser la fille, elle aussi « belle et gente » (v. 5369), qu'il a délivrée. On notera un trait différentiel : chez le vavasseur aucune épouse n'est présente. Il n'en est pas de même au château de Pême-Aventure.
91. « Netun » est le résultat de l'évolution phonétique du nom du dieu latin Neptunus.
92. Les fils de Netun utilisent une sorte de massue « revêtue de métal et de fil d'archal » ; sur ce « baston cornu », normalement proscrit des combats chevaleresques, voir F. Lyons, « Le bâton des champions dans *Yvain* », in *Romania*, 1970, pp. 97-101.
93. Nous parlons bien de ceux qui sont *dans* le monde sauvage, non de ceux qui ne font que le traverser, comme la dame de Noroison dont l'onguent magique guérit Yvain.
94. On remarquera que dans le « Conte de l'homme sauvage » tel qu'il est brièvement présenté et analysé par P. Delarue et M.-L. Ténèze (*Le Conte...*, op. cit.), la polarité entre le sauvage auxiliaire et le sauvage ennemi est parfaitement net marquée. L'enjeu du conte est un enfant qui a délivré un homme sauvage captif. Menacé de mort et exilé dans le monde sauvage, il se heurte à des géants contre lesquels l'homme sauvage est son recours. La conclusion du conte est le retour de l'enfant et, généralement, la réintégration de l'homme sauvage dans la société. Il est cependant clair que cette dernière séquence est redondante par rapport à la précédente.

Comant Nature feire sot 798
Œvre si leide et si vilainne,

l'homme sauvage proprement dit. Yvain parcourra lui-même tous les degrés de la gamme, affrontant les uns, aidé par les autres, ensauvagé au moment crucial de son aventure, et assimilant ainsi cette part du monde sauvage dont a besoin le parfait chevalier.

Certains des codes qui sous-tendent le récit de Chrétien sont apparus au fil de l'analyse. Mais nous n'aurions rendu au lecteur d'*Yvain* qu'un maigre service, si nous n'esquissions pas une confrontation entre le roman et la société dont il est issu et à laquelle il retourne. Certes, le monde du XIIe siècle nous a déjà, et très largement, servi de référent. C'était là une commodité de la démonstration qui nous permettait certains raccourcis et certaines confirmations. Mais le rôle de l'arc, ceux de l'ermite, de l'homme sauvage, du lion, du serpent, de Dieu et du Diable, sont des données du récit qui peuvent à la limite se laisser décoder sans qu'il soit fait appel au monde extérieur. Reste que celui-ci existe et, qu'en analyse, c'est lui qui intéresse les historiens[95]. La question est, à vrai dire, d'autant plus complexe que, dans la littérature du XIIe siècle, deux sortes d'œuvres bien différentes – par le public auquel elles s'adressent en principe aussi bien que par l'idéologie qui les sous-tend – nous donnent une image du monde chevaleresque. Certes, les chansons de geste ont fait leur apparition un peu avant les «romans courtois»[96], mais, au XIIe siècle, les deux genres littéraires interfèrent et se font tout à la fois concurrence[97]. Pour les historiens positivistes du siècle dernier (ils ont plus d'un imitateur aujourd'hui), il était vital de choisir. Ainsi Léon Gautier dans sa célèbre synthèse sur *La Chevalerie*, tranchait-il d'autorité: «Les romans de la Table ronde qui, au

---

95. Il serait évidemment possible de donner du texte une lecture anthropologique générale fondée sur la théorie des rites de passage et en particulier des schémas initiatiques, mais une telle lecture ne serait pas de notre compétence et elle n'est pas du reste de notre propos.
96. Voir la commode mise au point de P. Le Gentil, *La Littérature française du Moyen Âge*, 4e éd., Paris, 1972, pp. 24-29.
97. Le débat est particulièrement bien posé dans le recueil *Chanson de geste und Höfischer Roman*, Heidelberg, 1963 (*Studia Romanica*, 4), notamment dans les contributions d'E. Köhler, «Quelques observations d'ordre historico-sociologique sur les rapports entre la chanson de geste et le roman courtois», pp. 21-30, et de H. R. Jauss, «Chanson de geste et roman courtois au XIIe siècle (Analyse comparative du *Fierabras* et du *Bel Inconnu*)»; voir aussi R. Marichal, «Naissance du roman», in M. de Gandillac et E. Jeauneau éd., *Entretiens sur la renaissance du XIIe siècle*, Paris et La Haye, 1968, pp. 449-482; J. Le Goff, «Naissance du roman historique au XIIe siècle», in *Nouvelle Revue française*, 238, octobre 1972, pp. 163-173.

regard de juges prévenus ou légers, paraissent si profondément chevaleresques, peuvent être considérés comme une des œuvres qui ont hâté la fin de la chevalerie[98].» Après quoi, tranquillement, et en connaisseur admirable des textes, pouvait-il tracer la vie des chevaliers de la naissance à la mort, en s'appuyant à peu près exclusivement sur le matériel fourni par les chansons de geste, et sans se demander un seul instant si ces documents avaient bien été écrits pour transmettre des informations et des références infra-paginales aux historiens positivistes. Nous autres historiens, nous savons désormais que nous sommes mortels, et que nous serons aussi transparents à nos successeurs que nos prédécesseurs le sont à nos yeux. Du moins avons-nous appris que les romans, comme les mythes, et comme du reste la société, ne sont pas des choses.

«La relation du mythe avec le donné est certaine, mais pas sous la forme d'une *re-présentation*. Elle est de nature dialectique, et les institutions décrites dans les mythes peuvent être inverses des institutions réelles. Ce sera même toujours le cas, quand le mythe cherche à exprimer une vérité négative... Les spéculations mythiques cherchent, en dernière analyse, non à peindre le réel, mais à justifier la cote mal taillée en quoi il consiste puisque les positions extrêmes y sont *imaginées* seulement pour les démontrer *intenables*[99].» Ce qui vaut pour le mythe est plus vrai encore pour l'œuvre littéraire qu'il faut respecter dans toutes ses articulations, ne pas chercher à décomposer en éléments premiers et dans laquelle viennent s'ajouter la dimension idéologique et les choix personnels du narrateur[100]. Il est certes une littérature qui n'est qu'une forme dégradée du mythe, celle que Lévi-Strauss a classée sous l'appellation de «roman-feuilleton[101]». Il y a eu, certes, des romans-feuilletons parmi les romans courtois, mais, à voir les choses dans leur ensemble, ce genre littéraire semble témoigner de ce qu'on pourrait appeler un projet idéologique global. Ce projet, bien défini par E. Köhler[102], vise, en ce moment du «second âge féodal» comme le nommait Marc Bloch, où la noblesse se transforme de «classe de fait» en «classe de droit», aussitôt menacée par les progrès de l'autorité royale et le développement urbain, à réinstaurer un ordre constamment mis en question. Le roman, œuvre écrite et destinée à être

---

98. *La Chevalerie*, nouv. édition, Paris (s. d.), p. 90.
99. Cl. Lévi-Strauss, *La Geste d'Asdiwal*, loc. cit., pp. 30-31.
100. «Expliquer structuralement ce qui peut l'être et qui n'est jamais tout: pour le reste, s'employer à saisir, tantôt plus et tantôt moins, un autre genre de déterminisme qu'il faudra chercher aux niveaux statistique ou sociologique; ceux qui relèvent de l'histoire personnelle, de la société ou du milieu» (Cl. Lévi-Strauss, *L'Homme nu*, Paris, 1971, p. 560).
101. *L'Origine des manières de table*, Paris, 1968, pp. 105-106.
102. Notamment dans l'ouvrage magistral que nous avons déjà cité: *Ideal und Wirklichkeit in der Höfischen Epik* (trad. fr. citée *supra*, p. 582, note 4).

lue, exclut délibérément le public mêlé qui écoutait les chansons de geste. Seuls les deux ordres majeurs, *chevalerie et clergie*[103], sont les convives du roman. C'est ce qu'exprime dans des vers fameux l'auteur du *Roman de Thèbes*[104] :

> *Or s'en tesent de cest mestier,*   13
> *Se ne sont clerc ou chevalier*
> *Car aussi pueent* [peuvent] *escouter*
> *Comme li asnes al harper*
> *Ne parlerai de peletiers*
> *Ne de vilains, ne de berchiers.*

Clercs et chevaliers ne sont cependant pas sur le même registre. C'est au chevalier, non au clerc, qu'est proposé le modèle de l'aventure. Modèle complexe, certes, ambigu par nature, et à l'intérieur duquel les plus vives tensions peuvent exister : qu'on songe à la critique du *Tristan* que fait Chrétien dans le *Cligès*[105] ; mais E. Köhler a donné une formule dont la portée est générale en écrivant ceci qui résume assez bien sa tentative : « L'aventure, c'est le moyen de dépasser la contradiction qui s'est établie entre l'idéal de vie et la vie réelle. Le roman idéalise l'aventure et lui confère par là une valeur morale, la dissocie de son origine concrète, et la situe au centre d'un monde féodal imaginaire dans lequel la communauté d'intérêts entre les différentes couches de la noblesse, qui appartient déjà au passé, semble être encore réalisable[106]. » L'amour courtois, « précieuse chose, et sainte » (*Yvain*, v. 6044), est le point de départ en même temps que le point de retour d'une aventure qui ne quitte la cour féodale pour le monde sauvage que pour y mieux revenir. Entre-temps, le héros a assuré comme le veut la clergie son salut, salut personnel par le salut des autres. Au centre du roman de Chrétien, l'ermite assure son maintien dans l'humanité et la dame de Noroison provoque son retour dans la chevalerie. Quant au « vilain », représentant, après les clercs et les chevaliers, de la troisième des fonctions entre lesquelles l'idéologie médiévale – après tant d'autres dont le recensement a été fait par G. Dumézil – a découpé le divers social, sa qualité humaine est reconnue, mais sa hideur le classe. S'il s'agit pourtant d'un monde imaginaire – et reconnu comme tel par les auteurs courtois eux-mêmes[107] –, c'est par l'étude des « déplacements »,

---

103. Voir E. Köhler, *Ideal...*, *op. cit.*, pp. 37-65.
104. G. Raynaud de Lage éd., Paris, 1966.
105. A. Micha éd., Paris, 1970, v. 3105-3124.
106. « Quelques observations... », *loc. cit.*, p. 27.
107. Voir à ce sujet les justes remarques de H. R. Jauss, « Chanson de geste... », *loc. cit.*, pp. 65-70.

des « condensations », pour parler en termes freudiens, voire des extensions et des inversions opérées par les poètes, que nous ferons progresser nos connaissances. Ainsi en est-il par exemple du problème de l'initiation. Le cérémonial par lequel les futurs chevaliers naissaient à la chevalerie, l'adoubement, est – le fait est connu depuis bien longtemps – une procédure initiatique tout à fait comparable à celles que nous connaissons dans d'innombrables sociétés[108]. Par ailleurs, il est bien clair que les romans courtois se laissent aisément ramener à un schéma initiatique de départ et de retour[109]. Mais il est frappant de constater que la fête qu'ont connue sur le champ de bataille ou dans la nuit de la Pentecôte tant de futurs chevaliers[110] ne joue dans les romans de Chrétien, pour nous en tenir à eux, qu'un rôle extraordinairement limité. Elle est absente de l'*Yvain* et si elle est présente dans le *Perceval* et dans le *Cligès* elle ne constitue en rien un tournant capital dans le récit. Ce sont des chevaliers déjà adoubés qui vont dans la « forêt aventureuse » ; le thème de l'enfance, capital dans la chanson de geste, est relativement secondaire dans le roman courtois. L'initiation romanesque est donc, par rapport à l'initiation « réelle », démesurément étendue, temporellement et spatialement.

Dans un article capital[111], G. Duby nous suggère un autre rapprochement. Il met en lumière l'existence et le rôle, dans la société aristocratique du XIIe siècle, d'une catégorie sociale particulière, celle des « jeunes ». « "Le jeune"... est un homme fait, un adulte. Il est introduit dans le groupe des guerriers ; il a reçu les armes ; il est adoubé. C'est un chevalier... La jeunesse peut donc être par conséquent définie comme la part de l'existence comprise entre l'adoubement et la paternité[112] », part qui peut être fort longue. Or cette jeunesse est errante, vagabonde et violente ; elle est « l'élément de pointe de l'agressivité féodale[113] », cette quête aventureuse – « long

---

108. Le rapprochement entre l'initiation chevaleresque et les rites de probation des sociétés « primitives » a été, à notre connaissance, effectué pour la première fois par J. Lafitau, *Mœurs des sauvages américains comparées aux mœurs des premiers temps*, Paris, 1724, t. I, pp. 201-256 ; t. II, pp. 1-70, 283-288.
109. Il n'est pas nécessaire pour cela de faire appel à d'aventureuses comparaisons orientales comme le fait P. Gallais dans son livre *Perceval et l'initiation*.
110. Pour l'adoubement, qu'il nous suffise de renvoyer aux pages classiques de Marc Bloch, *La Société féodale*, Paris, 1940, t. II, pp. 46-53 (et J. Flori, « Sémantique et société médiévale. Le verbe *adouber* et son évolution au XIIe siècle », in *Annales E.S.C.*, 1976, pp. 915-940).
111. « Au XIIe siècle : les "jeunes" dans la société aristocratique », in *Annales E.S.C.*, 1964, pp. 835-896, repris in *Féodalité*, Gallimard, Quarto, 1996, pp. 1385-1397 ; c'est à l'édition des *Annales* que nous nous référons. Voir également E. Köhler, « Sens et fonctions du terme "jeunesse" dans la poésie des troubadours », in *Mélanges René Crozet*, Poitiers, 1966, pp. 569 *sqq*.
112. G. Duby, « Au XIIe siècle : les "jeunes"... », *loc. cit.*, pp. 835-836.
113. *Ibid.*, p. 839.

séjour honnit jeune homme » – a un but, la chasse à la fille riche. « L'intention de mariage paraît bien commander tout le comportement du jeune, le pousse à briller au combat, à parader dans les réunions sportives[114]. » Mariage d'autant plus difficile que les interdits lancés par l'Église rendaient souvent le mariage proche impossible. G. Duby a lui-même fait le rapprochement qui s'impose avec la littérature courtoise : « La présence d'un tel groupe au cœur de la société aristocratique entretient certaines attitudes mentales, certaines représentations de la psychologie collective, certains mythes, dont on trouve à la fois le reflet et les modèles dans les œuvres littéraires écrites au XIIe siècle pour l'aristocratie, et dans les figures exemplaires qu'elles proposèrent, qui soutinrent, prolongèrent, stylisèrent les réactions affectives et intellectuelles spontanées[115]. » Et, de fait, Yvain, époux de la riche veuve Laudine de Landuc, s'insère assez bien dans le schéma proposé.

Regardons-y pourtant de plus près, après avoir noté tout de suite que dans l'*Yvain* comme dans *Érec et Énide*, le mariage n'intervient pas *après* mais *avant* la grande aventure qui qualifie le héros. Un certain nombre d'oppositions sautent aux yeux. Parmi les facteurs de la turbulence juvénile sur lesquels G. Duby a mis l'accent, il y a un certain nombre d'inévitables conflits : conflit avec le père, conflit surtout avec le frère aîné, héritier des biens paternels. Nombre de ces jeunes sont des cadets de famille et cette situation contribue fortement à leur errance. Or ces conflits sont en apparence absents des romans de Chrétien[116]. Mieux, tout se passe comme si *tous les héros* du poète étaient des fils uniques : ainsi Yvain, ainsi Cligès, ainsi Lancelot, ainsi Perceval, ainsi Érec[117]. C'est à la *génération précédente* qu'existent les frères et les sœurs ; Yvain et Calogrenant sont cousins germains, Érec, Énide et Perceval découvrent au long de leurs aventures des oncles et des tantes. C'est avec son oncle paternel que Cligès entre en rivalité pour la possession de Fénice, fille de l'empereur d'Allemagne[118]. Enfin les aventures des jeunes sont collectives. Ce sont des bandes de *juvenes* que les chroniqueurs nous montrent, fournissant les « meilleurs contingents à toutes les expéditions lointaines[119] », or il est à peine besoin de remarquer que l'aventure courtoise, contrairement d'ailleurs à l'aventure épique, est toujours

---

114. *Ibid.*, p. 843. Sur la complexité des attitudes courtoises à l'égard du mariage, voir E. Köhler, « Les troubadours et la jalousie », in *Mélanges Jean Frappier*, Genève, 1970, pp. 543-559.
115. G. Duby, *loc. cit.*, p. 844.
116. Gauvain a un frère, mais il joue dans le *Conte du Graal* le rôle d'un antihéros.
117. Nous donnons ces brèves indications dans l'espoir de convaincre quelqu'un d'entreprendre une étude systématique des structures de la parenté dans les romans courtois.
118. G. Duby, *loc. cit.*, p. 839.
119. Justes remarques à ce sujet de J. Frappier, *Chrétien de Troyes. L'homme et l'œuvre*, Paris, 1957, p. 15.

individuelle[120]. Tout se passe donc comme si, par une série de mécanismes qu'il faudrait étudier avec précision : passage du présent au passé, du pluriel au singulier, du masculin au féminin, le romancier courtois réfractait le réel social pour en donner une interprétation qui est souvent une inversion.

Il est pourtant une réalité considérable de l'évolution économique et sociale du XIIe siècle qui semble bien présente dans l'*Yvain*, mais à un niveau inconscient : nous voulons parler de la transformation du paysage rural, des revenus seigneuriaux et cléricaux, de la vie paysanne que représente le grand mouvement de défrichement qui se poursuit depuis le Xe siècle et qui semble culminer au XIIe siècle[121].

Peu avant la rédaction de l'*Yvain*, le poète normand Wace avait, dans le *Roman de Rou*, évoqué comme un fait lointain du passé la fontaine magique de la forêt de Brocéliande qui est au cœur de l'action du roman de Chrétien[122] :

> *Mais jo ne sai par quel raison*   6386
> *Là sueut l'en les fées véeir* [là on avait coutume de voir les fées]
> *Se li Breton nos dïent veir* [vrai]
> *E altres merveilles plusors*
> *Aires i selt aveir d'ostors* [Il y avait là d'habitude des aires d'autours]
> *E de grans cers mult grant plenté*
> *Mais vilain ont tot déserté*   6392
> *Là alai jo merveilles querre* [J'allai là chercher des merveilles]
> *Vi la forest e vi la terre*
> *Merveilles quis, mais nes trovai* [Je demandai des merveilles mais n'en trouvai point]
> *Fol m'en revinc, fol i alai,*
> *Fol i alai, fol m'en revinc*
> *Folie quis, pour fol me tinc.* [Ce que je demandais était fou, et je me tiens pour fou].

---

120. Il y a bien un conflit pour un héritage dans l'*Yvain*, mais c'est un conflit entre sœurs, le conflit entre les deux filles du Seigneur de la Noire Espine (v. 4699 *sqq.*). Yvain rétablira dans ses droits la *cadette* dépossédée.
121. Nous reprenons ici et développons quelque peu une suggestion de J. Györy dans son article déjà cité des *Annales Universitatis Scientiarum Budapestinensis*, pp. 107-108. Sur les défrichements eux-mêmes, qu'il nous suffise de renvoyer à G. Duby, *L'Économie rurale et la vie des campagnes dans l'Occident médiéval*, Paris, 1962, pp. 142-169, et plus brièvement *Guerriers et paysans*, 1973, rééd. Gallimard, Quarto, 1996, pp. 198-208. G. Duby situe le «moment de pleine intensité du phénomène» entre 1075 et 1180 (*Guerriers et paysans*, p. 200). Rappelons que cette dernière date est approximativement celle de l'*Yvain*.
122. Wace, *Le Roman de Rou*, éd. A. J. Holden, Paris, 1971, v. 6372 *sqq.* Le texte est cité et commenté souvent, notamment par J. Frappier, *Étude sur «Yvain...*, *op. cit.*, pp. 85-86, et M. Stauffer, *Der Wald...*, *op. cit.*, p. 46. Dans cette citation comme dans d'autres, nous avons partiellement accentué le texte pour le rendre plus accessible.

Nous ne pouvons évidemment donner la preuve que Chrétien avait lu ce texte qui témoigne si éloquemment de la désacralisation de la forêt défrichée. Mais revenons à l'*Yvain*, car c'est le roman lui-même qui nous fournira notre argument majeur.

Nous avons insisté sur l'importance que revêtaient, pour l'interprétation du roman, les trois rencontres que fait le héros dans la forêt[123] : celle de l'homme sauvage qui le guide, de l'ermite qui le sauve et le rend à sa condition humaine, celle du lion qu'il domestique. Or le vilain se trouve dans un essart (v. 277, 708, 793), il en est de même du lion (v. 3344) ; quant à l'ermite, il est en train d'essarter (v. 2833)[124]. Enfin, la rencontre avec Harpin de la Montagne a lieu après que le poète l'a décrit « chevalchant lez le bois » (v. 4096), « devant la porte » certes, mais « en mi un *plain* » (v. 4106), mot qui désigne couramment la terre récemment défrichée. Seule échappe à la règle la rencontre avec les fils du diabolique Netun, mais celle-ci est située hors de tout espace concret[125]. Si l'on quitte maintenant le monde sauvage pour le monde magique, on notera que l'usage de la fontaine entraîne notamment comme conséquence, comme l'a bien vu J. Györy, la destruction des arbres du domaine, ces arbres pourtant admirables et comme paradisiaques : « Mais si je puis, sire vassal, je ferai retomber sur vous le mal que m'a causé le dommage qui est patent et dont autour de moi j'ai la preuve, en mon bois qui est abattu » (v. 497-501). Le thème disparaîtra, au contraire, après le récit de Calogrenant. Le monde magique – et peut-être les intérêts des seigneurs qui n'avaient pas tous avantage au défrichement – est ici en contradiction avec le monde sauvage.

---

123. Remarquons que notre lecture du texte se fonde sur les rencontres du héros avec des personnages du sexe masculin (y compris le lion). Une autre lecture est certainement possible qui mettrait l'accent sur les rencontres avec les personnages féminins.
124. Il s'agit là d'une donnée propre à Chrétien. Quels que soient les rapports entre le conte gallois et le roman français, le texte de l'*Owein*, qui ignore l'ermite, place bien l'homme sauvage dans une clairière, mais met le combat entre le lion et le serpent sur une petite éminence ; voir J. Loth, *Les Mabinogion, op. cit.*, pp. 9 et 38. Quant à Hartmann d'Aue, son interprétation est une fois de plus intéressante : Calogrenant arrive dans un vaste essart (« geriute ») dont le caractère paradoxal est souligné puisqu'on n'y décèle aucune présence humaine (« âne die liute », v. 401-402). Le bouvier sauvage est lui dans un champ (« gevilde », v. 981). L'ermite n'est pas en train d'essarter, mais dans un endroit nouvellement défriché (« niuweriute », v. 3285). La rencontre du lion et du serpent se fait dans une clairière (« bloeze »), le héros y parvient « à travers un grand enchevêtrement d'arbres abattus » (v. 3836-3838). Les arbres ne paraissent pas avoir été abattus par l'homme, mais, de façon naturelle et magique, quelques temps auparavant, comme après la tempête déclenchée par Yvain.
125. Le mot « essart » reparaît encore au v. 4788 quand la fille aînée du Seigneur de la Noire Espine annonce qu'elle ne partagera en aucun cas avec sa sœur « chastel, ne vile, ne essart, ne bois, ne plain, ne autre chose ».

Le vilain est dans un essart, le lion est rencontré dans un essart, mais seul l'ermite essarte et modifie l'espace. Les trois personnages sont ainsi à la fois semblables et différents[126]. Le rôle actif attribué à l'ermite est d'autant moins surprenant qu'il correspond à la réalité (les ermites beaucoup plus que les moines des grandes abbayes ont joué un rôle fondamental dans les grands défrichements[127]). Et, certes, le rôle des «vilains» n'a pas été moins important, mais l'idéologie de la clergie s'oppose ici à ce que le fait, déploré par Wace, soit reconnu dans le monde merveilleux où nous entraîne Chrétien[128].
L'itinéraire d'Yvain, tel que nous l'avons reconstitué à l'aide de l'analyse structurale, recoupe et éclaire plusieurs schémas historiques. L'espace essentiel de l'essart correspond au phénomène économique capital des grands défrichements du XIIe siècle. L'aventure d'Yvain suit les voies du groupe des «jeunes» identifié par G. Duby et analysé, dans ses rapports contradictoires avec la société dans laquelle il vit, par Erich Köhler. L'univers chrétien de l'époque est enfin présent dans la trame même de l'analyse, dans le jugement implicite porté sur le comportement chevaleresque et, plus particulièrement, aux points critiques de passage de la trajectoire d'Yvain : une chapelle garde le perron, le pin et la fontaine magique où tout commence, un ermite maintient Yvain dans l'humanité et la remontée d'Yvain s'accomplit à travers un affrontement avec le monde diabolique. Pour revenir à l'univers de la culture, il faut que celui-ci soit entre-temps christianisé, et la forêt elle-même est toute marquée de signes chrétiens.
On nous pardonnera d'arrêter ici notre analyse ; pour la prolonger, il faudrait la reprendre à un autre niveau, celui que Chrétien lui-même a exploré dans *Perceval*[129].

---

126. Dans l'article que nous avons cité *supra*, p. 602, note 77, A. Adler avait noté (p. 295) le parallélisme de l'ermite et du gardian sauvage : «The Gestalt of the Hermit assumes the feature of a spiritualized replica of the Herdsman.»
127. Voir G. Duby, *L'Économie rurale...*, *op. cit.*, pp. 146-147.
128. On pourrait prolonger cette étude en confrontant l'*Yvain* avec des contes ou des mythes où le défrichement joue un rôle essentiel ; ainsi le conte de Mélusine : voir la contribution d'E. Le Roy Ladurie à l'étude couplée avec celle de J. Le Goff in *Annales E.S.C.*, 1971, «Mélusine maternelle et défricheuse», pp. 587-622, contribution républiée in E. Le Roy Ladurie, *Le Territoire de l'historien*, Paris, 1973, pp. 281-300 (et in J. Le Goff, *Pour un autre Moyen Âge*, *supra*, pp. 295-316). Dans le folklore authentiquement paysan de Kabylie, le défricheur, celui qui «débroussaille un maquis pour le transformer en jardin ou verger», n'est autre que le sultan Haroun al-Rachid, «promu ici à un rang quasi surnaturel» (Camille Lacoste-Dujardin, *Le Conte kabyle*, Paris, 1970, p. 130).
129. Voir maintenant la remarquable étude de P. Le Rider, *Le Chevalier dans le Conte du Graal de Chrétien de Troyes*, Paris, S.E.D.E.S., 1978. Voir aussi *Yvain*, in *Œuvres complètes* de Chrétien de Troyes, K. D. Witti éd., trad. Ph. Walter, Bibliothèque de la Pléiade, 1994, pp. 337-503.

CODES VESTIMENTAIRE ET ALIMENTAIRE DANS « ÉREC ET ÉNIDE »

On connaît l'importance des codes vestimentaire et alimentaire dans la culture des sociétés. On ne peut se contenter d'étudier leur rôle dans les pratiques sociales. Leur présence dans les productions de l'imaginaire permet d'en mieux comprendre la fonction, au-delà de leurs emplois proprement littéraires ou artistiques.

Dans la société féodale ces codes ont fonctionné avec une efficacité particulière, car ils avaient une place essentielle dans le statut social et dans le système de valeurs. Le paraître s'exprimait avec force à travers eux.

Dans les œuvres littéraires, le costume et la nourriture signalaient le statut social des personnages, symbolisaient les situations de l'intrigue, soulignaient les moments significatifs de la fiction.

Chrétien de Troyes en a usé avec son habituel génie.

Je me contenterai dans cette brève étude offerte à René Louis, qui a su si bien comprendre et montrer la valeur des œuvres littéraires comme document d'histoire au sens le plus large, de faire l'inventaire et de repérer les fonctions des codes vestimentaire et alimentaire dans *Érec et Énide*. J'utilise l'édition de Mario Roques et la belle traduction qu'en a donnée le maître que nous honorons ici.

Des passages concernant le costume j'exclus – mais je laisse ainsi de côté un élément essentiel du jeu des rôles masculins et féminins – le costume guerrier des hommes. Une étude plus complète et plus approfondie devrait les y inclure.

Première publication : « Quelques remarques sur les codes vestimentaire et alimentaire dans *Érec et Énide* », in *La Chanson de geste et le mythe carolingien, Mélanges René Louis*, II, 1982, pp. 1243-1258. Publié en italien dans J. Le Goff, *Il Meraviglioso e il quotidiano nell'Occidente medievale*, Rome-Bari, Laterza & Figli, 1983, pp. 81-100.
Traduction : Chrétien de Troyes, *Érec et Énide*, roman traduit de l'ancien français d'après l'édition de Mario Roques par René Louis..., Paris, Librairie Honoré Champion, 1977.

La première apparition du costume dans le roman concerne le héros masculin, Érec. Érec, qui partage sans doute les réticences des chevaliers face à la décision du roi Arthur de restaurer la coutume du blanc cerf – réticences exprimées par Gauvain –, a adopté une attitude conciliant l'obéissance à Arthur, le code de courtoisie et sa position personnelle. Il participe bien à la chasse, mais de loin, en tant que chevalier servant de la reine Guenièvre. Il a choisi un costume intermédiaire entre le vêtement d'apparat et l'équipement militaire, mais suffisamment précieux pour dénoter son rang: un fils de roi, chevalier de la Table Ronde de grand renom.

> *Sor un destrier estoit montez,*
> *afublez d'un mantel hermin [...]*
> *S'ot cote d'un dïapre noble*
> *qui fu fez an Costantinoble;*
> *chauces de paile avoit chauciees,*
> *molt bien fetes et bien taillies;*
> *et fu es estriés afichiez,*
> *un esperons a or chauciez;*
> *n'ot avoec lui arme aportée*
> *fors que tant seulemant s'espée*   (v. 94-104)[1]

Le vêtement ici est code d'état et de situation.

L'épisode suivant mettant en cause un costume s'insère dans l'apparition de l'héroïne féminine, Énide. Il est bien connu et soulève de nombreux problèmes.

Érec, à la poursuite du chevalier, de la demoiselle et du nain qui ont offensé la reine, va loger chez un vieux vavasseur. L'objectif de Chrétien, dans cet épisode, est de montrer à la fois la noblesse de rang et d'esprit et la pauvreté du vavasseur et de sa famille: sa femme et sa fille. En effet Érec va épouser Énide: il ne peut pas se mésallier, mais ce sera courtoisie de sa part que de relever l'état de sa belle-famille.

Énide apparaît. Elle est vêtue de façon délicate, mais pauvre, elle n'a qu'une chemise et une blouse à manches *(chainse)* mais si elles sont blanches, si la chemise est fine, le chainse est troué aux coudes:

---

1. Monté sur un destrier, il était revêtu d'un manteau d'hermine. Il portait une cotte de diapre précieux, tissé à Constantinople, et des chausses en tissu de soie, bien faites et bien taillées. Solidement campé sur ses étriers, il avait mis des éperons d'or, mais n'avait apporté d'autre arme que son épée.

> *La dame s'an est hors issue*
> *et sa fille, qui fu vestue*
> *d'une chemise par panz lee,*
> *deliee, blanche et ridee ;*
> *un blanc cheinse ot vestu desus,*
> *n'avoit robe ne mains ne plus,*
> *et tant estoit li chainses viez*
> *que as costez estoit perciez*
> *povre estoit la robe dehors,*
> *mes desoz estoit biax li cors*   (v. 401-410)[2]

Érec emmène ensuite Énide assister au combat pour l'épervier qui est aussi le combat de la vengeance contre le méchant chevalier. Elle le suit, toujours pauvrement vêtue, pauvrement montée. Elle est sans ceinture et sans manteau.

> *La sele fu mise et li frains ;*
> *desliee et desafublee*
> *est la pucelle sus montee*   (v. 738-740)[3]

Après sa victoire dans le combat pour l'épervier, Érec, qui a demandé et obtenu la main d'Énide, s'apprête à l'emmener à la cour d'Arthur pour l'épouser. Il énumère à ses futurs beaux-parents la dot (le *Morgengabe*) qu'il fera à sa femme et dont ils seront les bénéficiaires, puisqu'ils doivent être élevés à un état digne de leur rang et de celui où sera parvenue leur fille. Ces dons seront des châteaux et des *vêtements* :

> *Einz que troi jor soient passez*
> *vos avrai anvoie assez*
> *or et argent et veir et gris*
> *et dras de soie et de chier pris*
> *por vos vestir et vostre fame...*   (v. 1325-1329)[4]

Il annonce ensuite sa décision d'emmener Énide telle qu'elle est habillée :

---

2. Le vavasseur appelle sa femme et sa fille, qui était très belle ; elles travaillaient en un ouvroir, je ne sais à quel ouvrage. La dame en sortit avec sa fille qui était vêtue d'une chemise à larges pans, fine, blanche et plissée ; elle avait passé par-dessus un chainse blanc et n'avait rien de plus en fait de vêtements. Encore le chainse était-il si usagé qu'il était troué aux coudes. Cet habillement était pauvre extérieurement, mais, par-dessous, le corps était beau.
3. On passa au cheval la selle et le mors : sans ceinture et sans manteau, la pucelle monta dessus et ne se fit pas prier.
4. Avant trois jours passés, je vous aurai envoyé en quantité or et argent, vair et gris, étoffes de soie et de grand prix pour vous vêtir, vous et votre femme qui est ma chère et douce dame.

la reine lui donnera les vêtements dignes d'elle.

> *Demain droit à l'aube del jor,*
> *an tel robe et an tel ator,*
> *an manrai vostre fille a cort :*
> *je voel que ma dame l'atort*
> *de la soe robe demainne,*
> *qui est de soie tainte an grainne* (v. 1331-1336)[5]

Mais cette décision choque sinon le père et la mère d'Énide, soucieux de ne pas contredire leur futur gendre, mais sa cousine germaine et un oncle de celle-ci, qui est comte et riche. Ils veulent donner une belle robe à Énide.

> «*Sire, fet ele, molt grant honte*
> *Sera a vos, plus qu'a autrui*
> *se cist sires an mainne a lui*
> *vostre niece, si povrement*
> *atornee de vestemant»*
> *Et li cuens respont : «Je vos pri,*
> *ma dolce niece, donez li*
> *de voz robes que vos avez*
> *la mellor que vos i avez»* (v. 1344-1352)[6]

Érec alors se met en colère. C'est la reine qui habillera Énide.

> «*Sire, n'an parlez mie.*
> *Une chose sachiez vos bien :*
> *ne voldroie por nule rien*
> *qu'ele eüst d'autre robe point*
> *tant que la reïne li doint»* (v. 1354-1358)[7]

Énide s'en va donc à la cour.

> *el blanc chainse et an la chemise* (v. 1362)[8]

---

5. Demain, aux premières lueurs de l'aube, j'emmènerai votre fille à la cour dans la robe et l'accoutrement qu'elle porte ; je veux que ma dame la reine la revête de sa robe d'apparat, qui est de soie teinte en graine.
6. «Sire, ce sera grand honte, pour vous plus que pour nul autre, si ce seigneur emmène avec lui votre nièce dans un si pauvre accoutrement.» Le comte lui répond : «Je vous prie, ma douce nièce, donnez-lui, de vos robes à vous, celle que vous tenez pour la plus belle.»
7. «Sire, ne parlez pas de cela. Sachez bien une chose : je ne voudrais pour rien au monde qu'elle reçût une autre robe tant que la reine ne lui en aura pas donné une.»
8. ... avec le blanc chainse et la chemise.

Les commentateurs ont été souvent déconcertés par cet entêtement d'Érec à mener Énide avec ses pauvres vêtements à la cour. Les explications de nature psychologique qu'on a souvent avancées me paraissent insuffisantes et même déplacées. La décision d'Érec me semble résulter de deux systèmes qui se combinent en l'occurrence. Le premier est celui du mariage, qui est un rite de passage. On en est à la première phase du rite, celui de la séparation. La future épouse quitte la maison de ses parents, mais pour le reste son état doit demeurer inchangé. C'est d'autant plus nécessaire ici que ce mariage doit être non seulement passage du célibat au mariage, d'une famille à une autre, d'une maison à une autre, mais relèvement d'état, passage de la pauvreté à la richesse. Sa matérialisation par l'intermédiaire du code vestimentaire ne doit se faire que dans la phase suivante, comme un des rites que Van Gennep appelait «rites de marge». Il y a plus. Je crois qu'un thème essentiel du roman est le statut du couple. Pour Chrétien, il doit y avoir à la fois égalité entre le mari et la femme, mais cette égalité doit être compatible avec une certaine supériorité de l'homme sur la femme. Ainsi sont sauvegardées les conceptions chrétiennes médiévales du mariage et du couple. Chrétien à maintes reprises insiste sur l'égalité d'Érec et Énide. Avant que cette égalité soit sanctionnée par le mariage et, à la fin du roman, par le couronnement conjoint d'Érec et d'Énide, elle s'exprime par l'égalité dans les valeurs éminentes du système aristocratique : courtoisie, beauté, «débonnaireté» (ou sagesse), courage.

> *molt estoient igal et per*
> *de corteisie et de biauté*
> *et de grant deboneretè.*
> *Si estoient d'une meniere,*
> *d'unes mors et d'une matière,*
> *que nus qui le voir volsist dire*
> *n'an poïst le meillor eslire*
> *ne le plus bel ne le plus sage.*
> *Molt estoient d'igal corage*
> *et molt avenoient ansamble*   (v. 1484-1493)[9]

La principale supériorité d'Érec sur Énide, c'est qu'il est un guerrier, un chevalier de haut rang, fils de roi. Pour devenir chevalier naguère (il a

---

9. Ils étaient égaux et pairs en courtoisie, en beauté et en générosité. Ils se ressemblaient à tel point par la manière d'être, l'éducation et le caractère que nul homme résolu à dire la vérité n'aurait pu décider quel était le meilleur, ni le plus beau, ni le plus sage. Ils avaient même disposition d'âme et convenaient parfaitement l'un à l'autre.

vingt-cinq ans), il a été adoubé. Énide doit aussi être élevée à une dignité supérieure. Tandis qu'Arthur, à l'occasion des noces d'Érec et Énide, fera chevaliers cent jeunes gens. Guenièvre donnera à Énide de nouveaux et magnifiques habits. Ce sera une forme d'adoubement. Un adoubement féminin par le costume donné par la reine.
En attendant, le cortège qui accompagne Érec et Énide à la cour doit, lui, adopter un code vestimentaire d'apparat.

> *N'i remaint chevalier ne dame*
> *qui ne s'atort por convoier*
> *la pucele et le chevalier* (v. 1416-1418)[10]

Quand ils sont parvenus à la cour, Érec explique bien à la reine ce qu'il attend d'elle :

> *« Povretez li a fet user*
> *ce blanc chainse tant que as cotes*
> *an sont andeus les manches rotes.*
> *Et ne por quant, se moi pleüst,*
> *boenes robes asez eüst,*
> *c'une pucele, sa cosine,*
> *li volt doner robe d'ermine*
> *de dras de soie, veire ou grise;*
> *mes ne volsisse an nule guise*
> *que d'autre robe fust vestue*
> *tant que vos l'eüssiez veüe.*
> *Ma douce dame, or an pansez,*
> *car mestier a, bien le veez,*
> *d'une belle robe avenant »* (v. 1548-1561)[11]

Guenièvre acquiesce aussitôt et annonce qu'elle va lui faire donner une de ses robes *(boene et bele... fresche et novele)* (v. 1563-1566). Elle l'emmène dans sa chambre principale et lui fait apporter un bliaut neuf et un manteau assorti à une robe qu'elle avait fait tailler pour elle-même. Guenièvre,

---

10. Pas un chevalier, pas une dame qui ne mette ses atours pour faire escorte à la pucelle et au chevalier.
11. « Pauvreté lui a fait user ce blanc chainse à tel point que les deux manches sont trouées au coude. Et pourtant, s'il m'avait plu, elle n'aurait pas manqué de bonnes robes, car une pucelle, sa cosine, voulait lui donner une robe d'hermine et de soie, vaire ou grise ; mais je n'aurais accepté pour rien au monde qu'elle revêtît une autre robe avant que vous ne l'eussiez vue. Ma douce dame, pensez-y maintenant, car elle a besoin, vous le voyez bien, d'une belle robe bien seyante. »

tout en respectant le code de courtoisie qui lui interdit de donner à Énide des vêtements usagés, la traite comme une autre elle-même, en lui faisant cadeau de vêtements neufs, mais personnels. C'est, par l'intermédiaire du costume, un véritable processus d'identification.

L'adoubement d'Énide par les nouveaux habits de la reine est longuement décrit par Chrétien. C'est un des morceaux de bravoure du roman – la scène dure pendant quatre-vingts vers (v. 1572-1652). Elle est considérée par les historiens du costume médiéval comme une des plus précises descriptions de vêtements de luxe féminins. C'est en tout cas un amoncellement de détails correspondant au *nec plus ultra* de richesse et de beauté d'un costume féminin : fourrures rares, soies, or, pierres précieuses, couleurs vives, ceinture, bijoux et ornements divers, tout est mis en œuvre pour élever Énide au sommet du luxe vestimentaire.

Quand, peu de temps avant la noce, Érec s'acquitte de ses promesses à l'égard de ses futurs beaux-parents, c'est une abondance de métaux précieux et de riches vêtements qui chargent cinq bêtes de somme escortées par dix chevaliers et dix sergents.

> *cinq somiers sejornez et gras,*
> *chargiez de robes et de dras,*
> *de boqueranz et d'escarlates*
> *de mars d'or et d'argent an plates,*
> *de veir, de gris, de sebelins,*
> *et de porpres et d'osterins*   (v. 1805-1810)[12]

Après le vêtement dans sa fonction de dot et de cadeau, voici le vêtement signe obligatoire de la fête, de la cérémonie.

Ce sont les noces d'Érec et Énide, et de magnifiques invités arrivent, parmi lesquels beaucoup de rois. Voici le premier d'entre eux : « Gavras de Cork, un roi de fière allure », avec cinq cents chevaliers richement vêtus.

> *Gavraz, uns rois de Corques fiers,*
> *i vint a.vc. chevaliers*
> *vestuz de paisle et de cendax,*
> *mantiax et chauces et bliax*   (v. 1913-1916)[13]

---

12. ... cinq sommiers, bien reposés et gras, chargés de vêtements et d'étoffes, de bougran et d'écarlate, de marcs d'or et d'argent en plaques, de vair, de gris, de zibeline, d'étoffes de pourpre et d'osterin.
13. Gavras de Cork, un roi de fière allure, y vint avec cinq cents chevaliers, vêtus de paile et de cendal, manteaux, chausses et bliauts.

Quand Arthur, à cette occasion, fait chevaliers cent jeunes gens, à chacun il fait don d'un beau vêtement, et de plus leur laisse le soin de le choisir. Largesse vestimentaire qui gratifie un initié: le nouveau chevalier peut exercer son choix de guerrier adulte. Le don du vêtement est ici rite d'adoubement.
Aux jongleurs qui divertissent les invités des noces, on fait de beaux cadeaux, et d'abord de précieux vêtements.

> *et molt bel don donné lor furent:*
> *robes de veir et d'erminetes,*
> *de conins et de violetes,*
> *d'escarlate grise ou de soie* (v. 2058-2061)[14]

Le cortège qui accompagne Érec et Énide – et surtout Énide – à leur nouvelle demeure et inaugure la dernière phase du rite de passage du mariage, celle de l'agrégation, est bien entendu noblement vêtu.

> *Érec ne volt plus sejorner:*
> *sa fame comande atorner*
> *des qu'il ot le congié del roi,*
> *et si reçut a son conroi*
> *.L.X. chevaliers de pris*
> *a chevax, a veir et a gris.* (v. 2237-2242)[15]

Arrivé au pays d'Érec, Énide accomplit un certain nombre de rites qui clôturent le rite du mariage. Dans ce roman où Dieu et la religion tiennent peu de place, n'intervenant on serait tenté de dire que par convenance, quand il faut bien rappeler que l'histoire se passe dans un monde de chrétiens, Énide s'acquitte alors d'un certain nombre de gestes religieux. C'est ainsi qu'elle offre sur l'autel de Notre-Dame, à qui elle a demandé un héritier pour la pérennité du patrimoine, une magnifique chasuble. Mais, à l'origine, cette chasuble était un riche vêtement, d'or et de soie, «d'une merveilleuse élégance», que la fée Morgue avait confectionné pour son ami et que par ruse la reine Guenièvre avait obtenu par l'entremise de l'empereur Gassa. Elle en fit une chasuble, conservée dans sa chapelle, et la donna à Énide quand celle-ci quitta la cour d'Arthur.

---

14. ... et de très beaux présents leur furent offerts: vêtements de vair et d'herminette, de connin et de violette, d'écarlate grise ou de soie.
15. Érec ne veut plus s'attarder, il ordonne à sa femme de se préparer, dès qu'il a reçu le congé du roi. Il prend pour son escorte soixante chevaliers de valeur avec des chevaux, des fourrures de vair et de gris.

C'est ici l'apparition du vêtement magique, «merveilleux» christianisé et transformé en trésor et qui prolonge la munificence de Guenièvre à l'égard d'Énide, renforce les liens qui les unissent.
Enfin quand Érec, tout à l'amour d'Énide, néglige les tournois, mais y envoie ses chevaliers, il garde son rang en les habillant richement.

> *mes ainz por ce moins ne donnoit*
> *de rien nule a ses chevaliers*
> *armes ne robes ne deniers:*
> *nul leu n'avoit tornoiemant*
> *nes anveast, molt richemant*
> *apareilliez et atornez* (v. 2446-2451)[16]

Ici commence la deuxième partie d'*Érec et Énide*. Après le mariage, l'épreuve du couple.
Érec a oublié les devoirs de chevalerie entre les bras d'Énide. Émue par les murmures qui critiquent son époux, Énide s'arrange pour l'avertir. Érec se réveille, mais il se comporte durement à l'égard de sa femme. Il lui ordonne de le suivre dans les aventures qu'il va, en bon chevalier, entreprendre et, de plus, lui impose une épreuve, un interdit: elle ne devra jamais lui adresser la parole la première. Je néglige ici l'arrière-fond folklorique présent dans tout le roman et dans toute l'œuvre de Chrétien de Troyes. Je vois dans l'attitude d'Érec la volonté de mieux réaliser le couple qu'il forme avec Énide. D'une part il va la hisser encore mieux à son niveau, à égalité avec lui. Son infériorité, c'est de ne pas courir d'aventure, de ne pas mener la vie dangereuse du chevalier. Eh bien, elle va partager sa vie errante et ses dangers et, comme elle est incapable de se battre, elle aura son épreuve à elle: le silence. En même temps, comme l'enseigne l'Église et comme le met en pratique l'aristocratie – malgré les fantasmes de l'amour courtois –, la femme ne peut être absolument l'égale de l'homme. Elle doit lui rester d'une certaine façon inférieure, soumise. Dans la logique des mentalités et des institutions médiévales, les cas d'inégalité dans l'égalité fonctionnent très bien, par exemple dans le contrat féodo-vassalique[17]. Énide a failli doublement mettre Érec en état d'infériorité. D'abord en lui faisant oublier ses devoirs de chevalier; en le retenant, fût-ce malgré elle, par son amour. Ensuite en lui faisant, même si ce fut

---

16. ... mais il n'en faisait pas moins de dons à ses chevaliers, en fait d'armes, de vêtements et de deniers. Il n'y avait nulle part de tournoi qu'il ne les y envoyât, très richement habillés et équipés.
17. J'ai essayé de le montrer dans mon étude «Le Rituel symbolique de la vassalité», voir *supra*, pp. 333-399, notamment pp. 347-364.

d'une façon déguisée et indirecte, la leçon. Érec éprouve le besoin de ressaisir son autorité sur son épouse tout en l'invitant à progresser avec lui, à ses côtés, sur le chemin de l'accomplissement de leur être et de leur destin qu'est l'aventure chevaleresque.

Dans cette partie du roman, le code vestimentaire fonctionnera moins souvent. Comment pourrait-il en être autrement puisque cette partie du roman va se passer le plus souvent dans le lieu par excellence de l'aventure chevaleresque, la forêt, où code vestimentaire et ostentation du vêtement n'ont guère occasion de fonctionner? Puisque aussi le vêtement qui passe ici au premier rang, c'est celui du guerrier, du chevalier – que j'ai précisément écarté de cette enquête.

Quelques apparitions du code vestimentaire ne sont pourtant pas dépourvues d'intérêt.

Quand Érec décide de repartir à l'aventure, il ordonne à Énide qui se lamente de revêtir la plus belle de ses robes

> *levez de ci, si vos vestez*
> *de vostre robe la plus bele*
> *sor vostre meillor palefroi* (v. 2576-2578)[18]

ordre dont le sens échappe à Énide. Comme il a résolu d'emmener sa femme avec lui, il veut qu'elle ait son plus beau vêtement, tout comme il se fait apporter ses plus belles armes (v. 2632-2657). C'est l'égalité dans l'apparence et la préparation à l'aventure.

Le premier résultat, c'est que la vue de cette dame très richement vêtue excite la convoitise d'un chevalier brigand qui sort d'un bois:

> *mes molt est richement vestue* (v. 2805)

Pour le reste des aventures, Énide se sera plus vêtue que de sa beauté.

Il faut attendre ensuite la guérison d'Érec blessé chez Guivret pour que le code vestimentaire fonctionne à nouveau pour les époux réconciliés et vainqueurs de toutes les épreuves. À tous deux, Guivret fait présent de vêtements magnifiques.

> *Quant il pot aler et venir*
> *Guivrez ot fet deux robes feire,*
> *l'une d'ermine et l'autre veire,*

---

18. Sortez de ce lit, revêtez la plus belle de vos robes et faites mettre votre selle sur votre meilleur palefroi.

> *de deux dras de soie divers.*
> *L'une fu d'un osterin pers*
> *et l'autre d'un bofu roié*
> *qu'au presant li ot anvoié*
> *d'Escoce une soe cousine.*
> *Énide ot la robe d'ermine*
> *et l'osterin qui molt chiers fu,*
> *Érec la veire o le bofu,*
> *qui ne revaloit mie mains* (v. 5184-5195)[19]

Chez Guivret ils ont retrouvé les cadeaux en vêtements et le signe de la double guérison : physique et sociale. Ce retour à la vie sociale va être interrompu par la troisième période du roman, celle de la plus grande aventure, de l'épreuve suprême, la Joie de la Cour.
Érec vainqueur, le couple va vers son accomplissement définitif. Trois épisodes marquent cette apothéose, où fonctionne à nouveau à plein le code vestimentaire.
C'est d'abord le retour à la cour d'Arthur, centre des valeurs, symbole de l'ordre et de la civilisation.
Érec, Énide et Guivret, avant d'être accueillis par Arthur, changent de vêtements et se mettent leurs plus beaux atours :

> *As ostex vienent, si s'aeisent,*
> *si se desvestent et atornent,*
> *de lor beles robes s'atornent ;*
> *et quant il furent atorné,*
> *a la cort s'an sont retorné* (v. 6402-6406)[20]

Concordance significative de l'atour et du retour.
Le second moment est celui de la mort du roi Lac, père d'Érec. C'est le vêtement du deuil, vêtement d'un autre passage, vers la mort pour le défunt, vers la relève et la royauté pour le couple héritier. Les clercs réapparaissent à cette occasion et les pauvres avec eux. Ils sont l'objet de la largesse vestimentaire qui marque l'événement.

---

19. Quand il put aller et venir, Guivret fit faire deux robes, l'une doublée d'hermine, l'autre de petit vair : elles étaient de deux étoffes de soie différentes. L'une était en osterin pers, l'autre en bofu rayé, qu'une sienne cousine lui avait envoyé d'Écosse comme présent. Énide reçut la robe d'osterin précieux doublé d'hermine, Érec eut le vêtement de bofu doublé de vair, qui n'était pas de moindre valeur.
20. Ils vont aux hôtels, se mettent à l'aise, se dévêtissent, puis s'habillent et se parent de leurs plus belles robes. Quand ils sont bien préparés, ils repartent pour la cour.

> *Molt fist bien ce que fere dut:*
> *povres mesaeisiez eslut*
> *plus de cent et .LX. IX.*
> *si les revesti tot de nuef;*
> *as povres clers et as provoires*
> *dona, que droiz fu, chapes noires*
> *et chaudes pelices desoz*   (v. 6475-6481)[21]

Enfin le couronnement d'Érec et Énide par Arthur et Guenièvre à Nantes voit le triomphe du code vestimentaire.
Dans les largesses exceptionnelles d'Arthur qui surpasse Alexandre et César à cette occasion, le don de vêtements tient à nouveau une place privilégiée

> *chevax dona a chascun trois,*
> *et robes a chascun trois peire,*
> *por ce que sa corz mialz apeire.*
> *Molt fu li rois puissanz et larges:*
> *ne donna pas mantiax de sarges,*
> *ne de conins ne de brunetes,*
> *mes de samiz et d'erminetes,*
> *de veir antier et de diapres,*
> *listez d'orfrois roides et aspres*   (v. 6602-6610)[22]

À nouveau, à la profusion s'ajoute la possibilité pour chacun de choisir:

> *Li mantel furent estandu*
> *a bandon par totes les sales;*
> *tuit furent gitié hors des males,*
> *s'an prist qui vost, sanz contrediz*   (v. 6624-6627)[23]

Dans cette répartition des rôles par sexes, c'est à nouveau Guenièvre qui pare Énide

---

21. Il fit très bien ce qu'il devait faire: il choisit plus de cent soixante-neuf pauvres dans la détresse et les revêtit tout de neuf; aux pauvres clercs et aux prêtres, il donna, comme il était juste, chapes noires et chaudes pelisses de dessous.
22. ... il donna à chacun trois chevaux et trois paires de robes, afin que sa cour fût plus brillante. Le roi était très puissant et généreux: il ne donna pas de manteaux de serge, ni de fourrure de lapin, ni de brunette, mais de samit et d'hermine, de vair d'une seule pièce et de diapre, bordés d'orfrois roides et durs.
23. Les manteaux étaient étendus, à l'abandon, à travers toutes les salles; tous furent tirés hors des malles et en prit qui voulut, sans nul empêchement.

> *Quanque pot, d'Énide attillier*
> *se fut la reïne penee*   (v. 6762-6763)[24]

Mais cette fois-ci, par symétrie inversée avec ce qui s'était passé pour les noces, c'est la robe d'Érec qui est l'objet d'une longue description, car c'est le jeune roi qui est le principal héros de la cérémonie. Robe extraordinaire, robe merveilleuse, confectionnée par quatre fées, robe historique que Macrobe a décrite. Robe qui est un programme de sagesse, car les fées y ont représenté les quatre sciences du quadrivium : la Géométrie, l'Arithmétique, la Musique et l'Astronomie. Robe ornée d'une fourrure venue de bêtes monstrueuses de l'Inde, les berbiolettes.

> *La pane qui i fu cosue*
> *fu d'unes contrefetes bestes*
> *qui ont totes blondes les testes*
> *et les cors noirs com une more,*
> *et les dos ont vermauz desore,*
> *les vantres noirs et la coe inde;*
> *itex bestes neissent en Inde,*
> *si ont berbïoletes non,*
> *ne manjüent se poissons non,*
> *quenele et girofle novel*   (v. 6732-6741)[25]

Robe que complète un manteau aux ferrets de pierres précieuses serties d'or.
Roi au pouvoir presque surnaturel, couronné par un autre roi, Arthur, qui a puisé dans le baiser au blanc cerf une nouvelle légitimité venue de la magie, Érec qui va, avec Énide, devenir le centre d'une autre société modèle, comparable à la cour d'Arthur, arbore – avec la couronne et le sceptre – un vêtement merveilleux qui lui donne l'investiture de la magie avant que l'évêque ne lui confère, par l'onction, l'investiture chrétienne.

Le code alimentaire est moins riche dans *Érec et Énide*. Il opère parfois en concordance avec le code vestimentaire, parfois en dehors de lui.
Chez le vavasseur il joue son rôle dans le symbolisme de rang et de situa-

---

24. La reine avait pris la peine de parer Énide de son mieux.
25. La fourrure qui y avait été cousue venait de bêtes monstrueuses qui ont la tête toute blonde et le corps noir comme mûre, le dos vermeil sur le dessus, le ventre noir et la queue d'un bleu foncé; ces bêtes-là naissent dans l'Inde et se nomment berbiolettes, elles ne se nourrissent que de poissons, de cannelle et de girofle nouvelle.

tion. Le vieillard offre en effet à Érec un repas qui, pour être modeste comme il convient à sa pauvreté, n'en est pas moins représentatif de l'effort de largesse du petit noble et digne du rang de son hôte. Le seul serviteur de la maison est un bon cuisinier. À défaut de gros gibier, il apprête de la viande sous les deux formes qui conviennent, le bouilli et le rôti, et il sert des petits oiseaux[26] :

> Cil atornoit an la cuisine
> por le soper char et oisiax.
> De l'atorner fut molt isniax,
> bien sot apareillier et tost
> char cuire et an eve et an rost   (v. 488-492)[27]

Surtout le décor du repas courtois apparaît : tables, nappes et bassins :

> Quant ot le mangier atorné
> tel con l'an li ot comandé,
> l'eve lor done an deus bacins;
> tables et nappes et bacins,
> fu tost apareillié et mis,
> et cil sont au mangier asis;
> trestot quanque mestiers lor fu
> ont a lor volanté eü   (v. 493-500)[28]

L'abondance de vivres ne fait pas défaut aux noces d'Érec et Énide. Arthur sait aussi montrer sa largesse alimentaire, mais Chrétien est plus avare ici de détails que pour les vêtements, les jeux, les cortèges et les tournois.

> Li rois Artus ne fu pas chiches :
> bien comanda as penetiers
> et as queuz et aus botelliers

---

26. Je préfère ici – exceptionnellement – garder *oisiax* du texte et ne pas interpréter par «volailles». Il n'est pas exclu qu'il s'agisse de gibier à plumes, plus digne de la noblesse, mais la pauvreté du vavasseur peut aussi, il est vrai, expliquer de simples volailles. Voir le vers 5538.
27. Le serviteur préparait dans la cuisine de la viande et des volailles pour le souper. Il eut vite fait d'apprêter le repas ; il savait bien accommoder et prestement cuire la viande, soit en bouilli, soit en rôti.
28. Quand le repas fut préparé comme on le lui avait commandé, il leur présenta de l'eau en deux bassins ; il eut bientôt fait d'apprêter et de mettre les tables, les nappes et les bassins. Ils se mirent à table : de tout ce qu'il leur fallait, ils eurent à volonté.

LITTÉRATURE ET IMAGINAIRE

> *qu'il livrassent a grant planté,*
> *chascun selonc sa volanté,*
> *et pain et vin et veneison;*
> *nus ne demanda livreison*
> *de rien nule que que ce fust*
> *qu'a sa volanté ne l'eüst.* (v. 2006-2014)[29]

Ici ne manquent ni la venaison ni le vin, ornements indispensables des nobles banquets.
La partie médiane du roman, celle des aventures d'Érec et Énide, voit apparaître, à quatre reprises, un code alimentaire.
Le premier est celui de la faim dans la forêt et de la rencontre courtoise.
Après le combat contre les cinq chevaliers, Érec et Énide, qui n'ont rien mangé ni bu depuis la veille, rencontrent vers midi un écuyer, accompagné de deux valets qui portaient du pain, du vin et cinq fromages gras.
Il offre cette nourriture aux deux affamés, car ce jeune noble comprend qu'il a affaire à un chevalier et à une dame :

> *De cest blanc gastel vos revest,*
> *s'il vos plest un po a mangier.*
> *Nel di pas por vos losangier :*
> *li gastiax est de boen fromant*
> *ne rien nule ne vos demant;*
> *boen vin ai et fromage gras,*
> *blanche toaille et biax henas;* (v. 3140-3146)[30]

Un pique-nique s'organise et, respectant le code nobiliaire de la table, l'écuyer sert Érec et Énide :

> *puis a devant ax estandue*
> *la toaille sor l'erbe drue;*
> *le gastel et le vin lor baille*
> *un fromage lor pere et taille;*
> *cil mangièrent qui fain avoient,*
> *et del vin volantiers bevoient;*

---

29. Le roi Arthur n'était pas chiche. Il commanda aux panetiers, aux cuisiniers et aux bouteillers de distribuer en abondance, à chacun selon sa volonté, pain, vin et venaison. Nul ne demanda de quoi que ce fût sans en recevoir à discrétion.
30. Je vous fais don de ce blanc gâteau, s'il vous plaît de manger un peu. Je ne le dis pas pour gagner vos bonnes grâces : le gâteau est de bon froment, mais je ne vous demande rien. J'ai bon vin et fromages gras, blanche serviette et beaux hanaps.

> *li escuiers devant ax sert,*
> *qui son servise pas ne pert* (v. 3165-3172)[31]

Repas de qualité (gâteau de froment, vin, fromage gras, nappe blanche, beaux hanaps, service d'écuyer), mais dans ce monde forestier où Érec et Énide sont retournés à la nature, le repas lui-même est naturel, sans être sauvage.

L'errance d'Érec et Énide est coupée par un bref séjour à la cour d'Arthur, mais les aventures ne sont pas finies. Il ne peut y avoir un repas de fête. C'est un souper du samedi soir, vigile où l'on fait maigre. Arthur et ses hôtes mangent du poisson et des fruits, mais, en ce lieu de la civilisation, Chrétien précise qu'il y a à la fois cru et cuit, poires crues et poires cuites :

> *Ce fu un samedi a nuit*
> *qu'il mangièrent poissons et fruit,*
> *luz et perches, saumons et truites,*
> *et puis poires crües et cuites.*
> *Après souper ne tardent gaire ;*
> *comandent les napes a traire* (v. 4237-4242)[32]

La troisième occasion de parler nourriture est très particulière. Énide, qui croit Érec mort, a été mariée de force à un comte et on essaie de la faire aussi manger de force. Les gens du comte « ont amené la table devant elle » (v. 4750). Mais elle refuse de manger et de boire si Érec qu'elle voit étendu, mort croit-elle, alors qu'il n'est que dans un évanouissement prolongé, ne peut non plus manger.

> *Sire, ja tant con je vivrai,*
> *ne mangerai ne ne bevrai,*
> *si je ne voi mangier einçois*
> *mon seignor, qui gist sor ce dois* (v. 4777-4780)[33]

---

31. Il étend devant eux la nappe sur l'herbe drue ; il leur donne le gâteau et le vin, leur prépare et coupe un fromage. Eux mangent de grand appétit et boivent volontiers du vin. L'écuyer qui leur fait le service ne perd pas sa peine.
32. C'était un samedi soir : ils mangèrent du poisson et des fruits, brochets et perches, saumons et truites, et puis poires crues et cuites. Ils ne s'attardèrent pas après souper : ils commandèrent d'enlever les nappes.
33. Sire, tant que je vivrai, je ne veux ni manger ni boire, si je ne vois pas d'abord manger mon seigneur qui est étendu sur cette table ronde.

Ainsi quand le couple apparaît dissous, le code alimentaire ne fonctionne plus pour celle qui reste.

Mais Érec revient à lui, tue le comte et va guérir et reprendre des forces chez son ami Guivret. La nourriture reprend avec la vie et la reconstitution du couple, mais c'est une reprise partielle, une reprise de convalescent. Guivret invite Érec et Énide à manger du pâté froid et à boire du vin mélangé d'eau :

> *Et puis li ont un cofre overt,*
> *s'an fist hors traire trois pastez ;*
> *« Amis, fet il, or an tastez*
> *un petit de ces pastez froiz*
> *vin a eve meslé avroiz ;*
> *j'en ai de boen set barriez pleins*
> *mes li purs ne vos est pas sains »*   (v. 5104-5110)[34]

Guivret les presse :

> *Biax dolz amis, or essaiez*
> *a mangier, que bien vos fera ;*
> *et ma dame aussi mangera [...]*
> *Eschappez estes, or mangiez,*
> *et je mangerai, biax amis*   (v. 5112-5119)[35]

Énide se laisse persuader, mais Érec ne mange qu'à demi, comme un malade, et coupe d'eau son vin.

> *andui de mangier le sermonent ;*
> *vin et eve boivre li donent,*
> *car li purs li estoit trop rudes*   (v. 5123-5125)[36]

Les sœurs de Guivret soignent le blessé, lavent et pansent ses plaies. Elles le font aussi manger et boire, mais ne lui permettent qu'une alimentation de convalescent : pas d'épices.

---

34. Puis on ouvre un coffre et Guivret en fait tirer trois pâtés : « Ami, fait-il, tâtez-moi un peu maintenant de ces pâtés froids. Vous boirez du vin coupé d'eau : j'en ai du bon, sept barils pleins, mais le vin pur ne vous serait pas profitable... »
35. Beau doux ami, essayez donc de manger, cela vous fera du bien ; et ma dame, votre femme, mangera aussi, [...] mais vous vous en êtes bien tirés. Vous voici hors de péril : mangez donc, beaux amis, et je mangerai avec vous.
36. ... tous les deux engagent Érec à manger, ils lui donnent à boire du vin et de l'eau, le vin pur étant trop fort pour lui.

> *Chascun jor catre foiz ou plus*
> *le feisoient mangier et boivre,*
> *sel gardoient d'ail et de poivre*   (v. 5164-5166)[37]

Dans la troisième et dernière phase du roman, le code alimentaire reparaît, avant et après la grande aventure de la Joie de la Cour.
Le roi Évrain, sur la terre de qui a lieu l'aventure, fait d'abord fête à Érec et Énide et c'est le summum de l'alimentation aristocratique : oiseaux, venaison, fruits et vin...

> *Li rois comanda aprester*
> *le souper, quant tans fu et ore [...]*
> *quanque cuers et boche covoite*
> *orent plenieremant la nuit,*
> *oisiax et venison et fruit*
> *et vin de diverse menière*   (v. 5532-5539)[38]

Mais Érec abrège le repas, car il pense à la Joie de la Cour :

> *Molt furent servi lieemant,*
> *tant qu'Érec estrosseemant*
> *leissa le mangier et le boivre,*
> *et comança a ramantoivre*
> *ce que au cuer plus li tenoit*   (v. 5543-5547)[39]

Le combat de la Joie de la Cour est encadré par deux brèves allusions à des aliments. Dans les deux cas il s'agit d'alimentation « merveilleuse ». Comme le code vestimentaire, le code alimentaire est ici touché par la magie.
Quand Érec pénètre dans le verger magique où il va affronter la suprême épreuve, il apprend qu'il y pousse des fruits enchantés, mûrs toute l'année, mais qui ne se laissent manger qu'à l'intérieur du jardin.

---

37. Quatre fois par jour ou davantage, elles le faisaient manger et boire, mais elles ne lui permettaient ni ail ni poivre.
38. Le roi commanda d'apprêter le souper lorsqu'il en fut temps et heure. [...] Tout ce que le cœur et la bouche peuvent désirer, ils l'eurent en abondance cette nuit-là : de la venaison, du fruit et du vin de divers crus.
39. ... mais par-dessus tout, un bel accueil ; car de tous les mets, le plus agréable est un bel accueil et un beau visage. Ils furent servis très joyeusement jusqu'au moment où Érec laissa soudain le manger et le boire et se mit à faire mention de ce qui lui tenait le plus à cœur.

> *Et tot esté et tot yver*
> *y avoit flors et fruit maür;*
> *et li fruiz avoit sel eür*
> *que leanz se lessoit mangier*
> *mes au porter hors fet dongier;*
> *car qui point an volsist porter*
> *ne s'an seüst ja mes raler*
> *car a l'issue ne venist*
> *tant qu'an son leu le remeïst.* (v. 5696-5704)[40]

Quand, à la fin du roman, Érec revêt pour son couronnement la robe extraordinaire dont j'ai parlé plus haut, Chrétien précise que les bêtes monstrueuses, les berbiolettes de l'Inde, dont la fourrure orne sa robe, « ne se nourrissent que de poisson, de cannelle et de girofle nouvelle » (v. 6740-6741). Enfin, pour le finale du couronnement, l'apothéose du code alimentaire vient compléter l'apothéose du code vestimentaire. Après la messe du couronnement, un banquet de plus de cinq cents tables a été préparé. Il y en a cinq salles pleines. Chaque table est présidée par un roi, un duc ou un comte et cent chevaliers sont assis à chaque table. « Mille chevaliers servent le pain, mille autres le vin et mille autres les mets, vêtus de pellissons d'hermine tout frais » (v. 6872-6874). Mais au moment de décrire les mets, Chrétien tourne court et achève sur une pirouette, sur une échappatoire, le roman, laissant l'auditeur (ou le lecteur) l'eau à la bouche, mais non rassasié.

> *De mes divers don sont servi,*
> *ne por quant se ge nel vos di,*
> *vos savroie bien reison randre;*
> *mes il m'estuet a el antendre* (v. 6875-6878)[41]

Ainsi le code vestimentaire a permis de mettre en lumière certaines structures et certains moments essentiels de l'histoire d'Érec et Énide : rapports entre les époux, rites du mariage et de la mort, fonction royale, départ pour l'aventure et retour à la vie sociale. C'est une référence symbolique fondamentale.

---

40. Tout l'été et tout l'hiver, il y avait des fleurs et des fruits mûrs. Les fruits étaient soumis à un enchantement tel qu'ils se laissaient manger à l'intérieur du jardin, mais qu'ils ne se laissaient pas emporter dehors : celui qui aurait voulu en emporter un n'aurait jamais su comment s'en retourner, car il n'aurait pu trouver l'issue avant d'avoir remis le fruit à sa place.
41. Quant aux divers mets qui furent servis, si je ne vous les énumère pas, je saurais cependant vous en rendre compte, mais il me faut m'appliquer à une autre besogne.

Le rôle du code alimentaire est plus discret. Pourtant Chrétien de Troyes a su ailleurs en tirer pleinement parti, par exemple dans l'épisode de la Folie d'Yvain. Dans la régression d'Yvain à l'état sauvage, dans les rapports entre Yvain et l'ermite fonctionne à plein le système du cru et du cuit[42]. Pour savoir où est la règle et où est l'exception, il faudrait étendre l'enquête que j'ai ébauchée à l'ensemble de l'œuvre de Chrétien. On verrait alors si les codes vestimentaire et alimentaire y fonctionnent surtout en raison des œuvres et des situations ou selon les obsessions du poète[43].

---

42. Voir J. Le Goff et P. Vidal-Naquet, «Lévi-Strauss en Brocéliande», *supra*, pp. 581-614.
43. On n'a pas suffisamment remarqué, me semble-t-il, qu'un poème médiéval célèbre, *Les Vers de la mort* du cistercien Hélinand de Froimont, a curieusement l'alimentation pour principale référence.

GUERRIERS ET BOURGEOIS CONQUÉRANTS L'IMAGE DE LA VILLE DANS LA LITTÉRATURE FRANÇAISE DU XIIe SIÈCLE

L e XIIe siècle est la grande époque de l'essor urbain dans l'Occident chrétien. La ville d'autre part apparaît sous des formes différentes, avec des significations diverses, d'une façon plus ou moins importante, dans certaines œuvres de la jeune littérature de langue vulgaire. C'est le cas, dans le domaine de la langue d'oïl, de deux chansons de geste du cycle de Guillaume d'Orange, *Le Charroi de Nîmes* et *La Prise d'Orange*, de quatre des douze *Lais* de Marie de France, *Lanval, Yonec*, le *Laüstic, Éliduc*, et d'un roman de Chrétien de Troyes, *Perceval ou le Conte du Graal*[1]. Comment y apparaît-elle ?

Dans *Le Charroi de Nîmes*, Guillaume, qui a aidé Louis, fils de Charlemagne, à recevoir la couronne et à se faire couronner à Rome, notamment après avoir tué le géant Corsolt « sous les murs de Rome, dans la prairie[2] » – c'est le

---

Première publication in *Mélanges en l'honneur de Charles Morazé. Culture, science et développement*, Toulouse, Privat, 1979, pp. 113-136.

1. Je me suis servi des éditions et traductions suivantes. Pour *Le Charroi de Nîmes*, l'édition de J. L. Perrier (Paris, Honoré Champion, 1963, 1re éd. 1931 – mais depuis a paru l'édition de D. McMillan, Paris, Klincksieck, 1972), et la traduction de F. Gégou (Paris, Honoré Champion, 1977), faite sur l'édition de J. L. Perrier. Pour *La Prise d'Orange*, l'édition de C. Régnier (4e éd., Paris, Klincksieck, 1972), et la traduction de Cl. Lachet et J.-P. Tusseau (Paris, Klincksieck, 1974). Pour *Les Lais de Marie de France*, l'édition de J. Rychner (Paris, Honoré Champion, 1966), et la traduction de P. Jonin (Paris, Honoré Champion, 1972). Pour le *Conte du Graal (Perceval)*, l'édition de F. Lecoy (Paris, Honoré Champion, 1975, 2 vol.), et la traduction de L. Foulet (Paris, Stock, 1947, réimp. A. G. Nizet, Paris, s. d. [1972]), qui a surtout suivi l'édition de A. Hilka (Halle, 1932). Je dois dire ici tout ce que m'ont apporté les travaux des historiens de la littérature sur ces œuvres, même si je ne les cite pas. On me permettra de dire l'intérêt particulier que j'ai pris aux études de M. Mancini sur *Le Charroi de Nîmes*, et d'E. Köhler et P. Le Rider sur Chrétien de Troyers et *Perceval*.

2. V. 11, trad. G. Gégou, le texte original est :
   Et desoz Rome ocist Corsolt es prez.

sujet du *Couronnement de Louis* – revient de chasser dans une forêt et entre à Paris par le Petit Pont[3]. Son neveu Bertrand lui apprend qu'en son absence Louis a distribué des fiefs à ses barons et a oublié dans la distribution Guillaume et Bertrand. Aux uns et aux autres il a donné tantôt une terre, tantôt un château, tantôt une cité, tantôt une ville.

Guillaume, furieux, va trouver Louis dans son palais et lui rappelle avec amertume tout ce que l'empereur lui doit. Il a vaincu ses trois plus grands ennemis, Richard le Normand qu'il lui a livré à Paris, à sa cour, Gui l'Allemand qui réclamait à Louis la couronne et la cité de Laon, et qu'il a tué, Oton enfin qu'il a capturé sous les murs de Rome où Louis campait au lieu-dit le Parc de Néron et où Guillaume lui-même avait dressé la tente du roi et lui avait servi de l'excellente venaison.

Louis, troublé, lui offre le quart de son royaume, le quart de la France, une abbaye sur quatre et un marché sur quatre, une cité sur quatre et un archevêché sur quatre. Guillaume refuse avec hauteur, car le roi ne doit pas affaiblir sa puissance. Guillaume, en proie à une violente colère, quitte Louis et rencontre son neveu Bertrand qui l'apaise et lui fait une suggestion. Ce qu'il doit demander à Louis, c'est quelque chose à conquérir.

> Demandez-lui le pays d'Espagne,
> Tortolouse et Portpaillart-sur-mer,
> Puis Nîmes, la puissante cité,
> Et encore Orange qui mérite tant d'être louée[4].

Je ne renverrai qu'exceptionnellement au texte original, lorsque l'expression littéraire sera particulièrement intéressante, ou mal rendue par la traduction. Il est question des murailles de Rome non dans ce vers, mais au vers 243, où F. Gégou suit, avec raison me semble-t-il, la version *mur* des manuscrits BCD, au lieu de la version *marbre* du manuscrit servant de base à l'édition de Perrier.

3. Dans ma paraphrase des textes je m'efforcerai de ne rien introduire qui puisse altérer tout ce que l'original dit à propos des villes. D'autre part, je serai forcé de laisser de côté des épisodes où il n'est pas question de villes. Une juste appréciation de la «présence urbaine» dans ces œuvres doit tenir compte du caractère concentré que je ne puis empêcher de donner à ma paraphrase-résumé.

4. V. 450-453 :
> *Demandez li Espaigne le regné,*
> *Et Tortolouse et Porpaillart sor mer,*
> *Et apres Nymes, cele bone cité,*
> *Et puis Orenge, qui tant fet a loer.*

À côté de Nîmes et d'Orange, Tortolouse est en général identifiée comme Tortosa, Portpaillart reste mystérieux (l'Index de J. L. Perrier parle du *pagus Pallariensis* aux environs d'Urgel). De même Valsure. Cette recherche des identifications me paraît relativement secondaire, sinon vaine. C'est le propre des chansons de geste de mêler, dans une réalité différente de nos conceptions, des lieux réels et des lieux imaginaires, des noms exacts et des noms déformés. Ainsi fonctionne la mémoire que les chansons de geste exploitent et modèlent à la fois. De

LITTÉRATURE ET IMAGINAIRE

Guillaume, ravi, retourne auprès de Louis qui, doublant sa proposition, lui offre aussitôt la moitié de son royaume, tout ce qu'il peut désirer comme «château, cité, bourg ou ville, donjon ou place forte». Guillaume refuse, cette fois en riant, et demande l'Espagne et les villes qui en sont la parure, «Valsore la grande», «Nîmes et sa solide fortification», «Nîmes avec ses hautes tours pointues», «Orange la cité redoutable». Louis hésite à donner une terre qui ne lui appartient pas. Il renouvelle son offre de la moitié de son royaume:

> Faisons deux parts égales de nos villes:
> Vous aurez Chartres et vous me laisserez Orléans[5].

Finalement Louis accepte et investit par le gant Guillaume de l'Espagne qu'il reçoit en fief du roi. Puis, monté sur une table, Guillaume recrute les «pauvres bacheliers» en leur promettant «argent, domaines, châteaux, terres, donjons, forteresses».
Commence alors l'expédition avant laquelle Guillaume recommande à Dieu «la France et Aix-la-Chapelle, Paris, Chartres et tout le reste du pays».
En traversant l'Auvergne, Guillaume et ses compagnons laissent Clermont et Montferrand à main droite, «ils évitent la ville et ses opulentes demeures, car ils ne veulent faire aucun mal aux gens du bourg».
En suivant la voie Regordane, voie de pèlerins et de marchands, Guillaume et ses compagnons rencontrent, après Le Puy, un vilain de religion musulmane qui ramène de Saint-Gilles un tonneau de sel sur lequel il compte faire un bon bénéfice. Guillaume l'interroge sur son obsession: «Es-tu allé à Nîmes, la cité puissante et bien pourvue?» Un quiproquo significatif se développe autour de l'expression «la fort cité garnie» (v. 904). Le vilain répond que la vie y est bon marché, mais Guillaume rétorque: «Idiot, ce n'est pas ce que je te demande.» Il veut des informations sur la force de la garnison païenne. Là où l'un parle économie, l'autre parle guerre. Sur ce chapitre, le vilain ignore tout. Mais un chevalier de la troupe de Guillaume

---

même, comme on l'a bien vu, l'Espagne de la chanson comprend Nîmes et Orange, parce qu'elle est conçue comme la terre des Sarrasins. Ici encore apparaît une géographie imaginaire et historique à la fois.
5. Les formules énumératives dont font partie les villes que je cite ici sont répétées une ou plusieurs fois (Nîmes et Orange aux v. 452-453, 502-503, Nîmes, objectif de la chanson, aux vers 452, 495, 502, Valsure (dédoublée au v. 501: Valsore et Valsure) aux v. 494 et 501, Chartres et Orléans aux v. 529 et 541). Ces répétitions, dont on voit bien le lien avec les procédés épiques et la fonction dans la mémorisation des œuvres littéraires, ont une importance spéciale pour l'historien de l'imaginaire, des mentalités et des sensibilités, et mériteraient d'être étudiées de près. Elles représentent un mécanisme essentiel dans la formation de la mémoire collective. Les linguistes, sémiologues et structuralistes nous ont appris l'importance de l'itération et de la redondance. Il appartient aux historiens d'approfondir leur leçon en les nourrissant du contenu et du sens de l'histoire.

a une idée. L'équipage du vilain lui suggère une ruse, renouvelée du cheval de Troie : cacher des chevaliers armés dans mille tonneaux percés de trous et les introduire comme des marchandises dans la cité de Nîmes. Guillaume ayant adopté le projet, on réquisitionne des chariots, des bœufs et des vilains, à qui les chevaliers font fabriquer des tonneaux avec leurs doloires et leurs cognées. Malheur à ceux qui protestent :

> Quiconque a maugréé s'en est bien repenti,
> Car il a perdu la vue et a été pendu par la gorge.   (v. 962-963)

Guillaume et ses chevaliers se déguisent en marchands conducteurs de chariots. Ils portent de larges bourses pour changer la monnaie. Le comte revêt une tunique (« gonnele ») de bure, de grandes chausses serrées par des souliers en cuir de bœuf, il se met la ceinture d'un bourgeois du pays à laquelle pend un couteau dans une belle gaine, il chevauche une jument sans force, avec de vieux étriers et de vieux éperons, et se coiffe d'un chapeau de feutre. Après être passé par « Lavardi », lieu où l'on avait extrait la pierre qui servit à édifier les tours de Nîmes, les Français arrivent devant la ville et font franchir la porte à leur charroi. La nouvelle de l'arrivée de riches marchands se répand jusqu'au palais, et le roi sarrasin Otrant et son frère Harpin qui gouvernent « la bonne cité » se rendent aussitôt au marché avec une escorte de deux cents païens.
L'auteur de la chanson place ici une invocation à ses auditeurs, dans laquelle il affirme la véracité de ce que raconte sa chanson et la réalité de la ville de Nîmes, où il y a maintenant une église dédiée à la Vierge là où on adorait Mahomet et les idoles.
À Otrant et à Harpin, à qui il a déclaré qu'il est un marchand venu de la puissante Angleterre, « de Cantorbéry, une riche cité » *(une cité vaillant)*, Guillaume énumère les marchandises qu'il est censé apporter dans ses tonneaux : étoffes, armes, épices, peaux et fourrures, et il décrit son itinéraire d'Écosse en France, Allemagne, Hongrie, Italie, Espagne, Palestine, après avoir fait son change au royaume de Venise. Il fait avancer les chariots à travers les rues et les fait décharger sur les « larges places ».
Mais, si Otrant est ébloui et bienveillant, Harpin est insultant et provocateur. Guillaume alors se découvre, répudie son faux état de marchand et, révélant sa force physique, tue le roi Harpin. Il sonne ensuite du cor, et les chevaliers surgissent des tonneaux en criant « Monjoie ». Il s'ensuit une mêlée grande et étonnante, une bataille affreuse et acharnée, où les Français, farouches et hardis au combat, à l'abri de leurs forts et lourds boucliers (écus), frappent de grands coups d'épée et d'épieu. Otrant et ses compagnons, vaincus, ayant refusé de se convertir au christianisme, sont défenestrés :

Maintenant les Français ont libéré la cité,
Les hautes tours et ses salles pavées,
Ils y ont trouvé vin et froment en abondance,
De sept ans il n'y aurait pas de famine
Ni on ne pourrait la prendre ou l'affaiblir.   (v. 1463-1467)

Les guerriers restés au camp se rendent à Nîmes, et aussi les vilains qui réclament leurs chariots et leurs bœufs, ce que, tout à la joie de leur conquête, les guerriers leur accordent avec des récompenses supplémentaires.
La renommée de l'exploit va jusqu'en France :

Le comte Guillaume a libéré Nîmes.
Le récit en est conté à Louis.

Que nous apprend donc la chanson sur les attitudes mentales des guerriers vis-à-vis de la ville ?
Certes il y a d'abord le rappel de l'opposition entre le genre de vie des guerriers et le genre de vie des citadins.
Pour les premiers, leur milieu propre, c'est la forêt et la chasse, l'habitation sous la tente et la consommation du gibier, l'étalage de la force physique et l'ardeur au combat. Pour les autres, c'est la consommation du pain (« nous y avons vu vendre deux gros pains pour un denier », dit de Nîmes le vilain au tonneau de sel), la recherche du gain, les voyages d'affaires pacifiques, le mépris du paraître. Quand les barons et les chevaliers se déguisent en marchands, c'est l'occasion de mettre en évidence l'opposition en matière d'apparence, de costume, de monture, d'armement. Cela vaut d'ailleurs surtout pour les barons et les chevaliers, alors que les rois chrétiens, tout comme les rois musulmans, sont urbanisés dans leurs palais.
Mais l'opposition guerrier-bourgeois n'est pas l'opposition sociale la plus forte. Les bourgeois de Clermont-Ferrand sont laissés tranquilles dans leur urbanité qui est louée. En revanche, les vilains sont la catégorie repoussoir et si, dans l'euphorie de la victoire, les guerriers leur sont indulgents, ils les méprisent sans réserve dans leur vie même et dans leur travail. À leur propos éclate l'opposition entre l'arme et l'outil, la prouesse et le labeur.
Surtout, ce qui l'emporte dans la chanson, ce sont les images positives de la ville.
Ce qui est d'abord remarquable, c'est la bonne connaissance des réalités urbaines et des réalités économiques liées aux villes. Tout ce qui concerne le marché et le commerce est bien saisi dans ses mécanismes essentiels, les marchandises, les routes, les octrois et les péages, le bénéfice et le marché,

la monnaie et le change. Quand Guillaume évoque le Krak des Chevaliers (v. 1200-1201), c'est pour en faire le siège d'une foire très ancienne! Plus encore, la chanson exprime une véritable fascination de la ville sur ces guerriers. Les villes tiennent une place prépondérante dans la description des itinéraires et des pays. Quand Louis évoque le royaume de France, il aboutit à une quasi-identité royaume = villes.
Les épithètes de nature qui viennent sur les lèvres de Guillaume et de ses compagnons pour parler de la ville, ce sont celles de *bonne, belle, forte*. La ville est agréable à regarder et surtout bonne à prendre. La ville, c'est une belle proie, désirable. Quand Guillaume appâte ses compagnons par l'évocation des conquêtes à faire en Espagne, il leur parle d'argent, de domaines, de châteaux, de terres, de donjons et de forteresses. Ce qu'il se réserve pour lui, c'est Nîmes, la cité.
En évoquant cette ville de Nîmes, l'auteur de la chanson construit le stéréotype urbain médiéval à partir d'éléments réels et, comme on le verra, d'éléments imaginaires qui donnent à la réalité sa vraie existence. Ces éléments, ce sont d'abord les murailles et les portes, puis les tours, ces hautes tours, ces tours pointues, puis les matériaux de la ville et d'abord la pierre, puis le réseau des rues et des places – réseau du cheminement et de la halte –, et ensuite les palais et les églises. Mais le lieu central de la ville, lieu réel et symbolique où se manifeste l'activité majeure, l'essence de la ville, où, sous la forme des rois musulmans et de leur escorte, le pouvoir qui va disparaître va au-devant du pouvoir qui va naître, Guillaume et ses compagnons, c'est le marché.
Je reviendrai sur la signification – dans la perspective où je me suis placé – de la ruse et du déguisement des guerriers. Pour résumer cette rapide évocation du *Charroi de Nîmes*, je dirai que l'héroïne de la chanson c'est Nîmes, c'est la ville de Nîmes.
La Prise d'Orange est la suite du *Charroi de Nîmes*, bien que l'œuvre parvenue jusqu'à nous soit celle d'un «renouveleur» qui a transformé une version primitive, sans doute antérieure au *Charroi* et au *Couronnement de Louis*. La chanson commence par un rappel de la conquête de Nîmes et une évocation de la ville:

> Tous ont chanté la cité de Nîmes,
> Guillaume la tient en sa possession,
> Avec ses hauts murs et ses salles de pierre
> Et son palais et ses châtellenies.   (v. 13-16)

Mais aussitôt – sous la forme d'un désir violent – apparaît une nouvelle ville à prendre: Orange.

LITTÉRATURE ET IMAGINAIRE

Mais Dieu! il ne possédait pas encore Orange,

Orange, que tenait le roi Tibaut d'Afrique (v. 27) ou de Perse (v. 35), Tibaut qui a pour femme «la noble et sage Orable» (v. 34). L'action démarre au mois de mai dans un cadre mi-citadin, mi-champêtre, mi-guerrier, mi-urbain. Guillaume, à la grande fenêtre du palais de Nîmes, regarde l'herbe fraîche et les rosiers plantés (mélange de nature et de culture). Il est mélancolique. D'un côté il possède à Nîmes le nécessaire: des destriers et des armes de guerrier (haubergs, heaumes, épées, écus, lances) et la nourriture urbaine devenue la sienne (pain, vin, viande salée, céréales). Mais trois éléments essentiels du genre de vie guerrier (ou noble) lui manquent: les distractions artistiques (ni harpeur ni jongleur) et amoureuses (ni demoiselles pour distraire nos personnes)[6], et surtout la guerre: les Sarrasins sont regrettablement passifs!
Comme il est toujours à la fenêtre du palais, qui est aussi celle de la muraille (v. 105), il voit sortir du Rhône un chrétien échappé aux Sarrasins. Celui-ci est venu jusqu'à Nîmes, la bonne cité, dans laquelle il entre par la porte. Il trouve Guillaume dans le milieu féodal (et courtois) que ce dernier a réussi malgré tout à recréer, au moins en partie, dans la ville: il est sous un pin rameux avec de nombreux chevaliers renommés, et écoute un jongleur chanter une chanson très ancienne. Guillaume reconnaît sans doute en lui un homme de sa classe, car il lui fait apporter, avec du pain et du vin, les boissons et les mets du guerrier: «des boissons aromatisées, du clairet, des grues, des oies sauvages, des paons avec une sauce au poivre» (v. 172-173).
Interrogé, Guillebert en effet révèle qu'il est le fils de Gui, duc d'Ardenne, d'Artois et de Vermandois. Il a été fait prisonnier à Lyon par les Sarrasins qui l'ont emmené à Orange. Et tout de suite il appâte Guillaume – déjà tenté – par l'évocation d'Orange et de la crainte des Sarrasins:

> Il n'existe pas une telle forteresse jusqu'au fleuve du Jourdain,
> les murs sont élevés, la tour grande et large
> ainsi que le palais et les dépendances.
> À l'intérieur, il y a vingt mille païens armés de lances
> et cent quarante Turcs possédant des enseignes de prix,
> qui gardent très bien cette [fameuse] cité d'Orange,
> car ils craignent fort que Louis
> Et vous, beau sire, et les barons de France ne la prennent.

---

6. *Cors*, c'est-à-dire *corps*, mais avec plutôt le sens de *personne*, bien que la dimension physique soit affirmée et implique ainsi l'ambiguïté du terme.

À cette tentation il en ajoute une autre :

> Avec le roi Aragon, fils de Tibaut d'Espagne, il y a
> Dame Orable, une gracieuse reine,
> il n'en est pas d'aussi belle jusqu'en Orient,
> elle a le corps bien fait, elle est svelte et jolie,
> sa peau est blanche comme la fleur sur l'arbre.

Et, mêlant les intérêts de l'âme à l'attrait du corps, il conclut :

> Dieu ! à quoi bon sa beauté[7] et sa jeunesse,
> puisqu'elle ne croit pas en Dieu, le Père tout-puissant !

Vient ici la répétition dont j'ai parlé à propos du *Charroi*, mais plus habilement présentée dans la logique du récit et de la psychologie des personnages. Guillaume en effet insiste :

> Est-ce qu'Orange est telle que tu l'as décrite ?

Et Guillebert dit :

> Mais elle est bien mieux encore !
> Si vous voyiez maintenant combien le palais princier
> est haut et fortifié tout autour !

Et d'insister sur l'autre attrait d'Orange :

> là vous pourriez contempler la noble Orable,
> la femme de messire Tibaut l'Escler ;
> on ne peut trouver une telle beauté dans toute la chrétienté
> ni en pays païen :
> elle a le corps gracieux, svelte et fait au moule,
> les yeux vifs comme ceux d'un faucon mué.
> À quoi bon sa grande beauté[8],
> puisqu'elle ne croit pas en Dieu ni en sa bonté ?

---

7. On retrouve ici la difficulté du sens du mot *cors*. À quand une bonne étude sémantique sur ce mot fondamental ?
8. *Beauté* est bien ici le terme de l'original (v. 258).

Et Guillaume, succombant à la tentation, prononce la phrase clé de la Chanson :

> Je ne veux plus porter lance ni écu
> Si je ne m'empare de la dame et de la cité[9].

La Prise d'Orange, c'est l'histoire de l'assouvissement d'un désir double et unique : prendre une femme et une ville également et en même temps désirables. Loin d'être un maladroit, comme on l'a dit, le « renouveleur » de la Chanson a au contraire la grande habileté de lier la conquête d'Orable à la conquête d'Orange et, dans une triple vraisemblance, psychologique, littéraire et historique, d'unir un roman courtois à un poème épique.
Pour la forme, et pour la mémoire des auditeurs, Guillaume redemande :

> Orange est-elle si *riche*[10] ?

Et Guillebert de renchérir :

> Si vous voyiez le palais de la ville
> entièrement fait de voûtes et bordé de mosaïques !
> ...
> il ne pousse pas une fleur jusqu'à Pavie
> qui n'y soit représentée en or et avec art.
> À l'intérieur se trouve la reine Orable,
> la femme du roi Tibaut d'Afrique ;
> il n'existe pas une telle beauté dans tout le pays païen,
> son cou est gracieux, elle est mince et svelte,
> sa peau est blanche comme la fleur de l'aubépine,
> ses yeux sont vifs et clairs, continuellement rieurs.

Et Guillaume de conclure :

> ni comte ni roi ne possèdent une pareille cité.

Il est décidé à renoncer à la bonne nourriture

---

9. *Se ge nen ai la dame et la cité* (v. 266).
10. Cl. Lachet et J.-P. Tusseau rendent assez bien *riche* par *magnifique*. On aura noté que les notions de beau, bon et riche, que nous distinguons soigneusement, sont partiellement confondues par les hommes du Moyen Âge.

avant d'avoir vu comment se présentent Orange
et Gloriette, cette fameuse tour de marbre,
et dame Orable, la noble reine.

Pour accomplir son dessein, Guillaume va recourir à nouveau à une ruse, à un déguisement. Mais cette fois il sera seul avec son neveu Guïelin et Guillebert. Les trois hommes, pour ressembler à des Sarrasins, se noircissent le corps, le visage, la poitrine et les pieds. Orange – comme Nîmes – vaut bien une mascarade.

Ils quittent Nîmes, traversent le Rhône à Beaucaire, dépassent Avignon :

> se dirigeant droit vers Orange, ses murailles et ses fossés,
> ses hautes salles et son palais bordé de mosaïques,
> ses boules et ses aigles dorés.
> ...
> «Dieu, dit Guillaume, vous qui me fîtes naître,
> l'admirable cité que voici !
> Comme est puissant celui qui a charge de la gouverner !»
> Et ils poussent jusqu'aux portes de la ville.
> Se faisant passer pour des Turcs ils arrivent jusqu'au palais,
> les piliers et les murs sont en marbre,
> et les fenêtres ornées d'incrustations d'argent
> et l'aigle d'or reluit et resplendit ;
> pas un rayon de soleil, pas un souffle de vent.

Les trois guerriers sont loin du monde de la nature qui leur est familier, en plein univers d'artifice.

> Tout ici les éblouit et leur semble plus beau qu'à
> Nîmes, la forte et puissante cité[11].

Le roi sarrasin Aragon les reçoit courtoisement et, avec le pain et le vin *(sic)*, leur fait servir les mets des nobles guerriers :

> des grues, des oies sauvages et de délicats paons rôtis.

Les trois hommes parviennent à se faire conduire auprès de la reine Orable dans le palais de Gloriette, à l'ombre d'un pin aux propriétés

---

11. *Nymes, la fort cité vaillant* (v. 482).

LITTÉRATURE ET IMAGINAIRE

magiques – élément traditionnel du merveilleux, ici urbanisé et représentant ces *mirabilia* urbains dont le XIIe siècle est friand[12].
De longues péripéties se déroulent ensuite, où alternent les épisodes courtois et les épisodes guerriers. Orable tombe amoureuse de Guillaume et prend le parti des trois chrétiens qui lui ont révélé leur identité. Les trois barons s'emparent de Gloriette et s'y enferment, mais les Sarrasins s'y introduisent par un passage souterrain et font prisonniers les trois chrétiens. Mais Orable les délivre de prison, et tous quatre s'enferment à nouveau dans Gloriette où ils sont derechef surpris par les Sarrasins. Guillaume, Guïelin et Orable sont jetés en prison, tandis que Guillebert, l'éternel évadé, réussit à s'enfuir. Tirés de leur prison et amenés devant Aragon, Guillaume et son neveu livrent aux païens le combat du désespoir et accomplissent à nouveau mille exploits qui semblent ne pouvoir que retarder un dénouement fatal, bien qu'ils aient réussi à s'enfermer encore dans Gloriette.
Tout au long de ces quelque mille vers (v. 738-1654), le leitmotiv urbain revient comme un refrain. C'est d'abord le thème d'Orange et de Gloriette :

> Voici le palais et la tour de Gloriette,
> construite en pierres jusqu'au sommet   (v. 1121-1122)
> voici Gloriette, le palais principal,
> la construction en est en pierres dures comme le roc   (v. 1132-1133)
> voici Gloriette, cette fameuse tour en marbre,
> l'édifice en pierres est situé en plein pré   (v. 1160-1161)
> Dans Orange, cette fameuse et riche cité   (v. 1282)
> ... dans la puissante ville d'Orange   (v. 1319)
> car il [Tibaut] perdra sa cité forte et opulente
> et son épouse, Orable, au corps svelte   (v. 1322-1323)

C'est ensuite l'évocation des deux cités conquises sur les Sarrasins par Guillaume et ses neveux : Nîmes et Narbonne.

> Guillaume Fierebrace
> qui a pris Nîmes, le palais et les salles   (v. 722-723)
> le comte l'avait fait prisonnier dans la cité de Nîmes   (v. 748)
> ... dans la cité de Nîmes   (v. 758)
> ... que nous avons laissé auparavant à Nîmes   (v. 1097)
> comme il avait pris Nîmes   (v. 1284)
> ... Narbonne, la grande   (v. 1074)
> ... Narbonne, la puissante   (v. 1281)

---

12. Voir *infra*, p. 666.

Ce sont enfin les noms jetés çà et là, comme des repères éclatants des cités chrétiennes ou sarrasines, d'un côté Reims et Laon (v. 801), Rome (v. 962 et 1628), Aix-la-Chapelle (v. 1420), de l'autre Barcelone (v. 969), Babylone (v. 972), et les variations sur des villes non identifiées, Valsonne (v. 976), Valdonne (v. 977), Voirecombe (v. 978), Valsone (v. 983), Vaudon (v. 1247)[13]. Cependant, Guillebert, parvenu dans Nîmes, alerte Bertrand, le neveu qui n'avait pas voulu suivre Guillaume à Orange. Bertrand, torturé par le remords puis galvanisé par les nouvelles de Guillebert, cède à son tour à la fascination d'Orange à prendre. Après avoir évoqué «l'or de dix cités» (v. 1692), il déclare:

> je ne manquerai pas, dussé-je en perdre les membres,
> d'aller à Orange la grande.

Et quand Guillebert lui révèle:

> [Ils sont] à l'intérieur d'Orange, cette opulente cité,
> dans Gloriette, cette fameuse tour en marbre,

il interroge pour la forme Guillebert:

> donnerons-nous l'assaut à cette ville d'Orange ?
> briserons-nous ces remparts et ces salles de pierre ?   (v. 1761-1762)
> donnerons-nous l'assaut à la puissante cité d'Orange ?
> briserons-nous ces murailles et ces hautes fortifications ? (v. 1768-1769)

Guillebert, pour l'aiguillonner, lui dit et lui répète:

> Jamais de votre vie, vous ne vous emparerez de cette ville.

Fou furieux de colère, Bertrand rassemble treize mille Français, entre dans Gloriette, délivre Guillaume et Guïelin, et tous ensemble marchent sur la cité d'Orange proprement dite:

> ils vont aux portes de la puissance cité,
> et les ouvrent sans perdre un instant;
> ceux qui étaient au dehors pénètrent dans la ville;
> ils s'écrient Montjoie devant et derrière.

---

13. Dans les deux cent trente-quatre vers qui terminent la chanson, il sera encore question – en dehors d'Orange – de Nîmes (cinq fois), Paris, Alger et la sarrasine Royaumont-sur-Mer (?).

La chanson va finir avec le baptême d'Orable qui, devenue Guibourc la chrétienne, épouse Guillaume, conséquence logique de la prise de la ville qui est aussi la prise de la femme :

> La cité une fois conquise de force,
> il fit préparer une grande cuve
> où l'on versa de l'eau claire   (v. 1863-1865)

Et c'est la fin de la chanson, où Guillaume concilie tout : l'amour, la possession de la ville et la guerre – très longtemps, trente ans, une éternité de vie pour un homme du XIIe siècle. Ce sont les trois derniers vers (v. 1886-1888) de la Chanson :

> Le comte Guillaume a épousé la dame;
> puis il resta bien trente ans dans Orange
> sans cesser un seul jour de combattre.

Par rapport au *Charroi de Nîmes*, *La Prise d'Orange* apporte d'abord des confirmations et des enrichissements. Les images positives de la ville sont encore plus nombreuses et plus soulignées, et la fascination qu'exerce la ville sur les guerriers devient une véritable obsession[14].

Cette insistance se marque surtout dans les épithètes qui accompagnent les villes et surtout Orange et, à un moindre degré, Nîmes et Narbonne, les villes-proies. Ce sont : *bone* (bonne, v. 135), *riche* (magnifique, v. 267), *mirable* (admirable, v. 417), *fort* (forte, v. 482), *vaillant* (puissante, v. 482), *grant* (grande, v. 641), *garnie* (opulente, v. 1282), *bele* (belle – à propos de Gloriette – v. 1419). Elle apparaît aussi dans les éléments : murs, porte, palais, tour, salles – dans les monuments et ornements, dans les « merveilles » de la ville : mosaïques, boules et aigles dorés, pin magique (*esperiment*, v. 652) –, dans les matériaux : pierre, marbre, argent, or.
Mais surtout deux nouveautés trahissent l'intensification de l'attrait urbain, du *Charroi* à *Prise*.
Certes il n'y a pas dans la *Prise* ces bourgeois à la fois méprisés et respectés qui apparaissent dans le *Charroi*, ce monde du marché, des marchands et des marchandises. Tout s'y passe entre rois, barons et chevaliers tant sarrasins que chrétiens, vaguement entourés de soldats de moindre rang, valets, portier. Mais le compromis, mieux, le mariage, est consommé

---

14. Le v. 361 dit que Guillaume fut troublé, bouleversé par Orange, que sa pensée le tracassait :
Or fu Guillelmes por Orenge esmaiez.

(l'union de Guillaume et d'Orable en est le symbole) entre la vie guerrière et la vie citadine, aussi bien sur le plan de l'alimentation et de l'union édifices-nature, culture-nature, que sur celui de la courtoisie et de la chevalerie. On peut vivre en guerrier dans une ville. La ville n'est pas renoncement au genre de vie militaire et noble.

Surtout, la prise d'Orange se double de façon inséparable de celle d'Orable, dont la beauté et la sveltesse sont mieux que comparables à celles de la ville toute en hauteur, mais sont l'incarnation même du corps désirable de la cité. Pour ces guerriers la ville est une femme et, dans ce monde du rapt, où l'on prend de force les villes et les femmes, la conquête d'une cité est une conquête amoureuse. Opinion exagérée, dira-t-on, faussement suggérée par le caractère courtois d'une œuvre dont on a voulu faire un «chef-d'œuvre d'humour», une œuvre presque «héroï-comique»[15]. Or le renouveleur de *La Prise d'Orange* n'a fait, me semble-t-il, que réaliser magistralement le programme impliqué dans le modèle de la chanson de geste, *La Chanson de Roland*. Celle-ci, aux v. 703-704, raconte comment Charlemagne a ravagé l'Espagne :

> Les castels pris, *les citez violées*

Le thème de la ville-femme, à regarder, à admirer, à craindre (la femme est aussi Ève, créature diabolique) – et en définitive à prendre –, est au cœur même de l'idéologie guerrière telle que l'expriment les chansons de geste dès le début.

L'atmosphère semble très différente avec les *Lais* de Marie de France, et il est vrai – pour ne pas évoquer d'autres causes de différence – que le lai impose une forme, un style et, dans une certaine mesure, une idéologie éloignés de ceux de la chanson de geste. Que fait-il de la ville?

Disons d'entrée de jeu que la place de la ville est plus modeste, plus secondaire dans les *Lais* de Marie de France que dans les deux chansons de geste que je viens d'évoquer. Des villes n'apparaissent que dans quatre des douze lais qui nous sont parvenus, et elles y apparaissent comme des *décors*, non comme des héroïnes de l'œuvre.

Lanval est un jeune chevalier qui a bien servi le roi Arthur et n'a reçu de lui qu'ingratitude en échange. Au cours d'une promenade près d'une rivière, il est amené au château d'une très belle et mystérieuse jeune fille dont il devient l'amant, et qui lui fait don de pouvoir désormais satisfaire tous ses besoins de largesses, à condition qu'il tienne leur amour secret.

---

15. J'évoquerai plus loin le problème de la chronologie des œuvres que j'analyse.

Mais Lanval, qui repousse ensuite les avances de la reine, est accusé par elle, et le roi le fait juger. Au moment où le verdict va être rendu, la demoiselle arrive sur un cheval blanc et l'emmène en Avallon. On n'entendra jamais plus parler de lui.

Dans cette histoire où se profile en filigrane une Mélusine, le seul détail qui nous intéresse ici est la dialectique ville-nature, ville-forêt, qui apparaît en pointillé. Arthur fait le va-et-vient entre la ville où il réside (*Kardoel*, c'est-à-dire Carlise, au v. 5) et la forêt, Lanval entre sa résidence en ville et les prés extérieurs. En revanche, la jeune fille merveilleuse ne quitte pas sa tente (*tref*, v. 80) dans la solitude (sauf pour venir, exceptionnellement, arracher son amant aux hommes de la ville), tandis que la méchante reine ne sort pas de son palais urbain et même de la chambre où elle se retire (sauf pour assister au jugement de Lanval).

Au début du lai, Lanval est sorti de la ville :

> *Fors de la vilë est eissuz* (v. 43)

Après son aventure il rentre dans sa demeure urbaine :

> *Il est a sun ostel venuz* (v. 201)
> *Alez s'en est a sun ostel* (v. 406)

Avec sa mystérieuse amante il s'enfuit à la fin dans une île très belle :

> *En un isle ki mut est beaus* (v. 643)[16]

À l'intérieur de ce système d'idéologie spatiale, Marie de France semble insister sur un fait : les chevaliers habitent dans les villes.

> *N'ot en vile chevalier*
> (ki de surjur ait grand mestier)

souligne-t-elle au v. 205.

---

16. Je me suis demandé depuis quelque temps pourquoi, aux XIIe et XIIIe siècles, de grandes familles, dont la plus illustre était celle des Plantagenêts et la plus heureuse dans cette entreprise celle des Lusignan, avaient, dans cette société chrétienne, revendiqué orgueilleusement une Mélusine, une femme diabolique, comme ancêtre. Ne serait-ce pas, face au monde embourgeoisé de la ville, pour manifester avec éclat leur enracinement dans le monde sauvage de la solitude qui, d'une certaine façon, est le monde naturel des guerriers comme il est le monde élu des moines ? Il est vrai que Mélusine à son tour s'urbanisera et, au XIVe siècle, construira avec allégresse villes et châteaux.

L'IMAGINAIRE MÉDIÉVAL

Dans *Yonec*, celui des *Lais* de Marie de France où le merveilleux tient la plus grande place, et où sont confrontés deux pays, un pays réel où vit le héros méchant et un pays magique d'où vient et où retourne pour y mourir le prince merveilleux, père de Yonec, beau chevalier qui se change en oiseau pour retrouver sa bien-aimée (*Yonec* est la plus ancienne version connue de *L'Oiseau bleu*), deux villes semblent se répondre d'un pays à l'autre.
En Bretagne, c'est la ville où réside – entre deux chasses en forêt – le vieux seigneur jaloux de Caerwent :

> *La citez siet sur Duëlas*
> *Jadis i ot de nes trespas*   (v. 15-16)

Cette ville, située sur la rivière Duëlas et jadis lieu de passage pour les navires, est l'incarnation septentrionale de ce lieu commun de topographie urbaine (l'autre étant la ville sur la hauteur) dont on a vu les équivalents méridionaux dans *Le Charroi de Nîmes* et *La Prise d'Orange* : Porpaillart-sur-Mer, Royaumont-sur-Mer, Sorgremont-sur-Mer.
Quand l'amante du prince-oiseau le suit à la trace le long du sang qu'il a perdu et, ayant traversé une colline trouée par un tunnel, débouche sur une belle prairie, elle aperçoit une ville.
« Tout près se trouvait une cité, close de murailles tout autour. Pas de maison, de salle, de tour qui ne paraisse toute d'argent. Les bâtiments en sont très riches (magnifiques). Du côté du bourg, il y a les marais et les forêts et les terres en défens. De l'autre, vers le donjon, coule une rivière qui en fait le tour. C'est là qu'abordent les navires, il y avait plus de trois cents mâts. La porte d'aval était ouverte, la dame entra dans la ville, toujours sur les traces du sang frais à travers le bourg, jusqu'au château. Elle ne peut parler à personne, elle n'a trouvé ni homme ni femme. Elle parvient dans le palais, dans la salle dallée qu'elle trouve pleine de sang. »
Description réaliste d'une ville médiévale, au milieu de la nature protectrice, partagée entre cité et bourg, dominée par le château. Centre économique. Mais aussi ville morte, car c'est la ville des morts, dans l'au-delà du folklore.
Revenue de l'autre côté de la colline, la dame y vit longtemps avec son vieil époux meurtrier de son amant, et leur fils Yonec, qui est en fait le fils du prince-oiseau. L'année où Yonec est armé chevalier, l'histoire connaît son dénouement et le sang coule à nouveau dans un contexte à nouveau urbain :
« À la fête de saint Aaron, qu'on célébrait à Caerleon et dans plusieurs autres cités, le seigneur avait été invité à se rendre avec ses amis, selon la coutume du pays, et à emmener avec lui sa femme et son fils, en riche équi-

page. Il en advint ainsi et ils y sont allés mais ils ne savent où ils vont. Avec eux se trouva un jeune homme qui les a conduits tout droit jusqu'à ce qu'ils arrivent à une ville fortifiée[17], la plus belle du monde.»
Dans cette ville ils trouvent en une abbaye la tombe du prince-oiseau. La dame révèle sa naissance à Yonec et tombe morte. Yonec décapite son parâtre. Les gens de la cité enterrent la dame en grande pompe dans le même cercueil que son ami, et font de Yonec leur seigneur.

Dans le *Laüstic*, charmante histoire d'un rossignol victime d'une affaire d'amour et dont le cadavre est porté pour le reste de sa vie dans un coffret par l'amant malheureux et fidèle, le cadre précise les conditions de la résidence des chevaliers en ville.

«Il y avait dans la région de Saint-Malo une ville renommée. Deux chevaliers y demeuraient dans deux maisons fortifiées. Les qualités des deux barons avaient fait le renom de la ville. L'un d'eux s'était marié à une femme sage, courtoise et avenante. Elle se faisait chérir à merveille pour son observation des usages et des bonnes manières. L'autre était un bachelier bien connu parmi ses pairs pour sa prouesse et sa grande valeur. Il aimait le faste d'où vient l'honneur, tournoyait et dépensait beaucoup et donnait volontiers ce qu'il avait.»

Il y a ici un véritable investissement culturel de la ville par les chevaliers. Une femme y apporte la courtoisie, le nouveau code des bonnes manières. Un homme y manifeste la largesse caractéristique de la noblesse guerrière et l'activité essentielle des chevaliers: les tournois.

Dans *Éliduc*, étrange histoire d'un ménage à trois où l'homme, la femme et l'amante rivalisent de courtoisie et de générosité, seul un épisode concerne notre propos. Éliduc, tombé en disgrâce auprès du roi de Petite-Bretagne, passe la mer et se rend au royaume d'Angleterre. Là, il se met au service d'un roi dans la peine. Le roi, pour honorer ce chevalier qui lui vient en aide, veille à son hébergement en ville.

«Il eut son logement *(ostels)* chez un bourgeois très sage et courtois. L'hôte lui a laissé sa belle chambre garnie de tentures. À sa table il fit venir les chevaliers pauvres qui étaient hébergés dans le bourg. À tous ses hommes il défendit qu'aucun ne fût assez hardi pour accepter durant les quarante premiers jours rémunération en nature ou en argent.

«Mais au troisième jour de son séjour on proclame dans la cité que les ennemis sont venus et se sont répandus dans le pays. Bientôt ils viendront

---

[17]. Le texte original dit un *chastel*. Mais la traduction de P. Jonin est justifiée par la suite, puisqu'il y est question de la diffusion de la nouvelle de la mort de la dame et de la décapitation du parâtre par Yonec dans la cité:
>   *Puis ke si fu dunc avenu*
>   *E par la cité fu sceü.*   (v. 547-548)

assaillir la ville et arriveront jusqu'aux portes. Éliduc a entendu le tumulte du peuple en désarroi. Il s'est armé sans plus attendre et ses compagnons de même. Quatorze chevaliers munis de chevaux séjournaient dans la ville...» (v. 133-156).

Ce passage précise l'image de l'acculturation urbaine. D'un côté les chevaliers résident, mais ceux qui sont proches de la déchéance, les pauvres, sont logés dans la partie bourgeoise, livrée à l'activité économique, le bourg, et Éliduc, en les en faisant sortir, leur fait promettre de résister à la tentation salariale, à la situation des citadins non nobles. De l'autre le bourgeois qui reçoit Éliduc est courtois, et il vit noblement dans une maison ornée comme celles de la classe supérieure. Enfin, quand des ennemis menacent la ville et que la populace urbaine (*la gent ki est esturdie*, v. 152), dépourvue des vertus guerrières, est saisie de panique, les chevaliers doivent prendre la défense de la ville où ils résident.

Perceval ou le Conte du Graal, le dernier roman de Chrétien de Troyes, laissé inachevé sans doute par la mort du poète, comprend, on le sait, tel qu'il nous est parvenu, deux parties. La première raconte les aventures par lesquelles passe Perceval sur le chemin d'une initiation qui est aussi éducation. La seconde narre les aventures de Gauvain, qui, alors que Perceval quitte la cour d'Arthur pour élucider le mystère du Graal et de la lance qui saigne, s'en va de son côté pour délivrer la pucelle assiégée dans Montesclaire, aventure que la laide demoiselle, qui vient de reprocher à Perceval son silence au château du Graal, a désignée comme la plus haute prouesse qu'un chevalier pourrait accomplir. Ce second récit n'est coupé que par la pénitence de Perceval dont on ne parle plus dans le conte.

Le thème de la ville n'apparaît que de façon très générale et sous-jacente dans la première partie, les aventures de Perceval. Il y a certes une opposition essentielle entre l'univers auquel Perceval parvient mal à s'arracher, et qui est celui de la vaste forêt où réside sa mère et où il a passé son enfance, des forêts dans lesquelles retourne régulièrement le «jeune sauvage» (décrit au v. 1295 comme *bestiax*, semblable à une bête, grossier), et la cour d'Arthur où le valet gallois, même après son adoubement, ne parvient pas à se fixer et qui, elle, selon la tradition de l'image monarchique dans les poèmes courtois comme dans les chansons de geste, a un caractère urbain. Arthur réside à Carlisle (Carduel, v. 334, 837), Caerleon (v. 3985, 4135, 4582), Disnadavon (v. 2730, 2751), mais Chrétien n'insiste pas sur le caractère urbain de ces résidences. Le contraste entre Perceval le chevalier issu du monde sauvage – caractère accentué, me semble-t-il, par le fait que le père et la mère de Perceval sont originaires du royaume des *isles de mer* et que ces îles étaient même peut-être le royaume du père de Perceval (v. 417,

423) – et Arthur, roi d'une cour urbanisée, n'en reste pas moins une donnée fondamentale du conte[18].
Dans la seconde partie, celle des aventures de Gauvain, la ville et le monde urbain sont tout autrement présents, et l'image que s'en fait le milieu chevaleresque évoque de façon beaucoup plus précise et appuyée la réalité. On peut considérer comme secondaire le fait que le lien entre la cour d'Arthur et le cadre urbain est davantage souligné : le roi va tenir la grande assemblée chevaleresque de la Pentecôte dans Orcanie, trois fois appelée *la cité d'Orcanie* (v. 8827, 8889, 8917).
En revanche, deux épisodes, le second surtout, nous introduisent dans une autre atmosphère urbaine.
Dans le premier, Gauvain assiste à un tournoi mais, comme il a promis de se battre dans quarante jours contre un chevalier qui l'a faussement accusé du meurtre de son père, il ne veut pas courir le risque d'une blessure et refuse de participer au tournoi. Les demoiselles qui contemplent les combats se moquent de lui et doutent de sa qualité de chevalier. L'une dit :
« C'est un marchand. Pourquoi voulez-vous qu'il aille au tournoi ? Ces chevaux, bien sûr, il les mène vendre. »

Une autre renchérit :
« Non, c'est un changeur ; et ce n'est pas aujourd'hui qu'il va distribuer aux pauvres chevaliers la monnaie et la vaisselle qu'il mène dans ses coffres et dans ses malles. »

Ainsi, à l'état de chevalerie sont opposés en termes de mépris et d'hostilité sociale les deux états les plus caractéristiques de la nouvelle ville du Moyen Âge, définie par sa fonction économique, celui de marchand et celui de changeur, et l'enrichissement et l'avarice de ces catégories sociales qui montent et ignorent la largesse chevaleresque sont stigmatisés face à l'appauvrissement d'une partie au moins de la classe chevaleresque, victime du nouvel ordre économique et social.
Sourd à ces moqueries, Gauvain poursuit son chemin. Il rencontre un jeune chevalier qui lui demande d'aller veiller sur sa sœur dans la ville voisine et de requérir son amour de sa part. Gauvain arrive en vue de la ville :

---

18. Les aventures de Perceval ont par ailleurs pour théâtre soit la forêt, soit de simples châteaux. Mais, comme le rappelle L. Foulet dans les notes de sa traduction (p. 220), si château a en général le sens de « château fort », il s'applique aussi souvent « à une petite ville fortifiée, comprenant, en dehors du château proprement dit, des maisons, des rues, des places ». Aux v. 6421-6422 du conte il est fait allusion à Pavie, « la ville d'Italie, citée ici comme un modèle de richesse », dit F. Lecoy dans son édition, t. II, p. 128 : il est question d'un *château (chastiax)*, qui n'a guère moins de valeur que Pavie.

«Le château était sis sur un bras de mer. Il l'examine, observe les murs et la tour, et les estime de force à ne craindre aucune attaque. Il regarde aussi la ville, peuplée de beaux hommes et de belles femmes, et les tables des changeurs, couvertes de pièces d'or, d'argent et de menue monnaie; il voit les places et les rues pleines de bons ouvriers qui travaillaient aux métiers les plus variés: ici on fait des heaumes et des hauberts, là des selles et des écus, ailleurs des harnachements de cuir et des éperons; les uns fourbissent des épées, les autres tissent des draps et les foulent, les peignent et les tondent, d'autres encore fondent l'or et l'argent; ailleurs enfin on fait de belle et riche vaisselle, coupes, hanaps, écuelles, et des émaux précieux, anneaux, ceintures et colliers. Vraiment on eût volontiers dit qu'en la ville se tenait une foire perpétuelle, tant elle regorgeait de richesses, cire, poivre, graines, et fourrures de vair et de gris, et toutes marchandises qui se peuvent imaginer» (v. 5688-5716).

Voici, en une description détaillée et enthousiaste, une des images les plus positives que la littérature courtoise ait faite d'une ville, image réaliste mais enjolivée et, si l'on peut dire, idéalisée dans son réalisme.

Tout change bientôt.

Alors que la pucelle a bien accueilli Gauvain et lui a accordé son amour, comme son frère l'en a priée, un vavasseur survient inopinément et accuse la jeune fille de s'être donnée à l'assassin de son père. Bouleversée, la pucelle s'évanouit et, quand elle revient à elle, elle ne retire pas son amour à Gauvain, mais voit se dresser le spectre de «la commune de cette ville» que le vavasseur va certainement exciter contre eux[19].

Celui-ci en effet, au sortir du château (la *tour*), «trouve, assis côte à côte, une assemblée de voisins, le maire, les échevins et toute une foison de bourgeois, si gros et si gras qu'on peut assurer que le poisson était absent de leur régime». Il leur expose la situation et les incite à «soulever toute la ville». Et c'est l'émeute urbaine classique:

«Alors il aurait fallu voir des vilains en fureur prendre haches et guisarmes, d'autres un écu veuf de sa guiche, d'autres encore un van ou un battant de porte. Le crieur crie le ban et tout le peuple s'assemble; les cloches de la commune sonnent, il ne faut pas qu'un seul manque à l'appel. Il n'y a si pauvre hère qui ne saisisse fourche ou fléau ou massue ou pique. Jamais

---

19. L'épisode qui va suivre et comprend cent quarante vers, est résumé en quatre vers (v. 5821-5824) dans le manuscrit A, écrit par le copiste Guiot dans le deuxième quart du XIIIe siècle (manuscrit français 794 de la Bibliothèque nationale de Paris), qu'ont suivi la plupart des éditeurs, alors que les quatorze autres manuscrits du *Perceval* le donnent *in extenso*. Il y a là un problème qui, me semble-t-il, mériterait d'être étudié. F. Lecoy qui, dans son édition, suit le manuscrit A, donne en appendice (t. II, pp. 114-117) l'épisode intégral tel qu'il a été édité par A. Hilka aux v. 5887-6026 de son édition.

encore pour assaillir la limace il n'y eut en Lombardie un tel tohu-bohu. Il n'est si petit qui n'accoure, et aucun qui vienne les mains vides.»
Tout y est: le schéma de la révolte urbaine (et le rôle, déjà, des cloches par lesquelles les bourgeois opposent leur temps à celui de l'Église et des seigneurs), l'opposition des armes viles de la populace contre les armes nobles des guerriers, l'étonnement devant la solidarité populaire, et jusqu'à l'évocation de la Lombardie, terre pionnière de la nouvelle société urbaine qui, au milieu du siècle, tint en échec Frédéric Barberousse, et stupéfia et scandalisa à la fois son neveu et chroniqueur, l'évêque Othon de Freising.
La demoiselle lance au peuple soulevé:
«Hou! hou! canaille, chiens enragés, serfs de malheur[20], quels diables vous ont mandés? Que cherchez-vous? Que voulez-vous?» C'est l'écho à peine affaibli de la fameuse exclamation de Guibert de Nogent, une cinquantaine d'années plus tôt: «Commune! Mot exécrable!»
La demoiselle a beau leur lancer les pièces de son échiquier dessus et les menacer de les faire tous détruire avant de mourir, «les vilains s'entêtent et déclarent qu'ils abattront la tour sur eux, s'ils ne se rendent. Les assiégés ne s'en défendent que mieux et font pleuvoir pions et pièces d'ivoire sur les assaillants qui, incapables d'y tenir, reculent pour la plupart. Alors les gens de la commune décident de creuser la terre avec des pics d'acier pour faire crouler la tour».
Cependant le chevalier qui a défié Gauvain vient à passer par là.
«Il est merveilleusement surpris de cet amas de vilains, des huées et des coups de marteau qu'il entend.» Inquiet à la pensée que son adversaire puisse être tué par ces vilains et échapper à sa propre vengeance, il menace en vain les assaillants et va appeler le roi du pays à la rescousse. «Sire, lui dit-il, votre maire et vos échevins vous ont fait grand'honte. Depuis le matin ils attaquent votre tour et tentent de l'abattre. S'ils ne paient bien cher leur audace, je vous en saurai mauvais gré.»
Le roi excuse la colère de ses gens, mais estime que son honneur lui impose de protéger son hôte: «Le roi commande au maire qu'il s'en aille et fasse retirer ses gens. Ils s'en vont: pas un n'y reste, dès qu'il plaît au maire.»
Ainsi l'image positive de la ville se trouve inversée, les beaux bourgeois et les belles bourgeoises qu'avait cru voir Gauvain à son premier contact avec la ville se sont changés en affreux vilains, les classes laborieuses se sont muées en classes dangereuses, le roi lui-même ne peut se faire obéir des gens de la

---

20. Si L. Foulet rend assez bien l'original *vilenaille* par «canaille», il édulcore l'expression *pute servaille* par la traduction «serfs de malheur». L'expression de Guibert de Nogent: «*communio autem novum ac pessimum nomen*» se trouve au livre III, chap. VII, du *De vita sua*.

commune que par l'intermédiaire du maire, seul chef, un des leurs, que reconnaissent les citadins; une véritable lutte de classe oppose seigneurs et peuple de la ville. Le Diable a envoyé cette canaille, la ville c'est l'Enfer.
Avant de tenter une explication de ces images de la ville et de leur ambiguïté dans le milieu guerrier, il importe de situer et d'éclairer ces images dans la longue durée de l'histoire des cultures et des mentalités[21], l'histoire de l'imaginaire imposant encore plus que d'autres cette recherche des permanences et des continuités qui y fonctionnent avec une force particulière.
Aussi loin que le regard de l'historien peut se porter, toute culture se nourrit d'héritages. Le poids de ces héritages dans une culture est un des éléments les plus importants pour définir la nature de cette culture. La plupart des médiévistes seront, je pense, d'accord pour estimer que ce poids est particulièrement lourd dans la culture de l'Occident médiéval. Cela n'a rien d'étonnant si l'on considère d'une part qu'il en est souvent ainsi dans les sociétés où règne une idéologie dominante (le christianisme romain en l'occurrence) et de l'autre que les bouleversements de l'Antiquité tardive et du haut Moyen Âge ont longtemps imposé à la société nouvelle la nécessité de vivre plutôt sur ses héritages que sur ses créations propres. Cela ne signifie pas à mes yeux que la société de l'Occident médiéval n'ait pas été créatrice, au contraire, mais que sa créativité a, pendant longtemps, surtout consisté en des choix, des déplacements d'accent, des assemblages inédits parmi les éléments légués par les cultures dont elle avait hérité.
Ces héritages sont au nombre de quatre: l'héritage judéo-chrétien importé à partir du Ier siècle de l'ère chrétienne et dominant depuis le IVe, l'héritage gréco-romain progressivement diffusé à partir de la Grèce et de l'Italie, l'héritage «barbare» infiltré puis promu dans l'Empire romain et les États successeurs, l'héritage «traditionnel» des vieilles cultures indigènes implantées et sous-jacentes depuis le néolithique.
De ces quatre héritages le dernier, le plus difficile en général à saisir, malgré l'apport de plus en plus riche des préhistoriens et protohistoriens, ne semble pas avoir contribué beaucoup à la formation de l'imaginaire urbain médiéval, à moins que l'archéologie ne nous apporte des révélations sur d'hypothétiques formes préurbaines très anciennes – et notamment celtiques –, et ne permette d'en formuler les traces dans la culture et la mentalité collectives.

---

21. Ce n'est pas le lieu de tenter ici de situer l'un par rapport à l'autre les concepts de culture et de mentalité. La culture, évidemment, se situe surtout au niveau des œuvres, la mentalité au niveau des discours, et la part de la présence cohérente des héritages savants est plus grande dans la première que dans la seconde, mais le caractère collectif, transsocial, spontané les rapproche et les associe dans une relation que les historiens doivent élucider, préciser, mais respecter.

LITTÉRATURE ET IMAGINAIRE

L'héritage barbare peut également paraître négligeable, pour des raisons voisines, mais, je le dirai plus loin, il n'a sans doute été ni inexistant ni insignifiant.
On pourrait penser que l'héritage gréco-romain a été considérable, la civilisation gréco-romaine apparaissant comme essentiellement urbaine et s'étant en grande partie répandue sous cette forme dans son aire d'expansion. Il me semble pourtant, au XIIe siècle, et dans les œuvres considérées, très limité. Cela tient sans doute en partie à la relative pauvreté de recherches en ce domaine[22] – les nombreux historiens de l'héritage de la culture antique au Moyen Âge s'étant surtout intéressés au domaine de la culture «supérieure» et non à celui des images et des représentations collectives. Mais cette relative carence du legs antique en matière d'imaginaire urbain avant le XIIIe siècle tient probablement à des causes plus profondes. Malgré la continuité matérielle et géographique de beaucoup d'implantations urbaines de l'Antiquité au Moyen Âge, la ville médiévale est un phénomène neuf, remplissant d'autres fonctions que la ville antique, suscitant une autre économie, une autre société, une autre symbolique. Sur le plan idéologique, l'opposition antique traditionnelle ville-campagne (*urbs-rus* avec ses développements sémantiques urbanité-rusticité) est peu pertinente dans le monde de l'Occident médiéval où le dualisme fondamental culture-nature s'exprime davantage à travers l'opposition entre ce qui est bâti, cultivé et habité (ville-château-village ensemble) et ce qui est proprement sauvage (mer, forêt, équivalents occidentaux du désert oriental), univers des hommes en groupes et univers de la solitude.
Reste donc, au premier plan, l'héritage judéo-chrétien dont l'importance ne doit pas étonner. L'Église a, durant le haut Moyen Âge, un quasi-monopole dans la formation de la culture et le modelage des mentalités. Les guerriers des couches dominantes lui sont liés par trop d'intérêts pour ne pas être particulièrement imprégnés de son enseignement[23]. La Bible (et, à un moindre degré, les œuvres des Pères de l'Église) est la source, la référence,

---

22. Il y a, bien entendu, une exception éclatante, Rome. Mais la polysémie et l'ambiguïté de l'image romaine: ville ou Empire? païenne ou chrétienne? glorieuse ou ruinée? etc., en font un cas à part. Sur le mythe médiéval de Rome, voir le grand livre, malgré son âge, d'A. Graf, *Roma nella memoriae imaginazioni del Medio Evo*, Turin, 1915, et les nombreux travaux cités par J. Le Goff in *Storia d'Italia*, Turin, Einaudi, t. II, 1975.
23. Bien entendu cela n'exclut pas des résistances de leur part là où leurs traditions et leurs intérêts peuvent être différents, sinon opposés; par exemple les pratiques sexuelles et matrimoniales, l'attitude à l'égard de la violence, la place donnée aux valeurs corporelles, etc. Le XIIe siècle est aussi l'époque où, tout en adoptant une christianisation de certains idéaux militaires, la classe chevaleresque favorise la constitution à son usage d'une culture plus laïque, sinon d'une contre-culture: courtoisie où les influences chrétiennes sont limitées, culture ouverte aux apports de la culture populaire pré- et para-chrétienne.

l'autorité suprême. Une image culturelle ou mentale n'acquiert de force que lorsqu'elle s'appuie sur une référence biblique ou même s'incorpore, s'identifie à elle.
Or le thème urbain est un thème biblique fondamental. La ville débute très mal dans l'Ancien Testament. La Genèse offre une succession de villes maudites. C'est d'abord la première ville, fondation de Caïn (Genèse, IV, 17). Patronage abominable dont les hommes du Moyen Âge se souviennent, précisant même que Caïn, lorsqu'il créa la première ville, inventa aussi les poids et mesures, préludant à une comptabilité qui va contre la liberté, la générosité, la profusion que la Création avait laissé espérer à l'homme. Puis vient l'épisode de Babel (Genèse, XI, 1-9), où la volonté communautaire et bâtisseuse des hommes se heurte au veto du Seigneur qui veut maintenir les hommes divisés pour mieux leur imposer sa volonté et les punir – malédiction de cette préfiguration de la solidarité urbaine. La troisième apparition urbaine est celle de Sodome et Gomorrhe (Genèse, XIII, 13; XVIII, 20; XIX, 1-25), image de la ville foyer de luxure, mère des vices. Il n'est pas étonnant que dans ces conditions le code du Lévitique recommandera au peuple juif de vivre dans des huttes, d'être ce peuple des tentes du temps des patriarches.
Pourtant une vision plus positive de la ville s'insinue peu à peu dans l'Ancien Testament. Certes, dans le Deutéronome (IX, 1), les villes sont la résidence des ennemis d'Israël, mais ces villes hostiles deviennent l'objectif du peuple hébreu, et le Deutéronome (XX, 10-20) inaugure les épisodes de conquête de villes qui culminent dans le livre de Josué (II-VII) avec la conquête de Jéricho et la destruction miraculeuse de ses murailles.
Alors se développe l'urbanisation des Hébreux. Les villes conquises sont réparties entre les tribus, et bientôt surgit un nouveau type de ville, un nouveau thème urbain, celui des villes de refuge, en même temps que celui de villes privilégiées (Josué, XIII-XIX, XX-XXII; Nombres, XXXV, 9-34). Des épisodes urbains apparaissent ici et là, enrichissant les images de la ville, telle l'histoire de Samson et les portes de Gaza (Juges, XVI, 1-3).
Les Livres Historiques voient ensuite un renversement complet de l'image maudite de la ville, une promotion inouïe de la ville. Cette valorisation se fait évidemment autour du développement et de l'ascension de Jérusalem. Jérusalem, introduite après coup dans la Genèse (XIV, 18) avec son prêtre-roi Melchisédech, le premier allié urbain des Hébreux, connaît une irrésistible ascension dans le deuxième livre de Samuel et le premier livre des Rois. Deux grands rois sont les artisans de cette réussite: David, qui prend la ville et y transporte l'arche d'alliance (II Samuel, V, 6-12, et VI), et Salomon qui y construit le Temple (I Rois, V, 15-32) et le Palais (I Rois, VI, VII et VIII, 1-13). Ainsi s'accomplit l'image matérielle, institutionnelle et

symbolique de la ville par excellence, belle et riche, parée de monuments dont le siège des deux pouvoirs, le religieux et le royal. Les Livres Sapientiaux, Poétiques et Prophétiques confirment et enrichissent l'importance des images urbaines, et font apparaître deux thèmes nouveaux d'une très grande portée. Les Psaumes magnifient l'image de Jérusalem à travers celle de Sion, la colline urbaine sacrée (Psaumes, XLVIII, LXIX fin, CXXII). Isaïe introduit d'abord la grande opposition Jérusalem-Babylone, qui cristallise en quelque sorte dans une extrême tension le contraste et la lutte entre la mauvaise et la bonne ville, la ville de perdition et la ville de salut, qui s'achèvera par la destruction de Babylone (Isaïe, XIII). Mais c'est aussi le grand avenir eschatologique urbain qui s'ouvre avec la prophétie de la résurrection de Jérusalem (Isaïe, II). La Jérusalem nouvelle ouvrira son sein et donnera le salut éternel non seulement à Israël mais à toutes les nations. Jérusalem, devenue sous David la capitale politique et religieuse d'Israël, la demeure de Yahvé (Psaumes, LXXIII, 2), sera à la fin des temps le rendez-vous des nations (Isaïe, LIV, 11 et LX).

Le thème urbain se retrouve dans le Nouveau Testament, comme en un écho conforme au symbolisme typologique que le Moyen Âge se plaira à établir entre les deux parties du Livre.

Jérusalem, telle qu'elle est liée à la vie et à la mort de Jésus, résume en elle les côtés positifs, attractifs de la ville, et ses côtés répulsifs, maudits. Les scènes d'entrée à Jérusalem (Matthieu, XXI, 1-17 ; Marc, XI, 1-11 ; Luc, XIX, 28-38 ; Jean, II, 13 ; XII, 12-13) expriment cet appel de la ville, tandis que les apostrophes et les malédictions (Matthieu, XI, 20-24, et XXIII, 37 ; Luc, XIX, 41-44, et XXI, 5-7) indiquent le côté en quelque sorte babylonien de Jérusalem, ville aux deux visages.

Une étude plus poussée du thème urbain dans la Bible et particulièrement le Nouveau Testament ne devrait pas négliger les épisodes ou même les expressions isolées qui ont parfois connu une fortune singulière dans le cadre de l'imaginaire urbain, au Moyen Âge notamment. C'est le cas par exemple de Matthieu, V, 14, « *non potest civitas abscondi super montem posita* », qui renforce le stéréotype de la ville sur la hauteur[24].

---

24. Ce texte a en particulier fourni le thème d'une série de sept sermons prononcés au cours d'une semaine à Augsbourg en 1257 ou 1263 par le dominicain Albert le Grand – où s'expriment une théologie, une idéologie et une imagerie de la ville où convergent les réalités contemporaines, les thèmes bibliques et augustiniens et – acquisition de la scolastique urbaine – la philosophie politique gréco-latine, venue surtout de Platon, Aristote et Cicéron. Texte capital pour l'idéologie urbaine médiévale, publié par J. B. Schneyer, «Alberts des Grossen Augsburger Predigtzyklus über den hl. Augustinus», in *Recherches de théologie ancienne et médiévale*, XXXVI, 1969.

Les Épîtres de saint Paul, liées à sa prédication dans l'aire géographique et culturelle grecque, fondamentalement urbaine, consolident les perspectives liées à la ville du Nouveau Testament.

Enfin et surtout l'Apocalypse mise sous le nom de Jean, orchestre, amplifie et intensifie le cadre urbain de la fin des temps, la grande lutte entre la cité du mal et la cité du bien, Babylone (Apocalypse, XVIII) et Jérusalem, et place la Jérusalem céleste (Apocalypse XXI) dans une position eschatologique hors pair – dont la fortune historique sera étonnante.

Je ne sais pas si l'on a assez remarqué que la tradition judéo-chrétienne, partie d'un Paradis originel tout naturel, proposant à l'humanité comme perspective du bonheur paradisiaque conçu comme retour aux sources, à l'âge d'or chrétien, un jardin, lui a peu à peu substitué (non sans que des réactions d'eschatologie écologique ne s'efforcent de temps à autre de revenir à l'image du jardin) une ville. L'avenir éternel de l'humanité, le cadre de son bonheur des derniers temps, c'est une cité. C'est sur la vision de la ville éternelle apparue dans Isaïe, LIV, 11, que s'achève toute la Bible (Apocalypse, 21 et suivantes)[25].

De l'apport des Pères de l'Église – beaucoup furent des évêques dont l'œuvre fut étroitement liée au cadre de leur cité – je ne citerai que celui qui a le plus renforcé l'idéologie et l'imagerie urbaines au Moyen Âge : Augustin, dont la *Cité de Dieu* donne à presque toute la politique chrétienne du Moyen Âge une base et des représentations définitivement urbaines.

On voit tout ce qui dans la Bible donne sa caution aux images urbaines du Moyen Âge, telles que nous les avons notamment rencontrées dans les œuvres du XIIe siècle évoquées plus haut.

Ce sont d'une part les images matérielles de la ville, matérielles mais tout imprégnées de valorisations et incarnant des systèmes idéologiques fondamentaux.

Ce sont les éléments qui définissent les stéréotypes urbains : les murs, les portes, les tours, les matériaux qui expriment la solidité, la richesse et la

---

25. On connaît l'importance de la littérature néo-testamentaire dite «apocryphe» dans la culture et la religion médiévales. Je cite ici une version médiévale d'un de ces textes qui a connu une fortune particulièrement importante dans l'imagerie médiévale de l'au-delà. Il s'agit de la *Vision de saint Paul* ou *Apocalypse de Paul*, où Paul visite l'Enfer puis le Paradis sous la conduite d'un ange : «*Post hec* [angelus] *duxit eum* [Paulum] *in civitatem pulcram nimis, ubi terra erat aurea et lux clarior luce priori; habitatores quoque eius splendidiores auro. Et in circuitu eius duodecim muri et duodecim turres in ea, et quatuor flumina intus currencia. Et sciscitatus est Paulus nomina ipsorum fluminum. Et angelus ait: unum dicitur Phison de melle, alterum Eufrates, quod et lacteum est, tercium Geon de oleo, quartum Tigris de vino. Qui in mundo recti sunt, ad hos rivos perveniunt post mortem. Hic remunerantur a domino*» (*Visio Pauli*, éd. Silverstein, The Vienna Fragment, Vienna Codex 302, p. 150). Texte significatif où l'urbanisation du Paradis est poussée à son comble puisque le Paradis-Ville absorbe dans ses murailles le Paradis-Jardin et ses quatre fleuves.

beauté : pierre, marbre, argent et or. C'est la prééminence de deux monuments – ou types de monuments – qui matérialisent le jeu des pouvoirs dominants : le Temple et le Palais, l'église et le château[26]. C'est la prédominance de deux mouvements essentiels, celui qui dresse vers le ciel murailles, tours et monuments, celui qui instaure à travers la porte ce va-et-vient entre la culture intériorisée et la nature extérieure, entre le monde de la production rurale et celui de la consommation, de la fabrication des objets et de l'échange des biens, entre le refuge et le départ vers l'aventure et la solitude. Demeure idéale d'une société où l'organisation de l'espace et des valeurs, plus qu'entre la droite et la gauche de l'Antiquité, se fait entre le haut et le bas, l'intérieur et l'extérieur, privilégiant la verticalité et l'intériorisation.

Mais aussi c'est le désir ambivalent de la ville à conquérir, de la ville-proie, et plus encore l'ambiguïté fondamentale de la ville elle-même, Babylone ou Jérusalem, Babylone et Jérusalem, évoluant entre l'unité harmonieuse et le désordre, le désir et la crainte, la ruine et le salut.

Avant de revenir au XIIe siècle et à nos textes, notons que le troisième des héritages culturels évoqués plus haut, le barbare, semble, aux quelques indices que nous en avons, aller dans le sens des images bibliques. Un passage significatif de Tacite (*Germania*, chap. XVI), tout en soulignant que les barbares ignorent les villes, suggère que les villes les attirent par leur solidité (univers de la pierre et de la brique face à leur monde du bois), leur richesse, leur beauté, leurs fonctions de foyers de civilisation et centres de pouvoir.

Il importe aussi de dissiper maintenant des équivoques possibles sur le sens de la recherche proposée ici. Je ne considère pas la Bible (et les autres héritages historiques) comme la source, au sens traditionnel du mot, des images culturelles et mentales de la société médiévale. Celle-ci – comme toutes les sociétés – a choisi dans le legs du passé. Mais ses choix ne sont pas libres. Ils dépendent, d'une façon complexe, de la structure sociale, de l'idéologie dominante, et de la part que celle-ci fait à la tradition. L'originalité de l'œuvre littéraire me semble liée à la personnalité de l'auteur (ou des auteurs), qui n'est que partiellement déterminée par ces conditions de création. Dans l'Occident du XIIe siècle le poids de la tradition judéo-chrétienne est très fort, les images de la ville y occupent une place de premier plan et

---

26. On reconnaît ici les deux premières fonctions de l'idéologie trifonctionnelle indo-européenne mise en lumière par G. Dumézil. La troisième fonction, fonction économique, fonction de fécondité, n'apparaît pas dans la Bible à propos du thème urbain. L'épisode néo-testamentaire de Jésus chassant les marchands du Temple a une tout autre signification. Ceci n'est pas étonnant, puisque G. Dumézil a démontré que l'idéologie trifonctionnelle était restée étrangère à la Bible et à la culture juive ancienne. En revanche, l'Occident médiéval a réutilisé le thème trifonctionnel. L'insistance dans nos textes sur le marché, les métiers, la prospérité urbaine l'illustre à merveille. Voici une nouveauté médiévale, un exemple de la créativité de la pensée médiévale.

elles sont particulièrement propres à exprimer les sentiments des couches militaires dominantes. La position de guerriers par rapport aux réalités urbaines contemporaines trouve en effet dans les images bibliques de la ville une expression très pertinente. Le succès d'un thème dans l'imaginaire d'une société est lié à l'accord entre sa situation dans les héritages culturels et mentaux et sa pertinence dans le contexte contemporain[27].
Ici apparaît le délicat problème de l'historicisme. En suivant, de la Genèse à l'Apocalypse, le thème urbain dans la Bible (et sans ignorer que la chronologie de la composition de ses livres n'a pas eu la belle évolution linéaire dont on peut avoir l'illusion), je crois qu'il faut supposer un certain rapport et un rapport certain entre la sédentarisation historique du peuple hébreu et le développement du thème urbain à travers l'Ancien et le Nouveau Testament. Mais je ne crois pas à une antériorité de cette histoire par rapport à cette idéologie, ni à une sécrétion de ces images par cette histoire.
Quand et comment s'est constitué le stock primitif d'images et d'idées des sociétés humaines très anciennes, nous l'ignorons, mais ce que nous observons le plus souvent, c'est l'antériorité de l'idéologie par rapport à l'histoire. L'histoire rejoint plus souvent l'idéologie que l'inverse[28]. Ce qui ne veut pas dire que l'idéologie soit le moteur de l'histoire, mais elle n'en est pas non plus le produit.
On peut aussi, à propos des œuvres littéraires sur lesquelles je m'appuie, se poser deux problèmes d'historicité, d'ailleurs liés l'un à l'autre.
Le premier est celui de la chronologie des œuvres. *Le Charroi de Nîmes* est daté «au plus tôt de 1135 et au plus tard de 1165» (Fabienne Gégou, p. IX de sa traduction). *La Prise d'Orange* est définie comme une «chanson de geste de la fin du XIIe siècle» (sous-titre de la traduction de Claude Lachet et Jean-Pierre Tusseau). Les *Lais* de Marie de France ont sans doute été composés entre 1160 et 1178. Le *Perceval* de Chrétien de Troyes doit avoir été écrit vers 1185. Même si on retient la relative importance d'un certain échelonnement chronologique entre ces œuvres, dont l'ordre serait *Le Charroi de Nîmes, La Prise d'Orange* (en tenant compte pour la dater du fait que la version «renouvelée» que nous possédons a utilisé une version nettement plus ancienne), les *Lais* et le *Perceval*, chronologie qui servirait de base à

---

27. Le succès est d'autant plus grand lorsque les images littéraires ou mentales se doublent de représentations figurées. L'importance des images urbaines dans la peinture (notamment la miniature) et la sculpture médiévales illustre bien cette constatation. Voir P. Lavedan, *La Représentation des villes dans l'art du Moyen Âge*, Paris, 1954; C. Heitz, *Recherches sur les rapports entre architecture et liturgie à l'époque carolingienne*, Paris, 1963; W. Müller, *Die heilige Stadt, Roma quadrata, himmliches Jerusalem und Mythe von Weltnabel*, Stuttgart, 1961.
28. C'est ce qu'ont admirablement montré G. Dumézil à propos des origines de Rome et, à propos de l'Atlandide, P. Vidal-Naquet.

l'établissement d'une évolution de la thématique de ces œuvres en fonction d'une part du contexte historique (les guerriers et les villes auraient évolué du *Charroi* au *Perceval*), de l'autre de l'évolution interne des genres littéraires (passage de la poésie épique à la poésie courtoise), il ne faut pas exagérer cette évolution. Non seulement ces quatre œuvres sont presque contemporaines, mais il ne faut pas s'imaginer l'histoire de la littérature française des XIIe et XIIIe siècles comme celle d'une succession de genres. Chansons de geste et roman courtois ont été produits et consommés le plus souvent ensemble et en même temps. Les mêmes thèmes s'y retrouvent souvent. C'est le cas des images de la ville.

De même il ne faudrait pas exagérer l'évolution du contexte sociologique auquel ces œuvres seraient liées. La mise en rapport des œuvres médiévales avec tel ou tel milieu social n'est pas aisée, et a donné lieu à des théories diamétralement opposées (par exemple à propos des fabliaux et du *Roman de Renart*). Je ne méconnais pas l'importance de déterminer, comme on a tenté de le faire, si les chansons de geste du cycle de Guillaume d'Orange expriment plutôt les idées de la petite noblesse que de l'aristocratie et si, des chansons de geste aux romans, on ne passe pas du milieu aristocratique des barons au milieu chevaleresque de la moyenne et petite noblesse luttant sur deux fronts, celui des vilains (bourgeois compris) et celui des barons. Il est clair aussi que l'audience de ces œuvres a souvent dépassé les milieux qui les avaient commanditées et à qui elles étaient en priorité destinées et que, par exemple, les chansons de geste ont, dès le XIIe siècle, atteint un public et connu un succès «populaire».

L'essentiel me semble qu'on ne peut nier les liens étroits entre l'idéologie de ces œuvres – en particulier en ce qui concerne les attitudes à l'égard de la ville – et les individus qui, de haute ou de petite noblesse, courtois ou non, se définissaient d'abord par rapport au comportement militaire et se présentaient avant tout comme des guerriers. Violence et courtoisie faisaient, au XIIe siècle au moins, bon ménage ensemble et les héros de nos œuvres le manifestent bien, qui traitent les villes comme des femmes, qu'ils admirent, qu'ils désirent, mais qu'ils prennent de gré ou de force.

Comment dès lors interpréter, à travers ces œuvres, l'idéologie des guerriers face à la ville et à ses nouveaux maîtres en pleine ascension : les bourgeois ?

Je distinguerai essentiellement trois types de comportement, souvent mêlés d'ailleurs.

Le premier est celui de la convoitise. Loin de dédaigner les villes, les guerriers sont attirés par leurs beautés et leurs richesses. Mais c'est pour les exploiter sans changer leur genre de vie. Les villes sont pour eux des lieux de prélèvements et d'exactions économiques, de jouissance, et des bases

d'activité guerrière : lieux de défense efficace dans un système militaire où la défensive l'emporte sur l'offensive, centres d'organisation de tournois[29], bases d'expéditions guerrières. C'est la ville-proie.
Le deuxième est celui de l'idéalisation. La ville est non seulement belle, bonne et riche, elle est le lieu de cohabitation harmonieuse entre les classes, notamment entre chevaliers et bourgeois, sous l'égide du roi. C'est l'utopie sociale urbaine. Si nous cherchons en effet à voir comment se combinent dans les images de la ville que nous offrent ces textes les réminiscences culturelles, les réalités contemporaines et l'imaginaire utopique, nous pouvons dire que, si les images bibliques servent à exprimer, en les embellissant plus ou moins, des réalités contemporaines précises, elles sont complétées par des éléments relevant en grande partie de la fiction. Je songe en particulier au thème de la présence de chevaliers parmi la population des villes, thème sur lequel insiste spécialement Marie de France. Or, à l'exception de l'Italie où, au grand scandale d'un Othon de Freising, les nobles côtoient artisans et marchands, les guerriers se tiennent, au XIIe siècle, à l'écart des villes[30]. En de nombreux autres passages nos textes suggèrent bien une opposition fondamentale quant à la résidence : aux marchands, aux bourgeois les villes, aux barons et aux chevaliers les châteaux et la forêt.
Comme cet irréalisme a certainement une signification par rapport aux réalités de l'époque, j'aurai tendance à voir dans cette image utopique de la ville, dans ce rêve d'harmonie urbaine, une attitude d'exorcisme, d'idéalisation magique de la ville par les guerriers qui, sourdement, la redoutent. Conjurer la décadence relative des catégories militaires – en particulier celle des pauvres chevaliers évoqués dans les *Lais* et dans *Perceval* – par un rêve de bonne entente avec les bourgeois, d'acculturation par laquelle la société urbaine s'ouvre aux valeurs de largesse et de courtoisie diffusées par les chevaliers, telle me paraît être la motivation profonde et sans doute inconsciente du thème de la ville harmonieuse.
De même le déguisement de Guillaume et de ses compagnons dans les deux chansons de geste (surtout dans le *Charroi*) ne traduit-il pas le malaise des guerriers vis-à-vis de la ville et des bourgeois ? Dans ce mélange d'identifi-

---

29. N'oublions pas, comme G. Duby l'a magistralement exposé dans *Le Dimanche de Bouvines*, que foires et tournois s'expriment, au XIIe siècle, par le même mot latin *nundinae*, sont souvent liés, et que le tournoi est entreprise économique autant que chevaleresque.
30. La grande spécialiste des villes médiévales, E. Ennen, écrit par exemple : « Un phénomène typiquement italien et sud-européen est l'immigration de la noblesse dans les villes. Tandis qu'au nord des Alpes la noblesse construit des châteaux en dehors des villes, les nobles d'Italie vont de gré ou de force habiter les villes » (*Die europäische Stadt des Mittelalters*, Göttingen, 1972, p. 129). Le cas des villes « bretonnes » de Marie de France habitées par des chevaliers est particulièrement étonnant.

cation et de dérision, dans ce travesti, n'y a-t-il pas le désarroi inquiet des chevaliers menacés par l'ascension des marchands et des citadins ?
Enfin dans *Perceval* apparaît la troisième image de la ville aux yeux des guerriers, en violent contraste avec les deux premières. Certes, dans toutes les œuvres analysées, l'opposition entre le système de valeurs guerrier et le système de valeurs bourgeois est, de façon sous-jacente, fondamentale. Il s'exprime notamment, au niveau anthropologique, par l'opposition des pratiques alimentaires, des usages vestimentaires, des types d'armement, des conduites professionnelles et, tout particulièrement, des coutumes d'habitat. Au monde de la ville s'oppose celui du château et de la forêt, des jongleurs et de la chasse. Mais l'attrait de la ville, le rêve d'harmonie urbaine oblitérait cet antagonisme latent.
Avec l'épisode de Gauvain et de la demoiselle assiégés par la commune, l'illusion se dissipe. Les guerriers voient la ville telle qu'elle est : un système d'organisation économique, sociale, politique, culturelle, qui n'est pas seulement différent du système de la noblesse guerrière, mais qui lui est profondément hostile, qui veut sa perte et qui paraît en mesure de l'emporter. Les seuls remparts des guerriers contre les bourgeois conquérants sont la monarchie louvoyante, déjà urbanisée, et le rêve conjurateur.

La seconde moitié du XIIe siècle est le moment où le déchirement des guerriers face aux villes qui les attirent et les inquiètent à la fois est bien exprimé par l'ambiguïté biblique de la ville, Babylone ou Jérusalem ? Cet au-delà urbain qui hante le Moyen Âge, et qui peut être cité paradisiaque ou ville infernale, nos textes en expriment bien le dilemme :

Dex, Paradis est ceanz !

(Dieu, c'est ici le Paradis !) dit d'Orange Guillaume dans *La Prise d'Orange* (v. 688), tandis que dans *Perceval* la demoiselle assiégée par la commune demande aux hommes de la ville :

Quel deable vous ont maridez ?

(Quels diables vous ont envoyés ?, v. 5958 de l'édition Hilka.)

Ces images n'épuisent sans doute pas l'imaginaire urbain qu'élaborent les œuvres littéraires du XIIe siècle, notamment celles en langue vulgaire. Un thème d'avenir est celui de la ville merveilleuse, pleine de lieux, de monuments, de beautés magiques. Né sans doute de la littérature pour pèlerins-touristes, dont les *Mirabilia urbis Romae* ont été le prototype et le modèle, s'exprimant par exemple dans les romans antiques (à preuve la description du tombeau de Camille dans le roman d'*Énéas* où l'on retrouve l'idée utopique de la ville harmonieuse, où vont côte à côte «petits et grands», «chevaliers et bourgeois, barons et vassaux»), ce thème préfigure la mythologie urbaine qui se développera aux XIIIe et XIVe siècles, et répond au désir des nouvelles communautés urbaines d'opposer aux généalogies imaginaires et aux *mirabilia* de la noblesse des mythes étiologiques et des *mirabilia* urbains[31]. Mais, à la fin du XIIe siècle, l'essentiel de l'imaginaire urbain, c'est cette hésitation entre une ville-paradis et une ville-enfer, entre Jérusalem et Babylone.

On trouvera sans doute ces analyses et ces interprétations bien sommaires. Mais, sur un chemin à peine frayé, il faut se résigner à n'utiliser d'abord que des instruments un peu grossiers. Le pionnier qu'a toujours été et que demeure Charles Morazé comprendra, j'espère, cette démarche. Puissent ces pages qui lui sont dédiées poser un jalon utile sur la voie d'une lecture des œuvres qui fera un jour du texte littéraire, en respectant sa spécificité, un document d'histoire à part entière.

---

31. Cette littérature des *mirabilia* urbains est, au XIIe siècle, proprement imaginaire. Au début du XIIIe siècle se produit pour les chrétiens latins un choc extraordinaire dans le domaine de l'imagerie urbaine. La ville idéale qu'ils n'avaient trouvée ni dans les modestes cités naissantes, ni dans la Rome antique et la Jérusalem juive ruinées s'offre soudain à leurs yeux éblouis : c'est Constantinople, conquise en 1204 par les croisés de la quatrième croisade. La réalité rejoint la fiction. Geoffroy de Villehardouin et Robert de Clari, décrivant la Constantinople réelle, retrouvent la cité imaginaire, la ville merveilleuse imaginée un demi-siècle auparavant par l'Occident en proie à la fièvre urbaine.

UNE MÉTAPHORE URBAINE
DE GUILLAUME D'AUVERGNE

Avec sa science et sa perspicacité, Pierre Michaud-Quantin avait repéré en Guillaume d'Auvergne un témoin particulièrement intéressant des rapports entre mouvement théologique et essor urbain dans la première moitié du XIIIe siècle[1].

Un autre passage de la *Summa*, dans la partie qui traite des sacrements[2], permet d'enrichir l'apport de l'évêque de Paris (maître régent en théologie de 1222 à 1228 et évêque de 1228 à sa mort en 1249)[3]. Guillaume y compare à une cité le septénaire sacramentaire.

Considérant les choses matérielles *(materialia)*, Guillaume d'Auvergne souligne qu'elles ne doivent pas être prisées en elles-mêmes, mais uniquement dans la mesure où elles peuvent servir à atteindre la perfection. Et la métaphore se développe: «Imaginons une cité formée de la réunion d'hommes si parfaits *(imaginabimur civitatem aggregatam ex hominibus sic perfectis...)* que toute leur vie se résume à rendre honneur et service à

Première publication: «Ville et théologie au XIIIe siècle: Une métaphore urbaine de Guillaume d'Auvergne», in *Razo, Cahiers du Centre d'études médiévales de Nice*, 1, «L'image de la ville dans la littérature et l'histoire médiévales», Université de Nice, juin 1979, rééd. 1984, pp. 22-37.

1. «Guillaume d'Auvergne donne une définition à base locale: "ceux qui habitent une cité et les citoyens d'une cité sont dits être un seul peuple à cause de l'unité du lieu dans lequel ils résident", en dépit de leurs différences, sexe, condition, profession *(De universo*, I, 12, p. 606 a H). On retrouve là l'esprit observateur et le caractère pratique de l'évêque de Paris: la cité se définit par son implantation, mais l'insistance avec laquelle il répète ensuite *una civitas, unus populus*, montre qu'il ne perd pas de vue les conditions d'unité morale et juridique que doivent remplir les hommes qui composent ce groupe» (P. Michaud-Quantin, *Universitas. Expressions du mouvement communautaire dans le Moyen Âge latin*, Paris, 1970, p. 115, n. 26).
2. Guillaume d'Auvergne, *Opera omnia*, Orléans-Paris, 1674, pp. 407-416: *De sacramento in generali*. Je dois à l'amabilité du P. P.-M. Gy la connaissance de ce texte.
3. Guillaume d'Auvergne n'est pas cité par J. Comblin dans son intéressante *Théologie de la Ville*, Paris, 1968.

Dieu, qu'elle soit tout entière accomplissement du devoir de noblesse d'âme *(honestas)*, tout entière assistance à autrui.» Alors, ajoute-t-il, «il est évident qu'en comparaison de cette cité admirable *(praeclara)* le reste de l'humanité est comme une forêt sauvage *(quasi silva)* et tous les autres hommes comme du bois sauvage *(quasi ligna silvatica)*...». Voici donc l'opposition fondamentale, dans le système de valeurs médiéval, entre la cité (*civitas*), lieu réel et symbolique de la culture, et la forêt, incarnation géographique et mentale de la sauvagerie[4].

À l'opposition globale *cité-forêt*, Guillaume d'Auvergne en ajoute aussitôt une autre qui concerne un élément essentiel de la ville à la fois physique et morale, les *pierres* dont elle est partiellement mais essentiellement faite. Contrairement aux pierres brutes, sauvages des carrières *(lapidicina, lapides rudes)* et au bois naturel, les pierres cimentées, clouées et assemblées et le bois travaillé *(coementum, et clavi, caeteraeque ligaturae inter lapides, et ligna)* sont les symboles de l'amour mutuel et des nécessités spirituelles entre les âmes des hommes ou entre les hommes eux-mêmes.

Et Guillaume d'Auvergne reprend l'opposition métaphorique: cette cité admirable et magnifique ce sont ces «sociétés, rassemblements d'hommes, ou encore cités» *(societates, aggregationes hominum, seu civitates)* face à ces fausses cités qui ne sont que forêts ou carrières de pierres *(ad quam caeterae veluti silvae et lapidicinae sunt).*

Est ensuite convoqué, après la pierre et le bois, le troisième matériau des cités, le métal. Ici encore aux minerais bruts sont préférés les métaux travaillés par les hommes à qui Dieu a donné forces, habileté technique et sens artistique *(vires, et artem et artificium)* pour les extraire et les transformer.

Car les cités ce sont des hommes. Et les citoyens de cette cité ce sont les vrais hommes face aux autres humains qui ne sont pas à proprement parler des hommes mais des animaux[5]. À l'opposition fondamentale cité-forêt s'ajoute ici l'autre antagonisme obsessionnel du système de valeurs médiéval: *homme/animal*. On ne peut s'empêcher de songer à l'homme sauvage, homme des bois, *homo silvaticus* qui hante l'imagination des hommes du Moyen Âge et à qui on demande, dans le trouble, quand on le

---

4. Voir *supra*, J. Le Goff et P. Vidal-Naquet, «Lévi-Strauss en Brocéliande», pp. 581-614, et *supra*, J. Le Goff, «Guerriers et bourgeois conquérants. L'image de la ville dans la littérature française du XIIe siècle», pp. 635-666; Roberto Ruiz Capellan, *Bosque e Individuo. Negación y destierro de la sociedad en la epopeya y novela francesas de los siglos XII y XIII*, Universidad de Salamanca, Facultad de filosofía y letras, Departamento de filología francesa, 1978.

5. «*Cives civitatis procul dubio sunt veri nominis homines*», tandis que les autres hommes ne sont pas de vrais hommes, «*sed potius animalia sint habendi*» (Guillaume d'Auvergne, *Opera omnia*, p. 409).

rencontre dans la forêt ou dans la littérature et dans l'art : « Es-tu homme ou bête[6] ? »

Cette cité obéit à des fins religieuses. Ce sont la *paix* et le *bonheur*, sous la loi du plus parfait monarque, du seul vrai roi, Dieu[7]. Notions capitales si l'on songe à l'idéologie urbaine de la première moitié du XIIIe siècle. La paix, vieux thème, slogan d'un mouvement séculaire depuis les alentours de l'An Mil[8], qui prend maintenant de nouvelles formes et un nouveau contenu que les Ordres mendiants plus que tous autres essaient alors de transformer en réalité politique[9]. Le bonheur, idée neuve dans la Chrétienté, qui, au tournant du XIIe au XIIIe siècle, mieux que dans les aspirations féodales de l'amour courtois, tente de s'épanouir dans les villes et dans la sensibilité gothique, sensibilité urbaine[10].

Guillaume d'Auvergne continue d'approfondir sa comparaison. Qu'est-ce donc, sous ses yeux, que le phénomène urbain ? D'abord celui d'une immigration d'hommes qui *entrent* dans un espace à la fois physique, juridique et éthique et qui deviennent autres qu'ils n'étaient avant d'entrer, des *citoyens*. Cités dont on voit d'abord les portes qui sont l'accès à un nouveau statut. La ville, c'est une civilisation[11].

Il y a plus. Cette civilisation doit avoir ses insignes symboliques, manifester sa dignité de façon visible. La dignité militaire, chevaleresque, se marque en ceignant l'épée, la dignité ministérielle par la tradition des clés, la dignité royale par l'imposition de la couronne ou l'installation sur le trône. De même, ceux qui entrent dans la cité doivent se débarrasser de façon visible de tout signe d'inégalité, tout comme pour former l'édifice commun les pierres doivent perdre toute inégalité et les bois leurs feuilles, leurs nœuds et leurs tortuosités[12]. Il faut que les membres de la nouvelle

---

6. Voir R. Bernheimer, *Wild Men in the Middle Ages. A Study in Art, Sentiment and Demonology*, 2e éd., New York, 1970.
7. « *Hic coetus, vel civitas et templum dicitur propter Dei cultum, seu honorificentiam cui principaliter se impendit, atque finaliter, et civitas propter saluberrimam pacem ; et jucundissimam societatem, quibus sub Deo rege secundum sacratissimam legem ejusdem vivant...* » (Guillaume d'Auvergne, *Opera omnia*, p. 409).
8. Voir en dernier lieu les pages éclairante de G. Duby dans *Les Trois Ordres ou l'imaginaire du féodalisme*, 1979, rééd. in *Féodalité*, Gallimard, Quarto, 1996.
9. Voir notamment A. Vauchez, « Une campagne de pacification en Lombardie autour de 1233. L'action politique des Ordres mendiants d'après la réforme des statuts communaux et les accords de paix », in *Mélanges d'archéologie et d'histoire*, 1966, pp. 503-549.
10. J.-Ch. Payen (mort en 1984) préparait une étude sur le bonheur au Moyen Âge.
11. « *... qui civitatem istam ingrediuntur ita, ut cives ejus efficiantur, necesse habent civilitatem ejus suscipere, hoc est leges et statuta, moresque subire* » (Guillaume d'Auvergne, *ibid.*).
12. « *Et omnis inaequalitas lapidum deponitur, alioquin in illam non admittuntur. Quemadmodum frondositas lignorum ac fortitudo ac tortuositas, aliaque omnia, quae ligna aedificiis inepta faciunt, nisi omnino essent amota, in ipso ingressu in aedificium necessario deponentur* » (Guillaume d'Auvergne, *Opera omnia*, p. 410).

société montrent ainsi manifestement leur volonté d'être liés entre eux par une association «gratuite», par une entraide volontaire[13]. La ville, société d'égalité et d'entraide.

Dernière opposition enfin. Pour les clercs du Moyen Âge, l'opposition essentielle est entre la cité, société ordonnée, et la forêt (désert), monde sauvage. Mais, surtout chez ceux qui, comme Guillaume d'Auvergne, sont, directement ou à travers les Pères, marqués par la culture antique (l'évêque de Paris dans ce même passage évoque la *civilitas romana*), l'antique opposition ville-campagne resurgit. Ceux qui quittent la campagne et la vie rustique pour passer à la ville et devenir des citoyens/citadins *(cives)*, doivent abandonner les mœurs rustiques, et leur habitation à la campagne pour venir habiter en ville et assumer les mœurs civiles, l'urbanité civile et entièrement sociable[14].

Mais cette cité, dont les citoyens sont «non seulement les serviteurs de Dieu mais ses fils par sa grâce et par droit d'adoption les héritiers en attente du royaume céleste» (p. 414), est tellement semblable à une cité matérielle *(materiali, seu literali civitati in suis visibilibus corporalibus ac temporalibus adeo similis est)* qu'elle doit avoir ses administrateurs. Comme les rois et gouverneurs de cités ont des ministres et des intendants qui s'occupent de tous leurs biens et rendent compte aux rois de tout comme tous les intendants inférieurs leur rendent compte à eux-mêmes, de même cette cité doit avoir un grand intendant ou plusieurs à qui les dons et les richesses spirituels seront confiés. Ils en rendront compte au roi universel et des intendants inférieurs leur rendront compte. La cité doit donc avoir des portiers, des hérauts, des ducs, des juges et des magistrats (p. 411).

Rêve clérical, rêve épiscopal d'une ville de laïcs égaux où seule une hiérarchie ecclésiastique, distributrice des sacrements, servirait d'intermédiaire entre Dieu et les hommes...

Si le caractère urbain de cette longue métaphore est indéniable, et s'il est raisonnable de penser que le Paris à qui Philippe Auguste vient de donner un espace unifié à l'intérieur de ses murailles a inspiré Guillaume d'Auvergne, il serait imprudent d'aller trop loin dans la comparaison. Certes, dans ces pages l'évêque de Paris dit bien que la cité idéale qu'il décrit doit être l'exemple, l'image, le livre dont doit s'inspirer la ville matérielle, mais

---

13. «... *et civitatem istam, velut membra gratuita societate sibi invicem colligata esse, sive compacta, voluntariaque subservitione sibi invicem submistrantia, manifestum est intueri volentibus*» (Guillaume d'Auvergne, *Opera omnia*, p. 410).
14. «*De rure et vita rusticana ad civitatem transeuntibus, et cives effici volentibus, necesse est, mores agrestes, et habitationem deserere, civitatemque inhabitare, civilesque mores, et urbanitem civilem, atque socialissimam assumere*» (Guillaume d'Auvergne, *Opera omnia*, p. 410).

Littérature et imaginaire

jusqu'où faut-il pousser l'inspiration inverse? Jusqu'à quel point le Paris de Philippe Auguste est-il le modèle de la cité des sacrements? P. Michaud-Quantin a bien montré l'ambiguïté du terme médiéval de *civitas*, le seul employé ici par Guillaume d'Auvergne: « Avec le mot *civitas*, les médiévaux accueillaient un double héritage de l'Antiquité, un concept de philosophie politique et un terme administratif. Le premier remonte essentiellement à Cicéron pour qui la cité est le groupe d'hommes que réunit la participation à un même droit, *juris societas civium*. Toutefois, la principale source dont s'inspireront les auteurs du Moyen Âge est l'œuvre de saint Augustin. Celui-ci reprend la formule de l'homme politique romain, mais il insiste sur l'aspect moral, affectif, qui unit entre eux les membres de la cité, le *vinculum societatis, vinculum concordiae*, grâce auquel se réalise une *concors hominum multitudo*, une foule d'hommes dont le cœur bat ensemble pour expliquer cette formule dans le sens des *étymologies médiévales*[15]. »

D'évidence la cité de Guillaume d'Auvergne, c'est beaucoup plus la cité augustinienne que la ville parisienne. De la *civitas*, antique, augustinienne, épiscopale (dans le haut Moyen Âge), qui désigne surtout une réunion d'hommes, des structures juridico-mentales et peut déborder la forme d'une ville, à la cité médiévale aux noms divers il y a la distance d'une culture, celle des clercs.

On voit ici combien il est difficile de mettre en rapport de façon précise les « réalités » du Moyen Âge, les réalités urbaines en l'occurrence, et l'outillage mental des clercs hérité d'une société et d'une culture différentes.

Plus tard, dans une série de sermons prêchés à Augsbourg en 1257 ou en 1263 sur le thème de Matthieu, v, 14: *Non potest civitas abscondi supra montem posita*, Albert le Grand, développant une véritable théologie de la ville, a singulièrement enrichi aussi bien les allusions concrètes au phénomène urbain contemporain que les références scripturaires et antiques (Platon et Aristote plus encore que Cicéron). Mais l'ambiguïté demeure dans son discours « urbain »[16].

---

15. P. Michaud-Quantin, « Ville et théologie... », *loc. cit.*, p. 111.
16. Ces sermons ont été édités par J. B. Schneyer, « Alberts des Grossen Augsburger Predigtzyklus über den hl. Augustinus », in *Recherches de Théologie ancienne et médiévale*, XXXVI, 1969, pp. 100-147. Je dois au P. J.-L. Bataillon la connaissance de cet autre texte capital pour les « images » de la ville dans la pensée médiévale. Albert le Grand s'est-il inspiré de Guillaume d'Auvergne? Il ne le semble pas à première vue. Une comparaison précise des deux textes serait intéressante.

RÉALITÉS SOCIALES ET CODES IDÉOLOGIQUES AU DÉBUT DU XIIIe SIÈCLE : UN « EXEMPLUM » DE JACQUES DE VITRY SUR LES TOURNOIS

C'est une vieille habitude des médiévistes de confronter ce qu'on appelle les « réalités historiques » et les documents normatifs ou imaginaires des époques passées. Mais jadis et naguère la tendance était à la recherche d'informations sur la société « réelle » qu'on rencontrait dans ce type de documents[1]. Cette démarche est – dans certaines limites – légitime. Ainsi le type de texte – de document – qui nous occupe ici, l'*exemplum*, a été depuis assez longtemps exploité comme une source d'informations sur les réalités concrètes de la société médiévale et en particulier sur certains domaines oubliés ou occultés par la plupart des autres sources : ainsi le folklore ou simplement la vie quotidienne[2]. À travers eux s'exprime l'histoire ailleurs silencieuse. Mais les dangers de la méthode sont certains : prendre pour des réalités matérielles les réalités de l'imaginaire, détourner de sa fonction et de son sens un document qui n'a pas été fait pour témoigner pour ce genre de réalités. Récemment, d'éminents

---

Première publication : Publication commémorative, tome IV des publications de l'Institut de recherches iconographiques sur la civilisation et les arts du Moyen Âge de l'Autriche (Institut für Mittelalterliche Realienkunde Österreichs), 1980, pp. 1-7.

1. Voir par exemple Ch. V. Langlois, *La Vie en France au Moyen Âge, de la fin du XIIe au milieu du XIVe siècle*, t. I : *D'après des romans mondains*, Paris, 1924 ; t. II : *D'après quelques moralistes du temps*, 1925.
2. C'est ce qu'en font par exemple T. F. Crane, *The Exempla or Illustrative Stories from the Sermones Vulgares of Jacques de Vitry* (*Publications of the Folklore Society*, XXVI), Londres, 1890, reproduction anastatique Kraus Reprint, Nehdeln, 1967, et A. Lecoy de la Marche, *Anecdotes historiques, légendes et apologues tirés du Recueil inédit d'Étienne de Bourbon, dominicain du XIIIe siècle*, Paris, 1877, extrayant des sermons de Jacques de Vitry ce qui peut servir à l'étude du folklore ou du « Traité sur les sept dons du Saint-Esprit » à l'usage des prédicateurs d'Étienne de Bourbon les récits à caractère « anecdotique ». Salvatore Battaglia (« L'esempio nella retorica antica », in *Filologia Romanza*, VI, 1959, pp. 45-82, et « Dall'esempio alla novella », *ibid.*, VII, 1960, pp. 21-82, repris in *La coscienza litteraria medievale*) a qualifié les *exempla* de « Bibbia della vita cottidiana », Bible de la vie quotidienne.

médiévistes ont redressé cette orientation en rendant au document normatif – idéologique ou imaginaire – sa spécificité tout en démontant ses rapports complexes avec les réalités sociales «objectives» dont il est à la fois le produit et l'instrument de manipulation[3].
Les tournants de société sont de bons moments d'observation pour l'étude des rapports entre ces deux types de réalité. L'accouchement en Occident d'une société nouvelle entre le Xe et le XIVe siècle permet ainsi de scruter l'évolution des relations entre réalités socio-économiques d'une part, schémas idéologiques et imaginaires de l'autre, sans tomber dans la problématique grossière de l'infrastructure et de la superstructure et de la théorie du reflet. Au moment décisif de ce tournant qui, avec des décalages nationaux et régionaux, se situe dans la Chrétienté entre 1180 et 1240 environ, les mutations de deux des plus puissants instruments idéologiques dont dispose l'Église, fabricatrice et énonciatrice de l'idéologie dominante : la prédication et les sacrements, sont révélatrices.
La prédication s'oriente vers une parole nouvelle, plus horizontale que verticale, davantage ouverte à l'historicité, cherchant à s'adapter aux conditions socioprofessionnelles, puisant dans la vie quotidienne[4]. Elle recourt de plus en plus, à côté des *autorités* traditionnelles (la Bible et les Pères), à des *raisonnements* que lui fournit la nouvelle méthode scolastique, à des *exempla*, anecdotes récréatives et édifiantes qu'elle puise dans la littérature païenne antique (plus rarement dans la Bible) et dans la tradition orale[5].
Les sacrements se constituent en un système, le septénaire sacramentel[6] à l'intérieur duquel les différents sacrements évoluent, se remodèlent, se hiérarchisent différemment. Le mariage subit une cléricalisation plus ou moins grande, l'eucharistie prend une importance nouvelle, la confes-

---

3. Par exemple E. Köhler, *Ideal und Wirklichkeit in der höfischen Epik* (1re éd. 1956, 2e éd. révisée 1970). G. Duby, «Histoire sociale et idéologie des sociétés», in *Faire de l'histoire*, J. Le Goff et P. Nora éd., Paris, 1974, t. I, pp. 147-168, du point de vue de la théorie, et comme illustrations exemplaires : *Le Dimanche de Bouvines*, 1973, *Les Trois Ordres ou l'imaginaire du féodalisme*, 1978, rééd. Quarto, Gallimard, 1996.
4. Voir J. Le Goff et J.-Cl. Schmitt, «Au XIIIe siècle : une parole nouvelle», in *Histoire vécue du peuple chrétien*, sous la direction de J. Delumeau, Toulouse, 1979, t. I, pp. 257-279.
5. Sur les *exempla* : J. Th. Welter, *L'Exemplum dans la littérature religieuse et didactique du Moyen Âge*, Toulouse, 1927 ; R. Schenda, «Stand und Aufgaben der Exemplaforschung», in *Fabula*, 10, 1969, pp. 69-85 ; H. Pétri, R. Cantel et R. Ricard, art. «Exemplum», in *Dictionnaire de Spiritualité*, IV/2, Paris, 1961, col. 1885-1902 ; Cl. Bremond, J. Le Goff et J.-Cl. Schmitt, *L'«Exemplum»*, in *Typologie des sources du Moyen Âge occidental*, fasc. 40, Turnhout, Brepols, 1982.
6. Les trois principaux théologiens du XIIe siècle dont les conceptions sur le septénaire sacramentel sont les plus influentes dans la première moitié du XIIIe siècle sont Hugues de Saint-Victor, *De sacramentis* (PL, t. CLXXVI, col. 173-618), Pierre Lombard, *Libri IV sententiarum* (éd. Collegium S. Bonaventurae ad Claras Aquas, 1916, 2 vol.), et Pierre le Chantre, *Summa de sacramentis et animae consiliis* (éd. J. A. Dugauquier, 1954-1967, 5 vol.).

sion/pénitence surtout passe au premier plan. Elle manifeste les progrès de la morale de l'intention triomphante au XIIe siècle, elle passe définitivement de la pratique de la pénitence publique à celle de la confession privée, auriculaire, elle se socialise et se professionnalise elle aussi par la recherche de péchés propres à chaque catégorie socioprofessionnelle. Le canon 21 *Omnis utriusque sexus* du IVe concile du Latran (1215) en rendant obligatoire une fois l'an la confession pour tout chrétien officialise et généralise un grand mouvement vers l'examen de conscience. Les *manuels de confesseurs*, fondés sur la casuistique, remplacent les anciens *pénitentiels*, basés sur la pénitence tarifaire[7].

Prédicateurs et confesseurs cherchent à capter la nouvelle société où émergent les villes, l'argent, le calcul, les princes et leurs officiers, des solidarités nouvelles nées dans la corporation, la confrérie, la famille remodelée dans des pratiques dévotionnelles et des schémas idéologiques propres à assurer leur salut dans leurs nouvelles conditions de vie, de mentalité et de sensibilité.

D'où une grande réforme dans les classifications[8]. D'un côté subsiste et même se renforce la classification «objective» des péchés selon un autre septénaire, celui des péchés capitaux[9], avec des remaniements hiérarchiques[10]. De l'autre apparaît une classification «sociale», celle des «états du monde», des *status*[11]. Un jeu apparaît, qui n'est pas gratuit ni innocent, il consiste à mettre en rapport le schéma des vices avec un schéma social. Ce peut être par exemple le *topos* du mariage des neuf filles du Diable avec des catégories sociales[12]. Ce peut être, comme l'a fait Jacques de Vitry, au début du XIIIe siècle, dans son *Historia Occidentalis*, le *topos* des vices nationaux qui unit à une nationalité et à une langue un ou deux vices caracté-

---

7. Sur les manuels de confesseurs, voir C. Vogel, *Les Pénitentiels*, in *Typologie des sources du Moyen Âge occidental*, fasc. 27, Turnhout, Brepols, 1978; A. Teetaert, *La Confession aux laïques dans l'Église latine depuis le VIIe jusqu'au XIVe siècle*, Webern-Bruges-Paris, 1926; P. Michaud-Quantin, «À propos des premières *Summae confessorum*», in *Recherches de Théologie ancienne et médiévale*, 1959, t. XXVI, pp. 264-306; J. Le Goff, «Métier et profession d'après les manuels de confesseurs du Moyen Âge», *supra*, pp. 159-175.
8. Sur l'importance et le sens des classifications, voir J. Goody, *The Domestication of the Savage Mind*, Cambridge, 1977; P. Bourdieu, *La Distinction, critique sociale du jugement*, Paris, 1979.
9. Voir M. W. Bloomfield, *The Seven Deadly Sins. An Introduction to the History of Religious Concept with Special Reference to Medieval English Litterature*, East Lansing, 1952; S. Wenzel, «The Seven Deadly Sins: some Problems of Research», in *Speculum*, XLIII, 1968, pp. 1-22; M. Corti, *Il viaggio gestuale. Le ideologie e le strutture semiotiche*, Turin, 1978, pp. 248-249.
10. L. K. Little, «Pride Goes before Avarice-Social Change and the Vices in Latin Christendom», *American Historical Review*, LXXV, 1971.
11. Sur l'abondante littérature des états du monde, voir la thèse soutenue en 1979 devant l'université de Paris, Panthéon-Sorbonne (Paris IV), par Jean Batany.
12. J. Le Goff, *La Civilisation de l'Occident médiéval*, Paris, 1965, p. 347.

ristiques[13]. L'objectif du jeu est double. Il s'agit d'abord de connecter un schéma nouveau avec un schéma ancien afin d'ancrer le changement dans la tradition. Il s'agit ensuite d'utiliser le réseau de catégories pour affirmer la domination idéologique de l'Église sur la société.
L'auteur de notre *exemplum*, qui utilise dans un contexte sociologique le septénaire des péchés capitaux, réussissant l'opération *nec plus ultra* en attachant à une seule manifestation d'un groupe social : les tournois des chevaliers, l'ensemble des péchés mortels, est un ecclésiastique bien connu, Jacques de Vitry. Ancien élève de la naissante université de Paris dans les premières années du XIIIe siècle, ce fut un prédicateur de grande réputation qui, après avoir été évêque d'Acre en Palestine, finit comme cardinal-évêque de Tusculum et mourut vers 1240. Il est le premier rédacteur de modèles de sermons à avoir employé systématiquement et abondamment l'*exemplum*. Celui que nous étudions a été édité par Crane[14] mais sorti, isolé de son contexte[15].
Il s'agit d'un *exemplum* du sermon 52, le second de trois sermons à l'adresse des puissants et des chevaliers *(Ad potentes et milites)*. Cette catégorie est la première des catégories proprement laïques du recueil de *sermone ad status* de Jacques de Vitry. Après les clercs et les religieux, Jacques de Vitry a en effet classé des laïcs qui, en raison de leurs épreuves – volontaires ou involontaires –, semblent former un ensemble intermédiaire entre les clercs et les laïcs : les lépreux et les malades, les pauvres et affligés, les gens en deuil de leurs parents ou de leurs amis, les croisés, les pèlerins. La catégorie regroupe les *potentes*, les puissants, terme qui désignait traditionnellement les nobles, les aristocrates, dans le haut Moyen Âge où il était opposé à *pauperes*, les pauvres[16].
Les trois sermons sont riches en *exempla* animaliers, fables moralisées qui constituent un instrument très efficace non seulement de rhétorique homilétique mais aussi d'arme idéologique, l'assimilation à un animal présentant une grande efficacité. Dans le premier sermon apparaissent la licorne, le loup et l'agneau, le loup et la grue, dans le deuxième le singe et l'ours, l'aigle et le renard, le lion et le rat, dans le troisième sermon la rose et le serpent.

---

13. Il s'agit du chapitre VII, *De statu parisiensis civitatis*, de *Historia Occidentalis* (éd. J. F. Hinnebusch, Fribourg, 1972). Voir Maria Corti, *Il viaggio...*, *op. cit.*, pp. 248-249.
14. T. F. Crane, *The Exempla...*, *op. cit.*, CLXI, pp. 62-64.
15. Je dois à l'amabilité de Mme Marie-Claire Gasnault la communication de la transcription intégrale de ce sermon n° 52, *Ad potentes et milites*, d'après le ms. Paris BN Ms. Lat. 17509, utilisé par Crane, et le ms. Cambrai BM 534, précieux notamment pour ses rubriques.
16. Voir l'étude classique de Karl Bosl, « "Potens" und "Pauper". Begriffsgeschichtliche Studien zur gesellschaftlichen Differenzierung im frühen Mittelalter und zum "Pauperismus" des Hochmittelalters », in *Festschrift für O. Brunner*, Göttingen, 1963, pp. 60-87.

Le thème du sermon est un verset de l'Évangile de Luc, III, 14 dans lequel Jean-Baptiste répond à des soldats qu'ils ne doivent molester personne, rien extorquer et se contenter de leur solde *(interrogabant milites Johannem dicentes: «Quid faciemus?» et ait illis: «Neminem concuciatis neque callumpniam faciatis et contenti estote stipendiis vestris»).* Le prothème invite d'une façon traditionnelle à la conversion et à l'écoute respectueuse de la parole de Dieu. Deux *exempla* présentent ensuite un chevalier qui écoutait volontiers les sermons mais faisait le contraire de ce qui était prêché, et un autre qui ne voulait pas entendre la messe. Vient ensuite notre texte sur les tournois, une justification de l'*ordo militaris* voulu par Dieu pour la défense des opprimés et des églises, pour la promotion de la paix, de la justice et de la sécurité, un exposé sur les divers ordres qui constituent l'Église selon le modèle organiciste de la société (le Christ en est la tête, les clercs et les prélats les yeux, les princes et les chevaliers en sont les mains[17], etc.), une attaque de la corruption des chevaliers qui oppriment les églises et les pauvres, un développement sur le caractère éphémère du pouvoir séculier, une condamnation de ceux qui dépouillent les églises et les pauvres. Viennent ensuite les comparaisons animalières: l'aigle à propos de ceux qui acceptent la mainmorte et oppriment les veuves, les orphelins et les pauvres, le singe et l'ours, l'aigle et le renard, le lion et le rat. Il s'y intercale la condamnation des «mauvaises coutumes» (tailles et exactions injustes) et des mauvais prévôts et officiers seigneuriaux, et l'invitation aux grands *(majores)* de ne pas pousser les petits *(minores)* au désespoir.

Notre texte n'est pas présenté comme un *exemplum* mais c'en est bien un. Il est introduit par *memini* qui, comme le plus fréquent *audivi*, indique un *exemplum* personnel et il aboutit à la conversion et au salut du héros de l'*exemplum*, un chevalier *(quidam miles)* qui, persuadé par Jacques de Vitry, abandonne les tournois et se met à les haïr.

Le discours de Jacques de Vitry démontre que l'escorte obligatoire des tournois, ce sont les sept péchés capitaux. Le premier c'est l'orgueil, la *superbia*, car ces impies (mot venu de l'Ancien Testament) et ces vains agissent pour la louange des hommes et la vaine gloire. Mais c'est aussi l'envie *(invidia)* dans cette compétition pour la suprématie dans la force militaire et la gloire. C'est encore la colère *(ira)* et même la haine *(odium)*, car le but c'est de frapper autrui, de le maltraiter, et même de le blesser à mort et de le tuer. C'est même le dégoût triste *(acedia vel tristitia)* car, sous l'empire des vanités, les tournoyeurs trouvent insipides les biens spirituels et quand ils sont vaincus et s'enfuient honteusement, pour cela aussi ils sont tristes. Ils n'échappent pas non plus à la cupidité *(avaritia vel rapina)* car ils font

---

17. On retrouve ici l'image du «bras séculier».

prisonnier leur adversaire vaincu, lui extorquent un prix de rachat abusif, lui enlèvent son cheval convoité et ses armes. De plus, à l'occasion des tournois, en route pour les lieux d'affrontement ou pour financer leur combat, ils lèvent sur leurs hommes des exactions lourdes et intolérables, les volent sans pitié, foulent les moissons dans les champs et font subir des dommages matériels et physiques aux pauvres paysans. Mais ils sacrifient aussi à la gourmandise *(castrimargia)* car ils s'invitent mutuellement à des festins et dépensent les biens des pauvres dans des excès de table. Enfin ils satisfont à la luxure *(luxuria)* car ils veulent se faire valoir au combat pour plaire aux femmes impudiques et ont même pris l'habitude de porter leurs armoiries *(insignia)* comme bannière *(pro vexillo)*. Aussi, c'est à juste titre qu'à cause de ces maux et de cette cruauté, à cause des homicides et des effusions de sang, l'Église a décidé de refuser la sépulture chrétienne à ceux qui périssent dans les tournois. La destination de ces méchants ce sont les «profondeurs de la mer», les «profondeurs de l'amertume et de la peine», comme disent les Écritures, c'est-à-dire l'Enfer.

On voit ici Jacques de Vitry charger les chevaliers tournoyeurs de tous les péchés du monde, de tous les péchés de tous les «états» de la société. Certes sont montés en épingle les péchés propres aux guerriers, l'orgueil (ou vaine gloire), la colère, cette forme de cupidité qui leur est propre, la rapine. Mais non seulement ils tombent dans le péché commun à toutes les catégories d'hommes, la luxure, mais ils exhibent les vices propres aux autres catégories de la société, l'envie, péché des paysans et des pauvres, la tristesse, péché des moines, la cupidité, péché des bourgeois et des marchands, la gourmandise, péché des clercs. Car le septénaire peccamineux (Jacques de Vitry insiste sur le fait qu'il s'agit d'une série, il souligne: le quatrième, le cinquième, le sixième, le septième péché mortel), fragmenté par le nouveau schéma des «états» du monde, peut, à l'occasion de chacun d'eux, en certaines circonstances, se recomposer. Ce sont les pires situations de la vie mondaine, les occasions globales de pécher. Tels sont les tournois[18].

Le thème est fréquent dans la littérature du XIIIe siècle, surtout de la première moitié du siècle, littérature de clercs, dominée par les clercs – mais

---

18. Sur les tournois, outre les pages essentielles de G. Duby, *Le Dimanche de Bouvines*, 1973, rééd. in *Féodalité*, Quarto, 1996, pp. 913-932, on peut encore consulter O. Müller, *Turnier und Kampf in den altfranzösischen Artusromanen*, Erfurt, 1907, et J. J. Jusserand, *Les Sports et les jeux d'exercice dans l'ancienne France*, Paris, 1901, pp. 41-98. – F. H. Cripps-Day, *History of the Tournament in England and in France*, Londres, 1918. Le texte capital est l'*Histoire de Guillaume le Maréchal*, éd. P. Meyer, Paris, 1891-1901 (surtout t. I, v. 1471-5094 et t. III, pp. XXXV-XLIV). C'est surtout sur ce texte que se fonde l'intéressant article de Marie-Luce Chenerie, «Ces curieux chevaliers tournoyeurs...», in *Romania*, 97, 1976, pp. 327-368. Voir aussi M. Pastoureau, *Traité d'Héraldique*, Paris, 1979, pp. 39-41 et surtout G. Duby, *Guillaume le Maréchal ou le meilleur chevalier du monde*, 1984, rééd. Quarto, Gallimard, 1996.

LITTÉRATURE ET IMAGINAIRE

où perce souvent la passion des guerriers pour un jeu qui satisfait leur système de valeurs.
L'*Histoire de Guillaume le Maréchal* (vers 1226) offre le meilleur tableau de ces héros ambigus qui dépensent en *fole largece* le prix des rançons, se lancent à la poursuite de la *gloire*, de la *vaine gloire* comme disent les clercs, en quête du *los* et du *pris*, assoiffés non de tueries, mais de bains de sang, transportés à la vue du *sang vermeil* qui rougit l'herbe et les chemises[19].
De même un tournoi constitue un épisode important du roman de Jean Renart, *Le Roman de la Rose ou de Guillaume de Dole*[20]. Ce qui y apparaît surtout c'est le «fantasme de gloire des chevaliers tournoyeurs[21]». Ils n'ont qu'une idée: «se distinguer les armes à la main». La joute n'est qu'un interminable échange de coups qui font vibrer combattants et spectateurs, fendent les boucliers et les heaumes, brisent les lances, coupent et lacèrent les pourpoints, meurtrissent et rompent les chevaliers mais ne font pas de morts ni même, semble-t-il, de blessés. Mais, avec la gloire, le profit hante les désirs des jouteurs: «Ah! si vous aviez vu conduire de toutes parts des prisonniers vers le camp de chaque nation! Que de gains pour les uns, que de pertes pour les autres!» Ce n'est pas le cas de Guillaume car, quoique vainqueur, il a montré sa largesse: «Guillaume, vêtu d'un pauvre pourpoint, ne rapportait que sa gloire: s'étant désarmé sans attendre, il avait tout donné aux hérauts, armes et chevaux.» Avec la gloire (Guillaume a jouté huit fois de suite, vaincu tous ses adversaires, gagné sept destriers, mais n'a rien pris au huitième, pour honorer sa vaillance), il a acquis l'amour, plus d'ailleurs par sa beauté que par sa vaillance («à lui seul un visage franc lui a procuré l'amour de mainte et mainte dame»), et banquette joyeusement («ils trouvèrent les nappes mises, de bons vins, des plats préparés au goût de chacun»). Si cette description correspond – en bien – au tableau que fait – en mal – Jacques de Vitry des chevaliers tournoyeurs, il y a au moins un péché qui ne touche pas Guillaume de Dole et ses compagnons, la tristesse («Quant à notre héros, il n'avait pas l'air triste...», «Guillaume s'assit au milieu de ses compagnons qui rayonnaient de gaieté»).
Aucassin, dans le chantefable d'*Aucassin et Nicolette*, n'hésite pas, lui, à préférer l'Enfer promis aux chevaliers tournoyeurs par les clercs comme

---

19. Voir Sidney Painter (*French Chivalry. Chivalric Ideas and Practices in Mediaeval France*, Baltimore, 1940, p. 36) qui rapproche le désir de gloire de Guillaume le Maréchal de ce qu'écrit du chevalier Philippe de Novare dans son traité *Les quatre âges de l'homme*: «Il travaille à acquérir de l'honneur comme à être renommé pour sa valeur et gagner des biens temporels, des richesses et des héritages.»
20. Jean Renart, *Le Roman de la Rose ou de Guillaume de Dole*, éd. F. Lecoy, Paris, 1962, trad. en français moderne de J. Dufournet, J. Kooijman, R. Ménage et C. Fronc, Paris, 1979.
21. M. Zink, *Roman Rose et Rose rouge. Le Roman de la Rose ou de Guillaume de Dole*, Paris, 1979.

Jacques de Vitry au Paradis des «vieux prêtres éclopés et manchots... qui meurent de faim, de soif, de froid, de misère». Il déclare en effet: «C'est en Enfer que je veux aller, car c'est en Enfer que vont les beaux clercs, les beaux chevaliers morts dans les tournois ou les guerres éclatantes, les valeureux hommes d'armes et les nobles[22]...» En revanche Rutebeuf, dans la *Nouvelle Complainte d'Outremer* qui passe en revue les états du monde pour les fustiger, entre les barons et les «jeunes écuyers au poil follet», fait une large place aux tournoyeurs: «Habitués des tournois, vous qui l'hiver allez vous geler en quête d'occasions de jouter, vous ne pouvez commettre plus grande folie! vous dépensez, vous gaspillez votre temps et votre vie, les vôtres comme ceux d'autrui, sans distinction. Vous laissez l'amande pour la coquille, le Paradis pour la vaine gloire[23].»

Qu'en est-il si l'on passe maintenant des tournois littéraires aux tournois «réels»? À vrai dire les textes littéraires fournissant les documents les plus précis, l'appréciation de la réalité historique des tournois est fondée en grande partie sur eux. Georges Duby, à qui l'on doit la meilleure description et explication du «système» des tournois, se fonde surtout sur l'*Histoire des comtes de Guines* de Lambert d'Ardres[24] et l'*Histoire de Guillaume le Maréchal*, mais il les éclaire par la connaissance directe du monde dans lequel ont vécu et tournoyé les chevaliers.

Le tournoi est affaire de jeunes chevaliers célibataires. Jacques de Vitry ne fait pas allusion à cette situation mais on peut penser qu'elle aggrave encore le cas des tournoyeurs. Dans un monde où le devoir du laïc est de se marier et de procréer alors que le célibat est, au moins depuis la réforme grégorienne, le propre du clerc, le jeune tournoyeur est déjà en faute avec son état. D'autant plus que, dans un monde où le célibat doit aller de pair avec la virginité, il recherche aussi le commerce des femmes dans les tournois: «Les tournois devinrent des écoles de courtoisie... chacun savait que l'on pouvait y gagner aussi l'amour des dames» (G. Duby). Ce pouvait être, à vrai dire, mais dans des conditions suspectes à l'Église, l'occasion de se marier, une «foire aux maris» a-t-on dit. On retrouve dans un fabliau d'esprit fort peu religieux, le *Dit des Cons*, ce lien entre tournoi et mariage[25].

Le tournoi est pour ces jeunes guerriers entraînement et «exutoire nécessaire», «soupape de sûreté», «champ de défoulement». Or, au début du XIIIe siècle, l'Église désigne aux chevaliers désœuvrés un théâtre approprié

---

22. *Aucassin et Nicolette*, éd. critique et trad. de J. Dufournet, Paris, 1973.
23. Rutebeuf, *Poésies*, trad. J. Dufournet, Paris, s. d. [1978], 54.
24. Lambert d'Ardres, *Historia comitum Ghisnensium et Ardensium dominorum*, in *Monumenta Germaniae Historica Scriptores*, 1879, t. XXIV.
25. Voir M.-L. Chênerie, «Ces curieux chevaliers...», *loc. cit.*, p 349.

et béni d'exercice militaire: la croisade. Jacques de Vitry, qui place si haut les croisés dans sa liste des «états» du monde et qui fut évêque d'Acre, en est encore plus imbu que d'autres. Saint Bernard qui a, dans son *De laude novae militae*, fait de la propagande pour cette chevalerie sacrée, est aussi de ceux qui déplorent, à une époque où la vogue des tournois n'est pas encore née, l'appétit des chevaliers pour une *vaine gloire*. Il est effrayé par la vue de «mesnies», de «bandes» de jeunes guerriers en quête de violence, comme il en passe à Clairvaux. Le tournoi sera, en effet, un «sport d'équipe». L'Église, qui favorise les confréries pieuses mais combat les associations mues par d'autres solidarités que religieuses, attirées par la violence ou le gain (corporation), combat ces compagnons du Diable. Recherche de l'amour, de la violence, le tournoi l'est aussi de l'argent. Nul n'a montré mieux que Georges Duby la signification économique de ces manifestations qui s'appelaient d'ailleurs *nundinae*, du même nom que les foires. C'est la capture des hommes, des chevaux et des armes qui est l'objectif de la joute. Le tournoi devient lieu d'enrichissement et d'appauvrissement, de transferts de richesse comparables à ceux qui ont lieu dans le monde des marchands et des foires.

Il s'ensuit un trafic de monnaie considérable ou plutôt, comme le numéraire est encore rare, un jeu complexe de prêts, de gages, de contrats, de dettes, de promesses «comme à la fin des foires» (G. Duby). Ainsi l'Église ne voit pas seulement l'argent, avec le sang, envahir l'aire des tournois, mais le tournoi devient une activité financière concurrente de la quête ecclésiastique, «le rôle des tournois dans l'économie du XIIe siècle équivaut à celui que remplissait naguère encore la donation pieuse, dans une population que les prêtres tenaient plus étroitement en laisse. Raison de plus pour l'Église de condamner ces jeux, car ils font concurrence à l'aumône et parce qu'ils ouvrent la seule faille par où l'esprit de profit peut alors s'infiltrer dans la mentalité aristocratique» (G. Duby).

On comprend pourquoi l'Église condamne si âprement les tournois qui la blessent dans ses intérêts spirituels et matériels. Dès 1130, les conciles de Reims et de Clermont auxquels assiste le pape Innocent VI condamnent «ces déplorables réunions ou foires» que le IIIe concile du Latran en 1179 appelle par leur nom: tournois. Pourtant, les *oratores* ne condamnent pas totalement les *bellatores* morts sur le champ du tournoi. L'Église leur refuse bien, comme le rappelle Jacques de Vitry, la sépulture chrétienne. Mais elle leur accorde «la pénitence et le viatique».

L'*exemplum* de Jacques de Vitry est une pièce du dossier de la lutte des *oratores* contre les *bellatores*. Elle ne prend pas seulement sa place dans la longue rivalité médiévale des deux premiers «ordres» de la société, l'Église reprochant au chevalier tournoyeur non seulement de commettre les péchés propres à son état mais encore de sortir, si l'on peut dire, de son ordre de péchés, par la poursuite du gain, l'ostentation d'un célibat licencieux. Mais aussi elle dresse, sans le dire, un constat d'hostilité particulier au moment historique, au tournant du XIIe au XIIIe siècle. Le tournoi remplace la croisade, l'argent déborde du champ de foire, se détourne des donations pieuses vers les dépenses de divertissement.

À exprimer cette lutte des ordres, à servir le magistère idéologique de l'Église, les schémas classificatoires sont d'autant plus propres qu'ils combinent la tradition des croyances avec les changements dus aux circonstances. La rencontre du septénaire des péchés capitaux et de la classification de la société en *status* permet aux *oratores* du début du XIIIe siècle de lutter de façon particulièrement efficace, au plan théorique, contre le nouveau jeu des *bellatores*: le tournoi.

APPENDICE

Extrait du sermon 52 *Ad potentes et milites* de Jacques de Vitry, sur l'Évangile de Luc, III, 14, *Interrogabant milites Johannem dicentes*, etc.
Transcription: Marie-Claire Gasnault, d'après les manuscrits BN Lat. 17509 et 3284, et Cambrai BM 534.
Voir aussi: T. F. Crane, *The Exempla or Illustrative Stories from the Sermones Vulgares of Jacques de Vitry*, 1890, réimp. anastatique 1967, CXLI, pp. 62-64 et 193.

Contra torneamenta et de malis que de torneamentis proveniant

Memini quod quadam die loquebar cum quodam milite qui valde libenter torneamenta frequentabat et alios invitabat, precones mittens et hystriones qui torneamenta proclamarent, nec credebat, ut asserebat, hujusmodi ludum vel exercicium esse peccatum. Alias autem satis devotus erat. Ego autem cepi illi ostendere quod VII criminalia peccata coritantur torneamenta. Non enim carent superbia, cum propter laudem hominum et gloriam inanem in circuitu illo impii ambulant et vani. Non carent invidia, cum unus alii invideat, eo quod magis strenuus in armis reputetur et majorem laudem assequatur. Non carent odio et ira, cum unus alium percutit et male tractat et plerumque letaliter vulnerat et occidit. Sed et inde quartum mortale peccatum incurrunt, quod est accidia vel tristicia:

adeo enim vanitate occupantur quod omnia bona spiritualia eis insipida redduntur; et quia non prevalent contra partem aliam, sed cum vituperio sepe fugiunt, valde contristantur. Non carent quinto criminali peccato, idest avaricia vel rapina, dum unus alium capit et redimit[26], et equum quem cupiebat cum armis aufert illi contra quem pugnando prevaluit. Sed occasione torneamentorum graves et intollerabiles exactiones faciunt et hominum suorum bona sine misericordia rapiunt, nec segetes in agris conculcare et dissipare non formidant et pauperes agricolas valde dampnificant et molestant. Non carent torneamenta sexto mortali peccato, quod est castrimargia, dum mutuo propter mundi pompam invitant ad prandia et invitantur: non solum bona sua, sed et bona pauperum in superfluis commessationibus expendunt et de alieno corio largas faciunt corrigias. «Quicquid delirant reges, plectuntur Achivi[27].» Non carent septimo mortali peccato, quod dicitur luxuria, cum placere volunt mulieribus impudicis, si probi habeantur in armis, et etiam quedam earum insignia quasi pro vexillo portare consueverunt. Unde propter mala et crudelitatesque ibi fiunt, atque homicidia et sanguinis effusiones, instituit ecclesia, ut, qui in torneamentis occiduntur, sepultura christiana eis denegetur. «In circuitu quidem impii ambulant» (voir Psaumes, XI, 9). *«Unde cum mola asinaria», id est cum in circuitu vite laboriose, «demerguntur in profundum maris», id est in profunditatem amaritudinis et laboris* (voir Matthieu, XVIII, 6). *Cum autem dictus miles hec verba audiret et aperte veritatem, quam nunquam audierat, agnosceret, sicut prius torneamenta dilexit, ita postea semper odio qui habere cepit. Multi quidem propter ignorantiam peccant, qui, si audirent veritatem et diligenter inquirerent, non peccarent, sicut memorati milites diligenter interrogabant Johannem Baptistam: «Quid faciemus et nos», quibus ipse respondit ut neminem concuterent violentiam faciendo nec calumpniam facerent falso aut fraudulenter accusando, sed contenti essent stipendiis, que ideo, teste Augustino, constituta sunt militantibus, ne dum sumptum queritur, predo grassetur.*

Contre les tournois et les maux qui proviennent des tournois

Je me souviens qu'un jour je parlais avec un chevalier qui fréquentait très volontiers les tournois et y invitait d'autres chevaliers, en leur

---

26. *Redimere: peccuniam nomine redemptionis extorquere, injuste exigere* (Du Cange). Seul Lat. 17509 donne *non redimit.*
27. Horace, *Ep.*, I, 2, 14.

envoyant des hérauts et des histrions pour annoncer les tournois et il ne croyait pas, assurait-il, que cette sorte de jeu ou d'exercice soit un péché. Par ailleurs en effet il était assez dévot. Mais moi j'entrepris de lui montrer que les sept péchés capitaux accompagnent les tournois. Ils ne manquent pas d'orgueil *(superbia)* puisque pour la louange des hommes et la vaine gloire les impies et les vaniteux hantent ce circuit. Ils ne manquent pas d'envie *(invidia)*, puisque chacun envie l'autre d'être tenu pour un plus fort combattant et de s'attirer plus de louanges. Ils ne manquent pas de haine et de colère *(odium et ira)* car chacun frappe l'autre, le met à mal et le plus souvent le blesse à mort et le tue. Mais par là ils encourent le quatrième péché mortel, qui est le dégoût ou tristesse *(acedia vel tristitia)* : ils sont en effet tellement obsédés par la vanité que tous les biens spirituels leur paraissent insipides; et quand ils n'ont pas surclassé leur adversaire, mais qu'ils ont fui sous les reproches, ils s'attristent fort. Ils ne manquent pas du cinquième péché mortel, c'est-à-dire la cupidité ou le vol *(avaritia vel rapina)*, car chacun, quand il a fui son adversaire prisonnier, le rançonne, et il enlève le cheval qu'il convoitait avec ses armes à celui qu'il a défait au combat. À l'occasion des tournois ils exercent de lourdes et insupportables exactions, ils volent sans pitié les biens de leurs hommes, ils ne craignent pas de fouler aux pieds et de disperser les moissons dans les champs et ils lèsent grandement et molestent les pauvres paysans. Ces tournois ne manquent pas du sixième péché mortel, la gourmandise *(castrimargia)*, en invitant aux festins et en s'y faisant inviter pour sacrifier aux pompes de ce monde : ils dépensent dans des mangeailles superflues non seulement leurs biens mais aussi ceux des pauvres et de la peau d'autrui ils font de larges ceintures : « Quand les rois sont fous, les Grecs sont battus » (Horace, *Épîtres*, I, 2, 14). Ils ne manquent pas du septième péché mortel, qu'on appelle luxure *(luxuria)*, car ils veulent plaire aux femmes impudiques en se faisant valoir au combat et même en portant pour enseigne certains de leurs objets féminins comme insignes. Aussi, à cause des crimes et des cruautés qu'on y commet, des homicides et des effusions de sang, l'Église a refusé la sépulture chrétienne aux morts dans les tournois. « Les impies hantent le circuit » (Psaumes, XI, 9). « Avec une meule d'âme », c'est-à-dire dans le circuit d'une vie pénible, « ils sont noyés dans les profondeurs de la mer », c'est-à-dire dans les profondeurs de l'amertume et de la peine (Matthieu, XVIII, 6). Quand le susdit chevalier eut entendu ces paroles et ouvertement reconnu la vérité, qu'il avait jusqu'alors ignorée, tout comme il avait aimé auparavant les tournois, désormais il se mit à toujours les haïr. Beaucoup en effet pèchent par ignorance, qui, s'ils entendaient et cherchaient soigneusement la vérité, ne pécheraient plus, à l'image de ces soldats qui demandaient soigneusement à Jean-Baptiste : « Et nous, que devons-nous faire ? » Il leur répondit qu'ils ne devaient frapper personne par violence et ne calomnier personne par une accusation fausse ou frauduleuse, mais qu'ils devaient se contenter de leurs salaires qui, selon les témoignages d'Augustin, ont été institués pour les soldats afin d'éviter qu'en cherchant de quoi vivre ils n'acquièrent du butin par la violence.

V
LES RÊVES

LE CHRISTIANISME ET LES RÊVES
IIe-VIIe SIÈCLE

Quand le christianisme devient religion et idéologie dominantes en Occident à partir du IVe siècle et s'installe pendant la période de transition que l'on appelle Antiquité tardive *(Spätantike)* ou haut Moyen Âge *(Frühmittelalter)*, parmi les phénomènes culturels qu'il a à gérer se présentent les rêves et leur interprétation, dont on sait l'importance dans les diverses sociétés humaines[1].

Comme tout nouvel ensemble culturel, le christianisme a recueilli des héritages et l'un des principaux de ces héritages a été évidemment «la» culture gréco-romaine, appelée par les chrétiens «païenne». Il est intéressant de noter que le document qui exprime sans doute le mieux l'angoisse des lettrés chrétiens du IVe siècle face à cette culture païenne est un récit de rêve, celui de saint Jérôme[2].

Or, une perplexité, une angoisse semblables sinon plus grandes se manifestent dans l'attitude (ou plutôt les attitudes) des lettrés chrétiens de l'Antiquité tardive et de l'Église face aux rêves et à leur interprétation.

Pour éclairer ces attitudes, j'évoquerai d'abord brièvement l'héritage biblique et les héritages gréco-romains sur les rêves et leur interprétation. Je laisserai de côté – par incompétence – les héritages oniriques «barbares» (celtes, germains, slaves) dont l'influence ne se laisse percevoir que plus tard, à partir du VIIe siècle.

Première publication in *Colloque I sogni nel Medioevo, Lessico Intelletuale Europeo*, Rome, 1983, Rome, 1985.

1. R. Caillois et G. E. von Grunebaum, *Le Rêve et les sociétés humaines* (colloque de 1962), éd. angl., 1966, éd. fr., Paris, Gallimard, 1967.
2. *Epistola ad Eustochium*, 22, 30. Voir R. Antin, «Autour du songe de saint Jérôme», in *Revue des études latines*, 41, 1963, pp. 350-377.

Je montrerai ensuite les incertitudes et les contradictions des intellectuels et pasteurs chrétiens dans leurs attitudes et leurs théories face aux rêves du IIe au IVe siècle. Je mettrai enfin en lumière le choix d'une attitude de méfiance mais surtout l'élaboration chrétienne d'une nouvelle typologie, d'une nouvelle théorie, de nouveaux comportements face aux rêves et leur interprétation, du IVe au VIIe siècle.

I. L'HÉRITAGE BIBLIQUE

A. fréquence des rêves dans l'Ancien Testament, rareté des rêves dans le Nouveau Testament

Dans son inventaire des rêves de l'Ancien Testament Ehrlich[3] avait dénombré trente-cinq rêves, Martine Dulaey de son côté[4] a porté ce nombre à quarante-cinq. Il me semble qu'on peut s'arrêter à quarante-trois rêves dont on trouvera la liste dans l'Appendice[5].
Dans le Nouveau Testament[6] on ne rencontre que neuf rêves (ou apparitions ou visions). Cinq sont dans Matthieu, dont quatre ont trait à la naissance de Jésus (Matthieu, I, 20 ; II, 12, 13-19 ; II, 22) et un au songe de la femme de Pilate. Les quatre autres se trouvent dans les Actes des Apôtres (XVI, 9 ; XVIII, 9 ; XXIII, 11 ; XXVII, 23) et concernent tous saint Paul, dont l'apostolat se situe en milieu grec, habitué à l'oniromantique, et où les bénéficiaires de visions nocturnes où apparaît la divinité (ou son messager – ici, parfois, un ange) en acquièrent un prestige accru.

B. les principaux aspects de l'héritage onirique biblique me semblent être les suivants :

a. Le cas privilégié du rêve venant de Yahvé, de Dieu qui donne un avertissement ou un ordre soit à ses élus (c'est dans l'Ancien Testament le cas des

---

3. E. L. Ehrlich, *Der Traum im Alten Testament*, 1953.
4. M. Dulaey, *Le Rêve dans la vie et la pensée de saint Augustin*, Paris, 1973, pp. 231-232.
5. Voir *infra*, la liste dans l'Appendice, pp. 735 *sqq*. J'ai enlevé quelques références qui m'ont paru erronées ou inadéquates. Ainsi, dans la liste d'Ehrlich : Psaumes, CXXVI, 1 et Isaïe, LXV, 4, dans celle de Martine Dulaey, Genèse, II, 21 (le sommeil d'Adam pendant la création d'Ève n'est pas accompagné de songe) et Psaumes, XLIV (XLVIII), 15.
6. A. Wikenhauser, «Die Traumgeschichte des Neuen Testaments in religionsgeschichtlicher Sicht», in *Pisciculi. Festschrift für Fr. Dölger*, Antike und Christentum, 1939.

LES RÊVES

Hébreux), soit à des païens haut placés (Pharaon, Nabuchodonosor). Dans ce dernier cas, il s'agit le plus souvent de rêves royaux, catégorie privilégiée de rêves dans la longue durée, depuis la protohistoire[7].

b. La distinction entre la vision claire et le rêve à interpréter, qui correspond en général, mais pas toujours, à l'opposition entre *visio* et *somnium* dans la Vulgate. Il faut en tout cas *exclure* du domaine chrétien des rêves la *vision à l'état de veille*. Le rêve recoupe un autre grand champ de l'anthropologie religieuse, en particulier dans le christianisme: le *sommeil*. La frontière est parfois délicate. Dans le livre des Nombres (XII, 6-8), Yahvé semble mettre d'un côté *visio* et *somnium*, de l'autre les apparitions face à face: «*Audite sermones meos: Si quis fuerit inter vos propheta Domini in visione apparebo ei, vel per somnium loquar ad illum. At non talis servus meus Moyses, qui in omni domo mea fidelissimus est: ore enim ad os loquor ei, et palam, et non per aenigmata et figuras Dominum videt.*» Ce texte en tout cas ouvre la voie à une hiérarchie de rêveurs définie par le caractère plus ou moins clair des messages oniriques divins selon la plus ou moins grande familiarité des rêveurs avec Dieu. On pourrait peut-être, dans l'Ancien Testament, distinguer d'une part Moïse et plus généralement les patriarches, destinataires de visions où Yahvé parle clairement, de l'autre les rois et les prophètes, bénéficiaires de visions ou de rêves plus énigmatiques, et enfin les rois païens, récepteurs de messages oniriques obscurs[8].

c. Un ensemble de songes effrayants accompagnés de manifestations corporelles et psychiques, angoisses et tremblements. Ils nourrissent un chapitre important de l'anthropologie historique des rêves: le rêve et la peur. Dans l'Ancien Testament, ce sont essentiellement les rêves-cauchemars de Job (IV, 12-16; VII, 13-14)[9].

---

7. Voir *Les Songes et leur interprétation*, Paris, Éd. du Seuil, 1949, coll. «Sources orientales II», *passim*.
8. André Caquot émet l'hypothèse que dans la Genèse la vision corresponde aux versets yahvistes tandis que les songes où Dieu parle apparaîtraient dans l'Ancien Israël in *La Divination*, éd. A. Caquot et M. Leibovici, Paris, 1968, t. I, pp. 94-96. Voir A. Caquot, *Les Songes et leur interprétation* (cité *supra*, note 7), pp. 101-124; W. Richter, «Traum und Traumdeutung im Alten Testament», in *Biblische Zeitschrift*, N.F. Cette distinction correspond à peu près à celle d'Artémidore dans sa *Clef des songes*: «Parmi les songes, les uns sont théorématiques, les autres allégoriques. Sont théorématiques ceux dont l'accomplissement a pleine ressemblance avec ce qu'ils ont fait voir. Allégoriques en revanche sont les songes qui signifient de certaines choses au moyen d'autres choses: dans ces songes, c'est l'âme qui, selon de certaines lois naturelles, laisse entendre obscurément un événement» (*Artémidore, La Clef des songes*, trad. fr., p. 20).
9. a. *Porro ad me dictum est verbum absconditum,*
   et quasi furtive suscepit auris mea venas susurri ejus.

d. Le rêve forme un ensemble qui agit par l'union de la vision et de la parole, de la vue et de l'ouïe. Les apparitions oniriques parlent et leurs paroles, claires ou obscures, font évidemment partie du message. La vision muette est rare. Par exemple dans le songe de Jacob, voyant en rêve une échelle qui va de la terre au ciel, il entend aussi Yahvé lui parler, appuyé sur cette échelle[10]. On a avancé qu'il y aurait plus de paroles dans les rêves de l'Ancien Testament et plus de visions muettes dans le Nouveau, le sens privilégié des Juifs étant l'ouïe et celui des Grecs la vue, mais ce genre d'explications me paraît très sujet à caution.

e. Il n'y a pas d'apparitions de morts et de démons dans les songes bibliques.
Le problème des revenants étant très lié à celui des rêves, il est remarquable que les morts sont écartés des apparitions oniriques bibliques. De même si les anges sont nombreux dans ces rêves, les mauvais habitants du ciel en sont absents. Le rêve n'est pas la voie d'accès aux morts et aux démons.

f. Le refus du rêve. Si Yahvé agit par le rêve, celui-ci le plus souvent est une illusion dangereuse.
À côté de Dieu qui envoie des rêves vrais, il y a des «lanceurs de songes» *(dream-senders)* trompeurs qui répandent des songes par l'intermédiaire de faux prophètes.
Yahvé révèle à Jérémie que de faux prophètes répandent en son nom des visions mensongères:

> *Et dixit Dominus ad me:*
> *Falso prophetae vaticinantur in nomine meo;*
> *non misi eos et non praecepi eis,*

In horrore visionis nocturnae,
quando solet sopor occupare homines,
pavor tenuit me, et tremor,
et omnia ossa mea perterrita sunt;
et cum spiritus, me praesente, transiret,
inhorruerunt pili carnis meae.
Stetit quidam, cujus non agnoscebam vultum,
imago coram oculis meis,
et vocem quasi aurae leuis audivi   (Job, IV, 12, 16).
  b. *Terrebis me per somnia*
et per visiones horrore concuties   (Job, VII, 14).
10. «*Viditque in somnis scalam stantem super terram, et cacumen illius tangens caelum; angelos quoque Dei ascendentes et descendentes per eam; et Dominum innixum scalae dicentem sibi: Ego sum Dominus Deus Abraham patris tui...*» (Genèse, XXVIII, 12-13).

LES RÊVES

neque locutus sum ad eos.
Visionem mendacem, et divinationem,
et fraudulentiam, et seductionem cordis sui,
prophetant vobis.

« L'Éternel reprit : Ce sont des mensonges, que ces prophètes proclament en mon nom. Je ne les ai point envoyés ; je ne leur ai point donné d'ordre et je ne leur ai point parlé. Visions mensongères, prédictions vaines, tromperies de leur propre cœur, voilà leurs prophéties ! » (Jérémie, XIV, 14. Version Segond.)

Les rêves sont des illusions, surtout des illusions nocturnes qui peuvent conduire à l'hérésie. Songes = mensonges. Les songes peuvent être des tentations, des épreuves.
« *Si surrexit in medio tui prophetes, ant qui somnium vidisse se diat, et praedixerit signum atque portentum, et evenerit quod locutus est, et dixerit tibi : Eamus, et sequamur deos alienos quos ignoras, et serviamus eis ; non audies verba prophetae illius aut somniatoris, quia tentat vos Dominus Deus vester...* » (Deutéronome, XIII, 1-3).
Cette condamnation des rêves est particulièrement vive dans l'Ecclésiaste et dans l'Ecclésiastique.
Pour le premier « du nombre des tracas vient le songe » :

>*multas curas sequuntur somnia*   (Ecclésiaste, V, 2),

et « du nombre des songes viennent en foule les vanités »

>*ubi multa sunt somnia*
>*plurimae sunt vanitates...*   (Ecclésiaste, V, 6)

Pour le second, parmi les aspects de la misère de l'homme il y a l'impossibilité à trouver le repos dans le sommeil à cause des rêves qui ramènent les troubles de la journée et vous poursuivent « comme un fuyard échappé du combat » (Ecclésiastique, XL, 5-6).
Les prêtres hébreux détournent surtout les Juifs de la divination par les songes, car ce sont des coutumes de païens ou de Chaldéens dont l'influence répandue par les mages a failli corrompre les Juifs pendant la captivité de Babylone.
Dieu a ordonné à Moïse que son peuple ne s'intéresse pas aux rêves, ne cherche pas à les interpréter :

Non augurabimini, non observabitis somnia (Lévitique, XIX, 26).

À quoi bon scruter les rêves ? Yahvé a donné sa parole, un rêve ne peut rien y ajouter. Enfin quand il y a dans la Bible des rêves signifiants, il y a des rêves qui unissent davantage la terre au ciel que le présent à l'avenir, comme dans l'oniromancie païenne. Le temps n'appartient qu'à Dieu. Le rêve met plutôt le rêveur humain en contact avec Dieu qu'il ne lui révèle l'avenir.

II. RÊVES PAÏENS

Les principales caractéristiques des rêves du paganisme gréco-romain[11] jusqu'au IIe siècle de l'ère chrétienne m'apparaissent au nombre de six :

a. il y a une distinction fondamentale entre les rêves vrais et les rêves faux
Cette conception s'exprime dans deux textes littéraires célèbres : le rêve de Pénélope au chant XIX de l'*Odyssée* (v. 560 *sqq.*) et un passage de la description des Enfers au VIe chant de l'*Énéide*.
Comme Virgile s'inspire d'Homère, l'image qui exprime cette idée est la même chez les deux poètes.
Pénélope voit deux portes du monde des rêves, très semblable à l'Hadès, l'une, d'ivoire, par où sortent les rêves faux qui ἐλεφαίρονται (trompent), l'autre de corne, par où s'échappent les rêves vrais, qui κραίνουσιν (accomplissent, réalisent).
De même Énée voit dans l'Hadès les rêves véridiques franchir la *porta cornea* tandis que la *porta eburnea* laisse passer les rêves mensongers (*Énéide*, VI, 893-898).

b. les rêves, les morts, l'au-delà
On voit ici une objectivation des rêves beaucoup plus forte que dans la pensée judaïque et qui s'estompera très fortement dans le christianisme. Les rêves sont des ombres, des fantômes, des formes vaporeuses qui ont un lieu à eux dans les Enfers. Monde des morts, pays des rêves. Peuple des morts,

---

11. Pour tout ce qui concerne les attitudes à l'égard des rêves chez les Grecs, surtout dans les périodes archaïque et classique, voir H. Kenner, art. « Oneiros », in Pauly-Wissowa, *Realencyklopädie der classischen Altertumswissenschaft*, 1939, t. XVIII/1, col. 448-459, et Th. Hopfner, art. « Traumdeutung », *ibid.* Bon exposé succinct également dans C. A. Behr, *Ælius Aristides and the Sacred Tale*, Amsterdam, 1968, chap. VIII : « The Interpretation of Dreams in Antiquity », pp. 171-195.

peuple des rêves. Le lien entre songe et mort, rêve et au-delà est très fort. Les rêves sont des revenants[12].

c. prédominance des rêves vrais
Il semble bien que dans la pensée commune comme chez les intellectuels la plus grande partie des rêves ait été considérée comme vraie, fiable. Pourtant une pensée savante hostile aux rêves, les tenant pour illusions et récusant la présence d'aucune vérité, d'aucune raison dans les songes subsista dans toute la philosophie grecque et romaine.
Déjà Hésiode, dans son origine mythique du rêve ("Ονειρος), en fait un fils de «Nuit la ténébreuse», un frère de l'«odieuse Mort» et de la «noire Terre», de Sommeil ('Ύπνος) et de Trépas (Θάνατος)[13]. Une atmosphère de ténèbres et de crainte entoure un ensemble de phénomènes nocturnes dont le rêve fait partie. En philosophie, au contraire de Pythagore, de Démocrite et de Platon qui croient à la véracité des rêves, Diogène le premier professa une complète incrédulité à l'égard des rêves et surtout Aristote dans trois petits traités[14] fit la critique rationaliste des rêves dont il interpréta la plupart par des explications de type psychologique ou physiologique. Comme on l'a dit, il aboutit à une «dévaluation radicale des rêves». En histoire, Thucydide et Polybe bannirent le rêve de leurs œuvres.
Une tendance critique et rationaliste à propos des rêves se développe parallèlement, et non sans rapport avec l'évolution de la pensée et des mentalités, dans le domaine de la médecine. Un traité du corpus hippocratique, vers 400 avant Jésus-Christ, le περὶ ενυπνιων *(Des rêves)*, qui forme le livre IV du περὶ διαίτης *(Du régime)*, ramène la science du rêve à l'étude de l'expérience du rêve et relie fortement le songe à l'état physique, aux affections corporelles et aux maladies[15]. Au IIe siècle de l'ère chrétienne, Galien, dans son traité *Sur le diagnostic par les rêves* (περὶ τῆς ἐξ ἐνυπνίων διαγνώσεως), se place dans la lignée hippocratique et Oribase contribue à éloigner davantage la science médicale des rêves de l'oniromancie[16].

d. les deux systèmes de typologie des rêves : prédominance d'un critère interne de classification

---

12. Chez Homère (par exemple *Odyssée*, IV, v. 795 *sqq.*), le rêve est parfois l'image (εἴδωλον) d'un vivant mais aussi l'âme fantomatique d'un mort (par exemple *Iliade*, XXIII, v. 65 *sqq.*).
13. Hésiode, *Théogonie*, v. 211-213.
14. *Sur le sommeil et la veille* (περὶ ὕπνου καὶ ἐγρηγόρσεως) ; *Sur les rêves* (περὶ ἐνυπνίων) ; *Sur la divination dans le sommeil* (περὶ τῆς καθ' ὕπνου μαντικης). Ces trois petits traités ont été publiés (texte et traduction française) par R. Mugnin, Paris, Les Belles Lettres, 1953.
15. Voir Hippocrate, *Du régime*, éd. et trad. R. Joly, coll. Guillaume Budé, Les Belles Lettres, 1967.
16. Voir Galien, *La diagnosi per mezzo dei sogni*, éd. G. Guidonizzi, in *Bollettino del Comitato*

Deux typologies des rêves se sont développées dans l'Antiquité. L'une dépend de l'origine des rêves, mais comme l'a bien dit Behr : les Anciens étaient plus intéressés par le résultat des rêves que par leur origine. Ils y voyaient en général une vague origine divine. Ils croyaient toutefois en l'existence d'«expéditeurs de rêves» *(Traumsender dreamsenders)* parmi lesquels se distinguait Hermès. Les morts aussi, on l'a vu, pouvaient être des pourvoyeurs de rêves. Toutefois, les stoïciens[17] semblent avoir ébauché une typologie des rêves selon trois origines possibles, classification mise au point au Ier siècle avant l'ère chrétienne par Posidonius qui la légua à son élève Cicéron. C'est la formulation que celui-ci en a donnée dans le *De divinatione* (I, 64) qui nous en a livré la meilleure définition de l'Antiquité païenne. Les trois sources sont l'*homme*, ou plus précisément son *esprit* qui enfante les rêves de lui-même, les *esprits immortels* dont l'*air* est plein, les *dieux* eux-mêmes qui s'adressent directement aux dormeurs[18]. Typologie que retiendra, ou retrouvera, en la modifiant et la précisant, le christianisme.

Mais la seconde typologie est essentiellement utilitaire. Il s'agit de distinguer les rêves qui annoncent l'avenir et ceux à qui on ne peut se fier pour le connaître. Issue du mythe homérique des portes d'ivoire et de corne, que Platon a repris, cette classification aurait pu, en se rencontrant avec une typologie «populaire»[19], converger avec la classification par l'origine. En effet, l'assimilation entre les rêves vrais et les rêves faux d'une part et la distinction entre rêves prémonitoires et non prémonitoires de l'autre conduisit à définir trois classes de rêves : les rêves non prémonitoires, les rêves prémonitoires envoyés par Dieu, les rêves prémonitoires envoyés par les démons (les habitants de l'*air*, pas obligatoirement «bons» ou «mauvais»).

---

per l'edizione dei classici greci e latini, N.S., 21, 1973. On peut voir dans le beau livre d'Aline Rousselle, *Porneia. De la maîtrise du corps à la privation sensorielle, IIe-IVe siècle de l'ère chrétienne*, Paris, 1983, le parti qu'un(e) historien(ne) peut tirer des traités médicaux de l'Antiquité.
17. Sur les fragments des stoïciens, consulter la note de J. H. Waszink, *The Classification of Dreams* dans son édition du *De anima* de Tertullien, pp. 500-501.
18. «... *sed tribus modis censet deorum adpulsu homines somniare : uno quod provideat animus ipse per sese, quippe qui deorum cognatione teneatur, altero quod plenus aer sit immortalium animorum, in quibus tanquam insignitae notae veritatis appareant, tertio quod ipsi di cum dormientibus conloquantur*» (Cicéron, *De divinatione*, I, 64).
19. Le grand historien britannique Peter Brown a récemment récusé dans ses études sur l'Antiquité tardive (*The Making of Late Antiquity*, 1978, trad. fr. : *Genèse de l'Antiquité tardive ; The Cult of Saints*, 1981, trad. fr. : *Le Culte des saints*, 1984) le recours à la notion de «populaire». Il faut certes user de ce terme vague avec prudence. Mais si l'on considère qu'il y a entre «savant» et «populaire» un cycle constant d'échanges, que le sens de «populaire» change selon les sociétés et les époques (illettré, païen, folklorique, de masse, etc.), je ne vois pas intérêt à éliminer un concept souvent utilisé par les «clercs» du passé (on peut éclairer une problématique «savante» et la critiquer sans l'écarter comme donnée historique), qui a bien fonctionné dans une historiographie de bonne qualité et rend encore des services.

Mais Posidonius, qui fournit à Cicéron une typologie selon l'origine, ajouta aussi une quatrième catégorie de rêves en divisant les rêves prémonitoires en *clairs* et *énigmatiques*, ce qui relança la typologie dominante selon la nature des rêves. Sous l'influence des théories médicales (rêves issus d'indigestion, d'ivresse, de maladie, etc.), une cinquième catégorie de rêves purement *illusoires* vint compléter le système dans les premiers siècles de l'ère chrétienne pour aboutir à la classification en cinq catégories dont on reparlera. Les rêves prémonitoires se répartirent en trois catégories : l'*oneiros (somnium)* ou rêve énigmatique, l'*horama (visio)* ou vision claire, le *chrematismos (oraculum)* ou rêve envoyé par la divinité et souvent énigmatique. Les rêves non prémonitoires se divisent en deux types : l'*enupnion (insomnium)*, rêve, symbolique ou non, qui n'a de référence que dans le passé ou le quotidien, et le *phantasma (visum)*, pure illusion[20].
On remarque combien cette typologie se rapproche de celle qui est implicite dans l'Ancien Testament, avec la division entre le clair et l'énigmatique, l'ébauche d'une distinction entre *rêve* et *vision* qui se développera, non sans ambiguïté, au Moyen Âge en Occident.

e. une conception mystique du rêve : le rêve de l'âme libérée du corps
Une ancienne tradition philosophique qui remonte à Pythagore lie étroitement le rêve à l'âme. Il se révèle la nuit quand l'âme est libérée du corps et sa valeur dépend de la pureté de l'âme. Platon approfondira cette théorie (*République*, IX, 1). Les stoïciens amplifièrent cette tendance de l'onirocritique au mysticisme et Chrysippe, le théoricien du stoïcisme au IIIe siècle avant l'ère chrétienne, écrivit selon cette tendance un traité d'oniromancie perdu mais qui semble avoir eu beaucoup d'influence. Ce mysticisme du rêve toucha aussi bien Cicéron que le premier auteur chrétien d'une théorie des rêves, Tertullien.

f. le recours à des spécialistes de l'interprétation des rêves
Un des aspects les plus remarquables des comportements des Anciens à l'égard des rêves fut le recours à des spécialistes de leur interprétation. On peut distinguer trois types de spécialistes en oniromancie. D'abord les devins « populaires » qui exerçaient notamment leur métier sur les places publiques. Puis ceux qui se donnaient pour de véritables savants tirant leur science d'ouvrages spécialisés, et qui donnaient des consultations à leur domicile ou dans des temples, ou encore lors de grandes foires, marchés

---

20. Voir C. A. Behr, *Ælius Aristides...*, *op. cit.*, pp. 171 *sqq*. Pour une intéressante étude récente sur *phantasma* au Moyen Âge, voir Massimo Oldoni, « A fantasia dicitur fantasma (Gerberto e la sua storia) », in *Studi Medievali*, XXI, 1980, pp. 493-622 et XXIV, 1983, pp. 167-245.

ou fêtes. Parmi eux, une élite était des théoriciens qui écrivaient des traités sur le sens des rêves, joignant le plus souvent un certain nombre de cas à l'appui de leurs dires, cas puisés soit dans leur propre expérience, soit dans celle des autres, transmises oralement ou par écrit. Cette littérature oniromancienne semble avoir été très abondante, mais elle ne nous a pas été conservée pour la plus grande partie[21].

Il semble enfin que la divination par les rêves, quelque populaire qu'elle ait été, a été estimée comme secondaire, de moindre dignité, par les Anciens par rapport, notamment, à la divination par les entrailles des victimes ou le vol des oiseaux. Les augures et les auspices étaient des prêtres, plus considérés que des oniromanciens[22].

L'oniromancie déroute aussi les non-spécialistes par sa polysémie liée à des facteurs individuels et collectifs. Artémidore use même beaucoup de ce qu'on a appelé la «loi de l'antithèse», c'est-à-dire «une tradition selon laquelle les rêves pouvaient annoncer des choses exactement opposées à leur contenu[23]».

Évolution des attitudes païennes gréco-romaines à l'égard des rêves du IIe au IVe siècle

Comme l'a souligné E.R. Dodds, pendant cette période païens et chrétiens baignent dans un même climat, dans une atmosphère d'angoisse. Les rêves sont entraînés dans cette dramatisation des sensibilités et des mentalités[24].

1. On observe une *effervescence onirique et onirocritique* particulièrement en Orient. En témoignent les ouvrages et traités cités ci-après.

2. Les rêves tiennent une place non négligeable dans le *renouveau philosophique* du IIIe siècle, spécialement dans les milieux *néoplatoniciens*, à Alexandrie et à Rome, carrefours des religions, des philosophies et des cultures. Plotin et ses disciples, Porphyre et Jamblique, font intervenir les

---

21. Voir D. Del Corno, *Graecorum de re onirocritica scriptorum religuiae*, Milan, Varese, 1969.
22. Sur l'oniromancie antique on peut encore consulter les ouvrages anciens de B. Büchsenschütz, *Traum und Traumdeutung im Altertum*, Berlin, 1868, et d'A. Bouche-Leclercq, *Histoire de la divination dans l'Antiquité*, Paris, 1882, 4 vol., et la mise au point récente de Raymond Bloch, *La Divination dans l'Antiquité*, Paris, 1984.
23. A. Brelich, «Le rôle des rêves dans la conception religieuse du monde en Grèce», in *Le Rêve et les sociétés humaines*, éd. R. Caillois et G. E. von Grünebaum, Paris, 1967, pp. 282-289.
24. E. R. Dodds, auteur d'un livre classique sur les Grecs et l'irrationnel (*The Greeks and the Irrational*, Berkeley-Los Angeles, 1963, trad. fr., Paris, 1977) où il est beaucoup question des rêves, a soutenu cette thèse dans son ouvrage *Pagan and Christian in an Age of Anxiety*, Cambridge, 1965, qui a été récemment critiquée par Peter Brown (voir *supra*, p. 696, note 19) d'une façon qui n'est que partiellement convaincante. S'il est évidemment simplificateur d'expliquer le triomphe du christianisme par une montée de l'irrationalisme et de la culture «populaire», l'existence d'un climat général d'angoisse à partir de la fin du IIe siècle semble indéniable. Peter Brown lui-même le signale à plusieurs reprises.

rêves dans leur démarche philosophique qui cherche à mettre l'individu en relation directe avec Dieu par l'extase et la contemplation[25].

3. Au-delà même du témoignage d'Artémidore de Daldis (IIe siècle de l'ère chrétienne) dont l'*Oneirocriticon* nous est parvenu[26], il semble bien que l'*onirocritique savante* et *l'oniromancie «populaire»*, traditionnellement assez distinctes, aient eu tendance à se rapprocher. Pour écrire son traité et dresser les listes de songes qu'il y introduit, Artémidore indique qu'il ne s'est pas contenté de consulter sa riche bibliothèque spécialisée mais qu'il est allé aussi écouter les «devins de la place publique[27]».

4. En même temps se développe la pratique du *rêve sollicité* par le rite de l'*incubation*, étroitement lié aux temples de certains dieux thérapeutes (Sérapis, mais surtout Asclépios). Un fidèle de cette pratique, Ælius Aristide, a laissé un extraordinaire témoignage dans ses *Discours sacrés*[28] où il raconte

---

25. Voir notamment Jamblique, *De mysteriis*, III, 2 *sqq.* (250-330 env.). Réédition par Édouard des Places, Paris, 1966.
26. Sur Artémidore, voir W. Kurth, «Das Traumbuch des Artemidoros im Lichte der Freudschen Traumlehre», in *Psyche*, 4, 1950, pp. 488-512 (interprétation psychanalytique); Claes Blum, *Studies in the Dream-Book of Artemidoros*, Uppsala, 1936; E. R. Dodds, *The Greeks and the Irrational, op. cit.* L'édition récente de Roger A. Pack, *Artemidori Daldiani Oneirocriticon*, Libri V, Leipzig, Teubner, 1963, ne dispense pas de se reporter à la vieille édition J. G. Reiff, *Artemidori Oneirocritica*, Leipzig, 1805, surtout pour les notes critiques de N. Rigault et J. J. Reisk. Récemment ont paru quatre traductions de l'*Oneirocriticon*: en allemand la révision, accompagnée de notes, par M. Kaiser, Bâle-Stuttgart, 1965, de F. S. Krauss, *Artemidoros aus Daldis, Symbolik der Träume*, Vienne-Budapest-Leipzig, 1881. En anglais, R. J. White, *Artemidorus, The Interpretation of Dreams*, Park Ridge (N. J.), 1975. En français, A. J. Festugière, *Artémidore, La Clef des songes*, Paris, Vrin, 1975. En italien, Dario Del Corno, *Artemidoro, Il libro dei sogni*, Milan, Adelphi, 1975.
27. «Pour moi, non seulement il n'est livre d'onirocritique que je n'aie acquis déployant grande recherche à cette fin, mais encore, bien que les devins de la place publique soient grandement décriés, eux que les gens qui prennent un air grave et qui froncent les sourcils dénomment charlatans, imposteurs et bouffons, méprisant ce décri j'ai eu commerce avec eux un grand nombre d'années, souffrant d'écouter de vieux songes et leurs accomplissements et en Grèce aux villes et aux panégyries, et en Asie, et en Italie, et dans les plus importantes et les plus populeuses des îles: il n'y avait pas d'autre moyen en effet d'être bien exercé en cette discipline» (*Artémidore, La Clef des songes*, trad. A. J. Festugière, p. 16). On songe au rôle culturel attribué par Mikhaïl Bakhtine à la place publique dans l'Occident des XIVe-XVIe siècles (*L'Œuvre de François Rabelais et la culture populaire au Moyen Âge et sous la Renaissance*, trad. fr., Paris, 1970).
28. Sur Ælius Aristide et ses *Discours sacrés*:
a. *Texte*: Éd. B. Keil, *Ælii Aristides quae supersunt omnia*, Berlin, 1898. Réimpression, 1958, t. II, pp. 376-467, discours XLVII-LII. Trad. latine G. Canter, Bâle, 1566, réimprimée à Genève, 1604, reprise dans éd. S. Jebb, *Ælii Aristidis Opera omnia graece et latine...*, Oxford, 1722 et 1730, 2 vol.; C. A. Behr, *Ælius Aristides and the Sacred Tales*. Trad. angl. et commentaire, Amsterdam, 1968, trad. ital. *Elio Aristide, Discorsi Sacri*, sous la direction de Salvatore Nicosia, Milan, 1984.
b. *Études*: A. Boulanger, *Ælius Aristides et la sophistique dans la province d'Asie au IIe siècle de notre ère* (Bibl. des Éc. fr. d'Ath. et de R., fasc. 126), Paris, 1923, IIe partie, chap. III: «Les discours sacrés. Le caractère et les idées religieuses d'Aristide», pp. 163-209; E. Dodds, *Pagan*

ses cures dans les temples de Sérapis et d'Asclépios, ses rêves où il obtient du dieu des recettes de guérison mais où il semble rechercher encore plus le contact personnel direct avec ce dieu dont les apparitions oniriques qu'il perçoit comme «réelles» le plongent dans l'extase, les exercices curatifs d'une excessive intensité (courses, nages dans l'air ou l'eau glacés notamment) auxquels il se livre sur l'injonction du dieu. Il nous révèle ainsi la force de l'aspiration à une *religion personnelle* où le rêve est la voie du contact avec la divinité[29], l'existence d'une société de curistes composée de malades, quêteurs de rêves, personnel des temples thérapiques, oniromanciens qui, à longueur de journée, discutent dans le temple des rêves intervenus dans l'incubation et de leur signification. Ces *groupes oniromantiques* manifestent le sentiment d'un lien entre le rêve et la santé qu'on retrouvera dans le Moyen Âge chrétien, par exemple dans les *Causae et curae* d'Hildegarde de Bingen au XIIe siècle. Ælius Aristide marque aussi l'apparition d'un genre littéraire que Georg Misch a pertinemment appelé l'*autobiographie onirique*, une autobiographie dont les événements essentiels sont des rêves guérisseurs, prémonitoires, ou simplement sacrés parce qu'ils ont été illuminés par la présence du dieu, ou de Dieu. Les *Confessions* de saint Augustin peuvent être considérées d'un certain point de vue comme une biographie onirique[30], plus encore le *De vita sua* de Guibert de Nogent au XIIe siècle. Je crois que les extraordinaires récits autobiographiques du XVIe siècle rassemblés par Julio Caro Baroja dans son étonnant ouvrage *Vidas mágicas*[31] sont un avatar de ce genre intimement lié à l'histoire des rêves et à l'histoire tout court et qu'on retrouvera dans les littératures romantique et surréaliste.

5. *Le rêve inséré dans la cité antique.* À en croire le principal document, l'*Oneirocriticon* d'Artémidore, fruit d'une vaste documentation et expé-

---

and *Christian in an Age of Anxiety*, Belfast, 1968, chap. II: «Man and the Daemonic World»; A. J. Festugière, «Sur les "Discours sacrés" d'Æ. Aristides» (compte rendu critique du livre de Behr), in *Revue des études grecques*, 1969, vol. LXXXII, pp. 117-153; G. Michenaud et J. Dierkens, *Les Rêves dans les «Discours sacrés» d'Æ. Aristide. IIe siècle après J.-C. Essai d'analyse psychologique*, Éd. Univ. de Mons, série Sciences humaines II, Univ. de Mons, 1972 (étude psychanalytique); G. Misch, *Geschichte der Autobiographie*, vol. I: *Das Altertum*, 1949; O. Weinreich, «Typisches und Individuelles in der Religiosität des Aristides», in *Neue Jahrbücher für des Klassischen Altertums*, 1914, t. XVII, pp. 597-606; F. G. Welcker, «Inkubation: Aristides der Rhetor», in *Keine Schriften*, Bonn, 1850, t. III, pp. 89-157; M. Loison, *Les Discours sacrés d'Ælius Aristide: un exemple de relations personnelles entre un païen et son dieu*, Mémoire de maîtrise sous la direction de Mme Harl, Univ. Paris IV, 1975-1976.
29. Voir A. J. Festugière, *Personal Religion among the Greeks*, Berkeley-Los Angeles, 1954, chap. VI: «Popular Piety, Ælius Aristides and Asclepius», pp. 85-104.
30. G. Misch, *op. cit*, vol. I, chap. III: «Die Entwicklung der Selbstbiographie in der philosophischen und religiösen Autobiographie, 4. Die religiöse Selbstdarstellung und die Seelengeschichte. Ekstatische Konfessionen und Traumgeschichte: die "Heiligen Reden" des Rhetors Aristides», pp. 503-519.
31. J. Caro Baroja, *Vidas mágicas y Inquisición*, Madrid, 1967, 2 vol.

rience, les structures sociales, politiques et mentales de la cité – grecque en tout cas – du IIe siècle pénètrent profondément l'interprétation des rêves. Les rêves changent de sens, non seulement selon l'individualité du rêveur, mais plus encore selon sa condition professionnelle, juridique, sociale. Une typologie selon les métiers et les fonctions civiques court tout au long de l'ouvrage et du système oniromantique qu'il présente. Entre citoyens, métèques, esclaves, les rêves changent de sens et ont souvent une signification opposée. De même s'accuse fortement un clivage profond entre hommes et femmes, rêveurs et rêveuses. Les relations parents et enfants sont aussi un thème récurrent dans le traité. Cette insertion croissante dans la cité contribuera à handicaper l'oniromancie face au christianisme quand la cité antique dans son ensemble se transformera profondément. Pourtant se manifeste aussi dans les cités (grecques) «païennes» de l'Antiquité tardive une offensive générale contre la divination qui touche aussi l'oniromancie et diminuera son pouvoir de résistance devant le christianisme.

Dans ce domaine comme en d'autres – par exemple la sexualité ou la quête de Dieu, comme l'ont récemment montré Peter Brown, Paul Veyne, Michel Foucault, Aline Rousselle –, la grande mutation des sensibilités et des comportements qui triompha avec le christianisme commence dans certains milieux païens de l'Antiquité tardive.

6. À l'extrême fin de l'Antiquité «païenne tardive», c'est-à-dire à la fin du IVe siècle, on voit apparaître, au moins dans un traité, mais fort important, une tendance à la *«démocratisation»* des rêves tandis que se précise en contrepoint une *hiérarchisation traditionnelle des rêveurs*.

La première conception se rencontre chez un Grec de Cyrénaïque, Synésius de Cyrène, né vers 370 et mort vers 414. Membre d'une grande famille qui prétendait descendre des rois de Sparte, Synésius prononça un discours *Sur la royauté* devant l'empereur Arcadius, se convertit au christianisme et devint évêque de Ptolémaïs. Nous avons conservé de lui divers traités de sa période chrétienne. Il était encore païen quand il écrivit un étonnant traité *Sur les rêves* (περὶ ἐνυπνίων) où il met en garde contre le recours aux oniromanciens car, dit-il, chaque homme, chaque femme est capable d'interpréter ses rêves. De plus, il y voit un droit fondamental de l'homme. À chacun ses rêves et leur interprétation. Aucun État autoritaire, aucun tyran ne peut ôter ce droit à chacun. Le sommeil et le rêve sont le domaine par excellence de la liberté individuelle[32].

---

32. W. Lang, *Das Traumbuch des Synesius von Kyrene. Übersetzung und Analyse der philosophischen Grundlagen*, Tübingen, 1926; G. Lacombrade, *Synésius de Cyrène, Hellène et chrétien*, Paris, 1951; *Synesii Cyrenensis Opuscula*, éd. N. Terzaghi, Rome, 1944, trad. fr. in H. Druon, *Études sur la vie et les œuvres de Synésius*, Paris, 1859.

C'est aussi à la fin du IVe siècle que la pensée païenne produit le traité le plus achevé sur les rêves: le *Commentarius in Somnium Scipionis* de Macrobe[33]. Macrobe, né vers 360 et mort après 422, est membre d'un petit groupe important de polygraphes et d'encyclopédistes, païens puis chrétiens, qui ont essayé de résumer et de vulgariser les arts libéraux classiques et les enseignements de la philosophie et de la science de l'Antiquité et dont le dernier et plus illustre représentant sera Isidore de Séville. La théorie des rêves qu'il expose dans son *Commentaire du Songe de Scipion* de Cicéron sera la pièce maîtresse, au XIIe siècle, de la renaissance d'un savoir sur les rêves dans la pensée chrétienne avec le *De Spiritu et Anima* du Pseudo-Augustin et le *Policraticus* de Jean de Salisbury. Il y développe notamment l'idée traditionnelle dans la pensée antique qu'il y a une hiérarchie de rêveurs et que seuls peuvent être considérés comme rêves prémonitoires d'une authenticité irréfutable des rêves de personnages revêtus d'une autorité suprême. Macrobe discute ainsi, selon une argumentation très serrée, de la validité du songe de Scipion à fonder une théorie du rêve car, au moment de son rêve, Scipion n'était ni chef de la cité ni n'avait accédé à une magistrature suprême. Mais la qualité de ses pères naturel (Paul Émile) et adoptif (Scipion l'Africain Aîné), sa culture et ses qualités propres l'avaient autorisé à rêver véridiquement de la ruine de Carthage dont il allait être l'auteur. Ainsi se trouve confirmée l'idée d'une hiérarchisation des rêveurs qui englobe le cas spécial du rêve royal venu de la plus haute Antiquité et qu'on retrouvera sous certaines formes dans la théorie chrétienne des rêves au Moyen Âge.

7. *L'achèvement de la typologie des cinq sortes de rêves selon leur nature.* Deux intellectuels païens du IVe siècle portent enfin à leur forme la plus achevée la typologie dominante du savoir antique sur les rêves selon leur nature. C'est la classification quinquapartite.

---

33. Macrobius, *Commentarii in Somnium Scipionis. Saturnalia*, éd. James Willis, Leipzig, 1963, 2 vol.; Macrobius, *Commentary on the Dream of Scipio*, trad. angl., introduction et notes par William Harris Stahl, New York, 1952, 2e éd. 1966; P. Courcelle, *Les Lettres grecques en Occident de Macrobe à Cassiodore*, Paris, 1943 et «La postérité chrétienne du *Songe de Scipion*», in *Revue des études latines*, XXXVI, 1958, pp. 205-234; H. Silvestre, «Survie de Macrobe au Moyen Âge», in *Classica et Medievalia*, XXIV, 1963, pp. 170-180.
On connaît le schéma du *Songe de Scipion* selon Cicéron (*De republica*, livre VI et final, le seul connu au Moyen Âge): Scipion Émilien, le deuxième Africain, voit en rêve son père, Scipion l'Africain, qui lui montre Carthage, lui prédit la victoire, et, pour l'inciter au bien, lui révèle que les âmes de ceux qui ont bien servi la patrie sont récompensées par le dieu suprême *(princeps deus)* qui leur accorde une vie bienheureuse dans la Voie lactée après leur mort. Ce dieu habite la plus haute des neuf sphères célestes dont la révolution produit une harmonie. Il invite son fils à se tourner vers les choses célestes dont les révolutions sont très longues, les «Grandes Années». Le corps de l'homme est mortel, mais son âme est au corps ce que Dieu est au monde. (D'après É. Gilson.)

Le philosophe néoplatonicien Chalcidius consacre les chapitres CCL à CCLVI de son commentaire latin du *Timée* de Platon à un petit traité sur les rêves. Il y distingue trois sortes de rêves selon leur origine. Le premier et le troisième genre de rêves se divisent en deux catégories, ce qui donne au total cinq catégories.
   I. La première est celle *des rêves qui ont leur origine dans l'âme*. Elle se divise en deux sous-catégories :
      a. les rêves suscités par des impressions extérieures et qui n'ont pas de signification pour l'avenir. Il s'agit du *somnium* qui correspond en grec à l'ἐνύπνιον et au φάντασμα.
      b. les rêves produits par la partie supérieure de l'âme mais qui sont le plus souvent obscurs. C'est la catégorie du *visum* ou ὄνειρος.
   II. Les rêves porteurs d'informations transmises par les anges ou démons envoyés par Dieu. C'est le genre de l'*admonitio* (χρηματισμός).
   III. Les rêves venus directement de Dieu qui sont donc clairs et correspondent à la catégorie grecque de l'ὅραμα[34].

Mais c'est Macrobe, dans son *Commentaire du Songe de Scipion* qui donne sa forme achevée à la typologie des cinq catégories de rêves. Je l'ai énumérée plus haut à la fin du paragraphe sur les deux systèmes de typologie des rêves[35].

Il y a donc deux catégories de rêves qui n'ont « aucune utilité ni signification » et qui correspondent aux rêves « faux » de Virgile. La première catégorie, celle de l'*insomnium* (ἐνύπνιον), peut avoir trois sources : l'âme, le corps, la fortune ; la seconde, le *visum* (φάντασμα) qui assaille le dormeur dans son premier sommeil consiste en formes vagabondes et illusoires. Macrobe la double d'une catégorie annexe, l'ἐπιάλτης, qui correspondrait à notre *cauchemar*. La croyance commune *(publica persuasio)*, dont certains historiens modernes des religions ont fait la culture « populaire », désigne par là des sensations oppressantes pendant le sommeil. Il me semble que le disciple et biographe de Freud, Ernest Jones, qui attribue au Moyen Âge chrétien l'invention de la catégorie du cauchemar[36], nous conduit pertinemment à écarter l'ἐπιάλτης, que Macrobe ne traduit pas en latin, de la typologie des cinq catégories de rêves. Les trois catégories restantes de rêves « vrais » ou prémonitoires

---

34. J. H. Waszink, *Studien zum Timaeus Kommentar des Calcidius*, Leyde, 1964 et « Die sogenannte Fünfteilung der Traüme bei Chalcidius und ihre Quellen », in *Mnemosyne*, N. S. III, 1942, pp. 65-85.
35. Voir *supra*, note 33.
36. E. Jones, *On the Nightmare*, 2ᵉ éd., 1949, trad. fr. : *Le Cauchemar : rêves et cauchemars. Incubes et succubes. Le vampire. Le loup-garou. Le Diable. Les sorcières, le cheval. La sexualité et les superstitions*, Paris, Payot, 1973.

sont l'*oraculum* (χρηματισμός) où des parents, des personnes «saintes» (notamment des prêtres) ou la divinité elle-même nous montrent clairement un événement futur, la *visio* (ὅραμα) qui nous révèle une image du futur qui se réalisera telle quelle, et le *somnium* (ὄνειρος) qui annonce le futur de façon voilée.

Le dernier mot de l'Antiquité païenne sur les rêves confirme donc la typologie selon la *nature* des rêves.

8. Il faut enfin noter que, parallèlement à la tendance de certaines cités à proscrire la divination, au niveau de l'«État» on voit se développer au IVe siècle une tendance à assimiler la divination – et notamment l'oniromancie – à la magie et à la condamner et réprimer «pour raison d'État»[37].

Ainsi, quand triomphe le christianisme, si l'oniromancie s'affirme, sous des formes où s'épanouit la tradition, comme une croyance et une pratique dominantes, une tendance à la répression de l'épanouissement onirique se précise.

III. INCERTITUDES CHRÉTIENNES

Avant le IVe siècle et la reconnaissance du christianisme comme religion autorisée puis officielle, les attitudes chrétiennes à l'égard des rêves et de leur interprétation trahissent d'abord de l'intérêt, puis de l'inquiétude, et finalement de l'incertitude.

1. renforcement de l'intérêt pour les rêves

Il est frappant de voir, au moins jusqu'au milieu environ du IIIe siècle, les chrétiens montrer un intérêt si vif pour les rêves que ceux-ci, dans de nombreux textes, apparaissent liés avec les événements essentiels de la vie du chrétien de ces époques : la conversion, le contact avec Dieu, le martyre.

a. rêve et conversion
La conversion au christianisme est souvent présentée en liaison avec un rêve.

---

37. D. Grodzynski, «Par la bouche de l'empereur», in J.-P. Vernant éd., *Divination et Rationalité*, Paris, 1974.

LES RÊVES

Ainsi Origène (185-254) écrit dans le *Contre Celse* (I, 46) : « Beaucoup sont venus au christianisme comme malgré eux, un certain esprit ayant soudain tourné leur cœur de la haine de la doctrine à la résolution de mourir pour elle, en leur présentant une *vision ou un songe* (ὕπαρ ἢ ὄναρ). J'en ai connu bien des exemples. Si je les mettais par écrit, tout témoin oculaire que j'en aie été, j'offrirais une vaste cible à la risée des incroyants qui penseraient que moi aussi, comme ceux qu'ils suspectent d'avoir forgé de telles fictions, je leur en conte. Mais Dieu est témoin de ma conscience et de son désir de confirmer, non par des récits mensongers, mais dans une évidence riche d'aspects, l'enseignement divin de Jésus[38]. »

Notons la division ὕπαρ/ὄναρ (vision/songe) qui sera si importante au Moyen Âge.

b. rêve et connaissance de Dieu, contact avec Dieu
Le rêve ou la vision est aussi pour le chrétien une voie d'accès à Dieu, une occasion d'être directement en contact avec lui. Nul ne l'a mieux exprimé que Tertullien (160-240) qui fut, on le verra, le premier grand théoricien chrétien du rêve : « C'est aux visions, affirme-t-il, que la plupart des hommes doivent la connaissance de Dieu » (*De anima*, XLVII, 2)[39].

Cette présence de Dieu en tout chrétien à travers les songes, les visions, et surtout cette forme suprême de rêve qu'est pour certains chrétiens l'*extase*, est même, selon saint Cyprien, permanente. « C'est pourquoi le divin contrôle ne cesse de nous corriger nuit et jour. Outre les visions nocturnes, de jour aussi l'innocence des enfants grâce au Saint-Esprit nous emplit dans l'*extase*, et nous fait voir avec les yeux, entendre et dire les avertissements et les enseignements dont Dieu nous rend dignes[40]. »

Mais, retrouvant, dans un contexte chrétien, le sens antique de la hiérarchie des rêveurs, saint Cyprien réclame pour l'évêque qu'il est le privilège d'être spécialement favorisé de visions par Dieu, de s'entendre interpellé par lui, comme les patriarches et les prophètes de l'Ancien Testament. Dans sa lettre XI il y insiste à deux reprises : « En effet, et c'est ce qui m'a engagé surtout et poussé à vous écrire, et vous saurez que le Seigneur daignant se manifester à nous *(Sicut Dominus ostendere et reuelare dignatur)*,

---

38. Origène, *Contre Celse*, éd. et trad., Paris, Les Belles Lettres, p. 197.
39. « *Et maior paene vis hominum ex visionibus Deum discunt.* »
40. Cyprien, *Ep.* IX, *PL*, t. IV, col. 253 : « *Castigare nos itaque divina censura nec noctibus desinit nec diebus. Praeter nocturnas enim visiones, per dies quoque impletur apud nos Spiritu Sancto puerorum innocens aetas, quae in ecstasi videt oculis et audit et loquitur de quibus nos Dominus monere et instruere dignatur.* »

il nous a été dit au cours d'une vision *(dictum esse in visione)...»* Et plus loin : « Car ce reproche aussi, mes très chers frères, nous a été fait, il n'y a pas longtemps, dans une vision *(per visionem)*, que nous sommes somnolents dans nos prières et que nous ne parlons pas à Dieu comme des gens qui veillent.»
Mais ici Cyprien fait déraper le lien traditionnel aussi bien chez les chrétiens que les païens entre la vision et le rêve. Sans préciser dans quel état il a eu les visions qu'il rapporte, il exhorte les chrétiens à se détourner du sommeil et à s'exercer à une veille constante, les écartant ainsi des principales occasions de rêver : « Secouons donc et brisons les liens du sommeil, et prions avec insistance et attention, selon le précepte de l'apôtre Paul : "Persévérez dans la prière et veillez en priant." En effet, les apôtres ne cessaient pas de prier le jour et la nuit...»
Ici se profile une opposition entre la prière et le sommeil, donc le rêve.

c. rêve et martyre
Dans la nouvelle hiérarchisation des rêveurs qui s'ébauche dans le christianisme, il est normal qu'au-dessus de l'évêque s'affirme le héros chrétien par excellence, le martyr. Par sa vertu, par son sacrifice, il est digne d'obtenir les plus hautes visions, celles qui montrent l'au-delà et le futur. Je n'en prendrai qu'un exemple, éclatant : les visions des martyrs Perpétue et Saturus dans la célèbre *Passio Sanctarum Perpetuae et Felicitatis*[41] racontant, à partir des notes dictées en prison par Perpétue, le martyre à Carthage en 203 d'un petit groupe de chrétiens. Ce groupe était si visiblement lié à Tertullien que certains érudits en ont fait le rédacteur de cette Passion.
Ce texte rapporte le récit de cinq visions obtenues en prison par Perpétue et un de ses compagnons, Saturus. Des quatre visions de Perpétue deux concernent elle-même et ses compagnons et lui révèlent le futur, deux ont trait à un jeune frère de Perpétue et lui montrent l'au-delà. Quant à Saturus, sa vision prolonge les visions de Perpétue concernant leur avenir de martyrs.
Deux particularités doivent être signalées dans ces récits de rêves-visions. Le fait que les martyrs sont *dignes* de ces visions, en particulier Perpétue. Et celle-ci a même le droit, par ses mérites, de *demander* une vision et de l'obtenir et de s'entretenir avec Dieu.
C'est son frère qui, la première fois, l'incite à demander à Dieu de lui montrer leur avenir dans une vision : « Alors mon frère me dit : "Madame

---

41. *Passio Sanctarum Perpetuae et Felicitatis* (textes latin et grec), éd. C. Van Beek, Nimègue, 1936.

ma sœur tu as déjà de si grands mérites que tu es digne de réclamer une vision et il te sera montré si c'est le martyre ou la relaxe qui nous attend (Domina soror, *iam in magna dignatione es, tanta ut postules visionem et ostendatur tibi...*)." » Perpétue, qui sait qu'elle peut s'entretenir avec Dieu *(Et ego quae me sciebam fabulari cum Domino)*, demande, et une révélation lui est montrée en vision *(Et postulavi et ostensum est mihi hoc...)*. Elle voit une échelle hérissée d'armes, dressée jusqu'au ciel avec un dragon à son pied que Saturus l'aide à monter, et qui la fait arriver dans un grand jardin où l'accueille un berger tout blanc qui lui donne un morceau de fromage à manger. Elle comprend que c'est le martyre qui les attend.
Les deux rêves suivants nous offrent la première évocation imagée de ce qui sera plus tard le Purgatoire[42]. Il lui est montré *(ostensum est mihi hoc)*, sans qu'elle ait rien fait cette fois pour provoquer cette vision, un jeune frère mort il y a un certain temps et qui souffre dans un jardin hostile de l'au-delà. Elle prie pour que, cette fois-ci, ce soit son frère qui lui soit donné *(ut mihi donaretur)*, c'est-à-dire qui soit délivré de son épreuve. C'est ce que lui montre peu après une autre vision. La veille de son martyre elle voit, dans une étrange vision que Louis Robert a récemment expliquée[43], le combat qu'elle soutiendra le lendemain non contre les bêtes mais contre le Diable.
Enfin Saturus, qui mérite lui aussi une vision prémonitoire *(Et Saturus benedictus hanc visionem suam edidit)*, se voit avec ses compagnons accueillis au Paradis.
« Telles sont les visions très insignes des très saints martyrs Saturus et Perpétue eux-mêmes et qu'ils ont eux-mêmes dictées[44]. »

2. du rêve à l'hérésie

Pourtant, très tôt le rêve fut associé par les chefs du christianisme aux hérétiques.
Après Judas, le premier grand damné du christianisme fut Simon le Magicien, le premier hérétique en Samarie selon les Actes des Apôtres (VIII, 9-25). Ses démêlés avec saint Pierre et avec Philippe, qui ramena dans le giron de l'Église les nombreux disciples qu'il avait séduits, devinrent légen-

---

42. Voir *infra*, La Naissance du Purgatoire, pp. 771-1231.
43. L. Robert, « Une vision de Perpétue martyre à Carthage en 203 », in *Comptes rendus de l'Académie des Inscriptions et Belles-Lettres (séance du 7 mai 1982)*, Paris, 1983, pp. 227-276.
44. « *Hae visiones insigniores ipsorum martyrum beatissimorum Saturi et Perpetuae, quas ipsi conscripserunt* » (éd. C. Van Beek, p. 34).

daires. Or, dans son *Traité contre les hérésies* (fin du IIe siècle), saint Irénée décrivit Simon le Magicien et ses partisans comme des «jeteurs de rêves». («Ils recourent... aux démons dits parèdres et *oniropompes*», traduit Dom Adelin Rousseau dans la nouvelle traduction du *Contre les hérésies*, Paris, 1984, p. 108, 23.4).

De même dans l'Évangile *(apocryphe)* de Nicodème ou *Actes de Ponce Pilate* on voit la femme de Pilate assaillie par un rêve que lui a envoyé un magicien.

Saint Hippolyte (IIIe siècle), dans son *Commentaire sur Daniel* (IV, XIX), parle d'un meneur religieux qui, en s'appuyant sur ses visions et ses rêves, trompa de nombreux fidèles en leur annonçant faussement la venue de la fin du monde: «Il s'agit encore d'un chef d'une église du Pont, homme pieux et modeste qui, loin d'avoir une connaissance solide des Écritures, donnait plus créance à ses propres visions (τοις ὁράμασιν οἷς ἀυτὸς ξώρα). Après un premier, un second, un troisième songe (ἐφ ἑνὶ καὶ δευτέρω καὶ τρίτω ἐνυπνίω), il se mit à prédire à ses frères comme un prophète: "Voici ce que j'ai vu, voici ce qui attend les hommes ignorants et inconsidérés qui ne consacrent pas aux Écritures une solide étude, mais qui mettent tout leur zèle à croire à des traditions humaines, à leurs divagations, à leurs propres songes (τοις ἑαντων ἐνυπνίοις), à des mythologies et à des racontars de vieilles femmes."»

Il est vrai que la recherche du contact direct avec Dieu et de la révélation du futur par les visions et les songes joua un rôle important chez beaucoup de sectes déclarées hérétiques par l'Église et surtout chez les gnostiques, grands concurrents des chrétiens.

Ainsi les rêves et visions sont sollicités par les Ébionites ou Nazaréens, une des sectes judéo-chrétiennes qui a été probablement à la source de la gnose et dont le noyau le plus ancien, formé de descendants de la première communauté chrétienne de Jérusalem, émigrés lors de la guerre judéo-romaine de 66-70 au-delà du Jourdain à Pella, a rédigé les *Homélies clémentines* ou *Pseudo-clémentines* sans cesse remaniées jusqu'au IVe siècle.

De même chez les disciples de Valentin, un Égyptien qui prêche à Rome au milieu du IIe siècle et dont les croyances sont connues par l'*Évangile de Vérité* trouvé en Haute-Égypte, à Nag Hamadi. La gnose valentinienne distingue en l'homme trois éléments, le *pneumatique* (ou *spirituel*) qui remonte au père, le *psychique* qui reste aux portes du Plérôme (ce qui exprime la plénitude, la totalité, l'inexprimable richesse de l'Être de Dieu), le *hylique* (ou *matériel*) qui sera détruit. Le pneumatique comporte notamment des songes ou visions qui montrent l'ascension hors de la matière vers le Père et qui y contribuent.

LES RÊVES

L'importance accordée aux rêves et visions dans une secte gnostique, celle de Carpocrate, qui vivait à Rome au milieu du IIe siècle, secte accusée par les chrétiens d'avoir un comportement amoral et débauché, contribua aussi à déconsidérer l'interprétation du rêve aux yeux des chrétiens orthodoxes.
Surtout les visions permettant un contact direct avec Dieu, très importantes chez les partisans de Montan, un Phrygien qui, entre 160 et 170, fut saisi de crises extatiques au cours desquelles il proférait des avertissements prophétiques, déconsidérèrent particulièrement la forme extatique des visions et des rêves. Tertullien adhéra au montanisme vers 205 et l'*extase* prit une place privilégiée dans sa typologie des rêves. Cette secte ascétique, prophétique et millénariste dont beaucoup de membres allèrent vainement attendre la descente sur terre de la Jérusalem céleste à Pepuza en Phrygie, en liant étroitement *extase, rêve* et *prophétie*, compromit un peu plus l'interprétation des rêves aux yeux de l'Église orthodoxe[45].
Pourtant, comme on l'a vu, un évêque orthodoxe comme saint Cyprien n'hésitait pas, au milieu du IIIe siècle, à voir dans l'*extase (extasis)* un genre de vie spécifiquement chrétien.

3. le premier théologien chrétien du rêve :
Tertullien

C'est entre 210 et 213 que Tertullien, devenu montaniste, écrivit dans les chapitres XLV à XLIX du *De anima* un vrai traité sur les rêves. C'est donc un demi-hérétique qui proposa la première théorie chrétienne cohérente du rêve. Elle reflète les incertitudes du christianisme face aux phénomènes oniriques[46].

a. le rêve entre le sommeil et la mort
La place de ce petit traité dans l'ensemble du *De anima* est significative. Tertullien l'a situé entre le sommeil et la mort. Il appelle les rêves *(somnia)* les activités du sommeil *(negotia somni)*. Voilà, au sein du sommeil, le rêve placé dans la vie active. Le rêve cependant n'est qu'un accident du sommeil

---

45. Sur le montanisme, on peut toujours se reporter à P. de Labriolle, *La Crise montaniste*, Paris, 1913.
46. Tertullien, *De anima*, éd. J. H. Waszing avec un remarquable commentaire, Amsterdam, 1946. Sur Tertullien, voir J.-C. Fredouille, *Tertullien et la conversion de la culture antique*, Paris, 1972.

et son activité dépend des mouvements de l'âme qui est toujours mobile. L'âme, libérée pendant le sommeil des sollicitations extérieures, émet ses propres productions, dont les rêves[47].
Tertullien, après cette apparente digression sur les rêves, retrouvera le fil et l'achèvement de son discours : la mort. Mais s'il semble se rattacher à la vieille tradition antique de liaison entre le rêve et la mort, au contraire il refuse à la mort d'être un réceptacle de songes. Pour lui, les âmes après la mort vont en Enfer où elles attendent la résurrection de la chair, sauf les âmes des martyrs qui vont directement au Paradis. Mais il n'y a pas de revenants possibles de l'Enfer ; si nous croyons en voir dans nos visions, il s'agit de *fantasmes* envoyés par les démons[48].

b. il y a des rêves vrais
Tertullien, on va le voir, est méfiant à l'égard des rêves mais non seulement il croit qu'il y a des rêves «*vrais*» mais il va presque jusqu'à affirmer que *le rêve est le propre de l'homme.*
«Qui pourrait être assez étranger à la condition humaine, s'écrie-t-il, pour ne pas avoir perçu une fois une vision fidèle ? » (*« Quis autem tam extraneus humanitatis ut non aliquam aliquando visionem fidelem senserit ? »*) (*De anima*, XLVI, 3).
Fort de sa culture «païenne», Tertullien énumère toute une série de rêves prophétiques, annonçant soit l'acquisition future d'un pouvoir, soit des périls et des morts, racontés par les Grecs et les Latins.

c. une typologie tripartite des rêves selon leur origine
Tertullien commence son petit traité en affirmant qu'il faut énoncer une doctrine chrétienne des rêves. *(Tenemur hic de somniis quoque Christianam sententiam expromere...)*

---

47. « *Tenemur hic de somniis quoque Christianam sententiam expromere*, ut de accidentibus somni et non modicis iactationibus animae, *quam ediximus* negotiosam et exercitam semper *ex perpetuitate motationis, quod divinitatis et immortalitatis est ratio. Igitur cum quies corporibus evenit, quorum solacium proprium est, vacans illa a solacio alieno non quiescit et, si caret opera membrorum corporalium,* suis utitur – Il nous faut aussi exprimer ici la doctrine chrétienne sur les rêves, tels qu'ils naissent des accidents du sommeil et des mouvements importants de l'âme que nous avons dite toujours affairée et agitée à cause de son mouvement perpétuel dû à un caractère divin et immortel. Donc quand le repos vient aux corps dont il est le réconfort propre, l'âme, dépourvue d'un réconfort qui n'est pas pour elle, ne se repose pas et, puisque l'activité des membres du corps lui fait défaut, elle se sert de celle qui lui est propre » (*De anima*, XLV).
48. On sait que Tertullien estime que, dans l'Enfer, pendant l'*interim*, certaines âmes sont affligées par les *supplicia* tandis que d'autres bénéficient de *refrigeria*, comme le prouve l'histoire évangélique de Lazare et du mauvais riche. Voir *infra*, *La Naissance du Purgatoire*, pp. 826 et 830-833.

LES RÊVES

Il connaît la plupart des théories païennes sur le sujet : il sait qu'Épicure était ennemi des songes, qu'Homère a parlé des deux portes du rêve, qu'Aristote trouvait qu'en général les rêves étaient vains mais reconnaissait qu'il y en avait aussi de «vrais», que les habitants de Telmessa, en Lycie, dont Cicéron a parlé, ne récusaient pas les songes, mais mettaient en cause, en cas d'erreur, la faiblesse des interprètes. Quant à lui, il a beaucoup utilisé le traité (perdu) sur les rêves d'Hermippus de Berytus, contemporain d'Hadrien (qui a été aussi probablement une source importante pour Artémidore).
Ces opinions divergentes contribuent à lui faire adopter la typologie selon l'origine et il reprend, en la christianisant, la classification selon les trois sources.
1. Certes, majoritairement, les rêves semblent envoyés par les *démons*. Au début du chapitre XLVII il dit : *Definimus enim a daemoniis plurimum incubi somnia*. Il peut y avoir de bons démons qui envoient de temps en temps des rêves «vrais et profitables» *(vera et gratiosa)*, mais plus souvent ils sont «vains, trompeurs, troublants, lubriques et immondes» *(vana et frustatoria et turbida et ludibriosa)*.
2. Mais *Dieu* envoie aussi des rêves prophétiques – c'est ici (XLVII, 2) que Tertullien affirme que la plupart des hommes apprennent à connaître Dieu d'après les *visions* – et il peut même en faire bénéficier les païens. En revanche, les mauvais démons peuvent aussi tenter par des rêves même les saints qu'ils ne cessent d'assaillir de jour et de nuit.
3. Enfin, il y a une troisième catégorie de rêves, ceux que *l'âme* s'envoie à elle-même en fonction des circonstances *(tertia species erunt somnia quae sibimet ipsa anima videtur inducere ex intentione circumstantiarum)*.
4. Tertullien, enfin, comme beaucoup de chrétiens de son temps, mais spécialement des hérétiques comme les montanistes, distingue une quatrième *forme* (plutôt qu'origine) de rêves, ceux qui sont liés à *l'extase (ea autem, quae neque a deo neque a daemonio neque ab anima videbuntur accidere... ipsi proprie ecstasi et rationi eius separabuntur)*.
Mais tous ces mécanismes de l'âme et de l'extase productrices de rêves ne sont pas, contrairement à ce qu'a dit le poète comique Épicharme, le produit du hasard *(non est ex arbitrio somniare... quomodo ipsa erit sibi causa alicujus visionis)*.
Au chapitre XLVIII, Tertullien expose donc les conditions de production des rêves par l'homme lui-même, soit par son âme, soit par son corps. Les rêves se produisent surtout à la fin de la nuit et du sommeil, différent selon les saisons. Ils dépendent de la position du corps du dormeur, de l'alimentation des rêveurs, de leur degré de sobriété. La sobriété, et même le jeûne, sont des conditions favorables au rêve et en particulier, loin de faire disparaître l'*extase*, comme certains le prétendent, ils favorisent son épanouisse-

ment en Dieu *(ita non ad ecstasin summovendam sobrietas proficiet, sed ad ipsam ecstasin commendandam, ut in deo fiat).*

d. on peut rêver partout: contre l'incubation
Tertullien condamne tout enfermement de l'interprétation des songes dans un lieu particulier: *sacrarium* d'un oracle (XLVI, 13) ou temple où l'on pratique l'incubation (XLVIII, 3). L'incubation n'est que superstition. «La force (de l'âme, de l'extase) n'est pas circonscrite dans les limites des lieux sacrés, elle vagabonde, vole ici et là et reste libre. Personne ne peut douter que les maisons sont ouvertes aux démons, et que les hommes sont encerclés par les "images" non seulement dans les lieux sacrés, mais jusque dans leurs chambres» (XLVI, 13)[49]. De même, «c'est une superstition que de prescrire le jeûne à ceux qui pratiquent l'incubation près des oracles pour la prescription du remède (à leurs maux)»[50].
On sait pourtant que l'incubation a survécu dans le christianisme. Les recueils hagiographiques de Grégoire de Tours citent de nombreux cas d'incubation auprès des tombes des saints pour obtenir en rêve une recette de guérison et on rencontre encore des cas d'incubation dans le bas Moyen Âge[51].

e. tout le monde rêve
Pris entre la croyance aux rêves et la méfiance à leur égard, Tertullien insiste cependant sur le rêve, phénomène humain universel. Il étend dans le dernier chapitre de son petit traité, le chapitre XLIX, l'expérience du rêve à toute l'humanité. Les petits enfants, contrairement à ce que certains disent, rêvent, les Atlantes de Libye, dont on dit le sommeil aveugle, peuvent aussi rêver. Certes, ce sont les démons qui envoient des rêves aux Barbares ou à des tyrans comme Néron mais Dieu aussi envoie des rêves *(sed et a deo deducimus somnia)*. Dieu ne peut-il aussi envoyer des rêves aux Atlantes, à n'importe quel peuple de la terre? On ne peut croire qu'aucune âme soit privée de rêves *(dum ne animae aliqua natura credatur immunis somniorum)*.
Ainsi, tout incertain qu'il soit, Tertullien renforce la tendance à l'universalité des rêves, qui, un peu moins de deux siècles plus tard, aboutira à la démocratisation du rêve professée par Synésius.

---

49. «*Et utique non clausa vis est nec sacrariorum circumscribitur terminis: vaga et pervolatica et interim libera est. Quo nemo dubitaverit domus quoque daemoniis patere nec tantum in adytis, sed in cubicubis homines* imaginibus *circumveniri.*»
50. «*Superstitio, ut cum apud oracula* incubaturis *ieiunium inducitur, ut castimoniam inducat*» (*De anima*, XLVIII, 3).
51. P. Saintyves, *En marge de la Légende dorée*, Paris, 1930, Ire partie: «Des songes», pp. 3-163.

LES RÊVES

IV. GENÈSE D'UNE ONIROLOGIE CHRÉTIENNE

Du IVᵉ au VIIᵉ siècle se forme dans la théorie et la pratique une onirologie chrétienne. Il n'y a pas pourtant chez les Pères de l'Église d'exposé doctrinal sur les rêves, il faut attendre Grégoire le Grand et Isidore de Séville pour que s'exprime une vue d'ensemble succincte sur les rêves. Le plus souvent, c'est par bribes ou indirectement qu'il faut saisir l'attitude chrétienne à l'égard des songes. Quant à la pratique, elle nous échappe le plus souvent. Ou bien les rêves ne sont pas jugés dignes d'être couchés par écrit ou ils sont écartés de la tradition par la méfiance ecclésiastique, ou bien les récits qui nous ont été transmis ont un caractère d'arrangement littéraire, de lieu commun culturel nettement marqué et/ou ont été édulcorés ou mutilés par l'autocensure ou par le contrôle de l'Église. On peut toutefois définir une attitude générale du christianisme à l'égard des rêves et les grandes lignes d'une onirologie chrétienne.

1. les grandes mutations et la méfiance

Bien que certaines doctrines et attitudes face aux rêves aient commencé à évoluer chez les païens de l'Antiquité, le christianisme établit de profonds changements dans l'onirologie et l'Église s'efforce de détourner les chrétiens de l'interprétation des rêves.

a. généralisation des rêves significatifs
Il semble pourtant que le christianisme crée en profondeur une situation favorable à l'extension du domaine significatif du rêve. Les Anciens, et cela apparaît, comme on l'a vu, dans toutes les classifications païennes des rêves, d'Homère à Artémidore et Macrobe, réservaient l'onirocritique aux seuls rêves prophétiques. C'était au fond le sens de la distinction entre rêves «vrais» et rêves «faux». La porte de corne laisse passer les rêves «vrais», c'est-à-dire «utiles», significatifs, ceux à partir desquels on peut prévoir l'avenir, et la porte d'ivoire les «faux», ceux auxquels il est inutile de chercher une signification car ils ne peuvent rien apprendre sur le futur.
Le christianisme, au contraire, étend la possibilité de l'onirocritique à tous les rêves. Tous les rêves sont significatifs. Cette généralisation correspond à la fois à la «démocratisation» du rêve dont j'ai déjà parlé et à la croyance du christianisme en l'omniprésence de la volonté divine (directement efficace ou en apparence contrecarrée par les tromperies des démons ou les péchés

de l'homme) dans toutes les manifestations humaines et, notamment, celles qui semblent plus particulièrement en contact avec le surnaturel[52].
Mais cet apparent triomphe du rêve est à double tranchant. Si tout rêve est significatif, mais si demeure, ce qui est le cas, la division entre rêves «vrais» et rêves «trompeurs», quels seront les nouveaux critères de la «vérité» des rêves?

b. suppression des interprètes des rêves et condamnation de la divination par les rêves
Le christianisme supprime tous les spécialistes de l'interprétation des rêves. Très tôt la divination par les rêves est interdite. Le canon 23 du Ier concile d'Ancyre (314) édicte: «Que ceux qui observent les augures ou les auspices, ou les songes ou toutes sortes de divination, selon l'habitude des païens ou qui introduisent dans leurs maisons des hommes pour y mener des enquêtes par l'art de la magie... qu'ils se confessent et fassent pénitence pendant cinq ans[53]...» Personne ne prenant la place des oniromanciens traditionnels, les chrétiens seront désormais livrés à eux-mêmes pour l'interprétation de rêves dont leurs parents et leurs ancêtres avaient l'habitude de s'en remettre, quand ils y attachaient de l'importance, à des spécialistes. Ainsi naquit, me semble-t-il, pour des siècles, un type de société sur lequel on n'a pas assez attiré l'attention, *une société aux rêves bloqués, une société désorientée dans le domaine onirique.*
Certes les rêveurs du haut Moyen Âge ont dû «se débrouiller». On a vu, à propos de l'incubation, que l'interdiction n'a pas été parfaitement respectée. Dans les pratiques, les conduites «réelles», les hommes et les femmes ont dû continuer à s'adresser pour l'interprétation de leurs rêves à des «sorciers» et «sorcières» de village ou de quartier, et même s'adresser avec succès à certains des nouveaux «savants», moines et prêtres. Mais cela dans un climat de semi-clandestinité ou de tolérance toujours révocable.

c. triomphe de la classification selon l'origine
Jusqu'au XIIe siècle, le christianisme ne retiendra qu'une typologie selon l'origine qui consacrera les trois sources de rêve: Dieu, les démons,

---

52. Toutefois, le christianisme interdit en principe aux morts d'apparaître en rêve aux vivants, sauf aux saints du Paradis, encore que leurs apparitions soient dans les premiers siècles du christianisme peu nombreuses. Les apparitions de l'au-delà sont réservées à Dieu lui-même (rarement) et surtout aux archanges et aux anges. Quand le Purgatoire se sera précisé en un lieu (fin XIIe siècle), les âmes du Purgatoire pourront apparaître aux vivants.
53. «*Qui auguria vel auspicia, sive somnia vel divinationes quaslibet, secundum morem Gentilium observant, aut in domos suas huius modi homines introducunt in exquirendis aliquibus ante malifica... confessi, quinquennio poenitentiam agant...*» Texte établi d'après l'«interprétation» d'Isidore Mercator, in Mansi, *Amplissima Collectio...*, 1960, t. II, p. 534.

Les rêves

l'homme, soit à travers son corps (conduites alimentaires, constitution physiologique, maladie, etc.), soit à travers son âme (mémoire, pureté ou impureté, et – cas limite – extase).
Mais le christianisme officiel ne parviendra pas (ou ne voudra pas parvenir) à la définition de critères permettant de reconnaître clairement l'origine des rêves et, étant donné la difficulté à distinguer entre le bien (Dieu), le mal (les démons) et le mélange de bien et de mal (l'homme), l'attitude fondamentale du christianisme à l'égard des rêves sera la méfiance.

2. les motivations de la méfiance

Tout un ensemble de motivations vont, à partir du IVe siècle, se renforcer pour condamner l'intérêt pour le rêve et son interprétation. Lié au corps, le rêve, comme une série de phénomènes humains dont on aura au contraire tendance, à partir du XVIe siècle et plus encore du XIXe et du XXe siècle, à faire des facultés spécifiques de l'homme – «le propre de l'homme» – comme le geste, le rire, la sexualité, va basculer du côté du Diable et être l'objet d'une méfiance accrue.

a. la diabolisation du rêve
Au cours du IVe siècle le christianisme fait subir une mutation essentielle au monde surnaturel. C'est la réduction à l'Un. Tout comme le polythéisme se condense en monothéisme (selon une tendance déjà forte dans les religions païennes de l'Antiquité tardive), le monde multiple des génies aériens – et là est, pour moi, la révolution essentielle du surnaturel chrétien – subit un remaniement décisif. Les démons du paganisme étaient divers, bons *et* méchants. Dans l'Antiquité tardive ils s'étaient plus ou moins séparés en bons *ou* méchants démons. Le christianisme consacra cette division, faisant des bons démons des *anges* et réservant aux mauvais esprits le nom de *démons*. L'unification de ces deux troupes fut une seconde étape capitale. Tandis que les anges devenaient la milice de Dieu et retrouvaient leur fonction de messagers divins – y compris messagers de rêves «vrais» –, les démons s'unifiaient sous le commandement d'un général en chef, inférieur certes à Dieu, mais capable, avec sa permission, de tromper radicalement l'homme pécheur, *Satan, le* Diable.
Ainsi, changement à mes yeux essentiel, dans la typologie tripartite des rêves, ceux qui étaient envoyés par les *démons* (c'est encore le cas chez Tertullien) le furent désormais par *le* Diable, par *Satan* lui-même. Cette entrée en scène sur le théâtre des rêves du pire ennemi de l'homme contribue de façon décisive à attirer le rêve dans le domaine satanique

ou tout au moins à faire peser sur lui (et sur le rêveur) cette menace mortelle.

b. rêve et hérésie
Le rôle joué par une sorte d'hypertrophie de la vision et du rêve dans certaines hérésies et en particulier dans les hérésies gnostiques a aussi contribué fortement à accroître la méfiance du christianisme officiel à l'égard des rêves. Au début du IVe siècle par exemple Eusèbe, dans l'*Histoire ecclésiastique* (V, XXVIII, 7-12), raconte, dans une optique où se repère encore l'incertitude à l'égard de la valeur des visions, l'histoire d'un disciple de l'hérétique Artémon Natalias, favorisé de nombreuses visions de Jésus-Christ qui l'appelait à abandonner ses erreurs (δι' ὁραμάτων πολλάκις ἐνουθετεῖτο ὑπὸ τοῦ κυρίου) mais qui prête peu d'attention à ces visions (ἐπεὶ δὲ ῥαθυμότερον τοῖς ὁράμασιν προσεῖχεν). Eusèbe vit encore dans la tradition archéo-chrétienne du contact avec Dieu, par le rêve, surtout valable pour un «confesseur» (ὁμολογητής).

Mais quand le christianisme devient religion tolérée puis officielle la hiérarchie ecclésiastique tient à contrôler de mieux en mieux la vie religieuse des fidèles et cherche en particulier à canaliser ou à éviter les contacts directs – sans son entremise – des fidèles avec Dieu. Le rêve est suspect comme court-circuiteur de l'intermédiaire ecclésiastique dans les rapports avec Dieu.

c. le futur n'appartient qu'à Dieu
La grande attraction des rêves pour les païens venait surtout du fait que certains d'entre eux, les rêves prophétiques, pouvaient révéler l'avenir. Mais désormais le futur fait partie du domaine réservé du Dieu chrétien. Certains éléments de ce domaine sont concédés, selon sa volonté, par Dieu aux hommes, tels le temps et la science. Ce qui soulèvera de grosses difficultés théologiques aux XIIe-XIIIe siècles c'est quand, par l'usure et par la rémunération des étudiants aux maîtres, les marchands et les universitaires voudront vendre ce qui n'appartient qu'à Dieu. Mais pour l'avenir aucune technique humaine ne peut arracher ce privilège à Dieu et celui-ci ne donnera que très rarement à partager son secret à des hommes privilégiés. Seuls certains saints seront avertis par une vision de l'approche de leur mort ou certains pécheurs distingués par Dieu bénéficieront d'un voyage en rêve dans l'au-delà pour que la vue des peines de l'Enfer/Purgatoire et les joies des banlieues paradisiaques les incitent à se repentir et à préparer leur salut. Sauf ces rarissimes exceptions, le rêve n'est plus porteur d'avenir et de salut.

d. le rêve et le sexe
Une autre compromission du rêve se produit dans le domaine de la sexualité. À partir du moment où le Diable et l'homme jouent un rôle important dans l'envoi et la production des rêves, le premier multiplie les rêves les plus tentateurs, ceux qui aiguillonnent la chair et plus spécialement le sexe, et le second retrouve d'autant mieux dans les rêves que son corps luxurieux et son âme concupiscente produisent en lui, des images voluptueuses, qu'il les a refoulées quand il était conscient. Le sommeil, la nuit, le rêve et le sexe se conjuguent pour faire du dormeur la proie de rêves indécents. Le rêve devient ainsi le véhicule privilégié des tentations oniriques de la nuit et le relais efficace des pollutions nocturnes. La sexualisation progressive des tentations de saint Antoine, modèle des illusions oniriques où le Diable cherche une proie pour l'Enfer, trahit cette pente du rêve vers la luxure. Nul n'a davantage contribué à cette évolution que saint Augustin.

3. *Augustin et les rêves*

Dans ce domaine si important pour l'anthropologie historique il eût été étonnant que saint Augustin, qui a si fortement marqué de son empreinte l'anthropologie chrétienne pendant le «long Moyen Âge» que je vois s'étendre de l'Antiquité à la révolution industrielle du XIXe siècle, n'ait pas eu une présence importante.
Les superbes études de Pierre Courcelle et l'excellent livre de Martine Dulaey[54] me dispensent d'entrer dans les détails de l'histoire complexe des attitudes successives de saint Augustin à l'égard des rêves.

a. l'Afrique et les rêves: l'autobiographie onirique
Pierre Courcelle a replacé avec science et perspicacité l'attitude d'Augustin face aux rêves dans le milieu africain. Le mieux est de lui laisser la parole.
«Une autre tradition autobiographique, qui fut très développée en Afrique aux IIIe et IVe siècles, ce sont les récits de visions, d'origine hellénistique, qui, comme dit très bien le P. Festugière, permettent à l'auteur "de se mettre personnellement en avant et, pour ainsi dire, de se confesser à nous[55]".
«Dans les Églises d'Afrique, les visions survenues au cours des offices étaient enregistrées soigneusement, sous forme de récits à la première per-

---

54. M. Dulaey, *Le Rêve dans la vie et la pensée de saint Augustin*, Paris, 1973; P. Courcelle, *Recherches sur les Confessions de saint Augustin*, Paris, 1950, 2e éd. 1968 et *Les Confessions de saint Augustin dans la tradition littéraire. Antécédents et postérités*, Paris, 1963.
55. A.-J. Festugière, «L'expérience religieuse du médecin Thessalos», in *Revue biblique*, 1939, t. XLVIII, p. 46.

sonne, dès le temps de Tertullien. Ces visions n'étaient pas seulement répandues chez les montanistes, mais au sein de la Grande Église, où elles se multiplièrent lors des persécutions. Il s'agit de visions diurnes aussi bien que nocturnes, celles-ci survenues en songe. Les confesseurs de la foi, dans le temps où ils attendent en prison l'interrogatoire et le martyre, sont l'objet de visions nombreuses qu'ils prennent soin de communiquer oralement ou par écrit à leurs compagnons ; ceux-ci les utilisent pour leurs relations hagiographiques. Nous trouvons ces récits tels quels, à la première personne, insérés dans les pièces les plus sérieuses...
« Le propre de ces visions est leur soudaineté, soulignée souvent par *ecce*, leur apparence réelle, soulignée souvent par *quasi*. En général, l'on voit et l'on entend à la fois un être d'origine céleste : tantôt le Christ, tantôt un ange, tantôt un martyr ou un défunt quelconque...
« Augustin, comme ses contemporains africains, lit et apprécie ces récits autobiographiques de visions. Il mentionne à plusieurs reprises celles de la *Passio Perpetuae*, texte dont la lecture liturgique précède tels de ses sermons... Il enregistre aussi volontiers les visions survenues à ses amis et connaissances[56]. »
Nous retrouvons ici plusieurs des traits définis plus haut : la continuité entre certaines traditions de l'époque hellénistique et certaines attitudes chrétiennes, le caractère privilégié des rêves des martyrs, la popularité des visions chez les hérétiques – ici les montanistes –, le goût des hommes du IVe siècle, païens et chrétiens, notamment les Africains, pour les rêves et leur interprétation, la mise en cause de plusieurs sens (en particulier vue et ouïe) dans beaucoup de rêves.
Il faut aussi noter l'incertitude qui se révèle dans le mélange de termes montrant à la fois la force des apparences « réelles » de ces visions et l'incrédulité qu'elles soulèvent malgré tout chez Augustin. La soudaineté de l'apparition soulignée par *ecce* (voici) semble conduire à l'acceptation de la « vérité » de la vision mais le *quasi* trahit le doute.
Il y a plus, comme l'a si bien reconnu Pierre Courcelle. En fait, Augustin dans les *Confessions* se présente comme le héros d'une de ces autobiographies oniriques dont les Africains de son temps raffolaient.
Dans le grand événement de sa vie, sa conversion, les rêves jouent un rôle essentiel. D'abord parce que sa prédiction (nous sommes dans une atmosphère pagano/chrétienne qui admet le rêve prophétique et, sans faire preuve d'orgueil, saint Augustin peut placer sa vie dans une atmosphère de rapports personnels privilégiés avec Dieu) est faite à travers un rêve de sa

---

56. P. Courcelle, *Recherches...*, *op. cit.*, chap. V : « Autobiographie et allégorie dans les "visions africaines" », pp. 127 *sqq.*

mère. Tout comme, au début du XIIe siècle, l'autobiographie onirique de Guibert de Nogent se déroulera à travers les rêves imbriqués de sa mère et de lui-même, Augustin et Monique forment un couple, fondamental dans sa vie terrestre *et* dans sa vocation religieuse. C'est souligner l'importance du rêve dans son existence que d'attribuer à sa mère le premier rêve de conversion.
Monique, alors qu'Augustin est gravement malade, voit en rêve un jeune homme qui la rassure non seulement sur sa guérison physique mais aussi sur sa future guérison spirituelle. Elle voit sur la règle de bois sur laquelle elle se tient debout Augustin lui-même et le jeune homme et entend Dieu lui dire : « Là où tu es, toi, il sera, lui aussi. »
Augustin, converti quand il écrit les *Confessions*, n'a pas de doute. Ce jeune homme qui consola sa mère et prédit sa propre conversion par la vue et par la parole, c'est Dieu lui-même (ou un ange envoyé par lui – selon l'image habituelle des visions « africaines » comme l'a noté Pierre Courcelle).
Quant à la conversion même d'Augustin, neuf ans après le rêve de sa mère, en août 386, c'est la fameuse scène du jardin de Milan. Augustin, après une crise de larmes consécutive à une conversation avec son ami Alypius, demande à Dieu « jusques à quand, jusques à quand » il sera toujours irrité contre lui et si sa conversion se produira jamais : « Combien de temps, combien de temps ? sera-ce "demain" et encore "demain" ? » *(Et tu, domine, usquequo ? usquequo, domine, irasceris in finem ?... Quamdiu, quamdiu cras et cras ?)*, se couche dans son jardin à Milan sous un figuier. Il entend une voix « venue de la maison voisine » comme d'un enfant garçon ou fille lui dire : *« Tolle, lege »* (Prends, lis) et, ouvrant le texte des Évangiles, il tombe sur ce passage de l'Épître de Paul aux Romains (XIII, 13) : « Ne vivez pas dans les festins, dans les excès de vin, ni dans les voluptés impudiques, ni dans les querelles et les jalousies ; mais revêtez-vous de Notre-Seigneur Jésus-Christ et ne cherchez pas à contenter la chair dans ses convoitises » (*Confessions*, VIII, XII, 28-9).
L'interprétation de cette scène a été très discutée. Je crois, après Pierre Courcelle, qu'il s'agit en fait d'une voix ressentie par Augustin comme « surnaturelle » et lui apportant la parole de Dieu (quasi *pueri an puellae*, comme celle d'un petit garçon ou d'une petite fille). Il s'agit donc d'une *vision auditive* (rappelons-nous l'importance de la parole dans les rêves auditifs sans images) et la conversion d'Augustin rentre dans le cas de ces conversions du christianisme antique réalisées à travers un rêve (et, notons-le, sollicitées, ici, par les paroles d'Augustin à Dieu).
Ainsi, bien que les *Confessions* débordent largement, dans leur richesse, le cadre d'une autobiographie onirique, le cœur de l'ouvrage et de l'histoire qui y est racontée en relève.

b. l'évolution d'Augustin vers la méfiance à l'égard des rêves

Du point de vue théorique, Augustin semble, comme le dit Martine Dulaey, être parti, encore païen, de la doctrine de Cicéron qu'on pourrait résumer par la formule: «Les rêves sont en général trompeurs mais...» Il a aussi cherché à obtenir de sa mère des critères pour reconnaître les rêves «vrais» et les rêves «faux». Celle-ci ne peut invoquer qu'un critère très vague, «une saveur spéciale, impossible à expliquer avec des mots» (Pierre Courcelle, *op. cit.*, p. 103).

Au lendemain de sa conversion, à la fin de 387, c'est encore de Cicéron (*De divinatione* II, 128 et 139) qu'il s'inspire, semble-t-il, pour donner dans le *De quantitate animae* (33, 71) la définition suivante: «À des intervalles réguliers, l'âme se retire de l'exercice des sens; elle en répare l'activité en prenant pour ainsi dire des vacances; elle combine les images multiples, innombrables, dont elle s'est approvisionnée par leur intermédiaire: tout cela, c'est le sommeil et les rêves.»

Il s'intéresse d'une part à ce qui se passe en l'homme et qui peut intervenir dans le rêve, plus particulièrement à l'âme. Dans une perspective qui rappelle celle de Tertullien il emprunte au néoplatonicien Porphyre l'idée que l'âme est véhiculée par le *pneuma* et que l'âme devient ainsi puissance d'imagination. Les rêves font partie des images produites par l'âme[57].

Mais il pense aussi, comme en témoigne sa correspondance avec Nébridius, que les démons, bons ou mauvais, jouent un certain rôle dans les rêves[58].

En tout cas, il ne cherche pas à construire une théorie des rêves mais il se contente de quelques réflexions à propos de rêves rencontrés au hasard de problèmes concrets concernant des faits psychologiques.

On peut trouver dans le *De genesi ad litteram* (12, 18), v. 414, une classification grossière des rêves.

De façon générale, ils se divisent en vrais (*vera*) et faux (*falsa*). Les rêves vrais, à leur tour, se séparent en rêves clairs et en rêves symboliques. Il n'y a là que l'ossature de la théorie païenne aboutissant à la typologie en cinq catégories de songes. Mais Augustin cherche un critère pour repérer les songes faux et les songes vrais. Se référant sans doute à l'expérience de sa mère il forme l'hypothèse que dans le cas des songes faux l'âme est troublée (*perturbata*), alors qu'elle est tranquille (*tranquilla*) dans le cas des rêves «vrais»[59]. Augustin y ajoutera une réflexion sur *phantasia* et *phantasma*[60].

---

57. Voir Martine Dulaey, *Le Rêve...*, *op. cit.*, chap. IV, II: «Porphyre», pp. 76 *sqq.*
58. *Ibid.*, pp. 80 *sqq.*
59. *Ibid.*, pp. 90 *sqq.*
60. *Ibid.*, pp. 93 *sqq.*

En définitive, Augustin croise des facteurs internes du rêve avec des facteurs externes et se rapproche de la théorie chrétienne dominante d'une typologie selon l'origine.

Il y a d'une part l'homme, corps et âme. Mais l'âme est à l'origine du processus et tient la part principale. Mais il y a aussi un stimulus externe. Les rêves sont envoyés par des esprits, anges ou démons[61]. Bien qu'il y ait des rêves diaboliques (dans la confession de saint Cyprien, écrite vers 360-370 et qu'il a lue, on dit que Cyprien a vu «le Diable et sa cour»), Augustin insiste peu sur le Diable et les démons comme origine des rêves. Quant aux anges, ils produisent bien des visions et dirigent sur elles la «force intentionnelle de l'âme», mais c'est l'âme qui fait l'essentiel. «Tout se passe à l'intérieur de l'esprit de l'homme, même si les anges, eux, viennent de l'extérieur[62].» Mais les rêves venus directement de Dieu, comme le prouve l'expérience de sa mère Monique, sont très exceptionnels.

À mesure qu'Augustin vieillit il semble que sa méfiance à l'égard des rêves s'accroît.

Quand il était encore païen, il a réuni à Milan un véritable dossier sur les rêves. Comme un onirocritique spécialiste, il a collectionné des récits de rêves comme il le révélera beaucoup plus tard en racontant l'un d'eux: «Quand j'étais à Milan, j'ai entendu rapporter le cas que voici: On réclamait à un homme le montant d'une dette, en produisant l'engagement qu'avait signé son père, de son vivant. La dette avait été acquittée déjà par le père, à l'insu du fils. Notre homme s'attriste et s'étonne que son père, à sa mort, n'ait point mentionné de dette, alors qu'il avait fait un testament. Dans son angoisse, il vit son père lui apparaître en songe et lui indiquer où se trouvait la décharge qui avait annulé l'engagement. Il découvrit cette pièce, la produisit, repoussa l'accusation, et même récupéra l'engagement signé de la main de son père, que celui-ci n'avait pas récupéré lorsqu'il avait remboursé la somme.»

Comme le note Pierre Courcelle, «Augustin a d'abord partagé l'opinion commune, selon laquelle l'âme du père, soucieuse de son fils, est venue le trouver dans son sommeil pour le délivrer de ses soucis, en fournissant le renseignement qui lui manquait». Mais plus tard, ayant vérifié la «fausseté» d'une vision qu'avait eue de lui un de ses disciples, il ôta toute créance à ce rêve. Par la suite, quand il eut à s'occuper des croyances concernant les revenants dans le *De cura pro mortuis gerenda* (421), il exprima sa défiance à l'égard des rêves où apparaissaient des morts et qui lui semblaient liés au culte des morts[63].

---

61. *Ibid.*, p. 98, n. 54, et voir pp. 113 *sqq.*
62. *Ibid.*, p. 127.
63. Voir P. Courcelle, *Recherches...*, *op. cit.*, pp. 103-104 et M. Dulaey, *Le Rêve...*, *op. cit.*, p. 210, n. 58. Augustin pense qu'on ne voit pas vraiment les morts en rêve mais seulement leurs «similitudines», c'est-à-dire leurs «semblances» (*De cura pro mortuis gerenda*, 12, 15).

Son expérience de pasteur dans sa lutte contre les donatistes qui se complaisaient aussi dans les visions lui fit prendre conscience des liens entre le rêve et l'hérésie.

Enfin, son aversion pour la chair, pour la concupiscence (et notamment ses formes sexuelles), formée dans sa vie et lors de sa conversion, souligna à ses yeux le danger d'une catégorie envahissante de rêves, les rêves sexuels, érotiques. Déjà dans le *De genesi ad litteram* (12, 15) il se pose la question de savoir si les hommes sont responsables de leurs rêves sexuels et quelle en est l'origine[64].

En définitive, Augustin a de toute façon ramené le rêve à un phénomène essentiellement psychologique. Mais l'âme qui agit dans le rêve n'est pas encore purifiée et les images oniriques ne sont pas des images comme les autres. Ce qu'Augustin, en profondeur, ressent à l'égard des rêves, c'est un *malaise*. En tout cas, pour lui, comme l'a bien dit Martine Dulaey, *le rêve n'est pas une voie d'accès privilégiée à la vérité*.

Ce domaine du rêve et de son interprétation n'est pas sans doute celui où Augustin a eu le plus d'influence sur les croyances et les pratiques du haut Moyen Âge. Sa participation au climat antique (païen et chrétien) d'incertitude à l'égard des rêves, l'absence de véritable théorie onirique dans ses écrits, la finesse de ses analyses psychologiques n'en ont pas fait un «Docteur en onirologie». Mais son attitude très réservée a contribué au climat de méfiance qui a entouré l'interprétation des rêves dans le haut Moyen Âge.

Au XIIe siècle, quand renaîtront les idées antiques sur les rêves, Augustin, au lieu d'être entraîné dans le discrédit croissant de la typologie tripartite chrétienne des rêves selon leur origine, deviendra, grâce à son intérêt pour le rôle de l'âme et du *pneuma* dans les rêves, le père de la nouvelle onirologie chrétienne inspirée de l'Antiquité et on lui attribuera le traité qui marque la naissance de cette nouvelle onirologie, le *De spiritu et anima*.

4. les rêves sous surveillance

Ce malaise, cette méfiance à l'égard des rêves conduisit l'Église à exercer un contrôle plus ou moins étroit sur les rêves. Il se traduisit notamment par la distinction à l'intérieur du monde des rêveurs d'une nouvelle élite de rêveurs habilités à chercher le sens de leurs rêves parce que particulièrement significatifs. En même temps, ces rêves contribuaient à imposer une nouvelle idéologie, de nouvelles valeurs, un nouveau style de rapports avec

---

64. M. Dulaey, *Le Rêve...*, *op. cit.*, pp. 135-139.

le divin, une nouvelle hiérarchie dominée par de nouveaux personnages au pouvoir symbolique en partie issu de leurs rêves.

a. une nouvelle élite de rêveurs
Le christianisme accepta le maintien et même la renaissance d'une élite traditionnelle de rêveurs privilégiés : les rois. Devenus chrétiens, les empereurs virent leur prestige renforcé par certains rêves. Les deux fondateurs de l'Empire chrétien, Constantin et Théodose le Grand, eurent connaissance d'une victoire décisive sur leurs ennemis païens ou hérétiques grâce à un songe, et cette vision joua même un rôle déterminant dans leur succès en fortifiant leur décision et leur confiance.

Le premier de ces songes est bien connu. En 312, Constantin, à la veille d'engager une bataille décisive contre Maxence, sous les murs de Rome, la bataille du pont Milvius, vit en plein jour une croix dans le ciel avec ces mots : *In hoc signo vinces* («Par ce signe tu vaincras»). Puis, la nuit, il vit en songe le Christ lui-même qui l'invita à faire représenter la croix sur une enseigne. Constantin battit Maxence. L'année suivante, en 313, par l'édit de Milan il ouvrit la voie à la reconnaissance des fidèles de ce signe et à sa propre conversion[65].

Ainsi un rêve était à la source de la conversion du plus puissant des laïcs et à celle même de l'Empire romain. En 394, Théodose livrait au Frigidus en Illyrie une bataille elle aussi décisive contre un usurpateur, le rhéteur païen Eugène, créature du Franc Arbogaste, assassin de l'empereur légitime Valentinien II, beau-frère de Théodose, qui, avec une armée de Barbares, en majorité des Goths, souhaitait arracher l'empire d'Occident au christianisme. Théodose voulait, lui, réunifier l'Empire romain et y installer définitivement le christianisme. Il présenta donc son entreprise comme une guerre sainte, préparée par des pèlerinages et la consultation du solitaire Jean dans la Thébaïde.

Selon Théodoret, après le premier jour de bataille qui fut très dur pour Théodose et son armée, Théodose ne put s'empêcher de s'endormir au petit matin et il eut un songe : «Vers l'heure où le coq chante, le sommeil vainquit sa résolution (de ne pas dormir) ; couché sur le sol, il lui semblait voir deux hommes habillés de blanc, montés sur des chevaux blancs et qui lui ordonnaient d'user d'audace, de chasser la crainte, et de faire prendre les

---

65. La vision de Constantin a soulevé d'énormes controverses chez les historiens. Notre problème n'est pas la «réalité» (qui la dira?) de la vision, mais sa tradition. Les versions des deux relateurs les plus proches de la vision (Eusèbe et Lactance) ne coïncident pas. Le dossier a été présenté par J. K. Aufhauser, «Konstantins Kreuzesvision», in H. Lietzmann, *Kleine Texte*, Bonn, 1912. Voir H. Grégoire, «La "conversion" de Constantin», in *Revue de l'Université de Bruxelles*, XXXVI, 1930-1931.

armes et de ranger les soldats en ordre de bataille à l'aurore : ils disaient que leur mission était de les secourir et de combattre à leur tête ; et l'un disait qu'il était Jean l'Évangéliste, l'autre l'apôtre Philippe. »
La même vision advint à un soldat qui raconta sa vision et fut amené devant Théodose qui commenta ainsi le phénomène : « "Ce n'est pas pour me donner confiance que cette vision lui est apparue, car j'ai eu confiance dans ceux qui m'ont promis la victoire, mais pour que personne ne croie que ce songe a été inventé par moi, dans mon désir de combattre. C'est pourquoi celui qui protège mon empire a envoyé cette vision à celui-là aussi, pour qu'il soit témoin de l'authenticité de mon récit. Ainsi donc, plus de crainte ! Suivons ceux qui nous protègent et combattent devant nous, et que personne ne considère la victoire comme dépendant du nombre de combattants, mais bien comme étant au pouvoir de ceux qui nous conduisent !" Il dit également la même chose aux soldats, et les ayant tous de ce fait remplis d'ardeur, il les fit descendre du haut de la montagne. »
Théodose, comme on sait, fut victorieux et fut le second fondateur de l'Empire chrétien.
On a noté que cette histoire rappelle singulièrement deux histoires racontées par Frontin dans son traité de *Stratégie* comme des stratagèmes de guerre. À la veille de batailles deux généraux, un Romain et un Grec, auraient raconté avoir vu Castor et Pollux leur apparaître avec leurs chevaux pour leur annoncer qu'ils allaient les aider dans la prochaine bataille[66].
Peu nous importe. L'essentiel est que la tradition du rêve royal se retrouve dans le christianisme et que la tradition chrétienne ait lié à deux songes son triomphe sur terre.
La chronique et la chanson de geste utiliseront aussi le rêve royal. Un des plus célèbres exemples se trouve dans *La Chanson de Roland* où, à quatre moments cruciaux de l'intrigue, Charlemagne a un rêve prophétique.
Mais, à côté du rêveur royal traditionnel, le christianisme fait apparaître un autre rêveur d'élite, le saint. L'hagiographie aux frontières de l'Antiquité tardive et du haut Moyen Âge est pleine de rêves de saints. Je n'évoquerai qu'un cas, mais capital, étant donné le rôle joué par ce saint dans l'hagiographie et dans la dévotion de l'Occident chrétien médiéval, saint Martin[67].

---

66. Voir A. Brasseur, « Le Songe de Théodose le Grand », in *Latomus*, II, 1938, pp. 190-195. Les deux textes de Théodoret racontant le songe de Théodose sont traduits par A. Brasseur, pp. 192-193.
67. La référence essentielle est l'édition et le commentaire d'une grande richesse de J. Fontaine, *Sulpice Sévère, Vie de saint Martin*, coll. « Sources chrétiennes », 133-134-135, 1967-1969, 3 vol. Voir en particulier « Le problème historique des songes et les visions », t. I, pp. 195-198.

LES RÊVES

De Sulpice Sévère à Grégoire de Tours ses hagiographes ont mis en relief ses rêves: contentons-nous, pour l'instant, de ceux rapportés par Sulpice Sévère.

Dans un premier rêve (III, 3-5), Martin encore catéchumène voit le Christ lui apparaître la nuit suivant le jour où il a partagé son manteau (sa chlamyde) avec un pauvre. Il porte la moitié du manteau de Martin et déclare à une multitude d'anges qui l'entourent: «C'est Martin, un catéchumène, qui m'a couvert de ce manteau.» Ainsi se trouve vérifiée la parole de l'Évangile: «Ce que tu as fait à l'un de ces plus humbles, c'est à moi que tu l'as fait.» Martin, comprenant que c'est à Jésus déguisé en pauvre qu'il a donné la moitié de son manteau, se fait baptiser.

On reconnaît ici le rêve convertisseur et on voit le rêve fonctionner comme un miracle; il confirme à la fois la sainteté de Martin, «élevé bien au-dessus de la gloire humaine» par le Christ lui-même, et la véracité des préceptes de l'Évangile[68].

Dans un second rêve il lui est donné l'ordre (par Dieu, par un ange, on ne sait, mais le rêve est visiblement d'origine divine) de «visiter» sa patrie et ses parents encore retenus dans le paganisme. Rêve d'incitation qui fait débuter l'activité missionnaire de Martin[69].

Martin a de nombreuses apparitions d'anges et surtout du Diable mais Martin est alors éveillé et ces visions éveillées ne me semblent pas pouvoir être placées dans le domaine du rêve (VI, 1-2; XXI, 1-4; XXII, 1-5; XXIV, 4-8)[70].

Enfin, c'est Sulpice Sévère lui-même qui apprend par une vision la mort de saint Martin. L'hagiographe pour apposer un sceau d'authenticité irrécusable sur sa *Vita* se crédite lui-même d'une vision qui, par ailleurs, est l'ultime et la plus haute confirmation de la sainteté de Martin (*Ep.* II, 1-6). Sulpice Sévère dans sa cellule, au petit matin, pense aux choses futures, et surtout à la peur du Jugement, à la crainte des peines infernales. Il s'étend sur son lit et s'endort, mais de ce sommeil du matin qui est plus léger (et laisse donc mieux s'exprimer les rêves, selon la théorie exprimée par Tertullien au chapitre XLVIII du *De anima*). Il voit donc dans son sommeil saint Martin, vêtu d'une toge blanche, le visage ardent comme du feu, les yeux brillants comme des étoiles, la chevelure flamboyante comme de la

---

68. «*Quo viso, vir beatissimus non in gloriam est elatus humanam, sed bonitatum Dei in suo opere cognoscens, cum esset annorum duodeviginti, ad baptismum convolavit* – Par ce rêve, le très saint homme ne fut pas élevé au sommet de la gloire humaine, mais il reconnut la bonté de Dieu dans son œuvre et, alors qu'il avait vingt-deux ans, il accourut au baptême» (Sulpice Sévère, *Vita Martini*, VI, 3-5).
69. «*Nec multo post admonitus per soporem ut patriam parentesque, quos adhuc gentilitas detinebat, religiose sollicitudine visitaret*» (*ibid.*, V, 3).
70. Sur saint Martin et le Diable, voir J. Fontaine, *Sulpice Sévère...*, *op. cit.*, t. I, pp. 191 *sqq.*: «Le problème historique du Diable dans la *Vita*».

pourpre. Il lui sourit en lui montrant qu'il porte dans sa main droite sa *Vita* écrite par Sulpice Sévère qui s'agenouille, demande au saint sa bénédiction que celui-ci lui donne en posant sur sa tête sa main que sent l'hagiographe. Soudain, Martin monte au ciel qui s'ouvre et y disparaît, suivi par son disciple, le prêtre Clair. Il s'efforce lui aussi de les suivre, mais en vain. Il s'éveille. Son domestique entre dans sa cellule, le visage plein de tristesse et lui annonce que deux moines de Tours viennent d'apporter la nouvelle de la mort de saint Martin.

Je n'analyserai pas ce rêve qui va devenir un *topos* onirique de l'apparition d'un saint, montant au ciel au moment de sa mort. Le rêve est ici la pièce culminante d'un dossier de canonisation «populaire».

Il faut noter le vocabulaire particulier de Sulpice Sévère pour désigner les rêves concernant saint Martin. Certes, il appelle son propre rêve *vision: somnoque excitus congratulari coeperam* visioni *quam videram*; «réveillé en sursaut, je commençais à me féliciter de la vision que j'avais eue» (ép. 2, 5). Mais dans les trois rêves le terme employé est *sopor*. Il s'agit de ce type de sommeil au sein duquel se produisent les rêves mais il semble bien qu'il faille signaler ici une série d'inexactitudes de traduction. La référence est en effet ici à la Genèse, II, 21, au sommeil que Dieu envoie à Adam pendant qu'il lui enlève une côte dont il forme Ève. Le texte de la Vulgate est : «*Immisit ergo Dominus Deus* soporem *in Adam.*» Le texte hébreu parle de *tardema*, qui a été compris comme torpeur, sommeil profond, traduit par les Septante *ecstasis* et par saint Jérôme *sopor*, alors qu'il s'agit de sommeil léger[71]. On ne peut pas interpréter ce texte de la Genèse comme exprimant un rêve. Pourtant, dans le *De anima* (XLV, 3) Tertullien, interprétant *sopor* par «*somnus cum ecstasi*», finit par donner au *sopor* de la Genèse le sens d'extase, pour lui la forme suprême du rêve. (*Hanc vim ecstasin dicimus, excessum sensus et mentis instar. Sic et in primordio somnus cum ecstasi dedicatus et misit Deus ecstasin in Adam et dormiit.* «Cette force, nous l'appelons extase, évasion des sens et sorte de démence. Ainsi à l'origine le sommeil fut révélé avec l'extase et Dieu envoya l'extase en Adam, qui s'endormit.») Chez Sulpice Sévère, en revanche, le terme *sopor* désigne une forme de rêve, le rêve qui se produit dans le sommeil *léger* du matin.

Chez Grégoire de Tours nous retrouvons le rêve intégré dans une pratique christianisée d'incubation. Par exemple, dans le *De virtutibus sancti Martini* (II, 56), une femme qui a la main ensanglantée et gangrenée par une contracture des doigts, qui enfonce les ongles dans sa main jusqu'aux os et qui a cru avoir dormi en vain auprès du tombeau du saint à Tours, s'endort au bord du Cher où elle voit en songe le saint à la chevelure de

---

71. Je remercie pour ses informations M. Ilan Hirsch.

cygne, revêtu de pourpre, portant la croix, lui annoncer que sa main est guérie, elle s'éveille pour constater que sa main est devenue normale. Le rêve-apparition soudaine est souligné et bien marqué par le *ecce* (*... iterum obdormivit. Et* ecce *vir crine cycneo...*; «il s'endormit de nouveau. Et voilà qu'un homme aux cheveux de cygne...»).

Ces rêves d'incubation sont nombreux chez Grégoire de Tours (v. 538-v. 594). Voici par exemple dans les miracles de saint Julien de Brioude (*De miraculis sancti Juliani*, 9) l'histoire d'une femme paralysée, Fedamia, qui vient au sanctuaire du saint et, dans la nuit du dimanche, se couche dans le portique de la basilique. Elle s'endort et voit «un homme» *(a viro quodam)* lui demander pourquoi elle ne pratique pas la veillée. Elle montre son impuissance et l'homme la porte jusqu'au tombeau. Elle voit une multitude de chaînes tomber de son corps sur le sol. Elle se réveille et constate qu'elle est guérie. Quand, par la suite, elle décrivit l'homme qui lui était apparu, lui avait parlé et l'avait aidée, on reconnut saint Julien lui-même.

Dans les deux récits, Grégoire de Tours emploie le terme antique *visum*, désignant jadis une apparition illusoire (*dum haec* in visu *videret evigilans...; a viro quodam* per visum *correpta atque increpita est...;* «Pendant qu'elle voyait ces choses en pseudo-apparition, elle se réveilla...; un homme, dans une pseudo-vision, l'attaqua et la réprimanda...»). Dans le cas du miracle de saint Julien, Grégoire de Tours utilise aussi *sopor* (*dum* in sopore *fundit orationem;* «tandis que, dans son sommeil léthargique, elle adresse, du fond du cœur, une prière»). Ainsi s'effrite le vocabulaire antique du rêve, et les termes qui indiquent la nature des rêves cèdent peu à peu la place au couple *visio/somnium.*

Le rapport de plus en plus étroit entre rêves et saints se marque encore dans un *topos* hagiographique: celui de la découverte du corps de saints (de préférence martyrs) grâce à un songe.

Cette coutume, qui s'établit rapidement dans le christianisme grec, s'introduisit aussi chez les chrétiens d'Occident. Un des cas les plus célèbres – le premier semble-t-il chez les Latins – fut l'«invention» par saint Ambroise des corps des saints martyrs Gervais et Protais[72]. Saint Augustin dit qu'elle fut envoyée par Dieu à Ambroise par un *visum* (*Confessions*, IX, VII, 16, 1) ou par un *somnium* (*Epistola ad catholicos de secta Donatistorum*, XIX, 50). Mais Augustin est très réservé à l'égard de ces inventions *per somnia* qu'il considère le plus souvent comme fantaisistes. Et il dicte au concile de Carthage de 401 une sévère condamnation de ces pratiques (canon 14 in Mansi, *Sacrorum conciliorum... collectio,* t. III, p. 971): *nam quae per somnia et inanes quasi revelationes quorumlibet hominum ubique constituuntur*

---

72. P. Courcelle, *Recherches sur les Confessions..., op. cit.*, pp. 145 *sqq.*

altaria, omnimode reprobentur («car les autels qui sont établis partout par des songes et par de vaines pseudo-révélations de n'importe qui, c'est une chose à condamner absolument»).

b. pauvreté de la théorie des rêves, luxuriance des récits de rêves
Du Ve au VIIe siècle la typologie chrétienne des rêves selon l'origine se fige et s'appauvrit. Comme pour beaucoup de thèmes légués au Moyen Âge par l'encyclopédisme – tout pénétré de culture antique – du haut Moyen Âge, les deux principaux théoriciens sont Grégoire le Grand et Isidore de Séville.
Grégoire qui a déjà exposé son opinion sur les rêves dans les *Moralia in Job* (8, 42), au IVe livre des *Dialogues* (chapitre L) écrits en 593-594 se fait poser par Pierre la question : «*Doceri velim si hoc quod per nocturnas visiones ostenditur debeat observari*» (Je voudrais que vous m'appreniez si ce qui est montré par des visions nocturnes doit être pris en considération). La réponse de Grégoire est longue. Dès le début, il expose sa typologie : «Les images oniriques touchent l'âme de six manières. Les songes naissent parfois d'un ventre vide ou plein, quelquefois d'une illusion, quelquefois d'une réflexion et d'une révélation. Les deux premières catégories, nous les connaissons tous par expérience. Les quatre autres, nous les trouvons dans la sainte Écriture[73].»
Grégoire précise ensuite que l'illusion est produite par l'«ennemi caché» *(ab occulto hoste)*, c'est-à-dire le Diable, et cite deux versets de l'Ancien Testament (Ecclésiastique, XXXIV, 7 et Lévitique XIX, 26) qui mettent en garde contre les *somnia*. Quant aux rêves mixtes ayant une double origine, Grégoire en justifie l'existence par un verset de l'Ecclésiaste (V, 2) prouvant l'origine mixte (réflexion et illusion) de certains rêves et par l'histoire de Daniel expliquant le songe de Nabuchodonosor (réflexion et révélation). Les rêves venus de Dieu *(révélation)* sont prouvés par les rêves de Joseph dans l'Ancien Testament et de l'autre Joseph, époux de Marie, dans le Nouveau Testament.
Ainsi retrouve-t-on, multipliée par deux, la typologie des trois origines des rêves : l'homme (ventre ou réflexion, corps ou pensée), Dieu (révélation), le Diable (illusion). La subtilité de Grégoire qui distingue des rêves mixtes ne fait en réalité que servir le but que se propose Grégoire le Grand, le pas-

---

73. «*Sciendum, Petre, est quia sex modis tangunt animam imagines somniorum. Aliquando namque somnia ventris plenitudine vel inanitate, aliquando vera inlusione, aliquando autem cogitatione simul et revelatione generantur. Sed duo quae prima diximus, omnes experimento cognoscimus. Subiuncta autem quatuor in sacrae scripturae paginis invenimus*» (Grégoire le Grand, *Dialogues*, vol. III, coll. «Sources chrétiennes», 265, 1980, texte critique et notes par A. de Vogüé, trad. par P. Antin, pp. 172-173).

LES RÊVES

teur moraliste : détourner les chrétiens des rêves et de leur interprétation. En effet, les catégories mixtes redoublent les difficultés d'identification de l'origine des rêves. Déjà l'homme, pétri de bien et de mal, produisait des rêves souvent ambigus mais en général négligeables sans grand risque. Si en fait certains de ces rêves sont particulièrement inspirés par le Diable et donc à rejeter absolument, tandis que d'autres d'origine partiellement divine devraient être retenus, la méfiance à l'égard des rêves ne peut que s'accroître. C'est en effet la conclusion de Grégoire le Grand : « Plus grande est la diversité des qualités alternativement à l'œuvre dans les rêves, plus on doit être difficile à y ajouter foi. Quelle impulsion les amène – quantitativement et qualitativement –, c'est d'autant plus difficile à élucider[74]. »

Seule donc, comme on l'a vu plus haut, une élite, les saints *(sancti viri)*, sait reconnaître les rêves venant d'un « bon esprit » (envoyé par Dieu) et ceux qui ne sont qu'illusion (venue du Diable). Grégoire reprend ici une expression d'Augustin : « *un goût secret (intimo sapore)* leur permet de distinguer illusions et révélation à travers les paroles et les images des visions » *(ipsas visionum voces aut imagines)*.

Et, à sa façon, surtout dans les *Dialogues*, Grégoire termine sa démonstration par une anecdote édifiante : « C'est ce qui est arrivé sans aucun doute récemment à l'un de nos amis. Il accordait aux songes une attention excessive. Dans un rêve il se vit promettre une longue vie. Il avait mis de côté beaucoup d'argent pour les dépenses d'une vie longuement prolongée. Il mourut tout d'un coup, laissant cette fortune intacte, et il n'emporta avec lui pas la moindre bonne œuvre[75]. »

Nous avons vu le songe contaminer le *miracle*. Nous le voyons ici s'introduire dans ce genre narratif bref moralisateur qui deviendra au Moyen Âge l'*exemplum*. Mais dans le *miracle* un saint sait reconnaître les rêves « vrais » des rêves « faux » qui sont devenus avec le christianisme les rêves « trompeurs » envoyés par le Diable. Dans l'*exemplum*, genre d'une morale le plus souvent négative, où il s'agit surtout de mettre l'homme en garde contre le mauvais exemple de certains pécheurs, il y aura au contraire surtout des rêveurs, trop attachés aux rêves et qui se laissent tromper par eux et celui qui les leur a envoyés pour leur perte[76].

---

74. « *Sed nimirum cum somnia tot rerum qualitatibus alternent, tanto eis credi difficilius debet, quanto et ex quo inpulsu veniant facilius non educet* » (*Dialogi*, IV, 50, 6). J'ai préféré ici à l'excellente traduction de Dom Antin (éd. cit., III, p. 175) une traduction plus lourde mais plus près du texte.
75. *Dialogi*, IV, 51, éd. cit., III, p. 177.
76. Voir Cl. Bremond, J. Le Goff, J.-Cl. Schmitt, *L'Exemplum*, in *Typologie des sources du Moyen Âge occidental*, fasc. 40, Turnhout, Brepols, 1982. J. Le Goff, « Vita et pré-exemplum dans le deuxième livre des *Dialogues* de Grégoire le Grand », in *Hagiographie, Cultures et Sociétés, IVe-XIIe siècle*, Paris, 1981, pp. 105-120.

Isidore de Séville, dans le premier tiers du VIIe siècle, traite des rêves au chapitre VI du IIIe livre de ses *Sententiae*, dont Jacques Fontaine a dit qu'elles annonçaient les sommes médiévales, d'un point de vue significatif bien rendu par l'éditeur moderne : *«De tentamentis somniorum»* (Des tentations des rêves). Le chapitre est placé entre celui *«De tentationibus diaboli»* (Des tentations du Diable) et celui *«De oratione»* (De la prière), la prière étant le remède aux rêves[77].

Isidore montre d'abord les démons assaillant l'homme de rêves pendant son sommeil *(per visiones conturbant, ut formidolosos et timidos faciant... per soporem conturbant...)* ; «ils les accablent par des visions pour les rendre craintifs et timides... ils les accablent par la torpeur...»). Il insiste sur l'action des démons agressant les hommes avec des rêves illusoires et tentateurs *(variis illusionibus intentantes)*. Seuls les saints – car Isidore suit de près Grégoire le Grand – peuvent rester indifférents à ces songes illusoires *(illusionum vanitates despiciunt...)*. Isidore reprend ici la typologie de Grégoire le Grand : certains rêves viennent du corps de l'homme, par excès *(ex saturitate)* ou par manque *(seu inanitione)*, d'autres visions qui ne sont qu'*illusions* viennent des esprits immondes, c'est-à-dire des démons. D'autres encore sont mixtes *(permiste)* et procèdent à la fois de la réflexion et de l'illusion, ou de la réflexion et de la révélation. Certes il y a des rêves «vrais» *(Quamuis nonulla vera sint somnia)*, mais il y a aussi des rêves forgés par l'esprit *(mentes enim non nunquam ipsae sibi somnia fingant)*.

Il faut donc être extrêmement prudent et méfiant à l'égard des rêves. Même les rêves vrais «il ne faut pas les croire facilement car ils naissent de diverses qualités des imaginations et on fait rarement attention à leur origine. Il ne faut pas ajouter foi facilement aux rêves de peur que Satan... ne nous trompe». Il faut «mépriser» les rêves, même s'ils semblent se vérifier, de peur qu'ils ne procèdent de l'illusion, des démons capables de mêler le vrai au faux pour mieux tromper. Comme l'a dit Matthieu (XXIV, 23) : *«Si dixerint vobis, et ita evenerit, non credatis»* (S'ils vous ont annoncé quelque chose, même si c'est arrivé, ne croyez pas en eux).

Isidore termine sur les rêves luxurieux. S'ils se produisent dans le sommeil malgré le dormeur, ce ne sont pas des péchés mais si, comme c'est le plus souvent le cas, ils ne font que reproduire la nuit les images des pensées où l'on s'est complu le jour, alors le rêveur commet un péché.

Quant aux pollutions nocturnes qui peuvent provenir de ces rêves, c'est un péché et le rêveur, à son réveil, doit les effacer par ses larmes.

Ainsi l'incapacité de l'Église à fournir au chrétien des critères de distinction d'origine et donc de valeur des rêves conduit à faire refouler ses rêves

---

77. Isidore de Séville, *Sententiae*, III, VI, *PL*, t. LXXXIII, col. 668-671.

LES RÊVES

par le rêveur. La société chrétienne du haut Moyen Âge est une société de rêveurs frustrés. Même dans la liturgie la propagande contre les rêves se glisse. Aux complies, dans l'hymne *Te lucisante terminum*, attribué à saint Ambroise, on chante : « *Procul recedant somnia et noctium phantasmata;* que reculent les songes et les fantasmes de la nuit. »
En revanche, si la réflexion théorique sur les rêves est pauvre et essentiellement négative, les *récits* de rêves se mettent à foisonner et à s'épanouir dans la littérature ecclésiastique, hagiographique et/ou didactique.
Je me contenterai de renvoyer à l'excellent inventaire des rêves dans les *Dialogues* de Grégoire le Grand qu'a dressé le Père Adalbert de Vogüé (*Dialogues*, t. III, coll. « Sources chrétiennes », 265, 1980, pp. 357-359).
On trouve d'abord des rêves dans les « annonces d'événements à venir » dont dix-huit sur trente-trois concernent l'annonce de la mort d'un personnage qui est dix fois sur dix-huit le « prophète » lui-même, c'est-à-dire un saint. Il n'est pas toujours précisé que cette apparition se fait sous la forme d'une vision ou d'un songe pendant le sommeil. Mais, le plus souvent, la mention de la nuit comme cadre temporel, ou l'emploi du terme *revelatio* précisent qu'il s'agit d'un rêve « vrai ». Cette annonce onirique de sa propre mort à un saint est un élément d'autobiographie onirique. D'autre part, les héros des dialogues étant des saints, ils sont davantage favorisés de rêves « vrais », de « révélations » divines. Mais ils savent aussi résister aux tentations oniriques du Diable. Quand il s'agit d'un aussi grand saint que saint Benoît auquel est consacré, comme on sait, tout le livre II des *Dialogues*, il a souvent le privilège d'apercevoir Satan en *vision claire*, et non en cachette ou en rêve : « *Non occulte vel per somnium, sed aperta visione eiusdem patris se oculis ingerebat* » (*Dialogues*, II, VIII, 12).
Le Père de Vogüé distingue aussi des *visions de bienheureux* (anges, personnages surnaturels, le Seigneur – une fois –, Jésus – une fois –, la Vierge Marie et sa suite – une fois –, les saint Pierre, Pierre et Paul, Inticus, Juvénal et Éleuthère, le pape Félix, Jonas, Ézéchiel et Daniel, Faustin), des *visions d'âmes*, des *visions d'objets* (dans l'au-delà, en ce monde des signes dans le ciel, une nuée dans l'église, une voie montant de la terre au ciel, des phénomènes lumineux), des songes et *visions nocturnes* concernant surtout des bienheureux.
Il faut toutefois compter au nombre des visions oniriques les récits de voyages dans l'au-delà qui se multiplient sous l'influence de la littérature apocalyptique judéo-chrétienne des premiers siècles et qui sont en général annoncés par l'information que le rêveur visionnaire quitte son corps *(eductus e corpore)*. C'est le cas du soldat Étienne qui, blessé semblait-il à mort, prêt à rendre l'âme, accomplit un voyage dans l'au-delà où il vit un pont dont il fit la description quand, contre toute attente, il revint à la vie

(*Dialogues*, IV, XXXVII, 8 *sqq.*). Parfois un terme précise qu'il s'agit d'un type de rêve visionnaire, ainsi *revelatio* (IV, XXXVIII, 1). Ainsi il faut ajouter aux rêves que le Père de Vogüé classe dans la catégorie «songes et visions nocturnes» certains des «miracles» qu'il place dans les séries «visions», bien qu'il faille, selon moi, écarter du domaine des rêves visionnaires les visions dont il est précisé qu'elles se font «directement», «clairement» *(aperte).*

Notons par ailleurs que sous la pression de la volonté d'édifier aussi bien par le sort des damnés que par celui des bienheureux, quelques morts infâmes se glissent parmi les revenants autorisés – essentiellement les saints. Ainsi au chapitre LIII du livre IV des *Dialogues* pour montrer l'épanouissement en récit pittoresque et édifiant des récits de rêves dans la littérature chrétienne du haut Moyen Âge.

Nous voyons notamment ici le rêve mis à contribution pour limiter l'enterrement des laïcs dans les églises. Pour ce faire, un personnage qui relève, sans doute, du milieu ecclésiastique, le *custos ecclesiae*, mais qui est un personnage modeste et sans doute laïc, est mobilisé pour bénéficier d'une *révélation*, une vision «divine», au service de la pratique ecclésiastique.

Le plus frappant peut-être dans ces rêves ou visions racontés par Grégoire le Grand est la part qu'y prend tout ce qui concerne le salut, c'est-à-dire la mort et l'au-delà. Un champ nouveau est en train de s'ouvrir au rêve, celui de l'au-delà; le rêve, la vision deviennent le véhicule, la forme du voyage dans l'au-delà. Si le domaine du rêve se rétrécit dans ses thèmes, un champ immense s'ouvre ainsi à lui, où il côtoie, comme sur le pont étroit de l'au-delà, le Paradis et l'Enfer[78].

c. un milieu de rêveurs privilégiés : le milieu monastique
Si les martyrs puis les saints ont été très tôt les rêveurs par excellence de l'onirologie chrétienne, au cours du haut Moyen Âge un milieu plus large, mais au moins théoriquement fermé, moins éclatant parce que n'ayant pas encore acquis la gloire céleste, mais prestigieux, exemplaire, sur terre où il est comme un semis de paradis et d'anges momentanément ancrés ici-bas, le milieu monastique devient un milieu de rêveurs privilégiés et de grands producteurs littéraires et pastoraux de rêves.

De Cassien dans la Marseille du Ve siècle à Bède dans les îles Britanniques des VIIe-VIIIe siècles, le récit onirique se multiplie et s'amplifie. Récits surveillés par les ordres monastiques eux-mêmes et par l'Église mais en fait accueillis, construits ou reconstruits, produits dans un champs largement ouvert. Avec Cassien – avec les Orientaux – arrivent les rêves de l'Orient et du désert, dans les *Scriptoria* sont lus, copiés, médités, commentés les

---

78. P. Dinzelbacher, *Vision und Visionsliteratur im Mittelalter*, Stuttgart, 1981.

LES RÊVES

rêves des Écritures et de l'hagiographie, avec Bède – comme déjà avec d'autres – ce sont les imaginations celtiques et barbares qui apportent leur tribut de rêve à l'imaginaire monastique. Les jeunes moines, les frères lais, la *familia* laïque introduit dans le monastère un corpus de rêves venus des traditions culturelles orales, du folklore. Plus parcimonieusement, car les monastères surveillent la production spirituelle qu'ils envoient au-dehors, par leurs voyages, leur rôle auprès des évêques et des grands laïcs, la prédication, ils laissent filtrer une partie de cette production onirique. Bède joue un rôle essentiel dans le développement et le succès des visions de l'au-delà. Mais surtout ils thésaurisent les rêves. Quand la révolution urbaine, la réforme grégorienne, l'évolution des ordres eux-mêmes, l'apparition des Ordres mendiants, rendront plus perméable ou feront même sauter la clôture monastique, le trésor des rêves monastiques va entrer en circulation, va se diffuser au sein de nouvelles théories et pratiques de l'onirologie chrétienne, dans une société renouvelée dont l'imaginaire se transformera aussi profondément.

CONCLUSION

Deux phénomènes de longue durée concernant le rêve et son interprétation ont joué, dans l'Antiquité tardive et au Moyen Âge, un rôle important dans l'imaginaire des hommes et des femmes autour de la Méditerranée, puis dans le monde chrétien – au moins occidental. Ces deux phénomènes esquissés dans l'Antiquité judaïque et dans l'Antiquité gréco-romaine se sont surtout affirmés avec le christianisme.

a. le refoulement et la manipulation des rêves
Ils ont été imposés, comme pour la sexualité, par la grande censure ecclésiastique dont nous ne sommes pas encore complètement libérés et qui, pour le meilleur et pour le pire, a conduit à la psychanalyse. Je ne me suis pas aventuré sur ce terrain à cause de mon incompétence mais il me semble indispensable dans cette esquisse d'une histoire de l'onirologie de faire appel à la science psychanalytique. En tout cas « le rêve et la peur » c'est un couple historique qui relève de ce christianisme de la peur dont Jean Delumeau a bien montré l'épanouissement et dont la genèse remonte loin. Le rêve par sa diabolisation entre dans ce syndrome du *contemptus mundi*, du refus du monde que le monachisme du haut Moyen Âge a infatigablement construit. Ce n'est pas un hasard si le jeune cardinal Lothaire,

qui allait devenir le pape Innocent III, consacre un chapitre de son *De contemptu mundi*, vers 1196, à un moment où les rêves connaissent une première grande vague de libération dans la grande mutation du tournant du XIIᵉ au XIIIᵉ siècle, à la «peur des rêves».
Dans ce monde devenu celui du cauchemar dans une certaine vision de christianisme névrosé, pas même la nuit n'apporte le repos et l'homme a été réduit à la situation de Job aux pires moments de ses épreuves. Lui faisant écho, le futur pape proclame: «Le temps concédé au repos, il ne nous est pas concédé qu'il soit en repos: les songes terrifient, les visions abattent[79].»
Pourtant, on a l'impression que les rêves se constituent aussi en contre-système culturel et, de nouveau, la contestation onirique se lie à la contestation hérétique. Le paysan champenois Leutard était devenu, selon Raoul Glaber, le premier hérétique «populaire» d'après l'An Mil en ayant une vision endormi dans son champ. Emmanuel Le Roy Ladurie a montré la fascination des rêves sur les Cathares de Montaillou[80].

b. rêve et individu
Le rêve – et c'est sans doute la première motivation de l'historien qui s'intéresse aux rêves – est un phénomène collectif. Et le XVIIᵉ siècle connaîtra même, je le rappelle d'après Hennigsen, des «épidémies de rêves». Il s'insère dans les cadres sociaux et culturels d'une société mais c'est aussi une des voies principales par où l'individu s'est affirmé. Nous avons vu naître dans l'Antiquité tardive le genre de l'autobiographie onirique. Du païen Ælius Aristide et de l'évêque Augustin elle évolue lentement vers l'abbé bénédictin Guibert de Nogent au début du XIIᵉ siècle. Le développement du rêve a été étroitement lié à la vogue du voyage dans l'au-delà et à l'importance grandissante du *jugement individuel* juste après la mort.
Je me tournerai pour finir non vers un texte en aval des IIᵉ-VIIᵉ siècles à la différence du texte d'Innocent III mais vers une pensée très en amont. Héraclite, dans le fragment 89, dit: «L'univers de ceux qui veillent est unique et commun mais chaque dormeur se retourne vers soi-même.»

---

79. Innocent III, *De contemptu mundi*, I, 25.
80. E. Le Roy Ladurie, *Montaillou, village occitan de 1294 à 1324*, Paris, 1975, pp. 608-609.

LES RÊVES

APPENDICE

LES RÊVES DANS L'ANCIEN TESTAMENT

GENÈSE

1.	XV	Yahvé s'adresse à Abraham dans une vision.
2.	XX	Songe nocturne d'Abimelek, à qui vient Yahvé.
3.	XXVI, 24	Yahvé apparaît en songe à Isaac.
4.	XXVIII, 29	Rêve de l'échelle de Jacob.
5.	XXXI, 10-13	Songe de Jacob.
6.	XXXI, 24	Vision nocturne de Laban.
7.	XXXVII, 5 et XXXVII, 10	Rêves de Joseph.
8.	XL	Rêves de l'échanson et du panetier de Pharaon.
9.	XLI	Songes de Pharaon.
10.	XLII, 9	Songe de Joseph.
11.	XLVI, 1-5	Yahvé se manifeste à Jacob dans une vision.

LÉVITIQUE

12. XIX, 26 — Lois données à Moïse et au peuple juif: Yahvé interdit la divination par les songes.

NOMBRES

13. XII, 6-8 — À un prophète, Yahvé parle en vision ou en songe *(in visione apparebo ei, vel per somnium loquar ad illum)* mais à Moïse il parle face à face et non par énigmes et «figures» *(non per aenigmata et figuras).*

14. XXII, 8-21 — Double apparition nocturne de Yahvé à Balaam.

DEUTÉRONOME

15. XIII, 1-6 — Yahvé met Israël en garde contre «les prophètes et faiseurs de songes» *(propheta aut fictor somniorum).*

16. XXIII, 10-12 — Rituel de purification dans les camps après une pollution nocturne *(qui nocturno pollutus sit somnio...).*

JUGES

17. VII, 13-15 — Un Madianite raconte à Gédéon un songe prémonitoire.

I SAMUEL
18. III Yahvé appelle trois fois le jeune Samuel pendant son sommeil.
19. XVIII, 15 Yahvé ne parle plus en songe à Saül *(per somnia)*.

I ROIS
20. III, 5-15 Yahvé apparaît à Salomon à Gabâon.

II CHRONIQUES
21. XXXIII, 6 L'impie Manassé, parmi d'autres maléfices, pratique la divination par les songes.

ESTHER
22. I, 1 Songe de Mardochée.
23. X, 3b-3k Mardochée explique son rêve.

II MACCABÉES
24. XV, 11-16 Songe de Judas Maccabée.

JOB
25. IV, 12-21 Rêves terrifiants selon Eliphaz : un spectre.
26. VII, 13-14 Job ne peut se reposer car Yahvé lui envoie des visions et des songes effrayants.
27. XX, 8 La joie de l'impie s'envole comme un rêve ou une vision nocturne.
28. XXXIII, 15-17 Yahvé tourmente l'homme par des songes et des visions nocturnes.

PSAUMES
29. LXXIII (LXXII), 20 Yahvé anéantit les impies comme un songe au réveil.

ECCLÉSIASTE
30. V, 2 et V, 6 Les songes engendrent beaucoup de soucis et de vanités.

SAGESSE
31. XVIII, 17-19 Parmi les fléaux que Yahvé envoie aux Égyptiens il y a des visions et des songes terrifiants.

LES RÊVES

ECCLÉSIASTIQUE
32. XXXIV, 34, 1-8 — Songes = mensonges.
33. XL, 5-7 — L'homme, dans sa misère, ne peut même pas reposer la nuit, à cause des rêves et des visions.

ISAÏE
34. XXIX, 7-8 — Les ennemis de Jérusalem seront dispersés comme un songe.

JÉRÉMIE
35. XIV, 14 — Contre les faux prophètes qui prophétisent une vision mensongère.
36. XXIII, 25-32 — Contre les prophètes qui rêvent mensongèrement.
37. XXVII, 9-10 — Yahvé contre les songe-creux.
38. XXIX, 8-9 — Yahvé demande à Israël de ne pas s'occuper de ses rêves car ils seront interprétés par de faux prophètes.

DANIEL
39. II — Songe de Nabuchodonosor : la statue.
40. IV — Songe de Nabuchodonosor : l'arbre.

JOËL
41. II, 28 — Yahvé enverra des songes aux vieux et des visions aux jeunes.

ZACHARIE
42. I, 7-VI, 15 — Visions et auditions nocturnes de Zacharie.
43. X, 2 — Vanité des faux interprètes de songes *(somniatores)*.

À PROPOS DES RÊVES
DE HELMBRECHT PÈRE

On pardonnera, je l'espère, à un médiéviste non germaniste d'apporter sa modeste contribution à l'hommage justement rendu à Georges Zink, grand savant, professeur, maître, en proposant quelques remarques sur les rêves du père du jeune Helmbrecht. Il y a plus de vingt ans que ce récit m'était apparu comme un témoignage remarquable sur la condition paysanne dans les régions germaniques méridionales et sur l'image du paysan dans la littérature et l'idéologie du XIIIe siècle[1]. Quand je suis retourné, il y a quelques mois, à *Helmbrecht*, je me suis aperçu qu'un nombre considérable d'études, souvent remarquables et importantes, avaient été consacrées au sujet depuis 1964[2].

Quoique ayant essayé de réparer mon ignorance, mes lectures, tout en m'instruisant, m'ont fait mieux sentir mon incompétence à m'insérer dans ces débats de spécialiste. Je me contenterai donc de quelques remarques extérieures, sinon naïves, sur les rêves du vieil Helmbrecht, à la lumière d'une enquête entreprise depuis longtemps sur les rêves et leur interprétation au Moyen Âge[3].

On sait que Helmbrecht père a quatre rêves[4], du v. 577 au v. 639, sous forme de quatre récits suivis d'une brève réaction (toujours négative) du jeune Helmbrecht.

Première publication: «Quelques remarques sur les rêves de Helmbrecht père», in *Mélanges Georges Zink*, G.A.G., 364, Göppingen, 1984, pp. 123-141.

1. J. Le Goff, *La Civilisation de l'Occident médiéval*, Paris, 1964, pp. 394-396.
2. V. Seelbach, *Bibliographie zu Wernher der Gartenaere*, Berlin, 1981.
3. J. Le Goff, «Les rêves dans la culture et la psychologie collective de l'Occident médiéval», *supra*, pp. 287-293.
4. J'ai utilisé l'édition F. Panzer, 8e éd. revue par K. Ruh, Tübingen, 1968 – il y a eu une 9e édition en 1974. Mais j'ai aussi regardé, souvent pour leurs notes, l'édition de K. Speckenbach, Darmstadt, 1974, et celle de H. Brackert/W. Frey/D. Seitz, Francfort, 1972. L'édition

Dans le premier rêve (v. 580-586), le vieux paysan voit son fils portant deux flambeaux très brillants et cela lui rappelle un rêve semblable qu'il a eu un an auparavant, et celui qui portait alors ces flambeaux est depuis devenu aveugle. «Je serais bien couard si je me laissais impressionner par de tels contes *(maere)*», répond le fils. Le père a alors recours à une double progression de rêves: progression dans le caractère effrayant, progression aussi dans la clarté du sens.

Dans le second rêve, le père voit son fils avec une jambe et un bras mutilés (v. 592-600), mais le jeune homme répond que ce rêve annonce «bonheur et prospérité et riches joies».

Le père renchérit: il a vu son fils s'efforcer de voler dans l'air mais on lui coupait une aile et il tombait (v. 603-610), et de rappeler l'image du corps déjà meurtri de son fils:

owê hende, füeze und ougen dîn.

Le jeune Helmbrecht s'obstine à interpréter le rêve dans un sens favorable: «Tous les rêves sont l'annonce de ma fortune» *(saelde)*. Alors le vieux paysan raconte son dernier rêve (v. 617-634), le plus atroce, de façon plus longue, détaillée, réaliste. Il a vu son fils pendu, un corbeau et une corneille fouillant dans chaque partie de sa cervelle – c'est l'évocation qu'on retrouvera deux siècles plus tard dans la *Ballade des pendus* de Villon. Le fils admet que ce peut être signe de mort. Mais jusqu'à la mort il poursuivra son dessein. Il partira. Il échappera au sort misérable de paysan.

À deux reprises, dans la dernière partie du conte, au cours de la déchéance et du châtiment progressifs du jeune Helmbrecht, Wernher le Jardinier fait allusion aux rêves en train de se réaliser. Aux v. 1786-1791, le père voyant son brigand de fils à qui le bourreau a crevé les yeux, coupé une main et un pied, constate en cachant sa douleur sous un ricanement, s'adressant à ce fils devenu étranger qu'il vouvoie: «Dites-moi maintenant si mes trois rêves ne se sont pas vérifiés! Mais cela croîtra encore et vous subirez de pires maux; avant que le quatrième rêve ne s'accomplisse, quittez vite cette porte!» Et à la fin du récit (v. 1910 *sqq.*) le conteur-poète conclut, après la pendaison du jeune Helmbrecht: «Je crois que le [dernier] rêve du père s'est réalisé.»

Speckenbach a une courte mais substantielle note *troum*, pp. 98-101, avec une bibliographie dont j'ai extrait: J. Lunzer, *Zum Meier Helmbrecht*, PBB 53 (1929), pp. 195-207, et W. Schmitz, *Traum und Vision in der erzählenden Dichtung des deutschen Mittelalters*, Münster, 1934. Voir aussi S. R. Fischer, *The Dream in the Middle High German Epic: Introduction to the Study of the Dream as a Literary Device to the younger Contemporaries of Gottfried and Wolfram*, Berne-Francfort-Las Vegas, 1978. Je me suis aussi aidé de la traduction française d'André Moret, *Helmbrecht le Fermier, Mœurs des paysans allemands au Moyen Âge*, Paris, 1938.

LES RÊVES

Ma première remarque concerne le statut du rêveur, le vieil Helmbrecht. Dès l'Antiquité on distinguait deux niveaux d'interprétation des rêves : il y avait des oniromanciens savants et des « devins de place publique » que l'on nommait habituellement « imposteurs, charlatans et bouffons ». L'auteur du plus célèbre traité d'interprétation des songes de l'Antiquité, le Grec Artémidore de Daldis (ou d'Éphèse), qui vivait en Asie Mineure au IIe siècle de l'ère chrétienne, affirme qu'il a recueilli son corpus de rêves aussi bien auprès des savants, auteurs d'onirocritiques, que de ces devins populaires que lui ne méprise pas[5].

Il fallait dans l'Antiquité païenne, quand on voulait connaître la signification de ses rêves, s'adresser à des spécialistes, qu'ils soient savants ou populaires. À la fin du IVe siècle le païen Synésius de Cyrène qui sera baptisé en 410 et deviendra évêque, écrit un traité intitulé *Sur les rêves* (περὶ ἐνυπνίων) où il invite au contraire chaque rêveur, quelles que soient sa condition et sa culture, à être son propre oniromancien. Cet appel à la démocratisation de l'onirocritique n'aura pas d'avenir[6].

Le christianisme, devenu au IVe siècle de plus en plus méfiant à l'égard de l'interprétation des rêves, supprima les spécialistes de l'oniromancie et réserva à une élite d'avoir des rêves significatifs, dignes d'interprétation. Le christianisme est ici l'héritier de la Bible. Dans l'Ancien Testament, les rêves dignes d'intérêt sont ceux des rois (Pharaon, Nabuchodonosor, Samuel, Salomon), des patriarches et des prophètes, ou d'un personnage aussi surdéterminé que Job. La plupart des rêveurs juifs vétéro-testamentaires ont des visions au sens clair. Certains d'entre eux (Joseph, Daniel) sont exceptionnellement gratifiés par Dieu du pouvoir d'interpréter les rêves voilés des rois païens[7].

Dans le Nouveau Testament n'apparaissent que deux petits groupes de rêves, les uns liés à la naissance de Jésus (ils sont envoyés à des personnages de premier plan : Joseph, les rois mages, la femme de Pilate), les autres attribués par les Actes des Apôtres à saint Paul, dans une perspective d'hellénisme et de promotion de l'apôtre militant[8].

Au Moyen Âge, pendant longtemps les rêves à interpréter sont réservés à une élite ecclésiastique, moines, évêques et surtout saints, et à une élite

---

5. Trad. fr. de A.-J. Festugière : *Artémidore, La Clef des songes (Onirocriticon)*, Paris, 1975 ; trad. allem. de F. S. Kraus : *Artemidoros aus Daldis, Symbolik der Traüme*, Vienne-Budapest-Leipzig, 1881, nouv. éd. : *Traumbuch*, revue et annotée par M. Kaiser, Bâle-Stuttgart, 1965. Texte grec : *Artemidoris Daldiani Oneirocriticon libri V*, éd. R.A. Pack, Leipzig, 1963. Étude : Cl. Blum, *Studies in the Dream-Book of Artemidorus*, Uppsala, 1936.
6. Éd. Περὶ ἐνυπνίων. *Synesii Cyrenensis Opuscula*, éd. N. Terzaghi, Rome, 1944 ; trad. fr. in H. Druon, *La Vie et les œuvres de Synésius*, Paris, 1859.
7. E. L. Ehrlich, *Der Traum im Alten Testament*, 1953.
8. A. Wikenhausen, « Die Traumgeschichte des Neuen Testaments in religionsgeschichtlicher Sicht », in *Pisciculi, Fs. für Fr. Dölger*, 1939.

laïque, essentiellement royale. Ces rêves royaux peuvent être véhiculés soit par des chroniques (ainsi le rêve, au début du XIIe siècle, d'Henri Ier d'Angleterre dans la chronique de Jean de Worcester), soit par des œuvres littéraires (par exemple les rêves de Charlemagne dans *La Chanson de Roland*)[9]. À peu près seul Bède, au début du VIIIe siècle, interprète les rêves plus ou moins obscurs des laïcs[10].

À partir du XIIe siècle le rêve significatif se démocratise. Tout chrétien, homme ou femme, peut être favorisé d'un rêve digne d'interprétation[11].

Le vieil Helmbrecht, un paysan, profite de cette extension sociale du rêve. Mais trois remarques s'imposent :
– D'abord Helmbrecht père est un paysan modèle, professant et appliquant les vertus du temps passé ; ce n'est pas un paysan banal ;
– Ensuite il souligne son incompétence en matière d'interprétation des rêves et évoque l'utilité du recours aux savants, aux *wîsen* (v. 579), *wîse liute* (v. 600).
– Enfin ce dont il est favorisé, c'est de *rêves (somnia, tröume)* qui, dans la doctrine chrétienne des rêves, sont une catégorie inférieure, envoyée à des païens ou à des chrétiens de second rang, incapables précisément d'interpréter eux-mêmes leurs rêves. L'autre catégorie de messages de l'au-delà, ce sont les *visions (visiones)* qui, en général, font voir une réalité cachée[12].

La hiérarchie des rêveurs est quand même respectée. L'Ancien Testament suggère cette classification en rêves obscurs et en visions claires. Dans le livre des Nombres (XII, 6-8) Yahvé déclare qu'à Moïse, qui lui a toujours été fidèle, il « parle de bouche à bouche, ouvertement et non par énigmes ». Mais cette distinction est surtout fondamentale dans des traités comme l'*Onirocritica* d'Artémidore. Celui-ci distingue les rêves *théorématiques*, « ceux dont l'accomplissement a pleine ressemblance avec ce qu'ils ont fait voir », et les rêves *allégoriques*, « qui signifient de certaines choses au moyen d'autres songes[13] ».

Le premier songe est bien allégorique. Le jeune Helmbrecht y porte deux flambeaux, ce qu'il ne fera pas dans les épisodes réels du conte. Mieux, ce rêve annonce probablement le contraire de ce qu'il semble montrer ouvertement puisque l'association d'images qui vient à l'esprit de Helmbrecht

---

9. K. J. Steinmeyer, *Untersuchungen zur allegorischen Bedeutung der Träume im altfrz. Rolandslied* (Langue et Parole 5), Munich, 1963.
10. Voir la vision de Drythelm au chapitre XII du livre V de l'*Historia ecclesiastica*, et P. Dinzelbacher, *Vision und Visionsliteratur im Mittelalter*, Stuttgart, 1981.
11. Voir J. Le Goff, art. cité *supra*, p. 739, note 3.
12. F. Schalk, *Exempla romanischer Wortgeschichte*, Francfort, 1966, « Somnium und verwandte Wörter im Romanischen », pp. 295-337 ; et surtout W. Schmitz, *Traum und Vision...*, *op. cit.*, n. 4.
13. *Artémidore, La Clef des songes*, *op. cit.*, n. 5, p. 20.

père c'est un rêve antérieur, semblable, où l'homme qui portait les flambeaux est devenu par la suite, dans la réalité, aveugle.
Ce type de rêve a particulièrement retenu l'attention d'Artémidore. Celui-ci, dans une de ses typologies, divise en effet les rêves selon leurs rapports avec leurs accomplissements. Quatre types : « Certains songes sont bons quant au dedans et quant au dehors, d'autres mauvais quant aux deux, d'autres bons quant au dedans mais mauvais quant au dehors, d'autres mauvais quant au dedans mais bons quant au dehors[14]. »
Artémidore s'intéresse spécialement aux deux derniers types de rêves, les rêves trompeurs, parce que leur interprétation suppose beaucoup de science, d'expérience et d'habileté de la part de l'oniromancien. De ce type de rêve Artémidore donne de nombreux exemples dans le catalogue de rêves rassemblé pour son fils au livre V. En voici un exemple où l'« allégorie » est proche du premier rêve du père de Helmbrecht : « Un homme rêva qu'il allumait sa lampe à la lune. Il devint aveugle. Il prenait en effet sa lumière à une source où il ne pouvait pas l'allumer. D'un autre côté on dit aussi que la lune n'a pas de lumière propre[15]. »
Même opposition dans les deux rêves entre un objet lumineux brillant et la cécité[16]. Mais de cette opposition structurale le poème ne donne aucune interprétation (le vieil Helmbrecht n'est pas un savant, il est incapable d'expliquer ces rêves), tandis qu'Artémidore invoque deux explications objectives : la distance de la lune, son caractère d'« astre mort ». Pourtant si *Helmbrecht* n'explique pas le rêve il suggère que la cécité est la punition de la vanité du jeune paysan qui voulut « briller » (par exemple avec son bonnet, ses vêtements) aux yeux des autres, leur « en jeter plein les yeux ». Les intentions morales qui ne sont peut-être pas tout à fait absentes chez Artémidore (là aussi l'homme a voulu s'élever au-dessus de lui-même, de son état) sont claires dans le récit de Wernher le Jardinier. Bien que les signes directs de christianisme soient faibles dans *Helmbrecht*, le rêve y est christianisé. Le subjectif remplace l'objectif, la punition des fautes remplace le destin. L'homme est le héros responsable du rêve.
Les deux rêves suivants présentent un caractère paradoxal. En effet, le vieil Helmbrecht continue à donner comme *rêves allégoriques*, c'est-à-dire plus

---

14. *Ibid.*, p. 27.
15. *Ibid.*, p. 267, rêve n° 11.
16. Dans les songes génériques, dans la catégorie de ceux qui prédisent « beaucoup de choses par beaucoup de choses », Artémidore imagine un cas proche du troisième songe du vieil Helmbrecht : « Quelqu'un rêva qu'il volait et que, s'étant élevé par ses seuls moyens, il était arrivé au but auquel il tendait ; ensuite, parvenu à ce but, il a rêvé qu'il avait des ailes et qu'il s'élevait en l'air avec les oiseaux... Le résultat fut pour lui qu'il sortit de son pays à cause de l'action de voler » (*op. cit.*, n. 5, p. 25).

ou moins énigmatiques, requérant une interprétation de savant, des rêves qui sont en fait *théorématiques*, faisant *voir* directement ce qu'ils annoncent. Il y a là un procédé littéraire très efficace. D'une part la transformation tacite du rêve d'énigme en vision marque une progression dramatique dans l'évocation de l'avenir du jeune Helmbrecht; d'autre part la vérité psychologique de cette dramatisation en renforce l'effet.
Désespérant de convaincre son fils par un rêve au sens voilé, bien qu'en fait facile à deviner (on ne peut offrir à l'auditeur ou au lecteur qu'une énigme simple), le vieil Helmbrecht recourt à une évocation plus directement frappante, angoissante.
Il dépeint d'abord de façon très réaliste un mutilé dont l'identification avec son fils est claire. Mais il feint d'y voir un sens difficile à trouver pour lui, illettré, et invite le jeune homme à en demander le sens aux savants (v. 598 *sqq.*) :

> *sol dir der troum wesen frum,*
> *oder waz er bediute,*
> *des frâge wîse liute.*

La réponse du jeune homme montre tout l'art de Wernher le Jardinier. Elle se situe comme tout au long de ce passage onirique à la fois sur le plan de la théorie de l'interprétation des rêves et sur celui de la psychologie des personnages. Le fils qui, visiblement (trait de génération), ne croit pas à la signification des rêves ou se défend d'y croire, a opposé au premier rêve sa détermination, son courage. Il s'affirme déjà comme empreint de l'idéal guerrier, aventureux, «casse-cou» des jeunes de cette noblesse dans laquelle il voudrait bien entrer[17].
Au second rêve il répond de façon toujours provocante, mais surtout ironique. Très habilement, il reprend en l'inversant la théorie artémidorienne qui soustendait le rêve précédent. Il recourt cette fois-ci à la catégorie «rêves mauvais quant au dedans mais bons quant au dehors». Mais, dit-il en substance, c'est sûrement présage de fortune et de richesse que ce rêve horrible !
Ne laissons pas ce deuxième rêve sans souligner que le second livre de l'*Onirocritica* d'Artémidore est consacré pour une partie importante[18] à l'interprétation des rêves faisant intervenir le corps et les parties du corps.
Dans le troisième rêve le vieil Helmbrecht recourt à nouveau à un *rêve théorématique* quoique empreint d'un certain caractère *allégorique*. La progres-

---

17. On connaît les articles classiques et convergents de G. Duby, «Les Jeunes dans la société aristocratique dans la France du Nord-Ouest au XIIe siècle», rééd. in *Féodalité*, Gallimard, Quarto, pp. 1383-1397, et de E. Köhler, «Sens et fonction du terme "Jeunesse" dans la poésie des troubadours», in *Mélanges offerts à René Crozet*, Poitiers, 1966, pp. 569 *sqq.*
18. *La Clef des songes, op. cit.*, n. 5, pp. 34-58 de la traduction Festugière.

LES RÊVES

sion ici me semble consister dans le fait, d'une part, de combiner, d'additionner ces deux catégories fondamentales du rêve selon Artémidore, et, d'autre part, dans l'évocation non de l'échec partiel de l'entreprise du fils mais de l'échec total. Le modèle ici c'est le rêve d'Icare et, s'il fait penser en amont de l'histoire à l'Antiquité, il fait aussi penser en aval au fameux tableau de Breughel où le premier plan est occupé par un paysan à sa charrue. Artémidore qui consacre tout un chapitre au vol en l'air (chap. LXVIII du livre V) donne, à son habitude, des interprétations tantôt favorables, tantôt défavorables de ce type de rêve. Le cas du vieil Helmbrecht s'apparente à cette catégorie : « La chose la plus funeste et de plus mauvais augure pourrait bien être de vouloir voler et de ne le pouvoir[19]... » Avec le christianisme le rêve du vol en l'air prend essentiellement le sens d'une manifestation de *superbia*, d'orgueil. De son rêve, le père dit à son fils (v. 605 *sqq.*) :

> *dû soldest fliegen hôhe*
> *über welde und über lôhe.*

Comme son père feint de se demander si c'est là bon présage *(sol dir der troum guot sîn ?)*, le jeune Helmbrecht s'entête dans son interprétation ironique des rêves de son père : « Tous tes rêves annoncent ma fortune », mais il dévoile plus clairement sa position : « Je pars, *malgré tous les rêves !* » (*swie vil dir sî getroumet*, v. 616). À l'instar déjà d'un chevalier, d'un Érec, d'un Lancelot, Helmbrecht part pour l'aventure chevaleresque *malgré* (et en fait *à cause de*, c'est la pulsion de mort du jeune Helmbrecht) le risque presque certain de mort.

L'escalade dans le réalisme et l'horreur conduit au quatrième et dernier rêve.

Le vieil Helmbrecht, qui ne sait plus à quel moyen recourir pour convaincre son fils, fait une déclaration liminaire étonnante. Les rêves précédents sont négligeables, maintenant il va raconter un rêve *vrai*. Il me semble que c'est bien le sens du v. 619 et j'adopte la traduction d'André Moret (v. 617 *sqq.*) :

> *Sun, al die tröume sint ein wint*
> *die mir noch getroumet sint :*
> *nû hoer von einem troume.*

En plus ici de l'artifice littéraire et psychologique, il y a utilisation d'une typologie des rêves, bien connue dès l'Ancien Testament et l'Antiquité (rêve

---

19. *Ibid.*, p. 173.

de Pénélope dans l'*Odyssée*, IV, v. 795-841, déclaration d'Énée dans l'*Énéide*, VI° livre), mais qui a revêtu une importance de premier plan avec le christianisme (*rêves vrais* envoyés par Dieu et *rêves faux* distillés par le Diable – bien que cette forme christianisée de l'antique opposition n'apparaisse pas du tout ici). C'est l'évocation avec des détails insupportables d'un corps de pendu, songeons une nouvelle fois à Villon.

Bien que le rêve soit tout à fait clair il y a ici utilisation, mais me semble-t-il dépouillée de toute ambiguïté, d'un accessoire symbolique important, le corbeau *(rabe)* et la corneille *(krâ)*. L'appel à la très forte charge symbolique de ces oiseaux est traditionnel en littérature et dans le folklore, mais il faut souligner que ce symbolisme est resté longtemps ambivalent. Ce pouvait être aussi bien signe de faveur que de malheur[20]. Dans les premiers siècles du christianisme, en Orient puis en Occident, le corbeau est souvent le signe de la protection divine : il ravitaille l'ermite dans sa solitude. À preuve le corbeau de saint Benoît qui apparaît dans les *Dialogues* de Grégoire le Grand. Mais au XIII° siècle le corbeau est pris dans le grand mouvement de *diabolisation*, d'*infernalisation*[21] des symboles qui fait partie de l'essor d'une pédagogie ecclésiastique de la *peur*[22]. Après Villon, Edgar Poe est déjà au chevet du cadavre pendu de Helmbrecht.

Parvenu à ce point culminant des rêves paternels, le jeune Helmbrecht révèle clairement sa volonté. Pour l'accomplir il ira jusqu'au plus sombre horizon, la mort (v. 638 *sqq.*) :

> *ich gelâze nimmer mînen muot*
> *hinnen unz an mînen tôt.*

Tout le personnage de Helmbrecht le jeune est dans cette rime. À l'évidence, les rêves du vieil Helmbrecht se rattachent à une tradition, à une typologie savante et ancienne. Ils ne doivent presque rien à l'oniromantique chrétienne bien que, naturellement, ils doivent, à la fin du XIII° siècle, fonctionner sans contredire explicitement la théorie chrétienne.

Disons très sommairement que là où les anciens païens faisaient surtout découler l'interprétation des rêves de leur structure et de leur contenu – pour aboutir à l'ultime moment de la pensée païenne, aux cinq catégories de Chalcidius[23] et de Macrobe –, le christianisme, reprenant une tradition stoï-

---

20. Voir l'index s. v. *Raven* dans Stith Thompson, *Motif-Index of Folk-Literature*, et le *Hwb. des deutschen Aberglaubens*.
21. A. Graf, « Artù nell' Etna », in *Leggende, miti e superstizioni del Medioevo*, Turin, 1925.
22. J. Delumeau, *La Peur en Occident (XIV°-XVIII° siècle)*, Paris, 1978.
23. J. H. Waszink, « Die sogenannte Fünfteilung der Traüme bei Calcidius und ihre Quellen », in *Mnemosyne*, 9, 1941, pp. 65-85.

cienne très minoritaire, fait basculer l'oniromantique vers la recherche, pour apprécier la *valeur* du rêve, de ses sources (Dieu, Satan, le corps humain). Les rêves du père sont *savants* et branchés sur une tradition païenne. Il me semble tout à fait légitime, et même nécessaire, d'évoquer à propos du troisième rêve, celui du vol en l'air, outre évidemment le mythe d'Icare, le rêve de la fille de Polycrate chez Hérodote[24]. Ce fut la juste idée de Lunzer et de Schmitz dédaigneusement écartée sans raison valable dans les notes de l'édition Speckenbach (p. 99) et la huitième édition Panzer-Ruh (p. 84). Tout nous indique au contraire qu'il faut éclairer l'origine des rêves du père essentiellement par une tradition remontant, autant qu'elle est historiquement discernable, à l'Antiquité et plus particulièrement à la grecque.

Que Wernher le Jardinier ait directement connu Hérodote ou Artémidore, c'est infiniment peu probable, mais il a puisé, cela me paraît certain, dans la tradition antique dont ils ont été l'expression et, en ce qui concerne Artémidore, un des principaux théoriciens. S'il y a une recherche à entreprendre c'est justement en direction de la littérature savante qui a permis une continuité ou une renaissance entre les rêves antiques et les rêves des XIIe et XIIIe siècles chrétiens.

On sait que le *Commentaire sur le Songe de Scipion* de Macrobe, pour ce qui est de sa théorie de l'interprétation des rêves, a été oblitéré par le christianisme jusqu'au XIIe siècle. Mais le milieu qui l'a ressuscité, c'est le milieu scolaire et universitaire[25].

Il me semble qu'il faut plutôt chercher ici dans la tradition des *Clefs des songes* qui se développe vers la même époque, mais avec des intermédiaires orientaux (arabes et surtout byzantins) et par d'autres voies, dans d'autres milieux, savants mais plus perméables aux influences «folkloriques» ou «populaires». C'est à juste titre qu'un certain nombre de savants se sont tournés vers cette tradition et ont fait un rapprochement entre *Helmbrecht* et le *Livre des Songes de Daniel*[26]. C'est dans cette direction qu'il faut creuser pour trouver les sources des rêves du vieil Helmbrecht.

En revanche il y a fort peu, me semble-t-il, d'emprunt à ce que nous pouvons savoir ou soupçonner de l'oniromantique folklorique ou «populaire» au Moyen Âge.

Certes, tout savant qu'il fût, Wernher le Jardinier connaissait sûrement bien le milieu paysan et sur beaucoup de détails intéressants *Helmbrecht*

---

24. Hérodote, *Histoires*, III, 124, éd. Le Grand (coll. Guillaume Budé).
25. W. H. Stahl, *Macrobius, Commentary on the Dream of Scipio*, 1952.
26. Lynn Thorndike, *A History of Magic and Experimental Science*, Londres, 1923, t. II, c. 50, pp. 290-302; W. Suchier, «Altfrz. Traumbücher», in *Zeits. f. frz. Sprache und Literatur*, 67, 1957, pp. 129-167. *Daniels Traumdeutungen*, éd. Graffunder, *Zeits. f. deutsches Altertum u.d. Literatur*, 48, 1906, pp. 507-531.

apporte à l'historien des renseignements réalistes sur ce milieu, mais ces informations sont en quelque sorte extérieures à l'œuvre. Elles ne sont pas une part essentielle de son *sens*.

Il serait utile de faire un inventaire systématique des éléments folkloriques dans *Helmbrecht* en partant non seulement du texte mais aussi du *Motif-Index of Folk-Literature* de Stith Thompson et de l'*Index exemplorum* de F.C. Tubach. Une lecture selon l'analyse structurale de Propp serait aussi certainement très intéressante car, à l'évidence, le conte qui commence (en fait) avec le départ du héros et où les personnages représentent la plupart des « fonctions » proppiennes, se prêterait très bien à ce type d'analyse.

Mais l'essentiel est ailleurs. J'espère qu'on excusera l'immodestie croissante de mon audace à m'immiscer, profane, dans le vaste débat sur l'interprétation de *Helmbrecht*[27].

Que l'œuvre contienne beaucoup de traits *réalistes* sur la condition paysanne dans les pays germaniques méridionaux (et pas là seulement) et soit ainsi une source pour les historiens de la culture matérielle, des classes sociales et des mentalités, c'est évident, je le répète, et, à soi seul, confère au poème une valeur de *document* indirect de grande importance. Horst Wenzel, par exemple, a eu raison d'étayer la peinture de la société rurale dans *Helmbrecht* sur les analyses de Karl Bosl, étudiant cette société selon les *réalités* tirées des sources documentaires non imaginaires.

Que l'on cherche pour éclairer le sens de l'œuvre à en faire une analyse sociologique et même politique, c'est légitime et peut amener à des hypothèses intéressantes. Mais il faut, me semble-t-il, éviter certains pièges de ce type d'analyse. Je pense qu'il est difficile – et contraire à la nature et à la fonction même de l'œuvre en particulier et de la littérature du haut Moyen Âge en général – d'aller au-delà. Constatons, une fois pour toutes, que nous avons très peu de chances d'être beaucoup mieux renseignés sur la personne et la vie de Wernher le Jardinier, sur la date exacte de composition de l'œuvre, sur le milieu géographique, social, politique précis dont elle est issue. Malgré la subtilité et le sérieux de certaines recherches en ce sens, c'est une quête vaine. Il est de la *nature* de beaucoup d'œuvres littéraires de cette époque de ne pas nous avoir légué de nombreux renseignements sur la façon dont elles ont été produites, conçues et reçues. Il ne s'agit pas de regretter ces lacunes, mais de partir d'elles comme caractères essentiels des rapports de la littérature du haut Moyen Âge avec la société, la culture et l'idéologie. L'analyse doit surtout s'attacher à l'œuvre elle-même.

---

27. J'ai en particulier utilisé les remarquables articles de H. Bausinger, « Helmbrecht, eine Interpretationsskizze » ; G. Schindele, « *Helmbrecht*. Bäuerlicher Aufstieg und landesherrliche Gewalt », in *Literatur im Feudalismus*, Literaturwiss. & Sozialwiss. 5, Stuttgart, 1975 ; H. Wenzel, « Helmbrecht wider Habsburg », in *Euphorion*, 71, 1977, pp. 230-249.

LES RÊVES

J'émets ici, s'agissant de *Helmbrecht*, quelques hypothèses de départ qui ne sont ni neuves ni subtiles, mais qui tiennent simplement compte des données fondamentales de la production et du fonctionnement des œuvres littéraires de cette période.
Et d'abord quel est le *genre* de l'œuvre ? C'est un conte moralisateur. Il est fait pour distraire et édifier.
Il dépend donc à un degré assez étroit (ce qui est d'ailleurs le cas de la plupart des œuvres de la période) de l'idéologie dominante. En l'occurrence celle de l'Église. Elle emprunte les méthodes de la période : distraire par le recours au *narratif*, enseigner, former par la diffusion d'une position orthodoxe, sinon officielle. Le sens de *Helmbrecht* passe par l'action idéologique et culturelle de l'Église. Que le théâtre en soit la Bavière ou le Tyrol ou une autre région de la Chrétienté est tout à fait secondaire. Que son message serve pour ou contre telle politique dynastique, soit ou non accaparé ou manipulé par elle, est peu important par rapport à la recherche du sens. C'est de l'histoire événementielle, politique au sens traditionnel et superficiel du mot, c'est un épiphénomène. En ce qui concerne un message *moral* – et à peu près tout au XIIIe siècle passe par ce moule – c'est l'uniformité qui est le plus important. Les nuances régionales ou même sociales sont secondaires pour le point de départ de l'analyse. À cet égard, on a justement regardé du côté du principal réseau de diffusion de la nouvelle orthodoxie chrétienne du XIIIe siècle, les Ordres mendiants. La proximité de la prédication du franciscain Berthold von Regensburg est ici tout à fait pertinente.
Le sens de *Helmbrecht* en fonction du point de départ orthodoxe est très clair : il ne faut pas sortir de son état, cela est particulièrement vrai pour la classe paysanne (on peut dire d'un point de vue idéologique «classe paysanne» puisque l'Église à l'époque jette, du point de vue doctrinal et pastoral, un regard uniformisateur sur les *rustici* ou de quelque terme, toujours général, qu'elle les appelle).
L'illustration de cette vérité qui fait l'objet d'une leçon est demandée à la triste histoire d'un jeune paysan. Ou plutôt la *structure* qui permet à la finalité de l'œuvre de fonctionner, c'est l'opposition Helmbrecht père/Helmbrecht fils. D'un côté un modèle presque idéal d'un homme laborieux, bon époux et bon père, respectueux de la morale de l'Église et de la structure de la société, en particulier à l'égard des seigneurs. De l'autre un révolté qui veut détruire l'ordre établi en quittant son état, son point d'ancrage géographique (la campagne), écologique (la ferme), familial (la maison de ses parents) et, ce qui est peut-être le plus grave, en voulant, initialement, non pas tellement combattre la classe seigneuriale dominante, mais la détruire de l'intérieur en s'immisçant en son sein. Tout ce à quoi aboutit ce projet impie est de faire du jeune Helmbrecht à la fois

une caricature de paysan et une caricature de seigneur, un brigand rural, un criminel qui exerce sa rage de rapine, de viol et de meurtre non seulement sur le milieu noble où il voulait entrer mais aussi sur le milieu paysan dont il voulait sortir.

En conséquence une punition terrible, l'exclusion de la société, y compris de sa famille (son père chasse ce fils aveugle, mutilé, sans ressources, le condamnant sûrement à la mort), et une déchéance progressive terrible qui s'achève par la mort, une mort ignominieuse à la potence où son cadavre même n'est pas épargné.

Les choses sont claires : une leçon de conservatisme social qui ne peut que servir les deux ordres dominants, celui des nobles, celui des clercs. Ce qui est intéressant et permet déjà à l'historien d'aller plus loin c'est que cette histoire baigne dans la durée, dans l'Histoire. Le heurt entre le père et le fils est celui de deux générations, de deux époques. Il y a donc de grandes chances pour que la différence d'âge coïncide avec une mutation, une crise des structures, des comportements, des mentalités de la société, et en particulier de la paysannerie. La dimension sociale, de l'intérieur de l'œuvre, est un *a priori*.

Tout s'achèverait ici avec l'analyse, si du fait même que la littérature doit se plier à l'idéologie dominante, il ne fallait, en fonction aussi de l'expérience qu'ont les médiévistes de la signification des œuvres médiévales, se demander si l'auteur, de son propre mouvement ou sous la pression d'un entourage (société et politique sont réintroduites ici, mais encore à la cantonade), n'a pas glissé une seconde interprétation possible (ou si l'auditeur ou le lecteur, ou l'historien n'est pas fondé à introduire une lecture basée sur les aveux conscients ou inconscients de l'œuvre).

Du fait même de ses conditions de production et de contrôle nous savons que beaucoup d'œuvres médiévales sont *masquées*. On entre ici dans le domaine, toujours en partie subjectif, de l'interprétation. On ne peut parvenir qu'à un degré plus ou moins grand de crédibilité de l'hypothèse.

Au cœur de l'œuvre il y a le couple père/fils. Ils portent – et même s'il s'agit d'une coutume d'onomastique familiale de la région et de l'époque, cette homonymie est lourde de sens – le même nom, Wernher le souligne lui-même. N'est-ce pas un portrait à deux faces du paysan ? La face idéalisée, la face diabolisée – avec, comme dans un portrait de Picasso, un décalage, une orientation différente des deux faces, le décalage de l'âge, de l'histoire. Portrait de Helmbrecht jeune et vieux, ou plutôt vieux et jeune ?

Alors ne peut-on se demander si le vieil Helmbrecht n'est pas capable de devenir un brigand et si le jeune Helmbrecht n'aurait pas pu rester un bon paysan ? Et s'il ne l'a pas fait, n'est-ce pas plus un signe des temps qu'une marque de nature, de nature sociale ? Est-ce que demeurer dans son état

n'est pas devenu insupportable pour la plupart des jeunes paysans, bons ou mauvais ? Caricature de noble, caricature de paysan, le jeune Helmbrecht n'est-il pas aussi la face sombre de ces seigneurs qui l'attirent jusqu'à la mort ? Paysan brigand ou chevalier brigand. Ce cadavre d'un criminel justement châtié n'est-il pas aussi le cri d'une classe sociale ?
Sous le masque de l'appel à la stabilité et à l'obéissance n'y a-t-il pas un appel à la révolte ? Une révolte qui ne déboucherait pas forcément sur le crime, crime d'ailleurs imposé par le poids de cette couche seigneuriale impénétrable ?

Il appartient à chacun de trancher avec les arguments dont les uns seront fondés sur une analyse de plus en plus scientifique du texte, et dont les autres constitueront toujours, pour la liberté de l'historien, un résidu d'engagement personnel.
L'essentiel est que les hypothèses ne soient pas introduites du dehors mais viennent de l'intérieur même de l'œuvre. Alors les rêves de *Helmbrecht* nous conduiraient vraiment, comme je le pense, au cœur de la signification. Rêves du père à travers son fils et proposés par le père au fils comme par un double miroir réfléchissant, rêve de destinée individuelle et collective, les rêves de Helmbrecht ne relèveraient-ils pas de ce passionnant genre littéraire né dans l'Antiquité et éclos au Moyen Âge: l'autobiographie onirique[28] ?

P.-S.: Je remercie Daniel Rocher pour son aide dans la recherche de la documentation. D'autre part ces pages étaient rédigées quand j'ai eu connaissance, grâce à Claude Lecouteux, de l'article de Klaus Speckenbach, «Von den troimen. Über den Traum in Theorie und Dichtung», in *Sagen mit Sinne. Festschrift für Marie-Luise Dittrich*, éd. H. Rücker et K.O. Seidel, *GAG*, 180, Göppingen, 1976, pp. 169-204, que je n'ai pu utiliser.

---

28. Voir la *Geschichte der Autobiographie* de G. Misch, vol. II-IV: *Moyen Âge*, Francfort, 1955-1969.

VI

VERS L'ANTHROPOLOGIE POLITIQUE

L'HISTOIRE POLITIQUE EST-ELLE TOUJOURS L'ÉPINE DORSALE DE L'HISTOIRE ?

Pour un historien formé au sein de ce qu'on a appelé – à tort ou à raison – l'«école des *Annales*», le titre même donné à la réflexion qui va suivre peut paraître étrange.
N'a-t-il pas, en effet, été élevé dans l'idée que l'histoire politique était désuète et dépassée? Marc Bloch et Lucien Febvre l'avaient dit, écrit, répété. Et ils avaient invoqué la caution des grands précurseurs de l'histoire «moderne»: le Voltaire de l'*Essai sur les mœurs et l'esprit des nations*: «Il semble que depuis quatorze cents ans, il n'y ait eu dans les Gaules que des rois, des ministres et des généraux»[1], le Michelet qui écrivait en 1857 à Sainte-Beuve: «Si je n'avais fait entrer dans la narration que l'histoire politique, si je n'avais point tenu compte des éléments divers de l'histoire (religion, droit, géographie, littérature, art, etc.) mon allure eût été tout autre. Mais il fallait un grand mouvement vital, parce que tous ces éléments divers gravitaient ensemble dans l'unité du réct[2].» Ce même Michelet qui, parlant de son *Histoire de France*, disait aussi: «Ici encore, je suis obligé de le dire, j'étais seul. On ne donnait guère que l'histoire politique, les actes du gouvernement, quelque peu des institutions. On ne tenait nul compte de ce qui accompagne, explique, fonde en partie cette histoire politique, les circonstances sociales, économiques, industrielles, celles de la littérature et de l'idée[3].»

Première publication en anglais: «Is Politics Still the Backbone of History?», in *Daedalus*, hiver 1971, pp. 1-19, repris in *Historical Studies Today*, éd. F. Gilbert et S. Graubard, New York, W. W. Norton and Co., 1972, pp. 337-355.

1. Cité par M. Bloch, *Apologie pour l'histoire ou métier d'historien*, 4ᵉ éd., 1961, p. 90.
2. *Ibid.*, p. 78.
3. Cité par Ph. Wolff, «L'étude des économies et des sociétés avant l'ère statistique», in *L'Histoire et ses méthodes*, éd. Ch. Samaran, Paris, Bibl. de la Pléiade, 1961, p. 847.

Dans le même temps, un marxisme dogmatique qui avait fini par imprégner la majorité des historiens – qu'ils en fussent ou non conscients et que ce fût pour le suivre plus ou moins rigidement ou pour le contester plus ou moins ouvertement – avait, selon une lecture peut-être trop rapide de Marx, rangé le politique parmi les superstructures et considéré l'histoire politique comme un épiphénomène de l'histoire des rapports de production. On se rappelle le passage célèbre de la préface de la *Contribution à la critique de l'économie politique*: «L'ensemble de ces rapports de production constitue la structure économique de la société, la base concrète sur laquelle s'élève une superstructure juridique et politique, à laquelle correspondent des formes de conscience sociale déterminées. Le mode de production de la vie matérielle conditionne le processus de vie sociale, politique et intellectuelle en général[4].» Sans voir dans la position de Marx à l'égard *du* politique et *de la* politique le pessimisme radical que certaines interprétations, en général malveillantes[5], veulent y trouver, il est clair qu'une conception marxienne comme le dépérissement de l'État n'est pas de nature à valoriser ce qui touche au politique, y compris l'histoire politique.

Conception d'historien abusé par une tradition spécifiquement française et l'illusion de l'influence marxiste? Assurément non. Des Français ont compté parmi les plus tenaces partisans de l'histoire politique[6] et un Johan Huizinga, qui n'était ni français ni, de loin, marxiste, a incarné, dans la courbe de sa production historique, cet éloignement de l'histoire politique, à laquelle il ne reconnaissait plus qu'une primauté déclinante fondée surtout sur sa facilité et sa clarté[7] vers une autre forme d'histoire. Ses goûts ne

---

4. Dans l'intéressant volume *Le Féodalisme*, numéro spécial de *Recherches internationales à la lumière du marxisme*, 37, juin 1963, les éditeurs écrivent par exemple dans la présentation (p. 4): «Nous avons surtout donné des travaux traitant des rapports économiques et sociaux, avec quelques incursions dans le domaine des superstructures institutionnelles ou culturelles.»
5. Ainsi l'exposé, particulièrement hostile, de J. Freund, *L'Essence du politique*, Paris, 1965, pp. 645 *sqq.* L'aliénation politique y est présentée comme une aliénation suprême, absolue et désespérée dans la pensée de Marx.
6. Par exemple, Charles Seignobos déclarant en 1924 dans la préface de son *Histoire politique de l'Europe contemporaine* qu'il fallait «reconnaître à quel point les phénomènes superficiels de la vie politique dominent les phénomènes profonds de la vie économique, intellectuelle et sociale» (cité par Ph. Wolff, *loc. cit.*, p. 850).
7. «The problems of political history are as a rule immediately obvious», in *The Task of Cultural History*, texte écrit en 1926, publié en 1929 en néerlandais et en traduction anglaise dans *Men and Ideas*, Meridian Books, New York, 1959, p. 27, et encore: «The historical forms of political life are already to be found in life itself, political history brings its own forms: a state institution, a peace treaty, a war, a dynasty, the state itself. In this fact, which is inseparable from the paramount importance of those forms themselves, lies the fundamental character of political history. It continues to enjoy a certain primacy because it is so much the morphology of society per excellence» (*ibid.*, pp. 58-59).

le portant pas vers l'histoire économique et sociale dont il notait l'irrésistible ascension[8], c'est à la constitution d'une histoire culturelle scientifique qu'il consacre bientôt l'essentiel de son activité historique.

Économie, société, culture, tels sont depuis un demi-siècle environ les domaines qui semblent accaparer l'attention des historiens, tandis que l'histoire politique, dédaignée ou humiliée, paraît même entraînée dans les incertitudes épistémologiques où certains courants sociologiques veulent dissoudre *la* politique et *le* politique. Dans des essais récents, pour s'en tenir à deux chefs de file de la sociologie française actuelle, Alain Touraine souligne la «double fragilité» de l'analyse politique dans les sciences sociales[9] tandis qu'Edgar Morin constate la «crise de la politique» dont le champ est envahi de partout par les techniques et les sciences[10]. Cette «politique en miettes» entraînerait-elle dans son atomisation une histoire politique par ailleurs refoulée sur des positions inconfortables dans le champ même de la science historique?

Pour mieux comprendre ce recul de l'histoire politique au XXe siècle, il faudrait analyser les bases de sa fortune antérieure.

Elle était sans doute liée aux formes dominantes que la société d'Ancien Régime puis celle issue de la Révolution française avaient prises entre le XIVe et le XXe siècle. La montée de l'État monarchique, du Prince et de ses serviteurs avait fait paraître sur le devant de la scène historique ce théâtre d'ombres, ces marionnettes de cour et de gouvernement qui éblouissaient les historiens autant que le vulgaire. Un aristotélisme mis à diverses sauces introduisait, depuis surtout le XIIIe siècle et Thomas d'Aquin, un vocabulaire et des concepts aptes à représenter les nouvelles réalités. Le triomphe du politique et de l'histoire politique est lent. L'Italie, sous l'influence stimulante de l'évolution des «signorie», les adopte assez tôt. En France, malgré une poussée sous Charles V, le roi aristotélicien, qui fait, entre autres, traduire en fran-

---

8. Par exemple, in «The political and military signifiance of Chivalric Ideas in the late Middle Ages», d'abord publié en français dans la *Revue d'histoire diplomatique*, XXXV, 1921, pp. 126-138, et traduit en anglais dans *Men and Ideas, op. cit.*, Huizinga écrit (pp. 196-197): «The medievalists of our day are hardly favorable to chivalry. Combing the records, in which chivalry is, indeed, little mentioned, they have succeeded in presenting *a picture of the Middle Ages in which economic and social points of view are so dominant* that one tends at times to forget that, next to religion, chilvary was the strongest of the ideas that filled the minds and the hearts of those men of another age.»

9. A. Touraine, *Sociologie de l'action*, Paris, 1965, chap. VI, «Le système politique», p. 298. Cette double fragilité est d'une part celle du risque de l'étude des relations politiques d'être absorbé par l'analyse structuraliste d'un côté, l'histoire de l'autre, et, d'autre part, celle de la théorie politique soumise soit à la politique, soit à la philosophie politique, fragment d'une philosophie de l'histoire.

10. E. Morin, *Introduction à une politique de l'homme*, Paris, 1965; rééd. 1969, pp. 9-10, «La politique en miettes».

çais la *Politique*, en même temps que l'*Économique* et l'*Éthique* par Nicole Oresme (1369, 1374), il faut attendre le XVIIe siècle pour que le susbtantif «*politique*» devienne d'usage courant et consolide la place que s'était assurée dès le XVIe siècle l'adjectif. Il est probable d'ailleurs que le mot profite de la promotion de toute la famille des dérivés de *polis* qui, tout comme ceux d'*urbs* (urbain, urbanité, urbanisme), occupent le champ sémantique de la civilisation: *police* (qui ne donnera policé qu'au XIXe siècle) d'où l'on rapproche peut-être *politesse* qui apparaît au XVIIe siècle. Le domaine du politique, de la politique, des politiques est donc celui de l'élite. L'histoire politique y trouve sa décoration, sa noblesse. Elle participe au style aristocratique. D'où le dessein contestataire de Voltaire qui veut écrire «au lieu de l'histoire des rois et des cours l'histoire des hommes». L'histoire *philosophique* semble devoir chasser l'histoire *politique*. Elle compose pourtant le plus souvent avec elle. Ainsi, l'abbé Raynal écrit en 1770 son *Histoire philosophique et politique des établissements et du commerce des Européens dans les deux Indes*[11].

La Révolution de 1789 qui, au cours du XIXe siècle, donne finalement le pouvoir politique à la bourgeoisie, ne détruira pas les privilèges de l'histoire politique. Le romantisme secouera, sans l'abattre, la primauté de l'histoire politique. Chateaubriand, qui sait reconnaître – tout en la refusant – la modernité en histoire comme en politique et en idéologie, reste un isolé[12]. Guizot, plus qu'Augustin Thierry, engage l'histoire plus avant dans la voie de l'histoire de la civilisation[13], mais tous deux, surtout préoccupés de mettre en valeur l'ascension de la bourgeoisie dans l'histoire, restent empêtrés dans l'histoire politique. D'ailleurs les «bourgeois conquérants», plus encore qu'ils ne confisquent à leur profit la dignité de l'histoire politique, continuent à savourer les délices d'un modèle monarchique et aristocratique de l'histoire: retard culturel d'une classe parvenue, goûts traditionnels des nouveaux riches. Michelet est un sommet solitaire.

---

11. En anglais, l'apparition de deux termes: *policy* et *polity* (le français au XIVe siècle avait tenté *policie*, copié aussi sur le grec, mais qui ne réussit pas), à quoi s'ajoutera *politics* sophistique le champ de la science politique et, partant, de l'histoire politique. Si les philosophes français du XVIIIe siècle cherchent – ou se laissent imposer – un compromis entre l'histoire *philosophique* et l'histoire *politique*, on peut se demander si en Angleterre ce n'est pas une hésitation plus radicale encore qui a fait osciller entre l'«historique» et le «politique» – tout à la fois liés et opposés l'un à l'autre. C'est peut-être ce que révèle un titre comme celui de l'ouvrage anonyme paru à Londres en 1706: *An Historical and Political Essay, Discussing the Affinity or Resemblance of the Ancient and Modern Government* (voir J. A. W. Gunn, «The "Civil Polity" of Peter Paxton», in *Past and Present*, 40, juillet 1968, p. 56).
12. Le plus beau texte est celui de la préface des *Études historiques* (1831).
13. Programme exposé dans le *Cours d'histoire moderne: Histoire de la civilisation en Europe depuis la chute de l'Empire romain jusqu'à la Révolution française*, 1828, 1re leçon. On trouvera de larges extraits des textes de Chateaubriand et de Guizot in J. Ehrard et G. Palmade, *L'Histoire*, Paris, 1969, pp. 189-193 et 203-207.

VERS L'ANTHROPOLOGIE POLITIQUE

Pour s'en tenir au cas français, il faut attendre l'orée du XXe siècle pour que l'histoire politique recule, puis cède sous les coups d'une nouvelle histoire épaulée par les nouvelles sciences sociales : la géographie et surtout l'économie et la sociologie. Vidal de La Blache, François Simiand, Durkheim sont, consciemment ou non, les parrains de l'histoire nouvelle dont les pères sont Henri Berr avec sa *Revue de synthèse historique* (1901) et, décisivement, Marc Bloch et Lucien Febvre avec les *Annales d'histoire économique et sociale*.

Raymond Aron a montré, à propos de Thucydide, comment l'histoire politique est intimement liée au récit et à l'événement[14]. Or voilà la trilogie abominée par l'« école » des *Annales* : l'histoire politique, l'histoire récit, l'histoire événementielle. Tout cela c'est l'histoire « historisante », histoire à peu de frais, histoire de la surface, histoire qui lâche la proie pour l'ombre. À la place, il faut promouvoir une histoire des profondeurs, économique, sociale, mentale. Dans le plus grand livre qu'ait produit l'« école » des *Annales*, *La Méditerranée et le monde méditerranéen à l'époque de Philippe II* de Fernand Braudel (1959), l'histoire est reléguée dans une troisième partie qui, loin d'être le couronnement de l'œuvre, en est, je dirais presque, le débarras. D'« épine dorsale » de l'histoire, l'histoire politique en est devenue un appendice atrophié. C'est le croupion de l'histoire.

Pourtant, au même contact des sciences sociales qui l'avaient refoulée à l'arrière-plan de la recherche historique, l'histoire politique allait peu à peu, en leur empruntant problématique, méthodes, esprit, revenir en force dans le champ de l'histoire. C'est cette remontée récente d'une histoire politique métamorphosée que nous tenterons d'esquisser en prenant pour exemple l'histoire médiévale[15]. Le premier et principal apport de la sociologie et de l'anthropologie à l'histoire politique est de lui avoir fourni comme concept central et but essentiel d'étude la notion de *pouvoir* et les réalités qu'elle recouvre. Notion et réalités qui conviennent à toutes les sociétés, à toutes les civilisations, comme Raymond Aron l'a noté : « Le problème du Pouvoir est éternel, que l'on retourne la terre avec la pioche ou le bulldozer[16]. » Notons à ce sujet que les analyses des historiens politiques en termes de *pouvoir* débordent et doivent avantageusement déborder les analyses en termes d'*État* et de *nation*, qu'il s'agisse d'analyses traditionnelles ou de recherches soucieuses de

---

14. R. Aron, « Thucydide et le récit historique », in *Theory and History*, I, 2, 1960, repris in *Dimensions de la conscience historique*, Paris, 1961, pp. 147-197.
15. Comme dans le reste de cet essai, les travaux d'histoire médiévale cités *infra* ne constituent en rien une bibliographie ou un palmarès. Ce ne sont que des références et des échantillons.
16. « Thucydide et le récit historique », *loc. cit.*, p. 189.

renouveler la question[17]. Remarquons aussi que le marxisme-léninisme, qu'on a pu accuser de montrer peu d'intérêt pour l'histoire politique et la réflexion sur *le* politique en général, ne s'est longtemps intéressé dans ce domaine que précisément à l'État ou à la nation[18]. Dernière remarque, enfin: là où politique évoquait l'idée de surface et de superficiel, pouvoir suggère la notion de centre et de profond. L'histoire en surface ayant cessé de séduire au profit de l'histoire des profondeurs, l'histoire politique en tant qu'histoire du pouvoir récupère une dignité verbale qui renvoie à une évolution de mentalité. C'est ce qu'avait pressenti Marc Bloch qui, peu avant sa mort, écrivait: «Il y aurait beaucoup à dire sur ce mot de "politique". Pourquoi en faire, fatalement, le synonyme de superficiel? Une histoire centrée, comme il est parfaitement légitime, sur l'évolution des modes de gouvernement et le destin des groupes gouvernés ne devrait-elle pas, au contraire, pour répondre pleinement à sa mission, s'attacher à comprendre, par le dedans, les faits qu'elle a choisis comme les objets propres de ses observations[19]?»

Pourtant, cette histoire des profondeurs politiques est d'abord partie de l'extérieur, des signes, des symboles du pouvoir.

Ici émerge l'œuvre de P. E. Schramm. Dans de nombreuses études dont le point culminant est l'imposante synthèse *Herrschaftszeichen und Staatssymbolik*[20], il a démontré que les objets qui étaient les signes caractéristiques des détenteurs du pouvoir au Moyen Âge: couronne, trône, sceptre, globe, main de justice, etc., ne devaient pas être étudiés en eux-

---

17. Parmi les études traditionnelles, citons: F. M. Powicke, «Reflections on the Medieval State», in *Transactions of the Royal Historical Society*, 4ᵉ série, vol. XIX, 1936 – d'ailleurs très pertinent – et, parmi les programmes de renouvellement, les études de B. Guenée: «L'histoire de l'État en France à la fin du Moyen Âge vue par les historiens français depuis cent ans», in *Revue historique*, CCXXXII, 1964, pp. 331-360; «État et nation en France au Moyen Âge», *ibid.*, CCXXXVII, 1967, pp. 17-30; «Espace et État dans la France du bas Moyen Âge», in *Annales E.S.C.*, 1968, pp. 744-758. On notera que le mot *pouvoir* assorti, il est vrai, d'une épithète, figure dans le titre de l'article pionnier d'E. Lavisse: «Étude sur le pouvoir royal au temps de Charles V», in *Revue historique*, XXVI, 1884, pp. 233-280, qui tente de dépasser la description des institutions pour atteindre les réalités mentales. M. Bloch avait noté le lien entre histoire de l'État et histoire de la ou des nations. «Il semble que l'histoire de l'idée de l'État se sépare difficilement de l'histoire de l'idée de nation ou de patriotisme» (*Revue historique*, CXXVIII, 1918, p. 347).
18. Sur la concentration de l'intérêt marxiste sur l'État, les titres déjà sont significatifs: par exemple Fr. Engels, *La Propriété privée et l'État*, Lénine, *L'État et la Révolution*. Sur les deux sens de *nation* chez Marx et Engels (nation «au sens moderne du mot, qui désigne une catégorie du capitalisme ascendant», et nation au sens beaucoup plus général, latin, d'ethnie), voir A. Pelletier et J. J. Goblot, *Matérialisme historique et histoire des civilisations*, Paris, 1969, pp. 94 *sqq*.
19. In *Mélanges d'histoire sociale*, 1944, p. 120, cité par B. Guenée, «L'histoire de l'État en France...», *loc. cit., Revue historique*, CCXXXII, 1964, p. 345, n. 2.
20. *Schriften der Monumenta Germaniae Historica*, XIII, 3 vol., 1954, 1956.

mêmes, mais devaient être replacés dans les attitudes et les cérémonies où ils apparaissaient, et surtout éclairés dans la perspective du symbolisme politique où ils trouvaient leur véritable signification[21].
Symbolisme profondément ancré dans une sémiologie religieuse qui faisait du politique une province du sacré. De tous ces signes-insignes, un se prêtait plus particulièrement à de larges développements touchant d'un côté à l'essence même de la symbolique politico-religieuse, de l'autre aux institutions où elle s'était historiquement incarnée : la couronne. De l'objet matériel au royaume concret ou à la monarchie abstraite en passant par les rites du couronnement se déployait autour de la couronne tout le paysage de la politique médiévale – reliée aux héritages royaux de l'Antiquité et aux prolongements monarchiques de l'âge moderne. Un volume collectif rassembla ce panorama politique pour la fin du Moyen Âge : *Corona Regni, Studien über die Krone als Symbol des Staates im späten Mittelalter*[22].
Georges Duby rappelait encore récemment, à propos de la couronne d'épines que Saint Louis fit placer dans la Sainte-Chapelle du Palais royal de Paris, ce symbolisme plurivalent de la couronne au Moyen Âge[23].
Évoquons tout de suite un problème de méthode. Cet appel aux objets « politiques » ne tient-il pas à l'époque ? N'est-ce pas parce que dans le haut Moyen Âge *(early Middle Age)* les textes sont relativement rares ? Et n'y a-t-il donc pas là plutôt une méthode de fortune qu'une problématique vraiment nouvelle et de portée générale ?
Assez curieusement, les historiens qui se sont le plus intéressés à ces aspects de la symbolique politique médiévale semblent accepter ces objections et minimiser la portée de leur démarche. Ainsi P. E. Schramm : « La recherche sur les insignes du pouvoir doit être complétée par une recherche sur le symbolisme du pouvoir en général. Cela signifie que la recherche historique, qui s'est d'abord appuyée sur les chroniques, puis est devenue plus précise grâce à l'utilisation de documents, lettres, actes, etc., a encore beaucoup de chemin à parcourir pour parvenir à un développement systématique. Il y a plus d'objets et de documents disponibles qu'on ne s'y attendait, et il y a eu aussi des progrès pour parvenir à une méthode

---

21. Ces perspectives ont été résumées par P. E. Schramm lui-même dans le condensé de sa communication au Congrès de Rome de 1955 : *Die Staatssymbolik des Mittelalters*, in *X Congresso Internazionale di Science storiche*, Rome, 1955, vol. VII : Riassunti delle communicazioni, pp. 200-201.
22. M. Hellmann éd., Weimar, 1961. Parmi les nombreuses études consacrées au symbolisme de la couronne au Moyen Âge, rappelons les pages (336-383) dédiées par E. H. Kantorowicz à « The Crown as Fiction », in *The King's Two Bodies*, cité *infra*, p. 764, note 31.
23. « Ce n'est point par hasard que la relique insigne que Saint Louis fit venir à Paris et établir dans la chapelle de son palais est une couronne d'épines doublement symbolique de la royauté et du sacrifice », in *Le Monde* du 29 avril 1970, p. 13.

critique adéquate. Ainsi le tableau qui existe déjà peut être complété et enrichi. Car les insignes utilisés par celui qui gouverne parlent plus de ses espérances et de ses revendications, et le disent plus précisément que n'importe quel autre document accessible. *Ceci s'applique spécialement aux siècles pour lesquels les sources écrites sont très limitées*[24]. »
De même Robert Folz qui, par-delà les différences de la documentation, croit saisir des réalités elles-mêmes diverses : « Actes de chancellerie, représentations figurées, rites liturgiques, signes extérieurs (vêtements et emblèmes), tels sont, avec certains textes narratifs, nos moyens d'information essentiels pour la première partie du Moyen Âge, où le symbole l'emporte nettement sur la théorie dans l'expression des formes politiques. À partir du XIIe siècle, commence, avec le renouveau des études juridiques, la part toujours croissante, dans notre documentation, de l'argumentation et de la controverse[25]. »
Mais, comme toutes les autres branches de l'histoire, l'histoire politique nouvelle doit abandonner le préjugé qu'il faut se tourner vers les documents non écrits, faute de mieux, c'est-à-dire de textes. Il faut faire l'histoire avec tous les documents, en demandant à chacun ce qu'il peut donner et en établissant une hiérarchie dans leur témoignage en fonction du système de valeurs de l'époque et non des préférences de l'historien – ce qui n'empêche pas, bien entendu, celui-ci de traiter ensuite les données du passé selon les exigences et l'outillage de la science d'aujourd'hui. À toutes les époques, il y a un cérémonial politique chargé de sens qu'il appartient à l'historien de déceler et qui constitue l'un des aspects les plus importants de l'histoire politique.
Un des plus importants résultats de cette orientation récente de l'histoire politique vers la symbolique et le rituel a été de revaloriser l'importance de la royauté dans le système politique de la féodalité. Jusqu'alors, l'opinion régnante était que l'institution monarchique et le système féodal étaient antithétiques et c'est du dépérissement de la féodalité que surgissait à la fin du Moyen Âge le pouvoir monarchique en marche vers l'absolutisme. Tandis que Charlemagne, en favorisant l'extension du fief, suscitait sans s'en apercevoir la force qui allait dissoudre la puissance publique qu'il s'était efforcé de reconstituer et asservir le pouvoir royal qu'il avait cru mettre au-dessus de toute atteinte en l'exaltant par la dignité impériale. Vision reconnue fausse aujourd'hui aux deux extrémités et qui ne savait pas se détacher des vains prestiges de l'État pour s'attacher à la recherche et à l'étude du pouvoir. Au contraire, dans les perspectives nouvelles, la

---

24. *Die Staatssymbolik...*, *loc. cit.*, n. 3, p. 339.
25. In *L'Idée d'Empire en Occident du Ve au XIVe siècle*, Paris, 1953, p. 6.

royauté du haut Moyen Âge et spécialement de l'époque carolingienne ressaisissait tout son sens en dehors d'une conception anachronique de l'État et le roi féodal acquérait sa puissance non plus en dépit du système féodal mais à l'intérieur même de ce système[26].

C'est par les méthodes de l'histoire comparée empruntées à l'anthropologie et à l'histoire des religions que la royauté médiévale trouvait une nouvelle signification et que l'histoire politique du Moyen Âge en était bouleversée. Des ouvrages collectifs consacraient cette mutation. Certes, lors du XIIIe Congrès international d'histoire des religions à Rome en 1955 dont le thème central fut: *Le roi-dieu et le caractère sacré de la souveraineté*[27] et dans le volume offert peu après à Raffaelle Pettazzoni : *The Sacral Kingship – La Regalità Sacra*, la part de l'Occident médiéval fut assez mince[28]. En revanche, c'est à la royauté médiévale que l'«Arbeitskreis für mittelalterliche Geschichte» de Constance, animé par Theodor Mayer, consacrait quelques années plus tard un volume de ses *Vorträge und Forschungen*. Cependant, parallèlement à l'œuvre de Schramm, s'édifiait celle de Ernst H. Kantorowicz qui, après avoir campé la figure du plus grand souverain du Moyen Âge, Frédéric II[29], étudiait à travers les acclamations liturgiques des cérémonies le culte médiéval des souverains[30] et couronnait ses recherches par ce chef-d'œuvre, *The King's Two Bodies* (1957), où il replaçait dans son «general historical background» une conception de théologie

---

26. Sur la royauté du haut Moyen Âge, voir notamment M. Wallace-Hadrill, *The Long Haired Kings*, Londres, 1963, et F. Graus, *Volk, Herrscher und Heiliger im Reich der Merowinger*, Prague, 1965 et, pour la période carolingienne, l'étude de W. Ullmann, *The Carolingian Renaissance and the Idea of Kingship*, Londres, 1969, qui met bien en lumière, notamment p. 17, qu'à cette époque «in conformity to and in accordance with the basic premisses of the ecclesiological thems and the wholeness point of view, there was no conceptual separation between the religious, political, moral, etc., norms. Moreover, there was no conceptual distinction between a Carolingian State and a Carolingian Church...». Georges Duby a souligné avec force l'importance du modèle royal au sein de la féodalité lors du colloque international *Problèmes de stratification sociale* (1966), publiés par R. Mousnier, Publ. de la Fac. des Lettres et Sciences humaines de Paris-Sorbonne, série «Recherches», Paris, 1968, t. XLIII. Voir K. Gorski, «Le Roi-Saint: problème d'idéologie féodale», in *Annales E.S.C.*, 1969, pp. 370-376.
27. *Atti dell' VIII Congresso Internazionale di Storia delle religioni*, publiés à Florence en 1956.
28. *Studies in the History of Religious, Supplements to Numen IV, The Sacral Kingship – La Regalità Sacra*, Leyde, 1959. Sur cinquante-six contributions, quatre seulement sont consacrées au Moyen Âge occidental (M. Maccarrone, *Il sovrano «Vicarius Dei» nell'alto Medioevo*, pp. 581-594; M. Murray, *The Divine King*, pp. 595-608; L. Rougier, *Le Caractère sacré de la royauté en France*, pp. 609-619, et J. A. Bizet, *La Notion de royaume intérieur chez les mystiques germaniques du XIVe siècle*, pp. 620-626).
29. E. H. Kantorowicz, *Kaiser Friedrich der Zweite*, Berlin, 1927, et *Ergänzungsband*, Berlin, 1931.
30. E. H. Kantorowicz, *Laudes Regiae: A Study in Liturgical Acclamations and Medieval Ruler Worship*, Berkeley et Los Angeles, 1946.

politique du Moyen Âge qui fournit une des clés essentielles de compréhension de cette époque[31].
Telle fut, dans le domaine de l'histoire médiévale, la fécondité du sillon tracé par Sir James George Frazer dont les études sur les origines magiques de la royauté[32] sont sans doute à l'origine des recherches des historiens sur la royauté médiévale, qu'ils en aient été ou non conscients, qu'ils l'aient avoué ou non. Un historien ne s'en cacha pas, qui n'était d'ailleurs pas toujours d'accord avec Frazer et qui poursuivit son enquête selon des méthodes proprement historiques. Ce fut Marc Bloch dont l'ouvrage pionnier, paru en 1924, *Les Rois thaumaturges*, reste aujourd'hui d'avant-garde et mérite donc une place à part. C'est qu'en effet Marc Bloch, dans ce grand livre, ne se contente pas de décrire les manifestations du pouvoir thaumaturgique attribué aux rois de France et d'Angleterre, d'en suivre l'histoire de sa naissance à sa disparition et d'en expliquer la doctrine. Il cherche à atteindre les ressorts de la psychologie collective mis en œuvre par cette croyance, il en étudie la «popularité» (chap. I du livre II) et tente d'expliquer «comment on a cru au miracle royal» (pp. 420-430). Bref, il esquisse un modèle d'étude des *mentalités politiques* dont, en l'occurrence, il ne fait qu'un cas particulier, original par son seul objet, des formes générales de mentalité et de sensibilité. Mais en ce domaine essentiel de l'histoire des mentalités, encore en friche, tout ou presque reste à faire en ce qui concerne les mentalités politiques. Certes, on ne peut songer à appliquer aux hommes du Moyen Âge les méthodes de sondage d'opinion publique propres aujourd'hui à alimenter des études de mentalités politiques contemporaines. Mais une problématique de l'histoire de l'opinion publique du Moyen Âge est, entre autres, susceptible d'être mise au point[33].
On peut ici noter que l'histoire politique et les sciences qui ont influencé sa mutation récente sont parfois allées l'une au-devant de l'autre en des

---

31. E. H. Kantorowicz, *The King's Two Bodies. A Study in Mediaeval Political Theology*, Princeton, 1957, trad. fr. *Les Deux Corps du Roi*, Gallimard, 1989. Voir les comptes rendus de R. W. Southern in *Journal of Ecclesiastical History*, X, 1957, et de B. Smalley in *Past and Present*, 20, novembre 1961. Depuis la rédaction de cet article, M. Gauchet a excellemment montré l'importance de Kantorowicz : «Des deux corps du roi au pouvoir sans corps. Christianisme et politique», in *Le Débat*, 14 et 15, juillet-août et septembre-octobre 1981.
32. *The Golden Bough*, Part. I : «The Magic Art and the Evolution of Kings», Londres, 1890. *Lectures on the Early History of Kingship*, Londres, 1905, trad. fr. : *Les Origines magiques de la royauté*, Paris, 1920.
33. C'est un médiéviste, Joseph R. Strayer, qui a écrit l'essai *The Historian's Concept of Public Opinion* in M. Komarovsky éd., *Common Frontiers of the Social Sciences*, Glencoe, 1957. Marvin B. Becker («Dante and his Literary Contemporaries as Political Men», in *Speculum*, 1966, p. 674, n. 28) attire l'attention sur «the neglected theme of the language and imagery of mediaeval politics» et cite l'article d'E. H. Kantorowicz, «Christus-Fiscus», in *Synopsis : Festgabe für Alfred Weber*, Heidelberg, 1949, pp. 225-235.

démarches symétriques. Ainsi, comme on l'a vu, l'histoire politique médiévale se transformait et s'enrichissait en adoptant – pour l'étude de la royauté – des méthodes empruntées à l'anthropologie. La royauté médiévale s'éclairait dans la lumière comparatiste de l'étude des royautés archaïques ou «primitives». L'histoire politique médiévale semblait ainsi se soustraire aux remous de surface de l'histoire événementielle pour s'enfoncer dans les zones de diachronie plate des sociétés proto- ou para-historiques. Cependant, l'anthropologie de son côté s'ouvrait à des perspectives «historiques» et tout un champ de son domaine attirait de plus en plus l'attention des savants et des chercheurs : l'anthropologie politique[34]. Celle-ci, en reconnaissant dans les sociétés dites «sans histoire» des structures de déséquilibre et de conflit, construisait des problématiques d'une histoire politique de ces sociétés. Elle mettait ainsi en évidence le fait qu'une histoire sociale dynamique n'est pas incompatible avec une vision anthropologique des sociétés et des civilisations et que l'histoire politique, en se tournant vers l'anthropologie, n'en perdait pas forcément son dynamisme et pouvait même y retrouver les schémas, marxistes ou non, de lutte des classes[35]. D'ailleurs le vocabulaire et les mentalités médiévales invitent à poser en termes partiellement politiques les structures et les comportements sociaux. La couche supérieure de la société est souvent désignée dans les textes médiévaux par le terme de *potentes*, de *puissants* (auxquels s'opposent en général des *pauvres, pauperes*) ou de *superiores* qu'affrontent des *inferiores*[36].

---

34. *Anthropologie politique*, c'est le titre d'un riche essai de Georges Balandier, paru en 1967. Il systématise une réflexion particulièrement évidente chez un E. R. Leach, de plus en plus sensible au «contradictoire, au conflictuel, à l'approximatif», au relationnel «externe» dans les sociétés. Il prolonge la démarche de E. E. Evans-Pritchard, *Anthropology and History*, 1961.
35. Ici encore, il y a incompatibilité entre le point de vue de J. Freund, *L'Essence du politique*, *op. cit.*, p. 538, selon qui «la lutte des classes n'est qu'un aspect de la lutte politique» et le point de vue marxiste selon lequel toutes les formes de lutte politique relèvent de la lutte des classes. À condition de ne pas entraîner de dogmatisme et de rigidité dans l'analyse, le point de vue marxiste nous paraît plus vrai, plus fécond, plus opératoire. L'ouvrage très suggestif de G. Gracco, *Società e tato nel medievo veneziano (cecoli XII-XIV)*, Florence, 1967, montre le jeu normal de la lutte des classes dans l'histoire politique de Venise traditionnellement réputée comme un monde à part. On peut toutefois se demander si l'auteur n'est pas resté trop prisonnier d'une problématique «étatique», et l'on pourra par ailleurs lire les réserves formulées, parmi une appréciation positive, par F. C. Lane in *Speculum*, 1968, pp. 497-501.
36. Voir notamment K. Bosl, «Potens und Pauper. Begriffsgeschichtliche Studien zur gesellschaftlichen Differenzierung im frühen Mittelalter und zum "Pauperismus" des Hochmittelalters im Alteuropa und die moderne Gesellschaft», in *Festschrift für Otto Brunner*, Göttingen, 1963, pp. 60-87, repris in *Frühformen der Gesellschaft im mittelalterlichen Europa*, Munich-Vienne, 1964, pp. 106-134, et J. Le Goff, *Le vocabulaire des catégories sociales chez saint François d'Assise et ses premiers biographes*, in Colloque international organisé par l'École normale supérieure de Saint-Cloud (1967) sur le vocabulaire des classes sociales. Ce colloque a paru sous le titre *Ordres et classes* (Saint-Cloud, 1967), Paris-La Haye, Mouton, 1973. Mon article se trouve pp. 93-124.

Ainsi se trouvent légitimées les recherches qui, dans les divers secteurs de l'histoire médiévale, reconnaissent dans les phénomènes fondamentaux une dimension *politique*, au sens de relation avec le *pouvoir*.

Le plus éclatant exemple en est la théorie suivant laquelle, à des dates variables, mais en général vers l'An Mil, les *seigneuries foncières* fondées sur les redevances pesant sur la terre et son exploitation économique, cèdent de plus en plus la place à des seigneuries fondées sur les pouvoirs de commandement, de réglementation et de justice des seigneurs, les seigneuries *banales*, du nom de ce pouvoir, le *ban*. Ainsi c'est toute la structure féodale dans ses bases qui reçoit une coloration en définitive *politique*[37]. Cette conception de la féodalité, qui n'est pas exclusive d'ailleurs, d'une explication, en dernière analyse, par les rapports de production, a le mérite de souligner l'importance des relais «politiques» au sens large dans le fonctionnement du système féodal et le poids des formes politiques dans la dynamique historique.

On peut retrouver cette perspective «politique» dans l'histoire culturelle. L'instruction est un pouvoir et un instrument de pouvoir. Le fossé entre les *litterati* et les *illitterati* qui passe pendant longtemps entre les clercs et les laïcs, que ceux-ci soient ou non puissants par ailleurs, montre que les clivages sociaux se font selon différentes lignes de possession ou de privation de différentes formes de pouvoir, de participation ou de non-participation à ces formes diverses. Par exemple, dans le cas des universitaires, un double rapport avec le pouvoir se dessine à partir du XIIIe siècle. D'une part, le monde universitaire tend à se constituer en forme de pouvoir suprême, à côté du pouvoir ecclésial et du pouvoir royal: *Studium* à côté de *Sacerdotium* et de *Regnum*[38]. Tous ceux donc qui bénéficient des privilèges du *Studium* participent de son pouvoir. D'autre part, le résultat – ou le but – des études et des titres universitaires devient l'occupation dans la société laïque ou ecclésiastique d'une fonction, d'un poste, qui donnent une partici-

---

37. G. Duby a principalement exposé sa conception de la seigneurie banale dans sa thèse *La Société aux XIe et XIIe siècles dans la région mâconnaise*, Paris, 1953, et dans *L'Économie rurale et la vie des campagnes dans l'Occident médiéval*, Paris, 1962, t. II, livre III: *XIe-XIIIe siècle. La Seigneurie et l'Économie rurale*. Dans une série d'inspiration très juridique, les *Recueils de la Société Jean Bodin*, un volume: *Gouvernants et Gouvernés*, t. XXV, 1965, témoigne d'une orientation vers les thèmes du *pouvoir* qui remonte peut-être d'ailleurs à Marc Bloch (*La Société féodale*, 1939, t. II, livre II: *Le Gouvernement des hommes*) et qu'on retrouve par exemple dans l'étude de J. Dhondt, «"Ordres" ou "puissances". L'exemple des États de Flandre», in *Annales E.S.C.*, 1950, pp. 289-305.

38. Voir H. Grundmann, «"Litteratus-illitteratus". Der Wandlung einer Bildungsnorm vom Altertum zum Mittelalter», in *Archiv für Kulturgeschichte*, 40, 1958 et «Sacerdotium-Regnum-Studium zur Wertung der Wissenschaft im 13. Jahrhundert», in *Archiv für Kulturgeschichte*, 34, 1951.

pation au pouvoir[39]. La réalisation souhaitable, malgré ses difficultés, d'une prosopographie des universitaires médiévaux[40] permettrait de mesurer l'impact du groupe universitaire sur la direction de la société médiévale. Elle mettrait sans aucun doute en relief son caractère et son rôle d'une *power elite*, pour reprendre l'expression bien connue de C. Wright Mills. Dans cette direction, l'histoire politique médiévale s'éclairerait aussi sans doute par l'étude de l'emploi, au Moyen Âge, du schéma dumézilien des sociétés indo-européennes. On sait que depuis la fin du IXe siècle, le schéma est utilisé et prend au XIe siècle la forme stéréotypée: *oratores, bellatores, laboratores*. Comment et pourquoi ont réapparu ces conceptions et quelle efficacité mentale, intellectuelle, politique elles ont eue, voilà qui permettrait sans doute de mieux repérer les différents aspects du pouvoir au Moyen Âge, leurs structures, leurs relations, leurs fonctionnements. On y retrouverait selon nous une des bases idéologiques du pouvoir royal, subsumant et arbitrant les trois fonctions[41].

Il n'est pas jusqu'au domaine de l'art qui ne s'éclairerait par l'utilisation d'une analyse «politique» au sens large. Il ne s'agirait pas seulement de mesurer le poids des «commandes» sur les formes, les contenus et l'évolution de l'art[42]. Il s'agirait surtout d'analyser en quoi le pouvoir des œuvres d'art s'ordonne au pouvoir en général. Il me semble qu'Erwin Panofsky a amorcé une démarche de ce genre en rattachant par la notion plurivalente d'*ordre* (et de hiérarchie) le style gothique à la démarche scolastique et tous deux à un ordre socio-politique incarné en Île-de-France autour de 1200 par la monarchie capétienne[43].

---

39. Nous avons essayé d'esquisser la courbe qui, de la fin du XIIe au XIVe siècle, conduit les universitaires d'une position socioprofessionnelle corporative à une intégration dans les cadres des détenteurs du pouvoir: J. Le Goff, *Les Intellectuels au Moyen Âge*, Paris, 1957.
40. Le thème sera proposé par la délégation française à la Commission internationale d'histoire des universités lors de sa prochaine réunion du XIIIe Congrès international des sciences historiques (Moscou, août 1970). Un travail similaire, croyons-nous savoir, est projeté par le professeur Lawrence Stone pour les universités anglaises à l'époque moderne. Le renouveau d'intérêt pour la méthode prosopographique, méthode d'histoire sociale propre à rénover l'histoire politique, se manifeste dans divers secteurs (voir *Annales E.S.C.*, 1970, 5).
41. Des nombreux et passionnants travaux consacrés par G. Dumézil à l'idéologie trifonctionnelle des Indo-Européens citons, parmi les plus récents, *Idées romaines*, Paris, 1969, où l'auteur pose une interrogation concernant l'Occident médiéval. À cet égard, deux amorces de recherches: J. Batany^r, «Des "Trois Fonctions" aux "Trois États"?», in *Annales E.S.C.*, 1963, pp. 933-938, et J. Le Goff, «Note sur société tripartite, idéologie monarchique et renouveau économique dans la Chrétienté du IXe au XIIe siècle», *supra*, pp. 79-88.
42. Cette problématique limitée a notamment inspiré l'intéressant ouvrage de J. Evans, *Art in Medieval France. A Study in Patronage*, 1948.
43. E. Panofsky, *Gothic Architecture and Scholasticism*, New York, 1957. Dans une perspective traditionnelle, voir R. Branner, *Saint Louis and the Court Style in Gothic Architecture*, Londres, 1965.

Surtout Pierre Francastel, dans *Peinture et Société. Naissance et Destruction d'un espace plastique. De la Renaissance au cubisme* (1951), a montré non seulement que des politiques, les Médicis à Florence, le patriciat à Venise, ont compris «la puissance des images figuratives de l'espace» et en ont fait des instruments de leur politique[44] («la Vénus de Botticelli explicite une politique»), mais que la nouvelle représentation de l'espace par la perspective est liée à une révolution mentale, à une pensée mythique soumise «à la politique économique et sociale du don».

Dans le domaine de l'histoire religieuse, on peut donner en exemple les liens profonds entre mouvements hérétiques et partis politiques – recherche à peine amorcée[45].

On pourrait également – au sein d'un complexe géographico-sociologico-culturel – s'inspirer des nombreuses études de sociologie urbaine contemporaine[46] pour retrouver dans les villes, et plus spécialement dans l'urbanisme médiéval, à la fois une expression et un moyen du pouvoir urbain et de ses détenteurs. W. Braunfels l'a ébauché pour les villes de Toscane[47].

Enfin, on voit s'esquisser – et on souhaiterait voir se hiérarchiser davantage – une histoire politique différentielle, à divers niveaux, en fonction de ce que Fernand Braudel a appelé «les temps de l'histoire[48]». Dans le temps court une histoire politique traditionnelle, narrative, événementielle, mouvementée mais soucieuse de préparer une autre approche plus profonde : jalonnée d'évaluations quantitatives, amorçant des analyses sociales, documentant une étude future des mentalités. Dans le temps étalé

---

44. Sur la signification du *Printemps* de Botticelli, voir P. Francastel, *La Réalité figurative*, Paris, 1965, *La Fête mythologique au Quattrocento*, p. 241, et *Un mythe politique et social du Quattrocento*, p. 272. Voir E. Gombrich, «Botticelli's Mythologies. A Study of the Neo-Platonic Symbolism of its Circle», in *Journal of the Warburg and Courtauld Institutes*, 1945. P. Francastel a repris ces analyses in *La Figure et le lieu. L'ordre visuel du Quattrocento*, Paris, 1967.
45. Par R. Manselli notamment dans *L'eresia del male*, Naples, 1961, et «Les hérétiques dans la société italienne du XIIIe siècle», in *Hérésies et Sociétés dans l'Europe préindustrielle, XIe-XVIIIe siècle*, Colloque de Royaumont présenté par J. Le Goff, Paris-La Haye, 1968, pp. 199-202, où est souligné le «lien très étroit entre l'hérésie cathare et le grand parti politique des gibelins». L'enquête serait à pousser en direction d'une comparaison sociologique entre secte religieuse et parti politique.
46. Contentons-nous de renvoyer au Colloque international d'Amsterdam, 1967, *Urban Core and Inner City*, à Nelson W. Polsby, *Community Power and Political Theory*, New Haven, 1963, et aux travaux – de tendance «anti-historiciste» de Manuel Castells dont «Le centre urbain. Projet de recherche sociologique», in *Cahiers internationaux de sociologie*, 1969, pp. 83-106, et «Vers une théorie sociologique de la planification urbaine», in *Sociologie du Travail*, 1969, pp. 413-443, tous dans une perspective contemporaine.
47. W. Braunfels, *Mittelalterliche Stadtbaukunst der Toskana*, Berlin, 1953.
48. Notamment dans la préface de *La Méditerranée et le monde méditerranéen à l'époque de Philippe II*, Paris, 1949, 2e éd. revue et augmentée 1966, reprise in *Écrits sur l'histoire*, 1969, pp. 11-13.

d'une conjoncture à bâtir sur le modèle des mouvements de longue durée définis par François Simiand, une histoire des phases de l'histoire politique où demeurerait sans doute prépondérante, comme le veut Fernand Braudel, une histoire «sociale» au sens large – une histoire politique, donc à prédominance sociologique. Entre les deux types d'histoire, comme dans le domaine de l'histoire économique, un secteur commun s'attacherait plus particulièrement à l'étude des rapports entre le trend politique séculaire et les mouvements cycliques courts et les pointes ou creux événementiels : le secteur de l'histoire des crises, révélatrices des structures et de leur dynamisme mis à nu par l'effervescence événementielle. Enfin une histoire politique qui serait «presque immobile» si, comme l'anthropologie politique l'a révélé, elle n'était liée à la structure essentiellement conflictuelle et donc dynamique des sociétés – une histoire politique des structures de longue durée, englobant à la fois la partie valable et vivante de la géopolitique et les analyses conduites selon des modèles anthropologiques. À chaque niveau une attention particulière serait accordée à l'étude des divers systèmes sémiologiques du politique : vocabulaire, rites, comportements, mentalités.

Ainsi, si l'on peut constater, comme nous l'avons fait au début de cet essai, une certaine crise, aujourd'hui, de ce qui touche au politique, il reste que la montée des perspectives politiques dans les sciences humaines demeure un phénomène massif. Non seulement une science nouvelle, la politicologie, apporte ses concepts, son vocabulaire, ses méthodes mais, après la géopolitique, partiellement discréditée mais toujours vivante, la sociologie politique et, on l'a vu, l'anthropologie politique viennent épauler et irriguer l'histoire politique.

Histoire politique nouvelle, avons-nous dit, qui ne ressemble plus à l'ancienne. Dédiée aux structures, à l'analyse sociale, à la sémiologie, à la recherche du pouvoir. Tableau assurément trop optimiste. Bien que nous ayons ici et là indiqué que dans telle ou telle direction beaucoup et parfois tout restait à accomplir, l'histoire politique rénovée que nous avons tenté de décrire est encore en grande partie optative.

Il y a pis. Face à cette histoire plus à faire que faite, l'histoire politique traditionnelle est un cadavre qu'il faut encore tuer. Certes, une grammaire de l'histoire politique est et demeurera toujours non seulement utile mais nécessaire. La chronologie des événements politiques, la biographie des hommes politiques sont indispensables. Et malgré les progrès de la démocratie, l'histoire politique sera toujours, non pas exclusivement mais aussi, une histoire de grands. Au reste, nous savons mieux aujourd'hui, grâce précisément à la politicologie et à la sociologie, ce qu'est un événement et quel est le conditionnement sociologique d'un grand homme.

Mais le danger demeure que l'histoire politique, confinée sous sa forme vulgaire à un niveau de publications – livres, revues de vulgarisation – où elle pullule, envahisse à nouveau l'histoire scientifique. Que d'historiens de l'économie ou de la culture se contentent de faire une histoire politique de l'économie ou de la culture, c'est-à-dire une histoire de la politique économique ou de la politique culturelle. La raison est toujours celle que dénonçait Lucien Febvre quand il pourfendait l'histoire «historisante»: cette histoire «demande peu. Très peu, trop peu[49]». Et elle semble toujours prête à se contenter de demi-mesures: acceptant de s'élever du niveau des événements et des grands hommes (toujours prêts, les uns et les autres, à rentrer par la petite porte dans l'histoire politique) à celui des institutions et des milieux, elle s'arrête volontiers à des conceptions dépassées de l'État ou du gouvernement. Elle se défend mal contre les conceptions étroitement juridiques – le droit, espoir de l'humanité et crainte de l'historien! Elle se perd volontiers dans l'histoire des idées et de la pensée politique cumulant une double superficialité, celle de la politique et celle des idées. Même de bonne volonté, elle reste la plus fragile des histoires, la plus sujette à succomber aux vieux démons.

Nous permettra-t-on de conclure sur une évidence qu'il faut peut-être rappeler? Toute rénovée qu'elle soit, l'histoire politique régénérée par les autres sciences humaines ne peut prétendre à l'autonomie. À l'heure du pluridisciplinaire, le cloisonnement à l'intérieur d'une même science est particulièrement insoutenable. Le mot de Lucien Febvre, cofondateur des *Annales d'histoire économique et sociale*: «Il n'y a pas d'histoire économique et sociale. Il y a l'histoire tout court, dans son unité[50]», est plus vrai que jamais. Il reste que les modèles de l'histoire générale nouvelle doivent faire à la dimension politique la place essentielle qu'occupe dans les sociétés le phénomène du pouvoir – incarnation épistémologique actuelle du politique. Pour employer une métaphore de notre époque qui n'est plus celle de l'anatomie mais de l'atome, non plus «épine dorsale» mais «noyau» de l'histoire.

---

49. L. Febvre, *Combats pour l'histoire*, Paris, 1953, p. 118 (le texte est de 1947).
50. *Ibid.*, p. 20 (texte de 1941).

LA NAISSANCE DU PURGATOIRE

Le Purgatoire, quelle grande chose!
Sainte Catherine de Gênes.

*Le Purgatoire surpasse en poésie le Ciel et l'Enfer,
en ce qu'il représente un avenir qui manque aux deux premiers.*
Chateaubriand.

LE TROISIÈME LIEU

Dans les âpres discussions entre protestants et catholiques au XVIe siècle, les réformés reprochaient vivement à leurs adversaires la croyance au Purgatoire, à ce que Luther appelait « le troisième lieu »[1]. Cet au-delà « inventé » n'était pas dans l'Écriture.
Je me propose de suivre la formation séculaire de ce troisième lieu depuis le judéo-christianisme antique, d'en montrer la naissance au moment de l'épanouissement de l'Occident médiéval dans la seconde moitié du XIIe siècle, et le rapide succès au cours du siècle suivant. Je tenterai enfin d'expliquer pourquoi il est intimement lié à ce grand moment de l'histoire de la Chrétienté et comment il a fonctionné, de façon décisive, dans l'acceptation ou, chez les hérétiques, le refus, au sein de la nouvelle société issue du prodigieux essor des deux siècles et demi qui ont suivi l'An Mil.

LES ENJEUX DU PURGATOIRE

Il est rare de pouvoir suivre le développement historique d'une croyance même si – et c'est le cas du Purgatoire – elle recueille des éléments venus de cette nuit des temps où la plupart des croyances semblent prendre leur source. Il ne s'agit pas pourtant d'un à-côté secondaire, d'un rajout mineur à l'édifice primitif de la religion chrétienne, telle qu'elle évolua au Moyen Âge puis sous sa forme catholique. L'au-delà est un des grands horizons des religions et des sociétés. La vie du croyant change quand il pense que tout n'est pas joué à la mort.

---

1. Sur Luther et le Purgatoire, voir P. Althaus, « Luthers Gedanken über die letzten Dinge », in *Luther Jahrbuch*, XXIII, 1941, pp. 22-28.

LA NAISSANCE DU PURGATOIRE

Cette émergence, cette construction séculaire de la croyance au Purgatoire suppose et entraîne une modification substantielle des cadres spatio-temporels de l'imaginaire chrétien. Or ces structures mentales de l'espace et du temps sont l'armature de la façon de penser et de vivre d'une société. Quand cette société est tout imprégnée de religion, comme la chrétienté du long Moyen Âge qui a duré de l'Antiquité tardive à la révolution industrielle, changer la géographie de l'au-delà, donc de l'univers, modifier le temps de l'après-vie, donc l'accrochage entre le temps terrestre, historique et le temps eschatologique, le temps de l'existence et le temps de l'attente, c'est opérer une lente mais essentielle révolution mentale. C'est, à la lettre, changer la vie.

Il est clair que la naissance d'une telle croyance est reliée à des modifications profondes de la société en qui elle se produit. Quels rapports ce nouvel imaginaire de l'au-delà entretient-il avec les changements sociaux, quelles en sont les fonctions idéologiques? Le strict contrôle que l'Église établit sur lui, qui parvient même à un partage du pouvoir sur l'au-delà entre elle et Dieu, prouve que l'enjeu était important. Pourquoi ne pas laisser errer ou dormir les morts?

AVANT LE PURGATOIRE

C'est bien en tant que «troisième lieu» que le Purgatoire s'est imposé.
Des religions et des civilisations antérieures le christianisme avait hérité une géographie de l'au-delà; entre les conceptions d'un monde uniforme des morts – tel le *shéol* judaïque – et les idées d'un double univers après la mort, l'un effrayant et l'autre heureux, comme l'Hadès et les Champs Élysées des Romains, il avait choisi le modèle dualiste. Il l'avait même singulièrement renforcé. Au lieu de reléguer sous terre les deux espaces des morts, le mauvais et le bon, pendant la période qui s'étendrait de la Création au Jugement dernier, il avait placé dans le Ciel, dès l'entrée dans la mort, le séjour des justes – en tout cas des meilleurs d'entre eux, les martyrs, puis les saints. Il avait même localisé à la surface de la terre le Paradis terrestre, donnant ainsi jusqu'à la consommation des siècles un espace à cette terre de l'âge d'or auquel les Anciens n'avaient accordé qu'un temps, horizon nostalgique de leur mémoire. Sur les cartes médiévales on le voit, à l'Extrême-Orient, au-delà de la grande muraille et des peuples inquiétants de Gog et Magog, avec son fleuve aux quatre bras que Yahvé avait créé «pour arroser le jardin» (Genèse II, 10). Et surtout l'opposition Enfer-Paradis fut portée à son comble, fondée sur l'antagonisme Terre-Ciel. Bien que souterrain, l'Enfer c'était la

Le troisième lieu

Terre et le monde infernal s'opposait au monde céleste comme le monde chthonien s'était, chez les Grecs, opposé au monde ouranien. Malgré de beaux élans vers le Ciel, les Anciens – Babyloniens et Égyptiens, Juifs et Grecs, Romains et Barbares païens – avaient davantage redouté les profondeurs de la terre qu'ils n'avaient aspiré aux infinis célestes, souvent habités d'ailleurs par des dieux de colère. Le christianisme, au moins pendant les premiers siècles et la barbarisation médiévale, ne parvint pas à infernaliser complètement sa vision de l'au-delà. Il souleva la société vers le Ciel. Jésus lui-même avait donné l'exemple: après être descendu aux Enfers, il était monté au Ciel. Dans le système d'orientation de l'espace symbolique, là où l'Antiquité gréco-romaine avait accordé une place prééminente à l'opposition droite-gauche, le christianisme, tout en conservant une valeur importante à ce couple antinomique d'ailleurs présent dans l'Ancien et le Nouveau Testament[2], avait très tôt privilégié le système haut-bas. Au Moyen Âge ce système orientera, à travers la spatialisation de la pensée, la dialectique essentielle des valeurs chrétiennes.

Monter, s'élever, aller plus haut, voilà l'aiguillon de la vie spirituelle et morale tandis que la norme sociale est de demeurer à sa place, là où Dieu vous a mis sur terre, sans ambitionner d'échapper à sa condition et en prenant garde de ne pas s'abaisser, de ne pas déchoir[3].

Quand le christianisme, moins fasciné par les horizons eschatologiques, se mit à réfléchir, entre le IIe et le IVe siècle, à la situation des âmes entre la mort individuelle et le jugement dernier et quand les chrétiens pensèrent – c'est, avec les nuances que l'on verra, l'opinion des grands Pères de l'Église du IVe siècle, Ambroise, Jérôme, Augustin – que les âmes de certains pécheurs pouvaient peut-être être sauvées pendant cette période en subissant probablement une épreuve, la croyance qui apparaissait ainsi et donnera naissance au XIIe siècle au Purgatoire n'aboutit pas à la localisation précise de cette situation et de cette épreuve. Au Moyen Âge ce système orientera, à travers la spatialisation de la pensée, la dialectique essentielle des valeurs chrétiennes.

Jusqu'à la fin du XIIe siècle le mot *purgatorium* n'existe pas comme substantif. *Le* Purgatoire n'existe pas[4].

---

2. M. Gourgues dans À *la Droite de Dieu – Résurrection de Jésus et actualisation du Psaume CX, 1, dans le Nouveau Testament*, Paris, 1978, soutient que les textes néo-testamentaires n'accordent qu'un intérêt mineur à la place du Christ à la droite du Père.
3. Voir C. Ginzburg, «High and Low: The Theme of Forbidden Knowledge in the XVIth and XVIIth Century», in *Past and Present*, 73, 1976, pp. 28-41.
4. Les textes qui jusqu'alors évoquent les situations qui conduiront à la création du Purgatoire n'emploient que l'adjectif *purgatorius, purgatoria*, qui purge, et uniquement dans les expressions devenues consacrées: *ignis purgatorius*, le feu purgatoire, *poena purgatoria*, la peine (le châtiment) purgatoire ou, au pluriel, *poenae purgatoriae*, les peines purgatoires et, plus

Il est remarquable que l'apparition du mot *purgatorium* qui exprime la prise de conscience du Purgatoire comme lieu, l'acte de naissance du purgatoire à proprement parler, ait été négligée par les historiens, et d'abord par les historiens de la théologie et de la spiritualité[5]. Sans doute les historiens n'accordent-ils pas encore suffisamment d'importance aux *mots*. Qu'ils aient été *réalistes* ou *nominalistes*, les clercs du Moyen Âge savaient bien qu'entre les mots et les choses existe une union aussi étroite qu'entre le corps et l'âme. Pour les historiens des idées et des mentalités, des phénomènes de longue durée, venus lentement des profondeurs, les mots – certains mots – ont l'avantage d'apparaître, de naître et d'apporter ainsi des éléments de chronologie sans lesquels il n'y a pas d'histoire véritable. Certes on ne date pas une croyance comme un événement, mais il faut repousser l'idée que l'histoire de la longue durée soit une histoire sans dates. Un phénomène lent comme la croyance au Purgatoire stagne, palpite pendant des siècles, demeure dans des angles morts du courant de l'histoire, puis, soudain ou presque, est entraîné dans la masse du flot non pour s'y perdre mais au contraire pour y émerger et pour témoigner. Qui parle *du* purgatoire – fût-ce avec érudition – de l'Empire romain à la chrétienté du XIIIe siècle, de saint Augustin à saint Thomas d'Aquin et gomme ainsi l'apparition du substantif entre 1150 et 1200, laisse échapper des aspects capitaux de cette histoire sinon l'essentiel. Il laisse échapper, en même temps que la possibilité d'éclairer une époque décisive et une mutation profonde de société, l'occasion de repérer, à propos de la croyance au

---

rarement, *flamma, forna, locus, flumen* (flamme, four, lieu, fleuve). Au XIIe siècle on emploie parfois, en sous-entendant le substantif, *in purgatoriis (poenis)*, dans les peines purgatoires. Cet usage a probablement favorisé l'emploi de l'expression *in purgatorio* en sous-entendant *igne*, dans le feu purgatoire. Il est vraisemblable que la naissance de *purgatorium*, substantif neutre, *le* purgatoire, souvent employé sous la forme *in purgatorio*, dans le Purgatoire, a bénéficié de la similitude avec *in (igne) purgatorio*. À la fin du XIIe et au début du XIIIe siècle, quand on rencontre *in purgatorio* il est souvent difficile de savoir s'il faut comprendre *dans le purgatoire* ou *dans le feu* (sous-entendu) *purgatoire*. Mais cela n'a plus guère d'importance car désormais le substantif, c'est-à-dire le lieu, existe et l'une comme l'autre expression y renvoie.
5. Les rares auteurs d'études sur le Purgatoire qui ont aperçu le problème le soulèvent en général en note, brièvement et de façon erronée. Joseph Ntedika, auteur de deux excellentes études fondamentales, dit d'Hildebert du Mans : « Il est probablement le premier à employer le mot *purgatorium* » ; voir *L'Évolution de la doctrine du purgatoire chez saint Augustin*, Études augustiniennes, 1966, p. 11, n. 17. Le sermon attribué jadis à Hildebert du Mans lui a été depuis longtemps retiré (voir *infra*, Appendice II, pp. 1211-1215). A. Piolanti, « Il dogma del Purgatorio », in *Euntes Docete*, 6, 1953, pp. 287-311, remarquable, se contente de dire (p. 300) : « En ce siècle [le XIIe] apparaissent les premières ébauches du traité *De purgatorio* (désormais l'adjectif s'était transformé en substantif). » Quant à Erich Fleischhak, *Fegfeuer. Die christlichen Vorstellungen vom Geschick der Verstorbenen geschichtlich dargestellt*, 1969, il écrit (p. 64) : « Le mot *purgatorium* sera employé depuis l'époque carolingienne pour la purification aussi bien que pour le lieu de purification » sans donner de références (et pour cause !).

LE TROISIÈME LIEU

Purgatoire, un phénomène de grande importance dans l'histoire des idées et des mentalités : le processus de *spatialisation* de la pensée.

L'ESPACE, BON À PENSER

De nombreuses études viennent de montrer dans le domaine scientifique l'importance de la notion d'*espace*. Elle rajeunit la tradition de l'histoire géographique, renouvelle la géographie et l'urbanisme. C'est au plan symbolique qu'elle manifeste surtout son efficacité. Après les zoologistes, les anthropologues ont mis en évidence le caractère fondamental du phénomène de *territoire*[6]. Dans *La Dimension cachée*[7], Edward T. Hall a montré que le territoire est un prolongement de l'organisme animal et humain, que cette perception de l'espace dépend beaucoup de la *culture* (peut-être est-il trop *culturaliste* sur ce point) et que le territoire est une intériorisation de l'espace, organisée par la pensée. Il y a là une dimension fondamentale des individus et des sociétés. L'organisation des différents espaces : géographique, économique, politique, idéologique, etc., où se meuvent les sociétés est un aspect très important de leur histoire. Organiser l'espace de son au-delà a été une opération de grande portée pour la société chrétienne. Quand on attend la résurrection des morts, la géographie de l'autre monde n'est pas une affaire secondaire. Et l'on peut s'attendre à ce qu'il y ait des rapports entre la façon dont une telle société organise son espace ici-bas et son espace dans l'au-delà. Car les deux espaces sont liés à travers les relations qui unissent société des morts et société des vivants. C'est à un grand remaniement cartographique que se livre, entre 1150 et 1300, la Chrétienté, sur terre et dans l'au-delà. Pour une société chrétienne comme celle de l'Occident médiéval les choses

---

6. Voir par exemple, dans une perspective géographique : J. Jakle *et alii*, *Human Spatial Behavior. A Social Geography*, North Scituate, Mass., 1976 ; J. Kolars et J. Nystuen, *Human Geography : Spatial Design in World Society*, New York, 1974 ; dans une perspective zoologiste : H. E. Howard, *Territory in Bird Life*, Londres, 1920 ; dans une perspective linguistique : B. L. Whorf, *Language, Thought and Reality*, New York, 1956 ; d'un point de vue interdisciplinaire : C. R. Carpenter, *Territoriality : a Review of Concepts and Problems*, in A. Roe et G. G. Simpson éd., *Behavior and Evolution*, New Haven, 1958 ; H. Hediger, *The Evolution of Territorial Behavior*, in S. L. Washburn éd., *Social Life of Early Man*, New York, 1961 ; A. Buttimer, *Social Space in Interdisciplinary Perspective*, in E. Jones éd., *Readings in Social Geography*, Oxford, 1975, sans oublier A. Jammer, *Concepts of Space*, New York, 1960, avec une préface d'Albert Einstein.
7. E. T. Hall, *The Hidden Dimension*, New York, 1966, trad. fr. : *La Dimension cachée*, Paris, 1971.

vivent et bougent en même temps – ou presque – sur la terre comme au ciel, dans l'ici-bas comme dans l'au-delà.

LOGIQUE ET GENÈSE DU PURGATOIRE

Quand le Purgatoire s'installe dans la croyance de la chrétienté occidentale, entre 1150 et 1250 environ, de quoi s'agit-il ? C'est un au-delà intermédiaire où certains morts subissent une épreuve qui peut être raccourcie par les suffrages – l'aide spirituelle – des vivants. Pour en être arrivé là, il a fallu un long passé d'idées et d'images, de croyances et d'actes, de débats théologiques et, probablement, de mouvements dans les profondeurs de la société, que nous saisissons difficilement.

La première partie de ce livre sera consacrée à la formation séculaire des éléments qui au XIIe siècle se structureront pour devenir le Purgatoire. On peut la considérer comme une réflexion sur l'originalité de la pensée religieuse de la chrétienté latine, à partir des héritages, des ruptures, des conflits externes et internes au milieu desquels elle s'est formée.

La croyance au Purgatoire implique d'abord la croyance en l'immortalité et en la résurrection puisqu'il peut se passer quelque chose de nouveau pour un être humain entre sa mort et sa résurrection. Elle est un supplément de conditions offertes à certains humains pour parvenir à la vie éternelle. Une immortalité qui se gagne à travers une seule vie. Les religions – comme l'hindouisme ou le catharisme – qui croient à de perpétuelles réincarnations, à la métempsycose, excluent donc un Purgatoire.
L'existence d'un Purgatoire repose aussi sur la conception d'un jugement des morts, idée assez répandue dans les différents systèmes religieux, mais «les modalités de ce jugement ont grandement varié d'une civilisation à une autre[8]». La variété de jugement qui comprend l'existence d'un Purgatoire est très originale. Elle repose en effet sur la croyance en un double jugement, le premier au moment de la mort, le second à la fin des temps. Elle institue dans cet entre-deux du destin eschatologique de chaque humain une procédure judiciaire complexe de *mitigation* des peines, de raccourcissement de ces peines en fonction de divers facteurs.

---

8. *Le Jugement des morts* (Égypte, Assour, Babylone, Israël, Iran, Islam, Inde, Chine, Japon), coll. «Sources orientales», IV, Paris, éd. du Seuil, 1961, p. 9.

Elle suppose donc la projection d'une pensée de justice et d'un système pénal très sophistiqués.

Elle est liée encore à l'idée de responsabilité individuelle, de libre arbitre de l'homme, coupable par nature, en raison du péché originel, mais jugé selon les péchés commis sous sa responsabilité. Il y a une étroite liaison entre le Purgatoire, au-delà intermédiaire, et un type de péché intermédiaire entre la pureté des saints et des justifiés et l'impardonnable culpabilité des pécheurs criminels. L'idée longtemps vague de péchés «légers», «quotidiens», «habituels», bien saisie par Augustin puis par Grégoire le Grand, ne débouchera qu'à la longue sur la catégorie de péché «*véniel*» – c'est-à-dire pardonnable –, de peu antérieure à la croissance du Purgatoire et qui a été une des conditions de sa naissance. Même si, comme on le verra, les choses ont été un peu plus compliquées, pour l'essentiel le Purgatoire est apparu comme le lieu de purgation des péchés véniels.

Croire au Purgatoire – lieu de châtiments – suppose éclaircis les rapports entre l'âme et le corps. En effet la doctrine de l'Église a été très tôt que, à la mort, l'âme immortelle quittait le corps et qu'ils ne se retrouveraient qu'à la fin des temps, lors de la résurrection des corps. Mais la question de la corporéité ou de l'incorporéité de l'âme ne me semble pas avoir fait problème à propos du Purgatoire, ou de ses ébauches. Les âmes séparées furent dotées d'une matérialité *sui generis* et les peines du Purgatoire purent ainsi les tourmenter comme corporellement[9].

PENSER L'INTERMÉDIAIRE

Lieu intermédiaire, le Purgatoire l'est à bien des égards. Dans le temps, dans l'entre-deux entre la mort individuelle et le Jugement dernier. Le Purgatoire ne se fixera pas dans cet espace temporel particulier sans d'assez longs flottements. Malgré le rôle décisif qu'il a joué à ce sujet, saint Augustin n'amarrera pas définitivement le futur Purgatoire dans ce cré-

---

9. Thomas d'Aquin est particulièrement sensible à la difficulté de faire ressentir par des âmes spirituelles la souffrance d'un feu corporel. Il s'appuie surtout sur l'autorité scripturaire (Matthieu, XXV, 41) et sur l'analogie entre âmes séparées et démons pour affirmer : «Les âmes séparées peuvent donc souffrir d'un corporel» (*Somme théologique*, suppl., q. 70, a. 3). La question de la corporéité de l'âme a peut-être inquiété Jean Scot Érigène au IXe siècle et son disciple Honorius Augustodunensis au XIIe siècle. Voir Cl. Carozzi, «Structure et fonction de la vision de Tnugdal», in *Faire Croire. Actes du Colloque de l'École française de Rome (1979)*, A. Vauchez éd., Rome, 1980. Je ne suivrai pas ici Claude Carozzi que je remercie de la communication anticipée de son texte.

neau du temps. Le Purgatoire oscillera entre le temps terrestre et le temps eschatologique, entre un début de Purgatoire ici-bas qu'il faudrait alors définir par rapport à la pénitence et un retardement de purification définitive qui se situerait seulement au moment du Jugement dernier. Il mordrait alors sur le temps eschatologique et le *Jour* du Jugement deviendrait non un moment mais un espace de temps.

Le Purgatoire est aussi un entre-deux proprement spatial qui se glisse et s'élargit entre le Paradis et l'Enfer. Mais l'attraction des deux pôles a agi longtemps aussi sur lui. Pour exister le Purgatoire devra remplacer les pré-paradis du *refrigerium*, lieu de rafraîchissement imaginé aux premiers temps du christianisme et du *sein d'Abraham* désigné par l'histoire de Lazare et du mauvais riche dans le Nouveau Testament (Luc, XVI, 19-26). Il devra se détacher de l'Enfer dont il demeurera longtemps un département peu distinct, la géhenne supérieure. Dans ce tiraillement entre Paradis et Enfer on devine que l'enjeu du Purgatoire n'a pas été mince pour les chrétiens. Avant que Dante ne donne à la géographie des trois royaumes de l'au-delà sa plus haute expression, la mise au point du Nouveau Monde de l'au-delà a été longue et difficile. Le Purgatoire finalement ne sera pas un vrai, un parfait intermédiaire. Réservé à la purification complète des futurs élus, il penchera vers le Paradis. Intermédiaire décalé, il ne se situera pas au centre mais dans un entre-deux déporté vers le haut. Il rentre ainsi dans ces systèmes d'équilibre décentré qui sont si caractéristiques de la mentalité féodale : inégalité dans l'égalité qu'on rencontre dans les modèles contemporains de la vassalité et du mariage où, dans un univers d'égaux, le vassal est quand même subordonné au seigneur, la femme au mari. Fausse équidistance du Purgatoire entre un Enfer auquel on a échappé et un Ciel auquel on s'est déjà amarré. Faux intermédiaire enfin car le Purgatoire, transitoire, éphémère, n'a pas l'éternité de l'Enfer ou du Paradis. Et pour pourtant, il diffère du temps et de l'espace d'ici-bas, obéissant à d'autres règles qui en font un des éléments de cet imaginaire qu'on appelait au Moyen Âge «merveilleux».

L'essentiel est peut-être dans l'ordre de la logique. Pour que le Purgatoire naisse il faut que la notion d'intermédiaire prenne de la consistance, devienne bonne à penser pour les hommes du Moyen Âge. Le Purgatoire appartient à un système, celui des lieux de l'au- delà et n'a d'existence et de signification que par rapport à ces autres lieux. Je demande au lecteur de ne pas l'oublier mais comme le Purgatoire a, des trois lieux principaux de l'au-delà, mis le plus de temps à se définir et comme son rôle a posé le plus de problèmes, il m'a semblé possible et souhaitable de traiter du Purgatoire sans entrer dans le détail des choses de l'Enfer et du Paradis.

Structure logique, mathématique, le concept d'intermédiaire est lié à des mutations profondes des réalités sociales et mentales du Moyen Âge. Ne plus laisser seuls face à face les puissants et les pauvres, les clercs et les laïcs, mais chercher une catégorie médiane, classes moyennes ou tiers ordre, c'est la même démarche et elle se réfère à une société changée. Passer de schémas binaires à des schémas ternaires, c'est franchir ce pas dans l'organisation de la pensée de la société dont Claude Lévi-Strauss a souligné l'importance[10].

IMAGERIE PÉNALE : LE FEU

Au contraire du *shéol* juif – inquiétant, triste, mais dépourvu de châtiments – le Purgatoire est un lieu où les morts subissent une (ou des) épreuve(s). Ces épreuves, comme on le verra, peuvent être multiples et ressemblent à celles que les damnés subissent dans l'Enfer. Mais deux d'entre elles reviennent le plus souvent, l'ardent et le glacé, et l'une d'entre elles, l'épreuve par le feu, a joué un rôle de premier plan dans l'histoire du Purgatoire.
Anthropologues, folkloristes, historiens des religions connaissent bien le feu comme symbole sacré. Dans le Purgatoire médiéval et dans les ébauches qui l'ont précédé, le feu se rencontre à peu près sous toutes les formes repérées par les spécialistes de l'anthropologie religieuse : cercles de feu, lacs et mers de feu, anneaux de flammes, murs et fossés de feu, gueules de monstres lance-flammes, charbons ignés, âmes sous forme d'étincelles, fleuves, vallées et montagnes de feu.
Qu'est-ce donc que ce feu sacré ? « Dans les rites d'initiation, indique G. Van der Leeuw, c'est le feu qui efface la période de l'existence alors révolue et qui en rend possible une nouvelle[11]. » Rite de passage donc, bien à sa place en ce lieu transitoire. Le Purgatoire fait partie de ces *rites de marge*, comme les appelait Van Gennep, dont l'importance a parfois échappé aux anthropologues trop accaparés par les phases de séparation et d'agrégation qui ouvrent et clôturent les rites de passage.
Mais la signification de ce feu est encore plus riche. Carl-Martin Edsman a bien montré, à travers les contes, légendes et spectacles populaires des époques médiévales et modernes, la présence de feux régénérateurs analogues à ceux que dans l'Antiquité on rencontre chez les Romains, les Grecs, et par-delà, les Iraniens et les Indiens où cette conception d'un feu divin

---

10. C. Lévi-Strauss, « Les organisations dualistes existent-elles ? », in *Anthropologie structurale*, I, Paris, 1958, spécialement p. 168.
11. G. Van der Leeuw, *La Religion dans son essence et ses manifestations*, trad. fr., Paris, 1955, p. 53.

- Ignis divinus - semble avoir pris naissance[12]. Ainsi le Purgatoire prendrait place dans cette résurgence du fonds indo-européen dont la chrétienté des XIe-XIIIe siècles semble avoir été le théâtre. L'apparition (ou la réapparition?) du schéma trifonctionnel récemment mise en lumière par Georges Duby et d'autres chercheurs est en gros contemporaine de notre phénomène. Feu du four, feu de la forge, feu du bûcher. Il faut placer à côté d'eux le feu du Purgatoire dont s'est d'ailleurs emparée aussi la culture populaire.

Ce feu est un feu qui rajeunit et rend immortel. La légende du phénix en est la plus célèbre incarnation que le christianisme médiéval a repris depuis Tertullien. Le phénix devient le symbole de l'humanité appelée à ressusciter. Un texte, faussement attribué à saint Ambroise, applique d'ailleurs à cette légende la phrase de saint Paul «le feu éprouvera ce qu'est l'œuvre de chacun» (I Corinthiens, III, 13) qui est la principale base scripturaire sur laquelle tout le christianisme médiéval se fondera pour construire le Purgatoire.

À la lumière de cet héritage s'éclairent, me semble-t-il, trois caractéristiques importantes du feu purgatoire qui a tenu une place centrale dans la construction du Purgatoire au Moyen Âge.

La première c'est que le feu qui rajeunit et rend immortel est un feu «à travers lequel on passe». Saint Paul avait bien rendu ce rite qui, dans le même célèbre passage de la première Épître aux Corinthiens (III, 15), a dit: «Il sera sauvé, mais *comme à travers le feu» (quasi per ignem).* Le Purgatoire est bien un lieu (ou un état) transitoire et les voyages imaginaires dans le Purgatoire seront, je le répète, des parcours symboliques. Ce passage par le feu sera d'autant plus mis en valeur par les hommes du Moyen Âge que le modèle du Purgatoire se développera comme un modèle judiciaire. L'épreuve du feu est une *ordalie*. Elle l'est pour les âmes du Purgatoire elles-mêmes, elle l'est pour les vivants admis à parcourir le Purgatoire non en simples touristes, mais à leurs risques et périls. On voit combien ce rite

---

12. C.-M. Edsman, *Ignis Divinus. Le feu comme moyen de rajeunissement et d'immortalité: contes, légendes, mythes et rites*, Lund, 1949. Rappelons l'étude dépassée mais pionnière et classique de J. G. Frazer, *Myths of the Origin of Fire*, Londres, 1930, le bel essai de G. Bachelard, *Psychanalyse du feu*. Sur le feu iranien sacré, voir K. Erdmann, *Das iranische Feuerheiligtum*, Leipzig, 1941. Les articles «Feuer» (A. Closs), in *Lexicon für Theologie und Kirche*, 4, 1960, pp. 106-107 et surtout les articles «Feu de l'Enfer», «Feu du Jugement», «Feu du Purgatoire» (A. Michel), in *Dictionnaire de Théologie catholique*, V/2, Paris, 1939 et «Feu» (J. Gaillard), in *Dictionnaire de spiritualité*, V, Paris, 1964, apportent peu sur les formes archaïques de la religion du feu. Dans les Évangiles apocryphes, le baptême par le feu se retrouve sous diverses formes. Dans les *Deux livres du jeu* provenant d'un original grec (d'Égypte) de la première moitié du IIIe siècle, Jésus, après la résurrection, donne à ses apôtres un triple baptême, par l'eau, par le feu et par le Saint-Esprit (E. Hennecke et W. Schneemelcher, *Neutestamentliche Apokryphen*, 3e éd., I, Tübingen, 1959, p. 185). Dans l'Évangile de Philippe, qui a été utilisé par les gnostiques et les manichéens et qui est probablement originaire de l'Égypte du IIe siècle, on rencontre le baptême par l'eau et par le feu (*ibid.*, p. 198).

LE TROISIÈME LIEU

a pu séduire des hommes qui aux traditions venues d'une lointaine antiquité passées par la Grèce et par Rome, héritières du feu indo-européen, ont combiné l'héritage des croyances et des pratiques barbares.

On comprend aussi pourquoi, dans les tentatives de localisation terrestre du Purgatoire ou, du moins, de ses bouches, un élément géographique naturel a particulièrement retenu l'attention : les volcans. Ils avaient l'avantage de rassembler, en tant que montagne, pourvue d'un cratère c'est-à-dire d'un puits, et crachant du feu, trois des éléments essentiels de la structure physique et symbolique du Purgatoire. On verra comment les hommes en quête d'une cartographie du Purgatoire ont rôdé autour de la Sicile, entre le Stromboli et l'Etna. Mais il n'y eut pas en Sicile de milieu apte à saisir cette chance comme le firent les Irlandais, leurs voisins anglais et les cisterciens avec le Purgatoire de saint Patrick et le pèlerinage bien organisé et contrôlé qui s'y développa bientôt. La Sicile de Frédéric II, entre un souverain suspecté d'hérésie, des moines grecs et des musulmans n'apparut pas assez «catholique» pour abriter le Purgatoire, ou un de ses principaux accès et l'Etna ne put être débarrassé de son image proprement infernale.

La seconde caractéristique c'est que le feu purgatoire médiéval, s'il a pris une place prééminente et, à la limite, exclusive, a pourtant en général fait partie d'un couple : le feu et l'eau. Dans les textes médiévaux qui se situent dans la préhistoire du Moyen Âge ce couple apparaît le plus souvent sous la forme de la juxtaposition d'un lieu igné et d'un lieu humide, d'un lieu chaud et d'un lieu froid, d'un élément brûlant et d'un élément glacé. Et l'épreuve fondamentale à laquelle sont soumis les morts du Purgatoire n'est pas le simple passage par le feu, c'est le passage alternatif par le feu et par l'eau, une sorte de «douche écossaise» probatoire.

Carl-Martin Edsman a judicieusement rappelé les textes de l'Antiquité romaine classique où l'on retrouve des ascètes du Caucase qui vivent nus tantôt dans les flammes tantôt dans la glace. Cicéron parle des «sages qui vivent nus et supportent sans douleur les neiges du Caucase et la rigueur de l'hiver puis se lancent dans le feu et s'y font brûler sans gémissement[13]». Valère Maxime évoque aussi «ceux qui passent toute leur vie nus, tantôt aguerrissant leur corps dans la glace rigoureuse du Caucase, tantôt les exposant aux flammes sans gémissement[14]».

Le couple feu-eau (froide) se retrouve dans un rite évoqué dans les premiers temps du christianisme et qui a dû jouer un certain rôle dans la pré-

---

13. *Tusculanes*, v. 77.
14. *Factorum et dictorum memorabilium libri novem*, III, 3, ext. 6. Comme l'a remarqué C.-M. Edsman dans *La Flûte enchantée* de Mozart, «Tamino et Pamina passent à travers deux grottes dont la première contient une chute d'eau et la seconde est remplie de feu».

histoire du Purgatoire : le baptême par le feu. Pour les chrétiens ce rite apparaît dans les évangiles de Matthieu et de Luc, à propos de Jean-Baptiste. Matthieu prête au précurseur ces paroles : « Pour moi je vous baptise dans de l'eau en vue du repentir ; mais celui qui vient derrière moi est plus fort que moi, dont je ne suis pas digne d'enlever les sandales ; lui vous baptisera dans l'Esprit saint et le feu » (Matthieu, III, 11). Luc (III, 16) fait tenir le même discours à Jean-Baptiste.

Cette conception du baptême par le feu, venue des vieilles mythologies indo-européennes du feu, s'est concrétisée dans la littérature apocalyptique judéo-chrétienne. Les premiers théologiens chrétiens, les Grecs surtout, y ont été sensibles. Origène, commentant Luc, III, 16, déclare : « Il faut d'abord baptiser par l'eau et l'esprit pour que, lorsque le baptisé arrivera au fleuve de feu, il montre qu'il a conservé les récipients d'eau et d'esprit et qu'il mérite alors de recevoir aussi le baptême de feu en Jésus-Christ » (*In Lucam*, homélie XXIV). Edsman reconnaît dans la perle évoquée par Matthieu (XIII, 45-46 : « Le Royaume des Cieux est semblable à un négociant en quête de perles fines ; en ayant trouvé une de grand prix, il s'en est allé vendre tout ce qu'il possédait et il l'a achetée ») le symbole du Christ qui a réuni l'eau et le feu. Dans le christianisme « orthodoxe » le baptême par le feu est resté métaphorique. Il n'en a pas été de même dans certaines sectes (baptistes, messaliens, certains ascètes égyptiens) et jusqu'aux cathares à qui un contradicteur « orthodoxe », Ecbert, reprochera ironiquement, au XIIe siècle, de ne pas vraiment baptiser « dans le feu », mais « à côté » du feu.

Dans les mythologies et les religions anciennes, le feu a une nature multiple et variée. C'est ce qu'on retrouve dans la symbolique judéo-chrétienne du feu, et en définitive dans les différentes fonctions et significations du feu du Purgatoire. Dans ces divers aspects du feu, « à la fois déificateur et vivificateur, qui châtie et anéantit », Edsman voit « les différents côtés de l'être même de la divinité » et ramène donc à l'unité dans la personne divine la multiplicité des visages du feu. Ce modèle peut servir à expliquer la variété des interprétations chrétiennes du feu purgatoire de l'Antiquité au XIIIe siècle. On peut avoir l'impression que l'on ne parle pas du même feu mais cette diversité s'explique par la polysémie du feu divin antique. Tantôt, il apparaît surtout comme purificateur, tantôt avant tout comme punitif, tantôt encore comme probatoire, il semble parfois actuel et parfois futur, le plus souvent réel mais quelquefois spirituel, il concerne certains humains ou tout le monde. Mais il s'agit bien toujours du même feu et le feu du Purgatoire, dans sa complexité, est l'héritier des visages multiples du feu divin, du feu sacré des origines indo-européennes.

Augustin semble avoir saisi la continuité qui, malgré les changements fondamentaux de sens, relie certaines conceptions anciennes du *feu* à des conceptions chrétiennes : « Les stoïciens, écrit-il dans la *Cité de Dieu* (VIII, 5),

Le troisième lieu

estimaient que le feu, c'est-à-dire un corps, un des quatre éléments dont est composé ce monde sensible, est vivant, sage et créateur du monde lui-même et de tout ce qu'il contient, qu'en résumé ce feu est Dieu.» Certes, dans le christianisme, le feu n'est plus, comme le dira magnifiquement François d'Assise, qu'une créature. Mais selon la juste formule d'Edsman «toute la complexité du feu de l'au-delà dans ses formes générales ou spéciales – par exemple le fleuve de feu – s'explique en tant que diverses fonctions d'un même feu divin». Ceci vaut aussi pour le feu du Purgatoire. Mais de ce passé lourd de sens du feu purgatoire, les hommes du Moyen Âge n'avaient pas conscience, ni la masse ni même les clercs, à l'exception des textes scripturaires, caution pour eux nécessaire et suffisante de la tradition sacrée. Il m'a paru pourtant nécessaire de mettre en lumière ce long héritage. Il éclaire certains aspects déconcertants de l'histoire médiévale du Purgatoire, il permet de mieux comprendre les hésitations, les débats, les choix qui se sont manifestés dans cette histoire, car un héritage propose autant qu'il impose. Surtout il explique, me semble-t-il, une des raisons du succès du Purgatoire qui est d'avoir repris certaines réalités symboliques très anciennes. Ce qui s'ancre dans une tradition a le plus de chances de réussir. Le Purgatoire est une idée neuve du christianisme mais qui a emprunté aux religions antérieures une partie de ses principaux accessoires. Dans le système chrétien, le feu divin change de sens et l'historien doit d'abord être sensible à ces transformations. Mais la permanence d'un certain matériau de longue durée sous la vivacité plus ou moins grande des changements doit aussi retenir son attention. Les révolutions sont rarement des créations, elles sont des changements de sens. Le christianisme a été une révolution ou un rouage essentiel d'une révolution. Il a recueilli le feu divin qui rajeunit et rend immortel mais il en a fait non une croyance liée à un rite mais un attribut de Dieu dont l'usage est déterminé par une double responsabilité humaine: celle des morts à qui il appartient par leur comportement terrestre d'y être ou non soumis, celle des vivants dont le zèle plus ou moins grand peut en modifier la durée d'activité. Le feu du Purgatoire, tout en restant un symbole porteur de sens, celui du salut par la purification, est devenu un instrument au service d'un système complexe de justice, lié à une société toute différente de celles qui croyaient au feu régénérateur.

SOLIDARITÉS : LES VIVANTS ET LES MORTS

Le Purgatoire est enfin un au-delà intermédiaire où l'épreuve que l'on subit peut être abrégée par les *suffrages*, les interventions des vivants. C'est, semble-t-il, par la croyance des premiers chrétiens en l'efficacité de leurs prières pour leurs morts – comme en témoignent les inscriptions funéraires, les formules liturgiques, puis au début du IIIe siècle, la *Passion de Perpétue*, tête de série des représentations spatialisées du futur Purgatoire – qu'a commencé un mouvement de piété qui devait conduire à la création du Purgatoire. Il est significatif qu'Augustin, dans les *Confessions*, ébauche pour la première fois une réflexion qui le mènera sur le chemin du Purgatoire, à l'occasion de ses sentiments après la mort de sa mère Monique.

Cette confiance des chrétiens en l'efficacité des suffrages ne s'unit que tardivement avec la croyance en l'existence d'une purification après la mort. Joseph Ntedika a bien montré que, chez Augustin par exemple, les deux croyances se sont élaborées à part sans pratiquement se rencontrer. Les suffrages pour les morts supposent la constitution de longues solidarités de part et d'autre de la mort, des relations étroites entre vivants et défunts, l'existence entre les uns et les autres d'institutions de liaison qui financent les suffrages – tels les testaments – ou en font une pratique obligatoire – comme les confréries. Ces liens aussi mirent du temps à s'établir.

Quel accroissement de puissance pour les vivants que cette prise sur la mort! Mais aussi, dès ici-bas quel renforcement de la cohésion des communautés – familles charnelles, familles artificielles, religieuses ou confraternelles – que l'extension après la mort de solidarités efficaces! Et pour l'Église quel instrument de pouvoir! Elle affirme son droit (partiel) sur les âmes du Purgatoire comme membres de l'Église militante, poussant en avant le *for* ecclésiastique au détriment du *for* de Dieu, pourtant détenteur de la justice dans l'au-delà. Pouvoir spirituel mais aussi tout simplement, comme on verra, profit financier dont bénéficieront mieux que d'autres les frères des Ordres mendiants, propagandistes ardents de la nouvelle croyance. L'«infernal» système des indulgences y trouvera finalement un puissant aliment.

LE DOSSIER DU PURGATOIRE

Je convie le lecteur à ouvrir avec moi le dossier du Purgatoire. Seule cette démarche me paraît de nature à le convaincre par le contact avec des textes de grands théologiens ou d'obscurs compilateurs, parfois anonymes, de haute valeur littéraire ou simples instruments de communication, mais pour beaucoup traduits pour la première fois et possédant le plus souvent à des degrés divers le charme de l'imaginaire, la chaleur du prosélytisme, le frémissement de la découverte d'un monde intérieur et extérieur. Surtout c'est le meilleur moyen de voir se construire, lentement, pas toujours sûrement, mais dans toute la complexité de l'histoire, la croyance en un lieu, et ce lieu lui-même.

Ces textes sont souvent répétitifs mais ainsi se constitue un *corpus*, ainsi se construit l'histoire. Le jeu d'échos qu'on rencontrera souvent dans ce livre est l'image de la réalité. Éliminer ces redites de l'histoire aurait conduit à la déformer, à la fausser.

On verra ce que devient la géographie de l'au-delà et ses enjeux dans les principales phases du premier volet du Moyen Âge où s'élaborent les fondements de notre monde moderne occidental. Nous connaissons mieux aujourd'hui et apprécions plus justement l'originalité de cette longue mutation du IIIe au VIIe siècle qu'on appelait naguère Bas-Empire et haut Moyen Âge et qu'on nomme plus judicieusement Antiquité tardive: les héritages antiques s'y décantent, le christianisme y modèle de nouvelles habitudes, l'humanité lutte pour sa survie physique et spirituelle. Entre le Paradis et l'Enfer, dans la persuasion où l'on est de l'imminence de la fin du monde, le Purgatoire serait presque un luxe qui demeure dans les profondeurs. La genèse de la féodalité laisse en suspens dans un quasi-immobilisme de la théologie et de la pratique religieuse les ébauches de Purgatoire entre le VIIIe et le XIe siècle mais l'imaginaire monastique explore dans un clair-obscur troué d'éclairs les recoins de l'au-delà. Le grand siècle créateur, le XIIe siècle, est aussi celui de la naissance du Purgatoire qui ne s'éclaire qu'au sein du système féodal mis alors au point. Après l'époque du jaillissement, vient celle de l'ordre. L'apprivoisement de l'au-delà que permet le Purgatoire ajoute les morts à l'encadrement général de la société. Le supplément de chances qu'offre à la nouvelle société le Purgatoire s'intègre dans le système global.

THÉOLOGIE ET CULTURE POPULAIRE

Je dois encore au lecteur deux précisions.

La première concerne la place faite à la théologie dans cette étude. Je ne suis ni un théologien, ni un historien de la théologie. Il est clair que s'agissant d'une croyance qui est devenue un dogme le rôle de l'élaboration théologique dans cette histoire est important. J'espère lui rendre justice. Mais je pense que le Purgatoire comme croyance s'est aussi imposé par d'autres voies et ces voies m'intéressent particulièrement parce qu'elles renseignent davantage sur les rapports entre croyance et société, sur les structures mentales, sur la place de l'imaginaire dans l'histoire. Je n'ignore pas que pour la théologie catholique moderne le Purgatoire n'est pas un *lieu* mais un *état*. Les Pères du concile de Trente, soucieux, sur ce point comme sur le reste, d'éviter la contamination de la religion par les «superstitions» ont laissé en dehors du dogme le contenu de l'idée de Purgatoire. Ainsi ni la localisation du Purgatoire, ni la nature des peines qu'on y subit ne furent définies par le dogme mais elles furent laissées à la liberté des opinions.

Mais j'espère montrer dans ce livre que la conception du Purgatoire comme *lieu* et l'imagerie qui y fut liée ont joué un rôle capital dans le succès de cette croyance[15]. Ceci n'est pas seulement vrai de la masse des fidèles, ce l'est aussi des théologiens et des autorités ecclésiastiques aux XIIe et XIIIe siècles. Quand, parmi les laïcs, se rencontra un homme de génie qui était aussi très savant, il exprima mieux que d'autres – à tous les niveaux – ce que fut pour les hommes du second Moyen Âge, après 1150, le Purgatoire. Le meilleur théologien de l'histoire du Purgatoire, c'est Dante.

La seconde précision a trait à la place de la culture populaire dans la naissance du Purgatoire. Cette place est assurément importante. Elle sera évoquée ici à plusieurs reprises. Derrière certains éléments essentiels du Purgatoire en formation la tradition populaire – non pas au sens vulgaire de culture de masse mais au sens efficace de culture folklorique spécifique – est présente et agissante. Pour prendre trois exemples: le feu purgatoire, comme l'a montré Carl-Martin Edsman, participe de rites et de croyances que les contes, légendes et spectacles populaires permettent de comprendre; les voyages dans l'au-delà ressortissent à un genre où éléments savants et éléments folkloriques sont étroitement mêlés[16]; les *exempla* sur le Purgatoire sont souvent issus de contes populaires ou apparentés avec eux. Depuis plusieurs années, avec quelques collègues et amis, je poursuis dans le cadre de mes séminaires à l'École des Hautes Études en Sciences sociales, des recherches sur les rapports entre culture savante et culture populaire au Moyen Âge. Pourtant je n'ai pas cherché à m'engager très avant dans cette piste. Sur un sujet comme celui-ci il y a trop d'incertitudes

---

15. Sur une vision théologique «épurée» mais étroite, voir par exemple cette opinion: «Les nécessités du langage populaire de Notre-Seigneur parlant du doigt de Lazare et de la langue du mauvais riche pouvaient autoriser des esprits habitués à unir âme et corps comme des groupes inséparables, à doter les âmes séparées d'un corps *sui generis*, comme l'imagination le leur prête nécessairement. Autant d'obstacles à la vraie philosophie du dogme» (J. Bainvel, article «Âme», in *Dictionnaire de Théologie catholique*, I, Paris, 1909, p. 1001). Raisonner ainsi, c'est se fermer la compréhension de l'histoire.
16. Heinrich Günter a écrit: «La vision de l'au-delà est devenue un motif populaire qui a eu cours à toutes les époques et qui est aussi vieille que la spéculation mystique» (*Die christliche Legende des Abendlandes*, Heidelberg, 1910, p. 111).

LE TROISIÈME LIEU

pour qu'on puisse aisément préciser, approfondir, interpréter la part indéniable de la culture populaire. Mais il faut savoir que cette culture a eu son rôle dans la naissance du Purgatoire. Le siècle de la naissance du Purgatoire est aussi celui où la pression du folklore sur la culture savante est la plus vive, où l'Église s'ouvre davantage à des traditions qu'elle avait dans le haut Moyen Âge détruites, cachées ou ignorées[17]. Cette poussée a aussi contribué à la naissance du Purgatoire.

---

17. Voir *supra*, J. Le Goff, «Culture cléricale et traditions folkloriques dans la civilisation mérovingienne», pp. 217-228 et «Culture ecclésiastique et culture folklorique au Moyen Âge: saint Marcel de Paris et le dragon». pp. 229-268, et J.-Cl. Schmitt, «Religion populaire et culture folklorique», in *Annales E.S.C.*, 1976, pp. 941-953.

I
LES AU-DELÀ
AVANT LE PURGATOIRE

1
LES IMAGINAIRES ANTIQUES

Le Purgatoire médiéval réutilise des motifs mis en circulation en des temps très anciens : ténèbres, feu, tortures, pont de l'épreuve et du passage, montagne, fleuve, etc., et a refusé finalement des éléments qu'il a failli accueillir : pâturages, errance, ou rejeté d'entrée de jeu : réincarnations, métempsycose. J'évoquerai donc d'abord ces lambeaux venus d'ailleurs et de loin, de très loin parfois dans l'espace et le temps.

Convoquer ces religions anciennes dans le dossier du Purgatoire, c'est aussi replacer le Purgatoire dans un ensemble de solutions apportées à un même problème : la structure de l'autre monde, l'imaginaire de l'audelà comme démonstration de sa fonction. Dans certains cas cette référence à d'autres religions mettra en présence d'héritages réels, historiques : de l'Inde ancienne à l'Occident chrétien le feu par exemple a bien circulé, mais le feu du Purgatoire a réuni des feux multiples allumés çà et là au cours des âges. Le modèle égyptien semble avoir beaucoup pesé sur l'infernalisation des autres mondes postérieurs. Parfois aussi la comparaison avec d'autres au-delà religieux n'aura valeur que logique, ne sera que mise en évidence des systèmes de l'au-delà et de leurs diverses solutions au problème commun. Quand il y a rencontre entre ces solutions et celle, chrétienne, du Purgatoire, n'est-ce pas par identité de réponse sans certitude d'influence ? L'angoisse essentielle du temps de l'Enfer chez les gnostiques et l'attention inquiète mais finalement teintée d'espérance des chrétiens au temps du Purgatoire ne viennent-elles pas d'une sensibilité au temps incluse dans les deux pensées mais de façon indépendante ?

Enfin mettre en lumière ces héritages et ces tris c'est manifester que les rapports entre le Purgatoire chrétien et les imaginaires antérieurs de l'audelà sont ceux d'une histoire, non d'une généalogie. Le Purgatoire n'a pas été engendré automatiquement par une série de croyances et d'images

– fût-elle diachronique –, il est le résultat d'une histoire où se mêlent la nécessité et les hasards.

LES TROIS VOIES HINDOUES

Dans l'Inde ancienne, à la fin des temps védiques, quand apparaissent les premières *Upanishad* (VIe siècle avant J.-C.), les morts ont trois voies devant eux, suivant leur mérite, mais sans qu'il y ait jugement. L'entrée dans l'une de ces voies se fait à travers le feu puisque les morts sont brûlés sur le bûcher. Les justes passent «de la flamme dans le jour, du jour dans la quinzaine claire (du mois lunaire), de la quinzaine claire dans les six mois de l'année où le soleil monte, de ces mois dans le monde des dieux, du monde des dieux dans le soleil, du soleil dans le monde de l'éclair. De ce monde de l'éclair, ceux (qui savent ainsi) sont conduits aux mondes du brahmane par un être spirituel venu (les y chercher). En ces mondes du brahmane ils habitent des lointains insondables. Pour eux point de retour».
Ceux qui sont assez méritants «entrent dans la fumée, de la fumée dans la nuit, de la nuit dans la quinzaine sombre (du mois lunaire), de la quinzaine sombre dans les six mois où le soleil descend, de ces mois dans le monde des Mânes, du monde des Mânes dans la lune». Là ils sont mangés par les dieux, reviennent sur la terre, inaugurant un cycle de réincarnations et de renaissances de perfections, dont chacune est une étape vers le Paradis.
Les méchants irrémédiables subissent des renaissances de châtiment, sous la forme de «vermisseaux, insectes, animaux» jusqu'à la tombée en enfer[1].
L'*Isba Upanishad* évoque ce séjour infernal: «Ces mondes que l'on nomme sans soleil recouverts qu'ils sont d'aveugle ténèbre: y entrent après leur mort ceux qui ont tué leur âme.» Mais d'autres textes permettent de supposer que le sort de ces morts n'est pas réglé d'entrée de jeu. C'est selon qu'ils auront franchi ou non le seuil gardé par deux chiens. S'ils le franchissent ils seront accueillis dans un lieu plutôt agréable, proche des Champs Élysées des Romains, du Walhalla germanique, le «pâturage qu'on ne leur enlèvera plus», où ils partageront le festin de Yama, le premier homme, l'Adam de la tradition indo-iranienne, devenu le roi des Enfers. S'ils sont repoussés ou bien ils iront dans les ténèbres de l'Enfer ou bien ils

---

1. Ces extraits sont tirés du *Chandogya Upanishad* et sont cités et interprétés par J. Varenne, «Le jugement des morts dans l'Inde», in *Le Jugement des morts*, coll. «Sources orientales», IV, Paris, 1961, pp. 225-226.

retourneront misérablement errer sur terre, rôdant comme une âme en peine, sous forme de revenants[2].

Ces diverses traditions présentent des éléments qu'on retrouvera dans le Purgatoire : l'idée d'une voie moyenne de salut, le passage à travers le feu, la dialectique entre les ténèbres et la lumière, des améliorations d'état entre la mort et le salut définitif, la fonction de l'au-delà comme réceptacle d'âmes qui seraient autrement vouées à l'errance des revenants. Mais l'absence de jugement, la place centrale de la métempsycose sont très éloignées du système chrétien de l'au-delà.

EN IRAN : LE FEU ET LE PONT

En Iran, ce qui frappe surtout dans les doctrines et les images de l'au-delà c'est l'omniprésence du feu. Mais certains traits de l'eschatologie zoroastrienne présentent des caractères qui, sans avoir eu sans doute d'influence directe sur les conceptions chrétiennes qui mèneront au Purgatoire, les évoquent[3]. C'est d'abord l'hésitation entre une interprétation « paradisiaque » et une interprétation « infernale » du séjour des morts avant le jugement. Dans le *Veda*, ce séjour, le royaume de Yama, est tantôt un paradis de lumière, tantôt un monde souterrain sinistre, un abîme dans lequel on descend par une voie en pente. C'est aussi la présence d'un pont – comme on le rencontre dans l'Inde – qui relie la terre au ciel et sur lequel le mort s'engage pour une épreuve de force et d'adresse qui a aussi une certaine valeur morale[4].

Enfin il existe pour les âmes, dont les bonnes actions ont le même poids que les mauvaises, un lieu intermédiaire mais les spécialistes avertissent qu'il ne faut pas considérer qu'il s'agit là d'une sorte de Purgatoire car c'est plutôt l'enfer mazdéen qui peut se comparer au Purgatoire chrétien, étant comme lui temporaire[5].

---

2. *Ibid.* pp. 215-216. Voir aussi L. Scherman, « Eine Art visionärer Höllenschilderung aus dem indischen Mittelalter. Nebst einigen Bemerkungen über die älteren Vorstellungen der Inder von einer strafenden Vergeltung nach dem Tode », in *Festchrift Konrad Hofmann. Romanische Forschungen*, 5, 1890. pp. 539-582.
3. Voir J. D. C. Pavry, *The Zoroastrian Doctrine of a Future Life*, New York, 1926 ; J. Duchesne-Guillemin, *La Religion de l'Iran ancien*, Paris, 1962
4. Voir G. A. Frank Knight, article « Bridge », in *Encyclopaedia of Religion and Ethics*, New York, 1902, t. 2, pp. 848-857.
5. J. Duchesne-Guillemin, *La Religion de l'Iran ancien*, op. cit., p. 335.

La naissance du Purgatoire

En Égypte : l'imaginaire infernal

La longue histoire de l'Égypte ancienne ne permet pas non plus de résumer en quelques idées simples les croyances sur le jugement des morts et l'au-delà qui ont évolué au cours des siècles et ne semblent pas avoir été identiques selon les milieux sociaux. L'idée d'un jugement des morts a été très ancienne en Égypte. Comme l'a écrit Jean Yoyotte : « Inventions des anciens Égyptiens, l'idée, la crainte, l'espérance du Jugement allaient connaître après eux une longue fortune[6]. »

L'enfer égyptien était particulièrement impressionnant et raffiné. C'était une région immense avec des murailles et des portes, des marais boueux et des lacs de feu autour de chambres mystérieuses. Maspéro a souligné que le mort égyptien devait escalader une montagne, aux pentes escarpées. La géographie imaginaire de l'au-delà égyptien fut si poussée qu'on a trouvé sur certains sarcophages des cartes de l'autre monde. Les châtiments y étaient nombreux et sévères. Ces peines frappaient aussi bien les corps que les âmes. Elles étaient aussi bien physiques que morales, marquées par l'éloignement des dieux. Une sensation essentielle était celle de renfermement et de prison. Les peines y étaient sanglantes et les châtiments par le feu nombreux et terribles. Mais même dans ses versions les plus infernales le Purgatoire chrétien n'approchera pas certaines tortures de l'enfer égyptien, comme la perte des organes des sens ou les atteintes à l'unité de la personne. L'imagination topographique fut poussée très loin par les Égyptiens dans leurs visions de l'enfer. Les « réceptacles » – maisons, chambres, niches, lieux divers – y formaient un complexe système de logements[7]. Mais il n'y eut pas de purgatoire chez les anciens Égyptiens. Erik Hornung marque nettement que malgré la richesse de la terminologie égyptienne pour désigner les humains dans l'au-delà, elle se limite à deux catégories rigoureusement opposées : les « bienheureux » et les « damnés ». Il n'y a ni « états ou phases intermédiaires ni processus de purification dans l'au-delà ».

Il faut attendre un récit démotique (en langue vulgaire), le voyage dans l'au-delà de Si-Osire, écrit entre le Ier siècle avant l'ère chrétienne et le IIe siècle après, pour trouver une tripartition des morts : ceux qui sont surchargés de mauvaises actions, ceux qui le sont de bonnes actions et ceux chez qui bonnes

---

6. J. Yoyotte, « Le Jugement des morts dans l'Égypte ancienne », in *Le Jugement des morts, op. cit.*, p. 69.
7. E. Hornung, *Altägyptische Höllenvorstellungen*, Abhandlungen der sächsischen Akademie der Wissenschaften zu Leipzig, Philologish-historische Klasse, Bd 59. Heft 3, Berlin, 1968.

et mauvaises actions s'équilibrent mais il n'y a toujours aucun processus de purification. La légère différenciation des sorts individuels qui s'annonce, comme on le verra, dans les Apocalypses coptes – telles celles de Pierre et de Paul – depuis le IIe siècle de l'ère chrétienne, n'a pas de précédent égyptien[8]. Pourtant il fallait évoquer cet arrière-plan égyptien car l'Égypte d'avant et d'après l'ère chrétienne a été, à Alexandrie surtout et dans les monastères chrétiens, le lieu d'élaboration de nombreux textes juifs, grecs, coptes qui ont joué un grand rôle dans l'élaboration de l'imagerie de l'au-delà, surtout de l'enfer. E. A. W. Budge a souligné les caractères de cet héritage infernal : « Dans tous les livres sur l'Autre monde nous trouvons des puits de feu, des abîmes de ténèbres, des couteaux meurtriers, des courants d'eau bouillante, des exhalaisons fétides, des serpents ardents, d'affreux monstres et des créatures à têtes d'animaux, des êtres cruels et assassins de différents aspects... pareils à ceux qui nous sont familiers dans l'ancienne littérature médiévale, et il est presque certain que les nations modernes doivent à l'Égypte beaucoup de leurs conceptions de l'enfer[9]. » Le Purgatoire infernalisé qu'on rencontrera souvent dans la chrétienté médiévale s'est sans doute en partie nourri de cet héritage égyptien.

DESCENTE AUX ENFERS EN GRÈCE ET À ROME

Ce n'est guère qu'à travers le thème des descentes aux enfers que l'Antiquité grecque et romaine a apporté quelque chose à l'imagerie chrétienne de l'audelà. Ce thème – que l'on retrouvera avec le Christ – est fréquent dans l'Antiquité grecque : Orphée, Pollux, Thésée, Héraclès sont descendus au séjour des ombres. Une des plus célèbres de ces catabases est celle d'Ulysse au livre XI de l'*Odyssée*. Mais on sait que de nombreuses interpolations sont venues s'ajouter au texte primitif qui ne comportait ni jugement des morts, ni sanctions morales, ni tourments punitifs. L'enfer homérique apparaît pauvre par rapport aux enfers orientaux. On peut en retenir quelques éléments géographiques généraux qui se retrouveront dans la genèse du Purgatoire, une île (celle de Circé), une montagne à pic sur la mer, trouée de grottes, un épisode de descente dans l'Averne à l'atmosphère vraiment infernale, l'évocation des morts qui ne se retrouvera pas dans le christia-

---

8. *Ibid.*, pp. 9-10.
9. E. A. W. Budge, *The Egyptian Heaven and Hell*, Londres, 1906, t. III, introd. p. XII, cité et traduit par C.-M. Edsman, *Le Baptême de feu*, Uppsala, 1940, p. 73.

nisme officiel puisque c'est Dieu seul qui fera éventuellement apparaître certains morts du Purgatoire à certains vivants[10]. Rapide est, de son côté, l'évocation du Tartare par Hésiode (*Théogonie,* v. 695-700, 726-733). La contribution de la Grèce ancienne à l'idée de l'au-delà dans la longue durée semble surtout résider dans deux constructions intellectuelles dont il est difficile de savoir quelle influence elles ont pu avoir sur la pensée chrétienne.

UNE PHILOSOPHIE DE LA RÉINCARNATION : PLATON

C'est une gageure de tenter de résumer, dans la perspective d'un au-delà intermédiaire, la pensée de Platon sur le sort des âmes après la mort. Victor Goldschmidt est mon guide[11]. La doctrine platonicienne est dominée par l'idée qu'il y a dans la faute une part de volonté, donc de responsabilité, et une part d'ignorance qui ne peut être effacée que par un processus complexe. Le sort des âmes dépend donc à la fois de leur propre choix et d'un jugement des dieux.

Le sort des morts prend normalement la forme de réincarnations choisies plus ou moins librement par le défunt mais peut être modifié ou interrompu par l'intervention des dieux. Les méchants peuvent soit éprouver des métamorphoses dégradantes, passant dans le corps d'hommes de condition sociale vile ou dans celui d'animaux répugnants, soit être soumis par les dieux aux châtiments de l'enfer. Ces châtiments sont évoqués au dixième livre de la *République* (615 e) où l'on voit des hommes de feu enchaîner les mains, les pieds et la tête de tyrans, les jeter à terre, les écorcher et les tirer de côté le long du chemin, ce qui évoque un passage de l'Apocalypse de Pierre (v. 30). Quant à ceux qui sont parvenus à l'idéal platonicien, c'est-à-dire à la philosophie et qui l'ont pratiquée «dans la pureté et la justice», ils parviennent à la contemplation parfaite, le plus souvent dans «les îles des bienheureux» car

---

10. Voir par exemple Victor Bérard, *Les Navigations d'Ulysse,* IV: *Circé et les morts,* Paris, 1929, pp. 281-372, qui s'attache trop à rechercher des lieux géographiques réels. Ce réalisme géographique masque parfois l'essentiel qui est la combinaison d'une structure de l'imaginaire et d'une tradition culturelle. N'a-t-on pas voulu répartir les évocations du chaud et du froid dans les visions du Purgatoire entre des auteurs méditerranéens et des auteurs nordiques ? À l'origine il y a un couple froid-chaud comme on a vu et l'origine en est probablement indo-européenne. Ce n'est pas une raison pour y voir le reflet du climat du Tibet ou du Caucase.
11. V. Goldschmidt, *La Religion de Platon,* Paris, 1949, en particulier le chapitre «Châtiments et récompenses», pp. 75-84.

toujours s'impose ce besoin de localisation, de spatialisation du sort dans l'au-delà.
Diverses considérations ont incité Platon à chercher des voies de statuts intermédiaires après la mort. Telle l'idée que la peine devait être proportionnée au crime comme l'exprime avec force la *République* (X, 615 a-b). Mais aussi la conception d'un destin particulier des vertueux moyens : ils continuent à traverser le cycle des réincarnations mais dans les intervalles ils goûtent des récompenses, non précisées, « dans une demeure pure et située sur les hauteurs de la terre » (*Phédon*, 114 c, 1-2).
Comme l'Ancien Testament, la pensée platonicienne concernant l'au-delà demeure fondamentalement dualiste. Dans la métempsycose, les âmes passent soit dans des âmes plus méchantes, soit dans des âmes meilleures. La sentence des dieux ne négligera aucun homme et Platon prévient son semblable : « Elle ne te négligera jamais, fusses-tu assez petit pour t'enfoncer dans les profondeurs de la terre ou grandi assez haut pour t'envoler jusqu'au ciel » (*Lois*, X, 905 a), ce qui évoque le Psaume CXXXIX, 9 :

> Si j'escalade les cieux, tu es là,
> qu'au *shéol* je me couche, te voici.

« Tu paieras aux dieux, ajoute Platon, la peine que tu dois, soit que tu restes ici même, soit que tu t'en ailles chez Hadès ou qu'on te transporte en quelque lieu plus inaccessible encore » (*Lois*, X, 905 a). Dans le célèbre mythe d'Er, il n'y a pour ceux qui se rencontrent dans une prairie merveilleuse que deux directions possibles. Les uns viennent du ciel et les autres remontent du sein de la terre après un voyage de mille ans.
Pourtant, mû par l'idée de la proportionnalité des peines sans doute liée à sa philosophie mais aussi au système judiciaire athénien (on retrouve dans toutes les religions où existe un *jugement* des morts un certain rapport entre la justice terrestre et la justice divine dans l'au-delà), Platon imagine pour les âmes des hommes un destin mouvant qui peut comporter plusieurs situations : « Ceux dont les mœurs n'éprouvent que de rares et légers changements ne se déplacent qu'horizontalement dans l'espace ; s'ils tombent plus souvent et plus profondément dans l'injustice, ils sont emportés vers les profondeurs et les lieux dits inférieurs qui, sous le nom d'Hadès et autres noms semblables, hantent leurs terreurs et leurs cauchemars... Quand l'âme subit de plus profonds changements en vice ou vertu... si c'est avec la vertu divine qu'elle s'est ainsi mêlée jusqu'à s'imprégner notablement de divin, elle subit alors un déplacement remarquable, transportée qu'elle est par une route sainte vers un lieu nouveau et meilleur. Si c'est le contraire, c'est alors vers des lieux contraires qu'elle transporte le siège de sa vie... » (*Lois*, 904 c-905 a).

C'est surtout la croyance en la métempsycose qui permet des échelonnements de peine, des châtiments intermédiaires. On retrouve cette tendance dans l'orphisme «qui dès l'origine paraît avoir admis que les existences terrestres successives sont séparées par des expiations dans l'Hadès[12]. L'influence de l'orphisme sur le christianisme a souvent été soulignée. Comme on ne rencontre pas dans le judaïsme ancien la croyance à un état intermédiaire entre le bonheur céleste et les tourments infernaux, et comme la préfiguration du Purgatoire est apparue dans le christianisme grec, on a avancé que l'idée chrétienne d'un «purgatoire» où les âmes qui ne sont pas assez coupables pour mériter des peines éternelles achèvent de se purifier proviendrait de l'hellénisme païen et particulièrement des doctrines orphiques[13]. Si cette influence a existé elle a d'abord pénétré, me semble-t-il, les milieux juifs. C'est dans les écrits apocalyptiques juifs et surtout, aux alentours de l'ère chrétienne, dans l'enseignement des rabbins que l'on trouvera une véritable ébauche du futur Purgatoire chrétien. Mais, en Palestine, en Égypte, ces milieux juifs, puis chrétiens, baignent en effet dans un environnement grec où les religions à mystères ont pris un grand développement.

On considère comme un témoin de cette tendance Pindare qui, dans un fragment cité par Platon (*Ménon*, 81 b), estime à huit ans la durée de la purification dans les enfers et qui, dans une ode où il est question d'une religion à mystères sicilienne du début du VIe siècle avant J.-C., voisine sans doute de l'orphisme, dit :

> Elle [l'opulence parée de mérites] est l'astre étincelant, la splendeur authentique d'une vie humaine. Ah! surtout si celui qui la possède sait connaître l'avenir! s'il sait que, quand la mort les a frappés ici, les esprits des coupables subissent aussitôt leur peine; sous terre, un juge prononce contre les crimes commis en ce royaume de Zeus des arrêts inexorables[14].

UN PRÉCURSEUR : ÉNÉE AUX ENFERS

Il faut maintenant accorder une attention particulière à la descente d'Énée aux Enfers, dans l'*Énéide* de Virgile.

---

12. A. Boulanger, *Orphée. Rapports de l'orphisme et du christianisme*, Paris, 1925.
13. *Ibid.*, p. 128.
14. Pindare, Paris, Les Belles Lettres,1922, coll. Budé, trad. Aimé Puech, t. I, p. 45.

LES AU-DELÀ AVANT LE PURGATOIRE

Il y a dans cet épisode une évocation topographique de l'au-delà qui s'efforce à une précision plus grande que la plupart des évocations antiques des enfers – certaines égyptiennes mises à part. Brooks Otis en a même assez récemment dessiné la carte schématique. Il y a la descente par un *vestibule* qu'on retrouvera souvent, avec le puits, dans l'enfer-purgatoire. Puis le champ des morts sans sépulture, le fleuve Styx, les champs des pleurs et les ultimes prairies avant la bifurcation qui, par la route de gauche mène au Tartare (Enfer) et à droite, après avoir franchi les murailles de Dis (Pluton, roi des Enfers), conduit aux Champs Élysées, demeure mollement paradisiaque, derrière laquelle il y a le bois sacré enclos et enfin le fleuve de l'Oubli, le Léthé[15].

Dans un célèbre commentaire, Eduard Norden[16] a souligné non seulement les réminiscences qu'on trouvera dans la *Divine Comédie*, d'autant plus normales que Dante, guidé par Virgile, l'a aussi pris pour modèle poétique, mais encore les éléments qui se retrouveront dans des visions médiévales qui jalonnent la route du purgatoire en formation.
Par exemple quand Énée est dans le vestibule :

De là vient le bruit de gémissements et le son de cruels
coups de fouet: c'est alors le grincement de chaînes de fer traînées
Énée s'arrêta et demeura terrifié par le fracas   (557-559)[17],

ce qu'on retrouvera notamment, dans la *Visio Wettini* (IXe siècle), la *Visio Thugdali* (milieu du XIIe siècle où le Purgatoire n'est pas encore distinct), mais aussi dans le *Purgatoire de saint Patrick* (fin XIIe siècle) où le Purgatoire est né, et bien entendu, chez Dante, où l'écho de Virgile se retrouve dans l'*Enfer* (III, 22-30), tandis que dans le *Purgatoire*, s'il y a encore des soupirs :

Oh ! combien ces chemins d'arrivée sont différents
de ceux de l'enfer, car ici c'est parmi des chants
que l'on entre, et là-bas, c'est parmi de féroces lamentations[18].

---

15. Brooks Otis, *Virgil. A Study in Civilized Poetry*, Oxford, 1964.
16. E. Norden, *P. Vergilius Maro. Æneis Buch VI*, 4e éd., Darmstadt, 1957, pp. 207-349. Sur les réactions chrétiennes, voir P. Courcelle, «Les Pères de l'Église devant les enfers virgiliens», in *Archives d'histoire doctrinale et littéraire du Moyen Âge*, 22, 1955.
17. *Hinc exaudiri gemitus, et saeva sonare*
    verbera, tam stridor ferri tractae catenae
    constitit Æneas, strepituque exterritus baesit.
18. *Abi quanto son diverse quelle foci*
    dall'infernali ! chè quivi per canti
    s'entra, e là giù par lamenti feroce   (*Purgatoire*, XII, 112-114).

De même Énée descendu aux Enfers montre d'en bas les champs brillants de lumière au-dessus[19]. Geste typique du regard et du signe lancés des profondeurs vers la lumière d'en haut. On le retrouve dans les Apocalypses (Apocalypse de Jean, XXI, 10, Apocalypse [apocryphe] de Pierre, V, 4 *sqq.*), dans les visions médiévales du pré-purgatoire *(Visio Fursei, Visio Wettini, Visio Tnugdali)* et surtout dans l'épisode évangélique de Lazare et du mauvais riche où celui-ci «dans l'Hadès, en proie à des tortures, lève les yeux et voit de loin Abraham, et Lazare en son sein» (Luc, XVI, 23), texte qui jouera un rôle important dans la préhistoire chrétienne du Purgatoire.

Eduard Norden remarque aussi judicieusement que si les notations de temps sont parfois capricieuses dans cet épisode virgilien comme chez Dante, il y a chez les deux poètes l'idée d'un temps fixé pour les voyages dans l'au-delà, de l'ordre d'un jour (vingt-quatre heures) ou surtout une nuit. Dans l'*Énéide* la remontée doit s'achever avant minuit, heure où sortent les vraies ombres (893 *sqq.*), dans la *Divine Comédie* le voyage doit durer vingt-quatre heures *(Enfer,* XXXIV, 68 *sqq.*). Dans les Apocalypses et les visions médiévales le voyage dans l'au-delà doit le plus souvent s'achever avant l'aube, avant le premier chant du coq. Ce sera le cas dans le *Purgatoire de saint Patrick* où cette exigence de temps fait partie du système de l'ordalie.

Pour l'avenir chrétien et médiéval le passage essentiel du VIe chant de l'*Énéide* est celui-ci : «Dès lors les âmes connaissent les craintes, les désirs, les douleurs, les joies et ne distinguent plus clairement la lumière du ciel, emprisonnées dans leurs ténèbres et leur geôle aveugle. Et même, au jour suprême, lorsque la vie les a quittées, les malheureuses ne sont pas encore absolument débarrassées de tout le mal et de toutes les souillures du corps ; leurs vices, endurcis par les années, ont dû s'enraciner à une profondeur étonnante. Il faut donc les soumettre à des châtiments, et qu'elles expient dans des supplices ces maux invétérés. Les unes, suspendues dans l'air, sont exposées au souffle léger des vents ; d'autres au fond d'un vaste abîme, lavent leur souillure ; d'autres s'épurent dans le feu» (733-743)[20].

Tout un ensemble de thèmes qui joueront dans la formation du Purgatoire est là ; le mélange de douleur et de joie, l'appréhension voilée de la lumière céleste, le contexte carcéral, l'exposition à des peines, l'expiation mêlée à la purification, purification par le feu.

---

19. ... *camposque nitentis*
    desuper ostentat... (*Énéide*, VI, 677-678).
20. Trad. A. Bellessort, coll. Budé, pp. 191-192.

LES AU-DELÀ AVANT LE PURGATOIRE

Voici en revanche une séquence historiquement affirmée: de Babylone au judéo-christianisme.

GILGAMESH AUX ENFERS

Chez les Babyloniens le paysage de l'au-delà est plus mouvementé, plus obsédant. Il apparaît dans d'étonnants récits de voyages aux enfers. La descente aux enfers d'Our-Nammou, prince d'Our, est le plus ancien texte de ce genre dans le domaine moyen-oriental européen (VIIIe siècle avant J.-C). Seul un récit égyptien lui est antérieur. Le héros est jugé par le roi des enfers, Nergal, il est fait allusion à un feu, il y a un fleuve près d'une montagne, et l'autre monde est couvert de «ténèbres»[21].
Surtout la célèbre épopée de Gilgamesh offre une double évocation des enfers. La moins précise est celle qui concerne Gilgamesh lui-même. Le héros n'ayant pas obtenu l'immortalité, les dieux lui accordent une place de choix aux enfers mais cette faveur ne semble pas résulter de ses mérites, elle est en rapport avec son rang et ne dépend que d'une décision arbitraire des dieux[22]. Enkidou, en revanche, l'ami de Gilgamesh, avant de mourir, visite les Enfers et en fait une description plus précise. C'est le royaume de la poussière et des ténèbres, la «grande terre», «la terre sans retour», «la terre d'où on ne revient pas», une terre où l'on descend et d'où «remontent», quand on les évoque, certains morts. Une terre où l'on va quand on est pris dans les *filets* des dieux, une prison. Le plus inquiétant peut-être est que les vivants et les morts «normaux» sont tourmentés par des morts «aigris». Ceux-ci, les *ekimmu*, dont l'ombre n'a reçu ni sépulture ni soins de la part des vivants (on retrouve cet appel à la sollicitude des vivants dont le rôle sera si grand dans le système du Purgatoire), reviennent comme revenants hanter les habitants de la terre ou torturent les autres morts dans l'enfer.

---

21. Voir E. Ebeling, *Tod und Leben nach den Vorstellungen der Babylonier*, Berlin-Leipzig, 1931. Sur la valeur «sacrée», ambiguë, des ténèbres chez les Grecs anciens, voir Maja Reemda Svilar, *Denn das Dunkel ist heilig. Ein Streifzug durch die Psyche der archaischen Griechen*, Berne-Francfort, 1976.
22. Voir J.-M. Aynard, «Le Jugement des morts chez les Assyro-Babyloniens», in *Le Jugement des morts, op. cit.*, pp. 83-102.

UN AU-DELÀ NEUTRE ET TÉNÉBREUX :
LE « SHÉOL » JUIF

On a souligné la parenté entre certaines de ces croyances et des croyances juives attestées par l'Ancien Testament, ce qui n'a rien d'étonnant si l'on pense aux rapports qui ont uni les Babyloniens et les Hébreux, en particulier lors de l'Exil[23].
L'*arallû*, l'enfer assyrien, est proche du *shéol* hébreu, de l'*Hadès* grec, même si ces deux derniers paraissent plus pâles. La parenté est surtout visible pour les deux premiers. Ainsi pour la *descente* et la *remontée* du *shéol*. Jacob croyant Joseph mort déclare : « C'est en deuil que je veux descendre au *shéol* auprès de mon fils » (Genèse, XXXVII, 35). Anne, la mère de Samuel, dans son cantique, proclame : « C'est Yahvé qui fait mourir et vivre, qui fait descendre au *shéol* et en remonter » (I Samuel, II, 6). Enfin quand Saül demande à la sorcière d'En-Dor d'évoquer d'entre les morts Samuel, elle lui dit : « Je vois un spectre qui monte de la terre » et encore : « C'est un vieillard qui monte » (I Samuel, XVIII, 13-14). L'image du *piège* se retrouve dans les Psaumes XVIII (« les filets du *shéol* me cernaient, les pièges de la mort m'attendaient », XVIII, 6) et CXVI (« les lacets de la mort m'enserraient, les filets du *shéol* », CXVI, 3)[24]. De même l'image du *puits* : « Yahvé, tu as tiré mon âme du *shéol*, me ranimant d'entre ceux qui descendent à la fosse [puits] » (Psaume XXX, 3), « tu m'as mis au tréfonds de la fosse [puits], dans les ténèbres, dans les abîmes » (Psaume LXXXVIII, 7). Dans le Psaume XL, 3, l'image du gouffre est associée à celle de la boue : « Il me tira du gouffre tumultueux, de la vase du bourbier. » Selon Nicholas J. Tromp le mot *bôr* a eu successivement le sens de *citerne*, puis de *prison*, enfin à la fois de *tombe* et de *puits du monde souterrain*, évolution sémantique suggestive. *Le puits du gouffre* évoqué par le Psaume LV, 24, a été rapproché du puits, entrée de l'autre monde dans le conte de Grimm : *Frau Hölle (Dame Hölle, Hölle* voulant dire enfer en allemand). La poussière, en général associée aux vers, apparaît aussi dans l'Ancien Testament. « Vont-ils descendre à mes côtés au *shéol*, sombrer de même dans la poussière ? » (Job, XVII, 16) et encore : « Ensemble, dans la poussière, ils se couchent, et la vermine les recouvre » (Job, XXI, 26).

---

23. Voir P. Dhorme, « Le Séjour des morts chez les Babyloniens et les Hébreux », in *Revue biblique*, 1907, pp. 59-78.
24. Les filets du *shéol* se retrouvent dans II Samuel, XXII, 6 ; Job, XVIII, 710 ; le thème se rencontre aussi chez les Égyptiens. Voir M. Eliade, *Images et Symboles. Essais sur le symbolisme magico-religieux*, Paris, 1952, pp. 124-152.

Les au-delà avant le Purgatoire

La mention de l'autre monde infernal, le *shéol*, mot spécifiquement hébraïque, est fréquente dans l'Ancien Testament[25]. Certains de ses traits sont proprement infernaux et ne se retrouveront pas dans le Purgatoire chrétien, par exemple l'assimilation à un monstre dévorant, qui vient peut-être des Égyptiens[26], et l'image de l'autre monde comme ville, déjà présenté dans les documents ougaritiques et qui annonce la «città dolente» de Dante (*Enfer*, III, 1). D'autres sont très caractéristiques de la pensée hébraïque, comme la liaison étroite entre l'idée du *shéol* et la symbolique du chaos, incarné d'une part dans l'océan, de l'autre dans le désert. Peut-être faudrait-il toutefois scruter plus attentivement les liens éventuels, dans la chrétienté médiévale, entre le Purgatoire et certains saints ou ermites de l'errance maritime et de la solitude de la forêt-désert.

Au Purgatoire – comme à l'Enfer – le *shéol* léguera la notion de ténèbres (dont les âmes du Purgatoire émergeront vers la lumière), ténèbres qui envahissent tout le monde souterrain des morts. Ce thème est particulièrement obsédant dans le livre de Job:

> avant que je m'en aille sans retour
> au pays des ténèbres et de l'ombre épaisse,
> où règnent l'obscurité et le désordre
> où la clarté même ressemble à la nuit sombre. (Job, x, 21-22)[27]

Du paysage du *shéol* il faut retenir deux éléments importants qui se retrouveront dans le Purgatoire comme dans l'Enfer chrétien: la *montagne* et le *fleuve*. Certaines interprétations du Psaume XLII, 7, parlent de la «montagne du tourment», le livre de Job évoque à deux reprises le fleuve que l'on franchit à l'entrée du *shéol*:

> Il préserve ainsi son âme de la fosse,
> sa vie du passage dans le Canal. (Job, XXXIII, 18)

> Sinon, ils passent par le Canal
> Et ils périssent en insensés. (Job, XXXVI, 12)

---

25. En dehors de la lecture de l'Ancien Testament, j'ai consulté J. Pedersen, *Israel, its Life and Culture*, Londres-Copenhague, 1926, I-II, pp. 460 *sqq.*; R. Martin-Achard, *De la mort à la Résurrection d'après l'Ancien Testament*, Neuchâtel-Paris, 1956; N. J. Tromp, *Primitive Conceptions of Death and the Other World in the Old Testament* (Biblia et Orientalia, 21) Rome, 1969. Cette dernière étude éclaire l'Ancien Testament par les textes ougaritiques trouvés à Ras Shamra.
26. Voir Znadee, *Death as an Enemy according to Ancient Egyptian Conceptions*, Leyde, 1960.
27. Et encore Job, XII, 22; XV, 22; XVII, 13; XVIII, 18; XIX, 8; XXVIII, 3; XXXVIII, 16-17.

Tromp soutient de façon convaincante contre d'autres exégètes de l'Ancien Testament que les termes décrivant le *shéol* s'appliquent bien à un lieu et ne sont pas métaphoriques mais il pense qu'il y a une évolution vers un emploi «littéraire», «éthique» du *shéol* et que l'Hadès du Nouveau Testament qui a pris sa suite a continué en ce sens.

En tout cas le *shéol* vétéro-testamentaire apparaît essentiellement dans un système dualiste qui oppose fortement Ciel et Enfer. Par exemple le psalmiste du Psaume CXXXIX, 8, dit à Yahvé :

> Si j'escalade les cieux, tu es là,
> qu'au *shéol* je me couche, te voici.

Et Isaïe (XLIV, 24) fait dire à Yahvé :

> C'est moi Yahvé, qui ai fait toutes choses,
> qui seul ai déployé les cieux,
> affermi la terre, sans personne avec moi.

La *terre*, c'est en effet tout ensemble le monde des vivants et le monde des morts confondus, et plutôt la demeure souterraine que le séjour à la surface.

Très rarement est évoqué un système triparti (comme celui qui, pour l'au-delà, par exemple chez Dante, groupera Enfer souterrain, Purgatoire terrestre, Paradis céleste). Pourtant Jérémie (X, 11-12) rappelant aux Hébreux de l'Exil la puissance de Yahvé dit :

> Les dieux qui n'ont pas fait le ciel et la terre seront
> exterminés de la terre et de dessous le ciel,
> Il a fait la terre par sa puissance
> établi le monde par sa sagesse
> et par son intelligence étendu les cieux.

Le prophète distingue donc le ciel, le monde dessous le ciel et la terre (dessous le monde) comme saint Paul dira (Philippiens, II, 10) :

> pour que tout, au nom de Jésus,
> s'agenouille, au plus haut des cieux,
> sur la terre et dans les enfers.

Si le *shéol* est redoutable, il n'apparaît pourtant pas comme un lieu de torture. On y trouve toutefois trois types de châtiments spéciaux : le lit de vermines, qu'on ne retrouvera pas dans l'Enfer et le Purgatoire chrétiens à moins qu'on ne veuille y voir les ancêtres des serpents infernaux, ce qui ne me paraît pas être le cas, la soif et le feu. Je reviendrai sur le feu que j'ai déjà évoqué. La soif, dont parle par exemple Jérémie (XVII, 13) :

> ceux qui se détournent de toi seront inscrits dans la terre
> car ils ont abandonné la source d'eaux vives, Yahvé...

se retrouve au moins en deux textes chrétiens importants pour la préhistoire du Purgatoire. C'est d'abord l'histoire du pauvre Lazare et du mauvais riche qui, du fond de l'Hadès, demande que Lazare vienne tremper dans l'eau le bout de son doigt pour lui rafraîchir la langue (Luc, XVI, 24). C'est surtout la première vision qu'on puisse appeler vision d'un lieu purgatoire, celle de Perpétue dans la *Passion de Perpétue* (début du IIIe siècle) où la soif sera un élément essentiel de la vision.

On a noté que si le *shéol* est souvent évoqué dans l'Ancien Testament, on n'y donne guère de détails vraiment précis sur lui. C'est, a-t-on dit, que Yahvé est le dieu des vivants, rappelant l'Ecclésiaste (IX, 4) :

> Mais il y a de l'espoir pour celui qui est lié à tous les vivants,
> et un chien vivant vaut mieux qu'un lion mort.

Ce que Jésus redira de façon frappante : « Quant à ce qui est de la résurrection des morts, n'avez-vous pas lu l'oracle dans lequel Dieu vous dit : "Je suis le Dieu d'Abraham, le Dieu d'Isaac et le Dieu de Jacob ?" Ce n'est pas de morts mais de vivants qu'il est le Dieu ! » (Matthieu, XXII, 31-32.) Yahvé, dont la toute-puissance sur le *shéol* est maintes fois affirmée par l'Ancien Testament, n'y manifeste jamais l'intention d'en sortir un mort de façon prématurée, de lui pardonner après sa descente au *shéol*, de lui en écourter le séjour.

En dehors d'une imagerie infernale qui vaudra aussi pour le Purgatoire il n'y a donc pas grand-chose dans l'Ancien Testament (si l'on met à part un passage très spécial du second livre des Maccabées dont je parlerai plus loin) qui annonce le Purgatoire chrétien.

À deux points de vue seulement l'Ancien Testament laisse supposer qu'il puisse y avoir des distinctions de lieu dans le *shéol* et qu'on puisse en être tiré par Dieu.

D'abord l'Ancien Testament distingue dans le *shéol* ses extrêmes profondeurs réservées à des morts particulièrement honteux : les peuples incirconcis, les victimes d'assassinats, les morts par exécution et les morts sans sépulture, mais il s'agit davantage de morts *impurs* que de morts *coupables*.

Certains textes des Psaumes surtout évoquent une possibilité de libération.

> Reviens, Yahvé, délivre mon âme,
> Sauve-moi, en raison de ton amour.
> Car, dans la mort, nul souvenir de toi :
> Dans le *shéol*, qui te louerait ?   (Psaume VI, 5-6)

> Troupeau que l'on parque au *shéol*,
> la Mort les mène paître,
> les hommes droits domineront sur eux.
>
> Au matin s'évanouit leur image,
> le *shéol*, voilà leur résidence !
> Mais Dieu rachètera mon âme
> des griffes du *shéol* et me prendra.   (Psaume XLIX, 15-16)

> car tu ne peux abandonner mon âme au *shéol*,
> tu ne peux laisser ton ami voir la fosse
> Tu m'apprendras le chemin de vie,
> devant ta face, plénitude de joie,
> en ta droite, délices éternelles.   (Psaume XVI, 10-11)

LES VISIONS APOCALYPTIQUES JUDÉO-CHRÉTIENNES

Entre le IIe siècle avant l'ère chrétienne et le IIIe siècle après (et plus longtemps encore, car des versions grecques et surtout latines de textes hébreux, syriaques, coptes, éthiopiens, arabes, n'ont vu le jour que plus tard), un ensemble de textes élaborés au Moyen-Orient, surtout en Palestine et en Égypte, ont enrichi d'une façon décisive les conceptions et les représentations de l'au-delà. La plupart de ces textes n'ont pas été accueillis par les diverses églises officielles parmi les documents dits authentiques de la doctrine et de la foi. Ils font partie de ce corpus de textes appelés apocryphes par l'Église chrétienne latine (les protestants appelleront *pseudépigraphes* les textes non canoniques vétéro-testamentaires). Ce caractère apocryphe n'a d'ailleurs été imposé à certains d'entre eux que tardivement par le concile dominé par saint Augustin en 397 et même par le concile de Trente au XVIe siècle en ce qui concerne le catholicisme. Beaucoup d'entre eux ont donc pu avoir au Moyen Âge une influence soit parce qu'ils n'étaient pas encore considérés comme apocryphes et que leur utilisation n'entraînait pas la réprobation de l'Église, soit parce qu'écartés des textes «canoniques», ils circulaient cependant de façon plus ou moins clandestine par divers canaux. Un cas extraordinaire fut celui de l'Apocalypse attribuée à l'apôtre Jean qui, au terme de discussions complexes, fut reçue dans la Bible chrétienne latine canonique, alors qu'elle ne diffère pas substantiellement des autres textes du même genre.

De cette littérature apocryphe judéo-chrétienne, ce qui m'intéresse ce sont les textes qui, par des versions latines, ou par leur influence sur le christianisme latin, ont agi sur les représentations de l'au-delà dans la chrétienté latine médiévale. Plus que les évangiles apocryphes, ce sont les récits de visions ou de voyages imaginaires dans l'au-delà portant ou non le titre d'*apocalypse* – c'est-à-dire de révélation – qui ont joué un rôle dans la genèse du Purgatoire. Je ne chercherai pas ici dans quel contexte historique général et social en particulier ils ont été élaborés et ont circulé. Je ne m'appliquerai à une analyse sociologique et historique proprement dite qu'aux époques où la conception précise de purgatoire naîtra et se répandra, c'est-à-dire aux XIIe-XIIIe siècles. Auparavant je me contente de repérer des héritages d'idées et d'images. Un élément a joué un rôle important dans cette littérature apocalyptique, c'est la croyance en une descente de Jésus aux Enfers dont le lustre a comme rejailli sur l'ensemble du corpus apocalyptique. J'en parlerai avec le dossier néo-testamentaire et chrétien. Il est remarquable que la plupart de ces apocalypses racontent plutôt un voyage au ciel qu'une descente aux enfers, trait caractéristique du climat d'attente et d'espérance des siècles autour de l'apparition du christianisme.

Des apocalypses juives je retiendrai le livre d'Hénoch et le quatrième Livre d'Esdras, des chrétiennes l'Apocalypse de Pierre, l'Apocalypse d'Esdras et surtout l'Apocalypse de Paul.

Du Livre d'Hénoch il ne reste qu'un fragment très court dans la version latine abrégée qu'a conservée un seul manuscrit du VIIIe siècle. La version la plus complète que l'on possède est une version éthiopienne faite sur le grec[28]. L'original a été écrit dans une langue sémitique, probablement l'hébreu, il a été composé du IIe au Ier siècle avant J.-C. et a subi l'influence égyptienne. C'est un texte composite dont la partie la plus ancienne remonte sans doute à l'époque de l'apparition de la littérature apocalyptique, un peu avant 170 avant J.-C. C'est donc un des plus anciens témoins de cette littérature.

---

28. Je suis cette version dans la traduction et le commentaire de F. Martin, *Le Livre d'Hénoch traduit sur le texte éthiopien*, Paris, 1906.

Ce qui concerne l'au-delà se trouve surtout dans la première partie, le livre de l'Assomption d'Hénoch. Hénoch, guidé par des anges, est emporté «en un lieu (une maison) dont les habitants sont comme un feu ardent» puis au séjour de la tempête, du tonnerre et des eaux de vie. «Et j'arrivai jusqu'à un fleuve de feu dont le feu coule comme de l'eau et se déverse dans la grande mer... et j'atteignis une grande obscurité..., je vis les montagnes des ténèbres de l'hiver... et l'embouchure de l'abîme» (chap. XVII). Il arrive ensuite au puits de l'enfer: «Puis je vis un gouffre profond, près des colonnes de feu du ciel, et je vis entre elles des colonnes de feu qui descendaient et dont la hauteur et la profondeur étaient incommensurables» (chap. XVIII). Hénoch demande alors à l'ange Raphaël qui l'accompagne où est le séjour des âmes des morts avant le jugement. C'est le chapitre XXII où apparaît l'idée des *lieux* de l'au-delà et des catégories de morts en attente. Contrairement aux Babyloniens et aux Hébreux qui plaçaient l'*arallû* et le *shéol* dans le monde souterrain, mais comme la plupart du temps les Égyptiens, l'auteur du livre semble situer cet au-delà de l'attente dans un coin éloigné de la surface de la terre. «De là je me rendis dans un autre lieu et il me montra à l'occident une grande et haute montagne et de durs rochers. Il y avait là quatre cavités très profondes, très larges et très lisses, trois d'entre elles étaient sombres et une lumineuse, au milieu se trouvait une source d'eau...» Raphaël explique à Hénoch: «Ces cavités sont [faites] pour qu'y soient réunis les enfants des âmes des morts... pour les y faire demeurer jusqu'au jour de leur jugement et jusqu'au temps qui leur a été fixé; et ce long temps [durera] jusqu'au grand jugement [qui sera rendu sur eux].» Hénoch regarde: «Je vis les esprits des enfants des hommes qui étaient morts, leur voix arrivait jusqu'au ciel et se plaignait.»

Les quatre cavités renferment quatre catégories de morts classés selon l'innocence ou la culpabilité de leurs âmes, et selon les souffrances qu'elles ont éprouvées ou non sur terre. La première accueille des justes martyrs, c'est la cavité claire, près de la source d'eau lumineuse. La seconde reçoit les autres justes qui restent dans l'ombre mais qui au jugement final recevront les récompenses éternelles. La troisième renferme les pécheurs qui n'ont subi aucune punition ni épreuve sur terre et qui au jugement seront condamnés au châtiment éternel. Il y a enfin une quatrième catégorie: celle des pécheurs qui ont été persécutés ici-bas et, en particulier, ceux qui ont été mis à mort par d'autres pécheurs. Ceux-là seront moins punis.

En continuant son voyage, Hénoch rencontre une nouvelle fois l'enfer mais sous un autre aspect: «Alors je dis: "Pourquoi cette terre est-elle bénie et toute remplie d'arbres, tandis que cette gorge au milieu [des montagnes] est maudite?"» Uriel, qui est cette fois-ci le guide d'Hénoch, lui répond: «Cette vallée maudite est [destinée] aux maudits pour l'éternité» (chap. XXVII).

LES AU-DELÀ AVANT LE PURGATOIRE

On rencontre donc dans le Livre d'Hénoch les images d'un enfer gouffre ou vallée étroite, d'une montagne terrestre comme séjour dans l'entre-deux de lieux d'attente du jugement, l'idée d'un état intermédiaire entre la mort et le jugement, d'une gradation des peines mais celles-ci ne dépendent que partiellement du mérite des hommes.

L'ouvrage ayant été composé de morceaux provenant de diverses époques, on y rencontre des contradictions concernant en particulier l'au-delà. Au chapitre XXII de la première partie les âmes des justes martyrs crient vengeance alors que dans la cinquième partie, toutes les âmes des justes dorment comme d'un long sommeil, veillées par les anges, en attendant le jugement final. Dans la deuxième partie (Le Livre des Paraboles), Hénoch a une tout autre vision du lieu de l'attente: il voit les lits de repos des justes à l'extrémité des cieux, et même, semble-t-il, au ciel, au milieu des anges et à côté du Messie (chap. XXXV). Cette image d'attente allongée se retrouvera dans certaines préfigurations du Purgatoire médiéval, par exemple à propos d'Arthur dans l'Etna. Enfin, au chapitre XXXIX on voit les âmes des morts intervenir auprès des dieux en faveur des vivants: «Ils demandent, ils intercèdent et ils prient pour les enfants des hommes.» Cette idée de la réversibilité des mérites dans l'au-delà sera très longue à s'imposer au Moyen Âge. Ce n'est qu'à la fin de cette période que les âmes du Purgatoire se verront reconnaître définitivement ce privilège.

Le quatrième Livre d'Esdras est lui aussi fait de plusieurs morceaux cousus ensemble probablement par un juif zélote vers 120 après J.-C., c'est-à-dire vers la fin de la période de l'apocalyptique juive. On en possède des versions en syriaque, arabe et arménien. La version grecque originale est perdue. Plusieurs manuscrits, dont les plus anciens remontent au IXe siècle, ont conservé une version latine, celle que j'évoque ici[29].

Esdras demande au Seigneur: «Si j'ai trouvé grâce devant toi, Seigneur, montre aussi à ton serviteur si après la mort ou maintenant quand chacun d'entre nous rend l'âme, si nous serons conservés dans le repos jusqu'à ce que viennent les temps où tu ressusciteras la créature ou si ensuite (après la mort) nous serons châtiés[30].» Il lui est répondu que «ceux qui ont méprisé la voie du Très-Haut, ceux qui ont méprisé sa loi et ceux qui ont haï ceux qui craignent Dieu n'entreront pas dans les habitacles mais qu'ils erreront et seront ensuite châtiés, dolents et tristes selon sept "voies" diffé-

---

29. *The Fourth Book of Ezra. The Latin Version*, éd. R. L. Bensly avec une introduction de M. R. James, Cambridge, 1895.
30. «*Si inveni gratiam coram te, domine, demonstra et hoc servo tuo, si post mortem vel nunc quando reddimus unusquisque animam suam, si conservati conservabimur in requie, donec veniat tempora illa in quibus incipies creaturam renovare aut amodo cruciamur*» (VII, 75).

rentes[31]». La cinquième de ces «voies» consistera «en la vision des autres [morts] qui seront conservés par les anges dans des habitacles où régnera un grand silence[32]». On retrouve ici l'idée rencontrée dans la cinquième partie du Livre d'Hénoch.
En revanche, il y a sept «ordres» *(ordines)* promis aux habitacles du Salut [de la santé et de la sécurité][33]. Après avoir été séparées de leur corps ces âmes «auront pendant sept jours la liberté de voir la réalité qui leur a été prédite et ensuite elles seront rassemblées dans leurs habitacles[34]». Il n'y a donc ici que deux groupes dans le temps de l'attente, ceux que l'on châtie et ceux qu'on laisse tranquilles.
Ce qui est intéressant ici c'est l'évocation des réceptacles de l'au-delà appelés *habitationes* ou *habitacula*. Conception spatiale qui se trouve encore renforcée et élargie par le passage suivant. L'«ordre» de ceux qui ont respecté les voies du Très-Haut reposera selon sept «ordres» *(ordines)* différents. Le cinquième consistera à «exulter en voyant qu'ils ont échappé maintenant au [corps] corruptible et qu'ils posséderont l'héritage à venir, voyant encore le monde *resserré* et plein de peine dont ils ont été libérés, et commençant à recevoir l'univers *plein d'espace*, bienheureux et immortels[35]».
Ainsi s'exprime ce sentiment de libération spatiale, ce souci de l'espace dans les choses de l'au-delà qui me paraît fondamental dans la naissance du Purgatoire. Le Purgatoire sera un habitacle ou un ensemble d'habitacles, un lieu de renfermement mais aussi de l'Enfer au Purgatoire, du Purgatoire au Paradis, le territoire s'agrandit, l'espace se dilate. Dante saura magnifiquement l'exprimer.
Le quatrième Livre d'Esdras a retenu les auteurs chrétiens anciens. Certes la première citation certaine se trouve chez Clément d'Alexandrie (*Stromata*, III, 16), un des «pères» du Purgatoire, mais le passage que je viens de citer a fait l'objet, au IVe siècle, d'un commentaire de saint Ambroise.
Dans son traité *De bono mortis (Du bien de la mort)* Ambroise veut prouver l'immortalité de l'âme et combattre le luxe funéraire des Romains. «Notre âme, dit-il, n'est pas enfermée avec le corps dans le tombeau... C'est en pure perte que les hommes construisent des tombeaux somptueux comme s'ils étaient les réceptacles *(receptacula)* de l'âme et pas seulement du corps.» Et

---

31. «... *in habitationes non ingredientur, sed vagantes errent amodo in cruciamentis, dolentes semper et tristes per septem vias*» (VII, 79-80).
32. «*Quinta via, videntes aliorum habitacula ab angelis conservari cum silentio magno*» (VII, 82).
33. «*Habitacula sanitatis et securitatis*» (VII, 121).
34. «*Septem diebus erit libertas earum ut videant septem diebus qui predicti sunt sermones, et postea conjugabuntur in habitaculis suis*» (VII, 199-201).
35. «*Quintus ordo, exultantes quomodo corruptibile effugerint nunc et futurum quomodo hereditatem possidebunt, adhuc autem videntes angustum et (labore) plenum, a quo liberati sunt, et spatiosum incipient recipere, fruniscentes et immortales*» (VII, 96).

d'ajouter: « Les âmes, elles, ont des habitacles en haut[36]. » Il cite alors longuement le quatrième Livre d'Esdras et ses *habitacula* qui sont, dit-il, la même chose que les *habitations (habitationes)* dont a parlé le Seigneur en disant «dans la maison de mon père il y a de nombreuses demeures *(mansiones)*» (Jean, XIV, 2). Il s'excuse de citer Esdras, qu'il compte au nombre des philosophes païens, mais il pense que cela impressionnera peut-être les païens. Après s'être étendu sur les *habitacles des âmes* en citant toujours Esdras, il reprend aussi la classification des sept «ordres» d'âmes des justes. Mélangeant, à vrai dire, les «voies» et les «ordres», il fait allusion aux habitacles où règne une grande tranquillité *(in habitaculis suis cum magna tranquillitate)*. Il note qu'Esdras a signalé que les âmes des justes commencent à entrer dans l'espace, dans le bonheur et l'immortalité[37]. Et Ambroise conclut ce long commentaire du passage du quatrième Livre d'Esdras en se félicitant que celui-ci ait terminé en évoquant les âmes des justes qui, au bout de sept jours, iront dans leurs habitacles car mieux vaut parler plus longuement du bonheur des justes que du malheur des impies.

Les apocalypses chrétiennes se situent à la fois en continuité et en rupture avec les apocalypses juives. En continuité parce qu'elles baignent dans le même contexte et que durant les deux premiers siècles de l'ère chrétienne il est souvent plus juste de parler de judéo-christianisme que de deux religions séparées. Mais en rupture aussi parce que l'absence ou la présence de Jésus, les attitudes opposées sur le Messie, la différenciation croissante des milieux et des doctrines accentuent progressivement les différences[38]. Mon choix se porte ici sur l'Apocalypse de Pierre, la plus ancienne sans doute et qui a, dans les premiers siècles, connu le plus grand succès, sur l'Apocalypse d'Esdras parce que nous en possédons d'intéressantes versions médiévales, sur l'Apocalypse de Paul enfin parce qu'elle a eu le plus d'influence au Moyen Âge et qu'elle est la référence essentielle du Purgatoire de saint Patrice, texte décisif à la fin du XIIe siècle pour la naissance du Purgatoire, et pour Dante.

L'Apocalypse de Pierre a été sans doute composée à la fin du Ier siècle ou au début du IIe siècle dans la communauté chrétienne d'Alexandrie par un juif converti influencé à la fois par les apocalypses juives et l'eschatologie populaire grecque[39]. Elle figure au IIe siècle dans le catalogue des ouvrages

---

36. « *Animarum autem superiora esse habitacula* » (*De bono mortis*, X, 44, *PL*, t. XIV, col. 560).
37. « *Eo quod spatium, inquit [Esdras] incipiunt recipere fruentes et immortales* » (*ibid.*, col. 562).
38. Sur l'apocalyptique judéo-chrétienne, voir J. Daniélou, *Théologie du judéo-christianisme*, Paris-Tournai, 1958, I, pp. 131-164.
39. On en possède un texte éthiopien et un texte grec. Ils ont fait l'objet d'une excellente traduction en allemand: E. Hennecke et W. Schneemelcher, *Neutestamentliche Apokryphen in deutscher Übersetzung*, Tübingen, 1964, 3e vol., II, pp. 468-483.

canoniques adoptés par l'Église de Rome mais elle fut exclue du canon fixé par le concile de Carthage en 397. Elle insiste surtout sur les châtiments infernaux qu'elle dépeint avec beaucoup de vigueur, à l'aide d'images venues pour la plupart à travers le judaïsme et l'hellénisme du mazdéisme iranien. La littérature médiévale de l'au-delà retiendra sa classification des peines infernales selon les catégories de péchés et de pécheurs. Comme les usuriers seront parmi les premiers à bénéficier au XIIIe siècle du Purgatoire je me contenterai de leur exemple dans l'Apocalypse de Pierre : ils y sont engloutis dans un lac de pus et de sang en ébullition.

Les thèmes sont ceux de l'évocation traditionnelle des enfers, l'obscurité (chap. XXI) : « Je vis un autre lieu, complètement sombre et c'était le lieu de châtiment » ; l'omniprésence du feu (chap. XXII) : « Et certains étaient pendus par la langue, c'étaient des calomniateurs, et au-dessous d'eux il y avait un feu, qui flambait et les torturait » ; chap. XXVII : « Et d'autres hommes et femmes étaient debout, dans les flammes jusqu'au milieu du corps » ; chap. XXIX : « Et en face d'eux il y avait des hommes et des femmes qui se mordaient la langue et avaient un feu flamboyant dans la bouche. C'était les faux témoins... »

L'Apocalypse de Pierre est fermement fondée sur une vision dualiste et se complaît dans le côté infernal. Cette vision se retrouve dans d'anciens textes chrétiens qu'elle a influencés comme le *De laude martyrii (La Louange du martyr)* qui a été attribué à saint Cyprien et est probablement de Novatien. « Le lieu cruel que l'on appelle géhenne retentit d'un grand gémissement de plaintes, au milieu des bouffées de flammes, dans une horrible nuit d'épaisse fumée des chemins ardents émettent des incendies toujours renouvelés, une boule compacte de feu forme un bouchon et se détend en diverses formes de tourments... Ceux qui ont refusé la voix du Seigneur et ont méprisé ses ordres sont punis par des peines proportionnées ; et selon le mérite il attribue le salut ou juge le crime... Ceux qui ont toujours cherché et connu Dieu reçoivent le lieu du Christ, où habite la grâce, où la terre luxuriante est couverte d'herbe dans de verts pâturages fleuris[40]... »

De ce dualisme et de ces sombres couleurs émerge pourtant un appel à la justice. Les anges de l'Apocalypse de Pierre proclament :

> Juste est la justice de Dieu
> Bonne est sa justice.

Par contraste l'Apocalypse d'Esdras, texte beaucoup lu et invoqué au Moyen Âge, ne comporte aucune préfiguration du Purgatoire mais en offre

---

40. A. Harnack, « Die Petrusapokalypse in der alten abendländischen Kirche », in *Texte und Untersuchungen zur Geschichte der altchristlichen Literatur*, XIII, 1895, pp. 71-73.

quelques éléments. On y trouve le feu, le pont. On y accède par des marches. Surtout on y rencontre les grands de ce monde comme on en verra en Purgatoire dans des textes de polémique politique dont Dante se souviendra.

L'Apocalypse d'Esdras se présente sous trois versions : l'Apocalypse d'Esdras proprement dite, l'Apocalypse de Sedrach et la Vision du Bienheureux Esdras. Cette dernière est la plus ancienne, c'est la version latine d'un original hébreu et elle a été conservée dans deux manuscrits, l'un du Xe-XIe siècle, l'autre du XIIe siècle[41].

Esdras, guidé par sept anges infernaux, descend en enfer par soixante-dix marches. Il voit alors des portes de feu devant lesquelles sont assis deux lions qui crachent une très forte flamme par la gueule, les narines et les yeux. Il voit passer des hommes vigoureux qui traversent la flamme sans être touchés par elle. Les anges expliquent à Esdras que ce sont les justes dont la renommée est montée jusqu'au ciel. D'autres viennent pour franchir les portes mais des chiens les dévorent et le feu les consume. Esdras demande au Seigneur de pardonner aux pécheurs mais il n'est pas écouté. Les anges lui apprennent que ces malheureux ont renié Dieu et ont péché avec leurs femmes le dimanche avant la messe. Ils descendent encore des marches et il voit des hommes debout dans les tourments. Il y a une marmite géante pleine d'un feu sur les ondes duquel les justes passent sans encombre tandis que les pécheurs poussés par les diables tombent dedans. Il voit ensuite un fleuve de feu avec un très grand pont d'où tombent les pécheurs. Il rencontre Hérode assis sur un trône de feu, entouré de conseillers debout dans le feu. Il aperçoit à l'orient un très large chemin de feu dans lequel sont envoyés de nombreux rois et princes de ce monde. Il passe ensuite au Paradis où tout est «Lumière, joie et salut». Il fait encore une prière pour les damnés mais le Seigneur lui dit : «Esdras, j'ai pétri l'homme et la femme à mon image et je leur ai commandé de ne pas pécher et ils ont péché, c'est pourquoi ils sont dans les tourments» (63).

UNE SOURCE : L'APOCALYPSE DE PAUL

De toutes ces Apocalypses celle qui a eu la plus grande influence sur la littérature médiévale de l'au-delà en général et du Purgatoire en particulier est l'Apocalypse de Paul. C'est un des textes les plus tardifs de cet ensemble

---

41. Voir *Apocalypsis Esdrae. Apocalypsis Sedrach. Visio Beati Esdrae*, éd. O. Wahl, Leyde, 1977.

apocalyptique puisqu'il a été sans doute composé, en grec, vers le milieu du IIIe siècle de l'ère chrétienne, en Égypte. L'Apocalypse de Paul, dont il reste des versions en arménien, copte, grec, vieux slave et syriaque, a connu huit rédactions différentes en latin. La plus ancienne date peut-être de la fin du IVe siècle, en tout cas du VIe siècle au plus tard. C'est la plus longue. Des rédactions courtes ont été effectuées au IXe siècle. Parmi elles celle dite rédaction IV obtiendra le plus grand succès. On en connaît trente-sept manuscrits. Parmi les nouveautés qu'elle introduit dans l'œuvre se trouvent l'image du pont qui vient de Grégoire le Grand et la roue de feu qui vient de l'Apocalypse de Pierre et des oracles sibyllins. C'est en général cette version qui, dans le bas Moyen Âge, sera traduite dans les diverses langues vulgaires. La version V est la plus intéressante pour l'histoire du Purgatoire, car elle est la première à accueillir la distinction entre un enfer supérieur et un enfer inférieur, introduite par saint Augustin, reprise par Grégoire le Grand et qui, entre le VIe siècle et le XIIe siècle, est devenue le fondement de la localisation au-dessus de l'Enfer de ce qui sera à la fin du XIIe siècle le Purgatoire[42].

Il est remarquable que l'Apocalypse de Paul ait connu un tel succès au Moyen Âge alors qu'elle avait été sévèrement condamnée par saint Augustin. La raison, outre sa répugnance à l'égard des idées apocalyptiques, en est sans doute que l'ouvrage contredit la deuxième Épître de saint Paul aux Corinthiens sur lequel pourtant elle s'appuie. Paul dit en effet: «Je connais un homme dans le Christ qui, voici quatorze ans – était-ce en son corps? je ne sais; était-ce hors de son corps? je ne sais; Dieu le sait –... cet homme-là fut ravi jusqu'au troisième ciel. Et cet homme-là – était-ce en son corps? était-ce sans son corps? je ne sais, Dieu le sait –, je sais qu'il fut ravi jusqu'au paradis et qu'il entendit des paroles ineffables, *qu'il n'est pas permis à un homme de redire*» (II Corinthiens, XII, 2-4). D'où le commentaire d'Augustin: «Des présomptueux, dans leur très grande sottise, ont inventé l'Apocalypse de Paul, qu'à juste titre l'Église ne reçoit pas et qui est pleine de je ne sais quelles fables. Ils disent que c'est le récit de son rapt au troisième ciel et la révélation des paroles ineffables qu'il y a entendues et qu'il n'est pas permis à un homme de redire. Peut-on tolérer leur audace: alors qu'il a

---

42. La rédaction longue a été publiée par M. R. James in *Apocrypha anecdota* (*Texts and Studies*, II, 3, 1893, p. 11-42). La plus connue des rédactions courtes, la rédaction IV, a été publiée par H. Brandes in *Visio S. Pauli: Ein Beitrag zur Visionsliteratur, mit einem deutschen und zwei lateinischen Texten*, Halle, 1885, pp. 75-80. Une version en ancien français en a été publiée par P. Meyer, «La descente de saint Paul en Enfer», in *Romania*, XXIV, 1895, pp. 365-375. Les autres versions courtes ont été publiées par Th. Silverstein, *Visio Sancti Pauli. The History of the Apocalypse in Latin together with nine Texts*, Londres, 1935, avec une remarquable introduction, fondamentale.

dit avoir entendu ce qu'il n'est permis à aucun homme de redire, l'aurait-il dit, ce qui n'est pas permis à aucun homme de redire ? Qui sont-ils donc ceux qui osent en parler avec tant d'impudence et d'indécence[43] ? »
J'évoque ici la rédaction V. Après une courte introduction où il est question des deux enfers et sur laquelle je reviendrai, saint Paul parvient à l'enfer supérieur, le futur Purgatoire, dont on ne dit rien d'autre qu'« il y vit les âmes de ceux qui attendaient la miséricorde de Dieu ».
La plus longue partie du court récit est consacrée à la description des peines infernales dominée par deux soucis : celui de donner les détails les plus précis, celui d'identifier et de classer les damnés. Saint Paul voit des arbres de feu auxquels sont pendus des pécheurs puis un four ardent de flammes de sept couleurs où d'autres sont torturés. Il voit les sept châtiments que les âmes des damnés y subissent quotidiennement, sans compter les innombrables peines spécialisées supplémentaires : la faim, la soif, le froid, la chaleur, les vers, la puanteur, la fumée. Il voit (je garde le mot latin *vidit* qui revient constamment et exprime le genre même de l'*apocalypse*, où l'on révèle ce qu'on a *vu* et qui est normalement invisible) la roue de feu où brûlent tour à tour mille âmes. Il voit un fleuve horrible avec le pont où passent toutes les âmes et où celles des damnés sont plongées jusqu'au genou, ou au nombril, ou aux lèvres ou aux sourcils. Il voit un lieu ténébreux où les usuriers (hommes et femmes) mangent leurs langues. Il voit un lieu où, toutes noires, les jeunes filles qui ont péché contre la chasteté et fait périr leurs petits enfants sont livrées à des dragons et à des serpents. Il voit des femmes et des hommes nus, les persécuteurs de la veuve et de l'orphelin, dans un lieu glacé où pour moitié ils brûlent et moitié gèlent. Finalement (j'abrège) les âmes des damnés, en voyant passer l'âme d'un juste emportée par l'archange Michel au Paradis, le supplient d'intercéder pour elles auprès du Seigneur. L'archange les invite, en compagnie de Paul et des anges qui l'accompagnent, à supplier Dieu en pleurant pour qu'il leur accorde un rafraîchissement *(refrigerium)*. L'immense concert de pleurs qui se déchaîne fait descendre du ciel le Fils de Dieu qui rappelle sa passion et leurs péchés. Mais il se laisse fléchir par les prières de saint Michel et de saint Paul et leur accorde le repos *(requies)* du samedi soir au lundi matin *(ab hora nona sabbati usque in prima secunde ferie)*. L'auteur de l'Apocalypse fait l'éloge du dimanche. Paul demande à l'ange combien il y a de peines infernales et celui-ci lui répond : cent quarante-quatre mille, et il ajoute que si depuis la création du monde cent hommes dotés chacun de quatre langues de fer avaient parlé sans discontinuer ils ne seraient pas encore arrivés au bout de l'énumération des peines de l'Enfer. L'auteur de la *Vision* invite les auditeurs de sa révélation à entonner le *Veni Creator*.

---

43. Augustin, *Tractatus in Joannem*, XCVIII, 8.

Telle est la structure, dans une version du XIIe siècle, de la vision de l'au-delà qui a connu le plus de succès au Moyen Âge avant l'existence du Purgatoire. On y voit une description des peines de l'Enfer qui se retrouvera en grande partie au Purgatoire, quand celui-ci aura été défini comme un enfer temporaire. On y sent surtout, par la distinction entre deux enfers, par l'idée d'un repos sabbatique en enfer[44] le besoin de mitigation des peines dans l'au-delà, d'une justice plus discrète et plus clémente.

Je ne m'étendrai pas sur le manichéisme et la Gnose qui, malgré les rapports complexes qu'ils ont eus avec le christianisme, m'apparaissent comme des religions et des philosophies très différentes. Seuls les contacts entre religions et peuples qui ont existé dans le Moyen-Orient des premiers siècles de l'ère chrétienne obligent, me semble-t-il, à évoquer des doctrines qui ont pu avoir quelque influence sur le christianisme, grec au premier chef et, éventuellement, latin.

Si, dans la Gnose, on retrouve les conceptions de l'Enfer comme *prison, nuit, cloaque, désert*, la tendance à l'identification du monde et de l'Enfer limite les ressemblances avec le christianisme où, même aux plus beaux temps du mépris du monde *(contemptus mundi)* de l'Occident médiéval, cette identification n'a pas existé. Il ne me semble pas non plus que la division de l'Enfer entre cinq régions superposées qu'ont professée les mandéens et les manichéens ait des rapports avec la géographie chrétienne de l'au-delà. Reste l'obsession des ténèbres qui a pu s'entendre aussi bien en un sens infernal qu'en un sens mystique positif. Mais elle est un aspect si général du sacré que le rapprochement entre manichéens gnostiques et chrétiens autour de cette conception ne me paraît pas significatif. Quant à l'angoisse du temps, ressenti comme un mal essentiel, qui fait du temps de l'enfer une incarnation terrifiante de la durée pure, je crois qu'elle éloigne aussi gnostiques et manichéens du christianisme[45].

Ce voyage à la fois long et sommaire dans les au-delà antiques n'était pas une recherche des origines. Les phénomènes historiques ne sortent pas du passé comme un enfant du ventre de sa mère. Dans leurs héritages les

---

44. L'idée du repos sabbatique a été empruntée aux juifs chez qui elle appartenait aux croyances populaires. Voir Israël Lévi, « Le repos sabbatique des âmes damnées », in *Revue des Études juives*, 1892, pp. 1-13. Voir aussi l'introduction de Th. Silverstein, *Visio Sancti Pauli, op. cit.*, pp. 79-81 : « The Sunday Respite. »

45. J'ai surtout lu les travaux de H.-Ch. Puech, « La Ténèbre mystique chez le pseudo-Denys l'Aréopagite et dans la tradition patristique » (1938), repris in *En quête de la Gnose*, Paris, 1978, I, pp. 119-141 et « Le Prince des Ténèbres en son royaume », in *Études carmélitaines*, 1948, pp. 136-174 (volume consacré à Satan). Sur l'angoisse du temps de l'Enfer, voir *En quête de la Gnose*, I, pp. 247 *sqq*.

sociétés et les époques choisissent. J'ai voulu simplement éclairer le choix que le christianisme latin a fait en deux périodes, entre le IIIe et le VIIe siècle d'abord mais sans aller jusqu'au bout de la logique du système, entre le milieu du XIIe et le milieu du XIIIe siècle ensuite, de façon décisive, d'un au-delà intermédiaire entre l'Enfer et le Paradis pendant la période comprise entre la mort individuelle et le jugement général.

Le coup d'œil sur le passé apporte un double éclairage. Il permet de repérer certains éléments, certaines images que les chrétiens choisiront pour mettre dans leur Purgatoire, celui-ci en acquerra certains traits, certaines couleurs qui se comprennent mieux, bien que prises dans un système nouveau et ayant changé de sens, quand on sait d'où, probablement, elles viennent. D'autre part ces ébauches antiques de croyances et d'images qui auraient pu se développer en des sortes de purgatoires fournissent des informations sur les conditions historiques et logiques qui peuvent conduire à la notion de Purgatoire et aussi qui peuvent avorter dans ces évolutions. La notion de justice et de responsabilité sous-jacente à toutes ces tentatives ne parvint pas à se développer – en rapport avec les structures sociales et mentales – en une échelle de peines que seule la métempsycose paraît avoir alors satisfait. Les dieux réservaient à d'autres problèmes – ceux, par exemple, des sacrifices – la subtilité dont ils ne manquaient pas. Se pencher sur le sort des plus ou moins bons, des plus ou moins méchants aurait été un luxe en un âge où l'essentiel était de procéder à des tris grossiers, où la nuance appartenait souvent au domaine du superflu. D'autant plus que les concepts de temps dont disposaient ces sociétés, même si, comme l'a montré Pierre Vidal-Naquet, on a exagéré l'idée d'un temps circulaire et d'un éternel retour, permettaient mal d'ancrer ce temps indécis entre la mort et le destin éternel de l'homme. De même, entre le ciel et la terre, entendue comme le monde souterrain des enfers, entre ce que les Grecs ont appelé l'ouranien et le chthonien comment glisser un troisième au-delà ? Pas sur cette terre en tout cas, à jamais désertée par l'imaginaire du bonheur éternel depuis la fin de l'âge d'or.

LES JUIFS DÉCOUVRENT UN AU-DELÀ INTERMÉDIAIRE

Dans ce tournant riche en changements de l'ère chrétienne, une évolution dans la pensée religieuse juive me semble avoir été décisive pour la suite de l'idée de purgatoire. On la trouve dans les textes rabbiniques des deux premiers siècles de l'ère chrétienne.

Elle se manifeste d'abord par une plus grande précision de la géographie de l'au-delà. Sur le fond – pour la majorité des textes – il n'y a pas de grand changement. Les âmes, après la mort, se rendent toujours soit dans un lieu intermédiaire, le *shéol*, soit directement dans un lieu de châtiments éternels, la géhenne, ou de récompenses, également éternelles, l'Éden. Les Cieux sont essentiellement la demeure de Dieu mais certains rabbins y placent aussi la demeure des âmes des justes. Dans ce cas-là elles sont au septième ciel, au plus haut des sept firmaments. Mais on s'interroge sur les dimensions de l'au-delà et sur leur localisation par rapport à la terre. Le *shéol* reste toujours aussi souterrain et obscur, c'est l'ensemble des fosses, des tombes, le monde des morts et de la mort.

La géhenne est sous l'abîme ou sous la terre qui lui sert de couvercle. On peut y parvenir par le fond de la mer, en creusant le désert, ou derrière de sombres montagnes. Elle communique avec la terre par un petit trou où passe le feu (de la géhenne) qui la réchauffe. Certains situent ce trou près de Jérusalem, dans la vallée d'Hinnour où elle ouvre ses portes, trois ou sept, entre deux palmiers.

Elle est immense, soixante fois plus étendue que l'Éden, et même pour certains incommensurable car, faite pour recevoir deux à trois cents myriades d'impies, elle s'agrandit tous les jours pour pouvoir accueillir de nouveaux hôtes.

Le jardin de l'Éden est celui de la création; il n'y a pas de distinction entre le paradis terrestre d'Adam et le paradis céleste des justes. Il est en face ou à côté de la géhenne, tout près pour les uns, plus loin pour d'autres, en tout cas séparé d'elle par une coupure infranchissable. Certains lui donnent une étendue équivalente à soixante fois celle du monde mais d'autres le déclarent incommensurable. Il a des portes, trois en général. Certains rabbins y sont allés, Alexandre a tenté en vain de franchir une de ses portes. Parmi les justes qui s'y trouvent il y a Abraham qui y accueille ses enfants[46].

Surtout une autre conception, tripartite, du sort dans l'au-delà apparaît dans certaines écoles rabbiniques. Deux traités de la période entre la destruction du second Temple (70) et la révolte de Bar Kochba (132-135) attestent notamment ce nouvel enseignement.

Le premier est un traité sur le début de l'année (Roš Ha-Šana). On y lit :

> On enseigne suivant l'école de Šammay : il y aura au jugement trois groupes : celui des justes complets, celui des impies complets et celui des intermédiaires. Les justes complets sont aussitôt inscrits et scellés

---

46. Voir J. Bonsirven, *Eschatologie rabbinique d'après les Targums, Talmuds, Midraschs. Les éléments communs avec le Nouveau Testament*, Rome, 1910.

pour la vie du siècle; les impies parfaits inscrits et scellés aussitôt pour la géhenne, suivant qu'il est dit (Daniel, XII, 2). Quant aux intermédiaires, ils descendent à la géhenne, resserrés puis remontant, suivant qu'il est dit (Zacharie, XIII, 9 et I Samuel, II, 6). Mais les Hillélites disent: celui qui est abondant en miséricorde incline vers la miséricorde, et c'est d'eux que parle David (Psaume CXVI, 1), sur Dieu qui écoute, et il prononce sur eux tout ce passage... Pécheurs israélites et gentils ayant péché dans leur corps, punis à la géhenne pendant douze mois, puis anéantis...

Le second est un Traité sur les tribunaux (Sanhédrin). Il dit à peu près la même chose:

> Les Sammaites disent: il y a trois groupes, l'un pour la vie du siècle, l'autre pour une honte et le mépris éternel; ce sont les impies complets, dont les moins graves descendent à la géhenne pour y être punis et en remonter guéris, suivant Zacharie, XIII, 9, c'est d'eux qu'il est dit (I Samuel, II, 6): Dieu met à mort et vivifie. Les Hillélites disent (Exode, XXXIV, 6) que Dieu est abondant en miséricorde; il incline vers la miséricorde et d'eux David dit tout le passage Psaume CXVI, 1.
> Les pécheurs d'Israël, coupables dans leur corps, et les pécheurs des nations du siècle, coupables dans leur corps, descendent à la géhenne pour y être punis douze mois, puis leur âme est anéantie et leur corps est brûlé et la géhenne le vomit, ils deviennent de la cendre et le vent les disperse sous les pieds des justes (Malachie, 4, 3, 3, 21).

Enfin Rabi Aqiba, l'un des plus grands docteurs de la Michna, qui mourut sous la torture après l'échec de la révolte de Bar Kochba (135), enseignait la même doctrine.
Il «disait aussi que cinq choses durent douze mois: le jugement de la génération du déluge, le jugement de Job, le jugement des Égyptiens, le jugement de Gog et Magog au futur à venir, le jugement des impies dans la géhenne suivant qu'il est dit (Isaïe, LXVI, 23): de mois en mois[47]».

---

47. J. Bonsirven, *Textes rabbiniques des deux premiers siècles chrétiens pour servir à l'intelligence du Nouveau Testament*, Rome, 1955, pp. 272 et 524. René Gutman me signale que «le Traité talmudique, "Principes de Rabbi Nathan", affirme que les âmes des impies errent à travers le monde, bourdonnant sans repos. Un ange se tient à une extrémité du monde tandis qu'un autre se tient à l'autre extrémité et ils jettent ensemble ces âmes en avant et en arrière. Les rabbins imaginaient un véritable Purgatoire aérien où les âmes pécheresses étaient jetées et roulées dans des tourbillons féroces qui avaient pour œuvre de les purifier et de leur permettre l'accès au ciel».

Une catégorie intermédiaire existe donc, composée d'hommes ni tout à fait bons, ni tout à fait méchants, qui subiront un châtiment temporaire après la mort et iront ensuite dans l'Éden. Mais cette expiation se fera après le jugement dernier et prendra place non dans un lieu spécial mais dans la géhenne. Cette conception amènera cependant à distinguer dans la géhenne une partie supérieure où auront lieu ces châtiments temporaires. Il y a donc une tendance à accentuer la spatialisation de l'au-delà et à créer une catégorie intermédiaire de condamnés à temps. On peut penser que, de même qu'au XIIe siècle l'apparition d'une nouvelle sorte d'intellectuels, les maîtres des écoles urbaines créateurs de la scolastique, a été un des éléments décisifs de la naissance du Purgatoire à proprement parler, de même aux deux premiers siècles de l'ère chrétienne, en rapport avec la structure sociale et l'évolution des cadres mentaux des communautés juives, le développement de l'enseignement des rabbins, de l'exégèse rabbinique, a conduit les juifs au bord de la conception du purgatoire[48].

LE PURGATOIRE CHRÉTIEN EST-IL EN GERME DANS L'ÉCRITURE ?

La doctrine chrétienne du Purgatoire n'a été mise au point – sous sa forme catholique, puisque les réformés l'ont refusée – qu'au XVIe siècle par le concile de Trente. Après Trente, les doctrinaires catholiques du Purgatoire, Bellarmin et Suarez, ont mis en avant plusieurs textes scripturaires. Je ne retiendrai ici que ceux qui, au Moyen Âge, et plus précisément jusqu'au début du XIVe siècle, ont joué effectivement un rôle dans la naissance du Purgatoire.
Un seul texte de l'Ancien Testament, tiré du deuxième Livre des Maccabées – que les protestants ne considèrent pas comme canonique – a été retenu par la théologie chrétienne antique et médiévale, de saint Augustin à saint Thomas d'Aquin, comme prouvant l'existence d'une croyance au Purgatoire. Dans ce texte, après une bataille où les combattants juifs qui y furent tués auraient commis une mystérieuse faute, Judas Maccabée ordonne qu'on prie pour eux.

> Tous donc, ayant béni la conduite du Seigneur, juge équitable qui rend manifestes les choses cachées, se mirent en prière pour demander

---

48. Sur le contexte de ces textes rabbiniques, voir le livre classique de P. Volz, *Die Eschatologie der jüdischen Gemeinde im neutestamentlichen Zeitalter*, Tübingen, 1934.

que le péché commis fût entièrement effacé, puis le valeureux Judas exhorta la foule à se garder pure de tout péché, ayant sous les yeux ce qui était arrivé à cause de la faute de ceux qui étaient tombés. Puis ayant fait une collecte d'environ deux mille drachmes, il l'envoya à Jérusalem afin qu'on offrît un sacrifice pour le péché, agissant fort bien et noblement dans la pensée de la résurrection. Car s'il n'avait pas espéré que les soldats tombés dussent ressusciter, il était superflu et sot de prier pour les morts, et, s'il envisageait qu'une très belle récompense est réservée à ceux qui s'endorment dans la piété, c'était là une pensée sainte et pieuse. Voilà pourquoi il fit faire ce sacrifice expiatoire pour les morts, afin qu'ils fussent délivrés de leur péché (II Maccabées, XII, 41-46).

Aussi bien les spécialistes du judaïsme ancien que les exégètes de la Bible ne sont pas d'accord sur l'interprétation de ce texte difficile et qui fait allusion à des croyances et à des pratiques qui ne sont pas mentionnées ailleurs. Je ne m'engagerai pas dans ces discussions. L'essentiel, pour mon propos, est que, suivant les Pères de l'Église, les chrétiens du Moyen Âge ont vu dans ce texte l'affirmation de deux éléments fondamentaux du futur Purgatoire: la possibilité d'un rachat des péchés après la mort, l'efficacité des prières des vivants pour les morts rachetables. J'ajouterai: texte nécessaire pour les chrétiens du Moyen Âge car, pour eux, toute réalité et, à plus forte raison, toute vérité de foi devait avoir un double fondement dans les Écritures, conformément à la doctrine du symbolisme typologique qui découvre dans la Bible une structure en écho: à toute vérité du Nouveau Testament répond un passage annonciateur dans l'Ancien Testament.
Qu'en est-il donc dans le Nouveau Testament? Trois textes ont joué un rôle particulier.
Le premier est dans l'Évangile de Matthieu (XII, 31-32):

> Aussi je vous le dis, tout péché et blasphème sera remis aux hommes, mais le blasphème contre l'Esprit ne sera pas remis. Et si quelqu'un dit une parole contre le Fils de l'homme, cela lui sera remis; mais s'il parle contre l'Esprit Saint, cela ne lui sera remis ni en ce monde ni dans l'autre.

Il est capital. Indirectement – mais l'exégèse par mise en évidence des présupposés a été habituelle dans le christianisme et me paraît logiquement tout à fait fondée –, il suppose et donc affirme la possibilité de rachat des péchés dans l'autre monde.

Un deuxième texte est l'histoire[49] du pauvre Lazare et du mauvais riche que raconte l'Évangile de Luc :

> Il y avait un homme riche qui se revêtait de pourpre et de lin fin et faisait chaque jour brillante chère. Et un pauvre, nommé Lazare, gisait près de son portail, tout couvert d'ulcères. Il aurait bien voulu se rassasier de ce qui tombait de la table du riche. Bien plus, les chiens eux-mêmes venaient lécher ses ulcères. Or, il advint que le pauvre mourut et fut emporté par les anges dans le sein d'Abraham. Le riche aussi mourut, et on l'ensevelit.
> Dans l'Hadès, en proie à des tortures, il lève les yeux et voit de loin Abraham et Lazare en son sein. Alors il s'écria : « Père Abraham aie pitié de moi et envoie Lazare tremper dans l'eau le bout de son doigt pour me rafraîchir la langue, car je suis tourmenté dans cette flamme » Mais Abraham dit : « Mon enfant souviens-toi que tu as reçu tes biens pendant ta vie, et Lazare pareillement ses maux ; maintenant ici il est consolé et toi tu es tourmenté. Ce n'est pas tout : entre nous et vous un grand abîme a été fixé, afin que ceux qui voudraient passer d'ici chez vous ne le puissent, et qu'on ne traverse pas non plus de là-bas chez nous » (Luc, XVI, 19-26).

Texte qui, au point de vue de l'au-delà, apporte trois précisions : l'Enfer (Hadès) et le lieu d'attente des justes (sein d'Abraham) sont proches puisqu'on peut se voir de l'un à l'autre, mais ils sont séparés par un abîme infranchissable ; il règne en enfer cette soif caractéristique que Mircea Eliade a appelée « la soif du mort » et qu'on retrouvera à la base de l'idée de *refrigerium*[50] ; enfin le lieu d'attente des justes est désigné comme le sein d'Abraham. Le sein d'Abraham a été la première incarnation chrétienne du Purgatoire.

Le dernier texte est celui qui a suscité le plus de commentaires. C'est un passage de la première Épître aux Corinthiens de saint Paul.

> De fondement en effet, nul n'en peut poser d'autre que celui qui s'y trouve, à savoir Jésus-Christ. Que si sur ce fondement on bâtit avec de l'or, de l'argent, des pierres précieuses, du bois, du foin, de la paille, l'œuvre de chacun deviendra manifeste : le Jour la fera connaître car il doit se révéler dans le feu, et c'est ce feu qui éprouvera la qualité de

---

49. J'emploie ce mot à dessein et non celui de parabole, suivant en cela Pierre le Mangeur qui explique au XIIe siècle qu'il ne s'agit pas d'une parabole mais d'un *exemplum*.
50. M. Eliade, *Traité d'histoire des religions*, Paris, 1953, pp. 175-177.

l'œuvre de chacun. Si l'œuvre bâtie sur le fondement résiste, son auteur recevra une récompense; si son œuvre est consumée, il en subira la perte; quant à lui, il sera sauvé, mais comme à travers le feu (I Corinthiens, III, 11-15).

Texte très difficile à l'évidence mais qui a été essentiel pour la genèse du Purgatoire au Moyen Age – que l'on peut presque suivre uniquement à travers l'exégèse de ce texte de Paul[51]. Il s'est pourtant dégagé assez tôt de façon générale l'idée essentielle que le sort dans l'au-delà est différent selon la qualité de chaque homme et qu'il y a une certaine proportionnalité entre les mérites et les péchés d'une part, les récompenses et les châtiments de l'autre et qu'une épreuve décisive pour le sort ultime de chacun aura lieu dans l'au-delà. Mais le moment de cette épreuve semble situé lors du Jugement dernier. La pensée de Paul reste ici très près du judaïsme. L'autre élément du texte paulinien qui aura une influence considérable est l'évocation du *feu*. L'expression *comme* (quasi) à travers le feu légitimera certaines interprétations métaphoriques du feu paulinien mais dans l'ensemble ce passage authentifiera la croyance en un feu réel.
Le rôle du feu se retrouve ici. Le Purgatoire avant d'être considéré comme un lieu a d'abord été conçu comme un *feu*, difficile à localiser, mais qui a concentré en lui la doctrine d'où devait sortir le Purgatoire et a beaucoup aidé à cette naissance. Il faut donc encore en dire un mot. Dès l'époque patristique, des opinions diverses s'interrogent sur la nature de ce feu: est-il punitif, purificateur ou probatoire? La théologie catholique moderne distingue un feu de l'enfer, punitif, un feu du Purgatoire, expiateur et purificateur, un feu du jugement, probatoire. C'est là une rationalisation tardive. Au Moyen Âge, tous ces feux se confondent plus ou moins: d'abord le feu du Purgatoire est le frère de celui de l'Enfer, un frère qui n'est pas destiné à être éternel mais qui n'en est pas moins brûlant pendant sa période d'activité; ensuite le feu du jugement étant ramené au jugement individuel aussitôt après la mort, feu du Purgatoire et feu du jugement seront pratiquement le plus souvent confondus. Les théologiens insistent plutôt sur tel ou tel aspect du Purgatoire, les prédicateurs médiévaux ont fait de même et les simples fidèles ont dû, à leur façon, avoir la même attitude. Le feu du Purgatoire a été à la fois un châtiment, une purification et une ordalie, ce qui est conforme au caractère ambivalent du feu indo-européen bien mis en évidence par C.-M. Edsman.

---

51. Deux excellentes études ont analysé les commentaires patristiques et médiévaux de ce texte: A. Landgraf, «I Cor. 3, 10-17, bei den lateinischen Vätern und in der Frühscholastik», in *Biblica*, 5, 1924, pp. 140-172 et J. Gnilka, *Ist 1 Kor. 3, 10-15 ein Schriftzeugnis für das Fegfeuer? Eine exegetisch-historische Untersuchung*, Düsseldorf, 1955. Voir C.-M. Edsman, *Ignis Divinus, op. cit., supra*, p. 784, note 12.

Du Nouveau Testament a été également tiré un épisode qui a joué un rôle important sinon dans l'histoire du Purgatoire, du moins indirectement dans la conception générale de l'au-delà chrétien : c'est la Descente du Christ aux Enfers. Elle est fondée sur trois textes néo-testamentaires. D'abord dans l'Évangile de Matthieu (XII, 40) : «De même, en effet, que Jonas fut dans le ventre du monstre marin durant trois jours et trois nuits, de même le Fils de l'homme sera dans le sein de la terre durant trois jours et trois nuits.» Les Actes des Apôtres (II, 31) rapportent l'événement au passé : «Il [David] a vu d'avance et annoncé la résurrection du Christ qui, en effet, n'a pas été abandonné à l'Hadès et dont la chair n'a pas vu la corruption.» Enfin Paul, dans l'Épître aux Romains (X, 7), opposant la justice née de la foi à la justice née de l'ancienne loi fait parler ainsi la justice issue de la foi : «Ne dis pas dans ton cœur : Qui montera au ciel? entends : pour en faire descendre le Christ, ou bien : Qui descendra dans l'abîme? entends : pour faire remonter le Christ de chez les morts.»

LA DESCENTE DU CHRIST AUX ENFERS

Cet épisode – en dehors évidemment de son sens proprement chrétien : preuve de la divinité du Christ et promesse de la résurrection à venir – se place dans une vieille tradition orientale bien étudiée par Joseph Kroll[52]. C'est le thème du combat de Dieu – soleil avec les ténèbres dans lequel le royaume où le soleil doit combattre les forces hostiles est assimilé au monde des morts. Ce thème connaîtra un grand succès dans la liturgie médiévale : dans les formules d'exorcisme, les hymnes, les laudes, les tropes, et finalement les jeux dramatiques de la fin du Moyen Âge. Mais c'est à travers les précisions données par un évangile apocryphe, l'Évangile de Nicodème, que l'épisode se vulgarisa au Moyen Âge. Le Christ lors de sa descente aux enfers en a tiré une partie de ceux qui y étaient enfermés, les justes non baptisés parce que antérieurs à sa venue sur terre, c'est-à-dire essentiellement les patriarches et les prophètes. Mais ceux qu'il a laissés y resteront enfermés jusqu'à la fin des temps. Car il a scellé à tout jamais l'Enfer avec sept sceaux. Cet épisode a, dans la perspective du Purgatoire, une triple importance : il montre qu'il y a, fût-ce exceptionnellement, possibilité d'adoucir la situation de certains hommes

---

52. J. Kroll, *Gott und Hölle. Der Mythos vom Descensuskampfe*, Leipzig-Berlin, 1932. W. Bieder, *Die Vorstellung von der Höllenfahrt Jesu Christi*, Zurich, 1949.

après la mort, mais il écarte l'Enfer de cette possibilité puisqu'il a été fermé jusqu'à la fin des temps, enfin il crée un nouveau lieu de l'au-delà, les limbes, dont la naissance sera à peu près contemporaine de celle du Purgatoire, au sein du grand remaniement géographique de l'au-delà au XII⁰ siècle.

PRIÈRES POUR LES MORTS

Le plus important est que les chrétiens prirent, très tôt semble-t-il, l'habitude de prier pour leurs morts. Par rapport à l'Antiquité cette attitude était une nouveauté. Selon une heureuse formule de Salomon Reinach «les païens priaient les morts, tandis que les chrétiens prient pour les morts[53]». Certes, comme les phénomènes de croyance et de mentalité n'apparaissent pas soudainement, l'intervention des vivants en faveur de leurs morts souffrants dans l'au-delà se rencontre dans certains milieux païens, surtout au niveau populaire. Tel fut le cas de l'orphisme :

> Orphée dit : *Les hommes... accomplissent les actions sacrées pour obtenir la délivrance des ancêtres impies; Toi qui as pouvoir sur eux... Tu les délivres des grandes peines et de l'immense torture*[54].

Ces pratiques se sont développées aux alentours de l'ère chrétienne et il s'agit encore d'un phénomène d'époque particulièrement sensible en Égypte, lieu de rencontre par excellence des nations et des religions. Diodore de Sicile qui y fit un voyage vers 50 avant J.-C. fut frappé par les coutumes funéraires des Égyptiens : «Au moment où la caisse qui contient le mort est placée sur la barque, les survivants invoquent les dieux infernaux et les supplient de l'admettre dans la demeure réservée aux hommes pieux. La foule y joint ses acclamations accompagnées de vœux pour que le défunt jouisse dans l'Hadès de la vie éternelle, dans la société des bons[55].»

Il faut sans doute replacer dans ce contexte le passage du deuxième Livre des Maccabées composé par un Juif d'Alexandrie pendant le demi-siècle

---

53. S. Reinach, «De l'origine des prières pour les morts», in *Revue des Études juives*, 41, 1900, p. 164.
54. *Orphicorum Fragmenta*, éd. O. Kern, Berlin, 1922, p. 245, cité par J. Ntedika, *L'Évocation de l'au-delà dans la prière pour les morts. Étude de patristique et de liturgie latines (IV⁰-VIII⁰ siècle)*, Louvain-Paris, 1971, p. 11.
55. Diodore de Sicile, I, 91, cité par S. Reinach, *loc. cit.*, p. 169.

qui a précédé le voyage de Diodore[56]. Il témoigne de l'absence d'une coutume de prier les morts à l'époque de Judas Maccabée (vers 170 avant J.-C.) dont l'innovation surprend et de la réalité de cette pratique chez certains Juifs un siècle plus tard. Il faut sans doute rattacher à des croyances de ce genre l'étrange coutume dont parle saint Paul dans I Corinthiens (XV, 29-30) où il affirme la réalité de la résurrection : « S'il en était autrement, que gagneraient ceux qui se font baptiser pour les morts ? Si les morts ne ressuscitent absolument pas, pourquoi donc se fait-on baptiser pour eux ? » Ce baptême pour les morts n'était pas le baptême chrétien mais le baptême que recevaient les prosélytes grecs qui se convertissaient au judaïsme.

L'abondant dossier épigraphique et liturgique sur les prières pour les morts dont on dispose pour les premiers siècles du christianisme a été souvent exploité pour prouver l'ancienneté de la croyance chrétienne au Purgatoire[57]. Ces interprétations me semblent abusives. Les grâces que l'on supplie Dieu d'accorder aux morts évoquent essentiellement le bonheur paradisiaque, en tout cas un état défini par la *paix (pax)* et la lumière *(lux)*. Il faut attendre la fin du Ve siècle (ou le début du VIe) pour trouver une inscription parlant de la *rédemption de l'âme* d'un défunt. Il s'agit d'une Gallo-Romaine de Briord dont l'épitaphe porte la formule *pro redemptionem animae suae*[58]. D'autre part, il n'est pas question dans ces inscriptions et ces prières d'un lieu de rédemption ou d'attente autre que le traditionnel, depuis l'Évangile, « sein d'Abraham ». Mais il est essentiel, pour la formation du terrain sur lequel se développera plus tard la croyance au Purgatoire, que les vivants se soient souciés du sort de leurs morts, qu'au-delà de la sépulture ils aient gardé avec eux des liens qui ne soient pas ceux de l'invocation de la protection des défunts mais de l'utilité des prières faites pour eux.

UN LIEU DE RAFRAÎCHISSEMENT : LE « REFRIGERIUM »

Certains de ces textes évoquent enfin un lieu qui, bien que très proche du sein d'Abraham, ne se confond pas toujours avec lui : le *refrigerium*.

---

56. Voir *supra*, pp. 824-825.
57. Par exemple H. Leclercq, article « Défunts », in *Dictionnaire d'Histoire et d'Archéologie ecclésiastiques*, t. IV, col. 427-456 et article « Purgatoire », *ibid.*, t. XIV/2, col. 1978-1981. F. Bracha, *De existentia Purgatorii in antiquitate christiana*, Cracovie, 1946.
58. *Dictionnaire d'Histoire et d'Archéologie ecclésiastiques*, t. XIV/2, col. 1980-1981.

Plusieurs inscriptions funéraires portent les mots *refrigerium* ou *refrigerare*, rafraîchissement, rafraîchir, seuls ou associés à *pax* (paix) : *in pace et refrigerium, esto in refrigerio* (qu'il soit dans le *refrigerium*), *in refrigerio anima tua* (que ton âme soit dans le *refrigerium*), *deus refrigeret spiritum tuum* (que Dieu rafraîchisse ton esprit)[59].

Une excellente étude philologique de Christine Mohrmann a bien défini l'évolution sémantique de *refrigerium* du latin classique au latin chrétien : « À côté de ces sens assez vagues et flottants, *refrigerare* et *refrigerium* ont pris, dans l'idiome des chrétiens, un sens technique bien défini, à savoir celui de bonheur céleste. Ce *refrigerium* se trouve déjà chez Tertullien, où il désigne aussi bien la félicité provisoire des âmes qui attendent, selon une conception personnelle de Tertullien, le retour du Christ dans le sein d'Abraham, que le bonheur définitif dans le Paradis, dont jouissent après leur mort les martyrs et qui est promis aux élus après l'ultime verdict divin... Chez les auteurs chrétiens postérieurs *refrigerium* exprime d'une façon générale les joies d'outre-tombe, promises par Dieu à ses élus[60]. »

Le *refrigerium* n'occupe dans la préhistoire du Purgatoire une place particulière qu'à cause de la conception personnelle de Tertullien à laquelle Christine Mohrmann fait allusion. En effet le *refrigerium* désigne, comme on l'a vu, un état de bonheur quasi paradisiaque et ne représente pas un lieu. Mais Tertullien a imaginé une variété particulière de *refrigerium*, le *refrigerium interim*, rafraîchissement intermédiaire destiné aux morts qui, entre la mort individuelle et le jugement définitif, sont jugés dignes par Dieu d'un traitement d'attente privilégié.

L'Africain Tertullien (mort après 220) avait écrit un petit traité perdu où il soutenait « que toute âme était enfermée aux Enfers jusqu'au jour [du jugement] du Seigneur » (*De anima*, LV, 5). C'était la reprise de la conception vétéro-testamentaire du *shéol*. Ces enfers sont souterrains et c'est là que le Christ est descendu pendant trois jours (*De anima*, LIV, 4).

Dans son ouvrage *Contre Marcion* et dans son traité *Sur la monogamie* Tertullien a précisé sa pensée sur l'au-delà et exprimé sa conception du *refrigerium*. Marcion prétendait que non seulement les martyrs mais aussi les simples justes étaient admis aussitôt après la mort au ciel, au paradis. Tertullien, s'appuyant sur l'histoire du pauvre Lazare et du mauvais riche, estime que la résidence des justes en attendant la résur-

---

59. *Ibid.*, t. IV, col. 447.
60. Ch. Mohrmann, *Locus refrigerii*, in B. Botte et Ch. Mohrmann, *L'Ordinaire de la messe. Texte critique, traduction et études*, Paris-Louvain, 1953, p. 127. De Ch. Mohrmann également, «*Locus refrigerii, lucis et pacis*», in *Questions liturgiques et paroissiales*, 39, 1958, pp. 196-214.

rection n'est pas le ciel mais un *refrigerium interim*, un rafraîchissement intermédiaire, le sein d'Abraham : « Ce lieu, je veux dire le sein d'Abraham, bien qu'il ne soit pas céleste, mais supérieur aux enfers, offre aux âmes des justes un rafraîchissement intermédiaire, jusqu'à ce que la consommation des choses suscite la résurrection générale et l'accomplissement de la récompense... » (*Adversus Marcionem*, IV, 34)[61]. Jusque-là le sein d'Abraham sera « le réceptacle temporaire des âmes fidèles[62] ».

En fait, la pensée de Tertullien reste très dualiste. Pour lui il y a deux destins opposés, l'un de châtiment exprimé par les termes de tourment *(tormentum)*, supplice *(supplicium)*, torture *(cruciatus)*, l'autre de récompense, désignée par le mot rafraîchissement *(refrigerium)*. Deux textes précisent même que chacun de ces destins est éternel[63].

En revanche, Tertullien insiste fortement sur les offrandes pour les défunts, faites à l'anniversaire de leur mort, et souligne qu'une pratique pieuse peut être fondée sur la tradition et la foi sans avoir de base scripturaire, ce qui sera, sous réserve de Matthieu, XII, 32, et de Paul, I Corinthiens, III, 10-15, à peu près le cas du Purgatoire : « Les oblations pour les défunts, nous les faisons au jour anniversaire de la mort... De ces pratiques et d'autres semblables, si tu cherches une loi formelle dans les Écritures, tu n'en trouveras pas. C'est la tradition qui les garantit, la coutume qui les confirme, la foi qui les observe » (*De corona militis*, III, 2-3)[64].

L'innovation, s'il y en a une, de Tertullien, en ce qui concerne la préhistoire du Purgatoire, est que pour les justes, avant de connaître le *refrigerium* éternel, ils passent par un rafraîchissement intermédiaire. Mais ce lieu de rafraîchissement n'est pas vraiment nouveau, c'est le sein d'Abraham. Entre le *refrigerium interim* de Tertullien et le Purgatoire il y a une différence non seulement de nature – ici une attente reposante, là une épreuve purifiante parce que punitive et expiatrice – mais de durée : le *refrigerium* accueille jusqu'à la résurrection, le Purgatoire seulement jusqu'à la fin de l'expiation.

---

61. « *Eam itaque regionem, sinum dico Abrahae, etsi non caelestem, sublimiorem tamen inferis, interim refrigerium praebere animabus iustorum, donec consummatio rerum resurrectionem omnium plenitudine mercedis expungat...* »
62. « *... Temporale aliquos animarum fidelium receptaculum...* »
63. « *Herodis tormenta et Iohannis refrigeria; mercedem... sive tormenti sive refrigerii* (*Adversus Marcionem*, IV, 34), *per sententiam aeternam tam supplicii quam refrigerii* (*De anima*, XXXIII, 11); *supplicia iam illic et refrigeria* (*De anima*, LVIII, 1); *metu aeterni supplicii et spe aeterni refrigerii* (*Apologeticum*, XLIX, 2); *aut cruciatui destinari aut refrigerio, utroque sempiterno.* Voir H. Fine, *Die Terminologie der Jenseitsvorstellungen bis Tertullian*, Bonn, 1958.
64. Traduction de J. Goubert et L. Cristiani, *Les plus beaux textes sur l'au-delà*, Paris, 1950, pp. 183 sqq.

LES AU-DELÀ AVANT LE PURGATOIRE

Le *refrigerium interim* a fait couler beaucoup d'encre. La discussion la plus éclairante est celle qui a opposé l'historien de l'art paléo-chrétien Alfred Stuiber à divers critiques dont le principal est L. de Bruyne[65]. Celui-ci a résumé ainsi ses objections: «Selon cette théorie... ce qui aurait été déterminant dans le choix et l'élaboration des thèmes de l'art sépulcral primitif, ce seraient les incertitudes qui nourriraient les premières générations chrétiennes au sujet du sort immédiat des âmes de leurs proches défunts, obligées d'attendre la résurrection finale dans la solution provisoire et incertaine de l'Hadès souterrain. Il n'est personne qui ne voit ce qu'il y a d'invraisemblable dans pareille assertion dès qu'on l'éclaire de l'optimisme et de l'allégresse qui constituent une des tendances les plus fondamentales de l'art des catacombes[66].»

Il faut sans doute relever la formule «il n'est personne qui ne voit ce qu'il y a d'invraisemblable...». Elle exprime la naïveté du spécialiste qui étend à l'ensemble de ses lecteurs la position supposée commune à un petit groupe d'experts et surtout elle remplace par une affirmation gratuite d'évidence la démonstration souhaitable.

Mais si l'on essaie d'y voir clair, il me semble que L. de Bruyne a raison sur deux points importants: l'analyse de la plupart des œuvres d'art funéraire sur lesquelles s'appuie Alfred Stuiber ne permet pas d'affirmer une croyance incertaine en un *refrigerium interim* parce que, comme le pense avec sa compétence L. de Bruyne, l'art des catacombes exprime plus des certitudes que des inquiétudes et aussi, sans doute, parce que – on le retrouvera au Moyen Âge avec le Purgatoire – la représentation figurée d'une notion subtile comme le *refrigerium interim* a été très difficile à matérialiser. Mais en revanche cet «optimisme», renforcé sans doute sinon imposé par des autorités ecclésiastiques déjà très contraignantes, ne doit pas masquer les incertitudes que nourrissaient très vraisemblablement la plupart des chrétiens sur le sort dans l'au-delà, avant le jugement et la résurrection. Incertitude qui avait au moins un double fondement: l'un, doctrinal, car l'Écriture et la théologie chrétiennes étaient loin d'être alors en possession de conceptions claires en ce domaine, l'autre, existentialiste, car face à l'optimisme militant il y avait, chez les chrétiens comme chez les païens de l'Antiquité tardive, cette «anxiété» profonde que Dodds a si bien analysée[67].

---

65. A. Stuiber, *Refrigerium interim. Die Vorstellungen vom Zwischenzustand und die frühchristliche Grabekunst*, Bonn, 1957. L. de Bruyne, «*Refrigerium interim*», in *Rivista di archeologia cristiana*, 34, 1958, pp. 87-118 et *ibid.*, 35, 1959, pp. 183-186.
66. L. de Bruyne, *loc. cit.*, 1959, p. 183.
67. E. R. Dodds, *Pagan and Christian in an Age of Anxiety*, Cambridge, 1965.

LA PREMIÈRE IMAGINATION D'UN PURGATOIRE :
LA VISION DE PERPÉTUE

Il reste que la notion et l'image du rafraîchissement ont inspiré – dans le milieu où évoluait Tertullien – le plus ancien texte où se profile l'imaginaire du Purgatoire.
Il s'agit d'un texte extraordinaire par sa nature et son contenu : c'est la *Passion de Perpétue et de Félicité*[68]. Lors de la persécution des chrétiens africains par Septime Sévère en 203 un groupe de cinq chrétiens, deux femmes, Perpetua et Felicitas, trois hommes, Saturus, Saturninus et Revocatus, furent mis à mort près de Carthage. Pendant leur séjour en prison, dans les jours qui précédèrent le martyre, Perpétue, aidée par Saturus, écrivit ou put transmettre oralement ses souvenirs à d'autres chrétiens. L'un d'eux rédigea le texte et y ajouta un épilogue racontant la mort des martyrs. Les critiques les plus sévères ne doutent pas de l'authenticité du texte, quant à l'essentiel de sa forme et de son contenu. Les circonstances de la production de cet opuscule, la simplicité et la sincérité de son ton en font un des plus émouvants témoignages de la littérature chrétienne et de la littérature tout court. Au cours de sa détention Perpétue eut un songe et vit son jeune frère mort, Dinocrate.

> Quelques jours plus tard, comme nous étions tous en prière, une voix me parvint subitement, et le nom de Dinocrate m'échappa. J'en fus stupéfaite, parce que je n'avais jamais pensé à lui avant cet instant ; avec douleur, je me souvins de sa mort. Je sus aussitôt que j'étais digne de demander quelque chose pour lui, que je devais le faire. Je commençai une longue prière, adressant mes gémissements au Seigneur. Dès la nuit suivante, voilà ce qui m'apparut : je vois Dinocrate sortant d'un lieu de ténèbres où il se trouvait avec beaucoup d'autres, tout brûlant et assoiffé, en haillons et sale, et portant au visage la plaie qu'il avait à sa mort. Dinocrate était mon propre frère ; il mourut de maladie à l'âge de sept ans, le visage dévoré par

---

68. *Passio Sanctarum Perpetuae et Felicitatis*, éd. C. Van Beek, Nimègue, 1936. L'article de F. J. Dolger, « Antike Parallelen zum leidenden Dinocrates in der *Passio Perpetuae* », in *Antike und Christentum*, 2, 1930[1], 1974, pp. 1-40, tout en soulignant un climat général autour de ce texte, n'apporte pas grand-chose à sa signification qui reste profondément originale. E. R. Dodds, *Pagan and Christian...*, *op. cit.*, pp. 47-53, donne un commentaire intéressant de la *Passio Perpetuae*, mais dans une perspective tout autre que celle de la préfiguration du Purgatoire.

un chancre malin et sa mort révolta tout le monde. J'avais prié pour lui : et entre moi et lui, la distance était si grande que nous ne pouvions nous rejoindre. Dans le lieu où Dinocrate se trouvait il y avait un bassin plein d'eau, avec une margelle trop élevée pour la taille d'un enfant. Et Dinocrate se haussait sur la pointe des pieds comme s'il voulait y boire. Moi, je souffrais de voir qu'il y avait de l'eau dans le bassin, mais qu'il ne pourrait pas boire en raison de la hauteur de la margelle. Je m'éveillai, et je sus que mon frère était dans l'épreuve ; mais je ne doutais pas de pouvoir le soulager dans son épreuve. Je priais pour lui tous les jours jusqu'à ce que nous allâmes dans la prison du Palais impérial ; en effet, nous allions devoir combattre dans les jeux donnés au Palais, pour l'anniversaire du César Geta. Et je priai pour lui nuit et jour, gémissant et pleurant pour qu'il me soit accordé [69].

Quelques jours plus tard Perpétue a une nouvelle vision :

> Le jour où l'on nous mit aux fers, voici ce qui m'apparut : je vis le lieu que j'avais déjà vu, et Dinocrate, le corps propre, bien vêtu, rafraîchi *(refrigerantem)* et là où était la plaie, je vis une cicatrice ; et la margelle du bassin que j'avais vu s'était abaissée à la hauteur du nombril de l'enfant ; et de l'eau en coulait sans arrêt. Et au-dessus de la margelle, une coupe d'or était pleine d'eau. Dinocrate s'en approcha et commença de boire, et la coupe ne se vidait pas. Puis, désaltéré, il entreprit de jouer joyeusement avec l'eau, comme le font les enfants. Je me réveillai, je compris alors qu'il avait été soustrait à sa peine [70].

Le mot important est *refrigerantem*. Il renvoie de toute évidence à la notion de *refrigerium*.

Ce texte exceptionnel n'est ni absolument nouveau, ni tout à fait isolé au début du IIIe siècle. Une œuvre apocryphe grecque qu'on date de la fin du IIe siècle, les Actes de Paul et de Thècle[71], parle de prières pour une jeune morte. La reine païenne Tryphène y demande à sa fille adoptive, la vierge chrétienne Thècle, de prier pour sa fille charnelle, qui est morte, Phalconille. Thècle demande à Dieu le salut éternel pour Phalconille.

---

69. Éd. Van Beek, p. 20.
70. *Ibid.*, p. 22.
71. L. Vouaux, *Les Apocryphes du Nouveau Testament. Les Actes de Paul et ses lettres apocryphes*, Paris, 1913.

Tertullien, en qui on a parfois voulu voir – ce qui est certainement faux – le rédacteur de la *Passion de Perpétue et Félicité* mais qui vivait à Carthage à l'époque de leur martyre, connaissait les Actes de Paul et de Thècle qu'il cite dans son ouvrage *De baptismo* (XVII, 5) et a rapporté ailleurs qu'une veuve chrétienne doit prier pour son époux mort et demander pour lui le *refrigerium interim*, le rafraîchissement intermédiaire[72].

Il ne faut ni exagérer ni minimiser l'importance de la *Passion de Perpétue et Félicité* dans la préhistoire du Purgatoire.

Il n'est pas question ici de Purgatoire à proprement parler et aucune des images ni des morts de ces deux visions ne se retrouveront dans le Purgatoire médiéval. Le jardin où se trouve Dinocrate est quasi paradisiaque, ce n'est ni une vallée, ni une plaine, ni une montagne. La soif et l'impuissance dont il souffre sont désignées comme un mal plus psychologique que moral. Il est question de peine psycho-physiologique, *labor*, et non de peine-punition, *poena*, comme dans tous les textes qui concerneront les préfigurations du Purgatoire et le Purgatoire lui-même. Il n'y a ici ni jugement ni châtiment.

Pourtant ce texte, dès saint Augustin, sera utilisé et commenté dans la perspective de la réflexion qui conduira au Purgatoire. Il s'agit d'abord d'un lieu, et qui n'est ni le *shéol*, ni l'Hadès, ni le sein d'Abraham. En ce lieu un être, qui malgré son jeune âge a dû être un pécheur car la plaie, le chancre *(vulnus, facie cancerata)* qu'il porte au visage lors de la première vision et qui a disparu dans la seconde, ne peut être, selon le système chrétien, que le signe visible du péché, souffre de la soif, souffrance caractéristique des punis dans l'au-delà[73]. Il est sauvé grâce à la prière de quelqu'un qui est digne d'obtenir son pardon. D'abord par les liens charnels : Perpétue est sa sœur selon la chair mais aussi et surtout par ses mérites : proche martyre, elle s'est acquis le droit d'intercession pour ses proches auprès de Dieu[74].

---

72. «*Enimvero et pro anima eius orat, et refrigerium interim adpostulat ei*» (*De monogamia*, X, 4).
73. Sur «la soif du mort», voir M. Eliade, *Traité d'Histoire des religions*, Paris, 1953, pp. 175-177. Je ne crois pas à une corrélation «climatique» entre soif et feu d'une part, et les conceptions «asiatiques» de l'Enfer et «température diminuée» (froid, gelée, marais glacés, etc.) et les conceptions «nordiques» d'autre part. E. R. Dodds, *Pagan and Christian...*, *op. cit.*, pp. 47-53, indique à juste titre que la piscine de la *Passion de Perpétue* évoque le baptême. Le problème de savoir si Dinocrate était ou non baptisé a intéressé les auteurs chrétiens anciens, notamment saint Augustin.
74. H.-I. Marrou, citant P. A. Février («Le culte des martyrs en Afrique et ses plus anciens monuments», in *Corsi di cultura sull' arte ravennate e bizantina*, Ravenne, 1970, p. 199), a attiré l'attention peu avant sa mort, sur une inscription africaine intéressante pour la notion de *refrigerium*: «Un détail curieux – et nouveau – est apporté par les tombes de Tipasa: c'est la présence de ces citernes et puits et l'importance accordée à l'eau. Elle n'apparaît pas seulement comme un des éléments du repas, mais répandue sur la tombe, on peut se demander

Les au-delà avant le Purgatoire

Je ne jouerai pas aux faiseurs de patronnes en un temps où l'Église catholique révise si sévèrement son calendrier hagiographique. Mais il est impressionnant que le Purgatoire balbutie dans ce texte admirable, sous les auspices d'une sainte aussi émouvante.

---

si elle n'est pas nécessaire au *refrigerium* dont parlent les textes. On sait en effet qu'à partir de son acception première, ce terme de *refrigerium* est une des images les plus prégnantes qui aient servi aux Anciens, païens d'abord puis chrétiens (Actes, III, 20), pour évoquer le bonheur d'outre-tombe. Le mot, par extension, a désigné ce repas funéraire qu'un symbolisme plus ou moins direct mettait en relation avec ce bonheur espéré. En présence d'un monument comme le nôtre, il est permis d'imaginer qu'une couche d'eau répandue au-dessus d'un décor d'animaux marins permettait de réaliser en quelque sorte concrètement cette notion de "rafraîchissement", *refrigerium*, lié au banquet funéraire» («Une inscription chrétienne de Tipasa et le *refrigerium*», in *Antiquités africaines*, 1979, t. XIV, p. 269).

2
LES PÈRES DU PURGATOIRE

À ALEXANDRIE :
DEUX « FONDATEURS » GRECS DU PURGATOIRE

La véritable histoire du Purgatoire commence par un paradoxe, un double paradoxe.
Ceux qu'on a nommés à juste titre les «fondateurs» de la doctrine du Purgatoire sont des théologiens grecs. Or si leurs conceptions ont eu du retentissement dans le christianisme grec, celui-ci n'est pas parvenu à la notion de Purgatoire à proprement parler et le Purgatoire a même été, au Moyen Âge, une des principales pommes de discorde entre chrétiens grecs et chrétiens latins. De plus la théorie dont sort l'ébauche de Purgatoire que ces théologiens grecs ont élaborée est franchement hérétique aux yeux du christianisme non seulement latin mais grec. La doctrine du Purgatoire débute ainsi sur une ironie de l'histoire.

Je ne m'occuperai pas dans ce livre des conceptions grecques de l'au-delà sauf pour les voir s'opposer aux vues des Latins sur le Purgatoire en 1274 au deuxième concile de Lyon, puis, hors des limites chronologiques de cette étude, au concile de Florence en 1438-1439. La divergence entre les deux Églises, entre les deux mondes, amorcée dès l'Antiquité tardive fait de l'histoire du Purgatoire une affaire occidentale et latine. Mais il importe, au début de la genèse du Purgatoire, de caractériser les deux «inventeurs» grecs du Purgatoire, Clément d'Alexandrie (mort avant 215) et Origène (mort en 253/254). Les deux plus grands représentants de la théologie chrétienne à Alexandrie, à un moment où le grand port est «le pôle de la culture chrétienne» (H.-I. Marrou), et, en particulier, le creuset d'une certaine fusion entre hellénisme et christianisme.

Les fondements de leur doctrine viennent d'une part de l'héritage de certains courants philosophiques et religieux grecs païens et, de l'autre, d'une réflexion originale sur la Bible et l'eschatologie judéo-chrétienne[1]. À la

---

1. Sur Clément d'Alexandrie et Origène dans la perspective de la genèse du Purgatoire, l'étude

Grèce antique les deux théologiens devaient l'idée que les châtiments infligés par les dieux ne sont pas des punitions mais des moyens d'éducation et de salut, un processus de purification. Pour Platon le châtiment est un bienfait des dieux[2]. Clément et Origène en tirent l'idée que «punir» et «éduquer» sont synonymes[3] et que tout châtiment de Dieu sert au salut de l'homme[4].

L'idée platonicienne a été vulgarisée par l'orphisme et véhiculée par le pythagorisme, et on retrouve l'idée des peines infernales comme purification au quatrième livre de l'*Énéide* de Virgile (741-742, 745-747):

> ... D'autres au fond d'un vaste abîme
> Lavent leur souillure; d'autres s'épurent dans le feu.
> ...
> Ce n'est qu'après de longs jours que le cours des temps enfin révolus a effacé les anciennes flétrissures et laisse rendu à sa pureté
> le principe éthéré de l'âme...[5].

De la Bible, Clément et Origène retiennent, dans l'Ancien Testament, le feu comme instrument divin, et dans le Nouveau la conception évangélique du baptême par le feu et l'idée paulinienne d'une épreuve de purification après la mort.

La première conception vient d'interprétations de textes vétéro-testamentaires souvent très sollicités. La vision platonicienne qu'ont du christianisme Clément et Origène les amène à des positions rassurantes. Pour Clément, par

---

essentielle reste G. Anrich, «Clemens und Origenes als Begründer der Lehre vom Fegfeuer», in *Theologische Abhandlungen, Festgabe für H. H. Holtzmann*, Tübingen, Leipzig, 1902, pp. 95-120. Bon exposé, d'un point de vue catholique, par A. Michel, «Origène et le dogme du Purgatoire», in *Questions ecclésiastiques*, Lille, 1913, résumé par l'auteur dans son article «Purgatoire», in *Dictionnaire de Théologie catholique*, col. 1192-1196. Brèves mais judicieuses remarques, du point de vue de la préhistoire du Purgatoire, d'A. Piolanti, «Il Dogma del Purgatorio», in *Euntes Docete*, 6, 1953; du point de vue du baptême par le feu in C.-M. Edsman, *Le Baptême de feu, op. cit.*, pp. 3-4, du point de vue de l'exégèse de la première Épître de Paul aux Corinthiens, in J. Gnilka, *Ist 1 Kor. 3, 10-15 ein Schriftzeugnis für das Fegfeuer?, op. cit.*, notamment p. 115.
2. Les principaux textes cités par G. Anrich, p. 99, n. 7 et p. 100, n. 1, sont *Gorgias*, 34, 478 et 81, 525; *Phédon*, 62, 113 d; *Protagoras*, 13, 324 b; *Lois*, V, 728 c.
3. Clément d'Alexandrie, *Stromata*, V, 14 et VII, 12.
4. Origène, *De principiis*, II, 10, 6 et *De oratione*, 29.
5. *aliis sub gurgite vasto*
   infectum eluitur scelus, aut exuritur igni
   ...
   donec longa dies perfecto temporis orbe
   concretam exemit labem, purumque relinquit
   aetherium sensum...

exemple, Dieu ne peut pas être vindicatif : « Dieu n'exerce pas de vengeance, car la vengeance c'est rendre le mal pour le mal, or il ne châtie qu'en vue du bien » (*Stromata*, VII, 26). Cette conception conduit les deux théologiens à interpréter dans un sens lénitif les passages de l'Ancien Testament où Dieu se sert explicitement du feu comme instrument de sa colère. Par exemple lorsqu'il fait dévorer par le feu les fils d'Aaron : « Les fils d'Aaron, Nadab et Abihu, prirent chacun leur encensoir. Ils y mirent du feu sur lequel ils posèrent de l'encens, et ils présentèrent devant Yahvé un feu irrégulier qu'il ne leur avait pas prescrit. De devant Yahvé jaillit alors une flamme qui les dévora, et ils périrent en présence de Yahvé » (Lévitique, X, 1-2). Ou encore ce passage du Deutéronome, XXXII, 22 : « Oui, un feu a jailli de ma colère, il brûlera jusqu'aux profondeurs du *shéol* ; il dévorera la terre et ce qu'elle produit... » Or, notamment dans son *Commentaire sur le Lévitique*, Origène voit dans ces textes l'image de la sollicitude de Dieu qui châtie l'homme pour son bien. De même Origène interprète les passages de l'Ancien Testament où Dieu se présente lui-même comme un feu non comme des expressions d'un Dieu de colère mais comme d'un Dieu qui se fait lui-même purificateur en dévorant et consumant. Ainsi dans l'homélie XVI de son *Commentaire sur Jérémie* où il commente Jérémie, XV, 14 : « Car ma fureur a allumé un feu qui va brûler sur vous » ou dans son traité *Contre Celse*, IV, 13.

La seconde conception est issue d'une réflexion sur le texte de Luc, III, 16 concernant la prédication de Jean-Baptiste : « Jean prit la parole et leur dit à tous : "Pour moi, je vous baptise avec de l'eau mais vient le plus fort que moi... ; lui vous baptisera dans l'Esprit Saint et le feu." » Ce qu'Origène (dans l'homélie XXIV de son *Commentaire sur Luc*) commente ainsi : « De même que Jean près du Jourdain parmi ceux qui venaient se faire baptiser accueillait les uns, ceux qui confessaient leurs vices et leurs péchés, et chassait les autres en leur disant : "Engeance de vipères, etc.", de même le seigneur Jésus-Christ se tiendra dans le fleuve de feu *(in igneo flumine)* près d'une lance de feu *(flammea rompea)* pour que tous ceux qui après la mort doivent aller au paradis mais manquent de purgation *(purgatione indiget)* il les baptise dans ce fleuve et les fasse passer dans les lieux désirés, mais ceux qui n'auront pas le signe des premiers baptêmes, il ne les baptisera pas dans le bain de feu. Il faut en effet avoir été d'abord baptisé dans l'eau et l'esprit pour que, lorsqu'on parvient au fleuve de feu, on puisse montrer qu'on a conservé les signes des bains d'eau et d'esprit et qu'on mérite alors de recevoir le baptême de feu en Jésus-Christ. »

Enfin Origène commente ainsi, dans sa troisième homélie sur le Psaume XXXVI qui évoque le sort de l'impie, victime de la colère de Dieu, et celui du juste, bénéficiaire de sa protection, le passage de l'Épître de Paul aux Corinthiens où celui-ci évoque la purification finale par le feu : « Je pense que nous devons tous nécessairement venir à ce feu. Que nous soyons Paul ou Pierre nous venons à ce feu... comme devant la mer Rouge si nous sommes les Égyptiens nous serons engloutis dans ce fleuve ou ce lac de feu car on aura trouvé en nous des péchés... ou bien nous entrerons aussi dans le fleuve de feu mais de même que pour les Hébreux l'eau forma un mur à droite et à gauche, de même le feu formera un mur pour nous... et nous suivrons la colonne de feu et la colonne de fumée.»

Clément d'Alexandrie est le premier à distinguer deux catégories de pécheurs et deux catégories de châtiments dans cette vie et dans la vie future. Dans cette vie pour les pécheurs amendables le châtiment est «éducatif» (διδασκαλικός), pour les incorrigibles il est «punitif» (κολαστικός)[6]. Dans l'autre il y aura deux feux, pour les incorrigibles un feu «dévorant et consumant», pour les autres un feu qui «sanctifie», qui ne «consume pas comme le feu de la forge» mais un feu «prudent», «intelligent» (φρόνιμον) «qui pénètre l'âme qui passe à travers[7]».

Les conceptions d'Origène sont plus précises et vont plus loin. Pour lui, comme on l'a vu, tous les hommes doivent passer par le feu, même les justes car il n'y a pas d'homme absolument pur. Par le seul fait de son union avec le corps toute âme est souillée. Dans la huitième homélie de son *Commentaire sur le Lévitique*, Origène s'appuie sur un verset du livre de Job, XIV, 4: «Mais qui donc extraira le pur de l'impur?» Mais pour les justes ce passage par le feu est un baptême. Il fait fondre et transforme le plomb qui appesantissait l'âme en or pur[8].

Pour Origène comme pour Clément, il y a deux sortes de pécheurs ou plus exactement il y a les justes qui ne sont chargés que des souillures inhérentes à la nature humaine (ρύπος que l'on traduira en latin par *sordes*) et les pécheurs proprement dits alourdis par des péchés en principe mortels (πρός θάνατον ἁμαρτια, ou *peccata* en latin).

La conception particulière d'Origène – et qui fait de lui un hérétique – c'est qu'il n'y a pas de pécheur si mauvais, si invétéré, si incorrigible en principe qui finalement ne se purifie pas complètement et n'aille en paradis. L'enfer est lui aussi temporaire. Comme l'a bien dit G. Anrich: «Origène conçoit l'Enfer lui-même comme un Purgatoire.» Origène pousse en effet à la limite la théorie de la purification, κάθαρσις, qui lui vient de Platon, des orphiques et des pythagoriciens. Comme il ne peut admettre l'idée païenne grecque de métempsycose, de réincarnations successives, trop incompa-

---

6. Clément d'Alexandrie, *Stromata*, IV, 24.
7. *Ibid.*, VII, 6.
8. Origène, *In Exodum*, homélie 6, *PG*, t. XIII, col. 334-335; *In Leviticum*, homélie 9, *PG*, t. XII, col. 519.

tible avec le christianisme, il croit à une variante qu'il estime pouvoir être chrétienne de cette théorie, la notion d'un progrès continu, d'un perfectionnement ininterrompu de l'âme après la mort qui lui permet, si pécheresse qu'elle ait pu être au départ, de retourner à la contemplation éternelle de Dieu: c'est l'*apocatastase* (ἀποκατάστασις).

Aux deux catégories de défunts, aux pécheurs simplement souillés et aux pécheurs proprement dits s'appliquent deux types différents de feux purificateurs. Pour les premiers, c'est l'*esprit de jugement*, qu'ils ne font que *traverser* et qui ne dure qu'un instant. Les seconds en revanche demeurent plus ou moins longtemps dans l'*esprit de combustion*. Ce châtiment est très pénible mais il n'est pas incompatible avec l'optimisme d'Origène car plus un châtiment est sévère mieux le salut est assuré, il y a chez Origène un sentiment de la valeur rédemptrice de la souffrance que le Moyen Âge ne retrouvera *qu'à la fin*, au xve siècle.

Pour Clément d'Alexandrie le feu «intelligent» qui traverse l'âme des pécheurs rachetables n'est pas, comme l'a bien vu A. Michel, un feu matériel, mais il n'est pas non plus un feu «métaphorique», c'est un feu «spirituel» (*Stromata*, VII, 6 et V, 14). On a voulu opposer chez Origène le feu de jugement traversé par les âmes simplement souillées qui serait un feu *réel* au feu de *combustion* que souffriraient les pécheurs et qui, lui, serait un feu «métaphorique» puisque les pécheurs qui doivent être finalement sauvés ne peuvent être consumés par lui. Les textes invoqués (*De principiis*, II, 10: *Contre Celse*, IV, 13, VI, 71, etc.) ne paraissent pas justifier cette interprétation. Dans les deux cas il s'agit d'un *feu purificateur* qui, sans être matériel, n'est pas métaphorique; il est réel mais spirituel, subtil. Quand ont lieu ces purifications par le feu? Origène est très clair là-dessus: après la résurrection, au moment du Jugement dernier[9]. Ce feu n'est en définitive que le feu de la fin du monde, venu des vieilles croyances indo-européennes, iraniennes et égyptiennes et que les stoïciens avaient reprises avec la notion d'ἐκπύρωσις.

Dans l'apocalyptique juive le texte le plus significatif sur le feu de la fin du Monde était la Vision de l'Ancien dans le Songe de Daniel (VII, 9-12):

> Son trône était flammes de feu
> aux roues de feu ardent.
> Un fleuve de feu coulait,
> issu de devant lui
> …
> la bête fut tuée, son corps détruit et livré à la flamme du feu.

---

9. Par exemple *In Jeremiam*, homélie 2; *In Leviticum*, homélie 8; *In Exodum*, homélie 6; *In Lucam*, homélie 14, etc.

Mais Origène a des conceptions très personnelles du temps eschatologique de la fin du monde. D'une part il pense que les justes, traversant instantanément le feu, gagneront le paradis dès le huitième jour, le jour du jugement en revanche le feu des pécheurs les brûlera au-delà du dernier jour, et éventuellement *pendant les siècles des siècles* – ce qui ne signifie pas l'éternité, puisque tous iront, tôt ou tard, au Paradis, mais une longue suite de périodes (*In Lucam*, homélie 24). Ailleurs Origène précise, selon une curieuse arithmétique que, de même que la vie du monde actuel dure une semaine avant le huitième jour, de même la purification des pécheurs dans le feu de combustion durera une ou deux semaines, c'est-à-dire très longtemps, et ce ne sera qu'au commencement de la troisième semaine qu'ils seront purifiés (homélie 8 du *Commentaire sur le Lévitique*). Ce calcul reste symbolique alors que, comme on verra, au XIIIe siècle les calculs concernant le Purgatoire porteront sur des durées réelles. Mais un comput du Purgatoire s'ébauche déjà.

Sur le sort des morts, des âmes, entre la mort individuelle et le Jugement dernier, Origène reste très vague. Il assure que les justes vont dès leur mort au Paradis mais ce paradis est différent du véritable Paradis de délices où l'âme ne parviendra qu'après le Jugement dernier et l'épreuve – courte ou longue – du feu[10]. Il est comparable au sein d'Abraham bien que, si je ne me trompe, Origène ne fasse jamais allusion à celui-ci. En revanche Origène ne parle pas du sort des pécheurs dans l'entre-deux, de la mort individuelle au jugement final. C'est que, comme beaucoup de ses contemporains, mais plus encore sans doute que la plupart d'entre eux, Origène croit à l'imminence de la fin du monde : « La consommation du monde par le feu est imminente... la terre et tous les éléments vont être consumés dans l'ardeur du feu en la fin de ce siècle » (homélie 6 du *Commentaire sur la Genèse, PG*, t. XII, col. 191). Et encore : « Le Christ est venu dans les derniers temps, alors que la fin du monde était déjà proche » (*De principiis*, III, 5, 6). Le temps intermédiaire entre la mort individuelle et le jugement final, entre aujourd'hui et la fin du monde est tellement bref qu'il ne vaut pas la peine d'y penser. L'épreuve du feu « est comme une épreuve qui nous attend au sortir de la vie » (voir *In Lucam*, homélie 24).

Ainsi le futur Purgatoire, entrevu par Origène, s'évanouit, coincé entre son eschatologie et sa conception d'un enfer temporaire. L'idée pourtant, précise, d'une purification dans l'au-delà, après la mort, est exprimée pour la première fois. La distinction entre péchés légers et péchés mortels est apparue. Il y a même l'ébauche de trois catégories : les justes qui ne font que traverser le feu de jugement et vont directement en paradis, les

---

10. *De principiis*, II, 11, n. 6 ; *In Ezechielem*, homélie 13, n. 2 ; *In Numeros*, homélie 26.

pécheurs légers qui ne font qu'un séjour dans le feu de combustion, les pécheurs «mortels» qui y restent très longtemps. En fait Origène développe la métaphore de I Corinthiens, III, 10-15. Des matériaux cités par saint Paul il fait deux catégories: l'or, l'argent, les pierres précieuses pour les justes, le bois, le foin, la paille pour les pécheurs «légers». Il y a ajouté une troisième catégorie: le fer, le plomb, l'airain pour les pécheurs «lourds».
Une arithmétique de la purgation dans l'au-delà est aussi ébauchée. Un lien étroit entre la pénitence et le sort dans l'au-delà était souligné: pour Clément d'Alexandrie la catégorie des pécheurs corrigibles était constituée par les pécheurs qui s'étaient repentis, s'étaient réconciliés avec Dieu au moment de mourir mais qui n'avaient pas eu le temps de faire pénitence. Pour Origène l'*apocatastase* au fond est un processus positif et progressif de pénitence[11].
Mais à la conception d'un vrai Purgatoire il manque plusieurs éléments essentiels. Le temps du Purgatoire est mal défini puisqu'il se confond avec le temps du Jugement dernier, confusion si peu satisfaisante qu'Origène doit à la fois concentrer et dilater la fin du monde, et la rapprocher à l'extrême. Aucun purgatoire n'est distingué de l'Enfer et le caractère temporaire, provisoire qui fera son originalité n'est pas dégagé. Seuls les morts, avec leur bagage plus ou moins léger ou lourd de fautes, et Dieu dans sa bienveillance de juge salutaire ont une responsabilité dans cette purification après la mort. Les vivants n'y interviennent pas. Enfin, il n'y a pas de *lieu* purgatoire. Et en faisant du feu purificateur un feu non seulement «spirituel» mais «invisible» Origène bloquait l'imaginaire du Purgatoire.

LE CHRISTIANISME LATIN : DÉVELOPPEMENTS ET INDÉCISIONS DE L'AU-DELÀ

Il faut attendre l'extrême fin du IVe et le début du Ve siècle pour qu'avec saint Augustin, et chez les chrétiens latins donc cette fois, la préhistoire du Purgatoire s'enrichisse de façon décisive.
On a crédité saint Cyprien, au milieu du IIIe siècle, d'un apport important à la doctrine du futur Purgatoire. Dans sa *Lettre à Antonien*, il établit une distinction entre deux sortes de chrétiens: «Autre chose est attendre le pardon, autre chose parvenir à la gloire; autre chose être envoyé en prison *(in*

---

11. Voir K. Rahner, «La doctrine d'Origène sur la pénitence», in *Recherches de Science religieuse*, 37, 1950.

carcere) pour n'en sortir qu'après la dernière obole payée, autre chose de recevoir immédiatement la récompense de la foi et de la vertu ; autre chose être débarrassé et purifié de ses péchés par une longue souffrance dans le feu et autre chose avoir effacé toutes ses fautes par le martyre ; autre chose enfin être suspendu au jour du jugement à la sentence du Seigneur et autre chose être immédiatement couronné par lui[12].» On a écrit : «Cette souffrance purificatrice, ce feu d'outre-tombe, ne peuvent être que le Purgatoire. Sans parvenir à la netteté d'expression qu'on trouvera dans les âges suivants, Cyprien est déjà en progrès sur Tertullien[13].» Cette interprétation est représentative d'une conception évolutionniste du Purgatoire qui voit dans la doctrine du christianisme une marche lente, mais sûre, vers l'explication d'une croyance qui aurait dès l'origine existé en germe dans le dogme chrétien. Rien ne me paraît moins conforme à la réalité historique. Face à des accès de millénarisme, de croyance en une apocalypse foudroyante qui sauverait ou détruirait plus ou moins arbitrairement, l'Église, en fonction des conditions historiques, de la structure de la société et d'une tradition qu'elle transformait peu à peu en orthodoxie, a mis en place un certain nombre d'éléments qui ont, au XIIe siècle, abouti à un système de l'au-delà dont le Purgatoire a été une pièce maîtresse, mais qui pouvait très bien avorter, qui a connu des accélérations, au début du Ve siècle, entre la fin du VIe et le début du VIIIe siècle, au XIIe siècle enfin, mais avec de longues stagnations qui auraient pu être définitives. J'estime pertinente l'opinion de P. Jay qui a réfuté la pseudo-doctrine du Purgatoire chez saint Cyprien. Ce dont il est question dans la *Lettre à Antonien,* c'est d'une comparaison entre les chrétiens qui ont failli dans les persécutions (les *lapsi* et les apostats) et les martyrs. Il ne s'agit pas de «purgatoire» dans l'au-delà mais de pénitence ici-bas. La prison évoquée n'est pas celle d'un purgatoire d'ailleurs encore inexistant mais la discipline pénitentielle ecclésiastique[14].

Chez les Pères et les auteurs ecclésiastiques du IVe siècle qui, malgré leur diversité, constituent un ensemble assez cohérent, au moment où le christianisme cesse d'être persécuté puis devient religion officielle dans le monde romain, la réflexion sur le sort des hommes après la mort se développe surtout à partir du songe de Daniel (VII, 9, 1), du texte paulinien de I Corinthiens, III, 10-15, plus rarement de la conception origénienne du feu purificateur ou du *refrigerium* de Tertullien. Les vues d'Origène influen-

---

12. «*Aliud pro peccatis longo dolore cruciatum emundari et purgari diu igne, aliud peccata omnia passione purgasse, aliud denique pendere in die judicii ad sententiam Domini, aliud statim a Domino coronari.*»
13. A. Michel, article «Purgatoire», in *Dictionnaire de Théologie catholique,* col. 1214.
14. P. Jay, «Saint Cyprien et la doctrine du Purgatoire», in *Recherches de Théologie ancienne et médiévale,* 27, 1960, pp. 133-136.

cent notamment la partie chrétienne des *Oracles sibyllins* qui leur assureront une certaine postérité.

Lactance (mort après 317) pense que tous les morts, y compris les justes, subiront l'épreuve du feu, mais il place cette épreuve au moment du Jugement dernier : « Lorsque Dieu examinera les justes, il le fera aussi au moyen du feu. Ceux chez qui les péchés auront prévalu par leur poids ou leur nombre seront enveloppés par le feu et purifiés, ceux au contraire qu'une justice parfaite ou la maturité de la vertu aura mis à point ne sentiront pas cette flamme, ils ont en effet en eux quelque chose qui repousse et rejette ce feu » (*Institutiones*, VII, 21, *PL*, t. VI, col. 800).

Hilaire de Poitiers (mort en 367), Ambroise (mort en 397), Jérôme (mort en 419/420), l'inconnu appelé Ambrosiaster qui a vécu dans la seconde moitié du IVe siècle ont sur le sort des hommes après la mort des idées qui se placent dans la ligne d'Origène.

Pour Hilaire de Poitiers, en attendant le Jugement dernier, les justes vont se reposer dans le sein d'Abraham tandis que les pécheurs sont tourmentés par le feu. Au jugement final les justes vont directement au paradis, les infidèles et les impies en enfer, tous les autres, l'ensemble des pécheurs, seront jugés et les pécheurs impénitents subiront de lourdes peines en enfer. Hilaire parle dans son commentaire du Psaume LIV de « la purification qui nous brûle par le feu du jugement[15] », mais ce feu purifie-t-il tous les pécheurs ou seulement certains d'entre eux ? Hilaire ne donne pas de précision à ce sujet.

Saint Ambroise est plus ambigu encore tout en étant plus précis sur certains points. D'abord il pense, comme on a vu, que les âmes attendent le jugement dans des habitacles différents selon la conception du quatrième Livre d'Esdras. Ensuite il estime qu'à la résurrection les justes iront directement au paradis et les impies directement en enfer. Seuls les pécheurs seront examinés, jugés. Ils le seront à travers le passage par le feu défini comme le baptême de feu annoncé par Jean-Baptiste selon l'Évangile de Matthieu (II, 11) : « Un feu est devant les ressuscités, que tous absolument doivent traverser. C'est le baptême de feu annoncé par Jean-Baptiste, dans l'Esprit Saint et le feu, c'est le glaive ardent du chérubin qui garde le paradis et au travers duquel il faut passer : tous seront examinés par le feu ; car tous ceux qui veulent retourner au paradis doivent être éprouvés par le feu[16]. » Ambroise précise que même Jésus, les apôtres et les saints ne sont entrés au paradis qu'après être passés par le feu. Comment concilier cette affirmation

---

15. «*emundatio puritatis... qua iudicii igni nos decoquat*» (*PL*, t. IX, col. 519 A).
16. In *In Psalmum* CXVIII, *sermo* 20, *PL*, t. XV, col. 1487-1488. Voir aussi sur l'épreuve du feu *In Psalmum* CXVIII, *sermo* 3, *PL*, t. XV, col. 1227-1228 et *In Psalmum* XXVI, 26, *PL*, t. XIV, col. 980-981.

avec celle selon laquelle les justes vont en paradis sans être jugés? Ambroise a varié et n'avait pas d'idées très claires. Il semble aussi que pour lui il y avait trois sortes de feu. Pour les justes qui sont argent pur ce feu sera un rafraîchissement, comme une rosée qui rafraîchit (on retrouve ici l'idée de la perle, synthèse du froid et du chaud, et symbole du Christ), pour les impies, les apostats, les sacrilèges qui ne sont que plomb ce feu sera un châtiment et une torture, pour les pécheurs mélangés d'argent et de plomb ce sera un feu purificateur dont l'effet douloureux durera un temps proportionné à la lourdeur de leur faute, à la quantité de plomb qu'il faut faire fondre. Quant à la nature de ce feu, est-il «spirituel» ou «réel»? Ambroise, quoique très influencé par Origène, a là aussi hésité et varié. En définitive Ambroise, encore plus paulinien qu'origénien, pense que tous les pécheurs seront sauvés à travers le feu parce que malgré leurs fautes ils auront eu la foi: «Et si le Seigneur sauve ses serviteurs, nous serons sauvés par la foi, mais nous le serons comme à travers le feu[17].» Mais Ambroise a affirmé clairement l'efficacité possible des prières des vivants pour le soulagement des défunts après leur mort, la valeur des suffrages pour la mitigation des peines. En particulier à propos de l'empereur Théodose avec qui il avait eu les relations mêlées que l'on sait: «Accorde, Seigneur, le repos à ton serviteur Théodose, ce repos que tu as préparé à tes saints... Je l'aimais, c'est pourquoi je veux l'accompagner au séjour de la vie: je ne le quitterai pas tant que par mes prières et mes lamentations il ne sera pas reçu là-haut, sur la montagne sainte du Seigneur, où ceux qu'il a perdus l'appellent[18].»
À la mort de son frère Satyre il espère que les larmes et les prières des malheureux qu'il a secourus pendant sa vie lui vaudront le pardon de Dieu et le salut éternel[19].
Ces deux évocations ambrosiennes du sort des morts dans l'au-delà sont également intéressantes pour une autre raison qu'on verra à l'œuvre dans l'histoire du Purgatoire. La vision des grands laïques – empereurs et rois – dans l'au-delà a été une arme politique de l'Église. On le verra pour Théodoric, Charles Martel, Charlemagne. Dante s'en souviendra. Quel meilleur moyen pour l'Église pour rendre dociles à ses instructions – spirituelles ou temporelles – les souverains que d'évoquer les punitions qui les attendent dans l'au-delà en cas de désobéissance et le poids des suffrages ecclésiastiques pour leur délivrance et leur salut? Quand on sait ce qu'ont été les relations entre Ambroise et Théodose, l'évocation de cet arrière-plan s'impose. Dans le cas

---

17. «*et si salvos faciet Dominus servos suos, salvi erimus per fidem, sic tamen salvi quasi per ignum*» (*Explanatio Psalmi XXXVI*, n. 26, *Corpus Scriptorum Ecclesiasticorum Latinorum*, 64, p. 92).
18. *De obitu Theodosi*, 25, CSEL, 73, pp. 383-384.
19. *De excessu Satyri*, I, 29, CSEL, 73, p. 225.

de son frère Satyre, on voit se profiler un autre aspect des relations entre les vivants et les morts. Ambroise prie pour son frère: c'est le réseau familial de sauvetage dans l'au-delà. Il deviendra encore plus puissant au Moyen Âge et dans la perspective du Purgatoire. Mais Ambroise parle surtout des suffrages de ceux que Satyre a secourus. Nous voyons ici un phénomène social historique: la clientèle romaine, transposée sur le plan chrétien. D'autres solidarités, aristocratiques, monastiques, laïco-monastiques, confraternelles, prendront, au temps du Purgatoire, le relais de cette assistance réciproque (plus ou moins obligée) *post mortem* du patron par ses clients.

Enfin Ambroise, comme on verra plus loin, adhère à l'idée d'une première et d'une seconde résurrection.

Saint Jérôme, ennemi pourtant d'Origène, est, en ce qui concerne le salut, le plus origéniste. À l'exception de Satan, des négateurs de Dieu et des impies, tous les êtres mortels, tous les pécheurs seront sauvés: «De même que nous croyons que les tourments du Diable, de tous les négateurs et de tous les impies qui ont dit dans leur cœur: il n'y a pas de Dieu seront éternels; de même en revanche nous pensons que la sentence du juge pour les pécheurs chrétiens, dont les œuvres seront éprouvées et purgées dans le feu, sera modérée et mêlée de clémence[20].» Et encore: «Celui qui de tout son esprit a mis sa foi dans le Christ, même s'il est mort en homme défaillant dans le péché, par sa foi a la vie éternelle[21].»

L'Ambrosiaster, s'il n'apporte pas grand-chose de nouveau par rapport à Ambroise, a ceci de particulier et d'important qu'il est l'auteur de la première véritable exégèse du texte paulinien de I Corinthiens, III, 10-15. À ce titre il a eu une grande influence sur les commentateurs médiévaux de ce texte essentiel pour la genèse du Purgatoire, en particulier sur les premiers scolastiques du XIIe siècle. Comme Hilaire et Ambroise il distingue trois catégories: les saints et les justes qui iront directement au paradis à la résurrection, les impies, apostats, infidèles, athées qui iront directement dans les tourments du feu de l'enfer et les simples chrétiens qui, quoique pécheurs, après avoir été purifiés un certain temps par le feu et avoir payé leur dette, iront au paradis parce qu'ils ont eu la foi. Commentant saint Paul il écrit: «Il [Paul] a dit: "Mais comme à travers le feu", parce que ce salut n'existe pas sans peine; car il n'a pas dit: "Il sera sauvé par le feu" mais quand il dit: "Mais comme à travers le feu" il veut montrer que ce salut est à venir, mais qu'il doit souffrir les peines

---

20. «*Et sicut diaboli et omnium negatorum atque impiorum qui dixerunt in corde suo: Non est Deus, credimus aeterna tormenta; sic peccatorum et tamen christianorum, quorum opera in igne probanda sunt atque purganda, moderatam arbitramur et mixiam clementiae sententiam tudicis*» (*In Isaïam* LXVI, 24, PL, t. XXIV, col. 704 B).
21. «*Qui enim tota mente in Christo confidis, etiam si ut homo lapsus mortuus fuerit in peccato, fide sua vivit in perpetuum.*»

du feu; pour que purgé par le feu, il soit sauvé et non, comme les infidèles *(perfidi)*, tourmenté pour toujours par le feu éternel; si pour une partie de son œuvre il a quelque valeur, c'est parce qu'il a cru dans le Christ[22]. »
Paulin de Nole (mort en 431) parle lui aussi dans une lettre du feu savant, intelligent *(sapiens)* par lequel nous passerons pour être examinés et qui vient d'Origène. Dans une formule synthétique où se retrouvent le chaud et le froid, le feu et l'eau, et la notion de *refrigerium* il écrit: « Nous sommes passés à travers le feu et l'eau et il nous a conduits dans le rafraîchissement[23]. » Dans un poème il évoque encore « le feu examinateur » *(ignis arbiter)* qui courra par tout l'œuvre de chacun, « la flamme qui ne brûlera pas, mais éprouvera », la récompense éternelle, la combustion de la mauvaise part et le salut de l'homme qui, le corps consumé, échappera au feu pour s'envoler vers la vie éternelle[24].

LE VRAI PÈRE DU PURGATOIRE : AUGUSTIN

Il appartenait à Augustin qui a marqué d'une empreinte si profonde le christianisme et qui a été probablement la plus grande « autorité » du Moyen Âge d'apporter au dossier du futur Purgatoire des éléments capitaux.
Dans son excellente étude sur l'*Évolution de la doctrine du Purgatoire chez saint Augustin* (1966) Joseph Ntedika a recensé l'ensemble des nombreux textes augustiniens qui forment le dossier du problème. Il a dégagé, le plus souvent avec bonheur, la place d'Augustin dans la préhistoire du Purgatoire et il a montré le fait essentiel : la position d'Augustin a non seulement évolué, ce qui est normal, mais elle a considérablement changé à partir d'un moment que Ntedika situe en 413 et dont il attribue la cause à la lutte contre des laxistes de l'au-delà, les « miséricordieux » *(misericordes)*, dans laquelle Augustin s'engage passionnément à partir de cette date. Je me contenterai de citer, de situer et de commenter les principaux textes augustiniens concernant le prépurgatoire. Je le ferai dans une double perspective : l'ensemble de la pensée et de l'action augustiniennes, la genèse du Purgatoire dans la longue durée.

---

22. « *Ideo autem dixit: sic tamen quasi per ignem, ut salus haec non sine poena sit; quia non dixit: salvus erit per ignem; sed cum dicit: sic tamen quasi per ignem, ostendit salvum illum quidem futurum, sed poenas ignis passurum; ut per ignem purgatus fiat salvus, et non sicut perfidi aeterno igne in perpetuum torqueati ut ex aliqua parte operae pretium sit, credidisse in Christum* » (PL, t. XVII, col. 211).
23. « *Transivimus per ignem et aquam et induxisti nos in refrigerium.* »
24. Epist., 28, *CSEL*, 29, pp. 242-244 et *Carmen*, 7, 32-43, *CSEL*, 30, pp. 19-20.

Les au-delà avant le Purgatoire

Je veux, d'entrée de jeu, souligner un paradoxe. On a insisté à juste titre sur l'importance considérable de saint Augustin pour la formation de la doctrine du Purgatoire. Cela n'est pas seulement vrai du point de vue des historiens et des théologiens modernes reconstituant l'histoire du Purgatoire, mais aussi des clercs du Moyen Âge qui ont mis au point le Purgatoire. Et pourtant il me semble évident que cette question n'a pas passionné Augustin et que s'il y a fait si souvent allusion c'est qu'elle intéressait en revanche beaucoup de ses contemporains et que, bien que marginalement, elle touchait – j'allais dire elle empoisonnait à ses yeux – des problèmes qui, eux, étaient pour lui fondamentaux : la foi et les œuvres, la place de l'homme dans le plan divin, les rapports entre les vivants et les morts, le souci de l'ordre dans une série étagée de sens, de l'ordre social terrestre à l'ordre surnaturel, la distinction entre l'essentiel et l'accessoire, l'effort nécessaire de l'homme vers le progrès spirituel et le salut éternel.

Les indécisions d'Augustin me semblent venir en partie de ce relatif inintérêt pour le sort des hommes entre la mort et le jugement final. Elles s'expliquent aussi par des raisons plus profondes.

Les plus importantes sont celles qui tiennent à l'époque. La société romaine devait faire face aux énormes problèmes de la grande crise du monde romain, du défi des barbares, de la mise en place d'une nouvelle idéologie dominante dont la grande affirmation concernant l'au-delà était la résurrection et le choix à faire entre la damnation et le salut éternels. Tout imprégnée de millénarisme et pensant plus ou moins confusément que le Jugement dernier était pour le lendemain, cette société était peu portée à s'appesantir sur le raffinement de pensée que suppose la réflexion sur l'entre-deux entre la mort et l'éternité. Certes pour ces hommes et ces femmes de l'Antiquité tardive, dont l'espérance en l'au-delà était fondée, ce me semble – car il en a toujours été ainsi, et Paul Veyne l'a bien montré pour l'évergétisme antique –, moins sur l'idée confuse de salut que sur celle d'une compensation dans une autre vie des injustices d'ici-bas, ces revendications d'équité pouvaient se trouver satisfaites par la sophistication de justice apportée par une rédemption après la mort. Mais c'était un luxe. C'est parce qu'au XIIe siècle la société aura changé de telle sorte que ce luxe sera devenu nécessité, que le Purgatoire pourra naître.

Mais d'autres raisons personnelles à Augustin me semblent aussi l'avoir incité à exprimer son incertitude sur certains aspects de ce problème alors marginal. Elles apparaîtront dans les textes que je vais citer.

C'est d'abord la constatation des imprécisions, voire des contradictions des textes scripturaires à ce sujet. Augustin est un admirable exégète mais il n'occulte pas les obscurités, les difficultés du Livre. On n'a pas assez remarqué que lorsque Abélard, au XIIe siècle, dans le *Sic et Non*, emploie une méthode jugée révolutionnaire, il ne fait que retourner à Augustin. En tant que prêtre, évêque, intellectuel chrétien, Augustin est persuadé que le *fondement* (ce mot qui lui plaît tant et qu'il trouvera dans I Corinthiens, III, 10-15) de la religion, de l'enseignement qu'il doit donner, c'est l'Écriture. Là où celle-ci n'est pas claire, tout en essayant d'y apporter (c'est aussi une de ses tendances profondes) le maximum de clarté, il faut reconnaître qu'on ne peut rien affirmer de précis. D'autant moins – c'est sa seconde motivation – qu'il faut, dans une question touchant au salut, respecter le secret, le mystère qui entoure certains aspects, ou mieux encore laisser à Dieu le soin de prendre des décisions à l'intérieur d'un cadre dont il a indiqué les grandes lignes par la Bible et l'enseignement de Jésus, mais où il s'est réservé – en dehors même du miracle – un espace de libre décision.

L'importance d'Augustin, ici, vient d'abord de son vocabulaire qui s'imposera longtemps au Moyen Âge. Trois mots sont essentiels : les adjectifs *purgatorius, temporarius* ou *temporalis* et *transitorius*. *Purgatorius*, que je préfère traduire par *purgatoire* (adjectif) plutôt que purificateur, trop précis pour la pensée d'Augustin, se trouve accolé à *poenae purgatoriae* : les peines purgatoires (*Cité de Dieu*, XXI, XIII et XVI) *tormenta purgatoria*, tourments purgatoires (*Cité de Dieu*, XXI, XVI) et surtout *ignis purgatorius* : feu purgatoire (*Enchiridion*, 69)[25]. *Temporarius* se rencontre par exemple dans l'expression *poenae temporariae*, peines temporaires, opposées à *poenae sempiternae*, peines éternelles (*Cité de Dieu*, XXI, XIII). *Poenae temporales* se trouve dans l'édition d'Érasme de la *Cité de Dieu* (XXI, XXIV)[26].

LA MORT DE MONIQUE : PRIEZ POUR ELLE

Augustin a d'abord affirmé l'efficacité des suffrages pour les morts. Il l'a fait pour la première fois dans un moment d'émotion, dans la prière qu'il écrivit en 397-398 dans les *Confessions* (IX, XIII, 34-37) après la mort de sa mère Monique.

---

25. On rencontre aussi *ignis purgationis*, le feu de la purgation (*De Genesi contra Manicheos*, II, XX, 30) et *ignis emendatorius*, feu correcteur (*Énarrationes in Ps. XXXVII, 3*). Dans le passage de la *Cité de Dieu*, XXI, XIII, où se rencontre à trois reprises en douze lignes l'expression *poenae purgatoriae*, Augustin emploie aussi comme synonyme l'expression *poenae expiatoriae*, peines expiatoires, ce qui conduit entre autres raisons, à ne pas traduire *purgatoriae* par *purificatrices*.

26. Voir *Bibliothèque augustinienne*, t. 37, pp. 817-818.

Quant à moi, le cœur enfin guéri de cette blessure où l'on pouvait blâmer une faiblesse de la chair, je répands devant toi, ô notre Dieu, pour celle qui fut ta servante, des larmes d'un tout autre genre ; elles coulent d'un esprit fortement ébranlé au spectacle des dangers de toute âme qui meurt en Adam.

Sans doute, une fois vivifiée dans le Christ, même avant d'être délivrée des liens de la chair, elle a vécu de manière à faire louer ton nom dans sa foi et sa conduite ; et pourtant, je n'ose dire qu'à partir du moment où tu la régénéras par le baptême, aucune parole contraire à ton précepte n'est sortie de sa bouche. Or, il a été dit par la Vérité, par ton fils : «*Si quelqu'un dit à son frère "fou", il sera passible de la géhenne du feu.*»

Malheur à la vie de l'homme, fût-elle louable, si pour la passer au crible tu mets de côté ta miséricorde ! Mais, parce que tu ne recherches pas les fautes avec acharnement, c'est avec confiance que nous espérons une place auprès de toi. Quiconque d'ailleurs t'énumère ses vrais mérites, que t'énumère-t-il sinon tes propres dons ? Oh ! s'ils se reconnaissent hommes, les hommes ! et si *celui qui se glorifie, se glorifiait dans le Seigneur !*

Pour moi donc, *ô ma louange* et ma vie, *ô Dieu de mon cœur*, laissant un instant de côté ses bonnes actions, pour lesquelles je te rends grâce dans la joie, maintenant c'est pour les péchés de ma mère que je t'implore.

Exauce-moi par celui qui fut le remède de nos blessures suspendu au bois, et qui, siégeant *à ta droite, t'interpelle pour nous !*

Je sais qu'elle a pratiqué la miséricorde, et de tout cœur remis leurs dettes à ses débiteurs. Remets-lui toi aussi ses dettes, si elle-même en a contracté durant tant d'années après l'ablution du salut ! Remets, Seigneur, remets-les, je t'en supplie ! *N'entre pas en justice avec elle ! Que la miséricorde passe par-dessus la justice,* puisque tes paroles sont vraies et que tu as promis la *miséricorde aux miséricordieux !* S'ils le furent, c'est à Toi qu'ils l'ont dû, toi qui *auras pitié de qui tu voudras avoir pitié, et qui accorderas miséricorde à qui tu voudras faire miséricorde.*

Mais, je le crois, tu auras déjà fait ce que je te demande. Pourtant, *ces vœux spontanés de ma bouche, agrée-les, Seigneur !* Et, de fait, à l'approche du jour de sa délivrance, elle n'eut point la pensée de faire envelopper somptueusement son corps ou de le faire embaumer dans les aromates, ni le désir d'un monument de choix, ni le souci d'un tombeau dans sa patrie. Non, ce n'est pas cela qu'elle nous recommanda mais seulement de faire mémoire d'elle à ton autel ; ce fut son désir. Car, sans manquer un seul jour, elle avait servi cet autel, sachant que là se distribue la victime sainte qui a aboli *l'arrêt porté contre nous* et triomphé de l'ennemi, celui qui suppute nos fautes en cherchant de quoi nous inculper, mais ne trouve rien en Celui en qui nous sommes vainqueurs. Qui lui reversera à son compte son sang innocent ? Le prix dont il nous acheta, qui le lui remboursera pour nous enlever à lui ?

À ce mystère du prix de notre rachat, ta servante attacha son âme par le lien de la foi. Que personne ne l'arrache à ta protection ! Que ne s'interpose ni par violence ni par ruse le Lion et Dragon ! Car elle ne répondra pas qu'elle ne doit rien, de peur que l'accusateur captieux ne la confonde et ne l'obtienne : mais elle répondra que ses dettes lui ont été remises par Celui à qui personne ne restituera ce qu'à notre place il a restitué sans en avoir la dette.

Qu'elle soit donc dans la paix avec son mari : avant lui personne, après lui personne ne l'eut comme épouse ; elle l'a servi en t'offrant *le fruit de sa patience*, afin de le gagner à toi, lui aussi !

Et puis inspire, mon Seigneur, mon Dieu, inspire à tes serviteurs mes frères, à tes fils mes seigneurs, au service de qui je mets et mon cœur et ma voix et mes écrits, à tous ceux d'entre eux qui liront ces lignes, de se souvenir à ton autel de Monique ta servante, et de Patrice qui fut son époux, ceux par la chair de qui tu m'as introduit dans cette vie, sans que je sache comment. Que dans un sentiment de piété ils se souviennent d'eux, mes parents dans cette lumière passagère, mes frères en toi notre Père et dans l'Église catholique notre Mère, mes concitoyens dans la Jérusalem éternelle vers laquelle soupire ton peuple en pérégrination, depuis le départ jusqu'à la rentrée ! De la sorte, le vœu suprême qu'elle m'adressa sera plus abondamment rempli par les prières d'un grand nombre, grâce à ces confessions, que par mes seules prières.

Ce texte admirable n'est pas un exposé doctrinal, mais on peut en tirer quelques données importantes pour l'efficacité des suffrages pour les morts.

La décision de mettre ou non Monique au Paradis, dans la Jérusalem éternelle, n'appartient qu'à Dieu. Augustin est malgré tout convaincu que ses prières peuvent toucher Dieu et influer sur sa décision. Mais le jugement de Dieu ne sera pas arbitraire et sa propre prière n'est ni absurde ni absolument téméraire. C'est parce que Monique a, malgré ses péchés – car tout être humain est pécheur –, mérité au cours de sa vie le salut, que la miséricorde de Dieu pourra s'exercer et la prière de son fils être efficace. Sans

LES AU-DELÀ AVANT LE PURGATOIRE

que cela soit dit, ce que l'on pressent, c'est que la miséricorde de Dieu et les suffrages des vivants peuvent hâter l'entrée des morts en Paradis, non leur en faire franchir les portes s'ils ont été trop grands pécheurs ici-bas. Ce qui n'est pas dit non plus, mais qui est vraisemblable, c'est que, comme il n'y a pas de Purgatoire (et il n'y aura dans aucun texte d'Augustin une seule phrase qui établira un lien entre les suffrages et le feu purgatoire), ce coup de pouce donné au salut des morts pécheurs mais méritants aura lieu tout de suite après la mort, ou en tout cas sans qu'il se soit écoulé un temps suffisamment long pour qu'il soit nécessaire de définir un délai et encore moins un lieu où passer cette attente.

Le mérite de Monique plaidé par Augustin est significatif : il suppose le baptême, il comprend et la foi et les œuvres. Ses bonnes actions furent, selon le précepte, la remise des dettes à ses débiteurs (et il faut sans doute entendre, pour cette riche aristocrate, la chose au sens matériel et au sens moral), la monogamie et le renoncement de cette veuve à tout remariage, et surtout la piété eucharistique. Autant d'assurances sur l'au-delà qu'on retrouvera non seulement dans la perspective du Paradis mais dans les horizons du Purgatoire : les œuvres de miséricorde, la dévotion eucharistique, le respect du statut matrimonial des laïcs, voilà qui comptera lourd pour échapper à l'enfer et mettra en bonne position sinon pour le Paradis du moins pour le Purgatoire, grâce à la miséricorde de Dieu, et aux suffrages des vivants. Ces vivants ce sont, ici, d'abord le plus proche charnellement de la morte, son fils. Mais aussi, à travers son fils, les deux communautés qui peuvent être incitées à prier efficacement pour la mère sont celles de l'évêque et de l'écrivain : ses ouailles et ses lecteurs.

Quelques années plus tard, dans son commentaire du Psaume XXXVII, Augustin demande à Dieu pour lui-même de le corriger dans cette vie pour qu'il n'ait pas à subir après la mort le feu correcteur *(ignis emendatorius)*. Il s'agit là d'ailleurs non seulement de son idée, déjà apparente dans la prière pour Monique, que le salut dans l'au-delà se mérite d'abord ici-bas mais aussi de la notion, qu'il caressera jusqu'à la fin de ses jours, semble-t-il, selon laquelle les tribulations de cette vie sont une forme de «purgatoire».

Enfin, en 426/427 dans la *Cité de Dieu* (XXI, XXIV), Augustin revient sur l'efficacité des prières pour les morts. Mais c'est pour en préciser clairement les limites. Les suffrages sont inutiles pour les démons, les infidèles et les impies, donc pour les damnés. Ils ne peuvent être valables que pour une certaine catégorie de pécheurs, pas très nettement définie mais malgré tout caractérisée d'une façon particulière : ceux dont la vie n'aura été ni très bonne ni très mauvaise. Augustin se fonde sur le verset de Matthieu, XII, 31-32 : «Aussi je vous le dis, tout péché et blasphème sera remis aux hommes, mais le blasphème contre l'Esprit ne sera pas remis. Et quiconque aura dit une parole contre le fils de l'homme, cela lui sera remis, mais quiconque aura parlé contre l'Esprit Saint, cela ne lui sera remis ni en ce monde ni dans l'autre.» La qualité de ceux qui peuvent prier avec efficacité pour les morts sauvables est également précisée: c'est l'institution ecclésiastique, l'Église elle-même, ou «quelques hommes pieux» *(quidam pii).*

> Aussi la raison pour laquelle on ne priera pas alors pour les hommes voués au châtiment du feu éternel est cette raison même pour laquelle ni maintenant ni alors on ne prie pour les mauvais anges, et c'est encore pour la même raison que dès maintenant on ne prie plus pour les infidèles et les impies défunts, bien que l'on prie pour les hommes. Car, en faveur de certains défunts, la prière de l'Église elle-même ou de quelques hommes pieux est exaucée, mais elle l'est pour ceux qui sont régénérés dans le Christ, dont la vie menée dans le corps n'a pas été si mauvaise qu'ils soient jugés indignes d'une telle miséricorde, ni assez bonne pour qu'ils soient estimés tels qu'une pareille miséricorde ne leur est pas nécessaire[27], de même aussi après la résurrection des morts il s'en trouvera auxquels, après les peines que subiront les âmes des morts, sera impartie cette miséricorde qui leur évitera d'être jetés dans le feu éternel. En effet, au sujet de quelques-uns, on ne pourrait dire avec vérité qu'il ne leur est pas pardonné ni dans le siècle présent ni dans le siècle futur, s'il n'y en avait auxquels le pardon, même s'il n'est pas accordé en ce siècle, l'est cependant dans le siècle futur. Mais lorsque le juge des vivants et des morts aura dit: *Venez, les bénis de mon Père, possédez le royaume qui vous a été préparé depuis la fondation du monde,* et aux autres au contraire: *Allez loin de moi, maudits, dans le feu éternel qui a été préparé pour le diable et ses anges,* et qu'ils seront allés *ceux-ci au supplice éternel, mais les justes à la vie éternelle*[28], c'est le fait d'une excessive présomption de dire que le supplice éternel n'aura pas lieu pour l'un quelconque de ceux auxquels Dieu déclare qu'ils iront au supplice éternel, et de faire, grâce à la persuasion d'une telle conjecture, ou qu'on désespère de cette vie même, ou qu'on doute de la vie éternelle.

Jusqu'en 413, Augustin se contente d'apporter quelques notes personnelles à l'enseignement des Pères du IIIe et du IVe siècle sur le feu du jugement et sur les réceptacles après la mort, en particulier le sein d'Abraham pour les

---

27. «nec usque adeo vita in corpore male gesta est, ut tali misericordia iudicentur digni non esse, nec usque adeo bene, ut talem misericordiam reperiantur necessariam non habere.»
28. Matthieu, XXV, 34; XXV, 41-46.

justes, essentiellement fondé sur l'exégèse de l'histoire du mauvais riche et du pauvre Lazare (Luc, XVI, 19-31) et de la première Épître de Paul aux Corinthiens (III, 10-15). Dans le *Commentaire de la Genèse contre les Manichéens* de 398, il distingue le feu de la purgation de la damnation : « Et après cette vie il aura soit le feu de la purgation soit la peine éternelle[29]. » Dans les *Questions sur les Évangiles*, en 399, il oppose aux morts insauvables comme le mauvais riche ceux qui ont su se faire des amis par leurs œuvres de miséricorde et se sont donc préparé des suffrages. Mais il avoue ne pas savoir si la réception dans les tabernacles éternels évoquée par Luc (XVI, 9) se fera aussitôt après cette vie, c'est-à-dire après la mort ou à la fin des siècles au moment de la résurrection et du Jugement dernier[30].
Dans ses commentaires des Psaumes, probablement écrits entre 400 et 414, il insiste surtout sur les difficultés que soulève l'existence d'un feu purgatoire après la mort : c'est une « question obscure » *(obscura quaestio)*, déclare-t-il. Pourtant dans son *Commentaire du Psaume XXXVII*, il avance une affirmation qui connaîtra une grande fortune au Moyen Âge à propos du Purgatoire : « Bien que certains seront sauvés par le feu, ce feu sera plus terrible que tout ce qu'un homme peut souffrir dans cette vie[31]. »

APRÈS 413 : DE DURES PEINES PURGATOIRES ENTRE LA MORT ET LE JUGEMENT POUR LES PAS TOUT À FAIT BONS

À partir de 413 les vues d'Augustin sur le sort des morts et en particulier sur la possibilité de rédemption après la mort se précisent et évoluent vers des positions restrictives. La plupart des spécialistes de la pensée augustinienne, et notamment Joseph Ntedika, ont vu à juste titre dans ce raidissement une réaction aux idées des laxistes « miséricordieux » qu'Augustin considéra comme très dangereuses et on y voit aussi l'influence des conceptions millénaristes qui auraient touché Augustin à partir des chrétiens espagnols. Je crois qu'il faut aussi y voir le retentissement du grand événement de 410 : la prise de Rome par Alaric et les Ostrogoths qui sembla

---

29. « *et post hanc vitam habebit vel ignem purgationis vel poenam aeternam.* »
30. « *Quanquam illa receptio, utrum statim post istam vitam fiat, an in fine saeculi in resurrectione mortuorum atque ultima retributione judicii, non minima quaestio est sed quandolibet fiat, certe de talibus qualis ille dives insinuatur, nulla scriptura fieri pollicetur.* »
31. « *Ita plane quamuis salui per ignem, gravior tamen erit ille ignis, quam quidquid potest homo pati in hac vita* » (*Enarratio in Ps. XXXVII, 3, CCL,* 38, p. 384).

marquer la fin non seulement de l'Empire romain, de l'invulnérabilité de Rome, mais annoncer la fin du monde pour certains chrétiens tandis que la partie de l'aristocratie cultivée romaine restée païenne accusait les chrétiens d'avoir miné la force de Rome et d'être les responsables d'une catastrophe ressentie comme la fin, sinon du monde, du moins de l'ordre et de la civilisation. C'est pour répondre à cette situation, à ces élucubrations et à ces accusations qu'Augustin écrit la *Cité de Dieu*.

Que disaient ces «miséricordieux» dont on ne sait guère que ce qu'Augustin leur a reproché[32]? Augustin en fait des descendants d'Origène qui pensait qu'au terme du processus de *paracatastase*, tout le monde serait sauvé, y compris Satan et les mauvais anges. Il souligne toutefois que les miséricordieux ne s'occupent que des hommes. Mais, bien qu'il y ait des nuances chez eux, ils croient tous plus ou moins que les pécheurs invétérés seront sauvés ou en totalité ou en partie. Selon Augustin ils professent six opinions diverses, mais voisines. Selon la première, tous les hommes seront sauvés, mais après un séjour plus ou moins long en Enfer. Selon la seconde les prières des saints obtiendront pour tous au Jugement dernier le salut sans aucun passage par l'Enfer. La troisième consiste à accorder le salut à tous les chrétiens, même schismatiques ou hérétiques, qui auront reçu l'eucharistie. La quatrième restreint cette faveur aux seuls catholiques, à l'exception des schismatiques et hérétiques. Une cinquième opinion sauve ceux qui gardent la foi jusqu'au bout, même s'ils ont vécu dans le péché. La sixième et dernière variété des miséricordieux est celle qui croit au salut de ceux qui ont fait l'aumône quoiqu'ils aient pu faire par ailleurs. Sans entrer dans le détail, contentons-nous de noter que si leur inspiration était plus ou moins origénienne, ces sectes ou ces chrétiens isolés se fondaient essentiellement sur un texte scripturaire sorti de son contexte et interprété à la lettre.

En réaction Augustin va affirmer qu'il y a bien deux feux, un feu éternel destiné aux damnés, pour lesquels tout suffrage est inutile, feu sur lequel il insiste avec force, et un feu purgatoire sur lequel il est plus hésitant. Ce qui intéresse donc Augustin, si l'on peut dire, ce n'est pas le futur Purgatoire, c'est l'Enfer.

C'est pour établir l'Enfer qu'il est amené à définir certaines catégories de pécheurs et de péchés. Joseph Ntedika a distingué trois sortes d'hommes, trois sortes de péchés et trois sortes de destins. Il me semble que la pensée d'Augustin est plus complexe (la ternarité sera le fait des clercs du XIIe et du XIIIe siècle). Il y a quatre sortes d'hommes: les impies (infidèles ou auteurs

---

32. Voir la note 45, «Les miséricordieux» de G. Bardy, in *Bibliothèque augustinienne*, vol. 37, pp. 806-809.

LES AU-DELÀ AVANT LE PURGATOIRE

de péchés criminels) qui vont directement, et sans recours ni échappatoire possibles, en Enfer; à l'autre bout les martyrs, les saints et les justes qui, même s'ils ont commis des péchés «légers», iront au Paradis immédiatement ou très vite. Entre les deux extrêmes, il y a ceux qui ne sont ni tout à fait bons, ni tout à fait méchants. Ces derniers sont en fait destinés eux aussi à l'Enfer; tout au plus peut-on espérer pour eux et peut-être obtenir par des suffrages, comme on le verra plus loin, un Enfer «plus tolérable». Reste la catégorie de ceux qui n'ont pas été tout à fait bons. Ceux-là peuvent (peut-être) se sauver à travers un feu purgatoire. En définitive ce n'est pas une catégorie très nombreuse. Mais si ce feu et si cette catégorie existent, Augustin a des idées plus précises sur certaines conditions de leur existence. Outre le fait que ce feu est très douloureux, il n'est pas éternel, contrairement au feu de la Géhenne, et il n'agira pas au moment du Jugement dernier, mais entre la mort et la résurrection. On peut d'autre part obtenir une mitigation des peines grâce aux suffrages de vivants habilités à intervenir auprès de Dieu et à la condition d'avoir, malgré ces péchés, mérité finalement le salut. Ces mérites s'acquièrent par une vie généralement bonne et un effort constant pour l'améliorer, par l'accomplissement d'œuvres de miséricorde, et par la pratique de la *pénitence*. Cette mise en relation de la pénitence et du «purgatoire», qui sera si importante aux XIIe-XIIIe siècles, apparaît pour la première fois avec netteté chez Augustin. En définitive, si Augustin a explicitement ramené le temps de la purgation du Jugement dernier à la période intermédiaire entre la mort et la résurrection, sa tendance est de tirer encore en arrière, c'est-à-dire ici-bas, cette purgation. Au fond de cette tendance il y a l'idée que la «tribulation» terrestre est la principale forme de «purgatoire». D'où ses hésitations sur la nature du feu purgatoire. S'il s'exerce après la mort il n'y a pas d'objection à ce qu'il soit «réel»; mais s'il existe sur cette terre, il doit être essentiellement «moral».

En ce qui concerne les péchés, Augustin a distingué des péchés très graves qu'il nomme d'ailleurs «crimes» *(crimina, facinora, flagitia, scelera)* plutôt que péchés et qui conduisent ceux qui les commettent en enfer, et des péchés sans grande importance qu'il a appelés «légers», «menus», «petits» et surtout «quotidiens» *(levia, minuta, minutissima, minora, minima, modica, parva, brevia, quotidiana)* dont il a donné pour exemple l'excès d'attachement à sa famille, l'amour conjugal exagéré *(Cité de Dieu*, XXI, XXVI). Joseph Ntedika a noté qu'Augustin n'a pas nommé, ni globalement ni en détail, les péchés «intermédiaires», ceux notamment qui doivent disparaître dans le feu purgatoire, et il a avancé l'hypothèse qu'il craignait que sa pensée ne fût exploitée par les laxistes «miséricordieux». Cela est possible. Mais il ne faut pas oublier qu'Augustin est plus sensible à la globalité de la vie spirituelle, à la personnalité d'ensemble des hommes qu'à un inventaire d'objets de la vie morale qui réifierait la vie de l'âme. Ces «crimes» sont davantage des habitudes de criminels que des méfaits précis. Les péchés «quotidiens» seuls peuvent être nommés, car ils sont la petite monnaie de l'existence. Les nommer est sans gravité pour la qualité de la vie spirituelle, ce sont des bavures, des scories, des vétilles aisées à faire disparaître à condition qu'elles ne s'accumulent pas et n'envahissent pas l'esprit.

L'opposition d'Augustin aux «miséricordieux» et l'évolution de sa pensée sur le sort des morts apparaissent dans son traité *Sur la foi et les œuvres* (*De fide et operibus*), de 413, mais ils s'expriment surtout dans son *Manuel*, l'*Enchiridion*, en 421, et dans le livre XXI de la *Cité de Dieu*, en 426-427.

Entre-temps, il avait apporté des précisions à la demande d'amis. Dans la *lettre à Dardanus*, en 417, il esquissait une géographie de l'au-delà dans laquelle il n'y avait pas de place pour le Purgatoire. Il distinguait en effet, en revenant sur l'histoire du pauvre Lazare et du mauvais riche, une région de tourment et une région de repos mais il ne les situait pas toutes deux aux Enfers, comme certains, car l'Écriture dit que Jésus est descendu aux Enfers mais non qu'il a visité le sein d'Abraham. Celui-ci n'est autre que le paradis, nom général qui ne désigne pas le Paradis terrestre où Dieu avait placé Adam avant la faute[33].

En 419, un certain Vincentius Victor de Césarée de Mauritanie interroge Augustin sur la nécessité d'être baptisé pour être sauvé. Dans le traité *Sur la nature et l'origine de l'âme* par lequel Augustin lui répond et où il prend l'exemple de Dinocrate dans la *Passion de Perpétue et Félicité*, l'évêque d'Hippone exclut que les enfants non baptisés puissent entrer au Paradis ni même aller, comme le pensaient les pélagiens, dans un lieu intermédiaire de repos et de félicité (Augustin nie donc ici ce qui sera au XIIIe siècle le limbe des enfants). Pour aller au Paradis, il faut être baptisé: Dinocrate l'avait été mais il avait dû ensuite pécher, peut-être apostasier sous l'influence de son père, mais il avait finalement été sauvé par l'intercession de sa sœur.

Voici les grands textes de l'*Enchiridion*[34] et du XXIe livre de la *Cité de Dieu*.

---

33. «*Porro si utraque regio et dolentium et requiescentium, id est et ubi dives ille torquebatur et ubi pauper ille laetabatur, in inferno esse credenda est, quis audeat dicere dominum Iesum ad poenales inferni partes venisse tantum modo nec fuisse apud eos qui in Abrahae sinum requiescunt? ubi si fuit, ipse est intellegendus paradisus, quem latronis animae illo die dignatus est polliceri. Quae si ita sunt, generale paradisi nomen est, ubi feliciter vivitur. Neque enim quia paradisus est appellatus, ubi Adam fuit ante peccatum, propterea scriptura prohilita est etiam ecclesiam vocare paradisum cum fructu pomorum.*»

34. Mot grec signifiant «manuel», terme qui aura, à partir du XVIe siècle, la fortune que l'on sait.

S'il est vrai qu'un homme chargé de crimes sera sauvé à travers le feu au nom de sa seule foi et si c'est ainsi que doit s'entendre la parole de saint Paul : « Il sera sauvé, cependant comme à travers le feu » (I Corinthiens III, 15), il s'ensuit que la foi pourra sauver sans les œuvres et que faux sera ce qu'a dit Jacques son compagnon d'apostolat. Faux également ce que disait saint Paul lui-même : « Ne vous y trompez pas ; ni les fornicateurs, ni les idolâtres, ni les adultères, ni les efféminés, ni les invertis, ni les voleurs, ni les avares, ni les ivrognes, ni les médisants, ni les accapareurs ne posséderont le royaume de Dieu » (I Corinthiens, VI, 9-11). Si, en effet ceux-là mêmes qui persévèrent dans ces crimes seront pourtant sauvés au nom de leur foi au Christ, comment ne le seraient-ils pas dans le royaume de Dieu !

Mais, puisque des témoignages apostoliques aussi clairs et aussi évidents ne peuvent pas être faux, le passage obscur où il est question de ceux qui édifient sur le fondement qu'est le Christ, non pas de l'or, de l'argent ou des pierres précieuses, mais du bois, de l'herbe ou de la paille – car c'est de ceux-là qu'il est dit qu'ils seront sauvés à travers le feu parce qu'ils ne périront pas en raison du fondement – doit s'entendre de manière à ne pas se trouver en contradiction avec ces textes clairs.

Bois, herbe et paille peuvent effectivement s'entendre d'un attachement tel aux biens les plus légitimes de ce monde qu'on ne puisse les perdre sans douleur. Lorsque cette douleur vient à brûler [quelqu'un], si le Christ joue dans son cœur le rôle de fondement, c'est-à-dire que rien ne lui soit préféré et que, sous le coup de la douleur qui le brûle, cet homme aime mieux être privé de ces biens chers à son cœur que du Christ, il est sauvé à travers le feu. Mais si, au moment de la tentation, il lui arrivait de préférer la possession de ces biens temporels et profanes à celle du Christ, c'est qu'il ne l'avait pas pour fondement, puisqu'il donnait le premier rang à ceux-là : car, dans un édifice, rien ne précède le fondement.

En effet, le feu dont parlait en cet endroit l'Apôtre doit être compris de telle manière que les deux doivent le traverser, et « celui qui sur ce fondement édifie de l'or, de l'argent ou des pierres précieuses, et celui qui édifie du bois, de l'herbe ou de la paille ». Cela dit, Paul, en effet, d'ajouter : « Ce qu'est l'œuvre de chacun, le feu l'éprouvera. Si l'œuvre de quelqu'un tient bon, il recevra sa récompense. Que si elle est, au contraire, consumée, elle en pâtira ; quant à lui, il sera sauvé, cependant comme à travers le feu » (I Corinthiens, III, 13-15). Ce n'est donc pas l'un d'entre eux seulement, mais l'un et l'autre dont l'œuvre sera éprouvée par le feu.

Ces extraits des chapitres 67 et 68 de l'*Enchiridion* témoignent de plusieurs aspects de la pensée augustinienne. D'abord sa méthode exégétique. Au texte de saint Paul (I Corinthiens, III, 13-15) dont il reconnaît le caractère obscur, Augustin oppose des textes clairs du même saint Paul. Il faut interpréter le texte difficile à la lumière des textes certains. D'autre part il distingue soigneusement les hommes qui ont commis des crimes *(homo sceleratus, crimina)* de ceux qui n'ont commis que des fautes très légères dont le prototype est toujours pour Augustin un attachement exagéré aux biens terrestres pourtant légitimes. Les uns et les autres, au jour du jugement, subiront l'épreuve du feu mais les uns périront, seront consumés, tandis que les autres seront sauvés.

> Que quelque chose de semblable se produise également après cette vie, ce n'est pas incroyable. En est-il ainsi de fait? Il est loisible de le chercher, que ce soit pour le découvrir ou non. Quelques fidèles [dans ce cas] pourraient par un feu purgatoire et, suivant qu'ils ont plus ou moins aimé les biens périssables, être plus tard ou plus tôt sauvés. Jamais pourtant ne le seront ceux dont il est dit qu'«ils ne posséderont pas le royaume de Dieu» (I Corinthiens, VI, 11) si, par une pénitence convenable, ils n'obtiennent la rémission de leurs péchés *(crimina)*. Convenable, ai-je dit, [c'est-à-dire de manière] qu'ils ne soient pas stériles en aumônes, dès lors que la sainte Écriture accorde à celles-ci une valeur telle que le Seigneur annonce (Matthieu, XXV, 34-35) devoir se contenter uniquement de cette récolte pour placer [les hommes] à sa droite ou bien uniquement de son absence pour les mettre à sa gauche, quand il dira aux uns: «Venez, les bénis de mon Père, recevez le royaume» et aux autres: «Allez au feu éternel.»
> On se gardera bien de penser néanmoins que, ces crimes infâmes dont il est écrit que ceux qui s'en rendent coupables «ne posséderont pas le royaume de Dieu», on peut les commettre tous les jours et tous les jours les racheter par des aumônes. Ce qu'il faut, c'est changer en mieux sa vie et, au moyen d'aumônes, apaiser Dieu pour les fautes passées, non l'acheter pour ainsi dire de manière à pouvoir toujours en commettre impunément. «À personne, en effet, Dieu ne donna licence de pécher» (Ecclésiastique, XV, 21), bien que, dans sa miséricorde, il efface les péchés déjà commis, si l'on ne néglige pas la satisfaction qui convient.

Dans le passage précédent Augustin avait souligné que, pour être sauvé par le feu, il fallait avoir uni dans sa vie terrestre la foi et les œuvres. Ici (*Enchiridion*, 69-70) il est encore plus précis. Il ne faut pas seulement avoir dispensé des aumônes, il faut avoir «changé en mieux sa vie» *(in melius quippe est vita mutanda)* et, en particulier, il faut s'être livré à une pénitence convenable et avoir fourni satisfaction, c'est-à-dire avoir accompli une pénitence canonique. Dans ce cas la rémission pourra être achevée après cette vie *(post hanc vitam)* grâce à «un certain feu purgatoire» *(per ignem quemdam purgatorium)* sur lequel Augustin ne semble pas bien fixé mais qui est différent du feu éternel, du feu de l'Enfer. Il reprendra la distinction entre les deux feux, celui qui tourmente éternellement et celui qui purge et sauve au chapitre XXVI du livre XXI de la *Cité de Dieu*. La pénitence, en tout cas, peut être si efficace que, à l'exception des crimes infâmes, elle peut même racheter ces péchés qui, sans être infâmes *(infanda)* sont malgré tout nommés «crimes» *(crimina)*. Le feu purgatoire est destiné soit à des fidèles non soumis à la pénitence canonique soit à ceux qui s'y sont soumis mais ne l'ont pas achevée. En revanche ceux qui, étant sujets à la pénitence, ne s'y seraient pas soumis, ne peuvent être purifiés par le feu.

Aux chapitres 109 et 110 de l'*Enchiridion*, Augustin évoque les réceptacles qui accueilleront les âmes entre la mort individuelle et la résurrection finale. Il y a des lieux de repos (le sein d'Abraham bien qu'il ne soit pas nommé) et des lieux de tourment (la géhenne également innommée) – comme dans le quatrième livre d'Esdras explicitement cité par saint Ambroise. Les âmes des défunts peuvent être aidées par les suffrages des vivants: sacrifice eucharistique, aumônes. C'est ici qu'Augustin expose le mieux sa conception des quatre sortes d'hommes. Les bons n'ont pas besoin des suffrages. Ils ne peuvent être utiles aux mauvais. Restent ceux qui ne sont pas tout à fait bons et ceux qui ne sont pas tout à fait mauvais. Ils ont besoin des suffrages. Les presque entièrement bons en profiteront. Quant aux presque entièrement mauvais, il semble que le mieux qu'ils peuvent espérer c'est une «damnation plus supportable» *(tolerabilio damnatio)*. Augustin ne s'est pas expliqué là-dessus. On peut supposer qu'il songeait soit au repos sabbatique en Enfer, soit à des tourments moins cruels en Enfer. L'idée de mitigation des peines semble ici déborder le «purgatoire».

> Dans l'intervalle qui s'écoule entre la mort de l'homme et la résurrection suprême, les âmes sont retenues dans de secrets dépôts, où elles connaissent ou bien le repos ou bien la peine dont elles sont dignes, d'après le sort qu'elles se firent pendant qu'elles vivaient dans la chair.
> Il n'y a pas lieu de nier pourtant que les âmes des défunts ne soient soulagées par les prières de leurs proches vivants, lorsque pour elles est offert le sacrifice du Médiateur ou que des aumônes sont distri-

buées dans l'Église. Mais ces œuvres servent uniquement à ceux qui, de leur vivant, ont mérité qu'elles puissent leur servir plus tard.
En effet, il existe des hommes dont la vie n'est ni assez bonne pour n'avoir pas besoin de ces suffrages posthumes, ni assez mauvaise pour qu'ils ne puissent pas leur servir. Au contraire, il en est qui vécurent suffisamment bien pour s'en passer et d'autres suffisamment mal pour ne pouvoir pas en profiter après la mort. Dès lors, c'est toujours ici-bas que sont acquis les mérites qui peuvent assurer à chacun, après cette vie, soulagement ou infortune. Ce qu'il aura négligé en ce monde, que nul n'espère, quand il sera mort, l'obtenir de Dieu.
De la sorte, les pratiques observées par l'Église en vue de recommander à Dieu les âmes des défunts ne sont pas contraires à la doctrine de l'Apôtre, qui disait: «Tous nous comparaîtrons devant le tribunal du Christ» (Romains, XIV, 10), pour y recevoir «chacun selon qu'il a fait pendant sa vie, soit en bien, soit en mal» (II Corinthiens, V, 10). Car c'est pendant sa vie terrestre que chacun a mérité le bénéfice éventuel des prières en question. Tous n'en profitent point, et pourquoi le profit n'en est-il pas le même pour tous sinon à cause de la vie différente qu'ils menèrent ici-bas?
Lors donc que les sacrifices de l'autel ou de l'aumône sont offerts à l'intention de tous les défunts baptisés, pour ceux qui furent tout à fait bons ce sont des actions de grâces; pour ceux qui ne furent pas tout à fait méchants, des moyens de propitiation; pour ceux dont la malice fut totale, faute de soulager les morts, ils servent à consoler tant bien que mal les vivants. Ce qu'ils assurent à ceux qui en profitent, c'est ou bien l'amnistie complète ou du moins une forme plus supportable de damnation.

Le livre XXI de la *Cité de Dieu* (426-427) est en fait consacré à l'enfer et à ses peines. Le but principal d'Augustin est d'insister sur leur éternité. En dehors du chapitre XXIV que j'ai déjà cité au sujet de la catégorie de défunts pour qui les suffrages peuvent être utiles, je retiendrai le chapitre XIII et la plus grande partie du chapitre XXVI.
Au chapitre XIII, Augustin s'en prend à ceux qui estiment que toutes les peines ici-bas ou dans l'au-delà sont purgatoires, donc temporaires. Il reprend la distinction entre peines éternelles et peines purgatoires ou temporaires mais cette fois il *concède* plus nettement l'existence des peines purgatoires et donne plus de détails à leur sujet.

> XIII. Les platoniciens, bien sûr, voudraient qu'aucun péché ne reste impuni; ils estiment cependant que toutes les peines sont appliquées

à fin d'amendement, qu'elles soient infligées par les lois humaines ou divines, soit en cette vie soit après la mort, selon qu'on est épargné ici-bas ou qu'on est frappé sans s'être amendé ici-bas. D'où cette pensée de Virgile : après avoir parlé des corps terrestres et des membres voués à la mort, il dit des âmes : « De là vient qu'elles craignent et désirent, qu'elles souffrent et se réjouissent et ne ressentent plus les brises, encloses qu'elles sont dans les ténèbres et l'aveugle prison. » Il poursuit et ajoute ces mots : « Bien plus, quand au jour suprême la vie les abandonne (c'est-à-dire : lorsqu'au dernier jour, cette vie les abandonne) cependant tout mal ne quitte pas ces malheureuses, ni toutes les souillures corporelles ne les lâchent complètement ; il est nécessaire que les nombreux maux qui ont pris racine avec le temps se développent d'étonnantes façons. Elles sont donc tourmentées de peines, et pour leurs crimes passés, elles expient dans les supplices ; les unes se balancent inertes suspendues aux vents ; pour les autres, la souillure du crime est lavée au fond du vaste abîme ou bien brûlée au feu. » Ceux qui pensent ainsi n'admettent après la mort que des peines purgatoires : et puisque l'eau, l'air, le feu sont des éléments supérieurs à la terre, on doit être lavé par l'un d'entre eux au moyen de *peines expiatoires*, de ce que le contact de la terre a fait contracter ; de fait, l'air est désigné par ces mots « suspendues aux vents », l'eau par ceux-ci : « dans le vaste abîme » ; mais le feu est exprimé par son propre nom, lorsqu'il dit : « ou brûlé au feu ». Quant à nous, nous confessons que, *même en cette vie mortelle, il y a des peines purgatoires*; ne sont pas affligés de telles peines ceux dont la vie ne s'en améliore pas ou même en devient pire, mais elles sont purgatoires pour ceux qui châtiés par elles se corrigent. Toutes les autres peines soit temporaires soit éternelles, selon que chacun doit être traité par la divine Providence, sont infligées, pour les péchés ou passés ou actuels dans lesquels vit encore celui qui en est frappé, ou bien pour exercer et mettre les vertus en évidence, et cela par l'entremise soit des hommes, soit des anges bons ou mauvais. Car si quelqu'un souffre quelque mal par la méchanceté ou l'erreur d'autrui, cet homme pèche, à la vérité, qui fait quelque chose de mal à un autre par ignorance ou par injustice ; mais Dieu, lui, ne pèche pas, qui permet la chose par un juste jugement même s'il est secret. Mais les uns souffrent les peines temporaires en cette vie seulement, d'autres après la mort, d'autres et durant et après cette vie ; avant toutefois ce jugement très sévère et le dernier de tous. Mais ne tombent pas dans les peines éternelles, qui arriveront après ce jugement, tous ceux qui ont supporté les peines après la mort. Car à certains, ce qui n'est pas remis en ce siècle, sera remis dans le siècle futur, c'est-à-dire leur évitera d'être puni du supplice éternel de ce siècle futur : nous l'avons dit plus haut.

Ce ne sont pas des chrétiens qui sont ici visés mais des auteurs païens, ceux qu'Augustin appelle les «platoniciens» et parmi lesquels il range Virgile, reconnaissant ainsi dans les vers du premier chant de l'*Énéide* que j'ai cités une préfiguration de l'au-delà chrétien. Il insiste sur l'existence de peines *purgatoires* qu'il appelle aussi *expiatoires*. Il admet qu'elles peuvent être subies soit sur cette terre, soit après la mort. Elles sont *temporaires* car elles cesseront le jour du Jugement dernier et à ce moment-là ceux qui les auront subies iront au Paradis. Cette dernière affirmation est très importante : elle constituera un élément essentiel du système du Purgatoire médiéval. Augustin enfin répète que seuls pourront bénéficier de ces peines purgatoires ceux qui se seront eux-mêmes corrigés pendant leur vie terrestre.

Au chapitre XXVI de ce livre XXI de la *Cité de Dieu*, Augustin reprend d'une façon plus approfondie et plus subtile l'exégèse de la première Épître de Paul aux Corinthiens, III, 13-15.

> Voyez dans les paroles de l'Apôtre l'homme qui bâtit sur le fondement avec de l'or, de l'argent, des pierres précieuses : *Celui qui est sans épouse*, dit-il, *pense aux choses de Dieu, par quel moyen plaire à Dieu*. Voyez l'autre qui bâtit avec du bois, du foin, de la paille : *Mais celui qui est lié par le mariage, pense aux choses qui sont du monde, par quel moyen plaire à son épouse. L'œuvre de chacun deviendra manifeste, le jour la fera connaître* (c'est le jour de la tribulation) *car il doit se révéler dans le feu*, dit-il. (Cette tribulation, il l'appelle feu, comme on lit autre part : *Le four éprouve les vases du potier, comme l'épreuve de la tribulation les hommes justes*.) *L'œuvre de chacun, le feu éprouvera quelle est sa valeur. Si l'œuvre de l'un résiste*, (elle résiste en effet chez quiconque pense aux affaires de Dieu et par quel moyen plaire à Dieu), *pour ce qu'il aura bâti par-dessus, il recevra une récompense* (c'est-à-dire il recevra ce à quoi il a pensé) ; *mais celui dont l'œuvre est consumée subira un dommage* (car ce qu'il avait aimé, il ne l'aura plus), *quant à lui, il sera sauvé* (car aucune tribulation ne l'a fait glisser de la stabilité du fondement) ; *mais comme à travers le feu* (en effet, ce qu'il n'a possédé que par amour séducteur, il ne le perd pas sans douleur cuisante). Le voilà trouvé, ce me semble, ce feu qui ne damnera aucun des deux, mais enrichit l'un, cause du préjudice à l'autre et les éprouve tous les deux.

Il distingue bien deux sortes de sauvés à travers le feu, épreuve commune à ceux dont l'œuvre résistera et à ceux dont elle sera consumée. Les premiers en recevront une récompense, c'est-à-dire iront directement au Paradis; les autres commenceront par subir un dommage, c'est-à-dire une expiation mais ils seront eux aussi finalement sauvés.

Augustin reprend enfin, à la fin du chapitre XXVI, l'exégèse du même texte de saint Paul et apporte deux précisions. D'abord la confirmation nette que le feu purgatoire s'exercera entre la mort corporelle et la résurrection des corps, « dans cet intervalle de temps » *(hoc temporis intervallo)*. Ensuite une définition des attitudes humaines qui conduisent soit à la damnation soit au bénéfice du feu purgatoire. Le critère, c'est la nature du *fondement* sur lequel chaque homme a bâti sa vie. Le seul fondement salutaire c'est le Christ. Si l'on préfère les voluptés charnelles au Christ comme fondement on court à la damnation. Si au contraire on a un peu trop sacrifié à ces voluptés mais sans les mettre à la place du Christ comme fondement, on sera sauvé « par cette sorte de feu ».

> Et donc, après la mort de ce corps, jusqu'à ce qu'on parvienne à ce jour qui suivra la résurrection des corps et qui sera le jour suprême de la condamnation et de la rémunération, si l'on dit que, dans cet intervalle de temps, les âmes des défunts subissent cette sorte de feu, ils ne le ressentent pas ceux qui pendant la vie en leur corps n'ont pas eu des mœurs et des amours tels que leur bois, leur foin, leur paille soient consumés; mais les autres le ressentent, ayant apporté avec eux des constructions de pareille matière; ils trouvent le feu d'une tribulation passagère qui brûlera à fond ces constructions qui viennent du siècle, soit ici seulement, soit ici et là-bas, ou même là-bas et pas ici, et elles ne sont d'ailleurs pas passibles de damnation: eh bien, je ne repousse pas cette opinion, car sans doute est-elle vraie? De fait, à cette tribulation peut aussi appartenir la mort elle-même de la chair, qui fut conçue de la perpétration du premier péché; si bien que le temps qui suit la mort est ressenti par chacun selon sa propre construction. Les persécutions aussi qui couronnent les martyrs et celles que subissent tous les chrétiens, éprouvent les deux genres de constructions, comme le feu; elles consument les unes avec leurs constructeurs, si elles ne trouvent pas en eux le Christ comme fondement; d'autres, sans leurs constructeurs, si elles le trouvent, car ils sont sauvés mais non sans dommage; mais elles n'en consument pas d'autres parce qu'elles les trouvent telles qu'elles puissent subsister à jamais. Il y aura aussi à la fin du siècle, à l'époque de l'Antéchrist, une tribulation telle qu'il n'y en a jamais eue auparavant. Combien seront

nombreuses alors les constructions soit d'or soit de foin bâties sur le plus solide fondement qui est le Christ Jésus; les unes et les autres, ce feu les éprouvera, des unes il procurera de la joie, des autres du préjudice; il ne perdra cependant ni les uns ni les autres de ceux en qui il trouvera ces constructions, en raison du stable fondement. Mais quiconque place avant le Christ, je ne dis pas l'épouse dont il use par l'union réciproque de la chair en vue de la volupté charnelle, mais les autres liens d'affection en usage chez les hommes et étrangers à ces voluptés, en les aimant d'une façon charnelle: celui-là n'a pas le Christ pour fondement; par conséquent, il ne sera pas sauvé par le feu; il ne sera même pas sauvé du tout, car il ne pourra être avec le Sauveur qui dit très clairement en parlant de cela: *Celui qui aime son père ou sa mère plus que moi, n'est pas digne de moi; et celui qui aime son fils ou sa fille de préférence à moi, n'est pas digne de moi.* Mais celui qui aime ses proches d'une façon charnelle sans pourtant les placer avant le Christ Seigneur, de sorte qu'il préfère en être privé plutôt que du Christ si l'épreuve l'amenait à cette extrémité, il sera sauvé par le feu, car il est nécessaire que, par la perte de ces relations, la douleur le brûle en proportion de l'attachement de son amour. De plus, celui qui aura aimé père, mère, fils, fille selon le Christ, de telle façon qu'il s'occupe d'eux pour leur faire atteindre son royaume et lui être uni, ou qui aime en eux le fait qu'ils sont les membres du Christ: à Dieu ne plaise que cet amour soit tel qu'il doive être classé parmi ces constructions de bois, de foin, de paille pour être brûlé! mais il sera reconnu comme une construction d'or, d'argent, de pierre précieuse. Comment peut-il aimer plus que le Christ ceux qu'il aime en effet en vue du Christ?

AUGUSTIN ET LES REVENANTS

Il ne me semble pas possible d'abandonner les conceptions si importantes d'Augustin pour la genèse du Purgatoire sans avoir évoqué deux problèmes connexes. Le premier se rencontre dans l'opuscule *Sur les soins à donner aux morts*, dédié à Paulin de Nole entre 421 et 423. Augustin y reprend un de ses thèmes favoris déjà évoqué dans la prière pour sa mère Monique au livre IX des *Confessions*. Il s'élève avec force contre le luxe funéraire auquel s'adonnaient certains chrétiens, copiant les coutumes des riches païens. Un minimum de soins suffit aux morts et si Augustin admet un certain décorum dans les funérailles et les cimetières, c'est par simple respect humain. Les familles en sont partiellement consolées. On peut leur passer cette satisfaction. Mais dans la seconde partie du *De cura pro mortuis gerenda* Augustin aborde le problème des revenants. Il en affirme d'abord la réalité en apportant des exemples personnels.

> On raconte certaines apparitions qui me paraissent annexer un problème non négligeable à cette discussion. On dit que certains morts se sont montrés, soit pendant le sommeil, soit de toute autre manière, à des personnes vivantes. Ces personnes ignoraient l'endroit où leur cadavre gisait sans sépulture. Ils le leur ont indiqué et les ont priées de leur procurer la tombe qui leur manquait. Répondre que ces visions sont fausses, c'est paraître contredire avec impudence les témoignages écrits d'auteurs chrétiens et la conviction des gens qui affirment en avoir eues. La vraie réponse est la suivante. Il ne faut pas penser que les morts agissent en êtres conscients et réels quand ils semblent dire, montrer ou demander en songe ce qu'on nous rapporte. Car les vivants aussi apparaissent en songe aux vivants et cela sans le savoir. Ils apprennent par les personnes qui les ont vus au cours de leur sommeil ce qu'ils ont dit et fait pendant la vision. Quelqu'un peut donc me voir en rêve lui annonçant un événement passé ou lui prédisant un événement futur. Et pourtant j'ignore totalement la chose et n'ai cure, non seulement du rêve qu'il fait, mais s'il veille quand je dors, s'il dort quand je veille, si nous veillons ou dormons tous deux au même moment, quand il fait le rêve où il me voit. Qu'y a-t-il donc d'étonnant à ce que les morts, sans rien savoir ni sentir, soient vus en rêve par les vivants et disent des choses dont, au réveil, on reconnaît la vérité ?
> Je serais porté à croire, au sujet de ces apparitions, à une intervention des anges qui, avec la permission ou sur l'ordre de Dieu, font savoir au rêveur que tels morts sont à ensevelir et cela à l'insu des morts eux-mêmes.
> Il arrive aussi de temps en temps que de fausses visions jettent dans de graves erreurs des hommes qui méritent, d'ailleurs, d'y tomber. Quelqu'un, par exemple, voit en songe ce qu'Énée a vu aux Enfers, comme une fiction poétique et fallacieuse nous le raconte (*Énéide*, VI), c'est-à-dire l'image d'un homme privé de sépulture. Cet homme lui tient le langage que le poète met dans la bouche de Palinure. Et voilà qu'à son réveil il trouve le corps du défunt à l'endroit même où en songe, avec avis et prière de l'ensevelir, il a appris qu'il gisait. Comme la réalité est conforme au rêve il sera tenté de croire qu'il faut inhu-

mer les morts pour permettre aux âmes de parvenir à ces demeures d'où il a rêvé que les lois de l'enfer les écartent tant que les corps n'ont pas reçu de sépulture. Or s'il a cette croyance n'est-il pas entraîné bien loin hors du chemin de la vérité ?
Telle est pourtant l'infirmité humaine que si on voit un mort au cours du sommeil, on croit voir son âme, tandis que si on rêve d'un vivant on est parfaitement convaincu qu'on ne voit ni son corps ni son âme, mais son image. Comme si les morts ne pouvaient pas apparaître de la même manière que les vivants, non sous la forme d'une âme, mais sous une figure qui reproduit leurs traits.
Voici un fait que je garantis. Étant à Milan, j'ai entendu raconter qu'un créancier, pour se faire rembourser une dette, se présenta avec la reconnaissance signée par le débiteur qui venait de mourir au fils de ce dernier. Or la dette avait été payée. Mais le fils l'ignorait et il entra dans une grande tristesse, s'étonnant que son père, qui avait fait pourtant son testament, ne lui en eût rien dit à sa mort.
Mais voilà que dans son extrême anxiété il voit son père lui apparaître en songe et lui indiquer l'endroit où se trouve le reçu qui avait annulé la reconnaissance. Il le trouve, le montre au créancier et non seulement repousse sa réclamation menteuse, mais rentre en possession de la pièce qui n'avait pas été rendue à son père au moment du remboursement. Voilà donc un fait où l'âme du défunt peut passer pour s'être mise en peine de son fils et être venue à lui pendant son sommeil pour lui apprendre ce qu'il ignorait et le tirer de sa grande inquiétude.
À peu près vers l'époque où on nous raconta ce fait et quand j'étais encore établi à Milan, il arriva à Eulogius, professeur d'éloquence à Carthage, mon disciple en cet art, comme il me l'a rappelé, l'événement suivant dont il me fit lui-même le récit, à mon retour en Afrique. Son cours portant sur les ouvrages de rhétorique de Cicéron, il préparait sa leçon pour le lendemain ; il tomba sur un passage obscur qu'il n'arriva pas à comprendre. Préoccupé, il eut toutes les peines du monde à s'endormir. Or voilà que je lui apparus pendant son sommeil et lui expliquai les phrases qui avaient résisté à son intelligence. Ce n'était pas moi, bien sûr, mais, à mon insu, mon image. J'étais alors bien loin, de l'autre côté de la mer, occupé à un autre travail ou faisant un autre rêve et n'avais cure le moins du monde de ses soucis.
Comment ces deux faits se sont-ils produits ? Je l'ignore. Mais de quelque manière qu'ils soient arrivés, pourquoi ne croirions-nous pas que les morts nous apparaissent dans nos rêves sous la forme d'une image, exactement comme les vivants ? Qui les voit, où et quand ? ni les uns ni les autres ne le savent ni ne s'en soucient.

Après avoir parlé des visions que l'on peut avoir pendant le délire ou en léthargie, Augustin conclut en conseillant de ne pas scruter ces mystères :

> Si quelqu'un m'avait répondu par hasard par ces mots de l'Écriture : « Ne cherche point ce qui est trop haut pour toi, ne scrute pas ce qui est trop fort pour toi, contente-toi de méditer sans cesse les commandements du Seigneur » (Ecclésiaste, III, 22), j'aurais accueilli ce conseil avec reconnaissance. Ce n'est pas, en effet, un mince avantage, quand il s'agit de points obscurs et incertains qui échappent à notre compréhension, d'avoir tout au moins la claire certitude qu'il ne faut pas les étudier et, quand on veut s'instruire dans la pensée de savoir quelque chose d'utile, qu'il n'est pas nuisible d'ignorer.

La conclusion générale de l'opuscule redit l'utilité des suffrages pour les morts, avec la restriction que seuls ceux qui ont mérité le salut peuvent en bénéficier. Mais dans l'incertitude du sort que Dieu leur réserve, mieux vaut en faire plus que pas assez. C'est la réaffirmation de la trilogie auxiliaire des morts que nous retrouverons avec le Purgatoire : les messes, les prières, les aumônes :

> L'ensemble du problème étant ainsi résolu, soyons bien convaincus que les morts auxquels vont nos soins ne bénéficient que des supplications solennelles faites pour eux dans le sacrifice offert à l'autel et dans celui de nos prières et de nos aumônes. Faisons toutefois cette réserve que ces supplications ne sont pas utiles à tous, mais à ceux-là seulement qui ont mérité, pendant leur vie, d'en profiter. Mais comme nous ne pouvons pas discerner ceux qui ont acquis ce mérite nous devons supplier pour tous les régénérés, afin de n'omettre aucun de ceux qui peuvent et doivent en percevoir le bénéfice. Il vaut mieux, en effet, que nos bonnes œuvres soient faites en vain pour ceux à qui elles ne sont ni utiles ni nuisibles, plutôt que de manquer à ceux qui peuvent en tirer profit. Chacun met toutefois plus de zèle à les faire pour ses proches, dans l'espoir que ceux-ci lui rendront la pareille.

Si j'ai longuement cité ces textes étonnants, c'est parce que le Purgatoire aura grande importance pour les revenants : ce sera leur prison, mais il leur sera permis de s'en échapper pour de brèves apparitions aux vivants dont le zèle à les secourir sera insuffisant. Il importe qu'ici encore Augustin puisse apparaître comme une autorité. En effet cet intellectuel chrétien toujours prêt à dénoncer les superstitions populaires partage ici une mentalité commune. D'autre part on le voit désemparé devant l'interprétation des songes et des visions. Le christianisme a détruit l'oniromancie savante antique et réprime ou refuse les pratiques populaires de divination. Le chemin des rêves est bloqué, les cauchemars vont naître. Il faudra longtemps aux hommes du Moyen Âge pour récupérer un univers onirique[35].

LE FEU PURGATOIRE ET L'ESCHATOLOGIE D'AUGUSTIN

Il ne faut pas, d'autre part, séparer, même si Augustin ne les a pas explicitement liées, ses conceptions du feu purgatoire et sa doctrine eschatologique générale, en particulier son attitude à l'égard du millénarisme[36].
Le millénarisme est la croyance de certains chrétiens, héritée du judaïsme, en la venue sur la terre, dans une première phase de la fin des temps, d'une période de bonheur et de paix de mille ans, c'est-à-dire un très long temps, le *Millenium*. Les chrétiens millénaristes, surtout nombreux parmi les Grecs d'où le nom de chiliasme – du mot grec χίλια signifiant mille – qui a d'abord baptisé la doctrine, se fondaient surtout sur un passage de l'Apocalypse de Jean que certains chrétiens opposés au millénarisme avaient vainement tenté d'écarter du recueil canonique des Écritures:

> Puis je vis des trônes sur lesquels ils s'assirent et on leur remit le jugement: et aussi les âmes de ceux qui furent décapités pour le témoignage de Jésus et la Parole de Dieu, et tous ceux qui refusèrent d'adorer la Bête et son image, de se faire marquer sur le front ou sur la main; ils reprirent vie et régnèrent avec le Christ mille années. Les autres morts ne purent reprendre vie avant l'achèvement des mille années. C'est la première résurrection. Heureux et saint qui participe à la première résurrection! La seconde mort n'a pas de pouvoir sur eux, mais ils seront prêtres de Dieu et du Christ avec qui ils régneront mille années (Apocalypse, XX, 4-6).

---

35. J'ai esquissé les lignes d'une recherche sur les rêves et leur interprétation dans l'Occident médiéval dans «Les rêves dans la culture et la psychologie collective de l'Occident médiéval», voir *supra*, pp. 287-293.
36. Sur le millénarisme, voir la note de G. Bardy, in Saint Augustin, *Cité de Dieu*, XIX-XXII, in *Bibliothèque augustinienne*, Paris, 1960, t. 37, pp. 768-771 et J. Le Goff, art. «Millénarisme», in *Encyclopaedia Universalis*, 1971, vol. II, pp. 30-32.

La vogue du millénarisme chez les chrétiens semble avoir connu son apogée au IIe siècle puis avoir décru. Mais cette croyance ne disparaîtra pas et connaîtra au Moyen Âge des flambées plus ou moins fortes, plus ou moins longues, dont la principale sans doute fut le retentissement, au XIIIe siècle, des idées millénaristes de l'abbé Joachim de Flore, en Calabre, mort en 1202.

Augustin a consacré le livre XX de la *Cité de Dieu* à l'eschatologie, aux derniers temps. Il y fait une critique vigoureuse du millénarisme, après avoir avoué qu'il a été millénariste dans sa jeunesse. Le *Millenium*, dit-il, a commencé avec la venue du Christ et il se poursuit continûment par le baptême qui représente pour les hommes la première résurrection, celle des âmes. Croire en un *Millenium* futur, c'est au fond commettre la même erreur que les Juifs qui attendent toujours le Messie alors qu'il est déjà venu. Du *Millenium*, Augustin donne, par ailleurs, une interprétation allégorique. Mille qui est un nombre parfait, dix au cube, signifie la plénitude des temps. D'autre part Augustin minimise un épisode annoncé par l'Apocalypse, celui de la venue de l'Antéchrist, personnage démoniaque qui doit dominer la terre juste avant le début du *Millenium*, quand Satan, enchaîné lui-même pendant mille ans, se sera délivré. Augustin affirme que le règne de l'Antéchrist sera très bref et que même pendant ce règne ni le Christ ni l'Église – qui ne disparaîtra pas – n'abandonneront les hommes. Cette négation d'une première résurrection des justes à venir avant le Jugement dernier s'articule avec l'affirmation d'un feu purgatoire à travers lequel passeront certains défunts entre la mort et la résurrection sans qu'il puisse y avoir d'autre événement eschatologique pendant cet intervalle. Au contraire saint Ambroise, suivant Origène qui avait sévèrement condamné le chiliasme mais qui selon sa théorie de l'*apocatastase* prévoyait pour les âmes des étapes de purification, avait affirmé l'existence de plusieurs résurrections à venir et émis l'hypothèse que le feu purgatoire s'exercerait surtout entre la première et la seconde résurrection (*Commentaire du Psaume I*, n. 54)[37].

On aperçoit ainsi, dès Augustin, une sorte d'incompatibilité entre le millénarisme et le Purgatoire. La construction du Purgatoire pourra même apparaître comme une réponse de l'Église à des poussées de millénarisme. Mais on peut se demander si une empreinte, même résiduelle, de pensée

---

[37]. Le texte d'Ambroise se trouve in *PL*, t. XIV, col. 950-951. «*Et ideo quoniam et Savaltor duo genera resurrectionis posuit, et Joannes in Apocalypsi dixit:* Beatus qui habet partem in prima resurrectione (Apocalyse, XX, 6) *isti enim sine judicio veniunt ad gratiam, qui autem non veniunt ad primam resurrectionem, sed ad secundam reservantur, isti urentur, donec impleant tempora inter primam et secundam resurrectionem, aut si non impleverint, diutius in supplicio permanebunt. Ideo ergo rogemus ut in prima resurrectione partem habere mereamur.*»

millénariste chez saint Augustin n'a pas contribué à l'imprécision de ses idées sur le feu purgatoire. Comme on l'a vu dans le texte du chapitre XXVI du livre XXI de la *Cité de Dieu*, Augustin, évoquant le temps de l'Antéchrist, y prévoit une recrudescence de l'activité du feu purgatoire. Sa conception du *Millenium* déjà existant et de la tribulation terrestre comme début de l'épreuve purgatoire a contribué à l'empêcher de concevoir un lieu particulier pour l'épreuve du feu purgatoire. Joseph Ntedika me semble avoir très bien caractérisé l'apport d'Augustin à la doctrine du futur purgatoire: «Ce sont surtout, a-t-il écrit, ces deux amorces de la pensée augustinienne que la postérité va retenir et développer, c'est-à-dire la tendance à limiter l'efficacité du feu purificateur aux péchés légers, ainsi que le transfert de ce feu entre la mort et la résurrection» (p. 68).

Ce sont en effet les deux principaux apports d'Augustin. D'une part, une définition très rigoureuse du feu purgatoire à un triple point de vue. Il s'appliquera à un petit nombre de pécheurs, il sera très pénible, ce sera une sorte d'enfer temporaire (Augustin est un des grands responsables de l'«infernalisation du Purgatoire»), il infligera des souffrances supérieures à n'importe quelle douleur terrestre. D'autre part, la définition du *temps* du Purgatoire: entre la mort individuelle et le jugement général. Mais Augustin a laissé dans l'ombre deux éléments essentiels du système du Purgatoire. D'abord la définition non seulement des pécheurs (ni tout à fait bons, ni tout à fait mauvais) mais aussi des *péchés* qui conduisent au Purgatoire. Il n'y a pas chez Augustin de doctrine des péchés «véniels». Ensuite la caractérisation du Purgatoire comme *lieu*. On voit ici une des raisons essentielles de ce refus d'Augustin d'aller aussi loin. Il définit le *temps* contre les millénaristes et les miséricordieux. Il ne définit pas le *lieu* et le *contenu concret* parce qu'il lui faudrait pour cela adopter plus ou moins des croyances «populaires» – charriées précisément par la tradition apocalyptique et apocryphe qu'il refuse. À cet intellectuel aristocrate, le «populaire» qu'il identifie au «vulgaire», au «matérialiste» fait horreur. Quand les Pères conciliaires de Lyon II (1274), de Florence (1438), de Trente (1563) institutionnaliseront le Purgatoire, ils tendront eux aussi à maintenir hors des dogmes, des vérités de foi – et dans un visible climat de suspicion, au moins en ce qui concerne les Tridentins – tout l'imaginaire du Purgatoire.

Augustin, malgré ses incertitudes et ses réticences, avait admis le *feu purgatoire*: c'est aussi l'un de ses apports importants pour la préhistoire du Purgatoire, car ce *feu purgatoire* demeure, sous l'autorité de saint Augustin, la réalité du prépurgatoire jusqu'à la fin du XIIe siècle, et il restera un élément essentiel du nouveau lieu. C'est parce que la méfiance à l'égard des croyances et des images populaires recule dans une certaine mesure entre

1150 et 1250 que le Purgatoire put naître comme lieu. Négativement comme positivement, la position d'Augustin est très éclairante pour toute cette histoire[38].

Sur la doctrine, la théologie chrétienne commence à être ferme: il y a possibilité de rachat pour certains pécheurs après la mort. Pour le temps, la lutte contre le millénarisme facilite l'individualisation d'une durée dont les deux bornes sont la mort individuelle et le jugement général. Quant à l'application, la hiérarchie ecclésiastique est, dans son ensemble, prudente: il ne faut pas ouvrir trop grande la voie d'un au-delà qui risque de vider l'Enfer. Mais surtout elle éprouve de l'inquiétude à propos de la matérialisation de cette situation. Chercher à localiser précisément cette purgation, à se représenter très concrètement les épreuves en quoi elle consiste, c'est s'engager dans une direction dangereuse. Certes, puisque Paul a parlé du feu ou du passage par quelque chose qui y ressemble *(quasi per ignem)* on peut utiliser cette image, car le feu peut être plus ou moins immatériel et on peut le réduire éventuellement à une métaphore. Mais céder davantage à celle que Malebranche appellera «la folle du logis» – l'imagination – ce serait risquer d'être la proie du diable et de ses illusions, la victime des imaginations païennes, juives, hérétiques et, en définitive, «populaires». C'est ce mélange de certitude et de méfiance qu'Augustin propose et lègue au Moyen Âge.

On attribuait à Césaire d'Arles (mort en 542) un jalon important dans la préhistoire du Purgatoire. Pierre Jay a fait justice de cette mauvaise interprétation de deux sermons de l'évêque d'Arles et a situé avec une très grande justesse les pièces dans le dossier du Purgatoire[39].

UN FAUX PÈRE DU PURGATOIRE : CÉSAIRE D'ARLES

Césaire d'Arles parle du feu purgatoire *(ignis purgatorius)* dans deux sermons, les sermons 167 et 179[40]. De ce dernier, le plus important, voici la tra-

---

38. Les traductions des *Confessions*, de l'*Enchiridion*, de la *Cité de Dieu* et du *De cura gerenda pro mortuis* sont tirées des volumes respectifs de la *Bibliothèque augustinienne*. J'ai simplement corrigé quelques termes qui me paraissaient inexactement traduits: par exemple *purgatoire* au lieu de *purificateur* dans l'expression *ignis purgatorius* et *temporaires* au lieu de *temporelles* dans l'expression *poenae temporariae*.
39. P. Jay, «Le Purgatoire dans la prédication de saint Césaire d'Arles», in *Recherches de Théologie ancienne et médiévale*, 24, 1957, pp. 5-14.
40. Césaire d'Arles, *Sermones*, éd. G. Morin et C. Lambot, *Corpus Christianorum*, Turnhout, 1953, t. 104, pp. 682-687 et pp. 723-729.

duction partielle qu'en a donnée A. Michel dans le *Dictionnaire de Théologie catholique*. C'est un commentaire de saint Paul, I Corinthiens, III, 10-15 :

> Ceux qui comprennent mal ce texte se laissent tromper par une fausse sécurité. Ils croient que, édifiant sur le fondement du Christ des crimes capitaux, ces péchés pourront être purifiés *en passant à travers le feu (per ignem transitorium)* et qu'ainsi ils pourront parvenir ensuite à la vie éternelle. Corrigez, mes frères, cette manière de comprendre : se flatter d'une pareille issue, c'est se tromper lourdement. Dans ce feu de passage *(transitorio igne)*, dont l'Apôtre a dit : *lui-même sera sauvé, mais comme à travers le feu*, ce ne sont pas les péchés capitaux, mais les péchés menus qui seront purifiés... Bien que ces péchés, selon notre croyance, ne tuent pas l'âme, ils la défigurent... et ne lui permettent de s'unir à l'époux céleste qu'au prix d'une extrême confusion... C'est par des prières continuelles et des jeûnes fréquents que nous parvenons à les racheter... et ce qui n'a pas été racheté par nous devra être purifié dans ce feu dont l'Apôtre a dit : (l'ouvrage de chacun) *sera révélé par le feu ; ainsi le feu éprouvera l'œuvre de chacun*. I Corinthiens, III, 13... Ainsi donc, pendant que nous vivons en ce monde, mortifions-nous... et ainsi ces péchés seront purifiés en cette vie, de telle sorte que, dans l'autre, ce *feu du purgatoire* ou ne trouve rien ou ne trouve en nous que peu de chose à dévorer. Mais, si nous ne rendons pas grâces à Dieu dans nos afflictions et si nous ne rachetons pas nos fautes par de bonnes œuvres, il nous faudra demeurer dans le feu du purgatoire aussi longtemps que nos péchés menus l'exigeront pour être consumés comme du bois, du foin et de la paille.
> Que personne ne dise : Que m'importe de demeurer *au purgatoire* si je dois ensuite parvenir à la vie éternelle ! Ah ! ne parlez pas ainsi, très chers frères, car *ce feu du purgatoire* sera plus pénible que toute peine que nous pouvons concevoir, éprouver et sentir en ce monde...

Mais le texte original latin de Césaire dit tout autre chose. Là où l'on a traduit feu *du* Purgatoire il y a *ignis purgatorius*, feu purgatoire et là où l'on dit : « au Purgatoire » il n'y a rien[41].

---

41. *« Non pertinet ad me quamdiu moras habeam, si tamen ad vitam aeternam perrexero »* ; « peu m'importe le temps que j'attendrai, si je dois ensuite parvenir à la vie éternelle. » Le texte ne dit pas où l'on attendra mais il est clair d'après la phrase précédente qu'il s'agit du feu purgatoire *(in illo purgatorio igne)*. Pierre Jay note judicieusement que Thomas d'Aquin, reprenant lui aussi le commentaire du Psaume XXXVII de saint Augustin, écrit, lui, *ille ignis purgatorii*, ce feu *du* purgatoire. Mais c'est au XIIIe siècle !

En fait Césaire reproduit ce qu'ont écrit avant lui les Pères de l'Église et surtout saint Augustin. Par rapport à ce dernier il est même en retrait car le feu purgatoire est pour lui tout simplement le feu du jugement. Il n'est pas question de l'entre-deux de la mort à la résurrection. Comme le dit judicieusement Pierre Jay : « Ne sacrifions donc pas trop à l'idée d'un progrès continu en théologie. Césaire a pourtant toujours sa place dans la préhistoire du Purgatoire car les textes mal interprétés ont autant d'importance en histoire que les autres. Or ceux de Césaire ont d'autant plus retenu l'attention des clercs du Moyen Âge qu'ils furent attribués à saint Augustin : "autorités augustiniennes", les expressions de l'évêque d'Arles traverseront les siècles et pourront être, un jour, exploitées de façon systématique par des théologiens aux préoccupations entièrement différentes. On y cherchera des réponses aux questions de lieu, de durée du purgatoire » (P. Jay).

À vrai dire, Césaire apportait sur deux points, par rapport aux textes augustiniens authentiques, deux confirmations, et même, sur l'un d'eux, une précision. Dans son commentaire du Psaume XXXVII, Augustin avait dit que « le feu purgatoire sera plus terrible que tout ce qu'un homme peut souffrir dans cette vie ». Césaire, on l'a vu, répète cette opinion et contribuera à donner aux hommes du Moyen Âge une image terrifiante du feu du Purgatoire. Augustin avait distingué des péchés très graves qu'il appelait *crimina* qui conduisaient normalement en enfer et des péchés légers, insignifiants, dont il ne fallait pas trop se préoccuper. Césaire reprend cette distinction et la précise. Il appelle les premiers *crimina capitalia* : on est ici à la source des péchés capitaux dont Grégoire le Grand va consolider la doctrine. En revanche il continue à appeler les petits péchés *parva* (petits), *quotidiana* (quotidiens), *minuta* (menus), mais ce sont eux qu'il désigne comme ce que l'on expie dans le feu purgatoire, précision que n'avait pas donnée Augustin.

Avec Césaire enfin, l'atmosphère dans laquelle on parle du sort des défunts et de l'au-delà change. Le Jugement dernier était un des thèmes favoris de la prédication de Césaire et il s'étendait plus volontiers sur l'Enfer que sur la résurrection ou le Paradis. Il avoue lui-même dans un sermon que ses auditeurs lui reprochent de parler sans arrêt de sujets effrayants *(tam dura)*. Son souci c'est, plus encore qu'Augustin, de convaincre les fidèles de la réalité du feu éternel, et de la dureté du feu temporaire. Il est hanté, a-t-on écrit, par « l'image de ses ouailles traduites devant le juge éternel ». Son souci est essentiellement pastoral. Il veut munir les fidèles d'idées simples, de recettes, d'un bagage sommaire. C'est ainsi qu'il dresse les listes de péchés « capitaux » et « menus » qu'Augustin n'avait pas faites. On a assez justement expliqué cette attitude par la barbarisation de la société et de la religion. Mais ce phénomène indéniable qui marque l'entrée dans le Moyen Âge proprement dit est plus complexe qu'on ne l'a souvent pensé. Il ne faudrait pas d'abord attribuer aux seuls « barbares » la « responsabilité » de cet abaissement du niveau culturel et spirituel. L'accès à la religion chrétienne des masses paysannes, des « barbares » de l'intérieur, est un phénomène au moins aussi important que celui de l'installation des envahisseurs et immigrés venus de l'extérieur du monde romain. Une face de cette « barbarisation » est une démocratisation. Ici les choses se compliquent encore. Les chefs de l'Église prêchent une religion égalitaire, veulent se mettre à la portée de leurs ouailles, font un effort vers le « peuple ». Mais ce sont, pour l'énorme majorité, des aristocrates urbains; imbus des préjugés de leur classe, étroitement liés à leurs intérêts terrestres. Le mépris du rustre et la haine du paganisme, leur incompréhension devant des comportements culturels exotiques vite baptisés superstitions les conduisent à prêcher une religion de la peur. Elle se tourne plus volontiers vers l'Enfer que vers des processus de mitigation des peines. Le feu purgatoire discrètement allumé par les Pères, en particulier par Augustin, va longtemps couver sous le boisseau sans trouver à s'enflammer dans ce monde d'insécurité, de luttes élémentaires éclairées par le feu plus puissant du jugement plus ou moins confondu avec l'éclat sinistre du feu de la géhenne.

DES HISTOIRES DE PURGATOIRE ICI-BAS : GRÉGOIRE LE GRAND, DERNIER PÈRE DU PURGATOIRE

Pourtant c'est dans ces perspectives eschatologiques, mû par un zèle pastoral ardent dans un contexte terrestre dramatique, qu'un pontife va ranimer la flamme purgatoire. Après Clément d'Alexandrie et Origène, après Augustin, le dernier « fondateur » du Purgatoire c'est Grégoire le Grand.
Grégoire appartient à une grande famille aristocratique romaine. Avant et après sa « conversion », sa prise d'habit monastique dans le monastère – urbain – qu'il crée à Rome sur le Caelius dans une des villas familiales, il remplit de hautes fonctions. Il est ainsi préfet de la ville, chargé des problèmes de ravitaillement dans une Italie en proie aux Byzantins, aux Goths, aux Lombards, à la peste, puis *apocrisiaire*, c'est-à-dire ambassadeur du pape auprès de l'empereur à Constantinople. En 590, il est appelé au siège de Saint-Pierre dans des circonstances dramatiques; le Tibre est dans une de ses terribles crues qui inonde la ville au milieu de prodiges angoissants; surtout une terrible épidémie de peste (une des poussées les

plus fortes de la grande pandémie, la première peste noire dite de Justinien, qui depuis un demi-siècle ravage le Moyen-Orient, le monde byzantin, l'Afrique du Nord, l'Europe méditerranéenne) décime la population. Comme Césaire, plus que lui, étant donné sa fonction, sa personnalité, le moment historique, Grégoire va être un pasteur eschatologique. Persuadé de la proximité de la fin du monde, il se jette passionnément dans une grande entreprise de sauvetage du peuple chrétien dont il devra bientôt rendre compte devant Dieu. Aux chrétiens de l'intérieur, il multiplie les instructions salutaires, commentant l'Écriture, surtout les prophètes, soutenant les moines par des méditations sur le livre de Job, enseignant le clergé séculier dans un Manuel de pastorale, appelant les laïcs à une vie toute tournée vers le salut par l'encadrement liturgique (c'est un grand organisateur de processions et de cérémonies) et par l'enseignement moral. Aux peuples du dehors, il donne des missionnaires : les Anglais sont retournés au paganisme, il envoie à Cantorbéry une mission qui commence la reconquête chrétienne de la Grande-Bretagne. Aux Italiens il donne une hagiographie et parmi les pères italiens distingue un moine récemment disparu, Benoît du Mont-Cassin, dont il fait un des grands saints de la Chrétienté. Parmi ces chrétiens à sauver, pourquoi n'y aurait-il pas des morts récupérables? La passion eschatologique de Grégoire va s'exercer au-delà de la mort[42].

L'apport de Grégoire le Grand à la doctrine du Purgatoire est triple. Dans les *Moralia in Job*, il donne quelques précisions sur la géographie de l'au-delà. Dans les *Dialogi*, tout en apportant quelques indications doctrinales, il raconte surtout des historiettes mettant en scène des morts en train d'expier avant le Jugement dernier. Enfin l'histoire du roi goth Théodoric emporté en Enfer, bien que ne concernant pas un lieu «purgatoire», pourra être plus tard considérée comme une pièce ancienne du dossier sur la localisation terrestre du Purgatoire.

Dans les *Moralia in Job* (XII, 13) Grégoire commente le verset du livre de Job, XIV, 13 : *Quis mihi tribuat ut in inferno protegas me?* (que la Bible de Jérusalem traduit par *Oh! si tu m'abritais dans le shéol* car c'est bien de cet enfer juif qu'il s'agit). Grégoire tente de résoudre le problème suivant : avant la venue du Christ il était normal que tout homme tombe en Enfer puisqu'il fallait la venue du Christ pour rouvrir le chemin du Paradis mais les justes ne devaient pas tomber dans cette partie de l'Enfer où l'on est tor-

---

42. Sur Grégoire le Grand, voir C. Dagens, *Saint Grégoire le Grand. Culture et expérience chrétiennes*, Paris, 1977, 3ᵉ partie : «Eschatologie», pp. 345-429. Sur l'eschatologie de Grégoire, voir aussi N. Hill, *Die Eschatologie Gregors des Grossen*, Fribourg-en-Brisgau, 1942 ; R. Manselli, «L'eschatologia di S. Gregorio Magno», in *Ricerche di storia religiosa*, 1954, I, pp. 72-83.

turé. En effet il existe deux zones dans l'Enfer, l'une supérieure pour le repos du juste, l'autre inférieure pour les tourments de l'injuste.

> « Qui m'obtiendra la grâce que tu me protèges en enfer ? » Qu'avant la venue du Médiateur entre Dieu et l'homme, tout homme, si pure et si sûre qu'ait été sa vie, soit descendu dans les cachots de l'enfer, voilà qui ne fait point de doute, puisque l'homme qui est tombé par lui-même ne pouvait revenir au repos du paradis si n'était venu celui qui, par le mystère de son incarnation, devait aussi nous ouvrir le chemin du paradis. Voilà pourquoi, après la faute du premier homme, selon les paroles de l'Écriture, un glaive fulgurant fut placé à la porte du paradis ; mais il est dit aussi que ce glaive était tournoyant, parce qu'un jour viendrait où il pourrait être aussi éloigné de nous. Nous ne voulons pourtant pas dire ainsi que les âmes des justes sont descendues aux enfers pour être retenues dans des champs de supplices. Il y a en enfer un champ supérieur, il y a aussi un champ inférieur, telle doit être notre foi ; le champ d'en haut est promis au repos du juste, celui d'en bas aux tourments de l'injuste. De là encore ces paroles du Psalmiste quand la grâce de Dieu vient au-devant de lui : « Tu as arraché mon âme à l'enfer inférieur. » Aussi, sachant qu'avant la venue du Médiateur il descendrait en enfer, le bienheureux Job aspire-t-il à y trouver la protection de son créateur afin de rester étranger au champ des supplices, en un lieu où, sur le chemin du repos, la vue des supplices lui soit épargnée[43].

Un peu plus loin (*Moralia in Job*, XIII, 53) Grégoire retrouve et approfondit le problème à propos d'un autre verset du livre de Job, XVII,16 : *In profundissimum infernum descendent omnia mea* :

> « Tout ce qui est à moi descendra dans les profondeurs de l'enfer. » Il est constant qu'aux enfers les justes étaient retenus, non pas dans les champs des supplices, mais dans l'asile supérieur du repos : ainsi surgit devant nous un grand problème sur le sens de cette affirmation de Job : « Tout ce qui est à moi descendra dans les profondeurs de l'enfer. » Car, si avant la venue du Médiateur entre Dieu et les hommes il devait descendre en enfer, il est clair cependant qu'il ne devait pas descendre dans les profondeurs de l'enfer. Ne serait-ce pas qu'il donne justement à la zone supérieure le nom de profondeur de l'enfer ? Car,

---

43. Grégoire le Grand, *Moralia in Job*, éd. A. Bocognano, Paris, coll. « Sources chrétiennes », 1974, 3ᵉ partie, p. 167.

nous le savons, du point de vue des voûtes du ciel, la région de notre atmosphère peut être correctement appelée un enfer. De là vient que, les anges apostats ayant été précipités du séjour céleste dans cette atmosphère sombre, l'apôtre Pierre dit : « Il n'a pas épargné les anges qui avaient péché ; il les a enlevés dans les chaînes de l'enfer pour les livrer au Tartare et les réserver pour les supplices du jugement. » Si donc, du point de vue des cimes du ciel, une telle atmosphère sombre est un enfer, du point de vue de la hauteur de cette atmosphère aussi, la terre, qui est pour elle une zone inférieure, peut être appelée un enfer profond ; mais alors, du point de vue de la hauteur de cette terre aussi, la région de l'enfer qui est au-dessus des autres demeures de l'enfer peut recevoir sans impropriété le nom de profondeur de l'enfer, puisque ce que l'air est au ciel, la terre à l'air, cet asile supérieur de l'enfer l'est à la terre[44].

Homme du concret, Grégoire s'intéresse à la géographie de l'au-delà. L'Enfer supérieur dont il parle ce sera le limbe des Pères mais, au XIIIe siècle, quand le Purgatoire existera et qu'on lui cherchera des références, les textes de l'Ancien Testament parlant de profondeur de l'enfer seront interprétés à la lumière de l'exégèse de Grégoire le Grand.

Dans le livre IV des *Dialogues* Grégoire le Grand enseigne quelques vérités fondamentales du christianisme, en particulier l'éternité de l'âme, le sort dans l'au-delà, l'eucharistie, à l'aide d'anecdotes – souvent des visions – qu'il appelle *exempla* et qui annoncent les *exempla* du XIIIe siècle qui vulgariseront la croyance au Purgatoire. Le sort de certains défunts après la mort est évoqué à l'aide de trois histoires réparties en deux chapitres. Ces histoires sont des réponses à deux questions doctrinales, l'une concernant le feu purgatoire et l'autre l'efficacité des suffrages pour les morts.

Le diacre Pierre, interlocuteur faire-valoir de Grégoire, lui demande d'abord : « Je veux savoir s'il faut croire qu'après la mort il existe un feu purgatoire[45]. » Grégoire répond en premier lieu par un exposé dogmatique fondé sur des textes scripturaires[46] dont le plus important est le passage de la première Épître de Paul aux Corinthiens sur le sort des différents maté-

---

44. *Ibid.*, pp. 315-317.
45. « *Discere vellim, si post mortem purgatorius ignis esse credendus est.* » Je me suis servi dans cette étude de l'édition de U. Moricca, Grégoire le Grand, *Dialogi*, Rome, 1924, et j'ai traduit les textes cités. Depuis a paru le tome III de l'excellente édition et traduction d'A. de Vogüé, P. Autin, Paris, éd. du Cerf, coll. « Sources chrétiennes », 1980. Le passage commenté ici (IV, 41) se trouve pp. 146-151. L'histoire de Pascase (IV, 42) se trouve *ibid.*, pp. 150-155.
46. Jean XII, 55 ; Isaïe, XLIX, 8 ; Paul, II Corinthiens, VI, 2 ; Ecclésiaste, IX, 10 ; Psaume CXVII, 1 ; Matthieu, XII, 32.

riaux des œuvres humaines. Les premières références semblent prouver que les hommes se retrouveront au Jugement dernier dans l'état où ils étaient au moment de la mort. Mais le texte de Paul paraît signifier «qu'il faut croire que pour certaines fautes légères il y aura un feu purgatoire avant le jugement». Et Grégoire donne des exemples de cette catégorie de «péchés petits et minimes»: le bavardage constant, le rire immodéré, l'attachement aux biens privés, toutes fautes qui, commises sciemment ou à leur insu, par leurs auteurs, pèsent, quoique légères, sur eux après la mort, s'ils n'en ont pas été délivrés dans cette vie[47]. Quant à ce que Paul a voulu dire, c'est que si on a bâti du fer, de l'airain ou du plomb, c'est-à-dire commis «les péchés majeurs et par conséquent plus durs», ces péchés ne pourront être dissous par le feu, le seront en revanche ceux qui sont de bois, ou de paille, c'est-à-dire «les péchés minimes et très légers». Mais cette destruction des petits péchés par le feu ne pourra être obtenue après la mort que si on l'a méritée, pendant cette vie, par de bonnes actions.

Grégoire demeure donc dans une conception très augustinienne mais il met l'accent sur les péchés «légers, petits, minimes» qu'il précise, et il situe l'action du feu nettement après la mort, n'y incluant pas la tribulation terrestre comme Augustin avait tendance à le faire.

La nouveauté vient surtout de l'illustration par l'anecdote. «Quand j'étais encore tout jeune homme, et dans l'état laïque, j'ai entendu raconter (une histoire) par des gens plus âgés et entendus.» Pascase, diacre du siège apostolique dont on possède un bel ouvrage sur le Saint-Esprit, fut un homme de sainte vie, dispensateur d'aumônes et contempteur de soi-même. Mais dans le schisme qui opposa pendant dix ans et plus à partir de 498 deux papes, Symmaque et Laurent, Pascase fut avec obstination partisan du «faux» pape Laurent. À la mort de Pascase, un exorciste toucha sa dalmatique placée sur le cercueil et il fut aussitôt sauvé. Assez longtemps après sa mort, Germain, évêque de Capoue, probablement de 516 à 541, alla se soigner aux eaux d'une station thermale dans les Abruzzes, Augulum, près de l'actuelle Città San Angelo. Quelle ne fut pas sa surprise d'y trouver Pascase dans l'office de garçon des bains. Il lui demande ce qu'il faisait là. Pascase répondit: «La seule raison pour laquelle j'ai été envoyé dans ce lieu de châtiment *(in hoc poenali loco)* c'est pour avoir pris le parti de Laurent contre Symmaque, mais je te demande de prier le Seigneur

---

47. «*sed tamen de quibusdam levis culpis esse ante judicium purgatorius ignis credendus est*», «*hoc de parvis minimisque peccatis fieri posse credendum est, sicut est assiduus otiosus sermo, immoderatus risus, vel peccatum curae rei familiaris.*» À la fin du chapitre, Grégoire parle du feu de la future purgation *«de igne futurae purgationis»*, de la possibilité d'être sauvé par le feu, *«per ignem posse salvari»*, et à nouveau des *«peccata minima atque levissima quae ignis facile consumat»* (Dialogi, IV, 41).

pour moi et tu sauras que tu as été exaucé si, en revenant ici, tu ne m'y trouves pas.» Germain fit d'ardentes prières et quelques jours après revint et ne trouva pas Pascase en ces lieux. Mais si Pascase, ajoute Grégoire, a pu être purgé de son péché après la mort, c'est d'abord parce qu'il n'avait péché que par ignorance et ensuite parce que ses larges aumônes faites de son vivant lui avaient mérité le pardon.

La seconde question théorique que pose Pierre à Grégoire concerne les suffrages pour les morts:

«PIERRE: Quel est le moyen d'aider les âmes des morts?

«GRÉGOIRE: Si les fautes ne sont pas ineffaçables après la mort, l'offrande sacrée de l'hostie salutaire est généralement d'un grand secours pour les âmes, même après la mort, et l'on voit les âmes des défunts la réclamer parfois.

«Voici ce que l'évêque Félix m'a affirmé savoir d'un prêtre mort il y a deux ans, après une vie sainte. Il habitait dans le diocèse de Centum Cellae et ministrait l'église de Saint-Jean, à Taurina. Ce prêtre avait coutume de se laver, chaque fois que son corps l'exigeait, en ce lieu où d'abondantes vapeurs émanent de sources chaudes, et s'acquitta de tous ces services avec un grand soin. Tout ceci s'étant reproduit fréquemment, le prêtre, en revenant aux bains, se dit un jour: "Je ne dois pas paraître ingrat envers cet homme qui m'aide à me laver avec tant de dévouement; il faut que je lui apporte un cadeau." Il apporta deux couronnes d'offrandes. Dès son arrivée, il trouva l'homme qui lui rendit tous les services comme d'habitude. Le prêtre se lava, puis, rhabillé et sur le point de partir, en guise de bénédiction, il offrit ce qu'il avait apporté à l'homme qui le servait, lui demandant d'accepter ce qu'il lui offrait par affection. Mais celui-ci répondit tristement: "Père, pourquoi me donnes-tu cela? Ce pain est saint, et moi, je ne puis en manger. Tel que tu me vois, je fus jadis le maître de ces lieux, mais en raison de mes fautes, j'y fus envoyé après ma mort. Si tu veux m'être utile, offre ce pain au Dieu tout-puissant, afin d'intercéder pour mes péchés. Tu sauras que tu as été exaucé lorsque tu ne me trouveras plus ici." À ces mots, il disparut, révélant ainsi qu'il était en réalité un esprit sous une apparence humaine. Pendant toute une semaine le prêtre versa des larmes pour cet homme, tous les jours il offrit l'hostie salutaire puis il retourna aux bains et ne le trouva plus. Voilà bien la preuve de l'utilité pour les âmes du sacrifice de l'offrande sacrée[48]», puisque les esprits des morts eux-mêmes le demandent aux vivants et indiquent à quels signes on connaît qu'ils ont été absous.

---

48. Grégoire le Grand, *Dialogi*, IV, 57, 1-7, éd. A. de Vogüé, P. Autin, *op. cit.*, t. III. pp. 184-189.

À cette histoire Grégoire en ajoute aussitôt une autre. Elle s'est produite dans son propre monastère trois ans auparavant. Il y vivait un moine nommé Justus, expert en médecine. Justus tomba malade sans espoir de guérison et fut assisté par son frère charnel Copiosus, lui aussi médecin. Justus confia à son frère qu'il avait caché trois pièces d'or et celui-ci ne put faire autrement qu'en informer les moines.
Ils trouvèrent les pièces d'or cachées dans des médicaments. Ils en référèrent à Grégoire qui réagit vivement car la règle du monastère stipulait que les moines aient tout en commun. Grégoire, bouleversé, se demanda ce qu'il pourrait faire de profitable à la fois pour la «purgation» du mourant et pour l'édification des moines. Il interdit aux moines de répondre à l'appel du mourant, si celui-ci les réclamait auprès de lui et prescrivit à Copiosus de dire à son frère que les moines, ayant appris son acte, l'avaient pris en abomination, afin qu'il se repentît au moment de mourir. Et quand il serait mort son corps ne serait pas enterré dans le cimetière des moines mais jeté dans un trou de fumier et les moines devaient lancer sur son corps les trois pièces d'or en criant: «Que ton argent soit avec toi pour ta perdition.» Tout se passa et fut fait comme prévu. Les moines, terrorisés, évitèrent toute action répréhensible. Trente jours après la mort de Justus, Grégoire se mit à penser tristement aux supplices que devait souffrir le moine défunt et ordonna que, pendant les trente jours suivants, une messe fût quotidiennement célébrée à son intention. Au bout de trente jours, le mort apparut à son frère, de nuit, et lui dit que jusqu'à ce jour il avait souffert, mais qu'il venait d'être admis à la communion (des élus). Il apparut clairement que le mort avait échappé au tourment grâce à l'hostie salutaire[49].
Grégoire le Grand, dans son zèle de pasteur, a compris deux exigences de la psychologie collective des fidèles: la nécessité de témoignages authentiques, tenus de témoins dignes de foi, le besoin d'avoir des indications sur la localisation des peines purgatoires.
Sur le premier point les histoires de Grégoire sont d'autant plus importantes qu'elles seront le modèle des anecdotes à l'aide desquelles l'Église au XIIIe siècle diffusera la croyance au Purgatoire enfin existant et défini. Elles impliquent la possibilité de contrôle de la véracité de l'histoire: la désignation d'un informateur digne de foi, les précisions de temps et de lieu. Elles comportent ensuite un schéma susceptible d'entraîner sur deux autres plans la conviction: l'attrait d'un récit avec les séductions de la narration, une intrigue, des détails piquants, un «suspense», un dénouement frappant; les évidences d'un surnaturel palpable: vision et vérification de

---

49. Grégoire le Grand, *Dialogi*, IV, 57, 8, 17, éd. A. de Vogüé, P. Autin, *op. cit.*, pp. 188-195. Il n'est pas question de feu dans cette histoire.

l'accomplissement de l'action efficace des vivants. Tout ceci se retrouvera dans la croyance au vrai Purgatoire, y compris la nature des liens entre vivants et morts qui fonctionne dans l'arrachement des défunts aux épreuves purgatoires. Les vivants sollicités et efficaces doivent être des proches, par la parenté charnelle ou spirituelle, des défunts à purger. Enfin, la trilogie des suffrages est affirmée dans ces anecdotes : prières, aumônes, et, par-dessus tout, sacrifice eucharistique.

La seconde originalité de Grégoire est d'avoir, dans deux de ces trois histoires, situé ici-bas le lieu de l'expiation. Lieu étonnant à vrai dire. Il s'agit de thermes. Par un coup de génie, Grégoire désigne un lieu particulièrement digne de son choix : cet aristocrate romain choisit un des bâtiments les plus essentiels à la civilisation romaine survivante, le lieu par excellence de l'hygiène et de la sociabilité antiques. Ce pontife chrétien choisit ensuite un lieu où l'alternance des soins chauds et des soins froids correspond à la structure des lieux purgatoires depuis les plus anciennes religions dont le christianisme a hérité, enfin dans ce mélange de surnaturel et de quotidien où les garçons de bains sont des revenants et les vapeurs thermales des effluves de l'au-delà, un grand tempérament imaginaire se révèle.

Paradoxalement, la contribution la plus importante de Grégoire le Grand à la genèse du Purgatoire sera au XIIIe siècle la plus sacrifiée par la nouvelle croyance. Grégoire a accrédité l'idée que le Purgatoire pouvait être subi sur cette terre, sur les lieux où l'on avait commis des fautes et qui devenaient des lieux de châtiments : on était puni là où on avait péché, comme le directeur des thermes revenu sur les lieux non de ses crimes, mais de ses peccadilles transformés en «lieu pénal» *(in hoc loco poenali)*. L'autorité de Grégoire fera que l'idée d'un Purgatoire sur terre sera encore évoquée après la naissance du «vrai» Purgatoire, mais comme une hypothèse peu vraisemblable, comme une sorte de curiosité du passé. Thomas d'Aquin ou Jacopo da Varazze, dans la *Légende dorée*, la mentionneront encore. Mais au XIIIe siècle les jeux du Purgatoire sont faits, ils n'ont pas pour théâtre les lieux quotidiens de la terre, mais un espace spécial, une région de l'au-delà. Quant aux morts en Purgatoire il ne leur sera plus permis que pour quelques instants de revenir susciter les vivants. Avoir une activité ici-bas leur sera sévèrement refusé. Le Purgatoire sera devenu un lieu de renfermement des revenants.

Dernier fondateur du Purgatoire, Grégoire n'accorde pourtant à cette croyance qu'un intérêt très secondaire. L'essentiel reste pour lui qu'au jour du Jugement, il n'y aura plus que deux catégories : les élus et les réprouvés. Chaque catégorie abordera de deux façons possibles son sort éternel, directement ou indirectement après jugement au moment de la résurrection.

« Les uns sont jugés et périssent, les autres ne sont pas jugés mais périssent (aussi et tout de suite). Les uns sont jugés et règnent, les autres ne sont pas jugés mais règnent (aussi et tout de suite). »

Dans un autre chapitre, le XXXVIIe du livre IV des *Dialogues*, Grégoire le Grand fait une description non plus du Purgatoire terrestre mais de l'au-delà. Un certain Étienne meurt inopinément à Constantinople et, en attendant l'embaumement, son corps reste une nuit sans sépulture et son âme est emportée aux enfers où elle visite de nombreux lieux mais, quand on la présente à Satan, celui-ci dit qu'on s'est trompé de mort. C'est un autre Étienne, le forgeron, qu'il attend et le premier Étienne revient à la vie tandis que le forgeron meurt. Étienne mourut dans l'épidémie de peste de 590. Un soldat blessé qui resta mort un instant puis se ranima visite à son tour pendant ce bref instant les enfers et en fit une description détaillée qui fut rapportée à Grégoire. Il a vu « un pont au-dessus duquel coulait un fleuve noir et sombre exhalant une fumée à l'odeur intolérable »; quand on avait franchi le pont, on trouvait des prés charmants, des fleurs, des hommes vêtus de blanc déambulant au milieu d'une odeur suave, des maisons pleines de lumière, certaines construites en or. Il y avait quelques habitacles sur les rives du fleuve, les uns touchés par le nuage fétide, d'autres à l'abri de la puanteur. Le pont était une épreuve : si un injuste voulait le traverser, il tombait dans le fleuve ténébreux et fétide, mais les justes le franchissaient sans entrave et parvenaient aux lieux amènes. Étienne avait aussi parlé de ce pont et raconté que, lorsqu'il avait voulu le traverser, le pied lui avait glissé et il était tombé à moitié. D'horribles hommes noirs surgissant du fleuve l'avaient tiré vers le bas par les cuisses, tandis que d'en haut de très beaux hommes blancs l'avaient tiré par les bras. Pendant ce combat il se réveilla. Il comprit le sens de sa vision car d'un côté il succombait souvent aux tentations de la chair mais de l'autre faisait des larges aumônes; la lubricité l'attirait en bas, la bienfaisance en haut. Depuis il corrigea parfaitement sa vie.

Dernière pièce (ou presque, on le verra...) du dossier, Grégoire, au chapitre XXXI du livre IV des *Dialogues*, rapporte une histoire qui concerne l'Enfer mais qui jouera plus tard un rôle dans l'histoire du Purgatoire. Il relate ce que lui a raconté un certain Julien, bienveillant « défenseur » de l'Église romaine mort sept ans auparavant. À l'époque du roi Théodoric (mort en 526), un parent de Julien qui était allé lever les impôts en Sicile fit, au retour, naufrage sur le rivage de l'île Lipari et alla se recommander aux prières d'un ermite réputé qui y vivait. Celui-ci dit au naufragé : « Savez-vous que le roi Théodoric est mort ? » et, devant l'incrédulité de son interlocuteur, il précisa : « Hier à l'heure de none, en chemise et pieds nus, les mains liées, entre le pape Jean et le patrice Symmaque, il a été amené

dans l'île voisine de Vulcano et a été jeté dans la gueule de son cratère. »
Rentré en Italie, le parent de Julien apprend la mort de Théodoric et, comme il avait injustement fait mettre à mort le pape Jean et le patrice Symmaque, il lui sembla normal qu'il ait été envoyé dans le feu (éternel) par ceux qu'il avait persécutés.

Le châtiment légendaire de Théodoric est une des pièces à verser au dossier de l'utilisation politique de l'au-delà.

Menacer des peines de l'au-delà un dirigeant laïque a été un puissant instrument aux mains de l'Église. Montrer dans le feu de la punition un mort illustre confère à cette menace une valeur de preuve et un relief incomparable. L'imaginaire de l'au-delà a été une arme politique. Mais Grégoire le Grand ne dispose encore que de l'Enfer. Recourir à cette arme suprême ne peut se faire que dans les cas extrêmes. Le Purgatoire permettra de moduler la menace.

Autre signe précurseur dans cette vision : cette livraison du roi persécuteur de chrétiens au feu de l'enfer se fait dans un volcan et en Sicile. Le Moyen Âge se souviendra de cette bouche de feu où il tentera de voir une des bouches du Purgatoire.

3
LE HAUT MOYEN ÂGE.
STAGNATION DOCTRINALE
ET FOISONNEMENT VISIONNAIRE

*E*ntre Grégoire le Grand et le XIIe siècle – soit pendant cinq siècles – l'ébauche du Purgatoire ne progresse guère. Mais le feu est toujours là et si, au plan théorique, il n'y a pas de nouveauté théologique, dans le cadre des visions et des voyages imaginaires dans l'au-delà, dans le domaine liturgique, un espace s'ébauche pour le feu purgatoire et les relations entre les vivants et les morts deviennent plus étroites.
Pourquoi donc s'intéresser à cette époque où il ne se passe pas grand-chose dans les conceptions de l'au-delà?
Ce n'est pas pour sacrifier à la tradition de l'exposé chronologique. Au contraire, je souhaiterais montrer ici que le temps de l'histoire n'est ni uniformément accéléré ni finalisé. Ces cinq siècles sont, dans notre domaine, une longue période d'apparente stagnation de la réflexion sur l'au-delà.
Il peut en résulter deux malentendus pour le lecteur.
Le premier pourrait surgir de l'apparent fouillis des textes cités. Je convoquerai aussi bien quelques grands noms de la pensée chrétienne d'alors – Alcuin, Jean Scot, Raban Maur, Rathier de Vérone, Lanfranc – qui n'ont pas dit grand-chose sur notre sujet mais dont le laconisme est significatif et des textes du deuxième ou du troisième rayon qui, eux, manifesteront mieux ce qui continue à vivre et même, parfois, s'anime et bouge un peu. Les uns et les autres témoignent à leur façon de l'état de la pensée de l'au-delà.
Le lecteur pourra aussi avoir l'impression que je sacrifie à un défaut que je dénonce: ne retenir de cet ensemble hétérogène de textes que ce qui semble préfigurer le Purgatoire, comme si sa genèse était irrévocablement en travail sous cette apparence d'immobilisme. Ce n'est pas parce que je n'ai pas cru devoir m'étendre sur ces textes, sauf exception sans grand relief, et parce qu'il fallait noter ce qui, soit pour lui tourner le dos, soit pour l'annoncer, évoquait le futur Purgatoire, que les au-delà de cette période ne seraient que les avant-coureurs du Purgatoire. Quand un texte étonnant

comme la vision de Wetti fait surgir un autre monde plein de fureur et de bruit mais où le futur Purgatoire ne s'annonce guère je n'ai pas manqué de le raconter avec quelque détail car il s'agit d'abord de voir comment fonctionnait l'imaginaire de l'au-delà dans le haut Moyen Âge.
Il reste que pour mon propos, ce long épisode n'a pas que des vertus négatives.
On y peut suivre la constitution d'un matériel imaginaire, le voir s'enrichir ou se décanter. Même dans un texte de quelques lignes comme la vision de Sunniulf chez Grégoire de Tours on voit s'incruster dans la mémoire l'image de l'immersion des morts éprouvés jusqu'à diverses hauteurs du corps, celle du pont étroit. En revanche apparaît une image qui n'aura pas de succès : celle d'un au-delà – ruche – où les âmes des morts tourbillonnent et se pressent comme des abeilles.
On y repère aussi l'amorce de la constitution d'un système entre les unités imaginaires. Fursy, chez Bède, ramène de son voyage dans l'au-delà les marques physiques qui seront plus tard la preuve de l'existence d'un Purgatoire dont on peut revenir – croyance qui a présidé à la réunion, à la fin du XIXe siècle, des objets que l'on peut voir aujourd'hui encore au Museo del Purgatorio à Rome. Dans la vision de Drythelm, chez Bède encore, les éléments de la géographie de l'au-delà s'organisent en un itinéraire, une suite logiquement orientée de lieux, un passage construit.
Enfin des pré-définitions théologiques ou morales apparaissent çà et là, par exemple en ce qui concerne la typologie des péchés.
Surtout se développe de façon presque ininterrompue une série, nourrie de réminiscences apocalyptiques, mais marquée du sceau monastique, destinée à un nouvel auditoire, plus friand de pittoresque que d'illuminations, de visions et de voyages dans l'au-delà. C'est au sein de ces paysages qui s'impriment dans la mémoire des clercs et des fidèles que le Purgatoire devra se faire une place.
La période carolingienne au sens large est aussi le moment d'une grande renaissance liturgique. La liturgie des morts y subit-elle des transformations liées à des conceptions nouvelles de l'au-delà et du sort des défunts ?

L'AU-DELÀ AUGUSTINIEN DE TROIS ESPAGNOLS

Dans les ouvrages exégétiques et dogmatiques où les allusions au futur Purgatoire se rencontrent soit à propos des derniers temps et du feu purgatoire soit à propos des suffrages pour les morts, je retiendrai d'abord trois

évêques espagnols des VIᵉ-VIIᵉ siècles : Tajon de Saragosse, le célèbre Isidore de Séville, un des pères de la culture médiévale, et Julien de Tolède.
Au chapitre XXI du livre V de ses *Sententiae* (*PL*, t. LXXX, col. 975), Tajon de Saragosse, commentant le texte paulinien de la première Épître aux Corinthiens, reprend en quelques lignes, sans les nommer, l'enseignement d'Augustin et de Grégoire le Grand : «Quoiqu'on puisse comprendre ce qu'a écrit le grand prédicateur en se référant au feu de la tribulation en cette vie, on peut cependant l'appliquer au feu de la future purgation, en réfléchissant bien au fait qu'il a dit qu'on pouvait être sauvé par le feu non si, sur ce fondement, on a élevé du fer, de l'airain ou du plomb, c'est-à-dire des péchés majeurs *(peccata majora)*, mais du bois, du foin, ou de la paille, c'est-à-dire des péchés minimes *(minima)* et très légers *(levissima)* que le feu consume facilement. Mais il faut savoir que, même pour les péchés minimes, on n'obtiendra pas la purgation, si on ne l'a pas méritée dans cette vie par de bonnes actions.»
Isidore de Séville a surtout abordé le problème dans le traité *Des offices ecclésiastiques (De ecclesiasticis officiis)* à propos des suffrages. Citant le verset de Matthieu sur la rémission des péchés dans le siècle futur (Matthieu, XII, 32) et le texte de saint Augustin sur les quatre sortes d'hommes (*Cité de Dieu*, XXI, 24) il affirme que pour certains leurs péchés leur seront remis et «purgés par un feu purgatoire[1]».
Julien de Tolède est le plus intéressant de ces trois prélats pour notre propos. D'abord c'est un vrai théologien ; ensuite son *Prognosticon* est un véritable traité détaillé d'eschatologie. Tout le second livre est consacré à l'état des âmes des défunts avant la résurrection des corps. Sa pensée n'est toutefois guère novatrice. Elle se fonde essentiellement sur Augustin.
Il distingue deux paradis et deux enfers. Les deux paradis sont le terrestre et le céleste et ce dernier, comme l'ont pensé Ambroise, Augustin et Grégoire, est la même chose que le sein d'Abraham. Il y a aussi deux enfers comme l'a enseigné saint Augustin mais celui-ci a varié dans sa doctrine (Julien révèle son sens critique et historique). Il a d'abord pensé qu'il y avait un enfer sur terre et un enfer sous terre puis, en commentant l'histoire du pauvre Lazare et du mauvais riche, il s'est aperçu que les deux enfers étaient plutôt tous deux sous terre, l'un au-dessus, l'autre au-dessous. «Donc, conclut Julien, il y a peut-être deux enfers, dans l'un les âmes des saints ont reposé, dans l'autre les âmes des impies sont torturées.» Puis, toujours à l'aide de saint Augustin, il explique, y compris par des raisons philologiques, pourquoi on estime que les enfers sont souterrains.
Il expose ensuite diverses opinions sur la question de savoir si les âmes des saints (justes parfaits) après la mort vont directement au ciel ou restent

---

1. *«et quodam purgatorio igne purganda»* (*PL*, t. LXXXIII, col. 757).

dans certains «réceptacles». Depuis la descente du Christ aux enfers, ces enfers-là ont été fermés et les justes sont et vont immédiatement au ciel. De même, les âmes des iniques vont aussitôt en enfer et de l'enfer on ne sort jamais. Une digression précise qu'après la mort du corps l'âme n'est pas privée de sens et, à l'aide encore de saint Augustin (*De Genesi ad litteram*, XII, 33), Julien affirme que l'âme a une «semblance de corps» *(similitudo corporis)* qui lui permet de ressentir le repos ou les tourments. Ainsi l'âme peut être torturée par le feu corporel. C'est ce qui se passe en enfer mais tous les damnés ne souffrent pas de la même façon; leur tourment est proportionnel à la gravité de leur faute, de même que sur cette terre les vivants souffrent plus ou moins de l'ardeur du soleil. Enfin il faut croire, comme l'ont enseigné Paul, Augustin et Grégoire, qu'il y a un feu purgatoire après la mort. Reprenant les termes de Grégoire le Grand, Julien explique que ce feu purge les péchés petits et minimes tels que le bavardage constant, le rire immodéré, l'attachement excessif aux biens particuliers. Ce feu est plus terrible que toute douleur terrestre et on ne peut en bénéficier que si on l'a mérité par de bonnes actions. Ce feu purgatoire est différent du feu éternel de la géhenne, il a lieu avant le Jugement dernier et non après – et Augustin pense même qu'il commence avec la tribulation terrestre. De même que les damnés sont torturés en proportion de la gravité de leurs péchés, de même les purgés ne restent dans le feu que le temps correspondant à l'importance de leur imperfection. L'échelle d'équivalence s'exprime ici non en intensité mais en durée de peine «selon qu'ils ont plus ou moins aimé les biens périssables, ils seront sauvés plus ou moins tôt ou plus ou moins tard».

C'est, sur la base des textes scripturaires – surtout néotestamentaires – et patristiques, l'exposé le plus clair et le plus complet du haut Moyen Âge sur le futur Purgatoire[2].

AUTRES AU-DELÀ «BARBARES»

Des témoignages venus des diverses régions chrétiennes «barbares» et issus aussi bien de la hiérarchie épiscopale que du monde monastique

---

2. Julien de Tolède, *Prognosticon*, livre II, *PL*, t. XCVI, col. 475-498. L'*ignis purgatorius* occupe les colonnes 483-486. L'importance de Julien de Tolède pour la mise au point de la doctrine du Purgatoire au XIIe siècle, en particulier chez Pierre Lombard, a été étudiée par N. Wicki, *Das «Prognosticon futuri saeculi» Julians von Toledo als Quellenwerk der Sentenzen des Petrus Lombardus*.

manifestent l'intérêt des nouvelles chrétientés pour l'au-delà sans y apporter une originalité notable.

en Irlande

On a longtemps pensé que l'auteur du *Livre sur l'ordre des créatures (Liber de ordine creaturarum)* était Isidore de Séville. Manuel Diaz y Diaz a récemment montré qu'il s'agit d'un anonyme irlandais du VIIe siècle. Il s'agit d'un traité qui s'appuie sur la Genèse et qui traite de Dieu, des créatures spirituelles et des créatures corporelles. Les quatre derniers chapitres sont consacrés à la *nature des hommes* (chap. XII), à la diversité des *pécheurs et le lieu des peines* (chap. XIII), au *feu purgatoire* (chap. XIV), à *la vie future* (chap. XV).
On peut donc avoir l'impression que l'auteur du traité a une vision tripartie de l'au-delà : enfer, «purgatoire», paradis. Mais cette division n'existe que dans certains manuscrits et dans la continuité du texte la division n'est pas aussi marquée[3]. Surtout la conception archaïque de l'auteur du traité exclut pratiquement l'idée d'un triple au-delà. Dès le début du chapitre sur la différence de condition des pécheurs, il expose ses idées. Il y a deux grandes catégories de pécheurs, ceux dont les péchés *(crimina)* peuvent être purgés par le feu du jugement et ceux qui seront frappés par la peine du feu éternel. Parmi ces derniers certains seront damnés immédiatement sans jugement, d'autres le seront après jugement. Le feu est donc celui du jugement, il n'a pas lieu avant le jugement. Cette vue est confirmée au chapitre XIV.
Ceux qui auront le «rafraîchissement éternel» *(refrigerium aeternum)* après la purgation sont ceux qui auront accompli ce qu'on appellera plus tard les œuvres de miséricorde. Ils seront baptisés par le feu, tandis que les autres seront consumés par le feu inextinguible. L'exégèse de la première Épître de Paul aux Corinthiens amène l'auteur du *Liber* à préciser le genre de péchés qu'il ne nomme que négativement, «ceux qui ne sont pas très nuisibles, quoiqu'ils ne construisirent pas beaucoup» : «L'usage inutile du mariage

---

3. *Liber de ordine creaturarum. Un anonimo irlandés del siglo VII*, éd. M. C. Diaz y Diaz, Saint-Jacques de Compostelle, 1972. Un seul regret : l'excellente édition de Manuel Diaz a tendance à présenter l'œuvre d'une façon un peu anachronique. Dans l'étude de la structure, p. 29, c'est forcer le texte que de dire : *infierno (cap. XIII) purgatorio (cap. XIV) y gloria (cap. XV-XVI)*. De même la traduction du chapitre XIV dont le titre, dans les manuscrits où il y en a un, est *de igne purgatorio*, «du feu purgatoire», est traduit en espagnol par *del purgatorio*, «du purgatoire», titre doublement fâcheux, d'abord parce qu'il faudra attendre cinq siècles pour que le Purgatoire existe, ensuite parce que ce traité est en net retrait sur l'évolution générale de la doctrine qui aboutira au Purgatoire.

légitime, l'excès de nourriture, le plaisir outrancier pris à des futilités, la colère poussée jusqu'aux excès de langage, l'intérêt exagéré pris aux affaires personnelles, l'assistance négligente aux oraisons, les levers tardifs, les éclats de rire exagérés, le trop grand abandon au sommeil, la rétention de la vérité, le bavardage, s'obstiner dans l'erreur, tenir le faux pour vrai dans les choses qui ne concernent pas la foi, oublier le devoir à faire, avoir ses vêtements en désordre[4]», péchés dont on ne peut nier qu'ils peuvent être purgés par le feu. Dernière observation : ce feu purgatoire est plus durable et terrible que n'importe quel tourment imaginable ici-bas.

Dès le début du VIIe siècle, l'Irlandais saint Columban (mort en 615), missionnaire du monachisme sur le continent avait donné une vue résumée de l'existence humaine de la naissance à l'éternité qui faisait bien sa place au feu mais un feu qui, sans être nommé, était un feu sinon purgatoire du moins probatoire car il se situait *avant* le jugement mais, semble-t-il, entre la résurrection et le jugement.

« Voici le déroulement de cette misérable vie humaine : de la terre, sur la terre, dans la terre, *de la terre dans le feu, du feu au jugement*, du jugement soit dans la géhenne, soit dans la vie (éternelle) ; en effet tu as été créé de la terre, tu foules la terre, tu iras dans la terre, tu te dresseras de la terre, tu seras éprouvé dans le feu, tu attendras le jugement, et ensuite tu posséderas soit le supplice éternel soit le royaume éternel. » Et encore il parle de nous, les hommes, qui « créés de la terre, y faisant un bref passage, rentrant presque aussitôt en elle, puis une seconde fois, sur l'ordre de Dieu, rendus et projetés par elle, serons, à la fin des temps, éprouvés à travers le feu qui d'une certaine façon dissoudra la terre et la fange ; et s'il y a de l'or ou de l'argent ou un autre matériau terrestre utile, après que la fausse monnaie aura fondu, il le montrera[5] ».

en Gaule

Dans une homélie, le fameux saint Éloi, évêque de Noyon (mort en 659), après avoir rappelé la distinction entre péchés mortels *(crimina capitalia)*

---

4. Comme le remarque judicieusement M. Diaz y Diaz, ces « péchés » ont surtout un sens en milieu monastique.
5. Saint Columban, *Instructiones, Instructio* IX. *De extremo judicio*, PL, col. 246-247. «*Videte ordinem miseriae humanae vitae de terra, super terram, in terram, a terra in ignem, de igne in judicium, de judicio aut in gehennam, aut in vitam : de terra enim creatus es, terram calcas, in terram ibis, a terra surges, in igne probaberis, judicium expectabis, aeternum autem post haec supplicium aut regnum possidebis, qui de terra creati, paululum super eam stantes, in eamdem paulo post intraturi, eadem nos iterum, jussu Dei, reddente ac projiciente, novissime per ignem probabimur, ut quadam arte terram et lutum ignis dissolvat, et si quid auri aut argenti habuerit, aut caeterorum terrae utilium paracarassimo (paracaximo) liquefacto demonstret.*»

et menus péchés *(minuta peccata)* et estimé qu'il y a peu de chance que les aumônes, même larges, même quotidiennes suffisent à racheter les péchés mortels, rappelle les deux jugements et le feu purgatoire :
« Nous lisons en effet dans l'Écriture Sainte qu'il y a deux jugements : l'un par l'eau du déluge (Genèse, VII) qui préfigura le baptême par lequel nous avons été lavés de tous les péchés (I Pierre, III) ; et l'autre, à venir, par le feu, quand Dieu viendra pour le Jugement, dont le psalmiste dit : "Il vient, notre Dieu, il ne se taira point. Devant lui, un feu dévore, autour de lui bourrasque violente" (Psaume L, 3) ; comme une bourrasque, qu'il examine ceux que le feu consume. Lavons-nous de toutes les souillures de la chair et de l'esprit, et ne soyons pas brûlés par le feu éternel ni par ce feu transitoire ; de ce feu du jugement de Dieu, l'Apôtre dit : "C'est ce feu qui éprouvera la qualité de l'œuvre de chacun" (I Corinthiens, III, 13). Il n'y a pas de doute qu'il a parlé ici du feu purgatoire. Ce feu, les impies, les saints et les justes le sentiront d'une manière différente. Du tourment de ce feu, les impies seront précipités dans les flammes du feu perpétuel ; les saints qui ressusciteront dans leur corps sans porter la tache d'aucun péché, car ils auront construit, sur le fondement qui est le Christ, de l'or, de l'argent et des pierres précieuses, c'est-à-dire le sens brillant de la foi, la parole resplendissante du salut et les œuvres précieuses, triompheront de ce feu avec autant de facilité qu'ils ont mis dans cette vie de pureté dans la foi et l'amour à observer les commandements du Christ. Il restera donc les justes coupables de menus péchés qui ont construit, sur le fondement qui est le Christ, du foin, du bois, de la paille, ce qui désigne la diversité des menus péchés dont ils n'apparaîtront pas encore dignement purgés et ne seront donc pas trouvés dignes de la gloire de la cité céleste. Après être passé par ce feu, lorsque le jour du Jugement dernier aura été complètement accompli, chacun, selon ses mérites, sera ou damné, ou couronné. C'est donc à ce jour, très chers frères, que nous devons penser intensément[6]... »
Texte remarquable par sa division de l'humanité en trois catégories, et non en quatre, dans la tradition augustinienne. Mais le texte nous retient surtout ici parce qu'il exprime une conception « archaïque » du feu purgatoire qu'il place à l'époque du Jugement dernier, étiré en un long jour. Plus encore, Éloi semble laisser au feu le soin de faire le tri entre saints, impies et justes et ne garantit donc pas à cette dernière catégorie le paradis après l'épreuve. Le « suspense » durera jusqu'au bout.

---

6. *PL*, t. LXXXVII, col. 618-619.

en Germanie

Il est intéressant de voir les instructions données, vers 732, par le pape Grégoire III à saint Boniface qui l'interrogeait sur la conduite à tenir à l'égard des Germains restés païens ou fraîchement convertis: «Tu me demandes aussi si on peut faire des offrandes pour les morts. Voici la position de la Sainte Église: chacun peut faire des offrandes pour ses morts si ce sont de vrais chrétiens et le prêtre peut célébrer leur mémoire. Et bien que nous soyons tous soumis au péché, il convient que le prêtre ne célèbre la mémoire et n'intercède que pour les morts catholiques, car pour les impies, même s'ils ont été chrétiens, il ne sera pas permis d'agir ainsi[7].»
Bien qu'il ne s'agisse pas ici explicitement des suffrages et qu'il ne soit pas fait d'allusion au feu purgatoire, il est significatif de voir affirmée avec force au cœur d'un pays et d'une période de mission, la distinction entre l'utilité (et donc le devoir) des offrandes pour les morts «vrais chrétiens» et l'inutilité (et donc l'interdiction) des offrandes pour les morts «impies», même chrétiens.

en Grande-Bretagne

À la même époque, en Grande-Bretagne, un moine célèbre, Bède, dont on verra la place capitale qu'il tient dans l'élaboration de la géographie de l'au-delà à travers les visions et les voyages imaginaires, souligne dans ses *Homélies* (entre 730 et 735) l'importance des souffrances pour les morts et nomme, lui, explicitement le feu purgatoire. Les apôtres, les martyrs, les confesseurs, etc., vont, dit-il, entre la mort et la résurrection, dans le *sein du Père*, qu'il faut entendre comme le «secret du Père» *(secretum Patris)*, ce *sinus Patris* qu'il assimile à la maison du Père *(domus Patris)* de l'Évangile de Jean (XIV, 2), sans faire allusion au sein d'Abraham. Il poursuit:
«De même les nombreux justes qui sont dans l'Église après la dissolution de la chair sont aussitôt reçus dans le bienheureux repos du Paradis où ils attendent dans une grande joie, dans de grands chœurs d'âmes joyeuses, le moment où ils récupéreront leur corps et apparaîtront devant la face de Dieu. Mais certains qui, à cause de leurs bonnes œuvres, sont prédestinés au sort des élus, à cause de certaines mauvaises dont ils sont sortis du corps souillés, sont pris après la mort par les flammes du feu purgatoire pour être sévèrement châtiés. Ou bien jusqu'au jour du jugement ils sont nettoyés de la souillure de leurs vices par la longue épreuve *(longa exami-*

---

7. *PL*, t. LXXXIX, col. 577.

natione) de ce feu, ou bien grâce aux prières, aux aumônes, aux jeûnes, aux pleurs, aux offrandes eucharistiques de leurs amis fidèles ils sont délivrés des peines et eux aussi parviennent au repos des bienheureux[8]. »
Bède définit donc bien les condamnés au feu purgatoire, affirme avec force la puissance des suffrages des vivants et du réseau d'amitiés fidèles mais surtout montre clairement le mécanisme du temps du «Purgatoire»: à l'intérieur d'une durée maxima de la mort à la résurrection, la possibilité de réductions dues aux suffrages. En revanche il n'évoque pas la localisation du feu et des peines purgatoires.

INDIFFÉRENCE ET TRADITIONALISME CAROLINGIENS ET POST-CAROLINGIENS

L'Église carolingienne s'intéresse peu au feu purgatoire et n'innove pas. Alcuin (mort en 804), le grand maître anglo-saxon inspirateur de la politique culturelle de Charlemagne dans son traité *Sur la foi à la Sainte Trinité (De fide Sanctae Trinitatis)* commentant la première Épître de Paul aux Corinthiens (III, 13) assimile le feu du jugement *(ignis diei judicii)* au feu purgatoire *(ignis purgatorius)*. Ce feu, selon lui, est différemment ressenti par les impies, les saints et les justes. Les impies seront éternellement brûlés par le feu, les saints, ceux qui ont bâti en or, argent et pierres précieuses, passeront sans dommage à travers le feu comme les trois jeunes Hébreux dans la fournaise (Daniel, III). Il y a enfin «certains justes coupables de certains menus péchés qui sur le fondement, qui est le Christ, ont bâti du foin, du bois, de la paille, ils seront purgés par l'ardeur de ce feu et purifiés de ces péchés ils deviendront dignes de la gloire de l'éternelle félicité». Tous étant passés par ce feu transitoire *(ignis transitorius)*, les uns iront à la damnation, les autres au couronnement et les premiers seront plus ou moins tourmentés selon leur degré de scélératesse tandis que les seconds seront plus ou moins récompensés selon leur degré de sainteté. Sur ce dernier point, Alcuin est vague et embarrassé[9].
Une autre grande figure de l'Église et de la culture carolingiennes, Raban Maur, abbé de Fulda et archevêque de Mayence (mort en 856), le maître intellectuel de la Germanie, se livre dans son commentaire des Épîtres de Paul à une grande réflexion théologique sur le feu. Pour lui aussi, le feu

---

8. *PL*, t. XCIV, col. 30.
9. *De fide Sanctae Trinitatis*, III, 21, *PL*, t. CI, col. 52.

dont il est question dans la première Épître aux Corinthiens est le feu du jugement. Il fait disparaître les manquements à la règle (*illicita*, les choses illicites) qu'on peut commettre sans cesser de prendre le Christ comme fondement, par exemple la complaisance à l'égard des délices de ce monde, des amours terrestres, qui, dans le cas des rapports conjugaux, ne sont pas condamnables. Tout ceci, le feu de la tribulation *(tribulationis ignis)* le fait disparaître en brûlant. Mais pour ceux qui ont bâti bois, foin et paille, «il n'est pas incroyable que ceci se passe après cette vie et on peut se demander si ce n'est pas le cas; d'une façon ouverte ou cachée, certains fidèles peuvent être sauvés à travers un feu purgatoire plus ou moins tard ou tôt selon qu'ils auront plus ou moins aimé les biens périssables[10]».

Ici donc apparaît, comme chez Bède, un élément important du système du futur Purgatoire: la situation de la purgation entre la mort et le jugement et la possibilité d'une durée plus ou moins longue de cette purgation qui ne durera pas obligatoirement tout le temps de l'intervalle.

Paschase Radbert, abbé de Corbie (mort en 860), partant du passage de l'Évangile de Matthieu sur le baptême par le feu, expose une théologie du feu encore plus développée; il en examine les différents aspects et fonctions et culmine dans une évocation du *feu de l'amour (ignis charitatis)*, du *feu de l'amour divin (ignis divini amoris)*. Il envisage plusieurs significations possibles de ce feu:

«Il faut peut-être, comme le veulent certains, comprendre [la phrase]: *il vous baptisera lui-même dans l'Esprit Saint et le feu* comme signifiant l'identité du Saint-Esprit et du feu, ce que nous reconnaissons, car Dieu est un feu consumant. Mais comme il y a une conjonction de coordination, il ne semble pas qu'on parle d'une seule et même chose. D'où l'opinion de certains qu'il s'agit du feu purgatoire qui actuellement nous purifie par l'Esprit saint et ensuite, s'il reste quelque tache peccamineuse, nous rend purs par combustion à travers le feu de la conflagration [c'est-à-dire du jugement]. Mais s'il en est ainsi, il faut croire qu'il s'agit des péchés plus légers et minimes car il est impensable que tous échappent aux châtiments. D'où la phrase de l'apôtre: "Ce qu'est l'œuvre de chacun, le feu l'éprouvera[11]."»

On a crédité Haymon de Halberstadt (mort en 853) du discours le plus articulé sur le feu purgatoire à l'époque carolingienne. Il a abordé le sujet à deux reprises, dans le traité *Sur la diversité des livres (De varietate librorum)* et dans un commentaire des Épîtres de saint Paul que certains attribuent à Rémi d'Auxerre. Les vues de Haymon sont en fait un mélange éclectique de ce qui a été écrit avant lui, très marquées par les idées d'Augustin et de Grégoire le

---

10. *Enarrationes in epistolas Pauli*, *PL*, t. CXII, col. 35-39.
11. *Expositio in Mattheum*, II, 3, *PL*, t. CXX, col. 162-166.

Grand (qui ne sont jamais nommés) – et elles reprennent souvent mot à mot la synthèse de Julien de Tolède, deux siècles auparavant. Il faut croire, selon Haymon, à un feu purgatoire avant le jugement qui s'exerce sur les péchés légers, petits ou minimes. Il y a deux feux; l'un purgatoire (et temporaire), l'autre éternel (et punitif). La durée de la purgation par le feu peut être plus ou moins longue en proportion de l'importance de l'attachement aux liens transitoires. Certains subissent les peines purgatoires après la mort, d'autres en cette vie. Il est faux qu'on puisse se sauver à travers le feu purgatoire, si, en cette vie, on a eu seulement la foi sans accomplir de bonnes œuvres. L'Église peut supplier efficacement pour ceux qui subissent les peines purgatoires. Il y a deux catégories de justes, ceux qui jouissent immédiatement après la mort du repos paradisiaque, ceux qui doivent être châtiés par les flammes du feu purgatoire et qui y restent jusqu'au jour du jugement ou qui peuvent en être tirés plus tôt par les prières, les aumônes, les jeûnes, les pleurs et les offrandes de messes des fidèles qui sont leurs amis[12]. Cette note de solidarité entre morts et vivants, héritée sans doute de Bède, est la seule originalité – quant à la forme, non au fond qui est traditionnel – d'Haymon de Halberstadt.

Atton de Verceil (mort en 961) donne dans son commentaire des Épîtres de saint Paul une interprétation très traditionnelle, très augustinienne (il cite d'ailleurs Augustin à plusieurs reprises), de la première Épître aux Corinthiens. Mais il y a chez lui une particularité et une nouveauté. La particularité est d'estimer que ce qui sera éprouvé et jugé (par le feu purgatoire et plus généralement, lors du jugement), c'est essentiellement l'orthodoxie doctrinale, la *doctrina*, plus que les mœurs et les sentiments. D'autre part l'épithète *venialia*, véniels, apparaît à côté des péchés légers et elle s'oppose aux péchés capitaux mais elle fait partie d'une énumération et le système d'opposition péchés véniels-péchés mortels (ou capitaux) ne sera mis au point qu'au XIIe siècle[13].

Même l'original Rathier de Vérone, imbu de culture classique et formé dans les écoles lotharingiennes, n'a pas grand-chose à dire sur le feu purgatoire. Le peu qu'il dit est un message de rigueur: on ne peut plus acquérir de mérite après la mort. Quant à l'existence de peines purgatoires après la mort, personne ne doit s'en flatter, car elles ne valent pas pour les péchés

---

12. *De varietate librorum*, III, 1-8, *PL*, t. CXVIII, col. 933-936. Le commentaire de saint Paul I Corinthiens, III, 1013 se trouve in *PL*, t. CXVII, col. 525-527.
13. *Expositio in epistolas Pauli, PL*, t. CXXXIV, col. 319-321. Le passage concernant les péchés opposés est le suivant: «*attamen sciendum quia si per ligna, fenum et stipulam, ut beatus Augustinus dicit, mundanae cogitationes, et rerum saecularium cupiditates, apte etiam per eadem designantur levia, et venialia*, et quaedam minuta peccata, *sine quibus homo in hac vita esse non potest. Unde notandum quia, cum dixisset aurum, argentem, lapides pretiosos, non intulit ferrum, aes et plumbum, per quae* capitalia et criminalia peccata *designantur*» (col. 321).

criminels, mais seulement pour les péchés plus légers, ceux qu'on désigne par le bois, le foin et la paille[14].
Même le grand Lanfranc, qui donne un éclat incomparable à la fin du XIe siècle à l'école de l'abbaye de Bec-Hellouin en Normandie dont il est l'abbé avant de devenir archevêque de Cantorbéry, n'est pas inspiré dans son commentaire sur la première Épître aux Corinthiens par le passage concernant l'épreuve par le feu. Le feu purgatoire, pour lui, c'est bien le feu du jugement et il laisse entendre que, dans ces conditions, le feu du jugement durera jusqu'à ce que ceux qui doivent être sauvés aient été purgés[15].
Malgré ses fonctions officielles à l'école du palais sous Charles le Chauve, l'Irlandais Jean Scot Érigène a été un esprit isolé à peu près ignoré des théologiens médiévaux, même avant sa condamnation, plus de deux siècles après sa mort, par le concile de Paris (1210). Il connaît aujourd'hui une grande faveur auprès des historiens de la théologie et de la philosophie. Lui non plus ne s'attarde pas sur le feu purgatoire. L'histoire du pauvre Lazare et du mauvais riche lui inspire la réflexion que cette histoire donne à croire que les âmes, non seulement quand elles vivent dans un corps, mais aussi quand elles ont été privées de la chair, peuvent demander l'aide des saints soit pour être complètement libérées des peines, soit pour y être moins tourmentées[16]. Ailleurs il dit du feu éternel de l'enfer qu'il est corporel quoique, à cause de la subtilité de sa nature, on le dise incorporel[17].

AU-DELÀ ET HÉRÉSIE

Je mets à part deux textes du début du XIe siècle, non parce qu'ils apportent en eux-mêmes du nouveau mais parce qu'ils ont été produits dans des contextes riches de signification pour l'avenir.
Le premier texte est un long passage de ce qu'on appelle le *Décret* de Burchard de Worms (mort en 1025). C'est un recueil de textes faisant autorité sur des

---

14. Rathier de Vérone, *Sermo II De Quadragesima, PL*, t. CXXXVI, col. 701-702. «*Mortui enim nihil omnino faciemus, sed quod fecimus recipiemus. Quod et si aliquis pro nobis aliquid fecerit boni, et si non proderit nobis, proderit illi. De illis vero purgatoriis post obium poenis, nemo sibi blandiatur, monemus, quia non sunt statutae criminibus, sed peccatis levioribus, quae utique per ligna, ferum et stipula indesignatur.*» Sur cet étonnant personnage et auteur, plus liégeois que véronais, voir *Raterio di Verona, Convegni del Centro di Studi sulla spiritualità medievale*, X, Todi, 1973.
15. *PL*, t. CL, col. 165-166.
16. *Periphyseon*, V, *PL*, t. CXXII, col. 977.
17. *De praedestinatione*, chap. XIX: *De igni aeterno...*, *PL*, t. CXXII, col. 436.

questions de dogme et de discipline – un jalon sur la voie du *Corpus* de Droit canonique. Burchard se contente de reproduire les passages des *Dialogues* de Grégoire le Grand et un passage des *Moralia* consacrés au problème de la purgation et le passage de saint Augustin (*Enchiridion*, 110) concernant les suffrages pour les morts. Le texte augustinien y est précédé de la phrase «il y a quatre espèces d'offrandes» *(quatuor genera sunt oblationis)* qui sera repris un siècle plus tard dans le *Décret* de Gratien et dont le caractère quadriparti fera problème aux scolastiques. Une autorité scripturaire citée ici connaîtra, en partie grâce à ce relais, une grande fortune. C'est le verset de Jean, XIV, 2 : «Dans la maison de mon Père il y a de nombreuses demeures[18].»

En 1025, l'évêque Gérard de Cambrai, dans un synode tenu à Arras, réconcilia avec l'Église des hérétiques qui, entre autres «erreurs», niaient l'efficacité des suffrages pour les morts. L'évêque leur impose de reconnaître les «vérités» suivantes à ce propos :

«Il est vrai pour que personne ne croie que la pénitence n'est utile qu'aux vivants et non aux morts que beaucoup de défunts ont été arrachés aux peines par la piété de leurs vivants, selon le témoignage de l'Écriture, par le moyen de l'offrande du sacrifice du Médiateur [la messe], ou des aumônes, ou de l'acquittement par un vivant de la pénitence pour un ami défunt, dans le cas où le malade devancé par la mort n'a pu s'en acquitter et où un ami vivant le supplie. Vous n'êtes pas, contrairement à ce que vous affirmez, de vrais auditeurs de l'Évangile. Car la Vérité y dit : *Si quelqu'un a dit un blasphème contre l'Esprit saint cela ne lui sera pas remis ni en ce siècle ni dans le siècle futur* (Matthieu, 12). Dans cette phrase, comme le dit saint Grégoire dans son *Dialogue*, il faut comprendre que certaines fautes peuvent être effacées dans ce monde, et d'autres dans le monde futur... Mais il faut le croire à propos de péchés petits et minimes comme le bavardage continuel, le rire immodéré, le soin exagéré du patrimoine, etc., choses inévitables dans la vie mais qui pèsent après la mort, si on ne les a pas effacées pendant cette vie ; ces péchés, comme il dit, peuvent être purgés après la mort par le feu purgatoire, si pendant cette vie on l'a mérité par de bonnes actions. C'est donc à bon droit que les saints docteurs disent qu'il existe un feu purgatoire, par lequel certains péchés sont purgés, pourvu que les vivants l'obtiennent par des aumônes, des messes, ou, comme je l'ai dit, par une pénitence de substitution. Il appert donc que, pour le prix de ces œuvres, les morts peuvent être absous des péchés, sinon on ne comprendrait pas l'apôtre Paul, dont vous avez menti en vous disant ses auditeurs, qui dit que les péchés minimes et très légers sont facilement consumés par le feu purgatoire, alors qu'ils entraîneraient des supplices

---

18. Burchard de Worms, *Decretorum libri XX*, XX, 68-74, *PL*, t. CXL, col. 1042-1045.

non purgatoires mais éternels si par de telles offrandes de l'hostie ils n'avaient mérité d'être effacés par le feu purgatoire[19]. »

Rien de nouveau dans ce concentré doctrinal. Pourtant ce texte aura, avec le *Décret* de Burchard, une fortune singulière : ils constituent le dossier à partir duquel s'élaborera au XIIe siècle la notion de Purgatoire, face à ceux qui le nient. Dans ce temps des hérétiques que sont les XIIe et XIIIe siècles, saint Bernard, puis d'autres clercs orthodoxes, mettront au point le Purgatoire qui sera ainsi, pour une part, le fruit de la résistance à la contestation hérétique qui commence vers l'An Mil.

LA SÉRIE VISIONNAIRE : VOYAGES DANS L'AU-DELÀ

À côté de cet immobilisme doctrinal une autre série, sans être révolutionnaire, prépare plus sûrement le futur Purgatoire : ce sont les visions de l'au-delà, les voyages imaginaires dans l'autre monde.

héritages

Le genre est traditionnel. Il a explosé, comme on a vu, dans le cadre de la littérature apocalyptique judéo-chrétienne qui le marque fortement. Il a, bien qu'il s'agisse d'un filon mineur qui a difficilement trouvé un débouché dans la littérature savante, ses témoins antiques, grecs en particulier. Plutarque, dans ses *Moralia*, raconte la vision de Thespésios. Ce dernier, après avoir mené une vie de débauche, selon toutes les apparences, meurt et quand, au bout de trois jours, il reprend vie, il mène dorénavant une vie parfaitement vertueuse. Pressé de questions, il révèle que son esprit a quitté son corps et a voyagé dans l'espace parmi les âmes ballottées par les airs dont certaines lui étaient connues, et qui poussaient de terribles lamentations tandis que d'autres, plus haut, semblaient tranquilles et heureuses. Certaines de ces âmes sont purement brillantes, d'autres sont tachetées, d'autres complètement sombres. Celles qui sont chargées de peu de fautes ne subissent qu'un léger châtiment, mais les impies sont livrées à la Justice qui, si elle les estime incurables, les abandonne aux Érinyes qui les plongent dans un abîme sans fond. Thespésios est ensuite emmené dans une

---

19. *Acta synodi Atrebatensis Gerardi I Cameracensis Episcopi*, chap. IX, *PL*, t. CXLII, col. 1298-1299.

vaste plaine emplie de fleurs et d'odeurs agréables où des âmes volent joyeusement comme des oiseaux. Mais il visite enfin le lieu des damnés et assiste à leurs tortures. Il y a là, notamment, trois lacs, l'un d'or bouillant, l'autre de plomb tout gelé et un troisième de fer agité de houle. Des démons plongent et ressortent les âmes d'un lac dans l'autre. Enfin dans un autre endroit des forgerons remodèlent sans ménagement en leur donnant les formes les plus diverses les âmes appelées à une seconde existence[20].
Les descriptions du Purgatoire conserveront de cette vision les différences de couleur des âmes, le passage d'un lac à l'autre.
Plutarque décrit aussi la vision de Timarchos. Celui-ci descendit dans une grotte dédiée à Trophonios et y accomplit les cérémonies nécessaires pour obtenir un oracle. Il y resta deux nuits et un jour dans une épaisse obscurité, ignorant s'il était éveillé ou rêvait. Il reçut un coup sur la tête et son âme s'envola. Toute joyeuse dans l'air elle aperçut des îles brûlant d'un feu agréable et changeant de couleur. Les îles baignaient dans une mer multicolore où flottaient les âmes. Deux rivières se jetaient dans la mer, au-dessous il y avait un gouffre rond et sombre d'où sortaient des gémissements. Des âmes étaient aspirées par le trou, d'autres en étaient rejetées. Ici encore la description annonce celle de l'œuvre où se créera la vraie vision du Purgatoire, le *Purgatoire de saint Patrick* à la fin du XIIe siècle.
Cette littérature visionnaire est très influencée par les traités de l'apocalyptique judéo-chrétienne dont j'ai parlé, en particulier l'Apocalypse de Pierre et l'Apocalypse de Paul, mais elle porte aussi la marque de deux traditions que je ne ferai qu'évoquer ici: les voyages dans l'au-delà des vieilles cultures païennes celtique et germanique[21].
Si je laisse en grande partie de côté ces deux composantes de la culture médiévale qui ont certainement joué un rôle dans l'imaginaire du Purgatoire, c'est parce que l'importance des recherches à mener pour en parler avec pertinence ne me paraît pas en rapport avec le fruit qu'on peut en attendre. L'appréciation de l'apport de ces cultures – malgré des études de grande qualité – suppose résolus des problèmes très difficiles. Problèmes de datation d'abord. Comme il est normal, les textes écrits datent de l'époque

---

20. Je résume la vision de Thespésios d'après E. J. Becker, *A Contribution to the Comparative Study of the Medieval Visions of Heaven and Hell, with Special Reference to the Middle English Versions*, Baltimore, 1899, pp. 27-29 et la vision de Timarchos d'après H. R. Patch, *The Other World According to Descriptions in Medieval Literature*, Cambridge, Mass., 1950, pp. 82-83.
21. P. Dinzelbacher, «Die Visionen des Mittelalters», in *Zeitschrift für Religions- und Geistesgeschichte*, 30, 1978, pp. 116-118 (résumé d'un Habilitation-Schrift inédit, *Vision und Visionsliteratur im Mittelalter*, Stuttgart, 1978) et «Klassen und Hierarchien im Jenseits», in *Miscellanea Medievalia*, vol. 12/1: *Soziale Ordnungen im Selbstverständnis des Mittelalters*, Berlin-New York, 1979, pp. 20-40; Cl. Carozzi, «Le voyage de l'âme dans l'au-delà d'après la littérature latine (Ve-XIIIe siècle)», École française de Rome, 189, Rome, 1994.

où les langues de ces cultures ont débouché sur l'écriture, le XIIe siècle au plus tôt. Ce que les premières œuvres écrites dans ces langues expriment est certainement pour une grande part antérieur, mais de combien? Plus important encore à mes yeux est le fait que cette littérature ancienne est un produit complexe, difficile à caractériser. La distinction entre savant et populaire n'a pas grand sens ici. Les sources orales proches me paraissent essentiellement «savantes». L'oralité ne se confond pas avec le populaire. Les œuvres écrites à partir du XIIe siècle sont des élaborations d'artistes oraux savants. À l'époque où se récitent, se chantent, puis s'écrivent ces œuvres «vulgaires», ces cultures «barbares» sont déjà depuis plus ou moins longtemps en contact avec la culture ecclésiastique, savante, chrétienne, d'expression latine. La contamination vient ajouter à la difficulté de discerner le vrai héritage «barbare». Loin de moi de rejeter cet héritage: je crois au contraire qu'il a beaucoup pesé sur la culture médiévale mais il ne me semble pas que nous soyons encore suffisamment armés pour l'isoler, le caractériser, le peser. Je pense en revanche que dans les régions où le latin s'était depuis très longtemps imposé comme langue savante, la culture savante latine a accueilli de plus ou moins bon gré, plus ou moins consciemment, des éléments plus ou moins importants de culture traditionnelle «populaire», c'est-à-dire, pour cette époque, en grande partie paysanne et le moins mal définie par le terme folklorique – ce que l'Église a qualifié de «païen» – préchrétien et rural à la fois. Pour repérer cet héritage nous disposons d'une méthode, délicate certes à manier: faire remonter, par la méthode régressive, avec prudence, en les confrontant avec les documents médiévaux datés ou datables, le corpus établi par les folkloristes du XIXe et du XXe siècle. Malgré leurs incertitudes je me sens plus en sûreté en utilisant les données recueillies par les frères Grimm, Pitré, Frazer, Van Gennep pour éclairer l'imaginaire médiéval qu'en spéculant sur les *imrama* (récits de voyages aux îles de l'au-delà) celtiques ou les *sagas* scandinaves.

De ces cultures «barbares» présentes et difficiles à cerner je ne retiendrai, pour les époques antérieures au XIIe siècle, que quelques traits significatifs pour la genèse du Purgatoire.

Chez les Celtes prédomine le thème du voyage dans les îles fortunées dont le plus ancien témoin semble être le voyage de Bran dont la version primitive remonterait au VIIIe siècle[22]. L'autre monde est situé dans une île, sou-

---

22. Voir K. Meyer, éd. et trad. en anglais: *The Voyage of Bran Son of Febal to the Land of the Living...*, Londres, 1895-1897, 2 vol. L'ouvrage comporte une étude d'A. Nutt, *The Happy Otherworld in the Mythico-Romantic Literature of the Irish. The Celtic Doctrin of Re-Birth*, qui montre les racines celtiques d'un éventuel purgatoire «paradisiaque».

vent accessible par un puits, mais dépourvue de montagne sainte. L'image du pont se retrouve fréquemment.
Chez les Scandinaves et les Germains la mythologie de l'au-delà, quand on peut commencer à la saisir, apparaît plus cohérente. Il y a essentiellement deux lieux d'après la mort: un monde souterrain où règne la déesse Hel, assez proche du *shéol* juif, sombre, angoissant mais sans tortures, entouré d'une rivière qu'on franchit par un pont et d'autre part un lieu céleste de repos et de délassement, le Valhalla, réservé aux morts méritants, et en particulier aux héros morts sur le champ de bataille. Il est possible qu'avant d'être situé dans le ciel, le Valhalla ait été souterrain lui aussi et comparable aux Champs Élysées romains. Alors que l'au-delà celtique ne comporte qu'exceptionnellement une montagne (élément géographique qui sera essentiel pour le Purgatoire) la mythologie germanique connaît le mont Hecla en Islande, montagne volcanique, percée d'un puits et qui contient un royaume de torture[23].
Plus encore peut-être que pour le celtique, l'au-delà imaginaire germanique, quand nous commençons à le saisir, apparaît déjà fortement pénétré par l'influence chrétienne savante et latine. C'est le cas des voyages dans l'au-delà que rapporte, au XIIe siècle, Saxo Grammaticus dans son *Histoire des Danois*. Les *Dialogues* de Grégoire le Grand furent traduits en vieux norse de bonne heure et ont peut-être légué le thème du pont à la mythologie scandinave encore que, vraisemblablement venu ici aussi de l'Orient, il s'y trouvait probablement auparavant.
Le plus important sans doute c'est que, sous l'influence chrétienne, l'au-delà plutôt riant des mythologies celtique et germanique primitives, devient sombre, souterrain, s'infernalise. Au moment où naîtra le Purgatoire, on verra la conception celtique (et peut-être germanique) optimiste, d'un lieu d'attente et de purification proche déjà du Paradis, s'effacer devant l'image d'un Purgatoire temporairement cruel comme l'Enfer, venu de l'apocalyptique orientale et de la tradition chrétienne officielle. Cette image ne disparaîtra pas complètement mais sera récupérée dans les visions du Paradis. Ces au-delà «folkloriques» ambivalents seront écartelés entre un pôle positif et un pôle négatif et le Purgatoire hésitera autour de la ligne de séparation.
De la littérature chrétienne latine des visions de l'au-delà du début du VIIIe à la fin du Xe siècle, trois textes émergent. Le premier est d'un des grands esprits du haut Moyen Âge, le moine anglo-saxon Bède. C'est la *Vision de Drythelm*. Elle distingue pour la première fois un lieu de purga-

---

23. Voir Maurer, «Die Hölle auf Island», in *Zeitschrift des Vereins für Volkskunde*, IV, 1894, pp. 256 sqq. Voir aussi H. R. Ellis, *The Road to Hell. A Study of the Conception of the Dead in Old Norse Literature*, Cambridge, 1943. Sur le «Valhöle» (Valhalla), voir G. Dumézil, *Les Dieux des Germains*, nouv. éd., 1959, p. 45. Du point de vue de la culture populaire germanique moderne, voir H. Siuts, *Jenseitsmotive in deutschen Volksmärchen*, Leipzig, 1911.

tion dans l'autre monde que parcourt le héros. La *Vision de Wetti*, moine du sud de la Germanie, est une description infernale et délirante d'un au-delà en partie utilisé à des fins politiques, aux dépens de Charlemagne. Ce détournement politique des récits de voyage outre-tombe s'exprime pleinement dans un récit anonyme de l'extrême fin du IXe siècle, la *Vision de Charles le Gros*, pamphlet au service d'un prétendant carolingien.
Ces trois textes majeurs seront précédés de deux brèves visions, l'une de la fin du VIe siècle, l'autre du début du VIIIe rapportées par deux grands personnages de l'Église, les archevêques Grégoire de Tours et Boniface (l'Anglo-Saxon Winfrith) de Mayence. Elles évoquent l'au-delà plus ou moins banal des milieux monastiques de l'époque.
Deux poèmes influencés par la tradition littéraire romaine classique les encadreront, aux deux extrémités chronologiques de la période, le début du VIe siècle pour le premier, le début du XIe siècle pour le second. Ils montreront un imaginaire très traditionnel auquel le Purgatoire devra peu.
Les deux visions qui s'offrent d'abord à nous ont plus de valeur par la personnalité de leurs auteurs, puissants personnages ecclésiastiques, que par leur contenu, car celui-ci est étroitement tributaire de l'Apocalypse de Paul pour la plupart des images et des idées.
Dans son *Histoire des Francs* (IV, 33), à la fin du VIe siècle, Grégoire de Tours rapporte la vision de Sunniulf, abbé de Randau : « Il se vit transporté à un fleuve de feu, sur la rive duquel des gens accouraient comme des abeilles autour d'une ruche ; les uns étaient submergés jusqu'à la ceinture, d'autres jusqu'aux aisselles, certains jusqu'au menton et ils se plaignaient en pleurant d'être atrocement brûlés. Il y avait au-dessus du fleuve un pont très étroit, d'à peine la largeur d'un pied. Sur l'autre rive on voyait une grande maison toute blanche. Les moines qui méprisaient la discipline de leur communauté tombaient du pont tandis que ceux qui la respectaient passaient et étaient reçus dans la maison. »
Au début du VIIIe siècle saint Boniface, l'apôtre des Germains, écrit (épître 10) à Eadburge, abbesse de Thanet, qu'un moine de Wenlock a eu une vision. Des anges l'emportèrent dans les airs et il vit le monde entier entouré de feu. Il vit une troupe de démons et un chœur d'anges représentant ses vices et ses vertus. Il aperçut des puits de feu vomissant des flammes et des âmes sous la forme d'oiseaux noirs qui pleuraient et gémissaient et poussaient des cris avec une voix humaine. Il vit une rivière de feu bouillant au-dessus de laquelle il y avait une planche en guise de pont. Les âmes passaient sur ce pont, d'autres glissaient et tombaient dans le Tartare. Certains étaient complètement submergés par les flots, d'autres jusqu'aux genoux, d'autres jusqu'à mi-corps, d'autres jusqu'aux coudes. Tout le monde sortait du feu brillant et propre. De l'autre côté de la rivière il y avait

de grands et hauts murs resplendissants. C'était la Jérusalem céleste. Les mauvais esprits étaient plongés dans les puits du feu.

Je place ici un poème de l'Antiquité latine tardive qui, au contraire par exemple des textes de Plutarque, est sans parenté avec les visions proprement apocalyptiques et avec les voyages plus ou moins «folkloriques» de la période postérieure mais qui, par sa différence, a sa place dans le dossier.

Le *Carmen ad Flavium Felicem* a été écrit vers 500 par un chrétien d'Afrique sur la résurrection des morts et le Jugement de Dieu[24]. Son but est de décrire le Paradis et l'Enfer (géhenne), l'omnipotence de Dieu et la chute d'Adam qui entraîne la mort. Dieu conserve dans diverses régions *(diversis partibus)* les âmes après la mort pour le Jugement dernier. Viennent ensuite des preuves de la résurrection des morts, l'évocation de cette résurrection et du jugement de Dieu. Une longue description du Paradis l'évoque avec ses fleurs, ses pierres précieuses, ses arbres, l'or, le miel, le lait, les quatre fleuves sortant d'une paisible source, dans un printemps éternel, une température tempérée, une lumière éternelle elle aussi, où les élus n'ont ni soucis, ni péchés, ni maladies, mais la paix éternelle. Le poème s'achève par une brève évocation de la destruction du monde par le feu, du fleuve de feu, des gémissements des damnés et de la nécessité de se repentir avant la mort car il est trop tard de le faire dans l'Enfer où l'on voit les damnés évoquer Dieu en vain.

Dans ce texte où, sauf la vague allusion aux diverses demeures des morts, il n'y a rien qui concerne le futur Purgatoire, on peut cependant retenir deux éléments. D'abord, l'accent est mis beaucoup plus nettement sur le Paradis que sur l'Enfer. Le poème baigne encore dans l'optimisme des IVe-Ve siècles. D'autre part, tout en excluant leur efficacité on évoque les prières des damnés alors qu'à la fin du Moyen Âge on distinguera les âmes du Purgatoire de celles de l'Enfer au fait qu'elles seront en prière alors que les autres auront renoncé à des supplications inutiles.

le « fondateur » des visions médiévales de l'au-delà : Bède

Le grand Anglo-Saxon Bède peu avant sa mort en 735 au monastère de Yarrow où il a passé cinquante ans entrecoupés de voyages, dont plusieurs à Rome, rapporte dans l'*Histoire ecclésiastique de l'Angleterre* plusieurs

---

24. *Carmen ad Flavium Felicem de resurrectione mortuorum et de iudicio Domini*, éd. J. H. Waszink, Bonn, 1937.

visions[25]. Ces récits ont un but édifiant, ils veulent prouver la réalité de l'au-delà et inspirer suffisamment de crainte aux vivants pour qu'ils souhaitent échapper aux tourments d'après la mort et réforment leur vie. Mais ils n'ont pas un caractère aussi didactique que les *exempla* de Grégoire le Grand. Leur grand intérêt pour notre histoire, c'est que dans l'une de ces visions apparaît pour la première fois pour les âmes qui subissent une purgation après la mort un lieu spécial de l'au-delà qui soit plus qu'un des réceptacles évoqués jusque-là par référence à l'Évangile de Jean.

Passons rapidement sur la première vision, celle de saint Fursy, moine irlandais passé sur le continent et enterré vers 650 à Péronne où Erchinold, maire du palais de Clovis II, fit construire un sanctuaire sur sa tombe. Bède reprend une vie de Fursy écrite à Péronne peu après sa mort. Alors qu'il demeurait en East Anglia au monastère de Cnoberesborough qu'il avait fondé il tomba malade et eut une vision, car son âme sortit de son corps «du soir jusqu'au chant du coq». Du ciel il vit au-dessous de lui quatre feux, ceux du mensonge, de la cupidité, de la dissension et de l'impiété qui se réunirent bientôt en un seul. Des démons volant à travers ce feu se disputaient avec de bons anges les âmes des défunts. Trois anges protégeaient Fursy du feu et des démons : l'un lui frayait le passage et les deux autres gardaient ses flancs. Pourtant un démon parvint à le saisir et à le faire lécher par le feu avant que les anges n'intervinssent. Fursy en fut brûlé à l'épaule et à la mâchoire. Ces brûlures restèrent visibles quand il revint sur terre et il les montrait. Un ange lui expliqua : «Ce que tu as allumé, cela a brûlé en toi» et lui fit un exposé sur la pénitence et le salut. L'âme de Fursy revint sur terre et le moine garda de son voyage imaginaire une telle frayeur que quand il y songeait, à peine vêtu par les journées glaciales d'hiver, il se mettait à suer de peur comme s'il était en plein été.

L'idée purgatoire est vague dans cette histoire. La nature du feu n'est pas précisée et le caractère de la brûlure de Fursy reste bien ambigu : ordalie, punition pour les péchés, purification? Mais cette ambiguïté fait partie de la définition du feu purgatoire qui n'est pourtant pas nommé ici[26].

---

25. Sur Bède historien, voir les articles de P. H. Blair, «The Historical Writings of Bède» et de Ch. N. L. Brooke, «Historical Writing in England between 850 and 1150», in *La Storiografia altomedievale*, Spolète (1969), 1970, pp. 197-221 et 224-247. Et aussi J. M. Wallace-Madrill, *Early Germanic Kingship in England and on the Continent*, Oxford, 1971, chap. IV : «Bède», pp. 72-97.
26. *Historia ecclesiastica gentis Anglorum*, III, 19. La première *Vita Fursei*, presque copiée par Bède, a été publiée par B. Krusch in *Monumenta Germaniae Historica, Scriptores Rerum Merowingicarum*, 1902, t. IV, pp. 423-451.

LA VISION DE DRYTHELM :
UN LIEU RÉSERVÉ À LA PURGATION

La vision de Drythelm, au chapitre XII du livre V de l'*Historia ecclesiastica*, est beaucoup plus importante pour notre propos. C'est un pieux laïc, un père de famille, qui en est le héros. Cet habitant de la région de Cunninghame (ou Chester-le-Street), tout près de la frontière écossaise, tomba gravement malade et un soir mourut. À l'aube il revint à la vie mettant en fuite ceux qui veillaient son cadavre, à l'exception de sa femme, terrorisée mais heureuse. Drythelm partagea ses biens en trois parts, un tiers pour sa femme, un tiers pour ses enfants, un tiers pour les pauvres et se retira dans un ermitage du monastère isolé de Mailros dans un méandre de la Tweed. Il y vécut dans la pénitence, et, quand il en avait l'occasion, racontait son aventure.

Un personnage brillant de blanc vêtu l'avait conduit vers l'est dans une vallée très large, très profonde et infiniment longue entourée à gauche de flammes épouvantables, à droite de terribles rafales de grêle et de neige. Ces deux versants étaient pleins d'âmes humaines que le vent faisait passer d'un côté à l'autre, sans trêve. Drythelm pensa qu'il s'agissait de l'Enfer. «Non, lui dit son compagnon qui avait deviné sa pensée, ce n'est pas ici l'Enfer que tu crois.» Il passa ensuite dans des lieux de plus en plus obscurs où il ne voyait plus que la tache claire de son guide. Et soudain surgirent des boules de feu sombre sautant d'un grand puits et y retombant. Drythelm se retrouva seul. Dans ces flammes montaient et descendaient comme des étincelles des âmes humaines. Ce spectacle était accompagné de pleurs inhumains, de ricanements et d'une odeur fétide. Drythelm remarqua plus particulièrement les tortures que des démons infligeaient à cinq âmes, dont l'une était un clerc reconnaissable à sa tonsure, une autre un laïc, une troisième une femme (nous sommes dans un monde d'oppositions binaires : clerc/laïc, homme/femme, ces trois personnages représentent l'ensemble de la société humaine, les deux autres demeurant dans une pénombre mystérieuse). Alors qu'environné de diables qui menacent de le saisir avec des pinces de feu Drythelm se croit perdu, soudain une lumière apparaît, grandit, comme celle d'une étoile brillante, les diables se dispersent et fuient. Son compagnon est revenu et, changeant de direction, le ramène en des lieux lumineux. Ils parviennent à un mur d'une longueur et d'une hauteur que son œil ne peut embrasser mais ils le franchissent d'une façon incompréhensible et Drythelm se retrouve dans une prairie vaste et verte, pleine de fleurs, brillante et parfumée. Des hommes vêtus de blanc y tenaient par groupes innombrables de joyeuses réunions. Drythelm pensa être arrivé au royaume des cieux mais son compagnon, lisant sa pensée, lui dit: «Non, ceci n'est pas le royaume des cieux comme tu le supposes.» Drythelm traversa la prairie, une lumière encore plus grande s'intensifia peu à peu, des chants très doux s'élevèrent, un parfum l'entoura auprès duquel celui qu'il avait senti dans la prairie n'était qu'une toute petite odeur, et la lumière était devenue si brillante que celle de la prairie ne lui apparaissait plus que comme une faible lueur. Il espérait entrer dans ce lieu merveilleux quand son guide le força à rebrousser chemin. Quand ils furent arrivés aux séjours riants des âmes vêtues de blanc, son compagnon dit à Drythelm: «Sais-tu ce qu'est tout ce que nous avons vu? – Non. – L'horrible vallée pleine de flammes brûlantes et de froids glaciaux, c'est le lieu où sont examinées et châtiées les âmes de ceux qui ont tardé à confesser et à corriger les péchés criminels *(scelera)* qu'ils ont commis, qui ne se sont repentis qu'à l'article de la mort et sont sortis de leur corps dans cet état; mais comme, au moins au moment de mourir, ils se sont confessés et ont fait pénitence, tous le jour du Jugement [dernier] parviendront au royaume des cieux. Beaucoup sont aidés par les prières des vivants, les aumônes, les jeûnes et surtout la célébration de messes pour être libérés avant même le jour du Jugement[27].» Le guide poursuivit: «Ensuite le puits fétide qui vomit des flammes c'est la bouche de la géhenne d'où celui qui est une fois tombé ne sera, pour l'éternité, jamais libéré. Le lieu fleuri où tu as vu cette charmante et brillante jeunesse se divertir, c'est celui où sont accueillies les âmes de ceux qui sortent de leur corps au milieu de bonnes œuvres, mais qui ne sont pas d'une assez grande perfection pour mériter d'être aussitôt introduites dans le royaume des cieux; mais tous au jour du Jugement entreront dans la vision du Christ et les joies du royaume céleste. Car ceux qui ont été parfaits dans toutes leurs paroles, leurs œuvres et leurs pensées, aussitôt sortis de leur corps, parviennent au royaume céleste; le lieu où tu as entendu cette douce chanson au milieu de cette odeur suave et de cette lumière resplendissante en est proche. Et toi qui dois maintenant retourner à ton corps et revivre parmi les hommes, si tu t'efforces de bien réfléchir à ce que tu fais et d'observer dans tes mœurs et tes paroles la droiture et la simplicité, tu recevras toi aussi après la mort une demeure parmi ces groupes joyeux d'esprits heureux que tu vois. Car, pendant l'espace de temps où je t'ai laissé seul, je suis allé m'informer sur ce qui devait advenir de toi.» Sur ces mots, Drythelm

---

27. «*Vallis illa quam aspexisti flammis ferventibus et frigoribus horrenda rigidis, ipse est locus in quo examinandae et castigandae sunt animae illorum, qui differentes confiteri et emendare scelera quae fecerunt, in ipso tandem articulo ad poenitentiam confugiunt, et sic de corpore exeunt: qui tamen quia confessionem et poenitentiam vel in morte habuerunt, omnes in die iudicii ad regnum caelorum perveniunt. Multos autem preces viventium et ellemosynae et jejunia et maxime celebratio missarum, ut etiam ante diem judicii liberentur, adjuvant.*»

est triste d'avoir à retourner à son corps et contemple avidement le charme et la beauté du lieu où il se trouve et de la compagnie qu'il y voit. Mais pendant qu'il se demandait, sans oser le faire, comment poser une question à son guide, il se retrouva vivant parmi les hommes[28].
Ce texte serait capital sur le chemin du Purgatoire s'il ne contenait des lacunes essentielles par rapport au futur système et s'il n'avait été écrit à l'aube d'une époque qui se détournera des problèmes de la purgation dans l'au-delà.
Ce qui y est présent, c'est le lieu réservé spécialement à la purgation; c'est la définition rigoureuse de la nature de ce lieu: non seulement les âmes y sont torturées du chaud au froid et vice versa au point que Drythelm croit qu'il s'agit de l'Enfer, mais c'est un lieu d'examen et de *châtiment*, non à proprement parler de purification: c'est la définition des fautes qui y conduisent, les péchés graves, *scelera*; c'est la caractérisation de la situation qui y mène: la confession et le repentir *in extremis*; c'est l'affirmation que la présence en ce lieu garantit pour l'éternité le salut; c'est l'indication de la valeur des suffrages avec leur liste hiérarchisée: prières, aumônes, jeûnes et surtout sacrifices eucharistiques, avec leur éventuelle conséquence: raccourcir le temps de purgation, ce qui confirme que ce temps est placé entre la mort et la résurrection, pendant une période plus ou moins longue, le maximum étant le châtiment jusqu'au jour du Jugement dernier.
Ce qui y manque d'abord, c'est le mot de purgation et plus largement tout mot de la famille de *purger*. Sans doute Bède, sacrifiant ici à un genre *littéraire*, omet soigneusement tout terme canonique et même toute référence à une autorité, alors que la Bible et Augustin sont tout près derrière ce texte. Mais un lieu innommé n'existe pas tout à fait.
Surtout peut-être, conformément aux vues augustiniennes sur les *non valde mali* et les *non valde boni*, ceux qui ne sont pas tout à fait mauvais et ceux qui ne sont pas tout à fait bons, il n'y a pas un seul lieu intermédiaire, il y en a deux, celui de la dure correction, celui de l'attente joyeuse, presque collés l'un à l'Enfer, l'autre au Paradis. Car le système de la vision de Drythelm reste un système binaire, un mur en apparence infranchissable sépare un enfer éternel et un enfer temporaire d'un paradis d'éternité et un paradis d'attente. Pour qu'il y ait Purgatoire il faudra l'installation d'un système ternaire et même si le Purgatoire restera géographiquement déjeté vers l'Enfer, il faudra un meilleur système de communications entre Purgatoire et Paradis. Il faudra abattre le mur.

---

28. La vision de Drythelm sera reprise aux XIe et XIIe siècles par des auteurs de première importance: Alfric dans ses homélies (éd. B. Thorpe, 1846, vol. II, pp. 348 *sqq.*), Otloh de Saint-Emmeran dans son *Liber Visionum* (*PL*, t. CXLVI, col. 380 *sqq.*) et le cistercien Hélinand de Froimont au tournant du XIIe au XIIIe siècle (*PL*, t. CCXII, col. 1059-1060).

Un siècle plus tard environ dans la Germaine méridionale, un moine de Reichenau, Wetti, meurt le 4 novembre 824 après avoir raconté, la veille de sa mort, la vision qu'il a eue. Par la suite le récit fut mis par écrit par l'abbé du monastère, Heito. Peu après le poète Walahfrid Strabo, abbé de Saint-Gall, en donnera une version en vers[29].

UN RÊVE BAROQUE ET DÉLIRANT DE L'AU-DELÀ : LA VISION DE WETTI

Wetti, malade, reposait dans sa cellule, les yeux clos mais ne dormait pas. Satan, sous l'apparence d'un clerc, la face noire si laide qu'on ne distinguait même pas ses yeux lui apparut, le menaçant avec des instruments de torture et une troupe de démons s'apprêta à l'emprisonner dans une sorte de chambre de torture. Mais la miséricorde divine lui envoya un groupe d'hommes magnifiquement et décemment vêtus en habits monastiques et parlant latin, qui chassèrent les démons. Un ange d'une incroyable beauté, vêtu de pourpre, vint ensuite à son chevet et lui parla affectueusement. La première partie de la vision finit ainsi. Le prieur du monastère et un autre frère vinrent assister le malade. Celui-ci leur raconta ce qui venait de se passer et leur demanda d'intercéder pour ses péchés tandis que lui-même, selon une attitude de pénitence monastique connue, se prostra les bras en croix. Les deux frères chantèrent les sept psaumes de la pénitence, le malade se recoucha et demanda les *Dialogues* de Grégoire le Grand. Après en avoir lu neuf ou dix pages, il demanda à ses visiteurs d'aller se reposer et s'apprêta à en faire autant. L'ange qu'il avait déjà vu vêtu de pourpre apparut à nouveau, tout de blanc vêtu cette fois-ci et resplendissant et il félicita le malade pour ce qu'il venait de faire. Il lui recommanda en particulier de lire et relire le Psaume CXVIII[30].

L'ange l'emmène alors par une route agréable jusqu'à des montagnes immensément hautes et d'une incroyable beauté qui semblaient faites de marbre et

---

29. *Visio Guetini*, PL, t. CV, col. 771-780 et aussi dans les *Monumenta Germaniae Historica Poetae latini*, t. II. La version poétique de Walahfrid Strabo a été éditée, traduite et commentée dans une excellente étude de D. A. Traill, *Walahfrid Strabo's Visio Wettini : Text, Translation and Commentary*, Francfort-sur-le-Main, 1974.

30. Le Psaume CXVIII, dans la numérotation de la Bible grecque et de la Vulgate (qui était la Bible dont on se servait au Moyen Âge) est, selon la numérotation hébraïque habituellement utilisée aujourd'hui, le Psaume CXIX dont les éditeurs de la Bible de Jérusalem disent : «Litanie de la fidélité ardente et inlassable... tous les mouvements du cœur s'y expriment, Dieu qui parle, qui donne sa loi méditée, aimée et gardée, est la source de la vie, de la sécurité, du bonheur vrai et total.»

qu'entourait un grand fleuve dans lequel une multitude innombrable de damnés étaient retenus pour être punis. Il en reconnut beaucoup. Dans d'autres lieux il assista à d'innombrables et diverses tortures infligées à de nombreux prêtres et aux femmes qu'ils avaient séduites et qui étaient plongées dans le feu jusqu'au sexe. L'ange lui dit que le troisième jour elles seraient fouettées sur le sexe. Dans une sorte de château de bois et de pierre tout biscornu et d'où s'échappait de la fumée il vit des moines qui, d'après ce que lui dit l'ange, y avaient été rassemblés pour leur purgation *(ad purgationem suam)*. Il vit aussi une montagne au sommet de laquelle il y avait un abbé, mort il y a une dizaine d'années qui y avait été mis non pour sa damnation éternelle mais pour sa purgation. Un évêque qui aurait dû prier pour cet abbé souffrait, lui, des peines infernales de l'autre côté de la montagne. Il y vit aussi un prince qui avait régné sur l'Italie et le peuple romain et dont un animal déchirait les parties sexuelles alors que le reste de son corps ne subissait aucune atteinte. Stupéfait de voir ce personnage qui avait été le défenseur de la foi catholique et de l'Église (il s'agit de Charlemagne, que Walahfrid Strabon nomme dans son poème) ainsi puni, il apprit de l'ange que malgré d'admirables et louables actions, ce personnage s'était abandonné à des amours illicites. Mais il serait finalement parmi les élus. Il vit encore tantôt dans la gloire tantôt dans la peine des juges, des laïcs, des moines. Il alla ensuite dans des lieux d'une grande beauté où se dressaient des arcs d'or et d'argent. Le Roi des Rois, le Seigneur des Seigneurs, s'avança ensuite avec une multitude de saints et les yeux humains ne pouvaient pas supporter sa splendeur. L'ange invita les saints à intervenir pour Wetti, ce qu'ils firent. Une voix venue du trône leur répondit: «Il aurait dû avoir une conduite exemplaire, et il ne l'a pas eue.» Il vit ensuite la gloire des bienheureux martyrs qui demandèrent aussi à Dieu le pardon de ses péchés. La voix venue du trône déclara qu'il devait d'abord demander pardon à tous ceux qu'il avait poussés au mal par son mauvais exemple. Ils allèrent ensuite dans le lieu où se trouvaient une multitude de saintes vierges qui intercédèrent aussi pour lui et la majesté du Seigneur déclara que s'il enseignait une bonne doctrine, donnait de bons exemples, et corrigeait ceux qu'il avait induits au mal, leur demande serait entendue. L'ange lui expliqua alors que parmi tous les vices horribles que commettaient les hommes il y en avait un qui offensait particulièrement Dieu: le péché contre nature, la sodomie. L'ange lui fit encore de longs discours sur les vices à éviter, l'exhorta à inviter spécialement les Germains et les Gaulois à respecter l'humilité et la pauvreté volontaire, fit une digression sur les péchés des congrégations féminines, revint au vice sodomitique et s'étendit longuement sur ce sujet, expliqua que les épidémies frappaient les hommes à cause de leurs péchés et lui recommanda particulièrement d'accomplir sans défaillance le service de Dieu, l'*opus Dei*. Il lui signala au passage qu'un certain comte Géraud qui avait gouverné la Bavière pour Charlemagne et montré son zèle pour la défense de l'Église avait été admis à la vie éternelle. Après beaucoup d'autres paroles, l'ange quitta Wetti et celui-ci se réveilla aux approches de l'aube et dicta sa vision. Une description très réaliste de ses derniers moments termine ce récit.

Il faudrait analyser en elle-même cette extraordinaire vision. Je n'en retiendrai que trois éléments qui intéressent le futur Purgatoire: l'insistance mise sur la purgation dans l'au-delà, la place tenue par une montagne comme lieu de ces peines temporaires (il y aura, à la fin de notre histoire, la montagne du Purgatoire de Dante), la présence en ces lieux de châtiments de Charlemagne puni pour avoir cédé aux tentations de la chair. C'est une des plus anciennes apparitions de cette légende qui eut du succès au Moyen Âge: l'empereur aurait eu des relations coupables avec sa sœur et serait ainsi le père de Roland. Plus tardivement on verra à son tour Charles Martel, grand-père de Charlemagne, torturé dans l'au-delà pour avoir dépouillé l'Église de ses biens. Mais Charles Martel sera damné comme Théodoric tandis que Charlemagne est «finalement sauvé[31]».

Si Charlemagne et son péché apparaissent dans la vision de Wetti, c'est toute la dynastie carolingienne qu'on retrouve dans une autre vision étonnante datant de la fin du IXe siècle et qui est sans doute le meilleur témoin d'une entreprise qui eut du succès au Moyen Âge: la politisation de la littérature apocalyptique[32].

POLITISATION DE L'AU-DELÀ : LA VISION DE CHARLES LE GROS

Je donne intégralement le texte de cette vision écrite sans doute peu après la mort de l'empereur Charles le Gros (888). Elle est destinée à servir la

---

31. B. de Gaiffier, «La légende de Charlemagne. Le péché de l'empereur et son pardon», in *Études critiques d'hagiographie et d'iconologie*, Bruxelles, 1967, pp. 260-275.
32. Voir W. Levison, «Die Politik in den Jenseitsvisionen des frühen Mittelalters», in *Aus rheinischer und fränkischer Frühzeit*, Düsseldorf, 1948. Ce texte a été inséré par Hariulf vers 1100 dans sa *Chronique de saint Riquier* (éd. F. Lot, Paris, 1901, pp. 144-148), par Guillaume de Malmesbury au XIIe siècle dans son *De Gestis regnum Anglorum* (éd. W. Stubbs, I, pp. 112-116) et par Vincent de Beauvais dans son *Speculum* au XIIIe siècle. On le rencontre isolé dans de nombreux manuscrits. Les moines de Saint-Denis l'ont attribué à leur bienfaiteur Charles le Chauve. C'est une des nombreuses falsifications exécutées dans cette abbaye. Celle concernant le pseudo-Denys, converti par saint Paul et prétendu fondateur du monastère, a été dénoncée au début du XIIe siècle par Abélard, ce qui contribua à ses ennuis.

cause de Louis, fils de Boson et d'Hermengarde, fille unique de l'empereur Louis II le Jeune, fils de Lothaire et neveu de Charles le Gros. Louis III, dit l'Aveugle, fut en effet proclamé roi en 890 et sacré empereur par le pape Benoît IV en 900. Il fut détrôné par son concurrent Bérenger qui, selon la coutume byzantine, lui fit crever les yeux. Le texte a été composé dans l'entourage de l'archevêque de Reims et l'on y affirme le pouvoir d'intercession de saint Remi, patron du siège archiépiscopal.

Récit d'une vision de Charles empereur fait d'après sa propre déclaration :

> Au nom de Dieu, souverain roi des rois, moi Charles, par la grâce de Dieu roi des Germains, patrice des Romains et empereur des Francs, tandis que pendant la nuit sainte d'un dimanche, après avoir célébré l'office divin de nocturne, j'allais me coucher pour me reposer et que je voulais dormir et faire un somme, une voix s'adressa à moi qui me dit d'un ton terrible : « Charles, ton esprit va te quitter tout à l'heure et une vision te révélera le juste jugement de Dieu et quelques présages le concernant ; mais ton esprit te reviendra ensuite dans une grande heure. »

Aussitôt après je fus ravi en esprit et celui qui m'enleva était d'une grande blancheur et il tenait dans la main une pelote de laine qui émettait un rayon lumineux d'une extrême clarté comme ont coutume de le faire les comètes, quand elles apparaissent, puis il se mit à la dérouler et me dit : « Prends un fil de la pelote brillante, attache-la et noue-la solidement au pouce de la main droite parce qu'elle te conduira dans le labyrinthe des peines infernales. » Ce disant, il me précéda rapidement en déroulant la pelote brillante et me conduisit dans des vallées embrasées et profondes qui étaient pleines de puits où brûlaient de la poix, du soufre, du plomb, de la cire et de la suie. J'y trouvai les prélats de mon père et de mes oncles. Comme je leur demandais avec terreur pourquoi ces tourments pénibles leur étaient infligés, ils me répondirent : « Nous avons été les évêques de ton père et de tes oncles ; mais au lieu de leur donner ainsi qu'à leur peuple des conseils de paix et de concorde, nous avons semé la discorde et nous avons été les instigateurs de maux. C'est pourquoi nous brûlons maintenant et nous subissons ces supplices infernaux ainsi que les autres auteurs d'homicides et de brigandages. C'est là que viendront aussi tes évêques et la foule de tes satellites qui se plaisent aujourd'hui à agir semblablement. »

Pendant que j'écoutais ces paroles en tremblant, voici que des démons tout noirs qui volaient tâchèrent de saisir avec des crochets de fer le fil de la pelote que je tenais à la main et de m'attirer à eux, mais la réverbération des rayons ne leur permit pas d'atteindre le fil. Puis ils coururent dans mon dos et voulurent me crocheter et me précipiter dans des puits de soufre ; mais mon guide qui tenait la pelote jeta sur mes épaules un fil de cette pelote et le doubla, puis il me tira vigoureusement derrière lui et ainsi nous grimpâmes sur des montagnes de feu très hautes d'où coulaient des marais et fleuves brûlants où bouillaient toutes sortes de métaux. J'y trouvai d'innombrables âmes d'hommes et de grands de mon père et de mes frères qui y avaient été précipités les uns jusqu'aux cheveux, les autres jusqu'au menton, d'autres jusqu'au nombril et ils me criaient en poussant des hurlements : « Durant notre vie nous avons aimé avec toi et ton père, tes frères et tes oncles, à livrer des combats et à commettre des homicides et des brigandages par cupidité terrestre ; c'est pourquoi nous endurons des tourments dans ces fleuves bouillants au milieu de toutes sortes de métaux. »

Comme je prêtais timidement attention à ces paroles, j'entendis derrière moi des âmes qui criaient : « Les grands endurent d'un fleuve bouillant des fournaises de poix et de soufre, pleines de grands dragons, scorpions et serpents de diverses espèces » ; j'y vis aussi quelques grands de mon père, de mes oncles et de mes frères ainsi que des miens qui me disaient : « Malheur à nous. Charles, tu vois quels pénibles tourments nous endurons pour notre méchanceté et notre orgueil ainsi que pour les mauvais conseils que nous avons donnés par cupidité au roi et à toi-même. » Tandis qu'ils me faisaient ces doléances en gémissant, des dragons coururent à ma rencontre, la gueule ouverte et pleine de feu, de soufre et de poix et ils voulaient m'engloutir. Mais mon guide tripla sur moi avec plus d'acharnement encore le fil de la pelote dont les rayons lumineux eurent raison de leurs gueules en feu et il me tira en avant plus vigoureusement.

Nous descendîmes alors dans une vallée qui d'un côté était obscure, mais flambait comme le feu d'un four ; de l'autre côté, elle était d'un agrément et d'un charme inexprimables. Je me tournai du côté qui était dans les ténèbres et qui vomissait des flammes et j'y vis plusieurs rois de ma famille qui étaient dans de grands supplices et alors je fus étreint d'une profonde angoisse, car je m'imaginai aussitôt que j'étais moi-même plongé dans ces supplices par les géants tout noirs qui embrasaient la vallée avec toute espèce de feu. Et tout tremblant, éclairé par le fil de la pelote, je vis sur le côté de la vallée une lueur qui surgissait pendant un moment, et il y avait deux sources qui coulaient. L'une était bouillante, mais l'autre était claire et tiède et il y avait deux bassins. Comme j'allais vers elle, dirigé dans ma marche par le fil de

la pelote, mes regards se fixèrent sur le bassin où était l'eau bouillante et j'y vis Louis, mon père[33], debout jusqu'à la cuisse.
Il était en proie à une douleur extrême qu'aggravait son angoisse et il me dit : « Monseigneur Charles, sois sans crainte, je sais que ton âme retournera dans ton corps. Si Dieu t'a permis de venir ici, c'est afin que tu voies pour quels péchés j'endure de tels tourments ainsi que tous ceux que tu as vus. Un jour, en effet, je suis dans ce bassin d'eau bouillante, mais le lendemain je suis transporté dans cet autre où l'eau est très fraîche ; je dois cela aux prières de saint Pierre et de saint Remi sous le patronage de qui notre race royale a régné jusqu'ici. Mais si vous venez vite à mon secours, toi et mes fidèles, évêques, abbés et membres du clergé, au moyen de messes, offrandes, psalmodies, vigiles et aumônes, je serai rapidement délivré de ce bassin d'eau bouillante, car mon frère Lothaire et son fils Louis ont déjà été soustraits à cette peine grâce aux prières de saint Pierre et de saint Remi et ils ont déjà été conduits dans la joie du paradis de Dieu. » Puis il me dit : « Regarde du côté gauche. » Je regardai et j'y vis deux bassins très profonds. « Ceux-ci, ajouta-t-il, ont été préparés pour toi si tu ne t'amendes pas et si tu ne fais pas pénitence pour tes crimes abominables. »
Je commençai alors à frissonner terriblement. S'apercevant de l'effroi dans lequel était mon esprit, mon compagnon me dit : « Suis-moi vers la droite où est la vallée magnifique du paradis. » Nous avançâmes et je contemplai mon oncle Lothaire assis à côté de glorieux rois dans une grande clarté sur une pierre qui était une topaze d'une taille extraordinaire. Il était couronné d'un diadème précieux et près de lui il avait son fils Louis orné d'une couronne semblable. En me voyant m'approcher de lui il m'interpella aimablement et me dit d'une voix forte : « Charles, mon successeur, toi qui maintenant règnes en sécurité dans l'empire des Romains, viens à moi ; je sais que tu es arrivé en traversant un lieu d'expiation où ton père, qui est mon frère, a été placé dans une étuve qui lui était destinée ; mais la miséricorde de Dieu le délivrera vite de ces peines de même que nous en avons été délivrés par les mérites de saint Pierre et les prières de saint Remi à qui Dieu a confié un apostolat suprême sur les rois et toute la race des Francs. Si ce saint n'avait pas secouru et aidé les survivants de notre postérité, notre famille aurait déjà cessé de régner et d'exercer le pouvoir impérial. Sache donc que ce pouvoir impérial te sera bientôt arraché des mains et qu'ensuite tu ne vivras plus que pendant très peu de

---

33. L'empereur Louis II le Germanique.

temps.» Se tournant alors vers moi Louis me dit: «L'empire des Romains que tu as possédé jusqu'ici à titre héréditaire doit échoir à Louis, le fils de ma fille.» À ces mots il me sembla que Louis l'enfant se présentait devant nous.

Son grand-père le regardant fixement me dit: «Ce petit enfant est semblable à celui que le Seigneur a placé au milieu de ses disciples lorsqu'il a dit: "Le royaume des cieux appartient à ces enfants; je vous dis que leurs anges voient toujours la face de mon Père qui est aux cieux." Quant à toi, remets-lui le pouvoir par ce fil de la pelote que tu tiens dans la main.» Dénouant un fil du pouce de ma main droite, je lui donnai par ledit fil toute la monarchie impériale. Aussitôt la pelote brillante se ramassa tout entière dans sa main comme si c'était un soleil éclatant. C'est ainsi qu'après avoir eu cette vision miraculeuse mon esprit rentra dans mon corps, mais j'étais très fatigué et rempli de terreur. Pour finir sachent tous, qu'ils le veuillent ou non, que tout l'empire des Romains retournera dans sa main conformément à la volonté de Dieu. Mais je n'ai pas le moyen d'agir pour lui, empêché que je suis par l'approche du moment où le Seigneur doit m'appeler. Dieu qui domine les vivants et les morts achèvera et confirmera cette œuvre, car son règne éternel et son empire universel demeurent sans fin dans les siècles des siècles[34].

Ce texte, qui sera une des lectures de Dante, montre combien, sans aucune réflexion théorique, il y a implicitement besoin de distinguer de l'Enfer, où sont en principe les grands personnages de cette vision, un lieu d'où l'on pourra sortir. Les éléments de détail y sont aussi des jalons précieux. Le thème folklorique de la pelote brillante qui sert de fil d'Ariane se retrouvera chez Gervais de Tilbury à propos d'une histoire de sorcière à Reims à la fin du XIIe siècle. Les thèmes du chaud et du froid, de la mitigation des peines y sont fortement soulignés. On voit s'y profiler un des usages de l'évocation des péchés de l'au-delà: le chantage sur les vivants.

---

34. La traduction est celle de R. Latouche in *Textes d'histoire médiévale du Ve au XIe siècle*, Paris, 1951, pp. 144 *sqq*. Sur Louis l'Aveugle, consulter R. Poupardin, *Le Royaume de Provence sous les Carolingiens*, Paris, 1901, Appendice VI: *La Visio Karoli Grossi*, pp. 324-332. Dans la «Vision de Rotcharius» qui, comme la «Vision de Wetti», date du début du IXe siècle (éd. W. Wattenbach in *Auzeigen für Kunde der deutschen Vorzeit*, XXII, 1875, col. 72-74) et où des pécheurs sont purgés de leurs péchés en étant plongés dans le feu jusqu'à la poitrine tandis qu'on leur verse de l'eau bouillante sur la tête, Charlemagne est parmi les élus car les prières des fidèles l'ont arraché au châtiment.

Je clôture cet examen des visions qui, du VIIe au XIe siècle, fournissent quelques éléments à l'imaginaire du Purgatoire par un poème d'Egbert de Liège, la *Fecunda Ratis*, composé entre 1010 et 1024, qui ramène à la conception ancienne des deux feux, le feu purgatoire et le feu éternel, et à la forme littéraire antique. À propos du feu purgatoire (231-240) il est question des fleuves de feu, de faute légère, et les autorités sont Jean II, 3, Daniel, VII, 10 et Ézéchiel, XXIV, 11. Les vers sur le feu éternel (241-248) évoquent le lac, le puits et le gouffre infernaux[35].

LA LITURGIE : PRÈS ET LOIN DU PURGATOIRE

La troisième voie à explorer sur le chemin du Purgatoire est celle de la liturgie. C'est à la fois la plus décevante et la plus riche peut-être de préparation pour la nouvelle croyance. D'un côté il n'y a rien ou presque rien qui fasse allusion à la rémission des péchés après la mort mais d'autre part l'évolution dans la ferveur des vivants à prier pour les morts crée des structures d'accueil pour le Purgatoire.

On a vu dans l'épigraphie funéraire le souci des chrétiens pour leurs morts. On retrouve ce souci dans la liturgie, mais ce qui est demandé pour les défunts, c'est, sinon le Paradis tout de suite, du moins l'attente tranquille et la promesse de la vie future. Les notions qui correspondent le mieux à ces souhaits sont celles du *refrigerium* (rafraîchissement) et le sein d'Abraham. La formule la plus courante sera celle du «lieu de rafraîchissement, de lumière et de paix».

On distingue pour le haut Moyen Âge trois versions d'oraison pour la mort : l'oraison du «vieux gélasien» (d'après le sacramentaire dit de Gélase) ou oraison romaine, l'oraison d'Alcuin, qui sera à partir du IXe siècle la plus répandue et se trouve encore au pontifical romain ; l'oraison gallicane qu'on trouve dans un sacramentaire de Saint-Denis du IXe siècle et dont on rencontre des témoins jusqu'au XVIe siècle.

Voici l'oraison d'Alcuin : « Dieu pour qui tout vit et pour qui nos corps ne périssent pas en mourant mais sont changés en mieux nous te prions suppliants d'ordonner que l'âme de ton serviteur soit recueillie par les mains de ses saints anges pour être conduite dans le sein de ton ami le patriarche Abraham et pour être ressuscitée le dernier jour du grand jugement et tout ce qu'il a pu contracter de vicieux par la tromperie du diable,

---

35. *Fecunda Ratis*, d'Egbert de Liège, éd. Voigt, Halle, 1889.

dans ta piété, ta miséricorde et ton indulgence efface-le. Par tous les siècles des siècles[36].»
De façon générale deux traits restreignent la portée des textes liturgiques pour l'étude de la formation du Purgatoire.
Le premier est l'absence délibérée de toute allusion à un châtiment ou à une expiation outre-tombe. Quand on parle d'âme purgée *(anima purgata)* comme dans le sacramentaire d'Hadrien il s'agit de la rémission des péchés. L'offrande eucharistique laisse espérer « la rédemption définitive et le salut éternel de l'âme». D'après certains sacramentaires, « l'offrande eucharistique brise les chaînes de l'empire de la mort et conduit l'âme dans le séjour de la vie et de la lumière[37]». La liturgie est délibérément euphémique, optimiste. Il est significatif qu'une préface du *Missel de Bobbio*, par exemple, reprend les termes mêmes de la prière d'Augustin pour sa mère. Joseph Ntedika a judicieusement remarqué que Grégoire le Grand a été « le premier à expliquer la prière pour les morts par la doctrine du Purgatoire » et a été suivi par Isidore de Séville, Bède et d'autres mais que ce point de vue n'a eu « aucune influence sur les formulaires liturgiques». Cette relative autonomie des différents domaines de l'histoire est un sujet de réflexion pour l'historien qui doit se résigner à ce que tout ne marche pas en histoire au même pas.
Le second trait est le conservatisme naturel, par fonction, de la liturgie. Par exemple l'introduction du *Memento des morts* dans le canon de la messe date sans doute au moins de Grégoire le Grand mais l'ensemble dans lequel il s'est inséré n'a plus bougé jusqu'à Vatican II : «Dès le commencement du Ve siècle la partie de notre canon romain qui va du *Te igitur* aux paroles de l'Institution était déjà substantiellement ce qu'elle est aujourd'hui[38].» Si ce *Memento des morts* est omis dans le sacramentaire grégorien *(Hadrianum)* envoyé par Hadrien Ier à Charlemagne cela tient simplement au fait qu'il était, à Rome, toujours omis aux messes du dimanche et aux offices solennels. Cette invocation, considérée comme

---

36. Voir D. Sicard, *La Liturgie de la mort dans l'Église latine des origines à la réforme carolingienne*, Liturgiewissenschaftliche Quellen und Forschungen. Veröffentlichungen des Abt-Herwegen Instituts der Abtei Maria Laach, Münster, 1978, vol. 63. On trouvera le texte latin des trois oraisons aux pages 89-91. L'oraison gallicane parle des trois patriarches et pas seulement d'Abraham. À «ton ami Abraham» sont joints «ton élu Isaac» et «ton aimé Jacob». De même dans le sacramentaire gélasien il est question *des seins (in sinibus)* des trois patriarches.
37. Voir l'excellente étude de J. Ntedika, *L'Évocation de l'au-delà dans la prière pour les morts. Étude de patristique et de liturgie latines (IVe-VIIIe siècle)*, Louvain-Paris, 1971, notamment pp. 118-120.
38. Ce sont les termes de B. Capelle, «L'intercession dans la messe romaine», in *Revue bénédictine*, 1955, pp. 181-191 ; repris in *Travaux liturgiques*, 1962, t. II, pp. 248-257.

un simple geste à l'égard de défunts connus, n'était dite qu'aux messes quotidiennes.
Deux remarques sont ici nécessaires. Elles nous invitent à replacer la genèse du Purgatoire dans le climat religieux général du haut Moyen Âge. La première est que, comme l'a indiqué Damien Sicard, une certaine évolution est sensible à l'époque carolingienne. Dans les rituels «Dieu est volontiers représenté maintenant comme le juge. On fait appel à sa justice presque autant qu'à sa miséricorde». Le Jugement dernier est évoqué, le mourant «doit être purifié, lavé de ses péchés et de ses fautes». Le sentiment des péchés du défunt qui n'apparaissait pas dans la liturgie ancienne s'exprime maintenant par des expressions de crainte et «un début de réflexion sur l'au-delà». Mais cet au-delà n'a que deux directions possibles : l'Enfer ou le Paradis. Ce que la liturgie carolingienne introduit ce n'est pas un espoir de Purgatoire : c'est, avec l'espoir plus fragile du Paradis, la peur croissante de l'Enfer. Déjà au VIIIe siècle le *Missel de Bobbio* propose une prière pour un défunt «pour qu'il échappe au lieu du châtiment, au feu de la géhenne, aux flammes du Tartare et qu'il parvienne à la région des vivants». Un autre rituel dit : «Libère-le, Seigneur, des princes des ténèbres et des lieux de châtiment, de tous les périls des enfers et des pièges des peines...»
Seconde observation : pendant tout le haut Moyen Âge la liturgie insiste sur l'idée d'une première résurrection et place donc les prières pour les morts dans un cadre millénariste. Cette idée, fondée sur l'Apocalypse de Jean, XX, 6 : «Heureux et saint celui qui participe à la première résurrection !» a été propagée notamment par Origène et saint Ambroise. La plupart des rituels présentent la formule : «Qu'il participe à la première résurrection» *(Habeat partem in prima resurrectione).*
Damien Sicard, se fondant sur une étude de Dom Botte, a bien défini les problèmes soulevés par cette croyance en une première résurrection : «Cette vieille formule liturgique a une saveur millénariste et laisse soupçonner qu'aux époques où étaient utilisés nos rituels gallicans et gélasiens, on n'était pas loin d'imaginer après la mort un lieu intermédiaire de la première résurrection où il était souhaitable et enviable de régner mille années avec le Christ... Mais nous aimerions que nos textes liturgiques nous précisent davantage ce qu'ils entendent par ce lieu intermédiaire. Comme l'eucologie romaine primitive, ils le désignent d'après l'Évangile de Luc par les expressions équivalentes de sein d'Abraham, de Paradis ou de Royaume.» On se dirige «vers la croyance en un lieu intermédiaire de repos, en un paradis suave, où dans la douceur de la lumière, l'âme rachetée de tous ses péchés attend le jour de sa résurrection. Mais rien dans cette conception ne laisse entrevoir cette purification, cette

peine due aux péchés déjà pardonnés que nous lions à l'idée actuelle du Purgatoire[39]. »

Il me semble que ce lieu intermédiaire de repos, c'est bien le sein d'Abraham ou encore la prairie habitée par les âmes vêtues de blanc de la *Vision de Drythelm*, de Bède. C'est aussi le sabbat des âmes dans l'attente du huitième jour, c'est-à-dire de la résurrection qu'évoquent notamment beaucoup de documents monastiques[40]. Mais de même que la notion de Purgatoire exigera la disparition de la catégorie augustinienne des *non valde boni*, ceux qui ne sont pas tout à fait bons, pour ne garder que celle des *non valde mali* ou des *mediocriter boni et mali*, ceux qui ne sont pas tout à fait mauvais, ou des moyennement bons et méchants, de même le lieu purgatoire réclamera l'évanouissement de ce lieu d'attente quasi paradisiaque, et en définitive l'effacement du sein d'Abraham.

LA COMMÉMORATION DES MORTS : CLUNY

La liturgie chrétienne s'est intéressée aux morts en dehors du *Memento des morts* du canon de la messe et de l'oraison pour les défunts. Les sacramentaires romains attestent l'usage de messes pour les défunts qui, à défaut d'être célébrées le jour des funérailles, le sont un jour récurrent, comme commémoration. Mais surtout les registres mortuaires sous leurs diverses formes sont le meilleur témoin de cette mémoire des morts. À l'époque carolingienne dans certains monastères on inscrivit sur des registres des vivants et des morts qui devaient être recommandés au canon de la messe. Ils prenaient la place des anciens diptyques, tablettes de cire où figuraient les noms des donneurs d'offrandes. Ce sont les *Livres de vie (libri vitae)*[41]. Puis les morts se

---

39. D. Sicard, *La Liturgie de la mort...*, op. cit., p. 412. Sur la première résurrection, B. Botte, «Prima ressurectio. Un vestige de millénarisme dans les liturgies occidentales», in *Recherches de Théologie ancienne et médiévale*, 15, 1948, pp. 5-17. La notion durera, appuyée sur l'Apocalypse. On la trouve par exemple dans un opuscule sur la confession de Guy de Southwick à la fin du XIIe siècle publié par A. Wilmart in *Recherches de Théologie ancienne et médiévale*, 7, 1935, p. 343.
40. J. Leclercq, «Documents sur la mort des moines», in *Revue Mabillon*, XLV, 1955, p. 167.
41. Voir N. Huyghebaert, *Les Documents nécrologiques*, in *Typologie des Sources du Moyen Âge occidental*, fasc. 4, Turnhout, Brepols, 1972; J.-L. Lemaître, «Les obituaires français. Perspectives nouvelles», in *Revue d'Histoire de l'Église de France*, LXIV, 1978, pp. 69-81. Il ne reste que 7 *libri vitae*. L'un d'eux, celui de Remiremont, a fait l'objet d'une édition exemplaire de E. Hladwitschka, K. Schmid et G. Tellenbach, *Liber Memorialis von Remiremont*, Dublin et Zurich, 1970. Voir G. Tellenbach, «Der liber memorialis von Remiremont. Zur kritischen Erforschung und zum Quellenwert liturgischer Gedenkbücher», in *Deutscher Archiv für Erforschung des Mittelalters*, 35, 1969, pp. 64-110.

séparent des vivants. Les communautés monastiques – dès le VIIe siècle en Irlande – notent sur des *rouleaux* le nom de leurs morts et les font circuler pour informer les monastères de la communauté[42]. Apparaissent ensuite les *nécrologes*, listes de défunts en marge d'un calendrier qu'on lisait en général à l'office de prime, soit au chœur, soit au chapitre, et les *obituaires* qui ne sont pas normalement destinés à la lecture mais qui rappellent les services anniversaires fondés par certains défunts et les œuvres de miséricorde (distribution d'aumônes le plus souvent) qui y sont attachées. K. Schmid et J. Wollasch ont souligné l'évolution qui s'est produite de l'époque carolingienne (IXe-Xe siècle) aux temps de la réforme grégorienne (fin XIe siècle). On est passé notamment des mentions globales aux mentions individuelles. Les *libri memoriales* carolingiens contiennent de 15 000 à 40 000 noms. Les nécrologes clunisiens ne mentionnent que 50 à 60 noms par jour de calendrier. Désormais «le souvenir liturgique est garanti durablement aux morts nommément inscrits». Le temps de la mort individuelle[43] s'impose dorénavant dans les registres mortuaires. K. Schmid et J. Wollasch ont aussi insisté sur le rôle de l'ordre clunisien dans cette évolution. Comme l'avait dit W. Jorden, «il y a une originalité clunisienne dans le soin des morts[44]». Cluny, en effet, tout en obéissant au caractère élitiste de ces unions entre morts et vivants qui concernent les groupes dirigeants, étend à l'ensemble des défunts de façon solennelle, une fois l'an, l'attention de la liturgie. Au milieu du XIe siècle, en effet, probablement entre 1024 et 1033, Cluny institue la commémoration des défunts le 2 novembre en contact avec la fête de tous les Saints, la veille. Le prestige de l'ordre dans la Chrétienté est tel que la «fête des Morts» est bientôt célébrée partout. Ce lien supplémentaire et solennel entre les vivants et les morts prépare le terrain où va naître le Purgatoire. Mais Cluny a préparé le Purgatoire d'une façon encore plus précise. Peu après la mort de l'abbé Odilon (1049), le moine Jotsuald, dans la vie du saint abbé qu'il écrit, rapporte le fait suivant :

> Le seigneur évêque Richard m'a rapporté cette vision dont j'avais jadis entendu parler, mais dont je n'avais pas gardé le moindre sou-

---

42. On trouvera une bibliographie sur les rouleaux des morts dans les articles de J. Dufour, «Le rouleau mortuaire de Bosson, abbé de Suse (v. 1130)», in *Journal des savants*, pp. 237-254, et «Les rouleaux et encycliques mortuaires de Catalogne (1008-1102)», in *Cahiers de Civilisation médiévale*, XX, 1977, pp. 13-48.
43. K. Schmid et J. Wollasch, «Die Gemeinschaft der Lebenden und Verstorbenen in Zeugnissen des Mittelalters», in *Frühmittelalterliche Studien*, I, 1967, pp. 365-405.
44. W. Jorden, *Das cluniazensische Totengedächtniswesen*, Münster, 1930. J.-L. Lemaître, «L'inscription dans les nécrologes clunisiens», in *La Mort au Moyen Âge. Colloque de la Société des historiens médiévistes de l'enseignement supérieur public, 1975*, Strasbourg, 1977, pp. 153-167.

venir. Un jour, me dit-il, un moine rouergat revenait de Jérusalem. Au beau milieu de la mer qui s'étend de la Sicile à Thessalonique, il rencontra un vent très violent, qui poussa son navire vers un îlot rocheux où demeurait un ermite, serviteur de Dieu. Lorsque notre homme vit la mer s'apaiser, il bavarda de choses et d'autres avec lui. L'homme de Dieu lui demanda de quelle nationalité il était et il répondit qu'il était aquitain. Alors, l'homme de Dieu voulut savoir s'il connaissait un monastère qui porte le nom de Cluny, et l'abbé de ce lieu, Odilon. Il répondit: «Je l'ai connu et même bien connu, mais je voudrais savoir pourquoi tu me poses cette question.» Et l'autre: «Je vais te le dire, et je te conjure de te souvenir de ce que tu vas entendre. Non loin de nous se trouvent des lieux qui, par la volonté manifeste de Dieu, crachent avec la plus grande violence un feu brûlant. Les âmes des pécheurs, pendant un temps déterminé, s'y purgent dans des supplices variés. Une multitude de démons est chargée de renouveler sans cesse leurs tourments: ranimant les peines de jour en jour, rendant de plus en plus intolérables les douleurs. Souvent, j'ai entendu les lamentations de ces hommes qui se plaignaient avec véhémence: la miséricorde de Dieu permet, en effet, aux âmes de ces condamnés d'être délivrées de leurs peines par les prières des moines et les aumônes faites aux pauvres, dans des lieux saints. Dans leurs plaintes, ils s'adressent surtout à la communauté de Cluny et à son abbé. Aussi, je te conjure par Dieu, si tu as le bonheur de revenir parmi les tiens, de faire connaître à cette communauté tout ce que tu as entendu de ma bouche, et d'exhorter les moines à multiplier les prières, les veilles et les aumônes pour le repos des âmes plongées dans les peines pour qu'il y ait ainsi plus de joie au ciel, et que le diable soit vaincu et dépité.»

De retour dans son pays, notre homme transmit fidèlement son message au saint père abbé et aux frères. En l'entendant, ceux-ci, le cœur débordant de joie, rendirent grâce à Dieu, ajoutèrent les prières aux prières, les aumônes aux aumônes, et travaillèrent obstinément au repos des défunts. Le saint père abbé proposa à tous les monastères que le lendemain de la fête de tous les Saints, le premier jour des calendes de novembre, on célèbre partout la mémoire de tous les fidèles pour assurer le repos de leur âme, que des messes, avec psaumes et aumônes, soient célébrées en privé et en public, que les aumônes soient distribuées sans compter à tous les pauvres: ainsi l'ennemi diabolique recevrait des coups plus durs et, souffrant dans cette géhenne, le chrétien caresserait l'espoir de la miséricorde divine.

Quelques années plus tard le célèbre moine et cardinal italien, Pierre Damien, écrivit à son tour une vie d'Odilon, presque entièrement copiée sur celle de Jotsuald à travers laquelle cet épisode devint célèbre[45]. Jacopo da Varazze (Jacques de Voragine) s'en fait l'écho dans la *Légende dorée* au XIIIe siècle : « Saint Pierre Damien rapporte que saint Odilon, abbé de Cluny, ayant découvert qu'auprès d'un volcan en Sicile, on entendait souvent les cris et les hurlements des démons se plaignant que les âmes des défunts fussent arrachées de leurs mains par les aumônes et les prières, ordonna, dans ses monastères, de faire, après la fête de tous les Saints, la commémoration des morts. Ce qui dans la suite fut approuvé par toute l'Église. » Jacopo da Varazze écrit au milieu du XIIIe siècle : il interprète donc l'histoire en fonction du Purgatoire qui, désormais, existe. Mais quand Jotsuald et Pierre Damien rédigent la *Vie d'Odilon*, le Purgatoire est encore à naître. Cluny pose un jalon essentiel ; voilà un lieu bien défini : une montagne qui crache le feu, et une pratique liturgique essentielle créée : les morts, et spécialement ceux qui ont besoin de suffrages, ont désormais leur jour dans le calendrier de l'Église.

---

45. Le texte de Jotsuald se trouve in *PL*, t. CXLII, col. 888-891 et celui de Pierre Damien, t. CXLIV, col. 925-944.

II
LE XIIᵉ SIÈCLE :
NAISSANCE DU PURGATOIRE

LE SIÈCLE DU GRAND ESSOR

Le XIIe siècle est le siècle de l'explosion de la Chrétienté latine. Le système des rapports sociaux, après une lente maturation, a changé. L'esclavage a définitivement disparu, le grand domaine de l'Antiquité tardive et du haut Moyen Âge s'est profondément transformé. Le système seigneurial s'est mis en place, organisant une double hiérarchie, une double domination. Un premier clivage, fondamental, sépare des dominants, les seigneurs, de la masse des paysans soumis à leur droit de commandement sur le territoire de la seigneurie. En fonction de ce droit, les seigneurs prélèvent sur les paysans une part importante du produit de leur travail sous forme de redevances en nature et, de plus en plus, en argent (en prestations de main-d'œuvre aussi, mais les corvées commencent à diminuer): c'est la rente féodale. Ils dominent la masse des paysans (les *manants*, ceux qui demeurent sur la seigneurie, les *vilains*, les hommes de l'ancien domaine qui sont aussi, moralement, des gens méprisables) par tout un ensemble de droits dont les plus significatifs, avec les exactions économiques, découlent de leur pouvoir de justice. Un second clivage social s'établit à l'intérieur de la classe dominante. Une aristocratie, celle des possesseurs des principaux châteaux, se subordonne la petite et moyenne noblesse des *chevaliers* par les liens de la *vassalité*. En échange d'un ensemble de services, surtout militaires, mais aussi d'assistance et de conseil, le seigneur accorde sa protection au vassal et lui confie souvent un moyen de subsistance, en général une terre, le fief.

L'ensemble de ce système constitue la féodalité. Si elle n'est juridiquement bien définie que pour la couche supérieure, féodo-vassalique, elle n'existe et ne fonctionne qu'à travers les rapports liant seigneurs et paysans, en général définis d'une façon assez vague par la *coutume*.

Cette *féodalité* est l'une des incarnations historiques d'un type de système plus vaste, le *féodalisme*, qui a existé (ou qui existe encore) dans diverses régions du monde et à différentes époques. Ce système, très dur pour la masse dominée, a pourtant permis à l'ensemble de la société un essor exceptionnel. Cet essor est d'abord visible au nombre des hommes : entre le début du XIe siècle et le milieu du XIIIe siècle, la population de la Chrétienté latine double à peu près globalement. Il apparaît aussi dans les campagnes : extension des surfaces, meilleurs rendements liés à la multiplication des façons, aux progrès technologiques. Il est spectaculaire avec le développement urbain, fondé sur l'exploitation du surplus agricole, la main-d'œuvre artisanale, le renouveau du commerce, avec la création d'un milieu urbain lié aux structures féodales mais qui y introduit un élément nouveau partiellement négateur : des classes moyennes libres : artisans, marchands d'où sort la bourgeoisie avec un système de valeurs nouvelles liées au travail, au calcul, à la paix, à une certaine égalité, une hiérarchie horizontale plutôt que verticale où les plus puissants devancent les autres sans les dominer.

De nouveaux schémas descriptifs et normatifs de la société apparaissent, venus de la vieille idéologie tripartie indo-européenne vivifiée par l'évolution historique. Le clergé est engagé dans les structures féodales en tant que partie prenante de la domination seigneuriale (les seigneuries ecclésiastiques sont parmi les plus puissantes) et il est désormais garant idéologique du système social mais il y échappe par la dimension religieuse. Son sentiment de supériorité est exalté par la réforme grégorienne selon laquelle les clercs forment une société de célibataires échappant à la macule sexuelle et sont en contact direct avec un sacré qu'ils administrent suivant la théorie nouvelle des sept sacrements. Le rappel de l'égalité des fidèles et de la supériorité des valeurs éthiques et religieuses sur les formes sociales et laïques permet aussi au clergé de s'affirmer comme le premier ordre, *celui qui prie*. Les nobles, dont la fonction spécifique est guerrière à un moment où l'armement et l'art militaire changent aussi (armement lourd pour l'homme et le cheval, campagnes organisées autour du réseau des châteaux forts), forment le second ordre, *celui qui combat*. Enfin, nouveauté significative, un troisième ordre apparaît, *celui qui travaille*, qu'il s'agisse d'une élite rurale dont le rôle a été important dans les défrichements et la conquête du sol, ou de la masse laborieuse, rurale puis aussi urbaine. On reconnaît ici le schéma de la société tripartie définie au début du XIe siècle et qui s'amplifie au XIIe : *oratores, bellatores, laboratores*[1].

---

1. Voir le grand livre de G. Duby, *Les Trois Ordres ou l'imaginaire du féodalisme*, rééd. in *Féodalité*, Gallimard, Quarto, 1996, pp. 451-825. L'idéologie tripartie indo-européenne a été révélée par l'œuvre magistrale de G. Dumézil.
Présentation de l'état des questions et des problèmes par J. Le Goff, « Les trois fonctions indo-européennes, l'historien et l'Europe féodale », in *Annales E.S.C.*, 1979, pp. 1187-1215.

LE XIIe SIÈCLE : NAISSANCE DU PURGATOIRE

Essor social, donc, sanctionné par un nouveau système de représentations. Mais l'essor du XIIe siècle est un mouvement d'expansion géographique et idéologique: c'est le grand siècle des croisades. Il est encore, dans la Chrétienté même, spirituel et intellectuel, avec le renouveau monastique, dont les chartreux, les prémontrés et surtout les cisterciens ont été l'expression, avec les écoles urbaines où naissent simultanément une nouvelle conception du savoir et de nouvelles méthodes intellectuelles: la *scolastique*.

Le Purgatoire est un élément de cette expansion dans l'imaginaire social, dans la géographie de l'au-delà, dans la certitude religieuse. Une pièce du système. C'est une conquête du XIIe siècle.

Je vais maintenant resserrer et approfondir peu à peu mon enquête. Je vais examiner de plus près à mesure qu'elle se constitue la logique du Purgatoire. Elle prendra une forme systématique selon deux directions. L'une, théologique, suivra les développements du système de la rédemption et sera étroitement liée au développement des conceptions du péché et de la pénitence et d'une doctrine articulée des fins dernières. L'autre, imaginaire, précisera la nature et les fonctions du feu puis construira le lieu de la purgation dans l'au-delà.

Mon enquête de géographie et de sociologie culturelles qui a cherché à embrasser jusqu'ici l'ensemble des expressions de l'au-delà dans toute la Chrétienté se concentrera, sans négliger aucun témoignage important, sur les lieux et les milieux où se fera la décision, où naîtra le Purgatoire. Je repérerai et définirai les centres de l'élaboration finale théologique et doctrinale et les régions où la géographie imaginaire de l'au-delà s'ancrera dans les réalités géographiques d'ici-bas. Enfin, comme le phénomène me semble exprimer une grande mutation de la société, j'analyserai la façon dont le Purgatoire prend place dans cet accouchement d'une société nouvelle. Telle sera la quadruple démarche de la partie centrale de ce livre.

4

LE FEU PURGATOIRE

AU DÉBUT DU XIIe SIÈCLE : ACQUIS ET INDÉCISIONS

Au début du XIIe siècle l'attitude à l'égard des morts, telle que nous pouvons la connaître à travers des documents émanant de clercs, de l'Église, est la suivante : après le Jugement dernier il y aura deux groupes d'hommes pour l'éternité : les élus et les damnés. Leur sort sera essentiellement déterminé par leur conduite pendant leur vie : la foi et les bonnes œuvres décideront du salut, l'impiété et les péchés criminels conduiront en enfer. Entre la mort et la résurrection, la doctrine n'est pas bien précisée. Selon certains, après la mort les défunts attendent dans les tombeaux ou une région sombre et neutre assimilée au tombeau comme le *shéol* de l'Ancien Testament, le Jugement décidera de leur sort définitif. Pour d'autres, plus nombreux, les âmes seront reçues dans des réceptacles divers. Parmi ces réceptacles il en est un qui se distingue, c'est le sein d'Abraham qui recueille les âmes des justes qui, en attendant le Paradis à proprement parler, vont dans un lieu de rafraîchissement et de paix. Pour la plupart, et cette opinion semble avoir la faveur des autorités ecclésiastiques, il existe, immédiatement après la mort, une décision définitive pour deux catégories de défunts ; ceux qui sont tout à fait bons, les martyrs, les saints, les justes intégraux, qui vont tout de suite au Paradis et jouissent de la vue de Dieu, récompense suprême, la vision béatifique ; ceux qui sont entièrement mauvais vont aussitôt en enfer. Entre les deux, il peut y avoir une ou deux catégories intermédiaires. Selon saint Augustin, ceux qui ne sont pas tout à fait bons subiront une épreuve avant d'aller au Paradis et ceux qui ne sont pas tout à fait mauvais iront en enfer mais y bénéficieront peut-être d'une damnation plus tolérable. Selon la plupart de ceux qui croient en l'existence d'une catégorie intermédiaire, ces morts en attente de Paradis seront soumis à une purgation. Ici les avis sont divers. Pour les uns cette purgation aura lieu au moment du Jugement dernier. Mais parmi les tenants de cette opinion, les positions sont différentes. Les uns estiment que

tous les morts – y compris les justes, les saints, les martyrs, les apôtres, et, à la limite, Jésus – subiront cette épreuve. Pour les justes ce sera une formalité sans conséquence; pour les impies, la condamnation; pour les presque parfaits, une purgation. D'autres pensent que seuls ceux qui ne sont pas allés tout de suite en Paradis ou en Enfer subiront cet examen.
En quoi consistera cette purgation? L'immense majorité estime que ce sera une sorte de feu – en se fondant essentiellement sur la première Épître de Paul aux Corinthiens (III, 10-15). Mais certains pensent que les instruments de cette purgation sont diversifiés et parlent de «peines purgatoires» *(poenae purgatoriae)*. Qui méritera de subir cet examen qui, si pénible soit-il, est une assurance de salut? Depuis Augustin et Grégoire le Grand, on sait que seuls les morts qui n'ont plus à expier que des péchés légers ou qui avant de mourir se sont repentis sans avoir eu le temps de faire pénitence sur terre et qui, de toute façon, ont eu une vie assez digne et suffisamment marquée par les bonnes œuvres mériteront ce «repêchage». Quand cette purgation aura-t-elle lieu? Depuis Augustin on pensait en général qu'elle aurait lieu entre la mort et la résurrection. Mais le temps de la purgation pouvait déborder ce temps intermédiaire en amont ou en aval. Pour Augustin lui-même les épreuves subies ici-bas, la tribulation terrestre, pouvaient être le début de la purgation. Pour d'autres cette purgation restait fixée au moment du Jugement dernier et, dans ce cas, on estimait en général que le «jour» du jugement durerait un certain temps pour permettre que la purgation soit autre chose qu'une formalité.
Où cette purgation aurait-elle lieu? Ici on était dans le vague plus encore que dans la diversité d'opinions. La plupart ne précisaient rien à ce sujet. Certains pensaient qu'il y avait un réceptacle des âmes à cet effet, Grégoire le Grand, dans ses anecdotes, avait suggéré que la purgation se faisait sur les lieux du péché. Les auteurs de voyages imaginaires dans l'au-delà ne savaient trop où situer l'endroit où l'on subissait ce feu purgatoire. Sa localisation était tiraillée, si l'on peut dire, entre la conception d'une partie supérieure de l'Enfer, mais donc souterraine, matérialisée par une vallée et l'idée – lancée par Bède – d'une montagne.
En somme la plus grande indécision règne sur le cas de cette catégorie intermédiaire et si la notion du feu – bien distingué du feu éternel de la géhenne – est largement admise, la localisation de ce feu est passée sous silence ou évoquée de façon très vague. Des Pères de l'Église aux derniers représentants de l'Église carolingienne le problème de l'au-delà est essentiellement celui du choix entre le salut qui conduira au paradis et la damnation qui entraînera en enfer. En définitive, la croyance qui s'est le plus fortifiée entre le IVe et le XIe siècle et qui a créé le terrain le plus favorable à la naissance du Purgatoire, c'est la pratique des prières, et, plus largement des

suffrages pour les morts. L'ensemble des fidèles y trouve de quoi satisfaire à la fois sa solidarité avec ses parents et ses proches au-delà de la mort et l'espérance d'être à son tour, après la mort, bénéficiaire de cette assistance. Augustin, fin psychologue et pasteur attentif, l'a bien dit dans le *De cura pro mortuis gerenda*. Cette croyance et ces pratiques qui exigent l'intervention de l'Église dans le sacrifice eucharistique notamment – et dont elle bénéficie, entre autres par l'aumône – lui assurent une meilleure emprise sur les vivants par le détour de son pouvoir supposé en faveur des morts.

Le XIIe siècle, comme en beaucoup de domaines, va accélérer les choses; le Purgatoire comme lieu ne naîtra qu'à la fin. En attendant c'est le feu purgatoire qui est attisé.

Une remarque préalable peut être ici nécessaire.

L'utilisation d'un dossier de textes du XIIe siècle est affaire délicate. L'essor général de cette époque se retrouve dans la production écrite. Les textes se multiplient. Les érudits, depuis le XVIe siècle, et surtout aux XIXe et XXe siècles, se sont efforcés d'en éditer le plus possible. Il en reste beaucoup d'inédits. À ce foisonnement s'ajoutent des traits caractéristiques de la période. Pour assurer le succès d'une œuvre beaucoup de clercs de cette époque n'hésitent pas à lui attribuer un auteur illustre ou connu. La littérature du XIIe siècle est alourdie par des apocryphes. Les problèmes d'attribution et d'authenticité dans beaucoup de cas n'ont pas été élucidés. La scolastique naissante a par ailleurs multiplié des textes qu'il est bien difficile d'attribuer à un auteur, à supposer que ce mot ait ici un sens: *quaestiones, determinationes, reportationes* issues bien souvent des notes prises par un élève au cours d'un maître. Souvent, le scribe a mélangé les paroles authentiques du maître avec ses propres formulations ou celles d'autres auteurs contemporains. Nous possédons rarement enfin l'original. Les manuscrits dont nous disposons ont été écrits à une époque postérieure, entre le XIIIe et le XVe siècle. Les scribes ont, dans un certain nombre de cas, remplacé, inconsciemment ou en pensant bien faire, car ce qui inspire les hommes du Moyen Âge c'est la quête de la vérité éternelle, non de la vérité historique, tel mot du texte original par un autre ou par une expression de leur temps[1]. Cette étude n'a pu éliminer quelques incertitudes qui tiennent à l'inachèvement de la science du Moyen Âge aujourd'hui mais surtout, en définitive, à la littérature religieuse du XIIe siècle dont le multiple jaillissement reste difficile à saisir dans les grilles de la science actuelle (justement) éprise d'identification d'auteurs et de datations précises. La convergence de mes recherches et de mes analyses me paraît pourtant probante: il n'y a pas de Purgatoire avant 1170 au plus tôt.

---

1. Voir *infra*, Appendice II: *Purgatorium*, pp. 1211-1215.

Mais les textes se multiplient, l'intérêt pour ce qui se passe entre la mort et le Jugement dernier se manifeste de plus en plus, le désordre des exposés est aussi témoignage de recherche, le souci de localisation est de plus en plus visible.

UN TÉMOIN DES HÉSITATIONS : HONORIUS AUGUSTODUNENSIS

Un bon témoin est ici le mystérieux Honorius Augustodunensis, vraisemblablement un Irlandais qui a passé la plus grande partie de sa vie religieuse à Ratisbonne. Certes Honorius, dont M. Cappuyns a dit qu'il a été sans doute le seul disciple médiéval de Jean Scot Érigène, a des idées originales sur l'au-delà. Pour lui les lieux de l'au-delà n'existent pas matériellement. Ce sont des «lieux spirituels». Le terme «spirituel» est ambigu, il peut recouvrir une certaine corporéité ou désigner une réalité purement symbolique, métaphorique. Honorius a hésité entre les deux tendances. Dans la *Scala Coeli major* où il semble pencher vers le sens complètement immatériel, il tempère cependant cette opinion par une théorie de sept enfers (dont le monde terrestre est le second), plus ou moins matériels ou immatériels[2]. Ce qui m'intéresse chez Honorius ce sont deux éléments de son œuvre. Le premier c'est précisément sa vive critique d'une vision spa-

---

2. Voir l'article de Cl. Carozzi, «Structure et fonction de la Vision de Tnugdal», in *Faire croire, Actes du Colloque de l'École française de Rome*, 1979. Cl. Carozzi me semble avoir exagéré l'importance d'une éventuelle querelle entre «matérialistes» et «immatérialistes» au XIIe siècle et anticipé l'existence du Purgatoire, mais son texte est très stimulant. Si, comme le croit Cl. Carozzi, il y a eu au XIIe siècle une tendance, chez Honorius Augustodunensis par exemple, à ne voir dans les choses de l'au-delà que des *spiritualia*, des phénomènes spirituels, cette tendance n'eut guère d'influence sur la genèse du Purgatoire encore vague mais qu'elle aurait pu bloquer. Quand Honorius Augustodunensis est amené, dans l'*Elucidarium*, à évoquer les lieux où se trouvent les âmes dans l'autre monde, il doit leur accorder une certaine matérialité, comme on verra. Le débat sur le caractère réel ou métaphorique du feu qui constituait le châtiment le plus fréquemment indiqué pour la purgation des péchés ne dura guère au-delà des premiers siècles chrétiens. L'idée que les âmes n'avaient aucun corps et qu'elles ne pouvaient par conséquent se trouver dans aucun lieu matériel, professée par Jean Scot Érigène au IXe siècle, n'eut guère d'écho, pas plus que la plus grande partie des doctrines de ce penseur isolé. Voir M. Cappuyns, *Jean Scot Érigène. Sa vie, son œuvre, sa pensée*, Louvain-Paris, 1933. Alexandre de Halès, dans la première moitié du XIIIe siècle, exprimera l'opinion générale des théologiens consacrant la croyance commune: «Le péché n'est pas remis sans une double peine : la rémission n'a pas de valeur, s'il n'y a aucune peine de la part du corps» («*Non ergo dimittitur peccatum sine duplici poena; non ergo valet relaxati cum nulla sit poena ex parte corporis*», in *Glossa in IV Libros Sententiarum*, IV, dist. XX). L'essentiel sans doute est de se rendre compte que «spirituel» ne veut pas dire «désincarné».

tiale de la vie spirituelle. Dans la *Scala Coeli major*, il interprète comme purement métaphorique la localisation des enfers sous terre – mettant en rapport l'infériorité, la pesanteur et la tristesse. Il conclut: «Tout lieu a une longueur, une largeur et une hauteur mais l'âme, comme elle est dépourvue de tous ces attributs, ne peut être enfermée dans aucun lieu[3].» Idée qu'on retrouve dans son *Liber de cognitione verae vitae*: «Mais ce me semble un comble de l'absurdité que d'enfermer dans des lieux corporels les âmes et les esprits puisqu'ils sont incorporels, surtout du fait que tout lieu peut être mesuré en hauteur, longueur et largeur tandis que l'esprit, on le sait bien, est dépourvu de tous ces attributs[4].» On peut supposer que si une pensée comme celle d'Honorius avait triomphé, le Purgatoire, essentiellement lié à sa localisation, ne serait pas né, ou serait resté une croyance secondaire et atrophiée.

Mais, paradoxalement, dans une autre œuvre, traité des principales vérités chrétiennes sommairement exposées, une sorte de catéchisme, l'*Elucidarium*, Honorius parle du feu purgatoire et ce passage tient une place notable dans le dossier de la gestation du Purgatoire. Au troisième livre de l'*Elucidarium*, qui est un dialogue, Honorius répond à des questions sur la vie future. À une interrogation sur le paradis, il précise que ce n'est pas un lieu corporel mais la demeure spirituelle des bienheureux, située dans le ciel intellectuel où ils peuvent contempler Dieu face à face. Est-ce là, lui demande-t-on, que sont conduites les âmes des justes? C'est là que sont conduites, au sortir du corps, les âmes des parfaits, répond-il. Ces parfaits, qui sont-ils? interroge-t-on. Ceux qui ne se sont pas contentés de faire dans leur vie ce qui est prescrit, mais qui en ont fait davantage: les martyrs, les moines, les vierges par exemple. Les justes sont dans d'autres demeures. Et les justes, qui sont-ils? Ceux qui ont simplement accompli sans rechigner ce qui est prescrit. Dès la mort leur âme est emmenée par les anges dans le paradis terrestre ou plutôt dans une joie spirituelle car les esprits n'habitent pas dans des lieux corporels. Il existe en outre une catégorie de justes que l'on dit imparfaits, qui sont pourtant écrits dans le livre de Dieu, comme par exemple les époux, qui, à cause de leurs mérites, sont accueillis dans des habitacles très agréables. Beaucoup d'entre eux avant le jour du jugement, grâce aux prières des saints et aux aumônes des vivants, sont admis à une plus grande gloire; tous après le jugement seront réunis aux anges. Il y a aussi parmi les élus des défunts qui sont loin de la perfection et qui ont différé de faire pénitence pour leurs péchés; ceux-ci, comme le fils fautif qui est confié à l'esclave pour être fouetté, sont livrés, avec la permission des

---

3. *PL*, t. CLXXII, col. 1237-1238. Claude Carozzi a sans doute raison de suspecter cette édition.
4. *PL*, t. XL, col. 1029.

anges, aux démons pour être purgés. Mais ceux-ci ne peuvent pas les tourmenter plus qu'ils n'ont mérité ou que les anges le permettent.
La question suivante porte sur les moyens de libération de ces imparfaits. Le maître, c'est-à-dire Honorius, répond que ce sont les messes, les aumônes, les prières et autres œuvres pieuses surtout si, de leur vivant, ils en ont accomplies pour autrui. Ils sont libérés de ces peines les uns le septième jour, d'autres le neuvième, d'autres au bout d'un an, d'autres encore plus longtemps après. Honorius explique alors – selon une arithmétique symbolique mystérieuse – la raison de la durée de ces périodes.
On lui pose enfin la question qui touche de plus près notre enquête :

LE DISCIPLE : Qu'est-ce que le feu purgatoire ?
LE MAÎTRE : Certains subissent la purgation en cette vie : tantôt ce sont les douleurs physiques que les maux leur apportent, tantôt ce sont les épreuves physiques qu'ils s'imposent par des jeûnes, des veilles ou autrement ; tantôt c'est la perte d'êtres chers ou de biens auxquels ils tiennent, tantôt ce sont les douleurs ou la maladie, tantôt ce sont les privations de nourriture ou de vêtement, tantôt enfin c'est la cruauté de leur mort. Mais après la mort la purgation prend la forme soit de l'excessive chaleur du feu soit de la grande rigueur du froid, soit toute espèce d'épreuve, mais la plus faible est supérieure à la plus grande qu'on puisse imaginer en cette vie. Quand ils sont là, de temps en temps, leur apparaissent les anges ou les saints en l'honneur de qui ils ont fait quelque chose dans leur vie et ils leur apportent de l'air ou une odeur suave ou une autre forme de soulagement, jusqu'à ce que, libérés, ils entrent dans cette cour qui n'accueille aucune souillure.
LE DISCIPLE : Sous quelle forme vivent-ils là ?
LE MAÎTRE : Sous la forme des corps qu'ils ont portés ici-bas. Et on dit des démons qu'on leur donne des corps faits d'air pour qu'ils y sentent leurs tourments.

Après des explications peu claires sur les rapports entre le corps et l'âme, Honorius parle de l'Enfer ou plutôt des enfers, car, selon lui, il y en a deux. L'enfer supérieur est la partie inférieure du monde terrestre qui est pleine de peines : une chaleur insupportable, un grand froid, la faim, la soif, diverses douleurs, soit corporelles comme celles qui proviennent de coups, soit spirituelles comme celles qui découlent de la peur ou de la honte. L'enfer inférieur est un lieu spirituel où il y a un feu inextinguible et où l'on subit neuf sortes de peines spéciales : un feu qui brûle et n'éclaire pas et un froid intolérable, des vers immortels, en particulier des serpents et des dragons, une puanteur épouvantable, des bruits inquiétants comme de mar-

teaux frappant le fer, des ténèbres épaisses, le mélange confus de tous les pécheurs, l'horrible vision des démons et des dragons entr'aperçus au scintillement du feu, la clameur lamentable des pleurs et des insultes et enfin des liens de feu qui serrent tous les membres des damnés[5].
Ce texte ne fait que reprendre les idées augustiniennes, y compris le début de purgation sur terre, avec à peine un peu plus d'insistance sur le caractère métaphorique d'un au-delà dont Augustin aussi s'était parfois demandé s'il ne relevait pas davantage du symbolique que du matériel. Et pourtant, Honorius, nourri sans doute de lectures et de récits visionnaires, laisse passer une imagination qui contredit ses idées. Plus encore que le réalisme des évocations infernales, c'est, me semble-t-il, le rôle confié aux anges et aux démons, plus «médiéval» qu'augustinien dans la ligne de Grégoire le Grand, qui constitue l'efficacité de ce texte dans la préhistoire du purgatoire.

LE FEU : EN MILIEU MONASTIQUE

Jusqu'au cœur du XIIe siècle, le plus souvent à propos du commentaire de la première Épître de Paul aux Corinthiens, la réflexion sur la purgation des péchés se limite à une évocation traditionnelle du feu purgatoire. Voici d'abord Bruno le Chartreux (mort en 1101) que certains considèrent comme un des pères de la scolastique, à côté du grand Anselme de Cantorbéry (mort en 1109). Il est le premier à avoir eu une école à proprement parler et à avoir proposé un commentaire scolaire qui connaîtra de nombreux remaniements, précisément un *Commentaire sur les Épîtres de saint Paul*. Certains attribuent cette œuvre à un auteur de l'entourage de Bruno, en général à Raoul de Laon (mort en 1136), le frère d'Anselme et le plus connu des représentants de l'école de Laon, la plus brillante école théologique du début du XIIe siècle. Dans le commentaire de la première Épître de Paul aux Corinthiens, il est dit, dans la ligne de la pensée augustinienne, que ceux qui ont aimé le monde mais sans le préférer à Dieu seront sauvés, mais après avoir été punis par le feu. Ceux dont l'œuvre a été de bois seront punis longtemps car le bois est lent à brûler, ceux dont l'œuvre a été de foin, que le feu brûle vite, échapperont plus vite à la purgation ignée; ceux enfin dont l'œuvre a été de paille que le feu consume plus vite encore, passeront le plus rapidement à travers le feu[6].

---

5. Voir Y. Lefèvre, *L'Elucidarium et les Lucidaires*, Paris, 1954.
6. *PL*, t. CLIII, col. 139.

Le Tournaisien Guerric, né vers 1187, attiré par saint Bernard, entra à Clairvaux vers 1125 et en 1138 devint le deuxième abbé de l'abbaye cistercienne d'Igny, fondée en 1128 par saint Bernard entre Reims et Soissons et qui y mourut «plein de jours», c'est-à-dire fort âgé, en 1158. On a conservé de lui 54 sermons[7] destinés aux moines. Dans les quatrième et cinquième sermons où il traite de la purification de la Vierge Marie, il parle aussi du feu purgatoire. Guerric, qui semble avoir subi l'influence d'Origène, pense que la purification doit commencer ici-bas et il a tendance à identifier le feu purgatoire de l'au-delà avec le feu du jugement. Il déclare par exemple, dans le quatrième sermon pour la purification:
«Qu'il est plus sûr, mes frères, et qu'il est plus doux d'être purgés par la source que par le feu! À coup sûr, ceux qui n'auront pas été maintenant purgés par la source devront l'être par le feu, si toutefois ils méritent d'être purgés, le jour où le juge en personne siégera, tel un feu prêt à fondre, à fondre et épurer l'argent et qu'il purgera les fils de Lévi (Malachie, III, 2-3)... Ce que j'affirme sans hésitation, c'est que si le feu que le Seigneur Jésus a envoyé sur terre vient à brûler en nous avec l'ardeur que veut celui qui l'envoie, le feu purgatoire qui purgera lors du jugement les fils de Lévi ne trouvera en nous ni bois, ni foin, ni paille à consumer. Certes chacun d'eux est feu purgatoire, mais de façon bien différente. L'un purifie par son onction, l'autre par sa brûlure. Ici c'est une rosée rafraîchissante; là un souffle vengeur *(spiritus judicii)*, un souffle brûlant...» Et encore: «Et si cette charité n'est pas assez parfaite pour suffire à couvrir tant et de tels péchés, ce fondeur qui purge les fils de Lévi y emploie son feu: tout le reste de rouille est consumé par le feu de la tribulation présente ou future, pour qu'ils puissent finalement chanter: "Nous sommes passés par l'eau et par le feu, et tu nous as conduits au rafraîchissement" (Psaume LXV, 12). Ainsi en est-il de ce monde: d'abord baptisé par l'eau du déluge, purgé ensuite au feu du jugement, il passera à un état nouveau, incorruptible.»
Le thème, avec des accents augustiniens, revient dans le cinquième sermon pour la purification: «Malheur à nous si ces jours (ici-bas) s'accomplissent sans que la purgation s'accomplisse aucunement, et qu'ensuite nous

---

7. Les Sermons de Guerric d'Igny ont été publiés (t. I) par J. Morson et H. Costello avec une traduction de P. Deseille in «Sources chrétiennes», 1970, vol. 166. Je donne cette traduction en remplaçant simplement selon mon habitude purifier, purification, purificateur par *purger, purgation, purgatoire*, là où il y a dans le texte *purgare, purgatio, purgatorius*. Guerric en effet emploie aussi *purificare*. Il faut cependant reconnaître que les deux termes semblent pour lui à peu près synonymes. L'Écriture d'ailleurs l'y invitait. Le thème du quatrième sermon est le verset de Luc, II, 22: *Postiquam impleti sunt dies purgationis eius (Mariae)*. Les deux sermons dont je cite des extraits se trouvent dans le tome I, pp. 356-385. Sur Guerric d'Igny et le «purgatoire», voir D. De Wilde, *De beato Guerrico abbate Igniacensi ejusque doctrina de formatione Christi in nobis*, Westmalle, 1935, pp. 117-118.

devions être purgés par ce feu plus cruel *(poenalius)*, plus vif et plus violent que tout ce que l'on peut imaginer en cette vie ! Et qui donc, au sortir de cette vie, est assez parfait et assez saint pour ne rien devoir à ce feu ?... Certes, il y a peu d'élus, mais parmi ce peu, il y en a tout à fait peu, je pense, d'assez parfaits pour avoir réalisé la purgation dont parle le sage : "Purge-toi de ta négligence avec le petit nombre"» (Ecclésiastique, VII, 34).
Dans la ligne d'Augustin, Guerric n'attribue pas une grande population au futur purgatoire.

Les *Deflorationes sanctorum Patrum*, l'*Anthologie des Pères*, de Werner II, abbé de Saint-Blaise, mort en 1174, très influencées par Hugues de Saint-Victor[8], font allusion au feu purgatoire dans un sermon sur la chute d'Adam : « Après la mort aussi, dit-on, il y a un feu purgatoire *(ignis quidam purgatorius)* où sont purgés et lavés ceux qui ont commencé à l'être ici-bas et n'ont pas achevé... Il est dur de ressentir ces tortures même si c'est à un faible degré. Aussi vaut-il mieux commencer et achever ici-bas ce que l'on doit faire. Mais si l'on n'est pas parvenu à l'achever, pourvu qu'on ait commencé, on ne doit pas désespérer car "tu seras sauvé, mais comme à travers le feu" (première Épître de Paul aux Corinthiens, III, 10-15). Ce que tu portes en toi de criminel brûlera jusqu'à la consomption. Mais tu seras sauvé puisque l'amour de Dieu est resté comme fondement en toi[9]. »

CHEZ LES THÉOLOGIENS URBAINS

J'aurai à reparler de l'école de ce théologien original que fut Gilbert Porreta, dit Gilbert de la Porrée, évêque de Poitiers, mort en 1154, qui, comme son contemporain Abélard, eut maille à partir avec l'Église. Son commentaire sur saint Paul est inédit mais un fragment de commentaire sur la première Épître aux Corinthiens qui interprète, sans lui être toujours fidèle, le texte de Gilbert, et qui date de peu après 1150, reprend aussi l'idée d'une purgation ici-bas à achever après la mort « dans le feu ». Il précise que ce feu purgatoire doit précéder le Jugement dernier[10].
On parle aussi du feu purgatoire dans la célèbre abbaye des chanoines réguliers de Saint-Victor, aux portes de Paris, au pied de la montagne

---

8. Voir plus loin pp. 944 *sqq.*
9. *PL*, t. CLVII, col. 1053-1036. Voir P. Glorieux, « Les *Deflorationes* de Werner de Saint-Blaise », in *Mélanges Joseph de Ghellinck*, Gembloux, t. II, 1951, pp. 699-721.
10. Éd. A. M. Landgraf, *Commentarius Porretanus in primam epistolam ad Corinthios* (Studi e Testi, 177), Cité du Vatican, 1945.

Sainte-Geneviève. En dehors du grand Hugues de Saint-Victor dont l'œuvre est une des plus importantes pour la préfiguration du purgatoire à la veille de sa naissance voici par exemple le témoignage d'Achard, abbé de Saint-Victor de 1155 à 1161, évêque d'Avranches de 1161 à sa mort en 1170 ou 1171, dans son second sermon pour la fête de la dédicace de l'église. Quand il y traite du symbolisme du marteau et du ciseau dont on se sert pour édifier l'église, il dit qu'on peut interpréter le premier comme « la terreur du feu éternel » et le second comme « la terreur du feu purgatoire[11] ».

DANS LA LITTÉRATURE VERNACULAIRE

On voit que les interrogations sur le sort des défunts après la mort et les problèmes du feu purgatoire dépassent les limites du milieu ecclésiastique. Non seulement on en discute dans les écoles ouvertes sur l'environnement urbain, non seulement on en parle dans la prédication monastique, mais on en diffuse la connaissance dans les sermons dont nous ne possédons, sauf exception, que la version écrite en latin, mais qui étaient, quand les clercs s'adressaient aux laïcs, prononcés en langue vulgaire[12]. C'est précisément dans deux textes en ancien français que j'irai chercher deux témoignages de la « popularité » du feu purgatoire au XIIe siècle.

Le premier n'est autre qu'une traduction des *Dialogues* de Grégoire le Grand en français : *Li Dialoge Gregoire lo Pape*, écrite dans le dialecte du pays de Liège. Aux chapitres XL et XLI notamment du livre IV dont j'ai parlé plus haut on rencontre les expressions *li fous purgatoires* ou *lo fou purgatoire* (le feu purgatoire), *(lo) fou de la tribulation*, *(lo) fou de la purgation*. La question posée par Pierre à la fin du chapitre XL est : *Ge voldroie ke l'om moi enseniast, se li fous purgatoires après la mort doit estre crue estre* (je voudrais que l'on m'enseigne si le feu purgatoire après la mort doit être cru exister c'est-à-dire si l'on doit croire que le feu purgatoire après la mort existe).

---

11. Achard de Saint-Victor, *Sermons*, éd. J. Châtillon, Paris, 1970, p. 156.
12. Voir J. Longère, *Œuvres oratoires de maîtres parisiens au XIIe siècle*, Paris, 1975. D'intéressantes indications sur le monde de l'au-delà, t. I, pp. 190-191 et t. II, pp. 144-145, bien que la « naissance du Purgatoire » n'ait pas été remarquée. Sur les débuts de la littérature homilétique en langue française, voir M. Zink, *La Prédication en langue romane avant 1300*, Paris, 1976.

LE XIIe SIÈCLE : NAISSANCE DU PURGATOIRE

Le titre du chapitre XLI où Grégoire répond, est : *se li fous purgatoires est après la mort* (si le feu purgatoire existe après la mort)[13].
Dans une version en vers où apparaît le mot *purgatoire* (purgation, purgatoire) on rappelle l'opinion de Grégoire selon qui il n'y avait pas de «lieu déterminé» pour la purgation mais chaque âme était purgée, après la mort, sur les lieux où elle avait péché de son vivant :

> *Par ces countes de seint Gregorie*
> *Deit houme entendre qi purgatorie*
> *N'est pas en une lieu determinez*
> *Ou les almes seint touz peinez.*

(Par ces contes de saint Grégoire, on doit comprendre que la purgation n'est pas en un lieu déterminé où toutes les âmes subiraient leurs peines ensemble[14].)

L'autre texte est la traduction en français du début du XIIIe siècle – mais reproduisant l'original du XIIe – de l'*Histoire des croisés en Terre sainte (Historia rerum in partibus transmarinis gestarum)* écrite par Guillaume de Tyr, mort entre 1180 et 1184. Le chapitre XVI du livre I décrit comment les petites gens partirent pour la croisade *(Comment li menuz peuples se croisa pour aler outremer)* : «*Tant avoit de pecheours el monde qui avoient eslongnie la grace de Nostre Seigneur, que bien covenoit que Dex leur monstrat un adreçoer par où il alassent en paradis, et leur donast un travail qui fust aussiut comme feus purgatoires devant la mort.*» C'est-à-dire : «Il y avait tant de pécheurs au monde qui avaient éloigné [d'eux] la grâce de Notre-Seigneur, qu'il convenait que Dieu leur montrât un droit chemin pour aller au paradis, et leur donnât une épreuve qui soit comme feu purgatoire avant la mort.» Ce texte rappelle l'idée de croisade comme pénitence, différente de l'esprit initial de la croisade comme expédition eschatologique. Il fait par ailleurs allusion à la notion de purgation des péchés sur cette terre, avant la mort et non après. Il s'agit de «court-circuiter» un éventuel «purgatoire» après la mort en méritant d'aller directement en paradis. On est par ailleurs sur la voie de l'évolution qui

---

13. *Li Dialoge Gregoire lo Pape*, «Les dialogues du pape Grégoire» traduits en français du XIIe siècle accompagnés du texte latin..., éd. W. Foerster, Halle, Paris, 1876. Les passages cités se trouvent pp. 254-255. On notera les expressions *le feu purgatoire, le feu de la purgation*. Je rappelle que c'est ainsi que j'ai traduit systématiquement les textes antérieurs à l'apparition du substantif *purgatorium* et en écartant le mot *purification* qui n'a pas exactement le même sens. Je retrouve ainsi le vocabulaire du Moyen Âge, mais ce n'est pas par coquetterie archaïsante que j'ai employé ces expressions, c'est par souci d'exactitude.
14. Cité par Ch.-V. Langlois, *La Vie en France au Moyen Âge*, Paris, 1928, t. IV, p. 114.

conduira à un sens purement métaphorique de «purgatoire sur la terre», comme on verra au XIIIe siècle[15].

QUATRE GRANDS THÉOLOGIENS ET LE FEU : ÉBAUCHE D'UN TRAITÉ DES DERNIERS TEMPS

Je voudrais m'arrêter sur quatre grands clercs du milieu du XIIe siècle dont l'œuvre à la fois est l'aboutissement d'une longue tradition et un point de départ pour de nouveaux développements – et ceci est vrai aussi pour le Purgatoire.

un chanoine parisien : Hugues de Saint-Victor

Le premier est un chanoine parisien, Hugues de Saint-Victor, mort en 1141 ; le second est un moine italien, savant canoniste à Bologne où il compile un recueil de textes de droit ecclésiastique, vers 1140, qui portera son nom, le *Décret* de Gratien, et inaugurera le *Corpus* de droit canonique médiéval. Le troisième est un cistercien, déjà célèbre en son temps, Bernard de Clairvaux, saint Bernard, mort en 1153. Le quatrième est un Italien devenu évêque de Paris, Pierre Lombard, mort en 1159-1160, dont les *Sentences* seront au XIIIe siècle le grand manuel universitaire.
C'est l'époque où, selon Jean Longère, «s'organise une première ébauche du *De novissimis*» (c'est-à-dire d'un système des derniers temps) avec Hugues de Saint-Victor et Pierre Lombard. Il y a regroupement des remarques ou exposés sur la fin du monde, la résurrection des corps, le Jugement dernier, le sort éternel des hommes. On a naturellement tendance à y rattacher ce qui se passe dans l'au-delà entre la mort individuelle et les derniers jours.
Hugues de Saint-Victor a peut-être enseigné le premier cours de théologie systématique qui ne soit pas directement lié à une *lectio* de l'Écriture, c'est-à-dire au commentaire scripturaire[16].

---

15. *Recueil des historiens des croisades*, 1884, t. I/1, p. 44.
16. Sur Hugues de Saint-Victor, voir R. Baron, *Science et sagesse chez Hugues de Saint-Victor*, Paris, 1957 et la bibliographie de l'édition française, revue et complétée par A.-M. Landry et P. Boglioni, de *L'Introduction à l'histoire de la littérature théologique de la scolastique naissante* d'A. M. Landgraf, Montréal-Paris, 1973, pp. 93-97. Voir aussi *ibid.*, pp. 43-44, du point de vue de la doctrine du salut, H. Köster, *Die Heilslehre des Hugo von St. Victor, Grundlage und Grundzüge*, Emsdetten, 1940.

Deux passages de son œuvre sont plus particulièrement consacrés au feu purgatoire. Le premier est une question « sur le feu purgatoire des justes » qui a pour point de départ la première Épître de Paul aux Corinthiens. Le feu purgatoire, dit Hugues, est destiné à ceux qui seront sauvés, aux élus. Même les saints, ceux qui édifient de l'or, de l'argent, et des pierres précieuses passeront à travers le feu mais sans dommage, au contraire. Ils en sortiront confortés comme l'argile passée au four y reçoit une très grande solidité. On peut dire que pour eux « le passage par le feu est une partie de la résurrection ». Certains, selon Hugues, prétendent que ce feu est un lieu de punition *(quemdam poenalem locum)* où les âmes de ceux qui ont construit du bois, du foin, de la paille sont placées à la mort pour achever la pénitence qu'ils ont commencée ici-bas. Une fois la pénitence accomplie, ils vont dans un certain repos attendre le jour du jugement où ils passent sans dommage à travers le feu, d'autant plus que ce feu n'est pas dit purgatoire eu égard aux hommes, mais en ce qui concerne le ciel et la terre qui seront purgés et rénovés par un déluge de feu comme ils l'ont été par l'eau du premier déluge. Mais Hugues est hostile à cette opinion et pense que le feu du Jugement dernier durera le temps nécessaire à la purgation des élus. D'autres pensent que le feu purgatoire est la tribulation terrestre. Quant au feu du jugement les impies ne le traverseront pas mais seront entraînés avec lui dans l'abîme (infernal)[17].

Dans son grand ouvrage, la *Somme sur les sacrements de la foi chrétienne (Summa de sacramentis christianae fidei)*, premier grand traité de cette théologie des sacrements qui s'élabore au XIIe siècle (c'est un contexte qu'il ne faut pas oublier pour la naissance du Purgatoire, comme on verra à propos de la pénitence), Hugues aborde les problèmes de l'au-delà. La structure du *De sacramentis* est historique, au sens d'une histoire du salut. La première partie va « du commencement du monde jusqu'à l'Incarnation du Verbe ». La seconde s'étend de l'Incarnation du Verbe jusqu'à la fin et consommation de tout. C'est au chapitre XVI de cette seconde partie qu'Hugues parle des peines purgatoires en traitant « des mourants ou de la fin de l'homme ». Ce chapitre prend place entre, d'une part, un chapitre sur « la confession, la pénitence et la rémission des péchés » et un très court chapitre sur l'extrême-onction et d'autre part les deux derniers chapitres du traité, celui sur la fin du monde et celui sur « le siècle à venir ». C'est donc à l'intérieur d'une histoire individuelle et collective du salut, en liaison étroite avec la confession et la pénitence, qu'apparaît le développement sur les peines purgatoires. Hugues traite, au chapitre IV de la partie XVI du

---

17. O. Lottin, « Questions inédites de Hugues de Saint-Victor », in *Recherches de Théologie ancienne et médiévale*, 1960, pp. 59-60.

deuxième livre, des « lieux des peines » *(loca poenarum)*, après avoir précisé que les âmes, après avoir quitté leur corps, peuvent fort bien subir des peines corporelles. « De même, dit-il, que Dieu a préparé des peines corporelles pour les pécheurs qui doivent être tourmentés, de même il a distingué des lieux corporels pour ces peines corporelles. L'Enfer est le lieu des tourments, le ciel est le lieu des joies. C'est à juste titre que le lieu des tourments est en bas et le lieu des joies en haut, car la faute pèse vers le bas, tandis que la justice soulève vers le haut. » Hugues ajoute que ce lieu inférieur, l'Enfer, est situé dans le bas de la terre, mais qu'il n'y a aucune certitude à ce sujet. En Enfer, règne, dit-on, un feu inextinguible. En revanche, ceux qui sortent purgés de cette vie vont immédiatement au Ciel.

Hugues en vient alors à la peine purgatoire. « Enfin il y a un autre châtiment après la mort qu'on appelle peine purgatoire. Ceux qui quittent cette vie avec certaines fautes, bien qu'ils soient justes et destinés à la vie éternelle, y sont torturés pour un temps, afin d'être purgés. Le lieu où l'on subit cette peine n'est pas du tout déterminé, bien que de nombreux exemples d'apparitions d'âmes soumises à cette peine fassent penser qu'on la subit ici-bas et probablement sur les lieux où l'on a commis la faute comme l'ont prouvé de nombreux témoignages. Si ces peines sont appliquées en d'autres lieux, c'est difficile à savoir. »

Hugues de Saint-Victor se demande encore si, d'une part, des méchants inférieurs en méchanceté aux impies et aux grands criminels n'attendent pas dans des lieux de punition avant d'être envoyés dans les plus grands tourments de la géhenne et si, d'autre part, des bons qui sont pourtant chargés de certaines fautes n'attendent pas dans quelques demeures avant d'être promus aux joies du ciel. Hugues estime que les bons parfaits *(boni perfecti)* vont sans aucun doute tout de suite au ciel et que les très mauvais *(valde mali)* descendent tout de suite en enfer. Pour les bons imparfaits *(boni imperfecti)*, il est certain que dans l'intervalle (entre la mort et le jugement) ils subissent certaines peines avant de connaître les joies à venir. Quant aux méchants imparfaits ou moins méchants *(imperfecti sive minus mali)* il n'y a aucune certitude sur l'endroit où ils peuvent être en attendant de descendre, au jour de la résurrection, dans les tourments éternels.

Il y a enfin des peines purgatoires en ce monde pour les affligés qui ne deviennent pas pires dans les épreuves mais meilleurs et en tirent profit pour se corriger. Quant aux suffrages pour les morts, Hugues estime, citant Grégoire le Grand, que si les fautes commises par un défunt ne sont pas indissolubles et s'il a mérité par sa bonne vie d'être aidé après sa mort, le sacrifice eucharistique peut être d'un grand secours[18].

---

18. *PL*, t. CLXXVI, col. 586-596. Le passage cité littéralement en traduction se trouve col. 586 CD.

LE XIIᵉ SIÈCLE : NAISSANCE DU PURGATOIRE

Hugues de Saint-Victor, sur le fond, ne fait guère progresser la question par rapport à Augustin et à Grégoire le Grand et insiste avec eux sur la réalité des revenants. Mais il témoigne de la forte tendance de son époque à rechercher un *lieu* ou des *lieux (locus* ou *loca)* pour la peine purgatoire. Même s'il exprime son ignorance ou son scepticisme sur l'existence de ces lieux et s'il choisit, avec Grégoire le Grand, la solution qui ne sera pas retenue, celle d'une purgation sur les lieux terrestres du péché, il s'interroge et reconnaît que d'autres ont opté pour l'existence de lieux purgatoires déterminés dans l'au-delà, entre la mort et le jugement.

un cistercien : saint Bernard

Le problème de la purgation des péchés dans l'au-delà selon saint Bernard m'apparaît de façon différente de ce qu'on en soupçonnait car je suis persuadé – et je pense que cette étude prouvera le bien-fondé de ma conviction –, que le texte principal qui lui était attribué sur ce sujet n'est pas de lui et est sensiblement postérieur (au moins une vingtaine d'années) à sa mort survenue en 1153[19].

Dans deux sermons saint Bernard expose très clairement sa position : il y a des lieux de purgation *(loca purgatoria)* des hommes dans l'au-delà.

Dans un sermon pour la Saint-André sur la triple espèce de biens il déclare : « C'est à juste titre que l'on dit que ces âmes qui souffrent dans les lieux purgatoires *(in locis purgatoriis)* courent ici et là à travers des lieux ténébreux et fangeux, puisque dans cette vie elles ne craignaient pas d'habiter ces lieux en pensée. » Et encore : « Nous avouons non seulement compatir et prier pour les morts mais aussi les féliciter dans l'espérance ; car si l'on doit s'affliger de leurs souffrances dans les lieux purgatoires *(in locis purgatoriis)*, il faut encore plus se réjouir de l'approche du moment où Dieu essuiera toute larme de leurs yeux ; de mort il n'y en aura plus ; de pleur, de cri et de peine, il n'y en aura plus, car l'ancien monde s'en est allé » (Apocalypse, XXI, 4)[20].

Dans un autre sermon, prononcé pour l'oraison funèbre d'Humbert, moine de Clairvaux, en 1148, moins de cinq ans avant sa mort et où il ne prononce pas le mot de purgatoire qui n'existait pas encore et qu'il a

---

19. Voir *infra*, Appendice II : *Purgatorium*, pp. 1211-1215. Je laisse par ailleurs provisoirement de côté un texte important mais qui n'ajoute rien à la position de saint Bernard lui-même. En revanche, comme il expose l'opinion d'hérétiques hostiles à la purgation après la mort, j'en parlerai à propos des rapports entre hérésie et Purgatoire.
20. Saint Bernard, sermon XVI, *De diversis*, in *Opera*, éd. J. Leclercq et H. Rochais, t. VI/I, pp. 144 et 147.

ignoré, saint Bernard avertit: «Sachez en effet qu'après cette vie, ce qu'on a négligé d'acquitter ici-bas doit être rendu au centuple jusqu'au dernier sou (Matthieu, V, 26) dans les lieux de purgation *(in purgabilibus locis)*[21].»

Dans un troisième sermon, pour l'Avent, saint Bernard donne sur «le triple enfer», des précisions assez compliquées. Je comprends ce texte ainsi: «Le premier enfer est obligatoire *(obligatorius)* car on y exige jusqu'au dernier sou, aussi sa peine n'a pas de fin. Le second est *purgatoire*. Le troisième est rémissif car, étant volontaire *(volontarius)*, souvent la peine et la faute *(et poena et culpa)* y sont toutes deux remises. Dans le second (le purgatoire), bien que la peine y soit parfois remise, la faute ne l'est jamais mais y est purgée. Heureux enfer de la pauvreté où le Christ est né, où il a été élevé et où il a vécu, tant qu'il a été incarné! Dans cet enfer il n'est pas seulement descendu une fois pour en extraire les siens mais il "s'est livré afin de nous arracher à ce monde actuel et mauvais" (Épître aux Galates, I, 4), pour nous mettre à part de la masse des damnés et nous y rassembler en attendant de nous en extraire. Dans cet enfer il y a de très jeunes filles nouvelles, c'est-à-dire des ébauches d'âmes, des adolescentes porteuses de tympanons précédées d'anges jouant des cymbales et suivies d'autres jouant sur les cymbales de la jubilation. Dans deux enfers ce sont les hommes qui sont tourmentés mais dans celui-ci ce sont les démons. Ils vont par des lieux sans eau et arides, cherchant le repos, et ils ne le trouvent pas. Ils tournent autour des esprits des fidèles mais sont de partout repoussés par de saintes pensées et des prières. Aussi crient-ils à juste titre: «Jésus, pourquoi es-tu venu nous tourmenter avant le temps?» (Matthieu, VIII, 29)[22].

Il me semble que saint Bernard distingue un enfer (inférieur), la géhenne à proprement parler, un enfer (intermédiaire) où a lieu la purgation et un (enfer) supérieur sur terre et correspondant aux futurs limbes ou au traditionnel sein d'Abraham où les âmes innocentes sont déjà dans la paix tandis que les démons qui espèrent un répit jusqu'au Jugement dernier y sont déjà tourmentés.

Il y a donc chez saint Bernard recherche d'une *spatialisation* de l'au-delà et affirmation de l'existence soit d'un *enfer purgatoire* soit de *lieux purgatoires (loca purgatoria* ou *purgabilia)*, mais cet espace n'est pas nommé et la géographie de l'au-delà reste très vague.

---

21. Le sermon *in obitu Domni Humberti, monachi Clarae-Vallensis* se trouve in *Opera*, éd. J. Leclercq et H. Rochais, t. V, p. 447.
22. *Ibid.*, t. VI/I, pp. 11-12.

un moine canoniste : Gratien de Bologne

Le cas du *Décret* de Gratien (vers 1140) est particulier. Ce recueil de textes ne présenterait pas d'originalité si leur rassemblement, le choix des textes et leur agencement en traité articulé ne constituaient en fait une importante nouveauté. L'importance que va prendre le droit canon à la fin du XIIe et au XIIIe siècle impose de toute façon de regarder cette pièce maîtresse qui inaugure le *Corpus* de droit canonique du Moyen Âge et de faire au moins un sondage en direction de ce centre intellectuel si actif au XIIe siècle, Bologne, devenue la capitale des études juridiques et où se développe la première des corporations universitaires du Moyen Âge.

Dans la perspective qui nous retient, deux chapitres du *Décret* de Gratien sont importants. Ce sont les chapitres XXII et XXIII de la question II de la cause XIII de la deuxième partie[23]. Le premier est constitué par la lecture de la (ou) d'une lettre du pape Grégoire II à Boniface, l'apôtre de la Germaine (vers 732), que j'ai déjà signalée. Elle reprend la liste des suffrages établie depuis Augustin et Grégoire le Grand : « Les âmes des défunts sont délivrées de quatre façons : par les sacrifices des prêtres [les messes], par les prières des saints, par les aumônes des êtres chers, par le jeûne des parents. »

Placé dans le *Décret*, ce texte a beaucoup de poids, il légitime l'action des vivants en faveur des morts, rappelle le primat du sacrifice eucharistique, souligne la nécessité de passer par l'intermédiaire de l'Église (les prêtres), nourrit le culte des saints, entretient la circulation des biens (ou leur drainage au profit de l'Église) par l'aumône, met en relief le rôle des proches – familles et amis, charnels et spirituels.

Le chapitre XXIII reproduit sous le titre : « Avant le jour du jugement les morts sont aidés par les sacrifices [les messes] et les aumônes » les chapitres CIX et CX (à l'exception d'un court passage sans signification ici) de l'*Enchiridion* de saint Augustin. Je rappelle ici ce texte essentiel :

> Dans l'intervalle qui s'écoule entre la mort de l'homme et la résurrection suprême, les âmes sont retenues dans de secrets dépôts, où elles connaissent ou bien le repos ou bien la peine dont elles sont dignes, d'après le sort qu'elles se firent pendant qu'elles vivaient dans la chair.

---

23. *Decretum Magistri Gratiani*, éd. A. Friedberg, Leipzig, 1879, t. I, col. 728.

Il n'y a pas lieu de nier pourtant que les âmes des défunts ne soient soulagées par les prières de leurs proches vivants, lorsque pour elles est offert le sacrifice du Médiateur ou que des aumônes sont distribuées dans l'Église. Mais ces œuvres servent uniquement à ceux qui, de leur vivant, ont mérité qu'elles puissent leur servir plus tard.
En effet, il existe des hommes dont la vie n'est ni assez bonne pour n'avoir pas besoin de ces suffrages posthumes, ni assez mauvaise pour qu'ils ne puissent pas leur servir. Au contraire, il en est qui vécurent suffisamment bien pour s'en passer et d'autres suffisamment mal pour ne pouvoir pas en profiter après la mort. Dès lors, c'est toujours ici-bas que sont acquis les mérites qui peuvent assurer à chacun, après cette vie, soulagement ou infortune.
Lors donc que les sacrifices de l'autel ou de l'aumône sont offerts à l'intention de tous les défunts baptisés, pour ceux qui furent tout à fait bons ce sont des actions de grâces; pour ceux qui ne furent pas tout à fait méchants, des moyens de propitiation; pour ceux dont la malice fut totale, faute de soulager les morts, ils servent à consoler tant bien que mal les vivants. Ce qu'ils assurent à ceux qui en profitent, c'est ou bien l'amnistie complète ou du moins une forme plus supportable de damnation.

Dans ce texte, on s'en souvient, deux éléments importants font obstacle à la naissance du Purgatoire. Le premier est que si Augustin parle bien de *lieux* pour les âmes entre la mort et la résurrection, ces lieux sont des sortes de trous, de cachettes, les réceptacles *(receptacula)*, non un espace véritable et de plus ils sont cachés *(abdita)*, ce qui est interprété dans un sens matériel et spirituel. Au sens matériel ils se dérobent à l'investigation, ils sont difficiles sinon impossibles à trouver et au sens spirituel ils représentent un mystère, qu'il est peut-être – c'est l'opinion de certains – illicite sinon sacrilège, de vouloir percer. Ces notions constituent donc un obstacle sur la route d'une géographie du Purgatoire.
Le second point est le rappel des quatre catégories de défunts selon Augustin: les tout à fait bons *(valde boni)*, les tout à fait méchants *(valde mali)*, les pas tout à fait méchants *(non valde mali)*, et, sous-entendus, les pas tout à fait bons *(non valde boni)*. Or le Purgatoire ou bien sera destiné à cette dernière catégorie impliquée par le système d'Augustin mais pas explicitement nommée dans ce texte, ou bien – et surtout – il exigera la fusion en une seule catégorie des deux catégories des pas tout à fait méchants et des pas tout à fait bons.
Ainsi ce texte, qui sera un des fondements du Purgatoire en sera encore, pour un temps, un retardateur. Ce «blocage autoritaire» est sans doute une

des raisons du faible rôle joué par le droit canon dans la naissance du Purgatoire.

un maître séculier parisien : l'évêque Pierre Lombard

Sur le problème du Purgatoire, comme sur beaucoup d'autres, la pensée de Pierre Lombard, maître parisien d'origine italienne, devenu évêque de Paris en 1159 et mort peu après (1160) est celle qui, au milieu du siècle, a, de la façon la plus nette, un versant tourné vers le passé et un versant tourné vers l'avenir. Dans ses *Quatre livres de Sentences*, composés de 1155 à 1157, le Lombard d'une part résume avec force, clarté, esprit synthétique, les opinions de ceux qui l'ont précédé, des Pères aux théologiens et canonistes de la première moitié du XIIe siècle, Hugues de Saint-Victor, Abélard, Gilbert de la Porrée, Gratien, etc. Mais, d'autre part, l'œuvre de ce penseur sans grande originalité va devenir «classique pour les siècles suivants». J. de Ghellinck a dit aussi que les *Sentences* de Pierre Lombard étaient le «centre de perspective» du mouvement théologique du XIIe siècle. L'essentiel de ses opinions sur la purgation des fautes dans l'au-delà se trouve à deux endroits différents de son œuvre, les distinctions XXI et XLV du Livre IV des *Sentences*.
La distinction XXI s'insère dans un exposé sur les sacrements. Après le baptême, la confirmation, l'eucharistie, vient un long développement sur la pénitence qui s'achève par un chapitre sur la pénitence finale et, c'est notre chapitre XXI, la distinction sur «les péchés qui sont remis après cette vie». Puis, tout à fait à la fin de l'ouvrage, la distinction XLV sur «les différents réceptacles des âmes» prend place dans le déroulement des derniers temps : entre la résurrection et le jugement dernier. Il est presque paradoxal que ces textes, dont le commentaire formera l'essentiel de la doctrine des grands scolastiques du XIIIe siècle, ne constituent pas un ensemble cohérent. Le futur Purgatoire est partagé entre la pénitence et la mort individuelle d'une part, les *novissima* de l'autre. Le Purgatoire viendra précisément occuper, temporellement et spatialement, l'entre-deux. Le Lombard a comme souligné en négatif, en creux, la place du proche Purgatoire.
Dans la distinction XXI, Pierre Lombard se demande si certains péchés sont remis après la mort. En se fondant sur Matthieu, XII, 32, et la première Épître de Paul aux Corinthiens, III, 10-15, et après avoir évoqué l'opinion hésitante d'Augustin sur l'interprétation du texte paulinien (*Cité de Dieu*, XXI, XXVI), il donne son avis qui est net. Le passage de saint Paul «insinue ouvertement que ceux qui édifient le bois, le foin et la paille, emportent avec eux des construc-

tions combustibles, c'est-à-dire des péchés véniels, qui devront être consumés dans le feu purgatoire». Il y a une hiérarchie entre le bois, le foin et la paille; selon l'importance des péchés véniels qu'ils représentent, les âmes des morts seront plus ou moins vite purgées et délivrées. Sans apporter du nouveau, le Lombard clarifie les choses: existence d'une purgation de certains péchés entre la mort et le jugement, assimilation des péchés purgeables aux péchés véniels, durée plus ou moins longue des peines purgatoires (feu).

La distinction XLV est plus importante encore. Elle traite des réceptacles des âmes et des suffrages pour les défunts. Pour les réceptacles, il se contente de citer des textes d'Augustin, notamment celui de l'*Enchiridion* sur les réceptacles cachés. En ce qui concerne les suffrages il reprend aussi les opinions d'Augustin. Les messes et les aumônes de l'Église sont utiles aux défunts mais ceux-ci doivent avoir mérité par leur vie et leurs œuvres l'efficacité de ces suffrages. Il reprend les trois catégories augustiniennes des tout à fait bons *(valde boni)*, des pas tout à fait méchants *(non valde mali)*, et des tout à fait méchants *(valde mali)* pour qui les suffrages de l'Église correspondent respectivement à des *actions de grâces*, à des *propitiations* et à de simples *consolations* pour les parents vivants. Mais le Lombard ajoute et rapproche deux catégories, découlant de la classification augustinienne: les moyennement bons *(mediocriter boni)* pour qui les suffrages aboutissent à la pleine absolution de la peine et les moyennement mauvais *(mediocriter mali)* pour qui ils aboutissent à une mitigation de la peine. Et, prenant deux cas, Pierre Lombard choisit des exemples de «moyennement bons» (chapitres IV et V de la distinction XLV). Pour les tout à fait mauvais enfin, le Lombard, comme l'avait suggéré Augustin, pense que Dieu peut malgré tout distinguer entre eux des degrés de méchanceté et, quoiqu'en les maintenant en enfer pour l'éternité, y mitiger quelque peu leur peine[24]. Le Lombard a opéré un mouvement significatif: les pas tout à fait mauvais ont été écartés des tout à fait mauvais et, sans être fondus avec les pas tout à fait bons, rapprochés d'eux. Il s'esquisse, si j'ose dire, un regroupement vers le centre dont on verra bientôt toute la portée.

TÉMOIGNAGES MINEURS

D'autres œuvres, certaines au-delà même de la période entre 1170 et 1200, où le mot *purgatoire (purgatorium)* – et donc le lieu – est né, manifestent,

---

24. Pierre le Lombard, *Sentences*, Livre IV, Dist. XLVI, chap. 1: *Si valde malis detur mitigatio poenae, PL*, t. CXCII, col. 951.

sans l'employer, l'effort de la pensée religieuse, dans la seconde moitié du XIIe siècle, pour attribuer à la purgation après la mort un lieu et individualiser spatialement le processus de purgation dans l'au-delà. En voici quelques exemples.

Robert Pullus (ou Pulleyn), cardinal en 1134, chancelier de l'Église romaine en 1141, mort vers 1146, au Livre IV de ses *Sentences* s'interroge lui aussi sur la géographie de l'au-delà. Après avoir affirmé que l'enfer, lui, est un lieu *(infernus... locus est)*, il se demande où ont lieu les peines purgatoires. Les anciens allaient se purger pour un temps aux enfers puis allaient dans le sein d'Abraham, «c'est-à-dire dans une région supérieure, où régnait le repos». À notre époque, c'est-à-dire après la venue du Christ, les défunts en qui il reste quelque chose à brûler sont examinés après la mort par des peines purgatoires *(purgatoriis poenis)* et ensuite vont auprès du Christ, c'est-à-dire au Paradis. Ces peines consistent essentiellement en un feu, le feu purgatoire *(ignis purgatorius)* dont la violence est intermédiaire entre les tribulations terrestres et les tourments infernaux *(inter nostras et inferorum poenas medias)*. Mais ici la perplexité de Robert Pullus est grande :
«Mais cette correction où se fait-elle? Est-ce au Ciel? Est-ce en Enfer? Mais le Ciel ne paraît pas convenir à la tribulation, ni la torture à la correction, surtout à notre époque. Car si le Ciel ne convient qu'aux seuls bons, l'Enfer ne convient-il pas aux seuls mauvais? Et si le Ciel exclut tout mal, comment l'Enfer peut-il accueillir quelque bien? De même que Dieu a destiné le Ciel aux seuls parfaits, de même la géhenne semble réservée aux seuls impies, afin que celle-ci soit la prison des coupables et celui-là le royaume des âmes. Donc où sont ceux qui doivent faire pénitence après la mort? dans les lieux purgatoires. Où sont ces lieux? Je ne sais pas encore[25]. Combien de temps y sont-ils? Jusqu'à la satisfaction [l'expiation de leurs fautes].»

Robert Pullus estime ensuite que, de notre temps, les âmes purgées quittent les lieux purgatoires qui sont extérieurs à l'Enfer pour aller au Ciel comme les anciens purgés quittaient leurs lieux purgatoires qui étaient dans l'Enfer pour aller se rafraîchir dans le sein d'Abraham[26]. Et il termine sur la signification de la descente du Christ aux enfers[27].

Exposé remarquable qui cherche à établir une cohérence dans ce système géographique et qui introduit une dimension historique et analogique dans l'eschatologie. Exposé hanté par le souci de localiser, introduisant le thème: *Ubi sunt?* Mais où sont...? Et qui aboutit à un constat d'ignorance

---

25. «*Ergo ubi sunt poenitentes post mortem? in purgatoriis. Ubi sunt ea? nondum scio.*»
26. «*Unde peracta purgatione poenitentes, tam nostri, ex purgatoriis (quae extra infernum) ad coelos, quam veteres ex purgatoriis (quae in inferno) ad sinum Abrahae refrigerandi, jugiter conscendere videntur.*»
27. Ce texte se trouve in *PL*, t. CLXXXVI, col. 823-830, et les textes cités, col. 826 et 827.

respectueuse du secret qui entoure ces lieux mystérieux. Mais qui met en vedette l'expression *in purgatoriis*, sous-entendu *locis*: dans les (lieux sous-entendu) purgatoires. Il suffira de passer du pluriel au singulier et de l'adjectif au substantif pour que le Purgatoire soit né.

L'Italien Hugues Ethérien (Hugues de Pise), dans son livre *Sur l'âme sortie du corps (Liber de anima corpore exuta)*, peu après 1150, ne va pas aussi loin. Il cite Grégoire le Grand et l'histoire de l'évêque Félix rencontrant un revenant aux thermes mais n'en tire pas de conclusions pour la localisation de la purgation. Dans un passage qui ressemble beaucoup à Hugues de Saint-Victor il évoque le Jugement dernier et le fleuve de feu – semblable au flot du déluge – qui submergera la terre et le ciel mais aussi les hommes parmi lesquels les mauvais seront consumés et les bons traverseront le feu de la purgation sans dommage. Témoignage d'une pensée archaïque où l'on voit aussi, à propos des suffrages, Hugues affirmer l'aide que l'offrande de l'hostie consacrée apporte «aux dormants [28]».

Robert de Melun, mort en 1167, successeur d'Abélard à l'école de Sainte-Geneviève à Paris, dans ses *Questions sur les Épîtres de saint Paul*, composées entre 1145 et 1155, rappelle simplement après Augustin, que les *peines purgatoires* seront plus terribles que n'importe quelle peine en ce monde et souligne que ces peines purgatoires auront lieu dans le futur, c'est-à-dire après cette vie[29].

Pierre de Celle, en revanche, est tout près du Purgatoire. Abbé de Saint-Pierre de Celle, près de Troyes, puis de Saint-Remi de Reims et enfin, après Jean de Salisbury, évêque de Chartres où il mourut en 1182, il a composé en 1179 un traité sur la vie monastique, *L'École du cloître (De disciplina claustrali)* où il se pose la question des lieux d'habitation de l'âme après la mort. «Ô âme séparée du corps, où habites-tu? Est-ce dans le ciel? Est-ce dans le paradis? Est-ce dans le feu purgatoire? Est-ce dans l'enfer? Si c'est dans le ciel tu es bienheureuse avec les anges. Si c'est dans le paradis, tu es en sécurité, loin des misères d'ici-bas. Si c'est dans le feu purgatoire, tu es tourmentée par des peines, mais cependant tu attends la libération. Si c'est dans l'enfer, perdant toute espérance, tu attends non pas la miséricorde, mais la vérité et la sévérité[30].» On voit dans ce texte l'évolution qui va conduire très vite à l'invention du purgatoire. Le feu purgatoire y est pris comme un lieu, à l'égal du Ciel, du Paradis, de l'Enfer.

---

28. *PL*, t. CCII, col. 201-202 et 224-226.
29. R. M. Martin, *Œuvres de Robert de Melun*, t. II: *Questiones (theologia) de Epistolis Pauli*, Louvain, 1938, pp. 174 et 308.
30. Pierre de Celle, *L'École du cloître*, éd. G. de Martel, coll. «Sources chrétiennes», 240, 1977, pp. 268-269. J'ai remplacé dans la traduction feu *du* purgatoire par feu purgatoire conformément au texte latin: *in igne purgatorio*.

LE XIIᵉ SIÈCLE : NAISSANCE DU PURGATOIRE

Mais, l'expression *in purgatoriis*: dans les purgatoires (sous-entendu *lieux*) revient le plus souvent à la fin du siècle ou peut-être même encore au début du siècle suivant pour témoigner de cette recherche de la localisation qui ne parvient pas à trouver la forme, le mot juste.
Dans un curieux dialogue, datant d'entre 1180 et 1195, le *Conflit Helvétique sur le limbe des Pères (Conflictus Helveticus de limbo Patrum)*, échange de lettres entre Burchard de Saint-Johann, premier abbé du monastère bénédictin de St Johann im Thurtale et Hugo, abbé du monastère également bénédictin de tous les Saints à Schaffhouse, les deux adversaires discutent du sort des âmes avant la descente du Christ aux enfers. Burchard soutient que beaucoup d'âmes sont allées au ciel avant même la descente du Christ aux enfers comme en témoigne l'allusion du Nouveau Testament au sein d'Abraham (Luc, XVI, 22), identifié avec la *paix* (Sagesse, III, 3), le *repos* (Augustin) et le *repos secret du Père* (Grégoire le Grand). Hugo, soutenu par la majorité de ceux qui se mêlent à la discussion, affirme qu'aucune âme n'a pu aller dans le sein d'Abraham ou le Paradis avant la descente du Christ aux enfers à cause du péché originel.
Au cours du dialogue, Burchard donne une bonne définition du purgatoire encore désigné par le pluriel *in purgatoriis*: « Il y a trois sortes d'Églises, l'une milite sur terre, l'autre attend la récompense dans le(s) purgatoire(s), l'autre triomphe avec les anges dans les cieux [31]. » Évocation remarquable, face à l'enfer oublié, d'une triple Église où l'Église des purgés, définie comme Église de l'attente, est située entre la terre et le ciel. Texte qui apporte un double témoignage : celui des progrès du Purgatoire et de sa conception spatiale, mais aussi l'existence au moment décisif, d'une conception différente de celle qui a triomphé mais qui aurait pu triompher : un Purgatoire possible, moins infernal. Conception voisine de celle de Raoul Ardent, auteur encore mal connu du XIIᵉ siècle et dont la chronologie est incertaine, qui dans ses *Homélies*, sans doute à la fin du siècle, parle ainsi des âmes qui sont dans le(s) purgatoire(s) : « Si elles sont corrigées pendant un temps limité dans le(s) purgatoire(s), pourtant elles reposent déjà dans un espoir certain du repos [32]. » Conception que nous retrouverons du Purgatoire comme espérance.

---

31. *Conflictus Helveticus De Limbo Patrum*, éd. F. Stegmüller, in *Mélanges Joseph de Ghellinck*, Gembloux, 1951, t. II, pp. 723-744. La phrase citée se trouve p. 737.
32. *Homiliae de tempore*, I, 43, *PL*, t. CLV, col. 1484. On peut à la place de lieux *(loca)* sous-entendre peines *(poenae)*. Je préfère, l'expression *loca purgatoria* se rencontrant aussi à la même époque, interpréter ainsi *in purgatoriis* qui, de toute façon, exprime une volonté de localisation.

ÉLABORATIONS PARISIENNES

Terminons avec deux éminents maîtres et chanceliers parisiens. Dans les *Cinq livres de Sentences* écrits avant 1170, Pierre de Poitiers (mort en 1205) discute une question: «Si quelqu'un raisonne ainsi: ces deux, dont l'un est coupable à la fois d'un péché mortel et d'un péché véniel, et l'autre seulement d'un péché véniel égal au péché véniel de l'autre, seront punis par des peines inégales, car celui-là le sera éternellement et l'autre seulement dans le(s) purgatoire(s) *(in purgatoriis)* et n'importe quelle peine purgatoire *(pena purgatoria)* sera inférieure à n'importe quelle peine éternelle et celui-ci ne mérite pas d'être puni davantage pour ce péché véniel que celui-là pour l'autre: donc on agira injustement avec celui-ci. C'est faux. Ces deux qui sont coupables d'un égal péché véniel méritent d'être punis également pour ces péchés, mais l'un sera puni dans cette vie, et l'autre dans le feu purgatoire *(in igne purgatorio)* et n'importe quelle peine ici-bas est inférieure à n'importe quelle peine du feu purgatoire *(ignis purgatorii)*; on agira donc injustement avec lui[33].»

Analyse remarquable qui, à la veille de la naissance du Purgatoire, rassemble tout le vocabulaire sur le domaine purgatoire, souligne le lien entre purgatoire et péché véniel, emploie l'expression spatialisante *in purgatoriis* et manifeste ce souci, déjà presque maniaque, de comptabilité de la pénitence et de la purgation, qui caractérisera la pratique du Purgatoire au XIIIe siècle.

Dans un sermon non daté pour la commémoration des défunts, Prévostin de Crémone, lui aussi chancelier de Paris, mort en 1210, emploie aussi l'expression *in purgatoriis*: «Comme certains sont nettoyés dans le(s) purgatoire(s), nous devons donc nous occuper d'eux qui sont plus indignes aujourd'hui, en priant pour eux, en faisant des offrandes et des aumônes[34].» Voici le lien établi entre la commémoration du 2 novembre instituée au siècle précédent par Cluny et le Purgatoire naissant, la chaîne liturgique nouée autour du Purgatoire, entre les vivants et les morts.

---

33. *PL*, t. CCXI, col. 1064.
34. «*Quia vero sunt quidam qui in purgatoriis poliantur, ideo de eis tanquam de indignioribus hodierna die agimus, pro eis orantes, oblationes et elemosinas facientes*» (voir J. Longère, *Œuvres oratoires de maîtres parisiens au XIIe siècle, op. cit.*, t. II, p. 144, n. 16).

5
«LOCUS PURGATORIUS»: UN LIEU POUR LA PURGATION

Le feu avait, au milieu de XIIe siècle, tendance non seulement à évoquer un lieu mais à incarner spatialement la phase de purgation par laquelle passaient certains défunts. Il était pourtant insuffisant à individualiser un espace précis de l'au-delà. Il faut que j'entraîne ici le lecteur, sans l'accabler sous trop de détails, dans une recherche technique rendue nécessaire par la concentration de l'enquête sur certains lieux et milieux d'élaboration de la doctrine chrétienne au XIIe siècle.

Parvenu au moment où va apparaître le Purgatoire comme lieu déterminé et, grammaticalement, le substantif *purgatorium* (le purgatoire), je dois évoquer un problème d'authenticité de textes[1] et un problème de datation.

ENTRE 1170 ET 1180 : DES AUTEURS ET DES DATES

Les érudits ont été en effet, dans le passé, et parfois jusqu'à aujourd'hui, trompés par des textes attribués faussement à des auteurs ecclésiastiques morts avant 1170, ce qui a fait croire à une naissance prématurée du Purgatoire. Je parlerai un peu plus loin de deux textes attribués, l'un à saint Pierre Damien mort en 1072 et l'autre à saint Bernard, mort en 1153. Je commencerai par un extrait d'un sermon que l'on a, jusqu'à la fin du XIXe siècle, considéré comme l'œuvre de Hildebert de Lavardin, évêque du Mans, un des principaux représentants de la «renaissance poétique» des pays de Loire au XIIe siècle, mort en 1133.

---

1. Pour le détail, voir *infra*, Appendice II : *Purgatorium*, pp. 1211-1215.

Il s'agit d'un sermon pour la dédicace de l'église sur le thème d'un verset du Psaume CXXII, 3 (121) « Jérusalem, bâtie comme une ville où tout ensemble fait corps ». Dans une comparaison où l'on sent l'extraordinaire essor de la construction architecturale aux XIe-XIIe siècles, l'auteur du sermon dit :

« Dans l'édification d'une cité, trois éléments concourent ; d'abord on extrait avec violence des pierres de la carrière, avec des marteaux et des barres de fer, avec beaucoup de travail et de sueur des hommes ; ensuite avec le burin, la bipenne et la règle elles sont polies, égalisées, taillées à équerre ; et troisièmement elles sont mises à leur place par la main de l'artiste. De la même façon dans l'édification de la Jérusalem céleste il faut distinguer trois phases : la séparation, le nettoyage et la "position". La séparation est violente, le nettoyage purgatoire, la position éternelle. Dans la première phase, l'homme est dans l'angoisse et l'affliction ; dans la seconde, dans la patience et l'attente ; dans la troisième, dans la gloire et l'exultation. Dans la première phase l'homme est criblé comme du grain, dans la seconde il est examiné comme l'argent ; dans la troisième il est placé dans le trésor[2]... »

La suite du sermon explicite cette image d'ailleurs assez claire à l'aide d'un certain nombre de textes scripturaires dont la première Épître de Paul aux Corinthiens, III, 10-15. La première phase, c'est la mort, la séparation de l'âme d'avec le corps, la seconde c'est le passage dans le Purgatoire, la troisième c'est l'entrée dans le Paradis. Pour la seconde phase, il précise que ce sont ceux qui passent avec du bois, du foin et de la paille qui sont lavés dans *le* purgatoire *(in purgatorio)*. Cette fois-ci le mot purgatoire comme substantif est dans le texte. *Le purgatoire existe*, c'est le premier des lieux où vont (transitoirement) les élus avant le paradis auquel ils sont promis. Car l'auteur du sermon n'évoque ici que le trajet des élus ; les damnés qui vont directement en enfer, sont laissés de côté. Il développe ensuite une idée d'une très grande importance. Selon lui, le triduum liturgique – Vigile de la Toussaint, Toussaint, Commémoration des morts – correspond aux trois phases du trajet des défunts élus. Au prix, à vrai dire, d'une petite acrobatie chronologique. En effet la vigile, jour de jeûne, correspond à la première phase, séparation, mais il faut intervertir l'ordre des deux jours suivants pour que le symbolisme soit pertinent. C'est le troisième, la commémoration des morts, qui correspond au Purgatoire : « Le troisième jour,

---

2. *PL*, t. CLXXI, col. 739 *sqq*. La partie la plus intéressante de ce passage se lit ainsi dans l'original latin : « *Ad hunc modum in aedificatione coelestis Jerusalem tria considerantur, separatio, politio, positio. Separatio est violenta; politio purgatoria, positio aeterna. Primum est in augustia et afflictione; secundum, in patientia et exspectatione; tertium in gloria et exsultatione. Per primum (cribratur) homo sicut triticum; in secundo examinatur homo sicut argentum; in tertio reponitur in thesaurum* » (col. 740).

il s'agit de la commémoration des morts, pour que ceux qui sont lavés dans le Purgatoire, obtiennent soit une absolution complète, soit une mitigation de leur peine[3]. » L'expression revient à nouveau : dans le Purgatoire *(in purgatorio)*. Enfin c'est le second jour qui est « le jour solennel, symbole de la superplénitude de joie ».

Ce sermon, attribué à Hildebert de Lavardin, avait été, dès 1888, restitué à son véritable auteur, Pierre le Mangeur, et des recherches récentes ont confirmé cette attribution[4]. Pierre Comestor, ou Manducator, c'est-à-dire le Mangeur, parce que grand dévoreur de livres aux dires de ses contemporains, est un disciple de Pierre Lombard. Devenu chancelier de l'église de Paris, il a enseigné à l'école de Notre-Dame après l'élévation du Lombard à l'épiscopat en 1159 et il est mort très probablement en 1178 ou 1179. Il est un des premiers, sinon le premier, à avoir donné une glose, un commentaire des *Sentences* du Lombard. Il a laissé une œuvre abondante. Il est difficile de dater ses sermons. En revanche on a pu dater de la période 1165-1170 un traité *Sur les sacrements (De sacramentis)* où il est aussi question de Purgatoire.

À propos de la pénitence, Pierre le Mangeur y signale d'abord que la purgation des élus se fait plus ou moins vite dans le feu purgatoire *(in igne purgatorio)* en fonction de la différence des péchés et de la pénitence et il invoque Augustin *(Enchiridion,* 69). Il répond ensuite à la question de savoir si la pénitence qui n'a pu être accomplie dans cette vie peut être

---

3. «*Tertio, memorio mortuorum agitur, ut hi qui* in purgatorio *poliuntur, plenam consequantur absolutionem, vel poenae mitigationem*» (*PL*, t. CLXXI, col. 741).
4. H. Haureau, «Notice sur les sermons attribués à Hildebert de Lavardin », in *Notices et Extraits des manuscrits de la Bibliothèque nationale et autres bibliothèques*, XXXII, 2, 1888, p. 143 ; R. M. Martin, « Notes sur l'œuvre littéraire de Pierre le Mangeur », in *Recherches de Théologie ancienne et médiévale*, III, 1932, pp. 54-66 ; A. Landgraf, « Recherches sur les écrits de Pierre le Mangeur », *ibid.*, pp. 292-306 et 341-372 ; A. Wilmart, « Les sermons d'Hildebert », in *Revue bénédictine*, 47, 1935, pp. 12-51 ; M. M. Lebreton, « Recherches sur les manuscrits contenant des sermons de Pierre le Mangeur », in *Bulletin d'information de l'Institut de Recherche et d'Histoire des Textes*, 2, 1953, pp. 25-44. J. B. Schneyer, au tome IV (1972), p. 641 du *Repertorium der lateinischen sermones des Mittelalters für die Zeit von 1150-1350*, accueille cette attribution à Pierre le Mangeur du sermon 85 *(Jerusalem quae aedificatur)* de la vieille édition de Beaugendre (1708) – attribution à Hildebert – reprise par Migne (*PL*, t. CLXXI, col. 739 *sqq.*). F. Dolbeau a bien voulu regarder pour nous les deux plus anciens manuscrits connus jusqu'à ce jour. Il confirme l'attribution à Pierre le Mangeur et la leçon *in purgatorio* (Ms. Angers 312 (303) fol. 122 v° et Angers 247 (238) fol. 76 v°, tous deux de la fin du XIIe siècle). Mais il a repéré un manuscrit plus ancien (Valenciennes, Bibliothèque municipale 227 (218) fol. 49) dans lequel le membre de phrase *in purgatorio poliuntur* manque. Il est surprenant que J. Ntedika, généralement très bien informé, ait écrit d'Hildebert «il est probablement le premier à employer le mot purgatorium », in *L'Évolution de la doctrine du purgatoire chez saint Augustin*, Paris, 1966, p. 11, n. 17. Sur Pierre le Mangeur, on peut aussi consulter I. Brady, « Peter Manducator and the Oral Teachings of Peter Lombard », in *Antonianum*, XLI, 1966, pp. 454-490.

achevée dans l'autre monde. Dieu étant miséricordieux et juste, en vertu de sa miséricorde pardonne aux pécheurs qui ne doivent pas être punis par une peine trop lourde c'est-à-dire la peine éternelle. Mais eu égard à la justice, il ne laisse pas le péché impuni. Celui-ci doit être puni soit par l'homme, soit par Dieu. Mais la contrition du cœur peut être si grande que, même s'il n'a pas achevé sa pénitence ici-bas, un mort peut être épargné par le feu purgatoire *(immunis erit ab igne purgatorio)*. En revanche celui qui meurt impénitent est puni éternellement. Autre question : si par la négligence ou l'ignorance du prêtre, un homme reçoit une pénitence insuffisante par rapport à la gravité de ses fautes, lui suffit-il d'accomplir cette pénitence ou Dieu peut-il après la mort lui infliger un complément de peine dans le feu purgatoire *(in igne purgatorio)*? Ici encore, selon le Mangeur, cela dépend de la contrition. Si celle-ci est assez grande, elle peut dispenser d'un supplément de peine mais ceci dépend de l'appréciation de Dieu. La question suivante touche plus directement le Purgatoire : « Qu'est-ce que le feu purgatoire et qui doit passer à travers ? » *(Quid est ignis purgatorius, et qui sint transituri per eum?)* Pierre le Mangeur répond que certains disent que c'est un feu «matériel» et non un feu «élémentaire» ni un feu pour qui le bois soit un aliment, mais un feu existant dans le sublunaire et qui, après le jour du jugement, disparaîtra avec les choses transitoires. Pour d'autres, le feu n'est pas autre chose que la peine elle-même. Si on l'appelle feu, c'est qu'elle est dure et brûlante à la manière d'un feu. Et comme il y a une peine destructrice et éternelle, comme il ne s'agit pas de celle-là, on a appelé ce feu *purgatoire*, c'est-à-dire non destructeur, mais purgeant par une peine à temps, sans que l'on soit puni éternellement. En tout cas, ajoute Pierre le Mangeur, quel que soit ce feu, il faut croire que les fidèles, bien que pas tous, passent à travers lui. Il s'agit de ceux qui n'ont pas achevé leur pénitence dans cette vie. Mais certains souffrent plus que d'autres et certains sont délivrés de ce feu plus rapidement que d'autres en fonction de la quantité de péché et de pénitence et selon l'intensité de la contrition. Seuls les parfaitement bons échappent, croit-on, au feu de la purgation, car quoique personne ne puisse être sans péchés véniels, cependant la ferveur de l'amour *(fervor caritatis)* peut consumer en eux les péchés véniels[5].

Face à ces textes il peut y avoir deux explications. Ou bien le texte du premier sermon a été retouché après la mort du Mangeur par les scribes qui ont rédigé les manuscrits, ou bien le Mangeur n'aurait pas du tout parlé *du* purgatoire, et aurait employé l'expression traditionnelle *dans le feu purga-*

---

5. Pierre le Mangeur, *De sacramentis, De penitentia*, chap. 25-31, éd. R. M. Martin, in *Spicilegium Sacrum Lovaniense*, 17, appendice, Louvain, 1937, pp. 81-82.

toire: in igne purgatorio. Il suffirait d'ajouter (et d'avoir fait sauter) le petit mot *igne* (voir *infra*, Appendice II, pp. 1211-1215). Dans ce cas l'auteur ne serait qu'un témoin de plus de l'imminence d'une apparition du purgatoire et il lui resterait l'importance d'avoir mis en relation directe le proche Purgatoire avec la liturgie du début de novembre. Mais il me semble plus probable que Pierre le Mangeur a en effet employé le substantif *purgatorium* et a donc été sinon l'inventeur du moins un des premiers utilisateurs du néologisme lié à un développement que j'estime révolutionnaire de la géographie de l'au-delà. Deux éléments – en dehors de l'ancienneté des manuscrits – peuvent accréditer cette hypothèse. Pierre le Mangeur à la fin de sa vie a occupé une place centrale dans l'intelligentsia parisienne. Or il ne fait pas de doute pour moi que c'est là le milieu où est né le Purgatoire – et plus précisément à l'école de Notre-Dame de Paris. D'autre part on a pu qualifier le Comestor d'«un des esprits les plus originaux» de son temps (Hauréau). Cet intellectuel peu étudié et mal connu a pu jouer un rôle novateur dans un domaine où son maître Pierre Lombard avait posé les problèmes en termes permettant des développements nouveaux. Dans cette hypothèse il aurait, avant 1170, employé l'expression alors courante de feu purgatoire et, ses idées évoluant entre 1170 et sa mort, vers 1178-1179, il aurait utilisé le néologisme *purgatorium* dont la naissance se trouverait ainsi située pendant la décennie 1170-1180. Ce qui concorderait avec d'autres témoignages qui, sans être non plus absolument probants, vont dans le même sens. Avant de les examiner, je voudrais compléter le dossier des idées du Comestor sur le temps intermédiaire entre la mort et la résurrection en citant un texte où il est question, cette fois, du *sein d'Abraham*.

Ce texte est emprunté au plus célèbre des ouvrages de Pierre le Mangeur, celui auquel il dut, de son vivant et pendant le reste du Moyen Âge, sa notoriété: l'*Histoire scolastique*. Au chapitre CIII de l'*Historia Scholastica*, il raconte et commente l'histoire du pauvre Lazare et du mauvais riche (Luc, XVI). «Lazare, dit-il, fut placé dans le sein d'Abraham. Il était en effet dans la zone supérieure du lieu infernal *(in superiori margine inferni locus)*, où il y a un peu de lumière, et aucune peine matérielle. C'est là qu'étaient les âmes des prédestinés, jusqu'à la descente du Christ aux enfers. Ce lieu, à cause de la tranquillité qui y règne, fut appelé sein d'Abraham, comme nous disons le sein maternel. On lui a donné le nom d'Abraham car il fut la première voie de la foi... *(prima credendi via)*[6].»

Définition «historique» du sein d'Abraham, situé entre le temps des patriarches et la descente du Christ aux enfers. De même que le Christ avait clos ces enfers, les hommes du Moyen Âge s'apprêtent à fermer le sein

---

6. *PL*, t. CXCVIII, col. 1589-1590.

d'Abraham qui avait survécu au Nouveau Testament. Désormais en effet, l'espace et le temps intermédiaires vont être occupés par le seul Purgatoire et si l'on éprouve le besoin de quelque chose ressemblant au sein d'Abraham pour les justes d'avant le Christ et les jeunes enfants morts non baptisés, on aura désormais recours à deux lieux annexes de l'au-delà : le limbe des pères et le limbe des petits enfants.

Le second théologien (ou, dans l'ordre chronologique, éventuellement le premier) qui a parlé du purgatoire proprement dit est Odon d'Ourscamp (encore appelé Eudes de Soissons)[7]. C'est un des maîtres les plus importants de cette époque. Dans le sillage du Lombard, qu'il en ait été le disciple ou, comme d'autres le pensent, l'adversaire, il a eu une école très active et qui l'est demeurée après lui. Il a donné une impulsion décisive à la *question (questio)*, genre scolastique caractéristique qui trouve avec lui sa forme achevée : celle d'«une véritable dispute où les genres étaient répartis entre deux personnages distincts» (Landgraf). Odon d'Ourscamp, après avoir été maître de théologie à l'école de Notre-Dame de Paris, se retira à la fin de sa vie dans l'abbaye cistercienne d'Ourscamp (dans l'Aisne) où il mourut en 1171. Ses élèves publièrent ses *Questions* sous forme d'ouvrages séparés.

C'est dans l'un de ces recueils placé sous le nom d'Odon d'Ourscamp que nous rencontrons *le* Purgatoire dans une question sur l'*Âme dans le Purgatoire (De anima in Purgatorio).*

«L'âme séparée du corps entre aussitôt *au purgatoire (intrat purgatorium statim)*; elle y est purgée, donc elle en profite. Opinion contraire: elle supporte cette peine, contre son gré, donc elle n'en profite pas.»

Suivent un certain nombre d'arguments concernant les mérites éventuellement acquis en subissant cette peine. Puis vient la solution:

«Il est vrai que certaines âmes, quand elles se séparent des corps, entrent aussitôt dans un feu purgatoire *(statim intrant purgatorium quemdam ignem)*, mais elles n'y sont pas toutes purgées, seulement certaines. Toutes celles qui y entrent sont punies. Aussi vaudrait-il mieux appeler ce feu punitoire *(punitorius)* que purgatoire *(purgatorius)*, mais il a reçu le terme le plus noble. Parmi les âmes qui y entrent les unes sont purgées et punies, d'autres seulement punies.»

Sont purgées et punies celles qui ont apporté avec elles du bois, du foin et de la paille; les autres sont celles qui, volontairement ou involontairement, ne se sont pas finalement repenties de leurs péchés véniels, ou qui, surprises

---

7. Ce qui ne contribue pas à rendre les choses plus claires c'est le fait que, dans la seconde moitié du XIIe siècle, il y a à Paris plusieurs Odon ou maîtres Odon, dont l'un a été chancelier de 1164 à 1168. Voir M. M. Lebreton, «Recherches sur les manuscrits des sermons de différents personnages du XIIe siècle nommés Odon», in *Bulletin de l'Institut de Recherche et d'Histoire des Textes,* 3, 1955, pp. 33-54.

par la mort, ne s'en sont pas confessées. Ceux-là sont seulement punis qui, après s'être confessés et repentis de tous leurs péchés, sont morts avant d'avoir accompli la pénitence que le prêtre leur avait enjointe; ils ne sont pas purgés, car aucun péché ne leur est remis, à moins qu'on ne prenne être purgé au sens large, et que purgé soit synonyme d'être délivré de la peine due. Être purgé se dit au sens propre de quelqu'un à qui un péché est remis; donc ceux qui sont moyennement bons entrent aussitôt au Purgatoire *(hi ergo qui sunt mediocriter boni, statim intrant purgatorium)*.

L'interlocuteur fait rebondir la discussion en posant la question suivante: «Si à un mourant qui se repent de tous ses péchés, le prêtre dit: je t'absous de toute la peine que tu dois, même de celle que tu devrais subir dans le Purgatoire *(in purgatorio)* est-ce qu'il sera quand même puni dans ce Purgatoire?»

Réponse du maître: «Voilà le genre de question auquel Dieu vous répondrait mieux [que moi]. Tout ce que je peux dire c'est que le prêtre doit agir avec discernement.» Il ajoute pourtant une phrase très révélatrice: «Comme ce feu est une peine matérielle, il est dans un lieu. Mais où se trouve ce lieu, je laisse la question en suspens[8].»

Ce qui frappe dans ce texte c'est l'aspect hétéroclite du vocabulaire, sinon des idées. Tantôt il est question de purgatoire et tantôt de feu purgatoire. On affirme le caractère localisé, spatial, du Purgatoire, soit en le nommant, soit en le réduisant au lieu où doit se trouver le feu. Et le tout finit par un aveu d'ignorance sur la localisation de ce lieu.

Ces constatations confirment bien les opinions d'A. M. Landgraf: les *Questions* de cette époque et particulièrement celles attribuées à Odon d'Ourscamp regroupent des *Questions* de plusieurs auteurs «aux attributions généralement fantaisistes» et difficilement vérifiables[9].

On peut raisonnablement envisager l'explication suivante: les *Questions* attribuées à Odon d'Ourscamp ont été composées à partir de notes prises aux cours de ce maître mais la forme (et le vocabulaire) en ont été revues et certaines idées qui ne sont pas d'Odon ont été introduites dans la rédaction qui a sans doute été faite entre 1171, date de la mort d'Odon, et environ 1190, peut-être même dans la décennie 1171-1180. Là où Odon parle

---

8. «*Cum materialis poena sit ille ignis, in loco est. Ubi ergo sit, quaerendum relinquo.*» Ces *Quaestiones magistri Odonis* ont été publiées par J. B. Pitra, *Analecta novissima spicilegii Solesmensis altera continuatio*, Tusculum, 1888, t. II, pp. 137-138.

9. A. M. Landgraf, «Quelques collections de *Quaestiones* de la seconde moitié du XIIe siècle», in *Recherches de Théologie ancienne et médiévale*, 6, 1934, pp. 368-393, et 7, 1935, pp. 113-128. C'est à la page 117 du volume 7 que Landgraf émet des réserves sur les questions éditées par Pitra et il cite les travaux de M. Chossat, «La Somme des Sentences», in *Spicilegium Sacrum Lovaniense*, 5, Louvain, 1923, pp. 49-50, et de J. Warichez, *Les Disputationes de Simon de Tournai, ibid.*, 12, Louvain, 1932.

encore de feu purgatoire, ses élèves parlent déjà de Purgatoire. La spatialité du lieu est tenue pour un fait établi mais la localisation incertaine. L'expression *mediocriter boni* (moyennement bons), venue sans doute de Pierre Lombard, laisse apparaître un autre pan du système.

UN FAUSSAIRE DU PURGATOIRE

Il faut maintenant examiner les deux textes qui posent sans doute le plus de problèmes, surtout le second. Le premier a été attribué à saint Pierre Damien, le célèbre ermite et cardinal italien de la première moitié du XIe siècle mais cette insoutenable attribution a été reconnue fausse par les historiens récents de Pierre Damien[10]. Le second est un sermon qui a été attribué à saint Bernard, mort en 1153 et les savants éditeurs récents des œuvres complètes de saint Bernard, Dom Jean Leclercq et Henri Rochais ont maintenu cette attribution tout en indiquant que les problèmes soulevés par la collection des *Sermones de diversis* dans laquelle il se trouve ne permettaient pas d'en affirmer l'authenticité avec autant de certitude que pour les autres collections de sermons de saint Bernard. Je suis persuadé que ce sermon n'est pas de saint Bernard[11]. À supposer que le fond en soit authentique, il a subi des modifications de forme sûrement très importantes. Non seulement il me paraît impossible de parler de Purgatoire comme un lieu désigné par un substantif avant 1153, mais l'expression parfaite du système de l'au-delà triparti spatialisé qu'on trouve dans ce texte: « Il y a trois lieux que les âmes des morts, en fonction de leurs mérites respectifs, reçoivent comme destination: l'enfer, le purgatoire, le ciel », me semble encore plus improbable dans la première moitié du XIIe siècle où règne, comme on l'a vu, une très grande incertitude sur la structure de l'au-delà.

---

10. O. J. Blum, *St Peter Damian: His Teaching on the Spiritual Life*, Washington, 1947; J. Ryan, « Saint Peter Damiani and the Sermons of Nicolas of Clairvaux », in *Medieval Studies*, 9, 1947, pp. 151-161 et surtout F. Dressler, *Petrus Damiani. Leben und Werk*, Rome, 1954 et notamment Anihang, 3, pp. 234-235.
11. Déjà la *Patrologie latine* attribue ce sermon à Nicolas de Clairvaux (*PL*, t. CLXXXIV, col. 1055-1060) alors qu'on le trouve sous le nom de Pierre Damien dans cette patrologie, t. CXLIV, col. 835-840. Ce sermon est pour la fête de Saint-Nicolas. Saint Nicolas a été un des « patrons du Purgatoire ». Le sermon attribué à saint Bernard se trouve dans les œuvres complètes éditées par J. Leclercq et H. Rochais, *Opera*, VI/I, pp. 255-261. Sur les sermons *De diversis* attribués à saint Bernard et notamment le sermon 42, voir H. Rochais, « Enquête sur les sermons divers et les sentences de saint Bernard », in *Analecta Sacr. Ord. Cist.*, 1962, pp. 16-17 et *Revue bénédictine*, 72, 1962.

Le XIIe siècle : naissance du Purgatoire

Avant de formuler des hypothèses, regardons les textes. Le thème de ces deux sermons est l'existence de cinq régions dans l'univers naturel et surnaturel.

La première est celle de la *dissimilitudo*, de la dissemblance d'avec Dieu qui avait fait l'homme à son image et à sa ressemblance mais dont l'homme s'est éloigné par le péché originel. Cette région, c'est le monde terrestre.

La seconde région, c'est le paradis du cloître. «En vérité, le cloître est un paradis» est une des nombreuses phrases que l'on retrouve textuellement dans les deux sermons. Cette exaltation de la vie monastique fait du cloître un lieu de vie dès cette terre.

La troisième région est celle de l'expiation. Elle comprend elle-même trois lieux différents en fonction des mérites des défunts. La désignation de ces lieux n'est pas la même dans les deux sermons bien qu'il s'agisse des mêmes lieux. Dans le sermon du pseudo-Pierre Damien il s'agit du ciel, des lieux infernaux et des lieux purgatoires *(caelum, loca gehennalia, loca purgatoria)*. Dans le sermon du pseudo-Bernard, comme on l'a vu, il s'agit de l'enfer, du purgatoire, du ciel *(infernus, purgatorium, caelum)* énumérés de plus dans un ordre différent.

La quatrième région est la région de la géhenne. On peut se demander en quoi cette région diffère de la partie infernale de la troisième région. Cela n'est pas très bien expliqué dans aucun des deux sermons. Il semble toutefois que l'explication soit inversée de l'un à l'autre sermon. Dans le sermon du pseudo-Pierre Damien, les lieux infernaux de la troisième région semblent destinés aux pécheurs morts en état de péché mortel et la quatrième région infernale est plutôt la résidence des impies. Dans le sermon du pseudo-Bernard au contraire l'enfer de la troisième région est réservé aux impies, cela est dit nettement tandis que la quatrième région, infernale, est destinée au diable et à ses (mauvais) anges et aux hommes qui lui sont semblables, c'est-à-dire les criminels et les vicieux *(scelerati et vitiosi)*.

La cinquième région, enfin, est celle du paradis supracéleste où les bienheureux voient la Sainte Trinité face à face, comme le dit le pseudo-Bernard, c'est la cité du Grand Roi, comme le dit le pseudo-Pierre Damien. Sur un fond d'une grande analogie, chacun des deux textes présente des variantes. Pour ne pas lasser le lecteur, je ne prendrai l'exemple que d'une seule région, la troisième, celle où se trouve notre Purgatoire.

Pseudo-Pierre Damien

Ayant donc quitté le monde et la formule de vie choisie [le cloître], passe à la troisième région qui est la région de l'expiation. Dans cette région, le Père bienveillant examine ses fils entachés de rouille, comme on examine l'argent; il conduit à travers le feu et l'eau pour amener au rafraîchissement (*refrigerium*, Psaume LXV). Il faut distinguer trois lieux où les âmes sont réparties en fonction de la différence de leurs mérites. Au ciel volent immédiatement ceux qui ont usé du logement du corps comme d'une prison, qui ont conservé la substance humaine sans souillure et pure. Au contraire ceux qui, jusqu'à la mort, ont commis des actes dignes de la mort sont envoyés sans miséricorde dans les lieux infernaux. Ceux qui ne sont ni l'un ni l'autre mais qui sont entre les deux, qui ont commis des péchés mortels mais qui à l'approche de la mort ont fait pénitence, sans achever leur pénitence, indignes d'être immédiatement dans la joie mais pas dignes non plus de brûler éternellement, reçoivent pour leur part les lieux purgatoires, où ils sont flagellés, mais non jusqu'à l'inconscience (? *insipientia*) pour en être sortis et transférés dans le royaume. Pour ceux qui sont au ciel, il n'est pas besoin de prier car c'est eux que nous prions, et non pour eux. Pour ceux qui sont en enfer, les prières sont inutiles car la porte de la miséricorde leur est fermée et l'espoir du salut leur est interdit. Pour ceux en revanche qui sont corrigés dans les lieux purgatoires, il faut veiller à prier, à les aider par le sacrifice [de la messe] (*sacrificio singulari*) pour que le Père bienveillant transforme vite leur pénitence en satisfaction, leur satisfaction en glorification. Cours parmi eux avec un sentiment intime de piété et fais ton bagage, la compassion.

Pseudo-Bernard

La troisième région est la région de l'expiation. Il y a trois lieux où les âmes des morts sont réparties en fonction de leurs différents mérites : l'enfer, le purgatoire, le ciel. Ceux qui sont en enfer ne peuvent être rachetés car en enfer il n'y a aucune rédemption. Ceux qui sont dans le purgatoire attendent la rédemption mais doivent être d'abord torturés, soit par la chaleur du feu, soit par la rigueur du froid ou par toute autre dure peine. Ceux qui sont au ciel se réjouissent de la joie de la vision de Dieu, frères du Christ dans la nature, cohéritiers dans la gloire, semblables dans le bonheur éternel. Comme les premiers ne méritent pas d'être rachetés et que les troisièmes n'ont pas besoin de rédemption, il nous reste à passer parmi les intermédiaires par compassion après avoir été unis à eux par humanité. J'irai dans cette région et je verrai cette grande vision (Exode, III, 3) par laquelle le Père pieux, pour glorifier ses fils, les abandonne dans la main du tentateur, non pour être tués, mais purgés ; non par colère mais par miséricorde ; non pour leur destruction mais pour leur instruction, pour que désormais ils ne soient pas des vases de colère propres à périr (Romains, IX, 22-23), mais des vases de miséricorde préparés pour le royaume. Je me lèverai donc pour les aider : j'interpellerai par mes gémissements, j'implorerai par mes soupirs, j'intercéderai par mes prières, je satisferai par le sacrifice [de la messe] *(sacrificio singulari)* pour que si par hasard le Seigneur voit et juge (Exode, V, 21) il convertisse le labeur en repos, la misère en gloire, les coups en couronne. Par ces devoirs et d'autres semblables leur pénitence peut être raccourcie, leur labeur fini, leur peine détruite. Parcours donc, âme fidèle, la région de l'expiation, et vois ce qui s'y passe et dans ce commerce fais ton bagage, la compassion.

Malgré les différences entre ces deux textes, l'analogie de structure et de pensée est ce qui frappe le plus, renforcée par quelques expressions identiques. Une des principales différences est l'utilisation de *loca purgatoria* (lieux purgatoires) par le pseudo-Pierre Damien et de *purgatorium* par le pseudo-Bernard.

On pourrait donc penser que ces textes ont deux auteurs différents qui, ou bien se sont inspirés d'une même source, ou dont le second, vraisemblablement le pseudo-Bernard, a connu le premier et a été fortement influencé par lui. Ce n'est pas l'hypothèse que je retiendrai. Les spécialistes de Pierre Damien ont émis l'idée que l'auteur du faux sermon de Pierre Damien pouvait être Nicolas de Clairvaux connu comme « habile faussaire » (*«gerissen Fälscher»*, dit F. Dressler). Or Nicolas a été le secrétaire de saint Bernard et l'on sait qu'il a forgé de faux textes de saint Bernard. Les dix-neuf sermons faussement attribués à Pierre Damien se trouvent à l'origine dans un manuscrit de la Bibliothèque Vaticane où ils avoisinent avec des sermons de saint Bernard (ou attribués à saint Bernard). Certes le sermon 42 ne s'y trouve pas, mais la coexistence de ces deux ensembles de sermons est troublante. Je soupçonne Nicolas de Clairvaux d'être l'auteur des deux sermons et, dans son génie de faussaire, d'avoir fait de l'un un pastiche de Pierre Damien, de l'autre un pastiche de saint Bernard[12].

Si les deux sermons ne sont pas l'œuvre des illustres saints à qui ils ont été attribués, ils sont en revanche d'excellents témoins – véridiques cette fois – de la naissance du Purgatoire et de la formation du système d'un triple

---

12. Sur Nicolas de Clairvaux, outre l'article de J. Ryan cité *supra*, p. 964, note 10, voir A. Steiger, « Nikolaus, Mönch in Clairvaux, Sekretär des heiligen Bernhard », in *Studien und Mitteilungen zur Geschichte des Benediktinerordens und seiner Zweige*, N.F. 7, 1917, pp. 41-50 ; J. Leclercq, « Les collections de sermons de Nicolas de Clairvaux », in *Revue bénédictine*, 66, 1956 et notamment p. 275, n. 39.

au-delà : Ciel, Purgatoire, Enfer. Ou bien le pseudo-Pierre Damien est antérieur et l'expression *loca purgatoria* s'explique ainsi, tandis que le pseudo-saint Bernard a été composé alors que le Purgatoire *(purgatorium)* existe déjà. Ou bien, si les deux textes sont l'œuvre d'un même faussaire, celui-ci, s'inspirant sans doute d'œuvres authentiques, peut-être même d'un schéma bernardien de ce sermon, a, consciemment ou inconsciemment, attribué à chaque pseudo-auteur le vocabulaire qui semblait lui convenir, encore que *loca purgatoria* ne se rencontre pas dans la première moitié du XIe siècle ni *purgatorium* dans la première moitié du XIIe. Que ce faussaire soit Nicolas de Clairvaux est, chronologiquement, tout à fait possible. Les deux plus anciens manuscrits où se trouvent le sermon du pseudo-Bernard et le mot *purgatorium* ont été très probablement copiés à la fin du troisième quart du XIIe siècle[13]. Or Nicolas de Clairvaux est mort après 1176. Nous serions ainsi ramenés à la décennie 1170-1180.

L'auteur du sermon attribué à saint Bernard, qu'il n'ait été qu'un remanieur ou un faussaire intégral, a composé un texte qui allait dans le sens du grand cistercien. Celui-ci avait en effet une perception très spatiale de l'au-delà. Dans le quatrième sermon pour la dédicace de l'église, *Sur la triple maison*, il se livre, à propos du Paradis, à cette effusion : « Ô Maison merveilleuse, préférable aux tentes aimées, aux parvis désirables !... Sous les tentes, l'on gémit dans la pénitence ; dans les parvis, l'on goûte la joie ; en toi, l'on se rassasie de la gloire[14]... »

LES PREMIERS PASSANTS AU PURGATOIRE : SAINT BERNARD

Par une ironie de l'histoire, saint Bernard, père putatif du Purgatoire, mais à qui il faut renoncer à attribuer « cette invention », apparaît comme le pre-

---

13. Mme M.-C. Garand a bien voulu examiner les deux manuscrits, parmi les trois les plus anciens, Paris, Bibliothèque nationale, Ms. latin 2571 et Cambrai 169. « Le fait, m'écrit-elle, que la sainteté de saint Bernard ne figure pas dans le titre et fasse l'objet d'une correction dans l'*ex-libris* place sans doute le manuscrit *avant* sa canonisation, en 1174. Mais peut-être pas très longtemps avant, car l'écriture est déjà assez brisée et pourrait bien se situer dans le troisième quart du XIIe siècle. Quant au manuscrit de Cambrai son écriture et ses caractères particuliers évoquent, eux aussi, la deuxième moitié du siècle. »
14. Saint Bernard, *Opera*, éd. J. Leclercq et H. Rochais, V, pp. 383-388 et notamment 386. Le sermon 78 *De diversis* sur le même thème m'apparaît plutôt comme un plagiat forcé et simplifié de saint Bernard que comme un texte entièrement authentique. Mais ce n'est qu'une impression. Je ne me suis livré, en ce qui le concerne, à aucune recherche. Voir B. de Vrégille, « L'attente des saints d'après saint Bernard », in *Nouvelle Revue théologique*, 1948, pp. 225-244.

mier bénéficiaire individuel connu de la croyance en ce nouveau lieu. Une lettre de Nicolas de Saint-Alban à Pierre de Celle, donc antérieure à la mort de celui-ci en 1181 et vraisemblablement en 1180-1181, affirme que saint Bernard a fait un bref passage par le Purgatoire avant d'entrer au Paradis. Pourquoi cette purgation du saint? Saint Bernard était hostile à la notion de l'Immaculée Conception de la Vierge, quoique très dévot à Marie. Les partisans de cette croyance prétendirent, pour frapper les imaginations et déconsidérer leurs adversaires, que l'abbé de Clairvaux avait été, pour cette légère erreur, (bénignement) sanctionné. Le thème du passage par le Purgatoire des hommes célèbres se répandra au XIIIe siècle. Il semble que saint Bernard ait inauguré la série. Philippe Auguste, qui a régné de 1180 à 1223, sera le premier roi de France à passer par le Purgatoire.

On retrouve saint Bernard, décidément lié à la naissance du Purgatoire, dans un intéressant manuscrit cistercien de la fin du XIIe siècle qui est l'un des tout premiers recueils d'*exempla*, ces historiettes glissées par les prédicateurs dans leurs sermons et qui ont joué, comme on verra, un très grand rôle dans la diffusion du Purgatoire au XIIIe siècle[15]. Le chapitre XXXIV est consacré à l'illustration des peines des âmes après la mort *(De penis animarum post mortem)* et commence par un extrait de la vision de saint Fursy de Bède. Il présente ensuite plusieurs visions après avoir déclaré que «des peines très lourdes sont infligées au Purgatoire *(in purgatorio)* pour des excès que nous estimons très légers». C'est un autre témoignage de l'existence du Purgatoire, mot et croyance. Parmi ces visions, l'une est présentée comme extraite de la vie de saint Bernard. Voici l'anecdote.

«Un frère animé de bonnes intentions mais d'un comportement trop sévère à l'égard des autres frères et moins compatissant qu'il n'aurait dû, mourut au monastère de Clairvaux. Peu de jours après sa mort il apparut à l'homme de Dieu [saint Bernard] l'air lugubre et le maintien lamentable, montrant bien que tout ne se passait pas selon ses souhaits. Bernard lui demanda ce qui lui arrivait et il se plaignit d'avoir été livré aux quatre tortures. À ces mots il fut poussé par-derrière et précipitamment enlevé à la vue de l'homme de Dieu. Celui-ci avec de grands gémissements lui cria dans le dos: "Je te demande au nom du Seigneur de me faire savoir bientôt ta situation." Il se mit à prier et demanda à des frères, dont il connaissait la grande sainteté, d'offrir pour ce frère le sacrifice eucharistique et de l'aider eux aussi. Et il ne désempara pas jusqu'à ce que, quelques jours après, comme il le lui avait demandé, il fût informé

---

15. Il s'agit du manuscrit latin 15 912 de la Bibliothèque nationale de Paris. Mme Georgette Lagarde a bien voulu en transcrire les passages que je résume ici. L'expression *in purgatorio* se trouve fol. 64 b, l'*exemplum* tiré de la vie de saint Bernard, fol. 65 c-66 a.

par une autre révélation que le frère avait mérité d'avoir la consolation de la libération.»
Cette anecdote – avec celles qui l'entourent dans le même manuscrit – est le plus ancien témoin que je connaisse des histoires d'apparitions d'âmes dans le Purgatoire expressément nommé qui populariseront la croyance dans le nouveau lieu de l'au-delà au XIIIe siècle. Je note simplement dès maintenant qu'il s'agit d'un revenant très particulier, très surveillé, soumis à un double contrôle, celui de ses bourreaux dans l'au-delà qui limitent au minimum son apparition, celui de ses aides ici-bas qui lui réclament de rendre compte exactement.
Vient maintenant un ensemble de témoignages sur le mot *purgatoire* qui sont irréfutables et prouvent son existence dans les dernières années du XIIe siècle et les premières du XIIIe siècle. Ils émanent surtout de théologiens.

LES PREMIERS THÉOLOGIENS DU PURGATOIRE : PIERRE LE CHANTRE ET SIMON DE TOURNAI

Il me semble que celui qui a intégré le Purgatoire au système et à l'enseignement théologique est Pierre le Chantre dont on reconnaît de plus en plus l'importance dans la construction de la scolastique. Ce maître de l'école de Notre-Dame de Paris, mort en 1197, a été sans doute celui qui, jetant les yeux sur le monde qui changeait autour de lui, dans ses comportements économiques, ses structures sociales et politiques, ses mentalités, a le mieux théorisé et saisi dans les liens de la casuistique les nouveautés d'un monde urbain et monarchique[16].
C'est encore à propos de la pénitence qu'on rencontre le purgatoire dans sa *Somme sur les sacrements et les conseils de l'âme (Summa de sacramentis et animae consiliis)*. Parlant du péché véniel, Pierre le Chantre est amené à affirmer qu'une peine déterminée est infligée à cause de lui dans le Purgatoire *(in purgatorio)*. Il attaque ensuite ceux qui estiment que les damnés passent aussi par le Purgatoire *(per purgatorium)* avant d'aller en enfer et qu'ils y sont purgés et pardonnés. C'est absurde, rétorque le Chantre, car, dans ce cas-là, la condition des élus ne serait pas meilleure que celle des damnés, ce qui est absurde. Pierre le Chantre en vient alors au point essentiel : «Il faut distinguer les lieux des bons et les lieux des méchants après

---

16. Voir J. Baldwin, *Masters, Princes and Merchants. The Social Views of Peter the Chanter and his Circle*, Princeton, 1970, 2 vol.

cette vie. Pour les bons, c'est soit le Paradis *(patria)* tout de suite s'ils n'ont rien à brûler avec eux, soit d'abord le Purgatoire *(purgatorium)* puis le Paradis, dans le cas par exemple de ceux qui emportent avec eux des péchés véniels. Pour les méchants on ne distingue pas de réceptacle mais on dit qu'ils vont immédiatement en Enfer.» Le Chantre affirme ensuite que le Purgatoire n'accueille que les seuls prédestinés (élus) et rapporte à nouveau diverses opinions. Il y en a par exemple qui disent que les méchants passent bien par le Purgatoire, mais ce n'est pas pour eux un véritable Purgatoire, c'est simplement un véhicule qui les emporte dans le feu éternel. D'autres disent que le péché véniel est puni par la peine éternelle, à cause de l'impénitence finale au moment de la mort. Mais, dit le Chantre, l'impénitence est la cause sans laquelle la damnation n'arriverait pas, mais ce n'est pas la cause pour laquelle elle arrive. Dans ces quelques paragraphes le substantif *purgatorium* revient fréquemment, exactement neuf fois. Le mot et l'idée sont, au moins à Paris, visiblement devenus courants à la fin du siècle et le système Enfer-Purgatoire-Paradis semble bien au point[17].

Dans un autre passage du *De sacramentis* où il est question de la rémission des péchés véniels, Pierre le Chantre rappelle que «nos maîtres disent que le péché véniel est remis par la peine du Purgatoire *(per penam purgatorii)*, non par la pénitence. Mais le Chantre n'est pas de cet avis. Le substantif Purgatoire est employé deux fois en quelques lignes[18]. Dans une troisième partie, recueil de cas de conscience, Pierre le Chantre répond à la question: est-ce que l'aumône peut racheter les péchés véniels? «Il y a deux purgatoires, l'un dans le futur après la mort et il peut être diminué principalement par la célébration de messes et secondairement par d'autres bonnes œuvres. L'autre purgatoire c'est la pénitence imposée et elle peut également être mitigée par les mêmes choses.» On voit ici que le Chantre, tout en considérant le Purgatoire comme acquis, n'en a pas toujours une vision purement spatiale; dans ce dernier passage ce n'est pas un lieu mais un état[19]. Dans un autre de ses ouvrages, le plus connu peut-être, le *Verbum abbreviatum*, que certains datent de 1192, Pierre le Chantre se demande quelle quantité et intensité de pénitence peut égaler le feu purgatoire. Il y emploie également les termes *feu purgatoire* et *purgatoire*, comportement habituel à cette époque et qu'on retrouvera au XIIIe siècle[20].

---

17. Pierre le Chantre, *Summa de Sacramentis et Animae Consiliis*, éd. J. A. Dugauquier, in *Analecta Mediaevalia Namurcensia*, 7, 1957, pp. 103-104.
18. *Ibid.*, pp. 125-126.
19. Pierre le Chantre, *Summa de Sacramentis...*, 3e partie, III, 2 a: *Liber casuum conscientiae*, éd. J. A. Dugauquier, in *Analecta Mediaevalia Namurcensia*, 16, 1963, p. 264.
20. *PL*, t. CCV, col. 350-351. La date de 1192 a été proposée par D. Van den Eynde, «Précisions chronologiques sur quelques ouvrages théologiques du XIIe siècle», in *Antonianum*, XXVI, 1951, pp. 237-239.

Un autre célèbre professeur parisien, mort en 1201, Simon de Tournai, élève d'Odon d'Ourscamp, a laissé des *Disputes (Disputationes)*, genre mis à la mode par Abélard et qui, malgré l'hostilité des conservateurs (saint Bernard, Hugues de Saint-Victor qui n'en parle pas, Jean de Salisbury, Étienne de Tournai), entre dans l'enseignement de la théologie dans la seconde moitié du XIIe siècle et est introduit par Pierre le Chantre dans l'exégèse biblique. Simon de Tournai parle du Purgatoire dans trois disputes[21]. Dans la dispute XL, il répond à la question: peut-on encore acquérir des mérites après la mort? Certains avancent qu'on acquiert des mérites par les souffrances subies dans le Purgatoire. L'expression employée est *dans le(s) purgatoire(s) (in purgatoriis)* qu'on a vue plus haut. Mais dans sa réponse, Simon qui est hostile à cette conception, après avoir affirmé qu'il n'y a pas après cette vie de lieu où l'on puisse acquérir des mérites, emploie quatre fois le mot *purgatoire*, deux fois pour évoquer la souffrance du Purgatoire *(passio purgatorii)*, une fois pour parler de la peine du Purgatoire *(pena purgatorii)* et une fois en faisant allusion à la traversée du Purgatoire *(transeundo purgatorium)*. Dans la dispute LV il y a deux questions concernant le Purgatoire. L'une est de savoir si le feu purgatoire peut être une peine éternelle, l'autre si grâce aux suffrages de l'Église on peut être entièrement exempté de Purgatoire. À la première question, Simon répond un peu à côté en soulignant que le problème n'est pas de savoir si on a commis une faute vénielle ou mortelle mais si on est mort impénitent ou non. À la seconde il répond par l'affirmative indiquant qu'un mort peut, de son vivant, avoir mérité d'être entièrement délivré du Purgatoire par les suffrages de l'Église, il peut même avoir mérité de ne pas entrer dans le Purgatoire *(ne intraret purgatorium)*. On le voit dans cette dispute, Simon de Tournai emploie avec beaucoup de discernement *purgatorium*, substantif désignant un lieu, et feu purgatoire *(ignis purgatorius)* décrivant la peine qu'on y subit.

Dans la dispute LXXIII enfin, Simon répond à la question de savoir si les âmes sont punies par un feu matériel en Purgatoire ou en Enfer. Il nomme le Purgatoire soit par le substantif *purgatorium* soit par la forme plus ancienne *in purgatoriis* (dans le(s) purgatoire(s), sous-entendu lieux). Sa réponse est qu'en Enfer existera un feu corporel mais qu'au Purgatoire il doit s'agir d'un feu spirituel, métaphorique, d'une peine très sévère, car le feu désigne la plus lourde des peines corporelles.

Je note encore qu'un autre célèbre professeur parisien, Pierre de Poitiers, mort en 1205, qu'on a vu utiliser dans un texte de ses *Sentences* tout l'ar-

---

21. J. Warichez, *Les «Disputationes» de Simon de Tournai*, texte inédit, Louvain, 1932. Les disputes XL, LV et LXXIII se trouvent pp. 118-120, 157-158, 208-211.

senal des anciennes expressions qui ont précédé le mot *purgatoire*, a aussi employé le substantif dans le même ouvrage, si le copiste n'a pas sauté le mot *feu (ignem)* : « Ils passeront par le purgatoire » *(transibunt per purgatorium)*[22].
Dernier témoignage de l'apparition du substantif *purgatorium* à l'extrême fin du XIIe siècle : sa présence dans un texte non plus théologique mais hagiographique. Il s'agit d'un passage d'une vie de saint Victor, martyr de Mouzon, qui définit le Purgatoire *(purgatorium)* comme un lieu de combustion, comme la prison de la purgation[23]. Avant de présenter quelques textes et quelques problèmes qui me paraissent importants pour éclairer la signification de la naissance du Purgatoire à la fin du XIIe et au début du XIIIe siècle, il peut maintenant être utile de faire le point sur cette naissance.

LE PRINTEMPS PARISIEN ET L'ÉTÉ CISTERCIEN

J'ai consulté le plus grand nombre de documents possible émanant des diverses régions de la Chrétienté, en particulier scruté les œuvres émanant des principaux centres de production intellectuelle et culturelle au tournant du XIIe au XIIIe siècle. Je crois pouvoir avancer sur des bases solides que deux milieux ont mis au point la croyance et lancé le mot de purgatoire. Le premier, le plus actif, c'est le milieu intellectuel parisien, et particulièrement l'école cathédrale, l'école du chapitre de Notre-Dame dont on ne dira jamais assez le rôle capital qu'il a joué avant que l'animation intellectuelle passe sur la rive gauche et dans les enseignements de la nouvelle Université, en particulier autour des maîtres mendiants, dominicains et franciscains.
Un mouvement théologique important déjà situé sur la rive gauche a précédé et nourri au XIIe siècle, surtout dans sa première moitié, cet élan. Les abbayes de Saint-Victor et de Sainte-Geneviève en ont été les principales animatrices. Faut-il rappeler les noms et l'éclat des écoles d'Hugues de Saint-Victor et des autres Victorins là, d'Abélard et de ses disciples ici ?

---

22. *PL*, t. CCXI, col. 1054. Voir Ph. S. Moore, *The Works of Peter of Poitiers, Master in Theology and Chancellor of Paris (1193-1205)*, Publications in Mediaeval Studies, Notre-Dame (Ind.), I, 1936.
23. « Vie de saint Victor, martyr de Mouzon », éd. F. Dolbeau, in *Revue historique ardennaise*, t. IX, p. 61.

Mais c'est à partir de l'enseignement et des œuvres de Pierre Lombard, autour des maîtres et chanceliers de l'école de Notre-Dame, avec une mention spéciale pour Odon d'Ourscamp, Pierre le Mangeur, Pierre le Chantre que le jaillissement intellectuel éclate. Au cœur du Paris de Louis VII et du jeune Philippe Auguste, au contact des changeurs sur les ponts, des entrepreneurs de navigation sur la Seine, des artisans et des ouvriers – marchandise humaine déjà broyée sur le marché de la main-d'œuvre en place de Grève – les grandes vérités du christianisme sont repensées et remodelées dans la créativité et la ferveur. Monde du bouillonnement d'idées, de la discussion jaillissante, du heurt pacifique des opinions. Les maîtres, les étudiants notent, écrivent fébrilement dans ces recueils de questions, disputations, reportations où, malgré l'autorité de quelques maîtres éminents, on ne sait plus très bien qui est l'auteur de telle ou telle idée et où s'affrontent les positions les plus diverses, poussées parfois jusqu'à l'absurde : «les uns disent...» «les autres pensent...», «d'autres encore estiment...». C'est le beau temps du primesaut scolastique. Cela ne durera pas. Dès 1210 la reprise en main, menée par l'Église et la monarchie, s'affirme. Les bûchers s'allument où l'on brûle les livres et les hommes. Simple avertissement. La scolastique va connaître de grands jours, ses plus grandes gloires au XIIIe siècle. Mais ces cathédrales intellectuelles, les grandes sommes du siècle de Saint Louis, sont des monuments bien ordonnés d'où ont été écartés la divagation et le jaillissement. Ce ne sera d'ailleurs pas assez pour les censeurs du siècle puisque, en 1270 et en 1277, l'évêque de Paris, Étienne Tempier, abattra sa crosse sur tout ce qui semble original et nouveau, sur un Siger de Brabant à qui on reproche ce qu'il n'a pas dit, sur un Thomas d'Aquin moins audacieux qu'on ne le croit. Le Purgatoire est né avec ce printemps de la scolastique, dans ce moment de créativité exceptionnelle qui voit la confluence éphémère de l'intellectualisme urbain et de l'idéal monastique.

Le second milieu de naissance du Purgatoire, c'est en effet Cîteaux. Peu importe que saint Bernard n'ait pas inventé le Purgatoire. L'attention spéciale que les cisterciens portent aux relations entre les vivants et les morts, la nouvelle impulsion qu'après Cluny, qu'ils querellent mais souvent continuent, ils donnent à la liturgie du début de novembre associant les saints et les morts les mènent aux frontières du Purgatoire. Les liens qu'ils ont avec des milieux intellectuels urbains ont sans doute fait le reste. Beaucoup de maîtres universitaires, parisiens notamment, Odon d'Ourscamp, Pierre le Mangeur, Pierre le Chantre, Alain de Lille finissent leurs jours dans des monastères cisterciens. C'est au carrefour des deux milieux, entre 1170 et 1200, peut-être dans la décennie 1170-1180, sûrement dans les dix dernières années du siècle, qu'apparaît le Purgatoire.

Le XIIe siècle : naissance du Purgatoire

PURGATOIRE ET LUTTE CONTRE L'HÉRÉSIE

Il faut faire place à un troisième front: la lutte antihérétique. Un certain nombre d'auteurs ecclésiastiques ont, au tournant du XIIe au XIIIe siècle, grandement contribué à la naissance du Purgatoire. Ces auteurs ont en commun d'avoir lutté contre les hérétiques et d'avoir utilisé le nouveau purgatoire comme instrument de combat. Le Purgatoire, comme beaucoup de croyances, n'est pas seulement né de tendances positives, de la réflexion des intellectuels et de la pression de la masse, mais aussi de pulsions négatives, de la lutte contre ceux qui n'y croyaient pas. Cette lutte souligne que le Purgatoire est alors un enjeu important. C'est contre les hérétiques aux XIIe-XIIIe siècles, contre les Grecs du XIIIe au XVe siècle, contre les protestants aux XVIe-XVIIe siècles que l'Église romaine met au point la doctrine du Purgatoire. La continuité des attaques contre le Purgatoire de la part des adversaires de l'Église romaine officielle est impressionnante. Ils pensent tous que le sort des hommes dans l'au-delà ne peut dépendre que de leurs mérites et de la volonté de Dieu. Tout est donc joué à la mort. Les défunts vont directement (ou après le Jugement dernier) en Paradis ou en Enfer mais il n'existe aucun rachat entre la mort et la résurrection: donc pas de Purgatoire et il est inutile de prier pour les morts. Pour ces hérétiques qui n'aiment pas l'Église, c'est aussi l'occasion de lui dénier tout rôle après la mort, de lui refuser cette extension de son pouvoir sur les hommes.

On a déjà vu le dossier des hérétiques d'Arras combattus par Gérard de Cambrai au début du XIe siècle. On retrouve le problème au début du XIIe siècle, chez les hérétiques tantôt individualisés, tantôt anonymes au sein d'un groupe. C'est le cas de Pierre de Bruys contre qui le célèbre abbé de Cluny, Pierre le Vénérable, écrit un traité. Ce l'est encore plus de son disciple plus radical, le moine puis ensuite vagabond Henri qui, à Lausanne et au Mans (vers 1116), en d'autres lieux inconnus, prêche des idées dans la ligne de celles des Arrageois qui lui valent d'être arrêté en 1134 et traduit devant le concile de Pise. Un traité anonyme écrit dans la première moitié du XIIe siècle s'efforce de réfuter Henri et ses partisans. Il attribue à ses adversaires l'idée que «rien ne peut venir en aide aux morts qui, dès qu'ils meurent, sont ou damnés ou sauvés» ce qui lui paraît «ouvertement hérétique». S'appuyant sur l'ensemble du dossier traditionnel de l'Église (II Maccabées, XII, 41-45..., Matthieu, XII, 31, I Corinthiens, III, 10-15, le *De cura pro mortuis gerenda* de saint Augustin), il affirme l'existence de deux feux, le feu purgatoire et le feu éternel. «Il y a, soutient-il, des péchés qui

seront effacés dans le futur (dans l'au-delà) par les aumônes des amis et les prières des fidèles ou par le feu purgatoire[24].»
Nous retrouvons ici saint Bernard. Dans un sermon sur le *Cantique des Cantiques*, composé en 1135 et réécrit vers 1143-1145, Bernard attaque des hérétiques qui «ne croient pas que le feu purgatoire reste après la mort et estiment que l'âme dès sa séparation d'avec le corps va soit dans le repos soit dans la damnation». Ces hérétiques, Bernard, selon l'attitude habituelle de l'Église, les traite d'animaux perfides, et déclare avec le mépris du clerc noble «ce sont des rustres, des illettrés, tout à fait méprisables». Il cherche à les nommer, selon la coutume, du nom de leur chef mais ils n'en ont pas et se nomment eux-mêmes effrontément les *Apostoliques*. Ils sont hostiles au mariage, au baptême, aux prières pour les morts, au culte des saints et ils sont végétariens (ils ne mangent rien de ce qui provient du coït, donc des animaux). Saint Bernard, se fondant sur Matthieu, XII, 32, leur oppose l'existence non pas du Purgatoire, encore ignoré, mais du feu purgatoire et affirme l'efficacité des suffrages pour les morts[25].

La ligne «arrageoise» est claire même s'il n'y a pas eu continuité et filiation directe. Le refus du Purgatoire va se rencontrer à la fin du XIIe et au début du XIIIe siècle chez de nouveaux hérétiques: les Vaudois et les Cathares. L'hostilité au Purgatoire y fait partie de systèmes religieux différents malgré la présence d'éléments hérétiques traditionnels. Mais sur ce point la position de tous ces nouveaux hérétiques est pratiquement la même: les vivants ne peuvent rien pour les morts, les suffrages sont inutiles. Chez les Cathares la doctrine de la métempsycose exclut sans doute le Purgatoire parce qu'elle a la même fonction de purification «à temps». Le premier texte de cette querelle est sans doute celui de l'abbé prémontré Bernard de Fontcaude qui écrit entre 1190 et 1192 un *Livre contre les Vaudois (Liber contra Waldenses)*. Le mot purgatoire n'y apparaît pas mais le système des trois lieux de l'au-delà y est exposé avec une clarté toute nouvelle[26].

Au chapitre X Bernard de Fontcaude combat ceux «qui nient le feu purgatoire et disent que l'esprit *(spiritus)*, dès sa séparation d'avec la chair, va

---

24. R. Manselli, «Il monaco Enrico e la sua eresia», in *Bolletino dell' Istituto Storico Italiano per il Medioevo e Archivio Muratoriano*, 65, 1953, pp. 62-63. Sur les hérésies du XIIe siècle, voir l'ouvrage fondamental de R. Manselli, *Studi sulle eresie del secolo XII*, Rome, 1953.
25. Saint Bernard, *Opera*, éd. J. Leclercq et H. Rochais, vol. II, p. 185. Voir l'introduction des éditeurs, vol. I, p. IX.
26. *PL*, t. CCIV, col. 795-840 (les chapitres 10 et 11 se trouvent col. 833-835). Voir A. Paschowsky et K. V. Selge, *Quellen zur Geschichte der Waldenses*, Göttingen, 1973, et L. Verrees, «Le traité de l'abbé Bernard de Fontcaude contre les vaudois et les ariens», in *Analecta praemonstratensia*, 1955, pp. 5-35. G. Gonnet pense que ces idées «ont été professées, du moins à l'origine, plutôt par d'autres sectes que par les vaudois», «Le cheminement des vaudois vers le schisme et l'hérésie (1174-1218)», in *Cahiers de Civilisation médiévale*, 1976, pp. 309-345.

soit au ciel soit en enfer». Il leur oppose trois autorités : la première Épître de Paul aux Corinthiens, Augustin dans l'*Enchiridion* et le chapitre XIV d'Ézéchiel où Yahvé déclare que les prières des justes ne pourront libérer le peuple infidèle mais qu'il devra se délivrer lui-même. Il commente saint Paul en disant que ces paroles s'appliquent «au feu de la purgation future», Augustin en déclarant que Dieu purge les péchés soit dans le baptême et le feu de tribulation temporaire (ici-bas), soit dans le feu de la purgation, Ézéchiel en concluant que Yahvé ordonne de placer le peuple infidèle dans le feu purgatoire.

C'est au chapitre XI que se place le passage le plus intéressant. Certains hérétiques prétendent que les esprits des défunts avant le Jugement dernier n'entrent ni au ciel ni en enfer mais sont reçus dans d'autres réceptacles. Bernard affirme qu'ils se trompent : «Il y a en effet trois lieux qui reçoivent les esprits délivrés de la chair. Le Paradis reçoit les esprits des parfaits, l'enfer les tout à fait mauvais, le feu purgatoire ceux qui ne sont ni tout à fait bons ni tout à fait mauvais. Ainsi un lieu tout à fait bon reçoit les tout à fait bons ; un lieu extrêmement mauvais reçoit les tout à fait mauvais ; un lieu moyennement mauvais reçoit les moyennement mauvais, il est moins dur que l'enfer mais pire que le monde[27].»

Bernard de Fontcaude ne connaît donc pas le Purgatoire mais seulement le feu purgatoire. Mais celui-ci est devenu un lieu, l'au-delà entre la mort et le Jugement dernier est triple et pour la première fois le (Purgatoire) est défini comme un lieu doublement intermédiaire, moyen : topographiquement et judiciairement.

On connaît mal Ermengaud de Béziers (il y a aussi plusieurs personnages de ce nom) mais son traité contre les Vaudois *(Contra Waldenses)* date très probablement des dernières années du XIIe siècle, ou des toutes premières années du XIIIe. Au chapitre XVII il attaque l'opinion perverse de certains hérétiques qui assurent que les prières des saints n'aident pas les vivants et que les défunts ne sont pas soulagés par les offrandes et les prières des vivants. Contre eux, Ermengaud affirme qu'il y a trois sortes de défunts : les tout à fait bons qui n'ont pas besoin d'aide, les tout à fait mauvais pour qui on ne peut rien car en enfer il n'y a pas de rédemption, et une troisième catégorie, ceux qui ne sont ni tout à fait bons ni tout à fait mauvais, qui se sont confessés, mais qui n'ont pas achevé leur pénitence. Ermengaud non seulement ne prononce pas le mot de purgatoire mais n'emploie aucun mot

---

27. «*Tria quippe sunt loca quae spiritus a carne solutos recipiunt. Paradisus recipit spiritus perfectorum. Infernus valde malos. Ignis purgatorionis eos, qui nec valde boni sunt nec valde mali. Et sic, valde bonos suscepit locus valde bonus ; valde malos locus summe malus ; mediocriter malos locus mediocriser malus, id est levior inferno, sec pejor mundo*» (*PL*, t. CCIV, col. 834-835).

de la famille de *purgare*. Il dit que ces morts-là « ne sont ni damnés ni immédiatement sauvés, mais qu'ils sont punis dans l'attente du salut »[28].
Une *Somme contre les hérétiques* du début du XIIIe siècle, faussement attribuée à Prévostin de Crémone, chancelier de Paris mort vers 1210, accuse des hérétiques nommés *Passagins* de refuser de prier pour les morts. Après avoir réfuté leur interprétation de l'histoire du pauvre Lazare et du mauvais riche en rejetant dans le passé, antérieurement à la descente du Christ aux enfers, l'existence du sein d'Abraham, « ou limbe de l'enfer » occupant l'enfer supérieur par rapport à l'enfer moyen et à l'enfer inférieur, le pseudo-Prévostin donne sa solution sur le problème des prières pour les morts. Il faut prier « pour les moyennement bons qui sont dans le Purgatoire, non pour qu'ils deviennent meilleurs mais pour qu'ils soient libérés plus tôt et pour les moyennement mauvais non pour qu'ils soient sauvés mais pour qu'ils soient moins punis ». Le pseudo-Prévostin reste donc très augustinien et distingue entre la purgation dans le Purgatoire, qui existe, et la « damnation plus tolérable » qui a probablement lieu en enfer. La doctrine catholique sur les suffrages s'appuie pour lui sur les autorités suivantes : le deuxième Livre des Maccabées, 12, le verset des Proverbes, XI, 7 : « Quand le juste meurt, son espérance ne périt pas », commenté par Bède (voir *PL*, t. XCI, col. 971), et surtout Matthieu, XII, 32, « où il est ouvertement démontré que certains péchés sont remis dans la vie future ». Il faut donc prier pour les morts[29].
Le cas d'Alain de Lille est différent. Il s'agit d'abord d'un maître de premier plan[30]. Enseignant à l'université naissante de Montpellier, mort en 1203, il s'est engagé dans la lutte contre les hérétiques, Vaudois et Cathares, mais dans son traité *Contre les hérétiques (Contra haereticos)*, il a « laissé tomber la question du Purgatoire[31] ». En revanche, il a abordé le problème dans ses traités sur la pénitence et la prédication.
Dans sa *Somme sur l'art de la prédication (Summa de arte praedicatoria)*, à propos de la pénitence il déclare : « Il y a un triple feu : purgatoire, probatoire, péremptoire. Le purgatoire, c'est la satisfaction [des péchés], le probatoire c'est l'examen *(tentatio)*, le péremptoire c'est la damnation éternelle... Le feu purgatoire est double : l'un a lieu en chemin [ici-bas], c'est la pénitence ; l'autre après la vie, c'est la peine purgatoire. Si nous nous purgeons dans le premier, nous sommes exemptés du second et du troisième ; si nous

---

28. « *Et hi non damnantur, nec statim salvantur, sed puniuntur sub exspectatione percipiendae salutis* » (*PL*, t. CCIV, col. 1268).
29. *The Summa «Contra haereticos» Ascribed to Praepositiuus of Cremona*, éd. J. N. Garvin et J. A. Corbett, Notre-Dame (Ind.), 1958, notamment pp. 210-211.
30. Voir l'étude fondamentale de M.-Th d'Alverny, *Alain de Lille. Textes inédits avec une introduction sur sa vie et ses œuvres*, Paris, 1965.
31. G. Gonnet, in *Cahiers de Civilisation médiévale*, 1976, p. 323.

n'avons pas subi le premier, nous éprouverons le second... Le premier, le Purgatoire, exclut les deux autres... Le feu purgatoire n'est que l'ombre et la peinture du second, et de même que l'ombre et la peinture du feu matériel n'apporte aucune douleur... de même le feu de la pénitence n'est pas amer en comparaison du second feu purgatoire» et de citer Augustin[32]. Ce qui intéresse donc Alain de Lille, c'est la pénitence et il identifie en cette époque d'évolution extraordinaire de la pénitence le feu de la tribulation terrestre envisagé par Augustin avec la pénitence ici-bas.

Dans son traité sur la pénitence, le *Liber poenitentialis*, rédigé après 1191 et dont il existe plusieurs versions, dont une version longue écrite entre 1199 et 1203, Alain se demande si l'Église, par l'intermédiaire de l'évêque ou du prêtre, peut dans l'absolution remettre la pénitence. Les idées d'Alain peuvent paraître déconcertantes: pour lui le feu purgatoire proprement dit est celui de la pénitence ici-bas et il limite le pouvoir de l'évêque ou du prêtre à la remise de la peine purgatoire, c'est-à-dire de la pénitence; mais l'Église est impuissante au-delà de la mort, ce qui ne sera pas le sentiment des clercs du XIIIe siècle[33].

Dans ces textes, Alain de Lille qui dispose d'un vocabulaire à la fois traditionnel et nouveau parle aussi bien de feu purgatoire *(ignis purgatorius)*, de peine purgatoire *(poena purgatoria)* que de Purgatoire à proprement parler. Il use notamment du substantif dans une question particulièrement intéressante que je commenterai plus loin à propos du «temps du purgatoire»: «On demande si celui qui devait accomplir – une pénitence ici-bas – de sept années et ne l'a pas accomplie, sera pendant sept ans dans le purgatoire. Nous répondons: sans aucun doute il achèvera cette satisfaction dans le Purgatoire, mais combien de temps y sera-t-il, seul le sait celui qui pèse les peines dans la balance[34].» C'est poser le problème de la proportionnalité des peines du Purgatoire, ouvrir la comptabilité de l'au-delà.

RETARD DES CANONISTES

Contemporain du jaillissement théologique dont Paris est le centre, un autre mouvement, intellectuel, soulève la Chrétienté de la seconde moitié du

---

32. *Summa de arte praedicatoria*, *PL*, t. CCX, col. 174-175.
33. *Liber poenitentialis*, éd. J. Longère, Louvain-Lille, 1965, t. II, pp. 174-177.
34. *Ibid.*, p. 177: «*Item quaeritur si iste debebat implere septem annos et non implevit, utrum per septem annos sit in purgatorio? Respondemus: procul dubio implebit illam satisfactionem in purgatorio, sed quamdiu ibi sit, ille novit qui est librator poenarum.*»

XIIe siècle, l'effervescence du droit canon. Le centre intellectuel, institutionnel, politique en est Bologne. Je l'ai évoqué à propos de ce texte essentiel, le *Décret* de Gratien (vers 1140). Or, à la naissance du Purgatoire, le mouvement canoniste semble étrangement absent. Mgr Landgraf l'avait déjà remarqué d'une façon plus générale : « Nous ne pouvons cependant pas cacher, écrivait-il, en 1948, qu'en général les canonistes, loin de promouvoir le progrès en théologie systématique, se contentent le plus souvent d'emboîter le pas[35]. » Un canoniste, l'auteur d'un des premiers commentaires du *Décret* de Gratien, la *Summa coloniensis (Somme de Cologne)* de 1169, s'agissant des suffrages pour les morts et donc du Purgatoire, l'avoue : « Je n'ai pas traité cette question car elle regarde plus les théologiens que les canonistes[36]. » Rien d'étonnant par conséquent si le grand canoniste de la fin du XIIe siècle, Uguccione (ou Huguccio) de Pise dans sa *Somme des Décrets (Summa Decretorum)* achevée entre 1188 et 1192, s'il affirme que le temps de la purgation s'étend du moment de la mort au temps du Jugement dernier, en ce qui concerne le lieu de cette purgation, rappelle qu'Augustin a parlé d'endroits secrets, cachés (c'est le texte reproduit dans le *Décret* de Gratien) et avoue que lui aussi l'ignore « *Ignoro et ego...* »[37].
Pourtant ce silence ne durera pas car les canonistes s'aperçoivent bientôt que la question est d'actualité et d'importance et qu'elle les touche aussi. Dès les premières années du XIIIe siècle, Sicard de Crémone, mort en 1215, commentant Gratien, c'est-à-dire Augustin, écrit : « Il faut comprendre qu'il s'agit de ceux qui sont dans le Purgatoire mais certains pensent qu'il s'agit de ceux qui sont tourmentés dans le purgatoire et dont toutes les peines peuvent être mitigées[38]. » Il est intéressant de remarquer que sur le manuscrit de la *Summa coloniensis* dont je parlais plus haut, une main du XIIIe siècle a noté le schéma de Sicard de Crémone, corrigeant ainsi l'aveu d'indifférence de l'auteur de la *Summa*. Le Purgatoire et son système sont aussi présents par exemple dans les gloses que Jean le Teutonique, mort en 1245, rédige peu après 1215 sur le *Décret* de Gratien. Jean reprend le texte de saint Augustin et du *Décret* sur les lieux secrets qui nous sont cachés mais il affirme l'utilité, pour les moyennement, bons des suffrages grâce auxquels ils sont plus vite libérés du feu *du* Purgatoire[39].

---

35. A. M. Landgraf, *Einführung in die Geschichte der theologischen Literatur der Frühscholastik*, Ratisbonne, 1948, trad. fr. complétée et mise à jour, Paris, 1973, p. 58.
36. Cité par A. M. Landgraf, *Dogmengeschichte der Frühscholastik*, Ratisbonne, 1956, IV/2, p. 260, n. 3.
37. D'après le manuscrit Paris, Bibliothèque nationale, Ms. latin 3891, fol. 183 v° (renseignement aimablement communiqué par le Père P. M. Gy).
38. Cité par A. M. Landgraf, *Dogmengeschichte...*, *op. cit.*, IV/2, p. 261, n. 6.
39. Johannes Teutonicus, fol. CCCXXXV v°, CCCXXXVI.

Le XIIe siècle : naissance du Purgatoire

vers 1200 : le purgatoire s'installe

Trois auteurs me paraissent résumer au début du XIIIe siècle le nouveau système de l'au-delà résultant de la naissance du purgatoire.

une lettre et un sermon d'Innocent III

Le premier d'ailleurs est le pape Innocent III (1198-1216). Il est remarquable que le pontife ait accueilli aussi rapidement les conceptions nouvelles. Dans une lettre à l'archevêque de Lyon en 1202, le pape reste circonspect. Sur les conclusions à tirer de la distinction augustinienne (reprise dans le *Décret* de Gratien) entre les quatre catégories de défunts : les tout à fait bons, les tout à fait mauvais, les moyennement bons et les moyennement mauvais et l'efficacité des suffrages des vivants par l'intermédiaire de l'Église pour les tout à fait bons en tant qu'actions de grâces, pour les tout à fait mauvais en tant que consolations des vivants, pour les moyennement bons en tant qu'expiations et pour les moyennement mauvais en tant que propitiations il s'en remet au discernement du prélat[40]. Mais dans un sermon pour la Toussaint sur les deux séraphins, les trois armées et les cinq lieux où demeurent les esprits des morts, il est beaucoup plus précis.
Les deux séraphins sont les deux testaments. Les trois armées sont l'Église triomphante dans le Ciel, l'Église militante sur terre et l'Église « qui gît dans le Purgatoire ». La première agit dans la louange, la seconde dans le combat, la troisième dans le feu. C'est à la troisième que fait allusion Paul dans la première Épître aux Corinthiens. Il y a aussi cinq lieux où demeurent les esprits humains. Le lieu suprême est celui des suprêmement bons, le lieu infime celui des suprêmement mauvais ; le lieu du milieu est pour ceux qui sont bons et mauvais : entre le lieu suprême et le lieu du milieu il y a un lieu pour les moyennement bons ; entre le lieu du milieu et le lieu infime il y a un lieu pour les moyennement mauvais. Le lieu suprême, c'est le ciel où il y a les bienheureux. L'infime c'est l'Enfer où il y a les damnés. Celui du milieu, c'est le monde où il y a les justes et les pécheurs. Entre le suprême et le moyen, il y a le paradis (terrestre) où vivent encore Hénoch et Élie qui mourront. Entre le moyen et l'infime (il y a le Purgatoire) où sont punis ceux qui n'ont pas fait pénitence ici-bas ou qui ont emporté dans

---

40. *PL*, t. CCXIV, col. 1123.

la mort quelque tache vénielle. Bien qu'il y ait cinq lieux, il n'y a que trois armées. Ceux qui sont dans le Paradis, bien qu'ils appartiennent à l'armée de Dieu, ne forment pas en eux-mêmes une armée, car ils ne sont que deux. L'armée du milieu aujourd'hui rend des louanges pour l'armée qui triomphe au ciel et le lendemain s'acquitte de prières pour ceux qui sont dans le purgatoire. Innocent III ajoute alors une remarque d'ordre psychologique : « Qui ne rendrait en effet volontiers des louanges à l'indivisible Trinité pour les saints, par les prières et les mérites de qui nous croyons être aidés pour être nous aussi un jour là où ils sont? Qui ne s'acquitterait volontiers de prières à l'indivisible Trinité pour les morts, alors qu'il doit lui-même mourir, qui ne ferait dans cette vie pour un autre ce qu'il souhaite qu'on fasse pour lui-même après sa mort? » Et le pape termine en exaltant la solennité de la fête de tous les saints[41].

Texte étonnant où l'on parle à plusieurs reprises *du* Purgatoire et où Innocent III donne sous une forme symbolique traditionnelle l'expression la plus complète, la plus claire, la plus charpentée – enserrant l'humanité entière de la naissance à la fin des temps dans un plan parfait dont la partie terrestre se déroule sous le strict contrôle de l'Église. L'Église devient elle-même triple. Augustin avait distingué Église « pérégrinante » et Église « céleste », le XIIe siècle avait imposé les termes nouveaux d'Église « militante » – expression lancée par Pierre le Mangeur[42] et Église « triomphante ». Innocent III y ajoute l'Église du purgatoire, énonçant un troisième terme,

---

41. *PL*, t. CCXVII, col. 578-590. Voici le passage essentiel :
« *Deus enim trinus et unus, tres tribus locis habet exercitus. Unum, qui triumphat in coelo; alterum, qui pugnat in mundo; tertium, qui jacet in purgatorio. De bis tribus exercitibus inquit Apostolus: "In nomine Jesu omne genu flectatur, coelestium, terrestrium et infernorum* (Philippiens, II).*" Hi tres exercitus distincte clamant cum seraphim, Sanctus Pater, sanctus Filius, sanctus Spiritus. Patri namque attribuitur potentia, quae convenit exercitui, qui pugnat in via; Filio sapientia, quae competit exercitui, qui triumphat in patria; Spiritui sancto misericordia, quae congruit exercitui, qui jacet in poena. Primus exercitus laudat in laude, secundus in agone, tertius autem in igne. De primo legitur: "Beati qui habitant in domo tua, Domine, in saecula saeculorum laudabunt te* (Psaumes, LXXXIII)*"; de secundo dicitur: "Militia est vita hominis super terram; et sicut dies mercenarii, dies ejus* (Job, VII).*" De tertio vero inquit Apostolus: "Uniuscujusque opus quale sit, ignis probabit* (I Corinthiens, III).*" Sane quinque loca sunt, in quibus humani spiritus commorantur. Supremus, qui est summe bonorum; infimus, qui est summe malorum; medius, qui est bonorum et malorum; et inter supremum et medium unus, qui est mediocriter bonorum; et inter medium et infimum alter, qui est mediocriter malorum. Supremus, qui est summe bonorum, est coelum, in quo sunt beati. Infimus, qui est summe malorum, est infernus, in quo sunt damnati. Medius, qui est bonorum et malorum, est mundus, in quo justi et peccatores. Et inter supremum et medium, qui est mediocriter bonorum, est paradisus; in quo sunt Enoch et Elias, vivi quidem, sed adhuc morituri. Et inter medium et infimum, qui est mediocriter malorum, in quo puniuntur qui poenitentiam non egerunt in via, vel aliquam maculam venialem portaverunt in morte.* »
42. Ch. Thouzellier, « Ecclesia militans », in *Études d'histoire du droit canonique* dédiées à Gabriel Le Bras, Paris, 1965, t. II, pp. 1407-1424.

qui sous le nom d'Église « souffrante » complétera plus tard la triade ecclésiale. C'est le triomphe de la rationalisation du système des cinq lieux exposés par le pseudo-Pierre Damien et le pseudo-Bernard. Le pontife d'ailleurs s'émerveille de cette belle ordonnance : « Oh ! que l'institution de cette observance est raisonnable et salutaire[43] ! »

purgatoire et confession : Thomas de Chobham

Le second texte est extrait de la *Somme des confesseurs* de l'Anglais Thomas de Chobham, formé à Paris dans le cercle de Pierre le Chantre. J'aurai l'occasion de revenir sur la confession, sur ses liens avec la naissance du Purgatoire, sur l'influence des décisions du quatrième concile du Latran (1215), sur la rédaction de ces manuels pour confesseurs qui témoignent du bouleversement de la vie spirituelle, des nouveaux problèmes de conscience des hommes, de la multiplication de leurs interrogations sur le monde d'ici-bas et de l'au-delà et des efforts de l'Église pour garder le contrôle de la nouvelle société.
La *Summa confessorum* de Thomas de Chobham a été écrite peu avant Latran IV et terminée au lendemain du concile. Le Purgatoire est évoqué à propos des messes pour les défunts. « La messe, dit la *Somme*, est célébrée pour les vivants et pour les défunts mais pour les défunts doublement car les sacrements de l'autel sont des pétitions pour les vivants, des actions de grâces pour les saints, et pour ceux qui sont dans le Purgatoire des propitiations et elles ont pour résultat la rémission de leur peine. Et c'est pour signifier cela que l'hostie à l'autel est divisée en trois parties, car une part est pour les saints, une part pour ceux à sanctifier. Celle-là est une action de grâce, celle-ci est une supplication[44]. »
La *Somme* répond ensuite à la question de savoir si la messe pour les défunts a quelque efficacité pour les damnés en enfer – en se fondant sur le chapitre CX de l'*Enchiridion* d'Augustin parlant de « damnation plus tolérable ». Thomas de Chobham rapporte l'opinion selon laquelle par « damnation » il faudrait entendre « la peine du Purgatoire car on ne peut rien faire pour les damnés en enfer »[45].
On voit ici le Purgatoire évoqué comme un fait admis, acquis et ce Purgatoire intégré à la fois dans la liturgie et dans la discipline pénitentielle. Les liens entre les vivants et les morts se resserrent.

---

43. « *O quam rationabilis et salubris est hujus observantiae institutio* », PL, t. CCXVII, col 590.
44. Thomas de Chobham, *Summa confessorum*, éd. F. Broomfield, Louvain-Paris, 1968, pp. 125-126.
45. *Ibid.*, p. 127.

ancien et nouveau vocabulaire de l'au-delà

Il faut enfin adapter à la nouvelle géographie de l'autre monde la vieille terminologie de l'au-delà. Certains se demandent ce que signifient par rapport au Purgatoire les expressions bibliques «la gueule du lion», «la main de l'enfer», «le lac de l'enfer», les «lieux des ténèbres», le «tartare». Dans une œuvre composée autour de 1200 (on y nomme Pierre le Chantre et Prévostin), l'auteur, qui est peut-être Paganus de Corbeil, déclare que dans la prière «Libère leurs âmes de la gueule du lion, de la main de l'enfer, du lac de l'enfer», il faut comprendre qu'il s'agit du feu purgatoire lui-même selon qu'il est plus ou moins fort[46]. Geoffroy de Poitiers, mort en 1231, dans sa *Somme*, donnera une autre explication: «Mieux vaut dire, écrit-il, qu'il y a diverses demeures dans le Purgatoire: les unes sont appelées lieux obscurs des ténèbres, d'autres main de l'enfer, d'autres gueule du lion, d'autres tartare. Et de ces peines l'Église demande que les âmes des morts soient libérées[47].»

Voilà le lieu purgatoire à son tour divisé. La parole de Jean, XIV, 2: «Dans la maison de mon Père, il y a de nombreuses demeures», valable pour tout l'au-delà, est appliquée à son tour à cet espace nouveau de l'au-delà. On assiste déjà, si j'ose dire, au lotissement du Purgatoire.

---

46. Manuscrit Paris, Bibliothèque nationale, Ms. latin 14883, fol. 114, cité par A. M. Landgraf, *Dogmengeschichte...*, op. cit., IV/2, p. 281, n. 61.

47. «*Melius est, ut dicatur, quod diverse mansiones sunt in purgatorio : alia appelantur obscura tenebrarum loga, alia manus inferni, alia os leonis, alia tartarus. Et ab istis penis petit Ecclesia animas mortuorum liberari*» (*ibid.*, p. 281, n. 61).

6

LE PURGATOIRE
ENTRE LA SICILE ET L'IRLANDE

De la vision de Drythelm à celle de Charles le Gros, les voyages imaginaires dans l'au-delà – considérés par les hommes du Moyen Âge comme «réels» même s'ils sont présentés comme des «rêves» *(sommia)* – sont des voyages de vivants dont le corps reste et l'âme revient sur terre. Ces visions se poursuivent tout au long du XIIe siècle et la dernière – le *Purgatoire de saint Patrick* – marquera une étape décisive dans la naissance du Purgatoire, dans une double géographie, géographie terrestre et géographie de l'au-delà.

Mais on voit aussi s'ébaucher un autre type de récit qui, au XIIIe siècle, accueillera – et diffusera – largement le Purgatoire. Ce sont les récits d'apparitions à des vivants de défunts qui subissent les peines purgatoires et viennent demander les suffrages de ces vivants ou les avertir d'avoir à s'amender s'ils veulent éviter les peines purgatoires. C'est au fond la reprise des histoires du Livre IV des *Dialogues* de Grégoire le Grand mais ces revenants ne sont plus sur terre à se purger du reste de leurs fautes mais en permission exceptionnelle de courte durée, le temps d'un rêve.

VISIONS MONASTIQUES : LES REVENANTS

Ces apparitions sont surtout notées en milieu monastique, ce qui n'a rien d'étonnant car la lecture de Grégoire le Grand – dans ses *Moralia* mais aussi dans les *Dialogues* dont le second livre a «lancé» saint Benoît – est surtout assidue dans les monastères, et les moines, dans ce temps où l'on se méfie des rêves (Grégoire le Grand l'avait dit, Pierre Damien le répète au

XIe siècle) sont les bénéficiaires privilégiés des songes, des visions, des apparitions car ils sont plus aptes que d'autres à résister aux illusions diaboliques comme le fit saint Antoine, et plus dignes de recevoir les messages authentiques et édifiants de Dieu.
C'est ainsi que dans l'opuscule XXXIV, seconde partie *Sur diverses apparitions et miracles (De diversis apparitionibus et miraculis)* écrit entre 1063 et 1072, le Ravennate Pierre Damien, une des grandes figures de l'érémitisme italien devenu cardinal vers 1060 et très sensible au souvenir des morts dans la dévotion des groupes érémitiques en tant que «communautés de prière»[1], rapporte deux apparitions d'âmes subissant les peines purgatoires[2]. La première histoire s'est passée, selon son informateur, le prêtre Jean, à Rome, peu d'années avant qu'il ne l'écrive. La nuit de la fête de l'Assomption de Marie, alors que les Romains priaient et chantaient des litanies dans les églises, une femme qui se trouvait dans la basilique de Santa Maria in Campitello «vit une commère à elle qui était morte depuis environ un an. Comme, à cause de la foule qui se pressait, elle n'arrivait pas à lui adresser la parole, elle s'arrangea pour l'attendre dans un coin de ruelle, de façon à ne pas la manquer quand elle sortirait de la basilique. Quand elle passa elle l'interrogea aussitôt: "N'es-tu pas ma commère, Marozia, qui est morte?..." L'autre répondit: "C'est moi – Et comment peux-tu être ici?" Elle dit: "Jusqu'à aujourd'hui j'étais enchaînée par une peine qui n'était pas légère, car alors que j'étais encore dans un âge tendre, m'abandonnant à la séduction d'une impudente lasciveté, j'ai accompli des actes honteux avec des filles de mon âge et l'ayant, hélas! oublié, bien que je me sois confessée à un prêtre, je ne l'ai pas soumis au jugement [de la pénitence]. Mais aujourd'hui la reine du monde a répandu pour nous des prières et m'a libérée des lieux de peines *(de locis poenalibus)* et par son intervention, c'est une telle multitude qui a été aujourd'hui arrachée aux tourments qu'elle dépasse toute la population de Rome; aussi nous visitons les lieux sacrés dédiés à notre glorieuse dame pour la remercier d'un si grand bienfait." Comme la commère doutait de la véracité de ce récit elle ajouta: "Pour vérifier la réalité de ce que je dis, sache que dans un an, le jour de cette même fête, sans aucun doute tu mourras. Si, ce qui ne sera pas, tu vivais davantage, tu pourrais alors m'accuser de mensonge." À ces mots elle disparut à ses

---

1. Le texte de l'opuscule se trouve in *PL*, t. CXLV, col. 584-590 avec des titres de chapitres ajoutés par l'éditeur et qui sont souvent anachroniques (par exemple *«liberat a poenis purgatorii»*). Sur Pierre Damien et la mémoire des morts, voir F. Dressler, *Petrus Damiani. Leben und Werk*, Rome, 1954. Sur la mort en milieu monastique, voir J. Leclercq, «Documents sur la mort des moines», in *Revue Mabillon*, XLV, 1955, pp. 165-180.
2. *PL*, t. CXLV, col. 186, 188.

yeux. L'autre préoccupée par la prédiction de sa mort, mena désormais une vie plus prudente. À près d'un an de là, à la veille de cette fête, elle tomba malade et le jour même de la fête, comme il lui avait été prédit, elle mourut. Ce qu'il faut en retenir, et qui est bien effrayant, c'est que, pour la faute qu'elle avait oubliée, jusqu'à l'intervention de l'immaculée Mère de Dieu cette femme fut suppliciée.»

Récit étonnant par son pouvoir d'évocation, et qui marque l'entrée dans les lieux purgatoires de la Vierge Marie. En cette fin du XIe siècle où le culte marial, qui va connaître un succès foudroyant, prend son essor tardif en Occident, la Vierge s'affirme déjà comme la principale auxiliatrice des défunts du futur Purgatoire.

L'autre histoire édifiante, Pierre Damien dit la tenir de l'évêque de Cumes, Rainaud, qui l'avait lui-même apprise du vénérable évêque Humbert de Sainte-Ruffine, maintenant décédé. «Un prêtre, raconta-t-il, qui dormait dans le silence de la nuit, s'entendit appeler en vision par un compère à lui, qui était mort: "Viens voir un spectacle qui ne pourra pas te laisser indifférent." Et il le conduisit à la basilique de Sainte-Cécile dans l'atrium de laquelle ils virent les saintes Agnès, Agathe, Cécile elle-même, et un chœur de nombreuses vierges saintes, resplendissantes. Elles apprêtaient un siège magnifique plus haut que ceux qui l'entouraient et voici que la Sainte Vierge Marie avec Pierre, Paul et David, entourée d'une foule brillante de martyrs et de saints, vint prendre place sur le siège qui avait été préparé. Alors que le silence régnait dans cette si sainte assemblée et que tous restaient respectueusement debout, une pauvresse, pourtant vêtue d'un manteau de fourrure, se prosterna aux pieds de la Vierge immaculée et l'implora d'avoir pitié du défunt patrice Jean. Comme elle avait répété trois fois sa prière et ne recevait aucune réponse elle ajouta: "Tu sais, ma dame, reine du monde, que je suis cette malheureuse qui gisait nue et tremblante dans l'atrium de ta basilique majeure [Sainte-Marie Majeure]. Celui-ci [le patrice Jean] dès qu'il m'aperçut eut pitié de moi et me couvrit de cette fourrure dont il était vêtu." Alors la bienheureuse Marie de Dieu dit: "L'homme pour lequel tu implores a été écrasé par une grande masse de crimes. Mais il a eu deux bons points: la charité à l'égard des pauvres et la dévotion, en toute humilité, aux lieux saints. En effet il apportait souvent l'huile sur ses propres épaules et du petit bois pour les lumières de mon église." Les autres saints témoignèrent qu'il en faisait de même pour leurs églises. La reine du monde donna l'ordre que le patrice fût amené au milieu de l'assemblée. Aussitôt une foule de démons traînèrent Jean ligoté et enchaîné[3]. Alors Notre-Dame

---

3. Le texte latin précise de façon appuyée et réaliste: «*poenalibus undique loris astrictum et ambientium catenarum squaloribus vehementer attritum*».

ordonna qu'il fût délivré et vînt grossir les rangs des saints [élus]. Mais elle ordonna de garder les liens dont il avait été délivré pour un autre homme encore vivant.» Après une cérémonie présidée par saint Pierre dans son église, «le prêtre qui continuait à avoir cette vision s'éveilla et le rêve se termina».

Que dans cette histoire comme dans la précédente, les lieux de châtiment et les instruments de torture *(loca poenalia, lora poenalia)* soient le futur Purgatoire, puisqu'on ne revient pas de l'Enfer, cela ne fait pas de doute. Mais ces lieux et ces peines ont un caractère tout à fait infernal, souligné par la présence des démons, et non des anges.

Dans une de ses lettres, Pierre Damien rapporte cette autre histoire de revenant que lui a racontée un nommé Martin, personnage très religieux retiré dans l'ermitage des Camaldules: il y avait dans le monastère *ad Pinum*, près de la mer, un moine qui, lourdement chargé de péchés, avait reçu une pénitence dure et longue. Il demanda à un frère avec qui il était étroitement lié d'amitié de l'aider et de partager son fardeau pénitentiel. Celui-ci, dont la vie était irréprochable, accepta et, alors qu'il pensait avoir beaucoup de temps devant lui pour accomplir sa promesse, il mourut. Quelques jours après sa mort il apparut en songe au moine pénitent qui s'informa de son état. Le mort lui dit qu'à cause de lui son sort était mauvais et dur car, libéré de ses propres fautes, il était encore chargé de celles de son compagnon. Il demanda l'aide du frère vivant et de tout le couvent. Tous les moines se mirent en pénitence et le mort réapparut exhibant, cette fois, un air serein et même heureux. Il déclara que grâce aux prières des frères non seulement il avait été arraché à la peine des châtiments mais que par une merveilleuse décision de la droite du Très Haut il avait été récemment transporté parmi les élus. Ainsi conclut Pierre Damien: «La clémence divine instruit les vivants par le moyen des morts[4].»

Presque un siècle plus tard l'abbé de Cluny Pierre le Vénérable, dans son traité *De miraculis* (entre 1145 et 1156), rapporte «les visions ou révélations de défunts» qu'il a recueillies et s'efforce d'expliquer. Il estime qu'il y a à son époque recrudescence de ces apparitions, et ce qu'elles annoncent, selon lui, se vérifie. C'est en tout cas ce qu'il a entendu dire par de nombreuses personnes dignes de foi[5].

Parmi ces revenants qui épouvantent et intriguent il y a ce chevalier mort qui apparaît au prêtre Étienne pour lui demander de réparer deux mauvaises actions qu'il avait oublié de confesser et qui revient remercier

---

4. *PL*, t. CXLIV, col. 403.
5. *De miraculis*, I, ix, *PL*, t. CLXXXIX, col. 871.

d'avoir été ainsi libéré des peines qu'il subissait[6]. Pierre le Vénérable, lecteur fidèle de Grégoire le Grand, ne va pas chercher à localiser ailleurs que celui-ci l'a fait la purgation des péchés après la mort. C'est sur les lieux de son péché qu'un mort revient finir sa pénitence tandis qu'un autre, coupable de fautes plus graves, est en enfer[7].
Quand, à la fin du siècle, le Purgatoire existera, ces visions évoqueront le nouveau lieu de l'au-delà, notamment en milieu cistercien, ce qui n'a rien d'étonnant si l'on songe à la part prise par Cîteaux dans la naissance du Purgatoire. Ainsi, un manuscrit d'origine cistercienne, un des premiers recueils de ces historiettes édifiantes, les *exempla*, qui fleuriront bientôt, rapporte un certain nombre de visions concernant les peines subies par les âmes après la mort. Après la vision de saint Fursy extraite de l'*Historia ecclesiastica Anglorum* de Bède, la « vision d'un moine » relate le supplice d'un chevalier qui, trop passionné par les oiseaux de chasse pendant sa vie, avait subi pendant dix ans après sa mort un terrible supplice : il portait sur son poing une buse qui le déchirait sans trêve de son bec et de ses griffes. Et pourtant il semblait avoir mené une vie très vertueuse mais les peines les plus dures sont infligées dans le Purgatoire *(in purgatorio)* pour des excès que nous jugeons avec indulgence. Notre moine voit ainsi des morts qui, de leur vivant, avaient usé d'herbes et de baies non comme médecine mais comme drogues et aphrodisiaques, condamnés à rouler sans cesse dans leur bouche des charbons ardents, d'autres qui s'étaient livrés à des excès de rire être fouettés pour cette mauvaise habitude, d'autres encore au bavardage intempérant être sans arrêt giflés, les coupables de gestes obscènes étaient enchaînés dans des liens de feu, etc[8]. Même les saints, pour certaines fautes en apparence légères, font de courts séjours en purgatoire. Un des premiers à payer son écot à la nouvelle croyance n'est autre que le grand saint cistercien, saint Bernard lui-même, qui passe brièvement comme on l'a vu par le Purgatoire pour n'avoir pas cru en l'Immaculée Conception[9].

---

6. *De miraculis*, I, XXIII, *ibid.*, col. 891-894.
7. *De miraculis*, I, XVIII, *ibid.*, col. 903-908.
8. Il s'agit du manuscrit latin 15 912 qui a été partiellement transcrit par Georgette Lagarde dans le cadre de l'enquête du Groupe d'anthropologie historique de l'Occident médiéval de l'École des Hautes Études en Sciences sociales sur l'*exemplum*. Les visions rapportées se trouvent au feuillet 64.
9. Cette anecdote sur le bref passage de saint Bernard dans le Purgatoire (voir *supra*, pp. 968 *sqq.*) n'a pas été retenue par Jacopo da Varazze dans la *Légende dorée*. Rappelons que l'Immaculée Conception de Marie n'est devenue un dogme du catholicisme qu'en 1854.

QUATRE VOYAGES MONASTIQUES DANS L'AUTRE MONDE

Des récits, au XIIᵉ siècle, de voyages dans l'au-delà, j'ai retenu les quatre qui me semblent les plus importants, le premier parce qu'il s'agit de la vision d'une femme laïque et d'une expérience très personnelle – c'est le rêve de la mère de Guibert de Nogent –, le second et le troisième, la vision d'Albéric de Settefrati et celle de Tnugdal parce qu'elles sont les plus riches en détails, à la veille de la naissance du Purgatoire, et que leurs auteurs appartenaient à des régions significatives pour l'imaginaire de l'au-delà : l'Italie méridionale et l'Irlande, le quatrième enfin – le *Purgatoire de saint Patrick* – parce qu'il est en quelque sorte l'acte de naissance littéraire du Purgatoire. L'intérêt de ces visions pour notre propos est de nous montrer comment, dans un genre très traditionnel, s'ébauche à tâtons puis existe dans une image nette quoique aux contours flous, un territoire spécial pour le Purgatoire dans l'au-delà. Elles permettent d'apprécier la part de l'imaginaire monastique dans la genèse du lieu du purgatoire.

1. une femme dans l'au-delà : la mère de Guibert de Nogent

La première vision est racontée par un moine qui, au début du XIIᵉ siècle, a laissé une œuvre originale, surtout par deux ouvrages, un traité *Des reliques des saints (De pignoribus sanctorum)* où l'on a voulu voir l'aube de l'esprit critique, et une autobiographie, *Histoire de sa vie (De vita sua)* elle aussi, elle surtout, initiatrice d'un genre qui connaîtra une fortune singulière, surtout après le Moyen Âge[10]. Le *De vita sua* de Guibert de Nogent a fourni deux types d'informations qui ont beaucoup intéressé les historiens. Il contient d'abord un récit et une évocation des événements politiques et sociaux dans la France du Nord-Est, les débuts du mouvement communal avec le récit des dramatiques événements de la commune de Laon en 1116. On y trouve aussi toute une série de notations de nature psychologique qui

---

10. Le *De vita sua* (titre original *Monodiae*: Poèmes à une voix, Mémoires) de Guibert de Nogent se trouve au t. CLVI de la *Patrologie latine* de Migne et a été replacé dans l'histoire de l'autobiographie par G. Kisch, *Geschichte der Autobiographie*, 1, 2, Francfort, 1959; voir J. Paul, «Le démoniaque et l'imaginaire dans le *De vita sua* de Guibert de Nogent», in *Le Diable au Moyen Âge, Senefiance*, 6, Aix-en-Provence, Paris, 1979, pp. 371-399.

ont incité les historiens à se tourner vers le psychanalyste ou à se faire psychanalystes eux-mêmes[11].
Voici la vision de sa mère, dans le récit de Guibert de Nogent:

> Une nuit d'été, un dimanche, après matines, comme elle s'était étendue sur un banc très étroit, elle sombra bientôt dans le sommeil, il lui sembla, sans qu'elle perdît ses sens, que son âme sortait de son corps. Après avoir été conduite comme à travers une galerie, elle se mit, à sa sortie, à s'approcher de la bouche d'un puits. Quand elle en fut tout près, voici que des hommes à l'aspect de fantômes sortent du gouffre de ce trou. Leurs cheveux semblaient être dévorés par les vers, ils cherchaient à l'attraper de leurs mains et à l'entraîner à l'intérieur. Soudain, dans son dos, une voix de femme terrifiée haletant sous leur attaque, leur cria: «Ne me touchez pas.» Sous la pression de cette défense ils redescendirent dans le puits. J'ai oublié de dire que lorsqu'elle franchit le portique en sentant qu'elle sortait de son état humain, elle ne demanda qu'une chose à Dieu, qu'il lui permît de revenir dans son corps. Délivrée des habitants du puits, elle s'était arrêtée au bord et soudain elle vit à ses côtés mon père, sous l'aspect qu'il avait dans sa jeunesse. Elle le regarda intensément et lui demanda à plusieurs reprises s'il était bien Évrard [c'était son nom]. Il le nia.
> Rien d'étonnant à ce qu'un esprit refusât d'être appelé par le nom qu'il portait quand il était homme car on ne peut exprimer des réalités spirituelles qu'en termes spirituels (I Corinthiens, II, 12-15). Croire que des esprits se reconnaissent par leur nom, ce serait ridicule, sinon dans l'autre monde on ne connaîtrait guère que ses proches. Il est clair que les esprits n'ont pas besoin d'avoir des noms car toute leur vision, ou plutôt leur connaissance de la vision, est interne.
> Bien qu'il niât s'appeler ainsi, comme elle était sûre que c'était lui, elle lui demanda où il demeurait. Il laisse entendre qu'il s'agit d'un endroit situé non loin de là. Elle lui demande alors comment il va. Il dévoile son bras et son flanc et montre qu'ils sont tellement déchirés, tellement tailladés par de nombreuses blessures qu'à les voir on est saisi d'horreur et d'une émotion viscérale. Il s'y ajoutait la présence d'une apparence d'enfant qui poussait de tels cris que même en ne faisant

---

11. Voir l'introduction de John F. Benton à la traduction en anglais de l'œuvre: *Self and Society in Medieval France. The Memoirs of Abbot Guibert of Nogent*, New York, 1970, et le suggestif article de Mary M. McLaughlin, «Survivors and Surrogates: Children and Parents from the IXth to the XIIIth Century», in *The History of Childhood*, Lloyd de Mause éd., New York, 1975, pp. 105-106.

que le regarder elle en était très incommodée. Elle lui dit : « Comment, sire, peux-tu supporter les plaintes de cet enfant ? – Que je le veuille ou non, répondit-il, je dois les supporter ! » Et voici la signification des pleurs de cet enfant, des blessures au bras et au flanc. Quand mon père était très jeune, il avait été détourné de ses relations licites avec ma mère par des maléfices, et de mauvais conseillers, abusant de son manque de maturité d'esprit, l'avaient très malignement persuadé de tenter d'avoir des rapports sexuels avec d'autres femmes. Avec un comportement de jeune il se laissa persuader et de ses rapports détestables avec je ne sais quelle mauvaise femme il eut un enfant qui décéda mort-né sans avoir été baptisé. La plaie à son flanc c'était la rupture de la foi conjugale, les hurlements de cette voix insupportable, c'était la damnation de cet enfant procréé dans le mal...

Ma mère lui demanda si les prières, les aumônes, les messes lui apportaient du secours (car il savait qu'elle le faisait très souvent pour lui). Il dit que oui et ajouta : « Mais parmi vous vit une certaine Liégearde. » Ma mère comprit pourquoi il la mentionnait et qu'elle devait lui demander quel souvenir elle gardait de lui. Cette Liégearde est une femme très pauvre en esprit, qui ne vivait que pour Dieu, loin des mœurs de ce siècle.

Comme la conversation avec mon père était finie, elle regarda vers le puits qui était surmonté d'une peinture. Sur la peinture elle aperçut Rainaud, un chevalier, de grand renom parmi les siens. Ce jour même qui était, comme je l'ai dit, un dimanche, ce Rainaud fut traîtreusement assassiné par ses proches à Beauvais après un repas. Sur cette peinture, il était agenouillé, la tête penchée, soufflant, les joues gonflées, pour allumer un feu. Cette vision eut lieu le matin et il mourut à midi, poussé dans ce feu qu'il avait lui-même allumé.

Elle vit aussi sur la même peinture, en train d'aider (mais il mourut longtemps après) mon frère qui prononçait d'horribles jurons par le corps et le sang divin, ce qui signifie qu'en blasphémant le nom de Dieu et ses mystères sacrés il méritait d'aller dans les lieux de châtiments *(hos mereretur et poenarum locos et poenas).*

Dans la même vision elle vit une vieille femme qui vivait avec elle au début de sa conversion et qui, extérieurement, montrait sur son corps les nombreuses blessures de ses mortifications mais qui en réalité ne se défendait guère contre le désir de vaine gloire. Elle la vit, sous la forme d'une ombre, emportée par deux esprits tout noirs. Quand cette vieille femme vivait et qu'elles habitaient ensemble, et qu'elles parlaient de l'état de leurs âmes quand la mort serait venue, elles se promirent mutuellement que celle qui mourrait la première apparaîtrait, si Dieu le permettait, à la survivante pour lui expliquer son état, bon ou mauvais... La vieille femme au moment de mourir s'était vue elle-même en vision, dépouillée de son corps, se diriger avec d'autres semblables à elle vers un temple et il lui semblait qu'elle portait une croix sur ses épaules. Quand elle parvint au temple on l'empêcha d'entrer et les portes se fermèrent devant elle. Enfin, après sa mort elle apparut environnée de puanteur à une autre personne qu'elle remercia vivement de l'avoir arrachée à la puanteur et à la douleur par ses prières. Au moment de mourir elle avait vu au pied de son lit un horrible démon aux yeux noirs et énormes. Elle l'avait adjuré par les divins sacrements de se retirer dans la confusion et de ne rien réclamer d'elle et par cette terrible adjuration elle l'avait mis en fuite.

Convaincue de la véracité de sa vision en comparant ce qu'elle avait vu à ce qu'elle savait, la mère de Guibert décida de s'adonner entièrement à secourir son époux. Elle avait en effet compris qu'elle avait vu les lieux pénaux dans les enfers *(poenales locos apud inferos)* auxquels était condamné le chevalier dont elle avait vu l'image peu avant qu'il ne meure.

Elle adopta un enfant orphelin dont les cris et les pleurs nocturnes la torturèrent ainsi que ses servantes. Mais elle tint bon malgré les efforts du Diable qui rendit les hurlements de l'enfant insupportables et les supplications de son entourage qui la pressait d'abandonner. Elle savait que ces souffrances étaient purgatrices de celles de son mari qu'elle avait vues dans sa vision.

Laissons de côté – à regret – les problèmes de relations familiales et personnelles, la digression sur le nom – cet emblème des hommes du Moyen Âge –, la fusion en cette histoire de plusieurs thèmes habituellement distincts : celui de la vision des lieux pénaux de l'au-delà, du pacte entre deux vivants s'engageant à ce que le premier mort revienne raconter son expérience au survivant, celui de l'enfant qui empêche de dormir[12], le climat onirique, cauchemardesque, très «moderne» de ce récit. Notons les éléments qui se retrouveront dans les relations de voyage ou de séjour au Purgatoire – et qui feront partie du «système» du Purgatoire.

C'est d'abord le caractère *infernal* du lieu où se trouve le père de Guibert et dans lequel sa mère a risqué d'être – dans sa vision – entraînée. Il s'agit d'une *place* située près d'un *puits* et, dans une autre vision, d'un *temple* d'où

---

12. Voir J.-Cl. Schmitt, *Le saint lévrier. Guinefort, guérisseur d'enfant depuis le XIIIe siècle*, Paris, 1979.

sortent des êtres d'aspect diabolique, diables noirs[13], larves aux cheveux pleins de vermine, monstres aux énormes yeux noirs, un monde où l'horreur de la vue, de l'ouïe et de l'odorat, visions monstrueuses, bruits insupportables, odeurs fétides, se mêlent aux douleurs physiques. Monde de tortures, univers pénal de châtiments où se distingue le feu. Monde d'esprits dépouillés de leur nom mais qui expient dans la torture du corps. Monde de souffrances auxquelles les vivants peuvent arracher leurs morts par la prière, l'aumône, le sacrifice de la messe selon la théorie traditionnelle des suffrages mais aussi par un partage des épreuves dont la nature est liée à celle de la faute commise. Et, par-dessus tout, deux traits dominants : l'affirmation, la quête d'un *lieu* encore mal distingué de l'ensemble des enfers (place, puits, temple, lieux pénaux – *poenarum locos, poenales locos* – la visionnaire demande au spectre de son mari *ubi commaneret*, où il demeurait), l'expression d'une étroite solidarité entre les vivants et les morts, solidarité qui est d'abord celle de la famille, famille charnelle et surtout couple conjugal en ce temps où l'Église rappelle avec force la parole de Paul selon qui l'époux et l'épouse ne sont qu'une seule et même chair, famille spirituelle ensuite, comme celle que forme la convertie avec cette vieille femme qui l'aide dans sa conversion. Enfin, nœud du système, l'expiation commune des fautes par des peines qui sont à la fois châtiment et purgation. Ces souffrances sont *purgatrices* des souffrances de l'homme *(molestias istas molestiarum hominis... purgatrices)*.

Les deux visions d'Albéric et de Tnugdal sont plus littéraires, plus traditionnelles, mais servies par une grande force imaginative.

2. au Mont-Cassin : Albéric de Settefrati

Albéric de Settefrati, né vers 1100, avait eu une vision pendant une maladie où il resta neuf jours et neuf nuits dans le coma, alors qu'il avait dix ans. Entré au fameux monastère bénédictin du Mont-Cassin sous l'abbatiat de Gérard (1111-1123), il raconta sa vision au moine Guidone qui la transcrivit. Mais en passant de main en main et de bouche à oreille ce récit fut altéré et l'abbé Senioretto (1127-1137) conseilla à Albéric de la récrire avec l'aide de Pietro Diacono. C'est ce récit que nous avons conservé[14]. Il porte la marque des visions qui étaient connues au Mont-Cassin – *La Passion de Perpétue et*

---

13. Sur la liaison entre la couleur noire et le diable au Moyen Âge, voir J. Devisse et M. Mollat, *L'Image du noir dans l'art occidental*, II : *Des premiers siècles chrétiens aux grandes découvertes*, Fribourg, 1979, 2 vol.
14. Texte publié par Dom Mauro Inguanez in *Miscellanea Cassinese*, XI, 1932, pp. 83-103, précédé d'une étude par Dom Antonio Mirba, « La visione di Alberico », *ibid.*, pp. 34-79.

LE XIIe SIÈCLE : NAISSANCE DU PURGATOIRE

Félicité, la *Vision de Wetti*, la *Vision de saint Fursy*, la *Vie de saint Brandan*. On a voulu y voir aussi des influences musulmanes mais celles-ci n'ont pu être que limitées car l'eschatologie musulmane réserve l'enfer aux infidèles et aux polythéistes et ne semble pas connaître de Purgatoire[15].
Saint Pierre, accompagné de deux anges, Emmanuel et Éloi, apparut au jeune Albéric enlevé dans les airs par une colombe blanche, et l'emmena vers les lieux des peines et de l'Enfer *(loca penarum et inferni)* pour les lui montrer.
Le récit de cette vision semble interminable[16]. Je ne peux que la résumer mais j'ai voulu rester aussi près que possible du texte original pour conserver la précision des images à verser dans notre réservoir de l'imaginaire et préserver l'impression de promenade vagabonde que, malgré le pilotage de saint Pierre, offre le voyage du moine. Cette randonnée erratique permettra de mieux apprécier la mise en ordre au sein de laquelle apparaîtra bientôt le Purgatoire.
Albéric voit d'abord un lieu brûlant de boules de feu et de vapeurs enflammées où sont purgées les âmes des jeunes enfants morts dans leur première année. Leurs peines y sont légères car ils n'ont pas eu le temps de beaucoup pécher. La courbe des péchés est en effet à l'image des âges de la vie. Elle s'accroît et accumule les fautes avec la jeunesse et la maturité puis décroît avec la vieillesse. Le temps passé dans ces lieux de purgation est proportionnel à la quantité des péchés, donc à l'âge auquel sont morts les défunts qui subissent ces peines. Les enfants d'un an demeurent en ces lieux sept jours, ceux de deux ans quatorze jours, et ainsi de suite (Albéric ne précise pas davantage car la poursuite de la progression proportionnelle poserait sans doute de délicats problèmes).
Puis il voit une vallée glacée où sont torturés les adultères, les incestueux et autres fornicateurs et luxurieux. Suit une autre vallée pleine d'arbustes épineux où sont suspendues par les mamelles où boivent des serpents les femmes qui ont refusé d'allaiter des nourrissons et où brûlent, pendues par les cheveux, les femmes adultères. Vient une échelle de fer aux marches de feu au pied de laquelle se trouve un bassin plein de poix bouillante : y montent et descendent les hommes qui ont eu des relations

---

15. À propos des influences musulmanes, voir les thèses exagérées de M. Asin Palacio, *La Escatologia musulmana en la «Divina Comedia»*, Madrid, 1919 et *Dante y el Islam*, Madrid, 1929, et celles, plus modérées, de E. Cerulli, *Il «libro della Scala» et la questione delle fonti arabo-spagnole della Divina Comedia*, Rome, 1949. Sur l'absence de Purgatoire dans l'Islam, voir notamment E. Blochet, «Étude sur l'histoire religieuse de l'Iran», in *Revue de l'histoire des religions*, 20, Paris, 1899, t. 40, p. 12. Voir aussi M. Arkoun, J. Le Goff, T. Fahd, M. Rodinson, *L'Étrange et le Merveilleux dans l'Islam médiéval*, Paris, 1978. pp. 100-101.
16. Elle remplit vingt pages imprimées.

sexuelles avec leur femme pendant les jours (dimanches et fêtes) où l'acte sexuel est prohibé. Suit un four aux flammes sulfureuses où se consument les maîtres qui ont traité leurs sujets non en maîtres mais en tyrans et les femmes qui ont pratiqué l'infanticide et l'avortement. Après ce four se présente un lac de feu semblable à du sang. Les homicides morts impénitents, après avoir porté pendant trois ans suspendue à leur cou l'image de leur victime, y sont précipités. Dans un immense bassin voisin, plein d'airain, d'étain, de plomb, de soufre, et de résine bouillants brûlent, pour des périodes allant de trois à quatre-vingts ans, les évêques, patrons et responsables d'églises qui ont laissé accomplir leur ministère à des prêtres parjures, adultères ou excommuniés.

Albéric est ensuite amené près de l'Enfer, un puits plein d'horribles ténèbres d'où sortent des odeurs fétides, des cris et des gémissements. Près de l'Enfer se tient un dragon énorme et enchaîné dont la gueule de feu engloutissait des multitudes d'âmes semblables à des mouches. L'épaisseur des ténèbres empêche de distinguer si ces âmes allaient dans les ténèbres ou dans l'Enfer lui-même. Les guides disent à Albéric que là se trouvaient Judas, Anne, Caïphe, Hérode et les pécheurs condamnés sans jugement.

Dans une autre vallée les sacrilèges sont brûlés dans un lac de feu, les simoniaques dans un puits d'où les flammes montent et descendent. Dans un autre lieu horrible, ténébreux et puant, plein de flammes crépitantes, de serpents, de dragons, de cris stridents et de gémissements terribles, sont purgées les âmes de ceux qui ont quitté l'état ecclésiastique ou monastique, n'ont pas fait pénitence, ont commis le parjure, l'adultère, le sacrilège, le faux témoignage et d'autres «crimes». Ils y sont purgés à proportion de leurs péchés, comme de l'or, du plomb, de l'étain ou d'autres matières, comme l'a dit Paul dans sa première Épître aux Corinthiens.

Dans un grand lac noir plein d'eau sulfureuse, de serpents et de dragons, des démons frappaient sur la bouche, le visage et la tête avec des serpents une multitude de faux témoins. Près de là deux démons à forme de chien et de lion exhalaient de leur gueule un souffle brûlant qui projetait dans toutes sortes de tortures les âmes qui passaient à portée.

Survient un grand oiseau portant un vieux petit moine sur ses ailes, il le laisse tomber dans les ténèbres du puits de l'enfer où il est aussitôt entouré de démons mais l'oiseau revient le leur arracher.

À ce moment saint Pierre annonce à Albéric qu'il le laisse avec les deux anges : celui-ci, mort de peur, est à son tour attaqué par un horrible démon qui cherche à l'entraîner en Enfer, mais saint Pierre revient délivrer Albéric et le projette dans un lieu paradisiaque.

Avant de passer à la description du Paradis, Albéric donne encore quelques précisions sur ce qu'il a vu dans les lieux de châtiment.

Le XIIe siècle : naissance du Purgatoire

Il a vu les voleurs et les ravisseurs enchaînés nus, sans pouvoir se mettre debout, par des chaînes de feu attachées à leur cou, à leurs mains et à leurs pieds. Il a vu un grand fleuve de feu sortir de l'Enfer et par-dessus ce fleuve un pont de fer qui s'élargissait quand y passaient, facilement et rapidement, des âmes de justes, tandis qu'il se rétrécissait jusqu'à ne plus avoir que la largeur d'un fil quand y passaient des pécheurs qui tombaient dans le fleuve et y restaient jusqu'à ce que, purgés et rôtis comme de la viande, ils puissent enfin traverser le pont. Saint Pierre lui révéla que ce fleuve et ce pont étaient qualifiés de purgatoires[17].

Saint Pierre dit ensuite à Albéric qu'un homme ne doit jamais désespérer, quelle que soit la grandeur de ses crimes car on peut tout expier par la pénitence. Enfin l'apôtre montre à Albéric un champ si immense qu'il faudrait trois jours et trois nuits pour le traverser et plein d'épines si denses qu'on ne peut mettre le pied que sur elles. Dans ce champ il y avait un dragon gigantesque monté par un diable à l'allure de chevalier qui tenait à la main un grand serpent. Ce diable poursuivait toute âme qui tombait dans ce champ et la frappait avec son serpent. Quand l'âme avait assez couru pour être débarrassée de ses péchés, sa course devenait plus légère et elle pouvait s'échapper.

Des lieux purgatoires Albéric passe en des lieux plus riants.

Les âmes devenues dignes de parvenir au *refrigerium* pénètrent dans un champ plein d'agrément et de joie, au parfum de lis et de roses. Au milieu de ce champ se trouve le Paradis où les âmes n'entreront qu'après le Jugement dernier, sauf les anges et les saints qui sont reçus sans jugement au sixième ciel. Le plus glorieux des saints qui s'y trouvent est saint Benoît et les plus glorieux de tous ceux qui se trouvent dans le champ sont les moines. Les guides d'Albéric font l'éloge des moines et décrivent le programme de vie qu'ils doivent suivre pour mériter la gloire. Ils doivent toujours garder l'amour de Dieu et du prochain mais leur programme est surtout négatif: ils doivent supporter les injures et les persécutions, résister aux séductions diaboliques, travailler de leurs mains sans désirer la richesse, résister aux vices, être toujours dans la crainte. Puis saint Pierre après avoir indiqué que les trois péchés les plus dangereux sont la gourmandise *(gula)*, la cupidité *(cupidas)* et l'orgueil *(superbia)* fait visiter à Albéric les sept cieux sur lesquels il donne peu de détails, sauf pour le sixième qui est la demeure des anges, des

---

17. Le texte édité (p. 93) dit: «*Hoc autem insinuante apostolo, purgatorii nomen habere cognovi.*» Je comprends en sous-entendant *fluminis*: «J'appris qu'il portait le nom de [fleuve] purgatoire.» En effet la rubrique de ce chapitre qui, selon l'éditeur, est transcrite du manuscrit porte *«De flumine purgatorio»* («du fleuve purgatoire»). C'est en tant qu'adjectif au génitif avec référence à ce passage que *purgatorii (purgatorius)* figure dans le fichier du nouveau Glossaire de Du Cange comme me l'a aimablement communiqué A.-M. Bautier.

archanges et des saints et le septième où se trouve le trône de Dieu. La colombe le conduit ensuite dans un lieu entouré d'une haute muraille par-dessus laquelle il peut apercevoir ce qu'il y a à l'intérieur mais il lui est interdit comme à tout homme de révéler ce qu'il y a vu[18].

Négligeons dans ce récit la mosaïque de sources littéraires qui l'inspirent et le patriotisme bénédictin qui l'anime. Son intérêt pour la genèse du Purgatoire est limité, mais non négligeable, jusque dans ses limites et ses silences.

Certes la confusion du récit est extrême et donne de la géographie de l'au-delà une image plus confuse encore. Albéric est loin de la conception d'un troisième royaume de l'au-delà. Son au-delà est extraordinairement compartimenté et on y passe, au gré de saint Pierre, des lieux des peines au puits de l'Enfer ou au Paradis, ou encore à des régions terrestres. Mais l'importance des «lieux pénaux» d'où l'on s'échappe finalement vers le salut est considérable. Un décompte approximatif (car l'enchevêtrement du récit est grand) permet de reconnaître, sur cinquante «chapitres», seize consacrés à ce qui sera le Purgatoire contre douze au Paradis et lieux circumvoisins et un seul à l'Enfer proprement dit.

Sur la «théorie» des lieux purgatoires la vision est pratiquement muette ou ne propose au mieux qu'une théologie très fruste. Tous les péchés mènent en ces lieux mais tous peuvent y être expiés. Le rôle de la pénitence est exalté mais on ne voit pas la part qui revient à la pénitence terrestre et à cette forme d'expiation dans les lieux des peines. La distinction n'est pas faite entre péchés graves et péchés légers (le clivage entre péchés mortels et péchés véniels n'existe pas encore) et ce sont les *scelera*, les crimes qui, selon saint Augustin, menaient droit en enfer, qui semblent ici de préférence expiés dans des châtiments temporaires mais infernaux. Enfin il n'existe pas de passage direct des lieux pénaux après expiation au Paradis mais une antichambre située dans un vestibule paradisiaque: c'est le champ du bonheur.

Pourtant la purgation *post mortem* tient une grande place et, à propos du fleuve et du pont, Albéric emploie le terme de *purgatoire* d'une façon où l'épithète semble bien proche du substantif, et, même si c'est dans la confusion d'un symbolisme numérique, la tendance est nette à une comptabilité de l'au-delà et à un rapport proportionnel entre le péché commis sur terre et le temps de l'expiation dans l'autre monde.

---

18. Bien que la référence ne soit pas mentionnée cette interdiction vient évidemment de saint Paul, II Corinthiens, XII, 2-4. Voici la fin du voyage: saint Pierre finalement emmène Albéric à travers cinquante et une provinces terrestres – les provinces de l'ancien Empire romain – où il lui montre les sanctuaires de saints et des *mirabilia* édifiants. Le récit s'achève sur une description de saint Pierre, divers propos de l'apôtre, le retour de l'âme d'Albéric dans son corps, la vision de sa mère priant une icône représentant saint Paul pour sa guérison, et son entrée au monastère du Mont-Cassin.

Le XIIe siècle : naissance du Purgatoire

Bref on a l'impression que le ou les auteurs de cette vision appartiennent à un milieu monastique archaïque qui à travers sa culture traditionnelle – y compris la vieille notion de *refrigerium* – n'arrive pas à ordonner la tendance en faveur d'un au-delà de la purgation dont il subit la pression. La même impression se retrouve à un autre pôle géographique du monachisme bénédictin avec la vision irlandaise de Tnugdal[19].

3. en Irlande : l'au-delà sans purgatoire de Tnugdal

L'au-delà de Tnugdal – son voyage ne comporte pas d'épisode terrestre – est un peu mieux ordonné que celui d'Albéric. Comme le futur moine cassinien, Tnugdal passe d'abord par une série de lieux où sont tourmentées diverses catégories de pécheurs : homicides, perfides, avares, voleurs, ravisseurs, gloutons, fornicateurs. Les lieux où ils sont punis sont d'une taille exceptionnelle : vallées profondes, montagne très élevée, lac très vaste, maison immense. La montagne aura avec Dante une fortune particulière. Les âmes y sont soumises à des alternances de chaleur torride et de froid glacial. Les ténèbres et la puanteur règnent. Des bêtes monstrueuses ajoutent à l'horreur. Une de ces bêtes assise sur un lac glacé dévore dans sa gueule de feu des âmes qu'elle digère puis rejette (vieux legs indo-européen) et ces âmes réincarnées ont des becs très pointus avec lesquels elles déchirent leur propre corps. Les victimes de cette bête sont les fornicateurs et plus particulièrement les fornicateurs monastiques. Dans des images à la Piranese, Tnugdal voit les âmes des gloutons cuire comme des pains dans un immense four et celles de ceux qui ont accumulé péché sur péché subir dans une vallée pleine de forges bruissantes les opérations d'un forgeron tortionnaire nommé Vulcain. Ainsi est mise en valeur, à côté de la spécificité des péchés et des vices, la notion de quantité de péchés et – signe des temps en ce XIIe siècle épris de justice – l'ange souligne pour Tnugdal horrifié que Dieu n'en est pas moins miséricordieux et surtout juste : « Ici, dit-il, chacun souffre à proportion de ses mérites selon le verdict de la justice. »

C'est ensuite, au long d'un profond précipice, la descente à l'enfer inférieur qui s'annonce par une horreur, un froid, une puanteur et des ténèbres incomparablement supérieurs à tout ce que Tnugdal a éprouvé jusque-là. Il voit une fosse rectangulaire comme une citerne d'où sort une flamme fuligineuse et fétide pleine de démons et d'âmes pareilles à des étincelles qui montent, sont réduites à néant et retombent dans les profondeurs. Il

---

19. *Visio Tnugdali*, éd. Albrecht Wagner, Erlangen, 1882. Voir Cl. Carozzi, « Structure et fonction ... », *loc. cit., supra*, p. 936, note 2.

parvient à la porte même de l'enfer et a le privilège en tant que vivant de voir ce que les damnés enténébrés ne voient pas plus qu'ils ne l'aperçoivent lui-même. Et il voit le prince des ténèbres lui-même, une bête plus grande que toutes celles qu'il a déjà aperçues.
Puis la puanteur et les ténèbres s'évanouissent et Tnugdal et son ange découvrent, au pied d'un grand mur, une multitude d'hommes et de femmes tristes sous la pluie et le vent. L'ange explique à Tnugdal que ce sont les pas tout à fait mauvais, qui ont essayé de vivre honorablement mais qui n'ont pas dispensé aux pauvres les biens temporels et qui doivent attendre quelques années sous la pluie d'être conduits vers un bon repos *(requies bona)*. Traversant le mur par une porte, Tnugdal et son compagnon découvrent un champ beau, parfumé, plein de fleurs, lumineux et agréable où s'ébattent joyeux une multitude d'hommes et de femmes. Ce sont les pas tout à fait bons qui ont mérité d'être arrachés aux tortures de l'enfer mais pas encore de rejoindre la cohorte des saints. Au milieu du champ se trouve la fontaine de jouvence dont l'eau donne la vie éternelle.
Ici se place une très curieuse évocation de rois irlandais légendaires – mais évidemment considérés comme historiques par Tnugdal – qui, mauvais, se sont repentis, ou, bons, ont malgré tout commis des fautes. Ils sont ici en cours ou en fin d'expiation. Tout comme le patriotisme bénédictin inspirait la vision d'Albéric, le «nationalisme» irlandais apparaît ici. On y trouve aussi la tradition de l'admonestation aux rois, l'utilisation politique de l'au-delà, déjà rencontrée avec la vision de Charles le Gros. L'existence d'un lieu purgatoire (le mot n'est pas ici prononcé) permet une critique modérée de la monarchie à la fois honorée et gourmandée.
Voici donc les rois Domachus et Conchober, très cruels et farouchement ennemis l'un de l'autre, redevenus doux et amis et qui se sont repentis avant de mourir. Faut-il voir là appel à l'unité des clans irlandais ? Voici surtout le roi Cormachus (Cormack) assis sur un trône dans une très belle maison aux murs d'or et d'argent, sans portes ni fenêtres et où l'on entre comme on veut. Il est servi par les pauvres et les pèlerins à qui il a distribué ses biens pendant sa vie. Mais après peu de temps, la maison s'obscurcit, tous ses habitants deviennent tristes, le roi pleure, se lève et sort. Toutes les âmes lèvent les mains au ciel et supplient Dieu : «Aie pitié de ton serviteur.» Voici en effet le roi plongé dans le feu jusqu'au nombril et couvert d'un cilice sur le haut du corps. L'ange explique : chaque jour le roi souffre pendant trois heures et repose pendant vingt et une heures. Il souffre jusqu'au nombril parce qu'il a été adultère et sur le haut du corps parce qu'il a fait tuer un comte près de saint Patrick et qu'il s'est parjuré. Tous ses autres péchés lui ont été remis.
Enfin Tnugdal et l'ange parviennent au Paradis formé de trois lieux entourés de murs. Un mur d'argent cerne la demeure des bons époux, un mur

d'or celle des martyrs et des chastes, des moines et des moniales, des défenseurs et constructeurs d'églises, un mur de pierres précieuses celle des vierges et des neuf ordres d'anges, le saint confesseur Ruadan, saint Patrick et quatre évêques (irlandais!). Sur cette vision l'âme de Tnugdal revient dans son corps.
Ce que montre bien la vision de Tnugdal, c'est que si la géographie de l'au-delà demeure morcelée, l'Enfer à proprement parler ne paraissant un que parce qu'invisitable, la compartimentation des lieux purgatoires tend cependant à s'ordonner selon trois principes. Le premier est géographique : c'est l'alternance de lieux contrastés quant au relief et à la température. Le second est moral : c'est la répartition des purgés selon les genres de vices. Le troisième est proprement religieux, pour ne pas dire théologique; c'est la classification des hommes en quatre catégories : les tout à fait bons qui vont aussitôt après la mort au paradis et les tout à fait mauvais qui sont envoyés immédiatement après la mort et le jugement individuel (Tnugdal souligne que les damnés «ont déjà été jugés») en Enfer, les pas tout à fait bons et les pas tout à fait mauvais. Mais Tnugdal n'est pas clair à leur sujet. À le prendre au pied de la lettre, ces deux dernières catégories seraient distinctes de l'ensemble des pécheurs torturés dans l'enfer supérieur. Pour les pas tout à fait mauvais Tnugdal ne fait aucune allusion à un passage par les lieux pénaux et se contente de leur faire passer «quelques années» sous la pluie et le vent, en souffrant de faim et de soif. Quant aux pas tout à fait bons, l'ange dit bien à Tnugdal qu'«ils ont été arrachés aux tourments de l'Enfer» mais ne méritent pas encore d'être en vrai Paradis.
On s'étonne d'autant plus de l'absence, à cette date, de l'idée (et du mot) de *purgation*. Tnugdal a tenté maladroitement d'ordonner en une vision un ensemble d'héritages littéraires et théologiques qu'il n'a pas su unifier. D'une part l'existence de deux enfers mais il n'a pas su préciser la fonction de l'enfer supérieur. D'autre part la théorie augustinienne des quatre catégories d'hommes par rapport au bien et au mal. Mais n'ayant pas su les caser dans l'enfer supérieur il les a placés dans des lieux originaux, tendant à une quintuple régionalisation de l'au-delà, ce qui est une des solutions esquissées au XIIe siècle pour le remodelage de l'au-delà. Le point le plus faible de cette conception (je me permets de parler en termes de jugement de valeur parce que je crois que la cohérence du système du Purgatoire a été un élément important de son succès chez les clercs et dans les masses à une époque «rationalisante») est que Tnugdal n'a pas mis en rapport les lieux d'attente (et d'expiation plus ou moins mitigée) des pas tout à fait bons et des pas tout à fait mauvais avec les lieux de l'enfer inférieur. Un passage successif par les uns *puis* par les autres aurait donné une solution concrète aux thèses augustiniennes. Si Tnugdal ne l'a pas fait, c'est probablement que non seulement

sa conception de l'espace était encore confuse mais surtout que sa conception du temps (inséparable, je le répète, de l'espace) l'en empêchait. Pour lui, l'au-delà demeure soumis à un temps eschatologique qui ne peut avoir que de très faibles similitudes avec le temps terrestre, historique. Il se glisse bien ici ou là des périodes de «quelques années» dans l'au-delà mais il n'y a pas de successivité ordonnée. Le temps de l'au-delà n'est pas unifié, encore moins le double temps de l'homme ici-bas et dans l'autre monde.

4. découverte en Irlande : le « Purgatoire de saint Patrick »

Le quatrième voyage imaginaire, bien que rédigé par un moine – mais un cistercien – apporte au milieu de traits traditionnels d'importantes nouveautés. Une surtout : le *Purgatoire* y est nommé comme un des trois lieux de l'au-delà. L'opuscule qui tient dans l'histoire du Purgatoire une place essentielle car il a joué un rôle important, sinon décisif, dans son succès, c'est le célèbre *Purgatoire de saint Patrick*[20].

---

20. Le *Purgatorium Sancti Patricii* a été édité deux fois au XVIIe siècle, par Messingham dans son *Florilegium Insulae Sanctorum*, 1624, édition reproduite in *PL*, t. CLXXX, col. 975-1004 et par le jésuite John Colgan dans sa *Triadis thaumaturgae... acta*, Louvain, 1647. Des éditions modernes ont été procurées par S. Eckleben, *Die älteste Schilderung vom Fegfeuer des heiligen Patricius*, Halle, 1885, par Ed. Mall qui, en face du texte édité par Colgan, donne le texte du manuscrit qu'on peut considérer comme le plus proche du texte original (Ms. E VII 59 de Bamberg, du XIVe siècle) et les variantes d'un manuscrit du British Museum, Arundel 292 (fin XIIIe siècle), *Zur Geschichte der Legende vom Purgatorium des heiligen Patricius*, in *Romanische Forschungen*, éd. K. Vollmöller, 1891, t. VI, pp. 139-197, par U. M. Van der Zanden. *Étude sur le Purgatoire de saint Patrice*, Amsterdam, 1927 qui a édité le texte d'un manuscrit d'Utrecht du XVe siècle et, en appendice, une version corrigée du manuscrit Arundel 292, et par Warncke en 1938. J'ai utilisé l'édition Mall. Le *Purgatorium Sancti Patricii* a suscité sous ses formes latines ou vulgaires (françaises et anglaises surtout – mise à part la traduction de Marie de France *L'Espurgatoire saint Patriz*) de nombreuses études dont plusieurs, quoique anciennes, sont toujours valables. La plupart d'entre elles replacent ce texte dans l'histoire des croyances sur l'au-delà depuis l'Antiquité, et dans le folklore. Quoique souvent insuffisamment critiques et aujourd'hui dépassées, ces études restent un modèle d'ouverture d'esprit historique. Citons : Th. Wright, *St Patrick's Purgatory; an Essay on the Legends of Purgatory, Hell and Paradise, Current During the Middle Ages*, Londres, 1844 ; Baring-Gould, *Curious Myths of the Middle Ages*, 1884, repr. Leyde, 1975 : *St Patrick's Purgatory*, pp. 230-249 ; G. Ph. Krapp, *The Legend of St Patrick's Purgatory, its Later Literary History*, Baltimore, 1900 ; Ph. de Félice, *L'Autre Monde. Mythes et légendes : le Purgatoire de saint Patrice*, Paris, 1906. L'étude considérée comme la plus complète, celle de Shame Leslie, *St Patrick's Purgatory : A Record from History and Literature*, Londres, 1932, n'est pas la plus intéressante. V. et E. Turner ont donné une interprétation anthropologique très suggestive du pèlerinage au Purgatoire de saint Patrick dans les temps modernes – qui n'apporte rien à notre sujet : *Image and Pilgrimage in Christian Culture*, Oxford, 1978, chap. III : « St Patrick's Purgatory : Religion and Nationalism in an Archaic Pilgrimage », pp. 104-139.

Le XIIe siècle : naissance du Purgatoire

L'auteur est un moine nommé H. (initiale que Matthieu Paris au XIIIe siècle a, sans preuves, transformée en *Henricus*, Henri) résidant au moment de la rédaction dans le monastère cistercien de Saltrey, dans le Huntingdonshire. C'est un abbé cistercien, celui de Sartis (aujourd'hui Wardon, dans le Bedfordshire) qui lui demande d'écrire cette histoire. Il la tient d'un autre moine, Gilbert. Celui-ci a été envoyé en Irlande par l'abbé du monastère cistercien de Luda (aujourd'hui Louthpark, dans le Huntingdonshire), Gervais, pour y chercher un emplacement propre à la fondation d'un monastère. Comme Gilbert ignore l'irlandais, il se fait accompagner, pour lui servir d'interprète et de protecteur, par le chevalier Owein qui lui raconte l'aventure dont il a été le héros dans le *Purgatoire de saint Patrick*.

Dans le préambule de son traité, H. de Saltrey rappelle, en invoquant saint Augustin et surtout Grégoire le Grand, combien les récits de visions et de révélations sur l'au-delà peuvent être profitables pour l'édification des vivants. C'est le cas en particulier des différentes formes de la peine qu'on appelle (peine) purgatoire *(que purgatoria vocatur)* dans laquelle ceux qui, tout en commettant des péchés pendant leur vie, sont restés des justes, sont purgés et peuvent ainsi parvenir à la vie éternelle à laquelle ils sont prédestinés. Les châtiments sont proportionnés à la gravité des péchés et à la nature plus ou moins bonne ou mauvaise des pécheurs. À cette échelle des péchés et des peines correspond un étagement dans les lieux de peine, dans l'enfer souterrain que certains voient comme une prison de ténèbres. Les lieux des plus grandes tortures sont situés en bas, ceux des plus grandes joies en haut, les récompenses à la fois moyennement bonnes et mauvaises au milieu *(media autem bona et mala in medio)*. On voit ici qu'H. de Saltrey a adopté la répartition en trois catégories (à la place des quatre catégories augustiniennes) et la notion d'intermédiaire.

Dans la peine purgatoire aussi on est plus ou moins torturé en fonction de ses mérites et les âmes qui, après en avoir fait l'expérience, reçoivent de Dieu la permission de retourner à leurs corps terrestres exhibent des marques semblables à des marques corporelles en tant que souvenirs, preuves et avertissements[21].

Quand saint Patrick évangélisait sans grand succès les Irlandais récalcitrants et cherchait à les convertir par la peur de l'Enfer et l'attrait du Paradis, Jésus lui montra dans un lieu désert un trou *(fossa)* rond et obscur et lui dit que si quelqu'un animé d'un vrai esprit de pénitence et de foi passait un jour et une

---

21. Il y a à Rome dans l'église du Sacro Cuore del Suffragio un petit musée du Purgatoire où sont conservées une douzaine de traces (en général brûlures faites avec une main – en signe du feu du Purgatoire) d'apparition à des vivants d'âmes du Purgatoire. Ces témoignages s'échelonnent de la fin du XVIIIe siècle au début du XXe siècle. Longue durée du système du Purgatoire...

nuit dans ce trou, il serait purgé de tous ses péchés et pourrait voir les tortures des méchants et les joies des bons. Saint Patrick s'empressa de construire une église à côté du trou, d'y installer des chanoines réguliers, de faire entourer le trou d'un mur et de le fermer par une porte dont le prieur de l'église gardait la clé. De nombreux pénitents auraient fait l'expérience de ce lieu dès l'époque de saint Patrick qui aurait prescrit de mettre par écrit leurs relations. Ce lieu fut appelé purgatoire et, comme saint Patrick en avait eu la primeur, purgatoire de saint Patrick *(sancti Patricii purgatorium)*[22].

La coutume voulait que les candidats à l'expérience du *Purgatoire de saint Patrick* y fussent autorisés par l'évêque du diocèse qui devait d'abord s'efforcer de les en dissuader. S'il ne pouvait les convaincre de renoncer, il leur donnait une autorisation qui était soumise au prieur de l'église qui, à son tour, cherchait à les persuader d'adopter une autre pénitence, en leur signalant que beaucoup avaient péri dans cette expérience. S'il échouait lui aussi, il prescrivait au candidat de passer d'abord quinze jours en prières dans l'église. Au bout de cette quinzaine le candidat assistait à une messe au cours de laquelle il communiait et était exorcisé avec de l'eau bénite. Une procession le conduisait en chantant jusqu'au Purgatoire dont le prieur ouvrait la porte en rappelant la présence des démons et la disparition de nombreux précédents visiteurs. Si le candidat persévérait, il était béni par tous les prêtres et entrait en faisant le signe de la croix. Le prieur refermait la porte. Le lendemain, à la même heure, la procession retournait au trou. Si le pénitent sortait, il revenait à l'église et y passait quinze autres jours en prières. Si la porte restait close, on le tenait pour mort et la procession se retirait. On a affaire ici à une forme particulière d'*ordalie*, de jugement de Dieu, d'un type peut-être caractéristique des traditions celtiques.

H. de Saltrey saute alors à l'époque contemporaine *(hiis nostris temporibus)* et précise même, à l'époque du roi Étienne (1135-1154). Mathieu Paris au XIIIe siècle sera encore plus précis – sans aucune preuve – et placera l'aventure du chevalier Owein en 1153. Le chevalier Owein, lourdement chargé de péchés qui ne sont pas précisés, ayant franchi les étapes préliminaires de l'ordalie, entre avec confiance et gaieté dans le trou. Il considère au fond son entreprise comme une aventure chevaleresque qu'il affronte intrépidement seul *(novam gitur miliciam aggressus miles noster, licet solus, intrepidus tamen)*[23]. Il

---

22. Ces données concernant saint Patrick qui vivait au Ve siècle sont inventées. Les vies anciennes de saint Patrick sont muettes à ce sujet. Le *Purgatoire de saint Patrick* est mentionné pour la première fois en l'état actuel de la documentation dans la nouvelle vie du saint écrite par Jocelyn de Furness entre 1180 et 1183. Comme le chancelier Owein n'y est pas mentionné on considère en général cette période 1180/1183 comme le *terminus a quo* pour la datation du *Tractatus* de H. de Saltrey.
23. Voir E. Köhler, *L'Aventure chevaleresque. Idéal et réalité dans le roman courtois*, Paris, 1974.

LE XIIe SIÈCLE : NAISSANCE DU PURGATOIRE

parvient, dans une pénombre de plus en plus faible, dans une sorte de monastère habité par douze personnages en robe blanche à l'allure de moines. Leur chef lui indique la règle de l'épreuve. Il va être entouré de démons qui chercheront soit à l'effrayer par la vue de terribles supplices soit à le séduire par des paroles fallacieuses. S'il cède à la peur ou à la séduction et rebrousse chemin, il est perdu corps et âme. Quand il se sentira sur le point de faiblir il devra invoquer le nom de Jésus.
C'est alors l'irruption des démons qui ne vont plus le lâcher jusqu'à la fin de son périple infernal – au milieu de visions affreuses entrevues dans les ténèbres éclairées par les seules flammes des supplices, au milieu des odeurs fétides et des clameurs stridentes. De chacune des épreuves qu'il va subir, il sortira victorieux en invoquant le nom de Jésus et après chaque épreuve, il refusera d'abandonner et de retourner en arrière. Je passerai donc sous silence ce dénouement de chaque épisode. Les diables dressent d'abord pour lui dans la salle de la maison de départ un bûcher sur lequel ils s'efforcent de le jeter. Après être passé par une région déserte et ténébreuse où soufflait un vent acéré comme un glaive et coupant comme un rasoir il parvient dans un champ aux dimensions infinies où des hommes et des femmes nus sont couchés par terre, fixés au sol par des clous ardents qui leur transpercent les mains et les pieds. Il passe dans un second champ où des gens de tout âge, tout sexe et toute condition, couchés sur le dos ou le ventre, sont la proie de dragons, de serpents et de crapauds de feu, puis dans un troisième où hommes et femmes transpercés de clous ardents plantés dans tous leurs membres sont fouettés par des démons, puis dans un quatrième, véritable champ de supplices les plus divers où les uns sont suspendus par des crochets de fer fixés dans leurs yeux, leurs oreilles, leur gorge, leurs mains, leurs seins ou leurs sexes, d'autres encore sont les victimes d'une cuisine infernale, cuits au four ou à la poêle ou rôtis à la broche, etc. Puis vient une grande roue de feu à laquelle sont accrochés des hommes qui tournent à toute vitesse dans les flammes. Elle est suivie par une immense maison de bains où une multitude d'hommes, de femmes, d'enfants et de vieillards plongés dans des cuves, pleines de métaux en ébullition, les uns complètement immergés, les autres jusqu'aux sourcils, ou aux lèvres, ou au cou, ou à la poitrine, ou au nombril, ou aux genoux, certains par un seul pied ou une seule main. Owein parvient ensuite à une montagne entre les parois abruptes de laquelle coule un fleuve de feu. Sur le sommet de la montagne où se trouve une foule de personnes souffle un vent violent et glacial qui fait tomber dans le fleuve les hommes qui, s'ils essaient d'y échapper en escaladant la montagne, sont repoussés par des démons munis de crocs de fer.
C'est enfin une flamme horriblement puante et noire qui sort d'un puits d'où montent et retombent à la façon d'étincelles une multitude d'âmes.

LA NAISSANCE DU PURGATOIRE

Les démons qui l'accompagnent l'informent: «Voici la porte de l'Enfer, l'entrée de la géhenne, la voie large qui mène à la mort, celui qui y pénètre n'en ressort pas, car il n'y a pas de rédemption en Enfer. C'est le feu éternel préparé pour le diable et ses suppôts, au nombre desquels tu ne peux nier être.» Alors qu'il se sent happé par le puits, Owein prononce une nouvelle fois le nom de Dieu et se retrouve à l'écart du puits devant un fleuve de feu très large sur lequel était jeté un pont qui semblait infranchissable car il était si haut qu'on ne pouvait échapper au vertige, si étroit qu'on ne pouvait y poser le pied et si glissant qu'il était impossible de s'y maintenir. Dans le fleuve au-dessous, des démons attendaient, munis de crochets de fer. Owein invoque encore le nom de Jésus et s'avance sur le pont. Au fur et à mesure qu'il avance le pont devient plus stable et plus large et, à mi-parcours, il n'aperçoit plus le fleuve à gauche ni à droite. Il échappe à un dernier effort des démons furieux et, descendant du pont, se trouve devant un mur très haut et magnifique dont les portes sont d'or pur rehaussé de pierres précieuses et répandant une odeur délicieuse. Il entre et se trouve dans une cité merveilleuse.

Deux personnages semblables à des archevêques qui conduisaient une procession s'adressent à Owein et lui disent: «Nous allons t'expliquer le sens *(rationem)* de ce que tu as vu.»

«Ici, continuent-ils, c'est le Paradis terrestre[24]. Nous y sommes revenus parce que nous avons expié nos péchés – nous n'avions pas achevé notre pénitence sur terre avant la mort – dans les tortures que tu as vues en passant et dans lesquelles nous sommes restés plus ou moins longtemps selon la quantité de nos fautes. Tous ceux que tu as vus dans les divers lieux pénaux, à l'exception de ceux qui sont au-dessous de la bouche de l'Enfer, après leur purgation, parviennent au repos dans lequel nous nous trouvons et, finalement, ils seront sauvés. Ceux qui sont ainsi torturés ne peuvent pas savoir combien de temps ils demeureront dans les lieux pénaux car par des messes, des psaumes, des prières et des aumônes faites pour eux, on peut alléger ou abréger leurs épreuves. De même nous, qui bénéficions de ce grand repos et de cette joie mais qui n'avons pas encore été dignes de monter au ciel, nous ne resterons pas ici indéfiniment; chaque jour certains d'entre nous passent du Paradis terrestre au Paradis céleste.» Et l'ayant fait monter sur une montagne, ils lui montrent la porte de ce Paradis céleste. Une langue de feu en descend et les emplit d'une sensation délicieuse. Mais les «archevêques» rappellent Owein à la réalité: «Tu as vu en partie ce que tu désirais voir: le repos des bienheureux et les tortures des

---

24. Je continue à raconter l'histoire par une paraphrase abrégée. Le texte entre guillemets n'est pas la traduction intégrale du discours des deux «archevêques».

pécheurs, il faut maintenant retourner par le même chemin par où tu es venu. Si désormais tu vis bien dans le siècle, tu es sûr que tu viendras parmi nous après ta mort, mais si tu vis mal, tu as vu les tortures qui t'attendent. Pendant ton retour, tu n'as plus rien à craindre des démons parce qu'ils n'oseront pas t'attaquer ni des supplices car ils ne te blesseront pas.»
Le chevalier reprend en pleurant le chemin du retour et retrouve finalement les douze personnages du début qui le félicitent et lui annoncent qu'il a été purgé de ses péchés. Il sort du *Purgatoire de saint Patrick* quand le prieur rouvre la porte et accomplit sa seconde quinzaine de prières dans l'église. Owein, ensuite, se croisera et partira en pèlerinage à Jérusalem. À son retour, il ira trouver le roi son seigneur et lui demandera de lui désigner l'ordre religieux auprès duquel il pourra vivre. C'est alors le moment de la mission de Gilbert de Luda ; le roi invitera Owein à servir d'interprète au moine. Le chevalier, ravi, acceptera «car dans l'au-delà je n'ai vu aucun ordre dans une aussi grande gloire que l'ordre cistercien». Ils construiront une abbaye mais Owein ne voudra se faire ni moine ni convers, et se contentera d'être le serviteur de Gilbert.
L'imagerie de l'au-delà n'est pas pour nous le plus important dans cette histoire – bien qu'elle ait dû entrer pour une grande part dans son succès. Elle recueille la plupart des éléments traditionnels depuis l'Apocalypse de Paul et annonce ceux des visions ultérieures – en particulier de la *Divine Comédie*. Mais c'est plus une imagerie d'enfer qu'une imagerie spécifique. Pourtant certains thèmes n'y apparaissent guère et leur absence ici influera sans doute sur leur quasi-disparition par la suite. Le feu par exemple a pratiquement chassé le froid. Le couple du brûlant et du glacial était un élément typique de l'imagerie de l'au-delà pénal.
Dans la vision de Drythelm le visiteur de l'au-delà arrive dans une grande et profonde vallée dont le versant gauche brûle d'un feu terrible tandis que le droit est battu par une véhémente tempête de neige. De même Tnugdal rencontre dans un des lieux qui précèdent l'enfer inférieur «une grande montagne parcourue par un étroit chemin dont l'un des côtés est de feu puant, sulfureux et fumeux tandis que l'autre est de glace fouettée par le vent».
Dans le sermon attribué à saint Bernard, il est dit que «ceux qui sont dans le Purgatoire, y attendant leur rédemption, doivent d'abord être tourmentés soit par la chaleur du feu, soit par la rigueur du froid...».
Mais la signification du froid comme châtiment n'était plus bien perçue depuis longtemps. L'idée d'un *refrigerium* bienfaisant l'avait plus ou moins recouverte.
Dans la *Vision de l'empereur Charles le Gros*, l'impérial rêveur transporté dans un au-delà infernal entend son père, Louis le Germanique, debout

jusqu'à la cuisse dans un bassin d'eau bouillante lui dire : « Sois sans crainte, je sais que ton âme retournera dans ton corps. Si Dieu t'a permis de venir ici, c'est afin que tu voies pour quels péchés j'endure de tels tourments ainsi que tous ceux que tu as vus. Un jour en effet je suis dans ce bassin d'eau bouillante, mais le lendemain je suis transporté dans cet autre où l'eau est très fraîche... » Dans ce texte dont l'auteur a perdu la signification originale du rite, le passage par l'eau froide est présenté comme une grâce que l'empereur doit à l'intercession de saint Pierre et de saint Remi.

Dans le *Purgatoire de saint Patrick* il n'est plus question de froid qu'à propos du vent glacial qui souffle sur le sommet de la montagne située au bout du purgatoire. Le feu qui a représenté au XIIe siècle le lieu même de la purgation en a chassé le froid. La naissance du Purgatoire donne le coup de grâce au *refrigerium* et annonce l'effacement du sein d'Abraham[25].

Le succès du *Purgatoire de saint Patrick* fut immédiat et considérable. Shane Leslie a écrit que le traité avait été « un des *best sellers* du Moyen Âge ». La date de sa composition n'est pas sûre. On la situe habituellement aux alentours de 1190 car sa traduction en français par la célèbre poétesse anglaise Marie de France ne semble pas pouvoir être postérieure à la dernière décennie du XIIe siècle. D'autre part saint Malachie, cité dans le *Tractatus* sous sa qualité de saint, a été canonisé en 1190. Mais d'autres érudits reculent jusque vers 1210 la date de sa rédaction[26]. Bien que j'aie cherché à localiser chronologiquement d'une façon aussi précise que possible l'apparition du terme *purgatorium* et l'évolution décisive dans la représentation de l'au-delà que cette apparition signifie, il ne me paraît pas très important pour le propos de cette enquête de dater plutôt de 1210 que de 1190 le *Purgatoire de saint Patrick*. L'essentiel est que le nouveau lieu de l'au-delà se matérialise en deux temps, l'un dans la littérature théologico-spirituelle sous l'impulsion des maîtres parisiens et du milieu cistercien entre 1170 et 1180, l'autre dans la littérature des visions entre 1180 et 1215.

---

25. Je note qu'on retrouve ces images de l'au-delà chez des descendants actuels des Mayas, les Lacandons du sud du Mexique : « Le "sage" Tchank'in Maasch... ne tarissait pas de récits sur ce domaine de l'ombre où coulent côte à côte des ruisseaux glacés et des rivières de feu... » (J. Soustelle, *Les Quatre Soleils*, Paris, 1967, p. 52).

26. F. W. Locke, « A New Date for the Composition of the *Tractatus de Purgatorio Sancti Patricii* », in *Speculum*, 1965, pp. 641-646, rejette la date traditionnelle de 1189 environ pour repousser à la période 1208-1215 la composition du *Tractatus*. Ceci exige que la date de l'*Espurgatoire saint Patriz* soit également repoussée d'une vingtaine d'années. R. Baum, « Recherches sur les œuvres attribuées à Marie de France », in *Annales Universitatis Saraviensis*, 9, Heidelberg, 1968, a récemment soutenu non seulement que l'*Espurgatoire* était en effet plus tardif que la dernière décennie du XIIe siècle mais même qu'il n'était pas de Marie de France. On verra plus loin que la *Topographia Hibernica* de Giraud de Cambrie et la *Vie de saint Patrick* de Jocelin de Furness n'apportent pas d'argument décisif pour la datation du *Tractatus*.

En effet la *Vie de saint Patrick* de Jocelyn de Furness écrite entre 1180 et 1183 parle d'un *Purgatoire de saint Patrick* mais situé sur le mont Cruachan Aigle, en Connaugh[27]. Les vrais événements de l'histoire des croyances, des mentalités et de la sensibilité sont rarement datables au jour ni à l'année. La naissance du Purgatoire est un phénomène du tournant du XIIe siècle au XIIIe siècle.

Il est très important en revanche qu'une description du *Purgatoire* expressément nommé à partir d'une bouche appartenant à la géographie terrestre ait eu lieu aux environs de 1200. La rédaction du traité de H. de Saltrey doit être plus ou moins contemporaine de l'apparition de la légende et de la création d'un pèlerinage. Le *Purgatoire de saint Patrick* – sans que l'histoire du chevalier Owein soit mentionnée – reparaît dans la *Topographie irlandaise (Topographia Hibernica)* de Giraud le Gallois ou de Cambrie (Giraldus Cambrensis) dont la première édition date de 1188, mais il n'est pas mentionné dans le plus ancien manuscrit et ne se trouve que dans une marge d'un manuscrit de la *Topographie* de la première moitié du XIIIe siècle. Giraud le Gallois avait accompli son voyage en Irlande en 1185-1186. Au chapitre V de la deuxième partie de la *Topographia Hibernica* il décrit un lac dans l'Ulster où se trouve une île divisée en deux parties. L'une de ces parties est belle et agréable, porte une église officielle, et est réputée par la fréquente présence de saints. L'autre partie, sauvage et horrible, est abandonnée aux démons. Elle a neuf trous dans la terre. Si l'on ose passer la nuit dans l'un d'eux on est saisi par les esprits malins et on passe toute la nuit dans d'horribles supplices de toute sorte et dans un feu ineffable, et le matin on vous retrouve presque inanimé. On raconte que si, pour faire pénitence, on subit une fois ces supplices, on échappera après la mort, sauf si, entre-temps, on a commis de très graves péchés, aux peines infernales[28].

---

27. La *Vie de saint Patrick* de Jocelyn de Furness a été éditée au XVIIe siècle dans les mêmes recueils que le *Purgatorium* de H. de Saltrey au XVIIe siècle par Messigham (*Florilegium insulae sanctorum...*, Paris, 1624, pp. 1-85) et par Colgan (*Triadis thaumaturgae...*, Louvain, 1647 ; le passage concernant le Purgatoire sur le mont Cruachan Aigle se trouve p. 1027). Il a été repris dans les *Acta Santorum*, 17 mars, t. II, pp. 540-580.
28. Giraldus Cambrensis, *Opera*, t. V, éd. J. F. Dimock, Londres, 1867 *(Rerum Britannicarum medii aevi scriptores)*, pp. 82-83. C'est immédiatement après ce passage qu'a été ajouté dans le manuscrit de la première moitié du XIIIe siècle «Ce lieu est appelé par les habitants Purgatoire de Patrick» et il est dit comment saint Patrick en a obtenu la création. Voir C. M. Van der Zanden. Un chapitre intéressant de la *Topographia Hibernica* et le *Tractatus de purgatorio sancti Patricii* in *Neophilologus*, 1927. Giraud le Gallois semble avoir rédigé sa *Topographia* au moment où un pèlerinage pénitentiel – aux allures sans doute d'ordalie – a été transféré de la plus grande île des saints (Saints' Island) au nord-ouest du Lough Derg dans la petite île de Station Island, d'où la synthèse en une seule île partagée entre les saints et les démons.

Cette île, Station Island, se trouve dans le Lough Derg (le lac Rouge), dans le comté de Donegal, qui fait partie de l'Eire, tout près de la frontière de l'Irlande britannique du Nord. Le *Purgatoire de saint Patrick* semble y avoir fait l'objet d'un pèlerinage dès la fin du XIIe siècle. Le pape Alexandre VI le condamna en 1497 mais la chapelle et le pèlerinage se relevèrent dès le XVIe siècle et survécurent à de nouvelles destructions et interdictions en 1632, 1704 et 1727. Le pèlerinage reprit de façon particulièrement vivante après 1790 et une grande chapelle fut édifiée. Une nouvelle vaste église dédiée à saint Patrick fut achevée en 1931 et un pèlerinage attire toujours chaque année environ 15 000 pèlerins entre le 1er juin et le 15 août[29].

Mais à la fin du XIIe siècle le *Purgatorium Sancti Patricii* malgré ses liens avec le christianisme irlandais et le culte de saint Patrick n'a sans doute pas la coloration nationaliste catholique et irlandaise qu'il prendra à l'époque moderne et contemporaine. Il semble bien que ce sont des réguliers anglais qui lancent le pèlerinage et le contrôlent.

Après la traduction de Marie de France[30] il y aura de nombreuses rédactions du *Purgatoire* de H. de Saltrey en latin et de nombreuses traductions en langue vulgaire, notamment en français et en anglais[31]. La version latine sera

---

29. En dehors de la très intéressante étude de V. et E. Turner citée *supra*, p. 1002, note 20, il n'y a que des études médiocres ou sommaires du pèlerinage. Voir J. Seymour, *St Patrick's Purgatory. A Mediaeval Pilgrimage in Ireland*, Dundald, 1918; J. Ryan, *New Catholic Encyclopedia*, 1967, vol. XI, p. 1039. Philippe de Félice (dont le chap. IV, de *L'Autre Monde, Mythes et Légendes: le Purgatoire de saint Patrice*, Paris, 1906, intitulé «Histoire du Sanctuaire du Lough Derg» n'est pas sans intérêt et se termine par cette judicieuse remarque: «La persistance à travers les siècles du Purgatoire de saint Patrice est un fait précis, indiscutable, dont l'importance méritait d'être signalée à l'attention des sociologues») raconte (pp. 9 *sqq.*) comment avec un cousin il a difficilement atteint le Lough Derg et l'île du Purgatoire en 1905. En 1913 le cardinal Logue, primat d'Irlande, après une visite à Station Island déclara: «Je crois que toute personne qui a accompli ici au Lough Derg le pèlerinage traditionnel, les exercices pénitentiels, le jeûne et les prières qui valent de si nombreuses indulgences, et qui meurt ensuite aura très peu à souffrir dans l'autre monde» (cité par V. et E. Turner, p. 133). Anne Lombard-Jourdan qui a visité le Lough Derg et le Purgatoire de saint Patrick en 1972 a bien voulu m'en rapporter le programme officiel portant la supervision de l'évêque local, l'évêque de Clogher. Dès le Moyen Âge la durée de la pénitence était passée de 15 à 9 jours, prenant la durée, plus normale pour l'Église, des neuvaines. À l'époque moderne, cette durée fut ramenée à trois jours et c'est la règle aujourd'hui mais le cœur du pèlerinage reste une épreuve de vingt-quatre heures. Le programme de 1970 porte: «La veille *(the Vigil)* est le principal exercice spirituel du pèlerinage et signifie qu'on se prive de sommeil, d'une façon complète et continue pendant vingt-quatre heures.» Belle continuité des croyances et des pratiques!

30. *L'Espurgatoire saint Patriz* de Marie de France a été publié par Thomas Atkinson Jenkins, Philadelphie, 1894. Voir L. Foulet, «Marie de France et la Légende du Purgatoire de saint Patrice», in *Romanische Forschungen*, XXII, 1908, pp. 599-627.

31. Paul Meyer indiquait sept versions françaises en vers du *Purgatoire de saint Patrice* (*Histoire littéraire de la France*, t. XXXIII, pp. 371-372 et *Notices et Extraits des manuscrits de la Bibliothèque nationale*, Paris, 1891, t. XXXIV): 1. celle de Marie de France, 2 à 5. quatre versions anonymes du XIIIe siècle, 6. version de Béroul, 7. version de Geoffroy de Paris introduite

reprise par Roger de Wendover, dans ses *Flores Historiarum*, rédigées avant 1231. Mathieu Paris, continuateur de Roger dans sa *Chronica majora*, reprend l'histoire mot à mot. Qu'il ait eu ou non connaissance du traité de H. de Saltrey, un grand diffuseur du *Purgatoire*, le cistercien allemand Césaire de Heisterbach écrit dans son *Dialogus miraculorum* (XII, 38) : « Que celui qui doute du Purgatoire aille en Irlande et entre dans le Purgatoire de Patrick, désormais il ne doutera plus des peines du Purgatoire. » Cinq des auteurs d'histoires édifiantes les plus influents du XIIIe siècle ont utilisé le *Purgatorium Sancti Patricii*, Jacques de Vitry dans son *Historia orientalis* (chap. XCII), les dominicains Vincent de Beauvais dans le *Speculum historiale* (Livre XX, chap. XXIII-XXIV), Étienne de Bourbon dans son *Tractatus de diversis materiis praedicabilibus* (voir plus loin), Humbert de Romans dans le *De dono timoris* et Jacques de Voragine (Jacopo da Varazze) dans sa célèbre *Légende dorée* où il déclare : « Et saint Patrice apprit, par révélation, que ce puits conduisait à un purgatoire, et que ceux qui voudraient y descendre y expieraient leurs péchés et seraient dispensés de tout Purgatoire après leur mort[32]. » Gossouin de Metz

---

par le IVe livre de la *Bible des sept états du diable*. L'une d'elles a été publiée par Johan Vising, *Le Purgatoire de saint Patrice des manuscrits Harléien 273 et Fonds français 2198*, Göteborg, 1916. Le substantif *purgatoire* y est employé à plusieurs reprises. Par exemple :

> *Par la grant bounte qu'il aveit*
> *Dist qe mout bonnement irreit*
> *En* purgatoire, *qe assez*
> *Peust espener ses pechiez*   (v. 91-94)
> ...
> *Com celui qe ne vels lesser*
> *En* purgatoire *de entrer*   (v. 101-102).

Il y a également plusieurs versions françaises en prose. L'une d'elles a été publiée par Prosper Tarbé, *Le Purgatoire de saint Patrice. Légende du XIIIe siècle, publiée d'après un manuscrit de la Bibliothèque de Reims*, Reims, 1842. Les plus anciennes versions anglaises (XIIIe siècle) ont été publiées par Hortsmann in *Altenglische Legenden*, Paderborn, 1875, pp. 149-211, Koelbing in *Englische Studien*, Breslau, 1876, vol. I, pp. 98-121, et L. T. Smith, *Englische Studien*, Breslau, 1886, vol. IX, pp. 3-12.
Une édition en occitan du début du XVe siècle a été publiée par A. Jeanroy et A. Vignaux, *Raimon de Perelhos. Voyage au purgatoire de saint Patrice*, Toulouse, 1903 (Textes languedociens du XVe siècle). Cette édition contient également des versions occitanes de la vision de Tindal (Tnugdal) et de la vision de saint Paul que Raymond de Perelhos s'attribue comme le voyage au Purgatoire de saint Patrick. L'ensemble de ces textes provient du manuscrit 894 de la Bibliothèque municipale de Toulouse, prouvant le goût au XVe siècle pour les visions de l'au-delà et le Purgatoire. Ce petit corpus entraîne la transformation de la vision de Tindal (Tnugdal) en vision du Purgatoire. Le titre en est (fol. 48) : *Ayssi commensa lo libre de Tindal tractan de las penas de purgatori*. Sur la fortune du Purgatoire de saint Patrick en Espagne, voir J. Pérez de Montalban, *Vida y Purgatorio de San Patricio*, éd. M. G. Profeti, Pise, 1972.
32. *Légende dorée*, trad. fr. T. de Wyzewa, Paris, 1920, p. 182. Sur Étienne de Bourbon et Humbert de Romans, voir L. Frati, « Il Purgatorio di S. Patrizio secondo Stefano di Bourbon e Umberto di Romans », in *Giornale storico della letteratura italiana*, 8, 1886, pp. 140-179.

en parle dans son *Image du monde* qui a connu deux rédactions en vers en 1245 et 1248, une rédaction en prose en 1246[33]. En voici un extrait d'après une de ces versions :

> En Irlande il y a un lac
> Qui jour et nuit brûle comme feu,
> Qu'on appelle le Purgatoire
> Saint Patrice, et aujourd'hui encore
> S'il y vient quelqu'un
> Qui ne soit pas bien repentant
> Il est aussitôt ravi et perdu
> Et l'on ne sait ce qu'il est devenu
> Mais s'il se confesse et est repentant,
> Il doit souffrir maint tourment
> Et se purge de ses péchés
> Plus il en a et plus il souffre.
> Celui qui de ce lieu est revenu
> Plus rien ne lui plaît désormais
> En ce siècle, plus jamais
> Il ne rira mais vivra pleurant
> Et gémissant sur les maux qui sont
> Et les péchés que les gens font[34].

Le docte saint Bonaventure l'a lu dans l'original ou dans un résumé et en parle dans son commentaire des *Sentences* de Pierre Lombard[35]. Froissart demande à un noble anglais, Sir William Lisle, qui a fait en 1394 un voyage en Irlande s'il a visité le *Purgatoire de saint Patrice*. Celui-ci lui répond par l'affirmative et lui dit même qu'avec un compagnon il a passé une nuit dans le fameux trou qu'il appelle un cellier. Ils y ont dormi, ont eu des visions en rêve et Sir William est persuadé que « tout cela n'est que fantôme[36] ». Incrédulité rare pour l'époque.

Dante a pratiqué de près le traité de H. de Saltrey. La renommée de celui-ci ne s'éteint pas avec l'époque qu'on appelle traditionnellement Moyen

---

33. La rédaction en prose de Gossouin de Metz a été éditée par O. H. Prior, *L'Image du monde de maître Gossouin. Rédaction en prose*, Lausanne-Paris, 1913.
34. Cet extrait de l'*Image du monde* de Gossouin de Metz est la version légèrement modernisée du texte donné par le comte de Douhet dans le *Dictionnaire des légendes du christianisme*, éd. Migne, Paris, 1855, col. 950-1035.
35. Éd. de Quaracchi, t. IV, p. 526. Le grand maître franciscain dit qu'il en est sorti la *légende* que le Purgatoire se trouvait en ces lieux *(ex quo* fabulose *ortum est, quod ibi esset purgatorium)*.
36. Froissart, éd. Kervyn de Lettenhove, *Chroniques*, Bruxelles, 1871, t. XV, pp. 145-146.

LE XIIe SIÈCLE : NAISSANCE DU PURGATOIRE

Âge. Rabelais et l'Arioste y font allusion. Shakespeare considère que cette histoire est familière aux spectateurs de *Hamlet*[37] et Calderón écrit une pièce sur ce thème[38]. La vogue du *Purgatoire de saint Patrick* dans la littérature savante et populaire dura au moins jusqu'au XVIIIe siècle[39]. Mais l'essentiel dans ce culte et dans ce traité c'est que désormais il existe sous son nom une description de ce nouveau lieu de l'au-delà, le Purgatoire, et que, malgré l'antichambre du Paradis visitée par Owein, il y a dans le *Tractatus* trois lieux de l'au-delà : à côté de l'Enfer et du Paradis où Owein n'est pas encore entré, il y a le Purgatoire longuement traversé et décrit par le hardi chevalier-pénitent. Et cette géographie de l'au-delà s'insère dans la géographie terrestre, non par une malhabile juxtaposition comme l'avait indiqué Albéric de Settefrati mais par la localisation terrestre précise d'une bouche du Purgatoire. Quoi de plus conforme aux croyances et à la mentalité de ce temps où la cartographie balbutiante localise le Paradis (terrestre à vrai dire) en continuité avec le monde des vivants ? Aux vivants admis à visiter le Purgatoire, il faut, à mesure que se développe le processus de spatialisation du Purgatoire, en trouver les bouches, offrir des voies de communication avec la terre. Ces bouches sont longtemps plus ou moins confondues avec celles de l'Enfer et ici c'est l'image du *puits* qui s'est

---

37. Shakespeare, *Hamlet*. Quand le fantôme de son père apparaît à Hamlet (acte I, scène V) il lui révèle qu'il est condamné pour un temps déterminé à errer la nuit et à jeûner le jour dans les flammes jusqu'à ce que soient brûlés et purgés ses péchés (il dira un peu après que le meurtre perpétré sur lui par son frère a été d'autant plus odieux qu'il ne lui a pas laissé le temps de se confesser et faire pénitence avant de mourir).

> *I am thy father's spirit*
> *Doom'd for a certain term to walk the night*
> *And, for the day, confin'd to fast in fires,*
> *Till the foul crimes, done in my days of nature,*
> *Are burnt and purg'd away.*

Quand il a disparu, Hamlet, sans révéler à Horatio et à Marcellus ce que lui a dit le fantôme, invoque saint Patrick :

> HORATIO. – *There's no offence, my lord.*
> HAMLET. – *Yes, by Saint Patrick, but there is, Horatio,*
> *And much offence, too. Touching this vision*
> *It is an honest ghost.*

38. Calderón, *Le Purgatoire de saint Patrice*, trad. fr. de Léon Rouanet, *Drames religieux de Calderón*, Paris, 1898. La première édition de *El Purgatorio de San Patricio* est de 1636.
39. Le comte de Douhet dans son très intéressant article : « Saint Patrice, son purgatoire et son voyage » du *Dictionnaire des légendes du christianisme*, éd. Migne, Paris, 1855, col. 950-1035, a publié une version très appréciée encore au XVIIIe siècle. Il écrit (col. 951) : « Entre mille autres, nous choisissons une version récente, encore populaire au dernier siècle, et qui donne très complètement les intentions du Moyen Âge.»

imposée. La topographie des bouches du Purgatoire s'accrochera aux grottes, aux cavernes. Le grand succès du *Purgatoire de saint Patrick*, situé dans une caverne d'une île irlandaise, renforcera l'image du puits du purgatoire. Un signe remarquable de ce succès c'est le nom traditionnel de *Puits de saint Patrick* donné à un ouvrage d'art exceptionnel, le puits de S. Patrizio construit au XVIe siècle à Orvieto.

Le christianisme anglo-irlandais allait-il imposer sans concurrent *son* Purgatoire à la Chrétienté? À l'autre bout de la Chrétienté, en Italie méridionale, sur les rivages non de l'Océan mais de la Méditerranée, un autre Purgatoire depuis longtemps esquissé tendait aussi à s'affirmer: en Sicile.

LA TENTATIVE SICILIENNE

À côté du dossier anglo-irlandais des voyages au Purgatoire qui, à notre connaissance, débute avec Bède au commencement du VIIIe siècle, le dossier sicilien des approches du Purgatoire s'étend sur encore plus de siècles, du VIIe au XIIIe siècle. Pour notre propos l'épisode le plus important a eu lieu au XIe siècle. Nous l'avons vu, c'est la vision d'un ermite recueillie par un moine clunisien aux îles Lipari et rapportée par Jotsuald puis par Pierre Damien, dans leurs vies de saint Odilon, abbé de Cluny (994-1049). On entend sortir du cratère d'une montagne les lamentations des morts qui y sont purgés[40].

Un siècle plus tard le sermon XXI de Julien de Vézelay sur le Jugement dernier présente pour notre enquête un double intérêt. Le premier est un témoignage assez extraordinaire sur une certaine sensibilité à l'égard de la mort. Certes, on y retrouve la double inspiration de la tradition antique du nécessaire abandon des plaisirs terrestres et de la tradition monastique du détachement des choses d'ici-bas. Mais il y retentit l'écho d'une délectation prise

---

40. Jotsuald (on rencontre aussi les orthographes Jotsald, Jotsaud, Jotswald), *Vita Odilonis*, in *PL*, t. CXLII, col. 926-927. Pierre Damien, *Vita Odilonis*, également in *PL*, t. CXLIV, col. 935-937. Voir *supra*, pp. 923-925.
Sur les croyances populaires liées aux volcans des îles Lipari et au culte de saint Barthélemy dont les reliques apparaissent aux Lipari vers 580 et à celui de saint Calogero, ermite sicilien qui a vécu un certain temps aux îles Lipari et qui apparaît dans des odes du moine de Sergio au IXe siècle (il sera canonisé fin XVIe siècle), voir G. Cozza Luzi, «Le eruzioni di Lipari e del Vesuvio nell'anno 787», in *Nuovo Giornale Arcadico*, Milan, 1890, ter. III, et G. Iacolino, «Quando le Eolie diventarono colonie dell'Inferno. Calogero un uomo solo contro mille diavoli», in *Arcipelago*, anno II, 4, Lipari, 1977. Bernabo Brea prépare une étude sur ces traditions de l'Antiquité à nos jours.

Le XIIe siècle : naissance du Purgatoire

au séjour terrestre surtout chez les classes dominantes de l'époque adonnées au luxe des propriétés rurales, des demeures luxueuses, du vêtement et de la fourrure, des objets d'art et des chevaux, et d'une jouissance du corps, qui sont le signe d'un nouvel état d'esprit, d'une psychologie de valorisation de l'ici-bas qui fournit un cadre d'explication à l'intérêt croissant pour une longue survie du monde, et donc une interrogation accrue sur la période intermédiaire entre la mort individuelle et la fin du monde.

> Trois choses me terrifient, déclare Julien de Vézelay, à leur seule évocation tout mon être intérieur tremble de peur : la mort, l'Enfer et le Jugement à venir.
> Je suis donc effrayé par la mort qui approche, qui me fera passer, après m'avoir tiré de mon corps, de cette lumière commune à tous et agréable, dans je ne sais quelle région réservée aux esprits fidèles... Après moi, l'histoire des hommes se déroulera sans moi...
> Adieu, terre accueillante *(hospita)* sur laquelle je me suis longtemps fatigué pour des futilités, sur laquelle j'ai habité une maison de boue, dont je sors à contrecœur *(invitus)* bien qu'elle ne soit que boue... Et pourtant... c'est à contrecœur et seulement si on m'en chasse que je partirai. La pâle mort fera irruption dans mon réduit et me traînera malgré ma résistance jusqu'à la porte...
> En même temps que le monde, on quitte tout ce qui est du monde. La gloire du monde est quittée en ce triste jour ; adieu les honneurs, les richesses, les propriétés, les prairies vastes et charmantes, les pavements de marbre et les plafonds peints des maisons luxueuses ! Et que dire des moires et des fourrures de vair, des manteaux multicolores, des coupes d'argent et des fins chevaux hennissants sur lesquels paradait orgueilleusement le riche qui s'en faisait accroire ! Mais tout cela est encore bien peu de chose : il faut quitter une épouse si douce à regarder, quitter ses enfants, et laisser derrière soi son propre corps qu'on rachèterait volontiers à prix d'or pour le libérer de cette saisie[41]...

Le second intérêt du sermon de Julien de Vézelay est de mentionner à nouveau la Sicile comme lieu terrestre de l'accès à l'au-delà.
Voici une première évocation de ceux qui brûlent dans le feu éternel et de ceux qui font pénitence dans le feu purgatoire.

---

41. Julien de Vézelay, *Sermons*, éd. D. Vorreux, coll. «Sources chrétiennes», 193, Paris, 1972, t. II, pp. 450-455. Julien donne la même étymologie d'*ethnici* à partir d'Etna dans le sermon I, x, t. I, p. 224.

En effet pour ne rien dire de ceux que la géhenne brûle, qui sont appelés «ethniques» du mot *Et*(h)*na*, à cause de ce feu éternel, et pour lesquels il n'y a désormais nul repos, outre ceux-là... il en est d'autres certainement qui connaissent, après la mort de leur corps, des travaux très pénibles et très longs. Tant qu'ils vivaient ils ont refusé «de faire de dignes fruits de pénitence (Luc, II, 8) au moment de la mort, pourtant, ils se sont confessés et ils ont éprouvé des sentiments de pénitence»; c'est pourquoi, sur décision du Prêtre «auquel le Père a remis tout jugement (Jean, V, 22)», ils pourront accomplir dans le feu purgatoire la satisfaction pénitentielle qu'ils ont négligé de faire ici-bas. Ce feu qui consume «le bois, le foin et la paille accumulés sur le fondement de la foi» brûle ceux qu'il purge; «ceux-ci pourtant seront sauvés comme à travers le feu» (I Corinthiens, II, 12-13, 15), car ils ne passeront assurément pas du feu purgatoire au feu éternel: «Le seigneur ne juge pas deux fois la même cause» (Job, XXXIII, 14). Un peu plus loin, parlant à nouveau du feu de la géhenne, il donne les précisions suivantes: «Le feu adhère à son aliment sans discontinuer et sans le consumer. Ainsi, la salamandre, petit reptile, marche sur des charbons ardents sans dommage pour son corps; ainsi l'amiante, une fois prise, brûle sans arrêt sans que le feu la fasse diminuer; ainsi l'Etna ne cesse de brûler depuis peut-être l'origine du monde sans déperdition de la matière ignée[42].»

On voit bien comment, par le jeu habituel chez les clercs du Moyen Âge (Isidore de Séville en avait donné l'exemple) des étymologies fantaisistes, l'Etna est confirmé dans son rôle de lieu de l'au-delà, de point de communication entre la terre et la géhenne, les vivants et les morts. Mais où se fait ici, géographiquement, le départ entre l'Enfer et le Purgatoire?
Au début du XIIIe siècle une pièce curieuse apparaît dans le dossier. Dans ses *Otia imperialia* (les *Oisivetés impériales*) rédigés vers 1210 et dédiés à l'empereur Othon IV de Brunswick, le vaincu de Bouvines (en 1214), un clerc cultivé et curieux – un véritable ethnographe médiéval – l'Anglais Gervais de Tilbury expose sur l'au-delà d'une part des conceptions traditionnelles qui ignorent les nouveautés du Purgatoire et de l'autre une singulière histoire. Au chapitre XVII de la troisième partie, Gervais traite des deux paradis et des deux enfers. De même, dit-il, qu'il y a un Paradis terrestre et un Paradis céleste, «il y a deux enfers: un terrestre que l'on dit situé dans un trou de la terre et dans cet enfer il y a un lieu très éloigné des

---

42. *Ibid.*, pp. 456-459 et 460-463.

lieux de châtiment qui, à cause de son calme et de son éloignement, est appelé *sein*, comme on parle d'un sein (golfe) de la mer, et on dit que c'est le *sein d'Abraham* à cause de la parabole du riche et de Lazare... Il y a un autre enfer aérien et ténébreux où ont été précipités pour y être châtiés les mauvais anges, tout comme les bons sont dans le paradis céleste (empyrée)[43]». Ce qui intéresse ici Gervais, c'est que, paraît-il, certains de ces démons viennent sur terre s'accoupler avec une mortelle pour donner naissance à des hommes exceptionnels qu'on dit «sans père» ou «fils de vierge», tel Merlin l'enchanteur et, dans le futur, l'Antéchrist.

Plus loin Gervais, décrivant des «merveilles» géographiques et plus particulièrement siciliennes, raconte l'histoire suivante recueillie au cours d'un voyage qu'il accomplit lui-même (vers 1190) en Sicile :

«Il est en Sicile une montagne, l'Etna, brûlante de feux sulfureux, près de la cité de Catane,... les gens du peuple appellent cette montagne Mondjibel[44] et les habitants de la région racontent que, sur ses flancs déserts, le grand Arthur est, à notre époque, apparu. Il advint un jour qu'un palefrenier de l'évêque de Catane, pour avoir trop bien mangé, fut pris de lassitude. Le cheval qu'il étrillait, lui échappa et disparut. Le palefrenier le chercha en vain par les escarpements et les précipices de la montagne. Son inquiétude croissant, il se mit à explorer les obscures cavernes du mont. Un sentier très étroit mais plat, le conduisit à une prairie très vaste, charmante et pleine de toutes les délices.

«Là, dans un palais construit par enchantement, il trouva Arthur couché sur un lit royal. Le roi, ayant appris la cause de sa venue, fit amener le cheval et le rendit au garçon pour qu'il le restituât à l'évêque. Il lui conta comment, blessé jadis dans une bataille contre son neveu Modred et le duc des Saxons, Childeric, il gisait là depuis très longtemps, cherchant à guérir ses blessures sans cesse rouvertes. Et, selon les indigènes qui me l'ont raconté, il envoya des cadeaux à l'évêque qui les fit exposer à l'admiration d'une foule de gens confondus par cette histoire inouïe[45].»

À ce texte et à cette légende le grand Arturo Graf a consacré un bel article[46]. Contentons-nous d'indiquer ici sa place singulière dans le dossier de la naissance du Purgatoire. Gervais de Tilbury ignore le Purgatoire et, tout

---

43. Gervais de Tilbury, *Otia imperialia*, in *Scriptores Rerum Brunsvicensium*, Hanovre, 1707, t. I, p. 921 (édition de Leibniz qui, dans une préface, montre sa profonde aversion d'homme des Lumières pour le Moyen Âge).
44. On a reconnu l'arabe *Djebel* (montagne), témoin de la présence musulmane en Sicile et du prestige de l'Etna, appelé *la* montagne.
45. *Otia imperialia*, éd. Leibniz, p. 921.
46. A. Graf, «Artù nell'Etna», in *Miti, leggende e superstizioni del Medioevo*, Turin, 1893, vol. II, pp. 303-335.

comme il reste attaché au sein d'Abraham, il place ici Arthur dans un lieu plus proche d'un au-delà merveilleux païen. Ce texte est d'abord l'étonnante rencontre entre les traditions septentrionales et méridionales, celtiques et italiennes. Rencontre entre la légende arthurienne et l'Italie dont témoigne aussi, au XIIe siècle, une sculpture de la cathédrale de Modène[47].
Rencontre qui met aussi en évidence un des aléas majeurs de la localisation du Purgatoire.
Deux pôles attiraient le Purgatoire : le Paradis et l'Enfer. Le Purgatoire pouvait être un presque paradis ou un quasi-enfer.
Mais très tôt, le Purgatoire (sous ses formes ébauchées) fut entraîné vers l'Enfer et mit longtemps à s'en distinguer. Il ne fut jusqu'au XIIIe siècle – et resta parfois au-delà – qu'un enfer moins profond où l'on n'était pas tourmenté pour l'éternité mais à temps, la géhenne supérieure.
Le Purgatoire s'est donc formé dans une vision le plus souvent infernale de l'au-delà.
Cet au-delà fut, en général, pendant la longue période d'incubation du Purgatoire, situé sous terre, en étroit contact avec l'Enfer – c'était l'enfer supérieur – mais pendant cette phase de géographie confuse le modèle infernal du Purgatoire fut contaminé et corrigé par deux autres modèles. L'un était celui d'un Purgatoire quasi paradisiaque[48]. L'autre naissait de la volonté de trouver, entre Enfer et Paradis, un lieu vraiment intermédiaire.
À ces problèmes obscurément ressentis, des solutions diverses, plus ou moins cohérentes, furent données jusqu'au XVIIIe siècle. Parfois il y a juxtaposition de deux lieux dont l'un a un aspect plutôt infernal et l'autre une apparence presque paradisiaque. Ainsi dans la très confuse *Vision de Thugdal* deux régions situées de part et d'autre d'un même mur et placées entre l'Enfer et le Paradis sont l'une pluvieuse et ventée tandis que l'autre, riante, est parcourue par l'eau d'une fontaine de vie. La première région enferme les âmes de ceux qui ne sont pas tout à fait mauvais, la seconde celles de ceux qui ne sont pas tout à fait bons. Parfois le lieu de la purgation semble situé à la surface de la terre mais dans une vallée étroite et profonde où règnent des ténèbres ressemblant à celles de l'enfer. C'est le cas du pays de la vision de Drythelm.

---

47. Voir R. S. Loomis, « The Oral Diffusion of the Arthurian Legend », in *Arthurian Literature in the Middle Ages. A Collaborative History*, éd. R. S. Loomis, Oxford 1959, pp. 61-62 et dans le même volume, A. Viscardi, « Arthurian Influences in Italian Literature from 1200 to 1500 », p. 419.
48. Voir l'essai d'A. Nutt, *The Happy Otherworld in the Mythico-Romantic Literature of the Irish. The Celtic Doctrine of Re-Birth*, à la suite de l'édition par K. Meyer du voyage de Bran, saga écrite dès le VIIe siècle, remaniée au Xe et dont les plus anciens manuscrits datent du début du XIIe siècle : *The Voyage of Bran, Son of Febal, to the Land of the Living. An Old Irish Saga*, Londres, 1895.

LE XIIe SIÈCLE : NAISSANCE DU PURGATOIRE

L'INFERNALISATION DU PURGATOIRE ET SES LIMITES

Aucun texte n'évoque comme celui de Gervais de Tilbury un équivalent du Purgatoire aussi proche d'un lieu de repos que cette description d'une attente dans un monde qui est certes celui de la mort (dans une montagne pleine de feux où l'on est conduit par un cheval noir psychopompe dans un état où l'on ne guérit pas de ses blessures terrestres : celles d'Arthur se rouvrent sans cesse), mais où un héros comme Arthur vit « sur un lit royal », « dans un palais construit par enchantement », au milieu d'une prairie très vaste, charmante et pleine de toutes les délices.
Il semble qu'en ce moment décisif pour le Purgatoire naissant, la chrétienté latine, qui hésite à le trouver en Irlande ou en Sicile, hésite aussi à en faire un lieu près de l'Enfer ou près du Paradis... En fait, au moment où Gervais de Tilbury recueille des histoires qui reflètent plus les conceptions du passé que celles du présent, les jeux sont déjà faits. Chargé du poids de la littérature apocalyptique orientale, pleine de feux, de tortures, de fureur et de bruit, défini par Augustin comme le lieu de peines plus douloureuses que n'importe quelle douleur terrestre, mis au point par une Église qui ne sauve que dans la crainte et le tremblement, le Purgatoire a déjà basculé du côté de l'Enfer. À propos de la légende d'Arthur dans l'Etna, Arturo Graf a magistralement montré comment du récit de Gervais de Tilbury à celui, cinquante ans plus tard, du dominicain Étienne de Bourbon, l'infernalisation, la satanisation de l'épisode est consommé. Le Purgatoire d'Arthur est devenu un Enfer provisoire[49].
De même la Sicile (Lipari ou Etna), au contraire de l'Irlande, ne sera pas une localisation durable du Purgatoire. Pour le comprendre, il faut remonter aux sources chrétiennes de l'au-delà sicilien. Cet au-delà chrétien est largement tributaire d'un riche héritage antique dont la mythologie de l'Etna, séjour infernal de Vulcain et de ses forges, est la plus brillante expression. Mais un des grands fondateurs du Purgatoire dans le haut Moyen Âge pose les bases de l'au-delà chrétien en Sicile : Grégoire le Grand. Deux histoires des *Dialogues* en témoignent.
Dans le premier texte le moine Pierre demande à Grégoire si les bons se reconnaissent au Paradis *(in regno)* et les méchants dans l'Enfer *(in supplicio)*, Grégoire répond par l'histoire de Lazare et du mauvais riche. Puis il passe aux récits déjà traditionnels (qu'on pense par exemple aux visions de saint Martin dans ce modèle de l'hagiographie latine qu'a été la

---

49. Je parle plus loin (pp. 1148-1149) de la version d'Étienne de Bourbon.

Vita Martini de Sulpice Sévère) de visions de mourants. C'est d'abord l'anecdote d'un moine qui, au moment de sa mort, voit Jonas, Ézéchiel et Daniel. Puis vient l'histoire du jeune Eumorfius. Celui-ci envoie un jour son esclave dire à son ami Étienne : « Viens vite car le navire est prêt qui doit nous conduire en Sicile. » Pendant que l'esclave est en chemin chacun des deux hommes meurt chacun de son côté. Cet étonnant récit intrigue Pierre, qui sollicite des éclaircissements de Grégoire :

> PIERRE : Mais, je te le demande, pourquoi un navire est-il apparu à l'âme en train de sortir et pourquoi a-t-il dit qu'après la mort il serait conduit en Sicile ?
>
> GRÉGOIRE : L'âme n'a pas besoin de moyen de transport *(vehiculum)* mais il n'est pas étonnant qu'à un homme encore placé dans son corps apparaisse ce qu'il avait l'habitude de voir au moyen de son corps, pour qu'il puisse ainsi comprendre où son âme pourrait être conduite spirituellement. Le fait qu'il ait affirmé à cet homme qu'il serait conduit en Sicile ne peut avoir qu'un sens : plus qu'en tous autres lieux c'est dans les îles de cette terre que se sont ouvertes les marmites des tourments qui crachent le feu. Celles-ci, comme le racontent les experts, s'élargissent chaque jour davantage car, la fin du monde s'approchant, et le nombre de ceux qui seront réunis pour y être brûlés en supplément de ceux qui y sont étant incertain, il faut que ces lieux de tourments s'ouvrent davantage pour les recueillir. Dieu tout-puissant a voulu montrer ces lieux pour la correction des hommes qui vivent dans ce monde, pour que les esprits incrédules *(mentes infidelium)* qui ne croient pas qu'il existe des tourments infernaux voient les lieux des tourments, ceux qui refusent de croire ce dont ils entendent seulement parler.
>
> Quant à ceux, élus ou réprouvés, dont la cause a été commune dans les œuvres, ils sont conduits dans des lieux également communs, les paroles de vérité devraient suffire à nous en convaincre, même si les exemples manquaient[50].

Cet étonnant mélange de légendes païennes et de christianisme très orthodoxe, de vulcanologie et de théologie des fins dernières ne doit pas étonner chez le grand pape eschatologique. Nous connaissons la seconde histoire qui met en cause les îles volcaniques siciliennes et les lieux infernaux : c'est l'histoire du châtiment de Théodoric jeté dans un volcan des Lipari[51].

---

50. Grégoire le Grand, *Dialogi*, IV, 33-37, éd. V. Moricca, pp. 278-285.
51. Grégoire le Grand, *Dialogi*, IV, 30, Voir *supra*, pp. 886-887.

La politisation des visions de l'au-delà est l'élément le plus frappant de cette histoire qui restera très vivace pendant le Moyen Âge et qui annonce les visions des rois punis dans l'au-delà dont nous avons vu des exemples avec les souverains carolingiens de la *Vision de Charles le Gros* et les rois irlandais de la vision de Tnugdal. Mais la localisation sicilienne des lieux chrétiens des châtiments de l'au-delà est un élément tout aussi significatif. C'est dans cette tradition qu'il faut évidemment situer le récit de Jotsuald et de Pierre Damien.

Entre les récits de Grégoire le Grand et les textes des XIe-XIIIe siècles: vies d'Odilon de Jotsuald et de Pierre Damien, histoire d'Arthur dans l'Etna de Gervais de Tilbury se situe une pièce très intéressante du dossier infernal des Lipari. Ce texte rare du VIIIe siècle nous renseigne à la fois sur une éruption volcanique entre 723 et 726 et sur la continuité d'une croyance liée à un lieu exceptionnel. C'est le récit d'une halte en ces lieux d'un pèlerin à Jérusalem, saint Willibald.

> De là il vint à la ville de Catane puis à Reggio, cité de Calabre. C'est là qu'est l'enfer de Théodoric. Y étant arrivés, ils descendirent de leur navire, pour voir quel était cet enfer. Willibald, poussé par la curiosité, pour voir comment était l'intérieur de cet enfer, voulut monter au sommet de la montagne où s'ouvrait, au-dessous, l'enfer mais il ne le put. Des étincelles venues du fond du noir tartare montaient jusqu'au rebord et s'y étendaient en s'agglomérant. Comme la neige quand elle tombe du ciel s'accumule en blancs monticules venus des arcs aériens du ciel, de même les étincelles accumulées au sommet de la montagne empêchaient l'ascension de Willibald. Mais il voyait surgir, crachée par le puits, une flamme noire, terrible et horrible, dans un bruit de tonnerre. Il regardait la grande flamme et la vapeur de la fumée s'élever terriblement très haut dans le ciel. Cette lave *(pumex* ou *fomex)*, dont ont parlé les écrivains, il la voyait monter de l'enfer et être projetée avec des flammes jusque dans la mer et là de nouveau être projetée de la mer sur terre. Des hommes la récoltent et l'emportent[52].

Le sens de ces textes est clair. Ce qu'il y a depuis l'Antiquité – et ici encore le christianisme a donné un sens nouveau aux croyances mais les a conservées sur place *in situ* – en Sicile, dans les volcans des Lipari comme

---

52. *Hodoeporicon S. Willibaldi*, in *Itinera hierosolymitana*, éd. T. Tobler et A. Molinier, Genève, 1879, pp. 272-273. Je dois à l'amitié d'Anne Lombard-Jourdan la connaissance de ce texte.

dans l'Etna, c'est l'Enfer. Certes pendant longtemps les lieux purgatoires chrétiens seront proches de l'Enfer et en seront même une partie. Mais quand naît le Purgatoire, même si les peines qu'on y subit sont, à temps, des peines infernales, il faut assurer son autonomie et d'abord son autonomie topographique à l'intérieur du système géographique de l'au-delà. En Irlande, le Purgatoire – quoique infernal – de saint Patrick n'est pas ombragé par l'Enfer. En Sicile la grande tradition infernale n'a pas permis au Purgatoire de s'épanouir. L'antique Enfer a barré la route au jeune Purgatoire.

7
LA LOGIQUE DU PURGATOIRE

Les morts n'existent que par et pour les vivants. Innocent III l'a dit : les vivants s'occupent des morts parce qu'ils sont eux-mêmes de futurs morts. Et dans une société chrétienne, surtout au Moyen Âge, le futur n'a pas seulement un sens chronologique, il a d'abord et surtout un sens eschatologique. Nature et surnature, ici-bas et au-delà, hier, aujourd'hui et demain et toujours, l'éternité, sont unis, faits d'une même trame, non sans événements (la naissance, la mort, la résurrection), non sans sauts qualitatifs (la conversion) et moments inopinés (le miracle). Partout l'Église est là, dans son rôle ambigu : contrôler et sauver, justifier et contester l'ordre établi. De la fin du IVe au milieu du XIIe siècle, d'Augustin à Othon de Freising, le prélat oncle de Frédéric Barberousse, la société a vécu – tant bien que mal, plus mal que bien – sur un modèle idéal, la Cité de Dieu. L'essentiel était que la cité terrestre, malgré ses imperfections, ne basculât pas du côté du Diable, du côté du mal. Le modèle reste valable au-delà du XIIe siècle et Satan poussera même des offensives violentes, angoissantes, tant que durera ce monde féodal des puissants et des faibles, des bons et des méchants, des blancs et des noirs.

Mais dans l'essor de la Chrétienté, entre la fin du XIe et le milieu du XIIIe siècle, disons, pour prendre des repères intellectuels, d'Anselme à Thomas d'Aquin, les choses ne peuvent plus être aussi simples. Il y a des états intermédiaires, des étapes, des transitions, les communications sont plus sophistiquées entre les hommes, entre Dieu et les hommes, l'espace et le temps se morcellent et se recomposent autrement, les frontières entre la vie et la mort, le monde et l'éternité, la terre et le ciel se déplacent. Les instruments de mesure ne sont plus les mêmes qu'il s'agisse de l'outillage intellectuel, des valeurs, ou des techniques matérielles. La réforme grégorienne, entre le milieu du XIe et le milieu du XIIe siècle, réponse de l'Église au défi des nouvelles structures de la Chrétienté, a liquidé une rhétorique qui bavardera encore un certain temps sur le devant de la scène mais cache de plus en plus mal les réalités nouvelles du théâtre chrétien. Rhétorique du dualisme : les deux cités, les deux pouvoirs, les deux glaives, les clercs et les laïcs, le pape et l'empereur ; il y a de même, deux armées, celle du Christ et celle de Satan. Innocent III est ici un irréfutable témoin et acteur. C'est un grand pape non pour avoir fait triompher dans la Chrétienté, comme le voulait une historiographie archaïque, un prétendu modèle de féodalité juridique qui n'a jamais existé, mais parce que, malgré des erreurs (qui aurait pu penser vers 1200 que les cisterciens seraient incapables de combattre victorieusement les hérétiques ?), il a rétabli le pouvoir de l'Église sur la nouvelle société non en s'y opposant mais en s'y adaptant. Innocent III désigne désormais trois églises : entre l'armée de Dieu et l'armée de Zabulon, il y a « l'armée qui est dans le Purgatoire[1] ».

L'AU-DELÀ ET LES PROGRÈS DE LA JUSTICE

À quoi répond cette apparition d'une troisième société dans l'au-delà ? Est-ce à une évolution de l'idée de salut à laquelle on rattache en général les conceptions humaines de l'autre monde ?
La réflexion des vivants sur l'au-delà me semble pourtant plus animée par le besoin de justice que par l'aspiration au salut – sauf peut-être dans des périodes brèves d'effervescence eschatologique. L'au-delà doit corriger les inégalités et les injustices de l'ici-bas. Mais cette fonction de correction et de compensation de l'au-delà n'est pas indépendante des réalités judiciaires terrestres. Le destin éternel des hommes étant, dans le christianisme, fixé au Jugement dernier, l'image du jugement prend une importance singulière. Certes le Nouveau Testament a décrit cette scène par laquelle le rideau tombe sur le monde et s'ouvre sur l'éternité. C'est la grande séparation des brebis et des boucs, des élus à droite et des damnés à gauche (Matthieu, XXV, 31-46). C'est la venue du Paraclet.

> Et lui, une fois venu,
> il établira la culpabilité du monde
> en fait de péché
> en fait de justice

---

1. « *pro exercitu qui jacet in purgatorio* » (*PL*, t. CCXVII, col. 590). Voir *supra*, pp. 981-983.

LE XIIe SIÈCLE : NAISSANCE DU PURGATOIRE

> et en fait de jugement :
> de péché,
> parce qu'ils ne croient pas en moi ;
> de justice,
> parce que je vais vers le Père
> et que vous ne me verrez plus ;
> de jugement
> parce que le Prince de ce monde est jugé (Jean, XVI, 8-11).

C'est enfin le jugement des nations :

> Et je vis les morts, grands et petits, debout devant le trône ; on ouvrit des livres, puis un autre livre, celui de la vie ; alors, les morts furent jugés d'après le contenu des livres, chacun selon ses œuvres... Alors la Mort et l'Hadès furent jetés dans l'étang de feu – c'est la seconde mort, cet étang de feu – et celui qui ne se trouva pas inscrit dans le livre de vie, on le jeta dans l'étang de feu (Apocalypse, XX, 12-15).

Mais ce jugement futur, dernier, général, ne comporte que deux possibilités : la vie ou la mort, la lumière ou le feu éternel, le ciel ou l'enfer. Le Purgatoire va dépendre d'un verdict moins solennel, un jugement individuel aussitôt après la mort que l'imagerie chrétienne médiévale se représente volontiers sous la forme d'une lutte pour l'âme du défunt entre bons et mauvais anges, entre anges proprement dits et démons. Comme les âmes du Purgatoire sont des âmes élues qui seront finalement sauvées, elles relèvent des anges mais sont soumises à une procédure judiciaire complexe. Elles peuvent en effet bénéficier d'une remise de peine, d'une libération anticipée, non pour leur bonne conduite personnelle, mais à cause d'interventions extérieures, les suffrages. La durée de la peine dépend donc, en dehors de la miséricorde de Dieu, symbolisée par le zèle des anges à arracher les âmes aux démons, des mérites personnels du défunt acquis pendant sa vie et des suffrages de l'Église suscités par les parents et amis du défunt.
Cette procédure s'inspire évidemment des notions et des pratiques de la justice terrestre. Or le XIIe siècle est un siècle de la justice en un double sens : la justice – comme idéal – est l'une des grandes valeurs du siècle tandis que la pratique judiciaire se transforme considérablement. La notion ambiguë de justice évolue entre cet idéal et cette pratique. Face aux seigneurs féodaux qui accaparent la justice en tant que droit, instrument de domination sur les membres de la seigneurie et en tant que source de profits financiers, les rois et les princes territoriaux revendiquent l'idéal et la réalité de la justice, les ecclésiastiques renforcent leur emprise sur les aspirations collectives de la

société en approfondissant la conception chrétienne de la justice, en développant l'activité des tribunaux épiscopaux, les officialités, et surtout en créant un nouveau type de droit, le droit ecclésiastique ou droit canon.
Du côté des détenteurs d'une autorité publique, l'accroissement des interventions dans le domaine judiciaire, l'invocation plus instante d'un idéal de justice, caractérisent le XIIe siècle. Cela est vrai des grandes monarchies féodales – et d'abord de l'Angleterre, mais aussi de la France capétienne où de Louis VI et Louis VII à Philippe Auguste, de Suger aux panégyristes de Philippe Auguste, l'image du roi juste grandit en même temps que l'action de la justice royale[2]. Cela est vrai aussi dans les grandes principautés territoriales. Un épisode sanglant, l'assassinat, par les membres d'une famille de *ministeriales*, du comte de Flandre Charles le Bon dans la chapelle comtale de Bruges en 1127 nous vaut un étonnant récit. On y trouve avec, en fond de tableau, la puissance économique naissante de la Flandre, l'énoncé, à travers le portrait un peu idéalisé du comte assassiné, de l'idéal politique des gouvernements du XIIe siècle. L'auteur de ce récit, un membre du nouveau personnel gouvernemental, le notaire comtal Galbert de Bruges, y met à la première place des vertus du prince la justice[3]. Ce prince juste fut surnommé le Bon.
Le grand initiateur du mouvement canoniste du XIIe siècle, l'évêque Yves de Chartres, dans le *Prologue* de sa collection canonique, le *Décret* (1094), a exposé une théorie de la dispense, du pouvoir de l'autorité ecclésiastique de permettre, dans certains cas, la non-application des règles du droit. Il a défini, à cette occasion, une distinction fondamentale des règles de justice : les règles impératives, les suggestions, les tolérances *(praeceptum, consilium, indulgentia)*[4]. Dans les premières années du XIIe siècle, s'inspirant d'Yves de Chartres, Alger de Liège, diacre et écolâtre de l'église Saint-Lambert puis chanoine de la cathédrale, qui se retirera finalement à Cluny (ce n'est pas un ténor de l'intelligentsia naissante mais un clerc moyen) compose un *Livre de la miséricorde et de la justice (Liber de misericordia et justitia)*[5].

---

2. Suger, *Vie de Louis VI le Gros*, éd. et trad. de H. Waquet, Les classiques de l'Histoire de France au Moyen Âge, Paris, 1964. Suger n'a écrit que le début d'une vie de Louis VII restée inachevée (éd. J. Lair, Bibliothèque de l'École des Chartes, 1875, pp. 583-596). Les *Gesta Philippi Augusti* de Rigord et la *Philippis* de Guillaume le Breton ont été édités par F. Delaborde, Société de l'Histoire de France, Paris, 1882-1885.
3. Voir Galbert de Bruges, *Le meurtre de Charles le Bon*, traduit du latin par J. Gengoux, sous la direction et avec une introduction historique de R. C. Van Caeneghem, Anvers, 1977.
4. Yves de Chartres, *Prologus in Decretum*, *PL*, t. CLXI, col. 47-60. À propos des suffrages, Yves de Chartres reproduit les textes de Grégoire le Grand (*Dialogues*, IV, 39 et IV, 55), in *PL*, t. CLXI, col. 993-995 et 999-1000.
5. G. Le Bras, «Le *Liber de misericordia et justicia* d'Alger de Liège», in *Nouvelle Revue historique de droit français et étranger*, 1921, pp. 80-118. Le texte du *Liber* se trouve in *PL*, t. CLXXX, col. 859-968.

Cette idéologie politique se situe dans un contexte religieux. Bien qu'elle prenne sa part aux violences de ce siècle, aussi bien en chrétienté qu'à la croisade contre les Infidèles, l'Église ne sépare pas, sur le modèle divin, la miséricorde et la justice.

Alger définit les règles de la tolérance qui consistent essentiellement à ne pas accuser sans preuves judiciaires. Il part de l'antithèse, classique depuis Augustin, rénovée, précisée, reprise dans un contexte tout différent, celui de l'effervescence idéologique et sociale, au tournant du XIe au XIIe siècle, entre le droit strict et la tolérance. Il révèle ses buts qui doivent, selon lui, être ceux de la justice : tendre à la réconciliation, rechercher scrupuleusement l'intention, bien définir le rôle de la volonté dans le délit. Comme le feront bientôt Abélard, Gratien, il évoque les textes contradictoires de la Bible : il y a une telle « diversité » dans les Écritures ! *Tanta diversitas scripturarum...* On peut donc jouer avec les autorités. À la fin du siècle, tirant la leçon de l'ingéniosité interprétative des théologiens et canonistes, Alain de Lille dira que les citations ont un nez de cire... Aux habiles de le tordre bien dans leur sens.

Alger va très loin dans la tolérance. Il écrit que « si l'on ne peut corriger les iniques, il faut les tolérer... », « qu'il faut tolérer les méchants pour conserver l'unité » – la paix. Il estime que « même un condamné, s'il est vraiment repenti, peut être rétabli dans ses droits, car *celui-là ne pèche pas qui exerce la justice* » *(non peccat qui exercet justitiam)*.

Il en vient enfin à la façon dont un accusé peut se disculper, se purger de ses fautes, réelles ou supposées : « Un accusé peut se purger *(expurgare)* de trois façons : en produisant des témoins irréfutables, en se prêtant à un examen au fond, ou, avant toute publicité, en avouant et en se repentant » (par la confession et la pénitence : *confessione et penitentia)*. Enfin, « si un accusé n'a pas voulu se purger et qu'ensuite ou bien il soit convaincu d'être coupable, ou bien il avoue lui-même ses péchés, il sera condamné »[6].

La réflexion sur le péché se retrouve dans la théologie comme dans le droit canon. Crime *(crimen)*, délit *(delictum)*, faute *(culpa)*, péché *(peccatum)*, ces mots sont au XIIe siècle communs aux théologiens et aux canonistes et ils s'efforcent les uns et les autres de les distinguer.

Dans une étude classique sur l'enseignement de la faute dans le droit canon de Gratien aux Décrétales de Grégoire IX[7], Stephan Kuttner, après avoir dans sa préface souligné l'importance de ce grand mouvement intel-

---

6. Voir chap. XXVIII, XLIII-XLIV, LXXXIII, XLIII, du *Liber*. Le passage sur la *purgation* se trouve chap. LXI-LXII (*PL*, t. CLXXX, col. 929-930).
7. St. Kuttner, *Kanonistische Schuldlehre von Gratian bis auf die Dekretalen Gregors IX*, Cité du Vatican, 1935.

lectuel et social : le début de la science du droit canon au XIIe siècle, évoqué la production sans cesse croissante dans la seconde moitié du siècle de la littérature canoniste : gloses du Décret, Sommes, et, dans le domaine réglementaire ecclésiastique, *décrétales* que finalement Grégoire IX rassemblera et insérera en 1234 dans le *Corpus* de droit canonique en cours de formation, commence son étude par « Abélard et le concept de crime ».

NOUVELLES CONCEPTIONS DU PÉCHÉ ET DE LA PÉNITENCE

Les mots et les idées d'Alger de Liège nous ont amené tout près du Purgatoire. Alger de Liège, citant ses inspirateurs, se plaçait dans la ligne des pères du Purgatoire, Augustin et Grégoire le Grand, le Grégoire à vrai dire non des *Dialogues* mais des *Moralia* et du *Liber pastoralis*. On parvient au Purgatoire en pénétrant dans le domaine où se joue au XIIe siècle l'essentiel de la nouvelle partie que l'Église et la société mènent au point de rencontre de la vie spirituelle et de la vie matérielle et sociale : la *pénitence*.
Par un itinéraire inverse et complémentaire de celui de Stephan Kuttner, un historien de la théologie, Robert Blomme, retrouve, essentielle caractéristique du siècle, la notion de justice en étudiant *La Doctrine du péché dans les écoles théologiques de la première moitié du XIIe siècle*[8].
Voici, dans la deuxième moitié du siècle, Pierre le Mangeur, qui est peut-être l'« inventeur » du Purgatoire. Dans le *Liber Pancrisis* il a rassemblé, en leur donnant la forme à la mode de « sentences ou questions », des citations de Pères de l'Église faites ou commentées « par des maîtres modernes » *(a modernis magistris)*. Il s'agit de théologiens de l'école de Laon au début du XIIe siècle, Guillaume de Champeaux, Anselme et Raoul de Laon et d'Yves de Chartres[9]. Or ces Laonnois ont joué un rôle important dans l'évolution des idées sur le péché et la pénitence. Je ne reprendrai pas l'étude qui a été bien faite[10] de la grande mutation intellectuelle et morale qui a renouvelé la notion de péché et profondément modifié les pratiques de la pénitence au XIIe et au début du XIIIe siècle en

---

8. R. Blomme, *La Doctrine du péché dans les écoles théologiques de la première moitié du XIIe siècle*, Louvain, Gembloux, 1958.
9. O. Lottin, « Pour une édition critique du *Liber Pancrisis* », in *Recherches de Théologie ancienne et médiévale*, XIII, 1946, pp. 185-201.
10. Outre l'ouvrage de R. Blomme, *op. cit.*, voir Ph. Delhaye *et alii*, *Théologie du péché*, Paris-Tournai-New York-Rome, 1960, vol. I.

rattachant le péché à l'ignorance et en recherchant l'intention dans la conduite du pécheur.
Le point de départ en est sans doute Anselme de Cantorbéry. Le grand théologien avait insisté sur la différence essentielle entre le péché volontaire et le péché par ignorance. Dans le *Cur Deus homo* (II, 15, 52, 115) il avait déclaré: «Il y a une telle différence entre le péché commis sciemment et celui que l'on fait par ignorance, qu'un péché qu'on n'aurait jamais pu commettre à cause de son énormité si on l'avait su, n'est que véniel, car il a été commis par ignorance[11].» Toutes les grandes écoles de la première moitié du XIIe siècle reprennent et développent cette distinction fondamentale qui deviendra ensuite traditionnelle: l'école de Laon, Abélard, les Victorins. Deux distinctions surtout auront de l'importance. Celle entre vice et péché, celui-ci impliquant l'assentiment du pécheur, son *consensus*. Celle entre faute et peine *(culpa et poena)* qu'un disciple d'Abélard dans le *Commentaire de Cambridge* commente ainsi: «Il faut d'abord dire que le péché comporte deux aspects: ce qui concerne la *faute (culpa)* qui est le *consentement (consensus)* ou le mépris de Dieu *(contemptus Dei)*, comme lorsqu'on dit qu'un petit enfant est sans péché, ce qui concerne la *peine*, comme lorsque nous disons avoir péché en Adam, c'est-à-dire avoir encouru une peine[12].» L'important pour notre enquête c'est que la faute *(culpa)* qui normalement conduit à la damnation, peut être remise par la contrition et la confession tandis que la peine *(poena)* ou châtiment expiatoire est effacée par la satisfaction, c'est-à-dire par l'accomplissement de la pénitence ordonnée par l'Église. S'il y a eu contrition et/ou confession, mais que la pénitence n'a pas été accomplie ou achevée, volontairement ou involontairement (par exemple si la mort est intervenue), la peine *(poena)* doit être accomplie dans le feu purgatoire, c'est-à-dire, à partir de la fin du siècle, dans le Purgatoire[13].
Toute la vie spirituelle et morale est désormais dirigée vers la recherche de l'intention, vers l'enquête sur le volontaire et l'involontaire, le fait sciemment et le fait par ignorance. La notion de responsabilité personnelle s'en trouve considérablement accrue et enrichie. La chasse au péché s'inscrit dans «une intériorisation et une personnalisation» de la vie morale qui réclame de nouvelles pratiques pénitentielles. Plus que la preuve interne,

---

11. Anselme de Cantorbéry, *Cur Deus Homo (Pourquoi Dieu s'est fait homme)*, texte latin, introduction, notes et traduction par R. Roques, Paris, 1943.
12. *Commentarius Cantabrigiensis in Epistolas Pauli e Schola Petri Abaelardi 2 In epistolam ad Corinthias Iam et IIam, Ad Galatas et Ad Ephesos*, éd. A. Landgraf, Notre-Dame (Ind.), 1939, p. 429, cité par R. Blomme, *La Doctrine du péché...*, *op. cit.*, p. 250, n. 2.
13. Ce point a été bien vu et souligné par H. Ch. Lea, *A History of Auricular Confession and Indulgences in the Latin Church*, vol. III: Indulgences, Philadelphie, 1896, pp. 313-314.

ce qui est désormais recherché c'est l'*aveu*, plus encore que le châtiment, ce qui compte c'est la *contrition*[14]. Tout ceci conduit à faire passer au premier plan la confession, une *confession* transformée.

Au tournant du XIe au XIIe siècle où les structures basculent, apparaît un ouvrage, resté anonyme, mal daté, mal étudié et pourtant capital : le traité *Sur la vraie et la fausse pénitence (De vera et falsa poenitentia)*[15]. Son succès est grand dès le XIIe siècle. Il est utilisé, cité par Gratien dans son *Décret*, par Pierre Lombard. Il est vrai que son autorité ne tient pas seulement à la nouveauté – sur bien des points – de son contenu : on le croyait de saint Augustin lui-même. Je n'en retiendrai que trois idées qui vont passer dans la pratique de l'Église et qui marqueront le système du Purgatoire.

La première est que, en cas de péril et en l'absence d'un prêtre, il est légitime et utile de se confesser à un laïc. Le laïc n'absout pas mais le désir de se confesser exercé à travers le laïc et qui prouve la contrition peut conduire à l'absolution de la *faute (culpa)*. Ce pis-aller n'étant guère à recommander que dans les cas de danger de mort, si l'on réchappe, on doit aller refaire sa confession à un prêtre qui pourra donner l'absolution : si l'on meurt, on n'aura plus que la *peine (poena)* à exécuter, c'est-à-dire que cette pratique conduit le plus souvent au Purgatoire. En voici une preuve.

À l'extrême fin du XIIe siècle l'Anglais Walter Map raconte dans le *De nugis curialium* l'histoire d'un noble ardent à la guerre et devenu moine qui est, dans une circonstance particulière, obligé de se battre, met ses ennemis en déroute mais peu après, alors qu'il n'est accompagné que par un frère lai *(puer)*, est mortellement blessé dans une vigne par un ennemi en embuscade : « Se sentant proche de la mort, il confesse ses péchés au serviteur qui était seul avec lui, lui demandant de lui enjoindre une pénitence. Celui-ci, un laïc incompétent, jure qu'il ne sait pas. Le moine, habitué à réagir promptement à toutes les situations, se repentant très fort, lui dit : "Enjoins-moi par la miséricorde de Dieu, très cher fils, que mon âme fasse pénitence en Enfer jusqu'au jour du Jugement [dernier], pour qu'alors le Seigneur ait pitié de moi et que je ne voie pas avec les impies le visage de la fureur et de la colère." Le serviteur en larmes lui dit alors : "Seigneur, je t'enjoins pour pénitence ce que tes lèvres ont prononcé ici devant Dieu." Et l'autre, acquiesçant de paroles et de visage, accueillit

---

14. Voir R. Blomme, *La Doctrine du péché...*, *op. cit.*, p. 340. L'importance de l'*aveu* a été bien décelée par M. Foucault, *Histoire de la sexualité*, I : *La volonté de savoir*, Paris, 1976, pp. 78 sqq.
15. Le texte édité par Migne, *PL*, t. XL, col. 1127-1128, ne me semble pas pouvoir être le texte original (voir *infra*, Appendice II, pp. 1211-1215). Sur la portée du traité, voir A. Teetaert, *La Confession aux laïques dans l'Église latine depuis le VIIIe jusqu'au XIVe siècle*, Paris, 1926, pp. 50-56.

dévotement cette injonction et mourut[16]. » L'Enfer dont il est question ici et dont on peut sortir au jour du Jugement c'est, bien sûr, l'enfer supérieur, autrement dit le Purgatoire que Walter Map, esprit hostile aux nouveautés et ennemi des cisterciens, ignore.
La seconde idée est que l'on ne doit pas faire pénitence une seule fois dans sa vie, après un très gros péché ou à l'article de la mort, mais si possible plusieurs fois.
La troisième idée est qu'il faut « à péchés secrets, pénitence secrète », « à péchés publics, pénitence publique ». Ainsi s'accélère le dépérissement, le déclin de la vieille pénitence publique. La société n'est plus cet ensemble de petits groupes de fidèles où la pénitence publique prenait naturellement place. Même les grandes pénitences « politiques », dans la ligne de Théodose se soumettant à la pénitence imposée par saint Ambroise, jettent leur chant du cygne dans le cadre du théâtre artificiel de la lutte entre le pape et l'empereur : Henri IV à Canossa, Barberousse à Venise, ou de la mise en scène exceptionnelle de la croisade des Albigeois : Raymond VII de Toulouse à Notre-Dame de Paris...
Ce qui émerge de tout ceci, c'est la pratique de plus en plus fréquente, intégrée à la vie spirituelle normale sinon quotidienne, de la confession auriculaire, de bouche à oreille, de pécheur à prêtre, d'un à un. Le « secret du confessionnal » ne viendra que plus tard mais la voie en est tracée. En 1215 se produit un grand fait, un des grands événements de l'histoire médiévale. Le quatrième concile de Latran, dans son canon 21, *Omnis utriusque sexus*, rend obligatoire au moins une fois l'an la confession auriculaire pour tous les chrétiens et chrétiennes adultes. Voilà intronisé, généralisé, approfondi le mouvement qui portait la chrétienté vers la confession depuis au moins un siècle. C'est l'examen de conscience imposé à tous, un front pionnier qui s'ouvre dans la conscience individuelle des chrétiens, l'extension aux laïcs de pratiques d'introspection jusqu'alors réservées aux clercs, et surtout aux moines. La décision vient donc au terme d'une longue évolution, elle sanctionne, comme on dit, un besoin. Elle n'en a pas moins surpris beaucoup dans la première moitié du XIIIe siècle. L'habitude n'est pas facile à prendre, ni pour les laïcs, ni pour les prêtres. Comment se confesser et comment confesser, que confesser ou que demander, et finalement, pour le prêtre, quelle pénitence infliger pour ces aveux qui ne sont plus d'un péché énorme et extraordinaire, mais de fautes en général quotidiennes et modestes ? Aux

---

16. Walter Map, *De nugis curialium*, éd. M. R. James, Oxford, 1914. Texte cité par J.-Ch. Payen, *Le Motif du repentir dans la littérature française médiévale (des origines à 1230)*, Genève, 1968, p. 109, qui voit bien qu'il s'agit de Purgatoire mais ne dit pas que Walter Map l'appelle Enfer.

prêtres embarrassés, parfois même effrayés de leurs nouvelles responsabilités, surtout aux moins instruits, des spécialistes vont venir en aide. Ils écriront parfois à plusieurs niveaux – sous une forme simplifiée pour les prêtres «simples» – des manuels de confesseurs – comme celui, pionnier, de Thomas de Chobham[17]. Parmi les questions posées, les horizons pénitentiaires envisagés, un nouveau venu prend une place notable: le Purgatoire. D'autant plus qu'il recueille aussi des pécheurs chargés de péchés qui peuvent licitement échapper au crible de la confession: les péchés véniels.

Les péchés véniels ont une longue histoire que nous avons vue en partie. Le fondement scripturaire en est la première Épître de Jean, I, 8: «Si nous disons: "nous n'avons pas de péché" nous nous abusons, la vérité n'est pas en nous» et surtout cet autre passage de la même Épître, V, 16-17:

> Quelqu'un voit-il son frère
> commettre un péché
> ne conduisant pas à la mort,
> qu'il prie
> et Dieu donnera la vie à ce frère.
> Il ne s'agit pas de ceux qui commettent le péché
> conduisant à la mort;
> car il y a un péché qui conduit à la mort
> pour ce péché-là, je ne dis pas qu'il faut prier.
> Toute iniquité est péché,
> mais il y a tel péché
> qui ne conduit pas à la mort.

Esquissée par Tertullien, la notion a été précisée par Augustin et par Grégoire le Grand. Les termes employés sont péchés menus *(minuta)*, petits ou plus petits *(parva, minora)*, légers ou plus légers *(levia, leviora)* et surtout, selon une expression heureuse, quotidiens *(quotidiana)*. Le terme véniel *(veniale, venialia)* ne devient courant qu'au XIIe siècle et, selon A. M. Landgraf, le système d'opposition péchés mortels péchés véniels a été mis au point dans la seconde moitié du XIIe siècle par les porretains, disciples du théologien Gilbert Porreta (Gilbert de la Porrée), mort en 1154: groupe qui comprendrait des auteurs anonymes de *Questions*,

---

17. Voir C. Vogel, *Les «Libri paenitentiales»*, in *Typologie des sources du Moyen Âge occidental*, fasc. 27, Turnhout, Brepols, 1978; J. Le Goff, *supra*, «Métier et profession d'après les manuels de confesseurs du Moyen Âge», pp. 159-175.

Simon de Tournai, Alain de Lille, etc.[18]. L'expression péché véniel appartient en tout cas à cet ensemble de notions et de mots qui émergent au XIIe siècle avec le Purgatoire et qui forment avec lui un système. Le mot a de plus l'intérêt de signifier – sens dont les clercs du XIIe siècle étaient très conscients – dignes de *venia*, de pardon. La notion a pris un tour juridico-spirituel.

Au début du XIIe siècle, un traité théologique de l'école de Laon, les *Sentences d'Arras (Sententiae Atrebatenses)* déclare: « Il faut une pénitence différente pour les péchés criminels, et pour le péché véniel. Les criminels, c'est-à-dire ceux passibles de damnation, sont les péchés que l'on commet sciemment et délibérément. Les autres qui proviennent de l'invincible faiblesse de la chair ou de l'invincible ignorance, sont véniels, c'est-à-dire non damnables[19]. » Ils sont pardonnables à peu de frais, par la confession, l'aumône ou des actes de même nature. Anselme de Laon, mort en 1117, dans ses *Sententiae*, est du même avis. Abélard dans l'*Éthique*[20] oppose les péchés criminels *(criminalia)* aux péchés véniels ou légers *(venialia aut levia)*. Avec Hugues de Saint-Victor et les Victorins apparaît une question destinée à de multiples développements: un péché véniel peut-il devenir mortel? Les Victorins répondent oui, s'il est fondé sur le mépris de Dieu. Alain de Lille se livre à une grande discussion sur la distinction entre péché mortel et péché véniel où il expose diverses opinions et résume en quelque sorte la doctrine qui s'est développée au cours du XIIe siècle[21].

Je n'entrerai pas dans les subtilités théologiques auxquelles le péché véniel commence à donner lieu. Certes ces discussions impliquent parfois le Purgatoire. Mais nous atteignons ici, me semble-t-il, ce niveau d'élucubrations où se complairont trop souvent les théologiens du XIIIe siècle, pour ne pas parler de ceux de la scolastique du bas Moyen Âge et de l'époque moderne. Le Purgatoire va ainsi être entraîné dans le

---

18. Les travaux essentiels sont ceux de A. M. Landgraf, *Das Wesen der lässlichen Sünde in der Scholastik bis Thomas von Aquin*, Bamberg, 1923 et *Dogmengeschichte der Frühscholastik*, IVe partie, *Die Lehre von der Sünde und ihren Folgen*, Rastisbonne, 1956, II, notamment III, *Die Nachlassung der lässlichen Sünde*, pp. 100-202. Voir aussi Th. Deman, article « Péché », in *Dictionnaire de Théologie catholique*, 1933, t. XII/1, col. 225-255; M. Huftier, « Péché mortel et péché véniel », chap. VII de Ph. Delhaye *et alii*, *Théologie du Péché*, 1960, pp. 363-451 (malheureusement déparé par des citations erronées où par exemple *venialia* est mis à la place de *quotidiana* chez saint Augustin); J. J. O Brien, *The Remission of Venialia*, Washington, 1959 (thomiste abstrait qui réussit à ne pas parler du Purgatoire); F. Blaton, « De peccato veniali. Doctrina scolasticorum ante S. Thomas », in *Collationes Gandavenses*, 1928, pp. 134-142.
19. O. Lottin, « Les *Sententiae Atrebatenses* », in *Recherches de Théologie ancienne et médiévale*, 1938, t. 10, pp. 344, cité par R. Blomme, *La Doctrine du péché...*, *op. cit.*, p. 61, n.1.
20. Abélard, éd. V. Cousin, t. II, p. 621.
21. Voir A. M. Landgraf, *Dogmengeschichte...*, *op. cit.*, IV/2, p. 102 *sqq*.

tourbillon ratiocinant d'une scolastique en délire, sécrétant les questions les plus oiseuses, raffinant sur les distinctions les plus sophistiquées, se complaisant dans les solutions les plus tarabiscotées : un péché véniel peut-il devenir mortel, une accumulation de péchés véniels n'équivaut-elle pas à un péché mortel (question déjà posée par Augustin mais en termes simples), quel est le sort d'un défunt mourant avec un péché mortel et un péché véniel ou seulement le péché originel et un péché véniel (à supposer que cela puisse arriver, ce dont certains doutent), etc. L'examen des documents qui parlent du péché véniel et du Purgatoire tels qu'ils ont été vécus et discutés dans la Chrétienté du XIIIe siècle m'a convaincu que ces discussions alambiquées d'intellectuels déracinés n'avaient guère eu d'influence sur les conceptions du Purgatoire dans la masse des fidèles. Tout au plus peut-être l'écho de ces divagations a-t-il détourné du Purgatoire un certain nombre d'esprits simples et sains qui refusaient le Purgatoire non par opposition doctrinale mais par irritation face au snobisme intellectuel auquel il a parfois donné lieu depuis la fin du XIIe siècle. Les théologiens du XIIe siècle – fort divers et parmi lesquels il ne faut pas oublier les théologiens monastiques – étaient des esprits abstraits car la science est abstraite et la théologie était devenue une science. Mais, ouverts le plus souvent aux contacts et aux échanges avec la société environnante à partir de leurs cathédrales, de leurs cloîtres et de leurs écoles urbaines battues par la marée montante de la nouvelle société, ils savaient que réfléchir sur le péché véniel ou sur le Purgatoire était réfléchir sur la société elle-même. Issus d'un mouvement corporatif qui en faisait les travailleurs intellectuels sur le chantier urbain, les théologiens et les canonistes du XIIIe siècle, au contraire, allaient de plus en plus s'isoler dans leurs chaires universitaires et leur orgueil de spécialistes de l'esprit.

UNE MATIÈRE POUR LE PURGATOIRE : LES PÉCHÉS VÉNIELS

Au XIIe siècle on n'en est pas encore là. À propos du péché véniel deux questions se posent qui touchent de près à notre enquête : comment se débarrasser des péchés véniels et, question étroitement liée à la précédente : quels rapports existent entre le péché véniel et le Purgatoire ?
Tant que le Purgatoire n'existait pas vraiment et que le péché véniel était mal défini la tendance était, comme on l'a vu, de considérer que ces

péchés s'effaçaient par la prière en particulier l'oraison dominicale, l'aumône, éventuellement la confession et peut-être aussi, comme Augustin lui-même l'avait laissé entrevoir, dans le futur, dans le feu purgatoire. Saint Bernard qui n'emploie pas l'expression *véniels* mais *quotidiens, plus petits (minora)* ou *qui ne concernent pas la mort (quae non sunt ad mortem)*, et qui estime que la prière est la meilleure façon de purger ces péchés, considère même que la confession est inutile pour certains d'entre eux. L'évolution du XIIe siècle conduit à rapprocher le péché véniel du Purgatoire. En effet, au péché véniel s'applique plus particulièrement le critère d'ignorance que les théologiens trouvent de plus en plus important. Exclue donc la faute *(culpa)*, reste la peine qui s'efface dans le Purgatoire. L'exégèse de la première Épître de Paul aux Corinthiens, III, 10-15, conduit d'autre part à assimiler les constructions de bois, de foin et de paille aux péchés véniels et, comme ces constructions sont traditionnellement celles qui sont détruites par le feu purgatoire mais qui permettent à celui qui les a construites de se sauver à travers le feu, les péchés véniels conduisent au Purgatoire. C'est ce que dit par exemple, à la fin du XIIe siècle, Jean de Dieu (Johannes de Deo) dans sa *Somme sur les pénitences*: «Le péché véniel a trois degrés, savoir le bois, le foin et la paille. Les péchés véniels sont purgés dans le feu[22].» Déjà Pierre Lombard dans ses *Sentences* avait estimé que de l'Épître de Paul «il découle que certains péchés véniels sont effacés après cette vie» et encore que les péchés véniels «sont dissous dans le feu[23]». Le Purgatoire devient donc le réceptacle normal des péchés véniels et cette opinion sera largement vulgarisée au XIIIe siècle. Il ne faudrait pas croire cependant que le Purgatoire est réservé aux péchés véniels. Il est, à la fin du XIIe siècle, le lieu de purgation de deux types de situation peccamineuse: les péchés véniels, les péchés regrettés, confessés mais pour lesquels la pénitence n'a pas été accomplie. Rappelons la question, qui, selon A. M. Landgraf, est issue de la sphère d'Odon d'Ourscamp, et qui exprime bien, quoique avec un vocabulaire un peu archaïque, ce système: «Il est vrai que certaines âmes, quand elles se séparent des corps, entrent aussitôt dans un feu purgatoire; mais elles n'y sont pas toutes purgées, seulement certaines. Toutes celles qui y entrent y sont punies. Aussi vaudrait-il mieux appeler ce feu punitoire que purgatoire, mais il a reçu le terme le plus noble. Parmi les âmes qui y entrent, les unes sont purgées et punies, d'autres seulement punies. Sont purgées et punies celles qui ont apporté avec elles du bois, du foin, de la paille... Sont seulement punis ceux qui, s'étant repentis et confessés de tous leurs

---

22. Cité par A. M. Landgraf, *Dogmengeschichte...*, *op. cit.*, IV/2, p. 116.
23. *Libri Sententiarum*, Quaracchi, 1916, t. II, pp. 881-882.

péchés, sont morts avant d'avoir accompli la pénitence que leur avait enjointe le prêtre[24].»

À vrai dire se demander quel genre de péchés conduit au purgatoire n'est pas la question pertinente. S'il est vrai que le péché véniel et le purgatoire sont nés de façon presque contemporaine et qu'un rapport étroit a été établi entre eux, les clercs de la fin du XIIe siècle et du début du XIIIe siècle n'ont pas pour objet principal de leur réflexion des abstractions, telles que le crime, le péché, la faute, etc. Ils s'intéressent surtout aux hommes, leur préoccupation c'est la société. Certes, une société décomposée et recomposée suivant des critères religieux mais l'essentiel de l'action idéologique et spirituelle de l'Église est là : de la société des hommes, vivants et morts, faire une société de chrétiens. Si elle se soucie donc de classer par catégories, ce sont des catégories de chrétiens qui l'intéressent.

Avant de les étudier, il convient de faire une remarque. La justice terrestre, l'appareil judiciaire de la société féodale sert souvent, je l'ai dit, sinon de modèle du moins de référence aux théologiens du XIIe siècle et du début du XIIIe siècle dans leurs théories sur la justice dans l'au-delà. À la lumière de ce qui vient d'être dit sur le péché et la pénitence, je voudrais en donner deux exemples. Dans sa recherche d'une morale de l'intention, Abélard évoque dans la première moitié du XIIe siècle le cas d'un homme criminel jugé et condamné de la même façon pour un crime par deux juges différents. Dans les deux cas, il s'agit d'une action honnête et exigée par la justice, mais l'un des juges agit par zèle de la justice, l'autre par haine et esprit de vengeance. Vers 1200 cette idée a évolué en fonction de l'évolution des juridictions terrestres.

Dans une question qui sera reprise par Guillaume d'Auxerre, mort vers 1237, et par le dominicain Hugues de Saint-Cher, le chancelier parisien Prévostin de Crémone, mort vers 1210, pose une de ces interrogations qui semblent oiseuses mais qui renferment (c'est parfois le cas) une signification très précise. Il se demande si un simple péché véniel ne risquerait pas d'être puni en Enfer et non sur terre dans la pénitence ou en Purgatoire. Et il répond que ce n'est peut-être pas impossible car il ne faut pas juger le péché en soi mais en fonction des diverses justices – au sens juridique de

---

24. A. M. Landgraf, *Dogmengeschichte...*, op. cit., IV/2, p. 165, n. 34. «*Verum est quod quaedam animae, cum soluuntur a corporibus, statim intrant purgatorium quemdam ignem; in quo tamen non omnes purgantur, sed quaedam. Omnes vero quotquot intrant, in eo puniuntur. Unde videretur magis dicendus punitorius quam purgatorius, sed a digniori nomen accepit. Earum enim, quae intrant, aliae purgantur et puniuntur, aliae puniuntur tantum. Illae purgantur et puniuntur, quae secum detulerunt ligna, fenum, stipulam. Illi puniuntur tantum qui confitentes et poenitentes de omnibus peccatis suis decesserunt, antequam iniunctam a sacerdote poenitentiam peregissent.*»

juridiction – dont il peut relever. Du point de vue du *for* (juridiction) de l'Enfer il peut mériter une peine éternelle, du point de vue du *for* de la pénitence présente ou du Purgatoire seulement une peine temporaire. C'est ainsi, ajoute-t-il, qu'un petit vol n'est puni à Paris que par la mutilation d'une oreille, mais à Chartres par la résection du pied. Moins concret, Hugues de Saint-Cher se contente de dire qu'un même péché manifeste est puni lourdement à Paris, plus lourdement à Orléans, très lourdement à Tours[25]. Hypothèse d'école qui fait vertigineusement déboucher la réflexion théologique la plus abstraite sur la réalité historique la plus concrète. Et si l'au-delà n'était qu'un royaume féodal – avec ses juridictions morcelées, aux critères et aux peines inégaux ? Un au-delà de la société prérévolutionnaire et préindustrielle ? Si ce nouveau royaume, le Purgatoire, n'était qu'une mosaïque de seigneuries aux frontières indécises, mal protégées même du côté du royaume infernal... L'histoire ainsi quelquefois, au détour d'un document, lève le masque...

DE DEUX (OU QUATRE) À TROIS : TROIS CATÉGORIES DE PÉCHEURS

Il faut donc, en ce moment où naît le Purgatoire, où il existe, où il s'étend, pour savoir comment le peupler, regarder les catégories d'hommes, de chrétiens. Nous touchons ici à un des mécanismes essentiels de l'histoire, celui de la transformation des cadres mentaux, de l'outillage logique. Et parmi ces opérations de la pensée – au niveau de la société globale comme des intellectuels spécialistes – une opération revêt une importance particulière, la classification, et son sous-genre, la catégorisation.

Il convient de s'attacher ici au schéma logique en dehors des réalités sociales concrètes. À la fin du XIIe siècle, les choses sont simples mais se heurtent à une difficulté. Il y a d'un côté quatre catégories d'hommes, celles définies au IVe siècle par Augustin, mais reprises et comme relancées par Gratien vers 1140 : les tout à fait bons, les tout à fait méchants, les pas tout à fait bons, les pas tout à fait méchants. Où vont-ils après la mort ? Trois lieux s'offrent désormais, si nous laissons de côté le Paradis terrestre en plein dépérissement où il n'y a plus qu'Hénoch et Élie, le sein d'Abraham en train de disparaître lui aussi, et les deux limbes. Ceux-ci n'ont pas le même statut. Depuis la descente du Christ aux Enfers le limbe

---

25. A. M. Landgraf, *Dogmengeschichte...*, *op. cit.*, IV/2, p. 234.

des patriarches est vide et doit le rester à tout jamais. Ce n'est plus qu'un souvenir historique. Le limbe des enfants qui fera encore l'objet de discussions pendant des siècles n'est pas sur le même plan que les trois autres lieux de l'au-delà. Il correspond au cas des êtres humains qui ne sont chargés d'aucun péché personnel mais du seul péché originel tandis que l'Enfer, le Purgatoire et le Paradis concernent trois catégories de pécheurs personnels entre lesquels existe une hiérarchie de responsabilité et de destin : les méchants qui iront en Enfer, les bons promis au Paradis, ceux ni tout à fait méchants, ni tout à fait bons qui devront passer par le Purgatoire avant d'aller au Paradis. Même si on rencontrera au XIIIe siècle jusqu'à Dante, dans les écrits théoriques de certains scolastiques, un système des « cinq régions » de l'au-delà, ce qui se met en place à la fin du XIIe siècle c'est un système de trois lieux.

Le problème semble donc simple : il faut faire correspondre un schéma quaternaire et une spatialisation ternaire. Continuons à raisonner en dehors de tout contexte historique concret. Deux solutions simples existent, semble-t-il, sauf à bouleverser les deux systèmes à la fois. Ou le groupe de trois est élargi à quatre, ou le groupe de quatre est réduit à trois. Deux éléments interviennent ici. Le premier, c'est qu'Augustin, créateur du groupe de quatre sortes de chrétiens, n'a en fait su définir le sort que de trois d'entre eux, le groupe des pas tout à fait méchants étant destiné à une très hypothétique « damnation plus tolérable ».

Je pense qu'Augustin était tiraillé entre deux tendances. D'un côté il était entraîné à s'aligner, malgré sa subtilité, sur les schémas binaires dont l'emprise devenait toujours plus forte à son époque, en cette Antiquité tardive contrainte pour subsister à se replier sur des cadres mentaux simplifiés. S'il était un peu moins vague sur les pas tout à fait bons et le feu purgatoire qui pouvait faire d'eux des élus que sur les pas tout à fait mauvais, il ne réussissait pas à formuler nettement le cas de cet autre groupe intermédiaire. Pourtant il penchait, au fond, vers un triple au-delà : le ciel, le feu (purgatoire), l'enfer et c'est en restant fidèles à son esprit plus qu'à la lettre de ses écrits que les penseurs du XIIe siècle, fortement imprégnés d'augustinisme, parviendront à énoncer un schéma ternaire.

Le second élément qui favorisa cette évolution vers une triade des catégories de pécheurs en accord avec la triade des lieux de l'au-delà ce fut la transformation d'ensemble des cadres logiques des hommes du XIIe siècle – et d'abord des clercs – à l'intérieur de la grande mutation que subit alors la Chrétienté. Passer de deux à quatre (ou inversement) n'avait rien de révolutionnaire. Le vrai changement, conforme à la transformation générale des structures au XIIe siècle, fut la réduction à trois des quatre catégories augustiniennes d'hommes face au salut.

Je demande ici au lecteur de réfléchir. Je le suppose amusé ou agacé. De deux choses l'une, pense-t-il sans doute. Ou bien il s'agit d'un jeu abstrait qui n'a guère de rapport avec la réalité historique ou bien il s'agit d'opérations qui vont de soi : l'humanité a toujours et partout découpé et regroupé – en deux, trois ou quatre. Quoi de plus «naturel» ? Mais je me trompe. Le lecteur a lu Georges Dumézil, Claude Lévi-Strauss, Georges Duby, les logiciens tels que Theodor Caplow[26] et il a aussi réfléchi par lui-même. Il sait donc que la réalité est différente de ces deux hypothèses simplistes qu'il faut écarter. Parmi les codes simples dont elle dispose, l'humanité, selon les temps et les lieux, en fonction de la culture et de l'histoire, choisit. Former un groupe, un ensemble, un système n'est pas aussi simple qu'il semble. Trois personnes ou trois choses ensemble forment rarement une triade. Passer de deux à trois pour exprimer une totalité quand le système binaire a été une habitude séculaire n'est pas facile. Je crois donc que ce qui s'est passé d'essentiel pour le système de l'au-delà dans la Chrétienté du XIIe siècle c'est qu'au système binaire Ciel-Enfer (ou Paradis-Enfer) il a substitué un système ternaire : Ciel-Purgatoire-Enfer. Certes cette substitution ne vaut pas pour l'éternité. La société dans laquelle vit le christianisme n'est pas encore mûre pour changer la conception chrétienne de l'éternité. Elle vaut pour la période intermédiaire. Ceci aussi est essentiel et j'y reviendrai. Mais ce changement et la façon dont il s'est fait me semblent liés en profondeur à la mutation de la société féodale entre le XIe et le XIVe siècle. Voyons d'abord le passage formel de quatre à trois pour les catégories de pécheurs.

Ce changement s'est fait en deux phases, chronologiquement très rapprochées. La première phase, dont on a vu le début, a consisté à remplacer un adverbe dans la catégorisation augustinienne. Là où Augustin parlait de *tout à fait (valde)* bons ou mauvais, on a parlé de *moyennement (mediocriter)* bons ou mauvais et les deux catégories intermédiaires se sont rapprochées. Le moment décisif a été celui de la fusion des deux catégories en une seule, celle des moyennement bons et mauvais. Ce déplacement a soulevé l'indignation de quelques-uns et il y avait de quoi. L'audace, grammaticale et idéologique, était considérable. Ce n'était pas moins que de réunir deux contraires – et lesquels (les bons et les mauvais, le bien et le mal!) – en une seule catégorie. Ce coup de force accompli, réduire (éventuellement) la nouvelle catégorie à celle des *moyens (mediocres)* n'était plus qu'une opération de routine.

Les théologiens donnent le branle. Pierre Lombard, entre 1150 et 1160, déclare : «Voilà pour qui et en quoi sont secourables les fonctions que

---

26. Th. Caplow, *Deux contre un. Les coalitions dans les triades*, 1968, trad. fr., Paris, 1971.

l'Église célèbre pour les morts : pour les moyennement mauvais les suffrages valent pour la mitigation de la peine ; pour les moyennement bons ils valent pour la pleine absolution[27]. » Les canonistes sont, on l'a vu, en retard. Mais, sauf exception, ils se rattrapent et, la catégorisation étant plus encore le fait des juristes que des théologiens, ils se rattrapent vite.

Gratien avait reproduit le texte d'Augustin avec les quatre catégories. Une des premières sommes qui le commentent, la *Somme de Leipzig (Summa Lipsiensis)*, vers 1186, fait bien voir l'évolution difficile des esprits : « Selon d'autres, "damnation" est mis pour la peine que subissent les moyennement bons ou les moyennement mauvais *dans le Purgatoire*, bien qu'on n'ait pas l'habitude de parler de damnation si ce n'est pour les damnés pour l'éternité. Les moyennement bons sont ceux qui meurent après avoir reçu une pénitence pour les péchés véniels, mais qui ne l'ont pas encore accomplie. Les moyennement mauvais sont ceux qui meurent avec des péchés véniels, encore qu'on puisse les appeler bons, puisque le péché véniel, semble-t-il, ne fait aucun mal. Certains entendent ce dont on parle ici des seuls moyennement bons, à certains desquels une pleine rémission est faite ; il n'est fait qu'une damnation, c'est-à-dire une peine, plus tolérable[28]. » Vers 1188 le célèbre Huguccio de Pise proteste vivement dans sa *Somme* contre l'évolution en cours : « Certains théologiens de leur propre chef distinguent seulement trois genres d'hommes [au lieu des quatre d'Augustin et Gratien]. Certains sont tout à fait bons, certains tout à fait mauvais, certains moyennement bons et moyennement mauvais. Ils disent en effet que les moyennement bons et les moyennement mauvais sont les mêmes, c'est-à-dire ceux qui sont dans le feu purgatoire et il n'y a qu'eux qui peuvent profiter des suffrages, pour être libérés plus tôt. La "damnation" c'est-à-dire la peine [est plus tolérable] car là ils sont moins punis. Mais cette opinion me paraît quasi hérétique, car elle aboutit à identifier le bien et le mal car en réalité un moyennement bon est bon, un moyennement mauvais est mauvais. De même dans le feu purgatoire il n'y a que des bons, car personne ne peut être là avec un péché mortel. Mais avec un péché véniel personne n'est mauvais. Donc dans le feu purgatoire il n'y a aucun mauvais[29]. »

La *Somme de Cologne* (*Summa Coloniensis*, 1169) n'abordait pas, on l'a vu, le sujet qu'elle déclarait laisser aux théologiens ; mais sur le manuscrit de Bamberg consulté par Landgraf, une main a ajouté le schéma mis

---

27. *Libri IV Sententiarum*, Quaracchi, 1916, t. II, pp. 1006-1007.
28. A. M. Landgraf, *Dogmengeschichte...*, *op. cit.*, IV/2, p. 262, n. 7.
29. *Ibid.*, IV/2, p. 262, n. 9.

LE XIIᵉ SIÈCLE : NAISSANCE DU PURGATOIRE

au point par Sicard de Crémone, mort en 1215 et qui, lui, est très clair, très définitif.

	tout à fait bons	Pour eux on fait des actions de grâces.
Défunts	tout à fait mauvais	Pour eux des consolations pour les vivants.
	moyens	Pour eux pleine rémission ou damnation plus tolérable.

Et Sicard précisait : « Pour que leur damnation devienne plus tolérable, il faut entendre cela de ceux qui sont dans le Purgatoire[30]. »
Enfin une glose des *Sentences* du XIIIᵉ siècle s'efforce d'exprimer la pensée de saint Augustin et de Pierre Lombard à la lumière de la récente évolution.
« Voilà ce que le Maître a compris avec Augustin :
« Certains morts sont tout à fait bons et l'Église ne fait pas de suffrages pour eux car ils n'en ont pas besoin... Ils sont sans aucun doute glorifiés.
« Certains sont tout à fait mauvais et l'Église non plus ne fait pas de suffrages pour eux car ils ont mérité leur sort. Ils sont sans aucun doute damnés.
« Certains sont moyens et pour eux l'Église fait des suffrages car ils l'ont mérité. Sur leur sort voir... » (et renvoi à un autre chapitre).
La Glose reprend encore l'explication en détaillant la catégorie intermédiaire dans ses deux composantes et en exprimant comme un remords augustinien : « Certains sont moyennement bons et les suffrages leur valent pleine absolution et ceux-là sont sans aucun doute au Purgatoire.
« Certains sont moyennement mauvais et les suffrages valent pour la mitigation de leur peine. Et de ceux-là on peut hésiter à les dire au Purgatoire, ou en Enfer (damnés) ou dans les deux[31]. »
Raoul Ardent, à la fin du XIIᵉ siècle, distingue lui aussi trois sortes de défunts : les tout à fait bons, les moyennement bons, les tout à fait damnés *(val de boni, mediocriter boni, omnino damnati).*
« Ceux, dit-il, qui sont tout à fait bons, après la mort passent aussitôt au repos et ils n'ont pas besoin de nos prières et de nos offrandes, c'est plutôt nous qui bénéficions des leurs. Ceux qui sont moyennement bons et qui s'engagent dans une vraie confession et pénitence, comme ils ne sont pas encore parfaitement purgés, sont purgés dans les lieux purgatoires *(in purgatoriis locis)* et, pour ceux-là sans aucun doute les prières, les

---

30. *Ibid.*, IV/2, p. 261, n. 6.
31. *Ibid.*, IV/2, pp. 270-271.

aumônes et les messes sont profitables. Ce n'est pas par de nouveaux mérites après la mort qu'ils en recueillent le bénéfice mais comme conséquence de leurs précédents mérites [avant la mort]. Ceux qui sont tout à fait damnés n'ont pas mérité de profiter de tels bienfaits. Mais nous, frères, qui ignorons qui a besoin et qui n'a pas besoin, à qui cela peut profiter et à qui cela ne le peut pas, pour tous, y compris ceux pour qui nous n'avons pas de certitude, nous devons offrir des prières, des aumônes, des messes. Pour les tout à fait bons ce sont des actions de grâces, pour les moyennement bons des expiations, pour les réprouvés des sortes de consolations pour les vivants. Enfin, que cela soit profitable ou non à ceux pour qui ces offrandes sont faites, en tout cas elles peuvent être profitables à ceux qui les font avec dévotion... Ainsi celui qui prie pour autrui, travaille pour soi-même» (*PL*, t. CLV, col. 1485).

Bien que la localisation de la purgation ne soit pas ici unifiée, la tripartition des défunts est acquise.

SCHÉMA LOGIQUE ET RÉALITÉS SOCIALES : UN INTERMÉDIAIRE DÉCENTRÉ

Dans la remarquable construction de ce schéma ternaire, il faut encore noter deux aspects très importants.

Le premier, j'y insiste, c'est le remplacement d'un schéma quaternaire, en fait binaire (deux X deux) par un schéma ternaire. C'est un mouvement très répandu dans les cadres mentaux de l'intelligentsia chrétienne depuis le XIe siècle. Il substitue généralement à des oppositions de type inférieur/supérieur telles que puissant/pauvre *(potens/pauper)*[32], clerc/laïque, moine/clerc, des triades plus complexes.

Dans le haut Moyen Âge la pensée s'ordonnait volontiers autour de schémas binaires. Pour penser les puissances de l'Univers : Dieu et Satan, bien que – correction fort importante – la pensée chrétienne, repoussant du point de vue du dogme le manichéisme, subordonnât le diable au bon Dieu. Pour penser la société : les clercs et les laïcs, les puissants et les pauvres. Pour penser la vie morale et spirituelle : les vertus et les vices. Couples antagonistes qui se combattaient ardemment, à l'instar de la

---

32. K. Bosl, «*Potens* und *pauper.* Begriffsgeschichtliche Studien zur gesellschaftlicher Differenzierung im frühen Mittelalter und zum *Pauperismus* des Hochmittelalters», in *Frühformen der Gesellschaft im mittelalterlichen Europa*, Munich-Vienne, 1964, pp. 106-134.

Psychomachie opposant, selon le poème de Prudence, les vertus et les vices. La frontière passait à l'intérieur de l'homme, déchiré entre Dieu et Satan, l'orgueil du puissant et l'envie du pauvre, l'appel de la vertu et la séduction du vice. Depuis l'An Mil des schémas pluralistes, souvent hérités de l'Antiquité gréco-romaine et plus encore de l'Antiquité chrétienne, tendaient à prendre le pas sur les schémas dualistes. Au XIIe siècle les modèles construits sur le chiffre sept connaissent un grand succès : ce sont les septénaires des sept sacrements, des sept péchés capitaux, des sept dons du Saint-Esprit.

Mais la principale tendance consista à remplacer des schémas binaires par des schémas ternaires qui substituaient aux oppositions brutales, aux affrontements de deux catégories, le jeu plus complexe de trois éléments.

L'un de ces schémas est celui des trois ordres : ceux qui prient, ceux qui se battent, ceux qui travaillent (clergé, nobles, masse paysanne). Ce schéma ternaire est d'un type spécial : il oppose deux des éléments du groupe au troisième, masse dominée mais qui a su s'ouvrir un chemin à la représentation idéologique[33]. C'est le modèle logique étudié par Theodor Caplow : deux contre un.

Le schéma ternaire sur le modèle duquel est né le Purgatoire ne connaît pas un moindre succès à partir de la seconde moitié du XIIe siècle et n'est pas moins lié aux structures en évolution de la société féodale. Il consiste à glisser une catégorie *intermédiaire* entre les deux catégories extrêmes. C'est la promotion du *milieu* non par émergence d'une troisième catégorie *après* et *en dessous* des deux premières, mais entre les deux autres... Le Purgatoire est un lieu doublement intermédiaire : on n'y est ni aussi heureux qu'au Paradis ni aussi malheureux qu'en Enfer et il ne durera que jusqu'au Jugement dernier. Il suffit pour le rendre vraiment intermédiaire de le situer entre le Paradis et l'Enfer.

Ici encore, l'application essentielle du schéma est d'ordre sociologique. Il s'agit de représenter – non de décrire – la société issue de la seconde phase de la révolution féodale, celle de l'essor urbain comme le schéma des trois ordres l'avait fait pour la première phase, celle du progrès agricole. Sous sa forme la plus générale et la plus courante, le schéma distingue des grands, des moyens, des petits : *maiores, mediocres, minores*[34]. Schéma dont l'expression en latin montre mieux le sens et le fonctionnement ; il désigne aux

---

33. G. Duby, *Les Trois Ordres ou l'imaginaire du féodalisme*, rééd. in *Féodalité*, Gallimard, Quarto, 1996, pp. 451-825 ; J. Le Goff, « Les trois fonctions indo-européennes, l'historien et l'Europe féodale », in *Annales E.S.C.*, 1979, pp. 1187-1215.
34. Sur les *mediocres*, voir D. Luscombe, « Conceptions of Hierarchy before the XIIIth Century », in *Miscellanea Mediaevalia*, 12/1 : *Soziale Ordnungen im Selbstverständnis des Mittelalters*, Berlin-New York, 1979, pp. 17-18.

deux extrémités des groupes par un comparatif : des *plus* grands, des *plus* petits ; il exprime un rapport, une proportion, un jeu social. Dans ce mécanisme que peut faire le groupe intermédiaire ? S'agrandir aux dépens de ses voisins ou d'un seul, lier partie avec l'un ou l'autre, alternativement l'un puis l'autre des deux groupes externes. À ce schéma François d'Assise, au début du XIIIe siècle, a emprunté un nom pour les frères de l'ordre qu'il a créé : les Mineurs[35]. La plus habituelle application du schéma est faite à la société féodale modifiée par la croissance urbaine : entre les grands (laïcs et ecclésiastiques) et les petits (travailleurs ruraux et urbains), une catégorie intermédiaire est née : les bourgeois – très divers au point que je préfère ne pas parler de bourgeoisie.

C'est ici qu'apparaît la seconde caractéristique du schéma : son élément intermédiaire n'est pas à égale distance de ses deux pôles. Théoriquement sa situation permet à la catégorie intermédiaire de la triade de jouer des alliances ou des glissements vers l'un ou l'autre pôle. Les bourgeois en useront à l'égard des petits ou des grands. Mais, dans le cas du Purgatoire, son jeu sera bloqué d'un côté, vers le Paradis où l'on entre toujours aussi peu. La frontière mobile sera celle entre le Purgatoire et l'Enfer. Milieu décentré, je le répète, déporté vers sa frontière sombre, on le verra à la lecture des descriptions de l'au-delà qui ne s'éclaireront guère depuis les noires visions du haut Moyen Âge[36]. On voit que ce modèle – dans son utilisation sociologique – n'est pas moins important que celui des trois ordres. Celui-ci a créé le Tiers État, celui-là les classes moyennes.

Que l'on m'entende. Il serait absurde de dire que la bourgeoisie a créé le Purgatoire ou que le Purgatoire découle d'une façon ou d'une autre de la bourgeoisie à supposer qu'une bourgeoisie existe alors. Ce que je propose comme hypothèse, comme lecture de la naissance du Purgatoire, c'est qu'elle fait partie d'un ensemble lié à la transformation de la Chrétienté féodale dont une expression essentielle a été la création de schémas logiques ternaires avec introduction d'une catégorie intermédiaire[37]. Le modèle s'ancre solidement dans des structures socio-économiques, c'est pour moi certain. Mais il me paraît non moins assuré que la médiation des structures mentales, idéologiques et religieuses est essentielle au

---

35. Voir J. Le Goff, « Le vocabulaire des catégories sociales chez François d'Assise et ses biographes du XIIIe siècle », in *Ordres et classes. Colloque d'histoire sociale, Saint-Cloud, 1967*, Paris-La Haye, 1973, pp. 93-124.
36. En revanche, d'un point de vue eschatologique, il est déporté vers le Paradis, puisqu'il y conduit obligatoirement.
37. La conception d'une inégalité dans l'égalité, dans l'équidistance par exemple, est typique de la mentalité « féodale ». À propos des rapports seigneur vassal, voir J. Le Goff, *supra, Pour un autre Moyen Âge*, pp. 347-364.

LE XIIe SIÈCLE : NAISSANCE DU PURGATOIRE

fonctionnement du système. De ce système le Purgatoire n'est pas un produit, mais un élément.
Le lecteur sera peut-être aussi sceptique à l'égard de l'importance que j'attache dans cette histoire à quelques faibles changements de vocabulaire. Purgatoire, d'adjectif devient substantif, une locution adverbiale *(non valde)* est remplacée par une autre *(mediocriter)* et dans les deux cas j'y vois le signe de changements profonds. Je crois en effet que les changements linguistiques faibles, s'ils se situent à des endroits stratégiques du discours, sont le signe de phénomènes importants. Et je pense que ces glissements de mots ou de sens sont d'autant plus significatifs qu'ils se produisent au sein de systèmes idéologiques rigides. Certes, la Chrétienté médiévale – ce livre espère le montrer – n'a été ni immobile ni stérile. Au contraire, quelle créativité! Mais elle innove au niveau idéologique par petits pas, par petits mots.

MUTATIONS DES CADRES MENTAUX : LE NOMBRE

Ce qui change encore avec le Purgatoire, le rendant possible et l'accueillant, ce sont des habitudes de pensée, un outillage intellectuel qui font partie du nouveau paysage mental. Avec le Purgatoire apparaissent de nouvelles attitudes à l'égard du nombre, du temps et de l'espace.
À l'égard du nombre, car le Purgatoire va introduire dans l'eschatologie un calcul qui n'est pas celui des nombres symboliques ou de l'abolition de la mesure dans l'éternité mais au contraire un comput réaliste. Ce comptage est celui de la pratique judiciaire. Le Purgatoire est un enfer non à perpétuité mais à temps. Déjà au milieu du XIe siècle, dans le récit des gémissements qui s'échappaient du cratère du Stromboli, Jotsuald avait expliqué que les âmes des pécheurs y subissaient divers supplices *ad tempus statutum*, pour le temps qui leur avait été fixé. À la fin du XIIe siècle, dans une question relatée dans un recueil de la sphère d'Odon d'Ourscamp, on parle de ceux qui pensent que le péché véniel n'est pas puni éternellement «mais dans l'enfer à temps».
La création du Purgatoire réunit un processus de spatialisation de l'univers et de logique arithmétique qui, au-delà du triple royaume de l'Autre Monde, va régir les relations entre les comportements humains et les situations au Purgatoire. On mesurera proportionnellement le temps passé sur terre dans le péché et celui passé dans les tourments du Purgatoire, le temps des suffrages offerts pour les morts en purgatoire et

le temps de l'accélération de la libération du Purgatoire. Cette comptabilité se développera au XIIIe siècle, siècle de l'essor de la cartographie et du déchaînement du calcul. Et finalement le temps du Purgatoire sera entraîné dans le temps vertigineux des indulgences.

La notion d'une condamnation «à temps» s'inscrit dans une attitude mentale plus large qui, issue du souci de justice, débouche sur une véritable comptabilité de l'au-delà. L'idée fondamentale, venue des premiers Pères, venue d'Augustin, sans cesse relayée au cours des siècles, est celle d'une proportionnalité des peines, en l'occurrence du temps passé dans le Purgatoire, en fonction de la gravité des péchés. Mais ce n'est qu'au XIIIe siècle que l'idée de proportionnalité, de qualitative devient quantitative. Elle est liée aux progrès de l'arithmétique et des mathématiques. Alexandre de Halès, le maître universitaire parisien qui se fit franciscain dans la première moitié du XIIIe siècle, se demande dans sa Glose sur les *Sentences de Pierre Lombard* si la peine du Purgatoire ne peut pas être injuste et non proportionnelle *(injuste et improportionalis).* Il répond: «Bien que la peine du Purgatoire *(poena purgatorii)* ne soit pas proportionnelle au plaisir qu'on a pris à pécher, elle lui est cependant comparable; et bien qu'elle ne soit pas proportionnelle selon la proportion à la peine temporaire quant à l'âpreté, elle lui est cependant proportionnelle selon la proportionnalité: "La proportionnalité est en effet la similitude des proportions." La proportion de la peine temporaire qui est due ici-bas pour un péché à la peine temporaire due, également ici-bas pour un plus grand péché, est équivalente à la proportion de peine du Purgatoire due pour un plus petit péché par rapport à la peine du Purgatoire due pour un plus grand péché, mais la peine du Purgatoire n'est pas proportionnelle à la peine temporaire ici-bas. La raison pour laquelle il convient que la peine du Purgatoire soit plus âpre d'une façon non proportionnelle à la peine qui purge ici-bas, bien que toutes deux soient volontaires, est que la peine qui purge ici-bas est la peine de l'âme qui souffre avec le corps, tandis que la peine du Purgatoire est la peine de l'âme elle-même immédiatement. De même en effet que ce qu'on souffre [d'un côté] n'est pas proportionnel à ce qu'on souffre [de l'autre], de même la souffrance à la souffrance. De plus la peine temporaire ici-bas est volontaire au sens propre, la peine du Purgatoire est volontaire au sens figuré.»

Texte étonnant qui ne se contente pas d'expliquer la plus grande intensité des peines du Purgatoire par rapport aux peines terrestres par la plus grande vulnérabilité de l'âme torturée directement sans la protection du corps, mais qui introduit dans la considération des peines de l'au-delà un point de vue mathématique, topologique. Il y a dans ce texte une seule citation, une seule autorité: «La proportionnalité est en effet la similitude des proportions.» Cette autorité n'est ni scripturaire, ni patristique, ni ecclésiastique : c'est une citation d'Euclide, *Éléments*, V, définition 4[38].

Un commentaire des *Sentences* du début du XIIIe siècle qui se pose la question de l'efficacité quantitative des suffrages est probablement, selon Landgraf, le premier texte où ont été employées les expressions proportion arithmétique, proportion géométrique[39]. Ce qui s'ouvre, on le voit, avec le Purgatoire, c'est la comptabilité de l'au-delà[40]. Il n'y avait auparavant que l'éternité ou l'attente indéterminée. Désormais on compte le temps de purgatoire selon la gravité des péchés, le temps de remise de purgatoire selon l'importance des suffrages, on calcule le rapport entre le temps vécu ici-bas et le temps ressenti là-bas car l'impression psychologique de la durée (le temps semble s'écouler très lentement au purgatoire) est aussi prise en compte. Les textes du XIIIe siècle nous familiariseront avec ces calculs. Ils nous rappelleront que le XIIIe siècle est le siècle du calcul, comme l'a montré dans un livre suggestif Alexander Murray[41], le temps de la comptabilité, celui des marchands et des fonctionnaires qui établissent les premiers budgets. Ce qu'on a pu appeler (non sans exagération, il est vrai) «le premier

---

38. Alexandre de Halès, *Glossa in IV libros sententiarum Petri Lombardi*, Bibliotecca franciscana scholastica Medii Ævi, Quaracchi, 1957, t. XV, pp. 352-353. «*Cum enim proportionalis esset poena temporalis culpae temporali poena autem purgatorii improportionaliter habeat acerbitatem respectu poenae hic temporalis, punit supra condignum, non citra. Respondemus quod... licet autem poena purgatorii non sit proportionalis delectationi peccati, est tamen comparabilis; et licet non sit proportionalis secundum proportionem poenae hic temporali quoad acerbitatem, est tamen proportionalis secundum proportionalitatem. "Est autem proportionalitas similitudo proportionum"* (Euclide, *Elementa*, V, défin. 4). *Quae enim est proportio poenae temporalis hic debitae alicui peccato ad poenam temporalem debitam hic maiori peccato, ea est proportio poenae purgatorii debitae minori peccato ad poenam purgatorii debitam maiori peccato; non tamen est proportio poenae purgatorii ad poenam hic temporalem. Ratio autem propter quam convenit poenam purgatorii esse acerbiorem improportionaliter poena purganti hic, licet utraque sit voluntaria, est quia poena purgans hic est poena animae per compassionem ad corpus, poena vero purgatorii est poena ipsius animae immediate. Sicut ergo passibile improportionale passibili, ita passio passioni. Praeterea, poena temporalis hic simpliciter voluntaria, poena purgatorii voluntaria comparative.*»
Je remercie Georges Guilbaud et le père P. M. Gy qui ont bien voulu m'aider à lire ce texte passionnant mais difficile, le premier avec sa compétence de mathématicien et de connaisseur de la scolastique, le second avec son savoir de théologien.
39. A. M. Landgraf, *Dogmengeschichte..., op. cit.*, IV/2, p. 294, n. 2. Il s'agit d'un commentaire des *Sentences* du début du XIIIe siècle : «*Sciendum quod quorundam suffragia prosunt damnatis (purgatorio) quantum ad proportionem arithmeticam, non geometricam.*»
40. Cette expression est le titre de la remarquable étude de J. Chiffoleau, *La Comptabilité de l'au-delà. Les hommes, la mort et la religion en Comtat Venaissin à la fin du Moyen Âge*, École française de Rome, Rome, 1980.
41. A. Murray, *Reason and Society in the Middle Ages*, Oxford, 1978. J. E. Murdoch parle de délire de la mesure *(frenzy to measure)* chez les universitaires d'Oxford du XIVe siècle in J. E. Murdoch et E. D. Sylla éd., *The Cultural Context of Medieval Learning*, Dordrecht, 1975, pp. 287-289 et 340-343. Ce délire commence au moins un siècle plus tôt et pas seulement à Oxford.

budget de la monarchie française» date du règne de Philippe Auguste, le roi sous lequel est né ou a grandi le purgatoire. Entre le temps de la terre et le temps du Purgatoire, l'Église et les pécheurs vont désormais tenir une comptabilité en partie double. Selon l'Apocalypse, au jour du Jugement, on ouvrira les livres et les morts seront jugés d'après le contenu des livres, mais désormais d'autres livres de comptes sont, dans l'intervalle, ouverts, ceux du Purgatoire.

L'ESPACE ET LE TEMPS

Le Purgatoire est aussi lié à de nouvelles conceptions de l'espace et du temps. Il est associé à une nouvelle géographie de l'au-delà qui n'est plus celle des petits réceptacles juxtaposés comme les monades seigneuriales mais de grands territoires, des royaumes, comme les appellera Dante. Le temps est venu où la Chrétienté, au long des routes des croisades, des routes missionnaires et marchandes, explore le monde. «À la fin du XIIe siècle, écrit le grand spécialiste de l'histoire de *La Carte, image des civilisations*, George Kish, un changement s'opéra: le monde médiéval se mit en marche; du coup, les voyageurs ramenèrent une information qui transforma, au XIVe siècle, les cartes médiévales...» La transformation de la cartographie imaginaire de l'au-delà se réalisa en même temps, et peut-être encore plus vite. La cartographie terrestre, réduite jusqu'alors à des sortes d'idéogrammes topographiques, s'essaie au réalisme de la représentation topographique. La cartographie de l'au-delà complète cet effort d'exploration de l'espace, tout chargé de symbolisme qu'il soit encore[42]. Le temps aussi, le temps même est, dans la croyance au purgatoire, l'élément le plus explicitement susceptible d'être mesuré. Grande nouveauté, un temps mesurable s'ouvre dans l'au-delà. Il peut donc faire l'objet de supputations, d'évaluations, de comparaisons. Il se retrouve, comparablement *(comparative)* dirait Alexandre de Halès, dans les nouveaux usages de la prédication. Le sermon est fait pour enseigner et sauver. À partir de la fin du XIIe siècle, le prédicateur insère, pour mieux persuader, des anecdotes dans son prêche, les *exempla*. Ces anecdotes se donnent pour historiques, «véri-

---

42. Sur la cartographie médiévale, voir entre autres J. K. Wright, *The Geographical Lore of the Times of the Crusades*, New York, 1925; G. H. T. Kimble, *Geography in the Middle Ages*, Londres, 1938; L. Bagrow, *Die Geschichte der Kartographie*, Berlin, 1951; M. Mollat, «Le Moyen Âge», in *Histoire universelle des explorations*, éd. L.H. Parias, Paris, 1955, t. I; G. Kish, *La Carte, image des civilisations*, Paris, 1980.

tables». Dans le temps eschatologique du sermon, temps de la conversion et du salut, elles introduisent des segments de temps historique, datable, mesurable. Ainsi fait le Purgatoire dans le temps de l'au-delà. Le Purgatoire sera un des thèmes favoris des *exempla*.

LA CONVERSION À L'ICI-BAS ET À LA MORT INDIVIDUELLE

Dans tous ces changements, dans tout ce remuement, on pressent deux grands mouvements de fond qui expliquent en profondeur la naissance du Purgatoire.
Le premier c'est l'affaiblissement d'un grand lieu commun du haut Moyen Âge, le *contemptus mundi*, le mépris du monde[43].
Surtout alimenté par la spiritualité monastique (qui l'entretiendra, comme l'a montré Jean Delumeau, encore en pleine Renaissance), il recule devant l'attachement croissant aux valeurs terrestres lié aux élans créateurs de l'époque.
Gustavo Vinay a écrit des lignes enflammées sur l'optimisme du XIIe siècle : « S'il y a un siècle gai dans le Moyen Âge, c'est bien celui-là : c'est le siècle où la civilisation occidentale explose avec une vitalité, une énergie, une volonté de renouvellement stupéfiantes. Son climat est celui de l'optimum médiéval... Le XIIe siècle est typiquement le siècle de la libération par laquelle les hommes rejettent tout ce qui pendant plus d'un millénaire avait couvé en pourrissant à l'intérieur. » Et c'est pourtant, ajoute-t-il, le moment où, paradoxalement, au cœur de cette « explosion de vitalité » naît la peur de la mort et de la souffrance : « Le Moyen Âge commence vraiment à souffrir dans le temps où il est le plus heureux, où il respire à pleins poumons, où il semble prendre conscience d'avoir devant lui tout l'avenir, où l'histoire acquiert des dimensions qu'elle n'a encore jamais eues[44]. »
Faisons la part de l'exagération dans ce texte passionné et sensible. Il reste que Gustavo Vinay a bien compris cette conversion à l'ici-bas née au XIIe siècle et qui se prolonge au siècle suivant – et, en fait, ne disparaîtra plus, malgré les tourments, les doutes, les régressions. Le paradoxe aussi n'est qu'apparent du développement simultané de la peur de la mort. Le

---

43. Sur le mépris du monde, voir R. Bultot, *La Doctrine du mépris du monde en Occident, de saint Ambroise à Innocent III*, Louvain, 1963.
44. G. Vinay, in *Il dolore e la morte nella spiritualità dei secoli XII e XIII (1962)*, Todi, 1967, pp. 13-14.

prix désormais attaché à la vie terrestre rend plus redoutable le moment de la quitter. Et à la peur de l'enfer s'ajoute – tend même à se substituer – la crainte de ce moment douloureux : l'heure de la mort. Le Purgatoire, nouvel espoir pour l'au-delà et sensibilisation au moment du trépas, a sa place dans ce basculement des valeurs.

L'humanité chrétienne ne croit plus dans son ensemble que le Jugement dernier est pour demain. Sans être devenue heureuse, elle a fait l'expérience de la croissance, après des siècles de simple reproduction, sinon de récession. Elle produit davantage de « biens », des valeurs jusqu'alors uniquement situées dans la vie future s'incarnent plus ou moins bien ici-bas : la justice, la paix, la richesse, la beauté. L'église gothique semble avoir fait descendre le paradis sur terre, elle semble un lieu « de rafraîchissement, de lumière et de paix ». Ce n'est pas par simple abandon à la métaphore que je retrouve l'évocation du *refrigerium* et de la liturgie primitive à propos de l'église gothique. Meyer Shapiro et Erwin Panofsky, commentant les écrits de Suger sur la nouvelle architecture de Saint-Denis, ont souligné « que la phraséologie de Suger rappelle les *tituli* du christianisme primitif où les doctrines néo-platoniciennes... s'exprimaient d'une manière semblable[45] ». L'humanité s'est installée sur terre. Il ne valait pas la peine jusqu'alors de trop réfléchir à ce court moment qui devait séparer la mort de la résurrection. Le couple Enfer-Paradis ne suffit plus à répondre aux interrogations de la société. La période intermédiaire entre la mort individuelle et le jugement collectif devient l'enjeu de réflexions importantes. Entre les fanatiques de l'eschatologie qui refusent cette réflexion, concentrent toutes leurs aspirations sur l'avènement du *Millenium* ou du Dernier Jour et ceux qui au contraire s'installent sur cette terre et s'intéressent donc à son appendice, l'entre-deux entre la mort et la résurrection, l'Église arbitre en faveur de ces derniers. Si l'attente doit être longue, il faut s'interroger sur ce que deviennent les morts dans l'intervalle, sur ce que nous deviendrons demain. Certes, face à cette installation de la majorité des chrétiens sur terre, une minorité s'insurge, réclame plus fort la Parousie et, en attendant, le règne des justes ici-bas, le *Millenium*. De Joachim de Flore à Célestin V, de la croisade des enfants aux Flagellants et aux Spirituels, les « fanatiques de l'Apocalypse » s'agitent plus que jamais. Je soupçonne même Saint Louis, roi de la croisade pénitentielle, tandis que ses officiers s'affairent à calculer et à mesurer, à bien asseoir son royaume, de songer à l'entraîner vers l'aventure eschatologique, de rêver d'être, comme on l'a cru de certains empereurs allemands, un roi des der-

---

45. E. Panofsky, citant M. Schapiro, *Architecture gothique et pensée scolastique*, trad. fr. Paris, 1697, p. 42.

Le XIIe siècle : naissance du Purgatoire

niers temps. Et Saint Louis pourtant dira: «Personne n'aime autant sa vie que moi la mienne[46].»

Hors quelques poignées de «fous», l'Apocalypse à vrai dire ne fait plus recette. Au XIe siècle et au début du XIIe elle a été le livre de la Bible le plus commenté[47]. Elle est désormais passée au second plan, derrière le Cantique des Cantiques embrasé d'une ardeur autant terrestre que céleste. Les Apocalypses se retirent des tympans gothiques et cèdent la place à des Jugements derniers où le Purgatoire ne trouve pas encore à s'insérer mais qui montrent une histoire lointaine, prétexte à représenter la société terrestre et à la morigéner pour qu'elle se conduise mieux ici-bas.

Ce progressif – et relatif – effacement de l'Apocalypse devant le Jugement dernier a été souligné par les grands noms de l'iconographie médiévale. Ainsi Émile Mâle: «Dès le XIIe siècle une façon nouvelle de comprendre la scène du jugement se substitua... à l'ancienne. De magnifiques compositions apparaissent qui ne doivent presque plus rien à l'Apocalypse, mais qui s'inspirent de l'Évangile de saint Matthieu... On ne peut pas dire que l'Apocalypse ait été un livre très fécond, au XIIIe siècle... Les artistes préfèrent emprunter à saint Matthieu le tableau de la fin du monde. Le texte de l'évangéliste[48] est sans doute moins fulgurant, mais il est plus accessible à l'art. Chez saint Matthieu, Dieu n'est plus l'énorme pierre précieuse dont l'éclat ne peut se soutenir: il est le fils de l'Homme; il apparaît sur son trône tel qu'il fut sur la terre; les peuples reconnaissent son visage. Un chapitre de saint Paul dans la première Épître aux Corinthiens, sur la résurrection des morts, ajouta quelques traits à l'ensemble.» Et Émile Mâle indique comme principale novation du thème inspiré par l'évangile de Matthieu «la séparation des bons et des méchants». Dans les représentations de l'Apocalypse Dieu était «à la fois glorieux comme un souverain et menaçant comme un juge». Dans les jugements du XIIIe siècle Dieu c'est «le Fils de l'Homme» présenté «comme le rédempteur, comme le juge, comme le Dieu vivant[49].

Henri Focillon a repris cette analyse: «L'iconographie du XIIe siècle... est dominée par l'Apocalypse, à laquelle elle emprunte ses visions redoutables et l'image même du Christ juge, siégeant dans sa gloire, entouré de figures inhumaines... L'iconographie du XIIIe siècle renonce à la fois aux visions, à l'épopée, à l'Orient, aux monstres. Elle est évangélique, humaine, occidentale et naturelle. Elle fait descendre le Christ presque au niveau des fidèles... Sans doute il siège toujours dans les hauteurs du tympan, prési-

---

46. Joinville, *La Vie de Saint Louis*, éd. N. L. Corbett, Sherbrooke, 1977, pp. 85-86 et 214.
47. Voir G. Lobrichon, *L'Apocalypse des théologiens au XIIe siècle*, thèse de l'École des Hautes Études en Sciences sociales soutenue en 1979 à l'Université de Paris X-Nanterre.
48. Matthieu, XXV, 31-46 et Paul, I Corinthiens, XV, 52.
49. É. Mâle, *L'Art religieux du XIIIe siècle en France*, Paris, 9e éd., 1958, pp. 369-374.

dant au réveil des morts et aux sanctions éternelles : même alors il reste le Christ des Évangiles et conserve sa douceur d'humanité[50].»

Si le Christ des tympans gothiques reste bien un juge pour l'éternité, l'abandon des éclairs apocalyptiques pour la représentation réaliste du Jugement et des groupes humains ressuscités permet la mise au premier plan de la justice à laquelle la naissance du Purgatoire est tellement liée. Ces élus que le Christ confie aux anges qui les conduisent en paradis seront de plus en plus des « saints » passés par le Purgatoire, purgés, purifiés.

Dans cette installation sur terre et cette maîtrise nouvelle sur le temps, dans cette prolongation de la vie dans l'au-delà du Purgatoire, il y a surtout un souci, celui des morts. Non que je croie – je suis en cela Paul Veyne – que la mort soit objet d'intérêt en soi-même mais parce qu'à travers elle et à travers leurs morts, les vivants accroissent leur puissance ici-bas[51]. Le XIIe siècle voit l'enrichissement de la mémoire. Les grands bénéficiaires en sont, bien sûr, les familles aristocratiques qui dressent et allongent leurs généalogies[52]. La mort est de moins en moins une frontière. Le Purgatoire devient une annexe de la terre et prolonge le temps de la vie et de la mémoire. Les suffrages deviennent une entreprise de plus en plus active. La renaissance des testaments – bien qu'il n'y soit fait que tardivement mention du Purgatoire – aide encore à reculer cette frontière de la mort.

Bien que ces nouvelles solidarités entre les vivants et les morts – en germe dans l'œuvre de Cluny – renforcent les liens familiaux, corporatifs, confraternels, le Purgatoire – pris dans une personnalisation de la vie spirituelle – favorise en fait l'individualisme. Il focalise l'intérêt sur la mort individuelle et le jugement qui la suit.

Se plaçant du point de vue des institutions et du droit, Walter Ullmann a affirmé que « le tournant du XIIe au XIIIe siècle a été la période pendant laquelle ont été semés les germes du développement constitutionnel à venir et de l'émergence de l'individu dans la société[53] ». Et il montre que c'est l'époque de « l'émergence du citoyen ». Cette apparition de l'individu se manifeste aussi sur le front de la mort et du sort dans l'au-delà. Avec le Purgatoire naît le citoyen de l'au-delà, entre la mort individuelle et le Jugement dernier.

---

50. H. Focillon, *Art d'Occident*, t. 2 : *Le Moyen Âge gothique*, Paris, 1965, pp. 164-165.
51. Voir les travaux des historiens allemands de Fribourg et de Münster (G. Tellenbach, K. Schmid, J. Wollasch) cités par J. Wollasch, « Les obituaires, témoins de la vie clunisienne », in *Cahiers de Civilisation médiévale*, 1979, pp. 139-171 ; Paul Veyne, *Le Pain et le Cirque*, Paris, 1976.
52. Voir notamment G. Duby, « Remarques sur la littérature généalogique en France aux XIe et XIIe siècles », in *Comptes rendus de l'Académie des Inscriptions et Belles Lettres*, 1967, pp. 335-345, repris in *Hommes et Structures du Moyen Âge*, Paris-La Haye, 1973, pp. 287-298.
53. W. Ullmann, *The Individual and Society in the Middle Ages*, Baltimore, 1966, p. 69.

Même la liturgie témoigne de cette évolution.

Toujours muette sur le Purgatoire, elle commence à s'ouvrir à la nouvelle classification des défunts et en tire des conséquences cérémonielles où s'affirme davantage le souci du sort individuel. On le voit dans la *Somme sur les offices ecclésiastiques* du chanoine de Notre-Dame de Paris, Jean Beleth, avant 1165 : *De la célébration de l'office des morts.*

« Avant que le corps soit lavé ou enfermé dans un suaire, le prêtre ou son vicaire doit venir au lieu où il gît avec de l'eau bénite et, répandant des prières pour lui auprès de Dieu, il doit invoquer et prier les saints de recevoir son âme et la transporter au lieu de joie. Il y a en effet des âmes qui sont parfaites, qui dès qu'elles sortent des corps, s'envolent aussitôt aux cieux. Il y en a d'autres tout à fait mauvaises qui tombent tout de suite en enfer. Il y en a d'autres, moyennes *(medie)*, pour lesquelles il faut faire une recommandation de ce genre. On la fait aussi pour les méchants, mais à tout hasard. Le corps lavé et enseveli dans un linceul doit être porté à l'église et il faut alors chanter la messe[54]. » Suit le texte d'Augustin, repris par le *Décret* de Gratien sur les quatre catégories encore coincées entre les élus et les damnés.

Brandon a écrit que « pour combler le fossé entre les intérêts de l'individu avec sa trajectoire temporelle de soixante-dix ans *(three-score years and ten)* et ceux de la race humaine s'étendant sur des millénaires (fossé que la religion hébraïque n'a jamais vraiment réussi à combler) l'Église a inventé l'idée de Purgatoire[55] ».

---

54. Jean Beleth, *Summa de ecclesiasticis officiis*, éd. H. Duteil, Corpus Christianorum Continuatio Mediaevalis XLI A, Turnhout, 1971, pp. 317 *sqq.*
55. S. G. F. Brandon, *Man and his Destiny in the Great Religions*, Manchester University Press, 1962, p. 234.

III
LE TRIOMPHE
DU PURGATOIRE

8
LA MISE EN ORDRE SCOLASTIQUE

Le XIIIe siècle est le siècle de l'organisation. La société chrétienne est de plus en plus encadrée. Dans le domaine économique apparaissent les premiers traités d'économie rurale – depuis l'Antiquité – et la réglementation urbaine a souvent pour objet l'artisanat, les industries naissantes (bâtiment et textile), le commerce et la banque. L'activité sociale est encore davantage contrôlée, par les corporations dans le domaine du travail, par les confréries dans celui de la dévotion. Les institutions politiques sont de plus en plus contraignantes, au niveau de la cité, au niveau surtout de l'État monarchique, comme on le voit en France et dans la monarchie pontificale, à un moindre degré dans les États ibériques et l'Angleterre. Cette organisation se manifeste surtout dans le monde intellectuel où les universités, les écoles des Ordres mendiants, les écoles urbaines canalisent, fixent et organisent le bouillonnement idéologique et scolaire du XIIe siècle, où la théologie et le droit (renouveau du droit romain et développement du droit canon) construisent des sommes, un système de discussion, de décision et d'application qui mettent de l'ordre dans le savoir et ses utilisations.

UN TRIOMPHE MITIGÉ

Le Purgatoire est saisi dans ce mouvement qui tout à la fois l'intronise et le contrôle. La scolastique, dont l'action a été décisive dans sa naissance, assure son triomphe mais c'est un triomphe limité et mitigé.
Il ne peut être question ici de suivre l'installation du Purgatoire dans et par la scolastique du XIIIe siècle jusqu'au deuxième concile de Lyon (1274) qui lui donne une formulation officielle dans l'Église latine. J'examinerai ce que

disent du Purgatoire quelques-uns des plus grands théologiens des années 1220-1280 (Guillaume d'Auxerre, Guillaume d'Auvergne, Alexandre de Halès, saint Bonaventure, saint Thomas d'Aquin et Albert le Grand) sans chercher non plus – ce qui n'est pas mon propos – à replacer le traitement du Purgatoire dans l'ensemble de la pensée de ces maîtres mais en éclairant leur discours sur le Purgatoire par la façon dont il prend place dans leur œuvre.

On ne trouve sans doute pas dans leur enseignement le même jaillissement, les mêmes débats passionnés d'idées que l'on sent chez les maîtres de la seconde moitié du XIIe siècle, de Pierre Lombard à Pierre le Chantre, de Gilbert de la Porrée à Prévostin de Crémone. Il ne faut pourtant pas oublier l'ardeur des discussions à l'Université de Paris au XIIIe siècle, le climat vif des questions disputées et des *quodlibeta*[1], les conflits et les audaces que manifestent la grande querelle entre les maîtres réguliers et les maîtres séculiers, l'affaire de l'averroïsme et les condamnations de l'obscurantiste évêque Étienne Tempier en 1270 et 1277[2].

Ce n'est pas le lieu de développer ici des épisodes célèbres qui n'ont été le plus souvent pour la théologie du Purgatoire qu'une toile de fond. Les nouveaux Ordres mendiants se sont vite intéressés à ce nouveau pouvoir du XIIIe siècle : la science universitaire, les dominicains d'entrée de jeu et sans grands états d'âme, les franciscains plus difficilement et non sans trouble. Mais certains de leurs maîtres émergent très vite au premier rang du savoir scolastique et attirent les auditoires d'étudiants les plus nombreux au détriment des maîtres séculiers qui leur reprochent leur idéal de mendicité, leur soif de pouvoir, leur manque de solidarité corporative et qui sont tout simplement jaloux d'eux. Les grands docteurs du Purgatoire du XIIIe siècle sont des maîtres mendiants.

Les intellectuels du XIIIe siècle sont – en traduction latine – des lecteurs des grands philosophes grecs de l'Antiquité (Platon et surtout Aristote) et arabes du Moyen Âge (Avicenne, mort en 1037 et Averroès, mort en 1198). L'autorité ecclésiastique ne voit pas d'un bon œil cet intérêt pour des philosophes «païens». Une doctrine, attribuée à Averroès, distingue entre les vérités

---

1. Parmi les titres de *quodlibeta* relevés par P. Glorieux, *La Littérature quodlibétique de 1260 à 1320*, 1925, on ne rencontre qu'un *quodlibet* sur le Purgatoire. Il est de Thomas d'Aquin et date de Noël 1269 : «Si on peut être plus ou moins vite libéré d'une même peine dans le Purgatoire» (*«Utrum aequali poena puniendi in purgatorio, unus citius possit liberari quam alius»*, quod. *II*, 14, p. 278).
2. La deux cent dix-neuvième et dernière proposition condamnée en 1277 concerne le feu de l'au-delà sans précision : «Que l'âme séparée [du corps] ne peut en aucune façon souffrir du feu» (*«Quod anima separata nullo modo patitur in igne»*). Il s'agit d'ailleurs de l'enseignement donné à la faculté des arts non à celle de théologie. Voir R. Hissette, *Enquête sur les 219 articles condamnés à Paris le 7 mars 1277*, Louvain-Paris, 1977, pp. 311-312.

rationnelles et les vérités révélées. Elle admet qu'il puisse y avoir entre elles opposition et même incompatibilité. Dans ce cas la position averroïste consisterait à privilégier la raison contre la foi. Qu'Averroès ait eu du succès à l'Université de Paris au XIIIe siècle, c'est indéniable. Que des maîtres parisiens aient effectivement professé la doctrine de la double vérité, c'est moins sûr. Mais plusieurs en furent accusés et une vive polémique s'éleva contre eux. Il n'y eut pas d'interférence entre la querelle averroïste et la doctrine du Purgatoire. Mais les scolastiques s'attachèrent à disserter du Purgatoire non seulement à partir des autorités mais aussi selon la raison.

Enfin la grande réaction vint de Paris même. L'évêque Étienne Tempier condamna en 1270 treize propositions déclarées erronées, inspirées de la philosophie païenne. En 1277 une nouvelle condamnation frappa 219 propositions. Ce double syllabus concernait une série assez hétéroclite d'«erreurs» mais les courants les plus visés étaient en 1270 l'averroïsme – ou ce que l'on mettait sous ce nom – et en 1277 l'aristotélisme, y compris une partie de l'enseignement de Thomas d'Aquin. Il est difficile d'apprécier la portée des condamnations d'Étienne Tempier et ce n'est pas mon propos. Si l'atmosphère créée par ces censures brutales ne fut pas favorable à la recherche théologique en général, les conséquences directes pour la théologie du Purgatoire furent peu importantes. D'abord parce que le problème était marginal par rapport aux conflits parisiens. Seuls les deux derniers articles condamnés en 1277, on le verra, touchaient le domaine de l'au-delà. Surtout l'essentiel de la réflexion théologique latine sur le Purgatoire était achevé en 1274 et allait être, cette année-là, officiellement consacré par le deuxième concile de Lyon.

Les débats du XIIIe siècle furent peut-être plus ardents encore à la faculté des arts – celle, dirions-nous, des lettres et des sciences, où les jeunes étudiants recevaient leur formation de base et qui nous est mal connue – qu'à la faculté de théologie. Mais le Purgatoire est au premier chef – en matière universitaire – affaire de théologiens. Affaire parisienne donc surtout. Il se trouve en effet qu'au XIIIe siècle, comme depuis longtemps, le droit s'élabore surtout à Bologne, la théologie s'enseigne avant tout à Paris. Mais dans un milieu international par ses étudiants et par ses maîtres. À côté des Français Guillaume d'Auxerre et Guillaume d'Auvergne, ce sont l'Anglais Alexandre de Halès, l'Allemand Albert de Cologne, les Italiens Bonaventure de Bagnoreggio et Thomas d'Aquin qui donnent son lustre à la théologie universitaire parisienne[3].

---

3. La bibliographie de la scolastique du XIIIe siècle est énorme. Les synthèses se placent davantage sous l'étiquette de la philosophie que de la théologie. On s'adressera donc pour une vue d'ensemble aux classiques : É. Gilson, *La Philosophie au Moyen Âge*, 3e éd., Paris, 1947 ; M. de Wulf, *Histoire de la philosophie médiévale*, 6e éd., Louvain, 1936, t. II ; F. Van Steenberghen, *La Philosophie au XIIIe siècle*, Louvain-Paris, 1966. Les grands scolastiques du

Triomphe mitigé d'abord parce que le succès du Purgatoire dans la théologie officielle latine ne doit pas masquer son échec dans d'importantes zones de la Chrétienté. C'est le refus des hérétiques, Vaudois et Cathares, dans ce XIIIe siècle où l'affrontement du catharisme et de l'Église romaine tient une si grande place. L'hostilité des Grecs, que des raisons politiques avaient obligés à mettre sous le boisseau leur refus du Purgatoire au moment de l'éphémère union des Églises conclue au deuxième concile de Lyon (1274), oblige les Latins à discuter avec les Grecs qui n'acceptent pas ce nouvel au-delà. Ces discussions vont conduire l'Église latine à mieux définir le Purgatoire au XIIIe siècle, tout comme elle avait été amenée par la lutte contre les hérétiques à en préciser l'existence à la fin du XIIe siècle.

Triomphe mitigé ensuite parce que les intellectuels latins, qui jouent un rôle croissant dans la curie romaine et la hiérarchie ecclésiastique et, bien sûr, dans les universités, éprouvent une certaine méfiance à l'égard de cette nouveauté. Il est difficile de la détecter et de la documenter. Mais on la sent. Elle affleure ici et là dans leurs œuvres. Double méfiance. Elle vient sans doute, d'une part, d'une certaine gêne à l'égard d'une croyance si peu et si mal fondée dans l'Écriture sainte, et surtout de la crainte de voir cette croyance submergée par la piété vulgaire et superstitieuse. Peur face à un au-delà si proche de la culture folklorique et de la sensibilité populaire, un au-delà tellement plus défini par l'imaginaire que par le théorique, le sensible que le spirituel. On sent une volonté de rationaliser, de baliser, de contrôler, d'épurger le Purgatoire.

Voici par exemple comment un des premiers grands théologiens parisiens du XIIIe siècle aborde les problèmes du Purgatoire.

Dans sa *Summa aurea* (entre 1222 et 1225) Guillaume d'Auxerre, mort en 1231, un des introducteurs d'Aristote dans la théologie scolastique, est amené à parler du Purgatoire à deux points de vue, celui des suffrages pour les morts et celui du feu purgatoire.

Les questions concernant les suffrages («quelle utilité ont les suffrages pour ceux qui sont dans le Purgatoire» et «est-ce que les suffrages faits pour ceux qui sont en dehors de la charité peuvent être utiles à ceux qui sont dans le Purgatoire?»[4]) sont très intéressantes du point de vue du développement de la comptabilité de l'au-delà.

XIIIe siècle ont bien distingué *philosophie* et *théologie*. La frontière n'est souvent pas facile à établir et dépend de la définition que l'on donne de ces deux sciences. Dans l'ensemble – et cela vaut pour les meilleures – il me paraît que ces synthèses ne font pas suffisamment la distinction entre les deux disciplines. Une esquisse rapide mais suggestive de la philosophie médiévale replacée dans la société a été donnée par F. Alessio, «Il pensiero dell'Occidente feudale», in *Filosofie e Società*, Bologne, 1975, t. I. Une interprétation originale se trouve dans Cl. Tresmontant, *La Métaphysique du christianisme et la crise du treizième siècle*, Paris, 1964.
4. Guillelmus Altissiodorensis, *Summa aurea*, éd. Pigouchet, Paris, 1500, réédition anastatique, Francfort-sur-le-Main, Minerva, 1964, livre IV, fol. CCCIIII v° et CCCV v°.

Guillaume est entre la problématique du feu purgatoire et celle du Purgatoire lui-même. Sur la manière dont le feu purgatoire purge les âmes, Guillaume d'Auxerre est surtout intéressé par un problème théorique, celui de la cause efficiente *(causa efficiens purgationis)*. Il adopte à cette occasion une position moyenne à l'égard du problème de savoir s'il existe dans l'au-delà un «lieu de mérite» *(locus merendi)*. Si en effet il semble être d'accord avec l'opinion qui sera celle des grands scolastiques, selon laquelle on ne peut plus acquérir de mérites après la mort, il combat ceux qui nient la possibilité d'un amendement par le feu qui «purge les âmes en agissant en elles sans leur imprimer sa qualité» *(ignis purgatorius purgat animas agendo in eas tamen non intendit eis imprimere qualitatem suam)*. Question théorique fort importante car elle autorise ou non la réversibilité des mérites. Celle-ci ne sera reconnue qu'au XVe siècle. Pour le moment les âmes du Purgatoire sont les bénéficiaires des suffrages des vivants sans que ceux-ci en reçoivent rien en retour, sauf, comme on l'a vu, le bénéfice de s'acquérir pour eux-mêmes des mérites dans l'au-delà en accomplissant ici une œuvre de miséricorde, prier pour les morts.

Les textes des grands scolastiques concernant le Purgatoire portent de multiple façon la marque des méthodes universitaires. J'en soulignerai deux. L'enseignement universitaire se fait notamment à travers le commentaire de manuels. Le principal fut, au XIIIe siècle, le recueil des *Quatre livres de Sentences* de Pierre Lombard. Or, comme on a vu, le Lombard traite au livre IV des *Sentences* du feu purgatoire, devenu au XIIIe siècle le Purgatoire. Dans leur commentaire du Lombard, les maîtres parisiens sont amenés à traiter du Purgatoire, bien que l'évêque de Paris, mort en 1160, n'ait pas encore eu ce concept à sa disposition. Le passage de la première Épître de Paul aux Corinthiens sera toujours une des pièces importantes du dossier et du commentaire, mais le texte scripturaire sera de plus en plus recouvert comme texte de base par le texte second, celui du Lombard.

L'enseignement universitaire s'ordonne d'autre part autour d'un programme méthodique, rationnel, qui n'est certes pas sans rapport avec les préoccupations du temps et les modes intellectuelles, telles que l'aristotélisme ou l'averroïsme. Mais les questions, même dans le système des *quodlibeta* faits en principe pour pouvoir aborder n'importe quelle question en dehors des programmes réguliers, dépendent de leur insertion dans une problématique plus vaste. Le Purgatoire prend place dans l'ensemble des «fins dernières», au chapitre *De novissimis*[5]. Pour les grands théologiens du

---

5. C'est encore à cette rubrique qu'on le trouve dans le fichier méthodique de l'excellente bibliothèque de l'Université grégorienne, à Rome.

siècle, il est une donnée reçue, professée par l'Église et proposée par les programmes universitaires, mais qui ne passionne pas.

Au XIIe siècle l'au-delà intermédiaire était étroitement mêlé à quelques grands problèmes communs aux théologiens, aux mystiques, et, sous des formes moins élaborées, à une partie au moins de la société laïque : l'exégèse biblique, la nature du péché, les pratiques de la pénitence, le statut des visions et des rêves. À l'élaboration de solutions aux questions posées, la théologie, la théologie parisienne surtout, comme on a vu, avait grandement contribué dans la seconde moitié du siècle.

Au XIIIe siècle la théologie universitaire – surtout parisienne encore – intronise le Purgatoire, l'insère dans le système de la pensée chrétienne, mais ne semble pas le vivre comme un problème existentiel. Il faut donc conduire maintenant notre enquête à deux niveaux : celui des intellectuels, celui des pasteurs et de la masse.

LE PURGATOIRE, CONTINUATION DE LA PÉNITENCE TERRESTRE : GUILLAUME D'AUVERGNE

L'un des meilleurs historiens de la pensée médiévale, M. de Wulf, a écrit : « La lignée des grands théologiens spéculatifs s'ouvre avec Guillaume d'Auvergne, un des esprits les plus originaux de la première moitié du siècle... Guillaume est le premier grand philosophe du XIIIe siècle[6]. » S'agissant du Purgatoire je dirais volontiers : Guillaume d'Auvergne est le dernier grand théoricien du XIIe siècle[7]. Étienne Gilson avait d'ailleurs estimé : « Par toute son habitude de pensée comme par son style, Guillaume se rattache à la fin du XIIe siècle » et souligné qu'il était aussi, après Abélard et Bernard de Clairvaux, le dernier grand théologien français du Moyen Âge. Je me demande si cet aspect un peu « archaïque » de Guillaume

---

6. Sur Guillaume d'Auvergne, voir le livre vieilli de Noël Valois, *Guillaume d'Auvergne, sa vie et ses ouvrages*, Paris, 1880, l'étude de J. Kramp, « Des Wilhelm von Auvergne *Magisterium Divinale* », in *Gregorianum*, 1920, pp. 538-584 et 1921, pp. 42-78, 174-187, et surtout A. Masnovo, *Da Guglielmo d'Auvergne a San Tommaso d'Aquino*, Milan, 1930-1934, 2 vol.
7. Alan E. Bernstein a présenté en février 1979 devant la Medieval Association of the Pacific un exposé sur *William of Auvergne on Punishment after Death* dont il a bien voulu me communiquer le texte. Je suis en gros d'accord sur son interprétation. Je pense qu'il a un peu exagéré d'une part, à la suite d'Arno Borst, l'influence de la lutte contre les Cathares sur ses idées concernant le Purgatoire et d'autre part les contradictions qui existeraient dans sa doctrine du feu purgatoire. Alan E. Bernstein a entrepris une recherche sur « Hell, Purgatory and Community in XIIIth Century France ».

d'Auvergne ne vient pas, non, comme on a dit, de son hostilité à l'aristotélisme (qui n'est sans doute pas aussi grande qu'on l'a prétendu), mais du fait que ce séculier, ce pasteur, quelque grand théologien qu'il fût, restait près des préoccupations et de la mentalité de ses ouailles qui n'étaient pas aussi avancées dans la nouvelle théologie scolastique que les nouveaux intellectuels universitaires avaient peut-être tendance à enfermer dans le ghetto du Quartier latin en train de se constituer.
Né vers 1180 à Aurillac, maître régent en théologie à Paris de 1222 à 1228, évêque de Paris de 1228 à sa mort en 1249, Guillaume d'Auvergne a composé entre 1223 et 1240 un immense ouvrage, le *Magisterium divinale sive sapientiale*, composé de sept traités, dont le plus important, le *De universo (Sur l'univers des créatures)*, a été composé entre 1231 et 1236.
Après avoir esquissé une géographie unissant au-delà et ici-bas dans laquelle le lieu du bonheur de l'âme est situé au sommet de l'univers dans l'Empyrée, le lieu de son malheur au fond de l'univers, dans les profondeurs souterraines opposées au ciel de l'Empyrée, et le lieu mélangé de bonheur et de malheur dans le monde des vivants, Guillaume d'Auvergne aborde le Purgatoire. Il considère deux problèmes classiques : la localisation et le feu. L'évêque de Paris pose d'entrée de jeu le problème du lieu de la purgation, le terme de *Purgatoire* étant acquis : « Si le lieu de la purgation des âmes, qu'on appelle Purgatoire, est un lieu spécifique, destiné à la purgation des âmes humaines, distinct du Paradis terrestre, de l'Enfer, et de notre demeure, c'est un problème[8]. »
Qu'il reste après la mort du corps beaucoup de choses à purger c'est pour Guillaume d'Auvergne « une évidence » *(manifestum est)*. Et aussitôt il avance la grande idée de sa conception du Purgatoire : c'est la continuation de la pénitence terrestre. Cette conception pénitentielle du Purgatoire que nul n'a exprimée plus nettement que lui est bien dans la tradition du XIIe siècle, comme je crois l'avoir mis en lumière.
De la nécessité évidente de la purgation Guillaume donne une première raison : les défunts décédés de mort subite ou improvisée, par exemple « par le glaive, l'étouffement ou l'excès de souffrance », saisis par la mort avant d'avoir pu accomplir leur pénitence, doivent avoir un *lieu* pour achever cette pénitence. Mais il y a d'autres raisons à l'existence du Purgatoire. Ainsi la différence entre les péchés mortels et les péchés légers. Comme

---

8. «*De loco vero purgationis animarum, quem purgatorium vocant, an sit proprius, et deputatus purgationi animarum humanarum, seorsum a paradiso terrestri, et inferno, atque habitatione nostra, quaestionem habet*» (*De universo*, chap. LX). Guilielmus Parisiensis, *Opera omnia*, Paris, 1674, I, p. 676. Ce qui concerne le lieu du Purgatoire se trouve chap. LX, LXI, LXII (pp. 676-679) de cette édition. Ce qui a trait au feu du purgatoire, chap. LXIII, LXIV, LXV (pp. 680-682).

tous les péchés ne sont pas égaux, l'expiation obligatoire de ces péchés ne peut pas être la même pour les plus graves et les plus légers, pour l'homicide ou le brigandage par exemple d'un côté, l'excès de rire, le plaisir de manger et de boire, de l'autre. Pour les uns, c'est l'expiation par le châtiment *(per poenam)*, pour les autres elle est acquise par la pénitence *(per poenitentiam)*.

En ce qui concerne les péchés légers, il est clair que le mort qui en est chargé ne peut ni entrer avec eux au Paradis, ni aller à cause d'eux en Enfer. Il doit donc obligatoirement les expier avant d'être transporté dans la gloire céleste. Et, en conséquence, il doit exister un lieu où, dans le futur, se fait cette expiation. Guillaume d'Auvergne n'a donc aucun doute sur le temps du Purgatoire : il se situe entre la mort et la résurrection des corps.

Il sépare aussi très nettement Enfer et Purgatoire. Mais s'il n'insiste pas, comme on le fera en général plus tard au XIIIe siècle, sur le caractère très pénible de la Purgation après la mort, il n'en assimile pas moins la pénitence du Purgatoire à une *expiation* et les épreuves du Purgatoire à des peines, des châtiments pénitentiels *(poenae purgatoriae et poenitentiales)*. En effet, et c'est là sa grande idée, « les peines purgatoires sont des peines qui complètent la purgation pénitentielle commencée dans cette vie ». Il ajoute que la fréquence des morts imprévues, des pénitences imparfaites avant la mort, et des cas de mort en état de péchés légers rend ces peines « nécessaires à de nombreuses âmes » *(necessariae sunt multis animabus)*. C'est dire que le Purgatoire a des chances d'être très peuplé. Sans que cela soit dit, il est évident que, dans cette conception, l'Enfer est plus ou moins déserté au profit du Purgatoire. L'existence du Purgatoire n'est d'ailleurs pas dommageable à l'exercice d'une vie chrétienne sur terre, elle n'est pas une incitation au relâchement ici-bas, au contraire. « Car, par peur de la purgation dans le futur, à défaut d'autres motivations, les hommes commencent plus facilement et plus tôt la purgation pénitentielle ici-bas, la poursuivent avec plus de zèle et de vigueur et s'efforcent de l'achever avant de mourir. »

L'existence du Purgatoire est donc prouvée par le raisonnement et dans la perspective de la pénitence. Guillaume d'Auvergne continue par d'autres preuves. Une première provient de l'expérience. De nombreuses et fréquentes visions et apparitions d'âmes ou d'hommes qui se trouvent dans ces purgations après leur mort attestent la réalité du Purgatoire. Conscient de l'importance de cette littérature de l'au-delà purgatoire à laquelle j'ai voulu faire un sort dans ce livre, il souligne l'intérêt des informations concrètes apportées par les écrits et les récits de ces apparitions, réclamations, prémonitions et révélations qui ne sont pas seulement divertissantes *(quae non solum auditu jocundae sunt)* mais aussi utiles et salutaires. D'où la nécessité des suffrages pour les morts : prières, aumônes, messes et autres œuvres pieuses.

Il y a enfin une dernière raison à l'existence du Purgatoire : c'est l'exigence de justice. Il répète que « ceux qui ont nié l'existence du Purgatoire, et de ces purgations des âmes ont ignoré la pénitence ». Or la pénitence, « c'est un jugement spirituel, jugement dans lequel l'âme pécheresse s'accuse elle-même, témoigne contre elle-même, prononce un jugement contre elle-même ». Mais tout jugement doit satisfaire la justice. Toutes les fautes ne sont pas également graves et ne méritent pas la même punition. Si la justice humaine ne tolère pas cette confusion des peines, à plus forte raison la justice divine qui est aussi miséricorde. Ici encore, Guillaume d'Auvergne est bien dans la ligne de ce XIIe siècle assoiffé, je l'ai montré, de justice autant que de pénitence.

Reste à situer ce lieu du Purgatoire dont l'existence ne fait aucun doute. Ici Guillaume d'Auvergne est plus embarrassé car « aucune loi, aucun texte ne le précise » *(nulla lex, vel alia scriptura determinat)*. Il faut donc croire ce que révèlent les visions et apparitions. Elles montrent que ces purgations se font en de nombreux endroits de cette terre. À cela Guillaume veut aussi donner une justification théorique, rationnelle. « La chose n'est pas étonnante, dit-il, car ces purgations ne sont que les suppléments des satisfactions pénitentielles, il ne convient donc pas de leur attribuer un autre lieu que celui des pénitents. » Et il ajoute : « C'est le même lieu qui est assigné au tout et aux parties ; là où il y a un lieu pour l'homme, ce lieu est aussi pour ses pieds et ses mains ; ces purgations ne sont que des parties des pénitences. » Ainsi sa doctrine du purgatoire pénitentiel conduit Guillaume à situer le Purgatoire ici-bas. Peut-être est-ce simplement le lecteur de Grégoire le Grand qui cherche une explication rationnelle *(apparere etiam potest ex ratione)*. Surtout, après avoir exprimé sa conception géographique de l'univers, il ne pouvait parvenir qu'à cette conclusion, me semble-t-il. Le Paradis est en haut, l'Enfer est en bas, notre terre occupe le niveau intermédiaire. C'est bien là qu'il fallait placer cet intermédiaire par excellence, le Purgatoire. Dante sera, près d'un siècle plus tard, dans la ligne des idées de Guillaume d'Auvergne sur le Purgatoire ; un lieu plus proche du Paradis que de l'Enfer, un lieu où l'on pénètre en rencontrant d'abord des victimes de morts subites ou violentes, et même suicidaires, dans le cas du portier Caton. Mais grâce à sa conception hémisphérique de la terre, Dante saura donner à la montagne du Purgatoire une localisation à la fois intermédiaire et spécifique.

Le second problème concernant le Purgatoire traité par Guillaume d'Auvergne dans le *De universo* est celui du feu qui est non seulement, à son époque, un accessoire essentiel et obligatoire du Purgatoire, mais souvent aussi son incarnation même.

Alan E. Bernstein a cru voir une contradiction dans les chapitres que Guillaume consacre au feu du Purgatoire. Il semblerait pencher vers la conception d'un feu immatériel, voire purement «métaphorique», même si le mot n'est pas prononcé, puis, finalement, admettrait l'idée d'un feu matériel. Bernstein tente de résoudre cette contradiction en imaginant que Guillaume d'Auvergne élabore une théorie à deux niveaux: pour ses étudiants, pour les intellectuels (et pour lui-même), il présenterait l'hypothèse d'un pseudo-feu, dans une perspective proche de celle d'Origène; pour la masse des fidèles, il exposerait une conception matérielle, réelle du feu, plus compréhensible pour des esprits plus grossiers. L'évêque de Paris est certes à la fois un théologien de haute volée et un pasteur très soucieux de la *cura animarum*, du bien de ses ouailles. Mais je crois que la duplicité d'enseignement que lui prête Alan Bernstein n'est guère crédible chez un prélat de la première moitié du XIIIe siècle et ne rend pas compte du texte du *De universo*.

Guillaume d'Auvergne, dans cette somme qui, ne l'oublions pas, traite de l'univers des créatures, esquisse un inventaire et une phénoménologie du feu. Il y a, dit-il, toutes sortes de feu. On en connaît, en Sicile, par exemple, qui ont de curieuses propriétés, qui rendent les cheveux phosphorescents sans les brûler, et il y a aussi des êtres, des animaux incorruptibles par le feu, comme la salamandre. Telle est la vérité scientifique terrestre sur le feu. Pourquoi Dieu n'aurait-il pas créé une espèce particulière de feu, qui fasse disparaître les péchés légers et les péchés incomplètement expiés? Il y a donc chez Guillaume d'abord le souci de montrer que le feu du Purgatoire n'est pas un feu comme les autres. Il est en particulier différent du feu de la Géhenne, de l'Enfer. Le propos de Guillaume est en effet de bien distinguer le Purgatoire de l'Enfer. Il faut donc que le feu de l'un soit différent du feu de l'autre. Et pourtant, même le feu infernal est un feu différent de celui dont nous avons l'expérience sur cette terre, c'est-à-dire le feu qui consume. Le feu de l'Enfer brûle sans consumer puisque les damnés y seront éternellement torturés. S'il y a donc un feu qui doit brûler à perpétuité sans consumer, pourquoi Dieu n'aurait-il pas aussi créé un feu qui brûle en consumant seulement les péchés, en purifiant le pécheur? Mais ces feux qui brûlent sans consumer n'en sont pas moins réels. D'autre part Guillaume est sensible à l'opinion de ceux qui font remarquer que, selon l'idée qu'on peut avoir du Purgatoire, idée confirmée par les dires de ses habitants lors de leurs apparitions, le feu n'est pas la seule forme d'expiation qu'on y subit. Le feu n'est donc pas une métaphore mais le terme générique qui sert à désigner l'ensemble des processus d'expiation et de purification que subissent les âmes du Purgatoire.

Reste l'argument essentiel sur lequel Alan Bernstein se fonde pour soutenir l'hypothèse d'une théorie du feu métaphorique chez Guillaume d'Auvergne. Le feu, dit le théologien, peut même être efficace en imagination, comme par exemple dans les cauchemars, où il terrifie sans être réel. Mais de même qu'il a déjà montré que la croyance au Purgatoire conduit à une meilleure pratique pénitentielle ici-bas, Guillaume veut seulement prouver l'efficacité du feu purgatoire pour le salut éternel. Ce qu'il veut dire, me semble-t-il, c'est que, puisque le feu est déjà efficace quand il n'existe que dans l'imagination des hommes, des rêveurs par exemple, il l'est encore plus quand il est réel. Car comment douter que Guillaume d'Auvergne croie et professe que le feu du Purgatoire est réel, matériel ? Alan Bernstein a lui-même relevé que, selon Guillaume, ce feu « torture corporellement et réellement les corps des âmes » *(corporaliter et vere torqueat corpora animarum)* « les corps des âmes ». Qui a, mieux et plus audacieusement dit que le théâtre du Purgatoire n'est pas un théâtre d'ombres mais un théâtre corporel, où les âmes souffrent dans leur corps des morsures d'un feu matériel ?

LE PURGATOIRE ET LES MAÎTRES MENDIANTS

Avec les grands théologiens mendiants on aborde – malgré l'originalité individuelle due à leur personnalité et aux caractéristiques de leur ordre respectif – un bloc doctrinal.
A. Piolanti, malgré quelques erreurs de perspectives, a bien défini la position d'ensemble des grands scolastiques (Alexandre de Halès, saint Bonaventure, saint Thomas d'Aquin, Albert le Grand). « Au XIIIe siècle les grands scolastiques, en glosant le texte de Pierre Lombard, construisirent une synthèse plus consistante : tout en discutant sur des points secondaires comme la rémission du péché véniel, la gravité et la durée de la peine, le lieu du purgatoire[9], ils tinrent comme doctrine de foi l'existence du Purgatoire, la limite de la peine dans le temps et furent d'accord pour considérer le feu comme réel[10]. »

---

9. Points que je ne tiens pas quant à moi pour secondaires.
10. A. Piolanti, « Il dogma del Purgatorio », in *Euntes Docete*, 6, 1953, p. 301.

LA NAISSANCE DU PURGATOIRE

CHEZ LES FRANCISCAINS

1. du commentaire de Pierre Lombard à une science de l'au-delà : Alexandre de Halès

J'ai déjà cité (p. 1046) un extrait de la glose d'Alexandre de Halès sur les *Sentences* du Lombard qui approfondissait, d'un point de vue mathématique, le problème de la *proportionnalité* à propos du Purgatoire. Voici la structure et l'essentiel du contenu du commentaire de ce grand maître parisien[11].

Cet Anglais, né vers 1185, devenu maître ès arts à Paris avant 1210, y enseigna la théologie de 1225 environ jusqu'à sa mort survenue en 1245. En 1236 il entra chez les Mineurs et fut titulaire de la première chaire franciscaine de théologie à l'Université de Paris. Il est un des premiers théologiens parisiens à avoir expliqué Aristote, malgré les interdictions répétées (ce qui prouve leur inefficacité) de lire les ouvrages du « prince des philosophes ». La *Somme théologique* qu'on lui a longtemps attribuée n'est pas son œuvre mais celle d'universitaires franciscains très marqués par son enseignement. Il est en revanche l'auteur de la *Glose sur les Sentences de Pierre Lombard* qu'il fut le premier à prendre comme texte de base de l'enseignement universitaire de la théologie (le quatrième concile du Latran en 1215 avait pratiquement consacré le Lombard comme théologien officiel), glose probablement rédigée entre 1223 et 1229 et de *Questions disputées* également rédigées avant son entrée chez les franciscains – d'où le titre qui leur a été donné *(Questiones disputatae antequam esset frater)*.

Dans sa glose du livre IV des *Sentences de Pierre Lombard*, Alexandre traite du Purgatoire à la distinction XVIII et surtout aux distinctions XX : « De la pénitence tardive, de la peine du Purgatoire et des relaxations[12] », et XXI : « De la rémission et de la punition des péchés véniels, de l'édification de l'or, du foin, de la paille, des sept modes de rémission du péché[13] ».

On voit qu'il reprend le problème du Purgatoire spécialement destiné aux pécheurs dont la pénitence, tardive, est incomplète et à ceux qui ne sont

---

11. Sur la vie et les œuvres d'Alexandre de Halès, voir les *Prolegomena* (pp. 7-75) du volume I de l'édition de sa glose : *Magistri Alexandri de Hales Glossa in quatuor libros sententiarum Petri Lombardi*, Quaracchi, 1951.
12. *De sera poenitentia, de poena purgatorii et de relaxationibus* (*Glossa in quatuor libros sententiarum Petri Lombardi*, Quaracchi, 1957, vol. IV, pp. 349-365).
13. *De remissione et punitione venialium, de aedificandis aurum, foenum, stipulam, de septem modis remissionis peccati* (*Ibid.*, pp. 363-375).

chargés que de péchés véniels, et qu'il utilise à son tour la première Épître de Paul aux Corinthiens.

Il y a d'abord chez Alexandre une réflexion sur le feu. Il existe un feu qui purgera les âmes jusqu'à la fin du monde : « Il y a un double feu, l'un, purgatoire, qui purge les âmes maintenant, jusqu'au jour du Jugement [dernier], un autre qui précédera le Jugement, qui consumera ce monde et qui purifiera ceux qui édifient de l'or, etc., s'ils sont alors trouvés avec quelque chose de combustible. Il faut noter qu'il y a trois espèces de feu : la lumière, la flamme, la braise *(lux, flamme, carbo)* et que sa division se répartit en trois parts : la supérieure pour les élus, la moyenne pour ceux qui doivent être purgés, la dernière pour les damnés. »

Outre la référence à Aristote, qui a écrit que « la braise, la flamme et la lumière se différencient l'une de l'autre » (*Topiques*, V, 5), et à saint Paul, on voit qu'Alexandre de Halès concilie les opinions traditionnelles sur le feu qui, pour les uns, est actif avant la résurrection et pour d'autres après la résurrection au moment du Jugement dernier en déclarant qu'il y a deux feux : l'un purgatoire entre la mort et la résurrection, l'autre consumateur ou purificateur entre la résurrection et le Jugement. La distinction aristotélicienne des trois feux permet à Alexandre de bien définir la nature moyenne, intermédiaire, du Purgatoire à quoi correspond la flamme qui purge, tandis que la lumière est réservée aux élus et la braise, le charbon ardent aux damnés. On a ici un bon exemple de l'outil logique qu'Aristote a fourni aux scolastiques du XIIIe siècle.

1. *Ce feu du Purgatoire purge des péchés véniels (purgans a venialibus)* : « Le péché est remis et purgé dans cette vie par l'amour *(charitas)* de nombreuses façons comme une goutte d'eau dans le four du feu, par l'eucharistie, la confirmation et l'extrême-onction. Après la mort, il est purgé dans le Purgatoire. »

2. *Il purge aussi des peines dues aux péchés mortels pas encore suffisamment expiés (et a poenis debitis mortalibus nondum sufficienter satisfactis).*

3. *C'est une peine plus grande que toute peine temporelle (poena maior omni temporali)* ; c'est ici la reprise du thème augustinien, dans un souci de combattre l'idée de laxisme qu'on pourrait attacher à une conception qui vide plus ou moins l'Enfer.

4. *N'est-ce pas une peine injuste et non proportionnée ? (nonne iniusta et improportionalis)*, c'est la question dont j'ai montré l'importance au chapitre précédent.

5. *Il y a là confiance et espoir, mais pas encore vision* (béatifique) *(ibi fides et spes, nondum visio)* : Alexandre insiste, comme beaucoup, sur le fait que le Purgatoire c'est l'*espoir*, puisqu'il est l'antichambre du Paradis, mais il souligne aussi que ce n'est pas encore le Paradis, et qu'on y est privé de la vision de Dieu.

6. *Ceux qui l'évitent ou qui s'en échappent sont peu nombreux (illud vitantes seu evolantes pauci).* « Peu nombreux sont dans l'Église ceux dont les mérites sont suffisants et qu'il ne faut pas faire passer par le Purgatoire » *(transire per purgatorium).* Le purgatoire, c'est l'au-delà provisoire de la majorité des hommes, des défunts. La primauté quantitative du Purgatoire est ici affirmée.

Alexandre de Halès a traité d'autre part des rapports entre l'Église et le Purgatoire. Le premier problème est celui de la juridiction, du *for* (tribunal), dont dépend l'âme du Purgatoire.

« À l'objection qu'il n'entre pas dans le pouvoir des clés [le pouvoir de remettre les péchés donné par Jésus à Pierre et, à travers lui, à tous les évêques et à tous les prêtres] de remettre la peine purgatoire par commutation en peine temporaire il faut répondre que ceux qui sont dans le Purgatoire *(in purgatorio)* relèvent d'une certaine façon du *for* de l'Église militante et pareillement le feu purgatoire dans la mesure où il convient à la peine satisfactoire [qui accomplit la pénitence]. Donc comme les fidèles appartiennent soit à l'Église militante soit à l'Église triomphante, ceux-là sont au milieu *(in medio)* et comme ils n'appartiennent tout à fait ni à la triomphante ni à la militante, ils peuvent être soumis à la puissance du prêtre *(potestati sacerdotis)* à cause du pouvoir des clés. »

Texte capital qui, en cette époque où se réorganise dans le droit canon au plan pratique comme au plan théorique la juridiction de l'Église, fait annexer par celle-ci, au moins partiellement, le nouveau territoire ouvert dans l'au-delà. Jusqu'alors le pouvoir judiciaire spirituel, le tribunal de l'âme, le *for*, était nettement divisé par une frontière passant par la ligne de la mort. En deçà, ici-bas l'homme relève de l'Église, du *for* ecclésiastique, au-delà, il ne relevait que de Dieu, du *for* divin. Certes la récente législation sur la canonisation, sur la proclamation de saints conférait à l'Église pouvoir sur quelques morts qu'elle plaçait d'emblée, dès leur mort, au Paradis et dans la jouissance de la Vision béatifique mais ce faisant « l'Église ne se prononce que sur le sort d'un nombre infime de défunts[14] ». Mais l'immixtion dans le Purgatoire concerne, on l'a vu, la majorité des fidèles. Sans doute le nouveau territoire n'est pas entièrement annexé par l'Église. Il devient, dans sa situation d'intermédiaire, soumis au *for* commun de Dieu et de l'Église. On pourrait avancer qu'à l'image des cojuridictions que le système féodal a développées à cette époque, il y a *pariage* (coseigneurie en termes de droit féodal) de Dieu et de l'Église sur le Purgatoire. Mais quel accroissement de l'emprise de l'Église sur les fidèles ! Au moment où son pouvoir ici-bas est contesté à la fois par la contestation douce des convertis aux douceurs du monde terrestre

---

14. G. Le Bras, *Institutions ecclésiastiques de la chrétienté médiévale*, Paris, 1959, I, p. 146.

(les *insouciants*) et par la contestation dure des hérétiques, l'Église prolonge au-delà de la mort son pouvoir sur les fidèles.

Il s'agit en doctrine de l'Église au sens le plus plein et le plus large et il appartient aussi à Alexandre de Halès de donner une des premières expressions claires du rôle de la *communion des saints* dans la perspective du Purgatoire. La question est ici : « Les suffrages de l'Église sont-ils utiles aux morts dans le Purgatoire ? » Réponse : « De même que la douleur spécifique entraîne satisfaction pour le péché, de même *la douleur commune de l'Église universelle*, pleurant les péchés des fidèles morts et priant pour eux en gémissant, aide à la satisfaction, elle ne crée pas en elle-même pleine satisfaction, mais avec la peine du pénitent elle aide à la satisfaction, ce qui est la définition même du suffrage. Le suffrage en effet c'est le mérite de l'Église capable de diminuer la peine d'un de ses membres[15]. » Ainsi commence à apparaître en pleine lumière la notion de douleur, de souffrance qui, de simple expiation, va devenir la source des mérites qui permettront aux âmes du Purgatoire non seulement d'achever – avec l'aide des vivants – leur purgation mais de mériter d'intervenir auprès de Dieu en faveur de ces vivants.

Il reste que l'Église, au sens ecclésiastique, clérical, tire grand pouvoir du nouveau système de l'au-delà. Elle administre ou contrôle des prières, des aumônes, des messes, des offrandes de toutes sortes accomplies par les vivants en faveur de leurs morts, et elle en bénéficie. Elle développe, grâce au Purgatoire, le système des indulgences, source de grands profits de puissance et d'argent, avant de devenir une arme dangereuse qui se retournera contre elle.

Alexandre de Halès est ici encore le théoricien et le témoin de cette évolution. Il est prudent : « À l'objection que l'Église ne pourrait pas en raison des parfaits obtenir satisfaction pour les autres, j'ai répondu qu'elle peut obtenir une aide, non la satisfaction complète. Mais, ajoute-t-on, comment peut-on obtenir relaxation de cette sorte pour des parents défunts alors qu'ils sont déjà tombés dans les mains de Dieu vivant et que le Seigneur dit : "Lorsque j'aurai décidé le temps, je jugerai" (Psaume LXXIV, 3) ? Nous répondons : seul le peseur d'âmes sait la grandeur de la peine due à chaque péché, et il ne convient pas que l'homme cherche à en savoir trop. Mais ceux-ci qui, dans l'amour, vont au secours de la Terre sainte peuvent être en telle dévotion et générosité d'aumônes que, libérés eux-mêmes de tous

---

15. « *Respondemus: sicut dolor communis Ecclesiae universalis, plangentis peccata fidelium mortuorum et orantis pro ipsis cum genitu, est adiutorius in satisfactione: non quod per se plene satisfaciat, sed (quod) cum poena poenitentis iuvet ad satisfactionem, sicut ex ratione suffragii potest haberi. Suffragium enim est meritum Ecclesiae, poenae alicuius diminutivum* » (*Glossa*, vol. IV, p. 354).

leurs péchés, ils puissent libérer leurs parents du Purgatoire, en obtenant pour eux satisfaction. »

La source des indulgences pour les morts n'est donc ouverte qu'au compte-gouttes, en faveur de cette catégorie exceptionnelle de chrétiens, de plus en plus rares au XIIIe siècle, les croisés. Mais le dispositif est en place, prêt à fonctionner. À la fin du siècle, Boniface VIII en tirera un plus large parti à l'occasion du Jubilé de 1300.

Dans les *Questions disputées « antequam esset frater »* entre 1216 et 1236, Alexandre de Halès fait encore plusieurs fois allusion au Purgatoire. Dans la question XLVIII il distingue à propos des péchés véniels la faute, la coulpe, qui est effacée par l'extrême-onction, tandis que la peine n'est enlevée qu'au Purgatoire[16]. Ailleurs il rappelle le caractère amer, dur *(acerbitas)* de la peine du Purgatoire[17]. À la question de savoir si ceux qui sont dans le Purgatoire ont de l'espoir, il répond par la belle métaphore des voyageurs sur un navire. Leur espoir vient non de leur mérite mais de l'action d'autrui. Les voyageurs peuvent avancer soit par le travail de leurs pieds, soit par un moyen étranger, un cheval ou un bateau par exemple. Les défunts dans le Purgatoire sont « comme des voyageurs sur un navire : ils ne s'acquièrent pas de mérite, mais paient leur transport ; de même les morts dans le Purgatoire paient la peine qu'ils doivent non comme le capitaine qui peut acquérir des mérites sur le bateau, mais simplement comme transportés[18] ».

2. Bonaventure et les fins dernières de l'homme

Jean Fidanza, né vers 1217 à Bagnoreggio à la frontière du Latium et de l'Ombrie, qui prendra le nom de Bonaventure, venu jeune à Paris, entré en 1243 dans l'ordre franciscain, *bachelier biblique* (c'est-à-dire autorisé à expliquer l'Écriture) en 1248, *bachelier sententiaire* (c'est-à-dire habilité à commenter les *Quatre livres des Sentences* de Pierre Lombard) en 1250, devint maître en théologie en 1253[19]. C'est au début de sa carrière univer-

---

16. Alexandre de Halès, *Quaestiones disputatae « antequam esset frater »*, Biblioteca franciscana scholastica Medii Ævi, Quaracchi, 1960, 3 vol., t. XIX, XX, XXI. Le passage cité de la question XLVIII se trouve pp. 855-856.
17. *Ibid.*, p. 1069.
18. *Ibid.*, p. 1548.
19. Mort en 1274, il ne sera canonisé qu'en 1482 et proclamé docteur de l'Église seulement en 1588. On peut consulter sur Bonaventure, J.-C. Bougerol, *Introduction à l'étude de saint Bonaventure*, Paris, 1961 et l'ensemble des 5 vol. *S. Bonaventura 1274-1974* publiés à Grottaferrata en 1973-1974.
Il existe une étude utile en latin sur saint Bonaventure et le Purgatoire : Th. V. Gerster a Zeil, *Purgatorium iuxta doctrinam seraphici doctoris S. Bonaventurae*, Turin, 1932.

sitaire, entre 1250 et 1256, qu'il rédige donc son *Commentaire* sur le Lombard, avant de devenir ministre général de l'ordre des Mineurs en 1257, cardinal en 1273. On y voit le poids de l'inspiration augustinienne, caractéristique du docteur franciscain[20].

Dans la distinction XX du livre IV du *Commentaire des Sentences*, Bonaventure traite « de la peine du Purgatoire en soi ». Il affirme d'abord que c'est après cette vie qu'il faut sans aucun doute placer cette peine. À la question de savoir « si la peine du Purgatoire est la plus grande des peines temporelles » *(utrum poena purgatorii sit maxima poenarum temporalium)*, il répond qu'elle est « en son genre » plus lourde que toute peine temporelle que l'âme peut souffrir quand elle est unie au corps. Bonaventure, tout en affirmant, dans la tradition augustinienne, la sévérité de ce que l'on subit au Purgatoire et en reconnaissant le rapport qu'on peut établir entre cette peine et celles d'ici-bas, souligne la spécificité du Purgatoire. Il y a sans doute là l'écho des théories sur la proportionnalité de la peine purgatoire d'Alexandre de Halès qui fut en effet son maître. Bonaventure traite ensuite d'un problème qui a préoccupé tous les grands scolastiques, celui du caractère volontaire ou non de la peine du Purgatoire, la *volonté* occupant dans leurs systèmes une place de choix. C'est le cas pour Bonaventure, qui, dans le troisième des six degrés de la contemplation définis par l'*Itinéraire de l'esprit vers Dieu*, montre l'âme qui « voit briller en elle l'image de Dieu, parce que dans les trois puissances, mémoire, intelligence et volonté, elle voit Dieu par elle-même comme dans son image » (J.-C. Bougerol).

Tous les grands scolastiques, sous des formulations diverses découlant de leurs systèmes particuliers, n'accordent à la peine du Purgatoire qu'un caractère volontaire limité car, après la mort, comme l'a établi Alexandre de Halès, le libre arbitre est immobile et le mérite impossible. Aussi, pour ces théologiens, les péchés véniels sont remis au Purgatoire *quant à la peine (quoad poenam)* mais non quant à la faute, à la coulpe *(quoad culpam)* qui est remise, elle, à l'instant même de la mort. Thomas d'Aquin, qui suit davantage le Lombard à la lettre, enseigne dans son *Commentaire des Sentences* que, « dans l'autre vie, le péché véniel est remis *quant à la coulpe même* par le feu du Purgatoire à celui qui meurt en état de grâce, parce que cette peine, étant d'une certaine manière volontaire, a la vertu d'expier

---

20. Le *Commentaire des Sentences de Pierre Lombard* de Bonaventure a été édité dans les 4 premiers volumes de l'édition monumentale des franciscains de Quaracchi à partir de 1882. Le commentaire du IVe livre se trouve au tome IV, la distinction XX aux fol. 517-538, les articles 2 et 3 de la première partie de la distinction XXI aux fol. 551-556, l'article 2 de la distinction XLIV aux fol. 943-944. Une édition plus maniable a été procurée par les frères de Quaracchi : *S. Bonaventurae Opera Theologica*, editio minor, t. IV : *Liber IV Sententiarum*, Quaracchi, 1949.

toute faute compatible avec la grâce sanctifiante». Il revient sur cette position dans le *De malo* où il estime que le péché véniel n'existe plus au Purgatoire; quant à la coulpe, celle-ci a été effacée par un acte de charité parfaite au moment de la mort.
Sur le problème du caractère volontaire de la peine du Purgatoire Bonaventure pense qu'elle est très faiblement volontaire *(minimam habet rationem voluntarii)* car la volonté la «tolère» mais «désire son opposé», c'est-à-dire sa cessation et la récompense céleste[21]. La question suivante a trait aux rapports entre Purgatoire et Paradis: «Est-ce que dans la peine du Purgatoire il y a moins de certitude de la gloire que dans le chemin[22]?» c'est-à-dire ici-bas où l'homme est un *viator*, un pèlerin? À quoi Bonaventure répond: «Il y a plus de certitude de la gloire dans le Purgatoire que dans le chemin mais moins que dans la patrie.» Il s'agit ici du Purgatoire comme *espoir* et Bonaventure va d'une certaine façon au-delà de l'espoir puisqu'il parle de certitude; mais il introduit des degrés dans la certitude. Il suit la conception devenue fondamentale du Purgatoire comme «moyen», intermédiaire, et distingue deux phases, sinon deux lieux dans le Paradis: la *patrie* (le terme *patria*[23] et cette conception se rencontrent chez d'autres auteurs) qui semble proche de l'idée du sein d'Abraham que l'on retrouve dans le repos, et la *gloire* qui est à la fois la jouissance de la vision béatifique et en quelque sorte la «déification» de l'homme dont l'âme a récupéré le corps ressuscité et devenu «glorieux».
Bonaventure introduit ici une question fort intéressante pour nous car elle le fait entrer dans le domaine de l'imaginaire si important dans l'histoire vécue du Purgatoire. Il répond à la question de savoir «si la peine du Purgatoire est infligée par l'office *(ministerio)* des démons»: «La peine du Purgatoire n'est pas infligée par le ministère des démons ni des bons anges, mais il est probable que les âmes sont conduites au Ciel par les bons anges, en Enfer par les mauvais.»
Ainsi Bonaventure considère le Purgatoire comme une sorte de *lieu neutre*, de *no man's land* entre le domaine des anges et celui des démons. Mais il le situe – dans la perspective de cette inégalité dans l'égalité, dans l'équidistance, je l'ai montré, qui est une structure logique fondamentale dans l'esprit des hommes de la société féodale – du côté du Paradis dans la

---

21. Sur tous ces problèmes, voir A. Michel, article «Purgatoire», in *Dictionnaire de Théologie catholique*, col. 1239-1240.
22. «*Utrum in poena purgatorii sit minor certitudo de gloria quam in via...*» dont la conclusion est *«in purgatorio est maior certitudo de gloria quam in via, minor quam in patria»*, *Opera*, t. IV, fol. 522-524.
23. *Patria* vient de saint Paul, Hébreux, XI, 14: «Ceux qui parlent ainsi font voir clairement qu'ils sont à la recherche d'une patrie.»

mesure où pour les deux royaumes, comme le dira Dante, les psychopompes y sont les bons anges. Opinion en contradiction donc avec la majorité des visions de l'au-delà, avec le *Purgatoire de saint Patrick* notamment. Le Purgatoire s'installe dans une atmosphère de dramatisation dans les croyances chrétiennes du XIIIe siècle. Elle provient surtout du tiraillement entre une conception non infernale sinon pré-paradisiaque, dominante, m'a-t-il semblé, à la fin du XIIe siècle, malgré la noirceur des visions, et ce qu'Arturo Graf a appelé une «infernalisation» progressive du Purgatoire au cours du siècle. Bonaventure à cet égard est plutôt traditionnel.

Il l'est aussi en ce qui concerne la localisation proprement dite du Purgatoire. «Le lieu du Purgatoire est-il au-dessus, en dessous, ou au milieu?» *(superius an inferius an in medio)*. La réponse, originale, est: «Le lieu du Purgatoire est probablement, selon la loi commune, en dessous *(inferius)*, mais il est au milieu *(medius)* selon l'économie divine *(dispensationem divinam)*.» Notons d'abord, comme dans la question précédente concernant les anges et les démons, que l'on est dans le domaine des opinions, des probabilités, non des certitudes. Dans tout ce qui touche à l'imaginaire, au concret, les grands scolastiques se dérobent plus ou moins. Mais l'opinion de Bonaventure est très intéressante puisqu'elle rapproche (tout en constatant la différence sinon l'opposition) une loi commune qui situe le Purgatoire sous terre et un plan divin qui le place dans une position moyenne, selon la logique du nouveau système de l'au-delà. Il fonctionne donc entre deux plans, celui de la loi commune et celui de l'économie divine, dualité qui est aussi celle entre la tradition et la tendance théologique. Les hésitations de Bonaventure concernant la localisation du Purgatoire se retrouvent dans deux autres passages du *Commentaire sur le livre IVe des Sentences.*

Traitant du feu du Purgatoire et glosant à son tour la glose du Lombard sur la première Épître de Paul aux Corinthiens, III, 15[24], Bonaventure combat l'opinion selon laquelle ce feu aurait une valeur purgative *spirituelle* en plus de sa valeur punitive et purgerait donc du péché (véniel ou non) c'est-à-dire de la faute, de la coulpe, à la manière d'un sacrement. À l'appui de son refus de voir dans le feu du Purgatoire une force nouvelle *(vis nova)* au-delà de la punition, il appelle le témoignage de Grégoire le Grand situant la purgation de nombreuses âmes dans des lieux divers *(per diversa loca)*, la purification de la coulpe ne relevant que de la grâce. C'est donc ici le rappel de la tradition grégorienne de la localisation de la purgation ici-bas, sur les lieux du péché.

Déjà dans la sixième question de la distinction XX, Bonaventure avait évoqué un autre cas de localisation du Purgatoire, celui du *Purgatoire de saint*

---

24. Seconde question de l'article 2 de la première partie de la distinction XXI.

Patrick. De cette vision il tirait la conclusion que le lieu de la purgation pouvait dépendre de l'intercession d'un saint car, selon lui, «quelqu'un» avait obtenu de saint Patrick d'être puni dans un certain lieu sur terre, d'où était née la légende que c'était là le Purgatoire *(in quodam loco in terra, ex quo fabulose ortum est, quod ibi esset purgatorium)*. Mais sa conclusion à lui, c'était qu'il y avait tout simplement divers lieux de purgation. Ainsi, tout en témoignant de la popularité du *Purgatoire de saint Patrick*, il considérait que cette localisation, peut-être vraie comme cas particulier, n'était par ailleurs qu'une source de «fables». Ce qui n'était pas, comme on verra, l'opinion d'un cistercien comme Césaire de Heisterbach. Voilà bien la méfiance d'un intellectuel pour la littérature folklorique des visions du Purgatoire.

Bonaventure reprend le problème de la localisation du Purgatoire dans la question classique des «réceptacles des âmes», dans l'article I de la distinction XLIV du livre IV [25]. Il distingue soigneusement la géographie de l'au-delà avant et après la venue du Christ, l'Incarnation. Avant le Christ l'Enfer comprenait deux étages d'un lieu tout en bas *(locus infimus)* où l'on subissait à la fois la peine du sens (des châtiments matériels) et la peine du dam (la privation de la vision béatifique) et un lieu inférieur *(locus inferior)*, mais placé au-dessus du précédent, où l'on ne subissait que la peine du dam. Ce sont les limbes *(limbus*, le limbe dit-on au Moyen Âge soit pour n'en définir qu'un seul soit pour en distinguer plusieurs) qui comprennent le *limbe des petits enfants* et le *limbe des Pères ou sein d'Abraham*.

Depuis le Christ il y a *quatre* (c'est moi qui le souligne) lieux : le Paradis, l'Enfer, le Limbe et le Purgatoire. Bien que l'idée ne soit pas explicitement énoncée on a l'impression que le Purgatoire est une conséquence de l'Incarnation, liée à la rémission des péchés, instaurée par la venue du Christ. D'autre part, il ne reste plus que le limbe des enfants, mais il en résulte un ensemble de quatre lieux car Bonaventure le distingue nettement de l'Enfer (alors qu'Albert le Grand par exemple, comme on verra, articule Enfer et limbe). Bonaventure poursuit son exposé en croisant, comme il aime le faire, le système des quatre lieux avec un autre système, ternaire celui-là et abstrait, celui d'un «triple état» du côté des élus : état de *rémunération* (traduisons : le Paradis), état d'*attente dans le repos (quietae expectationis*, traduisons : le sein d'Abraham) et un état de purgation (traduisons : le Purgatoire). Il ajoute : «Quant à l'état de purgation, il y répond un lieu indéterminé par rapport à nous et en soi *(locus indeterminatus et quoad nos et quoad se)*, car tous ne sont pas purgés dans le même lieu, bien que probablement beaucoup le soient en un certain lieu.» Et il invoque ici l'autorité de son auteur préféré, Augustin.

---

25. *Ibid.*, fol. 939-942.

En somme, Bonaventure n'a pas d'idée précise sur la localisation du Purgatoire. On croirait entendre, avec une conscience plus nette de la complexité du problème, un théologien indécis du XIIe siècle, comme Hugues de Saint-Victor. Bonaventure doit pourtant admettre la croyance de plus en plus établie en un seul lieu qui n'est pour lui que le lieu d'un grand nombre, laissant subsister une multiplicité de lieux de purgation, y compris ici-bas comme le voulait Grégoire le Grand. Perplexité en face des autorités divergentes ? Surtout, je crois, répugnance à faire du Purgatoire plus un lieu qu'un *état*, état qu'il faut certes localiser mais en une localisation abstraite, atomisée dans une multiplicité de lieux matériels, d'ailleurs provisoires.

Se demandant[26] si on peut bénéficier de « remises de peine » *(relaxationes)* quand on est dans le Purgatoire ou seulement si l'on vit dans ce siècle, Bonaventure est amené, dans la ligne d'Alexandre de Halès, à insister sur le pouvoir de l'Église en général et du pape en particulier sur le Purgatoire. Texte très important sur le chemin du développement des indulgences et du pouvoir pontifical sur les morts que Boniface VIII inaugurera à l'occasion du Jubilé de 1300.

Bonaventure revient ensuite au feu du Purgatoire[27]. Il se demande s'il est corporel ou spirituel, ou même métaphysique, constate la diversité d'opinion des docteurs, les hésitations de son maître Augustin, mais conclut néanmoins (« concède ») qu'il s'agit d'un feu « matériel ou corporel ». Cet aspect du problème est à replacer dans les discussions contemporaines avec les Grecs auxquelles les franciscains et Bonaventure lui-même ont pris une part très grande[28].

En revanche[29], Bonaventure prend fermement et même vivement position (traitant de *stulti*, d'imbéciles, ceux qui soutiennent l'opinion contraire) sur la libération des âmes du Purgatoire avant le Jugement dernier. Il en affirme avec force la réalité – notamment contre les Grecs – dans la perspective de la vision béatifique. Il s'appuie sur des autorités et sur des arguments rationnels. Parmi les autorités il cite en premier lieu la phrase de Jésus sur la Croix au bon larron : « Aujourd'hui tu seras avec moi dans le Paradis » (Luc, XXIII, 43). Les trois raisonnements sont intéressants : 1. Il ne peut y avoir d'élément *retardateur* après la purgation dans le Purgatoire, on s'en envole aussitôt la purgation achevée. 2. Refuser son salaire à un mercenaire, c'est commettre un délit de justice ; mais Dieu est le juste par

---

26. Seconde partie de la distinction XX.
27. Article 2 de la première partie de la distinction XXI.
28. Bonaventure prononça au concile de Lyon en 1274, quelques jours avant sa mort, le discours solennel de la séance d'officialisation de l'union entre les Grecs et les Latins.
29. Article 3 de cette même question.

excellence, dès qu'il trouve l'homme en état d'être rétribué, il le rétribue aussitôt (très intéressante référence à la justice, dans la tradition du XIIe siècle, et au problème du *juste salaire* dans le cadre d'une morale économico-sociale que les scolastiques s'efforcent d'élaborer face au développement du salariat). 3. Argument psychologique enfin : différer indûment l'espoir, c'est de la cruauté, et s'il maintenait les saints loin de la récompense jusqu'au jour du Jugement dernier, Dieu serait très cruel.

C'est vers la fin du *Commentaire des Sentences* que Bonaventure traite des suffrages[30]. Dans la ligne un peu modifiée d'Augustin, il distingue essentiellement trois catégories de défunts : les bons *(boni)* qui sont dans le Paradis, les moyennement bons *(mediocriter boni)* et les tout à fait mauvais. Il répond de façon désormais classique que seuls les moyennement bons peuvent bénéficier des suffrages des vivants mais il précise qu'ils ne sont pas en état de mériter *(in statu merendi)*, car il n'y a plus de mérite après la mort.

Bonaventure, après avoir, dans le cadre de son enseignement universitaire, commenté les *Quatre livres des Sentences* de Pierre Lombard, éprouva le besoin d'exposer, sur l'ensemble des problèmes se posant au théologien, ses idées d'une façon plus personnelle, comme Thomas d'Aquin le fait de son côté avec la *Somme théologique*. Ce fut, dès 1254-1256, le *Breviloquium*. La place modeste qu'y tient le Purgatoire montre que Bonaventure estimait sans doute exprimer ou avoir exprimé (l'antériorité entre cette partie des œuvres est difficile à établir) l'essentiel de ce qu'il pensait à ce sujet dans son *Commentaire sur le IVe livre des Sentences*. Dans le *Breviloquium*[31] il précise, à propos de la peine du Purgatoire, qu'en tant que «punitive» elle s'exerce par un feu matériel et qu'en tant qu'«expurgative» elle se manifeste par un feu spirituel.

À propos des suffrages[32], qu'il n'hésite pas à appeler «ecclésiastiques», manifestant ainsi le rôle dominant de l'Église en ce domaine, il précise sans ambages que ces suffrages sont valables «pour les moyennement bons, c'est-à-dire ceux qui sont dans le Purgatoire» mais inefficaces «pour les tout à fait mauvais, c'est-à-dire ceux qui sont en Enfer» et «pour les tout à fait bons, c'est-à-dire ceux qui sont au Ciel» dont en revanche les mérites et les prières procurent beaucoup de bienfaits aux membres de l'Église militante[33].

Enfin Bonaventure évoque le Purgatoire dans deux sermons pour le jour de la Commémoration des défunts, le «jour des âmes», le 2 novembre. Dans

---

30. Article 2 de la distinction XLIV.
31. Chap. II de la septième partie.
32. Chap. III de la même partie.
33. Bonaventure, *Opera*, t. V, fol. 282-283. Les frères de Quaracchi ont, depuis, procuré une édition plus maniable du *Breviloquium*, comme pour le *Commentaire des Sentences*.

le premier[34], il distingue les damnés, les élus, ceux qui doivent être purgés *(damnati, beati, purgandi)*. Il fonde l'existence de ces derniers, qu'il range parmi les «imparfaits», sur diverses citations bibliques[35]. Dans le second sermon il fait surtout appel à la prière et se réfère à la prière de Judas Maccabée valable pour ceux qui «subissent des tribulations à cause de leurs péchés invétérés dans le Purgatoire, d'où ils seront cependant transférés aux joies éternelles» et interprète allégoriquement les personnages de Judas, Jonathan et Simon comme «l'oraison fidèle, simple et humble par laquelle sont libérés ceux qui sont dans le Purgatoire[36]». Il convenait d'achever ce rapide examen des positions de Bonaventure sur le Purgatoire par cette évocation de la prière dont l'illustre franciscain a été un des plus grands docteurs[37].

CHEZ LES DOMINICAINS

Restons à Paris mais revenons de quelques années en arrière pour examiner la doctrine du Purgatoire chez les deux plus grands maîtres dominicains : Albert le Grand et Thomas d'Aquin. La chronologie n'est pas négligeable dans ce milieu des théologiens parisiens mais il vaut peut-être mieux choisir une autre continuité que celle de la succession des enseignements à Paris. Une lignée doctrinale à l'intérieur de chacun des deux grands Ordres mendiants est sans doute le meilleur fil conducteur. Albert le Grand donne l'essentiel de ses idées sur le Purgatoire entre 1240 et 1248. Elles sont vulgarisées en 1268 par un disciple d'Albert, Hugues Ripelin de Strasbourg. Elles ont marqué l'œuvre originale d'un autre disciple d'Albert, un grand esprit celui-là, Thomas d'Aquin, qui exprime une première fois sa conception du Purgatoire dans son enseignement parisien entre 1252 et 1256 (il commente les *Sentences* de Pierre Lombard presque en même temps que Bonaventure) et dont les idées seront mises en forme par un groupe de disciples après sa mort survenue en 1274. Ce «bloc» dominicain

---

34. *Opera*, t. IX, pp. 606-607.
35. La première Épître de Paul aux Corinthiens, III, 10-15, mais aussi des autorités vétérotestamentaires (Job, II, 18 ; Proverbes, XIII, 12) et pauliniennes (II Timothée, IV, 7-8 ; Hébreux, IX, 15) dont la relation avec le Purgatoire paraît lointaine.
36. *Opera*, t. IX, p. 608.
37. Sur l'importance de la prière dans la théologie de Bonaventure, ce qui ancre encore plus profondément le Purgatoire dans sa pensée, voir Z. Zafarana, «Pietà e devozione in San Bonaventura», in *S. Bonaventura Francescano. Convegni del Centro di Studi sulla spiritualità medievale*, XIV, Todi, 1974, pp. 129-157.

représente le sommet de l'équilibre scolastique entre les méthodes aristotéliciennes et la tradition chrétienne, l'«optimum» de la construction
«rationnelle» dans l'enseignement et la pensée universitaires du XIIIe siècle.
Le génie doctrinal d'Albert et de Thomas se prolonge dans la vulgarisation
assurée par le *Compendium* d'Hugues de Strasbourg et le *Supplément* à la
Somme théologique de Réginald de Piperno et ses collaborateurs.

1. l'épure scolastique du Purgatoire :
Albert le Grand

Albert de Lauingen, né vers 1207, entré chez les Prêcheurs à Padoue en
1223 mais formé à Cologne et dans d'autres couvents allemands puis à
Paris où il est bachelier sententiaire de 1240 à 1242 puis maître en théologie, y occupe l'une des deux chaires dominicaines à l'Université de 1242 à
1248[38]. C'est pendant cette période où, lecteur d'Aristote, il n'est pas encore
vraiment «aristotélicien» qu'Albert compose deux gros ouvrages théologiques, la *Somme des Créatures (Summa de creaturis)* dont fait probablement partie un traité *De resurrectione*, qui figure en tant que tel dans les
manuscrits et date d'avant 1246[39], et un *Commentaire des Sentences de
Pierre Lombard*. Albert traite du Purgatoire dans ces deux œuvres.

Le *De resurrectione* est probablement l'équivalent d'un traité «*De novissimis*», des «fins dernières», qui aurait terminé la *Summa de creaturis*. Dans
les manuscrits où il a été conservé, il demeure inachevé, terminant sur le
Jugement dernier sans qu'il soit traité «de la béatitude éternelle, des couronnes éternelles et de la maison et des demeures de Dieu» qui avaient été
annoncées.

Après avoir traité de la résurrection en général dans la première partie et
de la résurrection du Christ dans la deuxième, Albert aborde dans la troisième la résurrection des méchants. Les «lieux des peines», déclare-t-il,
sont «l'Enfer, le Purgatoire, le limbe des enfants, le limbe des pères». À la
question de savoir si l'Enfer est un lieu, Albert dit que l'Enfer est double : il
y a un enfer extérieur qui est un lieu matériel et un enfer intérieur qui est
la peine que les damnés subissent, où qu'ils soient, le lieu de l'enfer est
situé «au cœur de la terre» et les peines y sont éternelles. Les «autorités»

---

38. Sur Albert le Grand, voir O. Lottin, «Ouvrages théologiques de saint Albert le Grand», in
Psychologie et morale aux XIIe et XIIIe siècles, Gembloux, 1960, vol. VI, pp. 237-297 et *Albertus
Magnus Doctor Universalis 1280/1980*, éd. G. Meyer et A. Zimmermann, Mayence, 1980.
39. *De resurrectione*, éd. W. Kübel, in *Alberti Magni Opera omnia*, Münster/W, 1958, t. XXVI.
La question 6 *De purgatorio* se trouve pp. 315-318 et la question 9 *De locis poenarum simul*,
pp. 320-321.

citées sont toujours Augustin, puis Hugues de Saint-Victor et, sur les problèmes du lieu et du feu, Grégoire le Grand et le *Purgatoire de saint Patrick*. Sur des points de logique, Aristote est invoqué.
Le Purgatoire, selon le *De resurrectione*, est bien un lieu, situé près de l'Enfer. C'est même la partie supérieure de l'Enfer. Si Grégoire et Patrick parlent du Purgatoire sur cette terre c'est parce qu'il y a des cas d'apparition ici-bas d'âmes du Purgatoire par dispense spéciale pour donner des avertissements aux humains. Les textes d'Hugues de Saint-Victor et de saint Paul (I Corinthiens, III), ce dernier éclairé par les commentaires d'Augustin, signifient que les péchés véniels sont dissous au Purgatoire. Cette démonstration qui permet à Albert d'avoir recours aux subtilités d'une démonstration logique appuyée sur Aristote est assez longue. Plus rapidement ensuite Albert traite de la nature et de l'intensité des peines du Purgatoire. Il est d'avis que les âmes dans le Purgatoire ne souffrent pas des peines inférieures car elles bénéficient de la lumière de la foi et de la lumière de la grâce, ce qui leur manque c'est, provisoirement, la vision béatifique mais cette privation ne doit pas être assimilée aux ténèbres intérieures. Les démons se contentent de conduire les âmes à purger au Purgatoire mais ne les y purgent pas. Enfin il n'y a pas de peine du gel (*gelidicium*) au Purgatoire, car cette peine punit la froideur dans la charité – ce qui n'est pas le cas des âmes qu'il faut purger. Albert ne nomme pas ici la peine principale qui est le feu car il a eu l'occasion de la signaler à propos de l'Enfer lorsqu'il a distingué feu de l'Enfer et feu du Purgatoire. Enfin à ceux qui, avec Augustin, pensent que les peines du Purgatoire sont plus «amères» (c'est l'*acerbitas*) que n'importe quelle peine ici-bas, et à d'autres qui pensent que ces peines par rapport aux peines de l'Enfer ne sont que ce qu'est l'image du feu à un vrai feu et un point à la ligne, il répond en faisant appel à la logique et en élevant le débat. Il appelle à la rescousse Aristote (*Physique* I, 3, c. 6 – 206 b 11-12) qui déclare qu'on ne peut comparer que ce qui est comparable, à savoir le fini avec le fini. Donc le problème de l'*acerbitas* est à exclure. Entre le Purgatoire et l'Enfer la différence n'est pas une question d'intensité mais de *durée*. D'autre part ce à quoi aspire l'âme dans le Purgatoire ce n'est pas à retrouver son corps mais à rejoindre Dieu. Voilà comment il faut comprendre Augustin qui ne pensait pas au feu du purgatoire. Cette troisième partie du *De resurrectione* s'achève par un traitement d'ensemble des lieux des peines *(De locis poenarum simul)*. Albert montre bien en cela la conscience aiguë de l'unité du système des lieux de l'au-delà. Unité matérielle et spirituelle : il y a *une* géographie et *une* théologie de l'au-delà.
Ce problème des «réceptacles des âmes», Albert le considère à trois points de vue.

Le premier consiste à examiner si le réceptacle est un lieu définitif, ou un lieu de passage. Si c'est un lieu définitif deux cas sont à considérer : la gloire et la peine. S'il s'agit de la gloire il n'y a qu'un lieu, le *royaume des cieux*, le Paradis. S'il s'agit de la peine, il faut distinguer un lieu avec seulement la peine du dam, c'est le *limbe des enfants*, et un lieu avec peine des sens et peine du dam, c'est la *géhenne*, l'Enfer. Si le réceptacle n'est qu'un lieu de passage, ici il faut aussi distinguer entre peine du dam seule – c'est le *limbe des pères* – et peine du dam et peine des sens à la fois, c'est le Purgatoire.

Un second point de vue consiste à considérer la cause du mérite. Le mérite peut être bon ou mauvais ou bon et mauvais à la fois *(bonum conjuctum malo)*. S'il est bon, c'est le *royaume des cieux* qui conviendra. S'il est mauvais, c'est en raison d'un péché personnel ou étranger *(ex culpa propria aut aliena)*. Au péché personnel répond la *géhenne*, au péché étranger (le péché originel) le *limbe des enfants*. S'il est fait d'un mélange de bien et de mal, il ne peut s'agir d'un mal mortel qui serait incompatible avec la grâce qui s'attache au bien. C'est donc un mal véniel qui peut provenir d'une faute personnelle ou étrangère. Dans le premier cas on ira au *purgatoire*, dans le second au *limbe des pères*.

Enfin on peut partir de ce qu'il y a dans les lieux. Ces lieux peuvent avoir quatre qualités : être afflictifs, ténébreux, lumineux, gratifiants ou létificatifs *(afflictivum, tenebrosum, luminosum, laetificativum)*. Si le lieu est létificatif et lumineux, c'est le *royaume des cieux*. S'il est afflictif et ténébreux parce que la vision béatifique y est différée, c'est le *purgatoire*[40], s'il est directement ténébreux mais non afflictif, c'est le *limbe des enfants*, s'il est indirectement ténébreux mais non afflictif, c'est le *limbe des pères*. Albert se rend compte qu'il n'a pas épuisé toutes les combinaisons possibles entre les quatre qualités des lieux mais démontre que les cas de figure envisagés sont les seuls compatibles entre eux[41].

J'ai rapporté au long cette démonstration d'Albert le Grand non seulement pour montrer ce que la scolastique fait du Purgatoire, le processus de rationalisation d'une croyance que nous avons vue naître aussi bien par l'image que par le raisonnement, par les textes d'autorités que par les récits fan-

---

40. On peut noter qu'Albert, qui, dans ce texte, emploie habituellement le substantif *purgatorium*, use ici de l'épithète *purgatorius* (sous-entendu *ignis*). Sur cet usage, voir plus loin à propos du *Commentaire des Sentences*.
41. Albert réfute une dernière objection : « On peut faire de nombreuses distinctions entre les mérites aussi bien pour ceux qui doivent être sauvés, damnés ou purgés, il doit donc y avoir plus de cinq réceptacles ». Réponse : « Il faut séparer les distinctions générales des distinctions particulières. Il y aura des "maisons" à l'intérieur des "réceptacles". » Raffinement de la division logique qui est aussi un rappel de l'Évangile de Jean.

tastiques, au milieu d'errances, de lenteurs, d'hésitations, de contradictions et qui est maintenant nouée en une construction bien serrée – mais aussi parce que, mieux que tout autre scolastique, à mes yeux, Albert a su faire la théorie du système du Purgatoire tel qu'il était né plus ou moins empiriquement un demi-siècle plus tôt.
Ce texte présente d'autres intérêts. Albert sait harmoniser mieux que quiconque dans le système d'une croyance comme le Purgatoire ce qui relève de l'imagination et ce qui ressort de la logique, ce qui vient des autorités et ce qu'apporte le raisonnement. Il met les diables à la porte du Purgatoire mais les laisse arriver jusqu'à son abord. Il refuse le froid mais accueille le chaud, le feu. Il distingue un espace intérieur et un espace extérieur, mais reconnaît que l'au-delà est un système de lieux matériels. Il réfute les comparaisons grossières mais fait de la comparaison un élément légitime et même nécessaire à la pensée du système de l'au-delà. S'il y a volonté d'épurer l'imaginaire, ce n'est pas par hostilité de principe, mais quand cet imaginaire est contraire à la logique, à la vérité, ou au sens profond de la croyance.
Ce texte montre aussi que pour Albert il est important, sinon essentiel, de bien distinguer le Purgatoire de l'Enfer. Cela aussi découle pour lui du système. Le Purgatoire correspond à un certain état de péché, celui où le mal est mêlé au bien. D'où découle d'abord que le système est au fond triparti et non «quinquaparti» (*aut est bonum aut est malum aut bonum coninactum malo*: ou le bien, ou le mal ou le bien uni au mal). D'où il résulte surtout que le Purgatoire est un intermédiaire décentré, déporté vers le bien, vers le haut, vers le ciel, vers Dieu. Car le mal qu'il implique est un mal véniel, non mortel, tandis que le bien est, comme tout bien, celui de la grâce. Il est donc faux de croire que toute la pensée du Purgatoire au XIIIe siècle est allée dans le sens de l'«infernalisation». Si, comme on le verra, c'est bien cette pente que le Purgatoire a suivie finalement, c'est dans le choix fait en général par l'Église institutionnelle de cette époque d'une pastorale de la peur – où des inquisiteurs maniaient en même temps la torture ici-bas et dans l'au-delà – qu'il faut en chercher la raison.
Dans le *Commentaire des Sentences* qui a dû suivre de peu le *De resurrectione* le traitement que fait Albert le Grand du Purgatoire est plus complet, plus approfondi et présente une certaine évolution. Ce sont toujours, bien entendu, les distinctions XXI et XLV du livre IV qui donnent lieu à l'exposé sur le Purgatoire. Tout en résumant le commentaire du maître dominicain, j'exposerai dans son développement ce commentaire car à nouveau il met en valeur la manière d'Albert et révèle par quel cheminement il est parvenu à des positions qui ne concordent pas toujours exactement avec celles du *De resurrectione*.

Dans la distinction XXI[42], Albert examine les points suivants : est-il vrai qu'il y a des péchés après la mort comme le Christ l'a dit dans l'Évangile : « Celui qui aura péché contre l'Esprit saint, cela ne lui sera pas remis, ni en ce siècle, ni dans le siècle futur » (Matthieu, XII, 32) ? Ces péchés sont-ils les péchés véniels auxquels Augustin fait allusion en parlant de bois, de foin et de paille (I Corinthiens, III, 12) ? Peut-on croire que cette purgation se fera par un feu purgatoire et transitoire, et que ce feu sera plus dur que tout ce que l'homme peut souffrir en cette vie (Augustin, *Cité de Dieu*, XXI, 26) car Paul dit (I Corinthiens, III, 15) qu'on sera sauvé comme à travers le feu *(quasi per ignem)*, ce qui devrait conduire à mépriser ce feu ?

Albert examine ces questions et y répond en douze articles :

Article 1 : Certains péchés véniels sont-ils remis après cette vie ? La réponse est affirmative et se fonde sur des autorités, notamment Grégoire le Grand dans le livre IV des *Dialogues*, et sur des raisonnements parmi lesquels j'en retiens deux : 1. après la mort ce n'est plus le temps d'augmenter son mérite mais d'utiliser le mérite (acquis ici-bas) aux fins pour lesquelles il est pertinent ; 2. la peine de la mort elle-même effacerait bien les péchés si elle était accomplie à cette fin, comme chez les martyrs, mais ce n'est pas le cas chez les autres mourants ordinaires *(in aliis communiter morientibus)*. Le Purgatoire est étroitement lié à la conduite générale ici-bas et fait pour le commun des mortels.

Article 2 : Que signifie l'édification du bois, du foin, de la paille (Paul, I Corinthiens, III, 12) ? Réponse : les différentes espèces de péchés véniels. Autorités invoquées : saint Jérôme et Aristote.

Article 3 : Quel est le fondement de ces édifices ? Il semble que ce ne peut être la foi puisque la foi n'est ordonnée qu'en vue des bonnes œuvres et les péchés véniels ne sont pas des bonnes œuvres. Réponse : le fondement est bien, au fond, la foi qui fait subsister en nous l'espérance. Les matériaux donnent leur substance à l'édifice mais les parois, c'est l'espérance tendue vers les choses éternelles et au faîte il y a l'amour *(charitas)* qui est le lieu de la perfection. La réflexion sur le Purgatoire se greffe ainsi sur une théologie des vertus cardinales.

L'article 4 est central pour Albert. Il s'agit en effet de répondre à la question : « Y a-t-il un feu purgatoire ou non après la mort ? » En effet, le Lombard ne connaissant pas encore le Purgatoire, répondre à cette question, c'est s'engager à la fois sur l'existence *du* Purgatoire et sur celle du

---

42. Cette distinction XXI du *Commentaire du livre IV des Sentences de Pierre Lombard* se trouve dans l'édition des œuvres d'Albert le Grand d'Auguste Borgnet, *B. Alberti Magni... Opera omnia*, Paris, 1894, t. 29, pp. 861-882.

LE TRIOMPHE DU PURGATOIRE

feu purgatoire, d'autant plus délicate qu'elle est au cœur des débats contemporains sur le Purgatoire avec les Grecs et que les «docteurs du Purgatoire» (l'expression est de moi, non d'Albert), Augustin et Grégoire le Grand, ont douté de ce feu.

Albert, en examinant un certain nombre d'autorités et d'objections rationnelles, répond en répétant: «C'est cela que nous appelons Purgatoire.» Il reprend le verset de Matthieu, XII, 31-32, le texte de Paul, I Corinthiens, III, 15, il y joint le témoignage d'un «expositor» grec anonyme qu'il fait, dans un esprit œcuménique, servir à une entente sur l'existence du feu purgatoire après la mort, il utilise aussi Aristote et, fait remarquable, le saint Anselme du *Cur Deus homo*, traçant ainsi au profit de l'existence du Purgatoire une impressionnante ligne philosophique et théologique, des Grecs anciens au XIIe siècle latin et grec. Il aborde ensuite, à son habitude, comme le font généralement les scolastiques, les arguments rationnels en dénombrant la nécessité d'une purgation après la mort.

À toutes les objections Albert répond en mélangeant habilement l'adjectif (*purgatorius*, sous-entendu *feu*) et le substantif *purgatorium*: «De toute façon il est nécessaire, selon toute raison et foi, qu'il y ait un [feu] purgatoire *(purgatorius)*. Ces raisons sont principalement morales et il en ressort de façon concordante qu'il y a un Purgatoire *(purgatorium)*.»

Pour ce qui est des hésitations d'Augustin, Albert affirme qu'elles ne portaient pas sur l'existence du Purgatoire, mais sur l'interprétation du texte de saint Paul. Il rappelle que, d'autre part, d'autres saints ont expressément parlé du Purgatoire et *qu'en nier l'existence est une hérésie*. Albert, qui sera suivi par son disciple Thomas d'Aquin, va sur ce point plus loin qu'aucun théologien de son temps.

Quant aux raisons «morales», Albert ne s'attache pas au feu mais revient aux problèmes de la purgation. Il démonte les objections contre le Purgatoire en réfutant le parallélisme entre le bien et le mal, en ajoutant dans la balance de la justice le poids de l'amour et en affirmant que Dieu «après la mort ne récompense que ce qui lui est semblable par l'amour et ne condamne personne d'autre que ceux qui se détournent de lui et le haïssent... Aucun de ceux qui sont purgés ne sera condamné».

L'article 5 répond à une question à la fois théorique et pratique: «Pourquoi les peines de l'Enfer sont-elles nommées de plusieurs noms et celles du Purgatoire d'un seul, à savoir le feu?» C'est que, selon Albert, l'Enfer est fait pour punir et il y a plusieurs façons de punir, par exemple par le froid aussi bien que par le chaud. Le Purgatoire en revanche qui est fait pour purger ne peut le faire que par un élément qui ait une force purgative et consomptive. Ce n'est pas le cas du froid, mais c'est le cas du feu. Albert fait ici visiblement appel à son goût pour les sciences naturelles.

Après avoir, dans l'article 6, complété son exégèse de la première Épître aux Corinthiens, à propos de l'or, de l'argent et des pierres précieuses en recourant lui aussi à la distinction aristotélicienne entre la lumière, la flamme et la braise, Albert aborde dans l'article 7 le problème de la purgation volontaire ou involontaire. Il conclut que les âmes veulent être purgées et sauvées mais qu'elles ne veulent être purgées dans le Purgatoire que parce qu'elles n'ont pas d'autres possibilités d'être sauvées et libérées. Leur volonté est *conditionnée*.

L'article 8 concerne les péchés véniels des damnés. Il apparaît comme un exercice d'école: les damnés sont condamnés éternellement non pour leurs péchés véniels mais pour leurs péchés mortels.

L'article 9 pose, comme chez Bonaventure, la question de savoir si les âmes dans le Purgatoire sont punies par des démons. Comme le docteur franciscain, Albert pense que les démons ne sont pas les ministres des péchés du Purgatoire, mais il n'en est pas sûr. En revanche, il avance une hypothèse intéressante pour les visions de l'au-delà: il pense que les démons se délectent de la vue des peines des âmes du Purgatoire et y assistent parfois. «C'est, dit-il, ce qu'on lit quelquefois», et il explique ainsi un passage de la *Vie de saint Martin*. Certains soutenaient que puisque, selon cette *Vie*, le diable se tenait souvent au chevet du saint, comme il savait, d'après ses œuvres, qu'il ne serait pas damné, c'est parce qu'il espérait pouvoir à sa mort l'entraîner au Purgatoire. L'hypothèse d'Albert détruit cette interprétation.

L'article 10 traite longuement – actualité oblige – de «l'erreur de certains Grecs qui disent que personne avant le jour du Jugement n'entre au Ciel ou en Enfer, mais reste dans des lieux intermédiaires *(in locis mediis)* en attendant d'être [après le Jugement] transféré ici ou là».

Au terme d'une discussion où il expose longuement et objectivement les conceptions des Grecs, Albert conclut que sans aucun doute on peut aller au Ciel ou en Enfer soit tout de suite après la mort, soit entre la mort et le Jugement dernier – ce qui légitime le temps du Purgatoire et permet de croire que les âmes en sortent plus ou moins vite, ce qui à son tour justifie les suffrages. Albert appuie sa conclusion où il répète que le refus de cette opinion est une hérésie et même une très mauvaise hérésie *(haeresis pessima)* sur l'Évangile (Luc, XXV, 43 et XVI, 22), l'Apocalypse (II, 6) et les Épîtres de Paul (Hébreux, II, 40) et sur des arguments rationnels, comme d'habitude. Parmi ces arguments, j'en retiens un, particulièrement intéressant pour le contexte socio-idéologique de l'époque. Du côté grec, on argue que les morts forment une communauté et que, à l'instar des communautés urbaines où l'on décide en commun *(in urbanitatibus in quibus in communi decertatur)*[43] la décision pour l'ensemble des élus et des damnés doit être prise et exécutée au même moment. Albert, de son côté, signale qu'il n'est pas juste de ne pas donner aux ouvriers *(operarii)* leur salaire dès qu'ils ont fini de travailler et il rappelle que l'on voit *(videmus)* celui qui a engagé des ouvriers agricoles donner une prime *(consolatio specialis)* aux meilleurs ouvriers[44]. Or, c'est une idée chère à Albert, si l'on parle *juste salaire* (problème théorique et pratique de son temps), il ne faut pas oublier que Dieu est suprêmement juste. On serait tenté de dire qu'il est le plus juste des patrons, des «donneurs d'ouvrage».

Les articles 11 et 12 traitent de la confession et ne parlent pas du Purgatoire mais, en évoquant les problèmes de la faute *(culpa)*, des péchés mortels et véniels, ils y touchent indirectement. On retrouve ici le contexte pénitentiel dans lequel, du Lombard à Albert le Grand, s'est déroulé le débat théologique sur le Purgatoire nouveau.

C'est dans l'article XLV de la première partie de la distinction XLIV de ce commentaire qu'Albert le Grand donne le meilleur exposé, à ma connaissance, du système géographique de l'au-delà au XIIIe siècle.

La question posée est: «Y a-t-il cinq réceptacles pour les âmes après qu'elles ont été séparées du corps?» La solution est la suivante: «À cela il faut dire que les réceptacles des âmes sont divers et ils se diversifient ainsi. Ils sont un lieu ou d'aboutissement ou de passage. S'il s'agit d'un lieu d'aboutissement ils sont deux: selon le mauvais mérite l'*Enfer*, selon le bon mérite le *Royaume des cieux*. Mais l'aboutissement selon le mauvais mérite, c'est-à-dire l'Enfer, est double, selon le mérite propre et selon un pacte contraire avec la nature, au premier cas correspond *l'enfer inférieur des damnés*, au second le *limbe des enfants* qui est l'enfer supérieur... S'il s'agit d'un lieu de passage, cela peut résulter du défaut du mérite propre ou du défaut d'acquittement du prix... Dans le premier cas c'est le *Purgatoire*, dans le second le *limbe des patriarches* avant la venue du Christ[45].»

---

43. Pierre Michaud-Quantin, dans son grand livre *Universitas. Expressions du mouvement communautaire dans le Moyen Âge latin*, Paris, 1970, pp. 105 et 119, a bien noté qu'Albert le Grand «en étudiant l'action des collectivités distingue celles-ci en *urbanitates* de la société civile et *congregationes* dans l'Église». L'usage du mot lui est venu dans la discussion des théologiens à propos de l'interdiction prononcée par le pape Innocent IV d'excommunier des collectivités, importante décision de ce pontife génois. Albert a traité de ce problème un peu auparavant dans son *Commentaire du livre IV des Sentences* (distinction XIX, article 7, *Opera*, t. 29, p. 808; notre texte est se trouve p. 876 du même volume). Pierre Michaud-Quantin note que «dans le même contexte, Bonaventure emploie *congregatio* pour tout groupement civil ou religieux».
44. *Ibid.*, t. 29, pp. 877 et 878.
45. *Opera omnia*, éd. A. Borgnet, t. 30, pp. 603-604.

Il n'y a donc en fait que trois lieux : le Paradis, l'Enfer qui se dédouble en Géhenne et en limbe pour les enfants (à la place de l'ancien enfer supérieur préfigurant le Purgatoire), et le Purgatoire (lui aussi accolé à une autre moitié, le limbe des pères, mais celui-ci est vide et fermé pour toujours depuis la descente du Christ).

Élégante solution au problème des trois et des cinq lieux obtenue par un raisonnement purement abstrait, quoique évidemment fondé sur l'Écriture et la tradition. Enfin à l'article IV de la distinction XLV sur les suffrages des défunts, Albert réaffirme l'efficacité des suffrages pour les défunts dans le Purgatoire, rappelle qu'ils relèvent du for de l'Église, souligne que l'amour de l'Église militante *(charitas Ecclesiae militantis)* est la source des suffrages et que si les vivants peuvent faire bénéficier les morts de leurs suffrages, l'inverse n'est pas vrai[46].

On mesure l'enrichissement depuis le *De resurrectione*. Certes la nature de l'œuvre y conduisait plus ou moins Albert : partir du Lombard l'amenait à retrouver le lien avec le milieu de la naissance du Purgatoire, la théologie des sacrements et de la pénitence, et l'évocation des suffrages imposait le thème de la solidarité entre les vivants et les morts. Mais on sent que la réflexion d'Albert s'est, entre-temps, approfondie. L'obligation de donner des preuves de l'existence du Purgatoire le conduit à exposer de nouveaux arguments. Son dossier des «autorités» s'est enrichi et diversifié. Son exégèse des textes, en particulier de la première Épître de Paul aux Corinthiens, s'est encore affouillée. Quand il considère ce qui se passe au Purgatoire, il centre encore davantage sur le processus de la purgation que sur les peines. Il traite plus longuement du temps du Purgatoire en abordant la durée des séjours individuels plus ou moins longs alors que dans le *De resurrectione* il s'était contenté de dire que le Purgatoire durerait jusqu'au Jugement dernier, mais pas au-delà. En parlant des suffrages il invoque la communion des saints et a recours à des comparaisons qui insèrent le texte dans une vision aiguë des réalités économiques, sociales, politiques et idéologiques de son temps. Enfin il ramasse en un seul exposé le système des lieux de l'au-delà et en précisant que le limbe des patriarches n'a existé que jusqu'à la venue du Christ, il ramène le système des cinq lieux à quatre et en fait à trois, c'est-à-dire à la logique profonde de la géographie de l'autre monde chrétien.

Albert le Grand est celui des grands scolastiques qui a le plus clairement et le plus fermement traité du Purgatoire et qui, au prix peut-être de quelques silences et de quelques habiletés, lui a donné un statut théologique, si j'ose

---

46. *Ibid.*, t. 30, p. 612.

dire, élevé, sans s'attaquer aux croyances communes ni soutenir des thèses incompatibles avec elles.

2. un manuel de vulgarisation théologique

Son influence s'est poursuivie à travers l'œuvre de vulgarisation théologique d'un de ses disciples qui a d'ailleurs été publiée avec les œuvres complètes d'Albert. Il s'agit du *Compendium theologicae veritatis (Compendium de la vérité théologique)* composé par le dominicain Hugues Ripelin, prieur du couvent des prêcheurs de Strasbourg de 1268 à 1296, appelé aussi Hugues de Strasbourg. On date le *Compendium* de 1268[47].

Au livre IV est très clairement expliquée la géographie de l'au-delà et la disparition du sein d'Abraham à propos de la descente du Christ aux enfers.

> Pour savoir à quel enfer est descendu le Christ il faut noter qu'enfer a deux sens et désigne soit la peine soit le lieu de la peine. Dans le premier sens on dit que les démons apportent toujours l'enfer avec eux. Si enfer désigne le lieu de la peine, il faut distinguer quatre [lieux]. Il y a l'enfer des damnés où l'on subit la peine des sens et du dam [privation de la présence divine] et où se trouvent les ténèbres intérieures et extérieures, c'est-à-dire l'absence de grâce: c'est un deuil éternel. Au-dessus se trouve le limbe des enfants où l'on subit la peine du dam mais non celle des sens et là il y a les ténèbres extérieures et intérieures.
> Au-dessus de ce lieu il y a le Purgatoire [Hugues emploie le masculin *purgatorius* et non le neutre *purgatorium* sous-entendant donc *locus*, lieu], où il y a la peine des sens et du dam à temps, et là il y a les ténèbres extérieures, mais non intérieures, car par la grâce on y a la lumière intérieure, parce qu'on voit qu'on sera sauvé. Le lieu supérieur est le limbe des pères saints [des patriarches], où il y eut la peine du dam et non des sens, et il y eut là les ténèbres extérieures, mais non les ténèbres de la privation de la grâce. C'est dans ce lieu-ci que le Christ descendit et en libéra les siens, et «mordit» ainsi l'enfer, car il en emporta une partie, et en laissa une autre, mais, en ce qui concerne les élus, Dieu détruisit complètement la

---

[47]. Le *Compendium theologicae veritatis* a été publié par A. Borgnet au t. 34 des *Opera omnia* d'Albert le Grand, Paris, 1895. Sur Hugues de Strasbourg, consulter G. Boner, *Über den Dominikaner Theologen Hugo von Strassburg*, 1954.

mort, comme le dit Osée, XIII, 14 : « Je serai ta mort, ô mort, je serai ta morsure, Enfer. » On appelait aussi ce lieu le sein d'Abraham, c'est le ciel de l'empyrée car Abraham y est désormais. D'aucun de ces lieux il n'y a de passage dans un autre si ce n'est jadis du troisième au quatrième, c'est-à-dire du Purgatoire au limbe des pères saints [patriarches][48].

Si ce texte rappelle les conceptions d'Albert le Grand dans le *Commentaire des Sentences*, il faut noter que le Purgatoire y est présenté dans un ensemble infernal et ne se trouve pas aussi nettement coupé du limbe des enfants qu'Albert accolait à l'Enfer après en avoir détaché le Purgatoire. Hugues est plus conservateur qu'Albert à cet égard, et sa conception révèle le processus d'infernalisation du Purgatoire. En revanche, son effort de rationalisation se place plus délibérément dans une perspective historique, d'ailleurs fidèle en cela à l'esprit albertien. L'effacement historique du sein d'Abraham y est très bien noté mais nous savons que ce n'est pas la descente du Christ aux enfers, c'est-à-dire en termes historiques positifs les temps évangéliques, qui ont fait s'évanouir ou remonter aux cieux le sein d'Abraham mais la naissance du Purgatoire au tournant du XIIe au XIIIe siècle.

L'essentiel, en ce qui concerne le Purgatoire, se trouve au livre VII *Sur les derniers temps (De ultimis temporibus)* où il occupe les chapitres II à VI entre le chapitre I consacré à la fin du monde, et les chapitres qui traitent de l'Antéchrist[49]. Le *Compendium* commence par affirmer que le Purgatoire c'est l'*espoir* car ceux qui y sont « savent qu'ils ne sont pas en Enfer ». Beaucoup de raisons, ajoute-t-il, font qu'il doit y avoir un Purgatoire. D'abord, comme l'a dit Augustin, le fait qu'il y a trois sortes d'hommes : les très mauvais, les très bons et les ni très mauvais ni très bons qui doivent se débarrasser de leurs péchés véniels par la peine du Purgatoire. Les six autres raisons relèvent essentiellement de la justice et de la nécessité d'une purification baptismale avant de jouir de la vision béatifique. Mais dès qu'elles sont purgées, les âmes s'envolent vers le Paradis, vers la gloire.

La peine du Purgatoire est double : peine du dam et peine des sens et elle est très dure *(acerba)*. Le feu du Purgatoire est à la fois corporel et incorporel, non par métaphore mais par image, par similitude, « comme un vrai lion et un lion peint » tous deux réels mais, comme nous dirions aujourd'hui, avec la différence qui sépare un vrai lion d'un lion « de papier ».

---

48. *Compendium*..., IV, 22. *Opera omnia*, éd. A. Borgnet, vol. 34, p. 147.
49. *Ibid.*, pp. 237-241.

LE TRIOMPHE DU PURGATOIRE

Sur la localisation du Purgatoire Hugues renvoie à ce qu'il a dit à propos de la descente du Christ aux enfers et ajoute que si, selon la loi commune, le Purgatoire est localisé dans un compartiment de l'Enfer, par dispense spéciale certaines âmes peuvent se purger dans certains lieux où elles ont péché, comme le révèlent certaines apparitions.

Les suffrages de l'Église (chap. IV) valent non pour obtenir la vie éternelle mais pour être libéré de la peine, qu'il s'agisse d'une mitigation de la peine ou d'une libération plus rapide. Il y a quatre sortes de suffrages : la prière, le jeûne, l'aumône et le sacrement de l'autel (messe). Ces suffrages ne peuvent bénéficier qu'à ceux qui ici-bas ont mérité de pouvoir en profiter après leur mort. De façon originale et curieuse, le *Compendium* ajoute que les suffrages peuvent aussi profiter aux élus et aux damnés. Aux élus par augmentation, car la multiplication des élus par adjonction des âmes délivrées du Purgatoire augmente la gloire « accidentelle » de l'ensemble des bienheureux. Aux damnés par diminution car, en sens inverse, la diminution du nombre des damnés allège la peine de l'ensemble des damnés. Si ce raisonnement est spécieux en ce qui concerne les élus, il m'apparaît absurde en ce qui concerne les damnés. Ici la machine scolastique avide de symétries me semble dérailler.

Enfin, comme l'avait fait Bonaventure, le *Compendium* déclare que les laïcs ne peuvent faire bénéficier les morts de suffrages que par l'accomplissement de bonnes œuvres. Les bénéficiaires d'indulgences ne peuvent pas transférer ces indulgences ni à des vivants ni à des morts. Le pape en revanche – et lui seul – peut dispenser aux défunts à la fois des indulgences par autorité et le suffrage des bonnes œuvres par amour *(charitas)*. Ainsi la monarchie pontificale étend-elle, au-delà du domaine d'ici-bas, son pouvoir sur l'au-delà : elle envoie désormais – par canonisation – des saints au Paradis et soustrait des âmes au Purgatoire.

3. le Purgatoire au cœur de l'intellectualisme : Thomas d'Aquin et le retour de l'homme à Dieu

Je me suis efforcé de montrer comment quelques grands scolastiques ont parlé du Purgatoire, affirmant avec force son existence mais en conservant quelques hésitations sur sa localisation, en se montrant discrets sur ses aspects les plus concrets et en lui accordant une place relativement mineure dans leur système théologique. Il est encore délicat de définir en quelques pages la place du Purgatoire dans la plus complexe construction théologique du XIIIe siècle, celle de Thomas d'Aquin.

Thomas d'Aquin a traité du Purgatoire à plusieurs reprises dans son œuvre[50].
Thomas, fils du comte d'Aquino, né au château de Roccasecca en Italie du Sud, à la fin de 1224 ou au début de 1225, entré chez les dominicains à Naples en 1244, fait ses études à Naples, à Paris et à Cologne avec Albert le Grand. C'est alors qu'il est bachelier sententiaire à Paris, de 1252 à 1256, qu'il compose non un vrai commentaire des *Quatre Livres de Sentences* de Pierre Lombard mais un *Écrit (Scriptum)*, une suite de questions et de discussions sur ce texte. Il y parle évidemment du Purgatoire aux questions XXI et XLV du livre IV. On a défini le plan du *Scriptum* de Thomas comme résultant d'une organisation «totalement théocentrique». Il comprend trois parties: «Dieu en son être, les créatures en tant qu'elles viennent de Dieu, les créatures en tant qu'elles retournent à Dieu[51].» La troisième partie, consacrée au retour *(redditus)* est dédoublée. C'est dans le second volet de cette troisième partie qu'il est question du Purgatoire.
Thomas traita aussi du Purgatoire dans divers écrits polémiques contre les musulmans, les Grecs et les Arméniens et de façon plus générale: les Gentils, incluant aussi probablement Juifs et hérétiques. Ils sont composés en Italie et pour la plupart à Orvieto en 1263 et 1264: ce sont le *Contra errores Grecorum (Contre les erreurs des Grecs)* composé à la demande du pape Urbain IV, le *De rationibus fidei contra Saracenos, Graecos et Armenos ad Cantorem Antiochiae (Des raisons de la foi contre les Sarrasins, les Grecs et les Arméniens pour le chantre d'Antioche)* et le livre IV de la *Summa contra Gentiles (Somme contre les Gentils)*. J'en parlerai plus loin en traitant du Purgatoire dans les négociations entre Grecs et Latins.
Le Purgatoire apparaît encore dans le *De Malo (Du Mal)*, questions disputées à Rome en 1266-1267. Thomas d'Aquin meurt le 7 mars 1274 à l'abbaye cistercienne de Fossanova alors qu'il est en route pour se rendre au IIe concile de Lyon. Il laisse inachevée sa grande œuvre, la *Somme théologique (Summa theologiae)* où, à l'instar de Bonaventure dans le *Breviloquium*, il se montre soucieux de reprendre dans un exposé plus personnel (et, au contraire de Bonaventure, beaucoup plus ample) les problèmes abordés dans le *Scriptum* sur les *Quatre Livres de Sentences* de Pierre Lombard. Un groupe de disciples dirigés par Réginald de Piperno achève la *Somme* en lui ajoutant un *Supplément* emprunté pour l'essentiel à des écrits antérieurs de saint Thomas et plus particulièrement au *Scriptum*. C'est le cas pour ce

---

50. Sur Thomas d'Aquin, voir M.-D. Chenu, *Introduction à l'étude de saint Thomas d'Aquin*, Montréal-Paris, 1950; J. A. Weisheipl, *Friar Thomas d'Aquino, his Life, Thought and Works*, Oxford, 1974; *Thomas von Aquino. Interpretation und Rezeption. Studien und Texte*, éd. W. P. Eckert, Mayence, 1974.
51. M. Corbin, *Le Chemin de la théologie chez Thomas d'Aquin*, Paris, 1974, p. 267.

qui concerne le Purgatoire qui, faisant partie de l'exposé sur «les fins dernières», venait vers la fin de l'œuvre.

Je concentre mon analyse sur le *Supplément* en me référant, le cas échéant, au *Scriptum*[52].

Je comprends les objections que ce choix peut susciter. Le *Supplément* n'est pas un texte authentique de saint Thomas, même s'il a été rédigé par des disciples consciencieux et respectueux, désireux de n'utiliser que des textes de Thomas lui-même. Le montage des extraits gauchit la pensée de Thomas et la trahit doublement. En la rendant plus rigide et en l'appauvrissant, en faisant d'un état relativement ancien de sa doctrine le couronnement de son édifice théologique. Mais le *Supplément* n'a pas seulement l'avantage de la citation textuelle et de la cohérence, il représente ce que les clercs du bas Moyen Âge ont considéré comme la position définitive de Thomas sur les problèmes de l'au-delà.

La question LXIX du *Supplément* concerne la résurrection et d'abord «les réceptacles des âmes après la mort» (c'est la question I de la distinction XLV du commentaire du livre IV des *Sentences*). Les auteurs du *Supplément* voient, semble-t-il, le programme de la *Somme*, d'une façon surtout linéaire, marquée par les repères chronologiques du type «avant, pendant, après[53]». Thomas d'Aquin, dans la perspective du *redditus*, du retour de la créature à Dieu, oriente tout le processus à partir de cette fin et non d'une trajectoire historique. Je tenterai d'expliquer, au chapitre suivant, la pensée du temps du Purgatoire pour la masse des fidèles du XIIIe siècle comme une combinaison de temps eschatologique et de temps successif. De tous les grands scolastiques du XIIIe siècle, saint Thomas m'apparaît comme le plus détaché de l'expérience commune des hommes de son temps en ce qui concerne les fins dernières. C'est, dans la plus forte acception du terme, une pensée hautaine. Dans cette pensée d'éternité la place d'une réalité aussi transitoire que le Purgatoire n'est pas très importante, d'autant plus que la créature n'y a plus de mérite. J'ai l'impression que Thomas traite du Purgatoire comme d'une question imposée, d'une «question au programme» pour parler le jargon universitaire, non d'un problème essentiel. Pour employer un vocabulaire qui n'est pas le sien, je dirai que le Purgatoire lui semble «vulgaire».

---

52. J'ai utilisé l'édition de la *Somme théologique* publiée avec une traduction et des notes par les éditions de la Revue des Jeunes chez Desclée et Cie. Le Purgatoire se trouve dans l'opuscule sur *L'Au-Delà* qui contient les questions 69 à 74 du *Supplément*, Paris, Tournai, Rome, 2e éd., 1951, avec une traduction de J. D. Folghera et des notes et appendices de L. Wébert: Le mot *purgatorium* remplit 6 colonnes dans l'*Index Thomisticus, Sectio II, concordantia prima*, éd. R. Busa, 1974, vol. 18, pp. 961-962.
53. Voir les notes de J. Wébert dans l'opuscule signalé à la note précédente, p. 287.

Je crois devoir conserver à la doctrine thomiste du Purgatoire la relative rigidité que lui a donnée le *Supplément.*
La question sur la demeure des âmes après la mort se décompose en sept articles : « 1) Y a-t-il certaines demeures assignées aux âmes après la mort ? 2) Y vont-elles aussitôt après la mort ? 3) Peuvent-elles en sortir ? 4) L'expression "le sein d'Abraham" désigne-t-elle un limbe de l'Enfer ? 5) Ce limbe est-il le même que l'Enfer des damnés ? 6) Le limbe des enfants est-il le même que celui des patriarches ? 7) Faut-il distinguer un nombre précis de réceptacles ? »
À la première question, Thomas répond par l'affirmative mais après être parti de deux opinions en apparence contraires de Boèce (« l'opinion commune des sages est que les êtres incorporels ne sont pas dans un lieu ») et d'Augustin (XII *Super Genesim ad litteram*) qui sont, on le sait, ses penseurs chrétiens préférés. Il donne d'ailleurs de cette localisation une définition abstraite : « Aux âmes séparées... on peut assigner certains lieux corporels correspondant à leurs degrés de dignité » et elles y sont « comme dans un lieu » *(quasi in loco).* On retrouve le fameux *quasi* qui rappelle le *quasi per ignem* d'Augustin. En revanche l'Aquinate fait se rencontrer la plus haute et la plus dynamique conception théologique avec la psychologie commune quand il déclare que « les âmes, du fait qu'elles connaissent que tel ou tel lieu leur est assigné, en conçoivent de la joie ou de la tristesse : c'est ainsi que leur demeure contribue à leur récompense ou à leur châtiment[54] ».
Dans l'article 2, il conclut – en se fondant sur la comparaison de la gravitation des corps : « Comme le lieu qui est assigné à une âme correspond à la récompense ou au châtiment qu'elle a mérité, aussitôt que cette âme est séparée du corps, elle est engloutie en enfer ou elle s'envole au ciel, à moins, en ce dernier cas, qu'une dette envers la justice divine ne retarde son envolée, l'obligeant à une purgation préalable[55]. » Dans le courant de la discussion, pour justifier la sortie des âmes du Purgatoire avant le Jugement dernier où tous les corps dont les âmes l'auront mérité deviendront glorieux ensemble, il déclare, en réponse aux arguments des théoriciens de la communauté (les *urbanitates* d'Albert le Grand) et des Grecs : « La glorification simultanée de toutes les âmes s'impose moins que celle de tous les corps. »
L'article 3 traite des revenants, ce grand chapitre de l'imaginaire des sociétés, trop dédaigné jusqu'à maintenant par les historiens[56]. Thomas d'Aquin

---

54. *Ibid.*, p. 13.
55. *Ibid.*, p. 17.
56. Voir toutefois les pages pionnières de J. Delumeau, *La Peur en Occident (XIVe-XVIIIe siècle)*, Paris, 1978 (voir Index s. v. *revenants*) et de H. Neveux, « Les lendemains de la mort dans les croyances occidentales (vers 1250-vers 1300) », in *Annales E.S.C.*, 1979, pp. 245-263. J.-Cl. Schmitt et J. Chiffoleau ont entrepris des recherches sur les revenants médiévaux.

est visiblement préoccupé par la nature des apparitions, visions, rêves, par leur manifestation pendant la veille ou le sommeil, leur caractère apparent ou réel. La société chrétienne médiévale a mal maîtrisé ses rêves et leur interprétation[57]. Élus, damnés et âmes purgatoires peuvent, selon Thomas qui prend en compte, quoique visiblement avec réluctance, la littérature des visions, sortir de leurs lieux respectifs dans l'au-delà et apparaître aux vivants. Dieu ne permet ces sorties que pour l'instruction des vivants et, dans le cas des damnés et, à un moindre degré, des âmes du Purgatoire, pour les terrifier *(ad terrorem)*. Les élus peuvent apparaître à leur gré, les autres ne le peuvent qu'avec la permission de Dieu. Pour les élus et les damnés leurs apparitions sont, Dieu merci (c'est moi qui l'ajoute, mais je ne pense pas forcer l'opinion de Thomas), rares : «Les morts, s'ils vont au Ciel, leur union à la volonté divine est telle que rien ne leur semble permis qu'ils ne voient conforme aux dispositions de la Providence ; s'ils sont en Enfer, ils sont tellement accablés par leurs peines qu'ils pensent plus à se lamenter sur eux-mêmes qu'à apparaître aux vivants.» Restent ceux qui sont dans le Purgatoire, comme en témoigne Grégoire le Grand. Ils «viennent implorer des suffrages» mais à ceux-là aussi, comme on verra, Thomas est soucieux de limiter au minimum leur vagabondage. En revanche, la sortie pour le Ciel des âmes purgées dans le Purgatoire est normale.

Article 4 : le sein d'Abraham était bien un limbe de l'Enfer mais depuis la descente du Christ aux enfers, il n'existe plus. Thomas suit ici l'enseignement de son maître Albert le Grand. À l'article 5 il précise que «le limbe des patriarches occupait probablement le même lieu que l'Enfer ou un lieu voisin, quoique supérieur». L'article 6 distingue le limbe des enfants de celui des patriarches. Le premier demeure, mais comme ces enfants ne sont coupables que du seul péché originel, ils ne sont passibles que de la plus légère des punitions et même Thomas se demande si plutôt que de punition il ne s'agit pas seulement d'un retard dans la glorification *(dilatio gloriae)*.

Dans l'article 7 Thomas esquisse une typologie des réceptacles de l'au-delà[58]. Première hypothèse : «Les réceptacles correspondent au mérite ou au démérite», il devrait donc y avoir deux demeures dans l'au-delà : le Paradis pour le mérite et une autre demeure pour le démérite.

Deuxième hypothèse : «C'est dans un seul et même lieu que, pendant la vie, les hommes méritent ou déméritent.» On peut donc envisager une seule et même demeure assignée à tous après la mort.

---

57. Voir *supra*, «Les rêves dans la culture et la psychologie collective de l'Occident médiéval», in *Pour un autre Moyen Âge*, pp. 287-293. Albert le Grand a abordé résolument le problème dans son traité *De somno et vigilia*.
58. Saint Thomas d'Aquin, *Somme théologique. L'Au-delà, op. cit.*, pp. 38-46.

Troisième hypothèse : ces lieux doivent correspondre aux péchés qui peuvent être de trois sortes : originel, véniel, mortel. Il devrait donc y avoir trois réceptacles. On peut aussi penser à «l'air ténébreux qui est représenté comme la prison des démons», au Paradis terrestre où se trouvent Hénoch et Élie. Il y a donc plus de cinq réceptacles.
Ce n'est pas tout. On peut encore penser qu'il faut un lieu pour l'âme qui quitte le monde avec seulement le péché originel et des péchés véniels. Elle ne peut aller au ciel ni au limbe des patriarches puisqu'elle n'a pas la grâce, ni au limbe des enfants puisqu'il n'y a pas là de peine des sens, due au péché véniel, ni au Purgatoire puisqu'on n'y reste pas toujours, alors qu'une peine éternelle lui est due, ni en Enfer puisque seul le péché mortel y condamne. Curieuse hypothèse d'école qui prend en compte le limbe des patriarches qui a été définitivement fermé par le Christ et qui conçoit le péché véniel comme une faute non rémissible après la mort, ne relevant pas du Purgatoire.
Mais encore, comme les réceptacles correspondent au mérite et au démérite dont il y a des degrés infinis, on peut aussi distinguer un nombre infini de réceptacles pour le mérite ou le démérite. On ne peut non plus exclure que les âmes soient punies ici-bas sur les lieux où elles ont péché. De même encore que les âmes en état de grâce mais chargées de fautes vénielles ont une demeure spéciale, le Purgatoire, distincte du Paradis, les âmes en état de péché mortel mais qui ont accompli quelques bonnes œuvres dont elles devraient être récompensées, devaient avoir un réceptacle particulier, distinct de l'Enfer. Enfin de même que, avant la venue du Christ, les Pères attendaient la gloire de l'âme, ils attendent maintenant la gloire du corps. De même qu'ils attendaient dans un réceptacle particulier avant la venue du Christ, ils devraient maintenant attendre dans un autre lieu que celui où ils seront après la résurrection, c'est-à-dire le Ciel.
Après ce tour d'horizon des hypothèses, Thomas donne sa solution : les réceptacles des âmes sont distincts selon leurs différents états. Thomas emploie ici un terme : *status* qui connaît un grand succès au XIIIe siècle. Il désigne aussi bien les diverses conditions socioprofessionnelles des hommes ici-bas que les différents statuts juridiques, spirituels, moraux des individus. Sa principale référence est celle d'une nature juridique. On y décèle l'empreinte du droit sur la théologie. Les âmes en état de recevoir au moment de la mort la récompense finale en bien vont au Paradis, celles en état de la recevoir en mal vont en Enfer, celles que charge le seul péché originel vont au limbe des enfants. L'âme dont l'état ne permet pas de recevoir la rétribution finale va au Purgatoire si c'est à cause de la personne, si c'est à cause de la seule nature, elle irait au limbe des patriarches mais celui-ci n'existe plus depuis la descente du Christ aux enfers.

Thomas justifie alors cette solution. En s'appuyant sur le pseudo-Denys et sur Aristote (*Éthique*, II, 8, 14), il affirme qu'« il y a une seule manière d'être bon, mais de multiples d'être mauvais ». Il n'y a donc qu'un lieu pour la récompense du bien, mais plusieurs pour les péchés. Les démons n'ont pas l'air mais l'Enfer pour demeure. Le Paradis terrestre se rapporte à l'ici-bas et ne fait pas partie des réceptacles de l'au-delà. La punition du péché en cette vie est hors de la question, car elle n'arrache pas l'homme à l'état de mérite ou de démérite. Comme le mal ne se présente jamais à l'état pur et sans mélange de bien et réciproquement, pour atteindre la béatitude qui est le souverain bien, il faut être purgé de tout mal et si ce n'est pas le cas au moment de la mort, il faut qu'il existe pour cette purgation complète un lieu après la mort. C'est le Purgatoire.

Et Thomas ajoute que ceux qui sont en Enfer ne peuvent pas être privés de tout bien, les bonnes œuvres accomplies sur terre peuvent valoir aux damnés une mitigation de leur peine. Thomas se souvient sans doute ici, sans le citer, d'Augustin et de son hypothèse d'une « damnation plus tolérable » pour les « pas tout à fait mauvais ».

Il existe ainsi quatre demeures ouvertes dans l'au-delà : le Ciel, le limbe des enfants, le Purgatoire et l'Enfer et une fermée, le limbe des patriarches. Si l'existence d'un lieu pour la purgation après la mort, le Purgatoire, ne fait aucun doute pour lui, il ne s'intéresse pas à son caractère intermédiaire, mais à son existence temporaire. Dans la perspective d'éternité où il se place il n'y a que trois vrais lieux de l'au-delà : le Paradis céleste, le limbe des enfants, l'Enfer. De tous les systèmes scolastiques, le système thomiste est celui qui a la vision la plus complète et la plus riche des problèmes concernant les lieux de l'au-delà, mais c'est aussi le plus « intellectuel », le plus éloigné de la mentalité commune de son époque.

La question LXX traite de la condition de l'âme séparée du corps et de la peine qui lui est infligée par le feu corporel. Elle correspond à une partie (question XXXIII, article 3) du *Scriptum* sur la distinction XLIV du livre IV des *Sentences* de Pierre Lombard. Thomas y défend la conception d'un feu corporel.

Le *Supplément* présente ici une question sur la peine due au seul péché originel, c'est-à-dire le limbe des enfants, et une question sur le Purgatoire que les éditeurs de l'édition léonine[59] placent en appendice. Ceux-ci ont sans doute raison car le projet de Thomas ne semble pas devoir inscrire à cette place des développements qui rompent le mouvement de l'exposé des fins dernières dans le plan d'ensemble de la *Somme*. Ils soulignent du même

---

59. Édition destinée à être l'édition standard, sinon officielle, des œuvres complètes de Thomas d'Aquin ainsi appelée parce qu'elle a été entreprise depuis 1882 à l'initiative du pape Léon XIII, promoteur du néo-thomisme. Cette édition n'est pas encore achevée.

coup que le Purgatoire n'était pas une pièce essentielle dans le système de la *Somme*. Mais je vais en traiter maintenant puisque mon propos est centré, lui, sur le Purgatoire.

La question sur le Purgatoire présente huit demandes[60]. 1. Y a-t-il un Purgatoire après cette vie? 2. Est-ce dans le même lieu que les âmes sont purgées et les damnés punis? 3. La peine du purgatoire excède-t-elle toute peine temporelle dans cette vie? 4. Cette peine est-elle volontaire? 5. Les âmes dans le Purgatoire sont-elles punies par les démons? 6. Par la peine du purgatoire le péché véniel est-il expié quant à la coulpe? 7. Le feu purgatoire libère-t-il de l'imputation de la peine? 8. L'un est-il libéré plus vite que l'autre de cette peine?

La justice de Dieu, répond Thomas à la première demande, exige que celui qui est mort après s'être repenti de ses péchés et avoir reçu l'absolution mais n'a pas achevé sa pénitence soit puni après la mort. Donc «ceux qui nient le Purgatoire parlent contre la justice divine: c'est une erreur, qui éloigne de la foi». L'appel qui est fait ici à l'autorité de Grégoire de Nysse apparaît comme une habileté dans la polémique avec les Grecs. Et Thomas ajoute que, «puisque l'Église ordonne de "prier pour les défunts pour qu'ils soient délivrés de leurs péchés", ce qui ne peut viser que ceux qui sont dans le Purgatoire, les négateurs du Purgatoire résistent à l'autorité de l'Église, ils sont hérétiques». Il rejoint ainsi l'opinion d'Albert le Grand.

À la deuxième demande, Thomas répond par une géographie de l'au-delà quelque peu différente de la topographie et des arguments présentés à la question LXIX qu'on vient de voir. Cette différence ne semble pas avoir gêné les auteurs du *Supplément* mais c'est une raison supplémentaire pour rejeter cette question en appendice, comme l'ont fait les éditeurs de l'édition léonine. Mais il nous faut examiner cette autre présentation de la localisation du Purgatoire. «L'Écriture ne dit rien de précis sur la localisation du Purgatoire», note Thomas, et il n'y a pas d'argument rationnel décisif[61]. Mais il est probable d'après les déclarations des saints et les révélations faites à de nombreux vivants que le lieu du Purgatoire est double. Selon «la loi commune», le lieu du Purgatoire est un lieu inférieur (souterrain) contigu à l'Enfer et c'est le même feu qui brûle les justes dans le Purgatoire et les damnés qui sont pourtant dans un lieu situé au-dessus. Selon «la dispensation», on voit que certains sont punis en divers lieux ici-bas «soit pour l'instruction des vivants, soit pour le soulagement des morts en faisant connaître

---

60. Saint Thomas d'Aquin, *L'Au-delà*, pp. 97-128. Cette question reprend des éléments de la distinction XXI du *Livre IV des Sentences* de Pierre Lombard dans le *Scriptum* de Thomas.
61. «*de loco purgatorii non inuenitur aliquid expresse determinatum in scriptura, nec rationes possunt ad hoc efficaces induci*» (*ibid.*, p. 105).

aux vivants leur peine afin qu'ils l'adoucissent par les suffrages de l'Église».
Toutefois Thomas est hostile à l'idée que l'on fasse son purgatoire sur les lieux où l'on a péché. Il est visiblement soucieux ici encore de restreindre au minimum la présence des revenants sur la terre[62]. Enfin Thomas repousse l'opinion de ceux qui pensent que, selon la loi commune, le Purgatoire est situé au-dessus de nous (c'est-à-dire dans le ciel) car les âmes du Purgatoire seraient intermédiaires entre nous et Dieu quant au statut. Impossible, répond-il, car elles sont punies non pour ce qu'elles ont de supérieur, mais pour ce qu'elles ont d'inférieur en elles. Argument bien spécieux, proche du jeu de mots, et qui rappelle les fausses étymologies chères aux clercs médiévaux. Quoi qu'il en soit, cette remarque est intéressante car elle montre que Thomas participe à l'«infernalisation» du Purgatoire au XIIIe siècle mais qu'il y avait des clercs pour penser que le Purgatoire n'était pas souterrain mais quasi céleste. Ce sont des précurseurs de Dante qui fera s'élever la montagne du Purgatoire sur la terre, mais vers le ciel.

Pour la dureté de la peine du Purgatoire (troisième demande), Thomas estime qu'aussi bien pour la peine du dam que pour la peine des sens «le moindre degré de l'une comme de l'autre surpasse la peine la plus grande que l'on puisse endurer ici-bas». L'âpreté *(acerbitas)* de la peine du purgatoire ne vient pas de la quantité du péché puni, mais de la situation de celui qui est puni car le péché est puni plus lourdement dans le Purgatoire qu'ici-bas. Thomas ne veut visiblement pas cautionner l'idée qu'il puisse y avoir un rapport quantitatif entre le péché commis ici-bas et les peines subies dans le purgatoire. Bien qu'il insiste sur la justice de Dieu en ces affaires, il ne parle pas de proportionnalité. Il ne s'engage en quoi que ce soit sur la voie d'une comptabilité de l'au-delà.

En estimant, en réponse à la quatrième demande, que la peine du purgatoire est volontaire non parce que les âmes la désirent, mais parce qu'elles savent que c'est le moyen d'être sauvées, Thomas réfute l'opinion de ceux qui pensent que les âmes du Purgatoire sont tellement absorbées par leurs peines qu'elles ne savent pas que celles-ci les purgent, et se croient damnées. Les âmes dans le Purgatoire savent qu'elles seront sauvées.

Comme Albert le Grand, Thomas pense que ce ne sont pas les démons qui tourmentent les âmes dans le Purgatoire, mais il est possible qu'ils les y

---

62. Le commentateur de notre édition du *Supplément*, le Père J. Wébert, est quand même scandalisé par le cas que fait Thomas d'Aquin des récits d'apparition de revenants: «Il nous paraît singulier, écrit-il, que saint Thomas prenne en considération les récits sur les trépassés qui expient en certains lieux terrestres. Cela fait penser aux "âmes en peine" des contes fantastiques» (pp. 304-305). Je m'étonne, quant à moi, du peu de familiarité du commentateur moderne avec la littérature médiévale des visions et avec la mentalité commune du XIIIe siècle dont saint Thomas, tout intellectuel qu'il soit, doit tenir compte et qu'il partage en partie.

accompagnent et qu'ils se plaisent à les regarder souffrir. C'est la réponse à la cinquième demande. À la sixième et à la septième question Thomas réplique que le feu purgatoire purge en effet des péchés véniels mais il a l'air de considérer ici ce feu comme un feu métaphorique. Sur ce point il semble partager les hésitations de saint Augustin.
Enfin si Thomas répond affirmativement à la question de savoir si certains sont délivrés plus vite que d'autres dans le Purgatoire (il esquisse alors un commentaire de I Corinthiens, III, 10-15) et s'il emploie cette fois-ci le mot de «proportion», c'est pour évoquer, dans l'appréciation de l'âpreté *(acerbitas)* des peines du Purgatoire, à la fois l'intensité et la durée. Il veut certainement éviter que ne s'instaure une arithmétique vulgaire du temps du Purgatoire.
Reprenant le fil de son exposé sur les fins dernières, les auteurs du *Supplément* font traiter Thomas dans la question LXXI des problèmes des *suffrages* pour les morts à l'aide de la deuxième question de la distinction XLV du *Scriptum* sur le *Livre IV des Sentences* du Lombard. C'est le traitement le plus approfondi de cette question que je connaisse avant le XIXe siècle[63]. Thomas y répond à quatorze demandes : 1. Les suffrages faits pour un mort peuvent-ils profiter à un autre ? 2. Les morts peuvent-ils être aidés par les œuvres des vivants ? 3. Les suffrages faits par des pécheurs peuvent-ils profiter aux morts ? 4. Les suffrages faits pour des défunts sont-ils utiles à ceux qui les font ? 5. Les suffrages sont-ils utiles aux damnés ? 6. Sont-ils utiles à ceux qui sont dans le Purgatoire ? 7. Sont-ils utiles aux enfants qui sont dans le limbe ? 8. Sont-ils utiles aux bienheureux ? 9. La prière de l'Église, le sacrifice de l'autel, l'aumône sont-ils utiles aux défunts ? 10. Les indulgences accordées par l'Église leur sont-elles utiles ? 11. Les cérémonies des obsèques leur sont-elles utiles ? 12. Les suffrages sont-ils plus utiles pour celui qui en est le destinataire que pour les autres défunts ? 13. Les suffrages faits pour beaucoup à la fois sont-ils aussi utiles à chacun que s'ils lui étaient uniquement destinés ? 14. Les suffrages communs sont-ils aussi utiles à ceux qui n'en ont pas d'autres que le sont les suffrages spéciaux et les suffrages communs à ceux qui bénéficient des uns et des autres ?
Voici dans l'ordre que je ne crois toujours pas devoir bouleverser dans la crainte de m'éloigner davantage de la pensée de Thomas, l'essentiel des réponses de l'Aquinate, surtout dans la perspective du Purgatoire :
1. Nos actes peuvent avoir deux effets : acquérir un état, acquérir un bien consécutif à un état, comme une récompense accidentelle ou la rémission d'une peine. L'acquisition d'un état ne peut s'obtenir que par son propre

---

63. La question LXXI se trouve pp. 129-203 de l'éd. A. Borgnet, vol. 34.

mérite. Ainsi pour la vie éternelle. En revanche, en raison de la « communion des saints » *(sanctorum communio)* on peut offrir des bonnes œuvres à d'autres par une sorte de donation : les prières leur procurent la grâce dont le bon usage peut donner la vie éternelle à condition qu'ils l'aient méritée par eux-mêmes. Admirable équilibre entre le mérite individuel et la solidarité, la charité collective.

2. « Le lien de charité qui unit les membres de l'Église ne vaut pas seulement pour les vivants mais aussi pour les défunts qui sont morts en état d'amour *(charitas)*... Les morts vivent dans la mémoire des vivants... et ainsi les suffrages des vivants peuvent être utiles aux morts. » Ce faisant, Thomas réfute l'opinion d'Aristote selon qui (*Éthique*, I, 11) « il n'y a aucune communication possible entre les vivants et les morts ». Mais cela ne vaut que pour les relations de la vie civile non de la vie spirituelle, fondée sur la charité, l'amour de Dieu « pour qui les esprits des morts sont vivants ». C'est la plus belle expression que j'aie rencontrée des liens entre les vivants et les morts à propos du Purgatoire.

3. Oui, même les suffrages des pécheurs sont utiles aux morts car la valeur des suffrages dépend de la condition du défunt et non de celle du vivant. Ils opèrent par ailleurs à l'instar des sacrements qui sont efficaces par eux-mêmes, indépendamment de celui qui opère.

4. En tant que satisfactoire (expiatoire de la peine) le suffrage devient la propriété du défunt qui peut seul en bénéficier, mais en tant que méritoire de la vie éternelle, en raison de la charité dont il procède, il peut être utile et à celui qui le reçoit et à celui qui le donne.

5. Oui, d'après certains textes (notamment II Maccabées, XII, 40) les suffrages peuvent être utiles aux damnés mais Thomas pense que par damnation il faut entendre condamnation au sens plus large et que cela vaut surtout pour la peine du purgatoire. De toute façon cela relève du miracle et doit arriver rarement (peut-être fut-ce le cas de l'empereur Trajan). Au passage Thomas réfute les opinions d'Origène, de Prévostin, des disciples de Gilbert de la Porrée et de Guillaume d'Auxerre. Et il réfute à nouveau, très explicitement cette fois, toute idée de proportionnalité, même appuyée par une citation de Grégoire le Grand.

6. Les suffrages sont utiles à ceux qui sont dans le Purgatoire et même leur sont spécialement destinés car Augustin a dit que les suffrages s'adressent à ceux qui ne sont ni tout à fait bons, ni tout à fait mauvais. Et, même, la multiplication des suffrages peut annihiler la peine du Purgatoire.

7. Ces suffrages sont inutiles pour les enfants morts sans baptême, qui ne sont pas en état de grâce, car ils ne peuvent changer l'état des défunts.

8. Ils sont inutiles aussi aux bienheureux puisque le suffrage est une assistance qui ne convient donc pas à qui ne manque de rien.

9. La condition de l'utilité des suffrages c'est l'union dans l'amour *(charitas)* entre «les vivants et les morts». Les trois suffrages les plus efficaces sont bien l'*aumône*, en tant que principal effet de la charité, la *prière*, le meilleur suffrage selon l'intention, et la *messe* car l'Eucharistie est la source de la charité et c'est le seul sacrement dont l'efficacité soit communicable. Les messes les plus efficaces sont celles qui contiennent des prières spéciales pour les défunts mais l'intensité de la dévotion de celui qui la célèbre ou la fait célébrer est essentielle. Le jeûne est aussi utile, mais de façon moindre, car il est plus extérieur. De même l'oblation de cierges ou d'huile prônée par saint Jean Damascène.

10. Oui, l'indulgence est applicable aux morts car «il n'y a pas de raison que l'Église puisse transférer les mérites communs, source des indulgences, aux vivants et non aux morts». Sur ce point la vigilance de Thomas est en défaut. Il est trop «homme d'Église».

11. Thomas est plus libéral encore qu'Augustin dont il se réclame en ce qui concerne l'utilité des pompes funèbres. Augustin disait que «tout ce que l'on fait pour le corps des défunts ne leur sert de rien pour la vie éternelle, mais n'est qu'un devoir d'humanité[64]». Pour Thomas le cérémonial de l'ensevelissement peut être indirectement utile aux morts en étant l'occasion de bonnes œuvres en faveur de l'Église et des pauvres, et en incitant à prier pour le défunt. Mieux encore, faire ensevelir un défunt dans un sanctuaire ou un lieu saint, à condition que ce ne soit pas pour la vaine gloire, peut valoir au mort l'aide du saint auprès duquel il aura été enterré. Thomas est ici de son temps et de son ordre. Dominicains (et Franciscains) accueillent et même attirent la sépulture des laïcs (surtout des puissants et des riches) dans leurs églises et leurs cimetières et les laïcs recherchent de plus en plus la faveur de bénéficier de la sépulture dans les églises jusqu'alors réservée aux clercs et aux religieux. Mais le plus intéressant dans cet article est peut-être que saint Thomas, s'appuyant sur un verset de saint Paul (Éphésiens, v, 29) : «Jamais personne n'a haï sa propre chair», déclare que «le corps faisant partie de la nature humaine, il est naturel à l'homme de l'aimer». On est loin ici du mépris monastique traditionnel pour le corps «cet abominable vêtement de l'âme»[65].

12. Malgré la communion des saints, Thomas pense que les suffrages sont surtout utiles à ceux à qui ils sont destinés plutôt qu'à d'autres car pour lui compte surtout l'intention du vivant qui fait le suffrage, le mort ne pouvant

---

64. *De cura pro mortuis gerenda*, chap. XVIII.
65. Ce mépris – surtout monastique – pour le corps n'a pas empêché les penseurs chrétiens du Moyen Âge (y compris les moines) d'être persuadés qu'on ne pouvait faire son salut que «corps et âme», au moyen même du corps.

plus mériter. Il ne se laisse pas convaincre par l'argument selon lequel les riches peuvent être mieux secourus par ce système individuel dans le Purgatoire que les pauvres. L'expiation de la peine, répond-il, n'est presque rien en comparaison de la possession du royaume des cieux et là les pauvres sont favoris.

13. «Celui qui prie n'est pas capable, par une même prière, de satisfaire autant pour plusieurs que pour un seul.» Thomas penche ici décidément vers l'individu, sinon l'individualisme.

14. «On peut croire que, par un effet de la miséricorde divine, le surplus des suffrages particuliers, surabondants pour ceux auxquels ils sont destinés, est appliqué à d'autres défunts qui sont privés de tels suffrages et qui ont besoin de secours.»

Tout au long de ces questions Thomas s'est montré sensible aux problèmes de dette, de transfert de biens. Son vocabulaire emprunte volontiers à la terminologie juridico-économique. Thomas refuse la comptabilité de l'au-delà mais n'en écarte pas certaines transactions qui rappellent davantage le milieu des petits nobles endettés que celui des marchands. Est-il besoin de dire que sa pensée reste toujours essentiellement religieuse ? Il continue à se préoccuper davantage d'états que de choses, de conditions que de lieux, d'être que d'avoir.

Il reste à compléter ou à nuancer l'exposé du *Supplément* à l'aide de deux passages des œuvres authentiques de saint Thomas qui permettent aussi de repérer l'évolution de sa pensée sur tel ou tel point depuis le *Scriptum* sur les *Sentences* de Pierre Lombard.

Dans la partie – la plus importante – de la *Somme théologique* écrite par Thomas lui-même, je note deux passages où il est question du Purgatoire. Dans l'article VIII de la question LXXXIX de la première partie de la *Somme*, Thomas traite des apparitions de morts, des revenants. Il souligne que ces apparitions sont à ranger parmi les miracles de Dieu qui permet qu'elles se fassent soit par l'opération des bons anges, soit par l'opération des démons. Thomas rapproche ces apparitions de celles qui se produisent en rêve et il souligne que dans les deux cas elles peuvent arriver à l'insu des morts qui en sont pourtant le contenu. En fait Thomas n'évoque pas ici le Purgatoire – quoiqu'il parle des suffrages pour les morts – et, curieusement, il ne fait pas allusion à ce cas particulier de revenants qui sont bien évidemment conscients de leur sort et de leur situation de revenants, puisqu'ils viennent implorer les suffrages des vivants. On sent à nouveau ici l'inquiétude de Thomas face à ces vagabonds de l'au-delà dont il cherche à limiter autant que possible le nombre et l'indépendance. Ils sont entièrement manipulés par Dieu et ne peuvent obtenir une permission de sortir de leur réceptacle ou de leur prison que «par une dispense spéciale de Dieu» *(per specialem*

Dei dispensationem). À vrai dire, le plus intéressant pour notre enquête c'est que Thomas replace ici ses théories sur l'âme séparée (du corps) dans une réflexion sur les lieux et les distances *(distantia localis,* article VII de cette question LXXXIX). L'éloignement est-il un obstacle à la connaissance ? Les démons sont-ils favorisés par la rapidité et l'agilité de leurs mouvements *(celeritas motus, agilitas motus)* ? Distance spatiale, particulièrement importante par rapport à la lumière divine, mais aussi distance temporelle, car les âmes séparées peuvent-elles connaître le futur ? Thomas, s'il est donc réticent à l'égard d'une spatialisation « vulgaire » des situations dans l'au-delà, est conscient de l'importance d'une réflexion abstraite sur le lieu et le temps liés l'un à l'autre mais selon des systèmes différents : car la distance spatiale et la distance temporelle ne relèvent pas d'une même « raison »[66].

À l'article XI de la question VII du *De Malo (Du Mal,* 1266-1267) Thomas s'est encore demandé si les péchés véniels étaient remis après la mort dans le Purgatoire. Sa réponse est bien entendu affirmative mais ce qui l'intéresse c'est de démontrer qu'entre péché mortel et péché véniel il n'y a pas une différence de gravité mais une différence de nature. D'autre part il revient sur le problème de la faute (coulpe) et de la peine. Dans le *Scriptum* sur le IVe Livre des *Sentences* il avait pensé, avec le Lombard, que « dans l'autre vie, le péché véniel est remis, quant à la coulpe même, par le feu du purgatoire à celui qui meurt en état de grâce, parce que cette peine, étant d'une certaine manière volontaire, a la vertu d'expier toute faute compatible avec la grâce sanctifiante ». Mais dans le *De Malo,* « le péché véniel n'existe plus au Purgatoire quant à la coulpe ; sitôt l'âme juste affranchie des liens du corps, un acte de charité parfaite efface sa faute, dont il ne restera que la peine à expier, l'âme étant dans un état où il lui est impossible de mériter une diminution ou une remise de cette peine[67] ».

Toujours ce qui intéresse Thomas c'est le péché, la condition de l'âme, non les contingences d'un lieu transitoire dont il se contente en définitive d'affirmer l'existence parce qu'il est dans la Foi et l'autorité de l'Église et qu'il est conforme aux démonstrations rationnelles des rapports entre Dieu et l'homme.

---

66. *Summa theologiae,* Ia Pars, q. LXXXIX, art. VII, 2e édition romaine, Rome, 1920, p. 695, *« non est eadem ratio de distantia loci, et de distantia temporis ».*
67. A. Michel, art. « Purgatoire », in *Dictionnaire de Théologie catholique,* col. I 240. Le texte du *Scriptum* in *IV Librum Sententiarum,* dist. XXI, q. 1, a 1 se trouve pp. 1045-1052 de l'édition Moos. Le texte du *De Malo,* q. 7, a. 11 se trouve pp. 587-590 de l'édition de Marietti, *Quaestiones disputatae.*

LE TRIOMPHE DU PURGATOIRE

LE REFUS DU PURGATOIRE

1. les hérétiques

Face à l'approbation scolastique du Purgatoire, il y a le refus des hérétiques et des Grecs.

L'opposition des hérétiques au Purgatoire demeure aussi bien sur le plan théorique que sur le plan pratique comme on verra plus loin. Elle s'ancre dans un vieux refus tenace des prières pour les morts, des suffrages, dont on a vu qu'il a contribué à la fin du XIIe siècle à amener les orthodoxes à formuler plus nettement l'existence du Purgatoire. Refusés par les hérétiques d'Arras en 1025, les suffrages le sont encore en 1143-1144 par ceux de Cologne contre qui le prieur Eberwin de Steinfeld appelle saint Bernard à l'aide : « Ils n'admettent pas qu'il existe un feu purgatoire après la mort, mais enseignent que les âmes vont immédiatement dans le repos ou dans le châtiment éternels au moment où elles quittent la terre suivant les paroles de Salomon : "si un arbre tombe au sud ou bien au nord, l'arbre reste où il est tombé" (Ecclésiaste, 11, 3)[68]. »

À l'époque probablement où, comme on l'a vu, Bernard de Fontcaude exprime, contre les Vaudois, la nouvelle structure de l'au-delà, une *Somme contre les hérétiques* qui a été faussement attribuée à Prévostin de Crémone mais doit, selon ses éditeurs, dater de la fin du XIIe siècle, mentionne l'hostilité d'hérétiques appelés Passagins aux prières pour les morts et, à cette occasion, parle du Purgatoire. Comme, dans ce texte, *le* Purgatoire existe mais que les défunts sont encore répartis en quatre, et non en trois catégories, les dernières années du XIIe siècle paraissent une datation pertinente[69].

Au refus des Passagins, la *Somme* donne la « solution » suivante qui suit de près les idées d'Augustin :

---

[68]. Texte original parmi les lettres de saint Bernard (ép. 472) in *PL*, t. CLXXXII, col. 676-680. *Everwini Steinfeldensis praepositi ad S. Bernardum*, présentation et traduction en anglais in W. L. Wakefield et A. P. Evans, *Heresies of the High Middle Ages*, New York-Londres, 1969, pp. 126 *sqq.* (le passage sur le feu purgatoire se trouve p. 131).

[69]. Les Passagins professaient une stricte observance de l'Ancien Testament, y compris la pratique de la circoncision. Ils ont été rangés parmi les sectes «judaïsantes». La première mention les concernant est de 1184, la dernière de 1291. Ils semblent avoir été confinés à la Lombardie et avoir été actifs peu avant et peu après 1200. Voir R. Manselli, « I Passagini », in *Bollettino dell'Istituto storico italiano per il Medioevo e Archivio Muratoriano*, LXXXV, 1963, pp. 189-210. Ils apparaissent aux côtés des Cathares, mais distincts d'eux dans cette *Summa contra Haereticos ascribed to Praepositinus of Cremona*, éd. J. N. Garvin, et J. A. Corbett, Notre-Dame (Indiana), 1958 et trad. anglaise partielle in W. L. Wakefield et A. P. Evans, *Heresies...*, op. cit., pp. 173 *sqq.*

Nous prions pour les vivants, indifféremment, quelque méchants qu'ils soient, car nous ignorons s'ils seront damnés ou élus. Mais nous prions surtout pour nos frères et pour les morts ; non pour les tout à fait bons car ils n'en ont pas besoin ni pour les tout à fait mauvais car cela ne leur serait pas utile, mais pour les moyennement bons qui sont dans le Purgatoire, non pour qu'ils deviennent meilleurs mais pour qu'ils soient libérés plus tôt et pour les moyennement mauvais, non pour qu'ils soient sauvés mais pour qu'ils soient moins punis[70].

La chronique de Raoul (Ralph), abbé du monastère cistercien de Coggeshall en Angleterre, entre 1207 et 1218, à propos d'une aventure de jeunesse de Gervais de Tilbury, évoque les idées d'hérétiques nommés Publicains[71], répandus dans plusieurs régions de France et notamment à Reims où ils se manifestent par un épisode de sorcellerie entre 1176 et 1180 : « Ils prétendent que les enfants ne doivent pas être baptisés avant d'avoir atteint l'âge de raison ; ils ajoutent qu'*on ne doit pas faire de prières pour les morts*, ni demander l'intercession des saints. Ils condamnent le mariage, ils prêchent la virginité pour masquer leur luxure. Ils détestent le lait et tout aliment qui en provient ainsi que toute nourriture produite par coït. *Ils ne croient pas au feu purgatoire après la mort mais estiment que dès que l'âme est délivrée elle va immédiatement au repos ou à la damnation*[72]. »

Au XIIIe siècle presque tous les traités sur les hérésies et les hérétiques comptent le refus du Purgatoire parmi les erreurs de la plupart de ces sectes (souvent mal distinguées par les auteurs « orthodoxes ») et en particulier des Vaudois. Dans un traité à l'usage des prédicateurs – dont je reparlerai – que le dominicain Étienne de Bourbon rédigea dans les années précédant sa mort survenue en 1261, il dit de Vaudois de la région de Valence (Dauphiné) vers 1235 : « Ils déclarent aussi qu'il n'y a pas d'autre punition purgatoire qu'en cette vie présente. Pour les morts, ni les bons offices de l'Église ni rien de ce qu'on peut faire en leur faveur n'a d'effet[73]. » Anselme d'Alexandrie (en Italie du Nord), inquisiteur dominicain, rédigea entre 1266 et 1270 un traité

---

70. *Ibid.*, pp. 210-211.
71. Ce nom, déformation des Pauliciens orientaux, servit en Occident à désigner n'importe quelle sorte d'hérétique.
72. Le texte latin original se trouve dans *Radulphi de Coggeshall Chronicon anglicanum*, éd. J. Stevenson, Londres, 1875, pp. 121-125, trad. anglaise in W. L. Wakefield et A. P. Evans, *Heresies...*, *op. cit.*, p. 251.
73. Le texte latin original a été édité dans les extraits du *Tractatus de diversis materiis praedicabilibus* publiés par A. Lecoy de la Marche, in *Anecdotes historiques, légendes et apologues tirées du recueil inédit d'Étienne de Bourbon, dominicain du XIIIe siècle*, Paris, 1877, pp. 202-299, trad. anglaise in W. L. Wakefield et A. P. Evans, *Heresies...*, *op. cit.*, p. 347.

Le triomphe du Purgatoire

où il s'efforce de distinguer Vaudois et Cathares, et parmi les Vaudois, ceux de Lombardie et ceux d'outremont (les Pauvres de Lyon). Au nombre des croyances communes aux deux groupes de Vaudois il range la négation du Purgatoire : « Comme les Ultramontains, les Lombards ne croient pas au Purgatoire, au serment, au droit de justice... Et aussi [pour les uns et les autres] il n'y a pas de Purgatoire. On ne gagne rien à visiter les tombeaux des saints, à adorer la croix, à construire des églises, ou à dire des prières, des messes ou donner des aumônes pour les morts[74]. »

Même son de cloche dans le fameux *Manuel de l'inquisiteur* du dominicain Bernard Gui, fruit d'une longue expérience consignée vers la fin de sa vie, au début du XIVe siècle : « Les Vaudois nient aussi qu'il y ait un Purgatoire pour les âmes après cette vie, et, par conséquent, affirment que les prières, aumônes, messes, et autres pieux suffrages des fidèles en faveur des morts ne servent à rien. » Et encore : « Ils disent aussi et enseignent à leurs adeptes que la vraie pénitence et le Purgatoire pour les péchés ne peuvent avoir lieu que dans cette vie, pas dans l'autre... De même, selon eux, les âmes, quand elles quittent le corps, vont immédiatement soit au Paradis, si elles doivent être sauvées, soit en Enfer, si elles doivent être damnées, et il n'y a pas d'autre lieu [demeure] pour les âmes après cette vie que le Ciel ou l'Enfer. Ils disent aussi que les prières pour les morts ne les aident pas du tout, du moment que ceux qui sont au Paradis n'en ont pas besoin, tandis que pour ceux qui sont en Enfer il n'y a pas de repos[75]. »

Pour les Cathares leur attitude face au Purgatoire semble avoir été plus complexe. J'y reviendrai. Les documents concernant les croyances concrètes, à Montaillou notamment, nous montrent une position assez confuse et nuancée. Les textes théoriques examinés ici insistent eux aussi en général sur une attitude négative à l'égard du Purgatoire. En 1250, dans sa *Somme sur les Cathares et les Pauvres de Lyon (Summa de Catharis et Pauperibus de Lunduno)*, Rainerius Sacconi, un hérétique converti par Pierre de Vérone, devenu dominicain et inquisiteur comme lui, échappé à l'attentat qui coûta la vie à Pierre (devenu aussitôt pour l'Église saint Pierre Martyr) écrit : « Leur seconde erreur est que selon eux Dieu n'inflige aucune punition purgatoire, car ils nient totalement le Purgatoire, ni

---

74. Texte latin publié par A. Dondaine, « La hiérarchie cathare en Italie, II *Le Tractatus de Hereticis* d'Anselme d'Alexandrie, O. P... », in *Archivum fratrum praedicatorum*, XX, 1950, pp. 310-324, trad. anglaise in W. L. Wakefield et A. P. Evans, *Heresies..., op. cit*, pp. 371-372.
75. Bernard Gui, né en Limousin en 1261 ou 1262, entré chez les Prêcheurs en 1279, formé à Montpellier, fut actif comme inquisiteur surtout dans le diocèse de Toulouse. Il fut à la fin de sa vie évêque de Lodève. Le *Manuel de l'inquisiteur* a dû être achevé en 1323-1324. Il a été édité avec une traduction française de G. Mollat dans « Les Classiques de l'histoire de France au Moyen Âge », VIII/IX., Paris, 1926-1927, 2 vol. Les textes cités se trouvent au ch. II de la Ve partie.

aucune punition temporaire, car celle-ci est infligée par le diable dans cette vie[76]. »

De Cathares, italiens encore, baptisés Albaniens ou Albanais (terme corrompu souvent en Albigeois), une petite somme anonyme, composée probablement par un franciscain entre 1250 et 1260, dit que non seulement ils ne croient pas au Purgatoire, mais non plus à l'Enfer car celui-ci n'a pas été créé par le Dieu qui, selon la Genèse, a créé ce monde, c'est-à-dire Lucifer. Dans cette perspective « ils disent qu'il n'y a pas de feu purgatoire ni de Purgatoire »[77].

2. les Grecs

Si, au niveau de la pastorale et de la polémique, la lutte de l'Église contre les hérétiques contempteurs d'un rachat après la mort l'a amenée, comme on l'a vu, à adopter et préciser la croyance en un lieu de purgation des peines après la mort, le Purgatoire, à la fin du XIIe siècle, ce sont les discussions d'ordre théologique, les négociations entre membres des hiérarchies ecclésiastiques latine et grecque qui ont conduit l'Église latine à exprimer ses premières formulations dogmatiques du Purgatoire au XIIIe siècle. La théorie est venue couronner au sommet la pratique à la base. Le Purgatoire est né dans les aspirations, il est né aussi dans les luttes.

Depuis la rupture de 1054, point d'aboutissement du lent approfondissement de la séparation entre christianisme latin et christianisme grec commencée au plus tard au IVe siècle[78], les discussions et les pourparlers pour une réunion des deux Églises n'avaient pas manqué. La question de l'au-delà n'y avait pas joué de rôle. L'Église grecque, qui avait été pourtant à l'origine de l'élaboration doctrinale qui devait conduire au Purgatoire, n'avait pas développé ces germes. Elle se contentait d'une vague croyance en la possibilité d'un rachat après la mort et en une pratique, peu différente

---

76. La *Summa* de Sacconi a été éditée par A. Dondaine dans la préface de son ouvrage, *Un Traité néo-manichéen du* XIIIe *siècle: le* Liber de duobus principiis, *suivi d'un fragment de rituel cathare*, Rome, 1939, pp. 64-78, trad. anglaise in W. L. Wakefield et A. P. Evans, *Heresies...*, *op. cit.*, pp. 333-334.
77. Cette *Brevis summula contra errores notatos hereticorum* a été publiée par Célestin Douais in *La Somme des autorités à l'usage des prédicateurs méridionaux au* XIIIe *siècle*, Paris, 1896, pp. 125-133, trad. anglaise in W. L. Wakefield et A. P. Evans, *op. cit.*, pp. 355-356.
78. Pour une vue d'ensemble, voir Y. M. J. Congar, « Neuf cents ans après. Notes sur le *Schisme oriental* », in *L'Église et les Églises: neuf siècles de douloureuse séparation entre l'Orient et l'Occident. Études et travaux offerts à dom Lambert Beaudoin*, Chevetogne, 1954, t. I. Voir, d'un point de vue moins large, les études de D. M. Nicol rassemblées in *Byzantium: Its Ecclesiastical History and Relations with the Western World*, Londres, 1972.

de la latine, des prières et suffrages pour les morts. Mais la croyance latine s'épanouissant en la naissance d'un troisième lieu de l'au-delà et en un remaniement profond de la géographie de l'autre monde, le problème du Purgatoire jaillit au premier plan des discussions et des dissensions. C'est essentiellement autour du problème du feu du Purgatoire que la première phase du débat roula.

Pour nous en tenir au XIIIe siècle, il faut d'abord rappeler que pendant la première moitié du siècle les pourparlers, outre les difficultés proprement religieuses, buttent surtout sur un obstacle politique. La papauté soutient l'empire latin établi à Constantinople par la quatrième croisade en 1204 tandis que les Grecs ne reconnaissent que l'empereur byzantin replié à Nicée.

Au milieu de ces tractations voilà que le Purgatoire explose. Comme le dit plaisamment et justement le père Daniel Stiernon : « Le feu ! Hélas, oui, il y a aussi le feu du Purgatoire qui, un an plus tard, enflammera les esprits. Des Pouilles où l'étincelle a jailli en novembre 1235, l'embrasement gagnera le trône patriarcal, s'il est bien vrai que Germain II, interpellé dans le nouveau débat, rédigea un libelle sur ce thème, un sujet ô combien brûlant qui laissera des traces durables[79]... »

En fait la première trace importante du débat gréco-latin sur le Purgatoire est de peu antérieure. Il s'agit de la relation d'une controverse qui opposa dans le monastère grec de Casole, près d'Otrante, à la fin de 1231, Georges Bardanès, métropolite de Corfou, à un des envoyés du pape, le franciscain Barthélemy. La relation, probablement incomplète, est celle du prélat grec. Georges Bardanès déclare d'abord que les Frères Mineurs « préconisent la fausse doctrine qu'il existe un feu purificateur (πυρ καθαρτήριον) où sont amenés ceux qui meurent après avoir fait leur confession, mais qui n'ont pas eu le temps de faire pénitence de leurs péchés, et sont purifiés avant le Jugement dernier, en obtenant, avant le Jugement dernier, la délivrance de la peine »[80]. L'autorité avancée par les franciscains est celle de « saint Grégoire de Dialogue », c'est-à-dire Grégoire le Grand, ainsi baptisé par les Grecs pour le distinguer des nombreux autres Grégoire.

Voici comment la discussion se serait déroulée :

---

79. D. Stiernon, « Le problème de l'union gréco-latine vu de Byzance : de Germain II à Joseph Ier (1232-1273) », in *1274, Année charnière. Mutations et Continuités. Colloque de Lyon-Paris, 1974*, Paris, C.N.R.S., 1977, p. 147.
80. P. Roncaglia, *Georges Bardanès métropolite de Corfou et Barthélemy de l'ordre franciscain. Les discussions sur le Purgatoire (15 octobre-17 novembre 1231)*, Étude critique avec texte inédit, Rome, 1953, pp. 57 *sqq*.

La question posée par le Latin, qui s'appelait Barthélemy, était à peu près celle-ci :
« Je veux apprendre par vous les Grecs, où vont les âmes de ceux qui sont morts sans faire pénitence et qui n'ont pas eu le temps d'accomplir les épitimies[81] que leurs confesseurs leur avaient ordonnées. »
Notre réponse à nous Grecs :
« Les âmes des pécheurs ne vont pas d'ici dans l'Enfer éternel, car celui qui doit juger tout l'univers n'est pas encore venu avec sa gloire pour discerner les justes des pécheurs mais elles vont dans des lieux sombres qui donnent l'avant-goût des supplices que ces pécheurs doivent subir. Car, comme pour les justes plusieurs lieux et plusieurs repos ont été préparés dans la maison du Père, selon la parole du Sauveur[82], ainsi diverses punitions existent aussi pour les pécheurs. »
Le Latin :
« Nous, nous n'avons pas cette croyance, mais nous croyons qu'il existe d'une façon particulière un feu "purgatoire", c'est-à-dire[83] feu qui purifie, et que par ce feu, ceux qui passent de ce monde sans se repentir, comme les voleurs, les adultères, les assassins et tous ceux qui commettent les péchés véniels, souffrent dans ce feu [purificateur] un certain temps et se purifient des taches de leurs péchés, et sont ensuite délivrés de la punition. »
« Mais, mon excellent ami, dis-je, celui qui croit à de telles choses et les enseigne me paraît être un partisan parfait d'Origène. En effet, Origène et ceux qui le suivent ont préconisé la doctrine de la fin de l'Enfer, et même les démons, après plusieurs années obtiendraient leur pardon et seraient délivrés de la punition éternelle. Puis, tu n'as qu'à faire appel à ta sagesse en te référant aux paroles de l'Évangile données par Dieu, puisque le Seigneur clame que ceux-ci : les justes, iront à la résurrection de la vie, tandis que les pécheurs [iront] à la résurrection du jugement[84]. Et encore : "Allez-vous-en loin de moi, au feu extérieur et éternel, préparé pour le diable et pour ses anges[85] !" Et ailleurs : "Où il y a des pleurs et des grincements de dents"[86], et où leur ver n'a pas de fin et le feu ne s'éteint pas[87]. »

---

81. *Épitimies :* actes de pénitence et de mortification.
82. Jean, XIV, 3.
83. Bardanès emploie ici le terme ποργτοριον, néologisme pour traduire le mot latin.
84. Jean, V, 29.
85. Matthieu, XXV, 41.
86. Matthieu, XXV, 51.
87. Marc, IX, 43-48.

LE TRIOMPHE DU PURGATOIRE

Puisque le Seigneur porte tant et de telles menaces contre ceux qui partent de cette vie avec des actions mauvaises et des crimes non purifiés [par la pénitence], qui osera signer qu'il existe un feu purificateur et une prétendue fin de la punition, avant la décision du jugement du Juge ? Mais s'il était possible, de quelque manière que ce soit, d'arracher avant [le Jugement dernier] des supplices ceux qui partent d'ici-bas, coupables de n'importe quels péchés, qu'est-ce qui aurait empêché le très fidèle et aimé de Dieu Abraham de sortir du feu inextinguible le riche sans miséricorde, alors que ce dernier implorait, avec des paroles capables d'émouvoir profondément, une simple goutte d'eau tombant du bout du doigt pour se rafraîchir, mais il entendit : « Toi, mon enfant, tu as joui de tes biens pendant ta vie, tandis que Lazare n'a eu que les maux. Maintenant on le prie et toi tu souffres[88]. » Et il enseignait qu'il y a un gouffre profond infranchissable entre lui et Lazare le pauvre.

Mais comme le frère Mineur écoutait tout cela sans se laisser persuader et se bouchait les oreilles, nous lui avons mis sous les yeux les textes des Pères, qui portent Dieu [inspirés par Dieu], concernant les saintes Écritures, afin que, saisi de respect devant l'autorité des plus grands maîtres, il abandonne son objection.

Les autorités scripturaires n'ébranlèrent pas le franciscain et chacun resta sur ses positions.

PREMIÈRE DÉFINITION PONTIFICALE DU PURGATOIRE, 1254

Dans les dernières années du pontificat d'Innocent IV, l'atmosphère des discussions entre Grecs et Latins se modifia et on put penser qu'on s'acheminait vers un accord quand le pape mourut en 1254. Quelques semaines avant sa mort, le 6 mars 1254, le pontife avait envoyé à son légat auprès des Grecs à Chypre, le cardinal Eudes de Châteauroux, une lettre officielle *(sub catholicae)* qui est une des grandes dates de l'histoire du Purgatoire. Le pape, estimant qu'il y a suffisamment de points communs entre les Grecs et les Latins, et laissant dans l'ombre la question épineuse du moment du passage par le feu purgatoire, avant ou après la résurrection des morts,

---

88. Luc, XVI, 25.

demande, d'une façon qui, à vrai dire, reste assez autoritaire, que les Grecs souscrivent à une définition du *Purgatoire* :

> Puisque la Vérité affirme dans l'Évangile que, si quelqu'un blasphème contre l'Esprit saint, ce péché ne lui sera remis ni en ce siècle ni dans l'autre : par quoi il nous est donné de comprendre que certaines fautes sont pardonnées dans le temps présent, et d'autres dans l'autre vie ; puisque aussi l'Apôtre déclare que l'œuvre de chacun, quelle qu'elle soit, sera éprouvée par le feu et que, si elle brûle, l'ouvrier en souffrira la perte, mais lui-même sera sauvé, comme par le feu ; puisque les Grecs eux-mêmes, dit-on, croient et professent vraiment et sans hésitation que les âmes de ceux qui meurent ayant reçu la pénitence sans avoir eu le temps de l'accomplir ou qui décèdent sans péché mortel, mais coupables de [péchés] véniels ou de fautes minimes, sont purgées après la mort et peuvent être aidées par les suffrages de l'Église, nous, considérant que les Grecs affirment ne trouver chez leurs docteurs aucun nom propre et certain pour désigner le lieu de cette purgation, et que, d'autre part, d'après les traditions et les autorités des saints Pères, ce nom est le Purgatoire, nous voulons qu'à l'avenir cette expression soit reçue également par eux. Car, dans ce feu temporaire, les péchés, non certes les crimes et fautes capitales, qui n'auraient pas été auparavant remis par la pénitence, mais les péchés légers et minimes sont purgés ; s'ils n'ont pas été remis au cours de l'existence, ils chargent l'âme après la mort[89].

Cette lettre est l'acte de naissance doctrinal du Purgatoire comme lieu.

LE SECOND CONCILE DE LYON ET LE PURGATOIRE, 1274

Un nouveau pas fut franchi par le second concile de Lyon en 1274.

---

89. Traduction légèrement corrigée empruntée à l'article « Purgatoire », in *Dictionnaire de Théologie catholique*, col. 1248. Du Cange a cité cette lettre dans son célèbre Glossaire au mot *Purgatorium*. Voici, dans le latin original, les passages importants pour notre propos : « *Nos, quia locum purgationis hujus modi dicunt (Graeci) non fuisse sibi ab eorum doctoribus certo et proprio nomine indicatum, illum quidem juxta traditiones et auctoritates sanctorum patrum purgatorium nominantes volumus, quod de caetero apud illos isto nomine appeletur.* »

Il convient peut-être d'évoquer auparavant un des nombreux épisodes qui ont marqué les négociations entremêlées de polémiques entre Grecs et Latins pendant le troisième quart du XIIIe siècle.
En 1263 Thomas d'Aquin fut appelé à donner son opinion comme expert dans la polémique avec les Grecs. Nicolas de Durazzo, évêque de Crotone, « savant en latin et en grec », avait écrit un *Libellus sur la procession du Saint-Esprit et la Trinité contre les erreurs des Grecs (Libellus de processione spiritus sancti et de fide trinitatis contra errores Graecorum)* dont une copie latine fut envoyée en 1262 au pape Urbain IV qui sollicita l'avis de Thomas d'Aquin. Le *Libellus*, qui s'intéressait surtout au *filioque*, voulait démontrer que les Grecs du XIIIe siècle n'étaient même pas fidèles aux Pères de l'Église grecque qui auraient professé les mêmes doctrines que les Latins. Le *Libellus* était en fait un ramassis[90] de faux, de falsifications et de fausses attributions. La papauté songeait pourtant à en faire le document de base pour les négociations avec les Grecs. Thomas d'Aquin éprouva, paraît-il, « un sentiment de malaise » à la lecture du *Libellus*. Il ne mit pas en cause l'authenticité des textes cités par le *Libellus* mais contesta la validité d'une partie d'entre eux et préféra souvent avoir recours à d'autres autorités. L'influence du *Libellus* n'en diminue pas moins la portée du *Contra errores Graecorum (Contre les erreurs des Grecs)* que Thomas composa dans l'été de 1263 à Orvieto et qui devint pour les Latins un arsenal d'arguments contre les Grecs[91]. L'essentiel, trente-deux chapitres, concerne la procession du Saint-Esprit dans la Trinité tandis que sept courts chapitres sont consacrés, pour cinq d'entre eux, à la primauté de la papauté romaine et les deux restants à la consécration du pain azyme pour l'eucharistie et au Purgatoire. Dans ce dernier cas, Thomas y défend l'existence du Purgatoire de la façon qui sera reprise dans le *Supplément* de la *Somme théologique* que l'on a vu.
Cependant la situation politique qui s'était créée au lendemain de la reprise de Constantinople par les Grecs en 1261 et du rétablissement dans son apparente intégrité de l'Empire byzantin conduisit à une tentative de réconciliation entre Latins et Grecs qui déboucha sur le deuxième concile de Lyon en 1274[92].

---

90. Voir J. A. Weisheipl, *Friar Thomas d'Aquino, op. cit.*, pp. 168-170.
91. Voir A. Dondaine, « Nicolas de Crotone et les sources du *Contra errores Graecorum* de saint Thomas », in *Divus Thomas*, 1950, pp. 313-340.
92. Voir la section du colloque *1274 Année charnière* (publié en 1977 par les éditions du C.N.R.S.) consacrée à *Byzance et l'Union* (pp. 139-207) avec les articles de D. Stiernon, déjà cité, J. Darrouzès, J. Gouillard et G. Dagron. Voir aussi B. Roberg, *Die Union zwischen der griechischen und der lateinischen Kirche auf den II. Konzil von Lyon, 1274*, Bonn, 1964. Sur les attitudes byzantines à l'égard de l'au-delà, voir G. Dagron. Je remercie Évelyne Patlagean de m'avoir communiqué le texte de son étude « Byzance et son autre monde. Observations sur quelques récits », in *Faire croire*, École française de Rome, 1979.

L'union entre Latins et Grecs était souhaitée pour des raisons politiques par le pape Grégoire X qui y voyait une des conditions préalables nécessaires au succès de la croisade qu'il voulait organiser et par l'empereur Michel VIII Paléologue qui voulait non seulement éviter une éventuelle attaque de Charles d'Anjou mais reprendre, comme l'a bien montré Gilbert Dagron, une grande politique traditionnelle de «liaison organique entre l'Occident et l'Orient».

Discutée dans l'ambiguïté et sans aller au fond des choses, le basilcus forçant la main à la hiérarchie grecque, l'union fut proclamée le 16 janvier 1275 après que le patriarche Joseph Ier qui l'avait refusée eut été déposé. Elle devait rester lettre morte. Mais elle permit au Purgatoire de mieux s'installer dans l'Église latine. La formule retenue fut un compromis qui avait été mis au point par le pape Clément IV dans une lettre envoyée le 4 mars 1267 à l'empereur Michel VIII. Elle fut reprise par une lettre de Grégoire X à Michel Paléologue du 24 octobre 1272 et la profession de foi que l'empereur envoya en réponse en mars 1274. Elle devint une annexe de la constitution *Cum sacrosancta* du concile promulguée, avec de légères modifications de rédaction, le 1er novembre 1274.

En voici la teneur :

> Mais, à cause de diverses erreurs que certains ont introduites par ignorance et d'autres par malice, elle [l'Église romaine] dit et proclame que ceux qui tombent dans le péché après le baptême ne doivent pas être rebaptisés, mais que, par une vraie pénitence, ils obtiennent le pardon de leurs péchés. Que si, vraiment pénitents, ils meurent dans la charité avant d'avoir, par de dignes fruits de pénitence, satisfait pour ce qu'ils ont commis ou omis, leurs âmes, comme nous l'a expliqué frère Jean, sont purgées après leur mort, par des peines *purgatoires* ou *purificatrices* et, pour l'allégement de ces peines, leur servent les suffrages des fidèles vivants, à savoir les sacrifices des messes, les prières, les aumônes et les autres œuvres de piété que les fidèles ont coutume d'offrir pour les autres fidèles selon les institutions de l'Église. Les âmes de ceux qui, après avoir reçu le baptême, n'ont contracté absolument aucune souillure du péché, celles aussi qui, après avoir contracté la souillure du péché, en ont été purifiées ou pendant qu'elles restaient dans leur corps ou après avoir contracté la souillure du péché, en ont été purifiées ou pendant qu'elles restaient dans leur corps ou après avoir été dépouillées de leur corps, comme il a été dit plus haut, sont aussitôt reçues dans le ciel[93].

---

93. D'après l'article «Purgatoire», in *Dictionnaire de Théologie catholique*, col. 1249-1250.

Le texte est en retrait sur la lettre d'Innocent IV, vingt ans auparavant. Il est question de *« poenis purgatoriis seu cathartteriis »*, le mot grec latinisé répondant au mot latin que les Grecs avaient hellénisé. Mais le mot *purgatorium*, le purgatoire, n'apparaît pas. Il n'est question *ni de lieu, ni de feu*. Ce repli est-il dû à la seule hostilité des Grecs ou ne provient-il pas aussi des réticences de certains milieux théologiques occidentaux ? Cela n'est pas impossible. D'autant plus que certains documents donnent à penser qu'au moins dans la chancellerie impériale byzantine on était prêt à accepter le mot *purgatoire*. On lit en effet dans les professions de foi envoyées par Michel VIII en 1277 aux papes Jean XXI, puis Nicolas III les peines *du purgatoire* ou *du purificatoire* aussi bien dans la version latine *(poenis purgatorii seu cathartterii)* que dans la version grecque (ποιναίς πουργατορίου ητοι καθαρτηρίου). De même dans la profession d'Andronic II quelques années plus tard. On peut aussi supposer que le concile de Lyon II avait édicté une formule perdue qui reprenait les termes de la lettre d'Innocent IV de 1254 et non de celle de Clément IV en 1267[94].

PURGATOIRE ET MENTALITÉS : ORIENT ET OCCIDENT

L'important est ailleurs.
C'est d'abord, comme l'a bien vu A. Michel, que « au point de vue dogmatique, le texte, imposé aux Grecs, représente à coup sûr la doctrine catholique. Il est l'équivalent d'une définition *ex cathedra*[95] ». C'est la première proclamation de la croyance au *processus purgatoire*, sinon au Purgatoire, comme dogme.
Le second fait intéressant est que, au niveau dogmatique, le Purgatoire ne sera plus jamais défini par l'Église comme un lieu précis ou comme un feu dans les deux assemblées qui instaureront définitivement le dogme du Purgatoire dans le christianisme romain : le concile de Ferrare-Florence en 1438-1439, à nouveau face aux Grecs[96], et le concile de Trente en 1563, cette fois contre les protestants.
Ma conviction demeure que, malgré les réticences des théologiens et la prudence de l'institution ecclésiastique, le succès du Purgatoire est dû à

---

94. Voir A. Michel, art. « Purgatoire », in *Dictionnaire de Théologie catholique*, col. 1249-1250.
95. *Ibid.*
96. Voir notamment *De Purgatorio Disputationes in Concilio Florentino Habitae*, éd. L. Petit et G. Hofmann, Rome, 1969.

sa spatialisation et à l'imaginaire auquel elle a permis de se développer pleinement.

Mais avant de voir le succès «populaire», le succès massif du Purgatoire, du lieu purgatoire au XIIIe siècle, je voudrais relever dans un document lié au débat entre Grecs et Latins un aveu qui éclaire les attitudes profondes des chrétiens d'Occident lors de la naissance et de la vulgarisation du Purgatoire. Après le second concile de Lyon (1274), Michel VIII Paléologue s'efforça de faire respecter l'union par le clergé byzantin. Les monastères de l'Athos étaient un des principaux foyers de résistance. En mai 1276 la police impériale au cours d'une «descente à l'Athos» expulsa et dispersa les moines et garda prisonniers deux d'entre eux, Nicéphore et Clément, que l'empereur, par déférence à l'égard des Latins, fit conduire sur un bateau vénitien à Saint-Jean d'Acre où ils furent remis au légat pontifical. Celui-ci n'est pas n'importe qui. C'est un dominicain, Thomas de Lentini, qui a reçu dans l'ordre, une quarantaine d'années plus tôt, Thomas d'Aquin.

Le légat, qui est aussi évêque d'Acre et patriarche de Jérusalem, eut une franche discussion avec les deux moines grecs et finalement se contenta de les faire assigner à résidence à Chypre[97]. Dans le débat surgit la question du Purgatoire, car c'est bien *du* purgatoire (τὸ πυρκατόριον) qu'il s'agit.

> LE LATIN : Et le Purgatoire, qu'en dites-vous ?
>
> LES GRECS : Qu'est-ce que le Purgatoire et de quelle Écriture l'avez-vous appris ?
>
> LE LATIN : De Paul, quand il dit que [les hommes] sont éprouvés par le feu : «Si l'œuvre de quelqu'un est consumée, il en subira le dommage, mais lui-même sera sauvé, et de cette manière, comme par le feu.»
>
> LES GRECS : En vérité, il est châtié sans fin.
>
> LE LATIN : Voici comme nous disons. Si quelqu'un, après avoir péché, est allé se confesser, a reçu une pénitence pour la faute et meurt avant d'avoir accompli cette pénitence, les anges jettent son âme dans le feu purificateur, c'est-à-dire dans ce fleuve de feu, jusqu'à ce qu'il ait achevé le temps qui reste de ce que lui avait fixé le [père] spirituel, ce temps qu'il n'avait pu achever par suite de la soudaineté imprévisible de la mort. C'est après avoir achevé le temps qui reste, disons-nous, qu'il s'en va purifié dans cette vie éternelle. Le croyez-vous aussi : est-ce ainsi ou non ?

---

97. Voir J. Darrouzes, «Les documents grecs concernant le concile de Lyon», in *1274. Année charnière, op. cit.,* pp. 175-176. Le texte cité tiré du *Procès de Niciphore (1277)* a été édité par V. Laurent et J. Darrouzes, in *Dossier grec de l'Union de Lyon (1273-1277)*, «Archives de l'Orient chrétien», 16, Paris, 1976, pp. 496-501.

> LES GRECS : Voici : non seulement nous n'admettons pas cela, mais nous l'anathématisons, comme les pères en concile. Suivant la parole du Seigneur, «Vous vous égarez, sans connaître les Écritures ni la puissance de Dieu».

En effet, pour les Grecs, face aux Écritures, qui ne parlent pas du Purgatoire, les Latins ne sont capables de citer que des visions d'âmes prétendument sauvées de tourments dans l'au-delà. «Mais, ajoutent-ils, ces faits dans les songes et dans les airs, qu'on raconte, sont pleins de beaucoup de divagations et n'offrent donc pas de certitude.» Par conséquent «fais le bien pendant ta vie, car tout est inerte après la mort, et à cause de cela la prière pour ceux qui n'ont pas fait le bien durant leur propre vie n'est pas exaucée».
Mais Thomas de Lentini relance la discussion :

> LE LATIN : En quel lieu reposent à présent les âmes des justes, et où celles des pécheurs ?
> LES GRECS : Selon la parole du Seigneur, les justes comme Lazare sont dans le sein d'Abraham, et les pécheurs comme le riche sans pitié, dans le feu de la géhenne.
> LE LATIN : Beaucoup de simples fidèles de notre Église ont peine à supporter cela. La restauration [apocatastase] disent-ils, n'est pas encore arrivée et, pour cette raison, les âmes ne ressentent ni châtiment, ni repos. Donc, s'il en est ainsi ....

Le manuscrit présente ici, au moment de compléter une information pour nous capitale, une lacune. Mon interprétation présente donc une part d'hypothèse.
Je note d'abord le recours, paradoxal chez ce Latin, à la notion origéniste d'apocatastase mais l'essentiel me paraît résider non dans la doctrine mais dans les dispositions mentales des Latins auxquelles fait allusion Thomas de Lentini. Beaucoup de simples fidèles ne se contentent plus de l'opposition géhenne/sein d'Abraham, Enfer/Paradis dès la mort individuelle. Le besoin du Purgatoire, d'une ultime péripétie entre la mort et la résurrection, d'une prolongation du processus de pénitence et de salut au-delà de cette fausse frontière de la mort est devenu une exigence de la masse. *Vox populi...* À l'Ouest du moins.

9

LE TRIOMPHE SOCIAL :
LA PASTORALE ET LE PURGATOIRE

*L*e Purgatoire a triomphé au XIIIe siècle dans la théologie et sur le plan dogmatique. Son existence est certaine, il est devenu une vérité de foi et d'Église. Sous une forme ou sous une autre, en un sens très concret ou plus ou moins abstrait, c'est un lieu. Sa formulation s'officialise. Il vient donner son plein sens à une très vieille pratique chrétienne : les suffrages pour les morts. Mais les théologiens et la hiérarchie ecclésiastique le contrôlent, limitent son foisonnement dans l'imaginaire.

Au niveau où je vais me placer maintenant, celui, autant que l'historien peut l'atteindre, de la réception du Purgatoire par la masse, par l'ensemble des fidèles, par les diverses catégories socioprofessionnelles, les progrès du Purgatoire sont plus impressionnants encore.

Quand l'Église fait descendre le Purgatoire des hauteurs du raisonnement théologique dans l'enseignement quotidien, dans la pratique pastorale, mobilisant les ressources de l'imaginaire, le succès semble très grand. À la fin du XIIIe siècle le Purgatoire est partout, dans la prédication, les testaments (timidement), la littérature en langue vulgaire. Le Jubilé de 1300 sera son triomphe par la rencontre entre les aspirations de la masse des fidèles et les prescriptions de l'Église. Les oppositions s'effritent, chez les intellectuels, chez les hérétiques même. Seule l'image reste réfractaire à ce triomphe : conservatisme de l'iconographie ? Difficultés de représentation d'un monde intermédiaire, temporaire, éphémère ? Soin de l'Église, soucieuse de maintenir le Purgatoire proche de l'Enfer, et même de l'«infernaliser», d'éviter des représentations plus rassurantes qu'effrayantes[1] ? Le Purgatoire naît dans une perspective de localisation, parce qu'il faut trouver un lieu aux peines qui purgent, parce que l'errance des âmes en peine

---

1. Peut-être des recherches attentives permettront-elles de trouver une iconographie du Purgatoire plus précoce qu'on ne le croit habituellement (voir *infra*, Appendice III, p. 1217).

n'est plus supportable. Mais l'espace et le temps sont toujours liés même si ce lieu n'est pas simple, comme le rappelle Thomas d'Aquin.

LE TEMPS COMPTÉ

Le Purgatoire c'est aussi un temps, puisqu'on peut le définir comme un enfer « à temps ». Il y a donc un temps du Purgatoire et ce temps qui se définit lui aussi au tournant du XIIe au XIIIe siècle s'insère dans une reconsidération générale des structures temporelles à cette époque.
Jusqu'alors la vie et les mentalités étaient dominées par une idéologie du temps d'un côté, l'expérience d'une multiplicité de temps de l'autre. L'Église enseignait la théorie des six âges du monde parvenu au sixième et dernier âge, celui de la vieillesse ou décrépitude, et tout en ancrant solidement l'univers dans une historicité marquée par deux grands événements dans le passé : la création suivie de la chute, l'Incarnation du Christ origine de la rédemption, elle orientait le temps vers une fin : le Jugement dernier et l'abolition du temps dans l'éternité. Elle croyait et affirmait que cette fin était proche et cette persuasion avait notamment pour conséquence qu'on s'inquiétait peu de la période, très courte, qui séparait la mort individuelle de la résurrection des corps et du jugement général. Des individus et des groupes exigeants ou contestataires, ou les deux à la fois, introduisaient deux variantes dans ce schéma.
Les uns souhaitaient un rajeunissement du monde, le retour à l'Église primitive, forme chrétienne du mythe de l'âge d'or, d'autres et parfois les mêmes, croyaient ou espéraient que, conformément à l'Apocalypse, la fin du monde serait précédée des épreuves de l'Antéchrist mais, auparavant, d'une longue époque de justice, le *Millenium*. Au début du XIIIe siècle, le millénarisme, condamné depuis longtemps par l'Église, trouve un nouveau prophète, l'abbé Joachim de Flore dont les idées enflamment tout au long du siècle nombre d'adeptes, en particulier chez les franciscains[2].
La vie des hommes était d'autre part scandée par une multiplicité de temps : le temps liturgique, temps calendaire annoncé et contrôlé par

---

2. Sur Joachim de Flore et le millénarisme, voir le savant ouvrage de M. Reeves, *The Influence of Prophecy in the Later Middle Ages. A Study in Joachimism*, Oxford, 1969, et le beau livre d'H. Mottu, *La Manifestation de l'Esprit selon Joachim de Flore*. Neuchâtel, Paris, 1977. L'ouvrage inspiré mais parfois contestable de Norman Cohn, *The Pursuit of the Millenium*, Londres, 1957, trad. fr. : *Les Fanatiques de l'Apocalypse*, Paris, Julliard, 1963, a sensibilisé le grand public aux mouvements millénaristes du XIe au XVIe siècle.

l'Église et quotidiennement signifié par les cloches des édifices religieux, le temps des travaux champêtres étroitement dépendant des rythmes naturels mais marqué par des rites calendaires plus ou moins christianisés : cycle des douze jours au début de l'année traditionnelle, de Noël à l'Épiphanie, temps de Carnaval et de Carême, temps des Rogations et de la Saint-Jean, époque de la moisson, le temps féodal marqué par l'ost printanier et par les dates d'échéance des redevances, les grandes assemblées de Pentecôte. Tous temps répétitifs, sinon circulaires.

Cependant des segments de temps linéaire se dessinent, des durées affectées d'un sens. Ils relèvent d'une nouvelle application de la mémoire individuelle et collective. La mémoire qui s'exerce sur les souvenirs du passé ne peut guère remonter, Bernard Guenée l'a montré, au-delà d'une centaine d'années[3]. Elle se combine, au niveau des puissants, de la noblesse, avec la date donnée par un écrit, une charte conservée plus ou moins par hasard, et par des légendes sur les ancêtres, les fondateurs des lignages pour permettre l'établissement de généalogies[4]. Surtout, pour notre réflexion, elle est à la source de la mémoire des morts, si vive en particulier à Cluny aux XIe et XIIe siècles, avant même que ne soit localisé le Purgatoire. La rédaction d'obituaires dits *Livres de mémoire (Libri memoriales)* et l'instauration le lendemain de la Toussaint, le 2 novembre, d'une *Commémoration de tous les défunts*, exprime cette mémoire inscrite dans les livres et la liturgie des morts à sauver par-delà la mort[5].

Ce qui caractérise les nouvelles attitudes à l'égard du temps au XIIIe siècle c'est la combinaison entre le temps eschatologique et un temps terrestre de plus en plus pénétré de linéarité et surtout de plus en plus découpé de jalons, de repères, de portions de temps.

Ce temps successif qui est aussi le temps du récit, est particulièrement sensible dans la littérature narrative qui connaît un essor extraordinaire après 1150 et surtout 1200 : le lai narratif, le fabliau, le roman deviennent en

---

3. B. Guenée, « Temps de l'histoire et temps de la mémoire au Moyen Âge », in *Bulletin de la Société de l'Histoire de France*, 487, 1976-1977, pp. 25-36.
4. Voir K. Hauck, « Haus- und Sippengebundene Literatur mittelalterlicher Adelsgeschlechter », in *Mitteilungen des Instituts für Österreichische Geschichtsforschung*, 62, 1954, pp. 121-145, repris in *Geschichtsdenken und Geschichtsbild im Mittelalter*, Wege der Forschung, XXI, 1961 ; G. Duby, « Remarques sur la littérature généalogique en France aux XIe et XIIe siècles », in *Comptes rendus de l'Académie des Inscriptions et Belles-Lettres*, 1967, pp. 123-131, et « Structures de parenté et noblesse. France du Nord XIe-XIIe siècle », in *Miscellanea Mediaevalia in memoriam J. F. Niermeyer*, 1967, pp. 149-165, tous deux repris in *Hommes et structures du Moyen Âge*, Paris, 1973, pp. 267-298 ; L. Genicot, *Les Généalogies*, in *Typologie des Sources du Moyen Âge occidental*, fasc. 15, Turnhout, Brepols, 1975.
5. Voir les travaux cités *supra*, pp. 922-923.

quelques décennies des genres à succès[6]. Le succès du Purgatoire est contemporain. Mieux, les deux phénomènes sont liés. Le Purgatoire introduit une intrigue dans l'histoire individuelle du salut. Et surtout cette intrigue se poursuit au-delà de la mort.
À la mort les défunts doivent entrer dans un temps proprement eschatologique soit qu'ils rejoignent aussitôt l'éternité en Enfer ou au Paradis, soit qu'ils attendent pour toute la durée qui sépare la mort individuelle du Jugement dernier ou bien dans un lieu neutre mais gris, assez sombre, du type du *shéol* juif, ou plutôt dans des réceptacles comme le sein d'Abraham. Mais la théorie des réceptacles qui, au fond, avait eu jusqu'au XIIe siècle la faveur du christianisme se transforme au point de n'être plus qu'une expression d'école. Le limbe des pères, des patriarches, a été définitivement fermé, le sein d'Abraham s'est vidé, Hénoch et Élie demeurent seuls dans le Paradis terrestre. Ne restent que le limbe des enfants et le Purgatoire.
Malgré quelques traces d'hésitation, venues surtout d'Augustin, ce dernier est désormais, au XIIIe siècle, bien délimité dans ses frontières temporelles. On n'y entre qu'après la mort. La purgation ne commence pas sur terre. Sans doute le développement des croyances et des pratiques de pénitence a favorisé la naissance du Purgatoire. Mais la conception «pénitentielle» du Purgatoire d'un Guillaume d'Auvergne ne se retrouve pas après lui avec la même force. Thomas d'Aquin donne la réponse théorique en soulignant qu'il ne peut y avoir pénitence que pendant la vie et seulement peine après la mort. Donc l'entrée en Purgatoire ne commence qu'à la mort. De même qu'il n'anticipe plus pendant le temps terrestre, le Purgatoire ne mord plus sur le temps proprement eschatologique, sur l'après-résurrection. En effet le «feu» ne purgera pas *pendant* le Jugement dernier mais *avant.*
Le plus important c'est que pour les défunts individuels le temps du Purgatoire ne couvrira pas obligatoirement toute la période s'étendant entre la mort et la résurrection. Le plus probable même est que l'âme en Purgatoire sera délivrée avant le Jugement, plus ou moins rapidement, plus ou moins tôt selon la quantité et la qualité des péchés restant à purger et l'intensité des suffrages offerts par les vivants. Voilà donc que s'installe dans l'au-delà un temps variable, mesurable et plus encore manipulable. D'où la précision avec laquelle les narrateurs d'apparitions d'âmes du

---

6. Sur le succès des genres narratifs à cette époque, voir fasc. 12 (*Le Roman* par J.-Ch. Payen et F. N. M. Diekstra, 1975) et fasc. 13 (*Le Fabliau* par O. Jodogne et *Le Lai narratif* par J.-Ch. Payen, 1975), in *Typologie des sources du Moyen Âge occidental* et *La Littérature narrative d'imagination: des genres littéraires aux techniques d'expression. Colloque de Strasbourg, 1959*, Paris, 1961. On manque d'une étude d'ensemble sur le «phénomène narratif» au Moyen Âge et son essor au XIIIe siècle.

Purgatoire et ces âmes elles-mêmes dans leurs discours aux vivants indiquent le temps écoulé depuis la mort, le temps déjà accompli au Purgatoire, parfois les prévisions de durée de peine encore à purger[7] et surtout le moment où l'on quitte le Purgatoire pour le ciel du Paradis, ce qui permet de mesurer le temps passé au Purgatoire.
C'est là que cherche à s'instaurer un calcul, une comptabilité sur les rapports entre la quantité de péchés commis sur terre, la quantité de suffrages produits en réparation de ces péchés et le laps de temps passé au Purgatoire. Alexandre de Halès a donné avec ses considérations sur la proportionnalité une sorte de justification théorique à ces calculs que Thomas d'Aquin s'est efforcé d'endiguer. Le développement du système des indulgences ouvrira la porte à tous les débordements de cette comptabilité. Ainsi sont mis, de toute manière, en relation le temps terrestre et le temps de l'au-delà, le temps du péché et le temps de la purgation.
Le système du Purgatoire a encore deux conséquences capitales.
La première est de donner une nouvelle importance à la période qui précède la mort. Certes les pécheurs ont toujours été prévenus contre la mort subite et invités à se préparer à temps à échapper à l'Enfer. Mais pour éviter une damnation aussi lourde il fallait s'y prendre tôt et fort, ne pas mener une vie trop scandaleuse, ne pas commettre un péché trop exorbitant ou, dans ce cas, faire le plus vite possible une pénitence exemplaire, de préférence un lointain pèlerinage. Pour ceux à qui l'ordre monastique pouvait s'ouvrir assez aisément, clercs séculiers, nobles, puissants, prendre l'habit quand venait la vieillesse et la décrépitude était une bonne garantie. Désormais le système du Purgatoire permet de définir dans la pratique des comportements plus nuancés mais tout aussi décisifs s'il s'agit d'échapper seulement au Purgatoire. Le meilleur moyen reste, à défaut d'une vie sainte, la pénitence – de plus en plus précédée par la confession – mais il y a encore *in extremis* espoir d'échapper à l'Enfer et de n'être passible que du Purgatoire, si l'on a au moins commencé de se repentir. La *contrition finale* devient de plus en plus le dernier recours pour bénéficier du Purgatoire. Les derniers instants acquièrent donc une intensité supplémentaire car, si, pour la plupart des mourants, il est trop tard depuis longtemps pour aller directement au Ciel, il est encore temps de se sauver à travers le Purgatoire. Il me semble, contrairement à ce qu'a dit Philippe Ariès dans *L'Homme devant la mort* que c'est dès le XIIIe siècle que «désormais [pour Philippe Ariès il s'agit des XIVe-XVe siècles] le sort de l'âme immortelle est décidé au moment de la mort physique» et que le

---

7. Il n'échappe pas au lecteur que cette expression devenue courante «purger sa peine» vient de la croyance au Purgatoire.

Purgatoire est une des causes essentielles de cette dramatisation du moment de la mort[8].

Philippe Ariès poursuit en effet : « Il y aura de moins en moins de place pour les revenants et leurs manifestations. » C'est aussi ma constatation, mais dès le XIIIe siècle, à l'exception du petit nombre d'âmes du Purgatoire, du plus petit nombre encore d'élus ou de damnés qui, « par permission spéciale » de Dieu, font de courtes apparitions aux vivants pour leur instruction sans plus s'abandonner à l'errance. Si on compare *La Légende dorée* du dominicain Jacopo de Varazze (Jacques de Voragine), écrite vers 1260, aux récits des habitants de Montaillou devant les inquisiteurs, un demi-siècle plus tard, on est frappé par le vagabondage des âmes autour de ces villageois hérétiques rétifs au Purgatoire et la grande absence des revenants dans le livre du prêcheur attentif à diffuser la croyance au Purgatoire[9].

La Renaissance verra pourtant le retour des revenants car si le Purgatoire continue alors à jouer son rôle de lien entre les vivants et les morts, enrichissant même cette fonction de nouvelles formes de dévotion, il ne semble plus bien fonctionner comme lieu de renfermement des âmes en peine. Des historiens du XVIe siècle ont mis en évidence les errances recommencées et les danses dans les cimetières terrestres des revenants échappés au Purgatoire[10].

Je ne pense donc pas que Philippe Ariès ait raison en ajoutant : « En revanche, la croyance longtemps réservée aux savants et théologiens ou poètes, dans le Purgatoire, lieu d'attente, deviendra vraiment populaire, mais pas avant le milieu du XVIIe siècle. » On s'est même demandé si dans certaines régions, dans le Toulousain par exemple, la vogue du Purgatoire n'était pas finie dès le XVIIIe siècle[11].

Le système du Purgatoire a une seconde conséquence : il implique une définition relativement précise des liens entre les vivants et les morts, efficaces dans le cas des suffrages.

À qui apparaissent les âmes du Purgatoire pour appeler au secours ? D'abord à leur famille charnelle, ascendants ou descendants. Puis à leur conjoint et il y a en particulier au XIIIe siècle un rôle important des veuves de morts en Purgatoire. Ensuite à leurs familles artificielles, et tout d'abord aux ordres

---

8. Ph. Ariès, *L'Homme devant la mort*, Paris, 1977, p. 110.
9. H. Neveux, « Les lendemains de la mort au Moyen âge », in *Annales E.S.C.*, 1979, pp. 245-263.
10. J. Delumeau dans le premier volet de sa grande synthèse sur *La Peur en Occident du XIVe au XVIIIe siècle*, 1978 ; J. Wirth dans sa belle étude sur *La Jeune Fille et la Mort*, Recherches sur les thèses macabres dans l'art germanique de la Renaissance, 1979.
11. M. Bastard-Fournié, « Le Purgatoire dans la région toulousaine au XIVe siècle et au début du XVe siècle », in *Annales du Midi*, pp. 5-34 : « Succès éphémère à l'échelle du temps historique ; il semble qu'au XVIIIe siècle le Purgatoire n'est plus au centre des préoccupations religieuses des Toulousains, si l'on se fie au témoignage des seuls testaments » (p. 5, note 2).

monastiques auxquels ils appartiennent s'ils sont moines ou auxquels ils sont liés, s'ils sont laïcs. Enfin le défunt peut apparaître à un supérieur : c'est évident dans le cas d'un moine venant solliciter un prieur ou un abbé, mais on rencontre aussi le cas d'un vassal, d'un familier, d'un serviteur s'adressant à son seigneur, à son maître, comme si le devoir de protection du seigneur établi par le contrat féodo-vassalique se poursuivait au-delà de la mort au cours de ce temps à la fois autre et supplémentaire qu'est le temps du Purgatoire. Peu à peu, du XIIIe au XVIe siècle, la solidarité du Purgatoire sera entraînée dans les nouvelles formes de sociabilité des confréries. Mais il ne faut pas s'y tromper et Philippe Ariès, s'il a daté trop tardivement ce moment essentiel, a bien saisi que le Purgatoire donne un autre sens à la frontière de la mort. Si d'un côté il semble la rendre plus franchissable en étendant sur le versant de l'au-delà la possibilité de la rémission des péchés, de l'autre il met un terme au franchissement comme d'un tissu temporel sans couture du passage de la vie à l'éternité, glorieuse ou damnée. Pour reprendre un terme de Gabriel Le Bras, pour un nombre croissant de défunts un « stage » s'ouvre dans l'au-delà entre la vie terrestre et la récompense céleste.

Le schéma temporel du Purgatoire tel qu'il s'exprime dans les apparitions et qu'il se révèle dans les rapports entre les vivants et les morts peut se décrire ainsi : peu de temps après la mort (quelques jours ou quelques mois, rarement davantage) un défunt dans le Purgatoire apparaît à un vivant auquel il était lié sur cette terre, l'informe plus ou moins longuement de sa situation, de l'au-delà en général et du Purgatoire en particulier et l'invite à accomplir lui-même ou à faire accomplir par quelque autre parent ou personne proche, ou par une communauté, des suffrages (jeûnes, prières, aumônes et surtout messes) en sa faveur. Il lui promet de l'avertir dans une prochaine apparition de l'efficacité (ou de l'inefficacité) des suffrages accomplis. Cette réapparition peut se faire en un ou deux temps. S'il y a une première apparition, le mort indique en général au vivant quelle portion de sa peine a déjà été rachetée. C'est le plus souvent une portion simple, la moitié ou le tiers, matérialisée par l'apparence extérieure du revenant dont le « corps » (ou le « vêtement ») est à moitié noir (partie encore à racheter) ou un tiers blanc et deux tiers noir, etc.

On peut s'étonner (et les hommes du XIIIe siècle, encore peu familiarisés avec un Purgatoire banalisé, ont manifesté cet étonnement) que le séjour en Purgatoire apparaisse le plus souvent très bref, de l'ordre de quelques jours ou de quelques mois, bien que dans un des premiers cas les plus intéressants, celui de l'usurier de Liège, la purgation dure quatorze ans, en deux périodes de sept ans[12]. C'est que, à cause de l'âpreté *(acerbitas)* des peines subies, le

---

12. Voir *infra*, pp. 1137-1139.

temps paraît très long au Purgatoire. Une journée semble à certains, on le verra, aussi longue qu'une année. Cette intensité du temps du Purgatoire est remarquable à plusieurs titres. C'est d'abord une solution, quoique assez grossière, au problème de la proportionnalité entre temps terrestre et temps de l'au-delà purgatoire qui doit mettre en rapport des temps inégaux et même différents. C'est aussi le recours à une notion psychologique (le sens subjectif de la durée) bien en accord avec la «psychologisation» croissante qui caractérise la littérature de la même époque. Enfin – et ce n'est pas le moins étonnant ni le moins important – le temps du Purgatoire s'invertit par rapport au temps de l'au-delà traditionnel du folklore. Celui-ci est ainsi défini dans le contre-type 470 de la classification des contes populaires par Aarne-Thompson[13] : «Années vécues comme des jours : les années passées dans l'autre monde semblent des jours à cause de l'oubli» et, plus encore, parce que la vie y est agréable. Le passage de l'au-delà celtique aimable à l'au-delà très âpre du Purgatoire a entraîné le renversement du sentiment du temps. Évolution remarquable : dans ce jeu d'inversions entre la culture savante et la culture folklorique c'est en général le folklore qui imagine un monde à l'envers. Ici la pensée savante qui a emprunté au folklore le thème de l'au-delà dont on revient, procède pour son propre compte à une inversion. On voit bien ici le jeu des emprunts réciproques et des démarches symétriques de la culture savante, et de la culture folklorique. J'y vois une des preuves de la présence du folklore au sein de la genèse du Purgatoire[14]. On se rappelle le *Voyage de Bran*, par exemple, à la fin duquel, quand Bran et ses compagnons veulent, après leur périple dans les îles merveilleuses qui ne sont autres que l'au-delà, revenir sur la terre d'où ils sont partis, l'un d'eux, sautant du navire sur le rivage, tombe en cendres «comme s'il avait vécu plusieurs centaines d'années sur terre». La littérature des visions n'a pas épuisé au XIIIe siècle ses séductions sur auditeurs et lecteurs. Les voyages dans l'au-delà font désormais ouvertement et nommément place au Purgatoire.

NOUVEAUX VOYAGES DANS L'AU-DELÀ

Dans les premières années du siècle un cistercien allemand, Conrad, qui a été moine à Clairvaux puis est devenu abbé d'Eberbach, dans le Taunus,

---

13. A. Aarne et S. Thompson, *The Types of the Folktale*, 2e éd. révisée, Helsinki, 1964, p. 161.
14. Jean-Claude Schmitt, dans ses recherches sur les revenants, s'intéresse particulièrement à cet aspect.

écrit une suite de miracles et d'anecdotes retraçant les débuts de l'ordre, *Le Grand Exorde cistercien ou le Récit des débuts de l'ordre cistercien (Exordium Magnum Cisterciense Sive Narratio de Initio Cisterciensis Ordinis)*. On y trouve plusieurs histoires de revenants. Le Purgatoire y est rarement cité car l'ouvrage se donne pour l'histoire d'un temps, le XIIe siècle, où jusque vers 1180 il n'existait pas encore. Dans une histoire empruntée au *Livre des miracles* écrit en 1178 par Herbert de Clairvaux, un châtelain adonné aux violences et aux rapines, Baudouin de Guise, dans la région rémoise, qui vénérait pourtant Pierre, abbé d'Igny, était mort en se repentissant mais sans avoir eu le temps de faire pénitence. La nuit même de sa mort il apparaît à un moine, invoquant l'aide de saint Benoît tandis qu'un ange apparaît à Pierre d'Igny pour demander les suffrages de la communauté cistercienne pour le mort. À quelque temps de là, deux anges amènent devant l'autel de l'église de l'abbaye d'Igny, en présence de l'abbé Pierre, le défunt en habits noirs mais de bon aspect et faits de bonne étoffe d'isambrun. L'abbé comprend que les vêtements noirs sont le signe de la pénitence mais que cette apparition devant l'autel laisse présager que le mort sera sauvé. Comme il n'apparut plus ensuite, on eut la certitude qu'il avait été reçu dans les lieux purgatoires *(in locis purgatoriis)*, promesse de salut futur.

On voit que le système n'est pas ici tout à fait au point puisque le mort ne vient pas informer les vivants de son passage du Purgatoire en Paradis[15].

Dans une autre histoire, c'est saint Augustin qui apparaît dans une vision à un saint moine de Clairvaux pour le conduire à travers les innombrables lieux des peines jusqu'à l'entrée même du puits de la géhenne[16].

Dans un autre cas encore Conrad se propose de montrer combien l'épreuve du feu purgatoire *(examen ignis purgatorii)* est redoutable et terrifiante : il raconte l'histoire d'un moine qui, avant de mourir, est conduit en esprit dans les lieux infernaux *(ad loca infernalia)* où la brève vision qu'il a se rapproche beaucoup du *Purgatoire de saint Patrick* (et de l'*Apocalypse de Paul*) puis dans un lieu de rafraîchissement *(ad quemdam refrigerii locum)*. Conrad explique que les morts sont accueillis dans ce lieu après avoir été purgés de leurs fautes plus ou moins vite selon la quantité et la qualité de leurs péchés et il cite le sermon de saint Bernard pour la mort d'Humbert prieur de Clairvaux où le saint avait dit que les péchés commis ici-bas devaient être payés au centuple jusqu'au dernier sou dans les lieux purgatoires *(in purgatoriis locis)*[17].

---

15. Conrad d'Eberbach, *Exordium magnum cisterciense*, II, 23, éd. B. Griesser, Rome, 1961, pp. 143-147. Je remercie M. Philippe Dautrey qui prépare une étude sur *La Mort cistercienne* d'avoir attiré mon attention sur ces textes.
16. Toujours tiré du *Liber miraculorum* d'Herbert, in éd. B. Griesser, p. 229.
17. *Ibid.*, pp. 332-334.

La naissance du Purgatoire

Souvenirs d'un temps où le Purgatoire s'apprêtait à naître mais n'existait pas encore, ces visions et apparitions du *Magnum Exordium Cisterciense* ont un parfum archaïque. Le Purgatoire est en revanche bien présent dans les visions rapportées un peu plus tard par deux bénédictins anglais, héritiers de la grande tradition celtique et anglo-saxonne depuis Bède. Le premier, Roger de Wendover, moine de la grande abbaye de Saint-Albans, mort en 1236, raconte dans ses *Fleurs des histoires (Flores historiarum)* à la date de 1206, le voyage de Thurchill dans l'au-delà[18].

Alors qu'il travaillait dans son champ, ce paysan du village de Tidstude dans l'évêché de Londres voit apparaître un homme qui se donne pour saint Julien l'Hospitalier et qui l'avertit qu'il viendra le chercher la nuit suivante pour l'emmener auprès de son patron saint Jacques dont il est un dévot, et pour lui montrer, par permission divine, des secrets cachés aux hommes. La nuit venue, il vient en effet le réveiller dans son lit et fait sortir son âme de son corps qui reste gisant mais non inanimé dans le lit. Son guide le fait entrer dans une grande et splendide basilique qui n'a pas de murs sauf un, pas très haut, au nord. Saint Julien et saint Domnius, gardiens de la basilique, la font visiter à Thurchill. Ce sont les lieux que Dieu assigne aux morts, qu'ils soient damnés ou destinés à être sauvés par les peines du Purgatoire *(per purgatorii poenas)*. Près du mur Thurchill voit des âmes tachetées de noir et de blanc. Les plus blanches sont les plus proches du mur et les plus noires en sont plus éloignées. À côté du mur s'ouvre le puits de l'Enfer et Thurchill en sent l'odeur fétide. Cette puanteur, lui dit Julien, est un avertissement car il paie mal ses dîmes à l'Église. Il lui montre ensuite à l'est de la basilique un grand feu purgatoire par lequel passaient des âmes avant d'être purgées dans un autre purgatoire, glacial celui-là, un étang très froid où le passage est réglé par saint Nicolas (que nous avons déjà rencontré comme saint du Purgatoire). Enfin les âmes passent, plus ou moins vite, par un pont de pieux et de clous acérés vers la montagne du Paradis (le mont de joie, *mons gaudii*). Revenus au centre de la basilique, Julien et Domnius font voir à Thurchill le tri et le pèsement des âmes. Saint Michel fait passer les âmes tout à fait blanches par les flammes du feu purgatoire et les autres lieux de peine sans qu'elles soient blessées et les amène au mont du Paradis. Celles qui sont tachetées de blanc et de noir, saint Pierre les fait entrer dans le feu purgatoire pour y être purgées par les flammes. Quant aux âmes tout à fait noires elles font l'objet d'une pesée entre saint Paul et le diable. Si la balance penche du côté de saint Paul, il emmène l'âme se purger dans le feu purgatoire, si elle penche du côté du diable il l'emporte en Enfer. Thurchill, accompagné par

---

18. Voir *infra*, Appendice IV, pp. 1225-1230.

saint Domnius, visite ensuite longuement l'Enfer sous la conduite de Satan, à l'exception de l'enfer inférieur. S'approchant de l'atrium d'entrée du mont de joie il s'aperçoit que saint Michel fait avancer les âmes qui attendent plus ou moins vite en proportion du nombre de messes que leurs amis et l'Église universelle font dire pour leur libération. Il parcourt après cela rapidement les nombreuses maisons du mont paradisiaque avec saint Michel pour guide et termine par un tour au Paradis terrestre. Saint Julien lui apparaît de nouveau pour lui ordonner de raconter ce qu'il a vu. Désormais, à partir de la Toussaint, Thurchill racontera sa vision. Il le fait certes en langue vernaculaire, mais on admire que ce rustre, auparavant sans culture et à l'élocution difficile, fasse preuve dans ses récits d'une belle éloquence[19].

Ce récit, plein d'archaïsmes, regroupe certes en trois lieux, Paradis, Enfer, et Purgatoire, le monde de l'au-delà mais la tripartition géographique n'y est pas parfaite. L'Enfer comprend toujours une partie supérieure et inférieure, le Paradis renferme de nombreuses maisons et sa montagne ressemble à la tour de Babel, le Purgatoire est fait de trois morceaux tant bien que mal soudés ensemble : le feu, l'étang d'eau glaciale et le pont.

LE PURGATOIRE PRÊCHÉ : LES « EXEMPLA »

Ces histoires n'étaient encore destinées qu'à un auditoire limité, celui des monastères : il restait à toucher les masses laïques.
Le grand moyen de diffusion du Purgatoire c'est le sermon et, au sein du sermon, les historiettes dont les prédicateurs se mettent à truffer leurs homélies et qui font passer la leçon à travers l'amusement de l'anecdote. Ce recours à une forme narrative courte est un des moyens principaux par lequel l'Église met au goût du jour son apostolat, tout en demeurant dans une longue tradition. En l'occurrence ces anecdotes édifiantes, ces *exempla*, renouent – malgré des différences notables – avec les récits de Grégoire le Grand dans ses *Dialogues*. Or ces récits sont, nous le savons, un jalon essentiel sur la route du Purgatoire. La rencontre décisive au XIIIe siècle du Purgatoire et de l'*exemplum* est l'aboutissement éclatant du

---

19. *Chronica* Rogeri de Wendover, *Flores historiarum*, Londres, 1887, t. II, pp. 16-35. Mathieu Paris, moine aussi de Saint-Albans, mort en 1259, dans ses *Grandes Chroniques (Chronica Majora)* où il continue Roger de Wendover, se contenta de recopier mot pour mot l'histoire de Thurchill telle qu'il la trouva dans les *Fleurs des histoires*. Matthaei Parisiensis, Monachi Sancti Albani, *Chronica Majora*, Londres, 1874, t. II, pp. 497-511.

scénario que, six siècles et demi plus tôt, avait ébauché Grégoire le Grand[20]. Le sermon a toujours tenu une place importante dans l'apostolat de l'Église mais le XIIIe siècle est le siècle de renaissance du sermon, au sein d'une parole nouvelle, plus directe, plus réaliste, dont les frères mendiants sont bientôt les principaux promoteurs[21]. Le sermon – et ses incrustations, les *exempla* – est le grand moyen de communication de masse du XIIIe siècle, le message reçu par tous les fidèles, même s'il y a quelques déserteurs à la messe et en particulier au prône, plus volontiers piliers de taverne que d'église. Le sermon truffé d'*exempla* n'est plus seulement un moment attendu de l'office, il se développe à part, dans les églises ou sur les places, préfiguration de la conférence et du meeting. À côté des jongleurs dont le public est surtout noble, les prédicateurs à la mode deviennent les «idoles» des foules chrétiennes. Ils leur montrent, ils leur apprennent le Purgatoire.

UN PRÉCURSEUR : JACQUES DE VITRY

Jacques de Vitry est l'un des premiers auteurs de modèles de sermons farcis d'*exempla* fort utilisés par la suite. Formé à l'Université de Paris dans les premières années du XIIIe siècle, curé d'Oignies dans le nord de la France, en contact avec le milieu des béguines, ces femmes retirées au milieu des villes pour y mener une existence à mi-chemin entre celle des laïques et celle des moniales, prédicateur célèbre dans une partie de la Chrétienté, surtout en France, évêque d'Acre en Palestine, et, pour finir cardinal évêque de Tusculum (il meurt en 1240) : c'est un personnage considérable[22]. Le Purgatoire n'occupe pas dans ses recueils de sermons une grande place mais on y voit déjà le nouveau système de l'au-delà bien accrédité et il offre quelques particularités intéressantes. Il faut, en effet, joindre à ses *exempla* les parties théoriques de ses sermons qui expriment ses conceptions.

---

20. Sur l'*exemplum*, voir le fascicule de Cl. Bremond, J. Le Goff et J.-Cl. Schmitt, *L'«Exemplum»*, in *Typologie des sources au Moyen Âge occidental*, Turnhout, Brepols.
21. Sur la prédication, l'ouvrage ancien d'A. Lecoy de la Marche, *La Chaire française au Moyen Âge, spécialement au XIIIe siècle*, Paris, 1886, réimp. Genève, 1974, fournit toujours des informations et des idées précieuses. Voir aussi l'esquisse de J. Le Goff et J.-Cl. Schmitt, «Au XIIIe siècle : une parole nouvelle», in *Histoire vécue du peuple chrétien*, sous la direction de J. Delumeau, Toulouse, 1978, vol. I, pp. 257-279.
22. Sur Jacques de Vitry, voir A. Forni, «Giacomo da Vitry, Predicatore e sociologo», in *La Cultura*, XVII/I, 1980, pp. 34-89.

Deux passages sont particulièrement significatifs. Le premier se rencontre dans un modèle de sermon *Aux époux (Ad conjugatos)*: «La contrition change la peine de l'enfer en peine du Purgatoire, la confession en peine temporelle, la satisfaction convenable en néant. Dans la contrition le péché meurt, dans la confession il est enlevé de la maison, dans la satisfaction il est enterré[23].» Remarquable exposé qui lie le Purgatoire à la contrition et au processus pénitentiel et qui souligne dans le Purgatoire la régression décisive depuis l'enfer.

Dans un modèle de sermon pour le dimanche, Jacques de Vitry évoque l'idée d'un repos dominical au Purgatoire: «Il est pieux de croire, et beaucoup de saints l'affirment, que le jour du seigneur les âmes des défunts reposent ou du moins subissent de moins dures punitions dans le Purgatoire jusqu'au lundi, où l'Église a l'habitude de les secourir dans sa compassion en célébrant une messe pour les défunts. Aussi c'est à juste titre que sont privés du bénéfice du repos dominical dans le Purgatoire ceux qui n'auront pas honoré ici-bas le jour du seigneur en refusant de s'abstenir des travaux serviles et des affaires séculières, ou, pis encore, en se livrant aux ripailles et aux beuveries et à d'autres désirs charnels, en s'adonnant lascivement aux danses et aux chansons, n'auront pas craint de salir et de déshonorer les dimanches par des querelles et des disputes, des propos vains et oiseux, des paroles médisantes et téméraires[24].»

Transposition du repos sabbatique en Enfer en une relâche dominicale au Purgatoire, lien entre le comportement du dimanche ici-bas et la peine du dimanche dans l'au-delà. L'Église a décidément bien accroché le Purgatoire à la pratique terrestre dans un édifiant parallélisme.

Je n'ai relevé dans les modèles de sermons de Jacques de Vitry destinés à l'ensemble des conditions humaines *(sermones vulgares* ou *ad status)* que deux *exempla* où le Purgatoire joue un rôle essentiel.

Le premier, peut-être emprunté au cistercien Hélinand de Froimont et venu des légendes nées autour de Charlemagne, s'adresse à «ceux qui pleurent la mort de parents ou d'amis». Il se situe donc dans les nouvelles formes de sociabilité entre les vivants et les morts. Un chevalier de la suite de Charlemagne dans une expédition contre les Sarrasins en Espagne demande par testament à un parent de vendre après sa mort son cheval au bénéfice des pauvres. Le parent indélicat garde le cheval. Au bout de

---

23. Jacques de Vitry, *Sermones vulgares*, Sermo 68 *Ad conjugatos*, inédit. Transcription de Marie-Claire Gasnault surtout d'après les manuscrits Cambrai 534 et Paris B.N., Ms. latin 17509.
24. Sermon inédit *Sermo communis omni die dominica* (I), d'après le manuscrit 455 de Liège, fol. 2-2 v°, communiqué par Marie-Claire Gasnault que je remercie très vivement.

huit jours le mort lui apparaît, lui reproche d'avoir retardé sa libération du Purgatoire et lui annonce que, dès le lendemain, il expiera sa faute par une mort misérable. Le lendemain des corbeaux noirs enlèvent le malheureux dans les airs et le laissent tomber sur un rocher contre lequel il se brise la nuque et meurt[25]. Le rôle des vivants à l'égard des morts dans le Purgatoire est assez subtilement évoqué et la distinction entre péché véniel et péché mortel illustrée. Le but ici est de pousser à l'exécution des testaments, en particulier quand il s'agit de clauses réparatrices, par les exécuteurs testamentaires. Le jeu Purgatoire/Enfer enrichit la panoplie des menaces.

Le second *exemplum* évoque à peine le Purgatoire. Il n'en est pas moins important. Il est rattaché à la prédication pour la croisade. Une femme empêche son mari d'aller écouter un sermon de croisade prêché par Jacques de Vitry lui-même. Mais il réussit à l'écouter par une fenêtre. Quand il entend le prédicateur signaler que cette pénitence permet d'éviter les peines purgatoires et la peine de la géhenne et d'obtenir le royaume des cieux, il échappe à la surveillance de sa femme, saute par la fenêtre et va, le premier, prendre la croix[26]. Croisade, indulgence et Purgatoire, évocation du triple système de l'au-delà, ici encore un modèle est mis en place, où le Purgatoire joue un rôle intermédiaire de plus en plus important.

DEUX GRANDS VULGARISATEURS DU PURGATOIRE

C'est chez les réguliers, et au contact encore plus proche des milieux urbains, qu'il faut chercher les grands diffuseurs du Purgatoire par la prédication et les *exempla*. En voici deux, éminents parmi d'autres. Ils sont bien différents de Jacques de Vitry et le contraste entre eux est également grand. Ce sont deux réguliers, mais l'un est un moine cistercien, l'autre est un frère dominicain, ils ont vécu dans les deux premiers tiers du XIIIe siècle mais l'un est mort en 1240, l'autre vingt ans plus tard en 1261, l'un est allemand et son point de repère géographique et culturel c'est Cologne, l'autre est français et son expérience s'étend entre sa for-

---

25. *The Exempla or Illustrative Stories from the Sermones Vulgares of Jacques de Vitry*, éd. Th. F. Crane, Londres, 1890, réimp. Nendeln, 1967. Édition précieuse par ses notes, mais médiocre pour le texte et qui détache les *exempla* du contexte du sermon, ce qui empêche d'en mesurer toute la signification. L'*exemplum* cité est le CXIV, pp. 52-53.
26. *Ibid.*, CXXII, p. 56.

mation universitaire à Paris et son activité d'inquisiteur dans un large cercle autour du couvent des Prêcheurs de Lyon. Tous deux pourtant écrivent des ouvrages faits soit indirectement soit directement à l'usage des prédicateurs et tous deux ont empli leurs traités d'*exempla* au point que leurs œuvres ont pu (à tort) être considérées comme des recueils d'*exempla*. Surtout ils accordent l'un et l'autre une très grande importance au Purgatoire aussi bien dans les *exempla* que dans la construction théorique où ils sont enchâssés. Avec eux deux apparaît nettement le triple au-delà Enfer, Purgatoire, Paradis dans un relatif équilibre qui culminera avec la *Divine Comédie*.

I. LE CISTERCIEN CÉSAIRE DE HEISTERBACH

Sous une forme dialoguée qui rappelle volontairement Grégoire le Grand, le cistercien Césaire de Heisterbach composa entre 1219 et 1223 un *Dialogue des miracles*, recueil en effet d'anecdotes où l'on voit le genre traditionnel du récit de miracle se transformer en *exemplum*, conte édifiant[27]. Mais ce recueil est orienté, et cette orientation est un pèlerinage du chrétien vers les fins dernières, vers l'au-delà. Les douze étapes de ce pèlerinage qui constituent les douze livres *(distinctiones)* du *Dialogus miraculorum* sont la conversion, la contrition, la confession, la tentation, les démons, la simplicité, la Vierge Marie, les visions, l'eucharistie, les miracles, les mourants, la récompense des morts[28]. Ce dernier chapitre est évidemment celui où le Purgatoire apparaît pleinement et dans le nombre et le détail des *exempla* et dans la structure de l'œuvre.

La structure de la douzième et dernière distinction est simple. La récompense des morts est triple. Pour les uns c'est la gloire du Ciel (Paradis céleste), pour les autres ce sont soit les peines éternelles de l'Enfer, soit les peines temporaires du Purgatoire. Sur cinquante-cinq *exempla*, vingt-cinq sont consacrés à l'Enfer, seize au Purgatoire, quatorze au Paradis. À ce simple comptage on voit que, bien que Césaire soit un esprit libéral et miséricordieux et que l'infernalisation du Purgatoire n'ait pas atteint l'in-

---

27. Voir F. Wagner, «Studien zu Caesarius von Heisterbach», in *Analecta Cistercensia*, 29, 1973, pp. 79-95.
28. Césaire de Heisterbach, *Dialogus miraculorum*, éd. J. Strange, Cologne-Bonn-Bruxelles, 1951. F. Wagner annonce dans son article (ci-dessus) une nouvelle édition critique. Andrée Duby, que je remercie pour ses informations et suggestions, prépare un important travail sur le *Dialogus miraculorum*.

tensité à laquelle elle parviendra plus tard dans le siècle, l'Enfer reste le lieu dont on tire le plus de leçons. Faire peur est sinon la première, du moins une essentielle préoccupation[29]. Pourtant entre Enfer et Paradis, le Purgatoire s'est conquis une place pratiquement égale.
Mais le Purgatoire n'a pas attendu la dernière distinction du *Dialogus miraculorum* pour apparaître. Andrée Duby a relevé huit «*exempla* du Purgatoire» dans les onze premiers livres du *Dialogus*, parmi lesquels plusieurs importants pour la doctrine du Purgatoire vu par Césaire[30]. En effet, si le Purgatoire fait désormais partie du dernier chapitre des sommes chrétiennes, celui qui traite des «fins dernières», des *novissima*, il se rencontre aussi à l'horizon de chaque étape de la vie spirituelle.
Je présenterai quatre *exempla* importants des premiers livres avant de traiter du bloc d'*exempla* du Purgatoire de la dernière «distinction».
Dans le premier chapitre, qui traite de la conversion, Césaire de Heisterbach raconte l'histoire d'un étudiant peu doué qui, pour réussir dans ses études, accepte, sur les conseils du diable, d'avoir recours à la magie. En gardant dans sa main un talisman que Satan lui a donné, il brille dans ses examens. Mais il tombe malade et à l'article de la mort il se confesse à un prêtre qui lui fait jeter le talisman loin de lui. Il meurt et son âme est transportée dans une horrible vallée où des esprits aux mains pourvues d'ongles longs et aigus jouent avec elle comme avec une balle et, en jouant, la blessent cruellement. Dieu a pitié de lui et ordonne aux démons de cesser de torturer cette âme. Elle réintègre le corps de l'étudiant qui se remet à vivre. Effrayé par ce qu'il a vu et éprouvé, il se convertit et se fait cistercien. Il deviendra abbé de Morimond. Un dialogue s'engage alors entre le novice et le moine, c'est-à-

---

[29]. Dans un texte remarquable qu'il a bien voulu me communiquer, Alberto Forni relève que pour les auditeurs de sermons le thème du Purgatoire «est source de terreur». Il est vrai, mais dans d'autres contextes, que l'infernalisation du Purgatoire n'est pas aussi poussée. A. Forni, «Kerigma e adattamento. Aspetti della predicazione cattolica nei secoli XII-XIV», in *Bollettino dell'Istituto Storico Italiano per il Medioevo*.
[30]. Ce sont les *exempla* I, 32, (conversion d'un abbé de Morimond qui ressuscita); II, 2 (moine apostat qui se fait bandit de grand chemin, au moment de mourir se repentit et choisit deux mille années de Purgatoire); III, 24 (un confesseur ayant commis le péché de sodomie avec un adolescent et qui s'est durement repenti mais n'a pas osé se confesser apparaît après sa mort à l'adolescent, lui raconte ses peines dans le Purgatoire et l'exhorte à se confesser); III, 25 (un novice cistercien mort avant d'avoir pu faire sa confession générale échappe au Purgatoire en se confessant à un abbé dans une apparition en songe); IV, 30 (tentations et visions du jeune moine de Heisterbach, Chrétien, que sainte Agathe avertit que soixante jours de pénible maladie ici-bas seront comptés soixante années en Purgatoire); VII, 16 (Chrétien, moine de Hemmenrode, dévot de la Vierge Marie, voit en vision son âme traverser un très grand feu mais finalement va au Paradis); VII, 58 (un bandit accepte de ne commettre aucun forfait le samedi en l'honneur de la Vierge et se laisse pendre et décapiter: il échappe ainsi au Purgatoire): XI, 11 (le convers Mengoz ressuscité par l'abbé Gilbert raconte qu'il a vu dans l'au-delà des morts qui devaient être libérés du Purgatoire dans trente jours).

dire Césaire. Le novice demande si le lieu des tourments de l'étudiant était l'Enfer ou le Purgatoire. Césaire répond que si la vallée des peines appartenait à l'Enfer, cela voudrait dire que sa confession n'avait pas été accompagnée de contrition et il est vrai qu'il a consenti à garder la pierre magique mais il a refusé de prêter hommage au démon. Toutefois ce qui retient Césaire de parler explicitement de Purgatoire au sujet de cet abbé de Morimond, c'est qu'on ne voit pas d'anges dans sa vision mais des démons. Or le maître de Césaire aux écoles de Cologne, Rodolphe, lui a enseigné que les démons ne touchaient jamais une âme élue mais que ce sont les bons anges qui l'amènent aux lieux du Purgatoire, « si elle est digne du Purgatoire » – expression qui indique que le Purgatoire est promesse de Paradis, espoir, octroi de la justice miséricordieuse de Dieu[31].

Au chapitre de la contrition, le deuxième, Césaire raconte l'histoire d'un jeune moine qui quitta son couvent, se fit bandit de grand chemin et fut mortellement blessé durant le siège d'un château. Avant de mourir, il se confesse. Ses péchés paraissent si énormes à son confesseur que celui-ci ne trouve pas de pénitence à lui proposer. Le mourant suggère deux mille ans de Purgatoire au bout desquels il espère la miséricorde divine et avant d'expirer il demande au prêtre de porter à tel évêque une lettre lui demandant de prier pour lui. Il meurt et est emporté au Purgatoire. L'évêque qui n'avait cessé d'aimer cet ex-moine, malgré son apostasie, prie et fait prier pour lui pendant un an tout le clergé de son diocèse. Au bout d'un an, le mort lui apparaît « blême, décharné, maigre, vêtu de noir ». Il remercie toutefois l'évêque car cette année de suffrages lui a enlevé mille ans de Purgatoire et il déclare qu'une année supplémentaire d'aide le libérerait tout à fait. L'évêque et son clergé réitèrent leur effort. Au bout de la seconde année le mort réapparaît à l'évêque « en coule blanche et l'air serein » c'est-à-dire en costume cistercien. Il annonce son départ pour le Paradis et remercie l'évêque car ces deux années lui ont été comptées pour deux mille ans. Le novice s'émerveille du pouvoir de la contrition du mort et du pouvoir des prières qui l'ont libéré. Césaire souligne que la contrition est plus efficace que les suffrages qui peuvent diminuer la peine mais non augmenter la gloire[32].

L'histoire d'un jeune moine cistercien de Heisterbach qu'on retrouvera au dernier livre du *Dialogus miraculorum*, Chrétien, est aussi pleine d'enseignements sur la comptabilité du Purgatoire selon Césaire. Il s'agit d'un moine très pieux, entouré dès sa vie d'un parfum aromatique semblable à l'odeur de sainteté, mais faible d'esprit, favorisé de visions de la Vierge, des anges, de Jésus lui-même et affligé d'épreuves de tentations, comme de

---

31. *Dialogus miraculorum*, I, 32, éd. Strange, I, pp. 36-39.
32. *Ibid.*, II, 2, I, pp. 58-61.

perdre le don des larmes que lui rend un baiser à un crucifix. Sa dernière épreuve est une cruelle maladie. Sainte Agathe lui apparaît et l'exhorte à supporter pieusement cette maladie car soixante jours de ces souffrances lui seront comptés pour soixante années. Soixante jours après cette apparition, le jour de la fête de sainte Agathe, il meurt. On peut, dit Césaire, interpréter les propos de sainte Agathe de deux façons: ou bien ces soixante jours de maladie l'ont purgé de ses péchés à l'égal de soixante ans de Purgatoire ou plutôt la façon dont il a supporté la souffrance de ces soixante jours lui a acquis un mérite de soixante années[33]. Césaire interprète de façon active, valorisante et non simplement négative l'action des mérites d'ici-bas. Comme dans le cas précédent, Césaire privilégie la volonté active de l'homme par rapport aux vertus passives.

C'est le pouvoir de la Vierge Marie que veut mettre en évidence l'histoire du moine Chrétien de Hemmenrode. Ce Chrétien, assez naïf lui aussi, avant même de devenir moine, alors qu'il est étudiant puis prêtre, résiste à diverses tentations et est favorisé de visions par sainte Marie-Madeleine et surtout par la Vierge Marie. Devenu moine à Hemmenrode un jour qu'il songeait aux peines du Purgatoire, il a une vision : la Vierge entourée d'une troupe de vierges et accompagnée du défunt empereur Frédéric Barberousse préside à son enterrement. Elle emmène avec elle dans les cieux l'âme du défunt que réclament en vain des troupes de démons qui soufflent sur elle des masses de feu. Mais des anges conduisent l'âme à un très grand feu et lui apprennent qu'après la mort elle reviendra en ce lieu et devra passer à travers ce feu. Revenu à la vie, Chrétien continue à mener au monastère sa sainte vie pleine de visions et d'humilité. Cette humilité s'explique par le fait que non seulement il a dans sa jeunesse perdu sa virginité mais qu'il a eu deux fils naturels, tous deux d'ailleurs entrés dans l'ordre cistercien. Il a donc d'autant plus besoin de l'aide de la Vierge Marie. Celle-ci lui fait si peu défaut qu'au moment de sa mort, la Vierge et l'Enfant Jésus lui apparaissent, vêtus de la coule cistercienne et quand il meurt ils le reçoivent au Paradis. La vision du feu du Purgatoire ne s'est donc pas vérifiée[34].

Dans le cas des deux Chrétien, Césaire a voulu montrer que le pire n'est jamais sûr et que le premier Chrétien a su échapper à l'Enfer pour aller au Purgatoire comme au second, le Purgatoire a été épargné et le Paradis donné.

Les *exempla* de la douzième et dernière «distinction» concernant le Purgatoire forment, dans une première approche, trois groupes selon des critères qui mêlent considérations nouvelles et idées traditionnelles. Ce qui est

---

33. *Ibid.*, IV, 30, I, pp. 198-202.
34. *Ibid.*, VII, 16, II, pp. 17-23.

d'abord dans l'esprit de l'époque, c'est de lier le nouvel au-delà avec les catégories de péchés. Conforme à la tradition est en revanche le souci de détailler les différents types des suffrages. Caractéristique enfin du XIIIe siècle est la volonté, que manifeste même un esprit plein de mansuétude comme Césaire, d'insister sur l'âpreté des peines du Purgatoire.

Le premier groupe (huit *exempla*, des numéros 24 à 31) concerne donc l'avarice (cupidité), la luxure, la magie, la désobéissance, l'obstination perverse, la légèreté, la paresse.

l'usurier de Liège : Purgatoire et capitalisme

L'*exemplum* qui ouvre la série me paraît d'une particulière importance. Voici l'histoire de l'usurier de Liège.

> LE MOINE : Un usurier de Liège mourut, à notre époque. L'évêque le fit expulser du cimetière. Sa femme se rendit auprès du siège apostolique pour implorer qu'il fût enterré en Terre sainte. Le pape refusa. Elle plaida alors pour son époux : « On m'a dit, Seigneur, qu'homme et femme ne font qu'un et que, selon l'Apôtre, l'homme infidèle peut être sauvé par la femme fidèle. Ce que mon mari a oublié de faire, moi, qui suis une partie de son corps, je le ferai volontiers à sa place. Je suis prête à me faire recluse pour lui et à racheter à Dieu ses péchés. » Cédant aux prières des cardinaux, le pape fit rendre le mort au cimetière. Sa femme élut domicile auprès de son tombeau, s'enferma comme recluse, et s'efforça jour et nuit d'apaiser Dieu pour le salut de son âme par des aumônes, des jeûnes, des prières et des veilles. Au bout de sept ans, son mari lui apparut, vêtu de noir, et la remercia : « Dieu te le rende, car grâce à tes épreuves, j'ai été retiré des profondeurs de l'Enfer et des plus terribles peines. Si tu me rends encore de tels services pendant sept ans, je serai complètement délivré. » Elle le fit. Il lui apparut de nouveau au bout de sept ans, mais cette fois, vêtu de blanc et l'air heureux. « Merci à Dieu et à toi car j'ai été délivré aujourd'hui. »
>
> LE NOVICE : Comment peut-il se dire libéré aujourd'hui de l'Enfer, endroit d'où il n'y a nul rachat possible ?
>
> LE MOINE : Les profondeurs de l'Enfer, cela veut dire l'âpreté du Purgatoire. De même lorsque l'Église prie pour les défunts en disant : « Seigneur Jésus-Christ, Roi de Gloire, libère les âmes de tous les

fidèles défunts de la main de l'Enfer et des profondeurs du gouffre»,
etc., elle ne prie pas pour les damnés, mais pour ce qu'on peut sauver.
La main de l'Enfer, les profondeurs du gouffre, cela veut dire ici
l'âpreté du Purgatoire. Quant à notre usurier, il n'aurait pas été libéré
de ses peines, s'il n'avait pas exprimé une contrition finale[35].

On voit les points forts de ce texte. L'accent mis sur la vigueur du lien conjugal en un temps où l'Église cherche à imposer un modèle matrimonial de monogamie fondée sur l'égalité des deux conjoints face à un modèle aristocratique masculin tout orienté vers la sauvegarde du patrimoine et peu respectueux du caractère unique et indissoluble du lien conjugal[36]. Dans le système des suffrages pour les âmes du Purgatoire, ce sont en général les structures de parenté aristocratiques qui jouent, dans lesquelles le rôle de l'épouse est secondaire. Ici au contraire, en milieu urbain et bourgeois, le lien conjugal passe au premier plan dans l'au-delà comme ici-bas. Le système de proportionnalité temporelle entre le temps des suffrages terrestres et le temps des peines du Purgatoire et la mise en scène des apparitions réglées par la division de ce rapport de temps, deux périodes de sept ans terrestres manifestées par les vêtements du mort successivement noirs puis blancs. L'évocation de la panoplie des suffrages : aumônes, jeûnes, prières, veilles, où manquent les messes mais que complète et résume une forme extrême de communion des saints : la pénitence de substitution du vivant sous la forme de l'érémitisme pénitentiel en milieu urbain : la vie de recluse. La précision, au niveau du vocabulaire, sur les rapports entre Enfer et Purgatoire, le glissement du vocabulaire scripturaire infernal vers le vocabulaire du nouveau Purgatoire qui aspire à lui l'Enfer mais en conserve – à temps – l'âpreté.

Le plus étonnant n'est pourtant pas là. La surprise de ce texte – et ce le fut probablement pour les auditeurs et les lecteurs de cet *exemplum* – c'est que le héros, le bénéficiaire de cette histoire est un usurier. À un moment où l'Église redouble d'efforts contre l'usure sévèrement condamnée aux deuxième (1139), troisième (1179)[37] et quatrième (1215) conciles du Latran ; au second concile de Lyon (1274) et encore au concile de Vienne (1311), au moment où dans la Chrétienté se développe une campagne contre l'usure, particulièrement vive au début du XIIIe siècle en Italie du Nord et à Toulouse et où l'avarice est en train de ravir à l'orgueil la première place parmi les péchés

---

35. *Ibid.*, XII, 24, II, pp. 335-336.
36. Voir G. Duby, *Le Chevalier, la femme et le prêtre. Le mariage dans la France féodale*, 1981, rééd. in *Féodalité*, Gallimard, Quarto, 1996, pp. 1161-1381.
37. On y refuse notamment la sépulture chrétienne aux usuriers.

mortels[38], alors que les fidèles ont toujours sous les yeux ce thème favori de l'imagerie romane, l'usurier, gibier certain d'enfer, entraîné dans la Géhenne par la bourse gonflée qui lui pend au cou, voilà, sauvé par une hypothétique contrition finale et par le dévouement de sa femme, malgré la résistance de l'Église représentée par le sommet de sa hiérarchie, un usurier.

J'ai montré ailleurs[39] comment, dans la ligne de cet *exemplum*, l'usurier va être au cours du XIIIe siècle, sous certaines conditions, arraché à l'Enfer et sauvé par et à travers le Purgatoire. J'ai même avancé l'opinion provocatrice que le Purgatoire, permettant le salut de l'usurier, avait contribué à la naissance du capitalisme. Je voudrais surtout souligner ici le rôle du Purgatoire dans le domaine socioprofessionnel. Une des fonctions du Purgatoire a été en effet de soustraire à l'Enfer des catégories de pécheurs qui, par la nature et la gravité de leur faute, ou par l'hostilité traditionnelle à leur profession, n'avaient guère de chances d'y échapper auparavant.

Il y a d'un côté des péchés gravissimes, en milieu monastique notamment, comme l'apostasie ou la luxure qui peuvent bénéficier, au prix d'un séjour plus ou moins long en Purgatoire, du salut final là où leur cas était jusqu'alors désespéré. Ils ont en effet la chance, à Cîteaux surtout, d'être favorisés par l'intensité du culte marial en plein essor – et quel intercesseur plus efficace que la Vierge dans les cas en apparence désespérés ? – et par la solidité du lien communautaire de l'ordre. Mais d'un autre côté les catégories socioprofessionnelles méprisées et condamnées, les verseurs de sang, les manieurs d'argent, les souillés d'impuretés peuvent avoir de l'espoir s'ils ont su ici-bas s'attacher suffisamment (avec aussi les richesses d'iniquité ?) leurs proches. Comme la Vierge, c'est ici l'épouse qui peut faire merveille et la législation et la jurisprudence anti-usuraires du XIIIe siècle s'intéressent attentivement aux veuves d'usuriers.

le Purgatoire c'est l'espoir

Un second *exemplum* fondé sur la cupidité fait apparaître à une moniale cistercienne un prieur récemment décédé, la mine blême et suave, la coule râpée, qui lui révèle qu'il va être enfin délivré du Purgatoire à l'occasion d'une

---

38. L. K. Little, « Pride Goes before Avarice : Social Change and the Vices in Latin Christendom », in *American Historical Review*, 76, 1971, pp. 16-49.
39. J. Le Goff, « The Usurer and Purgatory », in *The Dawn of Modern Banking*, Center for Medieval and Renaissance Studies, University of California, Los Angeles, New Haven-Londres, 1979, pp. 25-52.

solennité de la Vierge Marie grâce aux suffrages d'un de ses moines. Stupeur de la moniale : tout le monde l'estimait tellement « saint » ! Cause de son passage par le Purgatoire : poussé par l'avarice il a augmenté au-delà du convenable les possessions du monastère. Un triple système de relations inter-cisterciennes joue ici entre un prieur, un moine et une moniale. Les femmes ont un rôle important dans le fonctionnement du Purgatoire, particulièrement à Cîteaux et tout spécialement chez Césaire de Heisterbach[40].

Le péché de la moniale de Sion en Frise est bien grave. Elle a été séduite par un clerc et elle est morte en couches. Elle s'est avant de mourir confiée à sa famille charnelle : son père, sa mère, deux sœurs mariées et une cousine germaine. Mais ceux-ci désespérant de pouvoir la sauver, tant son cas paraît clair, ne se préoccupent d'aucun suffrage. Aussi va-t-elle solliciter un abbé cistercien tout étonné par ses apparitions car il ne la connaît pas. Honteuse, elle demande timidement « au moins un psautier et quelques messes » sans oser lui révéler sa faute ni son identité complète. Finalement il rencontre une tante de la morte, moniale cistercienne elle aussi, qui lui explique tout. On alerte les parents qui retrouvent de l'espoir et aussi bien sa famille charnelle que tous les moines et moniales de la province. L'histoire ne dit pas comment cette mobilisation finit mais le salut rapide de la pécheresse ne fait pas de doute. La Vierge n'intervient pas directement dans ce sauvetage, mais le prénom de l'héroïne – seule indication qu'elle ose confier à l'abbé – est Marie. Ce bref récit narré avec beaucoup de délicatesse et de vérité psychologique met en relief la fonction essentielle du Purgatoire, en ce début du XIIIe siècle. Les parents de la malheureuse ont désespéré puis retrouvé l'espoir *(de animae ejus salute desesperantes... spe concepta)*. Le Purgatoire c'est l'espoir[41].

Un autre *exemplum* présente un mari priant pour son épouse défunte qui était apparue à sa belle-sœur, une recluse, pour l'informer des peines très dures qu'elle subissait au Purgatoire. Cette femme d'apparence bonne et honnête s'était livrée à des pratiques magiques pour retenir l'amour de son époux. Le novice, négligeant l'aspect superstitieux de ce comportement, est frappé par la sévérité de Dieu à l'égard des péchés qu'il considère comme des peccadilles. Attention, semble dire le texte, notre point de vue n'est pas forcément celui de Dieu[42]. Césaire renchérit. Dieu est très strict, très pointilleux même. Quand des moines n'obéissent pas à toutes les prescriptions de leurs supérieurs, et leur opposent une résistance obstinée, même s'il s'agit de petites choses, Dieu, lui, ne passe rien[43].

---

40. *Dialogus miraculorum*, XII, 25, éd. Strange, II, pp. 336-337.
41. *Ibid.*, XII, 26, pp. 337-338.
42. *Ibid.*, XII, 27, pp. 338-339.
43. *Ibid.*, XII, 28, p. 339.

Après la négligence voici son contraire, l'entêtement, puni au Purgatoire. Un entêtement qui est, lui aussi, une forme de désobéissance. Un maître d'école qui s'était fait moine au monastère de Pruilly s'était montré d'une rigueur que son abbé avait vainement essayé de modérer. Il mourut et, une nuit, l'abbé qui, pour les laudes, se trouvait dans les stalles de l'église, vit apparaître dans le chœur trois personnages semblables à des cierges ardents. Il les reconnut : au milieu se tenait le maître d'école entouré de deux convers récemment décédés. L'abbé dit au moine défunt : « Comment vas-tu ? – Bien », répond l'autre. L'abbé qui se souvenait de son obstination, s'étonne : « Tu ne souffres rien à cause de ta désobéissance ? » L'apparition avoue : « Si, de nombreux et très grands tourments. Mais comme mon intention était bonne, le Seigneur ne m'a pas damné. » Quant aux convers dont l'abbé s'étonne que l'un qui fut apostat soit plus brillant que l'autre à qui on n'a rien eu à reprocher, le moine explique qu'après sa faute le premier s'est repenti et a dépassé dans la ferveur le second qui n'était qu'un tiède. Ici intervient un détail intéressant : pour laisser un témoignage irréfutable de son apparition, une preuve de l'existence du Purgatoire dont on peut pour un instant revenir, le moine défunt donne à l'estrade sur laquelle chantent ceux qui psalmodient, un tel coup de pied qu'il la laisse fendue. Ainsi naît une « relique » du Purgatoire. Ce sont de telles « reliques », datant, les plus anciennes, de la fin du XIIIe siècle, les plus récentes du milieu de notre XXe siècle, qui sont réunies dans le petit musée du Purgatoire à Rome. Quelle leçon tirer de cet *exemplum* ? Césaire et le novice sont d'accord pour voir vérifié le système de valeurs de saint Benoît qui réprouve aussi bien ceux qui s'obstinent dans la rigueur que ceux qui sont trop « légers »[44]. C'est une exaltation de la modération bénédictine vérifiée par le Purgatoire. L'allusion à la légèreté est une habile transition pour parler du cas du sacriste Jean, du monastère de Villers, homme religieux, mais qui fut léger en paroles et en actes *(in verbis et signis)*. Condamné au Purgatoire il apparaît à son abbé qu'il terrifie[45].

Enfin, dans ce tour d'horizon des péchés monastiques punis au Purgatoire, voici châtiée la paresse. Un abbé d'Hemmenrod observait en tout la discipline de l'ordre sauf qu'il était rétif pour aller travailler de ses mains avec les frères. Avant de mourir, il avait promis à un moine qu'il chérissait entre tous de lui apparaître trente jours après sa mort pour l'informer de son état. À la date prévue il se manifeste, brillant au-dessus de la ceinture, tout noir au-dessous. Il réclame des prières que font les moines et il apparaît de nouveau pour annoncer sa libération du Purgatoire[46]. Le novice demande alors à être informé sur

---

44. *Ibid.*, XII, 29, pp. 339-340.
45. *Ibid.*, XII, 30, pp. 340-341.
46. *Ibid.*, XII, 31, pp. 341-342.

la hiérarchie des suffrages. Les prières sont-elles plus efficaces pour les morts que les aumônes ? Quelques *exempla* vont apporter la réponse.

Voici d'abord le cas d'un mort qui apparaît à un ami et lui indique que la gradation est la suivante : d'abord les prières, suffrage à vrai dire assez tiède, ensuite les aumônes, et surtout les messes. Dans la messe le Christ prie, son corps et son sang sont des aumônes[47].

Un adolescent noble devenu convers à Clairvaux gardait les moutons d'une grange. Un cousin germain défunt lui apparaît et pour être délivré de très grands tourments réclame l'aide de trois messes. Les trois messes dites il réapparut pour remercier et indiqua qu'il ne fallait pas s'étonner des vertus de l'eucharistie car une brève absolution pouvait suffire à libérer certaines âmes[48].

C'est alors qu'on voit apparaître le moine Chrétien de Heisterbach dont il a été question plus haut (IV, 30). Il est mort en l'absence de l'abbé. Quand celui-ci revient au bout de sept jours, il lui suffit de dire « Qu'il repose en paix » pour que Chrétien soit délivré du Purgatoire[49].

Encore faut-il que l'intercession – si modeste soit-elle – soit effectuée par un intermédiaire efficace. Une bénédictine du monastère de Rindorp près de Bonn était une fervente de saint Jean l'Évangéliste. Après sa mort elle apparaît à une moniale, qui était aussi sa sœur charnelle et priait pour elle, pour lui annoncer qu'elle sort du Purgatoire. Mais elle lui révèle que son intercesseur a été non saint Jean, mais saint Benoît qui s'est contenté de s'agenouiller devant Dieu pour elle. Ainsi rappelle-t-on aux moines et aux moniales l'avantage qu'il y a à honorer les saints fondateurs de leur ordre[50].

Les derniers *exempla* de Césaire sur le Purgatoire ont pour but d'insister sur l'âpreté des peines du Purgatoire. Le novice a demandé à Césaire s'il était vrai que la plus petite peine dans le Purgatoire était supérieure à n'importe quelle peine imaginable en ce monde. Césaire répond en donnant l'avis d'un théologien qu'il a consulté là-dessus. « Ce n'est pas vrai, répondit celui-ci, à moins de parler du même genre de peine : par exemple le feu du Purgatoire est plus fort que tout feu terrestre, le froid plus âpre que tout froid d'ici-bas, etc. » Mais il peut y avoir au Purgatoire des peines inférieures à certaines peines terrestres. Tout en reconnaissant la dureté des peines du Purgatoire, Césaire, esprit modéré, soucieux de montrer toute la souplesse du système du Purgatoire, insiste sur l'ouverture de compas des peines du Purgatoire, qui offre le plus grand éventail de punitions.

---

47. *Ibid.*, XII, 32, p. 342.
48. *Ibid.*, XII, 33, pp. 342-343.
49. *Ibid.*, XII, 34, p. 343.
50. *Ibid.*, XII, 35, pp. 343-344.

Ainsi une petite moniale de neuf ans du monastère de Mont-Saint-Sauveur près d'Aix-la-Chapelle, sœur Gertrude, apparaît à une compagne de couvent de son âge, sœur Marguerite, avec qui elle avait l'habitude de bavarder pendant l'office. Condamnée à accomplir son Purgatoire sur les lieux de son péché, elle a dû revenir quatre fois participer, invisible sauf à son amie, à l'office du couvent. Le novice constate que cette peine fut peu de chose à côté de certaines peines terrestres[51]. Enfin, Césaire propose un *exemplum* qui montre ce qu'on pourrait appeler le degré zéro du Purgatoire. Un jeune enfant très pur, Guillaume, entré dans l'ordre, est mort au bout d'une année de probation. Apparaissant à un moine, il lui dit être dans les peines. Celui-ci en est terrifié : « Si toi, innocent, tu es puni, que m'arrivera-t-il à moi pauvre pécheur ? – Rassure-toi, répond le jeune mort, tout ce que je souffre c'est d'être encore privé de la vision de Dieu. » Quelques prières pendant sept jours suffisent pour qu'il réapparaisse, protégé par le manteau de la Vierge Marie, en train d'aller au Paradis.

Césaire présente ici un Purgatoire tout proche du limbe des enfants et il souligne que le cas du petit Guillaume n'est pas exceptionnel : un théologien lui a affirmé qu'un certain nombre de justes, qui n'ont à expier qu'une poussière de péchés véniels, n'ont pour toute punition dans le Purgatoire que d'être privés pendant un certain temps de la vision de Dieu[52].

Césaire atteint ici un point extrême dans la doctrine du Purgatoire. Non seulement il ouvre au maximum l'éventail des peines mais il relie explicitement la réflexion théologique sur le Purgatoire à une autre préoccupation qui, sans que cela soit explicite, a souvent dû lui être liée, la réflexion sur la vision béatifique. Pour donner toutes ses dimensions à la réflexion théologique du Moyen Âge sur le temps intermédiaire, sur le temps qui sépare le moment de la mort de celui de la résurrection et du jugement général, il faut se rendre compte que si le Purgatoire est menacé par le bas par l'Enfer auquel les âmes purgées ont réussi à échapper, elles sont attirées vers le haut par cet appel du Paradis qui peut, à la limite, se réduire à ce seul manque, mais essentiel, la vision béatifique. C'est précisément chez les grands théologiens du XIIIe siècle que la doctrine de la vision béatifique des justes immédiatement après le jugement particulier prend sa forme définitive[53]. Le Purgatoire, dans ces cas limites supérieurs, peut être en définitive un témoignage de la réalité d'une vision béatifique antérieure au Jugement dernier.

---

51. *Ibid.*, XII, 36, pp. 344-345.
52. *Ibid.*, XII, 37, pp. 346-347.
53. Voir H. Dondaine, « L'objet et le *medium* de la vision béatifique chez les théologiens du XIIIe siècle », in *Revue de Théologie antique et médiévale*, 19, 1952, pp. 60-130. Sur la crise causée au XIVe siècle par la négation de la vision béatifique par le pape Jean XXII, voir M. Dykmans, *Les Sermons de Jean XXII sur la vision béatifique*, Rome, 1973.

Le tour d'horizon du Purgatoire de Césaire se termine par le rappel que certaines visions montrent que le Purgatoire peut être situé en divers lieux de ce monde. Grégoire le Grand en a donné des exemples. Mais le plus probant c'est celui du Purgatoire de saint Patrick. « Que celui, affirme-t-il, qui doute du Purgatoire, aille en Irlande et qu'il entre dans le Purgatoire de saint Patrick, il ne doutera plus de la réalité des peines purgatoires[54]. »

On voit, au-delà de tous les aspects que j'ai soulignés, ce qu'est pour Césaire de Heisterbach, témoin et acteur privilégié de l'installation du lieu du Purgatoire dans les croyances des chrétiens du Moyen Âge, l'essentiel du système du Purgatoire. C'est d'abord l'aboutissement d'un processus pénitentiel où la contrition finale, comme on l'a vu dans le cas de l'usurier de Liège par exemple, est la condition nécessaire et suffisante, mais dont les étapes normales sont la contrition, la confession et la pénitence. C'est ensuite la définition d'un lieu et d'une peine qui ne sont pas encore complètement stabilisés mais qui s'individualisent de plus en plus par rapport à la terre, par rapport au limbe, par rapport au Paradis, mais surtout par rapport à l'Enfer. Bien distinguer le Purgatoire de l'Enfer est une préoccupation essentielle pour Césaire.

Il y a aussi un exercice comptable parfois un peu simpliste mais qui se situe au carrefour des habitudes monastiques de comptabilité symbolique et des nouvelles habitudes d'une comptabilité pratique qui, du commerce, s'étendent à la pénitence.

Par-dessus tout Césaire insiste sur la solidarité entre les vivants et les morts, solidarité dont le modèle est pour lui la famille cistercienne où s'unissent la parenté charnelle du milieu noble et la parenté artificielle de la communauté religieuse mais où percent aussi de nouvelles solidarités, conjugale ou professionnelle, dont le cas de l'usurier de Liège est le plus remarquable exemple.

II. LE DOMINICAIN ÉTIENNE DE BOURBON ET L'INFERNALISATION DU PURGATOIRE

Du *Dialogue des Miracles* du cistercien Césaire de Heisterbach (vers 1220) au *Traité de prédication (Tractatus de diversis materiis praedicabilibus)* composé entre 1250 environ et 1261, date où sa mort le laissa inachevé, par

---

54. *Dialogus miraculorum*, XII, 38 et XII, 39, éd. Strange, II, pp. 347-348.

le dominicain Étienne de Bourbon, l'atmosphère du Purgatoire change. Elle n'est plus à l'espoir mais à la peur.
L'auteur, né à Belleville-sur-Saône vers 1195, a fait ses études à Saint-Vincent de Mâcon puis à l'Université de Paris avant d'entrer dans l'ordre des Prêcheurs. Du couvent dominicain de Lyon, il est souvent sorti et a parcouru comme prédicateur et inquisiteur l'Auvergne, le Forez, la Bourgogne, les Alpes. À la fin de sa vie, il a entrepris la rédaction d'un grand traité à l'usage des prédicateurs où il a, lui aussi, inséré de nombreux *exempla*. Mais au lieu de puiser essentiellement dans sa propre expérience comme l'avait fait Césaire dont la grande majorité des *exempla* étaient des anecdotes récentes sues par ouï-dire, Étienne a autant emprunté aux sources livresques qu'à la tradition contemporaine. Il a par ailleurs laissé moins d'autonomie à ses récits, les subordonnant plus étroitement à un plan qui se modèle sur les sept dons du Saint-Esprit[55]. Étienne de Bourbon se laisse entraîner par un esprit scolastique qui lui fait multiplier divisions et sous-divisions, souvent très artificiellement. Le Purgatoire constitue le titre ou chapitre cinq du premier des dons du Saint-Esprit, le don de crainte *(De dono timoris)*[56].
Ce premier livre du *don de crainte* comprend dix titres : 1. des sept espèces de crainte ; 2. des effets de la crainte du Seigneur ; 3. qu'il faut craindre Dieu ; 4. de l'enfer ; 5. qu'il faut craindre le Purgatoire futur ; 6. de la crainte du Jugement dernier ; 7. de la crainte de la mort ; 8. de la crainte du péché ; 9. qu'il faut craindre le péril présent ; 10. de la qualité des ennemis du genre humain (les démons).
D'entrée de jeu nous sommes avec Étienne de Bourbon dans un christianisme de la peur, le Purgatoire est enchâssé dans un contexte de peur eschatologique où il côtoie de très près l'Enfer.

---

55. Sur le thème des sept dons du Saint-Esprit aux XIIe et XIIIe siècles (les septénaires sont en vogue : sacrements, péchés capitaux, arts libéraux, etc.), voir O. Lottin, *Psychologie et Morale aux XIIe et XIIIe siècles*, t. III : *Problèmes de morale*, Louvain, 1949, chap. XVI : « Les dons du Saint-Esprit du XIIe siècle à l'époque de saint Thomas d'Aquin », pp. 327-456.
56. Une édition du traité d'Étienne de Bourbon est en préparation en collaboration entre l'École nationale des Chartes (Paris), le Groupe d'anthropologie historique de l'Occident médiéval de l'École des Hautes Études en Sciences sociales (Paris) et l'Istituto Storico Italiano per il Medio Evo (Rome). La transcription du *De dono timoris* a été assurée par Georgette Lagarde, que je remercie vivement, sur le manuscrit latin 15 970 de la Bibliothèque nationale de Paris où le Purgatoire occupe les fol. 156-164. Une anthologie d'*exempla* tirés du recueil d'Étienne de Bourbon a été publiée au siècle dernier par A. Lecoy de la Marche, *Anecdotes historiques, légendes et apologues tirés du recueil inédit d'Étienne de Bourbon, dominicain du XIIIe siècle*, Paris, 1877. L'auteur a extrait 14 *exempla* concernant le Purgatoire qui se trouvent pp. 30-49. Mme Lagarde a transcrit la totalité des 39 *exempla* sur le Purgatoire. Humbert de Romans, maître général des Prêcheurs, composa au couvent des dominicains de Lyon où il s'était retiré, entre 1263 et sa mort en 1277, un recueil d'*exempla*, le *Liber de dono timoris* ou *Tractatus de habundancia exemplorum* qui attend d'être édité de façon critique et d'être étudié. Il est très proche du traité d'Étienne de Bourbon.

Il est donc question du Purgatoire au cinquième titre. Ce titre est à son tour divisé par Étienne de Bourbon en sept chapitres d'une façon tout artificielle parce que le dominicain lyonnais organise ses exposés selon des nombres symboliques (sept, dix, douze, etc.). Ces sept chapitres sont consacrés au Purgatoire présent, au Purgatoire futur, la nature des pécheurs et des fautes que concerne le Purgatoire, les sept raisons que l'on doit avoir de redouter le Purgatoire réparties en trois chapitres, et finalement les douze types de suffrages qui peuvent aider les âmes dans le Purgatoire.

Revenant à une conception traditionnelle généralement abandonnée à son époque, Étienne de Bourbon estime que la vie terrestre peut être considérée comme un premier purgatoire où l'on peut se purger de douze façons dont j'épargnerai l'énumération au lecteur. Il n'y a ici aucune argumentation mais des autorités scripturaires mises bout à bout. Le second chapitre tend à prouver l'existence d'un purgatoire des âmes dépouillées des corps dans le futur. Les preuves sont des autorités (Matthieu, XII; Grégoire le Grand, *Dialogues*, IV; Paul, I Corinthiens, III), et un ensemble de textes vétéro-testamentaires parlant de feu et d'épreuve dans le futur. Puisqu'il doit y avoir après la mort rémission des péchés, il faut bien qu'il y ait un lieu approprié à cette ultime purgation et ce ne peut être ni l'Enfer ni le Paradis. Étienne condamne les hérétiques – et surtout les Vaudois – «qui disent qu'il n'y a pas de peine purgatoire dans le futur» et refusent les suffrages pour les morts. Par un de ces glissements dont il est coutumier, Étienne évoque alors les huit sortes de peine dont il est question dans le livre des *Lois* sans dire en quoi elles peuvent se rapporter au Purgatoire et déclare que ceux qui refusent le Purgatoire pèchent contre Dieu et contre tous les sacrements.

Qui est puni dans le Purgatoire? Au début du troisième chapitre Étienne définit trois catégories de pécheurs destinés au Purgatoire: ceux qui se sont «convertis» trop tard, ceux qui à leur mort n'ont que des péchés véniels et ceux qui ont insuffisamment fait pénitence ici-bas. Un bref développement se résume pratiquement à un rapide commentaire de la deuxième Épître de Paul aux Corinthiens, III, 10-15.

Les chapitres quatre, cinq et six sont consacrés aux raisons qu'a l'homme de craindre la peine du Purgatoire. Elles sont au nombre de sept: l'âpreté *(acerbitas)*, la diversité *(diversitas)*, la durée *(diuturnitas)*, la stérilité *(sterilitas)*, la nocivité *(dampnositas)*, la qualité des tourments *(tormentorum qualitas)* et le petit nombre d'auxiliaires *(subveniencium paucitas)*.

Ces caractères très négatifs de la peine du Purgatoire sont essentiellement illustrés à l'aide d'*exempla*. Ainsi le *Purgatoire de saint Patrick*, avec la description de ses tortures venue de l'Apocalypse de Paul est longuement évoqué pour montrer à la fois l'âpreté et la diversité des peines. La durée se réfère au sentiment qu'ont les âmes dans le Purgatoire que le temps

LE TRIOMPHE DU PURGATOIRE

s'écoule très lentement à cause des souffrances qu'elles y subissent. L'équivalence est essentiellement une équivalence de rachat entre l'ici-bas et l'au-delà. Étienne avance avec quelque réserve (*forte*, peut-être, dit-il) qu'on peut sans doute racheter en un jour une année de Purgatoire. La stérilité vient de l'impossibilité d'acquérir des mérites après la mort, la nocivité vient de la carence de la vision de Dieu. Au contraire de ceux qui, comme Césaire de Heisterbach, ont l'air de considérer que la privation de Dieu est la plus petite des peines que l'on puisse subir au Purgatoire, Étienne rappelle qu'être privé, ne fût-ce qu'un seul jour, de la vision de Dieu n'est pas un dommage modique. Il a ce beau mot : les saints préféreraient, s'il le fallait, être en Enfer mais voir Dieu qu'être au Paradis sans le voir. Dans ces pages assez obscurantistes, cette échappée sur la vision béatifique met comme un rayon de soleil.

Sur la qualité des tourments, Étienne renvoie à ce qu'il a dit des peines de l'Enfer et ce renvoi est significatif. Le petit nombre des auxiliaires tient au pessimisme d'Étienne. Selon lui, « les vivants oublient vite les morts » et ceux-ci dans l'Enfer crient comme Job : « Ayez pitié de moi, ayez pitié de moi, au moins vous, mes amis, car la main du Seigneur m'a touché. » Et encore : « Les amis de fortune, les amis du monde sont semblables à un chien qui, tant que le pèlerin est assis à table en tenant un os en main, remue la queue en signe d'affection pour lui mais, quand il a les mains vides, ne le reconnaît plus. » Et de nouveau c'est le rapprochement avec l'Enfer, « car l'Enfer est oublieux ».

Étienne de Bourbon s'étend finalement longuement sur les douze types de suffrages qui peuvent aider les âmes du Purgatoire. Ici encore des *exempla* viennent témoigner. L'exposé du dominicain est ici assez confus mais on peut ainsi constituer la liste des douze suffrages : la messe, l'offrande pieuse, la prière, l'aumône, la pénitence, le pèlerinage, la croisade, l'exécution des legs pieux, la restitution des biens injustement acquis, l'intercession des saints, la foi, les suffrages généraux de l'Église fondés sur la communion des saints. Trois soucis semblent animer Étienne : insister sur le rôle des proches (ceux qui peuvent le plus pour les âmes du Purgatoire ce sont les parents du mort, les « siens », *sui*, et ses amis, *amici*), souligner la valeur des suffrages exécutés par des bons, des justes, et enfin rappeler le rôle de l'Église dans la dispensation et le contrôle de ces suffrages.

Il ne peut être question d'évoquer ici les trente-neuf « *exempla* du Purgatoire » d'Étienne de Bourbon d'autant plus que beaucoup sont empruntés à des sources anciennes que nous avons vues ou citées, Grégoire le Grand, Bède, Pierre le Vénérable, Jacques de Vitry, etc.

J'en citerai trois parmi ceux qu'Étienne affirme avoir été recueillis par lui de la bouche d'autrui, et qu'il introduit par le mot *audivi* « j'ai entendu dire ».

Le premier cas a pourtant des chances d'avoir une origine livresque puisqu'il se trouve dans les *Otia imperialia* de Gervais de Tilbury (vers 1210), à moins que ce ne soit son informateur qui l'ait lu lui-même dans Gervais. Il est en tout cas intéressant de comparer la version de Gervais à celle d'Étienne. Je rappelle la version de Gervais de Tilbury :

> Il est en Sicile une montagne, l'Etna, brûlante de feux sulfureux, près de la cité de Catane,... les gens du peuple appellent cette montagne Mondjibel et les habitants de la région racontent que, sur ses flancs déserts, le grand Arthur est, à notre époque, apparu. Il advint un jour qu'un palefrenier de l'évêque de Catane, pour avoir trop bien mangé, fut pris de lassitude. Le cheval qu'il étrillait, lui échappa et disparut. Le palefrenier le chercha en vain par les escarpements et les précipices de la montagne. Son inquiétude croissant, il se mit à explorer les obscures cavernes du mont. Un sentier très étroit mais plat le conduisit à une prairie très vaste, charmante et pleine de toutes les délices.
> Là, dans un palais construit par enchantement, il trouva Arthur couché sur un lit royal. Le roi ayant appris la cause de sa venue, fit amener le cheval et le rendit au garçon pour qu'il le restituât à l'évêque. Il lui conta comment, blessé jadis dans une bataille contre son neveu Modred et le duc des Saxons, Childéric, il gisait là depuis très longtemps, cherchant à guérir ses blessures sans cesse rouvertes. Et, selon les indigènes qui me l'ont raconté, il envoya des cadeaux à l'évêque qui les fit exposer à l'admiration d'une foule de gens confondus par cette histoire inouïe[57].

Et celle d'Étienne de Bourbon :

> J'ai entendu dire par un certain frère d'Apulie, nommé Jean, qui disait être de la région où l'événement s'était produit, qu'un homme cherchait un jour le cheval de son maître sur la montagne Etna où se trouve dit-on le Purgatoire, près de la ville de Catane. Il arriva dans une ville où l'on entrait par une petite porte en fer. Il s'enquit auprès du portier du cheval qu'il cherchait. Celui-ci lui répondit qu'il devait aller jusqu'à la cour de son maître qui le lui rendrait ou l'informerait. Il adjura le portier de lui dire ce qu'il devait faire. Le portier lui dit qu'il devait bien se garder de manger d'un mets qu'on lui offrirait. Dans cette ville il vit une foule aussi nombreuse que la population de

---

57. Gervais de Tilbury, éd. Leibniz, *Scriptores Rerum Brunsvicensium*, I, 921 et Liebrecht, *Des Gervasius von Tilbury Otia imperialia*, Hanovre, 1856, p. 12.

la terre, de tous les genres et de tous les métiers. Traversant de nombreuses cours il arriva dans l'une d'elles où il vit un prince entouré des siens ; on lui offrit de nombreux mets et il refusa d'en goûter. On lui montra quatre lits et on lui dit que l'un d'eux était préparé pour son maître et les trois autres pour les usuriers. Et ce prince lui dit qu'il fixait un jour obligatoire pour son maître et les trois usuriers, sinon ils seraient amenés de force et il lui donna un ciphe d'or couvert d'un couvercle d'or. On lui dit de ne pas le découvrir mais de l'apporter comme un intersigne à son seigneur pour qu'il bût dedans. On lui rend son cheval ; il revient, s'acquitte de sa mission. On ouvre le ciphe, une flamme bouillante en jaillit, on la jette dans la mer avec le ciphe, la mer s'enflamme. Les autres hommes bien que s'étant confessés, mais seulement par crainte, non par vrai repentir, au jour dit, sont emportés sur quatre chevaux noirs[58].

De Gervais à Étienne, le Purgatoire innommé est appelé par son nom, la ville a perdu son charme, le feu du Purgatoire s'annonce par le feu du ciphe, les lits préparés ne sont plus des couches de repos mais sentent le lit de torture, le cheval préfigure les noirs chevaux psychopompes, annonciateurs de la mort. Comme l'a bien remarqué Arturo Graf, d'un texte à l'autre, l'histoire s'est infernalisée[59].
Une autre histoire aurait été racontée à Étienne de Bourbon par un frère prêtre, vieux et pieux. Il y avait une fois un prévôt qui ne craignait ni Dieu ni les hommes. Dieu eut pitié de lui et lui accorda une grave maladie. Il dépensa en médicaments et autres moyens tout ce qu'il possédait et il n'en retira aucun profit. Au bout de cinq ans comme il était toujours aussi malade, ne pouvait se lever, n'avait plus aucun moyen de subsister, il désespéra à cause de sa pauvreté, de son état misérable et de ses souffrances et se mit à murmurer contre Dieu, qui le faisait vivre si longtemps dans de telles misères. Un ange lui fut envoyé qui lui reprocha de murmurer ainsi, l'exhorta à la patience et lui promit que s'il supportait ses maux pendant deux années encore, il serait pleinement purgé et irait au Paradis. L'autre répondit qu'il en était incapable, qu'il préférait mourir. L'ange lui dit qu'il avait à choisir entre deux ans de souffrance ou deux jours de peine au Purgatoire, avant que Dieu ne le fasse aller au Paradis. Il choisit deux jours au Purgatoire, fut emporté par l'ange et envoyé au Purgatoire. L'âpreté *(acerbitas)* de la peine lui parut si dure qu'avant qu'une demi-journée ne se soit écoulée il crut être là depuis une infinité de jours. Il se mit à crier, à

---

58. Texte latin in A. Lecoy de la Marche, *Anecdotes historiques…*, *op. cit.*, p. 32.
59. A. Graf, « Artù nell'Etna », in *Leggende, miti e superstizioni del Medioevo*, Turin, 1925.

gémir, à traiter l'ange de menteur, à dire que ce n'était pas un ange, mais un diable. L'ange vint, l'exhorta à la patience, lui reprocha de murmurer et lui affirma qu'il n'était là que depuis très peu de temps. Il supplia l'ange de le ramener à son état antérieur et affirma que, s'il le permettait, il était prêt à subir patiemment ses maux non seulement pendant deux ans mais jusqu'au Jugement dernier. L'ange y consentit et le prévôt supporta patiemment tous ses maux pendant le complément de deux ans[60].

Voilà bien clairement – sinon simplistement – montrées et la proportionnalité élémentaire entre les jours du Purgatoire et les années de la terre, et la dureté de la peine du Purgatoire infiniment supérieure à toute peine ici-bas.

Dernier *exemplum*: «J'ai entendu dire, raconte Étienne de Bourbon, qu'un enfant d'une grande famille mourut vers l'âge de neuf ans. Pour se livrer à ses jeux il avait accepté un prêt à intérêt de la famille de son père et de sa mère *(sic)*. Il n'y pensa pas au moment de mourir et quoique s'étant confessé il n'avait pas restitué.» Il apparut peu après à l'un des siens et dit qu'il était sévèrement puni pour n'avoir pas rendu ce qu'il devait. La personne à qui il était apparu s'informa et régla toutes ses dettes. L'enfant lui réapparut, annonça qu'il était libéré de toute peine, et il avait l'air très heureux. «Cet enfant fut le fils du duc de Bourgogne, Hugues, et la personne à qui il apparut la propre mère du duc, sa grand-mère, qui me l'a raconté[61].»

Voilà rappelé schématiquement le mécanisme de l'apparition des âmes du Purgatoire et soulignée l'importance des restitutions de biens pour la libération du Purgatoire. Celui-ci est devenu un instrument de salut en même temps qu'un régulateur de la vie économique ici-bas.

Le traité d'Étienne de Bourbon semble avoir eu un grand succès et ses *exempla* furent souvent utilisés. Ainsi se répandit l'image d'un Purgatoire infernalisé, banalisé, objet de calculs simplistes.

Je m'adresserai à un recueil d'*exempla* par rubriques classées par ordre alphabétique l'*Alphabetum narrationum*, composé dans les premières années du XIVe siècle par le dominicain Arnold de Liège et qui a donné lieu à de nombreuses copies plus ou moins fidèles, en latin et en langues vernaculaires (anglais, catalan, français) aux XIVe et XVe siècles, pour donner une image finale des *exempla du Purgatoire*. Il offre quatorze *exempla* à la rubrique *Purgatoire (purgatorium)*. Ils se regroupent en huit thèmes. Quatre concernent les peines du purgatoire, leur intensité, leur durée, la crainte qu'elles inspirent: «Les peines du Purgatoire sont diverses» (676), ce qui veut dire qu'elles ne se réduisent pas au feu purgatoire, «la peine du Purgatoire est âpre *(acerba)* et longue», ce qu'a enseigné Augustin, «la peine du Purgatoire, même

---

60. A. Lecoy de la Marche, *Anecdotes historiques...*, *op. cit.*, pp. 30-31.
61. *Ibid.*, p. 43.

si elle dure peu, semble durer longtemps» où l'on retrouve le temps inversé de l'au-delà folklorique, «le purgatoire» enfin «est plus redouté par les bons que par les méchants», ce qui le place plus près du Paradis que de l'Enfer mais aussi témoigne de sa dureté. Deux concernent la localisation du Purgatoire et l'admettent sur terre : «Quelques-uns sont purgés parmi les vivants» et «certains font leur purgatoire parmi ceux parmi lesquels ils ont péché». Deux enfin ont trait aux suffrages : «La peine du Purgatoire est adoucie par la prière» et «la peine du Purgatoire est effacée par la messe». Les *exempla* sont empruntés à Grégoire le Grand, à Pierre le Vénérable, au *Purgatoire de saint Patrick*, aux cisterciens Hélinand de Froimont et Césaire de Heisterbach, à Jacques de Vitry et au dominicain Humbert de Romans, auteur d'un «don de crainte» *(De dono timoris)* très proche d'Étienne de Bourbon[62].

Je compléterai cette étude de la diffusion du Purgatoire par le sermon et l'*exemplum* au XIIIe siècle en évoquant d'une part la biographie des premiers dominicains, la prédication dans le milieu des béguines, et d'autre part la continuation de l'exploitation à des fins politiques des visions du Purgatoire.

DOMINICAINS AU PURGATOIRE

Les Ordres mendiants prennent au milieu du XIIIe siècle le relais des cisterciens dans l'encadrement spirituel de la société. Mais chez les dominicains comme chez les franciscains, une partie des frères reste proche de la tradition monastique. Ainsi, contemporain d'Étienne de Bourbon, Gérard de Frachet donne une image sensiblement différente de l'intérêt des Frères Prêcheurs pour le Purgatoire.

Le témoignage de Gérard de Frachet est surtout précieux pour la diffusion de la croyance au Purgatoire à l'intérieur de l'ordre dominicain. Ce

---

62. Je remercie Colette Ribaucourt qui a transcrit un manuscrit inédit de l'*Alphabetum narrationum* d'avoir bien voulu me communiquer les «*exempla* du Purgatoire». Sur l'*Alphabetum narrationum*, voir J. Le Goff, «Le vocabulaire des *exempla* d'après l'*Alphabetum narrationum*», in *La Lexicographie du latin médiéval. Actes du colloque de Paris, 1978*, Paris, 1981.
Si l'on veut avoir une idée approximative de la place du Purgatoire dans les *exempla* médiévaux on peut consulter l'*Index exemplorum* de F. C. Tubach qui a surtout dépouillé les principaux recueils d'*exempla* des XIIIe et XIVe siècles. Il recense trente thèmes d'*exempla* du Purgatoire. On trouvera dans le fascicule de la *Typologie des sources du Moyen Âge occidental* sur l'*Exemplum* des indications sur les mérites et les défauts de cet instrument de travail : F. C. Tubach, *Index exemplorum. A Handbook of Medieval Religions Tales*, FF Communications 204, Helsinki, 1969.

Limousin originaire de Châlus (Haute-Vienne), entré chez les Prêcheurs à Paris en 1225, prieur de Limoges puis provincial de la province de Provence, qui mourut à Limoges en 1271, écrivit une histoire de l'ordre dominicain, de ses *memorabilia*, de 1203 à 1254. Elle comprend cinq parties. La première est consacrée aux débuts de l'ordre, la deuxième à saint Dominique, la troisième au maître général Jourdain de Saxe, successeur de Dominique à la tête de l'ordre, la quatrième à l'évolution de l'ordre *(de progressu ordinis)*, la cinquième à la mort des frères.

Cette structure de l'œuvre est significative. La cinquième et dernière partie exprime bien les attitudes d'un milieu religieux représentatif de la tradition et de l'innovation dans l'Église. La mort donne son sens à la vie et se situe à la rencontre de l'existence terrestre et du destin eschatologique. Gérard de Frachet témoigne bien de cette focalisation sur le moment de la mort en relation avec l'après-mort qui explique aussi le succès du Purgatoire.

Regardons de plus près cette cinquième partie des «Vies des frères de l'ordre des Prêcheurs» ou «Chronique de l'ordre de 1203 à 1254». Elle représente tous les cas possibles pour les frères des façons de mourir et des états dans l'au-delà. Il y est d'abord question des martyrs de l'ordre, des morts heureuses, des visions et révélations qui accompagnent la mort. Puis viennent les situations de l'après-mort. C'est ici que se place, en premier lieu, l'évocation des frères au Purgatoire, qui précède les embûches du diable, les manières d'aider les défunts, le sort malheureux des apostats et, au contraire, la gloire de ceux qui, après la mort, s'illustrent par des miracles. Les *exempla* de frères au Purgatoire tiennent donc la place intermédiaire, charnière, qui est bien celle du nouveau lieu.

Gérard de Frachet propose quatorze *exempla*, quatorze histoires de Purgatoire qui ne s'insèrent pas dans un traité comme chez Césaire de Heisterbach ou Étienne de Bourbon. Elles sont à la gloire de l'ordre, ou plutôt à son usage interne, alternant les cas heureux et glorieux et ceux qui doivent faire réfléchir les frères. Elles rappellent l'*Exordium magnum* de Conrad d'Eberbach pour l'ordre cistercien au début du siècle et, par rapport à Césaire notamment, respirent un air très traditionnel.

Première histoire : le même jour meurent au couvent de Cologne un vieux prédicateur et un novice. Au bout de trois jours le novice apparaît. Sa ferveur lui a valu un très bref passage par le Purgatoire. Au contraire le prédicateur n'apparaît qu'au bout d'un mois. Ses compromissions avec des séculiers lui ont valu cette épreuve plus longue mais, en revanche, il a un sort plus brillant, que révèlent des vêtements ornés de pierres précieuses, une couronne d'or, récompense des conversions qu'il a obtenues.

Les quatorze histoires suivantes se passent en Angleterre. À Derby un jeune frère à l'article de la mort passe de la joie à l'angoisse. Joie parce que saint Edmond puis la Vierge lui apparaissent. Angoisse parce que bien que se sachant presque sûrement élu, il craint que les péchés véniels *(modica)* dont il est chargé ne lui valent malgré tout la damnation. Rappel que la frontière est étroite entre péchés véniels et mortels, Purgatoire et Enfer.

Frère Richard, lecteur en Angleterre, a d'abord sur son lit de mort des apparitions terribles, puis il lui est révélé qu'il sera sauvé grâce à l'aide de ses frères dominicains et aussi grâce à celle des frères franciscains qu'il a toujours aimés. Appel donc à la collaboration entre les deux ordres.

Frère Alain, prieur d'York, assailli lui aussi de visions effrayantes au moment de mourir, préfère rester dans un feu terrifiant jusqu'au Jugement dernier plutôt que de revoir la figure des diables qui lui sont apparus. Le Purgatoire, sous sa forme la plus pénible, vaut donc mieux que l'Enfer sous son aspect le plus extérieur.

Un curé, terrifié par une vision qui lui promet l'Enfer, entre chez les dominicains et, après sa mort, apparaît à son confesseur pour lui révéler qu'il a été sauvé et que celui-ci le sera aussi.

Les deux histoires suivantes se passent «en Espagne», à Santarem (aujourd'hui au Portugal). Dans l'une on voit un frère passer par le Purgatoire parce que des séculiers l'ont assisté au moment de mourir, et dans l'autre, un second frère subir le même sort pour s'être enorgueilli d'être un bon chanteur.

Un frère italien de Bologne souffre, lui, le Purgatoire pour avoir été trop passionné d'architecture. Un frère portugais de Lisbonne est puni, toujours au Purgatoire, pour s'être trop occupé de manuscrits tandis que le frère Gaillard d'Orthez a, dans une apparition, la poitrine et le flanc brûlés pour s'être trop intéressé à la construction de nouveaux couvents et il demande les prières des frères. Frère Jean Ballestier de Limoges a passé sept jours au Purgatoire pour ses défauts et atteste que la peine qu'on y souffre pour des péchés véniels est très forte. Il précise que ce sont des anges qui sont venus le chercher pour le conduire au Paradis.

Cette indication est très intéressante car elle annonce l'iconographie du Purgatoire : on verra des anges tendre la main à des défunts pour les faire sortir du nouveau lieu et les faire monter au ciel.

Le frère Pierre de Toulouse, tout dévoué qu'il a été à son ordre, et malgré le nombre de conversions qu'il a obtenues, révèle en rêve qu'il a passé plusieurs mois au Purgatoire pour on ne sait quels péchés.

Un excellent frère était mort, la terreur sur le visage. Quand, peu de jours après sa mort, il apparaît, on lui demande la raison de cette peur. Il répond par le verset du livre de Job, XLI, 16 : «*Quia territi purgabuntur*» : «Car ils seront purgés dans la terreur.» Un dernier frère enfin subit un supplice dû à son trop grand amour pour le vin qu'il buvait pur.

Ces *exempla* montrent certains traits du système du Purgatoire : la durée, les apparitions. Ils sont surtout instructifs par ce qu'ils révèlent de leur usage à l'intérieur de l'ordre des Prêcheurs – toute une casuistique des péchés véniels d'une part, une image des frères de l'autre, plus proches des préoccupations traditionnelles du milieu monastique dont ils se voulaient différents que des tendances intellectuelles par quoi – sur l'exemple de quelques grandes figures – on veut les caractériser.

Après les Frères prêcheurs, voici des femmes animées elles aussi par le désir de mener une nouvelle forme de vie religieuse et à qui l'on propose de méditer sur le Purgatoire : les béguines.

LE PURGATOIRE ET LES BÉGUINES

Les béguines forment au XIIIe siècle un milieu fort intéressant. Ces femmes se retirent en maisons individuelles ou habitées par un petit nombre d'entre elles dans un même quartier de ville pour y mener une vie dévote à mi-chemin entre la vie de religieuses et celle de laïques. Elles séduisent et inquiètent à la fois et sont l'objet d'un apostolat spécial de la part de l'Église.

Étudiant la prédication faite en 1272-1273 à la chapelle Sainte-Catherine du béguinage de Paris fondé par Saint Louis vers 1260 par des prédicateurs en majorité dominicains et franciscains, Nicole Bériou a rencontré souvent le Purgatoire[63]. L'un montre les morts glorieux du Paradis, figuré par Jérusalem, exhorter leurs frères qui sont au Purgatoire, figuré par l'Égypte. Les peines du Purgatoire sont lourdes et nous devons nous soucier de nos parents qui sont au Purgatoire tourmentés et impuissants[64].

Un autre engage les béguines à prier pour «ceux du Purgatoire» pour que Dieu libère «ses prisonniers de la prison du Purgatoire[65] ».

On voit se préciser l'idée que l'on a avantage à prier pour ceux du Purgatoire car, une fois au Paradis, ils prieront pour ceux qui les ont tirés du Purgatoire. «Ils ne seront pas ingrats», affirme le second prédicateur. Un autre encore engage à prier pour ceux qui sont dans le Purgatoire, non pour ceux de l'Enfer, pour ceux qui sont dans la prison du Seigneur et, en

---

63. N. Bériou, «La prédication au béguinage de Paris pendant l'année liturgique 1272-1273», Extrait des *Recherches augustiniennes*, 1978, vol. XIII, pp. 105-229.
64. *Ibid.*, p. 124.
65. *Ibid.*

langue vernaculaire, «crient et braient» et que les vivants doivent libérer par leurs aumônes, jeûnes et prières[66].

Il ne faut pas attendre le Purgatoire ou l'Enfer, souligne l'un, pour accomplir la pénitence[67], tandis qu'un franciscain, rappelant la liste des huit catégories de personnes pour lesquelles on doit habituellement prier *(pro quibus solet orari)* y range ceux qui sont dans le Purgatoire[68]. Un troisième précise qu'il faut le faire spécialement «pour les parents et amis[69]». Celui-ci indique que le premier fruit de la pénitence, c'est de délivrer de la peine du Purgatoire[70], et celui-là met en garde: «Ils sont fous ceux qui disent: "Bah! je ferai ma pénitence au Purgatoire" car il n'y a pas de comparaison entre la dureté de la peine du Purgatoire et n'importe quelle peine ici-bas[71].» Particulièrement intéressante est la déclaration d'un prédicateur franciscain le jour des Rameaux. Il ne veut pas être de ces confesseurs «grands peseurs d'âmes» *(non consuevi esse de illis magnis ponderatoribus)* qui envoient les uns et les autres en Enfer ou en Paradis. «La voie moyenne, dit-il, me paraît la plus sûre. Aussi comme je ne connais pas le cœur des différents hommes, je préfère les envoyer au Purgatoire qu'en Enfer par désespoir, et le reste je le laisse au maître suprême, le Saint-Esprit, qui enseigne nos cœurs de l'intérieur[72].» Quelle plus belle expression y a-t-il eu de la fonction du Purgatoire!

Ce petit *corpus* de sermons aux béguines parisiennes met l'accent sur trois aspects essentiels du Purgatoire: 1. C'est la prison de Dieu. Il s'agit donc bien du grand renfermement des âmes et leur libération s'impose aux prières des vivants, car elle se place dans la longue tradition chrétienne des prières pour les prisonniers venue des premiers siècles de persécution et aiguillonnée par les sentiments de justice et d'amour. 2. Le Purgatoire force à la solidarité entre les vivants et les morts sur laquelle insistent presque tous les prédicateurs. 3. Enfin le Purgatoire est étroitement lié à la pénitence soit que celle-ci en délivre, soit que celui-là l'achève.

---

66. *Ibid.*, p. 129.
67. *Ibid.*, p. 138.
68. *Ibid.*, p. 143.
69. *Ibid.*, p. 154.
70. *Ibid.*, p. 160.
71. *Ibid.*, p. 185, n. 253.
72. *Ibid.*, p. 221.

LE PURGATOIRE ET LA POLITIQUE

Dans une chronique composée au couvent des dominicains de Colmar au début du XIVe siècle on trouve une histoire qui montre que le Purgatoire est toujours une arme politique aux mains de l'Église. C'est l'histoire d'un mime qui vit au Purgatoire Rodolphe de Habsbourg (1271-1290), fils de Rodolphe, roi des Romains.

L'histoire, racontée par le dominicain Otto, est censée s'être passée à Lucerne. Il y avait dans cette ville deux amis, un forgeron et un mime nommé Zalchart. Un jour le mime alla jouer dans un endroit où avaient lieu des noces. Cependant le forgeron mourut. Il apparut monté sur un grand cheval à Zalchart et l'entraîna lui et sa vielle dans une montagne qui s'ouvrit pour les laisser entrer. Ils y rencontrèrent beaucoup de grands personnages défunts, parmi lesquels Rodolphe, duc d'Alsace, fils du roi des Romains Rodolphe. Ces morts s'approchèrent de Zalchart et lui demandèrent d'annoncer à leurs femmes et à leurs amis qu'ils souffraient de très grandes peines, l'un pour avoir pillé, l'autre pour avoir pratiqué l'usure et ils priaient leurs parents vivants de restituer ce qu'ils avaient pris. Rodolphe confia aussi à Zalchart un message pour ses héritiers, leur demandant de procéder à la restitution d'un bien usurpé, et le chargea d'annoncer à son père le roi des Romains qu'il allait bientôt mourir et viendrait dans ce lieu de tourment. Comme sceau d'authenticité il lui imprime avec deux doigts deux marques douloureuses au cou. La montagne l'ayant rendu au monde des vivants, il délivre les messages qu'on lui a confiés mais l'*intersigne (intersignum)* à son cou s'infecte et au bout de dix jours il meurt.

Toute l'histoire baigne dans un climat folklorique : le forgeron est un démon psychopompe et le mime un violoneux du diable. Quant à ce Purgatoire il est tellement «infernalisé» que lorsque Zalchart demande à Rodolphe «Où êtes-vous?» celui-ci répond : «En Enfer[73].»

Le Purgatoire pénètre aussi le monde des saints et de l'hagiographie. Le XIIIe siècle est l'époque où la sainteté est désormais contrôlée par la papauté, où les saints ne se font plus par la *vox populi* (à condition, qu'elle ait été sanctionnée par des miracles), mais par la *vox Ecclesiae*, la voix de l'Église. C'est aussi l'époque où la conception de la sainteté évolue, où, à côté du miracle toujours nécessaire pour reconnaître un saint, les vertus,

---

73. E. Kleinschmidt, «Die Colmarer Dominikaner Geschichtsschreibung im 13. und 14. Jahrhundert», in *Deutsches Archiv für Erforschung des Mittelalters*, 28, Heft 2, 1872, pp. 484-486.

la qualité de la vie, l'aura spirituelle comptent de plus en plus. Saint François d'Assise, par-delà les martyrs, les confesseurs et les thaumaturges, incarne un nouveau type de saint dont le modèle direct est le Christ lui-même[74]. Mais une piété populaire, une dévotion de masse qui touche aussi bien les intellectuels que le peuple se nourrit aux sources traditionnelles de l'hagiographie. À côté des vies individuelles de saints, se répandent des recueils de *légendes* hagiographiques composées dans un esprit nouveau que les catalogues médiévaux eux-mêmes appellent la «légende nouvelle», *legenda nova*. Certes le public privilégié de ces *légendiers* est le «petit monde des clercs vivant en communauté» et le «grand public» n'est pas touché directement par ces recueils. Mais par l'intermédiaire encore des prédicateurs et des artistes qui, pour la fresque, la miniature, la sculpture, puisent largement dans ces légendes, il est lui aussi touché. D'autant plus qu'une vaste entreprise de traduction, d'adaptation, d'abrègement en langue vulgaire met ces légendes à la portée de la partie du monde monastique qui n'entendait pas le latin, convers et moniales, et leur ouvre un chemin direct vers la société des laïcs[75].

LE PURGATOIRE DANS LA « LÉGENDE DORÉE »

Dans cette production hagiographique, l'Italie arrive relativement tard mais elle donne au XIIIe siècle, vers 1260, le légendier qui, malgré sa médiocrité, connaîtra le plus vif succès, la *Légende dorée (Legenda aurea)* du dominicain Jacopo da Varazze (Jacques de Voragine). Pot-pourri de sources diverses, la *Légende dorée* n'en est pas moins ouverte à des thèmes «modernes» de dévotion. Elle est accueillante au Purgatoire[76]. Celui-ci apparaît au premier plan de deux chapitres, celui consacré à *Saint Patrick* et celui qui traite de la *Commémoration des âmes*.

---

74. Voir le beau livre d'A. Vauchez, *La Sainteté en Occident aux derniers siècles du Moyen Âge (1198-1431). Recherches sur les mentalités religieuses médiévales*, Rome, 1981.
75. Sur les légendiers latins, excellente présentation de G. Philippart, *Les Légendiers latins et autres manuscrits hagiographiques*, in *Typologie des sources du Moyen Âge occidental*, Turnhout, Brepols, 1977.
J.-P. Perrot a soutenu en 1980 à l'Université de Paris-III une thèse intéressante sur un ensemble de légendiers en français du XIIIe siècle. Des recherches se poursuivent sur les légendiers en anglais et en allemand.
76. L'édition du texte latin de la *Légende dorée* par Th. Graese, Dresde-Leipzig, 1846, n'a été faite que sur un seul manuscrit. À la médiocre traduction en français de Roze, Paris, 1900 (réed. 1967), on préférera celle, plus difficile à trouver, de Téodor de Wyzewa, Paris, 1902.

Au *Purgatoire de saint Patrick*, il attribue l'origine suivante : « Comme saint Patrick prêchait en Irlande et n'en recueillait pas beaucoup de fruit, il pria le Seigneur de montrer un signe pour effrayer les Irlandais et les amener à faire pénitence. Sur l'ordre du Seigneur il traça en un certain lieu un grand cercle avec son bâton et voilà que la terre s'ouvrit à l'intérieur du cercle et un puits très grand et très profond y apparut. Il fut révélé à saint Patrick que c'était là un lieu du Purgatoire. Si quelqu'un voulait y descendre, il ne lui resterait pas d'autre pénitence à accomplir et il ne subirait pas d'autre purgatoire pour ses péchés. Beaucoup n'en reviendraient pas et ceux qui en reviendraient devraient y rester d'un matin au matin suivant. Or beaucoup y entraient qui n'en revenaient pas. » Jacopo da Varazze résume ensuite l'opuscule de H. de Saltrey (qu'il ne nomme pas) mais il change le nom du héros, substituant un noble nommé Nicolas au chevalier Owein[77].

Dans ce légendier inséré dans le calendrier liturgique, où les grandes périodes et les grands moments de l'année liturgique donnent lieu à des exposés doctrinaux sommaires, le Purgatoire se retrouve à la *Commémoration des âmes*, le 2 novembre[78]. Cet exposé aborde d'entrée le problème du Purgatoire. La commémoration est présentée comme une journée destinée à apporter des suffrages aux défunts qui ne sont pas secourus par des bienfaits spéciaux. L'origine en est rapportée à l'initiative de l'abbé de Cluny, Odilon, selon Pierre Damien. Le texte que nous connaissons est modifié de façon à faire d'Odilon l'auditeur non du récit du moine de retour de pèlerinage, mais le témoin direct des cris et des hurlements non des défunts torturés mais des démons furieux de se voir arracher les âmes des morts par les aumônes et les prières.

Jacopo da Varraze répond ensuite à deux questions : 1. Qui est au Purgatoire ? 2. Que peut-on faire pour ceux qui y sont ?

Le dominicain ligure, qui sacrifie scolairement aux divisions numérotées, subdivise la première question en trois : 1. Qui doit être purgé ? 2. Par qui ? 3. Où ? Il y a – réponse à la première sous-question – trois catégories de purgés : 1. ceux qui meurent sans avoir complètement accompli leur pénitence ; 2. ceux qui descendent dans le Purgatoire *(qui in purgatorium descendunt)* parce que la pénitence qui leur a été enjointe par le confesseur est inférieure à ce qu'elle aurait dû être (Jacopo prévoit aussi d'ailleurs le cas où elle aurait été supérieure au dû et vaudrait au défunt un surplus de gloire) ; 3. ceux qui « portent avec eux du bois, du foin et de la paille », et à travers cette référence à la première Épître de Paul aux Corinthiens, Jacopo vise les péchés véniels.

---

77. *Legenda aurea*, éd. Graese, pp. 213-216.
78. *Ibid.*, pp. 728-739.

Jacopo esquisse en développant ces principes une arithmétique du Purgatoire, disant que par exemple « si l'on devait supporter une peine de deux mois au Purgatoire, on pourrait être aidé [par les suffrages] de telle sorte qu'on serait libéré au bout d'un seul mois ». Il précise, suivant Augustin, que la peine du feu purgatoire, bien qu'elle ne soit pas éternelle, est très dure et excède toute peine terrestre, même les tourments des martyrs. Jacopo pousse assez loin l'infernalisation du Purgatoire puisqu'il pense que ce sont les démons, les mauvais anges qui tourmentent les défunts dans le Purgatoire. Alors que d'autres estiment que Satan et les démons viennent assister avec plaisir aux tourments des purgés, ici, à l'inverse, ce sont les bons anges qui viennent (peut-être) les assister et les consoler. Les morts du Purgatoire ont une autre consolation : ils attendent « la gloire future [le Ciel] dans la certitude ». Par rapport à cette gloire future ils ont une certitude « de type moyen » *(medio modo)* ce qui souligne l'importance de la catégorie *d'intermédiaire*. Les vivants sont dans l'incertitude et l'attente, les élus dans la certitude sans attente, ceux du Purgatoire sont dans l'attente mais dans la certitude. Cependant, *in fine*, Jacopo da Varazze qui n'a, au fond, aucune pensée personnelle et qui juxtapose les opinions des uns et des autres, indique en conclusion de cette question qu'il vaut peut-être mieux croire que la punition du Purgatoire n'est pas exécutée par les démons, mais par le seul commandement de Dieu.

Sur la question suivante, la localisation du Purgatoire, après avoir exprimé l'opinion devenue dominante à son époque, Jacopo énumère aussi à la file d'autres opinions qui ne lui semblent pas contradictoires avec la première. Opinion commune : « La purgation se fait en un lieu situé près de l'Enfer, appelé le Purgatoire[79]. » Mais, il ajoute : « C'est l'opinion *(positio)* de la plupart des savants *(sapientes)* mais d'autres pensent qu'il est situé dans l'air et dans la zone torride. » Et il poursuit : « Cependant, par dispense divine, divers lieux sont parfois assignés à certaines âmes soit pour alléger leur punition soit en prévision de leur libération plus rapide ou pour nous édifier ou encore pour que la punition s'accomplisse sur les lieux de la faute ou encore grâce à la prière d'un saint. » À l'appui de ces dernières hypothèses il cite quelques autorités et exemples empruntés surtout à Grégoire le Grand mais aussi à l'histoire de maître Silo venue de Pierre le Chantre mais qu'on retrouve chez Jacques de Vitry et Étienne de Bourbon et, pour le dernier cas, l'intervention d'un saint, il renvoie au *Purgatoire de saint Patrick*.

Pour les suffrages il indique très classiquement que quatre espèces sont particulièrement efficaces : la prière des amis, l'aumône, la messe et le jeûne. Il invoque l'autorité de Grégoire le Grand (histoire de Paschase et plusieurs

---

79. « *Purgantur in quodam loco juxta infernum posito qui purgatorium dicitur* » (*ibid.*, p. 730).

autres), Pierre le Vénérable, Pierre le Chantre, le deuxième Livre des Maccabées, Henri de Gand, célèbre maître parisien de la seconde moitié du siècle et une histoire intéressante car elle évoque les indulgences liées à la croisade, en l'occurrence la croisade contre les Albigeois : « Les indulgences de l'Église sont également efficaces. Par exemple un légat pontifical avait demandé à un valeureux guerrier de combattre dans l'Albigeois au service de l'Église, en lui accordant une indulgence pour son père défunt ; il y demeura une quarantaine de jours et au bout de cette période son père lui apparut éclatant de lumière et le remercia pour sa libération[80]. »

Enfin il désigne la catégorie des moyennement bons comme celle qui profite des suffrages. Dans une dernière palinodie il revient sur son idée que les suffrages des méchants vivants ne profitent pas aux âmes du Purgatoire pour dire que ceci ne vaut pas pour la célébration de messes, toujours valable, ni pour l'accomplissement de bonnes œuvres que le défunt aurait chargé le vivant, quoique mauvais, d'exécuter.

Ce long développement se termine par un *exemplum* tiré de la Chronique du cistercien Hélinand de Froimont, au début du XIIIe siècle, et dont l'action est censée se passer à l'époque de Charlemagne, en 807 exactement. « Un chevalier qui partait à la guerre de Charlemagne contre les Maures pria un de ses parents de vendre son cheval et d'en donner le prix aux pauvres s'il mourait à la guerre. Ce parent, après la mort du chevalier, garda le cheval qui lui plaisait beaucoup. Peu de temps après le défunt lui apparut brillant comme le soleil et lui dit : "Bon parent, pendant huit jours tu m'as fait souffrir des peines dans le Purgatoire à cause du cheval dont tu n'as pas donné le prix aux pauvres ; mais tu ne l'emporteras pas au Paradis *(impune non feres)* car aujourd'hui même les démons vont emporter ton âme en Enfer tandis que moi, purgé, je vais au royaume de Dieu." On entendit aussitôt dans l'air comme des clameurs de lions, d'ours et de loups et il fut enlevé de terre[81]. » On a reconnu une version d'un des deux *exempla* sur le Purgatoire qui se trouvent dans les *Sermones vulgares* de Jacques de Vitry – mais aussi chez Eudes de Chériton et Thomas de Cantimpré. C'est un classique des collections d'*exempla*. Repris dans la *Légende dorée*, il sera un peu le vademecum du Purgatoire au XIIIe siècle. On y retrouve l'essentiel du dossier du Purgatoire depuis Augustin avec quelques textes plus récents destinés à apporter des compléments théoriques ou des illustrations.

---

80. *Ibid.*, p. 736.
81. *Ibid.*, p. 739.

LE TRIOMPHE DU PURGATOIRE

UNE SAINTE DU PURGATOIRE : LUTGARDE

La littérature hagiographique offre un témoignage surprenant de la popularité du Purgatoire.
Les âmes dans le Purgatoire ont besoin d'aide. Elle leur vient surtout de leurs parents, de leurs amis, de leurs communautés. Mais n'appartient-il pas aux saints, à certains saints, de faire leur devoir d'intercesseurs, d'auxiliateurs ? La Vierge, certes, médiatrice par excellence, est particulièrement active. Un saint Nicolas est en train d'ajouter à ses nombreux patronages celui, si l'on peut dire, du Purgatoire. Mais un cas est spécialement remarquable. Le XIIIe siècle voit s'esquisser le culte d'une véritable sainte du Purgatoire, sainte Lutgarde. C'est une cistercienne, formée au monastère bénédictin de Saint-Frond, peut-être simple converse, morte aveugle en 1246 au monastère d'Aywières, dans le Brabant, au diocèse de Namur. Elle semble liée au milieu des béguines et a eu des relations avec Jacques de Vitry, dont elle a reçu au moins une lettre, et avec cette Marie d'Oignies, célèbre béguine, dont Jacques de Vitry écrivit la vie. Elle a surtout laissé un nom dans l'histoire de la mystique où elle a contribué, avec certaines béguines, à promouvoir la dévotion au Cœur du Christ[82].
Un dominicain bien connu, Thomas de Cantimpré, écrit sa *Vie* tout de suite après sa mort, entre 1246 et 1248. Mais Lutgarde ne sera pas canonisée officiellement. Lutgarde dont il nous dit qu'elle n'a jamais réussi à parler français (n'a-t-elle pas voulu garder la langue de sa culture originaire, le flamand, au contact des laïcs ?) semble avoir été quelque peu suspecte à l'Église officielle. Innocent IV demanda à Thomas de Cantimpré de corriger la première rédaction de sa vie. Le dominicain n'appelle Lutgarde que « pieuse » *(pia)*, jamais sainte *(sancta* ou *beata)* mais elle fut considérée et honorée comme sainte « à l'ancienne mode ». Selon sa *Vie* elle s'était spécialisée dans la libération des âmes du Purgatoire. Elle compte à son actif quelques assistés notoires voire célèbres.
Le premier dont on nous parle est Simon, abbé de Fouilly, « un homme fervent mais dur pour ceux qui dépendaient de lui ». Il mourut prématurément. Comme il avait une prédilection pour la pieuse Lutgarde, sa mort la bouleversa. Elle accomplit des pénitences spéciales *(afflictiones)* et des jeûnes et demanda la libération de l'âme du défunt au Seigneur qui lui répondit :

---

82. Sur Lutgarde voir S. Roisin, « Sainte Lutgarde d'Aywières dans son ordre et son temps », in *Collectanea Ordenis Cistercensium reformatorum*, VIII, 1946, pp. 161-172 ; L. Reypens, « Sint Lutgarts mysticke opgang », in *Ons geest Erf.*, XX, 1946.

« Grâce à toi je serai bienveillant pour celui pour qui tu pries. » Militante décidée de la libération des âmes dans le Purgatoire, Lutgarde répond : « Seigneur, je ne m'arrêterai pas de pleurer et je ne me satisferai pas de tes promesses tant que je n'aurai pas vu libéré celui pour lequel je t'implore. » Alors le Seigneur lui apparut et lui montra l'âme en personne qui l'accompagnait après sa libération du Purgatoire. « Après quoi Simon apparut fréquemment à Lutgarde et il lui dit qu'il aurait passé quarante ans au Purgatoire, si sa prière ne l'avait secouru auprès de Dieu miséricordieux[83]. »

Au moment de mourir la bienheureuse Marie d'Oignies attesta que les prières, les jeûnes et les efforts de Lutgarde avaient un grand pouvoir. Elle prédit : « Sous le ciel, le monde n'a pas d'intercesseur plus fidèle et plus efficace à libérer, par ses prières, les âmes du Purgatoire que dame Lutgarde. Pendant sa vie elle accomplit maintenant des miracles spirituels, après sa mort elle en fera de corporels[84]. »

Le cardinal Jacques de Vitry lui-même aurait pu être le bénéficiaire de l'intercession de Lutgarde. Quatre jours après sa mort, Lutgarde, qui l'ignorait, fut transportée au ciel et elle vit l'âme de Jacques de Vitry emmenée par des anges au Paradis. « L'esprit de Lutgarde le félicita et lui dit : "Révérendissime Père, j'ignorais ta mort. Quand as-tu quitté ton corps ?" Il répondit : "Il y a quatre jours et j'ai passé trois nuits et deux jours au Purgatoire." Elle s'étonna : "Pourquoi ne m'as-tu pas fait signe à moi, survivante, tout de suite après ta mort, pour que je te délivre de ta peine avec l'aide des prières de nos sœurs ? – Le Seigneur, répliqua-t-il, n'a pas voulu t'attrister avec ma peine, il a préféré te consoler avec ma libération, mon purgatoire achevé, et ma glorification. Mais toi tu vas bientôt me suivre." À ces mots la pieuse Lutgarde revint à elle et annonça aux sœurs avec une grande joie sa mort, son purgatoire et sa glorification. » Selon Thomas de Cantimpré, ce purgatoire de Jacques de Vitry eut un second témoin, un frère du couvent des dominicains de Rome où Jacques de Vitry fut d'abord enterré, à qui Dieu révéla aussi le quatrième jour après sa mort son purgatoire et sa glorification[85].

Enfin la bienheureuse Marie d'Oignies apparut à Lutgarde et lui demanda d'intervenir en faveur de leur ami Baudoin de Barbenzon, prieur d'Oignies, ancien chapelain d'Aywières, à qui elle avait promis de l'aider au moment de sa mort[86].

Et Thomas de Cantimpré de conclure : « Ô vénérable Marie, comme tu es vraie dans ton témoignage, fidèle dans ta promesse, toi qui as bien voulu

---

83. *Vita*, II, 4, *Acta Sanctorum*, 16 juin, *Juin*, IV, éd. Paris-Rome, 1867.
84. *Vita*, II, 9, *ibid.*, p. 198.
85. *Vita*, III, 5, *ibid.*, p. 205.
86. *Vita*, III, 8, *ibid.*, p. 206.

aller demander à la pieuse Lutgarde le suffrage de ses prières pour tous les mortels, toi qui, quand tu étais encore sur cette terre, as prié celle qui était la plus puissante pour libérer les âmes du Purgatoire et qui, sublimée dans les joies célestes, es encore venue demander son aide pour un ami défunt!»

LES VIVANTS ET LES MORTS : TESTAMENTS ET OBITUAIRES

Le Purgatoire apparaît aussi dans les principales manifestations des nouvelles formes de solidarité entre les vivants et les morts au XIIIe siècle.
Les premiers documents auxquels on pense sont les testaments. Il faut reconnaître que le Purgatoire semble n'y faire au XIIIe siècle qu'une timide apparition. Il ne s'y introduira vraiment qu'au XIVe siècle et, encore, inégalement selon les régions[87]. Par exemple dans un testament comme celui de Renaud de Bourgogne, comte de Montbéliard, qui date de 1296 (avec l'ajout d'un codicille en 1314), il est bien question de décharger l'âme du futur défunt en payant ses dettes et de faire dire des messes anniversaires de son décès «pour le remède de l'âme» (l'expression *«pro remedio animae»* est traditionnelle dans les actes de donation, puis, dans les testaments, remis en honneur à partir du XIIe siècle) et évoque donc les suffrages pour les défunts qui sont dans le Purgatoire mais le mot n'est pas prononcé[88]. Il faudrait étudier l'attitude des Ordres mendiants dont on sait qu'ils ont été d'une part de grands «captateurs de testaments» et d'autre part, dans les sermons et les *exempla* en tout cas, de grands diffuseurs du Purgatoire. N'ont-ils pas, au cours du XIIIe siècle, relayé les cisterciens dans le rôle de vulgarisateurs du Purgatoire?
Les établissements religieux tiennent toujours des livres de la mémoire des morts. Mais les nécrologes de la période précédente cèdent la place à de nouveaux mémoriaux qu'on appellera *obituaires* et si le Purgatoire n'y apparaît pas directement, ses progrès sont pour beaucoup dans cette transformation, comme le pense le spécialiste Jean-Loup Lemaître.

---

87. Voir J. Chiffoleau, *La Comptabilité de l'au-delà, les hommes, la mort et la religion dans la région comtadine à la fin du Moyen Âge*, Rome, 1981, et M. Bastard-Fournie, «Le Purgatoire dans la région toulousaine au XIVe et au début du XVe siècle», in *Annales du Midi*, 5-34, 1980, notamment pp. 14-17 (et n. 65).
88. J.-P. Redoutey, «Le testament de Renaud de Bourgogne, comte de Montbéliard», in *Société d'émulation de Montbéliard*, 1979, vol. LXXV, fasc. 102, pp. 27-57. Voir la brève notice de P. C. Timbal, «Les legs pieux au Moyen Âge», in *La Mort au Moyen Âge. Colloque de la Société des historiens médiévistes, Strasbourg, 1975*, Strasbourg, 1977, pp. 23-26.

Dès la fin du XIIe siècle, avec la redécouverte du testament, avec la multiplication des legs pieux, avec le développement de la croyance au Purgatoire, la documentation nécrologique prit un aspect sensiblement différent. À une simple inscription entraînant une commémoration et des suffrages s'est substituée une inscription accompagnée d'un office à célébrer. L'*officium plenum*, jusque-là exceptionnel, est progressivement devenu la règle. L'office des morts, solennel ou non, étant un office surérogatoire, il importait d'en assurer la célébration au moyen d'une fondation, d'où une modification du caractère des notices. À côté du nom du défunt, de sa qualité ou de sa fonction, s'ajoutèrent les éléments constitutifs de cette fondation, faite généralement sous forme de rente : assiette, débiteurs, succession de ceux-ci, parfois même les modalités d'emploi étaient précisées : distribution au célébrant, aux assistants, au luminaire, aux sonneurs de cloches. Parfois même, on précise le type d'office à célébrer. Dans certains cas, la fondation était faite du vivant du bénéficiaire et l'office fondé était alors une messe, le plus souvent de la Vierge ou du Saint-Esprit, à transformer en anniversaire après son trépas.

Le processus d'inscription a donc varié et évolué. Dans un premier temps, on a inscrit côte à côte les obits des membres de la communauté, d'associés spirituels, et des fondations d'anniversaires pour lesquels les modalités d'exécution étaient indiquées. Progressivement, l'inscription de ces fondations est devenue prépondérante, et a supplanté les inscriptions automatiques et gracieuses de simples noms à commémorer. Il était certes toujours loisible de rappeler au chapitre ou au réfectoire les noms des défunts pour lesquels les suffrages de la communauté étaient requis, mais l'essentiel était de savoir quels offices des morts il fallait célébrer, à l'intention de qui ils devaient être dits, quelle pitance, quelle somme d'argent, suivant les cas, était attachée à cette célébration. Le livre avait donc un usage double, mais ne servait plus guère qu'à inscrire les obits fondés dans la communauté. C'est pour cette raison que l'on voit progressivement disparaître, dès le XIIIe siècle, de ces recueils, les membres de la communauté (surtout dans les communautés monastiques) au profit de laïcs, bourgeois ou nobles, préoccupés d'assurer leur salut, d'écourter leur séjour au Purgatoire au moyen de fondations pieuses[89].

---

89. J.-L. Lemaître, *Répertoire des documents nécrologiques français*, sous la direction de P. Marot, Recueil des historiens de la France, Paris, 1980, 2 vol., pp. 23-24.

Le triomphe du Purgatoire

Enfin on rencontre au moins un témoignage explicite de la place prise par le Purgatoire dans les préoccupations des membres d'une confrérie, associations dont une des grandes préoccupations, à l'instar des collèges funéraires de l'Antiquité, était de veiller aux funérailles et aux suffrages pour les membres défunts de la confrérie. On rencontre cette mention dans la charte de la confrérie des barbiers d'Arras en 1247.

Ce texte, dont l'original est écrit en langue vernaculaire, en ancien français, puisqu'une des parties – les barbiers – est composée de laïcs qui ne savent pas le latin – est des plus significatifs. Le Purgatoire est au centre de cette association, de type société jurée propre au nouveau monde urbain, entre les membres des deux sexes d'une profession gouvernée par des élus de type communal (maire et échevins) et la communauté d'un des nouveaux ordres religieux mendiants, les dominicains, étroitement liés dans leur apostolat à la nouvelle société urbaine.

> Sachent tous ceux qui sont et qui à venir sont que le prieur des Frères Prêcheurs d'Arras et le couvent des Frères susdits ont octroyé de par l'autorité du maître de l'Ordre, aux barbiers d'Arras une *charité* (confrérie) à faire en l'honneur de Dieu et de Notre-Dame et de Mgr saint Dominique. Et leur ont octroyé trois messes chaque année perpétuellement à tous les confrères et consœurs qui y entreront, y resteront et y mourront. La première messe est le jour de la translation de Mgr saint Dominique et les deux autres sont à l'anniversaire de leurs père et mère trépassés. Et leur ont octroyé pleine association *(compaignie)* et pleine participation à tous les biens qu'on a fait et fera jour et nuit en leur couvent d'Arras et par tout leur ordre en sainte chrétienté pour tous les vivants qui dans la Charité se maintiendront en grâce, et, pour ceux qui mourront, raccourcir leurs peines en Purgatoire et hâter leur repos éternel. À toutes les choses susdites le prieur et les frères associent *(acompaigne)* tous les hommes et toutes les femmes qui entreront dans cette Charité par l'intermédiaire du maire et des échevins que les barbiers y mettront. Et pour cette chose certifier et rendre établie (*estande*: stable, ferme) et prouvable, le prieur et le couvent des frères susdits ont scellé cette charte de leur sceau. Ce fut fait en l'an de l'Incarnation de Notre-Seigneur MCC et XLVII, au mois d'avril[90].

---

90. Le texte original a été publié par G. Fagniez, *Documents pour servir à l'histoire de l'industrie en France*, Paris, 1898, t. I.

Sur ce texte – à vrai dire le seul de ce genre à ma connaissance qui soit parvenu jusqu'à nous – je formulerais volontiers deux hypothèses. La première est celle du rôle des Mendiants, diffuseurs de nouvelles attitudes en face de la mort, dans la vulgarisation du Purgatoire. La seconde est l'intérêt pour le Purgatoire manifesté par une de ces professions suspectes, méprisées, ces barbiers-chirurgiens en contact avec le corps et le sang qu'on rangeait parmi les métiers déshonnêtes – *inhonesta mercimonia*. Comme on l'a vu pour les usuriers, les barbiers ne voient-ils pas dans le Purgatoire une meilleure chance d'échapper à l'Enfer? Une des conséquences des progrès du Purgatoire n'est-il pas de réhabiliter dans la perspective du salut les catégories socioprofessionnelles spirituellement fragiles, de consolider religieusement leur ascension sociale?

LE PURGATOIRE EN LANGUE VULGAIRE : LE CAS FRANÇAIS

Une autre investigation serait à mener dans la littérature en langue vernaculaire. Son intérêt serait de nous renseigner sur la diffusion du nouvel au-delà dans les œuvres littéraires directement «consommées» par les laïcs. On rencontre, bien entendu, le Purgatoire dans des recueils d'*exempla* en langue vulgaire ou des chroniques «fourre-tout» comme le *Ménestrel de Reims*. Mais la production littéraire, en français par exemple, est devenue si abondante au XIIIe siècle qu'on ne peut effectuer qu'un sondage. Il me semble, aux échantillons qu'en ont donnés quelques savants[91], que le Purgatoire devient une sorte d'accessoire dans les divers genres littéraires. Comme le signale le *Vocabulaire de l'ancien français* de Tobler-Lommatzch, il n'est jamais question de Purgatoire dans l'épopée (genre antérieur au Purgatoire, même si on compose des chansons de geste au XIIIe siècle) et la première œuvre littéraire française à parler de Purgatoire est l'*Espurgatoire saint Patriz* de Marie de France.
Un chevalier italien, Philippe de Novare, juriste, écrivain, mêlé aux affaires de la Terre sainte et de Chypre, écrit dans sa retraite, à soixante ans passés, après 1260, en français, la langue littéraire de la Chrétienté, un traité où il

---

91. J'ai retenu les exemples donnés par Tobler-Lommatzch, *Altfranzösisches Wörterbuch*, 1969, VII, col. 2096-2097 s. v. *Purgatoire* et les références de J.-Ch. Payen, *Le Motif du repentir dans la littérature française médiévale (des origines à 1230)*, Genève, 1968, s. v. *Purgatoire* mais en retenant seulement les textes où il est explicitement parlé du purgatoire, ce qui, par exemple, n'est pas le cas du «conte pieux», *Le Chevalier au barisel*.

Le triomphe du Purgatoire

résume son expérience, *Les quatre temps d'âge d'homme*. Les jeunes, selon Philippe, commettent beaucoup d'imprudences et même de folies. Ils font peu de pénitence ici-bas, il faudra qu'ils en fassent une grande et longue en Purgatoire[92].

Dans le *Roman de Baudouin de Sebourc* on peut lire :

> S'en va au paradis...
> Sans passer purgatoire[93].

qui rappelle le rôle intermédiaire, la situation de passage du Purgatoire. Gautier de Coincy, chanoine de Soissons, auteur de la plus abondante et réputée collection de *Miracles de Notre-Dame* en vers (1223), parle du Purgatoire comme lieu de châtiment

> En purgatoire c'est la somme
> Mené y fut pour les méfaits
> Que dans sa vie il commit et fit[94].

Jehan de Journi, seigneur picard, écrit dans sa *Dîme de pénitence* composée à Chypre en 1288 :

> Et homme sage doit se modérer
> Autant qu'il peut résister
> Qu'il fasse des aumônes tant qu'il est en vie
> Pour qu'à la mort cela l'aide
> À aller en purgatoire,
> Pour se faire pur pour le paradis[95]...

Mais le plus intéressant de tous ces textes littéraires est sans doute un passage du fabliau *La Cour de paradis* :

---

92. Philippe de Novare, *IV âges d'omes*, éd. M. de Fréville, Paris, 1888, p. 32 : « *Si fait li jones po de penitance ou siècle ; si estuet qu'il la face grant et longue en purgatoire.* »
93. *Li Romans de Baudouin de Sebourc*, XVI, 843, in Tobler-Lommatzch, *op. cit.*, VII, col. 2097.
94. *En purgatoire c'est la somme*
    Menez en fu por les meffaix
    Qu'en sa vie out ouvrez et fait (*ibid.*).
95. *Et sages home amesurer*
    Se doit si ke puisse durer
    S'aumosne tant qu'il iert en vie
    Si qu'a la mort li fache aïe
    De li mener en purgatoire
    Pour lui poser net en la gloire...
    La Dîme de pénitence, 2885 (*ibid.*).

> Pour ce vous dit le jour des Ames
> Est après le jour de Tous-Saints
> Que tous en soient certains ;
> Elle nous raconte l'histoire
> Que les âmes du Purgatoire
> Pendant tous ces deux jours ont repos ;
> Mais que celles qui n'auront pas pardon
> Qui pour leurs péchés seront damnées
> Soient toutes assurées
> Qu'elles n'auront ni repos ni séjour.

La liaison entre la fête de Tous les Saints et la Commémoration des âmes (1er et 2 novembre) est fortement marquée et le lien de ces deux solennités avec le Purgatoire nettement souligné. L'originalité de ces vers réside surtout dans le fait que si le sabbat infernal, le répit hebdomadaire des damnés en enfer est nié, en revanche apparaît l'idée d'une trêve des deux jours au Purgatoire à la place de l'idée rencontrée chez Jacques de Vitry d'un repos dominical. Le Purgatoire s'est décidément infernalisé pour que lui soit transféré le thème d'un repos imaginé pour la géhenne.

Un grand événement, au tournant précis du XIIIe au XIVe siècle, permit au Purgatoire une promotion à la rencontre des intentions de l'Église et des aspirations des fidèles. Ce fut le Jubilé de 1300[96].

LES INDULGENCES POUR LE PURGATOIRE : LE JUBILÉ DE 1300

Cette année-là le pape Boniface VIII, déjà engagé dans sa lutte avec le roi de France Philippe le Bel et, à travers lui, avec la société chrétienne laïque qui supportait de plus en plus mal le joug pontifical, convoqua pour la première fois tous les fidèles à Rome pour la célébration du Jubilé, en souvenir de la loi mosaïque exprimée au chapitre XXV du Lévitique. Il s'agissait d'une sorte de super-année sabbatique, année d'expiation et de repos, de libération et de retour aux origines qui devait revenir après que se seraient écoulées sept

---

96. A. Frugoni, «Il Giubileo di Bonifacio VIII», in *Bollettino dell' Istituto Storico Italiano per il Medioevo e Archivio Maratoriano*, 1950, pp. 1-121, repris in *Incontri nel Medioevo*, Bologna, 1979, pp. 73-177.

fois sept ans, c'est-à-dire tous les cinquante ans. Année jubilaire symbolique qui n'a sans doute jamais été effectivement réalisée. Le christianisme ici encore prit le relais du judaïsme et l'Évangile annonça «une année de grâce du Seigneur» (Luc, IV, 19). Dès le haut Moyen Âge le Jubilé, sans être pratiqué par l'Église, avait été intégré par certains auteurs ecclésiastiques dans les nouvelles conceptions chrétiennes de la pénitence et du pardon. Il est donc normal que le Jubilé ressuscité ait rencontré le récent Purgatoire lui aussi lié, historiquement et théoriquement, à la pénitence.

Isidore de Séville avait, dans ses *Étymologies*, défini le Jubilé comme une année de rémission *(remissionis annus)*[97]. Année d'absolution dont les promoteurs de 1300 signalèrent aussi qu'elle était l'ouverture d'un nouveau siècle. Aboutissement pénitentiel, elle offrait aux fidèles une sorte de substitut du *Millenium* étroitement contrôlé par l'Église et le Saint-Siège.

Le pape, à cette occasion, accorda aux pèlerins de Rome l'indulgence plénière *(plenissima venia peccatorum)*, la remise complète des péchés qui n'était jusqu'alors octroyée qu'aux croisés et il étendit le bénéfice de cette indulgence à des morts, c'est-à-dire à des âmes dans le Purgatoire. Cette extension inouïe des indulgences se fit tardivement et d'une façon en quelque sorte indirecte.

C'est par une décision de Noël 1300 que Boniface VIII accorda l'indulgence plénière à tous les pèlerins qui étaient morts pendant le pèlerinage, en route ou à Rome, et à tous ceux qui, ayant eu la ferme intention d'accomplir le pèlerinage, en avaient été empêchés[98]. La mesure était pourtant capitale.

Le pape paraissait décider «la libération instantanée de toute peine, de certaines âmes du Purgatoire[99]». Certes la théorie du pouvoir pontifical en cette matière avait déjà été faite, notamment, comme on l'a vu, par saint Bonaventure et saint Thomas d'Aquin. Mais jamais, semble-t-il, l'application n'en avait été encore faite. La possibilité pour les vivants de libérer les morts du Purgatoire ne s'était jusqu'alors exercée que *per modum suffragii*, par le transfert aux morts des mérites que les vivants s'acquéraient par de bonnes œuvres.

Il semble que le pouvoir pontifical en matière de libération des âmes du Purgatoire, demeura, après cet éclat, encore théorique jusqu'au XVe siècle. Le canoniste Alessandro Lombardo, mort en 1314, eut beau, par exemple, répéter que le pape peut venir en aide à ceux qui sont dans le Purgatoire à l'aide d'indulgences indirectement ou «par accidents», qu'il peut accorder des indulgences à tous ceux «qui prient ou font du bien pour les défunts qui

---

97. *PL*, t. LXXII, col. 222.
98. *Bullarium Anni Sancti*, éd. H. Schmidt, Rome, 1949, p. 35.
99. A. Frugoni, *Incontri nel Medioevo, op. cit.*, p. 106.

sont dans le Purgatoire», ses successeurs du XIVe siècle n'osèrent pas, à ce que l'on connaît, user de ce pouvoir exorbitant sur l'au-delà. Mais l'initiative, même limitée, avait été prise. Une étape avait été franchie dans l'insertion des indulgences dans le système du Purgatoire.

HOSTILITÉ PERSISTANTE AU PURGATOIRE

Cette décision de Boniface VIII lors du Jubilé de 1300, qui fut un très grand succès, est en quelque sorte le point d'orgue du triomphe du Purgatoire au XIIIe siècle. Il ne faut pourtant pas oublier que, à ce tournant du siècle, le Purgatoire n'a pas que des partisans en chrétienté.
Il y a d'abord les hérétiques.
Au début du XIVe siècle encore, en 1335, à Giaveno dans le Piémont, de nombreux Vaudois déclarent à l'inquisiteur dominicain: «Dans l'autre vie il n'y a que le Paradis et l'Enfer et le Purgatoire n'existe que dans ce monde-ci[100].»
Dans d'autres cas pourtant des suspects franchement hérétiques ou qui passent pour tels semblent s'accommoder plus ou moins du Purgatoire, soit qu'ils l'aient intégré à un fonds de croyances folkloriques sur l'au-delà, soit qu'ils aient été sensibles à l'imaginaire du Purgatoire.
C'est le cas, d'une femme, Rixenda, qui est interrogée par l'Inquisition à Narbonne en 1288. Elle semble appartenir au milieu de béguines liées aux franciscains spirituels. Elle déclare qu'il y a huit ans, à la Saint-Matthieu, «elle a été ravie dans le ciel et elle a vu Jésus debout et assis et sa mère Marie tout près de lui et près d'eux saint François». Elle ajoute qu'«elle a vu son père et sa mère dans le Purgatoire en train d'expier leurs péchés et ils lui ont dit que pour les sauver... [il y a ici une lacune dans le manuscrit] et ils dirent que grâce à ses prières de nombreuses âmes sont tirées du Purgatoire et spécialement son père et sa mère et une cousine germaine Aucradis. Elle dit aussi que dans son ravissement elle vit une femme, Feralguière de Béziers, qui était accablée de peines dans le Purgatoire étrillée et battue pendant trois jours... Elle a vu son père et sa mère à la porte du Paradis et peu après ils ont été reçus dans leur demeure». Le lendemain elle précise que les âmes qui sortent du Purgatoire ne vont pas tout de suite au Paradis mais attendent un peu dans leur demeure. Ainsi son père et sa mère qu'elle a libérés du Purgatoire par ses prières et en resti-

---

100. G. G. Merlo, *Eretici e inquisitori nella società piemontese del trecento*, Turin, 1977, pp. 167, 176, 178, 185, 192, 196, 198.

LE TRIOMPHE DU PURGATOIRE

tuant du blé qu'ils devaient ont dû attendre un jour et une nuit à la porte du Paradis[101]...

C'est vrai aussi pour certains des villageois cathares de Montaillou. Il me semble qu'il faudrait nuancer ici l'opinion d'Emmanuel Le Roy Ladurie : « Dans toutes ces histoires, il y a un grand oublié, le Purgatoire. » Dans le procès de Raimond Vaissière d'Ax, le témoin assermenté Jean Barra déclare : « Quand nous fûmes tous deux à Encastel, il me dit de me faire de la secte de feu Pierre Authié l'hérétique, parce que si je le faisais, mon âme, en sortant de mon corps, irait aussitôt ou entrerait au paradis et ne verrait pas l'Enfer, l'abîme ni le Purgatoire[102]. »

Dans le cas le plus complet, qui a retenu l'attention d'Emmanuel Le Roy Ladurie, celui d'Arnaud Gélis alias Bouteiller du Mas-Saint-Antonin, on voit revenants et Purgatoire coexister et se mêler. À l'âme de feu Pierre Durand, chanoine de Pamiers, qui lui apparaît dans l'église Saint-Antonin il pose familièrement la question classique : « Je lui demandai comment il allait, et il me dit : "Assez bien maintenant, mais j'ai connu un mauvais endroit." Je lui demandai lequel. Il me répondit : "Je suis passé par le feu du Purgatoire qui était âpre et mauvais. Mais je n'ai fait qu'y passer." Il me demanda aussi de prier pour lui. Je le vis une autre fois dans le cloître… Je le vis une autre fois encore dans le cloître, et ensuite je ne le vis plus, car je crois qu'il est au repos[103]. »

Arnaud Gélis note le recul de l'Enfer devant le Purgatoire : « Tous ceux qui précèdent me dirent qu'il ne fallait pas avoir peur de la damnation éternelle, car il suffisait que l'on soit un fidèle chrétien, et qu'on se soit confessé et repenti pour ne pas être damné… »

Pierre Durand toutefois est une exception. Selon les révélations qu'a eues Arnaud Gélis, la condition normale des âmes des défunts c'est d'errer et d'aller visiter des églises : « Ils font pénitence en allant à diverses églises. Les uns vont plus vite, les autres plus lentement, en ce sens que ceux qui ont la plus grande pénitence vont plus vite. C'est ainsi que les usuriers courent comme le vent ; mais ceux qui ont une pénitence plus petite marchent lentement. D'aucun je n'ai entendu dire qu'il subissait une autre pénitence que ce mouvement, sauf ledit Pierre Durand qui était passé par le feu du Purgatoire. Quand ils cessent de visiter ainsi les églises, ils vont au lieu de Repos, dans lequel ils restent jusqu'au jour du Jugement, à ce que m'ont dit ces défunts[104]. »

---

101. *Inquisitio in Rixendin fanaticam*, in I. von Dollinger, *Beiträge zur Sektengeschichte des Mittelalters*, Munich, 1890, t. II, pp. 706-711.
102. J. Duvernoy, *Le Registre d'Inquisition de Jacques Fournier*, Paris-La Haye, 1978, I, p. 354.
103. *Ibid.*, p. 160.
104. *Ibid.*, p.163.

Aussi quand Arnaud Gélis abjure, il doit revenir à plus de considération pour le Purgatoire : « Sur le premier article, rétractant l'erreur y contenue, que quoiqu'il ait cru ainsi qu'il est dit, il croit maintenant fermement que les âmes des hommes et femmes défunts vont au Purgatoire, dans lequel ils accomplissent leur pénitence qu'ils n'ont pas faite en monde. Celle-ci achevée, ils vont au Paradis céleste où se trouvent le Seigneur Christ, la Sainte Vierge, les anges et les saints[105]. »

Une autre forme de résistance au Purgatoire se rencontre notamment chez certains religieux et poètes, en particulier en Italie.

Les uns, des conservateurs, des traditionalistes, veulent s'en tenir à la vieille opposition Enfer/Paradis et ferment les yeux devant ce nouveau troisième lieu, création de théologiens intellectuels.

Bonvesin dalla Riva[106], un Milanais, qui vivait dans la seconde moitié du XIIIe siècle, tertiaire de l'ordre des Humiliates, écrit un *Libro delle Tre Scritture* où, entre l'écriture « noire » qui décrit les douze peines de l'Enfer et l'écriture « dorée » qui montre les douze gloires du Paradis, ce qui existe ce n'est pas le Purgatoire, mais l'Incarnation, la passion du Rédempteur, qui constitue l'écriture « rouge », faite du sang du Christ.

À la même époque un autre poète, le franciscain Giacomino da Verona ne garde des « écritures » de Bonvesin que la noire et la dorée dans un poème *De la Jérusalem céleste et de la Babylone infernale* où, entre les joies du paradis et les peines de l'Enfer, il n'y a pas de place non plus pour les purgations intermédiaires. L'allusion aux « subtilités » des théologiens (v. 19), l'opposition tranchée entre le bien et le mal :

> le mal conduit à la mort avec cet ange perdu
> le bien donne la vie avec le bon Jésus   (v. 331-332)

semblent bien viser à exclure le plan intermédiaire du Purgatoire[107].

Pour d'autres, l'hostilité sinon au Purgatoire du moins à certaines exagérations pieuses concernant le Purgatoire semble relever de la crainte d'y retrouver des superstitions païennes. Ainsi dans un passage de son célèbre *Specchio di vera penitenza*, où il dénonce « les opinions fausses et vaines

---

105. *Ibid.*, p. 167.
106. Bonvesin dalla Riva, *Le opere volgari*, éd. G. Contini, Rome, I, 1941. J'ai consulté l'édition de Leandro Biadene, *Il libro delle Tre Scritture di Bonvesin dalla Riva*, Pise, 1902. Je dois à mes amis Girolamo Arnaldi et Raoul Manselli la connaissance des textes de Bonvesin dalla Riva et de Giacomino da Verona.
107. Giacomino da Verona, *La Gerusalemme celeste e la Babilonia infernale*, éd. E. Barana, Vérone, 1921. J'ai utilisé l'édition de R. Broggini-G. Contini, in *Poeti del Duecento*, Naples, 1960, I, pp. 627-652.

restées du paganisme ou introduites par la fausse doctrine du démon», le dominicain Jacopo Passavanti attaque «la vanité et cupidité des mortels qui veulent régenter la justice divine et par leurs œuvres, leurs paroles, leurs offrandes, prétendent tirer avant un certain délai les âmes du purgatoire. C'est une grande présomption et une erreur dangereuse[108]».

On fait de Bonvesin dalla Riva et de Giacomino da Verona des précurseurs de Dante. Le génie et l'audace du poète de la *Divina Commedia* n'en ressortent que mieux par contraste.

---

108. Jacopo Passavanti, *Lo Specchio di vera penitenza*, éd. M. Lenardon, pp. 387-391.

10
LE TRIOMPHE POÉTIQUE :
LA «DIVINA COMMEDIA»

Un peu plus de cent ans après sa naissance, le Purgatoire bénéficie d'une chance extraordinaire : le génie poétique de Dante Alighieri, né à Florence en 1265, lui donne à jamais une place de choix dans la mémoire des hommes. Entre son exil de Florence en 1302 et sa mort à Ravenne en 1321, Dante composa la *Divina Commedia* dont les deux premiers cantiques, c'est-à-dire l'*Enfer* et le *Purgatoire*, étaient achevés en 1319, comme le prouve une lettre du savant bolognais Giovanni del Virgilio.

Ce n'est pas seulement pour montrer le hasard à nouveau à l'œuvre dans l'histoire du Purgatoire que j'achève cette enquête par la *Divina Commedia*. Ce n'est pas seulement pour laisser au terme de ce livre le Purgatoire sur les sommets où Dante l'a placé. C'est aussi, c'est surtout parce que Dante, à travers une œuvre exceptionnelle, a rassemblé en une symphonie la plupart des thèmes épars dont j'ai ici suivi la trace. *Il Purgatorio* est une conclusion sublime à la lente genèse du Purgatoire. C'est aussi, parmi ces images possibles et parfois concurrentes du Purgatoire que l'Église, tout en affirmant l'essentiel du dogme, avait laissé au choix de la sensibilité et de l'imagination des chrétiens, la plus noble des représentations du Purgatoire nées de l'esprit humain.

Dans la forêt des commentaires des dantologues parmi lesquels il serait ridicule que je prétende m'insinuer, j'ai suivi le simple chemin d'une lecture naïve du poème où mon guide était le souvenir des nombreux textes qui avaient précédé la *Divina Commedia* dans la quête du Purgatoire[1]. Je retracerai d'abord ce cheminement.

---

1. Je me suis servi de l'édition bilingue publiée lors du septième centenaire de la naissance de Dante en 1965 par les Libraires associés, Paris, 1965, avec le texte italien établi sur la dernière édition de la Società Dantesca Italiana, la traduction de L. Espinasse-Mongenet revue par L. Cohen et Cl. Ambroise et une présentation de P. Renucci. J'ai aussi fait mon profit de la traduction et des commentaires originaux, riches et touffus, d'A. Pézard dans

LE SYSTÈME DANTESQUE DU PURGATOIRE

Dante en a déjà dit beaucoup au dernier vers de l'*Enfer*. Le poète et son guide, Virgile, sont sortis «pour revoir les étoiles». Le Purgatoire n'est pas souterrain. Son niveau est celui de la terre, sous le ciel étoilé. Un vieillard, un sage de l'Antiquité, Caton d'Utique, les accueille car il est le gardien du Purgatoire. Celui-ci est une montagne dont la partie basse est une antichambre, un lieu d'attente où sont dans l'expectative les morts qui ne sont pas encore dignes d'entrer au Purgatoire proprement dit. La montagne se dresse dans l'hémisphère sud, occupé, selon Ptolémée que suit Dante, par un océan désert impénétrable aux hommes vivants. Elle s'y élève aux antipodes de Jérusalem (II, 3, IV, 68 *sqq.*). Le Purgatoire proprement dit est abordé par les deux pèlerins au neuvième chant où Virgile annonce à son compagnon :

> Tu es arrivé désormais au Purgatoire
> Vois là-bas la falaise *(balzo)* qui le clôt alentour
> Vois l'entrée là où elle paraît disjointe   (v, 49-51).

---

la Bibliothèque de la Pléiade, également parus en 1965. Un tableau commode de la structure du *Purgatorio* se trouve dans l'*Edizione del Centenario* de *Tutte le Opera di Dante*, sous la direction de Fredi Chiapelli, Milan, U. Marsia, 1965. Le bref article «Purgatorio» du *Dante Dictionary* est utile pour la caractérisation du Purgatoire dantesque au point de vue tant topographique qu'idéologique. On trouvera d'intéressantes indications concernant la localisation et la description du Purgatoire dans l'étude ancienne de Edoardo Coli, *Il paradiso terrestre dantesco*, Florence, 1897. Parmi les commentaires, celui de G. A. Scartazzini est repris et revu par G. Vandelli dans l'édition critique de la Società Dantesca Italiana, 2e éd., Milan, 1960; A. Pézard distingue celui de G. Troccoli, *Il Purgatorio dantesco*. J'ai aussi utilisé celui de Ch. S. Singleton, *Dante Alighieri, The Divine Comedy, Purgatorio*, 2: *Commentary*, Princeton, 1973, et les notes de l'édition de N. Sapegno, Florence, 1956. Sur un point de vue important dans mon optique, celui de la théologie, on peut toujours lire l'étude classique du Père Mandonnet, *Dante, le théologien*, Paris, 1935, à laquelle fait pendant *Dante et la philosophie* d'É. Gilson, Paris, 1939.
Sur les précurseurs de Dante dans les visions et descriptions de l'au-delà, je citerai, outre H. R. Patch, *The Other World According to Descriptions in Medieval Literature*, 1950, A. d'Ancona, *I precursori di Dante*, Florence, 1874; M. Dods, *Forerunners of Dante*, Édimbourg, 1903; Diels, «Himmels- und Höllenfahrten von Homer bis Dante», in *Neues Jahrbuch*, XLIX, 1922, pp. 239 *sqq.*; A. Rüegg, *Die Jenseitsvorstellungen vor Dante*, Einsiedeln et Cologne, 1945, et G. Musca, «Dante e Beda», in *Studi Storici in onore di Ottorino Bertolini*, II, 1972, pp. 497-524. Je dois à l'amitié de Girolamo Arnaldi d'avoir pu consulter dans d'excellentes conditions les plus anciens commentaires de la *Divina Commedia*, publiés par G. Biagi, G. L. Passerini, E. Rostagno, *La Divina Commedia nella figurazione artistica e nel secolare commento*, Turin, 1931. Les commentaires les plus anciens (ceux du XIVe siècle, les seuls auxquels je me sois attaché) sont surtout philologiques.

Le triomphe du Purgatoire

Le Purgatoire est formé de sept cercles ou corniches étagés *(cerchi, cerchie, cinghi, cornici, giri, gironi)* dont la circonférence diminue en allant vers le sommet. Les âmes y purgent les sept péchés capitaux : dans l'ordre, l'orgueil, l'envie, la colère, la paresse, l'avarice, la gourmandise, la luxure. Au sommet de la montagne, Virgile et Dante entrent dans le paradis terrestre où se passent les six derniers chants du *Purgatorio* (XXVIII à XXXIII). Virgile qui, au seuil du paradis terrestre, a abandonné son office de guide et dit à celui qu'il a jusqu'alors conduit :

> N'attends pas que j'en dise plus ni que je te fasse un signe
> Libre, droit et sain est ton arbitre
> Et ce serait erreur de ne pas lui obéir :
> Aussi je te fais souverain et te donne la couronne et la mitre
> (XXVII, 139-142).

Le poète s'efface laissant en pleurs Dante (XXX, 49-54) à qui apparaît bientôt Béatrice qui sera son guide dans l'ultime phase de son pèlerinage, dans le troisième royaume, le Paradis.

Nul mieux que Dante n'a exprimé la liaison du système de la Création ici-bas et dans l'au-delà. De l'Enfer on émerge au niveau du monde intermédiaire et temporaire, celui de la terre d'où s'élève vers le Ciel la montagne du Purgatoire couronnée par le Paradis terrestre qui n'est plus situé dans un coin perdu de l'univers mais à son niveau idéologique, celui de l'innocence entre le sommet de la purification au Purgatoire et le début de la glorification au Ciel. Ce qui semble relativement sacrifié ici ce sont les limbes sur lesquels, au XIIIe siècle, les théologiens professionnels se sont complaisamment étendus, sans qu'ait correspondu, semble-t-il, un enracinement profond de ces lieux marginaux dans les croyances et les pratiques. Le vrai système de l'au-delà qui a été adopté par la masse des fidèles, ce n'est pas le système des cinq lieux, mais celui des trois lieux. Pourtant les limbes sont présents aussi dans la *Divina Commedia*. Les deux limbes : celui des sages anciens et des patriarches, celui des enfants du monde chrétien. On sent Dante déchiré ici entre, d'une part, son admiration, sa reconnaissance, son affection pour les grands esprits païens – le choix de Virgile comme guide est lourd de sens –, sa pitié et sa tendresse pour les petits enfants morts en bas âge, mais aussi de l'autre, sa stricte orthodoxie chrétienne. Nul ne pourra être sauvé au ciel sans avoir reçu le baptême. Mais le double peuple des limbes ne cesse de hanter Dante tout au long de son pèlerinage. Pour les sages et les justes d'avant le Christ, il y a deux destins différents. Ceux qui ont vécu sous l'ancienne loi ont été sauvés par le Christ qui est descendu dans cette partie de l'Enfer qui formait le limbe des patriarches, et il les fit bienheureux   (*Enfer*, IV, 61),

puis il ferma à jamais cette partie de l'Enfer. Pour les païens, ils doivent rester à ce niveau de ténèbres mais Dieu leur a concédé au plus haut des enfers, au niveau du premier cercle, un noble château *(nobile castello)* où ils vivent « dans un pré de fraîche verdure », bordé sur un côté par « un lieu ouvert, lumineux et élevé » (*Enfer*, IV, 106 *sqq.*). Les sages antiques, dont l'évocation, les réminiscences ne cessent d'accompagner Dante au cours de son pèlerinage, sont encore explicitement présents dans le *Purgatoire* : ce sont Aristote, Platon et tant d'autres dont il rappelle « le désir sans fruit » du vrai Dieu (III, 40-45) ; c'est Juvénal, que Virgile évoque descendant « dans le limbe de l'enfer » (XXII, 14) ; c'est Stace demandant anxieusement si les grands écrivains romains sont damnés à son maître Virgile qui lui répond qu'ils sont avec lui « dans la première enceinte de l'aveugle prison » où ils parlent souvent de la montagne, le mont du Purgatoire, où résident leurs nourrices, les Muses (XXII, 97 *sqq.*). C'est d'ailleurs l'un d'eux que Dieu a mis comme gardien de la montagne du Purgatoire : Caton d'Utique. Certains se sont étonnés de voir ce rôle confié à un païen, qui, de plus, s'est suicidé. Mais Dante avait, pour celui qui a été, au prix de sa vie, le champion de la liberté, la plus vive admiration (*Purgatoire*, I, 70-75). Dans le *Banquet*, Virgile en fait le symbole du citoyen, du héros de la vie civique, qui estime être né « non pour lui-même mais pour la patrie et pour le monde entier[2] ».

Quant aux jeunes enfants morts avant le baptême et marqués du seul péché originel, ils se trouvent avec les sages païens dans ce même château du premier cercle de l'enfer. Virgile le révèle au troubadour Sordel rencontré dans l'anté-purgatoire :

> Il est un lieu là-bas attristé non par des tourments
> Mais seulement par des ténèbres, où les lamentations
> Ne sonnent pas comme cris, mais ne sont que soupirs
> C'est là que je demeure avec les tout petits innocents
> Que les dents de la mort ont mordus avant
> Qu'ils n'eussent été lavés de la faute humaine   (VII, 28-33).

Au *Paradis* encore, Dante évoquera les petits enfants retenus dans le limbe de l'enfer :

---

2. « *Onde si legge* [le *De senectute* de Cicéron] *di Catone che non a sé, ma a la patria e a lutto lo mondo nato esser credea* » (*Convivio*, IV, XXVII, 3).

Mais depuis que le temps de la grâce est venu
Sans le parfait baptême du Christ
Cette innocence est retenue là, en bas   (XXXII, 82-84).

Si Dante a si bien su donner au Purgatoire toutes ses dimensions, c'est parce qu'il en a compris le rôle d'intermédiaire actif et l'a montré grâce à son incarnation spatiale et à la figuration de la logique spirituelle dans laquelle il s'insère. Dante a su faire le lien entre sa cosmogonie et sa théologie. Certains commentateurs ont avancé qu'il avait introduit – presque comme du remplissage – dans la *Divina Commedia* les connaissances acquises dans la fréquentation, selon ses propres termes, des «écoles des religieux et des disputes des philosophes» où il s'était jeté corps et âme après la mort de Béatrice en 1290. Qui ne voit que sa cosmogonie, sa philosophie et sa théologie sont la matière même – la matière et l'esprit – de son poème ?

Le Purgatoire est bien «ce second royaume» entre Enfer et Paradis. Mais Dante a de cet au-delà intermédiaire une idée toute dynamique et spirituelle. Le Purgatoire n'est pas un lieu intermédiaire neutre, il est orienté. Il va de la terre où les futurs élus meurent au ciel où est leur demeure éternelle. Au cours de leur itinéraire, ils se purgent, deviennent toujours plus purs, se rapprochent davantage du sommet, des hauteurs auxquelles ils sont destinés. De toutes les images géographiques que l'imaginaire de l'au-delà, depuis tant de siècles, offrait à Dante, il choisit la seule qui exprime la vraie logique du Purgatoire, celle où l'on monte, la montagne. Pour Dante qui réalise, dans l'évocation des fins dernières, la synthèse entre le plus nouveau (le Purgatoire) et le plus traditionnel (la peur de l'Enfer et le désir du ciel), il n'y a pas de cristallisation des sentiments autour de la mort. Il se contente de l'évoquer d'une façon significative au deuxième chant du *Purgatoire* où, dans la nef de l'ange nocher, les âmes «chantent toutes ensembles à l'unisson» le Psaume CXIII, *In exitu Israel de Aegypto*, que l'on chantait au Moyen Âge pendant qu'on transportait les morts de leur domicile à l'église puis au cimetière (II, 46-48). L'essentiel est dans l'ascension de cette montagne, sans cesse nommée («il monte» tout au long du cantique)[3] et même appelée «le mont sacré» (*il sacro monte*, XIX, 38), le mont saint (*il santo monte*, XXVIII, 12). Cette montagne, en deux de ces vers dont il a secret pour évoquer plusieurs sens à la fois, Dante la définit comme un *puy*, bref rappel de volcan, et comme dressée vers le ciel vers lequel elle doit conduire :

---

3. I, 108 ; II, 60, 122 ; III, 46 ; IV, 38, 39 ; VI, 48 ; VII, 4, 65 ; VIII, 57 ; X, 18 ; XII, 24, 73 ; XIV, 1 ; XV, 8 ; XIX, 117 ; XX, 114, 128 ; XXI, 35, 71 ; XXII, 123 ; XXV, 105 ; XXVII, 74 ; XXVIII, 101 ; XXX, 74 et encore, au *Paradis*, XV, 93 ; XVII, 113, 137.

> et je portai mon regard vers le puy
> qui vers le ciel au plus haut se lance
> *(e diedi il viso mio incontro al poggio
> che'nverso il ciel più alto si dislaga)* (III, 14-15).

Montagne très haute, très escarpée, très dure à escalader. Virgile y traîne littéralement Dante et ils grimpent à quatre pattes :

> nous montions par la fente creusée dans le roc
> et de tous côtés nous étreignaient les parois
> et le sol, sous nous, réclamait pieds et mains
> quand nous fûmes sur l'arête supérieure
> de la haute falaise, sur une place découverte
> « mon maître, dis-je, quel chemin prendrons-nous ? »
> et lui à moi : « qu'aucun de tes pas ne descende
> avance seulement derrière moi vers le haut de la montagne »
> (IV, 31-38).

> La cime était si élevée qu'elle défiait la vue (IV, 40).

Ce « deuxième royaume » qui est tout un monde est à son tour divisé en régions que Dante nomme aussi royaumes : ce sont les « sept royaumes » par lesquels Virgile demande au portier Caton de les laisser aller, Dante et lui :

> Laisse-nous aller par les sept royaumes (I, 82).

D'un de ces royaumes au suivant, d'une corniche à celle du dessus, les voyageurs montent des escaliers, des gradins escarpés (*scale, scaglioni, scallo, gradi,* etc.). Les voici, par exemple, en ascension de la quatrième à la cinquième corniche :

> entre les deux parois de la dure roche (XIX, 48).

LA MONTAGNE DE LA PURGATION

Mais cette montagne est celle de la purgation et tel est bien l'acte essentiel qui s'y produit. Ce thème est posé d'entrée par Dante :

> Et je chanterai ce second royaume
> où l'âme humaine se purge
> et de monter au ciel devient digne   (I, 4-6).

Virgile, s'adressant à Caton, rappelle que montrer cette purgation à Dante est le but de cette partie de leur voyage :

> et à présent j'entends lui montrer ces esprits
> qui se purgent sous ta garde   (I, 65-66).

Au milieu de la purgation collective, Dante s'attache à des purgations individuelles. C'est par exemple le cas du poète Guido Guinizelli à la septième corniche, celle des luxurieux :

> Je suis Guinizelli et déjà je me purge   (XXVI, 92).

La purgation sur la montagne se fait de trois façons. Par une punition matérielle qui mortifie les mauvaises passions et incite à la vertu. Par la méditation sur le péché à purger et sur la vertu opposée : d'une certaine façon, il y a dans le *Purgatoire* un traité des vertus et des vices. Méditation favorisée par l'exemple de morts illustres ou connus rencontrés sur les corniches. Dante ici retrouve et développe l'utilisation traditionnelle des morts du Purgatoire à des fins politiques (et quel poète fut plus que lui politique ?) dans une leçon spirituelle plus haute. Enfin la purgation se fait par la prière qui purifie l'âme, la renforce dans la grâce de Dieu et exprime son espérance[4].

Le principe qui explique la répartition des âmes sur les corniches du Purgatoire, c'est l'amour. Virgile en explique le mécanisme à Dante à mi-chemin de la montagne entre la troisième corniche, celle des coléreux, et la quatrième, celle des indolents.

Dante interroge son guide au moment d'une halte qui ne doit pas arrêter la leçon qu'il reçoit progressivement :

> Mon doux frère, dis-moi, quelle offense
> expie-t-on en ce cercle où nous sommes ?
> Si nos pas s'arrêtent, que point ne s'arrête ton enseignement
> (XVII, 82-84).

---

4. Voir *Dante Dictionary*, *op. cit.*, p. 534.

Le fond commun à tous les péchés, c'est l'absence d'amour de Dieu, c'est-à-dire du bien. Amour dévoyé vers le mal, amour trop tiède, amour changé en haine, voilà le mouvement profond du péché ; sur la montagne du Purgatoire, on restaure le vrai amour, l'escalade du Purgatoire est une remontée vers le bien, la reprise de la navigation vers Dieu, retardée par le péché. Dante unit ici les métaphores de la montagne et de la mer en ce lieu où le mont surgit de l'océan. Virgile en effet répond :

> L'amour du bien relâché
> Dans son devoir se restaure,
> Ici retourne et reprend son battement la rame malement attardée
> (XVII, 85-87)[5].

LA LOI DU PROGRÈS

Toute la logique de ce purgatoire montueux est dans le progrès qui s'accomplit en montant : l'âme à chaque pas progresse, devient plus pure. C'est une ascension au double sens physique et spirituel. Le signe de ce progrès, c'est l'allégement de la peine, comme si l'escalade était plus aisée, la montagne moins escarpée à l'âme de moins en moins chargée de péchés. Virgile, dès l'anté-purgatoire, l'a annoncé à Dante :

> Et lui à moi : « Cette montagne est telle
> que toujours au commencement en bas elle est rude
> mais plus l'homme s'y élève, et moins elle fait mal »   (IV, 88-90).

Et, à nouveau, les images mêlées de l'escalade et de la navigation :

> Aussi, quand elle te paraîtra si douce
> Qu'il te deviendra léger d'y monter
> Comme il l'est de descendre en barque, au fil de l'eau,
> alors tu seras au bout de ce sentier   (IV, 91-94).

---

5. *Ed elli a me : « L'amor del bene scemo*
   del suo dever quiritta si ristora,
   qui si ribatte il mal tardato remo. »
Beaux vers difficiles à rendre...

Dès la première corniche il y a une amélioration ; les cheminées sont remplacées par des escaliers :

> ... Venez près d'ici sont les degrés
> Et facilement désormais on monte   (XII, 92-93).

En haut de ce premier escalier Dante rappelle la loi de progression qui est aussi une loi de progrès.

> Nous étions au sommet de l'escalier
> là où pour la seconde fois se coupe
> la montagne qui, durant qu'on la gravit, efface le mal   (XIII, 1-3).

À la corniche suivante un ange fait observer aux alpinistes la poursuite de l'amélioration, dans un climat plus détendu :

> Il nous dit d'une voix joyeuse : accédez par ici
> À un escalier bien moins raide que les autres   (XV, 35-36).

À l'arrivée de la cinquième corniche où des morts pleurent allongés face contre terre, on les appelle à l'aide en invoquant le principe du progrès dans l'ascension :

> Ô élus de Dieu, dont les souffrances
> Par la justice et l'espoir sont faites moins dures
> Dirigez-nous vers les marches qui s'élèvent plus haut   (XIX, 76-78).

Ce nouveau raccourci synthétique rappelle quelques données essentielles du Purgatoire : les âmes qui y demeurent sont promises au ciel, ce sont des âmes d'élus, elles y souffrent mais la justice de Dieu qui est parfaite et se confond avec la miséricorde et l'espoir qui règne en ces lieux atténuent les souffrances et celles-ci diminuent à mesure qu'on s'élève.
À la sixième corniche, Dante indique à son ami Forese Donati que la montagne où il se trouve et où Virgile l'a entraîné, c'est le lieu qui vous redresse et vous rend droits :

> De là m'ont entraîné vers le haut ses encouragements,
> gravissant et contournant la montagne
> qui vous fait droits, vous que le monde avait tordus   (XXIII, 124-126).

La naissance du Purgatoire

PURGATOIRE ET PÉCHÉS

Ce Purgatoire est bien celui où l'on expie les péchés, mais Dante semble avoir négligé, ici en partie au moins, l'enseignement des théologiens. Ce ne sont pas les péchés véniels que l'on y expie, péchés dont Dante ne parle guère si ce n'est qu'il y fait peut-être allusion en évoquant le trop grand amour pour les siens, un de ces péchés «légers» qu'avait déjà cités Augustin. Mais, pour l'essentiel, cependant, on se purge sur les sept corniches des sept péchés capitaux tout comme en enfer. Dante toujours conscient de la logique profonde du Purgatoire, y voit bien un enfer à temps qui rappelle sur le mode transitoire mineur les tourments infernaux mérités par les mêmes péchés mais eux aussi moins gravement commis, soit qu'ils aient été moins invétérés que chez les damnés, soit qu'ils aient seulement en partie entaché une vie pour le reste animée de l'amour de Dieu.

Ces péchés, un ange en marque symboliquement Dante à l'entrée du Purgatoire en traçant de la pointe de son épée sept fois la lettre P (*peccato*, péché) sur son front,

> «Fais en sorte de laver,
> quand tu seras dedans, ces blessures», dit-il   (IX, 112-114).

À la sortie de chaque corniche en effet un ange effacera une des plaies, un des péchés marqués sur le front de Dante.

Au dix-septième chant, après que Virgile eut expliqué à Dante la liste des infractions à l'amour, il éclaire aussi pour lui à la lumière de ce principe le système des sept péchés capitaux.

Les trois premières formes de la perversion de l'amour du bien en amour du mal sont les trois espèces de haine à l'égard du prochain, ou plutôt d'amour du mal du prochain *('l mal che s'ama è del prossimo)*. Ce sont la volonté de l'abaisser, l'impossibilité de supporter sa supériorité, le désir de se venger de toute offense. Les trois premiers péchés capitaux sont donc: l'orgueil, l'envie et la colère (XVII, 112-123).

Il y a, d'autre part, trois formes d'un autre amour «qui court au bien mais selon une corruption de l'ordre» (XVII, 125 *sqq.*). Virgile laisse à Dante le soin de découvrir dans la suite de leur ascension les trois formes de cet amour corrompu. Ce seront l'avarice, la gourmandise et la luxure.

Au cœur du système s'inscrit le relâchement de l'amour, l'amour tiède, l'amour «lent» *(lento amore)*. C'est le péché que l'on expie à mi-hauteur de la montagne : cette indolence, ce dégoût de la vie, né dans le milieu monastique, qu'on nomme en latin *accedia* (d'où l'italien *accidia*) et dont se purgent les « tristes » *(tristi)* de la quatrième corniche.

On le voit, cette liste des sept péchés capitaux est aussi une liste hiérarchique puisqu'en s'élevant de corniche en corniche, les âmes progressent. Dante se montre ici encore tout à la fois traditionaliste et novateur. Traditionaliste, puisqu'il met en tête des péchés l'orgueil alors qu'au XIIIe siècle l'avarice l'a en général supplanté[6]. Novateur parce qu'il considère comme plus graves les péchés de l'esprit commis contre le prochain, orgueil, envie, colère, que les péchés de la chair, commis en grande part contre soi-même, avarice, gourmandise, luxure. Pour ce dernier vice, Dante fait bénéficier du Purgatoire, tout comme il en avait damné dans l'Enfer, des luxurieux, tant homosexuels qu'hétérosexuels (chant XXVI).

Dans le mécanisme du péché qui conduit au Purgatoire, Dante semble avoir été particulièrement sensible au caractère tardif du repentir. Il y revient à plusieurs reprises. C'est, dans l'anté-purgatoire, Belacqua persuadé qu'il lui est inutile de s'avancer jusqu'à la porte du Purgatoire qui lui restera fermée,

> « parce que, dit-il, je retardai jusqu'à la fin les salutaires soupirs » (IV, 132).

C'est la foule de ceux qui ont peur de mort violente et, de ce fait, ne se sont repentis qu'au dernier moment :
« Nous mourûmes tous jadis de mort violente
et fûmes des pécheurs jusqu'à la dernière heure » (V, 52-53).

À la première corniche, il est rappelé qu'un mort qui a attendu la dernière heure pour se repentir ne peut être admis sans aide au Purgatoire (XI, 127-129). D'où la surprise de Dante de rencontrer au Purgatoire, moins de cinq ans après sa mort, Forese Donati, que son peu d'empressement à se repentir lui faisait placer dans l'anté-purgatoire,

> là-bas au-dessous
> en un lieu où le temps par le temps se restaure (XXIII, 83-84).

---

6. Voir L. K. Little, « Pride Goes before Avarice. Social Change and the Vices in Latin Christendom », in *American Historical Review*, LXXVI, 1971.

L'ANTÉ-PURGATOIRE

L'originalité de Dante est en effet d'avoir imaginé que beaucoup de pécheurs, avant de pénétrer dans l'espace où se déroule le processus de purgation, font un stage dans un lieu d'attente, l'anté-purgatoire, au pied de la montagne. On peut supposer que le Purgatoire étant de plus en plus promis à ceux qui se contentaient d'un acte de contrition *in extremis* (la chose se voit déjà chez Césaire de Heisterbach), Dante a estimé nécessaire, tout porté qu'il soit à croire très large la miséricorde de Dieu, d'instituer cette épreuve supplémentaire, l'attente devant le Purgatoire.
C'est une foule inquiète, ignorante du chemin vers le Purgatoire, qui demande à Virgile et à Dante:

> Si vous le savez,
> Montrez-nous la voie qui mène à la montagne (II, 59-60).

À Dante qui demande dans l'anté-purgatoire à son ami Casella:

> Mais toi, comment tant d'heures t'ont-elles été retenues?

celui-ci se contente de répondre:

> Aucun tort ne m'a été fait,
> Si l'ange qui prend à son bord ceux qu'il lui plaît, quand il lui plaît,
> plus d'une fois m'a refusé ce passage
> car d'une juste volonté sa volonté est le reflet (II, 94-97).

C'est lui qui rappelle, comme une réalité, la vieille légende selon laquelle les âmes des morts qui ne sont pas damnés mais qui doivent se purger, se rassemblent à Ostie, près de l'embouchure du Tibre:

> C'est ainsi que, alors que j'étais à regarder la mer,
> là où l'eau du Tibre devient salée,
> je fus avec bienveillance par lui recueilli
> vers cette embouchure il a maintenant tendu encore son aile,
> parce que c'est toujours là que se réunissent
> les âmes qui vers l'Achéron n'ont pas à descendre (II, 100-105).

Le fier Siennois Provenzano Galvani n'a dû qu'à une œuvre pie qui fut pour lui une humiliation d'avoir échappé à l'attente de l'anté-purgatoire. Pour payer la rançon d'un de ses amis il mendia sur la grand-place de la ville :

> Cette œuvre lui ôta la peine de l'exil   (XI, 142).

Guido Guinizelli, lui, peut déjà se purger

> « pour m'être, dit-il à Dante, bien repenti avant mes derniers jours »
> (XXVI, 93).

Il est pourtant, à l'époque où Dante accomplit son voyage dans l'au-delà, une circonstance qui lève les obstacles à la porte du Purgatoire et pousse vers la montagne la foule des âmes en attente. Ce sont les indulgences décidées par le pape Boniface VIII à l'occasion du Jubilé de 1300. Casella le dit à Virgile et à Dante en parlant du nocher Caton :

> À vrai dire depuis trois mois il a pris
> Qui a voulu entrer, en toute paix   (II, 98-99).

Quel meilleur témoignage pourrait-on trouver du bouleversement dans les pratiques liées au Purgatoire causé par l'innovation de Boniface VIII ?
Non seulement n'entre pas qui veut et comme il veut au Purgatoire, mais il ne faut pas croire que le Purgatoire dantesque est déjà un Paradis. Ses corniches retentissent de pleurs et de gémissements. À son approche Dante, en rêve, est saisi de peur. Il tressaillit et devint livide,

> comme un homme que l'épouvante glace   (IX, 42).

Il faut que Virgile s'emploie à le rassurer.
La montagne est bien un lieu de châtiments. Voici, par exemple, à la seconde corniche, pour les envieux, le fouet, bien que les cordes en soient tressées d'amour,

> Ce cercle châtie
> le péché d'envie, et c'est pourquoi elles sont
> tressées d'amour, les cordes du fouet   (XIII, 37-39).

Ces ombres des envieux subissent des peines pires encore,

car, à toutes, un fil de fer perce les paupières
et les coud, ainsi qu'à l'épervier sauvage
on le fait s'il ne demeure pas tranquille   (XIII, 70-72).

Entre les péchés commis sur terre et l'intensité et la durée de ces châtiments, en particulier la longueur de l'attente dans l'anté-purgatoire, il y a, outre le niveau de la montagne où se purge la faute, cette proportionnalité où j'ai reconnu une des caractéristiques du système du Purgatoire.
Le fils naturel et légitimé de Frédéric II, Manfred, qui mourut excommunié, déclare dans l'anté-purgatoire :

> Il est vrai que celui qui meurt contumace
> envers la Sainte Église, encore qu'il se repente à la fin
> doit rester en exil hors de cette rive
> trente fois le temps qu'il est resté
> dans sa présomption   (III, 136-140).

Et Belacqua :

> Il faut d'abord que le ciel tourne autour de moi aussi longtemps
> durant que j'attends au-dehors qu'il le fit pendant ma vie
> parce que je retardai jusqu'à la fin les salutaires soupirs   (IV, 130-132).

Retournant en imagination cette proportionnalité, Stace, le grand admirateur de Virgile, assure qu'il aurait passé volontiers une année supplémentaire en Purgatoire pour avoir pu vivre sur terre en même temps que Virgile (XXI, 100-102).
Pourtant Dante reprend l'affirmation venue d'Augustin, selon laquelle les peines du Purgatoire sont supérieures à la pire des peines terrestres. Il le fait à sa façon imagée, utilisant le relief montagneux qu'il a donné au Purgatoire :

> Nous parvînmes cependant au pied de la montagne.
> Là nous trouvâmes la roche si escarpée
> que vainement les jambes y eussent été agiles
> Entre Lerici et Turbia, le plus désert,
> le plus âpre des éboulis est un escalier
> si on le compare à cette roche, facile et spacieux   (III, 46-51).

Le triomphe du Purgatoire

LE FEU

Souvent Dante fait allusion à ce qui, avant lui, s'est plus ou moins identifié à la peine du Purgatoire, le feu.
Dans le cauchemar qui le tourmente à l'approche de la montagne Dante voit un feu en rêve :

> Là j'eus l'impression que nous brûlions
> et l'incendie imaginaire devint si cuisant
> qu'il fallut que mon sommeil se rompît   (IX, 31-33).

Aussi Dante se crut-il retourné en enfer :

> Obscurité d'enfer, obscurité d'une nuit privée
> de tout astre, sous un ciel pauvre,
> enténébré de nuages, autant qu'il se peut,
> ne mit point sur ma vue un voile aussi épais
> que cette fumée dont nous fûmes là couverts   (XVI, 1-5).

À la septième et dernière corniche le feu brûle les luxurieux (XXV, 137) :

> Ici le flanc de la montagne darde au-dessus des flammes
> et, du fond du ravin, souffle vers le haut un vent
> qui les rejette en arrière et les éloigne du bord :
> en sorte qu'il nous fallait marcher sur le côté découvert
> un à un ; et moi je craignais le feu
> par ici ; et par là, je craignais de tomber dans l'abîme   (XXV, 112-117).

Ce feu est si fort qu'il empêche Dante d'aller se jeter dans les bras de son maître Guido Guinizelli

> Cependant, à cause du feu, je ne m'approchai point davantage
> (XXVI, 102).

tandis que le troubadour Arnaut Daniel

> se perd dans le feu qui le purifie   (XXVI, 102).

Enfin, au moment de quitter le Purgatoire pour le Paradis terrestre, il faut passer à travers le mur de feu. L'ange de la dernière corniche l'annonce :

> On ne va pas plus loin, si d'abord on ne souffre morsure
> de ce feu, ô âmes saintes : entrez-y... (XXVII, 10-11).

Dante regarde avec appréhension le feu :

> Par-dessus mes mains croisées je me penchai,
> regardant le feu, et je me représentais avec force
> des corps humains que j'avais vu autrefois brûler (XXVII, 16-18).

Virgile le rassure :

> Tiens pour certain que si, dans le sein
> de cette flamme, tu demeurais mille ans et davantage
> elle ne pourrait te faire chauve d'un seul cheveu (XXVII, 25-27).

L'épreuve, pourtant, est pénible, bien que Virgile se soit mis devant lui dans le feu :

> Quand je fus en ce feu, c'est dans du verre en fusion que
> je me serais jeté, pour me rafraîchir,
> tant l'incendie était ici sans mesure (XXVII, 49-51).

Il faut que Virgile lui parle sans arrêt de Béatrice et qu'une voix les appelle en chantant sur l'autre bord pour que Dante supporte l'épreuve. Feu qui rappelle l'enfer et qui pourtant en est distinct. Virgile, au moment où il va quitter Dante, lui rappelle :

> Le feu temporaire et celui qui est éternel
> Tu les as vus, mon fils (XXVII, 127-128).

PURGATOIRE ET ENFER : LE REPENTIR

Certes le Purgatoire à maintes reprises a remémoré l'Enfer à Dante. Si la montagne avec ses neuf demeures, l'anté-purgatoire, les sept corniches du Purgatoire et le Paradis terrestre annonce les neuf sphères du Paradis, au moment où Dante la gravit, elle lui rappelle surtout les neuf cercles de l'Enfer. Pourtant Dante signale la différence fondamentale qui existe entre l'Enfer et

le Purgatoire et qu'il rend parfaitement sensible. D'abord par l'étroitesse de la porte (IX, 76) qui contraste avec la large ouverture de la porte de l'Enfer et rappelle la porte étroite du salut selon l'Évangile : « Entrez par la porte étroite. Large, en effet, et spacieux est le chemin qui mène à la perdition, et il en est beaucoup qui s'y engagent : mais étroite est la porte et resserré le chemin qui mène à la vie et il en est peu qui le trouvent » (Matthieu, XLVII, 13-14). Et encore : « Luttez pour entrer par la porte étroite, car beaucoup, je vous le dis, chercheront à entrer et ne pourront pas » (Luc, XIII, 24).
Dante est plus explicite encore :

> Oh combien ces chemins d'arrivée sont différents
> de ceux de l'Enfer, car ici c'est parmi des chants
> que l'on entre, et là-bas, c'est parmi de féroces lamentations.

Si Dante, donc plus et mieux que quiconque, fait bien du Purgatoire le lieu intermédiaire de l'au-delà, il soustrait son Purgatoire à l'infernalisation que l'Église lui fait subir au XIIIe siècle. Plus orthodoxement fidèle à la logique du Purgatoire, dans cet entre-deux inégalement distant des deux extrémités, basculant vers le Paradis, Dante présente bien le Purgatoire comme le lieu de l'espérance et des débuts de la joie, de l'entrée progressive dans la lumière.
C'est que, d'une certaine façon, par-delà la plupart des grands scolastiques, Dante est fidèle, comme l'avait été, presque à l'excès, Guillaume d'Auvergne, à la grande tradition des théologiens du XIIe siècle qui avaient ancré le Purgatoire dans la pénitence.
C'est, dans l'anté-purgatoire, le chant du *Miserere*, chant d'humilité nécessaire à l'expiation et à la purification (V, 22-24).
C'est, au moment de franchir la porte du Purgatoire, le parfait et subtil symbolisme des trois marches qui y donnent accès.

> Je vis une porte et trois degrés au-dessous
> qui y donnaient accès, de couleur différente
> et un portier qui encore ne disait mot.
> …
> Nous y allâmes et la première marche
> était de marbre blanc, si clair et si poli
> que je m'y voyais comme en un miroir, tel que je paraissais.
>
> La seconde était sombre, plus noire que rougeâtre,
> faite d'une sorte de pierre rude et calcinée,
> crevassée en sa longueur et par le travers.

> La troisième au-dessus, massive,
> de porphyre me semblait aussi flamboyante
> que le sang qui jaillit hors d'une artère.
> ...
> Par les trois marches en haut avec mon bon vouloir
> m'entraîna mon guide, disant : « Demande
> humblement qu'il t'ouvre cette porte. » (IX, 76-108).

« Cette scène », comme l'explique bien le commentaire de l'édition bilingue française du centenaire, « est une représentation de la pénitence : l'ange figure le prêtre, silencieux, car c'est le pécheur qui doit s'adresser à lui. Les trois gradins de couleurs différentes symbolisent les trois actes du sacrement : la contrition, la confession et la satisfaction, actes différents en eux-mêmes, mais formant à eux trois le sacrement, de même que les trois gradins mènent à un seuil unique »[7].
La première marche symbolise la contrition *(contritio cordis)* qui doit rendre le pénitent blanc comme le marbre. La seconde représente la confession *(confessio oris)* qui provoque chez le pénitent le rouge sombre de la honte. La troisième incarne la pénitence à proprement parler *(satisfactio operis)* qui est rouge flamboyant comme l'ardeur de la charité, de l'amour qui anime alors le pénitent.
Dès ce seuil de la purgation le mort pénitent, bien qu'il pénètre dans ce

> monde, où pouvoir pécher n'est plus en notre pouvoir (XXVI, 131-132),

doit, en tant qu'homme toujours doté de libre arbitre, manifester sa volonté de purgation. Dante suit Virgile au Purgatoire « avec bonne volonté » *(di buona voglia)*.
Au cœur du Purgatoire, Stace rappelle à Virgile et à Dante que l'âme doit *vouloir* se purifier.

> De sa purification son seul vouloir fait la preuve,
> qui, dès qu'elle est toute libre de changer de séjour,
> vient surprendre l'âme et lui obtient l'heureux
> effet de sa volonté (XXI, 61-63)[8].

---

7. C'est l'édition avec la traduction de L. Espinasse-Mongenet indiquée *supra*, p. 1175, note 1. La citation se trouve p. 604.
8. *Della mondizia sol voler fa prova
che, tutto libero a mutar convento,
l'alma sorprende, e di voler le giova.*

LE TRIOMPHE DU PURGATOIRE

Ainsi Dante a-t-il retenu l'abstraite leçon des scolastiques qui se demandent si la peine du Purgatoire était «volontaire».
Pénitence qui renferme aussi sa part d'amertume (l'*acerbitas* des théologiens et des pasteurs).
Ainsi les avares et les prodigues de la cinquième corniche:

> Le mal de l'avarice en ce lieu apparaît clairement
> dans la purgation des âmes converties
> et nulle peine sur le mont n'est plus amère   (XIX, 115-117).

Au Paradis terrestre encore la belle dame Matelda qui en chantant et dansant accueille Dante encore accompagné par Virgile chante le Psaume XXXII, un psaume de la pénitence:

> *Beati, quorum tecta sant peccata!*   (XXVIII, 40).

Dans ce processus pénitentiel le repentir est particulièrement important et il est bon qu'il s'exprime par les larmes.
Les victimes de mort violente qui sont dans l'anté-purgatoire malgré le peu de temps qui leur a été laissé avant d'expirer, ont pu cependant non seulement se repentir mais pardonner à leurs assassins et à leurs bourreaux.

> Si bien que, nous repentant et pardonnant, hors
> de la vie nous sortîmes, réconciliés avec Dieu
> qui enflamme nos cœurs du désir de le voir   (V, 55-57).

Dans l'anté-purgatoire, Buonconte de Montefeltro raconte que son repentir au moment de mourir l'a mis entre les mains de l'ange de Dieu au grand dépit de l'ange d'Enfer, du diable qui a vu sa proie lui échapper pour une petite larme, *per una lacrimetta*:

> L'ange de Dieu me prit et celui d'Enfer
> criait: «Ô toi qui viens du ciel, pourquoi me frustrer?
> Tu emportes avec toi ce qu'il y a d'immortel en celui-ci
> pour une petite larme qui me l'enlève»   (V, 104-107).

Quand Dante découvre, honteux sur la corniche des avares, le pape Adrien V qui cherche à se cacher, il l'interpelle ainsi:

> «... Esprit en qui les pleurs mûrissent
> le fruit sans lequel à Dieu on ne peut revenir...»   (XIX, 91-92).

Sur cette cinquième corniche se déploie, au bord du gouffre, la foule de ceux qui par leurs larmes font se dissoudre le mal,

> la gent en qui fond, goutte à goutte
> par les yeux le mal qui occupe le monde entier   (xx, 7-8).

En entrant dans le Paradis terrestre, Dante rappellera une dernière fois que pour goûter ce bonheur, il faut d'abord l'avoir payé avec le repentir qui fait couler les larmes (xxx, 145).

L'ESPOIR

Dante pourtant insiste, au Purgatoire règne l'espoir. Les âmes, dotées d'un corps immatériel – c'est le thème inlassablement répété des ombres que l'on cherche en vain à étreindre[9] –, sont des âmes délivrées, déjà sauvées. L'espoir s'exprime souvent dans la prière. Tout le *Purgatorio* est scandé de prières et de chants. Dante a su intégrer au poème la liturgie que les scolastiques ont le plus souvent tenue à part. Et l'image des morts du Purgatoire en prière sera précisément celle que les artistes de la fin du Moyen Âge choisiront pour distinguer le Purgatoire de l'Enfer. Ici nulle espérance, à quoi bon prier? Là, au contraire, la certitude du salut doit se matérialiser en prière, être témoignée et hâtée par elle. Espérance symbolisée par le blanc et le vert, couleurs de la pureté et de l'espoir.
Dès les premiers pas des voyageurs dans l'anté-purgatoire, le blanc apparaît.

> Puis à chacun de ses côtés je vis paraître
> un je ne savais quoi de blanc et au-dessous
> peu à peu une autre blancheur surgissait   (ii, 22-24).

Virgile encourage Dante et l'exhorte à chercher la lumière:

> et toi garde ferme ton espérance, mon doux fils   (iii, 66).

---

9. *oi ombre vane, fuor che nell'aspetto!*
   Tre volte dietro a lei le mani avvinsi,
   tante mi tornai con esse al petto   (ii, 79-81).

LE TRIOMPHE DU PURGATOIRE

Quand les pèlerins commencent leur ascension, ils sont à nouveau poussés par le désir, l'espoir et la lumière,

> mais ici il faut que l'homme vole,
> je dis sur les ailes agiles et les plumes
> du grand désir, à la suite de ce guide
> qui me donnait l'espérance et m'éclairait de sa lumière (IV, 27-30).

Passent les âmes en prière de l'anté-purgatoire :

> Là priaient les mains tendues
> Federigo Novello et celui de Pise...   (VI, 16-17).

Les anges qui veillent là ont des robes et des ailes couleur d'espérance :

> Et je vis sortir des hauteurs et descendre vers le bas
> deux anges, avec deux épées flamboyantes,
> tronquées et privées de leur pointe
> Vertes, pareilles aux jeunes feuilles nouvellement écloses,
> étaient leurs robes qui, par de vertes ailes
> frappées, s'envolaient derrière eux au vent de leur course (VIII, 25-30).

> Lorsqu'il entendit les vertes ailes fendre l'air
> s'enfuit le serpent...   (VIII, 106-107).

Et c'est sur la première corniche le grand épisode de la récitation par les orgueilleux du *Pater* dont ils ne disent que pour la forme le dernier verset appelant à la délivrance du mal car, libérés du péché, ils n'en ont plus désormais besoin.

> Cette dernière prière, Seigneur bien-aimé,
> déjà elle ne se fait plus pour nous, qui n'en avons plus besoin,
> mais pour ceux qui derrière nous sont restés   (XI, 22-24).

Les premières âmes que Dante aperçoit dans l'anté-purgatoire ce sont déjà des « âmes fortunées » (II, 74), élues...

> Ô vous bien accomplis, ô esprits déjà élus   (III, 73),

leur dit Virgile en s'adressant à elles.
Aux envieux de la seconde corniche, Dante dit aussi :

> Ô vous, peuple assuré
> de voir la haute lumière   (XIII, 85-86).

Le salut des âmes dans le Purgatoire est déterminé par la justice de Dieu qui punit mais qui est aussi miséricorde et grâce. Il progresse aussi par le reste de volonté des âmes elles-mêmes. Sur la corniche des avares, Hugues Capet le signale :

> Parfois l'un de nous parle à voix haute et l'autre à voix basse
> Selon l'ardeur qui aiguillonne notre marche
> faisant nos pas tantôt plus longs, tantôt plus courts   (XX, 118-120).

L'AIDE DES VIVANTS

Surtout le progrès dans la purgation et l'ascension vers le ciel dépend de l'aide des vivants. Dante reprend ici pleinement la croyance dans les suffrages. Si la plupart des morts du Purgatoire réclament l'aide d'un parent ou d'un ami, d'autres font appel plus largement à la communion des saints.
Manfred, dans l'attente de l'entrée au Purgatoire, demande au poète de révéler son état, quand il sera revenu sur terre, à sa fille, sa «douce Constance» qui, le sachant excommunié, pouvait le croire damné,

> car ici par l'aide de ceux de là-bas on peut beaucoup progresser
> (III, 145).

Belacqua désespère d'entrer bientôt au purgatoire,

> à moins que plus tôt une prière me vienne en aide
> surgie d'un cœur vivant en sainte grâce   (IV, 133-134).

Jacopo del Cassero sollicite l'aide de tous les habitants de Fano :

> Je te prie, si jamais tu vois ce pays
> qui est situé entre la Romagne et celui que tient Charles
> de me faire courtoisie de tes prières
> dans Fano, tant que l'on s'y prosterne bien

> devant les autels
> afin que je puisse expier mes graves offenses (v, 68-72).

Buonconte de Montefeltro se plaint d'avoir été abandonné par sa femme Giovanna et par les siens :

> ni Giovanna ni les autres n'ont de moi souci
> c'est pourquoi je vais parmi ceux-là le front baissé (v, 89-90).

Dante est comme accablé par les réclamations de ces âmes en attente devant la porte du Purgatoire :

> Lorsque je fus délivré de toutes ces ombres
> qui avaient prié seulement que l'on priât
> afin que s'avançât pour elles l'heure de devenir saintes (vi, 25-27).

Nino Visconti, lui aussi, demande à Dante d'inciter sa petite fille Giovanna à l'aider :

> quand tu seras au-delà des larges ondes
> dis à ma Giovanna que pour moi elle intercède
> là-haut où l'on répond aux cœurs innocents (viii, 70-72).

Les orgueilleux qui ont récité le *Pater* appellent les vivants au secours car eux-mêmes, autant qu'il est en leur pouvoir (et Dante semble s'engager dans la voie de la réciprocité des mérites), prient pour ceux de la terre et Dante se joint à leur appel :

> Si de cet autre côté on prie ainsi toujours pour notre bien
> sur terre que doivent donc dire et faire pour ces âmes
> ceux dont la volonté a de bonnes racines ?
> Bien on doit les aider à se laver des taches
> qu'elles emportèrent d'ici-bas, afin que pures et légères
> elles puissent s'élever aux sphères étoilées (xi, 31-36).

Il y a donc des oubliés au Purgatoire ; il y aussi des secourus. La Siennoise Sapia qui s'est repentie trop tardivement a été aidée par son compatriote Pier Pettignano, un tertiaire franciscain :

> En paix je voulus être avec Dieu sur la fin
> de ma vie ; et encore elle ne serait pas

> diminuée par la pénitence, ma dette
> si ce n'est que m'eut en mémoire
> dans ses saintes oraisons Pier Pettignano,
> qui par charité s'est ému de regret en ma faveur   (XIII, 124-129).

Parfois ce ne sont pas les vivants, mais Dieu qu'une âme du Purgatoire demande à Dante de prier en sa faveur. Ainsi sur la corniche des coléreux Marco le Lombard :

> Je te prie
> d'intercéder pour moi quand tu seras là-haut   (XVI, 50-51).

C'est encore l'aide de Dieu que Stace invoque pour les âmes du Purgatoire sur la cinquième corniche :

> Puisse-t-il bientôt les envoyer en haut   (XXI, 72).

Mais bien sûr, c'est plus encore l'intercession de la Vierge et des saints que sollicitent les souffrants du Purgatoire, comme les envieux de la deuxième corniche :

> J'entends crier « Marie, prie pour nous ! »
> et crier : « Michel » et « Pierre » et « Tous les saints »   (XIII, 50-51).

LE TEMPS DU PURGATOIRE

Le voyage de Dante et de Virgile au Purgatoire dure quatre jours au temps pascal, celui de la résurrection, de la victoire sur la mort, de la promesse du salut : un jour, celui de Pâques, dans l'anté-purgatoire, deux jours, les lundi et mardi de Pâques sur le mont du Purgatoire, le quatrième, le mercredi, au Paradis terrestre. Pendant tout ce voyage Dante note soigneusement le mouvement du soleil, et des astres qui les éclairent dans leur ascension circulaire et symbolise la grâce de Dieu qui les accompagne et entraîne vers le ciel les âmes du Purgatoire.

Mais c'est tout le cantique du *Purgatorio* qui est parsemé de notations temporelles. Dans l'*Enfer*, les seules indications du temps étaient celles qui jalonnaient le voyage de Virgile et de Dante. Au *Paradis*, le temps s'abolira même pour le bref passage de Dante. Le Purgatoire est au contraire un royaume dans le temps[10]. Dante rappelle la situation du temps du Purgatoire dans l'ensemble du temps de l'histoire, le séjour maximum du Purgatoire est la durée qui s'étend de la mort au Jugement dernier. Le poète s'adresse ici au lecteur :

> tu vas entendre
> comment Dieu veut que la dette se paie :
> ne t'arrête pas à la forme du martyre :
> pense à ce qui suivra, pense qu'au pire
> par-delà la grande sentence il ne peut persister (x, 107-111).

Dans cette temporalité symphonique le temps est fait de l'enchevêtrement du temps du voyage de Dante avec le temps vécu des âmes du Purgatoire parmi lesquelles il passe, il est fait surtout des différents temps emmêlés de ces âmes éprouvées entre la terre et le ciel, entre la vie terrestre et l'éternité. Temps accéléré et temps retardé, temps en va-et-vient de la mémoire des vivants à l'inquiétude des morts, temps encore accroché à l'histoire et déjà aspiré par l'eschatologie.

Au Purgatoire, même la durée est scandée par la progression des âmes. Des prodiges marquent cette articulation du temps des hommes sur l'éternité divine. Ils soulignent les seuls événements qui peuvent se produire au Purgatoire.

Alors que Virgile et Dante sont sur la cinquième corniche, celle des avares, voilà que la montagne tremble :

> Et nous nous efforcions d'avancer sur la route
> autant qu'il était permis à notre pouvoir
> quand je sentis, comme quelque chose qui s'écroule,
> trembler la montagne, et il m'en vint un froid glacial
> semblable au froid qui saisit celui qui marche à la mort (xx, 127-129).

Et pourtant, chose étrange, voici que s'élèvent des chants d'allégresse :

> Puis de toute part s'éleva un cri
> tel que le maître [Virgile] se tourna vers moi

---

10. Voir une suggestive étude de Luigi Blasucci, «La dimensione del tempo nel *Purgatorio*», in l'*Approdo Letterario*, 1967, pp. 40-57. Sur la traduction en termes psychologiques de ces données théologiques, fines remarques d'A. Momigliano, dans son commentaire au *Purgatorio*, Florence, 1946, notamment sur la «*nostalgia insieme terrena e celeste, che unisce in una medesima malinconia le anime che aspirano alla patria celeste e il pellegrino che ha in cuore la lontana patria terrena*».

en disant: «N'aie pas peur durant que je te guide»
«*Gloria in excelsis Deo*» tous
chantaient... (XX, 133-137).

Stace, au chant suivant, va expliquer aux deux pèlerins la signification de ce tremblement de terre:

> [ces hauteurs] tremblent quand une âme se sent purifiée
> si parfaitement qu'elle se lève ou se met en mouvement
> pour monter au ciel et ce cri [que vous avez entendu]
> l'accompagne (XXI, 58-60).

Ce choc des événements au Purgatoire, c'est donc l'envol des âmes devenues dignes de monter au ciel et capables de s'y envoler. Ce tremblement et cette clameur, c'est l'ébranlement produit par le passage d'une âme du temps à l'éternité.
Sans doute le Purgatoire dantesque est-il aussi, est-il encore le temps de la souffrance et de l'épreuve. Les âmes du Purgatoire sont en tout cas privées de la vraie joie, celle de la vision béatifique puisque, comme le dit tristement le pape Adrien V,

> De même que notre œil ne s'éleva pas
> vers le haut, fixé qu'il était sur les choses terrestres
> de même, ici, justice en terre le plonge (XIX, 118-120).

VERS LA LUMIÈRE

Mais le Purgatoire est tout aspiré vers le haut. Béatrice ne viendra prendre le relais de Virgile pour guider Dante au Paradis que dans le Paradis terrestre, qu'au trente et unième chant du cantique, mais dès l'anté-purgatoire Virgile l'annonce à Dante:

> Je ne sais si tu me comprends; je parle de Béatrice,
> tu la verras là-haut sur la cime
> de ce mont, riante et heureuse (VI, 46-48).

Les scolastiques se demandaient si ce sont les démons ou les anges qui s'occupent des âmes du Purgatoire. Dante répond sans hésitation que ce

sont les bons anges, les anges du ciel, les anges de Dieu. Il y a celui de l'entrée qui marque au front les sept P des péchés capitaux, mais aussi, à chaque corniche, celui qui y introduit les âmes et les pèlerins et qui, à la sortie, efface le P correspondant au cercle franchi.
Surtout, malgré les épisodes d'obscurité, de fumée, de nuits – mais ce sont des nuits sous les étoiles –, la montagne du Purgatoire est progressivement enveloppée de clarté. L'ascension est une marche à la lumière. Entre les ténèbres de l'Enfer et l'illumination du Paradis, le Purgatoire est un lieu qui baigne dans un clair-obscur qui ne cesse de s'éclaircir[11].
Dès le début, sur la plage de l'île, au bord de la mer, le soleil se lève et rend ses couleurs au paysage comme au visage de Dante.

> Je tendis vers lui mes joues encore mouillées de larmes
> et il y fit reparaître
> leur couleur, que l'enfer avait obscurcie   (I, 127-129).

Cette clarté vient aussi des anges qui apportent au Purgatoire la lumière céleste répandue sur leur face :

> Bien je distinguais d'eux leur tête blonde
> mais dans l'éclat de leur visage mes yeux étaient éperdus   (VIII, 34-35).

Au moment de pénétrer sur la seconde corniche, Virgile regarde le soleil :

> « Ô douce lumière j'entre ayant confiance en toi,
> par le nouveau chemin...
> ...
> tes rayons, toujours, doivent être nos guides. »   (XIII, 16-21).

En montant de la deuxième à la troisième corniche, Dante est même ébloui :

> ... je sentis peser sur mon front
> un resplendissement de lumière bien plus grand qu'auparavant
> et il me venait une stupeur de ces choses inconnues.   (XV, 10-12).

Et Virgile lui explique :

---

11. Voir M. Marti, « Simbologie luministiche nel *Purgatorio* », in *Realismo dantesco e altri studi*, Milan-Naples, 1961.

> Ne t'étonne point si encore t'éblouissent
> les serviteurs du ciel...
> c'est là un messager qui vient inviter l'homme à s'élever plus haut
> (XV, 28-30).

Le Paradis terrestre enfin baigne déjà dans la lumière céleste.

> Les ténèbres fuyaient de tous côtés   (XXVII, 112).

La dernière purification a lieu. D'une fontaine coulent deux rivières dont l'une, le Léthé, enlève à l'homme le souvenir de son péché et dont l'autre, l'Eunoé (c'est une invention de Dante), lui rend la mémoire de tout le bien qu'il a fait (XXVIII, 127-132). Dernier mot de Dante sur le processus de pénitence et de purgation où la mémoire joue un si grand rôle. C'est la métamorphose définitive de la mémoire elle aussi lavée du péché. Le mal est oublié, seule subsiste la mémoire de ce qu'il y a d'immortel en l'homme, le bien. La mémoire a elle aussi atteint le seuil eschatologique.
Voilà donc Dante au contact de la vraie clarté :

> Ô splendeur de vivante lumière éternelle
> *(Ô isplendor di viva luce etterna)*   (XXXI, 139).

Le poète, qui a achevé le voyage du Purgatoire, boit l'eau de l'Eunoé et, telle l'âme purgée, parvient au dernier vers du *Purgatorio*

> pur et prêt à monter aux étoiles
> *(puro e disposto a salire alle stelle).*

LA RAISON DU PURGATOIRE

L'histoire du Purgatoire dans la société chrétienne n'est pas terminée au début du XIVe siècle. Son inscription en profondeur dans la dévotion chrétienne puis catholique, ses moments les plus fervents, les plus «glorieux» datent des XVe-XIXe siècles. Aux formes traditionnelles de publicité: le sermon, l'écrit où le livre relaiera le manuscrit, s'ajoute l'image[1]. La fresque, la miniature, la gravure et les ensembles artistiques des chapelles et des autels spécialisés donnent enfin à l'imaginaire du Purgatoire la possibilité de s'incarner. Dépourvues des pouvoirs du délire littéraire qui tourmentent certaines visions de l'au-delà, l'architecture, la sculpture et la peinture assurent au Purgatoire les séductions de la vision directe, parachèvent le triomphe de sa localisation, de sa matérialité, de son contenu[2].
Les développements ne sont pas moins importants dans l'ordre des croyances et des pratiques. Le Purgatoire avait fait une apparition limitée dans les testaments. À partir du XIVe siècle, plus ou moins tôt, plus ou moins fort selon les régions, c'est une pénétration qui confine parfois à l'invasion[3]. Des institutions viennent quelquefois suppléer à la carence des testaments

---

1. Voir *infra*, Appendice III, pp. 1217-1223.
2. Sur les diverses formes du «succès» du Purgatoire, voir M. Bastard-Fournié, «Le Purgatoire dans la région toulousaine au XIVe et au début du XVe siècle», in *Annales du Midi*, 1980, pp. 5-7. En ce qui concerne l'iconographie du purgatoire, vaste champ encore largement inexploré, il faut mentionner l'étude pionnière de G. et M. Vovelle, *Vision de la mort et de l'au-delà en Provence d'après les autels des âmes du purgatoire (XVe-XXe siècle)*, Paris, 1970. Je n'ai pas consulté la thèse de 3e cycle dactylographiée, inédite à ma connaissance, de Mme A.-M. Vaurillon-Cervoni, *L'Iconographie du Purgatoire au Moyen Âge dans le Sud-Ouest, le centre de la France et en Espagne*, Toulouse, 1978, qui semble concerner la fin du Moyen Âge et le XVIe siècle.
3. Je renvoie aux remarques de M. Bastard-Fournié, en particulier à propos du beau travail de Jacques Chiffoleau concernant Avignon et le Comtat Venaissin, notamment p. 17, n. 65, et plus généralement p. 7.

ou les renforcer dans l'appel à la générosité des fidèles. Dans les régions méridionales de la France par exemple où subsistent des réticences, sinon des résistances, au jugement particulier et au troisième lieu, se diffuse le « bassin des âmes du Purgatoire » qu'on fait circuler dans l'église au moment de la messe pour recueillir « l'argent des fidèles » et qui vient alimenter une caisse particulière, « l'œuvre du Purgatoire » bien étudiée par Michelle Bastard-Fournié. C'est la petite monnaie de la communion des saints. Ces représentations figurées, ces pratiques révèlent des transformations, un élargissement, des croyances liées au Purgatoire. La dévotion qui s'exprime par les autels et les ex-voto aux âmes du Purgatoire montre que désormais, non seulement ces âmes acquièrent des mérites mais elles peuvent les reporter sur les vivants, leur retourner, leur rendre leur assistance. Voici assurée la réversibilité des mérites dont on doutait aux XIIe et XIIIe siècles et qui était alors le plus souvent niée. Le système de la solidarité entre les vivants et les morts à travers le Purgatoire est devenu une chaîne circulaire sans fin, un courant de réciprocité parfaite. La boucle est bouclée. D'autre part l'institution d'un « bassin des âmes du Purgatoire » prouve que les suffrages, au-delà de la commémoration du 2 novembre, s'appliquent à tous les morts supposés en Purgatoire, même si le fidèle pense que son offrande servira surtout à écourter l'épreuve de « ses » morts. La communion des saints se manifeste pleinement. Son application s'est généralisée.

Au XIIIe siècle le Purgatoire n'avait donné lieu qu'à des formes limitées de spiritualité – si on met à part le grand poème dantesque. Sainte Lutgarde était une auxiliaire ardente des âmes du purgatoire mais elle ne semble pas avoir relié explicitement cette dévotion au courant plus profond de spiritualité dont elle a été une des pionnières, notamment à la piété au Cœur du Christ. Issue du milieu des béguines, cette dévotion qui se développe avec Hadewijch et Mechtilde de Magdebourg, puis avec les moniales bénédictines Mechtilde et Gertrude de Hackeborn, à la fin du XIIIe siècle, inspire surtout le milieu des moniales d'Helfta, en Saxe. Avec Gertrude la Grande, morte en 1301 ou 1302, le Purgatoire entre dans la sphère de la mystique la plus élevée et surtout atteindra les sommets (ou les profondeurs) du mysticisme avec sainte Catherine de Gênes (1447-1510), auteur d'un *Traité du Purgatoire*.

Dans le domaine dogmatique et théologique c'est aussi entre le milieu du XVe siècle et le début du XVIIe siècle que le Purgatoire est définitivement intronisé dans la doctrine de l'Église catholique, contre les Grecs encore au concile de Florence (1439), contre les protestants au concile de Trente (1562). Trente, affaire de théologiens et de gouvernants, plus que de pasteurs, tout en insérant irrévocablement le Purgatoire dans le dogme, maintient à distance, comme au XIIIe siècle, l'imaginaire du troisième lieu. Il a peu de place aussi dans les deux grandes synthèses où le Purgatoire s'ancre dans la théologie de la catéchèse post-tridentine, celle des jésuites Bellarmin et Suarez.

Mais le Purgatoire vit encore plus largement dans les grands styles catholiques du XVe au XIXe siècle. Il y a un Purgatoire du gothique flamboyant et de la *devotio moderna*, un Purgatoire de la contre-Réforme, bien sûr, mais surtout peut-être un Purgatoire classique, un Purgatoire baroque, et enfin un Purgatoire romantique et un Purgatoire sulpicien. Les historiens majeurs des attitudes en face de la mort du XVIe au XXe siècle, Philippe Ariès, Pierre Chaunu, François Lebrun, Alberto Tenenti et Michel Vovelle ont fait, dans leurs grands livres, une place au Purgatoire. Mais elle n'est pas toujours aussi nette qu'on aurait pu souhaiter[4]. Il est vrai que le Purgatoire, ce grand méconnu de l'histoire, est une pièce de l'au-delà, même s'il s'agit d'un au-delà périssable, et non, en apparence au moins, une composante essentielle de la pensée de la mort qui était l'horizon principal de leur recherche. Pourtant dès le XIIIe siècle comme je l'ai montré, le Purgatoire a modifié l'attitude des chrétiens face aux derniers moments de la vie. Le Purgatoire a dramatisé cette dernière phase de l'existence terrestre, la chargeant d'une intensité mêlée de crainte et d'espoir. L'essentiel, le choix de l'Enfer ou du Paradis, puisque le Purgatoire était l'antichambre assurée du Paradis, pouvait encore se jouer à la dernière minute. Les derniers instants étaient ceux de la dernière chance. Je crois donc qu'il reste à éclaircir les rapports, du XIVe au XXe siècle, entre le Purgatoire et la mort.

Au moment de terminer ce livre où j'ai essayé de montrer et d'expliquer la formation du système de l'au-delà chrétien entre le IVe et le XIVe siècle, sys-

---

4. Ph. Ariès, *L'Homme devant la mort*, Paris 1977 ; P. Chaunu, *La Mort à Paris – XVIe, XVIIe, XVIIIe siècles*, Paris, 1978 ; F. Lebrun, *Les Hommes et la mort en Anjou*, Paris, 1971 ; M. Vovelle, *Piété baroque et déchristianisation en Provence*, Paris, 1973, notamment *Mourir autrefois. Attitudes collectives devant la mort aux XVIIe et XVIIIe siècles*, Paris, 1974, et «Les attitudes devant la mort : problèmes de méthodes, approches et lectures différentes», in *Annales E.S.C.*, 1976. Dans un livre reçu quand j'écrivais cette conclusion, Pierre Chaunu a caractérisé le Purgatoire au XVIe siècle d'une façon remarquable qui rejoint les résultats de mon enquête, *Église, culture et société. Essais sur Réforme et contre-Réforme 1517-1620*, Paris, 1981, notamment pp. 378-380 à propos du concile de Trente. Il y reprend une affirmation de son livre de 1978 (p. 131), venue en partie de l'esquisse que j'avais donnée en 1975 : J. Le Goff, «La naissance du Purgatoire (XIIe-XIIIe siècle)», in *La Mort au Moyen Âge. Colloque de Strasbourg 1975*, préface de P. Chaunu, Paris, 1977, p. 710. «L'explosion du Purgatoire, écrit-il (p. 64), l'explosion et la substantivation de la peine purgatoire peut être datée avec une extrême précision. Elle se produit entre 1170 et 1180, autant que nos séries hétérogènes permettent d'en juger. Elle explose comme une bombe atomique au terme de la mise en place d'une masse critique de transformation.» On a vu que je suis plus nuancé.

tème idéologique et imaginaire, une inquiétude me saisit. Mon propos a été de suggérer que dans ce système la place maîtresse fut l'élément intermédiaire, éphémère, fragile et pourtant essentiel, le Purgatoire, qui s'est fait sa place entre le Paradis et l'Enfer.
Mais est-ce la vérité du système ?
Ne pourrait-on se demander si l'élément moteur, organisateur, n'a pas été ce Paradis qui a si peu suscité l'intérêt des historiens et qui, si je consulte mon dossier, ne me paraît pas si fade et monotone qu'on l'a dit. Cette plaine, arrosée par des fleuves puissants, transfigurée par la lumière, bruissante de chants d'une harmonie parfaite, baignant dans des parfums exquis, emplie de l'ineffable présence divine qui se révèle dans la quintessence et la dilatation infinie de l'empyrée, reste un monde à découvrir[5]. Par-delà le Purgatoire, espérance et certitude de salut, exigence de justice plus nuancée et plus précise, de préparation plus attentive à la parfaite pureté requise à l'ultime étape du «retour», ce qui anime le système n'est-ce pas la promesse du Christ crucifié au bon larron : «Aujourd'hui tu seras avec moi dans le Paradis» (Luc, XXIII, 43) ?
Le Purgatoire serait tellement déporté vers le Paradis en dépit de toute l'imagerie infernale, que le moteur de la croyance chrétienne catholique en l'au-delà serait ce désir du ciel qui aspirerait à lui les âmes du Purgatoire en une suite ininterrompue de retours à Dieu ponctués par les coups joyeux de tonnerre de la *Divine Comédie*.
Dans cette perspective je n'aurais pas suffisamment décelé, derrière le quasi-silence des textes, le problème de la vision béatifique, dont la privation, plutôt que d'être le degré zéro du Purgatoire, serait l'ultime plage avant l'éternité. Ce ne serait pas du côté de la «surdurée» comme l'appelle Pierre Chaunu, ou du «supplément de biographie» comme le nomme Philippe Ariès qu'il faudrait chercher *après* la vie terrestre la clé spatio-temporelle du Purgatoire, mais du côté du vide nécessaire *avant* la vision béatifique, *avant* l'éternité. Jean XXII aurait-il eu raison ? Le Purgatoire serait-il davantage une pré-éternité, qu'une post-existence ?
Mais mon inquiétude vient d'ailleurs. Au cours de toute cette histoire, le souci principal de l'Église n'aurait-il pas été de préserver l'enfer éternel ? Le feu purgatoire temporaire n'aurait-il pas été le faire-valoir du feu inextinguible ? Le second royaume n'a-t-il pas été la marche protectrice du royaume infernal ? Le Purgatoire n'aurait-il pas été le prix payé par l'Église pour conserver l'arme absolue, la damnation ? Ce serait l'éclairage sulfureux d'une période du catholicisme, celle qui correspond au christianisme de la peur de Jean Delumeau.

---

5. Voir R. R. Grimm, *Paradisus Coelestis, Paradisus Terrestris. Zur Auslegungs-geschichte des Paradises im Abendland bis um 1200*, Munich, 1977.

La raison du Purgatoire

On comprendrait peut-être mieux l'attitude aujourd'hui de la majorité des catholiques et de l'Église face au Purgatoire.
Attitude qui vise l'ensemble du système de l'au-delà mais plus particulièrement le Purgatoire. Pour l'Église il s'agit, une fois encore dans son histoire, de réaliser un *aggiornamento* que chacun peut, selon sa croyance, considérer comme une lente mais persévérante marche vers la réalisation d'un christianisme «idéal», à la fois retour aux sources et accomplissement, ou réduire à un simple rattrapage par une institution attardée de la marche cahotique de l'histoire. En tout cas l'imaginaire de l'au-delà fait une fois de plus les frais d'une attitude qui, sous le signe de l'épuration, rejette les formes «primitives» des croyances. Au mieux des esprits informés du passé, respectueux d'autrui, soucieux d'équilibre, disent-ils, comme le père Y. Congar: «Cette fois encore, il faudra purifier nos représentations et nous débarrasser, sinon des images, car on ne peut penser sans elles, il en est de valables, et même de belles, du moins de certaines imaginations[6].» Qui ne souscrirait au désir de faire reculer la vision de tortures, proprement infernales, ou prétendument purgatoires, dont le décalquage sur des pratiques terrestres qui sont hélas loin d'avoir disparu n'est que trop évident? Du programme esquissé par le grand théologien dominicain il faut bien retenir la volonté d'unir deux tendances que l'histoire a trop souvent opposées: adapter les croyances à l'évolution des sociétés et des mentalités sans mutiler l'homme d'une partie essentielle de sa mémoire et de son être: l'imaginaire. La raison se nourrit d'images. L'histoire profonde le révèle.
Je crains, en effet, que, dans ce désir d'épurer, le Purgatoire ne soit spécialement perdant car, je crois l'avoir montré, sa naissance, son développement, sa diffusion sont tellement liés à l'imaginaire qu'il faut au Père Congar retrouver des accents quasi origénistes pour le sauver dans les conceptions actuelles de la hiérarchie catholique.
Du côté des fidèles il me semble que la désaffection pour le Purgatoire s'explique autrement et peut-être même pour des raisons inverses. Du côté du clergé il y a désinfernalisation et dématérialisation du Purgatoire. Du côté des fidèles et des hommes sensibles à l'évolution des croyances religieuses il y a montée d'indifférence à l'égard du temps intermédiaire de l'au-delà. À nouveau notre époque, surtout dans les sociétés dites développées, concentre ses interrogations, ses espoirs et ses angoisses aux deux pôles. Dans l'ici-bas d'abord et, si on fait abstraction du nombre infime de vrais

---

6. Y. Congar, *Vaste Monde, ma paroisse. Vérité et dimensions du salut*, Paris, 1966, chap. VII: «Que savons-nous du Purgatoire?», p. 76, et «Le Purgatoire», in *Le Mystère de la mort et sa célébration*, Lex orandi, 12, Paris, 1956, pp. 279-336.

« insouciants », le regard se porte sur l'horizon de la mort, où les vieux modèles du mourir craquent de toutes parts. Comment mourir ? Pour les catholiques, les hommes de toutes croyances et ceux qui doivent, tout simplement, penser leur mort, le choix semble à nouveau se rétrécir entre des paradis et des enfers, projection des rêves d'ici-bas et d'une peur qui a trouvé une nouvelle réalité imaginaire. Aujourd'hui l'apocalypse nucléaire : une apocalypse dont la terrifiante expérience a été faite ici-bas[7].

Il y aura toujours pourtant, je l'espère, une place dans les rêves de l'homme pour la nuance, la justice/justesse, la mesure dans tous les sens du mot, la raison (ô raisonnable Purgatoire !) et l'espoir. Je souhaite que l'on ne puisse pas dire bientôt que, vraiment, le Purgatoire n'a eu qu'un temps.

---

7. Je rappelle le sens étymologique d'apocalypse : dévoilement, révélation.

APPENDICE I
BIBLIOGRAPHIE DU PURGATOIRE

La bibliographie actuelle du Purgatoire est considérable. Beaucoup de travaux consacrés à l'histoire du Purgatoire sont mal informés et animés d'esprit polémique chez les catholiques et les protestants et apologétique chez les catholiques. On a trop souvent l'impression que la vision de l'érudition catholique sur le Purgatoire ne s'est guère renouvelée de Bellarmin et Suarez à la première moitié du XXe siècle. Le gros article d'A. Michel, «Purgatoire», in *Dictionnaire de Théologie catholique* d'E. Vacant, E. Mangenot et E. Amann, 1936, t. 13, col. 1163-1326, très riche, reste fondamental. L'esprit en est traditionnel et antiprotestant. La meilleure synthèse rapide m'a paru être celle de A. Piolanti, «Il dogma del purgatorio», in *Euntes Docete*, 6, 1953, pp. 287-311. L'article «Fegfeuer» du *Lexicon für Theologie und Kirche*, 1960, t. IV, col. 49-55 est rapide. L'ouvrage du protestant E. Fleischhak, *Fegfeuer. Die christlichen Vorstellungen vom Geschick der Verstorbenen geschichtlich dargestellt*, 1969, destiné à informer ses coreligionnaires de la position catholique est sympathique mais de seconde main, insuffisamment informé, non exempt d'erreurs.

L'ouvrage le plus suggestif est celui de l'ethnologue et historien Marcus Landau, *Hölle und Fegfeuer in Volksglaube, Dichtung und Kirchenlehre*, Heidelberg, 1909. Il est regrettable que son information soit ancienne et partielle et surtout qu'il souffre du mépris de l'ethnologue pour la chronologie.

Sur l'exégèse médiévale d'un texte essentiel pour le développement du Purgatoire voir J. Gnilka, *Ist I Kor. 3, 10 ein Schriftzeugnis für das Fegfeuer? Eine exegetisch-historische Untersuchung*, Düsseldorf, 1955.

L'histoire ancienne du Purgatoire a été renouvelée par les excellents travaux de Joseph Ntedika, *Évolution de la doctrine du Purgatoire chez saint Augustin*, Études augustiniennes, Paris, 1966, et *L'Évocation de l'au-delà dans la prière pour les morts. Études de patristique et de liturgie latines*, Louvain, Paris, 1971.

LA NAISSANCE DU PURGATOIRE

On trouvera dans J. Goubert et L. Cristiani, *Les plus beaux textes sur l'au-delà*, une anthologie de textes de valeur et de niveau différents mais il y a quelques textes significatifs sur le Purgatoire.

APPENDICE II
«*PURGATORIUM*» : HISTOIRE D'UN MOT

L e fait essentiel est l'apparition dans la seconde moitié du XIIe siècle à côté de l'adjectif *purgatorius, a, um,* du substantif *purgatorium*. Curieusement cet événement linguistique qui me paraît un signe d'une évolution capitale des croyances concernant l'au-delà, a échappé aux historiens du Purgatoire ou a peu retenu leur attention. Même Joseph Ntedika se trompe en attribuant à Hildebert de Lavardin ou Hildebert du Mans († 1133) le privilège d'avoir été le premier à employer le mot *purgatorium* (*Évolution de la doctrine du Purgatoire chez saint Augustin*, p. 11, n. 17). La même erreur se trouve à l'article «Fegfeuer» du *Lexicon für Theologie und Kirche*, 1960, t. IV, col. 51. A. Piolanti se contente de dire : «En ce siècle (le XIIe) apparaissent les premières ébauches du traité *De purgatorio* (désormais l'adjectif était transformé en substantif)» («Il dogma del Purgatorio», in *Euntes Docete*, 6, 1953, p. 300), E. Fleischhak prétend, sans donner de références (et pour cause!), que «le mot *purgatorium* a été employé depuis l'époque carolingienne» (*Fegfeuer...*, 1969, p. 64).
Pour pouvoir avancer comme je le fais que le terme apparaît très probablement entre 1170 et 1180, il faut corriger quelques fausses attributions de textes ou amender l'édition de certains textes antérieurs à 1170 (employé surtout dans les expressions *ignis purgatorius, poena(e) purgatoria(e), loca purgatoria,* la forme *in* [locis] *purgatoriis*) où *purgatorium* comme substantif n'apparaît que parce que l'édition a été faite sur des manuscrits postérieurs à 1170 dont le copiste a dû naturellement remplacer par exemple *ignem purgatorium* par *purgatorium* seul, étant donné l'usage habituel du substantif à son époque.
Pierre Damien (mort en 1072), dans son sermon LIX, pour la fête de saint Nicolas, sans employer le terme *purgatorium,* aurait distingué le lieu purgatoire parmi les *cinq régions* qui peuvent accueillir l'homme : 1. *regio dissimilitudinis* (ici-bas), 2. *paradisus claustralis* (le paradis ici-bas, c'est-à-dire le cloître), 3. *regio expiationis,* le lieu de l'expiation – le purgatoire, 4. *regio gehennalis,* l'enfer, 5. *paradisus supercoelestis,* le paradis céleste.

Pour distinguer la région de l'expiation il emploie l'expression *loca purgatoria* (*PL*, t. CXLIV, col. 838). Mais il a été reconnu que ce texte n'est pas de Pierre Damien, mais de ce faussaire notoire, Nicolas de Clairvaux († après 1176), qui fut secrétaire de saint Bernard. Par exemple F. Dressler, *Petrus Damiani. Leben und Werk* (Anselmiana, XXXIV), Rome, 1954, Appendice 3, pp. 234-235, donne dans la liste des 19 sermons qui sont avec une très grande vraisemblance à ne pas attribuer à Pierre Damien, le sermon 59 et ajoute qu'ils sont «vraisemblablement» de Nicolas de Clairvaux, «*einem gerissenen Fälscher*». Voir J. Ryan, «Saint Peter Damiani and the Sermons of Nicholas of Clairvaux: a Clarification», in *Medieval Studies*, 9, 1947, pp. 151-161. D'ailleurs la *Patrologie latine* de Migne a publié deux fois le même sermon (59) une première fois sous le nom de Pierre Damien (*PL*, t. CXLIV, col. 835-839), et une seconde fois sous celui de Nicolas de Clairvaux (*PL*, t. CLXXXIV, col. 1055-1060). Nicolas de Clairvaux est probablement aussi l'auteur du sermon 42 *«De quinque negotiationibus et quinque regionibus»*, attribué à saint Bernard, très proche de celui de Pierre Damien, mais où le système des trois lieux (à l'intérieur des cinq) et le mot purgatoire *(purgatorium)* apparaissent avec une netteté qui me paraît impossible avant 1153, date de la mort de saint Bernard : «*Tria sunt loca, quae mortuorum animae pro diversis meritis sortiuntuer: infernus, purgatorium, caelum*» (Saint Bernard, *Opera omnia*, éd. J. Leclercq et H. Rochais, 6, 1, p. 259). Dom Jean Leclercq et H. M. Rochais ont bien voulu me réaffirmer par écrit et de vive voix ce qu'ils avaient écrit dans différents articles : J. Leclercq, «Les collections de sermons de Nicolas de Clairvaux», in *Revue bénédictine*, 1956 ; H. M. Rochais, «Enquête sur les sermons divers et les sentences de saint Bernard», in *Analecta Sacr. Ord. Cist.*, 1962, t. 18, fasc. 3-4, juillet-décembre, pp. 1-183, à savoir que rien ne permettait de décider de la non-attribution à saint Bernard du sermon 42 bien que rien ne permette de lui en attribuer non plus la paternité avec certitude : «Nous avons maintenu le *De diversis 42* comme de saint Bernard... ce qui ne veut pas dire que le jugement soit irréformable. Je crois qu'il s'agit d'un texte dont il existe plusieurs rédactions dues non à saint Bernard lui-même, mais à Nicolas de Clairvaux et à d'autres, ce qui expliquerait l'introduction d'éléments plus tardifs» (J. Leclercq, lettre du 5 octobre 1979). Mme Monique-Cécile Garand, qui a bien voulu examiner pour moi les manuscrits latins 2571 de la Bibliothèque nationale de Paris et 169 de Cambrai – les plus anciens probablement –, avance prudemment, sur critères paléographiques, que le premier doit être du troisième quart du XIIe siècle (mais peut-être d'avant la canonisation de Bernard en 1174, le mot *sanctus* ne figurant pas dans le titre et ayant été rajouté dans l'*ex-libris*) et le second de la deuxième moitié du siècle. On peut donc penser à une date proche de 1170. Je suis persuadé que le sermon n'est pas de saint Bernard et qu'il date au plus tôt d'une vingtaine d'années après sa mort. Voir également sur Nicolas de Clairvaux, G. Constable, *The Letters of Peter the*

APPENDICES

Venerable II, Nicholas of Montieramey and Peter the Venerable, Cambridge (Mass.), 1967, pp. 316-330.
Avant saint Bernard le mot *purgatorium* se serait trouvé dans un texte d'Hildebert de Lavardin, évêque du Mans et archevêque de Tours († 1133) et l'excellent Ntedika, comme on a vu, a encore recueilli cette attribution erronée. Le sermon 85, «*Jerusalem quae aedificatur*», publié parmi les sermons d'Hildebert par Beaugendre en 1708 et reproduit par Migne, *Patrologie latine*, t. CLXXI, col. 741 (*hi, qui* in purgatorio *poliuntur*) a été rendu à Pierre le Mangeur par Hauréau, «Notice sur les sermons attribués à Hildebert de Lavardin», in *Notices et extraits des manuscrits…*, XXXII, 2, 1888, p. 143. Voir A. Wilmart, «Les sermons d'Hildebert», in *Revue Bénédictine*, 47, 1935, pp. 12-51. L'attribution à Pierre le Mangeur a été confirmée par M.-M. Lebreton, «Recherches sur les manuscrits contenant des sermons de Pierre le Mangeur», in *Bulletin d'Informations de l'Institut de Recherche et d'Histoire des Textes*, 12 (1953), pp. 25-44. M. François Dolbeau a bien voulu me signaler que dans les plus anciens manuscrits de ces sermons qu'il confirme à son tour comme étant de Pierre le Mangeur se trouve bien *in purgatorio* (ms. 312 [303] et 247 [238] d'Angers, de la fin du XIIe siècle) mais que le membre de phrase tout entier où se trouve *in purgatorio* manque dans un manuscrit plus ancien, le 227 (218) de la Bibliothèque municipale de Valenciennes, du milieu du XIIe siècle.
Comme il semble que le substantif *purgatorium* se trouve bien dans une lettre envoyée en 1176 par le bénédictin anglais Nicolas de Saint-Albans au clunisien Pierre de Celle (en 1180-1182 d'après un renseignement aimablement fourni par A.-M. Bautier): «*Porro facto levi* per purgatorium transitu intravit in gaudium Domini sui» (*PL*, t. CCII, col. 624), et que Pierre le Mangeur, mort en 1179, s'il a employé dans le sermon «*Jerusalem quae aedificatur*» le substantif *purgatorium* ne l'emploie jamais dans le *De sacramentis* composé entre 1165 et 1170, les plus anciens emplois de *purgatorium* comme substantif se trouveraient peu après 1170 chez le cistercien Nicolas de Clairvaux, le bénédictin Nicolas de Saint-Albans et le maître séculier de l'école de Notre-Dame de Paris, Pierre le Mangeur.
Reste notamment un problème que je n'ai pu élucider de façon décisive. On rencontre dans l'édition publiée par Migne d'un traité anonyme, le *De vera et falsa poenitentia*, attribué par le Moyen Age à saint Augustin et qui date en réalité de la fin du XIe ou plus probablement de la première moitié du XIIe siècle, le terme *purgatorium* employé comme substantif: «*ita quod nec* purgatorium *sentiunt qui in fine baptizantur*» (*PL*, t. XL, col. 1127). Le fait que quelques lignes plus loin le texte parle d'*ignis purgationis* ne prouve rien mais laisse isolé le mot *purgatorium* dont je suis persuadé qu'il est seul resté dans les manuscrits à partir de la fin du XIIe siècle alors que le texte primitif devait être *ignem* purgatorium. Il ne fait en effet pas de doute que le *De vera et falsa poenitentia* date d'avant le milieu du XIIe siècle car il a été cité non seulement par Pierre

Lombard mort en 1160 (*PL*, t. CXCII, col. 883) mais aussi par le *Décret* de Gratien écrit vers 1140 (*PL*, t. CLXXXVII, col. 1559, 1561, 1637). Malheureusement, malgré mes recherches, aidé par M. François Dolbeau, M. Agostino Paravicini Bagliani et Mme Marie-Claire Gasnault, je n'ai pu consulter de manuscrit du *De vera et falsa poenitentia* antérieur à la fin du XIIe siècle et ma conviction demeure une hypothèse. Je ne peux par ailleurs que souhaiter une édition scientifique de ce texte capital pour l'histoire de la pénitence, thème essentiel de la théologie et de la pratique religieuse au XIIe siècle. Voir A. Teetaert, *La Confession aux laïques dans l'Église latine depuis le VIIIe jusqu'au XIVe siècle*, Paris, 1926, pp. 50-56, et C. Fantini, «Il tratatto ps. agostiniano *De vera et falsa poenitentia*», in *Ricercche di storia religiosa*, 1954, pp. 200-209.

Sur la façon dont l'expression *ignis purgatorius* s'est transformée à partir de la fin du XIIe siècle en *purgatorium* surtout lorsque le substantif du texte le plus récent et l'adjectif du texte primitif étaient au même cas grammatical, voici un exemple significatif.

Alexandre de Halès, dans sa *Glose des Sentences* de Pierre Lombard (entre 1223 et 1229), cite le *De potestate legandi et solvendi* de Richard de Saint-Victor, mort en 1173, de la façon suivante: «*per incendium* purgatorii *scoria peccati excoquitur*» (*Glossa in IV libros Sententiarum Petri Lombardi*, lib. IV, dist. XX, éd. Quaracchi, t. IV, p. 354). Or le texte original de Richard de Saint-Victor est: «*per incendium* purgatorii ignis *scoria peccati excoquitur*» (*PL*, t. CXCVI, col. 1177).

À la fin du XIIe et au début du XIIIe siècle *purgatorium* et *ignis purgatorius* coexistent comme quasi synonymes et parfois chez les mêmes auteurs. Pierre de Celle, à qui Nicolas de Saint-Albans écrit vers 1180 en parlant de *purgatorium* (à propos de saint Bernard), n'emploie dans son traité *De disciplina claustrali*, composé en 1179, que l'expression *ignis purgatorius* (*PL*, t. CCII, col. 1133). Comme les plus anciens manuscrits de plusieurs œuvres du XIIe siècle n'ont pas été conservés, il sera difficile de repérer avec certitude les plus anciens usages de *purgatorium*.

Mme Anne-Marie Bautier a bien voulu me signaler une des plus anciennes définitions du Purgatoire qui se trouve dans une vie de saint Victor, martyr de Mauzon, récemment éditée par F. Dolbeau, in *Revue historique ardennaise*, t. IX, p. 61: «*Purgatorium ergo, locum conflationis, ergastulum purgationis, iste sanctus repperit in gremio ecclesiae in qua conflari injuriis et passionibus meruit, quibus ad remunerationem victoriae laureatus pervenit.*» On voit que certains saints (et c'est ce qu'on a pensé pour saint Bernard lui-même) ne vont pas directement au Paradis, mais passent par le Purgatoire.

Si l'on consulte enfin les dictionnaires et glossaires du latin médiéval, on constate que le plus ancien exemple de *purgatorium* cité par Du Cange est la lettre d'Innocent IV à Eudes de Châteauroux de 1254. J. F. Niermeyer (*Mediae Latinitatis Lexicon Minus*, Leyde, 1976) dit: «subst. neutre *purgatorium* le

APPENDICES

Purgatoire, the Purgatory, S. XIII.» A. Blaise dans son *Dictionnaire latin-français des auteurs du Moyen Âge* (Corpus christianorum, Continuatio Maedievalis, Turnhout, 1975, pp. 754-755) dit que le mot apparaît au XIIe siècle alors qu'auparavant on employait une périphrase telle que *purgatorius ignis* et cite le pseudo-Augustin (le *De vera et falsa penitentia*), la lettre d'Innocent III du début du XIIIe siècle et le sermon d'Hildebert de Lavardin qui doit être restitué à Pierre le Mangeur († 1179). Il indique aussi le sens : «séjour pénitentiel situé dans une île et appelé "purgatoire de S. Patrice" ou Patrick».
J. H. Baxter et Ch. Johnson (*Medieval Latin Word-List from British and Irish Sources*, Oxford, 1934) donnent simplement «*purgatorium, purgatory (eccl.), c. 1200*». R. E. Latham dans son *Revised Medieval Latin Word-List from British and Irish Sources* (Londres, 1965) distingue «*purgatorium (theol.) c. 1150*» et «*purgatorium Sancti Patricii (in Lough Derg) c. 1188*». Il me semble que la date de 1150 environ vient de la date 1153 attribuée dans la tradition du *Purgatorium Sancti Patricii* à l'aventure du chevalier Owein. La date (et probablement l'histoire) est fantaisiste.
Pour les langues vernaculaires en français, la plus ancienne mention du *purgatoire* se trouve probablement sous la forme *espurgatoire* dans l'*Espurgatoire saint Patriz* de Marie de France, vers 1190 (ou au début du XIIIe siècle, entre 1208 et 1215, dans l'hypothèse de F. W. Locke, in *Speculum*, 1965, pp. 641-646).
Mon ami Josef Macek me signale qu'en tchèque le mot désignant le Purgatoire *Očistec* n'apparaît que dans les années 1350-1380 dans des traductions d'œuvres latines. Mais ce Purgatoire semble mal distingué du limbe ou même de l'enfer. Pour Jean Hus, le Purgatoire c'est «le troisième enfer» («třetie pehlo» in *Vyhlad viery*, Ms. M, Bibl. de l'Université de Brno, MK, fol. 16 a). Au début du XVe siècle encore les Taborites refusent de croire au Purgatoire et font un jeu de mots entre *očistec* et *ošistec* (tromperie) ou nomment le Purgatoire *purgáč*, c'est-à-dire le *purgatif*. Sur le refus du Purgatoire chez les Vaudois et les Hussites, voir Romolo Cegna, «Le *De reliquiis et de veneratione sanctorum: De purgatorio* de Nicolas della Rosa Nera detto da Dresda (di Cerruc), maître à Prague de 1412 à 1415», in *Mediaevalia Philosophica Polonorum*, Wroclaw-Varsovie-Cracovie-Gdansk, 1977, t. XXIII.

APPENDICE III
PREMIÈRES IMAGES

LE PURGATOIRE DE SAINT PATRICK AUJOURD'HUI : CROYANCE ET PÈLERINAGE DANS LA LONGUE DURÉE
STATION ISLAND, LOUGH DERG, COMTÉ DE DONEGAL, EIRE.

À l'article «Fegfeuer» (Purgatoire) de l'excellent *Lexicon der christlichen Ikonographie*[1], W. Braunfels écrit : «Dans le monde figuré du paléochristianisme comme du Moyen Âge jusqu'à la fin du XIVe siècle on ne trouve aucune représentation du Purgatoire.»
S'il semble vrai que l'iconographie du Purgatoire ne se répand qu'à partir de la fin du XIVe siècle, on rencontre toutefois des représentations du Purgatoire pendant le siècle qui précède et une enquête iconographique attentive révélerait sans doute une plus riche moisson d'images du Purgatoire, antérieures à la fin du XIVe siècle.

Je présente ici trois de ces représentations.

---

1. Éd. E. Kirschbaum, 1970, vol. II, col. 17.

1. La plus ancienne, sur laquelle le Père Gy a attiré mon attention, est une miniature qui se trouve au feuillet 49 du *Bréviaire de Paris*, dit *Bréviaire de Philippe le Bel* (Paris, Bibliothèque nationale, manuscrit latin 1023).
Ce manuscrit qui date de la période 1253-1296 et qui, d'après des critères formels, doit être situé près de 1296, est très probablement le bréviaire, dont l'illustration a été commandée par Philippe le Bel à un célèbre peintre parisien, maître Honoré, en 1296, comme en témoigne le compte du trésor du Louvre pour cette année-là.

La miniature de petite dimension (3,5 cm x 4 cm) du feuillet 49 représente probablement un jugement d'âmes pour Dieu. Le Christ en majesté et deux séraphins qui l'entourent occupent environ les deux tiers de la hauteur de la miniature. On voit dans la partie inférieure quatre âmes du purgatoire, deux encore immergées dans le feu, deux tirées du feu par deux anges qui ont crevé le plafond des nuages. La figure comprend quatre lieux étagés: un ciel doré, une zone de nuages, une zone sublunaire quadrillée, le feu (voir V. Leroquais, *Les Bréviaires manuscrits des bibliothèques publiques de France*, Paris, 1934, t. II, 487, pp. 465-485.)

JUGEMENT ET SAUVETAGE DU PURGATOIRE (*BRÉVIAIRE DE PHILIPPE LE BEL*). BIBL. NAT., PARIS, 10845, LATIN 1023, FOL. 49. PHOTO © BIBLIOTHÈQUE NATIONALE.

domine non nobis s; nomini
tuo da gloriam: sup miseri
cordia tua et ueritate tua: ne
quando dicant gentes ubi
est deus eorum. Deus autem
noster in celo: omnia queciq;
uoluit fecit. Simulachra
gentium argentum et auru:
opa manuum hominum.
Os habent et non loquentur
oculos habent et non uidebut
Aures habent et ñ audient
nares habent et non odorabu
Manus habent et non palpa
bunt: pedes habent et non am
bulabunt: non clamabunt
in gutture suo. Similes il
lis fiant qui faciunt ea: et
omnes qui confidunt in eis.
Domus isrl sperauit in dño:
adiutor eorum: et protector
eorum est. Domus aaron
sperauit in dño: adiutor
eorum et protector eorum e. Qui
timent dñm sperauerut
in dño: adiutor eorum et
protector eorum est. Dñs
memor fuit nri: et benedixit
nobis. Benedixit domui isr
rahel: benedixit domui aaro
Benedixit omnib; qui timent
dominum: pusillis cum ma
ioribus. Adiciat dominus su
p uos: super uos et super filios
uestros. Benedicti uos a do
mino: qui fecit celum et t̃

ram. Celum celi domino:
terram autem dedit filiis ho
minum. Non mortui lau
dabunt te domine: neq; oẽs
qui descendunt in infernu.
Sed nos qui uiuimus be
nedicimus domino: ex hoc
nunc et usq; in seculum.
a n̄. Nos qui uiuimus benedica
mus domino. Ad completoriu
sup nunc dimittis. Pastor
bone dulcissime oues tue requi
runt te ut audiant mellifluum
oris tui alloquium. p̃ Nunc dimit
tis. feria secunda. ad uespas. an.
Inclinauit. psalmus dauid.

Dilexi: quo
niam ex
audiet do
minus: uocem ora
tionis mee.
Quia in
clinauit
aurem suam michi: et in di
ebz meis inuocabo. Circum
dederunt me dolores mortis:
et pericula inferni inuenerūt
me. Tribulationem et do
lorem inueni: et nomen do
mini inuocaui. O domine
libera animam meam: mi
sericors dominus et iustus:
deus nr̃ miseretur. Custodi
ens paruulos dominus: hu
miliatus sum et liberauit

2. Une miniature offrant à la fois des ressemblances et des différences avec l'image précédente se trouve dans le *Bréviaire parisien*, dit *Bréviaire de Charles V* qui a été exécuté probablement pour une femme de la famille royale française, entre 1347 et 1380, date où il se trouve dans la Bibliothèque de Charles V (Paris, Bibl. nat., ms. latin 1052, fol. 556 v., voir V. Leroquais, t. III, pp. 49-56). La miniature, également de petite dimension, est placée «en la commémoration des morts», c'est-à-dire du 2 novembre alors que la précédente illustre le Psaume CXIV, Psaume *Dilexi* où le psalmiste remercie Yahvé de l'avoir délivré des filets du *Shéol*. Le Christ ne figure pas sur cette miniature au contraire de la précédente. Deux grands anges attirent vers le ciel deux âmes qui n'ont plus que les pieds dans le feu. Onze têtes d'âmes représentant une multitude de ces âmes du Purgatoire et les différentes conditions sociales (on y reconnaît pape, évêque, etc.) sont plongées dans le feu. Il y a trois lieux étagés : un ciel bleu très mince (environ un dixième de la hauteur), une zone intermédiaire quadrillée tenant plus de la moitié de la hauteur, un monde infernal fait de roches gaizes avec un grand trou plein de feu. Je dois la connaissance de cette miniature et sa reproduction à l'amabilité de M. F. Avril.

CI-CONTRE :
LA SORTIE DU PURGATOIRE
(*BRÉVIAIRE DIT DE CHARLES V*).
BIBL. NAT., PARIS, 2928,
LATIN 1052, FOL. 556 V.
PHOTO © BIBLIOTHÈQUE NATIONALE.

PAGES SUIVANTES :
L'AU-DELÀ : SYSTÈME DES RÉCEPTACLES
(VIEILLE CATHÉDRALE DE SALAMANQUE) ; SORTIE DU RÉCEPTACLE DU PURGATOIRE.
PHOTO © «LOS ANGELES», SALAMANQUE.

amen dico uob. q̃ qui uiĩum meum. La nouiesme commence ainsi. Amen amen dico uo. q̃ ue. li.

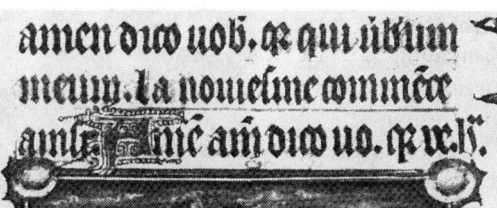

Commemoratio oium fidelium Defunctorum

2. Nouemb.

En la commemoration des mor

3. La troisième représentation du Purgatoire se trouve sur une fresque de la vieille cathédrale de Salamanque qui représente tout le système de l'au-delà au début du XIVe siècle selon la conception de quatre lieux. À gauche (pour qui regarde) le Ciel ; à droite l'Enfer. Au centre, des réceptacles avec des âmes représentant à gauche le Purgatoire, à droite les limbes. Dans le réceptacle supérieur du Purgatoire un ange vient chercher une âme pour la conduire au ciel. Une inscription date cette peinture de l'an 1300 de l'ère espagnole, ce qui donnerait 1262, mais M. F. Avril pense que, pour des raisons stylistiques, cette fresque ne peut être antérieure à la première moitié du XIVe siècle.
Je dois la reproduction de cette peinture à l'amabilité du professeur L. Cortes. Voir J. Gudiol Ricart, *Ars Hispanica*, vol. 9 : *Pintura Gotica*, Madrid, 1955, p. 47.

APPENDICE IV
TRAVAUX RÉCENTS

Depuis l'achèvement de ce livre (janvier 1981) j'ai eu connaissance de diverses études concernant plus ou moins le Purgatoire.
Paolo Santarcangeli dans *NEKYIA, La discesa dei poeti agli Inferni*, Milan, 1980, évoque le Purgatoire de saint Patrick et l'Irlande (p. 72) à propos de la géographie symbolique des Enfers situés dans des îles.
Trois études importantes ont été consacrées aux visions et aux voyages dans l'au-delà.
La première, de Michel Aubrun, «Caractères et portée religieuse et sociale des *Visiones* en Occident du VIe au XIe siècle», a paru dans les *Cahiers de Civilisation médiévale*, avril-juin 1980, pp. 109-130. L'auteur analyse très finement l'atmosphère religieuse et psychologique de ces visions. Il dégage de façon perspicace l'attitude de la hiérarchie ecclésiastique qui oscille entre la réserve et la récupération qui s'inscrivent dans le cadre de la méfiance de l'Église du haut Moyen Âge à l'égard des rêves. Il ne se pose guère le «problème» du Purgatoire car son étude s'arrête au début du XIIe siècle mais il note justement la présence dans la vision de Drythelm chez Bède par exemple d'une sorte de «Purgatoire-pénitence au nord-est», et de «Purgatoire-attente au sud-est». Cette dichotomie du Purgatoire correspond aux deux au-delà de la tradition celtique, le quasi infernal et le quasi paradisiaque et annonce le *Purgatorio* de Dante avec son antichambre.
Le grand médiéviste soviétique Aaron J. Gourevitch (dont l'ouvrage *Les Catégories de la culture médiévale*, 1972, a été publié en français dans la «Bibliothèque des Histoires» chez Gallimard en 1983) a envoyé au colloque organisé à Paris en mars 1981 par le Centre national de la Recherche scientifique sur le *Temps chrétien* (IVe-XIIIe siècle), colloque auquel il n'a pas pu participer, un texte important, publié dans les *Annales E.S.C.*, 1982, pp. 255-275: «Conscience individuelle et image de l'au-delà au Moyen Âge». Gourevitch reproche à Pierre Chaunu et surtout à Philippe Ariès d'avoir fondé leurs idées sur le Purgatoire sur des sources qui ne l'accueillent que tardivement (testa-

ments, et surtout iconographie) alors que d'autres, essentielles, conduisent à en placer plus tôt la naissance et la diffusion. Je suis d'accord avec lui pour considérer que ces autres sources – les visions de l'au-delà et les *exempla* que j'ai largement utilisés dans ce livre – sont indispensables et donnent une autre image de l'histoire du Purgatoire. Nous en concluons tous deux que la période cruciale est la fin du XIIe siècle et le début du XIIIe. Mais je crois que Gourevitch à son tour a trop négligé la théologie, la liturgie et les pratiques religieuses. Je pense comme lui que le Purgatoire et l'ensemble du système de l'au-delà que révèlent ces sources montrent un processus d'individualisation de la mort et de l'au-delà qui insiste de plus en plus sur le jugement individuel aussitôt après la mort. Mais l'ensemble des sources et en particulier celles qui parlent des *suffrages* met en évidence, comme je l'ai démontré, que cette promotion du salut individuel se combine avec l'action des communautés auxquelles appartient l'individu, qu'il s'agisse des communautés terrestres de parenté charnelle ou artificielle ou de la communauté surnaturelle de la communion des saints. En avril 1981 Claude Carozzi a présenté à la XXIXe Settimana di storia del Centro italiano di studi sull'alto Medioevo de Spolète consacrée au thème *Popoli e paesi nella cultura altomedievale* une remarquable communication – qui paraîtra dans le volume des rapports et discussions de la semaine – intitulée: *La Géographie de l'au-delà et sa signification pendant le haut Moyen Âge*. C'est une ébauche de la thèse qu'il prépare sur la littérature des visions du VIe au XIIIe siècle. Le Purgatoire était au centre de son exposé. Je suis d'accord avec lui pour souligner l'importance de la géographie dans le développement des croyances de l'au-delà, distinguer comme principales étapes: les *Dialogues* de Grégoire le Grand, la vision de Drythelm de Bède, la politisation de l'au-delà à l'époque carolingienne, l'évolution décisive vers la précision dans les grands textes du XIIe et du début du XIIIe siècle. Mais nous nous séparons sur un point que je considère comme essentiel. Claude Carozzi parle de Purgatoire dès le VIIIe siècle sinon dès le VIe. Il est «réaliste» là où je suis «nominaliste» et crois à la signification capitale des changements de vocabulaire, il est ainsi conduit à voir à la fin du XIIe siècle plutôt la naissance de l'Enfer – un au-delà de châtiments éternels bien distinct – que celle du Purgatoire. À titre de boutade provocatrice cette hypothèse est suggestive. Je ne crois pas qu'elle concorde avec la réalité historique. Claude Carozzi a étudié avec beaucoup d'érudition et d'intelligence un genre littéraire. Un phénomène historique comme la naissance du Purgatoire doit être expliqué par un ensemble de sources analysées dans leur contexte historique global. Mais mon résumé simplifie beaucoup les thèses de Claude Carozzi. Il faut attendre l'achèvement et la publication de sa thèse dont je suis sûr de la richesse et de l'intérêt.

Ces études récentes m'amènent à rappeler et à préciser que je n'ai pas étudié toutes les visions de l'au-delà que nous avons conservées pour la période du VIIIe au XIIIe siècle. Je pense n'avoir écarté que des textes qui n'apportaient rien

APPENDICES

à ma démonstration, dans un sens ou dans l'autre, malgré l'intérêt qu'ils pouvaient avoir. Bien entendu le mot *purgatorium* n'existe dans aucun de ces textes. Je dis ici brièvement pourquoi je n'ai pas retenu, à titre d'exemples, certaines de ces visions analysées par les trois auteurs que je viens de citer comme elles l'avaient été – quoique de façon moins fouillée et dans une perspective moins historique – par les auteurs anciens tels que Becker, Dods, MacCullogh, Seymour, Patch, et plus récemment Dinzelbacher.

Haut Moyen Âge: VIIe siècle. La vision de Bonellus (*PL*, t. LXXXVII, col. 433-5). L'abbé espagnol Valère, mort dans la dernière décennie du VIIe siècle, raconte le voyage dans l'au-delà du moine Bonellus. Pendant une extase, il est emmené par un ange dans un habitacle, une cellule rayonnante de pierres précieuses qui sera sa demeure future s'il persévère dans ses pratiques ascétiques. Dans une seconde extase un démon l'entraîne dans le puits de l'enfer. Aucun mot ne fait allusion à une purgation quelconque mais quelques détails évoquent le système du futur Purgatoire. Le lieu est situé dans les profondeurs de la terre, il s'y trouve un feu épouvantable dans lequel des démons jettent des âmes. Bonellus y voit un horrible diable enchaîné mais qui ne doit pas être Satan car on ne fait que lui montrer «le puits inférieur de l'abîme où les peines sont plus fortes et plus cruelles». Un pauvre qu'il a secouru sur terre cherche à lui venir en aide – allusion au système des suffrages. Il résiste grâce au signe de la croix, comme on le fera dans le Purgatoire de saint Patrick. Il est finalement ramené sur terre. Il n'y a, je le répète, aucune idée de purgation, seulement une hiérarchie des lieux de châtiments. Le système est dualiste: lieu très agréable sans dénomination, abîme *(abyssus)* appelé enfer *(infernus)*.

Haut Moyen Âge: VIIe siècle. La Vision de Barontus (678/679) (*Monumenta Germaniae Historica, Scriptores Rerum Merovingicarum*, V, pp. 377-394). Barontus, moine du monastère de Longoretus (Saint-Cyran près de Bourges), enlevé par deux démons durant une grave maladie, est secouru par le saint archange Raphaël et par saint Pierre qui lui montrent les quatre portes du Paradis et lui laissent entrevoir l'Enfer où des foules d'hommes et de femmes rassemblés par catégories de péché, sont torturés par des diables. Il n'est pas question de purgation.

Haut Moyen Âge: VIIIe siècle. La Vision du moine de Wenlock (vers 717) (*Monumenta Germaniae Historica Epistolae*, t. III, pp. 252-257).
Dans une lettre à l'abbesse Eadburge de Tenet, saint Boniface raconte la vision d'un moine de l'abbaye anglaise de Wenlock, dans le Shropshire. Des anges lui font faire le tour du globe terrestre puis lui montrent les puits de feu des enfers et il entend les gémissements et les pleurs des âmes qui sont dans l'enfer infé-

rieur. Ils lui montrent aussi un lieu très agréable qu'on lui désigne comme le paradis de Dieu. Le seul point intéressant pour la préhistoire du Purgatoire est l'existence d'un pont surplombant un fleuve de feu d'où tombent des âmes qui sont plongées dans le fleuve entièrement ou pour une seule partie du corps, ou à mi-corps, ou jusqu'aux genoux ou aux aisselles. « Ce sont, lui dit-on, les âmes qui, après la sortie de la vie mortelle, n'étaient pas complètement débarrassées de certains péchés légers et avaient besoin de quelque pieux châtiment du Dieu miséricordieux, pour devenir dignes de Dieu. » C'est, sans le mot, l'idée de la purgation. Mais ce texte est bien en retrait par rapport à la vision de Drythelm de Bède, presque contemporaine.

Au XIe siècle : Otloh de Saint-Emmeran.
Otloh de Saint-Emmeran et de Fulda (1010-1070) auteur de la première autobiographie du Moyen Âge qu'on est allé jusqu'à comparer aux *Confessions* de saint Augustin a écrit un *Livre de visions* (*PL*, t. CXLVI, col. 341-388) qui se situe dans la tradition monastique et rapporte des visions qu'il a eues lui-même ou qu'il a trouvées chez des auteurs dont le principal est Grégoire le Grand dans les *Dialogues*. Parmi ces visions étrangères se trouve celle du moine de Wenlock rapportée par saint Boniface (col. 375-380) et celle de Drythelm racontée par Bède (col. 380-383). Étant donné l'ancienneté des sources d'Otloh, non seulement il n'est pas question de Purgatoire dans ces visions mais même les expressions *ignis purgatorius, poenae purgatoriae* ne se rencontrent que très rarement[1]. Par exemple dans la vision quatorze un moine d'un monastère de Bohème, Isaac, voit dans un pré très agréable les saints Gunther, Maurice et Adalbert qui lui disent qu'ils ont dû « passer par le feu purgatoire » avant de venir dans ce *refrigerium*. Otloh n'apporte donc rien de nouveau au futur Purgatoire. On peut noter parmi les à-côtés intéressants de ses visions sa tendance à insister d'une part sur la spoliation de biens monastiques par les laïcs comme cause de leurs châtiments dans l'au-delà (dans la vision sept, un seigneur coupable de ce crime apparaît à ses deux fils dans une chevauchée aérienne qui doit être une des plus anciennes évocations de la mesnie Hellequin) et à utiliser ces visions à des fins politiques de l'autre. Par exemple, la vision du moine Isaac est destinée à montrer la suprématie du siège épiscopal de Ratisbonne sur celui de Prague. La vision dix-sept montre l'impératrice Théophano, la femme d'Othon II et mère d'Othon III, apparaissant à une moniale pour lui demander de la tirer des tourments qu'elle souffre dans l'au-delà pour avoir, à la façon des femmes orientales, exhibé sur terre des toilettes trop luxueuses. Bel exemple d'utilisation de l'au-delà pour exprimer le fossé culturel entre l'Occident et l'Orient !

---

1. L'éditeur moderne a usé plusieurs fois abusivement du terme *purgatorium* dans les titres qu'il a donnés aux visions.

APPENDICES

Au début du XIIIe siècle : la vision de Thurchill.

Je reviens sur la vision de Thurchill, vision littérairement étonnante et que j'ai expliquée il y a quelques années à mon séminaire, mais sur laquelle je ne me suis pas étendu (*supra*, pp. 1128-1129) parce que, *grosso modo* contemporaine du Purgatoire de saint Patrick, probablement de peu postérieure, elle n'a pas fait le succès du Purgatoire, au contraire de l'opuscule de H. de Saltrey. Cette vision datée de 1206 est probablement l'œuvre du cistercien anglais Radulphe de Coggeshall. Elle a été insérée par les bénédictins Roger de Wendover dans ses *Flores historiarum* et Mathieu Paris, mort en 1259, dans ses *Chronica Majora*. Thurchill, simple paysan de la région de Londres, est emmené pendant son sommeil à travers l'au-delà par saint Julien l'Hospitalier et saint Domnius qui, à la demande de saint Jacques, lui font faire le pèlerinage de l'au-delà. À l'intérieur d'une grande basilique sans murs semblable à un cloître monastique il visite « les lieux de châtiments des méchants et les demeures des justes ». Le vocabulaire concernant le Purgatoire réunit, comme il est normal au début du XIIIe siècle, des expressions archaïques *(loca poenalia, ignis purgatorius)* et le nouveau substantif *purgatorium (per purgatorii poenas)*. La géographie de l'au-delà de Thurchill est encore quelque peu confuse et le Purgatoire obéissant à l'image archaïque des *receptacula animarium* multiples n'est pas encore bien unifié. Il y a ainsi parmi d'autres lieux purgatoires *un* purgatoire dirigé par saint Nicolas *(qui huic purgatorio praeerat)*. La vision de Thurchill présente deux particularités représentatives de la mentalité du début du XIIIe siècle : l'importance donnée au pèsement des âmes qu'on retrouve dans la sculpture gothique et l'association au Purgatoire d'une typologie des habitants des lieux pénaux de l'au-delà mêlant péchés capitaux (le châtiment d'un orgueilleux) et péchés des catégories sociales (punitions d'un prêtre, d'un chevalier, d'un légiste, forme intéressante du schéma trifonctionnel de la société). Ce qui a surtout frappé les exégètes de la vision de Thurchill, c'est le caractère théâtral de la vision qui culmine dans l'épisode étonnant où le pèlerin assiste au spectacle, au jeu *(ludos vestros)* que se donnent les démons des tortures des habitants du Purgatoire (p. 503). Henri Rey-Flaud (*Pour une dramaturgie du Moyen Âge*, Paris, 1980, pp. 82-83) a fait le rapprochement entre la vision de Thurchill et le mouvement théâtral de l'époque et notamment avec le *Jeu de saint Nicolas*, tout à fait contemporain, de l'Arrageois Jean Bodel. Il semble toutefois que, comme pour l'iconographie, cette théâtralisation du Purgatoire ait avorté et que les mystères aient continué à fonctionner selon le système dualiste du Paradis et de l'Enfer.

Enfin la troisième grande vision de l'au-delà, avec celles du Purgatoire de saint Patrick et de Thurchill au tournant du XIIe au XIIIe siècle, celle du moine de Eynsham (Evesham), également insérée dans le *Chronicon Anglicanum* de Radulphe de Coggeshall (éd. J. Stevenson, 1875, pp. 71-72) dans les *Flores historiarum* de Roger de Wendover et la *Chronica Majora* de Mathieu Paris (vol. II, pp. 243-244), est trop proche de la Vision de Drythelm et le Purgatoire y est encore trop fragmenté pour que je l'aie retenue.

– François Dolbeau a eu l'amabilité de me signaler un article de Brian Grogan : «Eschatological Teaching of the Early Irish Church», paru dans *Biblical Studies*, The Medieval Irish Contributions, éd. M. McNamara. Proceedings of the Irish Biblical Association, 1, Dublin, 1976, pp. 46-58. Il y est beaucoup question de Purgatoire. Sans le dire clairement car il emploie Purgatoire prématurément. B. Grogan confirme que l'Enfer et l'*ignis purgatorius* ne se distinguent qu'à la fin du XIIe siècle et que le *Purgatorium Sancti Patricii* est le premier texte concernant l'Irlande où apparaisse le mot *purgatorium*.

Je reçois sans pouvoir l'utiliser l'article de Gilbert Dagron «La perception d'une différence : les débuts de la "Querelle du Purgatoire"», in *Actes du XVe congrès international d'Études byzantines*, IV, Histoire, Athènes, 1980, pp. 84-92.

Remerciements

Cette recherche a bénéficié de nombreuses aides. Celle d'abord des membres du Groupe d'anthropologie historique de l'École des Hautes Études en Sciences sociales : Andrée Duby, Marie-Claire Gasnault, Georgette Lagarde, Colette Ribaucourt, Jean-Claude Schmitt, et de ma collègue et amie Anne Lombard-Jourdan.
À Paris encore, à l'Institut de Recherche et d'Histoire des Textes du C.N.R.S., François Dolbeau et Monique-Cécile Garand, au Comité Du Cange, Anne-Marie Bautier, au Lexique du Latin philosophique médiéval, Annie Cazenave, et l'équipe de la Bibliothèque du Saulchoir m'ont fait bénéficier de leur compétence et de leur gentillesse.
À Rome, mes amis Girolamo Arnaldi et Raoul Manselli m'ont dispensé leur science et leur attention. J'ai trouvé une aide incomparable à la Bibliothèque de l'École française auprès de Noëlle de La Blanchardière, de Pascale Koch et de tout le personnel. Jean-Claude Maire-Vigueur, directeur des Études médiévales et Jacques Chiffoleau, membre de l'École, m'ont apporté un soutien multiple. Georges Vallet, directeur de l'École et André Hartmann m'ont permis, en m'accueillant de façon parfaite Piazza Navona, de rédiger dans des conditions inégalables la majeure partie de l'ouvrage. À la Bibliothèque Vaticane, Agostino Paravicini-Bagliani, au premier chef, mais aussi Louis Duval-Arnould et Mgr Joseph Sauset ne m'ont ménagé ni leur science ni leur amabilité. J'ai pu aussi travailler dans d'excellentes conditions à la Bibliothèque de l'Université pontificale grégorienne. Le Pr Reinhard Elze, directeur de l'Institut historique allemand et le Dr Goldbrunner, bibliothécaire, sont allés au-devant même de mes besoins et de mes souhaits.
À trois amis qui m'ont apporté à divers stades de ce travail et notamment dans la critique éclairée du manuscrit une aide inestimable : le père Pierre-Marie Gy, Jean-Claude Schmitt et, tout particulièrement, Jacques Revel, je dis ma spéciale gratitude.
Christine Bonnefoy, et, à l'occasion, Simone Brochereau, ont apporté tous leurs soins et leur gentillesse à la réalisation matérielle de ce livre.
À toutes et à tous va ma profonde reconnaissance.

LES LIMBES

Le judéo-christianisme en inscrivant la religion dans l'histoire lui a donné une fin. Du mythe de la Création et de la Chute est sortie une croyance en une fin des temps et en un Jugement dernier qui rendrait justice aux justes persécutés ici-bas. C'est pendant l'Exil que les prophètes juifs esquissèrent la vision d'un nouveau David restaurant le peuple élu dans sa puissance et faisant régner une paix éternelle. Ce personnage dont la venue serait précédée par un grand cataclysme comparable au Déluge fut par la suite appelé Messie[1].

L'attente de ce Messie se précisa au Ier siècle avant l'ère chrétienne dans la secte des Esséniens. Le messianisme se répandit aussi depuis le IIe siècle avant Jésus-Christ à travers une littérature à la fois savante et populaire qui révélait ce qui se passerait aux temps eschatologiques de la fin du monde et du Jugement dernier. Cette littérature apocalyptique (Apocalypse = Révélation) continuée par les judéo-chrétiens puis par les chrétiens séparés des juifs légua au christianisme une double attente. Celle, ici-bas, d'un Roi Juste à la fin des temps, celle d'un Jugement qui prononcerait, pour l'au-delà, l'admission au salut, à la vie éternelle, au Paradis ou, au contraire, le rejet dans la mort, le tourment éternel, l'Enfer. Chez les juifs anciens la croyance en la résurrection des corps et en un jugement éternel à la fin des temps, dans l'au-delà, fut tardive et ne fut

---

Première publication in *Nouvelle Revue de psychanalyse (L'Attente)*, 34, Paris, Gallimard, automne 1986, pp. 151-173.

1. Masiah, c'est l'*oint* comme le grec *christos* qui a donné Christ. Le Messie étant défini comme un nouveau David, il doit être oint comme David l'avait été par le grand prêtre Samuel, geste qui symbolisait l'onction de Dieu. Voir les articles «Messianisme» (H. Desroche), in *Encyclopaedia Universalis*, 1971, vol. 10, pp. 845-849 et «Messia» (V. Lanternari), in *Enciclopedia Einaudi*, 1980, vol. 9, pp. 118-140. Voir aussi L. Rougier, *La Genèse des dogmes chrériens*, Paris, 1972.

pas acceptée par tous. Le christianisme au contraire fit de cette doctrine des derniers temps un élément essentiel de la foi. Ce n'est pas seulement une religion du salut, c'est une religion eschatologique des Derniers Temps marqués par une suite, une série d'événements dont les principales phases sont l'ultime période terrestre catastrophique, la résurrection des corps, le Jugement dernier[2].

Mais l'Incarnation, le phénomène Jésus, introduit une certaine complexité et des changements par rapport aux croyances eschatologiques juives.

D'abord, pour les chrétiens, Jésus est le Messie fils de David, et il est aussi le Sauveur fils de Dieu, Dieu lui-même. Son Incarnation supprime donc une attente, celle d'un Messie terrestre et du Royaume qu'il instaurerait ici-bas. L'éternité devient le seul horizon de l'attente. «*Notre vie*, dit saint Augustin, *est maintenant toute espérance, après elle sera toute éternité*[3].» Mais le christianisme qui rejette la littérature apocalyptique judéo-chrétienne porteuse de messianisme terrestre et n'accueille pas la plupart de ses textes – appelés par la suite apocryphes, «tenus secrets» d'où «interdits» et par interprétation «non authentiques[4]» – finit par accepter dans le Canon biblique l'Apocalypse attribuée à Jean précisément parce qu'on croyait qu'elle avait été écrite par l'apôtre. L'Apocalypse de Jean devint dans le christianisme latin le dernier livre du Nouveau Testament[5]. Or cette Apocalypse comporte un épisode de messianisme terrestre ou plus exactement un *Millenium* terrestre. Sur l'ordre de Dieu le Fils de l'Homme viendra châtier le monde, la Babylone terrestre sera détruite, le Dragon et les deux bêtes vaincus, les bêtes jetées dans un étang de feu et le Dragon enchaîné dans l'abîme pour mille ans. Pendant ce *Millenium* (terme qui désigne non pas mille années d'un calendrier mais une très longue période de temps), les justes ou saints, seuls bénéficiaires de la «première résurrection» régneront avec le Christ. Ces chapitres XIX-XX font écho à la grande

---

2. J. Hadot, art. «Apocalyptique (littérature)», in *Encyclopaedia Universalis*, 1970, vol. 2, pp. 150-152.
3. *Enarrationes in Ps. 103*, s. 4,17 : «*Vita nostra modo spes est, vita nostra postea aeternitas erit.*»
4. Les protestants appellent *pseudépigraphes* les textes nommés *apocryphes* par les catholiques, ce dernier terme devant être *stricto sensu* réservé à des ouvrages exclus par le judaïsme rabbinique mais en général conservés par la Bible catholique – et donc par le christianisme médiéval (par exemple les Livres des Maccabées, le Livre de Tobie, l'Ecclésiastique, etc. Voir J. Hadot, art. «Apocryphes de l'Ancien Testament», in *Encyclopaedia Universalis*, vol. 2, pp. 152-153). Il y a aussi des Apocryphes du Nouveau Testament (voir sous ce titre l'article de J. Hadot, *ibid.*, pp. 153-154) comprenant des Évangiles (dont l'Évangile de Nicodème ou Actes de Pilate dont il sera question plus loin), des Actes des Apôtres et des Apocalypses. Certains de ces textes ont aussi été utilisés par les chrétiens du Moyen Âge à l'instar des livres canoniques.
5. J. Hadot, art. «Apocalypse de Jean», *ibid.*, pp. 144-145.

vision de Daniel dans l'Ancien Testament (Daniel, X, 11). Après le *Millenium*, au cours d'un ultime combat, Satan sera vaincu, les morts ressusciteront et le Jugement dernier interviendra.
Ces idées ont imprégné de nombreux mouvements chrétiens dits *millénaristes*[6], mais le christianisme officiel a condamné ces millénarismes jugés hérétiques. Pour lui le Messie est venu – c'est Jésus –, le *Millenium* n'est plus dans le futur mais a commencé, il se réalise dans l'Église. Saint Augustin combattit vivement le millénarisme[7].

Le christianisme a ainsi installé l'attente dans la vie religieuse et semble en avoir simplifié les conditions. Il n'y a plus pour les vivants et les morts à attendre que les Derniers Temps. Mais cette attente ne doit pas être passive. Ce que l'on fait en attendant décide de ce qui vous attendra au bout de l'attente. Les deux éventualités : Paradis ou Enfer transforment l'attente en espoir ou en crainte. Le christianisme propose donc à ses fidèles une dialectique de l'espérance et de l'angoisse très caractéristique de la foi chrétienne. Nul n'a mieux dit que saint Augustin dans les *Confessions* que le cœur du chrétien n'est pas en repos, est «inquiet» jusqu'à ce qu'il retourne à Dieu. Dans l'*Enchiridion*, au chapitre 8, Augustin distingue «espérer» et «attendre»: «Nous attendons des choses bonnes et des choses mauvaises mais nous espérons seulement les choses bonnes.» Isidore de Séville reprend littéralement la distinction d'Augustin et lègue au Moyen Âge sa définition de l'espérance: «L'espérance est l'attente des biens à venir[8].» Ainsi la théologie, les formulations doctrinales tirent l'attente chrétienne vers l'espérance[9]. Les grandes peurs collectives de l'histoire, la crainte de l'Enfer que développe surtout entre le XIIIe et le XVIIIe siècle l'apostolat des églises chrétiennes catholiques et protestantes – Satan est devenu au Moyen Âge le chef d'orchestre de l'imaginaire – la poussent vers la peur[10].

---

6. J. Le Goff, art. «Millénarisme», in *Encyclopaedia Universalis*, 1971, vol. 2, pp. 30-32; V. Lanternari, art. «Millennio», in *Enciclopedia Einaudi*, 1980, vol. 9, pp. 312-331.
7. Notamment dans le chapitre VII du livre XX de la *Cité de Dieu*.
8. Isidore de Séville, *De differentiis verborum*: pour la distinction augustinienne entre «attendre» et «espérer», chap. I (*PL*, t. LXXXIII, col. 61) pour la définition de l'espérance : *spes est bonorum exspectatio futurorum*, *ibid.*, II, 36 (*PL*, t. LXXXIII, col. 92).
9. Sur le développement historique de la conception théologique de l'espérance chrétienne jusqu'au XIIIe siècle, voir la superbe étude de J.-G. Bougerol, *La Théologie de l'espérance aux XIIe et XIIIe siècles*, Paris, Études augustiniennes, 1985, 2 vol., notamment pp. 63-64. La conception primitive a été enrichie par les notions de confiance, expérience, conquête (Abélard), désir, avant-goût des choses éternelles (Guillaume d'Auxerre) jusqu'à Thomas d'Aquin pour qui «l'attente de la révélation» est présente à titre de prémices dans «notre dimension humaine».
10. J. Delumeau, *La Peur en Occident (XIVe-XVIIIe siècle)*, Paris, 1978, et *Le Péché et la Peur (XIIIe-XVIIIe siècle)*, Paris, 1983.

L'attente définit le chrétien. Quand les Évangiles introduisent Joseph d'Arimathie qui réclame à Pilate le corps de Jésus mort sur la croix pour manifester qu'il était disciple de Jésus, l'évangéliste dit : « Il attendait lui aussi le royaume de Dieu » (Marc, XV, 43 ; Luc, XXIII, 51). Le *credo* de Nicée précise l'attente de la résurrection des morts *(Et exspecto resurrectionem mortuorum)*. L'apôtre Pierre dans sa seconde Épître (III, 13) dit de la seconde venue de Jésus à la fin des temps : « Nous attendons de nouveaux cieux et une nouvelle terre où règne la justice selon la promesse qu'il nous a faite. »

Ainsi, malgré l'élimination par l'Église des pulsions millénaristes, pour tout chrétien « l'avènement de Jésus-Christ, Verbe fait homme, a ponctué le temps humain, d'un *"déjà"* et d'un *"pas encore"* dans une tension exaspérée[11] ».

Dans l'histoire de l'humanité, les structures intériorisées de l'espace et du temps ont joué un rôle aussi grand que les structures spatio-temporelles « objectives ». La pensée a besoin de se spatialiser et les croyances sont vécues par les sociétés et les individus à l'intérieur de cadres spatiaux eux-mêmes pénétrés de temporalités[12]. Vivre l'attente implique, exige des lieux d'attente. Le judaïsme ancien, incertain sur l'au-delà, n'avait créé qu'un espace d'attente uniforme, le *shéol* vague, ténébreux, inquiétant, dépourvu de châtiment mais non d'angoisse, un grand cimetière sous la terre, que ne remuaient pas quelques grands cris de joie eschatologique des Prophètes[13], l'apostrophe vibrante d'espoir du Psaume XVI[14], les évocations triomphantes d'un Messie qui viendra davantage pour les vivants que pour les morts[15].

Le christianisme joue aussi sur la dualité de l'homme : âme et corps. L'âme, immortelle, reçoit normalement son salaire aussitôt après la mort : les âmes des bons, des justes (ou saints) vont en paradis, celles des méchants vont en enfer. Le Paradis, distinct du paradis terrestre (où n'at-

---

11. J.-G. Bougerol, *La Théologie de l'espérance...*, *op. cit.*, p. 33.
12. Voir *supra* J. Le Goff, *La naissance du Purgatoire*, pp. 1024-1053 et parmi les ouvrages qui y sont cités, E. J. Hall, *The Hidden Dimension*, New York, 1966, trad. fr. : *La Dimension cachée*, Paris, 1971.
13. Par exemple le discours eschatologique de Yahvé qui clôt le second Isaïe (Isaïe, LXVI).
14. Car tu ne peux abandonner mon âme au shéol
    tu ne peux laisser ton ami voir la fosse.
    Tu m'apprendras le chemin de vie,
    devant ta face, plénitude de joie,
    en ta droite, délices éternelles (Psaume XVI, 10-11).
15. Il en va autrement à la fin de la période du Second Temple (aux alentours des débuts de l'ère chrétienne). La littérature rabbinique distingue une géhenne, un Éden et déjà certaines écoles recherchent un lieu d'attente avant l'Éden pour les « justes incomplets ». La deuxième bénédiction de la *Amida*, prière quotidienne mise au point après la destruction du Second Temple, déclare : « Tu es vaillant à jamais, Seigneur ; Tu ressuscites, Toi, les morts, abondant en salut. » Voir P. Volz, *Die Eschatologie der jüdischen Gemeinde im neutestamentlicher Zeitalter*, Tübingen, 1934 ; J. Genot-Bismuth, *Un homme nommé Salut. Genèse d'une hérésie à Jérusalem*, Paris, 1986.

Les limbes

tendent plus qu'Hénoch et Élie soustraits mystérieusement par Dieu à la mort mais qui devront, lors des Derniers Temps, passer par la mort pour aller au Paradis céleste), est un paradis céleste, où les élus jouissent de la vision de Dieu qui y habite, récompense et bonheur suprêmes. L'Enfer, souterrain, est la demeure de Satan qui, avec ses démons, y tourmente éternellement les damnés. Mais ce début d'éternité, si l'on peut dire, ne concerne pas l'homme complet, corps et âme. Le sort des individus ne sera définitif qu'après le Jugement dernier quand les âmes auront retrouvé les corps ressuscités.

Toute cette imagination et toute cette rationalisation à propos de la géographie de l'au-delà et de l'attente entre la mort et l'éternité qui, à partir de la croyance commune, se réfractaient en chaque chrétien selon son niveau et la spécificité de sa culture, reposaient sur une distinction plus ou moins claire, plus ou moins conceptualisée, entre un jugement individuel à la mort et un jugement universel plutôt que collectif à la fin des temps. Il semble que chez les chrétiens de l'Antiquité et du haut Moyen Âge l'attente était plutôt dirigée vers le Jugement dernier et qu'à mesure qu'on avance dans le Moyen Âge elle se porte de plus en plus sur le jugement individuel. Au tournant du XIIe au XIIIe siècle une poussée de la dévotion et de la spiritualité individuelles, liées sans doute à une promotion de l'individu, circonstances favorables à la naissance du Purgatoire qui renforce à son tour ces tendances individuelles, semble focaliser l'attente sur le jugement individuel[16]. Ainsi la part de crainte que comporte l'attente chrétienne, bien qu'elle ait toujours porté à la fois sur la peur de la mort, la peur de l'entre-deux entre la mort et le Jugement dernier et la peur de l'au-delà éternel, s'est plutôt au cours du Moyen Âge convertie de la peur de l'Enfer vers la peur de la période qui entoure la mort. C'est au lit de l'agonisant que se joue la lutte entre anges et démons pour son salut éternel, c'est à son dernier souffle que, repenti ou impénitent, il décide de son propre sort et c'est à l'expiration de ce dernier souffle que la décision du Juge va intervenir. Pire encore, la mort subite – la plus effrayante après le suicide pour un chrétien du Moyen Âge – risque d'apporter une conclusion tragique à l'attente si l'individu n'en a pas profité pour se préparer à une «bonne» mort.

L'originalité de l'imaginaire chrétien de l'au-delà réside sans doute dans sa géographie des lieux d'attente des morts. Longtemps cet au-delà ne fut pas unifié et les chrétiens pensaient que les âmes attendaient, dans des «réceptacles» *(receptacula)* plus ou moins spacieux, selon des assignations à résidence assez mystérieuses, le jour d'être réunies à leurs corps ressuscités. Il

---

16. Voir *supra*, *La naissance du Purgatoire*, pp. 1024-1053.

semble bien qu'aux premiers siècles du christianisme au moins ait continué ici et là (Paul-Albert Février en a trouvé des traces en Afrique[17]) l'idée que la tombe aussi était un lieu d'attente, séjour d'un double à qui il fallait assurer sa subsistance par un mobilier funéraire, des offrandes, des prières. Augustin s'était préoccupé dans le *De cura pro mortuis gerenda* de la sollicitude que les chrétiens devaient apporter aux tombes. Il avait, avec une visible répugnance, accepté, sous la pression des pratiques des fidèles, un certain zèle funéraire. Cette possible croyance en la survie d'un double expliquerait aussi, en partie au moins, la présence de nombreux revenants dans la littérature médiévale.

Mais, pour la plupart, les morts chrétiens, sous forme d'âmes, séparées de leur corps tombés en cendres mais munies d'une sorte de corps (en purgatoire notamment), attendaient le Jugement dernier soit dans ces réceptacles incertains, soit déjà en Enfer ou au Paradis.

Le sort éternel des hommes, après la venue du Christ, ne dépendait pas seulement du rachat de l'humanité opéré par la Passion de Jésus. Il réclamait la condition du baptême, clé indispensable à la possibilité d'une vie éternelle, à une conclusion heureuse de l'attente.

L'évangéliste Jean avait été très clair en rapportant ces paroles de Jésus à Nicodème :

> En vérité, en vérité, je te le dis,
> à moins de naître d'eau et d'Esprit
> nul ne peut entrer dans le royaume de Dieu   (Jean, III, 5).

L'Incarnation et l'instauration du baptême créaient ainsi des obstacles au salut de *toute* l'humanité. On pouvait supposer que la Passion de Jésus avait eu un effet rétroactif, Dieu étant maître du temps, que les justes qui avaient vécu avant sa vie terrestre avaient été eux aussi rachetés, sauvés par son sacrifice. Mais pour bénéficier de ce rachat il leur aurait fallu avoir aussi reçu le baptême. Et cet acte terrestre ne pouvait plus être accompli par des morts.

Le cas des justes de l'Ancien Testament et, en théorie, celui de tous les justes non chrétiens qui avaient vécu avant l'Incarnation, fut aisément et rapidement réglé par le christianisme.

Un épisode issu des mythologies antiques, en particulier orientales, fut introduit dans le dernier épisode de la présence de Jésus sur terre, entre sa

---

17. P.-A. Février, «La Tombe chrétienne et l'au-delà», in *Le Temps chrétien de la fin de l'Antiquité au Moyen Age, IIIe-XIIIe siècle. Colloque de mars 1981*, Paris, C.N.R.S., 1984, pp. 163-183.

mort sur la croix et sa résurrection, entre l'après-midi du Vendredi saint et le matin de Pâques. Jésus descendit «aux Enfers», c'est-à-dire dans le *shéol* juif, un *shéol* peut-être marqué dans l'esprit de l'entourage de Jésus et dans les interprétations chrétiennes primitives par les traditions infernales orientales et par l'imaginaire de l'Hadès grec. Cette descente avait pour but et eut pour conséquence de faire sortir les morts antérieurs des Enfers pour les placer au ciel[18]. Ce séjour-visite «aux Enfers» est attesté par l'apôtre Pierre: «Le Christ lui-même est mort une fois pour les péchés, juste pour des injustes, afin de nous mener à Dieu. Mis à mort selon la chair il a été vivifié selon l'esprit. C'est en lui qu'il s'en alla même prêcher aux esprits en prison, à ceux qui jadis avaient refusé de croire lorsque temporisait la longanimité de Dieu, aux jours où Noé construisait l'Arche...» (première Épître de Pierre, III, 18-20). D'ailleurs on a vu sur terre un effet de cette visite salvatrice de Jésus aux Enfers: des saints (justes) ont été ressuscités pendant la «mort» de Jésus, comme l'atteste l'évangéliste Matthieu: «Les tombeaux s'ouvrirent et les corps de nombreux saints qui dormaient se levèrent» (Matthieu, XXVII, 52).

Ce qui assura le succès postérieur de cet épisode c'est le récit détaillé qu'en fit un évangile apocryphe, l'Évangile de Nicodème ou Actes de Pilate[19] composé de deux parties distinctes, artificiellement réunies probablement au Ve siècle. La première est un récit de la Passion de Jésus ajoutant de nombreux détails aux récits évangéliques canoniques. La seconde raconte la descente de Jésus aux Enfers et date vraisemblablement du IVe siècle. Elle semble donc avoir été composée et avoir commencé à circuler au moment où le christianisme devient religion officielle de l'Empire (gréco)-romain et se diffuse rapidement.

---

18. Il s'agit ici d'une interprétation christianisée, édulcorée, du mythe oriental de la descente du héros aux Enfers pour y combattre et vaincre la mort. Voir J. Kroll, *Gott und Hölle. Der Mythus vom Descensuskampfe*, Leipzig, Berlin, 1932. D'ailleurs l'Évangile de Nicodème (Amiot, p. 151) met en scène dans l'Enfer qui s'apprête à recevoir Jésus le prophète Osée qui s'écrie: «Mort, où est ton aiguillon? Enfer, où est ta victoire?» (Osée, XIII, 14). Le texte de la Vulgate dit: «*Ero mors tua, o mors! morsus tuus ero, inferne!*», «Je serai ta mort ô mort! je serai ta morsure, ô enfer!»
19. Nous possédons diverses versions de ce texte: une version grecque, originale et deux traductions latines de cette version grecque publiées par C. Tischendorf, *Evangelia apocrypha*, Leipzig, 1886; nouv. éd. in E. Hennecke et W. Schneemelcher, *Neutestamentliche Apokryphen*, Tübingen, 1958, trad. anglaise in M. R. James, *The Apocryphal New Testament*, Oxford, 1950. On connaît des traductions médiévales en vieux français, en allemand et dans les langues slaves. Il y a eu des traductions plus anciennes, en vieux slave (A. Vaillant, *L'Évangile de Nicodème. Texte slave et texte latin*, Genève-Paris, 1968), et en copte (texte et trad. fr. par Révillon, in Graffin-Nau, *Patrologia Orientalis*, 1913, t. IX). J'ai utilisé la traduction française du texte latin A de Tischendorf par F. Amiot, *La Bible apocryphe. Évangiles apocryphes* (textes choisis et présentés par Daniel-Rops), Paris, 1952, pp. 145-156.

Ce récit va marquer le christianisme médiéval d'une empreinte profonde attestée par l'iconographie[20].
Que raconte le pseudo-Nicodème ?
Le récit est placé dans la bouche de deux bénéficiaires du « miracle », Charinus et Lencius, fils jumeaux du vieillard Siméon qui, selon l'évangile de Luc, accueillit Jésus nouveau-né au Temple quand ses parents l'y présentèrent. Ils font partie des morts ressuscités après le Vendredi saint et se trouvent à Arimathie. Ils racontent que la venue de Jésus ayant été annoncée à l'Enfer, celui-ci voulut refuser de le recevoir tandis que Satan, informé du pouvoir de Jésus qui avait ressuscité des morts, lui conseillait de l'accueillir, car toute résistance serait vaine. La multitude de « saints » avait aussi pressé de façon menaçante l'Enfer d'ouvrir les portes à Jésus. David et Isaïe entre autres rappelaient qu'ils avaient prophétisé ces événements[21]. Pendant cette discussion « le Seigneur de majesté en forme humaine survint en Enfer, il illumina les ténèbres éternelles et brisa les liens indissolubles, et nous fûmes visités par la force mystérieuse ». Jésus pronostiqua à l'Enfer : « Satan le chef te sera assujetti pendant les siècles éternels à la place de mes justes, Adam et ses fils. » Puis Jésus s'adressa aux morts : « Venez à moi, vous tous mes saints, qui êtes à mon image et à ma ressemblance. Vous aviez été condamnés par le bois, le diable et la mort ; voyez maintenant le diable condamné par le bois et la mort. » Le récit poursuit : « Et aussitôt tous les saints furent réunis sous la main du seigneur. Le Seigneur, tenant la main droite d'Adam, lui dit : "Paix à toi et à tous tes fils, mes justes." Adam prosterné aux genoux du seigneur le remerciait d'une voix forte mêlée de larmes[22]... »
C'est maintenant la sortie et la montée au Paradis : « Et le Seigneur étendant la main fit le signe de la croix sur Adam et tous les saints, et tenant la main droite d'Adam remonta des Enfers ; et tous les saints le suivirent. » Jésus les remet à l'archange Michel qui les introduit au Paradis mais en passant par le Paradis terrestre où se trouvent Hénoch et Élie qui n'ont pas encore connu

---

20. Voir article « Limbes » (H. Leclercq), in F. Cabrol et H. Leclercq, *Dictionnaire d'Archéologie chrétienne et de liturgie*, t. IX/1, col. 1049-1054 (comprend essentiellement la description par G. Millet de mosaïques byzantines médiévales) et article « Limbes », II, « Iconographie » (J. de Mahuet), in *Catholicisme*, t. VII, col. 797-800. Je laisse de côté dans cette étude cet aspect iconographique fort important dans une perspective globale au-delà de cet essai centré sur la notion d'attente. Je tiens cependant à souligner un élément dans ces images : dans l'iconographie occidentale, Ève figure toujours à côté d'Adam alors qu'elle n'est jamais citée dans les textes. Selon J. de Mahuet (*ibid.*, t. VII, col. 797), une sculpture d'une des colonnes du ciborium de Saint-Marc à Venise serait la plus ancienne représentation des futurs limbes (VIe siècle). Une inscription rajoutée probablement au XIe siècle dit : *« expoliatio inferi »*, « le dépouillement de l'enfer », ce qui exprime pleinement la victoire de Jésus.
21. F. Amiot, *La Bible apocryphe, op. cit.*, pp. 148-152.
22. *Ibid.*, pp. 152-153.

la mort et attendent l'avènement de l'Antéchrist qu'ils devront combattre. Ils seront tués dans cette lutte mais eux aussi, après trois jours et demi, ressusciteront et iront au Paradis céleste. Enfin apparaît un troisième habitant très éphémère du Paradis terrestre : le bon larron crucifié en même temps que Jésus et à qui celui-ci, sur la croix, a promis « ce soir tu seras avec moi au Paradis » (Luc, XXIII, 43). Son attente au Paradis terrestre, tout à fait spécifique, ne dure que le temps qui s'écoule entre la venue de Jésus aux Enfers et le départ d'Adam et des autres justes pour le Paradis céleste. En effet, le bon larron, admis au Paradis terrestre en montrant à l'ange qui le garde le signe de la croix que lui a remis Jésus mourant, a reçu de cet ange la consigne suivante : « Attends peu de temps et Adam, le père de tout le genre humain, va entrer avec tous ses fils les saints et les justes, après le triomphe et la glorieuse ascension du seigneur Christ crucifié[23]. »

À ce moment-là Lencius et Charinus ont reçu l'ordre de l'ange d'aller à Jérusalem proclamer la résurrection de Jésus puis de rejoindre les autres ressuscités au-delà du Jourdain pour y célébrer la Pâque pendant trois jours et y recevoir le baptême. Ce temps écoulé, ils sont allés, suivant l'ordre reçu, à Arimathie pour remettre une relation écrite de ce qu'ils ont vu et vécu aux prêtres. Ayant accompli leur mission, sous les yeux effrayés des témoins ils sont devenus d'une blancheur éclatante et ont disparu[24]. Le récit est transmis à Pilate qui envoie une relation des événements à l'empereur Claude.

Ce récit a eu d'autant plus de succès au Moyen Âge qu'il a été accueilli dans la fameuse *Légende dorée* de Jacopo da Varazze (Jacques de Voragine) au XIIIe siècle et que le relais de ce foyer d'histoires pieuses a encore accru son retentissement. Le texte de la *Légende dorée* sur la descente du Christ aux Enfers se trouve au chapitre de la « Résurrection de Notre-Seigneur[25] ». Jacques de Voragine cite d'abord un sermon de saint Augustin qui parle en termes vagues de la descente de Jésus aux Enfers, puis il donne un résumé clair et fidèle de la seconde partie de l'Évangile de Nicodème... Mais le lieu où descend Jésus ne s'appelle plus Enfer *(infernus)* ou Enfers *(inferi, inferni)* mais *limbus*, limbe. Que signifie ce changement de nom ? Comment en est-on arrivé là ?

Dans les premiers siècles du christianisme, avant que, sous l'influence notamment de l'Évangile de Nicodème, on ne plaçât au ciel, au Paradis, les justes de l'Ancien Testament arrachés à l'Enfer par Jésus, on faisait attendre

---

23. *Ibid.*, p. 154.
24. *Ibid.*, p. 155.
25. Texte latin dans *Jacobi a Voragine « Legenda aurea »*, éd. Th. Graesse, 1890, pp. 235-245 (descente aux Enfers : pp. 242-245). Trad. fr. (très sujette à caution) de J. B. M. Roze, in Jacques de Voragine, *La Légende dorée*, Classiques Garnier-Flammarion, 1967, t. I, pp. 271-281 (descente aux Enfers : pp. 278-281).

ceux-ci dans un lieu de repos, le sein d'Abraham. L'origine de cette conception et de ce lieu vient de l'histoire du pauvre Lazare et du méchant riche dans l'Évangile de Luc (XVI, 19, 30). Après sa mort le mauvais riche, torturé dans l'enfer *(infernus)*, aperçoit de loin Abraham et, dans son sein, le pauvre Lazare qui y trouvait rafraîchissement et consolation. Bien qu'Abraham ait dit au mauvais riche qu'un grand abîme avait été placé pour empêcher le passage, les exégètes des premiers siècles et du haut Moyen Âge estimèrent que le sein d'Abraham ne devait pas être très loin de l'Enfer puisqu'on pouvait s'apercevoir d'un lieu à l'autre et parce qu'ils n'arrivaient pas à imaginer un lieu qui ne soit pas le Paradis sans avoir une certaine proximité avec l'Enfer.

Ainsi Tertullien dit: « Lazare trouva près des Enfers un rafraîchissement dans le sein d'Abraham[26]. » En fait Tertullien était, comme les chrétiens de son temps, dans une grande confusion au sujet des lieux d'attente de l'au-delà. Dans cette même phrase il situe Lazare dans un lieu qui tient de l'Enfer, du Paradis (lieu de rafraîchissement) et d'une quiétude neutre (le sein d'Abraham). Il faudra attendre le XIIe siècle pour que de l'ordre apparaisse dans cette géographie de l'au-delà et de l'attente des morts.

Mais un autre groupe posait au christianisme un problème quant à son sort dans l'au-delà et aux conditions de son attente de l'éternité: les enfants pas encore baptisés. Depuis l'établissement de la religion chrétienne, le baptême, comme l'avait dit Jésus par l'intermédiaire de l'apôtre Jean, était devenu la condition *sine qua non* de la vie éternelle. Parmi les groupes de non-baptisés celui des jeunes et des adultes qui n'avaient pas encore reçu le baptême décrut rapidement dans la mesure où tous les habitants de ce qui formait la Chrétienté étaient devenus chrétiens et où la pratique s'était installée de baptiser les nouveau-nés peu après la naissance. Le sort du groupe des Infidèles (païens, musulmans, juifs, etc.) pendant longtemps, pratiquement pendant tout le Moyen Âge, ne préoccupa pas le christianisme ou plutôt son seul souci fut de les convertir et de les baptiser.

Restaient les très jeunes enfants morts avant le baptême, catégorie relativement nombreuse en raison des ravages de la mortalité infantile[27].

---

26. « *Sic et Lazarus apud inferos in sinu Abrahae refrigerium consecutus* » (*De idolatria*, chap. XIII, *PL*, t. I, col. 680).
27. D'une très abondante littérature, voir, dans le *Dictionnaire de Théologie catholique*, l'article « Baptême » (Sort des enfants morts sans), particulièrement col. 368 et dans l'encyclopédie *Catholicisme*, les articles « Baptême » (t. III, col. 658-661) et « enfant » (t. IV, col. 151-157); P. Gumpel, « Unbaptized Infants: May they be Saved ? », in *Downside Review*, 72, 1954, pp. 342-458; 73, 1955, pp. 317-346; W. A. Van Roo, « Infants Dying without Baptism. A Survey of Recent Literature and Determination of the State of the Question », in *Gregorianum*, XXXV, 1954, pp. 406-473; A. Michel, *Enfants morts sans baptême. Étude doctrinale et documentaire. Certitudes et hypothèses*, Paris, 1954.

Les limbes

À l'époque patristique, les Pères grecs, en particulier Grégoire de Nysse, écartent de l'Enfer les enfants qui n'ont pas été rejetés du péché originel par le baptême mais qui n'ont pas commis de péché personnel et qui, s'ils sont privés des joies surnaturelles, ne doivent pas l'être du bonheur naturel. Il doit y avoir un état à part pour leurs âmes mais on ne parle pas du séjour de ces âmes[28].

Il semble que c'était l'opinion de saint Augustin avant son épiscopat (*De libero arbitrio*, III, XXIII, 66, écrit probablement en 391). Mais la lutte contre les Pélagiens amena Augustin à durcir sa position. Les Pélagiens faisaient une distinction entre le royaume des cieux et la vie éternelle ; pour eux les enfants morts sans baptême n'entraient pas dans le royaume mais jouissaient de la vie éternelle.

Augustin ne peut admettre cette distinction qui différait gravement de la doctrine de l'Église sur deux points importants : le sort ultime des créatures et l'au-delà, la nécessité du baptême. Sur le premier point, l'au-delà, les Pélagiens introduisaient entre l'Enfer et le Paradis un troisième lieu, un lieu intermédiaire, ce qui apparut à Augustin comme une nouveauté hérétique inacceptable alors qu'il semblait prêt à l'admettre dans le *De libero arbitrio* : « Il ne faut pas redouter qu'il puisse y avoir une vie intermédiaire *(vita media)* entre la rectitude et le péché et une sentence du juge intermédiaire entre la récompense et le supplice. » À l'argument du texte de l'Évangile de Jean cité plus haut (Jean, III, 5) les Pélagiens répliquaient en s'appuyant sur un autre passage de l'Évangile de Jean (XIV, 2) : « Il y a beaucoup de maisons dans la demeure de mon Père. »

Face à la menace pélagienne, Augustin, dans le *De anima et ejus origine* (419) finit par condamner les enfants morts sans baptême au feu éternel de l'Enfer. Sous son influence, le concile de Carthage (418) venait, avec l'approbation du pape Zosime, de prononcer le même avis, dans son canon 3 : « Quiconque prétend que les paroles du Seigneur : "Il y a beaucoup de maisons dans la demeure de mon Père" doivent s'entendre en ce sens qu'il existe dans le royaume des cieux ou ailleurs un lieu intermédiaire où les enfants qui ont quitté cette vie sans le baptême vivraient heureux, alors que sans le baptême, ils ne peuvent entrer dans le royaume des cieux, qui est (proprement) la vie éternelle, qu'il soit anathème. Car le Seigneur a dit : "À moins de naître d'eau et d'Esprit nul ne peut entrer dans le royaume de Dieu." »

Augustin et le concile de Carthage établissaient un certain lien entre Satan et les enfants morts sans baptême : « Quel catholique, dit le concile, peut douter qu'il y a quelque chose de commun entre le diable et celui qui n'a pas mérité d'être cohéritier du Christ ? » Les enfants mort-nés, indésirables

---

28. A. Gaudel, article « Limbes », in *Dictionnaire de Théologie catholique*, t. X/1, col. 761-762.

à la droite du Père, sont inévitablement placés à sa gauche, le côté des réprouvés.

Pourtant le concile ne parle «ni de tourments, ni de flammes, ni de douleurs» pour ces enfants et Augustin dans l'*Enchiridion* (421-422) évoque la peine la plus douce possible *(mitissima)*.

Dans la tradition augustinienne, Grégoire le Grand, plus clairement encore, condamnait aux tortures infernales les enfants morts sans baptême: «Ceux qui n'ont pas péché de leur propre volonté subissent aussi les tourments éternels» (*Moralia in Job*, IX, 21). Pourtant Grégoire fait bien la distinction entre ceux qui ne portent que le poids du péché originel et ceux qui ont commis des péchés *actuels*, c'est-à-dire personnels. Mais parmi les premiers il ne compte pas les «saints» délivrés par Jésus lors de sa descente aux Enfers et qui, jusqu'à leur délivrance, ont été détenus dans la partie supérieure de l'Enfer *(infernus superior)* (*Moralia in Job*, XIII, 44).

À partir de la fin du XIe siècle la géographie de l'au-delà bouge en raison d'un ensemble de conditions historiques nouvelles parmi lesquelles, sur le plan théologique et pastoral, une évolution dans la conception du péché joue un rôle primordial[29]. Un certain parallélisme se manifeste entre l'évolution des idées sur le cas des pécheurs «intermédiaires», ni tout à fait bons ni tout à fait méchants, c'est-à-dire chargés à leur mort des seuls péchés véniels, et l'évolution des positions concernant le sort des pécheurs chargés du seul péché originel. Mais deux grandes différences subsistent entre les deux catégories. Dans le premier cas il s'agit de trouver à ces pécheurs un lieu d'attente *provisoire* où ils pourront se purifier avant de rejoindre pour l'éternité le Paradis qui leur est assuré. Et ce lieu trouvé sans trop de difficultés ce fut le *purgatoire*. En revanche pour les enfants morts sans baptême il fallait trouver un lieu intermédiaire entre Enfer et Paradis, pour l'*éternité*.

C'est pourtant à partir de la même évolution des idées sur la nature du péché que le christianisme va, presque en même temps, parvenir à la définition d'un ou plutôt de deux lieux particuliers: les *limbes*. On peut, dans le cas du *limbe des enfants*, légitimement supposer, bien qu'il soit très difficile de prouver ce genre de lien historique, que cet adoucissement du sort des enfants morts sans baptême est lié à la plus grande attention portée aux enfants, et en particulier aux très jeunes enfants, par la société chrétienne aux XIIe-XIIIe siècles[30].

---

29. Voir *supra*, La naissance du Purgatoire, pp. 1028 *sqq*.
30. Voir J. Le Goff, «Petits Enfants dans la littérature des XIIe-XIIIe siècles», in *Annales de Démographie historique*, numéro spécial *Enfants et Sociétés*, 1973, pp. 129-132, et D. Alexandre Bidon et M. Closson, *L'Enfant à l'ombre des cathédrales*, Presses universitaires de Lyon, 1985.

LES LIMBES

Saint Anselme (mort en 1109) « en plaçant l'essence du péché originel dans la privation de la justice primitive posait... un principe... d'où l'on devait logiquement déduire un jour la conception purement privative des conséquences de la faute originelle » (A. Gaudel). Mais il restait augustinien et maintenait les enfants morts sans baptême dans l'Enfer, du moment qu'il ne pouvait dans l'éternité exister que le royaume de Dieu et l'Enfer.

Abélard (mort en 1142) fit faire un grand progrès aux conditions d'attente des enfants morts sans baptême en définissant d'une façon nouvelle et accordée à la théologie de l'intention, la peine qu'ils pouvaient souffrir : « La peine des enfants morts sans baptême nous est présentée par saint Augustin dans l'*Enchiridion* comme très douce. J'estime que cette peine ne consiste pas en autre chose qu'en ce qu'ils souffrent les ténèbres : c'est-à-dire en ce qu'ils sont privés de la vision de la majesté divine, sans aucun espoir de récupérer cette vision. C'est, si je ne me trompe, ce tourment de la conscience que saint Augustin a désigné sous le nom de feu perpétuel[31]. » Consciemment ou non, Abélard forçait la conception augustinienne en privant la peine du feu de l'aspect positivement afflictif qu'elle avait pour Augustin.

Deux textes allaient, vu l'importance de leurs auteurs et l'efficacité des ouvrages où ils s'insérèrent, consolider cette conception du sort des enfants morts sans baptême au tournant du XIIe au XIIIe siècle. Le premier figure dans le *Commentaire des Sentences* de l'évêque de Paris, Pierre Lombard (mort en 1160) qui recueillait l'essentiel de l'acquis théologique de la première moitié du XIIe siècle et qui allait, au XIIIe siècle, être le manuel des nouvelles universités. Le Lombard affirmait : « Les petits enfants ne souffriront d'autre peine, en fait de feu matériel ou de rongement de conscience, que d'être privés pour toujours de la vision de Dieu » (livre II, distinction XXXIII, n. 5).

Enfin le pape Innocent III, dans une lettre à l'archevêque d'Arles en 1202, entérinant l'évolution théologique du XIIe siècle, déclarait que seul le péché *actuel* est puni par les tourments de l'Enfer, et, dans une claire allusion aux enfants non baptisés incapables de commettre le péché actuel, que la peine de la seule faute originelle était la privation de la vision de Dieu. Ce qui conféra une importance particulière à cette lettre d'Innocent III c'est qu'elle fut insérée dans le *Code de Droit Canon* parmi les *Décrétales* de Grégoire IX au XIIIe siècle et eut donc une valeur canonique[32].

Tout était mûr pour qu'un lieu spécifique fût assigné dans l'au-delà aux enfants morts avant le baptême. Ce fut le *limbe des enfants (limbus puerorum)*. Par analogie, un lieu fut rétrospectivement attribué aux saints ramenés des Enfers par le Christ, le *limbe des patriarches (limbus patriar-*

---

31. Abélard, *Expositio in Epistolam ad Romanos*, II, 5, *PL*, t. CLXXVIII, col. 870.
32. *Corpus Juris Canonici*, éd. A. Friedberg, t. II, col. 644-646.

charum)[33]. Il n'y a pas eu de recherche vraiment systématique sur la date d'apparition de ces expressions. On a avancé comme première occurrence du terme *limbus*, pour désigner le limbe des patriarches, le traité sur la *Passion du Seigneur* d'un pseudo-Anselme, datant probablement de la fin du XIIe siècle[34] et comme première apparition de l'expression *limbus inferni (limbe de l'Enfer)* pour désigner le limbe des enfants, une *Somme* anonyme composée entre 1202 et 1206, renfermée dans un manuscrit de la Bibliothèque nationale de Bamberg[35].

Les termes *limbus puerorum* (limbe des enfants), *limbus patriarcharum* (limbe des patriarches) ou tout simplement *limbus* (limbe) pour désigner l'un ou l'autre limbe (car désormais il y a *deux* limbes bien distincts, et quand on parle *des* limbes, il s'agit de ces deux lieux séparés mais se ressemblant par leur fonction de lieu d'attente d'êtres humains qui n'ont pas connu le baptême) ont été utilisés normalement par tous les grands théologiens du XIIIe siècle: Guillaume d'Auxerre, Guillaume d'Auvergne, Alexandre de Halès, saint Bonaventure, saint Albert le Grand, saint Thomas d'Aquin... Le mot *limbus* signifie en latin bordure et les limbes désignent deux bordures de l'Enfer. D'ailleurs il semble bien qu'on passe par une courte période au début du XIIIe siècle où l'on emploie *limbus inferni* avant d'employer *limbus puerorum, limbus patriarcharum, limbus* tout court.

La quasi-simultanéité entre l'apparition du mot *limbe* (et la construction des deux lieux spécifiques qu'il révèle), et celle du mot *purgatorium* (et la naissance du lieu qu'il désigne), même s'il y a probablement une légère antériorité du Purgatoire, plus facile à faire accepter comme au-delà intermédiaire, car transitoire et répondant à un plus grand besoin, la catégorie des « ni tout à fait bons ni tout à fait méchants » étant plus nombreuse et plus revendicative, cette quasi-simultanéité est frappante. Elle correspond

---

33. Voir A. Gaudel, articles «Limbes», in *Dictionnaire de Théologie catholique*, t. IX/1, col. 760-772, *Catholicisme*, t. VII, col. 792-800; article «Limbus», in *Lexicon für Theologie und Kirche*, t. VI, col. 1057-1059; George J. Dyer, *Limbo. Unsettled Question*, New York, 1964.

34. «Il y eut alors une grande joie dans le limbe *(in limbo)* quand l'âme du Christ y descendit et en libéra les pères et détruisit le limbe et boucha l'Enfer, de telle sorte qu'aucun chrétien ne pouvait y venir si ce n'est de sa propre volonté et qu'aucun de ceux qui sont à l'intérieur ne pouvait en sortir avant le jour du Jugement dernier. Il boucha l'Enfer avec trois barres. Et c'est la raison pour laquelle avant sa mort nul ne put obtenir la contrition, la confession et l'absolution» (*Dialogus beatae Mariae et Anselmi De Passione Domini, PL*, t. CLIX, col. 286). Ce texte témoigne de la confusion de son auteur au sujet de l'Enfer. On est en plein remodelage des lieux de l'au-delà.

35. D'après Richard Weberberger, «"Limbus puerorum." Zur Entstehung eines theologisches Begriffes», in *Recherches de Théologie ancienne et médiévale*, 1968, t. XXXV, pp. 83-133 et 241-259. Voir plus particulièrement pp. 254 *sqq*. Il s'agit du Cod. Patr. 136 de la Bibliothèque nationale de Bamberg. Voir A. Landgraf, «Kindertaufe und Glaube in der Frühscholastik», in *Gregorianum*, 9, 1928, pp. 327-382.

à une profonde réorganisation de la géographie de l'au-delà que la scolastique fixe au XIIIe siècle[36].

Dans la seconde moitié du XIIe siècle une classification, probablement d'origine cistercienne, avait dégagé un triple au-delà : Enfer, Purgatoire, Paradis et une quintuple division de l'univers : la terre, le cloître (paradis sur terre), l'Enfer, le Purgatoire, le Paradis[37].

Le triple au-delà persistera comme système dans le catholicisme puisque Luther nommera avec mépris le Purgatoire «le troisième lieu» et le système des «cinq lieux» sera adopté par la scolastique du XIIIe siècle, mais ces cinq lieux seront désormais : le Paradis, l'Enfer, le Purgatoire, le limbe des patriarches, le limbe des enfants[38]. Ce système répond à des structures spatio-temporelles très complexes.

En effet, parmi ces lieux, trois sont des lieux d'attente : le Purgatoire et les deux limbes, et deux des lieux de demeure éternelle : le Paradis et l'Enfer mais, d'un autre point de vue, deux sont des lieux transitoires : le limbe des patriarches et le Purgatoire, trois sont des lieux éternels : l'Enfer, le limbe des enfants et le Paradis. De plus, des deux lieux transitoires, l'un, le limbe des patriarches, appartient au passé. En effet le Christ, en y descendant, l'a vidé pour toujours et y a apposé un sceau qui en consacre la fermeture définitive. L'un des cinq lieux est donc à tout jamais vide et disparaîtra au Jugement dernier. Le Purgatoire disparaîtra également après ce Jugement. En revanche, le limbe des enfants est et sera un lieu d'attente éternelle à supposer que le concept soit justifiable. Le système est à cheval sur l'histoire et l'éternité.

Le XIIIe siècle précise, explicite et alimente ces concepts et ces lieux. Notons une fois pour toutes que si la théologie contemporaine tend à refuser à ces concepts le statut de *lieu* (jugé grossier et matérialiste) et en fait de simples *états*, la théologie antérieure et notamment médiévale en fait, y compris chez les plus grands théologiens comme Thomas d'Aquin, à la fois des états et des lieux. Il est donc légitime de réfléchir sur ces lieux qui sont «bons à penser».

---

36. Voir *supra*, La naissance du Purgatoire, pp. 771-1230.
37. *Ibid.*, p. 965.
38. Voir la description et la justification de ce système de cinq lieux par Thomas d'Aquin (ou son école) dans le supplément de la *Somme théologique*, q. 69, a. 7, in *Saint Thomas d'Aquin. Somme théologique, L'Au-Delà*, texte et trad. fr. par J. D. Folghera, notes et appendices par J. Wébert, éd. Desclée, Paris-Tournai-Rome, 1951, pp. 38-46. Thomas d'Aquin y explique pourquoi il ne compte pas le paradis terrestre parmi les lieux de l'au-delà puisqu'il est ici-bas. Par ailleurs Albert le Grand explique que le *limbe des pères* n'est autre que le sein d'Abraham parce que celui-ci était en *bordure* de l'Enfer (*In IVum Sent. dist.*, I, a. 20). De fait, l'usage du terme *limbe* ou *limbe des pères* (ou des patriarches) entraîna rapidement la disparition du sein d'Abraham dans les textes et dans l'iconographie.

La première précision apportée par le XIIIe siècle est en fait négative. Alors que l'Église, au second concile de Lyon (1274), fait du Purgatoire un dogme (sans s'engager sur la nature des châtiments qu'on y subit), elle confirme le sort des patriarches et des enfants morts sans baptême comme jouissant de statuts spéciaux liés à l'absence de péché actuel, mais elle ne se prononce pas au sujet des limbes.

En 1267, le pape Clément IV propose à l'empereur byzantin Michel Paléologue, en vue de l'union des Églises latine et grecque, la profession de foi suivante: «Les âmes de ceux qui meurent en état de péché mortel ou avec le seul péché originel descendent sans retard *(mox)* en Enfer, pour y être punis de peines qui seront d'ailleurs inégales.» Cette formule sera reprise textuellement par le second concile de Lyon en 1274 et le concile de Florence en 1439.

Ce texte affirme d'abord la réalité et l'efficacité du jugement individuel après la mort. Pas d'attente donc dans l'au-delà pour l'Enfer et le Paradis. Le Jugement dernier ne fera qu'entériner solennellement par la réunion des corps ressuscités avec leurs âmes les verdicts échelonnés antérieurs. Il confirme ensuite que les âmes des enfants morts sans baptême n'iront pas au ciel mais en Enfer, car elles sont visées par l'expression «avec le seul péché originel» *(cum solo originali peccato)*. Mais il prend l'expression «descendre en Enfer» *(in infernum descendere)* au sens traditionnel large d'*infernus*, il comprend les *bordures* (limbes) individualisées par la scolastique et, s'il n'est pas question de lieux spécifiques, l'expression «peines inégales» *(disparibus poenis)* peut aussi bien s'appliquer à l'idée augustinienne d'une peine «très douce» qu'à une conception simplement privatrice de peine, dans la ligne de la nouvelle conception du péché issue de saint Anselme et d'Abélard et mise au point par les grands scolastiques du XIIIe siècle.

En effet, la complexification de la société et de la façon de la penser pour les contemporains conduit à un «principe de proportionnalité qu'on suppose exister entre la peine et le lieu»[39]. Le meilleur exposé du système est celui de Thomas d'Aquin.

Le rapport entre la nature et la peine et le lieu conduit à affirmer l'existence du limbe des enfants: «De même qu'au péché actuel convient une peine temporaire au Purgatoire, de même au péché originel convient une peine temporaire dans le limbe des pères, et éternelle dans le limbe des enfants. De même que l'Enfer et le Purgatoire ne sont pas identiques, de même le limbe des enfants et le limbe des pères ne le sont pas[40].» Quelle différence

---

39. A. Gaudel, art. «Limbes», in *Dictionnaire de Théologie catholique*, col. 771. Sur la proportionnalité et l'au-delà, voir *supra*, *La naissance du Purgatoire*, pp. 1045-1048.
40. *In IVum Sent. dist.*, XLV, q. 1, a. 2.

y a-t-il entre les deux limbes? «Le limbe des pères et le limbe des enfants diffèrent selon la qualité de la récompense et de la peine: les enfants en effet n'ont pas l'espoir de la vie éternelle qu'avaient dans le limbe les pères en qui brillait la lumière de la foi et de la grâce.» Les deux limbes sont donc des lieux d'attente différents: pour les pères une attente mêlée d'espoir, pour les enfants une attente sans espoir.

«Quant au site du lieu il est probable qu'il a été le même, mais le repos des saints était dans un lieu supérieur au limbe des enfants de même que ce limbe est supérieur à l'Enfer[41].»

Ainsi Thomas d'Aquin envisage un empilement de lieux qui se sont séparés de l'Enfer tout en lui restant proches et en étant verticalement contigus. En bas l'Enfer, aucun espoir, au-dessus le limbe des enfants avec une attente sans espoir, au-dessus encore le limbe des pères où ceux qui y étaient, les justes (les autres étaient sans doute en Enfer à proprement parler), dans une attente mêlée d'espoir, ont vu cet espoir se réaliser. Entre ce limbe vide de l'espoir réalisé et l'Enfer, les enfants morts sans baptême connaissent dans le limbe qui leur est assigné, malgré la systématisation de la scolastique, une situation fragile.

Des deux sortes de maux qu'on peut connaître dans l'au-delà, la *peine des sens* (douleurs ressenties par le corps et l'âme), la *peine du dam* (privation de la vision de Dieu ressentie par l'âme seule ou, dans le cas des enfants morts sans baptême, simplement ignorée), les enfants dans leur limbe ne subissent que la peine du dam. Thomas d'Aquin et la scolastique du XIIIe siècle imaginent donc pour les enfants morts sans baptême un sort plus heureux que celui promis par la doctrine augustinienne même si les principes restent ceux d'Augustin. Ils jouissent dans le limbe du bonheur naturel.

«Disons, écrit Thomas d'Aquin, que les âmes des enfants ne manquent pas de cette connaissance qui est due à l'âme séparée, selon sa nature, mais qu'ils manquent de la connaissance surnaturelle qui est implantée en nous ici-bas par la foi: car ils n'ont pas eu de foi actuelle sur terre et ils n'ont pas reçu le sacrement de foi [le baptême]. Or il appartient à la connaissance naturelle que l'âme sache qu'elle a été créée pour le bonheur, et que le bonheur consiste en la possession du bien parfait. Mais que le bien parfait soit cette gloire que possèdent les saints, cela est au-dessus de la connaissance naturelle… Aussi les enfants ne savent-ils pas qu'ils sont privés de ce bien, et par conséquent ils ne souffrent pas; mais ils possèdent sans douleur leurs biens naturels[42].»

---

41. *Ibid.*
42. *De bono*, q. 5, a. 3, cité in *L'Au-delà, op. cit.*, p. 328.

Cependant d'autres parties de l'humanité étaient dans l'attente mais le christianisme médiéval ne s'intéressait guère qu'aux chrétiens et à ceux qui en avaient été les prédécesseurs immédiats, les justes de l'Ancien Testament. À mesure que les clercs récupéraient des pans de plus en plus grands de la culture païenne gréco-romaine, que la Renaissance du XIIe siècle intégrait une partie des auteurs antiques dans l'humanisme chrétien, que l'enseignement universitaire s'annexait de nombreux penseurs grecs et romains et, au premier rang, bien que tardivement, Aristote, le sort de ces grands hommes dans l'au-delà se posa. À vrai dire nous n'avons guère d'études sur ce problème et les théologiens scolastiques semblent s'être peu préoccupés du salut de ceux qu'ils pillaient. Depuis longtemps Augustin leur avait appris qu'il était légitime de dépouiller les grands morts païens et d'abandonner leurs cadavres. Seuls certains pères de l'Église grecque s'étaient préoccupés de trouver pour ce genre de sages un état intermédiaire entre le Paradis et l'Enfer. Les limbes n'allaient-ils pas fournir une solution? Ainsi les lieux d'attente du christianisme auraient été avec ces notions telles que la *translatio imperii* – transfert de souveraineté temporelle des monarchies de l'Orient à l'Empire et au royaume de la Chrétienté – ou la *translatio studii* – transfert de la science d'Athènes à Rome puis à l'Occident (en particulier à l'Université de Paris) – un instrument d'unification de l'histoire humaine. Il ne semble pas pourtant que les théologiens professionnels se soient beaucoup intéressés au sort de l'humanité païenne, antique ou contemporaine, même pas à ses grands hommes. Le salut d'un Trajan ou d'un Virgile, reposant d'ailleurs sur des erreurs historiques, n'étaient que les exceptions qui confirment la règle. Il y avait, à vrai dire, une difficulté. Les sages païens, morts avant le Christ ou avant la diffusion du christianisme, ne pouvaient aller au limbe des enfants, mais le limbe des pères qui aurait pu les accueillir avait été fermé pour toujours par Jésus.

Mais, ici encore, il y a un témoin extraordinaire: Dante[43]. Dans la *Divine Comédie*, Dante a trouvé le moyen génial de concilier le respect de l'orthodoxie chrétienne, sa dévotion humaniste pour les grands hommes de l'Antiquité et les incertitudes qui existaient encore dans la géographie de l'au-delà.

Dante a conscience qu'il ne peut mettre au Paradis les sages païens qui n'ont pas été ramenés des Enfers par Jésus et qui n'ont pas été baptisés. Il conçoit donc une seule région de limbe, une seule bordure de l'Enfer, réunissant en un seul lieu les deux limbes de la théologie scolastique. Il ne

---

43. Sur Dante poète et théologien du Purgatoire, voir *supra*, *La naissance du Purgatoire*, chap. X, pp. 1175-1202. Augustin Renaudet, dans son *Dante humaniste*, Paris, 1952, pp. 106 *sqq.*, a aperçu sans s'y arrêter et sans précision le problème des limbes et la place de Dante dans la théologie du XIIIe siècle.

Les limbes

détache pas complètement ce limbe unique de l'Enfer, conservant la formule un peu archaïque de *limbe de l'Enfer* qui convient à l'architecture et à l'inspiration de son livre. Il en fait le premier cercle de l'Enfer, décrit au chant IV. Il respecte ainsi et la topographie infernale et le fait que les peines sont plus légères en ce lieu liminal. Il sauvegarde l'équilibre des trois lieux et des trois parties de son ouvrage : Enfer, Purgatoire, Paradis et, en plaçant en Enfer les êtres humains qui n'ont commis que le péché originel, il dramatise leur situation. Ce limbe contient à la fois les enfants auxquels il ne fait qu'une brève allusion (*Enfer*, IV, 30), les personnages de l'Antiquité auxquels il consacre la plus grande partie du chant, et il a contenu les saints de l'Ancien Testament car Virgile, mort en 19 avant le Christ, était depuis peu en ces lieux quand il a vu Jésus, «un puissant couronné du signe de la victoire», venir y chercher Adam, Abel, Noé, Moïse, Abraham, David, Israël, Rachel et beaucoup d'autres, les premiers à avoir vu finir leur attente et à être devenus bienheureux (46-63).

Dante en entrant dans ce limbe ressent une grande douleur parce qu'il renferme «des gens de grande valeur» et il est aussi saisi de l'angoisse qui, pour lui, règne en ce lieu où le sort éternel reste vague : ceux qui y sont «en suspens» (*sospesi*, 45). Peut-être y a-t-il une chance d'en réchapper, en étant assimilés aux pères emmenés par Jésus.

Ce n'est pas un lieu banal qu'habitent ces êtres d'élite quoique non sauvés : c'est «un noble château, sept fois entouré par un cercle de hautes murailles, défendu tout autour par une belle rivière» (106-108). Dante et Virgile y sont accueillis par Homère, Horace, Ovide et Lucain. Les habitants du château ont reçu la grâce de jouir d'une sorte de paradis : «un pré de fraîche verdure» (111) et dans un coin il y a, au-dessus des ténèbres, un feu (68-69) et «un lieu ouvert, lumineux et élevé» (116).

Les gens y ont «des yeux lents et graves, leur apparence dégage une grande autorité, ils parlent peu, avec des voix suaves» (112-114), «leur aspect n'était ni triste ni joyeux (v. 84) et ce qui règne en ces lieux où le poète est entré avec angoisse c'est en définitive la tranquillité» (*queta*).

Comme pour le Purgatoire, Dante, tout en restant dans l'orthodoxie, confère aux habitants des limbes le maximum de possibilités qu'offre le nouveau lieu.

La position sévère de l'Église, dans la ligne augustinienne, à l'égard du sort des enfants morts sans baptême auxquels le second concile de Lyon (1274) puis le concile de Florence (1439) refusaient l'accès au Paradis, rencontra à la fin du Moyen Âge une vive résistance «populaire». Cette tendance à l'indulgence trouva un écho chez d'éminentes personnalités ecclésiastiques. Le cardinal Gerson, dans un sermon, au début du XVe siècle, un autre cardinal, Cajétan, maître général des dominicains dans un commentaire de la *Somme théologique* de Thomas d'Aquin publié en 1507, envisageaient la possibilité d'un miracle divin exauçant le vœu des parents[44]. Au fur et à mesure que l'enfant s'affirmait comme une valeur dans la mentalité collective et que l'amour parental s'accommodait de moins en moins de résignation face à la mortalité infantile[45], une croyance et une pratique extraordinaires se développèrent. On imagina la possibilité d'obtenir de Dieu, par des prières directes ou par l'intercession des saints, un miracle qui ressusciterait l'enfant mort pour un bref délai, un sursis, un «répit» pendant lequel on pourrait le baptiser. Ainsi la fiction d'une résurrection, car il semble bien que la réalité du miracle apparut rarement, permettait de franchir l'obstacle d'une mort sans baptême. Ces miracles étaient fortement teintés de religiosité folklorique. Certains sanctuaires furent, à certaines époques, particulièrement accueillants à de tels miracles et on les désigne sous le nom de «sanctuaires à répit».

Ce fut au XVe siècle le cas de deux églises du Dauphiné: le monastère de Saint-Maurice à Vienne et une chapelle de la Vierge à Tullins. À Vienne les «répits» se produisirent sur le tombeau d'une laïque dévote, Philippe de Chantemilan, morte en odeur de sainteté en 1451. Dans les années qui suivirent sa mort on enregistra cinquante-six miracles dont le tiers concerne des résurrections d'enfants mort-nés. Le clergé, incapable d'arrêter cet élan dévotionnel et qui bénéficiait au surplus des dons que les vertus de la sainte lui procuraient (le roi de France Charles VII, la reine et Louis XI figurent parmi les donateurs), laissait faire et, à l'occasion, procédait au baptême de l'enfant mort, qui était cependant le plus souvent baptisé par un laïc proche de l'enfant[46].

Soumise à la pression de la société en faveur des enfants morts sans baptême, l'Église catholique subissait aussi l'assaut d'autres non-baptisés, mais adultes. Les grandes découvertes au XVIe siècle, les vagues successives de voyages et d'entreprises de colonisations culminant à la fin du XIXe siècle imposèrent à l'Église de traiter du salut des «infidèles» autrement que par le silence, l'indifférence du Moyen Âge. Une des solutions possibles au sort

---

44. Gerson, «Sermon *De nativitate Virginis Mariae*», part. III, consid. 2, in *Opera*, Anvers, 1706, t. III, p. 1350.
45. Sur la longue indifférence de la société chrétienne occidentale à l'enfant, voir le grand livre classique de Ph. Ariès, *L'Enfant et la vie familiale sous l'Ancien Régime*, nouv. éd., Paris, 1975.
46. P. Paravy, «Angoisse collective et miracles au seuil de la mort: résurrections et baptêmes d'enfants mort-nés en Dauphiné au XVe siècle», in *La mort au Moyen Âge. Colloque de la société des historiens médiévistes de l'enseignement supérieur public, Strasbourg, 1975*, Strasbourg, Istra, 1977, pp. 87-102.

des infidèles vertueux apparut dans leur admission au limbe des enfants. À diverses reprises depuis le XVIe siècle il y eut, si l'on peut dire, des vagues d'admission en masse d'adultes non baptisés mais supposés non pécheurs volontaires dans le limbe des enfants[47]. La dernière entrée en masse eut lieu sur l'intervention du cardinal Billot en 1919-1922. Ce jésuite, devenu cardinal en 1911 par la grâce de Pie X, farouche adversaire du modernisme et qui dut renoncer au cardinalat en 1927 à cause de sa fidélité à l'*Action française*, ouvrit, dans une série d'articles retentissants parue dans les *Études*[48], toutes grandes les portes du limbe des enfants «aux adultes d'âge qui ne le devenaient jamais de raison et de conscience, des hommes vivant dans l'ignorance invisible de Dieu, mis par conséquent dans l'incapacité absolue d'opter entre le bien et le mal, sans qu'il y ait de leur faute» (A. Gaudel). L'attitude du cardinal Billot me paraît la traduction dans la théologie catholique de l'au-delà du colonialisme paternaliste. On accorde une demi-récompense d'enfants à ces adultes incomplets que sont les «indigènes», ceux que l'Occident colonialiste, à ses moments d'indulgence, considère comme «de grands enfants».

Pour des raisons proprement théologiques la plupart des théologiens catholiques n'admirent pas cette intrusion d'adultes dans un limbe qui, bien qu'il fût fondé sur le critère du baptême, était traditionnellement réservé aux enfants.

Depuis le Moyen Âge, ce limbe des enfants avait connu diverses péripéties, étant depuis le Ve siècle un enjeu entre les indulgents et les rigoristes dans le catholicisme.

Au XVIIe siècle, des jésuites comme le cardinal Bellarmin (mort en 1621), un des grands théologiens de la Contre-Réforme, s'efforcèrent de trouver une conception moyenne entre la vision répressive de saint Augustin et la doctrine purement privative de vision béatifique des grands scolastiques du XIIIe siècle. Bossuet essaya de faire prévaloir ce point de vue mais le pape Innocent XII (1691-1700) refusa de condamner la doctrine thomiste, moins rigoureuse.

C'est avec les jansénistes que le limbe des enfants devint un enjeu important des controverses théologiques[49]. En un ultime avatar de la position ultra-augustinienne et ultra-rigoriste des jansénistes, l'évêque schismatique Ricci, lors d'un synode qu'il réunit à Pistoie en 1786, traita le limbe des enfants de «fable pélagienne». Ces outrances amenèrent une réaction

---

47. Article «Infidèles» (Salut des), in *Dictionnaire de Théologie catholique*, 1923, t. VII/2, en particulier col. 1894-1912.
48. *Études*, 20 octobre 1919, 20 janvier, 5 avril, 20 août, 5-20 décembre 1920, 5 mai et 20 novembre 1921, 5 septembre 1922.
49. G. J. Dyer, *The Denial of Limbo and the Jansenist Controversy*, Mundelein, 1955.

du pape Pie VI qui condamna les rigoristes par la bulle *Auctorem Fidei* du 28 août 1794, d'où il découle « qu'il est légitime de croire à l'existence d'un limbe des enfants dans lequel les âmes de ceux qui meurent avec le seul péché originel sont punies de la peine du dam sans la peine du feu ».

Pour la première fois le limbe des enfants était nommé comme désignant un objet de croyance commune par une des deux autorités suprêmes de l'Église catholique ; mais les limbes n'ont jamais fait l'objet d'une définition dogmatique, à la différence du Purgatoire, proclamé comme un dogme par le second concile de Lyon en 1274. La nature du limbe des enfants fait donc l'objet de libres discussions entre théologiens. La constitution *Sur la doctrine catholique* préparée en 1870 par le concile de Vatican I disait, dans la ligne de Thomas d'Aquin et de Pie VI, que « tous ceux qui meurent en état de péché mortel seront exclus du royaume de Dieu et subiront pour l'éternité le tourment de l'Enfer dans lequel il n'y a aucune rédemption ; et ceux qui ne meurent qu'avec le seul péché originel seront privés de la vision béatifique ». Précisons : « seront (seulement mais éternellement) privés de la vision béatifique ». Mais l'entrée des troupes italiennes à Rome en septembre 1870 empêcha la promulgation de cette constitution.

Je terminerai cette esquisse de l'évolution des conceptions chrétiennes de l'attente dans l'au-delà qui ont conduit à l'idée de limbes en évoquant deux témoignages contemporains très différents.

Voici, d'un côté, la place qu'occupent les limbes dans la croyance d'une extraordinaire paysanne hongroise, Margit Gari, née en 1907, à Mezőkövesd, dont la grande ethnologue Édith Fél a recueilli en 1970-1972 les confidences publiées en 1983 sous le titre *Le Vinaigre et le Fiel*[50].

Le catholicisme de Margit Gari, dévote passionnée, est en plein XXe siècle européen celui du bas Moyen Âge à partir du XIIIe siècle et de la Contre-Réforme. Voici sa géographie de l'au-delà : « Tout en bas il y a les limbes ou l'Enfer, au-dessus le Purgatoire. Et si l'on continue à monter, c'est la Terre, au-dessus d'elle le Paradis[51]. »

Cette confusion entre les limbes et l'Enfer vient sans doute de la traduction hongroise du *Credo* dans laquelle Jésus est descendu *dans les Enfers*. Margit Gari, d'autre part, a entendu parler du limbe dans lequel vivaient « les saints pères... jusqu'à la naissance de Jésus-Christ, dans une attente de quatre mille ans avant lui[52] ».

---

50. Margit Gari, *Le Vinaigre et le Fiel*, Plon, coll. « Terre Humaine », Paris, 1983.
51. *Ibid.*, p. 5.
52. *Ibid.*, p. 26.

LES LIMBES

Margit Gari, qui, tout en redoutant l'Enfer, pense que Dieu est trop bon pour y mettre quelqu'un, même pas Judas, ignore le limbe des enfants. Pour elle le Purgatoire est le lieu par excellence de l'attente de l'au-delà. Les subtilités des théologiens ne sont pas parvenues jusqu'à elle et elle en est au fond restée à un limbe/Enfer antérieur au système des cinq lieux.

L'autre témoignage contemporain a trait à la grande offensive contre la conception rigoriste du limbe des enfants. Un certain nombre de théologiens catholiques ont cherché la possibilité de sauver les enfants de leur limbe. Cette tentative se situe à l'intérieur d'une hypothèse plus générale, celle de l'*ultime option*[53].

Comme les anciennes réflexions théologiques, elle prend pour point de départ la Rédemption: «Le Christ est mort pour tous les hommes sans exception: par sa mort et sa résurrection il a créé une situation nouvelle d'extension du Salut destinée à polariser l'humanité entière sur l'acceptation ou le refus de la grâce offerte par Jésus-Christ.»

Il faut donc que tout être humain ait la possibilité de profiter du bénéfice de l'Incarnation. Un enfant qui meurt avec le baptême a «une réalité de grâce», un enfant qui meurt sans baptême possède malgré tout «une possibilité[54]».

Il faut en effet considérer que la possibilité donnée par la mort du Christ à toute créature de se sauver à travers sa mort connaît son point culminant dans la mort elle-même, quelle qu'elle soit, qui permet toujours à celui qui l'éprouve de se prononcer en une «ultime option». Il n'y a pas d'être humain dépourvu de ce choix. Dans la mort tous les handicaps de l'âge, de la raison, de la santé, de la culture, de quelque privilège que ce soit y compris dans une certaine mesure, le baptême, s'abolissent.

Pour les théologiens de l'«ultime option», au moment de la mort il n'y a pas d'enfants. C'est l'inversion de l'hypothèse du cardinal Billot, infantilisant toute une partie de l'humanité. Dans l'hypothèse de l'option, les enfants mêmes seraient en mesure d'opter en pleine connaissance et liberté au moment de leur mort. Il ne faudrait jamais perdre de vue que ces enfants, mourant avant d'être aptes à se servir de leurs capacités intellectuelles, n'en sont pas moins des êtres spirituels, et que, comme tous les hommes dans la mort, ils s'éveillent alors à la plénitude de la connaissance et de la liberté. Ces enfants se trouvent également confrontés dans la mort au dynamisme essentiel de leur esprit et à l'être essentiel de l'univers: pour eux aussi, ce moment est l'instant de la rencontre de leur Rédempteur. Comme le reste des

---

53. P. Glorieux, «Endurcissement final et grâces dernières», in *Nouvelle Revue théologique*, LIX, 1932, pp. 865-892; L. Renwart, «Le baptême des enfants et les limbes. À propos d'un document pontifical récent», *ibid.*, LXXX, 1958, pp. 459-467; L. Boros, *L'Homme et son ultime option. Mysterium mortis.*
54. L. Boros, *op. cit.*, p. 130.

hommes, ces enfants, à leur mort, sans recours à une «illumination» particulière, prendront conscience de la lumière surnaturelle qui baigne l'esprit humain et sans laquelle on ne peut concevoir l'homme sans le détruire dans l'essentiel de son être. Ces enfants aussi entreront en communion constitutive avec la causalité foncière du monde, elle-même tout entière en attente essentielle et véhémente de Dieu, pour être ainsi intégrés dans la splendeur des fils de Dieu et revêtus de sa gloire. À parler strictement, un esprit qui, dans la mort, accède à la totalité de sa spiritualité ne peut plus être taxé d'inutile, si l'on veut garder son sens au terme «enfant».
Il s'agit donc de remplacer «l'hypothèse des limbes» par «l'hypothèse de l'ultime option» qui d'ailleurs, selon son principal théoricien, le jésuite L. Boros, va dans le même sens mais plus loin.
«L'hypothèse des limbes avait été une innovation bienfaisante en ce sens qu'elle représentait une victoire sur le zèle d'autres théologiens, allant jusqu'à promettre la damnation aux enfants morts sans le baptême de l'eau ou de désir. Au fond, nous-mêmes, au lieu de mettre cette hypothèse purement et simplement hors cours, nous développons au contraire l'intuition première qu'elle recèle. En conservant cette intuition fondamentale, nous tentons seulement de la débarrasser de ses expressions erronées pour donner un développement plus adéquat à son sens primitif[55].»
Est-ce pour permettre une ouverture en ce sens que l'article 82 de la *Constitution sur la liturgie* du concile de Vatican II promulguée le 4 décembre 1963 stipule: «Le rite de l'ensevelissement des tout-petits sera révisé et on le dotera d'une messe propre»?
Dans sa démonstration, L. Boros insiste sur les contradictions sur lesquelles repose la théorie des limbes, surtout celle du limbe des enfants. Il y a surtout, me semble-t-il, en dehors des contradictions théologiques dénoncées par le Père Boros, une contradiction anthropologique dont il ne parle pas: quel sens peut avoir la notion d'une attente éternelle? Une attente neutre n'a pas de sens. L'absurdité n'est pas l'absence de sens. Attendre Godot ne veut pas rien dire. L'attente est angoisse ou espoir. Dante, qui s'est efforcé d'exprimer poétiquement la quiétude d'une attente sans espoir, n'a pu se dispenser de mettre dans son limbe sa propre angoisse et une ouverture de lumière.
Les apories de la conception du limbe des enfants, à travers les discussions sur l'ultime option, montrent une ultime fécondité historique de cette notion: un renouvellement de la réflexion contemporaine sur la mort.

---

55. *Ibid.*, p. 136.

LES LIMBES

Ainsi les deux limbes du christianisme, replacés dans la délicate structure des attentes imbriquées dans les espaces-temps de l'humanité, dessinent en quelque sorte les deux bornes de l'attente, ou plutôt, selon l'étymologie même de limbe, les deux bordures du début et de la fin. Dans un sens, une attente finie, née à la Création, et abolie par l'événement – l'Incarnation du Christ, une attente devenue histoire. Dans l'autre, une attente-limite, en apparence sans espoir, étirant l'attente vers toute l'éternité. Toute attente ne puise-t-elle pas dans la mémoire la confiance née du souvenir des attentes récompensées, mais ne recule-t-elle pas indéfiniment dans l'avenir le moment de la vérification de cette confiance, du verdict entre la crainte et l'espérance ? C'est la contribution de l'eschatologie chrétienne au psychodrame de l'attente. Mais la théologie chrétienne a réservé le statut de vertu à l'espérance.

LA BOURSE ET LA VIE

ÉCONOMIE ET RELIGION
AU MOYEN ÂGE

À la mémoire de Robert S. Lopez

ENTRE L'ARGENT ET L'ENFER :
L'USURE ET L'USURIER

L'usure. Quel phénomène offre, plus que celui-là, durant sept siècles en Occident, du XIIe au XIXe, un mélange aussi détonant d'économie et de religion, d'argent et de salut – figure d'un long Moyen Âge, où les hommes nouveaux étaient écrasés sous les symboles antiques, où la modernité se frayait difficilement un chemin parmi les tabous sacrés, où les ruses de l'histoire trouvaient dans la répression exercée par le pouvoir religieux les instruments de la réussite terrestre?

La formidable polémique autour de l'usure constitue en quelque sorte «l'accouchement du capitalisme». Qui pense à ce résidu, cette larve d'usurier qu'est le *pawnbroker* des romans anglais du XIXe siècle et des films hollywoodiens d'après la grande crise de 1929, devient incapable de comprendre le protagoniste de la société occidentale – cette ombre monstrueuse penchée sur les progrès de l'économie monétaire –, et les enjeux sociaux et idéologiques qui se sont noués autour de ce Nosferatu du précapitalisme. Vampire doublement effrayant de la société chrétienne, car ce suceur d'argent est souvent assimilé au Juif déicide, infanticide et profanateur d'hostie. Dans un monde où l'argent (*nummus* en latin, *denier* en français) est «Dieu[1]»; où «l'argent est vainqueur, l'argent est roi, l'argent est souverain *(Nummus vincit, nummus regnat, nummus imperat[2])*»; où l'*avaritia*, la «cupidité», péché bourgeois dont l'usure est plus ou moins la fille, détrône à la tête des sept péchés capitaux la *superbia*, l'«orgueil», péché féodal – l'usurier, spécialiste du prêt à intérêt, devient un homme nécessaire et détesté, puissant et fragile.

L'usure est l'un des grands problèmes du XIIIe siècle. À cette date, la Chrétienté, au sommet du vigoureux essor qu'elle a poursuivi depuis l'An Mil, glorieuse, est déjà mise en péril. La flambée et la diffusion de l'écono-

---

1. Comme le dénonce dans ses poèmes goliardiques Gautier de Châtillon à la fin du XIIe siècle.
2. Comme on le dit du Christ dans la liturgie royale et sur les écus d'or frappés par Saint Louis.

mie monétaire menacent les vieilles valeurs chrétiennes. Un nouveau système économique est près de se former, le capitalisme, qui nécessite sinon de nouvelles techniques, du moins, pour démarrer, l'usage massif de pratiques condamnées depuis toujours par l'Église. Une lutte acharnée, quotidienne, jalonnée par des interdictions répétées, à la jointure des valeurs et des mentalités, a pour enjeu la légitimation du profit licite qu'il faut distinguer de l'usure illicite.

Comment une religion, qui oppose traditionnellement Dieu et l'argent, pouvait-elle justifier la richesse, en tout cas la richesse mal acquise ? L'Ecclésiastique (XXXI, 5) disait :

> Celui qui aime l'argent n'échappe guère au péché,
> Celui qui poursuit le gain en sera la dupe.

Et l'Évangile lui avait fait écho : Matthieu, un publicain, collecteur d'impôts, qui a abandonné sa table couverte d'argent pour suivre Jésus, avertit : « Nul ne peut servir deux maîtres : ou il haïra l'un et aimera l'autre, ou il s'attachera à l'un et méprisera l'autre. Vous ne pouvez servir Dieu et Mammon » (Matthieu, VI, 24). Mammon symbolise, dans la littérature rabbinique tardive, la richesse inique, l'Argent. Luc (XVI, 13) aussi avait témoigné avec les mêmes mots.

Mais si les codes, les lois, les préceptes, les décrets condamnent l'usure, Dieu ne s'intéresse qu'aux hommes – tout comme l'historien dont Marc Bloch disait qu'il a les hommes pour « gibier ». Tournons-nous donc vers les usuriers.

Pour les rencontrer il faut interroger d'autres textes que les documents officiels. La législation ecclésiastique et laïque s'intéresse en priorité à l'usure, la pratique religieuse aux usuriers. Où trouver la trace de cette pratique au XIIIe siècle ? Dans deux types de documents issus de genres anciens qui, au tournant des XIIe et XIIIe siècles, ont subi une mutation essentielle. Les premiers regroupent les *sommes* ou *manuels de confesseurs*. Durant le haut Moyen Âge, les tarifs de pénitence selon la nature des actes peccamineux étaient consignés dans des *pénitentiels*. Sur le modèle des lois barbares, ils considéraient les actes, non les acteurs. Ou plutôt les catégories d'acteurs étaient juridiques : clercs ou laïcs, libres ou non-libres.

Mais de la fin du XIe au début du XIIIe siècle, la conception du péché et de la pénitence change profondément, se spiritualise, s'intériorise. Désormais, la gravité du péché se mesure à l'intention du pécheur. Il faut donc rechercher si cette intention était bonne ou mauvaise. Cette morale de l'intention est professée par toutes les écoles théologiques importantes du XIIe siècle, de celle de Laon à celles de Saint-Victor de Paris, de Chartres et de Notre-

Dame de Paris, par tous les théologiens de premier plan, pourtant antagonistes sur beaucoup d'autres problèmes, Abélard et saint Bernard, Gilbert de la Porrée et Pierre Lombard, Pierre le Chantre et Alain de Lille. Il en résulte un changement profond dans la pratique de la confession. De collective et publique, exceptionnelle et réservée aux péchés les plus graves, la confession devient auriculaire, de bouche à oreille, individuelle et privée, universelle et relativement fréquente. Le IVe concile du Latran (1215) marque une grande date. Il rend obligatoire à tous les chrétiens – c'est-à-dire à tous les hommes et femmes – la confession, au moins une fois par an, à Pâques. Le pénitent est tenu d'expliquer son péché en fonction de sa situation familiale, sociale, professionnelle, des circonstances et de sa motivation. Le confesseur doit tenir compte de ces paramètres individuels, et autant que la «satisfaction», c'est-à-dire la pénitence, sinon davantage, rechercher l'*aveu* du pécheur, recueillir sa *contrition*. Il doit plutôt laver une personne que châtier une faute.

Cela demande aux deux partenaires de la confession un gros effort auquel la tradition ne les a pas habitués. Le pénitent doit s'interroger sur sa conduite et ses intentions, se livrer à un examen de conscience. Un front pionnier est ouvert: celui de l'introspection, qui va transformer lentement les habitudes mentales et les comportements. Ce sont les débuts de la modernité psychologique. Le confesseur devra poser les questions propres à lui faire connaître son pénitent, à trier dans son lot de péchés les graves, mortels s'il n'y pas contrition ni pénitence, et les plus légers, les véniels qu'on peut racheter. Les pécheurs qui meurent en état de péché mortel iront dans le lieu traditionnel de la mort, du châtiment éternel, l'enfer. Ceux qui ne meurent que chargés de péchés véniels passeront un temps plus ou moins long d'expiation dans un lieu nouveau, le purgatoire, que, purifiés, purgés, ils quitteront pour la vie éternelle, le paradis – au plus tard au moment du Jugement dernier.

Dans cette nouvelle justice pénitentielle, que va devenir l'usurier? Les confesseurs, confrontés à une situation nouvelle, au contenu souvent nouveau pour eux de la confession, à des aveux ou à des questions qui les embarrassent, hésitants sur l'interrogatoire à mener, sur la pénitence à infliger, ont besoin de guides. Pour eux, théologiens et surtout canonistes écrivent des sommes et des manuels, savants et détaillés pour les confesseurs instruits et de haut niveau, sommaires pour les prêtres simples et peu cultivés. Mais à cet examen nul n'échappe. L'usure a sa place dans tous ces usuels. L'usurier moins, dont la pesée comporte une part d'évaluation personnalisée laissée à l'appréciation du confesseur.

L'usurier apparaît bien, en revanche, comme le principal protagoniste du second type de documents: les *exempla*.

L'*exemplum* est un récit bref, donné comme véridique et destiné à s'insérer dans un discours (en général un sermon) pour convaincre un auditoire par une leçon salutaire. L'histoire est brève, facile à retenir, elle convainc. Elle use de la rhétorique et des effets du récit, elle frappe. Amusante ou, plus souvent, effrayante, elle dramatise. Ce que le prédicateur offre, c'est un petit talisman qui, si on veut bien le comprendre et s'en servir, doit apporter le salut. C'est une clé pour le paradis.

Voici un des nombreux *exempla* d'usuriers, emprunté à Jacques de Vitry, mort peu avant 1240 : « Un autre usurier très riche, commençant à lutter dans l'agonie, se mit à s'affliger, à souffrir, à implorer son âme de ne pas le quitter car il l'avait comblée, et il lui promettait de l'or et de l'argent et les délices de ce monde si elle voulait bien rester avec lui. Mais qu'elle ne lui demande en sa faveur ni un denier ni la moindre aumône pour les pauvres. Voyant enfin qu'il ne pouvait la retenir, il se mit en colère et, indigné, lui dit : "Je t'ai préparé une bonne résidence avec abondance de richesses, mais tu en es devenue si folle et si misérable que tu ne veux pas reposer dans cette bonne résidence. Va-t'en ! Je te voue à tous les démons qui sont en enfer." Peu après il livra son esprit entre les mains des démons et fut enterré dans l'enfer[3]. »

Il ne s'agit là que d'un schéma ; à partir de ce canevas, le prédicateur brode. Il joue de la voix et de ses intonations, il gesticule – la matière déjà est impressionnante. Elle a dû être perçue par des millions d'auditeurs. Car le sermon est au Moyen Âge le grand *media* qui touche, en principe, tous les fidèles. Certes, nous le savons, notamment grâce à un *exemplum* concernant Saint Louis, parfois des hommes quittent l'*église* pendant le sermon, pour sa grande concurrente, la *taverne*, qui offre en face une tentation permanente. Quand cela se produisit en sa présence, Saint Louis, scandalisé, fit ramener vers la bonne parole les paroissiens égarés. En outre, le XIIIe siècle voit une grande renaissance de la prédication. Confrontée aux hérétiques – c'est l'apogée des Cathares –, à l'évolution d'un monde qui offre aux chrétiens de plus en plus de jouissances terrestres, l'Église choisit de parler. À une société en pleine mutation, elle adresse une parole souvent inédite et traite de la vie quotidienne. Des ordres nouveaux viennent de naître, qui opposent à la richesse montante la valeur spirituelle de la pauvreté : Ordres mendiants dont les deux plus importants, franciscains et dominicains – ces derniers forment l'ordre des Prêcheurs –, se spécialisent dans la prédication. Après avoir prêché la croisade, on prêche la réforme. Avec des vedettes qui attirent les foules. Bien que séculier, Jacques de Vitry en fut une : prédicateur de la croisade encore, mais surtout prédicateur de

---

3. Sermon « *ad status* » n° 58, 17.

la nouvelle société. Ses modèles de sermons avec leurs schémas d'*exempla* ont été largement reproduits et diffusés au-delà même du XIIIe siècle. Et cette histoire, qui a peut-être été une anecdote à succès, évoque le moment le plus angoissant de la vie du chrétien, l'agonie. Elle met en scène la dualité de l'homme : son âme et son corps, le grand antagonisme social du riche et du pauvre, ces nouveaux protagonistes de l'existence humaine que sont l'or et l'argent, et s'achève sur la pire conclusion d'une vie : l'appel de l'insensé aux démons, l'évocation des diables aux mains qui torturent et l'enterrement des damnés ici-bas et dans l'au-delà. Refusé à la terre chrétienne, le cadavre de l'usurier impénitent est enseveli tout de suite et à jamais dans l'enfer. À bon entendeur, salut! Usuriers! voilà votre destin. Telle est la source essentielle où nous irons chercher l'usurier du Moyen Âge, dans ces anecdotes qui ont été dites, entendues et qui ont circulé.

L'usure est un péché. Pourquoi ? Quelle malédiction frappe cette bourse que l'usurier emplit, qu'il chérit, dont il ne veut pas plus se séparer qu'Harpagon de sa cassette et qui le fait tomber dans la mort éternelle ? Lui faudra-t-il pour se sauver lâcher sa bourse ou bien trouvera-t-il, trouvera-t-on pour lui, le moyen de garder la bourse *et* la vie, la vie éternelle ? Voici le grand combat de l'usurier entre la richesse et le paradis, l'argent et l'enfer.

LA BOURSE : L'USURE

Nous parlons d'usure et parfois les textes et les hommes du Moyen Âge disent aussi, au singulier, *usura*. Mais l'usure a beaucoup de visages. Le plus souvent les actes du XIIIe siècle emploient le terme au pluriel : *usurae*. L'usure est un monstre à plusieurs têtes, une hydre. Jacques de Vitry, dans son sermon modèle 59, consacre le troisième paragraphe à l'évocation de cette usure à formes multiples : *De multiplici usura*. Et Thomas de Chobham, dans sa *Summa*, après avoir défini l'« usure en général », en décrit les « différents cas » (chapitre IV : *De variis casibus*) et revient à la fin (chapitre IX) sur « les autres cas d'usure ». L'usure désigne une multiplicité de pratiques, ce qui compliquera l'établissement d'une frontière entre le licite et l'illicite dans les opérations comportant un intérêt. Cette distinction, difficile mais nécessaire, entre usure et intérêt, cette horrible fascination d'une bête multiforme, nul ne les a mieux senties qu'Ezra Pound au XXe siècle.

> L'Usure est le Mal, *neschek*
> le serpent
> *neschek* au nom bien connu, pollueuse,
> contre la race et au-delà
> la pollueuse
> Τόκος hic mali medium est
> Voilà le cœur du mal, le feu sans trêve de l'enfer
> Le chancre omni-corrupteur, Fafnir le vers,
> Syphilis de l'État, de tous les royaumes,
> Verrue du bien public
> Faiseur de kystes, corrompant toute chose.
> Obscurité la pollueuse

Mal jumeau de l'envie,
Serpent aux sept têtes, Hydre, pénétrant toute chose[1]...

Mais il y a aussi *Usura,* l'usure en soi, dénominateur commun d'un ensemble de pratiques financières interdites. L'usure, c'est la levée d'un intérêt par un prêteur dans des opérations qui ne doivent pas donner lieu à intérêt. Ce n'est donc pas le prélèvement de *tout* intérêt. Usure et intérêt ne sont pas synonymes, ni usure et profit : l'usure intervient là où il n'y a pas production ou transformation matérielle de biens concrets.

Thomas de Chobham introduit son exposé sur l'usure par ces considérations : « Dans tous les autres contrats je peux espérer et recevoir un profit *(lucrum),* tout comme si je t'ai donné quelque chose je peux espérer un contre-don *(antidotum),* c'est-à-dire une réplique au don *(contra datum)* et je peux espérer *recevoir,* puisque j'ai été le premier à te donner. De même si je t'ai donné en prêt mes vêtements ou mon mobilier je peux en recevoir un prix. Pourquoi n'en va-t-il pas de même si je t'ai donné en prêt mon argent *(denarios meos)*[2] ? »

Tout est là : c'est le statut de l'*argent* dans la doctrine et la mentalité ecclésiastiques du Moyen Âge qui est la base de la condamnation de l'usure. Je ne me livrerai pas ici à une étude proprement économique, qui devrait d'ailleurs tenir compte de la façon – très différente de la nôtre – dont sont perçues les réalités que nous isolons aujourd'hui pour en faire le contenu d'une catégorie spécifique : l'économique. Le seul historien et théoricien moderne de l'économie qui peut nous aider à comprendre le fonctionnement de l'« économique » dans la société médiévale me semble être Karl Polanyi (1886-1964).

Pour éviter tout anachronisme si l'on veut tenter d'analyser le phénomène médiéval de l'usure dans une perspective économique, il faut retenir deux remarques de Polanyi et de ses collaborateurs. La première, empruntée à Malinowski, concerne le domaine du don et du contre-don : « Dans la catégorie des transactions, qui suppose un contre-don économiquement équivalent au don, nous rencontrons un autre fait déroutant. Il s'agit de la catégorie qui, selon nos conceptions, devrait pratiquement se confondre avec le commerce. Il n'en est rien. Occasionnellement, l'échange se traduit par le va-et-vient d'un objet rigoureusement identique entre les partenaires, ce qui enlève ainsi à la transaction tout but ou

---

1. Ezra Pound, *Les Cantos,* trad. fr. Paris, 1986. Voir *infra,* Appendice 2, p. 1334.
2. Thomas de Chobham, *Summa confessorum,* question XI, chap. I, éd. F. Broomfield, Louvain, 1968, p. 504.

Mieux, comme l'a remarqué André Pézard dans son grand livre, *Dante sous la pluie de feu*, il les a mis, au chant XVII de l'*Enfer*, dans la troisième enceinte du septième cercle, en une place pire que celle des blasphémateurs et des sodomites.

Ici-bas l'usurier vit dans une sorte de schizophrénie sociale, comme le boucher puissant et méprisé des villes médiévales qui deviendra souvent un révolutionnaire acharné; comme le jongleur (et plus tard le comédien) adulé en même temps qu'exclu; comme, à certaines époques, les courtisanes et les favorites, recherchées, redoutées pour leur beauté, leur esprit, leur pouvoir auprès de leurs riches et puissants amants, et rejetées par les « honnêtes femmes » et par l'Église. L'usurier, également courtisé et craint pour son argent, est méprisé et maudit à cause de lui, dans une société où le culte de Dieu exclut le culte public de Mammon.

L'usurier doit donc cacher sa richesse et sa puissance. Il domine dans l'ombre et le silence. La *Tabula exemplorum* raconte que dans une antique cité la coutume veut qu'à chaque visite de l'empereur tous les usuriers se rachètent. Aussi lors de sa venue, tous se cachent du mieux qu'ils peuvent. Mais, ajoute la *Tabula* : « Que feront-ils quand c'est Dieu qui viendra pour les juger[8] ? »

Qui, plus que l'usurier, redoute le regard de Dieu? Mais il redoute aussi celui des hommes. Jacques de Vitry raconte, sous forme d'*exemplum*, l'étonnante scène que voici : « Un prédicateur qui voulait montrer à tous que le métier d'usurier était si honteux que nul n'osait l'avouer, dit dans son sermon : "Je veux vous donner l'absolution selon vos activités professionnelles et vos métiers. Debout les forgerons !" Et ils se levèrent. Après leur avoir donné l'absolution il dit : "Debout, les fourreurs" et ils se levèrent, et ainsi de suite au fur et à mesure qu'il nommait les différents artisans, ils se levaient. Enfin il s'écria : "Debout les usuriers pour recevoir l'absolution." Les usuriers étaient plus nombreux que les gens des autres métiers mais par vergogne ils se cachaient. Sous les rires et les railleries, ils se retirèrent pleins de confusion[9]. »

Mais il n'échappera pas à son sort infernal, l'usurier, même s'il a cru par ses dons s'acheter les prières de l'Église après sa mort. Voici, toujours selon Jacques de Vitry, l'usurier fou qui vient, après sa mort, sous forme de revenant (le Moyen Âge est plein de ces revenants diaboliques), se venger des moines qui ne l'ont pas empêché d'aller en enfer : « J'ai entendu dire qu'un usurier dont des moines avaient accepté beaucoup d'argent pour l'enterrer dans leur église, une nuit alors que les moines disaient l'office des matines,

---

8. *Tabula exemplorum, op. cit.*, p. 83.
9. Crane éd., *The «Exempla»...*, *op. cit.*, p. 76.

chasseraient de leur pays s'ils le pouvaient, ils peuvent par conséquent recevoir licitement tout cet argent pris sur leurs biens[4]. »

Césaire de Heisterbach est plus sévère avec les évêques qui se compromettent avec des usuriers :

« LE NOVICE. – Comme les évêques, qui sont les prélats et les surveillants des Églises, ont des relations avec des usuriers et leur accordent même la sépulture en terre chrétienne, les usuriers sont aujourd'hui légion.

« LE MOINE. – Si seulement ils dissimulaient les vices de ceux qui leur sont confiés et n'en commettaient pas de semblables, ce serait tolérable. Mais certains évêques font aujourd'hui subir à leurs ouailles des exactions aussi graves que celles-là, à l'instar de personnes laïques. Ce sont eux les mauvaises figues, très mauvaises (Jérémie, XXIV, 3). Ils doivent fortement craindre de se préparer des fauteuils à côté du siège de l'usurier en enfer, car l'usure et les exactions ainsi extorquées par la violence ne sont rien d'autre que des vols et des rapines[5]. » Ainsi l'usurier corrompt-il la société jusqu'à son sommet, jusqu'au sommet de l'Église. L'usure est une lèpre contagieuse.

Échappant à la quasi-totalité des excuses, l'usurier reste au XIIIe siècle un des rares hommes dont le métier est condamné *secundum se*, « en soi », *de natura*, « de par sa nature ». Il partage ce sort funeste avec les prostituées et les jongleurs. Thomas de Chobham souligne la similitude de la condamnation de l'usurier et de la prostituée : « L'Église poursuit les usuriers comme les autres voleurs car ils s'engagent dans le métier public de l'usure pour en vivre comme elle poursuit les prostituées qui exercent, en offensant Dieu, la prostitution comme un métier dont elles vivent[6]. » À ces trois professions maudites sont refusés, en tout cas, deux privilèges que l'on reconnaît à d'autres catégories de personnes qui exercent des métiers méprisés ou suspects : la sépulture chrétienne et le droit à faire des aumônes.

Mais de tous, l'usurier est le pire car il pèche contre Dieu de toutes les façons, non seulement à l'égard de Sa personne, mais aussi de la nature qu'Il a créée et qui se confond avec Lui, et de l'art qui est imitation de la nature. Dante a mis en conséquence les usuriers dans son *Enfer* avec les sodomites, autres pécheurs contre nature.

> C'est pourquoi l'enceinte la plus étroite scelle d'un même sceau et Sodome et Cahors [Cahorsins = usuriers] et ceux qui méprisent Dieu dans leur cœur et dans leurs paroles[7].

---

4. Thomas de Chobham, *op. cit.*, p. 510.
5. Césaire de Heisterbach, *Dialogus miraculorum, op. cit.*, II, VIII, in Strange, *op. cit.*, t. I, p. 73.
6. Thomas de Chobham, *op. cit.*, p. 509.
7. *Enfer*, *op. cit.*, chant XI, 49-51.

leux – de l'argent, l'avarice, la paresse. Il y joint, comme on l'a vu, les condamnations pour vol, péché d'injustice et péché contre nature. Son dossier est accablant.

Le XIIIe siècle et son système théorique, la scolastique, s'accordent avec l'évolution des activités et des mœurs pour multiplier les excuses à l'exercice de ces professions peu à peu partiellement ou complètement réhabilitées. On distingue les occupations illicites en soi, par nature, de celles qui ne le sont que par occasion. L'usurier ne profite que très marginalement de cette casuistique : la nécessité est exclue, puisqu'il doit avoir déjà de l'argent pour le donner à usure ; et, comme l'intention droite ne peut jouer que dans la perspective d'une volonté de restitution, elle ne s'applique pas à lui. Thomas de Chobham le dit, comme une opinion personnelle et non à titre de précepte juridique ou moral : « Nous croyons que de même qu'il est permis dans une extrême nécessité de vivre du bien d'autrui pour ne pas mourir, pourvu qu'il ait l'intention de restituer quand il le pourra, l'usurier lui-même dans une si grande nécessité peut garder de son usure de quoi vivre, mais dans la plus grande parcimonie afin qu'il soit assuré de tout restituer quand il le pourra et qu'il y soit bien décidé[2]. »

Le seul argument qui excuse parfois l'usurier est celui de l'« utilité commune » ; il vaut pour les marchands non usuriers et de nombreux artisans, mais reste rarement admissible pour l'usurier. Et le cas devient troublant lorsque l'emprunteur est le prince ou, comme nous dirions aujourd'hui, l'État. Citons Thomas d'Aquin : « Les lois humaines remettent certains péchés qui restent impunis à cause de la condition des hommes imparfaits qui seraient empêchés de bénéficier de beaucoup d'utilités si tous les péchés étaient strictement interdits et châtiés. Ainsi la loi humaine est indulgente à certaines usures, non parce qu'elle estime qu'elles sont selon la justice, mais pour ne pas empêcher les "utilités" d'un grand nombre de personnes[3]. »

Même l'utilisation des usures prises par les princes aux usuriers juifs pose problème à Thomas de Chobham. « Il est surprenant que l'Église appuie les princes qui transfèrent impunément à leur usage l'argent des Juifs, puisque les Juifs n'ont pas d'autres biens que ceux qu'ils tirent de l'usure, et ainsi ces princes deviennent des complices des pratiques usuraires et des usuriers eux-mêmes. Mais l'Église ne les punit pas à cause de leur pouvoir, ce qui n'est pas une excuse auprès de Dieu. Il est vrai que les princes disent que, du fait qu'ils défendent leurs sujets contre les Juifs et d'autres qui les

---

2. Thomas de Chobham, *Summa confessorum, op. cit.*, p. 516.
3. *Somme théologique*, II[a] II[ae], q. 78.

L'USURIER ET LA MORT

Le haut Moyen Âge avait condamné ou méprisé beaucoup de métiers, d'abord interdits aux clercs, puis souvent aux laïcs ou en tout cas dénoncés comme entraînant facilement au péché. Reviennent le plus souvent à l'index : aubergistes, bouchers, jongleurs, histrions, magiciens, alchimistes, médecins, chirurgiens, soldats, souteneurs, prostituées, notaires, marchands en première ligne ; mais aussi foulons, tisserands, bourreliers, teinturiers, pâtissiers, cordonniers, jardiniers, peintres, pêcheurs, barbiers, baillis, gardes champêtres, douaniers, changeurs, tailleurs, parfumeurs, tripiers, meuniers, etc.
On entrevoit quelques-uns des motifs de ces mises à l'écart[1]. Les vieux tabous des sociétés primitives constituent un fond solide. Tabou du sang, qui joue contre les bouchers, les bourreaux, les chirurgiens, les apothicaires, les médecins et, bien sûr, les soldats. Les clercs s'opposent aux guerriers. Tabou de l'impureté, de la saleté qui incrimine les foulons, les teinturiers, les cuisiniers, les blanchisseurs et, pour saint Thomas d'Aquin, les laveurs de vaisselle ! Tabou de l'argent qui exclut les mercenaires, les champions, les prostituées mais aussi les marchands, et parmi eux, les changeurs et bien sûr, nos usuriers.
Un autre critère, davantage chrétien et médiéval, se réfère aux sept péchés capitaux. Aubergistes, tenanciers d'étuves, taverniers, jongleurs favorisent la débauche ; les ouvrières du textile, aux salaires de misère, fournissent d'abondants contingents à la prostitution. Ils sont exclus sous le signe de la luxure. L'avarice désigne les marchands et les hommes de loi, la gourmandise le cuisinier, l'orgueil le chevalier, la paresse le mendiant.
L'usurier, pire espèce de marchand, tombe sous le coup de plusieurs condamnations convergentes : le maniement – particulièrement scanda-

---

1. Voir *supra*, «Métiers licites et métiers illicites dans l'Occident médiéval», pp. 89-103.

Dans la *Tabula* les exécuteurs infidèles sont trois: «Un usurier à sa mort légua par testament tous ses biens à trois exécuteurs qu'il adjura de tout restituer. Il leur avait demandé ce qu'ils craignaient le plus au monde. Le premier répondit: "la pauvreté"; le second: "la lèpre"; le troisième: "le feu saint Antoine" [le mal des ardents]. "Tous ces maux, dit-il, vous tomberont dessus si vous ne disposez pas de mes biens en les restituant ou en les distribuant selon ce que j'ai ordonné." Mais après sa mort, les légataires concupiscents s'approprièrent tous les biens du mort. Sans tarder tout ce que le mort avait appelé par imprécation les affligea, la pauvreté, la lèpre et le feu sacré[22].»
Ainsi, l'Église entoure la pratique de la restitution de l'usure de toutes les garanties possibles. Et, au-delà de la mort de l'usurier, puisque la restitution semble avoir été prévue par l'usurier pénitent *post mortem* dans son testament – ce document qui devient au bas Moyen Âge si précieux pour l'étude des attitudes face à la mort et à l'au-delà (un «passeport» pour l'au-delà) –, l'Église dramatise les conditions de son exécution. Elle promet à l'exécuteur infidèle un avant-goût sur terre des tourments qui attendent en enfer l'usurier impénitent et qui sont transférés ici-bas à ses amis parjures et cupides.
Nous sommes très mal renseignés sur la réalité des restitutions de sommes usuraires. Les historiens ont tendance à y voir une menace généralement non respectée. Sans avoir la naïveté de croire à une pratique étendue de restitutions qui se heurtent d'ailleurs, on le verra, à de multiples difficultés d'exécution, je pense que la volonté de restitution et les restitutions elles-mêmes ont été plus fréquentes et plus importantes qu'on ne l'admet habituellement. Si l'on cernait de plus près la réalité, on pourrait non seulement être mieux informé sur ce baromètre de la croyance et du sentiment religieux, mais également mesurer les conséquences sur l'économie et la société d'un phénomène trop ignoré des historiens de l'économie. On sait aujourd'hui que les aspects financiers de la répression de la fraude fiscale ne sont pas négligeables.
Que la restitution soit pénible, surtout pour le cupide usurier, nous en avons l'illustration d'après un mot curieux de Saint Louis rapporté par Joinville: «Il disait que c'était mauvaise chose de prendre le bien d'autrui; car rendre était si dur que, même à le prononcer, *rendre* écorchait la gorge par les *r* qui y sont, lesquelles signifient les râteaux du diable, qui toujours tire en arrière ceux qui veulent rendre le bien d'autrui. Et le diable le fait bien subtilement; car avec les grands usuriers et les grands voleurs, il les excite de telle sorte qu'il leur fait donner pour Dieu ce qu'ils devraient rendre[23].»

---

22. *Tabula exemplorum, op. cit.*, p. 51.
23. Édition-traduction de M. Natalis de Wailly, Paris, 1874, § 33, p. 19.

Travail, cher souci, qu'il faut arracher à l'aliénation pour en faire, individuellement et collectivement, la voie difficile de la libération.
Sur ce chantier du progrès de l'humanité, l'usurier est un déserteur.
C'est au XIIIe siècle que les penseurs font du travail le fondement de la richesse et du salut, tant sur le plan eschatologique que sur le plan, dirions-nous, économique. « Que chacun mange le pain qu'il a gagné par son effort, que les amateurs et les oisifs soient bannis[17] », lance Robert de Courçon à la face des usuriers. Et Gabriel Le Bras commente pertinemment : « L'argument majeur contre l'usure c'est que le travail constitue la véritable source des richesses [...]. La seule source de richesse est le travail de l'esprit et du corps. Il n'y a d'autre justification du gain que l'activité de l'homme[18]. »
La seule chance de salut de l'usurier, puisque *tout* son gain est mal acquis, c'est la *restitution intégrale* de ce qu'il a gagné. Thomas de Chobham est très clair : « Comme la règle canonique est que *le péché n'est jamais remis si ce qui a été volé n'est pas restitué*, il est clair que l'usurier ne peut être considéré comme un pénitent sincère s'il n'a pas restitué tout ce qu'il a extorqué par usure[19]. »
Césaire de Heisterbach le dit aussi dans la suite de la réponse du moine au novice : « Il est difficile à l'usurier de corriger son péché, car Dieu ne le remet que si ce qui a été volé est restitué[20]. »
Étienne de Bourbon et la *Tabula exemplorum* utilisent à propos de restitution des usures le même *exemplum* destiné à montrer comment la malédiction de l'usurier peut s'étendre à ses légataires, s'ils n'obéissent pas au devoir de restitution. Être ami de l'usurier engage dangereusement.
Voici la version du dominicain : « J'ai entendu raconter par frère Raoul de Varey, prieur des dominicains de Clermont au moment de l'affaire, qu'un usurier à l'article de la mort s'était repenti, avait appelé deux amis et leur avait demandé d'être ses exécuteurs fidèles et rapides. Ils devaient restituer le bien d'autrui qu'il avait acquis et il exigea d'eux un serment. Ils le prêtèrent en l'accompagnant d'imprécations. L'un appela sur lui le feu sacré, qu'on appelle feu de la géhenne [le mal des ardents] qui devait le brûler s'il n'accomplissait pas sa promesse. L'autre fit de même en invoquant la lèpre. Mais après la mort de l'usurier, ils gardèrent l'argent, n'accomplirent pas ce qu'ils avaient promis et furent victimes de leurs imprécations. Sous la pression du tourment ils avouèrent[21]. »

---

17. G. Lefèvre éd., *Le Traité « De usura »*..., *op. cit.*, p. 35.
18. G. Le Bras, art. « Usura », *op. cit.*, col. 2351.
19. Thomas de Chobham, *op. cit.*, p. 505.
20. Césaire de Heisterbach, *Dialogus miraculorum*, *op. cit.*, p. 73.
21. Lecoy de la Marche, *op. cit.*, pp. 334-335.

rétrécit. Dieu aussi doit concéder aux hommes la descente de certaines valeurs de son ciel sur la terre, leur accorder des «libertés», des «franchises».

Une autre catégorie professionnelle connaît à la même époque une évolution parallèle. Ce sont les «nouveaux» intellectuels qui, en dehors des écoles monastiques ou cathédrales, enseignent en ville à des étudiants dont ils reçoivent un paiement, la *collecta*. Saint Bernard, entre autres, les a fustigés comme «vendeurs, marchands de mots». Et que vendent-ils, eux? La science, la science qui, comme le temps, n'appartient qu'à Dieu.
Mais ces voleurs de science vont bientôt être justifiés. En premier lieu par leur *travail*. En tant que travailleurs intellectuels, les nouveaux maîtres scolaires seront admis dans la société reconnue de leur époque et dans la société des élus: celle qui doit prolonger dans l'au-delà et pour toujours les méritants d'ici-bas. Élus qui peuvent être aussi bien, pourvu qu'ils soient justes et obéissants à Dieu, des privilégiés que des opprimés de cette terre. L'Église exalte les pauvres, mais reconnaît volontiers les riches dignes de leur richesse par la pureté de ses origines et les vertus de son utilisation.
Étrange situation que celle de l'usurier médiéval. Dans une perspective de longue durée, l'historien d'aujourd'hui lui reconnaît la qualité de précurseur d'un système économique qui, malgré ses injustices et ses tares, s'inscrit, en Occident, dans la trajectoire d'un progrès: le capitalisme. Alors qu'en son temps cet homme fut honni, selon tous les points de vue de l'époque.
Dans la longue tradition judéo-chrétienne, il est condamné. Le livre sacré fait peser sur lui une malédiction bimillénaire. Les valeurs nouvelles du XIIIe siècle le rejettent aussi comme ennemi du présent. La grande promotion, c'est celle du travail et des travailleurs. Or il est un oisif particulièrement scandaleux. Car le diabolique travail de l'argent qu'il met en branle n'est que le corollaire de son odieuse oisiveté.
Ici encore Thomas de Chobham le dit clairement: «L'usurier veut acquérir un profit sans aucun travail et même en dormant, ce qui va contre le précepte du Seigneur qui dit: "À la sueur de ton visage tu mangeras ton pain." (Genèse, III, 19)[16].»
L'usurier agit contre le plan du Créateur. Les hommes du Moyen Âge ont d'abord vu dans le travail le châtiment du péché originel, une pénitence. Puis, sans renier cette perspective pénitentielle, ils ont de plus en plus valorisé le travail, instrument de rachat, de dignité, de salut; collaboration à l'œuvre du Créateur qui, après avoir travaillé, s'est reposé le septième jour.

---

16. Thomas de Chobham, *op. cit.*, p. 505.

Voleur de «propriété», puis voleur de temps, le cas de l'usurier s'aggrave. Car la «propriété» – notion qui, au Moyen Âge, ne réapparaît vraiment qu'avec le droit romain aux XIIe et XIIIe siècles et ne s'applique guère qu'à des biens meubles – appartient aux hommes. Le temps appartient à Dieu, et à Lui seul. Les cloches scandent sa louange, en cette époque où l'horloge mécanique n'est pas encore née car elle ne verra le jour qu'à la fin du XIIIe siècle.

Thomas de Chobham le dit tout net, à la suite du texte cité plus haut (p. 1272) : «Ainsi l'usurier ne vend rien à son débiteur qui lui appartienne, mais seulement le temps qui appartient à Dieu *(sed tantum tempus quod Dei est)*. Comme il vend une chose étrangère il ne doit en retirer aucun profit[14].»

La *Tabula exemplorum* est plus explicite. Elle évoque la vente des jours et des nuits dont elle rappelle la signification à la fois anthropologique et symbolique. Le jour, c'est la lumière, le milieu qui rend possible l'usage par l'homme de son sens visuel mais qui exprime aussi la matière lumineuse de l'âme, du monde et de Dieu. La nuit c'est le repos, le temps de la tranquillité, de la récupération (à moins d'être troublé par les songes) pour l'homme. C'est aussi le temps mystique de l'absence d'instabilité, de trouble, de tourment. Le jour et la nuit sont les doubles terrestres des deux grands biens eschatologiques, la lumière et la paix. Car à côté de la nuit infernale, il y a une nuit terrestre où l'on peut pressentir le paradis. Ce sont ces deux biens suprêmes que vend l'usurier.

Un autre manuscrit du XIIIe siècle, de la Bibliothèque nationale de Paris, synthétise bien et de façon plus complète que la *Tabula* la figure de ce pécheur et de ce voleur qu'est l'usurier.

«Les usuriers pèchent contre nature en voulant faire engendrer de l'argent par l'argent comme un cheval par un cheval ou un mulet par un mulet. De plus les usuriers sont des voleurs *(latrones)*, car ils vendent le temps qui ne leur appartient pas, et vendre un bien étranger, malgré son possesseur, c'est du vol. En outre, comme ils ne vendent rien d'autre que l'attente d'argent, c'est-à-dire le temps, ils vendent les jours et les nuits. Mais le jour c'est le temps de la clarté et la nuit le temps du repos. Par conséquent ils vendent la lumière et le repos. Il n'est donc pas juste qu'ils aient la lumière et le repos éternels[15].»

Telle est la logique infernale de l'usurier.

Ce vol du temps est un argument particulièrement sensible aux clercs traditionnels entre le XIIe et le XIIIe siècle, à un moment où les valeurs et les pratiques socio-culturelles changent, où des hommes s'approprient des morceaux de prérogatives divines, où le territoire des monopoles divins se

---

14. Thomas de Chobham, *op. cit.*, p. 505.
15. Latin 13472, f. 3vb ; *Tabula exemplorum, op. cit.*, p. 139, n. 304.

mais l'échelle dont on dégringole irrémédiablement. Étienne de Bourbon emprunte l'exemple à un prédicateur de son temps. « Il arriva dans une cité un enfant très pauvre et galeux, et on l'appelait ainsi par un sobriquet "le galeux". Ayant un peu grandi il devint, pour gagner son pain, livreur d'un boucher. Il accumula un tout petit peu d'argent avec lequel il pratiqua l'usure. Son argent s'étant multiplié, il acheta des vêtements un peu plus honorables. Puis il passa contrat avec une telle et se mit, grâce aux usures, à grimper en nom et en richesse. On se mit à l'appeler Martin Legaleux, le sobriquet antérieur devenant un nom de famille, puis, devenu plus riche, il fut monsieur Martin, puis, quand il fut devenu l'un des plus riches de la cité, messire Martin. Enfin, enflé par les usures, devenu le premier de tous par les richesses, il fut appelé par tous monseigneur Martin et tous le révéraient comme leur seigneur. À moins qu'il ne redescende les degrés en faisant des restitutions comme il les a montés en pratiquant des usures, soudain, en un instant, il descendra au fond des pires horreurs de l'enfer[9]. »

Cet usurier chrétien[10] est un pécheur. De quel type ?

L'usure est un vol, donc l'usurier un voleur. Et d'abord, comme tout voleur, un voleur de propriété. Thomas de Chobham le dit bien : « L'usurier commet un vol *(furtum)* ou une usure *(usuram)* ou une rapine *(rapinam)* car il reçoit un bien étranger *(rem alienam)* contre le gré du "propriétaire" *(invito domino)* c'est-à-dire Dieu[11]. » L'usurier est un voleur particulier ; même s'il ne trouble pas l'ordre public *(nec turbat rem publicam)*, son vol est particulièrement haïssable dans la mesure où il vole Dieu.

Que vend-il, en effet, sinon le temps qui s'écoule entre le moment où il prête et celui où il est remboursé avec intérêt ? Or le temps n'appartient qu'à Dieu. Voleur de temps, l'usurier est un voleur du patrimoine de Dieu. Tous les contemporains le disent, après saint Anselme et Pierre Lombard. « L'usurier ne vend rien au débiteur qui lui appartienne, seulement le temps qui appartient à Dieu. Il ne peut donc tirer un profit de la vente d'un bien étranger[12]. » Plus explicite mais exprimant un lieu commun de l'époque, la *Tabula exemplorum* rappelle : « Les usuriers sont des voleurs car ils vendent le temps qui ne leur appartient pas et vendre le bien d'autrui, contre le gré du possesseur, c'est du vol[13]. »

---

9. A. Lecoy de la Marche, *op. cit.*, p. 362.
10. Cet usurier chrétien, on l'appelle en latin, la langue de la plupart de nos documents, *usurarius*, ou d'un mot savant emprunté au latin classique de l'Antiquité et au droit romain, *fenerator*, « qui prête à intérêt », de *fenus*, « intérêt », proche de *fetus*, « fruit de la fécondation » – mais dans le cas de *fenus* ce produit est-il légitime ?
11. Thomas de Chobham, *Summa confessorum, op. cit.*, p. 509.
12. *Ibid.*, p. 505.
13. *Tabula exemplorum, op. cit.*, p. 139, n. 304.

ment par les Juifs nous décidons [...] que, si, sous un prétexte quelconque, des Juifs ont exigé des chrétiens des intérêts lourds et excessifs, tout commerce des chrétiens avec eux sera interdit jusqu'à ce qu'ils aient donné satisfaction[7]. »

Les usuriers chrétiens relevaient, en tant que pécheurs, des tribunaux ecclésiastiques, les *officialités*, qui leur manifestaient en général une certaine indulgence, laissant à Dieu le soin de les punir par la damnation. Mais les Juifs et les étrangers (en France les usuriers italiens et méridionaux, Lombards et Cahorsins) relevaient de la justice laïque plus dure et plus répressive. Philippe Auguste, Louis VIII et surtout Saint Louis édictèrent une législation très sévère à l'égard des usuriers juifs. Ainsi la répression parallèle du judaïsme et de l'usure contribua-t-elle à alimenter l'antisémitisme naissant et à noircir encore l'image de l'usurier plus ou moins assimilé au Juif.

Le grand essor économique du XIIe siècle multiplia les usuriers chrétiens. Ils nourrirent d'autant plus d'hostilité contre les Juifs que ceux-ci étaient parfois de redoutables concurrents. C'est aux usuriers chrétiens que je m'intéresse ici ; sans oublier qu'au XIIIe siècle, leur histoire se déroule sur fond d'antisémitisme. En théorie, l'Église les présentait comme pires que les Juifs : « Aujourd'hui les usuriers sont honorés et défendus à cause de leurs richesses par les seigneurs séculiers qui disent : "Ce sont nos Juifs" [c'est-à-dire nos prêteurs placés sous notre protection] alors qu'ils sont pires que les Juifs. Car les Juifs ne font pas de prêts usuraires à leurs frères. Les nôtres sont devenus les intimes, les valets de chambre non seulement des princes séculiers mais aussi des prélats à qui ils rendent des services et prêtent de l'argent pour qu'ils élèvent leurs fils à des bénéfices ecclésiastiques. Quant à leurs filles, ils les marient à des chevaliers et à des nobles et tout obéit à leur argent. Et alors que de nos jours on méprise les pauvres, eux sont tenus en honneur[8]. » Ces propos de Jacques de Vitry sont ceux d'un prédicateur moraliste et pessimiste, enclin à noircir la réalité. Il n'était quand même ni si honorable ni si sûr d'être usurier au XIIIe siècle. Ce qu'il faut voir derrière cette sombre peinture, c'est que la société chrétienne d'alors est bien éloignée du tableau édifiant dont certains hagiographes modernes du Moyen Âge nous gratifient. Au temps de François d'Assise et de dame Pauvreté, la vérité, c'est que les pauvres sont méprisés et que l'usure peut être un moyen d'ascension sociale que l'épouvantail de l'enfer permet de freiner. On n'évoque plus la roue de fortune qui descend et peut remonter

---

7. H. Wolter et H. Holstein, *Histoire des Conciles œcuméniques* ; t. VI : R. Foreville, *Latran IV*, Paris, 1965.
8. Sermon *« ad status »* n° 58, 14.

l'économie-nature (on prêtait du grain, des vêtements, des matières et des objets et on recevait une quantité plus grande de ces mêmes choses prêtées) était pour l'essentiel aux mains des Juifs. À ceux-ci en effet on interdisait peu à peu des activités productrices que nous appellerions aujourd'hui « primaires » ou « secondaires ». Il ne leur restait plus, à côté de certaines professions « libérales » comme la médecine, longtemps dédaignée par les chrétiens qui abandonnaient à d'autres les soins d'un corps laissé pour les puissants et les riches aux médecins juifs et pour les autres aux guérisseurs « populaires » et à la nature, qu'à faire produire l'argent auquel précisément le christianisme refusait toute fécondité. Non chrétiens, ils n'éprouvaient pas de scrupules et ne violaient pas les prescriptions bibliques en faisant des prêts à des individus ou à des institutions hors de leur communauté. Les chrétiens, d'autre part, ne songeaient guère à leur appliquer une condamnation essentiellement réservée à la famille, à la fraternité chrétienne, aux clercs d'abord, puis aux laïcs. Certains monastères, de leur côté, pratiquaient des formes de crédit, surtout le mort-gage, condamné à la fin du XIIe siècle. Tout changea en effet au XIIe siècle, d'abord parce que l'essor économique entraîna un accroissement énorme de la circulation monétaire et le développement du crédit. Certaines formes de crédit furent admises, d'autres, tel le prêt à la consommation assorti de la perception d'un intérêt, virent les anciennes condamnations renouvelées et précisées comme on a vu, et leur répression accrue.

Dans le même temps la condition des Juifs dans la Chrétienté empirait. Des pogroms avaient eu lieu vers l'An Mil, puis au temps des croisades, perpétrés surtout par les masses en quête de boucs émissaires aux calamités (guerres, famines, épidémies) et de victimes expiatoires à leur fanatisme religieux. L'antijudaïsme de l'Église se durcit et, dans la société chrétienne, du peuple aux princes, l'antisémitisme – avant la lettre – apparaît au XIIe et surtout au XIIIe siècle. L'obsession de l'impureté du Juif se répandit. Les accusations de meurtre rituel apparurent (en Angleterre à Norwich en 1144, en France à Blois en 1171) puis se multiplièrent ainsi que celles de profanation d'hosties. Les Juifs, déicides, assassins de Jésus dans l'histoire, devenaient des meurtriers de Jésus dans l'hostie, à mesure que se développait le culte eucharistique. Le grand dantologue André Pézard a bien vu que pour Dante, exprimant ici la mentalité de son époque, « l'usure est condamnée [...] comme une forme de bestialité[6] ». À une engeance bestiale répond une pratique bestiale. Une même haine se constitua chez les chrétiens à l'égard des Juifs et de l'usure. Le IVe concile du Latran (1215) édicta : « Voulant en cette matière empêcher les chrétiens d'être traités inhumaine-

---

6. A. Pézard, *Dante sous la pluie de feu*, Paris, 1950, p. 101, n. 5.

laquelle sa femme pourrait se remarier, l'autre à ses fils et filles. Quant à la troisième, ils devaient la mettre dans un petit sac qu'ils attacheraient à son cou et qu'ils enseveliraient avec lui. Comme il avait été enterré avec une énorme somme d'argent, ils voulurent la récupérer de nuit, ouvrirent le tombeau et virent des démons enfourner dans la bouche de l'usurier ces pièces d'argent transformées en charbons ardents. Terrifiés ils s'enfuirent[3].» De la bourse de l'usurier, les pièces de monnaie passent dans la bouche de son cadavre transformé en tirelire infernale. Ainsi, comme on peut voir ailleurs (par exemple à la façade d'un hôtel de Goslar) un usurier déféquer un ducat, la psychanalyse imaginaire de l'usurier médiéval associe l'argent injustement gagné à une sexualité orale ou anale.

Dans la *Tabula exemplorum*, c'est un singe, caricature de l'homme, qui est chargé, en un rite d'inversion, de purger la bourse de l'usurier: «Un pèlerin faisait la traversée du voyage en Terre sainte, un singe qui était sur le navire lui vola sa bourse, grimpa en haut d'un mât et ouvrant la bourse fit un tri: il mettait de côté certaines pièces et les replaçait dans la bourse, il en jetait d'autres à la mer. Quand il récupéra sa bourse, le pèlerin s'aperçut qu'il avait jeté toutes les pièces mal acquises [par usure] et les autres non[4].»

Voici, enfin les usuriers, dans l'*Enfer* de Dante:

> *Ma io m'accorsi*
> *che dal collo a ciascun pendea una tasca*
> *ch'avea certo colore e certo segno*
> *e quindi par che'l loro occhio si pasca.*
>
> Mais je m'aperçus
> qu'ils portaient tous, suspendue à leur cou, une bourse
> d'une couleur déterminée et marquée d'un signe différent,
> et dont il semble que leur œil se repaisse[5].

On retrouvera les damnés à la bourse vus par Dante en enfer. Couleur et signe sont les armes des familles que Dante stigmatise comme dynasties d'usuriers.

Il faut d'abord écarter une équivoque. L'histoire a étroitement lié l'image de l'usurier à celle du Juif. Jusqu'au XIIe siècle, le prêt à intérêt qui ne mettait pas en jeu des sommes importantes et se faisait en partie dans le cadre de

---

3. Crane éd., *The «Exempla» or Illustrative Stories from the «Sermones vulgares» of Jacques de Vitry*, Londres, 1890, réimpression anastatique, 1967, p. 72.
4. *Tabula exemplorum, op. cit.*, p. 83.
5. *La Divine Comédie, Enfer, op. cit.*, chant XVII, 54-57.

LE VOLEUR DE TEMPS

Dans la sculpture romane, à partir du XIIe siècle, un personnage est montré comme un criminel et exhibé au pilori : l'usurier. Cette publicité lui assure, parmi les figures du mal, un relief particulier. Elle le fait entrer dans ce trésor des mauvais exemples, des anecdotes terrifiantes et salutaires, que la prédication introduit dans l'imaginaire collectif des chrétiens. L'usurier est l'un des héros favoris de ces histoires tissées de merveilleux et de quotidien, les *exempla*, dont nous avons vu que les prédicateurs truffaient leurs sermons. Il est l'homme à la bourse.

L'image et le sermon, le texte artistique et le texte littéraire, voilà où il faut chercher l'usurier tel que l'ont vu les hommes et les femmes du Moyen Âge. Allons par exemple à Orcival, en Auvergne : « Dès l'entrée, le premier chapiteau qui s'impose à la vue, c'est celui du *Fol dives*, comme le présente l'inscription sur le tailloir afin que nul n'en ignore [...]. Ce riche, qui n'est point maigre, tient encore à deux mains sa chère bourse. Mais à présent les diables s'emparent de lui. Ni leurs têtes bestiales [...] ni leur manière de s'en prendre à la chevelure de leur victime, ni les fourches enfin ne sont rassurantes[1]. » Ce *Fol dives*, ce « riche fou », c'est l'usurier, gibier d'enfer. C'est un obèse, engraissé par ses usures. Étienne de Bourbon, comme s'il s'agissait d'une épithète de nature, l'appelle *pinguis usurarius*, « le gras usurier[2] ».

Dès sa mort, sa bourse peut jouer de mauvais tours à son cadavre et fournir matière à réflexion à ses proches. Voici le témoignage de Jacques de Vitry : « J'ai entendu parler d'un usurier qui, dans les souffrances de son ultime maladie, ne voulant en aucune façon abandonner son argent, appela sa femme et ses enfants et leur fit jurer d'accomplir ses volontés. Il leur ordonna sous serment de diviser son argent en trois parts, l'une avec

---

1. *Orcival*, Petites monographies du Zodiaque, 1963, p. 15.
2. A. Lecoy de la Marche, *Anecdotes historiques...*, op. cit., p. 254.

Puis, de nos jours encore, dans l'ombre vénitienne de Shylock, Ezra Pound :

> Usura assassine l'enfant au sein
> Entrave la cour du jouvenceau
> Paralyse la couche, oppose
> le jeune époux son épousée
> CONTRA NATURAM[25].

Oui, Usure ne pouvait avoir qu'un destin, l'enfer.
Déjà, au milieu du Ve siècle, le pape saint Léon Ier le Grand avait eu cette formule qui résonne tout au long du Moyen Âge :
«*Fenus pecuniae, funus est animae*»
(Le profit usuraire de l'argent, c'est la mort de l'âme).
L'usure, c'est la mort.

---

25. «Canto XLV», in *Les Cantos, op. cit.*, p. 234.

connaissez-vous un péché qui ne s'arrête jamais, que l'on commet tout le temps ? Non ? Eh bien si, il y en a un, et un seul, et je vais vous le nommer. C'est l'usure. L'argent donné à usure ne cesse de travailler, il fabrique sans arrêt de l'argent. De l'argent injuste, honteux, détestable, mais de l'argent. C'est un travailleur infatigable. Connaissez-vous, mes frères, un travailleur qui ne s'arrête pas le dimanche, les jours de fête, qui ne s'arrête pas de travailler quand il dort ? Non ? Eh bien l'usure continue à travailler de jour et de nuit, les dimanches et fêtes, dans le sommeil comme dans la veille ! Travailler en dormant ? Ce miracle diabolique, l'usure, aiguillonnée par Satan, réussit à l'exécuter. En cela aussi l'usure est une injure à Dieu et à l'ordre qu'il a établi. Elle ne respecte ni l'ordre naturel qu'il a voulu mettre dans le monde et dans notre vie corporelle, ni l'ordre du calendrier qu'il a établi. Les deniers usuraires ne sont-ils pas comme des bœufs de labour qui labourent sans cesse ? À péché sans arrêt et sans fin, châtiment sans trêve et sans fin. Suppôt sans défaillance de Satan, l'usure ne peut que conduire à la servitude éternelle, à Satan, à la punition sans fin de l'enfer ! »

Nous pourrions dire aujourd'hui que le travail à la chaîne de l'usure s'achève inéluctablement dans les chaînes éternelles de la damnation.

Faire enfanter des petits à des pièces de monnaie, faire travailler, au mépris des lois naturelles fixées par Dieu, de l'argent sans la moindre pause, n'est-ce pas un péché *contre nature* ? D'ailleurs, surtout depuis le XIIe siècle, siècle « naturaliste », des théologiens ne disent-ils pas : « *Natura, id est Deus* (La nature, c'est-à-dire Dieu) » ?

Les grands poètes, qui sont ici encore les meilleurs théologiens, ont bien compris cet être scandaleux de l'Usure.

Dante d'abord, au siècle même de l'usure triomphante :

> *e perchè l'uisuriere altra via tene*
> *per sè natura e per la sua seguace*
> *dispregia, poi ch'in altro pon la spene.*

> Et donc, l'usurier, qui prend une autre route,
> à la nature en elle-même et à l'art qui l'accompagne et l'imite,
> fait injure, puisque ailleurs il met son espoir[24].

---

24. Dante, *La Divine Comédie, Enfer*, 109-111, trad. fr. par L. Espinasse-Mongenet, Paris, 1965, chant XI.

théologiens et les canonistes du Moyen Âge aient refusé toute productivité à l'argent, au capital; mais dans le cas du prêt à intérêt, du *mutuum*, faire enfanter de l'argent à l'argent prêté est contre nature. Thomas d'Aquin affirme: «La monnaie [...] a été principalement inventée pour les échanges; ainsi son usage propre et premier est d'être consommée, dépensée dans les échanges. Par suite, il est injuste en soi de recevoir un prix pour l'usage de l'argent prêté; c'est en cela que consiste l'usure[19].» Pour saint Bonaventure aussi, l'argent est *de soi* improductif: «L'argent en tant que de soi et par soi ne fructifie pas mais le fruit vient d'ailleurs[20].»

Dans une sorte de parabole, «La vigne et l'usure», Thomas de Chobham constate: «L'argent qui dort ne produit *naturellement* aucun fruit, mais la vigne est *naturellement* fructifère[21].» Pourtant, à défaut de fécondité naturelle, on avait songé dès le haut Moyen Âge à faire «travailler» l'argent. Déjà, en 827, dans son testament (dont l'authenticité a été contestée), le doge de Venise, Partecipazio, parle de *solidi laboratorii*, d'«argent qui travaille». Argent donné en usure ou «investi» dans la perspective d'un juste profit? Au XIIIe siècle, théologiens et canonistes constatent avec stupeur que l'argent usuraire, en effet, «travaille». De ce scandale, les auteurs de recueils d'*exempla* et les prédicateurs se font l'écho.

Dans son *Dialogus miraculorum*, entre un moine et un novice, Césaire de Heisterbach, vers 1220, fait ainsi parler ses personnages:

«LE NOVICE. – Il me semble que l'usure est un péché très grave et difficile à corriger.

«LE MOINE. – Tu as raison. Il n'y a pas de péché qui, de temps en temps, ne sommeille. L'usure ne cesse jamais de pécher. Pendant que son maître dort, elle-même ne dort pas, mais sans arrêt grandit et monte[22].»

Et dans la *Tabula exemplorum*, manuscrit du XIIIe siècle de la Bibliothèque nationale de Paris, on peut lire: «Tout homme s'arrête de travailler les jours de fête, mais les bœufs usuraires *(boves usurarii)* travaillent sans arrêt et offensent ainsi Dieu et tous les saints et l'usure, comme elle pèche sans fin, sans fin doit aussi être punie[23].»

On sent combien le thème a dû être exploité par les prédicateurs et comme il se prête bien à des effets oratoires: «Mes frères, mes frères,

---

19. *Somme théologique*, II[a] II[ae], q. 78, art. 1, *apud* J. Ibanès, *op. cit.*, p. 19.
20. *In Tertium Sententiarum*, dist. XXXVII, dub. VII, *apud* J. Ibanès, *op. cit.*, p. 19.
21. Thomas de Chobham, *op. cit.*, p. 515.
22. Césaire de Heisterbach, *Dialogus miraculorum*, II, VIII, éd. J. Strange, Cologne, Bonn, Bruxelles, 1851, 2 vol., p. 73.
23. *Tabula exemplorum secundum ordinem Alphabeti*, éd. J. Th. Welter, Paris et Toulouse, 1926, p. 83, n° 306.

Or, plus encore peut-être que le XIIe siècle, le XIIIe siècle est celui de la justice.
La justice est par excellence la vertu des rois. Les miroirs des princes qui tracent un portrait du roi idéal insistent sur la nécessité qu'il soit juste. Justice qui s'accompagne d'un progrès des pratiques et des institutions judiciaires: enquêteurs royaux, parlements. Sous Saint Louis, pour la première fois et avant les autres princes chrétiens, apparaît dans la main gauche du roi de France, symbolique, à la place de la *verge*, la *main de justice*, nouvel insigne du pouvoir royal. Joinville lègue à la postérité l'image du saint roi rendant lui-même la justice sous le chêne de Vincennes.
Ce souci de *justice* devient, dans le même temps, une idée-force dans le domaine de l'économie, tant pénétré par l'idéologie religieuse et l'éthique. Les données fondamentales de l'activité économique, du marché qui commence à se mettre en place, ce sont le *juste prix* et le *juste salaire*. Même si en fait le «juste» prix n'est que celui, précisément, du marché, l'exigence de justice est présente. L'usure est un péché contre le juste prix, un péché *contre nature*. Cette affirmation a de quoi surprendre. Et pourtant telle a été la conception des clercs du XIIIe siècle, et des laïcs influencés par eux. L'usure ne s'applique qu'à la perception d'un intérêt *en argent sur l'argent*.
Un texte étonnant, faussement attribué à saint Jean Chrysostome, datant probablement du Ve siècle, fut inséré dans la seconde moitié du XIIe siècle dans le Code de droit canonique. Il y est écrit: «De tous les marchands, le plus maudit est l'usurier, car il vend une chose donnée par Dieu, non acquise des hommes [au rebours du marchand] et, après usure, il reprend la chose, avec le bien d'autrui, ce que ne fait point le marchand. On objectera: celui qui loue un champ pour recevoir fermage ou une maison pour toucher un loyer, n'est-il point semblable à celui qui prête son argent à intérêt? Certes, non. D'abord parce que la seule fonction de l'argent, c'est le paiement d'un prix d'achat; puis, le fermier fait fructifier la terre, le locataire jouit de la maison; en ces deux cas, le propriétaire semble donner l'usage de sa chose pour recevoir de l'argent, et d'une certaine façon, échanger gain pour gain, tandis que de l'argent avancé, il ne peut être fait aucun usage; enfin, l'usage épuise peu à peu le champ, dégrade la maison tandis que l'argent prêté ne subit ni diminution ni vieillissement.»
L'argent est infécond. Or l'usure voudrait lui faire faire des petits. Thomas d'Aquin dit, après avoir lu Aristote: «*Nummus non parit nummos* (L'argent ne se reproduit pas).» Non, comme l'a bien expliqué Jean Ibanès[18], que les

---

18. J. Ibanès, *La Doctrine de l'Église et les réalités économiques au XIIIe siècle: l'intérêt, les prix et la monnaie*, Paris, 1967, pp. 20-22.

– Le seul espoir d'un bien en retour au-delà du bien lui-même est un péché;
– Les usures doivent être intégralement *restituées* à leur véritable possesseur;
– Des prix plus élevés pour une vente au crédit sont des usures implicites.

Thomas de Chobham dans la plus ancienne *Somme de confesseurs* connue, rédigée pour l'essentiel avant 1215 et probablement mise en circulation en 1216, fonde l'usure sur les seules autorités du Nouveau Testament et du droit canonique:

« Et le Seigneur dit dans l'Évangile: "Prêtez sans rien attendre en retour" (Luc, VI, 35). Et le canon dit: "Il y a usure là où on réclame plus qu'on ne donne" (*Décret* de Gratien, c. 4, CXIV, q. 3, reprenant le capitulaire de Nimègue de 806), de quoi qu'il s'agisse et même si on ne reçoit pas, si on conçoit seulement l'espoir de recevoir (*Décret*, c. 12, Comp. I, v. 15, repris par la décrétale *Consuluit*)[12]. »

Élément capital: l'usure est plus qu'un crime, c'est un *péché*. Guillaume d'Auxerre le dit: « Donner à usure est en soi et selon soi un péché[13]. » C'est d'abord un péché en tant que forme de l'*avaritia*, de la cupidité. Cupidité que Thomas de Chobham place d'entrée de jeu sur le plan spirituel: « Il y a deux espèces d'*avaritia* détestables qui sont punies par un verdict judiciaire: l'usure et la simonie [trafic de biens spirituels], dont je parlerai ensuite. En premier lieu l'usure[14]. »

Le dominicain Étienne de Bourbon, un demi-siècle plus tard, ne dit pas autre chose: « Ayant parlé de l'*avaritia* en général, je dois maintenant parler de certaines de ses formes, et d'abord de l'usure[15]... »

L'usure, c'est en premier lieu le *vol*. Cette identification proposée par saint Anselme (1033-1109) dans ses *Homélies et Exhortations*[16] et reprise au XIIe siècle par Hugues de Saint-Victor, Pierre le Mangeur et Pierre Lombard, finit par se substituer à la notion traditionnelle de l'usure définie comme « profit honteux » *(turpe lucrum)*.

Le vol usuraire est un péché contre la *justice*. Thomas d'Aquin le dit bien: « Est-ce un péché de recevoir de l'argent en prix pour de l'argent prêté, ce qui est recevoir une usure? » Réponse: « Recevoir une usure pour de l'argent prêté est en soi *injuste*: car on vend ce qui n'existe pas, instaurant par là manifestement une *inégalité* contraire à la *justice*[17]. »

---

12. Thomas de Chobham, *op. cit.*, p. 504.
13. Guillaume d'Auxerre, *op. cit.*, liv. III, tr. XXVI.
14. Thomas de Chobham, *op. cit.*, p. 504.
15. A. Lecoy de la Marche, *Anecdotes historiques, légendes et apologues tirés du recueil inédit d'Étienne de Bourbon, dominicain du XIIIe siècle*, Paris, 1877, pp. 361-362.
16. *PL*, t. CLVIII, col. 659.
17. *Somme théologique*, II[a] II[ae], q. 78.

des aumônes et pourvoir les églises et tout serait ramené à son état originel[6]. » Après cette utopie anti-usuraire, tous les grands scolastiques consacrent à l'usure une partie plus ou moins importante de leurs sommes. C'est le cas de Guillaume d'Auxerre, évêque de Paris, mort en 1248[7], de saint Bonaventure et de saint Thomas d'Aquin[8], morts en 1274. Gilles de Lessines, disciple de Thomas d'Aquin, quant à lui, compose entre 1276 et 1285 un traité entier sur les usures, *De usuris*.

Entre le milieu du XIIe et le milieu du XIIIe siècle la recrudescence des condamnations de l'usure s'explique par la crainte de l'Église de voir la société bouleversée par la prolifération des pratiques usuraires. Le troisième concile du Latran (1179) déclare que trop d'hommes abandonnent leur état, leur métier pour se faire usuriers. Au XIIIe siècle, le pape Innocent IV et le grand canoniste Hostiensis redoutent la désertion des campagnes, du fait des paysans devenus usuriers ou privés de bétail et d'instruments de travail par les possesseurs de terres eux-mêmes attirés par les gains de l'usure. L'attrait de l'usure fait apparaître la menace d'un recul de l'occupation des sols et de l'agriculture et avec elle le spectre des famines.

Les définitions médiévales de l'usure viennent de saint Ambroise : « L'usure, c'est recevoir plus que l'on a donné *(Usura est plus accipere quam dare)*[9] », de saint Jérôme : « On nomme usure et surplus quoi que ce soit, si on a perçu plus que l'on a donné *(Usuram appelari et superabundantiam quidquid illud est, si ab eo quod dederit plus acceperit)*[10] », du capitulaire de Nimègue (806) : « Il y a usure là où on réclame plus qu'on ne donne *(Usura est ubi amplius requiritur quam datur)* », et du *Décret* de Gratien : « Tout ce qui est exigé au-delà du capital, c'est de l'usure *(Quicquid ultra sortem exigitur usura est)*[11] ».

L'usure, c'est le surplus illicite, le dépassement illégitime.

La décrétale *Consuluit* d'Urbain III (1187), intégrée dans le Code de droit canonique, exprime sans doute le mieux l'attitude de l'Église vis-à-vis de l'usure au XIIIe siècle :

– L'usure est tout ce qui est demandé en échange d'un prêt au-delà du bien prêté lui-même ;
– Prendre une usure est un péché interdit par l'Ancien et le Nouveau Testament ;

---

6. G. Lefèvre éd., *Le Traité « De usura » de Robert de Courçon*, in *Travaux et mémoires de l'université de Lille*, 30, 1902, t. X, p. 35.
7. Guillaume d'Auxerre, *Summa in IV libros sententiarum*, liv. III, tr. XXVI.
8. Surtout dans la *Somme théologique* : II[a] II[ae], q. 78.
9. *Breviairum in Ps. 54*, *PL*, t. XVI, col. 982.
10. *Commentaire sur Ézéchiel*, XVIII, 6, *PL*, t. XXV, col. 117.
11. *Décret* de Gratien, c. 14, q. 3, c. 4.

du crédit nécessaire. À la fin du siècle, le pape leur interdira leur forme préférée de crédit, le *mort-gage*, « prêt garanti par un immeuble dont le bailleur de fonds perçoit les revenus[5] ».

Lorsque l'économie monétaire se généralise, durant le XIIe siècle, que la roue de fortune tourne plus vite pour les chevaliers et les nobles, comme pour les bourgeois des villes qui bourdonnent de travail et d'affaires et s'émancipent, dame Usure devient un grand personnage. L'Église s'en émeut, le droit canon naissant et bientôt la scolastique, qui s'efforce de penser et d'ordonner les rapports de la nouvelle société avec Dieu, cherchent à refouler l'inflation usuraire. Je n'égrène ici la litanie des principales mesures conciliaires et des textes les plus importants que pour signaler l'extension et la force du phénomène, et l'entêtement de l'Église à le combattre. Chaque concile, Latran II (1139), Latran III (1179), Latran IV (1215), le second concile de Lyon (1274), le concile de Vienne (1311), apporte sa pierre au mur de l'Église destiné à contenir la vague usuraire. Le Code de droit canonique s'enrichit aussi d'une législation contre l'usure. Gratien, vers 1140, dans son *Décret*, rassemble le dossier scripturaire et patristique (29 « autorités »). La décrétale *Consuluit* d'Urbain III (1187) prendra dans le second quart du XIIIe siècle sa place dans le Code parmi les *Décrétales* de Grégoire IX. Les théologiens ne sont pas en reste. L'évêque de Paris, Pierre Lombard, mort en 1160, dans son *Livre des sentences*, qui sera au XIIIe siècle le manuel universitaire des étudiants en théologie, reprenant saint Anselme qui le premier, au tournant du XIe au XIIe siècle, assimila l'usure à un *vol*, situe l'usure, forme de rapine, parmi les interdits du quatrième commandement. « Tu ne voleras point *(Non furtum facies)*. » Le cardinal Robert de Courçon, chanoine de Noyon, qui réside à Paris depuis 1195 avant de diriger la croisade contre les Albigeois en 1214 et de donner à la jeune université de Paris ses premiers statuts (1215), avait inséré dans sa *Summa*, antérieure au concile de Paris de 1213 auquel il fit prendre des mesures rigoureuses contre les usuriers, un véritable traité *De usura*. Ce fléau qu'il considère, avec l'hérésie, comme le grand mal de son époque, il propose de le combattre par une vaste offensive que mettrait au point un concile œcuménique. En l'usurier il voit partout – j'y reviendrai – un oisif, et pour lui l'oisiveté est bien la mère de tous les vices. Le concile, présidé par le pape, où se réuniraient tous les évêques et tous les princes, ordonnerait à chaque chrétien, sous peine d'excommunication et de condamnation, de travailler spirituellement ou corporellement et de gagner son pain à la sueur de son front, selon le précepte de saint Paul. « Ainsi, conclut-il, tous les usuriers, rebelles et ravisseurs disparaîtraient, on pourrait faire

---

5. G. Le Bras, art. « Usure », in *Dictionnaire de Théologie catholique*, 1950, t. XV, col. 2356.

4 – L'usurier ne peut être l'hôte de Yahvé selon le Psaume XV :

> Yahvé, qui logera sous ta tente,
> habitera sur ta sainte montagne ?
> Celui qui marche en parfait
>
> ne prête pas son argent à intérêt...

Le chrétien du Moyen Âge a vu dans ce psaume le refus du paradis à l'usurier. À ces quatre textes de l'Ancien Testament on peut ajouter le passage où Ézéchiel (XVIII, 13), parmi les violents et les sanguinaires qui suscitent la colère de Yahvé, cite « celui qui prête avec usure et prend des intérêts », et où il prophétise : « Il mourra et son sang sera sur lui. » Jérôme et Augustin ont commenté ce jugement d'Ézéchiel.

5 – Enfin, dans le Nouveau Testament, l'évangéliste Luc a repris en l'élargissant la condamnation vétéro-testamentaire, établissant ainsi la structure en écho nécessaire pour que les chrétiens du Moyen Âge considèrent l'*autorité* scripturaire comme bien assurée : « Et si vous prêtez à ceux dont vous espérez recevoir, quel gré vous en saura-t-on ? Même des pécheurs prêtent à des pécheurs, afin de recevoir l'équivalent. Au contraire, aimez vos ennemis, faites du bien et prêtez sans rien attendre en retour » (Luc, VI, 36-38). Ce qui a le plus compté au Moyen Âge c'est la fin du texte de Luc : « *Mutuum date, nihil inde sperantes* », parce que l'idée de prêter sans rien en attendre s'exprime à travers deux mots clés de la pratique et de la mentalité économiques médiévales : *mutuum* qui, repris au droit romain, désigne un contrat qui transfère la propriété et consiste en un prêt qui doit rester *gratuit*, et le terme *sperare*, l'« espoir », qui au Moyen Âge désigne l'attente intéressée de tous les acteurs économiques engagés dans une opération impliquant le *temps*, s'inscrivant dans une *attente* rémunérée soit par un bénéfice (ou une perte), soit par un intérêt (licite ou illicite).

Puis vient une longue tradition chrétienne de condamnation de l'usure. Les Pères de l'Église expriment leur mépris des usuriers. Les canons des premiers conciles interdisent l'usure aux clercs (canon 20 du concile d'Elvire, vers 300 ; canon 17 du concile de Nicée, 325) puis étendent l'interdiction aux laïcs (concile de Clichy, en 626). Surtout Charlemagne, légiférant au spirituel comme au temporel, interdit aux clercs comme aux laïcs l'usure par l'*Admonitio generalis* d'Aix-la-Chapelle dès 789. C'est donc un lourd passé de condamnation par les pouvoirs, ecclésiastique et laïque, qui pèse sur l'usure. Mais, dans une économie contractée, où l'usage et la circulation de la monnaie restent faibles, le problème de l'usure est secondaire. Ce sont d'ailleurs des monastères qui fournissent jusqu'au XIIe siècle l'essentiel

Mais, en matière d'usure, il ne semblait guère y avoir de contradiction ni de faille dans sa condamnation. Le dossier scripturaire de l'usure comprend essentiellement cinq textes. Quatre appartiennent à l'Ancien Testament.

1 – « Si tu prêtes de l'argent à un compatriote, à l'indigent qui est chez toi, tu ne te comporteras pas envers lui comme un prêteur à gages, tu ne lui imposeras pas d'intérêts » (Exode, XXII, 24).

Cette interdiction qui s'imposera à la communauté juive est également respectée par les chrétiens, conscients au Moyen Âge de former une fraternité dans laquelle le *pauvre*, spécialement, a des droits particuliers. La renaissance de la valeur de pauvreté au XIIIe siècle rendra encore plus aigu le sentiment d'indignité de l'usurier chrétien.

2 – « Si ton frère qui vit avec toi tombe dans la gêne et s'avère défaillant dans ses rapports avec toi, tu le soutiendras à titre d'étranger ou d'hôte et il vivra avec toi. Ne lui prends ni travail ni intérêts, mais aie la crainte de ton Dieu et que ton frère vive avec toi. Tu ne lui donneras pas d'argent pour en tirer du profit ni de la nourriture pour en percevoir des intérêts... » (Lévitique, XXV, 35-37).

Texte particulièrement important par sa version latine dans la Vulgate de saint Jérôme qui a fait autorité au Moyen Âge et qui dit à la dernière phrase : *« Pecuniam tuam non dabis ei ad usuram et frugum superabundantiam non exiges »*, c'est-à-dire, mot à mot : « Tu ne lui donneras pas ton argent à usure et tu n'exigeras pas une surabondance de vivres. » Deux termes ont été retenus par le chrétien et ont gardé au Moyen Âge toute leur efficacité : *« ad usuram »*, « à usure » – c'est bien l'usure qui est ici interdite – et *« superabundantia »*, la surabondance, le « surplus », c'est l'excès qui est condamné.

3 – « Tu ne prêteras pas à intérêt à ton frère, qu'il s'agisse d'un prêt d'argent ou de vivres, ou de quoi que ce soit dont on exige intérêt. À l'étranger tu pourras prêter à intérêt, mais tu prêteras sans intérêt à ton frère » (Deutéronome, XXIII, 20).

Notons ici l'emploi *(non fenerabis fratri tuo)*, par la Vulgate d'un mot emprunté au droit romain : *fenerare*, « prêter à intérêt », « faire l'usure », ce qui favorisera la constitution au XIIe siècle d'une législation anti-usuraire romano-canonique. Quant à l'autorisation d'exercer l'usure à l'égard de l'étranger, elle a fonctionné au Moyen Âge dans le sens Juif-chrétien, mais non en sens inverse, car les chrétiens médiévaux n'ont pas considéré les Juifs comme des étrangers. En revanche ils ont assimilé les ennemis aux étrangers et, en cas de guerre, on peut licitement pratiquer l'usure à l'encontre de l'adversaire. Le *Décret* de Gratien (vers 1140), matrice du droit canonique, a repris la formule de saint Ambroise *« Ubi ius belli, ibi ius usurae* (Là où il y a droit de guerre, il y a droit d'usure) ».

toute signification économique imaginable ! Du simple fait que le porc revient à son donateur, même par une voie détournée, l'échange des équivalences, au lieu de s'orienter vers la rationalité économique, s'avère être une garantie contre l'intrusion de considérations utilitaires. Le seul but de l'échange est de resserrer le réseau de relations en renforçant les liens de réciprocité[3]. »
Certes, l'économie de l'Occident du XIIIe siècle n'est pas l'économie des indigènes des îles Trobriand au début du XXe siècle ; mais si elle est plus complexe, la notion de *réciprocité* domine la théorie des échanges économiques dans une société fondée sur les « réseaux de relations » chrétiens et féodaux.
La seconde conception utilisable de Polanyi est celle d'*encastrement* et d'*analyse institutionnelle* : « Il nous faut nous défaire de la notion bien enracinée selon laquelle l'économie est un terrain d'expérience dont les êtres humains ont nécessairement toujours été conscients. Pour employer une métaphore, les faits économiques étaient à l'origine *encastrés* dans des situations qui n'étaient pas en elles-mêmes de nature économique, non plus que les fins et les moyens qui étaient essentiellement matériels. La cristallisation du concept d'économie fut une affaire de temps et d'histoire. Mais ni le temps ni l'histoire ne nous ont donné les instruments conceptuels requis pour pénétrer le labyrinthe des relations sociales dans lesquelles l'économie est encastrée. Ceci est la tâche de ce que nous appellerons l'*analyse institutionnelle*[4]. » J'ajouterais volontiers l'analyse culturelle et psychologique. Montrer des hommes, les usuriers, dans l'agrégat de relations sociales, de pratiques et de valeurs où le phénomène économique de l'usure est encastré, telle est bien l'ambition de cet essai. Autrement dit, c'est à la globalité de l'usure, à travers le comportement et l'image de ses praticiens, les usuriers, que s'attache notre analyse.
Les hommes du Moyen Âge, confrontés à un phénomène, en cherchaient le modèle dans la Bible. L'*autorité* biblique fournissait à la fois l'origine, l'explication et le mode d'emploi du cas en question. Ce qui a permis à l'Église et à la société médiévales de ne pas être paralysées par l'autorité biblique et contraintes à l'immobilité historique, c'est que la Bible se contredit souvent (*sic et non*, oui et non) et que, comme le disait Alain de Lille à la fin du XIIe siècle, « les autorités ont un nez de cire » – malléable au goût des exégètes et des utilisateurs.

---

3. K. Polanyi et C. Arensberg, *Trade and Market in the Early Empires*, trad. fr. : *Les Systèmes économiques dans l'histoire et dans la théorie*, Paris, 1975, pp. 100-101.
4. *Ibid.*, p. 237.

se leva de son tombeau et, comme un fou, se saisit d'un candélabre et se précipita sur les moines. Ils s'enfuirent stupéfaits et terrifiés, mais il en blessa certains à la tête, à d'autres il fractura jambes et bras et avec des sortes de hurlements il criait: "Voici les ennemis de Dieu et les traîtres qui ont pris mon argent en me promettant le salut, mais ils m'ont trompé et ce que j'ai trouvé c'est la mort éternelle[10]."»

Dans ce monde médiéval fasciné par les animaux qui cherche toujours une ressemblance animale en l'homme, cheminant au milieu d'une faune symbolique, l'usurier a de multiples résonances animales.

La *Tabula exemplorum* qui en a fait un bœuf, un lourd travailleur qui ne s'arrête jamais, le compare aussi à un lion ravisseur: «Les usuriers sont comme un lion, qui se lève le matin et qui n'a de cesse avant d'avoir saisi une proie et de l'avoir apportée à ses petits, eux aussi volent et donnent à usure pour acquérir des biens pour leurs enfants[11]...»

C'est tout un bestiaire d'usuriers qui apparaît chez Jacques de Vitry. Voici les funérailles d'un usurier-araignée. «J'ai entendu dire à un chevalier qu'il rencontra un groupe de moines qui portaient en terre le cadavre d'un usurier. Il leur dit: "Je vous abandonne le cadavre de mon araignée et que le diable ait son âme. Mais moi j'aurai la toile de l'araignée, c'est-à-dire tout son argent." C'est à bon droit qu'on compare les usuriers aux araignées qui s'éviscèrent pour attraper des mouches et qui immolent aux démons pas seulement eux-mêmes mais aussi leurs fils, les entraînant dans le feu de la cupidité [...]. Ce processus se perpétue avec leurs héritiers. Certains en effet avant même la naissance de leurs fils leur assignent de l'argent pour qu'il se multiplie par l'usure et ainsi leurs fils naissent poilus, comme Esaü, et pleins de richesse. À leur mort, ils laissent leur argent à leurs fils et ceux-ci recommencent à faire à Dieu une nouvelle guerre[12]...» Chaîne héréditaire de l'usure? Pourrait-on le vérifier dans la réalité sociale du XIIIe siècle?

Voici maintenant le renard (et le singe). «Bien que l'usurier pendant sa vie abonde de richesses, il manque tellement des viscères de la charité que, même de son superflu, il ne veut pas faire le plus petit don aux pauvres, semblable au renard muni d'une grande queue, trop grande même et traînant à terre, à qui le singe, dépourvu de queue, demandait de lui donner un petit morceau de la sienne pour pouvoir cacher sa honte. Le singe disait au renard: "Tu peux me venir en aide sans dommage car tu as une queue très longue et très lourde." Le renard répondit: "Ma queue ne me semble ni longue ni lourde et même si elle était lourde, je préfère en soutenir le poids

---

10. Sermon «*ad status*» n° 59, 15.
11. *Tabula exemplorum, op. cit.*, p. 82.
12. Sermon «*ad status*» n° 59, 9.

plutôt que prêter un voile à tes fesses immondes." C'est bien la parole de ceux qui disent aux pauvres: "Pourquoi vous donnerais-je, truands que vous êtes, mon argent? Je ne veux pas que tu manges et je ne veux rien te donner[13]." »

Enfin le loup: « On dit que le renard persuada le loup amaigri de venir voler avec lui et l'emmena dans un garde-manger où le loup mangea tant qu'il ne put sortir par le trou étroit par lequel il était entré. Il lui fallut tellement jeûner qu'il en devint aussi maigre qu'auparavant et s'étant fait bastonner il en sortit sans fourrure. Ainsi l'usurier abandonne à la mort la fourrure des richesses[14]. »

La condamnation de l'usurier se confond-elle avec celle du marchand et l'usurier lui-même ne fait-il qu'un avec le marchand? Oui et non.

Que tout marchand ne soit pas usurier et que beaucoup d'usuriers ne soient qu'usuriers c'est certain. Un *exemplum* de Jacques de Vitry le prouve: « J'ai entendu parler d'un usurier que ses maîtres, à sa mort, voulurent honorer par une farce. Quand ses voisins voulurent soulever son cadavre pour l'ensevelir, ils n'y parvinrent pas. D'autres et d'autres encore essayèrent et échouèrent. Comme tous s'étonnaient un vieillard très sage leur dit: "Ne savez-vous donc pas qu'il y a une coutume dans cette ville: quand un homme meurt ce sont ceux qui exercent le même métier que lui qui le portent à l'enterrement, les prêtres et les clercs portent les prêtres et les clercs morts au cimetière, les marchands le marchand, les bouchers le boucher, et ainsi de suite. Appelons des hommes de la même condition ou du même métier que celui-ci." On appela quatre usuriers qui levèrent aussitôt facilement le corps et le portèrent au lieu de la sépulture. Car les démons ne permirent pas que leur esclave fût porté par d'autres que des compagnons d'esclavage. On voit bien là la miséricorde de Dieu qui "rachète les âmes des pécheurs de l'usure et de l'iniquité afin qu'ayant changé de nom leur nom soit honorable devant Lui". Nous savons en effet qu'aucun nom n'est aussi détestable et ignominieux que celui d'usurier *(usurarius seu fenerator)*. Aussi n'osent-ils pas reconnaître leur profession en public et ne veulent-ils pas être appelés usuriers mais prêteurs *(commodatores)* ou marchands *(mercatores)*. Ils disent: "Je suis un homme qui vit de son argent[15]." »

Il est clair que non seulement usurier et marchand ne sont pas le même homme, mais qu'un terme est honteux et l'autre honorable et que le second sert de cache-honte au premier, ce qui prouve malgré tout une certaine proximité, sinon parenté.

---

13. Crane éd., *op. cit.*, p. 73.
14. *Ibid.*, p. 74.
15. Sermon *« ad status »* n° 59, 17.

Je ne crois pas en effet qu'on puisse dire, comme Raymond de Roover[16], que la distinction entre les marchands-banquiers et les usuriers était absolue ni même, comme John T. Noonan, que «le rang social d'un banquier dans la Florence du XIIIe siècle était au moins aussi élevé qu'au XXe siècle à New York[17]». Ce sera peut-être vrai au XIVe et surtout au XVe siècle mais au XIIIe siècle il n'y avait pas de vrais «banquiers», et il existait bien des transitions et des recoupements d'activités entre le marchand-banquier et l'usurier. Même dans une économie et une société où l'usure s'est amenuisée, comme dans la France de Balzac au XIXe siècle, il y a certes des différences mais non un fossé, entre un Gobsek, vrai usurier, et un père Grandet qui, parmi ses activités d'affaires, pratique aussi l'usure.

D'ailleurs, l'usurier constitue la catégorie la plus méprisée des marchands. Dans les deux sermons modèles (58 et 59) que Jacques de Vitry consacre aux «marchands et changeurs» *(mercatores et campores)* la quasi-totalité des rubriques et des *exempla* concerne les usuriers. Ce sont sans doute ceux qui ont le plus besoin d'une prédication salutaire, mais on la leur dispense sous l'étiquette de «marchands». Ils ne forment pas un «état» *(status)* spécifique. Les usuriers présents dans l'*Enfer* de Dante – il en nomme quelques-uns – sont bien connus en tant que marchands et parfois comme marchands-banquiers de premier plan : ainsi les familles nobles des Gianfigliazzi et des Ubriachi, reconnaissables aux «armes» de leurs bourses; les fameux Scrovegni de Padoue; Vitaliano del Dente, podestat en 1307; Giovanni Bujamonte «usurier réputé pour être le plus terrible d'Europe», et qui fut quand même gonfalonier de justice en 1293.

Autour du marchand du XIIIe siècle, qui a bien du mal à se faire reconnaître non pas tant parmi l'élite sociale que parmi les métiers honorables, rôde toujours une odeur d'usure.

Dans le sermon modèle *«ad status»* n° 59, Jacques de Vitry a donné une variante de la société trifonctionnelle définie par Georges Dumézil, et mise en évidence dans l'Occident médiéval par Georges Duby, qui n'a pas suffisamment retenu, me semble-t-il, l'attention. Elle est pourtant intéressante. La voici : «Dieu a ordonné trois genres d'hommes, les paysans et autres travailleurs pour assurer la subsistance des autres, les chevaliers pour les défendre, les clercs pour les gouverner, mais le diable en a ordonné une quatrième, les usuriers. Ils ne participent pas au travail des hommes et ils ne seront pas châtiés avec les hommes, mais avec les

---

16. R. de Roover, *La Pensée économique des scolastiques, doctrines et méthodes*, Paris-Montréal, 1971 et *Business, Banking and Economic Thought in Late Medieval and Modern Europe : Selected Studies*, Chicago, 1974.
17. J. T. Noonan, *The Scholastic Analysis of Usury*, Cambridge, Mass., 1957, p. 192.

démons. Car à la quantité d'argent qu'ils reçoivent de l'usure correspond la quantité de bois envoyé en enfer pour les brûler. La soif de la cupidité les pousse à boire de l'eau sale et à acquérir par tromperies et usure de l'argent sale, soif dont Jérémie (III, 25) dit : "Interdis la soif à ta gorge." Et comme, en violation de l'interdiction légale, les usuriers se nourrissent de cadavres et de charogne en mangeant la nourriture acquise par l'usure, cette nourriture ne peut être sanctifiée par le signe de croix ou quelque autre bénédiction, d'où dans les Proverbes (IV, 17) : "Ils mangent le pain de l'impiété et boivent le vin de l'iniquité." Quand nous lisons d'une moniale qu'elle a mangé le diable assis sur une laitue parce qu'elle n'avait pas fait le signe de croix c'est bien plus fort que les usuriers semblent manger avec le pain de l'impiété le diable que nous croyons assis sur une bouchée de ce pain[18]... »

Il n'est pas inintéressant de constater, dans ce jeu qui s'instaure pour faire mieux correspondre le schéma trifonctionnel aux représentations mentales de la nouvelle société, que la quatrième fonction créée (en fait sous une forme péjorative, celle des marchands) est attribuée aux usuriers (d'autres, plus tard, le seront aux hommes de loi par exemple). En effet, ce dédoublement diabolique de la troisième fonction – l'économique –, s'il témoigne bien de l'intégration par les structures mentales du progrès des échanges, manifeste aussi la méfiance des intellectuels à l'égard de la sphère économique. À côté des paysans et autres travailleurs, justifiés parce que utiles et productifs, voilà la fonction du diable, celle de l'argent, de l'usure néfaste et improductive. L'usurier avant d'être la proie éternelle du diable est son ami terrestre, son protégé ici-bas.

« Il arriva une fois que le champ d'un usurier restât intact alors que toute la terre autour était frappée par un orage, et tout joyeux l'usurier alla dire à un prêtre que tout allait bien pour lui et il justifia sa vie. Le prêtre répondit : "Ce n'est pas ça, mais comme tu t'es acquis beaucoup d'amis dans la société des démons, tu as échappé à l'orage envoyé par eux[19]." »

Mais quand approche la mort, finie l'amitié. Seule compte la convoitise de Satan à l'égard de l'âme de l'usurier. Il prend garde que celle-ci ne puisse lui échapper. Pour cela il faut éviter une éventuelle confession et contrition de l'usurier.

Premier stratagème : rendre l'usurier mourant aphasique, muet. Jacques de Vitry l'assure : « Beaucoup d'usuriers à l'approche de la mort perdent l'usage de la parole et ne peuvent se confesser[20]. »

---

18. Sermon « *ad status* » n° 59, 14.
19. *Tabula exemplorum*, op. cit., pp. 22-23.
20. Sermon « *ad status* » n° 59, 15.

Solution plus radicale encore : la mort subite, la pire mort pour un chrétien au Moyen Âge car elle le saisit en général en état de péché mortel. Cette situation est inévitable pour l'usurier qui est en situation perpétuelle de péché mortel. À l'époque d'Étienne de Bourbon, au milieu du XIIIe siècle, un étonnant fait divers l'atteste. C'est l'histoire dramatique et exemplaire de l'usurier de Dijon.
« Il arriva à Dijon, vers l'année du Seigneur 1240, qu'un usurier voulût célébrer en grande pompe ses noces. Il fut conduit en musique à l'église paroissiale de la Sainte-Vierge. Il se tenait sous le porche de l'église pour que sa fiancée dise son consentement et que le mariage soit ratifié selon la coutume par les "paroles de présent" *(verba de presenti)* avant que le mariage ne soit couronné par la célébration de la messe et d'autres rites dans l'église. Alors que le fiancé et la fiancée, pleins de joie, allaient entrer dans l'église, un usurier de pierre, qui avait été sculpté au-dessus du porche en train d'être emporté par le diable en enfer, tomba avec sa bourse sur la tête de l'usurier vivant qui allait se marier, le frappa et le tua. Les noces se changèrent en deuil, la joie en tristesse. L'usurier de pierre exclut de l'église et des sacrements l'usurier vivant que les prêtres au lieu de l'en exclure voulaient au contraire y introduire. Les autres usuriers de la ville donnèrent de l'argent pour faire détruire les autres sculptures du portique, à l'extérieur, dans la partie antérieure, pour qu'un autre accident de ce genre ne pût leur arriver. Je les ai vues, détruites [21]. »
Il faudrait longuement commenter ce texte, ses informations sur le rituel du mariage, où l'essentiel se passe encore à l'extérieur de l'église ; sur le jeu d'exclusion et d'admission des usuriers ; sur les rapports entre les usuriers et le clergé ; sur les relations vécues et pensées entre le monde des vivants et le monde de pierre des sculptures d'églises ; sur la solidarité des communautés urbaines d'usuriers. Contentons-nous de demeurer saisis par la brutalité symbolique de ce fait divers situé et daté. L'usurier de Dijon a rencontré sa statue du Commandeur.
L'indulgence coupable de certains clercs à l'égard des usuriers ne change d'ailleurs pas la situation de l'usurier impénitent. « J'ai vu, raconte encore Étienne de Bourbon, à Besançon un grand usurier tomber frappé de mort subite sur la table, alors qu'il festoyait joyeusement. À cette vue, les fils qu'il avait eus de deux mariages tirèrent leurs épées, dans un oubli complet de leur père et se battirent sur les coffres [pleins d'argent] qu'ils voulaient garder et saisir, se souciant peu de l'âme ou du corps de leur père. On l'enterra dans un tombeau contigu à l'église paroissiale de la cathédrale Saint-Jean, on éleva une belle tombe et on l'inséra dans le flanc de l'église. Au matin

---

21. Lecoy de la Marche, *Anecdotes historiques...*, *op. cit.*, pp. 365-366.

on la découvrit repoussée loin de l'église comme s'il était montré par là qu'il n'était pas en communion avec l'Église[22]. »
La pire façon peut-être d'éloigner l'usurier agonisant de la confession, c'est de le rendre complètement fou. La folie conduit l'usurier à l'impénitence finale. Ainsi l'histoire de l'usurier de Notre-Dame de Paris racontée aussi par Étienne de Bourbon. « Voici ce que j'ai vu de mes yeux, alors que j'étais jeune étudiant à Paris et que j'étais venu à l'église de la Sainte-Vierge un samedi pour y entendre les vêpres. J'y vis un homme qu'on y portait sur une civière, souffrant d'un membre brûlé par ce mal qu'on appelle "mal sacré" ou "infernal" [le mal des ardents]. La foule l'entourait. Les proches témoignaient que c'était un usurier. Aussi les prêtres et les clercs l'exhortaient à quitter ce métier et à promettre qu'il rendrait les usures, pour que la Sainte Vierge le délivrât de son mal. Mais il ne voulut pas les écouter, ne prêtant attention ni aux blâmes ni aux flatteries. À la fin des vêpres, il persévérait dans son obstination, alors que ce feu avait gagné tout son corps, devenu noir et enflé et que les yeux lui sortaient de la tête. On le jeta de l'église comme un chien et il mourut sur place, le soir même, de ce feu, entêté dans son obstination[23]. »
L'image montrera, à la fin du Moyen Âge, l'agonie de l'usurier, dans les gravures des « Arts de mourir ». Mais déjà, aux XIIe et XIIIe siècles, les clercs, dans les *exempla*, ont convoqué au lit de l'usurier agonisant tous les combats, tous les cauchemars, toutes les horreurs. Repentant ou non, l'usurier parvenu à ce stade ultime de sa vie est entraîné dans ce qui sera bientôt la danse macabre.
Voici un paysan usurier du diocèse d'Utrecht dont Césaire de Heisterbach a entendu parler, Godescalc. On prêcha la croisade dans son pays et il ne donna que cinq talents alors qu'il aurait pu donner quarante marcs sans déshériter ses enfants. Assis dans les tavernes il raillait les croisés : « Vous affrontez la mer, vous dépensez votre bien, vous exposez votre vie à mille périls. Moi je reste chez moi avec ma femme et mes enfants et pour les cinq marcs avec lesquels j'ai racheté ma croix j'aurai la même récompense que vous. " Une nuit, il entendit dans un moulin contigu à sa maison comme un bruit de meule. Il envoya un jeune serviteur voir ce qui se passait. L'autre revint terrifié et dit qu'il avait été cloué au sol par la terreur sur le seuil du moulin. L'usurier alors se leva, ouvrit la porte du moulin et eut une horrible vision ; il y avait là deux chevaux tout noirs et à côté un homme horrible noir comme eux. Il dit au paysan : "Dépêche-toi d'entrer et de monter ce cheval que j'ai amené pour toi." Incapable de résister,

---

22. *Ibid.*, pp. 364-365.
23. *Ibid.*, pp. 263-264.

l'usurier obéit. Avec le diable monté sur l'autre cheval il parcourut à vive allure les lieux de l'enfer. Il y rencontra son père et sa mère, beaucoup de connaissances dont il ignorait la présence en ces lieux. Il fut particulièrement frappé par la vue d'un burgrave, honnête chevalier à ce qu'on croyait, assis sur une vache furieuse, son dos exposé à ses cornes qui le meurtrissaient au gré de ses bonds désordonnés. Ce bon chevalier avait volé sa vache à une veuve. Il vit enfin un siège de feu dans lequel il ne pouvait y avoir nul repos mais le châtiment interminable d'y rester assis en châtiment. Le diable lui dit: "Dans trois jours tu reviendras ici et cette chaise sera ton châtiment." Sa famille trouva l'usurier évanoui dans le moulin et le porta dans son lit. Sûr d'avoir à subir ce qu'il avait vu, il refusa confession et contrition. Sans confession, sans viatique, sans extrême-onction, il fut enseveli dans l'enfer[24]. »

Étienne de Bourbon raconte d'autres morts affreuses d'usuriers. En voici une qu'il tient de Nicolas de Flavigny, archevêque de Besançon, qui la racontait dans ses sermons. « Un riche usurier qui craignait peu le jugement de Dieu, couché une nuit près de sa femme après un bon repas, soudain se leva en tremblant. "Qu'est-ce que tu as? lui demanda sa femme. – Je viens d'être transporté au Jugement dernier et j'ai entendu proférer d'innombrables plaintes et accusations contre moi. Stupéfait, je n'ai pas réussi à parler et à réclamer une pénitence. Finalement le juge suprême me condamna à être livré aux démons qui doivent venir aujourd'hui même me chercher pour m'emmener." Il passa une veste qui pendait au portemanteau, gage de peu de valeur laissé par un débiteur, et sortit, malgré sa femme. Les siens le suivirent et le trouvèrent quasi dément dans l'église d'un monastère. Les moines qui disaient matines le gardèrent jusqu'à sexte, mais ne purent lui faire confesser ses péchés, ni restituer, ni donner un signe de pénitence. Après la messe il sortit pour rentrer chez lui. Ils marchaient le long d'une rivière et virent apparaître un navire qui remontait le courant de la rivière à toute vitesse, apparemment sans personne à bord. Mais l'usurier dit qu'il était plein de démons qui venaient l'enlever et l'emmener. À ces mots ils le prennent et le déposent dans le navire qui aussitôt, rebroussant chemin, disparut avec sa proie[25]. » C'est le vaisseau fantôme du paysan usurier. Combien d'usuriers dans la troupe d'Hellequin, cet escadron de la mort, ces chasseurs fantômes qui, certaines nuits, passent dans le ciel, déformés par la clarté lunaire, troublant le repos nocturne des sons funèbres de leurs trompes de chasseurs de l'au-delà, faisant sangloter dans les ténèbres tremblantes la rumeur de leurs péchés et l'angoisse de leur errance sans fin?

---

24. *Dialogus miraculorum*, II, VII, in Strange, *op. cit.*, t. I, pp. 70-72.
25. Lecoy de la Marche, *op. cit.*, pp. 367-368.

Enfonçons-nous dans l'horreur, avec Étienne de Bourbon : « J'ai entendu parler d'un usurier gravement malade qui ne voulait rien restituer mais qui ordonna pourtant de distribuer aux pauvres son grenier plein de blé. Quand les serviteurs voulurent recueillir le blé, ils le trouvèrent changé en serpents. En l'apprenant, l'usurier contrit restitua tout et édicta que son cadavre soit jeté nu au milieu des serpents pour que son corps soit dévoré par les serpents ici-bas afin d'éviter que son âme ne le soit dans l'au-delà. Ce qui fut fait. Les serpents dévorèrent son corps et ne laissèrent sur place que des os blanchis. Certains ajoutent que, leur besogne faite, les serpents disparurent et il ne resta que les os blancs et nus sous la lumière[26]. »
Squelette surréaliste d'un usurier...
Plus réaliste, cette fin, d'un burlesque noir, d'un autre usurier racontée par Jacques de Vitry : « Bien inspiré fut un bon prêtre qui refusa d'enterrer un de ses paroissiens qui avait été usurier et n'avait rien restitué à sa mort. Cette sorte de peste ne doit pas en effet recevoir de sépulture chrétienne et ils ne sont pas dignes d'avoir une autre sépulture que celle des ânes [...]. Mais comme les amis de l'usurier mort insistèrent beaucoup, pour échapper à leurs pressions, le prêtre fit une prière et leur dit : "Posons son corps sur un âne et voyons la volonté de Dieu et ce qu'il en fera : où que l'âne l'emporte, que ce soit dans une église, un cimetière ou ailleurs, je l'enterrerai." Le cadavre fut placé sur l'âne qui, sans dévier à droite ni à gauche, l'emmena tout droit hors de la ville jusqu'au lieu où les voleurs étaient pendus au gibet et d'une forte ruade il projeta le cadavre sous les fourches patibulaires dans le fumier. Le prêtre l'y abandonna avec les voleurs[27]. »
Buñuel a montré l'abandon sur les décharges publiques des pauvres cadavres des *olvidados*, mais l'usurier est un oublié qui l'a mérité.
Tel qu'en lui-même enfin l'éternité le change, l'usurier type, c'est l'usurier français raconté par Eudes de Sully, évêque de Paris de 1196 à 1208. « Il y eut en France un usurier dont le serviteur s'appelait Enfer et la servante Mort. Mort subitement, il n'eut pour fossoyeurs qu'Enfer et Mort[28]. »

---

26. *Ibid.*, p. 368.
27. Crane éd., *op. cit.*, p. 75.
28. *Tabula exemplorum, op. cit.*, p. 83.

LA BOURSE ET LA VIE : LE PURGATOIRE

À l'usurier l'Église et les pouvoirs laïcs disaient : « Choisis : la bourse *ou* la vie. » Mais l'usurier pensait : ce que je veux c'est « la bourse *et* la vie ». Les usuriers impénitents qui, au moment de la mort, préféraient ne pas restituer l'argent mal acquis ou l'emporter même dans la mort en se moquant de l'enfer qu'on leur promettait n'ont dû être qu'une minorité. On peut même se demander s'il ne s'agit pas d'usuriers imaginés par la propagande ecclésiastique pour mieux faire passer son message. Une telle attitude ne s'expliquerait que par l'incroyance, et l'incroyant du XIIIe siècle apparaît plutôt comme une hypothèse d'école que comme un personnage réel. L'usurier impénitent a sans doute été soit un usurier imprévoyant, surpris par la mort, malgré les avertissements de l'Église, soit un usurier optimiste, comptant sur la miséricorde d'un Dieu plus compréhensif que l'Église.

Le XIIIe siècle est l'époque où les valeurs descendent sur la terre. Il y avait certes auparavant des hommes et des femmes adonnés à la recherche des biens de ce monde, entraînés au péché par l'attrait des jouissances terrestres, mais ils vivaient dans une société incomplètement christianisée, où la religion avait peut-être imposé sa loi à la surface des êtres et des choses mais n'avait pas pénétré toutes les consciences et tous les cœurs. Un christianisme somme toute tolérant, demandant aux clercs et en particulier aux moines – élite de « saints » à qui seuls convenait le parfait respect de la religion et de ses valeurs – de faire pénitence pour tous les autres dont ils toléraient le christianisme superficiel à condition qu'ils respectent l'Église, ses membres et ses biens et acceptent d'accomplir de temps en temps des pénitences publiques et, si le péché était éclatant, spectaculaires. Un christianisme qui, malgré la recherche intérieure de Dieu, n'exigeait guère des laïcs qu'ils refrénassent leur nature sauvage. Car les laïcs étaient des violents et des illettrés, guerriers qui se ruaient dans les massacres, les

rapines, les rapts, pleins de *superbe*, travailleurs – paysans surtout – à peine différents des animaux tenaillés par l'*envie*, désignés par Dieu pour servir les deux premiers ordres de la société, comme Cham avait dû servir Japhet et Seth.
Laïcat, monde de la violence sauvage. Face à cette violence, l'Église, aidée par les rois et les empereurs, cherchait à faire régner l'ordre, l'ordre extérieur. On appliquait aux péchés un code de pénitences préétablies, inspirées des peines édictées par les lois barbares. On n'amendait pas son être, on rachetait sa faute. L'idéal monastique était celui du *contemptus mundi*, du mépris, du refus du monde. C'était là une affaire de moines. Pour les laïcs, Dieu était loin et le monde proche, dur, rongé par les famines, les maladies et les guerres, n'offrait pas un ensemble globalement attirant. Seuls les puissants avaient des motifs de jouissance et rendaient à Dieu quelques grâces, en tant que garant de leur puissance. Aux puissants et aux faibles, l'Église disait que le monde vieillissait, s'enfonçait dans la ruine et qu'il fallait songer au salut. La plupart des laïcs pensaient qu'il fallait, pour les grands, bien profiter du peu de temps qui restait, pour les petits, arracher à cette terre les miettes de plaisir à leur portée. Il y avait certes Dieu et le Jugement dernier. Mais les hommes n'arrivaient pas à établir un lien étroit entre leur vie et ce que serait le jugement de Dieu à leur encontre. Ce Dieu ressemblait aux dieux assoiffés que leurs ancêtres avaient pendant longtemps adorés, forces de la nature (chênes, sources, rochers détruits ou baptisés par l'Église), idoles abattues par les prêtres et les moines, remplacées par des églises, des statues – un Dieu entièrement différent mais que la masse laïque, superficiellement christianisée, cherchait à satisfaire par les mêmes offrandes ou des dons nouveaux ressemblant aux anciens. Les puissants et les riches donnaient des terres, de l'argent, de l'orfèvrerie, des redevances ; les pauvres, certains de leurs enfants – les oblats des monastères –, de plus humbles dons. Comme c'était un peuple de soumis, on imposa aux paysans qui en formaient la plus grande partie une offrande lourde, le dixième de leurs récoltes, la dîme. Dieu était représenté sur terre par ses saints et par l'Église. C'est à eux que les laïcs firent ces « cadeaux ».
Un grand changement s'opéra autour de l'An Mil, que nous appelons *féodalité*. Il augmenta sans doute les injustices et les inégalités, mais il procura à la masse une certaine sécurité, d'où naquit un relatif bien-être. L'Église repensa la société nouvelle. D'un côté, elle chercha à se dépêtrer de son imbrication dans le siècle. De l'autre, elle s'efforça de christianiser vraiment la société. Elle le fit selon les méthodes habituelles aux puissants : la carotte et le bâton.
Le bâton ce fut Satan. Venu du lointain et profond Orient, le diable fut rationalisé et institutionnalisé par l'Église et se mit à bien fonctionner vers l'An

La Bourse et la vie : le Purgatoire

Mil. Le diable, fléau de Dieu, général d'une armée de démons bien organisée, maître sur ses terres, l'enfer, fut le chef d'orchestre de l'imaginaire féodal. Mais il pouvait seulement – Dieu dans le Paradis n'admettant forcément qu'une minorité de parfaits, de saints – offrir un au-delà sans espoir à une société qui parvenait de moins en moins à penser selon le modèle strictement antagoniste des bons et des méchants, du noir et du blanc.

La société impitoyable et manichéenne du haut Moyen Âge devenait invivable. Les masses imposèrent à l'Église qui l'imposa à l'aristocratie et aux princes, qui cherchèrent à l'utiliser à leur profit, le mouvement de *paix* (qui se transforma par exemple en Normandie en « paix du duc », en France en « paix du roi »). Non, cette terre ne pouvait pas être qu'une vallée de larmes, qu'une veillée d'Apocalypse ! Dès l'An Mil, le moine de Cluny Raoul le Glabre s'émerveillait d'un nouveau blanc manteau d'églises. Ce manteau n'était pas la neige de l'hiver mais la floraison d'un printemps. La terre, mieux cultivée, rendait mieux. Machines (charrues à roues et à versoir, métiers à tisser, moulin) ; outils (herse, soc en fer) ; techniques (façons de labourer et de soigner la vigne, système de la came transformant le mouvement continu en mouvement alternatif, émergence à côté des nombres symboliques d'une arithmétique engendrant, selon Alexander Murray, une véritable manie de compter vers 1200) : tout cela ne s'appelait pas progrès (il faudra attendre le XVIIIe siècle) mais était ressenti comme une croissance. L'histoire qui s'étiolait, redémarrait, et la vie terrestre pouvait, devait même être le début, l'apprentissage d'une montée vers Dieu. C'est ici-bas, en collaborant à son œuvre de création – sinon pourquoi Dieu aurait-il créé le monde et l'homme et la femme ? –, que l'humanité pouvait se sauver. La carotte, ce fut le *purgatoire*. Le purgatoire naît à la fin de cette grande transformation voulue par l'Église comme une modification de toute la société : la réforme grégorienne.

L'usurier vécut très mal la première phase de cette mutation. L'usurier juif, de plus en plus acculé à cette fonction par la société chrétienne, quoique ne commettant de péché, ni par rapport à la loi juive ni par rapport à la loi chrétienne, subit, à base d'antijudaïsme latent, la montée de l'antisémitisme dont les bouffées étaient attisées par la lutte anti-usuraire de l'Église et des princes chrétiens. L'usurier chrétien avait choisi parmi les valeurs terrestres en hausse la plus détestée, même si elle était matériellement de plus en plus recherchée : l'argent. Je ne fais pas de l'usurier chrétien une victime, mais un coupable qui partage sa faute avec l'ensemble de la société, qui le méprisait et le persécutait tout en se servant de lui et en partageant sa soif d'argent. Je ne préfère pas les hypocrites aux cupides. Dans les deux cas une certaine inconscience n'est pas une excuse. Marx, dans *Le Capital*, a su rappeler la part d'usure qui subsistait dans le capitalisme.

Ce que je cherche dans ce livre, c'est précisément à montrer comment un obstacle idéologique peut entraver, retarder le développement d'un nouveau système économique. Je crois qu'on comprend mieux ce phénomène en scrutant les hommes qui en sont les acteurs plutôt qu'en examinant seulement les systèmes et les doctrines économiques. Ce que je conteste, c'est une vieille histoire de l'économie et de la pensée économique qui perdure. Elle me paraît d'autant plus inefficace pour le Moyen Âge qu'il n'y a pas alors de doctrine économique de l'Église ni de penseurs économistes. L'Église, les théologiens, les canonistes et, ne les oublions pas, les prédicateurs et les confesseurs du Moyen Âge, en traitant de questions religieuses, du *péché* d'usure en l'occurrence, ont montré l'impact de la religion sur des phénomènes que nous appelons aujourd'hui « économiques ». En ne reconnaissant pas la spécificité des comportements et des mentalités du Moyen Âge – il y a d'heureuses exceptions –, les théories économiques et les histoires de la pensée économique moderne se sont refusé une authentique compréhension du passé et nous ont donc aussi privés d'un éclairage du présent par le passé.

Un grand poète comme Ezra Pound a peut-être trop cédé à l'imagination passéiste dans son évocation d'un XIXe siècle usuraire. Nul n'a mieux dit que lui ce qu'ont été historiquement l'usure et l'usurier.

L'historien, qui ne doit pas tomber dans l'éclectisme, a pourtant peu de chances de proposer une explication satisfaisante en misant sur une cause unique et dominante. Une triste postérité du marxisme est morte de cette croyance réductrice et aberrante. Le salut de l'usurier n'est pas dû qu'au purgatoire. Avant de mettre en évidence cet élément à mes yeux décisif mais complémentaire, il faut explorer les autres voies conduisant à l'acceptation de l'usurier.

Elles sont au nombre de deux : la *modération* dans la pratique et l'apparition de *nouvelles valeurs* dans le domaine des activités économiques.

Dans les textes, la condamnation de l'usure était totale. On sait que les principes passent rarement intégralement dans la réalité. Usure et intérêt sont deux choses différentes, et l'Église n'a jamais condamné toutes les formes de l'intérêt. Au XIIIe siècle, siècle de l'obsession comptable, la hauteur de l'intérêt découlant du prêt usuraire détermina largement l'attitude des autorités et de la société à l'égard des usuriers.

Dans la levée des intérêts, même avec une réglementation ecclésiastique qui prenait d'ailleurs le prix du *marché* comme base du *juste* prix, les taux dépendaient en partie de la loi de l'offre et de la demande et étaient un baromètre partiel de l'activité économique : « D'une manière générale, écrit Gérard Nahon, plus un pays avance sur la voie du développement plus le loyer de l'argent s'y abaisse. En Autriche un privilège de 1244 fixait le taux à 8 deniers par semaine soit 74 %, ce qui mesure la température du sous-développement de ce pays[1]. »

L'usure en effet ne semble pas avoir été habituellement réprimée quand elle ne dépassait pas le taux d'intérêt pratiqué dans les contrats où elle était tolérée. Le taux du marché était admis à l'intérieur de certaines bornes, sorte de réglementation qui prenait pour référence le marché mais lui imposait des freins. Comment l'Église aurait-elle pu s'empêcher d'intervenir ? Même si elle acceptait beaucoup des puissants, elle voulait tout contrôler, et cherchait à exercer vraiment une de ses fonctions essentielles, la protection des pauvres, auxquels elle s'identifiait idéalement, bien que sa pratique à cet égard ne fût pas très rigoureuse.

L'Église était aussi la mémoire du passé. Or la loi romaine, relayée par la législation byzantino-chrétienne de Justinien, et les lois barbares du haut Moyen Âge autorisaient une usure annuelle de 12 % et le taux de 33 1/2 % avait dû devenir entre l'An Mil et le XIIIe siècle le plafond autorisé, car c'est celui que les rois de France Louis VIII (1223), Saint Louis (1230, 1234) imposent aux usuriers juifs. Les taux d'intérêt pratiqués dans les grandes places marchandes italiennes au XIIIe siècle ont même été souvent inférieurs. À Venise, ils variaient habituellement de 5 % à 8 %. Mais il y avait des pointes, on l'a vu pour l'Autriche. Si, à Florence, les taux restaient le plus souvent de 20 % à 30 %, ils pouvaient monter jusqu'à 40 % à Pistoie et à Lucques. L'enquête de Philippe le Bel en 1284 révèle chez les prêteurs d'argent *lombards*, souvent assimilés aux Juifs et aux Cahorsins, donc à des usuriers, des taux de 34 % à 266 %. En revanche, l'excellente étude de R.H. Helmholz sur l'usure en Angleterre au XIIIe siècle montre que si les taux d'intérêt varient de 5 1/2 % à 50 %, la grande majorité se situe entre 12 % et 33 1/3 %.

En fait, même les textes officiels ne condamnent explicitement que les usuriers *qui exagèrent*. En 1179, le troisième concile du Latran ne désigne à la répression que les usuriers « manifestes » *(manifesti)*, appelés aussi « communs » *(communes)* ou « publics » *(publici)*. Je crois qu'il s'agissait d'usuriers que la *fama*, la « renommée », la rumeur publique, désignait comme des usuriers non pas amateurs mais « professionnels » et qui, surtout, pratiquaient des usures *excessives*.

Le quatrième concile du Latran (1215) condamnant à nouveau les usures des Juifs ne parle que de celles qui sont « lourdes et excessives » *(graves et immoderatas)*.

De façon générale, la condamnation de l'usure se rapproche de la condamnation de l'excès par le droit canon, que l'on rencontre dans les contrats de

---

1. « Le crédit et les Juifs dans la France du XIIIe siècle », in *Annales E.S.C.*, 1969, p. 1137.

vente sous le terme de *laesio enormis*, « dommage énorme », emprunté au droit romain.

Cette notion de *modération* n'est qu'un cas particulier de l'idéal de *mesure* qui, du XIIe au XIIIe siècle, sous l'effet de l'évolution historique et des auteurs antiques remis à l'honneur par la « renaissance du XIIe siècle », s'impose dans la théologie, d'Hugues de Saint-Victor à Thomas d'Aquin, et dans les mœurs. Au cœur du XIIIe siècle, Saint Louis pratique et loue le juste milieu en toute chose, le costume, la table, la dévotion, la guerre. L'homme idéal pour lui, c'est le *prudhomme* qui se distingue du preux en ce qu'à la prouesse il allie la sagesse et la *mesure*. L'usurier modéré a donc des chances de passer à travers les mailles du filet de Satan.

Son autre chance, c'est que la partie interdite, condamnée de son territoire diminue, s'amenuise. Les nouvelles pratiques et les nouvelles valeurs qui se développent dans le champ de ce que nous appelons l'économie restreignent le domaine de l'usure. La tradition scolastique définit ainsi cinq *excuses*.

Les deux premières relèvent de la notion d'*indemnité :* c'est le *damnum emergens*, l'apparition inattendue d'un dommage dû au retard dans le remboursement. Il justifie la perception d'un intérêt qui n'est plus une usure. C'est aussi le *lucrum cessans*, l'empêchement d'un profit supérieur légitime que l'usurier aurait pu gagner en consacrant l'argent prêté à usure à un placement plus avantageux.

La troisième, la plus importante, la plus légitime aux yeux de l'Église, c'est quand l'usure peut être considérée comme un salaire, la rémunération du *travail (stipendium laboris)*. C'est la justification qui a sauvé les maîtres universitaires et les marchands non usuriers. Enseigner la science est fatigant, suppose un apprentissage et des méthodes qui relèvent du travail. Cheminer par terre et par mer, se rendre aux foires ou même tenir comptabilité, changer des monnaies est aussi un labeur et, comme tout travail, mérite salaire.

De façon moins évidente et surtout moins habituelle, l'usurier peut travailler : non pas tellement dans le prêt et la récupération d'un argent qui, contre nature, produirait constamment, même de nuit, sans fatigue, mais dans l'acquisition de l'argent qu'il donnera à l'usure et dans l'utilisation qu'il fera de l'argent usuraire – non pas une donation, pratique louable mais oisive, mais pour une activité vraiment productrice.

Enfin, les deux dernières excuses proviennent d'une valeur relativement nouvelle dans la société chrétienne : le *risque*. Certes, cette valeur existait déjà : risque du moine qui comme saint Antoine, dans la solitude, s'expose aux assauts particulièrement dangereux de Satan ; risque du guerrier qui, comme Roland, affronte la mort pour défendre l'Église et la foi, et, dans la société féodale, son seigneur ; risque du laïc prêt à sacrifier sa vie et ses biens

sur les routes terrestres ou maritimes du pèlerinage et surtout de la croisade. Ce nouveau risque est d'ordre économique, financier et prend la forme du danger de perdre le *capital* prêté *(periculum sortis)*, de ne pas être remboursé, soit à cause de l'insolvabilité du débiteur, soit à cause de sa mauvaise foi. Le deuxième cas est le plus intéressant (et comme le précédent il est d'ailleurs contesté par certains théologiens et canonistes) : c'est le calcul d'incertitude *(ratio incertitudinis)*. Cette notion – influencée par la pensée aristotélicienne qui pénètre dans la théologie et le droit canon après 1260 – reconnaît au *certain* et à l'*incertain*, dans la prévision, le calcul économique, une place qui jouera un grand rôle dans l'établissement du capitalisme.
Ainsi un nombre croissant d'usuriers ont-ils des chances d'être sauvés de l'enfer, soit par leur modération, soit par le déplacement de leur activité vers les nouvelles zones de prêt à intérêt autorisé. Mais nombreux restent les usuriers encore menacés d'enfer du fait de leurs pratiques, et notamment le prêt à la consommation. Or, eux-mêmes n'ont pas échappé à l'évolution religieuse qui s'est développée tout au long du XIIe siècle et connaissent l'inquiétude devant les nouvelles formes de confession, de contrition, de rachat. Le nouveau paysage de l'au-delà ne peut-il leur offrir une possibilité de salut ?

Je n'évoquerai que rapidement ici la naissance, à la fin du XIIe siècle, d'un nouveau lieu de l'au-delà, le purgatoire, que j'ai longuement décrite et analysée ailleurs. Le christianisme avait hérité de la plupart des religions antiques un double au-delà, de récompense et de châtiment : le paradis et l'enfer. Il avait hérité aussi d'un Dieu bon mais juste, juge pétri de miséricorde et de sévérité qui, ayant laissé à l'homme un certain libre arbitre, le punissait quand il en avait mal usé et l'abandonnait alors au génie du mal, Satan. L'aiguillage vers le paradis ou vers l'enfer se faisait en fonction des péchés commis ici-bas, lieu de pénitence et d'épreuves pour l'homme entaché du péché originel. L'Église contrôlait plus ou moins ce processus de salut ou de damnation par ses exhortations et ses mises en garde, par la pratique de la pénitence qui déchargeait les hommes de leur péché. La sentence se réduisait à deux verdicts possibles : paradis ou enfer. Elle serait prononcée par Dieu (ou Jésus) au Jugement dernier et vaudrait pour l'éternité. Dès les premiers siècles, les chrétiens, comme en témoignent notamment les inscriptions funéraires, espérèrent que le sort des morts n'était pas définitivement scellé à leur décès et que les prières et les offrandes – les *suffrages* – des vivants pouvaient aider les pécheurs morts à échapper à l'enfer ou que, du moins, en attendant la sentence définitive au Jugement dernier, ils bénéficieraient d'un traitement plus doux que celui des pires condamnés à l'enfer.

Mais il n'y avait aucune connaissance précise de cet éventuel processus de rachat après la mort, et cette croyance n'arrivait pas à se cristalliser, notamment à cause du désordre de la géographie des lieux infernaux où l'on ne distinguait aucun réceptacle pour des sursitaires de l'enfer ou du paradis. Les auteurs des nombreux récits de voyages dans l'au-delà – en réalité ou en vision – des vivants privilégiés sous la conduite d'un guide autorisé (en général les archanges Raphaël ou Gabriel, un grand saint comme saint Paul ou bien, la culture classique ressuscitant, Virgile dans le cas de Dante mais à un moment où le purgatoire est né) ne localisent pas l'endroit où se rachetaient après la mort les péchés non encore effacés et expiables. On tendait à envisager deux enfers, l'un, inférieur, et l'autre, supérieur, pour les damnés moins coupables. L'Église contrôlait ces récits de voyage dont elle se méfiait, héritiers de l'apocalyptique juive et chrétienne, souvent proches de l'hérésie, envahis de culture «populaire» aux relents «païens», mais qui se diffusaient au sein de la culture monastique.

Quand, dans l'essor de l'Occident, de l'An Mil au XIIIe siècle, les hommes et l'Église estimèrent insupportable l'opposition simpliste entre le paradis et l'enfer, et quand les conditions se trouvèrent réunies pour définir un troisième lieu de l'au-delà où les morts pouvaient être purgés de leur reliquat de péchés, un mot apparut, *purgatorium*, pour désigner ce lieu enfin identifié : le *purgatoire*. Il s'insère, je le rappelle, dans cette intériorisation du sentiment religieux qui, de l'intention à la contrition, réclame plus du pécheur une conversion interne que des actes extérieurs. Il s'intègre aussi dans une socialisation de la vie religieuse qui considère davantage les membres d'une catégorie sociale et professionnelle que les composants d'un ordre. Il relève enfin d'une tendance générale à éviter les affrontements dus à un dualisme réducteur, distinguant, entre les pôles du bien et du mal, du supérieur et de l'inférieur, des moyens, des intermédiaires et, parmi les pécheurs, des ni tout à fait bons ni tout à fait méchants – distinction augustinienne – qui ne sont voués dans l'immédiat ni au paradis ni à l'enfer. S'ils se sont repentis sincèrement avant de mourir, s'ils ne sont plus chargés que de péchés véniels et de reliquats de péchés mortels regrettés, sinon entièrement effacés par la pénitence, ils ne sont pas condamnés à perpétuité, mais à temps. Ils resteront pendant une certaine période dans un lieu appelé purgatoire où ils souffriront des peines comparables à celles de l'enfer, infligées aussi par des démons.

La durée de ce pénible séjour en purgatoire ne dépend pas seulement de la quantité de péchés qu'ils portent encore à la mort mais de l'affection de leurs proches. Ceux-ci – parents charnels ou parents artificiels, confréries dont ils faisaient partie, ordres religieux dont ils avaient été les bienfaiteurs,

saints pour qui ils avaient manifesté une dévotion particulière – pouvaient abréger leur séjour au purgatoire par leurs prières, leurs offrandes, leur intercession : solidarité accrue des vivants et des morts.
Les morts au purgatoire bénéficiaient aussi d'un supplément de biographie, comme l'ont justement écrit Philippe Ariès et Pierre Chaunu. Surtout, ils étaient sûrs qu'au sortir de leurs épreuves purifiantes ils seraient sauvés, qu'ils iraient au paradis. Le purgatoire en effet *n'a qu'une issue*: le paradis. L'essentiel est joué quand le mort est envoyé au purgatoire. Il sait qu'il sera finalement sauvé, au plus tard au Jugement dernier.
La conséquence de la naissance du purgatoire, c'est l'extrême dramatisation de l'approche de la mort, du moment de l'agonie. C'est tout de suite après, lors du jugement *individuel* qui intervient aussitôt après la mort, que Dieu prononce la grande décision : paradis, enfer ou purgatoire. Jugement individuel donc, pour un mort bien individualisé, responsable. L'agonie de l'usurier est à cet égard particulièrement angoissante : en tant que membre d'une profession demeurée par nature illicite et en tant qu'individu, c'est un damné vivant qui approche de la bouche de l'enfer. Se sauvera-t-il au dernier moment ? Terrible suspense.
Le purgatoire n'avait pas été consciemment ou explicitement découvert pour vider l'enfer. Mais, dans la pratique, c'est ce qui avait tendance à se produire. Pour lutter contre ce penchant au laxisme, l'Église, au XIIIe siècle, accentuera le caractère infernal des peines du purgatoire, sans pour autant en transformer l'issue : le paradis.
L'usurier, quant à lui, n'est-il pas un «tout méchant»? Or voici ce que nous trouvons dans le dernier chapitre du *Dialogus miraculorum* de Césaire de Heisterbach (vers 1220), où le cistercien présente un nombre à peu près égal d'*exempla* mettant en scène des morts en enfer, au purgatoire et au paradis. Dans un coin du purgatoire, soudain, l'inattendu, l'inouï : un usurier.
«LE MOINE. – Un usurier de Liège mourut, à notre époque. L'évêque le fit expulser du cimetière. Sa femme se rendit auprès du siège apostolique pour implorer qu'il fût enterré en terre sainte. Le pape refusa. Elle plaida alors pour son époux : "On m'a dit, Seigneur, qu'homme et femme ne font qu'un et que, selon l'Apôtre, l'homme infidèle peut être sauvé par la femme fidèle. Ce que mon mari a oublié de faire, moi, qui suis partie de son corps, je le ferai volontiers à sa place. Je suis prête à me faire recluse pour lui et à racheter à Dieu ses péchés." Cédant aux prières des cardinaux, le pape fit rendre le mort au cimetière. Sa femme élut domicile auprès de son tombeau, s'enferma comme recluse et s'efforça jour et nuit d'apaiser Dieu pour le salut de son âme par des aumônes, des jeûnes, des prières et des veilles. Au bout de sept ans, son mari lui apparut, vêtu de

noir, et la remercia : "Dieu te le rende, car grâce à tes épreuves, j'ai été retiré des profondeurs de l'enfer et des plus terribles peines. Si tu me rends encore de tels services pendant sept ans, je serai complètement délivré." Elle le fit. Il lui apparut de nouveau au bout de sept ans, mais, cette fois, vêtu de blanc et l'air heureux. "Merci à Dieu et à toi car j'ai été libéré aujourd'hui."

« LE NOVICE. – Comment peut-il se dire libéré aujourd'hui de l'enfer, endroit d'où il n'y a nul rachat possible ?

« LE MOINE. – Les profondeurs de l'enfer, cela veut dire l'âpreté du purgatoire. De même lorsque l'Église prie pour les défunts en disant : "Seigneur Jésus-Christ, Roi de Gloire, libère les âmes de tous les fidèles défunts de la main de l'enfer et des profondeurs du gouffre, etc.", elle ne prie pas pour les damnés, mais pour ceux qu'on peut sauver. La main de l'enfer, les profondeurs du gouffre, cela veut dire ici l'âpreté du purgatoire. Quant à notre usurier, il n'aurait pas été libéré de ses peines, s'il n'avait exprimé une contrition finale[2]. »

Voici donc un usurier revenant. Le purgatoire sert aussi à trier les revenants. En sortent ceux à qui Dieu permet ou ordonne un bref retour sur terre pour illustrer l'existence du purgatoire, prier leurs proches de hâter par leurs suffrages leur délivrance, comme l'usurier de Liège. Il faut les écouter. À l'inverse, les revenants non autorisés doivent être chassés, mais ils peuvent aussi proposer une leçon à partir de leur sort misérable. Tel, chez Césaire, un chevalier usurier :

« Un chevalier en mourant, après avoir acquis des biens par l'usure, laissa son héritage à son fils. Une nuit il vint frapper fort à sa porte. Un jeune serviteur accourut et lui demanda pourquoi il frappait. Il répondit : "Fais-moi entrer, je suis le seigneur de ce domaine" et il se nomma. Le serviteur, regardant par le trou de l'enceinte, le reconnut et répondit : "Il est sûr que mon maître est mort, je ne vous ferai pas entrer." Le mort continua à frapper, mais sans succès et à la fin il dit : "Porte ces poissons dont je me nourris, à mon fils, je les suspends à sa porte." En sortant le matin ils trouvèrent dans un panier une multitude de crapauds et de serpents. Voilà ce qu'on mange en enfer, et c'est cuit sur du feu de soufre[3]. »

Il y a certes un moyen pour l'usurier d'échapper à l'enfer et même au purgatoire, c'est de restituer. Étienne de Bourbon le souligne : « L'usurier, s'il veut éviter la damnation, doit *rendre* [le mot est très fort, *evomat*, c'est rendre par vomissement] par restitution l'argent mal acquis et sa faute par la confession. Autrement il les *rendra* [par vomissement, *evomet*, à prendre

---

2. *Dialogus miraculorum*, XII, XXIV, in Strange, *op. cit.*, t. II, pp. 335-336.
3. *Ibid.*, XII, XVIII.

sans doute dans ce cas au pied de la lettre] par châtiment en enfer[4].»
Restitution et confession, au temporel et au spirituel. Mais il faut tout restituer et à temps. Or non seulement beaucoup d'usuriers hésitent et sont réticents jusqu'à ce qu'il soit trop tard mais, de surcroît, la restitution n'est pas toujours très simple à réaliser. La victime de l'usurier peut être morte et ses descendants introuvables. La réalisation de l'argent gagné usurairement peut être difficile si cet argent a été dépensé ou investi dans un achat qu'on ne peut annuler ou récupérer. L'usure porte sur le temps. L'usurier a vendu, volé du temps, et cela ne pourrait lui être pardonné que s'il rendait l'objet volé. Peut-on rendre, remonter le temps? Empêtrés dans cette dimension temporelle des pratiques économiques liées au numéraire, les hommes du Moyen Âge remontent le temps encore plus difficilement qu'ils ne le descendent.

Le problème est surtout difficile si l'usurier laisse une veuve et des enfants. La question préoccupe sérieusement théologiens et canonistes.

Intervient ici le dernier et très important personnage: la *femme*, bientôt la *veuve de l'usurier*.

Ainsi en parle Thomas de Chobham: «Que dire de la femme d'un usurier qui n'a pas d'autres ressources que celles tirées de l'usure. Doit-elle le quitter à cause de son incorrigible fornication spirituelle ou rester avec lui et vivre de l'argent usuraire?

«Il y a deux opinions.

«Les uns disent qu'elle doit vivre du travail de ses mains si elle connaît un métier, ou des ressources de ses amis. Si elle n'a ni amis ni métier, elle peut aussi quitter son mari, aussi bien à cause de la fornication spirituelle que corporelle car elle ne doit pas le service de son corps à un tel mari, elle serait comme une idolâtre, car la cupidité *(avaritia)* c'est le *service des idoles* (Éphésiens, VI, 5).

«D'autres disent qu'elles doivent plutôt faire comme le Seigneur qui a mangé avec des pécheurs et des voleurs qui ne lui donnaient que du bien d'autrui, mais qui, lui, se fit l'avocat des pauvres et persuada les voleurs de rendre ce qu'ils avaient pris (Luc, XIX) et qui ainsi mangea licitement de leurs biens. De même la femme de l'usurier peut persuader son mari de restituer les usures ou de prendre de moindres usures aux pauvres *(vel minores usuras accipiat a pauperibus)* et en travaillant pour eux et en plaidant leur cause elle peut licitement vivre de leurs biens[5].»

On notera ici l'allusion à la tolérance des usures modérées, de la «petite» usure.

---

4. Lecoy de la Marche, *Anecdotes historiques...*, op. cit., p. 362.
5. Thomas de Chobham, *Summa confessorum*, op. cit., pp. 506-507.

Il s'agit dans le texte qui suit des enfants : « Soit quelqu'un qui ne posséderait rien d'autre que le produit de l'usure et qui voudrait se repentir. S'il restitue tout ce qu'il possède, ses filles devront se prostituer et ses fils se faire brigands, lui-même mendiera et sa femme le quittera. L'Église ne pourrait-elle lui donner un conseil de telle sorte qu'il n'ait pas tout à restituer ? Nous disons que ce serait un bon conseil que de lui faire demander d'être tenu quitte par ceux à qui il devrait restituer. S'il n'obtient pas cette grâce, nous croyons que, comme tout homme dans une extrême nécessité peut vivre du bien d'autrui pour ne pas mourir, comme il a été dit plus haut, pourvu qu'il ait l'intention de restituer quand il le pourra, l'usurier lui-même, dans une telle nécessité, peut garder, de son argent usuraire, de quoi vivre à condition qu'il vive dans une extrême parcimonie et qu'il ait la ferme intention de tout restituer quand il le pourra[6]. »

On retrouve ici la valeur de l'*intention* et l'excuse de la *nécessité*.

Dans toutes ces affaires où se joue le sort éternel de l'usurier, le rôle de la femme est grand. Elle doit chercher à le persuader de quitter ce métier maudit et de restituer l'argent qui l'emmènera en enfer. Beaucoup de femmes d'usuriers le font dans les *exempla*. C'est en général une figure touchante, digne d'intérêt, voisine de ces personnages balzaciens féminins vivant dans l'ombre de maris ou de pères requins, parfois terrorisées au point de n'oser leur parler, encore moins les blâmer, essayant de racheter dans l'ombre de la prière l'ignominie de l'homme. L'Église a toujours eu une image double de l'épouse. Tantôt elle la dénonce comme l'Ève qui fait succomber Adam à la tentation, tantôt elle met en elle ses espérances pour convertir ou amender l'époux diabolique.

Mais, à l'intérieur de cette tradition, il y a une conjoncture des rôles de l'époux et de l'épouse dans le mariage et, parallèlement, de l'image qu'ont et répandent de chacun l'Église et la société. En ce moment où, dans une mutation générale, changent aussi – comme Georges Duby, entre autres, l'a brillamment montré – la conception et la pratique du mariage, la femme semble, sans entrer dans le détail, bénéficiaire de cette transformation. Le modèle ecclésiastique du mariage, monogamique et indélébile, change ; il évolue vers le statut de sacrement ; il est fondé sur le consentement *mutuel* des époux et la consommation charnelle ; le contrat donne une meilleure participation, une meilleure protection à la femme. N'est-elle pas exemplaire du couple « nouveau », la femme de l'usurier de Liège qui rappelle fièrement au pape la définition que l'Église lui a donnée du mariage et qui cite saint Paul : « Homme et femme ne font qu'un » ? L'Église, dans la réforme générale où elle s'est engagée, hésite à retenir quoi que ce soit de

---

6. *Ibid.*, pp. 515-516.

l'ancienne loi qui puisse fonder une responsabilité collective. L'argent que l'homme a gagné par l'usure dans le contexte d'une économie de société devient l'argent du couple par son utilisation dans l'économie domestique, familiale. Comment frapper l'homme sans frapper la femme ? L'*exemplum* de l'usurier de Dijon donne une réponse imagée, frappante mais peu utilisable dans la vie quotidienne. La statue qui tombe tue le mari usurier et épargne la femme avant que le mariage ne soit consommé.

« *LE CŒUR AUSSI A SES LARMES* »

Sur la voie du salut suivons maintenant la femme de l'usurier de Liège, modèle limite, elle aussi, puisque après sa fière revendication conjugale, elle a racheté par son sacrifice son usurier d'époux, ne recevant pour remerciement et encouragement que la gratitude d'un revenant et la vision d'une arithmétique du système du purgatoire incarnée assez grossièrement. Le corps du revenant est un baromètre en noir et blanc du temps du purgatoire. Dans d'autres textes le mort à moitié purgé apparaît blanc jusqu'à mi-corps, noir au-dessous. Une moitié noire et une moitié blanche, c'est la mi-temps.
Voici une autre – plus modeste – «bonne femme» d'usurier: «J'ai entendu parler d'une femme bonne qui avait pour époux un usurier. Elle lui demandait assidûment de restituer et de devenir un pauvre du Christ plutôt qu'un riche du diable. Il ne fut pas d'accord mais soudain il fut pris par son seigneur d'ici-bas et ne se libéra qu'en donnant pour son rachat l'argent qu'il avait acquis par usure. Il fut libéré, mais sa femme pleurait très amèrement. Il le lui reprocha: "Eh bien! je suis pauvre comme tu me désirais." Mais elle: "Je ne pleure pas parce que tu es pauvre, mais parce que, avec la disparition de l'argent qu'il fallait restituer, le péché nous est resté, qui aurait dû être effacé par la restitution et le repentir[1]."»
Il arrive d'ailleurs souvent que les efforts de la femme soient impuissants. Retournons à l'histoire du paysan usurier du diocèse d'Utrecht. Entré dans le moulin voisin, Godescalc y trouva le diable qui l'emmena voir le siège qui lui était réservé en enfer et pourtant ne se repentit pas. En voici la fin détaillée, après son retour du voyage en enfer: «Un prêtre appelé en toute hâte à la demande de la femme de l'usurier pour conforter le peureux, rele-

---

1. Lecoy de la Marche, *op. cit.*, p. 364.

ver le désespéré et l'exhorter aux affaires du salut l'invita à avoir contrition de ses péchés et à faire une confession sincère, lui assurant que personne ne devait désespérer de la miséricorde de Dieu[2].» C'est ici que l'usurier, sûr de sa damnation, refuse toute contrition, confession et extrême-onction et est enterré en enfer. Sa femme ne désarme pas: «Le prêtre lui refusa la sépulture ecclésiastique, mais sa femme l'acheta et il fut enterré dans le cimetière. C'est la raison pour laquelle ce prêtre fut ensuite mis à l'amende par le synode d'Utrecht[3].»
Pour ne pas céder à une admiration béate devant l'attitude des veuves d'usuriers, disons qu'il y en a aussi de «mauvaises». Jacques de Vitry raconte l'histoire d'un chevalier dépouillé par un usurier, et emprisonné à son instigation, qui épousa sa veuve et grâce à elle jouit de toutes ses richesses.
Étienne de Bourbon évoque la conduite de la femme d'un usurier de Besançon: «Il ne voulut dans ses derniers moments faire ni testament ni aumône, mais laissa tous ses biens à la disposition de sa femme. Dès qu'il fut mort, celle-ci, avisant un de ses ennemis, se remaria avec lui. Une femme honnête le lui reprocha en lui faisant remarquer que son mari était encore chaud dans son tombeau. Elle répondit: "S'il est chaud, soufflez dessus." Ce furent là toutes les aumônes qu'elle fit pour son âme[4].»
Le système traditionnel de rachat dont disposait l'usurier pendant sa vie, et encore à l'article de la mort, comprenait: confession, contrition (repentir) et satisfaction (pénitence). Dans son cas, la pénitence, c'était la restitution. Mais la conception du péché et de la pénitence qui s'imposait, du XIIe au XIIIe siècle, privilégiait de plus en plus la *contrition*. Pressé par la mort, privé par le diable de la possibilité de parler, donc de se confesser, n'ayant pas eu le temps de restituer, l'usurier, par une contrition sincère, réussissait à se sauver. Il n'était pas même nécessaire, à la limite, qu'on fût sûr de sa contrition. Dieu, lui, savait et faisait parfois connaître sur terre, par un signe, la vérité. Puisque la contrition sans pénitence menait au purgatoire et que le purgatoire était quand même une rude épreuve, pourquoi ne pas faire à l'usurier crédit de sa contrition?
Voyez l'usurier de Liège. Il ne s'est pas confessé, il n'a pas restitué. Sa femme a payé de sa personne, non de ses deniers, sauf des aumônes. Il avait donc forcément, comme conclut l'*exemplum* de Césaire de Heisterbach, «exprimé une contrition finale».

---

2. *Dialogus miraculorum*, II, VII, in Strange, *op. cit.*, t. I, p. 72.
3. *Ibid.*
4. Lecoy de la Marche, *op. cit.*, p. 369.

La recherche de cette contrition de l'usurier pouvait rater. Voici l'histoire d'un échec de saint Dominique et de la tromperie finale d'un usurier faussement contrit : « J'ai lu, dit Étienne de Bourbon, dans le livre d'un vieux frère, que saint Dominique rendit visite en Lombardie, à la prière de certaines personnes, à un homme de loi, grand avocat et usurier, qui était gravement malade. En présence d'un prêtre il lui enjoignit de rendre ses usures. Mais celui-ci refusait, disant qu'il ne voulait pas laisser ses fils et ses filles dans la pauvreté. Aussi saint Dominique se retira avec les autres et avec le corps du Christ. Troublés, ses amis lui demandèrent de promettre [de se repentir] jusqu'à ce qu'il ait reçu la confession et pour ne pas manquer d'une sépulture chrétienne. Il promit, mais en croyant les tromper. Comme ils s'en allaient après qu'il eut reçu la communion, il se mit à crier qu'il était tout en feu et qu'il avait l'enfer dans sa bouche. "Je brûle complètement" et, levant la main, "voici qu'elle brûle tout entière" et ainsi des autres membres. C'est ainsi qu'il mourut et fut consumé[5]. »

Voici, en revanche, grâce à un habile confesseur la contrition et la pénitence obtenues d'un usurier et d'un meurtrier. « Un prêtre de l'église Saint-Martin de Cologne, pendant le Carême, alors qu'il confessait une petite vieille, aperçut en face de lui deux de ses paroissiens assis devant une fenêtre en train de bavarder. L'un était un usurier, l'autre un meurtrier. La petite vieille s'en alla et l'usurier vint se confesser.

« Le prêtre lui dit : "Ami, moi et toi nous allons bien tromper le diable aujourd'hui. Tu n'as qu'à confesser oralement tes péchés, te dépouiller de l'intention de pécher et accepter mon conseil, et moi je te promets la vie éternelle. Je modérerai ta pénitence de façon à ce qu'elle ne te soit pas trop lourde." Il savait bien quel était son vice. L'autre répondit : "Si ce que tu me promets était vrai, j'userais volontiers de ton conseil." Et il lui promit. Celui-ci se confessa, renonça à l'usure, accepta une pénitence et dit à son compagnon le meurtrier : "Vraiment nous avons un prêtre très gentil ; par la piété de ses paroles, il m'a amené à la pénitence." L'autre, piqué d'émulation, vint à la confession et sentant les mêmes marques de piété à son égard, reçut une pénitence et l'accomplit[6]. »

Propos à l'eau de rose, mais qui expriment une volonté de sauver l'usurier au prix de quelque indulgence.

Pourtant, le même Césaire remarque que l'usurier est bien dur à sauver et que la valeur d'un repentir sans restitution est douteuse. « Il est extrêmement difficile à corriger, car Dieu n'efface pas le délit, si l'objet du vol n'a

---

5. *Ibid.*, pp. 366-367.
6. *Dialogus miraculorum*, III, LII, in Strange, *op. cit.*, t. I, p. 169.

pas été restitué. Le fornicateur, l'adultère, l'homicide, le parjure, le blasphémateur, dès qu'ils se sont repentis de leur péché, obtiennent l'indulgence de Dieu. Mais l'usurier, même s'il se repent de ses péchés, aussi longtemps qu'il retient l'usure, alors qu'il pourrait la restituer, n'obtient pas l'indulgence de Dieu[7]. »

Repentant douteux, l'usurier agonisant, ou nouveau-mort, est parfois l'objet d'une lutte acharnée entre diables et anges. Un vieux moine bénédictin de nationalité saxonne raconta à Césaire de Heisterbach l'histoire d'un usurier très riche qui tenait en gage les trésors de plusieurs églises. Il fut frappé d'une maladie mortelle. Il fit venir à lui un parent, abbé bénédictin, et lui dit qu'il n'arrivait pas à mettre de l'ordre dans ses affaires, qu'il ne pouvait restituer ses usures. Si celui-ci rendait compte de son âme à Dieu et lui promettait l'absolution de ses péchés, il lui livrerait tous ses biens, meubles et immeubles, pour qu'il en disposât à sa guise. L'abbé vit que l'homme était vraiment contrit, qu'il se repentait vraiment. Il alla consulter l'évêque qui lui suggéra de répondre de son âme devant Dieu et de recevoir sa fortune à condition de rendre son trésor à son église cathédrale. L'abbé retourna en hâte auprès du mourant et lui rendit compte. Le malade dit : « Fais atteler des charrettes, enlève tout ce que je possède et à la fin emporte-moi moi-même. » Il y avait deux coffres d'or et d'argent, une infinité d'orfèvrerie, livres et ornements variés pris en gage, beaucoup de blé, de vin et de literie, et d'immenses troupeaux. Quand tout fut évacué, l'abbé fit mettre le malade dans une chaise à porteurs et se hâta vers le monastère. Mais à peine eut-il franchi la porte du monastère que le malade expira. L'abbé, qui n'avait pas oublié sa garantie, restitua les usures autant qu'il put et fit de larges aumônes pour son âme et versa le reste de ses biens à l'usage des moines. Le corps fut placé dans une chapelle, entouré de chœurs de chanteurs. La nuit même, les frères qui chantaient virent apparaître quatre esprits noirs qui prirent place à gauche du cercueil. À cette vue tous les moines, à l'exception de l'un d'eux, plus âgé, s'enfuirent terrifiés. Soudain quatre anges vinrent prendre place à droite du cercueil face aux démons. Ceux-ci entonnèrent le Psaume XXXV de David où Dieu promet de punir l'injustice et dirent : « Si Dieu est juste et ses paroles vraies, cet homme est à nous, car il est coupable de tout cela. » Les saints anges répliquèrent : « Puisque vous citez le poème de David allez jusqu'au bout. Puisque vous vous taisez, nous continuerons. » Et ils chantèrent les vers du psalmiste où il était maintenant question de la justice insondable de Dieu, et de sa miséricorde et de la promesse : « "Les enfants des hommes

---

7. *Ibid.*, II, VIII.

espéreront la protection de tes ailes." Comme Dieu est juste et l'Écriture vraie ce fils de l'homme est à nous, il s'est réfugié en Dieu, il ira vers Dieu car il a espéré en la protection de ses ailes. Il s'enivrera de la profusion de sa maison celui qui s'est enivré des larmes de la contrition... »
Au nez des démons confondus et muets, les anges emportèrent au ciel l'âme du pécheur contrit en rappelant le mot de Jésus : « Il y aura de la joie dans le Ciel pour les anges de Dieu à cause d'un seul pécheur qui fait pénitence » (Luc, XV, 10)[8].
Cette histoire de Césaire de Heisterbach au livre « de la contrition » nous montre la puissance de la contrition qui propulse au paradis sans même passer par le purgatoire un usurier repenti *in extremis*, mais dont la pénitence fut, il est vrai, exécutée en grande partie par l'abbé, dont le monastère reçut (à titre d'intérêt licite ?) quelques miettes de la fortune de l'usurier.
À la question du novice : « Qu'est-ce qui lui a le plus profité, les aumônes ou la contrition ? » Césaire avait répondu : « S'il n'y avait pas eu la contrition, les aumônes auraient été un faible secours. »
Voilà donc, au-delà du purgatoire, l'usurier du XIIIe siècle entraîné dans cette marche de la dévotion chrétienne vers la vie intérieure. Le salut d'un usurier vaut bien des fatigues, et il faut faire confiance à Dieu pour sauver, avec ou sans purgatoire, les usuriers dont lui seul, en l'absence de confession et de restitution, saura s'ils ont éprouvé une authentique contrition.
Mais la contrition, ce ne sont pas quelques paroles du bout des lèvres. Si l'usurier a un cœur, c'est lui qui doit parler.
À la naïve mais opportune question du novice qui lui demande si un homme sans yeux peut faire contrition, puisque sans yeux on ne peut pleurer, Césaire répond : « La contrition n'est pas dans les larmes mais dans le mouvement du cœur dont les larmes des yeux sont le signe mais le cœur aussi a ses larmes. » Et il ajoute : « Tout homme, juste ou pécheur, même s'il est mort avec un soupçon de contrition *(in contritione etiam minima)*, il verra Dieu[9]. »
Quelle attention à l'usurier !
Jacques de Vitry finit son second sermon sur les usuriers par un hymne à l'usurier repentant. « Après qu'il s'est converti à Dieu, "son nom est honorable devant lui", celui qu'on appelait auparavant usurier sera appelé pénitent et justifié par Dieu, celui qu'on appelait auparavant cruel sera appelé miséricordieux, celui qui était appelé renard et singe, sera appelé agneau

---

8. *Ibid.*, II, XXXI, in Strange, *op. cit.*, t. I, pp. 103-105.
9. *Ibid.*, II, XXXIV-XXXV, in Strange, *op. cit.*, t. I, pp. 108-109.

et colombe, celui qui était appelé serviteur du diable sera appelé serviteur de Notre Seigneur Jésus-Christ qui vit[10]... »

Le purgatoire n'est décidément qu'un des clins d'œil que le christianisme fait à l'usurier au XIIIe siècle, mais c'est le seul qui lui assure le paradis sans restriction. Le purgatoire, comme le dit Césaire de Heisterbach – à propos non d'un usurier mais d'une pécheresse au destin apparemment aussi infernal car, jeune moniale, elle a forniqué avec un moine et Dieu l'a fait mourir en couches avec le fruit de son péché –, le purgatoire, même dans ce cas, c'est l'*espoir*[11]. L'espoir, et bientôt la quasi-certitude pour l'usurier prêt à la contrition finale, c'est d'être sauvé, c'est de pouvoir obtenir à la fois la bourse, ici-bas, *et* la vie, la vie éternelle dans l'au-delà. L'usurier de Liège, c'est la référence de l'espoir. De l'usure, l'usurier espère un bénéfice matériel, financier : « Si quelqu'un, note par exemple Thomas de Chobham, prête à intérêt à autrui, bien qu'il puisse en espérer *(sperare)* en retour un intérêt pour le prêt... » Cet espoir terrestre, il semble disposé à le préférer à un autre espoir : celui du paradis. Espoir contre espoir. Mais l'espoir du purgatoire conduit à l'espoir du paradis. Du séjour plus ou moins long dans le purgatoire, on sort *obligatoirement* vers le paradis. Richesse et paradis : double espoir.

Une hirondelle ne fait pas le printemps. Un usurier en purgatoire ne fait pas le capitalisme. Mais un système économique n'en remplace un autre qu'au bout d'une longue course d'obstacles de toutes sortes. L'histoire, ce sont les hommes. Les initiateurs du capitalisme, ce sont les usuriers, marchands d'avenir, marchands du temps que, dès le XVe siècle, Léon Battista Alberti définira comme de l'argent. Ces hommes sont des chrétiens. Ce qui les retient sur le seuil du capitalisme, ce ne sont pas les conséquences terrestres des condamnations de l'usure par l'Église, c'est la peur, la peur angoissante de l'enfer. Dans une société où toute conscience est une conscience religieuse, les obstacles sont d'abord – ou finalement – religieux. L'espoir d'échapper à l'enfer grâce au purgatoire permit à l'usurier de faire avancer l'économie et la société du XIIIe siècle vers le capitalisme.

Post-Scriptum

Cet essai était écrit quand j'ai eu connaissance d'un texte qui le conforte par l'excellent article d'Elisabeth A. R. Brown, « Royal Salvation and Needs of

---

10. Sermon *« ad status »* n° 59, 18.
11. *Dialogus miraculorum*, XII, XXVI.

State in Late Capetian France », in *Order and Innovation in the Middle Ages. Essays in Honor of Joseph R. Strayer*, 14, éd. W. C. Jordan, B. McNab, T. F. Ruiz, Princeton University Press, 1976, pp. 542-543 : « Dans un *quodlibet* (exercice universitaire) écrit à la fin du XIIIe siècle, Renier de Clairmarais examine la question de savoir si une personne dont les exécuteurs testamentaires retardent la distribution des biens qu'il a laissés restera pour cette raison plus longtemps en purgatoire. Si les biens ont été laissés aux fins de restitution, ce retard n'affectera pas la durée du séjour au purgatoire, à moins que le testateur n'ait volontairement choisi des exécuteurs irresponsables ; mais si le testateur a laissé ses biens en aumônes pour obtenir le pardon de ses péchés, sa libération du purgatoire sera retardée, bien que ses souffrances ne soient pas accrues... » Voilà l'usurier en purgatoire entré dans les programmes universitaires...

A P P E N D I C E S

Je remercie Jacques Berlioz d'avoir attiré mon attention sur ces poèmes magnifiques et éclairants sur le phénomène médiéval de l'usure.
Sur les conceptions économiques d'Ezra Pound, il faut lire la remarquable étude de Jean-Michel Rabaté, *Language, Sexuality and Ideology in Ezra Pound's Cantos*, MacMillan, Basingtoke et Londres, 1986, « Poundwise: Towards a General Critique of Economy », pp. 183-241.
Je remercie J.-M. Rabaté d'avoir bien voulu mettre ces pages à ma disposition avant que son livre ait été diffusé en France.

La bourse et la vie

Dante, *La Divina Commedia*

*Così ancor su per la strema testa
di quel settimo cerchio tutto solo
andai, dove sedea la gente mesta.*

*Per li occhi fora scoppiava lor duolo;
di qua, di là soccorrìen con le mani
quando a' vapori, e quando al caldo suolo:*

*non altrimenti fan di state i cani
or col ceffo, or col piè, quando son morsi
o da pulci o da mosche o da tafani.*

*Poi che nel viso a certi li occhi porsi,
ne' quali il doloroso foco casca,
non ne conobbi alcun; ma io m'accorsi*

*che dal collo a ciascun pendea una tasca
ch'avea certo colore e certo segno,
e quindi par che 'l loro occhio si pasca.*

*E com' io riguardando tra lor vegno,
in una borsa gialla vidi azzurro
che d' un leone avea faccia e contegno.*

*Poi, procedendo di mio sguardo il curro,
vidine un'altra come sangue rossa,
mostrando un'oca bianca più che burro.*

*E un che d' una scrofa azzurra e grossa
segnato avea lo suo sacchetto bianco,
mi disse: « Che fai tu in questa fossa?*

*Or te ne va; e perchè se' vivo anco,
sappi che 'l mio vicin Vitalïano
sederà qui dal mio sinistro fianco.*

Appendices

Dante, *La Divine Comédie*

Ainsi, encore plus loin, jusqu'à l'extrême chevet
de ce septième cercle, tout seul,
je m'en allai vers cet endroit où demeuraient les tristes âmes.

Par leurs yeux, au-dehors, éclatait leur souffrance.
De-ci, de-là, elles s'aidaient de leurs mains,
tantôt contre les vapeurs ardentes et tantôt contre le sol brûlant.

Les chiens, durant l'été, ne font point autrement
soit avec le museau, soit avec la patte, quand ils sont mordus
par les puces ou par les mouches ou par les taons.

Bien que j'eusse fixé mes yeux au visage de certains de ceux
sur lesquels tombe le feu de douleur,
je n'en reconnus aucun, mais je m'aperçus

qu'ils portaient tous, suspendue à leur cou, une bourse
d'une couleur déterminée et marquée d'un signe différent,
et dont il semble que leur œil se repaisse.

Et comme je m'avançais parmi eux, observant,
je vis, sur une bourse jaune, de l'azur
qui d'un lion avait la figure et l'attitude.

Puis, poursuivant le cours de mon regard,
j'en vis une autre, aussi rouge que le sang,
qui montrait une oie plus blanche que le beurre.

Et un, qui d'une truie d'azur, et grosse de ses petits,
tenait marqué son sachet blanc,
me dit : « Que fais-tu, toi en cette fosse ?

Va-t'en sur l'heure ; et puisque tu es encore vivant,
sache que mon voisin Vitalien
s'assiéra ici à mon côté gauche.

LA BOURSE ET LA VIE

Con questi fiorentin son padovano:
spesse fïate m'intronan li orecchi
gridando: Vegna il cavalier sovrano,

che recherà la tasca coi tre becchi!»
Qui distorse la bocca e di fuor trasse
la lingua come bue che 'l naso lecchi.

E io, temendo no 'l più star crucciasse
lui che di poco star m'avea 'mmonito,
torna' mi in dietro dall' anime lasse.

Appendices

Parmi ces Florentins, je suis padouan.
Souventes fois ils m'étourdissent les oreilles,
en s'écriant: Vienne le chevalier souverain

qui apportera la bourse aux trois becs!»
Sur ce, il tordit la bouche et tira au-dehors
sa langue, comme un bœuf qui se lèche les naseaux.

Et moi, craignant, si je restais davantage, de contrister
celui qui m'avait recommandé de ne point tarder,
je quittai ces âmes lasses et m'en revins sur mes pas.

Dante, *La Divine Comédie*, *Enfer*, chant XVII, 43-78, trad. fr. de L. Espinasse-Mongenet, Paris, 1985.

LA BOURSE ET LA VIE

Ezra Pound, *Canto XLV*

Par *Usura*

Par usura n'ont les hommes maison de pierre saine
blocs lisses finement taillés scellés pour que
la frise couvre leur surface
par usura
n'ont les hommes paradis peint au mur de leurs églises
harpes et luz
où la vierge fait accueil au message
où le halo rayonne en entailles
par usura
n'aura Gonzague d'héritier concubine
n'aura de portrait peint pour durer orner la vie
mais le tableau fait pour vendre vendre vite
par usura péché contre nature
sera ton pain de chiffes encore plus rance
sera ton pain aussi sec que papier
sans blé de la montage farine pure
par usura la ligne s'épaissit
par usura n'est plus de claire démarcation
les hommes n'ont plus site pour leurs demeures.
Et le tailleur est privé de sa pierre
le tisserand de son métier
PAR USURA
la laine déserte les marchés
le troupeau perte pure par usura.
Usura est murène, usura
use l'aiguille aux doigts de la couseuse
suspend l'adresse de la fileuse. Pietro Lombardo
n'est pas fils d'usura
n'est pas fils d'usura Duccio
ni Pier della Francesca ; ni Zuan Bellin'
ni le tableau « La Calunnia ».
N'est pas œuvre d'usura Angelico ; ni Ambrogio Praedis
ni l'église de pierre signature d'*Adamo me fecit*

APPENDICES

Ni par usura St Trophime
Ni par usura Saint Hilaire,
Usura rouille le ciseau
Rouille l'art l'artiste
Rogne fil sur le métier
Nul n'entrecroise l'or sur son modèle ;
L'azur se chancre par usura ; le cramoisi s'éraille
L'émeraude cherche son Memling
Usura assassine l'enfant au sein
Entrave la cour du jouvenceau
Paralyse la couche, oppose
le jeune époux son épousée
          CONTRA NATURAM
Ils ont mené des putains à Éleusis
Les cadavres banquettent
au signal d'usura.

N.B. Usure : Loyer sur le pouvoir d'achat, imposé sans égard à la production ; souvent même sans égard aux possibilités de production. (D'où la faillite de la banque Médicis.)

Ezra Pound, *Les Cantos*, trad. fr. Paris, Flammarion, 1986, « Canto XLV ».

La bourse et la vie

Ezra Pound, *Addendum à Canto C*

L'Usure est le Mal, *neschek*
le serpent
neschek au nom bien connu, pollueuse,
contre la race et au-delà
la pollueuse
Τόκος hic mali medium est
Voilà le cœur du mal, le feu sans trêve de l'enfer
Le chancre omni-corrupteur, Fafnir le vers,
Syphilis de l'État, de tous les royaumes,
Verrue du bien public
Faiseur de kystes, corrompant toute chose.
Obscurité la pollueuse,
Mal jumeau de l'envie,
Serpent aux sept têtes, Hydre, pénétrant toute chose,
Violant les portes du temple, polluant le bosquet de Paphos
neschek, le mal rampant,
        bave, corruptrice de toute chose,
Empoisonneuse de la source,
        de toutes les fontaines, *neschek*
Le serpent, mal contre la croissance de la Nature,
Contre la beauté
        Τὸ καλόν
                formosus nec est nec decens
Un millier sont morts dans ses plis,
        au panier du pêcheur d'anguilles
            Χαίρη ! Ω Διώνη, Χαίρη
            pure lumière, nous t'adjurons
                Cristal, nous t'adjurons.

Ezra Pound, *Les Cantos*, trad. fr. Paris, Flammarion, 1986, « Addendum à Canto C ».

BIBLIOGRAPHIE

textes

Actes des conciles :
LEONARDI C. éd., *Conciliorum œcumenicorum Decreta*, Bologne-Vienne, 1962.
Latran, I, II, III et Latran IV, FOREVILLE R., 6ᵉ tome de l'*Histoire des Conciles œcuméniques*, publiée sous la direction de WOLTER H. et HOLSTEIN H., Paris, 1965.
Lyon I et Lyon II, DUMEIGE G., 6ᵉ tome de l'*Histoire des Conciles œcuméniques, op. cit.*, Paris, 1966.
Vienne, LECLERC J., 8ᵉ tome de l'*Histoire des Conciles œcuméniques, op. cit.*, Paris, 1964.

Ordonnances royales (France) :
Ordonnances des Roys de France, éd. E. de Laurière, Paris, 1723, t. I.

Manuels de confesseurs :
THOMAS OF CHOBHAM, *Summa confessorum*, éd. F. Broomfield, Louvain, 1968.
RAYMOND DE PEÑAFORT, O.P., *Summa de poenitentia*, liv. II, tit. VII, éd. d'Avignon, 1715, pp. 325-348.
JEAN DE FRIBOURG, O.P., *Summa confessorum*, liv. II, tit. VII, éd. Jean Petit, fin XVᵉ siècle, fol. 84-91.
ASTESANUS, O.F.M., *Summa*, liv. III, tit. XI.

Traités théologiques :
LEFÈVRE G. éd., *Le traité «De usura» de Robert de Courçon*, in *Travaux et mémoires de l'université de Lille*, 30, 1902, t. X.
GUILLAUME D'AUXERRE, *Summa in IV Libros sententiarum*, liv. III, tr. XXVI.
Sur saint Thomas et l'usure : VAN ROEY J., *De justo auctario ex contractu crediti*, Louvain, 1903, pp. 154-175.
GILLES DE LESSINES, *De usuris*, édité comme *opus* LXXIII de l'édition romaine des *Œuvres* de Thomas d'Aquin.

Dante :
La Divine Comédie, Enfer, chant XVII, 43-78 (je me sers de l'édition des Libraires associés, Paris, 1965, avec la traduction de L. Espinasse-Mongenet).
PÉZARD A., *Dante sous la pluie de feu*, Paris, 1950.

LA BOURSE ET LA VIE

Exempla:
JACQUES DE VITRY, Crane éd., *The «Exempla» or Illustrative Stories from the «sermones vulgares» of Jacques de Vitry*, Londres, 1890, réimpression anastatique, 1967 et *exempla* transcrits des manuscrits par Marie-Claire Gasnault, que je remercie.
CÉSAIRE DE HEISTERBACH, *Caesarii Heisterbacensis... Dialogus miraculorum*, éd. J. Strange, Cologne, Bonn, Bruxelles, 1851, 2 vol.
ÉTIENNE DE BOURBON: LECOY DE LA MARCHE A., *Anecdotes historiques, légendes et apologues tirés du recueil inédit d'Étienne de Bourbon, dominicain du XIIIe siècle*, Paris, 1877 et *exempla* transcrits par Jacques Berlioz que je remercie.
La «Tabula exemplorum secundum ordinem Alphabeti», recueil d'*exempla* compilé en France à la fin du XIIIe siècle, éd. J. Th. Welter, Paris et Toulouse, 1926.
BREMOND Cl., LE GOFF J., SCHMITT J.-Cl., *L'«Exemplum»*, in *Typologie des Sources du Moyen Âge occidental*, fasc. 40, Turnhout, Brepols, 1982.
SCHMITT J.-Cl. (présenté par), *Prêcher d'exemples, Récit de prédicateurs du Moyen Âge*, Paris, Stock, 1985.

travaux modernes sur l'usure et l'usurier

BALDWIN J. W., *The Medieval Theories of the Just Price. Romanists, Canonists and Theologians in the XIIth and XIIIth Centuries. Transactions of the American Philosophical Society*, N.S., vol. 49, Philadelphie, 1959.
CAPITANI O., «Il "De peccato usure" di Remigio de' Girolami», in *Per la storia della cultura in Italia nel Duecento e primo Trecento. Omaggio a Dante nel VII Centenario della Nuscita*, Spolète, 1965 (numéro spécial des *Studi medievali*, ser. 3, a. VI, fasc. II, 1965), pp. 537-662.
CAPITANI O. éd., *L'Etica economica medievale*, Bologne, 1974.
HELMHOLZ R. H., «Usury and the Medieval English Church Courts», in *Speculum*, 61, 2, avril 1986, pp. 364-380.
IBANÈS J., *La Doctrine de l'Église et les réalités économiques au XIIIe siècle: l'intérêt, les prix et la monnaie*, Paris, 1967.
KIRSCHNER J. et LO PRETE K., «Peter John Olivi's Treatises on Contracts of Sale, Usury and Restitution: Minorite Economics or Minor Works?», in *Quaderni fiorentini*, 13, 1984, pp. 233-286.
LE BRAS G., article «Usure», in *Dictionnaire de Théologie catholique*, 1950, t. XV, col. 2336-2372.
LE GOFF J., *Marchands et Banquiers du Moyen Âge*, Paris, 1956, 6e éd. 1980.
LE GOFF J., «The Usurer and Purgatory», in *The Dawn of Modern Banking*, Center for Medieval and Renaissance Studies, University of California, Los Angeles, 1979, pp. 25-52.
LUZZATTO G., «Tasso d'interesse e usura a Venezia nei secoli XIII-XV», in *Miscellanea in onore di Roberto Cessi*, Rome, 1958, t. I, pp. 191-202.

BIBLIOGRAPHIE

Mc Laughlin T. P., «The Teaching of the Canonists on Usury (XIIth, XIIIth and XIVth Centuries)», in *Medieval Studies*, 1, 1939, pp. 82-107 et 2, 1940, pp. 1-22.
Nahon G., «Le crédit et les Juifs dans la France du XIIIe siècle», in *Annales E.S.C.*, 1969, pp. 1121-1148.
Nelson B. N., *The Idea of Usury: From Tribal Brotherhood to Universal Otherhood*, Princeton, 1949, 2e éd. Chicago, 1969.
Nelson B. N., «The Usurer and The Merchant Price: Italian Businessmen and the Ecclesiastical Law of Restitution 1100-1500», in *Journal of Economic History*, Supplément 7, 1947, pp. 104-122.
Noonan J. T., *The Scholastic Analysis of Usury*, Cambridge, Mass., 1957.
Roover R. de, *La Pensée économique des scolastiques, doctrines et méthodes*, Paris-Montréal, 1971.
Salvioli G., «La dottrina dell'usura secondo i canonisti e i civilisti italiani dei secoli XII e XIV», in *Studi Fadda*, 3, 1906, pp. 259-278.
Sapori A., «L'interesse del danaro a Firenze nel Trecento», in *Archivio Storico Italiano*, 1928, pp. 161-186.
Sapori A., «L'usura nel Dugento a Pistoia», in *Studi medievali*, II, 1929, pp. 208-216.
Schilperoort G., *Le Commerçant dans la littérature française du Moyen Âge*, 1933.
Schnapper B., «La répression de l'usure et l'évolution économique», in *Tijdschrift voor Rechtsgeschiedenis*, 37, 1969, pp. 53-57.

travaux pouvant éclairer l'usure et l'usurier au Moyen Âge

Ariès Ph., «Richesse et pauvreté devant la mort», in *Études sur l'histoire de la pauvreté (Moyen Âge-XVIe siècle)*, éd. M. Mollat, Paris, 1974, t. II, pp. 519-533.
Baldwin J. W., *Masters, Princes and Merchants: The Social Views of Peter the Chanter and His Circle*, Princeton, 1970, 2 vol.
Beriou N., «Autour de Latran IV (1215): la naissance de la confession moderne et sa diffusion», in Groupe de la Bussière, *Pratiques de la confession*, Paris, éd. du Cerf, 1983, pp. 73-93.
Chenu M.-D., *L'Éveil de la conscience dans la civilisation médiévale*, Montréal-Paris, 1969.
Gilchrist J., *The Church and Economic Activity in the Middle Ages*, New York, 1969.
Le Goff J., *Les Intellectuels au Moyen Âge*, Paris, 1957, nouv. éd. 1985.
Le Goff J., «Métiers licites et métiers illicites dans l'Occident médiéval», *supra*, pp. 89-103.
Le Goff J., «Métier et profession d'après les manuels de confesseurs du Moyen Âge», *supra*, pp. 159-175.
Le Goff J., *La Naissance du Purgatoire*, *supra*, pp. 771-1230.
Little L. K., «Pride goes before Avance: Social Change and the Vices in Latin Christendoms», in *American Historical Review*, LXXVI, 1971.

LITTLE L. K., *Religious Poverty and the Profit Economy in Medieval Europe*, Londres, 1978.
LOPEZ R. S., *La Révolution commerciale dans l'Europe médiévale*, trad. fr., Paris, 1974.
MURRAY A., *Reason and Society in the Middle Ages*, Oxford, 1978.
PARKES J. W., *The Jew in the Medieval Community: a Study of his Political and Economic Situation*, Londres, 1938.
PIRENNE H., *Histoire économique et sociale du Moyen Âge*, nouv. éd., Paris, 1969.
POLANYI K. et ARENSBERG C., *Trade and Market in the Early Empires*, Glencoe, 1957, trad. fr.: *Les Systèmes économiques dans l'histoire et dans la théorie*, préface de M. Godelier, Paris, 1975.
ROOVER R. de, *Business, Banking and Economic Thought in Late Medieval and Modern Europe: Selected Studies*, éd. J. Kirschner, Chicago, 1974.
TRACTENBERG J., *The Devil and the Jews: The Medieval Conception of the Jew and its Relations to Modern Antisemitism*, New Haven, 1943.

*LE RIRE
DANS LA SOCIÉTÉ MÉDIÉVALE*

RIRE AU MOYEN ÂGE

Au moment de commencer à parler d'une enquête sur le rire au Moyen Âge, une première crainte me saisit. Voltaire en effet a écrit : « Les hommes qui cherchent des causes métaphysiques au rire ne sont pas gais. » Mais je ne cherche pas des causes métaphysiques au rire. Je m'efforce de chercher, et en particulier au Moyen Âge, quelles ont été les attitudes de la société, les prises de position théoriques à l'égard du rire, et comment le rire, sous ses diverses formes, a fonctionné dans la société médiévale.

Je voudrais persuader le lecteur que le rire est un vrai sujet de réflexion, et en particulier, qu'il relève d'une étude historique. J'espère justifier une première observation, très générale, mais qu'il ne faut pas passer sous silence sous prétexte de banalité : le rire est un phénomène culturel. Selon les sociétés et les époques, les attitudes à l'égard du rire, les pratiques du rire, les objets et les formes du rire ne sont pas les mêmes, changent. Le rire est un phénomène social. Il requiert au minimum deux ou trois personnages réels ou supposés : celui qui fait rire, celui qui rit, celui dont on rit, très souvent aussi celui ou ceux avec qui on rit ; c'est une conduite sociale qui suppose des codes, des rites, des acteurs, un théâtre ; je dirais même que c'est le seul point qui me paraît intéressant dans l'étude, par ailleurs extrêmement décevante, de Bergson sur le rire ; mais il a, et parfois avec des formules heureuses, insisté sur cet aspect social du rire, et Freud a marqué sur ce point la convergence de ses théories avec la pensée de Bergson. En tant que phénomène culturel et social, le rire doit avoir une histoire. Je me vois donc contraint d'amener le lecteur vers le sérieux du rire, et j'ai ici aussi mes autorités. En 1983, l'Américain Morreall a publié un livre

---

Première publication in *Cahiers du Centre de Recherches historiques*, École des Hautes Études en Sciences sociales, 3, avril 1989, pp. 1-14.

stimulant, qui s'intitule: *En prenant le rire au sérieux*[1]. Et, tout récemment, l'Italien Ceccarelli a publié *Le Rire et le sourire*[2], ouvrage dans lequel, après avoir rappelé que toute explication du risible tue le rire et que la mort du rire est préoccupante car le rire est source de plaisir, il entreprend une longue enquête au terme de laquelle il affirme: «Sur l'importance du sourire et du rire, de quelque point de vue qu'on les considère, il est très difficile d'avoir des doutes.» Il ajoute, de manière très perspicace, que la façon dont beaucoup de gens trouvent futile une étude du rire et du sourire, fait partie intégrante du problème de la nature et de la fonction du rire et du sourire. J'évoquerai enfin le Russe Alexandre Herzen qui, il y a plus d'un siècle, remarquait: «Il serait extrêmement intéressant d'écrire l'histoire du rire.» Ce que je voudrais faire ici, c'est esquisser une problématique de l'histoire du rire dans l'Occident médiéval.

Je commencerai, parce que je crois que ceci peut expliquer les orientations en même temps d'ailleurs que les faiblesses et les lacunes de ce que je veux vous proposer, par l'histoire de cette recherche. D'où m'en est venue l'idée, quels sont les motivations et les objectifs de cette recherche? Je ferai ensuite un inventaire des problèmes qui se sont posés au cours de cette recherche et qui définissent ses principales orientations. Je dois dire que j'en suis à un stade encore exploratoire de ce sujet. Ce n'est pas une *captatio benevolentiae*: mes amis et moi en faisons un objet de séminaire commun, et beaucoup dans ce séminaire ont déjà apporté, soit au niveau de la réflexion théorique, soit au niveau de la documentation, des contributions très intéressantes. Je traiterai enfin d'un point plus particulier, à titre d'exemple, que j'ai pu analyser déjà d'une manière relativement approfondie: le rire monastique, *risus monasticus*, dans le haut Moyen Âge. Je poserai également quelques jalons pour une histoire de l'évolution des attitudes à l'égard du rire et des formes du rire, et de la place du rire dans la société médiévale, de l'Antiquité tardive à la Renaissance.

PRÉHISTOIRE ET OBJECTIFS DE LA RECHERCHE

Une étude sur l'histoire du rire doit être construite, me semble-t-il, sur deux versants. C'est là une distinction fondamentale: les démarches, la

---

1. J. Morreall, *Taking Laughter Seriously*, State University of New York, Albany, 1983.
2. F. Ceccarelli, *Sorrise et riso. Saggio di antropologia biosociale*, Turin, Einaudi, 1988.

méthode, les problématiques, et d'abord la documentation, sont différentes sur l'un et l'autre versant, celui des attitudes à l'égard du rire d'une part, celui des manifestations du rire de l'autre. On pourrait dire, de façon traditionnelle : « théorie et pratique du rire ». Sur le premier point, il est relativement facile de rassembler les textes plus ou moins théoriques, disons normatifs, qui non seulement expriment des attitudes à l'égard du rire, mais donnent des recommandations sur les façons de rire ; on s'aperçoit, comme pour les manières de table, qu'il y a toute une série de textes sur les manières de rire. C'est peut-être à l'égard de ces textes que nous sommes le mieux armés. Quant au problème de la pratique du rire, il est beaucoup plus difficile. Là encore, on a affaire, me semble-t-il, à deux sous-ensembles ; il y a, d'une part, les textes qui mentionnent la présence de rires, de formes du rire, d'une façon tout à fait limitée, ponctuelle : ainsi dans une chronique où l'on voit un personnage se mettre à rire. Essayer de capter tous ces rires est une chose importante pour une enquête de ce genre, mais on voit tout de suite quelle « pêche à la ligne » cela représente. Il y a, d'autre part, l'énorme domaine de ce que l'on appelle le comique ; la difficulté ici est très différente, parce qu'elle va être de transformer une problématique du comique en une problématique du rire, mais, bien entendu, sans faire disparaître la spécificité de ce concept du comique, ni la spécificité des textes qui expriment ce comique ; c'est-à-dire que l'on considère, d'une part, l'ensemble des textes qui jugent le rire et, de l'autre, l'ensemble des textes qui cherchent à faire rire. Ce sont des choses différentes, et l'un des grands problèmes de cette recherche se manifeste déjà : problème d'hétérogénéité des documents, de la problématique, des concepts, et l'une des grandes incertitudes est de savoir s'il y a un sujet unificateur derrière tout cela. Je dois encore dire que d'un côté, on rencontre une histoire des valeurs et des mentalités, et de l'autre, des représentations littéraires et artistiques ; une histoire du rire et du faire rire. Donc, un premier grand problème : celui des articulations très complexes entre ces quatre domaines – valeurs, mentalités, mœurs et esthétique du rire. Une seconde remarque préliminaire : même si les catégories du rire sont nombreuses, et si le comique d'un mot n'est pas la catégorie la plus importante de ce qui fait rire, il faut noter ici l'importance des mots et du langage ; heureusement, l'historien est ici mieux armé. Nous avons appris depuis assez longtemps à regarder du côté du langage, du côté du vocabulaire, du côté de la sémantique, mais nous nous heurtons ici encore au très petit nombre d'études sérieuses, intelligentes dans ce domaine. Enfin, il y a le problème du véhicule linguistique, auquel se heurte toujours le médiéviste : il faut mener l'enquête dans le domaine du latin et dans celui des langues vernaculaires. Cette seconde enquête est d'autant plus importante qu'il me semble qu'on a mieux ri en langue vernaculaire qu'en latin, pour toutes sortes de raisons très intéressantes. Si l'un des gros handicaps pour traiter ce sujet est précisément sa diffusion, son hétérogénéité, son éparpillement, par ailleurs tout cela permet de toucher à beaucoup de thèmes fondamentaux de la période historique que l'on étudie. Vont paraître dans quelques mois les actes d'un colloque qui s'est tenu il y a deux ans à Montréal sur le plurilinguisme dans l'Occident médiéval; il y a là des textes importants. L'un des thèmes que nous retrouvons ici, ce sont les possibilités d'expression des différentes langues employées au Moyen Âge, et en particulier du latin par rapport aux langues vernaculaires. Des études très précises d'excellents spécialistes de la linguistique ont souligné qu'à partir du XIIIe siècle, le latin a tendance à devenir une langue sinon morte, du moins une langue de spécialistes, utilisée fondamentalement dans certains exercices liturgiques, religieux ou intellectuels, où prédomine un nouveau latin, le latin scolastique; ce latin-là est peu propice à l'expression de tout ce que nous appelons sensibilité, individualité des sentiments et des idées et, par conséquent, l'observation de tout le subjectif lui échappe; il faut aller regarder du côté des langues vernaculaires; or il semble que la plupart des médiévistes ne savent pas très bien manier à la fois les documents en latin et les documents en langue vernaculaire. Enfin, il faut se rendre compte qu'au-delà du véhicule linguistique, de la parole, si l'on veut dénicher le comique, le rire, il faut aller regarder, comme on le sait notamment depuis les belles études de Paul Zumthor, du côté de la voix, des mimiques et des gestes, qui ont eux aussi une histoire.

J'indique maintenant comment j'ai été amené à m'intéresser au rire. Je crois que le premier déclic a été la lecture d'un petit ex cursus de l'ouvrage d'Ernst Curtius : *La Littérature européenne et le Moyen Âge latin*, ouvrage qui n'est guère à la mode. Curtius reste pourtant une mine de textes, de thèmes, de réflexions; il y a un petit ex cursus sur l'Église et le rire, notamment, qui a attiré mon attention sur le fait que, depuis l'époque paléochrétienne jusqu'à la fin du Moyen Âge, on s'est posé la question, surtout dans les milieux ecclésiastiques : « Jésus a-t-il ri une seule fois dans sa vie terrestre ? » Ce thème, qui peut paraître anecdotique, est extrêmement intéressant, surtout si l'on observe le contexte dans lequel il a fonctionné au Moyen Âge. L'histoire de l'émergence de ce thème est elle aussi très intéressante, mais je la laisse de côté. Plus significatif est le fait que ce *topos* que l'on retrouve dans les sermons, dans la littérature homilétique ne s'est pas restreint aux milieux monastiques ou proprement ecclésiastiques, mais a été très vivant dans les milieux universitaires. Au XIIIe siècle, il y avait traditionnellement chaque année, à l'Université de Paris, un *quodlibet* (une de ces discussions sur un thème que l'on choisissait, une sorte de conférence ouverte au grand public) sur ce thème-là. En face, un autre *topos* circule également tout au long du Moyen Âge : c'est le thème d'Aristote qui, on le sait, a avancé la proposition que le rire est le propre de l'homme. Il en est passé, dans la tradition latine et dans la tradition latine chrétienne médiévale, une expression qui me semble extrêmement intéressante, et sur laquelle il est très facile de faire un contresens : c'est le thème de l'*homo risibilis* ; non pas, bien entendu, l'homme ridicule, l'homme risible, mais l'homme doté du rire, l'homme dont la caractéristique fondamentale est le rire. On voit donc qu'autour du rire s'est noué ce qu'on peut appeler un grand débat, et qui va loin, car si Jésus n'a pas ri une seule fois dans sa vie humaine, lui qui est le grand modèle humain, dont de plus en plus on proposera l'imitation, le rire devient étranger à l'homme, à l'homme chrétien en tout cas. Inversement, si l'on dit que le rire est le propre de l'homme, il est certain que l'homme riant se trouvera mieux exprimer sa nature ; or tous les deux se trouvent dans des auteurs ecclésiastiques, et je n'ai pas rencontré d'hérésie du rire. Les diverses attitudes à l'égard du rire se situent toutes à l'intérieur d'une certaine orthodoxie ; ce n'est pas entièrement vrai peut-être, mais c'est là une frontière du sujet encore insuffisamment connue.

Qu'a pu produire la rencontre entre ces deux thèmes ? Il est arrivé ce que l'on observe à propos des manières de table ou des gestes que J.-Cl. Schmitt vient d'étudier. Au cours d'une première période, l'Église, devant un phénomène qui lui paraît dangereux, qu'elle ne sait pas bien comment maîtriser, adopte une position fondamentalement de refus ; après quoi, généralement vers le XIIe siècle, elle en vient à une période de contrôle du phénomène, de tri entre les bons rires et les mauvais, les façons licites de rire et les façons illicites ; elle en arrive à une sorte de codification dans les pratiques du rire, dont la scolastique s'est emparée. Il y a des textes des grands scolastiques sur le rire : l'un des premiers est du premier grand docteur franciscain, maître de l'Université de Paris dans les années 1220-1240, Alexandre de Halès ; ensuite il y a des textes superbes de Thomas d'Aquin et d'Albert le Grand, qui ont eu des répercussions au niveau des mœurs. Un des exemples les plus frappants est donné par Saint Louis. Visiblement conseillé par son entourage mendiant, dominicain et franciscain, le roi avait résolu la question de la façon suivante : il ne riait pas le vendredi ! Pour connaître Saint Louis nous avons l'admirable

Joinville, qui heureusement nous montre un Saint Louis un peu inattendu, qui, non seulement était porté à rire, mais qui visiblement correspondait aussi à un autre *topos*, celui du *rex facetus*, le roi plaisantin, qui devient une image du roi. Le *rex facetus* semble surtout devenir un *topos* dans un contexte social et chronologique assez précis : le contexte curial ; c'est dans le cadre de la cour qu'une des fonctions presque obligées du roi s'est imposée : faire des plaisanteries. Le *rex facetus*, on le saisit à travers toute une série de textes, des chroniques, le plus souvent anglaises, du XIIe siècle : le premier modèle du *rex facetus* est Henri II d'Angleterre, dont on rapporte les bons mots, les occasions où il se met à rire de tel ou tel ; on pressent même que le rire devient presque un instrument de gouvernement, en tout cas une image du pouvoir. Un certain nombre de fonctions du rire ont été étudiées par les anthropologues, par exemple, à propos de « la parenté de plaisanterie », dans un certain nombre de sociétés africaines analysées notamment par Ratcliffe Brown. Il y a des sociétés où certains rapports de parenté, qui peuvent varier, souvent entre gendre et belle-mère, doivent s'exprimer à travers des plaisanteries. Je me demande s'il n'a pas existé dans la société chrétienne médiévale des structures et des pratiques de ce genre. Je crois que si l'on étudiait bien certains textes, on aurait l'impression qu'aux mains du roi, le rire est une façon de structurer la société qui l'entoure ; il ne se moquera pas de n'importe qui, il ne se moquera pas de tous de la même façon. L'un des dérapages du rire, c'est aussi l'obscénité.

Le Nom de la rose a joué un certain rôle dans l'orientation de ma recherche parce que j'ai vu que mon ami Umberto Eco accordait aussi au rire une importance assez grande dans la société et la culture médiévales : vous savez que le rire y est l'objet de la détestation du moine ultra-rigoriste Jorge de Burgos ; très pertinemment, Umberto Eco fait un rapprochement entre l'attitude de son moine et celle de saint Bernard hostile à la représentation des monstres dans l'art roman ; on pressent là encore l'une des alliances historiques entre diverses formes de méfiance à l'égard de certaines manifestations plus ou moins anarchiques, plus ou moins anormales, plus ou moins provocantes. Ce qui m'a peut-être définitivement attiré vers le rire, c'est que, à l'École des Hautes Études et au Centre de Recherches historiques, nous sommes nombreux à essayer d'élargir le domaine de l'histoire, en particulier en ayant recours à de nouveaux documents : l'oralité, les gestes ; j'ai toujours été préoccupé de parvenir à l'intégration du corps dans l'étude de l'évolution historique, pas seulement par l'histoire des attitudes à l'égard du corps, qui est relativement la plus facile, peut-être la plus superficielle, mais par une histoire qui consisterait justement à intégrer les pratiques corporelles dans les mutations des sociétés historiques. Nous sommes toujours, je le crois, sous le charme de l'article de Marcel Mauss sur *Les Techniques du corps*, qui n'a pas fini d'être efficace. Le rire est un phénomène qui s'exprime dans le corps et à travers le corps ; or, chose stupéfiante, une grande partie des auteurs qui se sont occupés du rire, historiens, historiens de la littérature, ou même philosophes : Bergson et même Freud, ne s'intéressent pratiquement pas à cet aspect corporel qui me paraît essentiel. La codification du rire, la condamnation du rire dans le milieu monastique résultent au moins en partie de sa dangereuse liaison avec le corps.

En gros, le rire est avec l'oisiveté le second grand ennemi du moine ; dans les diverses règles du haut Moyen Âge, l'insertion du passage condamnant le rire dans le chapitre consacré à telle ou telle vertu, tel ou tel principe de conduite, montre à la fois une certaine mobilité et une certaine évolution. Dans les premières règles monastiques, celles du ve siècle, le rire apparaît en général au chapitre sur le silence, la *taciturnitas*. Le rire est la façon la plus horrible, la plus obscène de rompre le silence ; par rapport à ce silence monastique qui est une vertu existentielle, fondamentale, le rire est une rupture d'une extraordinaire violence. On voit ensuite, chez saint Benoît en particulier, au vi^e siècle, que le rire évolue du domaine du silence vers le domaine de l'humilité, le rire étant contraire à l'humilité : on entre donc là dans une autre constellation de sensibilité, de dévotion. La Règle du Maître, l'une de ces règles monastiques qui sont apparues assez nombreuses dans l'Occident médiéval entre le ve et le ixe siècle, surtout entre le ve et le viie siècle (elle est elle-même du vi^e siècle), entretient un rapport évident avec la Règle de saint Benoît, qui à partir du ixe siècle a été la règle quasi générale de tout le monachisme occidental. Des études précises, convaincantes, ont prouvé que la Règle du Maître est antérieure à la Règle de saint Benoît, qu'elle lui a servi de modèle ; les différences sont pourtant considérables. L'une d'elles est que, alors que la Règle de saint Benoît est très succincte (et c'est une des raisons de son succès : simplicité, brièveté), la Règle du Maître est un texte très long, mais fort intéressant, très au-delà d'une psychologie individuelle ; il propose une véritable physiologie chrétienne qui explique ce que doit être le comportement, physique et spirituel en même temps ; un texte profondément ancré dans l'un des phénomènes les plus importants du Moyen Âge et dont on ne tient pas assez compte. On a surtout retenu les textes hostiles au corps, de type ascétique, telle la fameuse phrase de Grégoire le Grand définissant le corps comme « l'abominable vêtement de l'âme » ; on n'a pas suffisamment, me semble-t-il, tenu compte du fait que, fondamentalement, l'homme est conçu comme une union inséparable du corps et de l'âme ; n'oublions pas que le christianisme propose la résurrection des corps, ce qui fait son originalité – Piero Camporesi, en particulier, l'a bien souligné – parmi beaucoup de religions, et qu'on se sauve corps et âme, on fait le bien et le mal à travers le corps. On a surtout retenu le corps comme instrument diabolique, alors qu'il est aussi un instrument de salut. Précisément la Règle du Maître explique bien comment le corps humain se situe par rapport au bien et au mal, le bien et le mal ayant d'ailleurs deux sources : une source extérieure d'une part, celle du bien est la grâce divine tandis que celle du mal est le diable, la tentation diabolique ; et d'autre part, des sources intérieures qui viennent toutes deux du cœur, et qui sont parfois les mauvaises pensées et parfois le contraire, les bonnes pensées. Dans les deux sens, que ce soit de l'extérieur vers l'intérieur ou de l'intérieur vers l'extérieur, le corps humain dispose de filtres : les trous du visage ; les yeux, les oreilles et la bouche sont les filtres du bien et du mal et doivent être utilisés de façon à laisser entrer ou s'exprimer le bien et à barrer la route au mal : la Règle du Maître parle du «verrou de la bouche», de «la barrière des dents», etc. Quand le rire s'apprête à fuser, il faut empêcher absolument que ce rire ne s'exprime ; et l'on voit comment, de toutes les formes mauvaises d'expression qui viennent de l'intérieur, le rire est la pire : la pire souillure de la bouche. Tout ceci est lié à une sorte de physiologie chrétienne tout à fait extraordinaire, derrière laquelle d'ailleurs on reconnaît des traités médicaux, des croyances physiologiques si l'on peut dire.

Un premier gros problème : comme il importe dans une recherche, il faut partir constamment d'hypothèses théoriques aventurées, que l'on ne peut pas encore asseoir sur suffisamment d'études, d'analyses, de réflexions, mais sans lesquelles, je crois, on ne progresserait pas. Ensuite, il faut les confronter à nos informations, les modifier, au besoin les abandonner, les remplacer, etc. Premier problème : peut-on réduire le rire à un phénomène unitaire ? Au point où j'en suis, je n'ai pas de réponse ; je suis frappé de ce que, en engageant l'étude des domaines du rire, on a affaire à des mots, à des concepts, et pas seulement à des pratiques, qui rangent sous le terme de rire ou dans le champ sémantique du rire des phénomènes tellement différents qu'on se demande s'il s'agit de la même chose. Ce problème a été mal traité par les auteurs, et même les plus grands ; j'ai été frappé, dans le livre de Freud, un des grands livres sur le sujet, par le fait que non seulement il ne prend pratiquement pas le corps en considération dans le phénomène, mais aussi qu'il définit trois sortes de rires : le mot d'esprit, le comique et l'humour, qu'il qualifie d'ailleurs de «formes éternelles du rire » ; curieusement, il ne semble pas s'être posé la question d'une unité du rire. Il a employé la même méthode pour définir ces trois formes de rire, les analyser, mais l'unité vient de sa méthode d'analyse et non pas d'une éventuelle unité objective des phénomènes qu'il étudie. Il distingue trois théories principales sur le rire, parmi celles qui ont été émises : la théorie de la supériorité, c'est-à-dire la théorie selon laquelle le rieur cherche essentiellement à dominer par le rire un interlocuteur ou quelqu'un en face de lui ; c'est un rire de domination, un rire de supériorité. Deuxième théorie, celle de l'incongruité : le rire naîtrait fondamentalement – et c'est ce que Bergson a exprimé en le précisant sous l'idée de la perception d'une action mécanique là où il devrait y avoir du vital – de la perception de quelque chose qui n'est pas dans l'ordre normal de la nature ou de la société. Et enfin, la théorie dite *relief theory,* qui est la théorie de la détente ou de l'épargne, dans laquelle le rire épargne au rieur des comportements qui seraient plus difficiles à la fois dans leur expression et dans leurs enjeux. Après avoir exposé ces trois théories, John Morreall propose une nouvelle théorie ; il a voulu trouver une explication unitaire et la formuler très brièvement, et voilà le résultat : « Laughter results from a pleasant psychological shift. » Ce n'est pas sérieux, c'est presque une tautologie. Et comment définir « shift » ?

Revenons, si vous le voulez bien, aux héritages culturels qui ont pesé sur les conceptions du rire dans l'Occident médiéval. L'héritage biblique est très fort comme d'habitude, plus encore peut-être que d'habitude ; au moins jusqu'au XIVe siècle, la Bible reste « le Livre » ; la réflexion théorique et les règles pratiques fonctionnent à partir de la Bible. Quand les gens du Moyen Âge, surtout les clercs évidemment, cherchent à comprendre un phénomène, à prendre position par rapport à lui, ils vont voir ce que la Bible en dit, c'est le point de départ de leur réflexion ; les clercs, les intellectuels ont travaillé ainsi, et les premiers siècles du Moyen Âge ont constitué des dossiers sur la plupart des grands problèmes qui se posent à la société. J'avais étudié ceci à propos du travail : il est clair que dans le haut Moyen Âge, les intellectuels chrétiens ont constitué un dossier à partir de toutes les citations qui ont rapport au travail, qui peuvent être invoquées à propos du travail, soit dans l'Ancien, soit dans le Nouveau Testament ; c'est un jeu très important et il est très éclairant de voir que, selon les périodes, certains textes sont cités et d'autres passés sous silence ; c'est dans ce jeu de citations, de tri du dossier que l'on aperçoit généralement l'évolution des attitudes culturelles à l'égard de tel ou tel phénomène. C'est le cas pour le rire.

Nous sommes assez bien armés car il y a plusieurs bons articles, soit dans les dictionnaires de la Bible et du Nouveau Testament, soit dans des études spécialisées concernant le rire dans l'Ancien et le Nouveau Testament. Il m'a semblé que ce qui est fondamental dans l'Ancien Testament avait continué de peser pendant très longtemps, sous des formes nouvelles, renouvelées : à savoir la distinction entre deux espèces de rire assez nettement différentes et pour lesquelles l'hébreu a deux mots bien distincts. L'un est *sâkhaq*, le rire joyeux, débridé ; l'autre est *lâag*, un rire moqueur, de dénigrement. La première forme de rire est intéressante aussi pour les médiévistes parce que, nous le savons très bien, c'est un héritage, et qui continue à vivre au Moyen Âge ; ce terme a donné son nom à l'un des principaux personnages de l'Ancien Testament : Isaac ; Isaac, c'est le rire. Il y a eu dans la pensée judaïque et dans le Talmud, dans les commentaires des rabbins, toute une littérature sur ce nom d'Isaac. Il faut se reporter au chapitre de la Genèse où est annoncée la naissance d'Isaac ; c'est un petit bijou comique.

Un jour Yahvé apparaît à Abraham, comme il le faisait assez souvent, et lui dit : « Tu sais, tu vas être père. » Abraham : « Père ? Mais j'ai cent ans, Sarah a quatre-vingt-dix ans. » Abraham ne dit rien mais il n'en pense pas moins. Quelque temps après, Yahvé apparaît à Sarah et lui dit : « Tu vas être mère » ; alors Sarah se met à rire, ouvertement. L'année suivante, l'événement se produit. Un enfant naît à Sarah et à Abraham, qu'on appelle donc Rire, *Isaac*. Sarah, confuse, dit à Yahvé qu'en fait elle n'avait pas ri lors de la prédiction. Yahvé feint de la croire et finalement dit : « Mais tu sais, tu avais bien ri. » Texte étonnant, texte qui a certainement du sens. Il me semble qu'il y a une persistance plus que conceptuelle de ces deux formes de rire, et que les sociétés historiques chrétiennes ont eu une assez grande difficulté à les penser comme étant le même rire. Ce qui les y oblige, c'est le latin. Le grec a deux mots de la même racine : *gélân* et *katagélân* ; *gélân*, c'est pour le rire naturel ; et *katagélân* est pour le rire méchant ; il me semble qu'un des efforts précisément de la pensée médiévale pour distinguer bon et mauvais rire ne fait que prolonger cette distinction. Le latin n'a que *risus*. Le grec a un mot pour sourire, le latin a beaucoup de mal à construire un mot *subrisus* ; il y parvient difficilement ; pendant longtemps, le mot *subrisus* ne veut pas dire « sourire » mais « rire sous cape », « rire en cachette », et ne parvient à « sourire » que lorsque le système de valeurs et les comportements ont bien changé. Au XIIe siècle ? Je me demande si le sourire n'a pas été une des créations du Moyen Âge.

Rire au Moyen Âge

Si l'on regarde les représentations dans les images, dans l'art, on ne trouve aucun effort pour représenter le rire à propos de la naissance d'Isaac et de l'histoire d'Isaac. Nous retrouvons là un problème qui nous intéresse, un problème fondamental : celui des rapports texte/images, des rapports qu'entretient l'iconographie avec un thème. Or il y a des silences, des retards, des décalages et, bien sûr, des écarts de l'image. L'autre face du problème, c'est de faire rire à travers les œuvres d'art, c'est-à-dire le comique et la caricature[3]. Ce problème, on le voit apparaître tardivement. On a l'impression que le christianisme pendant longtemps a bloqué toute cette partie du rire qui était le rire moqueur, défini comme particulièrement mauvais. En revanche, on voit affleurer le sourire dans l'art, dans la sculpture : les fameux anges au sourire, le thème des vierges sages et des vierges folles, où les vierges sages sourient et les vierges folles ricanent.

Dans l'inventaire des problèmes, il y a « rire et société ». De qui, de quoi rit-on ? Rire de groupe ou de classe ? Nos moines doivent respecter les interdits qui leur sont particuliers. Il y a un *risus monasticus* qui est, en fait, un rire illégitime, interdit. Mais en même temps nos bons moines s'amusaient bien de temps en temps dans les monastères, et ils ont même créé un type de plaisanterie écrite, les *joca monacorum* dont nous avons des recueils depuis le VIIIe siècle. Il y a des histoires de moines comme il y a des histoires de curés, des histoires de juifs, des histoires d'Arméniens, etc.

Rire de groupe. Nous connaissons un très beau rire féodal. C'est le *gab*, qui est la plaisanterie féodale ; elle fait un peu penser aux histoires marseillaises. Ces hommes, quand ils étaient non pas dans la chambre des dames mais entre eux, loin des combats, se racontaient des histoires de féodaux, des histoires de guerriers. C'était à qui raconterait les prouesses guerrières les plus extraordinaires. Couper d'un coup d'épée le cavalier et le cheval en même temps n'était que la moindre de ces vantardises. C'est une débauche d'imagination, d'invention, de trouvailles. C'est à cela que ces personnages, dans les plus anciennes chansons de geste, passent une bonne partie de leur temps de divertissement. Dans une chanson de geste un peu tardive, le *Pèlerinage de Charlemagne*, on raconte comment Charlemagne et ses douze pairs, hôtes de l'empereur de Constantinople, en se racontant des *gabs* dont ils sont les héros, terrorisent l'espion que

---

3. Un texte important, celui de Baudelaire : *De l'essence du rire et généralement du comique dans les arts plastiques*, in *Œuvres complètes*, Gallimard, Bibliothèque de la Pléiade, t. II, pp. 525-543.

l'empereur a envoyé pour écouter leurs propos en cachette, et qui prend la fiction pour la réalité.

Le rire comme communication. Georges Bataille a écrit : « Le rire est la forme spécifique de l'interaction humaine. » Quand nous voyons, soit au niveau théorique, soit au niveau des mœurs, le rire fonctionner, ce rire nous dit des choses intéressantes sur les structures et le fonctionnement de la société. J'ai parlé tout à l'heure de ce que j'appelle les « dérapages », à savoir la dérive érotique, scatologique, obscène qui est très importante. Parmi les textes comiques les plus anciens qui nous soient parvenus se situent ceux qui appartiennent à ce domaine.

J'ai parlé de rire anthropologique. Rire et folklore. J'ai parlé de la « parenté à plaisanterie ». Il y a d'autres thèmes qui sont étonnants, surtout dans la littérature, par exemple : le motif de l'enfant qui rit au moment où on veut le tuer ; dans le *Perceval* de Chrétien de Troyes, la pucelle qui n'avait pas ri depuis six ans. Autre type de rire, le rire rituel, dont le principal est le rire pascal.

Venons-en aux synthèses provisoires aux esquisses de chronologies. Il y a une première période – IVe-Xe siècle – où le modèle monastique me semble l'emporter, c'est-à-dire le rire réprimé et étouffé. J'ai été frappé par un parallélisme d'attitudes et d'évolutions entre le phénomène du rire et un autre phénomène que j'ai un peu étudié : le rêve. Il y a aussi répression et étouffement du rêve comme il y a répression du rire, car le rire sur lequel on s'hypnotise, c'est le rire diabolique. Mais n'oublions pas que si c'est une période où les larmes semblent submerger le rire, nous rencontrons dans le milieu monastique lui-même ce contrepoint des *joca monacorum* qui montre que même dans les périodes où des théories hostiles au rire semblent l'emporter, une pratique sans grande contrainte du rire continue à vivre. En tout cas, dans le milieu un genre littéraire s'exprime en sens contraire et semble échapper à la répression. Une deuxième période, et j'y verrais un certain parallélisme avec l'histoire du rêve et l'histoire du geste : c'est le temps de la libération et du contrôle du rire, liés entre autres à la montée des laïcs et à la littérature vernaculaire. La société prend l'habitude de se regarder dans un miroir, les états du monde aperçoivent leur image ridicule : d'où le développement de la satire et de la parodie, et, du côté de l'Église, comme pour le rêve, comme pour le geste, l'établissement d'un contrôle du rire. Et au niveau des mœurs, on retrouve l'importance de la cour comme milieu de domestication du rire. Il ne me semble pas que Norbert Elias parle de ces aspects du rire et du comique, mais je dois dire qu'ils rentrent bien dans les catégories et les démarches d'Elias. Puis le rire scolastique, l'établissement d'une casuistique du rire. Qui est habilité à rire? Quelle sorte de rire est licite? Quand? Comment? Un temps pour rire et un temps pour pleurer : c'est ce que fait Saint Louis. Il y a une série de textes tout à fait passionnants et qui auront une grande postérité autour du terme *hilaris*. *Hilaris*, en général, s'applique au visage : *vultus hilaris*, c'est un visage joyeux, plaisant, qui correspond à peu près exactement à ce que nous appelons riant. Ce qui ne veut pas dire forcément un visage qui rit fort. Toute une série de textes bibliques vont connaître une grande fortune à partir du XIIe siècle. Une très jolie étude de Fernand Vercauteren montre comment apparaît dans des chartes de la fin du XIe siècle l'expression suivante : *hilaris dator*, le donateur souriant[4]. Le donateur ne doit pas se contenter de faire une donation, mais il doit la faire en montrant qu'il est content. Je suppose que cela veut dire que les donations sont de moins en moins importantes, qu'on les fait de moins en moins volontiers, ce qui correspond en effet à ce que nous savons. Et aussitôt on impose cette formule. Le rire, sous sa forme d'*hilaris*, devient un attribut de François d'Assise et l'une des manifestations de sa sainteté. François dit à ses frères : « Soyez toujours, dans les tribulations, face à ceux qui vous tourmentent, *hilari vultu*. » Le rire devient véritablement une forme de spiritualité et de comportement. Nous possédons un texte qui en est la contre-épreuve : c'est le récit, par un franciscain anglais du XIIIe siècle, Thomas of Eccleston, le *De adventu fratorum minorum in Angliam*, l'établissement des franciscains en Angleterre dans les années 1220-1223. Il nous raconte qu'à Oxford, le couvent des franciscains, qui avait accueilli de jeunes frères, avait voulu appliquer tellement bien les recommandations de saint François qu'ils s'abandonnaient à de grandes crises de fou rire, qui finirent par inquiéter la hiérarchie franciscaine. Et le ministre général fit savoir à ces jeunes gens qu'il ne fallait pas exagérer, que saint François n'avait pas passé sa vie dans le fou rire, ni n'avait proposé un modèle de sainteté tellement « hilare ».

Enfin, on arrive au rire « débridé », aux théories de Bakhtine. Bakhtine se place dans toute une école soviétique qui s'est intéressée au rire et au comique et qui en a fait un de ses grands objets d'intérêt. La perestroïka nous livre l'essentiel de cette production. Il y a une dizaine d'années que notre ami Geremek m'avait envoyé un livre de Likhatchev sur le rire, dont il m'avait dit qu'il était fondamental, et j'ai appris que le livre vient d'être

---

4. Fernand Vercauteren, « Avec le sourire... », in *Mélanges offerts à Rita Lejeune, Professeur à l'Université de Liège*, Gembloux, 1969, vol. 1, pp. 45-56.

traduit en italien. D'autre part, Prop s'est intéressé au rire. Gourevitch a fait la critique des idées de Bakhtine sur le rire. Nous avons là toute une école de spécialistes du rire que ne fait que renforcer, me semble-t-il, l'évidence de l'importance de ce thème. En gros, selon Bakhtine, le Moyen Âge dominé par l'Église a été un temps de tristesse. La Renaissance, qu'il fait commencer tôt, a été au contraire le grand moment de la libération du rire. Thèse très contestable. Mais on peut tirer des thèses de Bakhtine d'abord une périodisation du rire, même si elle est à nuancer. De plus, son thème du lien avec la ville, et avec la place publique, est très intéressant. La place publique est un lieu où le rire va éclater. Mais n'y aurait-il pas eu de rire paysan? Ou ne serait-il que déprécié, refoulé comme celui d'autres catégories méprisées du Moyen Âge : rires d'enfants, rires de femmes ? Enfin, il y a cette très belle expression – qui est peut-être l'apport le plus intéressant de Bakhtine à une problématique du rire – « la culture du rire », qui a été traduite en allemand *(Lachkultur)*, et malheureusement pas en français. Il y a eu une culture du rire, avec tout ce que cela peut signifier. Je crois que nous retrouvons l'importance du rire dans le fonctionnement des pratiques culturelles et des pratiques sociales. Si nous le comparons avec un autre thème, qui en est très proche, qui en est d'une certaine façon l'expression, c'est le combat de Carnaval et Carême. Ce combat, c'est le combat du rire et de l'anti-rire.

LE RIRE DANS LES RÈGLES MONASTIQUES DU HAUT MOYEN ÂGE

Dans un ex-cursus de *La Littérature européenne et le Moyen Âge latin* : « Le plaisant et le sérieux dans la littérature médiévale, 2. L'Église et le rire », Ernst Robert Curtius signalait la coexistence dans le christianisme médiéval de deux attitudes à l'égard du rire. Une tradition issue d'un évangile apocryphe, l'Épître à Lentulus, introduite dans le christianisme par les Pères de l'Église et du monachisme grecs, saint Jean Chrysostome et saint Basile, transmise au christianisme latin par Rufin (et non, comme l'a affirmé au IXe siècle Benoît d'Aniane, par Salvien de Marseille) et recueillie à la fin du XIIe siècle par Pierre le Chantre dans son *Verbum abbreviatum* puis par la scolastique parisienne, relève que, selon le Nouveau Testament, Jésus, pendant sa vie terrestre, n'a pas ri une seule fois. Le rire est donc exclu du modèle d'homme parfait que Jésus a donné dans son Incarnation.

Une autre tradition vient d'Aristote, dont le christianisme a toujours plus ou moins accueilli la partie considérée comme « scientifique » de l'œuvre. Aristote a affirmé que, à la différence des animaux qui ne rient pas, le rire est le propre de l'homme. L'idée a été reprise par Quintilien, puis par Porphyre, traduit en latin par Victorinus, introduite dans la culture chrétienne par Martianus Capella, par Boèce dans son *Commentaire sur Porphyre*, reprise par Alcuin à l'époque de la renaissance carolingienne et par Notker de Saint-Gall au tournant du Xe au XIe siècle. Cette tradition a introduit dans la pensée médiévale une définition de l'homme comme *homo risibilis*, l'homme capable de rire, l'homme dont le propre est de rire.

Première publication in *Mélanges Pierre Riché. Haut Moyen Âge. Culture, éducation et société*, Nanterre, Publidix, Érasme, 1990, pp. 93-103.

En dehors de ces appréciations globales – et contradictoires – des rapports entre l'homme et le rire, le christianisme a de bonne heure tenté de définir la place du rire dans l'éthique chrétienne, dans la cité chrétienne, comme dans le mode de vie de cet homme nouveau, le chrétien.

Le premier grand texte réglementaire chrétien sur le rire est le chapitre v du Livre II du *Pédagogue* de Clément d'Alexandrie (mort vers 215). Clément chasse les fauteurs de rire de la république en une attitude platonicienne qui continue d'ailleurs le refus par le philosophe grec du rire qui conduit aux actions *basses*.

Cette compromission du rire avec le bas est un des legs d'une tradition philosophique antique au christianisme, plus encore porté que les philosophies anciennes à privilégier le haut par rapport au bas. Plus généralement, Clément condamne le rire comme le propre des bouffons, ces personnages que la cité chrétienne doit expulser avec tous les types méprisables et scandaleux du théâtre païen: acteurs, mimes, bouffons. Le chrétien doit donc éviter à plus forte raison de faire le bouffon en riant. Rire et gesticulation sont emportés par la condamnation sans appel de tout ce qui est lié au théâtre. Le rire est la souillure du «plus précieux des biens qui sont dans l'homme»: la parole qui se déshonore dans le rire[1].

Clément propose donc – tout en rappelant la formule aristotélicienne du rire comme propre de l'homme – une sévère réglementation du rire auquel il faut «mettre un frein», qu'il faut faire servir à l'équilibre de l'âme, non à son dérèglement, qui doit être soumis à la raison qui est plus encore la caractéristique de l'homme. Le rire licite c'est le sourire (μειδίαμα), «rire des sages». La femme doit éviter de rire comme une prostituée, l'homme comme un proxénète. Clément ébauche toute une casuistique du rire qui doit faire face à des choses honteuses ou affligeantes, faire place à la honte et à la tristesse, qui ne doit pas être continuel, qu'on doit refréner en présence des gens respectables ou non familiers, en certains lieux et en certaines circonstances, et qui est particulièrement peu recommandable chez les adolescents et les femmes. Au loin le rire lié au libertinage, à l'obscénité, à l'ivrognerie. Le rire fait fuir la raison et s'éveiller «les passions monstrueuses». Le rire, acoquiné par les chrétiens avec les excès de parole et de boisson dans les festins, conduit l'anthropologie chrétienne à lier les «manières de rire» aux «manières de table».

---

1. Clément d'Alexandrie, *Le Pédagogue*, t. II, Livre II, chap. v: *Du rire*, éd. et trad. C. Mondésert, H. I. Marrou, coll. «Sources chrétiennes», 108, Paris, 1965, pp. 98-103.

Clément appartenait au versant grec de la culture chrétienne, mais les Grecs ont souvent formé la pensée et les mœurs chrétiennes des Latins, même si leurs écrits n'ont pas été traduits en latin. Ils ont en particulier modelé le monachisme qui d'Orient est passé en Occident avec ses idéaux, sa mentalité et ses pratiques.

La répression du rire a été une des préoccupations importantes des législateurs monastiques. Le plus célèbre et le plus influent de ces législateurs grecs est saint Basile, dont les *Grandes* et les *Petites Règles* (composées en 357-358) ont été traduites en latin dès 397 par Rufin d'Aquilée[2]. Dans les *Grandes Règles* (chapitres 16-17), le rire apparaît comme un aspect des plaisirs charnels, conséquences du péché, qui sont de graves obstacles à l'ascèse et au salut; mais Basile, influencé par l'idée grecque d'ἐγκράτεια, tempérance, modération, recommande surtout un usage modéré du rire mais ne l'interdit pas. Dans les *Petites Règles* en revanche, il est beaucoup plus sévère: «N'est-il pas absolument permis de rire?» Réponse: «Le Seigneur a condamné ceux qui rient en cette vie. Il est donc évident qu'il n'y a jamais pour le chrétien de circonstance où il puisse rire[3]...» Or il semble bien que c'est cette opinion ramassée et sans nuances qu'a surtout retenue le monachisme occidental. C'est elle que reprend Benoît d'Aniane au début du IXe siècle dans son *Codex Regularum*, recueil des règles anciennes que doit seule remplacer la Règle de saint Benoît[4].

Saint Basile (avec saint Jean Chrysostome) est par ailleurs l'introducteur d'un *topos* qui aura aussi en Occident un grand succès au Moyen Âge et sera un grand argument contre le rire: Jésus, modèle que le chrétien doit imiter, n'a pas, durant sa vie terrestre, ri une seule fois, comme l'atteste l'Évangile[5].

---

2. Saint Basile, *Les Règles monastiques*, éd. L. Lèbe, Maredsous, 1969. Texte grec et traduction latine de Rufin des *Grandes Règles*, PG, t. XXXI, Interrogatio XVII: *Quod oportet etiam risum continere*, col. 962-966. Voir D. Amand, *L'Ascèse monastique de saint Basile. Essai historique*, Maredsous, 1948, p. 199; B. Steidle, «Das Lachen im alten Mönchtum», in BM 20 (1938), 274; P. M. Alexander, «La prohibicion de la risa en la Regula Benedicti», in *Regulae Benedicti Studia. Annuarium Internationale 5*, Hildesheim, 1977, pp. 240-242.
3. P. M. Alexander, *loc. cit.*, p. 241.
4. Benoît d'Aniane, *Codex Regularum*, XI: S. Basilii episcopi Caesariensis, Interrogatio LIII: «*Si ex toto ridere non licet*. Responsio: *Cum Dominus eos qui nunc rident condemnet, manifestum est quia nunquam tempus est risus fideli animae...*», PL, t. CIII, col. 515.
5. «Le Seigneur, l'Évangile nous l'apprend, s'est chargé de toutes les passions corporelles inséparables de la nature humaine, telle la fatigue. Il s'est aussi revêtu des sentiments qui rendent témoignage de la vertu d'une personne, par exemple il a manifesté de la passion aux affligés. Toutefois, les récits évangéliques l'attestent [Basile fait allusion à Luc, VI, 25: "*Vae*

Avec Clément d'Alexandrie, avec saint Basile, on voit les nuances des attitudes des philosophes grecs païens à l'égard du rire, leur tolérance à l'égard du rire s'affaiblir et presque disparaître. Parfois il s'agit d'un véritable renversement de valeur. Ainsi de la notion d'*eutrapélie*. Aristote a défini l'homme eutrapélien ανηρ εύτράπελος, dans l'*Éthique à Nicomaque* (IV, 14, 1128 a), comme celui qui use du rire, de la «plaisanterie gaie» en trouvant «le milieu entre le trop et le trop peu», à mi-chemin entre le bouffon licencieux et le balourd maussade. L'eutrapélie est pour les Grecs la vertu de l'homme à la fois sérieux et gai, de l'ανηρ σπουδογέλοιος. Puis, chez les Grecs déjà et chez les Romains, l'eutrapélie, par glissements successifs, devient péjorative, et chez les chrétiens le renversement est complet. L'eutrapélie devient synonyme de *scurrilitas,* bouffonnerie malséante, de *stultiloquium,* parole insensée. Saint Paul, dans l'Épître aux Éphésiens, v, 4, cite l'eutrapélie parmi les vices dont le chrétien doit se garder. Dans le *Pédagogue,* Clément d'Alexandrie définit par *eutrapélie* les plaisanteries grivoises qui ont cours dans les repas : c'est l'alliance maléfique de la table, du rire et de l'obscénité. Et saint Jérôme, commentant Éphésiens, v, 4, donne à *eutrapelia* un autre nom qui fera fortune au Moyen Âge, *jocularitas,* pour désigner le vilain langage employé par certains *«ut risum moveat audientibus»* (*PL,* t. XXVI, col. 520 a)[6].

Dans le rire le christianisme condamne et congédie le mime, le bouffon, l'acteur comique, le théâtre, le gesticulateur et le comédien.

Le nouveau héros de la société chrétienne est un homme qui ne rit pas, le moine, que le Moyen Âge définira comme «celui qui pleure» – *«is qui luget»*[7].

---

vobis qui ridetis nunc, quia lugebitis et flebitis"], jamais il n'a cédé au rire. Au contraire, il a proclamé malheureux ceux qui se laissent dominer par le rire» (*Grandes Règles,* 17). Sur le thème «Jésus n'a pas ri une seule fois dans sa vie», voir E. R. Curtius, *La Littérature européenne et le Moyen Âge latin,* trad. fr., Paris, 1956, pp. 519-521 : *L'Église et le rire.*

6. H. Rahner, «Eutrapelie, eine vergessene Tugend», in *Geist und Leben,* 27, 1954, pp. 346-353 et *Dictionnaire de Spiritualité,* Paris, 1961, t. IV/2, col. 1726-1729. Sa dignité antique christianisée sera rendue à l'*eutrapelia* au XIIIe siècle par Thomas d'Aquin dans son commentaire de l'*Éthique à Nicomaque* d'Aristote (IV, 16) tout en expliquant le sens du mot grec : «la qualité de bien se tourner», d'être un honnête homme : *«moderate autem ludentes eutrapeli appellantur, puta, bene vertentes»* et encore *«qui concinne et lepide iocis utuntur, eutrapeloi, id est faceti et urbani nominantur, quasi eutropoi, id est flexibili ac versatili ingenio praediti».* Gaieté et urbanité, quelle réhabilitation du rire honnête !

7. Voir I. M. Resnick, «*Risus monasticus.* Laughter and Medieval Monastic Culture», in *Revue Bénédictine,* XCVII, 1987, pp. 90-100 ; G. Schmitz, «... *quod rident homines, plorandum est.* Der "Unwert" des Lachens in monastisch geprägten Vorstellungen der Spätantike und des frühen Mittelalters», in *Stadtverfassung, Verfassungsstadt, Presspolitik. Festschrift E. Naujoks,* Sigmaringen, 1980, pp. 3-15, et l'article de B. Steidle cité *supra,* p. 1359, note 2.

Jean Cassien, dans ses *Institutions cénobitiques*, caractérise le neuvième et le dixième signe de l'humilité monastique par la répression de la langue, de la voix et du rire[8]. La Règle des 4 Pères, probablement composée à Lérins vers 400-410, édicte (5, 4) : « Si quelqu'un est surpris à rire ou à dire des plaisanteries[9] – comme le dit l'Apôtre "ce qui ne convient pas au sujet" (Paul, Éphésiens, V, 4) –, nous ordonnons que, durant deux semaines, un tel homme soit, au nom du Seigneur, réprimé de toute façon par le fouet de l'humilité[10]. » La Règle orientale élaborée au monastère jurassien de Condate, probablement entre 480 et 510, sous l'abbatiat de saint Oyend, prescrit au moine : « Qu'il ne se laisse pas dissiper par le rire des sots ou la plaisanterie » (chap. 17).

Rapprochant, selon la tradition biblique, le rire du jeu (chap. 11) en mettant en garde contre la propension des femmes et des enfants, êtres faibles et inférieurs, à rire, la Règle orientale édicte : « Si l'un des frères est pris à rire et à jouer volontiers avec des enfants, ... il sera averti trois fois, s'il ne cesse pas, il sera corrigé du châtiment le plus sévère » (chap. 18).

Enfin le rire à table est particulièrement interdit : « Si quelqu'un parle ou rit pendant le repas, qu'il soit réprimandé et fasse pénitence » (chap. 36).

La Règle de saint Ferréol d'Uzès (553-581) qui se rattache au monachisme arlésien est plus nuancée : « Le moine ne doit rire que rarement » (chap. 24).

Il en est de même de la Règle de Paul et Étienne, qui est une réanimation des règles d'Augustin, Basile et Pachôme dans le voisinage de saint Benoît : « Il faut s'abstenir de la plaisanterie et du rire immodéré » (chap. 37).

La Règle de saint Colomban (mort en 615) combine la rigueur des punitions corporelles chères aux insulaires avec une éventuelle indulgence : « Celui qui aura ri sous cape dans l'assemblée, c'est-à-dire à l'office, sera puni de six coups. S'il a éclaté de rire, il jeûnera, à moins de l'avoir fait d'une façon pardonnable[11]. »

---

8. Jean Cassien, *Institutions cénobitiques*, éd. J.-Cl. Guy, coll. « Sources chrétiennes », 109, 1965, IV, 39, 2, p. 180 : *« Humilitas vero his indiciis conprobatur: ... nono si linguam cohibeat vel non sit clamosus in voce, decimo si non sit facilis ac promptus in risu. »* Sur les péchés de langue et leur répression au Moyen Âge, voir C. Casagrande et S. Vecchio, *I peccati della lingua. Disciplina ed etica della parola nelle cultura medievale*, Rome, 1987.
9. Règles des 4 Pères : *« in risu vel in scurrilitate »*, PL, t. CIII, col. 440.
10. Pour les règles des 4 Pères, orientale, de saint Ferréol et de Paul et Étienne, voir *Règles monastiques d'Occident (IVe-VIe siècle) d'Augustin à Ferréol*, traduction, introduction et notes par V. Desprez, préface par A. de Vogüé, *Vie monastique*, 9, Abbaye de Bellefontaine, Maine-et-Loire, 1980.
11. Règle de Saint Colomban, PL, t. LXXX, col. 217 : *« Et qui subridens in synaxi, id est in cursu, sex percussionibus; si in sonum risus eruperit, suppositione, nisi veniabiliter contigerit. »*

Les textes les plus importants sont évidemment ceux de la Règle du Maître et de la Règle de saint Benoît.

L'importance de la Règle du Maître ne vient pas seulement de son influence sur la Règle de saint Benoît mais aussi de la façon dont la condamnation du rire s'y insère dans une véritable éthique anthropologique chrétienne. La question des disciples qui va amener le Maître à prohiber le rire concerne cette grande pratique spirituelle du monachisme, l'observation du silence, la *taciturnitas*: «*De taciturnitate qualis et quanta debeat esse?*» Le Maître répond en replaçant la discipline du silence dans une anthropologie chrétienne qui part de la considération du corps. L'intérêt en effet des attitudes théoriques et pratiques à l'égard du rire me paraît résider pour l'historien en grande partie dans le caractère mixte du rire, phénomène culturel qui s'exprime à travers le corps et dont l'étude éclaire aussi l'histoire des attitudes à l'égard du corps[12].

Le point de départ du Maître est cette affirmation: «L'instrument du genre humain est notre pauvre petit corps.» Le corps est la demeure de l'âme dont le siège est le cœur. Le cœur est une racine d'où partent deux rameaux supérieurs qui nous mettent en rapport avec l'extérieur grâce aux fenêtres des yeux et à la porte de la bouche. Mais ces trous peuvent être les accès du péché. Les yeux peuvent laisser entrer les convoitises, la bouche laisser sortir les discours pervers. La bouche est une porte qui a un verrou, les dents. L'homme, et plus particulièrement le moine, doit fermer ce verrou pour réaliser la taciturnité, le silence, refus du péché. Et s'il doit ouvrir la porte de sa bouche, rompre «cette clôture si stricte du silence», il ne doit le faire qu'aux heures permises ou avec la permission de l'abbé et seulement pour émettre des paroles honnêtes. Tout le reste de ce que pourrait laisser passer la porte de la bouche, la barrière des dents (comme disait Homère), le moine doit soigneusement l'arrêter et le refouler.

Et cette longue description de la structure corporelle de la communication humaine et du fonctionnement du contrôle de la bouche s'achève par une condamnation perpétuelle, sans appel, des mots qui font rire et du rire lui-même qui fuse comme une obscénité menaçante à la fin du long développement du Maître: «Quant aux bouffonneries, aux paroles oiseuses et portant à rire, nous les condamnons à la réclusion perpétuelle, et nous ne permettons pas au disciple d'ouvrir la bouche pour de tels propos[13].»

---

12. Règle du Maître, éd. A. de Vogüé, coll. «Sources chrétiennes», 105 à 107, Paris, 1964-1965.
13. *Ibid.*, I (105), *De taciturnitate*, chap. 8 et 9, pp. 398-417. «*Scurrilitas vero vel uerba otiosa et risum mouentia aeterna clusura damnamus et ad talia eloquia discipulum non aperire os permittimus*» (pp. 416-417).

Point extrême de la condamnation monastique du rire, voici le rire en prison, condamné à perpétuité à la prison de notre pauvre petit corps *(corpusculum)*.

Selon une de ses principales caractéristiques, saint Benoît, ce grand modéré, est plus nuancé que le Maître[14]. Il évoque le rire à quatre reprises dans sa Règle.

Au chapitre IV sur « Les Instruments de bonnes œuvres », il prohibe à deux reprises le rire, d'abord avec les propos mauvais ou dépravés, et avec le bavardage immodéré, il faut s'abstenir des paroles susceptibles de provoquer le rire[15], puis il condamne le rire trop fréquent ou excessif et recommande la prière quotidienne mêlée de pleurs et de gémissements[16]. Au chapitre VI, sur la *taciturnitas*, il reprend la condamnation perpétuelle du rire dans les mêmes termes que le Maître[17]. Enfin au chapitre VII sur l'humilité, saint Benoît définit le dixième degré d'humilité du moine par le refus de se laisser aller facilement au rire[18], et le onzième degré par une parole douce, humble, sérieuse, rare, raisonnable, sans clameur et sans rire[19].

On notera que la prohibition du rire était au départ liée à l'humilité chez les Pères grecs du monachisme. Le Maître l'avait fait glisser au chapitre de la *taciturnitas*, la situant, même si le silence était une ascèse spirituelle, dans un contexte plus rituel, plus formel. Saint Benoît la restitue à une ascèse plus intérieure et plus profonde, celle de l'humilité.

Comme toute prescription religieuse et morale, la répression monastique du rire était fondée sur les Écritures. À côté de l'exemple de Jésus qui selon l'Évangile, n'avait pas ri, tout un dossier de citations bibliques nourrissait la condamnation monastique du rire.

---

14. La Règle de Saint Benoît, éd. A. de Vogüé et J. Neufville, 6 vol., coll. « Sources chrétiennes », 181-186 avec un volume hors série de *Commentaire doctrinal et spirituel*, Paris, 1971-1972. Le commentaire de P. M. Alexander cité *supra*, p. 1359, note 2 est excellent.
15. *Os suum a malo vel pravo eloquio custodire*
    Multum loqui non amare
    Verba vana aut risui *apta non loqui* (IV, 61-64).
16. Risum *multum aut excussum non amare*
    Mala sua cum lacrimis vel gemitu cotodie in oratione Dei confiteri (IV, 67-68).
17. *Scurrilates vero vel verba otiosa et* risum *moventia aeterna clusura in omnibus locis damnamus, et ad talia eloquia discipulum aperire os non permittimus* (VI, 20-23).
18. *Decimus humilitatis gradus est, si non sit facilis ac promptus in risu, quia scriptum est:* « *stultus in* risu *exaltat vocem suam* » (VII).
19. *Undecimus humilitatis gradus est, si cum loquitur monachus leniter et sine risu, humiliter cum gravitate vel pauca verba et rationabilia loquatur, et non sit clamosus in voce* (VII).

Le dossier scripturaire du rire dans les *Grandes Règles* de saint Basile, texte quasiinitial, comprenait les citations suivantes :

Genèse, XXI, 6	*Dixitque Sara: Risum fecit mihi Deus; quicumque audierit, corridebit mihi.*
Job, VIII, 21	*Deus non projiciet simplicem nec porriget manum malignis donec impleatur risu os tuum, et labia tua jubilo.*
Proverbes, XV, 13	*Cor gaudens exhilarat faciem; in moerore animi dejicitur spiritus.*
Ecclésiaste, II, 2	*Risum reputavi errorem et gaudio dixi: quid frustra deciperis?*
Ecclésiaste, VII, 6	*Quia sicut sonitus spinarum ardentium sub olla sic risus stulti sed et hoc vanitas.*
Luc, VI, 21	*Beati qui nunc fletis, quia ridebitis.*
Luc, VI, 25	*Vae vobis qui ridetis nunc, quia lugebitis et flebitis.*

Dossier équilibré puisque si l'Ecclésiaste discrédite le rire, Sarah dans la Genèse reconnaît la sagesse de Dieu qui lui a donné ce fils tardif qui a reçu, à cause du rire avec lequel elle avait accueilli la prédiction du Seigneur, le nom d'Isaac, c'est-à-dire Rire, et Job évoque le moment où Dieu emplit la bouche du juste de rire et met sur ses lèvres la jubilation. Les Proverbes mettent en balance le cœur joyeux qui rend le visage riant et la tristesse de l'âme qui abat l'esprit, et les deux versets de Luc se répondent qui ne déclarent heureux ceux qui pleurent ici-bas que parce qu'ils riront dans l'au-delà.

Saint Benoît appuie sa condamnation du rire seulement sur trois citations scripturaires dont une seulement parle explicitement du rire : *« in multiloquio non effugitur peccatum »* (Proverbes, X, 19) ; *« vir linguosus non dirigitur super terram »* (Psaumes, CXXXIX, 12) ; *« stultus* in risu *exaltat vocem suam »* (Ecclésiastique, XXI, 20). Toutes trois sont péjoratives à l'égard du rire.

Au VIIe siècle le *Liber scintillarum* de Defensor de Ligugé rassemble au chapitre 55, *«De risu et fletu»*, le dossier sans doute le plus fourni du monachisme haut-médiéval sur le rire. À douze citations scripturaires, il ajoute deux citations d'Augustin, trois de Jérôme, deux de Grégoire le Grand, deux d'Isidore de Séville, une, nettement plus longue que les autres, de Basile[20].
Defensor, comme Basile, mêle les citations exaltant la joie et, en général implicitement, le rire, avec celles qui condamnent, le plus souvent explicitement, le rire[21].

Ce n'est pas le lieu de présenter ici un essai statistique complet des citations scripturaires concernant le rire dans la réglementation et les écrits monastiques du haut Moyen Âge. Contentons-nous de signaler qu'une recherche en cours fait apparaître une nette majorité de citations hostiles au rire. Selon une technique habituelle et révélatrice de l'évolution des mentalités et des sensibilités au Moyen Âge où chacun choisit plus ou moins dans la Bible ce qui sert ses opinions, les encouragements à la joie et au rire sont souvent passés sous silence.
Les citations les plus fréquentes semblent être les citations péjoratives présentes chez saint Basile: la condamnation du rire comme erreur et de la joie comme tromperie (Ecclésiaste, II, 2), le bruit du rire vain de l'insensé comparé au crépitement des épines enflammées sous la marmite (Ecclésiaste, VII, 6), la malédiction par Luc des rieurs qui pleureront (Luc, VI, 25) et la bénédiction des éplorés dans une citation souvent tronquée de Luc, VI, 21, où on cite *«beati qui nunc fletis»*, en oubliant *«quia ridebitis»*. De même ce jeu des citations tronquées fait apparaître souvent à cette époque la première partie de Ecclésiaste, III, 4: «il y a un temps pour pleurer» sans la compléter par la seconde «et un temps pour rire».

À ces citations il faut en ajouter de fort répandues que l'on trouve dans la Règle de saint Benoît (*«Stultus in risu exaltat vocem suam»* complétée par la suite de cette citation de l'Ecclésiastique, XXI, 20 *«vir autem sapiens vix tacite ridebit»*) et dans Defensor de Ligugé: cet extrait de l'Épître de Jacques, IV, 9: *«miseri estote et lugete et plorate, risus vester in luctum convertetur et gaudium in maerorem»*; ce verset des Proverbes, XIV, 13

---

20. Defensor de Ligugé, *Liber scintillarum (Le Livre d'étincelles)*, II, chap. 55: *«De risu et fletu»*, éd. H. Rochais, coll. «Sources chrétiennes», 86, 1962.
21. Les citations scripturaires sont: Matthieu, V, 5; Luc, VI, 25; II Corinthiens, XIII, 11; Jacques, IV, 9; Proverbes, XV, 30; XV, 13; XVII, 22; XIV, 13; X, 23; XIV, 6; XIX, 29; Ecclésiastique, XXI, 23.

«*risus dolore miscebitur, et extrema gaudii luctus occupat*» et cet autre (Proverbes, x, 23) : «*Quasi per risum stultus operatur scelus.*»
Si l'on cherche donc à peser les citations bibliques concernant le rire dans le monachisme des Ve-VIIe siècles, on perçoit une nette tendance à l'accentuation de la négativité du rire auquel on oppose la valeur salutaire des pleurs.

Cette tendance apparaît encore plus forte si l'on compare le dossier utilisé par les moines du haut Moyen Âge à celui qu'on peut constituer à partir d'un tri exhaustif des passages bibliques ayant trait au rire[22]. Sans doute la réglementation monastique introduit parfois des atténuations dans la condamnation du rire : c'est le rire accompagné de ricanements et de tressautements *(subsannatio, risus cum cacchinis)*, le rire excessif, le rire intempestif briseur de silence, le rire grivois, qui est condamné sans appel ; mais la tendance à la prohibition du rire est nette. Il est remarquable en outre qu'on ne retrouve pas dans ces nuances une distinction qui semble fondamentale dans la Bible : la distinction en un rire licite, simple expression de bien-être et de joie, ou préfiguration du bonheur paradisiaque, et un rire mauvais, moqueur, dénigrant, qui s'exprime surtout dans la Vulgate par des composés, *irridere, deridere*, rire contraire à la charité, dérision. Deux mots, deux concepts avaient à l'origine distingué dans la version hébraïque de l'Ancien Testament ces deux sortes de rire : *sâkhaq* et *lâag*.
La scolastique du XIIIe siècle reprendra, en lui donnant un contenu nouveau, rire simplement naturel ou annonciateur de la vision béatifique et rire intentionnellement méchant de dérision, la distinction originelle entre deux sortes de rire, un bon et un mauvais rire. La scolastique retrouvera aussi les liens positifs entre le rire et le jeu – *homo ridens, homo ludens* – que le haut Moyen Âge avait tourné à la condamnation de l'un et de l'autre.

Il reste à se poser une question qu'on ne peut ici qu'évoquer. Cette condamnation théorique du rire rencontrée essentiellement dans des textes normatifs correspondait-elle à la réalité concrète ? L'historien ne peut se

---

22. Voir G. Webster, *Laughter in the Bible*, Saint Louis, 1960 ; Chaim W. Reines, «Laughter in Biblical and Rabbinic Literature», in *Judaism*, 21, 1972, pp. 176-183 ; I. M. Resnick, *Risus monasticus, loc. cit.*, III : *Laughter and the God Incarnate*, pp. 96-97 ; art. «Rire», in *Dictionnaire encyclopédique de la Bible*, pp. 572-573 ; P. Beauchamps, art. «Rire», in X. Léon-Dufour éd., *Vocabulaire de théologie biblique*, 2e éd. révisée et augmentée, Paris, 1970, col. 1131-1132 ; X. Léon-Dufour, art. «Rire», in *Dictionnaire du Nouveau Testament*, Paris, 1975, p. 470. Dossier personnel à partir des *Concordances* pour le Nouveau Testament.

contenter d'étudier des idéaux, de repérer des valeurs sans se demander comment ils ont fonctionné dans la réalité sociale. Pour nous en tenir au milieu monastique, les moines du haut Moyen Âge ne riaient-ils pas ou s'ils riaient, s'en repentaient-ils?

Une première réponse se trouve dans des textes encore fortement normatifs, les *Vies* de saints monastiques. Deux exemples : saint Martin, et l'un des Pères du Jura, saint Oyend.
Le témoignage de Sulpice Sévère sur saint Martin est double. Son exemple est celui d'un être à peine humain, n'exprimant jamais les émotions propres à la nature humaine : jamais en colère et jamais ému, jamais triste, jamais en train de rire[23]. Mais son comportement est aussi un comportement d'humilité, de pénitence qui en fait, pour acquérir des mérites, un objet de risée, un martyr du rire. Il faut rire de lui quand il donne la moitié de son manteau au pauvre. Son air ridicule, ses vêtements sordides, ses cheveux en désordre sont mis en avant par ses ennemis qui veulent empêcher son élection à l'épiscopat[24]; Saint Oyend offre le même *topos* hagiographique d'impassibilité que Martin. «Illuminé par l'hôte qui demeurait en lui [le Christ], il portait sur son visage une grande allégresse : aussi jamais on ne le vit triste, mais jamais non plus on ne le vit rire[25].» Son renoncement aux fausses formes de joie comme le rire était récompensé par l'intense bonheur de l'extase.
Un témoignage enfin plus près de la réalité nous offre une autre image des moines du haut Moyen Âge que celle, sinon d'éternels pleureurs, du moins d'hommes imperturbablement sérieux. Ce sont ces nombreux manuscrits qui nous sont parvenus sous le nom de *joca monachorum*[26], Ces «jeux de moines», ces «bonnes histoires» de moines sont des listes de devinettes, par question et réponse, que se posaient, en dehors des heures de silence imposé, nos moines que la rigueur des règles n'avait pas privés

---

23. «*Nemo unquam illum vidit iratum, nemo commotum, nemo maerentem, nemo ridentem; unus idemque fuit semper : caelestem quodammodo laetitiam vultu praeferens, extra naturam hominis videbatur. Numquam in illius ore nisi Christus*» (Sulpice Sévère, *Vie de saint Martin*, 27, 1, éd. J. Fontaine, t. 1, pp. 314-315).
24. *Ibid.*, 3, 2 et 9, 3-4.
25. *Vie de saint Oyend* (*S. Eugendi*), in *Vies des Pères du Jura*, éd. F. Martine, coll. «Sources chrétiennes», 142, Paris, 1968. «*Habebat autem, nimirum habitatore illustrante, magnum et in vultu laetitiam; nam sicut illum tristem nemo unquam vidit, ita ridentem nullus adspexit*» (chap. 168, p. 418).
26. Sur les *joca monachorum*, objet d'une recherche en cours, voir F. Brunhölzl, *Geschichte der lateinischen Literatur des Mittelalters*, Munich, 1975, I, pp. 147 *sqq.* et 527 *sqq.*; P. Lehmann, *Die Parodie im Mittelalter*, 2ᵉ éd., Stuttgart, 1963, pp. 10-11; J. Dubois, «Comment les moines du Moyen Âge chantaient et goûtaient les Saintes Écritures», in P. Riché, G. Lobrichon, *Le Moyen Âge et la Bible*, Paris, 1984, pp. 264-270.

de tout divertissement. Car si ces devinettes ont surtout un but didactique, si elles sont un catéchisme plaisant, un exercice de mémorisation par l'amusement, qui porte surtout sur la Bible, catalogue de faits incroyables et merveilleux, elles ne sont pas seulement les témoins de techniques intellectuelles traditionnelles – c'est le vieux jeu de l'énigme moins dangereux qu'au temps du Sphinx ou de Samson (Juges, XIV) –, elles attestent aussi que même ces athlètes de Dieu n'avaient pas entièrement échappé à une autre conception du rire que le christianisme avait aussi hérité d'Aristote – que le rire est le propre de l'homme. Le moine, *homo lugens,* homme de pleurs, laissait parfois apparaître son visage hilare d'*homo risibilis,* homme, à la différence des animaux, capable de rire.

JACQUES LE GOFF
PRINCIPALES PUBLICATIONS

Marchands et Banquiers du Moyen Âge,
Paris, P.U.F.,
coll. «Que sais-je?», 699, 1956,
8ᵉ éd. corrigée, 1993.

Les Intellectuels au Moyen Âge,
Paris, Le Seuil,
coll. «Le Temps qui court», 3, 1957;
rééd. coll. «Point Histoire», 78, 1985.

Le Moyen Âge,
Paris, Bordas, 1962;
autre édition sous le titre
Le Moyen Âge : 1060-1330, Bordas,
coll. «L'Histoire universelle», 11, 1971.

Das Hochmittelalter,
Francfort, 1965.

La Civilisation de l'Occident mediéval,
Paris, Arthaud, coll. «Les Grandes
Civilisations», 3, 1964;
nouv. éd., 1984.

*Pour un autre Moyen Âge.
Temps, travail et culture en Occident*,
Paris, Gallimard,
coll. «Bibliothèque des Histoires», 1977;
rééd. coll. «Tel», 181, 1991;

repris in *Un autre Moyen Âge*,
coll. «Quarto», 1999.

La naissance du Purgatoire,
Paris, Gallimard,
coll. «Bibliothèque des Histoires», 1981;
rééd. coll. «Folio», 31, 1991;
repris in *Un autre Moyen Âge*,
coll. «Quarto», 1999.

L'Apogée de la chrétienté : v. 1180-v. 1330,
Paris, Bordas,
coll. «Voir l'histoire», 1982;
nouv. éd. sous le titre *Le XIIIᵉ siècle :
l'apogée de la chrétienté : v. 1180-v. 1330*,
1994.

Intervista sulla storia,
Bari, Laterza, 1982.

L'Imaginaire médiéval. Essais,
Paris, Gallimard,
coll. «Bibliothèque des Histoires», 1985;
nouv. éd., 1991; repris in *Un autre
Moyen Âge*, coll. «Quarto», 1999.

*La Bourse et la Vie.
Économie et religion au Moyen Âge*,
Paris, Hachette, 1986;

Un autre Moyen Âge

nouv. éd., coll. «Pluriel», 847, 1997;
repris in *Un autre Moyen Âge*,
Gallimard, coll. «Quarto», 1999.

Storia e Memoria,
Turin, Einaudi, 1977;
paru en français sous le titre
Histoire et Mémoire, Paris, Gallimard,
coll. «Folio Histoire», 20, 1988.

La Vieille Europe et la nôtre,
Paris, Le Seuil, 1994.

Saint Louis,
Paris, Gallimard,
coll. «Bibliothèque des Histoires», 1996.

L'Europe racontée aux jeunes,
Paris, Le Seuil, 1996.

Une vie pour l'histoire.
Entretiens avec Marc Heurgon,
Paris, La Découverte, 1996.

Pour l'amour de villes.
Entretiens avec Jean Lebrun,
Paris, Textuel, 1997.

Sous la direction de Jacques Le Goff

Hérésies et sociétés
dans l'Europe pré-industrielle,
XIe-XVIIIe siècle. Communications et
débats du colloque de Royaumont,
Paris, Mouton,
coll. «Civilisations et sociétés», 10, 1968.

Avec Pierre Nora,
Faire de l'histoire,
Paris, Gallimard, 1974, 3 vol.;
rééd. coll. «Folio Histoire», 16-18, 1986.

Avec Belà Kopeczi,
Objet et méthodes de l'histoire
de la culture. Colloque franco-hongrois
de Tihany, 10-14 octobre 1977,
organisé par l'École des Hautes Études
en Sciences sociales
et l'Académie des sciences de Hongrie,
Paris, Éd. du C.N.R.S.,
et Budapest, Akademiai Kiado,
1982.

Avec Roger Chartier
et Jacques Revel,
La Nouvelle Histoire,
Paris, Retz CEPL, 1978;
nouv. éd. abrégée et mise à jour,
Bruxelles, Éd. Complexe, 1988.

Avec F. Beautier, J. Dupaquier,
R. Froment, J. Soletchnik,
Histoire, géographie: 5,
nouveau programme
(dir. Marc Vincent), Paris, Bordas, 1978.

Avec Belà Kopeczi,
Intellectuels français, intellectuels

hongrois: *XIIe-XXe siècle*.
*Actes du colloque franco-hongrois
d'histoire sociale à Matrafured, 1980*,
Paris, Éd. du C.N.R.S.,
et Budapest, Akademiai Kiado,
1985.

Avec Claude Bremond
et Jean-Claude Schmitt,
L'«Exemplum»,
in *Typologie des Sources
du Moyen Âge occidental*, fasc. 40,
Turnhout, Brépols, 1982.

Avec André Chedeville
et Jacques Rossiaud,
*La Ville en France au Moyen Âge:
des Carolingiens à la Renaissance*,
t. II de l'*Histoire de la France urbaine*
(sous la direction de Georges Duby),
Paris, Le Seuil,
coll. «L'Univers historique», 1980;
nouv. éd. revue et complétée, 1998.

Avec Jean-Claude Schmitt,
Le Charivari,
Paris, Éd. de l'E.H.E.S.S., 1981.

Avec Louis Guieysse,
*Crise de l'urbain, futur de la ville.
Colloque de Royaumont, 1984*,
R.A.T.P.-Université-recherche,
Paris, Economica, 1985.

Avec René Rémond,
Histoire de la France religieuse, 4 t.,
t. I: *Des origines au XIVe siècle*,
Paris, Le Seuil,
coll. «L'Univers historique»,
1988.

L'État et les pouvoirs,
in *Histoire de la France*, t. II
Paris, Le Seuil, 1989.

Avec Franco Cardini,
Enrico Castelnuovo,
Giovanni Cherubini,
L'Homme médiéval,
Paris, Le Seuil,
coll. «L'Univers historique», 1989;
rééd. coll. «Point Histoire», 183, 1994.

Avec Cesare De Seta,
La citta e la mure,
Bari, Laterza, 1989.

Avec Guy Lobrichon,
*Le Moyen Âge aujourd'hui:
trois regards contemporains
sur le Moyen Âge, histoire,
théologie, cinéma.
Actes de la rencontre
de Cerisy–la-Salle,
juillet 1991*,
Paris, Le Léopard d'or,
Cahiers du Léopard d'or, 1997.

TABLE DES MATIÈRES

AVERTISSEMENT

POUR UN AUTRE MOYEN ÂGE 11
TEMPS, TRAVAIL ET CULTURE EN OCCIDENT : 18 ESSAIS

PRÉFACE 13

I. TEMPS ET TRAVAIL 21

LES MOYEN ÂGE DE MICHELET 23

LE BEAU MOYEN ÂGE DE 1833-1844 27

LE MOYEN ÂGE SOMBRE DE 1855 34

VERS UN AUTRE MOYEN ÂGE : LA SORCIÈRE LUCIFÉRIENNE 39

RETOUR À UN MOYEN ÂGE DE L'ENFANCE 42

LE MOYEN ÂGE DE MICHELET : MOYEN ÂGE POUR AUJOURD'HUI ET POUR DEMAIN ? 43

AU MOYEN ÂGE : TEMPS DE L'ÉGLISE ET TEMPS DU MARCHAND 49

Table des matières

*LE TEMPS DU TRAVAIL DANS LA « CRISE » DU XIVe SIÈCLE :
DU TEMPS MÉDIÉVAL AU TEMPS MODERNE*   **67**

*NOTE SUR SOCIÉTÉ TRIPARTIE, IDÉOLOGIE MONARCHIQUE
ET RENOUVEAU ÉCONOMIQUE DANS LA CHRÉTIENTÉ DU IXe AU
XIIe SIÈCLE*   **79**

*MÉTIERS LICITES ET MÉTIERS ILLICITES DANS L'OCCIDENT
MÉDIÉVAL*   **89**

*TRAVAIL, TECHNIQUES ET ARTISANS DANS LES SYSTÈMES DE
VALEURS DU HAUT MOYEN ÂGE (V^e-Xe SIÈCLE)*   **105**

   REMARQUES PRÉLIMINAIRES   **105**

      1. *difficultés d'une histoire des mentalités dans le haut
Moyen Âge*   **105**
      2. *justification de la recherche*   **106**
      3. *méthodes de l'éclectisme raisonné et des dérapages
successifs*   **106**

   I. L'AMBIGUÏTÉ DES HÉRITAGES   **107**

      a. *l'héritage gréco-romain*   **109**
      b. *les héritages barbares*   **109**
      c. *l'héritage judéo-chrétien*   **110**

   II. L'EFFACEMENT DU TRAVAIL ET DES TRAVAILLEURS DANS LA
SOCIÉTÉ, LA MENTALITÉ ET L'IDÉOLOGIE DU HAUT MOYEN ÂGE
(Ve-VIIIe SIÈCLE)   **112**

      A. *les bases techniques, économiques et sociales de cet
effacement*   **112**
      B. *les manifestations de l'effacement : silence et mépris
des sources*   **112**

   III. SECTEURS PRÉSERVÉS ET STRUCTURES D'ACCUEIL POUR UNE
REVALORISATION DU TRAVAIL   **114**

a. le travail des clercs et spécialement du moine	*114*
b. les artisans sacrés ou prestigieux	*116*
c. l'attention aux outils et à la machine	*116*

IV. LA RENAISSANCE CAROLINGIENNE DU TRAVAIL — *117*

    a. les témoignages juridiques — *118*
    b. la réglementation du travail — *118*
    c. les témoignages littéraires et artistiques — *119*
    d. la promotion scientifique et intellectuelle du travail et des techniques — *120*

CONCLUSION — *120*

BIBLIOGRAPHIE SOMMAIRE — *121*

LES PAYSANS ET LE MONDE RURAL DANS LA LITTÉRATURE DU HAUT MOYEN ÂGE (V^e-VIe SIÈCLE) — *127*

II. TRAVAIL ET SYSTÈMES DE VALEURS — *141*

DÉPENSES UNIVERSITAIRES À PADOUE AU XVe SIÈCLE — *143*

    APPENDICE I — *153*

    APPENDICE II — *155*

MÉTIER ET PROFESSION D'APRÈS LES MANUELS DE CONFESSEURS DU MOYEN ÂGE — *159*

QUELLE CONSCIENCE L'UNIVERSITÉ MÉDIÉVALE A-T-ELLE EUE D'ELLE-MÊME ? — *177*

LES UNIVERSITÉS ET LES POUVOIRS PUBLICS AU MOYEN ÂGE ET À LA RENAISSANCE — *193*

TABLE DES MATIÈRES

I. CONSIDÉRATIONS GÉNÉRALES *193*

II. UNIVERSITÉS ET POUVOIRS PUBLICS AU MOYEN ÂGE (XIIe-MILIEU DU XVe SIÈCLE) *197*

    1. les universités comme «corporations» *197*
    2. les universités comme «centres de formation professionnelle» *199*
    3. les universités comme «groupe économique de consommateurs» *200*
    4. les universités comme «groupe socio-démographique» *201*
    5. les universités comme «corps de prestige» *203*
    6. les universités comme «milieu social» *204*

III. LIGNES GÉNÉRALES DE L'ÉVOLUTION DES RAPPORTS ENTRE UNIVERSITÉS ET POUVOIRS PUBLICS À LA RENAISSANCE (MILIEU XVe-XVIe SIÈCLE) *205*

CONCLUSION *208*

BIBLIOGRAPHIE SOMMAIRE *208*

III. CULTURE SAVANTE ET CULTURE POPULAIRE *215*

CULTURE CLÉRICALE ET TRADITIONS FOLKLORIQUES DANS LA CIVILISATION MÉROVINGIENNE *217*

    SÉLECTION BIBLIOGRAPHIQUE *227*

CULTURE ECCLÉSIASTIQUE ET CULTURE FOLKLORIQUE AU MOYEN ÂGE : SAINT MARCEL DE PARIS ET LE DRAGON *229*

    SAINT MARCEL DE PARIS ET LE DRAGON *267*

L'OCCIDENT MÉDIÉVAL ET L'OCÉAN INDIEN: UN HORIZON ONIRIQUE *269*

TABLE DES MATIÈRES	
LES RÊVES DANS LA CULTURE ET LA PSYCHOLOGIE COLLECTIVE DE L'OCCIDENT MÉDIÉVAL	*287*
MÉLUSINE MATERNELLE ET DÉFRICHEUSE	*295*
HYPOTHÈSES ET PROBLÈMES D'INTERPRÉTATION	*301*
POST-SCRIPTUM	*316*

IV. VERS UNE ANTHROPOLOGIE HISTORIQUE   *317*

L'HISTORIEN ET L'HOMME QUOTIDIEN	*319*
LE RITUEL SYMBOLIQUE DE LA VASSALITÉ	*333*
INTRODUCTION : LE SYMBOLISME MÉDIÉVAL	*333*
I. DESCRIPTION	*336*
II. SYSTÈME	*347*
III. RESTITUTION DES PERSPECTIVES SPATIO-TEMPORELLES	*364*
A. les perspectives géographiques	*365*
B. perspectives chronologiques	*366*
IV. PROBLÈMES	*371*
A. le domaine du rituel symbolique de la vassalité	*372*
B. une tentative de lecture de type ethnographique	*374*
C. les références dans d'autres sociétés	*380*
D. le rôle du christianisme	*388*
CONCLUSION : FIDÈLES DONC VASSAUX	*392*
APPENDICES	*393*

TABLE DES MATIÈRES

L'OCCIDENT MÉDIÉVAL ET LE TEMPS
ARTICLE INÉDIT

401

I. LE TEMPS CHRÉTIEN, LE TEMPS DE L'ÉGLISE, IVe-VIIIe SIÈCLE — *407*

II. LE TEMPS FÉODAL, VIIe-XIe SIÈCLE — *410*

III. LE TEMPS NOUVEAU : TEMPS DE LA VILLE, TEMPS DU MARCHAND, XIIe-XIVe SIÈCLE — *412*

IV. CONFLITS AUTOUR DU NOUVEAU TEMPS, XIIe-XVe SIÈCLE — *414*

V. VERS LE TEMPS MODERNE, XIVe-XVe SIÈCLE — *415*

BIBLIOGRAPHIE SOMMAIRE — *418*

L'IMAGINAIRE MÉDIÉVAL

421

PRÉFACE À LA PREMIÈRE ÉDITION, 1985 — *423*

PRÉFACE À LA DEUXIÈME ÉDITION, 1991 — *443*

POUR UN LONG MOYEN ÂGE — *447*

I. LE MERVEILLEUX

453

LE MERVEILLEUX DANS L'OCCIDENT MÉDIÉVAL — *455*

    I. ASPECTS PRINCIPAUX ET PROBLÈMES — *455*

TABLE DES MATIÈRES

II. ESSAI D'INVENTAIRE DU MERVEILLEUX DANS L'OCCIDENT MÉDIÉVAL : CADRES ET PROJET D'ENQUÊTE — *465*

   introduction — *465*
   1. merveilleux, magique, miraculeux — *466*
   2. inventaire du merveilleux médiéval — *467*
   3. sources et réservoirs du merveilleux médiéval — *468*
   4. les techniques : voies et moyens du merveilleux médiéval — *470*
   5. poussées et limites du merveilleux médiéval — *471*
   6. fonctions du merveilleux médiéval — *471*
   conclusion — *472*

III. ÉCLAIRCISSEMENTS ET PROLONGEMENTS — *473*

SUPPLÉMENT BIBLIOGRAPHIQUE — *476*

UNE COLLECTE ETHNOGRAPHIQUE EN DAUPHINÉ AU DÉBUT DU XIIIe SIÈCLE — *477*

   LES MERVEILLES DU DAUPHINÉ — *481*

   LES MERVEILLES DU DAUPHINÉ (traduction) — *485*

   INVENTAIRE DES MIRABILIA DANS LE RESTE DU ROYAUME D'ARLES — *488*

II. L'ESPACE ET LE TEMPS — *493*

LE DÉSERT-FORÊT DANS L'OCCIDENT MÉDIÉVAL — *495*

LA PERCEPTION DE L'ESPACE DE LA CHRÉTIENTÉ PAR LA CURIE ROMAINE ET L'ORGANISATION D'UN CONCILE ŒCUMÉNIQUE EN 1274 — *511*

   I. LES CHOIX PRÉALABLES — *512*

   II. LA PRÉPARATION DU CONCILE DANS L'ESPACE/TEMPS : LES DOSSIERS ET LES HOMMES — *514*

TABLE DES MATIÈRES

CONCEPTION «RATIONNELLE» ET CONCEPTION «SYMBOLIQUE» DE L'ESPACE/TEMPS : VERS LA PAPAUTÉ D'AVIGNON   *516*

SOURCES PRINCIPALES   *517*

LE TEMPS DU PURGATOIRE, IIIe-XIIIe SIÈCLE   *519*

I. LES TEMPS POSSIBLES DU PURGATOIRE ET LE CHOIX DU CHRISTIANISME MÉDIÉVAL   *521*

II. LE TEMPS DU PURGATOIRE ET LES PROBLÈMES GÉNÉRAUX DU TEMPS CHRÉTIEN   *523*

    1. temps terrestre et temps eschatologique   *524*
    2. temps du purgatoire et vision béatifique   *525*
    3. le temps autour de la mort   *525*
    4. proportionnalité entre temps de l'ici-bas et temps de l'au-delà   *526*

III. LE POUVOIR SUR LE TEMPS DU PURGATOIRE : L'ÉGLISE, LES COMMUNAUTÉS ET L'INDIVIDU   *528*

    1. l'Église et le temps du purgatoire   *528*
    2. les communautés naturelles et artificielles, la mémoire collective et le temps du purgatoire   *529*
    3. temps du purgatoire et individu   *530*

LE TEMPS DE L'«EXEMPLUM», XIIIe SIÈCLE   *533*

ASPECTS SAVANTS ET POPULAIRES DES VOYAGES DANS L'AU-DELÀ AU MOYEN ÂGE   *537*

I. REMARQUES PRÉLIMINAIRES DE MÉTHODE   *537*

II. LE GENRE ET LE CORPUS   *540*

III. LE SYSTÈME D'INTERACTION ENTRE LE SAVANT ET LE POPULAIRE   *543*

TABLE DES MATIÈRES

IV. ESQUISSE D'UNE HISTOIRE SOCIOCULTURELLE DES VOYAGES DANS L'AU-DELÀ AU MOYEN ÂGE — *551*

III. LE CORPS — *553*

CORPS ET IDÉOLOGIE DANS L'OCCIDENT MÉDIÉVAL — *555*

LA RÉVOLUTION CORPORELLE — *555*

CORPS ET ÂME — *555*

CORPS ET ESPACE — *557*

LES GESTES DU PURGATOIRE — *559*

LE REFUS DU PLAISIR — *567*

LA CHAIRE PÉCHERESSE — *568*

LE PÉCHÉ ORIGINEL ET LE SEXE — *570*

LA CONVERSION D'AUGUSTIN — *572*

LE REFUS DU PLAISIR — *574*

L'AMOUR DONNE LA LÈPRE AUX VILAINS — *575*

LE SEXE, GIBIER D'ENFER — *576*

BIBLIOGRAPHIE SOMMAIRE — *578*

IV. LITTÉRATURE ET IMAGINAIRE — *579*

LÉVI-STRAUSS EN BROCÉLIANDE — *581*

Table des matières

CODES VESTIMENTAIRE ET ALIMENTAIRE DANS «ÉREC ET ÉNIDE» — 615

GUERRIERS ET BOURGEOIS CONQUÉRANTS. L'IMAGE DE LA VILLE DANS LA LITTÉRATURE FRANÇAISE DU XIIe SIÈCLE — 635

UNE MÉTAPHORE URBAINE DE GUILLAUME D'AUVERGNE — 667

RÉALITÉS SOCIALES ET CODES IDÉOLOGIQUES AU DÉBUT DU XIIIe SIÈCLE : UN «EXEMPLUM» DE JACQUES DE VITRY SUR LES TOURNOIS — 673

    APPENDICE — 682

V. LES RÊVES — 687

LE CHRISTIANISME ET LES RÊVES, IIe-VIIe SIÈCLE — 689

    I. L'HÉRITAGE BIBLIQUE — 690

    II. RÊVES PAÏENS — 694

    III. INCERTITUDES CHRÉTIENNES — 704

        1. renforcement de l'intérêt pour les rêves — 704
        2. du rêve à l'hérésie — 707
        3. le premier théologien chrétien du rêve : Tertullien — 709

    IV. GENÈSE D'UNE ONIROLOGIE CHRÉTIENNE — 713

        1. les grandes mutations et la méfiance — 713
        2. les motivations de la méfiance — 715
        3. Augustin et les rêves — 717
        4. les rêves sous surveillance — 722

    CONCLUSION — 733

TABLE DES MATIÈRES

APPENDICE : LES RÊVES DANS L'ANCIEN TESTAMENT   *735*

À PROPOS DES RÊVES DE HELMBRECHT PÈRE   *739*

VI. VERS L'ANTHROPOLOGIE POLITIQUE   *753*

L'HISTOIRE POLITIQUE EST-ELLE TOUJOURS L'ÉPINE DORSALE DE L'HISTOIRE ?   *755*

LA NAISSANCE DU PURGATOIRE   *771*

LE TROISIÈME LIEU   *775*

    LES ENJEUX DU PURGATOIRE   *775*

    AVANT LE PURGATOIRE   *776*

    L'ESPACE, BON À PENSER   *779*

    LOGIQUE ET GENÈSE DU PURGATOIRE   *780*

    PENSER L'INTERMÉDIAIRE   *781*

    IMAGERIE PÉNALE : LE FEU   *783*

    SOLIDARITÉS : LES VIVANTS ET LES MORTS   *787*

    LE DOSSIER DU PURGATOIRE   *788*

    THÉOLOGIE ET CULTURE POPULAIRE   *789*

Table des matières

I. LES AU-DELÀ AVANT LE PURGATOIRE — 793

1. LES IMAGINAIRES ANTIQUES — 795

LES TROIS VOIES HINDOUES — 796

EN IRAN : LE FEU ET LE PONT — 797

EN ÉGYPTE : L'IMAGINAIRE INFERNAL — 798

DESCENTE AUX ENFERS EN GRÈCE ET À ROME — 799

UNE PHILOSOPHIE DE LA RÉINCARNATION : PLATON — 800

UN PRÉCURSEUR : ÉNÉE AUX ENFERS — 802

GILGAMESH AUX ENFERS — 805

UN AU-DELÀ NEUTRE ET TÉNÉBREUX : LE « SHÉOL » JUIF — 806

LES VISIONS APOCALYPTIQUES JUDÉO-CHRÉTIENNES — 810

UNE SOURCE : L'APOCALYPSE DE PAUL — 817

LES JUIFS DÉCOUVRENT UN AU-DELÀ INTERMÉDIAIRE — 821

LE PURGATOIRE CHRÉTIEN EST-IL EN GERME DANS L'ÉCRITURE ? — 824

LA DESCENTE DU CHRIST AUX ENFERS — 828

PRIÈRES POUR LES MORTS — 829

UN LIEU DE RAFRAÎCHISSEMENT : LE « REFRIGERIUM » — 830

LA PREMIÈRE IMAGINATION D'UN PURGATOIRE : LA VISION DE PERPÉTUE — 834

2. LES PÈRES DU PURGATOIRE — 839

À ALEXANDRIE DEUX « FONDATEURS » GRECS DU PURGATOIRE — 839

TABLE DES MATIÈRES

LE CHRISTIANISME LATIN : DÉVELOPPEMENTS ET INDÉCISIONS DE L'AU-DELÀ — *845*

LE VRAI PÈRE DU PURGATOIRE : AUGUSTIN — *850*

LA MORT DE MONIQUE : PRIEZ POUR ELLE — *852*

APRÈS 413 : DE DURES PEINES PURGATOIRES ENTRE LA MORT ET LE JUGEMENT POUR LES PAS TOUT À FAIT BONS — *857*

AUGUSTIN ET LES REVENANTS — *868*

LE FEU PURGATOIRE ET L'ESCHATOLOGIE D'AUGUSTIN — *872*

UN FAUX PÈRE DU PURGATOIRE : CÉSAIRE D'ARLES — *875*

DES HISTOIRES DE PURGATOIRE ICI-BAS : GRÉGOIRE LE GRAND, DERNIER PÈRE DU PURGATOIRE — *878*

3. LE HAUT MOYEN ÂGE. STAGNATION DOCTRINALE ET FOISONNEMENT VISIONNAIRE — *889*

L'AU-DELÀ AUGUSTINIEN DE TROIS ESPAGNOLS — *890*

AUTRES AU-DELÀ « BARBARES » — *892*

en Irlande — *893*
en Gaule — *894*
en Germanie — *896*
en Grande-Bretagne — *896*

INDIFFÉRENCE ET TRADITIONALISME CAROLINGIENS ET POST-CAROLINGIENS — *897*

AU-DELÀ ET HÉRÉSIE — *900*

LA SÉRIE VISIONNAIRE : VOYAGES DANS L'AU-DELÀ — *902*

héritages — *902*
le « fondateur » des visions médiévales de l'au-delà : Bède — *907*

Table des matières

LA VISION DE DRYTHELM : UN LIEU RÉSERVÉ À LA PURGATION	*909*
UN RÊVE BAROQUE ET DÉLIRANT DE L'AU-DELÀ : LA VISION DE WETTI	*912*
POLITISATION DE L'AU-DELÀ : LA VISION DE CHARLES LE GROS	*914*
LA LITURGIE : PRÈS ET LOIN DU PURGATOIRE	*919*
LA COMMÉMORATION DES MORTS : CLUNY	*922*

II. LE XIIe SIÈCLE : NAISSANCE DU PURGATOIRE *927*

LE SIÈCLE DU GRAND ESSOR	*929*
4. LE FEU PURGATOIRE	***933***
AU DÉBUT DU XIIe SIÈCLE : ACQUIS ET INDÉCISIONS	*933*
UN TÉMOIN DES HÉSITATIONS : HONORIUS AUGUSTODUNENSIS	*936*
LE FEU : EN MILIEU MONASTIQUE	*939*
CHEZ LES THÉOLOGIENS URBAINS	*941*
DANS LA LITTÉRATURE VERNACULAIRE	*942*
QUATRE GRANDS THÉOLOGIENS ET LE FEU : ÉBAUCHE D'UN TRAITÉ DES DERNIERS TEMPS	*944*
un chanoine parisien : Hugues de Saint-Victor	*944*
un cistercien : saint Bernard	*947*
un moine canoniste : Gratien de Bologne	*949*
un maître séculier parisien : l'évêque Pierre Lombard	*951*
TÉMOIGNAGES MINEURS	*952*
ÉLABORATIONS PARISIENNES	*956*

Table des matières

5. « LOCUS PURGATORIUS » : UN LIEU POUR LA PURGATION — *957*

   ENTRE 1170 ET 1180 : DES AUTEURS ET DES DATES — *957*

   UN FAUSSAIRE DU PURGATOIRE — *964*

      pseudo-Pierre Damien — *965*
      pseudo-Bernard — *966*

   LES PREMIERS PASSANTS AU PURGATOIRE : SAINT BERNARD — *968*

   LES PREMIERS THÉOLOGIENS DU PURGATOIRE : PIERRE LE CHANTRE ET SIMON DE TOURNAI — *970*

   LE PRINTEMPS PARISIEN ET L'ÉTÉ CISTERCIEN — *973*

   PURGATOIRE ET LUTTE CONTRE L'HÉRÉSIE — *975*

   RETARD DES CANONISTES — *979*

   VERS 1200 : LE PURGATOIRE S'INSTALLE — *981*

      une lettre et un sermon d'Innocent III — *981*
      Purgatoire et confession : Thomas de Chobham — *983*
      ancien et nouveau vocabulaire de l'au-delà — *984*

6. LE PURGATOIRE ENTRE LA SICILE ET L'IRLANDE — *985*

   VISIONS MONASTIQUES : LES REVENANTS — *985*

   QUATRE VOYAGES MONASTIQUES DANS L'AUTRE MONDE — *990*

      1. une femme dans l'au-delà : la mère de Guibert de Nogent — *990*
      2. au Mont-Cassin : Albéric de Settefrati — *994*
      3. en Irlande : l'au-delà sans Purgatoire de Tnugdal — *999*
      4. découverte en Irlande : le « Purgatoire de saint Patrick » — *1002*

   LA TENTATIVE SICILIENNE — *1014*

   L'INFERNALISATION DU PURGATOIRE ET SES LIMITES — *1019*

TABLE DES MATIÈRES

7. LA LOGIQUE DU PURGATOIRE — 1023

L'AU-DELÀ ET LES PROGRÈS DE LA JUSTICE — 1024

NOUVELLES CONCEPTIONS DU PÉCHÉ ET DE LA PÉNITENCE — 1028

UNE MATIÈRE POUR LE PURGATOIRE : LES PÉCHÉS VÉNIELS — 1034

DE DEUX (OU QUATRE) À TROIS : TROIS CATÉGORIES DE PÉCHEURS — 1037

SCHÉMA LOGIQUE ET RÉALITÉS SOCIALES : UN INTERMÉDIAIRE DÉCENTRÉ — 1042

MUTATIONS DES CADRES MENTAUX : LE NOMBRE — 1045

L'ESPACE ET LE TEMPS — 1048

LA CONVERSION À L'ICI-BAS ET À LA MORT INDIVIDUELLE — 1049

III. LE TRIOMPHE DU PURGATOIRE — 1055

8. LA MISE EN ORDRE SCOLASTIQUE — 1057

UN TRIOMPHE MITIGÉ — 1057

LE PURGATOIRE, CONTINUATION DE LA PÉNITENCE TERRESTRE : GUILLAUME D'AUVERGNE — 1062

LE PURGATOIRE ET LES MAÎTRES MENDIANTS — 1067

CHEZ LES FRANCISCAINS — 1068

    1. *du commentaire de Pierre Lombard à une science de l'au-delà : Alexandre de Halès* — 1068
    2. *Bonaventure et les fins dernières de l'homme* — 1072

CHEZ LES DOMINICAINS — 1079

Table des matières

    1. *l'épure scolastique du Purgatoire: Albert le Grand*   *1080*
    2. *un manuel de vulgarisation théologique*   *1089*
    3. *le Purgatoire au cœur de l'intellectualisme :*
       Thomas d'Aquin et le retour de l'homme à Dieu   *1091*

LE REFUS DU PURGATOIRE   *1105*

    1. *les hérétiques*   *1105*
    2. *les Grecs*   *1108*

PREMIÈRE DÉFINITION PONTIFICALE DU PURGATOIRE, 1254   *1111*

LE SECOND CONCILE DE LYON ET LE PURGATOIRE, 1274   *1112*

PURGATOIRE ET MENTALITÉS : ORIENT ET OCCIDENT   *1115*

9. LE TRIOMPHE SOCIAL : LA PASTORALE ET LE PURGATOIRE   *1119*

LE TEMPS COMPTÉ   *1120*

NOUVEAUX VOYAGES DANS L'AU-DELÀ   *1126*

LE PURGATOIRE PRÊCHÉ : LES « EXEMPLA »   *1129*

UN PRÉCURSEUR : JACQUES DE VITRY   *1130*

DEUX GRANDS VULGARISATEURS DU PURGATOIRE   *1132*

I. LE CISTERCIEN CÉSAIRE DE HEISTERBACH   *1133*

    l'usurier de Liège : Purgatoire et capitalisme   *1137*
    le Purgatoire, c'est l'espoir   *1139*

II. LE DOMINICAIN ÉTIENNE DE BOURBON ET L'INFERNALISATION
DU PURGATOIRE   *1144*

DOMINICAINS AU PURGATOIRE   *1151*

LE PURGATOIRE ET LES BÉGUINES   *1154*

Table des matières

LE PURGATOIRE ET LA POLITIQUE	*1156*
LE PURGATOIRE DANS LA «LÉGENDE DORÉE»	*1157*
UNE SAINTE DU PURGATOIRE : LUTGARDE	*1161*
LES VIVANTS ET LES MORTS : TESTAMENTS ET OBITUAIRES	*1163*
LE PURGATOIRE EN LANGUE VULGAIRE : LE CAS FRANÇAIS	*1166*
LES INDULGENCES POUR LE PURGATOIRE : LE JUBILÉ DE 1300	*1168*
HOSTILITÉ PERSISTANTE AU PURGATOIRE	*1170*
10. *LE TRIOMPHE POÉTIQUE : LA «DIVINA COMMEDIA»*	*1175*
LE SYSTÈME DANTESQUE DU PURGATOIRE	*1176*
LA MONTAGNE DE LA PURGATION	*1180*
LA LOI DU PROGRÈS	*1182*
PURGATOIRE ET PÉCHÉS	*1184*
L'ANTÉ-PURGATOIRE	*1186*
LE FEU	*1189*
PURGATOIRE ET ENFER : LE REPENTIR	*1190*
L'ESPOIR	*1194*
L'AIDE DES VIVANTS	*1196*
LE TEMPS DU PURGATOIRE	*1198*
VERS LA LUMIÈRE	*1200*
LA RAISON DU PURGATOIRE	*1203*

TABLE DES MATIÈRES

APPENDICE I : BIBLIOGRAPHIE DU PURGATOIRE — *1209*

APPENDICE II : « PURGATORIUM » : HISTOIRE D'UN MOT — *1211*

APPENDICE III : PREMIÈRES IMAGES — *1217*

APPENDICE IV : TRAVAUX RÉCENTS — *1225*

LES LIMBES — *1233*

LA BOURSE ET LA VIE — *1261*
ÉCONOMIE ET RELIGION AU MOYEN ÂGE

ENTRE L'ARGENT ET L'ENFER : L'USURE ET L'USURIER — *1265*

LA BOURSE : L'USURE — *1271*

LE VOLEUR DE TEMPS — *1283*

L'USURIER ET LA MORT — *1293*

LA BOURSE ET LA VIE : LE PURGATOIRE — *1305*

« LE CŒUR AUSSI A SES LARMES » — *1319*

Table des matières

APPENDICES 1327

Dante 1328
Ezra Pound 1332

BIBLIOGRAPHIE 1337

LE RIRE DANS LA SOCIÉTÉ MÉDIÉVALE 1341

RIRE AU MOYEN ÂGE 1343

PRÉHISTOIRE ET OBJECTIFS DE LA RECHERCHE 1344

LE RIRE DANS LES RÈGLES MONASTIQUES DU HAUT MOYEN ÂGE 1357

Principales publications 1369

Tables des matières 1375

DANS LA MÊME COLLECTION

Louis Aragon, *Henri Matisse, Roman.*, 1998, 868 p., 551 documents

René Char, *Dans l'atelier du poète*, 1996, 1064 p., 350 documents
Œuvres poétiques, écrits sur l'art, correspondances, édition de Marie-Claude Char

Chateaubriand, *Mémoires d'outre-tombe*, 1997, 2 volumes,
3696 p., 386 documents
Avant-propos de Jean d'Ormesson, introduction, notes et variantes par Jean-Paul Clément
Édition intégrale suivie d'un index

Cioran, *Œuvres*, 1995, 1820 p., 87 documents
Sur les cimes du désespoir • *Le Livre des leurres* • *Des larmes et des saints* •
Le Crépuscule des pensées • *Bréviaire des vaincus* • *Précis de décomposition* •
Syllogismes de l'amertume • *La Tentation d'exister* • *Histoire et utopie* • *La Chute dans le temps* • *Le Mauvais Démiurge* • *De l'inconvénient d'être né* • *Écartèlement* •
Exercices d'admiration • *Aveux et anathèmes*

Georges Duby, *Féodalité*, 1996, 1568 p.
Guerriers et paysans • *Les Trois Ordres ou L'imaginaire du féodalisme* • *Le Dimanche de Bouvines* • *Guillaume le Maréchal* • *Le chevalier, la femme et le prêtre* • *«Les jeunes dans la société féodale»* • *«Que sait-on de l'amour en France au XIIe siècle?»* • *«À propos de l'amour que l'on dit courtois»* • *«Le Roman de la rose»* • *Des sociétés médiévales*
Introduction par Jacques Dalarun

Alexandre Dumas, *La San Felice*, 1996, 1736 p.
Établissement du texte, notes, postface et dictionnaire des personnages par Claude Schopp

Alexandre Dumas, *Les Mohicans de Paris*, 1998, 2 volumes, 2856 p., 72 documents
Établissement du texte, notes, postface et dictionnaire des personnages par Claude Schopp

Georges Dumézil, *Mythe et épopée I, II, III*, 1995, 1484 p.
Édition intégrale en un volume, préface de Joël H. Grisward

Marguerite Duras, *Romans, cinéma, théâtre, un parcours, 1943-1993*,
1997, 1764 p., 200 documents
La Vie tranquille • *Un barrage contre le Pacifique* • *Le Boa* • *Madame Dodin* •
Les Chantiers • *Le Square* • *Hiroshima mon amour* • *Dix heures et demie du soir en été* •
Le Ravissement de Lol V. Stein • *Le Vice-consul* • *Les Eaux et Forêts* • *La Musica* • *Des
journées entières dans les arbres* • *India Song* • *Le Navire Night* • *Césarée* •
Les Mains négatives • *La Douleur* • *L'Amant de la Chine du Nord*

Witold Gombrowicz, *Moi et mon double*, 1996, 1400 p., 187 documents
Souvenirs de Pologne (extraits) • *Bakakaï* • *Ferdydurke* • *Les Envoûtés* •
Trans-Atlantique • *Cosmos*

Inventaire Voltaire, 1995, 1484 p., 84 documents
Dictionnaire sous la direction de Jean M. Goulemot, André Magnan, Didier Masseau
1368 articles originaux classés de A à Z, avec de nombreuses citations

Michel Leiris, *Miroir de l'Afrique*, 1995, 1484 p., 363 documents
L'Afrique fantôme • *Message de l'Afrique* • *La Possession et ses aspects théâtraux
chez les Éthiopiens de Gondar, précédée de La Croyance aux génies zar
en Éthiopie du nord* • *Encens pour Berhané* • *Préambule à une histoire
des arts plastiques de l'Afrique noire* • *Afrique noire : la création plastique*
Correspondances, textes et documents inédits,
édition établie et préfacée par Jean Jamin

Les Lieux de Mémoire, sous la direction de Pierre Nora
1997, 3 volumes, 4760 p., 189 documents
La République, La Nation, Les France, édition intégrale

Joanot Martorell, *Tirant le Blanc*, 1997, 644 p.
Traduction et adaptation en français par le comte de Caylus (1737),
précédée de «Tirant le Blanc : les mots comme actions» par Mario Vargas Llosa,
et suivie de «Un gentilhomme universel : Anne-Claude de Thubières, comte de Caylus»
par Marc Fumaroli
Établissement du texte, postface, notes et bibliographie par Jean-Marie Barberà

Si les lions pouvaient parler. Essais sur la condition animale,
sous la direction de Boris Cyrulnik, 1998, 1540 p., 80 documents

DOCUMENT DE COUVERTURE
Beatus de Liébana, fol. 195, La bête qui monte de la terre
Manuscrit B.N. vit. 14-2

DOCUMENT DOS DE COUVERTURE
Jacques Le Goff
Photo Jacques Sassier © Gallimard, 1996

LABORATOIRE ARTISTIQUE ET PHOTOGRAPHIQUE
Dominique Jochaud
© Éditions Gallimard

DOCUMENT LOGO QUARTO
Jacques Sassier

ÉDITION
Françoise Cibiel • Antoine Jaccottet •
Brigitte de la Broise • Cécile Meissonnier • Jean-Louis Panné

*Achevé d'imprimer
par Maury-Eurolivres
45300 Manchecourt.
le 24 février 1999.
Dépôt légal : février 1999.
1er dépôt légal : janvier 1999.
Numéro d'imprimeur : 69801.*
ISBN 2-07-075463-4/Imprimé en France.